THE ENCYCLOPEDIA OF MUSICAL FILMS

ミュージカル映画事典

重木昭信
AKINOBU SHIGEKI

平凡社

ミュージカル映画事典

重木昭信

平凡社

はじめに

　ミュージカル映画の紹介本は日本でも多く出版されているが、そのどれを読んでも戦後に公開された映画が中心で、ミュージカル映画の全体像を表しきれていない気がしていた。トーキー初期のアル・ジョルスンの映画の説明から始まり、バスビー・バークレイ、RKO社のアステアとロジャースの映画から、すぐにMGM映画へ飛んでしまう。間違いではないが、ミュージカル映画として面白い時代が抜け落ちている。
　この本に記した作品群の数からもわかるとおり、ミュージカル映画の全盛期というのは1930年代から40年代にかけてであり、戦後の50年代はMGMミュージカルの全盛期ではありながら、テレビ放送の普及とともに映画産業の衰退が始まった時期だ。さらに大型のミュージカル作品が増えた1960年代以降は、ミュージカル映画が徐々に力を失っていった時期のようにも思えるが、日本で紹介されるミュージカル映画は、こうした近年の作品が中心であることに違和感を覚えてきた。
　本書で取り上げたアメリカのミュージカル映画は約1800本あるが、概数で1930年代が500本、40年代は600本、50年代は250本、60年代は100本、70年代は80本、80年代以降は各年代とも50本程度であり、制作本数の面から見ても、ミュージカル映画というジャンルの最盛期は30年代と40年代だったことが明白だ。
　一方、日本で公開された本数で見ると、かなり違っている。1930年代の公開本数は300本、40年代は戦争があって輸入が減ったので100本、50年代も100本、60年代は80本、70年代は70本、80年代以降は各年代で30-40本程度となっている。こうした日本の状況の中で、戦前作品を見ていない世代は、MGMが豪華作品を連発した1950年代がミュージカルの全盛期であり、60年代以降も活発に制作が続いていると誤解しているかもしれない。
　これは映画全般についても言えることだが、1950年以降のミュージカル映画は、テレビ放送に対抗するために大作主義に陥り、舞台で鍛えられたヴォードヴィル出身の芸人が映画界から姿を消して、テレビ業界へ移ったこともあり、面白い作品が作れなくなった。
　おまけに1960年以降はロック音楽一辺倒となり、ミュージカル作品もロック化の波に洗われたが、ロックとミュージカルは必ずしも相性が良くないため、舞台作品の映画化を除くと、ミュージカルはすっかりお子

様向けのジャンルとなってしまった感がある。

　こうしたことから、日本においては、ミュージカル映画がかなり偏って理解されているように感じられる。戦後の日本では、戦前のミュージカル映画を見る機会はほとんどなかった。輸入して一定期間を経過したフィルムは廃棄されてしまうので、国内にはフィルムは残らず、上映できなくなってしまうためだ。だから、日本では一度見逃した外国映画というのは、永遠に見ることができなくなってしまう。新たに生まれてきた世代にとっては、古い映画を見ることは至難の業なのだ。

　それでも、戦前に日本公開された作品については、戦前から映画を見続けた多くの映画評論家によって、戦後もよく紹介されたように思える。たとえば南部圭之助、野口久光、淀川長治、双葉十三郎、岡俊雄らの各氏によって書かれた本を読めば、かなりの作品を知ることができる。

　しかし、これらの本は戦前に日本で公開された作品の紹介が中心で、日本に輸入されなかった作品については記述が抜けている。日本では不幸な第二次世界大戦の影響により、1930年代末から40年代中頃までのアメリカ映画がほとんど輸入されなかった。そのために戦前から活動している日本の映画人たちの本を読んでも、戦争中のフォックス作品群の全貌は知ることができない。

　アメリカでもミュージカル映画の全体像を説明するような、バランスのとれた概説書は少ない。アメリカ人にとってはあまりにも当たり前のことが多いためなのか、全体を記述するのではなく、細部を説明するような本が多く、翻訳された本もあるものの、日本の読者にとって全体像が浮かびにくい。

　私自身も戦前の作品を公開当時に見られる年齢ではなかったが、アステアとロジャースの古い作品をテレビで見て、機会があれば、野口久光氏や油井正一氏に昔の話を聞かせてもらった。少しでも古い作品を見ようと、アメリカから16mmフィルムなどを取り寄せたりしたが、なかなか多くの作品を知ることはできなかった。

　そうしたことで、古い映画は映画祭などの特別な機会がなければ、見る機会に恵まれなかったが、近年の衛星放送、DVDやインターネットなどの普及により、見ようと思えばかなりの作品を見ることができる時代になってきた。そこで、一部の失われた映画は文献により再構築したが、視聴可能な作品は実際に見直して、歴史的な流れを明らかにすることを主眼として本書を書いた。

　ミュージカル映画の歴史なので、ミュージカルの話だけでもいいのだ

が、なぜそのような作品が作られたのかという歴史的な流れを理解するためには、舞台ミュージカルとの関係、映画の技術的な課題、社会的な問題なども含めて説明したほうが日本の読者にはわかりやすいと思われるので、少しではあるが、そうした社会的な背景や、踊り、音楽などの移り変わりについても説明を加えた。

　全体を読んでいただければ大きな歴史の流れをとらえることができるが、たとえば興味を持った俳優の部分だけを読んでも、出演作品の概要がわかるように重複を恐れずに説明を加えた。近年はDVDなどで昔の作品も見ることができるようになってきたので、どの作品を見るべきかの案内に役に立つようにと考えて解説している。

　30年ほど前に舞台ミュージカル作品を解説した本を書いたが、舞台ミュージカルについては昔の公演をそのまま見ることはできないので、作品そのものや、作者に対する説明を中心とした。しかし、映画というのは昔の作品を今でもそのまま見ることができる芸術なので、ミュージカル映画を扱った本書では、作者や作品ではなく、それを演じた役者を中心に記述している。

　映画は監督の個性が出やすい芸術だが、ことミュージカル映画に関する限り、監督よりも出演する芸人の個性が光る作品が多い。そのため、一部を除いて主演者ごとにまとめて記述し、その出演作品を説明した。主演者を年代順に並べているので、全体として歴史的な変遷を理解できるような構成にしている。

　また、1950年代までは映画会社別に分類した記述とした。これはスタジオ・システムと呼ばれるハリウッド映画の制作システムが1960年頃まで続き、各社が専属の俳優を抱えて個性的な作品を作っていたからだ。それぞれの会社には特徴的なカラーがあり、それを大事にしてきたので、こうした分類のほうが、映画を見なくてもその作品のイメージをつかみやすくなる。1960年代以降はこうした制作システムがなくなったために、まったく違った分類で記述した。加えて60年代からは国際的な共同制作が盛んになり、映画の国籍分類というのもあまり意味を持たない時代となっている。

　これをきっかけとして、多くの方にミュージカル映画を楽しんでいただけると幸いである。

重木昭信

ミュージカル映画事典　目次

はじめに　1

第1章　ミュージカル映画の誕生
1. ジャンルとしてのミュージカル　2
   ミュージカル映画の範囲／不自然さの解消／舞台裏物／夢の場面／台本と音楽の統合／リアリズムと様式性／ミュージカルにおける様式表現／芸と編集／芸人の存在
2. 映画とミュージカル　6
   無声映画の上映方式／伴奏音楽／活動弁士／映画音楽の発祥／トーキー技術の誕生／レコード盤による音声／フィルム上の音声記録／無声映画のミュージカル／ミュージカル映画の誕生／ドイツ／スペイン／フランスとイタリア／日本／サウンド映画／舞台芸人たちの移入／短編音楽映画
3. トーキー初期（1927–32年）　12
   不況下のトーキー映画／「ジャズ・シンガー」の登場／カラー映画のブーム／3色方式のカラー／カラー作品の課題
4. レヴュー映画　26
   初期のレヴュー映画／各社のシリーズ

第2章　1930年代：不況の時代
1. 不況とヘイズ・コード　34
   禁酒法とジャズ／レコードとトーキー映画／ヘイズ・コード／シャーリー・テンプル／子役映画のブーム／アステアとビング
2. ワーナー　36
3. パラマウント　47
4. RKO　67
5. フォックス　83
6. MGM　96
7. ユニヴァーサル　119
8. コロムビア　122
9. その他　125

第3章　1940年代：戦争の時代

1. 戦争慰問と中南米　130
   戦争と慰問映画／黒人向けの慰問映画／中南米ブーム／戦争による輸入の途絶
2. 戦争支援の慰問映画　132
3. フォックス　138
4. MGM　153
5. パラマウント　189
6. ワーナー　205
7. ユニヴァーサル　211
8. コロムビア　230
9. リパブリック　234
   歌うカウボーイ
10. その他　238
11. ディズニー　241
    長編アニメへの挑戦／中編時代

第4章　1950年代：画面の大型化

1. 赤狩りと画面の大型化　248
   ハリウッドの赤狩り／赤狩りの背景／赤狩りの論点／LPレコードとテレビ放送／シネマスコープ／ヴィスタヴィジョン／70mm映画とシネラマ／立体音響と立体映画／カラー方式の進歩／夢工場の崩壊
2. MGM　252
3. フォックス　287
4. パラマウント　297
5. ワーナー　316
6. ユニヴァーサル　326
7. コロムビア　327
8. その他　328
9. ディズニー　330

第5章　1960年代：スタジオ・システムの崩壊

1. 映像表現の変化　334
   テレビの時代／ヘイズ・コードの廃止と映像表現

v

2　俳優　335
3　舞台作品の映画化　356
　　舞台に忠実な映画化／1960年代の傾向／ロバート・ワイズ監督の試み／折衷的な配役／英国発の作品／失われた舞台感覚
4　映画オリジナルの作品　366
　　スター中心の作品／アン＝マーグレット／ジュリー・アンドルーズとディズニー／大作主義
5　ディズニー　371
　　テレビ界での活躍／シャーマン兄弟の登場

第6章　1970年代：ロックの時代

1　ヴェトナム戦争とロック音楽　378
　　ヴェトナムからの撤退／対抗文化とロック音楽
2　舞台作品の映画化　378
　　バーブラとライザ／屋外ロケの多用／舞台の実写的な作品／ロック音楽の使用
3　映画オリジナルの作品　387
　　お子様向けの作品／ロックと黒人音楽の浸透／ノスタルジックな作品
4　名作のアンソロジー　396
5　クラシック系の音楽映画　406
6　ロック系の音楽映画　407
　　ロック・コンサート系／フォーク系
7　アニメ作品　409
　　ウォルト後のディズニー・アニメ／ディズニー以外のアニメ

第7章　1980年以降のミュージカル映画

1　グローバルとデジタル　412
　　グローバル化の時代／デジタル技術の進展
2　舞台作品の映画化　413
　　1980年代／1990年代／2000年以降
3　映画オリジナルの作品　424
　　1980年代／1990年代／2000年以降
4　ダンス映画　434
　　ディスコ・ダンス／路上ダンスとラップ／ラテン・ダンス／社交ダンス／路上ダンスの展開／ストンプ／路上ダンスとバレエ

5　バレエ映画　439
　　6　クラシック系音楽映画　442
　　7　ディズニー　444
　　　　ルネッサンス／アラン・メンケンの活躍とその後
　　8　ディズニー以外のアニメ　453

第 8 章　テレビのミュージカル

　1　1950年代　456
　　　ABC系列のテレビ・ミュージカル／ミュージカル・コメディ・タイム／マックス・リーブマンの提供／リーブマンのシーズン2／プロデューサーの展示箱／展示箱のシーズン2-3／ホールマーク劇場／ベスト・オブ・ブロードウェイ
　2　1960年代　461
　3　1970年代　463
　4　1980年代以降　464

第 9 章　踊りと歌の流れ

　1　映画の中の踊り　468
　　　社交ダンスの発祥／新ステップの流行／タップ・ダンスの誕生／ミンストレル・ショー／マスター・ジューバ／クラシック・バレエと振付家／バランシンとデ・ミル／ジェローム・ロビンス／モダン・ダンス／デニショーン／ジャズ・ダンス／映画の中の踊り／1930年代のバレエ映画／第二次世界大戦後のバレエ映画／亡命ダンサーの活躍／バレエ映画の新展開
　2　映画の中の歌　475
　　　クラシック系／ヴォードヴィル系／クルーナー系
　3　黒人系の作品　476
　　　黒人専用の映画／黒人芸人たち／一般向けとなった黒人映画

第 10 章　英国の作品

　1　ミュージック・ホールと劇場　482
　　　ミュージック・ホールの伝統／ミュージック・ホールの芸人たち／劇場の伝統／ダンス楽団／第二次世界大戦後の展開／新しい世代／ケン・ラッセルとアラン・パーカー

2 戦前　484
3 戦後　494

第 11 章　ドイツの作品

1 オペレッタとナチス　500
   ワイマール時代／オペレッタの影響／ナチスの影響／アメリカ作品の影響／外国出身者の活躍／第二次世界大戦後
2 ワイマール時代　503
3 ナチス時代　522
4 第二次世界大戦後　533

第 12 章　スペインの作品

1 フラメンコとフランコ　536
   知られざるスペイン映画／スペイン・ミュージカルの成立／スペイン固有の芸能／フランコ政権の影響／内戦後の映画統制／フラメンコ女優／クプレー歌手／子役の活躍／フランコ後の映画

第 13 章　その他の国

1 フランスの作品　564
   トーキー初期の作品／ジョセフィンとシュヴァリエ／クラシック音楽の影響／第二次世界大戦後／新しい波／1980 年代以降
2 イタリアの作品　570
   イタリアの映画事情／ムッソリーニの映画政策／トーキー初期／ガローネ監督の活躍／ナポリ民謡映画／サンレモ音楽祭とカンツォーネ映画／「夜」物映画
3 ソ連の作品　574
   ロシア革命と映画／スターリンの映画政策／厳しい検閲と制作数の減少／スターリン時代のミュージカル／芸能要素／技術的側面

年度別作品一覧　583

［付録］　主な伝記映画　841

参考文献　849

邦題索引　857

原題索引　929

人名索引　1001

あとがき　1011

［凡例］

・映画、演劇、オペラ、小説などの作品名と台詞等の引用は「　」で示す。
・楽曲、踊りの題名は、『　』で示す。
・本文中の、題名や年号に続いて「*」が付された映画作品は日本未公開作品であることを表す。劇場公開された作品のみを公開として扱い、ビデオやDVD等の発売やテレビ放送のみの場合には未公開扱いとしている。
・演劇作品やオペラなどの作品では未公開符号は付していない。
・映画に示された年度は、制作年度ではなく、公開年度としている。
・日本語題名の旧字体は、原則として新字体に変換している。
・作品名には原則として、公開時の原題名を付したが、ロシア語の作品はキリル文字ではなく、その音価でラテン文字に置き換えて記してある。また、必要に応じて、キリル文字表記も加えた。
・作品のあらすじの説明では、物語上の役名ではなく、それを演じた俳優名で記した。但し、物語の説明で役名が重要な場合（伝記作品など）には、役名と俳優名の両方を記した。

第 1 章
ミュージカル映画の誕生

第1章　ミュージカル映画の誕生

1　ジャンルとしてのミュージカル

ミュージカル映画の範囲

　ミュージカルという言葉は、英語の形容詞形なので、Musical Comedy（音楽入りコメディ）というように、「音楽入りの」というような意味で使われていたが、現在では単独の名詞形でも使われるように変化している。現在は音楽を基本として、「歌って、踊って、芝居して」というように、ミュージカルは3つの要素から成り立つと考えられている。

　だから、芝居だけで歌または音楽がないと、ミュージカルではなく普通の映画となる。踊りや芝居はなくても音楽さえあれば成立し得るが、音楽だけは外せない。音楽がないとダメなので、ミュージカル映画は、映画が「音」を獲得したトーキー（発声映画）以降に登場した。

　音を持たなかった無声映画（サイレント）時代にも、踊りを記録したフィルムは存在するが、これはミュージカル作品とは考えにくい。こうしたことから本書では、トーキー以降の、長編（概ね60分以上）の作品を主に扱った。

　もうひとつ、歌や音楽が入った映画ならばミュージカルなのかという問題もある。たとえば、007シリーズの映画では必ずタイトル・バックで主題歌が流れるが、これをもってミュージカルとは分類しない。それは出演者が歌う形ではなく、単なるバック・グラウンドの音楽として歌が流れているに過ぎないからだ。

　それでは、ヒッチコック監督の「知りすぎていた男」（1956）の場合はどうだろうか。ドリス・デイは息子を助けるために必死になって『ケセラ・セラ』を歌う。これは本人が歌っているのだが、それだけでこの作品をミュージカルとすることはない。同じドリス・デイが主演した「情欲の悪魔」（1955）では、キャバレー歌手役のドリス・デイが多くの曲を歌うので、ミュージカル映画として扱われることも多い。厳密に考える人は、「台詞を歌うのがミュージカルで、歌として歌うのはミュージカルではなく音楽映画」と区別するかも知れない。

　このように、ミュージカルとそれ以外の作品を厳密に区別することは、かなり難しいので、本書では境界領域の作品も含めて、一般的な分類よりもかなり広く取り扱った。個人的にはマルクス兄弟の初期の映画は、舞台ミュージカルの映画化であり、挿入歌も多いので、ミュージカル映画として扱っても良いと思う。しかし、これまでの日本の映画本の多くでは、単なるコメディ作品として紹介されている。同様にアボットとコステッロの前期の映画も、本人たちは歌わないものの、ゲスト・スターが歌うので、ミュージカル作品として扱った。逆に1970年代のロック・コンサート物は、芝居の要素が薄くドキュメンタリー作品に近いので、リストには載せたが、詳しい説明は省いた。

　バレエ関連の映画も大いに迷う。バレエ場面がきちんと入っている「赤い靴」のような作品をミュージカルと呼ぶのは問題ないが、「リトル・ダンサー」や「ブラック・スワン」など、少しだけバレエ場面の挿入された作品をミュージカル映画と考えるのかどうかは、趣味の問題だろう。この本では一貫した原則なしに、収録作品を決めている。

不自然さの解消

　普段の日常生活の中で、人々は突然に歌ったり、踊りだしたりすることはない。そうした不自然なことが、ミュージカル映画の中では普通に起こる。映画は写真と同様に現実の姿を写しとるため、写実的になる傾向が強いが、そうなると日常生活の中で歌ったり踊ったりする「不自然さ」をどう処理するかが、大きな問題となる。

　その方法は大きく分けて3つある。ひとつは、舞台裏物とか芸人物と呼ばれるもの。ふたつ目はすべてを夢の中の出来事として処理する方法。3つ目は純粋なミュージカル作品として作る方法だ。

舞台裏物

　舞台裏物や芸人物は、歌や踊りの場面が、舞台上で演じられているように挿入されるので、どんな飛躍も可能となる。トーキー初期

のバスビー・バークレイ監督が作った「四十二番街」(1933)を始めとする一連のワーナー作品は、いわゆる舞台裏物と呼ばれる作品だ。近年にも、ケン・ラッセル監督は「ボーイフレンド」(1971)を、もともとの舞台作品を劇中劇として見せる形で処理している。ノーマン・ジュイスン監督の「ジーザス・クライスト・スーパースター」(1973)は、若者たちがバスで荒野にやってきて劇を演じる形なので、服装は現代的だったりする。

こうした舞台裏物として処理する方法は、ガーシュウィンの伝記映画「アメリカ交響楽」(1945)を始めとして、芸人の伝記物にも応用が利く。アリス・フェイがファニー・ブライス的な芸人を演じた「ワシントン広場のローズ」(1939)＊も舞台裏物。ダニー・ケイ主演の「5つの銅貨」(1959)はトランペッターの伝記作品で、舞台上での演奏場面が中心だが、ケイが子供に歌って聞かせる場面もあり、その曲だけがちょっと違う扱いとなっている。

舞台芸人の伝記作品だと歌が入るので、いかにもミュージカルらしいムードだが、「グレン・ミラー物語」(1954)のようなジャズ楽士や、「愛情物語」(1956)のようなピアニストの伝記作品、そしてクラシック作曲家の伝記映画などになると、どこまでをミュージカル作品とするのか微妙な領域がある。どの作品でも、歌や踊りは現実の生活ではなく、舞台の上での話となるので、中途半端なリアリズムは抜きにして、作り物の世界の中にどっぷりと浸かったほうが、見ているほうも楽しい。

夢の場面

空想や夢で処理する方法も簡単だ。夢の中の想像場面だからどんなことでも許される。典型的な作品は「オズの魔法使」(1939)で、ジュディ・ガーランド扮するドロシーが竜巻に巻き込まれて気を失っている間に見た夢として描かれていて、その夢の場面だけがカラーとなっている。だから小人の国やオズの国のような不思議な世界にも違和感なく入っていける。ところが、この作品でも、有名な『虹のむこうへ』という主題歌は、夢の中ではなく現実の白黒の場面で歌われているので、夢型というよりも、純粋ミュージカルと夢型の混合だ。

ダニー・ケイの「虹を摑む男」(1947)もそうした作りで、夢想家の夢の中でイメージが展開されていく。シャーリー・テムプルがアルプスの少女ハイジを演じる「ハイデイ」(1937)もミュージカル場面はひとつだけだが、描き方としては夢の場面となっている。「テンプルちゃんの小公女」(1938)も同じような作り方だ。「素晴らしき戦争」(1969)でもリチャード・アッテンボロー監督は、第一次世界大戦を「遊園地」での出来事のような形で処理して、歌うという不自然さを解消している。先のケン・ラッセル監督の「ボーイ・フレンド」は、舞台裏物というだけでは飽き足らず、さらに夢見る場面まで入れて何でもありにしている。

「ラ・マンチャの男」(1972)は、もともとの舞台劇そのものが、セルバンテスが牢獄の中でドン・キホーテ役を演じるという形の劇中劇となっていて、これも夢ではないが、「作り物の世界」で歌う形だ。ディズニーに代表されるアニメーションでも、初めから虚構の世界なので、歌が入ることは違和感がない。

ミュージカル映画でなくても、夢の場面では非現実的な場面が挿入される。たとえば、ヒッチコック監督の「白い恐怖」(1945)では、夢の場面でダリの絵画のような様式的な美術が使われているし、ウディ・アレン監督の「カイロの紫のバラ」(1985)では、映画館で上映されている画面の中にミア・ファーローが入り込んでしまう。こうした場面は、写実的に描かれるよりも、様式化された美術や演技によるほうが、見ている観客にもわかりやすい。

古典バレエの世界でも、物語性と様式的な踊りの見せ場の融合には昔から悩んでいて、マリウス・プティパの作品では、重要な場面が夢として展開される。「ドン・キホーテ」ではキホーテ老人の夢が展開され、「ラ・バヤデール」ではインドが舞台のはずだが、ソロルは阿片を吸って幻影の中で「影の王国」を見てバレエ・ブランシュが展開される。夢や幻影にしてしまえば、なんでもありなのだ。

第 1 章　ミュージカル映画の誕生

台本と音楽の統合

　純粋ミュージカルは、舞台ミュージカル作品の映画化に多い。それは基になる舞台ミュージカルがそうした構成なので、そうせざるを得ないという理由だろう。しかし、これが案外と難しい。舞台ミュージカルでは、リアリズムで演出すると、自己否定することとなってしまうので、どこかに様式的な表現方法が用いられることが多いが、これを映画の中でどのように表現するかが工夫のしどころとなる。

　ジョシュア・ローガン監督は、「南太平洋」(1958)のミュージカル場面で、カラー・フィルターを用いて舞台の照明と同じような効果を得ようとしたが、必ずしも成功しなかったと回想している。「リトル・ナイト・ミュージック」(1977)*のハロルド・プリンス監督は、映画の最初に劇場場面を入れて、舞台の実写を見せる形から映画に入り、最後には再び劇場に戻る形をとっている。スウェーデンのベルイマン監督は、テレビ向けのオペラ映画「魔笛」(1975)を舞台の実写として撮っていて、カメラ・ワークだけで映画的な味わいを加えている。

　「マイ・フェア・レディ」(1964)は、ロケを用いずに舞台的なセットで美術を統一して成功している。アスコット競馬場の場面などは、屋外場面なのでロケで撮影することも可能だが、それではセシル・ビートンの衣装の美しさが際立たないので、あえてすべてをスタジオのセットで撮影していて、演出も様式的な部分を残している。

　逆にロバート・ワイズ監督は、「サウンド・オブ・ミュージック」(1965)をアルプスの大自然の中で撮って成功している。この映画の成功により、ロケによるミュージカルが増えたが、ほかの作品では成功しているように思えない。ロケで撮影すると、あまりにも写実的な風景の中でミュージカル場面が展開されることとなり、歌や踊りが散漫になってしまい、不自然さが際立って面白くなくなってしまうためだ。

　「ウエスト・サイド物語」(1961)の体育館のダンス場面などは思いっきり幻想的で舞台そのままの演出だが、逆にこの映画の冒頭の乱闘場面はニュー・ヨークで実際にロケしている。そのために、観客は踊りを見る視点が定まらずに、映画としてのリズムはともかく、踊りを見たいという人には不満が残る部分だ。ミュージカルはあくまでも「作り物」の世界で見せたほうが、成功する確率は高い。

リアリズムと様式性

　ミュージカル作品では、日常生活の中で歌ったり、踊ったりする不自然さを解消する必要があり、そのために夢や劇中劇など、わざと「作り物」の虚構世界を作っているのだとしたら、何のためにそんなことまでして、歌や踊りを入れるのだろうかと気になる。この問題は、オペラや歌舞伎の楽しみ方に似ている。

　オペラでの主眼は、歌を聞かせることにある。もちろん楽劇のように美術や演劇的な要素も取り入れた総合芸術というのもあるが、第一の目的はあくまでも声や音楽だろう。しかし、オペラでは音楽や歌を通じて表現する人間ドラマの表現なども重視される。リアリズム演劇ではリアルな演技で表現するのに対して、オペラでは歌と音楽で表現する。表現したいドラマの目的に合致していれば、美術や衣装、時代背景なども自由に変えても良いとの考え方により、近年のオペラ演出は成り立っている。

　歌舞伎の場合も同様で、およそリアリズムから程遠い「型」による演技で、様式化された芸を見せることに主眼がある。観客はその「型」にはまった表現を見て喜ぶわけで、ここでは「型」がドラマと密接に結び付いている。「京鹿子娘道成寺」の白拍子花子は、いろいろな型の踊りを、単に美しく見せるだけでなく、安珍、清姫の記憶に通じる情念を表現するために踊っている。

　バレエでもまったく同じことがいえる。「白鳥の湖」で黒鳥が連続32回転のグラン・フェッテを見せるグラン・パ・ド・ドゥは、その技巧や美しさを見せるという目的もあるが、ドラマの中で果たしているその意味を明確にすることにより、さらに感動的な場面となる。「ジゼル」での王子に裏切られた感情表現や、「牧神の午後」の表現も、ドラマの中に位置づけられた様式美として観客は楽しんでいる。

ミュージカルにおける様式表現

　ミュージカルの場合にもこれに通じるものがある。歌や踊りが入ることにより、様式的な表現そのものを楽しむだけでなく、ドラマの展開と一体的に演出された時に、最も面白い作品が出来上がる。これがどちらかに偏ると、一方の要素が犠牲となり、ミュージカルとしては面白くない。

　様式表現とドラマのどちらの要素がより重要かといえば、それは歌や踊りによる様式表現が大切だろう。歌や踊りは、その中にドラマを内包しているので、優れたナンバーであるならば、単独に切り出しても楽しめる。名曲ばかりを集めた作曲家の伝記物のショー場面が楽しめるのは、ナンバーそのもののドラマ性に助けられるところが多い。

　一つひとつのナンバーを楽しく仕上げれば良いと割り切れば、作り方は迷わなくて済むが、劇中の音楽や踊りを、全体のドラマと一致させようとすると大変な努力を要する。ドイツの古典的な音楽映画でシューベルトの恋を描いた「未完成交響楽」(1933)などはそうした試みを行っているが、シューベルトの実人生とはまったく異なった話となっている。

　モーツァルトの生涯を描いた「アマデウス」(1984)などもそうしたことを意識した作り方となっている。英国製のミュージカル「素晴らしき戦争」(1969)も、当時の替え歌を使うことにより、ドラマと音楽の融合を試みているが、こうした方法はなかなか難しい。本格的にドラマと歌を融合させたミュージカルとして初めから作る必要が生ずるのだ。

芸と編集

　ミュージカルの歌や踊りは、それそのものを楽しむのが第一で、さらにドラマと結び付く時に大きな感動が得られるとしたら、ミュージカル場面の撮り方はどうすべきなのかというのも、答えが得られる。歌や踊りを映画で収録するやり方には、大きく分けてふたつの考え方がある。

　1番目は芸人の演ずる芸をそのまま実写的に撮影する方法で、この方法をとればその芸をよりわかりやすく観客に伝えることができる。2番目は、映画的な処理、すなわちいろいろなカットを編集処理して、最も重要な部分を観客に提示して、編集によって初めて得られる、現実では得られない表現を行う方法だ。前者は芸人の表現を見せるのが目的であり、後者は監督の表現を見せるものだ。

　このふたつの考え方は、トーキー初期からあった。芸人の表現をできるだけ忠実に見せようとしたのは、フレッド・アステアだ。彼の作品ではどれもアステアの全身がきっちりと画面のフレームの中に収まっていて、踊り全体を見せてくれる。踊りの途中で編集されることも極端に嫌っているので、アステアのダンス場面ではフル・ショットが長く続く。観客がそこで見るのはアステアの踊りであり、映画ではない。

　一方の対極にあるのは、振付家バスビー・バークレイの一連のレヴュー映画だ。ルビー・キーラーの最初の踊りこそフル・ショットで撮影されるが、イメージがどんどん広がり、抽象的で幾何学模様に近い画面が展開されていく。「泥酔夢」(1934)に代表される俯瞰撮影場面の幾何学性は、出演している女優の笑顔と美しい脚によって構成されているが、観客がそこで楽しむ表現は、人の芸ではなく監督が編集した映像である。

　このどちらの表現方法が良いかは問題としない。ただし、それぞれの方法で楽しめるための条件というのは存在している。芸人の見せる芸を楽しむためには、見せるべき芸がなければいけない。下手な歌や踊りをそうした方法で見せられても、観客はしらけてしまう。そんなやり方はパロディとしてしか成立しない。

　一方、バークレイのように映像を編集して見せる方法では、一人ひとりの芸の質は問われない。下手であっても全体として揃っていれば恰好がつく。いわば、舞台でいえば大勢のコーラス・ガールや、バレエのコール・ド・バレエのようなもので、一人ひとりの表現を見せるというよりも、全体としての表現を見せることになる。だから、そうした手法をとる場合には、全体を構成する演出家、時には振付家が必要となり、さらに美術的な要素が重要になる。いずれの選択をしても、「作り物」の世界の中での創造ということになるので、リアルで写実的な表現との相性は良くない。

第1章　ミュージカル映画の誕生

芸人の存在

ハリウッド映画の場合には、トーキー初期の1930年代から50年代前半までは、スターを見せる目的で作られたので、芸人の演ずる芸を見せるという作品が多かった。また、しっかりとした芸を持つ劇場出身の芸人が大勢いた。ところが、1950年代になって娯楽の中心が映画からテレビへ移ると、芸人の供給源である劇場、特にヴォードヴィルがなくなってしまう。さらにスター中心に映画を作っていたハリウッドの大手スタジオも、テレビの影響により大作主義となってしまうので、ミュージカル映画を支えるスタッフを継続して維持できずに、臨時スタッフを集めて、たまに大作を作るという形になる。

もはや芸だけで売れるような芸人は存在しないため、映画的な技法でミュージカル・ナンバーを処理する傾向が強まるが、たまにしかミュージカルを作らない監督には、音楽場面の映画的な処理もうまくできない。そこで、スターに頼らなくても済むような、既存の舞台作品の映画化に走る傾向が出てくるが、こうした作品も、実力のある俳優が演じるか、観客を呼べる映画スターが演じるかという問題にぶつかり、それと同時に、様式的な表現と写実的な表現のバランスに苦しむこととなる。

こうして悩みを抱えたミュージカル映画は衰退が始まり、ロック一辺倒となった音楽表現との融合にも苦しんで、完全に伝統を失ってしまった感がある。

2　映画とミュージカル

無声映画の上映方式

映画は、その誕生から1926年の音の獲得までの間は、サイレントと呼ばれる無声映画の時代で、劇中の会話はスポークン・タイトルと呼ばれる文字タイトルの挿入によって行われていた。これは現在の洋画字幕のように、画面に重ねて表示するスーパー・インポーズ方式とは異なり、文字だけの単独画面を挿入するもので、近年では「モダン・ミリー」(1967)や、「アーティスト」(2011)の中で昔風のスポークン・タイトルの挿入が見られた。

伴奏音楽

アメリカや欧州諸国では、無声映画の上映に際してピアノや小編成の楽団の伴奏が付くのが一般的だった。大都会の大きな劇場は大編成のオーケストラ伴奏が付くが、小さな映画館ではピアノ1台の伴奏ということも多かった。大作の場合には、映画に合わせた曲が作られて、フィルムとともに楽譜も付いてくるので、それをそのまま演奏する場合もあったが、多くの作品には指定の曲があるわけではなく、現場で伴奏を担当するピアノ奏者が、映画のムードや画面の状況に合わせて即興で伴奏を付けた。

毎回、完全即興というのは大変なので、ラヴ・シーン、別れの場面、喜びの場面、追いかけの場面などにより、ある程度は伴奏音楽が決まっていて、それを弾く形が多かった。それは、日本の小学校の運動会で、競技によって決まりきった曲を伴奏音楽に使っているのと似ている。

活動弁士

一方、日本の無声映画では、「活動弁士」が映画の進行に合わせて説明を行うのが一般的だった。日本映画でも西洋映画でも関係なしに、「活弁」による説明が付くわけで、スポークン・タイトルの内容だけでなく、字幕に現れない内容も補って説明を行う。説明の内容は各弁士のスタイルによっていろいろとあるが、やはり七五調の名文スタイルが好まれたようだ。

音楽は必須ではないが、必要によりジンタと呼ばれた小規模楽団や、場合によっては三味線音楽なども伴奏に用いられたという。したがって、日本における外国映画上映では、トーキー初期においてもスーパー・インポーズ方式が確立するまでは、映画の音量を下げ

て弁士が説明を行うというような椿事もあったらしい。

映画音楽の発祥

　西欧における上映に話を戻すと、ピアノ奏者の即興に委ねていた伴奏を、もっと豪華なオーケストラでやりたいという人も出てきて、そうなると即興では成り立たなくなるために、きちんと伴奏音楽のスコアが準備されることになる。この伴奏音楽は、映画音楽の発祥だともいえる。

　フランスのアベル・ガンス監督の「ナポレオン」(1927)は、無声映画ながら3面マルチ・スクリーンの大画面の大作で、フル・オーケストラの伴奏を付けて上映された。

　こうした背景があったので、映画が音を持った時に、伴奏音楽をそのまま映画のサウンド・トラックに記録することは自然な流れだったと推測できる。伴奏音楽は場面毎に雰囲気を盛り上げるために利用されるのであって、画面の映像との厳密な同期（シンクロナイズ）をとるようには考えられていなかった。

　しかし、台詞を「音」として収録しようとすると技術的に大きな問題が生じた。その問題点は、「雨に唄えば」(1952)の中でも描かれているが、台詞を画面から喋っているように見せるためには、かなり厳密に画面と音の同期をとる必要が生じる。そうしないと男女の声が逆になったりして、鑑賞に耐えられなくなってしまう。そのため、人の唇の動きに合わせた同期を行うという意味の、「リップ・シンクロ」が必要とされるようになった。

トーキー技術の誕生

　リップ・シンクロの必要性により、映画は技術的に大きく変わった。無声映画の1秒間あたりのコマ数は普通16コマで、トーキーは24コマと説明されているが、無声映画のコマ数はそれほど厳密なものではなく、1分間の上映コマ数を1000コマと定めたところから導かれている。1000コマを60秒で割ると、1秒あたりのコマ数は約16.7コマで、16コマではない。当初の無声映画の撮影は、手回しのカメラが一般的であり、厳密なコマ数の設定はできない。だから、コマ数は単なる目安と考えたほうが良い。実際には12-26コマ/秒ぐらいのばらつきがあったらしい。

　コマ数が少ないと画面のちらつきが気になるので、撮影年度が新しいほど、だんだんとコマ数は増える傾向にあった。この無声映画のルーズな規格のままにトーキーを作ろうとすると、リップ・シンクロができないので、厳密に1秒あたりの画面コマ数を定める必要が生じた。そこで24コマという規格が作られた。

　無声映画よりもコマ数が増えたのは、画面のちらつきを感じさせず、スムーズな動きを見せるためにはコマ数が多いほうが有利だからだ。大きな画面での上映が増えると、観客も画面のちらつきに敏感となるので、24コマが採用されたのだろう。

　当時の映画は、持ち運びや上映のために、1000フィート巻きのリールで管理されていたので、1巻（1000フィート＝約305m）を無声映画の標準的な16コマ／秒で上映すると17分弱だったが、トーキーの24コマ／秒で上映すると11分強となった。

レコード盤による音声

　映画の上映コマ数の問題は解消したが、当初は映画フィルムそのものに音を記録する方式ではなく、フィルムとは別にレコード盤を用意して、フィルムの上映と同時にレコード盤の再生を行うことによって、トーキーを実現したので、ここでも多くの問題が生じた。

　代表的なものはヴァイタフォンと呼ばれる方式で、ウェスタン・エレクトリック社の支援を得て、1926年春にワーナー映画が採用した。先に述べたとおり、トーキーの24コマ／秒での映写時間は1巻あたり11分間程度であるが、当時一般的であった78回転のSPレコードでは、10インチ（約25cm）盤レコードの片面で3分間しか再生できなかった。そのため、映画用に大型の16インチ（約40cm）盤で33 1/3回転のレコード盤を作製して、映画フィルム1巻とほぼ同じ11分間の再生時間が得られるようにした。

　レコード盤の材質は、基本的にはSP盤と同じなので、強度を得るために普通のSP盤の2倍ぐらいの厚さとしたこともあり、重量は約5倍となり、かなり重たいレコード盤となった。そのために、輸送中に割れてしまう

ことも多かったらしく、日本などでは、レコードが割れてしまった部分は音なしでの上映ということもあったらしい。しかも再生時に鉄針を用いると、すぐにレコード盤が磨耗してしまう。そこでレコード盤は20〜40回の再生で取り替えるように定められていた。

そのように工夫して上映されたが、レコード盤を利用した方式はそれ以外にも問題が生じた。上映中にフィルムが切れた時には、無声映画時代には前後の数コマをカットして、セメントと呼ばれる接着剤で繋ぎ合わせて上映するのが一般的だったが、このレコード盤方式のトーキー映画で同じようにフィルムをカットすると、フィルムとレコード盤の同期がとれなくなってしまうため、カットしたフィルムと同数の黒いコマを挿入しなければならなかったのだ。

フィルム上の音声記録

このようにレコード盤を利用したトーキー映画は、技術的な問題が多かったために、フィルム上に直接音声を記録する光学記録方式が考案された。光学記録の代表的な方式は、フォックス社が1928年に導入したムービートーン方式で、技術的にはRCA社が支援した。

ムービートーン方式は、レコード盤方式が抱えていたふたつの技術的な問題、すなわち「耐久性」とフィルムが切れた時の「同期ずれ」の問題を解決していたので、ワーナー社も1930年から31年にかけてディスク方式から光学記録方式への転換を図った。しかし、光学記録方式に切り替えても、1930年代にはまだヴァイタフォンの商標を使い続けていた。

フィルムへ直接に光学記録をするために、音声記録のための音声帯（サウンド・トラック）がフィルムの左側に設けられて、そこへ音声情報が記録されたが、記録のやり方により縞模様で記録する方式と、波模様で記録する方式があった。トーキー初期には、主題歌がレコードとして単独に吹き込まれない場合などがあり、フィルム左側の音声帯から直接に主題歌レコードが作られたりしたために、映画音楽のレコードやCDは、現在でもサントラ（サウンド・トラック）盤と呼ばれている。

レコード同期方式の場合、画面の縦横比率は無声映画と同じ1：1.33であったが、音声の光学記録が始まると、フィルムの左側に音声帯を設けたために、縦横比率は1：1.2と変わった。その後トーキー映画専用の同時録音カメラが開発されると、縦横比率は1：1.37となる。

無声映画のミュージカル

音のない映画では、歌や音楽を聞かせることができないし、踊りも音楽に乗せて見せるわけにはいかないから、ミュージカル映画は成立しない。しかし、無声映画時代にもブロードウェイでヒットした芝居は映画化されていたので、同じようにドラマを見せるミュージカルは、無声映画として映画化された。

ユニヴァーサル社の「ショウ・ボート」(1929)は、有名な事例だ。当初は無声映画として撮影されたが、完成後にトーキーのブームとなったために、ブロードウェイの出演者を中心として、歌の場面だけをトーキーで追加撮影して、2巻のプロローグとした。この例からわかるとおり、舞台のヒット・ミュージカルは無声映画としてドラマ部分が映画化され、伴奏音楽として曲が使われるというケースがあった。

オスカー・シュトラウスのオペレッタ「チョコレートの兵隊」は、ブロードウェイでは1909年に上演されたが、早くも5年後には「チョコレートの兵隊」The Chocolate Soldier (1914)* として映画化されている。同じように「シェリー夫人」Madame Sherry (1917、舞台1910)、「栄光は輝く」Belle of New York (1919、舞台1897) なども映画化された。ジョージ・M・コーハンの作品も、本人は出ていないが「鉄拳舞踏」45 Minutes from Broadway (1920、舞台1906) と、「名馬一鞭」Little Johnny Jones (1923、舞台1904) が無声映画化されている。

この時期の無声「ミュージカル」作品には、「春来りなば」Maytime (1923、舞台1917)、「踊り子サリー」Sally (1925、舞台1920)、「お針子さん」Mademoiselle Modiste (1926*、舞台1905)、「チャイナタウンへの旅」A Trip to Chinatown (1926*、舞台1891)、「赤い風車」Red Mill (1927*、舞台1906)、「トウ・ダンス」Tiptoes (1927、舞台1925)、「楽天

奇術師」Lady Be Good (1928、舞台1924)、「万事円満」Oh, Kay! (1928、舞台1926)、「ローズ・マリー」Rose-Marie (1928、舞台1924) などがある。

ミュージカル映画の誕生

映画が音を持つと、アメリカでは一斉にミュージカル映画作りが始まった。しかし、すべての国でミュージカル映画が誕生したわけではない。アメリカ以外では、ドイツやフランス、英国、スペイン、ソ連などでミュージカル映画が作られたが、それ以外の国ではほとんどミュージカル映画は作られなかった。その違いはどこにあるのだろうか。

ミュージカル映画が誕生するために必要な条件は、以下の4点だと考えられる。
① 映画産業の十分な発達
② 映画マーケットの存在
③ 芸人や作曲家などの存在
④ 社会的な圧力による娯楽への要求

アメリカでは、この4つの条件が十分に満たされていた。特に重要なのは、芸人や作曲家が沢山いたことで、オペラやクラシック音楽だけでなく、ジャズも盛んであった。芸人もミンストレル・ショー、ヴォードヴィル、バーレスクなどの大衆娯楽だけではなく、ブロードウェイのミュージカル・コメディからも供給された。こうした条件が整っていたので、劇場から芸人を連れてきて、作曲家を探し出せば、すぐにでもミュージカル映画を作ることができた。

これに対して、ほかの国はどうだったろうか。英国では、大衆的なヴァラエティ・ショーの伝統はあったものの、活躍の場所はミュージック・ホールに限られていたので、アメリカに比べると層はかなり薄かった。音楽劇を見せる劇場にしても、ジャズ音楽の伝統はなかったので、ギルバートとサリヴァンのオペレッタ作品のようなものに限られていたために、次から次へとミュージカル作品を生み出すだけの力を持たなかった。

ドイツ

そのほかの国で、映画産業が十分に発達していて、マーケットもある国としては、ドイツ、オーストリアのドイツ語圏と、フランスが挙げられる。ドイツではウーファ社が存在しており、オペラの伝統があるだけでなく、キャバレーなども盛んだったので、ミュージカルが成立する条件は十分にあった。実際に、トーキー初期にはリリアン・ハーヴェイやヤン・キープラなどを主役として、多くのミュージカル作品が作られた。

しかし、不幸なことに、大不況の中でナチスが台頭し、1933年以降は宣伝相ゲッペルスが、映画の政治的な利用を強化して、自由な創作活動ができなくなったために、ユダヤ系の俳優やスタッフが次々とパージされてしまい、優れた作品を生み出す力をだんだんと失っていった。それでも、ナチス・ドイツの検閲などにより、自由な創作が規制された分だけ、政治的に無害な娯楽ミュージカルの制作は活発だった。

スペイン

スペインは自国の映画市場はそれほど大きいとはいえなかったが、メキシコやアルゼンチンなど、中南米に同じスペイン語文化圏の国があったので、大きな市場を持つことができた。また、スペインには、フラメンコなどの音楽と踊り、伝統的な音楽劇サルスエラなどがあったので、フラメンコ芸人を中心としたミュージカル映画が成立した。

また、社会的な圧力という点でも、フランコ独裁政権とカトリック教会の圧力があり、ミュージカル映画成立の条件を満たした。

フランスとイタリア

フランスはどうであろうか。フランスはそれなりに映画産業が発達しており、大映画会社のパテも存在していた。芸能のバック・グラウンドでも、日本の宝塚歌劇が範としたレヴューの伝統があり、キャバレー芸も盛んであったし、シャンソンという大衆歌曲もあったが、ミュージカル映画は大きなジャンルとしては成立しなかった。

トーキー初期には、それでもルネ・クレール監督が技術的制約を乗り越えて、独特の音楽映画を作ったが、第二次世界大戦に向かう欧州を包み込んだ重たい雰囲気のために、モーリス・シュヴァリエなどの優秀な芸人が、どんどんとハリウッドへ活動の場を移したた

め、フランスではミュージカル作品が花開かなかった。

それ以外の国では、イタリアと日本が比較的映画産業が発達していた。イタリアは無声映画時代から史劇や、「カビリア」Cabiria (1914) などの作品で有名であった。1920年代前半までは映画産業としてはそれなりの規模があったが、トーキーが誕生した1920年代末にはイタリアの映画産業は壊滅的な状況で、新しいトーキー技術を活用した音楽作品を生み出すだけの力を持たなかった。

イタリアには音楽面でもオペラやナポリ民謡なども存在していた。しかし、大衆的な劇場としては寄席のような劇場があるだけで、芸人の層はかなり薄かった。それでも、オペラをベースとした作品が何本か作られはしたが、主流にはならなかった。

日本

日本でミュージカル映画が発生しなかったのはどういう理由であろうか。西欧的な音楽ではないが、日本的な音楽を入れた大衆演劇として歌舞伎も有しており、様々な音楽や芸人を有していたことでは、十分に日本流のミュージカル作品を生み出す素地はあったようにも思える。しかし、日本の場合には十分な経済力と市場を持っていなかったことが、ミュージカル映画の成立しなかった原因ではないかと思われる。

アメリカでは1926年に、リップ・シンクロではなく、伴奏音楽だけが入ったサウンド映画が登場、1928年にはトーキー映画が登場して、1930年以降は制作映画のほとんどがトーキー作品に変わっている。映画館でトーキー映画を上映するためには、撮影スタジオやカメラをトーキー用に替えるだけではなく、映写機や映画館もトーキー対応の設備投資を行う必要がある。それを一気に進めるためには経済力が必要だった。

日本の場合には、昭和8年 (1933) 時点でも、国内映画館の約2割は、まだトーキー上映の設備を持っていなかった。これは国内映画館の約半数を占めた松竹や日活系のトーキー化は進んだものの、残りの独立系映画館の半数は、資金難のために設備追加できず、中小映画制作会社が無声映画を供給し続けたためだった。

結局、国内で制作される作品のほとんどがトーキー映画となるのは1935年頃で、アメリカよりも5、6年遅れている。また、やっとトーキー作品に切り替わった時には第二次世界大戦に向けて、ドイツやイタリアを真似た国策的な映画統制や物資不足により、映画制作に大きな制約が付くようになったので、遂にミュージカル映画は誕生しなかった。

サウンド映画

映画に音が入ったのは1926年で、トーキーという「喋る映画」の前には、サウンド映画という音楽の伴奏が付いた音入りの映画が作られている。最初の音入り映画とされているのは、ジョン・バリモア主演の「ドン・ファン」Don Juan (1926) で、それ以前にも多くの実験的な作品が作られているが、現在のトーキー映画に繋がるヴァイタフォン方式としては最初の長編作品だった。

「ドン・ファン」の制作と試写は1926年夏であったが、一般公開は1927年になってからだった。先に述べたとおり、このレコード同期方式はふたつの技術的な問題を解消できなかった。ひとつはフィルムとの同期で、もうひとつはレコードの耐久性だ。そのために、1930年代に入ると、フォックス社が1928年に採用したムービートーンと同じように、フィルム上に音声を光学記録する方式に変更した。

舞台芸人たちの移入

ミュージカル映画を作り始めた時にまず必要になったのは、歌ったり踊ったりすることができる芸人たちだった。もちろん無声映画時代からのハリウッドの映画スターたちは大勢いたが、大半のスターたちは歌ったり、踊ったりすることはできなかった。そこで、いろいろなところから新しい才能が発掘された。

一番のスター供給源は、ブロードウェイの舞台で、アル・ジョルスンを始めとして、フレッド・アステア、マルクス兄弟、エディ・カンターなどが、舞台から映画の世界に移って活躍した。

オペラの世界からもグレイス・ムーア、アイリーン・ダン、ジャネット・マクドナルド

などが映画界に入ってきた。ポピュラー音楽の世界からも、ルディ・ヴァリーやビング・クロスビーなどが呼ばれる。この分野では、SPレコードの普及とともに、ラジオでも音楽の需要が大きかったので、ラジオ界でもスターが誕生していた。

ビッグ・ネームの大スターたちだけでは、ミュージカル映画は単調なものとなってしまうため、沢山のヴォードヴィル出身者たちが脇を固め、「ジーグフェルド・フォリーズ」のように美女たちがコーラス・ガールとして大量採用された。こうした美女たちの一番の役割は、微笑んで美しい脚線美を披露することで、歌や踊りの能力は二の次だった。

もちろん、ハリウッドでも独自の映画スターを育てる努力はあった。しかし、大人になった芸人たちは、当然ではあるが、舞台などで活躍をしていたため、独自に新しいスターを育てようとすると、若い才能を探し出す必要が生じた。

フォックス社が子役コメディに出ていたシャーリー・テンプルを売り出したところ大ヒットしたので、各社とも子役を手に入れようと考え、MGMは歌の上手なジュディ・ガーランドを抱えた。ディアナ・ダービンは、ジュディを残したMGMが放出したので、ユニヴァーサルが売り出した。

短編音楽映画

トーキー映画が誕生する前のアメリカの大衆的な劇場では、スライドの絵や写真を映写して歌手が歌う、「挿絵曲」Illustrated Songという出し物に人気があった。これは音楽レコードが普及する前の時代には、ヒット曲の楽譜Sheet Musicを買って、各家庭で演奏して楽しんでいたことから、その楽譜の販売促進を兼ねて行われたものだ。

歌詞の内容を表す絵や写真が映し出され、多くの場合はそれに加えて歌詞も映写され、歌手がリードして観客たちも一緒に歌うよう促した。スライドは1曲あたり12〜16枚程度で、手描きで彩色される場合が多かった。後の舞台ミュージカル「ピピン」Pippin (1972)ではこうした場面が再現されていた。

78回転のSPレコードは、1925年以降に電気録音されるようになり、音質が飛躍的に改善された。また1930年代にラジオ放送が急速に広まり、トーキー映画が誕生したことから、楽譜の販売はポピュラー音楽商売の主流からは外れたが、それとともに「挿絵曲」も短編音楽映画に取って代わられた。

1927年にヴァイタフォン方式のトーキー映画が実用化されたが、長編トーキー映画が本格的に普及する前の段階では、大量の短編音楽映画が作られた。1926年から30年までのディスク式のトーキーの時代に、ワーナーとその系列のファースト・ナショナル社は、約2000本の短編音楽映画を作ったという。内容的にはヴォードヴィルの舞台をそのまま記録したような作品が大半で、歌、楽器演奏、踊り、曲芸などが含まれている。

この時期のトーキー映画は、撮影と同時にレコードに音を記録する同時録音方式であり、撮影中にカメラが発する機械的な騒音が録音されないようにする必要があった。そのために電話ボックスのような防音を施した小さな部屋にカメラを入れて、ガラス越しに撮影が行われた。小さなボックスに閉じ込められたカメラは機動性が失われて、固定カメラから舞台を撮影するような実写的な作品とならざるを得なかった。

こうした問題により、音声場面は独立的に扱われて、映画全体の物語との一体的な結合を妨げることになったが、一方では多種多様な芸人の芸を記録する意味では意義深かったといえる。

このような短編音楽映画は、制作本数は減るものの、1930年代を通じて各社で制作されていた。短編作品は、新人のスクリーン・テスト代わりに使われるとともに、長編映画の前に上映される軽い前菜のような役割が、漫画映画とともに期待されていた。

そうした意味で、このような伝統は、制作本数こそ減るが1940年代にも生き残り、様々な形に発展した。特に1940年代以降は遊園地などに設置された、ジューク・ボックス型の映画鑑賞機向けに音楽短編が作られることとなり、黒人向けの作品も多く残された。1960年代になると、ビートルズを始めとする多くのロック歌手たちが、レコードの宣伝用にミュージック・ビデオを制作するようになり、テレビ向けに発展し続けた。

第1章　ミュージカル映画の誕生

3　トーキー初期（1927-32年）

不況下のトーキー映画

　トーキー映画は1927年に初めて上映されて、その本格的な制作は1929年から始まった。その1929年は、10月24日にウォール街の株式市場で大暴落が起こり、世界的な大不況が始まった年でもあった。そのために1930年代前半には失業者が街に溢れ、庶民の生活は大変に苦しくなった。庶民の間で手軽な娯楽として人気のあったのは、トーキー映画と、やはり普及し始めたばかりのラジオ放送だった。それまで庶民の娯楽として人気のあったヴォードヴィルはだんだんと凋落して、人々は映画館へと向かっていった。映画館の全盛時代は、その後1950年代に娯楽の王様の地位がテレビに移るまで続いた。

　1930年代前半のミュージカル映画を見ると、能天気な娯楽作品や単純なシンデレラ物語も多いが、大不況で暗くなりがちな世間の中で、唯一、現実を忘れて楽しい気分に浸れるのが映画館であったため、そうした大衆の要望にこたえる作品が多く作られたのも当然だろう。

　1930年代の映画館では、長編映画の上映に先立ち、短編映画、漫画映画、ニュース映画などが上映された。場合によっては、実演の楽団演奏や、簡単なショーが映画の前に上演されることもあった。バークレイ監督の「フットライト・パレード」Footlight Parade (1933) は、そうした時代を背景とした話となっている。

　こうした上映形態だったので、1930年代には多くの短編作品が作られており、その中には歌や踊りを扱ったものも多かった。これらの短編作品は、現在ではあまり見る機会に恵まれないので、本書では説明していない。

　短編の漫画映画も歌入りの作品が多い。ディズニーの初期の作品や、ベティ・ブープ作品は、漫画映画の中でも歌や音楽の多いものだった。ディズニーはやがて長編作品に取り組み、ベティ・ブープは1934年のヘイズ・コードと呼ばれる倫理規定の強化によって人気が低下した。

「ジャズ・シンガー」の登場

　映画界で最初にミュージカル作品を作り始めた会社は、ヴァイタフォンの技術で先行したワーナーだった。部分トーキーではあるが最初のミュージカル映画「ジャズ・シンガー」The Jazz Singer (1927) が大ヒットした。この大ヒットを見て、ワーナー以外の会社も一斉にトーキー・ミュージカルに目を向け始めた。そのために無声映画として途中まで撮影されていた作品を、慌ててミュージカルにするようなことも起きている。まさに後年の「雨に唄えば」(1952) の中で描かれたとおりの展開だった。

　こうしたミュージカル・ブームと、トーキー制作の技術的な安定化、上映館のトーキー対応に目途がついて、1929年と30年には洪水のように大量のミュージカル映画が制作された。しかし、粗製乱造による質の低下とマンネリ化、そして蔓延する大不況のために、この2年間で初期のミュージカル・ブームは終わり、1931年と32年にはミュージカル作品の制作本数は著しく低下する。

　この両年ではミュージカル作品として企画された作品が、撮影途中で音楽の入らないドラマ作品に変更されるようなこともあったらしい。こうした淘汰を受けて、1933年以降には質の向上したミュージカル作品が再び登場する。

　このようにトーキーの誕生から1932年までがミュージカル映画の黎明期であったが、その時代に活躍したのは、映画スターではなく、ヴォードヴィルやブロードウェイなどの舞台芸人や、楽団歌手、ラジオの歌手たちだった。踊りのほうは、ヴォードヴィル芸人のほかに、クラシック・バレエの踊りも入るという何でもありの時代だった。

　ヴォードヴィル系の芸人では、アル・ジョルスンに代表されるように、ヴォードヴィル以前のミンストレル・ショー出身の芸人も多かった。こうしたミンストレルは、白人が顔を黒塗りして黒人を真似て演ずる芸なので、公民権運動が盛んになる1960年代以降は見られなくなったが、1950年代までは続いて

いた。

カラー映画のブーム

　カラー映画については、テクニカラー映画会社が研究して、無声時代から試作していた。最初のテクニカラー作品は、「深い溝」The Gulf Between (1917)*で、2色方式のものだった。これはテクニカラーのプロセス1と呼ばれるもので、光学フィルターにより赤と緑に2色分解して、その映像を別々に1本の白黒フィルムに記録して、上映時にも赤と緑のフィルターをかけて上映するというシステムだった。

　このシステムは、撮影時のカメラと上映時の映写機の両方で特殊な機材が必要なうえ、発色の点でも暗い部分の色の鮮明さに欠けることもあり普及しなかった。そのため、テクニカラー社ではフィルムそのものを染色して、暗い部分にも色が乗るように改良を進めて、1928年にプロセス3と呼ばれる改良技術を開発した。このプロセス3ではフィルムそのものに染色しているので、上映時の映写機は既存のものが使えるという利点があった。

　折からのトーキーの導入と一緒に映画のカラー化も進み始め、1929年から31年にかけて、「エロ大行進曲」On with the Show (1929)、「ブロードウェイ黄金時代」Gold Diggers of Broadway (1929)、「ショウ・オヴ・ショウズ」The Show of Shows (1929)*、「恋の花園」Sally (1929)、「放浪の王者」The Vagabond King (1930)、「青春倶楽部」Follow Thru (1930)、「キング・オブ・ジャズ」King of Jazz (1930)などが、豪華な音楽場面を見せるためにカラーで作られた。

　しかし、撮影時には特殊なカメラを使う必要があり、それはテクニカラー社からのレンタルなので台数に制約があり、スタジオ側で予定を立てにくいことや、コスト的にも負担が大きかったために、不況の影響が大きくなった1932年頃からはカラー映画は減ってしまう。

3色方式のカラー

　テクニカラー社はこうした事態を踏まえて、プロセス4と呼ばれる研究中だったフル・カラーの3色方式の映画を市場に投入した。これは、緑、青、赤のフィルターで分解記録したネガ・フィルムから、マゼンダ(緑フィルターのネガ)、黄(青フィルターのネガ)、シアン(赤フィルターのネガ)による染色でフル・カラーの上映用ポジ・フィルムを作るものだった。

　最初にこの3色方式のテクニカラーで作られたのは、ディズニーの「シリー・シンフォニー」シリーズの「花と木」Flowers and Trees (1932)で、発色が優れていたことからアカデミー賞を受賞している。ディズニーはこのテクニカラーを大変気に入り、その後のアニメはほとんどカラーで作るようになった。

　アニメの場合にはコマ撮りなので、3色分解のネガを3回に分けて連続的に撮影することが可能であったが、実際に動く被写体を撮影するには、さらにカメラの改良を行う必要があった。

　それでもテクニカラー社は苦心してカメラを完成させ、MGMの「猫と提琴」The Cat and Fiddle (1934)が最初のフル・カラー作品として撮影された。この直後に作られたのが、2巻物の短編「クカラチャ」La Cucaracha (1934)や、エディ・カンター主演の「百万弗小僧」Kid Millions (1934)だ。「クカラチャ」はパイオニア社の作品で、翌年にジュディ・ガーランドが『ラ・クカラチャ』を歌ったカラー短編の「西班牙狂舞曲」La Fiesta de Santa Barbara (1935)とは異なる作品。

カラー作品の課題

　しかし、この3色方式のテクニカラー作品は、トーキー初期のミュージカル映画のようには大量に出現しなかった。その理由はコストとともに、技術的なものもある。まず、コスト的には白黒の普通作品に比べると4倍ぐらいのコストがかかった。したがって、不況下で制作コストを抑えたいスタジオとしては、制作を躊躇せざるを得なかった。

　もうひとつはカメラ感度の悪さだ。この時代の3色分解カメラは、被写体からの光を3つに分けてフィルターを通して撮影するので、かなり明るい被写体でないと撮影できないという問題を抱えていた。そのために、強い照明を隅々まで当てる必要があり、スタジオ内は40度ぐらいの暑さになるだけでなく、強

第1章　ミュージカル映画の誕生

い照明のために出演者の視力に問題が生じることも心配された。

こうした強い照明が必要だったために、1935年までのテクニカラー作品はスタジオでしか撮影ができなかったが、技術の改良が進み、36年からは屋外撮影も可能となった。しかし、この時代のカラー作品では、専門のカラー監修者をおく必要があり、撮影の制約が多かった。

この時期に制作されたカラー作品は、1940年代末のテクニカラー社の倉庫整理により大量に破棄されてしまい、現在まで残っているものは少ない。1950年代にはテレビで映画の放送が始まったために、古い映画もテレビ用にプリントし直されたが、初期のテレビ放送は白黒だったために、こうしたテレビ用プリントも白黒で作成された。本来はカラーの作品の白黒プリントだけが残っているのは、こうしてテレビ用に1950年代にプリントされたものだ。

★

アル・ジョルスン　Al Jolson
（1886.5.26-1950.10.23）

アル・ジョルスンは、1886年生まれのヴォードヴィリアンで、白人だが顔を黒塗りして歌うミンストレル・スタイルで知られている。20世紀に入って登場したレコード、映画、ラジオなどの新しいメディアに乗った最初のスターだともいえる。

その生涯は、伝記映画「ジョルスン物語」The Jolson Story (1946)にも詳しいが、子供の時から歌が上手で、兄と一緒に歌い始め、ヴォードヴィルの舞台を経て、ミンストレル劇団に所属して活躍した。そこでの活躍が目に留まりブロードウェイに進出、ブロードウェイでも大スターとなるが、新しく出たトーキー映画に出演するためにハリウッドへ活動の場を移し、その後はラジオでも活躍した。

1910年代の終わりには、ブロードウェイの舞台で『スワニー』Swaneeを歌って人気者となり、1920年にはコロムビア・レコードでこの曲を吹き込んでいる。その頃が人気の頂点で、映画で歌い始めた時には既に40歳を超えていたが、舞台でしか見ることができなかったアル・ジョルスンを、スクリーンで見ることができるということで大人気となった。

歌い方のスタイルはマイクロフォンが発明される前の、ヴォードヴィルの舞台の歌い方を色濃く残していて、その後に登場するミュージカル・スターたちも多かれ少なかれジョルスンのスタイルから影響を受けている。ミンストレル・ショーから得た黒塗りのスタイルがトレード・マークで、歌う曲も黒人生活に題材を取った南部的なものが多かった。

ジョルスンのトーキー長編としては「ジャズ・シンガー」Jazz Singer (1927)が最初だが、その前年に1巻物の短編トーキー映画「農園の一幕」A Plantation Act (1926)*を撮っている。この短編の中でジョルスンは、黒人を真似た黒塗り姿で舞台でのヒット曲を3曲ほど歌っている。

この映画は失われたと思われていたが、アメリカ国会図書館で著作権登録した紙焼きの映像が発見され、それから復元されたので、今でも見ることができる。書割で描いた農園の粗末な小屋の前で、ミンストレル風の様式化された黒人ではなく、もっとリアルな黒人メイクでアル・ジョルスンは歌っている。

「ジャズ・シンガー」(1927)は部分トーキーながら大ヒットしたので、気を良くしたワーナー映画はすぐ翌年に「シンギング・フール」The Singing Fool (1928)を作るが、これもまだ部分トーキーの作品。

全面的なトーキー作品となるのは「子守唄」Say It with Songs (1929)以降で、「マミー」Mammy (1930)では改良されたばかりの2色方式のテクニカラーに挑んだ。しかし、内容的にはどれも同じような舞台裏物が続き、ジョルスンが顔を黒塗りしてヒット曲を歌うだけで、代わり映えしなかった。それでも、工夫を加えながら、「ビッグ・ボーイ」Big Boy (1930)*、「風来坊」Hallelujah I'm a Bum (1933)*と続けた。

作品のムードが変わるのは「ワンダー・バー」Wonder Bar (1934)からで、バスビー・バークレイが演出を担当したために、ジョルスンの映画というよりもバークレイ調の作品となった。次の「カジノ・ド・巴里」Go Into Your Dance (1935)は、1928年に結婚したルビー・キーラーと共演した作品で、キーラ

一が踊るので賑やかな作品となっている。

その後は、フォックスで撮られたアリス・フェイの主演作品「ワシントン広場のローズ」Rose of Washington Square (1939)＊にゲスト出演して、昔のヒット曲を数曲歌ったり、スティーヴン・フォスターの伝記作品「懐しのスワニー」Swanee River (1939) で、ミンストレル芸人の役を演じたりした。この作品に出演した時には既に50代半ばで、その後はクルーナー歌手として人気のあったビング・クロスビーや、新たに出てくるフランク・シナトラなどに人気が移ったため、ジョルスンに映画出演の機会はなくなった。

第二次世界大戦が始まると、ジョルスンはアフリカなどで慰問公演をしたので、戦後にもう一度彼を見直す動きが出てくる。そうした中で、ジョルスンの伝記作品「ジョルスン物語」The Jolson Story (1946) がコロムビア社で作られて、ジョルスン自身が歌を担当した。これが大ヒットし、続編の「ジョルスン再び歌う」Jolson Sings Again (1949) も制作された。

ジャズ・シンガー　The Jazz Singer (1927) は、最初のトーキー映画として紹介されることも多いが、厳密には大半がサウンド版であり、歌とその前後の台詞のみがトーキーで記録されただけなので、部分トーキー映画というのが正しい。ちなみに、全編トーキーの作品は「ニュー・ヨークの灯」Lights of New York (1928)＊が最初。

この作品は大半がサウンド版なので、無声映画と同じように、台詞を記したスポークン・タイトルが使われている。面白いことに、ジョルスンが歌う場面で母親が喋ると、歌が流れつつ母親の台詞が現れるという、ちょっと現在の感覚では不思議な編集で、役者の演技も無声映画風となっている。この作品は映画オリジナルではなく、サムソン・ラファエルソンの短編小説「贖罪の日」The Day of Atonement (1922) が下敷き。ブロードウェイで舞台化 (1925) された時に「ジャズ・シンガー」という題名となった。

先祖代々ユダヤ教会で賛美歌の主唱を行う家に生まれたアル・ジョルスンは、ジャズ音楽への夢が捨てきれずに、勘当されてまでヴォードヴィルの舞台に立った。彼がニュー・ヨークの檜舞台に上がる日は、ユダヤ教の贖罪の日で、父親が主唱を務めることになっていたが、急に倒れたために、母親は舞台よりも教会で賛美歌「コル・ニドレ」を歌うことを優先するようにジョルスンを説得する。悩んだ末に舞台の初日を諦めて彼は教会で歌うが、舞台も最後にはヒットしてジャズ・シンガーとして大成する。

陳腐な話だが、ヒット曲『マイ・マミー』を自分の母親を思う気持ちに重ねて歌わせるという、ちょっとした工夫で救われている。途中のショー場面で、「ちょっと待った、まだ何にも聞いちゃいないぜ」Wait a minute, wait a minute. You ain't heard nothing yet.（高瀬鎮夫の字幕では「お楽しみはこれからだ」）という台詞を、画面からジョルスンが語りかけ、それに続いて歌う場面が評判となった。この有名な台詞は、この作品向けに書かれたというよりも、ジョルスンがいつも使う言い回しで、先の「農園の一幕」A Plantation Act (1926)＊の中でも、1曲目が終わったところで出てくる。

「ジャズ・シンガー」の中で使われている曲は、ジョルスンの持ち歌で、1910年代半ばにヒットした彼の舞台作品などから取られたもの。呼び物の『マイ・マミー』は、『スワニー』と並んで彼のヒット曲だった。前年の短編作品では『四月の雨』などを歌ったので、この作品では『マイ・マミー』に焦点を当てて、得意の黒塗りで歌った。アラン・クロスランド監督のワーナー作品。

潰れかけていたワーナー社が、この1作で持ち直したといわれるほどのヒットとなったために、ワーナーはもちろん、各社とも一斉にトーキー作品、ミュージカルの制作を始めた。この作品は、ミュージカル映画の古典となり、ダニー・トーマス主演のマイケル・カーティス監督版 (1952)＊、ニール・ダイヤモンド主演のリチャード・フライシャー監督版 (1980) と、リメイクされている。

シンギング・フール　The Singing Fool (1928) は、ワーナー社が「ジャズ・シンガー」のヒットに気を良くして、アル・ジョルスンで二匹目のどじょうを狙った作品で、前作と同様に部分トーキー。

アル・ジョルスンはカフェの給仕で、作曲

もすれば自分でも歌う歌好きだ。踊り子の娘と結婚して息子を得るが、踊り子は舞台を求めて出て行ってしまうので、ジョルスンは最愛の息子を育てながら、給仕生活に戻る。ところが、その息子が亡くなり、失意のどん底に落ちるが、タバコ売りの娘が彼を慰める。

息子を思って歌う『ソニー・ボーイ』が聞かせどころで、大ヒットした。映画としての出来も、「ジャズ・シンガー」よりはまだ良いというのが当時の一般的な評価。2作目なので、現在では忘れられているが、アル・ジョルスンの貴重な記録映像。ロイド・ベーコン監督のワーナー作品。

子守唄 Say It with Songs (1929) は、アル・ジョルスン作品としては、初の全編トーキー（オール・トーキング）の映画。内容は前作と似たり寄ったりのお涙頂戴ドラマだが、この作品ではジョルスンが初めて黒塗りでない姿で歌った。

ジョルスンはボクサー上がりの歌手で、ラジオで人気があったが、ラジオ局の支配人が愛妻にチョッカイを出すので、怒って殴り殺してしまう。ジョルスンは殺人犯として収監され、妻と息子に迷惑がかからぬように、愛想尽かしする。しかし、妻子の愛は強く、彼が出所して生きていくのを助ける。監督は前作に続いてロイド・ベーコン。音楽はレイ・ヘンダソンの書き下ろし曲が中心。

マミー Mammy (1930) は、マイケル・カーティス監督が撮った舞台裏物。ミンストレル・ショーの一座にいるアル・ジョルスンは、座長の娘が好きなのだが、座長の娘は二枚目の男優を好いている。ところがその二枚目は浮気者で、座長の娘は相手にされない。ジョルスンは誤って拳銃で二枚目を傷つけてしまい収監されるが、護送車が事故に遭い、その隙に逃げ出して故郷に戻る。やがて、一座と再会した時には、ジョルスンの疑いも晴れて、座長の娘と愛を語る。

題名からしてジョルスンのヒット曲『マイ・マミー』に引っ掛けられたものだが、大半の楽曲はアーヴィング・バーリンの書き下ろし曲。出始めたばかりの2色方式のテクニカラーで2場面が撮影されたが、不完全な形でしか現在は残っていない。

ビッグ・ボーイ Big Boy (1930)*は、アル・ジョルスン自身の同名の舞台ヒット作品(1925)を映画化したもの。「ジャズ・シンガー」を撮ったアラン・クロスランド監督の作品。音楽は舞台版とは異なり新曲を使っている。

ビッグ・ボーイという名の馬をケンタッキー・ダービーに出す話で、ジョルスンはその馬を育てて調教もしている。ケンタッキー・ダービーでは彼自身が乗って出場するつもりでいたが、馬主が英国から連れてきた騎手を乗せるというので失業してしまう。彼は歌う給仕をやりながら、ダービーでの八百長のたくらみを暴く。物語はともかく、ジョルスンの芸を見せる映画で、ここでもジョルスンは黒塗りで歌う。

風来坊 Hallelujah I'm a Bum (1933) は、アル・ジョルスンの6作目にして初めての本格的なミュージカル。ベン・ヘクトが台本に参加して、ルイス・マイルストンが監督。楽曲はリチャード・ロジャースとローレンツ・ハートという強力なメンバーなので、見応えのある作品に仕上がっている。

ジョルスンは生まれながらの風来坊で、住処といえばニュー・ヨークのセントラル・パークだ。ある日ジョルスンは入水自殺しようとしている娘マッジ・エヴァンスを公園で救うが、彼女が記憶喪失となったために、馬車屋の家に住まわせて、面倒を見ることにする。そのために彼は風来坊をやめて銀行勤めをすることになるが、ある日、昔から親しい市長フランク・モーガンの行方不明の恋人がマッジだとわかり、二人を再会させる。マッジの記憶が戻ったのは良いものの、逆にジョルスンに世話になったことはすっかり忘れてしまう。ジョルスンは、それを見て、再び風来坊の生活に戻るのだった。

内容からもわかるとおりに、この作品のジョルスンは顔の黒塗りをしないで歌っている。しっかりとした作品に仕上がり、ジョルスンの作品の中では最も優れている。ワーナー社ではなく独自制作で、ユナイトで配給された。

カジノ・ド・巴里 Go Into Your Dance (1935) は、相手役にルビー・キーラーを配した舞台裏物。「四十二番街」と同じ原作者ブラドフォード・ロペスの原作の映画化。ジョルスンは芸達者だが酒癖の悪い芸人で、妹の献身的な働きにより、彼が密かに思いを寄せて

いた踊り子ルビー・キーラーと組んだショーを成功させる。彼はギャングに金を出させて、ニュー・ヨークに「カジノ・ド・巴里」というキャバレーを開いて、繁盛させるが、ギャングの情婦で歌手のヘレン・モーガンがジョルスンに惚れるので、話が複雑になる。金のごたごたもあり、ジョルスンはギャングに狙われるが、撃たれた拳銃の弾をルビー・キーラーが身をもって防ぐので、ジョルスンは彼女の本当の気持ちを知るのだった。

踊りのルビー・キーラーと、舞台でも人気があった歌のヘレン・モーガンを配しているので、ミュージカル場面の出来は良い。楽曲は主にハリー・ウォーレンが書いており、アカデミー賞の候補になった振付はボビー・コノリーが担当した。監督はアーチー・メイヨーほか、ワーナー作品。ジョルスンは1928年にルビー・キーラーと結婚しているので、この作品では夫婦共演。

歌う若者 The Singing Kid (1936)*はアル・ジョルスンが主演した最後の映画。題名は初期のヒット作の「シンギング・フール」The Singing Fool (1928)を意識して付けられたのだろうが、この映画への出演時にはジョルスンはもう50歳で、キッドと呼ぶには年をとり過ぎているため、題名はジョルスンではなく、後述の少女を指すのだろう。

ジョルスンは成功したミュージカル・スター。金持ちで、取り巻きに囲まれていて女にも弱い。ある日、彼が酒をひっかけて舞台に立つと、曲の途中で声が出なくなってしまう。休養に訪れた田舎の宿で、素晴らしい歌をうたう少女シビル・ジェイスンに出会い心休まる。おまけに彼女には美しい叔母もいるので、ジョルスンはその叔母に恋をする。ゲストでウィニー・ショウ、キャブ・キャロウェイ楽団も出ている。楽曲はハロルド・アーレンが書いていて、監督はウィリアム・キースリー。

懐しのスワニー Swanee River (1939)はスティーヴン・フォスターの伝記映画で、フォックス社で作られたカラー作品。アル・ジョルスンの出演した最後の作品で、主役ではなく脇役の扱い。ピッツバーグで作曲家を目指していたドン・アメチ(フォスター役)は、自作の『おお、スザンナ』をミンストレルの芸人アル・ジョルスンに売ったところ、この曲が大ヒットする。アメチはニュー・ヨークへ出てヒット曲を書くが、南北戦争により、彼の南部民謡調の曲に人気がなくなり、酒に溺れる日々を過ごすようになる。彼の妻はアメチを勇気づけて再び作曲に向かわせる。フォスターの名曲が次々に出てくるが、大半の曲はアル・ジョルスンによりミンストレル調で歌われる。シドニー・ランフィールド監督作品。

エディ・カンター Eddie Cantor
(1892.1.31–1964.10.10)

エディ・カンターは、1892年生まれのヴォードヴィリアンで、最初はヴォードヴィルに出ていたが、「ジーグフェルド・フォリーズ」の舞台で人気が出て、映画にも沢山出演した。耳と目が大きく、目をくりくりさせて、手の指を大きく広げて両手を突き合わせながら歌うのがトレード・マーク。小柄で軽快に動く気弱な男というのが役どころ。映画でも無声時代から「猿飛びカンター」Kid Boots (1926)に出て、クララ・ボウと共演。また、「飛脚カンター」Special Delivery (1927)などにも出演した。

ミュージカル映画としては、フロレンツ・ジーグフェルドが制作した、「アメリカ娘に栄光あれ」Glorifying the American Girl (1929)のレヴュー場面にゲスト出演したのが最初。この作品は、ジョセフ・パトリック・マカヴォイの小説の映画化で、デパートの楽譜売り場で働いていた若い娘が旅回り一座に入り、「ジーグフェルド・フォリーズ」の大舞台に立つまでを描いた舞台裏物だが、映画の主眼は、物語よりも最後のレヴュー場面にある。ジーグフェルド自身が制作しただけあって、ルディ・ヴァリー、ヘレン・モーガン、カンターなど、実際に当時の舞台に立っていた人気者たちが登場する。最後のレヴュー場面だけが2色方式のテクニカラーで撮られたが、現在では白黒版しか残っていないようだ。

エディ自身が主役となって出演したのは、サミュエル・ゴールドウィン制作の「フーピー」Whoopee! (1930)が最初で、若くて美人の娘たちを集めたゴールドウィン・ガールズと、彼女たちを振り付けたバスビー・バーク

レイの演出が評判となり、同じメンバーで「突貫勘太」Palmy Days (1931)、「カンターの闘牛士」The Kid from Spain (1932)、「羅馬太平記」Roman Scandals (1933) の3本が作られる。

バークレイがワーナー作品で忙しくなったために、セイモア・フェリックスが振り付けた「百万弗小僧」Kid Millions (1934)、ロバート・オルトンの振り付による「当り屋勘太」Strike Me Pink (1936) の2本が作られたが、ゴールドウィンの制作なので、全体のテイストは変わっていない。

作品のムードが変わるのはゴールドウィンを離れてからで、フォックスで「アリババ女の都へ行く」Ali Baba Goes to Town (1937) や、MGMでバークレイが監督した「四十人の小さな母親」Forty Little Mothers (1940)*などに出演したが、エディの面白みは出なかった。

その後は、戦時慰問映画の「君の幸運の星にありがとう」Thank Your Lucky Stars (1943)*や、「ハリウッド玉手箱」Hollywood Canteen (1944) にゲスト出演したほか、RKOで芸人物の「ショー・ビジネス」Show Business (1944)*や、彼のヒット曲を題名にした「君がスージを知っていたなら」If You Knew Susie (1948)*に出演したが、往年の精彩は見られなかった。

エディの出演はこの作品が最後で、戦後にエディの伝記映画「エディ・カンター物語」The Eddie Cantor Story (1953)*がワーナーで作られた。アル・ジョルスンの伝記映画「ジョルスン物語」The Jolson Story (1946) と、その続編「ジョルスン再び歌う」Jolson Sings Again (1949) をコロムビアが作ってヒットしたので、ワーナーも同じような形でエディ・カンターの伝記作品を作った形。キーフ・ブラッセルがカンター役を演じていて、声はエディ・カンター自身の声を使うというのも、ジョルスンと同じやり方。この伝記映画はあまり当たらなかったが、アルフレッド・E・グリーンが監督して、カンターのヒット曲が沢山入っていた。

フーピー Whoopee! (1930) は、彼自身が主役を演じたジーグフェルド制作による舞台のヒット作 (1928) の映画化で、バスビー・バークレイの最初の映画作品でもある。舞台版はセイモア・フェリックス振付だが、映画版はバークレイが振り付けた。映画版でも、大半は舞台の出演者がそのまま演じており、物語も音楽もほぼ同じ構成。

西部の町に住む娘エセル・シュッタには、結婚を考える恋人がいる。その恋人にはインディアンの血が混じっているので、二人の結婚は世間から認められない。エセルは、保安官との結婚を強要されたため、たまたまその土地に神経衰弱の治療に来ていたエディ・カンターと一緒に、インディアン居留地に逃げ込む。最後はインディアンの酋長が、問題の恋人は白人の捨て子だったと発表するので丸く収まる。

音楽は舞台と同じウォルター・ドナルドソン。監督はソーントン・フリーランドで、ゴールドウィン制作の作品。音楽でヒットしたのはカンターの『馬鹿騒ぎしよう』Makin' Whoopee で、彼の舞台でのヒット曲をそのまま歌ったもの。

バークレイの見せ場となったのは『日没の歌』The Song of the Setting Sun。舞台を実写したような場面が多く、酋長の歌に続いて、美人揃いのゴールドウィン・ガールズが登場する。インディアン娘に扮した24人の美女たちの踊りを、最初は斜め俯瞰で撮るが、彼女たちが二重の輪を作り、羽根を付けた頭を上げ下げする場面は真上から撮影して、万華鏡のような場面を作り上げた。これがバークレイのオーバー・ヘッド・ショット（俯瞰撮影）の初登場で、この作品以降、俯瞰撮影はバークレイの専売特許となる。

続いては、インディアンの娘たちが、美しい衣装で山の上からゆっくりと歩いて下りる場面となり、「ジーグフェルド・フォリーズ」風の舞台を再現、最後は馬に乗った美女が登場してフィナーレとなる。

当時出始めた赤と緑を使用した2色方式のテクニカラーで全編が撮られた色彩映画で、青と黄色の発色が弱いが、十分美しい画像が今も残っている。

突貫勘太 Palmy Days (1931) は、映画オリジナルの作品。監督はA・エドワード・サザーランドで、ゴールドウィン作品。パン工場に潜り込んだ、インチキ占い師の助手エデ

ィ・カンターと、工場で働くゴールドウィン・ガールズのドタバタ劇。背の高いシャーロット・グリーンウッドが工場の美女たちの体操指導係で、カンターを追い掛け回すという設定。この作品では、派手な俯瞰場面だけでなく、バークレイのもうひとつの特徴である、美女路線が前面に出ている。

前作「フーピー」のインディアン娘たちも、サミュエル・ゴールドウィンが集めた美女揃いのゴールドウィン・ガールズだったが、群舞を踊るためのコーラス・ガールとしてしか使われていなかった。それが「突貫勘太」では、彼女たちの笑顔と脚線美を見せることに重点が置かれている。

この作品の美女たちはパン工場で働いているのだが、なぜか薄いスケスケの制服で体のラインを見せて、水着姿となってプールで泳ぎ、最後には飾り太鼓でマス・ゲームのような踊りを見せる。

美女たちのプールでの水着姿は、「カンターの闘牛士」The Kid from Spain (1932)、「フットライト・パレード」Footlight Parade (1933)、「百万弗の人魚」Million Doller Mermaid (1952) と繋がる、水中レヴュー・ショーの原型といえる。こうした美女そのものを見せようとする姿勢は、その後もどんどんとエスカレートしていく。

コン・コンラッドほかの曲を、エディ・カンターが歌っている。カンターの歌では『イエス、イエス』Yes Yesが有名。このナンバーでは、カンターの歌に続いて、パン工場の制服姿のゴールドウィン・ガールズが群舞を展開して得意の俯瞰撮影となる。この場面では飾り太鼓を持って踊る。

カンターの闘牛士 The Kid from Spain (1932) は、メキシコを舞台とした作品。これもサミュエル・ゴールドウィンの制作で、監督は喜劇を得意とするレオ・マケリー。カンターの相手役は、パラマウント社で主にジャック・オーキーの相手役をやっていたライダ・ロベルティを借りてきている。ライダ・ロベルティは金髪のセクシーなコメディエンヌで、ポーランド訛りの英語がちょっと可愛い。ジンジャー・ロジャースが彼女の訛りを真似て喋る作品もあるくらいだから、アメリカ人にとっても魅力的に響いたのだろう。

話はいつものとおりに荒唐無稽なもので、大学生カンターが女子寮に忍び込み、退学となる。彼は銀行強盗に巻き込まれてギャングに脅されるので、メキシコへ逃げ、そこで有名な闘牛士の息子だといって闘牛を演じて、最後にはライダ・ロベルティと結ばれる。

見どころは冒頭の女子寮の場面の『もう起きなきゃ』But We Must Riseで、女子学生が朝ベッドから起きて着替える様子をミュージカル場面に仕立てている。ゴールドウィン・ガールズがベッドから出て、薄物のスカートを外すと水着になっていて、そのままプールで朝の水浴び。プールに飛び込む時には靴のまま。この場面はそのまま水中のレヴューとなり、プールから出てくると衝立の向こうで着替えるさまがシルエットで映る。下着や服を身に付けて化粧をすると、美女たちの顔が次々と大写しになっていく。

こうしたナンバーでは、踊りの要素はなく、音楽に乗せて美女たちを次から次へと見せていくだけで、「ジーグフェルド・フォリーズ」が舞台で見せたことを、極めて映画的に処理しただけだといえる。

後半の『完璧な組合せ』What a Perfect Combinationでは、カンターはメキシコ人の乱暴者から逃げるために黒人に変装して、ミンストレル風に黒塗り姿で歌う。彼の歌が終わるとテーブルの下からゴールドウィン・ガールズがせり上がってきて、タップと群舞を見せ、つば広のメキシコ風の帽子を使い俯瞰撮影によるカレイド・スコープ的な映像を展開する。

楽曲は「土曜は貴方に」(1950) のモデルにもなった作詞・作曲家コンビのハリー・ルビーとバート・カルマーで、調子の良い曲を書いている。

羅馬●太平記 Roman Scandals (1933) は、オクラホマ州の西ローマという町に住むエディ・カンターが、町の顔役に睨まれて追放されそうになるが、車の事故で気を失っている間に、古代ローマへ行き大活躍する。ローマでは奴隷になったり皇帝の毒見係になったりするが、最後には囚われの姫君を助け出す。気がついて現代に戻ると、町の顔役の悪事が明らかとなり、町には平和が戻ってくる。

例によってゴールドウィン・ガールズ総出

第1章　ミュージカル映画の誕生

演で、ローマ風というよりもエジプト風の衣装を見せる。歌手のルース・エッティングが皇帝の召使役で出てきて1曲歌っている。ローマ時代でのエディは、女性風呂に忍び込み、エチオピア人のエステティシャンに化けて、ミンストレル風の黒塗りで『若さと美を保とう』Keep Young and Beautiful を歌い、コーラス・ガールたちがバークレイ風に展開する。

もうひとつ、バークレイの演出によるローマの奴隷市場の場面で、半裸の娘たちが鎖に繋がれている場面をミュージカル仕立てで見せたのが評判となった。この半裸場面には、デビューしたてのルシル・ボールが出ている。曲はハリー・ウォーレンとアル・ドゥビンのコンビ。監督はフランク・タトル。

百万弗小僧 Kid Millions (1934) では、ブルックリンに住む貧乏人のエディが、考古学者の叔父が残したエジプトの遺産を引き継ぐことになる。エジプト行きの船に乗るが、その財産を狙う様々な人間も一緒に船に乗り込み、現地でも先祖の墓荒らしに怒る部族長が待ち構えていて大混乱になる。基本は白黒の作品だが、最後の1巻は遺産を持ち帰ったカンターが、故郷で子供たちのためにアイスクリーム屋を開く音楽場面で、開発されたばかりの3色方式テクニカラーで撮られている。2色方式の欠陥だった青と黄色の発色の弱さも克服されて、完璧な発色のカラー映像となっている。

そのほか子供時代のニコラス兄弟が出演していて、達者なタップを見せる。兄のハロルドは『ミンストレルをやりたい』I Wanna Be a Minstrel Man を歌い、その後はゴールドウィン・ガールズとの踊りになる。ガールズはタンバリンを使って少しバークレイ風の動きを見せるが、この作品はバークレイではないので、大きな展開にはならない。

音楽はウォルター・ドナルドソンとバートン・レインで、楽譜屋の歌手役でエセル・マーマンが登場して、若々しい声を聞かせる。ゴールドウィンの制作で、監督はロイ・デル・ルース。振付はセイモア・フェリックス。カンターの相手役は、エディよりも年が若いのに母親と称するエセル・マーマンだが、族長の娘でエディを追い回すイヴ・サリーも珍妙な味を出している。

当り屋勘太 Strike Me Pink (1936) も前作と同じにゴールドウィン作品で、エディの相手役はエセル・マーマン。監督はノーマン・タウログで、楽曲はハロルド・アーレンほか、振付はロバート・オルトン。

大学のそばで仕立屋をやるエディは、ナイト・クラブ歌手エセル・マーマンに惚れている。エディは、遊園地にスロット・マシンを入れる件で、ギャングたちに追い回されてドタバタを演じる。エセル・マーマンの歌が聞きどころで、ゴールドウィン・ガールズも出るが、バークレイ調ではない。

アリババ女の都へ行く Ali Baba Goes to Town (1937) は、フォックスの作品で、監督はデイヴィッド・バトラー、音楽はハリー・レヴェルとマック・ゴードン。話はいつものとおりに荒唐無稽なもの。ハリウッドへ行く途中で、映画のロケに紛れ込んだエディが、夢の中でアラビアへ行き、財政難のハーレムでニュー・ディール政策を実施したり、選挙で大統領になったりするが、最後は魔法の絨毯から落ちて目が覚める。

小説「Gストリング殺人事件」で有名となり、ミュージカル「ジプシー」のモデルにもなった、ストリッパーのジプシー・ローズ・リーが出演している。

四十人の小さな母親 Forty Little Mothers (1940)* は、ミュージカルというよりも歌入りの映画という趣。この作品はバスビー・バークレイ監督だが、バークレイ流のミュージカルではない。エディは女学校の教師として赴任して、そこで周囲の反対を押し切って孤児を育てる。

ショー・ビジネス Show Business (1944)* は、エディのほかジョージ・マーフィ、ジョーン・デイヴィス、ナンシー・ケリーの4人の組んだ芸人物。エドウィン・L・マーティン監督のRKO作品で、ヴォードヴィル場面が沢山出てくる。

君がスージーを知っていたなら If You Knew Susie (1948)* は、カンター最後の作品。映画の題名はカンターのヒット曲から取られたもので、映画でもオープニングに彼の歌が流れる。ジミー・マクヒューが何曲か書いたが、既成曲も使用。引退してホテルを始めよ

うという芸人一家の話で、エディの相手役はジョーン・デイヴィス。ゴードン・ダグラス監督のRKO作品。

★

ファニー・ブライス　Fanny Brice
(1891.10.29–1951.5.29)

　ファニー・ブライスもまた、アル・ジョルスンに続いてブロードウェイの舞台からやって来た。1891年生まれで、アリス・フェイが演じた「ワシントン広場のローズ」Rose of Washington Square (1939)*や、バーブラ・ストライザンドの「ファニー・ガール」Funny Girl (1968)のモデルとして有名だが、1910年から36年まで「ジーグフェルド・フォリーズ」のスターとして君臨し、トーキー映画に何本か出演した後に、1930年代は主にラジオで活躍した。

　ワーナーで主演した「マイ・マン」My Man (1928)*は、「ジーグフェルド・フォリーズ」の1921年版の舞台でファニーが歌い大ヒットした曲をそのまま題名に使った作品。洋品店の女主人ファニーがダメ男に惚れる話だが、見どころはファニーがヒット曲を次々に歌う場面で、物語は付け足し。

　独立系で主演した次の「あなた自身でいてね」Be Yourself! (1930)*は、ナイト・クラブ歌手ファニーとボクサーの話で、ファニーの歌う場面がたっぷり入っている。この作品への出演時には、39歳でぎりぎり現役のムードがあるが、次の「巨星ジーグフェルド」The Great Ziegfeld (1936)にゲスト出演した時には、舞台を引退直前の45歳で、さすがにもう若くはない印象。

　その後はアラン・ジョーンズとジュディ・ガーランドの出た「みんな歌おう」Everybody Sing (1938)*や、「ジーグフェルド・フォリーズ」Ziegfeld Follies (1945)にも出演している。結局、映画では思ったほど人気が出ずに、晩年はラジオで活動した。

★

マリリン・ミラー　Marilyn Miller
(1898.9.1–1936.4.7)

　マリリン・ミラーは、ブロードウェイの大スターで、自分のヒット作をそのまま映画化する形で、映画にも出演した。マリリンは1898年生まれで、母親の再婚相手がヴォードヴィル芸人だったので、義父と一緒に舞台に立つようになった。

　ブロードウェイの舞台では、1910年代の「パッシング・ショー」Passing Showに何本か出演した後、フローレンツ・ジーグフェルドの「サリー」Sally (1920)に出た。その後は、ジーグフェルドのライバルだったチャールズ・B・ディリンガムの「サニー」Sunny (1925)で主演して、『誰?』Who?を歌い大評判となった。そして再びジーグフェルドの「ロザリー」Rosalie (1928)に出て、ブロードウェイの舞台のかたわら映画にも出演した。

　映画作品は3本だけで、自分自身の舞台作品を映画化した「恋の花園」Sally (1929)と「便利な結婚」Sunny (1930)、そして3本目はドイツの「女王陛下の恋」Ihre Majestät die Liebe (1931)*の英語版「女王陛下の恋」Her Majesty, Love (1931)*で、いずれもワーナー系のファースト・ナショナルの作品。

　美人で、声も美しく、踊りはトウで立つバレエからタップ・ダンスまで、何でもこなす万能ぶりで、1910年代から20年代にかけて、人気ナンバー・ワンのミュージカル・スターだった。

★

ヘレン・モーガン　Helen Morgan
(1900.8.2–1941.10.9)

　ヘレン・モーガンは1900年生まれで、若い時にはナイト・クラブやヴォードヴィルで歌っていたが、ジェローム・カーンの舞台作品「ショウ・ボート」Show Boat (1927)で混血の娘を演じて、『ビル』Billと『あの人を愛さずにはいられない』Can't Help Lovin' Dat Manを歌い、恋歌を専門とするトーチ・ソング歌手としての力量を見せた。さらに、同じジェローム・カーンの舞台「いとしのアデリン」Sweet Adeline (1929)で歌った、『なぜ生まれてきたの』Why Was I Born?も評判を呼んだ。

　ユニヴァーサル社は映画化権を手に入れた「ショウ・ボート」Show Boat (1929)を、既に無声映画として撮影済みだったが、突然に人気の出たトーキー映画に対応するため、ヘ

第1章 ミュージカル映画の誕生

レン・モーガンらの舞台版キャストの出演する2巻のプロローグを追加して、舞台のヒット曲を歌わせた。

こうした形で映画界に入ったモーガンは、パラマウントで次の作品「喝采」Applause (1929) に主演する。落ちぶれたバーレスクのスターが大きくなった娘と対面する楽屋物だが、ルーベン・マモーリアンの演出で優れた作品となった。

その後はジーグフェルドが作った「アメリカ娘に栄光あれ」Glorifying the American Girl (1929) にゲスト出演、ダシール・ハメット原作でハード・ボイルド調の「河宿の夜」Roadhouse Nights (1930) に歌手役で出て、次の芸人物の「ボクは芸人」You Belong to Me (1934) で助演したが、ミュージカルらしい作品には恵まれなかった。

フォックスでスペンサー・トレイシーが主演した「マリー・ガランテ」Marie Galante (1934)* にも出たがこれは脇役。ワーナーでルディ・ヴァリー主演の「スウィート・ミュージック」Sweet Music (1935) と、アル・ジョルスン主演の「カジノ・ド・巴里」Go Into Your Dance (1935) に出たが、役に恵まれなかったので、独立系の低予算作品「フランキーとジョニー」Frankie and Johnnie (1936)* で主演するが、あまり面白みのない作品に終わっている。

結局、ユニヴァーサル社がトーキーで作り直した「ショウボート」Show Boat (1936) で、昔の役を演じたのが最後の作品となった。彼女の生涯は後に「追憶」The Helen Morgan Story (1957) として映画化され、アン・ブライスがモーガン役を演じた。

ショウ・ボート Show Boat (1929) は、当初は無声映画として撮影されたが、ちょうどトーキーの時代となったので、18分間のプロローグが追加撮影されて、その部分だけがトーキーで歌が入っている。追加されたプロローグの場面には舞台のオリジナル・キャストによる貴重な映像が残されていて、ヘレン・モーガンの『ビル』、『あの人を愛さずにはいられない』などの名場面を見ることができる。

ヘレン・モーガンは舞台のジュリー役で評判を取ったのだが、無声映画の本編には出演しておらず、主演のマグノリア役もサイレントを前提としてローラ・ラ・プラントが演じている。ハリー・A・ポラード監督作品で、日本でも部分トーキー版と無声版の2種類が公開された。

喝采 Applause (1929) は、ベス・ブラウンの同名小説 (1928) のルーベン・マモーリアン監督による映画化。ヘレン・モーガンはバーレスクで人気のあった歌手だが、一人娘を場末の劇場では育てたくないので、修道院に預けていた。かつてはブロードウェイの大劇場に出るという夢もあったのだが、今ではすっかり年をとり、往年の輝きを失い、一座の喜劇役者と付き合うのが唯一の楽しみだ。娘ジョーン・ピアースが大きくなって戻ってくるというので、ヘレンはその喜劇役者と結婚する。娘は母親ヘレンの姿を見てがっかりするが、街で出会った好青年の船乗りヘンリー・ウォズワースと恋をして、結婚すると母に報告するので、ヘレンも安心をする。ところが、ヘレンが夫に罵られるのを聞いて、娘のジョーンは怒り、結婚を延ばしてバーレスクのコーラス・ガールとして舞台に立つことにする。それを知ったヘレンは、絶望して毒を飲むが、周りの人々は酔っ払っていると思い、娘に代役をさせる。ジョーンの舞台は大成功であったが、ヘレンは亡くなり、娘を待つのは船乗りのヘンリーだけとなる。トーキー初期の典型的な舞台裏物で、ヘレン・モーガンの代表作。パラマウント作品。

ショウボート Show Boat (1936) は、1929年版が基本的には無声映画だったので、トーキーで作り直した作品。今回は最初からトーキーで企画されたので、歌えるメンバーを集めて、ジェイムス・ホールが監督した。主演のマグノリアにはアイリーン・ダン、相手役のゲイロードにはアラン・ジョーンズが起用されていて、脇役陣も舞台で活躍したポール・ロブスンやヘレン・モーガン、チャールズ・ウィニンジャーがそのまま登場している。

欠点といえば、主演のアイリーン・ダンが37歳だったために、この役を演じるにはいささか年をとり過ぎているということ。これだけ充実した布陣で映画化されると、なかなかこれを超えるような作品は作りにくいが、カラーの時代になり、キャスリン・グレイスンによる3度目の映画化 (1951) がMGMで

実現している。

ヘレン・ケイン　Helen Kane
(1903.8.4–1966.9.26)

　ヘレン・ケインは1903年生まれで、最初はヴォードヴィルやミュージカルに出演していたが、ブロードウェイの舞台「グッド・ボーイ」Good Boy (1928)の『貴方に愛されたいの』I Wanna Be Loved by Youで、「ププッピ・ドゥー」と歌ったのが大ヒットして、元祖「ププッピ・ドゥー」ガールとして有名になった。この歌詞はバート・カルマーの書いたものだが、ヘレンの声がいわゆる漫画声で、こそばゆいところがこの曲によくマッチした。

　丸顔で特徴的なカールの断髪だったこともあり、そのスタイルや声が、そのまま1930年に登場したアニメのベティ・ブープにコピーされた。ベティ・ブープの声はヘレンそっくりだが、ヘレン・ケイン本人ではなく、よく似た声の女優が担当している。後年、ビリー・ワイルダー監督が「お熱いのがお好き」Some Like It Hot (1959) の中で、マリリン・モンローにこの曲を歌わせたので、これも有名になった。

　トーキー初期にパラマウントで映画に出演したが、あまりにも個性的なキャラクターなので長続きしなかった。この当時にはヘレン・ケインのような声が流行っていて、ヘレン以外にもドロシー・リーなどが活躍していたが、今ではすっかり忘れられている。

　ヘレンのデビュー作は、ミュージカルではなく普通のコメディの「真実のみを」Nothing But the Truth (1929)*だが、この作品ではまだ端役。本格的なミュージカル作品はナンシー・キャロルと一緒に主演した「スキーティ」Sweetie (1929)が最初。ブロードウェイのコーラス・ガールが、大学のフット・ボール選手と恋する話で、ヘレンは女学生役。

　「レヴュー結婚」Pointed Heels (1929)は、ウィリアム・パウエル主演の楽屋裏でヘレンは助演。レヴュー映画の「パラマウント・オン・パレイド」Paramount on Parade (1930)でも、一景に出演している。

　次の「ピストル娘」Dangerous Nan McGrew (1930) は、ヘレンが主役で、旅回り一座の歌手が機転をきかせてギャングを捕らえるという話。最後の作品「海上ジャズ大学」Heads Up (1930) は、ロジャースとハートの同名舞台作品 (1929) の映画版で、金持ちの娘が海軍士官学校の卒業式に行き、酒の密売人の取引に巻き込まれるという話。

　後に、フレッド・アステア主演の「土曜は貴方に」Three Little Words (1950) の中で、デビー・レイノルズが若き日のヘレン・ケイン役を演じて、『貴方に愛されたいの』を歌ったが、声だけはヘレン本人が吹き込んだ。

ナンシー・キャロル　Nancy Carroll
(1903.11.19–1965.8.6)

　ナンシー・キャロルは、丸顔で赤毛の可愛い女優。美声とはいえないが、歌や踊りもこなす。1903年生まれで、最初はブロードウェイに出ていたが、1927年に映画界入りして無声作品に出演、トーキーの時代となりパラマウント社の初期のミュージカルで大変な人気が出た。

　最初のトーキー作品は、まだ部分トーキーの「アビーの白薔薇」Abie's Irish Rose (1928)。これはブロードウェイで大ヒットした喜劇 (1922) の映画版で、ミュージカルではない。「店曝らしの天使」The Shopworn Angel (1928)も、ゲイリー・クーパーが相手役を務めた無声映画だったが、「ジャズ・シンガー」(1927)のヒットにより、タイトル曲と台詞の一部を追加した部分トーキー作品に変更されて、ナンシーがタイトル曲を歌った。

　本格的なミュージカル作品は「恋愛行進曲」Close Harmony (1929) が最初で、この作品は歌手ナンシー・キャロルと、楽団員チャールズ・バディ・ロジャースの舞台裏の恋の話。次の「踊る人生」The Dance of Life (1929) は、ブロードウェイの芝居「バーレスク」Burlesque (1927) の映画化で、コーラス・ガールのナンシー・キャロルと、ヴォードヴィル芸人の話。二人は結婚して人気が出るが、夫だけがブロードウェイに出演して酒浸りの生活になるのを、妻ナンシーが立ち直らせようとする。「スキーティ」Sweetie (1929) は当時流行ったカレッジ物で、運動選手と校長役

ナンシー・キャロルの恋物語に、ヘレン・ケインの珍妙女学生が絡む。

パラマウント・スター総出演の「パラマウント・オン・パレイド」Paramount on Parade (1930)のあと、「ハニー」Honey (1930)に出演する。この作品は舞台劇「台所から抜け出して」Come Out of the Kitchen (1917)の映画化で、ヴァージニアの農園主の娘ナンシーが、金持ちの婦人に家を貸したことから始まるコメディ。「青春倶楽部」Follow Thru (1930)も同名舞台作品(1929)の映画化で、ゴルフ・コーチとクラブの競技大会に出たナンシー・キャロルの恋物語。

その後のミュージカル作品は減るが、独立系で作られた「薔薇色遊覧船」Transatlantic Merry-Go-Round (1934)は、ニュー・ヨークから欧州に向かう豪華客船に乗った、人気女優ナンシーや詐欺師、泥棒たちの織り成す話で、ゲストでボーズウェル姉妹が出て歌っている。翌年にコロムビア社で撮った「踊りの後で」After the Dance (1935)*はジョージ・マーフィと組んだ作品で、一緒に歌い踊る。ミュージカル最後の作品は、ユニヴァーサルで作られたディアナ・ダービンの「年ごろ」That Certain Age (1938)で、脇役に回っている。

バーニス・クレア　Bernice Claire
(1906.3.22-2003.1.17)

バーニス・クレアはオペレッタで活躍したソプラノ歌手で、ジャネット・マクドナルドと並んで人気のスターだった。1906年生まれで、オペレッタの舞台に立っていたが、そこで知り合ったアレクサンダー・グレイとコンビを組んで映画界入りし、トーキー初期のファースト・ナショナル(ワーナー)作品に出演した。

デビュー作の「浮気成金」No, No, Nanette (1930)は、ブロードウェイの同名ヒット作(1925)の映画化で、グレイと組んで出演した2色方式部分カラーの作品。次の「春は此処に」Spring Is Here (1930)*も、ロジャースとハートの同名舞台作品(1929)の映画版で、バーニスがアレクサンダー・グレイとローレンス・グレイの二人から言い寄られる。

『我が心に歌えば』With a Song in My Heart がヒットした。

「情熱の歌」The Song of the Flame (1930)*も、同名舞台オペレッタ(1925)の映画版で、アレクサンダー・グレイとの共演。ロシア革命で囚われの身となった王子と平民の娘が恋をする話で、全編2色方式カラーの作品。

「最高速度」Top Speed (1930)*は、アレクサンダーではなくて、ジョー・E・ブラウンとの共演。上流の令嬢に恋した男が、金持ちに化けて娘に近づく。「連隊の花形」Kiss Me Again (1930)は、バーニスが再演の舞台で演じたヴィクター・ハーバートのオペレッタ「お針子さん」Mlle. Modiste (1905)の映画化で、お針子からオペラ歌手になるバーニスと、連隊の兵士で貴族のウォルター・ピジョンの恋物語。

次の「赤い影」The Red Shadow (1932)*も、シグマンド・ロムバーグのヒット舞台作「砂漠の歌」The Desert Song (1926)の映画化で、アレクサンダー・グレイとの共演だが、2巻物の短編。「月の宮殿」Moonlight and Pretzels (1933)は、ユニヴァーサル作品で、バーニスとアレクサンダーは主演ではなくゲストで歌っている。「響き合うふたつの心」Two Hearts in Harmony (1935)*は英国で作られた作品で、キャバレー歌手のバーニスが貴族の息子と結婚する話。その後もバーニスは2巻物の短編に何本か出演して歌ったが、長編には出なかった。

チャールズ・キング　Charles King
(1886.10.31-1944.1.11)

チャールズ・キングは、アイルランド移民の子供として1886年に生まれて、ヴォードヴィリアンとして舞台とトーキー初期の映画で活躍した。1910年代と20年代は主にブロードウェイに出演していたが、トーキー時代となってハリウッドに招かれた。最初に出たのはコスモポリタン映画で、マリオン・デイヴィスの相手役をした「五時の娘」The Five O'Clock Girl (1928)*だったが、この映画は完成しないままに終わってしまった。

実質的なデビュー作品はベッシー・ラヴやアニタ・ペイジと共演した、MGMの「ブロ

ードウェイ・メロディー」The Broadway Melody (1929)で、タイトル曲を歌って評判になった。続いてレヴュー映画の典型といわれている「ホリウッド・レヴュー」The Hollywood Revue of 1929 (1929) に出る。

次の「虹を追って」Chasing Rainbows (1930)*は、「ブロードウェイ・メロディー」の線を狙った作品で、ベッシー・ラヴやジャック・ベニーとの共演。キングの歌った『楽しい日々がもう一度此処に』Happy Days Are Here Againがヒットして、フランクリン・ローズヴェルトが1932年の大統領選挙でキャンペーン曲に使った。ワーナーで作られた「水兵さん行儀良く！」Oh! Sailor Behave! (1930)*は、エルマー・ライスの芝居「ナポリを見て死ね」See Naples and Die (1929) のミュージカル版で、二人のアメリカ水兵がナポリに上陸する話。

ローレンス・グレイ　Lawrence Gray
(1898.7.28–1970.2.2)

ローレンス・グレイは1898年生まれの俳優で、サイレント時代から映画に出演していたが、歌えたのでトーキー初期のミュージカルにも出演した。マリオン・デイヴィスと共演して、「恋愛戦線」Marianne (1929)と「恋愛古典風景」The Florodora Girl (1930)の2本に出ている。「鴛鴦の舞」It's a Great Life (1929)は、ロゼッタとヴィヴィアンのダンカン姉妹と共演したMGM作品で、デパートをクビになったダンカン姉妹とローレンス・グレイが、舞台で成功する話。

ファースト・ナショナルで作られた「春は此処に」Spring Is Here (1930)*は、二人の男と姉妹の恋物語。「歓楽の孤児」Children of Pleasure (1930) は、ブロードウェイの音楽劇「作曲家」The Song Writer (1928) の映画化で、作曲家のローレンスが社交界の娘に恋する話。

ブロードウェイの大女優マリリン・ミラーと共演した「便利な結婚」Sunny (1930)を経て、ファースト・ナショナルでジョー・E・ブラウンと共演した「でたらめに行こう」Going Wild (1930)*は、二人が有名人と間違われて娘たちから接待を受ける喜劇。独立プロで作られた「粗忽婦人」Dizzy Dames (1935)*は、芸人向けの宿を経営する母とその娘の話。ミュージカル最後となった「懐かしの我が家」The Old Homestead (1935)*では、田舎の若者がラジオ番組で有名になる。

クリフ・エドワーズ　Cliff Edwards
(1895.6.14–1971.7.17)

クリフ・エドワーズは、1895年生まれのヴォードヴィリアンで、ウクレレを弾きながら歌うことから、ウクレレ・アイクの別名でも知られる。1920年代にはブロードウェイの舞台に立ち、「ジーグフェルド・フォリーズ」の1927年版に出演している。

ディズニーの「ピノキオ」Pinocchio (1940)で、主題歌『星に願いを』を歌ったのが有名だが、トーキー初期からMGMの作品に出ている。「ホリウッド・レヴュー」The Hollywood Revue of 1929 (1929) の中で、映画では初登場の『雨に唄えば』を歌ったことでも知られている。

ほとんどの作品で、助演的な役割を演じて歌を披露している。「恋愛戦線」Marianne (1929)はマリオン・デイヴィスがフランス娘を演じるが、エドワーズは助演で歌う。次の「スポーツ王国」So This Is College (1929)も、大学のフット・ボール選手たちの恋愛話でこれも助演。次の「ブロードウェイのバイロン卿」Lord Byron of Broadway (1930)*は舞台裏物。ジョーン・クロフォードが大牧場主の娘を演じる「モンタナの月」Montana Moon (1930)に出たあと、作曲家が上流の娘に惚れる「歓楽の孤児」Children of Pleasure (1930)でもゲスト出演。

大学のフット・ボール選手の恋愛劇「有頂天時代」Good News (1930)は、アステアとロジャースの同名映画「有頂天時代」Swing Time (1936)とは別の作品で、ブロードウェイのミュージカル作品の映画化だが、ここでも助演で歌っている。「夜歩き巴里雀」Those Three French Girls (1930)は、アメリカや英国の青年たちがフランスで娘たちと恋する話。「南方の放浪者」The Prodigal (1931)はオペラ・スターのローレンス・ティベットが、南部の金持ちの息子役で主演した作品で、エ

ドワーズは放浪者を演じた。

パラマウントで作られた「当って砕けろ」Take a Chance (1933) は、ブロードウェイのヒット・ミュージカルの映画化だが、舞台版の音楽はほとんど使われなかった。フォックスでアリス・フェイを中心に作られた「乾杯の唄」George White's Scandals (1934)、「ジョージ・ホワイツ 一九三五年スキャンダルス」George White's 1935 Scandals (1935) のほか、ジャネット・マクドナルドとネルソン・エディのMGM作品「ポルカの歌姫」The Girl of the Golden West (1938) にも出演している。

ずっと脇役を続けていたが、ディズニーのアニメ作品「ピノキオ」(1940) では、進行役のコオロギの声を担当して、主題歌も歌いヒットさせ、続く「ダンボ」Dumbo (1941) でも歌っている。戦争中に作られた「三兵士への敬礼」Salute for Three (1943)* は、戦争の英雄と歌手の恋物語だが、これにも写真家役で出ていた。この作品がミュージカルとしては実質的に最後の作品。ディズニーの「こぐま物語 ミッキーと豆の木」Fun and Fancy Free (1947) では声と歌だけの出演だった。

4 レヴュー映画

初期のレヴュー映画

トーキー初期に短編音楽映画の氾濫があったので、最初に構想されたミュージカル映画というのは、こうした短編作品を15–20本並べて次々と見せるものとなった。こうした形式は、いわば、ヴォードヴィルの映画版でもあった。司会者が登場して出演者を紹介するものの、全体としてのテーマや一貫した物語は存在せず、あったとしても申し訳程度の作りだった。

こうした構成はパリのナイト・クラブのレヴューでは一般的であり、アメリカでもブロードウェイの舞台では、「ジーグフェルド・フォリーズ」を始めとして、「パッシング・ショー」、「ヴァニティーズ」、「スキャンダルス」などが、1910年代から20年代にかけて多く上演されていたので、ハリウッドでもこうした作り方を真似したのは当然だといえる。

これらの作品はレヴュー映画と呼ばれて、MGMが最初に「ホリウッド・レヴュー」The Hollywood Revue of 1929 (1929) を作ったのに続いて、ワーナーが「エロ大行進曲」On With the Show (1929)、「ショウ・オヴ・ショウズ」The Show of Shows (1929)* を作り、ユニヴァーサルは「キング・オブ・ジャズ」King of Jazz (1930) を、パラマウントは「パラマウント・オン・パレイド」Paramount on Parade (1930) を、フォックスは「ムービィートンフォリース」Fox Movietone Follies of 1929 (1929) を作って対抗した。

こうした映画界の動きに対して、舞台でレヴューを制作していた制作者たちも、同じような映画作品を提供し始める。「ジーグフェルド・フォリーズ」で有名なフロレンツ・ジーグフェルドは、「アメリカ娘に栄光あれ」Glorifying the American Girl (1929)、「ヴァニティーズ」のアール・キャロルは「絢爛たる殺人」Murder at the Vanities (1934)、「スキャンダルス」のジョージ・ホワイトは「乾杯の唄」George White's 1935 Scandals (1935) といった具合だ。

各社のシリーズ

こうした物語のない寄せ集めのレヴュー作品は長続きせず、徐々に物語で色づけされた作品が登場するようになる。これらの物語性を持った作品も、大半は申し訳程度の簡単な話が前半に挿入されて、後半はレヴュー・ショーが30–45分挿入されるという形式をとることが多く、話の内容も舞台裏を描く芸人物が多かった。

そのような作品として登場したのは、パラマウント社の「ラヂオは笑ふ」The Big Broadcast (1932)、ワーナーの「ゴールド・ディガース」Gold Diggers of 1933 (1933)、MGMの「踊るブロードウェイ」The Broadway Melody of 1936 (1935) だった。これらの軽い物

語が付いたレヴュー作品は、1930年代の半ばまでシリーズ化されて何本も作られる。

パラマウント社の「大放送」シリーズは、1932年版の「ラヂオは笑ふ」に続き36年版、37年版、38年版が作られるが、特定のスターが出るのではなく、ビング・クロスビー、バーンズとアレン、ドロシー・ラムーア、ボブ・ホープなどのパラマウント専属スターが順番に出演している。

ワーナーの「ゴールド・ディガース」シリーズは、バスビー・バークレイの独創的なレヴュー場面を取り入れて、1933年版の後も、35年版、37年版、38年版が作られた。MGMの「ブロードウェイ・メロディー」シリーズは、開始が1936年版で他社よりも遅れたが、38年版、40年版と一番遅くまでシリーズを続けた。

フォックス社は、テクニカラーに対抗して2色方式の色彩映画を出していたマルチカラー方式でレヴュー場面を撮った「ムービートンフォリース」Fox Movietone Follies of 1929 (1929) を作り、それに続いて「1930年フォックス・フォリィス」New Movietone Follies of 1930 (1930) を出すが、そこで息切れしてしまう。その後に企画したシリーズ作品は、シャーリー・テンプルのデビュー作品である「歓呼の嵐」Stand Up and Cheer! (1934) と、題名を変えてしまった。

そこで新たにブロードウェイの「スキャンダルス」をシリーズ化しようと、「ジョージ・ホワイツ 一九三五年スキャンダルス」George White's 1935 Scandals (1935) を手がけるが、その後は続かずに、1934年に登場したシャーリー・テンプル映画を続々と作った。

RKOは、ヴォードヴィル出身のバート・ホウィーラーとロバート・ウールジーの「頓珍漢」コンビがヒット作を出していたが、1933年に誕生したフレッド・アステアとジンジャー・ロジャースのコンビが大ブレークしたので、1930年代はこの二人の作品をシリーズ化した。

レヴュー映画は、1930年代で使命を終えて、ミュージカル映画の主流は物語のある作品に移っていくが、レヴュー式の映画作りはその後も残り、戦争中の1942–44年に作られた戦意高揚・慰問用の作品は、ゲスト・スターを沢山並べたレヴュー形式で作られた。戦後も「ジーグフェルド・フォリーズ」Ziegfeld Follies (1945) や、作曲家の伝記作品などで、こうしたレヴュー構成の映画が今に続いている。

ホリウッド・レヴュウー The Hollywood Revue of 1929 (1929) は、MGMの作ったスター総出演のレヴュー映画で2時間近い大作。一部は2色方式のカラーで撮られた。2幕構成の舞台作品をそのまま撮影したような作りで、幕間の間奏曲をオーケストラ・ボックスで演奏しているのを、そのまま映像化するような舞台の実写的な作品。

前半は、曲名からもわかるとおりにミンストレル・ショー的な演出で、舞台上に作られた大階段にずらりとコーラスが並んで座る前で、演技したり歌ったりという、完全なミンストレル・スタイルになっているが、顔の黒塗りはしていない。

間奏曲を挟み2幕になると、書割のセットを使ったいろいろな場面が登場して、ヴォードヴィル・スタイルの演出となる。演目もシェイクスピアから、コメディ、バレエ、歌、コミック・ダンスなど多彩な組み合わせ。

ほとんどは舞台の実写風だが、『気をつけないとロン・チャニーに捕まるぞ』の踊りでは、円く輪になって回る様子を真上から撮影するという、後年バスビー・バークレイが全面的に導入した俯瞰撮影の場面がある。バークレイが俯瞰撮影を初めて使ったのは、彼がハリウッドで最初に担当したエディ・カンターの「フーピー」(1930) だから、この作品のほうが1年早くこのテクニックを使ったといえる。

バスター・キートンはコミック・ダンスを見せるが、歌ってはおらず、最後のフィナーレでも歌うことを頑なに拒否しているように見える。トーキー初期の作品でありながら、当時の2色方式のテクニカラー画像が今でも残っているので、当時のカラー作品の水準を知ることができる。

1 オーケストラ演奏 『雨中の歌』Singin' in the Rain (タイトル・バック)

2 合唱 『ボーンズとタンバリン』Bones and Tambourines (ボーンズは黒人が使っていた骨のような木片で音を出す打

第 1 章　ミュージカル映画の誕生

楽器）
3　クリフ・エドワーズの歌　『ミンストレル時代』Minstrel Days
4　ジョーン・クロフォードの歌と踊り、ビルモア四重唱団　『あなたが好きになっちゃった』Gotta Feelin' for You
5　コーラスの踊り、舞台裏からチャールズ・キングの歌　『ミンストレル時代』Minstrel Days
6　ジェイン・パーセルの歌と踊り　『ロウ・ダウン・リズム』Low Down Rhythm
7　チャールズ・キングの歌　『あなたの母さんと私の母さん』Your Mother and Mine
8　コンラッド・ネイグルの歌（チャールズ・キングの吹替、アニタ・ペイジに対して歌う）『お前は私のためにある』You Were Meant for Me
9　クリフ・エドワーズの歌　『お前に限る』Nobody But You
10　ジャック・ベニーのヴァイオリン　『あなたの母さんと私の母さん』Your Mother and Mine
11　ベッシー・ラヴの歌と踊り　『私にそんな事ができるとは思わなかった』I Never Knew I Could Do a Thing Like That
12　マリー・ドレッサーのコメディと歌　『私は女王様だから』For I'm the Queen
13　ローレルとハーディの寸劇　『魔術師』Magicians（手品師とドジな助手）
14　マリオン・デイヴィスの歌と踊り　『英国軍隊分列式』Tommy Atkins on Parade
15　ブロックス姉妹の歌と群舞　『楽隊鳴らせ』Strike Up the Band
16　オーケストラ演奏　『間奏曲』Intermission
17　男性歌手の歌と群舞　『宝石の活人画』Tableau of the Jewels
18　バスター・キートンのコミック・ダンス　『海の踊り』Underwater Ballet
19　ガス・エドワーズの歌と群舞　『気をつけないとロン・チャニーに捕まるぞ』Lon Chaney Will Get You If You Don't Watch Out
20　アルバティーナ・ラッシュ・バレエ団の踊り　『アダジオ』Turkish "Adagio"
21　ノーマ・シアラーとジョン・ギルバート、ライオネル・バリモア　「ロミオとジュリエット」のバルコニーの場（2色カラー）『新旧ロミオとジュリエット』（昔の台詞と現代風に直した台詞で演じる）
22　クリフ・エドワーズ、ブロックス姉妹、ラウンダースの歌　『雨中の歌』Singin' in the Rain
23　チャールズ・キング、クリフ・エドワーズ、ガス・エドワーズの歌　Charlie, Ike and Gus
24　チャールズ・キング、クリフ・エドワーズ、ガス・エドワーズの歌　The Italian Trio（イタリアの曲のメドレー）
25　マリー・ドレッサー、ポリー・モラン、ベッシー・ラヴの歌　Mary, Polly and Bess
26　マリー・ドレッサー、ポリー・モラン、ベッシー・ラヴ、チャールズ・キング、クリフ・エドワーズ、ガス・エドワーズの歌　『或る日公園を散歩して』While Strolling Through the Park One Day
27　チャールズ・キングの歌とアルバティーナ・ラッシュ・バレエ団の踊り　『オレンジの花咲く頃』Orange Blossom Time（2色カラー）
28　合唱　フィナーレ『雨中の歌』Singin' in the Rain（2色カラー：全員がノアの箱舟の前で歌う）

エロ大行進曲　On With the Show (1929) は、単にショーだけを見せるレヴュー映画ではなく、物語仕立てとなっている。ニュー・ジャージーでショーを試演中の一座は、資金が足りずに、ブロードウェイまでたどり着けるかどうか、心配しながら上演している。チケット売り場の金が盗まれるが、犯人を見つけて弁済させた上で、一座の借金も肩代わりさせるので、一座は無事にブロードウェイへ向かうことができる。全編2色方式のテクニカラーで撮影された、2時間近い豪華大作。アラン・クロスランド監督のワーナー作品。
1　ヘンリー・フィンチの歌とフォア・コーヴァンズの踊り　Welcome Home
2　ジョセフィン・ヒューストンの歌（画面はベティ・コンプトンとサリー・オニール）　Let Me Have My Dreams
3　エセル・ウォーターズとハーモニー・フォア・カルテットの歌　Am I Blue?
4　ヘンリー・フィンチとジョセフィン・ヒューストンの歌、フォア・コーヴァンズの踊り　Lift the Juleps to Your Two Lips
5　ミルドレッド・キャロルの歌　In the Land of Let's Pretend
6　ジョセフィン・ヒューストンとアーサー・レイクの歌、マリオン・フェアバンクスとマデリン・フェアバンクスの踊り　Don't It Mean a Thing to You?
7　エセル・ウォーターズの歌とジョン・ウィリアム・サブレットの踊り　Birmingham Bertha
8　ヘンリー・フィンチ、アーサー・レイク、ジョセフィン・ヒューストンの歌　Wedding Day
9　オペラ「ローエングリン」から結婚行進曲　Bridal Chorus

ショウ・オヴ・ショウズ　The Show of Shows (1929)*は、ワーナーが制作したレヴュー映

画で、2時間を超える大作。この作品もほとんど実写的に撮影されていて、場面転換の前には舞台の幕が引かれて、場面転換中は幕前での寸劇がある。ワーナーは当初全編2色方式のテクニカラーでの撮影を予定していたが、機材の不足から一部は白黒での制作となった。当時の新聞評によると、白黒部分は21分間で、大部分はカラーだったというが、現在ではごく一部分しかカラーで残っていない。ジョン・A・アドルフィ監督作品。

【第一部】

1 プロローグ 舞台のフランス革命の場でギロチンが落ちると、「ショウ・オヴ・ショウズ」The Show of Shows の始まりと宣言される

2 軍隊の分列行進の景 大階段を使って200人ぐらいで分列行進を行い、途中から50人ぐらいのドラムとラッパ隊も加わる

3 ベン・ターピン、マリアン・ニクソンほかの歌 『フロロドラ・ボーイズはどうなるか』What's Become of the Floradora Boys?（6人の娘たちが昔の舞台のフロロドラ・ボーイズがどうなっただろうと歌うと、中年になった6人の男たちが登場する。フロロドラは、20世紀初頭にブロードウェイで人気のあったフロロドラ・ガールズ Florodora Girls のもじり）

4 海賊の景 海賊たちの歌 囚われの貴婦人の歌に続きテッド・ルイス楽団の演奏

5 ジョルジュ・カーペンティエールとパッツィ・ルース・ミラー、アリス・ホワイトの歌 『恋を教われば』If I Could Learn to Love（エッフェル塔の前でカーペンティエールが歌い、50人ぐらいのコーラス・ガールが後ろで踊る。途中でバークレイ風の頭上撮影が入る大ナンバー）

6 フランク・フェイの歌 『いとしの子犬』Dear Little Pup（犬を相手に少しだけ歌う）

7 ウィニー・ライトナーの歌 『ピンゴ・ポンゴ』Pingo-Pongo

8 ニック・ルーカスの歌とギター 『僕の知っている歌』The Only Song I Know

9 ベアトリス・リリー、フランク・フェイ、ルイーズ・ファゼンダ、ロイド・ハミルトンの寸劇と歌 『あなたの母さんと私の母さん』Your Mother and Mine

10 アリスとマルセリーヌ・デイ姉妹の歌 『私の姉妹』Meet My Sister 二人の歌に続いて、ハリウッドで活躍するアイルランド、ドイツ、フランス、メキシコ、イタリア、英国、オランダの姉妹たちが登場（イタリアの姉妹以外は全部本物の姉妹）

【第二部】

11 ウィニー・ライトナーの歌 『バスタブで歌う』Singin' in the Bathtub 歌が終わり、背景の幕が開くと巨大なバスタブが現れ、そのバスタブの上でブル・モンタナも加わり歌う『君は僕のために』You Were Meant for Me

12 アイリーン・ボルドーニの歌 『ひとときの恋』Just an Hour of Love（ピアノの伴奏）

13 中国幻影の景 Chinese Fantasy（2色カラー）ニック・ルーカスの歌とマーナ・ロイの踊り 『リ・ポ・リ』Li-Po-Li（マーナ・ロイが魔法のランプを擦ると巨人がニック・ルーカスを運んできてルーカスが歌う。マーナ・ロイの『開けゴマ』の呪文でカーテンが開き、はしごを昇り降りする美女たちを真横から撮るバークレイ風の画面が展開される）

14 シド・シルヴァーがアル・ジョルスンを真似て歌う 『デキシーの歌でお寝んね』Rock-A-Bye Your Baby with a Dixie Melody

15 寸劇と合唱 『二人用自転車』Daisy Bell (Bicycle Built for Two) 自転車のスピード違反を取り締まる警官と、二人用自転車でサイクリングを楽しむ恋人たち

16 シド・シルヴァーとフランク・フェイの歌 『親友だって言わないのに』If Your Best Friends Won't Tell You

17 群舞 『ジャンピング・ジャック』Jumping Jack（大勢のコーラスたちが、大階段で踊る。衣装の前面が白で背面が黒、あるいはその逆の娘たちが踊る）

18 フランク・フェイの歌 『あなたの愛が欲しかったの』Your Love Is All I Crave

19 ジョン・バリモアの劇 『ヘンリーVI世 第三部』からリチャードIII世の役を演じている

20 モンテ・ブルーほかの寸劇 『メキシコの密造酒』Mexican Moonshine（メキシコで銃殺刑に処される男と執行人とのやり取り）

21 フィナーレ 『運命の女性』Lady Luck（人間が燭台を持ちシャンデリアとなって登場する装飾的な舞台で、群舞やアクロバティックな踊りが入り、最後は黒人の踊りとなる）

キング・オブ・ジャズ King of Jazz (1930)は、ユニヴァーサル社がポール・ホワイトマン楽団を招いて、オール・スターで作ったジャズ映画。リズム・ボーイズの一員として若き日のビング・クロスビーも出ている。全編2色方式のテクニカラーで作られた。公開時の記録には105分程度の上映時間が記録されているが、ヘイズ・コードの検閲により後にカットされたので、現在残っているのは98分の版。ジョン・マレイ・アンダソンほかの監督。日本公開時には、駒井哲とアイリス山岡の司会場面が挿入された。

第 1 章　ミュージカル映画の誕生

1 ビング・クロスビーの歌、ポール・ホワイトマン楽団　Music Hath Charms（タイトル・バック）
2 ビング・クロスビーの歌　In Darkest Africa（アニメが入る）
3 ポール・ホワイトマン楽団員の紹介　Meet the Boys　ハリィ・ゴールド・フィールド（トランペット）Hot Lips、ジョー・ヴェヌーティ（ヴァイオリン）とエディ・ラング（ギター）Wildcat、ロイ・メイアー（ピッコロ）Piccolo Pete、カート・デティエールとマティ・マルネック、ジョン・バウマン、ジョー・ヴヌーティ、テッド・バイコン、オット・ランドウ（ヴァイオリン）Caprice Viennois、ロイ・バーギィ（ピアノ）とチェスター・ハズレット（クラリネット）、ウィルバー・ホール（トロンボーン）Nola、マイク・ピンジトール（バンジョー）Linger Awhile、女性陣紹介　Meet the Girls、ラッセル・マーケット・ガールズの踊り、ポール・ホワイトマン楽団
4 ジャネット・ロフ、スタンリー・スミスの歌　『花嫁のヴェール』My Bridal Veil
5 ローラ・ラ・プラネットほかによる寸劇　Ladies of the Press
6 リズム・ボーイズの歌　Mississippi Mud / So the Bluebirds and the Blackbirds Got Together
7 ジョン・ボールズとジャネット・ロフの歌、G姉妹、ジョージ・チルズ、ラッセル・マーケット・ガールズの踊り　『モントレーにて』It Happened in Monterey / ナンシー・トレスの歌と踊り　La Paloma
8 ローラ・ラ・プラネットほかによる寸劇　In Conference
9 ジャック・ホワイトの歌　The Property Man
10 ジョージ・チルズとジャネット・ロフの歌、ブロックス姉妹、リズム・ボーイズの歌とラッセル・マーケット・ガールズの踊り　『公園のベンチ』A Bench in the Park
11 ヨラ・ダヴリル、ウォルター・ブレナン、ポール・ホワイトマンの寸劇　Back of the Western Front
12 スリム・サマーヴィル、ヨラ・ダヴリル、ウォルター・ブレナン、ポール・ホワイトマンの寸劇　All Noisy on the Eastern Front
13 ウィルバー（ウィリー）・ホールによるヴァイオリンの曲弾き　Variations Based on Noises from a Garage, Pop Goes the Weasel, Stars and Stripes Forever
14 ジャック・カルチェとラッセル・マーケット・ガールズの踊り、ポール・ホワイトマン楽団、ピアノ演奏はロイ・バーギィ　『憂鬱狂想曲』Rhapsody in Blue
15 ウィリアム・ケントとウォルター・ブレナンの寸劇　Oh! Forever More
16 ジニー・ラングとジョージ・チルズの歌、マリオン・スタットラーとドン・ローズの踊り　『つづれのロミオ』My Ragamuffin Romeo
17 グレン・トライアンとキャスリン・クロフォードの寸劇　A Dash of Spice
18 リズム・ボーイズの歌　Happy Shoes
19 リズム・ボーイズの歌、G姉妹の歌と踊り、アル・ノーマンとラッセル・マーケット・ガールズ、ポール・ホワイトマンの踊り　『ハッピー・フィート』Happy Feet
20 寸劇　Slim Summerville
21 ジニー・ラング、グレイス・ヘイズ、ウィリアム・ケントの歌、ネル・オデイとトミー・アトキンス・セクステットの踊り　I'd Like to Do Things for You
22 チャーチヒル・ロス、ジョン・オーレッジ、フランク・レスリー、ウォルター・ブレナンによる寸劇　When Legs Were Limbs（フランク・レスリーの歌　Has Anyone Seen Our Nelly? が入る）
23 ジョン・ボールズの歌　『黎明の歌』The Song of the Dawn
24 出演者一同によるフィナーレ　『メルティング・ポット』The Melting Pot of Music

パラマウント・オン・パレイド　Paramount on Parade（1930）は、当時のパラマウント社の芸人総出演のレヴュー映画で、全20景の作品を11人の監督が作っている。モーリス・シュヴァリエを始めとして、ジャック・オーキー、クララ・ボウ、ナンシー・キャロル、ヘレン・ケインらが出演しているが、イタリアからの特別出演でニーノ・マルティーニが出てくるのは貴重。歌ばかりではなく、景によっては踊りや寸劇もある。一部分が2色方式のテクニカラーで撮られた。

トーキー初期によくあったように、各国向けの版が作られていて、フランス版、ドイツ版、スペイン版などがあるので、それぞれ長さや景の違う版が存在している。日本向けの版では当時の活動弁士の松井翠聲の司会場面が付け加えられた。

現在一般的に入手可能な版は、オリジナルの7割ほどが残る77分の映像だが、カリフォルニア大学にはオリジナルの102分版が現存しているので、完全版が見られる日も近いかも知れない。

1 美女の行進　Showgirls on Parade：ミッツィ・メイフェアの踊り（カラー）
2 オープニング・タイトルズ　Title Sequence
3 前説　Introduction：ジャック・オーキー、リチャード・ギャラガー、レオン・エロルの歌　We're the Masters of

Ceremony
4 恋をする時　Love Time：バディ・ロジャースとリリアン・ロスの歌　Anytime's the Time To Fall In Love
5 人殺しは無くなる　Murder Will Out：ウィリアム・パウエル、クライヴ・ブルック、ワーナー・オーランド、ユージン・パレット、ジャック・オーキーによる探偵喜劇
6 アパッシュの起源　Origin of the Apache：モーリス・シュヴァリエ、エヴリン・ブレントによるアパッシュ・ダンスのパロディ（アパッシュ・ダンスは20世紀初頭にパリで流行ったダンス）
7 ゴンドラ船頭の唄　Song of the Gondolier：ニーノ・マルティーニの歌　Come Back to Sorrento（カラー）
8 病院で　In a Hospital：レオン・エロル、ジーン・アーサー、デイヴィッド・ニューウェルの寸劇
9 女子体育場で　In a Girl's Gym：ジャック・オーキーとゼルマ・オニールの歌と踊り　I'm in Training for You
10 トレアドル　The Toreador：ケイ・フランシスとハリー・グリーンの喜歌劇「カルメン」Carmen のパロディ、歌は I'm Isadore the Toreador
11 モンマルトルの女　The Montmartre Girl：ルース・チャタートン、ストゥ・アーウィン、フレドリク・マーチの寸劇、ルース・チャタートンの歌は My Marine
12 巴里の公園　Park in Paris：モーリス・シュヴァリエの歌　All I Want is Just One Girl
13 ミッツィ自身　Mitzi Herself：ミッツィ・グリーンがシュヴァリエを真似て歌う
14 教室　The Schoolroom：ヘレン・ケインとミッツィ・グリーンの寸劇　ヘレン・ケインの歌　What Did Cleopatra Say?
15 絞首台の唄　The Gallows Song：スキーツ・ギャラガーとデニス・キング（カラー場面）、デニス・キングの歌 Nichavo!
16 ダンス狂　Dance Mad：ナンシー・キャロルの歌と踊り、エイブ・ライマン楽団　Dancing To Save Your Soul
17 夢の乙女　Dream Girl：リチャード・アレン、ジーン・アーサー、マリー・ブライアン、ジェイムス・ホール、ゲイリー・クーパー、フェイ・レイの寸劇、歌は Drink To The Girl of Your Dreams
18 赤い髪　The Redhead：クララ・ボウと海軍兵士たちの歌　I'm True To The Navy Now
19 怒髪衝天　Impulses：ジョージ・バンクロフト、ケイ・フランシス、セシル・カミンガムによる寸劇
20 天空騒動　Rainbow Revels　フィナーレ：モーリス・シュヴァリエの歌　Sweeping the Clouds Away（カラー）

第 2 章
1930 年代：不況の時代

第 2 章　1930 年代：不況の時代

1　不況とヘイズ・コード

禁酒法とジャズ

　1930 年代のアメリカは、前半は不況、後半は第二次世界大戦へ向かう時代だった。1929 年 10 月末に発生した株式の大暴落から始まる大恐慌は、その後もどんどんと悪化して、GNPは 1933 年に底となり、翌 34 年から回復し始めるが、失業率で見ると 1934 年も悪い状態から脱せられないので、景気回復が軌道に乗り始めるのは、1935 年ぐらいからだろう。

　1933 年にはフーバーからF・ローズヴェルトに大統領が代わり、ニュー・ディール政策が打ち出されて、ようやく景気も回復基調になる。一方、欧州では同じ 1933 年にヒトラーが首相となり、同年 10 月には国際連盟を脱退し、1935 年にはヴェルサイユ条約の軍備条項を破棄して再軍備を開始した。

　アメリカ社会では、1920 年から始まった禁酒法は 1933 年に廃止されている。映画でも頻繁に描かれているように、禁酒法はあまり守られずに半ば公然と闇酒場が営業されていて、それが結果としてギャングたちの組織暴力を許すこととなった。

　アメリカでオリジナルの音楽といえるジャズは、ニュー・オリンズのストーリーヴィルと呼ばれるアメリカ国内唯一の公娼街で、黒人と白人が入り混じる中で発展していった。第一次世界大戦にアメリカが参戦した 1917 年に、海軍がこの公娼街を閉鎖したために、そこで働いていたジャズ楽士たちは働き場を失い、全国各地に散らばり、ジャズを広めることになる。彼らが新たに働き場所として見つけたのは、ギャングたちの経営する闇酒場だった。

　特にイタリア系のギャングたちはオペラやジャズを好む傾向が強かったようで、1920 年代にはアル・カポネが仕切っていたシカゴや、歓楽の街となっていたカンザス・シティで、ジャズは発展した。それが、1933 年の禁酒法の廃止により、楽士たちは働く場所を再び失い、1930 年代に広く全土へ拡散した。ひとつの流れは経済の中心地ニュー・ヨークへ向かい、別の流れはトーキー映画で景気の良いハリウッドへ向かい、さらに全国各地の映画館にも出演して、流行しているダンス音楽の提供者として活躍する者も出た。

レコードとトーキー映画

　1920 年代後半からは、日本ではSP盤と呼ばれる 78 回転のレコードで電気録音が始まり、音質が格段に向上したために、音楽産業の構造も大きく変わった。それまでの流行歌は、楽譜を売ることにより経済的に成立していたが、レコードの売り上げが伸びると、新しい音楽産業が成立するようになる。

　楽譜中心の商売だった時には、作曲・作詞家の作る楽曲に価値があったが、レコードの大衆化により、楽曲を演奏する演奏家も実演に加えてレコードによる作品発表の機会を得ることとなり、歌手や楽団が注目されるようになった。さらに 1930 年代にはラジオでも大衆的な音楽が放送されるようになり、それまでの絶唱タイプの歌手から、クルーナーと呼ばれる甘い声で語りかけるような歌唱法の歌手へと流れが移った。

　映画の世界では、1928 年までのトーキー映画はワーナー社のヴァイタフォンが先行していたので、ミュージカル作品も数が限られていた。しかし、1929 年になると各社が一斉にトーキー作品に切り替えたので、ミュージカル映画の制作数も急激に増加した。

　特に、フォックス社はムービートーンという、音声を光学記録する方式を採用していたので、1927 年には既存の映画作品にオーケストラの伴奏を付けてサウンド版として再リリースし、1928 年からは何本かの短編作品をトーキーで撮った。いよいよ 1929 年になると本格的にトーキー作品の制作を開始し、フォックス以外の各社も一斉にミュージカルを作り始める。

　1930 年代の不況の中で音を得た映画は、安価な娯楽として大衆に支持されて、大きく発展した。1930 年代の初めに週 1 本の新作を制作し、年間 50 本程度の作品を全米に配給する規模を持っていた映画会社は、MGM、パラマウント、フォックス、ワーナー兄弟（ファースト・ナショナルを含む）の 4 社であり、

これに続くのがRKO、ユニヴァーサル、コロムビアといった会社だったが、これらの7社は1930年代の後半にはいずれも毎週1本の配給体制を整えた。

ヘイズ・コード

1930年代の映画界に大きな影響を与えたのは、1934年7月から適用されたアメリカ映画制作配給者協会（MPAA）の倫理規定だ。これは通称「ヘイズ・コード」と呼ばれるもので、映画制作にあたり、遵守すべき表現として、宗教的、暴力的、性的、犯罪的な表現などを避けるように細かく定めていた。こうした倫理規定は1920年代後半の無声映画時代から、いろいろな形で定められてはいたが、禁酒法と同じでほとんど守られることはなかった。

しかし宗教団体などの強い圧力に抗しきれなくなり、1934年7月以降は、撮影前に台本の事前審査が義務付けられた。また、この倫理規定の認証を受けていない映画作品は、協会の関係する映画館では上映できないこととなり、映画制作会社も規定を守らざるを得なくなった。

1934年6月までに公開された作品は、一般的に「コード以前（プレ・コード）」作品と呼ばれるが、こうした映画は再公開される時に認証を受けるために、問題場面を削除するなどの編集が加えられることが多く、オリジナル版が残されていない作品もある。世界的に見ても、1950年代にテレビの普及により映画の旧作が再び商品価値を認められるまでは、作品をオリジナルのまま保存することに映画会社も熱心ではなかった。

シャーリー・テンプル

トーキーで先行したワーナー社は、初期にはアル・ジョルスンの映画で、そして1930年代前半は、ギャング映画やバスビー・バークレイのミュージカル作品で大儲けした。しかし、ヘイズ・コード以降は、ギャング映画は暴力的な表現で、バークレイの作品は性的な衣装が問題となったために、そのいずれも30年代後半には振るわなくなり、ワーナー社は再び苦しい経営状況となる。

逆に、ヘイズ・コードの実施で業績が向上したのがフォックス社で、1928年生まれのシャーリー・テンプルにより、子役ブームを巻き起こした。確かに倫理規定を細かくいわれると、動物や子供を出しておけば問題がないという気になるだろう。

テンプルはよちよち歩きの時から子役として短編作品に出演していたが、長編作品へのデビューは「歓呼の嵐」(1934)で、初めての主演は「ベビイお目見得」(1934)。この初主演作品は6月30日の公開なので、ぎりぎりでヘイズ・コードの対象とはなっていない。この作品のテンプルは犯罪に巻き込まれてしまうという設定で、一応は主演となっているが脇役のような印象を受ける。もしコードによる審査があれば、ちょっと危ないかも知れないと思わせるもので、現在基準ではPG（親の同伴が必要）に分類されている。

テンプルが実質的に主演したのは、1934年の年末に公開された「輝く瞳」(1934)であり、この映画がヒットしてテンプル映画のスタイルが定まった。テンプルの人気が大変高く、大衆受けも良かったので、ヘイズ・コード後の路線を考えていた各社はこれに追随した。

子役映画のブーム

MGMは、短編の「ミッキー・マクガイア」シリーズに出演していた子役ミッキー・ルーニー（1920年生）に目をつけて、急遽1934年に専属契約をした。ミュージカルではないが同年8月の「愛の隠れ家」Hide-Out (1934)からMGM作品に出演させている。ルーニーは、その後の「アンディ・ハーディ」シリーズで長く少年役を演じることになる。

スターを沢山集めたがるMGMは、男の子だけでなく女の子役も探した。ジャズを歌うジュディ・ガーランド（1922年生）と、クラシックを歌うディアナ・ダービン（1921年生）を天秤にかけて、ガーランドを残してルーニーの相手役とした。フォックスのテンプルは1930年代後半に絶大な人気を得たにもかかわらず、1940年代に入ると人気が急速にしぼんだが、MGMのルーニーとジュディは40年代を通して活躍した。

MGMに残れなかったダービンは、ナチスの迫害を嫌ってハンガリー・ユニヴァーサ

ルから逃げてきた、制作者ジョー・パスタナクと監督ヘンリー・コスターに気に入られてユニヴァーサルの専属となり、「天使の花園」Three Smart Girls (1936) 以降の名作を生み出す。1940年代になると、パスタナクはコスターとともにMGMへ移ってしまい、ダービンも大人になってしまうので、子役作品は難しくなったが、諦めきれないユニヴァーサルは、続く少年少女役を求めて、ダービンの後継者グロリア・ジーン（1928年生）を売り出すが、人気が出なかった。

そのほかにも1930年代は多くの子役が登場している。ジェイン・ウィザーズは、シャーリー・テンプルとほぼ同時期にフォックスで喜劇やミュージカルに出た子役。ボーイ・ソプラノで人気のあったボビー・ブリーンは、メジャー・スタジオではなく独立系の会社で何本かの作品を残している。

アステアとビング

RKOは「空中レヴュー時代」(1933) で組んだフレッド・アステアとジンジャー・ロジャースのコンビの評判が良く、二人を主演にした「コンチネンタル」(1934) が10月に公開されると大ヒットしたので、子役を必要としなかったが、それでもボーイ・ソプラノとして売り出したボビー・ブリーンが独立プロで出演した一連のミュージカル作品を配給している。

パラマウントはビング・クロスビーなどの安定した人気のスターを多く抱えていたので、子役スターを使ったミュージカルは作る必要がなかったが、子供向きとは逆路線で、大人の色気を売り物にしていたメイ・ウェストの主演作品がヘイズ・コードの大きな影響を受けた。ウェストは若い時から、バーレスク劇場などでセックス・アピールを高める方法を研究していたのだから、彼女そのものがヘイズ・コードに抵触するような存在だ。「わたしは別よ」(1933) や「妾は天使ぢゃない」(1933) は無検閲だったから良いが、「罪ぢゃないわよ」(1934) からは検閲を受けたので、ウェストらしさが失われて映画から遠ざかってしまう。

1930年代中頃までのアメリカ映画は、大半の作品が日本へ輸入されていたが、1938年以降は輸入本数が半減し、1940年にはさらに輸入数が激減したので、日本では主要な作品さえも見ることができなくなった。日本とアメリカが戦争状態となった1941年末以降は、当然ながら輸入は途絶えてしまい、終戦後まで日本におけるアメリカ映画の空白期間が生じる。

2　ワーナー

ワーナーはワーナー兄弟映画社 Warner Brothers Pictures, Incorporated というのが正式な名称で、その名のとおり兄弟で設立された会社。ハリー、アルバート、サム、ジャックの男4人の兄弟で、父親はポーランド出身のユダヤ系移民だった。末っ子のジャックを除く3人の兄弟が1903年に映画館を始め、1913年頃からジャックも加わって映画制作にも乗り出した。

正式に会社を立ち上げたのは1923年で、上の二人ハリーとアルバートが経営、サムとジャックが映画制作という分担だった。新技術が好きでトーキー映画の技術にいち早く目をつけ、電話会社のウェスタン・エレクトリックと共同でヴァイタフォン社を設立して、レコードとフィルムを同期させるトーキー映画を他社に先駆けて開発した。そのため、ミュージカル映画の制作で他社をリードした。1930年代の前半には、ミュージカル制作で最も勢いのあった会社だったが、1934年のヘイズ・コードの施行による倫理規定の強化により勢いを失った。

1928年にはトーキー映画に力を入れていたファースト・ナショナル映画を買収したので、両者は一体的に運営されていた（本書ではトーキー初期のファースト・ナショナル社の作品を、ワーナー映画と区別していない部分もある）。1928年に兄弟の中で3番目のサ

ムが亡くなったために、トーキー時代の制作面はジャックが中心となって取り仕切った。ジャックは、若い時に映画館で歌ったりヴォードヴィルに出演したりした経験があり、ミュージカルには熱心だった。

ワーナー映画はアル・ジョルスン作品がヒットしたので、ブロードウェイから大スターを連れてくる路線を続けていた。ジョルスンのほかにも、マリリン・ミラーなどのスターを呼んでいる。

そうした路線の中で「ブロードウェイ黄金時代」Gold Diggers of Broadway (1929) は、ワーナーの財産となった。この作品の原題にあるゴールド・ディガースとは、ブロードウェイの舞台に出て金持ちとの結婚を狙う娘たちのことで、玉の輿に乗ることを意味している。そうしたブロードウェイの舞台裏を描き、ショー場面を見せるのがこの作品の趣旨だ。

この作品ではブロードウェイの「ジーグフェルド・フォリーズ」や、「ジョージ・ホワイトのスキャンダルス」で人気を博していたアン・ペニングトンをゲストに招いて、彼女の踊りを見せた。この映画で始まったブロードウェイの玉の輿を狙うコーラス・ガールたちの話というジャンルは、その後のワーナー社で続く「ゴールド・ディガース」シリーズとしてドル箱となった。

アン・ペニングトン　Ann Pennington
(1893.12.23–1971.11.4)

アン・ペニングトンは1893年生まれの女優で、主に1910–20年代のブロードウェイで活躍した。「ジーグフェルド・フォリーズ」や「ジョージ・ホワイトのスキャンダルス」などに出演しているが、1926年版の「スキャンダルス」で、新しい踊りのステップ『ブラック・ボトム』を踊って見せたのが有名。この踊りでの腰の振り方が、たまらなく可愛かったという。映画でも無声時代からダンサー役などで数多く出演しているが、トーキー時代になると、1929年と30年の2年間に、ミュージカルだけで4本も出演する売れっ子ぶりだった。

「尖端脚化粧」Tanned Legs (1929) はRKOで作られた作品で、ジューン・クライドが主演して、アンは助演だが2曲を歌って踊った。テッド・ルイス主演の「流行の寵児」Is Everybody Happy? (1929) は、ハンガリーからアメリカに渡った青年がジャズ楽団で成功する様子を描くが、アンはここでも踊り子役で助演。「ブロードウェイ黄金時代」Gold Diggers of Broadway (1929) は、出始めの2色方式カラーで作られた大作で、アンは助演で踊っている。

3巻物の短編でファニー・ブライスと一緒に出演した「ナイト・クラブ」Night Club (1929)*、2巻物の短編で2色方式カラーの「やあ、ベイビー！」Hello Baby! (1930)*の後、70mmのワイド・スクリーン方式で作られたフォックス社のオール・スター大作「ハッピィ・デイズ」Happy Days (1930) にも、ダンサー役で出演している。

ルビー・キーラー　Ruby Keeler
(1910.8.25–1993.2.28)

ルビー・キーラーは、アイルランド系の移民の子として1910年にカナダで生まれ、小さな時にニュー・ヨークへ移り、そこでダンスを習った。13歳の時から年齢を偽ってショーで踊り、18歳でアル・ジョルスンに見出されて、彼と結婚してから大劇場の舞台にも立つようになる。ジョルスンがハリウッドへ行くと、一緒にハリウッドへ移るが、ワーナーの舞台裏物「四十二番街」42nd Street (1933) で見せたタップ・ダンスで人気が出る。

これはタップ・ダンスが上手というよりも、ミュージカル場面の演出を担当したバスビー・バークレイの構成が優れていたためだろう。いずれにしろ、この成功で流れに乗ったキーラーは、ディック・パウエルを相手役として、バークレイの演出で「ゴールド・ディガース」シリーズを生み出す。

最初が「ゴールド・ディガース」Gold Diggers of 1933 (1933) で、続く「泥酔夢」Dames (1934) は題名は異なるが1934年版の位置づけ。「ゴールド・ディガース36年」Gold Diggers of 1935 (1935)、「踊る三十七年」Gold Diggers of 1937 (1936)、「夜は巴里で」Gold Diggers in Paris (1938) と続いた。これらの作品はいずれも舞台裏物で、話の内容に意味

はないが、バークレイの演出場面が凄いので人気があった。

ルビー・キーラーはゴールド・ディガース物以外でも、ディック・パウエルと組んで「フットライト・パレード」Footlight Parade (1933)、「お姫様大行進」Flirtation Walk (1934)、「海行かば」Shipmates Forever (1935)、「コリーン」Colleen (1936)に出演したほか、夫のアル・ジョルスンの主演作品「カジノ・ド・巴里」Go Into Your Dance (1935)にも出ている。

そのほか「準備と意志と才能」Ready, Willing and Able (1937)＊は、大学生のキーラーが英国女優に成りすましてショーの世界を目指すという作品で、共演はリー・ディクソンとアレン・ジェンキンス。最後の主演作品はコロムビア社の「キャンパスの恋人」Sweetheart of the Campus (1941)＊で、楽団歌手のキーラーが大学で公演する。

★

バスビー・バークレイ　Busby Berkeley（振付家：その1）(1895.11.29-1976.3.14)

バスビー・バークレイは、トーキー初期に「ゴールド・ディガース」シリーズを生み出した天才だ。彼はトーキー初期のミュージカル映画で、独創性の高いミュージカル場面を作り出した。この時代には、大半の映画が芸人の芸をそのまま見せることに力点を置いたのに対して、バークレイは映画でしかできないような表現を追い求めた。

大勢のコーラス・ガールたちを幾何学的に並べて真上から撮影する手法は、万華鏡的（カレイドスコープ）と呼ばれ、俯瞰撮影（オーバー・ショットまたはトップ・ショットと呼ばれる）は、彼のトレード・マークとなった。

1895年生まれのバークレイは、映画界に入る前は、舞台ミュージカルでプロダクション・ナンバーと呼ばれる、大勢のダンサーが並ぶ踊りの構成を担当していた。舞台版の「コネチカット・ヤンキー」(1927)での振付が評判になったので、エディ・カンターの舞台作品「フーピー」(1928)の映画化が持ち上がった時に、制作者のジーグフェルドの推薦で、バークレイがミュージカル場面の担当に選ばれてハリウッドへ移る。

バークレイは舞台で振付を担当していたのだが、踊りを正式に学んだことはなく、軍隊で覚えた分列行進のドリル・パレードを使った群舞を専門としていた。群舞というのは一人ひとりの踊りの芸を見せるというよりも、踊り全体のフォーメイションを見せるわけで、これをどんどんと突き詰めていけば抽象的な幾何学模様を見せることとなる。バークレイはこの美しい幾何学模様を、美女たちを使って画面上で見せることに専念した。

ハリウッド入りしたバークレイの最初の仕事は、エディ・カンター主演の一連の作品で、「フーピー」Whoopee! (1930)、「突貫勘太」Palmy Days (1931)、「カンターの闘牛士」The Kid from Spain (1932)、「羅馬太平記」Roman Scandals (1933)と、4作品でミュージカル場面を担当している。

最初の「フーピー」で早くも俯瞰撮影が登場している。この作品ではインディアンの娘たちが円形になって踊る場面を上から撮影して、万華鏡を覗くような効果を見せている。

次の「突貫勘太」(1931)では、もうひとつの彼の特徴である美女路線が明確に出て、美女たちのプールでの水浴場面が登場。後に「カンターの闘牛士」(1932)、「フットライト・パレード」(1933)、「百万弗の人魚」(1952)と繋がる水上レヴューの原型となる。

「カンターの闘牛士」(1932)では、美女たちの私生活を覗き見して、踊りの俯瞰撮影というバークレイらしい様式を完成させた。この作品では、カメラが女子学生たちの寮の中に忍び込み、朝の起床から始まり、シャワーを浴び、化粧、着替えをする様子を、音楽に乗せて丹念に見せるが、これがミュージカル・ナンバーとして成立するところが、バークレイの天才たるゆえんだろう。また、「羅馬太平記」(1933)でも古代ローマの奴隷市場の場面に半裸の踊り子たちを並べて評判になった。

その間にも、「青空狂想曲」Flying High (1931)や、後年に「仕事として割り切った仕事だ」と回顧したような、頼まれ仕事も断らずに何でもやるという姿勢で、1932年に4本の映画のダンス場面を構成した。「天国爆撃隊」Sky Devils (1932)、「頓珍漢嫁探し」Girl Crazy (1932)、「夜の世界」Night World

(1932)、「南海の劫火」Bird of Paradise (1932) の4本で、主にナイト・クラブでの踊りの場面などの構成を担当した。

「頓珍漢嫁探し」(1932) は同じ舞台作品を題材としているが、ジュディとミッキーで作られた「女の子に夢中」Girl Crazy (1943)* とは別の作品。ジュディ版でもバークレイはフィナーレ場面を担当しているので混同しやすい。

バークレイは、これらの作品と並行してファースト・ナショナル（ワーナー）で、一連の「ゴールド・ディガース」作品を作り出した。「四十二番街」(1933) は、彼の一連の「ゴールド・ディガース」シリーズの発端となる記念碑的な作品で、この作品のヒットにより、彼はお金をかけた映画を作れるようになる。

ゴールド・ディガースとは、文字通りに「金を掘る」ということで、初期のゴールド・ディガース映画の広告では、コーラス・ガールたちがつるはしを持っているような図柄も載っている。しかし、彼女たちが掘る鉱山は本当の山ではなく、ブロードウェイで金持ちのパトロンから「金」を掘り出すのだ。ジーグフェルド・ガールに象徴されるように、美女揃いのコーラス・ガールたちにとっては、金満家と結婚することがひとつの目的となっている。結婚まで行かなくても金を貢がせる。

こうした舞台裏物で、コーラス・ガールたちの世界を描いた一連の作品をディガース物として考えるならば、この「四十二番街」に始まり「ゴールド・ディガース」(1933)、「フットライト・パレード」(1933)、「流行の王様」(1934)、「泥酔夢」(1934)、「ゴールド・ディガース36年」(1935)、「踊る三十七年」(1936)、「夜は巴里で」(1938) あたりまでがこの範疇に入る。

これらの作品はいずれもショーの舞台裏を描き、主役の怪我や制作費用の不足などで上演の危機に遭遇するものの、何とかそれを克服して上演を成功させ、最後にはスターが誕生するという、同じような展開となっている。バークレイは各作品の中で2-3のショー場面を提供して、独創的で天才的な演出を見せている。この一連のシリーズの大半は、ハリー・ウォーレンとアル・ドゥービンが音楽を担当している。

エディ・カンター主演作品で考え出した、美女の生活の覗き見と俯瞰撮影は、ワーナーのゴールド・ディガース路線でも継承され、「ゴールド・ディガース」(1933) の『公園での愛撫』の場面に結実する。しかし、こうした表現は、1934年7月から適用されたヘイズ・コードにより、性的な表現が規制されたため、この年以降は影を潜める。したがって、1934年以降のバークレイ物は、覗き見趣味がなくなり、俯瞰撮影など、専ら幾何学模様を追求した映画となる。

「泥酔夢」Dames (1934) は、そうした俯瞰撮影を究極まで突き詰めた作品で、ここでの展開は、踊りというよりも抽象的な幾何学模様の領域に達している。その後もバークレイはこうした路線を展開していくが、ドリル・パレード的な表現では限界が生じたために、歌手や踊り手の力を重視した表現へと移っていき、次第に彼の特徴が薄れてくる。

「ゴールド・ディガース」シリーズ以外にも、メキシコのドロレス・デル・リオを主演にした「カリアンテ」In Caliente (1935) と、「恋に生きる」I Live for Love (1935)*、ジョー・E・ブラウン主演の「ブラウンの千両役者」Bright Lights (1935)、オペラ歌手のジェイムス・メルトンが出た「ブロードウェイのスターたち」Stars Over Broadway (1935)*、ディック・パウエル主演の「俳優志願」Stage Struck (1936)* などのミュージカル場面を演出している。

1937年以降のバークレイは、何本か普通の映画の監督をしたり、ミュージカル場面の演出のみを担当したり、ミュージカル映画を作ったりということで、相変わらず多作ではあるが、お金をふんだんにかけた大作を作る機会にはなかなか恵まれなかった。

この時期の主なミュージカル作品としては、「唄ふ陸戦隊」The Singing Marine (1937)、「大学祭り」Varsity Show (1937)、「聖林ホテル」Hollywood Hotel (1937) などがある。翌年の「月の庭」Garden of the Moon (1938)* はパット・オブライエン主演の舞台裏物で、ハリー・ウォーレンの曲をジョン・ペインらが歌う。

バークレイは1939年にMGMへ移籍したために、一時代を作ったバークレイのワーナ

第 2 章　1930 年代：不況の時代

ー・ミュージカルは終わりを告げる。(p.154 の 1940 年代 MGM へ続く)

青空狂想曲　Flying High (1931) は、バート・ラーの主演の舞台作品 (1930) だったので、映画版でもバート・ラーをそのまま使い、相手役にはシャーロット・グリーンウッドを配している。制作は MGM で、もともとの舞台を制作したジョージ・ホワイトが映画版も担当した。ホワイトはこれがきっかけで映画界にも進出、「スキャンダルス」シリーズをフォックスで 2 本、RKO で 1 本作ったが、あまり成果を挙げなかった。音楽は舞台版とは異なり、ジミー・マックヒューのものを何曲か使っている。

バークレイが担当したのはふたつのダンス場面のみで、例によって美女たちが並んで美しい姿を見せたり、顔のクローズ・アップがあったりという具合。バート・ラーが飛行機の速度記録を作るという話なので、美女たちもプロペラを持って俯瞰撮影に挑んでいる。

四十二番街　42nd Street (1933) は、ワーナー社とファースト・ナショナル社の共同作品で、監督はロイド・ベーコン。曲はハリー・ウォーレンとアル・ドゥービンのコンビ。ワーナー・バクスター扮するブロードウェイの演出家は、病に侵されながらも最後の作品に力を振り絞っている。主役を大スターのビーブ・ダニエルスにすることを条件に、金満家のガイ・キビーから資金を得て上演にこぎつけるが、初日を前にしてダニエルスが足を挫いてしまうので上演はピンチに。しかし、コーラス・ガールの中から実力のあるルビー・キーラーを抜擢して舞台に立たせる。

この時に演出家バクスターがキーラーを奮い立たせるために、「舞台へ出て行く時には新人でも、戻ってくる時にはスターだ」と励ますさまは、異様とも思えるほどの熱意と迫力に満ちていて、今でも語り草になっている。そうして繰り広げられるのが、タイトル曲の『四十二番街』で、ルビー・キーラーのちょっとたどたどしいタップから、マンハッタンの街の中へと展開して、群舞が繰り広げられる。100 人ぐらいの大ナンバーで、この作品のフィナーレとなっている。

キーラーの相手役はディック・パウエルで、美しい歌声を聞かせる。このほかにもコーラス・ガール仲間として、ウナ・マーケルやジンジャー・ロジャースなど、その後の「ゴールド・ディガース」シリーズで常連となるメンバーが揃っていた。タイトル曲のほかにも、『若くて健康』Young and Healthy では、回転する円形ステージを使って得意の俯瞰撮影を見せている。

キーラーがクラレンス・ノードストロームと一緒に演ずる『バッファロー行きで』Shuffle off to Buffalo は、ナイアガラへ向かう列車に乗り込んだ新婚カップルの様子を描くナンバーで、恥ずかしがる新婚カップルをうまく描いて、バークレイらしい演出を見せる。

この作品が作られた 1933 年は、1929 年の株式暴落による大不況の真っ只中だったが、それでも何とか景気回復の兆しが出始めた時期だった。不景気の中でトーキーへの投資がかさみ、会社が潰れそうだったワーナーは、この映画 1 本で持ち直し、柳の下の二匹目のどじょうを狙い、続々とバークレイ作品を作ることになる。

題名となった「四十二番街」だが、原題は Street なので、普通は「丁目」と翻訳することになっているが、どういうわけかアヴェニューの訳語である「番街」となっている。42 丁目は、ジーグフェルドが全盛期時代に使っていたニュー・アムステルダム劇場を始めとして、昔はショー・ビジネスの中心地のイメージであったが、現在では劇場は減っている。映画オリジナルの作品だが、この映画を原作とした舞台版のミュージカルが 1980 年に作られて、これもヒットした。

ゴールド・ディガース　Gold Diggers of 1933 (1933) は、前作に続いた舞台裏物。「ゴールド・ディガース」物はこの作品が最初ではなく、以前に「ブロードウェイ黄金時代」Gold Diggers of Broadway (1929) という、ワーナーでは 2 本目のカラー・ミュージカル映画作品がある。話はやはり金持ちのパトロンとコーラス・ガールたちの話で、主役の怪我により、コーラスの一人がスターとなるというお決まりのもの。

この「黄金時代」は、まだバークレイがハリウッドに来る前の作品なので、ジョセフ・バークの曲、ロイ・デル・ルース監督という組み合わせで、音楽場面は、ほとんど舞台の

実写のような作りだった。この作品は現在では失われているが、カリフォルニア大学のアーカイヴに、2巻分だけ音楽場面が残っているので概要はわかる。2色方式のテクニカラーで全編撮影されていて、色の再現性に若干の問題はあるものの、今でも美しいカラー画面を見ることができる。

実はこの1929年の作品にも元ネタがあり、1919年の芝居「ゴールド・ディガース」The Gold Diggersと、それを映画化した同名の無声作品「百花笑へば」The Gold Diggers (1923) が下敷きとなっている。

さて、バークレイの「ゴールド・ディガース」(1933) だが、やり手の制作者が素晴らしい企画を持ってはいるものの、不況で資金が集まらないためショーを上演できずに困っている。そこへ若い作曲家ディック・パウエルが現れて、資金援助を申し出る。主役の男優が初日を前に急に舞台に立てなくなったため、パウエルが代わって主役を演ずると、新聞記者が舞台を見ていて、翌日の朝刊でパウエルが大金持ちの息子だと書きたてる。新聞を読んだ兄と顧問弁護士が、パウエルの出演を止めさせようとするが、二人ともコーラス・ガールに夢中になって、結局は3組が揃って結婚する。

パウエルと一緒に舞台を演ずるのはルビー・キーラーで、コーラス仲間はジョーン・ブロンデルやジンジャー・ロジャースなので、前作とあまり変わっていない。音楽もハリー・ウォーレンとアル・ドゥービンで前作と同じ。監督はマーヴィン・ルロイに代わっている。「四十二番街」での成功で自信をつけて、バークレイはこの映画に素晴らしい音楽場面を沢山入れ込んだ。

幕開けは不況の世相を反映して、ジンジャー・ロジャースの歌う『お金に囲まれて』We're in the Moneyで、金貨を衣装にしたコーラス・ガールたちが「金、金、金」と歌い上げる。ロジャースはこの曲の2番の歌詞を不思議な言葉で歌うが、これはピッグ・ラテンと呼ばれる子供の言葉遊びで、単語の最初の音を後ろに持ってきてラテン語のような響きを聞かせるもの。これはロジャースのアイディアによるものらしいが、バークレイは気に入らなかったらしい。異様なほどのジンジャーの顔のクローズ・アップで撮影されている。

ほかのナンバーでは、『公園での愛撫』Pettin' in the Parkが小さな子供を狂言回しとして、公園でデイトする若い女性たちを描く。雪のボールを使い、それを投げて娘たちが模様を作る場面を、真上からの俯瞰で撮影する。公園でのデイトは、急な雨でずぶ濡れになった娘たちの着替え場面となり、その様子をシルエットで見せる。

このように、踊りではなく美女たちそのものを見せるというのは、バークレイの発案というよりも、1910年代からブロードウェイで流行った、「ジーグフェルド・フォリーズ」などの舞台の影響だろう。舞台では美女たちが美しく着飾って登場し、音楽に乗ってただただ歩いて微笑み、脚線美を見せた。バークレイの映画はその延長線上にある。

『シャドー・ワルツ』Shadow Waltzはルビー・キーラーをフィーチャーして、ヴァイオリンをテーマとして展開する。暗闇の中でネオン・ランプを点けたヴァイオリンを弾く美女たちが様々に踊り、踊り子たちが並んで、全体がひとつの大きなヴァイオリンになるさまを見せる演出。

最後は『忘れられた男』Remember My Forgotten Manで、ジョーン・ブロンデルが中心。バークレイの社会派的な側面を見せるナンバーで、浮浪者を警官が追いたてようとするのを見て、街の女ブロンデルが助ける。彼の上着の裏には勲章が付けられている。第一次世界大戦で従軍し、戦場で苦労して戻って来たが、折からの不況で職も得られずに浮浪者となっている男、忘れられた男たちを思い起こせというナンバーで、珍しく男っぽい場面となっている。

そこに強いメッセージが込められているのは、バークレイ自身も実際に第一次世界大戦で従軍したためだろう。ブロンデルが歌った後、それに続いて素晴らしい歌声を聞かせるのはエッタ・モトン。

この「忘れられた男」というのは、後に大統領となるフランクリン・D・ローズヴェルトが、ニュー・ヨーク市長時代の1932年4月の炉辺談話(ラジオ放送)の中で、手を差し伸べる必要のある「忘れられた男」という

話をして有名になった言い回しで、早速これを映画に取り入れたわけだ。日本でテレビ放映された時に、この「忘れられた男」が「骨抜き男」と訳されていたのは不可解。全体のナンバーの水準の高さから見ても、この作品がバークレイ作品の中では一番かも知れない。

フットライト・パレード Footlight Parade (1933)も話は同じようなもの。映画館が大衆の人気を得て、舞台ショーの入りが悪くなったので、ジェイムス・キャグニー演ずる舞台演出家が、映画館で映画と併演するショーを、複数の劇場で同時に上演することを思いつく。そこで次々とショーを考案するが、あまりの仕事の多さに疲れきってしまう。ここぞという映画館チェーンの社長に、新企画のショーを3つ見せることになるが、主役が出られなくなって自分で演じたりする中で、秘書のジョーン・ブロンデルの愛に気付く。

もちろん、映画の主眼は、劇中劇で上演されるショーを見せることにある。ルビー・キーラーとディック・パウエルがミュージカル場面では主演の扱い。最初のナンバーは『ハネムーン・ホテル』で、パウエルとキーラーが新婚カップルの集まるホテルへ行き、大急ぎで神父に挙式してもらい、チェック・インして、着替えてベッドに入る様子が描かれている。ミュージカル・ナンバーというよりも音楽入りの寸劇といった作品。

2番目は『滝の辺で』By a Waterfallで、水辺でパウエルがまどろんで夢見る形で、水着の美女が滝のそばで戯れて、水中や水上のレヴューを見せる。バークレイらしい俯瞰撮影のカレイドスコープ的な展開となり、最後には美女を使った6段の噴水が登場する、11分間の大ナンバー。この作品では、ショー場面を舞台上で演じているという設定で描かれているが、こんなプールを使ったショーが可能なのは、有名なヒッポドローム劇場のほかにはないかも知れない。

ヒッポドローム劇場は「踊る大紐育」On the Town (1949)の中でフランク・シナトラがガイド・ブックを見ながら見物に行きたいと歌った劇場で、6番街の43丁目と44丁目の間にあった7000人収容の大劇場だったが、1930年代の終わりに取り壊された。この劇場の記憶が、後のエスター・ウィリアムスの水着レヴューにまで繋がっている。

最後の『上海リル』Shanghai Lilは、パウエルではなくキャグニーとキーラーのナンバーで、タップの得意なキャグニーが、キーラーと一緒に素晴らしい踊りを見せる。キャグニーは演出家役だが、主演の俳優が出られなくなったため、自分で代役を務めてしまう。水兵のキャグニーが、リルという娘を上海の酒場や阿片窟で探す話で、リル役のキーラーは中国娘として現れ、キャグニーと一緒に踊りまくる。最後には集合ラッパが鳴り、アメリカ水兵の行進パレードとなって、いつの間にかキーラーも水兵姿になってキャグニーについていく。

バークレイは自分自身も軍隊経験があるので、こうしたナンバーの処理はさすがに上手い。この場面も1巻をまるまる使った11分間の大ナンバー。曲はハリー・ウォーレンとアル・ドゥービンで、いつもと同じ。監督は「四十二番街」と同じロイド・ベーコン。

流行の王様 Fashions of 1934 (1934)は、エディ・カンターの「羅馬太平記」(1933)の後に、ショー場面の構成を担当した作品。ウィリアム・パウエルの主演で、インチキ詐欺師がパリの最新デザインを盗み、アメリカで偽物を販売していたが、商売をさらに広げようとパリにやって来る。流行遅れのダチョウの羽根が余っているのに目を付けて、大量に買い付けて、レヴューで使って流行らそうとする。レヴューは上手く行くのだが、ダチョウの羽根は衛生問題から没収されてしまう。

羽根を使った衣装を作っているお針子の娘が夢を見る形で展開される『夢を紡ぐ』Spin a Little Web of Dreamsが印象に残る。美女が柱となっているハープを弾く場面から始まり、羽根の扇を持った大勢の美女たちが、ボートに乗って海の中を進む場面が展開される。羽根を使った踊りは、典型的なバーレスクのスタイルで、バーレスクのストリッパーが踊る様子を彷彿とさせるが、この作品からはヘイズ・コードによる検閲を受けたので、いささか低調。とはいうものの、まだ、ヘイズ・コードの正式開始前だったので、後の基準よりも若干ゆるく適用されたようだ。主演はベティ・デイヴィスなので歌わない。監督はウィリアム・ディターレ。

ワンダー・バー Wonder Bar (1934)は舞台作品の映画化。もともとドイツ語圏で大ヒットした作品をアメリカへ持ってきたもので、ブロードウェイではアル・ジョルスンが1931年に演じた。そのために映画もアル・ジョルスンの主演で、内容もゴールド・ディガース物とは趣が異なる。キャバレーを舞台に、踊り子ドロレス・デル・リオとジゴロのリカルド・コルテス、金持ちの婦人ケイ・フランシスの三角関係の話で、ジゴロはデル・リオの恨みを買い、最後には刺し殺されてしまう。見どころは『お休みを言わないで』Don't Say Good-Nightで、ディック・パウエルの歌の後、ギリシャ風の列柱をテーマとしたレヴュー場面となる。100本近い列柱の後ろから、64人のコーラス・ガールが現れて男性陣と一緒に踊り、最後は細い柱が並ぶ広間でのダンスとなる。アル・ジョルスンも数曲歌うほか、ドロレス・デル・リオの踊りもある。

ファースト・ナショナル社の作品で監督はロイド・ベーコン、音楽はハリー・ウォーレンとアル・ドゥービン、そしてダンス場面はバークレイという、ゴールド・ディガースのいつものメンバーなので、舞台作品とは違ったレヴュー場面を作っている。

泥酔夢 Dames (1934)の日本語題名は「デイム」と読ませる。原題は「ご婦人方」という意味で、日本語題名は当て字。内容はゴールド・ディガースの1934年版ともいえる舞台裏物。

街の道徳向上を図ろうとする大金持ちが、風紀上好ましくないとして、新作レヴューの公演を邪魔しようとするが、実際に見ると気に入ってしまう。しかし、上演を妨害するために、あらかじめ手配していた手下たちに、誤って妨害指示を出してしまい大混乱となるが、結局はコーラス・ガールと結婚する。

監督はレイ・エンライトだが、ほかのスタッフはいつものメンバーで、音楽はハリー・ウォーレンとアル・ドゥービン、プロダクション・ナンバーはバークレイが担当、ルビー・キーラーとディック・パウエルの組み合わせに、ジョーン・ブロンデルやガイ・キビーが絡む。

この作品の公開は1934年の8月なので、7月から始まった新しい倫理規定ヘイズ・コードの審査対象だったため、この大レヴュー場面で登場する踊り子たちの衣装も、それまでのバークレイ作品とは異なり、大人しいものとなった。その分バークレイは美術的な要素で工夫している。たとえば、踊り子たちが1本の柱のように縦に並び、正面から撮っていたカメラが引くと、踊り子たちの柱は、手鏡の柄の模様へと変化していく。こうした場面の工芸美術的な感覚は、バークレイ作品でも最上級だ。

一番の見どころは、ディック・パウエルが歌う『僕には君しか見えない』I Only Have Eyes for Youで、パウエルがキーラーと地下鉄に乗っていると、車内広告の顔が全部キーラーに見えてきて、そこからレヴュー場面となり、100人ぐらいの女性が全部ルビー・キーラーに見えてくる。

もうひとつの大ナンバーは10分間に及ぶタイトル曲。パウエルがショーで一番大事なのは美しい婦人たち（デイムス）だと力説するのが歌となり、どんどんと美女たちを事務室へ呼び込む。そうして、彼女たちに翌朝11時から練習を始めるので、遅れないように朝9時には起きるよう指示して、目覚まし時計を示すところから音楽場面が始まる。この時に呼び込まれるコーラス・ガールたちの名前はスタッフの名前の借用で、楽屋オチとなっている。翌朝に目覚まし時計が鳴り、コーラス・ガールたちが起床し、体操して入浴、化粧して練習場に集まるまでの様子が描かれる。

こうした身づくろいの場面は、エディ・カンター主演の「カンターの闘牛士」The Kid from Spain (1932)の冒頭にも出てくるが、1934年版ではヘイズ・コードのために、露出度はぐっと低下して魅力を欠いている。身づくろいをして劇場に入り踊りの練習を始めると、黒いタイツ姿で幾何学模様を作り出し、俯瞰撮影となるが、ここでも衣装が大人しい分、映像で頑張ろうという努力が見られ、踊りというよりも純粋な幾何学模様を展開していく名場面となる。

ジョーン・ブロンデルも洗濯屋で働く娘たちを描く『アイロン台の娘』The Girl at the Ironing Boardを歌うが、驚くような展開は

ない。

ゴールド・ディガース36年　Gold Diggers of 1935 (1935) は、アメリカでは1935年の公開だが、日本公開は35年の年末だったために、邦題は「36年」となった。常連メンバーによるゴールド・ディガースだが、この作品ではバークレイが映画全体の監督も担当している。男優陣はいつもと同じだが、女優はルビー・キーラーが外れて、グロリア・ステュアートがパウエルの相手を務めているものの、歌がダメなので、ショー場面では代わってウィニーフレッド・ショウが出演する。

医学生のディック・パウエルは、夏にリゾート・ホテルでフロント係をしているが、けちな金持ち婦人が、娘グロリアを金持ち男と結婚させるため、変な虫がつかないようにと、パウエルをボディ・ガードとして雇う。リゾート・ホテルでは、毎年その金持ち婦人が慈善ショーを提供していて、金欠の前衛演出家アドルフ・マンジュがショーの演出を担当することになる。パウエルはボディ・ガードとしていつもグロリアと一緒にいて、ショーでも主演することになる。そのため、二人はいつの間にか恋仲となってしまい、結局は母親の期待を裏切って結婚することになる。

ゴールド・ディガースの話ではあるが、一捻りされていて、コーラス・ガールが金持ちと結ばれるのではなく、医学生が金持ちの娘と結婚という、逆の形となっている。

バークレイ名物の大プロダクション・ナンバーはふたつある。ひとつは『言葉は胸に秘めて』The Words Are in My Heartで、白いグランド・ピアノをテーマにした作品。床一面に並んだ56台のピアノを美女たちが弾くと、ピアノが回転したり動いたりしながら幾何学模様を作っていく。黒い背景と黒い床に対して、白いピアノと白いドレスの娘たちが演ずる場面で、白黒映画の美しさが際立っている。

もうひとつのナンバーはウィニーの歌う『ブロードウェイの子守唄』Lullaby of Broadwayで、100人近い群舞によるタップ・ダンスが評判になった。最初は豆粒のようなウィニーの顔が、2コーラス歌う間にだんだんと近づいてきてクローズ・アップとなり、その顔が180度回転してタバコをくわえると、それがブロードウェイの街並みとなる。街では夜が明けて、牛乳配達や新聞配達が登場して人々が出勤し始めると、一晩中ナイト・クラブで遊んでいたウィニーがアパートに戻って眠りにつく。

昼間は寝ていて日が暮れると、彼女は再び起きだしてナイト・クラブへと向かう。そのクラブで100人ものダンサーたちが群舞を踊り、彼女も一緒に踊るうちに、高層ビルのバルコニーから誤って転落してしまう。ウィニーの歌とともに、大群舞の迫力は今でも語り草となっている。群舞をリードする二人のダンサーはラモンとロジータ。

カリアンテ　In Caliente (1935) はロイド・ベーコンの監督作品で、バークレイはミュージカル場面を担当した。カリアンテというのはアメリカとの国境に近いメキシコのリゾート地で、メキシコ人のダンサーであるドロレス・デル・リオとアメリカ人雑誌編集者パット・オブライエンの恋物語を描く。二人が愛し合い始めたところに、オブライエンを追ってアメリカ娘グレンダ・ファーレルが登場して三角関係となるが、ファーレルは途中で金持ちの社長に乗り換えるので丸く収まる。

ウィニー・ショウが歌い、コーラス・ガールたちがラテン・アメリカ的なエキゾチックなムードで群舞を見せる『赤い服の女』The Lady in Redが見どころ。ウィニーが歌った後に、ジュディ・カノヴァも歌い、その後にラテン調のダンスとなる。美しくデザインされた赤い衣装が売り物。白黒映画なので、撮影の際に実際に娘たちが着ていた衣装は青だったが、歌では赤となっている。

ブラウンの千両役者　Bright Lights (1935) では、ジョー・E・ブラウンを主役として、バークレイが監督も担当した。ヴォードヴィリアンの舞台裏物で、ブラウンとその妻、新人の娘の三角関係の話。ヴォードヴィル場面は多いものの、バークレイ流の群舞ではない。音楽はアリー・ウルーベル。

恋に生きる　I Live for Love (1935) では、バークレイは映画全体の監督を担当。ドロレス・デル・リオを主役にしたドラマとなっている。デル・リオは気性の激しい南米の歌手で、ブロードウェイへ招かれてハンサムな男エヴァーレット・マーシャルと恋仲となり、

喧嘩と仲直りを繰り返す。

アリー・ウルーベルが書いた音楽を、マーシャルが何曲か歌っている。マーシャルはラジオで人気のあった歌手で、美しい歌声を聞かせるが、バークレイ作品なのにいつもの大ダンス場面がないので拍子抜けする。映画の出来は低調。

ブロードウェイのスターたち Stars Over Broadway (1935) は、バークレイがダンス場面を担当した作品。パット・オブライエンとジェイン・フローマンを主役に据えた、お決まりの芸人物。メトロポリタン歌劇場で活躍していたジェイムス・メルトンを連れてきて歌わせている。ハリー・ウォーレンとアル・ドゥービンが曲を書いているが、バークレイらしい群舞はない。

俳優志願 Stage Struck (1936)* は、ディック・パウエルとジョーン・ブロンデル主演の舞台裏物。音楽はハロルド・アーレンが担当。パウエルは舞台演出家で、ブロンデルは主役を演じる女優だが才能はない。あるのは財力で、ショーのスポンサーとなっている。ブロンデルが初日をすっぽかすので、才能ある新人女優ジャンヌ・マドンがデビューする。

さすがに同じような話が続いて観客に飽きられたのか、ルビー・キーラーがいないためなのか、公開の直前にパウエルとブロンデルが結婚したためか、どの原因かはわからないが興行的に失敗した。バークレイの演出も低調。

踊る三十七年 Gold Diggers of 1937 (1936) も、パウエルとブロンデルの舞台裏物。この二人は私生活でも1936年9月に結婚しているので、この作品の制作中にちょうど結婚したことになる。パウエルは保険会社のセールスマン。ブロンデルはコーラス・ガールだが仕事にあぶれて食い詰め、パウエルに惹かれて保険会社の電話交換手をやっている。金満家の劇場主に巨額の生命保険をかけて殺してしまおうと企む悪漢たちから、パウエルとブロンデルは劇場主を守り、新作のショーを成功させる。

監督はロイド・ベーコンで、音楽は前作に続きハロルド・アーレンが担当。バークレイらしい大ナンバーは『恋と戦争に反則はなし』All's Fair in Love and Warだけで、作曲は

ハリー・ウォーレン。ロッキング・チェアで愛し合う男女から始まり、巨大な椅子の上でのタップが続く。その後は男の国と女の国が戦争で撃ち合うが、男たちの武器が鉄砲なのに対して、女たちの武器は香水。接近戦での男たちはすぐに白旗をあげる。

そこから女の国軍の凱旋パレードとなり、100人の踊り子たちがドラムと旗を使ったドリル・パレードを見せる。もともと軍隊でドリル・パレードをやっていたバークレイの真骨頂で久々に見応えのある場面を作った。

唄ふ陸戦隊 The Singing Marine (1937) は、歌の上手な海兵隊員のディック・パウエルが休暇を利用してニュー・ヨークのコンテストに出場し、プロ・デビューして一気に金を稼ぐが、休暇も終わり上海に派遣される。上海にはパウエルと恋仲の娘が一足先に着いており、パウエルの金でナイト・クラブを開業、地元で海兵隊員の面倒をよく見ていた老婦人に店を寄付する。音楽はハリー・ウォーレンで、バークレイはダンス場面を担当。

大学祭り Varsity Show (1937) は、大学生が学内ショーを上演するため、ブロードウェイの大スターのディック・パウエルを呼んできて指導を仰ぐという話で、低調な作品。バークレイはフィナーレのみを演出した。

フィナーレでは宝塚の大階段のようなセットを使い、大学生たちが投げられたラグビー・ボールを受けて、いろいろな陣形を描くという演出。階段に並ぶ男女の学生たちを正面から撮り俯瞰撮影と同じような効果を出した。

人数だけは沢山いて男女各80人ぐらいを使っているので、それだけで迫力はある。そのほかバトン・ガールも登場させるが、全体として低予算の映画といった印象はぬぐえない。相手役はローズマリー・レインで、歌もこなしている。

聖林ホテル Hollywood Hotel (1937) もディック・パウエルの芸人物で、パウエルはベニー・グッドマン楽団のサックス奏者。タレント・コンテストで入賞して、映画出演を夢見てハリウッドへ行くものの、すぐに失業する。しかし、ドライブ・インで給仕をしながら歌っていると、それを聞いた監督にスカウトされて映画の世界への道が開ける。

ベニー・グッドマン楽団がヒット曲を聞かせるほか、ディック・パウエルがローズマリー・レインとデュエットする。ローズマリーはパウエルの恋人で、女優志望のウェートレス役。もう一人、わがままな映画スターとしてローラ・レインが出てくる。この二人は本物の姉妹で、よく似ている。

バークレイらしい派手なプロダクション・ナンバーはなく、全体に低調だといわれたが、唯一評価を受けたのがベニー・グッドマン楽団のジャム・セッション場面で、有名な『シング、シング、シング』を演奏している。ドラムは最盛期のジーン・クルーパで、トランペットはハリー・ジェイムス、クラリネットがベニー・グッドマンなので盛り上がらないわけがない。バークレイは映画全体の監督も担当しているものの、低調な仕上がりで、このジャム・セッションだけが見どころ。

夜は巴里で Gold Diggers in Paris (1938) はゴールド・ディガース物としては最後の作品で、バークレイはダンス場面のみを担当。フランス政府がパリで世界バレエ・コンテストを開くこととなり、出場者を各国から招聘するために、フランス外務省から各国へ特使が派遣される。アメリカへ派遣されたダメ特使は、誤ってキャバレーのダンサーたちを招聘してしまう。クラシック・バレエ団も到着するが、手違いのため、舞台で踊ったのはキャバレー娘たちで、これが受けて高い評価を得るという話。

主演はディック・パウエルに代わり、クルーナー歌手のルディ・ヴァリーとなっていて、相手役にはローズマリー・レイン。音楽はハリー・ウォーレンで、監督はレイ・エンライト。ヴァリーの南国調の歌や、バークレイの手による大規模なフィナーレが見どころだが、いかにも低予算で、ダンサーの人数は24人ぐらいに減らされていて、物量で勝負するバークレイの特徴が生きていない。

そのほかシュニッケルフリッツ楽団というコミック楽団が登場して何曲か演奏するが、これはいくら工夫して撮影しても面白くない。結局、それまでの「ゴールド・ディガース」シリーズとは物語の背景も作り方も変わってしまい、低予算の二流作品に終わった。

★

ディック・パウエル Dick Powell
(1904.11.14–1963.1.2)

ディック・パウエルは1904年生まれの歌手で、若々しい二枚目俳優としてトーキー初期のミュージカル映画の主役を務めた。特にワーナー社で作られた一連のバークレイ作品で、ルビー・キーラーとコンビを組み人気を博した。私生活ではジョーン・ブロンデルと結婚していた時期(1936–44)があるので、一時期は共演が多かった。若い時には楽団歌手だったので、声は美しい。

映画デビューはワーナーの「神聖な出来事」Blessed Event (1932)*で、同名の芝居(1932)の映画化。この作品は実在したゴシップ・ライターのウォルター・ウィンチェルをモデルにしたもので、ディックの役は彼にコラムで叩かれるクルーナー歌手役。

大ブレイクしたのは、ルビー・キーラーと組んだ一連の作品で、「四十二番街」42nd Street (1933)、「ゴールド・ディガース」Gold Diggers of 1933 (1933)、「フットライト・パレード」Footlight Parade (1933)、「泥酔夢」Dames (1934)、「お姫様大行進」Flirtation Walk (1934)、「ゴールド・ディガース36年」Gold Diggers of 1935 (1935)、「海行かば」Shipmates Forever (1935)、「コリーン」Colleen (1936)と続くが、その大半はバスビー・バークレイの演出作品だった。

ルビー・キーラーが出演していないバークレイ作品にも、パウエルは出演している。「ワンダー・バー」Wonder Bar (1934)、「俳優志願」Stage Struck (1936)*、「踊る三十七年」Gold Diggers of 1937 (1936)、「唄ふ陸戦隊」The Singing Marine (1937)、「大学祭り」Varsity Show (1937)、「聖林ホテル」Hollywood Hotel (1937)などに出演して、ワーナー社のバークレイ作品には欠かせない存在だった。

バークレイ以外の作品にも出演しており、「大学のコーチ」College Coach (1933)*はディック・パウエル主演のカレッジ物で、フットボール選手役。次の「二千万人の恋人」Twenty Million Sweethearts (1934)の相手役はジンジャー・ロジャース。ディックはラ

ジオで売り出すクルーナー歌手の役を演じている。「春の夜明け」Happiness Ahead (1934)のディックは窓拭きの青年で、家を飛び出してきた娘が富豪だと知らずに恋する。

「ブロードウェイのゴンドラ漕ぎ」Broadway Gondolier (1935)*は、タクシー運転手のディックがチーズ会社の宣伝キャンペーンで歌手になる話で、ジョーン・ブロンデルと共演し、二人はこの翌年に結婚した。

「ミス・グローリーを呼び出せ」Page Miss Glory (1935)*は、田舎から出てきたホテル・メイドのマリオン・デイヴィスが、写真コンテストのモデルとして有名になり、飛行士ディック・パウエルに恋する話。「サンクス・ミリオン」Thanks a Million (1935)は巡回ショー劇団の歌手ディック・パウエルが、知事候補の選挙応援をやっているうちに人気が出て、自分が知事に当選してしまう。4人組コミック歌手のヨット・クラブ・ボーイズが映画初出演している。「裂かれたふたつの心」Hearts Divided (1936)*もマリオン・デイヴィスとの共演で、ナポレオンの戦費調達に絡む話。

フォックスに招かれて撮った「陽気な街」On the Avenue (1937) は、マデリン・キャロルとの共演だが、アリス・フェイも出ていた。「ブルックリンから来たカウボーイ」Cowboy from Brooklyn (1938)*は、舞台劇「やあ、客人」Howdy Stranger (1937)の映画化。都会出のディック・パウエルは職がなく、西部の牧場でカウボーイとして働きながら歌っているところを、タレント・スカウトのパット・オブライエンに発見される。この歌うカウボーイ・スタイルは、ジーン・オートリーなどの「歌うカウボーイ」物へと引き継がれていく。

「気のない素振り」Hard to Get (1938)*のディックはガソリン・スタンドの店員で、実は大金持ちのオリヴィア・デ・ハヴィランドに、そうとは知らずに恋をする。「大成功」Going Places (1938)*のディック・パウエルは、スポーツ衣料品のセールスマンで、宣伝のために外国にいるジョッキーに成りすますが、馬に乗ったこともないのに大レースに出ることになってしまう。若き日のロナルド・レーガンやルイ・アームストロング、ドロシー・ダンドリッジも出演している豪華な作品。「行儀悪いけど素敵」Naughty But Nice (1939)*はアン・シェリダンとの共演で、クラシック音楽として書いたディックの曲が、ホットなジャズとしてヒットする話。

1940年代に入るとワーナーから離れて、ユニヴァーサルでアボットとコステロの「凸凹海軍の巻」In the Navy (1941)に出演したほか、パラマウントの戦時慰問用映画「きらめくスターのリズム」Star Spangled Rhythm (1942)*でメリー・マーティンと一緒に歌い、そのまま「成り行き任せ」Happy Go Lucky (1943)*でメリー・マーティンと共演している。「万事好調」Riding High (1943)*もパラマウントで、ドロシー・ラムーアの相手役。「実生活のとおりに」True to Life (1943)*もメリー・マーティンとフランチョット・トーンの主演作品で、ディック・パウエルは脇役を務めている。MGMではルシル・ボール主演の「庶民と接する」Meet the People (1944)*で相手役を務めた。

その後はテレビでの活動が多いが、コロムビア社でジューン・アリソンとジャック・レモンが共演した「夜の乗合自動車」You Can't Run Away from It (1956) の制作・監督を担当した。

3　パラマウント

パラマウントは正式名称をパラマウント映画会社Paramount Pictures Corporationといい、ハンガリー移民のアドルフ・ズーカーによって設立された。1912年に発足した時にはFamous Players Film Companyという名称だったが、1916年に合併してパラマウントの名称を使うようになった。洒落た都会的な作品が人気を集めた。

アドルフ・ズーカーは1873年生まれだが、大変長生きで1976年に103歳で亡くなっ

た。1950年代に映画が横長画面に変わった時にフォックスのシネマスコープに対抗して、パラマウントはヴィスタヴィジョンと呼ばれる規格を作り、現在のHDテレビのサイズの基となった。

★

ジャネット・マクドナルド　Jeanette Mac-Donald（その1）（1903.6.18–1965.1.14）

　ジャネット・マクドナルドは、モーリス・シュヴァリエの相手役として映画デビューして、その美しい歌声と美貌で人気を博する。マクドナルドの歌唱法はベル・カントに近く、オペラ的な歌姫としてトーキー初期に活躍した。ベル・カント唱法の女優は、大半がオペラからの転向組だが、マクドナルドは舞台での経験がないまま、直接に映画の世界へ入った。

　マクドナルドを見出したのは、映画監督のエルンスト・ルビッチといって良いだろう。マクドナルドはパラマウント社のスクリーン・テストを受けてはいたが、会社は不採用としていた。ところが、トーキーでミュージカル作品を撮るにあたり、シュヴァリエの相手役を探していたルビッチ監督は、埋もれていたテスト・フィルムを見てマクドナルドの採用を決める。そこで、マクドナルドはパラマウント社と契約して、主にシュヴァリエの相手役を務めることになる。

　シュヴァリエと最初に組んだのは「ラヴ・パレイド」The Love Parade（1929）だが、パラマウントではマクドナルドの使い方に迷ったのか、その後はいろいろなタイプの映画に出演している。

　オペレッタの「放浪の王者」The Vagabond King（1930）、ナンセンス喜劇の「極楽島満員」Let's Go Native（1930）、ルビッチが再びメガホンを取った「モンテ・カルロ」Monte Carlo（1930）、再びオペレッタ調の「魅惑を賭けて」The Lottery Bride（1930）と試すが、どれも今ひとつの出来だったので、パラマウント社は彼女をフォックス社に貸し出す。

　マクドナルドは、その後の「君とひととき」One Hour with You（1932）、「今晩は愛して頂戴ナ」Love Me Tonight（1932）を最後に、パラマウント社を去りMGMで本格的に活動することになり、MGMではネルソン・エディと組んだ一連のオペレッタ映画に出演。その傍ら、クラーク・ゲイブルと共演した「桑港」San Francisco（1936）でも有名になった。クラシカルな歌唱法を維持しつつ軽い歌やコミカルな演技もできる点が映画的だった。

（p.98の1930年代MGMへ続く）

ラヴ・パレイド　The Love Parade（1929）

は、マクドナルドがパラマウントで最初に撮った作品。シュヴァリエを主人公とするために、舞台をヨーロッパの小国に設定している。その小国の美人女王がジャネットで、微妙な年頃となったので、早く結婚しないとオールド・ミスになるのでは、と臣下たちは心配している。そこへ公爵シュヴァリエがパリから戻って来る。女遊びが過ぎるというので、本国に召還されたのだ。女王は、彼がどのように女性を扱うのか興味を持ち、話を聞き始めるが、彼の話が面白くて夢中になり、結局シュヴァリエと結婚してしまう。ところが、女王の夫というのは何もすることがなくてつまらないので、シュヴァリエはすぐに退屈して、離婚してパリへ行って遊びたいと言い出す。マクドナルドは、彼を王様にして、自分が従う決心をしてシュヴァリエを自分のものとする。

　マクドナルドのオペラ的な歌い方と、シュヴァリエの小唄調とはスタイルが随分と違うが、デュエットではマクドナルドが発声を変えてうまく合わせている。マクドナルドの侍女リリアン・ロスと、シュヴァリエの従者ルピノ・レインも、ヴォードヴィル調で変化をつけていて楽しめる。曲を書いたのはクラシック音楽出身で、無声時代から映画音楽を担当していたヴィクター・シェルツィンガー。歌を物語とうまく結合させて、いかにもミュージカル的な作品に仕上げている。

　ルビッチ監督の演出はルビッチ・タッチと呼ばれる独特のもので、無声映画の呼吸をトーキーでも残した洒落た演出。トーキー初期で専用カメラがまだなかったため、ルビッチ監督は無声映画用のカメラで撮影して、後からサウンド・トラックを付けた。そのため、画面の横幅が狭まり、通常の無声映画とは画面の縦横比が異なっている。無声映画の縦横

比は、1：1.33 だが、この映画では1：1.2 となっている。

放浪の王者　The Vagabond King (1930) は、マクドナルドの2本目の作品で、ルドルフ・フリムルの名作オペレッタ (1925) の映画化。15世紀フランスの詩人フランソワ・ヴィヨンを題材とした作品で、主役のヴィヨンにはブロードウェイでこの役を演じたデニス・キングを迎えて、開発されたばかりの2色方式のテクニカラーで撮られた。

15世紀のパリ。ルイ11世はブルゴーニュから攻められて苦戦していたが、星占いにより貧民の中から国を救う者が現れるという予言を聞き、貧民窟に出かけると、そこで浮浪者や貧民を集めて戦う詩人デニス・キング（フランソワ・ヴィヨン役）を見つける。彼は宮廷に呼び出されて、戦いのために1週間だけ大将となるが、その間に彼は王女マクドナルドと恋仲になる。デニス・キングはブルゴーニュ軍を破ってフランス王を救い、マクドナルドを得て貧民窟に凱旋する。

原作のオペレッタにかなり忠実な映画化。音楽も出演者も本格的なオペレッタ調の作品で、その分マクドナルドの歌が生きている。オリジナルのカラー版は行方不明といわれていたが、近年に発見されて復元された。ルドウィグ・バーガー監督作品だが、エルンスト・ルビッチが手直ししたと伝えられる。

この作品の主題歌は、当時の松竹が『蒲田行進曲』と命名して、松竹蒲田撮影所の宣伝に使用したので、今でもJR蒲田駅の発車音楽に使用されている。

極楽島満員　Let's Go Native (1930) は、マクドナルドの映画というよりも、レオ・マケリーのナンセンス喜劇として知られているパラマウント作品。マクドナルドも歌うが、それがメインではない。

マクドナルドは衣装デザイナーで、アルゼンチン向けのショーを準備している一座の衣装を作るが、代金をもらえるのはブエノス・アイレスに着いてからだとわかり、恋人ジェイムス・ホールや、自動車事故で金に困ったジャック・オーキーとともに船に乗り込む。ところが、途中で船が難破して、たどり着いた南海の孤島には、なぜかレヴュー・ガールたちが沢山いて、一行は原始的な生活を楽しむ。恋人の父親が船会社の社長だったので、ヨットで救出に来て、島を気に入り購入するが、地震が起きて島は沈んでしまう、というナンセンスぶり。曲はリチャード・A・ホワイティングが書いている。

モンテ・カルロ　Monte Carlo (1930) は第1作の「ラヴ・パレイド」に続き、パラマウント社でエルンスト・ルビッチ監督が撮った作品。モンテ・カルロを舞台にして、「ラヴ・パレイド」と同じような線を狙った作品だが、主演の男優がモーリス・シュヴァリエから英国のジャック・ブキャナンに代わり、色気が足りないのでルビッチも調子が出なかった。

伯爵令嬢のマクドナルドは、結婚相手の王子が気に入らないので、結婚式場から飛び出してモンテ・カルロへ来て隠れている。ところが、有り金を賭博につぎ込んでしまい、持ち金をなくして途方に暮れる。彼女を見初めた伯爵ジャック・ブキャナンは何とか彼女を口説こうと、髪結いの振りをして近づき、婚約者の王子を振り切って、最後に彼女を得る。楽曲は「極楽島満員」に続いてリチャード・A・ホワイティングが担当。

魅惑を賭けて　The Lottery Bride (1930) は、ブロードウェイの制作者アーサー・ハマースタインが、ハリウッドに乗り込んで作ったオペレッタ映画。したがってパラマウント社ではなく、ユナイトから配給されている。アーサー・ハマースタインは、ミュージカルの台本や作詞で有名なオスカー・ハマースタイン2世の叔父にあたる人物。劇場が専門で、この映画を試してみたものの、結局、映画はこれ1本で、ブロードウェイへ戻っている。

いかにもオペレッタらしい題材で、ノルウェーでの話。弟が賭けで銀行の金を使い込んでしまい、返済を迫られたマクドナルドは、地元で開催されたダンス・マラソンに賞金目当てで出場する。もう少しで賞金が獲得できるかと思われた時に、マクドナルドは弟の逃亡を幇助したという疑いにより、逮捕されてしまう。刑務所から出てきた彼女は、鉱山町で開催された「くじ引き花嫁」に応募したところ、その当たりくじを手にしたのは、偶然にも以前の婚約者の弟だった。弟は今でも兄がマクドナルドに惚れていると知り、絶望しかけた兄を助け、何とか二人を一緒にさせる。

曲はルドルフ・フリムルが提供していて豪華だが、ポール・L・スタイン監督の演出に問題があり、低調な出来だった。最後のフィナーレは2色方式のテクニカラーで撮られたが、残念ながら現在は白黒版しか残っていない。

盗まれた接吻 Oh, for a Man! (1930) は、パラマウント社からフォックス社へ貸し出されたマクドナルドが主役を務めた作品。マクドナルドはワーグナーを歌う人気のオペラ・スターだが、ある夜、寝ている間に宝石を盗まれそうになる。よく見ると泥棒レジナルド・デニーはなかなか魅力的で、マクドナルドは接吻されて恋におちてしまう。結局、マクドナルドはオペラを引退し、デニーと結婚してイタリアで暮らすが、デニーは退屈な生活に嫌気がさして出て行ってしまう。そこでマクドナルドはまたオペラに復帰して夜に寝ていると、また懐かしい泥棒が入ってきて愛し合うのだった。

マクドナルドの作品の中では最も出来の悪い作品だといわれている。現在は不完全なプリントしか残っていない。オペラの曲が中心。監督はハミルトン・マクファデン。

女に賭けるな Don't Bet on Women (1931) も、パラマウント社からフォックス社へ貸し出されたマクドナルドを主演とした喜劇で、女性不信の男と弁護士が、偶然部屋に入ってきた女にキスをできるかどうか、賭けをする。その賭けの対象となったのが、弁護士の妻マクドナルドだったという話。ミュージカルではなく、ジャネットは歌っていない。マクドナルドが映画で歌わなかったのはこの作品だけ。ウィリアム・K・ハワード監督作品。

アナベル情事 Annabelle's Affairs (1931) も、貸出先のフォックス社で作られた作品。1916年の芝居「優しいアナベル」Good Gracious Annabelle のミュージカル映画化。この作品は、無声時代にもビリー・バーク主演で「おやおやアナベル」Good Gracious Annabelle (1919) として映画化されている。

事故のために、無教養な鉱山事業家と山小屋で一夜を共にして不本意な結婚をしたマクドナルド（アナベル役）は、夫とは一緒に暮らさずに、東部で一人暮らしをしていた。ところが彼女の持つ鉱山株が夫の事業に必要だとわかり、骨を折って何とかそれを届けに行く。その道中で、彼女は魅力的な男性と出会い恋におちる。しかし、その相手というのは、長年会っていなかった夫だった。

現在はこの映画のフィルムは大部分が失われていて、1巻しか残っていないという。記録によると挿入曲は少ない。アルフレッド・L・ワーカー監督作品。現在の感覚ではこの題名であれば「アナベルの恋」くらいの翻訳が適切かと思われるが、昭和初期の感覚では「情事」か。

君とひととき One Hour with You (1932) は、久しぶりにパラマウント社へ戻り、エルンスト・ルビッチ監督、モーリス・シュヴァリエ共演で撮った本格的なオペレッタ映画。話はルビッチ監督の無声映画として名高い「結婚哲学」The Marriage Circle (1924) の再映画化。もともとはロタール・シュミットの戯曲「ただの夢」Only a Dream (1909) が原作。

モーリス・シュヴァリエはパリで医者をしていて、その愛妻がマクドナルド。そのマクドナルドの友人ジェネヴィエーヴ・トビンにシュヴァリエは魅力を感じるが、ジェネヴィエーヴの夫はそれを理由に離婚しようとする。いろいろな誤解が積み重なりシュヴァリエとマクドナルドの間にも危機が訪れるが、二人はすべてを許し合って以前にもまして愛し合うようになる。

音楽を担当したのがオスカー・シュトラウスなので、本格的なオペレッタ作品となった。英語版のほかに、フランス語版も同時に撮影されて、Une heure près de toi (1932)* の題名で公開されている。主演の二人は同じだが、脇役はフランス語を話すメンバーに代わっていて、微妙に違う。マクドナルドはオペラを歌うためにフランス語を学んでいたので、フランス語も問題なく話している。

今晩は愛して頂戴ナ Love Me Tonight (1932) は、ルーベン・マモーリアン監督がパラマウント社で撮った傑作の誉れ高い作品。原作はポール・アーモンとレオポルド・マルシャン作のブールバール劇「城の仕立屋」Le Tailleur au château (1924) で、いかにもフランスらしい艶っぽい話。

パリの仕立屋のシュヴァリエは、服の代金

を払ってもらおうと、子爵の城に取り立てに行くが、親類の公爵が来るので、その間は話を合わせてほしいと子爵に頼まれて、男爵に成りすましてその城に滞在する。親類の公爵の令嬢マクドナルドがあまりに美しいので、シュヴァリエは彼女に近づき恋仲となる。しかし、素性がばれてシュヴァリエはパリへ戻る列車に乗り込むが、マクドナルドは彼を追って来る。

全盛期のリチャード・ロジャースとローレンツ・ハートが曲を書いているので、楽曲も『ロマンチックじゃないこと？』Isn't It Romantic？や『ミミ』Mimi など素晴らしい曲が溢れ、台本とシュヴァリエのキャラクターがうまく組み合わさって面白い作品となった。

オリジナルの作品は104分であったが、その後ヘイズ・コードによる規制で色っぽい場面がカットされたために、現在に残っている版は96分と短くなっている。

この作品は、日本でも邦題が問題となった。最初は「今晩愛して頂戴ナ」としていたが、不道徳な印象を与えるというクレームがつき、限定の助詞「は」を挿入して「今晩は愛して頂戴ナ」と題名を変えて検閲を通過したという。

★

モーリス・シュヴァリエ　Maurice Chevalier（1888.9.12–1972.1.1）

モーリス・シュヴァリエはフランス出身の芸人で、パラマウント社がスターに起用してトーキー初期の看板俳優になった。彼の役回りはパリの粋なプレイ・ボーイで、パリのレヴューそのままに軽い小唄調の曲を歌う。フランス語訛りの英語を喋り、いやみを感じさせないキャラクターで人気があった。

1888年にフランスで生まれ、若い時から芸人としてフランスの無声映画に出ていたが、第一次世界大戦で召集され、ドイツ軍に捕まり2年間ほど捕虜収容所で生活した。その収容所にいた間に、仲間から英語を習いマスターしたという。そこで、第一次世界大戦後はアメリカに渡り、ハリウッドで映画出演を狙っていたところ、エルンスト・ルビッチ監督の目に留まり、ジャネット・マクドナルドと共演して一時代を築いた。

デビュー作の「レヴューの巴里っ子」Innocents of Paris（1929）はパリを舞台とした作品で、シュヴァリエのヒット曲『ルイーズ』をテーマにした作品。パラマウント社は、この作品で軽妙なフランスの芸人を使い、ドイツから来たエルンスト・ルビッチに監督をさせた。ルビッチ監督は、シュヴァリエの相手役にオペラ出身のジャネット・マクドナルドを選び、「ラヴ・パレイド」The Love Parade（1929）を作った。キャバレー芸人出身のシュヴァリエの歌と、オペラ的なジャネットの歌の組み合わせは不釣り合いな印象もあるが、ルビッチ監督は二人の歌を見事に融合させている。

この二人は、その後もルビッチの監督で「君とひととき」One Hour with You（1932）と「メリイ・ウィドウ」The Merry Widow（1934）を撮り、ルーベン・マモーリアン監督で「今晩は愛して頂戴ナ」Love Me Tonight（1932）を撮っていて、いずれもオペレッタの名作となった。これらの作品は、シュヴァリエに合わせて、ヨーロッパ調のムードと音楽で二人の歌を聞かせ、小粋な物語を語っている。

シュヴァリエはこれらのほかに、パラマウント・スター総出演のレヴュー映画「パラマウント・オン・パレイド」Paramount on Parade（1930）にも出演している。シュヴァリエはこの中で、『アパッシュの起源』、『パリの公園』、そして『フィナーレ』の3景で歌っている。この作品はいろいろなスターが出演してそれぞれの芸を見せるもので、他社のレヴュー映画と大きく変わることはないものの、世界各国に輸出するために各国向けの版が作られて、その内容も少しずつ変えた構成としていたが、大市場である英語圏とフランス語圏の両方にそのまま通用するシュヴァリエは便利な存在であった。

それ以外にもシュヴァリエは、クローデット・コルベールを相手役に貧乏貴族を演じた「チュウインガム行進曲」The Big Pond（1930）、貧乏プレイ・ボーイのカフェの給仕に遺産が転がり込む「巴里選手」The Playboy of Paris（1930）、クローデットと再び組んだルビッチ監督の名作オペレッタ「陽気な中尉さん」The Smiling Lieutenant（1931）、プ

第2章 1930年代：不況の時代

レイ・ボーイが捨て子を拾って育てるという「坊やはお寝み」A Bedtime Story (1933)、見世物芸人を手伝っていた娘にプレイ・ボーイが惚れる「恋の手ほどき」The Way to Love (1933)、シュヴァリエが二役を演じる「シュヴァリエの巴里っ子」Follies Bergère de Paris (1935) に出演するが、それ以降はヨーロッパへ戻り英国やフランスで映画出演する。

「シュヴァリエの放浪児」The Beloved Vagabond (1936) は、英国で作られた作品で、シュヴァリエは恋の放浪児を演じている。次はフランスで作った「微笑む人生」Avec le sourire (1936) で、シュヴァリエは才覚だけで劇場支配人になる。次もフランスでジュリアン・デュヴィヴィエ監督の「シュヴァリエの流行児」L'homme du jour (1937) に出ている。その次はフランスの名監督ルネ・クレールの「ニュースを作れ」Break the News (1938)* で、英国のジャック・ブキャナンとの共演。いずれの作品もフランスを舞台とした、洒落たムードを持ったミュージカル作品だった。

その後、フランスに戻り「罠」Pièges (1939)* に出るが、これはパリで起こる連続殺人事件を扱った作品。第二次世界大戦ではナチス・ドイツに非協力を貫き、ほとんど活動の機会を失った。

戦後になってミュージカル作品ではないがフランスでルネ・クレール監督の「沈黙は金」Le silence est d'or (1947) に出演して高い評価を受けた。ミュージカルとしては「王様」Le roi (1949) に出演していて、これは小国の王様がパリで踊り子あがりの婦人と遊ぶ話で、いかにもシュヴァリエらしい役どころ。後にマリリン・モンローの出た「王子と踊り子」The Prince and the Showgirl (1957) とも似ている。

「マ・ポム」Ma pomme (1950)* はシュヴァリエのヒット曲を映画化したもので、金はなくても幸せという信条で暮らしていたシュヴァリエに、突然巨額の遺産が舞い込む。「マ・ポム」というのは直訳すると「私のリンゴ」だが、ここではシュヴァリエの扮した男のニック・ネームを指している。

ドイツで作られた作曲家の話「ヒット・パレード」Schlagerparade (1953)* にゲスト出演した後、フランスで「七人の娘たち」J'avais sept filles (1954)* に出演している。これは放蕩貴族が回想録を書くが、その中で7人のバレエ・ダンサーたちを思い出すという物語。ここでも独特のフランスらしい香りの演技を見せている。

アメリカで再び映画出演したのは、ビリー・ワイルダー監督の「昼下がりの情事」Love in the Afternoon (1957) で、これもミュージカル作品ではないが、オードリー・ヘプバーンの父親役として味のある演技を見せている。再び彼の歌声を聞けたのはレスリー・キャロン主演の「恋の手ほどき」Gigi (1958) で、アーサー・フリードのMGMミュージカル最後の大作に出演して、その健在ぶりを示した。中でもハーミオン・ジンゴールドと一緒に昔を思い出しながら歌う場面は、彼の映画でも傑作のひとつとして残る。

フランク・シナトラとシャーリー・マクレインが共演した「カンカン」Can-Can (1960) はパリを舞台にした作品なので、シュヴァリエを欠かすことはできない。流行のフレンチ・カンカンが猥褻か否か、裁判で争われる話で、シュヴァリエは判事役で出演している。「ペペ」Pepe (1960) はコロムビア社が作った、スターたちの顔見せ作品だが、シュヴァリエも出演して持ち歌の『ミミ』を披露している。それ以降もいろいろな作品に出演したが、ミュージカル作品として特に記すべき作品は残していない。

レヴューの巴里っ子 Innocents of Paris (1929) は、シュヴァリエがハリウッドへ渡り、パラマウント社と契約して作った第1作のトーキー作品。C・E・アンドルーズの戯曲「蚤の市」の映画化で、楽曲はリチャード・A・ホワイティングが担当して、シュヴァリエが歌う『ルイーズ』が大ヒットした。

シュヴァリエはパリの街で屑屋をしていて、ある日セーヌ川で溺れていた少年を救ったのが縁で、街娘（ルイーズ）と知り合う。心惹かれて結婚を申し込むが、娘の親が屑屋ではダメというので、得意の歌を生かしてカフェでショーに主演しようと頑張る。ひと騒動あるが、最後にはデビューも果たし、結婚も認められる。この映画でフランス語訛りの粋な

パリジャンのイメージが固まり、その後の彼の路線となる。リチャード・ウォレス監督作品。

チウインガム行進曲　The Big Pond (1930) では、シュヴァリエがクローデット・コルベールと共演する。シュヴァリエはフランス貴族だが、金に困ってガイドの仕事に就き、アメリカ人の金持ち一家をヴェネチアまで案内する。案内中に一家の娘コルベールと恋仲になり結婚を申し込むが、父親は金目当てと考えてシュヴァリエをアメリカに呼び、彼の経営するチューインガム工場でこき使う。そうしていろいろと結婚の邪魔をするが、最後にはシュヴァリエはコルベールを手に入れて、事業でも成果を挙げる。ホバート・ヘンリー監督のパラマウント作品。仏語版はLa grande mare (1930)*。

巴里選手　The Playboy of Paris (1930) は、無声時代のフランス映画「小さなカフェ」Le petit café (1919)*のミュージカル化。もとはトリスタン・ベルナールの戯曲が下敷き。パリで給仕をしているモーリス・シュヴァリエはプレイ・ボーイで、店の主人の娘に惚れられているのに気付くそぶりがない。彼に遺産が転がり込むが、相変わらず、昼は給仕をして、夜には街で遊び歩いている。だが最後には娘の真の愛情を知り、身を固める決心をする。リチャード・A・ホワイティングの曲で、ルドウィグ・バーガー監督のパラマウント作品。仏語版 Le petit café (1930)*も作られた。

陽気な中尉さん　The Smiling Lieutenant (1931) は、オスカー・シュトラウスのオペレッタ「ワルツの夢」Ein Walzertraum (1907) の映画化。これもエルンスト・ルビッチ監督の名調子の作品だが、相手役はジャネット・マクドナルドではなく、クローデット・コルベールとミリアム・ホプキンスの二人という豪華なキャスト。

ウィーンの近衛連隊の中尉シュヴァリエは名うてのプレイ・ボーイで、恋仲の女性楽団指揮者クローデット・コルベールにウインクしたのを、たまたま来ていた隣国の王女ミリアム・ホプキンスが自分を口説いたのかと勘違いしてしまう。最初は怒ったものの、シュヴァリエの魅力に逆らえずに、ホプキンスはシュヴァリエと結婚してしまう。ところが隣国での宮廷生活はシュヴァリエには退屈で、ホプキンスにも魅力を感じないため、相手にしない。そこで、ホプキンスはコルベールから殿方の気の引き方を教わり、シュヴァリエのハートを射止める。

原作のオペレッタと大筋では同じだが、話の運びは随分と変わっていてルビッチ調となっている。シュトラウスの音楽も、ルビッチの演出と噛み合った傑作。

坊やはお寝み　A Bedtime Story (1933) は、パラマウント社でノーマン・タウログ監督が撮ったコメディ調のミュージカル。パリのプレイ・ボーイであるシュヴァリエが旅行から戻り、予定されていた婚約発表の時期も近づくが、自分の車の中で捨て子を見つけ、あまりにも可愛いので、女性と遊ぶのも忘れて赤ん坊の面倒を見るのに夢中となる。当然に婚約者やほかの女性からは不満が漏れて、隠し子ではないかと疑われて、婚約も解消となる。赤ん坊の面倒を見るために雇った看護師ヘレン・トウェルヴトリーズが、美しいだけでなく、困っている彼を支えてくれるので、シュヴァリエは真の愛情を感じて、結局ヘレンと結婚することにする。楽曲はラルフ・レインジャーが書いていて、うまく劇と調和している。

恋の手ほどき　The Way to Love (1933) も、前作の「坊やはお寝み」に続いてノーマン・タウログが監督した作品。音楽もタイトル曲を除いて前作と同じラルフ・レインジャーが提供している。撮影中は出演者の交代などいろいろともめた作品だが、タウログ監督の職人的な手腕でうまく処理している。

今回もやはりパリの話で、シュヴァリエは恋愛相談所の助手を演じる。彼はいろいろと雑用をこなしているが、見世物でナイフ投げの助手をしているアン・ドゥヴォラクが虐待されているのを見て、助けて匿ってやる。シュヴァリエは次第にアンと心をかよわせるようになるが、ほかの娘との結婚話が浮上するので、アンは姿を消してしまう。シュヴァリエは懸命に探し回ってもう一度アンを見つけ出す。

1958年にも同じ邦題でシュヴァリエの出たMGM作品があるので紛らわしいが、ま

ったく違う作品。

シュヴァリエの巴里っ子　Folies Bergère de Paris (1935) はパラマウント社ではなく、フォックス社で作られたロイ・デル・ルース監督の作品。シュヴァリエは、パリでも名うてのプレイ・ボーイの男爵を演ずる。美しい妻マール・オベロンを伴って芝居見物に行くが、その芝居では男優シャリエ（シュヴァリエの二役）が男爵そっくりに変装して舞台を演じるので、感心して楽屋を訪ねる。するとそこに男優の恋人アン・サザーンがいるので、口説いてみるがうまくいかない。ところで男爵は事業のために出かける用事ができたものの、ちょうどその晩に首相を招待したパーティがあり、欠席できないので、芝居で見た男優を代役にする。ところが戻ってみるとあまりにうまく男優が演じたので、逆に妻のオベロンが浮気するのではと心配になるが、結局最後は丸く収まる。

ルドルフ・ロタールの戯曲「赤猫」The Red Cat (1934) のミュージカル映画化。同じ原作を使ってフォックス社は、アリス・フェイとドン・アメチの「リオでの一夜」That Night in Rio (1941)*をカラーで作っている。楽曲は主にジャック・スターンが提供したが、ヒットしたのはアンリ・クリスティン作曲の劇中劇で歌われる『ヴァレンチーヌ』のほう。

この曲はもともとフランスのヒット曲で、白井鐵造が宝塚で上演した「セニョリータ」(1931) の中で紹介したので、日本に入ってきたのは映画よりも宝塚のほうが早かった。宝塚では、エッチン・タッチンと呼ばれて人気のあったコンビの、タッチンこと三浦時子が歌って人気の出た曲なので、南部圭之助は「とくに彼の有名なヒット・ナムバの感激は大変なものであった」（「欧米映画史」上巻）と記している。南部氏は「レヴューの巴里っ子」(1929) の項で『ヴァレンチーヌ』の話を書いているが、恐らくは勘違いだろう。

映画の実際のタイトルではFolies Bergère de Parisとなっているが、一部の記録ではFolies Bergèreとなっているものもあり、若干の混乱がある。フランス語版も同時に撮影されていてキャストは一部異なっている。

シュヴァリエの放浪児　The Beloved Vagabond (1936) は英国で作られた作品で、ウィリアム・ジョン・ロックの同名小説 (1906) の映画化。無声時代にも、1915年と23年に映画化（いずれも日本未公開）されているので、これが3度目の映画化。シュヴァリエはこの年にアメリカからフランスに戻ったので、その途中の英国で撮った作品で、相手役は英国女優のマーガレット・ロックウッドが務めている。

話はロンドンから始まる。建築家のシュヴァリエは、恋人のベティ・スコットフェルドの父親が破産した時に、一家を助けるだけのお金を作れなかったため、ベティは仕方なくほかの金満家と結婚してしまう。傷心のシュヴァリエはフランスへ渡り、各地を放浪するが、父親を亡くして困っていた旅芸人の娘マーガレット・ロックウッドを助けて、仲間と一緒に小楽隊を作って各地を回る。パリのキャバレーでの公演で、シュヴァリエはベティと再会して昔の恋が戻り、ベティの夫が亡くなったので、結婚しようと考えてロンドンに戻るが、社交界の付き合いは退屈だと感じて、結局はマーガレットを求めてフランスへ旅立つ。監督はドイツ出身のカーティス・バーンハート（クルト・ベルンハルト）。翌年にフランス語版Le vagabond bien-aimé (1937)*も公開されている。

微笑む人生　Avec le sourire (1936) はフランス映画で、モーリス・トゥールヌール監督作品。シュヴァリエはパリ暮らしで定職がないが、その微笑と才覚でパリ一番のレヴュー劇場の支配人となる。最初は門衛から始め、プログラム売りとなり、共同経営者に迎えられ、最後にはほかの経営者を引退させて自分一人が経営者となり、踊り子だったジゼルをスターにして結婚する。シュヴァリエらしい役柄。

シュヴァリエの流行児　L'homme du jour (1937) もフランス映画で、名匠ジュリアン・デュヴィヴィエが監督した作品。歌入りのコメディ仕立てとなっている。シュヴァリエはしがない電気工だが、いつか歌手として舞台に立ちたいと考えている。恋人のジョゼット・デイも彼と一緒に舞台を目指している。名女優が怪我をした時に輸血して救ったのが縁で、シュヴァリエは古典劇の練習をして舞台に立つことを考えるが、程なく女優に飽きられて

お払い箱となる。傷ついたシュヴァリエは、結局もとの恋人の下へ戻っていく。

それまでのアメリカ作品とは異なり、デュヴィヴィエ監督なので、ペシミスティックなタッチの作品に仕上がっている。最後にはシュヴァリエが本人として登場して歌を聞かせるサービス場面がある。

ニュースを作れ Break the News (1938)*は英国で作られたミュージカル作品で、フランスの名匠ルネ・クレールがメガホンを取った。英国映画なので、シュヴァリエとジャック・ブキャナンとの共演。2年前に作られたフランス映画「逃げる死者」Le mort en fuite (1936)*のリメイクで、ロア・ル・ゴルディアデックの小説が下敷きとなっている。

シュヴァリエとブキャナンはコンビのコメディアン。名前が売れないとダメだというので、宣伝として狂言殺人を思いつく。ブキャナンが死んだということにして、犯人シュヴァリエが捕らえられて、裁判で有罪判決が出た後にブキャナンが姿を現し、大騒ぎして名前を売ろうという作戦だ。果たしてブキャナンは失踪するが、誰も気にしてくれない。やっとのことでシュヴァリエは警察に殺人事件として認めさせるが、その間にブキャナンは間違えられて、テロリストに誘拐されてしまうという喜劇。ルネ・クレールらしいクールなユーモアがちりばめられている。

マルクス兄弟 Marx Brothers（その1）
Chico（1887.3.22-1961.10.11）
Harpo（1888.11.23-1964.9.28）
Groucho（1890.10.2-1977.8.19）
Gummo（1892.10.23-1977.4.21）
Zeppo（1901.2.25-1979.11.30）

マルクス兄弟も、ブロードウェイからハリウッドへと移った芸人で、チコ、ハーポ、グルーチョ、ガンモ、ゼッポの5人兄弟。チコからガンモは1887-92年に、ゼッポは1901年にニュー・ヨークで生まれた。パラマウントで出演したのは1929年から33年までの5本で、1935年以降はMGMへ移った。

もともとマルクス兄弟はヴォードヴィルの芸人だったので、ブロードウェイのミュージカルに出演していたが、その舞台作品を持ってハリウッドへ行き、「ココナッツ」The Cocoanuts (1929)、「けだもの組合」Animal Crackers (1930)に出演した。その後は映画オリジナルの作品となり、「いんちき商売」Monkey Business (1931)、「御冗談でショ」Horse Feathers (1932)、「我輩はカモである」Duck Soup (1933)と続いた。

舞台では、5人兄弟のうち末っ子のゼッポを除く4人で活躍。ところが、ガンモが第一次世界大戦で出征したために、ガンモに代わり末っ子のゼッポが加わり、1930年代前半のパラマウント映画ではその4人が出演。MGMの時代にはゼッポが抜けて3人となり、最後まで活動したのはグルーチョ一人だった。

映画の中ではグルーチョが一番上の兄さん格のようにも見えるが、実はチコが一番上で、イタリア語訛りで喋りピアノの曲弾きが得意。2番目はハーポで、まったく喋らずにいつもコートを着ていて、オートバイの警笛とジェスチャーで会話をする。可愛い娘がいれば必ず後をついて行き、何でも盗み、ハープやいろいろな楽器の演奏を聞かせる。人前では決して喋らなかったが、私生活ではニュー・ヨーク訛りで話をした。

3番目がグルーチョで、鼻の下に大きく描いたヒゲがトレード・マーク。早口でまくし立てて、葉巻を片手に独特の腰を落としたアヒルのような歩き方を見せたり、自己流の珍妙なダンスを踊ったりする。4番目はガンモで、舞台時代には一緒にステージに立ったが映画には出ていない。最後の5番目がゼッポで、特に強い個性はないので、二枚目役としてパラマウント時代の映画に出た。

5人は母親ミニーに育てられて、ヴォードヴィル・ショーに出て、次第に大きな舞台に立つようになった。その間の出来事は「ミニーの息子たち」Minnie's Boys (1970)という舞台ミュージカルになっている。

1922年版の「ジーグフェルド・フォリーズ」に出演したアル・シーンは兄弟たちの叔父で、この叔父の支援を受けて、兄弟は早くから舞台に立ったが、ブロードウェイでヒットした「ココナッツ」、「けだもの組合」を映画化するためにハリウッドへ行き、そのまま映画の世界に入った。

最初の「ココナッツ」The Cocoanuts (19

29)の舞台版は、アーヴィング・バーリンが曲を書いた本格的なミュージカル作品だったが、映画版では大胆に改変されて、ミュージカル色が薄まっている。こうした初期の作品ではゼッポやグルーチョも歌ったが、歌が上手なわけではないので、次第に映画の中では歌わなくなり、たまにゲスト出演者が歌う程度となって、笑いの要素が強まっていく。そのため、マルクス兄弟の映画は一般に喜劇映画に分類され、ミュージカルとして取り上げられることは少ないが、兄弟の作品には舞台のヴォードヴィル的な流れも残っている。

パラマウント社で作ったのは「ココナッツ」から、「我輩はカモである」までの5本、「オペラは踊る」A Night at Opera (1935) から「マルクス兄弟デパート騒動」The Big Store (1941) までの5本は、MGMで作っているが、途中の「ルーム・サーヴィス」Room Service (1938)*だけはRKO作品。最後の3本はユナイト配給で作られた。(p.106の1930年代MGMへ続く)

ココナッツ The Cocoanuts (1929) は、舞台作品 (1925) の映画化で、アーヴィング・バーリンの音楽に、台本はジョージ・S・カウフマンとモーリ・リスキンドという豪華な顔ぶれで、監督はロバート・フロレイとジョセフ・サントリーの共同監督。

フロリダでリゾート・ホテルを経営するグルーチョが、金持ちの未亡人マーガレット・デュモンの金をあてにしてホテルを再建しようとする中で、首飾りの盗難事件などが発生する。ホテルの続き部屋をマルクス兄弟の3人が出たり入ったりするドタバタが有名。

もともとの舞台はミュージカル仕立てで、音楽性の濃い作品だったが、映画では喜劇性が強調されて、破壊的なナンセンス喜劇となった。マルクス兄弟の映画は彼らのドタバタを見せるのが主眼で、作品全体の筋立てや物語の展開はほとんど無視されているようにも感じられる。そうした意味では典型的なヴォードヴィルに近い。

マーガレット・デュモンは古くから映画に出ていた女優で、この映画の出演時にはもう47歳となっていたが、グルーチョの相手役として欠かせない存在となり、マルクス兄弟の映画7本に出演した。チコがピアノの妙技を見せるほか、ハーポはクラリネットとハープを演奏する。最後のダンス場面では、バスビー・バークレイよりも先に俯瞰撮影を使っていて、驚かされる。

けだもの組合 Animal Crackers (1930) も、同名の舞台作品 (1928) の映画化で、台本は前作と同じジョージ・S・カウフマンとモーリ・リスキンドが担当、音楽はハリー・ルビーとバート・カルマーが書いている。

富豪マーガレット・デュモン宅のパーティが舞台。招待客が多く、グルーチョは高名な探検家でゼッポはその秘書、ハーポは教授でチコはピアニストという設定。高名な美術収集家が、欧州で仕入れたばかりの有名な絵画を持ち込むが、その絵画が何度も偽物とすり替えられるので、大混乱が起きる。すり替えられた絵画はなぜかハーポが持っている。

兄弟がそれぞれ歌い、マーガレット・デュモンも歌う。チコは得意のピアノを、ハーポはハープを弾いて見せる。ハーポは映画の中でハープを弾くことが多いが、彼は独学でこれをマスターしたという。デュモンは舞台でもマルクス兄弟と一緒にこの役を演じていて、この作品での役名がリットンハウス夫人であったために、兄弟たちは彼女をその名前で呼んだらしい。監督はヴィクター・ヒアマン。

いんちき商売 Monkey Business (1931) は舞台作品ではなく、初の映画オリジナルの作品。なぜだかはよくわからないが、マルクス兄弟の4人はヨーロッパからニュー・ヨークへ向かう豪華客船の密航者で、船員に見つかりそうになり、船長に化けたり、富豪の用心棒に雇われたりしながらドタバタしてニュー・ヨークへ到着する。

ハーポが何曲か演奏するほか、全員で歌う。この作品にはマーガレット・デュモンが出ておらず、代わりにセルマ・トッドが同じような役を演じている。監督はノーマン・Z・マクロード。

御冗談でショ Horse Feathers (1932) も映画のオリジナル作品。前作と同じにセルマ・トッドが相手役で、監督もノーマン・Z・マクロード。今回のグルーチョは大学の総長で、フットボール・チームの強化のため、犬捕獲員のハーポと密造酒屋のチコを雇い入れて、相手チームの選手を誘拐しようとするが、逆

に二人が誘拐されてしまう。試合に負けそうになるものの、兄弟たちは珍奇なプレイで何とか勝利する。バート・カルマーとハリー・ルビーが曲を書いていて、音楽が多い。チコのピアノやハーポのハープのほか、グルーチョのギターの弾き語りがある。

我輩はカモである Duck Soup (1933) は最後のパラマウント作品で、ゼッポの出演もこれが最後。相手役にはマーガレット・デュモンが再登場している。傑作の誉れ高いが、あまりにも過激なギャグが多く、興行的には成功しなかった。

ヨーロッパで財政難に苦しむ小国。政府は富豪マーガレット・デュモンに財政援助を願うが、彼女の条件は宰相にグルーチョを指名して、独裁的な権限を与えることだった。かくしてグルーチョが宰相となると、隣国の大使が、この国を乗っ取ろうとして、踊り子にグルーチョを誘惑させたり、ハーポやチコを使ってスパイさせたりするがうまく行かない。最後にはとうとう戦争となるが、グルーチョは何とか勝利する。

宮殿の中にスパイとして入り込んだハーポとチコが二人ともグルーチョに変装するので、本物と合わせて三人のグルーチョが登場して混乱する。本物のグルーチョに見つかりそうになったハーポが同じ服装で向き合い、互いに鏡に映った姿のように演じて見せる有名な場面がある。これも台本、音楽ともに前作と同じバート・カルマーとハリー・ルビーが担当。歌が多く、監督が喜劇を得意とするレオ・マケリーなので、面白く仕上がっている。

この映画を見たイタリアのムッソリーニは、自分が馬鹿にされたと思い込み、イタリア国内での上映を禁止したらしい。この話を聞いたマルクス兄弟たちは大喜びしたという。

ビング・クロスビー Bing Crosby（その1）
(1903.5.3–1977.10.14)

ビング・クロスビーは、シュヴァリエがヨーロッパへ戻り、ジャネット・マクドナルド、マルクス兄弟が共にMGMへ去った後に、パラマウントのミュージカル作品を支えた。

映画専門の俳優ではなく、1930–50年代にラジオや映画で活躍した歌手で、クルーナーと呼ばれる甘い歌い方で一世を風靡した。軽く甘い歌い方と、柔らかく包容力のあるキャラクターで、心温まる作品や、おとぼけ役を演じる貴重な俳優でもあった。ビングの一番の魅力はその歌で、有名な『ホワイト・クリスマス』を始め、多くのレコードとヒット曲を残している。

最初の長編出演作は「ラヂオは笑ふ」The Big Broadcast (1932) で、題名からもわかるとおりに、当時人気だったラジオのスターたちを一堂に集めた作品。ビングもラジオの人気者として出演した。ビングは、レコードこそ電気式の録音方式でしか吹き込んでいないが、歌い方のスタイルは、電気式のマイクロフォンが登場する以前に流行していた、メガホンを持って甘くソフトに歌うクルーナー歌手のスタイルを踏襲している。

最初にレコードを出したのが1926年で、1930年当時には大人気となっていたが、1931年にブランズウィック社で吹き込んだ『夜の青が』がヒットしたので、この「ラヂオは笑ふ」でも、その曲を歌っている。この「大放送」シリーズは「パラマウント・オン・パレイド」Paramount on Parade (1930) よりも長続きして、「1936年の大放送」The Big Broadcast of 1936 (1935)、「1937年の大放送」The Big Broadcast of 1937 (1936)、「百万弗大放送」The Big Broadcast of 1938 (1938) と続くが、ビングは1936年版にゲスト出演しているだけで、後続の作品には出ていない。

ビングは甘い歌声を聞かせるだけでなく、軽妙な演技を得意としているので、パラマウント社の雰囲気にうまく合い、デビュー以降、20年間にわたりパラマウントで出演し続ける。カレッジ物の「響け応援歌」College Humor (1933)、芸人物の「唄へ！踊れ！」Too Much Harmony (1933)、ラジオをテーマとした「虹の都へ」Going Hollywood (1933) を経て、無声映画の傑作「男性と女性」Male and Female (1919) のミュージカル版「恋と胃袋」We're Not Dressing (1934) では、キャロル・ロムバード、エセル・マーマンと共演して楽しませてくれた。

「彼女は僕を愛さない」She Loves Me Not (1934) ではミリアム・ホプキンスを、「わが

第 2 章　1930 年代：不況の時代

胸は高鳴る」Here Is My Heart (1934) ではキティ・カーライルを相手に、ソフィスティケイテッドな演技を見せている。「ミシシッピ」Mississippi (1935) と、次の「今宵は二人で」Two for Tonight (1935) ではジョーン・ベネットと共演。

「海は桃色」Anything Goes (1936) はコール・ポーターの傑作舞台ミュージカルで、舞台で主演したエセル・マーマンを招いて映画化した。曲は舞台よりも少ないが、十分に面白い作品。ビング・クロスビーはもともと、美男子の二枚目というよりも、歌とともに溢れ出る人間性の優しさを感じさせるのが魅力で、1930 年代後半からはそうした傾向の作品が増えてくる。「愉快なリズム」Rhythm on the Range (1936) や「黄金の雨」Pennies from Heaven (1936) は、そうした持ち味を感じさせる作品だ。

次の「ワイキキの結婚」Waikiki Wedding (1937) は、ハワイを舞台にした作品で、エキゾチックなムードのハワイアン音楽が入っている。その後も「一か八か」Double or Nothing (1937)*、「リズム博士」Dr. Rhythm (1938)*、「歌え、悪童たち」Sing You Sinners (1938)*、「パリのハネムーン」Paris Honeymoon (1939)*、「唄は星空」East Side of Heaven (1939)、「スター作り」The Star Maker (1939)* と続くが、どれもビングの優しさと、甘い歌声を聞かせる作品。

この頃の作品は日米関係が険悪となり、あまり輸入されなくなってしまうが、ビングの映画はそれまでとほとんど変わらないムードを保っている。

1930 年代は、当時の人気歌手としての魅力を映画でも見せていたが、1940 年代にはボブ・ホープと組んだ「珍道中」シリーズ (1944-52) で、軽妙な演技により新しい領域を拓いた。その一方「我が道を往く」(1944) から始まる心温まる映画の路線でも好評を博した。1950 年代に入ると出演本数こそ減るが、ベテランらしい味で娯楽映画に彩りを添えた。1930 年代から一貫してパラマウント作品が多い。(p.189の1940年代パラマウントへ続く)

ラヂオは笑ふ　The Big Broadcast (1932) は、ビングが初めて主演した長編作品で、ブロードウェイの喜劇「荒波」Wild Waves (1932) の映画版。ラジオ放送の人気者ビングは女性に大モテだが、好きな女優にうつつを抜かし、放送に穴を開けて、番組をクビになってしまう。ところが相手の女優がほかの男と結婚するので、すっかり気落ちして自殺を図るが、彼に惚れていた放送局の女性によって救われる。結局スポンサーが現れて、ビングを売り出すために全米中継の大放送をする。

話はほとんど付け足しで、映画の見せ場は、最後の大放送に出てくるゲスト・スターの豪華さにある。キャブ・キャロウェイ、ジョージ・バーンズとグレイシー・アレン、ボズウェル姉妹、ミルス兄弟、ケイト・スミスなど、当時の人気者が次から次へと音楽や漫談などを聞かせる。

もちろんビング・クロスビーも、『夜の青が』Where the Blue of the Night ほかを聞かせる。好評なので、続編の 1936 年版も作られた。フランク・タトル監督のパラマウント映画。

1 ビング・クロスビーの歌　Where the Blue of the Night Meets the Gold of the Day
2 アーサー・トレイシー　Marta (Rambling Rose of the Wildwood)
3 キャブ・キャロウェイ　Minnie the Moocher
4 キャブ・キャロウェイ楽団　Calloway Calling
5 ステュアート・アーウィンとビング・クロスビー　Please
6 アーサー・トレイシー、ビング・クロスビーとヴィンセント・ロペス楽団　Here Lies Love
7 ケイト・スミス　When the Moon Comes over the Mountain
8 ビング・クロスビー　Dinah
9 ボズウェル姉妹　Shout, Sister, Shout
10 ドナルド・ノヴィス　Trees
11 ミルス兄弟　Good-Bye Blues
12 ヴィンセント・ロペス楽団　Nola
13 ビング・クロスビーとリズム・ボーイズ、ガス・アーンハイム楽団　I Surrender Dear
14 ヴィンセント・ロペス楽団　Drummer Man
15 ビング・クロスビーとステュアート・アーウィン　I've Got Five Dollars
16 ミルス兄弟　Tiger Rag
17 ボズウェル姉妹　Crazy People
18 ケイト・スミス　It Was So Beautiful
19 キャブ・キャロウェイ楽団　Kickin' the Gong Around

響け応援歌　College Humor (1933) は、19

30年代前半に流行ったカレッジ物。ビング・クロスビーは若い大学教授で歌も上手だ。大学のフットボールのエースが新入生の娘に惚れるが、当の女学生はビングに惚れる。荒れたフットボール選手は、酔っ払って留置場に入れられてしまい、試合にあわや遅れそうになるところを、ビングに助けられる。

ビングはアーサー・ジョンストンの曲を3曲歌う。ジャック・オーキーのほか、ジョージ・バーンズとグレイシー・アレンの漫談コンビも共演していて、賑やかな顔ぶれ。ウェズリー・ラッグレス監督のパラマウント作品。

唄へ！踊れ！　Too Much Harmony (1933) もジャック・オーキーとの共演だが、今回は舞台裏物。ビングはショーのスターだが、シカゴからニュー・ヨークへ戻る途中で、オハイオの小さな町で飛行機が不時着してしまい、町の劇場で暇つぶしする。その劇場に出ていたジュディス・アレンの歌が良いので、共演のコメディアンと一緒にニュー・ヨークへ連れて帰る。ニュー・ヨークで一緒に舞台に出るうちに、ビングとジュディスは恋仲となり、ビングはそれまでの婚約を解消して、ジュディスと結婚する。前作と同じアーサー・ジョンストンの曲が満載の、A・エドワード・サザーランド監督作品。

虹の都へ　Going Hollywood (1933) はビングが主演というよりも、新聞王ハーストの愛人だったマリオン・デイヴィスの相手役を務めた作品。制作もハーストのコスモポリタン映画とMGMの共同。

マリオン・デイヴィスは田舎の女学校のフランス語教師だが、ラジオを唯一の楽しみとしている。そのラジオから流れる甘いビングの歌声を聞いて、どうしてもビングに会いたくなりニュー・ヨークへ行くが、ビングは逆に映画出演が決まりハリウッドへと向かう。マリオンは彼を追ってハリウッドへ行き、遂に彼の相手役として主役の座も得る。監督はラオール・ウォルシュで、楽曲がナシコ・ハーブ・ブラウンが担当。ビングは有名な『誘惑』Temptationを歌った。

恋と胃袋　We're Not Dressing (1934) は、パラマウントに戻ってノーマン・タウログ監督で作られた作品。「ピーター・パン」の作者ジェイムス・バリーの戯曲「あっぱれクライトン」The Admirable Crichton (1902) に基づいた話で、セシル・B・デ・ミル監督の無声映画「男性と女性」Male and Female (1919) と同じ話。

その後も、英国では「あっぱれクライトン」The Admirable Crichton (1957)*の題名で、イタリアではリナ・ウェルトミューラー監督が「流されて…」Travolti da un insolito destino nell'azzurro mare d'agosto (1974) で同じ話を映画化している。

大金持ちのキャロル・ロムバードは叔父と一緒にヨットで出かけるが、難破して南海の孤島に流れ着く。一同、どうして良いか困ってしまうが、そこで力を発揮したのは船員のビング・クロスビーだった。キャロルは次第にビングに心惹かれて、上流階級の二人の求婚者を退けて、ビングと一緒になる。

美人女優のキャロルのほかに、歌の上手なエセル・マーマン、そしてコメディのバーンズとアレンと役者が揃い、歌も沢山入って楽しい作品となった。ビングの歌も多く、歌のほうが台詞よりも多く感じられる。ミュージカル映画はこういう風に作ると楽しいという典型的な作品で、エセル・マーマンの全盛期の若い姿が見られるのも貴重。

彼女は僕を愛さない　She Loves Me Not (1934)は、ブロードウェイでヒットしたハワード・リンゼイ作の同名舞台喜劇 (1933) の映画化。ハワード・リンゼイの代表作は舞台版「サウンド・オブ・ミュージック」(1959)の台本だが、彼は1930年代から多くのミュージカルの台本を書いている。原作の喜劇はミュージカルではないが、映画はビング・クロスビーを主演としたので、歌入りとなっている。大学物の延長で、相手役はミリアム・ホプキンス。

ホプキンスはフィラデルフィアのナイト・クラブのダンサーだが、殺人事件を目撃したため、裁判所から呼び出され、ギャングからも狙われる立場となってしまう。ホプキンスはニュー・ヨークへ逃げるつもりで列車に乗るが、汽車賃が足りずに途中のプリンストン駅で降りて、プリンストン大学に逃げ込む。大学内でホプキンスと偶然に知り合ったビング・クロスビーは、彼女を男装させて寮に匿い、映画会社への売り込みを図る。映画のス

カウトや追いかけてきたギャングなどが入り乱れて混乱するが、最後には映画出演も決まり、ビングも恋人のキティ・カーライルとよりを戻してハッピー・エンドとなる。

ビング・クロスビーは歌が専門だが、一緒に歌う特定の相手役はおらずに、毎回、相手が変わる。今回はミリアム・ホプキンスが相手役。ホプキンスはミュージカル専門ではないので、あまり歌わない。だが、喜劇として面白く、その中でビングの歌を聞かせる形にして成功している。エリオット・ニュージェント監督のパラマウント映画。

わが胸は高鳴る Here Is My Heart (1934) は、アルフレッド・サヴォアの舞台喜劇「大公妃とベル・ボーイ」La Grande-duchesse et le garçon d'étage の映画化。ビングはラジオで人気の歌手で、工芸模様を施したロシアのピストルを集めている。どうしても欲しい1対のピストルの片方を手に入れたが、もう一方はモンテ・カルロのホテルで暮らすロシアの亡命貴族キティ・カーライルが持っているとわかり、モンテ・カルロまで出向くが売ってくれない。ところが、ビングはキティの美しさに一目惚れして、ベル・ボーイと間違われたことを幸いに、ホテルを買い取ってベル・ボーイに成りすまして近づく。ところがそれもばれて、キティは失踪。しかし、最後には見つけ出して、二人は結ばれる。

相手役のキティは前作に続いての共演だが、歌はダメで、ビングはソロで3曲ほど歌う。ミュージカル物も得意としているフランク・タトル監督作品。

ミシシッピ Mississippi (1935) は、ブース・ターキントンの舞台劇「マグノリア」Magnolia (1923) の映画化で、南部のミシシッピー河のショー・ボートの話。ビング・クロスビーは北部のインテリ男で、南部の名家の娘との婚約披露のパーティで、恋敵が現れたために結婚をやめ、得意の歌を生かしてミシシッピー河のショー・ボートへ出演するようになる。ところが婚約していた娘の妹ジョーン・ベネットが、密かにビングに恋心を抱いており、最後にビングは、妹のほうと結婚する。

曲を書いたのがリチャード・ロジャースとローレンツ・ハートなので、美しい曲が多く、『忘れない』It's Easy to Remember がヒットした。歌はビング中心で、相手役のベネットは歌わない。ショー・ボートの船長役で当時人気のあったW・C・フィールズが出演している。フィールズはその太った体つきから、主演作品の映画邦題には「かぼちゃ」と付けられることが多かったが、この作品はビング主演なので、「かぼちゃ」がついていない。

今宵は二人で Two for Tonight (1935) も、前作と同じにビングとベネットの共演作品だが、ハリー・レヴェルの音楽が弱く、「ミシシッピ」(1935) ほどには面白く仕上がっていない。ビングは貧乏な一家の長男で歌手を目指している。ビングの家の近くに飛行機が墜落し、操縦していた女性飛行士ジョーン・ベネットが劇場制作者の秘書だったので、彼は書きかけていた芝居の上演を手助けしてもらうことにする。ビングは女優との仲を疑われたりするが、最後にはベネットと結ばれて戯曲も上演が決まる。フランク・タトル監督のB級作品。

1936年の大放送 The Big Broadcast of 1936 (1935) は、「ラヂオは笑ふ」(1932) の続編で、話よりも豪華なゲスト出演者が見どころ。前回はビングの主演だったが、今回はジャック・オーキー主演でビングは客演。この種の豪華ゲスト出演者を売り物とする映画は、トーキー初期に競うように作られていて、MGMは「ブロードウェイ・メロディー」シリーズが、ワーナーは「ゴールド・ディガース」シリーズが売り物だった。

パラマウント社では「パラマウント・オン・パレイド」(1930) をモーリス・シュヴァリエ主演で作ったが、これではなく、「大放送」がシリーズ化された。初回の「ラヂオは笑ふ」(1932) はビング・クロスビー主演、2回目のこの作品「1936年の大放送」(1935) はジャック・オーキー主演、「1937年の大放送」(1936) はジャック・ベニー主演、最後の「百万弗大放送」(1938) はW・C・フィールズ主演で、歌手ではなく漫談家が起用されている。

1936年版では主演のジャック・オーキーは貧乏放送局の作家で、仲間と一緒に架空のラジオ・スターを売り出している。ところがクレメント島の女王ライダ・ロベルティが、その架空のスターに惚れたために混乱する。女王は、結婚相手としてオーキーとその仲間

を島に連れて帰るが、島では女王の婚約者は皆殺されることになっている。そこでオーキーたちは全米中継のラジオ放送で助けを求め、その放送が迫真の演技だとして賞を受け、ハッピー・エンドとなる。

ライダ・ロベルティに加えて、ジョージ・バーンズとグレイシー・アレンの漫談コンビが助演で参加している。主なゲスト出演者はビング・クロスビーのほか、エセル・マーマン、ビル・ロビンソンとニコラス兄弟。また、アルゼンチンの至宝であるタンゴ歌手のカルロス・ガルデルも2曲を披露している。ガルデルはこの作品の撮影後にすぐ飛行機事故で亡くなったので、この作品は貴重な記録になった。監督はノーマン・タウログ。

1 ジャック・オーキー、ライダ・ロベルティ、ヘンリー・ウォズワースの歌　Double Trouble
2 ビング・クロスビーの歌　I Wished on the Moon
3 エセル・マーマンの歌　It's the Animal in Me
4 ヘンリー・ウォズワースの歌（吹替）　Why Dream
5 ビル・ロビンソンとニコラス兄弟の踊り　Miss Brown to You
6 カルロス・ガルデルの歌　Amargura
7 カルロス・ガルデルの歌　Apure delantero buey
8 リヒャルト・タウバーの歌　Melody in F
9 ライダ・ロベルティの歌　Through the Doorway of Dreams
10 ウィーン少年合唱団の歌　Tales from the Vienna Woods

海は桃色　Anything Goes (1936) は、ブロードウェイの同名ヒット作品 (1934) をルイス・マイルストン監督が映画化したもの。主演は舞台と同じエセル・マーマンで、映画版ではビング・クロスビーに合うように、コール・ポーターの曲は半分ぐらいに減らされて新曲が加えられたために、オリジナルの舞台とは大きく異なるが、物語はあまり変わっていない。

ナイト・クラブの歌姫エセル・マーマンが渡欧することになり、送別会に来ていたビングは、美しい娘アイダ・ルピノに一目惚れする。彼女がギャングに捕まってマーマンと同じ船に乗るので、ビングは切符も持たずに一緒に船に乗り込む。ギャングに捕まったと思ったのは間違いで、実は英国の名門貴族令嬢を連れ戻すための芝居だったと判明。ビングとアイダは次第に惹かれ合うが、今度はビングがギャングと間違われてしまう。それでも最後には誤解が解けて二人は結ばれる。

エセル・マーマンが舞台と同じ役を演じているのが見どころ。ビングは20年後にも、同じ原作の映画版「夜は夜もすがら」Anything Goes (1956) に出演しているが、56年版ではコール・ポーターの曲を使っているものの、話はまったく別の作品となっている。

愉快なリズム　Rhythm on the Range (1936) は、ビング・クロスビーとしては珍しく牧童役。同僚のボブ・バーンズと一緒にニュー・ヨークのロデオ大会で賞金を稼いだビングは、その金で立派な牛を買い込んで牧場へ戻る。その途中で、いやな結婚から逃げ出した牧場主の娘フランシス・ファーマーが、偶然に家畜運搬の貨車に転がり込んでくるので、親切にしたり喧嘩したりするうちに恋におちる。一方、同僚のバーンズはマーサ・レイと恋仲となりハッピー・エンド。

意外にもビングはウェスタンの曲も得意なので、こうした役柄でも歌う曲には困らない。相手役のファーマーはデビューしたての初々しい美しさはあるものの歌はダメ。ノーマン・タウログの職人的な仕事。

黄金の雨　Pennies from Heaven (1936) は、ビングがコロムビア社に貸し出された作品で、パラマウントよりも低予算ではあるものの、タイトル曲の良さと、クロスビーのホンワカとした心温まるムードにより、出来の良い作品となった。原作はキャサリン・レスリー・ムーアの小説「孔雀の羽」The Peacock Feather (1914)。

ビングは微罪で刑務所に入っていたが、処刑間際の殺人犯の男から1通の手紙を託される。手紙の宛先を訪ねると、老人と小さな娘の二人暮らしで、食事にも困る様子なので、アパートの中庭で歌うと、上階の窓から小銭（ペニー）がどんどんと降ってくる。小銭を投げた中には孤児院に勤める娘マッジ・エヴァンスもいて、ビングとマッジは出会った時から惹かれ合う。ビングは小さな娘を助けて田舎でレストランを開くが、うまく行かずに娘は孤児院に入れられてしまう。娘を何とか助けようと、ビングはマッジに協力を求め、二人は次第に愛し合うようになる。

監督はマルクス兄弟物などを撮ったノーマン・Z・マクロード。音楽はタイトル曲も含

めてアーサー・ジョンストンが書いていて、ビングの勧めでルイ・アームストロングも出演した。当時の映画界では異例なことだが、黒人でもクレジットにもきちんと名前が出た。1981年にバーナデット・ピータースが出演した同名のミュージカル映画が作られているが、この作品とは関係がない。

ワイキキの結婚 Waikiki Wedding (1937) はハワイ物のはしり。ミス・ココナッツに選ばれてハワイ旅行にやって来たシャーリー・ロスは、ハワイに魅惑を感じずに、つまらないのですぐに帰りたいと言い出すので、招聘もとの企業は困ってしまう。対応を任された宣伝部員のビングは、芝居を打ち、シャーリーが預かった黒真珠のネックレスを島に戻さないと火山が大噴火するといって、島民と一緒になって彼女を誘拐してしまう。シャーリーもハワイの魅力に気付き始めるが、この話が狂言だと知り、怒って帰ろうとするものの、その時にはビングとの間に愛が芽生えている。

マーサ・レイが脇役で、いきいきとした演技を見せている。ビングの歌う『スウィート・リラーニ』がアカデミー賞を取っているが、ラルフ・レインジャー作曲の『ブルー・ハワイ』も心に残る。それは後年にエルヴィス・プレスリーが、「ブルー・ハワイ」Blue Hawaii (1961) の中で歌ったのが記憶に残っているためかも知れない。ビングは、沢山の録音を残しているだけに、ハワイアンを歌っても上手だ。フランク・タトル監督のパラマウント作品。

一か八か Double or Nothing (1937)*は、オリジナル作品だが、物語の基本的なアイディアは、エルンスト・ルビッチ監督の「百万円貰ったら」If I Had a Million (1932) に基づいているように感じられる。

巨万の富を残して亡くなった億万長者が弁護士に託した遺言には、正直者で頭の良い人物に財産を譲るため、ニュー・ヨークの街に100ドル入りの財布をいくつか落とし、それを届けに来た正直者に5000ドルを与えて、30日以内に正直な働きで2倍にできた人物に全財産を譲るというものだった。売れない歌手のビングのほか、ストリッパーのマーサ・レイや浮浪者の男、賭け事好きの男の4人が正直に財布を届けるが、遺族たちはその4人を助けるような顔をしながら、邪魔をして遺産を我が物にしようと狙う。そうした中で皆事業に失敗してお金を失うが、ビングはそれを元手にナイト・クラブを成功させ、遺族の美人令嬢メリー・カーライルと愛し合うようになる。

ビングが開くナイト・クラブのショー場面で、珍妙な芸や踊りを見せる芸人たちが登場するものの、歌はあくまでもビングが中心。最後のどんでん返しの場面はなかなか面白い。セオドール・リード監督作品。

リズム博士 Dr. Rhythm (1938)*は、O・ヘンリーの短編「警官オルーンの徽章」The Badge of Policeman O'Roonの映画化で、警官と博士とが仕事を取り替える話。1937年の秋に、ビング・クロスビーは13年ぶりに生まれ故郷に戻り、地元のゴンザーガ大学から名誉博士号を贈られたので、それにヒントを得て、ビングを博士にした映画を作ろうということになったらしい。

映画では、博士が警官と仕事を取り替えて、美しい女性メリー・カーライルの警備を担当して恋におちる。「一か八か」(1937)*に続いてメリー・カーライルが相手役。ビングが2曲を歌うほか、ルイ・アームストロングも出ていて、ベアトレス・リリーがコミカルな役を演じている。フランク・タトル監督作品。

歌え、悪童たち Sing You Sinners (1938)*は、母親と3人兄弟たちの話。長男のビング・クロスビーは怠け者のうえに競馬好き、次男はフレッド・マクマレイで真面目な働き者、三男はドナルド・オコナーという一家。兄弟たちは、皆歌うことが大好きだ。ビングがロス・アンジェルスに移り、事業にも成功したと母親に伝えるので、母親は故郷の家を売り払ってロスへと向かう。しかし、ビングはロスでも競馬に夢中になっていたので、3人兄弟は仕方なくコーラス・グループを作って稼ぐことになる。ビングとマクマレイ、そして若き日のオコナーが3人で歌うのが珍しい。ウェズリー・ラッグルス監督作品。

パリのハネムーン Paris Honeymoon (1939)*でのビングは、テキサスの億万長者。ヨーロッパ貴族シャーリー・ロスと結婚することになっているが、夫人の離婚手続きが長引き、それを待つ間に田舎の城を見物に行くと、

祭りがあり、薔薇の女王フランチスカ・ガールに惚れてしまう。

ビングとシャーリー・ロスは「ワイキキの結婚」(1937)でも共演しているが、ハンガリーからやって来たフランチスカ・ガールとの共演は珍しい。ビングはラルフ・レインジャーの曲を3曲歌っている。「ワイキキの結婚」と同じく、フランク・タトル監督作品。

唄は星空　East Side of Heaven (1939) は、ビングがユニヴァーサルで出た2作品のうちの1本目。ビングは1939年からパラマウント社以外でも年間1本だけ好きな映画に出演できることになり、その枠で作られた。

この映画でのビングは歌う電報配達人。ホテルで電話交換手を務めるジョーン・ブロンデルと結婚する予定だが、金持ちの子育てをめぐるトラブルに巻き込まれてしまう。赤ん坊を預かるものの誰が親なのかわからなくなって困るが、最後は何とか親を見つけ出して、自分も結婚にこぎつける。

ジェイムス・V・モナコが書いた曲をビングが数曲歌っている。相手役のブロンデルは歌える女優だが、この作品では歌っていない。監督はデイヴィッド・バトラー。

スター作り　The Star Maker (1939)* のビングは、売れない作曲家。頑張っても芽が出ないので、ルイーズ・キャムベルと結婚して、堅気の職に就こうとするがうまく行かない。結局、路上で歌ったりするうちに、ストリート・チルドレンを集めてショーを上演すると、それが成功する。ガス・エドワーズの曲で、ロイ・デル・ルース監督作品。

★

ジョージ・ラフト　George Raft
(1901.9.26-1980.11.24)

ジョージ・ラフトは、1901年にニュー・ヨークの貧しい家庭に生まれ、ボクサーやダンサーなどいろいろな職業に就いた。トーキー時代となって、ミュージカルが作られるようになると、ダンサーとして声がかかり、それがきっかけで映画界入りした。

最初は、ワーナーの「ナイト・クラブの女王」Queen of the Night Clubs (1929)*や、「ブロードウェイ黄金時代」Gold Diggers of Broadway (1929)で踊っている。ミュージカルではエディ・カンターの「突貫勘太」Palmy Days (1931) に出ているが、これは悪漢の子分役。

次の「闇に踊る」Dancers in the Dark (1932)は、ミリアム・ホプキンスとジャック・オーキーの主演した音楽ドラマで、この作品からはパラマウントが中心。ここでもジョージ・ラフトはダンス好きの悪役として登場している。この悪役イメージは、次に出たポール・ムニ主演のギャング物「暗黒街の顔役」Scarface (1932) の中で、コイン・トスをするギャング役を演じて完全に定着する。このコイン・トスは、後年のビリー・ワイルダー監督の「お熱いのがお好き」Some Like It Hot (1959) の中でも見せている。

悪役のイメージの一方で、ジョージ・ラフトは無声映画時代のルドルフ・ヴァレンチノのように、異国的なムードを持った二枚目の役もこなしていて、踊りの映画に2本出演している。「ボレロ」Bolero (1934) は、ラヴェルの音楽に触発された作品で、ダンサーのラフトが踊りの相手を代えながら出世していく。自分で持ったナイト・クラブでキャロル・ロンバードと組んでボレロを踊る場面が見せ場となった。これが好評だったので、続編の「ルンバ」Rumba (1935) も作られた。キューバで本場のルンバを覚えたラフトが、ニュー・ヨークのナイト・クラブでキャロル・ロンバードと踊るという展開。

「ピストルと音楽」Stolen Harmony (1935)もラフトの主演作品で、元ギャングのラフトがジャズ・メンになる、という犯罪映画調のミュージカルとなっている。アリス・フェイをフォックスから借りてパラマウントが作った「夜毎八時に」Every Night at Eight (1935) は、出演者の顔合わせに面白みがある。ユニヴァーサルで作られた「ブロードウェイ」Broadway (1942)*は、同名作品(1929)のリメイクで、往年のナイト・クラブ・ダンサーが禁酒法時代を懐かしく回想する話。

その後は第二次世界大戦中の慰問用映画「楽屋口接待所」Stage Door Canteen (1943)*や、「兵士たちに続け」Follow the Boys (1944)*に出演した。ジョーン・ベネットやヴィヴィアン・ブレインを相手に、サン・フランシスコのナイト・クラブ経営者を演じたフ

オックス社の「ノブ・ヒル」Nob Hill (1945)*が、ミュージカルの主演としては最後。

ジェリー・ルイスのコメディ「底抜けもててもてて」The Ladies Man (1961)や、メイ・ウェストの「結婚狂奏曲セクステット」Sextette (1978)*にも顔を見せていた。

ライダ・ロベルティ　Lyda Roberti
(1906.5.20–1938.3.12)

ライダ・ロベルティは、ポーランド訛りで喋るのが可愛い、金髪のエネルギッシュな歌手。ドイツ人の父とポーランド人の母を持ち、1906年にワルシャワで生まれて、サーカス芸人一家の中で育った。20歳を過ぎてアメリカでヴォードヴィルの舞台に立ち、ブロードウェイを経由して映画の世界に入った。エディ・カンターなどのコメディアンの相手役が多い。

何本か短編に出たあと、長編デビューはパラマウントの「闇に踊る」Dancers in the Dark (1932)。これはミリアム・ホプキンス扮するダンス・ホールの踊り子が、楽団のジャック・オーキーと恋仲になるという話で、ライダはまだ脇役。やはりパラマウントの「進めオリンピック」Million Dollar Legs (1932)は、欧州の小国が財政危機に陥り、資金を調達しようと、大統領のW・C・フィールズが自ら選手団を率いてロス・アンジェルスのオリンピック大会に乗り込む話で、ミュージカルではないがライダは1曲歌っている。

本格的な役が付いたのは、エディ・カンターの相手役として起用された「カンターの闘牛士」The Kid from Spain (1932)で、カンターと一緒に2曲歌った。次の「ブルースを唄ふ女」Torch Singer (1933)もパラマウントの作品で、クローデット・コルベールがトーチ・シンガーとして名を成し、昔捨てられた金持ちの男と再会して一緒になるという話。

次の「カレッヂ・リズム」College Rhythm (1934)は、ジョー・ペナーとジャック・オーキーが共演した大学のフットボール物で、大学を卒業して、就職した後も百貨店同士がフットボールの試合をやるという展開。ライダは応援歌を歌っている。フォックス社のア

ス・フェイ主演の「ジョージ・ホワイツ 一九三五年スキャンダルス」George White's 1935 Scandals (1935)でもライダは助演していて、クリフ・エドワーズと一緒に歌っている。

パラマウントの看板シリーズだった「1936年の大放送」The Big Broadcast of 1936 (1935)に出たあと、ハル・ローチの「親なしの赤ん坊」Nobody's Baby (1937)*ではパツィ・ケリーと共演している。この作品はナイト・クラブのダンサーが内緒で産んだ子供を、新米看護師ライダが預かったことから持ち上がる騒動。「からくり女王」Pick a Star (1937)もハル・ローチの作ったミュージカルで、前作と同じにパツィ・ケリー主演で、田舎娘がハリウッドで映画オーディションを受ける話。

メイ・ウェスト　Mae West
(1893.8.17–1980.11.22)

メイ・ウェストは、「不道徳」で毒のある台詞の乱発を売り物にした女優。あまり大柄というわけではないが、画面で見るメイは豊満な印象で、体を揺すって歩く独特のスタイルがトレード・マークとなっていた。メイ・ウェストが映画史上で唯一無二の存在なのは、セックス・アピールで男性を誘惑するスタイルが、無声映画時代に流行ったバンプ女優とも異なる、独自のものだったからだ。

1893年に生まれ、若い時からヴォードヴィルの舞台に立ち、セックス・アピールの研究をしていた。いろいろとセックス・アピールの工夫を凝らしたので、記録によると1918年にアメリカで初めて踊りの「シミー」をやって見せたという。現在では、「シミー」は踊りの振付で欠かせないものとなっているが、発祥はアラブ地域のベリー・ダンスのテクニックで、体のほかの部分は動かさないまま、一部だけを小刻みに揺するように動かす技巧。多用されるのは肩のシミーで、現在ではあらゆるダンスの振付に取り入れられている。

30歳を過ぎてからは、自分でも台本を書くようになり、戯曲を書いて上演するが、すぐに「不道徳」という理由で逮捕されてしまう。映画出演は、ミュージカルではないが、

「夜毎来る女」Night after Night (1932) に脇役として登場したのが最初。この作品ではジョージ・ラフトが闇酒場の経営者を演じ、メイはそこの常連客の役。

毒のある台詞が評判となり、翌年に「わたしは別よ」She Done Him Wrong (1933) で主演する。これは彼女の最初の主演作品で、彼女自身が書いた戯曲「ダイヤモンド・リル」Diamond Lil (1928) の映画化。酒場歌手メイが、救世軍の男ケアリー・グラントに惚れる。次の「妾ぢゃは天使ぢゃない」I'm No Angel (1933) は、メイ自身の台本。サーカスのライオン使いのメイが、上流階級のケアリー・グラントに惚れるという、前作と同じパターン。

彼女は、ほとんどの作品の脚本を自分で書き、自分自身で演じている。もともとヴォードヴィル育ちなので、歌も踊りも得意だが、映画デビューの時には既に40歳であったから、歌や踊りを見せるというよりも、キワドイ台詞を聞かせるほうがメインだった。

彼女の書く台詞があまりにも刺激的なので、ヘイズ・コードによる倫理規定が1934年から厳しく適用されることになると、大きな影響を受けた。倫理規定に対抗するために、彼女は台詞に二重の意味を持たせる「含みのある」台詞を書いた。台詞に凝ったためか、芝居としての構成は全体的に弱くなってしまう。

「罪ぢゃないわよ」Belle of the Nineties (1934) のメイは、バーレスク小屋の花形女優で、ボクサーとの恋が描かれる。「わたし貴婦人よ」Goin' to Town (1935) では、酒場の歌手メイが英国貴族の男に惚れる。「美しき野獣」Klondike Annie (1936) では、賭博場の歌姫を演じて、そこから逃げ出すために男を殺してしまう。

「浮気名女優」Go West Young Man (1936) では、パターンが少し違って、映画女優メイが会社から派遣されたお付きの男に惚れられるという話。「毎日が休日」Every Day's a Holiday (1937)* も、それまでとは違う展開で、女詐欺師メイがフランスからやって来た女優に化けて人気者になる。

ここまでの作品はパラマウント制作だが、その後はW・C・フィールズと共演した「私の小さなチカデー」My Little Chickadee (1940)* をユニヴァーサルで撮り、次にはコロムビアで「発情期」The Heat's On (1943)* にも出たが、往年のメイ・ウェストらしさは出ていなかった。

厳しい倫理規定の中で、映画界にはメイの居場所はなくなってしまう。その後はナイト・クラブなどに出演して映画からは遠ざかるが、1960年代末にヘイズ・コードが撤廃されると、「マイラ」Myra Breckinridge (1970)、「結婚狂奏曲セクステット」Sextette (1978)* に出演して、変わらぬ姉御ぶりで世間を驚かせた。

わたしは別よ She Done Him Wrong (1933) は、メイ・ウェストの初主演映画で、台本は別だが原作はメイ本人のもの。19世紀末はニュー・ヨークの場末の繁華街。メイは酒場の人気歌手で、酒場の主人やその商売敵など、彼女に言い寄る男が多かった。一方、彼女は時折説教に来る救世軍の若い男ケアリー・グラントが好きで、密かに彼を支援していた。彼女の酒場が手入れにあった時、グラントはその本心を知り、彼女を愛するようになる。

原作はメイの「ダイヤモンド・リル」Diamond Lil (1928) という芝居で、パラマウント社が映画化権を買った。ラルフ・レインジャーの曲を何曲かメイが歌う。この映画は興行的に大ヒットして、アカデミー作品賞にノミネートされたが、受賞はしなかった。監督はローウェル・シャーマン。

妾ぢゃは天使ぢゃない I'm No Angel (1933) では、メイ・ウェストが台本を全部書いている。前作と同様にケアリー・グラントが相手役。メイは寄席の踊り子で、アラビア風ダンスを踊り、田舎者から金を巻き上げるような生活だ。相棒がドジを踏んで捕まったため、メイはサーカスのライオン使いになる。これが大当たりして金回りが良くなり、ニュー・ヨークの上流階級の知り合いもできる。そうした中でケアリー・グラントに惚れて、メイは生まれて初めて本当の愛を語るが、サーカスの興行主に邪魔され、グラントとの婚約は破棄されてしまう。そこで損害賠償の裁判を起こすが、彼女の悪口を語る数々の証人を次々とやり込めるメイの姿を見て、グラントは改めて彼女に惚れ直すのだった。楽曲はハーヴェイ・ブルックスで、監督はウェズリー・

ラッグルス。パラマウントの制作。

罪ぢゃないわよ Belle of the Nineties (1934) は、19世紀末のセント・ルイスの話。バーレスク劇場のスターであるメイと、拳闘選手ロジャー・プライアは恋仲だった。ロジャーの将来を考えたマネジャーは、二人を別れさせて、メイはニュー・オリンズの劇場へ移るが、ニュー・オリンズでロジャーが試合をした時に再会して愛を取り戻す。その間に、いろいろな事件が起きる。この作品もメイ・ウェストが脚本を書いていて、監督はレオ・マケリー。楽曲はアーサー・ジョンストンのパラマウント作品。

わたし貴婦人よ Goin' to Town (1935) では、筋立ては別の作者だが、台詞はメイ本人が書いている。テキサスの酒場で人気の歌手メイ・ウェストは、地元の牧場主と結婚したとたんに、その夫が家畜泥棒の罪で警官に殺されてしまい、巨万の富を受け継ぐ。メイは油田の技師ポール・キャヴァナーに恋するが、ポールは教養のないメイを嫌って南米へ行ってしまう。ポールを諦めきれないメイは、牧場の馬を連れて南米に渡り、ブエノス・アイレスの競馬で優勝、地元の社交界で売り出す。しかし、家柄が良くないと陰口されるので、破産した名門の男と結婚して家柄を手に入れようとするが、彼も殺されるので失敗。いろいろあって、最後にはとうとう英国貴族だったポールと結婚し、貴族の仲間入りをする。

曲はサミー・フェインが書いていて、監督はアレクサンダー・ホールでパラマウントの配給。名門の仲間入りをしようと、メイ・ウェストが社交界の連中を呼んだパーティでオペラを演じる場面があり、「サムソンとデリラ」の第2幕のアリアを、フランス語で少しだけ歌って見せる。

美しき野獣 Klondike Annie (1936) は、1930年にメイが書いた未上演の戯曲「サン・フランシスコのケイト」Frisco Kateの映画化。映画の台本もメイが書いた。監督はラオール・ウォルシュでパラマウントの作品。

今回のメイは、サン・フランシスコのチャイナ・タウンの賭博場の歌姫。経営者が彼女を外出させないので、彼を殺して逃げ出す。アラスカへ向かう船に乗り込むと、船長ヴィクター・マクラグレンが親切にしてくれて、心惹かれる。シアトルから教会の女性伝道師が船に乗ってきて、メイも彼女に感化される。ところが彼女が病死してしまうので、彼女の名前を騙って警察の捜査から逃れることにする。伝道師に成り代わったメイは、寂れていた教会を立派に再建するが、殺人犯と知っても自分に愛を告白する警官を振り切り、再びヴィクターの船に乗り込みアラスカから去っていく。楽曲はジーン・オースティン。ラオール・ウォルシュの腕もあり、メイ・ウェストの代表作ともいえる仕上がり。

浮気名女優 Go West Young Man (1936) は、ローレンス・ライリーの舞台コメディ「風采」Personal Appearance (1934) の映画化。映画版の脚本は今回もメイ・ウェスト自身。メイはハリウッドの女優で、新作挨拶のためにワシントンに来ている。メイは政治家に口説かれそうになるが、映画会社から付いてきているウォーレン・ウィリアムが邪魔をする。彼は、メイが人気を保つように結婚を邪魔するのが仕事で、お目付け役なのだ。だから、移動中に車が故障して、ガソリン・スタンドの青年ランドルフ・スコットと良いムードになりかけた時にも、ウィリアムはロマンスをぶち壊す。しかし最後には、彼が恋を邪魔する本当の理由は、彼女を愛しているためだとメイは気付く。

楽曲はアーサー・ジョンストンで、ヘンリー・ハサウェイ監督のパラマウント配給作品。芝居が下敷きとなっているので、物語の展開に無理がない。

毎日が休日 Every Day's a Holiday (1937)* は、パラマウントでの最後となった作品。今回も台本はメイ自身のもの。19世紀末のニュー・ヨーク市は、政治の腐敗した街だった。メイは常習の詐欺師で、ブルックリン橋を売り払ったあと姿をくらましていたが、今度はフランス女優フィフィに化けて舞台の人気者となる。それだけでなく、来るべき市長選挙でも改革派の候補を応援することとなる。楽曲はサム・コスロウが書き、監督はA・エドワード・サザーランドが務めた。

私の小さなチカデー My Little Chickadee (1940)* は、しばらく間が空いた後に作られたユニヴァーサル作品。ミュージカルではな

いが、メイ・ウェストとW・C・フィールズという、喋りの両巨頭の顔合わせで注目された。両人の台詞はそれぞれが自分で書いたという。

発情期　The Heat's On (1943)*は最後のミュージカル作品。コロムビア社の舞台裏物で、メイの演じるミュージカル女優を新作のショーに出そうと、制作者のウィリアム・ガクストンとヴィクター・ムーアが取り合う話。メイは自分の台詞を書いていないうえに、出番も少ないので、彼女の映画らしくない。楽曲はジェイ・ゴーニーで、監督はグレゴリー・ラトフ。ザヴィア・クガート楽団が出てきて華を添えている。

4　RKO

　RKOの正式名称はRKO Radio Pictures Inc.で、RKOというのはRadio Kieth Orpheumの頭文字なので、よく見るとRadioという語が重複している。キースは人の名前で、オーフィウムは以前からあった興行会社。その興行会社を、電気会社のRCA (Radio Corporation of America)が、音盤記録方式に代えて光学記録方式のトーキー・システムを普及させるために買収したので、1928年にRKO社が誕生した。

　1930年代には雇われ制作者のデイヴィッド・O・セルズニクが活躍して黄金時代を築くが、1935年にRCAが一部の株を手放したために経営が不安定となり、1943年にはRCAが完全に手を引いてしまう。1940年代後半には、航空機事業で巨万の富を築き、赤狩りでも有名になったハワード・ヒューズが買収したために、スタジオは混乱し、テレビ時代の到来もあって業績が悪化した。

　それまではRKOの配給網を利用していたディズニーも、配給会社ブエナ・ヴィスタを1953年に設立して離れてしまう。ヒューズも1954年にはRKO株を売却したため、1950年代末に実質的に映画制作ができなくなった。

　RKOはハリウッドの中では後発の映画会社だったが、フレッド・アステアとジンジャー・ロジャースの一連の映画を作ったことで、ミュージカル史上にも大きな名前を残した。そのほかで記憶に残るのは、初期の長編ディズニー・アニメの名作を、1937年から54年まで配給していたことだろう。

★

バート・ホウィーラー　Bert Wheeler (1895.4.7–1968.1.18)
ロバート・ウールジー　Robert Woolsey (1888.8.14–1938.10.31)

　バート・ホウィーラーとロバート・ウールジーは、トーキー時代となって各社が一斉にミュージカル作りに走った時に、RKOがブロードウェイから呼んだヴォードヴィル・チーム。ホウィーラーは歌も踊りも達者で、ウールジーのほうはロイド眼鏡に葉巻を持って、ジョージ・バーンズ風に漫談を語るというのが芸風。日本では「頓珍漢(とんちんかん)」コンビと呼ばれていた。

　この二人は1930年代のRKOでは稼ぎ頭のスター・チームだったのに、現在ではすっかり忘れられた存在となっている。ミュージカル以外のコメディの傑作も多い。コロムビアに貸し出されて作られた「アフリカは笑う」So This Is Africa (1933) 以外は、RKOでの出演。二人のスタイルは基本的に会話によるギャグで、二重の意味を持つ言い回しや、同じ発音で意味の異なる語を取り違えることから起こる混乱が中心となっている。それに加えてヴォードヴィルの出身なので、軽い曲も歌い、踊りも少しはこなす。

　ヴォードヴィル出身といっても、ジーグフェルド・フォリーズの舞台にも立っていたのだから、立派なメジャーだ。二人は舞台ではコンビを組んでいたが、映画では独り立ちして別々に出演しようと考えたようだ。バート・ホウィーラーは結婚したての2度目の妻バーニスと一緒に、1929年にミュージカルの短編に出演したが、うまく行かずに、結局、ウールジーとのコンビで映画出演することになった。

第2章 1930年代：不況の時代

二人がコンビを組んだのは、フロレンツ・ジーグフェルドが制作した舞台作品「リオ・リタ」Rio Rita (1927) が最初。その映画版 (1929) の制作時にハリウッド・デビューした。RKOはこの作品の映画化権をジーグフェルドから手に入れた。ジーグフェルドは、ブロードウェイの大制作者として有名だが、映画制作にはあまり手を出さず、思い入れのあった「アメリカ娘に栄光あれ」Glorifying the American Girl (1929) を監修したり、エディ・カンターの「フーピー」Whoopee! (1930) を共同制作したりした程度で、彼が制作した多くの舞台作品は、映画化権をハリウッドの映画会社へ売っている。

RKO社は、「リオ・リタ」の制作にあたり、無声時代からの大女優ビーブ・ダニエルスを主演とした。また、「リオ・リタ」のほか、「ディキシアナ」Dixiana (1930) でも、彼女をホウィーラーとウールジーと共演させた。ダニエルスは、その後は単独で、舞台裏物の作品「愛の訪れ」Love Comes Along (1930) にも出ている。

バート・ホウィーラーとロバート・ウールジーの二人は、その後もRKOで「爆笑隊従軍記」Half Shot at Sunrise (1930)、「頓馬者」The Cuckoos (1930)*、「頓珍漢丸儲け」Caught Plastered (1931)、「リノの娘」Peach-O-Reno (1931)*、「頓珍漢嫁探し」Girl Crazy (1932)、「頓珍漢外交ゼネバ行」Diplomaniacs (1933)、「美人国武者修行」Cockeyed Cavaliers (1934)、「旅ガラス子供連れ」Kentucky Kernels (1934)、「間抜けたち」The Nitwits (1935)*、「メリケン万歳 暴走の巻」Hips, Hips, Hooray! (1934)、「喧嘩商会」On Again-Off Again (1937)、「飛行機乗り」High Flyers (1937)* などのミュージカル作品に加えて、コメディ作品にも沢山出演したが、1938年にウールジーが亡くなったため、1940年以降のホウィーラーは舞台に戻った。

ドロシー・リー Dorothy Lee
(1911.5.23-1999.6.24)

ドロシー・リーは、1911年生まれのヴォードヴィリアンで、若い時から舞台に立っていたが、トーキーとともに映画界入りする。歌い方や踊り方がルビー・キーラーに似ていて、年齢的にもほぼ同世代。ドロシー・リーは、RKOでバート・ホウィーラーとロバート・ウールジーの相手役を主に務めた。

デビュー作は「シンコペーション」Syncopation (1929)* で、典型的な舞台裏物。ドロシーはまだ脇役だが、1曲歌っている。次の「リオ・リタ」Rio Rita (1929) は、同名舞台作品 (1927) の映画化。ビーブ・ダニエルスの主演で、舞台版に出ていたホウィーラーとウールジーのコンビが出演、ドロシー・リーもホウィーラーと組んで歌ったり踊ったりしている。

「頓馬者」The Cuckoos (1930)* もホウィーラーとウールジーの主演作品の相手役で、この作品は舞台作品「ぶらぶら歩き」The Ramblers (1926) の映画化。ホウィーラーとウールジーはインチキ占い師とその助手で、メキシコにやって来て、土地のジプシーに育てられたアメリカ娘ドロシーに惚れる。

次の「ディキシアナ」Dixiana (1930) はビーブ・ダニエルス主演の作品で、サーカスの人気スターのダニエルスが、南部農園主の息子に惚れられるが、身分違いで結婚できない。ここでもホウィーラーとウールジーのコンビと一緒に脇を固めている。「爆笑隊従軍記」Half Shot at Sunrise (1930) も二人との共演で、パリ駐在のアメリカ兵二人と、その上官の大佐の娘ドロシーの恋物語のドタバタ劇。ドロシーとホウィーラーとウールジーとの共演作品では、歌入りのコメディも多い。

「気違い馬鹿」Cracked Nuts (1931)* は、ドロシーに惚れたホウィーラーが、彼女の叔母から結婚の了解を得ようと、小さな王国の王様になろうとする話。また、「頓珍漢丸儲け」Caught Plastered (1931) のホウィーラーとウールジーは、悪漢に乗っ取られそうになっているドラッグ・ストアを、警察署長の娘ドロシーと一緒に救う。

「リノの娘」Peach-O-Reno (1931)* のドロシーは、リノで離婚しようとする両親を何とか元の鞘に戻そうとするが、それに絡むのが弁護士のホウィーラーとウールジーという具合。「頓珍漢嫁探し」Girl Crazy (1932) は、作曲家ガーシュウィンの舞台作品 (1930) の映画化で、話は同じだが曲は舞台の半分以下

にカットされている。

「メリケン万歳 暴走の巻」Hips, Hips, Hooray! (1934) の二人組みは、香り付きの口紅のセールスマンで、口紅の発明者セルマ・トッドの娘ドロシーに惚れてしまう。この作品ではルース・エッティングも歌を聞かせる。

「美人国武者修行」Cockeyed Cavaliers (1934) での二人は中世の遍歴の騎士で、結婚を強要されて男装で逃げている娘ドロシーを助ける。「降雨師」The Rainmakers (1935) は、日照りが続いて旱魃のカリフォルニアで雨を降らせる話。「うすのろ仲間」Silly Billies (1936) は、ゴールドラッシュが終わってゴースト・タウンのようになった、人気のない町にやって来たホウィーラーとウールジーが、女教師ドロシーに惚れる。

ホウィーラーとウールジーの作品以外にも何本か出ていて、ファースト・ナショナル社の「選手の後に娘あり」Local Boy Makes Good (1931) は、内気な青年ジョー・E・ブラウンが、ドロシーに惚れてにわか運動選手となって張り切る。パラマウントの「当って砕けろ」Take a Chance (1933) は、ブロードウェイのヒット作 (1932) の映画化だが、曲は大分入れ替わっている。クリフ・エドワーズやリリアン・ロスも出ている舞台裏物。

独立系で作られた「懐かしの我が家」The Old Homestead (1935) はジーン・オートリーの初期の作品で、田舎者のカウボーイが都会で歌って人気を得るという話。ドロシーは、1930年代の後半以降はミュージカル作品にほとんど出演しなかった。

アイリーン・ダン　Irene Dunne
(1898.12.20–1990.9.4)

アイリーン・ダンは1898年生まれの歌手、女優で、ブロードウェイの舞台に立った後、ハリウッドのミュージカル、ドラマ、コメディなどに出演した。12歳の時に父親を亡くして苦労し、教会で歌ったりしながら勉強する。奨学金を得て音楽学校に通ってオペラ歌手を目指すが、メトロポリタン歌劇場のオーディションに落ちて、ブロードウェイのミュージカルに出演するようになる。

ブロードウェイでは、「アイリーン」Irene (1919) の主役をイーディス・デイから引き継いで演じた。舞台版「ショー・ボート」をツアー・カンパニーで演じている時にRKOにスカウトされて映画界入り、ミュージカルやロマンチック・コメディに出演した。本格的なオペラ風の歌い方をするが、コメディの演技にも才能があった。

デビュー作はRKOの「女護ヶ島上陸」Leathernecking (1930) で、いきなりの主演。ロジャースとハートの舞台作品の映画版だが、内容は舞台版とはかなり異なっていた。MGMで撮られた「一番の恋人」The Great Lover (1931)＊は、アドルフ・マンジュと共演したドラマだが、オペラ歌手の役なので何曲かアリアを歌っている。

やはりMGMの「ブランシュ夫人の秘密」The Secret of Madame Blanche (1933) も舞台劇の映画化だが、アイリーン・ダンはミュージカル女優という設定なので歌も多い。歌のうまいアイリーンを自社でも使わない手はないので、RKOも「泰西俠盗伝」Stingaree (1934) を作り、オペラ歌手役に起用して歌わせている。

本格的なミュージカルに出たのは、ワーナーで作られたジェローム・カーンの「いとしのアデリン」Sweet Adeline (1934) からで、RKOでもアステアとロジャースの3作目「ロバータ」Roberta (1935) に主演している。この作品でのビリング (役者の記載序列) は、アイリーン・ダンがアステアよりも上で、主演扱いとなっている。アイリーンの役は、「ロバータ」というパリの洋装店を切り盛りするデザイナーで、実は元ロシア貴族というもの。

舞台版に出演していて映画界入りのきっかけとなった「ショー・ボート」を、ユニヴァーサルが本格的に再映画化 (1936) する時には、アラン・ジョーンズを相手役として主役を演じた。

その後は、コロムビアでメルヴィン・ダグラスと組んで「花嫁凱旋」Theodora Goes Wild (1936) に出演し、ミュージカルではないが歌っている。パラマウントで作られた「たくましき男」High, Wide and Handsome (1937) は、ジェローム・カーンが曲を書いた社会派のミュージカル作品。コロムビアの「新婚道中記」The Awful Truth (1937) と、

RKOの「生活の悦び」Joy of Living (1938) は、ロマンチック・コメディだが歌う場面も用意された。

「邂逅（めぐりあい）」Love Affair (1939) もRKOで、1956年と94年に再映画化（邦題は「めぐり逢い」）されたメロドラマだが、この作品でも歌う場面が入っている。最後の歌入り作品はRKOの「楽しくて仕方ない」Never a Dull Moment (1950)*で、ブロードウェイ暮らしの長い作曲家アイリーン・ダンが、マディソン・スクウェア・ガーデンのロデオ大会で出会った牧場主のフレッド・マクマレイと結婚して、西部の牧場に移り住むことになり生活の違いに戸惑う話。作曲家の役なので2曲ほど歌っている。1950年以降はテレビで活動した。

女護ヶ島上陸 Leathernecking (1930) は、リチャード・ロジャースとローレンツ・ハートの舞台ミュージカル「ささげ銃」Present Arms (1928) の映画化。海兵隊員が社交界の婦人アイリーン・ダンに恋をして、彼女を口説くために、艦長に変装したり、船をぶつけたりして、何とか彼女の心を勝ち取る。

舞台版の音楽は少しだけしか使われておらず、オスカー・レヴァントが曲を書き加えている。舞台版はバスビー・バークレイの振付だったが、映画版はまったくの別物。エドワード・H・クライン監督のRKO作品。2色方式のテクニカラー版も作られたが、日本への輸入は白黒版のみだったようだ。現在はカラー版も白黒版も残っていない。

一番の恋人 The Great Lover (1931)*は、ブロードウェイ作品 (1915) の映画化で、無声時代にもフランク・ロイド監督により「哀愁の調べ」The Great Lover (1920) として映画化されている。ボブ・ホープも同じ原題の作品「腰抜け大捕物」The Great Lover (1949) を撮っているが、これはまったく関係がない。

女好きのオペラ歌手アドルフ・マンジュは、新人オペラ歌手アイリーン・ダンを援助するが、最初は遊び半分だったものの、本当に恋してしまう。ところが、マンジュの代役を務めるニール・ハミルトンが、アイリーンの昔の恋人だったので、アイリーンは昔の恋に火がついて彼と一緒になる。オペラ歌手の話なので、オペラの歌が何曲か歌われている。ハリー・ボーモント監督のMGM作品。

ブランシュ夫人の秘密 The Secret of Madame Blanche (1933) は、マーティン・ブラウンの舞台劇「婦人」The Lady (1923) の映画版で、ノーマ・タルマッジの無声映画「在りし日」The Lady (1925) に続く2度目の映画化。

19世紀末のロンドン。アメリカのミュージカル女優アイリーン・ダンの公演はロンドンでも大評判で、貴族の息子フィリップス・ホームズも夢中となり、アイリーンと秘密裏に結婚してしまう。ところが、それを聞いて怒った父親は、フィリップスを勘当して、生活力のない彼は自殺してしまう。残されたアイリーンは彼の子供を宿していたので、息子を産み安酒場で歌うようになる。フィリップの父親は法律に訴えて彼女から子供を取り上げ、フィリップス・ジュニアとして自分の手元に置いて育てた。かくして20年後、アイリーンはパリで安宿を経営しているが、そこへ偶然にフィリップス・ジュニアが田舎娘を連れ込んでくる。アイリーンは、自分の息子だと知らぬままに田舎娘を助けるが、今度は逆に田舎娘の父親が乗り込んできて争いになり、フィリップスは相手を撃ち殺してしまう。アイリーンは、そこで初めて自分の息子だったことを知り、彼をかばうために手を下したのは自分だと名乗るが、裁判では事実が明らかとなり、親子関係や正当防衛が認められて軽い刑で済む。そうしてアイリーンは息子の出所を辛抱強く待つことにする。

センチメンタルな話で、ライオネル・バリモアの監督した「マダムX」Madam X (1929) からも強い影響を受けている。母物という点では、ヘンリー・キング監督の傑作「ステラ・ダラス」Stella Dallas (1925) とも一脈通じるものがある。アイリーン・ダンは数曲歌っている。チャールズ・ブレイビン監督のMGM作品。

泰西俠盗伝（たいせいきょうとうでん） Stingaree (1934) は、19世紀末のオーストラリアを舞台とした話。リチャード・ディックス演ずる教養ある大盗賊のスティンガリーは、大富豪の家に盗みに入ろうと下見に出かけたところ、養女のアイリーン・ダンが歌っているのを聞き、その才能を確信すると同時に一目惚れする。そこへ家

人が戻ってくるので、彼女をさらってそのまま逃げてしまう。しかし、彼女をオペラ歌手にすべきだと考えて、警官に捕まる覚悟で、彼女の才能を一流の音楽家に聞かせることにする。果たして音楽家は彼女の才能を見抜き、欧州に連れ帰って一流のオペラ歌手に育て上げるが、リチャードのほうは捕らえられて牢獄に繋がれる。オペラで成功したアイリーンに音楽家は結婚を申し込むが、彼女は故郷のメルボルンでのコンサートを開きたいとオーストラリアへと戻る。リチャードは、脱獄して総督に成りすましてアイリーンの歌を聞き、警官が気付いた時には、またしてもアイリーンを会場からさらって逃げ、結婚するのだった。

無声時代の同名作品 (1915) の再映画化。無声映画は2巻物の12話続いた連続物だった。アイリーン・ダンはオペラの曲を中心に沢山の曲を歌っている。最後のメルボルンのコンサート場面は、ユニヴァーサルがロン・チャニーの「オペラの怪人」The Phantom of the Opera (1925) のために作ったセットをそのまま借用して撮影されたという。ウィリアム・A・ウェルマン監督のRKO作品。

いとしのアデリン Sweet Adeline (1934) は、ジェローム・カーンの舞台作品 (1929) の映画化で、舞台版の音楽を半分以上使っているという点で、この時代としては舞台に忠実な映画化だといえる。19世紀末の米西戦争を背景としているが、内容は舞台裏物。

ビール酒場の経営者の娘で、酒場で歌っているアイリーン・ダンは、作曲家ドナルド・ウッズを好きなのだが、父親は社会的な地位を持つ大佐ルイス・カルハーンとの結婚を望んでいる。ドナルドは、アイリーンをブロードウェイの舞台でデビューさせようとするが、役を奪われた楽団歌手ウィニー・ショウは、彼女の邪魔をして大怪我を負わせる。実はウィニーはスペインのスパイだったというおまけも付いている。

舞台での主演はヘレン・モーガンだったが、映画ではアイリーン・ダンが演じており、二人のキャラクターが違うので、『なぜ生まれてきたの』Why Was I Born? などの歌は、アイリーンには合わないとの意見もあった。同じワーナー作品で、舞台裏物ということ もあり、前年に作られた「四十二番街」によく似たムードとなっている。マーヴィン・ルロイ監督作品。

花嫁凱旋 Theodora Goes Wild (1936) は、メアリー・マッカーシーの初期の小説の映画化でミュージカル仕立てではないが、アイリーン・ダンが歌う場面がある。アイリーンはそれまでの役柄と異なり、現代的で快活な女性役。

アメリカの小さな保守的な町で教師をやっているアイリーン・ダン（シオドラ役）は、町の人の目も厳しく叔母たちの監視もあるので、男付き合いもできない。だが、暇な時に筆名で書いた大胆な小説「罪人」が新聞に載ると、町では非難する声が高いので、単行本に本名が出ないように連絡しようとニュー・ヨークの出版社へ出向く。ところが、その出版社で挿絵画家のメルヴィン・ダグラスと出会い、お互いに惹かれ合うものを感じる。アイリーンは町へ戻るが、メルヴィンは彼女を追って町へ行き、そこで働き始める。未婚の二人が一緒にいるのを見て、叔母たちが非難するので、アイリーンはメルヴィンとの結婚を宣言、ニュー・ヨークの彼のアパートに乗り込むが、そこには何と彼の妻がいるのでびっくり。大騒ぎするが、最後にはメルヴィンは前妻と離婚してアイリーンと結婚し、彼女とともに故郷へ凱旋する。アイリーンが教会で歌う場面がある。リチャード・ボールスロースキー監督のコロンビア映画。

たくましき男 High, Wide and Handsome (1937) は、「ショー・ボート」と同じく、ジェローム・カーンがオスカー・ハマースタイン2世と組んで書いた社会派ミュージカルで、映画オリジナルの作品。

19世紀中頃のアメリカはペンシルヴァニア。ランドルフ・スコットは、自分の農地から石油が出ると確信して、試掘を繰り返している。旅回りの薬売りの父娘が馬車でやって来て、娘のアイリーンの歌に惹かれたスコットは、父娘の馬車が焼けてしまった時に彼女を助けて結婚する。やがて石油を掘り当てて、近所の農夫たちも皆採掘を始めるので、付近は石油の一大生産地となる。原油を製油所まで運ぶ輸送費を、鉄道会社の悪徳社長が吊り上げるので、農夫たちは金を出し合いパイプ

ラインの建設を始める。鉄道会社の妨害を受けるが建設を続け、最後にはパイプラインを完成させる。

大半の歌をアイリーンが歌っているが、ドロシー・ラムーアも脇役で出演していて1曲歌っている。ルーベン・マモーリアン監督のパラマウント作品。

新婚道中記 The Awful Truth (1937) は、アーサー・リッチマンの同名舞台劇 (1922) の映画化。無声映画時代にも1925年、29年と2度ほど映画化されているが、いずれも日本未公開。この映画は3度目の映画化で、基本的にはレオ・マケリー監督の得意なスクリューボール・コメディ。アイリーン・ダン主演なので、歌う場面も用意された。同じ原作の本格的なミュージカル作品も、後にコロムビア社で、ジェイン・ワイマン主演の「もう一度やろう」Let's Do It Again (1953)* として作られている。

ケアリー・グラントは、妻のアイリーン・ダンにはフロリダへ行くと嘘をついて、友人たちと遊び、朝帰りする。朝に帰宅すると妻のダンは不在で、車が途中で故障したといって男に送られて帰ってくるのでびっくりする。二人は愛し合っているのに、この件で仲違いして離婚してしまう。お互いに別の相手と結婚しようかとも考えるが、相手を忘れられずに、結局、最後には再び一緒になる。アイリーン・ダンはこの映画あたりから、ミュージカルというよりもロマンチック・コメディが多くなる。コロムビア映画作品。

生活の悦び Joy of Living (1938) は、ジェローム・カーンが曲を書いたミュージカル作品で、ロマンチック・コメディの路線。ブロードウェイで人気のアイリーン・ダンは、金持ちファンであるダグラス・フェアバンクス・ジュニアが付きまとうので、うっとうしく思うものの、結局は恋におちてしまう。ダグラスは南の島でのんびりと暮らしたいと思っていたが、舞台が好きなアイリーンはなかなか踏み切りがつかない。二人は結婚するが、舞台からの引退には家族一同が大反対する。しかし、家族たちの反対は、アイリーンのためではなく、自分たちが働きたくないだけだとわかり、アイリーンは心を固め、ダグラスを追って南の島へと向かう。タイ・ガーネット監督のRKO作品。

邂逅(めぐりあい) Love Affair (1939) は、レオ・マケリー監督のメロドラマの傑作。日本公開時には、原題が良からぬことを連想させるという当局の指摘があり、英語題名をSincerityと変えたという。アイリーン・ダンとシャルル・ボワイエの二人は、互いに別の婚約者がいたのだが、大西洋航路でニュー・ヨークへ向かう船の中で出会い恋におちる。二人は、一時の気の迷いでなかったならば、6か月後にエンパイヤ・ステート・ビルの展望台で会おうと約束して別れる。6か月後に果たして二人とも約束した展望台へ向かうものの、アイリーン・ダンは途中で交通事故に遭い、行きつけない。アイリーンは事故により歩けなくなり、シャルルもアイリーンが忘れられずに結婚しないでいたが、数年後に二人は偶然に出会い、すべてを理解する。

ハロルド・アーレンが書いた曲をナイト・クラブの場面でアイリーンが歌っている。1939年版はRKOの作品だが、レオ・マケリー監督はこの題材が気に入ったのか、ケアリー・グラントとデボラ・カーのカラー作品「めぐり逢い」An Affair to Remember (1956) としてリメイクしている。これはフォックス社の映画。さらに最近でもウォーレン・ベイティ主演で「めぐり逢い」Love Affair (1994) としてリメイクされているほか、トム・ハンクス主演の「めぐり逢えたら」Sleepless in Seattle (1993) も似た話。

フレッド・アステア Fred Astaire (その1) (1899.5.10–1987.6.22)

フレッド・アステアは、ミュージカル映画の黄金時代である1930年代から50年代にかけて、一貫して優れた作品を作り続けたスターだ。トーキー初期のミュージカル・スターの大半がそうであったように、アステアもまた舞台からの転向組で、ロンドンやブロードウェイで活躍していたフーファー（タップ・ダンサー）だった。舞台では姉のアデールと組んでいたが、映画界入りした時に、姉は引退していたので、いろいろなパートナーと組んで踊ることになった。

1899年にネブラスカ州で生まれたアステ

アが最初に映画に登場したのは、MGMの「ダンシング・レディ」Dancing Lady (1933)で、主演女優ジョーン・クロフォードのダンスの相手を務めた。クロフォードはもともとチャールストン・ダンス大会で優勝して映画界入りしたぐらいだから、踊れないわけではないが、アステアとは踊りのスタイルがまったく異なり、アステアも十分にその才能を発揮できなかった。

彼が才能を存分に見せたのは、RKOで撮った「空中レヴュー時代」Flying Down to Rio (1933)で、ジンジャー・ロジャースとの踊りに観客たちは驚いた。この作品はドロレス・デル・リオの主演作品で、アステアとロジャースはいわば助演的な扱いだが、二人が踊った『カリオカ』では、それまでの映画にはなかった新しいスタイルを見せた。

この二人が大人気になったので、RKOは年に1〜2本のペースで二人の映画を作り、合計9本の作品を作った。「空中レヴュー時代」、「コンチネンタル」The Gay Divorcee (1934)、「ロバータ」Roberta (1935)、「トップ・ハット」Top Hat (1935)、「艦隊を追って」Follow the Fleet (1936)、「有頂天時代」Swing Time (1936)、「踊らん哉」Shall We Dance (1937)、「気儘時代」Carefree (1938)、「カッスル夫妻」The Story of Vernon and Irene Castle (1939)だ。このうち、「コンチネンタル」と「ロバータ」はブロードウェイの舞台作品の映画化だが、ほかは映画オリジナルの作品。

二人の9作品のうち、「コンチネンタル」、「トップ・ハット」、「艦隊を追って」、「踊らん哉」、「気儘時代」の5本をマーク・サンドリッチ監督が担当しているので、アステアとロジャースの映画スタイルは、サンドリッチ監督が作ったともいえる。音楽面でも、コール・ポーター、アーヴィング・バーリン、ジェローム・カーン、ジョージ・ガーシュウィンなど、当時の名だたる作曲家が曲を書いている

アステアは一人で踊っても上手だが、良いパートナーに恵まれると、優雅で洗練された独創的な踊りを見せる。この時代にはジンジャー・ロジャースという良きパートナーを得て、ミュージカル映画史上で最上とも思われる見事な踊りを残した。

アステアは彼の「踊り」を観客に見せようと考えたので、初期の2本にはバスビー・バークレイ風の群舞処理や俯瞰撮影が取り入れられたものの、それ以降の作品では、画面のフレームの中にきっちりと踊り手の全身が収まるように撮影して、撮影画面も途中で切り替えずに、できるだけ長く同じカメラで撮影する、という基本スタイルを守った。

実際にはどうしてもカメラを切り替えざるを得ないような場面もあるが、そうした場合でも、ほとんど切り替えを感じさせないように編集している。そうした撮影方法により、観客はあたかも舞台の踊りを見るかのように、一方向から踊り手を見続ける形となる。

こうしたスタイルはバスビー・バークレイの映画とは正反対の姿勢ともいえるものだが、その後は1940年代から50年代を通して、こうしたスタイルがハリウッドの主流として定着した。それが崩れたのは、「ウエスト・サイド物語」(1961)以降で、1960年代には「マイ・フェア・レディ」(1964)のように古典的な撮影方法を守る作品も残ったが、「サウンド・オブ・ミュージック」(1965)や「ローマで起こった奇妙な出来事」(1966)のように、踊りを舞台のようにではなく、映画的に見せる手法が主流となった。

アステア映画には、どの作品にも素晴らしいナンバーが入っているが、「トップ・ハット」と「有頂天時代」の2本は、内容が充実していて飽きさせない。また、アステアがほかのダンサーと違ったのは、独創的なアイディアを踊りの中に持ち込んだことで、こうした点で比較できるのはジーン・ケリーくらいだろう。

「有頂天時代」では、『ハーレムのボージャングル』Bojangles of Harlemで巨大な脚のセットから飛び出して、後ろに映る影と一緒に踊って見せる。「踊らん哉」では、大勢のジンジャー・ロジャース(全員がロジャースの仮面を付けている)が踊る中から、本物のロジャースを見つける場面を踊りとしている。

「気儘時代」では、当時流行した精神分析医となったアステアが、ジンジャーに催眠術をかけて踊らせるという工夫がある。こうした工夫はどれも楽しめるが、最後の「カッスル夫妻」では、実在したダンサー夫婦の伝記

作品であったために、当時の踊りや曲を使うという制約もあり、あまり大胆なアイディアを入れることができずに、比較的低調に終わった。

　RKO時代のアステアは、ロジャースと組んで9本の映画を撮ったが、それ以外にも、ジョーン・フォンテインを相手役として「踊る騎士」A Damsel in Distress (1937) に出ている。この作品はジョージ・ガーシュウィンが音楽を担当して、素晴らしい曲を残しているものの、フォンテインが踊れないのを補う意味で、コメディ・チームのバーンズとアレンを脇に配したが、全体としては物足りなさが残った。

　アステアは、「カッスル夫妻」でロジャースとのコンビを解消して、その後は様々な相手と組んで映画を作るようになるが、10年後に、MGMの「ブロードウェイのバークレイ夫妻」The Barkleys of Broadway (1949) で再び共演し、二人の踊りをカラー映像で見せた。(p.162の1940年代MGMへ続く)

ダンシング・レディ　Dancing Lady (1933) は、ジンジャー・ロジャースとコンビを組む前にMGMで出演した作品。この映画はクラーク・ゲイブルとジョーン・クロフォードの主演作品で、バーレスクで踊っていたダンサーのクロフォードを、金持ちの男が支援して、ゲイブル扮する演出家の新作ショーに売り込む。クロフォードがあまりにショーに夢中になるので、金持ちの男はショーを中止して結婚しようと口説くのだが、ゲイブルは執念でショーを上演し、クロフォードはスターとなり、ゲイブルと結ばれる。

　アステアはクロフォードと2曲ほど踊るが、クロフォードはチャールストン・ダンスの優勝者だったとはいえ、リズムに乗せて跳ねるだけで、お世辞にも上手な踊りとはいえない。ロバート・Z・レナード監督作品。

空中レヴュー時代　Flying Down to Rio (1933) は、初めてアステアとジンジャー・ロジャースが組んだ作品だが、ドロレス・デル・リオとジーン・レイモンドの主演で、アステアとロジャースは助演という扱い。

　デル・リオはブラジルの金満家の娘で、彼女に惚れた楽団リーダーのレイモンドが、はるばるリオまで自家用機で飛んで行って公演を行おうとするものの、ホテルでの公演許可が得られないので、やむなく踊り子を飛行機の翼にワイヤーで括りつけて、ホテルの上空を飛びながらレヴューを見せる。

　舞台作品「フィニアンの虹」(1947) などを書いたビンセント・ユーマンズの作曲で、印象的な曲を残している。中でも『月光の蘭』Orchids in the Moonlight はロマンチックな曲で、リオへ向かう途中に飛行機が不時着した場面でも歌われる。公開時のプリントではこの場面はティントと呼ばれる染色により画面全体が色づけされていたらしい。

　アステアの踊りが印象的なのは『カリオカ』(リオっ子) という曲で、眠そうな楽団が演奏し始めて、だんだんと盛り上がる。歌が入って、二人の踊りから群舞への展開となる場面はミュージカルの醍醐味で、フィルムの1巻分まるまる12分間続くナンバーとなっている。

　このナンバーでも二人の踊りがメインというわけではなく、斜め上から俯瞰撮影したバスビー・バークレイ風の群舞が見せ場となっている。『カリオカ』ではカップルが額をくっ付けて踊る。なぜかというと、アメリカ風のフォックス・トロットのステップはもたつくので、リオっ子は額をくっ付けて、相手の気持ちを感じながら踊るというもの。

　ロジャースはこの映画の前から「四十二番街」(1933) や「ゴールド・ディガース」(1933) などで売り出していたが、明るいコミカルなキャラクターがこの映画にうまく合った。ヘイズ・コード以前の作品なので、ダンサーたちの衣装はスケスケでセクシーだった。

　最後に空中のレヴュー場面があり、日本語題名はそこから付けられているが、この場面はケン・ラッセルの「ボーイフレンド」The Boy Friend (1971) でもパロディ化されている。

コンチネンタル　The Gay Divorcee (1934) は、「空中レヴュー時代」でジンジャーとの踊りが評判になったので、すぐにこの二人を主演として撮られたRKO社の作品。この作品により、二人のその後の映画スタイルが定まった。ブロードウェイでヒットしたコール・ポーターのミュージカル作品だが、映画化にあたっては、舞台版とはかなり変えてい

る。題名も舞台版の「陽気な離婚」Gay Divoce のDivoceに、「e」の文字がひとつ追加されて、離婚「者」Divoceeという形になった。

　ブロードウェイのコール・ポーター作品といえば、当時の最も洗練された粋な作品だったが、映画版は全米で公開されるため、大衆受けするように変更を加えている。その結果、舞台版からそのまま使われたポーターの曲は『夜も昼も』の1曲だけで、ほかはすべてポーター以外の曲が使われている。監督はマーク・サンドリッチで、アステアとロジャースのRKO時代の9本のうち、傑作の5本を監督している。

　アメリカ人ダンサーのアステアが、ロンドンで偶然出会ったロジャースに一目惚れする。ロジャースのほうは横暴な旦那と別れたがっているものの、なかなか理由が見つからないので、浮気の相手を雇い、それを旦那に見せて離婚をしようとリゾート・ホテルに出かける。そこでアステアと再び出会い、誤解が誤解を呼んで混乱するが、最後はハッピー・エンドとなる。

　一番の見せ場は、二人を中心として群舞も入った『コンチネンタル』で、リゾート・ホテルのダンス・フロアでの17分を超える長いナンバー。この曲は、アカデミー賞で第1回のオリジナル歌曲賞を取っている。日本語題名もこの曲から取られたが、映画の内容からはピンと来ない。

　踊りは、ターキー・トロット風に始まり、バークレイ風の群舞に発展する形式で、アステア自身による振付が中心だが、この後もずっとアステア作品を手伝う振付家のハーミズ・パンが、この作品から本格的に参加している。この前の「空中レヴュー時代」でも、パンは振付のアシスタントとして参加はしていたが、「コンチネンタル」以降は本格的に振付に参加した。

　このほかにも、二人がリゾート・ホテルで偶然に出会った時に『夜も昼も』のダンス・デュエットが入るほか、若き日のベティ・グレイブルが、名脇役のエドワード・エヴェレット・ホートンを相手に、『膝を当てよう』を歌って踊る。

ロバータ　Roberta (1935) は、二人の3作目でジェローム・カーンの舞台作品の映画化。監督はウィリアム・A・サイター。舞台はパリで、ロバータというのは洋装店の名前。アステアはアメリカの楽団リーダーで、パリのロシア料理店からの依頼を受けて、アメリカから楽団とともにやって来る。楽団員の一人ランドルフ・スコットは、叔母が亡くなり高級洋装店ロバータを引き継ぐ。ところが婦人服にはまったくの素人なので、店のデザイナーで叔母のアシスタントをやっていたアイリーン・ダンに、共同経営者としてそのまま残ってもらい、店の切り盛りを頼む。アイリーンはランドルフに惹かれて彼に協力するが、アメリカから彼のフィアンセがやって来るので、店をやめると言い出す。実は彼女はロマノフ王朝の末裔で、パリのロシア料理店では名士の扱いだから生活には困らない。本当は愛し合いながらうまく行かない二人を見かねて、アステアと彼の昔のダンス・パートナーだったジンジャー・ロジャースは二人を結びつけ、ロバータの店で音楽入りのファッション・ショーを成功させる。

　アステアとロジャースの作品というだけでなく、アイリーン・ダンの主演作品としての一面もある。「コンチネンタル」とは異なり、ジェローム・カーンの曲が全面的に使われていて、『煙が眼にしみる』、『イエスタデイズ』などの名曲が入っている。

　アステアのダンス・ナンバーとしては、楽団リハーサルでジンジャーと一緒にタップ・ダンスで会話する『我慢するのは難しい』I'll Be Hard to Handle、アステアがピアノを弾いてその後にソロのタップ・ダンスを見せる『踊りたくない』I Won't Danceが入っている。そしてファッション・ショーで見せる二人の踊りには、『目に楽しい』、『煙が眼にしみる』、『踊りたくない』の3曲が使われる。

　アイリーン・ダンも歌姫なので3曲を歌うが、ロシア料理店で歌う『煙が眼にしみる』の場面が印象的。ファッション・ショーの場面では、次々と美しいデザインの服を着た美女が現れて、昔の舞台版ジーグフェルド・フォリーズのムードが感じられる。カラーでないのが惜しい作品。

トップ・ハット　Top Hat (1935) は、再びマーク・サンドリッチがメガホンを取った傑作で、アステアとロジャースの代表作品とい

える。今回は舞台作品の映画化ではなく、映画オリジナルの台本にアーヴィング・バーリンが曲を付けた。コール・ポーターほど都会的過ぎず、ジェローム・カーンほどきっちりとした曲でなく、適度に小唄調で作品の雰囲気に合った曲が書かれている。

アメリカの芸人ダンサーであるアステアが、公演でロンドンのホテルに滞在中に、偶然、階下に宿泊していたロジャースと出会い、一目惚れして追い回す。ロジャースがヴェネチアへ向かったと聞いて追って行くものの、彼は既婚者と誤解されて二人の仲は進まずに、ロジャースはほかの求婚者と結婚する決意をする。しかし、最後には誤解も解けて二人は結ばれる。

この作品では、歌よりも踊りに重点が置かれていて、ほとんどのナンバーには、歌だけでなく見事な踊りが入っている。曲の入れ方も、舞台裏物にありがちな実写的ナンバーだけでなく、物語の展開を支えるようなミュージカル作品らしいものが見られる。

最初のアステアの踊りは、宿泊したホテルでのタップ・ダンスで、タップの音がうるさくて眠れないとロジャースが文句を言うので、床に砂を撒き、静かに床を擦るような音のサンド・タップで眠りを誘うという洒落た構成。

次は乗馬に出かけたロジャースを追ってアステアも公園に行き、突然の雨に東屋で雨宿りしながら歌い踊る『雨に降られるには素敵な日』Isn't This a Lovely Day (to Be Caught in the Rain)？。タップを基調としたデュエットの踊りは、二人の惹かれ合う感情を見事に表現している。この場面の伝統は、「サウンド・オブ・ミュージック」(1965)の東屋の場面で歌われる『16歳から17歳へ』Sixteen Going on Seventeenにも、そっくり引き継がれた。

この公園での雨宿り場面を見ると、アステアがいかに舞台感覚を大切にしていたかがよくわかる。カメラはまるで舞台の客席から見るように固定されており、切り替えはほとんど行われない。カメラが切り替わる時も、踊りの切れ目で切り替わるように編集されていて、見る者に「映画」的な編集を感じさせない。つまり、映画的な技法よりも、ダンサーの踊りそのものを見てほしいという姿勢がよ

く感じられる。

こうした考え方は、最後のヴェネチアで踊られるナンバー『ピッコリーノ』にもよく表れている。このナンバーの最後の場面は、デュエット・ダンスが、2分間も連続した1ショットで撮られている。この場面は1回で撮影されたので、最後に二人で席に座った時には、ロジャースのスカートが少し捲れ上がってしまうが、それを気にしたロジャースが手で何回か直しているところまで映像に残っている。

この作品の、もうひとつの有名な曲に『頬寄せて』があり、この曲ではロジャースはオストリッチの羽根が沢山付いた衣装で踊る。映画では白黒でわからないが、実際には美しいブルーの羽根だったらしい。アステアは、羽根が多過ぎて「頬寄せて」踊れないと文句を言ったが、ロジャースはこのドレスにこだわったので、結局、そのまま撮影された。そのことからロジャースには、「羽根さん」というあだ名が付けられたという。

アステアの踊りとしては、タイトル曲の『トップ・ハット』も忘れることはできない。このナンバーはアステアが舞台で演じる形で収録されているため、舞台的な構成だが、アステア自身の素晴らしいタップを、ソロでたっぷりと見せるだけでなく、タキシード姿の男性陣を次から次へとタップでやっつけるという物語仕立てとなっている。これは冒頭に出てくる英国の保守的なクラブに対する、ちょっとした皮肉にもなっている。

この作品は興行的にも大成功で、約60万ドルの制作費に対して国内での興行成績が180万ドル、全世界では320万ドルの収入に達して、大いにRKO社を潤した。

艦隊を追って Follow the Fleet (1936)もRKO作品で、前作と同じくサンドリッチ監督とバーリン作曲の組み合わせ。ヒューバート・オズボーンの舞台劇「上陸休暇」Shore Leaveの映画化で、サン・フランシスコを舞台にした話。

アステアは、コンビを組んで一緒に踊っていたロジャースに結婚を申し込むが、断られて傷心の水兵となっている。久々の上陸でダンス・ホールへ行くと、昔のパートナーであるロジャースが踊っているので恋心に火がつ

く。ロジャースの姉は、惚れた相手がアステアの同僚の航海士で、父親から受け継いだ座礁船を引き上げるものの、そのために多くの借金を抱え込むことになってしまう。アステアは、借金返済のためのショーを引き上げた船で開催し、ロジャースと二人で踊り大成功を収める。

水兵役のアステアは、ダンス・ホールでロジャースと、船上で楽団をバックにして水兵と、船上レヴューのリハーサルでロジャースと『君にすべてを賭ける』などを踊るが、最大の見せ場は、映画のフィナーレのショー・ナンバー『歌と踊りに立向おう』Let's Face the Music and Danceだろう。

ショーの中の曲という構成なので、水兵姿ではなくアステアらしい燕尾服にトップ・ハットのいでたち。ギャンブルで一文無しとなったアステアは、誰からも相手にされずに自殺を考えるが、船から身を投げようとしていたロジャースを救ったことから、彼女を勇気付けるうち自分も生きる力を取り戻すというナンバーで、この場面は、後にハーバート・ロス監督の「ペニーズ・フロム・ヘヴン」Pennies from Heaven (1981)*の中でもまったく同じに再現されていた。

有頂天時代 Swing Time (1936) は、「艦隊を追って」と同じ年に作られた作品。ジョージ・スティーヴンス監督で、音楽はジェローム・カーンが担当。田舎町でダンサーをやっていたアステアは、賭け事好きが高じて結婚式に遅れてしまい、そのために一文無しでニュー・ヨークへやって来る。街で偶然見かけたロジャースに一目惚れして、彼女がダンス教師をやっていたのを良いことに二人でコンビを組んで売り出す。アステアは、賭けで金持ちになったり全財産を失ったりするが、最後はロジャースの愛を得る。

ジェローム・カーンは、この映画のためにオリジナル曲を書いたので、「ロバータ」とは異なり、二人のムードにうまく合った素晴らしい曲を残している。特に『素敵なロマンス』A Fine Romance と、『今夜の君は』The Way You Look Tonightは心に残るメロディ。アカデミー賞を取った『今夜の君は』では、アステアの弾くピアノに誘われて、ジンジャー・ロジャースが浴室から頭を洗いながら登場する。その時のシャンプーは普通のものだと流れてしまうので、ホイップ・クリームを使って撮影したという。

ダンス・ナンバーも素晴らしい。アステアがロジャースを追って入ったダンス教習所で踊る『自分で起き上がって』Pick Yourself Upは、社交ダンスのステップを取り入れたタップのデュエットで、流れるように美しいステップ。この歌の歌詞は自助努力を求める内容なので、バラク・オバマ大統領が就任演説で引用したことでも知られている。

もうひとつ、アステアがソロで踊る『ハーレムのボージャングル』Bojangles of Harlemは、ミュージカル映画史上に残る傑作。「ボージャングル」とは、黒人タップ・ダンサーのビル・「ボージャングル」・ロビンソンのことで、彼のタップに敬意を表する内容で構成されていて、アステアとしては珍しく顔を黒塗りにして登場、ボージャングル風のステップで踊る。

24人のコーラス・ガールと一緒に踊るあたりからは、アステア風のステップに変わる。それに続くのが、後ろに映る巨大な影と一緒にアステアが踊る場面で、アステアがハーミズ・パンと一緒に考えたもの。影もアステア自身の踊りを別撮りして合成したものだが、この影の動きと本人の動きとを見比べると、アステアの踊りがいかに正確無比かということがよくわかる。

1930年代はスウィング・ジャズの時代なので、Swing Time（スウィング時代）という原題であるが、邦題は「有頂天時代」となっている。日本では1931年に公開されたミュージカル映画Good News (1930)もまったく同じ「有頂天時代」という邦題なので紛らわしい。

踊らん哉 Shall We Dance (1937)もサンドリッチ監督が担当、音楽はジョージ・ガーシュウィンが書いている。話の内容はどの作品も同じようなものだが、背景は作品ごとに異なっている。

今回のアステアは、自称ロシア人だが、実はアメリカ人のバレエ・ダンサー。パリでバレエ公演しているが、その地のレヴューで人気があるアメリカ人ダンサーのロジャースの写真を見て一目惚れし、彼女がアメリカに戻

る船に一緒に乗り込み、船中で親しくなる。ロジャースはほかの男との結婚が決まっていたのだが、人気を盛り上げるために、マネジャーが二人のロマンスの噂を流したために、ニュー・ヨークに着いたとたんに、二人はマスコミの標的となってしまう。このトラブルから逃れようと、二人は結婚してすぐに離婚しようと試みるものの、アステアに別の女性が現れるので、ロジャースは去ってしまう。しかし、アステアはロジャースを忘れられず、ショーの中でも彼女の幻影と踊るので、ロジャースも彼の愛を確信して一緒になる。

曲はどれもガーシュウィンの軽い小唄調。フランスからアメリカへ向かう船の機関室で、エンジンの音に合わせてアステアが踊る場面は完全なジャズ調。黒人のジャズ楽団が伴奏している。

結婚スキャンダルから逃げ回る二人が公園で踊る、『すべてを取り消そう』Let's Call the Whole Thing Off も面白い。英国英語とアメリカ英語の発音の違いから、二人は正反対だと歌うもので、歌に続く踊りでは、ローラー・スケートのタップで息の合ったところを見せる。ローラー・スケートでの踊りには慣れていないので、練習を重ねて150回も撮影したらしい。

フェリーの中で歌うアステアの歌は、『僕から取り上げることはできない』They Can't Take That Away from Me で、ガーシュウィンらしいメロディアスな名曲。最後のフィナーレは、ロジャースを忘れられずに、彼女の仮面を被った20人の踊り子と踊る中に、ひとり本物のロジャースが混じり、アステアが必死に探すという設定で、踊りとドラマがうまく結びついた、11分間のナンバーとなっている。

アステアがロシア人ダンサーを騙るという設定は、1910-20年代のパリでは、ディアギレフが率いるバレエ・リュスが活躍して、ロシア人バレエ・ダンサーが人気だったため。

踊る騎士 A Damsel in Distress (1937) は、ジンジャー・ロジャースとのコンビではなく、アステアがジョージ・バーンズとグレイシー・アレンの漫才コンビと共演した作品。この時期に、ロジャースはアステア以外の映画にも出演していたが、アステアのほうはロジャースとのコンビ映画ばかりが続いたので、ほかの作品にも出たいといって作ったらしい。

その結果、相手役として選ばれたのはジョーン・フォンテイン。音楽は前作に引き続きジョージ・ガーシュウィンが担当したが、この作品を書いた後に急逝してしまうので、映画としては彼の最後の作品となった。監督はおなじみのサンドリッチではなく、「有頂天時代」のジョージ・スティーヴンスが担当している。

話は英国貴族の令嬢であるフォンテインが、アメリカ人のアステアと結婚するまでの恋物語。有名ダンサーでプレイ・ボーイのアステアは、ロンドンで偶然に出会った名門貴族の令嬢フォンテインに惹かれる。いたずら好きの少年と執事が、二人の仲を取り持ったり、引き裂いたりするので、二人の心はすれ違う。フォンテインが住んでいるのは、先祖から引き継がれた由緒ある城で、150年前に塔の上の令嬢の部屋から騎士が飛び降りて逃げ、その後結婚したという言い伝えがある。フォンテインの父親が、言い伝えと同じに塔の上から飛び降りるように仕向けると、アステアは立木を使ってうまく降り、それを見てフォンテインは結婚の決意を固める。

バーンズはアステアの広報係で、アレンはその秘書という設定。フォンテインの役は本格的なミュージカル女優を探したようだが、うまくスケジュールが合わないため、彼女に決まったもの。歌や踊りが弱いので、脇役に当時人気のあった漫才チームのバーンズとアレンを配し、万全を期した。それにも拘わらず、フォンテインは歌えず、1曲だけアステアと踊るが、踊るというよりも単に歩いているような動きで、悲惨な結果に終わった。

踊りではグレイシー・アレンのほうがちゃんと踊っている。バーンズとアレンそしてアステアが、3人で踊るナンバーは2曲ある。ホコリ払いのブラシを持って踊る『私に試させて』Put Me to the Test は、後年アステアが出た名作「バンド・ワゴン」Band Wagon (1953)の三つ子の曲と同じような展開で、3人が争って足をけり合う場面で終わる。

もうひとつの遊園地での遊具を使いながらの踊りは、この作品一番の大曲で、8分間もあるアステアらしいアイディアに富んだ踊り。

アステアのソロ・ダンスは、ロンドンの街頭で通行人に求められて踊るタップが最初。もうひとつは最後のナンバーで、タップを踊りながら、両手両足をフルに使って沢山のドラムを打ち鳴らすという、ドラム好きのアステアらしいもの。しかし、踊れる相手役不在のために、全体としては低調だった。

楽しめるのは楽曲のほうで、ガーシュウィンの美しいメロディが残されている。特に有名なのは、アステアがロンドンの霧をテーマに歌う『霧深い日』A Foggy Dayで、今も残る名曲。バーンズとアレンは喋りが中心の漫才コンビなので、アステアと一緒に踊る場面では緊張して大変だったらしい。いろいろな工夫はあったが、興行成績は期待ほどではなく、アステアとロジャースのコンビへの期待が再び高まる結果に終わった。

気儘時代 Carefree (1938) は、前作の「踊る騎士」が不評だったので、再びアステアとロジャースのコンビでRKOが作った作品。監督はサンドリッチで、作曲はアーヴィング・バーリンと最強のチームに戻っている。今回はロジャースがラジオの人気歌手で、アステアは精神分析医。ロジャースはほかの男と婚約しているのだが、結婚への態度がはっきりしないので、アステアは頼まれてロジャースの精神分析をするうちに、自分自身が恋してしまう。

当時、流行の最先端であったフロイト流の夢の分析や催眠術の話が出てくるが、ロジャースが催眠術にかかったまま二人で踊る場面が目新しい。カントリー・クラブでの、アステア得意のゴルフを題材としたソロの踊りも珍しい。ハーモニカでスコットランド風の曲を吹いた後に、ゴルフ・クラブを剣に見立ててスワード・ダンス風に踊り、最後には連続で見事なドライバー・ショットを見せている。

ロジャースが夢の中でアステアと踊る場面は、幻想的にスローモーションで撮影されている。この夢の場面は当時実用化されつつあった3色方式のテクニカラーで撮影したが、発色が良くなかったために、結局は白黒で撮影し直したらしい。クラブ内のレストランで、ロジャースがアステアと踊る『ヤム』The Yamという曲は、バーリンの歌詞が気に入らないとアステアが断ったので、ロジャースがソロで歌っている。

最後の『相手を代えて』Change Partnersの曲は、アステアがロジャースにかけた催眠術を解こうとして、婚約者と踊っているロジャースに『相手を代えて』と歌うのだが、催眠術をかけながら踊るという面白い設定だ。この作品は1時間23分と二人の作品では最も短く、全体にエネルギーも低下している。

カッスル夫妻 The Story of Vernon and Irene Castle (1939) は、二人のRKO最後の作品で、珍しく実在の芸人の伝記映画となっている。映画の最後でアステアが飛行機事故で亡くなる役を演じたこともあり、映画全体としてのトーンもちょっと重たい印象。監督はH・C・ポッターで、音楽は1910年代のヒット曲をそのまま使っている。

喜劇役者のアステアが、芸能好きのお嬢様ロジャースと出会い、コンビを組んでダンス・チームとして売り出す。最初はさっぱり売れないが、パリのレストランで踊ったのが大評判となり、帰国してアメリカでもブームを巻き起こす。夫妻の名前が付いたカッスル・ウォークや、フォックス・トロット、ポルカ、タンゴなどを踊りまくり、大成功してダンス・ブームの中心となる。しかし、夫のアステアは英国出身だったので、第一次世界大戦が始まると英空軍に志願、アメリカ空軍の教官としても活躍するが、最後には飛行機事故で亡くなってしまう。

踊りとしては、当時の新しいステップを次々と見せるのが中心で、第一次世界大戦前の踊りや風俗が再現されていて楽しいものの、アステアのスタイルであるジャズ調のタップ・ダンスや大掛かりな見せ場はなく、平凡な出来に終わった。

ロジャースの衣装は、この作品のモデルとなったアイリーン・カッスル自身が当時の服を再現したもので、それなりに楽しめるが、ロジャースの回顧談によると、アイリーンは服だけでなくロジャースの踊り方にもいろいろと注文をつけたので、うっとうしく感じたらしい。

この作品を最後に、アステアとロジャースはコンビを解消する。二人は10年後にもう一度共演して、MGMでカラー作品を作るが、実質的にはこの「カッスル夫妻」で二人の時

第 2 章　1930 年代：不況の時代

代は終わりを告げ、それぞれ別の道を進み始める。

ジンジャー・ロジャース　Ginger Rogers
(1911.7.16–1995.4.25)

　ジンジャー・ロジャースは1911年生まれで、14歳の時にチャールストン・コンテストで優勝、ヴォードヴィルの舞台に立つようになった。1920年代末にはブロードウェイでも出演したが、トーキー時代となり映画の世界に入る。バークレイ監督の「ゴールド・ディガース」(1933)で注目されて、「空中レヴュー時代」(1933)でフレッド・アステアとコンビを組んだのが成功して、1930年代末まで二人の黄金時代が続いた。
　ミュージカルで最初の作品は、パラマウントで作られた女流作家クローデット・コルベールと新聞記者ノーマン・フォスターの結婚生活を描く「恋愛四重奏」Young Man of Manhattan (1930) で、ジンジャーはフォスターを誘惑する役で助演している。次もパラマウントのジャック・オーキー主演作「三太郎大西洋横断」The Sap from Syracuse (1930) で、遺産の転がり込んだオーキーが欧州へ渡ることとなり、船中で金持ちのジンジャーと知り合って運が向くという話。
　「喧嘩商売」Queen High (1930) もパラマウントで撮られたフランク・モーガンの主演作品。二人で喧嘩ばかりしている店の共同経営者が、それぞれの甥と姪（ジンジャー）を店で使うと、二人が恋をするという話。ブロードウェイの同名作品(1926)の映画版で、ダンサー役でエレノア・パウエルが出演している。
　「リーダーに続け」Follow the Leader (1930)* も、ブロードウェイの「マンハッタンのメリー」Manhattan Mary (1927) の映画化で、舞台で主役を演じたエド・ウィンがそのまま映画でも主演している。エド・ウィンはレストランのシェフで、ジンジャーをレヴューに出演させるために、レヴューのスターであるエセル・マーマンを誘拐しようとする話。
　その後はしばらくコメディやドラマが続くが、バークレイの「四十二番街」42nd Street (1933) でエニータイム・アニー役を演じて注

目され、次のバークレイ作品「ゴールド・ディガース」Gold Diggers of 1933 (1933) の冒頭のショー場面で、『お金に囲まれて』We're in the Money を歌い人気が出た。
　「めりけん音頭」Sitting Pretty (1933) は、パラマウントで作られたジャック・オーキーとジャック・ヘイリーの主演作品。二人の作詞・作曲家コンビが、ハリウッドで一旗上げようと、ブロードウェイから貧乏旅行をして、途中で知り合ったコーヒー・ハウス経営のジンジャー・ロジャースも合流、最後には大レヴュー映画を作ることになる。
　フレッド・アステアと組んだ最初の作品はRKOの「空中レヴュー時代」Flying Down to Rio (1933) で、この作品はドロレス・デル・リオの主演。しかしアステアと踊った『カリオカ』Carioca の場面が素晴らしかったので、その後は、年に1–2本のペースで二人の主演作品が1930年代末まで作られた。
　二人の作品は「コンチネンタル」The Gay Divorcee (1934)、「ロバータ」Roberta (1935)、「トップ・ハット」Top Hat (1935)、「艦隊を追って」Follow the Fleet (1936)、「有頂天時代」Swing Time (1936)、「踊らん哉」Shall We Dance (1937)、「気儘時代」Carefree (1938)、「カッスル夫妻」The Story of Vernon and Irene Castle (1939) と続くが、その間にもジンジャーは別の映画に出演している。
　ファースト・ナショナルで撮られた「二千万人の恋人」Twenty Million Sweethearts (1934) は、ディック・パウエルが歌手として売り出す話で、ジンジャーは恋人役。RKOで撮った「本人出現」In Person (1935) は、ジンジャーがトップ・ビリングのスター扱いで、観客恐怖症になった人気女優が山小屋で男と付き合ううちに、病気を克服して結婚する話。「処女読本」Having Wonderful Time (1938) もRKOで作られたジンジャーの主演作品で、マンハッタンのOLが、サマー・キャンプで伴侶を見つける。基になっているのは、1937年に上演された同名の舞台劇。
　1940年代に入るとミュージカルは少なくなるが、クルト・ワイルの舞台作品(1941)をパラマウントで映画化した「闇の中の婦人」Lady in the Dark (1944)* で主演して、

少女の頃のトラウマから決断が苦手となってしまった雑誌編集者を演じている。こうしたテーマが扱われるのは、当時の欧米で流行っていたフロイトの精神分析の影響。

その後は、ミュージカルではないが、ザヴィア・クガート楽団の演奏が入る「ウォルドーフ・ホテルでの週末」Week-End at the Waldorf (1945)* にも主演している。内容はグレタ・ガルボの「グランド・ホテル」Grand Hotel (1932) のリメイク版。アステアとのコンビを解消して10年目にも、もう一度二人が共演した「ブロードウェイのバークレイ夫妻」The Barkleys of Broadway (1949)* が、MGMで作られている。

リリー・ポンス　Lily Pons
(1898.4.12–1976.2.13)

リリー・ポンスは、1898年生まれのフランスのソプラノ歌手で、高音を転がすように歌うコロラトゥーラの専門家として知られ、フランスやイタリアのオペラを得意とした。フランスでドリーブ作曲の「ラクメ」を歌ってオペラに本格的にデビューしたのは30歳の時で、ニュー・ヨークのメトロポリタン歌劇場に進出したのは1931年で33歳。透きとおる鐘のような歌声で人気を博して、本格的なオペラだけでなく、ラジオや映画にも出演した。

映画では、RKOで3本主演して美しい歌声を残している。最初の作品「恋の歌」I Dream Too Much (1935) は、オペラ歌手として成功したリリー・ポンスが、夫の作曲家を助ける。次の「世界の歌姫」That Girl from Paris (1936) では、パリの歌姫がアメリカに密航して成功するまでの話。「ラヂオの歌姫」Hitting a New High (1937) のリリーは、オペラの劇場主に奇策で自分を売り込む。

この3本の中では、オペラの有名アリアなどを沢山歌っていて、それが映画の見せ場となっている。その後は映画からは離れていたが、戦後作られた「カーネギー・ホール」Carnegie Hall (1947) でも『鐘の歌』を歌っている。

恋の歌　I Dream Too Much (1935) は、リリー・ポンスが最初に出演した映画で、ジョン・クロムウェル監督のRKO作品。アメリカの青年ヘンリー・フォンダは、オペラ作曲家を夢見てフランスへ来ていたが、その地で結婚したリリー・ポンスに歌の才能があることに気付き、自分の仕事を犠牲にして妻を売り出す。次第にリリーは有名になり、彼女は密かに金を出して夫のオペラを上演するが、妻が金を出したと知ったフォンダは行方をくらませる。二人はやがて再会し、リリーが夫の作品を喜歌劇に改作して上演すると、ヒットして夫も有名となるので、リリーは引退を決意する。

リリー・ポンスの歌を聞かせるのが主眼で、ジェローム・カーンの曲を数曲と、オペラからは「ラクメ」の『鐘の歌』、「リゴレット」の『愛しきお名前』を歌う。

世界の歌姫　That Girl from Paris (1936) でのリリー・ポンスは、パリのオペラの歌姫だが、結婚が嫌で結婚式をすっぽかしてニュー・ヨークへ密航する。アメリカでは移民局に追い回されるが、最初にレストランで歌って好評を博し、最後はメトロポリタン歌劇場で歌う。

今回の曲はアーサー・シュワルツが軽めの曲を書いていて、リリーだけでなく、共演のジャック・オーキーやルシル・ボールも歌う。また、リリー・ポンスはオペラ「セヴィリアの理髪師」の中の『さっきの声は』を聞かせる。リー・ジェイソン監督作品で、前作に比べると軽い曲をリリーが歌うのが見どころとなっている。

ラヂオの歌姫　Hitting a New High (1937) も、RKOで撮られたラオール・ウォルシュ監督作品。パリでオペラ歌手を目指していたリリー・ポンスは、アメリカ人大富豪のオペラ劇場主に売り込むため、奇策を考える。大富豪がジャングルで猛獣狩りをする時に、森で歌声を聞かせるのだ。果たして作戦は成功して、富豪は彼女を後援してオペラ劇場で売り出すが、彼女の正体を知る楽団リーダーが、自分の楽団で歌わないと正体をバラすと脅すため、話が複雑になる。結局、リリーは楽団リーダーと愛し合うようになり結婚する。

今回も共演はジャック・オーキーで、作曲はジミー・マクヒュー。オペラからは『ナイチンゲールの歌』、「ミニヨン」のアリア、「ラ

ンメルモールのルチア」の『狂乱の場』が歌われる。話が馬鹿げていて、リリー・ポンスに軽い曲と本格的なオペラの両方を歌わせたので、一部のオペラ・ファンには受けたものの、映画としての評判は散々だった。

RKOはリリー・ポンスを、ジャネット・マクドナルドやグレイス・ムーアのような、オペラ映画スターに育てようとしたが、この映画の失敗で諦めることになった。

カーネギー・ホール Carnegie Hall (1947) は、独立系の制作会社で作られた作品で、リリー・ポンスもゲストで歌う。ニュー・ヨークの有名な音楽の殿堂カーネギー・ホールを題材とした物語。

カーネギー・ホールの開場時にアイルランドから移民としてやって来た少女が、やがてホールで掃除婦となり、若きピアニストと愛し合って結婚する。早世したピアニストの息子を女手ひとつで育て上げて、息子がジャズに傾倒するので寂しい思いをするが、最後には現代音楽の作曲家としてカーネギー・ホールでデビューする息子を見守る。

この映画ではホールそのものが主役の扱いで、登場する豪華なゲストが評判を呼んだ。カーネギー・ホールは鉄鋼で財を成したカーネギーが建造して、1891年に開場したが、その時にはロシアの作曲家チャイコフスキーを招いた。この映画も、そのエピソードから始まっている。

1960年頃に再開発で取り壊されそうになるが、アイザック・スターンらの運動により残されることとなった。当初はクラシック音楽専用だったが、今ではロック音楽のコンサートにも使われている。

この映画の最後の場面では、作曲家となった息子が、自作の曲をジャズ楽団で演奏させるが、このエピソードは、ジョージ・ガーシュウィンがポール・ホワイトマン楽団と一緒に、「ラプソディ・イン・ブルー」を1924年にエオリアン・ホールで初演したことを思い起こさせる。

エドガー・G・ウルマー監督。オリジナルは144分の大作だが、現在出回っているビデオは10分ぐらい短縮された版で、数曲カットされている。以下の曲目は短縮版の構成。

1 ブルーノ・ワルター指揮　ニュー・ヨーク・フィル演奏　前奏曲 Prelude　ワーグナーの楽劇「ニュルンベルクのマイスタージンガー」から
2 リリー・ポンスの歌『鐘の歌』The Bell Song　ドリーブのオペラ「ラクメ」から
3 グレゴール・ピアティゴルスキーのチェロ演奏　『白鳥』サン＝サーンスの「動物たちの謝肉祭」から
4 リーゼ・スティーヴンスの歌　『セグディーユ』Séguedille (Près des remparts de Séville)　ビゼーのオペラ「カルメン」から
5 アルトゥール・ロジンスキー指揮　ニュー・ヨーク・フィル演奏　ベートーヴェンの交響曲第5番
6 アルトゥール・ルビンシュタインのピアノ演奏　ショパンのポロネーズ第6番「英雄」
7 アルトゥール・ルビンシュタインのピアノ演奏　ファラの『火祭りの踊り』The Ritual Fire Dance
8 ジャン・ピアースの歌　『オー・ソレ・ミオ』
9 エッツィオ・ピンザの歌　『悲しい胸の思い出は』Il lacerato spirit　ヴェルディのオペラ「シモン・ボッカネグラ」から
10 エッツィオ・ピンザの歌　『酒の歌』Fin ch'han dal vino　モーツァルトのオペラ「ドン・ジョヴァンニ」から
11 ヴァーン・モンローの歌　The Pleasure's All Mine
12 ヴァーン・モンローの歌　Beware, My Heart
13 ヤッシャ・ハイフェッツのヴァイオリン　フリッツ・ライナー指揮　ニュー・ヨーク・フィル演奏　チャイコフスキーのヴァイオリン協奏曲ニ長調第1楽章
14 レオポルド・ストコフスキー指揮　ニュー・ヨーク・フィル演奏　チャイコフスキーの交響曲第5番 第2楽章
15 ハリー・ジェイムスのトランペット演奏　Fifty-Seventh Street Rhapsody

RKOのその他の作品

RKOはこれらの作品以外でも、「空中大曲芸団」Swing High (1930)、「レヴュー艦隊」Melody Cruise (1933) などのミュージカル作品を制作したほか、新人を集めたレヴュー作品も作った。

新人豪華版　New Faces of 1937 (1937) は、ジョー・ペナーとミルトン・バールが共演した舞台裏物で、新人を集めたショーを開く様子が描かれている。リー・ジェイソン監督作品。「ニュー・フェイス」というのはいわゆる新人のことだが、ブロードウェイでは1934

年からこの名前を使ったレヴューが上演されていたので、そのシリーズの映画版。
1 セルマ・リードの歌、セヴン・ロリア兄弟の歌と踊り　The Widow in Lace（The Rhumba Number）
2 ハリエット・ヒラードとウィリアム・ブラディの歌　Our Penthouse on Third Avenue
3 女性の歌、デリー・ディーンのヴァイオリン　The Audition
4 リオ兄弟の歌、ロウ、ハイト、スタンリーの踊り、ローレイン・クルーガーの踊り　It Goes to Your Feet
5 ハリエット・ヒラードの歌　If I Didn't Have You
6 ミルトン・バールとリチャード・レインの寸劇　A Day at the Brokers
7 ウィリアム・ブラディの歌、ハリエット・ヒラードとウィリアム・ブラディの踊り　Love Is Never Out of Season
8 ブライアン姉妹、フランシス・ギフォード、デボラ・シュート、ハリエット・ヒラードの歌、アン・ミラーの踊り　New Faces
9 ジョー・ペナー　When the Berry Blossoms Bloom
10 スリー・ショコラティエズ、フォア・プレイボーイズ、ハリエット・ヒラードの歌　Peckin'

5　フォックス

　フォックスは正式名称を20世紀フォックス映画会社 Twentieth Century Fox Film Corporation というが、長いのでフォックスと略すことが多い。ハンガリー移民のウィリアム・フォックスが1915年に設立したフォックス映画会社と、ダリル・F・ザナック、ジョゼフ・シェンクらが1933年に設立した20世紀映画が1935年に合併して長い社名となった。

　厳密にはフォックス社と20世紀フォックス社とは異なるが、本書では全部フォックスとして扱った。20世紀映画を設立したメンバーの4人は、全員が当時の大映画会社の幹部だった。制作面で指導力を発揮したのはダリル・F・ザナック。

　フォックス社は早くから光学式のトーキー映画を作る技術を入手していたが、ミュージカルの面では立ち遅れた。その理由は、ブロードウェイから一流の芸人を呼ぶことができなかったためだろう。トーキー初期には各社のやり方に倣い、定番の舞台裏物の「ムーヴィートンフォリース」Fox Movietone Follies of 1929（1929）を70mmのカラー作品として作ったが、低調な出来だった。

　そこでフォックスは、無声映画時代から「第七天国」などで人気のあった、ジャネット・ゲイナーに歌わせてミュージカルを作ることを考えた。ゲイナーは、本来のミュージカル女優ではなかったが、歌を練習して、「サニー・サイド・アップ」Sunny Side Up (1929)、「友愛天国」High Society Blues (1930)、「デリシアス」Delicious (1931)、「可愛らしい」Adorable (1933)*などのミュージカルに出演した。しかしゲイナーは、ミュージカル以外への出演も忙しかったので、ミュージカル作品を支えるまでには至らなかった。

　フォックス社のミュージカル映画を軌道に乗せたのは、子役のシャーリー・テンプルだった。ヘイズ・コードによりお色気路線が封じられたために、色気の必要ないテンプル物は大ヒットして、各社ともテンプルのような子役を売り出すこととなり、MGMのジュディ・ガーランド、ユニヴァーサルのディアナ・ダービンが誕生した。

　子役物以外のミュージカルでは、フォックス社はブロードウェイで活躍していた制作者のジョージ・ホワイトを呼び、舞台で「ジーグフェルド・フォリーズ」と人気を争った「ジョージ・ホワイトのスキャンダルス」George White's Scandals シリーズの映画版の制作を任せることにする。そこで、このシリーズの映画版がフォックスで2本、後年にRKOで1本（1945）制作された。

　その最初の1934年版に主演したのは、クルーナー歌手としてビング・クロスビーと人気を二分していたルディ・ヴァリーで、アリス・フェイはそのルディの楽団で歌っていたために、彼の相手役として出演した。「乾杯の唄」George White's Scandals (1934)がその作品で、アリスの人気が出て「水兵万歳」

She Learned about Sailors (1934)、「聖林三百六十五夜」365 Nights in Hollywood (1934)、「ジョージ・ホワイツ 一九三五年スキャンダルス」George White's 1935 Scandals (1935)、「夜毎八時に」Every Night at Eight (1935)と、年間3本ペースでミュージカルを作り始める。

フォックスはアリス・フェイの人気が出たので、金髪美人の路線を敷き、1940年代になるとベティ・グレイブルが、1950年代にはマリリン・モンローがこれを引き継いだ。

アリス・フェイ　Alice Faye（その1）
(1915.5.5-1998.5.9)

アリス・フェイは1915年生まれで、1930年代にデビューした時には、ジーン・ハーロウの影響を強く受けて登場した。金髪のセクシーな女優としては、1920年代末から30年代にかけて活躍したジーン・ハーロウが有名だったが、彼女が1937年に26歳で早世してしまったので、映画界は彼女に代わる女優を求めることになる。

アリス・フェイはハーロウに続き、そうした金髪セクシー役として登場した。だから、アリスもデビュー当時には、ハーロウ風の細い柳眉のメイクで登場したが、やがて人気が確立すると、持ち前の自然な眉の美しさを見せるようになる。左の眉をちょっと上げるような表情を見せると、世の男性は溜息をついた。

彼女が金髪美人だったので、それがその後のフォックス・ミュージカルに決定的な影響を与える。アリス・フェイが画面に登場しなくなった1944年以降も、フォックス社はこの金髪美人路線を守り、伝統はベティ・グレイブルへと引き継がれた。ベティはこの金髪美人に脚線美を付け加えて、「百万長者と結婚する方法」How to Marry a Millionaire (1953)で共演したマリリン・モンローへと引き継いだ。

アリスはもともとルディ・ヴァリーの楽団の歌手として出発したので、歌は得意で、「深い声」と称された低音の声がセクシーだった。映画界入りしたのは、「乾杯の唄」(1934)で、舞台で好評を博した作品の映画版。

この作品に続いて、「水兵万歳」(1934)、「聖林三百六十五夜」(1934)、「ジョージ・ホワイツ 一九三五年スキャンダルス」(1935)、「夜毎八時に」(1935)、「聖林スター合戦」Music is Magic (1935)、「バーレスクの王様」King of Burlesque (1936)などに出演する。

フォックスで一番人気があったシャーリー・テンプルとも、「テンプルの福の神」Poor Little Rich Girl (1936)と「テンプルちゃんの上海脱出」Stowaway (1936)で共演して、バトン・タッチするように、フォックスの看板女優となった。「テンプルの福の神」は、あくまでもシャーリー・テンプル主演の作品で、アリス・フェイはレイ・ボルジャーとともに助演の扱い。アリスはテンプルと一緒に3曲ほど歌う。「テンプルちゃんの上海脱出」も人気絶頂期のテンプル作品の助演だが、船の中の恋はアリスとロバート・ヤングが中心で、アリス・フェイの魅力がよく出ている。アリスの歌は1曲のみ。

アリスはこれに続いて、「歌って、ベイビー」Sing, Baby, Sing (1936)*、ディック・パウエルと共演した「陽気な街」On the Avenue (1937)、「目覚めて生きよ」Wake Up and Live (1937)*、ドン・アメチと共演した「すべては手に入らない」You Can't Have Everything (1937)*、ユニヴァーサルに貸し出されてジョージ・マーフィと共演した「スキングの女王」You're a Sweetheart (1937)、「サリー、アイリーンとメリー」Sally, Irene and Mary (1938)*、タイロン・パワーとの共演「シカゴ」In Old Chicago (1938)、アーヴィング・バーリンの曲を聞かせる「世紀の楽団」Alexander's Ragtime Band (1938)、ファニー・ブライスの伝記的な要素が強い「ワシントン広場のローズ」Rose of Washington Square (1939)*など、1930年代後半に活躍している。(p.138の1940年代フォックスへ続く)

乾杯の唄　George White's Scandals (1934)は、「ジョージ・ホワイトのスキャンダルス」の舞台裏話。一座の花形のルディ・ヴァリーとアリス・フェイは恋人同士だが、金持ちの娘がルディにちょっかいを出すので、一座は混乱してしまう。最後には二人の恋も戻り、舞台上で本物の結婚式を挙げる。

脇役に「鼻」のジミー・デュランテも出て

いて、賑やかな舞台。楽曲はレイ・ヘンダソンで、18歳のアリスが、当時人気のあったルディ・ヴァリーとデュエットする。ショー場面は豪華でバークレイ風の展開があり、コーラス・ガールたちが今の基準からするとちょっと珍奇な踊りを見せ、アリスも腰をくねくねと振った踊りを見せている。一座の座長であるジョージ・ホワイトの役は、本人が演じている。

この作品の主演には、ドイツから来たリリアン・ハーヴェイが予定されていたが、リリアンが帰国してしまったために、代役でアリスが出演した。監督はソーントン・フリーランドでフォックス作品。

水兵万歳 She Learned about Sailors (1934) は、ジョージ・マーシャル監督のフォックス作品。アメリカ艦隊の水兵ルー・エイヤースが、上海のナイト・クラブで美女アリス・フェイに出会い結婚を約束する。そこで、アリスがアメリカへ戻り水兵に会うと、結婚する気をまったく見せないので怒ってしまうが、ルーの友人水兵の働きで二人は結ばれる。アリスが1曲だけ歌う『私の心の鍵がある』Here's the Key to My Heartが良い。

聖林三百六十五夜(ハリウッド・デカメロン) 365 Nights in Hollywood (1934) の邦題には、「ハリウッド・デカメロン」とルビが振られている。ハリウッドの内幕物で、ジミー・スターの同名短編集 (1926) に基づいている。売れない若手の監督ジェイムス・ダンは、小遣い稼ぎに俳優学校で教えていたが、そこへアリス・フェイが入学してくる。彼女が美人なので、金持ちのスポンサーが現れて、ジェイムスの監督で映画を作り、映画は成功して二人は結ばれる。

アリスはまだ彼女のスタイルを確立しておらず、ジーン・ハーロウ風のメイクで登場。音楽はリチャード・A・ホワイティングで、監督は前作に続きジョージ・マーシャルが担当した。

ジョージ・ホワイツ 一九三五年スキャンダルス George White's 1935 Scandals (1935) は、ジョージ・ホワイト自身が監督した作品。制作、振付もホワイトが担当、本人の役でも出演している舞台裏物。ジョージ・ホワイトが地方の小さな町を通りかかると、自分の名前を冠したショーが上演されていて驚く。覗いてみると、主演のアリス・フェイが魅力的なので、次回の作品に向けて、相手役ジェイムス・ダンともども引き抜いてしまう。二人がブロードウェイで出演するというので、両親が田舎から出て来るが、肝心の二人は行き違いで巡業に出てしまう。ホワイトは骨を折って彼らを連れ戻して舞台に立たせる。

脇を固めるメンバーが、ネッド・スパークス、ライダ・ロベルティ、ウクレレ・アイクことクリフ・エドワーズと充実、それに加えてタップ・ダンスの名手エレノア・パウエルも、この映画でデビューしている。楽曲はジョセフ・メイヤーで、バークレイ映画の線を狙ってはいるが及ばなかった。

夜毎八時に Every Night at Eight (1935)では、アリスはフランシス・ラングフォード、パスティ・ケリーと組んで、3人のコーラス・グループとして歌う。3人は飲料水会社に勤めていたが、クビになってグループで歌うようになる。楽団リーダーのジョージ・ラフトとフランシス・ラングフォードが恋仲になり、3人はうまく行かなくなるものの、最後には協力し合う。

楽曲はジミー・マクヒューで、監督はラオール・ウォルシュ。フォックスではなくパラマウントで撮られた作品。フランシス・ラングフォードのデビュー作品。

聖林スター合戦 Music is Magic (1935)も舞台裏物。ベテランで年齢を重ねた女優ビーブ・ダニエルスの人気に翳りが出て、新人のアリス・フェイが代役を務めて映画を撮影する。ビーブ・ダニエルスはこの映画の出演時には34歳で、これがハリウッドでは最後の映画となった。アリスは4曲を歌う。

バーレスクの王様 King of Burlesque (1936)も舞台裏物。ワーナー・バクスターはバーレスクの制作者で、いつかはと檜舞台を狙っている。アリス・フェイは一座のスターで、彼を助けてブロードウェイへ進出するが、成功したバクスターは上流社会の令嬢と結婚して、高踏的なショーを上演するので、芸術的には評価されるが興行的には大失敗する。ロンドンでショーをやっていたアリスは、令嬢と離婚したバクスターを助けるため、急遽帰国してバクスターを成功へ導く。

楽曲はジミー・マクヒューで、監督はシド

ニー・ランフィールド。脇役でジャック・オーキーが出ている。「バーレスク」という言葉は、第二次世界大戦後にはストリップと同義語になってしまったが、もともとは風刺の効いたレヴューを意味していた。アリスが何曲か歌っている。

歌って、ベイビー　Sing, Baby, Sing (1936)*も舞台裏物で、アリス・フェイはナイト・クラブの歌手。飲んだくれの高名なシェイクスピア俳優アドルフ・マンジュが彼女に夢中になるので、彼を巻き込んで売り出そうとする。アリスは2曲歌い、この映画でデビューした、アル、ジミー、ハリーのリッツ兄弟が寸劇を披露している。

陽気な街　On the Avenue (1937) は舞台裏物の喜劇で、ディック・パウエルとマデリン・キャロルが主演扱い。アリス・フェイは二人に絡む助演の扱いとなっている。ブロードウェイのスターであるディック・パウエルは、新作のショーに大富豪キャラウェイ一家のパロディを入れるが、ショーでこき下ろされたキャラウェイ家の娘マデリン・キャロルがそれを見て激怒。キャロルがパウエルに抗議するうちに二人は愛情を感じ始めて、パウエルはショーを変更すると約束する。ところがそれで収まらないのが、舞台でキャロル役を演じていたアリス・フェイで、パウエルを密かに愛していたこともあり、台詞を勝手に変えて強烈に一家を皮肉る。それを見て怒ったキャロルは、人を雇ってショーをメチャメチャにしてしまうが、最後にはアリス・フェイの努力で、パウエルとキャロルは結ばれる。

アーヴィング・バーリンの曲を主に使い、ディック・パウエルが自慢の喉を聞かせるほか、アリス・フェイも何曲か歌っている。コメディ・チームのリッツ兄弟が、アリスと一緒に舞台でのコミック場面を演じて見せるのも見どころのひとつ。監督はロイ・デル・ルース。

目覚めて生きよ　Wake Up and Live (1937)*は、コラムニストのウォルター・ウィンチェルと、彼の友人の楽団リーダーであるベン・バーニーをめぐる話。アリス・フェイは楽団の歌手役で、売り出しを狙っているジャック・ヘイリーとは恋仲。彼を助けてラジオで歌わせるが、それを知ったウィンチェルがこき下ろす。

ハリー・レヴェルの音楽で、監督はシドニー・ランフィールド。ウォルター・ウィンチェルは実生活でもコラムニストだった人物で、この映画では実名で登場している。実際には新聞のコラムニストだが、この作品ではラジオ業界の話となっている。ウィンチェルは、映画「成功の甘き香り」(1957)でバート・ランカスターが演じたコラムニストのモデルにもなっている。

すべては手に入らない　You Can't Have Everything (1937)*は、典型的なフォックスのミュージカル作品。売れない劇作家のアリス・フェイが、プレイ・ボーイでミュージカル作家のドン・アメチと偶然に食堂で出会う。アメチは、美しいアリスを口説こうと、彼女の書いた台本「北風」に手を入れたり、彼女に歌わせたりするので、アリスもアメチに恋心を抱くようになる。しかし、アメチの昔の恋人ジプシー・ローズ・リーが現れて混乱する。

音楽はハリー・レヴェル。監督はノーマン・タウログなので、テンポの良い映画に仕上がっている。ジプシー・ローズ・リーはストリッパー出身で、小説を書いて有名になり、この作品で映画デビューした。ほかにリッツ兄弟がコントを見せている。

スヰングの女王　You're a Sweetheart (1937) は、アリス・フェイがフォックスからユニヴァーサル社に貸し出されて出演した作品。アリスはフォックス社から2本しか貸し出されていないが、そのうちの1本。ユニヴァーサル社はアリスを迎えて大事に使ったが、あいにくユニヴァーサル社にはミュージカルの相手役が揃っていなかった。

音楽はジミー・マクヒューが書いていて、監督はデイヴィッド・バトラー。相手役にはジョージ・マーフィを当てて、二人にタイトル曲をデュエットさせた。楽屋裏物の話で、ブロードウェイの新作のショーの初日が、大チャリティ・イベントと重なってしまい、切符の売れ行きを制作者が心配する。スター役のアリスに恋して懸命に頑張るジョージ・マーフィが絡む。

サリー、アイリーンとメリー　Sally, Irene and Mary (1938)*は、3人の娘たちの話。サ

リー、アイリーン、メリーのマニキュア係の娘たち（アリス・フェイ、ジョーン・デイヴィス、マージョリー・ウィーヴァー）は、ブロードウェイの舞台に立ちたいと思っていたので、マージョリーが遺産のフェリー・ボートを相続すると、それをサパー・クラブに改造して売り出す。

トニー・マーティンがアリスの相手役を務め、デュエットする。そのほかフレッド・アレンや、ジプシー・ローズ・リー、ジミー・デュランテが出ていて賑やかな作品となっている。

シカゴ In Old Chicago (1938) は、ヘンリー・キング監督の作品で、ドラマとしても面白い。19世紀後半にアイルランドからシカゴへ移住して来た一家の話。馬車から落ちて亡くなった父親に代わり、母親のアリス・ブラディは3人の息子を立派に育てる。長男ドン・アメチは弁護士となり、次男タイロン・パワーは政治家となる。タイロン・パワーは酒場で歌っていたアリス・フェイに恋して、彼女を引き抜き自分の酒場で歌わせるが、母親はアリスとの結婚には良い顔をしない。市長選挙や街の腐敗一掃の件で、兄弟は仲違いしてしまい、慌てた母親の置いたランプの火がもとで火事となり、シカゴ中に広がる大火となる。アリス・フェイはその火の海の中から母親ブラディを助け出し、嫁に価する女だと認められる。

ドラマなのかミュージカルなのか、はっきりしない作りだが、MGMの「桑港サンフランシスコ」(1936) が歌姫ジャネット・マクドナルドとクラーク・ゲイブルの顔合わせでヒットしたので、背景をサン・フランシスコからシカゴへ移して、ジャネットをアリスに、ゲイブルをパワーに代え、地震を大火に置き換えてフォックス版を作ったと考えると納得がいく。映画の最後のシカゴの大火の場面には巨費を投じたという。

世紀の楽団 Alexander's Ragtime Band (1938) も芸人物の映画で、アーヴィング・バーリンの曲を聞かせまくる趣向。監督はヘンリー・キングで、主演の3人も前作「シカゴ」とまったく同じ。タイロン・パワーは楽団リーダーで、ドン・アメチがピアニスト、アリス・フェイが歌手という組み合わせで、場末の酒場から始めて、どんどんと名を上げ、アリスは大劇場に引き抜かれる。第一次世界大戦が始まり、タイロン・パワーも従軍して慰問公演を行うようになる。戦争が終わり戻ったパワーは、彼の密かに愛していたアリスがドン・アメチと結婚していてショックを受けるが、今度はエセル・マーマンを歌手として売り出し成功させる。本当はタイロン・パワーを好きだったアリスは、アメチと離婚してひっそりと暮らしていたが、タイロン・パワーのカーネギー・ホール公演に駆けつけて再会する。

物語はセンチメンタルだが、これでもかというほどの曲が次々に流れるミュージカルの大作で、面白く仕上がっている。エセル・マーマンが歌うだけでなく、ジャック・ヘイリーも歌って踊る。アリス・フェイもたっぷりと歌う娯楽作品。試写段階での編集では2時間を超える大作となっていたが、会社側から長過ぎると文句をつけられ、何曲もカットして、最終版の1時間46分となった。カットされた場面のうち何曲かは、現在でも見ることができる。

アーヴィング・バーリンがエセル・マーマン向けに曲を書いたのは、この作品が最初。彼女に強烈な印象を受けたために、この後、ふたつの舞台ミュージカル作品「アニーよ銃を取れ」Annie Get Your Gun (1946) と「マダムと呼びなさい」Call Me Madam (1950) を、彼女のために書いた。

ワシントン広場のローズ Rose of Washington Square (1939)* も典型的な芸人物で、グレゴリー・ラトフ監督。ヴォードヴィル芸人のアリス・フェイ（ローズ）が、出世してブロードウェイのスターとなる。彼女は恋人のタイロン・パワーと結婚するが、彼は罪を犯して収監されてしまい、アリスは献身的に尽くす。

大まかなプロットで見ても、「ファニー・ガール」(1964舞台、1968映画) で描かれたファニー・ブライスとニッキー・アーンスタインの話を思い起こさせるが、この作品の題名もファニー・ブライスの持ち歌と同じであるうえに、劇中で有名な『マイ・マン』が歌われたため、この映画を見たファニー・ブライスがフォックス社を訴えるという事件があ

第 2 章　1930 年代：不況の時代

った。『マイ・マン』の場面は、ジーグフェルド・フォリーズで本物のファニーが歌った時と、よく似た装置と衣装だったのだ。この訴訟事件も評判となり、この映画は大ヒットした。

劇中では、アル・ジョルスン本人が彼の代表的なヒット曲を歌っている。ジョルスンの代表曲がこれだけまとめてフィルムに残されているのは貴重。ただし、有名な『四月の雨』は、撮影されたものの本編からはカットされた。

この映画の『ワシントン広場のローズ』では、アリスははすっぱな娘の恰好で踊るが、吸いかけのタバコを次から次へと手の中から出す、奇術的な振付を見せていて面白い。このナンバーの中でアクロバティックな動きを見せるのは、イゴールとターニャのダンス・カップル。アリスは、踊りは得意ではないが、この作品ではよく踊っている。振付はセイモア・フェリックス。

この作品では出てこないが、『ワシントン広場のローズ』の続編として書かれた歌が『セコハン・ローズ』で、これもファニー・ブライスの持ち歌となり、映画「ファニー・ガール」(1968) に収録された。

この『ワシントン広場のローズ』の歌詞にある「ローズ」は、オリジナルの曲では「薔薇」の意味だったが、ファニーが「ローズ」という娘の名前にして歌詞を変えて歌い、舞台で当たりを取った。そこで、この映画でもアリスの役名はローズとなっている。この作品でも歌詞はファニー風の替歌なので、題名もローズとしておいた。

この作品の最初には、わざわざ「架空の物語であり、実在の人物とは関係がない」との断り書きが出てくるが、断り書きが必要なほど、実話に近いということだろう。大きく違っているのは主人公の顔で、ファニー・ブライスはコメディエンヌで個性的な顔立ちだが、この映画のアリスは美人だ。

シャーリー・テンプル　Shirley Temple
(1928.4.23–2014.2.10)

シャーリー・テンプルは、アメリカの映画史上で最も人気のあった子役スターだろう。シャーリーの最盛期は1934年から39年頃で、1928年生まれのシャーリーの6歳から11歳までの時期にあたる。ちょうど小学生の時期なので、児童スターといえるだろう。

テンプルは、子役としての演技だけでなく、歌や踊りもこなすという芸達者ぶりでも人気をさらった。また、驚異的な記憶力で知られていて、子供の時から映画の台詞は相手役の分まで全部覚えていたという。ちょっとでも台詞に詰まると、シャーリーが教えるので、相手役は随分と緊張したらしい。

シャーリーはフォックス社の稼ぎ頭で、人気も高かったため、同じような子役スターを探していたMGMは、ジュディ・ガーランドとディアナ・ダービンを比較して、ジャズっぽい歌い方をするジュディを残し、ディアナを放出した。そのためディアナは、ユニヴァーサル社でジョー・パスタナクに拾われて活躍することになる。

しかし、ジュディはシャーリーよりも6歳年上で、「オズの魔法使」(1939) で人気が出た時にはもう17歳であったから、子役としては遅過ぎたといえる。ディアナ・ダービンは、ジュディよりもさらに1歳上だから、「天使の花園」Three Smart Girls (1936) でデビューした時には14歳で、やはり子役としては遅過ぎた。

シャーリーは歌も踊りも上手だったが、出演作がすべてミュージカル作品というわけではなく、歌入りの作品は半数で、本格的なミュージカルとなっているものは全体の3分の1ぐらいだ。テンプルの存在は、1930年代の不況下のアメリカを元気付ける性格も持っていた。だから、シャーリーは不幸な境遇でも、明るく前向きに生きて、周りの大人たちもその生き方に心洗われるという役を演じている。

その活躍の時期は、1929年の経済不況からだんだんと立ち直り始めた、アメリカ経済の復興期と一致しており、時代の求めに応じていたと思われる。逆境の中でも、彼女は勇気を持って正面から立ち向かい、道を切り拓き、決してゆがんだ性格にならない。このキャラクターは、1930年代に支持を受けた漫画の「小さな孤児アニー」Little Orphan Annieと一脈通じるものが感じられる。

シャーリーは3歳頃から短編作品に多く出

演していたが、本格的なデビューは「歓呼の嵐」Stand Up and Cheer!(1934)で、トップ・ビリングとなったのは「輝く瞳」Bright Eyes (1934)からだ。1930年代に多くの作品に出演するが、1940年代に入ると12歳となり、さすがに児童役としては無理が生じて、ごく普通の役者となった。

長編デビュー作の「歓呼の嵐」(1934)では国民を力づける児童歌手、「可愛いマーカちゃん」Little Miss Maker (1934)では金のない親の借金のカタとなり、「ベビイお目見得」Baby Takes a Bow (1934)はシンシン刑務所から出て真面目に働いている父親の娘、「輝く瞳」(1934)では事故で亡くなった飛行士の娘、「小聯隊長」The Little Colonel (1935)では入植地で子育てができなくなった母親と実家に戻った娘、「テンプルちゃんお芽出度う」Curley Top (1935)でも孤児院の娘といった具合で、どれひとつとして幸せ一杯という役柄ではない。

金持ちの役を演じても「テンプルの福の神」Poor Little Rich Girl (1936)、「すぐ傍に」Just Around Corner (1938)*、「テンプルちゃんの小公女」The Little Princess (1938)というように、金持ちから突然貧乏のどん底に落ちるような役柄だ。

テンプルの映画は、大半が歌入りだが、中にはまったく歌のない作品もある。また、歌が入っていても1-2曲のみということもあるものの、相手役が歌える俳優であれば、曲の数が増える。

音楽が多く入るミュージカル的な作りの作品は、ビル・ロビンソンと共演した「小聯隊長」(1935)と「テンプルの愛国者」Littlest Rebel (1935)、バディ・エブセンと共演した「テンプルの灯台守」Captain January (1936)、アリス・フェイやレイ・ボルジャーとの共演の「テンプルの福の神」(1936)、「テンプルちゃんのえくぼ」Dimples (1936)、再びアリス・フェイと共演した「テンプルちゃんの上海脱出」Stowaway (1936)、ビル・ロビンソンとの3本目の共演の「農園の寵児」Rebecca of Sunnybrook Farm (1938)、ジョージ・マーフィやジミー・デュランテと共演の「天晴れテンプル」Little Miss Broadway (1938)、ビル・ロビンソンとの4本目「すぐ傍に」(1938)*などで、後半の作品に多い。人気のピークだったのは1936年から38年までであり、戦争の足音が聞こえ始めるまでが絶頂期だった。

彼女自身が、黒人でタップの名手ビル・ボージャングル・ロビンソンのファンだったということで、ロビンソンとは4本の映画で共演した。この4本では二人でタップ・ダンスを踊っていて、特に「小聯隊長」では階段でタップを踊る「階段ダンス」を披露している。画面をよく見ると、シャーリーのタップはビルほどの正確さはないものの、小さな体でよく踊っている。

フォックスの看板女優のアリス・フェイとも2本で共演しているが、どちらの映画でも名前の順序はシャーリーが上で、アリスよりも人気が高かったことがわかる。

シャーリーは1930年代末まで活躍したが、戦争へ向けての社会の変化と、シャーリーが大きくなって出演する役がなくなったことから、1940年代以降の映画出演はほとんどなくなった。

子役末期の作品としては、児童向けの話を題材にしたものが多く、「ハイデイ」Heidi (1937)や、テンプル初のカラー作品として作られた「テンプルちゃんの小公女」(1938)、有名な童話に題材をとった「青い鳥」The Blue Bird (1940)*などがある。

テンプルが、子役としては大きくなり過ぎたので、デビュー当時の可愛い姿を編集で無理やり入れ込んだ「若い人」Young People (1940)*、MGMでディアナ・ダービンのようなおしゃまな役を演じた「キャスリーン」Kathleen (1941)*、「ハネムーン」Honeymoon (1947)*などを工夫しながら作ったが、それ以上は続かなかった。

歓呼の嵐　Stand Up and Cheer!(1934)は、シャーリーの本格的な長編デビュー作で、シャーリーはまだ主役ではなく脇役の扱い。ハミルトン・マクファデン監督で、曲はリュー・ブラウンが担当したフォックス作品。

大統領のフランクリン・ローズヴェルトは、不況下の国民を勇気づけるために娯楽省を新設して、ブロードウェイからワーナー・バクスターを大臣として迎える。彼は大活躍して政治家からの攻撃を受けるが、児童部門でシ

ャーリーのラジオ放送が大当たりして、国民から大喝采を浴びる。実在する人気の大統領の名前を使い、国民を励ます物語としている。

シャーリーは、『ベビイ、喝采を受けろ』Baby, Take a Bowを歌い人気を博した。この曲を歌った時に、シャーリーは赤い水玉模様のワンピースを着ていたので、それが彼女のトレード・マークとなった。

可愛いマーカちゃん Little Miss Maker (1934) は、デイモン・ラニヤンの小説「賭けのカタ」Markieをアレクサンダー・ホール監督が映画化したもの。競馬の賭けの借金のカタ（マーカ）に置いていかれたシャーリーは、ナイト・クラブの経営や競馬の胴元をやっているアドルフ・マンジュに可愛いがられる。やがてシャーリーの取り持ちで、マンジュも女性歌手ドロシー・デルと結婚する気になる。

いかにもデイモン・ラニヤンらしい都会調の人情喜劇。シャーリーは歌わずに、ドロシー・デルの歌が入っている。「マーカ」は名前ではなくて借金の抵当という意味だが、劇中のシャーリーはそれが愛称になっている。

ベビイお目見得 Baby Takes a Bow (1934) のシャーリーは、犯罪に巻き込まれる。シンシン刑務所から出て美しい愛人と結婚した男が、心を入れ替えて金持ちの運転手として働く。やがて子供のシャーリーも生まれて、5歳の誕生日となる。ところが金持ち邸で宝石が盗まれ、追い詰められた犯人がシャーリーを利用して宝石を隠すので、父親が疑われる。最後には疑いも晴れてシャーリーにも幸せが戻る。

題名のBaby Takes a Bowは、「歓呼の嵐」(1934) の中でシャーリーが歌った曲の題名をそのまま使っている。ただし、この作品の中ではタイトル曲は使われておらず、違う曲が誕生日会の場面で歌われている。ハリー・ラッチマン監督作品。

輝く瞳 Bright Eyes (1934) は、シャーリー・テンプルが主演した作品で、シャーリーは飛行士の娘。父親が飛行機事故で亡くなり、家政婦をしていた母親も自動車事故で亡くなってしまう。本当の孤児となってしまうものの、明るさを失わないシャーリーは、飛行士仲間と金持ちの老人に助けられ、皆を幸せに導く。

この作品でシャーリーは『素敵なロリポップ号の上で』On the Good Ship Lollipopを歌い評判を取り、史上最年少でアカデミー賞を受賞した。監督はデイヴィッド・バトラー。

小聯隊長（しょうれんたいちょう） The Little Colonel (1935) も、デイヴィッド・バトラー監督の作品。南北戦争で活躍した老大佐ライオネル・バリモアの娘イヴリン・ヴェネルは、父の反対を押し切り、若者と駆け落ちして西部の開拓地に入るものの、生活が苦しく、生まれてきた娘シャーリー・テンプルを育てられなくなり、シャーリーと一緒に生まれ故郷に戻って来る。父は娘を受け入れないが、孫のシャーリーと仲良くなり、やがて一家は幸せに暮らすようになる。

それほど挿入曲が充実しているわけではないが、シャーリーがビル・ロビンソンと「階段ダンス」を踊ったことで有名。階段ダンスはビル・ロビンソンのトレード・マークともいえる踊りで、階段を上り下りしながらのタップを見せる。この階段ダンスを正式にロビンソン本人から直接に教わったのは、シャーリー一人だけだといわれている。

シャーリーは黒人のビルと一緒に踊るが、当時のアメリカ南部では、いかに子供とはいえ、白人が黒人と一緒に踊る場面は受け入れられなかったので、当該場面をカットして公開したという。最後のパーティ場面だけがテクニカラーで撮影された。ビル・ロビンソンがシャーリーと共演したのは、この作品が最初。二人の共演が好評だったので、その後、「テンプルの愛国者」(1935)、「農園の寵児」(1938)、「すぐ傍に」(1938)*の3本で共演した。

テンプルちゃんお芽出う Curley Top (1935) は、「足長おじさん」と似た話。厳格な孤児院の中で陽気にふるまい、周りの人々を明るくしているシャーリーは、姉と一緒に大金持ちの家に呼ばれて、幸せに暮らすことになる。

本格的な音楽作品となっていて、シャーリーが有名な『スープの中の動物クラッカー』Animal Crackers in My Soupを歌う。また、白いグランド・ピアノの上で踊る素晴らしいタップ・ダンスは、タップの名手ジャック・ドナヒューの振付。作曲はレイ・ヘンダソンで、監督はアーヴィング・カミングス。

原題のタイトルになっている、シャーリーのトレード・マークともいえるカールの髪型は、毎晩、母親のガートルードが手入れをしたらしい。カールの数はいつも正確に56個だったという。

テンプルの愛国者 Littlest Rebel (1935)も、デイヴィッド・バトラー監督の南北戦争物。この時期のシャーリーはあまりの可愛さに、誰もシャーリーには逆らえないというムード。

シャーリーは南部の名家の娘で、父は南軍の大尉として戦っている。残された母が病気で亡くなりそうになったので、忠僕ビル・ロビンソンが父へ知らせに行くが間に合わない。そして、戻ってきた父は、運悪くシャーリーと一緒に北軍の捕虜となってしまう。事情を聞いた北軍の大佐は密かに二人を逃がそうとするが、逃げる途中で再び捕えられて、父は死刑判決を受ける。シャーリーはビルと一緒に歌って旅費を稼ぎ、ワシントンまで行ってリンカーン大統領に直訴して父を助ける。ミュージカルとしては、やはりシャーリーとビル・ロビンソンの音楽場面が見もの。ドラマもそれなりにこなれている。

テンプルの灯台守 Captain January (1936)のシャーリーは、難破船から助けられ、灯台守をしている元船長のガイ・キビーに育てられるが、ひょんなことから金持ちの娘だと判明して、キビーとは別れて暮らすことになる。二人は別れて暮らすのが嫌で元気を失うが、その様子を見た金持ちは、ヨットを買いキビーを船長とするので、再び一緒に暮らせるようになる。

この作品もミュージカル仕立てで、シャーリーは数曲を歌っている。若い船員役で長身のバディ・エブセンが出ていて、シャーリーと一緒に踊る。このタップ場面はジャック・ドナヒューの振付。シャーリーは水兵風のセイラー服姿が可愛い。そのほか歌劇「ルチア」の6重唱を3人で歌う、コミカルな場面がある。「輝く瞳」と同じデイヴィッド・バトラー監督。

テンプルの福の神 Poor Little Rich Girl (1936)も、素晴らしいミュージカル仕立て。シャーリーは石鹸会社の社長の娘だが、寄宿舎に行く途中に秘書とはぐれてしまい、危ういところをアリス・フェイとレイ・ボルジャーの芸人カップルに救われる。シャーリーが歌も踊りもできるので、3人で組んでラジオのコマーシャルに出演するが、そのスポンサーがライバルの石鹸会社だったので、大混乱に。最後は石鹸会社の合併が決まり、丸く収まる。

共演相手がアリス・フェイとレイ・ボルジャーなので、3人で歌い踊る場面が良い。楽曲はハリー・レヴェルで、監督はアーヴィング・カミングス。アリス・フェイがシャーリーと共演したのは、この作品と「テンプルちゃんの上海脱出」(1936)の2本だけ。

テンプルちゃんのえくぼ Dimples (1936)のシャーリーは、路上で歌って稼ぐ貧しい少女。教授と呼ばれている祖父のフランク・モーガンは、シャーリーが歌っている間に、観客の懐中から金目のものを失敬しているが、シャーリーはこれを咎める。金持ちの家で歌った折に教授が失敬した時計を、シャーリーが正直に返しに行くので、金持ちはシャーリーに惚れ込んでしまい、劇団への参加を世話したりするが、最後には養女に欲しいと言い出す。シャーリーの明るく真面目な性格は、こうした周りの混乱をすべて丸く収めてしまう。

最後の場面ではミンストレル・ショーが再現されている。ジミー・マクヒューが何曲か書いていて、シャーリーが歌う。監督はウィリアム・A・サイター。

テンプルちゃんの上海脱出 Stowaway (1936)は、珍しく中国を舞台とした作品。原題は密航者という意味で、「えくぼ」と同じサイター監督。シャーリーは中国奥地にいる宣教師の娘チンチン役で、動乱の中で両親を失うが、何とか上海までたどり着く。金持ちの旅行客ロバート・ヤングの車で疲れて寝込んでしまったシャーリーは、そのまま一緒に船旅をすることになる。ロバート・ヤングは、旅の間に乗客のアリス・フェイと恋仲になるが、船が香港に着いた時に、シャーリーは密航者として孤児院へ送られそうになる。それを救うために、アリス・フェイとロバート・ヤングは形だけの結婚をしてシャーリーを養女とし、アメリカに帰ったらすぐに離婚することにした。離婚裁判の中で二人が愛し合っていることを知ったシャーリーは、二人を本当に結び付けるのだった。

不幸な境遇にめげずに明るく前向きに取り組み、周りに幸せをもたらすいつものパターン。アリス・フェイが魅力的で、音楽的にも充実しており、シャーリーの映画でも最も面白い作品のひとつ。

ハイデイ Heidi (1937) は、「アルプスの少女ハイジ」として知られる話。父を亡くし孤児となったハイジことシャーリーは、山に一人で住む気難しいクラマー老人に預けられる。シャーリーは、優しさと明るさでクラマー老人の心を開かせ、足の悪い金持ちの娘クララの遊び相手にもなり、彼女を勇気付けて歩かせる。

ミュージカル・ナンバーは1曲のみで、クラマー老人が読む童話の世界にシャーリーが入り、オランダの木靴で踊ったりする。そのほかにもヨーデルなどの場面がある。監督はアラン・ドゥワン。

農園の寵児 Rebecca of Sunnybrook Farm (1938) では、シャーリーはビル・ロビンソンと一緒に素晴らしい踊りを見せる。シャーリーは芸人の叔父と一緒に売り込みを続けていたが、芽が出ないので、田舎の農園に住む厳格な叔母に預けられる。ところがラジオのコマーシャル向けの子供を探していたランドルフ・スコットが、たまたまシャーリーを発見して、芸能活動を許さない叔母さんの目を盗んで、隣の農家からラジオに出演させる。

田舎の農園で、黒人の伝説的なタップ・ダンサーのビル・ロビンソンとシャーリーが一緒に踊る。ジャック・ヘイリー、ランドルフ・スコットらの芸達者が揃い、楽しい作品に仕上がった。監督はアラン・ドゥワン。

天晴れテンプル Little Miss Broadway (1938) は、シャーリーのミュージカルとしては一番面白い作品。シャーリーは今回も孤児院の娘で、芸人向けの安ホテルを経営するエドワード・モリスに引き取られて育てられる。ホテルは、騒音問題と地代の滞納により、立ち退きを求められているが、土地を貸している隣の金持ちのお婆さんやその息子ジョージ・マーフィと仲良くなったシャーリーは、持ち前の明るさですべてを解決する。

一種の芸人物で、ジョージ・マーフィと組んでシャーリーが素晴らしいタップを見せるほか、ジミー・デュランテも脇を固めて、最後の裁判場面でショーを見せて楽しい。アーヴィング・カミングス監督作品。

すぐ傍に Just Around Corner (1938)* は、シャーリーとビル・ロビンソンが共演した最後の作品。金持ちの建築家を父に持つシャーリーは不自由なく暮らしていたが、父の事業の失敗で、突然にアパートの最上階のペントハウスから、地下の小部屋で暮らす貧乏生活に突き落とされる。しかし、シャーリーは落ち込むことなく誰とでも仲良くなり、最上階に暮らす大金持ちの投資家にも気に入られて、父親の事業も好転してハッピー・エンドとなる。

ビル・ロビンソンが素晴らしいソロ・ダンスを1曲踊るほか、シャーリーとも2曲を一緒に踊っている。バート・ラーも好演。アーヴィング・カミングス監督作品。

テンプルちゃんの小公女 The Little Princess (1938) は、有名な児童文学「小公女」の映画版。ウォルター・ラング監督で、シャーリーとしては初めてのカラー作品。シャーリーの父は富豪の軍人でインドに赴任している。そのためシャーリーは、ミンチン女学校で寄宿生活を送っているが、父が突然に音信不通となり、シャーリーは女学校の召使となってしまう。そうした境遇でも頑張って生きる姿を見て、学校の隣に住む金持ちは密かにシャーリーを助ける。最後には記憶喪失で病院に入っていた父親が見つかり、シャーリーは再び幸せな生活に戻る。

夢の場面がミュージカル仕立てとなっているが、それ以外は特段に歌や踊りはない。シャーリーも10歳と大きくなり、だんだんと子役としての限界に近づいた作品。この映画以前のシャーリーの白黒作品も、コンピュータ処理によりカラー化したDVDが発売されているので、現在ではカラーで見ることができる。

青い鳥 The Blue Bird (1940)* に出演した時には、シャーリーも12歳となっており、もう昔の子役というイメージからは離れている。おなじみの童話「青い鳥」の映画化で、シャーリーはヨーデルを1曲歌っているが、ミュージカルというよりもごく普通の映画作品。最初の1巻が白黒で、残りはテクニカラーで作られた。

若い人 Young People (1940)*は、芸人物の作品。同じ芸人仲間が小さな赤ん坊を残して亡くなってしまい、芸人夫婦のジャック・オーキーとシャーロット・グリーンウッドが、赤ん坊を引き取って育てる。やがてその赤ん坊シャーリー・テンプルも大きくなり、舞台にも立つようになるが、シャーリーの将来を考えて、一家は小さな田舎町に住むことにする。田舎町は保守的で、3人はなかなか仲間に入れないが、若い人々の力添えにより、コミュニティの一員として認められる。

芸人物なのでステージ場面が多く、シャーリーは得意のタップ・ダンスを披露、エレノア・パウエル風の踊りを見せる。シャーリーが大きくなり過ぎたので、サービスで「歓呼の嵐」の中の『ベビイ、喝采を受けろ』の場面を上手に編集して挿入している。楽曲はハリー・ウォーレン。監督はアラン・ドゥワン。

キャスリーン Kathleen (1941)*は、ハロルド・S・バケット監督のMGM作品。12歳のシャーリーには母親がおらず、召使たちに囲まれて不自由なく生活しているが、父親は仕事が忙しくていつも不在。彼女は母親もいる理想的な家庭を夢見ているが、周りからは理解されない。父は新しい恋人との再婚を考えるが、シャーリーはそれに反対して、自分が精神分析を受けている美人医との結婚を勧める。音楽場面はシャーリーの夢のみ。

ソーニャ・ヘニー Sonja Henie
(1912.4.8-1969.10.12)

ソーニャ・ヘニーは、銀盤の女王と呼ばれるノルウェーで1912年に生まれたフィギュア・スケート選手。1928年のオリンピックのフィギュア・スケートで金メダル、その後1932年、36年のオリンピックでも同様に金メダルを獲得した。1928年に金メダルを取った時にはまだ15歳10か月で、1936年にプロに転向した時には24歳だった。

スケートのテクニックでは、現在の女子フィギュア・スケートでは4回転ジャンプを見せることもあるが、ソーニャが映画の中で見せたのは1回転ジャンプ程度。しかし、当時としては最高のレベルで、しかも容姿に恵まれていたので、映画界での人気は高かった。スケートを滑るのと、可愛い雰囲気でコメディを演じるのがパターンだが、共演者の歌や踊りでミュージカル仕立てにした作品も多い。

ソーニャはハリウッドではフォックス社と契約して、「銀盤の女王」One in a Million (1936)として売り出したあと、「氷上乱舞」Thin Ice (1937)ではタイロン・パワーと共演した。次の「アリババ女の都へ行く」Ali Baba Goes to Town (1937)はエディ・カンターのミュージカル作品で、ソーニャ・ヘニーはゲスト出演のみ。「天晴れ着陸」Happy Landing (1938)はドン・アメチとエセル・マーマンが出演した本格的なミュージカル。「燦めく銀星」My Lucky Star (1938)ではバディ・エブセンが、「銀嶺のスタア」Second Fiddle (1939)*ではルディ・ヴァリーが、音楽場面を担当している。

戦争を背景とした「すべては夜に起きる」Everything Happens at Night (1939)*の後、「銀嶺セレナーデ」Sun Valley Serenade (1941)は音楽面が充実した傑作。「アイスランド」Iceland (1942)*以降はだんだんとマンネリ化してきて、「氷上の花」Wintertime (1943)、「楽しみです」It's a Pleasure (1945)*、「氷上円舞曲」The Countess of Monte Cristo (1948)あたりまでが、映画での活動時期だった。

1950年代に入り、ソーニャはテレビに時折出る程度だったが、英国でアイス・ショーをそのまま撮影したようなカラー映画「こんにちはロンドン」Hello London (1958)*を自分で制作、久しぶりに滑って見せた。

ヘニーは1940年代の前半まで人気が高かったので、MGMも同じようなスターが欲しいと考えて、水泳選手でオリンピック代表候補だったエスター・ウィリアムスを売り出した。こうしたスポーツ競技を見せるスターとしては、スケートのソーニャ以降、水泳のエスター・ウィリアムスや、スキーのトニー・ザイラーなどが登場した。

銀盤の女王 One in a Million (1936)は、ハリウッドでのデビュー作で、シドニー・ランフィールド監督のフォックス作品。アドルフ・マンジュの率いるミュージカル劇団は、スイスで山小屋に泊まった時に、その宿の娘ソーニャ・ヘニーが凍った庭で踊っている姿

を見て、ソーニャのスケートを取り込んだショーをサン・モリッツで興行することにする。ところがソーニャはオリンピックへの出場が予定されていて、ショーに出演するとアマチュア資格を失ってしまうため、それに気付いた父親は、ショーの途中でソーニャを外させる。オリンピックで優勝したソーニャは、アマチュア資格のことを気にしたが、報酬を得ていないので問題がないことがわかり、無事に金メダルを得る。

いかにもデビューにふさわしい内容の映画で、ソーニャは音楽に乗ってスケートをする。それだけでは寂しいので、脇役に芸達者なドン・アメチや、リッツ兄弟などを配して、ミュージカル映画らしい雰囲気に仕上げてある。新曲はリュー・ポラックが提供している。

氷上乱舞 Thin Ice (1937) も、前作と同じシドニー・ランフィールド監督で作られた。1作目とは異なり本格的なコメディの中に、スケート場面を入れ込んでいる。原作はハンガリーのアッティラ・オーボクが書いた戯曲「彗星」Der Komet (1922)で、ブロードウェイでも1930年に上演されている。この作品はリリアン・ハーヴェイをハリウッドに招いて作った「裏切る唇」My Lips Betray (1933)としてミュージカル映画化されているので、再映画化にあたる。

この戯曲の映画化権はフォックス社が持っていたが、背景を現代アメリカに置き換えた「女は得です」Easy Living (1937) を、パラマウント社がミッチェル・ライゼン監督で作ったために、フォックス社のこの作品と公開時期も重なり、権利問題でもめた。

物語の背景はスイスのスキー・リゾート地のホテルで、ソーニャ・ヘニーはホテルでスケートのインストラクターをしている。彼女は、近くの国からやって来た王子のタイロン・パワーと知り合い、王子とは知らぬままに恋におちる。周りの人々は王子に近づくために、ソーニャにまで親切にし始めるので、ソーニャは戸惑うが、最後には無事に王子と結ばれ、得意のスケートを滑る。前作に続いてリュー・ポラックなどが曲を書いているが、主演級に歌える人がいないので、代わってジョーン・デイヴィスが歌と踊りを見せている。

天晴れ着陸 Happy Landing (1938) は、ソーニャのスケートだけでは単調なので、ドン・アメチとエセル・マーマンの歌も入れた本格的なミュージカル映画。ロイ・デル・ルースが監督したフォックス作品。

宣伝のための太平洋横断飛行で、パリを目指した楽団リーダーのシーザー・ロメロとマネジャーのドン・アメチは、ノルウェーの田舎町に不時着する。土地の娘ソーニャ・ヘニーは、ジプシーの占いでロメロとの結婚を確信し、彼を追ってニュー・ヨークへ出て行く。ところが、ロメロには恋人のエセル・マーマンがいて、彼はフロリダへ旅立った後だった。仕方なくドン・アメチがソーニャの相手をすることとなり、マジソン・スクウェア・ガーデンのスケート場に来ると、ソーニャが素晴らしい滑りを見せるので、彼女をプロとして売り出すことにする。こうして彼女とアメチの間には愛情が芽生えるが、そこへロメロが戻ってきて恋の三角関係となる。エセル・マーマンの歌も聞きもの。リンドバーグの大西洋単独横断飛行が1927年なので、それに影響を受けた作品。

燦きめく銀星 My Lucky Star (1938) は、前作に続いてロイ・デル・ルース監督がフォックスで撮った作品。ソーニャは百貨店の運動服売り場の店員だが、スケートがうまいので、プレイ・ボーイの若社長シーザー・ロメロは、彼女をプリマス大学へ送り勉強させる。ソーニャのスケートは大学でも評判となり人気者となるが、ロメロの昔の愛人がソーニャを妬んで醜聞を流すので、ソーニャは退校処分となる。しかし、仲間たちが彼女を支えて、百貨店で氷上カーニバルを開き、ソーニャのスケートで「不思議の国のアリス」を成功させる。ソーニャは彼女をずっと支え続けてくれた大学生の恋人と結婚する。

ハリー・レヴェルが曲を書いているが、ソーニャはスケートだけなので、ジョーン・デイヴィスやバディ・エブセンが歌を引き受けている。ストリッパーから転向したジプシー・ローズ・リーも脇役で出ている。白黒の作品だが、最後の場面はセピア・トーンになる。

銀嶺のスタア Second Fiddle (1939)* は、シドニー・ランフィールドが再び監督を務め、ソーニャがタイロン・パワー、ルディ・ヴァ

リーと共演した作品。ベスト・セラーの小説「北からの女」の映画化にあたり、全国で主演女優探しが行われるが、ミネソタで学校教師をしていたソーニャに白羽の矢が立ち、映画会社の宣伝部員タイロン・パワーが、ソーニャのスカウトに赴く。ソーニャは無名なので、名前を売るために映画スターとの恋をでっち上げることとなり、ソーニャとルディ・ヴァリーの恋愛を仕掛けるが、パワーは自分自身でもソーニャが好きになってしまう。ソーニャはルディに本当に恋してしまうが、宣伝のためだったと知り幻滅。田舎に戻ったソーニャを、パワーは追っていく。アーヴィング・バーリンが曲を書いて、ルディ・ヴァリーが歌い、ソーニャは滑っている。

すべては夜に起きる Everything Happens at Night (1939)*は、ソーニャの映画としては珍しくドラマに重点が置かれた作品で、スケート場面は1か所のみ。ナチスの暗雲が垂れ込めているスイスに、ノーベル賞作家を探すため、アメリカから二人の記者レイ・ミランドとロバート・カミングスが派遣されて、二人とも作家の娘ソーニャに夢中になる。そうした中でゲシュタポもやって来る。ソーニャはシュトラウスの『美しき青きドナウ』で滑る。アーヴィング・カミングス監督作品。

銀嶺セレナーデ Sun Valley Serenade (1941) は、H・ブルース・ハムバーストン監督作品で、再びソーニャ・ヘニーの魅力を前面に出している。ソーニャはスケートだけでなく、スキーも上手なところを見せる。

ノルウェーから移民としてやって来た孤児の娘ソーニャ・ヘニーを、グレン・ミラー楽団で編曲とピアノを担当するジョン・ペインが、引き取って面倒を見ることとなる。ところが、実際に会うとソーニャは想像したような小さな子ではなく、立派な娘なので一同驚く。ソーニャは早く良い相手を見つけて結婚したいと思っていたので、ジョン・ペインが最適と考えて、スキー・リゾート地サン・バレーでの楽団の仕事が入ると、一同を追ってスキー場へと向かう。スキー場では盛んにジョンにアタックをかけるので、ジョンの婚約者である歌手リン・バーリは怒って帰ってしまう。歌手リンに代わってソーニャはスケート・ショーを成功させて、ジョンのハートも射止める。

グレン・ミラー楽団がヒット曲を演奏し、ドロシー・ダンドリッジの歌、ニコラス兄弟の踊りなど、音楽面でも充実したメンバーが揃い、ハリー・ウォーレンの曲も良いので、楽しめる作品に仕上がった。ソーニャもこの作品あたりが人気のピークで、この後の作品は興行的には成功しなかった。

アイスランド Iceland (1942)*は、恋愛喜劇ながら第二次世界大戦の背景なしには考えられない作品。プレイ・ボーイの海兵隊員ジョン・ペインがアイスランドに派兵されて、土地の娘ソーニャを口説くが、ソーニャは家庭の事情で結婚を急ぐ必要があり、ジョンが知らない間に結婚手続きが進み騒動になる。

F・ローズヴェルト大統領が中立政策を破棄して、1941年7月にアイスランドに基地を設けた話に基づいている。脇役にジャック・オーキーを配して、サミー・ケイ楽団なども登場させているが、低調な仕上り。H・ブルース・ハムバーストン監督作品。

氷上の花 Wintertime (1943)は、スキー場での話。カナダでスキー場を経営しているコーネル・ワイルドは、客が来ないので、ノルウェーの実業家とその娘でスケートの名手ソーニャ・ヘニーを無理やりホテルに呼び、スケート・ショーで客寄せをする。ショーは成功するものの、ソーニャの心は楽団歌手シーザー・ロメロに傾くので、ワイルドは愛を告白してソーニャを得る。

この頃になると、ソーニャ映画のパターンは完全に決まってくる。ウディ・ハーマン楽団と、ジャック・オーキーらが脇を固めていて、ソーニャのスケートは素晴らしいが、それだけなので人気にも翳りが出始める。

楽しみです It's a Pleasure (1945)*は、ソーニャのフォックス社との契約が切れて、独立系の会社に移って制作された作品で、ソーニャの初カラー作品でもある。スケート業界の舞台裏話で、アイス・ホッケーの選手マイケル・オシーアが審判を殴り出場停止となるが、彼に惚れていたアイス・ショーに出演していた娘ソーニャの口利きで、アイス・ショーの仕事をするようになる。彼はほかの娘に誘われて違う一座へ移ろうとするが、酒で失敗してうまく行かない。

陳腐な話で、音楽的にも工夫がなく、ソーニャをカラーで見ることができるというだけの作品。監督はウィリアム・A・サイター。

氷上円舞曲 The Countess of Monte Cristo (1948) は、ソーニャのアメリカ最後の作品。監督はフレデリク・デ・コルドヴァで、ユニヴァーサル社の白黒作品。ウェートレスをやっていたソーニャは、友人と一緒に映画出演してモンテ・クリスト伯爵夫人を演じるが失敗、ノルウェーのオスロに移り、アイス・ショーに出演して成功する。ソール・チャップリンが曲を書き、ソーニャも映画の中で歌うが、これは本人の声ではなくマーサ・ミアーズの吹替。

---

6 MGM

MGMは、メトロ・ゴールドウィン・メイヤー社Metro-Goldwyn-Mayer Inc.の略称で、マーカス・ロウが1910年に設立した会社が、メトロ映画会社Metro Pictures Corporationと1920年に一緒になり、1924年にゴールドウィン映画会社Goldwyn Picture CorporationとルイスB・メイヤー映画会社Louis B. Mayer Pictures Corporationを合併して、MGMの社名が出来た。

有名なライオンのマークは、ゴールドウィン会社のマークを引き継いだもので、ライオンの上のリボンに書かれている文字Ars Gratia Artis（ラテン語で「芸術のための芸術」という意味）もゴールドウィン会社から引き継がれた。ゴールドウィン時代にはライオンの下にA Goldwyn Pictureと書いてあったが、MGM時代になってそれがMetro Goldwyn Mayer（ハイフンなし）に変わり、1950年代になってからライオンの上に出るようになった。

ゴールドウィン映画会社を売ったサミュエル・ゴールドウィンは、新しくサミュエル・ゴールドウィン社Samuel Goldwyn Inc.を作り、そちらで映画制作を行ったので、MGMでの制作はルイス・B・メイヤーが中心となった。メイヤーは「芸術のための芸術」をモットーに、空の星よりも多いといわれたスターたちを抱えて、豪華な大作を作った。ミュージカル分野でも1930年代は層が薄かったが、30年代後半から有力スターを集め始めて、1940年代にも多くの人材を集め続け、1950年代にはMGMミュージカルの黄金期を実現した。

MGMは、今でこそミュージカル映画の代名詞となっているが、トーキー初期のミュージカルへの対応には苦労をしている。当初は無声時代からの大スターや、手持ちの映画女優を売り出そうとして失敗したので、パラマウント社から歌姫ジャネット・マクドナルドを呼び、踊りではタップ・ダンスのエレノア・パウエルを抱えて、基本的な形を整えた。その後フォックス社でシャーリー・テンプルの人気が出ると、それに対抗してミッキー・ルーニーとジュディ・ガーランドのコンビを誕生させて、1930年代の後半にやっとミュージカル路線が定着する。

ベッシー・ラヴ Bessie Love
(1898.9.10–1986.4.26)

ベッシー・ラヴは1898年生まれで、D・W・グリフィス監督に見出されて「イントレランス」Intolerance (1916) に出演しているほどだから、無声時代からの長いキャリアを持つ。ベッシーはトーキー時代となっても生き残り、ミュージカルにも出演した。MGMの初期のミュージカルでも、スター扱いで出演している。

最初のミュージカルは、「ブロードウェイ・メロディー」The Broadway Melody (1929)。内容的には各社が盛んに作ったブロードウェイの舞台裏物で、この題名を冠したシリーズは、MGMの看板シリーズとなった。

続く作品はMGMスター総出演の「ホリウッド・レヴュー」The Hollywood Revue of 1929 (1929)で、その後もチャールズ・キングと出た舞台裏物「虹を追って」Chasing Rainbows (1930)*、野球選手がオフにヴォ

ードヴィルも演じるという舞台裏物「女を学んだ二人」They Learned About Women (1930)*、ブロードウェイ作品の映画化「有頂天時代」Good News (1930) などに出演している。

★

ジョーン・クロフォード Joan Crawford
(1905.3.23-1977.5.10)

1905年生まれのジョーン・クロフォードも無声時代からの女優で、1925年から映画に出ている。無声版の「ローズ・マリー」Rose-Marie (1928) では、既に主役を演じている。彼女を有名にしたのはサウンド版の「踊る娘達」Our Dancing Daughters (1928) で、ジャズ・エイジの娘役を演じてチャールストンを踊りまくった。

クロフォードは映画界に入る前にチャールストンの大会で優勝し、舞台でもコーラス・ガールとして踊っていたので、踊りは一応できる。そこで、トーキー時代になるとミュージカル映画出演の声がかかり、「ホリウッド・レヴュー」(1929)、牧場主の娘の恋物語「モンタナの月」Montana Moon (1930)、金持ちの娘が大恐慌のために暗黒街の踊り子となる「暗黒街に踊る」Dance, Fools, Dance (1931)、アステアとの共演で話題となった「ダンシング・レディ」Dancing Lady (1933)、舞台裏物の「アイス・フォリーズ1939年版」The Ice Follies of 1939 (1939)* など、主に踊り子の役で出演したが、ミュージカル専門の女優が増えると出番が減った。

マリオン・デイヴィス Marion Davies
(1897.1.3-1961.9.22)

1897年生まれのマリオン・デイヴィスも、ジーグフェルド・フォリーズの舞台にも立ったコーラス・ガールの出身だったので、ミュージカルへの出演が多かった。映画界入りは、新聞王として知られたウィリアム・ハーストがパトロンとなり、コスモポリタン映画会社を設立したことによる。

彼女の作品の大半はそのコスモポリタン映画の制作であり、初期にはMGMと、後半ではワーナーとの共同制作が多い。映画に転じたのは無声時代の1917年で、舞台オペレッタを無声で撮った「赤い風車」The Red Mill (1927)* では主役を演じている。

1927年にはチャールズ・キングと組んで、舞台のヒット・ミュージカル「五時の娘」The Five O'Clock Girl (1927)* を撮るが、マリオンのパトロンだった新聞王のハーストと、MGMのメイヤーの意見が合わずに、未完成のまま終わってしまう。そのため、ミュージカル映画の初出演は「ホリウッド・レヴュー」(1929) となった。

その後は、第一次世界大戦中のアメリカ人兵士とフランス娘の恋を描いた「恋愛戦線」Marianne (1929)、1900年にブロードウェイで上演されて人気のあった舞台作品に題材を取った「恋愛古典風景」The Florodora Girl (1930)、女優志願の娘が金持ちのプレイ・ボーイに恋する「フォリーズの金髪娘」Blondie of the Follies (1932)*、ビング・クロスビーと共演した「虹の都へ」Going Hollywood (1933)、南北戦争中の北軍女スパイと南軍大尉との恋を描く「硝煙と薔薇」Operator 13 (1934) をMGMで配給した。

以降はコスモポリタン制作でワーナーの配給となり、ディック・パウエルと共演した「ミス・グローリーを呼び出せ」Page Miss Glory (1935)* は、田舎から出てきてホテルのメイドをやっていた娘が一躍スターになる話。その後も、ナポレオンの弟とアメリカ娘の恋愛話「裂かれたふたつの心」Hearts Divided (1936)*、駆け出しの女優と拳闘選手の恋を描く「スタアと選手」Cain and Mabel (1936)、美貌の出版社員が作家と恋をする「作家と御婦人」Ever Since Eve (1937) などに出演した。

ローレンス・ティベット Lawrence Tibbett
(1896.11.16-1960.7.15)

ローレンス・ティベットは1896年にカリフォルニアで生まれたバリトン歌手で、1923年からメトロポリタン歌劇場で活躍した。「道化師」、「ファルスタッフ」、「ローエングリン」などが代表的な演目。1930年代に入り、トーキー時代となると、ハリウッドに呼ばれて、主に1930年代前半のMGMとフォックスで、ミュージカルやオペレッタ作品に出演

した。

映画デビュー作は、「悪漢の唄」The Rogue Song (1930) で、ローレルとハーディが共演している。2色方式のテクニカラーで作られたが、残念ながらフィルムは失われてしまい、サウンド・トラックの音声だけが現在は残っている。続く「ニュー・ムーン」New Moon (1930) は、オペラ歌手のグレイス・ムーアと共演したオペレッタ作品。「南方の放浪者」The Prodigal (1931)、「キューバの恋唄」The Cuban Love Song (1931) までがMGM作品。

フォックス社では、メトロポリタン歌劇場を舞台にした「メトロポリタン」Metropolitan (1935) と、「あなたに魅せられて」Under Your Spell (1936)* に出演している。

ジーン・ハーロウ　Jean Harlow
(1911.3.3－1937.6.7)

ジーン・ハーロウは1911年に生まれて、ミュージカル女優ではないが、トーキー初期の音楽ブームによって、得意かどうかに関係なくミュージカル映画に参加させられている。彼女の作品としては、「無軌道行進曲」Reckless (1935) や「暁の爆撃機」Suzy (1936) がある。

ジャネット・マクドナルド　Jeanette MacDonald（その2）

ジャネット・マクドナルドは、1932年まではパラマウントでモーリス・シュヴァリエなどと共演していたが、「今晩は愛して頂戴ナ」Love Me Tonight (1932) を最後にMGMへ移り、ネルソン・エディと組んでオペレッタの名作や豪華な大作に出演した。

MGMでの最初の作品は、ジェローム・カーンのヒット舞台作を映画化した「猫と提琴」The Cat and the Fiddle (1934) で、フィナーレを3色方式のテクニカラーで撮った大作。次の「メリイ・ウィドウ」The Merry Widow (1934) も、レハールの名作オペレッタの映画版。共演のモーリス・シュヴァリエ、監督のエルンスト・ルビッチと、パラマウント時代の人気メンバーを、MGMはそのまま引き抜いている。

さすがにこれではまずいと思ったのか、ヴィクター・ハーバートのオペレッタ「浮かれ姫君」Naughty Marietta (1935) では、オペラ的に歌えるネルソン・エディとコンビを組ませた。これがヒットしたので、この二人の組み合わせで「ローズ・マリイ」Rose-Marie (1936)、「君若き頃」Maytime (1937)、「ポルカの歌姫」The Girl of the Golden West (1938)、「恋人」Sweethearts (1938)*、「ニュー・ムーン」New Moon (1940)、「甘辛人生」Bitter Sweet (1940)*、「天使と結婚した私」I Married an Angel (1942)* と、8年間で8本を作っている。

作曲家で見ると、8作品のうちヴィクター・ハーバートが2本、ルドルフ・フリムルが2本、シグマンド・ロムバーグが2本、ノエル・カワードとリチャード・ロジャースが1本ずつとなっていて、オペレッタ中心だったことがわかる。この二人は歌が上手なので、どの作品も楽しめるが、特に「君若き頃」(1937) は、舞台版とは異なるものの、感傷的なドラマとしてファンが多い。

マクドナルドは、ネルソン・エディと共演する合間に、ほかの男優と組んだ作品も多く作った。クラーク・ゲイブルと組んだ「桑港」San Francisco (1936)、アラン・ジョーンズと組んだフリムル作品「歌ふ密使」The Firefly (1937)、バスビー・バークレイにレヴュー場面を担当させた「ブロードウェイのセレナーデ」Broadway Serenade (1939)*、マクドナルドが二役を演じたカラー作品「永遠の微笑」Smilin' Through (1941)*、ロバート・ヤング共演の戦争中のスパイ話「カイロ」Cairo (1942)* などがあるが、ミュージカルとしては必ずしも成功していない。

1943年以降はMGMを離れたので、良い企画が回ってこなくなり、戦争中にユニヴァーサルの慰問用の映画「兵士たちに続け」Follow the Boys (1944)* で持ち歌を2曲歌ったほか、戦後はジェイン・パウエルの母親役を演じた「愛しい三人娘」Three Daring Daughters (1948)*、最後の作品となった「山荘物語」The Sun Comes Up (1949) に出演した程度で、目立った活躍はなかった。その後のマクドナルドは、テレビ中心の活動となり、

映画にはほとんど出演していない。

猫と提琴 The Cat and the Fiddle (1934) は、MGMに移籍して最初に撮られたオペレッタ映画で、ジェローム・カーンの同名舞台作品(1931)の映画版。ブリュッセルでオペラの作曲家を目指しているラモン・ノヴァロは、アメリカから勉強に来た若きソプラノのジャネットと偶然に出会い、すぐに恋におちる。二人は成功を求めてパリへと向かい、ジャネットは人気歌手となるものの、ノヴァロは自作のオペラ「猫と提琴」の上演の目処が立たない。ジャネットは彼に結婚を申し出るが、オペラで成功するまではダメだと言って、ノヴァロは応じない。結局、彼は苦労の末にオペラの上演にこぎつけるが、主役の女優が酔っ払って出られなくなってしまう。そこで、代わってジャネットが歌い、オペラは成功し、二人は愛を確かめる。

音楽は良いが、映画としての出来は低調。白黒の作品だが、最後の場面は開発されたばかりの3色方式テクニカラーで撮影された。ウィリアム・K・ハワード監督作品。

メリイ・ウィドウ The Merry Widow (1934) は、フランツ・レハールの有名なオペレッタをエルンスト・ルビッチが映画化したもの。この作品は無声時代から繰り返し映画化されていて、エリッヒ・フォン・シュトロハイム監督の「メリー・ウィドー」(1925)が有名。どれもレハール作品が下敷きだが、物語の展開はルビッチ版が舞台に忠実。

主演はジャネット・マクドナルドとモーリス・シュヴァリエといういつものコンビで、制作会社がパラマウントからMGMへと変わっているだけだが、装置や衣装、エキストラの数など、いずれもMGM好みの大規模な豪華作品となっている。

ヨーロッパの某小国は財政危機に見舞われているが、それを救えるのは唯一の資産家で未亡人ジャネットだけだ。その頼みの綱のジャネットはパリにいて、再婚の噂が出ている。他国の男に取られては国が破産するとあって、国一番のプレイ・ボーイであるモーリス・シュヴァリエが、結婚の特命を帯びてパリへ派遣される。シュヴァリエは結婚という仕事にはお構いなく、キャバレーのマキシムで遊びまくり、そこでフィフィという新入りの娘に惚れてしまう。ところがフィフィこそが資産家のジャネットだとわかり、結婚を求めるが、国の特命を帯びてきたことがバレて断られてしまう。国へ戻ったシュヴァリエは任務の失敗を認めて投獄されるが、そこへジャネットが訪ねて来て、結婚という終身刑を受けるのだった。

フランツ・レハールの有名な曲を厳選して、ローレンツ・ハートが英語の歌詞を付けている。それぞれの個性がうまく噛み合い、ルビッチ・タッチも全開で、ジャネット作品の中でも最高の出来といえる。この映画も英語版と同時にフランス語版 La Veuve Joyeuse (1935) が別撮影されていて、主演の二人は同じだが脇役は別メンバーとなっている。

浮かれ姫君 Naughty Marietta (1935) は、ヴィクター・ハーバートの同名オペレッタ作品(1910)の映画版。音楽はヴィクター・ハーバートの曲を使っているが、物語は変えている。フランスの公爵令嬢ジャネットは、スペイン王家のカルロスとの結婚を嫌い、フランス植民地時代のルイジアナ州へ向かう花嫁候補の一団に紛れ、マリエッタと称して船に乗り込む。ところが船が海賊に襲われて、娘たちは連れ去られてしまい、ネルソン・エディの率いる軍隊によって救出される。ニュー・オリンズに到着した娘たちは、結婚相手を選ぶのだが、ジャネットだけは逃げ出して結婚を拒否。やがて本国からジャネット探しの一隊がやって来て、連れ戻されそうになるが、それを救ったのはネルソン・エディだった。

美しいジャネットの魅力を見せるために、お姫様と町娘の両方のスタイルで演じさせている。後半の舞踏会での、デュエット場面がなかなか良い。ヴィクター・ハーバートの曲が美しく、ジャネットの歌に聞き惚れるが、相手役のネルソンも魅力的。

この作品のヒットにより、ネルソンもジャネットのパートナーとしての地位を獲得した。不思議なことに、映画のクレジットには監督名が出てこないが、ロバート・Z・レナードとW・S・ヴァン・ダイクの共同監督作品。当初はレナードが担当したが、すぐにヴァン・ダイクに代わったらしい。

ローズ・マリイ Rose-Marie (1936) も、ルドルフ・フリムルの同名オペレッタ作品

第2章　1930年代：不況の時代

(1924)の映画版。前作に続いてネルソン・エディとの共演で、監督はW・S・ヴァン・ダイクのMGM作品。以前にもジョーン・クロフォード主演で「ローズ・マリー」(1928)として映画化されているが、これは無声映画だったので、トーキーではジャネットの作品が最初。

高名なオペラ歌手ジャネットが、カナダのモントリオールへやって来る。カナダへ来た目的は、弟ジェイムス・ステュアートが強盗の罪によりカナダで収監されているのを助けるためだった。ところが、弟は既に脱獄していて、人殺しの懸賞金がかかり、山に逃げ込んでいた。ジャネットは弟を追って山へと向かうが、そこで弟を逮捕するために派遣された騎馬警官ネルソン・エディに助けられる。身分を隠して一緒に行動するうちに、ジャネットはエディと恋におちる。やがて弟は逮捕され、ジャネットも舞台に戻るものの、元気を失い「トスカ」の舞台で倒れてしまう。そして、彼女を元気づけたのはエディだった。

オペラ歌手という設定なので、ジャネットはふたつのオペラ場面で、アラン・ジョーンズと一緒に歌っている。最初のオペラは「ロメオとジュリエット」で、ふたつ目のオペラは「トスカ」。そのほかはフリムルの曲が中心。

タイトル曲の『ローズ・マリー』は、日本の有名デパートの宣伝曲として長らく使われていた。タイトル曲よりも、劇中のデュエット曲『インディアン・ラヴ・コール』のほうが有名なので、アメリカでのテレビ放映時にはIndian Love Callの題名で放映された。MGMは最初この作品をカラーで撮ろうと考えたが、結局は白黒作品で作った。そのためか、MGMはカラー時代になってアン・ブライスとハワード・キールの主演で再映画化(1954)している。

桑港（サンフランシスコ）　San Francisco (1936)は、1906年に起きたサン・フランシスコ大地震を背景とした作品で、MGMらしい豪華な配役となっている。ジャネット・マクドナルドは火事で焼け出されてしまい、クラーク・ゲイブルの酒場で歌う仕事を得る。彼女はオペラ歌手を目指していたので、ジャック・ホルトの支援を受けて歌劇場にデビューし花形歌手となる。ゲイブルとホルトは政治的に対立していて、ゲイブルが金に困っているのを見ると、ジャネットは彼を助けようとする。二人の男の対決が決定的になった時に、大地震が起きてホルトは亡くなってしまい、ジャネットも行方不明となる。ゲイブルはジャネットを探し出して、サン・フランシスコの復興を誓うのだった。

ジャネットが酒場と歌劇場の両方で、流行歌とオペラを歌い分けるのが見どころ。ヒットしたタイトル曲は、既成の曲ではなく、ブロニスロー・ケイパーとウォルター・ジャーマンの新曲。

ゲイブルの友人の牧師役でスペンサー・トレイシーも出ていて、教授役で有名なヴォードヴィリアンのアル・シーンも登場する。ドラマとして面白く、興行的にヒットしたので、フォックス社もこの作品を真似て、シカゴの大火を題材とした「シカゴ」(1938)をアリス・フェイ主演で作った。W・S・ヴァン・ダイク監督作品。

君若き頃　Maytime (1937)は、MGMでネルソン・エディと組んだ3本目の作品。シグマンド・ロムバーグの同名のオペレッタ作品(1917)の映画化だが、舞台版とはまったく異なった話で、音楽も1曲しか使われていない。

ジャネット・マクドナルドはニュー・イングランドで暮らす老婦人で、オペラ歌手志望の若い娘に昔を回想して語る。ジャネットは若きソプラノ歌手だった昔に、音楽教師ジョン・バリモアに伴われて、パリの宮殿でナポレオン皇帝や貴族たちの前で歌い大絶賛を浴びる。その夜、バリモアから結婚を申し込まれて、ジャネットは気が進まぬままに受け入れてしまうが、あてのないままに街に出ると、学生街で歌の上手なネルソン・エディと出会う。互いに惹かれ合うものを感じながらもエディとは別れ、バリモアとの約束を守り結婚する。しかし、数年後にジャネットがアメリカ公演をした折に、舞台の相手役としてエディと再会し、ジャネットは心を抑えきれずにエディと一緒になる決心をするが、エディはバリモアの銃弾に倒れてしまう。

何とも感傷的な話だが、ジャネットはこの役が大変気に入っていたらしい。正式にクレジットされてはいないが、この話はノエル・カワードの舞台オペレッタ「甘辛人生」Bitter

Sweet (1929)の焼き直し。だから、後年に「甘辛人生」Bitter Sweet (1940)をジャネットとエディで映画化した時には、話は原作に忠実としたものの、原作の回想形式をとらなかった。

　最後のオペラ場面用に、「トスカ」第2幕の『歌に生き、愛に生き』をジャネットで撮影したが、これは没になって、最終版の本編には残っていない。ロバート・Z・レナード監督の名作。

歌ふ密使　The Firefly (1937)も、ルドルフ・フリムルの同名舞台オペレッタ (1912)の映画化だが、物語はまったく異なっていて、曲も入れ替わっている。この映画で最も有名な歌『ドンキー・セレナーデ』も舞台版にはなく、映画用にフリムルの曲を改作したもの。ジャネットは豪華な衣装のコスチューム物が好きで、この作品もナポレオンがスペインを占領した1808年を背景にしている。

　フランス占領下のマドリードで、スペイン側のスパイとして酒場で歌いながらフランス人将校から情報を集めていたジャネットは、フランス側のスパイであるアラン・ジョーンズに見つかり国外追放されるものの、魅力的なアラン・ジョーンズには惹かれる。やがて、英国がナポレオンを打ち負かして戦争が終わった時に、ジャネットとアランは敵味方を忘れて愛し合うことができるようになる。

　ネルソン・エディに代わり、この作品では美声のアラン・ジョーンズが相手役となり、フリムルの曲を歌っている。ジャネットが珍しく酒場の場面で踊っている。ロバート・Z・レナード監督の白黒作品。

ポルカの歌姫　The Girl of the Golden West (1938)も、前作に続きロバート・Z・レナード監督が撮ったMGM作品。共演はネルソン・エディで、二人の共演は4作目。それまでの作品とは異なり、この作品はアメリカ西部が舞台。

　西部の山で「ポルカ・サロン」という酒場を経営している、若くて歌の上手なジャネットは、保安官のウォルター・ピジョンから好意を寄せられて、誕生日のお祝いにはピアノを贈られるほどだった。ある日、ジャネットは盗賊ネルソン・エディに襲われるものの、金は取られなかった。ジャネットの美しさに惹かれたエディは、中尉に変装して舞踏会に乗り込み、彼女と踊り愛を語る。ところがエディの愛人が嫉妬して密告するので、保安官のピジョンはエディを捕らえようとする。傷ついたエディを手当したジャネットは、彼を助けようとピジョンとの結婚を了解するが、その愛の深さを知ったピジョンは黙って立ち去るのだった。

　プッチーニの書いたオペラ「西部の娘」(1910)と同じ話で、デイヴィッド・ベラスコの戯曲 (1905)を原作としている。プッチーニのオペラがヒットしたので、トーキー初期の1930年にも同じ題材がファースト・ナショナル社で映画化されたが、そのフィルムは残っていない。音楽はシグマンド・ロムバーグという豪華版で、脇役で出たバディ・エブセンも歌っている。

恋人　Sweethearts (1938)*は、ネルソン・エディと共演した5作目で、MGMとしては初めての、全編3色方式のテクニカラーの作品。初期の3色カラー作品として有名な、「オズの魔法使」(1939)の前年に撮られている。ヴィクター・ハーバートの同名舞台オペレッタ (1913)の映画版だが、ハーバートの曲を使ってはいるものの、物語の背景を時代物から現代アメリカに置き換えて、「恋人」というブロードウェイのショーを演じている主人公たちの話になっている。

　ジャネットとエディは、6年間も続くブロードウェイのショー「恋人」を演じている夫婦で、この作品をハリウッドで映画化する誘いを受ける。ハリウッドでの生活は、舞台とはまったく異なり、やはり水が合わないと感じた二人は、舞台に戻っていく。

　脇役でフランク・モーガンやレイ・ボルジャー(二人は翌年の「オズの魔法使」にも出演)が出演していて、賑やかな顔ぶれ。映画の内容もそれなりに楽しめるが、それよりも色彩の美しさと、ジャネットの魅力を堪能する映画だろう。監督はW・S・ヴァン・ダイク。

ブロードウェイのセレナーデ　Broadway Serenade (1939)*は舞台裏物。ジャネットはナイト・クラブの歌手で、ブロードウェイ進出が夢だ。作曲家の夫リュー・エイアーズはジャネットの売り込みに成功して、彼女は一

躍スターとなるが、夫のほうは売れずに、落ち込んでしまう。しかし、最後には彼も作曲家として成功する。

最後の場面はバスビー・バークレイの演出で、派手な演出を狙ったが、MGM移籍後最初の作品だったので、バークレイらしさはあまり発揮されていない。使われている曲は既成曲が中心で、ジャネットが軽い曲からオペラの本格的なアリアまで歌いまくる。フランク・モーガンやアル・シーンなどで脇を固めたが、低調な出来だった。ロバート・Z・レナード監督の白黒作品。

ニュー・ムーン New Moon (1940) は、シグマンド・ロムバーグの同名舞台オペレッタ (1928) の映画版で、ジャネットとネルソン・エディの共演作品。監督は前作に続いてロバート・Z・レナードが担当。ジャネットの個性に合わせて、舞台に忠実な映画化となっている。

アメリカ独立直後のニュー・オリンズは、まだフランス領だったので、叔父から農園を相続したジャネットが、パリからはるばるとやって来る。同じ船でやって来たネルソン・エディは貴族の出身だが、王権に反抗して政治犯となりフランスから逃亡していた。エディに好意を寄せたジャネットは、彼に農園の管理を手伝わせることとしたが、フランスから追手が来るので、エディを先に逃して自分はフランスへ帰るつもりで、ニュー・ムーン号という船に乗り込む。エディは海賊の頭となり、ニュー・ムーン号を乗っ取るが、船は難破してしまい、小さな島に流れ着く。エディはその地で彼の理想とする共和国を作り、ジャネットと結婚する。その間にフランス本国では革命が起こり、エディは晴れて自由の身になる。

いかにもロムバーグらしいオペレッタ調の曲が多く、『恋人よ、我へ帰れ』や、『朝日のごとく柔らかく』などがヒットした。ジャネットのファンには嬉しい1本で、ジャネットとネルソンの代表的作品のひとつとなっている。

MGMは10年前にも、同じ作品を映画化 (1930) している。その時の主演はローレンス・ティベットとグレイス・ムーアというオペラ界のスターを起用している。そのため、歌は本格的だったが、ロムバーグの曲が大幅にカットされてしまい、主演の二人も映画に慣れていなかったため、冴えない結果となった。

原作オペレッタの『気丈な男たち』Stout Hearted Men という曲は、白井鐵造が宝塚で昭和8年 (1933) の正月に発表した「巴里ニューヨーク」という作品の中で、『海賊船の唄』として使われている。恐らくは1930年版の映画から取ったと思われるが、日本コロムビアの出したレコード「宝塚大全集」の解説では作者不詳となっているので、ここに記しておく。

甘辛人生 Bitter Sweet (1940)* も舞台作品の映画化だが、ちょっと雰囲気が変わり、英国のノエル・カワードの作品。ウィーンで暮らすジャネットは、好きでない男との結婚を嫌って、音楽教師のネルソン・エディと駆け落ちして結婚し、音楽で生計を立てる。エディは自作のオペレッタを書き上げて上演しようとするが、決闘に敗れて亡くなってしまう。オペレッタはジャネットの主演で上演されるが、エディはそれを見ることはできなかった。

原作舞台作品 (1929) はロンドンで大ヒットし、同年にブロードウェイでも上演されている。映画版としてはアンナ・ニーグルの主演で作られた英国作品「薔薇のワルツ」Bitter Sweet (1933) のほうが早い。

ジャネットとエディの作品では、先の「君若き頃」(1937) で筋立てのみが借用されているのは前述のとおり。曲はカットされて少なくなっているが、やはりノエル・カワードの独特のムードがある作品なので、ジャネットとエディの雰囲気には合っていないように感じられる。W・S・ヴァン・ダイク監督のカラー作品。

永遠の微笑 Smilin' Through (1941)* は、同名舞台劇 (1919) のミュージカル映画化。結婚式の日に妻ジャネットを殺された男ブライアン・アーンは、妻の面影を求めて小さな姪を引き取り育てる。しかし、大きくなった姪 (ジャネットの二役) が恋におちた相手は、自分の妻を殺した男の息子だったので、ブライアンが悩む。

原作の舞台劇は、同じ原題で以前にも2度ほど映画化されている。1度目はノーマ・タ

ルマッジ主演の無声映画「久遠の微笑」(1922)で、2度目はノーマ・シアラー主演のトーキー作品「永遠に微笑む」(1932)。最初のタルマッジ版の出来が良いといわれている。ミュージカル化はこの作品が最初。楽曲は時代に合わせた古い既成曲を使用している。フランク・ボーゼイジ監督のカラー作品。

天使と結婚した私 I Married an Angel (1942)*は、リチャード・ロジャースとローレンツ・ハートの同名ミュージカル作品(1938)の映画版。映画化にあたって、ハーバート・ストザードの新曲が加えられている。

ハンガリーのブダペストを舞台にした話で、ジャネットはプレイ・ボーイの銀行家ネルソン・エディの下で働いている。エディの誕生日に仮装パーティが開かれ、ジャネットは天使に扮して現れるが、お金が足りずに安物の材料を使ったために、羽根が取れてしまい散々な目に遭う。エディはジャネットと踊った後に眠りにつくと、本物の天使ジャネットと結婚する夢を見る。天使は理想的な妻なのだが、嘘をつくことを知らないので、地上の女性に嘘を習うことになる。

リチャード・ロジャースの音楽は美しく魅力的だが、ロジャース自身は舞台の仕事で忙しく、映画化には関与していないため、作品としては若干低調。ネルソン・エディはこの作品を最後にMGMを去ったので、ジャネットとエディの名コンビも、この作品が最後となった。W・S・ヴァン・ダイク監督の白黒作品。

カイロ Cairo (1942)*は、第二次世界大戦中に作られた映画なので、戦争を背景にしたスパイの話をコメディ仕立てで見せる。カリフォルニアの地方紙の記者ロバート・ヤングがカイロへ行き、ナチスから逃れてきた映画スターのジャネット・マクドナルドと、お互いにスパイなのではと疑心暗鬼となりながら探り合う。

アーサー・シュワルツが何曲か提供した以外は既成曲を使用していて、ロバート・ヤングが歌えないため、代わって黒人のエセル・ウォルターズがジャネットと一緒に歌い、それが聞かせどころとなっている。W・S・ヴァン・ダイク監督の白黒作品。

愛しい三人娘 Three Daring Daughters (1948)*は、ジョー・パスタナクが戦後に作ったジャネットの主演作品。この作品のジャネットは、若いジェイン・パウエルの母親役を演じる。夫と別れて雑誌の編集をやりながら3人の娘を育てたジャネットは、働き過ぎで倒れてしまう。医者の勧めで、3人の娘と離れて1か月間の船旅に出るが、その船旅で有名な音楽家ホセ・イタービ（本人出演）と恋におちて、キューバで結婚して戻る。ところが長女ジェイン・パウエルを中心とする3人の娘は、別れた父親を家に呼び戻そうとしていたので大混乱となる。

ジャネットと、若いジェイン・パウエルの声の伸びは素晴らしく、それに加えてホセ・イタービ本人も出演しているので、物語はともかく音楽的には楽しめる。ジェインは子供の時からジャネット・マクドナルドに憧れていたので、この映画での共演を喜んだらしい。フレッド・M・ウィルコックス監督のカラー作品。

山荘物語 The Sun Comes Up (1949)は、ジャネット・マクドナルド最後の映画作品。ジャネットはコンサート歌手で、夫を戦争で失い、残された息子と暮らしていたが、その息子も事故で亡くなり、生きる力をなくしかける。彼女は愛犬ラッシーとともに山荘を借りて住み始めて、そこで孤児と知り合い、犬の世話を通じて生きる希望を取り戻す。ジャネットは『ある晴れた日に』などを歌うが、相手役がいないので、ジャネット一人の歌に終始する。リチャード・ソープ監督のカラー作品。

★

ネルソン・エディ Nelson Eddy
(1901.6.29 – 1967.3.6)

ネルソン・エディは1901年生まれの歌手で、MGM時代にジャネット・マクドナルドと組んだオペレッタ作品で人気があった。両親ともに歌手で、祖父も音楽家という音楽一家に育ったが、貧乏で正式に音楽を勉強できずに、歌はレコードを聞いて独学で学んだという。様々な職についたが、才能が認められて、援助を受けてヨーロッパで声楽を学び、コンサートに出ていたところをMGMにスカウトされて、映画に出演するようになる。

第2章　1930年代：不況の時代

最初に出た長編「紐育ミュージ・ハリウッド」Broadway to Hollywood (1933)ではまだ端役。ジョーン・クロフォードの「ダンシング・レディ」Dancing Lady (1933)や、ジミー・デュランテの「カルロ」Student Tour (1934)でも、小さな役で1曲歌うだけ。

主演したのは、ジャネット・マクドナルドの相手役として「浮かれ姫君」Naughty Marietta (1935) に出てからで、マクドナルドとは8本の映画で共演した。ジャネットはモーリス・シュヴァリエと何本か共演してはいたが、歌い方とすれば、シュヴァリエの小唄調ではなく、オペラ的な歌い方をするネルソン・エディのほうが共演しやすかったに違いない。

「ローズ・マリイ」Rose-Marie (1936)、「君若き頃」Maytime (1937)、「ポルカの歌姫」The Girl of the Golden West (1938)、「恋人」Sweethearts (1938)*、「ニュー・ムーン」New Moon (1940)、「甘辛人生」Bitter Sweet (1940)*、「天使と結婚した私」I Married an Angel (1942)*と続くが、この間にもほかの女優と組んだ作品を撮っている。

「ロザリー」Rosalie (1937)*ではタップ・ダンスの女王エレノア・パウエルと組むが、芸風が違い過ぎてネルソン・エディとしては不発に終わっている。「自由を響かせろ」Let Freedom Ring (1939)*はドラマに重点が置かれた作品で、ヴァージニア・ブルースとの共演。「バラライカ」Balalaika (1939)*はロシア革命を背景として、革命家の娘と体制派の貴族との恋を描く。オスカー・シュトラウスのオペレッタの映画版「チョコレートの兵隊」The Chocolate Soldier (1941)*は、美人で歌も上手なオペラ歌手リーゼ・スティーヴンスが相手役で、ジャネット以外と組んだ作品では一番面白い。

ジャネットと組んだ8作目「天使と結婚した私」(1942)*を最後に、ネルソン・エディはMGMを去り、ユニヴァーサルの「オペラの怪人」Phantom of the Opera (1943)では歌姫スザンナ・フォスターと共演している。その後は独立系でクルト・ワイル音楽の「ニッカーボッカーの休日」Knickerbocker Holiday (1944)*に出演したが成功していない。ディズニーの「メイク・マイン・ミュージック」Make Mine Music (1946)*で声の進行役として出演をした後、リパブリックでイローナ・マッセイと組んだ西部開拓史の「北西入植地」Northwest Outpost (1947)*に出演したが、低調に終わっている。エディはこの作品を最後に映画界からは引退して、1950年代と60年代前半はテレビ出演していた。

紐育ミュージ・ハリウッド　Broadway to Hollywood (1933) は、エディが最初に出た長編作品で、アリス・ブラディとフランク・モーガン主演の舞台裏物。夫婦のヴォードヴィリアンが戦争で子供を失い、孫がハリウッドでレヴュー映画に出演するまでを描く。子供時代のミッキー・ルーニーが孫役を演じていて、ネルソン・エディは端役で出演している。ウィラード・マック監督作品。

自由を響かせろ　Let Freedom Ring (1939)*は、劇作家ベン・ヘクトの書き下ろし台本を、ジャック・コンウェイ監督が撮った作品。大陸横断鉄道を無理やり通すために、手段を選ばずに土地を安く買収しようとするエドワード・アーノルドと、不正に対抗するために立ち上がるネルソン・エディの対決を描く。

鉄道建設に駆り出された、アイルランド移民のヴィクター・マクラグレンや、エディが思いを寄せるヴァージニア・ブルースなど、役者が揃っている。ベン・ヘクトはもっと社会的な視点から描こうとしたが、第二次世界大戦前夜という時代のために、ファシズムに対抗して自由を求めるという、比較的単純な図式の作りとなってしまった。ヴァージニア・ブルースは歌もこなすが、彼女が歌うのは1曲だけで、ほかはネルソン・エディが歌っている。

バラライカ　Balalaika (1939)*は、ロシア革命を背景とした作品で、ネルソン・エディは貴族でコサック隊の隊長役。サンクト・ペテルブルグのカフェ・バラライカの歌手イローナ・マッセイに一目惚れして、身分を隠して恋仲となり、彼女のオペラ・デビューを支援する。ロシア革命により、革命派のイローナ一家と、それを弾圧する側のエディは引き裂かれてしまうが、最後には亡命先のパリで二人は再会する。

ロンドンで上演された同名の舞台ミュージカル(1936)の映画版で、原作舞台作品は「偉大なハッサル」The Great Hussar (1933)の

改作版。ネルソンの相手役として白羽の矢が立ったイローナも、それなりに歌っている。革命前のロシア貴族社会の絢爛たる様子が見どころ。最後のパリの景で、フランク・モーガンが故郷を思って歌う場面が、よく描けている。監督はドイツ出身のライホルト・シェンツェル。

チョコレートの兵隊　The Chocolate Soldier (1941)*は、オスカー・シュトラウス作曲のオペレッタから題名を取ってはいるが、話の内容はMGMのトーキー初期の喜劇映画「近衛兵」The Guardsman (1931)をミュージカル化したリメイク作品。もともとはハンガリーの劇作家フェレンツェ・モルナールの「衛兵」Testőr (1910)を下敷きにしている。モルナールは、舞台ミュージカル「回転木馬」Carousel (1945)の原作戯曲「リリオム」Liliom (1909)の作者としても知られている劇作家。

ネルソン・エディはリーゼ・スティーヴンスと夫婦で、一緒にオペレッタの舞台に立っているが、美しくて快活なリーゼが本当に貞淑な妻かどうか心配でたまらない。そこで、ロシア人歌手に変装して彼女に近づき、口説いてみると気が有りそうで無さそうで、余計に心配になってしまう。実はリーゼはエディが変装していることを知って、逆にからかって楽しんでいるのだった。

劇中劇の舞台で「チョコレートの兵隊」が演じられているという設定で、オスカー・シュトラウスの曲が歌われている。「チョコレートの兵隊」というオペレッタは、ジョージ・バーナード・ショウの戯曲「武器と人間」を下敷きにしているが、バーナード・ショウはオペレッタ版が気に入らなかったために、ほかの作品のオペレッタ化を許可しなかったという。そこで映画化にあたっても、苦肉の策として話を別物に置き換えて、音楽だけ持ってきたのだろう。

相手役のリーゼ・スティーヴンスは、メトロポリタン歌劇場にも出たくらいだから、歌がうまいうえに美人でもあるので、エディの相手役としても素晴らしかったが、一緒に組んだのはこの作品だけだった。

オペラの怪人　Phantom of the Opera (1943)は、エディが初めてMGMから離れてユニヴァーサルで出演した作品。有名になったミュージカル映画「オペラ座の怪人」(2004)と同じに、ガストン・ルルーの原作から作られている。

ユニヴァーサル社といえば、ミュージカルではB級作品を作っているというイメージがあるが、怪奇映画では一番の老舗なので、この作品もネルソン・エディのオペラ映画というよりも、共演したクロード・レインズの怪奇映画という感がある。ユニヴァーサルとしても、無声時代にロン・チャニー主演の「オペラの怪人」(1925)の評判が良かったので、それをカラー化したリメイクとしての位置づけだろう。だから、撮影所に1925年版で使ったのと同じ建物を再現して撮影したという。

話はちょっとアレンジされていて、オペラ座に棲みついて下積み歌手スザンナ・フォスター（クリスティーヌ役）を助けている怪人は、実はスザンナの実父の音楽家で、顔に硫酸を浴びて表に出られなくなったという設定。オペラ座でヴァイオリンを弾いていたクロード・レインズは、密かに娘スザンナ・フォスターを助けて歌を習わせていたが、指が動かなくなってオーケストラをクビになってしまう。金に困ったレインズは自作のピアノ協奏曲を出版社に持ち込むが、その出版社で曲を盗まれたと思い込み、社長を殺して顔に硫酸を浴びて逃げる。オペラ座の地下に棲みついた彼は、スザンナを主役にするためにプリマを殺したりもするが、スザンナを愛するバリトン歌手のネルソン・エディや警部のエドガー・バリアの追跡により、追い詰められて崩れた壁の下敷きになって死んでしまう。

使われている曲はいずれもマイナーなオペラの曲が多く、エディとスザンナによって歌われている。スザンナはカメラ映りが良く、歌もうまいので映画向きだが、出演作が少なかったのは残念だ。アーサー・ルビン監督のカラー作品で発色も良い。

ニッカーボッカーの休日　Knickerbocker Holiday (1944)*は、独立プロで制作してユナイトで配給した、ハリー・ジョー・ブラウン監督のミュージカル作品。もともとはクルト・ワイル音楽、マックスウェル・アンダソン台本の舞台作品(1938)の映画版だが、有名曲だけを残し、新曲を加えたかなり自由な映画化となっている。

第2章 1930年代：不況の時代

ニュー・ヨーク市の前身である、オランダ植民地時代のニュー・アムステルダムを舞台に、そこで独裁的な統治を行った、銀の義足の総督チャールズ・コバーン（実在したピーター・ストイフェサント役）と、それを告発する新聞記者のネルソン・エディとの戦いを描いていて、エディと恋人コンスタンス・ドーリングのエピソードが絡む。

舞台版はアンダソンの気骨ある台本で知られていたが、戦争中という時節柄か、話の内容はかなり甘く書き直されている。舞台版で使われたクルト・ワイルの音楽は『セプテンバー・ソング』以外はほとんど削られたが、ジュール・スタインの書き足した追加曲も雰囲気に合っている。

北西入植地　Northwest Outpost (1947)*は、リパブリック社で撮ったネルソン・エディ最後の映画出演作品だが、失敗作といわれている。植民地時代のアメリカのカリフォルニアで、ロシア人入植地ロス砦を舞台に、ロシア貴族の夫人との間で、「ローズ・マリイ」(1936) の二番煎じのような話が展開される。

音楽はルドルフ・フリムルが担当したが、印象に残るような名曲は残せなかった。エディは46歳だが、さして声の衰えは感じられない。残念なことに脚本が悪く、つまらない作品となってしまった。相手役はイローナ・マッセイで、よく歌っている。監督はアラン・ドゥワン。

★

マルクス兄弟　Marx Brothers（その2）

マルクス兄弟は、1929年から33年までの間にパラマウント社で5作品を撮ったが、それ以降はMGMに移り、1935年から41年にかけて新たに5本を撮っている。もともとは5人の兄弟で舞台に出ていたが、映画界入りする時にガンモが抜け、MGMへ移る時にゼッポが抜けたので、MGM時代にはチコ、ハーポ、グルーチョの3人組となった。パラマウント時代から共演していたマーガレット・デュモンはMGM作品にも登場している。パラマウント時代と比べると、MGM時代のほうが、台本がしっかりと書かれている印象で、スケール・アップのギャグ満載で楽しめる。

MGMでの最初の作品は「オペラは踊る」A Night at Opera (1935)で、アラン・ジョーンズがオペラ歌手役で歌っている。「マルクス一番乗り」A Day at the Race (1937)もアラン・ジョーンズの出演で音楽的には賑やか。「ルーム・サーヴィス」Room Service (1938)*はRKOに貸し出された作品で、マルクス兄弟向けに書かれた作品ではないので、いつもの調子とは異なる。

MGMで「マルクス兄弟珍サーカス」At the Circus (1939)、「マルクス二挺拳銃」Go West (1940)、「マルクス兄弟デパート騒動」The Big Store (1941)と撮った後は、兄弟たちはMGMから離れる。

ユナイトが配給した「マルクス捕物帖」A Night in Casablanca (1946)はナチスの財宝の話で、兄弟としてはいつもの調子が出ていない。グルーチョだけがカルメン・ミランダと共演した「悩まし女王」Copacabana (1947)を経て、兄弟最後の作品となったのは、やはり独立系で作られた「ラヴ・ハッピー」Love Happy (1949)*で、ヴェラ＝エレンやマリリン・モンローの出た映画として知られている。

オペラは踊る　A Night at Opera (1935)は、兄弟がMGMに移籍して最初に作った作品。台本は映画オリジナルだが、舞台で鍛えたジョージ・S・カウフマンとモーリ・リスキンドが担当しており、監督はサム・ウッド。題名からわかるとおりに、オペラを題材とした作品で、オペラ歌手役には声の良いアラン・ジョーンズが出演。常連のマーガレット・デュモンも相手役で出ている。

ミラノに旅行中の富豪マーガレット・デュモンは、グルーチョの勧めに従い、ニュー・ヨークのオペラ劇場の後援者となり、イタリアから有名歌手を連れて帰ることにする。オペラの衣装係ハーポや音楽家チコなどは船賃を払わずに密航して、船の中でひと騒動あるが、何とかニュー・ヨークの公演までこぎつける。一座のテノールがソプラノに恋をして、恋敵のアラン・ジョーンズを追い出すので、アランを応援していたハーポたちは、仕返しのためにオペラ公演をめちゃくちゃにしてしまう。結局、アランは恋人とともにニュー・ヨーク公演で成功する。

船の中のグルーチョの部屋に次から次に人が入り、鮨詰めとなる場面が有名。使われている曲は、ヴェルディのオペラ「イル・トロヴァトーレ」からが多い。オペラの歌が沢山入るほかに、チコのピアノと、ハーポのハープと口笛が聞ける。ゼッポはこの作品から出演していない。

マルクス一番乗り　A Day at the Race (1937) は、MGMでの2作目で、前作の「夜」Nightに対して「日」Dayが題名に使われている。台本作者は代わったが、監督は同じサム・ウッドで、共演はマーガレット・デュモン、客演はアラン・ジョーンズと、ほとんど同じメンバー。

今回の舞台は競馬場のそばの療養所。金持ちのマーガレット・デュモンが入院していて、名医グルーチョの診断を待っている。到着したグルーチョは果たして馬の名医だった。病院経営は火の車で、競馬で持ち馬が優勝することが頼みの綱だったが、お金が足りないので、その馬の餌代にも事欠いている。そこで一同が歌で稼ぎ、何とかその馬を優勝させる。

音楽場面も多く、劇中の水上レヴューでアラン・ジョーンズが歌うほかに、チコのピアノ、ハーポのハープなども盛り込まれている。そのほか、珍しくグルーチョの歌もあり、ハーポが黒人たちと一緒にスウィング調のジャズで盛り上がる場面も楽しい。

ルーム・サーヴィス　Room Service (1938)* は、MGMからRKOに貸し出されて撮られた作品。ブロードウェイの同名劇(1937)の映画化で、マルクス兄弟を念頭に置いて書かれた作品ではないので、モーリ・リスキンドがマルクス兄弟向けにシナリオに手を入れているものの、いつもの調子は出ていない。

グルーチョは演劇制作者で、金欠を出資者に悟られないように手を尽くすと同時に、滞在中のホテルの支払をごまかす。きっちりとした舞台劇なので、マルクス兄弟がふざけるアドリブ場面が入っていない。歌はないので、ミュージカルではないが、賛美歌を歌う場面の伴奏で、ハーポが珍しくハーモニカの演奏を披露する。ルシル・ボールや、15歳のアン・ミラーらが出演している。ウィリアム・A・サイター監督作品。

この作品は、後年フランク・シナトラとジョージ・マーフィの共演で、「芸人ホテル」Step Lively (1944) として再映画化された。

マルクス兄弟珍サーカス　At the Circus (1939) は、MGMに戻って作った作品で、マーガレット・デュモンも出演している。小さな貧乏サーカスが借金に困り、弁護士のグルーチョに相談する。グルーチョはサーカスで働くチコやハーポと一緒に、金持ちのパーティに乗り込み、オーケストラの演奏に代えてサーカスを見せるが、大混乱となる。ハーポは映画の中で喋ることはなかったが、この作品では「くしゃみ」をして声を聞かせた。

ハロルド・アーレンが曲を書いていて、いつものとおりにグルーチョの歌とチコのピアノ、ハーポのハープなど音楽が盛り沢山のエドワード・バゼル監督作品。

マルクス二挺拳銃　Go West (1940) は、大志を抱いて西部へ向かったマルクス兄弟たちが、土地の権利書騒動に巻き込まれる話。鉄道が敷かれる土地の権利書を、悪漢たちと取り合うさまが描かれる。エドワード・バゼル監督。映画の冒頭に入る「若者よ、西部を目指せ！と語った人を後悔させた男たちの話」という説明は、ニューヨーク・トリビューン紙を発行していたホレス・グリーリーの言葉からの引用。楽曲は少ない。

マルクス兄弟デパート騒動　The Big Store (1941) は、MGMでの最後の作品。いつものマーガレット・デュモンがデパートの経営者で、共同経営者はトニー・マーティン。デパートの中でトニーが暴漢に襲われたので、私立探偵グルーチョと、その助手ハーポが調査をする。チコはデパートの警備員だ。暴漢騒ぎは、デパートの乗っ取りをたくらむ支配人の仕業だとわかるが、その支配人たちとの間でドタバタが起こる。

チコ、ハーポの演奏のほかグルーチョも歌い、トニー・マーティンも歌う。ミュージカル・ナンバーはマルクス兄弟の作品の中では一番丁寧に作られている。ドタバタ場面も大規模な展開だが、その分マルクス兄弟の舞台的な感覚が失われている。マーガレット・デュモンとマルクス兄弟の共演は、この作品が最後。チャールズ・ライスナー監督作品。

マルクス捕物帖　A Night in Casablanca (1946) は、MGMから離れて作られた作品で、

配給はユナイト。第二次世界大戦後のカサブランカの高級ホテルでは、3代続けて支配人が怪死するが、それはナチスの財宝がホテルに隠されているためだとの噂だった。そこへ着任したのが、新支配人のグルーチョ。謎めいた伯爵に化けているナチスの残党と、マルクス兄弟たちが財宝を奪い合う。

音楽はチコのピアノ、ハーポのハープといつもどおり。監督はアーチー・メイヨーだが、全盛期のマルクス兄弟のエネルギーはもう感じられない。

悩まし女王 Copacabana (1947) は、兄弟としての映画ではなく、グルーチョ単独の出演作品。グルーチョは金欠のタレント・エージェントで、ホテル代にも困る有様だが、恋人の歌手カルメン・ミランダを、ナイト・クラブのコパカバーナに売り込もうとする。南米から来たカルメンとして売り込むが、モロッコ出身でフランス語の曲を歌うフィフィ嬢も求められて、両方の契約をする。実はこの二人ともカルメンが変装しているだけなので、出演も掛け持ち、恋人も掛け持ちになって混乱してしまう。

ほとんどがコパカバーナの場面で、カルメン・ミランダの歌のほか、グルーチョも1曲歌う。カルメンのショー場面が満載で楽しめるが、残念ながら彼女の良さが出にくい白黒作品。グルーチョはいつもの調子で冗談を飛ばすが、ハーポやチコがいないので、単発で終わりギャグとしての破壊力が弱い。

作曲はサム・コスロウで、監督はアルフレッド・E・グリーン。カルメンはこの作品からはフォックスから離れていて、ビーコン・プロの制作作品。

ラヴ・ハッピー Love Happy (1949)* は、マルクス兄弟最後の作品で、ヴェラ＝エレンとマリリン・モンローが出ている。若いタレント希望者たちのために、ハーポは何でもかっぱらってきて、生活を支えているが、イワシの缶詰の中にロマノフ王朝の宝石が隠されていたので騒動となる。グルーチョは狂言回しと探偵役。ヴェラ＝エレンが踊りを見せる。題名は「恋愛好き」という意味で、デイヴィッド・ミラー監督のユナイト作品。

エレノア・パウエル Eleanor Powell
(1912.11.21–1982.2.11)

エレノア・パウエルは、映画以外では実績は少ないので、MGMが見つけて売り出したミュージカル・スターだといえる。1912年生まれのパウエルは、小さい時に恥ずかしがり屋だったので、それを克服するためにダンスを習い始め、10代後半の1929年からブロードウェイの舞台に立ったが、すぐに映画界に引き抜かれて、主演の扱いになった。

ダンスの名手として有名なジャック・ドナヒューの愛弟子といわれている。ものすごい速さで正確なリズムを刻むタップ・ダンスが売り物で、ほとんど踊りのみでスターとなり、1930年代後半のMGMミュージカルを支えた。

最初に出演した長編作品はフォックス社の「ジョージ・ホワイツ 一九三五年スキャンダルス」George White's 1935 Scandals (1935) で、アリス・フェイの主演作品だが、エレノア・パウエルもナイト・クラブの場面で踊っている。MGMでの主演作としては「踊るブロードウェイ」Broadway Melody of 1936 (1935) が最初で、「踊るアメリカ艦隊」Born to Dance (1936)、「踊る不夜城」Broadway Melody of 1938 (1937) と続く。

初期の作品はほとんどが舞台裏物で、ダンサーとして舞台で踊る役が中心。これは演技や歌の問題があったためだと思われるが、同じようなタップ・ダンサーだったフレッド・アステアが、ダンサーの役であっても物語の中での踊りを大事にしていたのとは大きく異なる。エレノアも「ロザリー」Rosalie (1937)* 以降は役柄を広げて、「踊るホノルル」Honolulu (1939) などにも出演する。

「踊るニュウ・ヨーク」Broadway Melody of 1940 (1940) は、エレノアがフレッド・アステアと共演した映画で、唯一無二と思われる素晴らしい踊りが残されている。エレノアのタップは群を抜いたスピードだったので、ほかの作品では彼女のパートナーとして十分に踊れる男性ダンサーが存在せずに、エレノアはソロで踊り、踊りが単調になることが多かった。この作品ではアステアというパートナーを得て、彼女の真価が発揮された。中でも『ビギン・ザ・ビギン』で見せた踊りは、

「ご婦人よ行儀良く」Lady Be Good (1941)*は、MGMに移籍したバスビー・バークレイがミュージカル場面を演出したが、エレノアは踊りの相手役が見つからずに、犬を相手に踊っている。「おーい、船」Ship Ahoy (1942)*と、「僕がやったんだ」I Dood It (1943)*の共演相手は、コメディアンのレッド・スケルトンなので、エレノアは一人で踊るしかない。

「万人の歓呼」Thousands Cheer (1943)*もMGM社の慰問用映画で、エレノア・パウエルもゲスト出演して、『ブギ・ウギ』Boogie Woogieを踊っている。エレノアとしては、初めてのカラー作品。彼女は1943年に結婚したため、それ以降は豪華な楽団演奏場面が評判になった「ニューヨークの饗宴」Sensations of 1945 (1944)に出た程度で、あまり映画に出演していない。その後はエスター・ウィリアムスの主演映画「アイダホの公爵夫人」Duchess of Idaho (1950)*でゲスト出演しているが、これがエレノアの最後の映画出演となった。

踊るブロードウェイ Broadway Melody of 1936 (1935) は、エレノア・パウエルが初めて主演級で出演した作品で、「ブロードウェイ・メロディー」シリーズの出発点となった。「ブロードウェイ・メロディー」(1929)はトーキー初期のチャールズ・キング主演の映画だが、ブロードウェイの舞台裏物としてエレノア主演でシリーズ化された。

この1936年版でも、ブロードウェイで新作のショーを準備している演出家ロバート・テイラーを頼って、同郷のエレノア・パウエルがスターを夢見てニュー・ヨークへ出てくるが、故郷に戻るように諭される。ところが、テイラーは新作の主演女優が決まらずに困っていて、新聞記者のジャック・ベニーにいろいろ妨害されるものの、最後はエレノアが素晴らしい才能を持っていることを知り、主役に抜擢する。

アーサー・フリードの作詞にナシオ・ハーブ・ブラウンの作曲で、良い曲が沢山入っている。エレノアの歌はマージョリー・レインの吹替だが、踊りは素晴らしい。脇役でバディ・エブセンや、ウナ・マーケル、ジューン・ナイト、フランシス・ラングフォードなどの実力派が顔を揃えている。振付はデイヴ・グールドだが、『君は僕の幸運の星』のバレエ場面の振付はアルバティーナ・ラーシュ。監督はロイ・デル・ルースのMGM作品。

1 オーケストラ演奏 Overture（タイトル・バック）
2 ハリー・ストックウェルの歌 The Broadway Melody
3 フランシス・ラングフォードの歌 You Are My Lucky Star
4 ロバート・テイラーとジューン・ナイトの歌、踊り I've Got a Feelin' You're Foolin'
5 いびきの専門家 The Snoring Expert
6 バディとヴィルマ・エブセンの歌と踊り、エレノア・パウエルの踊り（歌は吹替）Sing Before Breakfast
7 いびきの専門家 The Snoring Expert（2度目）
8 フランシス・ラングフォードの歌 I've Got a Feelin' You're Foolin'
9 エレノア・パウエルの歌（吹替）と踊り You Are My Lucky Star
10 バディ・エブセンの歌と踊り On a Sunday Afternoon
11 エレノア・パウエルの踊り You Are My Lucky Star
12 フランシス・ラングフォードの歌、バディとヴィルマ・エブセン、エレノア・パウエル、ジューン・ナイトとニック・ロング・ジュニアの踊り Broadway Rhythm

踊るアメリカ艦隊 Born to Dance (1936) の原題は、いかにもエレノア・パウエルらしい題名となっている。前作に続いて監督はロイ・デル・ルースだが、楽曲はコール・ポーターが提供している。エレノアの相手役は、ミュージカルでは珍しいジェイムス・ステュアートで、エレノアとのデュエット場面ではエレノアが吹替なのに、ステュアートは自分の声で歌っている。

ステュアートは潜水艦の乗組員で、任務を終えて4年ぶりにニュー・ヨークへ上陸する。女房のことを心配する仲間に連れられて、その女房ウナ・マーケルが踊り子をしているナイト・クラブへ行き、そこで踊り子仲間エレノアを見て恋におちる。潜水艦の見学に来た女優ヴァージニア・ブルースは、ステュアートに惚れるが、ステュアートはエレノアに夢中という三角関係で、最後にはエレノアはショーのスターとなり、ステュアートと結ばれる。

この作品でも、バディ・エブセンとフランシス・ラングフォードが脇を固めている。振付は前作と同じデイヴ・グールド。エレノアのダンス満載なので、踊りを見るには良い作品。

踊る不夜城 Broadway Melody of 1938 (1937) は、エレノア・パウエルの「ブロードウェイ・メロディー」シリーズの第2弾。スタッフは曲以外は前作と同じで、監督ロイ・デル・ルース、楽曲ナシオ・ハーブ・ブラウン、作詞アーサー・フリード、振付デイヴ・グールドだ。

今回も舞台裏物で、ショーを上演しようとしている演出家も、前回と同じにロバート・テイラー。エレノアはショーの資金を出している富豪の娘として登場する。親が育てている競走馬が好きで、それを手放したくないために踊って稼ぐつもりだったが、ショーの主役となり、おまけに競走馬もレースに優勝して、めでたしとなる。

話は荒唐無稽だが、脇役陣が充実していてショー場面はまことに楽しい。今回はジョージ・マーフィ、ソフィー・タッカー、バディ・エブセンにジュディ・ガーランドという充実ぶり。特にジュディがクラーク・ゲイブルのポートレイトを見つめて歌う『貴方を愛させるのは貴方』You Made Me Love Youは、ジェイムス・V・モナコの曲をロジャー・イーデンスがアレンジしている。この曲はクラーク・ゲイブルの36歳の誕生パーティで、誕生日のプレゼントとしてジュディが歌ったものだが、それを聞いたルイス・B・メイヤーが気に入り、この映画で歌わせた。

ロザリー Rosalie (1937)* は、同名舞台ミュージカル (1928) の映画版。舞台版はジョージ・ガーシュウィンとルドルフ・フリムルが曲を書いているが、映画版ではそれらを使わずに、コール・ポーターが新曲を提供している。楽曲は舞台版と異なるが、話は大筋同じで、ヨーロッパの小国の王女エレノア・パウエルと、ウェスト・ポイント士官学校の士官候補生ネルソン・エディとの恋、そして二人が結ばれるまでの話。エディが追いかけたり、エレノアが追ったりする。

コール・ポーターの曲が良く、エレノアの踊りを見せる場面は、バスビー・バークレイ風に大規模なセットで見せるほか、士官学校でのドリル・パレードと組み合わせたタップも見せる。

ネルソン・エディは、ジャネット・マクドナルド以外と組むのはエレノアが最初だったが、歌のエディに踊りのエレノアと分担していて、必ずしも二人の魅力を最大限に引き出せていないように思える。脇役はフランク・モーガンがエレノアの父親の王様役を演じたほか、レイ・ボルジャーが士官学校の同僚としてコミカルな役で出ている。W・S・ヴァン・ダイク監督作品。

踊るホノルル Honolulu (1939) は、エレノア・パウエルの踊りをたっぷりと見せる映画で、相手役のロバート・ヤングが二役を演じる。一人はハリウッドの映画スター、もう一人はハワイ農園主で、自分の仕事に飽きていた二人は、よく似ていたことから互いに入れ替わって、農園主はニュー・ヨークへ行き、映画スターはハワイのパイナップル農園へと向かう。ハワイ行きの船の中で、映画スターは踊り子のエレノアと知り合い、二人は恋におちるが、農園に着いてみると、農園主には婚約者が別にいたので大混乱となる。しかし、最後には誤解も解けて、2組のカップルが成立する。

新曲はハリー・ウォーレンが書いているが、見せ場となるエレノアの黒塗りのミンストレル場面では、古い南部民謡が使われている。脇役で出たグレイシー・アレンも歌うが、コンビを組んでいたジョージ・バーンズと一緒に映画に出演したのは、この作品が最後。エドワード・バゼル監督作品。

ご婦人よ行儀良く Lady Be Good (1941)* は、ガーシュウィンの舞台作品の映画版。とはいうものの、ガーシュウィンの曲は2曲だけで、話もまったく異なる。追加の新曲はナシオ・ハーブ・ブラウンが担当、監督はノーマン・Z・マクロードで、バークレイがダンス場面のみを演出した。映画版の話は、作曲・作詞のコンビであるアン・サザーンとロバート・ヤングは離婚したものの、実はまだ愛し合っているので、ダンサーのエレノア・パウエルが二人を取り持って再婚させようとする。

アーサー・フリードの制作で、ほかの脇役

陣も豪華だ。アン・サザーンの歌う『最後にパリを見た時』The Last Time I Saw Paris、エレノア・パウエルが犬と踊る『ご婦人よ行儀良く』Oh, Lady Be Good、パウエルと100人の男性陣の『魅惑のリズム』Fascinating Rhythmなど、見どころの多い作品。

　犬と踊る場面は、タレント犬がうまく踊らなかったので、パウエル自身が数週間かけて、自分で犬を訓練し直したという。エレノア・パウエルという稀代のタップ・ダンサーを得て、バークレイが個人芸と映画的な表現を融合させた作品。

おーい、船　Ship Ahoy (1942)*は、トミー・ドーシー楽団の演奏に乗ってエレノア・パウエルが踊る映画。物語は重要ではないが、第二次世界大戦の時世を反映した内容。エレノア・パウエルはドーシー楽団の踊り子で、新型兵器である磁気機雷の試作品を、秘密裏にプエルト・リコまで運ぶことになる。エレノアは、もちろんアメリカ政府のためにやっていると信じているのだが、実は敵国のスパイが彼女に依頼しているという展開。

　相手役にはコメディアンのレッド・スケルトン。若き日のフランク・シナトラが、ドーシー楽団の専属歌手として登場して歌う。シナトラの初出演映画としても知られている。監督はエドワード・バゼル。

僕がやったんだ　I Dood It (1943)*は、再びレッド・スケルトンを相手役とした作品で、「キートンの結婚狂」Spite Marriage (1929)のリメイク。レッド・スケルトンは、しがない洗濯屋の店員で、レヴューのスターであるエレノア・パウエルの大ファンだ。彼がクリーニングに出された上等のタキシードを着てレヴュー見物に行くので、エレノアは彼を金持ちだと思い込んで結婚してしまう。すぐに洗濯屋だと正体がばれるが、ギャングの爆弾騒ぎに巻き込まれて、彼の活躍により劇場が破壊から救われるので、大いに男を上げる。

　エレノアの踊りのほかに、ジミー・ドーシー楽団の演奏、レナ・ホーンの歌などが入っている。原題のI Dood Itは、レッド・スケルトンがラジオ番組で連発していた言葉から取られている。監督はヴィンセント・ミネリ。

ニューヨークの饗宴　Sensations of 1945 (1944)は、エレノア・パウエルの最後の主演作品で、話はともかく踊りと音楽の映画。ダンサーのエレノア・パウエルが、ショー・ビジネスの企画にも才能を発揮して、バレエとサーカスとを一緒にしたショーや、有名芸人の出演するクラブを始めて成功する。エレノアを後援している制作者の息子は、俗受けを狙い過ぎるとして彼女を批判するものの、最後には二人は愛し合うようになる。W・C・フィールズやソフィー・タッカーに加えて、キャブ・キャロウェイ楽団やウディ・ハーマン楽団が演奏していて、ショー場面は豪華だ。

★

ジュディ・ガーランド　Judy Garland (その1) (1922.6.10-1969.6.22)

　ジュディ・ガーランドは1922年生まれで、7歳の時から短編に出ていた。ミュージカル作品としては「大レヴュー」The Big Revue (1929)*、「おとぎの国の休日」A Holiday in Storyland (1930)*、「若いカップルの結婚」The Wedding of Jack and Jill (1930)*などの1巻物の短編に、3人組ガム姉妹の一人として出演している。2巻物の短編「西班牙舞曲」La Fiesta de Santa Barbara (1935)にも出演してガム姉妹で歌っている。この映画は短編だが3色方式のテクニカラーで撮影されており、ジュディの初めてのカラー作品。

　「ザッツ・エンターテインメント」にも使われた「アメリカーナの少女」Every Sunday (1936)では、ディアナ・ダービンと共演している。この作品は、MGMが二人をテストするために作ったような1巻物の小品で、ディアナはクラシックを1曲、ジュディはジャズを1曲歌い、最後に二人で『アメリカーナ』というロジャー・イーデンスの曲を歌い比べる趣向。その結果ジュディはMGMに残り、ディアナはユニヴァーサルへ移籍した。

　MGMと契約したものの、役が回ってこなかったジュディは、フォックス社に貸し出されて、大学物のミュージカル「フットボール・パレード」Pigskin Parade (1936)*に出演する。MGMでの本格的な出演は、「踊る不夜城」Broadway Melody of 1938 (1937)が最初で、長身のバディ・エブセンと短身のジュディが組んで歌ったほかに、クラーク・ゲイブルを讃える歌が評判になった。

歌入りドラマの「サラブレッドは泣かない」Thoroughbreds Don't Cry (1937)*では、初めてミッキー・ルーニーと共演、その後のコンビ結成に繋がる。この作品の中で、ジュディは自分でギターを弾きながら歌うが、画面をよく見ると実際には弾いていない。

ジュディがミッキーの相手役となったのは、ルーニーの身長が公称157cmしかなく、いつまでも子役を続けていて、相手役にも背の低い子役を求めたためだ。人気の絶頂期のルーニーは、私生活ではエヴァ・ガードナーと結婚したが、エヴァの身長は168cmなので、一緒に写真に写ると明らかにバランスが悪い。その点ジュディの身長は151cmで、ヒールのある靴を履いてもルーニーよりも低く、童顔だったこともあり、いつまでもルーニーと一緒に子役が務まった。もっとも、映画で見ると、時折二人の背の高さは逆転している。

ともかく「サラブレッドは泣かない」で共演した後、「アンディ・ハーディ」シリーズの4作目の「初恋合戦」Love Finds Andy Hardy (1938)が、ミュージカルとして作られる。ミッキーの「アンディ・ハーディ」シリーズでは、多くの女優がマドンナ役でゲスト出演したが、ジュディはさらに9作目の「アンディ・ハーディと上流娘」Andy Hardy Meets Debutante (1940)*、11作目の「二人の青春」Life Begins for Andy Hardy (1941)と、3作品に登場している。

毎回出ているアン・ラザフォードを除けば、3回も登場したマドンナ役はジュディだけ。いかにこの二人のコンビがうまく行ったかがわかるが、戦争が始まったこともあり、このシリーズは、ほとんど日本には輸入されなかった。シリーズの中でのジュディは、ルーニーの隣家の女の子という役割。ほかにも恋敵が登場するので混乱するが、最後は丸く収まるというのが定番。

この時期には、ルーニーと組んだ作品以外でも、芸人一家の話「みんな歌おう」Everybody Sing (1938)*に出ていて、出来は低調だがジュディは素晴らしい歌を聞かせる。ジュディが主演した初めての長編「聞いて、あなた」Listen, Darling (1938)*の監督も、「みんな歌おう」と同じエドウィン・L・マリンで、作品の内容はともかく、ジュディは『私の琴線にキュンと響く』Zing! Went the Strings of My Heartを歌い、人々を感動させた。

ここまでのジュディの作品は、歌は良いものの映画としてヒットはしなかったが、いよいよMGMミュージカルの代表作となる「オズの魔法使」The Wizard of Oz (1939)に出演する。ジュディは13歳でMGMと契約してから、徐々に人気が出てきたとはいえ、大スターとなったのは、「オズの魔法使」でドロシー役を演じてからだ。ドロシー役の時には、実年齢で17歳となっていて、少女というわけにはいかないが、その後も永遠の子役として人気のあった1920年生まれのミッキー・ルーニーとコンビを続けて、大人になりきれないという悩みを抱えることになる。

「オズの魔法使」の後は、ジュディはミッキーと組んで「青春一座」Babes in Arms (1939)に出演する。これは題名からもわかるとおりにロジャースとハートの舞台作品の映画化で、アンディ・ハーディ物ではない。(p.157の1940年代MGMへ続く)

フットボール・パレード Pigskin Parade (1936)*は、MGMと契約をしたものの、なかなか出番のなかったジュディが、フォックスに貸し出された作品。当時のフォックスには、大スターのシャーリー・テンプルがいたので、子役のスターは必要なく、端役の新人を借りた形。

フットボールの弱いテキサス州立大学に対して、エール大学が誤って試合の申し込みをしたので大騒ぎになる。農場で働いていたエイモスをにわか仕立ての選手にして何とか戦うが、ジュディはそのエイモスの妹役で、歌が上手なので応援歌を歌う。映画は陳腐だが、若いジュディの歌が魅力的。デイヴィッド・バトラー監督作品。

初恋合戦 Love Finds Andy Hardy (1938)は、「アンディ・ハーディ」シリーズの4作目で、ミュージカルとして作られた。ジュディはルーニーの隣家の女の子という役割で、ルーニーの恋人は別にいて、そのほかにラナ・ターナーなどが登場するので、恋の混乱が起きるが、最後にはジュディの働きで丸く収まる。

曲はマック・ゴードンで、ジュディは3曲を歌う。『雨降りじゃなくて土砂降り』It Never

Rains, But What It Poursをパーティで歌う場面が印象的。ジョージ・B・サイツ監督作品。

みんな歌おう Everybody Sing (1938)*は、アラン・ジョーンズと共演した作品で、ほかにもファニー・ブライスやビリー・バークなどの役者が出ているが、台本と監督が悪く完全な失敗に終わった。監督はエドウィン・L・マリン。人気に翳りが出始めた芸人一家の話で、ジュディは5曲を歌う。

学校の音楽の授業で、退屈なクラシック音楽をジャズ調にして歌う『スウィング・ミスター・メンデルスゾーン』の場面は、ジュディらしさがよく出ている。ファニー・ブライスは1937年から始まったラジオ番組で大当たりを取った、スモック風の衣装でやんちゃな子供を演じる「ベビー・スヌークス」のスキットを見せるが、映画ではどうも調子が出ていないように見える。

聞いて、あなた Listen, Darling (1938)*は、ジュディが初めて主演した長編で、監督はエドウィン・L・マリン。ジュディは、愛のない求婚者と母親が結婚するのを防ごうと、母親をトレーラー・ハウスに閉じ込めて、友人と一緒にもっとましな結婚相手を探す。ジュディは3曲ほど歌っているが、『私の琴線にキュンと響く』Zing! Went the Strings of My Heartが評判となった。

オズの魔法使 The Wizard of Oz (1939)は、MGMでのジュディ主演作品としては2本目の作品で、MGMミュージカルの金字塔となった。制作はマーヴィン・ルロイで、監督はヴィクター・フレミング、楽曲はハロルド・アーレン。

MGMは昔からこの作品の映画化権を持っていたので、ミュージカル化しようと考えていたが、主演の女の子を誰にするかで悩んでいた。歌のうまさ、人気、年齢などを考えて、当時10歳だったシャーリー・テンプルを考えるが、彼女は20世紀フォックスの専属なので、簡単に話が進まない。

テンプルを借りるために、MGMはクラーク・ゲイブルとジーン・ハーロウをフォックスに貸し出すことでまとまりそうになるが、ハーロウが1937年に26歳の若さで亡くなってしまったため、この話は流れてしまう。結局、17歳のジュディがこの役を演じることとなった。

カンザスの田舎の農場の娘ジュディは、竜巻に巻き込まれて見知らぬマンチキンという小人たちの住む国に飛ばされてしまう。ここから映画は3色方式のテクニカラーの世界となる。飛ばされた家の下敷きとなった東の悪い魔女から得たルビーの靴を履き、北の良い魔女ビリー・バークに教えられて、故郷のカンザスへ戻ろうと、強力な魔法使いが住むオズの国へと向かう。その道すがら、脳みそを欲しがっている案山子レイ・ボルジャー、心を欲しがっているブリキ男ジャック・ヘイリー、勇気を欲しがっているライオンのバート・ラーと一緒になりオズの国に到着する。

オズの魔法使いフランク・モーガンは、カンザスへ戻す条件として、西の悪い魔女を退治することを命ずるので、ジュディたちは力を合わせて魔女を退治する。最後に魔法使いは、案山子には脳みその代わりに免状を、ブリキ男には心の代わりに感謝の品を、ライオンには勇気の代わりに勲章を与えて、その3人にオズの国の統治を任せ、気球に乗ってジュディとカンザスへ戻ることとする。だが気球から飛び出した愛犬トトをジュディが追った瞬間に気球は空へ昇り、ジュディは取り残されてしまう。しかし、北の魔女が「家に戻りたいと心に強く願い、ルビーの靴の踵を合わせれば願いが叶う」と教えてくれるので、無事に家に戻ることができる。

有名な主題歌『虹の向こうに』は、カンザスの田舎の場面でジュディが歌うのでモノクロの場面。マンチキンの国で歌われる曲や、案山子、ブリキ男の歌など、楽しいミュージカル場面が多く、何度見ても見飽きない。制作時には、もっと多くのミュージカル場面が撮影され、約2時間の試験版が作られたが、試写で長過ぎるという意見が出て、何曲かカットされて、バスビー・バークレイが演出した案山子の踊りなどもなくなってしまった。現在ではこれらの削除場面も、DVDに収録されたので見ることができる。

初期の3色テクニカラー作品なので、発色でも苦労が多かった。黄色い道というのも、初めから決められたわけではなく、いろいろな色を試して黄色と決めたらしい。ジュディの靴も初めは銀色という設定だったが、カラ

ーに映えるということで、赤いルビーの靴となった。

　北の魔女グリンダ役を演じるビリー・バークは、有名な舞台制作者フロレンツ・ジーグフェルドの結婚相手で、この映画の出演時には54歳だったが、往年の美しさを感じさせる美人ぶりを見せている。

青春一座　Babes in Arms (1939) は、ジュディの映画というよりもミッキー・ルーニーの映画で、相手役としてジュディが出ている。原作はブロードウェイでヒットしたリチャード・ロジャースとローレンツ・ハートの名作ミュージカル (1937) で、映画版では随分と改変していて、タイトル曲のほかでは大ヒットした『どこで、いつ』Where or When しか使われなかった。

　背景音楽としては『ご婦人は浮気者』Lady Is a Tramp も流れるが、名曲『私のおかしなヴァレンタイン』My Funny Valentine はカットされている。話の内容は大筋だけが同じ。

　芸人一家の子供たちが大きくなり、舞台に出たいが親が許してくれないので、子供たちだけで自分たちの裏庭ミュージカルを作ってしまう。いかにも MGM らしいミュージカル作品で、監督は1930年代のワーナー作品で一世を風靡したバスビー・バークレイが担当。ここでは芸人の芸を見せる映画となっているので、バークレイらしい映画的なミュージカル場面の展開はない。

　ミッキー・ルーニーが、クラーク・ゲイブルなどの物真似をしていて、最後にはフランクリン・ローズヴェルト大統領の物真似まで見せる。その場面ではジュディが大統領夫人エレノアの物真似をするという珍品。ミッキー・ルーニーは、「アンディ・ハーディ」シリーズの「初恋合戦」でジュディとミュージカルに共演したものの、歌は披露していなかったが、この作品では歌も踊りも達者なところを見せた。

　『おはよう』Good Morning や『君は僕の幸運の星』You Are My Lucky Star などの、ナシオ・ハーブ・ブラウンの名曲もあり音楽は楽しめる。最後のレヴュー場面が見せ場で、ルーニーもジュディも顔を黒塗りしたミンストレル・ショー風で、黒人を真似て一昔前のスタイルで踊って見せる。

　そのほか、ジュディと争ってショーの主役を取ろうとする子供スター役でジューン・プレイザーが登場。シャーリー・テンプル風の役作りで芸達者なところを見せる。助演のベティ・ジェインズやダグラス・マクファイルも美しい歌声を聞かせる。

ミッキー・ルーニー　Mickey Rooney (1920.9.23-2014.4.6)

　ミッキー・ルーニーは1920年生まれで、ヴォードヴィリアンの息子だったので、1歳の時から舞台訓練を受けていた。映画に出始めるのは6歳からで、1927年から34年までは、コミックの人気者ミッキー・マクガイアを主人公にした2巻物の短編シリーズ（無声、トーキーの両方がある）に50本以上出演した。ミッキー・ルーニーの芸名は、その時の主人公の名前から付けられたという。

　ミュージカル映画への初出演は、MGM の「紐育・ハリウッド」Broadway to Hollywood (1933) で、ヴォードヴィル一家の三代記。父親とその息子は舞台に出ているが、孫は落ち目の舞台から映画の世界へ移って成功するという話で、13歳のミッキーは孫の少年時代の役で出ている。次の「君と唱へば」I Like It That Way (1934) はユニヴァーサルの作品。保険会社の真面目な男が踊り子グロリア・ステュアートに惚れる話で、ミッキーは端役。

　MGM と契約したのは、最後の「ミッキー・マクガイア」シリーズを撮り終えた後の1934年で、当初はミュージカルではなく、普通の作品が多かった。ミュージカルとしては「無軌道行進曲」Reckless (1935) が最初で、ジーン・ハーロウの踊り子が逆境にめげずに舞台で成功する話だが、ミッキーはまだ端役の域を出ない。

　ミュージカルが増えるのは、ジュディ・ガーランドと一緒に仕事をするようになってからだ。二人が初めて共演したのは、ジュディが歌好きの少女を演じた「サラブレッドは泣かない」Thoroughbreds Don't Cry (1937)* で、ミッキーはサラブレッドの騎手役を演じている。

　ミッキーはジュディより2歳年上で、MGM のスタジオ学校仲間だったから、二人は兄妹

のような関係だった。ミッキーはミュージカル専門ではないが、ヴォードヴィルの出身なので、ドラムなどの楽器や歌や踊りもこなし、ミュージカルにも対応できた。二人は1943年までの7年間に、この映画も含めて8本の映画で共演しているが、そのうちの3本はミッキーの「アンディ・ハーディ」シリーズだった。

「アンディ・ハーディ」シリーズは、ミュージカル映画ではなくアメリカの家庭ドラマなのだが、ジュディの出た3本は歌入りの構成になっている。シリーズのきっかけとなったのは「噫、初恋」Ah, Wilderness! (1935)で、ユージン・オニールの舞台劇「ああ、荒野」Ah, Wilderness! (1933)を映画化した作品。

これがヒットしたので、父親役のライオネル・バリモアとミッキー・ルーニーを使い、オーラニア・ルーヴェロルの戯曲「横滑り」Skiddingのキャラクターを流用した「家族の出来事」A Family Affair (1937)*が作られ、アンディ・ハーディ物の第1作目となった。これも評判が良かったので、1946年までに全部で15本（そのほかに短編1本）が作られ、さらにしばらく時間を置いた1958年にもう1本作られたので、長編としては全部で16本が作られた。

アメリカの小さな町を舞台に、ルーニーが若さゆえにいろいろと問題を起こして悩むのを、父親役のバリモアが「男と男」の相談で乗り越えるというパターン。最後の1958年の作品では、ルーニーが父親役に回っている。

この家庭劇シリーズの4作目「初恋合戦」Love Finds Andy Hardy (1938)からは題名にアンディ・ハーディの名前が入り、この作品でジュディ・ガーランドと初めて共演する。ジュディとはこの「初恋合戦」、9作目の「アンディ・ハーディと上流娘」Andy Hardy Meets Debutante (1940)*、11作目の「二人の青春」Life Begins for Andy Hardy (1941)で共演している。

各作品ではマドンナ役として登場するゲスト女優のほかに、毎回マドンナの敵役的なアン・ラザフォードも登場する。ゲスト女優の中で3回も登場したのはジュディだけだから、いかに二人の息が合っていたかがわかる。

アンディ・ハーディ物ではジュディ以外でも歌える女優が出演すると歌が入るので、キャスリン・グレイスンは「アンディ・ハーディの個人秘書」Andy Hardy's Private Secretary (1941)*で、リナ・ロマイは「恋はアンディ・ハーディを一笑に付する」Love Laughs at Andy Hardy (1946)*で歌っている。エスター・ウィリアムスは水泳選手出身なので、「アンディ・ハーディの二重生活」Andy Hardy's Double Life (1942)*の中で泳いでいる。

ジュディとのコンビによるミュージカルは、「アンディ・ハーディ」シリーズのほかにも作られて、バスビー・バークレイの演出により大掛かりなレヴュー場面が挿入された。バークレイの担当した二人の作品は「青春一座」Babes in Arms (1939)、「バンドを鳴らせ」Strike Up the Band (1940)*、「ブロードウェイ」Babes on Broadway (1941)、「女の子に夢中」Girl Crazy (1943)*の4本で、最後の「女の子に夢中」ではバークレイが大掛かりなナンバーでお金を使い過ぎるという理由で、途中で解任された。このあとのミッキーはジュディとの共演がなくなり、ミュージカルもぐっと減ってしまう。

戦争中の「万人の歓呼」Thousands Cheer (1943)*では、ゲスト出演でショーの司会役を務めるが、歌ったり踊ったりはせずに物真似を見せるだけ。しばらく後に作られた「サンマー・ホリデイ」Summer Holiday (1948)は、アンディ・ハーディの原点となった「噫、初恋」Ah, Wilderness! (1935)をミュージカル化した作品で、田舎町を舞台に高校生ミッキーが、町一番のお嬢様グロリア・デ・ヘヴンの心を得ようと努力したり、自暴自棄となったりする様子を描く。ハリー・ウォーレンが曲を書いていて、本格的な歌入りのミュージカルとなっている。

同じ年の「詞と曲」Words and Music (1948)*は、作詞家ローレンツ・ハートをミッキーが演じた伝記作品で、ミッキーの歌を聞かせるというよりもゲスト・スターたちの芸を見せる作品。この作品を最後にミッキーはMGMを去り、フリーとなって活躍する。

ミュージカル作品としては、古巣のMGMで作った「ロスの繁華街」The Strip (1951)*があり、朝鮮戦争から戻ってきたドラマーを

ミッキーが演じた。原題のThe Stripはサンセット通りを意味している。コロムビアで撮った「返答」Sound Off (1952)*では、陸軍に入ったナイト・クラブ芸人をミッキーが演じている。同じコロムビアの「総員上陸」All Ashore (1953)*はミッキー主演だが、ディック・ヘイムズやペギー・ライアンが共演している水兵物。

その後は、ほとんどミュージカルには出ていないが、ディズニーが実写とアニメを組み合わせて作った「ピートとドラゴン」Pete's Dragon (1977)*では何曲か歌い、犬のラッシーを主人公にした「ラッシー」The Magic of Lassie (1978)にも出ていた。

アラン・ジョーンズ　Allan Jones（その1）
（1907.10.14−1992.6.27）

アラン・ジョーンズは1907年に炭鉱労働者の息子として生まれ、1929年までは彼も炭鉱で働いていたが、その後音楽の道に進み、ブロードウェイでノエル・カワードの「甘辛人生」の再演 (1934) に出た後、1935年にMGMと契約して映画界入りした。美しいテノールの声で、MGMとしてはネルソン・エディの代役の位置づけだった。「ショウ・ボート」Show Boat (1929) の再映画化 (1936) で、MGMからユニヴァーサルへ貸し出されたのがきっかけとなり、1940年にユニヴァーサルに移籍して、ユニヴァーサル社のミュージカルで活躍した。

MGM時代のデビュー作は、ジーン・ハーロウが主演した「無軌道行進曲」Reckless (1935) で、アランは歌手役で1曲を歌う。次の作品はマルクス兄弟の「オペラは踊る」A Night at the Opera (1935) で、この中でも歌手役でオペラの曲などを歌った。次の「ローズ・マリイ」Rose-Marie (1936) は、ジャネット・マクドナルドとネルソン・エディが主役で、アラン・ジョーンズはオペラ舞台上でジャネットの相手役として歌っている。

「巨星ジーグフェルド」The Great Ziegfeld (1936) は、フロレンツ・ジーグフェルドの伝記作品で、第1部の終わりが有名なウェディング・ケーキの場面。『可愛い娘は音楽のよう』A Pretty Girl Is Like a Melody で、画面上ではデニス・モーガンが歌っているが、声はアラン・ジョーンズが担当している。ユニヴァーサルで撮った「ショウボート」(1936) では、アイリーン・ダンの相手役として主役を演じた。MGMに戻って再びマルクス兄弟の「マルクス一番乗り」A Day at the Races (1937) に出演するが、やはりレヴューの歌手役。

MGMで主役が回ってきたのは「歌ふ密使」The Firefly (1937) で、ジャネット・マクドナルドの相手役を演じた。この作品で歌った『ドンキー・セレナーデ』The Donkey Serenade が大ヒットして、彼の持ち歌となった。MGMでトップ・ビリングとなったのは「みんな歌おう」Everybody Sing (1938)*で、共演にジュディ・ガーランドやファニー・ブライスが並ぶという豪華作品だった。

ここまでがMGM時代で、1939年からはMGMを離れて、パラマウントでフレッド・マクマレイとマデリン・キャロルの恋愛物「バリ島のハネムーン」Honeymoon in Bali (1939)*に出るが、ここでも2曲しか歌えない。パラマウントで主演したヴィクター・ハーバートの伝記「オペレッタの王様」The Great Victor Herbert (1939) は、共演にメリー・マーティン、スザンナ・フォスターと歌える女優を得て、アランの良さが出ている。アランは1940年にユニヴァーサルの専属となりユニヴァーサルの作品で主役を務めた。(p.225の1940年代ユニヴァーサルへ続く)

スタン・ローレル　Stan Laurel
（1890.6.16−1965.2.23）
オリヴァー・ハーディ　Oliver Hardy
（1892.1.18−1957.8.7）

スタン・ローレルとオリヴァー・ハーディは、極楽コンビとして知られる無声時代からのコメディ・チーム。ローレルは1890年に英国で生まれて、1910年頃から舞台に立ち、チャップリンの代役や真似をしていたが、渡米して映画界に入った。最初の作品は1917年に出演した短編。

一方のハーディは1892年のアメリカ生まれで、1914年から無声の短編に出ている。二人が初めて共演したのは1921年だが、本

格的にコンビを組んで売り出したのは1926年、その後20年間にわたり一緒に出演した。基本的にはコメディ・チームだがトーキー以降は、当時の流行もあってミュージカル仕立ての作品も多い。

二人が最初に出演したミュージカルは、MGMのレヴュー作品「ホリウッド・レヴュー」The Hollywood Revue of 1929 (1929)で、二人は寸劇を演じているが、歌や踊りはない。次の「悪漢の唄」The Rogue Song (1930) は、MGMがオペラ歌手のローレンス・ティベットで撮ったオペレッタで、レハールの「ジプシーの恋」Zigeunerliebe (1910) を下敷きにした作品だが、音楽は新曲も使われている。ローレルとハーディは脇役で出ているだけ。

「快賊ディアボロ」The Devil's Brother (1933) は、舞台ミュージカルのスターだったデニス・キングと二人が共演して、ハル・ローチで作られた作品で、フランスの作曲家ダニエル・オベールのオペラ「フラ・ディアヴォロ」Fra Diavolo (1830) の映画版。

「ハリウッドパーティー」Hollywood Party (1934) はMGM作品で、映画俳優ジミー・デュランテのシュナーザン（ターザンのパロディ）が落ち目になり、本物のライオンを使って人気を挽回しようとするミュージカル仕立ての話。「玩具の国」Babes in Toyland (1934) は、ヴィクター・ハーバートのオペレッタの映画化で、ハル・ローチとMGMの共同制作。「極楽浪人天国」The Bohemian Girl (1936) も、アイルランドの作曲家マイケル・ウィリアム・バルフのオペラ「ボヘミアの娘」The Bohemian Girl (1843) の映画版。

「からくり女王」Pick a Star (1937) は、バスター・キートンの「キートンのエキストラ」Free and Easy (1930) のリメイク作品で、パスティ・ケリーとジャック・ヘイリーの主演作品なので、ローレルとハーディは脇役。「極楽ブギウギ」Jitterbugs (1943) はフォックス作品。ジョーン・ベネットの「アリゾナからブロードウェイへ」Arizona to Broadway (1933)*のリメイクで、ジャズ楽団のローレルとハーディのドタバタ劇。

「極楽闘牛士」The Bullfighters (1945) はフォックスの制作で、ローレルが闘牛士との二役で混乱するメキシコ物。この映画が二人で共演した最後の作品。その後の二人は別々の活動となるが、オリヴァー・ハーディはビング・クロスビーの「恋は青空の下」Riding High (1950) にゲスト出演していた。

ジミー・デュランテ　Jimmy Durante
(1893.2.10 - 1980.1.29)

ジミー・デュランテは、1893年生まれのヴォードヴィリアンで、ピアノや歌もうまい。自分で作曲した『インカ・ディンカ・ドゥ』Inka Dinka Doo が彼のテーマ曲となっている。決して美声ではなく、しゃがれ声で歌うのが彼のスタイル。もうひとつの特徴は鼻が大きいことで、これがトレード・マークとなって「デカ鼻」The Schnozzola と呼ばれた。

「ハリウッドパーティー」(1934) の中では、ターザンのパロディで鼻の大きなシュナーザン（英語で鼻のことを schnozzel というので、ハナーザンという語感）として登場している。1920年代には、自分で闇酒場を持ちステージも務めた。ブロードウェイの舞台にも立ったが、トーキー時代の到来により映画界入りして、ミュージカルに欠かせない脇役となった。

ミュージカル映画のデビュー作は、パラマウントで作られたヘレン・モーガン主演の「河宿の夜」Roadhouse Nights (1930)。次はMGMがオペラ歌手のローレンス・ティベットを主演にして、アメリカ兵士とキューバ娘との恋を描いた「キューバの恋唄」The Cuban Love Song (1931) で、脇役として出演。

続くMGM作品は、喜劇王バスター・キートンと共演をした「キートンの歌劇王」Speak Easily (1932) で、莫大な遺産を突然相続した大学教授のキートンがブロードウェイでショーを制作する話。デュランテは数曲を歌う活躍ぶりだ。次の作品は、MGMがコスモポリタン映画と組んで作ったマリオン・デイヴィス主演の「フォリーズの金髪娘」Blondie of the Follies (1932)*で、ほんの少ししか出番がなかった。

「お化け大統領」The Phantom President (1932) は、舞台ミュージカルの大スターだっ

たジョージ・M・コーハンが主演した作品で、コーハンが出演した唯一の長編ミュージカル映画。パラマウントの作品で、1932年にフランクリン・ローズヴェルトが当選した大統領選挙を題材としている。真面目一方で選挙戦でのアピールに欠けるコーハン扮する大統領候補が、そっくりの影武者を使って大統領に当選する話。リチャード・ロジャース、コーハン、デュランテが曲を書いている。

MGMの「紐育・ハリウッド」Broadway to Hollywood (1933) は、子役時代のミッキー・ルーニーが出ていた作品で、フランク・モーガンとアリス・ブラディの舞台裏物。デュランテは脇役の一人として出演している。

初めてのトップ・ビリングで主役を演じたのは、独立系の作品「頓間パルーカ」Palooka (1934)で、パルーカというボクシング選手をチャンピオンにするコーチを演じ、彼の持ち歌である『インカ・ディンカ・ドゥ』を歌う場面が出てくる。

フォックスがルディ・ヴァリーとアリス・フェイで作った「乾杯の唄」George White's Scandals (1934) では主役級の出演で、珍しく顔を黒塗りしてミンストレル風に歌う。RKOの「ほんとに危険人物」Strictly Dynamite (1934)*は、デュランテがラジオ番組の人気コメディアンを演じ、相手役はルペ・ヴェレスで、ミルス兄弟も出ている。

「ハリウッドパーティー」Hollywood Party (1934) はMGMで作られたローレルとハーディのコメディだが、ミュージカルとしてはデュランテがメインで、鼻のターザンとして登場して歌ったり笑わせたりする。

「カルロ」Student Tour (1934) はMGM作品で、大学のボート競技部の話。頑固な哲学教授が赤点をつけるので、大学対抗戦に出られなくなりそうになるが、教授の娘が遠征旅行中に補講をするという条件で何とか競技会に出場する。デュランテはボート部のコーチ役で主演。この作品では、まだ売れていない時代のネルソン・エディとベティ・グレイブルが出ている。

次の「音楽なき土地」Land without Music (1936)*は英国で作られた作品で、オペラ歌手リヒャルト・タウバーの主演作品。ヨーロッパの小国で歌の嫌いな王女が歌うのを禁止するという喜劇で、アメリカではForbidden Musicと改題されて公開 (1938) された。

コロムビアで作られた「大学の顔役」Start Cheering (1938) は、映画スターの青年が大学に入り、学長の娘をフットボール選手と取り合う大学物で、デュランテは映画スターの友人役だが主演の扱い。次の「サリー、アイリーンとメリー」Sally, Irene and Mary (1938)*はフォックスで作られたアリス・フェイとトニー・マーティンの映画で、デュランテは助演の扱い。同じくフォックスの「天晴れテンプル」Little Miss Broadway (1938) もシャーリー・テンプルの主演作品で、助演に回っている。

「メロディ牧場」Melody Ranch (1940)*は、リパブリックの歌うカウボーイ映画でジーン・オートリー主演。それでもデュランテとアン・ミラーが競演という豪華版の作品だ。ワーナーで作られた「お前はもう陸軍にいるんだぞ」You're in the Army Now (1941)*は、ミュージカルではないが、デュランテとフィル・シルヴァースが、戦争中にトラックの上で兵士向けのショーを見せる形。

MGMでジューン・アリソン、グロリア・デ・ヘヴン、ヴァン・ジョンソンの共演した「姉妹と水兵」Two Girls and a Sailor (1944) は、ナイト・クラブ歌手と水兵の話で、デュランテは脇に回っている。やはりMGMの「百万人の音楽」Music for Millions (1944) は、ホセ・イタービのオーケストラが、戦争中に人手が足りなくなり、女性奏者を沢山入れて活躍するという話で、クラシック音楽が多い中で、デュランテは自分の曲を歌っている。

「嘘つきお嬢さん」Two Sisters from Boston (1946) も、キャスリン・グレイスン、ジューン・アリソンの共演したMGM作品で、デュランテは助演。フランク・シナトラ、キャスリン・グレイスンの共演したMGMの「下町天国」It Happened in Brooklyn (1947) でも、デュランテはシナトラと一緒に歌って見せる。

その後もMGMが続き、「今度は本気で」This Time for Keeps (1947)*と、「島であなたと共に」On an Island with You (1948)*では、水泳のエスター・ウィリアムスの相手

役を務めた。「偉大なルパート」The Great Rupert (1950)*は、デュランテの主演だが独立系の作品で、貧乏一家がリスのルパートに勇気付けられる話。次の「牛乳配達人」The Milkman (1950)*はユニヴァーサルのドナルド・オコナーの主演作品で、デュランテは共演の扱い。

　それ以降はテレビ中心の活動となるが、ボブ・ホープがニュー・ヨークの名物市長ジミー・ウォーカーを演じた「ボー・ジェイムス」Beau James (1957)*や、「ぺぺ」Pepe (1960)にも出演したほか、MGMがドリス・デイで作った「ジャンボ」Billy Rose's Jumbo (1962)でも、デイの父親役で出ていた。

MGMその他の作品

巨星ジーグフェルド The Great Ziegfeld (1936) は、MGMらしい豪華な大作で、2部構成で3時間近い長編。ブロードウェイで「ジーグフェルド・フォリーズ」を上演した制作者フロレンツ・ジーグフェルドの伝記作品で、興行師として怪しげな見世物から出発して、フランスからアンナ・ヘルドを連れてきてショーを成功させて、「フォリーズ」の全盛期を迎え、株の暴落で財産を失うまでが描かれる。

　見どころは、舞台版「フォリーズ」のスターたちが芸を見せる場面で、エディ・カンター風の歌や、本物のウィル・ロジャースやファニー・ブライスが登場する。評判となったのが、第1部の終わりの巨大なウェディング・ケーキの場面で、ケーキの頂点でヴァージニア・ブルースの微笑む場面が、往年のフォリーズの豪華な舞台を彷彿とさせた。ロバート・Z・レナード監督作品。

1 オーケストラ演奏　序曲
2 ルイーズ・ライナーの歌　Won't You Come and Play with Me
3 ルイーズ・ライナーの歌（ホテルの部屋でのリハーサル）　It's Delightful to Be Married
4 ルイーズ・ライナーの歌（舞台）　It's Delightful to Be Married
5 バディ・ドイルがエディ・カンターに扮したミンストレル風の歌と踊り　If You Knew Susie Like I Know Susie
6 ウィル・ロジャースの楽屋でのロープ芸
7 巨大なウェディング・ケーキのナンバー　A Pretty Girl Is Like a Melody　デニス・モーガンの歌（アラン・ジョーンズによる吹替）：ユーモレスク／ある晴れた日に（蝶々夫人）／愛の夢／美しき青きドナウ／衣装をつけろ（道化師）／ラプソディ・イン・ブルー（8分間を1カットで撮影した大ナンバー）
8 オーケストラ演奏　間奏曲
9 女声合唱　You Gotta Pull Strings
10 レイ・ボルジャーの歌と踊り　She's a Ziegfeld Follies Girl
11 デニス・モーガン、ヴァージニア・ブルースらの歌、後半はベッドの上での娘たちの踊り　You
12 ヴァージニア・ブルースの歌、後半はジーグフェルド名物のファッション・パレード　You Never Looked So Beautiful
13 ファニー・ブライスの歌　Yiddle on Your Fiddle
14 ファニー・ブライスの歌　Queen of the Jungle
15 ファニー・ブライスの歌　My Man
16 事務所でのウィリアム・パウエルらの歌　Look for the Silver Lining
17 ハリエット・ホクターの踊りと群舞、6匹の犬（ボルゾイ）と4匹のポニーが登場　A Circus Must Be Different in a Ziegfeld Show
18 オーケストラ演奏　退場音楽

7　ユニヴァーサル

　ユニヴァーサル社はドイツ系ユダヤ人のカール・レムリが創設した会社で、最初はエジソンの作った映画を上映するニッケル・オデオンと呼ばれる安い劇場を運営していたが、エジソンへの支払が多いのに嫌気がさして、自分でも映画制作に乗り出した。ほかの小さな映画制作会社と合併する形で、1912年にユニヴァーサル映画製造会社Universal Film Manufacturing Companyを立ち上げた。合併会社としてスタートしたが、後にレムリが株を買い取って経営権を得て、制作面でも腕を振るった。

第 2 章　1930 年代：不況の時代

　レムリはドイツ系だったので、1926年にドイツにユニヴァーサルの子会社を作り、ジョー・パスタナクが中心となって映画制作も行ったが、ナチスの台頭により1930年代後半にドイツから撤退して、パスタナクはアメリカで映画制作をするようになる。パスタナクは旧ドイツ語圏でのオペレッタ的な作品を得意としていたので、アメリカに移ってからも同様の映画を作ろうと考え、ディアナ・ダービンを見出して、ダービンのミュージカル作品を多く作った。

　ユニヴァーサル社というと、どうしても「フランケンシュタイン」Frankenstein (1931) のような、恐怖映画が得意な会社というイメージがあるが、1940年代まではB級ながらミュージカル映画を作っていた。

　ブロードウェイで大ヒットした「ショウ・ボート」の映画化権を手に入れて1929年に映画化したが、これは無声映画として撮影したものの、公開時にはトーキーが評判となっていたので、大慌てで舞台の出演者の歌を2巻ほど撮って、プロローグとして本編に付け足し、部分トーキーとして公開している。この作品の映画化権を押さえていたので、もう一度「ショウボート」Show Boat (1936) として映画化しているのが目立つくらいで、ほかのミュージカル作品は少ない。

　トーキー初期に、各社がタレント総出演のレヴュー映画を作るのが流行ったが、ユニヴァーサル社は手持ちのタレントが少なかったので、外部タレントを呼び集めて「キング・オブ・ジャズ」King of Jazz (1930) を作った。この作品にはポール・ホワイトマン楽団を始めとして、独立前のビング・クロスビーが在籍していたリズム・ボーイズなども出演している。監督はブロードウェイでも活躍していたジョン・マレイ・アンダソンだったので、評価は高かったものの、後が続かなかった。また、クルーナー歌手として人気のあったラス・コロンボの主演で、「目覚めて夢見よ」Wake Up and Dream (1934)* を作ってはみたものの、今ひとつの出来に終わっている。

　ユニヴァーサル社でミュージカルが育たなかったのは、タレントがいなかったからではなく、ミュージカルの得意な制作者がいなかったためだろう。だから、優秀な制作者が入るとそれなりの作品を生み出すようになる。旧ドイツ圏のユニヴァーサル社で音楽映画を作っていた、ジョー・パスタナクとその相棒で監督を務めるヘンリー・コスターが、1936年にアメリカのユニヴァーサル社へ移って活動を始めると、にわかに活気付いた。

　パスタナクの制作作品には、落ち着いた欧州のムードが感じられる。パスタナクは、1941年までユニヴァーサル社でディアナ・ダービンの映画を中心に制作し、1942年からはMGMに移り、いわゆるMGMミュージカル全盛期を支える作品を作り続けた。

ディアナ・ダービン　Deanna Durbin (その1) (1921.12.4-2013.4.10)

　ディアナ・ダービンは1921年生まれで、当初はMGMが抱えていたのだが、放出したところをユニヴァーサル社が採用した逸材。14歳でデビューして、26歳まで活躍したが、その後は完全に引退して映画には出演していない。

　デビューから「それは前夜から始まった」It Started with Eve (1941)* までは、ミュージカルの得意な制作者ジョー・パスタナクの手によるもので、彼の欧州趣味の影響を強く受けている。パスタナクは1942年にMGMへ移り、ディアナの映画の多くを監督していたヘンリー・コスターもMGMへ去ったため、それ以降の作品は同じディアナの作品でも雰囲気が変わっている。

　1930年代はシャーリー・テンプルの活躍による子役のブームだったので、各社とも有望な子役の発掘に必死だった。MGMは1936年にディアナ・ダービンとジュディ・ガーランドとを比べてスクリーン・テストと短編作品で検討した結果、ジュディを残し、ディアナを手放す決心をする。そのため、ディアナはユニヴァーサル社で活躍することとなる。

　ジュディとディアナの違いはうまい下手というよりも、ジュディがジャズ調の歌い方であるのに対して、ディアナはクラシカルな歌い方をするという違い。ディアナは自然で美しい発声法を身に付けていて、デビュー時から少女であるにもかかわらず、大人のように成熟した声で歌った。まだ子供なのに、オペ

ラ的で成熟した声を持つことが、MGMの嫌った原因かも知れない。パスタナクはそうした声を持つディアナを好み、大事に使った。

ディアナのユニヴァーサルでの最初の作品は、「天使の花園」Three Smart Girls (1936)で、おしゃまな三人娘が別れた父と母をもう一度結び付けようと奮闘する。ディアナは末娘の役でイキイキとして魅力的だったので、その後も「庭の千草」Three Smart Girls Grow Up (1939)、「取っておく彼女のもの」Hers to Hold (1943)*と、続編が作られている。

ディアナの役どころは、金持ちも貧乏も両方あるが、やはり1930年代の不況の時代を背景として、人々に希望を与えるような元気な若さを持つ役どころが多かった。そうした代表作が日本でも人気のあった「オーケストラの少女」One Hundred Men and a Girl (1937)で、人を信じる力を見せてくれる。

「アヴェ・マリア」Mad About Music (1938)、「年ごろ」That Certain Age (1938)、「庭の千草」(1939)、「銀の靴」First Love (1939)と少女役が続くが、1940年には19歳となり、少女役を卒業して若い娘役を演じるようになる。(p.212の1940年代ユニヴァーサルへ続く)

天使の花園 Three Smart Girls (1936)は、ユニヴァーサル社での本格的なデビュー作品で、ヘンリー・コスター監督。富豪の父親と離婚したために、3人の娘とその母親はスイスで暮らし、父親の愛が戻るのを待っていたが、父親が資産目当ての女と結婚しそうだという新聞記事を見て、末娘のディアナ・ダービンの発案により、娘3人でニュー・ヨークの父親の下に押しかけて結婚の邪魔をする。あの手この手で邪魔をして、結局は父親の結婚が流れ、ディアナの二人の姉は、それぞれ素敵な恋人を見つける。

映画のクレジットに「ユニヴァーサル社が見つけ出したディアナ・ダービン」と出てくるほどだから、よほど力を入れて売り出そうとしていたのだろう。歌うのはディアナだけで、3曲を歌う。さわやかな喜劇仕立てで大ヒットしたことから、「庭の千草」(1939)、「取っておく彼女のもの」(1943)*と続編が作られた。

オーケストラの少女 One Hundred Men and a Girl (1937)は、ディアナを一躍大スターとした作品で、日本でも人気が高かった。アメリカ中が不況だった当時の世相を反映した話で、失業中の音楽家がオーケストラを作って演奏するまでを描いている。

アドルフ・マンジュは失業中のトロンボーン奏者で、ある日拾った財布の金を失敬して家賃を払う。金の出所を娘のディアナ・ダービンに尋ねられて、オーケストラで職を得たと嘘をつくが、娘が練習を見に行くので嘘がばれてしまう。ディアナが財布の持ち主である富豪の夫人に金を返しに行くと、夫人は正直な態度に感心して、失業者オーケストラの後援を約束してくれるが、実現する間もなく旅行に出かけてしまう。結局、失業者オーケストラは、ディアナの努力により、レオポルド・ストコフスキーの指揮で演奏会を開くことができる。

最後の場面で、ディアナはオペラ「椿姫」から『乾杯の歌』を歌うほか、モーツァルトの『ハレルヤ』ではアジリタ唱法を聞かせる。ストコフスキーの指揮で演奏をしているのはフィラデルフィア交響楽団。前作に続いてヘンリー・コスター監督の感動的な作品となった。

アヴェ・マリア Mad About Music (1938)は3作目で、ディアナ・ダービンには父親がいない。母親はアメリカの有名女優で、子供の存在を隠しているため、娘のディアナはスイスの寄宿制の学校で暮らしていた。彼女は空想上の父親を作り上げて、世界中を回る探検家なので、会いに来られないということにしていたが、意地悪なクラス・メイトから責められて、偽造した手紙を見せたりする。しかし、自分がボーイ・フレンドと会うために、父親が会いに来るという嘘をついたところ、話が皆に知られて引っ込みがつかなくなり、駅で適当な人に声をかけると、作曲家のハーバート・マーシャルがうまく状況を察して父親役を演じてくれる。彼がパリに戻ることになった時に、新聞で母親のゲイル・パトリックがパリに来ていることを知ったディアナは、汽車で一緒にパリへ向かい母親に会おうとするが、マネジャーに邪魔されて会うことができない。傷心の彼女を見てすべてを見抜いたハーバートは、無理にディアナを母親の下に

連れて行き、二人を会わせる。そして、3人は本当の家族となるのだった。

ジミー・マクヒューの新曲と、グノーの『アヴェ・マリア』をディアナが歌う。監督はノーマン・タウログ監督で、近年は忘れられているが優れた作品。

年ごろ That Certain Age (1938) は、少女の初恋を描く作品。新聞社の社長の娘ディアナ・ダービンは、母親と一緒に田舎の家で暮らし、いつも近所の子供たちと一緒にオペラの真似事をして遊んでいる。そこへ、父親が新聞記者のメルヴィン・ダグラスを連れて来ると、ディアナはいつの間にか恋心を抱くようになる。それを知ったダグラスは、同僚の女性記者ナンシー・キャロルを自分の妻だと紹介するので、ディアナの恋心も一挙に吹き飛び、昔の子供に戻るのだった。

恋に恋する年頃の娘心を描いた秀作。ジミー・マクヒューの新曲のほかに、オペラ「ロメオとジュリエット」のアリアなどをディアナが歌う。トーキー初期のミュージカルで人気のあったナンシー・キャロルが久々に顔を見せている。エドワード・ルドウィグ監督作品。

庭の千草 Three Smart Girls Grow Up (1939) は、「天使の花園」(1936) の続編。3人の娘は成長して、長女ナン・グレイは婚約を発表する。それを見た次女ヘレン・パリッシュが悲しそうな様子なので、三女のディアナは、次女にも恋人が必要だと考えて、ロバート・カミングスを紹介するが、そのロバートは長女を気に入ってしまう。長女が婚約した相手も、本当は次女を愛していると知ったディアナは、仕事にかまけて家族を顧みなかった父親を巻き込み、二人を結びつけ、ロバートは長女と結婚することになる。

ディアナはクラシックの名曲を歌うだけでなく、ロマンチック・コメディの演技でもなかなかのものを見せている。このシリーズは、この後「取っておく彼女のもの」(1943)*と続き、成長した三女ディアナの恋物語となる。

銀の靴 First Love (1939) は、現代版シンデレラの話。女学校を卒業したディアナ・ダービンには両親ともにいないので、金持ちの叔父の家で暮らすようになるが、家族は皆わがままで、彼女のことなどまるで無視している。ディアナが初めて舞踏会に招かれた時にも、一家の娘が邪魔をするので、召使たちの機転により何とか行くことはできるが、慌てて帰る時に銀色の靴を片方落としてしまう。戻っても家族からのいじめに遭うディアナは、失意のうちに女学校に戻り、恩師と相談して音楽教師への道を進む決心をするが、その時に舞踏会で踊った相手が片方の靴を持って迎えに来る。

前作までのディアナは、自分自身の恋ではなく、他人の恋に夢中になる役柄だったが、この作品では自分の初恋が描かれている。前半では名曲『アマポーラ』をオリジナルのスペイン語で歌う。

最後に舞踏会の相手が迎えに来る場面で歌うのは、プッチーニの『ある晴れた日に』で、ほかの曲を歌いたがるディアナに、恩師がこの曲を勧める。この曲はイタリア語でなく英語で歌われるが、それは歌詞の内容がその場面に必要だからだろう。ヘンリー・コスター監督作品。邦題が同名の「銀の靴」Happy Go Lucky (1951) があるが、これはヴェラ＝エレン主演の別作品。

8　コロムビア

コロムビア社はユニヴァーサル社で働いていたハリーとジャックのコーン兄弟が中心となり1919年に設立した会社が前身で、1924年にコロムビア映画会社 Columbia Pictures Corporation という名前になった。制作面の中心となったのもコーン兄弟で、イタリア系移民であるフランク・キャプラ監督の一連のヒット作で会社は成長した。

コロムビア社は大手映画会社の中でも最もミュージカルに熱意を欠いた会社だろう。1930年代のミュージカル映画全盛時代にも、グレイス・ムーアの映画以外は、音楽物には

ほとんど手を出そうとしなかった。コロムビアはその後もミュージカルに熱心とはいえないが、1940年代になるとリタ・ヘイワースが出てくるので、彼女を主演としたミュージカルを作り始める。

★

グレイス・ムーア　Grace Moore
(1898.12.5-1947.1.26)

　グレイス・ムーアは、「テネシーのナイチンゲール（小夜鳴鳥）」と呼ばれたアメリカのソプラノ歌手。1898年生まれで、高校時代にはバスケット・ボール部のキャプテンを務める活発な娘だったが、メトロポリタン歌劇場やブロードウェイの舞台、ラジオなどで活躍した後、映画界入りしてMGMの2作品に出演、1930年代中頃からコロムビア社の作品に出た。

　MGM時代の作品には、「忘れじの面影」A Lady's Morals (1930)と、オペレッタの名作「ニュー・ムーン」New Moon (1928)の映画版 (1930) がある。その後はコロムビア社に移り、名作の誉れ高い「恋の一夜」One Night of Love (1934)を始めとして、「歌の翼」Love Me Forever (1935)、「陽気な姫君」The King Steps Out (1936)、「間奏楽」When You're in Love (1937)、「紅薔薇行進曲」I'll Take Romance (1937) などに出演するが、コロムビアの時代はそこで終わり、グレイスはフランスへ渡ってアベル・ガンス監督で「ルイーズ」Louise (1939)*を撮る。

　映画出演はこれが最後で、1947年に飛行機事故で亡くなった。彼女の伝記映画作品として、キャスリン・グレイスン主演で「だからこれが恋」So This Is Love (1953) が作られている。

忘れじの面影　A Lady's Morals (1930) は、スウェーデンのナイチンゲールと呼ばれた、オペラ歌手ジェニー・リンドと作曲家との恋を描く感傷的なドラマ。スウェーデンの歌姫グレイス・ムーア（ジェニー・リンド役）は、欧州巡業の後に訪れた小さな町で、若き作曲家レジナルド・デニーと知り合う。彼の才能を認めながらも、レジナルドの態度があまりにも失礼なので、グレイスは反撥を覚える。その後も、二人は何度か出会う機会があり、グレイスの無理な発声を心配してレジナルドは忠告するが、グレイスは失礼だとして相手にしない。しかし、無理な発声がたたり、グレイスは舞台で倒れてしまい、その混乱の中でレジナルドは殴られて失明してしまう。やがて歳月は流れ、レジナルドは渡米して酒場のピアノ弾きとなっていたが、公演で渡米したグレイスは彼と再会して、本当の愛を知るのだった。

　オペラ出身のグレイス・ムーアの最初の映画出演作で、オペレッタやオペラの有名なアリアなどを8曲も歌っている。モデルとなったジェニー・リンドは19世紀の中頃に欧州を中心に活躍したソプラノ歌手で、「フィガロの結婚」の小間使スザンナなどが当たり役だった。アメリカへ渡ったのは1850年で、稀代の興行師P・T・バーナムの手による大規模コンサートが開かれた。シドニー・フランクリン監督のMGM作品。フランス語版も作られてJenny Lind (1932)*として公開された。フランス語版の監督はアーサー・ロビンソン。

ニュー・ムーン　New Moon (1930) は、シグマンド・ロムバーグのオペレッタ (1928) の映画化だが、話はまるで変わっている。フランス統治下のルイジアナ州。下士官上がりの中尉ローレンス・ティベットは、カリブ海を渡る船ニュー・ムーン号の上で、ロシア王女グレイス・ムーアと出会い強く惹かれる。船がニュー・オリンズに到着すると、グレイス・ムーアは総督アドルフ・マンジュの許嫁だとわかり、パーティで近づこうとするが、無視されて逆に国境の砦に飛ばされてしまう。外敵が来襲した時に応援を求めるが、ローレンスを邪魔だと感じていた総督は、故意に応援を遅らせる。しかしローレンスは果敢に外敵に立ち向かい、負傷するものの最後には勝利する。その姿を見てグレイス・ムーアも、彼の本当の愛に気付くのだった。

　曲は舞台版のものをかなり流用している。グレイスの相手役ローレンス・ティベットも、やはり有名なオペラ歌手で、歌は充実している。この作品は、ジャネット・マクドナルドとネルソン・エディのコンビでも映画化 (1940) されていて、マクドナルド版のほうが舞台版に近い。ジャック・コンウェイ監督の

MGM作品。

恋の一夜 One Night of Love (1934) は、コロムビア社で撮られた作品で、グレイス・ムーア作品の中で最もヒットした。オペラ歌手志望の娘グレイス・ムーアはラジオの歌唱コンテストに敗れて、なけなしの貯金をはたいてイタリアへ渡る。カフェで歌いながらチャンスを待つうちに、歌唱指導のトゥッリオ・カルメラーティに見出されて実力を付ける。彼女はウィーン国立歌劇場の「カルメン」でデビューして成功するが、グレイスに愛を感じ始めていたトゥッリオは、弟子と恋愛はしないことを信条としていたので、指導をやめて別れてしまう。メトロポリタン歌劇場から呼ばれて「蝶々夫人」を歌うこととなったグレイスは、トゥッリオの指導を受けられずに不調だったが、最後には彼も合流して公演を成功させる。多くのオペラ曲を歌うほかに、ヴィクター・シェルツィンガーが書いたタイトル曲もヒットした。シェルツィンガーは監督もしている。

歌の翼 Love Me Forever (1935) は、前作「恋の一夜」(1934) の成功により、同じヴィクター・シェルツィンガー監督がコロムビア社で撮った作品。ニュー・ヨークの社交界の花形グレイス・ムーアは、突然の破産で一文無しになってしまうが、賭博師で彼女の歌に惚れていたレオ・カリッロが彼女のためにクラブをオープンして、そこで彼女に歌わせる。何とかメトロポリタン歌劇場でデビューさせたいと考えた彼は、専門家の指導を受けさせて歌劇場に売り込み、「ラ・ボエーム」でデビューさせる。しかし、グレイスのために金を使い果たしたレオは、もはや彼女を支えることもできず、博打の借金も抱えてしまう。レオを愛していたグレイスは彼の借金を肩代わりして、今度は彼を支えるのだった。

今回もオペラの曲が中心だが、監督のシェルツィンガーがタイトル曲を書いている。英国ではOn Wings of Songの題名で公開されたが、日本に入ってきたのはこの輸出用のフィルムだったので、日本の公開題名は「歌の翼」となっている。

陽気な姫君 The King Steps Out (1936) は、近年ミュージカル版の「エリザベート」ですっかり有名となったシシー姫をモデルとした話。オーストリア皇帝のヨーゼフはそろそろ妻を選ぶ必要があり、母親の皇太后はバヴァリア国王の長女ヘレナを嫁に迎えようと準備をしていた。しかし、ヘレナにはほかに恋人もいてバヴァリア国王は反対する。首都ウィーンに呼ばれた時に、バヴァリア国王一家は末娘シシーを伴い出かけていくが、遊びに出たシシーは偶然ヨーゼフと出会い、身分を隠したまま恋が進む。二人の間を裂こうとする皇太后の妨害にもめげずに、ヨーゼフはシシーを追い、結婚にこぎつける。

シシー姫の不幸な晩年ではなく、二人が結婚するまでを描いた作品で、アーネスト・デセイとグスタフ・ホームの劇「シシーの婚礼」Sissys Brautfahrt (1931) に基づく。フリッツ・クライスラーが曲を書いている。監督はジョセフ・フォン・スタンバーグで、コロムビア作品。

王室を扱った題材なので日本では厳しい検閲を受け、Ceciliaと改題されたうえ、台詞を全部削除して、松井翠聲の解説を挿入して公開された。

間奏楽 When You're in Love (1937) は、ロバート・リスキン監督のコロムビア作品。オーストラリア出身のオペラ歌手グレイス・ムーアは、アメリカの入国ビザが切れたために、とりあえずメキシコへ行き、そこで再入国許可を待つ。ところが、叔父の開く大事なコンサートに出演する必要があるのに、なかなか再入国ビザが取れない。焦ったグレイスは、メキシコで放浪していたアメリカ人画家ケアリー・グラントと、入国のための便宜的な結婚の約束をしてアメリカに入る。一段落したら離婚することとしていたが、一緒にいるうちに恋心が芽生えて二人は別れられなくなり、そのまま本当の結婚生活を送ることにする。ムーアはジェローム・カーンやプッチーニの曲を歌っている。

紅薔薇行進曲 I'll Take Romance (1937) でのグレイスは、メトロポリタン歌劇場の歌姫役。南米に住むアメリカ人メルヴィン・ダグラスは、メトロポリタン歌劇場の歌姫グレイス・ムーアを呼んでくると仲間たちに吹聴したので、あてがないままにニュー・ヨークに出て、グレイスに近づこうと試みる。グレイスとの連絡はとれたものの、後見人がパリ公

演を計画しているために、南米公演は断られてしまう。困ったメルヴィンは、グレイスを誘拐して南米に連れて行く計画を立てるが、それを知ったグレイスは、メルヴィンが自分を愛しているから誘拐をしようとしていると誤解して、騙された振りをして南米行きの船に乗り込む。ところが航海の途中で、メルヴィンの目的が公演にあったと知り、カンカンになって怒るが、その時にはメルヴィンは本当に彼女を愛し始めている。公演だけは済ませるという彼女を置いて、メルヴィンはそっと立ち去ろうとするが、今度は彼が誘拐されてグレイスの下に届けられる。

役柄からして当然にオペラの曲が中心だが、タイトル曲はベン・オークランドが書いている。エドワード・H・グリフィス監督のコロムビア作品。

ルイーズ　Louise (1939)*は、ギュスタヴ・シャルパンティエ作曲のオペラ「ルイーズ」(1900) の映画化。パリの下町でお針子グレイス・ムーア（ルイーズ役）が、ボヘミアンな生活をする貧乏詩人に心を寄せて一緒に暮らすようになり、一度は両親の説得に応じて家に戻るものの、結局は父親の反対を押し切り、彼の下へ駆けつける。

フランスで作られたフランス語の作品で、グレイス・ムーア最後の作品。無声映画「鉄路の白薔薇」(1923) や「ナポレオン」(1927) で有名なアベル・ガンスが監督をした。アベル・ガンスは、この作品の前にもヴェルディのものとは異なるが、歌入りの「椿姫」La dame aux camélias (1934) や、「楽聖ベートーヴェン」Un grand amour de Beethoven (1936) といった、音楽物の作品を手がけている。

9　その他

エセル・マーマン　Ethel Merman
(1908.1.16-1984.2.15)

　エセル・マーマンは、まさにブロードウェイ・ミュージカルの女王といえる存在で、舞台では「女の子に夢中」(1930) から「ジプシー」(1959) までの30年間にわたり主役を務め、その後も1977年までは、再演物や旧作への出演を続けた。

　1908年生まれで、高校を卒業後は速記者や秘書をやりながらナイト・クラブで歌うようになり、ハリウッドにスカウトされて「リーダーに続け」Follow the Leader (1930) に出演した。これを見た制作者が、ガーシュウィンの新作舞台ミュージカル「女の子に夢中」Girl Crazy (1930) への出演を依頼して、劇中で歌った『私にはリズムがある』I Got Rhythmが評判となり大ブレイクした。

　マーマンは正式に歌を習ったことはないが、生まれつきの素晴らしい声量があり、絶対的な説得力で歌う。その声量は、マイクなしで大劇場の天井を震わせるほどだったという。

　こうしてブロードウェイで人気を得たマーマンは、「チャンスを摑め」Take a Chance (1932)、「エニシング・ゴーズ」Anything Goes (1934)、「赤とホットと青」Red, Hot and Blue (1936)、「デュ・バリーは貴婦人」Du Barry Was a Lady (1939)、「パナマのハティ」Panama Hattie (1940)、「アニーよ銃を取れ」Annie Get Your Gun (1946)、「マダムと呼びなさい」Call Me Madam (1950)、「ジプシー」Gypsy (1959) などのヒット作に次々と出演した。そうした合間に、映画にも出演したが、映画では主演というよりも、ゲスト的に歌を披露するという形が多かった。

　映画に出演したのは、主に1934年から38年までの間で、ビング・クロスビーと共演した「恋と胃袋」We're Not Dressing (1934)、エディ・カンターと共演した「百万弗小僧」Kid Millions (1934) と「当り屋勘太」Strike Me Pink (1936)、パラマウント社の看板シリーズにゲスト出演した「1936年の大放送」The Big Broadcast of 1936 (1935)、舞台の当たり役をそのまま演じた「海は桃色」Anything Goes (1936)、ソーニャ・ヘニー主演の「天晴れ着陸」Happy Landing (1938)、アリス・フェイの「世紀の楽団」Alexander's

Ragtime Band (1938) に出演したほか、リッツ兄弟の「素直と場所と興行」Straight, Place and Show (1938)*にも出ている。その後は戦時慰問用の「楽屋口接待所」Stage Door Canteen (1943)*にゲスト出演している。

舞台の役をそのまま演じたのが「マダムと呼びなさい」Call Me Madam (1953)*で、テレビでも「パナマのハティ」Panama Hattie (1954)*を再び演じ、「ショウほど素敵な商売はない」There's No Business Like Show Business (1954) では、ドナルド・オコナーとミッツィ・ゲイナーの母親役を演じている。

70mmで作られた大作の喜劇「おかしな、おかしな、おかしな世界」It's a Mad Mad Mad Mad World (1963) にも出演したが歌ってはいない。その後は「恋するパリジェンヌ」The Art of Love (1965) で顔を見せた。リンカーン・センターで1966年に「アニーよ銃を取れ」の再演を行い、それに基づいて翌1967年に放映されたテレビ版にも出た。

マダムと呼びなさい　Call Me Madam (1953)*は、アーヴィング・バーリンの同名舞台作品 (1950) の映画化。舞台版は1年半ほど続演したので、舞台への出演が終わった直後に撮影されている。舞台版の「アニーよ銃を取れ」(1946) が終わった後に、バーリンの作曲でもう1作品という話になり、ワシントンの有名なパーティ主催者だった女性をモデルとして作られたのがこの作品。

モデルとなったのはパール・メスタという女性で、1930年代から女性の権利のための運動をしていたが、1940年以降はトルーマンの熱心な支持者となった。1945年にトルーマンが大統領になると、長年の功績に報いて、1949年に駐ルクセンブルク米国大使に任命し、1953年まで大使を務めた。だから、ブロードウェイで上演されたのは赴任直後であり、映画が封切られたのも、ぎりぎりの赴任中だった。

舞台版には、トルーマンの後任大統領になったアイゼンハワーのキャンペーン曲に使われた『みんなアイクが好き』They Like Ike が入っていたが、映画版では抜けている。マーマンはこの舞台でトニー賞を受けて、その役をそのまま演じているので、映画にも舞台のムードが残っている。相手役には堅物そうに見えるジョージ・サンダースが起用されて、珍しく歌っている。脇役はユニヴァーサル出身で歌も踊りも得意なドナルド・オコナーと、踊りの名手ヴェラ＝エレンが共演している。

大金持ちの夫に先立たれた未亡人エセル・マーマンは、ワシントンで政治家を集めた大パーティの主催者として有名となり、大統領選挙で多額の寄付をして大いに貢献した実績が認められて、ヨーロッパの小国リヒテンブルクの米国大使に任命される。大使になったマーマンは持ち前の明るさで人々を魅了するが、リヒテンブルクの外務大臣ジョージ・サンダースの洗練された態度に惹かれて、恋心を抱くようになる。リヒテンブルクは財政破綻しそうなので、アメリカに借款を申し入れていて、サンダースの魅力に参ったマーマンは、本国の議員に働きかけて借款を認めさせる。一方、マーマンと一緒に赴任した大使館付きの報道官ドナルド・オコナーは、王女ヴェラ＝エレンと恋仲となり、王女の婚約者に睨まれる。最後には、リヒテンブルクから叙勲されるので、マーマンの呼称は「マダム」から「デイム」へと変わる。

バーリンの曲は大分カットされているが、どれも楽しい曲で、オコナーとヴェラ＝エレンのコンビもなかなか良いが、所属会社が異なるために、その後の二人のコンビは成立しなかった。ヴェラ＝エレンは低音の魅力的な歌声だが、これは吹替。オコナーは、MGMの「雨に唄えば」(1952) の直後の出演。監督はウォルター・ラングで、カラー作品だが画面サイズはスタンダード版。

この作品の出来が良かったので、フォックスは翌年に「ショウほど素敵な商売はない」(1954) を、ほぼ同じメンバーで作った。ウォルター・ラング監督、マーマン、オコナーは同じだが、ヴェラ＝エレンに代わりフォックスが誇る金髪女優のミッツィ・ゲイナー、マリリン・モンローの共演で、画面サイズもシネマスコープとなった。この「マダムと呼びなさい」は、その後にロジャースのブロードウェイ作品を大型画面で見せるという、フォックスの新ミュージカル路線の出発点になった重要な作品といえるだろう。

★

ジョージ・マーフィ　George Murphy
(1902.7.4–1992.5.3)

　ジョージ・マーフィは1902年生まれのダンサーで、最初はブロードウェイの舞台に立っていたが、1930年代半ばからはハリウッドで活躍した。シャーリー・テンプル、エレノア・パウエル、ジュディ・ガーランド、フレッド・アステアなどと共演して踊りを披露している。

　デビュー作はエディ・カンターとエセル・マーマンが共演した「百万弗小僧」Kid Millions (1934) で、助演して一緒に歌ったり踊ったりしている。次はコロムビアで作られたナンシー・キャロル主演の「踊りの後で」After the Dance (1935)* で、相手役を務めた。マーフィは本当は無実だが有罪となった男で、脱獄してナンシー・キャロルとダンス・チームを組んで踊る。「明朗時代」Top of the Town (1937) もユニヴァーサルのB級作品で、ドリス・ノラン扮する資産家の娘が100階建ての摩天楼の最上階でナイト・クラブを開く話。マーフィは相手役。

　MGMで出演した「踊る不夜城」Broadway Melody of 1938 (1937) では、タップ・ダンスの名手エレノア・パウエルの相手役として踊っている。ここからはメジャーな作品が増えて、ユニヴァーサルがアリス・フェイを招いて撮った「スキングの女王」You're a Sweetheart (1937) ではアリスの相手役。フォックスの「天晴れテンプル」Little Miss Broadway (1938) ではシャーリー・テンプルの相手役、フォックスの「あの女学生を守れ」Hold That Co-ed (1938)* では名優ジョン・バリモアと共演した。

　MGMの看板シリーズの「踊るニュウ・ヨーク」Broadway Melody of 1940 (1940) は、フレッド・アステアとエレノア・パウエルの主演作品だが、マーフィも二人と互角に踊っている。やはりMGMで作られたラナ・ターナーとジョーン・ブロンデルの共演した「ブロードウェイの二人の娘」Two Girls on Broadway (1940)* では二人の相手役を務め、「小さなネリー・ケリー」Little Nellie Kelly (1940)* ではジュディ・ガーランドと共演、フォックスで作られたジャック・オーキー主演の「起床」Rise and Shine (1941)* を経て、RKOで撮った「44丁目の市長」The Mayor of 44th Street (1942)* は、マーフィ主演でアン・シャーリーの共演。マーフィがダンス楽団を経営しながら貧しい子供たちを助けようとする話。

　ジュディ・ガーランドとは、「僕と彼女のために」For Me and My Gal (1942)* でも共演するが、この作品はジーン・ケリーのデビュー作として有名。独立系で作られた「パワーズの娘」The Powers Girl (1943)* もマーフィが主演で写真家を演じ、アン・シャーリーやキャロル・ランディスらの美人を撮影する。

　戦時慰問映画の「これが陸軍だ」This Is the Army (1943)* に出演したあとは、MGMでジェローム・カーンの舞台作品「五月にしては暖かい」Very Warm for May (1939) を映画化した「ブロードウェイ・リズム」Broadway Rhythm (1944)* に出演するが、MGMの「ブロードウェイ・メロディー」シリーズとごちゃ混ぜになってしまったために、もとの作品とはかなり違ったものとなった。

　その後はエディ・カンターと共演したRKOの「ショー・ビジネス」Show Business (1944)* に出たものの、フランク・シナトラの「芸人ホテル」Step Lively (1944) や、マーガレット・オブライエンとロバート・プレストン共演の「大都会」Big City (1948)* では脇役に回った。

★

ルディ・ヴァリー　Rudy Vallee
(1901.7.28–1986.7.3)

　ルディ・ヴァリーは1901年生まれのクルーナー歌手。若い時から楽団歌手で、後にはラジオでも活躍するなど、1930年代にはビング・クロスビーと並んで人気の高い歌手だった。

　映画界入りしたのはトーキー時代に入ってからの1929年で、最初に主演した長編はRKOの「気ままな恋人」The Vagabond Lover (1929)*。ヴァリーは学生楽団のサックス奏者役で、偶然に知り合った上流の娘に惚れるという話。パラマウントで作られた「アメリカ娘に栄光あれ」Glorifying the American Girl (1929) と、「国際喜劇ホテル」

International House (1933) ではゲストで歌っている。

2本目の主演作品はフォックスで撮った「乾杯の唄」George White's Scandals (1934) で、ブロードウェイのヒット・ショーを題名に付けた舞台裏物。当時ヴァリーの楽団で歌手をしていたアリス・フェイも、一緒に出て映画デビューした。

その後、アリス・フェイは大スターへの道を歩むが、ヴァリーのほうはワーナーでヘレン・モーガンと共演した舞台裏物の「スウィート・ミュージック」Sweet Music (1935)、そして同じくワーナーでバスビー・バークレイの「夜は巴里で」Gold Diggers in Paris (1938) に主演。ついでフォックスではソーニャ・ヘニーとタイロン・パワーが共演した「銀嶺のスタア」Second Fiddle (1939)* でも助演している。

1930年代を通じていろいろな会社の作品に出たのは、映画がメインの活動ではなく、楽団リーダーとして、ラジオやレコードに忙しく、専属契約を持たなかったためかも知れない。

1940年代に入ってからも、同じように各社に出演している。ユニヴァーサルで主演した「金髪娘が多過ぎる」Too Many Blondes (1941)* は、夫婦芸人の夫ヴァリーが、魅力的な金髪娘に言い寄られる話。コロムビアでアン・ミラーと共演した「リズムの時間」Time Out for Rhythm (1941)* も芸人物。その後は主演ではなく、各社で助演している。パラマウントで作られた「成り行き任せ」Happy Go Lucky (1943)* は豪華な配役。メリー・マーティンとディック・パウエルが主演で、ベティ・ハットンが助演していて、ルディも顔を出している。

戦争後に独立プロで作られた「人々は面白い」People Are Funny (1946)* は、ジャック・ヘイリーとヘレン・ウォーカーが主演。ヴァリーは1曲付き合っている。フォックスがベティ・グレイブル主演で作った西部劇ミュージカルの「バッシュフル・ベンドから来た金髪美人」The Beautiful Blonde from Bashful Bend (1949)*、ジェイン・ラッセルとジーン・クレインが共演した独立プロの「紳士はブルーネット娘と結婚する」Gentlemen Marry Brunettes (1955) と、ワーナーがアン・ブライス主演で撮った「追憶」The Helen Morgan Story (1957) ではゲスト出演した。

「努力しないで出世する方法」How to Succeed in Business Without Really Trying (1967) は、同名の舞台作品 (1961) の映画化だが、舞台にも出ていたヴァリーは舞台と同じ社長役で出演している。

ラス・コロムボ　Russ Columbo
(1908.1.14–1934.9.2)

ラス・コロムボは、イタリア系の移民の子で1908年生まれ。13歳の時からプロとして歌っていた。歌唱スタイルはビング・クロスビーやルディ・ヴァリーと同じくクルーナーと呼ばれる甘い歌い方で、楽団やナイト・クラブでも歌った。トーキー初期から短編に出演していたが、1930年代前半には、人気が高まり長編にも出演した。ところが、1934年にショット・ガンによる奇妙な事故のため26歳で亡くなってしまう。

初めて主演級で出た長編は「キャバレエの鍵穴」Broadway Through a Keyhole (1933) で、純情なナイト・クラブ歌手コンスタンス・カミングスに恋したクルーナーのラス・コロムボが、ギャングと対決して彼女を手に入れるが、最後はギャングの抗争に巻き込まれて亡くなってしまう。

「ムーラン・ルージュ」Moulin Rouge (1934) にゲスト出演したあと、ユニヴァーサルの「目覚めて夢見よ」Wake Up and Dream (1934)* では主演する。この作品のコロムボは3人組のヴォードヴィル芸人で、仲間と同じ娘に惚れて取り合う。この作品が完成した後にコロムボは亡くなる。

第 3 章

1940 年代：戦争の時代

1 戦時慰問と中南米

戦争と慰問映画

1940年代のアメリカは、1930年代の不況からは脱出するものの、第二次世界大戦に突入する。そのため1940年代の前半には、戦争の影響を大きく受けた作品が多くなる。ひとつは陸軍や海軍をテーマとした作品の増加で、兵士と女優の恋などが頻繁に描かれた。そうした場合でも陸軍と海軍、時には飛行士や海兵隊などをバランス良く登場させている。この時期の日本映画には「撃ちてし止まむ」という標語が必ず登場するように、アメリカ映画では「この劇場で国債を買おう」の標語が登場する。

もうひとつの特徴は、慰問映画の制作だった。たいした物語はないものの、各社の抱えるスター総出演のレヴューを見せる映画が多く作られた。第二次世界大戦が始まると、映画界でも「ハリウッド戦勝委員会」Hollywood Victory Committeeが1941年12月に組織されて、クラーク・ゲイブル、ジェイムス・キャグニー、ジョージ・マーフィらが中心となって活動、黒人部ではハティ・マクダニエルが会長となった。

この委員会は、傷病兵や前線兵士らへの慰問活動を行ったが、合わせて資金集めのための映画制作も働きかけた。そのため、1942–44年には慰問映画が多く作られた。一般作品の合間に制作されたので、各俳優の出番は別々に撮影されている場合が多く、司会役が間を繋ぐ構成となっている。

パラマウント社は「きらめくスターのリズム」Star Spangled Rhythm (1942)*、「ハリウッド宝船」Duffy's Tavern (1945)の2本を、ワーナーは「これが陸軍だ」This Is the Army (1943)*、「君の幸運の星にありがとう」Thank Your Lucky Stars (1943)*、「ハリウッド玉手箱」Hollywood Canteen (1944)の3本、MGMは「万人の歓呼」Thousands Cheer (1943)*、フォックスは「ジープの四人娘」Four Jills in a Jeep (1944)*を作った。

ユニヴァーサルは「兵士たちに続け」Follow the Boys (1944)*、コロムビアは「ベヴァリーの起床ラッパ」Reveille with Beverly (1943)*と、「カウボーイの接待所」Cowboy Canteen (1944)*いう具合。独立系でも「楽屋口接待所」Stage Door Canteen (1943)*が作られている。その後の朝鮮戦争の時にも、ワーナーは「スターリフト」Starlift (1951)*を作っている。

こうした慰問映画以外でも、フォックスのベティ・グレイブルは「ピンナップ・ガール」と呼ばれて、兵士たちの間では人気ナンバー・ワンだったので、ベティ作品には兵士への慰問サービス的な場面がたっぷりと入っていた。

黒人向けの慰問映画

戦争に行ったのは白人だけでなく、黒人兵士も多くいたことから、黒人向けの慰問用ミュージカルも作られた。フォックスの「ストーミー・ウェザー」Stormy Weather (1943)と、MGMの「天の安息所」Cabin in the Sky (1943)*で、両作品とも当時の黒人スター総出演の作品となっているものの、制作スタッフは白人だ。「ストーミー・ウェザー」のほうはビル・ロビンソンを中心に据えた映画オリジナルの作品で、「天の安息所」はブロードウェイのヒット作品の映画化。

ハリウッドの大手映画会社は、トーキー初期に黒人だけのミュージカル映画を何本か作ったが、それ以降はほとんど作っていなかった。黒人向けの映画は、独立系の専門会社によって作られていたが、戦争協力の名において、大手会社でも黒人作品が作られた。この流れは戦争が終わるとなくなってしまい、公民権法が成立した1964–65年頃には大手映画会社は実質的に機能しなくなったため、結局は大手会社が自主的に黒人映画を作ることはなかった。

中南米ブーム

この時期のミュージカル作品の、もうひとつの大きな傾向に、中南米をテーマとした作品の増加がある。メキシコはアメリカと国境を接した国なので、ミュージカルの分野でも、トーキー初期から背景に使われることが多かった。メキシコ出身の俳優も、ドロレス・デ

ル・リオが無声時代からハリウッドで活躍しており、初期のミュージカル作品にも出演している。

しかし、ブラジル、アルゼンチンといった南米となると、ハリウッドから見てかなり遠い存在と考えられていた。一方、フランクリン・ローズヴェルト大統領は1933年の演説で中南米を意識した善隣友好政策を打ち出して、中南米との関係改善を目指した。

そうした中でハリウッドも次第に中南米に目を向けるようになり、さらに第二次世界大戦で欧州とアジア、太平洋が戦火に包まれると、ハリウッドが得意とした欧州物や南洋活劇も作りにくくなり、新たなエキゾチズムを求める形で、南米に目を向けた映画が増加した。アメリカ政府もABCと呼ばれる、アルゼンチン、ブラジル、チリを代表とする南米の大国をアメリカ陣営へ引き寄せるために、親南米的な姿勢を示す必要があり、映画界にもそれを求めたに違いない。

ウォルト・ディズニーは「白雪姫」(1937)の成功により、長編アニメの制作に力を注ぐようになるが、テクニカラーでのアニメ制作には多額の資金と時間を要した。一方、第二次世界大戦の勃発により、アメリカ以外の国での配給収入が途絶えたため、スタジオ経営は苦しく、アニメーターに長時間労働を強いることとなった。そうしたことを背景として、ディズニー・スタジオでは1941年にストライキが起きたために、ウォルトは労働組合嫌いとなり、これが後のハリウッドの赤狩りの遠因となる。

財政的な事情により、ディズニーは「バンビ」(1942)を最後に長編映画の制作を休止して、中編の制作に切り替え、政府の善隣友好政策に基づく支援を仰いで、中南米に取材旅行を行い、「ラテン・アメリカの旅」(1943)と「三人の騎士」(1944)を作る。ディズニーの場合には実際に現地ロケしたフィルムも使用したが、ミュージカル映画の場合には、現地ロケではなくスタジオ撮影で済ませることが多く、ブラジル出身の女優を出演させて雰囲気を出すというのが一般的だった。

そうした南米ムードを醸し出すのに重宝だったのがカルメン・ミランダだ。カルメンはポルトガル生まれだが、ブラジルの映画界で活躍した後、ブロードウェイで上演された、アボットとコステロのレヴュー・ショー「パリの街」Street of Paris (1939) に出演し、フォックス社と契約して1940年以降のミュージカル映画に出演している。

戦争による輸入の途絶

1940年代前半のアメリカ映画は、戦争で輸入が途絶えてしまい、戦後にその一部が公開されただけなので、日本ではほとんど知られていない。戦前のアメリカ映画の日本公開は1941年の10月が最後で、同年12月から戦争状態となったために、それ以降は輸入されなかった。ミュージカル映画では、フレッド・アステアとエレノア・パウエルが共演した「踊るニュウ・ヨーク」Broadway Melody of 1940 (1940) が、戦前に公開された最後の作品。

この作品はアメリカでは1940年2月の公開で、同年8月に日本で公開された。1941年1月にはディアナ・ダービンの「銀の靴」First Love が公開されているが、これは1939年の作品で、アメリカでの公開年で見ると「踊るニュウ・ヨーク」が戦前公開の最後となる。

ミュージカル以外では、レイ・ミランド、ウィリアム・ホールデン、ヴェロニカ・レイクらが出演した「空の要塞」I Wanted Wings (1941) が、1941年10月末に日本で公開されたのが最後になった。この作品はミッチェル・ライゼンが監督したドラマで、陸軍航空隊に入った3人の男たちを描き、航空場面の撮影が評判になった。

1942年になると、同盟国のドイツとイタリアの映画しか入ってこなかったが、ドイツの音楽映画「希望音楽会」Wunschkonzert (1940)や、マリカ・レックのミュージカル作品「美貌の敵」Kora Terry (1940) が公開されている。1943-44年にもドイツ映画は入っているが、ほとんどが戦争物か時代物で、ミュージカル作品はなかった。

ドイツ映画の公開も1944年7月の「リュッツオ爆撃隊」Kampfgeschwader Luetzow (1941) が最後で、そこから敗戦の1945年8月までは途絶えてしまう。もっとも激しい空襲により、国内の映画館の4割は焼失して、フィルムも不足したために、1945年には、敗戦の8月までに公開された日本映画も、た

った22本しかなかった。

戦後に公開されたアメリカ映画は、1945年12月の「ユーコンの叫び」Call of the Yukon (1938) が最初で、これはリパブリック社の冒険物。ミュージカル作品としては、ディアナ・ダービンの「春の序曲」His Butler's Sister (1943) が1946年2月に封切られたのが、戦後の初公開となる。1946年には「銀嶺セレナーデ」Sun Valley Serenade (1941) や、「ブロードウェイ」Babes on Broadway (1941)、「我が道を往く」Going My Way (1944) なども公開されたが、いずれも戦前または戦争中に作られた作品だった。

1947年前半に公開された作品も、戦前・戦中のものだったので、戦後にアメリカで公開された作品は、「聖メリイの鐘」The Bell of St. Mary's (1945) が日本では1947年7月に、「嘘つきお嬢さん」Two Sisters from Boston (1946) が1947年10月に公開されるのを待たねばならなかった。それ以降は、どんどんと輸入されたので、おなじみの作品が増えてくるが、戦争が終わったために、兵士向けのレヴュー映画は少なくなり、じっくりと楽しむ作品が増えてくる。

2　戦争支援の慰問映画

パラマウント社

きらめくスターのリズム　Star Spangled Rhythm (1942)* は、第二次世界大戦が本格化してから作られた、パラマウント社スター総出演の慰問映画。ビング・クロスビーがゲスト出演だけでなく、フィナーレも担当している。話は他愛ないもので、パラマウント社の警備員をやっている男が、息子の水兵に会社の幹部だと吹聴したことから、息子が上陸許可の出た日に同僚とともに撮影所にやって来る。そこで、警備員はスタジオ仲間の協力を得て、息子たちにスタジオのスターたちを案内するという具合。

ハロルド・アーレンが曲を書いていて、ビングのほかにも、メリー・マーティン、ディック・パウエル、ポーレット・ゴダード、ベティ・ハットン、ドロシー・ラムーア、ヴェロニカ・レイクらがゲストで歌っている。そのほかにもスタジオのスター総出演の、ジョージ・マーシャル監督作品。

1 オーケストラ演奏　Overture
2 メリー・マーティン、ディック・パウエル、ゴールデン・ゲイト・カルテットの歌　Hit the Road to Dreamland
3 マージョリー・レイノルズ、ベティ・ローデス、ドナ・ドレイクの歌　Swing Shift
4 ベティ・ハットンと水兵たち　I'm Doing It for Defense
5 ベティ・ハットンの寸劇（壁に登る）　Climbs the wall
6 ドロシー・ラムーア、ヴェロニカ・レイク、ポーレット・ゴダード、アーサー・トリーチャー、ウォルター・キャトレット、スターリング・ハロウェイの歌　Sweater, Sarong, and Peek-a-Boo Bang
7 ジョニー・ジョンストンの歌とヴェラ・ゾリナの踊り　That Old Black Magic
8 フランチョット・トーン、レイ・ミランド、フレッド・マクマレイ、リン・オヴァーマンの寸劇　If Men Played Cards as Women Do
9 エディ・ロチェスター・アンダーソン、キャサリン・ダナム、スリムとサム、ウディ・ストロードの歌　Sharp as a Tack
10 ジェリー・コロナ、ボブ・ホープ、チェスター・クルート、ウィリアム・ベンディクス、マクシン・アーデル、マージリー・ディーン、ロレイン・ミラー、マリオン・マーティンの寸劇　Bob Hope Sketch
11 ビング・クロスビーの歌　Old Glory

ハリウッド宝船　Duffy's Tavern (1945) も戦時慰問映画で、パラマウント社のスターたちを見せるのが目的の作品。レコード会社の社長は、ダフィーの店で戦争から復員した兵士たちに食事を提供しているが、資金に困り映画スターたちを呼び、大パーティを開催して資金作りをする。

ビング・クロスビーもゲスト出演するほか、ベティ・ハットン、ポーレット・ゴダード、アラン・ラッド、ドロシー・ラムーアらが出てくる。監督はハル・ウォーカー。

MGM

万人の歓呼 Thousands Cheer (1943)* は、ジョー・パスタナクの制作で監督はジョージ・シドニーのカラー作品。空中ブランコ芸人のジーン・ケリーが、陸軍の二等兵となり、大佐の娘で歌手のキャスリン・グレイスンと恋仲になる。映画の後半で軍隊ショーを開くことになり、ミッキー・ルーニーの司会で多くの芸人が登場する。

　映画の主眼はあくまでもゲスト出演するスターたちにあるわけで、完全な慰問用映画。映画初出演のホセ・イターピの指揮により、MGMの歌姫キャスリン・グレイスンが「椿姫」のアリアほかを歌い、ジュディ・ガーランドやジューン・アリソン、ヴァージニア・オブライエンの歌、フランク・モーガンやレッド・スケルトンの寸劇、エレノア・パウエルの踊りもある。この映画はパウエル唯一のカラー作品。ジーン・ケリーも掃除用のモップや箒と一緒に踊る。

〈前半の音楽場面〉
1　序曲　合唱
2　ホセ・イターピ指揮のオーケストラ演奏　Caprice Espanol
3　キャスリン・グレイスンの歌、ホセ・イターピ指揮「椿姫」Sempre libera
4　キャスリン・グレイスンの歌、ホセ・イターピの指揮　Daybreak
5　キャスリン・グレイスンの歌　Three Letters in the Mailbox
6　ベン・レッスィと男性トリオの歌　I Dug a Ditch
7　キャスリン・グレイスンと兵士たちの歌　I Dug a Ditch
8　キャスリン・グレイスンの歌　Let There Be Music
9　ホセ・イターピのピアノ演奏　Hungarian Rhapsody No. 2
10　ジーン・ケリーとモップの踊り　Let Me Call You Sweetheart / I Dug a Ditch（ケリーが掃除中にモップ、ブラシ、箒と一緒に踊る）

〈後半の軍隊ショーの場面〉
11　ホセ・イターピ指揮のオーケストラ演奏　American Patrol
12　エレノア・パウエルの踊り　Boogie Woogie
13　グロリア・デ・ヘヴン、ジューン・アリソン、ヴァージニア・オブライエンの歌、ボブ・クロスビー楽団　In a Little Spanish Town
14　フランク・モーガンの寸劇（床屋がにせ医者になって美人を診察する）、アン・サザーン、ルシル・ボール、マーシャ・ハント、サラ・ヘイドン（看護師）、ヘンリー・オニール（本物の医者）
15　ケイ・カイザー楽団の演奏　I Dug a Ditch
16　ジョージア・キャロルの歌、ケイ・カイザー楽団の演奏　Should I?
17　マクシン・バラットとドン・ローバーの踊り　Tico Tico
18　ミッキー・ルーニーの物真似　映画「テスト・パイロット」Test Pilot (1938)　からクラーク・ゲイブルとライオネル・バリモアの場面
19　レナ・ホーンの歌、ベニー・カーター楽団　Honeysuckle Rose
20　レッド・スケルトンの寸劇　ドナ・リード、マーガレット・オブライエンの共演
21　ジュディ・ガーランドの歌とホセ・イターピのピアノ演奏　The Joint Is Really Jumpin' in Carnegie Hall
22　ジーン・ケリーの空中ブランコ
23　キャスリン・グレイスンの歌、ホセ・イターピ指揮　United Nations (Victory Song)

ワーナー

これが陸軍だ This Is the Army (1943)* は、第二次世界大戦の資金調達のためにブロードウェイで上演されたアーヴィング・バーリンの同名ショー (1943) の映画版だが、映画版にはショーが作られるまでの経緯が、導入部として入っている。

　バーリンは1888年生まれで、第一次世界大戦の時に、陸軍兵士のためのサービス・センターを作る資金集めで、兵士たちが出演する「イップ・イップ・ヤファンク」Yip, Yip, Yaphank (1918) というショーを作った、というエピソードから導入部は始まる。1943年に、第一次世界大戦時の仲間がもう一度サービス・センターに集って意気投合し、息子たちを戦場から呼び集めて新しいショーを作ろうと相談する。「イップ・イップ・ヤファンク」で有名になった、『我らはフランスへ向かう』We're on Our Way to France という歌が挿入されている。

　そこまでが1918年当時の話で、次に歌われる『アメリカに神の祝福あれ』God Bless America からが1943年の話。『アメリカに神の祝福あれ』は、バーリンが「イップ・イップ・ヤファンク」向けに書いたものの、その

第 3 章　1940年代：戦争の時代

時には使われずに、1943年のショーで使われることになったので、繋ぎの役割を果たしている。

ショーの構成としては歌や踊りのほかに、手品や軽業のような景も入り、舞台版とほぼ同じ。主演の狂言回しを演じるのは、ジョーン・レスリーと、後に大統領となったロナルド・レーガンだが、レーガンは出演だけで歌はない。レーガンは陸軍航空隊に所属していたので、中尉の肩書きで出演している。

アーヴィング・バーリンはポピュラー音楽業界の中では大御所的な存在だが、このショーでは自ら出演して、『早起きはうんざりだ』Oh How I Hate To Get Up In The Morning という、第一次世界大戦当時の曲を歌っている。バーリンは、こうした愛国的な性格なので、ビリー・ワイルダー監督の「第十七捕虜収容所」Stalag 17 (1953) の中で、ドイツ軍将校に「(アメリカでは) 我が帝国の神聖な首都 (ベルリン) を自分の名前 (バーリン) にしている奴が、クリスマス・ソング (White Christmas) を書いている」と言わせるようなギャグが成り立つ。オール・カラーの大作で、マイケル・カーティス監督作品。

1 オーケストラ演奏　序曲
2 ガートルード・ニーセンの歌　For Your Country and My Country
3 ジョージ・マーフィの歌と踊り　My Sweetie
4 ジョージ・トバイアスの歌　Poor Little Me, I'm on KP
5 ジョージ・マーフィの歌　We're on Our Way to France
6 ケイト・スミスの歌　God Bless America
7 フランシス・ラングフォードの歌　What Does He Look Like
8 シドニー・ロビン、ウィリアム・ローリッチ、ヘンリー・ジョーンズの歌　This Is the Army Mr. Jones
9 ジャイムス・バーレルの歌　I'm Getting Tired So I Can Sleep
10 ラルフ・マージルセンのミンストレル風の歌と踊り　Mandy
11 アラン・ヘイルほかの男性合唱と群舞　Ladies of the Chorus
12 ジャイムス・クロス二等兵の歌とタップ・ダンス (オール黒人キャスト)　That's What the Well-Dressed Man in Harlem Will Wear
13 水兵たちの合唱　How about a Cheer for the Navy
14 男声合唱群舞　Hostesses of the Stage Door Canteen
15 アール・オックスフォードの歌　I Left My Heart at the Stage Door Canteen
16 ロバート・シャンリーの歌　With My Head in the Clouds/ American Eagles
17 アーヴィング・バーリン、ジョージ・マーフィ、ゴア・トバイアス、チャールズ・バターワースの歌　Oh How I Hate to Get Up in the Morning
18 ロバート・シャンリーの歌　This Time We Will All Make Certain

君の幸運の星にありがとう　Thank Your Lucky Stars (1943)* は、典型的な戦争中の慰問映画で、スター総出演の作品。ジョーン・レスリーは田舎から出てきた娘役で、デニス・モーガン、エディ・カンターらと一緒に、狂言回しとなって曲の間を繋ぐ。エディ・カンターのほかにも、ダイナ・ショア、デニス・モーガン、オリヴィア・デ・ハヴィランド、アイダ・ルピノ、ハンフリー・ボガートなどが出演する。S・Z・サカルとエドワード・エヴェレット・ホートンという、コメディの両巨頭が脇を固めているので、2時間を超える作品だが飽きさせない。

出演者は全員歌ったり踊ったりさせられているが、トップ・ビリングのハンフリー・ボガートだけは歌わずに喋るだけ。ベット・デイヴィスやエロール・フリンの歌は珍しい。デイヴィット・バトラー監督のワーナー映画。

1 オーケストラ演奏　序曲　Thank Your Lucky Stars
2 ダイナ・ショアの歌　Thank Your Lucky Stars
3 ジョン・ガーフィールドの歌　Blues in the Night
4 エディ・カンターの歌　Now's the Time to Fall in Love (Potatoes Are Cheaper, Tomatoes Are Cheaper)
5 スパイク・ジョーンズと彼のシティ・スリッカーの演奏　Hotcha Corina
6 デニス・モーガンとジョーン・レスリー (サリー・スウィートランドの吹替) の歌、演奏はスパイク・ジョーンズ　I'm Ridin' for a Fall
7 エディ・カンターの歌　We're Staying Home Tonight
8 ジャック・カーソンとアラン・ヘイルの歌　Goin' North
9 アン・シェリダンの歌　Love Isn't Born
10 デニス・モーガンとジョーン・レスリー (サリー・スウィートランドの吹替) の歌　No You, No Me
11 ダイナ・ショアの歌　The Dreamer
12 全員黒人のナンバー：ハティ・マクダニエル、ウィリー・ベスト、ジェス・リー・ブルックス、リタ・クリスティーナ

の歌　Ice Cold Katie
13 ダイナ・ショアの歌と踊り　How Sweet You Are
14 エロール・フリンの歌と踊り　That's What You Jolly Well Get
15 ベット・デイヴィスの歌　They're Either Too Young or Too Old
16 オリヴィア・デ・ハヴィランド、アイダ・ルピノ、ジョージ・トバイアスの歌　The Dreamer
17 デニス・モーガンの歌とアレクシス・スミスの踊り　Good Night, Good Neighbor
18 フィナーレは基本的に各ナンバーの繰り返し　Finale : We're Staying Home Tonight / How Sweet You Are（合唱）/ Goin' North / The Dreamer / I'm Ridin' for a Fall / Love Isn't Born / That's What You Jolly Well Get / Good Night, Good Neighbor / They're Either Too Young or Too Old / Ice Cold Katie（エディ・カンターとハティ・マクダニエル）/ Thank Your Lucky Stars（合唱）

ハリウッド玉手箱　Hollywood Canteen (1944) もゲスト・スターが異なるだけで、「君の幸運の星にありがとう」Thank Your Lucky Stars (1943)＊と同じような構成。今回はアンドルーズ姉妹、ジャック・ベニー、ジョー・E・ブラウン、ジョーン・クロフォードなどが出演している。ロバート・ハットンが南太平洋の島で負傷して、病院船で本土へ戻り、ハリウッドで俳優たちが運営するハリウッド接待所へ行く。そこで憧れの女優ジョーン・レスリーと出会い、デイトする。

　ゲスト・スターは、ワーナーだけでなく、ユニヴァーサルのアンドルーズ姉妹や、リパブリックの「歌うカウボーイ」ロイ・ロジャースなどが出演するほか、舞台版「オクラホマ！」Oklahoma! (1943) のダンスで有名となったジョーン・マクラカンも出演している。ワーナー社のデルマー・デイヴィス監督作品。
1 アンドルーズ姉妹の歌　Hollywood Canteen（タイトル・バック）
2 病院船上でのアコーディオン演奏　Home on the Range
3 ジミー・ドーシー楽団の演奏　King Porter Stomp
4 ジャック・カースンとジェイン・ワイマンの歌と踊り、ジミー・ドーシー楽団の演奏　What Are You Doin' the Rest of Your Life
5 黒人ヴォーカル・グループのゴールデン・ゲイト・カルテットの歌　The General Jumped at Dawn
6 エディ・カンターとノーラ・マーティンの歌、ジミー・ドーシー楽団の演奏　We're Having a Baby
7 サンズ・オヴ・パイオニアズの歌　Tumblin' Tumbleweeds
8 ロイ・ロジャースとサンズ・オヴ・パイオニアズの歌、馬のトリッガーのダンス　Don't Fence Me in
9 アンドルーズ姉妹の歌とジミー・ドーシー楽団の演奏　Gettin' Corns For My Country
10 アンドルーズ姉妹の歌　Don't Fence Me in
11 デニス・モーガンの歌とジミー・ドーシー楽団の演奏、続いてジョー・E・ブラウンの歌　You Can Always Tell a Yank
12 ダン・クラークとジョーン・クロフォードのフロア・ダンス、ジミー・ドーシー楽団の演奏　Don't Fence Me in
13 ジョーン・レスリー（サリー・スウィートランドの吹替）の歌　Sweet Dreams Sweetheart
14 ジョーン・マクラカンの踊り　Ballet in Jive
15 ジョセフ・シゲッティのヴァイオリン演奏　The Bee（シューベルト曲）
16 ジョセフ・シゲッティとジャック・ベニーの寸劇とヴァイオリン演奏　The Souvenir
17 カーメン・キャヴァレロのピアノ演奏　Voodoo Moon
18 ロザリオとアントニオのフラメンコ　Voodoo Moon
19 キティ・カーリスルの歌、ジミー・ドーシー楽団の演奏　Sweet Dreams Sweetheart

スターリフト　Starlift (1951)＊は、第二次世界大戦ではなく朝鮮戦争時の慰問作品だが、作り方は大戦中と同じ。背景となったのはサン・フランシスコ郊外にあるトラヴィス空軍基地で、兵士がアジアに向かって出発して行く基点となっていた。

　題名となっている「スターリフト」というのは、当時使われていた4発の大型輸送機Starlifterからとられたもので、映画の中でこの大型機が登場する。この作品に描かれているように、朝鮮戦争中には、戦場に出発する兵士たちの最後の数時間を楽しませようと、映画スターたちが毎週土曜日にターミナル・ビルでショーを見せていた。これをハリウッドでは「スターリフト作戦」と呼んでいた。

　サン・フランシスコの輸送機の乗務員の兵士が、休暇でハリウッド・スターを訪ねて、空軍基地まで送ってもらったりするうちに、お互いに愛し合うようになるというのが話の内容。病院や基地での慰問ショーの場面が見

第 3 章　1940 年代：戦争の時代

どころで、ドリス・デイのほかにも、ゴードン・マクレエ、ジーン・ネルソン、ヴァージニア・メイヨーなどのワーナー・スターが総出演。歌や踊りはないもののジェイムス・キャグニー、ゲイリー・クーパーも顔を出している。ロイ・デル・ルース監督でワーナーの白黒作品。

1 ドリス・デイとゴードン・マクレエの歌　You're Gonna Lose Your Gal
2 ドリス・デイの歌　'S Wonderful
3 ドリス・デイの歌　You Oughta Be in Pictures
4 ドリス・デイの歌　You Do Something to Me
5 ルシル・ノーマンとゴードン・マクレエの歌、ジーン・ネルソンとジャニス・ルールの踊り　What Is This Thing Called Love?
6 パトリス・ワイモアの歌　Liza (All the Clouds'll Roll Away)
7 ゴードン・マクレエの歌と空軍の合唱　The Good Green Acres of Home
8 ジーン・ネルソンとジャニス・ルールの踊り　It's Magic
9 ジェイン・ワイマンの歌　I May Be Wrong, But I Think You're Wonderful
10 ヴァージニア・メイヨーの踊りと群舞　Noche Caribe (Caribbean Night)
11 フィル・ハリスの歌とゲイリー・クーパーの台詞　Look Out, Stranger, I'm a Texas Ranger

フォックス

ジープの四人娘　Four Jills in a Jeep (1944)* は、戦争中の慰問用映画。4人のハリウッド女優キャロル・ランディス、ミッツィ・メイフェア、ケイ・フランシス、マーサ・レイが、慰問のために英国と北アフリカ戦線を訪れてショーを見せる話。フィル・シルヴァースが現地で軍の案内役となり、4人をジープに乗せて随行する。

フォックス系のミュージカル女優アリス・フェイ、ベティ・グレイブルやカルメン・ミランダらがゲスト出演して、それぞれの持ち歌を歌うという趣向。ウィリアム・A・サイター監督の白黒作品。

1 オーケストラ演奏　序曲
2 ラジオ局でのベティ・グレイブルの歌、ジミー・ドーシー楽団　Cuddle up a Little Closer
3 ジミー・ドーシー楽団　The Champ
4 マーサ・レイの歌、ジミー・ドーシー楽団　You'll Have to Swing It
5 ディック・ヘイムズの歌とミッツィ・メイフェアのタップ・ダンス　How Blue the Night
6 ミッツィ・メイフェアと兵士たちの踊り　ジミー・ドーシー楽団　Ohio
7 ラジオ局でのアリス・フェイの歌　You'll Never Know
8 カルメン・ミランダの歌とバンダ・ダ・ルア演奏　I, Yi, Yi, Yi, Yi (I Like You Very Much)
9 ディック・ヘイムズの歌、ジミー・ドーシー楽団　You Send Me
10 フィル・シルヴァースのコメディ・スキットとクラリネット演奏　No Love, No Nothing
11 ディック・ヘイムズの歌　How Many Times Do I Have to Tell You?
12 ミッツィ・メイフェアのタップ・ダンス
13 キャロル・ランディスの歌　Crazy Me
14 兵士たちの合唱　Caissons Go Rolling Along

ユニヴァーサル

兵士たちに続け　Follow the Boys (1944)* は、ユニヴァーサル社の戦時慰問映画。ジョージ・ラフトの主演で、ダンサーとして売り出したラフトが、有名なヴェラ・ゾリナと組んで踊り人気が出る。ところが折から勃発した戦争によりコンビを解消。ラフトは入隊しようとするが、膝が悪いために検査で撥ねられてしまう。そこで、ラフトは慰問隊を組織して、兵士たちを慰問して回る。

ヴェラ・ゾリナはドイツ生まれのバレエ・ダンサーで、バレエ・リュスで踊った後に、ミュージカルの「油断なく」On Your Toes (1936) のロンドン版舞台 (1937) と映画版 (1939) に出演しているので、バレエ界だけでなく映画界でも知られていた。

ゲストの多彩さが見もので、ソフィ・タッカー、ジャネット・マクドナルド、オーソン・ウェルズと、マルレーネ・ディートリッヒ、ダイナ・ショア、アンドルーズ姉妹のほかに、W・C・フィールズも出演している。エドワード・サザーランド監督作品。

1 兵士たちの合唱　オーケストラ演奏　Overture: Follow the Boys
2 テッド・ルイスの歌と彼の楽団の演奏　Good Night

3 ヴェラ・ゾリナとジョージ・ラフトの踊り　Tonight
4 フレディ・スラック楽団の演奏
5 レナード・ガーティアーの犬による演技　The Bricklayers
6 ソフィ・タッカーの歌　The Bigger the Army and the Navy
7 アンドルーズ姉妹の歌　ヒット曲メドレー　Bei Mir Bist du Schön / Hold Tight, Hold Tight (Want Some Sea Food Mama) / Beer Barrel Polka (Roll Out the Barrel) / Boogie Woogie Bugle Boy / I'll Be with You in Apple Blossom Time / Pennsylvania Polka / Vict'ry Polka
8 チャーリー・スピヴァク楽団　Swing Low, Sweet Chariot
9 ドナルド・オコーナーとペギー・ライアンの歌と踊り　Kittens with Their Mittens Laced
10 ジャネット・マクドナルドの歌　Beyond the Blue Horizon
11 オーソン・ウェルズとマルレーネ・ディートリッヒのショー　Orson Welles' Mercury Wonder Show
12 ダイナ・ショアの歌　I'll Walk Alone
13 アーサー・ルビンシュタインのピアノ演奏　Liebestraum
14 チャーリー・スピヴァク楽団　Besame Mucho
15 ダイナ・ショアの歌　I'll Get By
16 ルイ・ジョーダンの歌と彼の楽団の演奏　Is You Is or Is You Ain't (Ma Baby)
17 ルイ・ジョーダンの歌と彼の楽団の演奏、ジョージ・ラフトの踊り　Sweet Georgia Brown
18 W・C・フィールズの寸劇　Pool shark comedy routine
19 カルメン・アマヤのフラメンコ　Flamenco number
20 ジャネット・マクドナルドの歌　I'll See You in My Dreams
21 デルタ・リズム・ボーイズの歌　The House I Live in
22 アンドルーズ姉妹の歌　Shoo-Shoo Baby
23 合唱　A Better Day Is Coming

独立系

楽屋口接待所　Stage Door Canteen (1943)*は、欧州戦線に向かう兵士が、ニュー・ヨークから出航する前に、マンハッタンで一夜の娯楽を求めるのに応じて、舞台の人々が中心となって、兵士向けの接待食堂を開いた様子を描く。「キャンティーン」と呼ばれる接待食堂では、兵士向けに食事が振る舞われるだけでなく、舞台女優たちが話や踊りの相手をする。また、併設の小さな舞台でもいろいろなスターが芸を見せるので、その模様を映画にしている。

この作品は独立系の制作だが、舞台俳優だけでなく、映画、ラジオのスターたちが沢山出演しているのが見どころ。出演している楽団が豪華なので、それだけを見ていても飽きることがない。変わったところでは、英国のミュージカル・スターであるグレイシー・フィールズが2曲歌っている。

この作品を真似た形で、「ハリウッド玉手箱」Hollywood Canteen (1944) がワーナーで作られるが、舞台がハリウッドなので、太平洋戦線の兵士向けという設定となっている。

1 序曲　オーケストラ演奏
2 エドガー・バーゲンの腹話術、人形はチャーリーとモーティマ
3 グレイシー・フィールズの歌　The Machine Gun Song
4 グレイシー・フィールズの歌　The Lord's Prayer
5 サリー・メイスン、ハリー・バビット、ジュリー・コンウェイ、トゥルーディ・アーウィン、ジャックとマックスの歌、サミー・ケイ楽団　A Rookie and His Rhythm
6 ケイ・カイザー楽団　Sleep Baby Sleep (In Your Jeep)
7 レイ・ボルジャーの歌と踊り　The Girl I Love to Leave Behind
8 エセル・マーマンの歌　Marching Through Berlin
9 リナ・ロマイの歌、ザヴィア・クガート楽団　She's a Bombshell from Brooklyn
10 海兵隊員の歌
11 ガイ・ロムバード楽団　Sleep, Baby, Sleep (In Your Jeep)
12 ケニー・ベイカーの歌　Goodnight Sweetheart
13 エセル・ウォーターズの歌、カウント・ベイシー楽団　Quicksand
14 ジプシー・ローズ・リーのストリップ（肌は見せない）
15 フレディ・マーティン楽団の演奏と歌　Don't Worry Island
16 フレディ・マーティン楽団　The Chinese Fighting March
17 ラニー・ロスの歌とフレディ・マーティン楽団　We Mustn't Say Goodbye
18 ペギー・リーの歌とベニー・グッドマン楽団　Why Don't You Do Right
19 ベニー・グッドマン楽団　Bugle Call Rag
20 ハーポ・マルクスの寸劇
21 ユーディ・メニューインのヴァイオリン演奏　アヴェ・マリア（シューベルト曲）
22 ユーディ・メニューインのヴァイオリン演奏　熊蜂の飛行（リムスキー＝コルサコフ曲）

3 フォックス

フォックス社の1930年代を支えたのは、シャーリー・テンプルとソーニャ・ヘニーの二人だったが、1940年代となると時代が変わり、アリス・フェイとベティ・グレイブルという金髪美人路線が定着した。こうした路線は、第二次世界大戦の兵士たちを喜ばせる慰問用の映画としての役割を果たした。二人の年齢はほぼ同じだが、アリス・フェイのほうが若干早い時期に活躍した。アリスは独特の魅力的な低い声で歌い、あまり踊らなかったのに対して、ベティのほうは歌も踊りもそつなくこなしたが、個性に乏しかった。

アリスは1943年に活動を終えて、その後の金髪美人のミュージカル・スターの座は、ベティ・グレイブルが引き継ぐ。そのグレイブルも1940年代には人気が高かったものの、1950年代に入り、「百万長者と結婚する方法」(1953)で共演したマリリン・モンローに、金髪美人スターの座を引き継いだ。

アリス・フェイ Alice Faye (その2)

アリス・フェイは、1930年代の後半にフォックス・ミュージカルの中心的な存在となった。1940年代に入ると、19世紀末の大スターの伝記作品「リリアン・ラッセル」Lillian Russell (1940)*、ベティ・グレイブルと共演した「ティン・パン・アレイ」Tin Pan Alley (1940)*を作り、ドン・アメチの二役が面白い「リオでの一夜」That Night in Rio (1941)*では、カラーでもその美しい姿を見せた。

「アメリカ大放送」The Great American Broadcast (1941)*は、ラジオ放送初期のドタバタを描き、アリスのコメディ的なセンスを見せる。その後のカラー作品は、どれもアリスの代表作となった作品で、デパート女店員の恋を描く「ハバナの週末」Week-End in Havana (1941)*、彼女のテーマ曲となった『貴方にはわからない』を歌った「もしもし、サン・フランシスコですか」Hello, Frisco, Hello (1943)*、そしてバスビー・バークレイの後期の最高傑作となった「仲間は皆ここに」The Gang's All Here (1943)*がヒットした。

アリスは残念ながら、この作品の後は引退して、慰問用の映画「ジープの四人娘」Four Jills in a Jeep (1944)*にゲスト出演しただけで、フォックスの看板女優はベティ・グレイブルに引き継がれる。第二次世界大戦終了と時を同じくしてアリスは映画界からは遠ざかり、ラジオ出演に専念したので、戦争中に輸入されなかったフォックス・ミュージカルは、戦後も日本で公開されることはなかった。

しかし、子育ても一段落したのか、再映画化版の「ステート・フェア」State Fair (1962)の母親役で久々に映画出演したほか、「ラッシー」The Magic of Lassie (1978)でもウェートレス役でちょっとだけ出ている。これは、犬のラッシーがいろいろな人の助けを借りて家族の下まで帰る話で、ミッキー・ルーニーなども出ていて、シャーマン兄弟が書いた曲を歌っている。

リリアン・ラッセル Lillian Russell (1940)*は、20世紀初頭に活躍した大スターのリリアン・ラッセルの伝記作品。19世紀末を背景に、トニー・パスターに見出されて、アメリカのヴォードヴィルなどに出演したアリス・フェイ(リリアン・ラッセル役)は、作曲家ドン・アメチと結婚。結婚後には英国で暮らし、彼と死に別れた後に、ギルバートとサリヴァンのサヴォイ・オペラに出演する。帰国してからはコメディ・チームのウェッバーとフィールズの一連のショーで人気を博す。美しい彼女の周りにはいつも多くの求婚者が現れるが、離れた場所から見守っていた新聞業界のヘンリー・フォンダと結婚する。

19世紀末から20世紀初頭の雰囲気がよく出ている作品。実際のリリアン・ラッセルは、美しさと歌のうまさを兼ね備えた人気女優だったので、歌のうまさからジャネット・マクドナルドで映画化する企画があったものの、美しさの点からアリス・フェイ主演で映画化された。アリス・フェイも歌はうまいが、マイクの使用を前提とした囁くような歌い方なのに対して、リリアン・ラッセルのほうはオペレッタ風の歌い方だった。

ラッセルは、ソプラノの条件とされる高いCの音を楽々と出せた。1912年の録音が残されていて、それを聞くかぎり声はかなり細

い。この映画の最初のエピソードにあるように、ベル・カント唱法ではないために、オペラ向きではなかったように感じられる。

実際には4回も結婚しているが、この映画では2回の結婚に省略している。それでもドラマ部分が長過ぎて、127分間というのは間延びしてしまう。劇中に出てくるウェッバーとフィールズは本人たちが演じている。20世紀初頭に活躍した彼らの映像は貴重。アーヴィング・カミングス監督作品。

ティン・パン・アレイ　Tin Pan Alley (1940)*は、アリス・フェイとベティ・グレイブルの共演。フォックスの看板女優の二人が共演した映画はこれ1本のみ。ベティ・グレイブルの「遥かなるアルゼンチン」Down Argentine Way (1940)*がヒットしたので、急いで彼女の役が書き加えられた。ティン・パン・アレイというのは、ニューヨークにある楽器屋の並んでいる横丁で、昔は楽譜を売るために、歌手が歌ってくれる店が多くあり賑わっていた。

アリス・フェイとベティ・グレイブルの美人姉妹が、作曲家のジャック・オーキーとジョン・ペインの二人と恋仲になるという楽屋物。タップ・ダンスのニコラス兄弟も出ていて、ミュージカルとして充実している。『アラビアの族長』という、豪華なハレムでのダンス場面もあったが、衣装が扇情的過ぎるというクレームがついて、公開前にカットされた。この場面はDVDに収録されたので、現在は見ることができる。ウォルター・ラング監督作品。

リオでの一夜　That Night in Rio (1941)*は、ブロードウェイで上演された喜劇「赤い猫」The Red Cat (1934)を下敷きにした作品で、コメディとしてもよく出来ている。舞台公演はすぐに終わったが、制作者ザナックが大変気に入ったらしく、モーリス・シュヴァリエの「シュヴァリエの巴里っ子」Folies Bergère de Paris (1935)、1941年のこの作品、そしてダニー・ケイの「南仏夜話　夫は偽物」On the Riviera (1951)として、3回も映画化している。

この映画ではドン・アメチが二役で、その相手役にはアリス・フェイとカルメン・ミランダが配されている。南米のリオ・デ・ジャネイロ。アメリカの芸人ドン・アメチは、ナイト・クラブでカルメン・ミランダとショーをやっているが、ミランダはやきもち焼きで、アメチがほかの女性に近づくのを許さない。そのショーを見に来た男爵（ドン・アメチの二役）と男爵夫人アリス・フェイは地元の名士だが、男爵は芸人アメチが自分にそっくりなので驚いてしまう。航空事業の件で男爵に突然出張が入るが、その夜には某国大使を招いたパーティを主催することになっていて、よく似た芸人を雇って男爵の代わりをさせる。男爵とその夫人アリスの間は冷めた関係だったので、芸人が盛んにアタックするとアリスも心が揺れ始める。そこへ男爵が突然帰宅すると、本物か偽者かわからなくなって大混乱するが、最後には皆もとの鞘に収まる。

幕開きのカルメン・ミランダの歌に続く群舞は、ハーミズ・パンの振付によるもので、バークレイの幾何学的な分列行進とは異なり、美しい踊りを見せている。カルメン・ミランダは、「遥かなるアルゼンチン」(1940)に続く2作目だが、エキゾチックで強烈な個性により観客を惹きつける。

アリス・フェイの歌は、時間の都合によりカットされたものもあり、少なくなっているが、魅力的な2曲を聞かせる。ドン・アメチは歌も含めて出ずっぱりで活躍。全体として大いに楽しめる作品となっている。アリスはドン・アメチとの共演が多く、5本の映画で共演している。音楽はハリー・ウォーレンで、監督はアーヴィング・カミングスのカラー作品。

アメリカ大放送　The Great American Broadcast (1941)*は、ラジオ放送黎明期のドタバタぶりを描いた、アーチー・メイヨー監督作品。後の「雨に唄えば」(1952)がトーキー初期の映画界の裏事情を描いているように、この映画はラジオ放送の始まりから全米ネットワークの構築までを描いている。

電気技師のジャック・オーキーは、偶然知り合ったジョン・ペインと一緒に、ラジオ放送で大衆に無料の娯楽を提供しようと考える。オーキーの恋人アリス・フェイらに歌わせて放送するが、資金面と技術的な問題などで苦労を重ねる。1919年にボクシングのヘビー級チャンピオン戦の実況中継を行い、事業は

軌道に乗り始めるが、アリスは次第にペインに惹かれて、オーキーではなくペインと結婚してしまう。ペインは地方のラジオ局を始めるが、資金面で苦労する。アリスに対して下心を持つシーザー・ロメロが、密かに資金提供したので、それを知ったペインは怒って姿をくらましてしまう。オーキーはシーザー・ロメロの資金援助も得て、電話網と組み合わせて、全米のラジオ放送ネットワークを完成させるが、それを契機にペインを探し出して、アリスとも仲直りさせる。

アリスを3人の男性が取り合い、結局はペインがアリスを得るのだが、ペインにはドン・アメチほどの魅力が感じられない。ラジオ放送の場面は、音楽がふんだんに盛り込まれていて楽しめる。大半はハリー・ウォーレンの曲で、ゲスト・スターには、タップ・ダンスのニコラス兄弟や、黒人コーラス・グループのインク・スポットなどが出ていて賑やか。

最初のラジオ放送の場面では、イタリア・オペラの一行が歌劇「ルチア」の六重唱の場面を歌うが、一行に混じってジャック・オーキーが珍妙なテノールで歌う。映画の中に挿入されているヘビー級ボクシングの場面は、1919年にジャック・デンプシーがジェス・ウィラードからタイトルを奪った伝説的な試合で、当時の記録映像が使われている。ウィラードよりも一回り小さいデンプシーが、第1ラウンドで7回のダウンを奪ってノック・アウトする場面が出てくる。

ハバナの週末 Week-End in Havana (1941)*は、ハバナを舞台としたエキゾチックなムードの作品。アリス・フェイはメイシー百貨店の売り子で、バカンスでカリブ海クルーズを予定していたが、船が座礁して運航中止となるので困ってしまう。船会社から事情の説明に来ていたジョン・ペインは、彼女が休暇をずらせないというので、一緒にハバナに連れて行き案内する。ハバナのナイト・クラブではカルメン・ミランダなどのショーがあり、アリスは次第にペインに惹かれていき、ペインの婚約者を振り切って一緒になる。

ウォルター・ラング監督、ハリー・ウォーレン曲のカラー作品。この映画の撮影中にアリスは妊娠してしまったので、次に予定していた「ロッキーの春風」(1942)はベティ・グレイブルで撮られた。

もしもし、サン・フランシスコですか Hello, Frisco, Hello (1943)*は、「バーレスクの王様」(1936)の再映画化。話の内容はほとんど同じだが、時代背景を置き換えてカラーで撮られた。フリスコとはサン・フランシスコのことなので、この題名は電話で「もしもし、サン・フランシスコ、聞こえますか？」といったニュアンスだ。題名からわかるとおりに、サン・フランシスコに電話が普及し始めた頃の話。

ジャネット・マクドナルドの「桑港」(1936)でも描かれたように、サン・フランシスコの街は1906年の大地震で壊滅的な打撃を受けたが、その後再興が図られて、1915年には復興事業を兼ねてパナマ運河開通を祝う博覧会が開催された。その博覧会に合わせて、電話会社ATTはサン・フランシスコ地域に電話機の普及を図ったので、そうした背景がこの作品に出ている。

4人組のヴォードヴィル・チーム、ジョン・ペインとジャック・オーキー、アリス・フェイ、ジューン・ヘイヴォックが、場末の酒場から始めて、だんだんと立派な劇場に進出していく。その過程でジョン・ペインは劇場経営で財を成し、金使いの荒い上流階級の女と結婚する。彼女が金のかかるオペラで、ペインの財産をすっかり使い果たしてしまったため、ペインは再びヴォードヴィル小屋からやり直すことになる。大スターとなっていたアリス・フェイは、彼を愛していたので、密かに援助する。

1936年の「バーレスクの王様」でワーナー・バクスターがやっていた役を、今回はペインが演じていて、バクスターを意識した演技となっている。アリスとジャック・オーキーは前回とまったく同じ役を演じた。

20世紀初頭のヒット曲を中心に使用しているが、『貴方にはわからない』You'll Never Knowだけはハリー・ウォーレンの新曲で、アリス・フェイの歌で大ヒットした。この歌は幕開きのヴォードヴィル場面で出てくるが、舞台の上手にニュー・ヨークから電話をかけるペインがいて、下手側ではサン・フランシスコのアリスが彼のいない寂しさを歌うとい

う趣向で、電話機に向かって歌われている。アリスの深い声がよく生かされた名曲だ。

この場面のニュー・ヨーク側の建物は、高層建築の先駆として知られているフラット・アイアン・ビルという1902年に建てられた22階建てのビル。5番街とブロードウェイが交差するマジソン・スクウェアのところにある三角形の薄いビルで、当時の名所だったことがよくわかる。

ヴォードヴィル場面やスケート芸、レヴュー場面も豊富に入り、全編楽しめる名作。アリス・フェイ作品の中では「仲間は皆ここに」(1943) と並ぶ傑作といえる。監督はH・ブルース・ハムバーストンで、振付はハーミズ・パン。

仲間は皆ここに The Gang's All Here (1943)*は、バスビー・バークレイが監督、振付したカラー作品。全編がバークレイ調で、ほかのアリス・フェイの映画とは一味違っている。金持ちの息子は、隣に住む金持ちの娘と幼なじみで、そのまま結婚するのかと思われていたが、出征の前日にナイト・クラブで出会った歌手アリス・フェイに一目惚れする。戦争で手柄を立て、勲章を貰って自宅へ帰ると、父が帰国祝いの大パーティを準備していて、アリス・フェイも含めてナイト・クラブの連中も総動員だった。隣の娘が彼と婚約しているという噂を聞いてアリスは失望するが、最後には誤解も解けて二人は結ばれる。

バークレイの演出は、ワーナーでの全盛期を彷彿とさせ、カラー時代のバークレイ作品の代表作といえる。バークレイらしいプロダクション・ナンバー（大規模群舞）はふたつある。ひとつはカルメン・ミランダの歌で始まるバナナをモチーフとした『果物帽子の女』The Lady in the Tutti Frutti Hat の場面。猿のクロース・アップ場面から始まり、南方のどこかのバナナ農園で娘たちが沢山登場して、カルメン・ミランダが歌う。農園の娘たちは、人の背丈ほどもある巨大なバナナを持っていて、それを使って幾何学模様を作り、俯瞰撮影で見せる。この曲の最後は、カルメン・ミランダのトレード・マークである飾りの帽子にバナナが付いていて、それが上に行くほど巨大になって行くという場面で終わる。

もうひとつはフィナーレの『水玉模様ポルカ』The Polka Dot Polka の場面。こちらはアリス・フェイの歌で始まり、水玉模様をモチーフとしてナンバーを展開する。曲名にあるポルカ・ドット Polka Dot というのは水玉模様のこと。子供たちが水玉模様の服を着てポルカを踊る場面から、ネオンの水玉や、丸い盆のような飾りを持ってコーラスが動き、最後には出演者の顔だけが水玉の中で歌うという、映画でしか考えられないような展開となる。

これらのプロダクション・ナンバーのほかに、アリス・フェイの歌もある。出征した兵士の夫を待ち、いつ帰るかと寂しさをこらえながら歌う『愛もなく、何もない』No Love, No Nothin' は情感がこもっている。前作「もしもし、サン・フランシスコですか」に挿入された『貴方にはわからない』と同じ系統の歌だが、こちらのほうが、映画の中で置かれたアリスの、現実の立場と舞台での歌の内容が重なり合っていて、より説得力がある。

これらはいずれもナイト・クラブの舞台場面として作られているが、舞台上ではなく、船での場面で歌われる『星への旅』A Journey to the Star もアリスの名唱。このほかにも、ベニー・グッドマン楽団が登場してヒット曲を演奏して、ベニーの歌も披露する。脇役のシャーロット・グリーンウッドも、脚を横に高く振り上げる得意のダンスを見せるなど、全編が楽しめる。

★

ベティ・グレイブル Betty Grable
(1916.12.18–1973.7.2)

ベティ・グレイブルは、1916年生まれで、1930年代の初めから各社のミュージカル映画に出ていたが、脇役ばかりでなかなか主演級の役がつかなかった。ベティは何でも器用にこなす反面、強い個性に欠けていたため、主演作品が回ってこなかった。

1940年にフォックス社に移った時にも、ほぼ同世代の金髪美人アリス・フェイがいて、一足先に人気が出ていたので、なかなか出番がなかった。しかし、アリスが病気になったり妊娠したりして、予定していた作品に出られなくなった時に、ベティ・グレイブルが代役となり人気が出た。ベティはアリスに比べ

ると遅咲きだったが、その代わりに、アリスが20歳代後半で早々と映画を引退したのに対して、ベティは40歳近くまで映画出演を続けた。

ベティは子供の頃から歌や踊りを練習していたので、演技はともかく歌と踊りは問題なくこなした。美しさも並以上だが、彼女の一番の売りは美脚だった。第二次世界大戦中のピンナップ写真では、その美しい脚を惜しげもなく見せて、兵士の間で人気ナンバー・ワンとなった。脚がトレード・マークだったので、グローマン・チャイニーズ劇場の前の舗道に、ほかのスターたちは手形を残したが、ベティは手形とともに脚形を残している。

ベティが映画の中で歌ったのは、エディ・カンターの「カンターの闘牛士」The Kid from Spain (1932) が最初だろう。ジミー・デュランテの出演した学園物のMGM作品「カルロ」Student Tours (1934) でも歌っている。アメリカの大学のボート部が英国の大学と競漕するためにヨーロッパに行く話で、ベティはフィル・レーガンと一緒に歌った。この映画はネルソン・エディのデビュー作品としても知られている。

また、この時期のベティは、アステアとロジャースの「コンチネンタル」Gay Divocee (1934) の中でも、エドワード・エヴェレット・ホートンを相手に歌っている。RKOでジョージ・スティーヴンスが監督した「間抜けたち」The Nitwits (1935)* は殺人ミステリーだが、この中でもベティは1曲披露した。同じくRKOのミュージカル作品「大学の人気者」Old Man Rhythm (1935) は、エドワード・ルドウィグ監督の大学物で、この中でもベティは歌っている。

パラマウントでは、「女学生大行進」Collegiate (1936) に出演する。ジャック・オーキーとジョー・ペナーの学園物で、叔母から遺産として引き継いだ古い保守的な女子大を、教育方針を変更して改革し、ブロードウェイからダンサーなどを呼んで立て直すという話。ベティはジャック・オーキーとデュエットしている。「こちらへどうぞ」This Way Please (1937)* もパラマウント社で作られた芸人物で、ベティの主演ではないが、主演のチャールズ・バディ・ロジャースの相手役を演じた。

ジョージ・バーンズとグレイシー・アレンのコメディ「スウィング大学」College Swing (1938)* でもベティは1曲歌っている。次はボブ・ホープが初めて本格的に映画に進出した「水兵を頂戴」Give Me a Sailor (1938)* で、マーサ・レイと一緒に出て1曲歌った。その後、パラマウントは彼女を主演にしたコメディを作るが、たいした作品はない。

ベティが主演級となって人気が出たのは、1940年にフォックスに移籍してから。フォックスはアリス・フェイを抱えていたので、似たようなベティを必要としていなかったが、「遥かなるアルゼンチン」Down Argentine Way (1940)* で、主演を予定していたアリス・フェイが虫垂炎で倒れたために、急遽ベティ・グレイブルに白羽の矢を立てて主演させた。この作品は題名からもわかるとおりに南米を舞台とした作品で、異国的な雰囲気が受けて大ヒットとした。

この時期の欧州は、既に戦争の暗雲が垂れ込めていたので、異国的なムードの作品を作る時にも、欧州ではなく南米が舞台に選ばれるようになっていた。アメリカの国策として、南米各国を味方に引き止めておく方針もあり、国としても南米を題材とした作品を推奨していた。そのために、カルメン・ミランダやザヴィア・クガートのような中南米出身のタレントが増えてくる。「遥かなるアルゼンチン」では、カルメン・ミランダがアメリカ映画界にデビューしている。

続く「ティン・パン・アレイ」Tin Pan Alley (1940)* は、復帰してきたアリス・フェイとベティ・グレイブルが共演する豪華作品。第一次世界大戦を背景にした芸人物で白黒で制作された。次の作品は貧乏娘が金持ちとの結婚を狙う「マイアミにかかる月」Moon Over Miami (1941)* で、美しいカラー映像が観客を魅了した。続いて作られたのは、空軍パイロットを描く「英国航空隊の米兵」A Yank in the R. A. F. (1941)* で、空軍の中で出会ったタイロン・パワーとベティが恋におちる話。ヘンリー・キング監督の低予算の白黒映画で、ミュージカル仕立てではないがベティは何曲か歌っている。

続いて、南洋物のカラー作品「島の歌」Song of the Islands (1942)*、白黒の舞台裏物「脚

光セレナーデ」Footlight Serenade (1942)*に出るが、いよいよ次には、ベティの代表作となる「ロッキーの春風」Springtime in the Rockies (1942) を撮る。この作品もアリス・フェイ用に用意された豪華なカラー作品だったが、アリスが出られなくなりベティが代打で出演した。出来上がった映画を見た会社幹部は、ベティの美しさはカラー作品のほうが際立つことに気付いて、これ以降のベティ作品はカラーでの撮影を原則とした。

その後も遊園地のショーのスターを演じた「コニー・アイランド」Coney Island (1943)*、ミュージック・ホールのスター役の「優しいロージー・オグレイディ」Sweet Rosie O'Grady (1943)*、慰問映画の「ジープの四人娘」Four Jills in a Jeep (1944)* など何本か撮っている。戦争中に撮った、水着姿で振り返る宣伝用の写真が兵士たちの間で大人気となったので、その写真をテーマに「ピンナップ・ガール」Pin Up Girl (1944)* が作られている。

アリス・フェイが1944年に引退した後もベティは頑張り、ナイト・クラブを舞台にした「ダイヤモンドの蹄鉄」Diamond Horseshoe (1945)* を撮った後に、「ドリー姉妹」The Dolly Sisters (1945)* で、ジューン・ヘイヴァーと姉妹役を演ずる。

ジューンもフォックス社の路線に合った金髪美人タイプで、ベティよりも10歳年下の1926年生まれだったので、この映画を撮った時にはベティが29歳、ジューンが19歳だった。その後もベティは19世紀の女性進出を描く「衝撃のミス・ピルグリム」The Shocking Miss Pilgrim (1947)* や、ダン・デイリーと組んで「ママはタイツをはいていた」Mother Wore Tights (1947)* などを作るが、この頃からは題名からもわかるとおりに母親役が増えてくる。

エルンスト・ルビッチ監督のコスチューム物「高貴な婦人」That Lady in Ermine (1948)*、トーキー初期の「踊る人生」(1929) を再映画化した「僕の女房が微笑んでくれるとき」When My Baby Smiles at Me (1948)*、酒場の歌手役で登場する西部劇「バッシュフル・ベンドから来た金髪美人」Beautiful Blonde from Bashful Bend (1949)*、「コニー・アイランド」Coney Island (1943)* を再映画化した「ウォバッシュ街」Wabash Avenue (1950)* などにも出た。

「私の青空」My Blue Heaven (1950)* は仲の良い芸人夫婦が、新人の娘ミッツィ・ゲイナーの誘惑により揺れる作品で、次世代のミッツィ・ゲイナーが登場している。ハロルド・ロームの舞台作品を大胆に映画化した「ミスターで呼んで」Call Me Mister (1951)*、夫婦の芸人物「ショーの後で逢いましょう」Meet Me after the Show (1951)*、有名な舞台劇の映画版の「農夫は嫁をとる」The Farmer Takes a Wife (1953)* などにも出演している。

ミュージカルではないコメディ作品「百万長者と結婚する方法」How to Marry a Millionaire (1953) で、次世代のスターであるマリリン・モンローとの引き継ぎを行い、「私の夫は二人いる」Three for the Show (1955) を最後に、映画界からは引退する。

第二次世界大戦中から1940年代の終わりまでがベティの全盛期で、その後1950年代前半までは映画に、1960年代にはテレビのショーに出演していたが、それ以降は結婚相手のハリー・ジェイムスを支えて、ラス・ヴェガスなどのショーに出演した。主演作のほとんどが戦争中の作品であったために、残念なことに日本ではほとんど公開されなかった。

遥かなるアルゼンチン Down Argentine Way (1940)* は、当初主演を予定していたアリス・フェイが虫垂炎で倒れたために、急遽ベティ・グレイブルに主演させて大ヒットした作品で、当時流行った南米物。金持ちのベティ・グレイブルは馬好きで、競走馬を買い付けるために、叔母のシャーロット・グリーンウッドと一緒に、アルゼンチンのブエノス・アイレスまでやって来る。そこで魅力的な牧場主ドン・アメチと知り合い、馬だけでなくアメチの愛も手に入れる。

南米のリズムと音楽が満載で、コンガ、サムバ、ルムバなどをいろいろと踊るほか、個性的なカルメン・ミランダが映画初出演。さらに黒人タップ・チームのニコラス兄弟が、なぜかポルトガル語で歌い踊る。ブエノス・アイレスが舞台なので、当然にスペイン語だと思うのだが、ハリウッドから見るとアルゼンチンもブラジルも誤差の範囲のようだ。音

楽はハリー・ウォーレン。アーヴィング・カミングス監督のカラー作品で、ベティはフォックス社への移籍後に初めて出演した作品でいきなりスターとなった。

マイアミにかかる月 Moon Over Miami (1941)*は、「遥かなるアルゼンチン」がヒットしたので、最初からベティ用に準備されたカラー作品。テキサスのハンバーガー屋でウェートレスをしているベティ・グレイブルにちょっとした遺産が転げ込み、一緒に働いていた妹と叔母シャーロット・グリーンウッドとともに、マイアミの高級リゾート・ホテルに3週間滞在して、金持ちの結婚相手を探す。ところがベティが苦労して見つけたドン・アメチは一文無しで、金持ちの娘を探している男だった。ところが妹が無事に大金持ちの相手を見つけるので、一件落着する。

シャーロット・グリーンウッドの相手役は給仕のレイ・ボルジャー。金持ち男の開いたパーティで、『幼稚園のコンガ』Kindergarten Congaが歌われた後に踊りとなるが、ベティの相手となり一緒に踊るのは、振付師のハーミズ・パン。パンの振付は完全にアステア風のダンス。

ハーミズ・パンは1930年代にRKOでアステアとロジャースの映画を振り付けていたが、1940年代にはフォックス映画の専属となり、主にベティ・グレイブル作品を担当した。その後、1940年代の終わりにはMGMへと移り、MGMミュージカル全盛期の振付を担当した。音楽はラルフ・レインジャー。監督はウォルター・ラング。

島の歌 Song of the Islands (1942)*は、ハワイを背景とした物語で、小さな島を買いに出かけた牧場主の息子ヴィクター・マチュアが、島の持ち主である農園主の娘ベティに恋をする。親同士はいつも喧嘩しているが、二人の恋は花開く。エキゾチックなムードとベティの美しい脚を売り物にした、ウォルター・ラング監督のカラー作品。ヴィクター・マチュアは歌えないので、この手の作品は苦しそうな印象。楽曲はマック・ゴードン。

脚光セレナーデ Footlight Serenade (1942)*も題名からわかるとおりに、舞台裏を描いた作品。チャンピオンとなった拳闘選手ヴィクター・マチュアが、ブロードウェイのショーで拳闘場面を演ずることになり、同じ舞台に出ていたベティに恋する。ところが、ベティには違う恋人ジョン・ペインがいるので話が複雑になる。

ベティはこの作品の『鳥さんの歌を聞いた』I Heard the Birdies Singで、自分の影と一緒にボクシングの踊りを見せる。影と踊るというのは、フレッド・アステアが「有頂天時代」Swing Time (1936)で見せたのと同じで、振付を担当したハーミズ・パンのアイディアによるものだろう。ラルフ・レインジャーの曲とグレゴリー・ラトフ監督、ベティの脚線美も全開。白黒で撮影されたが、やはりカラーのほうが良いという意見が高まった。

ロッキーの春風 Springtime in the Rockies (1942) は、ベティ全盛期の作品で、戦後に日本公開された豪華ミュージカル作品。この作品もアリス・フェイ向けに準備されていた作品だったが、アリスが妊娠してしまったので、ベティが代役に立った。

ベティはジョン・ペインと組んでダンスを踊っていて、彼と結婚するつもりだったが、ペインの女癖が悪いのに嫌気がさして、昔のダンス・パートナーであるシーザー・ロメロと組み、ロッキー山中の高級リゾート地で踊り始める。残されたペインは落ち込むが、ベティを取り戻すためにロッキーへ乗り込む。そこへ、自称秘書の不思議なカルメン・ミランダが登場して、ペインといちゃつくので話が混乱してしまう。

このほかにもシャーロット・グリーンウッドや、この作品の直後にベティと結婚したハリー・ジェイムスなどが共演して、賑やかな作品となった。音楽はハリー・ウォーレンで、監督はアーヴィング・カミングス、振付はハーミズ・パンという、いつものメンバー。

コニー・アイランド Coney Island (1943)*は、19世紀末のニュー・ヨークの遊園地コニー・アイランドを舞台とした、ウォルター・ラング監督作品。興行主のシーザー・ロメロの力により、歌よりも全身の魅力でコニー・アイランドのスターとなったベティは、ブロードウェイでも成功するものの、次第にロメロとは疎遠になり、酒場を経営する上品なジョージ・モントゴメリーに惹かれる。しかし、最後には自分を本当に愛しているロメロに戻

る。古い歌とラルフ・レインジャーの新曲を使用。ハーミズ・パンも振付だけでなく、自らも踊っていて、娯楽作品としてよく出来ている。

優しいロージー・オグレイディ Sweet Rosie O'Grady (1943)*は、アーヴィング・カミングス監督、ハリー・ウォーレン音楽、ハーミズ・パン振付といういつものスタッフ。ロレッタ・ヤングの「恋は特ダネ」Love Is News (1937) のミュージカル化。

ロンドンのミュージック・ホールで人気のベティ・グレイブルは、貴族との婚約が噂されている。アメリカの新聞で、彼女は昔バーレスクに出ていたロージー・オグレイディであると暴露されるので、怒って帰国し、その記事を書いた新聞記者ロバート・ヤングに仕返しするために、いろいろなニュースを流して困らせる。しかし、いつしか彼との間に恋が芽生えてくる。

ベティは魅力的だが、歌も踊りも今ひとつの出来で、全体として低調な作品に終わった。この話はタイロン・パワー主演で「素晴らしき衝動」That Wonderful Urge (1948)*として、もう一度リメイクされている。

ピンナップ・ガール Pin Up Girl (1944)*は、第二次世界大戦中の慰問映画の一種で、ベティ・グレイブルの宣伝用写真が、当時の兵隊たちの人気ナンバー・ワンとなったので、それをネタにして作られた映画。自慢の脚線美を後ろから見せて、振り返って微笑む姿は、当時のピンナップ写真の代表作だった。この写真は兵隊たちに何万枚も配られたが、オリジナルの写真は体の線が出てセクシー過ぎるので、修正が加えられて絵のように仕上げた写真が出回った。

これも芸人物で、田舎のUSO（米国慰問協会）で働いていたベティは、友人と一緒にワシントンの海軍本部で秘書として働くこととなる。赴任途中にニュー・ヨークで知り合った水兵に、自分はミュージカル女優だと嘘をついてしまい、その彼と海軍本部で再会したために、秘書と女優の二役を演ずるが、最後には結ばれる。

ナイト・クラブでのショーが沢山入っていて、クラブの支配人がジョー・E・ブラウン、ベテランのスターがマーサ・レイで達者な芸を見せている。監督はH・ブルース・ハンバーストーン、曲はジェイムス・V・モナコで、振付はハーミズ・パン。フランクとハリーのコンドス兄弟の踊りが評判をとった。ベティの作品としてはこれも少し低調な部類。

ダイヤモンドの蹄鉄 Diamond Horseshoe (1945)*は舞台裏物で、ナイト・クラブの芸人を親に持つ医学生のディック・ヘイムズが、ダンサーのベティに惚れるという話。ハリー・ウォーレンの曲、ジョージ・シートン監督で、振付はいつものハーミズ・パン。ピアノのうまいカーメン・キャヴァレロが出演している。

ドリー姉妹 The Dolly Sisters (1945)*は芸人物。ハンガリーから移民としてやって来た小さなドリー姉妹（ベティ・グレイブルとジューン・ヘイヴァー）は、知り合いのハンガリー料理店で踊りながら育ち、地方劇場での公演、ブロードウェイでの公演を経て、パリのフォリー・ベルジェールに招かれ、欧州での巡業も行う。欧州で自動車事故にあったベティは、帰国して再び舞台に立ち、昔からの恋人も優しく受け入れる。

ショー場面も充実していて楽しめる。監督はいつものアーヴィング・カミングスだが、振付はセイモア・フェリックス。フォリー・ベルジェールなどの豪華な舞台を再現した場面も見どころ。ドリー姉妹がブロードウェイ公演に使うヴィクトリア劇場は実在した劇場。19世紀末にオペラ用の劇場として建てられて、1904年からはヴォードヴィル劇場として使われた。劇中のオスカー・ハマースタイン氏も実在の劇場主で、実際の劇場の運営は息子のウィリーに任せていたが、この映画にはウィリーは出てこない。第二次世界大戦後にリチャード・ロジャースと組んで活躍したオスカー・ハマースタイン2世は、この劇場主の孫にあたる。

フォックスはこの映画と同じように人気スターを二人並べた作品を作りたがって、コロムビアからリタ・ヘイワースを借りてベティと組ませようとしたが、ヘイワースは「ギルダ」(1946)を作るということで、断られて実現しなかった。

衝撃のミス・ピルグリム The Shocking Miss Pilgrim (1947)*は、19世紀中頃の女性の社

会進出を描いている。ベティ（ピルグリム嬢）はボストンの船会社で速記係として働き始める。女性が社会で働くのは珍しい時代で、好奇の目で見られるが、やがて彼女は皆を魅了していく。ところが彼女が婦人参政権運動を進めるので、周りの人々は戸惑い始める。

ミュージカルとしてはちょっと変わったテーマだが、ガーシュウィンの曲で、監督はジョージ・シートン、振付はハーミズ・パン。マリリン・モンローが電話交換手役で映画デビューした。

ママはタイツをはいていた Mother Wore Tights (1947)*は、ベティが高校を卒業してヴォードヴィルのコーラス・ガールを振り出しに、男性ヴォードヴィリアンのダン・デイリーと結婚し、二人の娘を育てながら芸人を続けて引退するまでを描く。

ベティも30歳を超え、それまでのような若さ一辺倒の役柄ではなく、中年の役も演ずるようになった。この時期にはダン・デイリーと組んで4本の映画を撮っているが、この作品が1本目。ウォルター・ラング監督作品で、それまでのベティ映画とはちょっと変わった路線なので、ファンからは賛否両論があった。セイモア・フェリックスの振付。

高貴な婦人 That Lady in Ermine (1948)*は、ベティには珍しいコスチューム物で、19世紀が舞台。小公国の皇女ベティ・グレイブルの結婚式の直前にハンガリーが攻め入ってくるので、花婿が逃げてしまう。同じような経験をした先祖（ベティの二役）が肖像画から抜け出て、恋した振りをしてハンガリー軍の隊長ダグラス・フェアバンクス・ジュニアを殺せと助言するが、ベティは本当に隊長に恋をしてしまう。

監督は喜劇を得意としたエルンスト・ルビッチだが、撮影後すぐに亡くなったために、オットー・プレミンジャーが引き継いで編集して完成させた。そのために、普段のルビッチ・タッチとはちょっと異なる。音楽はフレデリク・ホレンダーが語りかけるような曲を書いている。ベティとしてはちょっと異色の作品。「あのアーミン毛皮の貴婦人」と訳した邦題もある。アーミン毛皮は、白い毛皮で王族などの身分の象徴。

僕の女房が微笑んでくれるとき When My Baby Smiles at Me (1948)*は、芸人物に戻っていつものベティのムード。トーキー初期の「踊る人生」(1929)のリメイクで、ヴォードヴィルに出ていたベティ・グレイブルとダン・デイリーはコンビを組んで成功し、結婚する。ダンは人気が出て、ブロードウェイに一人で行くが、酒に溺れて舞台に穴をあけてしまう。ダンから心が離れていたベティだが、もう一度ダンを助けて一緒に舞台に立つ。

ありきたりの話だが、ヴォードヴィルの音楽場面が多く挿入されている。脇を固めるのはジャック・オーキーとジューン・ヘイヴァー。「踊る人生」ではナンシー・キャロルがこの役を演じたが、今回はベティが演じた。「スヰング」(1937)でもキャロル・ロムバードが同じ役を演じている。もともとはブロードウェイで上演された「バーレスク」Burlesque (1927)を下敷きとしている。ウォルター・ラング監督。

バッシュフル・ベンドから来た金髪美人 Beautiful Blonde from Bashful Bend (1949)*は、プレストン・スタージェス監督の西部劇ミュージカル。ベティは酒場の歌手で、愛人のシーザー・ロメロが遊び回るため、ガンベルトをして、二挺拳銃で追い回す。ルディ・ヴァリーも出て豪華な配役だったが、失敗作に終わった。

ウォバッシュ街 Wabash Avenue (1950)*は、ヘンリー・コスター監督作品で、「コニー・アイランド」Coney Island (1943)*のリメイク。ベティは前回と同じ役を演じている。舞台は19世紀末のシカゴに変わっていて、フィル・ハリスのナイト・クラブで人気の高い歌手ベティを、ヴィクター・マチュアとハリスが取り合う。アリス・フェイと結婚したフィル・ハリスが、ベティと共演しているのが面白い。時代に合わせて古い曲を使用した平凡な作品。

私の青空 My Blue Heaven (1950)*のベティとダン・デイリーの二人は、ラジオやテレビで活躍するおしどり芸人夫婦。ベティは自動車事故で子供を流産してしまい、養子を迎えようと奔走するがうまくいかない。結局、最後には養子二人に加えて実子もできるので、同時に3人の子供を得る。

ベティがダン・デイリーと組んだ3本目の

作品で、ダンを誘惑する若い娘役でミッツィ・ゲイナーが長編デビューした。平凡な内容ながら、ハロルド・アーレンの曲が良い。ヘンリー・コスター監督作品。

ミスターで呼んで Call Me Mister (1951)*は、トーキー初期に「四十二番街」(1933)などで一世を風靡した、ロイド・ベーコン監督とバスビー・バークレイが再び組んだ作品だが、既に時代が変わっていて調子が出ていない。終戦後の日本を舞台に、帰国を待つ兵隊たちに慰問ショーを見せているベティ・グレイブルの話で、元の夫だったダン・デイリーとほかの兵隊が、ベティをめぐって争う。

ハロルド・ロームの舞台作品 (1946) の映画版だが、楽曲を3曲ほど持ってきただけで、物語は映画オリジナル。ベティが日本風の衣装で踊る。題名は帰還してきた兵士が、軍隊の肩書ではなく民間の呼称「ミスター」で呼んで、というニュアンス。

ショーの後で逢いましょう Meet Me after the Show (1951)*は、普通の芸人物。ブロードウェイのスターであるベティは、夫のプロデューサーの浮気を疑って離婚しようとしていたが、その夫が自動車事故で健忘症になってしまうため、昔のように優しく看病する。

ジュール・スタインが曲を書いているだけでなく、ジャック・コールの振付で、ベティも素晴らしいタップ・ダンスを見せる。踊りの場面にデビューしたてのグウェン・ヴァードンが出ているのも見もの。コールの振付けた「紳士は金髪がお好き」(1953) と踊りが似ているという意見も多い。監督はリチャード・セール。

農夫は嫁をとる The Farmer Takes a Wife (1953)*は、同名舞台劇 (1934) のミュージカル映画化。舞台劇はヴィクター・フレミング監督が、ジャネット・ゲイナーとヘンリー・フォンダで「運河のそよ風」The Farmer Takes a Wife (1935) として映画化している。舞台劇も、ウォルター・D・エドモンズの小説「ローム・ホール」Rome Haul (1929) を下敷きとしている。

19世紀中頃の、ニューヨーク州のエリー運河を背景とした話。農場を始める金を稼ぐために運河で働くデール・ロバートソンと、船の食堂で調理をしているベティが恋をする。

ハロルド・アーレンが曲を書いていて、ジャック・コールの振付を、ベティとグウェン・ヴァードンが一緒に踊る。脇役にはセルマ・リッターも出ている。当時の典型的な作品だが、興行的には振るわなかった。

私の夫は二人いる Three for the Show (1955) は、ベティの最後のミュージカル。ベティもこの頃は39歳で、周りの共演者も随分と入れ替わっている。舞台裏物で、ベティはブロードウェイのスター。演出家だった夫が戦死したために、ダンサーのガワー・チャンピオンと再婚する。ところが、死んだはずの夫ジャック・レモンが突然に姿を現すので、夫が二人となってしまい大混乱となる。結局、ベティは元の夫とよりを戻し、チャンピオンは一緒に踊っていたマージ・チャンピオンと結婚する。

ジャック・コールの振付で、ベティの踊りも新世代のマリリン・モンロー風となっている。若いガワーとマージ・チャンピオンという本物の夫婦ダンサーとジャック・レモンも新鮮な顔合わせ。監督はヘンリー・C・ポッターで、ベティのミュージカル作品としては初の横長画面。

★

ヴィヴィアン・ブレイン Vivian Blaine
(1921.11.21-1995.12.9)

1921年生まれのヴィヴィアン・ブレインは、金髪でないためにフォックスの金髪美人路線には乗れなかったが、後にはブロードウェイの舞台でスターとなるほどの実力があり、歌は本格的で個性があった。

ミュージカル映画デビューはローレルとハーディの喜劇「極楽ブギウギ」Jitterbugs (1943)*で、ドン・アメチやカルメン・ミランダと共演した「グリニッチ・ヴィレッジ」Greenwich Village (1944)*に出演。舞台作品の改作「兵隊さんへのちょっとしたもの」Something for the Boys (1944)*でもカルメン・ミランダと共演し、「ステート・フェア」State Fair (1945) ではジーン・クレインと共演、「人形顔」Doll Face (1945)*は主演してカルメン・ミランダが助演となった。「幸運だったら」If I'm Lucky (1946)*ではカルメンと、「憂鬱な三人娘」Three Little Girls in Blue

(1946)*ではジューン・ヘイヴァーと共演をしている。

1950年代に入るとテレビ出演が中心となるが、MGMでエスター・ウィリアムスの「おーい、スカートさん」Skirts Ahoy! (1952)*にも出演した。その後はブロードウェイの舞台でも活躍して、舞台で当てた役をそのまま映画でも演じたのが、ゴールドウィン制作の「野郎どもと女たち」Guys and Dolls (1955)。ブロードウェイでは、「ねえ、ダーリン」Say, Darling (1958)の主役を務めたほか、「カムパニー」Company (1970)や「ゾルバ」Zorba (1983)でも、続演中の交代キャストで出演している。

グリニッチ・ヴィレッジ Greenwich Village (1944)*は、アリス・フェイとドン・アメチの主演で企画された舞台裏物だが、アリスが第2子の妊娠で出られなくなったために、売り出し中のヴィヴィアン・ブレインがアリスに代わり出演した。ヴィヴィアンはまだ名前が売れていなかったので、カルメン・ミランダがトップ・ビリングとなっているが、配役としてはブレインが主役の位置づけ。

1920年代の禁酒法時代。カンザスの田舎からニュー・ヨークに出てきて、自作のピアノ協奏曲の出版を目指すドン・アメチは、グリニッチ・ヴィレッジの闇酒場の上にあるアパートに居を構える。闇酒場の持ち主は、酒場のショーに出ているカルメン・ミランダやヴィヴィアン・ブレインを主演にしたブロードウェイ・ショーを企画しているが、アメチの書いた曲が気に入り、勝手にアレンジしてショーに使ってしまう。アメチはヴィヴィアンに惹かれ、最後にはその愛に気付く。

ショー場面が多く、セイモア・フェリックスの振付も良いが、全体的に低調。主演のスターが華を欠いているためかも知れない。ウォルター・ラング監督のカラー作品。

兵隊さんへのちょっとしたもの Something for the Boys (1944)*は、同名の舞台作品(1943)の映画版。舞台版は、エセル・マーマンが主演したコール・ポーターの作品だったが、映画版は舞台の香りをまったく感じさせない。というのも、話の大筋は同じだが、コール・ポーターの曲はタイトル曲のみで、ほかの曲はジミー・マクヒューが映画用に書き直しているためだろう。

南部の巨大な農場を遺産相続した初対面の3人(カルメン・ミランダ、ヴィヴィアン・ブレイン、フィル・シルヴァース)は、農場に財産価値がないので落胆するが、近くの陸軍基地の兵士の妻たちが滞在する下宿を始め、ついでにショーも作ってしまう。これに軍曹との恋や、カルメン・ミランダの歯の詰め物が受信器となり、偶然に無線通信を傍受してしまうなどの話が絡む。

何とも支離滅裂な話で、話の弱さを補強できるだけの出演者の魅力もなく、説得力のない作品となった。初々しいペリー・コモが出演して、美声を聞かせてくれる。監督はルイス・セイラーでカラー作品。

人形顔 Doll Face (1945)*は、ヴィヴィアン・ブレインを主演とした舞台裏物で、ルイス・セイラー監督の白黒作品。人形顔(ドール・フェイス)と呼ばれるバーレスクの人気女優ヴィヴィアン・ブレインを、ブロードウェイのショーに出そうとして、彼女に惚れているマネジャーが頑張る。オーディションでヴィヴィアンには教養が欠けているといわれるので、ゴースト・ライターを雇い、自伝を出版させて、教養をアピールする。

話としてはジプシー・ローズ・リーを思わせるような内容。カルメン・ミランダは、ショー場面で陽気に歌ったが、大幅にカットされてしまい、残ったのは1曲のみ。ペリー・コモがここでも曲を披露している。

幸運だったら If I'm Lucky (1946)*は、ディック・パウエル主演の「サンクス・ミリオン」Thanks a Million (1935)のリメイク。失業楽団が金稼ぎのために州知事の選挙運動の前座で演奏をすると、楽団のほうに人気が集まり、歌手のペリー・コモが候補者に祭り上げられてしまう。恋人のヴィヴィアン・ブレインとの仲もうまく行かなくなりそうなので、コモは候補を辞退しようとするが、政界の黒幕がそれを許さないため、内幕を暴露してしまう。

ハリー・ジェイムス、カルメン・ミランダ、フィル・シルヴァースなどが周りを固める。ジョセフ・マイローの曲で、曲が多い割にはタイトル曲だけが印象に残る。ルイス・セイラー監督の白黒作品。カルメン・ミランダは

極彩色が似合うので、やはり白黒作品では物足りない。

ジーン・クレイン　Jeanne Crain
(1925.5.25–2003.12.14)

　ジーン・クレインは1925年生まれで、金髪ではなかったのでフォックスの基本路線とは異なるが、清楚な娘役として人気が高かった。彼女の評価を高めたのは「ステート・フェア」State Fair (1945)で、リチャード・ロジャースとオスカー・ハマースタイン2世の美しい曲で人気が高く、名作といわれている。

　その後は、フィラデルフィアでの恋を描くオットー・プレミンジャー監督の「建国百年祭の夏」Centennial Summer (1946)*、1920年代のフラッパー・ガールを題材とした「マージ」Margie (1946)*、1930年代の不況下の恋物語「君は僕のためのもの」You Were Meant for Me (1948)*、ジューン・ヘイヴァーと共演した「何とかしよう」I'll Get By (1950)*などをフォックスで撮った。

　その後はフォックスから離れて、ジェイン・ラッセル主演の「紳士はブルーネット娘と結婚する」Gentlemen Marry Brunettes (1955)に助演、西部の町に場所を移したアリストパネスの「女の平和」のミュージカル版「第二の偉大なる性」The Second Greatest Sex (1955)*では主演、「抱擁」The Joker Is Wild (1957)ではフランク・シナトラの相手役を務めた。

ステート・フェア　State Fair (1945)は、ジャネット・ゲイナーが主演した「あめりか祭」State Fair (1933)をミュージカル化したリメイク。フィリップ・D・ストロングの同名小説 (1932)が原作。楽曲を担当したのは、リチャード・ロジャースとオスカー・ハマースタイン2世で、初めて二人の組んだ舞台作品「オクラホマ！」Oklahoma! (1943)が大ヒットしたので、フォックス社が映画オリジナル作品を依頼したもの。

　アメリカのアイオワ州の田舎町の農家では、年に1度の州祭り「ステート・フェア」を楽しみにしている。主人のチャールズ・ウィニンガーは、自慢の豚ブルー・ボーイを出場させて養豚の部での優勝を狙い、妻のフェイ・ベインターはミンスミート（乾燥フルーツの洋酒漬け）部門での優勝を目指して準備している。夫妻には年頃の子供たちがいて、二人とも祭りを楽しみにしていた。妹ジーン・クレインは、祭りで新聞記者ダナ・アンドルーズと出会い恋をする。世間ずれしたダナはいかにも純情なジーンに参ってしまう。一方、兄ディック・ヘイムズは、歌手ヴィヴィアン・ブレインに夢中となり、二人で歌って楽しいひと時を過ごす。豚が大賞を取り、ミンスミートも1等賞となって、夫妻は大喜びだが、祭りの終わりとともに記者のダナは姿を消し、ヴィヴィアンは既婚者であることがわかるので、子供たちはがっかりする。しかし、祭りから家へ戻った一家を訪ねて、記者のダナがやって来て、ジーンに結婚を申し込む。姿を消したのは、急な取材に出かけていたのだ。そして、ディックは昔の恋人とよりを戻して、一家には幸せが訪れる。

　いかにもロジャースらしい美しい曲で全編が彩られていて、『春のごとく』It Might As Well Be Springがアカデミー主題歌賞を取った。主演のジーン・クレインは、ミュージカル女優ではなく歌えないため、ルーアン・ホーガンが吹き替えている。ところが、この作品でミュージカル女優としてのイメージが強まり、吹替でのミュージカル出演がこの後も続いた。ダナ・アンドルーズも本人が歌えるのに、なぜかベン・ゲージが吹き替えている。美術、色彩の美しさも特筆物で、絵画的な美しさが溢れ出た作品となっている。

　この作品の成功により、従来の金髪美人路線に加えて、ロジャースの舞台作品の映画版も、フォックス社の路線に追加された。ウォルター・ラング監督のカラー作品。

　後年、アン＝マーグレット主演で現代化されたリメイク版 (1962)が作られた。ホセ・フェラー監督のシネマスコープ版で、ロジャースの美しい曲はほぼそのまま残っている。ブロードウェイでも舞台化 (1996)されていて、こちらは子役時代に舞台版「アニー」Annie (1977)を演じて評判になったアンドレア・マカードルの主演。

ジューン・ヘイヴァー　June Haver

(1926.6.10−2005.7.4)

　ジューン・ヘイヴァーは1926年生まれで、アリス・フェイやベティ・グレイブルほど有名ではなかったものの、1940年代後半のフォックス・ミュージカルでは人気があった。「ドリー姉妹」(1945)＊でベティと共演した後、初めての主演作品となる「憂鬱な三人娘」Three Little Girls in Blue (1946)＊では、ヴェラ＝エレンやヴィヴィアン・ブレインと一緒に金持ちの結婚相手を探す娘を演じて、これが彼女の代表作となる。

　作曲家ジョー・E・ハワードの伝記作品の「今は誰が彼女にキスしているのだろう」I Wonder Who's Kissing Her Now (1947)＊、20世紀初頭のブロードウェイの大スターのマリリン・ミラーを演じた「虹の女王」Look for the Silver Lining (1949)、作曲家フレッド・フィッシャーの伝記作品「君は綺麗な娘さん」Oh, You Beautiful Doll (1949)＊、19世紀末の興行師トニー・パスターを扱った「ロージー・オグレイディの娘」The Daughter of Rosie O'Grady (1950)＊、「ティン・パン・アレイ」Tin Pan Alley (1940)＊のリメイクの「何とかしよう」I'll Get By (1950)＊などに出演したが、いずれもB級の作品との評価だった。

　漫画家とブロードウェイ・スターの恋を描いた「隣の娘」The Girl Next Door (1953)＊が映画出演としては最後。映画界を引退して尼僧となると宣言して実際に修道院に入ったが、翌1954年にフレッド・マクマレイと結婚した。

カルメン・ミランダ　Carmen Miranda
(1909.2.9−1955.8.5)

　カルメン・ミランダは、金髪美人路線のフォックスで、珍しく黒髪で活躍した女優。1909年にポルトガルで生まれたが、幼い時に一家でブラジルへ移住したため、最初はブラジルで活動していた。トレード・マークの果物を飾った帽子を被り、極彩色のいかにもカラー向きの衣装で登場して早口で歌った。若い時には帽子は自分で作っていたという。

　ブラジルのナイト・クラブやショーに出演する傍ら、1930年代の後半のブラジル映画に何本か出ている。ブロードウェイ経由でハリウッドへ出て、1940年代の戦時下での中南米ブームには欠かせない存在となり、独特の歌を聞かせた。フォックス社の1940年代のミュージカル作品のスパイス役であり、一枚看板の主演ではなかったが、アリス・フェイやベティ・グレイブル、ヴィヴィアン・ブレインの映画に彩りを添えた。

　カルメンがアメリカ映画に出演したのは、「遥かなるアルゼンチン」Down Argentine Way (1940)＊が最初で、アリス・フェイの映画として企画されたが、アリスが出られなくなり、ベティ主演に代わった作品。カラー作品だったこともあり、衣装も歌も鮮烈な印象を与えた。この作品では3曲を披露している。続く作品もカラーで、今度はアリス・フェイと一緒に出た「リオでの一夜」That Night in Rio (1941)＊。この作品では『チカチカブンチキ』や『アイヤイヤイヤイ』なる不思議な言葉の歌を含めて4曲を歌う。

　第二次世界大戦で、ヨーロッパを舞台とした作品が作りにくくなったために、南米を舞台にしてエキゾチックなムードを出そうという時代の流れにうまく乗って活躍。続く「ハバナの週末」Week-End in Havana (1941)＊もアリス・フェイの作品で、ハバナのナイト・クラブを盛り上げるのは、カルメン・ミランダの役回り。「ロッキーの春風」Springtime in the Rockies (1942)は、ベティの作品で、舞台は南国ではなくカナディアン・ロッキーに置き換わっているが、ミランダはいつもの調子で歌い、『チャタヌガ・チューチュー』が評判になった。

　「仲間は皆ここに」The Gang's All Here (1943)＊では、再びアリス・フェイと共演して、バークレイ演出の凄いショー場面を見せる。カルメン・ミランダの果物モチーフの帽子は、バークレイ監督のイマジネーションで巨大なバナナとなって膨れ上がり、バナナをモチーフとしたショーが次から次へと極彩色で展開される。ここまでの作品はすべてカラー映画。「ジープの四人娘」Four Jills in a Jeep (1944)＊は、白黒で作られた慰問用の映画で、寄せ集めの作品集。カルメン・ミランダもゲスト出演の位置づけで1曲歌っている。

　「グリニッチ・ヴィレッジ」Greenwich Village (1944)*は、禁酒法時代のグリニッチ・ヴィレッジの闇酒場での芸人物語。コール・ポーターの舞台作品を映画化した「兵隊さんへのちょっとしたもの」Something for the Boys (1944)*は、大胆な映画化で原作とは大いに異なる。その後はヴィヴィアン・ブレイン主演の「人形顔」Doll Face (1945)*や、「幸運だったら」If I'm Lucky (1946)*に出ているが、グルーチョ・マルクスと共演した「悩まし女王」Copacabana (1947)、MGMでジェイン・パウエル作品に助演した「スイングの少女」A Date with Judy (1948)や、「ナンシー、リオへ行く」Nancy Goes to Rio (1950)*が目立つ程度で、あまり出番はなかった。

1950年代に入ってからのカルメンはテレビに出演するだけで、映画からは遠ざかっていたが、最後に映画出演したのは、ディーン・マーティンとジェリー・ルイスの喜劇「底抜けびっくり仰天」Scared Stiff (1953)で、ゲスト出演のような形でマーティンとルイスと一緒に歌っている。これはパラマウント作品で、白黒スタンダードながらステレオ音響という珍しい映画。

ドン・アメチ　Don Ameche
(1908.5.31 – 1993.12.6)

ドン・アメチは1908年生まれで、女性中心のフォックスでの貴重なミュージカル男優。すらりとした体型で、アドルフ・マンジュの役柄に通ずるようなソフィスティケイテッドな雰囲気を持ち、フォックスのミュージカル作品で活躍した。主にアリス・フェイの相手役を務めたほか、ベティ・グレイブル、ソーニャ・ヘニーやヴィヴィアン・ブレインとも共演している。

アリス・フェイとの共演は、「すべては手に入らない」You Can't Have Everything (1937)*、「シカゴ」In Old Chicago (1938)、「世紀の楽団」Alexander's Ragtime Band (1938)、「リリアン・ラッセル」Lillian Russell (1940)、「リオでの一夜」That Night in Rio (1941)*の5作品。

ベティ・グレイブルとの共演は、「遥かなるアルゼンチン」Down Argentine Way (1940)*、「マイアミにかかる月」Moon Over Miami (1941)*の2本。ソーニャ・ヘニーとも2本共演していて、「銀盤の女王」One in a Million (1936)と「天晴れ着陸」Happy Landing (1938)。そのほか、ヴィヴィアン・ブレインとは「グリニッチ・ヴィレッジ」(1944)*で共演した。

これらの女優のほかにも、ロレッタ・ヤングがインディアンとの混血娘を演じたカラー作品「ラモナ」Ramona (1936)、金持ちの息子がナイト・クラブの歌手と恋する「ジョゼット」Josette (1938)、リッツ兄弟と共演したデュマ原作のドタバタ・ミュージカル「三銃士」The Three Musketeers (1939)*、作曲家スティーヴン・フォスターを演じてアル・ジョルスンと共演した「懐しのスワニー」Swanee River (1939)と、ここまでがフォックス作品。

パラマウントで出演した「若者たちに別れのキスを」Kiss the Boys Goodbye (1941)*は、「風と共に去りぬ」のヒロイン役の女優を探し回る話で、メリー・マーティンやオスカー・レヴァントも出ている。コロムビアで出た「なかなかのもの」Something to Shout About (1943)*は舞台裏物だが、題名からしてジェイムス・キャグニーの作品「キャグニー　ハリウッドへ行く」Something to Sing About (1937)*のパロディとなっている。最後の作品はコロムビア社でドロシー・ラムーアと共演した「ちょっとフランス人」Slightly French (1949)*。

ディック・ヘイムズ　Dick Haymes
(1918.9.13 – 1980.3.28)

ディック・ヘイムズは、1918年にアルゼンチンで生まれているが、両親はアイルランド系。1936年にアメリカへ移住して、クルーナー歌手として1940年代から50年代にかけて活躍した。1930年代から楽団歌手などをしていたが、映画の世界で活躍するのは第二次世界大戦後で、「ステート・フェア」State Fair (1945)のヒットによるところが大きい。

最初に映画で歌ったのは、MGMのルシル・ボール主演作「デュバリイは貴婦人」Du Barry Was a Lady (1943)で、この時にはまだ名前も出ていない。その後はフォックスでの出演

が中心で、慰問用映画の「ジープの四人娘」Four Jills in a Jeep (1944)*で、ジミー・ドーシー楽団と一緒に数曲歌っている。次の「アイルランドの瞳が微笑む時」Irish Eyes Are Smiling (1944)*は、アイルランドの曲を多く残した作曲家アーネスト・R・ボールの伝記作品で、ディックがボールの役を演じ、ショー・ガール役のジューン・ヘイヴァーと一緒に歌っている。次の「ダイヤモンドの蹄鉄」Diamond Horseshoe (1945)*はベティ・グレイブルがショー・ガール役で主演。ディックはベティに惚れる医学生の役。

そして、ロジャースとハマースタイン2世作曲・作詞の「ステート・フェア」State Fair (1945) に出演。ジーン・クレインと一緒に、兄妹役を演じた。音楽が良いこともあり、この作品は名作として残っている。次の作品はモーリン・オハラ主演の「私に惚れている？」Do You Love Me (1946)*で、モーリンは保守的な音楽学校の学長でいつも地味な服装だったが、楽団リーダーのハリー・ジェイムスにからかわれて、大変身して美人となり、ディック・ヘイムズが惚れるという話。「衝撃のミス・ピルグリム」The Shocking Miss Pilgrim (1947)*では、ベティ・グレイブルの相手役。

「コスタ・リカのカーニバル」Carnival in Costa Rica (1947)*は、初めてディック・ヘイムズが主演した作品。相手役はヴェラ＝エレンで、アメリカ留学からコスタ・リカに戻ったヴェラ＝エレンが、両親から結婚相手を押し付けられそうになるが、コーヒーの買い付けに来たディックと祭りで出会い恋仲になる。脇役でシーザー・ロメロとセレステ・ホームが出ている。

その後はユニヴァーサルへ移って、ディアナ・ダービンが舞台ミュージカルに挑んだ「セントラル・パークの中で」Up in Central Park (1948)*に出演。次も舞台作品の映画化で、エヴァ・ガードナーの「ヴィナスの接吻」One Touch of Venus (1948) に出るが、1950年頃からテレビ出演が増える。

しばらく間が空いて、コロムビアで3作品に出ている。「総員上陸」All Ashore (1953)*は、ミッキー・ルーニーやペギー・ライアンとの共演で、休暇を楽しむ3人の水兵の話。ジェイン・ワイマン主演の「もう一度やろう」Let's Do It Again (1953)*は、レオ・マケリーの名作「新婚道中記」The Awful Truth (1937) のミュージカル版だが、ディックは声だけの出演。最後の作品はディックが主演した「河での巡航」Cruisin' Down the River (1953)*で、ナイト・クラブ歌手のディックが、遺産として貰ったショー・ボートを改装してナイト・クラブにする話。

ダン・デイリー　Dan Dailey
(1915.12.14–1978.10.16)

ダン・デイリーは1915年生まれで、子供の時からダンスを習い、ミンストレル・ショーやヴォードヴィルを経て、ブロードウェイの舞台にも立つようになる。映画の世界に入るのは1940年にMGMと契約してからで、MGMでは何本か出演したが、戦争で入隊したために、戦争中は映画出演していない。戻ってきてからはフォックスの専属となり、ベティ・グレイブルの相手役として4本で共演している。歌も踊りも達者なので、1950年代中頃まで活躍していた。

MGM時代に出たミュージカルは5本で、フランク・モーガン演ずる古い芸人がラジオで再起を図るという「大騒ぎ」Hullabaloo (1940)*、ジュディ・ガーランド主演の「美人劇場」Ziegfeld Girl (1941)、エレノア・パウエル主演の芸人物「ご婦人よ行儀良く」Lady Be Good (1941)*、ユニヴァーサルへ貸し出されたアンドルーズ姉妹の「やり遂げろ、姉妹たち」Give Out, Sisters (1942)*、レッド・スケルトンとアン・サザーンが組んだ「パナマのハティ」Panama Hattie (1942)*などに出演しているが、いずれも脇役に過ぎない。戦争中にワーナーで作られた「これが陸軍だ」This Is the Army (1943)*にも出演しているが、単なる兵士の一人。

戦後にフォックス専属となってからは、ベティ・グレイブルの「ママはタイツをはいていた」Mother Wore Tights (1947)*、「僕の女房が微笑んでくれるとき」When My Baby Smiles at Me (1948)*、「私の青空」My Blue Heaven (1950)*、「ミスターで呼んで」Call Me Mister (1951)*で、相手役を務めた。

ベティ以外との共演では、ジーン・クレイン主演の「君は僕のためのもの」You Were Meant for Me (1948)*は、楽団リーダーと結婚した娘が1930年代の不況で苦労する話。「ブロードウェイによろしく」Give My Regards to Broadway (1948)*は、ジョージ・M・コーハンの有名な歌を連想させる題名だが、それとは関係のないヴォードヴィル一家の話で、ダン・デイリーが初めて主演した作品。次の「君は僕のすべて」You're My Everything (1949)*もダンの主演作品で、無声映画からトーキーに変わる時代の浮き沈みを題材としている。相手役はアン・バクスターで、バスター・キートンがちょっと顔を見せるほか、トーキー時代の子役でシャーリー・テンプルに似た女の子が「シャーリ」という名前で出てくる。

「彼女は二挺拳銃」A Ticket to Tomahawk (1950) は、ダン主演でアン・バクスター共演の西部劇ミュージカル。トマホークまでの列車の旅を描いているが、踊り子役で無名時代のマリリン・モンローが出演している。次の「何とかしよう」I'll Get By (1950)*は、ジューン・ヘイヴァーの主演作でゲスト出演。

ミュージカルではないが、ジョン・フォード監督の「栄光何するものぞ」What Price Glory (1952) ではジェイムス・キャグニーと共演して、ドラマでも実力を示している。次の「定期市で会いましょう」Meet Me at the Fair (1953)*はダン主演のミュージカルだが、ユニヴァーサル社の作品。20世紀初頭のアメリカで薬の行商をやっていたダンが、待遇の悪い孤児院から脱出した少年を助けたことから始まる恋の話。

「隣の娘」The Girl Next Door (1953)*もダンの主演で、相手役となったジューン・ヘイヴァーの最後の出演作品。漫画家のダンがブロードウェイのスターであるジューンに熱を上げる。フォックス社最後となったのは、役者を集めた大作「ショウほど素敵な商売はない」There's No Business Like Show Business (1954) だった。

その後はMGMに移り、ジーン・ケリー主演の「いつも上天気」It's Always Fair Weather (1955) では、ケリーの戦友役。「ラス・ヴェガスで逢いましょう」Meet Me in Las Vegas (1956) のダンは、ラス・ヴェガスにやって来た牧場主で、ジンクスをかついで隣にいたダンサーのシド・チャリシーの手を握ったことから恋が始まる。

「人生で最高のものはタダ」The Best Things in Life Are Free (1956)*は、有名なヒット曲の題名をそのまま使っているが、その曲を書いた、B・G・デ・シルヴァ、レイ・ヘンダソン、リュー・ブラウンの3人組の作詞・作曲チームの伝記作品で、ゴードン・マクレエ、ダン・デイリー、アーネスト・ボーグナインの3人が演じている。その後はテレビでの活動が中心となるが、コロムビア映画の「ぺぺ」Pepe (1960) では、久しぶりにシャーリー・ジョーンズと一緒に踊って見せた。

---

4 MGM

MGMは、空に輝く星よりも多くのスターを抱えた会社だが、ミュージカル映画はスターだけでは成立しない。普通の劇映画では、脚本家と監督が大きな役割を果たすが、ミュージカルの場合には、そのほかにも、作詞・作曲家、振付家、衣装を含む美術が大きな役割を果たす。これだけ大勢をコントロールするとなると、やはり制作者が全体のバランスを見ながら采配を振ることが重要で、舞台でも同じだが、優れたミュージカル作品を生み出すためには大制作者が必要となる。

ハリウッドのメジャー系映画会社でも、撮影所のオーナーが制作に口出しすると、その趣味で作品が変わるが、MGMのように大スターを沢山抱えた会社では、ワンマン体制ではなく制作者も多くいた。そうしたMGMの中で、ミュージカル制作を支えて1940年代、50年代のMGMミュージカルを作ったのは、アーサー・フリード、ジャック・カミングス、ジョー・パスタナクの3人の制作者だった。

また、出演者を見ると、1940年代にMGM

第3章 1940年代：戦争の時代

ミュージカルを支えたのは、ジャネット・マクドナルドなどに代わり、ジュディ・ガーランドとミッキー・ルーニー、RKOとの契約が切れたフレッド・アステア、そして新たに現れた踊りの名手ジーン・ケリーだった。

アーサー・フリード　Arthur Freed（制作者）
（1894.9.9 – 1973.4.12）

　アーサー・フリードは1894年生まれの制作者。MGM50周年記念に制作された「ザッツ・エンターテインメント」That's Entertainment（1974）が、フリードに捧げられていたことからわかるとおりに、最も大きな足跡を残し、いわゆるMGMらしいミュージカルを作った。もともとは作詞家として歌を書いていたが、「オズの魔法使」The Wizard of Oz（1939）で制作助手をしたのがきっかけで、制作者として活躍するようになり、1940年代に23本、50年代には14本のミュージカルを制作した。

　美術出身のヴィンセント・ミネリ監督と組んだ作品が一番多いことからわかるように、美術にもこだわり、夢の工場を実現した。ジュディ・ガーランド、ジーン・ケリー、フレッド・アステアなどのMGM作品も、その大半がフリードの手によるものだった。

　MGMの代表作ともいえる、「バンドを鳴らせ」Strike Up the Band（1940）*、「天の安息所」Cabin in the Sky（1943）*、「若草の頃」Meet Me in St. Louis（1944）、「ジーグフェルド・フォリーズ」Ziegfeld Follies（1945）、「イースター・パレード」Easter Parade（1948）、「踊る大紐育」On the Town（1949）、「恋愛準決勝戦」Royal Wedding（1951）、「巴里のアメリカ人」An American in Paris（1951）、「雨に唄えば」Singin' in the Rain（1952）、「バンド・ワゴン」The Band Wagon（1953）、「ブリガドーン」Brigadoon（1954）、「恋の手ほどき」Gigi（1958）などの名作を、次から次へと送り出した。

ジャック・カミングス　Jack Cummings（制作者）（1900.2.16 – 1989.4.28）

　ジャック・カミングスは1900年生まれで、大作曲家ジェローム・カーンの娘ベティの2番目の夫。MGMのオーナーだったルイス・B・メイヤーの甥で、フリードよりも早く1936年から制作者として活躍し始めた。1930年代に4本、1940年代に11本、1950年代には11本の制作を担当しているので、おおむね1年に1本のペースで仕事をしている。

　初期にはエレノア・パウエルの作品を多く手掛け、1940年代以降はエスター・ウィリアムス、レッド・スケルトン、ハワード・キールの作品を制作した。「踊るニュウ・ヨーク」Broadway Melody of 1940（1940）、「キス・ミー・ケイト」Kiss Me Kate（1953）、「掠奪された七人の花嫁」Seven Brides for Seven Brothers（1954）が代表作。

ジョー・パスタナク　Joe Pasternak（制作者）
（1901.9.19 – 1991.9.13）

　ジョー・パスタナクは、1901年に現在はルーマニアとなっている旧ハンガリーで生まれた。若くして映画界に入り、1929年からはドイツ、オーストリア、ハンガリーで音楽映画の制作をしていたが、ナチスから逃れてアメリカに渡り、1937年から41年までは、ユニヴァーサルで主にディアナ・ダービンの映画制作を手掛けていた。1942年にMGMへ移り、ミュージカル映画を多く制作した。

　ディアナ・ダービンのような、オペラ的な歌唱や歌のうまい役者を好んで使い、落ち着いたムードの作品が多かった。ジェイン・パウエル、キャスリン・グレイスン、マリオ・ランツァなどの作品に加えて、エスター・ウィリアムス、ジューン・アリソン、ジュディ・ガーランドの作品も手掛けた。

　MGMでは1940年代に20本、1950年代には21本と量産している。主な作品としては、「姉妹と水兵」Two Girls and a Sailor（1944）、「錨を上げて」Anchors Aweigh（1945）、「真夜中の接吻」That Midnight Kiss（1949）*、「歌劇王カルーソ」The Great Caruso（1951）、「艦隊は踊る」Hit the Deck（1955）などがある。

バスビー・バークレイ　Busby Berkeley
（振付家：その2）

バークレイは、1930年代の後半もワーナーでミュージカル作品を作り続けたものの、金のかかる豪華な作品が作れなくなってしまい、冴えない作品が続いた。1939年にMGMに移ってからは制作費が潤沢となり、再びバークレイらしい豪華な作品群を作り出す。特にジュディ・ガーランド作品を6本監督したほか、ほかのミュージカルでも力を示した。こうしたMGM時代の作品でも、バークレイ的な俯瞰撮影と大規模で豪華な群舞は続く。

カラー時代に入ると、フォックス社でアリス・フェイとカルメン・ミランダが出演した「仲間は皆ここに」The Gang's All Here (1943)*を、MGMではジーン・ケリー、エスター・ウィリアムス、ジェイン・パウエルなどの作品を撮ったが、1962年に映画界からは引退した。

MGM移籍後の最初の作品は、ジャネット・マクドナルド主演の芸人物「ブロードウェイのセレナーデ」Broadway Serenade (1939) で、バークレイはフィナーレだけの演出。「オズの魔法使」The Wizard of Oz (1939) でもバークレイは案山子の踊りを演出するが、完成版では彼の演出場面はカットされてしまう。同じ1939年に、ミッキー・ルーニーとジュディ・ガーランドが初めて組んだ「青春一座」Babes in Arms (1939) の監督も担当した。

ワーナー時代のバークレイ作品の魅力というのは、大勢の踊り子たちが踊るプロダクション・ナンバーにあり、特定のスターの魅力というよりも、映画的な画面構成により独自の世界を作り上げるものだった。1930年代後半以降は、予算的な制約から、大規模なセットやプロダクション・ナンバーによる作品が作れなくなり、芸人の芸をそのまま映画に取り込むようになる。そのためにバークレイの一番の特徴である、映画的な映像処理ができなくなり、魅力も半減してしまう。

しかし、MGMへ移り、ジュディという一流の才能を得て、芸の力とプロダクション・ナンバーの融合が始まり、新機軸の作品群を生み出す。これらの作品群では、芸を生かす舞台感覚を失わないままに、大規模な群舞やユニークな撮影アングルを用いて新しい魅力を出した。

1940年にはMGMで2本のミュージカル作品を撮っている。エディ・カンターの「四十人の小さな母親」Forty Little Mothers (1940)*と、ルーニーとジュディ共演2作目の「バンドを鳴らせ」Strike Up the Band (1940)*で、後者で新しいスタイルを確立した。

1941年も多作で、ミュージカルではない普通の映画「金髪娘から得た着想」Blonde Inspiration (1941)*の監督に加えて、ミュージカルを3本作った。ジュディ・ガーランドの「美人劇場」Ziegfeld Girl (1941) は、ロバート・Z・レナード監督が3人のジーグフェルド・ガールズたちの人生を描いた作品で、ドラマとしても面白いが、バークレイが再現したジーグフェルド・フォリーズの舞台が見もの。当時の雰囲気をよく出していて楽しめる。

「ご婦人よ行儀良く」Lady Be Good (1941) は、エレノア・パウエルを主役とした舞台作品の映画化。パウエルが100人の男性と踊る大ナンバーは、バークレイらしい展開だ。次の「ブロードウェイ」Babes on Broadway (1941) は、ミッキー・ルーニーとジュディ・ガーランドの子供物のヒット作で、「青春一座」(1939) よりもさらにバークレイらしい大掛かりな舞台を見せる。

翌年は、「歌うために生まれた」Born to Sing (1942)*のフィナーレを担当。フィナーレは、社会派歌手ポール・ロブスンの歌でヒットした『アメリカへの歌』Ballad for Americans に題材を取ったもので、戦争に突入したアメリカ国内で、本来のアメリカ精神を歌い上げるような作品となった。続いてはジュディ・ガーランドとジーン・ケリーの共演した「僕と彼女のために」For Me and My Gal (1942)*で、映画全体の監督を担当している。

翌年の「天の安息所」Cabin in the Sky (1943)*はヴィンセント・ミネリ監督の黒人ミュージカル作品で、バークレイは『シャイン』Shineのナンバーの演出のみを担当した。この作品はブロードウェイの舞台作品 (1940) の映画版で、舞台版の音楽はヴァーノン・デュークが担当していたが、映画版では3曲のみが使用され、ほかの曲が加えられている。心が弱く酒場での賭け事にうつつを抜かして

いる男が、その妻エセル・ウォルターズの強い祈りによって救われるという話。レナ・ホーンやルイ・アームストロングなど、黒人スターが総出演している。制作はアーサー・フリード。

続いてジュディ・ガーランドの「女の子に夢中」Girl Crazy (1943)*の監督を担当するが、大規模なプロダクション・ナンバーを撮り、お金がかかり過ぎるというので、フィナーレの『アイ・ゴット・リズム』を撮り終えたところで監督を外されて、代わってノーマン・タウログがメガホンを取って完成させた。バークレイがジュディ・ガーランドの映画を撮るのは、この作品が最後となった。

この年にバークレイは、フォックス社で豪華な作品を撮っている。「仲間は皆ここに」(1943)*で、フォックスの看板女優だったアリス・フェイとカルメン・ミランダが共演した。それまでのバークレイ映画は、豪華なセットを使っても白黒作品ばかりであったが、この作品では一転して極彩色の世界でバークレイのイメージを展開しており、カラーの世界でのバークレイのひとつの到達点となった。その後のバークレイは、それまでのような量産ではなく、ゆっくりとしたペースで作品を作るようになる。

次の長編作品は、ワーナーで撮った「婚探し千万弗」Cinderella Jones (1946)で、楽団歌手のジョーン・レスリーに巨額の遺産が入ることとなるが、2週間以内に結婚しないと遺産相続できない条件が付けられている。限られた2週間で、ロバート・アルダとウィリアム・プリンスの、どちらが自分を本当に愛しているのか見分けなければならないという話。撮影は第二次世界大戦中に終了していたが、公開は戦争が終わってからとなった。ジュール・スタインが曲を書き、バークレイは映画全体の監督を担当。

この作品の公開が遅れたのは戦争中の混乱のためではなく、ワーナー社の営業戦略によるもの。この作品と前後してロバート・アルダ主演、ジョーン・レスリー共演の大作「アメリカ交響楽」Rhapsody in Blue (1945)が作られて、ワーナー社はこの「アメリカ交響楽」の後に「婚探し千万弗」(1946)を公開したので、二人の人気が高まると考えて公開時期を遅らした。ところが、「アメリカ交響楽」は興行的にはヒットしなかったので、この戦略は不発に終わった。

次の「洋上のロマンス」Romance on the High Seas (1948)*では振付のみを担当。これはワーナー社のカラー作品で、ドリス・デイとジャック・カースンの恋物語。監督はマイケル・カーティス。何の変哲もないショー場面しかなく、バークレイらしさは感じられない。

翌年にはMGMに戻り、ジーン・ケリー主演の「私を野球につれてって」Take Me Out to the Ball Game (1949)*を監督する。MGMではこの作品が最初のカラー作品。バークレイらしい映画というよりも、ケリーの芸を見せるほうに重点が置かれた作品となっている。

続いてMGMのカラー作品「アニーよ銃をとれ」Annie Get Your Gun (1950)を撮り始めるが、またしても制作のアーサー・フリードに外されて、監督はジョージ・シドニーに代わる。1950年にはもう1本「恋の二週間」Two Weeks with Love (1950)*の振付を担当している。これは、ジェイン・パウエルの主演作品で、バークレイは振付のみを担当した。

次はフォックスのカラー作品で、ベティ・グレイブル主演の「ミスターで呼んで」Call Me Mister (1951)*の振付をしている。監督はロイド・ベーコンだったので久々に「四十二番街」42nd Street (1933)のコンビが復活したが、この作品はあくまでもベティの脚線美を見せるだけの作品。RKOで振付を担当した「ブロードウェイへの二枚の切符」Two Tickets to Broadway (1951)*は、ジェイムス・V・カーン監督のカラー作品。

こうして1950年代となると、バークレイらしい作品はほとんどなくなってしまうが、最後にバークレイらしさを見せてくれたのが、エスター・ウィリアムスを主演とする2本の水着物のレヴュー作品だ。

「百万弗の人魚」Million Dollar Mermaid (1952)のバークレイは、レヴュー場面を担当。豪華な水中レヴューが評判を呼んだ。バークレイは昔から水着美女たちの水中レヴューが得意だから、この作品もお手の物だった。エスターの水着物レヴューは、翌年も担当した。

チャールズ・ウォルターズ監督のカラー作品「恋は簡単」Easy to Love (1953)*で、バークレイはプールでは満足せずに、フィナーレではフロリダの海で滑る水上スキーをヘリコプター・ショットで撮影した。

同年の「小さな町の娘」Small Town Girl (1953)*は、ジェイン・パウエルを主演に据えた作品で、アン・ミラーの踊る場面が有名。1950年代最後の作品はルドルフ・フリムルのオペレッタを再映画化した「ローズ・マリー」Rose Marie (1954)だった。

バークレイが最後にミュージカル場面の演出をしたのが、MGMの「ジャンボ」Billy Rose's Jumbo (1962)で、この作品を最後に映画からは引退したが、1971年にブロードウェイでヴィンセント・ユーマンズの「ノー、ノー、ナネット」No, No, Nanette (1925)が再演され、ルビー・キーラーが主演して、バークレイが振付を担当した。

映画史上において、彼の存在は唯一無二といえるもので、その演出スタイルを受け継いだ振付家は誰もいない。ケン・ラッセル監督は、後年1920年代を背景とした舞台作品「ボーイ・フレンド」を映画化 (1971) した時に、バークレイに敬意を表して、その振付やアステアとロジャースの「空中レビュー時代」(1933)を彷彿とさせる場面を再現している。

ブロードウェイへの二枚の切符 Two Tickets to Broadway (1951)*は、RKOで作られたジェイムス・V・カーン監督のカラー作品。バークレイは振付を担当した。ジュール・スタインの曲で、トニー・マーティンとジャネット・リーの主演。田舎で期待されたジャネット・リーは、ブロードウェイ・デビューを狙いニューヨークへ出てくるが、鞄を間違えて失業中の歌手トニー・マーティンと知り合う。同じような仲間たちと一緒に苦労を重ねるが、最後にはボブ・クロスビーのテレビ・ショーでデビューを果たす。

トニー・マーティンは『オー・ソレ・ミオ』などのイタリア歌曲を歌っている。アン・ミラーが得意のタップを披露するほか、グロリア・デ・ヘヴンやバーバラ・ローレンスも出ている。テレビ時代を迎えて、映画のテーマにもテレビが登場している。

バークレイはボブ・クロスビーのテレビ・ショーの場面を担当しているが、お金をかけていないため、登場ダンサーが少なく、平凡な仕上がりとなっている。ボブ・クロスビーは甘い歌声を披露しているが、映画の中でもビング・クロスビーの人形が出てくることからもわかるとおりに、ビングの実弟で、似たような歌い方をしている。

★

ジュディ・ガーランド Judy Garland (その2)

1940年代前半のジュディ・ガーランドは、1930年代に続きミッキー・ルーニーとのコンビ作品が中心だった。ミッキーと組んだのは、「アンディ・ハーディ」シリーズで3本。それ以外のミュージカル作品は4本あり、「青春一座」Babes in Arms (1939)、「バンドを鳴らせ」Strike Up the Band (1940)*、「ブロードウェイ」Babes on Broadway (1941)までを子役として付き合い、最後の「女の子に夢中」Girl Crazy (1943)*で、やっと娘役を演じた。

「アンディ・ハーディ」シリーズでは、「アンディ・ハーディと上流娘」Andy Hardy Meets Debutante (1940)*で2曲を、次の「二人の青春」Life Begins for Andy Hardy (1941) では、1曲だけ歌っている。

ジュディの魅力は何といっても、その説得力を持った歌声にあるので、それを最大限に生かせる共演者を彼女は求めた。ミッキーと共演したほかにも、ジョージ・マーフィと共演の「小さなネリー・ケリー」Little Nellie Kelly (1940)*や、ジーグフェルド・フォリーズを舞台にした「美人劇場」Ziegfeld Girl (1941) に出演して、自分に合った共演者を探す。

その後もいろいろと探し回った末にジーン・ケリーを見出し、「僕と彼女のために」For Me and My Gal (1942)*で共演する。発見されたジーン・ケリーは大物で、すぐに単独の主演者となるため、二人の本格的な共演は「踊る海賊」The Pirate (1948)と、「夏期公演」Summer Stock (1950)*の2本だけだった。

ジーン・ケリーのほかにもヴァン・ヘフリンを相手役として「リリー・マースの出演です」Presenting Lily Mars (1943)*にも出て

いる。同年に作られたキャスリン・グレイスンとジーン・ケリーの「万人の歓呼」Thousands Cheer (1943)*は慰問映画で、ジュディもゲスト出演で1曲披露している。

この「万人の歓呼」は戦争中に撮られたカラー作品。戦時下では資材が不足してカラー作品が限定されていたものの、やはり、ミュージカル作品はカラーが楽しいということで、次に撮られるヴィンセント・ミネリ監督の「若草の頃」Meet Me in St. Louis (1944) 以降は、カラー作品が中心となる。

1943年までのジュディ作品はバスビー・バークレイの演出が多く、ミュージカル場面の演出は良いが、ジュディの美しさや魅力は完全には引き出せなかった。美術出身のヴィンセント・ミネリ監督は、美しいテクニカラーで、ジュディの大人としての魅力を存分に引き出した。ミネリの撮った「若草の頃」を見たジュディは、作曲家デイヴィッド・ローズとすぐに離婚、翌1945年にミネリ監督と再婚して、娘のライザ・ミネリを産む。

ジュディはミネリ監督に夢中だったので、その後もしばらくの間はミネリの作品が続き、「ジーグフェルド・フォリーズ」Ziegfeld Follies (1945)、「雲の流れ去るまで」Till the Clouds Roll By (1946)*、「踊る海賊」The Pirate (1948) などに出る。しかし、それ以外の監督の作品でも、ジョージ・シドニー監督の「ハーヴェイの店の娘たち」The Harvey Girls (1946)*、チャールズ・ウォルターズ監督でアステアと共演した「イースター・パレード」Easter Parade (1948) などの名作を残している。

主演ではないがノーマン・タウログ監督の「詞と曲」Words and Music (1948)*にもゲスト出演して、ロバート・Z・レナード監督の「懐かしの夏」In the Good Old Summertime (1949)*では、フィナーレで小さなライザ・ミネリを連れて出演した。幸せそうにも見えたが、精神的にかなり病んでいたようで、「夏期公演」(1950)*では撮影が順調に進まず、結局MGMを去ることになる。

ジュディが映画に復活するのは、フォックスの「スタア誕生」A Star Is Born (1954)。MGM時代とはまったく異なるドラマ仕立ての大作だが、ジュディのショー場面は見応え

がある。その後は「ペペ」Pepe (1960)にゲスト出演。スタンリー・クレイマー監督の映画「ニュールンベルグ裁判」Judgment at Nuremberg (1961)にも出演するが、歌わない。「陽気なパリ」Gay Purr-ee (1962)*は漫画映画で、声のみの出演で姿はないが歌は披露した。

最後に映画で歌ったのは、英国で作られた「私は歌い続けたい」I Could Go on Singing (1963)*。この作品がジュディ最後の映画となる。その後は、テレビや舞台ショーなどに出ている。

アンディ・ハーディと上流娘 Andy Hardy Meets Debutante (1940)*は、「アンディ・ハーディ」シリーズの9番目の作品。ミッキー・ルーニーの一家がニュー・ヨークへ行き、ルーニーは上流娘とすぐ恋におちるが、大都会の社交界になじめず、田舎へ戻る。ジュディは2曲を歌っている。

バンドを鳴らせ Strike Up the Band (1940)*は、題名からするとジョージ・ガーシュウィンの同名舞台作品 (1930) の映画化を連想するが、題名とタイトル曲のみを借用した別作品。映画版はアーサー・フリード制作、バスビー・バークレイ監督の完全なMGMスタイル。映画のための新曲はロジャー・イーデンスが書いている。

ミッキー・ルーニーは高校のブラス・バンドでドラムを叩いているが、退屈な行進曲ばかりでうんざりして、ジャズの楽団で売り出したいと考えている。ルーニーは、ポール・ホワイトマンの知遇を得て、楽団コンテストでも入選する。

ジュディはルーニーの恋人役で、楽団と一緒に歌う。ポール・ホワイトマン本人と彼の楽団が出演している。バークレイが久々に、これでもかというほど音楽場面を展開して見せる。『コンガで行こう』Do the La Congaは高校のダンス・パーティで大勢が並んで踊り、バークレイ風に処理される。

フィナーレは、大劇場で楽団を指揮するルーニーから始まり、主題歌が次々と流れる中で、コーラス・ガールたちの行進風の踊りが続く。さすがに映画的な処理は使われていないが、大プロダクション・ナンバーでバークレイは往年の輝きを見せている。

小さなネリー・ケリー Little Nellie Kelly (1940)*は、ジョージ・M・コーハンの舞台作品 (1922) の映画化だが、設定は似ているものの、内容は随分と変わり、コーハンの曲も2曲しか使われていない。アイルランド娘が結婚してアメリカへ渡り、夫ジョージ・マーフィは警官となる。やがて二人の間に子供ができるが、母親は子供を産むとすぐに亡くなってしまう。子供はやがて母親に似た美しい娘となり、仲間たちの間で人気者となる。

ジュディは母親ネリーと娘ネリーの二役。アイルランド風の曲や、現代的な曲を歌う。後年ジーン・ケリーが歌い有名となる『雨に唄えば』をジュディが歌っている。制作はアーサー・フリード、監督はノーマン・タウログで、白黒作品。

美人劇場 Ziegfeld Girl (1941) の邦題は、今の感覚からすると意味不明だが、内容は原題のとおりで、ジーグフェルド・フォリーズの女優陣を描く。ジュディのミュージカルというよりも、3人の女優を並べたドラマ。ブルーネットのヘディ・ラマー、金髪のラナ・ターナー、そしてジュディの3人を中心として話が展開される。ジュディのビリングは3人のトップ。

ヘディ・ラマーは貧乏なヴァイオリン弾きと一緒に暮らしていて、ラナ・ターナーはトラック運転手を恋人に持つエレベーター・ガール、ジュディはヴォードヴィリアンの父チャールズ・ウィニンガーと町末の小屋に出ている。それぞれの境遇は異なるが、3人はジーグフェルドに見出されて大舞台に立つ。しかし、その瞬間から金持ちの男たちに言い寄られて、生活がすっかり変わってしまう。結局、ヘディ・ラマーは引退してヴァイオリン弾きと一緒になり、ラナ・ターナーは酒浸りとなるが昔の恋人に救われる。ジュディは才能を見出されて、一座の歌手として大スターとなる。

ジュディはオーディションの場面で、ヴォードヴィル風、フォリーズ風と、雰囲気を変えて歌い分けるが、これを見ると当時のヴォードヴィルとブロードウェイの違いがよくわかる。ジュディの父親役チャールズ・ウィニンガーが、アル・シーンと演ずる昔風の出し物『ギャラガー氏とシーン氏』Mr. Gallagher and Mr. Shean も貴重な場面。この景は1922年版の「ジーグフェルド・フォリーズ」で実際に演じられた景の再現で、ギャラガーが亡くなったために、アル・シーンだけが本人の役を演じている。なお、アル・シーンは有名なマルクス兄弟の叔父にあたる。

再現された昔の美しいフォリーズの舞台を見るだけでも楽しいが、歌も良い。トニー・マーティンがリードして歌う『夢から抜け出た君』You Stepped out of Dreamの場面は、当時の典型的なスタイルで、美女たちは踊りもせずに着飾って歩くだけ。舞台の再現は見事だが、有名なニュー・アムステルダム劇場の内部は、往年の美しいデコレーションが再現されていないのでちょっと寂しい。

ジュディの『トリニダッドから来たミニー』Minnie from Trinidadは、ジーグフェルド風ではなくバークレイ風の展開を見せる景。ジュディの歌に続き、アントニオとロザリオがフラメンコを踊り、次はジュディが大勢の持つ竹竿の上に乗って上下する場面となり、映画的な効果をあげている。

フィナーレでは豪華なセットが続々と登場するが、最後に大きな螺旋形のウェディング・ケーキの上でジュディが歌う。この装置は、「巨星ジーグフェルド」(1936) で使ったセットがそのまま使われている。前回はケーキの頂点でヴァージニア・ブルースが微笑んでいたが、この作品ではジュディが歌う。曲はウォルター・ドナルドソンとロジャー・イーデンスが多い。監督はロバート・Z・レオナードで、ミュージカル場面の構成はバスビー・バークレイ。

二人の青春 Life Begins for Andy Hardy (1941) は、アンディ・ハーディ物で11作目にあたる。この作品ではジュディは1曲だけしか歌わない。高校を卒業して自立したルーニーが、ニュー・ヨークで苦労する。

ブロードウェイ Babes on Broadway (1941) は、2年前に作られた「青春一座」の姉妹編といった趣の作品。制作、監督ともに同じで、フリードとバークレイが担当。音楽はバートン・レインなどの新曲に加えて既成曲も使用。ショーの作曲家を目指すミッキー・ルーニーが、同じくスターを目指すジュディと知り合い、一緒になってブロードウェイで

デビューするまでを描く、典型的な舞台裏物。

バークレイは「青春一座」よりも自由にナンバーを構成して、随所に大掛かりなプロダクション・ナンバーや、意外性のあるアングルからの撮影を入れている。特に最後のレヴュー場面は、典型的なミンストレルが大規模かつ豪華に再現されている。

前作がルーニー中心だったのに対して、この作品はジュディとミッキーの二人の映画という色彩が強い。この映画でもミッキーは得意の物真似を披露する。朽ちた劇場を借りて、往年の名優たちを思い起こすという形での展開。真似ているのはいずれも世紀末から20世紀初頭に活躍した舞台俳優たちで、以下のような構成。

1 ルーニーの独白 「シラノ・ド・ベルジュラック」から
2 ジュディがフェイ・テンプルトンを真似て歌う『メリーは立派な名前』Mary's a Grand Old Name
3 ルーニーがスコットランドのハリー・ローダーを真似て歌う『僕のデイジー』She Is Ma Daisy
4 ジュディがブランシュ・リングを真似て歌う『指輪があるの』I've Got Rings on My Fingers
5 ジュディがサラ・ベルナールを真似て語る『ラ・マルセイエーズ』La Marseillaise
6 ルーニーがジョージ・M・コーハンを真似て歌う『ヤンキー・ドゥードゥル・ボーイ』The Yankee Doodle Boy
7 ジュディやほかのキャストが歌う『ブラジルから来た爆弾娘』Bombshell from Brazil（爆弾娘とはカルメン・ミランダのことを指す）
8 ルーニーがカルメン・ミランダを真似て歌う『母さん、大好き』Mama, Yo Quiero

フィナーレは、舞台場面の再現で、典型的なミンストレル・ショーの型を見せる。100人以上が後ろの階段状の座席に座り、『皆さん、ご着席を』Gentlemen, Be Seatedの掛け声でショーが始まる。タップ・ダンスやバンジョーの演奏、南部風の歌が次々と続く。全員が顔を黒塗りしているとはいうものの、よく見るとジュディの黒塗りの色は薄く、コーラスの女の子の中には黒塗りしていないチームもいる。

ジュディは当時の人気者だったフランクリン・D・ローズヴェルト大統領の曲も歌っている。この大ナンバーは15分間続く大作で、随所にバークレイらしい場面が挿入されている。そのほかに二人で歌う『あなたはどう？』How About Youの場面は、当時のムードが出ていて曲もヒットした。この映画の成功により、同じメンバーで、3作目のBabesシリーズ「ハリウッドの子供たち」Babes in Hollywoodを作ろうとしたが実現しなかった。

リリー・マースの出演です Presenting Lily Mars (1943)*は、ヴァン・ヘフリンを相手役とした、ブース・ターキントンの同名小説(1933)の映画化で、田舎娘ジュディがブロードウェイで成功するまでを描く。いろいろな作曲家の曲を使っていて、制作はジョー・パスタナクで、監督はノーマン・タウログ。

相手役のヴァン・ヘフリンは歌えないので、クラシックの歌姫マルタ・エゲルトや、トミー・ドーシー楽団、ボブ・クロスビーなどの豪華メンバーで脇を固めた佳作。マルタ・エゲルトは、故郷ハンガリー風の衣装で素晴らしい歌声を聞かせる。歌の場面は良いのだが、話は単調。フィナーレには『ブロードウェイ・リズム』が使われていて、トミー・ドーシー楽団の演奏に乗せてジュディが歌う。

女の子に夢中 Girl Crazy (1943)*は、ルーニーと共演した最後の作品。アーサー・フリードの制作で、ノーマン・タウログが監督した。MGMは、「バンドを鳴らせ」では、ガーシュウィン作品をまったく別物にしてしまったが、この「女の子に夢中」では、ガーシュウィンの曲をそのまま使用し、物語もおおむね舞台と同じ構成としている。また、トミー・ドーシー楽団をゲストに呼んで、豪華な作品に仕上げた。

マンハッタンで美女の尻ばかり追いかけて、遊び回っている金持ちのドラ息子ルーニーをきちんと勉強させるため、女の子のいない辺鄙な田舎の男子校に転校させるが、そこで彼は郵便配達をやっている美人のジュディと出会い、本物の恋をする。ルーニーが入学した大学は男子校だが、入学者が少なく経営の危機に瀕していたので、ルーニーが大学を救おうとラジオで呼びかけると、女の子の入学希望者が殺到して、共学に切り替えるというのが、物語のオチとなっている。

クレジットではフィナーレの『アイ・ゴット・リズム』I Got Rhythmの場面がバークレイの演出で、全体の監督はノーマン・タウログとなっている。最初は全編バークレイの

監督で予定していたが、予算超過と撮影の遅延という理由で、制作のアーサー・フリードがバークレイをクビにして、撮影の途中から監督をノーマン・タウログに代えたと伝えられる。一説にはバークレイとジュディがうまくいかなくなったという話もある。

いずれにせよ、バークレイの担当したのはフィナーレ場面だけ。確かに『アイ・ゴット・リズム』の場面はいつものバークレイ調で、男女各36人のダンサーと15人の楽団、そしてジュディとルーニーという、総勢90人近い人数でドリル・パレードやマス・ゲームのような振付が繰り広げられる。この場面は8分間続く。

それに対して誕生パーティの場面では、ジュディの歌があり、続いて男性陣と踊る『大好きなあなた』Embraceable Youが挿入されるが、フィナーレとはまったく違う演出で、まるでアステアとロジャースのようなエレガントな踊りが出てくる。この場面はチャールズ・ウォルターズの振付によるもので、ウォルターズ自身がジュディのパートナーとして、驚くほど軽やかな踊りを見せている。

アステアとロジャースの振付を真似たためか、あるいは原作となった舞台版 (1930) にジンジャー・ロジャースが出演していたためかはわからないが、ロジャースに敬意を表して、ジュディが扮する郵便局員の名前はジンジャーとなっている。そのほかの脇もジューン・アリソンやナンシー・ウォーカーなどの芸達者が固めて、ジュディとルーニーの共演作品の中では最も出来が良い。だが、二人の共演はこの作品が最後となった。

若草の頃 Meet Me in St. Louis (1944) は、アーサー・フリード制作のカラー作品。監督はヴィンセント・ミネリで、楽曲はラルフ・ブレイン、振付はチャールズ・ウォルターズ。ニューヨーカー誌などに小説を書いていたサリー・ベンソンの伝記的な作品で、20世紀初頭のセント・ルイスが舞台。万国博覧会の開催を背景とした家庭ドラマで、一家の娘ジュディが隣の男の子に恋をする。

カラー映像となったジュディが魅力的で、マーガレット・オブライエンやルシル・ブレマーも良い。『隣の男の子』The Boy Next Doorと、『トロリー・ソング』The Trolley Songが心に残る。『トロリー・ソング』の場面で乗車している女性は全員がツバの広い帽子を被っているが、ただ一人ジュディだけが無帽。恐らくはカラー撮影なので、顔によく照明を当てて、明るく撮りたかったためと思われるが、優雅さには欠ける。

ジュディはこの作品あたりから、精神が不安定となり撮影を休みがちになるが、心の支えとなるヴィンセント・ミネリと出会い結婚をする。ミネリはまだ売り出し中の若手監督だった。

ハーヴェイの店の娘たち The Harvey Girls (1946)*は、珍しく西部劇調のミュージカル。これも制作はフリードで、監督はジョージ・シドニー、音楽はハリー・ウォーレン。リチャード・ロジャースとオスカー・ハマースタイン2世の舞台作品「オクラホマ!」(1943) がヒットしたので、アーサー・フリードは西部劇調のミュージカルも可能と考えた。西部開拓時代の話で、アチソン・トピカ・サンタ・フェ鉄道の進展に合わせて、レストラン・チェーンを展開したフレッド・ハーヴェイの実話に基づく話。

ジュディはオハイオの田舎町に住んでいたが、文通で結婚相手を見つけて、サンタ・フェ鉄道に乗り、遠い西部までやって来る。ところが文通相手は想像と異なり、手紙の文面もほかの男が書いていたと知り、婚約を破棄して、新しく開店したハーヴェイのレストランでウェートレスになる。ところが、このウェートレス・サービスは、それまで唯一の女性サービスを提供していた酒場の女たちとの喧嘩に発展。結局、酒場の歌手アンジェラ・ランズベリーは新しい地を求めて去り、ジュディは手紙を代筆していた酒場の経営者と結ばれる。

アンジェラ・ランズベリーが酒場の歌手役で色っぽいが、歌では完全にジュディが勝っている。レイ・ボルジャーが素晴らしい踊りを見せている。

懐かしの夏 In the Good Old Summertime (1949)*は、エルンスト・ルビッチ監督の映画「桃色の店」The Shop Around the Corner (1940) のミュージカル版。そのもとはハンガリーのミコラス・ラズローの戯曲「香水屋」Illatszertár (1937) が下敷きとなっている。心

温まる話で、この映画とは別に舞台版ミュージカル「シー・ラヴズ・ミー」She Loves Me (1963) も作られている。

ジュディは会ったことがない相手と文通して恋焦がれている。相手の男ヴァン・ジョンソンも、その文通相手のジュディが、同じ店に勤める女店員だと知らぬままに恋している。ジョンソンは偶然にジュディが文通相手だと知るが、店でのジュディは彼に冷たい態度だった。彼は一時は戸惑うものの、最後には愛を確信する。

映画では楽器店に勤めているという設定で、ジュディが楽譜を売るために流行歌を歌う。ジョー・パスタナクの制作で、監督はロバート・Z・レナード。音楽はいろいろな作曲家の作品を使っている。脇役で無声映画の大コメディアンだったバスター・キートンが出ているのが珍しい。ジュディの娘ライザ・ミネリも、ラスト・シーンで子供役となって出ている。

ジュディが楽譜を売るために歌う『あなたの腕を私に回して』Put Your Arms Around Me, Honey (I Never Knew Any Girl Like You) と、レストランで歌う『私は気にしない』I Don't Care が良い。

スタア誕生 A Star Is Born (1954) は、MGMを離れてしばらく映画から遠ざかっていたジュディが、映画に復帰した作品で、フォックス社の制作。ジュディの映画では初めて横長サイズで作られた。

ジャネット・ゲイナーの主演した映画「スタア誕生」A Star Is Born (1937) のミュージカル版で、同じ題材はバーブラ・ストライザンドも、ロック版ミュージカル映画「スター誕生」A Star Is Born (1976) としてリメイクしている。

コーラス・ガールのジュディは、大スターのジェイムス・メイスンに見出されて、どんどんと有名になるが、それと反対にメイスンは凋落し、人々から忘れられてしまう。失意のメイスンは入水自殺してしまうが、いつまでも彼を思い続けるジュディは、映画賞の授賞式で、自分をメイスンの妻だと語る。

ジョージ・キューカー監督で、音楽はハロルド・アーレンの新曲と既成曲を織り交ぜている。ミュージカル場面は、ほとんどジュディの歌だけで、ワンマン・ショーのような構成だが、見応えがある。中でも15分間に及ぶ『鞄の中で生まれて』Born in the Trunk のナンバーは圧巻。オリジナル版が3時間1分という長編であったため、全米公開時にはカットされて2時間34分となった。近年DVD化で録音テープとスチールにより復元されたが、オリジナル版よりも短くて2時間57分となっている。この作品により、ジュディはまだまだ健在であることをファンに見せたが、その後は続かなかった。

私は歌い続けたい I Could Go on Singing (1963)* は、ジュディの最後の映画だが、ロナルド・ニーム監督の退屈な作品。ジュディはアメリカの大歌手で、ロンドン公演の折に、昔の恋人ダーク・ボガードを訪ねる。彼とは昔愛し合ったものの、結婚はしなかった。しかし、二人の間に出来た子はボガードが育てている。再会したジュディは、それまで隠していた子供への愛が再び表れるのを感じるのだった。ジュディの歌はすべて舞台場面で歌われていて、そのほかは退屈なドラマという構成。魅力的なのは歌の場面だけ。

フレッド・アステア Fred Astaire (その2)

フレッド・アステアは、1930年代のRKO社で、ジンジャー・ロジャースと組んで名作を生み出したが、その後は固定したパートナーを作らなかった。1940年代は第二次世界大戦の影響が大きい時代であるが、アステアは戦争にも拘わらず、毎年1本程度のペースで出演し続ける。

1930年代と異なるのは、ロジャースという恰好のパートナーを失い、各社の作品に出演していろいろな女優とコンビを組んだ点だろう。パートナーによっては踊りがうまいとは限らないので、優れたダンス場面はソロでの踊りが増える。また、技術の進歩により1940年代後半からはカラー化が進む。各社でいろいろなパートナーと組んで踊ったものの、第二次世界大戦終了後の1940年代後半と50年代前半はMGM専属となり、MGMミュージカルの全盛時代の中心人物でもあった。

RKOを離れて最初に撮ったのはMGM作品で、エレノア・パウエルと共演した「踊る

ニュウ・ヨーク」Broadway Melody of 1940 (1940)。エレノアはタップ・ダンスでは女性で一番の名手だったから、アステアと一緒に最高のタップ場面を残している。

次いでの作品はパラマウントでポーレット・ゴダードと組んだ「セカンド・コーラス」Second Chorus (1940)*だが、ゴダードは踊りが得意ではなく、結局はアステアがジャズ楽団に合わせて踊る場面しか取り柄のない作品となった。

ミュージカルには熱心でなかったコロムビア社だが、新進のリタ・ヘイワースを売り出そうと、アステアと組ませて「踊る結婚式」You'll Never Get Rich (1941) と、「晴れて今宵は」You Were Never Lovelier (1942) を作るが、どちらもリタの魅力を中心とした映画で、アステアの踊りを見せるという点では物足りない。

同じ時期にパラマウントで撮った「スイング・ホテル」Holiday Inn (1942) は、歌のビング・クロスビーと組んだ作品で、歌の充実した作品。RKOに戻り、戦争中らしく空軍パイロットをアステアが演じたのが「青空に踊る」The Sky's the Limit (1943) だが、相手役のジョーン・レスリーが低調。

その後は、いよいよMGMに腰を落ち着けて、素晴らしい作品に出演し始める。最初はオムニバス作品の「ジーグフェルド・フォリーズ」Ziegfeld Follies (1945) で、アステア最初のカラー映画だが、この中では落ち着いたムードのルシル・ブレマーと組んで2曲、ジーン・ケリーと1曲を踊っていて、どのナンバーでも素晴らしい踊りを見せている。特にブレマーと組んだ2曲は装置や美術に優れ、踊りも優雅な詩情を出すことに成功している。

続く「ヨランダと泥棒」Yolanda and the Thief (1945)* もブレマーと組んだ南米物の作品だが、ブレマーの演技が硬く低調。途中でパラマウントのビング・クロスビーと組んだ「ブルー・スカイ」Blue Skies (1946) に出て、前作を上回る楽しい作品とした。

再びMGMに戻り看板女優のジュディ・ガーランドと組んだ「イースター・パレード」Easter Parade (1948) は、踊りの上手なアン・ミラーも助演して、MGMミュージカルの代表作といえる傑作となった。

次いで、往年のパートナーであったジンジャー・ロジャースと10年ぶりに組んだ「ブロードウェイのバークレイ夫妻」The Barkleys of Broadway (1949)* を作り、ファンを楽しませてくれた。アステアは1950年代に入っても、活躍を続けて後期の傑作を次々と作ることになる。(p.252の950年代MGMへ続く)

踊るニュウ・ヨーク Broadway Melody of 1940 (1940) は、原題名からわかるとおりに、トーキー初期にMGMがシリーズ化した「ブロードウェイ・メロディー」シリーズの1940年版。1929年版、36年版、38年版に続く4作目で、この後も43年版がジーン・ケリーで企画されたが実現しなかったため、この作品がシリーズとしては最後。

ブロードウェイの舞台裏話で、アステアはジョージ・マーフィと組んで場末で踊っていて、いつか大舞台に立ちたいと思っている。アステアのほうが踊りは上手なのだが、大スターのエレノア・パウエルが相手役に指名したのは、ジョージ・マーフィのほうで、それは名前を間違えての指名だった。一生懸命練習を重ねるが、本番を前にしてマーフィは泥酔してしまうため、アステアが代わりに舞台で踊り、成功する。

物語はさして重要ではなく、見せ場はショーの中で踊るアステアとパウエルのダンス。パウエルは女性タップ・ダンサーとしてはナンバー・ワンともいえる実力者なので、アステアの相手役としても不足はなく、二人で素晴らしいタップ・ダンスを披露する。監督のノーマン・タウログ、音楽のコール・ポーターと揃えば、面白くないはずがない。

踊りとしては、冒頭の結婚ショーの中でアステアとマーフィが踊る『ブロードウェイの猿真似をしないで』Please Don't Monkey with Broadwayでは、二人の息がうまく合っている。エレノア・パウエルがスカート姿の船長になりタップを踊る『私は船長』I am a Captainはキュートな仕上がり。

パウエルとマーフィのリハーサルでの平凡な踊りを挟んで、裸舞台の上でアステアがピアノを弾きながら歌い、踊って見せる『君に目を留めた』I've Got My Eyes on Youは、アステアらしいソロの踊り。昼食に出かけたレストランでジューク・ボックスの曲に合わ

せて、パウエルとアステアが踊るナンバーも優れている。

それ以降は、ブロードウェイでの新作の舞台場面となり、ジョージ・マーフィが酔いつぶれているので、代わってアステアがパウエルと踊るという設定。最初の『君に集中』I Concentrate on You は、クラシック・バレエ風にソロ・ダンサーとコーラスがトウで踊るが、ソロはエレノア・パウエルではないようだ。続いてタップ・シューズに履き替えたところからが、パウエルとアステアのデュエット。

次が有名な『ビギン・ザ・ビギン』Begin the Beguine の場面で、後年「ザッツ・エンターテインメント」にも二人が踊る主要部分が収録されていた。前段はボレロ調の音楽に乗って、黒いスペイン風の衣装でのラテンの踊り、後段は、ザ・ミュージック・メイドという4人組の女性コーラスが、アンドルーズ姉妹風に歌うジャズ調で始まり、二人が白い服に着替えてタップを踊りまくるので、全部を合わせると9分間の長いナンバーだ。

アステアは本質的にはタップ・ダンサーなので、パートナーがタップを踊らないと、タップ場面はソロ・ダンスになってしまう。後年はアステアに似合うタップの相手役がいなかったので、パートナーと一緒に踊るタップとしては、この作品が最も優れている。監督はノーマン・タウログ。

セカンド・コーラス Second Chorus (1940)*は、パラマウントの作品で監督はH・C・ポッター。大学でわざと落第を重ねながら学生楽団をやっているアステアともう一人のトランペッターが、楽団のマネジャーとして雇ったポーレット・ゴダードを取り合う。

アーティ・ショウ楽団が登場して、音楽もショウが書き下ろし、アステアのトランペット演奏はボビー・ハケットの吹替、となればジャズ・ファンは大いに喜びそうだが、つまらない作品で日本では公開されなかった。

つまらない作品となった理由は、相手役のゴダードが歌も踊りもダメで、ミュージカル場面がまったく面白くないということに尽きる。踊りの場面はほとんど見るべきものはないが、ゴダードとアステアのデュエットの踊りが1曲、アステアがロシアン・レストランで演奏しながら踊るのが1曲、最後に楽団を指揮しながらアステアがソロで踊るのが1曲となっている。

パラマウント社は洒落た都会調のコメディは得意としているが、踊りの作品では弱さが露呈してしまう。この作品は著作権の更新ミスのためか、アメリカ国内でパブリック・ドメインに帰してしまい、品質の悪い粗悪なDVDが大量に出回っている。

踊る結婚式 You'll Never Get Rich (1941)は、コロムビア社でリタ・ヘイワースと組んだ作品。監督はシドニー・ランフィールドで、音楽はコール・ポーター、振付にはブロードウェイの舞台からロバート・オルトンを連れてきたので、ハーミズ・パンの振付作品とは少しトーンが異なる。相手役のリタ・ヘイワースは、踊りがダメだというわけではないが、セクシーさのほうが勝るので、ミュージカル女優としての印象は薄い。

リタはミュージカル一座の美人女優で、アステアは振付家。リタはセクシーなので皆から言い寄られるが、昔から付き合っている婚約者の陸軍大佐がいる。アステアはリタに言い寄ったと誤解されて、婚約者の大佐に追い回されるが、このトラブルから逃げようと陸軍に志願入隊する。ところが、訓練基地にリタと付き合っている大佐がいたので、大騒動となる。最後には基地内で慰問ショーを上演することとなり、アステアとリタが舞台の上の結婚式を挙げるが、本物の牧師が挙式したため、二人は正式な夫婦となる。

踊りとしては、入隊するアステアを見送りに来たコーラス・ガールたちとアステアの踊るナンバーのほか、軍隊で営倉に入れられたアステアのソロ・ダンスが2曲、最後の慰問ショーでリタと一緒に踊る曲が2曲あるが、いずれも平凡。欧州では戦争が始まっていたので、アステアも兵役に就くような話が織り込まれているが、大半はリタの魅力を見せる映画となっている。

スイング・ホテル Holiday Inn (1942)は、ビング・クロスビーと組んでパラマウントで撮った名作で、RKO時代の監督マーク・サンドリッチが制作も兼ねている。クルーナーのビング・クロスビー、ダンサーのアステア、ヴァージニア・デイルが3人で芸人コンビを組んでいて、田舎でのんびり暮らしたがって

いるビングが、ヴァージニアに結婚しようと言い出すところから話は始まる。ヴァージニアは、アステアと一緒に芸人を続けるか引退するか悩んだ末に、芸人を続けることとする。ビングは田舎に引っ込むが、1年間に15日ある休日だけ開く「休日宿（ホリデイ・イン）」というレストランを開き、マージョリー・レイノルズと組んで歌うと大人気となる。一方、アステアのほうはヴァージニアが金持ちの男に走ってしまうので、久々にビングを訪ねるが、そこでマージョリーを発見してダンス・パートナーへと誘う。またしても女性を取られそうになったビングは、いろいろと妨害するが、最後にはビングとマージョリー、アステアとヴァージニアというカップルが出来上がる。

「ホリデイ・イン」という名称は実在するアメリカの大ホテル・チェーンだが、このホテル・チェーンは1950年代の創業なので、名称は映画のほうが先。ビングのホーム・グラウンドであるパラマウント社の作品なので、アステアとの共演といっても、ビング中心の色彩が強い。

アステアの踊りは、そうした事情で少なめだが、聖ヴァレンタインの日にマージョリーと踊る場面は、往年のアステアとロジャースを思い出させるようなデュエットとなっている。マージョリーの踊りは良いが、歌は吹替。独立記念日にアステアが踊るソロ・ダンスは、カンシャク玉と爆竹を使ったダンスでいかにもアステアらしい工夫が見られる。

休日だけに開くレストランのショーを見せるという設定で、12月24日のクリスマス・イヴに始まり、大晦日（12月31日）、リンカーン記念日（2月12日）、聖ヴァレンタインの日（2月14日）、ワシントン記念日（2月22日）、復活祭（4月5日）、独立記念日（7月4日）、感謝祭（11月20日頃）と、それぞれの季節感に溢れた音楽や踊りを楽しむ趣向。

音楽はアーヴィング・バーリンで、この映画のために書いた『ホワイト・クリスマス』は、ビングの歌で空前のヒットとなった。そのため、この曲を題名とした、ビング主演の「ホワイト・クリスマス」White Christmas（1954）も作られた。

晴れて今宵は　You Were Never Lovelier（1942）は、コロムビア社でリタと組んだ2作目。1作目の「踊る結婚式」（1941）は、戦争を色濃く反映していたが、この作品は南米アルゼンチンに舞台を移して、平和な世界を描く。戦争中にこうした映画を作れるだけの余裕があるのが凄い。

今回は音楽が良く、アステアのダンス場面も多く、アドルフ・マンジュも好演しているので、前作よりも楽しめる。監督はウィリアム・A・サイターで、楽曲はジェローム・カーンという豪華な顔ぶれ。振付はヴァル・ラセットだが、アステア自身の創作による部分も多いように感じられる。

ニュー・ヨークのダンサーであるアステアが、はるばるとブエノス・アイレスまで遊びに行くが、好きな競馬で有り金を全部失ってしまう。帰りの旅費稼ぎにホテルのクラブで仕事をしようと目論むが、オーナーのアドルフ・マンジュが首を縦に振らない。そこでクラブに出演中のザヴィア・クガートの協力を得て、いろいろと売り込み、知り合ったマンジュの娘リタ・ヘイワースと結ばれる。リタは4人姉妹の2番目だが、長女は結婚したので、姉妹は順番に結婚するという不文律を守るために、父親のマンジュや妹たちが、早くリタを結婚させようとするコメディとなっている。

踊りの中では、ホテル主のマンジュに売り込むために、アステアが事務所で踊る場面が良い。ステッキを使う踊りで、傘立てのような入れ物に、遠くからそのステッキを投げ入れて見せる。戦後アステアが来日した際に、「映画の友」誌の編集部を訪問して、淀川長治の求めに応じ、その目の前でステッキを投げ入れて見せたという。

リタとのデュエット・ダンスは、パーティで庭に出て踊る『私は古風』I'm Old Fashionedと、アステアのリハーサルにやって来たリタが、レストランで一緒に踊る曲のふたつ。リタの踊りは、うまいというよりも魅力を振りまくのに徹しているように思える。なお、私生活でもアステアは競馬好きで、自分で競走馬を持っていた。全体としては、ザヴィア・クガートとアステアの共演映画といった趣。

青空に踊る　The Sky's the Limit（1943）は、

第 3 章　1940 年代：戦争の時代

アステアが古巣のRKOに戻って出演した作品だが、相手役はロジャースではなくジョーン・レスリー。ジョーンはミュージカル畑の女優ではないが、ワーナーの「ヤンキー・ドゥードゥル・ダンディ」Yankee Doodle Dandy (1942)でキャグニーの相手役を演じ、「虚栄の花」The Hard Way (1943)にも出た実績から、この作品の相手役に選ばれた。

戦争中なので、アステアは空軍パイロットの英雄という設定だが、戦争場面はほとんどなく、休暇でニュー・ヨークへ戻って来て出会った雑誌写真家ジョーン・レスリーとの恋が描かれる。アステアは身分を明かさずにジョーンを口説こうとするが、ジョーンはアステアが失業中だと思い込んで心配するというすれ違いとなる。

曲はハロルド・アーレンが担当しているが、書いたのは3曲のみで、ほかにも既成曲を使用。振付はアステア自身によるが、あまり充実していない。ジョーン・レスリーとのデュエットは2曲で、兵士向けの酒場で踊る『似たもの同士』とテラスでの踊り。ソロのダンスのほうが出来は良く、酔っぱらったアステアが、バーに並んだグラスを次々に割る踊りは見応えがある。

監督は無声時代からのベテランであるエドワード・H・グリフィスだが、ミュージカルの専門家ではないために、全体としては低調な仕上がり。

ジーグフェルド・フォリーズ　Ziegfeld Follies (1945)は、MGMのカラー大作。この作品以降のアステア作品はすべてカラーとなる。アステアはルシル・ブレマーと組んで2曲を踊り、ジーン・ケリーと二人で1曲を踊っている。ジーン・ケリーとアステアが一緒に踊ったのは、この映画だけなので貴重な場面。

ルシル・ブレマーはこの作品の前に、「若草の頃」Meet Me in St. Louis (1944)に端役で出演しているだけで、ほとんど知られていなかった。この作品の出演時には28歳ぐらいで、溢れるような大人の色気を出している。アステアと踊った1曲目は『僕の心は』This Heart of Mine。ブレマーは金持ちの令嬢、アステアはその令嬢のブレスレットを舞踏会で盗む泥棒で、二人が舞踏会で出会い、恋をして結ばれるまでが、素晴らしい美術の中、踊りだけで進められる。ロマンチックなムードを持つこの場面は、宝塚のショーの中でも美術までそっくり真似して上演された。

2曲目は『ライムハウス・ブルース』Limehouse Bluesで、ロンドンの中華街を背景に、金持ちの男に惹かれるブレマーに恋する貧乏中国人をアステアが踊る。これも幻想の中での踊りが展開されて、美術が素晴らしい。両方ともアステアの踊りの中では傑作場面といって良い。(p.187のその他のMGM作品の項も参照)

ヨランダと泥棒　Yolanda and the Thief (1945)*は、「ジーグフェルド・フォリーズ」で一緒に踊ったルシル・ブレマーと共演した作品。アーサー・フリード制作、ヴィンセント・ミネリ監督のカラー作品で、前作で踊られた『僕の心は』をそのまま映画にしたような作品。

南米の架空の国で、金持ちの娘ブレマーに詐欺師アステアが近づき、金を巻き上げようとするが、結局は恋におちてしまう。長く修道院の付属学校で育ったブレマーは信心深く、人を疑うことを知らない娘で、国一番の企業を相続するものの、経営などまったくわからないので不安を感じている。新聞記事を読んだアメリカ人のアステアは、ブレマーの守護天使に扮して彼女を騙し、財産管理の委任状にサインさせてしまう。ところが、本物の守護天使が彼女に味方するので、二人は恋におちて結婚することとなる。

大変ゆったりした雰囲気で、時間の流れ方が変わったように感じさせる、不思議なムードを持つ作品。アステアが踊るのは2曲のみ。最初はアステアの夢のナンバーで、白スーツのアステアが洗濯女と踊った後、水の中から登場するブレマーと一緒に、まるでダリの絵画のような背景の前で踊る。続いて競馬の騎手のダンスが入り、最後は再びブレマーとデュエットのダンスとなり、結婚の幻想で終わる14分の大曲。

もうひとつはブレマーを訪ねたアステアが、ハープを弾きながら歌い、軽く踊るもの。音楽が少なく、ブレマーの歌も吹替なので、ミュージカルとしては物足りないが、ヴィンセント・ミネリ監督の美術趣味を満喫できる。音楽はハリー・ウォーレン。素晴らしい色彩と美術だが、ブレマーの踊りが硬く、前作には及ばない。

ブルー・スカイ Blue Skies (1946) は、パラマウントで再びビング・クロスビーと競演した作品で、今回も恋の三角関係の物語。ダンサーのアステアは、ショー・ガールのジョーン・コールフィールドを好きなのだが、そのジョーンはナイト・クラブ経営者ビングに惚れている。ジョーンはビングと結婚して子供を産むが、ビングはナイト・クラブを次々と作り、ちっとも生活の安定が得られないために、結局は別れてしまう。アステアはジョーンと一緒に舞台を務めるようになるが、酒で失敗して彼女は去り、行方がわからなくなってしまう。アステアは、何とかビングとジョーンのよりを戻そうと、ラジオで呼びかけて再会させる。

「スイング・ホテル」に続きアーヴィング・バーリンが曲を提供。『ホワイト・クリスマス』をまたしてもビングが歌う。パラマウント社でビングの作品だから、ミュージカル・ナンバーも当然にビングの歌が多いが、アステアも優れた踊りを残している。

燕尾服にトップ・ハットとステッキで踊る『豪勢に暮らそう』Puttin' on the Ritz は、いかにもアステアらしいナンバー。アステアのソロ・ダンスに続き、舞台後方から燕尾服の男たちが出てきて踊るのは、「トップ・ハット」Top Hat (1935) の主題曲の場面とよく似た構成だ。ビングとアステアが、裸舞台のリハーサルで歌って踊るのはいつものパターン。

見どころは舞台場面の『熱波』Heat Wave で、熱帯ムードのセットの中でアステアとオルガ・サン・フォアンが踊る。オルガは踊りが苦手なためか、途中からはアステアのソロとなる。監督はマーク・サンドリッチを予定していたが、直前に心臓発作で亡くなったため、ステュアート・ハイスラーが代わって担当。カラーの豪華版で撮られた。

アステアはこの時には47歳で、この撮影が終わったら引退しようと考えていた。しかし、この映画が大当たりしただけでなく、ジーン・ケリーが足首を痛めて踊れなくなったために、MGMに呼ばれて「イースター・パレード」でジュディ・ガーランドと共演することになる。

イースター・パレード Easter Parade (1948) はアーサー・フリードの制作で、監督はチャールズ・ウォルターズ、音楽はアーヴィング・バーリン。アステアがジュディ・ガーランドと共演したのはこの映画1作のみ。

1910年代のニュー・ヨーク。アン・ミラーは、アステアとペアを組んだダンスで人気があるのに、ミラーは踊りを教えたアステアへの恩を忘れて、高給で大劇場進出することになり、コンビを解消してしまう。アステアは怒って酒場でコーラスとして踊っていたジュディ・ガーランドをスカウトし、新しいパートナーとするが、ジュディはまったく踊れない。それでも必死の努力により二人は成功して、イースターの日に5番街を晴れやかに歩くのだった。

自分が育てた娘に惚れるという物語は、「マイ・フェア・レディ」My Fair Lady (1964) や「ヴィナスの接吻」One Touch of Venus (1948) と同じで、「ピグマリオン」のパターン。

当初は、ジュディとジーン・ケリーにシド・チャリシーという組み合わせで企画されたが、ケリーが足を捻挫して出られなくなったために、アステアが代役で出演、チャリシーに代わりアン・ミラーが踊った。

代役だったとはいえ、アステアの見どころ満載で、250万ドルの制作費に対して、興行収入は680万ドルと空前の大ヒットを記録した。アン・ミラーはタップ・ダンスの回転が売り物だから、アステアの相手役として不足はないが、ジュディもよく踊っている。

ジュディとアステアが浮浪者の恰好で演じる『名士のカップル』A Couple of Swells は、凄い踊りを見せるわけではないが、楽しい曲。アステアはこういう役をやっても上品さを失わない。後年に「恋愛準決勝戦」Royal Wedding (1951) の中で、ジェイン・パウエルと一緒に歌う『俺が根っからの嘘つきだとわかっていて愛していると言ったのにどうしてお前は信じられるんだ』How Could You Believe Me When I Said I Loved You When You Know I've Been a Liar All My Life と並び、アステアと不釣合いな下品さが面白く、古き良き時代のヴォードヴィルのムードを感じさせる。

アステアがソロで踊る『あの娘とお出かけ』Steppin' Out with My Baby は、スローモーション撮影を使った踊りで、背景で踊る

群舞は普通の速度だが、前ではアステアが、白スーツと赤靴下にステッキでスローモーションの踊りを見せる。スローで見ても踊りにまったく乱れがないのが凄い。

そのほかにはジュディとオーディションで踊る曲、アン・ミラーとのデュエット、映画の冒頭にアステアがウサギのぬいぐるみを子供と取り合っておもちゃ屋で踊る『ドラムに夢中』Drum Crazy も、アステアらしい工夫があり妙技を見せる。

アン・ミラーは、ジーグフェルドの舞台場面という設定で、雑誌の表紙を飾る美女たちのファッション場面に続き、ソロのタップを見せている。

ブロードウェイのバークレイ夫妻 The Barkleys of Broadway (1949)*は、往年の名コンビであるアステアとロジャースが、10年ぶりに組んだ作品で、今回はRKOではなくMGMの制作。「イースター・パレード」がヒットしたので、アステアとジュディでもう1本ということになったが、ジュディが薬を飲み過ぎて体調を壊したために、代役としてジンジャー・ロジャースに白羽の矢が立った。ファンの間では、往年の名コンビであるアステアとロジャースを、10年ぶりにカラーで見られるということで話題となった。

アステアとロジャースは成功したダンス・チームで、夫婦仲が良過ぎていつも喧嘩している。ロジャースがシリアス・ドラマへ誘われて成功するので、とうとう離婚かと思われたが、成功を陰で支えていたのは実はアステアだったとわかり、結局は元の鞘に収まる。

ピアノの達者なオスカー・レヴァントが脇役で出ている。前作に続き、制作はアーサー・フリードで、監督はチャールズ・ウォルターズ、音楽はハリー・ウォーレン。ダンス・ナンバーは、靴屋のアステアが靴と一緒に踊る『羽根のついた靴』Shoes with Wings on が独創的で面白い。誰も履いていない靴がまるで生きているように踊る。

ロジャースとのデュエット・ナンバーは、舞台リハーサルの踊り、スコットランド風の踊り、チャリティ・ショーでの踊りなどがある。チャリティ・ショーでの踊りに使われた曲は『僕からは奪えない』They Can't Take Away From Me で、RKO時代に「踊らん哉」Shall We Dance (1937)のフェリーの場面で使われたもの。昔の曲を使い、昔を思わせるような踊りを見せた。

★

ジーン・ケリー Gene Kelly (その1)
(1912.8.23-1996.2.2)

ジーン・ケリーは、1912年生まれのダンサー。踊りのスタイルは大きく異なるが、アステアと並ぶ存在だ。アステアが1930年代から50年代にかけて30年間も素晴らしい作品を作り続けたのに対して、ケリーは少し遅れて登場したので、1940年代後半から50年代にかけての15年間が活動時期だった。

アステアはタップ・ダンスを基本とした踊りを見せたが、ケリーのほうはモダン・ダンス的な要素の強いアクロバティックなダンスで、踊りの見せ方でもアステアとは異なる映画的な工夫があった。工夫が過ぎて実験的過ぎる傾向もあるものの、逆の見方をすれば変化が多い。

身軽さが身上で、ミュージカルではない「三銃士」The Three Musketeers (1948)のようなアクション映画でも、素晴らしいアクションを見せてくれる。その姿は、無声時代に活躍した俳優ダグラス・フェアバンクスをミュージカル・スターにしたような印象を受ける。

アステアは洗練された踊りが得意で、燕尾服にトップ・ハットとステッキを持った踊りがよく似合ったが、ケリーは燕尾服よりも水兵姿のほうが似合う。踊りの背景も、アステアがスタジオのセットを好んだのに対して、ケリーは街頭に出て踊ったり、時には漫画の中に入り込んで踊ったりする冒険心を持っていた。

こうした違いが生じたのは、二人の踊りのスタイルの違いもあるが、活躍した時代の影響かも知れない。アステアとケリーの、両者と踊った経験を持つシド・チャリシーによると、アステアと踊った日には家に帰っても身体が軽く疲れを感じないが、ケリーと踊った日には肉体的に疲れ切ってしまったという。これも二人のスタイルの違いだろう。

ケリーはブロードウェイの舞台版「パル・ジョーイ」Pal Joey (1940)の初演キャスト

で、「僕と彼女のために」For Me and My Gal (1942)*でジュディ・ガーランドの相手役を務めて、そのままMGMで活躍した。「僕と彼女のために」でのデビューの後、ルシル・ボールの相手役を務めた「デュバリイは貴婦人」Du Barry Was a Lady (1943)、キャスリン・グレイスンと共演した慰問用映画「万人の歓呼」Thousands Cheer (1943)*などは、まだ助演的な位置づけだった。

その後コロムビアに呼ばれて、リタ・ヘイワースの相手役として「カバーガール」Cover Girl (1944)に出演する。リタはアステアと2本共演して、その後にジーン・ケリーと共演したわけだから、いかにコロムビアが力を入れて売り出そうとしていたかがよくわかる。リタとの共演では、主演級の扱いではあるが、これはあくまでもリタの作品。

ケリーが彼らしい作品を生み出すのは、MGMに戻っての「錨を上げて」Anchors Aweigh (1945)以降となる。「錨を上げて」から「魅惑の巴里」Les Girls (1957)までが、彼の活躍の時代となった。「錨を上げて」は、ジョー・パスタナクが制作したキャスリン・グレイスンの作品だから、どちらかというと歌中心の作品だが、ケリーは水兵仲間のフランク・シナトラと踊ったり、アニメのねずみ（ジェリー）と一緒に踊ったりして、新機軸を切り開いた。

その後は「ジーグフェルド・フォリーズ」Ziegfeld Follies (1945)で、アステアと一緒に『成金と凡人』The Babbitt and the Bromideを踊り、失敗作の「派手に生きよう」Living in a Big Way (1947)*をはさみ、ジュディ・ガーランドと共演した「踊る海賊」The Pirate (1948)でアクロバティックな踊りを見せた。

ケリーはこの作品に続き、ミュージカルではないが「三銃士」(1948)で身軽なアクションを見せた後、「錨を上げて」で共演したフランク・シナトラと2本続けて共演する。

「私を野球につれてって」Take Me Out to the Ball Game (1949)では、野球とヴォードヴィルを描く。「踊る大紐育」On the Town (1949)はレナード・バーンスタイン作曲の舞台作品の映画化だが、完全にMGM流に消化して、1940年代MGMのひとつの頂点となった。ケリーはこの作品で、ニュー・ヨークの街頭で踊りを展開するなど、新しい踊りを求める姿勢を見せている。こうした実験的な踊りの試みは、1950年代の彼の作品へと繋がっていく。(p.259の1950年代MGMへ続く)

僕と彼女のために For Me and My Gal (1942)*は、ジュディ・ガーランドが、ミッキー・ルーニーから離れて、自分の作品を求めたMGM作品。監督はベテランのバスビー・バークレイで、手堅くまとめている。ジーン・ケリーをブロードウェイの舞台で見たガーランドが、ハリウッドに呼んだらしい。制作はアーサー・フリード。

第一次世界大戦前のアメリカのヴォードヴィル界の話。ジュディとケリーはヴォードヴィル・チームを組んで、ブロードウェイ進出を狙っている。ところが、ケリーがほかの大女優に色目を使ったり、第一次世界大戦の兵役を逃れたりするので、ジュディは嫌気がさしてコンビを解消してしまう。二人は別々に活動をするが、戦地の慰問ショーで偶然に再会して愛を確かめ合う。

使っている音楽は、第一次世界大戦当時の曲が中心。この映画が作られたのは第二次世界大戦中の1942年だが、当時の状況を第一次世界大戦に置き換えた戦意高揚作品となっている。

二人のほかにジョージ・マーフィが出演しているが、当時の映画界ではケリーよりもマーフィのほうが格上の役者で、ジュディの相手役にも当初はマーフィが予定されていた。ところが、ケリーがあまりにも芸達者なので、マーフィの役と入れ替えたという。ジュディとケリーの踊りもなかなか息が合っているが、ケリーは明らかにジュディに合わせている。

ジュディも、踊りだけでなく素晴らしい曲を沢山歌っている。ヴォードヴィルの人形屋の場面で、人形を買いに来たジョージ・マーフィへ、人形役のジュディが歌う『お父さん私を置き去りにしないで』Don't Leave Me Daddyが良く、いかにもジュディらしい歌で前半の見せ場となっている。

そのほかで注目すべきは、ジーン・ケリーが惹かれる大歌手マルタ・エゲルトで、『愛しているのか（聞かなくてもわかるでしょう）』Do I Love You?で、美しい歌声を聞かせてくれる。

エグルトはハンガリー出身のオペラ歌手で、ポーランド出身のオペラ歌手ヤン・キープラと結婚して、ドイツのトーキー初期の音楽映画に出た1930年代の人気女優。ヤン・キープラがメトロポリタン歌劇場に招かれたので、彼女も一緒に渡米して、ブロードウェイでリチャード・ロジャースの舞台作品「高く、より高く」Higher and Higher (1940) などに出演、ハリウッドでも映画に出た。この映画では1曲しか歌わないが、その素晴らしい歌声は一度聞いたら忘れられない。

ケリーの踊りは、冒頭のヴォードヴィル劇場での道化のソロのほかに、ジュディと組んだタイトル曲のデュエットもある。全体の監督をバスビー・バークレイが担当しているが、1930年代のワーナー作品で見せたような映画的な大プロダクション・ナンバーはなく、ごく普通のミュージカル作品に仕上げている。その理由は、踊りのケリー、歌のジュディという芸達者な二人が出演していて、二人の芸をそのまま撮ったほうが面白い作品が出来るからにほかならない。

その代わりに選曲は慎重で、先のマルタ・エグルトの『愛しているのか』は、移動中の列車の中でケリーと出会い、ケリーの知っている曲を歌うという始まり方だが、この曲で親密なムードになったところにジュディが登場、気まずいムードが漂うという演出となっている。ケリーと別れた後の舞台場面でジュディが歌うのは『君去りし後』After You've Gone で、ジュディは客席前列に座る昔のパートナーに気付いて思わず涙ぐむ。

このように挿入歌の歌詞の意味と、物語の展開とを関連付けて盛り上げるような手法は、ほかのバークレイ作品にはあまり見られないので、選曲の趣味は、作詞家出身の制作者アーサー・フリードのものと見て良いだろう。

デュバリイは貴婦人 Du Barry Was a Lady (1943) は、アーサー・フリード制作、ロイ・デル・ルース監督で、ブロードウェイの同名作品 (1939) の映画化。音楽は舞台と同じコール・ポーターの曲を使っているが、そのほかにもバートン・レインやロジャー・イーデンの曲を織り交ぜている。舞台版はエセル・マーマンとバート・ラーのコンビが演じたが、映画ではルシル・ボールとレッド・スケルトンに代わっていて、それにジーン・ケリーが絡む。

ルシルはナイト・クラブのスターで、スケルトンはそこのクローク係。ケリーは同じクラブの歌手だ。スケルトンとケリーは、ルシルに恋心を抱いていたので、スケルトンは富くじに当たるとルシルに求婚する。スケルトンは誤って眠り薬を飲み、気を失った間に、フランスのルイ国王になる夢を見る。国王となったスケルトンは、貴婦人デュバリイのルシルを追い回すが、デュバリイはケリーが演じる盗賊に心を奪われる。夢から覚めたスケルトンは、愛の大切さを知り、ルシルを諦めるのだった。

ケリーは元気よくアクロバティックな踊りを見せるが、彼の見せ場はこの映画ではまだ少ない。ナイト・クラブで燕尾服を着てタップを踊る場面はアステア風だが、それに続いてコーラス・ガールたちの脚の下を腕立て伏せスタイルでピョンピョンと移動するのは、いかにもケリーらしいスタイル。

トミー・ドーシー楽団も総出演で、映画初出演のゼロ・モステルが怪しげな占い師となって芸を見せている。ルシルの売り物の燃えるような赤毛を見せるためにカラーで撮られている。

カバーガール Cover Girl (1944) は、コロムビアに招かれてリタ・ヘイワースの相手役を務めた作品。ヘイワースは2本続けてアステアとミュージカルを撮った勢いに乗り、ミュージカル路線を続けている。監督はチャールズ・ヴィダーで、音楽はジェローム・カーン。1944年という戦争中の作品なので、兵士向けを意識して、鮮やかな色彩で美女たちを次々と見せる。

場末のキャバレーのショーに出ているリタ・ヘイワースは、演出を担当しているジーン・ケリーと恋仲だ。ひょっとしたことから、リタは雑誌の表紙を飾るカバー・ガールとなり、ニュー・ヨーク中で人気となる。リタは大劇場に進出し、劇場主の大富豪と結婚しそうになるが、最後にはケリーとの愛に戻る。

戦争中のため、公開当時には日本に輸入されなかったが、「ザッツ・エンターテインメント」(1974) の公開により、古いミュージカル作品に注目が集まり、1977年に日本で

も公開された。

　今見ても戦争などまったく感じさせず、ただただ美しく楽しめる作品。あくまでもリタの美しさを見せる映画ではあるものの、ケリーのアイディアが全面的に採用されていて、後年のスタイルの基礎となっている。アステアが舞台的な作り物のセットを好んだのに対して、ケリーは現実の街へ出て行こうという意識が強い。

　この作品でも、リタ、フィル・シルヴァースと3人で踊る『明日への道を作ろう』Make Way for Tomorrowでは、安食堂での歌から、路上での踊りとなり、最後には通行人も巻き込む。

　印象的なのはケリーの『分身の踊り』Alter-Ego Danceで、路上を歩くとショー・ウィンドウに写ったケリーの影が飛び出してきて、現実のケリーと一緒に踊る。ケリーの原点ともいえる踊りだろう。

　大劇場のリタのショー『表紙の娘』Cover Girlの景は、美女たちが次々と登場して、写真に撮られて雑誌の表紙になっていくもので、「ジーグフェルド・フォリーズ」のスタイル。戦争中らしく表紙には兵士や星条旗が必ず入っている。リタの歌はマーサ・ミアーズの吹替。

錨を上げて　Anchors Aweigh (1945) は、実質的にはケリーの初主演作で、海軍を背景とした話。制作はジョー・パスタナクでカラーの大作。監督、出演者とも「万人の歓呼」Thousands Cheer (1943)*とほとんど同じで、ジョージ・シドニー監督、主演はキャスリン・グレイスンとジーン・ケリー、そして売り出し中のフランク・シナトラ、スペイン出身の指揮者ホセ・イタービという顔ぶれ。「万人の歓呼」の後半はゲスト出演者のショーという安易な作り方だが、この作品は映画として丁寧に作られている。

　「万人の歓呼」(1943)*は陸軍が舞台だったが、今回のケリーとシナトラは海軍の水兵仲間。休暇でロス・アンジェルスに上陸した際に、ケリーは恋人のローラと会おうと考えていたが、女には縁がないシナトラにつきまとわれたうえに、海軍マニアの子供の世話まで付き合わされる。二人は子供の面倒を見ている歌手志望のグレイスンと知り合い、次第に魅力を感じ始める。結局グレイスンはケリーと愛し合うようになり、シナトラもメキシコ料理店で働く同郷ブルックリンの娘と仲良くなる。二人は、何とかグレイスンを有名指揮者ホセ・イタービに引き合わせようとするが、休暇の時間切れに。グレイスンは独力でイタービに認められて、歌手デビューを果たす。

　音楽はクラシックの曲やジュール・スタインなど幅広く使われていて、振付は大半がケリー自身なので、いかにもケリーらしいムードの作品となった。歌姫のグレイスンは踊らないので、ケリーはシナトラと一緒に踊る。ケリーが、ねずみのジェリーと共演した『踊れなかった王様』The King Who Couldn't Danceは有名。学校で子供たちに語りかけるうちに、ケリーはアニメの国に入り、自分が踊れないために歌も踊りも禁止した王様ねずみのジェリーに、踊りの楽しさを教える。アニメには相棒役の猫トムも召使として登場する。

　最初はミッキー・マウスとの共演を構想したらしいが、MGM映画にミッキーを登場させるなんてとんでもないと、ウォルト・ディズニーが拒んだことから、MGM系列の映画館に短編漫画を提供していたハンナとバーベラ・プロダクションの、トムとジェリーが出演することとなった。その結果アニメのキャラクターと実写の人間が踊るという、映画ならではの革新的なダンス場面が誕生した。

　ほかにもメキシコ料理店の外で、ケリーがメキシコの子供と踊る『チャパスの娘たち』Chiapanecasも面白い。ケリーのソロでは、撮影所のセットでグレイスンが空想する『ラ・クンパルシータ』La Cumparsitaがあり、スペイン風の闘牛士となってタンゴのリズムでタップを踊る。ほかにもグレイスンのメキシコ料理店での歌と、カメラ・テストでの歌は美しい声を堪能できる。

　この映画でのシナトラは、気の弱い青年役で女性を口説けない。ケリーが兄貴分となって、口説き方を指導している。二人の共演はこの後も「私を野球につれてって」(1949)、「踊る大紐育」(1949)と続くが、基本的なキャラクター設定は同じ。シナトラがプレイ・ボーイを演じるのは後年になってからだ。

派手に生きよう　Living in a Big Way (19

47)*は、グレゴリー・ラ・カーヴァ監督による白黒の失敗作。ケリーは戦争に行く前に金持ち娘と結婚するが、帰ってみると高慢な娘だったのでびっくりする。ケリーは、彼女の金で戦争未亡人や孤児たちのために家を建てるので、離婚されそうになる。

ケリーは、相手役のマリー・マクドナルドと少しだけ踊るほか、子供たちとも一緒に踊る。この作品はケリーのデビュー作「僕と彼女のために」For Me and My Gal (1942)*を除いては、唯一の白黒作品。

踊る海賊 The Pirate (1948) は、再びジュディ・ガーランドと組んだ作品。ケリーがガーランドと組むのはこれが2本目だが、1作目とは異なりガーランドの映画ではなく、ケリーの映画といった印象。制作はアーサー・フリードで、監督はガーランドの夫となったヴィンセント・ミネリ、音楽はコール・ポーターという最強の組み合わせ。

カリブに浮かぶある島。ガーランドは市長との結婚が決まっているが、今ひとつ気乗りがしない。心の底ではマココと呼ばれる海賊に惹かれているのだ。旅回りの芸人ケリーは村で魔術を見せていたが、ガーランドに惚れて彼女を口説き、最後には市長が海賊マココだと暴き、彼女を手に入れる。

踊りの見せ場は、タップ・ダンスのニコラス兄弟とケリーがアクロバティックに踊る『道化になろう』Be a Clown。この曲は映画の最後でももう一度使われていて、ジュディとケリーがダブダブのピエロ服でコミカルに歌っている。ジュディの幻想場面『海賊の踊り』も大仕掛けで本格的なバレエとなっていて、ケリーが素晴らしい回転を見せる。ほかにも冒頭の『ニーニャ』Niñaは、ケリーが歌った後にコーラス・ガールたちとの踊りが続く7分間のナンバーで見え十分。

ガーランドは、ミネリ監督と結婚してライザ・ミネリが生まれた後の出演で、精神的な不調から撮影を休みがちとなって苦労した。そうしたことから、医者の進言により、この作品の後はミネリとガーランドは一緒に仕事をしないこととなり、ミネリ監督の最後のガーランド映画となった。

私を野球につれてって Take Me Out to the Ball Game (1949)*は、フランク・シナトラとの共演作品。アーサー・フリード制作で、監督はバスビー・バークレイ。音楽はタイトル曲を除いて、ロジャー・イーデンスが書いている。出演者は豪華で、ケリーとシナトラのコンビに加え、女性陣はエスター・ウィリアムスとベティ・ギャレット、そして脇にはジュールス・マンシンが加わる。

ケリーとシナトラは野球選手だが、冬場のオフ・シーズンには一緒にヴォードヴィリアンとして劇場で仕事をしている。春になって新シーズンが始まるので、二人が所属のチームに戻ると、チームのオーナーが亡くなり、若くて美人のエスター・ウィリアムスが相続しているので驚いたり、恋心を抱いたりで大変なシーズンとなる。チームは順調に勝ち進むが、優勝チームの予想に大金を賭けたギャングたちによる妨害のため、ケリーはスポイルされそうになる。しかし、最後には仲間たちの助けで優勝を手にして、ケリーとエスター、シナトラとギャレットというカップルが誕生する。

野球はアメリカで人気の高いスポーツだが、ミュージカルにすると男ばかりで面白みが出ない。そこでこの作品では、野球チームの美人オーナー役でエスター・ウィリアムスが登場。内気な選手シナトラと、プレイ・ボーイのケリーが彼女を取り合う形の展開で、そこにベティ・ギャレットも加わる。水泳選手上がりのエスターには、この映画でもホテルのプールで泳ぐサービス場面が用意されているが、エスター中心の作品ではないので、ケリーが一緒に泳ぐわけではない。

ケリーの踊りは、幕開きがシナトラと一緒に踊るヴォードヴィルの舞台場面で楽しい。ホテルのレストランでシナトラ、ジュールス・マンシンと踊るナンバーも良いが、一番の見せ場は、アイルランド出身の仲間の求めに応じてパーティで踊るクロッグ・ダンス風のタップだろう。この曲は『聖パトリックの日にお父さんが被った帽子』The Hat My Dear Old Father Wore upon St. Patricks Dayで、アイルランドがテーマなので、それを象徴する緑の帽子を被って踊る。

野球選手がオフ・シーズンにヴォードヴィルに出演するというのは、今では信じられないような話だが、昔は実際にあったようだ。

ニューヨーク・ヤンキースで活躍した投手ウェイト・ホイトや、アスレチックスのキャッチャーだったミッキー・コクランは、実際にヴォードヴィリアンもやっていて、彼らの話は「女を学んだ二人」They Learned about Women (1930)*として、MGMでミュージカル映画化されている。

踊る大紐育 On the Town (1949) は、映画史上に残る傑作で、レナード・バーンスタイン作曲の舞台作品 (1944) の映画化だが、メインの筋立てと半分ぐらいの音楽は残しつつ、かなり映画向きに変えられている。追加の曲はロジャー・イーデンスが担当。フリードの制作で、スタンリー・ドーネン監督。ケリーとシナトラが組んだ3本目で最後の作品は、「錨を上げて」と同じように水兵が上陸中に女の子を追いかける話。

今回の上陸地はニューヨークで、水兵仲間はケリー、シナトラ、ジュールス・マンシンの3人。ケリーはミス地下鉄のヴェラ=エレンを追いかけ、シナトラは女性タクシー運転手のベティ・ギャレットに迫られ、ジュールス・マンシンは文化人類学者アン・ミラーに追いかけられる、という展開。ニューヨークに寄航した海軍の船から、朝6時に水兵たちが24時間の休暇で上陸してくる。女の子と遊びたいケリーは、地下鉄内のポスターで見た今月の「ミス地下鉄」ヴェラ=エレンを求めて街中を探し回り、バレエ・レッスン中の彼女を見つけてデイトに誘う。上流ぶってはいるものの、実はケリーと同郷だった彼女は、夜の8時半にエンパイア・ステート・ビルの屋上で待ち合わせてナイト・クラブに繰り出すが、11時半に突然姿を消してしまう。ケリーは意気消沈するが、バレエの教師と偶然にバーで出会い、彼女がコニー・アイランドにいると聞いて駆けつけると、見世物小屋で踊っているヴェラ=エレンを発見する。ヴェラ=エレンは恥ずかしがるが、ケリーは愛を語り夜が明けて船に戻っていく。

女性陣にヴェラ=エレン、アン・ミラーと二人の名手が揃っているので踊りも充実している。ヴェラ=エレンの踊る『ミス地下鉄』Miss Turnstilesの踊りは彼女のかわいらしい個性がよく出ていて、ケリーとのデュエット『大通り』Main Streetも二人が親密になる過程を踊りで表す傑作。この「親密化の踊り」というスタイルを、ケリーは「雨に唄えば」ではデビー・レイノルズと、「夏期公演」Summer Stock (1950)*ではジュディ・ガーランドと踊って見せるが、その原型はここにある。

ほかにもタイトル曲の『オン・ザ・タウン』On the Townでは、エンパイア・ステート・ビルの屋上から、一転して通行人のいる街頭に繰り出して踊る。映画の冒頭の『ニュー・ヨーク、ニュー・ヨーク』New York, New Yorkに出てくるロックフェラー・センターの場面は、スタジオのセットではなくニュー・ヨークで実際にロケ撮影されている。こうしたスタイルもアステアとは異なるケリー流のやり方。

ケリーが踊る『ニュー・ヨークの一日』A Day in New Yorkは7分間のバレエで、ヴェラ=エレンのほかに名手キャロル・ヘニーが踊っている。『オン・ザ・タウン』の踊りでは、ヴェラ=エレンが緑、アン・ミラーが赤、ベティ・ギャレットは黄のドレスで踊るが、『ニュー・ヨークの一日』では、ヴェラ=エレンが赤、キャロル・ヘニーが緑のドレスで踊る。

これだけ踊りが充実しているのは、もとの舞台がジェローム・ロビンス振付のバレエ「ファンシー・フリー」Fancy Free (1944) に基づいて作られていて、ダンス音楽と踊りが充実していたため。映画版の振付はロビンスではなく、ジョージ・アボットが担当している。

タクシー運転手ベティのアパートのルーム・メイトとして登場するアリス・ピアースは、舞台でも同じ役を演じていて、映画には初出演だった。後にヒットするテレビ・シリーズ「奥様は魔女」では、隣に住むグラディスの役を演じた。

キャスリン・グレイスン Kathryn Grayson〈その1〉(1922.2.9–2010.2.17)

キャスリン・グレイスンは、1940–50年代のMGMで活躍したソプラノの歌姫。ソプラノの中でも高音域で転がすようなコロラトゥーラも歌える貴重な存在。1940年代から出演し始めて50年代が全盛期で、マリオ・

ランツァ、ハワード・キール、ゴードン・マクレエらの、オペラ的な歌い方の男性歌手と組んで名作を残した。

1922年生まれで、15歳頃にオペレッタ歌手から手ほどきを受けて、オペラ的な歌い方を身に付ける。ラジオで歌っているところをスカウトされて、MGMと契約して映画の世界に入った。単に歌が上手なだけでなく、親しみやすい美しさを兼ね備えている点が映画的で、多くのファンに愛された。

鐘の音色にも似た美しく透き通るような声、オペラ的な歌い方という点で、制作者ジョー・パスタナクに好まれた。オペラの歌唱法のジャネット・マクドナルドと、小唄調のモーリス・シュヴァリエが共演するというパターンがトーキー初期に確立していたので、ハリウッドのミュージカルでは、キャスリンのようなオペラ的歌唱の女優も、何の違和感もなく誰とでも競演できる。とはいうものの、マリオ・ランツァのように本格的なベル・カント歌手が相手役だと、グレイスンの美しい声を聞かせる映画になる。

映画デビューは、ミッキー・ルーニーの人気シリーズ「アンディ・ハーディの個人秘書」Andy Hardy's Private Secretary (1941)*で、フランク・モーガンを父親とする一家の娘の成長を描いた「消え行くヴァージニア州人」The Vanishing Virginian (1942)*、アボットとコステッロの喜劇「凸凹スパイ騒動」Rio Rita (1942)を経て、ジョー・パスタナクが祖国ハンガリーへの思いを綴った「花の合唱」Seven Sweethearts (1942)で開花する。

戦時慰問用の「万人の歓呼」Thousands Cheer (1943)*と「錨を上げて」Anchors Aweigh (1945)で、売り出し中のジーン・ケリーと共演してすっかり大スターとなる。「ジーグフェルド・フォリーズ」Ziegfeld Follies (1945)では、ハリー・ウォーレンの『美女はどこにでも』There's Beauty Ev'rywhereを歌っている。次のパスタナク作品「嘘つきお嬢さん」Two Sisters from Boston (1946)では、キャスリンはMGMのディアナ・ダービンといったムードで演じている。

「雲の流れ去るまで」Till the Clouds Roll By (1946)*でもゲスト出演して、その後はフランク・シナトラの作品に2本出演する。「下町天国」It Happened in Brooklyn (1947)は、シナトラやジミー・デュランテとの共演で、キャスリンは高校の音楽教師役。シナトラの相手役として、オペラ「ラクメ」から『鐘の歌』を歌いコロラトゥーラ・ソプラノとしての実力を見せる。

「接吻盗賊」The Kissing Bandit (1948)*では、一本立ちしたシナトラの相手役。キャスリンはシナトラとは3回目の共演で、前2作品のシナトラはキャスリンに振られるが、この作品では見事に結ばれる。

突然に現れたイタリア的な明るい声のテノール歌手マリオ・ランツァと共演した「真夜中の接吻」That Midnight Kiss (1949)*は、美しい音楽で二人の代表作といえる。この二人は続いて「ニュー・オリンズの名士」The Toast of New Orleans (1950)*を撮り、こちらも出来が良かったので、その後が期待されたが、ランツァに問題があり、続かなかった。こうしてスターとなったキャスリンは、1950年代のMGMでは主にオペレッタ作品で活躍する。(p.270の1950年代MGMへ続く)

アンディ・ハーディの個人秘書 Andy Hardy's Private Secretary (1941)*はキャスリンのデビュー作で、ミッキー・ルーニーの「アンディ・ハーディ」シリーズの10作目にあたる。キャスリンは題名どおりに、ミッキーの秘書役を演じた。このシリーズはミュージカル仕立てではないが、ジュディ・ガーランドやキャスリン・グレイスンのように、歌える女優が相手を務めると歌入りの映画となる。

ミッキーは高校を卒業することになり、大きな事業をしようと美人秘書キャスリンを雇う。ところが彼は英語の成績が悪くて卒業の危機にあった。そこで、キャスリンはミッキーの恋人のアン・ラザフォードと協力して、何とか彼を卒業させる。

キャスリンはコール・ポーターの小唄調の曲から、ドニゼッティの「ランメルモールのルチア」の狂乱の場まで、幅広く歌って見せる。ジョージ・B・セイツ監督のMGM作品。

消え行くヴァージニア州人 The Vanishing Virginian (1942)*は、ミュージカルではないが、キャスリン・グレイスンの歌が何曲か入っている。19世紀末から20世紀初頭にかけて、ヴァージニア州で活躍した法律家で政

治家だったロバート・ヤンシー（フランク・モーガン）とその家族の話で、キャスリン・グレイスンは一家の娘役。フランク・モーガンが好演している。フランク・ボーゼイジ監督のMGM作品。

凸凹空スパイ騒動　Rio Rita (1942) は、ジーグフェルド制作の舞台ミュージカル(1927)の映画版。舞台作品は、ジーグフェルドが自前の新劇場の柿落としに上演したもの。ジョセフ・アーバンの設計によるアール・ヌーヴォー調の新劇場で、美しい美術を見せるのも目的とした作品だった。舞台版の出演者らによりRKOで映画化(1929)されているので、この作品は2度目の映画化。

邦題に「凸凹」とあるとおりに、コメディ・チームのバッド・アボットとルー・コステロの作品。話は舞台版とは大幅に変えられて、音楽も舞台からは2曲だけしか使われていないが、キャスリン・グレイスンが歌っている。

リオ・グランデのそばでホテルを営む美人の経営者リオ・リタ（キャスリン）のところへ、失業している凸凹コンビがやって来てスパイ騒ぎに巻き込まれる。アボットとコステロはユニヴァーサル社の所属だが、人気が高いのでMGMが借り出して作った3本のうちの1本。S・シルヴァン・サイモン監督作品。

花の合唱ラス　Seven Sweethearts (1942) は、「花のコーラス」と読ませる邦題で、ジョー・パスタナクの制作。彼の出身国ハンガリーの戯曲に基づいている。フェレンク・フェルチェクの書いた戯曲は、ブロードウェイでも「七人姉妹」The Seven Sisters (1911) として上演されており、無声時代にメアリー・ピックフォード主演の映画(1915)も撮られている。この1942年版は、クレジットされていないが同じ戯曲の翻案。

ミシガン州のチューリップ祭りを取材に行った記者ヴァン・ヘフリンは、小さな宿に滞在する。その宿は、厳格な父親の下で7人の娘たちが切り盛りしているが、古いしきたりに従って、上の娘が結婚しないと下の娘は嫁に行けないことになっている。娘の一人キャスリンの歌声を聞いて惚れてしまったヘフリンは、彼女と結婚したいものの、長女が女優志願で結婚しないために困ってしまう。最後には、長女が女優を目指してニュー・ヨークへ出るので、父親も諦めて残りの6人の結婚を認める。キャスリンはオペラの曲も含めて数曲を歌っている。フランク・ボーゼイジ監督作品。

嘘つきお嬢さん　Two Sisters from Boston (1946) もジョー・パスタナクの制作。監督もディアナ・ダービンの映画を得意としたヘンリー・コスターなので、雰囲気はダービンの映画に似ているが、MGMで作られただけに豪華な作りだ。

キャスリン・グレイスンはボストンの旧家の娘で、オペラ歌手を目指してニュー・ヨークへ出てくるが、なかなかオペラに出演できず、金に困り下町のキャバレーで歌っている。両親にはオペラに出演していると嘘をついていたが、両親が舞台を見に来るので、頼み込んでオペラのコーラスに出してもらう。両親はそれを見て帰るが、姉ジューン・アリソンはキャバレーの看板に出ている妹を見て驚き、妹を本当にオペラに出そうと奔走、自分が身代わりになってキャバレーに出演して、キャスリンをデビューさせる。

キャバレーの出演者にジミー・デュランテが出ていて、面白く仕上がっている。音楽はサミー・フェインの曲が使われているが、オペラ場面ではワーグナーなども使われている。ジューン・アリソンも1曲歌っている。

真夜中の接吻　That Midnight Kiss (1949)* は、ジョー・パスタナクの制作によるオペラの曲を満載した作品。キャスリン・グレイスンの魅力を最大限に引き出すために、相手役に新人マリオ・ランツァを起用した。

キャスリンは大富豪エセル・バリモアの娘で、ヨーロッパでのオペラ修業を終えてフィラデルフィアに戻ってくる。祖母はオペラの支援者なので、音楽監督を務めるホセ・イタービに、キャスリンを主演にしたオペラの上演を依頼するが、キャスリンは相手役トーマス・ゴメスがしっくり来ない。そうして悩んでいる時に、イタリア系の青年でトラック運転手をしているマリオ・ランツァの歌を聞いて、素晴らしい歌声に驚き、彼を自分の相手役に抜擢する。キャスリンはマリオに惹かれるが、彼には別の恋人がいると思い込み、冷たくあしらってしまう。ところが、マリオが愛しているのはキャスリンであることがわか

り、二人でオペラを成功させる。

　劇中で、マリオはキャスリンのところへ、2度ほどセレナーデを歌いに行く。初回にジェローム・カーン作曲の『彼らは信じてくれなかった』をマリオが歌うと、キャスリンが家から出てきて、二人でデュエットする場面となる。この場面が、音楽的には一番の聞きどころとなっている。

　この映画は、マリオ・ランツァのデビュー作品であるとともに、ホセ・イタービの引退作品でもある。話の内容からもわかるとおりに、大半がオペラの曲で、キャスリンは「リゴレット」の『慕わしい人の名』など、マリオは「愛の妙薬」から『人知れぬ涙』と、「アイーダ」の『清きアイーダ』などを歌っていて、オペラ・ファンには堪えられない。ノーマン・タウログ監督のカラーMGM作品。

ニュー・オリンズの名士　The Toast of New Orleans (1950)*は、前年の「真夜中の接吻」とほとんど同じメンバーで作られている。制作のジョー・パスタナク、監督のノーマン・タウログ、主演のキャスリンに相手役はマリオ・ランツァと、まったく同じ組み合わせだ。脇を固めるのが、ホセ・イタービからデイヴィッド・ニーヴンへと代わったのが唯一の変更点。

　キャスリンはニュー・オリンズで活躍する美人のプリマで、デイヴィッド・ニーヴンは彼女に惹かれているオペラの演出家。二人は港町の漁師で歌のうまいマリオ・ランツァを偶然見つけ出して、彼を教育してオペラ・デビューさせようとする。マリオは声は良いものの、オペラでの歌い方を知らず、田舎者でマナーもわからないので、デイヴィッドは行儀作法から教える。キャスリンも、テーブル・マナーや踊り方を教えるので、二人の間に恋が芽生える。その恋を意識した時に、キャスリンはデイヴィッドと結婚したいと言い出す。マリオは昔の港の漁師仲間と会うが、そこにはもう彼の戻る場所はないと悟る。そして、オペラ・デビューの舞台でマリオは強引にキャスリンの愛をつかむ。

　この作品は、「マイ・フェア・レディ」と男女が逆となった話。「マイ・フェア・レディ」が作られるのは7年後なので、その原作であるジョージ・バーナード・ショウの「ピグマリオン」(1912)を意識したかも知れない。最後の台詞で、キャスリンがまるで何事もなかったように「私に会いたかったの？」とマリオに言うのは、「マイ・フェア・レディ」の中でヒギンズ教授がイライザに言う「僕のスリッパはどこだい？」と同じ。

　デイヴィッド・ニーヴンは大人の役を演じ、なかなか良い。ひと昔前ならば、アドルフ・マンジュあたりが演じる役。港町でのマリオの恋人役で、若き日のリタ・モレノが出ているのも見逃せない。

　最後のオペラ場面は「蝶々夫人」で、キャスリンの振袖姿が披露される。いささか着付が下手だが可愛い姿だ。オペラからの曲は「カルメン」、「ミニョン」、「椿姫」、「蝶々夫人」など、人気の演目から取られていて、後にマリオのテーマ曲となる『僕の恋人になって』Be My Love も歌われる。キャスリンとマリオの組み合わせはなかなか良いと思われるが、撮影中の二人の仲が険悪で、撮影所もこれ以上の共演は断念したらしい。MGMのカラー作品。

ジェイン・パウエル　Jane Powell (その1) (1929.4.1–)

　ジェイン・パウエルは、金髪で青い目のソプラノで、親しみやすい可愛さも併せ持っていた。声は若干細いものの透明感があり、オペラ歌手のベル・カント唱法とは異なるが、コロラトゥーラ的な表現もできた。歌好きの制作者パスタナクに見出されて映画出演して、1940年代には少女役が多かったが、50年代になると大人の役へ変わった。同じソプラノの歌声でも、キャスリン・グレイスンが本格的なオペラ調の歌い方だったのに対して、ジェイン・パウエルのほうは軽いポピュラー調だったので、出演作品もミュージカルが多かった。踊りもできたので、フレッド・アステアの相手役も務まる器用な女優だった。

　1929年にオレゴンで生まれ、少女の時から歌が上手で、地元のラジオにも出演。ジャネット・マクドナルドとネルソン・エディの映画が好きだったので、映画スターを目指して16歳でMGMと契約、1950年代後半まで映画で活躍したが、映画ミュージカルに翳り

が出ると、活動の拠点を東海岸に移して、舞台ミュージカル作品に出演した。

　こうした美しい声で歌う女優は、ほとんどがジョー・パスタナクの発掘によるもので、ジェインの作品の多くは、「隣家の娘」的な女の子を主役としたディアナ・ダービン路線だった。デビュー作のユナイト映画「街道の歌」Song of the Open Road (1944)* に出演した時は、まだ15歳だったので少女役。次の「楽しく危ない」Delightfully Dangerous (1945)* も独立系会社の制作で、舞台を夢見る少女役。

　MGMに移って最初の作品が「メキシコの休日」Holiday in Mexico (1946)* で、ジョー・パスタナクの制作。この作品で役柄を確立して、ジャネット・マクドナルドが母役を演ずる「愛しい三人娘」Three Daring Daughters (1948)*、エリザベス・テイラーと共演した「スイングの少女」A Date with Judy (1948)、船長を父に持つ寄宿舎暮らしの夢見る少女を演じた「豪華客船」Luxury Liner (1948)*、ダービンの「ホノルル航路」It's a Date (1940)をリメイクした「ナンシー、リオへ行く」Nancy Goes to Rio (1950)* と、パスタナクの制作が続き、まるで昔のディアナ・ダービンの再来のように感じられた。こうした日常的な心温まる作品も楽しいが、1950年代にほかの制作者の作品にも出るようになったジェインは、大きく開花する。(p.273の1950年代MGMへ続く)

街道の歌　Song of the Open Road (1944)* は、ジェイン・パウエルのデビュー作でいきなりの主演作。戦争中に作られたため、時代を反映して大人たちに代わって働く少年少女たちが描かれている。ジェインは少女映画スターで、ステージ・ママの干渉を嫌い、変装して市民農園へ逃げ込む。そこでは戦争に出た大人たちに代わり、少年少女たちが働いていて、当然ながら美少女ジェインはモテモテになる。ところが作物の収穫時期に人手が足りなくて困ってしまい、ジェインも知り合いの映画人たちに声をかけるので、W・C・フィールズなどの有名スターが続々と農園に現れる。

　ジェインのデビュー作品だが、W・C・フィールズはこの作品の後にもう1作ゲスト出演して引退するので、彼の最後の映画でもある。アドリブで有名なフィールズは、この映画でも出演場面は全部アドリブで通したらしい。

　パウエルはこの作品の出演時にはまだ芸名が決まっておらず、この映画の役名ジェイン・パウエルをそのまま芸名にしたという。ウォルター・ケントが何曲か書いているほかに既存曲も使用。ゲスト・スターは多彩で、コンドス兄弟も踊っている。S・シルヴァン・サイモン監督のユナイト作品。

楽しく危ない　Delightfully Dangerous (1945)* は、ジェインの2作目で15歳の音楽学校の生徒役。ジェインは、大きくなったら姉のコンスタンス・ムーアのように、ブロードウェイの舞台に立とうと歌の練習に励んでいて、制作者ラルフ・ベラミーに励まされて、ニュー・ヨークへ出て行く決心をする。姉を訪ねてみると、姉はブロードウェイのスターではなく、バーレスクの女王だったので驚いてしまう。ジェインは姉を密かにラルフへ売り込み、結局ジェインと姉は、本物のブロードウェイの舞台に立つことができる。

　モートン・グールドが音楽を書き、ジェインが歌う。おしゃまな娘が大人たちの世話を焼くという話で、ジェインをディアナ・ダービンと同じような役柄に使おうとしていたことがよくわかる。コンスタンス・ムーアの歌もなかなか良い。監督はアーサー・ルービン。独立系の制作会社作品で、現在は無著作権状態となっているため、安いビデオも出回っている。

メキシコの休日　Holiday in Mexico (1946)* は、ジェインのMGM初出演作で、ジョー・パスタナクの制作。パスタナクはユニヴァーサルで長らくディアナ・ダービンの映画を作ってきたので、MGMに移ってもジェイン・パウエルを使い、同じような映画を作った。

　アメリカの駐メキシコ大使ウォルター・ピジョンの娘ジェインは、同年代の英国大使の息子と仲が良い。彼はジェインを好きなのだが、ジェインはちょっと物足りなく感じている。音楽好きのジェインは、歌の才能があると褒められて、ピアニストのホセ・イタービに熱を上げるので、大使ウォルターは娘とイタービの関係を心配する。その一方、ウォル

第3章　1940年代：戦争の時代

ターも娘と同世代の若い娘に言い寄られて困ってしまうが、やもめ暮らしの彼の心を捉えたのは、昔の恋人で魅力的なハンガリー人イローナ・マッセイだった。サミー・フェインほかの音楽を使い、中南米物では欠かせないザヴィア・クガート楽団が登場する。ジョージ・シドニー監督のカラー作品。

スイングの少女　A Date with Judy (1948) も、ジョー・パスタナクが続けて制作した。ジェインと共演したエリザベス・テイラーの他愛ない恋愛話。ジェインとエリザベスは、大の仲良しだ。エリザベスは、弟がジェインに熱を上げるので、「少し冷たくしたほうが女はなびく」と恋愛指南するが、冷たくし過ぎて失敗、ジェインは店員ロバート・スタックと親しくなる。ところがロバートのほうはエリザベスが好きになり混乱。最後には2組のカップルが出来上がる。

ジェインの父親役ウォーレス・ビアリーが、ルムバの踊りを密かにカルメン・ミランダから教わるので、娘のジェインは父親が浮気しているのではと思い悩む場面なども飽きさせない。ザヴィア・クガート楽団も出演している。スタンリー・ドーネンの振付で、リチャード・ソープ監督のカラーMGM作品。

豪華客船　Luxury Liner (1948)*もジョー・パスタナクの制作で、ジェインの魅力が炸裂する。ジェインの父親は、豪華客船の船長ジョージ・ブレント。母親が亡くなり、父の航海中にジェインは寄宿学校で退屈している。そこで、ジェインは内緒で父の船に乗り込む。航海中に、ジェインはオペラ歌手を追い回したり、喧嘩別れした恋人たちの世話を焼いたりと忙しいが、父親を理想的な女性と一緒にさせることに成功する。

ザヴィア・クガート楽団やオペラ歌手と一緒に、ジェインも歌いまくるが、クガート楽団伴奏の『南京豆売り』がとても良い。オペラ歌手役はローリツ・メルヒオールとマリーナ・コシェツ。リチャード・ウォルフ監督のカラーMGM作品。

エスター・ウィリアムス　Ester Williams (1921.8.8–2013.6.6)

エスター・ウィリアムスは、フォックス社で人気だったスケートのソーニャ・ヘニーに対抗して、水泳選手のミュージカル・スターとして売り出し、健康美で観客を魅了した。「アメリカの人魚」、または「水着の女王」と呼ばれる水泳専門の女優だが、美人なので水泳場面のない映画にも出演した。

特に歌や踊りができるわけではなく、歌も吹替なので、ミュージカル女優といえるか難しいが、立派な楽団の伴奏音楽に乗せて泳げば、水泳も踊りの一種と見なせる。相手役の男性は、レッド・スケルトン、ヴァン・ジョンソン、リカルド・モンタルバン、ハワード・キールといろいろと代わるが、脇役にはジミー・デュランテ、ザヴィア・クガート楽団などが多く出演している。

1921年生まれで、ロス・アンジェルス・オリンピック(1932)を見て、水泳選手になる決心を固める。練習を重ねて全米の競泳大会で優勝するが、第二次世界大戦のために、予定されていたオリンピックが、東京大会(1940)とロンドン大会(1944)の両方とも中止となったため、MGMの誘いで映画界入りをした。

1936年に、フォックス社がオリンピックのフィギュア・スケートで優勝したソーニャ・ヘニーを起用して人気を集めていたので、MGMは水泳選手での対抗を考えたのだろう。エスターの映画では水中レヴュー場面が欠かせないので、MGM社は水中撮影用に壁面をガラス張りにした、エスター専用の特設プールまで作って厚遇したので、1955年まで出演し続けた。

デビュー作は、ミッキー・ルーニー主演の「アンディ・ハーディの二重生活」Andy Hardy's Double Life (1942)*の相手役。本格的な主演作品は、「世紀の女王」Bathing Beauty (1944)で、ブロードウェイの作曲家レッド・スケルトンが女子大の水泳教師エスターに惚れる話。スケルトンが主役だが、エスターのほうが魅力的に仕上がった。特にフィナーレはバスビー・バークレイの演出なので、豪華絢爛だ。主演2作目の「恋のスリル」Thrill of a Romance (1945)*はヴァン・ジョンソンが相手役で、山のリゾート地のプールで泳ぐ設定なので、大規模なレヴュー場面はなかった。

「ジーグフェルド・フォリーズ」Ziegfeld Follies (1945)はオムニバス作品で、エスターも水泳で1景を受け持っている。続く「結婚は簡単」Easy to Wed (1946)*もヴァン・ジョンソンと組んだ作品で、コメディとしては面白いが水泳場面は減っている。「雲の流れ去るまで」Till the Clouds Roll By (1946)*では、ゲストで顔を見せるだけ。「闘牛の女王」Fiesta (1947)は、リカルド・モンタルバンを相手役としたメキシコの闘牛物で、ここでも泳ぎが少ないのでエスターの魅力は出にくいものの、ビリングはモンタルバンを抜いてトップとなった。

ジョー・パスタナクが制作した「今度は本気で」This Time for Keeps (1947)*では、オペラ歌手が登場して音楽面でも充実して、水着姿をたっぷりと見せるような作りに変わり、水中ショーの花形を演じた。「島であなたと共に」On an Island with You (1948)*もパスタナクの制作で、ハワイを舞台にした南海物。エスターの泳ぐ場面、リカルド・モンタルバンと踊る場面などもあり、ほかの配役も豪華なのでこの時期の代表作となった。

「私を野球につれてって」Take Me Out to the Ball Game (1949)*は、ジーン・ケリーとフランク・シナトラ主演の野球をテーマとした作品だが、相手役として出演したエスターは、ホテルのプールで泳ぐ場面を無理やり入れている。「水着の女王」Neptune's Daughter (1949)も、エスターの代表作といえる作品。リカルド・モンタルバン、レッド・スケルトン共演で、水着場面がたっぷりと用意されている。

「アイダホの公爵夫人」Duchess of Idaho (1950)*はヴァン・ジョンソンとの共演。続いての2本は、これまでと変わりハワード・キールとの共演となっている。「パガン島の恋歌」Pagan Love Song (1950)*は、タヒチをイメージした南洋の島を舞台としたラブ・ストーリー。「テキサスのカーニバル」Texas Carnival (1951)*では、舞台はテキサスの牧場に変わり、ハワード・キールのムードに合わせている。「おーい、スカートさん」Skirts Ahoy! (1952)*は、海軍婦人予備隊の話。

「百万弗の人魚」Million Dollar Mermaid (1952)は、水泳選手から水泳ショーのスターになるという、エスター自身がモデルのような話だが、水泳ショーの場面がバスビー・バークレイの演出なので、見応えのある作品となった。「濡れると危険」Dangerous When Wet (1953)*では、アニメ・キャラクターのトムとジェリーとも一緒に泳ぐ。「恋は簡単」Easy to Love (1953)*もヴァン・ジョンソンを相手役として、バークレイ演出の水上ショーを見せるが、水上スキーをヘリコプターで撮影するような、大規模で大味な作品となっている。

最後の作品となった「ユピテルのお気に入り」Jupiter's Darling (1955)*は、ハワード・キールを相手役とした、古代ローマとカルタゴとの戦争を描く異色の作品。敵の将軍ハンニバルをエスターが誘惑する。

世紀の女王 Bathing Beauty (1944)は、もともとレッド・スケルトンのコメディとして企画された作品なので、スケルトンが女子大の中に一人入り、バレエ・レッスンなどを受けるというおかしさが売り物。エスター・ウィリアムスの役は途中から膨らみ、映画の題名もエスター主演のような題名に変わった。

ブロードウェイの作曲家レッド・スケルトンは、大学の水泳講師エスターと結婚しようとしていたが、結婚に反対する制作者の謀略により、子持ちの既婚者だと誤解されて、婚約破棄されてしまう。諦められないスケルトンは、エスターを追って田舎の大学へ行くが、そこは女子校だった。校則で男性を禁ずる規定がないのを良いことに、スケルトンは無理やりその大学に入学してしまう。女子ばかりのところに男がいるのは風紀上まずいので、エスターが彼を誘惑して門限を破らせ、退学処分にしようということになる。ところが、エスターは彼を誘惑しているうちに、実はスケルトンは結婚していないことを知り、以前の愛が戻り大学を辞めて結婚することにする。そして、スケルトンが書いた曲で、エスターは水泳ショーのスターとなる。

音楽面はザヴィア・クガート楽団や、ハリー・ジェイムス楽団が受け持っている。ほかにも助っ人が多く出演しているので、次から次へと音楽場面が展開される。そうした点で、エスターの出演映画の中では、一番面白い。

エスターが泳ぐのは最初と最後で、フィナ

ーレはバスビー・バークレイが豪華に演出している。振付とミュージカル場面の演出はロバート・オルトン、ジャック・ドナヒュー、ジョン・マレイ・アンダソンと豪華メンバーを並べている。ジャック・カミングス制作の、ジョージ・シドニー監督、カラーMGM作品。

恋のスリル Thrill of a Romance (1945)*でのエスター・ウィリアムスは、水泳のインストラクター。エスターは金持ちのビジネスマンと結婚して、新婚旅行でシエラ・ネヴァダ山脈のリゾート・ホテルへやって来る。ところが夫はワシントンからの緊急の仕事で呼び出され、エスターはホテルに一人残される。一人でいる間に、エスターは休暇旅行中の陸軍の英雄ヴァン・ジョンソンと出会い、一気に恋におちてしまう。二人は散歩に行った森で迷子となり、翌朝ホテルに戻ると夫が帰っていて、エスターの結婚は破綻。ヴァン・ジョンソンは傷心のエスターを故郷まで迎えに行き、セレナーデをオペラ歌手のローリツ・メルキオールに歌ってもらい、彼女の心を得る。

　この作品では、エスターはヴァン・ジョンソンの相手役だが、二人とも歌えないので、音楽はトミー・ドーシー楽団とメルキオールが専ら対応している。メルキオールはメトロポリタン歌劇場から引退して映画出演するようになったのだが、素晴らしい歌声を聞かせる。水泳を見せるのに、わざわざ山のリゾート・ホテルに背景を設定して変化をつけている。ジョー・パスタナク制作で、監督はリチャード・ソープのMGMカラー作品。

結婚は簡単 Easy to Wed (1946)*は、ヴァン・ジョンソンと共演した作品。大富豪セシル・ケラウェイは、娘エスター・ウィリアムスが離婚してその原因が彼女にあるとする記事を読んで激怒、記事を載せた「モーニング・スター」紙を名誉毀損で訴える。編集長キーナン・ウィンは、歌手ルシル・ボールとその日に結婚する予定だったが、結婚などそっちのけで問題の解決にあたる。キーナンは、早速二枚目の元新聞記者ヴァン・ジョンソンを探し出す。彼の作戦は手の込んだもので、既婚の男にエスターを口説かせて、いちゃつくところを写真に撮り、脅しをかけて訴訟を取り下げさせようというもの。その使命を帯びて記者ヴァン・ジョンソンは、キーナンのフィアンセのルシル・ボールと形だけの結婚をして、エスターのいるメキシコのリゾート地へと向かう。メキシコでのジョンソンは、エスターに近づくものの、なかなか狙いどおりの写真を撮れない。それどころか、途中から本当にエスターに惚れ込んで、逆に彼女を守ろうとする。そこで、キーナンはルシルとメキシコに乗り込み、ジョンソンの妻だと言わせるが、エスターはまったく信用せずにジョンソンと結婚してしまう。二重結婚だとキーナンは騒ぎ立てるが、ルシルの前の夫との離婚が手続不備だと判明し、ジョンソンとの形式的な結婚も無効だったということになり、大混乱のうちにハッピー・エンドを迎える。スペンサー・トレイシー、ウィリアム・パウエル、ジーン・ハーロウ、マーナ・ロイなどが出た「結婚クーデター」Libeled Lady (1936) のリメイク。

闘牛の女王 Fiesta (1947) では、エスターが初めてトップ・ビリングとなり、共演にはアメリカ映画初出演のリカルド・モンタルバンが配された。メキシコの高名な闘牛士に、性格が正反対の双子の子供がいた。男の子リカルド・モンタルバンは、闘牛よりも音楽の道を好み、娘エスター・ウィリアムスは逆に闘牛好きだった。音楽の道に進みたいリカルドは、メキシコ一番の音楽家に才能を認められるが、父が音楽を許さないため、家を出て行方不明となってしまう。彼を呼び戻して音楽を学ばせたいエスターは、その名を騙って闘牛をして新聞に名前が載ればリカルドが現れるだろうと、リカルドの扮装で闘牛を行う。猛牛をうまくさばくが、リカルドの姿が見えた一瞬に集中が途切れ、後ろから牛に襲われる。リカルドはこれを見て危機一髪のところを救う。この様子を聞いた父親も、リカルドが音楽の道へ進むことを許し、エスターも晴れて恋人と結婚式を挙げる。

　エスターは陸に上がっての演技なので、凛々しい闘牛士の姿をふんだんに見せるが、得意の水泳は湖で泳ぐ場面のみ。音楽場面では、メキシコ音楽に乗せたリカルド・モンタルバンとシド・チャリシーのフラメンコが良い。映画としては悪くないが、ミュージカル場面が少なく物足りない。ジャック・カミン

グス制作で、監督はリチャード・ソープのカラーMGM作品。

今度は本気で This Time for Keeps (1947)*は、ジョー・パスタナクが制作した本格的なミュージカル。オペラ歌手ローリツ・メルキオールの息子ジョニー・ジョンストンが兵役から戻り、水中ショーの花形エスター・ウィリアムスに恋をする。エスターの周りには、ピアニストのジミー・デュランテや口うるさい祖母などがいて、なかなか近づけないが、そうした障害を乗り越えて彼女の心をつかむ。

ジョニー・ジョンストンが甘い声を聞かせるほかにも、ジミー・デュランテが彼のヒット曲を披露、ザヴィア・クガート楽団の演奏、オペラ歌手メルキオールが歌う「リゴレット」など盛り沢山。リチャード・ソープ監督のカラーMGM作品。

島であなたと共に On an Island with You (1948)*も、ジョー・パスタナク制作、リチャード・ソープ監督作品で、相手役のピーター・ローフォードに加えて、リカルド・モンタルバンや、ジミー・デュランテ、シド・チャリシー、ザヴィア・クガート楽団など、これまでの総決算といえる配役。

エスター・ウィリアムスはハリウッドのスターで、新作の撮影のためハワイへ来ている。相手役は海軍士官役のリカルド・モンタルバンで、二人は映画の撮影が終わったら結婚しようと約束している。海軍士官役の技術指導のために、若い海軍中尉ピーター・ローフォードがやって来て、エスターと一緒に仕事をするうちに恋をして、踊りを申し込むが断られてしまう。一計を案じたピーターは、撮影中に二人で飛行機に乗ったのを良いことに、邪魔が入らないように彼女を無人島に連れ出して踊る。ところが飛行機が故障する騒ぎとなり、ピーターは海軍に戻されてしまう。離れてみて、お互いの気持ちがわかった二人は、最後には恋を成就させる。

楽曲はネイシオ・ハーブ・ブラウンが中心。映画の撮影だということにして、多くの水泳場面や群舞が入るので、まことに楽しい。特にシド・チャリシーがリカルド・モンタルバンと踊るダンス場面は出色の出来栄え。興行的にも成功した、カラーMGM作品。

水着の女王 Neptune's Daughter (1949)はレッド・スケルトンとの共演だが、ビリングではエスターのほうが上となっている。音楽面ではフランク・レッサーが曲を書いていて、『外は寒いよ』Baby, It's Cold Outsideでアカデミー主題歌賞を得た。この作品でも歌はレッド・スケルトンやベティ・ギャレットが中心だが、エスターもリカルド・モンタルバンと一緒に歌っている。ザヴィア・クガート楽団もいつもどおりに出演。

エスター・ウィリアムスは水着会社の女性社長で、近く予定されている北米対南米のポロ競技の後に、新作の水着発表会を開いて宣伝しようと考える。姉のベティ・ギャレットは南米チームを見に行って、たまたまそこにいたマッサージ師レッド・スケルトンを主将と取り違えて恋してしまう。姉の様子を心配したエスターは、本物の主将リカルド・モンタルバンと会って、姉にかまわないように申し入れるのだが、こちらも恋仲となってしまう。ギャングが試合に大金を賭けるので、番狂わせを狙ってリカルドを誘拐したり、主将を取り違えたりして試合は混乱するが、水着のファッション・ショーは成功する。

ジャック・ドナヒューの振付で、最後の水着ショーの場面は豪華な仕上がりとなっている。ジャック・カミングス制作、エドワード・バゼル監督のMGMのカラー作品。

アイダホの公爵夫人 Duchess of Idaho (1950)*は、ジョー・パスタナク制作のMGM作品。実業家ジョン・ルンドの秘書をやっているポーラ・レイモンドは、内気で愛情をうまく伝えられない。水中レヴューのスターで、ポーラの親友エスター・ウィリアムスは、彼女を助けるために、ジョンを出張先まで追いかけ、何とかポーラへ求婚させようと試みる。一方、エスターは楽団リーダーのヴァン・ジョンソンに恋してしまうが、ヴァンは、エスターがジョンに夢中なのだと誤解してしまう。混乱はあるが、最後には2組の恋がうまくまとまる。

歌は大半をヴァン・ジョンソンとコニー・ヘインズが受け持っている。それだけでは音楽的に弱いので、レナ・ホーン、メル・トーメ、エレノア・パウエルなど豪華なゲスト出演者もいる。レナ・ホーンは1曲歌い、エレ

ノア・パウエルも1曲踊るが、メル・トーメは歌っていない。メル・トーメは歌も撮影したが、編集でカットされたという。エレノア・パウエルはしばらく映画から遠ざかっていて久々に踊ったが、この映画が最後の出演となった。ロバート・Z・レナード監督のカラー作品。

パガン島の恋歌 Pagan Love Song (1950)*は、ハワード・キールが相手役。ウィリアム・S・ストーンの小説「タヒチ島上陸」Tahiti Landfall (1946) の映画化。アメリカ人の娘エスター・ウィリアムスが、パガン島滞在中に、ココナッツ農園を継いで管理のためにやって来たハワード・キールと出会い、恋におちる。

ハリー・ウォーレンの楽曲をハワード・キールが歌い、エスター・ウィリアムスが泳ぐ。エスターは2曲歌っているが吹替。後半にハリウッド風にアレンジしたタヒチアン・ダンスの群舞が入っていて、なかなか見応えがある。最後にはエスターと一緒にハワード・キールも泳いでいる。アーサー・フリード制作、ロバート・オルトン監督のカラーMGM作品。

テキサスのカーニバル Texas Carnival (1951)*は、ジャック・カミングス制作のミュージカル作品で、ハワード・キールが相手役。エスター・ウィリアムスとレッド・スケルトンはコンビを組んでカーニバルに出演する芸人だ。二人は、偶然に知り合ったテキサスの大金持ちから牧場に招待されて、訪ねてみると牧場主と間違われる。その間に牧場を管理しているハワード・キールとエスターは恋仲となる。ハリー・ウォーレンが曲を書いて、監督はチャールズ・ウォルターズのカラー作品。

おーい、スカートさん Skirts Ahoy! (1952)*は、WAVEと呼ばれる海軍婦人予備隊の話。エスター・ウィリアムスは結婚式で男を置き去りにして、ジョーン・エヴァンスは婚約者に捨てられて、ヴィヴィアン・ブレインは結婚相手を探すために入隊する。この3人が婦人予備隊で、恋の騒動を巻き起こす。

楽曲はハリー・ウォーレンで、主演のメンバーだけでは弱いので、デビー・レイノルズとボビー・ヴァン、デマルコ姉妹らが加わって音楽面を補強している。ジョー・パスタナク制作、シドニー・ランフィールド監督の、カラーMGM作品。第二次世界大戦中は、「海軍婦人予備隊がやって来る」Here Comes the Waves (1944)*のような、この種の戦意高揚映画が多く作られたが、1950年代に入り朝鮮戦争が始まったので、また同じような作品が作られた。

百万弗の人魚 Million Dollar Mermaid (1952) は、オーストラリアの水泳選手から水中ショーのスターとなったアネット・ケラーマンの伝記作品で、マーヴィン・ルロイ監督のカラー作品。オーストラリアに生まれ、病弱なために水泳を始めたエスター・ウィリアムスが水泳の競技大会で優勝、父の生活を助けるために、ショーとして水泳を見せて成功し、ニュー・ヨークのヒッポドローム劇場に出演するまでを描く。

ヒッポドローム劇場での舞台を再現したバスビー・バークレイ演出の豪華なレヴュー場面が評判となった。水上だけでなく水中でもバレエが展開されて、空中の彩色スモークからブランコで現れてプールに飛び込んだりする。バークレイは「フットライト・パレード」Footlight Parade (1933) でも水中・水上のレヴュー場面を撮っているが、この作品では見事なテクニカラーでレヴュー場面を構築した。作品のモデルとなったアネット・ケラーマンは、主に1910年代の無声映画に出演してその姿を残している。

濡れると危険 Dangerous When Wet (1953)*あたりになると、さすがに水着で泳ぐ映画も種切れかと感じさせる話の展開になる。健康には自信を持っている運動一家の娘エスター・ウィリアムスは、優秀な牛を飼うための資金を得ようと、英仏海峡を泳いで渡ろうと考える。練習中に霧で迷ったところを、ヨットで遊んでいたフランスの富豪フェルナンド・ラマスに助けられて、二人は恋におちる。そして、ラマスの励ましもあり、無事に英仏海峡を横断して結婚する。

エスターが夢の中で、アニメの中に入り込みトムとジェリーなどと一緒に泳ぐ場面があり楽しめる。エスターの髪型がいつもと少し違うためか、別の魅力を感じさせる作品。楽曲はアーサー・シュワルツ。音楽面での補強のために、1940年代のフォックス映画で脇

役を務めていた、長身で脚を横に高く上げて踊るのが得意なシャーロット・グリーンウッドが出ている。監督はチャールズ・ウォルターズで、MGMのカラー作品。

恋は簡単 Easy to Love (1953)*でのエスターは、フロリダのリゾート地の観光客向け水上ショーのスターで、水上スキーを見せたり、水上サーカスの道化をしたりと忙しい。同じショーの出演者には、彼女に惚れているテキサス出身の男ジョン・ブロムフィールドもいるのだが、エスターは密かにショーの経営者ヴァン・ジョンソンを好いている。エスターは雑誌の写真撮影とフロリダの宣伝のためにニュー・ヨークへ行くが、写真撮影で一緒になった歌手トニー・マーティンに口説かれるとその気になってしまう。ジョンソンのほうはエスターなどまったく眼中になかったのに、恋敵が現れると急に優しくなるので、3人の男たちがエスターをめぐって争うことになる。トニーはフロリダまでエスターを追っていき、新婚旅行でパリへ行こうと口説くが、エスターは結局ジョンソンを選ぶ。

ヴァン・ジョンソンとは「結婚は簡単」(1946)で共演しているので、今回も似たような題名を付けている。バスビー・バークレイがミュージカル場面を担当したので、大規模なスペクタクルを展開している。「泳ぎ」にとらわれずに、50人規模の水上スキーやハング・グライダーを登場させてヘリコプターで撮影するという手法は、新しい展開ではあったがいささか大味。

そのほかトニー・マーティンの歌をたっぷりと聞かせる場面もあり楽しめる。ミュージカルの女優ではないがキャロル・ベイカーのデビュー作品で、水着姿を見せている。ジョー・パスタナク制作、チャールズ・ウォルターズ監督のカラー、MGM作品。この映画の撮影中にエスターが妊娠してしまったので、彼女の水着レヴューはしばらくお休みとなる。

ユピテルのお気に入り Jupiter's Darling (1955)*は、ジョージ・シドニー監督のエスター・ウィリアムス主演作品で、共演のハワード・キールは「パガン島の恋歌」(1950)*に続いての相手役。多くの名作舞台劇を書いている劇作家ロバート・E・シャーウッドの処女作「ローマへの道」The Road to Rome (1927)のミュージカル映画化。無声時代にもアレクサンダー・コルダー監督が「トロイ情史」The Private Life of Helen of Troy (1928)として映画化（これはふたつの芝居を合わせた脚色）しているので、2度目の映画化。

ポエニ戦争の話で、ハワード・キールが演じるカルタゴの将軍ハンニバルは、ローマを攻めた時に、それを阻止しようとするローマの美女エスター・ウィリアムスと激しい恋をする。アルプス越えをする象の世話係ガワー・チャンピオンと奴隷の娘マージ・チャンピオンとの恋物語も絡む。

ミュージカルとしては珍しいローマ時代劇で、音楽はバートン・レインが担当。振付はハーミズ・パン、監督はジョージ・シドニーと一流のスタッフだが、MGMのミュージカル映画史上で最も馬鹿げた作品と評価され、エスター・ウィリアムス最後のMGM作品となった。カラー、シネスコ版。

★

ジューン・アリソン June Allyson
(1917.10.7–2006.7.8)

1917年生まれのジューン・アリソンも、ミュージカルの作品数は多くないものの、忘れられない女優だ。彼女は1937年から40年頃までハリウッドで音楽物の短編などに出演していたが、ブロードウェイに出て舞台版の「パナマのハッティ」Panama Hattie (1940)でベティ・ハットンの代役となった。その時に彼女を見た演出家のジョージ・アボットが気に入り、次に彼が作った舞台版「綺麗な脚を前に」Best Foot Forward (1941)で彼女を抜擢した。ちなみにその時の振付はジーン・ケリーだった。この作品が映画化(1943)された時に、彼女も一緒にハリウッドへ戻り映画に出演することになる。その後は、「万人の歓呼」Thousands Cheer (1943)*と、「女の子に夢中」Girl Crazy (1943)*で、ゲスト歌手として出演した。

主演するようになったのは「姉妹と水兵」Two Girls and a Sailor (1944)からで、この作品はいかにも兵士向けの慰問用映画。ジューン・アリソンとグロリア・デ・ヘヴンの姉妹歌手がナイト・クラブで歌っていて、親切にした水兵が実は億万長者だったという話で、

第3章　1940年代：戦争の時代

豪華な楽団が沢山出てきて楽しい作品。その後はまた、ルシル・ボールの「庶民と接する」Meet the People (1944)*や、マーガレット・オブライエンとホセ・イタービの「百万人の音楽」Music for Millions (1944)に助演する。続いて「嘘つきお嬢さん」Two Sisters from Boston (1946) では、オペラ歌手を目指すキャスリン・グレイスンを助ける姉の役で出演した。

「雲の流れ去るまで」Till the Clouds Roll By (1946)*ではゲスト出演して何曲か歌い、その後いよいよ彼女の代表作「グッド・ニュース」Good News (1947)*に出演する。これはピーター・ローフォードを相手役とした、1920年代の学園物。「詞と曲」Words and Music (1948)*でもゲスト出演して楽しませてくれたが、1950年代に入ってからは、「グレン・ミラー物語」The Glenn Miller Story (1954) で主人公の妻役を演じた程度で、あまり目立った活動はなかった。

ラナ・ターナー　Lana Turner
(1921.2.8〜1995.6.29)

ラナ・ターナーは1921年生まれで、普通の女優だがミュージカルにも出演した。金髪美人タイプで、MGMというよりもフォックス・ミュージカル路線に合いそうだが、歌が苦手だったので、ほとんどの作品は吹替だった。そのためか、ミュージカルよりも普通の劇映画への出演が多い。映画デビューは1937年だが、ミュージカルへの出演は、「初恋合戦」Love Finds Andy Hardy (1938) でのジュディ・ガーランドの敵役が最初。

「踊る女子大生」Dancing Co-Ed (1939)*は、パートナーを探すダンサーが、大学のコンテストでラナ・ターナーを見出す話。「ブロードウェイの二人の娘」Two Girls on Broadway (1940)*は、「ブロードウェイ・メロディー」The Broadway Melody (1929) のリメイク作品で、ラナ・ターナーとジョーン・ブロンデルが共演した。「美人劇場」Ziegfeld Girl (1941)はジュディ・ガーランド主演の映画で、ジュディとラナそしてヘディ・ラマーがジーグフェルド・ガールズを演じた。

その後はミュージカルから遠ざかったが、1950年代に入り「皇帝さま」Mr. Imperium (1951)*で、イタリア貴族エッツィオ・ピンザと恋におちるナイト・クラブ歌手を演じている。「メリイ・ウィドウ」The Merry Widow (1952)はレハールの有名なオペレッタで、富豪の未亡人ラナはフェルナンド・ラマスから口説かれる役。最後のミュージカルは「南米の恋人」Latin Lovers (1953)*で、金持ちの未亡人がブラジルで大金持ちのリカルド・モンタルバンに出会う話。

ルシル・ボール　Lucille Ball
(1911.8.6〜1989.4.26)

ルシル・ボールのテレビ番組は、日本でも長らく放映されていたので、コメディエンヌとして名が通っているが、テレビで活動を始める前には映画界でも長く活躍していた。どちらかというと美人女優で、ミュージカルにも多く出演している。1911年生まれで、トーキー初期からRKO映画などのコーラス・ガールとして出演していたが、初代ゴールドウィン・ガールズとしてベティ・グレイブルなどと一緒にレヴュー映画に出演した。

特に有名なのはエディ・カンターの「羅馬太平記」Roman Scandals (1933) の奴隷市場の場面で、バスビー・バークレイの豪華なセットの中で、全裸の美女たちが鎖に繋がれている場面でのルシル・ボールの美しさは際立っていた。ヘイズ・コード以前の作品なので、こういう場面も許されたという代表的な事例だ。

1930年代はRKOに属していて、アステアとロジャース映画の端役などで出ていたが、大きな役は付かなかった。比較的大きな役を演じたのはリリー・ポンスの映画で、「恋の歌」I Dream Too Much (1935) と「世界の歌姫」That Girl from Paris (1936) では脇役を務めている。特に「世界の歌姫」ではジャック・オーキーと一緒に2曲を歌った。

主演級となったのは1940年代に入ってからで、RKO時代の終わり頃の舞台裏物の「踊れ、娘たち」Dance, Girl, Dance (1940)*や、ロジャースとハートの学園物「女の子が多すぎる」Too Many Girls (1940)*、「七日間の休暇」Seven Days' Leave (1942)*などがある。

ルシルがもっと大きな役をつかむのは、MGM に移ってからの数年。「デュバリイは貴婦人」Du Barry Was a Lady (1943) は、レッド・スケルトン、ジーン・ケリーとともに出演した舞台作品の映画版で、ルシルの魅力がよく出たカラー作品。士官学校の卒業ダンス・パーティを題材にした「綺麗な脚を前に」Best Foot Forward (1943)*、ゲスト出演だけの「万人の歓呼」Thousands Cheer (1943)*、ディック・パウエルと共演の「庶民と接する」Meet the People (1944)* などにも出演している。

オムニバス作品の「ジーグフェルド・フォリーズ」Ziegfeld Follies (1945) でも、ルシル・ボールは幕開きの『女の子がやって来る』Here's to the Girls の景に登場している。エスター・ウィリアムスの水泳映画「結婚は簡単」Easy to Wed (1946)* でも助演して歌っている。その後はパラマウントでボブ・ホープの相手役として「腰抜け顔役」Sorrowful Jones (1949) と「腰抜け千両役者」Fancy Pants (1950) に出演した。

1950 年代に入りテレビ放送が本格的に始まると、黎明期のテレビ界に身を投じて人気を博した。1950 年代には「アイ・ラヴ・ルーシー」、1960 年代には「ルーシー・ショー」、1970 年代には「ヒアーズ・ルーシー」、1980 年代には「ライフ・ウィズ・ルーシー」と主演のテレビ番組を持ち、実に 40 年間にわたり人気を保った。この時代の映画出演は少ないが、ブロードウェイ作品の映画化「メイム」Mame (1974) で久々に主演している。

踊れ、娘たち Dance, Girl, Dance (1940)* は、モーリン・オハラの主演作品だが、ルシル・ボールも主演級として紹介されている。ドロシー・アルツナー監督のRKO作品で、モーリン・オハラはバレリーナを夢見る娘、ルシル・ボールはバーレスク上がりのダンサーだが、二人が同じ男を好きになってしまう。歌と踊りはルシル・ボール中心の作品となっていてそれなりに楽しめる。

女の子が多すぎる Too Many Girls (1940)* は、リチャード・ロジャースとローレンツ・ハートの有名な舞台作品 (1939) のRKOによる映画化。この時代の舞台作品の映画化は、内容を大きく変えてしまうことが多いのだが、この作品は比較的舞台に忠実な映画化。金持ちの娘ルシルが大学へ行くことになり、心配した親がフットボール選手4人をボディ・ガードとして雇う。この4人が大学のフットボール・チームに入るので、チームは俄然強くなる。ところがルシルが突然に東部に戻ることになり、ボディ・ガードも試合に出られなくなって大騒ぎとなるが、ルシルが思い直すので4人は試合に出て活躍する。

ルシルと一緒に組むことの多かったデジー・アルナスが恋人役で出ている。監督は舞台版も演出したジョージ・アボットで、舞台からダンサーを連れてきたほか、アン・ミラーなどのダンサーも加わり見事な踊りを見せる。特に最後の、コンガの踊りは迫力がある。

七日間の休暇 Seven Days' Leave (1942)* は、第二次世界大戦を背景にして作られた作品で、ヴィクター・マチュアと共演している。若い兵士マチュアが遺産を引き継いだのは良いが、相続の条件にルシルとの結婚があり大騒ぎする喜劇。

ジミー・マクヒューの曲で、ビッグ・バンドも出演して慰問映画調の作りだが、マチュアが珍しく2曲も歌っている。ティム・ホウィーラン監督のRKO作品。なお、ゲイリー・クーパー主演のパラマウント作品「七日間の休暇」Seven Days' Leave (1930) も題名が同じだが、これは第一次世界大戦を背景とした異なる話。

綺麗な脚を前に Best Foot Forward (1943)* は、同名舞台作品 (1941) の映画化。舞台では高校の卒業ダンス・パーティに有名スターを呼ぶ話だったが、戦争中なので映画版では陸軍士官学校の卒業ダンス・パーティに置き換えられている。

卒業をひかえた士官候補生トミー・ディックスは、卒業ダンス・パーティの相手に映画スターのルシル・ボール (映画の中の役名も同じ) を呼びたいと、ファン・レターを書く。実は本人も返事を期待していなかったのだが、話題となる宣伝材料を探していたマネジャーのウィリアム・ガクストンがルシルを説得し、ダンス・パーティへ出席させることにする。驚き喜んだトミーは、恋人のヴァージニア・ワイドラーを誘わずに、ルシルとパーティに出席する。そこへ怒ったヴァージニアが乗り

第3章　1940年代：戦争の時代

込んできて、ルシルのドレスを記念に頂戴と言って引きちぎるので、ほかの大勢も加わりドレスは全部引きちぎられてしまう。大混乱のうちにパーティは終わり、退学になりそうだったトミーも無事卒業する。

比較的舞台版に忠実な映画化で、ジミー・マクヒューの曲を使っている。舞台版で活躍したナンシー・ウォーカーやジューン・アリソンがそのまま映画にも出演していて、ルシルの主演作品ながら、実際にはハリー・ジェイムス楽団とナンシー・ウォーカーの活躍で、ほとんどナンシーの主演映画に近い。

舞台版の振付はジーン・ケリーで、舞台のダンサーの一人として、後に映画監督となるスタンリー・ドーネンも踊っていた。ドーネンは映画版でもダンサーとして参加しており、映画版の振付を担当したチャールズ・ウォルターズとジャック・ドナヒューの、アシスタントも務めている。この作品はドーネンのハリウッド・デビュー作ともなった。舞台版の演出はジョージ・アボットだったが、映画版の監督はエドワード・バゼルに代わっている。アーサー・フリード制作のMGMカラー作品。

庶民と接する　Meet the People (1944)*は、舞台の同名ショー (1940) の映画版。造船所で働くディック・パウエルは、愛国的な芝居を書き、上演を狙っていたが、戦争債券売り出しの宣伝のために、女優ルシル・ボールが造船所を訪れた機会を狙い台本を売り込む。ルシルは上演に乗り気だが、ブロードウェイ流のエンターテインメントを入れようとするルシルは、造船所メンバーにより真面目に上演したいディックと対立し、そうした中で二人は惹かれ合うようになる。

主演の二人のほかに、バート・ラー、ヴァージニア・オブライエン、ジューン・アリソン、スパイク・ジョーンズなど、賑やかなメンバーを集めたが、単なる戦意高揚映画で終わってしまった。チャールズ・ライズナー監督で、MGMの白黒作品。

★

グロリア・デ・ヘヴン　Gloria DeHaven
(1925.7.23–)

グロリア・デ・ヘヴンは、1925年にコメディアンの娘として生まれ、若い時には楽団歌手をしていたが、MGMの専属となり1940年代のミュージカルで歌を担当した。1950年代には他社の作品や、ミュージカル以外の作品にも出演している。

ミュージカル映画デビューとなった「綺麗な脚を前に」Best Foot Forward (1943)*は、ルシル・ボールの主演作品で、グロリアはまだ脇役。ジューン・アリソンやナンシー・ウォーカーと一緒に歌っている。次の「万人の歓呼」Thousands Cheer (1943)*ではゲスト出演だが、ジューン・アリソン、ヴァージニア・オブライエンと一緒に歌っている。

次の「ブロードウェイ・リズム」Broadway Rhythm (1944)*は、ジョージ・マーフィがブロードウェイの制作者を演じる舞台裏物で、相手役はジニー・シムズ。物語よりも、豪華なゲスト・スターを見せるのが主眼で、グロリアが2曲歌うほか、レナ・ホーン、ナンシー・ウォーカー、ベン・ブルー、トミー・ドーシー楽団も出演している。

「姉妹と水兵」Two Girls and a Sailor (1944)は、題名にあるとおりジューン・アリソンとグロリアが姉妹で、水兵で実は金持ちのヴァン・ジョンソンが相手役。「芸人ホテル」Step Lively (1944)はRKOで作られたフランク・シナトラの主演作品で、グロリアは脇役ではあるもののシナトラと一緒に歌っている。

「二人の女の間で」Between Two Women (1945)*は、ヴァン・ジョンソン主演のドラマで、ミュージカルではないもののナイト・クラブの歌手役として2曲を歌った。「サマー・ホリデイ」Summer Holiday (1948)は、ミッキー・ルーニー主演でグロリアは相手役。これはユージン・オニールの戯曲「ああ、荒野！」Ah, Wilderness! (1933) のミュージカル版で、ミッキーとデュエットしている。

ユニヴァーサルで出た「はい、僕の女房です」Yes Sir, That's My Baby (1949)*では、ドナルド・オコナーの相手役を務めている。アステア主演の「土曜は貴方に」Three Little Words (1950)では、ヴェラ＝エレンが踊り担当なので、グロリアが歌っている。「夏期公演」Summer Stock (1950)*はジュディ・ガーランドとジーン・ケリーの共演作品で、グロリアはジュディの姉役で歌っている。グ

ロリアはこの作品の後にMGMを離れて、他社の作品に出演するようになる。

「何とかしよう」I'll Get By (1950)*は、フォックスで作られたジューン・ヘイヴァーの主演作品で、グロリアはジューンと姉妹役を演じている。「ブロードウェイへの二枚の切符」Two Tickets to Broadway (1951)*は、RKOで作られたジャネット・リーとトニー・マーティン主演作品で、踊りのアン・ミラーに対して、グロリアも歌で出演している。

「椰子のさえぎる中で」Down Among the Sheltering Palms (1953)*は、フォックスがミッツィ・ゲイナーを売り出すために作った作品で、これにも脇役として出演しているが、グロリアの歌はほとんどカットされてしまった。

「だからこれがパリ」So This Is Paris (1955)は、ユニヴァーサルが作ったトニー・カーティス主演のミュージカルで、グロリアは相手役、共演はジーン・ネルソン。3人の水兵が上陸休暇で3人の娘に恋をするという「踊る大紐育」On the Town (1949)のパリ版。ミュージカル最後の作品は「娘の猛進」The Girl Rush (1955)*で、ロザリンド・ラッセルとフェルナンド・ラマスの主演。ラス・ヴェガスのホテルの半分を、遺産としてロザリンド・ラッセルが引き継ぐ話で、グロリアは助演。

その他のMGM作品

ジーグフェルド・フォリーズ Ziegfeld Follies (1945)はカラーの大作で、ブロードウェイで「ジーグフェルド・フォリーズ」を制作していたフロレンツ・ジーグフェルドが、もし今も生きていたらこんな作品を作っただろうという設定。最初に天国で暮らすジーグフェルドが登場するが、天国での扱いは、劇作家シェイクスピア、サーカス興行師P・T・バーナムの後継者となっている。

映画の構成は、昔からの友人であるフレッド・アステアが案内役を務め、ファニー・ブライスなどの舞台で常連だった昔からの大スターと、1945年当時の新しいスターとの競演となっている。各スターがそれぞれの景を受け持ち、全14景で、音楽入りが10景、寸劇が4景という構成。

音楽場面に登場するのはルシル・ボール、シド・チャリシー、ジュディ・ガーランド、エスター・ウィリアムズ、レナ・ホーンなど。アステアはルシル・ブレマーと組んで2曲を踊り、ジーン・ケリーと二人で1曲を踊る。ジーン・ケリーとアステアが一緒に踊っているのは、前にも後にもこの1曲だけなので歴史的な場面。

制作はMGMの傑作ミュージカルを量産したアーサー・フリード、監督は景ごとに異なるが、アステアの景を含めて最も多くを担当したのがヴィンセント・ミネリで、美術畑出身だけあって素晴らしいセットを見せている。

1 アステアの歌、シド・チャリシーやルシル・ボールの踊り 『女の子がやって来る』Here's to the Girls 回転木馬に乗る美女たちを描く。馬は本物

2 ヴァージニア・オブライエンの歌 『素敵な殿方を連れてきて』Bring on Those Wonderful Men 無感情が売り物のオブライエンが馬の上で歌う

3 エスター・ウィリアムズの水中ショー 『水中バレエ』A Water Ballet エスターのソロの泳ぎ

4 キーナン・ウィンの寸劇 『番号をどうぞ』Number Please 電話番号を何度言っても繋がらない

5 ジェイムス・メルトンとマリオン・ベルの歌 オペラ「椿姫」から『乾杯の歌』 白と黒を基調とした衣装の中で椿姫だけが深紅のドレスで歌う

6 ヴィクター・ムーアとエドワード・アーノルド 『2ドルの罰金』Pay the Two Dollars 地下鉄で唾を吐いた2ドルの罰金を拒否して裁判で死刑になってしまう

7 アステアとルシル・ブレマーの踊り 『僕の心は』This Heart of Mine 宝石泥棒と令嬢の舞踏会での恋

8 ファニー・ブライスの寸劇 『宝くじ』A Sweepstakes Ticket 他人に渡してしまった当選宝くじを取り戻そうとする

9 レナ・ホーンの歌 『愛』Love 黒人の酒場での歌

10 レッド・スケルトンの寸劇 『テレビ時代』When Television Comes テレビ番組のコマーシャルでジンの宣伝をするうちに飲み過ぎて酔っ払う

11 アステアとブレマーの踊り 『ライムハウス・ブルース』Limehouse Blues ロンドンのチャイナ・タウンでの恋物語

12 ジュディ・ガーランドの歌 『インタビュー』An Interview 大スターのジュディが記者たちの質問に答えて歌い踊る

13 アステアとジーン・ケリーの歌と踊り 『成金と凡人』

第 3 章　1940 年代：戦争の時代

The Babbit and the Bromide　二人が時代を経て再会する。最初は白いスーツ、次は10年後にベージュのスーツ、最後は天国でハープを持ち黒のスーツ。時代に合わせて、後ろの銅像のポーズも変わっていく

14 キャスリン・グレイスンの歌　『美女はどこにでも』There's Beauty Everywhere　荒涼とした風景の中で歌うと美女が登場して、まるでサルヴァドール・ダリの絵画のように活人画で描かれる

雲の流れ去るまで　Till the Clouds Roll By (1946)＊は、ジェローム・カーンの伝記映画で、カーン作品の名場面を再現して見せることに重点が置かれている。普通の伝記作品ではショー場面は1コーラスのみで終わり、全曲をフルで聞かせることは少ないが、この映画では豪華なゲスト・スターが、たっぷりとフル・コーラスのショーを見せる。

　ショー場面に登場するのはMGMの大スターたちで、キャスリン・グレイスン、ジュディ・ガーランド、ルシル・ブレマー、ジーン・ケリー、フランク・シナトラ、シド・チャリシー、ガワー・チャムピオン、レナ・ホーン、ダイナ・ショアなど。制作はアーサー・フリードで、監督はリチャード・ウォーフとなっているが、ジュディの出演場面はヴィンセント・ミネリが監督している。カラーの豪華作品。

1 オーケストラ演奏　序曲　Till the Clouds Roll By / The Touch of Your Hand
2 「ショー・ボート」Show Boat (1927)から
・合唱と群舞　Cotton Blossom
・トニー・マーティンの歌　Where's the Mate for Me?
・キャスリン・グレイスンとトニー・マーティンの歌　Make Believe
・ヴァージニア・オブライエンの歌と踊り　Life Upon the Wicked Stage
・レナ・ホーンの歌　Can't Help Lovin' Dat Man
・カレブ・ピーターソンの歌　Ol' Man River
3 ピアノ演奏　Ka-Lu-A　「おはよう、あなた」Good Morning, Dearie (1922)から
4 アンジェラ・ランズベリーの歌　How'd You Like to Spoon with Me?　「伯爵と少女」The Earl and the Girl (1906)から
5 ドロシー・パトリック（ダイナ・ショアの吹替）の歌　They Didn't Believe Me　「ユタから来た娘」The Girl from Utah (1914)から
6 ダイナ・ショアの歌　They Didn't Believe Me
7 レイ・マクドナルドとジューン・アリソンの歌と踊り　Till the Clouds Roll By　「おお、ボーイ！」Oh Boy! (1917)から
8 レイ・マクドナルドとジューン・アリソンの歌と踊り　Leave It to Jane / Cleopatterer　「ジェインにお任せ」Leave It to Jane (1917)から
9 ジュディ・ガーランドの歌　Look for the Silver Lining　「サリー」Sally (1920)から
10 合唱　Sunny　「サニー」Sunny (1925)から
11 ジュディ・ガーランドの歌と踊り　Who?　「サニー」Sunny (1925)から
12 ルシル・ブレマーの歌（トゥルーディ・アーウィンによる吹替）と踊り　One More Dance　「空飛ぶ音楽」Music in the Air (1932)から
13 ルシル・ブレマー（吹替）とヴァン・ジョンソンの歌と踊り　I Won't Dance　「三人姉妹」Three Sisters (1934)から
14 ワイルド・ツインズの歌　She Didn't Say Yes　「猫とヴァイオリン」The Cat and the Fiddle (1931)から
15 シド・チャリシーとガワー・チャムピオンの踊り　Smoke Gets in Your Eyes　「ロバータ」Roberta (1933)から
16 ダイナ・ショアの歌　The Last Time I Saw Paris　映画「ご婦人よ行儀良く」Lady Be Good (1941)＊から
17 ルシル・ブレマーの歌（吹替）　The Land Where the Good Songs Go　「ミス1917」Miss 1917 (1917)から
18 合唱　Yesterdays　「ロバータ」Roberta (1933)から
19 キャスリン・グレイスンの歌　Long Ago (And Far Away)　映画「カバーガール」Cover Girl (1944)から
20 ヴァージニア・オブライエンの歌　A Fine Romance　映画「有頂天時代」Swing Time (1936)から
21 トニー・マーティンの歌　All the Things You Are　「五月にしては暖かい」Very Warm for May (1939)から
22 レナ・ホーンの歌　Why Was I Born?　「優しいアデリン」Sweet Adeline (1929)から
23 フランク・シナトラの歌　Ol' Man River　「ショー・ボート」Show Boat (1927)から

詞と曲　Words and Music (1948)＊は、第二次世界大戦前にリチャード・ロジャースと組んで曲を作っていた作詞家のローレンツ・ハートの伝記映画で、二人の書いた舞台ミュージカルの名舞台が沢山出てくる。ミッキー・ルーニーがハート役で主演していて、ドラマ部分もよく描けてはいるが、見せ場はやはり豪華なゲスト・スターによるショー場面だろう。ベティ・ギャレット、アン・サザーン、シド・チャリシー、ジューン・アリソン、レナ・ホーンらが登場する。

　一番の見せ場はジーン・ケリーとヴェラ＝

エレンの踊る『十番街の殺人』Slaughter on Tenth Avenueで、オリジナルの舞台版はジョージ・バランシンの振付だったが、この映画での振付はロバート・オルトンでまったくの別物。ジュディ・ガーランドが歌うのは2曲。『もう一度恋ができたら』I Wish I Were in Love Againはミッキー・ルーニーと一緒で、二人が一緒に歌ったのはこの曲が最後。アーサー・フリードの制作で、ノーマン・タウログ監督のカラー作品。

1 序曲　オーケストラ演奏と合唱
2 ミッキー・ルーニー、トム・ドレイク、マーシャル・トムプソンの歌　Manhattan　「ガリック・ゲイエティーズ」Garrick Gaieties (1925)から
3 ベティ・ギャレットのパーティでの歌　There's a Small Hotel　「油断なく」On Your Toes (1936)から
4 ペリー・コモとアリン・マクレリーの歌　Mountain Greenery　「ガリック・ゲイエティーズ」Garrick Gaieties (1925)から
5 ベティ・ギャレットの闇酒場での歌　Way Out West　「戦う子供たち」Babes in Arms (1937)から
6 アン・サザーンの歌と踊り　Where's That Rainbow　「ペギー・アン」Peggy Ann (1926)から
7 シド・チャリシーとディー・ターネルの歌と踊り　On Your Toes　「油断なく」On Your Toes (1936)から
8 シド・チャリシーとディー・ターネルとコーラスのクラシック・バレエ風の踊り　This Can't Be Love　「シラキュースから来た男たち」The Boys from Syracuse (1938)から
9 シド・チャリシーとディー・ターネルとコーラスの踊り　Girl Friend　「女友達」The Girl Friend (1926)から
10 ペリー・コモの歌とシド・チャリシーの踊り　Blue Room　「女友達」The Girl Friend (1926)から
11 ジューン・アリソンとブラックバーン・ツインズの歌と踊り　Thou Swell　「コネチカット・ヤンキー」A Connecticut Yankee (1927)から
12 トム・ドレイクの歌　With a Song in My Heart　「春はここに」Spring Is Here (1929)から
13 オーケストラ演奏　With a Song in My Heart　「春はここに」Spring Is Here (1929)から
14 レナ・ホーンの歌　Where or When　「戦う子供たち」Babes in Arms (1937)から
15 レナ・ホーンの歌　The Lady Is a Tramp　「戦う子供たち」Babes in Arms (1937)から
16 ジュディ・ガーランドとミッキー・ルーニーの歌と踊り　I Wish I Were in Love Again　「戦う子供たち」Babes in Arms (1937)から
17 ジュディ・ガーランドの歌　Johnny One Note　「戦う子供たち」Babes in Arms (1937)から
18 メル・トーメの歌　Blue Moon（ミュージカルの曲ではないが、1934年に書かれて35年にヒットした）
19 ミッキー・ルーニーの路上での語り　Spring Is Here　「天使と結婚した私」I Married an Angel (1938)から
20 ジーン・ケリーとヴェラ=エレンの踊り　Slaughter on Tenth Avenue　「油断なく」On Your Toes (1936)から
21 ペリー・コモの歌　With a Song in My Heart　「春はここに」Spring Is Here (1929)から
22 オーケストラ演奏　With a Song in My Heart　「春はここに」Spring Is Here (1929)から

5　パラマウント

1930年代のパラマウント社は、前半はモーリス・シュヴァリエ、ジャネット・マクドナルド、マルクス兄弟らが支えたが、後半にパラマウント社を支えたのはビング・クロスビーで、クロスビーの活躍は1940年代以降も続いた。ビング・クロスビーは1930年代に24本のミュージカル映画に出演しているが、出演のペースは40年代になっても変わらずに23本に出演している。1950年代に入ると出演数は減少するが、それでも12本に出演している。

★

ビング・クロスビー　Bing Crosby（その2）

　ビング・クロスビーは、1940年代に入ってボブ・ホープとコンビを組み、新たに「珍道中」シリーズを始めた。ビングとボブのコンビが誰かに追われて逃げ出し、外国へ行ってトラブルに巻き込まれるというシリーズで、全作品にマドンナ役としてドロシー・ラムーアが出演する。軽い小唄入りのコメディで、どの作品も楽しめる。

　1作目が「シンガポール珍道中」Road to Singapore (1940)で、「アフリカ珍道中」Road to Zanzibar (1941)、「モロッコへの道」Road to Morocco (1942)、「アラスカ珍道中」Road to Utopia (1946)、「南米珍道中」Road to Rio (1947)、「バリ島珍道中」Road to Bali (1952) と、戦争中を除いて年1本のペースで6本が作られた。基本的に白黒の作品だが、最後の「バリ島珍道中」だけがカラーで撮影された。パラマウントでのシリーズはこの6本だが、10年後に英国で、同じメンバーによる「ミサイル珍道中」The Road to Hong Kong (1962) が作られている。

「珍道中」の間にも多くの映画に出演している。「好きにできたら」If I Had My Way (1940)*は、ユニヴァーサル社がディアナ・ダービンの後釜にしようと探し出した歌のうまい少女グロリア・ジーンと組んだ作品で、中途半端な出来ながら心温まるビングの得意な路線。「川のリズム」Rhythm on the River (1940)*と「ブルースの誕生」Birth of the Blues (1941) は芸人物で、デビュー間もないメリー・マーティンと共演しているので、彼女の若々しい姿を見ることができる。メリー・マーティンは舞台の「ヴィナスの接吻」One Touch of Venus (1943) に出演するまでは、ハリウッドのミュージカル映画に多く出演している。

続いて「スイング・ホテル」Holiday Inn (1942) ではフレッド・アステアと競演し、女性を取り合うが最後はそれぞれの愛を得る。歌と踊りの巨人が並んだが、パラマウント作品なのでビングのホームということもあり、女性の取り合いはビングが勝つ。この作品は白黒作品だが、戦後すぐにまた、二人が共演して一人の女性を取り合う「ブルー・スカイ」Blue Skies (1946) がカラーで作られていて、ビングはここでも『ホワイト・クリスマス』を歌う。

その後はパラマウント社の戦時慰問用映画の「きらめくスターのリズム」Star Spangled Rhythm (1942)*にゲスト出演した後、作曲家エメットの伝記映画「デキシー」Dixie (1943)*を経て、「我が道を往く」Going My Way (1944) では新しい境地を開く。この作品は戦争中に作られていたが、日本でも戦後に公開されて、その人間性に溢れた演技で人気となった。監督はこの手の作品が得意なレオ・マッケリーなので、彼の手腕によるところが大き

いが、オペラ界の歌姫リーゼ・スティーヴンスも素晴らしい歌声を聞かせてくれる。

この作品が好評だったので、この作品の続編ともいえる「聖メリイの鐘」The Bells of St. Mary's (1945) が作られた。今度はイングリッド・バーグマンの美しさを見せる趣向。この頃の映画はまったくといって良いほど戦争を感じさせないが、少しは戦争協力もする必要があったのか、「海軍婦人予備隊がやって来る」Here Come the Waves (1944)*、「ハリウッド宝船」Duffy's Tavern (1945) と、慰問調の映画に出ている。

「楽し我が道」Welcome Stranger (1947) は人情劇路線で、「ハリウッド・アルバム」Variety Girl (1947) は、遅れて作られた慰問調の作品。その翌年に出た「皇帝円舞曲」The Emperor Waltz (1948) はビリー・ワイルダーが監督した歌入りのコメディで、映画として面白い。その後も、アーサー王の時代にタイム・スリップして恋をする「夢の宮廷」A Connecticut Yankee in King Arthur's Court (1949) や、歌のうまいアン・ブライスと共演した「歌ふ捕物帖」Top o' the Morning (1949) などに出て、安定した人気を保った。

これらのほかに、ビング人気にあずかろうと、トーキー初期の短編を編集しなおして長編にした映画が2本作られている。「ハリウッド道中」The Road to Hollywood (1947)*と「メモリー・レーンを下る」Down Memory Lane (1949)*で、パラマウント社ではなく、昔に出演したマック・セネット社の作品。

(p.297の1950年代パラマウントへ続く)

シンガポール珍道中 Road to Singapore (1940) は、ビング・クロスビーとボブ・ホープ、ドロシー・ラムーアの3人が出演する「珍道中」シリーズ6本中の、記念すべき第1作。ビングは船会社のオーナーの息子で、社業から逃げて友人ボブ・ホープと一緒に世界中を旅して回っているが、シンガポールのそばの小さな島で、踊りのうまい娘ドロシー・ラムーアと出会い心を奪われる。二人でドロシーを取り合うが、結局はビングがドロシーを得る。

1930年代のビングの映画では、音楽はビングの歌だけという作品も多かったが、珍道中シリーズでは、ボブ・ホープやドロシー・

ラムーアも歌うので、変化に富んだ面白い作品が出来上がった。ドロシーのエキゾチックなムードと、ボブの喜劇的な演技がうまく噛み合ったのが、人気の秘密だろう。

好きにできたら If I Had My Way (1940)*では、ビングは金門橋などを作った橋梁制作会社の建設労働者を演じる。友人が建設作業中に亡くなるので、その娘を親類に送り届けるためにニュー・ヨークまでやって来る。訪ねた金持ちの兄は冷たく対応して娘グロリア・ジーンを引き取らないが、ヴォードヴィルを引退した叔父は歓迎して引き取る。ビングは突然にスウェーデン料理店を引き継ぐことになり、資金繰りに苦労するが、改装して店を成功させる。

ジェイムス・V・モナコの曲が中心で、12歳のグロリア・ジーンが美しい声を聞かせる。グロリアはクラシック的な歌い方も、ジャズっぽい歌い方もできるが、ディアナ・ダービンほど本格的ではないし、ジュディ・ガーランドほどスイングしない。かといって、シャーリー・テンプルほどは可愛くもないという中途半端な存在だった。デイヴィッド・バトラー監督作品。

川のリズム Rhythm on the River (1940)*では、ビング・クロスビーが若き日のメリー・マーティンと共演している。ビングは曲が書けなくなった有名作曲家のゴースト・ライターをしているが、メリーもその作曲家のゴーストで詞を書いている。二人は偶然に出会ってお互いにゴースト仲間だと知らないままに意気投合して、自分たちの名前で曲を売ろうとする。ところが、彼らが曲を提供していた有名作曲家の二番煎じと見られて苦労する。ビングは田舎に帰って暮らそうと考え、メリーはナイト・クラブの歌手となるが、最後には二人の名前で曲を発表することができる。

メリー・マーティンの歌が聞けるのは貴重。そのうえビングとのデュエットもある。メリー・マーティンはブロードウェイの「南太平洋」(1949)や「サウンド・オブ・ミュージック」(1959)で有名となるが、この映画に出演した時にはまだデビューしたての初々しさが残っている。台本にはビリー・ワイルダーが参加しているので、思いもかけない偶然の男女の出会いが描かれていて面白い。オスカー・レヴァントも脇役で出演している。

アフリカ珍道中 Road to Zanzibar (1941)は、珍道中シリーズの2作目でアフリカが舞台。ジョニー・ワイズミューラーのターザン映画は、1930年代から40年代にかけてMGMのヒット作のひとつであったが、そうしたアフリカ趣味が取り入れられている。ビングとボブは見世物小屋のインチキ芸人で、サーカスで火事を起こしてしまい、慌てて逃げ出し、着いた先がアフリカ。奴隷商人に売られそうになっていたドロシー・ラムーアを助けたつもりが、実はウナ・マーケルに騙されて、金を巻き上げられて終わる。なけなしの金でダイヤモンド鉱山の地図を手に入れた二人は、ドロシーやウナと一緒にジャングルへ入り鉱山を探し回る。やがて現地人に捕まり殺されそうになるが、何とか逃げ出す。

ドロシーも入る3人トリオはいつものとおりで、この映画ではそれにウナ・マーケルが加わっている。珍道中1作目ではジェイムス・V・モナコの曲が使われていたが、2作目からはジミー・ヴァン・ヒューゼンが作曲するようになる。ヴァン・ヒューゼンの曲が珍道中シリーズの基調だといえる。監督はヴィクター・シュレツィンガー。

ブルースの誕生 Birth of the Blues (1941)はジャズの誕生を物語にした作品で、舞台は20世紀初頭のニュー・オリンズ。ビングは子供の時から黒人楽団と一緒にクラリネットを吹き、ジャズが大好きだったので、大人になると白人の仲間を集めてジャズ楽団を作り、ギャングの酒場で演奏を始める。メリー・マーティンもブルースの歌い方を習い楽団に参加。人気が出て楽団にはシカゴのホテルからの出演依頼が来る。ギャングたちの妨害を振り切り、一行は無事にミシシッピー河の船に乗り込む。

ビングとメリーが掛け合いで歌う場面が良い。ビングの歌う子守唄『メランコリー・ベイビー』も聞きどころ。ヴィクター・シュレツィンガー監督。

モロッコへの道 Road to Morocco (1942)は珍道中シリーズの3作目だが、日本ではこの作品が一番先に公開されたので、まだ「珍道中」という題名が付いていない。ビング、ボブ、ドロシーの3人が今回はモロッコへ行

く。前回のアフリカのジャングルに対して、今回はモロッコだが、マグレブ地域なので、アフリカというよりもアラビア趣味の映画。

ビングとボブは一緒に密航してモロッコに上陸するものの、ビングは金に困り、ボブを現地の女王ドロシーに売ってしまう。ところがドロシーが美人だったので、一転して二人は女王を取り合う。しかし、女王の結婚相手は早世するという星占いの話を聞いて、今度は逆に譲り合う。二人は女王の婚約者である砂漠の族長などに追いかけられるが、最後には、女王とその侍女を連れてニュー・ヨーク行きの船に乗り込む。今回も音楽はジミー・ヴァン・ヒューゼンが担当。3人が歌を聞かせる。監督はデイヴィッド・バトラー。

デキシー Dixie (1943)*は、19世紀のアメリカで『デキシー』という曲を書き有名となった作曲家ダニエル・ディケイター・エメットの伝記的作品。ビングがエメット役で、相手役はドロシー・ラムーア。若きビングは作曲家を目指して、故郷のケンタッキーを離れ、ニュー・オリンズ、そしてニュー・ヨークへと向かう。彼は成功して曲を出版するが、『デキシー』の楽譜だけは売らずに自分で持ち続ける。

エメットの伝記作品なので、エメットの曲が多いが、新曲はジミー・ヴァン・ヒューゼンが書いている。監督はA・エドワード・サザーランド。

我が道を往く Going My Way (1944) は、名匠レオ・マケリー監督の人情劇で、アカデミー作品賞、主題歌賞を得た。ニュー・ヨークの貧困地区の小さな教会に赴任した若い神父ビング・クロスビーが、年老いた先任の神父を支えて、教区の人と一緒に活動する。ビングは、人々の信頼を得て危機に瀕していた教会の財政を立て直し、不良少年たちを集めて聖歌隊を作り、多くの人々の人生を回復させる。ビングの田舎の友人ということで、メトロポリタン歌劇場の歌姫リーゼ・スティーヴンスが登場して、聖歌隊を助けるだけではなく、素晴らしい歌声を披露する。

楽曲はジミー・ヴァン・ヒューゼンが担当。ビング・クロスビーの主演賞を始めとして、7つのアカデミー賞を受賞している。

海軍婦人予備隊がやって来る Here Come the Waves (1944)*は、戦時の雰囲気を反映して、ビングには珍しい軍隊物。WAVESというのはアメリカの海軍婦人予備隊のこと。ベティ・ハットンが一人二役で、双子のナイト・クラブ歌手を演じる。一人は快活なスーザン、もう一人は落ち着いたローズマリーという設定。

ビングは世間で人気の歌手だが、海軍に召集され、ベティ扮する双子の姉妹も海軍婦人予備隊に入隊。ビングは戦場へ行きたがるが、彼を好きだったスーザンは隊員募集のショーを企画して、無理やりビングを引き留める。最後にはショーも成功し、ビングも戦場へ向かう船に乗り込む。ビングとローズマリーの恋が絡む。

ハロルド・アーレンが曲を書いていて、楽しい曲ぞろい。ビングとしては珍しく、顔を黒塗りにしたミンストレル風のスタイルで歌う場面がある。『前向きに行こう』Ac-Cen-Tchu-Ate the Positive という曲がヒット。監督はマーク・サンドリッチ。

聖ﾄﾞﾒﾘｲの鐘 The Bells of St. Mary's (1945) は、「我が道を往く」の続編で、監督も同じレオ・マケリーだが、ビングの自主出演枠で作られた作品なのでRKO配給となっている。前作で貧乏教区を担当した神父ビングが、今回は教会付属学校の経営改善に取り組む。学校経営の責任者は若く美しい尼僧イングリッド・バーグマンで、教育熱心だが経営には疎い。教区の中で困っていた娼婦の娘を生徒として受け入れ、その子の面倒を見る中でビングとバーグマンの間に信頼関係が生まれる。バーグマンが体を悪くしているので、ビングは彼女を気候の良い地区へ転属させて、再会を願うのだった。

前作と異なり、バーグマンが歌えないので、ミュージカル仕立てとはなっていないが、何曲かは歌が出てくる。この作品は、「我が道を往く」よりも先に制作する予定だったが、ビングの予定が空くのを待つ間に、パラマウント社が先に「我が道を往く」を作ってしまい、順番が逆転した。バーグマンは、前年には「ガス灯」Gaslight (1944) に、翌年には「汚名」Notorious (1946) に出演しており、全盛期の姿を残している。

アラスカ珍道中 Road to Utopia (1946) は

シリーズ4作目の作品で、金鉱を求めてアラスカへ行く。ビングとボブはヴォードヴィリアンで賭博好きだが、悪漢に追われてサン・フランシスコにいられなくなり、アラスカ行きの船に乗り込む。船中で、金鉱の地図を描いた男の娘ドロシー・ラムーアや、二人の悪漢たちと地図を奪い合い、そのドタバタ騒ぎはアラスカに到着してからも続く。結局、氷河が割れてボブとドロシー、ビングと悪漢たちの2組に分かれてしまう。それから十数年後、ボブとドロシーは結婚して金持ちになって暮らしているが、その息子はビングによく似ている。

シリーズ4作目となり、マンネリ化するどころか、過激なまでのギャグが満載で、楽屋ネタも増えている。珍道中シリーズ7本の中でボブとドロシーが一緒になるのはこの作品だけだが、最後にオチがついている。監督は「ハリウッド宝船」(1945)のハル・ウォーカー。音楽はいつものジミー・ヴァン・ヒューゼン。

楽し我が道　Welcome Stranger (1947)は、「我が道を往く」の人情劇スタイル。原題の「見知らぬ人、ようこそ」というのは、ウィル・ロジャースの語った「見知らぬ人というのは、まだ会ったことのない友人だ」という言葉を連想させるが、知らない人に対しても胸襟を開いて受け入れようとする良い意味でのアメリカの伝統がある。

アメリカの田舎町に、老医師に代わり村の診療所を受け持つ若い医師ビング・クロスビーがやって来る。老医師はビングを信用しないが、自分が盲腸炎になって命を救われた時に、自分に代わって村に残すべき人物だと考えて、村娘ジョーン・コールフィルドと結婚させようとする。ジョーンとの結婚を狙っていた村の有力者たちは邪魔をするが、最後に二人は結ばれる。心温まる話で、ジミー・ヴァン・ヒューゼンが楽曲を担当。監督はエリオット・ニュージェント。

ハリウッド道中　The Road to Hollywood (1947)*は、「道」Roadという題名が付いているが、珍道中シリーズではなく、ビング・クロスビーの初期の短編4本を組み合わせて、ビングが有名になるまでを適当に編集した作品。ビングは多くの短編を残しているが、ここで使われているのはマック・セネット社の2巻物のコメディで、「君には負けた」I Surrender Dear (1931)*、「もう一度チャンスを」One More Chance (1931)*、「夢の家」Dream House (1932)*、「広告の娘」Billboard Girl (1932)*の4本。

いずれも彼が最初に出演した長編「ラヂオは笑ふ」The Big Broadcast (1932)の前に撮られた作品で、4本のうち1931年の2本はマック・セネット本人が監督している。無声映画風のドタバタ喜劇をビングが演じているのが面白い。映画としては面白くないが、ポール・ホワイトマン楽団で歌手をしていた時代の貴重な映像なので、ビングのファンは是非見ておきたい。

ハリウッド・アルバム　Variety Girl (1947)は、パラマウント社のスター総出演で、ビングもゲスト出演している。慰問映画調の作品だが、「ヴァラエティ・クラブというショー・ビジネス関係のチャリティ的な意味合いで作られた」という説明が入っているので、戦時慰問ではなくチャリティ作品だろう。歌のうまい田舎娘メリー・ハッチャーがハリウッドへ行き、誤解もあって、なかなかチャンスが得られないが、最後には才能が認められて映画デビューする。

ちょっとキャスリン・グレイスンに似た感じのメリー・ハッチャーが好演。クラシカルな曲だけでなくジャズ調もうまく歌う。ハッチャーの歌はなかなか良いが、映画で歌ったのはこの作品だけ。ハッチャーの才能が明らかになる場面は、歌えない友人の代わりに、隠れてマイクで歌っているのを引っ張り出されるという趣向で、「雨に唄えば」(1952)と同じだが、この映画のほうが数年早い。

パラマウント・スター総出演なので、物語よりも楽屋オチや、ゲスト出演の大スターたちを見つけるのが楽しい。最後の場面では、ビング・クロスビーが、ボブ・ホープやドロシー・ラムーアなどの珍道中仲間だけではなく、ゲイリー・クーパーなどとも一緒に歌っている。珍しいところでは、黒人歌手のパール・ベイリーもソロで歌う。音楽はフランク・レッサーが何曲か提供している。

監督はジョージ・マーシャルで、自分自身の役でも出演している。人形アニメで犬と猫の「ロミャウとジュリキャット」の場面があ

第 3 章　1940 年代：戦争の時代

り、その部分だけカラーで撮られているが、日本で放送された時には白黒だった。

南米珍道中　Road to Rio (1947) は、珍道中シリーズの5作目。ニュー・オリンズで楽団をやっていたビングとボブは、ショーを混乱させて逃げ出し、ブラジル行きの船に乗り込む。無賃乗船がばれて船の楽団に入って働くが、船の中で金持ちの令嬢ドロシー・ラムーアと出会う。彼女はリオ・デ・ジャネイロに到着すると、好きでもない男と無理やりに結婚させられるというので、二人は力を合わせて彼女を救い、二人でドロシーを取り合いながら新婚旅行のメッカであるナイアガラの滝まで戻って話は終わる。

音楽はいつものとおりにジミー・ヴァン・ヒューゼンで、女性3人組のアンドルーズ姉妹が出ているのがサービス。監督はノーマン・Z・マクロード。

皇帝円舞曲　The Emperor Waltz (1948) は、ビリー・ワイルダー監督がパラマウント社で撮ったカラー作品。ワイルダーとしては初めてのカラー作品だったが、大変美しい色彩に仕上がっている。ミュージカルがあまり好きではないといわれているワイルダー監督だが、ビング・クロスビーという素材を得て、ミュージカルのパロディのような映画を作りあげた。ビングの映画としては珍しく台本がしっかりとしていて、音楽の処理方法も見事の一言に尽きる傑作。

蓄音機の始めた頃の話で、これを売り歩くアメリカ人セールスマンのビングは、オーストリアの皇帝ヨーゼフにこれを売りつけて、推奨を得ればひと儲けできると考える。彼は愛犬を抱えてオーストリアに乗り込むが、犬同士が仲良くなった縁で、伯爵の美しい未亡人ジョーン・フォンテインと出会い、愛を語るようになる。ヨーゼフ皇帝は貴族と平民の結婚を良しとしないので、ビングは結婚を諦めてアメリカに帰ろうと考えるが、二人の犬の間に子供が生まれて、ビングの結婚も認められる。

犬同士の愛を語る台詞が、そのままビングとフォンテインの愛を語る言葉とも取れる二重の意味を含み、見事な台本。また、ヨーデルを村人たちと歌う場面や、『奥様お手をどうぞ』などが歌われる場面は、トーキー初期

の「会議は踊る」(1931) で見られたような、流れるような映像処理がされていて印象的だ。ビングとしては初めての、本格的なカラー・ミュージカル作品。

夢の宮廷　A Connecticut Yankee in King Arthur's Court (1949) は、原題名からわかるとおりに、マーク・トウェインの同名小説のミュージカル映画化。この原作は、ブロードウェイでも「コネチカット・ヤンキー」(1927) としてリチャード・ロジャースとローレンツ・ハートがミュージカル化しているので、パラマウント社はその曲を使いたがったようだが、著作権の関係で実現できず、代わってジミー・ヴァン・ヒューゼンに新曲を書かせた。

20世紀初頭のアメリカ。機械工のビングが森で落馬して気を失い、気付いてみると6世紀の伝説のアーサー王の宮廷にいる。怪しまれて殺されそうになるが、科学的な知識を駆使して切り抜け、アーサー王の魔法使いとなる。ところが昔からの魔法使いであるマーリンや、騎士ランスロットとの対決となり、気を失うと現代に戻っている。ビングの相手役はロンダ・フレミングで、歌手ではないものの、ビングと一緒に歌っている。タイ・ガーネット監督のカラー作品。

メモリー・レーンを下る　Down Memory Lane (1949)* は、「ハリウッド道中」(1947)* と同じで、1930年代初めにマック・セネット社で撮られたビング・クロスビーの短編を繋ぎ合わせた作品、ビングはセネット社で6本の短編を撮っているが、この映画ではその6本全部を使っている。

「ハリウッド道中」に追加されたのは、「夜の青が」Blue of the Night (1933)* と、「歌え、ビング」Sing, Bing, Sing (1933)* の2本。そのほかにもW・C・フィールズ、ベン・ターピン、メイベル・ノーマンドなど、懐かしいスターたちの姿が見られる。

歌ふ捕物帖　Top o' the Morning (1949) は、デイヴィッド・ミラー監督の白黒作品。アイルランドの村で、村の宝だった宝石が盗まれたために、保険会社の捜査員ビングがアメリカからやって来る。彼は秘密裏に捜査を進めるが、村の巡査の娘アン・ブライスは、祖母が予言した結婚相手にピタリと当てはまるの

でビングに恋してしまう。ビングが捜査員だったとわかったときに、二人の仲は崩れそうになるが、巡査が犯人を割り出し二人の仲も戻る。いつものようにジミー・ヴァン・ヒューゼンの曲が中心。アン・ブライスが、ビングと一緒に美しい声を聞かせている。

★

ボブ・ホープ　Bob Hope（その1）
(1903.5.29–2003.7.27)

　ボブ・ホープは、1903年にロンドンで生まれたコメディアンで、子供の時に移住したアメリカで育った。ヴォードヴィルの舞台に立っていたが、「百万弗大放送」The Big Broadcast of 1938 (1938)で映画界に入り、パラマウント社の音楽入りコメディ作品に多く出演した。

　特にビング・クロスビーやドロシー・ラムーアと組んだ「珍道中」シリーズが好評で、パラマウント時代に6本作られている。コメディアンだが歌えるので、ビング以外と共演したミュージカルも多い。1950年代以降は、テレビ中心の活動だったが、時折コメディ映画にも出ている。長生きの家系に生まれて、100歳まで現役で活躍した。

　1930年代の作品は、主演ではなく助演が多い。「百万弗大放送」(1938) では、シャーリー・ロスと一緒に歌った『思い出よありがとう』Thanks for the Memoryが大ヒットしたので、その後は、ボブのテーマ曲となった。また、この曲をそのまま題名にした「思い出よありがとう」Thanks for the Memory (1938)*でも、シャーリー・ロスと共演している。

　それ以外にも、「スウィング大学」College Swing (1938)*、「水兵を頂戴」Give Me a Sailor (1938)*、「死ぬとは言わないで」Never Say Die (1939)*、「ホットなのが好き」Some Like It Hot (1939)*などがあり、シャーリー・ロス、グレイシー・アレン、マーサ・レイなどと共演した。

　1940年以降は、ビングと組んだ「珍道中」のほかにも、「ルイジアナの取引」Louisiana Purchase (1941)*や、「腰抜けと原爆娘」Let's Face It (1943)などのブロードウェイ作品の映画版に出演しているものの、これらの作品は舞台とは随分と違った内容となっている。

ドロシー・ラムーアと共演した「腰抜けスパイ騒動」They Got Me Covered (1943)*と、ヴァージニア・メイヨーと共演の「姫君と海賊」The Princess and the Pirate (1944)は、サミュエル・ゴールドウィンの制作によるもので、ダニー・ケイの代役といった雰囲気で、ボブ・ホープの個性はまだ確立してはいない。

　「我輩は名剣士」Monsieur Beaucaire (1946) の後、「ハリウッド・アルバム」Variety Girl (1947)へのゲスト出演を経て、「腰抜け二挺拳銃」The Paleface (1948)でジェイン・ラッセルと組んだ。この作品が大ヒットして、日本ではこの後のボブ・ホープ作品は「腰抜け」と題名に入るのが定番となり、デイモン・ラニヤン原作の「腰抜け顔役」Sorrowful Jones (1949)、スリラー調のコメディ「腰抜け大捕物」The Great Lover (1949)と続いた。

　これより前に作られた「腰抜けスパイ騒動」(1943)*に「腰抜け」が入っているのは、後からビデオ発売用に付けられた題名。(p.301の1950年代パラマウントへ続く)

百万弗大放送　The Big Broadcast of 1938
(1938)は、W・C・フィールズとマーサ・レイ、ドロシー・ラムーアが共演した映画。ニュー・ヨークからフランスまでの大西洋航路で、2隻の客船がスピード競走をする。ボブ・ホープは船内放送アナウンサーで、3人の先妻との手切れ金を競走の賭けで稼ぎ、新しい恋人ドロシー・ラムーアと結婚したいと考えている。船主フィールズは、弟（フィールズの二役）を相手の船に送り込んで妨害を図るが、弟は間違えて自分の船の無線機を壊してしまう。一時は負けそうになるものの、無線技師リーフ・エリクソンが必死に修理して競走に勝つ。船の中ではその間に、ボブ・ホープが前妻シャーリー・ロスとよりを戻し、ドロシー・ラムーアは無線技師リーフと結ばれる。

　後にボブ・ホープのテーマ曲となる『思い出よありがとう』Thanks for the Memoryを、ボブがシャーリー・ロスと一緒に歌っている。楽曲はラルフ・レインジャーが担当。ミッチェル・ライゼン監督のパラマウント作品。

スウィング大学　College Swing (1938)*は、
当時流行のカレッジ物で、話はともかく出演者が豪華な作品。アメリカがまだ植民地の時

代に、小さな町の大学と町の名家オルデン家の間で取り決めが交わされて、その日から200年以内にオルデン家の娘が大学の入試に合格した場合には、その娘が大学を引き継ぐこととなっていた。そのちょうど200年目に、取り決め最後の入試を受けるのは、オルデン家のフラッパー娘グレイシー・アレンで、入試対策のためにボブ・ホープを雇い、堅物の教授をやり込めて、無事に試験をパス。大学を引き継いで改革に乗り出す。グレイシーの改革により、大学にはスウィング・ジャズが溢れる。

ジョージ・バーンズとグレイシー・アレンの漫才コンビのみならず、マーサ・レイ、ボブ・ホープ、エドワード・エヴェレット・ホートンや、まだ無名時代のベティ・グレイブル、ジャッキー・クーガン、ジョン・ペインなど豪華な出演者が揃っている。楽曲はフランク・レッサーで、監督はラオール・ウォルシュのパラマウント作品。

水兵を頂戴 Give Me a Sailor (1938)*は、マーサ・レイ主演の作品で、ボブ・ホープは相手役。アン・ニコルズの舞台劇の映画化。ボブ・ホープとジャック・ホワイティングは兄弟で、海軍の兵役が終わったら、ジャックは美人のベティ・グレイブルに結婚を申し込むつもりだ。密かにベティを好いていたボブは、ベティの姉のマーサ・レイに二人の結婚を妨害するように依頼。マーサはジャックを好きだったので、妨害の条件として、自分がジャックと結婚したいとボブに申し出る。かくして物語は進み、最後には、ボブとマーサ、ジャックとベティのカップルが成立する。ラルフ・レインジャーの楽曲で、エリオット・ニュージェント監督のパラマウント作品。

思い出よありがとう Thanks for the Memory (1938)*は、キャロル・ロムバードの「悪魔が跳び出す」Up Pops the Devil (1931)のリメイク。この映画もフランシス・グッドリッチとアルバート・ハケットの同名戯曲(1930)に基づいている。

ボブ・ホープは売れない作家で、シャーリー・ロスと結婚して、仕事をやめて家で執筆に専念する。シャーリーは生活のためにモデルの仕事をするが、シャーリーの職場には言い寄る男が多く、ボブは心配のあまり創作ど

ころではなくなり、二人の関係も険悪になる。しかし最後に二人は再び愛を確かめ合い、丸く収まる。

この映画は大ヒットしたボブ・ホープの曲をそのまま題名に使っているが、この曲は「百万弗大放送」(1938)の中で使われたもの。映画の中では、この曲ともう1曲が歌われている。ジョージ・アーカインボード監督のパラマウント作品。

死ぬとは言わないで Never Say Die (1939)*でのボブ・ホープは、余命1か月と医師から宣告された億万長者を演じ、人生の最後を楽しもうと、ドイツの温泉地へ出かける。その地では、好きなバス運転手ではなく、王族と結婚させられそうな娘マーサ・レイと出会い、彼女を助けるためにボブは珍案を思いつく。マーサと結婚して1か月後にボブが亡くなれば、その莫大な遺産で好きな男と再婚できると考えて二人は結婚する。ところが、医師の診断に誤りがあり、ボブは死ぬ心配がなくなり、結婚を待っていたバス運転手は困ったことになる。歌は1曲だけの喜劇。エリオット・ニュージェント監督のパラマウント作品。

ホットなのが好き Some Like It Hot (1939)*は、ベン・ヘクトとジーン・フォーラーの戯曲「偉大なるマグー」The Great Magoo (1932)の映画化で、ビリー・ワイルダー監督がマリリン・モンロー主演で撮った「お熱いのがお好き」Some Like It Hot (1959)と同じ原題名だが、まったく異なった作品。紛らわしいので、ボブ・ホープ版の映画は、テレビ放映時に「リズムの恋」Rhythm Romanceと改題されたので、ますますわかりにくくなった。

原作の「偉大なるマグー」は、以前にもジャック・オーキーが「合点！承知！」Shoot the Works (1934)として映画化しているので、この作品のリメイクともいえる。ジャック・オーキーの作品もミュージカル仕立てだが、使用している曲は違うので、その意味では別作品。

ボブ・ホープはアトランティック・シティの見世物小屋の呼び込みで、客寄せにジーン・クルーパがジャズを演奏している。もっと良い仕事を求めて、クルーパはダンス・ホ

ールの楽団に、ボブは楽団の司会者にしてほしいと売り込むが、相手にされない。しかし、知り合った歌手のシャーリー・ロスはボブに惚れる。シャーリーはボブを助けようと、大事にしていた指輪を与えるが、ボブはすぐに賭けで失ってしまう。いたたまれなくなったボブは仲間から去り、姿を消す。やがてジーン・クルーパ楽団は人気を得るので、シャーリーも一緒に歌い始める。ボブはラジオのアナウンサーとなり、最後にはシャーリーの変わらぬ愛に気付いて一緒になる。ジャズ・ドラムで有名なクルーパが演奏していて、彼自身の曲も使われている。ジョージ・アーカインボード監督のパラマウント作品。

ルイジアナの取引 Louisiana Purchase (1941)*は、アーヴィング・バーリンの同名ブロードウェイ作品(1940)の映画化で、ルイジアナ州で独裁的な権力を振るった州知事ヒューイ・ロングをモデルとしている。ルイジアナ州の政治家ボブ・ホープが不正な取引をしているという疑惑を調査するために、上院議員ヴィクター・ムーアがやって来る。困ったボブは、スキャンダルでヴィクターを追い返そうと、魅力的な踊り子ヴェラ・ゾリナを使い色仕掛けで誘惑するが、ヴィクターはそれをはねのけて不正を暴く。

舞台版のアーヴィング・バーリンの曲は半分ぐらい使われ、新曲も追加されている。ヴィクター・ムーアとヴェラ・ゾリナは、好評だった舞台版と同じ役。舞台ではジョージ・バランシンの振り付けた素晴らしいナンバーをヴェラ・ゾリナが踊ったが、映画版では大幅にカットされて断片的にしか入っていない。アーヴィング・カミングス監督のカラー、パラマウント作品。ボブ・ホープの作品としては最初のカラー作品。

腰抜けスパイ騒動 They Got Me Covered (1943)*は、第二次世界大戦中に作られた喜劇。ボブ・ホープは通信社のモスクワ特派員だが、ヒトラーのソ連侵攻の記事配信を忘れてクビになってしまう。何とか特ダネをものにして復職しようと、ボブはニュー・ヨークでのナチスのスパイ活動を調べ始める。彼は恋人のドロシー・ラムーアと一緒に調査を進めるが、逆にオットー・プレミンジャーを頭とするスパイ一味に捕まってしまう。最後にはスパイ一味も逮捕されて、ボブとドロシーは結ばれる。

サミュエル・ゴールドウィンがダニー・ケイの主演で準備を進めていたが、ダニー・ケイで撮れなくなったために、パラマウントからボブ・ホープを借りて撮影した。楽曲は少ないが、ボブがオルゴールを開けるとビング・クロスビーの歌が聞こえてくるなどのギャグが満載。デイヴィッド・バトラー監督のメイヤー制作、配給はRKO。

腰抜けと原爆娘 Let's Face It (1943)は、コール・ポーターの同名舞台作品(1941)の映画化。舞台版ではダニー・ケイとイヴ・アーデンが演じた。このミュージカル版も、ラッセル・メドクラフトとノーマ・ミッチェルの戯曲「若者を誘惑する婦人たち」 The Cradle Snatchers (1925)が下敷きで、戯曲をそのままハワード・ホークス監督が無声映画化(1927)*している。

ボブ・ホープは一等兵で、恋人との結婚資金を稼ぐために、基地近くの欲求不満な中年夫人連中から小金を得ようと、同僚二人とともに遊びに出かける。ところが突然に旦那連中が戻ってきたり、恋人のベティ・ハットンたちが現れたりするので、3人はボートで海に逃げ出す。ボートはドイツ軍の潜水艦の潜望鏡とぶつかり、Uボートを捕まえて帰り英雄となる。

コール・ポーターのオリジナルの曲に、ジュール・スタインが何曲か書き足している。イヴ・アーデンは舞台と同じ役を演じている。シドニー・ランフィールド監督のパラマウント作品。

姫君と海賊 The Princess and the Pirate (1944)は、サミュエル・ゴールドウィン制作の2本目。18世紀の英国。皇女ヴァージニア・メイヨーは、恋人と結婚するために船に乗り込むが、それを知った海賊ヴィクター・マクラグレンは船を襲い、ヴァージニアを生け捕りにして、男たちを皆殺しにしてしまう。船に乗り合わせた芸人ボブ・ホープは老婆に化けて、皇女と一緒に海賊の宝の隠し場所を記した地図を盗んで逃亡する。カサルージュという土地で二人は提督に捕まるが、そこへ海賊が乗り込んできて、皇女の奪い合いとなる。混乱の隙を縫って二人は抜け出すものの、ま

第3章　1940年代：戦争の時代

たしても海賊に捕まってしまう。万事休すという時に、父である王の軍隊が救出に駆けつけて、海賊を滅ぼす。すっかり仲良くなった皇女と結婚しようと思ったボブの前に現れたのは、珍道中シリーズでいつも恋人を取り合う男だった。ヴァージニア・メイヨーが1曲歌うだけで、ミュージカルにはなっていない。デイヴィッド・バトラー監督で、配給はRKOのカラー作品。

我輩は名剣士　Monsieur Beaucaire (1946) は、ブース・ターキントンの短編小説の映画化。この題材は古くから何度も脚色されていて、舞台劇やオペレッタにもなったほか、映画化も多い。古いものではルドルフ・ヴァレンティノの「ボーケール」Monsieur Beaucaire (1924) や、エルンスト・ルビッチの「モンテ・カルロ」Monte Carlo (1930) も、クレジットされていないが同じ話。

多くの愛人を持ったことで有名なルイ15世統治下のフランス。王の理髪師であるボブ・ホープが、王の衣装とかつらをつけて点検していると、侍女ジョーン・コールフィルドが本物の王と間違えてキスをする。それを知った王はカンカンに怒り、ジョーンは国外追放、ボブは死罪と申し渡す。ボブをかわいそうに思った貴族パトリック・ノウルズは彼を引き取り、スペインへ同行させる。彼はスペインとの和平のためにスペイン王女と結婚する予定だったが、スペインでは陰謀が渦巻いていたために、万一の場合にはボブを自分の身代わりにしようという考えだ。果たして、スペイン王宮で王女は賊に襲われるが、ボブの働きで救われる。かくして、フランスとスペインの平和は保たれ、ボブも許されてジョーンと結ばれる。ジョージ・マーシャル監督のパラマウント作品。

腰抜け二挺拳銃　The Paleface (1948) は、コメディ仕立ての西部劇。主題歌が大ヒットして、興行的にも成功した。西部開拓時代の話。ジェイン・ラッセル扮するカラミティ・ジェインはピストルの名手で、州知事の特命により、インディアンに武器や火薬を売り渡している密売人の調査に出る。身分を隠して西部へ向かうために、腰抜けの歯医者ボブ・ホープを口説き、幌馬車隊に参加して西部へと向かう。途中でインディアンと戦い、西部の町までたどり着くが、密売人はボブを密使と間違えて付け狙う。武器を追ううちに二人は密売人に捕まり、インディアンに渡されて殺されそうになるが、何とか逃げ出し、逆に密売人を捕まえる。

劇中で歌われる『ボタンとリボン』Buttons and Bows がアカデミー主題歌賞に輝いた。ノーマン・Z・マクロード監督のカラー、パラマウント作品。4年後に続編の「腰抜け二挺拳銃の息子」Son of Paleface (1952) が作られた。

腰抜け顔役　Sorrowful Jones (1949) は、4回も映画化されたデイモン・ラニヤンの小説「賭けのカタ」Markieの2番目の映画化。最初の映画化はシャーリー・テンプルの「可愛いマーカちゃん」Little Miss Marker (1934)。ほかの2回は、ノーマン・ジョイスン監督の「40ポンドのトラブル」40 Pounds of Trouble (1962) と、ウォルター・マッソーとジュリー・アンドルーズの共演した「小さなマーカちゃん」Little Miss Marker (1980)*。

借金のカタに小さな少女を預けた男が、金を返さないので殺されてしまうが、その少女があまりにも無邪気で可愛いので、ギャングのボブ・ホープは、恋人の歌手ルシル・ボールと力を合わせて少女を守ろうと奮闘する。結局、少女を狙っていたギャング一味は逮捕され、ボブとルシルは結婚して少女を養子として育てることにする。ボブ・ホープがルシル・ボールと初めて共演した作品。この後、二人は多くの映画で共演する。シドニー・ランフィールド監督のパラマウント作品。

腰抜け大捕物　The Great Lover (1949) は、コメディ・スリラー。フランスの自転車レースに参加したボーイ・スカウトの一隊を引き連れて、ボブ・ホープは帰路に着き、大西洋航路の客となるが、その船の中で起こる様々な騒動に巻き込まれる。ボブの関心事は、美しい貴族の令嬢ロンダ・フレミングを口説くことだが、船で起こった殺人事件の犯人ではないかと疑われて、自ら真犯人を見つけようと頑張る。殺人犯を探すうちに、ロンダ・フレミングが殺されそうになるところを、危機一髪でボブが助けて事件は解決する。アレクサンダー・ホール監督作品で、ロンダ・フレミングが歌っている。パラマウント作品。

ドロシー・ラムーア　Dorothy Lamour
(1914.12.10−1996.9.22)

　ドロシー・ラムーアの出演作は、ビング・クロスビーやボブ・ホープと共演したパラマウント作品が多いが、それ以外は日本では一部しか公開されていない。1914年生まれのドロシーは、美人コンテストで優勝した後、夫の楽団で歌っていたため、1930年代から歌手役で映画に出演していた。

　キャロル・ロムバードとフレッド・マクマレイの共演した、ミッチェル・ライゼン監督の芸人物「スィング」Swing High, Swing Low (1937) では、2曲ほど歌っている。アイリーン・ダンとランドルフ・スコットが共演、ルーベン・マモーリアンが監督した「たくましき男」High, Wide, and Handsome (1937) は、石油を採掘した農民が妨害を乗り越えて製油施設までのパイプラインを作る話で、ジェローム・カーンの作曲。「人生の喜び」Thrill of a Lifetime (1937)*は、ヨット・クラブ・ボーイズを主役としたサマー・キャンプの芸人の恋物語で、ドロシーはゲスト出演。

　W・C・フィールズとボブ・ホープの「百万弗大放送」The Big Broadcast of 1938 (1938) を経て、「ジャングルの恋」Her Jungle Love (1938) では初めて主演した。この作品はレイ・ミランドを相手役にした南海物で、エキゾチックな役柄がドロシーに似合った。「セニョリタ」Tropic Holiday (1938) では、同じくレイ・ミランドと組んでメキシコ娘を演じている。

　「セント・ルイスのブルース」St. Louis Blues (1939)*のドロシーはブロードウェイの大スターで、舞台に飽きて逃げ出し、ミシシッピー河のショー・ボートの船長と恋におちる。「ロンドンの遊び人」Man about Town (1939)*は、ジャック・ベニーの主演作品。ジャックはブロードウェイの制作者で、ロンドンへショーを持っていく。彼は主演女優のドロシーに密かに恋していて、彼女の気を惹こうとプレイ・ボーイの振りをする。

　1940年代になるといよいよ「珍道中」シリーズが始まり、ドロシーはシリーズの全作品に出演するが、シリーズ以外の出演作も多い。「ジョニー・アポロ」Johnny Apollo (1940)*はミュージカルではないが、犯罪者の親を持つ青年タイロン・パワーに心を寄せるナイト・クラブ歌手の役で、ドロシーは歌っている。「ビルマの月」Moon Over Burma (1940)*は、ビルマを舞台にした冒険物で、二人の男が歌手のドロシーを取り合う。

　「艦隊入港」The Fleet's In (1942)*は、クララ・ボウ主演の無声映画「艦隊入港」The Fleet's In (1928) の2度目のリメイク。戦争中なので水兵へのサービス作品となっている。「青い水平線を越えて」Beyond the Blue Horizon (1942)*もドロシー得意の南海物のドラマだが、ミュージカルではない。

　ボブ・ホープと共演した「腰抜けスパイ騒動」They Got Me Covered (1943)*、南北戦争中にミンストレル・ショーで活躍したダニエル・ディケイター・エメットの伝記作品の「デキシー」Dixie (1943)*、バーレスクの女王が父親の銀山を継いで鉱山技師のディック・パウエルと出会う「万事好調」Riding High (1943)*、ベティ・ハットンらと4人姉妹を演じた芸人物の喜劇「そしてエンジェル姉妹は歌う」And the Angels Sing (1944)*、南海の島の娘を演じる「虹の島」Rainbow Island (1944)*などにも出演した。

　戦後の公開となった「メキシコの仮面舞踏会」Masquerade in Mexico (1945)*は、メキシコで歌手をしているドロシーが、プレイ・ボーイの闘牛士から妻を守ろうと考えた銀行家に雇われて、逆に闘牛士を誘惑する。

　「お気に入りの黒髪娘」My Favorite Brunette (1947)*は、ボブ・ホープ主演のお気楽ハード・ボイルド。「ハリウッド・アルバム」Variety Girl (1947) はゲスト出演。「どんどんやろう」On Our Merry Way (1948)*はバージェス・メレディスの喜劇、「ルル・ベル」Lulu Belle (1948)*はドロシーの主演で、地方で歌っていたドロシーが弁護士と恋する話。

　「ちょっとフランス人」Slightly French (1949)*は、田舎で歌っていたドロシーを、失業中の映画監督のドン・アメチが発見して、フランス人女優に仕立てて売り出そうとする喜劇。1950年代以降はビング・クロスビーの「花婿来たる」Here Comes the Groom (1951)

や、「地上最大のショウ」The Greatest Show on Earth (1952) で少しだけ顔を見せた程度で、テレビを中心に活動した。

メリー・マーティン　Mary Martin
(1913.12.1–1990.11.3)

メリー・マーティンは舞台ミュージカルで有名な女優だが、1940年代初頭には映画にもよく出ていた。1913年にテキサスで生まれたメリーは、小さな時から歌や踊りの才能を見せたが、17歳で結婚する。しかし、妻としての生活で満たされなかったメリーは、ダンスを教えるようになり、やがてカリフォルニアで本格的にダンスを習う。ある日、間違った部屋に入って偶然受けたオーディションに合格して、舞台に立つようになる。芸能活動に専念するため、夫とは離婚し、ブロードウェイでデビューした後、ハリウッドでも映画に出演するようになった。

最初に大きな役がついたのは、アラン・ジョーンズの相手役を務めた「オペレッタの王様」The Great Victor Herbert (1939) で、題名からわかるとおりに20世紀初頭のブロードウェイで人気のあった作曲家ヴィクター・ハーバートの伝記作品。続く「川のリズム」Rhythm on the River (1940)* は、ビング・クロスビーの主演作で、ビングとはもう1本「ブルースの誕生」Birth of the Blues (1941) でも共演している。

「汝の隣人を愛せ」Love Thy Neighbor (1940)* はジャック・ベニーの主演で、メリーは彼女のテーマ曲『私の心はパパのもの』My Heart Belongs to Daddy を歌っている。この曲は、彼女がハリウッド入りする前にコール・ポーターの舞台作品「私に任せて！」Leave It to Me! (1938) の中で歌い評判を取ったものを再現している。この作品は日本で公開されなかったため、後年もう一度同じ曲を歌った、「夜も昼も」Night and Day (1946) のほうが日本では知られている。

「若者たちに別れのキスを」Kiss the Boys Goodbye (1941)* では、ドン・アメチと共演。「きらめくスターのリズム」Star Spangled Rhythm (1942)* で顔見せ出演した後、「成り行き任せ」Happy Go Lucky (1943)* ではディック・パウエルと共演して、金持ちと結婚するナイト・クラブのクローク係を演じている。

「実生活のとおりに」True to Life (1943)* もディック・パウエルとの共演で、ディックはラジオの放送作家。アメリカの典型的な家庭を描こうとして、契約した一家の生活を観察してドラマ化するが、その一家の長女メリーに恋してしまう。

しばらく間を置いてワーナーで作られた「夜も昼も」Night and Day (1946) は、ケアリー・グラントが作曲家コール・ポーターを演じた伝記的な作品で、メリーはゲスト出演して『私の心はパパのもの』を歌うが、前回と異なりカラーで撮影された。「ブロードウェイへの道」Main Street to Broadway (1953)* は、ブロードウェイの内幕物のコメディで、ブロードウェイのスターが大勢出演していて、メリーもその中の一人として出演して歌った。

ベティ・ハットン　Betty Hutton
(1921.2.26–2007.3.11)

ベティ・ハットンは庶民的な役柄の女優で、おせっかいで騒々しく動き回るような田舎娘役を得意とした。1921年生まれで、9歳の時から歌い始めて、楽団歌手として地元のラジオ局に出演していたところを、パラマウント社にスカウトされた。踊りもそれなりにこなすが、色気のある役柄よりもコミカルな役のほうが多い。

デビュー作の「艦隊入港」The Fleet's In (1942)* は、ドロシー・ラムーアとの共演。パラマウント社の慰問映画「きらめくスターのリズム」Star Spangled Rhythm (1942)* に参加した後、「成り行き任せ」Happy Go Lucky (1943)* ではメリー・マーティンと共演している。「腰抜けと原爆娘」Let's Face It (1943) ではボブ・ホープの相手役。「そしてエンジェル姉妹は歌う」And the Angels Sing (1944)* では、再びドロシー・ラムーアと共演している。

「海軍婦人予備隊がやって来る」Here Come the Waves (1944)* ではビング・クロスビーの相手役として、一人二役で器用なところを見せている。初めて主演したのが「鉄火肌の金髪娘」Incendiary Blonde (1945)* で、ナ

イト・クラブ歌手の伝記映画。その後は戦時慰問作品の「ハリウッド宝船」Duffy's Tavern (1945) でも歌っている。

有名ナイト・クラブの宣伝作品「ストーク・クラブ」The Stork Club (1945)* で主演の後、「我が心に誓って」Cross My Heart (1946)* に出る。この作品はベティ・ハットンらしい役柄だが、ミュージカルとしてはちょっと異色のもの。その後も、無声時代のスターだったパール・ホワイトの伝記「ポーリンの冒険」The Perils of Pauline (1947)、昼間から夢見がちの娘を描いた喜劇「夢見る娘」Dream Girl (1948)*、舞台裏物の「赤とホットと青」Red, Hot and Blue (1949)* などに出ている。

ここでMGMに呼ばれて、ジュディ・ガーランドの代役として「アニーよ銃をとれ」Annie Get Your Gun (1950) を撮ったのが好評で、映画自体の出来も良かったのでベティの代表作となった。「レッツ・ダンス」Let's Dance (1950)* は、大スターであるフレッド・アステアを招いての豪華な作品。

ミュージカルとはいいにくいが、パラマウントの大作「地上最大のショウ」The Greatest Show on Earth (1952) でも歌っている。パラマウント社での最後の出演は「誰かが私を愛している」Somebody Loves Me (1952)* で、ヴォードヴィル女優の伝記物。その後は独立系の会社で撮った「春の同窓会」Spring Reunion (1957)* があり、歌ってはいるがミュージカルではない。

艦隊入港 The Fleet's In (1942)* は、クララ・ボウ主演の無声映画「艦隊入港」The Fleet's In (1928) のミュージカル版のリメイク。この作品はパラマウント社のお気に入りらしく、その後も何回か映画化されている。クララ・ボウ自身もトーキーの「アイスクリーム艦隊」True to the Navy (1930) でリメイクしている。

ルー・エアーズ主演の「御婦人は注意を」Lady Be Careful (1936)* も同じ話だが、この作品のクレジットでは、ケニヨン・ニコルソンとチャールズ・ロビンソンの舞台劇「水兵にご用心」Sailor Beware (1933) を原作としている。その後のディーン・マーティンとジェリー・ルイスの「底抜け艦隊」Sailor Beware (1952) も勘定に入れると、全部で5回も映画化されたことになる。

水兵が上陸許可を得て街へ繰り出し、酒場の娘を口説くというだけの話で、この作品では水兵ウィリアム・ホールデンが、人気の店スウィング・ランドで、伯爵夫人と呼ばれる難攻不落の歌手ドロシー・ラムーアを口説こうとする。

ドロシーの仲間として、ベティ・ハットンが出ている。ヴィクター・シュレツィンガーの曲で、ジミー・ドーシー楽団の伴奏。『君を忘れない』I'll Remember You がヒットして、いろいろな歌手がカバーした。ベティ・ハットンは、この作品が長編デビュー。監督もヴィクター・シュレツィンガーで、パラマウント社作品。

成り行き任せ Happy Go Lucky (1943)* は、メリー・マーティンの主演作品で、ベティは助演。メリー・マーティンはマンハッタンのナイト・クラブのクローク嬢で、金持ちを見つけて玉の輿に乗りたいと考えている。そのために、こつこつ貯めた金で、カリブ海のクルーズ船に乗り、自分も上流階級の振りをして相手の物色をする。船で一緒になった世話好きの歌手ベティ・ハットンは、すぐにメリーの素性を察したが、彼女を助けようと恋人エディ・ブラッケンや、その友人ディック・パウエルと一緒に、堅物の金持ちルディ・ヴァリーがメリーに恋するように仕向ける。ところが、メリーは金のないディック・パウエルと恋におちてしまう。

メリー・マーティンとベティ・ハットンが、二人とも歌っている。楽曲はジミー・マクヒュー。監督はカーティス・バーナードで、パラマウント社のカラー作品。

そしてエンジェル姉妹は歌う And the Angels Sing (1944)* は、4人姉妹のコーラス・グループの話。ドロシー・ラムーア、ベティ・ハットン、ダイアナ・リン、ミミ・チャンドラーは、エンジェル姉妹というコーラス・グループを作っている。ある日、姉妹は場末のクラブで歌い、各人10ドルのギャラを手にするが、ベティはそれを賭博で170ドルに増やす。楽団リーダーのフレッド・マクマレイは金欠で、楽団歌手にするからといってベティの金を巻き上げてしまう。フレッドはそのまま翌朝早くにマンハッタンへ戻ってしまう

ので、4人姉妹はマンハッタンまで追っていく。そこで、フレッドは楽団と4人姉妹の歌をセットにしてナイト・クラブに売り込み、出演が決まる。ジョニー・バークが主に曲を書いている。4人姉妹の歌もあるが、ベティのソロが多い。ジョージ・マーシャル監督のパラマウント作品。

鉄火肌の金髪娘 Incendiary Blonde (1945)*は、ベティ・ハットンが初めて主演した作品で、禁酒法時代に『ナイト・クラブの女王』と呼ばれたテキサス・ガイナンの伝記映画。ベティ扮するテキサス・ガイナンは、20世紀初頭にワイルド・ウェスト・ショーに参加したのを皮切りにキャリアを積み、ブロードウェイの舞台や映画にも出演するようになる。彼女はマネジャーと結婚するが、結婚はすぐに破綻してしまう。しかし、1920年から33年までの禁酒法の時代には、闇酒場をいくつも経営して、ナイト・クラブの女王と呼ばれるようになる。

伝記映画なので、音楽は当時の曲をそのまま使っている。ジョージ・マーシャル監督のパラマウント社カラー作品。

モデルとなったテキサス・ガイナンは、無声時代に多くの短編に出演している。トーキー初期にもワーナーで「ナイト・クラブの女王」Queen of Night Clubs (1929)*という自伝的な作品に出演したほか、「キャバレエの鍵穴」Broadway Thru a Keyhole (1933)にも出演している。

ストーク・クラブ The Stork Club (1945)*は、実在した「ストーク・クラブ」という会員制のクラブを舞台とした作品。ベティ・ハットンはクラブでクローク嬢をしているが、ある日、溺れかけた浮浪者を救う。実はこの浮浪者は億万長者バリー・フィッツジェラルドで、ベティに感謝を込めて大金やアパートを匿名で贈る。海外から戻ってきたベティの恋人は、これを見て男に囲われているのではないかと疑うが、最後には誤解も解ける。

ベティ一人が歌いまくる、ハル・ウォーカー監督作品で、配給はパラマウント社。ストーク・クラブはマンハッタンの五番街にあったクラブで、ベティ・デイヴィス主演の「イヴの総て」All About Eve (1950)の撮影にも使われた。この映画の制作資金は、ストーク・クラブが宣伝のために負担したという噂があり、クラブの内部などが本物に近く再現されている。

我が心に誓って Cross My Heart (1946)*は、キャロル・ロムバードの「真実の告白」True Confession (1937)のミュージカル版。ロムバードの映画は、フランスの劇作家ルイ・ヴェルヌイユとジョルジュ・ベールの戯曲「私の罪」Mon Crimeが基になっている。

コーラス・ガールだったベティ・ハットンは、罪のない嘘つき上手の娘。演劇制作者の秘書募集が好条件だったので、喜んで勤めると、ひどいセクハラを受けて慌てて逃げ帰る。コートも帽子も置き忘れてしまったので、友人と一緒に取りに戻ると、制作者は殺されていて逮捕されてしまう。ここで一計を案じたベティは、自分が殺したと嘘をついて恋人の弁護士ソニー・タフツに弁護させ、無罪を勝ち取り彼を有名にすることに成功する。こうして二人は一緒になるが、そこに真犯人だと名乗る男が現れるので、ソニーはベティの嘘を非難して二人に危機が訪れる。しかし、ここでもベティは「お腹に赤ん坊がいる」と、嘘をついてソニーを呼び戻す。

ジミー・ヴァン・ヒューゼンが曲を書いていて、ベティが大半を歌っている。ジョン・ベリー監督のパラマウント作品。

ポーリンの冒険 The Perils of Pauline (1947)は、実在の女優パール・ホワイトの伝記ミュージカル。パール・ホワイトは1910年頃から22年頃まで映画に出演しているが、この映画のモデルになった連続活劇の「ポーリンの冒険」は1914年の作品。連続活劇とは「シリアル」と呼ばれる2巻物短編で、物語は前編に続く形で連続する。大体2週ごとに続編が発売されるが、1話完結とはならずに、主人公が危機を迎えた場面で終わり、後は次回のお楽しみとなる。逆に1話完結して、同じ登場人物が出演する作品は「シリーズ」と呼ばれる。

「ポーリンの冒険」は当初13回のシリアルとして企画されたが、好評なので20回まで続いた。初回のみ3巻で、それ以降は2巻だったと記録にあるが、完全版は残っていない。この映画の中でも後半にフランス公演の話が出てくるが、これは「ポーリンの冒険」がパ

テ社で配給されて、フランスでも人気が高かったため。

ベティ・ハットン（パール・ホワイト役）は服屋の店員で、女優に憧れていた。ある日女優のあつらえた衣裳の代金を取りに行き、劇団の座長ジョン・ランドに惚れて、そのまま一座に入る。しかし、ジョンが口やかましく演技指導するので、ベティは活動写真の世界に飛び込み、連続活劇「ポーリンの冒険」に出演すると、それが大ヒットして一躍有名人となる。ジョンが忘れられないベティは彼を探し出すが、彼は第一次世界大戦で出征してしまう。戦争が終わり連続活劇の時代も終わると、ベティは落ち目となり、逆にジョンはブロードウェイで名を上げる。ベティはパリ公演の事故で脚をいためてしまうが、そんな彼女にジョンは優しく寄り添うのだった。

楽曲はフランク・レッサーが書き、ベティが歌っている。ジョージ・マーシャル監督のパラマウント社カラー作品。

夢見る娘 Dream Girl (1948)*

は、エルマー・ライスの同名舞台劇(1945)の映画化で、本格的なミュージカルではないがベティが歌っている。同じ原作がジミー・ヴァン・ヒューゼンの作曲により、舞台でも「摩天楼」Skyscraper (1965)としてミュージカル化されている。

ベティ・ハットンが、白昼夢を見る娘を演じる。いわば、ダニー・ケイが前年に出演した「虹を摑む男」The Secret Life of Walter Mitty (1947)の女性版。ベティは夢の中でプッチーニの『ある晴れた日に』を歌う。ミッチェル・ライゼン監督のパラマウント映画。

赤とホットと青 Red, Hot and Blue (1949)*

は、舞台裏物のミュージカル。ベティ・ハットンは売り出し中のコーラス・ガールだが、ショーの支援者がギャングに殺され、ベティも事件に巻き込まれる。殺人容疑で捕まったり、ギャングたちに誘拐されたりするが、最後には恋人のヴィクター・マチュアに救出される。

コール・ポーターの舞台ミュージカル作品(1936)から、題名だけ借用しているが、内容はまったく別の作品。楽曲はフランク・レッサーが書いている。ジョン・ファロウ監督のパラマウント作品。

アニーよ銃をとれ Annie Get Your Gun (1950)

は、舞台作品(1946)の映画化で、撮影を続けられなくなったジュディ・ガーランドに代わって、ベティ・ハットンがアニー・オークリー役を演じた。MGMの制作で、バスビー・バークレイの監督で撮影を始めるが、途中で制作者アーサー・フリードに外されて、ジョージ・シドニー監督に代わるなどして、多難な映画だった。内容的にはアーヴィング・バーリンの舞台ヒット作なので、映画版も舞台作品に比較的忠実に作られた。

猟師をしていた鉄砲のうまい田舎娘ベティが、西部劇ショーでライフルの曲撃ちをするハワード・キールに惚れ、その愛を獲得するまでの話。舞台版の音楽がそのまま使用されていて、各ナンバーは映画的に大掛かりとなっている。

結果としてバークレイの撮影した場面は完成版では使われなかったが、『私もインディアン』I'm an Indian Tooとフィナーレには、バークレイのムードが残った。『私もインディアン』はジュディで撮影したナンバーも断片的に残されているが、完成版の映画とは異なり大規模なダンス・ナンバーになっていて、いかにもバークレイらしい。その雰囲気はベティ版にも少し残っている。フィナーレでは、カウボーイたちが馬に乗って同心円を描く様子を俯瞰撮影している。これもバークレイの片鱗か。

地上最大のショウ The Greatest Show on Earth (1952)

は、アメリカ一の大サーカス、リング・リング兄弟、バーナムとベイリーの一座を舞台とした話。空中ブランコ芸人ベティ・ハットンは一座の花形だったが、新たにコーネル・ワイルドが参加して、ベティは主役の座を奪われてしまう。ベティとコーネルは、互いに芸を競い合うようになるが、そのために無理をしてコーネルは怪我してしまう。ベティは座長のチャールトン・ヘストンに心を寄せていたが、その心は次第にコーネルへと移っていく。一方、象使い同士の恋のもつれから解雇されたのを逆恨みし、解雇された男がサーカス列車を襲撃するので、動物たちが逃げ出す大事故となる。座長のチャールトン・ヘストンも、一命は取り留めたものの大怪我を負うが、サーカスは休むなとい

う命令を出し、ベティが座長に代わって指揮して幕を開ける。

ルーズにではあるが実話に基づいた物語。セシル・B・デミル監督の得意なスペクタクル巨編で、サーカスの見せ場もたっぷりとある。ベティがヴィクター・ヤングの曲を歌うほか、踊り子役のドロシー・ラムーアも歌っている。パラマウント社の2時間半の大作で、サーカスの観客に交じった有名スターを探すのも楽しみ。カラー作品。

誰かが私を愛している Somebody Loves Me (1952)*は、「シンコペーションの女王」と呼ばれたブロッサム・シーリーの伝記。ベティ・ハットン（ブロッサム・シーリー役）は、ラルフ・ミーカー（ベニー・シーリー役）とコンビを組んで活躍し、ヴォードヴィルから始めて大舞台に立つようになる。

ベティ・ハットンが次から次へと歌うが、相手役のラルフ・ミーカーは吹替で、役に合わないとの評価が多い。題名は当時ヒットしたジョージ・ガーシュウィンの曲（「ジョージ・ホワイツのスキャンダルス1924年版」の挿入曲）から取られている。アーヴィング・ブリーチャー監督のパラマウント社カラー作品。

春の同窓会 Spring Reunion (1957)*は、5年間のブランクの後に独立プロで撮ったB級作品。ベティ・ハットンの映画出演はこの作品が最後となる。卒業後15年ぶりの高校の同窓会で再会した、ベティとダナ・アンドルーズの恋物語。

ミュージカルではないが、高校の同窓会の中でベティが歌う。ロバート・ピロシュ監督の白黒作品。ユナイトの配給。

ヴァージニア・デイル Virginia Dale
(1917.7.1-1994.10.3)

ヴァージニア・デイルは、1917年生まれの歌も踊りもできる女優だが、活動した時代がちょうど第二次世界大戦中だったために、日本で公開された出演作品は少なかった。ミュージカルへの出演では、ジミー・デュランテ主演の「大学の顔役」Start Cheering (1938)が最初で、この時にはまだ端役。MGMがノーマ・シアラーとクラーク・ゲイブルを共演させた「馬鹿者の喜び」Idiot's Delight (1939)*にも出たが、これもたいした役ではない。

ここからパラマウントでの出演が続き、ジャック・ベニー主演の牧場物ミュージカル「若武者ベニー再び乗りだす」Buck Benny Rides Again (1940)*では、3人姉妹のコーラスとして歌っている。

やはりパラマウントでロバート・ペイジとグレイス・マクドナルドが共演した「身を寄せて踊る」Dancing on a Dime (1940)*、ジャック・ベニーとメリー・マーティンの共演した「汝の隣人を愛せ」Love Thy Neighbor (1940)*、コンスタンス・ムーアとバート・ホウィーラー共演の舞台裏物「ラス・ヴェガスの夜」Las Vegas Nights (1941)*などに出た後、リパブリックでジーン・オートリーの歌うカウボーイ作品「歌う丘」The Singing Hill (1941)*、ドン・アメチとメリー・マーティンの「若者たちに別れのキスを」Kiss the Boys Goodbye (1941)*などの脇役として出た。

ヴァージニア・デイルが記憶されるのは、フレッド・アステアとビング・クロスビーが共演した「スイング・ホテル」Holiday Inn (1942)で、マージョリー・レイノルズと一緒に相手役を務めたことによる。

ヴェロニカ・レイク Veronica Lake
(1922.11.14-1973.7.7)

1922年生まれのヴェロニカ・レイクにも少しだけ触れておく。美しく長い髪を顔に半分かけるように見せる、独特のスタイルで売った女優で、ミュージカルにも何本か出演している。「女の子を連れて来い」Bring on the Girls (1945)*では百万長者と知り合ったタバコ売りの娘役で、音楽はスパイク・ジョーンズが担当している。

「とびきりの上等」Out of This World (1945)*は、有望なクルーナーを発見して売り込もうとする芸人物。「ロマンチックじゃないこと？」Isn't It Romantic? (1948)*は、南北戦争後に南部の旧家の娘が金のための結婚をせざるを得なくなるという話で、黒人家政婦役のパール・ベイリーが素晴らしい歌を聞か

せてくれる。ヴェロニカは歌えないので、歌は大半が吹替。

ポーレット・ゴダード　Paulette Goddard
(1910.6.3–1990.4.23)

　ポーレット・ゴダードは、1910年生まれで少女時代からジーグフェルド・フォリーズに出演していて、16歳で金持ちと結婚したというからゴールド・ディガースを地で行くような人生だ。しかし、すぐに離婚してハリウッドに出て、エディ・カンターやローレルとハーディの作品にコーラス・ガールとして出演した。

　彼女が有名になるのはチャールズ・チャップリンと結婚して「モダン・タイムス」Modern Times (1936)や「独裁者」The Great Dictator (1940)に出てからで、チャップリンと離婚後にパラマウント入りして、「セカンド・コーラス」Second Chorus (1940)*でフレッド・アステアと共演した。翌年にも独立系でジェイムス・ステュアートと「恋のラジオ放送」Pot o' Gold (1941)*で共演したが、どちらもB級作品の域を出なかった。

6　ワーナー

　トーキー映画で先行して、初期のレヴュー映画で一時代を築いたワーナーだが、1940年代になるとすっかりミュージカル映画の勢いを失い、作品の数も減り質も低下した。40年代の前半には慰問映画を、「これが陸軍だ」This Is the Army (1943)*、「君の幸運の星にありがとう」Thank Your Lucky Star (1943)*、「ハリウッド玉手箱」Hollywood Canteen (1944)と3本作ったが、それ以外は、いわゆるB級作品が中心だった。ワーナーがミュージカル映画で再び力を取り戻すのは、ドリス・デイの登場を待たねばならない。

ジェイムス・キャグニー　James Cagney
(1899.7.17–1986.3.30)

　1899年生まれのジェイムス・キャグニーはギャング映画で有名だが、実はタップ・ダンスも上手なので、「フットライト・パレード」Footlight Parade (1933)でも『上海リル』をルビー・キーラーと踊っている。1930年代にはもう1本独立系で「キャグニー　ハリウッドへ行く」Something to Sing About (1937)*に出ていて、これはキャグニーが楽団リーダー兼ダンサーとして、ハリウッドに行って活躍する話。

　1940年代にも「ヤンキー・ドゥードゥル・ダンディ」Yankee Doodle Dandy (1942)で、『ブロードウェイによろしく』Give My Regard to Broadwayという素晴らしい踊りを見せてくれた。この作品は、20世紀初頭のミュージカル・スターであったジョージ・M・コーハンの伝記作品。コーハンは愛国的で有名だったので、こうしたテーマは戦争中でも作りやすかったのだろう。この作品でキャグニーが演じたコーハン像があまりにも鮮烈だったので、この作品の後は、コーハンといえばキャグニーの姿が人々の頭に浮かぶようになった。

　キャグニーは1950年代にもミュージカル作品に出ていて、「ウェスト・ポイント物語」The West Point Story (1950)*は、ヴァージニア・メイヨーやドリス・デイとの共演。朝鮮戦争時に作られた「スターリフト」Starlift (1951)*ではゲスト出演、「情欲の悪魔」Love Me or Leave Me (1955)では再びドリス・デイと共演、パラマウントがボブ・ホープ主演で作ったエディ・フォイの伝記「エディ・フォイ物語」The Seven Little Foys (1955)でもジョージ・M・コーハン役を演じている。

　ミュージカル最後の作品は、ユニヴァーサルでシーリー・ジョーンズと共演した「下らぬものを盗むな」Never Steal Anything Small (1959)*で、悪漢役だった。

デニス・モーガン　Dennis Morgan
(1908.12.20–1994.9.7)

第3章　1940年代：戦争の時代

ジャック・カースン　Jack Carson
(1910.10.27-1963.1.2)

　1908年生まれのデニス・モーガンは、オペラ的な歌い方をする二枚目で、1940年代のワーナー作品に多く出ているが、日本にはあまり輸入されなかった。MGM映画「巨星ジーグフェルド」The Great Ziegfeld (1936)の、巨大なケーキの前で『可愛い娘はメロディのよう』A Pretty Girl Is Like a Melodyを歌い、名前を売るが、これはなぜか吹替で、実際の声はアラン・ジョーンズが担当している。美声でオペラ的な歌い方もできるが、オペレッタ的な作品は少なく、1910年生まれのジャック・カースンと組んだ軽い映画が多い。

　恐らくは1940年代に人気のあったパラマウント社の「珍道中」シリーズのように、歌の上手なデニス・モーガンと、コミカルなジャック・カースンという組み合わせを考えたのだろう。「珍道中」でマドンナとして出演したドロシー・ラムーアの役は、ワーナーでは、ジョーン・レスリーが主に務めた。

　ワーナー作品に出始めたのは「虚栄の花」The Hard Way (1943) から。この作品はアイダ・ルピノ、ジョーン・レスリー、ジャック・カースンと、ワーナーのミュージカル役者が総出演で、娘を舞台にデビューさせようとする母親の話。これがデニスとジャック・カースンの初コンビとなった。

　その後「輝け中秋の満月」Shine on Harvest Moon (1944)* が続く。この作品は、20世紀初頭に活躍してジーグフェルド・フォリーズにも出演したノーラ・ベイとジャック・ノーワースの伝記映画で、アン・シェリダンとデニス・モーガンが共演して、ジャック・カースンが助演した。映画の題名はノーラ・ベイが歌ってヒットさせた曲名。

　ついでミュージカルではないが「王子と運ちゃん」Two Guys from Milwaukee (1946)は、ヨーロッパの小国の国王デニス・モーガンが、訪米中にお忍びで街の様子を見ようと、タクシー運転手ジャック・カースンと仲良くなり、ジョーン・レスリーに恋をする話。

　その後もモーガンとカースンのコンビは続き、ナイト・クラブの舞台裏を描いた「時と場所と娘」The Time, the Place and the Girl (1946)*、ジョーン・レスリーも共演した「テキサスから来た二人の男」Two Guys from Texas (1948)*、ドリス・デイを加えて撮影所の舞台裏を描く「素敵な気持ち」It's a Great Feeling (1949)* などが作られた。

　デニス・モーガンがジャック・カースンと組まなかった作品も多い。戦争中の慰問映画「君の幸運の星にありがとう」Thank Your Lucky Stars (1943)* と、「ハリウッド玉手箱」Hollywood Canteen (1944) にはゲスト出演している。デニスらしい歌声を聞かせるのは、ブロードウェイ・オペレッタの3回目の映画化「砂漠の歌」The Desert Song (1943)* や、アイルランド出身のテナーであるチョーンシー・オルコットとブロードウェイの歌姫リリアン・ラッセルを描く「僕の野育ちアイルランドのローズ」My Wild Irish Rose (1947)* だ。

　そのほか、「ある日曜日の午後」One Sunday Afternoon (1948)* は、ゲイリー・クーパーの同名作品 (1933) の2度目のリメイク。最初のリメイクはジェイムス・キャグニー主演の「いちごブロンド」Strawberry Blonde (1941) で、今回のものはデニス主演なのでミュージカルとなっているが、田舎の歯医者が昔の恋人を取られた恨みで、相手の男に復讐を考えるという話。

　1950年代に作られた最後のミュージカル「雲を日光で彩れ」Painting the Clouds with Sunshine (1951)* は、ヴァージニア・メイヨーやジーン・ネルソンと共演した作品で、「ブロードウェイ黄金時代」Gold Diggers of Broadway (1929) のリメイク。

ジョーン・レスリー　Joan Leslie
(1925.1.26-)

　ジョーン・レスリーは、1925年生まれで小さな時から多くの作品に出ていたが、大人になってワーナーの専属となり、ミュージカルにも出るようになった。最初のミュージカルはジェイムス・キャグニーの「ヤンキー・ドゥードゥル・ダンディ」Yankee Doodle Dandy (1942) で、レスリーも歌っているがこれは吹替。デニス・モーガンの相手役として「虚栄の花」The Hard Way (1943) に出た

後、RKOに貸し出されて、フレッド・アステアと組んで「青空に踊る」The Sky's the Limit (1943) に出演した。

戦争中にはワーナーの慰問用映画3部作、「これが陸軍だ」This Is the Army (1943)*、「君の幸運の星にありがとう」Thank Your Lucky Stars (1943)*、「ハリウッド玉手箱」Hollywood Canteen (1944) に全部出演。

続く作品もフレッド・マクマレイの戦争喜劇「ここからどこへ行くの」Where Do We Go from Here? (1945)* の後、「アメリカ交響楽」Rhapsody in Blue (1945) と「婿探し千万弗」Cinderella Jones (1946) ではロバート・アルダと共演して、「王子と運ちゃん」Two Guys from Milwaukee (1946) では、デニス・モーガンとジャック・カースンの相手役だった。

ロバート・アルダ　Robert Alda
(1914.2.26–1986.5.3)

1914年生まれのロバート・アルダはヴォードヴィル出身で、舞台と映画の両方で活躍した。「アメリカ交響楽」Rhapsody in Blue (1945) と「婿探し千万弗」Cinderella Jones (1946) の2本では、ジョーン・レスリーと共演している。「婿探し千万弗」はジョーン・レスリーが巨額の遺産を相続することになり、それには知能指数の高い男と結婚することという条件が付いていたために、条件に合う男を必死に探し回るが、結局は自分の恋人が条件をクリアしてひと安心する。

「私の愛する男」The Man I Love (1947)* は、アルダがナイト・クラブのオーナーで、アイダ・ルピノがそこの歌手という設定。「四月の雨」April Showers (1948)* はミュージカルとしては最後の出演作。ジャック・カースンとアン・サザーンのヴォードヴィル芸人物で、アルダは助演。

アン・シェリダン　Ann Sheridan
(1915.2.21–1967.1.21)

アン・シェリダンは1915年生まれで、パラマウント社の美人コンテストで優勝して映画界入りしたので、1934–35年はパラマウント作品で端役だったが、1936年にワーナーへ移り、役がもらえるようになった。パラマウント時代にも「ボレロ」Bolero (1934)、「絢爛たる殺人」Murder at the Vanities (1934)、「合点！承知！」Shoot the Works (1934)、「カレッヂ・リズム」College Rhythm (1934)、「ルムバ」Rumba (1935)、「ミシシッピ」Mississippi (1935) など、ミュージカル作品が多かったが名前はあまり出ていない。

ワーナーで最初に出演した作品は、メトロポリタン歌劇場から呼んだテノールのジェイムス・メルトンが出た、「恋歌を歌って」Sing Me a Love Song (1936)* だが、アンの出た場面は公開時にカットされて残っていない。次の「ブルックリンから来たカウボーイ」Cowboy from Brooklyn (1938)* は、ブルックリン出身のディック・パウエルが田舎町でカウボーイとなって歌う話で、アン・シェリダンは助演。

「ブロードウェイの仲間たち」Broadway Musketeers (1938)* あたりからはまともな役がついた。この作品はマーヴィン・ルロイ監督の「舗道の三人女」Three on a Match (1933) のリメイクで、孤児院から出た娘3人の人生を描いている。アン・シェリダンは3人の中の一人を演じる。

「行儀悪いけど素敵」Naughty But Nice (1939)* は、作曲家ディック・パウエルの書いた曲をアン・シェリダンが歌い、二人の恋が絡む。「全部本当になった」It All Came True (1940)* は、ハンフリー・ボガートのギャング物で、アン・シェリダンは歌手役。「栄光の都」City for Conquest (1940) は、ブルックリンで育った4人の子供たちが成長する姿を描く。ジェイムス・キャグニーはボクサーとして名を成し、アン・シェリダンはブロードウェイで成功する。

「水兵たち」Navy Blues (1941)* は戦争中らしく水兵の恋物語。アン・シェリダン、ジャック・カースン、ジャック・オーキー、マーサ・レイといった顔合わせ。顔見せ映画の「君の幸運の星にありがとう」Thank Your Lucky Stars (1943)* に登場した後、デニス・モーガンと共演したノーラ・ベイの伝記「輝け中秋の満月」Shine on Harvest Moon (1944)* が最後となった。

第3章　1940年代：戦争の時代

アイダ・ルピノ　Ida Lupino
（1918.2.4－1995.8.3）

　アイダ・ルピノは、1918年にロンドンの芸能一家に生まれたので、最初は英国映画に出演していたが、1934年にアメリカへ渡り、ハリウッドで映画に出るようになった。英国時代にも「アルカディアの王子」Prince of Arcadia (1933)* という独ミュージカル作品の英語版に出ているが、まだ助演。

　ハリウッドで出演したのは「巴里は夜もすがら」Paris in Spring (1935) からで、パラマウントに所属した。この作品はメリー・エリス主演でルピノは助演扱いだが、互いに恋人に振られた男女が恋の鞘当てを演じ、最後には元の鞘に収まるという作品。続いてビング・クロスビーとエセル・マーマンの「海は桃色」Anything Goes (1936) でも助演している。

　「歌へ陽気に」The Gay Desperado (1936) は独立系の制作によるメキシコ物。メキシコの若きテナーが盗賊に誘拐されて、同じく誘拐されたアメリカ人のルピノと恋をする。「画家とモデル」Artists & Models (1937) は、1920年代にブロードウェイで人気のあったショーと同じ名前だが、それとは関係がないジャック・ベニーとヨット・クラブ・ボーイズの作品で、ルピノは助演。

　1940年代はワーナーに移り、デニス・モーガンの「虚栄の花」The Hard Way (1943) に出演。慰問用の「君の幸運の星にありがとう」Thank Your Lucky Stars (1943)*、「ハリウッド玉手箱」Hollywood Canteen (1944) に出演した後、「私の愛する男」The Man I Love (1947)* で、ロバート・アルダと共演、「深夜の歌声」Road House (1948)* は、リチャード・ウィドマーク共演の犯罪物で、ルピノは歌手役を演じた。

レイ・ボルジャー　Ray Bolger
（1904.1.10－1987.1.15）

　レイ・ボルジャーは、1904年生まれのヴォードヴィリアンで、素早い動きのダンスで人気があった。その特徴的なダンスは舞台で鍛えられたもので、映画だけでなくブロードウェイの舞台でも活躍した。ブロードウェイでは1926年からいろいろなショーに出演して、「人生は8時40分から」Life Begin at 8：40 (1934) と、「油断なく」On Your Toes (1936) では主演している。特に「油断なく」では有名なバレエ『十番街の殺人』を踊っている。舞台での代表作は、戦後の「チャーリーはどこだ？」Where's Charley？ (1948) と「オール・アメリカン」All American (1962) で、「チャーリーはどこだ？」は、ボルジャー自身の主演で映画化されている。

　映画界ではMGMと契約して、「巨星ジーグフェルド」The Great Ziegfeld (1936) に本人役で出演して、1曲だが歌い踊っている。続いてエレノア・パウエル主演の「ロザリー」Rosalie (1937)* や、ジャネット・マクドナルド主演の「恋人」Sweethearts (1938)* にも出演したが、あまり出番は多くない。

　大きな役が付いたのは「オズの魔法使」The Wizard of Oz (1939) の案山子役を演じてからで、この作品で名前は売れたものの、案山子の踊りは必ずしもレイ・ボルジャーの特徴を生かした振付ではなかった。

　「サニー」Sunny (1941)* は、ブロードウェイ作品 (1925) の2度目の映画化で、RKO作品。最初の映画化「便利な結婚」Sunny (1930) では、舞台でもこの役を演じたマリリン・ミラーが主演したが、1941年版ではアンナ・ニーグル主演で、レイ・ボルジャーが相手役。ボルジャーはこの作品の中で彼らしい踊りを見せている。

　「四人の男と一人の娘」Four Jacks and a Jill (1942)* も、やはりRKOの作品で、レイ・ボルジャー主演でアン・シャーリーやジューン・ハヴォク（ジプシー・ローズ・リーの姉）が共演している。4人の男性 (Jack) 楽団員と一人の女性 (Jill) 歌手が組んでいたが、歌手のジューン・ハヴォクが突然やめるので、後釜にアン・シャーリーを見つけるという話で、「世界の歌姫」That Girl from Paris (1937) のリメイク。戦争中の慰問映画も、ボルジャーは舞台人らしく、「楽屋口接待所」Stage Door Canteen (1943)* に出ている。

　戦後は、MGMでジュディ・ガーランドの「ハーヴェイの店の娘たち」The Harvey Girls

(1946)*でも見事な踊りを見せたほか、ワーナーで作られた「虹の女王」Look for the Silver Lining (1949)では、ジューン・ヘイヴァーの相手役を務めている。

「チャーリーはどこ？」Where's Charley? (1952)*は、舞台版キャストそのままにワーナーが映画化しており、レイ・ボルジャーの主演で、舞台でも大いに受けた『エイミーに恋したならば』Once in Love with Amyを収録している。「四月のパリ」April in Paris (1952)*は、ワーナーで作られたドリス・デイの主演作品で、ボルジャーが相手役。ここでは彼らしい踊りを見せている。

最後の出演作はディズニーが昔のオペレッタを再映画化した「おもちゃの王国」Babes in Toyland (1961)で、ボルジャーが主演して元気な姿を見せた。

ジェイン・ワイマン　Jane Wyman
(1917.1.5–2007.9.10)

ジェイン・ワイマンは1917年生まれで、高校卒業後に映画に出たり、ラジオで歌ったりしたが、1936年にワーナーと契約して、本格的に女優への道を進んだ。1932年から36年までは、「カンターの闘牛士」The Kid from Spain (1932)、「ゴールド・ディガース」Gold Diggers of 1933 (1933)、「カレッヂ・リズム」College Rhythm (1934)、「誰がやっても」All the King's Horses (1935)*、「ピストルと音楽」Stolen Harmony (1935)、「バーレスクの王様」King of Burlesque (1936)、「新入生の恋」Freshman Love (1936)*、「海は桃色」Anything Goes (1936)、「俳優志願」Stage Struck (1936)*、「スタアと選手」Cain and Mabel (1936)、「踊る三十七年」Gold Diggers of 1937 (1936)と、有名ミュージカル作品に出ているが、いずれもコーラス・ガールの一員で役はついていない。

初めてチョイ役がついたのが、ワーナーの「準備と意志と才能」Ready, Willing and Able (1937)*で、「唄ふ陸戦隊」The Singing Marine (1937)、「ドッド君乗出す」Mr. Dodd Takes the Air (1937)などでも、小さな役だった。戦争中にジミー・デュランテとフィル・シルヴァースが共演した「お前はもう陸軍にいるんだぞ」You're in the Army Now (1941)*では、二人と一緒に歌っただけでなく、映画史上に残る3分を超えるキス場面で評判となった。

RKOの「私のお気に入りのスパイ」My Favorite Spy (1942)*や、フォックスの「脚光セレナーデ」Footlight Serenade (1942)*で助演した後に、ワーナーの「ハリウッド玉手箱」Hollywood Canteen (1944)にも出演、コール・ポーターの伝記「夜も昼も」Night and Day (1946)では、主演ではないが何曲か歌う。

ドリス・デイの「素敵な気持ち」It's a Great Feeling (1949)*にゲスト出演の後、ビング・クロスビー主演のパラマウント映画「花婿来たる」Here Comes the Groom (1951)では、ビングの相手役として共演している。

朝鮮戦争時の慰問映画「スターリフト」Starlift (1951)*にもゲスト出演して、「ちょうど君に」Just for You (1952)*では再びビングの相手役を演じ、コロムビアのカラー大作「もう一度やろう」Let's Do It Again (1953)*では堂々と主役を演じた。この作品はアイリーン・ダンの「新婚道中記」The Awful Truth (1937)のリメイク作品で、相手役はレイ・ミランドが演じている。

ジャニス・ペイジ　Janis Paige
(1922.9.16–)

ジャニス・ペイジは1922年生まれの歌手で、高校卒業後にハリウッドの戦時兵士接待所で働いているところを、ワーナー社にスカウトされて映画界に入った。1950年以降はブロードウェイでも活躍して、舞台版の「パジャマ・ゲーム」Pajama Game (1954)に主演したのが有名。その後も舞台、映画、テレビで活躍した。

映画デビューはエスター・ウィリアムスの「世紀の女王」Bathing Beauty (1944)だが、この時にはまだコーラスでの出演。自分でも実際に働いていた兵士接待所を題材とした「ハリウッド玉手箱」Hollywood Canteen (1944)にも出演して、撮影所の案内役を務めている。

ここからはワーナーと契約して、デニス・モーガンやジャック・カースンの作品に登場

している。「彼女好みの男」Her Kind of Man (1946)＊は、禁酒法時代の闇酒場の歌手ジャニスとコラムニストのデイン・クラークの恋物語。「王子と運ちゃん」Two Guys from Milwaukee (1946) は、デニス・モーガンとジャック・カースンの作品で、女性陣はジョーン・レスリーとジャニス・ペイジという配役。次の「時と場所と娘」The Time, the Place and the Girl (1946)＊でも、モーガンとカースンの作品で相手役を務めた。

「愛して学ぶ」Love and Learn (1947)＊は、ジャック・カースンとロバート・ハットンの曲作りコンビが、ブロードウェイのショーを目指す話で、ジャニスは助演。ミュージカルではないが、デニス・モーガンが主演した西部劇「高原児」Cheyenne (1947)では、酒場の歌手役で歌っている。「洋上のロマンス」Romance on the High Seas (1948)はジャニス・ペイジとジャック・カースンの主演だが、新人のドリス・デイにすっかり食われてしまった作品。「ある日曜日の午後」One Sunday Afternoon (1948)＊では、デニス・モーガンの相手役を務めている。

「二人の娘と一人の男」Two Gals and a Guy (1951)＊は、ロバート・アルダとの共演で夫婦の歌手の話だが、ジャニスは二役を演じている。その後は舞台やテレビに出ていたが、MGMの「絹の靴下」Silk Stockings (1957)ではフレッド・アステアと共演して、一緒に歌ったり踊ったりもしている。コニー・フランシス主演の「渚のデイト」Follow the Boys (1963)では、脇役で出演しているが歌ってはいない。

ワーナーのその他の作品

アメリカ交響楽　Rhapsody in Blue (1945) は、戦争中にワーナーが力を入れて作った作曲家ジョージ・ガーシュウィンの伝記。ガーシュウィン（ロバート・アルダ）はティン・パン・アレイの楽器屋で、楽譜売りのピアニストをしていたが、アル・ジョルスンのミュージカル向けに書いた曲が大ヒットする。その才能に目を付けたポール・ホワイトマンが、彼の楽団のための意欲的な新作を依頼して、『ラプソディ・イン・ブルー』が大成功を収める。その後はパリへ遊学して音楽を本格的に学び、多くの名曲を残し、黒人だけで上演するオペラ「ポーギーとベス」がセンセーションを巻き起こす。

序曲部分も含めると2時間半の大作で、ガーシュウィンのヒット曲満載で楽しめる。アル・ジョルスン本人が登場するほか、ポール・ホワイトマン楽団もオスカー・レヴァントのピアノで『ラプソディ・イン・ブルー』を演奏している。「ポーギーとベス」の舞台セットは、オリジナルの舞台をそっくり再現したもの。アーヴィング・ラッパー監督の白黒作品。

1 オーケストラ演奏　序曲　Overture: Rhapsody in Blue/ Embraceable You / I Got Rhythm
2 ジョーン・レスリーの歌（吹替）　Smiles
3 ロバート・アルダとジョーン・レスリー（吹替）の歌　Swanee
4 アル・ジョルスンの歌　Swanee
5 ジョーン・レスリーの踊り　'S Wonderful
6 ジョーン・レスリー（吹替）とジョニー・ダウンズの歌　Somebody Loves Me
7 ジョーン・レスリーの踊り　(I'll Build a) Stairway to Paradise / Oh Lady Be Good
8 男性歌手と女声歌手の歌と群舞（ポール・ホワイトマンの指揮）　Blue Monday Blues (135th Street)
9 ポール・ホワイトマン楽団　Rhapsody in Blue
10 ヘイゼル・スコットの歌　The Man I Love
11 ヘイゼル・スコットの歌　Fascinating Rhythm / I Got Rhythm
12 ヘイゼル・スコットの歌　Yankee Doodle Blues
13 オスカー・レヴァントとロバート・アルダ（吹替）のピアノ演奏　ガーシュウィンの曲のメドレー
14 パーティ客たちの合唱　Bidin' My Time
15 ジョーン・レスリーの歌（吹替）　Embraceable You
16 オーケストラ演奏（パリの風景のバックに流れる）　An American in Paris
17 オーケストラ演奏　Cuban Overture
18 ロバート・アルダとオスカー・レヴァントの歌　Mine
19 ジョーン・レスリーの歌（吹替）　Delishious
20 アン・ブラウンの歌　Summertime　「ポーギーとベス」Porgy and Bessから
21 オーケストラ演奏　Concerto in F
22 男性歌手　Love Walked In
23 オーケストラ演奏とオスカー・レヴァントのピアノ

Concerto in F
24 ポール・ホワイトマン指揮のオーケストラ演奏とオスカー・レヴァントのピアノ　Rhapsody in Blue
25 オーケストラ演奏　ガーシュウィン・メドレー

夜も昼も　Night and Day（1946）は、ブロードウェイのミュージカルを量産した作曲家コール・ポーターの伝記で、ケアリー・グラントがポーター役を演ずる。金持ちの家に生まれたポーターはエール大学に学ぶが、音楽への情熱を捨てきれずに、ブロードウェイのショーの世界に身を投じる。彼のショーの人気が出始めたところで第一次世界大戦が勃発、彼は慰問公演へ出るが、慰問先で負傷してしまう。戦争後も彼はヒット作を書き続けたが、落馬事故により再び足を痛め、何十回も手術を繰り返しながら、作曲を続ける。

　ポーターのヒット曲を満載。ワーナー社は、ガーシュウィンの伝記「アメリカ交響楽」（1945）を白黒で制作したが、このポーターの伝記作品はカラーで撮影した。メリー・マーティンの歌う『私の心はパパのもの』がカラーで収録されているのは貴重。女性との恋愛話が多く出てくるが、創作部分が多い。ポーターの伝記としては、女性ではなく男性との交友に重点を置いて描いた「五線譜のラブレター」De-Lovely（2004）も作られている。

1 オーケストラ演奏　序曲　Overture
2 合唱　エール大学応援歌　Yale Fight Song
3 ジェイン・ワイマンの歌と踊り　I'm in Love Again
4 ケアリー・グラントと男性合唱　Bulldog, Bulldog（エール大学の新応援歌）
5 ドロシー・マローンの歌　In the Still of the Night
6 ケアリー・グラントとセレナ・ロイルの歌　Old Fashioned Garden
7 ポーラ・ドリュー、パット・クラーク、ジェイン・ハーカーの歌　You've Got That Thing
8 ジェイン・ワイマンの歌　Let's Do It (Let's Fall in Love)
9 ジェイン・ワイマンの歌と踊り　You Do Something to Me
10 ケアリー・グラントの歌（作曲をしながら歌う）　Night and Day
11 イヴ・アーデンの歌　I'm Unlucky at Gambling
12 エージェント事務所でのモンティ・ウーリーの歌　Miss Otis Regrets
13 楽器店でのジニー・シムズの歌　I Wonder What's Become of Sally
14 楽器店でのジニー・シムズの歌　What Is This Thing Called Love
15 ジニー・シムズの歌　I've Got You Under My Skin
16 ロンドンのストリート・シンガーの歌と踊り　Rosalie
17 男性歌手　Night and Day
18 ジニー・シムズの歌　Just One of Those Things
19 プール・サイドでリハーサルする踊り子たち　Anything Goes
20 ジニー・シムズとケアリー・グラントの歌　You're the Top
21 ジニー・シムズの歌　I Get a Kick Out of You
22 女性トリオの歌　Easy to Love
23 メリー・マーティンの歌　My Heart Belongs to Daddy
24 ロイ・ロジャースの歌　Don't Fence Me In
25 カルロス・ラミレスの歌と群舞　Begin the Beguine
26 男性合唱　Bulldog, Bulldog
27 男性合唱　Night and Day

7　ユニヴァーサル

　1930年代のユニヴァーサル社のミュージカルは、ディアナ・ダービンの作品が中心で、これを支えたのが欧州からやって来た制作者ジョー・パスタナクと、監督のヘンリー・コスターだった。パスタナクとコスターは1942年にMGMへ移り、ダービンも成長して少女役を演じられなくなったので、ダービンの跡継ぎとしてグロリア・ジーンが売り出されるが、ダービンほどには人気が出なかった。

　ユニヴァーサル社は、歌手のアンドルーズ姉妹を呼び、凸凹コンビのアボットとコステッロなどの喜劇作品に出演させると同時に、ヴォードヴィル芸人のドナルド・オコーナーをペギー・ライアンと組ませて、気軽なミュージカル作品を量産した。そのほかにもジェイン・フレージー、グレイス・マクドナルドなどを抱えたが、いずれの作品も低予算でB級の域を出なかった。一方、オペラ的な歌手としてはアラン・ジョーンズとスザンナ・フォ

スターを抱えるが、制作スタッフも含めて層が薄く、一級作品を作れなかった。

1940年代にB級作品で頑張ったユニヴァーサルだが、50年代になるとミュージカル制作を諦めて、この分野から撤退する。そのため、ユニヴァーサルのミュージカル出演者たちは各社に放出された。

ディアナ・ダービン Deanna Durbin（その2）

ディアナ・ダービンは、1930年代から一人でユニヴァーサル社のミュージカルを支えていたが、1940年代に入っても引き続き出演し続けた。1940年代最初の「ホノルル航路」It's a Date (1940)、「青きダニューブの夢」Spring Parade (1940) と続き、「楽しい娘?」Nice Girl? (1941)*あたりになると、戦争の影が立ち込めてくる。

ジョー・パスタナクがユニヴァーサルで最後に作ったディアナの映画は、やはりヘンリー・コスター監督の「それは前夜から始まった」It Started with Eve (1941)*で、チャールズ・ロートンの演技が光り、コメディとして面白いので歌の印象が逆に薄くなるような作品だった。その後もディアナは1940年代末まで映画に出続けるが、パスタナクという名制作者を失い、低調な作品が多くなる。

ディアナの作品は、パスタナクが1942年にMGMに移ってしまったこと、パスタナクの相棒だったヘンリー・コスター監督もMGMへ移ったこと、そしてダービンが成長して20歳を超えたために、少女役をもはや演じることが難しくなったことが重なり、質が大きく変わる。

「海を渡る唄」The Amazing Mrs. Holliday (1943)では、ダービンは中国から戻ってくる宣教師の娘を演じた。「取っておく彼女のもの」Hers to Hold (1943)*は、「天使の花園」Three Smart Girls (1936) と「庭の千草」Three Smart Girls Grow Up (1939) の続編で、前2作が恋に恋するような娘の話だったのに対して、ディアナ自身の恋の話となっている。

「春の序曲」His Butler's Sister (1943)は、パスタナク調を真似た作り方だが、ディアナには少女時代の輝きが見られない。「クリスマスの休暇」Christmas Holiday (1944)と、「列車の女」Lady on a Train (1945)*では、少しシリアスな役に取り組んでいるが、ディアナの個性を生かしきれていない。

「歌わずにいられない」Can't Help Singing (1944)*は唯一のカラー作品で、ジェローム・カーン作曲の西部劇ミュージカル。それでも「彼のせいで」Because of Him (1946)*、「私はあなたのもの」I'll Be Yours (1947)、「内緒の何か」Something in the Wind (1947)*の3作は、芸達者な共演者を得て、楽しめるコメディに仕上がっている。

「セントラル・パークの中で」Up in Central Park (1948)*は、シグマンド・ロムバーグの舞台作品の映画化で、ディアナの歌よりもアイス・スケートのダンスが見どころになっている作品。続く「恋ごころ」For the Love of Mary (1948)で電話交換手役を演じたのが、最後の出演となった。

ディアナの発声は、いわゆるベル・カント唱法なので、クラシック系の曲、主にオペラの曲が多いが、1940年代にはジャズ調の曲も歌うようになった。しかし、これは彼女の芸域を広げるというよりも、逆に個性を失わせるような結果となり、次第に人気が失われてしまった。

ホノルル航路 It's a Date (1940)は、ディアナの恋を描いた作品。ディアナの母は大女優だが、ディアナもまた女優を目指して勉強している。新作劇の主役のオファーを受けた時に、ディアナは母親の演技指導を受けようと、母の静養先のハワイへ向かう船に乗るが、船上で富豪の紳士ウォルター・ピジョンと知り合い恋をする。ハワイに着くと、母親自身が新作劇の主演に乗り気で、ディアナも自分が演じるのを一度は諦めるが、ピジョンと母の結婚が発表され、母が引退を決意するので、主役はディアナが演じることとなる。ちょっとした失恋と主役の座を手に入れて、ディアナは大人となる。

ディアナは、プッチーニのアリアや有名曲などを歌って楽しませてくれる。原題は、恋愛ではなく「ただのデイト」というぐらいの意味だろうが、デイトという言葉がまだ日本語として一般化していない時代に苦労して邦

題を付けたということが、児玉数夫の「娯楽映画の世界　ミュージカル」に書いてある。

　監督はウィリアム・A・サイター。10年後にMGMでジェイン・パウエル主演の「ナンシー、リオへ行く」Nancy Goes to Rio (1950)*として再映画化されている。

青きダニューブの夢　Spring Parade (1940)は、ヨーロッパを舞台にした作品。ディアナはハンガリーの村娘で、市場で山羊を売ろうとすると、占い師から不思議な予言を受ける。彼女が疲れて荷馬車の荷台で横になると、寝ている間に荷馬車はウィーンへ向かい、そこで音楽家の恋人を得て、皇帝に呼ばれて歌を披露するという、すべては不思議な予言どおりの結果となる。

　原題からもわかるとおりに、ハンガリー映画「春のパレード」Frühjahrsparade (1934)の再映画化。制作者のジョー・パスタナクはオーストリア＝ハンガリーの出身で、ハンガリー時代にも同じ題材の映画を制作したのだから、よほど気に入った作品だったのだろう。邦題は劇中でディアナが歌う曲の題名から取られている。ヘルマン・コステルリッツの名前でハンガリー版の「春のパレード」を撮ったヘンリー・コスターが、再び監督を担当している。

楽しい娘？　Nice Girl？(1941)*は、フィリス・ドゥガンヌの同名戯曲の映画化で、「天使の花園」(1936)と似たような家族の話。科学者の父ロバート・ベンチュリーと3人の姉妹が暮らすアメリカの田舎町。これまでは末娘役の多かったディアナが、次女役を演じる。彼女には年相応の自動車好きの恋人もいるが、父に研究資金を提供するために魅力的な紳士フランチョット・トーンが現れて、3人娘全員が、中でもディアナが夢中になってしまう。ディアナはフランチョットを送ってニュー・ヨークまで行くが、子供扱いしかされず、結局は元の自動車好きの恋人に戻る。その恋人は志願して軍隊に入ることになり、ディアナは彼を見送るのだった。

　第二次世界大戦が始まった時期に公開され、最後は愛国的な歌『ありがとうアメリカ』Thank You Americaをディアナが兵士たちの前で歌う場面で終わるが、英国公開版ではこの歌は星条旗とユニオン・ジャック旗の前で『英国は永遠に』There'll Always Be an Englandを歌う場面に置き換えられた。この曲は1939年に作られて、英国ではヴェラ・リンの歌でヒットしたもの。英国で発売されたDVDには米国版と英国版のラストの両方が収録されている。ウィリアム・サイター監督のユニヴァーサル作品。

それは前夜から始まった　It Started with Eve (1941)*は、コメディとして面白い。死の床に臥した富豪チャールズ・ロートンは、息子ロバート・カミングスを呼び寄せる。ロートンは、息子の婚約者に会いたいと言うが、婚約者がまだホテルに到着していなかったので、息子は、ホテルのクローク嬢ディアナ・ダービンを婚約者に仕立ててロートンに会わせる。ディアナの励ましに応えて、翌朝、ロートンは劇的に回復し、またディアナに会いたいと言い出す。そこへ本物の婚約者も到着して、大混乱となるが、結婚相手にふさわしいのはディアナだと知ったロートンは、二人を結びつける。

　ディアナは相変わらず美しい声を聞かせてくれるが、チャールズ・ロートンの芝居が良く、大人役のディアナ映画の中では最も面白い。ヘンリー・コスター監督作品。この作品は、後に「彼女は億万長者」I'd Rather Be Rich (1964)としてリメイクされ、その時には富豪役をモーリス・シュヴァリエ、娘役はサンドラ・リーが演じている。

海を渡る唄　The Amazing Mrs. Holliday (1943)のディアナは宣教師の娘で、中国の学校で子供たちに教えていたが、学校が空襲で破壊されてしまい、中国人の孤児5人を連れて、アメリカへ戻る船に乗る。その船で富豪ハリー・ダヴェンポートと懇意になる。船は航海の途中で魚雷を受けて沈没するが、ディアナと子供たちは何とかサン・フランシスコまでたどり着き、富豪の家を訪ねると、富豪は行方不明で、ディアナは船中で富豪と結婚した相手と誤解されてしまう。やがて富豪が戻ってきて事情を察し、ディアナと孫息子を一緒にさせるのだった。

　ディアナはオペラ「トスカ」のアリア『歌に生き、愛に生き』を歌う。この作品から制作のパスタナク、監督のコスターが外れ、監督はブルース・マニングとなった。

第 3 章　1940年代：戦争の時代

取っておく彼女のもの　Hers to Hold (1943)*は、「天使の花園」(1936)、「庭の千草」(1939)の続編で、3人姉妹の末娘であるディアナ・ダービン自身の恋の話となっている。1943年という第二次世界大戦の真っ只中なので、今や成長して社交界の花形となっているディアナの恋の相手も、ボランティアで彼女が通う爆撃機工場のパイロットであるジョセフ・コットンだが、彼は近く戦場へ向かうこととなっているので、ディアナを相手にしない。

ディアナはコール・ポーターの『ビギン・ザ・ビギン』や、「カルメン」のアリアを歌っている。監督はフランク・ライアン。

春の序曲　His Butler's Sister (1943)のディアナ・ダービンは、歌で身を立てたいと考えてニュー・ヨークへ出てきた娘を演じる。腹違いの兄の住所がパーク・アヴェニューだったので、金満家だと思い頼って出てきたのだが、彼は作曲家フランチョット・トーンの執事に過ぎなかった。フランチョットに新しいメイドだと勘違いされたのを幸いに、ディアナはメイドとなって彼に歌を売り込む機会を探るがうまく行かない。ディアナはちょっとしたきっかけで、フランチョットと愛し合うようになるが、執事の兄は住む世界が違うと言って諦めるように説得する。しかし、最後にはディアナはフランチョットの愛を手に入れる。

ディアナはロシア語でロシア民謡を歌うが、プッチーニの「トゥーランドット」からの『誰も寝てはならぬ』は英語で歌っている。台本がつまらないといわれたが、ディアナの歌が良いので楽しめる。フランク・ボーゼイジ監督。第二次世界大戦中に作られているが、戦争臭さを感じさせないので、戦後日本でも公開された。

クリスマスの休暇　Christmas Holiday (1944)は、サマセット・モームの同名小説(1939)の映画化で、ディアナ・ダービンはデビュー以来の「隣の女の子」的な役柄から抜けて、ドラマティックな役柄に挑んでいる。原作の小説では、ロシア革命を背景としたパリが舞台だが、映画では現代のアメリカに置き換えられている。

軍隊のクリスマス休暇に結婚式を挙げようとしていた中尉ディーン・ハーレンは、直前になって婚約者が別の男と結婚したとの知らせを受ける。それでも、とにかく彼女のところへ向かうが、悪天候で目的地のサン・フランシスコにたどり着けず、ニュー・オリンズに宿をとる。その地のナイト・クラブで歌手ディアナと出会い、彼女の身の上話を聞くと、夫ジーン・ケリーが殺人犯として服役中のために、名前を変えて歌手をしているとのこと。天候が回復してサン・フランシスコへ向かおうとした矢先に、新聞でケリーの脱獄を知り、ディアナの下へ駆けつけて、危ういところを救う。

ジーン・ケリーがMGMから貸し出されてディアナと共演した作品なので、純粋ミュージカルとして作られても良いと思われるが、ミュージカルというよりも犯罪映画に近いムードの作品。一応はディアナの歌も入るが、ジーン・ケリーは歌も踊りもない。ディアナ作品の大半はジョー・パスタナクの制作で、古き良き時代の大陸調だが、この映画はフェリックス・ジャクソンの制作で、パスタナクのムードとは異なっている。ハーマン・J・マンキーウィッツの台本で、ロバート・シオドマク監督作品。

歌わずにいられない　Can't Help Singing (1944)*は、ディアナ・ダービン唯一のカラー映画で、サミュエルとカーティス・ワーショウスキーの小説「陸路を行く娘」Girl of the Overland Trailの映画化。ディアナの作品は彼女一人が歌を聞かせる作品が大半で、歌える相手役が存在しないので単調となりがちだが、この作品ではジェローム・カーンの曲を、ディアナと相手役のロバート・ペイジが歌うので、本格的なミュージカル作品となった。

西部開拓時代の話。東部の政治家の娘ディアナは若い軍人を好きになるが、父親はその男が気に入らないのでカリフォルニア勤務を命じる。反撥した娘ディアナは彼に会いたい一心で、幌馬車隊に入り、カリフォルニアを目指すが、その道中で旅仲間となった賭博師ロバート・ペイジに魅力を感じ、最後には結ばれる。フランク・ライアン監督作品。西部劇ミュージカルという少し変わった題材だが、ジェローム・カーンの音楽を聞くだけでも価

値がある。

列車の女 Lady on a Train (1945)*は、ミステリー・コメディ作品。ディアナは列車の窓から、中央駅そばのビルの一室で起きた殺人事件を目撃する。ところが、警察はミステリー・ファンの妄想だと考えて、相手にしない。そこで彼女はミステリー作家と一緒に、真相の究明に乗り出す。殺された男の婚約者のクラブ歌手や、怪しい親類たちが登場して、ディアナも次から次へと起こる殺人事件に巻き込まれるが、最後にはミステリー作家の愛も得ることができる。アガサ・クリスティー風に展開する作品で、歌は付け足し程度に3曲ほど。チャールズ・デイヴィッド監督作品。

彼のせいで Because of Him (1946)*でのディアナは、田舎の女優志願のウェートレス。名優チャールズ・ロートンの紹介状を偽造してブロードウェイ・デビューを狙うが、すぐにばれてしまう。しかし、ロートンに気に入られて新作の劇で相手役を務めることになる。ところが、劇作家フランチョット・トーンは、密かにディアナに心を寄せていたので、ロートンとの親密な関係が気に食わない。だがロートンは、最後にはそれを察して、ディアナを彼に仕向ける。

　ロートンと組んで、「それは前夜から始まった」It Started with Eve (1941)*の線を狙ったコメディ。ディアナは3曲を歌うが、音楽面では低調。監督はリチャード・ウォレス。

私はあなたのもの I'll Be Yours (1947)は、ウィリアム・ワイラー監督の「お人好しの仙女」The Good Fairy (1935)の再映画化。田舎娘が舞台に立つことを夢見てニュー・ヨークに出て、近所の食堂の給仕や失業中の弁護士に助けられながら、金持ちのアドルフ・マンジュの支援を受けて成功するまでを描く。ウィリアム・A・サイター監督作品。ディアナは数曲歌っているが低調な仕上がり。

内緒の何か Something in the Wind (1947)*は、ドナルド・オコナーの共演で楽しい作品となっている。富豪チャールズ・ウィニンガーが亡くなった時に、彼がある女性に、毎月密かに小切手を送っていたことが判明する。若き日の恋人で、結婚できなかった相手である。遺言には続けるようにとの指示があるが、跡継ぎのジョン・デイルはこれを止めたいと思い、相手の女性ディアナを探し出して、もう小切手を受け取らないことに同意させようとする。ところが小切手を受けていたのは、ディアナと同姓同名の叔母だったので話が通じない。やり取りするうちに二人の間には愛情が芽生えるようになる。

　ジョンの弟役にドナルド・オコナーが出演していて、何曲か披露している。楽曲はジョニー・グリーンが書いていて、ディアナはジャズ調でも歌って見せるが、これは似合わない。グリーンの曲以外にもヴェルディのオペラ「イル・トロヴァトーレ」のアリアをメトロポリタン歌劇場のスターであるジャン・ピアースとデュエットする。オペラでは男役が牢獄に入れられた場面の歌だが、この映画では逆にディアナが牢獄に入れられた場面で歌われるのが面白く、ジャン・ピアースの歌声が素晴らしい。アーヴィング・ピッチェル監督作品。

セントラル・パークの中で Up in Central Park (1948)*は、シグマンド・ロムバーグの同名舞台作品(1945)の映画化。曲はかなり少なくなっていて、物語も変えてある。作品のモデルとなったのは、19世紀末にニュー・ヨークを牛耳った、通称ボス・トウィードと呼ばれる実在の人物で、それをデニス・リンチがまとめた伝記作品「ボス・トウィード：恐ろしい時代の物語」"Boss" Tweed : The Story of a Grim Generation (1927)に基づいている。

　ディアナはアイルランドからの移民の娘で、オペラ歌手を目指している。彼女の父親が管理人をやっているセントラル・パークをめぐり、市政のボスが不正な取引を行っていると、ニューヨーク・タイムズ紙の記者ディック・ヘイムズが暴いて、腐敗した市政を正そうとする。

　ボス・トウィード役はヴィンセント・プライスだが、実際のトウィードはでっぷりとした体型だったので、まったく似ていない。ディアナの相手役となったディック・ヘイムズは歌えるので、それなりに楽しい作品となっている。

　ディアナの映画としては珍しくダンス場面がある。これは舞台版と同じくヘレン・タミリスの振付によるもので、アイス・スケート

恋ごころ For the Love of Mary (1948)は、ディアナ・ダービンの最後の作品。ディアナはホワイト・ハウスの電話交換手。魅力的なディアナは、大統領補佐官、海軍中尉、弁護士の3人に言い寄られる。ところが、太平洋の島の所有者ドン・テイラーは、米軍への基地提供の条件として、恋敵の3人を彼女から遠ざけさせてディアナの心を得る。ディアナは古いヒット曲のほかに、オペラ「セビリアの理髪師」のアリアを歌っている。フレデリク・デ・コルドヴァ監督作品。

グロリア・ジーン Gloria Jean
(1926.4.14-)

　グロリア・ジーンは、ディアナ・ダービンが成長して少女役を演じられなくなったので、第2のディアナを求めてジョー・パスタナクが探し出した、歌の上手な少女。グロリアは1926年生まれで、ディアナよりも5歳若かったので、デビューした1939年には、まだ14歳だった。

　彼女の活躍した時期は1940年代の第二次世界大戦前後だったので、残念なことに日本ではほとんど紹介されなかった。デビュー作の「青い制服」The Under-Pup (1939)でいきなり主役を演じたグロリアは、美しいソプラノの声で観客を魅了した。

　2作目の「好きにできたら」If I Had My Way (1940)*は、パラマウントから大スターのビング・クロスビーを借りてきてグロリアと組ませた作品で、クラシック風とジャズ風の歌を両方とも歌って見せた。「ほんの少しの幸せ」A Little Bit of Heaven (1940)*もパスタナクの制作で、貧しい一家の少女がラジオで一躍スターとなる話。グロリアの作品では一番面白く、人気が高かった。

　続く「カモに半分はやるな」Never Give a Sucker an Even Break (1941)*では、コメディの大御所W・C・フィールズの姪役として歌声を聞かせていて、この頃がグロリアの活躍のピーク。その後は低調になってしまう。「何が起きているの？」What's Cookin'? (1942)*は、ウディ・ハーマン楽団とアンドルーズ姉妹を主役に立てた作品で、グロリアは共演の扱い。クラシック好きのパスタナクがMGMへ移ったこともあり、この時期に作られた作品はいずれも芸人物で、ジャズやオペラの歌がごちゃ混ぜに入ったものが多い。

　「恋の目覚め」Get Hep to Love (1942)*では、ドナルド・オコーナーと共演。「ジョニーの凱旋するとき」When Johnny Comes Marching Home (1942)*はアラン・ジョーンズ主演で、ドナルド・オコーナーも出ている。「恋の訪れ」It Comes Up Love (1943)*もまた、オコーナーと組んだプログラム・ピクチャー（毎週のように作られる低予算映画）のミュージカル。オコーナーとのコンビは次の「ミスター・ビッグ」Mister Big (1943)*まで続いた。B級作品の「ヴァーモントの月明かり」Moonlight in Vermont (1943)*で主演して、ユニヴァーサル社の慰問用オール・スター映画「兵士たちに続け」Follow the Boys (1944)*にも出演している。

　オール・オルセンとチック・ジョンソンのコメディ「お化け捕獲人」Ghost Catchers (1944)*に出た後の、「リズムはお許しを」Pardon My Rhythm (1944)*、「向こう見ずな年頃」Reckless Age (1944)*、「四月を忘れない」I'll Remember April (1945)*、「可愛らしい」Easy to Look at (1945)*などは、いずれも低予算のB級作品だった。「悩まし女王」Copacabana (1947)は、ユナイトで作られたグルーチョ・マルクスとカルメン・ミランダ主演の映画で、グロリアも脇役で出演している。

　ユニヴァーサル社でA級になれなかったグロリアは、コロムビアや独立系の制作会社でミュージカルに出る。「君には負けた」I Surrender Dear (1948)*、「古風な娘」An Old-Fashioned Girl (1949)*、「マンハッタンの天使」Manhattan Angel (1949)*、「僕の心にいる娘」There's a Girl in My Heart (1949)*などに主演したものの、どれもメジャーとはならなかった。

アンドルーズ姉妹 Andrews Sisters
La Verne (1911.7.6-1967.5.8)

Maxene（1916.1.3–1995.10.21）
Patty（1918.2.16–2013.1.30）

　アンドルーズ姉妹は、ラヴァーン、マクシン、パティの3姉妹のコーラス・グループで、ブギウギ調の歌で第二次世界大戦中に大人気だった。このアンドルーズ姉妹は歌専門だが、1940年代前半のユニヴァーサル作品に多く出演している。デビュー作となった「アルゼンチンの夜」Argentine Nights (1940)*は、3人組コメディアンのリッツ兄弟の作品で、アンドルーズ姉妹は4曲ほど歌っている。

　続く3本は凸凹コンビとして知られるアボットとコステロの喜劇への歌のゲスト出演。欧州では戦争が始まっていたので、「凸凹二等兵の巻」Buck Privates (1941)*と、「凸凹海軍の巻」In the Navy (1941)は、それぞれ陸軍と海軍を題材にしている。「凸凹お化け騒動」Hold That Ghost (1941)の後の「何が起きているの？」What's Cookin'? (1942)*はラジオ番組の話で、ウディ・ハーマン楽団の伴奏で歌う豪華な作品。

　「カウボーイ二等兵」Private Buckaroo (1942)*も、慰問映画的なスターの顔見せ作品で、アンドルーズ姉妹のほかにディック・フォーラン、ハリー・ジェイムス楽団、ドナルド・オコナー、ペギー・ライアンらが出演している。

　「やり遂げろ、姉妹たち」Give Out, Sisters (1942)*はナイト・クラブの舞台裏を描いた作品で、ダン・デイリー、ドナルド・オコナーが出演。「それはどうかな」How's About It (1943)*でのアンドルーズ姉妹は、楽譜出版社のエレベータ嬢となって歌いまくる。「いつも二番手」Always a Bridesmaid (1943)*や、「交代勤務のジョニー」Swingtime Johnny (1943)*でも歌手役で出演。

　慰問用の作品「兵士たちに続け」Follow the Boys (1944)*では、『素敵なあなた』Bei Mir Bist Du Schön、『ビア樽ポルカ』The Beer Barrel Polkaなどのヒット曲を歌い大サービスしている。「月明かりとサボテン」Moonlight and Cactus (1944)*では、3人が西部の牧場主となる。

　ワーナーで作られた慰問用の作品「ハリウッド玉手箱」Hollywood Canteen (1944)に出た後は、ディズニーのアニメ作品「メイク・マイン・ミュージック」Make Mine Music (1946)*と、「メロディ・タイム」Melody Time (1948)で声の出演をしたほか、パラマウントの珍道中シリーズ「南米珍道中」Road to Rio (1947)にもゲスト出演している。

バッド・アボット　Bud Abbott
(1895.10.2–1974.4.24)
ルー・コステロ　Lou Costello
(1906.3.6–1959.3.3)

　1895年生まれのバッド・アボットと1906年生まれのルー・コステロは、ヴォードヴィル出身の芸人で、ローレルとハーディのように、デブと痩せという組み合わせの漫才コンビ。デブのコステロのほうが芸達者で歌いもするが、基本的にはゲスト・スターが歌を担当する。デビュー作は「熱帯の一夜」One Night in the Tropics (1940)*だが、この作品はアラン・ジョーンズ主演のミュージカル。凸凹コンビは脇役として、コメディ・ルーティン（お決まりの喜劇場面）を担当している。

　続く3作品はアンドルーズ姉妹をゲストに呼び歌を聞かせる趣向。第二次世界大戦が始まっているので、陸軍を題材に「凸凹二等兵の巻」Buck Privates (1941)*、海軍を題材に「凸凹海軍の巻」In the Navy (1941)、お化け屋敷の話「凸凹お化け騒動」Hold That Ghost (1941)に出ている。陸軍航空隊の話「凸凹空中の巻」Keep 'Em Flying (1941)では、ディック・フォーランとマーサ・レイが音楽面を担当。「凸凹カウボーイの巻」Ride 'Em Cowboy (1942)でも、ディック・フォーランとエラ・フィッツジェラルドが歌う。

　「凸凹スパイ騒動」Rio Rita (1942)は、MGMに貸し出されてキャスリン・グレイスンとの共演。舞台作品の映画化だが舞台版とは随分と違う。「凸凹宝島騒動」Pardon My Sarong (1942)では、黒人グループのインク・スポットが歌を担当。「それは馬草じゃない」It Ain't Hay (1943)*は、デイモン・ラニヤンの小説の映画化だが、これもラニヤン調というよりも凸凹コンビの調子になっている。

　それ以降1945年までに「凸凹スキー騒動」Hit the Ice (1943)、「社交界で」In Society

第 3 章　1940 年代：戦争の時代

(1944)＊、「凸凹ハーレムの巻」Lost in a Harem (1944)、「女子大生がやって来る」Here Come the Co-eds (1945)＊、「奔放の90年代」The Naughty Nineties (1945)＊、「凸凹ハリウッドの巻」Bud Abbott and Lou Costello in Hollywood (1945) などに出演しているが、音楽には力が入っておらず、新人歌手が時折歌う程度。

その後は音楽の入らないコメディ映画を作るが、かろうじて「凸凹山へ行くの巻」Comin' Round the Mountain (1951)＊、「凸凹巨人退治」Jack and the Beanstalk (1952)、「凸凹海賊船」Abbott and Costello Meet Captain Kidd (1952) で歌が出てくる。

熱帯の一夜　One Night in the Tropics (1940)＊は、アール・デル・ビガースの小説「恋愛保険」Love Insurance (1914) の3度目の映画化。最初の映画化は「恋愛保険」Love Insurance (1919)＊、2度目は「無鉄砲時代」The Reckless Age (1924) で、いずれも無声映画。3度目のこの作品は、ジェローム・カーンが音楽を書いたミュージカル仕立てとなっている。バッド・アボットとルー・コステロの長編デビュー作品で、二人はまだ脇役。主役はユニヴァーサルの低予算ミュージカルに多く出たアラン・ジョーンズが務めている。

アラン・ジョーンズはやり手の保険セールスマンで、親友のロバート・カミングスに結婚保険を売る。彼がフィアンセであるナンシー・ケリーと結婚できなければ、100万ドルを支払うという保険だ。博打好きのウィリアム・フローリーもこの話に乗って、保険の半分を引き受ける。ところが、ロバートは、ほかの女の子ペギー・モランに付きまとわれて結婚を迫られるので、それを見たナンシーは怒ってメキシコへ行ってしまう。ロバートは慌ててナンシーを追い、アラン・ジョーンズもペギーを邪魔したり、ナンシーの機嫌をとったりする。しかし最後には、ロバートとペギー、アランとナンシーというカップルが出来上がる。

アボットとコステロは物語とは関係なく登場して、『誰が一塁だ』、『ホット・ドッグと辛子』、『ヨナと鯨』など、後年に有名となる漫才を演じる。ジェローム・カーンは美しい曲を書いていて、主にアラン・ジョーンズが歌っている。1940年代末に、アボットとコステロが有名になったので、二人を中心に編集し直した69分の短縮版が作られたが、オリジナルの長さは83分で、DVDでもオリジナル版が発売されている。A・エドワード・サザーランド監督のユニヴァーサル作品。

凸凹二等兵の巻　Buck Privates (1941)＊で、アボットとコステロは初めて主演級の扱いとなる。アボットとコステロは街でインチキ商売をしていて、警官に追われて映画館に逃げ込むと、そこは陸軍の志願兵の受付会場だった。警官から逃げるために、二人はそのまま新兵訓練所に送り込まれるが、そこでは刑務所よりも過酷な訓練が待ち構えている。訓練所には間違って入った金持ちのリー・ボーマンと、その運転手アラン・カーティスもいて、二人は兵隊クラブにいるジェイン・フレージーを取り合う。

ヒュー・プリンスが楽曲を書いていて、コーラス・グループのアンドルーズ姉妹たちが主に歌った。中でも『ブギウギ・ビューグル・ボーイ』が大ヒットした。凸凹コンビの漫才は、『サイコロ賭博』、『50ドル貸して』、『お前は40歳で、彼女は10歳』など。

アーサー・ルービン監督のユニヴァーサル作品。低予算で作られたが、大ヒットして興行的に成功した。後に続編ともいえる「二等兵故郷に帰る」Buck Privates Come Home (1947)＊が作られたが、これには音楽が入らない。

凸凹海軍の巻　In the Navy (1941) は、前作が陸軍入隊騒動だったのに対して、海軍での珍騒動。アボットとコステロはビリングでトップとなり、初めての主演作品となっている。ラジオで人気ナンバー・ワンの流行歌手ディック・パウエルは、あまりにも女性に付きまとわれるので、突然姿を消して本名で海軍に入隊する。ここならば誰にも知られないと安心していると、女性記者クレア・トッドが気付き、写真を撮ろうと追い回すのでうんざりする。ディックの乗った戦艦は、ハワイへ向けて出航するが、クレアも密航して追いかける。ハワイでの戦艦見学会にアンドルーズ姉妹が来るので、彼女たちに良いところを見せようと、コステロは船長に眠り薬を飲ませて自分が船長の振りをする。ところが、

ホノルルに来ていた議員に演習を見せようと、提督から突然の演習命令が出るので、コステロが艦長に化けて指揮を執り大混乱するものの、結局はコステロの夢だったことがわかる。最後はうまく収まり、ディックとクレアは仲良くなる。

楽曲は主にジーン・デ・ポールが担当。ディック・パウエル、アンドルーズ姉妹と歌手には困らない。アンドルーズ姉妹は珍しくハワイアン調の曲も歌っている。踊りはコンドス兄弟が担当。漫才は『レモンはどれに』、『7×13＝28』など。この作品は「凸凹お化け騒動」（1941）の後に撮影されたが、軍隊物が当たったので、こちらを先に公開した。アーサー・ルービン監督のユニヴァーサル作品。

凸凹お化け騒動 Hold That Ghost (1941)は、お化け屋敷の話。アボットとコステロは、警官隊と撃ち合って殺された『ムース』と呼ばれるギャングと共にいたために、遺産として古い田舎の宿を相続する。ほかの相続人たちと一緒にその宿に着くと、そこはまるでお化け屋敷のようだった。嵐の夜に、お化けらしきものが出てくるだけでなく、不思議なことが次々と起こる。殺されたムースはいつも『俺の財産は頭の中にある』というのが口癖だったが、果たして古い屋敷の壁にある剥製の鹿（ムース）の頭の中から金が出てきて、ギャングたちの奪い合いとなるが、アボットとコステロは自分たちの金を守る。二人は、古い宿を改装してホテルとして、テッド・ルイス楽団やアンドルーズ姉妹を呼んで賑やかに開業する。

二人の漫才は、喋りだけでなく、小道具を使った『動く蠟燭立て』や『部屋を代わって』が印象に残る。音楽は主にテッド・ルイス楽団が受け持っている。アンドルーズ姉妹の出演部分は、映画の完成後に追加されたため、最初のレストランと最後のホテル場面だけとなっている。アーサー・ルービン監督のユニヴァーサル作品。

凸凹空中の巻 Keep 'Em Flying (1941)は、陸軍、海軍に続いて、陸軍航空隊に入る話。カーニバル（巡回遊園地）で曲芸飛行をやっているディック・フォーランは、危険な飛行を繰り返すのでクビになってしまい、陸軍航空隊に入ることにする。同じカーニバルで働いていた凸凹コンビも、ドジを繰り返してクビになり、ディックを追って航空隊に入るが、何もできないので、地上勤務の雑用係となる。ディックは兵隊クラブのキャロル・ブルースに惚れて、航空隊にいる彼女の弟が、過去のトラウマから単独飛行ができないため、荒っぽい方法で単独飛行させて力づけるが、軍律違反に問われて追い出されそうになる。だが、パラシュート降下訓練の事故でディックが活躍するので、すべては丸く収まる。

アボットとコステロは兵隊クラブのウェートレスをやっている双子の娘（マーサ・レイの二役）と仲良くなり、途中で大もめするが、最後はハッピー・エンドとなる。二人の漫才では『何か注文しろ』が面白い。楽曲は主にジーン・デ・ポールが担当、ディック・フォーランとキャロル・ブルース、マーサ・レイなどが歌っている。アーサー・ルービン監督のユニヴァーサル作品。

凸凹カウボーイの巻 Ride 'Em Cowboy (1942)は西部劇。マンハッタンで開催されたロデオ大会で、西部の牧場から来た娘アン・グウィンに一目惚れした西部劇作家ディック・フォーランは、アンを追って西部へ行く。同じくロデオ大会のピーナッツ売りをクビとなったアボットとコステロも、列車に飛び乗り西部へ向かう。アンの心を得るために、ディックは地元のロデオ大会での優勝を狙うものの、実はロデオの経験がまったくないので、密かに特訓をするが、同じ大会で優勝を狙う賭博師に邪魔だと思われて、誘拐されてしまう。コステロは、偶然放った矢がインディアンのテントに当たり、テントにいた娘に求婚したと間違われて、インディアンたちから追い回されるが、逃げ回る途中でディックを発見し、助け出してロデオ大会に出場させる。ディックは大会で優勝してアンの心を手に入れる。

音楽面ではいつものとおりにジーン・デ・ポールの曲をディック・フォーランが歌うスタイルで、ゲスト出演のエラ・フィッツジェラルドも歌う。エラが映画に出たのはこの作品が最初。監督はアーサー・ルービンだが、ルービンがアボットとコステロの映画を撮ったのはこの作品が最後。ユニヴァーサル作品。

第3章　1940年代：戦争の時代

凸凹宝島騒動　Pardon My Sarong (1942)の、凸凹コンビはシカゴのバス運転手と車掌だ。金持ちのプレイ・ボーイでヨット・レースへの参加を予定しているロバート・ペイジは、レースに遅れそうになるので、二人のバスを借り切ってロス・アンジェルスへ向かわせる。ヨット・レースには何とか間に合い、二人もそのままヨットに乗り込むが、ホノルルへ向かう途中に、嵐に遭って南海の孤島に流れ着く。そこではアメリカのギャングが、島の酋長の宝物を奪って逃げようとしていたが、酋長の娘に惚れたコステロはギャングから宝物を奪い返して喜ばれる。

プレイ・ボーイの恋人役でヴァージニア・ブルースが出ている。興行的に大ヒットした作品で、作り方はパラマウントのヒット作「珍道中」シリーズ(1940-52)に倣っている。音楽面では黒人4人組のインク・スポットが3曲歌っている。黒人3人がタップ・ダンス場面で素晴らしい踊りを見せている。アール・C・ケントン監督のユニヴァーサル作品。

それは馬草じゃない　It Ain't Hay (1943)*は、デイモン・ラニヤンの小説「オハラ王女」Princess O'Haraの映画化。ユニヴァーサル社はこの作品の映画化権を持っていて、ジーン・パーカーで「オハラ王女」Princess O'Hara (1935)*として映画化しているので、この作品は2度目の映画化。

セントラル・パークの「キング」・オハラと、その娘の「プリンセス」・オハラがやっている馬車屋が、愛馬を失い新しい馬が必要となる。友人の凸凹コンビは、競馬場の馬小屋から盗んでくるが、実はその馬が大レースの優勝候補ティー・ビスケットだったので、大騒ぎとなってしまい、二人はホテルの部屋に馬を隠してごまかす。最後には、ティー・ビスケットがレースで優勝して、その賞金で馬車用の新しい馬を贈ることができる。楽曲はハリー・レヴェルが担当、フォア・ステップ兄弟が踊っている。アール・C・ケントン監督のユニヴァーサル作品。

凸凹スキー騒動　Hit the Ice (1943)での凸凹コンビは、道で商売している写真屋だ。偶然に銀行強盗の写真を撮ってしまい、警察からも容疑者として追われるので、スキー・リゾート地に逃げ込むが、そこでも強盗と遭遇して写真のネガをよこせと脅される。追い詰められたコステロはスキーで逃げ出して、雪の中で転げて人間雪だるまとなり、ギャングたちを捕らえて、盗まれた金を取り返す。ホテルの楽団で歌っている美人歌手ジニー・シムズが恋の悩みを打ち明けるので、コステロは大喜びするが、恋の相手は楽団リーダーのジョニー・ロングだったというのがオチ。

二人の漫才は『何をテラーに？』(銀行窓口係のtellerとtell herを混同する)、『荷造りするのかしないのか』、『ピアノ演奏』、『ハンカチ』。音楽は前作と同じハリー・レヴェルで、歌はジニー・シムズとフォア・ティーンズが担当している。監督はチャールズ・ラモントのユニヴァーサル作品。この作品の後、コステロはリューマチ熱で映画に出られなくなり、1年ほど休んで再開することとなる。

社交界で　In Society (1944)*の凸凹コンビは配管工だ。豪華なマンションの修理に行き、めちゃくちゃな工事で2階のバス・ルームを壊してしまう。依頼主は抗議の手紙を配管工へ書くが、誤って別荘でのパーティの招待状を送るので混乱が起きる。凸凹コンビは着飾って社交界のパーティに乗り込むが、そこで友人の女性タクシー運転手マリオン・ハットンと出会いびっくりする。パーティの呼び物は高額絵画の披露とキツネ狩りだが、その絵画が盗まれて、凸凹コンビに嫌疑がかかるので、逃げる犯人を消防車で追跡し、絵画を取り戻す。

漫才は『サスケハナ帽子店』や『ライフ・ガード』など。歌はマリオン・ハットンとカービー・グラントが担当している。監督はジーン・ヤーブローで、ユニヴァーサル作品。

凸凹ハレムの巻　Lost in a Harem (1944)での凸凹コンビは、アメリカ人魔術師で、歌手のマリリン・マクスウェルと一緒に中東のハレムに迷い込む。そこで出会った王子ジョン・コンテは、悪い叔父に奪われた王座を取り返そうとしている。3人はその混乱に巻き込まれて、巨人やハレムの美女たちなどと次々に遭遇する。

MGMで作られた作品で、アラブのハレム風の衣装は、マルレーネ・ディートリッヒの「キスメット」Kismet(1944)で使われた衣装が、そのまま使い回された。ジミー・ドー

シーの楽団が出演して、マリリン・マクスウェルが歌っている。チャールズ・ライズナー監督の傑作といわれている。

女子大生がやって来る Here Come the Co-Eds (1945)*での凸凹コンビは、女子大に乗り込む。ダンサーをやっている妹マーサ・オドゥリスコルに女子大の奨学金のオファーがあったので、マネジャーの兄アボットは、宣伝に良いと考えて入学させる。凸凹コンビもパトカーを壊して警察に追われていたので、一緒に女子大に行って住み込みの用務員を始める。ところが、その女子大は財政的に困窮していたので、二人は大学を助けるために、女子オーケストラのコンサートを開いたり、賞金レスリングをしたりするが、最後にはコステロが女子大生となってバスケット・ボールで大活躍して金を稼ぎ、大学を救う。

楽曲はエドガー・フェアチャイルドで、主にペギー・ライアンが歌っている。女子オーケストラのヴァイオリンもなかなか良い。コステロは若い時に運動は何でも得意だったということで、この映画では代役なしでバスケットを見せている。漫才は『ヨナと鯨』、『飲み込んだサイコロ』、『生きの良いオイスター』など。ジーン・ヤーブロー監督のユニヴァーサル作品。

奔放の90年代 The Naughty Nineties (1945)*は、1890年代のショー・ボートを舞台とした話。アボットは一座のスターで、コステロは何でも屋をやっている。賭博好きの船長を、悪漢たちがインチキ賭博でカモにして、ショー・ボートを賭博船に変えてしまう。二人は協力して悪漢たちをやっつけて、元のショー・ボートに戻すことに成功する。

二人の有名な漫才『誰が一塁だ』Who's on First? が、ノー・カットで収録されている。音楽面では見るべきものは少ない。ジーン・ヤーブロー監督のユニヴァーサル作品。

凸凹ハリウッドの巻 Bud Abbott and Lou Costello in Hollywood (1945)の凸凹コンビは、ハリウッドの理髪師。俳優エージェントの友人を手伝い、新人男優の売り出しに四苦八苦する。プロデューサーに売り込むものの、有名俳優が役を奪おうとするので、彼をヨットに誘い出して、偽の殺人事件に巻き込み、姿を消さないと危ないと脅して、無理やり役

から降ろして、無事にミュージカル映画を完成させ、新人売り出しに成功する。

楽曲はラルフ・ブレインとヒュー・マーティンのコンビ。ユニヴァーサル社からMGMに貸し出された作品としては3本目だが、この作品が興行的にはまったくダメだったので、MGMでの凸凹映画はこの作品が最後となった。S・シルヴァン・サイモン監督作品。

凸凹山へ行くの巻 Comin' Round the Mountain (1951)*は、ヒルビリー（アメリカ山岳部の音楽）の世界。コステロはへぼなインチキ魔術師で、一緒にナイト・クラブに出演していたヒルビリー歌手ドロシー・シャイの遠縁だとわかる。ドロシーから先祖の遺産があると聞き、二人はテネシー州の山の中へやって来る。そこではドロシーの一族と、隣の一族が喧嘩しながら暮らしていたので、コステロはその喧嘩騒ぎに巻き込まれたり、一族の若い娘に結婚を迫られたりする。コステロは、ドロシーと結婚したいと考えて、惚れ薬を彼女に飲ませるが、大勢が惚れ薬を飲んでしまい大混乱となる。遺産の在り処を示した地図を見て、古い鉱山の採掘跡を探すうちに、金の延べ棒が沢山並んだ部屋を見つけるが、そこは政府が金塊を保管しているフォート・ノックスの金庫だったというのがオチ。音楽面はほとんどドロシーの歌が中心で、ヒルビリー調のもの。チャールズ・ラモント監督のユニヴァーサル作品。

凸凹巨人退治 Jack and the Beanstalk (1952)は、童話「ジャックと豆の木」の映画版。子守として雇われたコステロは、子供に絵本を読んでもらっているうちに、童話の世界に入り込んでしまう。ジャックとなったコステロは、肉屋のアボットに騙されて牛を5粒の豆と交換する。その豆を庭に植えるとどんどん伸びるので、凸凹コンビは一緒に登って行き、巨人に囚われていた姫と王子を助け出し、宝物を奪って地上へ戻ってくる。巨人は追ってくるが、豆の木を切り倒すので巨人は墜落して死んでしまい、コステロは助けた姫から金の冠を授かる、というところで目が覚める。

珍しくコステロがちゃんと歌っている。二人の得意の掛け合い漫才が出てこないのはちょっと残念。ジーン・ヤーブロー監督のカ

ラー作品で、独立プロで作られてワーナーで配給された。

凸凹海賊船 Abbott and Costello Meet Captain Kidd (1952) は、海賊と宝を取り合う話。南海の島の宿で皿洗いをして旅費を稼いでいた凸凹コンビは、海賊キャプテン・キッドことチャールズ・ロートンと、女海賊ヒラリー・ブルックの縄張り争いに巻き込まれる。ロートンの隠した宝物の地図を、貴婦人から預かった酒場歌手ビル・シャーリーへの恋文と取り違えて、二人は偶然に手に入れる、そこで二人は、英国海軍兵士に成りすまして、宝物の地図と引き換えに分け前を要求する。結局は全員で宝を取りに行き、殺されそうになるものの、女海賊がコステロに惚れるので、ロートンに勝って宝物を手に入れる。

楽曲はボブ・ラッセルとレスター・リーのコンビで、ビル・シャーリーが主に歌っている。チャールズ・ラモント監督のカラー作品で、独立プロで制作、ワーナーの配給。

ドナルド・オコナー Donald O'Connor (1925.8.28–2003.9.27)

ドナルド・オコナーは、1925年に芸人一家に生まれた、根っからのヴォードヴィル芸人。オコナーは「雨に唄えば」Singin' in the Rain (1952) で素晴らしい歌や踊りの実力を示しながらも、ほかに有名な作品が少ないのは、ユニヴァーサル社のB級ミュージカルへの主演が中心だったためだろう。ユニヴァーサル社の作品では、主にグロリア・ジーンやペギー・ライアンと組んでいた。1930年代にはパラマウントに所属していたので、1940年以降の出演作がユニヴァーサル社の作品。

パラマウント時代にはまだ10代前半だったので、子役の扱い。最初に注目されたのは、ビング・クロスビーの映画「歌え、悪童たち」Sing, You Sinners (1938)*でビングの弟役を演じてから。「油断なく」On Your Toes (1939)*も少年役で、ロジャースとハートの舞台作品の映画化だが、舞台で演じたバレエ・ダンサーのヴェラ・ゾリナが映画でも主演している。

ユニヴァーサルへ移っての「何が起きているの」What's Cookin'? (1942)、「カウボーイ二等兵」Private Buckaroo (1942)*、「やり遂げろ、姉妹たち」Give Out, Sisters (1942)*の3本は、いずれもアンドルーズ姉妹を中心に据えたもの。

続く「恋の目覚め」Get Hep to Love (1942)*、「ジョニーの凱旋するとき」When Johnny Comes Marching Home (1942)*、「恋の訪れ」It Comes Up Love (1943)*の3本では、グロリア・ジーンの相手役を務めている。「ミスター・ビッグ」Mister Big (1943)*もグロリアの相手役だが、ビリングではグロリアを抜いてトップに出るようになる。

「最高の男」Top Man (1943)*は、父親が戦争へ駆り出され、後に残された若者の話で、スザンナ・フォスターやペギー・ライアンが共演している。「親に似た子供」Chip Off the Old Block (1944)*は、陸軍学校から戻ってきた芸人が、昔の恋人と新しい恋人との間で苦労する話。ペギー・ライアンとアン・ブライスの共演。

オール・スターの「兵士たちに続け」Follow the Boys (1944)*の後、ペギー・ライアンやスザンナ・フォスターと共演した「これが人生」This Is the Life (1944)*も若い兵士の恋物語。「陽気なモナハン一家」The Merry Monahans (1944)*はヴォードヴィル芸人一家の話で、ペギー・ライアン、アン・ブライスのほかにジャック・オーキーも出ていて、B級ながら豪華な配役となっている。

「バワリーからブロードウェイへ」Bowery to Broadway (1944)*は題名からわかるとおりに、マンハッタンの貧民街バワリー地区からブロードウェイの檜舞台を目指す二人の芸人の話で、マリア・モンテスの主演作品。ジャック・オーキー、アン・ブライスが助演で、オコナーはペギー・ライアンと一緒にゲスト出演している。

「偉大なるパトリック」Patrick the Great (1945)*も芸人物。父と息子が同じ役を取り合う話で、ペギー・ライアンと共演。「内緒の何か」Something in the Wind (1947)*は、ディアナ・ダービンの主演作品で、ユニヴァーサルとしてはA級の作品に、ディアナの相手役として出ている。

「君はカーニバルで雇われているの?」Are You with It? (1948)*に出演したオコナーは、

23歳となり大人の役を演するようになる。オコナーは数学の天才で、カーニヴァル芸人オルガ・サン・フォアンに惚れてしまうという話。オルガはアメリカ生まれだが、エキゾチックなムードを持ち、ユニヴァーサル社の作品で、カルメン・ミランダ的な役割を果たした女優。

「反目と口論そして戦い」Feudin', Fussin' and A-Fightin' (1948)*では、オコナーは隣町と対立する町に入り込んだセールスマンとなって、アクロバティックなダンスを見せている。「はい、僕の女房です」Yes Sir That's My Baby (1949)*は、カレッジ物で相手役はグロリア・デ・ヘヴン。「カクタス・クリークのカーテン・コール」Curtain Call at Cactus Creek (1950)*は、カクタス・クリークという西部の町にやって来た旅回り一座の話。「牛乳配達人」The Milkman (1950)*は、ジミー・デュランテと共演した作品で、戦争のトラウマを治すために、金満家の牛乳会社社長の息子が、ライバル農場で働く話。「ふたつの海賊旗」Double Crossbones (1951)*は、珍しく18世紀を舞台にした海賊物の映画。

ユニヴァーサル社のB級ミュージカル専門だったオコナーだが、MGMの「雨に唄えば」(1952)で、ジーン・ケリーとほぼ同格の歌や踊りを見せて、一躍有名になる。その後は、「雨に唄えば」で共演したデビー・レイノルズと一緒に、MGMの「メルヴィンが好き」I Love Melvin (1953)*に出たり、フォックスで作られたエセル・マーマン主演の「マダムと呼びなさい」Call Me Madam (1953)*に出演したりと、メジャー作品への出演が続いた。

ユニヴァーサルでもう一度、B級の「あの娘を歩いて家へ送っている」Walking My Baby Back Home (1953)*に主演した後、フォックス社で、エセル・マーマン、ミッツィ・ゲイナー、マリリン・モンローと一緒に大作の「ショウほど素敵な商売はない」There's No Business Like Show Business (1954)に出演している。

1950年代に入ってからはテレビのコメディ番組が活動の中心となるが、最後にパラマウントの「夜は夜もすがら」Anything Goes (1956)で、ビング・クロスビーと共演した。

★

ペギー・ライアン　Peggy Ryan
(1924.8.28–2004.10.30)

ペギー・ライアンは、1924年生まれなのでドナルド・オコナーと同世代といえる。MGMのジュディ・ガーランドとミッキー・ルーニーのような子役コンビが欲しかったユニヴァーサル社は、オコナーとペギーを組ませてその役割を担わせた。ペギーもオコナーと同じように、ヴォードヴィル芸人の娘として生まれて小さな時から踊っていたので、オコナーの良きダンス・パートナーとなった。

6歳の時にワーナーで作られた短編ミュージカル「子供たちの結婚」The Wedding of Jack and Jill (1930)*でデビューしたが、この作品にはジュディ・ガーランドも出ていた。長編に出たのは、オコナーよりも1年早く「明朗時代」Top of the Town (1937)が最初。この作品はドリス・ノランを主演とした低予算ミュージカルで、ペギーはまだ端役だった。その後、普通のドラマ作品に出ていたが、アンドルーズ姉妹の「何が起きているの?」What's Cookin'? (1942)*にチョイ役で出て、次の「カウボーイ二等兵」Private Buckaroo (1942)*以降、12本のミュージカルでオコナーと組んだ。

オコナーとのコンビ以外の出演作としては、アン・ブライスと一緒に出た「スウィング街の子供たち」Babes on Swing Street (1944)*、アボットとコステロの「女子大生がやって来る」Here Come the Co-Eds (1945)*、初めての主演でジャック・オーキーの相手役を務めた「あれは精霊」That's the Spirit (1945)*、もう一度ジャック・オーキーと共演した芸人物の「みんなの出番」On Stage Everybody (1945)*、独立プロで作られた「僕の心にいる娘」There's a Girl in My Heart (1949)*、コロムビア社でミッキー・ルーニーやディック・ヘイムズと共演した「総員上陸」All Ashore (1953)*などがあるが、1950年代以降はテレビ出演が中心となった。

アン・ブライス　Ann Blyth
(1928.8.16–)

アン・ブライスはオペラ出身の歌手で、ペギー・ライアンが踊りを得意としたのに対して、ユニヴァーサル社の歌の面を担当した。1928年生まれで、子役時代から舞台に立っていたが、映画界に入りドラマティックな演技だけでなく、素晴らしい歌声も披露した。

日本では、1950年代にMGMに移ってからのオペレッタ映画での活躍が知られているが、1940年代にはユニヴァーサル社のミュージカルに出ていた。アン・ブライスの最初の映画出演は、ドナルド・オコナーとペギー・ライアンの「親に似た子供」Chip Off the Old Block (1944)*で、ユニヴァーサル社の典型的なB級ミュージカル作品。

次の「陽気なモナハン一家」The Merry Monahans (1944)*でも、オコナーとペギー作品の助演。若い娘たちが自力でショーを上演するという「スウィング街の子供たち」Babes on Swing Street (1944)*で初めての主演、芸人物の「バワリーからブロードウェイへ」Bowery to Broadway (1944)*などにも出演した。

「ミルドレッド・ピアース」Mildred Pierce (1945)*はミュージカルではないが、ジョーン・クロフォードがオスカーの主演女優賞を取り、アン・ブライスも助演女優賞にノミネートされた作品で、アンはナイト・クラブ歌手役で歌っている。

ブライスは、ミュージカル出演の出番がなくドラマ出演ばかりだったので、ユニヴァーサル社には見切りをつけてパラマウントへ移り、ビング・クロスビーの相手役として「歌ふ捕物帖」Top o' the Morning (1949)に出演し、歌の上手なことをアピールした。

彼女の歌に着目したMGMは、相手役が見つからずに困っていたマリオ・ランツァ用に借り出して「歌劇王カルーソ」The Great Caruso (1951)に出演させた。この映画はイタリアのオペラ歌手エンリコ・カルーソの伝記映画だから、ほとんどはマリオの歌うオペラの曲で、妻役のアン・ブライスは軽い曲を1曲歌うだけ。

しかし、これが縁でMGMに移籍してからは、ハワード・キールと組んで、「ローズ・マリー」Rose Marie (1954)と「キスメット」Kismet (1955)*に出演した。「ローズ・マリー」ではキールの恋人役を演じたが、「キスメット」ではキールの娘役を演じ、『ビーズと腕輪』Baubles, Bangles, and Beadsという名曲を歌った。マリオ・ランツァの「声」とも「皇太子の初恋」The Student Prince (1954)で再び共演、この作品では酒場の娘ケティとして素晴らしい歌を聞かせた。

その後はミュージカル映画の衰退とともに、MGMでは出演の機会に恵まれなくなるが、ワーナーで作られたヘレン・モーガンの伝記映画「追憶」(1957)では、モーガン役を演じた。

追憶 The Helen Morgan Story (1957)は、ワーナーで作られたヘレン・モーガンの伝記映画。ヘレン・モーガンは舞台ミュージカルのスターで、映画ではトーキー初期の「喝采」Applause (1929)でも主演している。舞台版「ショー・ボート」Show Boat (1927)で歌った『ビル』が一番有名で、ごく平凡な男を好きになったが自分にとっては特別な人、と切々と歌った。舞台の『ビル』ではアップライト・ピアノに寄り添って歌ったが、コンサートではグランド・ピアノの上に腰掛けてスカーフを持って歌うのがヘレン・モーガンのトレード・マークとなる。もちろんこの映画でも、そのスタイルで歌っている。

1920年代のアメリカで、ミュージカル・スターを目指していたアン・ブライス(ヘレン・モーガン役)は、興行師のポール・ニューマンに惚れ、言われるままに闇酒場で歌っていたところをジーグフェルドに見出され、「ショー・ボート」のジュリー役に起用されて、『ビル』を歌い人気を得る。彼女は欧州をコンサートして回るが、ギャングの抗争でポール・ニューマンが収監されてしまい、それが心労となって酒の量が増えて失踪してしまう。最後にはアルコール依存の生活となり、心も体も壊してしまう。そんな彼女を力づけて助け出したのは、やはりポール・ニューマンだった。

マイケル・カーティス監督の白黒シネスコ作品で、沢山の歌が出てくる。アン・ブライスは歌がうまいのでこの役を得たのだが、アンの歌い方はあまりにも本格的なオペラ調で、ヘレン・モーガンの歌い方とは異なるために、ゴーギ・グラントがモーガン風に吹き替えている。グラントの歌は、下手なわけではない

が現代的な歌い方で、オリジナルのヘレン・モーガンとはちょっと違っている。

ヘレン・モーガン本人が歌う姿は、ユニヴァーサルが作った最初の「ショウ・ボート」Show Boat (1929)と、再映画化版の「ショウボート」Show Boat (1936)に残されているので、今でも見ることができる。

なお、後年バーブラ・ストライザンドとロバート・レッドフォードの共演した「追憶」The Way We Were (1973)は、邦題が同じであるが別作品。また、無声映画にも邦題が同じ「追憶」Remembrance (1927)という英国映画が、トーキーでもクローデット・コルベールの「追憶」Remember the Day (1941)などがあるが、いずれも無関係。

スザンナ・フォスター　Susanna Foster (1924.12.6–2009.1.17)

スザンナ・フォスターも歌の上手な女優として、B級作品に出演した。1924年生まれで、小さな時からMGMが着目してスタジオの教室で歌を練習させたが、結局MGMでは映画出演せずに、1939年から42年まではパラマウントで、43年以降はユニヴァーサルで出演している。

パラマウント時代のデビュー作品は、「オペレッタの王様」The Great Victor Herbert (1939)で、アラン・ジョーンズとメリー・マーティンの作品。「若草の歌」The Hard-Boiled Canary (1941)は、歌のうまい不良少女が少年院を抜け出してオペラ歌手となる話で、フォスターが不良少女役を演じた。「魅力の若者」Glamour Boy (1941)*はジャッキー・クーパーの相手役。パラマウントでは慰問用の映画「きらめくスターのリズム」Star Spangled Rhythm (1942)*への出演が最後。

ユニヴァーサルへ移り、「オペラの怪人」Phantom of the Opera (1943)では、ネルソン・エディの相手役を演じた。「最高の男」Top Man (1943)*はオコナーの相手役で、次は慰問映画「兵士たちに続け」Follow the Boys (1944)*に出演。「これが人生」This Is the Life (1944)*は、オコナーとペギーの作品へ客演。

「最高潮」The Climax (1944)*は、ボリス・カーロフがオペラ座の医師を演じる恐怖映画のミュージカル版で、「オペラの怪人」の路線。芸人物の「バワリーからブロードウェイへ」Bowery to Broadway (1944)*で助演の後、「サン・フランシスコのサリー」Frisco Sal (1945)*では西部の酒場で歌う娘を演じている。ミュージカル最後の出演は、「君と過ごしたあの夜」That Night with You (1945)*で、ブロードウェイの檜舞台を狙う娘が、大制作者の行方不明の娘を名乗って舞台に立つ話。

アラン・ジョーンズ　Allan Jones（その2）

アラン・ジョーンズは、1930年代にMGMでオペレッタ映画に出演していたが、40年代に入るとユニヴァーサルへ移って活躍した。ユニヴァーサル専属となったのは1940年で、最初の作品はロジャースとハートの舞台ミュージカルの映画化「シラキュースから来た男たち」The Boys from Syracuse (1940)*。アランが主演して芸達者なマーサ・レイが共演した。シェイクスピアの「間違いの喜劇」のミュージカル版で、古代ギリシャで別れて育った双子が間違われるという話。映画版は舞台よりも短く、ロジャースの曲はたった4曲しか使われなかった。次の「熱帯の一夜」One Night in the Tropics (1940)*は、アラン主演のミュージカルだが、アボットとコステロの長編デビュー作品なので、そちらのほうでも有名。

次の「若草の歌」The Hard-Boiled Canary (1941)は、パラマウントでスザンナ・フォスターと共演した作品で、新人オペラ歌手を見出す話。日本ではアメリカでの再公開の時に改題されたThere's Magic in Musicとして輸入されている。「陸軍に忠実に」True to the Army (1942)*はジュディ・カノヴァの主演で、サーカスの空中曲芸の娘がギャングの殺人を目撃して追われる身となり、男に変装して陸軍に入る話。

「ハバナの月明かり」Moonlight in Havana (1942)*のアランは野球選手で、合宿先のハバナで美しい歌声を持っていることがわかり、ナイト・クラブの経営者から出演の誘いを受ける。「ジョニーの凱旋するとき」When Johnny Comes Marching Home (1942)*は、

戦争の英雄がマスコミを避けて偽名でホテルに宿泊したために、脱走兵と間違われるという話で、アラン・ジョーンズの作品では最も面白い。

「島のリズム」Rhythm of the Islands (1943)*は、南洋を舞台とした恋物語。続く「音楽窃盗」Larceny with Music (1943)*もナイト・クラブを舞台とした低予算の作品。「精神病院」Crazy House (1943)*は、オール・オルセンとチック・ジョンソンのコメディで、アランはゲスト出演して『ドンキー・セレナーデ』を歌った。

ユニヴァーサルの最後の4本、「運がいいね、スミスさん」You're a Lucky Fellow, Mr. Smith (1943)*、「調子よく歌おう」Sing a Jingle (1944)*、「これからの蜜月」Honeymoon Ahead (1945)*、「西部から来た娘」Senorita from the West (1945)*も、低予算のミュージカルで、どれも同じような作品だった。

アラン・ジョーンズは、その後は舞台で活躍するようになるが、映画では独立プロで作られた若者の海岸ビーチの恋物語を描く「GO・GO・ビキニ」A Swingin' Summer (1965)にも顔を見せていた。

★

ジョニー・ダウンズ　Johnny Downs
(1913.10.10-1994.6.6)

ジョニー・ダウンズは、1912年生まれの男優兼ダンサーで、小さな時から無声映画や舞台に出ていたが、トーキー時代になるとミュージカル映画に出演するようになる。出演作の大半はリパブリックやユニヴァーサルの低予算作品だった。

最初のミュージカル映画はローレルとハーディの「玩具の国」Babes in Toyland (1934)で、この時には1曲だけの出演。パラマウントの「学生怪死事件」College Scandal (1935)は喜劇で、ダウンズは脇役だが1曲歌っている。次の「コロナド」Coronado (1935)はパラマウントにしてはいかにも低予算の作品だが、ダウンズが主演している。

フォックスの「最初の赤ちゃん」The First Baby (1936)*もダウンズ主演で、新婚夫婦の初めての子供をめぐるドタバタを描いている。フォックスが作ったカレッジ物の「フットボール・パレード」Pigskin Parade (1936)*も低予算の作品だが、MGMから借りたジュディ・ガーランドが出ている映画として有名で、ダウンズは脇役。

次はパラマウントの「青春ホテル」College Holiday (1936)で、この作品はジャック・ベニー、ジョージ・バーンズとグレイシー・アレンの3人を並べた喋りの喜劇で、ダウンズは脇役。同じくパラマウントで撮った「月を消しましょ」Turn Off the Moon (1937)は占星術に凝った男の結婚騒動で、ダウンズは助演で歌手役。

パラマウントの「金髪騒動」Blonde Trouble (1937)は、作詞家がニュー・ヨークへ出て成功し、本当の恋人を得る話で、ダウンズが作詞家役で主演している。その後の「人生の喜び」Thrill of a Lifetime (1937)*は、ジュディ・カノヴァとヨット・クラブ・ボーイズが主演、フォックスの「あの女学生を守れ」Hold That Co-ed (1938)*はジョン・バリモアとジョージ・マーフィの主演の作品で、メジャーなミュージカル作品では、なかなか主演できなかった。

ユニヴァーサルへ移って主演した「スウィングしようよ」Swing, Sister, Swing (1938)*では、新しいステップを考案して流行らせようとするダンサー役を演じた。続くユニヴァーサルの「ハワイの夜」Hawaiian Nights (1939)*では、ハワイのホテルを引き継ぐように親から迫られる楽団リーダー役を演じている。コンスタンス・ムーアと共演した「笑いとばそう」Laugh It Off (1939)*では弁護士役。「愛のほかには何もあげられない」I Can't Give You Anything But Love, Baby (1940)*は、主演ではないがナンバーを受け持っている。

やはり低予算ミュージカル路線のリパブリック社でも、ルース・テリーと共演で「歌い踊ってホットに」Sing, Dance, Plenty Hot (1940)*に出たほか、「旋律と月光」Melody and Moonlight (1940)*でも主演している。ユニヴァーサルやモノグラム社で喜劇に出た後、ユニヴァーサルの「もう一度歌おう」Sing Another Chorus (1941)*と、「ハワイの月明かり」Moonlight in Hawaii (1941)*、ハル・

ローチで作られたフランシス・ラングフォードの共演「全米女子学生」All-American Co-Ed (1941)*とB級作品に出まくっている。

ユニヴァーサルの「難局で」Behind the Eight Ball (1942)*では脇役に回り、モノグラム社の「キャンパスのリズム」Campus Rhythm (1943)*では主演した。独立系の「収穫の旋律」Harvest Melody (1943)*と、「トロカデロ」Trocadero (1944)*ではローズマリー・レインと共演している。

ユニヴァーサルで西部劇ミュージカル「大草原のたそがれ」Twilight on the Prairie (1944)*に主演した後、メジャーな作品に戻り、ワーナーの「アメリカ交響楽」Rhapsody in Blue (1945)では単なるダンサー、「ダニー・ケイの牛乳屋」The Kid from Brooklyn (1946)では端役で出演している。

その後、独立系の西部劇ミュージカル「スクウェア・ダンス記念祭」Square Dance Jubilee (1949)*や、エセル・マーマンの「マダムと呼びなさい」Call Me Madam (1953)*、ディック・ヘイムズのコロムビア作品「河での巡航」Cruisin' Down the River (1953)*、ディーン・マーティンとジェリー・ルイスの「底抜けやぶれかぶれ」The Caddy (1953)、ボブ・ホープの「女の子たちがやって来る」Here Come the Girls (1953)*にも出演したが、いずれも端役だった。

★

ジェイン・フレージー Jane Frazee
(1918.7.18-1985.9.6)

ジェイン・フレージーは1918年生まれの歌手、女優で、小さな時から5歳年上の姉のルースと組んで、フレージー姉妹としてヴォードヴィル舞台やラジオなどに出演していたが、1940年に姉が結婚して引退したために独立して、リパブリックやユニヴァーサルのB級ミュージカルに多く出演した。

デビュー作はリパブリックの「旋律と月光」Melody and Moonlight (1940)*で、ジョニー・ダウンズ扮するベル・ボーイがスターになる話だが、ジェインはまだ脇役。次はユニヴァーサルで作られた、アボットとコステッロの「凸凹二等兵の巻」Buck Privates (1941)*で、音楽面は主にアンドルーズ姉妹が受け持っているが、ジェインも1曲歌っている。

「折れた羽根の天使」Angels with Broken Wings (1941)*はリパブリックの低予算作品で、洋装店を経営する3人娘の母親が、金持ちのビジネスマンと再婚しようとするが、前の離婚が無効だとの横槍が入る話で、ジェインは娘の一人を演じている。

次のユニヴァーサル作品「サン・アントニオのばら」San Antonio Rose (1941)*では、ジェインが初めて主演した。相手役はロバート・ペイジで、ジェインは彼の経営する街道沿いの居酒屋の歌手役。

「もう一度歌おう」Sing Another Chorus (1941)*もユニヴァーサルで作られた作品。ジョニー・ダウンズとジェインの共演で、企業経営者がレヴュー・ショーを作ろうとする話。「ハワイの月明かり」Moonlight in Hawaii (1941)*もジョニー・ダウンズとの共演で、売れない歌手がハワイで旅行ガイドとなり金持ちの夫人とその姪たちを案内する。

同じくユニヴァーサルで作られた「ヘルツァポピン」Hellzapoppin' (1941)*は、ブロードウェイでヒットした作品(1938)の映画化で、舞台で演じたオール・オルセンとチック・ジョンソンがそのまま主演していて、脇役でマーサ・レイや、ジェインが出演している。舞台版はギャグの連続で一貫したプロットはなかったが、映画版では田舎でショーを作るという、申し訳程度の物語が挿入されている。「個人攻撃するな」Don't Get Personal (1942)*のジェインは、ロバート・ペイジとの共演で、ラジオ番組のスター役。

「何が起きているの?」What's Cookin'? (1942)*は、ユニヴァーサルのスターだったアンドルーズ姉妹が主演した作品だが、脇はジェインのほかにロバート・ペイジ、グロリア・ジーンが固めている。「ほとんど結婚して」Almost Married (1942)*もロバート・ペイジとの共演で、金持ちのロバートが、他の女性との結婚を隠すために、ナイト・クラブ歌手ジェインと形だけの結婚をしてすぐ離婚することにするが、本当に恋してしまう。

ジェインの出演作には、意識的に「月明かり (月光)」Moonlightの題名が付けられたようで、リパブリックで2本、ユニヴァー

サルでも2本の作品に「月明かり（月光）」の題名が付いている。「月光の仮面舞踏会」Moonlight Masquerade (1942)*は、リパブリックの2本目でデニス・オキーフとの共演。生まれた時に親同士で結婚を決められた若い二人の話。次の「恋の目覚め」Get Hep to Love (1942)*はユニヴァーサルの作品で、グロリア・ジーンを主役に、相手役にはドナルド・オコーナーを配し、ジェインとロバート・ペイジは脇役に回っている。

「ハバナの月明かり」Moonlight in Havana (1942)*はユニヴァーサルで作られた2本目の「月明かり（月光）」作品で、アラン・ジョーンズが主演で、ジェインはその相手役。「ジョニーの凱旋するとき」When Johnny Comes Marching Home (1942)*もアラン・ジョーンズとの共演だが、こちらはグロリア・ジーン、ドナルド・オコーナー、ペギー・ライアンと、ユニヴァーサルのミュージカル・スターたち総出演の作品となっている。

「やあ、こんちは」Hi'ya, Chum (1943)*もロバート・ペイジとの共演だが、この作品はリッツ兄弟の主演で、カリフォルニアのブーム・タウンにレストランを開く話。「島のリズム」Rhythm of the Islands (1943)*はアラン・ジョーンズ主演の南海物で、ジェインは相手役を演じている。

次の「美人だが金欠」Beautiful But Broke (1944)*は、コロムビアで作られた戦争中らしい作品で、芸能エージェントが徴兵され、後を任された秘書のジョーン・デイヴィスが、男手不足のために全員女性の楽団を作る。「カウボーイの接待所」Cowboy Canteen (1944)*は、やはりコロムビアで作られた慰問用レヴュー作品で、ジェインのほかにも歌うカウボーイのテックス・リッターやミルス兄弟が出演している。「リヴェット工のロージー」Rosie the Riveter (1944)*もリパブリックで作られた戦時の生活を描く作品で、兵器工場で働くシフト勤務の男女が部屋をシェアしたことから起こるコメディ。

コロムビアで作られた「鞍の上でスウィング」Swing in the Saddle (1944)*は、戦争中に馬を軍隊に提供しているふたつの牧場が歌の大会で張り合うが、そこへ歌手のジェインがやって来るという話。同じコロムビアで作られた「カンザス・シティのキティ」Kansas City Kitty (1944)*は、ジョーン・デイヴィス主演の作品で、ジェインは共演でルーム・メイト役。「彼女が恋人です」She's a Sweetheart (1944)*は、コロムビアでジェインが主演した作品。自宅を兵士向けの下宿屋として提供し、ショーも見せるので、兵士と歌手との間に恋が持ち上がるという展開。

「虹でスウィング」Swingin' on a Rainbow (1945)*は、ジェインのリパブリックでの主演作品。楽団リーダーに曲を勝手に使われた作曲家ジェインが、復讐のためにニュー・ヨークまで追いかけていく。「カレンダー・ガール」Calendar Girl (1947)*もリパブリックでの主演作品で、19世紀末の話。踊りのうまい娘ジェインに、画家と作曲家が恋をして、画家が大胆な図柄のカレンダーを描くので評判になるが、彼女の心は作曲家が得る。

単独で主役を演じたミュージカルはこの作品で終わり、その後はリパブリックで、歌うカウボーイのロイ・ロジャースの相手役を務めて、「山岳地帯の春」Springtime in the Sierras (1947)*、「古いスペイン街道で」On the Old Spanish Trail (1947)*、「陽気な牧場主」The Gay Ranchero (1948)*、「カリフォルニアの星の下に」Under California Stars (1948)*、「グランド・キャニオンの小路」Grand Canyon Trail (1948)*の5本に出ている。

ミュージカルの最後は「リズムの酒場」Rhythm Inn (1951)*で、主演している。ミュージカルではMGMに敵わないと見たユニヴァーサルが、B級作品の制作をやめてしまうため、ユニヴァーサルの卒業生を集めてモノグラム社が作った作品で、貧乏楽団が質屋から楽器を借り出して演奏しようとする話。

グレイス・マクドナルド　Grace McDonald (1918.6.15−1999.10.30)

グレイス・マクドナルドという名前から、ミュージカル・ファンはグレイス・ムーアやジャネット・マクドナルドを連想するが、クラシック調の歌手ではなく、ヴォードヴィル出身の可愛い感じの女優で、歌も踊りもこなす。1918年生まれで、弟のレイ・マクドナルドと組んでヴォードヴィルの舞台に立って

いた。

ブロードウェイのロジャースとハートの「戦う子供たち」Babes in Arms (1937)に出演し、名前が売れて二人一緒にハリウッドへ行くが、姉はパラマウントと、弟はMGMと契約したので、別々に活動するようになる。グレイスはその後、ユニヴァーサルのB級作品に出るようになるが、戦争中に海兵隊の中尉と結婚して映画界から引退してしまう。

デビュー作はパラマウントの「身を寄せて踊る」Dancing on a Dime (1940)で、ロバート・ペイジの主演作に脇役として出て、主題歌をロバートと一緒に歌った。その後は、ユニヴァーサルでアンドルーズ姉妹の「何が起きているの？」What's Cookin'? (1942)*や、「やり遂げろ、姉妹たち」Give Out, Sisters (1942)*に出演する。「まさに最高潮」Strictly in the Groove (1942)*もユニヴァーサルの作品で、ホテル事業者の息子が音楽に熱中して勉強しないために田舎に送られてしまうが、そこで美しい娘に恋をすると、その娘はライバルのホテル・オーナーの娘だったという話。

次の「難局で」Behind the Eight Ball (1942)*も、ユニヴァーサルで作られたリッツ兄弟の喜劇だが、音楽面はグレイスがディック・フォーランやジョニー・ダウンズと一緒に受け持っている。「それはどうかな」How's About It (1943)*はアンドルーズ姉妹の作品で、グレイスはロバート・ペイジと一緒に脇を固めている。「それは馬草じゃない」It Ain't Hay (1943)*も、ユニヴァーサルの看板役者アボットとコステロの喜劇で、グレイスはその相手役を務めて2曲歌っている。

「始めろ」Get Going (1943)*はグレイスとロバート・ペイジの共演で、戦争中にワシントンでタイピストを務めるグレイスはハンサムな上司ペイジに惚れるが、それとスパイ事件とが絡む。「女優会社」Gals, Incorporated (1943)*はレオン・エロル主演のコメディで、プレイ・ボーイの彼が従業員は全員女性というナイト・クラブを開いたところから始まる物語で音楽入り。「いつも二番手」Always a Bridesmaid (1943)*もアンドルーズ姉妹の作品で、グレイスは助演。

オール・オルセンとチック・ジョンソンの「精神病院」Crazy House (1943)*にゲスト出演した後、「彼女は僕のだ」She's for Me (1943)*はグレイスの主演作品で、彼女をめぐって友人同士の二人の弁護士が恋を争う。「クロークの優しい娘」Hat Check Honey (1944)*はレオン・エロルとの共演で、クラブのクローク係の娘が、老ヴォードヴィリアンの物語を書いて息子との和解を助ける話。

ユニヴァーサルの戦争慰問用作品「兵士たちに続け」Follow the Boys (1944)*に出た後、「青い部屋の殺人」Murder in the Blue Room (1944)*はミステリー・ミュージカルで、グレイスは助演。「僕の彼女は音楽好き」My Gal Loves Music (1944)*は、楽団リーダーのボブ・クロスビーと天才子供歌手を演じるグレイスの話。

「弁護士と会って」See My Lawyer (1945)*は、オール・オルセンとチック・ジョンソンの舞台劇 (1939) の映画化で、ナイト・クラブ芸人の舞台裏話。最後の作品となったのはアラン・ジョーンズと共演した「これからの蜜月」Honeymoon Ahead (1945)*だった。

ロバート・ペイジ　Robert Paige
(1910.12.2-1987.12.21)

ロバート・ペイジは、1910年生まれで陸軍士官学校に通ったにも拘わらず、映画界に身を投じた経歴の持ち主。B級の西部劇やミュージカルの主役を多く務めた。特に1940年代のユニヴァーサルでは、ディアナ・ダービンの相手役を何本か務めたほか、ジェイン・フレージーと組んで7本のミュージカルに出ている。

映画界入りしたのは1930年代の初頭だったが、最初は短編程度の役しか回ってこなかった。芽が出始めるのはコスモポリタンがワーナーと組んで作った「スタアと選手」Cain and Mabel (1936)あたりからで、この作品の主演はマリオン・デイヴィスとクラーク・ゲイブルだが、ロバート・ペイジは1曲歌うチャンスを得る。ワーナーで撮ったジェイムス・メルトン主演の「二人のメロディ」Melody for Two (1937)は、メルトンが楽団リーダー役の楽屋物だが、楽団歌手としてウィニ・ショウも出ている。ロバート・ペイジはまだ端役。

第3章　1940年代：戦争の時代

ほかにも「夢見るリズム」Rhythm in the Clouds (1937)*などの作品に、小さな役で出演しているが、主演となったのはリパブリック社の「ボーイ・フレンドを紹介します」Meet the Boy Friend (1937)*が最初で、全米で人気の的になった歌手の結婚騒動を描く。コロンビアで作られた「結婚の断層」The Lady Objects (1938)はラニー・ロスの主演で、建築家になれなかった男が歌手として人気を得る話で、歌は多いがロバート・ペイジは脇役で歌わない。

ユニヴァーサルでディアナ・ダービンの「銀の靴」First Love (1939)にも出ているが、これもほんの端役。ミュージカルで主役を演じたのはパラマウントの「身を寄せて踊る」Dancing on a Dime (1940)*が最初。上演資金に困った若い役者たちが、拾った金でショーを上演しようとしたら偽札だったという話で、グレイス・マクドナルドとの共演。

ユニヴァーサルで初めてジェイン・フレージーと共演したのが「サン・アントニオのばら」San Antonio Rose (1941)*で、その後は必ずしも主演ではないが「ヘルツァポピン」Hellzapoppin' (1941)*、「個人攻撃するな」Don't Get Personal (1942)*、「何が起きているの？」What's Cookin'？(1942)*、「ほとんど結婚して」Almost Married (1942)*、「恋の目覚め」Get Hep to Love (1942)*、「やあ、こんちは」Hi'ya, Chum (1943)*で一緒に出ている。

そのほかにもユニヴァーサルのミュージカルに多く出演していて、田舎から出てきたコミック楽団の恋と誘拐騒ぎを描く「旋律の小径」Melody Lane (1941)*では助演。「監獄ブルース」Jail House Blues (1942)*も助演だが、刑務所内でショーを上演して受刑者の才能に気付いた男が、タレント斡旋をする話。

アボットとコステロの「凸凹宝島騒動」Pardon My Sarong (1942)や、アンドルーズ姉妹の「それはどうかな」How's About It (1943)*、ディック・フォーラン主演の「よう、相棒」Hi, Buddy (1943)*で助演した後に、「マンハッタンのカウボーイ」Cowboy in Manhattan (1943)*でフランシス・ラングフォードの相手役を務めた。その後もドナルド・オコナー主演の「ミスター・ビッグ」Mister Big (1943)*で助演、次の「始めろ」Get Going (1943)*はグレイス・マクドナルドとの共演で主役を演じた。

オール・オルセンとチック・ジョンソンの「精神病院」Crazy House (1943)*や戦争慰問映画の「兵士たちに続け」Follow the Boys (1944)*ではゲスト出演している。ディアナ・ダービンの昔の作品には端役で出演していたが、「歌わずにいられない」Can't Help Singing (1944)*では、堂々とディアナの相手役を務めている。この作品が実質的に最後のミュージカルで、その後はギャング映画で歌が入る「影のある女」Shady Lady (1945)*に出演、アン＝マーグレットの「バイ・バイ・バーディ」Bye Bye Birdie (1963)にも脇役で出ていた。

ユニヴァーサルのその他の作品

ヴィナスの接吻　One Touch of Venus (1948) は、ユニヴァーサルの制作というよりも、独立プロでの制作に参加をして配給を行った作品。クルト・ワイルの舞台作品 (1943) の映画化で、影像のヴィーナスに恋すると、その影像が人間になって動き出すという話で、ロバート・ウォーカー、エヴァ・ガードナー、ディック・ヘイムズという顔合わせだが、エヴァ・ガードナーの歌は吹替だった。

この作品は、舞台ではメリー・マーティンが演じていて、映画化もマーティンの主演で行われるはずだったが、マーティンが妊娠したために、ガードナーが代わって演じた。

8　コロムビア

コロムビア社は、ミュージカルには熱心ではなかったが、1937年に美人で踊れるリタ・

ヘイワースを抱えたことから、彼女を主演としたミュージカルに力を入れた。彼女を売り出すために、フレッド・アステアやジーン・ケリーといった一流ダンサーたちを呼んで共演させたが、リタは歌がダメで吹替だったために、結局は、ミュージカル女優にはなり切れなかった。

コロムビアは、リタ以外にもタップ・ダンスの得意なアン・ミラーを抱えたが、作品に恵まれないのでアンはMGMへ移り、コロムビア社ではほとんどミュージカル作品を作れなくなってしまう。

リタ・ヘイワース　Rita Hayworth
（1918.10.17－1987.5.14）

リタ・ヘイワースは1918年生まれの女優で、ダンサー一家で育ったため、踊りは得意だった。1935年にリタ・カンシノの名前でデビューしたが、1937年にリタ・ヘイワースと名前を変えてコロムビアの専属となり、ミュージカル不毛のコロムビア社で一人奮闘した。フレッド・アステアとは2度共演、ジーン・ケリーとも共演したという経歴は、ミュージカル界では誇れるもの。踊りはともかく、歌を必死に練習したにも拘わらず評価されなかったため、結果的には一度も自分の歌を使ってもらえず、全部の作品が吹き替えられた。

ミュージカルでのデビューはフォックスの「コブラ・タンゴ」Under the Pampas Moon (1935)で、ワーナー・バクスターがアルゼンチンの牧童ガウチョとなり、ナイト・クラブの歌姫に恋する話だが、リタはまだ端役で1曲だけ踊ったに過ぎない。「可愛いオデイ」Paddy O'Day (1935)もフォックスで作られた歌入りドラマ。第2のシャーリー・テンプルとして売り出していたブルーネットの子役ジェイン・ウィザーズが、アメリカにいる母を訪ねて移民船でニュー・ヨークへやって来るが、母が亡くなっていたために苦労する。この作品ではリタも移民の一人として1曲歌う。

「踊る海賊」Dancing Pirate (1936)は、RKO系のパイオニア映画社が制作した作品で、3色方式のテクニカラー初期作品の1本。ブロードウェイで活躍したチャールズ・コリンズがダンス教師役を演じている。リタはダンサーの一人として踊っている。

コロムビアに移ってからのミュージカルとしては、「我が心の曲」Music in My Heart (1940)*が最初で、トニー・マーティンの相手役を務めた。トニーはブロードウェイのスターで、コーラス・ガールのリタに惚れるという話。トニーが歌い、リタが踊り、アンドレ・コステラネッツ楽団が演奏する。

その後コロムビアはリタを本格的に売り出そうと、フレッド・アステアをゲストに招き、リタを主演とした「踊る結婚式」You'll Never Get Rich (1941)と、「晴れて今宵は」You Were Never Lovelier (1942)の2本を作っている。この2本の間にリタはフォックスに貸し出されて、ヴィクター・マチュアが19世紀末の作曲家ポール・ドレッサーを演じた伝記映画「僕の恋人サリー」My Gal Sal (1942)で主役を演じた。

続いてジーン・ケリーをMGMから借りて作った「カバーガール」Cover Girl (1944)では、堂々とリタが主演で、ケリーを相手役として踊っている。

「今宵よ永遠に」Tonight and Every Night (1945)は、第二次世界大戦下のロンドンを背景にした作品で、ミュージカル・スターのリタと空軍将校の恋を描いている。「ギルダ」Gilda (1946)は、アルゼンチンを背景にして、リタが主人公のギルダ役を演じて強烈な色気を見せるが、ミュージカルというよりも犯罪と恋愛の映画というムード。

「地上に降りた女神」Down to Earth (1947)*は、後の「ザナドゥ」Xanadu (1980)に大きな影響を与えたといわれる作品。リタはギリシャ神話の「踊りの女神」テレプシコーラ役で、現代のブロードウェイでショー作りを手伝う。2番目の夫オーソン・ウェルズと共演した「上海から来た女」The Lady from Shanghai (1947)でも、リタは1曲歌っているがこれも吹替。この作品は犯罪物として傑作だが、ミュージカルとはなっていない。

「カルメン」The Loves of Carmen (1948)は、オペラと同じ話だがビゼーの音楽は使われていないドラマで、ミュージカル仕立てでもないが、リタはカルメン役で歌ったり踊っ

たりする。カルメンの踊るフラメンコ的な踊りは、リタの父親の振付によるもの。父親はスペインからの移民ダンサーで、リタの本名のミドル・ネームもカルメンと入っているぐらいだから、打って付けだったのかも知れない。

この作品の後リタはオーソン・ウェルズと離婚して、イラン系シーア派イマームの曾孫に当たる、プレイ・ボーイで有名だったアリ・カーンと結婚するので、映画からはしばらく遠ざかるが、1950年代に入り「醜聞殺人事件」Affair in Trinidad (1952)で、久々にスクリーンに戻る。リタは夫を殺されたナイト・クラブの歌手役。警察に頼まれて殺人犯の情報を集めるためにスパイに近づくという話で、ミュージカルではない。

続いて作られた「情念の女サロメ」Salome (1953)は、リタの『七つのベールの踊り』を見せるための映画で、リタはベリー・ダンスの動きを取り入れて踊る。普通の物語ではサロメがヨハネの首を求めて踊ることが多いが、この作品では逆にヨハネの助命を求めて踊るという設定となっていて、この映画のほうが実話に近いという説もある。

「雨に濡れた欲情」Miss Sadie Thompson (1953)は凄い邦題が付いているが、サマセット・モームの「雨」のミュージカル版で、立体映画として作られた。最後のミュージカルとなったのはフランク・シナトラ主演の「夜の豹」Pal Joey (1957)だった。

アン・ミラー　Ann Miller（その1）
（1923.4.12–2004.1.22）

アン・ミラーは、1950年代のMGM映画での印象が強いが、40年代にはコロンビアのB級作品に出ていた。1923年生まれのアンは、タップ・ダンスの専門家という意味で、エレノア・パウエルの後継者といえる存在。エレノアが正確なタップのリズムを刻んだのに対して、アンは回転を取り入れた踊りを得意とした。

1937年から40年は主にRKOで端役に出演したが、1941年から46年まではコロンビア社のB級作品で主役を演じ、1948年以降はMGMで活躍した。MGM時代には、フレッド・アステアとジーン・ケリーの踊りの相手役を務めている。

独立系で制作された「馬上の極悪人」The Devil on Horseback (1936)*では、ダンサーとして踊っているだけで名前も出ていなかったが、RKOの「新人豪華版」New Faces of 1937 (1937)では、当時14歳のアン・ミラーが踊っている。RKOで出た「靴を脱いだ女」The Life of the Party (1937)、「ステージ・ドア」Stage Door (1937)、「ラジオ・シティの大騒ぎ」Radio City Revels (1938)*、「我が家の楽園」You Can't Take It with You (1938)、「汚れた天使」Tarnished Angel (1938)*などで、踊りを見せるほか、マルクス兄弟の「ルーム・サーヴィス」Room Service (1938)*にも出演している。

RKOでの最後の作品は、ルシル・ボール主演の「女の子が多すぎる」Too Many Girls (1940)*への助演で、ロジャースとハートの本格的なミュージカルの映画化だったので、かなりのナンバーで歌ったり踊ったりしている。

その後はリパブリックで2本に出演した。「ヒット・パレード1941年版」Hit Parade of 1941 (1940)*は、フランシス・ラングフォード主演のラジオ局のスポンサー探しの話で、アンも助演で踊る。「メロディ牧場」Melody Ranch (1940)*は、ジーン・オートリーの代表作ともいえる歌うカウボーイ物。アンがジーン・オートリーと一緒に歌う珍品。

コロンビア時代には年間2本のペースで12本のミュージカルに出演している。「リズムの時間」Time Out for Rhythm (1941)*は、ルディ・ヴァリー主演の楽屋物で、三馬鹿大将として知られたコメディアンを絡ませたもの。アンはルディの相手役で出番も多い。次の「娘よ、西部を目指せ」Go West, Young Lady (1941)*は、「青年よ、西部を目指せ」Go West, Young Manという有名な台詞のもじりで西部劇ミュージカル。グレン・フォードが保安官役で、アンは酒場の歌手役。

「陸軍に忠実に」True to the Army (1942)*は、ジュディ・カノヴァとアラン・ジョーンズの作品で、アンは助演で踊る。「優先配備勢揃い」Priorities on Parade (1942)*はB級の戦意高揚映画だが、アン・ミラーが初めて

トップ・ビリングとなり主演した作品。飛行機工場の労働者を鼓舞するために美女たちが張り切るという話で、ジュール・スタインが曲を書いた本格的なミュージカル。

次の「ベヴァリーの起床ラッパ」Reveille with Beverly (1943)＊も主演作品で、前作と同じような慰問用の映画。二人の兵士がアンに求愛するが、結ばれぬままに出動命令が下るという展開。ゲスト出演が豪華で、カウント・ベイシー楽団、デューク・エリントン楽団、ボブ・クロスビー楽団、フレディ・スラック楽団、ミルス兄弟、フランク・シナトラなどが出ている。

「やあ、何を騒いでいるの」What's Buzzin', Cousin? (1943)＊は、潰れそうなホテルをフレディ・マーティン楽団の演奏で建て直す話。楽団の伴奏で、アンが歌い踊る。「おい、新兵」Hey, Rookie (1944)＊も、アンがスターを演ずる舞台裏物。「ジャム・セッション」Jam Session (1944)＊でのアンは、田舎からハリウッドに出てきて、シナリオ・ライターの秘書となる。この作品ではアンが歌い踊るほか、ゲストとしてルイ・アームストロングらのジャズ・メンが多く出ている。

「カロライナのブルース」Carolina Blues (1944)＊は、ケイ・カイザー楽団の歌手が結婚して退団するので、代わりに歌のうまい農園主の娘アンが歌ったり踊ったりする話で、ジュール・スタインが曲を書いている。「イーディは淑女」Eadie Was a Lady (1945)＊のアンは、資産家の娘で昼は女学生だが、夜は密かにナイト・クラブで踊るという話。

「イヴは彼女のリンゴを知っていた」Eve Knew Her Apples (1945)＊は、フランク・キャプラ監督の「或る夜の出来事」It Happened One Night (1934)のミュージカル版といえる内容。「或る夜の出来事」で資産家の娘クローデット・コルベールが父親に結婚を認めてもらえず逃げ出すように、この作品でもラジオ・スターのアンが過密スケジュールから逃げる。コロムビア社はこの題材がよほどお気に入りと見えて、後にジューン・アリソンとジャック・レモンでも「夜の乗合自動車」You Can't Run Away from It (1956)を作っている。

コロムビア社での最後のミュージカルは「恋のブラジル」The Thrill of Brazil (1946)で、ホテルのクラブのスター役。この作品はキーナン・ウィンの主演作品で、アンは助演の扱い。その後、アンはMGMへ移ってメジャーなミュージカルで活躍するようになる。
(p.265の1950年代のMGMへ続く)

コロムビアのその他の作品

ジョルスン物語 The Jolson Story (1946)は、アル・ジョルスンの伝記映画で、アルフレッド・E・グリーン監督によるカラー作品。大戦中にワーナー社が作ったジョージ・M・コーハンの伝記映画「ヤンキー・ドゥードゥル・ダンディ」Yankee Doodle Dandy (1942)が思いのほかヒットしたので、ジョージ・ガーシュウィンの伝記作品「アメリカ交響楽」Rhapsody in Blue (1945)が作られる。その中でジョルスン本人がガーシュウィンの名曲『スワニー』を歌ったが、それを懐かしむように、翌年にはアル・ジョルスンの伝記映画がコロムビア社で作られた。

歌が好きでミンストレル劇団に入ったラリー・パークス（アル・ジョルスン役）は、舞台で頭角を現して、ブロードウェイでも成功、折から発明されたトーキー映画に出演して「ジャズ・シンガー」で大当たりを取る。

「ジャズ・シンガー」ではワーナー社が儲けたが、この伝記映画ではコロムビア社が大当たりを取った。アル・ジョルスンのヒット曲が次から次へと流れるが、歌っているのはアル・ジョルスン本人で、ラリー・パークスはそれに合わせて演技している。

ジョルスンはこの映画の制作時には60歳ぐらいだが、まだ、若々しい声を聞かせている。実際の私生活ではブロードウェイ時代にルビー・キーラーと結婚しているのだが、ルビーとジョルスンは1940年に離婚したため、この映画ではルビーの名前を使えずに、ジュリーという名前に変えている。

ジョルスン再び歌う Jolson Sings Again (1949)は、前作「ジョルスン物語」が大ヒットしたので、同じラリー・パークス主演で作られた続編。前作では映画スターとして成功するまでを描いたが、続編のほうは、映画界

を引退して第二次世界大戦中に慰問公演をして回り、マラリアにかかって帰国するが、献身的な看護師バーバラ・ヘイルの看病を受けて立ち直り、彼女と結婚。そこに伝記映画を制作する話が来て、それを成功させる。

実際に、戦後に結婚した相手は、病院で出会ったレントゲン技師だったので、おおむね実際の話に基づいている。この映画でも歌っているのはジョルスン本人で、前作では歌いきれなかった曲も含めて沢山のヒット曲が流れる。興行的にはこの作品も大ヒットしたが、主演のラリー・パークスが赤狩りでハリウッドを去ったこともあり、これ以上の続編は作れなかった。監督はヘンリー・レヴィンでカラー作品。

9　リパブリック

リパブリック映画 Republic Pictures は、いわゆるメジャーではない独立系の会社として知られる西部劇の得意な会社。1930年に2社が合併して出来たモノグラム映画会社 Monogram Pictures Corporation と、1927年に設立されたマスコット映画会社 Mascot Pictures Corporation が中心となり、1935年に合併して設立された。その後モノグラム映画は1937年に再設立されて、1946年に作られたアライド・アーティスツ映画会社 Allied Artists Pictures Corporation が、その再建モノグラム映画を吸収するので、ちょっとわかりにくい。

リパブリック社は、メジャーなミュージカルは作っていないが、B級作品や、いわゆる「歌うカウボーイ」物と呼ばれる、歌入りの西部劇を量産している。B級作品のスターは、コンスタンス・ムーアとジュディ・カノヴァで、この二人の作品がリパブリックの中心となった。

コンスタンス・ムーア　Constance Moore
(1920.1.18-2005.9.16)

コンスタンス・ムーアは、1920年生まれの金髪美人で歌も上手な魅力的な女優だが、出演作品のほとんどがユニヴァーサルとリパブリックのB級作品だったので、日本ではほとんど公開されなかった。コンスタンス・ムーアが、映画の中で初めて歌ったのはユニヴァーサル社の作品。ボブ・ベイカー主演の歌うカウボーイ物「国境の狼」Border Wolves (1938)*で、ボブと一緒に1曲だけ歌っている。

1940年まではユニヴァーサル社での出演が続き、学園物「大学一年生」Freshman Year (1938)*では主演したものの、次の学園物で花形のフットボール選手を描いた「歓声をスウィングさせろ」Swing That Cheer (1938)*では脇役に回っている。「ハワイの夜」Hawaiian Nights (1939)*は、ハワイを舞台とした楽団で頑張る青年の話で、ムーアは脇役。「笑いとばそう」Laugh It Off (1939)*は、楽団リーダーのジョニー・ダウンズが弁護士を目指す話で、コンスタンスはその相手役。

「母ちゃん、彼が色目を使うの」Ma, He's Making Eyes at Me (1940)*のコンスタンスは、失業中のコーラス・ガールで、高級洋品店で低価格品のシリーズを売るキャンペーン・ガールとなる話。続く「コンガの夜」La Conga Nights (1940)*はヒュー・ハーバートが6役を演じる芸人物。同じような題名を付けた「アルゼンチンの夜」Argentine Nights (1940)*のほうはアンドルーズ姉妹とリッツ兄弟の主演作品で、コンスタンスは脇役。

「今は誰の恋人でもない」I'm Nobody's Sweetheart Now (1940)*でのコンスタンスはナイト・クラブ歌手で、フットボール選手と恋におちるが、彼の両親は野心的な政治家なので、息子が歌手と付き合うのを禁じる。

「ラス・ヴェガスの夜」Las Vegas Nights (1941)*はパラマウントで作られたバート・ホウィーラー主演の芸人物で、ナイト・クラブの話。コンスタンスも歌っているが、トミー・ドーシー楽団が出ていて、ドーシー楽団の歌手だったフランク・シナトラも1曲歌っている。

「ショー・ビジネス」Show Business (1944)*はRKOの作品で、エディ・カンター、ジョージ・マーフィ、ジョーン・デイヴィス、コンスタンスが出演する、4人のヴォードヴィル芸人の話。

リパブリックへ移り、コンスタンスを主役に据えた力作「アトランティック・シティ」Atlantic City (1944)*が作られる。ポール・ホワイトマン楽団、ルイ・アームストロング、ドロシー・ダンドリッジという豪華なゲストも出て、B級しか作らないというリパブリックでも、限りなくA級に近い作品。舞台裏物で、アル・シーンが往年のコメディ・チームの「ギャラガーとシーン」を再現して見せる。

「楽しく危ない」Delightfully Dangerous (1945)*は独立系の作品だが、ジェイン・パウエルが主演で、コンスタンスはジェインの姉でバーレスクのスター役。コンスタンスの姿を見るにはこの作品が一番入手しやすい。

「アール・キャロルのヴァニティーズ」Earl Carroll Vanities (1945)*と、翌年の「アール・キャロルの写生帳」Earl Carroll Sketchbook (1946)*はコンスタンスを主演に、A級ミュージカルに近づけようとリパブリックが頑張った作品。

アール・キャロルは、ジーグフェルドと同時代の1920年代から40年頃まで、ブロードウェイで活躍した制作者で、1930年代にはパラマウント社で「絢爛たる殺人」Murder at Vanities (1934)や「アール・キャロルでの一夜」A Night at Earl Carroll's (1940)*を作ったが、リパブリックは有名な題名だけを借用して映画を作った。アール・キャロル自身は映画の制作には参加していないものの、「アール・キャロルの写生帳」(1946)では、ジュール・スタインやハロルド・アーレンなど、一流作曲家の曲が使われている。

「メキシコ娘」Mexicana (1945)*は、メキシコ出身の歌手ティト・ギザルと共演したメキシコ物。「西部の覆面男」In Old Sacramento (1946)は、日本でも公開された西部劇で、ミュージカルにはなっていないが、コンスタンスが酒場の歌手役で何曲か歌う。

ミュージカル最後の出演となった「ヒット・パレード1947年版」Hit Parade of 1947 (1947)*は、エディ・アルバート主演のナイト・クラブ物で、コンスタンスは歌手役。リパブリックのスターであるロイ・ロジャースがゲスト出演している。ちなみに、この「ヒット・パレード」はリパブリック社のシリーズ物で、最初の1937年版と次の1941年版はフランシス・ラングフォード主演、1943年版はジョン・キャロルとスーザン・ヘイワード主演、4作目の1947年版がコンスタンス・ムーアの出演作で、最後となった1951年版はジョン・キャロルとマリー・マクドナルド主演だった。

ルース・テリー　Ruth Terry
(1920.10.21-)

ルース・テリーは、1920年生まれのヴォードヴィル出身の女優で、楽団歌手を経て映画界入りし、フォックス社のミュージカルで脇役を務めたが、1940年以降はリパブリックに移り、歌うカウボーイ物の相手役やB級作品の主役を務めた。

デビュー一作はフォックスの「愛と野次」Love and Hisses (1937)*で、楽団リーダーのベン・バーニーが、コラムニストのウォルター・ウィンチェルと組んで新人歌手を売り出す話。ルースは脇役で、ハワイアン歌手の役。フォックスではアリス・フェイの「世紀の楽団」Alexander's Ragtime Band (1938)や、ジョージ・マーフィの「あの女学生を守れ」Hold That Co-ed (1938)*にも出ているが、いずれも端役。

主役を演じたのはリパブリックに移ってからで、「歌い踊ってホットに」Sing, Dance, Plenty Hot (1940)*はジョニー・ダウンズとの共演で、偽の慈善ショーで儲ける男の話。「ブロンディ　南米の巻」Blondie Goes Latin (1941)*は、1930年から続く有名な新聞漫画を映画化したシリーズで、コロムビアで1938年から50年までに作られた28本のうちの8番目の作品。戦争中らしく夫婦が南米行きの船に乗り込む。ブロンディ役はペニー・シングルトンで、ルースは歌手役で2曲を歌う。

「新兵総出演」Rookies on Parade (1941)*もリパブリックの低予算作品で、楽団リーダーのボブ・クロスビーとエディ・フォイ・ジ

ユニアが共演し、二人が陸軍のブート・キャンプでショーを作る。ルースはボブの恋人役で、ショーでは主役を演じる。「眠たい娘」Sleepytime Gal (1942)*はジュディ・カノヴァの主演作で、ルースは助演。「大峡谷の叫び」Call of the Canyon (1942)*はジーン・オートリー主演の歌うカウボーイ物だが、ロイ・ロジャースもサンズ・オヴ・パイオニアズという楽団の一員として出演していて、ルースも1曲歌っている。

「青春勢揃い」Youth on Parade (1942)*も低予算のカレッジ物だが、ジュール・スタインの曲が評価された。続く「黄金の西部の中心」Heart of the Golden West (1942)*、「音楽の山から来た男」Man from Music Mountain (1943)*、「国境を越える手」Hands across the Border (1944)*の3本は、ロイ・ロジャースの歌うカウボーイ物で、ルースは相手役。

「ピストルを持つママ」Pistol Packin' Mama (1943)*は、B級ながらルースの主演作。田舎にいたルースが賭博師に騙されて金を巻き上げられて、賭博師がニュー・ヨークで開いたナイト・クラブに歌手として乗り込み、金を取り戻そうとする話で、ナット・キング・コールが出ている。「ジャムボリー」Jamboree (1944)*はヒルビリー楽団の話でルースが主演している。

「三人の妹」Three Little Sisters (1944)*は、文通相手の娘を金持ちだと思い込んでいた兵士が、戦争を終えて会いに行くと貧しい車椅子の娘だったという話で、3人姉妹の一人としてルースも出ている。「歌え、隣人」Sing, Neighbor, Sing (1944)*は、コロムビアから移ってきたスタンリー・ブラウン(ブラッド・テイラーの名前で出ている)とルースの共演した作品で、心理学者と娘の恋物語。「俺の仲間」My Buddy (1944)*は、第一次世界大戦後に復員した男が仕事に困り、密造酒を商売とする話で、第二次世界大戦中にこうした題材の映画が作られたことに驚かされる。

「レイク・プラシドのセレナーデ」Lake Placid Serenade (1944)*は戦争を反映した内容で、チェコスロヴァキアのアイス・スケート女子選手が、アメリカのレイク・プラシドのスケート大会に招かれるものの、欧州大戦で国に戻れなくなってしまう話で、ルースは脇役。「星に伝えて」Tell It to a Star (1945)*はルースの主演作で、タバコ売りの娘が、叔父の力を借りて楽団歌手となる。最後の出演作品は「スモーキー・リヴァーのセレナーデ」Smoky River Serenade (1947)*で、田舎で土地開発業者に対抗してロデオ・ショーを開催する男の話。

ジュディ・カノヴァ　Judy Canova
(1913.11.20‒1983.8.5)

ジュディ・カノヴァは、コンスタンス・ムーアと並ぶリパブリックのミュージカル女優だった。1913年生まれで、若い時からナイト・クラブやポール・ホワイトマン楽団で歌っていたが、ブロードウェイのショーで注目されて、1930年代後半から映画に出るようになる。1940年代はリパブリックのミュージカルに出演して、ヒルビリー調のカントリー音楽を歌い、コメディエンヌとしても人気があった。

「カリアンテ」In Caliente (1935)は、ワーナーのドロレス・デル・リオの主演作品で、ジュディ・カノヴァは特別出演の歌手として出演。「インテリで行こう」Going Highbrow (1935)*もワーナーのガイ・キビー主演の喜劇で、ジュディは端役で出ているものの歌はない。

「画家とモデル」Artists & Models (1937)は、パラマウント社で作られたジャック・ベニーとヨット・クラブ・ボーイズ、アイダ・ルピノの作品。「人生の喜び」Thrill of a Lifetime (1937)*は、夏のキャンプ地での恋を題材にしたもので、ヨット・クラブ・ボーイズの主演で、女性陣にはジュディのほかベティ・グレイブル、ドロシー・ラムーアらも出演しているパラマウント作品。

リパブリック作品への登場は「ぼんやり娘」Scatterbrain (1940)*からで、この作品では主役を演じている。映画スカウトが山の中でヒルビリーの上手な娘を発見するという話で、ジュディの特徴がよく出ている。「シス・ホプキンズ」Sis Hopkins (1941)*のジュディも田舎娘の役で、金持ちの親類を頼って都会に出てきた彼女が巻き起こす喜劇。

「お馬鹿さん」Puddin' Head (1941)*も、都会に出てきた山出し娘という役どころは同じで、すっかりこの役柄が定着している。楽曲はジュール・スタインが担当。次の「眠たい娘」Sleepytime Gal (1942)*もジュール・スタインの曲だが、こちらのジュディはホテルの台所で働いていて、歌がうまいので楽団歌手の声がかかるという話。

「陸軍に忠実に」True to the Army (1942)*は、ジュディがギャングの殺人を目撃してしまい、追われる身となり男装して陸軍に逃げ込むという戦争中らしい話で、アラン・ジョーンズとアン・ミラーが出ている。「オザークのジョーン」Joan of Ozark (1942)*も戦争中らしい話で、オザーク地方の山の中に住むヒルビリー歌手のジュディが、ナチスのスパイが連絡用に使った伝書鳩を発見して国を救う。題名はジャンヌ・ダルク Jeanne d'Arc のもじり。

「おしゃべり娘」Chatterbox (1943)*も前作に続いてジョー・E・ブラウンとの共演。ブラウンはラジオ番組でカウボーイ役を演じているが、実は馬の乗り方も知らない。そこで、映画出演が決まるとジュディから乗馬の手ほどきを受ける。「スリーピー・ラグーン」Sleepy Lagoon (1943)*のジュディは、田舎町のラジオ番組を担当しているが、近所の基地建設で人が急増し、風紀が乱れて治安が悪くなったため、市長となって平和な町を取り戻す。

「ルイジアナの干草ピクニック」Louisiana Hayride (1944)*から3本は、コロムビア社で主演しているが、ここでもジュディの役は田舎娘だ。「寝よう」Hit the Hay (1945)*のジュディはヒルビリー歌手で、オペラ劇団のスカウトに説得されてオペラに挑戦し、ヒルビリー調でオペラのアリアを何曲か歌う。「トウモロコシの中で歌う」Singin' in the Corn (1946)*ではサーカス団の占い師で、広大な土地を叔父から遺産として引き継ぎ、辺鄙な田舎のゴースト・タウンへ行く。

5年間ほどの空白の後で、ジュディは再びリパブリック社に戻ってくる。「秘蔵っ子」Honeychile (1951)*のジュディは、田舎の作曲家。「オクラホマ・アニー」Oklahoma Annie (1952)*のジュディは、歌うカウボーイならぬカウガールを演じている。「ワラワラからやって来た陸軍婦人隊」The WAC from Walla Walla (1952)のジュディは、婦人陸軍部隊(WAC)に入って頑張る。ワラワラというのは西部ワシントン州の田舎町。

「野性の女相続人」Untamed Heiress (1954)*は、亡くなった母が投資をした金鉱探索の男が鉱脈を見つけて、娘のジュディに金鉱の配当を返そうとする話。「カロライナの弾丸特急」Carolina Cannonball (1955)*は、ぐっと現代的な話となり、ネヴァダ州のほとんど誰も住んでいない町でバスを運行しているジュディとその祖父が、近所に墜落していたミサイルのエンジンをバスに載せてスピード・アップを目論む話。リパブリック社最後の作品となった「そのライフルを下ろして」Lay That Rifle Down (1955)も西部物だった。

歌うカウボーイ

ジュディ・カノヴァは歌う田舎娘だったが、リパブリックの名物というのはシンギング・カウボーイ Singing Cowboy と呼ばれる、「歌うカウボーイ」だった。西部劇の主人公がギターを弾きながら歌うというのは、1930年代からよくある設定だったが、リパブリック社はそうした作品を量産した。

歌うカウボーイとして人気があったのは3人で、ジーン・オートリー、ロイ・ロジャースの二人がリパブリック社を活躍の場として、テックス・リッターはほかの西部劇専門会社 PRC で出演した。

ジーン・オートリー　Gene Autry
(1907.9.29-1998.10.2)

ジーン・オートリーは1907年生まれで、最初はラジオで歌い、1934年に映画デビューして連続物のSF映画に出た。1935年にリパブリックと契約して、歌うカウボーイとして1947年まで映画出演を続け、1948年以降はコロムビア社で出演し、1950年以降はテレビで自分のショーを持った。1935年から39年までの5年間で33本に出演、1940年から42年の3年間では19本に出演するという量産振りで、年間6本を超えるペースで作っ

ていたことになる。ギターを弾きながら歌うだけでなく、自分で歌う曲の大半は自分自身で作詞・作曲した。

1943年以降はさすがにペースが落ちて、1945年まで休み、1946年と47年にリパブリックで5本を撮り、それ以降はコロムビアで1953年までに30本以上に出演したが、やはり1940年代前半までがピークだった。日本でも西部劇は一時期ブームになっていたが、ジーン・オートリーの作品はほとんど公開されなかった。日本公開されたのは、SF映画の「五百年後の世界」The Phantom Empire (1935)だけだった。

ロイ・ロジャース　Roy Rogers
(1911.11.5–1998.7.6)

ロイ・ロジャースは、ジーン・オートリーよりも4年遅れの1911年生まれだが、ほぼ同世代といってかまわないだろう。ジーン・オートリーに1年遅れて1935年に映画デビューしていて、サンズ・オヴ・パイオニアズ（開拓者の息子たち）というカントリー音楽のグループを作って映画出演した。1936年からリパブリック作品に出演し、他社で出演したものも含めると1939年までの4年間に21本、1940年代前半は37本、1940年代後半には29本、1950年から52年の3年間で10本というペースで出演している。この17年間で年平均5本というペースだから、ジーン・オートリーにも負けていない。

ロイはいつも愛馬トリッガーに乗って登場するので、トリッガーもロイと同様に有名。音楽面では多くの作品でサンズ・オヴ・パイオニアズと一緒に歌っている。日本では、「進め幌馬車」Man from Oklahoma (1945)と、「愛馬トリッガー」My Pal Trigger (1946)などが公開されている。「愛馬トリッガー」は彼の乗る愛馬の誕生秘話。

テックス・リッター　Tex Ritter
(1905.1.12–1974.1.2)

テックス・リッターは、3人の中では一番年長の1905年生まれで、最初はカントリー音楽を歌っていて、ブロードウェイの芝居にも出演したが、1936年に映画界入りして、グランド・ナショナル映画やモノグラム映画でB級西部劇に出た。

活躍した年代はほかの二人と変わらないが、テックスは1940年代にユニヴァーサル社に移り、その後ユニヴァーサルの経営が苦しくなると、PRCとして知られる制作配給会社 Produces Releasing CorporationでB級西部劇を作り続けた。日本では「幌馬車襲撃」Roll Wagons Roll (1939)や「テキサスの無法者」Deep in the Heart of Texas (1942)などの短縮版が公開されている。

10　その他

フランシス・ラングフォード　Frances Langford (1913.4.4–2005.7.11)

フランシス・ラングフォードは1913年生まれの歌手で、黄金時代を迎えたラジオ番組への出演が多かった。1930年代後半はディック・パウエルの、1940年代前半はボブ・ホープの、1940年代後半はドン・アメチのラジオ番組で歌っていた。その歌声はアリス・フェイに似た深い声で、もともとは楽団歌手だったが、ラジオ出演の傍ら、ミュージカル映画にも出たものの、主演作品は少ない。

デビュー作はパラマウント社の「夜毎八時に」Every Night at Eight (1935)で、アリス・フェイやパスティ・ケリーと3人のヴォーカル・グループを作って歌う。MGMでエレノア・パウエル主演の「踊るブロードウェイ」Broadway Melody of 1936 (1935)にゲスト出演のあと、パラマウントの学園物「女学生大行進」Collegiate (1936)にも、ベティ・グレイブルと一緒に出ている。

「パーム・スプリングス」Palm Springs (1936)＊もパラマウント作品で、フランシスの最初の主演作品。賭け事好きの父親が金に困り、娘を英国の金持ちと結婚させようとするが、

娘は貧乏青年と結婚してしまう。

エレノア・パウエル主演のMGM作品「踊るアメリカ艦隊」Born to Dance (1936)で脇役を務めたが、リパブリックのB級作品「ヒット・パレード」Hit Parade (1937)*では主演している。この作品は、過去を持つ新人歌手がラジオで人気を得るまでを描く話で、デューク・エリントン楽団が演奏している。

「聖林ホテル」Hollywood Hotel (1937)は、ワーナーで作られたディック・パウエル主演の芸人物で、脇役で出演。続く作品はRKOのルシル・ボール主演「女の子が多すぎる」Too Many Girls (1940)*で、助演ながら6曲ほど歌っている。この作品ではアン・ミラーと一緒に出ているが、続くリパブリックの「ヒット・パレード1941年版」Hit Parade of 1941 (1940)*でも、アン・ミラーと共演している。次の「全米女子学生」All-American Co-Ed (1941)は独立系で作られた作品で、フランシスの主演だが、男子学生が女装して女子大の美人コンテストに出場する話。

次の「交代をして兵隊さん」Swing It Soldier (1941)*はユニヴァーサルの作品で、戦争中らしくラジオで人気のフランシスが、夫が戦争へ行ってしまい寂しいため、夫に会いに行こうと、双子の妹に内緒で仕事の代わりを頼むが、それが混乱を巻き起こす。「ミシシッピーの賭博師」Mississippi Gambler (1942)*もユニヴァーサルの作品で、ギャングの親分が名前を変えて暮らしているのを発見した新聞記者が、ショーの花形であるフランシスの助けを借りて捕らえるという話で、ミュージカルではないものの歌が入っている。

ワーナーがジェイムス・キャグニー主演で作った「ヤンキー・ドゥードゥル・ダンディ」Yankee Doodle Dandy (1942)では、キャグニーの相手役はジョーン・レスリーだったが、ジョーンは歌えないので、舞台上でのキャグニーの相手役としてラングフォードが出ている。

「楽団稼業」Follow the Band (1943)*はユニヴァーサルのB級作品で、ゲスト出演。「マンハッタンのカウボーイ」Cowboy in Manhattan (1943)*もユニヴァーサル作品で、ブロードウェイのスターであるフランシスに恋した作曲家が、金持ちのカウボーイに化けて求婚する。

ワーナーの慰問用映画「これが陸軍だ」This Is the Army (1943)*にゲスト出演した後、ユニヴァーサルでリッツ兄弟のドタバタ映画「楽しくて仕方ない」Never a Dull Moment (1943)*で相手役を務める。

「キャリア・ガール」Career Girl (1944)*は独立系のPRC社で作られたB級ミュージカルで、フランシスはブロードウェイの舞台を目指す田舎娘の役。「南部の大宴会」Dixie Jamboree (1944)*も同じくPRC社で主演した作品で、ミシシッピー河のショー・ボート船長の娘役を演じている。次の「女の子大殺到」Girl Rush (1944)*はRKO作品で、売れないヴォードヴィリアンのチームがカリフォルニアに金を探しに行く話。ウォリー・ブラウンとアラン・カーニーのコメディ・チームが主演で、フランシスは相手役。次の「ラジオ・スター勢揃い」Radio Stars on Parade (1945)*も、RKOのブラウンとカーニーの喜劇の相手役。

「人々は面白い」People Are Funny (1946)*は、NBCの同名のラジオ番組の映画化で、ジャック・ヘイリー主演の作品。フランシスはゲスト出演している。「竹の金髪娘」The Bamboo Blonde (1946)はRKOの作品で、B-29のパイロットがナイト・クラブ歌手のフランシスに恋する話。「楽団を鳴らせ」Beat the Band (1947)*は、ブロードウェイの同名舞台作品(1942)の映画版で、フランシスは楽団歌手の役だが、曲は舞台版とは違っているようだ。この作品にはジーン・クルーパが出演している。

「メロディ・タイム」Melody Time (1948)*は、ディズニーのアニメ作品で声の出演。「笑わせて」Make Mine Laughs (1949)*は、RKOの古いミュージカル作品を再編集したアンソロジーで、フランシスの「竹の金髪娘」(1946)の場面が使われている。

コロムビアの「名誉戦傷章日記」Purple Heart Diary (1951)*でも主演しているが、これは第二次世界大戦の傷病兵士向けに歌う歌手の話。ミュージカル最後の出演はユニヴァーサル社の「グレン・ミラー物語」The Glenn Miller Story (1954)で、これは歌手役でゲスト出演の扱いだった。

ジューン・ハヴォク　June Havoc
(1912.11.8–2010.3.28)

ジューン・ハヴォクは、1912年生まれのヴォードヴィリアン。伝説的なストリッパーだったジプシー・ローズ・リーの実姉で、ミュージカル「ジプシー」の中でベイビー・ジューンとして描かれたジューン本人。ミュージカル映画デビューは、レイ・ボルジャー主演のRKO作品「四人の男と一人の娘」Four Jacks and a Jill (1942)*での助演。同じくRKOでバート・ラーが主演した「悩み事を歌い飛ばせ」Sing Your Worries Away (1942)*では、妹の専門であるストリップを映画の中で見せている。

フォックスで作られたアリス・フェイの「もしもし、サン・フランシスコですか」Hello Frisco, Hello (1943)*では脇役での出演だが、何曲か歌っている。独立系の「騙しあい」Hi Diddle Diddle (1943)*は、アドルフ・マンジュ主演でミュージカルではないが、ジューンは脇役ながら2曲を歌う。

リパブリックのB級作品「バーレスクのカサノヴァ」Casanova in Burlesque (1944)*では、ジョー・E・ブラウンの相手役。フォックスのベティ・グレイブル主演作「僕の女房が微笑んでくれるとき」When My Baby Smiles at Me (1948)*では助演、パラマウントの「赤とホットと青」Red, Hot and Blue (1949)*はベティ・ハットン主演で、ジューンは助演だった。その後はテレビで活躍したが、ビレッジ・ピープルの歌を聞かせる映画「ミュージック・ミュージック」Can't Stop the Music (1980)で、久しぶりにゲスト出演して顔を見せた。

ガートルード・ニーセン　Gertrude Niesen (1911.7.8–1975.3.27)

ガートルード・ニーセンは、1911年生まれの女性歌手で、最初はジャズ楽団と一緒に歌い、ラジオ出演したりレコード録音したりしていた。1930年代の前半にはブロードウェイの舞台に立ち、1930年代末から映画出演するようになった。少しハスキーな声で歌い、1930年代末から1940年代前半のB級作品で脇役を務めた。

映画での初出演はロジャー・ウォルフ・カーン楽団（楽団の一員としてアーティ・ショウも出ている）と一緒に撮った1巻物の短編音楽作品の「ヨット・パーティ」The Yacht Party (1932)*で、1曲歌っている。

長編デビューはユニヴァーサルで作られたドリス・ノランとジョージ・マーフィの「明朗時代」Top of the Town (1937)で、ニーセンはまだ脇役。次の「大学の顔役」Start Cheering (1938)は、コロムビアで作られたジミー・デュランテ主演の作品で、ニーセンは歌手役で3曲歌った。パラマウント作品でアール・キャロル本人も出演した「アール・キャロルでの一夜」A Night at Earl Carroll's (1940)*では、出演せずにフランク・レッサーと一緒に曲を書いて提供している。

「新兵総出演」Rookies on Parade (1941)*は、リパブリックの低予算作品。ボブ・クロスビーが作曲家を演じてミュージカルを作るという舞台裏物で、ニーセンは助演している。ユニヴァーサルの「彼は私の男」He's My Guy (1943)*は、ディック・フォーランがヴォードヴィリアンを演じる楽屋物で、ニーセンは歌手役で数曲歌っている。「賛成」Thumbs Up (1943)*もリパブリックの戦争中の作品で、飛行機工場で働く娘がスターを目指す話。ニーセンはゲスト出演。

ワーナーで作られた戦時慰問映画「これが陸軍だ」This Is the Army (1943)*でも、ニーセンは第一次世界大戦中の歌手役で歌っている。ミュージカルではないが野球選手の伝記「ベーブ・ルース物語」The Babe Ruth Story (1948)でもナイト・クラブの歌手役で歌ったが、これが映画出演では最後となった。

11 ディズニー

ウォルト・ディズニーは、1922年から無声の短編アニメを作り始め、1923年には実写とアニメを組み合わせた「アリス」シリーズも出している。新しい技術を常に取り入れようとしたウォルトは、トーキー時代になるとミッキー・マウスという新しいキャラクターを作り、音楽に乗せて歌わせた。この時代の作品は、大半が上映時間7分程度の短編（1巻物）だった。ミッキー物の短編の全盛時代は1930年代で、その当時に創作されたキャラクターは今でも活躍している。

続いてウォルトが試したのは、音と映像を一体化した作品で、「シリー・シンフォニー」Silly Symphony (1929–39) シリーズが作られる。このシリーズでは、開発されたばかりの3色方式テクニカラーをいち早く取り入れ、「花と木」Flowers and Trees (1932)で、初めてカラー・アニメを発表し、それ以降のこのシリーズは、すべてをカラー化する。

「シリー・シンフォニー」シリーズは、「仔豚物語（三匹の仔豚）」Three Little Pigs (1933)、「うさぎとかめ」The Tortoise and the Hare (1935)、「田舎のネズミ」The Country Cosin (1936)、「風車小屋のシンフォニー」The Old Mill (1937)、「みにくいあひるの子」The Ugly Duckling (1939)などの名作を生み出すが、これらのアニメは短編で、長編映画の添え物の域を出なかった。

長編アニメへの挑戦

野心的なウォルトは、何とかアニメの長編映画を作りたいと考えて、初めての長編アニメ「白雪姫」Snow White and the Seven Dwarfs (1937)を制作する。「白雪姫」は、主人公が自分の気持ちを音楽に乗せて歌うというスタイルで作られ、大ヒットする。

それまでの「シリー・シンフォニー」などでは、うまく音楽と映像を結合したといっても、登場人物が歌うことは多くなかったが、「白雪姫」は登場人物が歌うという本格的なミュージカルを実現した点で、まさに画期的だった。

この作品の成功で自信を得たウォルトは、本格的に長編アニメの制作に乗り出して、「ピノキオ」Pinocchio (1940)、「ファンタジア」Fantasia (1940)、「ダンボ」Dumbo (1941)、「バンビ」Bambi (1942)と、次々に制作するが、完璧さを求めて制作費が高騰したにもかかわらず、第二次世界大戦のために海外市場での収益がほとんど得られず、制作費の回収が難しくなってしまう。また、これらの作品では、音楽を利用してはいるものの、「白雪姫」とは異なり、主人公が歌う場面はだんだんと減り、脇役や狂言回しなどが歌うようになる。

中編時代

長編の制作費を海外で回収できなくなったウォルトは、アメリカ政府の援助を受け、南米を題材とした中編作品を作る。短編を組み合わせた「ラテン・アメリカの旅」Saludos Amigos (1942)と、「三人の騎士」The Three Caballeros (1944)で一息ついて、ポピュラー音楽を使った音楽短編集「メイク・マイン・ミュージック」Make Mine Music (1946)*と、「メロディ・タイム」Melody Time (1948)*を制作、中編を2本組み合わせた「こぐま物語 ミッキーと豆の木」Fun & Fancy Free (1947)と、「イカボードとトード氏」The Adventures of Ichabod and Mr. Toad (1949)を作る傍ら、次の長編作品の準備を進めた。

1940年代には純粋アニメ作品に加えて、実写とアニメを組み合わせた長編作品にも意欲を燃やしている。「リラクタント・ドラゴン」The Reluctant Dragon (1941)は、実写の出演者がアニメ作品を紹介するスタイルなので、本当に合成したわけではないが、戦争後に作られた「南部の唄」Song of the South (1946)と「わが心にかくも愛しき」So Dear to My Heart (1948)*は、本格的な組み合わせを目指した作品だった。

初期の長編アニメ

白雪姫　Snow White and the Seven Dwarfs (1937)は、有名なグリム童話に題材を取ったもので、初の長編アニメーション作品。有名

なだけに無声時代から何度も映画化されている話だ。ウォルト・ディズニーは、まだ少年だった時にマルグリート・クラーク主演の「白雪姫」Snow White (1916)*をカンザス・シティで見て、いつの日か自分の手で映画化したいと考えたという。

大きな城に住む女王は、世界で一番美しいのは白雪姫だと魔法の鏡に告げられて、家来に白雪姫の殺害を命ずる。命ぜられた兵士は白雪姫を殺すに忍びなく、豚の心臓を女王に渡して殺したと報告する。白雪姫は森に逃れて7人の小人たちと一緒に暮らすが、それを知った女王は老婆に化けて、毒りんごを白雪姫に食べさせて殺してしまう。小人たちは白雪姫を大事に寝かせておくが、ある日、白馬に乗った王子がやって来て、キスにより白雪姫を蘇らせて一緒になる。

ディズニーはこの題材のアニメ化を、トーキーをフルに使った音楽劇仕立てにし、3色方式のテクニカラーなど最新の技術を取り入れて完成させた。曲を書いたのはフランク・チャーチルで、20曲ほど書いたものの中から8曲を選んで映画に使用した。ディズニーはトーキー初期から、ミッキー・マウスの短編や「シリー・シンフォニー」シリーズにより音楽の使い方をよく研究していたので、この作品でも本格的なミュージカル作品といえるほど、上手に音楽が使われている。

フランク・チャーチルは「シリー・シンフォニー」の中で頭角を現した新進の作曲家で、「仔豚物語（三匹の仔豚）」(1933)の中で使われた『狼なんか怖くない』も書いている。主演の白雪姫の声にはアドリアーナ・カゼロッティが選ばれている。カゼロッティはイタリア移民のオペラ一家に生まれた娘で、美しい声を聞かせてくれる。最初はディアナ・ダービンを使おうと考えたが、テストの結果、ディアナの声は大人びているということで、カゼロッティが採用された。この作品の大成功により、この後も童話を題材としたアニメをミュージカル仕立てで見せるという路線が続くことになる。デイヴィッド・ハンド総監督のカラー作品。

ピノキオ Pinocchio (1940)は、イタリアのカルロ・コドッリが、子供向けの新聞に書いた童話「人形の物語」Storia di un burattino (1883) またの名は「ピノキオの冒険」Le avventure di Pinocchioのアニメ化。正直であることの大切さを強く強調した内容を、娯楽的なオブラートでうまく包んでいる。

イタリアの町に住むゼペット爺さんには子供がいないので、代わりに子供の人形ピノキオを作り、魂が入るように星に願いをかける。願いを聞いた星の妖精は、ゼペット爺さんの善行により、願いを叶えて魂を吹き込むので、ピノキオは人間の心を持つようになる。ピノキオは学校に通うようになるが、狡猾なキツネに騙されて人形劇の一座に売りとばされてしまう。妖精に助けられて何とかそこを抜け出したものの、またしても騙されて極楽島へ遊びに行き、悪い遊びを覚えてしまう。悪い遊びを覚えるに従い、ピノキオにはロバのような耳が生え、尻尾も伸びてくる。一方、ピノキオを探しに出かけたゼペット爺さんは、大きな鯨に飲み込まれてしまうが、それを知ったピノキオは自らも鯨の中に入って爺さんを助け出す。海岸に流れ着いたゼペット爺さんは息を吹き返したが、ピノキオは動かぬままだった。爺さんが必死に祈ると、ピノキオは自らを犠牲として爺さんを助けたその心が認められて、本当の人間となるのだった。

曲を書いたのはリー・ハーラインで、ウクレレ・アイクとして知られるクリフ・エドワーズが『星に願いを』When You Wish Upon A Starを歌い、大ヒットした。この曲でアカデミー歌曲賞を、作品全体としてはアカデミー音楽賞を取っている。「白雪姫」(1937)もアカデミー賞を受賞しているが、これは特別賞だったので競争部門で受賞したのは、この作品が最初。総監督はハミルトン・ラスクとベン・シャープスティンで、カラー作品。

ファンタジア Fantasia (1940)は、子供向けの童話ではなく、クラシック音楽の名曲と、それに触発されたイメージを組み合わせて見せる意欲的な作品で、上映時間は2時間を超える。7編のアニメーションによって構成されるオムニバス作品で、各編の導入部分のみがレオポルド・ストコフスキーが登場する実写で、そこから先がアニメとなっている。オーケストラの演奏はストコフスキーの指揮によるフィラデルフィア管弦楽団。

1 トッカータとフーガ・ニ短調（バッハ）　弦楽器の弓の動

きから、徐々に音に合わせた抽象的な画像となる
2 組曲くるみ割り人形（チャイコフスキー）　バレエ組曲の中から6曲を紹介。『金平糖の踊り』（露の精の幻想）、『中国の踊り』（キノコの踊り）、『葦笛の踊り』（水面に舞う花）、『アラビアの踊り』（水中の金魚）、『ロシアの踊り』（アザミの男たちと蘭の娘たちによる踊り）、『花のワルツ』（秋の精と冬の精）
3 魔法使いの弟子（デュカ）　ミッキー・マウスが魔法使いの弟子となり、先生の留守中にほうきに魔法をかけて水汲みをさせるが、止められなくなって水が溢れてしまう
4 春の祭典（ストラヴィンスキー）　地球の歴史のアニメ化。地球の誕生、生物の発生、恐竜の時代、大地震と地殻変動が描かれる
（映画で音を出すサウンド・トラックの紹介場面）
5 交響曲第六番・田園（ベートーヴェン）　ギリシャ神話の世界が展開される。ユニコーン、バーン、ペガサス、ケンタウロス、バッカス、ゼウスと稲妻などが登場する
6 歌劇「ジョコンダ」から『時の踊り』（ポンキエッリ）　朝のダチョウ、昼のカバ、夕方の象、夜のワニの踊り
7 禿山の一夜（ムソルグスキー）～アヴェ・マリア（シューベルト）　前半は暗黒の邪悪の世界で、悪魔が墓場から亡霊を呼び出して煉獄の業火へ送る。教会の鐘が聞こえると悪魔たちは退散して、後半は光溢れる浄化された善の世界が誕生する

　この作品でディズニーは新技術の立体音響に挑戦した。映画で立体音響を提供したのはこの作品が最初で、ファンタサウンドFantasoundと呼ばれる新しい録音方式をこの作品のために開発した。これはオーケストラをパートごとに分けて6チャンネルの光学方式で録音するもので、そのほかのチャンネルと合わせて、全部で9トラックが記録された。再生は左右と正面の3チャンネルによって立体化したので、スピーカーの間隔や置き方など、苦労が多かったようだ。

　音を聞く側のチャンネル分解ではなく、音を発する側のチャンネル分解で、録音した後に編集するという先進的な発想であったが、ダイナミック・レンジや、劇場での再生方式の複雑さなどの問題を抱えたために、ファンタサウンドは普及しないままに終わり、1942年の再公開時には、1時間半以下にカットされたモノラル版となってしまった。しばらくの間はモノラル版しか公開されなかったが、1956年の再公開でようやく4チャンネルのステレオ版が出た。

しかし、1940年当時のオリジナルの音がクリアに再現できなかったので、1982年にはデジタルで録音し直すこととなった。デジタル録音版はアーウィン・コスタルの手によるもので、『禿山の一夜』の編曲がムソルグスキーのオリジナル版に戻された。しかし、その後の修復技術の進歩により、1990年にオリジナル録音からの復元が行われている。

　短縮版やワイド画面版など多くの版があるが、スタンダード版がオリジナル。映画全体の監督はベン・シャープスティンだが、各場面は別の監督が担当している。ディズニー芸術として象徴的な作品であり、「ファンタジア 2000」Fantasia 2000 (1999)としてリメイクされた。

ダンボ　Dumbo (1941)は、ヘレン・アバーソンが物語を書き、ハロルド・パールが挿絵を書いた本(1939)を、ディズニーが映画化権を手に入れてアニメ化したもの。サーカスの雌象ジャンボの子供ダンボは、生まれつき耳が大きく、皆からバカにされていた。まだ幼いダンボが、周りの象や観客たちにからかわれるので、母象ジャンボは暴れ回り檻の中に閉じ込められてしまう。母と引き離されて寂しがるダンボを勇気付けたのは、小さなねずみのティモシーで、ダンボの大きな耳を翼代わりに空を飛ばせ、サーカスで大人気を得る。やがて有名になったダンボは、母と一緒にハリウッドへ向かう。

　前作の「ファンタジア」(1940)は芸術的には高い評価を得たものの、巨額の制作費をすぐには回収しきれずに、ディズニーとしては苦しかったため、この作品は低予算で作られた。そのために長編の中では1時間4分と最も短い。ディズニーの最初の構想では、30分程度の中編作品をイメージしていたが、総監督のベン・シャープスティンが長編に引き伸ばしたという。

　楽曲を書いたのはフランク・チャーチルが中心で、オリヴァー・ウォレスも追加曲を担当した。『私の赤ちゃん』Baby Mineを歌っているのはベティ・ノイズで、「雨に唄えば」(1952)でデビー・レイノルズの吹替えをした歌手。そのほかにも、スターリング・ホロウェイやクリフ・エドワーズなどが歌っている。カラー作品。

第 3 章　1940 年代：戦争の時代

バンビ　Bambi (1942) は、オーストリアのフェリックス・ザルテンの書いた小説「バンビ：森の生活」Bambi. Eine Lebensgeschichte aus dem Walde (1923) のアニメ化。アメリカでは 1928 年に翻訳されている。「白雪姫」(1937) を制作した後すぐに構想が練られたが、実際にリリースされたのは 5 作目。

森の王様鹿の子供として生まれたバンビは、幼なじみの雌鹿ファリーンと恋をして、彼女をめぐってほかの雄鹿ロノと争う。人間が森にやって来て母鹿が捕らえられるが、バンビは立派に育っていく。森にハンターたちが再びやって来て、そのキャンプからの火で森が火事になってしまう。バンビはハンターの放った犬に追い詰められたファリーンを助けて、火事から守り抜く。やがて二人は結婚して小鹿たちが生まれ、バンビが父親に代わって森の王者となっていく。

「ダンボ」(1941) と同じく 1 時間強しかない短い作品。楽曲は主にフランク・チャーチルが担当しているが、映画の中での音楽の使われ方は背景音楽的。デイヴィッド・ハンドが総監督を担当。カラー作品。

中編時代

ラテン・アメリカの旅　Saludos Amigos (1942) と、次の「三人の騎士」The Three Caballeros (1944) は、どちらも中南米を舞台とした作品。第二次世界大戦中は世界中が戦火に包まれたが、ラテン・アメリカ諸国だけは戦争に巻き込まれなかった。食料確保などの点からも、アメリカにとっては中南米諸国と友好関係を維持することが重要だったので、アメリカ政府が資金援助して友好関係強化を目的とした 2 作品が作られた。

この作品は、ウォルト・ディズニーらが撮影した南米風景の実写と、アニメのキャラクターを組み合わせたオムニバス作品。4 本の中編で、ペルー、チリ、アルゼンチン、ブラジルの 4 か国を紹介し、ブラジルとアルゼンチンで先行公開された。音楽は現地のラテン音楽が使われている。

オリジナルの版ではグーフィーのガウチョの喫煙場面があったが、最近はデジタル技術により、この場面がカットされて数秒短くなっている。監督は各編に分かれて 4 人が担当。42 分しかない中編カラー作品。

1「ドナルドのアンデス旅行」Lake Titicaca　ドナルドがペルーのチチカカ湖を訪ねる
2「小さな郵便飛行機ペドロ」Pedro　チリのサンチャゴの空港で親飛行機が病気となったために、代わって郵便物を運ぶ小さな飛行機ペドロの奮闘記
3「グーフィー・ガウチョ」El Gaucho Goofy　アルゼンチンのカウボーイであるガウチョになったグーフィーが、投げ縄などに挑戦する
4「ブラジルへの旅」Aquarela do Brasil　ドナルドがリオっ子ホセの案内でブラジルを巡る

三人の騎士　The Three Caballeros (1944) は、前作「ラテン・アメリカの旅」Saludos Amigos (1942) の続編で、ドナルド・ダック、パンチート、ホセ・カリオカの 3 人の騎士が南米を回る。こちらは 1 時間を超える長編。前作では登場しなかったメキシコも紹介されて、先行公開はメキシコで行われた。この作品もラテン調の音楽を使用していて、メキシコ編に音楽が多い。監督はノーマン・ファーガソンで、カラー作品。

1「寒がりペンギン　パブロ」The Cold-Blooded Penguin　寒がりのペンギンが暖かい国を目指す
2「空飛ぶロバ」The Flying Gauchito　少年ガウチョが、翼で空を飛ぶロバを見つけてフィエスタのレースに出す
3「ホセ・カリオカとブラジルの旅」Baia　ホセと一緒にブラジルを回り、サンバを踊る。実写と合成
4「クリスマスの祭り」Las Posadas　メキシコのクリスマス風景。子供たちが苦労して宿を見つけて、プレゼントの入ったピニャータ（くす玉）を割る
5「メキシコの旅」Mexico: Pátzcuaro, Veracruz and Acapulco　魔法の絨毯に乗って空を飛び、メキシコ各地の踊りや水着美女を見る
6「わが心の貴方」You Belong To My Heart　ドナルドが美女の歌に聞きほれる
7「ドナルドの白日夢」Donald's Surreal Reverie　歌う美女にキスされたドナルドが白日夢を見る

メイク・マイン・ミュージック　Make Mine Music (1946)* は、「ファンタジア」(1940) のポピュラー音楽版。クラシック音楽に代わり、10 曲のポピュラー音楽を使ってアニメーション化したオムニバスの短編集。当時のポピュラー音楽界で人気のあった面々が登場するので、音楽面でも楽しめる。日本では「鯨の

ウィリー」と「ピーターと狼」のみが公開された。

1「谷間のあらそい」The Martins and the Coys（キングスメンの歌） 谷間をはさんで争う一家の息子と娘が結婚する
2「青いさざなみ」Blue Bayou（ケン・ダービー合唱団の歌） 白鷺の美しい踊り
3「みんなジャズがお好き」All the Cats Join In（ベニー・グッドマン楽団） ティーンエイジャーの踊り
4「あなたなしでは」Without You（アンディ・ラッセルの歌） 窓からの風景
5「猛打者ケイシー」Casey at the Bat（ジェリー・コロナの喋り） 野球の猛打者ケイシーの活躍の実況中継
6「ふたつのシルエット」Two Silhouettes（ダイナ・ショアの歌） タニア・リカボウチンスカヤとデイヴィッド・リチンの踊り
7「ピーターと狼」Peter and the Wolf（プロコフィエフの曲でスターリング・ホロウェイが語る） いろいろな楽器が物語を演じる
8「君去りし後」After You've Gone（ベニー・グッドマン四重奏楽団） 楽器たちの踊り
9「帽子のジョニーとアリスの恋」Johnny Fedora and Alice Blue Bonnet（アンドルーズ姉妹の歌） 別々の持ち主の手に渡ったふたつの帽子の恋とその再会
10「鯨のウィリー」The Whale Who Wanted to Sing at the Met（ネルソン・エディの歌） 人間界でオペラ歌手となった鯨のウィリーがオペラの名曲を歌う

こぐま物語 ミッキーと豆の木 Fun & Fancy Free（1947）は、関連性のない中編2本の組み合わせ。音楽面ではクリフ・エドワーズとダイナ・ショアが歌っていて楽しい。ミッキー・マウスの声は昔からウォルト・ディズニー本人が担当していたが、ウォルトが吹き替えたのはこの作品が最後。カラー作品。

1「こぐま物語（がんばれボンゴ）」Bongo シンクレア・ルイスがコスモポリタン誌に書いた話「小熊のボンゴ」Little Bear Bongo (1936)に基づく。サーカスの小熊ボンゴが森で少女熊ルルベルと出会い、恋敵のランプ・ジョーを倒して2匹で幸せに暮らす。語りと歌はダイナ・ショア
2「ミッキーと豆の木（巨人征服）」Mickey and the Beanstalk 英国の童話「ジャックと豆の木」Jack and the Beanstalkのアニメ化。ミッキーがジャックとなって登場する。「歌う竪琴」という宝のおかげで、幸福の谷の住民は幸せに暮らしていたが、巨人に竪琴を奪われて貧しくなってしまう。ミッキーは牛と交換した魔法の豆の種が巨大に育ったので、ドナルド、グーフィーとともに巨人から竪琴を取り返す

メロディ・タイム Melody Time（1948）*も、「メイク・マイン・ミュージック」（1946）*と同様に、ポピュラー音楽に乗せた7話のオムニバス短編集。カラー作品。

1「冬の出来事」Once Upon a Wintertime（フランシス・ラングフォードの歌） 池でアイス・スケートを楽しむカップルを描く
2「クマンバチのブギ」Bumble Boogie（フレディ・マーチ楽団） リムスキー・コルサコフの『熊蜂の飛行』のブギウギ版をアニメ化
3「リンゴ作りのジョニー」The Legend of Johnny Appleseed（デニス・デイの話） アメリカ開拓時代の実在の人物ジョニー・アップルシードが、天使に励まされてリンゴ作りに励む
4「小さな引き舟」Little Toot（アンドルーズ姉妹の歌） ハーディ・グラマツキーが話と挿絵を描いた同名の本 (1939) のアニメ化で、タグ・ボート親子の話
5「丘の上の一本の木」Trees（フレッド・ワーリングの歌） 1本の木の四季を描く
6「サンバは楽し」Blame It on the Samba（エセル・スミスのハモンド・オルガンとダイニング姉妹の歌） ドナルドとホセがサンバを踊る
7「青い月影」Pecos Bill（ロイ・ロジャースとサンズ・オヴ・パイオニアズの歌） カウボーイのペコス・ビルの物語。歌うカウボーイのロイ・ロジャースも実写で登場

イカボードとトード氏 The Adventures of Ichabod and Mr. Toad（1949）も2編の中編からなる作品。ビング・クロスビーが3曲歌っている。ベン・シャープスティン総監督のカラー作品。

1「スリーピー・ホロウの伝説」ワシントン・アーヴィングの同名短編小説 The Legend of Sleepy Hollow(1820)のアニメ化。スリーピー・ホロウの村に赴任したイカボード先生は村娘カトリーナに恋をするが、村の亡霊に追いかけられて逃げ出す。ビング・クロスビーの歌とナレーション
2「トード氏」ケネス・グラハムの小説「楽しい川辺」The Wind in the Willows(1908)のアニメ化。ヒキガエルのトード氏の冒険譚。新し物好きのトード氏が自動車に夢中となる。ベイジル・ラスボーンのナレーション

初期の実写作品

リラクタント・ドラゴン The Reluctant Dragon（1941）は、実写部分とアニメーション部分によって構成される。実写部分は台本作家ロバート・ベンチュリーが、ディズニー・スタジオにやって来てスタジオを案内してもら

う。そこからアニメーションの世界となり、「リラクタント・ドラゴン」と「ちっちゃなウィームス」Baby Weems、「グーフィーの馬の乗り方」How to Ride a Horse の3編が入る。「リラクタント・ドラゴン」はケネス・グラハムの同名短編(1898)のアニメ化。アルフレッド・L・ワーカー監督作品で、カラー、白黒の混成。

南部の唄　Song of the South (1946)は、実写とアニメが組み合わさった作品。ジョエル・チャンドラー・ハリスの小説「レムス爺さんの物語」Tales of Uncle Remus (1881)の映画化。

　南北戦争直後の再建時代のアメリカ南部が舞台。黒人のジェイムス・バスケット爺さんが、少年ボビー・ドリスコルに昔から南部に伝わる動物のたとえ話を聞かせると、それがアニメーションとなって展開される。少年は家出しかけるが爺さんの話で思いとどまり、小さな少女と喧嘩した時にも動物の話で救われる。しかし母親は、爺さんのところへ少年が出入りすることを嫌ったので、爺さんは農場を去りかけて、少年がそれを追おうとして牛に突かれて怪我をしてしまう。一時は危篤かと思われた少年だったが、爺さんの動物話で再び元気を取り戻す。

　多くの歌が使われているが、アリー・ルーベルの書いた曲がアカデミー主題歌賞を受賞した。この映画は南北戦争直後が舞台だけに、旧来の黒人奴隷的な役柄を感じさせる部分がある。また黒人を主役に据えて白人の子供たちと交流させるので、黒人の側からも白人の側からも強い拒否反応があった。そうしたこともあり、劇場での再公開は行われているが、家庭用のDVDをアメリカ国内で発売することに対しては慎重な態度が取られている。ハーヴ・フォスターほか監督、カラー作品。

わが心にかくも愛しき　So Dear to My Heart (1948)*は、「南部の唄」(1946)と同様に実写とアニメを組み合わせた作品。スターリング・ノースの小説「真夜中とジェリマイア」Midnight and Jeremiah (1943)の映画化。

　20世紀初頭のアメリカの田舎の農場。農場の少年ボビー・ドリスコルは、白と黒の2匹の子羊を産んだ母羊が白羊しか育てないので、自分で黒羊を育てる。大きくなった黒羊はやんちゃな性格なので、ボビーの祖母は処分したいと考える。ボビー少年は黒羊を救おうと、叔父さんの入れ知恵で、地方で開催される品評会に出そうとするが、黒羊が逃げ出したり、祖母の反対にあったりする。最後には何とか黒羊を品評会へ出場させるが、入賞を逃してしまう。だが嬉しいことに、特別賞が与えられる。エリオット・ダニエルの書いた曲が、アカデミー賞にノミネートされた。ハロルド・D・シュスター監督のカラー作品。

第4章
1950年代：画面の大型化

第4章 1950年代：画面の大型化

1 赤狩りと画面の大型化

ハリウッドの赤狩り

　1940年代が戦争の時代だとしたら、1950年代は東西冷戦の時代で、朝鮮戦争などを除けば、アメリカは大きな戦争に巻き込まれずに済んだ。しかし、ハリウッドは、いわゆる「赤狩り」の時代であった。「赤狩り」は英語ではRed Scareだから、「赤の恐怖」というほうが適切かも知れない。ハリウッドの映画界では大事件であり、内容的には思い出したくもないような不愉快な事件ではあるが、比較的能天気な内容の多いミュージカル映画は、大きな影響を受けたとは思えない。

　赤狩りの件についてはこの本の主題から外れるし、専門的な研究書も多いので、そちらを参照いただきたいが、名指しされて苦労した人物や、名指しをした人物に焦点を当てて語られることが多く、なぜそうしたことがこの時代に起きたのかが語られることが少ないので、少しだけ補足的に解説しておきたい。

　アメリカにおける「赤狩り」は、歴史的には1920年代と50年代に発生している。これは1917年のロシア革命と1949年の中華人民共和国の成立に対応したもので、共産主義の進出に対する恐怖の反動的な運動といえる。1920年代の赤狩りでは、サッコとヴァンゼッティ事件（1920）があり、イタリア系の移民がアナーキストだとして死刑にされ、後にイタリア映画「死刑台のメロディ」Sacco e Vanzetti (1971) として映画化されている。

　1950年代の赤狩りは、マッカーシー上院議員が1950年に「国務省に共産党員がいる」と演説して始まり、1954年末に上院がマッカーシーの非難決議を行うことにより終結したとされることが多い。しかし、ハリウッドの赤狩りは、それより前の1947年に始まったので、背景は同じだがマッカーシー議員が始めたものではなかった。

　ではハリウッドの赤狩りはどこで行われたかというと、下院の非米活動委員会を舞台としていた。この委員会の前身は1920年代の赤狩りに対応して設けられたもので、第二次世界大戦中はファシズムの摘発を行い、それ以降も黒人差別的な秘密結社KKKの活動を調査していたが、1947年に映画界からの告発を受け、「映画界における共産主義の浸透の排除」を目的とした活動を行った。

　告発を行ったのは「アメリカの理想を守るための映画同盟」という戦争中の1944年に結成された組織で、そうそうたる顔ぶれの映画監督、俳優、脚本家などが集まっていた。この同盟では、共産主義とファシズムを並べて敵視している。この団体に属した脚本家エイン・リンドが1947年に書いたパンフレットでは、密かにこうした思想を滑り込ませた映画の例として、「我等の生涯の最良の年」(1946) や「楽聖ショパン」(1945) などを取り上げている。

赤狩りの背景

　なぜこうした活動が起きたかというと、1930年代と40年代前半を通じて、アメリカ国内での共産党の活動が増大傾向にあったためだ。第二次世界大戦中にナチス・ドイツと戦うために、アメリカは共産主義のソ連とも手を組んで戦った。そのために、アメリカ国内でも共産主義に共感する層が増えて、映画人だけでなく多くの演劇人も共産党に入党し、協力する人物が多くなった。これらの人々の大半は、戦争が終結して冷戦が始まると、党から離れて一線を画したが、世界中に広まり始めた共産主義勢力の拡大を見て、アメリカ国内ではこれを恐怖に感じる層も増えたに違いない。

　この「アメリカの理想を守るための映画同盟」の活動とともに、ロナルド・レーガンが俳優協会の会長に就任したことも、赤狩りの動きを加速した。レーガンは後に大統領になった時に、ソ連を「悪の帝国」と呼んだほどの筋金入りの共産主義嫌いだったから、俳優協会会長として一連の赤狩りに協力している。実は俳優協会の会長は1946年にロバート・モントゴメリーが就任したばかりだったが、たまたま協会内部でのスキャンダルがあり、モントゴメリーが任期途中で辞任したために、それを継ぐ形で1947年にレーガンが会長職につき、FBIと一緒に非米活動委員会に対して、反共産主義活動を働きかけたといわれて

1 赤狩りと画面の大型化

いる。

赤狩りの論点

　委員会による最初の聴聞は1947年10月に行われて、赤狩りに対する24人の友好証言者と11人の敵対証言者に分れたが、敵対証言者のうち劇作家のブレヒトは、証言の翌日にドイツに逃げ帰ってしまったので、残った10人が「ハリウッドの10人」として有名になる。この10人のうち9人が脚本家で、監督が一人だったので、当時の問題意識としては、共産主義的な内容の映画でプロパガンダを行うことへの対応だったことがわかる。委員会はこれらの証言者に対して共産党員歴の確認と、仲間だったメンバーの名前を述べることを求めた。

　これに対する10人の対応は、自分の共産党員歴は認めるが、仲間だったメンバーについては語らないというもので、その根拠は合衆国憲法修正第1条（思想、表現の自由など）と、修正第5条（手続きの適正さと黙秘権など）によるものだが、こうした態度を下院は非難、議会に対する侮辱罪で10人は訴えられ、下級審で有罪判決を受ける。10人は上告して争い、最終的には1950年に最高裁が訴えを棄却するので有罪が確定する。

　当初の最高裁の判断はあいまいだったが、ベルリン封鎖（1948）、ソ連原爆実験の成功（1949）、中国の共産党政権の樹立（1949）、朝鮮戦争の勃発（1950）などの背景から、危機感を持ち有罪判決を行ったようだ。「黙秘権」というのは「自己の不利益な発言を強要されないことであり、他人の名前を挙げるのはこれにあたらない」というのが最高裁の態度であった。いずれにしろ、有罪の確定により、1951年以降に再開された聴聞では、証言を拒否できる人物はほとんどいなかった。そのため90人の証言を得て100人以上の共産党員歴のリストを作り、1952年には200人以上のリストを発表した。

　最終的には、共産党員でなくても、共産党系の新聞に音楽評を書いたというだけでもリストに名前が載るようになったので、だんだんと訳がわからなくなった。一人だけ具体的な例を挙げておくと、女優のルシル・ボールは、「1936年に、お祖父ちゃんを喜ばせるため、短期間だが入党した」と証言している。撮影所の経営者たちも、最初は証言に非協力的な作家たちを守ろうとしたものの、テレビ放送の普及により、急激に映画観客が減り始めていく中で、リスクを避けるしかなかった。そのため、証言拒否した作家は撮影所から追い出されてしまう。

LPレコードとテレビ放送

　1950年代には、このような形で赤狩りが行われたが、おおむね社会は安定して繁栄を謳歌した時代だった。そうした中で、新しい技術や製品が人々の生活を大きく変え始めた。レコードは78回転の重たいものから、33 1/3回転のLPレコードに変わった。コロムビア社が最初のLPレコードを発売したのは1947年で、それがステレオ化されたのは1958年だった。一方、1930年代から家庭に普及していたラジオに代わって、1950年頃からはテレビが急速に普及し始める。

　全米で人気のあったエド・サリヴァン・ショーは、1948年の放送開始で、日曜日の午後8時からの放送だった。それまでは、週末の夜は映画館に行くという習慣だった人々は、週末は家庭でテレビを見るというスタイルに変わった。生活スタイルの変化は、当然に映画制作にも変化を与えた。

　テレビに観客を奪われた映画館は、それまでの週変わり、2週変わりでプログラム・ピクチャーを提供するというスタイルから、テレビでは見られないような大作を提供するという形に変わった。小さな白黒テレビでは味わえないような大画面と、立体音響と呼ばれたステレオ・サウンド、そして美しいカラー、場合によっては特殊な眼鏡をかけると、映像が飛び出すように見える立体（3D）映画が次々と登場した。

シネマスコープ

　テレビとの対抗を意識した結果、上映画面は大きくなり、横長となった。画面の縦横比率をアスペクト比というが、それまでのアスペクト比は、無声時代から続いた、「スタンダード・サイズ」と呼ばれる1：1.3（1.2-1.37）程度であった。この比率は初期テレビのアスペクト比（3：4＝1：1.33）とほぼ同じである。

第4章　1950年代：画面の大型化

これを横に広げて迫力のある画面にしようということで、各社はいろいろなシステムを開発した。

フォックスは、アナフォルミック・レンズと呼ばれる、横方向だけを2倍に伸縮する光学レンズを使い、従来の画面比率を横方向だけ2倍に広げた「シネマスコープ」方式を開発し、「聖衣」The Robe (1953)を公開した。

シネマスコープは横方向を2倍に拡大して映写するので、アスペクト比は従来の1：1.33から1：2.66となった。実際には、映写機に装着されたアパーチャーと呼ばれる「枠」によって、1：2.35-2.66となる。この技術はレンズを作っていたパナヴィジョン社が磨きをかけて、現在では1：2.4程度に落ち着いている。

DVDの時代になって、HDテレビ（9：16）用の画面を横方向だけデジタル圧縮して、SDテレビ規格（3：4）で収録する方式は、このシネマスコープのアナフォルミック・レンズにヒントを得たものなので、アメリカでは「アナフォルミック」収録と呼ばれているが、日本では「スクイーズ（圧縮）」収録と呼ばれている。

シネマスコープは随分と横長なので、ゴダールの「軽蔑」(1963)という映画の中で、フリッツ・ラング監督はその感想を求められて、「蛇や葬式の行列を撮るのには良いけど……」と語っているが、あまりにも横長過ぎる画面と感じた映画人も多かったようだ。

ヴィスタヴィジョン

フォックス社のシネマスコープに対して、パラマウント社は1954年に「ヴィスタヴィジョン」と呼ばれる、別方式の横長映画を作った。これはシネマスコープ方式が従来のカメラを使う簡便性がある反面、映写時には横方向だけ2倍に拡大するので、画面の粒子が目立ちやすいという欠点を持つことから、画像の質を保つためにフィルムの使用面積を増やすという考え方だった。

具体的には、これまでのフィルムの2コマ分を使い横方向にフィルムを走らせるという画期的なもので、アスペクト比は1：1.33から、2+α：1.33（αは画面の間の区切り部分）となった。当初にはアスペクト比は3：5＝1：1.66と決められたが、上映時に使うアパーチャーの種類により、1：1.5-2程度となる。現在ではおおむね1.7前後が多いようだ。

撮影時にはフィルムを横に走らせる特殊なカメラを用いるが、上映時には映画館の一般的な映写機を使う必要がある。そのため、フィルムの各コマの上下を使わずに、中心部分にだけ焼き付けた画像を使い、普通の映写機で上映した。

特殊なカメラが必要なことから、この方式は1950年代に廃れてしまったものの、画面サイズとしてのヴィスタ版は現在も健在で、多くの映画で使われるだけでなく、高画質のHDテレビのサイズ9：16（＝1：1.78）にも採用されている。シネマスコープの画面サイズはあまりにも横長過ぎて、使いにくいと感じられるためだろう。

70mm映画とシネラマ

もうひとつの大画面化の動きは70mm映画だ。普通の映画フィルムは35mm幅なので、その倍の幅のフィルムを使うという考え方で作られた。これはブロードウェイの制作者マイケル・トッドの考案によるものなので、「トッド・AO」方式と呼ばれたが、撮影には65mmのフィルムを使い、それを70mmの上映用フィルムに焼き付けて、残りの5mmには音声用の記録トラックを置くというものだった。アスペクト比は、シネマスコープとヴィスタヴィジョンの中間的な1：2.2となる。

記録面積が大きいので画質は優れるが、画面のちらつきを抑えるために、従来の映画が24コマ／秒の映写だったものを、30コマ／秒に増やすこととなった。この方式を使って撮影されたのが、フォックス社の「オクラホマ！」Oklahoma! (1955)だったが、その後に24コマ／秒で十分という声が上がり、24コマ／秒での撮影が標準となった。トッド・AO方式は、その後35mmフィルムの画質の向上に伴いあまり使われなくなり、パナヴィジョン社の70mm方式に吸収された形になっている。

そのほか、従来の映写機を3台使って横長の画面を作る「シネラマ」方式が発表されて、「これがシネラマだ」This Is Cinerama (1952)などが作られたが、画面に継ぎ目が生じ、

スクリーンが大きく湾曲していて見にくいなどの声が上がり、普及しなかった。

立体音響と立体映画

音響の点でも、光学音声トラックでのモノラル音声が、磁気トラックを使用したマルチ・チャンネルの立体音響へと進化した。立体化は画像でも追求されて、偏向レンズ眼鏡を使用する立体映画（3D映画）が作られた。立体映画としてはワーナーで作られたヒッチコック監督の「ダイヤルMを回せ」Dial M for Murder (1954)が有名だが、ミュージカル映画でもMGMで「キス・ミー・ケイト」Kiss Me Kate (1953)や、コロムビア社の「雨に濡れた欲情」Miss Sadie Thompson (1953)が立体映画で撮影された。これらの作品の踊りの場面を注意深く見ると、立体映像を強調するような振付を見ることができる。

カラー方式の進歩

カラー方式でも1950年代に技術的に大きな変化があった。それまでの主流だったテクニカラーは、色彩を3色に分解して別々のフィルムに記録する方式なので、特殊なカメラが必要で作品数を増やせなかった。しかし、1950年にイーストマン・コダック社が、1本のフィルムに3原色を記録可能なカラー映画用のネガ・フィルムを発売したことから、白黒フィルム用の普通のカメラでもカラー撮影が可能となり、映画のカラー化が進む契機となった。

コダック社は、1952年に上映用のカラー・ポジ・フィルムも発売したので、対抗上テクニカラー社もコダック社のカラー・ネガから、テクニカラーの上映用フィルムを作成できるようにプロセスを改善した。続けて、テクニカラー社は3D撮影用のカメラも開発したが、このカメラは3色分解ネガを、右目用と左目用に分けて作るので、6分割ネガという気の遠くなるようなものだった。テクニカラー社は画面の大型化にも対応したが、コストが高く、プリント作成に時間がかかる問題を解決できなかったために、コダック社のイーストマン・カラー方式に駆逐されて、アメリカのプリント工場は1974年に閉鎖された。英国、イタリアにあった工場も順次閉鎖され、1980年までに染色方式のテクニカラー工場はなくなってしまった。その後、英国の設備は中国に売却されたので、1993年までは稼動していたようだ。

テクニカラーのネガは色分解されているので安定していて、古い作品でも美しく蘇るが、コダック社のカラー・フィルム、特に上映用のポジ・フィルムは経年劣化しやすく、数年経過すると色のバランスが崩れてしまうなど、映像の長期保存という点では課題を抱えていた。そのため、近年テクニカラー社の技術を再評価する動きもあり、1997年に、染色システムによるテクニカラー・プロセスのプリント工場が再導入されている。しかし、商業的には成立しにくいようで、フィルムを保存するためのフィルム・アーカイヴなどの利用が中心のようだ。

夢工場の崩壊

この時期の映画全体の変化の影響から、ミュージカル映画だけが逃れるわけにはいかない。芸人の多くがテレビ界に呼ばれたこともあり、MGMに代表される大制作者の下で、一流の芸人とスタッフを集めて、次々と夢のような作品を作るというシステムは、1950年代の後半に崩壊して、新しい形のミュージカル映画が誕生することとなった。そうした新しい制作形態の最初の作品が「オクラホマ！」(1955)だ。制作は大スタジオの手から離れて、リチャード・ロジャースなど舞台版の作者たちが中心となり、ワーナーやフォックス社などで、従来はB級作品に出演していたミュージカル・スターたちを使い、超A級の作品を作った。

映画界はテレビに打ち勝つために様々な工夫を続けたが、テレビでもカラー化が始まり、1960年代にはカラー・テレビが普及するので、1930年代から続いてきた、夢の工場としてのハリウッド・スタジオのシステムは、1950年代末に崩壊した。1950年代にはまだ、MGMの3大制作者たちがハリウッド・ミュージカルの灯を守ったが、戦後のブロードウェイで芸術性の高さから、圧倒的な人気を得ていたリチャード・ロジャースとオスカー・ハマースタイン2世の一連の作品がフォックス社で映画化されると、MGMも従来の制作

第4章 1950年代：画面の大型化

方式を守ることができなくなり、1960年代になると、それまでとは異なるミュージカル映画が作られるようになる。

ロジャースとハマースタインの舞台作品の映画化は、フォックス社の「オクラホマ！」(1955)から始まり、「回転木馬」Carousel (1956)、「王様と私」The King and I (1956)、「南太平洋」The South Pacific (1958)と続き、それまでのハリウッド流のミュージカル映画とは一線を画し、舞台に忠実な映画化が行われた。1960年代に入るとユニヴァーサル社の「フラワー・ドラム・ソング」Flower Drum Song (1961)を経て、フォックス社の「サウンド・オブ・ミュージック」The Sound of Music (1965)は、大自然の中で歌や踊りを展開するという新しいミュージカル映画の作り方を示した。

一方、ミュージカル映画の伝統を守るMGMでは、フレッド・アステアは「絹の靴下」Silk Stockings (1957)が、ジーン・ケリーは「魅惑の巴里」Les Girls (1957)が実質的に最後の主演作品となり、2大スターを失った。そのためアーサー・フリードが手がけた「恋の手ほどき」Gigi (1958)は、アカデミー賞を8部門で受賞して高い評価を受けたものの、実質的にはMGMミュージカル最後の作品となった。

2 MGM

1940年代に活躍したジュディ・ガーランドは、「夏期公演」Summer Stock (1950)*が最後となってMGMを去り、その後はフレッド・アステアとジーン・ケリーという二人のダンス・スターを中心に、各社から集めた歌うスターたちが活躍した。制作者は、1940年代に続き1950年代も3大制作者が健在だった。

アーサー・フリードが14本、ジャック・カミングスが11本、ジョー・パスタナクは21本のミュージカルを作っているので、この3人だけで合計46本を作っている。平均すると年間4.6本のペースとなり、この1950年代には、2-3か月に1本はこの3人の手による作品が出ていたことになる。

ダンサー

フレッド・アステア Fred Astaire（その3）

フレッド・アステアは、1940年代前半にはいろいろな会社でミュージカル映画に出演していたが、40年代後半からはMGMが中心となる。ダンスのうまいヴェラ＝エレンと組んだ「土曜は貴方に」Three Little Words (1950)の後に、パラマウントへ貸し出されてベティ・ハットンと共演した「レッツ・ダンス」Let's Dance (1950)を撮る。

歌のうまいジェイン・パウエルと共演した「恋愛準決勝戦」Royal Wedding (1951)では、天井で踊る場面で人々を驚かせたが、この映画の撮影時にはアステア52歳、ジェイン・パウエルは22歳なので、さすがにアステアも年齢を感じたようだ。次の「ニュー・ヨークの美女」The Belle of New York (1952)*は、再びヴェラ＝エレンと組んだ作品で、この作品ではワシントン・アーチの上で踊っている。

「バンド・ワゴン」The Band Wagon (1953)は、1950年代のアステア映画では最も優れた作品で、シド・チャリシーと踊った『暗闇に踊る』Dancing in the Darkや『ガール・ハント・バレエ』Girl Hunt Balletなどのナンバーが古典として残っている。

いろいろな相手と踊り続けたアステアが次に踊ったのは、またしても若いレスリー・キャロンで、ジェイン・パウエルよりもさらに2歳年下だ。二人が共演した「足ながおじさん」Daddy Long Legs (1955)は、アステアにとっては初めてのシネマスコープ作品でフォックス社だったため、アステアの個性が十分に生かされていない。

次の作品も、若いオードリー・ヘプバーンと共演した「パリの恋人」Funny Face (1957)で、パラマウント作品。スタンリー・ド

ーネン監督の美しい映像が印象に残るが、オードリーが必ずしもミュージカル専門役者ではないために、中途半端な作品に仕上がっている。

アステア最後の主演作品は、MGMに戻って撮った「絹の靴下」Silk Stockings (1957)。踊りの上手なシド・チャリシーが相手役で、コール・ポーターの名曲、MGMのスタッフと条件が揃っているので、安心して見られる作品となった。アステアの主演作品はこの作品が最後だが、11年後に助演ながら「フィニアンの虹」Finian's Rainbow (1968)に出演している。

土曜は貴方に Three Little Words (1950)は、作詞・作曲家コンビとして活躍したバート・カルマーとハリー・ルビーの伝記映画。MGM作品だが、制作はアーサー・フリードではなくジャック・カミングス。音楽はもちろんカルマーとルビーのヒット曲を使用している。カルマー役がアステアで、赤毛の喜劇役者レッド・スケルトンがルビー役。アステアのお相手はダンスの名手ヴェラ＝エレンで、素晴らしい踊りを見せる。

アステアはヴェラ＝エレンと組んでダンス・チームとして成功していたが、膝を痛めて踊れなくなり、作曲家レッド・スケルトンと組んで作詞家として売り出し、ヴェラ＝エレンと結婚する。

カルマーとルビーは、1920年代のブロードウェイで、多くのショーに曲を提供したチーム。「ジーグフェルド・フォリーズ」の1920年度版と1923年度版に曲を書いたほか、マルクス兄弟向けに書いた舞台作品「けだもの組合」Animal Crackers (1928)は、映画化(1930)もされている。二人で作詞を担当した舞台版「グッド・ボーイ」Good Boy (1928)は、トーキー以降の映画界で旋風を起こすバスビー・バークレイが振り付けた作品。

映画の中ではデビュー当時の若いデビー・レイノルズが、『あなたに愛されたいの』I Wanna Be Loved by Youを歌っている。マリリン・モンローが「お熱いのがお好き」Some Like It Hot (1959)の中で歌った曲だが、もとは舞台ミュージカル「グッド・ボーイ」(1928)の中でヘレン・ケインが歌った曲。デビー・レイノルズも歌えるが、ヘレン・ケインの独特のこそばゆい漫画声は真似しかねたので、ヘレン・ケイン本人が吹き替えた。

アステアはヴェラ＝エレンと組んで4曲ほど踊る。二人で踊る場面は、いずれも当時のヴォードヴィルの雰囲気をよく出したスタイルの踊りで、英国から帰る船の中で踊る『君を想って』Thinking of Youは、アステアとロジャース風の踊りとなっている。アステアは膝を痛めるという設定なので、一人で踊るのは、膝の調子を確かめながら裸舞台で踊る場面のみで寂しい。作詞・作曲家チームの話だから、歌の場面が多いのも当然かも知れない。ヴェラ＝エレンの歌はアニタ・エリスの吹替。

レッツ・ダンス Let's Dance (1950)は、パラマウント社の作品で相手役はベティ・ハットンが務めた。ハットンは「アニーよ銃をとれ」(1950)で、パラマウントからMGMへ貸し出されたが、その撮影を終えてすぐに「レッツ・ダンス」を撮った。楽曲は「野郎どもと女たち」などのフランク・レッサーが担当。監督は「腰抜け二挺拳銃」などのノーマン・マクロード。1950年というと戦争が終わって5年目なので、その世相を反映した物語となっている。

戦争中に軍隊向けの慰問ショーで共演していたベティ・ハットンと再会したアステアは、彼女がボストン名家の未亡人となっていることを知る。息子が出来た後に、結婚相手が戦死してしまったのだ。孫を名家にふさわしく教育したいと願う義母に反撥して、ハットンは自分で息子を育てようと家を飛び出す。密かに彼女に愛を抱いていたアステアは、再びコンビを組んで踊り、義母の妨害に遭いながらも結婚にこぎつける。

劇中の西部劇風のナンバーは、酒場でヒゲ面の男二人(アステアとハットン)が踊る設定で、この作品のハイライト。また、アステアがピアノを弾きながらソロで踊る『ピアノ・ダンス』Piano Danceは見応えのある踊り。このほかにもアステアが幻想の中でハットンと一緒に踊る『どうして気持ちと戦うの』Why Fight the Feelingなどがあるが、アステアが粋な都会調なのに対して、ハットンは田舎風の元気さが売り物で、ちぐはぐさが残った。

第4章　1950年代：画面の大型化

恋愛準決勝戦　Royal Wedding (1951)は、アステアがMGMに戻って主演した、アーサー・フリード制作、スタンリー・ドーネン監督の作品。「マイ・フェア・レディ」のアラン・J・ラーナーが台本を書き、「フィニアンの虹」のバートン・レインが曲を書いた。アステアの相手役は歌も踊りも達者なジェイン・パウエルなので、この作品は後期のアステア作品の中でも、傑作の1本となった。

1947年11月のエリザベス女王の結婚式に合わせて、ロンドンでの出演が決まったアステアとパウエルの兄妹は、船で英国へ渡る。パウエルは船中で英国人貴族に惚れ、アステアはロンドンでダンサーと恋におちる。身を固めるには躊躇があったが、エリザベス女王の結婚式を見て、二人とも結婚を決心する。

この作品の中でも、アステアは素晴らしい踊りを沢山残している。最初は舞台の場面で、退屈した王様アステアが、可愛い小間使いのパウエルと一緒に踊る『毎夜七時に』Every Night at Seven。

続いてアステアは船の中のジムで踊りの練習をする。ダンスのお相手を務めるパウエルが現れないので、代わりに帽子掛けを相手にして踊るのが『日曜日のジャンプ』Sunday Jumps。帽子掛けがまるで生きているかのように踊る妙技だ。

悪天候のために揺れる船の中でも、アステアとパウエルは『目を見開いて』Open Your Eyesを踊る。パウエルの素晴らしい歌に続いて、大きく揺れ動いて傾く船中でのダンスが披露される。

ロンドンでの舞台公演の場面は、二人が思い切り下品な姿で登場して喧嘩する。『俺が根っからの嘘つきだとわかっていて愛していると言ったのにどうしてお前は信じられるんだ』How Could You Believe Me When I Said I Loved You When You Know I've Been a Liar All My Lifeという、恐らくはアステアの歌った中では、最も長い題名の曲を歌う。これはジュディ・ガーランドと一緒に「イースター・パレード」(1948)の中で歌った曲の延長線上にある印象だ。

極め付きは惚れたダンサーのチャーチル嬢の写真を見ながら、アステアがホテルの部屋で踊る『君は僕のすべて』You're All the World to Meで、踊りながら床から壁に登り、天井でも逆さになって踊ってしまうという、独創的なアイディアに満ちた踊り。これらの踊りのアイディアは、長年アステアと組んでいるハーミズ・パンと相談しながら作ったもの。

最後の見せ場は熱帯調の装置で踊られる『ハイチに帽子を忘れてきた』I Left My Hat in Haitiで、白いスーツ姿のアステアが踊り、ハイチの娘たちを相手に自分の置き忘れた帽子を探すと、最後に猿が帽子を持ってきてくれる。

映画デビュー前のアステアは、姉アデールと組んで舞台で踊っていたが、姉の結婚により二人のコンビは終わりを告げる。この映画の設定はそうしたアステアの実生活を彷彿とさせるが、アステアの妹役を演じたパウエルは22歳なのに、当時52歳だったアステアの妹という設定となっている。

MGMは当時34歳だったジューン・アリソンで撮影する予定だったのだが、彼女が妊娠してしまい、次には29歳のジュディ・ガーランドへ話がいくが、薬漬けのためにMGMが契約解除してしまい、最終的には22歳のパウエルとなった。そのパウエルも前年に結婚したばかりで、映画の撮影中に妊娠している。

アステアの結婚相手となるロンドンのダンサーは、最初はモイラ・シアラーが想定されていたが、実際に選ばれたのは、ウィンストン・チャーチル首相の実娘サラ・チャーチルだった。

「準決勝戦」という不思議な題名が付いているが、これは2組のカップルが結婚するので「準決勝」と命名したのだろう。原題はロイヤル・ウェディングで、エリザベス女王の結婚式を意味している。英国での公開題名はRoyalが外されてWedding Bellsとなっている。

日本ではビデオ発売時に「ロイヤル・ウェディング」という題名でも発売された。MGM社の著作権更新ミスにより、この作品や作曲家ジェローム・カーンの伝記作品「雲の流れ去るまで」(1946)は無著作権状態となっており、廉価版のビデオが多く出ている。

ニュー・ヨークの美女　The Belle of New York (1952)*は、MGMでヴェラ＝エレンを

相手役とした作品。制作は前作に続いてアーサー・フリード。監督はチャールズ・ウォルターズで、振付はロバート・オルトン、楽曲はハリー・ウォーレンという布陣。

相手役は「土曜は貴方に」(1950)で共演したヴェラ＝エレン。ジンジャー・ロジャース以外で、アステアと2回共演したのは、ルシル・ブレマー、ヴェラ＝エレン、リタ・ヘイワース、そして50年代後半のシド・チャリシーの4人のみ。ほかの相手役は1回だけだ。

19世紀末のニュー・ヨークを舞台に、大金持ちでプレイ・ボーイのアステアが、救世軍で伝道活動をしている美女ヴェラ＝エレンに恋をする。生活態度を改めて真面目に働き、彼女のハートを射止めるが、結婚前夜に酔いつぶれて結婚式に遅刻、一度は結婚を諦めるものの、最後に恋は成就する。

背景は異なるが、フランク・レッサー曲の「野郎どもと女たち」(舞台1950、映画1955)と似たような話。アステアが恋におちて天にも上る気分となり、ワシントン広場のワシントン・アーチの上で踊る『見れば信じられる』Seeing's Believing は、高いアーチの上で踊るだけでなく、建物から離れて空中に浮かんだまま踊ってしまう。

続いて救世軍の本部の集会所でアステアとヴェラ＝エレンが一緒に踊る『ベイビー・ドール』Baby Doll は、「踊る大紐育」(1949)の中のジーン・ケリーとヴェラ＝エレンが踊った『メイン・ストリート』を思い起こさせるようなムードの踊りだ。

続く『ウープス』Oops は、ニュー・ヨークに昔走っていた路面軌道馬車での踊りで、最後には馬の上で踊ってしまう。『花嫁の結婚の日』A Bride's Wedding Day Song は婚約した二人が、壁の絵の中に入り込んで踊るナンバー。

最後にアステアが歌う給仕となってナイト・クラブで踊る『踊り手になりたい』Wanna Be a Dancin' Man は、砂を撒いて踊るサンド・タップをソロで見せる。

ヴェラ＝エレンの歌は吹替。救世軍の仲間役として、テレビ「奥様は魔女」の隣のおばさん役アリス・ピアースが出ていて、歌と踊りを見せている。

バンド・ワゴン　The Band Wagon (1953) は、不朽の名作となったMGMの代表的なミュージカル。制作はアーサー・フリードで、監督はヴィンセント・ミネリ、振付はマイケル・キッドが担当した。

アーサー・シュワルツ作曲、ハワード・ディーツ作詞の舞台作品(1931)の題名を借用しているが、舞台版とは異なる。ブロードウェイ版は、アステア自身が姉アデールと一緒に出演していたので、舞台版の忠実な映画化のような印象を受けるが、内容は舞台版とはまったく異なり、『暗闇に踊る』などの曲が使われただけ。

アステアが演じるのは、忘れられかけた映画ミュージカル・スターで、オスカー・レヴァントとナネット・ファブレイの夫婦が作詞・作曲した新作の舞台「バンド・ワゴン」で主演するために、ニュー・ヨークへやって来る。演出は前衛的なジャック・ブキャナンが担当して、現代版「ファウスト」のミュージカル版を作ることになる。相手役に選ばれたのは、何とクラシック・バレエのプリマであるシド・チャリシーだった。全体が噛み合わないままに地方で行われた試演は大失敗に終わるが、アステアとチャリシーが意気投合して、作品を作り直し、大成功の初日を迎える。

典型的な舞台裏物で、アステアとチャリシーのダンス場面が秀逸。夜のセントラル・パークで散歩しながら踊る『暗闇に踊る』Dancing in the Dark は、ロマンチックなムードのダンス。ロジャー・イーデンスの効果的な編曲と、バレエ・ダンサーのチャリシーに合わせた振付とを組み合わせている。

トップ・ハットとステッキで踊る『予定を変えたほうが良さそうだ』I Guess I'll Have to Change My Plan は、英国のミュージカル・スターであるジャック・ブキャナンと一緒にタップ・ダンスを見せる。

最大の見せ場は舞台場面として見せる『ガール・ハント・バレエ』Girl Hunt Ballet で、レイモンド・チャンドラーを彷彿とさせるようなハード・ボイルド調のダンス。謎の金髪女性を追って、アステアは地下鉄の駅や洋品店などを探すうちに、酒場でブルーネットの美女に誘惑されたりする。最後にギャングを撃ち殺すと、それが謎の美女だったという話で12分間のナンバー。アステアのクールな

第4章　1950年代：画面の大型化

雰囲気と、チャリシーのセクシーなダンス、物語の意外な展開という見事な構成。

ほかにも、ナネット・ファブレイが芸達者で、終演後のホテルの一室での出演者パーティで歌う『ルイザを愛している』I Love Louisa、舞台場面で見せる『ルイジアナの干草ピクニック』Louisiana Hayride、アステアやブキャナンと3人で歌う『三つ子』Tripletsなど見どころが満載。

映画の最後に歌われる『これが娯楽だ』That's Entertainmentは、その題名が後年のMGMミュージカルのアンソロジー映画「ザッツ・エンターテインメント」の題名に転用された。

チャリシーは背が高いので、一緒に踊るアステアは背丈のバランスを心配したが、低めのヒールならばアステアのほうが背は高いとわかり安心して踊ったという。この二人のコンビが素晴らしい踊りを見せたので、後に「絹の靴下」で再共演が実現する。チャリシーの踊りは素晴らしいが、歌は苦手のために、この作品では歌わないし、ほかの作品では吹替となっている。

足ながおじさん　Daddy Long Legs (1955)は、アステアがフランス出身のレスリー・キャロンと共演した作品。デラックス・カラー方式によるシネマスコープで撮影され、一部のロード・ショーでは磁気トラックによる4チャンネル・ステレオ版が上映された。時代に合わせて、アステアの出演映画もこの作品以降はすべて横長画面となる。

20世紀フォックス作品なので、アーサー・フリードのMGM作品とは随分と異なった雰囲気の仕上がりで、フォックス・ミュージカルのムードを持っている。アステアがフォックス作品に出演したのは、この1本だけ。有名なジーン・ウェブスターの小説のミュージカル版で、フォックスが無声時代に映画版を作り、映画化権を持っていたことから、ミュージカル化が企画されたという。

アステアはアメリカの大富豪で、たまたま立ち寄ったフランスの孤児院で快活な娘レスリー・キャロンを見て気に入り、養子にとりたいと駐仏アメリカ大使に相談をする。18歳のキャロンを養子にすることなどおかしいと大使にたしなめられ、身分を隠して後見人として援助することにして、アメリカの大学に留学させる。キャロンは毎週この後見人に手紙を書くが、梨のつぶてで、ほかに身寄りもないために悩んでしまう。それを知ったアステアは、ほかの用事にかこつけて大学まで様子を見に行くが、キャロンの快活な様子を見てすっかり恋してしまう。駐仏大使に釘を刺されて、一度は思いとどまるものの、最後には結婚を申し込む。

ジーン・ネグレスコの監督で、音楽はジョニー・マーサー、振付はアステア自身とローラン・プティという豪華メンバーが担当した。フランス語訛りが可愛いレスリー・キャロンは出演時に24歳。ローラン・プティのバレエ団の秘蔵っ子らしく、バレエ風の踊りを見せる。ジーン・ケリーに見出されて「巴里のアメリカ人」(1951)で映画デビューし、「リリー」(1953)や「ガラスの靴」(1955)を経て、この作品でアステアの相手役を務めた。これはアステア自身のご指名だったらしい。

舞台裏物ではないので、楽曲は舞台場面ではなく、幻想場面として展開する。また、キャロンはバレエ出身で、タップは踊れないため、クラシック・バレエに合わせた振付となっている。最初の幻想場面はキャロンの想像で、アステアは『テキサスの石油成金』、『国際的プレイ・ボーイ』、『守護天使』として登場して踊る。

2番目の幻想場面はアステアの姿を探し求めるキャロンの踊りで、『パリのオペラ座』、『香港カフェ』、『リオのカーニバルでのピエロ』と展開する。二人がデュエットで踊る場面は、大学のダンス・パーティでの『スルーフット』Sluefootというステップの踊りと、マンハッタンのホテルのテラスでの夕食後の『すぐに決断しなくちゃ』の場面がある。なお、『テキサスの石油成金』でのアステアの歌は、いつもと違う声なので驚くが、これは吹替。アステアはいつも自分で歌っているから、恐らくはこの曲が唯一の吹替だろう。

パリの恋人　Funny Face (1957)は、パラマウント社でオードリー・ヘプバーンと共演した作品。これも原作は古い舞台作品(1927)で、「バンド・ワゴン」(1953)と同様に、アステアが姉アデールと一緒に出演した作品だ。映画版の物語は、原作の舞台とはまったく異

なり、ジョージ・ガーシュウィンの音楽だけを借用している。ガーシュウィン以外の新曲はロジャー・イーデンが提供。振付はアステア自身。ヘプバーンは「ローマの休日」(1953)や「麗しのサブリナ」(1954)に出演して、この映画の時には既に大スターとなっていた。この映画の後には「昼下がりの情事」(1957)を撮っている。

ヘプバーンは鄙びた本屋の店員で、流行の「共感主義」に憧れているが、ファッション雑誌のモデルにスカウトされて、パリでカメラマンのアステアと一緒に仕事をする。「共感主義」のカリスマ的な教授も所詮は男性だと悟ったヘプバーンはアステアとの愛を確かめる。

スタンリー・ドーネン監督が素晴らしい色彩と美術を見せてくれる楽しい作品。この作品も舞台裏物ではないので、物語に密着した形での歌や踊りが展開されるが、そのためにかえってナンバーの膨らみがなく平凡な出来となっている。ヘプバーンはバレエの素養があるので、破綻をきたさずに踊りをこなし、歌も頑張っている。後の「マイ・フェア・レディ」では吹替となったが、この作品では可愛い声を聞かせてくれる。

映画中の「共感主義」というのは、当時流行した「実存主義」のパロディだろう。ビートニク世代と呼ばれていた、ヒッピーの先駆的な世代の風俗が描かれるだけでなく、音楽も新しい時代への変化が感じられる。そうした意味において、伝統的なミュージカル映画の終焉も予感させる。

アステアは、『キスしてメイクしよう』Let's Kiss and Make Upをソロで踊っている。ヘプバーンをホテルまで送った後で踊るソロのナンバーで、白いレインコート姿で雨傘を持って踊り、踊りの途中でレインコートの赤い裏生地を使い闘牛士を真似て踊る。

そのほかに、雑誌の編集長役のケイ・トムプソンと踊る『手を叩け』Clup Yo' Handsは、共感主義を唱える教授宅でのダンス。アステアはこれまでのほとんどの踊りをスタジオ内のセットで撮ってきたが、この映画のヘプバーンとの教会裏でのダンスは、珍しく屋外ロケで撮っている。

絹の靴下 Silk Stockings (1957)はMGM作品で、アステア主演作としては実質的に最後の作品。グレタ・ガルボ主演の「ニノチカ」(1939)のミュージカル版。「ニノチカ」はエルンスト・ルビッチ監督の傑作コメディだが、この「絹の靴下」は直接に「ニノチカ」をミュージカル化したのではなく、ブロードウェイでミュージカル化されたコール・ポーター作品 (1955)の映画化。「ニノチカ」では革命直後のソ連と資本主義世界の対比だが、1950年代の「絹の靴下」では、冷戦下の東西関係を背景としているので、若干トーンは異なる。

映画制作者フレッド・アステアが、パリで公演中のソ連の音楽家に映画音楽を書かせようとする。それを監視するため、お目付け役としてソ連から派遣されてきた堅物の共産党員シド・チャリシー(ニノチカ役)を、資本主義的な物欲にとらわれたアステアが口説くという話で、結局はチャリシーもアステアと恋におちる。

芸人物ではないので、勝手に音楽やダンス・ナンバーを入れにくかったためか、舞台版に比較的忠実。アステアとジャニス・ペイジが歌う『立体音響』Stereophonic Soundの曲は、「ミュージカル映画に必要なのは、立体音響と天然色と大型の横長画面であり、歌や踊りは問題ではない」と歌うもので、当時の映画界の状況に対する、精一杯の皮肉が織り込まれている。

アステアがホテルの一室でチャリシーに歌う『君のすべて』All of Youは、コチコチの共産主義者に資本主義的な享楽を教え込もうとする曲だが、徐々に柔らかな態度になっていくチャリシーの様子が描かれる。初めはストイックな態度を貫くチャリシーが、酔っ払ってだんだんと贅沢な生活を楽しむようになる様子が面白い。堅物の女性が自分の本当の姿に気付いて徐々に柔軟になっていく、というのは前作のオードリー・ヘプバーンと同じ設定だ。

タイトル曲の『絹の靴下』Silk Stockingsは、チャリシーが木綿の靴下と下着から、絹の靴下と下着に着替える主人公ニノチカの信条変化を表す象徴的な場面だが、チャリシーの下着姿があまりにも大胆で、当時の映画倫理コードではギリギリの場面だった。

『君のすべて』は映画撮影所の場面でも使われていて、撮影所のいろいろなセットの中で二人のデュエットが踊られる。ソ連に戻ったチャリシーたちがパリを懐かしんで踊る『赤のブルース』Red Bluesは、ロシア的な踊りを取り入れたもので見応えがある。

アステアのソロ・ダンスは、最後の『リッツのロックンロール』The Ritz Roll and Rockだけで、新し物好きのアステアが、流行り始めたロックンロールのリズムで新曲を書いてほしいとコール・ポーターに依頼したもの。この踊りは、アステアが映画に残した最後の踊りとなった。

ロックンロールのリズムを採用したのは驚きで、この作品が作られたのは、新時代のスターとなるエルヴィス・プレスリーのデビュー作品「やさしく愛して」Love Me Tender (1956) の直後だから、アステアがいかに新しい物に敏感だったかがよくわかる。

チャリシーの歌は、彼女の吹替をいつもやっているキャロル・リチャーズのもの。監督はベテランのルーベン・マモーリアンで、この映画が彼の最後の監督作品。制作はMGMでアーサー・フリードによる。アステアはこの作品を最後にミュージカル映画から引退して、テレビ番組や、歌や踊りのない普通の映画に出るようになる。

フィニアンの虹　Finian's Rainbow (1968) は、久々にアステアが出演したミュージカル作品だが、主演ではなく脇役に回っている。古い舞台作品 (1947) の映画化で、どうして初演から20年も経った作品を映画化しようと思ったのかわからないが、大学を卒業したてのフランシス・フォード・コッポラが監督した。

コッポラは、この作品の背景である1940年代末と、映画化時の1960年代末の、人種問題に対する意識の違いに苦労したようだ。アメリカの意識は、1960年代のヴェトナム戦争と公民権運動を経て、大きく変化していたからだ。その結果、この映画の時代背景は極めて曖昧で、1960年代風の部分もあるが、何か架空の国の話のような印象もある。

父親が劇場で音楽関係の仕事をしていたので、コッポラも幼少時代からミュージカルに親しんでいたと伝えられるが、振付のハーミズ・パンは古臭いという理由で外されてしまい、若いクロード・トムプソンによる振付となった。コッポラ監督がヒット作の「ゴッドファーザー」(1972) を撮るのは、この作品の4年後。

ペトゥラ・クラークの主演で、アステアはその父親役を演じる。アステアはアイルランドで娘クラークと一緒に生活していたが、アメリカが富を築いたのはフォート・ノックスに政府の金塊が保管されているためで、その近くに金を埋めれば自分も富を得られると考えて、アイルランドからアメリカへ移住する。アステアは金塊の代わりに、妖精の持つ金の壺を持ち出すので、その壺を取り返すために妖精のトミー・スティールもアイルランドから追ってくる。アステアはフォート・ノックスに近いレインボー・バレーに居を定めるが、そこでは強欲な議員の土地買い占めや黒人差別が行われていて、二人もその騒動に巻き込まれてしまう。結局、娘クラークも土地の男と結婚することになり、アステアはまた新しい夢を求めて旅立っていく。

音楽は舞台版のバートン・レインの曲をそのまま使用。アステアは数曲を踊るが、往年のような凄い踊りを見せるわけではない。アステアの踊りとしては、ペトゥラ・クラークと踊る『虹を見て』Look to the Rainbowがアイルランド風の踊りでムードを出している。

また、シアーズ社に注文した品物が村に届いた時に納屋で踊る『貧乏な怠け者が金持ちの怠け者になったとき』When the Idle Poor Become the Idle Richには、往年のアステアらしい特徴が出ているが、それ以外のはごく普通の振付。そのほかにはバレエ出身のバーバラ・ハンコックが、口が不自由なために踊りで意思を伝える娘の役を演じて、美しい踊りを見せている。

新鮮味が出ているのは、若い世代のペトゥラ・クラークとトミー・スティールのほうだろう。トミー・スティールは英国のロック世代の出身だが、前年の「心を繋ぐ6ペンス」Half a Sixpence (1967) に続いて、達者な歌や踊りを見せた。制作はワーナー。アステアが出演したミュージカル映画はこの作品が最後。

★

ジーン・ケリー　Gene Kelly（その2）

　ジーン・ケリーは、「僕と彼女のために」For Me and My Gal (1942)*でデビューした後、フランク・シナトラと組んだ「錨を上げて」Anchors Aweigh (1945)と「踊る大紐育」On the Town (1949)のほか、ジュディ・ガーランドと共演した「踊る海賊」The Pirate (1948)などの作品で、1950年頃にはすっかりスターとなっていた。

　ケリーは1950年代に大スターとなり、いよいよ自分の作りたいミュージカル映画に挑む。それはフレッド・アステアの映画が、どこかに舞台の香りを残した踊りであるのに対して、もっと映画的な踊りを見せたいという思いだ。そのために、アニメーションとの合成や、街頭での踊りなど、新しい試みを次々と行った。

　「夏期公演」Summer Stock (1950)*は、ジュディ・ガーランドがMGMで最後に撮った作品で、出来は全体に低調。この作品でシナトラやガーランドとのコンビを終えて、ケリーはいよいよ独自の世界に入っていく。

　そうした流れの中で作られたのが、「巴里のアメリカ人」An American in Paris (1951)で、ロートレックの絵の世界を映画にしたような作品。ジョージ・ガーシュウィンがジャズを使って芸術的な作品を残したように、ケリーはガーシュウィンの曲に乗せて、娯楽的なだけではなく芸術的な踊りを残そうとしているように思える。本格的に踊る相手役として、パリのローラン・プティ・バレエ団からレスリー・キャロンを連れてくる。

　翌年の「雨に唄えば」Singin' in the Rain (1952)もジーン・ケリーの代表作といえる名作で、前作とは異なり娯楽的な楽しさが満載となっている。ユニヴァーサルでB級作品に出ていたドナルド・オコナーが、ヴォードヴィリアンとして芸達者なところを見せるだけでなく、『ブロードウェイ・リズム・バレエ』Broadway Rhythm Balletでは、シド・チャリシーが素晴らしいダンスを見せている。

　シド・チャリシーは、次の「ブリガドーン」Brigadoon (1954)でもケリーと共演して、『ヒースの丘で』The Heather on the Hillでは、前作の妖艶さとはまったく異なった清楚な踊りを見せる。この作品はケリーにとって最初のシネマスコープ作品だが、踊りの見せ方に無理がなく成功している。

　シグマンド・ロムバーグの伝記映画「我が心に君深く」Deep in My Heart (1954)ではゲスト出演だが、ジーン・ケリーは珍しく弟のフレッド・ケリーと一緒に踊っている。ケリー兄弟の踊る曲は、「愛の鳥」Love Birds (1921)というミュージカルの『御婦人たちと泳ぎに行くのが好き』I Love to Go Swimmin' with Wimminという曲で、ヴォードヴィル的な演技を見せている。

　「いつも上天気」It's Always Fair Weather (1955)は、終戦後10年を経て再会した3人の兵士の物語で、こうしたテーマの選び方は、後の「魅惑の巴里」Les Girls (1957)にも通じる。この作品はマイケル・キッドのダイナミックな振付に魅力があったが、ここでもケリーの相手役としてシド・チャリシーが出ていて、魅力的な踊りを見せる。

　次の「舞踏への招待」Invitation to the Dance (1956)は、ケリーが一番作りたかった映画ではないかと感じられる。3話構成のオムニバスで、台詞はなく、踊りだけで全編が構成されている。振付、踊りともに素晴らしい作品だが、あまりにも高踏的過ぎたためか、興行的にはまったく振るわなかった。

　MGM最後の作品となったのは「魅惑の巴里」(1957)。踊り子と振付家の名誉毀損をめぐる裁判で、3人の踊り子の証言がまったく違っているという芝居として面白い作品。シネマスコープとなってからのケリーの作品は、3人が横に並んで踊る場面が増えたような気がする。

　1960年代には、ケリーは第一線からは引退したが、フランスでジャック・ドゥミー監督が作った「ロシュフォールの恋人たち」Les demoiselles de Rochefort (1967)にゲスト出演、カトリーヌ・ドヌーヴやフランソワーズ・ドルレアクと共演した。その後、バーブラ・ストライザンド主演の「ハロー・ドーリー！」Hello, Dolly! (1969)では監督を務めた。1980年にはオリビア・ニュートン・ジョンの「ザナドゥ」Xanadu (1980)にもゲスト出演している。

第4章　1950年代：画面の大型化

夏期公演　Summer Stock (1950) は、ガーランドと組んだ3本目の作品で、二人の共演はこれが最後。制作がジョー・パスタナクなので、ちょっと昔風のムードを持つ作品となった。監督はチャールズ・ウォルターズ、曲はハリー・ウォーレンという顔ぶれ。

ジュディが親から引き継ぎ、女手ひとつで切り盛りする農園に、演出家ケリーのミュージカル一座がやって来て公演を企画する。金欠でブロードウェイでは上演できないために、ジュディの妹グロリア・デ・ヘヴンが主役になる条件で、一行を引き連れてきたのだ。初演の3日前になって、グロリアは主演を予定していた男優と一緒にブロードウェイに戻ってしまい、代わってケリーとジュディが主役を演じることとなり、その結果二人は結ばれる。

農場の裏庭でショーを作るという、典型的な「裏庭ミュージカル」のパターンで、時代遅れの感じだが、ジュディとしては、最後のMGM作品となった。相変わらずジュディの歌は素晴らしく、ケリーも見事な踊りを見せる。ジュディも踊っているが、この作品の撮影時には28歳となり、かなり太っていて動きに精彩を欠いている。おまけに薬に頼る生活で、撮影を休んでしまうため、この映画の後に企画されたアステアの「恋愛準決勝戦」(1951) には、出演できなかった。

この映画の最後に出てくる『幸せを手に入れろ』Get Happyの場面は、「ザッツ・エンターテインメント」でも使われたが、ほかの場面と比べると、ジュディは驚くほどすらりとしたスタイルを見せている。実はこの映画の撮影が終わった後に、何か月か置いてジュディがダイエットしてから撮影したと伝えられる。

ケリーは、食事の後でタダ飯食いの劇団員たちに働く必要性を力説する『食事のために耕せ』Dig-Dig-Dig-Dig for Your Dinner、納屋でのダンス・パーティ、フィル・シルヴァースと一緒に田舎者の恰好でヴォードヴィル・スタイルを見せる『絶妙な音楽』Heavenly Musicなどを踊るが、リハーサルの後で新聞紙を使ってソロで踊る『素晴らしい君』You, Wonderful Youが出色の出来。

巴里のアメリカ人　An American in Paris (1951) は、題名からわかるとおりにジョージ・ガーシュウィンの同名曲 (1928) に触発された作品で、ガーシュウィンの曲を全面的に使っている。制作はアーサー・フリード、監督は美術に強いヴィンセント・ミネリという組み合わせで、モダン・ダンスで彩られたこの作品はジーン・ケリーのひとつの頂点だろう。

パリで売り出そうというアメリカ人の画家ケリー、彼に恋心を抱いて支援するアメリカの富豪ニーナ・フォック、ケリーが好きなパリ娘レスリー・キャロンの話。キャロンは世話になったフランス人歌手ジョルジュ・ゲタリとの結婚を決心するが、最後には本当の愛を求めて、ケリーと一緒になる。

映画の最後でガーシュウィンのタイトル曲に乗って踊る、17分におよぶケリーとキャロンのダンスがこの作品のハイライト。音楽、美術、踊りが揃い、素晴らしい出来で、同年のアカデミー賞を6部門で獲得したのも納得できる。踊りの背景のセットは、ロートレックや印象派の画家たちの画風が真似られている。

レスリー・キャロンは、もともとパリのローラン・プティのシャンゼリゼ・バレエ団で踊っていたバレエ・ダンサーだったが、ケリーが見出してハリウッドへ連れてきた。ケリーは英国のバレエ映画「赤い靴」The Red Shoes (1948) を大変気に入って、自分でも同じような映画を撮りたくなって、この作品を作ったらしい。

冒頭のキャロンの紹介場面『リザの肖像』Portraits of Lisaは、キャロンが様々な性格を踊り分けていて面白い。ケリーの踊りでは、街角で子供たちを相手に英語を教える『僕にはリズムがある』I Got Rhythmは、タップ・ダンスがベース。セーヌ河畔でキャロンとデュエットで踊る『愛はここに』Love Is Here to Stay、ゲタリとカフェの前で踊る『とても素敵』'S Wonderfulなどがあるが、やはり最後のタイトル曲が白眉だ。

ゲタリもカフェで歌う『ワルツが一番』By Straussや、パリの豪華なレヴュー場面を再現した『天国への階段』Stairway to Paradiseなどの見せ場があり、共演のオスカー・レヴァントも幻想場面でガーシュウィンのピアノ協奏曲を弾くなど、見どころの多い作品。振

付もケリーで、ケリー映画の代表作。

雨に唄えば Singin' in the Rain (1952) は、いかにも MGM らしいミュージカルの傑作。いつものように、フリード制作で、スタンリー・ドーネンの監督、ナシオ・ハーブ・ブラウンの曲で、振付はケリー自身。相手役はデビー・レイノルズで、「土曜は貴方に」Three Little Words (1950) や「恋の二週間」Two Weeks with Love (1950)* で注目され、主役に抜擢された。

デビー・レイノルズは踊りを特訓したが本格的なダンスは無理なので、バレエ場面ではシド・チャリシーがケリーの相手役を務めている。男性のコンビ役ではヴォードヴィリアンのドナルド・オコナーが芸を見せてくれる。

1920年代末のハリウッドが舞台。時あたかも無声映画からトーキーに変わりつつある時代。映画スターのケリーは歌も踊りも上手なのでミュージカル映画もへいちゃらだが、相手役のスターであるジーン・ヘイガンは悪声のうえに歌もダメ。無声映画では大スターだった二人の作品は、トーキーの流行で躓く。ケリーはミュージカル映画に作り直すことを思いついて、コーラス・ガールのレイノルズにヘイガンの吹替をさせるが、レイノルズに恋したケリーは彼女を本物のスターとしてデビューさせる。

雨の中でケリーが踊るタイトル曲は、ミュージカル映画の代表的な名場面として有名だが、ほかにも見せ場が多い。シド・チャリシーを相手に踊る14分間の『ブロードウェイ・リズム・バレエ』は、ケリーらしい構成。これは劇中で作られるミュージカル映画のフィナーレという設定で、田舎から出て来てダンスで成功する若者を描いている。エージェント回りから始まり、ギャングの情婦のような緑色のドレスのチャリシーと酒場で踊った後、バーレスク、ヴォードヴィル、ジーグフェルド・フォリーズと出世する様子が描かれる。酒場で踊るチャリシーも、魅力全開だ。

オコナーも加えた3人の『グッド・モーニング』も楽しい曲で、深夜までアイディアを練った3人が、ミュージカル化のアイディアを思いついて、もう朝になったと喜んで踊る。物語にうまく合っているが、「青春一座」Babes in Arms (1938) の中でジュディ・ガーランドとミッキー・ルーニーが歌った曲の再利用。ほかにも再利用曲は多い。

トーキー時代となり、台詞を喋るためにケリーは発音練習をするが、そのための早口言葉のような歌『モーゼは考える』Moses Supposes の歌詞に出てくる「バラはバラはバラはバラ」A rose is a rose is a rose is a rose は、作家・詩人で美術家を支援したことでも知られるガートルード・スタインの作品からの引用。

ケリーとレイノルズの踊りでは、スタジオの中で踊る『君は僕のために』You Were Meant For Me は、ケリーの得意とする二人が親密となる過程を描く踊りで名場面。オコナーが人形相手にラヴ・シーンを演じる『笑わそう』Make 'em Laugh は、ヴォードヴィル・スタイルの真骨頂といえる場面で見逃せない。

物語の中では、レイノルズがヘイガンの台詞を吹き替える場面もあるが、この場面の声はヘイガン自身のもので、吹替ではないらしい。また、レイノルズがヘイガンの吹替として歌う『どうかしら』Would You と『君は僕の幸運の星』You Are My Lucky Star の歌は、レイノルズの声ではなくベティ・ノイズの吹替。

レイノルズはまだ19歳で、踊りもうまく踊れずに、フレッド・アステアの手ほどきを受けて練習したらしい。それでもタップの音はリズムが乱れるので、後でケリーが自分で録音し直したという。レイノルズ自身もこの映画の撮影が一番辛かったと回想している。

ブリガドーン Brigadoon (1954) は、前作「雨に唄えば」のバレエ場面で一緒に踊ったシド・チャリシーと組んだ作品。これもフリード制作で、監督はヴィンセント・ミネリ。「マイ・フェア・レディ」で後年有名になる、ラーナーとロウの舞台作品 (1947) の映画化。音楽は舞台版をそのまま使っている。ケリーの主演作品は、映画オリジナルの作品が多いので、このような舞台作品の映画化は珍しい。

幻想的な話で、休暇でニュー・ヨークからスコットランドへ狩りにやって来たケリーは、道に迷って歩いていると、偶然にブリガドーンと呼ばれる古風な村を見つける。そこで彼は村娘チャリシーと恋におちる。その村は魔

第 4 章　1950年代：画面の大型化

女がはびこり信仰が危機にさらされた18世紀の混乱から逃れるために、神に願い100年に1日しか現れないこととなった不思議な村だった。ニュー・ヨークへ戻っても、心が空虚でチャリシーを忘れられないケリーは、ブリガドーンに戻る決心をして、姿を消していた村を愛の力で呼び戻す。

舞台に比較的忠実な映画化だけに、ケリーも得意の長編バレエ場面を組み込むことはできなかったが、『ヒースの丘で』ではチャリシーと一緒に素晴らしいダンスを見せている。ほかにもヴァン・ジョンソンと一緒に、村人の前でタップ・ダンスを踊る場面がある。チャリシーは歌えないので、キャロル・リチャーズが吹き替えている。

当初予定されていたキャストはケリーとチャリシーではなく、ハワード・キールとジーン・パウエルだったが、この二人は同じ頃に作られた「掠奪された七人の花嫁」(1954)に時間を取られたので、ケリーの主演となった。

舞台版ではアグネス・デ・ミルの振り付けたダンスが好評で、『来て、従って』Come to Me, Bend to Meと、結婚式の場面でスコットランドの剣を地面に置き、それを踏まないように踊る『剣の舞』が評判を呼んだが、映画にはどちらも残っていない。両者とも舞台版とは違う形ながら撮影されたものの、上映時間の関係のためなのか最終版からはカットされている。

幻想的な雰囲気を出す必要があるため、屋外の場面も含めて、巨大なセットをスタジオ内に作って撮影した。撮影はテクニカラーではなくドイツのアグファ社が開発したアンスコ・カラーで、横長のシネスコ版で作られた。ケリーの映画ではこの作品以降が横長画面となる。当時の作品に多く見られたように、縦横比率1：2.55のシネマスコープ版と、1：1.85のヴィスタ版の2種類が別撮影されている。現在のビデオなどで出回っているのは大半がシネマスコープ版。

いつも上天気　It's Always Fair Weather (1955) は水兵物だが、戦争が終わって10年も経つので、戦争中の話ではなく10年後の再会を約束した3人の水兵の話となっている。最初は「踊る大紐育」(1949)の後日談として企画されたようだが、出演者が代わったので、作品のムードも変わっている。

3人の水兵たちは、今ではすっかり違った職業に就いている。ケリーはボクシングのマネジャー、ダン・デイリーはテレビ局の役員、マイケル・キッドは食堂の親爺となっている。戦争中は同じ部隊で一緒に戦い、意気投合した3人だが、再会してもさっぱり話が合わない。テレビのディレクターをやっている才媛シド・チャリシーは、この3人をネタにテレビ番組を盛り上げようとするが、最後はいかさまボクシングに大金を賭けていたギャング連中との大乱闘になり、乱闘の最中に3人は友情を取り戻す。

ケリーの相手役はここでもシド・チャリシー。ほかに、テレビ番組のホステス役でドロレス・グレイが出ている。マイケル・キッドは前年の「掠奪された七人の花嫁」で、ダイナミックな振付を見せたが、この映画ではケリーと一緒に出演して踊るだけでなく、振付も担当している。歌は今回も吹替。いつものようにフリードの制作、スタンリー・ドーネン監督だが、ケリーも共同監督で名を連ねている。音楽はアンドレ・プレヴィンの書き下ろし。

キッドの振付は、今回もダイナミックで、冒頭にケリー、デイリー、キッドの3人が、軍服姿でゴミ箱の金属蓋を左足につけて踊る場面は躍動的だ。チャリシーも負けていない。ボクシング練習所の男たちを相手に、蜂のようにくびれたウエストで『君にノック・アウトされた』Baby, You Knock Me Outを踊る姿は魅力的だ。

ケリーは、いかさまボクシングをぶち壊してギャングから追われるのだが、途中でローラー・スケート場に逃げ込み、ローラー・スケート靴を履いたまま街頭に出て『自分が好きだ』I Like Myselfを踊る。スケート靴を使ったタップや滑走の踊りが面白い。

大作だったが興行的にはヒットせず、この作品の躓きが、ミュージカル映画の衰退の始まりだったともいわれている。音楽はクラシック畑でも活躍するプレヴィンだが、小唄調ではなくてミュージカルに向かなかったことと、ケリーのお得意のバレエ場面が見られなかったところが、作品の魅力のないものにしている。

舞踏への招待 Invitation to the Dance (1956)は、バレエをたっぷりと見せる意図の作品で、約30分のバレエを3本集めたオムニバス構成。ケリー自身が監督して、自分のやりたいことを見せた実験的な作品で、制作に長期間かかったために、公開は1956年だが画面はスタンダード・サイズ。残念ながら興行的には惨憺たる結果となったが、映画としては今見ても面白い。制作はフリードで、振付は全編ケリーが担当している。

日本での公開は、第1話と第2話が別々に短編として公開されただけで、全編公開はなかった。アニメはハンナ=バーベラ・プロダクションの手によるもの。

1「嘆きのピエロ」 Circus

旅回り一座の道化役ケリーは、美人ダンサーのクレア・ソンバートが好きなのだが、彼女は綱渡り芸人イゴール・ユースケヴィッチに惚れている。二人の逢引きを見たケリーは失恋のショックにより、綱渡りのロープから落ちて死んでしまう。最後は時が止まったように静まり返るキリコの絵のような場面で終わる。音楽はジャック・イベールで、本格的なバレエで構成。ケリーの演ずる嘆きのピエロは、どこかレオンカヴァッロのオペラ「道化師」を彷彿とさせる。

2「腕環のロンド」 Ring Around the Rosy

これは何度も映画化されているアーノルド・シュニッツラーの芝居「輪舞(ラ・ロンド)」を思い起こさせる。ある金持ちの夫が結婚記念に妻に贈った腕環が、妻～画家～モデル(バレエ・ダンサー)～伊達男(トミー・ランドール)～妖しい女(ヴェロニカ・レイク風)～流行歌手(フランク・シナトラ風)～クローク嬢～水兵(ジーン・ケリー)～街の女へと回り、結局は元の夫の手に戻るが、夫は何も言わずに妻へ渡す。音楽はアンドレ・プレヴィン。

3「船乗りシンドバッド」 Sinbad the Sailor

有名なリムスキー=コルサコフの「シェヘラザード」の音楽を使用。偶然に魔法のランプを手に入れたアメリカ人兵士ケリーが、シンドバッドとなってアニメの世界に入りシェヘラザードと一緒に踊る。以前の「錨を上げて」の中では、ねずみのジェリーが実写の中でケリーと一緒に踊ったが、この作品ではアニメの世界で、実写のケリーがアニメのシェヘラザードと踊る。このシェヘラザードの踊りが素晴らしいが、それもそのはずで、最高のダンサーといわれたキャロル・ヘイニーが踊ったものを撮影して、それをモデルにしてアニメ化している。キャロルは翌年の「パジャマ・ゲーム」(1957)で、ボブ・フォッシー振付の『スチーム・ヒート』を踊るが、その直後に持病が悪化したために、その後の活躍はなかった。

魅惑の巴里 Les Girls (1957)は、芸術性を目指した「舞踏への招待」が商業的には失敗したので、商業的なヒットを狙った娯楽作品。ソル・シーゲル制作で名匠ジョージ・キューカー監督作品なので、ケリーのミュージカルというよりも、キューカーの映画。原題のLes Girlsは、英語のGirlsにフランス語の冠詞Lesを付けた形で、パリを舞台としたアメリカ人の芸人一座の話。

振付家兼主演のケリーは、タイナ・エルグ、ケイ・ケンドール、ミッツィ・ゲイナーの3人の娘たち「レ・ガールズ」と一緒にショーを見せていたが、エルグとケンドールがそれぞれお相手を見つけて結婚してしまうので、一座は解散となる。ところがケンドールが自伝を出版して、その中でエルグがケリーに失恋して自殺を図ったと書いてあったことから、名誉毀損を争う裁判となる。裁判での証言は3人がまったく違うことを述べる。ケンドールは本に書いたとおりと主張。エルグは逆にケンドールはアル中で、立ち直らせようと優しくしたケリーに惚れてしまったが、英国人の求婚者との板ばさみを苦にしてケンドールが自殺を図ったと主張。最後にはケリーが証言して自分が惚れたのはミッツィで、エルグとケンドールの求婚者に頼まれて芝居を打った話をする。最後には訴訟は取り下げられて丸く収まるが、男性は3人とも女性たちに苛められるというオチ。

物語としては、芥川龍之介の「藪の中」(1922)を黒澤明監督が映画化した「羅生門」(1950)を思い起こさせるような展開で、3人の主張が対立する。話の展開が面白いので、ミュージカルというよりも、劇映画としての印象が強い。

パリ物ではこの人しかないというコール・

ポーターの音楽で、ポーターが映画向けに曲を書いたのはこの作品が最後。振付はジャック・コールで、ケリーは役者に徹している。内容にあまり口を出さなかったので、ケリーの得意のバレエ場面は『あの娘に首ったけ』Why Am I So Gone about That Gal? だけで、ウェートレスのミッツィと暴走族のリーダーであるケリーが踊る。そのほかでは3人の娘たちの舞台場面『私たちは侍女』Ladies in Waitingが何度も使われる。

全体的にドラマ中心の構成で、ケリーらしさは感じられない。ケリーはこの作品を最後に、MGMではミュージカルを撮っていない。ジョージ・キューカーとケリーはこの作品で知り合ったので、キューカーがマリリン・モンローで「恋をしましょう」Let's Make Love (1960)を撮った時に、ケリーがゲスト出演した。

★

シド・チャリシー　Cyd Charisse
(1921.3.8-2008.6.17)

シド・チャリシーは1921年生まれで、アメリカにやって来たロシア・バレエ団にも所属していたことがあるので、本格的なバレエを踊る。フレッド・アステアやジーン・ケリーといった踊りの名手を抱えるMGMは、二人の踊りの相手役に苦労したが、シド・チャリシーはタップ以外のダンスやバレエの踊りの美しさで群を抜いていて貴重な存在だった。

アステア、ケリーの映画で、それぞれ2作品ずつ相手役を務めて、その全部で素晴らしい踊りを残している。スタイルも抜群に良いが、背丈が171cmあったので、170cmケリーよりも高く、ハイヒールを履くとアステア(175cm)も超えてしまうために、デュエットの踊りではヒールの低い靴を履いていた。

無名時代にも何本かの作品で踊っていて、「同伴の娘」Escort Girl (1941)*や、「モスクワへの派遣」Mission to Moscow (1943)*で踊ったほかに、ドン・アメチ主演のコロムビア作品「なかなかのもの」Something to Shout About (1943)*では、リリー・ノーウッドという芸名で出演している。

シド・チャリシーという名前を使ったのはMGMに入ってからで、「万人の歓呼」Thousands Cheer (1943)*と「ジーグフェルド・フォリーズ」Ziegfeld Follies (1945)では、ダンサーとして踊るだけで、役は付いていない。

初めて役が付いたのは「ハーヴェイの店の娘たち」The Harvey Girls (1946)*で、ジュディ・ガーランドやレイ・ボルジャーと一緒に踊っている。続く「雲の流れ去るまで」Till the Clouds Roll By (1946)*は、ジェローム・カーンの伝記映画なので、『煙が眼にしみる』の場面で、マージとコンビを組む直前のガワー・チャンピオンと踊っている。チャリシーの踊りが注目され始めたのは、エスター・ウィリアムスの「闘牛の女王」Fiesta (1947)で、リカルド・モンタルバンと組んでフラメンコ風の踊りを見せてからだろう。

ミュージカルではないが、マーガレット・オブライエンがバレリーナを目指す「終わりなき踊り」The Unfinished Dance (1947)*では、プリマ・バレリーナの役を演じている。エスター・ウィリアムスとリカルド・モンタルバンの共演した「島であなたと共に」On an Island with You (1948)*でも踊っているが、前の「闘牛の女王」ほどには強烈な印象は残さずに終わった。

次の「接吻盗賊」The Kissing Bandit (1948)*はフランク・シナトラの主演作品だが、メキシコ物だけに、リカルド・モンタルバン、シド・チャリシー、アン・ミラーの3人が一緒になって踊る、『激情の踊り』Dance of Furyという凄いナンバーがあった。

「詞と曲」Words and Music (1948)*は、ローレンツ・ハートの伝記映画で、チャリシーは3曲を踊っている。ロジャースとハートの舞台ミュージカルでは「油断なく」On Your Toes (1936)に挿入された傑作バレエ『十番街の殺人』Slaughter on Tenth Avenueがあるので、これをシド・チャリシーに踊ってほしかったが、この作品ではヴェラ=エレンが踊っている。

シドが本当にその実力を広く知らしめたのは、「雨に唄えば」(1952)によってだろう。『ブロードウェイ・リズム・バレエ』Broadway Rhythm Balletで、ケリーを誘惑する酒場の女を踊ったが、ショー・ダンスの世界でこれ

だけインパクトのある踊りは見たことがないと感じさせる、別次元のものだった。

次の「君知るや南の国」Sombrero (1953) は、モンタルバン主演のメキシコ物で、「闘牛の女王」の印象が残っていたためかシドも出演している。

いよいよ主演級となり、アステアの相手役として「バンド・ワゴン」The Band Wagon (1953) に出演し、誰もが大絶賛した静かな中にも情熱が込められた『暗闇に踊る』Dancing in the Dark と、ハード・ボイルドの世界で謎の女を踊る『ガール・ハント・バレエ』Girl Hunt Balletを残している。

その後はまたしてもエスター・ウィリアムスの「恋は簡単」Easy to Love (1953)* に呼ばれるが、今度はスターとなっていたために、ゲスト出演して水着姿を披露。次の「ブリガドーン」Brigadoon (1954) ではジーン・ケリーと組んで『ヒースの丘で』The Heather on the Hill を踊り、静かな愛を表現した。この踊りはアステアと組んだ『暗闇に踊る』と並ぶ傑作。

シグマンド・ロムバーグの伝記作品「我が心に君深く」Deep in My Heart (1954) では、1曲のみのゲスト出演。ジーン・ケリーの「いつも上天気」It's Always Fair Weather (1955) ではケリーと組んだ踊りはないが、ボクシング・ジムで踊る『君にノック・アウトされた』Baby, You Knock Me Out は印象的。

「ラスヴェガスで逢いましょう」Meet Me in Las Vegas (1956) は、ダン・デイリーの相手役だがバレリーナの役なので、「白鳥の湖」を現代化した音楽に乗せてトウ・シューズで踊って見せる。ポアントで立った時の足の甲の反り具合や、土踏まずがくっきりと凹んでいる様子から、本格的なバレエの訓練を受けたことがわかる。

フレッド・アステアと再び組んだ「絹の靴下」Silk Stockings (1957) では、ソ連共産党の幹部役で、コチコチの共産党員だが資本主義的な美しさに憧れる女性を演じ、チャリシーのそれまでにない演技を見せるほか、踊りもたっぷりと入る。「暗黒街の女」Party Girl (1958) は、ロバート・テイラー主演の暗黒街物で、ギャングに金で呼ばれる踊り子の役。ダンスとしては見るべきものはない。

「ブラック・タイツ」1-2-3-4 ou Les collants noirs (1961) は、フランスで作られた70mmの大作で、4話からなるオムニバス構成のバレエ映画。アメリカではBlack Tightsの題名で封切られている。ジジ・ジャンメイルがふたつのエピソードを、ローラン・プティとシド・チャリシーが各1話を踊っている。踊りを見せた最後の出演作品は、ディーン・マーティンの「サイレンサー 沈黙部隊」The Silencers (1966) だった。

★

アン・ミラー　　Ann Miller（その2）

アン・ミラーは、1930年代からRKOやリパブリックの作品に出ていたが、1940年代は主にコロンビアのB級作品に出ていた。MGMのメジャー作品に出るようになったのは1948年以降で、「イースター・パレード」Easter Parade (1948) ではいきなりフレッド・アステアの相手として踊った。ただし、この作品はジュディ・ガーランドがアステアの相手役なので、まだ助演の扱いに近い。

次の「接吻盗賊」The Kissing Bandit (1948)* は、フランク・シナトラとキャスリン・グレイスンの作品だが、この作品ではリカルド・モンタルバン、シド・チャリシーと3人で、情熱的なスペイン風の踊りを見せる。ジーン・ケリー主演の「踊る大紐育」On the Town (1949) では主演級の扱い。この作品のケリーの相手役はヴェラ=エレンだが、アン・ミラーはジュールス・マンシンの相手役として女性文化人類学者の役で踊っている。

「テキサスのカーニバル」Texas Carnival (1951)* は、エスター・ウィリアムスの作品で、1曲踊るのみ。「ブロードウェイへの二枚の切符」Two Tickets to Broadway (1951)* はRKOのカラー作品。田舎娘のジャネット・リーがマンハッタンに出てきてスターを目指す話で、トニー・マーティンが相手役。アン・ミラーはやはり脇役で踊るだけ。

「見た目の可愛い」Lovely to Look at (1952)* は、キャスリン・グレイスンとハワード・キールの映画で、アステアとロジャースの「ロバータ」Roberta (1935) のリメイク。踊りの面はマージとガワー・チャンピオンが出ているので、アン・ミラーはやはり脇役で1

曲を踊るのみ。次の「小さな町の娘」Small Town Girl (1953) もジェイン・パウエルの主演作品だが、バスビー・バークレイが音楽場面を演出したので、アン・ミラーが存分に踊る。

印象に残るのは「キス・ミー・ケイト」Kiss Me Kate (1953) で、歌が中心の作品だからキャスリン・グレイスンとハワード・キールの主演だが、ハーミズ・パンの振付による凄いダンス・ナンバーが残されている。『たった今からは』From This Moment onの踊りでは、ダンサー時代のボブ・フォッシー、キャロル・ヘイニーといった踊りの名手たちと一緒に踊り、映画史に残る踊りを見せた。

作曲家シグマンド・ロムバーグの伝記作品「我が心に君深く」Deep in My Heart (1954) では、ゲスト出演して1曲を担当。「艦隊は踊る」Hit the Deck (1955) は、ジェイン・パウエルやデビー・レイノルズが主演なので、アンはここでも脇役だが、ハーミズ・パンの振付で踊っている。

最後の作品となったのは「異性」The Opposite Sex (1956)*で、ジューン・アリソンの主演なのでたいした踊りは出てこなかった。

ヴェラ＝エレン　Vera-Ellen
(1921.2.16−1981.8.30)

ヴェラ＝エレンは、シド・チャリシーやアン・ミラーと並ぶ踊りの名手だが、二人に比べると背が低かったので (163cm)、ダンス・パートナーとして誰とでも組みやすく、主演級の役も多かった。シドが色気のある踊りを、アンが機関銃のようなタップや回転を得意にしていたのに対して、ヴェラ＝エレンは可愛い踊りを得意にしていた。フレッド・アステアと2作品、ジーン・ケリーとも2作品で共演したという点からも、ダンサーとしての実力がわかるが、歌は苦手で全作品が吹替。

1921年生まれで、若い時にコーラス・ガールの名門ラジオ・シティ・ミュージック・ホールのロケッツ・ガールとなり、その後はブロードウェイのミュージカルに出演したが、サミュエル・ゴールドウィンに見出されて、ダニー・ケイの作品に起用された。

「ダニー・ケイの天国と地獄」Wonder Man (1945) と、「ダニー・ケイの牛乳屋」The Kid from Brooklyn (1946) の2本に出演したが、ダニー・ケイの相手役は基本的にヴァージニア・メイヨーなので、ヴェラ＝エレンはダンス・パートナーや妹の役。

「憂鬱な三人娘」Three Little Girls in Blue (1946)*は、フォックスで作られたジューン・ヘイヴァーの作品で、ヴェラ＝エレンもヴィヴィアン・ブレインと一緒に、数曲を歌ったり踊ったりしている。次の「コスタ・リカのカーニバル」Carnival in Costa Rica (1947)*もフォックス作品。ディック・ヘイムス主演の南米物で、ヴェラは相手役なので、かなり多くのナンバーを歌って踊る。

MGM作品に初めて出たのは、ローレンツ・ハートの伝記作品「詞と曲」Words and Music (1948) で、ヴェラ＝エレンはジーン・ケリーと組んで『十番街の殺人』Slaughter on Tenth Avenueを踊り、一躍注目を浴びた。マルクス兄弟最後の映画作品となった「ラヴ・ハッピー」Love Happy (1949)*でも何曲か踊り、華を添えた。

ヴェラ＝エレンを有名にしたのは「踊る大紐育」On the Town (1949) で、ジーン・ケリーの相手役を演じてからだろう。この作品では、『ミス地下鉄』Miss Turnstilesでのソロ・ダンス、ジーン・ケリーと組んだデュエット『大通り』Main Street、6人で歌い踊る『オン・ザ・タウン』On the Town、そして本格的なバレエ・ダンス『ニュー・ヨークの一日』A Day in New Yorkのいずれでも魅力的な踊りを見せている。

「土曜は貴方に」Three Little Words (1950) では、フレッド・アステアの相手役として4曲を一緒に踊り、ソロでも1曲踊っている。「銀の靴」Happy Go Lovely (1951) は、独立プロで作られたデイヴィッド・ニーヴン主演の作品。スコットランドの金持ちニーヴンと踊り子のヴェラ＝エレンの話で、歌や踊りはヴェラ＝エレン一人が頑張っている。

「ニュー・ヨークの美女」The Belle of New York (1952)*は、再びフレッド・アステアの相手役として、3曲をデュエットで踊っている。「マダムと呼びなさい」Call Me Madam (1953)*はフォックス社の作品でエセル・マーマンが主演。助演したヴェラ＝エレンは一

人で踊るほかに、ドナルド・オコナーとも1曲踊った。

「ホワイト・クリスマス」White Christmas (1954) は、パラマウント社で作られたビング・クロスビー主演作品だが、ビングの相手役はローズマリー・クルーニーで、ビングの相棒のダニー・ケイの相手役をヴェラ＝エレンが演じている。ほかの出演者が歌手なので、踊りは少ない。

ミュージカル映画最後となったのは「幸せになろう」Let's Be Happy (1957)* で、英国作品ながら、ヴェラ＝エレンは主演で、相手役はトニー・マーティン。ヴェラ＝エレンは遺産を引き継いでスコットランドへやって来たアメリカ娘の役。

レスリー・キャロン　Leslie Carron
(1931.7.1–)

レスリー・キャロンは、1931年にフランスで生まれたバレリーナ出身のダンサー。ローラン・プティのバレエ団で踊っていたが、「巴里のアメリカ人」An American in Paris (1951)で、フランス人の相手役を探していたジーン・ケリーの目に留まり、ハリウッド入りした。バレエを基調としたダンスが得意で、小柄で可愛い役柄がよく似合う。フランス語訛りの英語が可愛いので、ミュージカル作品以外にも出演している。

最初に出た「巴里のアメリカ人」(1951)ではいきなりジーン・ケリーの相手役だったが、期待に応えて素晴らしい踊りを見せている。バレエが得意なのだが、バレエの踊りをメインにした作品は少ないので、普通の劇映画にも出演する。

「栄光の裏通り」Glory Alley (1952)* ではレヴュー小屋の踊り子を演じ、オムニバス映画の「三つの恋の物語」The Story of Three Loves (1953) もストレート・ドラマだったが、「リリー」Lili (1953) では幻想の世界で人形たちと踊り、これまでになかった世界を作り出した。そうした雰囲気は、シンデレラ役を演じた「ガラスの靴」The Glass Slipper (1955) にも引き継がれている。次の「足ながおじさん」Daddy Long Legs (1955) では、フレッド・アステアの相手役を務めたので、レスリー・キャロンもアステアとケリーの両人と踊ったダンサーとなった。

「哀愁物語」Gaby (1956) は、バレエ・ダンサーの役ではあるが、ミュージカルではなかった。最後の主演作はパリを舞台とした「恋の手ほどき」Gigi (1958) で、既に27歳となっていたキャロンがティーン・エイジャーの役を演じるのは無理が感じられたものの、油の乗り切った時期のフレデリク・ロウの音楽に支えられて、映画としてはMGMミュージカル最後の傑作として高い評価を受けた。

栄光の裏通り　Glory Alley (1952)* は、ミュージカルではなく、ボクサーを主人公としたメロドラマだが、レスリー・キャロンが小さなレヴュー小屋で少し色っぽい歌と踊りを見せている。ラルフ・ミーカーは、ボクシングのチャンピオン戦を途中で投げ出して引退するが、その理由は何も説明しなかった。恋人のレスリー・キャロンの盲目の父親は、彼を卑怯者だと考えて結婚を許さない。ラルフは朝鮮戦争へ行き、英雄となって帰還するが、父親はまだ硬い態度を崩さなかった。やがてラルフが試合放棄をした本当の理由が明らかとなり、父親も二人の結婚を認める。ラオール・ウォルシュ監督の白黒MGM作品。

リリー　Lili (1953) は、ポール・ギャリコが雑誌に書いた短編小説「人間嫌いの男」The Man Who Hated People (1950) に基づいたダンス・ミュージカル。ギャリコの短編は、後に改作されて「七つの人形の恋物語」The Love of Seven Dolls (1954) というタイトルで単行本化されている。

フランスの話。親に先立たれて身寄りを失った少女レスリー・キャロン（リリー役）は、知り合いを頼って小さな港町に来るが、その知り合いも亡くなっていて途方にくれてしまう。町の近くで旅回りのカーニバルをしている一座に拾われたレスリーは、一座の人気者である魔術師ジャン・ピエール・オーモンに憧れて、密かに恋心を抱く。しかし、ウェートレスの仕事がさっぱりダメなので、一座を追い出されてしまう。そんなレスリーを救ったのは人形遣いメル・フェラーで、つい夢中となり人形と話をするレスリーをそのまま見世物に取り込む。メルも昔はダンサーだったが、戦争で脚に怪我をして、不自由な体とな

り人形遣いに転向した気難しい人物だった。魔術師ジャンは大ホテルでの出演が決まると、内緒で結婚している相手役ザザ・ガボールも連れて行くことにする。レスリーも彼を追って出て行こうとするが、ザザと結婚していることを知り、また、人形遣いメルにも厳しいことを言われるので、一座を去ろうとする。だが、人形たちが優しく彼女を呼び止めるのを聞いて、レスリーは初めて人形の向こうにメルの本当の姿があることに気付き、自分を愛してくれているのはメルだと知る。

歌はブロニスロー・ケイパーの書いた『ハイ リリー、ハイ ロー』の1曲だけしか使われていないが、レスリー・キャロンの人形たちとのダンス場面が見ものとなっている。ダンス場面は、監督もやっているチャールズ・ウォルターズが振り付けたもので、テクニックを見せるわけではなく、心情を描写する心理的な動きを幻想場面の中で見せている。

リリーは16歳という設定だが、この映画を撮影した時のレスリーの実年齢は22歳だった。そのギャップを感じさせないだけの説得力があり、レスリーも童顔だったので、この後も少女役を続けることになる。アカデミー音楽賞も受賞したカラーのMGM作品。

この作品は、「カーニヴァル」Carnival (1961) としてブロードウェイで舞台化された。話は同じだが、音楽はロバート・メリルが全曲書き下ろした別物で、ガワー・チャムピオンの演出、振付が評判になった。舞台版の主役はイタリア系のアンナ・マリア・アルバゲッティ。

ガラスの靴 The Glass Slipper (1955) は、童話「シンデレラ」のミュージカル版。前作のメルヘン調ダンス作品「リリー」(1953) が好評だったので、台本ヘレン・ドイッチェ、監督チャールズ・ウォルターズという、同じスタッフで作っている。今回は本格的なバレエ場面を挿入しているので、振付はレスリー・キャロンを育てたローラン・プティが担当した。

ヨーロッパの小国の王子マイケル・ワイルディングが外国留学から戻り、大舞踏会が開催される。レスリーの継母とその二人の娘は準備に余念がないが、レスリー・キャロン(シンデレラ役)は一人ボロを着せられて、相手にしてもらえない。レスリーが一人寂しく小川のところで休んでいると、通りかかったお忍びの王子が目を留めて、レスリーに踊りを教えて舞踏会の招待状を渡す。ボロしかないレスリーは舞踏会に行けずに泣き寝入りするが、不思議な老婆が現れて、ドレスなどを与えて12時までに戻るように言い含めて送り出す。舞踏会での彼女は輝いて王子ともダンスを楽しむが、真夜中となり、慌てて帰る時にガラスの靴を片方だけ落としてしまう。王子はそのガラスの靴を持ってレスリーを探し出して結婚する。バレエ場面は良いが、話には面白みがない。音楽はブロニスロー・ケイパー。カラー横長版MGM作品。

恋の手ほどき Gigi (1958) は、MGMの大制作者アーサー・フリードが手がけた本格的なミュージカルとしては最後の作品。レスリー・キャロン扮するジジは、祖母に育てられた幼さの残る普通の娘だが、将来は社交界にデビューさせようと、経験豊富な叔母さんから、殿方との付き合い方や行儀作法を習っている。一家の昔からの知り合いに、社交界の貴公子で大金持ちのルイ・ジュールダンがいるが、彼は毎日遊び歩いて、社交界の娘たちに飽きていたため、純真なレスリーと話をする時に心の落ち着きを覚えるのだった。ルイ・ジュールダンはそれまで付き合っていた娘と喧嘩したので、社交界の溜り場となっているマキシムにレスリーを同伴して仲間を驚かすが、その後も叔父モーリス・シュヴァリエの催す大パーティでレスリーと遊びまくる。しかし、こうした馬鹿騒ぎも、ルイの心を癒さず、遊びではなく本当の妻にしたいと申し込むのだった。

台本と詞はアラン・ジェイ・ラーナ、音楽はフレデリク・ロウで、舞台版「マイ・フェア・レディ」(1956) がヒットした直後の二人が書いていて、質の高い作品に仕上がっている。ロウの音楽はオペレッタの雰囲気を残す大陸のムードが漂うもので、作品によく合っているが、レスリー・キャロンはもともとダンサーなので、歌はベティ・ウォンドの吹替。編曲と指揮はアンドレ・プレヴィンで格調の高いもの。

舞台版「マイ・フェア・レディ」の美術を担当したセシル・ビートンが、素晴らしい衣

装を提供しているのも見逃せない。こうした美術的なセンスが最大限に発揮されたのも、美術出身の監督ヴィンセント・ミネリならではのもの。大半の場面を実際にパリでロケしているが、夜の噴水を背景にルイ・ジュールダンが逡巡する場面は、まるでロートレックの石版画を見るような美しさが漂っている。

話はコレットの同名小説 (1944) のミュージカル化だが、この小説はアニタ・ルースの脚色で、1951年にブロードウェイで芝居として上演されていて、その時のジジ役は、「ローマの休日」Roman Holiday (1953) で有名になる前のオードリー・ヘプバーンだった。これを見たアラン・ジェイ・ラーナは、映画の主役にもオードリーを望んだらしいが、オードリーはこの映画を撮影する時期には人気スターとなっていて、予定が合わずに実現しなかった。

この作品はアカデミー賞を9部門で獲得するという快挙を成し遂げ、ヴィンセント・ミネリ監督の作品の中でも一番のヒット作品となった。この1950年代の最後を飾った名作は、それまでのMGMミュージカルの集大成だったが、逆にミュージカル映画の終焉を告げる作品でもあり、これ以降、ミュージカル映画は急速に人気を失っていく。

この作品は、音楽や台本をほぼそのままに、ブロードウェイの舞台でも上演 (1973) された。普通、ブロードウェイ作品の映画化というのは多いが、映画ミュージカルを舞台化するのは、この作品の頃から始まった。カラー、シネスコ版のMGM作品。

マージとガワー・チャムピオン　Marge & Gower Champion
Marge（1919.9.2–）
Gower（1921.6.22–1980.8.25）

マージとガワー・チャムピオンは、夫婦のダンス・チームで、踊りの名手。マージは1919年生まれ、ガワーは1921年生まれで、1947年に結婚してコンビを組み、MGM作品に多く出演した。

映画から退いた後に、ガワーは「バイ・バイ・バーディー」Bye Bye Birdie (1961)、「ハロー、ドリー！」Hello, Dolly! (1964)、「四十二番街」42nd Street (1981) などのブロードウェイ作品の振付で大きな成果を残した。

マージのほうは、前の夫がアニメーターだったので、ガワーと一緒になる前にはディズニーのアニメ作品「白雪姫」(1937) や、「ピノキオ」(1940) の妖精のモデルとなった経歴を持つ。

ガワー・チャムピオンが初めて映画に出たのは、まだマージと結婚前の「雲の流れ去るまで」Till the Clouds Roll By (1946)*で、シド・チャリシーと組んで『煙が眼にしみる』Smoke Get in Your Eyesを踊った。次の「詞と曲」Words and Music (1948)*の時には結婚はしていたが、ガワー単独でダンサーとして出演している。

二人が一緒に出演するようになったのは、ビング・クロスビーの「ミスター音楽」Mr. Music (1950)*からで、この作品では二人で踊り、振付もガワー自身が担当した。大作「ショウボート」Show Boat (1951) では、二人で2曲を踊っている。

「見た目の可愛い」Lovely to Look at (1952)*は、キャスリン・グレイスン主演の「ロバータ」Roberta (1935) のリメイク作品で、二人で2曲ほど踊った。「私の物はあなたの物」Everything I Have Is Yours (1952)*は、二人を主役にしたMGMの舞台裏物で、ダンス・チームを組んでいる夫婦が、妻の妊娠により続けられなくなり、代わりの娘を選んで舞台を続ける夫を見て不安になるという話。二人の踊りがたっぷりと入っている。

次の「その娘にもう一度やらせてやってくれ」Give a Girl a Break (1953)*も二人が主役の作品。ガワーはブロードウェイの演出家、マージはそのショーの主演を狙う女優という設定で、脇役にはデビー・レイノルズやボブ・フォッシーも出ていて、この二人が踊る珍品。もちろんマージとガワーも2曲踊っている。

次に撮った「ユピテルのお気に入り」Jupiter's Darling (1955)*は、エスター・ウィリアムスの映画でハワード・キールが相手役なので、マージとガワーは助演の位置づけで2曲踊っている。

「私の夫は二人いる」Three for the Show (1955) は、コロムビアで作られたベティ・グ

レイブルの映画で、二人は一緒に相手役を務めている。映画の出演はこの作品が最後だが、その後のガワーは、ジェイン・パウエルがRKOで撮った「求婚大作戦」The Girl Most Likely (1958)で、振付を担当している。

ラス・タムブリン　Russ Tamblyn
(1934.12.30–)

　ラス・タムブリンは1934年生まれで、ミュージカル専門の役者というわけではないが、子供の時からアクロバットや踊りの訓練を受けていたので、身軽に踊ることができる。ミュージカルの出演作品は決して多くないが、印象的な役が多い。

　「掠奪された七人の花嫁」Seven Brides for Seven Brothers (1954)は、マイケル・キッドによるダイナミックな振付が評判になった作品だが、それを支える踊り手の一人として、ギデオン役で出演している。「艦隊は踊る」Hit the Deck (1955)は、ジェイン・パウエルや、デビー・レイノルズ、アン・ミラーなどが出ている賑やかな作品で、トニー・マーティン、ヴィック・ダモンと一緒に、女性陣の相手を務めた。「親指トム」Tom Thumb (1958)はグリムの童話を脚色した作品で、ラス・タムブリンが小さなトムとなって活躍し、アクロバティックなダンスを見せる。

　「ウエスト・サイド物語」West Side Story (1961)は、あまりにも有名になった作品だが、ジェット団の首領リフ役で出演してジェローム・ロビンスの振付を見事に踊りこなした。「不思議な世界の物語」The Wonderful World of the Brothers Grimm (1962)は、シネラマで撮られたグリム童話のミュージカル版で、ラス・タムブリンは『踊るお姫様』の木こり役として出演している。

　ミュージカルの最後は「渚のデイト」Follow the Boys (1963)で、この作品はコニー・フランシスの歌を聞かせるのが主眼。地中海のフランスやイタリアに寄港するアメリカ軍艦の兵士たちの恋物語で、ラス・タムブリンは助演。

歌手

キャスリン・グレイスン　Kathryn Grayson (その2)

　キャスリン・グレイスンは、1940年代から活躍していて、マリオ・ランツァを相手役として「真夜中の接吻」That Midnight Kiss (1949)*と「ニュー・オリンズの名士」The Toast of New Orleans (1950)*の2本に出演した後、1950年代には、その美しいソプラノの歌声を生かしてオペレッタ調の作品に多く出演した。

　「結婚の根拠」Grounds for Marriage (1951)*は、ヴァン・ジョンソンを相手役としたオペラ歌手役。「ショウボート」Show Boat (1951)は、過去2回ユニヴァーサル社で映画化されているが、3度目はMGMが豪華キャストで映画化。キャスリンは主演のマグノーリア役だった。

　パリを舞台にした「見た目の可愛い」Lovely to Look at (1952)*をはさんで、シグマンド・ロムバーグの「砂漠の歌」The Desert Song (1953)*、テキサス出身の歌姫グレイス・ムーアの伝記「だからこれが恋」So This Is Love (1953)*、コール・ポーターの「キス・ミー・ケイト」Kiss Me Kate (1953)、ルドルフ・フリムルの「放浪の王者」The Vagabond King (1956)で、キャスリンの本格的な歌声を聞かせた。

結婚の根拠　Grounds for Marriage (1951)*はMGMでサミュエル・マークスが制作し、ロバート・Z・レナードが監督した白黒の作品。わがままなオペラ歌手キャスリンは、別れた夫で音楽好きの医者ヴァン・ジョンソンとよりを戻そうとするが、彼は拒否する。キャスリンは彼の再婚話をぶち壊して、無理やり彼を手なずける。

　「カルメン」などの場面が出てくるが、ヴァン・ジョンソンは吹替で、キャスリンもそのためか調子が出ていない。ほかに「ラ・ボエーム」の『私の名はミミ』などが歌われている。

ショウボート　Show Boat (1951)は、アーサー・フリードが手がけた、ジェローム・カーン作曲の名作ミュージカル(1927)の、3度目の映画化。過去2回はユニヴァーサル社で映画化されていて、最初は1929年、2度目は

1936年。MGMは2度目の映画化の後に、映画化権をユニヴァーサル社から譲り受けて、構想を練っていた。

MGMは、ジョージ・シドニーに監督させてカラー大作とした。主演には「雲流れ去るまで」(1946)*でもマグノリア役を歌ったキャスリン・グレイスンを起用、相手役にはやはり声の良いハワード・キールを配した。キャスリンの父親のアンディ船長役には、口が大きかったので「大口」と呼ばれたジョー・E・ブラウン、その妻にはアグネス・ムーアヘッド（テレビの「奥様は魔女」のサマンサの母親）。

『オール・マン・リヴァー』を歌う黒人ジョーの役にはウィリアム・ウォーフィールドという強力なキャストで、脇役には踊りのうまいマージとガワー・チャンピオンの夫婦ダンス・チームも登場する。ジュリー役のエヴァ・ガードナーは歌えないので、有名な『ビル』の場面は吹替となった。

19世紀末から20世紀初頭の話。ミシシッピー河を行き来しながらショーを見せるブラウン船長のショー・ボート一座の花形は、美人のエヴァ・ガードナーだが、エヴァには黒人の血が混じっていると横恋慕した男が密告したために、彼女は舞台に立てなくなってしまう。当時のアメリカ南部では、少しでも黒人の血が混じる者は、白人と共演することが許されなかったのだ。そこで船長は娘キャスリン・グレイスンを代役に立てるが、相手役に困り賭博師ハワード・キールを採用する。二人はすぐに恋仲となり結婚するが、キールは悪い癖が出て賭け事に手を出して失踪してしまう。彼の子供を宿していたキャスリンは生活に困り、場末で歌っていたエヴァに助けられて、酒場で歌手をしたりするが、父親の船に戻り子供を産む。そして、子供の誕生を知り真人間に戻ったキールもショー・ボートに戻ってくる。

原作は「サラトガ本線」(1941)などでも有名なエドナ・ファーバーの小説(1926)で、人種差別問題も取り上げた意欲的な作品。かなり舞台に忠実な映画化で、ジェローム・カーンの音楽をそのまま使っている。振付はロバート・アルトンで、チャンピオン夫妻も素晴らしい踊りを見せている。

見た目の可愛い Lovely to Look at (1952)*は、RKOで映画化されたアステアとロジャースの「ロバータ」Roberta (1935)の再映画化で、ジャック・カミングスの制作。前年の「ショーボート」が成功したので、キャスリンとハワード・キールの二人を使い、ジェローム・カーン作品が企画された。

レッド・スケルトンは売れない役者で、パリの洋装店を遺産として引き継ぎ、役者仲間や舞台のプロデューサーとパリへやって来るが、その洋装店でファッション・ショーを開くことを思いつく。スケルトンと仲間のキールは、準備中に店の共同経営者キャスリン・グレイスンに惚れてしまうが、そこへ、ニュー・ヨークからスケルトンの恋人であるアン・ミラーが乗り込んで来るので大騒ぎとなる。

話の大枠は舞台版と同じだが、それ以外は随分と違っている。音楽もジェローム・カーンのものだが、舞台版そのままではない。脇役にはマージとガワー・チャンピオン夫妻のほか、映画初出演のザザ・ガボールもいて、楽しい作品に仕上がっている。マーヴィン・ルロイ監督のカラーMGM作品。

砂漠の歌 The Desert Song (1953)*は、シグマンド・ロムバーグの有名なオペレッタ(1926)の3度目の映画化。最初の映画化はトーキー初期の1929年。2回目は第二次世界大戦中で1943年、そして3回目がこの1953年版。3回とも映画化権を持っているワーナー社の制作で、MGMに所属していたキャスリンは、ワーナーへ貸し出されて、この作品と次の「だからこれが恋」So This Is Love (1953)*に出演した。

フランス統治下のモロッコ。ゴードン・マクレエはフランス人の人類学者で、研究のためにモロッコに来ているが、実はもうひとつの顔を持っている。「赤い影」と呼ばれる現地部族の首領として、フランス軍を困らせていたのだ。そこへフランスから新たに将軍がやって来る。その将軍の娘がキャスリンで、ゴードン・マクレエが現地での家庭教師役となるが、二人は次第に親密さを増していく。誘拐騒動が起きて、キャスリンの関心は「赤い影」へと移るが、最後にはゴードンと「赤い影」が同じ人物だと気付く。

表の顔は平凡な市民だが、裏では義賊となって活躍するという話で、「ゾロ」や「紅はこべ」、近年では「スーパーマン」などを連想させる。人物モデルとなったのは、スペイン統治下のモロッコで活躍した実在のドイツ人らしい。「ゾロ」は最初に小説として発表されたが、ダグラス・フェアバンクスが主演した無声映画「奇傑ゾロ」(1920)がヒットしたので、その影響を受けているかも知れない。

「紅はこべ」も、映画化は1917年だが小説は1905年に出ている。しかし、アラブ的な雰囲気の中での話というのは、ルドルフ・ヴァレンチノの「シーク」(1921)の影響が強いという指摘が多い。「シーク」は全米を熱狂させるようなヒット作だったので、シグマンド・ロムバーグの舞台(1926)も、その影響を受けたと考えるのが妥当だろう。

3回の映画化のうち、1929年版はジョン・ボールズとカルロッタ・キングの主演で、ロイ・デル・ルース監督作品。トーキー初期なので、無声映画的な演出法で、開発されたばかりの2色方式テクニカラーで作られた。現在はカラー版は失われて、白黒版だけが残っている。

1943年版はデニス・モーガンとアイリーン・マニングの主演で、ロバート・フロレイ監督作品。話が現代に置き換えられて、ナチス・ドイツと戦う話に変わっている。3回目のこの作品が、3本の中では原作のオペレッタに近く、3色カラー版で出演者の歌も良いので、決定版だといわれている。H・ブルース・ハムバーストン監督作品。

だからこれが恋 So This Is Love (1953)*も、ワーナーで作られた作品。「テネシーのナイチンゲール」と呼ばれたグレイス・ムーアの伝記映画で、キャスリンがムーア役を演じ、オペラからポピュラー・ソングまで歌う。実際のムーアは、フロレンツ・ジーグフェルドに見出されて舞台に立ち、メトロポリタン歌劇場で高い評価を受けた後に、映画やラジオで活躍して、1947年にデンマークで起きた飛行機事故で亡くなった。

この映画では、メトロポリタン歌劇場での成功までを描く半生の伝記なので、映画のヒット曲を期待すると裏切られる。お転婆の少女時代から始まり、親の反対を押し切ってニュー・ヨークに出てオペラの勉強をするが、誤った勉強法で喉を痛めて3か月養生。その後ブロードウェイでは成功するものの、あくまでもオペラを目指してヨーロッパで修業を積み、ついにメトロポリタン歌劇場の舞台に立つ。

半生の伝記にとどめたのは、ムーアが出演したのはMGMやコロムビア社の映画で、この伝記映画はワーナー社で作られたために、著作権の処理が難しく、あるいは金銭的な折り合いがつかずに、ハリウッド時代を描くのを断念したため。

その代わりにオペラのアリアや、流行歌は沢山盛り込まれている。オペラの曲では、「結婚の根拠」(1951)*の中で歌った『私の名はミミ』をこの映画でも歌うが、こちらはカラー版。それ以外でも「ロメオとジュリエット」、「ファウスト」、「フィガロの結婚」などのオペラからの曲を歌う。ゴードン・ダグラス監督のカラー作品。

キス・ミー・ケイト Kiss Me Kate (1953)は、コール・ポーターの舞台作品(1948)の映画化で、シェイクスピアの「じゃじゃ馬ならし」のミュージカル版。キャスリン・グレイスンの相手役はハワード・キールで、ジョージ・シドニー監督のMGM作品。カラーの横長画面で作る計画もあったが、実際にはカラーのスタンダード・サイズで、ステレオ音響、そして3Dの立体映画として作られた。そのためか、画面から客席に向かって物を投げる場面が多い。

話は「じゃじゃ馬ならし」を演じる一座の楽屋裏を描く形で進められる。キャスリン・グレイスンは、別れた夫ハワード・キールと「じゃじゃ馬ならし」の舞台で共演することになり、昔の幸せだった時代を思い出して、和気あいあいと練習は進み初日を迎える。ハワードからの花が届くので、キャスリンは昔の愛が残っているかと喜ぶが、実はハワードが現在の愛人アン・ミラーに贈ったものが、間違えて届けられたのだ。それを知ったキャスリンは、ひどく怒って舞台を途中で降りると言い出すが、ハワードは借金取りに来たギャングが、相手を間違えて取り立てるのを利用し、芝居を途中で止めるとギャングたちに捕らえられると言いくるめて、キャスリンに

最後まで演じさせ、すべては丸く収まるのだった。

キャスリンの映画は、当然ながら歌が中心だが、この作品では、アン・ミラーのほかボビー・ヴァン、トミー・ロール、ボブ・フォッシー、キャロル・ヘイニーなど、踊りの名手たちが出演していて、振付もハーミズ・パンが担当したので、踊りの場面も素晴らしい。特に、『たった今からは』From This Moment Onの場面では、ボブ・フォッシーとキャロル・ヘイニーが映画史上に残る踊りを見せる。この場面の二人の踊り部分は、フォッシー自身による振付。

キャスリンはこの役には少し可愛過ぎるが、話も歌も踊りも面白い名作の1本。制作はジャック・カミングス。キャスリンのMGMでの出演はこの作品が最後。

放浪の王者　The Vagabond King (1956) は、ルドルフ・フリムルの同名オペレッタ作品(1925)の再映画化。最初の映画化はジャネット・マクドナルドの出演した1930年版で、舞台で主演したデニス・キングと共演したパラマウント社作品。今回はそれをカラー、横長画面化（音声はモノラル）してキャスリン・グレイスンとオレステ・カーコプの主演でパラマウントが再映画化した。

オレステはヨーロッパで活躍していたオペラ歌手で、アメリカでも舞台オペラには出演したが、映画出演はこの作品のみ。キャスリンとオレステという本格的な歌手を二人並べているので、音楽的には素晴らしい。

話は15世紀のパリで、ブルゴーニュ軍に包囲されたルイ11世を、放浪の王者こと詩人のヴィヨン（オレステ・カーコプ）が助ける話で、王女キャスリンはオレステと恋におちる。映画の途中に入る踊りが、妙に現代的な振付だ。マイケル・カーティス監督作品。

ジェイン・パウエル　Jane Powell（その2）

ジェイン・パウエルは、美しい声で歌うだけでなく、踊りもこなす女優として忘れられない。デビューから1940年代末まではジョー・パスタナクが制作を担当したので、ユニヴァーサル社で作られたディアナ・ダービンの初期作品と似たものが多いが、1950年代は、パスタナク制作の「ナンシー、リオへ行く」Nancy Goes to Rio (1950)*で始まり、ほかの制作者の作品にも登場するようになる。

ジャック・カミングス制作の「恋の二週間」Two Weeks with Love (1950)*は、夏のリゾート・キャンプでリカルド・モンタルバンと恋におちる話。アーサー・フリードの制作した「恋愛準決勝戦」Royal Wedding (1951)では、フレッド・アステアの相手役に抜擢されて、歌だけでなく踊りも達者なところを見せた。この作品まではジェインの芸風は単にオペラも歌える少女といった感じであったが、アステアの相手役を務めることによって、歌も踊りもミュージカル風にこなせる幅の広い一流の存在となった。

続く「若くて可愛く金持ち」Rich, Young and Pretty (1951)*と、「小さな町の娘」Small Town Girl (1953)*は、いずれもパスタナクが制作したジェインの主演作品。「三人の水兵と一人の娘」Three Sailors and a Girl (1953)*は、ワーナーへ貸し出されて出演した作品で、ゴードン・マクレエが相手役。休暇中の3人の水兵とショー・ガールの話。

「掠奪された七人の花嫁」Seven Brides for Seven Brothers (1954)は、ジャック・カミングスの制作。共演したハワード・キールの歌が達者なだけでなく、マイケル・キッドの振付も良いので、MGMミュージカルの代表作の1本となった。「アテナ」Athena (1954)*は映画として出来が悪かったが、「我が心に君深く」Deep in My Heart (1954)と「艦隊は踊る」Hit the Deck (1955)では美しい声を聞かせてくれた。

1950年代後半からはテレビ出演が増えて、映画への出演は減ったが、大人の女性を演じた「求婚大作戦」The Girl Most Likely (1958)*に出ていて、その後はアニメ映画の「チューバのチュビィ」Tubby the Tuba (1975)*で声を聞かせている。

ナンシー、リオへ行く　Nancy Goes to Rio (1950)*は、ディアナ・ダービンの「ホノルル航路」It's a Date (1940)の再映画化。どちらもジョー・パスタナクの制作なので、この話が好きなのだろう。今回は母親役をアン・サザーンが、娘役をジェイン・パウエルが演じていて、母娘二人の女優が同じ役を取り合

う。どちらの映画も、プッチーニのオペラから「ラ・ボエーム」の『ムゼッタのワルツ』を歌わせるというところまで同じ。

アン・サザーンはブロードウェイの女優で、公演を終えて次回作のためリオ・デ・ジャネイロで静養しているが、娘ジェインも次回作の主役を作家から約束されて、母親が同じ役を練習しているとも知らずに、リオで母親から演技指導を受けようと船に乗る。船中で芝居の練習とも知らずに彼女の台詞を耳にして、誤解した船客バリー・サリヴァンはジェインに結婚を申し込むが、母親アンに会うと、考えを変えて母親と結婚する。母の結婚により、役の取り合いは解消し、ジェインが演じることになる。ブラジル物には欠かせない女優カルメン・ミランダも出演している。ロバート・Z・レナード監督のMGMカラー作品。

恋の二週間 Two Weeks with Love (1950)* は、ジョー・パスタナクではなくジャック・カミングスの制作。バスビー・バークレイが振付を担当したカラー作品。夏にリゾート・ホテルで2週間滞在するうちに、一家の娘ジェイン・パウエルがアマチュア・コンテストで歌い、リカルド・モンタルバンと恋仲になる。

ジェインはソロだけではなく、モンタルバンとのデュエットもあり、これまでの作品とは一味違っている。パウエルの妹役でデビー・レイノルズが出ていて、カールトン・カーペンターズと一緒に『アバダバ・ハネムーン』を歌う。監督はロイ・ローランド。

若くて可愛く金持ち Rich, Young and Pretty (1951)* は、再びジョー・パスタナクが制作したジェインの主演作品。テキサスの大牧場主の娘ジェインは、父親と一緒にパリへと向かう。というのも、母親ダニエル・ダリューはフランス人で、パリに住んでいるからだ。パリ滞在中に、ジェインはフランス人の若い男ヴィック・ダモンと出会い、恋におちるが、父親は二人を遠ざけようとする。しかし、それは逆効果で、二人の愛はますます燃え上がる。

ニコラス・ブロズスキーの曲で、ジェインだけでなくヴィック・ダモンやダニエル・ダリューも歌っている。ダリューはフランス人なので、フランス映画への出演が多いが、この作品では久々にアメリカ映画へ出演した。ヴィック・ダモンとフェルナンド・ラマスのデビュー作品でもある。ノーマン・タウログ監督のカラーMGM作品。

小さな町の娘 Small Town Girl (1953)* もジョー・パスタナク制作のジェイン主演作品で、アメリカの田舎町の娘の話。カラーのMGM作品で、ラズロー・カルドス監督、音楽はニコラス・ブロズスキーで、バークレイがミュージカル場面のみ演出した。

小さな町でスピード違反をして、30日の禁固刑となったフェアリー・グレンジャーは、恋人でブロードウェイのスターであるアン・ミラーの誕生日を祝うために、1日だけ外出したいと保安官の娘ジェイン・パウエルに頼み、一緒に外出して二人が恋におちる。ジェインの歌も良いが、アン・ミラーのダンス場面をバスビー・バークレイが振り付けて話題となった。

三人の水兵と一人の娘 Three Sailors and a Girl (1953)* は、MGMからワーナーへ貸し出されて、ゴードン・マクレエと共演した作品。ジョージ・S・コーフマンの喜劇「田舎大尽」The Butter and Egg Man (1925) が原作。

無声時代にも「狂言成金」The Butter and Egg Man (1928) として映画化されていて、トーキーになってもジョー・E・ブラウンとジンジャー・ロジャース主演で「劇場王ブラウン」The Tenderfoot (1932) など、何度も映画化されている。

3人の水兵ゴードン・マクレエ、ジーン・ネルソン、ジャック・E・レナードはニューヨークで休暇の際に、悪徳プロデューサーに騙されて、出来の悪いショーに投資する。ところが、主演に決まっていたジェインの機転により、ショーは大ヒットする。楽曲はサミー・フェインが担当、ルロイ・プリンツの振付も良い。ロイ・デル・ルース監督のカラー作品。

掠奪された七人の花嫁 Seven Brides for Seven Brothers (1954) は、MGMに戻って出た、ジャック・カミングス制作、スタンリー・ドーネン監督の作品。ジェインがハワード・キールと組んだ、オレゴンを舞台とした西部劇ミュージカルで、恐らくはジェインの出演作の中でも最高傑作の1本。

MGMとしては、この作品にはあまり期待せず、低予算で早撮りのB級扱いだったらしいが、公開すると評判が良く、アカデミー賞でも5部門にノミネートされ、音楽賞を獲得している。

19世紀末のオレゴン。山奥で暮らす男ばかりの7人兄弟の長男ハワード・キールは、町に買い物に出て、ついでに食堂で女給をしていた気立ての良い娘ジェインを嫁にして連れて帰る。男ばかりの兄弟で暮らしていたために、弟たち6人は礼儀も何も知らない田舎者だ。ジェインが一生懸命に立ち振舞を仕込んで町の祭りに連れ出し、娘たちと踊らせると、兄弟は皆娘たちに夢中になるが、町の男たちはそれが気に食わず、喧嘩になってしまう。山に戻っても娘たちが忘れられない男たちは、思い悩むので、ハワードは弟たちに、古代ローマがサビニの娘たちを掠奪した話を聞かせる。弟たちは話を聞くと、すぐに町の娘たちを掠奪して来るので、町から追っ手が山へ向かうが、雪崩が起きて春の雪解けまで道が通れなくなる。掠奪された娘たちはすすり泣いて悲しむが、ジェインがよく面倒をみるので、すっかりと環境になじむ。春までには弟たちとすっかり仲良くなり、道が通れるようになった時には6組のカップルが出来上がっていて、結婚式を挙げるのだった。

楽曲はジーン・デ・ポールで、どの曲も美しいが、中でも『とても素晴らしい日』Wonderful, Wonderful Day、『寂しいスカンク』Lonesome Polecatなどがよく知られている。振付は新世代のマイケル・キッドで、ラス・タムブリンやトミー・ロールのような踊りの名手を得て、アクロバティックでダイナミックな踊りを振り付けた。

ちょうど、横長画面が出始めた時期の作品で、ヴィスタ版とさらに横長のシネスコ版の両方が同時に撮影された。毎日、午前はヴィスタ版、午後はシネスコ版で同じ場面を撮影したという。両方の版が必要だったのは、普及し始めのシネスコを、まだ映写できない映画館も多かったためだ。

ヴィスタ版ではなく、スタンダード版で撮影されたとの記述もあるが、2004年に発売されたDVDには、ヴィスタ版とシネスコ版が収録されている。カラー方式はテクニカラーに対抗していたアンスコ・カラー。4チャンネル・ステレオ方式。

アテナ Athena (1954)*は、ジョー・パスタナクが制作した異色の作品。健康オタクの一家には娘が7人いて、全員ギリシャ神話から取られた名前が付いている。長女アテナはジェイン・パウエルで、次女ミネルヴァはデビー・レイノルズといった具合。ジェインは代々弁護士を家業としている保守的なエドマンド・パードムと、デビーは歌手のヴィック・ダモンと恋するようになるが、どちらも父親のお眼鏡にはかなわない。

ヒュー・マーティンが曲を書き、ジェイン、デビー、ヴィックが歌っている。リチャード・ソープ監督のカラー横長画面作品。当初の予定では、エスター・ウィリアムス主演の水泳映画にしようという計画だったが、途中から歌の映画とすることになり、ジェイン・パウエル主演となったので、中途半端な印象が残る。

この映画にはボディ・ビルディングで鍛えて、1950年のミスター・ユニヴァースに選ばれて映画界入りしたスティーヴ・リーヴスが出演していて、肉体美を見せる。この映画を見たイタリアのピエトロ・フランチスキ監督が、彼を使って「ヘラクレス」Le fatiche di Ercole (1958) から始まる一連のヘラクレス映画を作ったのは有名。

艦隊は踊る Hit the Deck (1955)は、ヴィンセント・ユーマンズの同名舞台作品(1927)の映画化。1930年にRKOがジャック・オーキー主演で映画化しているので、この作品は2度目の映画化。

舞台ミュージカルの原作は、ヒューバート・オズボーンの舞台劇「上陸休暇」Shore Leave (1922)で、こちらは無声時代に「憧れの水兵」Shore Leave (1925)として映画化されているほか、トーキー時代になって、アステアとロジャースで「艦隊を追って」Follow the Fleet (1936)としてもミュージカル化されていて、似たような内容となっている。

いずれも上陸中の水兵たちの恋を描いている点では共通していて、この作品では、半年振りにサン・フランシスコに上陸したトニー・マーティン、ヴィック・ダモン、ラス・タムブリンが主人公。トニーの婚約者がア

ン・ミラー、ヴィック・ダモンの妹がジェイン・パウエル。3人でミュージカルを見に行き、ダモンは主演のデビー・レイノルズに夢中になる。いろいろあって大騒動の末、3人はMPに捕まり提督の前に引き出されるが、ラス・タムブリンが提督の息子だったので助かる。

　舞台版の曲はあまり使われずに新曲を使用。役者も揃っていて、振付もハーミズ・パンで、そつなくまとめている。ロイ・ローランド監督、ジョー・パスタナク制作のカラー、横長画面のMGM作品。

求婚大作戦　The Girl Most Likely (1958)*は、ジェインが久々に映画出演した作品で、ジンジャー・ロジャースの「愛の鐘はキスで鳴った」Tom, Dick and Harry (1941)*のミュージカル版リメイク。ハリウッド・スターのジェイン・パウエルが、安楽な生活が望める金持ちの男、安定した家庭が見込めるセールスマン、愛だけはたっぷりと望める整備工の男の3人から求婚されて、誰が良いのか思い悩み、最後には愛を選ぶ。

　ジェインは、デビュー以来、若い娘役が多かったが、この映画の出演時には29歳となり、やっと成熟した女性の役を演じて、落ち着いた声を聞かせている。曲はヒュー・マーティン。制作はRKOで、監督はミッチェル・ライゼン。ハリウッドのRKOスタジオで最後に撮影された作品。カラー、スタンダード版。

★

デビー・レイノルズ　Debbie Reynolds
(1932.4.1–2016.12.28)

　デビー・レイノルズは、1932年生まれで、16歳の時に美人コンテストで優勝したのを契機に映画界入りして、MGMミュージカルに多く出演した。美人というよりも可愛いキャラクターで、「雨に唄えば」Singin' in the Rain (1952)の主役を演じて一躍有名になった。歌や踊りを懸命に練習したというが、「雨に唄えば」ではどうしてもタップの音がうまく出せないので、ジーン・ケリーが彼女の靴の音まで代わって録音したという。

　ミュージカル映画の初出演はMGMではなくワーナーで、ジューン・ヘイヴァーとゴードン・マクレエ共演の「ロージー・オグレイディの娘」The Daughter of Rosie O'Grady (1950)*。デビーは、台詞だけで歌のない役。MGMで撮られたフレッド・アステアとレッド・スケルトン共演の「土曜は貴方に」Three Little Words (1950)では、ヘレン・ケインの役で歌うが、ヘレン・ケインの独特の声を真似できずに、ヘレン・ケイン本人の声に吹き替えられてしまった。

　次の「恋の二週間」Two Weeks with Love (1950)*は、ジェイン・パウエルとリカルド・モンタルバンの主演作品だが、デビー・レイノルズも背の高いカールトン・カーペンターと一緒に、楽しい歌を聞かせてくれる。次の「皇帝さま」Mr. Imperium (1951)*は、美人女優ラナ・ターナーとオペラ歌手エッツィオ・ピンザという変わった顔合わせの作品で、デビーは脇役なので歌う機会がなかった。翌年、デビーは「雨に唄えば」(1952)でジーン・ケリーの相手役に抜擢され、歌えて踊れる美人女優として人気が高まった。

　「メルヴィンが好き」I Love Melvin (1953)*は、「雨に唄えば」で共演したドナルド・オコナーが主役で、デビーが相手役を務めた作品。ドナルドがライフ誌のカメラマン助手で、コーラス・ガールのデビーに恋をして、彼女を表紙に載せる。「やんちゃ学生」The Affairs of Dobie Gillis (1953)は、デビーが主演で相手役にボビー・ヴァンを配した学園物。新入生ボビーの級友でボブ・フォッシーも出ている。

　「その娘にもう一度やらせてやってくれ」Give a Girl a Break (1953)*は、マージとガワー・チャンピオンの主演作品で、共演にデビーとボブ・フォッシーという顔合わせ。「アテナ」Athena (1954)*と「艦隊は踊る」Hit the Deck (1955)は、ジェイン・パウエルとの共演。「優しい罠」The Tender Trap (1955)*はミュージカルではないが、フランク・シナトラの相手役を務めている。

　「歓びの街角」Bundle of Joy (1956)は、ジンジャー・ロジャースの「未婚の母親」Bachelor Mother (1939)*のリメイクで、デパート店員デビーが捨て子を拾い、店主の息子エディ・フィッシャーと恋仲になるという話。次の「ひとこと云って」Say One for Me (19

59）は、ビング・クロスビーが自主制作した作品で、デビーはビングの相手役。

コロンビア社の「ペペ」Pepe (1960) にゲスト出演したあと、ブロードウェイ作品を映画化した「不沈のモリー・ブラウン」The Unsinkable Molly Brown (1964) で、見事に主役を務めた。「歌え！ドミニク」The Singing Nun (1966) は、デビーが歌う修道女となって人気を得るという作品で、タイトル曲がヒットした。

その後は、実写のミュージカルには出演していないが、パラマウントがハンナ＝バーベラ・プロダクションと一緒に作ったアニメ・ミュージカルの「シャーロットのおくりもの」Charlotte's Web (1973) で、蜘蛛のシャーロットの声を担当して歌った。また、日本製のアニメ「魔女の宅急便」(1989) の英語版 Kiki's Delivery Service (1998) では、老婦人役の声で出演をしていた。

ハワード・キール　Howard Keel
（1919.4.13−2004.11.7）

ハワード・キールは1919年生まれのバリトン歌手で、第二次世界大戦中に歌がうまいので注目されて、舞台を経て映画の世界に入った。ワーナー映画がゴードン・マクレエという歌のうまい主演級の歌手を抱えていたのに対して、MGMにはそうした役者がいなかった。そこで、MGMはハワード・キールを売り出し、主に1950年代前半のミュージカルで、二枚目役として使った。

ブロードウェイでは、ロジャースとハマースタインの作品にも出ていたので、オペラ的というよりもミュージカルらしく歌う男優。1950年代後半にミュージカルの人気に翳りが出ると、ハワード・キールは頑丈な体格を生かして、西部劇やアクション映画に多く出演するとともに、テレビを中心に活躍した。

ミュージカルでは、大作「アニーよ銃をとれ」Annie Get Your Gun (1950) で、ベティ・ハットンを相手にいきなり主役を演じた。ハワードの役は「未開の西部ショー」で曲撃ちを見せるハンサムな人気者なので、彼にはピタリの役どころ。声が良いだけでなくルックスもがっちりした男前なので、エスター・ウィリアムスの相手役として「パガン島の恋歌」Pagan Love Song (1950)* に出演し、次はキャスリン・グレイスンの相手役として「ショウボート」Show Boat (1951) で持ち前の喉を聞かせ、MGMのバリトン役者として確固たる地位を得る。

次の「テキサスのカーニバル」Texas Carnival (1951)* では牧場主の役で、エスター・ウィリアムスの相手役。「見た目の可愛い」Lovely to Look at (1952)* では、再びキャスリン・グレイスンの相手役を務めて、ジェローム・カーンの曲を歌っている。

「カラミティ・ジェーン」Calamity Jane (1953) は、ワーナー社の西部劇仕立てのミュージカル。ドリス・デイ演じるジェーンの相手役となり、拳銃の名手ワイルド・ビル・ヒコック役を演じた。キールはこうした西部物が似合うので、後年に西部劇が多かったのもうなずける。

次の「キス・ミー・ケイト」Kiss Me Kate (1953) もキャスリン・グレイスンの相手役ではあるが、今回は西部物ではなくてシェイクスピアのミュージカル版。コール・ポーターの曲だが、オペレッタ調の曲もあり聞かせどころが多い。「ローズ・マリー」Rose Marie (1954) もオペレッタの映画化で、キールの相手役はユニヴァーサルから移ってきたアン・ブライスが務めている。

そして、ジェイン・パウエルを相手に傑作「掠奪された七人の花嫁」Seven Brides for Seven Brothers (1954) を撮るが、これも西部物なのでキールによく似合った。そのあとに出演した「ユピテルのお気に入り」Jupiter's Darling (1955)* は、ローマ時代のコスチューム物ミュージカルで、エスター・ウィリアムスのために用意された作品だったが、出演者が充実しているのに駄作との声が高い。

最後のミュージカル作品となった「キスメット」Kismet (1955)* は、舞台作品 (1953) の映画化で、キールはアラビアの貧乏詩人役。娘役でアン・ブライスが出ていて、素晴らしい名曲の数々を聞かせてくれる。

ローズ・マリー　Rose Marie (1954) は、ルドルフ・フリムルの同名オペレッタ (1924) の3度目の映画化。ミュージカル映画としてはジャネット・マクドナルドの「ローズ・マリイ」

(1936)に続いて2度目。基本的なプロットと音楽は同じだが、細かい点ではいろいろと違っている。

19世紀末のカナディアン・ロッキー北西部。アン・ブライス演じる主人公ローズ・マリーは、猟師の父親が亡くなり、ハワード・キールの世話により騎馬警官隊の駐屯地で育てられる。大きくなって娘としての行儀見習いで、町の婦人に預けられるが、すぐに逃げ出して山に入る。山では危ういところを猟師フェルナンド・ラマスに助けられて、彼に恋するようになる。フェルナンドにはインディアンの恋人がいたので、嫉妬したインディアン娘の騒動で、フェルナンドは殺人犯として捕まってしまう。キールはアンを密かに愛していたので、彼女が嘆き悲しむのを見て、フェルナンドへの愛を理解し、彼が犯人ではないことを立証して二人を結びつける。

3回の映画化の中では、この作品が最も舞台に忠実だが、カラーの大型画面で美しい風景を取り入れたために、いささか散漫な印象もある。マーヴィン・ルロイ監督・制作のMGM作品。振付はバスビー・バークレイで、彼にとっては初めてのシネマスコープ作品。

キスメット Kismet (1955)*は、エドワード・ノブロックの戯曲「キスメット」Kismet (1911)をミュージカル化した、ロバート・ライトとジョージ・フォレスト曲の同名舞台作品(1953)の映画化。

アラビアン・ナイトの世界で、詩人ハワード・キールは娘アン・ブライスと貧乏生活をしていたが、ある日盗賊から息子を探すように頼まれて、前金としてかなりの金を貰う。金回りが良くなって、アン・ブライスは家を買いたいと見て回るうちに、お忍びで宮殿から抜け出ていたカリフのヴィック・ダモンと偶然に出会い、見初められて恋をする。急に金持ちとなったのを怪しまれて、キールは逮捕されてしまうが、そこへ盗賊も捕らえられてきて、警察長官が盗賊の息子だとわかり、キールも釈放、アンもカリフのダモンと結婚する。

音楽はライトとフォレストとなっているが、アレクサンドル・ボロディンの「イーゴリ公」などからテーマを取って編曲している。舞台作品に比較的忠実な映画化で、『楽園の闖入者』Stranger in Paradiseなどの名曲が多い。アーサー・フリード制作で、ヴィンセント・ミネリ監督のカラー、シネスコ作品。

マリオ・ランツァ Mario Lanza
(1921.1.31-1959.10.7)

マリオ・ランツァは、アメリカ生まれではあるが、名前も声もイタリア系で、澄んだ高音を持つイタリア的なテノール歌手。1921年生まれで、同じ年に亡くなった偉大なテノール歌手エンリコ・カルーソの再来といわれた。

明るく、抜けの良い声は、クラシックでもポピュラー音楽でも輝いて聞こえ、1950年頃に全米的な人気を博した。太ったオペラ歌手は舞台では問題ないが、映画では難しかったようで、太り過ぎて「皇太子の初恋」The Student Prince (1954)では声しか出演できずにショックを受けて、精神的にも不安定さが増し、ダイエットやリバウンドを繰り返したが、酒の飲み過ぎもあり1959年に38歳の若さで亡くなった。

最初の役は同じようにオペラ的な歌い方をするキャスリン・グレイスンの相手役で、「真夜中の接吻」That Midnight Kiss (1949)*と「ニュー・オリンズの名士」The Toast of New Orleans (1950)*の2本に出演した。マリオは「真夜中の接吻」ではトラック運転手からオペラ歌手となり、「ニュー・オリンズの名士」では漁師からオペラ歌手になる。この2本では、素晴らしい歌声を聞かせただけでなく、無教養で歌だけはうまい青年から教養あるオペラ・スターへの変身も演じて、役者としての才能も見せている。

マリオとキャスリンの組み合わせは、観客からは似合いのカップルのように見えて、ジャネット・マクドナルドとネルソン・エディのように続くことが期待された。ところが、マリオはイタリア人気質丸出しの激しい性格で、キャスリン・グレイスンが嫌がったために、この先、2度とこの二人が組むことはなかった。パラマウント社が「放浪の王者」(1956)を撮る時にも、キャスリンの相手役としてマリオ・ランツァを考えたようだが、この時にもキャスリンは拒絶している。

キャスリンとの共演ができなかったために、MGMはアン・ブライスを相手役にして「歌劇王カルーソ」The Great Caruso (1951) を作り、マリオにたっぷりとイタリア・オペラの名曲を歌わせた。歌は良いのだが、女優が皆嫌がり、共演相手が見つからず、次にはブロードウェイからドレッタ・モローを呼んで来て「君は僕のものだから」Because You're Mine (1952)*で共演させるが、ドレッタは舞台では素晴らしいものの、スクリーン向きではないと評価されたために、この組み合わせも成り立たなかった。

ストレスのために太り過ぎたのか、次のオペレッタ作品「皇太子の初恋」(1954) では、歌だけを担当することになり、王子役はエドマンド・パードムが演じて相手役はアン・ブライスとなっている。

歌は素晴らしいが、MGMでは出番がなくなり、ワーナーでオペラ映画「セレナーデ」Serenade (1956)*を撮った後イタリアに渡り、カンツォーネやオペラのアリアを入れた「さようならローマ」Arrivederci Roma (1957)*と、「昔のように」Come Prima (1959)*に出演した。最後の出演作品が「昔のように」という題名なのは、ちょっとした皮肉を感じさせる。

歌劇王カルーソ The Great Caruso (1951) は、イタリアの有名なテノール歌手エンリコ・カルーソの伝記的な作品だが、カルーソの実際の生涯と映画はかなり違っている。映画の中でマリオ演ずるカルーソはナポリで育ち、カフェで歌手をやっていたが、恋に破れて、声楽に本腰を入れてオペラで成功する。ロンドンを経て、ニュー・ヨークのメトロポリタン歌劇場でも成功して、富豪のオペラ支援者の娘アン・ブライスと結婚、子供をもうけるが、無理をして喉を痛めて声を失う。

オペラの曲が沢山出てくるが、前半ではポピュラーな曲もサービスで入れてある。「アイーダ」、「トスカ」、「カヴァレリア・ルスティカーナ」、「リゴレット」、「道化師」など、当然のことながら、イタリア・オペラが中心。

実際のカルーソは、若い時の声はリリコ・レッジェーロであったが、喉の手術をしてからは声の質が変わり、力強いヴェリズモ・オペラを得意とした。1903年から20年までメトロポリタン歌劇場で活躍したので、録音も多く残している。

この映画を撮影中のマリオ・ランツァは、激しい気性を丸出しにして、ちょっとしたことにもイタリア語で下品な言葉を叫びまくったので、共演者は大変だったらしい。アン・ブライスは歌える女優だが、この作品では妻役に徹していて、カルーソの誕生パーティで軽い曲を口ずさむだけで、本格的な歌は披露していない。リチャード・ソープ監督のカラー作品。制作はジョー・パスタナク。

君は僕のものだから Because You're Mine (1952)*は、オペラ歌手が軍隊に入る話。オペラ歌手のマリオは兵役につくが、上官がオペラ好きだったので何かと便宜を図ってくれる。上官の妹ドレッタ・モローはラジオでコマーシャル歌手をしていたが、オペラを目指していたので、マリオに紹介したところ二人はすぐに恋におちてしまう。オペラ座のプリマはマリオがほかの娘に夢中なのでご機嫌斜めとなるが、二人は無事に結婚する。

マリオ・ランツァは私生活でも、兵役中の同僚の娘と結婚しているので、マリオの私生活を描いたともいえる。相手役のドレッタ・モローはブロードウェイのスターで、「王様と私」(1951) のタプティムや、「キスメット」(1953) の主役マルシナを演じた。歌はうまいが、カメラ映りの点で難があり、映画向きではないと酷評されたが、ハリウッドではマリオと共演する女優が見つけにくくなっていたので、ブロードウェイの女優を連れてきたのだろう。ドレッタ・モローの映画出演は、これ1作に終わっている。

マリオは食べ過ぎの肥満と減量を繰り返したので、撮影中に20kgぐらい体重が変化したらしい。そのために映画の画面でも、その体つきが変わる様子がわかってしまう。アレクサンダー・ホール監督で、ジョー・パスタナク制作のMGMカラー作品。

皇太子の初恋 The Student Prince (1954) は、シグマンド・ロムバーグの舞台オペレッタ「学生王子」(1924) の映画化。このオペレッタは、小説や戯曲を下敷きにしていて、無声時代にも、何度か映画化されている。

有名なのはエルンスト・ルビッチ監督作品で、ラモン・ノヴァッロとノーマ・シアラー

が共演した「思ひ出」The Student Prince in Old Heiderberg (1927)。それ以外にもドロシー・ギッシュ主演の「古きハイデルベルク」Old Heiderberg (1915)と、ドイツで作られた「古きハイデルベルク」Alt Heiderberg (1923)がある。

舞台作品に比較的忠実な映画化で、基本的にシグマンド・ロムバーグの曲を使い、ニコラス・ブロズスキーが3曲ほど新曲を追加した。ヨーロッパの小国の王子エドマンド・パードム（歌はマリオ・ランツァ）は、じきに国王を引き継ぎ、隣国の王女と結婚することとなっているが、見聞を広げようとハイデルベルクの大学に留学する。最後の青春を謳歌して、酒場の娘アン・ブライスと恋仲になるが、国王崩御の報を受けて急ぎ帰国する。隣国の王女との結婚を控えて、列車を途中下車したエドマンドは、アンとの別れを惜しむのだった。

ロムバーグらしいセンチメンタルで美しい曲が満載で、マリオ・ランツァも素晴らしい歌声だった。マリオ自身がこの役を演じなかったのは、太り過ぎで王子役には不適当と判断されたため。ちょうど契約が切れたので、これがマリオの最後のMGM作品となった。リチャード・ソープ監督、ジョー・パスタナク制作のカラー作品。4チャンネルのステレオで、横長画面版。

セレナーデ　Serenade (1956)*は、ワーナーで作られたオペラ歌手の映画。マリオはMGMとの契約が切れて、出演の機会がなくなったが、ワーナーで復帰するというのはジュディ・ガーランドと同じパターン。ジェイムス・M・ケインの同名の小説 (1937) を、アンソニー・マン監督が映画化した。

オペラ歌手を目指しワイナリーで働く青年マリオが、社交界の花形ジョーン・フォンティンの支援でデビューするが、すぐに飽きられて捨てられてしまう。彼を慰めたのはメキシコの闘牛士の娘サラ・モンティエールで、彼女の愛の力によって立ち直る。

マリオの好きな小説だったらしいが、小説ではメキシコの売春婦の愛となっていて、映画向きではないために、随分と書き換えられている。聞きどころはマリオの歌で、オペラなどの歌を相変わらず美しく歌う。

メキシコ娘役のサラ・モンティエールはスペインの女優で、この作品では歌っていないが、その後スペイン本国で大人気となる、美人でグラマーなミュージカル女優。カラー横長画面作品。

さようならローマ　Arrivederci Roma (1957)*は、アメリカでの居場所を失ったように感じたマリオが、彼のルーツであるイタリアに移って、ブームになっていたカンツォーネを歌った作品。イタリアで公開された後、アメリカでも「ローマの七つの丘」The Seven Hills of Rome (1958)*という題名で公開された。

アメリカ人歌手マリオは、わがままな婚約者が欧州に行ってしまうので、それを追ってイタリアまでやって来る。ローマ行きの列車の中で、無賃乗車で困っている若い娘マリサ・アラッシオを助けて、彼女が頼りにするローマの叔父のところへ送っていく。叔父はアルゼンチンへ移住しており、娘は困ってしまうので、ローマに住むマリオの従兄のピアノ弾きの家に同居させて面倒を見る。ピアノ弾きの従兄はマリサに恋するのだが、彼女は次第にマリオに惹かれていく。マリオはやっとのことで婚約者を見つけ出すが、その時には二人の心は離れていて、婚約を解消して、マリオは自分が助けたマリサと一緒になる。

映画の原題となっている有名なカンツォーネを始めとして、美しいイタリアの曲をマリオが歌い、1950年代の美しいイタリアの風景を見るだけでも楽しい映画。マリオがいろいろな歌手の物真似をやって見せるなど、ちょっと気楽な雰囲気で撮られている。ロイ・ローランド監督作品で、4チャンネル・ステレオ、カラー横長作品で、MGMがイタリアと共同制作で配給した。

昔のように　Come Prima (1959)*は、マリオの最後の作品で、アメリカ公開題名は「初めての」For the First Time (1959)*。これも前作と同じに、MGMがイタリアで制作した。

ウィーンのオペラ劇場で揉め事のあったマリオは、関係者から逃れてカプリ島で静養する。そこで彼は美しい娘と出会い恋をするが、彼女は耳が聞こえないので、マリオの歌を聞くことができない。だが最後には奇跡が起きて、耳が聞こえるようになり、二人は結ばれ

る。

　マリオは有名なオペラのアリアを歌うほかに、カンツォーネの『昔のように』を歌う。亡くなる直前に撮られた作品だが、その声は衰えを見せず、ますます深みを増しているようにも感じられる。ルドルフ・マテ監督の4チャンネル・ステレオ、カラー横長作品。

★

フランク・シナトラ　Frank Sinatra
(1915.12.12–1998.5.14)

　フランク・シナトラは、クルーナー・タイプの甘い声で歌う歌手だが、昔のクルーナーがメガホンを使うスタイルだったのに対して、シナトラは初めからマイクを使った歌い方で売り出した。最初は単に歌のうまい青年だったが、年齢を重ねるに従い、幅の広い役柄をこなすようになる。

　1915年の年末に生まれ、若い時から歌を志していたが、1939年からハリー・ジェイムスやトミー・ドーシーの楽団で歌い人気が出る。1942年からはソロ活動をして、ボビー・ソクサー(踝までの短いソックスをはく子供)と呼ばれた当時のティーン・エイジャーの女の子たちの間で、人気ナンバー・ワンとなった。

　映画界に入るものの、若いうちは痩せていて、気が弱くて女の子にもてない内気な青年役が多かった。徐々に洗練されて、1950年代後半からはプレイ・ボーイ役を演ずるようになり、中年になって貫禄がつくと、常連の仲間を集めてボス役を演ずるようになった。

　「オーシャンと十一人の仲間」Ocean's Eleven (1960) 以降は、ハンフリー・ボガートの後を継ぎ、「シナトラ一家」Rat Pack と呼ばれるディーン・マーティン、サミー・デイヴィス・ジュニアなどの俳優仲間の親分格となった。

　1940年頃からトミー・ドーシー楽団と一緒に映画に出ていたが、本格的な映画出演は、楽団から独立した後で、RKOの「高く、より高く」Higher and Higher (1943)*や、「芸人ホテル」Step Lively (1944)に出演してから。両方とも軽い喜劇仕立てで、シナトラは歌手役で助演している。その後はRKOを離れてMGMに移り、MGM黄金時代の作品に出演した。

　「錨を上げて」Anchors Aweigh (1945)は、戦争を背景とした水兵物で、ジーン・ケリーの弟分役のような扱い。ケリーとはその後も「私を野球につれてって」Take Me Out to the Ball Game (1949)*と「踊る大紐育」On the Town (1949)で共演するが、基本的な役柄は同じ。ジェローム・カーンの伝記映画「雲の流れ去るまで」Till the Clouds Roll By (1946)*は、多くのゲストが出演している作品だが、シナトラは歌唱力を買われてフィナーレの『オール・マン・リヴァー』を歌った。

　「下町天国」It Happened in Brooklyn (1947)は、キャスリン・グレイスンとジミー・デュランテの作品で、シナトラは助演の扱い。初めて主演したのは「接吻盗賊」The Kissing Bandit (1948)*だが、ここでもシナトラは盗賊の2代目で気の弱い役。

　「ふたつのダイナマイト」Double Dynamite (1951)*は、ジェイン・ラッセルとグルーチョ・マルクス中心のRKO映画で、シナトラは真面目な青年の役を演じている。次の「ダニー・ウィルソン物語」Meet Danny Wilson (1951)*はキャバレー芸人を演じていて、ここから役柄が変わってくるが、映画としてはユニヴァーサルの低予算作品で面白みはない。「心は若く」Young at Heart (1954)*は、ワーナーでドリス・デイの相手役を演じた作品。

　中期のシナトラ作品は「野郎どもと女たち」Guys and Dolls (1955) あたりからで、マーロン・ブランドと一緒になってデイモン・ラニヤンの描くマンハッタンのギャングたちの人情喜劇を演じている。同年の「優しい罠」The Tender Trap (1955)*は、ミュージカルではないが、ジミー・ヴァン・ヒューゼンのタイトル曲をシナトラが歌ってヒットした。

　「上流社会」High Society (1956) も、主演はビング・クロスビーとグレイス・ケリーだが、新聞記者役でシナトラも出演して、大先輩のビングとのデュエットも聞かせてくれる。「抱擁」The Joker Is Wild (1957)は、パラマウントで撮られた破滅型のナイト・クラブ歌手の話で、相手役はジーン・クレインが務めた。

　「夜の豹」Pal Joey (1957)は、リタ・ヘイ

ワースとキム・ノヴァクを相手役に配したコロムビア作品で、この作品以降はプレイ・ボーイ役を演じる、後期の作品群となる。「カンカン」Can-Can (1960) もフォックスで作られたコール・ポーターの舞台作品の映画化で、シャーリー・マクレインとの共演。

シナトラ一家の映画が作られるのは「走り来る人々」Some Came Running (1958) あたりからで、この作品はミュージカルではないがシャーリー・マクレイン、ディーン・マーティンらが一緒に出ている。これにサミー・デイヴィス・ジュニア、ジョエル・ビショップ、ピーター・ローフォード、アンジー・ディキンソンらも加わったグループが、Rat Packと呼ばれるシナトラ一家を構成している。

それらのメンバーで作ったのが、ミュージカルではないがワーナーの「オーシャンと十一人の仲間」(1960) で、同じワーナーで作られた「七人の愚連隊」Robin and the 7 Hoods (1964) も、メンバーの入れ替えはあるが似たようなノリで作られている。1960年代以降は映画界全体でミュージカル作品が減ったこともあり、ミュージカル以外の普通の映画への出演も多い。

高く、より高く Higher and Higher (1943)* は、リチャード・ロジャースとローレンツ・ハートの同名舞台作品 (1940) の映画版。映画化にあたっては、シナトラ向きの曲をジミー・マクヒューが追加したので、リチャード・ロジャースの曲は1曲しか残らなかった。

大富豪が破産して、失業を恐れた秘書役ジャック・ヘイリーは、仕事を確保しようと、ほかの召使たちと一緒に、下働きの美しい娘ミシェル・モルガンを富豪の娘ということにして、金持ちと結婚させようとする。舞踏会デビューすると、すぐに求婚者が現れるが、結婚式まで進む直前に、娘が新人歌手フランク・シナトラを愛していると知ったジャック・ヘイリーは、結婚式をぶち壊してしまう。困った召使たちは、邸宅の地下で偶然に見つけた昔の酒場跡をそのまま使い、ナイト・クラブを開業すると、これが繁盛。最後には下働きの娘が愛していたのは自分だったと気付き、ジャックは彼女を抱きしめる。軽快なテンポの佳作。ティム・ホウィーラン監督のRKO作品。

芸人ホテル Step Lively (1944) は、マルクス兄弟の「ルーム・サーヴィス」Room Service (1938)* の再映画化。ショーの制作者ジョージ・マーフィは、ミュージカルの新作を上演しようと準備を進めているが、ホテル代を払えずに追い出されそうになっている。芝居の上演を約束して金を巻き上げた台本作者フランク・シナトラがやって来るので、彼の劇のリハーサルをやっている振りをして、その場を取り繕う。そこへ今度は金持ちの支援者がやって来るので、支援者のお気に入りの娘を売り出す約束をして、小切手を巻き上げる。その小切手はそのままホテルへ行ってしまうものの、何とか新作のショーの上演にはこぎつける。初日の幕開き直前に、小切手が支払拒否となって戻ってくるので、大混乱するが、何とか幕を開ける。シナトラには台本の才能はないが、歌は天才的だとわかり、ショーで成功する。

ジュール・スタインの曲を使い、アドルフ・マンジュやグロリア・デ・ヘヴンらの役者も揃えて、RKOとしても力を入れた作品。監督は前作と同じティム・ホウィーラン。もともとは、ブロードウェイで上演されたコメディで、マルクス兄弟版の映画化は中途半端になっていたが、このジョージ・マーフィとシナトラの映画版のほうが、台本がしっかりしていて、バランスが良く、少なくともミュージカルとしては楽しめる。

最後のショー場面は、戦争中のため低予算で作られてはいるが、工夫されている。アメリカに水芸というものがあるかどうか知らないが、アラビア風の踊りに水芸を取り入れている。

下町天国 It Happened in Brooklyn (1947) は、キャスリン・グレイスン、ジミー・デュランテとの共演。第二次世界大戦の兵役を終えて欧州戦線から帰国したシナトラは、高校の用務員をやっているジミー・デュランテのところに転がり込んで、楽器店で歌手の仕事を見つける。その高校の音楽教員で美人のキャスリン・グレイスンは、才能がある生徒ウィリアム・ロイにピアノを教えていた。ウィリアムは貧乏なので、音楽の勉強を続けられるか危ぶまれたが、シナトラの英国時代の友人貴族ピーター・ローフォードがやって来て、

彼も協力してシナトラの働く楽器店でピアノ・コンサートを開き、奨学金を得る道を開く。そして、内気ゆえに恋人がなかなか見つからなかったローフォードも、キャスリンと結婚する。

戦争が終わった時代を反映した設定となっていて、「錨を上げて」Anchors Aweigh (1945)では内気でガール・フレンドを作れなかったシナトラが、この作品では同じようなローフォードを助ける兄貴分になっているのが面白い。

ジャック・カミングスの制作で、楽曲はジュール・スタイン。ジミー・デュランテが芸達者なところを見せて、キャスリンはオペラのアリアも披露している。キャスリンはシナトラと一緒に「ドン・ジョヴァンニ」のアリアを歌い、夢の場面では突然に「ラクメ」の『鐘の歌』を歌う。これは観客に対するサービスだろう。リチャード・ウォルフ監督の白黒MGM作品。

接吻盗賊 The Kissing Bandit (1948)*は、シナトラには珍しいスペイン統治下のカリフォルニアを舞台としたコスチューム物。相手役は「錨を上げて」、「下町天国」でも一緒だったキャスリン・グレイスンで、制作はジョー・パスタナク。

シナトラの父親は盗賊の親分で、「接吻盗賊」と呼ばれた有名なお尋ね者。「接吻盗賊」と呼ばれるのは、盗賊を働く時に女性がいると必ずキスを奪い、キスされた女性は皆失神してしまうからだ。シナトラはボストンでホテル経営を勉強していたが、故郷に戻ってくると、盗賊たちから家業を継ぐように求められる。仕方なく「接吻盗賊」となって馬車を襲うが、その馬車には、カリフォルニア総督の娘キャスリン・グレイスンが乗っていた。キャスリンに一目惚れしたシナトラは、思わずキスを奪うのを忘れてしまうが、キャスリンのほうは、どうしてキスされなかったのか思い悩む。スペインから国王の特使が派遣されてきた時に、シナトラはその特使に変装して総督の館に入り、キャスリンを口説いて結婚する。

音楽はネイシオ・ハーブ・ブラウンで、監督はラズロー・ベネディクのカラーMGM作品。リカルド・モンタルバンのほかに、ダンサーとしてシド・チャリシーやアン・ミラーが出演。振付はスタンリー・ドーネンなので、3人で踊る場面がよく出来ていて、スペイン風にアレンジされた歌も良い。しかし、シナトラとキャスリンの歌い方は根本的に違っていて、デュエットに無理があり、スペイン風のエキゾチックなコスチュームも、シナトラには似合わないという問題があった。

そのほか日系ダンサーのソノ・オーサトがメキシコ娘の役で、鞭を使ったダンスを見せる。ソノ・オーサトは、舞台版の「オン・ザ・タウン」On the Town (1944)で、ミス地下鉄の踊りを見せた名ダンサー。アーサー・フリードがジーン・ケリーを使って「踊る海賊」(1948)を作ったのと、同じような路線を狙ったと思われるが、未消化に終わった印象。

ふたつのダイナマイト Double Dynamite (1951)*は、1948年の年末にRKOで作られたが、3年間お蔵入りしていて、1951年末に公開された作品。ちょっと意外だが、シナトラは、ジェイン・ラッセル、グルーチョ・マルクスに続く3番目のビリングとなっている。

映画の題名も、フランク・シナトラの歌う『たかが金じゃないか』It's Only Moneyを、そのまま題名にしようとしたらしいが、1948年にRKOを買った制作者ハワード・ヒューズの決断で、「ふたつのダイナマイト」と変えたらしい。この題名から連想されるのがジェイン・ラッセルで、ビリングのトップもラッセルとなった。

フランク・シナトラとジェイン・ラッセルは銀行で窓口業務を担当している同僚だが、恋仲で結婚したいと考えている。だが、二人とも安月給で貯金もなく、結婚できずにいたが、たまたま競馬で大当たりしてシナトラに大金が転がり込む。ところが、銀行で誰かが大金を着服したことが判明して、急に大金を持ったシナトラが疑われる。結局、会計機の故障が原因で、シナトラの犯罪ではないとわかり、二人は無事に結ばれる。

グルーチョ・マルクスがシナトラの友人役で登場するが、往年の輝きはない。全体として低調な作品。楽曲はジュール・スタインで、アーヴィング・カミングス監督のRKO作品。

ダニー・ウィルソン物語 Meet Danny Wilson (1951)*は、まるでシナトラの自伝のよ

うなクルーナー歌手の生涯を描く。シナトラは相棒アレックス・ニコルと組んだ歌手で、知り合った娘シェリー・ウィンターズから、レイモンド・バーの経営するナイト・クラブを紹介される。レイモンドはシナトラの才能に目をつけて、クラブで歌う条件として、将来にわたるシナトラの出演料の半分を要求した。クラブでのシナトラの人気はどんどんと上がり、レコードや映画の話が持ち上がると、出演料の問題でもめるようになる。シナトラはウィンターズを愛して結婚を望むが、ウィンターズのほうはアレックスに惚れている。こうした難題を乗り越えて、シナトラは歌手として上り詰めていく。

ユニヴァーサルの制作で、低予算で作られた白黒作品で評価は低かった。ジョセフ・ペヴニー監督作品。

野郎どもと女たち Guys and Dolls (1955) は、フランク・レッサーの舞台ミュージカル作品 (1950) の映画化。ニュー・ヨークを舞台とした人情喜劇的な作品の多い、デイモン・ラニヤンの短編「ミス・セイラ・ブラウンの物語」The Idyll of Miss Sarah Brown (1933) に基づいた、救世軍の娘に恋する賭博師の話。

秘密の賭博場を開いて生活するフランク・シナトラは、警察の取り締まりが厳しくなり景気が悪いので、フィアンセのヴィヴィアン・ブレインに結婚を迫られているが、なかなか踏ん切りがつかない。ところが、そこへ賭け金が天井知らずということで有名なマーロン・ブランドがやってくるので、どうしても新たに賭博場を探す必要が出てきた。町にブランドがやって来た時に、シナトラは彼に賭けを持ちかける。シナトラが指名する娘を、ブランドが口説いてハバナでの食事ができるかどうか賭けるのだ。ブランドは色男だったので自信たっぷりだったが、口説く相手として救世軍の娘ジーン・シモンズを指名されて、さすがに参る。ところがジーン・シモンズは救うべき罪人が集まらずに困っており、伝道所が閉鎖の危機にさらされていたために、一晩の食事に付き合えば1ダースの罪人を連れてくると持ちかけられて、デイトを承諾する。一晩のデイトだが、それはハバナでの夜で、シモンズはカクテルを飲みすっかり酔っ払ってしまい、ブランドは本気でシモンズに惚れてしまう。デイトを終えて二人が深夜に伝道所に戻ると、シナトラの一味が博打をやっていたので、シモンズはブランドもグルだと思い、呆れてしまう。何とかシモンズの愛を取り戻そうと、ブランドは、下水道の中でご開帳していた博打仲間と賭けをして勝ち、約束どおりに1ダース以上の罪人を伝道所に連れて行く。結局、伝道所は続くこととなり、ブランドはシモンズと、シナトラはヴィヴィアンと結婚する。

デイモン・ラニヤンの話が面白く、フランク・レッサーの舞台作品は完成度が高かったので、舞台にかなり忠実に映画化されている。ダンス・ナンバーも、ダイナミックで力強いマイケル・キッドの舞台版の振付が、そのまま再現されている。踊りの基本は1950年代調だが、一部にはボブ・フォッシー風の新しいスタイルも取り入れられている。

マーロン・ブランドとジーン・シモンズは歌えないが、シナトラの相手を務めるヴィヴィアン・ブレインは、舞台でも同じ役を演じていて、映画でも好演。同じくギャングのナイスリー・ナイスリー・ジョンソン役のスタビー・ケイも、美しい声を聞かせてくれる。

ジョセフ・L・マンキーウィッツ監督の演出は、ミュージカル作品としてはテンポが悪く、リズムに乗らない。映画版のラストは結婚式の場面で終わるが、やはりラニヤンの原作のとおりに、スカイ・マスターソン役のマーロン・ブランドが、「幸せそうな顔をして太鼓をたたいている」場面で終わるべきだろう。カラー、シネスコ版メイヤー作品。

優しい罠 The Tender Trap (1955)* は、ブロードウェイで上演されたマックス・シュルマンとロバート・ポール・スミスの同名喜劇 (1954) の映画化。シナトラは独身の芸能エージェントで、沢山の女友達がいる。中でもセルスト・ホームとは長い付き合いで、彼女は結婚を望んでいるが、シナトラにはそんな気配はまったくない。ある日、シナトラは新人のオーディションで知り合った若いデビー・レイノルズに惹かれてデイトをする。デビーは、子育てのために早く結婚したいと考えていて、シナトラが結婚相手に最適とみて、すべての女性関係を清算するように求める。シ

ナトラは女性に嫌気がさして、1年間ヨーロッパへ渡り、戻ってくるとセルストがほかの男との結婚を決めていたので、諦めてデビーと結婚する。ジミー・ヴァン・ヒューゼンのタイトル曲がヒットした。

抱擁 The Joker Is Wild (1957) は、ナイト・クラブ歌手として人気のあったジョー・E・ルイスの伝記映画。1930年代のシカゴ。フランク・シナトラ（ジョー・E・ルイス役）は、ナイト・クラブで人気の歌手だったが、大きな店に移る契約のもつれから、ギャングに顔と喉を傷つけられて舞台に立てなくなる。彼は歌えなくなった自分を恥じて、シカゴから姿を消して、ニュー・ヨークのバーレスク小屋で道化役をしていたが、コンビを組んでいたピアノ弾きの計らいで、漫談を始めてコメディアンとして活躍するようになる。社交界の令嬢ジーン・クレインは彼に惹かれるが、シナトラのほうは歌えないトラウマから、彼女との結婚を避ける。月日が経ち、シナトラもコメディアン兼歌手として人気が回復し、第二次世界大戦中はあちこち慰問に回って自信を取り戻し、ジーン・クレインとの結婚を望むが、彼女はもうほかの男と結婚している。失意のシナトラは酒で寂しさを紛らわすようになるが、そんな彼を愛したのは踊り子ミッツィ・ゲイナーだった。二人は結婚するものの、シナトラは酒と賭博に溺れて、結婚生活は成り立たなかった。そうして友人たちから見放された彼は、シカゴのナイト・クラブで漫談を続けるのだった。

ジミー・ヴァン・ヒューゼンの書いた『ずっと』All the Way が、アカデミー主題歌賞を取った。チャールズ・ヴィダー監督の白黒、ヴィスタ版パラマウント映画。

夜の豹 Pal Joey (1957) は、ロジャースとハートの同名舞台作品 (1940) の映画化。ナイト・クラブの芸人フランク・シナトラ（ジョーイ役）は、女と見れば口説きたがる女癖の悪い男だった。ほかの町を追い出されて、サン・フランシスコのナイト・クラブで司会をするようになったシナトラは、早速、そのクラブの踊り子たちにもちょっかいを出すが、スター歌手キム・ノヴァクだけはシナトラを警戒して寄せつけない。そうしたある日に、金持ちの未亡人リタ・ヘイワースの慈善パーティに出演を頼まれる。館へ行くと、未亡人は彼が知っているストリッパー上がりの女だったので、リタに金を出させて自分のクラブを持ちたいと考える。ところが、シナトラがキムに興味があるのを見抜いたリタは、キムを追い出さなければ金を出さないと言う。シナトラはキムにストリップを命じて、自分から断って出て行くのを待とうとするが、本当は彼を愛していたキムは、命ぜられたままにストリップを始めるので、シナトラも踊りを止めざるを得なかった。シナトラの事情を知ったキムは、自分から去ろうとするが、キムを愛し始めていたシナトラは、彼女と一緒に行くことを決心する。

もとのロジャースとハートのミュージカルは、1930年代後半のニュー・ヨーカー誌に掲載されたジョン・オハラの同名小説 (1940年に単行本として出版) の舞台化で、30年代の雰囲気が漂う作品だったが、映画では時代が大きく変わり、内容も現代化されている。

リタ・ヘイワースは曲の出だし部分を自分で歌ったがほかは吹替で、キム・ノヴァクは全部吹替だった。ジョージ・シドニー監督のカラー、ヴィスタ版のコロムビア作品。

カンカン Can-Can (1960) は、コール・ポーターの舞台作品 (1953) の映画化。19世紀末のパリではフレンチ・カンカンの人気が高かったが、わいせつな踊りとして突然禁止されてしまう。ところが、シャーリー・マクレインの店だけは、長年の恋人である弁護士フランク・シナトラと一緒になって、警官を買収して堂々と踊りを続けていた。そこへ若い新任の検察官ルイ・ジュールダンが赴任してきて、シャーリー・マクレインに一目惚れするものの、法律を厳格に適用して取り締まりを命じ、踊りをやめさせてしまう。一方で、ルイはシャーリーに結婚を申し込むが、ルイがシャーリーと結婚してフレンチ・カンカンの経営者となってはまずいと考えた老判事のモーリス・シュヴァリエは、シャーリーを密かに愛しているシナトラと結託してこれを妨害するので、大騒ぎとなってしまう。結局、シュヴァリエは、この問題を解決するためにフレンチ・カンカンを実際に検分してわいせつかどうか判断することを提案する。実際の踊りを見ると、反対派の婦人たちも容認派に

変わり、結婚から逃げ回っていたシナトラも、とうとうシャーリーに結婚を申し込む。

コール・ポーターの曲が舞台版からそのまま使われているので、大きな流れは舞台と同じだが、細かい点ではかなり違っている。舞台版ではマイケル・キッドの振付をグウェン・ヴァードンが踊って評判になったが、映画版はハーミズ・パンの振付で、シャーリー・マクレインやジュリエット・プラウズが踊っている。

この映画を撮影中の1959年は、東西冷戦下で雪解けが始まった時期であったが、アメリカを訪問した映画好きのソ連のフルシチョフ首相は、ハリウッドの撮影現場を視察し、この映画を西側の退廃的で不道徳な作品と決めつけたらしい。

ウォルター・ラング監督のカラー、フォックス作品。この作品は、トッド・AO方式の65mmフィルムで撮影されて、そのネガからプリントされたので、70mmプリントと35mmプリントがあるが、どちらも縦横比率は1：2.2となっている。

オーシャンと十一人の仲間 Ocean's Eleven (1960)でのフランク・シナトラ（オーシャン役）は、ラス・ヴェガスの5つのカジノから大金を盗み出す計画を立てる。そのために第二次世界大戦の戦友たちを呼び集めて、昔の軍隊時代のように統率のとれた作戦を実施する。仲間たちの中には、ディーン・マーティン、サミー・デイヴィス・ジュニア、ピーター・ローフォードらがいて、それぞれの理由で金を必要としていた。強奪の決行は大晦日の深夜12時。新年パーティで混雑している最中に送電線を爆破し、ラス・ヴェガス一帯を停電にして、非常用の発電機が動き出す前に金を運び出してしまおうというものだ。計画は成功して、ゴミ置き場まで金を運び出す。シナトラの犯行と嗅ぎ付けたシーザー・ロメロが半分よこせと言うので、たまたま亡くなった仲間の一人の棺に金を入れて持ち出そうと考える。ところが、未亡人の気が変わって火葬にしたために、棺とともに大金も煙となって消えてしまう。

ミュージカルというよりも泥棒コメディという作品だが、ジミー・ヴァン・ヒューゼンの曲がサミーとディーンによって歌われる。

2001年に「オーシャンズ11」の題名でリメイクされている。ルイス・マイルストン監督の、カラー横長画面のワーナー作品。

七人の愚連隊 Robin and the 7 Hoods (1964)は、フランク・シナトラの仲間たちが総出演の作品。ビング・クロスビーも特別参加している。禁酒法時代のシカゴのギャング抗争の話で、「野郎どもと女たち」の線に近い人情ギャング話。

シナトラはギャングの親玉で、子分のサミー・デイヴィス・ジュニアや田舎から出てきたディーン・マーティンと一緒に、シカゴ北部を仕切っていた。ところがシカゴ南部で力を増したピーター・フォークの一味が、保安官殺しの罪をシナトラに負わせ、抗争を仕掛けてくる。シナトラ一家は、抗争には勝つものの、ギャングの抗争に反対する女性運動に負けて、ナイト・クラブなどの事業が左前となってしまう。

ジミー・ヴァン・ヒューゼンが曲を書いていて、シナトラ、マーティン、サミー、クロスビーらが次々と歌い、楽しい作品に仕上がっている。ゴードン・ダグラス監督のカラー横長作品。ワーナー配給。

MGMのその他の作品

我が心に君深く Deep in My Heart (1954)は、ロジャー・イーデンスの制作による、オペレッタの作曲家シグマンド・ロムバーグの伝記映画。ホセ・フェラーがロムバーグ役を演じ、彼の書いた作品が次々と再現されるのが見もので、多くのスターたちがゲスト出演している。

1 オーケストラ演奏　序曲　Overture
2 ヘレン・トロウベルの歌　You Will Remember Vienna 映画「ヴィエンナの夜」Viennese Nights (1930)から
3 ヘレン・トロウベルとホセ・フェラーの歌と踊り　Leg of Mutton
4 ホセ・フェラーのピアノ演奏　Softly, as in a Morning Sunrise　「ニュー・ムーン」New Moon (1928)から
5 タマラ・トウマノヴァの歌（吹替）　Softly, as in a Morning Sunrise
6 ヘレン・トロウベルの歌　Softly, as in a Morning Sunrise
7 ローズマリー・クルーニーとホセ・フェラーの歌と踊り

Mr. and Mrs. 「紅潮する花嫁」The Blushing Bride (1922) から
8 ジーン・ケリーとフレッド・ケリーの歌と踊り I Love to Go Swimmin' with Wimmen 「愛の鳥」Love Birds (1921) から
9 ヴィック・ダモンとジェイン・パウエルの歌 Will You Remember (Sweetheart) 「五月の頃」Maytime (1917) から
10 ホセ・フェラーの歌と一人芝居、最後はアル・ジョルスン風に歌い
11 アン・ミラーの歌と踊り It 「砂漠の歌」The Desert Song (1926) から
12 ウィリアム・オルヴィスの歌 Serenade 「学生王子」The Student Prince (1924) から
13 シド・チャリシー (歌は吹替) とジェイムス・ミッチェルの歌と踊り One Alone 「砂漠の歌」The Desert Song (1926) から
14 ハワード・キールの歌 Your Land and My Land 「私のメリーランド」My Maryland (1927) から
15 ヘレン・トロウベルの歌 Auf Wiedersehn 「青い天国」The Blue Paradise (1915) から
16 トニー・マーティンとジョーン・ウェルドンの歌 Lover, Come Back to Me 「ニュー・ムーン」The New Moon (1928) から
17 ヘレン・トロウベルの歌 Stout Hearted Men 「ニュー・ムーン」The New Moon (1928) から
18 ホセ・フェラーの歌 When I Grow Too Old to Dream 映画「春の宵」The Night Is Young (1935) から

3　フォックス

　1940年代のフォックスは、アリス・フェイ、ベティ・グレイブル、ジューン・ヘイヴァーという金髪娘路線で、兵士たちに絶大な人気があったが、1950年代になると、この3人に代わってミッツィ・ゲイナーやマリリン・モンローが金髪娘路線を引き継いだ。しかし、時代が変わって兵士向けのピン・ナップ・ガール路線が行き詰まり、テレビへの対抗策が必要となると、シネマスコープを開発して積極的に大型映画路線を推進した。

　また、戦後人気が高まったリチャード・ロジャースとオスカー・ハマースタイン2世の舞台ミュージカルを、舞台に忠実に映画化する新しい路線を打ち出し、ミュージカル映画の新しいスタイルを確立して、スターに頼らない映画作りの先駆となった。

ミッツィ・ゲイナー　Mitzi Gaynor
(1931.9.4–)

　ミッツィ・ゲイナーは、1931年生まれなので、1915年生まれのアリス・フェイ、1916年生まれのベティ・グレイブルに代わり、1950年代のフォックス・ミュージカルを背負って立った。明るい性格の金髪美人役で、歌も踊りもこなす。ハンガリー貴族の末裔だという説もあるが、バレリーナを母に持ち、12歳からオペラ・カンパニーの舞台に立っていた。フォックス社にスカウトされて1948年に映画界入りして、1950年代のフォックス・ミュージカルを支えた。代表作は「南太平洋」South Pacific (1958) で、1960年代以降はテレビで活動した。

　最初の長編は「私の青空」My Blue Heaven (1950)* で、ベティ・グレイブルとダン・デイリーの作品だが、ダン・デイリーを誘惑する野心家の若い娘を演じている。次の「ゴールデン・ガール」Golden Girl (1951)* は、19世紀末の芸人の伝記映画で、早くも主演して多くの曲を歌ったり踊ったりした。「ブロードウェイの捜査刑事」Bloodhounds of Broadway (1952)* は、スコット・ブラディを相手役にしたデイモン・ラニヤンの人情喜劇。

　「私は気にしない娘」The I Don't Care Girl (1953)* は、『私は気にしない』の歌で有名な芸人エヴァ・タングウェイの伝記作品で、主役を演じている。「椰子のさえぎる中で」Down Among the Sheltering Palms (1953)* は、戦争中の南太平洋の話で、ミッツィは現地の娘役。ミュージカル映画の場合に、ワンマン・ショーとならないためには、歌ったり踊ったりできるパートナーがいたほうが良いが、ミッツィの場合にはそうしたパートナーがフォ

ックス社にいなかったために、ここまでの映画では毎回共演相手が変わっている。

フォックス社がシネマスコープ版のミュージカルとして最初に発売したのが「ショウほど素敵な商売はない」There's No Business Like Show Business (1954)で、エセル・マーマン、ダン・デイリー、ドナルド・オコナー、マリリン・モンローと豪華な出演者を揃えた大作だった。この作品では、ゲイナーも多くのナンバーを受け持ったが、マリリン・モンローの圧倒的な魅力の前にかすみがちだった。

フォックスとの7年契約が終了するので、「陽気のせいデス」The Birds and the Bees (1956)では、パラマウント社で出演している。次もビング・クロスビーの最後のパラマウント映画「夜は夜もすがら」Anything Goes (1956)で、芸達者なドナルド・オコナーも出ているので楽しい作品となっている。「抱擁」The Joker Is Wild (1957)もフランク・シナトラ主演のパラマウント作品で、ミッツィは踊り子役。ジーン・ケリーと共演した「魅惑の巴里」Les Girls (1957)は、MGM作品で、3人の女性主演陣の一人だった。

彼女の代表作となったのは、ロジャースとハマースタイン2世の「南太平洋」(1958)だろう。映画としてうまく撮れていない部分もあるが、ロジャースの素晴らしい音楽に支えられて、ミッツィの最も魅力的な姿が残されている。

ゴールデン・ガール Golden Girl (1951)*は、19世紀後半に人気のあった芸人ロッタ・クラブトゥリーの伝記映画で、ミッツィ・ゲイナーが主演した。賭博師の娘として生まれたミッツィ(ロッタ役)は、ゴールド・ラッシュに沸くカリフォルニアの炭鉱町や、インディアン居留区で歌や踊りを見せて人気を得て活躍。南北戦争時には南軍のスパイと恋をするが、その恋は実らずに終わる。

ミッツィの主演第1作。芸人の伝記作品なので、昔の曲を使用している。監督はロイド・ベーコンで、カラーのフォックス作品。

ブロードウェイの捜査刑事 Bloodhounds of Broadway (1952)*は、デイモン・ラニヤンの短編集から題材を取ったミュージカル。舞台で「野郎どもと女たち」(1950)がヒットしたので、似たような題材を選んで映画化したもの。

ブロードウェイの競馬の呑み屋スコット・ブラディは、取り締まりが厳しくなり、しばらく身を隠そうと田舎の小さな町に身を潜める。そこで彼は、デビューを狙っている歌のうまい美人娘ミッツィ・ゲイナーに出会う。彼女に惚れたスコットは、ブロードウェイに戻りミッツィをデビューさせると、一夜にして人気沸騰してしまう。ところがスコットの昔の恋人が嫉妬して警察へ通報するので、本人は警察の取調べを受けて服役することに。それでも出所した彼を待っていたのは、ナイト・クラブで歌い人気を博しているミッツィで、昔のギャング仲間たちも一緒にクラブで働いているのだった。

既成曲を使用。ハーモン・ジョーンズ監督のカラー、フォックス作品。後に、「ワンナイト・オブ・ブロードウェイ」Bloodhounds of Broadway (1989)*として、マドンナ主演で再映画化されている。

私は気にしない娘 The I Don't Care Girl (1953)*は、カナダ出身でヴォードヴィルの女王となったエヴァ・タングウェイの伝記的作品。彼女の一番有名な歌が『私は気にしない』I Don't Careという曲で、それをそのまま題名にしている。伝記映画そのものではなく、制作者ジョージ・ジェッセル(本人が出演している)が、エヴァの伝記作品を作ろうと考えて、彼女の生涯を調べたりしている間に、エヴァ役のミッツィが、台本の完成を待たずにどんどんショー場面を撮影していく。

古い曲を現代的な編曲で使用していて、セイモア・フェリックスとジャック・コールのこれまた現代的な振付が満載。グウェン・ヴァードンもダンサーで出演している。ロイド・ベーコン監督の、カラー、フォックス作品。

椰子のさえぎる中で Down Among the Sheltering Palms (1953)*は、舞台版の「南太平洋」(1949)が成功したので、二番煎じで作られた作品。第二次世界大戦は終了したが、戦略上の重要性のために、南太平洋の島の米軍基地は維持されていた。兵士たちは娯楽に飢えていたが、楽しみといえば、宣教師の娘やジャーナリストの女性グロリア・デ・ヘヴンらと

の交流だけだった。ところが現地人の酋長から基地の司令官に対して、美しい娘ミッツィ・ゲイナーが贈り物として献上されたので騒動が起きる。

話の内容はジョン・パトリックの舞台劇「八月十五夜の茶屋」(1953)と同じ展開。楽曲はハロルド・アーレンで、監督はエドマンド・グールディング。撮影されたのは1951年だったが、1953年まで公開されなかった。2年間もお蔵入りだった理由は、作品の出来が良くなかったためらしい。フォックスのカラー作品。

ショウほど素敵な商売はない There's No Business Like Show Business (1954)は、芸人一家の舞台裏話。エセル・マーマンとダン・デイリーの夫婦は昔からのヴォードヴィリアンで、3人の子供たち(ドナルド・オコナー、ミッツィ・ゲイナー、ジョニー・レイ)も加えて、家族で『ファイヴ・ドナヒューズ』として活動していた。一家がマイアミで公演した時に、同じショーに出演していたマリリン・モンローは、長男ドナルドと意気投合して、一家と一緒にブロードウェイのショーに出ることにする。ところが、末っ子のジョニーは牧師となって抜け、ドナルドも初日を前にして自動車事故で怪我をして出演できなくなり、姿を消してしまう。それでもブロードウェイの舞台は、エセル、ミッツィ、マリリンの3人で大いに成功する。父親のダン・デイリーはドナルドの行方を追うが、どうしても見つけることができない。一家で出演することになっていた慈善ショーの夜に、ドナルドは水兵服でひょっこり現れ、久々に一家5人とモンローのショーが繰り広げられる。

物語の中心はドナルドとモンローのエピソードで、モンローの魅力は全開。特に『熱波』Heat Waveの場面はモンローの名場面のひとつ。出演者は芸達者なメンバーが揃っていて、ある意味では1950年代のフォックス社ミュージカルの代表作といって良い。

題名にアーヴィング・バーリンの大ヒット曲が用いられているとおりに、楽曲はすべてバーリンの名曲を使用。ウォルター・ラング監督でフォックス社のカラー作品。フォックス社としては初のシネマスコープ版のミュージカル。

陽気のせいデス The Birds and the Bees (1956)は、プレストン・スタージェス監督の「レディ・イヴ」The Lady Eve (1941)のリメイク。下敷きにしたのはモンクトン・ホッフェの短編小説「二人のやくざ者」Two Bad Hatsで、これを映画向きにアレンジしている。

ホット・ドッグで財を成した事業家の息子ジョージ・ゴーベルは蛇学者で、蛇には詳しいが世間にはまったく疎い。彼はアフリカで蛇の研究をした後、帰国のために大西洋航路の船客となるが、同じ船に乗り合わせた3人組のイカサマ賭博師が彼を狙う。まず、美人のミッツィ・ゲイナーが彼を引っ掛けて、父親だと紹介してデイヴィッド・ニーヴンがポーカーで金を巻き上げようというのだ。策略はうまく行くかに見えたが、あまりにも純真なジョージにミッツィが本気で惚れてしまい、二人は婚約することになる。ところが、ジョージと一緒にいた後見人が、3人の正体を明らかにするので、ジョージは妻がいると嘘をついて別れてしまう。ミッツィは彼を諦めきれずに、ヨーロッパの貴婦人イヴと称し、再びジョージに近づき、そのハートをつかむ。楽曲はハリー・ウォーレンで、監督はノーマン・タウログのカラー、ヴィスタ版のパラマウント作品。

マリリン・モンロー Marylin Monroe (1926.6.1-1962.8.5)

マリリン・モンローは、1926年生まれでミッツィ・ゲイナーよりも5歳年上だが、ミュージカル映画への登場は「紳士は金髪がお好き」Gentlemen Prefer Blondes (1953)からなので、少し遅かった。映画界入りは1947年と早かったが、ほとんど端役ばかりで、なかなか大きな役を貰えなかった。そのために各社でいろいろと出演したが、フォックスに認められて1953年に7年契約をしたので、「ナイアガラ」Niagara (1953)以降は、主演級の作品をフォックスに残している。フォックスの金髪娘路線は、歌や踊りに加えてちょっと色気のある女優が中心だったが、モンローの登場により圧倒的に色気が勝った。

ミュージカル映画初出演の「紳士は金髪がお好き」(1953)は、共演のジェイン・ラッ

セルがブルーネットだから、やはり金髪のモンローが主演の作品といって良い。ショー・ガールが玉の輿に乗るというのは、「ブロードウェイ黄金時代」Gold Diggers of Broadway (1929) 以降、繰り返し描かれてきたが、この作品のモンローは『ダイヤモンドは女の子の最良の友』Diamonds Are a Girl's Best Friendで、金持ちの男と結婚する美女の権利を主張して、新しい女性像を打ち出している。

モンローの作品は、この作品までがスタンダード版のサイズで、このあとベティ・グレイブルやローレン・バコールと共演した「百万長者と結婚する方法」How to Marry a Millionaire (1953) からは、シネマスコープ・サイズ。この作品は題名からも前作と同じテーマであることは明らかだが、普通のコメディでミュージカルではない。その後の「帰らざる河」River of No Return (1954) は西部開拓時代の話で、ミュージカルではないがモンローは何曲か歌っている。

本格的なミュージカルとして作られた「ショウほど素敵な商売はない」There's No Business Like Show Business (1954) は、魅力的なナンバーが満載で、モンローの『熱波』Heat Waveの出来が良く、彼女の代表作といえる。

それ以降に作られた作品は、本格的なミュージカルというわけではないが、「バス停留所」Bus Stop (1956)では、酒場の歌手役で歌っている。名優ローレンス・オリヴィエと共演した「王子と踊り子」The Prince and the Showgirl (1957) は傑作コメディで歌はないが、モンローがアカペラで少しだけ曲を口ずさむ場面があるので、ファンには気になる。

続く「お熱いのがお好き」Some Like It Hot (1959)でも楽団の歌手役で数曲歌い、「恋をしましょう」Let's Make Love (1960) では、イヴ・モンタンと共演しているので音楽面では充実している。これがミュージカルとしては最後の作品で、その後に撮った「荒馬と女」Misfits (1961) はクラーク・ゲイブルと共演したドラマで、映画としても最後の出演作となった。

紳士は金髪がお好き Gentlemen Prefer Blondes (1953) は、ジュール・スタインのヒット舞台作品 (1949) の映画版。フォックスはベティ・グレイブルのためにこの作品の映画化権を買ったが、モンローの人気が前作の「ナイアガラ」Niagara (1953) で高まったので、モンローを主役にして撮った。

基になっているのはアニタ・ルースの書いた小説(1926)で、この小説はすぐにブロードウェイで芝居(1926)になり、パラマウントで無声時代に「紳士は金髪がお好き」Gentlemen Prefer Blondes (1928) として映画化もされている。ミュージカル版の舞台は、プラチナ・ブロンドのキャロル・チャニングが務めた。

お色気ぷんぷんのマリリン・モンローは、典型的なゴールド・ディガースで、金持ちとの結婚を狙っていた。目をつけたトミー・ヌーナンと約束をかわしてはいるが、父親が許さないのでなかなか結婚できない。モンローはトミーとパリで結婚式を挙げることとなり、クラブで一緒に踊っていたジェイン・ラッセルと一緒にフランス行きの船に乗り込む。トミーの父親はモンローを信用していないので、船での素行を調べるために探偵を乗り込ませて報告させることにする。船の中でもモンローは金満家の物色に余念がなく、ジェインのほうは金がなくても男前の相手が良いと、オリンピック選手団の男たちに色目を使う。モンローは好色な金持ち男からダイヤモンドのティアラを貢がせるが、その男の妻が盗まれたと騒ぎ立てるので、パリで裁判になってしまう。裁判ではジェインがモンローに化けて取り繕うが、ティアラは男の手に戻っていることがわかり、一件落着。トミーは父親と一緒にやって来て、父親が金目当ての結婚など認めないと息巻くので、モンローは「殿方が美しい娘を求めるのは当たり前なのに、どうして娘が金持ちの男を求めてはいけないの?」という名台詞を吐き、父親を納得させて無事に結婚する。

映画版ではホーギー・カーマイケルが何曲か書き足したので、舞台版とは少し異なっている。モンローの歌は、当初は吹替が予定されていたらしいが、思いのほか本人の歌が魅力的だったので、そのまま使われた。

モンローとジェインの二人が歌う『ダイヤモンドは女の子の最良の友』Diamonds Are a Girl's Best Friendは、その素直な題名で

世の中にインパクトを与えたが、後にマドンナが『物欲の女』Material Girl (1985)のプロモーション・ビデオで、この場面をそっくり再現している。この場面は、モンローのバック・ダンサーとしてジョージ・チャキリスが踊っているなど、何かと話題が多い。

モンローがまだ駆け出しだったのに対して、ジェインは大スターだったのでギャラは大分多かったが、題名からもわかるとおり、この作品では金髪のモンローが主役。そこで、アニタ・ルースが書いた続編の小説「しかし紳士は黒髪と結婚する」But Gentlemen Marry Brunettes (1928)が、ジェイン・ラッセル主演で「紳士はブルーネット娘と結婚する」Gentlemen Marry Brunettes (1955)として映画化された。こちらはフォックスではなくユナイトの制作。

帰らざる河 River of No Return (1954)は、ミュージカルではないが歌入りの西部劇で、モンローが何曲か歌っている。ライオネル・ニューマンが曲を書いていて、モンローの歌は吹替。

19世紀末のゴールド・ラッシュに沸き返るアメリカ西部。マリリン・モンローは開拓地の酒場で歌っていたが、愛人の賭博師ロリー・カルホーンが砂金の鉱区を賭けで手に入れたので、土地を登記するためにカウンシル・シティへ向かう。モンローとカルホーンは、河を筏で下ろうとするが、うまく行かず河のそばで暮らしていたロバート・ミッチャムに助けられる。筏で河を下るのは危険で無理だと聞くと、カルホーンはミッチャムの馬を奪い、一人で町へ向かっていく。ところが、残されたミッチャムたちは、突然インディアンに襲われて、ミッチャムとその息子、モンローの3人で、逃げる場所もなく筏で河を下り始める。筏は急流に巻き込まれたり、途中で怪しい男たちに襲われたりするが、3人は何とか町までたどり着く。そこで賭博師のカルホーンに再会するが、カルホーンは卑怯にもミッチャムを撃ち殺そうとする。それを見たミッチャムの息子は後ろからカルホーンを撃って父親を助ける。息子は、父のミッチャムが友人のために人を殺したことを悩んでいたが、自分でも同じ経験をして父親を理解する。そして、モンローも一緒に3人で新しい生活を始めるのだった。

オットー・プレミンジャー監督の作品で、映画として面白い。シネマスコープ版のカラー作品で、4チャンネル・ステレオ。

バス停留所 Bus Stop (1956)は、ウィリアム・インジ作の同名舞台作品(1955)の映画化で、ミュージカルではないがモンローは歌手役で歌っている。モンタナの田舎で育ったカウボーイのドン・マレイは、ロデオ大会に出場するために、先輩カウボーイのアーサー・オコンネルに付き添われて、はるばるとアリゾナ州フェニックスまでやってくる。街の安酒場で歌っていたモンローは、酒を売るために客に媚を売っているが、ドン・マレイは彼女に一目惚れして、結婚を申し込む。真に受けなかったモンローも、翌日のロデオ大会で優勝したドンが、本気で結婚を考えていると知り驚いてしまう。先輩のオコンネルは、モンローをロス・アンジェルスへ逃がそうとするが、ドンは無理やりモンローをモンタナ行きのバスに乗せてしまう。休憩のためにバスが立ち寄ったカフェで、モンローを無理に連れて行こうとするドンを見て、バス運転手とオコンネルはドンを殴り静かにさせる。正気に返ってモンローに別れを告げようとしたドンに、モンローは自分から一緒に行くと告げるのだった。

監督はジョシュア・ローガンで、「ピクニック」Picnic (1955)に続き、劇作家ウィリアム・インジの世界を見事に映像化している。

お熱いのがお好き Some Like It Hot (1959)は、ビリー・ワイルダーの名作喜劇映画で、モンローはウクレレを弾く歌手役で何曲か歌っている。特に、トーキー初期にヘレン・ケインが歌って人気を博した、『あなたに愛されたいの』I Wanna Be Loved By Youを歌う場面が評判を呼んだ。

禁酒法時代のシカゴ。闇酒場の楽団でサックスを吹いているトニー・カーティスとベースを弾いているジャック・レモンは、聖ヴァレンタインの日にギャングたちの虐殺を偶然に目撃してしまい、ギャングから追われる身となる。二人は身を隠すために女装して女性楽団に潜り込み、マイアミのリゾート・ホテルで演奏することにする。女性楽団でウクレレを弾きながら歌う美人モンローに惚れたト

ニー・カーティスは、大金持ちに変装して彼女を口説く。ところが、ギャングたちがマイアミのホテルで開かれた年次総会にやってくるので、二人は見つかってしまう。困った二人は、ジャック・レモンを女性だと思って口説いていた金持ち老人ジョー・E・ブラウンの船に乗り、モンローと一緒に逃げるのだった。この作品は、ジュール・スタインの曲で舞台ミュージカル化され、ブロードウェイでも「シュガー」Sugar (1972) の題名で上演された。

恋をしましょう Let's Make Love (1960) は、モンローがフランスの歌手イヴ・モンタンと共演したミュージカルで、監督はジョージ・キューカー。イヴ・モンタンは大富豪だが、自分を皮肉った芝居が上演されそうだという話を聞いて、リハーサルを内緒で見に行く。リハーサルでは魅力的なモンローが歌い踊っていたので、モンタンは一目で恋してしまう。そこで一座がモンタンに似た俳優を探していると知り、別人の振りをして自分自身の役を演じて、モンローを口説こうとする。ところがモンローは一座の主役フランキー・ボーガンに惹かれていたので、モンタンを相手にしない。結局モンタンはあの手この手で口説き、最後には本物の億万長者であることを明かすと、モンローは驚いて気を失ってしまう。そして気がついたモンローは、モンタンの愛を受け入れるのだった。

曲はジミー・ヴァン・ヒューゼンを中心に、既成曲も使われている。イヴ・モンタンとモンローの掛け合いもあり、楽しいショー場面がある。台本にクレジットされてはいないが、当時モンローと結婚していた大作家のアーサー・ミラーが一部を書いたと伝えられる。

シャーリー・ジョーンズ Shirley Jones
(1934.3.31-)

シャーリー・ジョーンズは、1934年生まれで、当時人気のあったシャーリー・テンプルにちなんで命名されたという。歌の練習を重ねてブロードウェイ版の「南太平洋」South Pacific (1949) のロングラン中に、1953年から看護師役で出演した。

ロジャースとハマースタイン2世のミュージカルを初めてのトッド・AO方式で映画化することになり、「オクラホマ!」Oklahoma! (1955) に出たのが、映画界入りのきっかけ。ゴードン・マクレエの相手役として、主役のローリーを演じた。次の「回転木馬」Carousel (1956) でもゴードン・マクレエと共演している。

続いてフォックスで売り出し中のパット・ブーンの相手役を務めて「四月の恋」April Love (1957) に出演、その後はユニヴァーサルで作られたジェイムス・キャグニーの「下らぬものを盗むな」Never Steal Anything Small (1959)* にも出演している。

1960年代以降は、ドラマやテレビ出演が多いが、コロムビアの「ペペ」Pepe (1960) にゲスト出演したほか、映画版の「ミュージック・マン」The Music Man (1962)* では、舞台で主演したロバート・プレストンの相手役を演じている。

私生活ではジャック・キャシディと結婚していて、二人で一緒にブロードウェイのミュージカル「マギー・フリン」Maggie Flynn (1968) にも出演した。さらにスペインで人気のあるラファエルと共演してメキシコ映画「ならず者」El golfo (1969)* にも出ている。

リチャード・ロジャース Richard Rodgers
(作曲)(1902.6.28-1979.12.30)
オスカー・ハマースタイン2世 Oscar Hammerstein II (作詞)
(1895.7.12-1960.8.23)

ロジャースとハマースタイン2世は、戦後のブロードウェイで一時代を作った、最高の作曲・作詞家チーム。リチャード・ロジャースは、戦前はローレンツ・ハートと組んで都会調の作品を多く書いたが、戦後はオスカー・ハマースタイン2世と組んで、文学的な作品を多く残した。

ロジャースの舞台作品は、戦前から盛んに映画化されたが、その多くは主題歌を数曲使うだけで、主演スター向きに作り変えられた、原作とはまったく異なるものが多かった。戦後のハマースタイン2世と組んだ作品では、台本が楽曲や踊りと強く結びつく「ブック・ミュージカル」となったので、ロジャースは

舞台に忠実な映画化を求めた。

その結果、「オクラホマ！」Oklahoma！(1955)の映画化では、それまでほとんど実績のなかったマグナ社が選ばれて、ロジャースとハマースタイン２世も全面的に制作に関わり、出始めたばかりのトッド・AO方式で撮影された。シネマスコープ版はRKOとフォックスが配給したが、次の「回転木馬」Carousel (1956)以降は、ほとんどの作品をフォックスが制作することとなる。

舞台に忠実な映画化を求めた結果、「オクラホマ！」と「回転木馬」はどちらもゴードン・マクレエとシャーリー・ジョーンズという顔合わせで作られ、「オクラホマ！」ではアグネス・デ・ミル振付の有名なバレエ場面も映画に収録された。いかに踊りが物語に緊密に挿入されているとはいえ、舞台的な踊りがそのままハリウッド映画に収録されたのは、まさに前代未聞の出来事だった。

次の「王様と私」The King and I (1956)も舞台に忠実な作りで、この作品では舞台でも王様役を演じたユル・ブリナーが、映画でも同じ役を演じるのが呼び物となった。もうひとつジェローム・ロビンスの振付による『アンクル・トムの家』のバレエ場面が、全編収録されたのも画期的だった。

「南太平洋」South Pacific (1958)は、そうしたバレエ場面こそないが、人種偏見を批判した『慎重に教えられて』You've Got to Be Carefully Taughtが、それまでのハリウッドの常識を覆して、しっかりと残されている。「フラワー・ドラム・ソング」Flower Drum Song (1961)は、唯一ユニヴァーサル社で制作された作品で、サン・フランシスコのチャイナ・タウンで暮らす中国系の人々の世代間ギャップを描いている。

ロジャースとハマースタイン２世作品の最後の映画化となった「サウンド・オブ・ミュージック」The Sound of Music (1965)は、ロバート・ワイズ監督作品で、それまでの舞台臭い映画化とはまったく異なった、映画的な作品となっている。それは先に映画化されたレナード・バーンスタインの「ウエスト・サイド物語」West Side Story (1961)の監督を務めたロバート・ワイズが、舞台的な踊りと映画的な処理を何とか融合させようと努力

した結果生み出された、新しいタイプの作品だった。

こうしたカメラをスタジオの外に持ち出して作るスタイルは、その後のミュージカル映画では一般化したが、芸の密度が薄まることもあり、必ずしも成功していない。

オクラホマ！ Oklahoma！(1955)は、リチャード・ロジャースとオスカー・ハマースタイン２世が、初めて組んだ舞台ミュージカル(1943)作品の映画版。ロジャースは作詞家ローレンツ・ハートと長年組んで曲を書いていたが、ハートが体を壊したためハマースタイン２世と組むことになった。舞台はそれまでの記録を破るヒットで、5年間の大ロングランとなり、舞台公演が終了してから映画化された。舞台版の原作は、リン・リッグスの舞台劇「ライラックは緑に育つ」Green Grow the Lilacs (1931)。

この「オクラホマ！」の登場は舞台でも、映画でもミュージカルの大きな転換点となった。ブロードウェイの舞台ミュージカルは、第二次世界大戦前までは都会的に洗練されたニュー・ヨークの地場芸能に近い存在だったが、この作品の登場により、ニュー・ヨークだけでなくアメリカ全体の芸能となり観客層を広げた。だから、この後に登場する作品は、文学性が増すと同時に一般大衆を意識したわかり易い内容を志した。

また、この作品での音楽の扱いは、それまでのミュージカルよりもさらに台本との緊密さを増して、物語の中に歌が入っている状態から、歌で物語を運ぶような有機的な結合となった。踊りについても同様で、アグネス・デ・ミルの振り付けたダンスは、それまでの単なる技巧や美しさを見せるだけの踊りにとどまらずに、完全に物語の展開の一部を成すような存在となった。

こうした傾向は、「オクラホマ！」(1943)以降も、「回転木馬」(1945)、「南太平洋」(1949)、「王様と私」(1951)、「サウンド・オブ・ミュージック」(1959)と続き、その後のブロードウェイ作品のひとつの流れとなった。

こうした舞台作品の変化は、映画化においても大きな影響を与えずにはおかなかった。まず、台本と音楽の結びつきが強いので、以前の映画化作品のように、都合の良いヒット

第 4 章　1950 年代：画面の大型化

曲だけを持ってきて換骨奪胎するような作り方はもはや不可能となり、舞台版を忠実に映像化しないと作品として通用しなくなってしまった。舞台作品に忠実な作り方をするとなると、上映時間もそれまでの 1 時間 40 分程度では収まらずに、2 時間を超えるような大作とならざるを得ない。

もうひとつ、この時期の映画界全体の変化の影響からも、ミュージカル映画だけが逃れるわけには行かなかった。それはテレビの普及と関係する。1930 年代のラジオやトーキー映画の普及は、ヴォードヴィルの消滅など舞台芸能に大きな変化を与えたが、1950 年代におけるテレビの普及は、プログラム・ピクチャーの消滅など映画制作に根本的な変化を与えた。

観客に映画館まで足を運ばせるためには、テレビでは真似できないものを実現せねばならず、横長の巨大画面の開発と立体音響化が進んだ。芸人の多くがテレビ界に呼ばれたこともあり、MGM のように大制作者の下で、一流の芸人とスタッフを集めて、夢のような作品を次々と作るという「夢の工場」システムは、1950 年代の後半に崩壊して、新しい制作システムが誕生した。

そうした新しい制作システムで作られた最初の作品が、この映画版の「オクラホマ！」だといえる。制作は大手スタジオの手から、リチャード・ロジャースなど舞台版の作者たちの手へと移り、ワーナーやフォックスなどで活躍していた、B 級作品のミュージカル役者たちを使って A 級作品が作られた。

オクラホマが正式にアメリカの州に組み込まれる直前の話。牧童ゴードン・マクレエは、以前から恋仲のシャーリー・ジョーンズ（ローリー役）を村の祭りに誘うが、シャーリーは雇い人ロッド・スタイガーと一緒に行くという。ロッド・スタイガーが必死の形相なので、彼の誘いを断るのが怖かったからだ。村祭りでは、娘たちの作ったランチ・ボックスが競りにかけられて、シャーリーのボックスを、ロッド・スタイガーとゴードンが争い、ゴードンは持てるすべてのものを売り払って競り勝つ。二人は結婚するつもりだったが、ロッド・スタイガーがシャーリーを襲おうとするので、ゴードンと揉み合いとなり、自分のナイフの上に倒れてロッドは亡くなってしまう。殺人事件として捜査されるが、事情が判明して、ゴードンは釈放され、無事に結婚したところに、オクラホマが正式な州として認められたというニュースが飛び込んでくる。

いうまでもなく、ロジャースとハマースタインの音楽は名曲揃いで、主題歌の『オクラホマ！』がオクラホマ州の州歌となったほか、『恋仲と人はいう』などのヒット曲も多い。アグネス・デ・ミルの振付では、『幻想のローリーの踊り』が不安を抱えるローリーの心情をうまくバレエ化しており、舞台版の踊りが映画でもほとんどそのまま収録されている。アグネス・デ・ミルは「回転木馬」でも素晴らしいバレエ・ナンバーを残しているが、名前からわかるとおりに映画監督セシル・B・デ・ミルの姪に当たる振付家。主演のメンバーのほかにも、ジーン・ネルソンやシャーロット・グリーンウッドなどが脇で支えている。監督はフレッド・ジンネマン。

収録は新開発のトッド・AO 方式。現在では 70mm に分類されているもので、65mm のネガで撮影した映像を上映用には 70mm に焼き付ける。但し、このトッド・AO 方式での公開はロード・ショーだけで、全国公開は 35mm フィルムを使ったシネマスコープ版だった。シネスコ版は縦横比率が違うために別撮影したので、毎日、午前中はシネスコ版を撮影して、午後に 70mm 版を撮影したという。そのため、両者には微妙な違いがあり、35mm のシネスコ版のほうが良い出来だという人もいる。

なお、作品の中でオクラホマ州が準州から正式な州に認められるというエピソードが出てくるが、記録では 1907 年 11 月 16 日に 46 番目の州となっている。

回転木馬　Carousel (1956) も前作と同じに、リチャード・ロジャースとオスカー・ハマースタイン 2 世の舞台ミュージカル作品 (1945) を映画化したもの。主演の二人ゴードン・マクレエとシャーリー・ジョーンズは同じだが、フォックス社の制作となり、監督はヘンリー・キングに代わっている。

20 世紀初頭のアメリカ。遊園地で回転木馬の呼び込みをやっているゴードン・マクレエは、二枚目で女性たちの間で人気者だ。近

所の織物工場で働いているシャーリー・ジョーンズは、休日に友人と一緒に回転木馬に乗り、ゴードンにすっかり参ってしまう。ゴードンが彼女に特別に優しくして、雇い主と言い争ってクビとなったことから、同情したシャーリーも工場の寄宿舎に戻らずにクビとなり、そのまま結婚してしまう。月日は経つが、ゴードンは働き口がないので、生活に困っている。シャーリーに赤ん坊が出来たと聞き、何としても金が必要だと考えたゴードンは、悪い仲間に誘われてピクニックの日に強盗を働き、逃げ遅れて自分のナイフで傷つき亡くなってしまう。残されたシャーリーは、生まれた娘を一生懸命に育て、その娘もやっと高校を卒業するまでになる。しかし、父親のいない娘は自信を持てず、世間を信じられなくなっている。天国でそれを知ったゴードンは心配となり、1日だけ地上に降りて、娘に生きる力を与える。

舞台版は、ロジャース作品の中で最も優れたもので、映画版も高い評価を受けたが、興行的には今ひとつだった。音楽的には『もしもあなたを愛したならば』などの美しい曲が多いが、舞台版で好評だったアグネス・デ・ミルの振り付けた『ルイーズのバレエ』は、雰囲気は残したものの、ロッド・アレクサンダーのいささか精彩を欠く振付に置き換わった。

シネマスコープ55という今では廃れた方式で、撮影時には55mmのフィルムを使い、それを上映用の35mmプリントに焼き直す。前作の「オクラホマ！」では35mm版と65mm版を別撮影したのだが、この作品では55mmで撮影したので、撮影は一度だけだった。

王様と私 The King and I (1956) は、ロジャースとハマースタイン2世の同名舞台作品 (1951) の映画版。何曲か削除されているが、舞台に忠実な内容。舞台作品は、マーガレット・ランドンの小説「アンナとシャム王」Anna and the King of Siam (1944) のミュージカル版だが、この小説はアンナ・レオノーウェンスの自伝「シャム王宮の英国人家庭教師」The English Governess at the Siamese Court (1870) と、「後宮の恋」Romance of the Harem (1872) に基づいて書かれている。自伝とはいえ、史実とは異なる記述もあるようで、ランドンの小説も実際の話とは異なる。そのためか、ミュージカル映画版も現在のタイでは上映が許されていないという。

このランドンの小説は、ミュージカルに先立ち映画化されたレックス・ハリスン主演の映画「アンナとシャム王」Anna and the King of Siam (1946) や、ジョディ・フォスターがアンナ役を演じた映画「アンナと王様」Anna and the King (1999) にもなっている。

ミュージカル映画版の王様は、舞台でもこの役を演じたユル・ブリナーが、そのまま演じている。アンナ役も、舞台で演じたガートルード・ローレンスで構想されたが、舞台の上演中にガートルードが癌で亡くなったために、ブリナーの推薦したデボラ・カーがアンナ役を演じることとなった。デボラ・カーは歌えないため、マーニ・ニクソンが吹き替えている。

夫を失った未亡人デボラ・カー（アンナ役）は、19世紀のシャム王国の皇室付き家庭教師となり、小さな息子を連れて着任する。小さな家でも独立した家庭を持ちたいと考えたアンナと、王宮に住むことを求める王様ユル・ブリナーとは、なかなか理解し合えないが、大勢の王子や皇女を教育して王様と会話するうちに、だんだんと心が通じ合うようになる。欧米からの使節団が来た時にも、アンナは王様を補佐し、立派な西洋風の接待をお膳立てして、シャムが西洋的な価値観からも文明国であることをアピールする。しかし、隣国から貢物として贈られた美女リタ・モレノが逃亡し、秩序を大事にする王様はこれを許さないため、アンナもこれ以上は王様を支えきれないと感じて、帰国を決める。しかし、アンナが旅立つ前に、王様は息を引き取り、彼女が教育した王子が新時代を切り開くことを望むのだった。

ロジャースとハマースタイン2世の舞台作品としては、「オクラホマ！」、「回転木馬」に続く3作目で、ジェローム・ロビンスが素晴らしいバレエ場面を振り付けた。劇中劇で演じられる『アンクル・トムの小屋』のダンス場面は、東洋的な感覚を出すために、日本人ダンサーのユリコの意見を取り入れて振り付けたので、歌舞伎的な表現も入っている。好評を得た舞台版のこのバレエは、ほぼそのま

ま映画版にも収録されている。また、『あなた方と知り合って』、『シャム王子たちの行進』の振付も古典的な名作。

音楽面でも、『踊りましょう』、『暗がりでの接吻』、『若い恋人たちに』などの名曲がちりばめられていて、全体としてはエキゾチックなムードのオペレッタ的な傑作。

衣装は舞台版と同じアイリーン・シャラフが担当しており、デボラ・カーの品格のある美しいドレスが見もの。ただし、衣装は相当重く、カラー撮影のための照明も強かったので、デボラ・カーは撮影中にかなり体重を落としたという。一方のユル・ブリナーも、ヘビー・スモーカーなので、肺機能が弱っていて、踊りなどの動きの激しい場面では苦労したようだ。ブリナーは、この作品の後、「アナスタシア」(1956)でイングリッド・バーグマンと共演、「荒野の七人」(1960)で大スターとなる。しかし、タバコの吸い過ぎで肺癌となり、晩年は禁煙運動を主導した。ブロードウェイでは1977年に「王様と私」を再演して、四半世紀ぶりに王様を演じたが、肺機能が弱くなったために『謎だ』の曲はかなり短縮して歌った。

この映画の撮影は55mmで撮ったネガから、35mmのシネマスコープ版と70mm版が焼かれたので、両者の画像は同じだが、縦横の画面比率が異なっている。ウォルター・ラング監督、カラー、シネスコ版、ステレオのフォックス作品。

南太平洋 South Pacific (1958) は、リチャード・ロジャースとオスカー・ハマースタイン2世の書いた同名舞台作品(1949)の映画化。ピューリツァー賞を受賞した名作なので、映画向けの改変はほとんど行わず、舞台を忠実に映画化している。舞台版の基になったのは、これもピューリツァー賞を取ったジェイムス・ミッチェナーの短編集「南太平洋物語」Tales of the South Pacific (1947) の中から選ばれた2編の作品。

第二次世界大戦中の南太平洋のある島の米軍基地。特別任務を負って若い中尉ジョン・カーがやってくる。彼の任務というのは、付近の島の地理に詳しいフランス人の農園主ロッサノ・ブラッツィと一緒に敵軍支配下の島に渡り、その動静を報告するというものだった。ブラッツィは軍のパーティに招かれて、そこで看護師ミッツィ・ゲイナーに一目惚れして、自宅に招待して結婚を申し込むが、彼に暗い過去があることと、亡くなった現地妻との間に出来た二人の子供がいることなどから、ミッツィは尻込みする。ミッツィにふられてしまったので、ブラッツィは危険な任務を引き受けて、敵情の報告を行い、成果を挙げる。ブラッツィの安否を気遣ううちに、愛に気付いたミッツィは、戻ってきた彼を温かく迎える。その間に、中尉のジョン・カーは現地の土産物屋のおばさんに誘われてバリハイ島に渡り、その娘とひと時の恋をする。

ハリウッド的な感覚からすると、人種差別を批判的に歌う『慎重に教えられて』You've Got to Be Carefully Taught などはカットされそうだが、ロジャースとハマースタイン2世は原作どおりの映画化にこだわったので、映画にもこの曲がきちんと収録されている。

監督は、舞台版も担当したジョシュア・ローガンで、オーソドックスな演出だが、いくつかの歌の場面ではカラー・フィルターが使用されており、違和感がある。これは舞台のカラー照明のような効果を狙ったものと思われるが、映画では効果が強過ぎる印象。ジョシュア・ローガン自身も「新しいフィルターを試験的に使用したが、フィルターの効果が強過ぎて失敗だった」と回想しており、不本意だったらしい。

主役といえるロッサノ・ブラッツィの歌は、オペラ歌手ジョルジオ・トッツィの吹替。同様にジョン・カーの歌も吹き替えられている。舞台での看護師役はメリー・マーティンが演じたが、映画撮影時には年を取り過ぎているということで、ミッツィに役が回ってきた。カラー版、トッド・AO方式で撮影、上映は70mm版と縮小した35mm版の両方があるが、縦横比率は35mm版のほうが若干横長となっている。

パット・ブーン Pat Boone
(1934.6.1–)

パット・ブーンは、1934年生まれ。1935年生まれのエルヴィス・プレスリーとほぼ同世代の歌手で、同じ頃にヒット曲を出してい

た。最初の映画「バーナディン」Bernardine (1957)＊は、高校生たちの青春を描いた作品で、主題歌がヒットした。次の「四月の恋」April Love (1957) は、仮釈放中のパット・ブーンがシャーリー・ジョーンズに恋して更生する話で、これも主題歌がヒット。

次の「恋愛候補生」Mardi Gras (1958) は、ニュー・オリンズのカーニバルであるマリディ・グラに参加した士官候補生パット・ブーンが女優に恋をする話。「七面鳥艦隊」All Hands on Deck (1961) のパット・ブーンは海軍中尉で、美人の新聞記者に恋をする。デビューはエルヴィスとほぼ同時期だったが、映画からの引退は早く、最後となったのはリメイク版の「ステート・フェア」State Fair (1962) で、一家の長男役を演じた。

4　パラマウント

1940年代のパラマウント社はビング・クロスビーとボブ・ホープのほかに、女優陣にドロシー・ラムーアとベティ・ハットンらがいたが、1950年代になると男優陣は40年代と同じでも、女優陣が不在となってしまう。新しい才能の発掘も狙ったが、新たに加わったのは歌手出身のディーン・マーティンとコメディアンのジェリー・ルイスの底抜けコンビだった。

★

ビング・クロスビー　Bing Crosby (その3)

ビング・クロスビーは、1950年代に入ってもそれまでと変わらないペースで作品を作っている。フランク・キャプラ監督で「恋は青空の下」Riding High (1950) と「花婿来たる」Here Comes the Groom (1951)＊を撮ったほか、「ミスター音楽」Mr. Music (1950)＊ではペギー・リーと、「ちょうど君に」Just for You (1952)＊ではジェイン・ワイマンと共演している。

ボブ・ホープ、ドロシー・ラムーアと組んだ、カラーの珍道中「バリ島珍道中」Road to Bali (1952) を撮った後には、ミュージカルではないドラマ作品の「失われた少年」Little Boy Lost (1953) で、戦争のために行方不明となった息子を探す父親の役を演じた。

ミュージカルでは、翌年に大作の「ホワイト・クリスマス」White Christmas (1954) に出演する。パラマウント社が開発した新しいヴィスタヴィジョンの第1作で、ダニー・ケイ、ローズマリー・クルーニー、ヴェラ=エレンらが出演していて、今見ても楽しい。

次の「喝采」The Country Girl (1954) は白黒のヴィスタ版作品で、グレイス・ケリーを相手にアルコール依存症の歌手役を演じて演技派の側面を見せた。ドナルド・オコナーを相手に、20年ぶりに「海は桃色」Anything Goes (1936) をリメイクした「夜は夜もすがら」Anything Goes (1956) にも出ている。随分と内容は違うが、同じ役者がリメイク作品に出るのは珍しい。

パラマウントから離れてグレイス・ケリーと共演した「上流社会」High Society (1956) は、いかにも MGM らしい華やかさがあり、パラマウント時代とは違った雰囲気となっている。ここまでが、ビングらしさの出た作品で、神父役を演じた「ひとこと云って」Say One for Me (1959) では往年の輝きは見られなかった。「愉しいひと時」High Time (1960)＊はブレイク・エドワース監督のコメディで、歌が少しだけ入っている。

大勢のゲスト出演者を集めた「ペペ」Pepe (1960) に出演の後、昔のメンバーで10年ぶりに作った「ミサイル珍道中」The Road to Hong Kong (1962) は、昔の映画を見ている人には懐かしい作品だった。

クロスビーはその後テレビを中心に活動するが、フランク・シナトラの映画「七人の愚連隊」Robin and the 7 Hoods (1964) にも出演して歌を聞かせた。また、歌はないが「駅馬車」の再映画化 (1966) でもドック役で出演した。

恋は青空の下　Riding High (1950) は、フランク・キャプラ監督の白黒作品。自分の持つ競走馬を大会で優勝させることを夢見てい

るビングは、名門の娘と結婚したので、製紙会社の経営を任されて、競馬を禁止されてしまう。だが、彼はブロードウェイ・ビルという名の馬だけはどうしても手放せずに、名門の家から飛び出して競馬の世界へ飛び込む。彼を密かに愛していた、義理の妹コリーン・グレイの協力も得て何とかレースには勝つものの、大事な馬は死んでしまう。だが、そこで彼は諦めずに、また新しい馬を調教して挑戦を始めるのだった。

フランク・キャプラは、トーキー初期にも「其の夜の真心」Broadway Bill (1934)という題名で、同じ話をワーナー・バクスター主演で撮っているので、この題材には思い入れがあったのだろうが、ビングのミュージカル仕立てということもあり、いつものキャプラ調とはちょっと違うムードになっている。

楽曲はジミー・ヴァン・ヒューゼンで、コリーン・グレイも一緒に歌っている。そのほかコメディ・チームとして有名なローレルとハーディの片割れのオリヴァー・ハーディがチラリと出ている。

ミスター音楽 Mr. Music (1950)*は、映画「青春の溜息」Accent on Youth (1935)のミュージカル化。ビングはのんきな作曲家で、暇があればゴルフばかりしていて働かないために、山のような借金となっている。彼の曲を使うという連絡を受けて、ショーの制作者の母校に同行した折に、その大学の女学生ナンシー・オルソンを秘書として雇う。彼女にお金の管理をさせたので、ビングもまともに仕事をするようになる。ところが社交界の娘と付き合い始めたことから、またしてもお金が足りなくなる。いつものジミー・ヴァン・ヒューゼンの曲で、ビングがゲスト出演のペギー・リーやグルーチョ・マルクスと歌うのが見どころ。

花婿来たる Here Comes the Groom (1951)*は、「恋は青空の下」(1950) に続くフランク・キャプラ監督の白黒作品。キャプラの個性とビングの個性がぶつかる映画だが、パラマウント社の制作なので、ビングを優先しているように見える。

第二次世界大戦の終戦後、ビングはアメリカ紙の海外特派員としてパリに滞在している。彼は特派員のほかに戦争孤児の養子縁組の世話をしているが、そうしている間に、故郷のボストンにいる婚約者ジェイン・ワイマンは、名門の金持ちと結婚しそうになる。ビングは、仲良しの孤児二人を連れて急いでボストンに戻り、金持ち男と対決して婚約者を取り戻し、孤児を養子とする。

話のムードは「上流社会」High Society (1956)とちょっと似ている。ビングの相手役なので、ジェイン・ワイマンも歌っている。フランスからアメリカへの飛行機の中の『クリストフ・コロンブスさん』Misto Cristofo Columbo は、ドロシー・ラムーアやルイ・アームストロング、フィル・ハリスなどの豪華なゲスト・スターと一緒に歌っている。ほかに、イタリアからの新星アンナ・マリア・アルバゲッティが、オペラ「リゴレット」から『愛しきお名前』Caro Nomeを歌うのも見どころのひとつ。

ちょうど君に Just for You (1952)*で、ビングは男やもめの劇場プロデューサーを演じる。彼の恋人はミュージカル女優ジェイン・ワイマンで、結婚を考えているが、問題はビングの二人の子供にどう説明するかだ。娘は寄宿舎生活で、息子は何を勘違いしたか、ワイマンに愛を打ち明ける。

ハリー・ウォーレンが曲を書き、ビングだけでなく、ジェイン・ワイマンもそれなりに歌っている。ビングの娘は14歳のナタリー・ウッドが演じた。エリオット・ニュージェント監督のカラー作品。

バリ島珍道中 Road to Bali (1952)は、珍道中シリーズ6作目。最後の「ミサイル珍道中」は10年後に作られるが、パラマウント社ではなく英国製だったので、実質的にはこれが最後の珍道中作品。また、シリーズ唯一のカラー作品でもある。

今回のビングとボブ・ホープは、ドサ回りのヴォードヴィル芸人で、オーストラリアのメルボルンの劇場に出演しているが、土地の娘に結婚を迫られて、大慌てで逃げ出し、財宝を引き上げるための潜水夫に応募してヴァッツ島に渡る。島の王女がドロシー・ラムーアで、引き上げる財宝は実は王女のものと知り、二人は王女のために頑張るが、財宝の横取りを狙う王子に追われてバリ島へ向かうものの、船が難破して見知らぬ島へ流れ着く。

そこでは島民に捕らえられてしまうが、火山の噴火のドサクサに紛れて逃げ出し、最後はビングが女王と結ばれる。

いつもの珍道中だが、楽屋オチが多いので、それがわかると面白い。ジミー・ヴァン・ヒューゼンの作曲で、監督はハル・ウォーカー。パラマウント社が著作権の更新を忘れたために、誰でも複製可能となり、画質の悪いビデオも出回っている。

ホワイト・クリスマス White Christmas (1954) は、ヴィスタヴィジョン第1回作品と紹介されることも多いカラー作品。当時は横長画面映画がいろいろと発表されていて、シネマスコープが先発していたが、従来のスタンダード・サイズに対してあまりにも横長なので、映画館で上映しにくいという声が多く、少しだけ横長にした、現在のHDテレビと同じ程度のアスペクト比率を持つヴィスタヴィジョンが発表された。現在もこのサイズを採用する映画は多い。

ビング・クロスビーが「スイング・ホテル」Holiday Inn (1942) の中で歌い、大ヒットした曲を題材とした作品だが、「スイング・ホテル」のセットを流用して、ホテルでショーを見せるという趣向となったために、リメイクと誤解されることもある。

第二次世界大戦のヨーロッパ戦線で、有名歌手ビング・クロスビーは大尉となって従軍していたが、二等兵ダニー・ケイに危ういところを助けられる。それが縁で復員後に一緒にコンビを組んで歌ったところ、これが大ヒットする。二人は、戦友の紹介でローズマリー・クルーニーとヴェラ＝エレンの姉妹の歌を聞きに行き、芸能界ずれしていない彼女たちに魅力を感じる。彼女たちと一緒にスキー保養地ヴァーモントのホテルに来ると、雪が降らずにホテルはガラガラだった。そのホテルは、戦争中は兵士たちから敬愛の念を集めていた将軍が引退後に開いたもので、客が少なくて困っている姿を見て、ビングはテレビで昔の仲間に呼びかけて、クリスマスの日にホテルでショーを上演する。ショーが始まると雪も降り始めて、一面の銀世界でホワイト・クリスマスとなるのだった。

クロスビーの歌だけでなく、ダニー・ケイも芸達者、女性陣も歌のローズマリーと踊りのヴェラ＝エレン（歌は吹替）と揃い、賑やかな作品で楽しめる。映画の中ではローズマリーがしっかり者の姉の役を演じているが、実際の年齢はヴェラ＝エレンのほうがずっと上。ローズマリーがソロで歌うナンバーの、バック・ダンサー4人の中に、若き日のジョージ・チャキリスが出ている。

劇中に出てくるテレビ・ショーは、エド・ハリソン・ショーとなっているが、これは明らかに当時人気だったエド・サリヴァン・ショーを意識したもの。監督はマイケル・カーティスで、音楽はもちろんアーヴィング・バーリン。

喝采 The Country Girl (1954) で、ビングが演じるのは、愛するわが子を失ったため、酒浸りの生活を送り、舞台を務められなくなってしまった芸人。彼を献身的に支える妻グレイス・ケリーや、彼の復帰を応援する若い演出家ウィリアム・ホールデンの助力によって、彼の新作は成功する。

クリフォード・オデツの同名舞台劇 (1950) をミュージカル化した映画で、個人の内面まで描いている台本なので、いつものビング映画よりも重い印象もあるが、その分だけ違った面白さがある。グレイス・ケリーはこの演技でアカデミー賞を得た。ハロルド・アーレンが曲を書いているが、歌うのはビング中心で、さすがにグレイス・ケリーは歌わない。ダンサー役でジョージ・チャキリスも出ている。ジョージ・シートン監督の白黒横長画面。

なお、トーキー初期にルーベン・マモーリアン監督、ヘレン・モーガン主演で作られたミュージカル作品も、この作品とまったく同じ邦題「喝采」Applause (1929) で紛らわしいが、関係のない作品。

夜は夜もすがら Anything Goes (1956) は、「海は桃色」(1936) に続いて、コール・ポーターの舞台ミュージカルの2度目の映画化。前回はオリジナル舞台を務めたエセル・マーマンも出演して、原作に近い物語だったが、今回の映画化では出演者も若返り、話もまったく異なっている。音楽はコール・ポーターのヒット曲を6曲使い、ジミー・ヴァン・ヒューゼンの新曲を3曲追加した。

ビングはブロードウェイのミュージカル・スターで、ロングラン作品の上演を終えて、

第 4 章　1950 年代：画面の大型化

次回作の相手女優をヨーロッパへ探しに行く。次回作で共演する予定の芸人ドナルド・オコナーも、ヨーロッパで女優探しをすると意気軒昂として出立する。果たして、ビングはロンドンでミッツィ・ゲイナーを見つけ、ドナルドはパリでジジ・ジャンメイルを見出す。アメリカに戻る船旅の途中で、どちらにしようかと迷ううちに、ビングはジジと、ドナルドはミッツィと恋仲になり、4 人でショーを上演して成功を収める。

現代的な編曲となっているが、コール・ポーターの曲が良く、4 人とも芸達者なので楽しめる作品。ジャンメイルの踊りが良い。ビングがパラマウント社で映画出演したのは、この作品が最後だった。ロバート・ルイス監督のカラー横長画面作品。

上流社会　High Society (1956) は、「フィラデルフィア物語」(1940) のミュージカル化。もともとはキャサリン・ヘプバーンを意識して、フィリップ・バリーが 1939 年に書いた芝居で、ヘプバーンをそのまま使って映画化したのがジョージ・キューカー監督作品。その役を今回は美人のグレイス・ケリーが演じ、ケアリー・グラントの役をビング・クロスビーが演じる。チャールズ・ウォルターズ監督のカラー、ステレオ、横長画面映画で、ビングがパラマウント社から離れて MGM で出演した作品なので、MGM らしくスター総出演の豪華な映画に仕上がっている。

舞台はフィラデルフィアではなく、ジャズ祭を開く時期の避暑地ニュー・ポートの高級住宅地に移されている。グレイス・ケリーは、以前に結婚していた隣家のビングと別れ、新しい男と結婚しようと準備を進めている。ビングは今でもケリーを愛していて、真面目一方の男ではケリーの面倒を見切れないと考え、取材に来た新聞記者フランク・シナトラの協力も得て、ケリーを取り戻す。

「フィラデルフィア物語」とは少し雰囲気が異なるが、グレイス・ケリーの美しさに思わず引き込まれてしまう。コール・ポーターの曲も良く、ビングとシナトラという新旧クルーナーが競い合う。ビングの友人ルイ・アームストロングも出ている。グレイス・ケリーは 1956 年に結婚してモナコ王妃となるので、この作品が最後の長編となった。

ひとこと云って　Say One for Me (1959) は、テレビの仕事でしばらく映画から遠ざかっていたビングが、久々に出演した作品。ビング・クロスビーの自主制作で、フォックス社の配給だが、いつものクロスビー調が出ていない。クロスビーは神父で、信者の芸人の娘デビー・レイノルズがショーでデビューするのを手助けする。レイノルズはお金のために場末の酒場に出演して、アル中の芸人ロバート・ワグナーに口説かれたりして生活が乱れるが、ビングはレイノルズにテレビ出演を世話してやり、見事に更生させる。楽曲はいつものジミー・ヴァン・ヒューゼンで、監督はフランク・タシュリン。カラー横長画面、4 チャンネル・ステレオ作品。

愉しいひと時　High Time (1960)* もビングの自主制作。中年になった男やもめのハンバーガー店主ビングは、子供たちの反対を押し切って、大学で学び直す決心をする。寄宿舎に入って若者たちと一緒に生活するうちに、ビングはフランス語の教師ニコル・モーレイに恋して、真剣に結婚を考えるようになる。

歌は少ないがジミー・ヴァン・ヒューゼンの曲が使われている。ブレイク・エドワーズ監督のカラー横長画面作品。日本では劇場未公開で、テレビ放映時には、「ゲバルトパパ」と大学紛争を彷彿とさせる変な邦題が付けられた。

ミサイル珍道中　The Road to Hong Kong (1962) は、久々の珍道中シリーズだが、この作品はパラマウント制作ではなく、英国で作られてユナイトが配給したので、いつもとはちょっと違うムード。ドロシー・ラムーアもゲスト出演するが、昔のラムーア的なマドンナ役を演じるのはジョーン・コリンズとなっている。

ビングとボブ・ホープはインチキ宇宙飛行の方法を売りにインドへ行くが、ボブが頭を打って記憶喪失となるので、記憶を回復する秘薬を求めてチベットへ向かう。ボブは無事に記憶を回復するが、今度は宇宙開発の秘密を受け渡すスパイ事件に巻き込まれて、香港へ。ボブが記憶したロケット燃料の成分を聞き出すためにスパイは苦労する。最後はジョーン・コリンズと一緒に、3 人はロケットで月に向けて打ち上げられてしまう。不時着した

人気のない場所で二人はコリンズを取り合う。

　冷戦時代の宇宙開発競争を反映した物語になっている。1961年にソ連ではガガーリン少佐が宇宙飛行を行い、対抗するアメリカはケネディ大統領が人類を月に送り込むアポロ計画を発表した。そうした時事ネタ満載の作品となっている。

　例によってジミー・ヴァン・ヒューゼンの曲をビングとボブが歌うほか、ドロシー・ラムーアも1曲披露する。ゲストで、フランク・シナトラや、ディーン・マーティン、ピーター・セラーズ、デイヴィッド・ニーヴンら、豪華なスターたちが顔を見せた。

ボブ・ホープ　Bob Hope（その2）
　ボブ・ホープは、1940年代はビング・クロスビーと組んだ珍道中シリーズの出演が多かったが、ジェイン・ラッセルと組んだ「腰抜け二挺拳銃」The Paleface (1948) がヒットしたので、それ以降の作品は、日本での公開時に「腰抜け」の付いた題名で公開された。

　「腰抜け顔役」Sorrowful Jones (1949)、「腰抜け大捕物」The Great Lover (1949)、「腰抜け千両役者」Fancy Pants (1950)、「腰抜けペテン師」The Lemon Drop Kid (1951)＊、「腰抜けモロッコ騒動」My Favorite Spy (1951)、「腰抜け二挺拳銃の息子」Son of Paleface (1952) などは、いずれも気の弱い男が窮地に立たされて、何とか危機を切り抜けるという話。

　たいていはジェイン・ラッセル、ルシル・ボール、ヘディ・ラマーらの魅力的な女優が相手役として出てくる。この中には、デイモン・ラニヤンの原作がふたつ入っていて、ボブ・ホープの演じようとした役柄が浮かび上がる。このほかに「腰抜け」が付いている映画として、「腰抜けスパイ騒動」They Got Me Covered (1943) と、「腰抜けと原爆娘」Let's face It (1943) があるが、いずれも後で付けられた邦題。

　その後は、パラマウント社での最後の珍道中となった「バリ島珍道中」Road to Bali (1952)、ローズマリー・クルーニーと組んだ「女の子たちがやって来る」Here Come the Girls (1953)＊、ジョーン・フォンテインが相手役の「豪傑カサノヴァ」Casanova's Big Night (1954) を撮った後、実在のヴォードヴィリアンの伝記作品「エディ・フォイ物語」The Seven Little Foys (1955)、エヴァ・マリー・セイントと共演した「すてきな気持ち」That Certain Feeling (1956)、名物ニュー・ヨーク市長の伝記「ボー・ジェイムス」Beau James (1957)＊、ゲスト出演者が豪華な「腰抜け列車強盗」Alias Jesse James (1959)、珍道中シリーズの同窓会「ミサイル珍道中」The Road to Hong Kong (1962) に出て、最後にはフランキー・アヴァロンを前面に出した、ユナイト作品「テスト・ハネムーン」I'll Take Sweden (1965) に出演している。

腰抜け千両役者　Fancy Pants (1950) は、レオ・マケリー監督の「人生は四十二から」Ruggles of Red Gap (1935) の再映画化。そのもとはハリー・レオン・ウィルソンの同名小説 (1915) で、ブロードウェイでもシグマンド・ロムバーグの曲でミュージカル化 (1915) されている。映画化も多く、レオ・マケリーの前にも、無声時代の1918年と1923年に映画化されている。

　20世紀初頭のアメリカ。鉱山で当てた成金の妻は、夫の紳士教育と娘ルシル・ボールの淑女教育のために英国に渡り、教育係にちょうど良いとして、英国人の執事ボブ・ホープをアメリカに連れ帰る。ところがボブは、執事の役を演じていたアメリカ人俳優だった。ボブは英国の公爵という触れ込みだったので、アメリカでは大統領とも面談するが、すぐに化けの皮が剥がれて逃げ出す。しかし、最後にはルシルと結婚する。

　ルシル・ボールとの共演は2本目で、ルシルは歌えるが、これは吹替。ジョージ・マーシャル監督のパラマウント社カラー作品。

腰抜けペテン師　The Lemon Drop Kid (1951)＊ は、デイモン・ラニヤンの同名小説の映画化。この小説は以前にリー・トレイシー主演の「よたもん稼業」The Lemon Drop Kid (1934) として映画化されているので、2度目の映画化だが、話はボブ・ホープ向けに変えてある。

　ボブ・ホープはニュー・ヨークの競馬の呑み屋で、いつもレモン・ドロップを食べているので、レモン・ドロップ・キッドと呼ばれている。彼がフロリダに遠征した時に、美人

の娘を騙して負け馬に賭けさせるが、その女が地元のギャングの情婦だったことから、儲けられるはずだった金を返せと脅される。クリスマスまでに返すと約束させられて、12月で厳寒のニュー・ヨークに軽装で戻るが、金を作る方法がない。街頭でサンタが社会鍋をやっているのを見て、彼も早速真似をする。ところが許可を得ていないので、すぐに捕まってしまったため、今度は老婦人のための「養老の家」を作るということで許可を取り、募金を始める。仲間を大勢サンタに仕立て上げて、街角に動員すると結構な金が集まるようになる。これに目をつけたのが地元ギャングで、この「養老の家」の募金活動を乗っ取ってしまうが、ギャングが看板を出した「養老の家」にボブ・ホープが老婦人に変装してもぐり込み、やっとのことで金を取り戻すと、フロリダのギャングと金の取り合いとなる。ところがその「養老の家」はフロリダのギャングの昔の賭博場だったので、ボブが仕組んでご開帳したところに警察が踏み込み、ギャングたちは捕まり、賭博場は本当の「養老の家」となる。「養老の家」が実現したことで、最後にはボブも許される。

楽曲はジェイ・リヴィングストンとレイ・エヴァンスのコンビが担当、『シルヴァー・ベル』の曲がヒットして、ボブ・ホープのクリスマス曲の定番になった。ボブ・ホープ調に変えたためか、デイモン・ラニヤンの原作の持ち味は薄れている。シドニー・ランフィールド監督のパラマウント作品。

腰抜けモロッコ騒動 My Favorite Spy (1951)は、ボブ・ホープの「私のお気に入り」My Favoriteシリーズの3作目で、お相手はヘディ・ラマーが務める。国際的なスパイによく似ている寄席芸人のボブ・ホープは、スパイに成りすまして秘密の設計図を受け取るために、某国へ向かう。秘密の設計図は手に入れるものの、女スパイのヘディ・ラマーに色仕掛けで設計図を盗まれてしまう。そのヘディも本物の国際スパイ（ボブ・ホープの二役）に設計図を盗まれて、混乱するが、ヘディと愛し合うようになった芸人ボブ・ホープは、二人で力を合わせて逃げ出し、田舎で一緒に暮らすことにする。ヘディ・ラマーの歌は吹替なので、ミュージカルとしては弱い。ノー

マン・Z・マクロード監督のパラマウント作品。

腰抜け二挺拳銃の息子 Son of Paleface (1952)は、大ヒットした「腰抜け二挺拳銃」The Paleface (1948)の続編。前作のボブ・ホープの息子が大学生（これもボブが演じる）となり、父が西部の町に隠したという金貨を探しにやって来る。そこで父の友人と出会い、秘密の地図で隠し場所がわかると教わるが、父に金を貸したという借金取りが大勢現れるので、地図を燃やして町から逃げ出す。父の相棒が殺されてしまうので、保安官ロイ・ロジャースと一緒に犯人らしき人物を捕らえると、それは酒場の歌手ジェイン・ラッセル。ジェインは、殺しはしていないと話すが、その時にインディアンが襲ってきて撃ち合いとなり、その混乱の最中にボブは金貨を発見する。ロイと一緒にボブが町に戻ると、ジェインは殺しの犯人たちに捕まっているので、彼女を助け出して大学に戻るのだった。

「歌うカウボーイ」として人気のあったロイ・ロジャースが愛馬トリッガーに乗り、ボブやジェインと一緒に歌っている。フランク・タシュリン監督、パラマウント社カラー作品。

女の子たちがやって来る Here Come the Girls (1953)*のボブ・ホープは売れないコーラス・ボーイ役。ドジな万年コーラス・ボーイだったボブは舞台の失敗でクビになってしまうが、突然一座の花形女優アーリン・ダールの相手役に抜擢される。というのも、アーリン・ダールに付きまとう切り裂きジャックが、彼女の相手役の男優を切り刻んでしまうという噂があるからだった。ボブは舞台の大事な場面で失敗をしたり、切り裂きジャックから付け狙われたりするが、彼を愛する恋人ローズマリー・クルーニーに助けられ、無事に舞台を務めて主役級となる。

そのほかにもトニー・マーティンが出演していて、ジェイ・リヴィングストンの曲と相俟って、ボブ・ホープとしては珍しく本格的なミュージカルとなっている。クロード・ビニョン監督でパラマウント社のカラー作品。

豪傑カサノヴァ Casanova's Big Night (1954)は、コスチューム物の「我輩は名剣士」Monsieur Beaucaire (1946)がヒットしたので、同じような時代物として作られた。18世紀

のイタリア。パルマで仕立屋をやっているボブ・ホープは、好きな娘ジョーン・フォンテインの寝室に、有名な色事師カサノヴァに化けて忍び込むが、そこへ本物のカサノヴァが来るので追い払われてしまう。借金漬けのカサノヴァが、借金を全部返済するとジョーンに約束するので、翌朝のカサノヴァ邸には借金取りが集まり、ボブも仕立て代金の取立てに出向く。ところが、カサノヴァはボブと衣装を交換して逃げてしまう。ボブは彼の衣装を着ていたために、ヴェネチアから来た貴族にカサノヴァと間違えられて、貴族の息子の結婚相手となる娘が貞淑か否かを調べてほしいと、大金を積んで頼まれる。ボブもその気になり、ヴェネチアへ行って彼女の部屋へ忍び込むが、父親や兄弟たちに見つかり、叩き出されてしまう。結果として娘の貞淑さは証明され、ボブも好きだったジョーンの愛を得ることができる。楽曲は1曲のみ。ノーマン・Z・マクロード監督、パラマウント社のカラー作品。

エディ・フォイ物語 The Seven Little Foys (1955) は、19世紀末から20世紀初頭にかけて活躍した、実在のヴォードヴィリアンであるエディ・フォイの伝記映画。当然ながら舞台で数々の曲が歌われる。

新進の芸人ボブ・ホープ（エディ・フォイ役）は、イタリア出身バレリーナのミリー・ヴィターレに惚れて、イタリアまで追いかけて行き結婚する。二人の間には子供が沢山出来て7人にもなるが、どんどん人気が上昇してブロードウェイでも舞台に立つボブは、家庭を顧みる暇がなかった。しかし妻ミリーが病気で亡くなり、家庭の大切さに気が付いたボブは、舞台を諦めて子育てに専念する。やる気をなくしているボブを力づけたのは彼のマネジャーで、無理やりに舞台出演を決め、ボブは子供たちと一緒に再び舞台に立つようになる。彼は児童保護協会から訴えられたりもするが、これが自分の生き方だと舞台出演を貫くのだった。

同じ時代に活躍し、エディ・フォイの友人でもあったジョージ・M・コーハン役はジェイムス・キャグニーが演じている。キャグニーは、コーハンの伝記映画「ヤンキー・ドゥードゥル・ダンディ」Yankee Doodle Dandy (1942) で、アカデミー主演男優賞も取っているので適役。この作品でも歌と踊りを披露している。メルヴィン・シェイヴルソン監督の、カラー、ヴィスタ版のパラマウント作品。

すてきな気持ち That Certain Feeling (1956) は、ジーン・カーとエレノア・ブルクの舞台劇「ハートの王様」King of Hearts (1954) の映画化。ミュージカルというよりも喜劇作品だが、黒人女性歌手のパール・ベイリーが2曲歌っている。

ボブ・ホープは漫画家で、漫画の腕は確かだが気が弱くて何事もうまく行かない。そんな彼を見限ってエヴァ・マリー・セイントは離婚したのだが、今は別の漫画家ジョージ・サンダースの秘書をしていてもうすぐ結婚することになっている。ところが、ジョージは世間への売出しを狙って講演活動にうつつを抜かし、肝心の漫画が描けなくなってしまったため、ボブにゴースト・ライターの仕事が来る。気乗りしないままボブは引き受けてジョージの家で仕事をするが、やがてエヴァとの間にも昔の愛情が戻ってくる。最後には、気弱なボブも啖呵を切ってエヴァと一緒になる。監督はメルヴィン・フランクとノーマン・パナマで、パラマウント社のカラー、ヴィスタ版作品。

腰抜け列車強盗 Alias Jesse James (1959) は、「腰抜け二挺拳銃」The Paleface (1948) と同じように西部劇仕立ての作品で、2曲ほど歌が入る。間抜けな保険勧誘員のボブ・ホープは、10万ドルの契約を得て喜ぶが、被保険者は5万ドルの懸賞金がかかったお尋ね者のウェルデン・コーリイ（ジェシー・ジェイムス役）で、会社から契約解除をしてくるように言い渡される。ウェルデンを探して西部の町までやって来たボブは、ウェルデンと酒場の踊り子ロンダ・フレミングの結婚式に紛れ込み、酒に薬を混ぜてウェルデン一味が混乱する隙に保険契約書を取り戻して、好きになったロンダ・フレミングと一緒に引き上げる。

ゲスト出演しているスターたちが豪華で、ビング・クロスビー、ゲイリー・クーパー、ロイ・ロジャース、ジャイムス・ガーナーなどが顔を見せている。ノーマン・Z・マクロード監督の、パラマウント社、カラー、ヴィ

スタ版作品。

テスト・ハネムーン　I'll Take Sweden (1965)では、若いフランキー・アヴァロンが歌っていて、ミュージカル仕立てになっている。石油会社の重役ボブ・ホープは、娘のチューズデイ・ウェルドが、貧乏青年フランキー・アヴァロンと結婚したいと言い出すので、彼女を赴任先のスウェーデンへ連れて行く。そうすると娘は現地の青年と仲良くなり、現地の習慣に従い結婚前に2週間の「テスト・ハネムーン」を求められたというので、慌ててアメリカからフランキー・アヴァロンを呼び寄せる。いろいろ恋愛事件が起きるが、最後にはフランキーが莫大な遺産を相続して、無事にチューズデイ・ウェルドと結婚する。フレデリク・デ・コルドヴァ監督のカラー横長画面作品。配給はユナイト。

★

ダニー・ケイ　Danny Kaye
(1911.1.18-1987.3.3)

ダニー・ケイは、1911年生まれの赤毛のヴォードヴィリアンで早口で有名。13歳からリゾート地で働くようになり、歌や踊りを身につけた。1939年からブロードウェイの舞台に立つが、ガートルード・ローレンスが主演した舞台「闇の中の婦人」Lady in the Dark (1941)の『チャイコフスキー』Tchaikovskyという曲で、38秒間に54人のロシア人作曲家の名前を歌い評判となった。

これを見たサミュエル・ゴールドウィンと契約したのが映画界入りのきっかけ。1940年にシルヴィア・ファインと結婚したので、映画の中で歌う曲の大半は、彼女が作曲・作詞をしている。

映画デビューしたのは「ダニー・ケイの新兵さん」Up in Arms (1944)で、30歳を超えてのデビューだが、最初から主演の扱いだった。器用な役者で、何でもこなすが、気の弱い男と自信家の男を演じ分ける二役や、二重人格者のような役柄をやると抜群に面白い。

1940年代にはサミュエル・ゴールドウィンの作品が多く、「ダニー・ケイの新兵さん」(1944)、「ダニー・ケイの天国と地獄」Wonder Man (1945)、「ダニー・ケイの牛乳屋」The Kid from Brooklyn (1946)、「虹を摑む男」The Secret Life of Walter Mitty (1947)、「ヒット・パレード」A Song Is Born (1948)、「アンデルセン物語」Hans Christian Andersen (1952) の6本が、ゴールドウィンの作品。

このうち4本はヴァージニア・メイヨーが相手役で、ヴェラ＝エレンも2本に出演している。「アンデルセン物語」は童話作家の伝記的な作品だが、それ以外のほとんどの作品は、ダニー・ケイの二役的な、二重人格の面白さを見せている。

「ヒット・パレード」(1948)の後に、ドリス・デイ主演の映画「素敵な気持ち」It's a Great Feeling (1949)に少しだけ顔を出している。これは、ワーナーで「検察官閣下」The Inspector General (1949)を撮影していたので、気軽に顔を出したのだろう。「検察官閣下」(1949)は、浮浪者が検察官を演じるという二役的な面白さで、フォックスで撮った「南仏夜話　夫は偽者」On the Riviera (1951)でも二役を演じている。ゴールドウィンに戻った「アンデルセン物語」(1952)は題名からわかるとおりに、アンデルセンの童話をちりばめた伝記的な作品で、ダニー・ケイの優しい一面を見せてくれる。

1950年代後半となるとパラマウントの作品が増えて、スパイ騒動を描いた「あの手この手」Knock on Wood (1954)、ビング・クロスビーと共演した「ホワイト・クリスマス」White Christmas (1954)、コスチューム物の「ダニー・ケイの黒いキツネ」The Court Jester (1955)、ジャズメンたちの世界を描く「5つの銅貨」The Five Pennies (1959)、第二次世界大戦を舞台にしたコメディ「ダニー・ケイの替え玉作戦」On the Double (1961)の5本に出ている。

「ホワイト・クリスマス」はパラマウント自慢のヴィスタヴィジョン第1作で、ビング・クロスビーとの共演。「5つの銅貨」はレッド・ニコルズの伝記映画だが、ほかの作品はダニー・ケイ中心の映画なので、いかにもダニー・ケイらしい作品となっている。

「ダニー・ケイの戦場のドン・キホーテ」Me and the Colonel (1958)は、ブロードウェイの芝居の映画化でミュージカルではないが、ナチスのパリへの侵攻から逃れるユダヤ人ダニー・ケイと、ユダヤ人嫌いのポーランド人

の大佐クルト・ユルゲンスの奇妙な友情が面白い。「僕はツイてる」Merry Andrew (1958)は、独立系のソル・シーガル・プロダクションの制作で、イタリア出身のピア・アンジェリとの顔合わせだった。

ダニー・ケイの新兵さん　Up in Arms (1944)は、オーウェン・デイヴィスの喜劇 The Nervous Wreck (1923)の、ミュージカル版映画化となっているが、原作とは随分と変わっている。神経症を扱った同じ題材はエディ・カンター主演で「フーピー」Whoopee! (1930)として映画化されているので、この映画化は2回目。

神経症のダニー・ケイが徴兵されて、新兵として南洋の島へ向けて出航するが、彼の恋人コンスタンス・ドーリングが密航して同乗したので、見つかって大騒ぎとなる。結局、親友のダナ・アンドルーズ、彼を好きなダイナ・ショアなどが南の島に集まってくる。ダニーは南の島の営倉から抜け出すが、偶然に遭遇した敵軍と戦って手柄を立て、軍隊に復帰する。

歌のうまいダイナ・ショアが出ているので心強い。ダイナ・ショアの歌はハロルド・アーレンの曲で、ダニー・ケイの歌はシルヴィア・ファインとマックス・リーブマンのコンビが書いた。シルヴィア・ファインはダニー・ケイの妻で、ケイの曲をほとんど書いている。エリオット・ニュージェント監督、カラーのサミュエル・ゴールドウィン制作でRKO配給作品。

ダニー・ケイの天国と地獄　Wonder Man (1945)でのダニー・ケイは、一人二役を務めている。ダニー・ケイはヴェラ＝エレンと組んで、ニュー・ヨークでナイト・クラブに出演している寄席芸人だが、ある日ギャングの殺人現場を目撃したため、ギャングに殺されて池に投げ込まれる。恨みを晴らしたい彼の霊は、別に暮らしている一卵性双生児の片割れで、インテリ男のダニー・ケイを呼び出して、体を借りることにする。インテリ男のダニー・ケイは、寄席芸人とは正反対の性格で、気弱で図書館にこもりきりの男だった。彼は司書ヴァージニア・メイヨーに惚れていて、同じ人物が陽気な寄席芸人になったり、元のインテリ男になったりするため、周りの人々は混乱してしまう。ギャングは寄席芸人が生き返ったのに驚いて、また殺そうと追い回し、ヴェラ＝エレンは結婚を迫り、ヴァージニアは呆れてしまう。結局、最後には誤解も解けてもとの鞘に収まる。

最後にダニー・ケイが歌劇場に逃げ込んで、舞台上で珍妙な歌をアドリブで歌いながら、ギャングに狙われていることを検事に知らせようとする場面が見せ場となっている。楽曲はシルヴィア・ファインが担当。ダニー・ケイは相手役にヴァージニア・メイヨーを起用することが多かったが、二人が組んだのはこの作品が最初。

また、踊りのうまいヴェラ＝エレンも、この作品で映画デビューをしたという記念すべき作品。ケイが二役を演ずるという、彼の作品の基本的なパターンがこの作品で確立している。H・ブルース・ハムバーストン監督のカラー作品で、ゴールドウィンの制作、RKO配給。

ダニー・ケイの牛乳屋　The Kid from Brooklyn (1946)は、ハロルド・ロイド主演の「ロイドの牛乳屋」The Milky Way (1936)のリメイク。更に前には、ブロードウェイの同名喜劇(1934)がある。牛乳配達をやっていた優しい男ダニー・ケイは、失業中の歌手ヴァージニア・メイヨーと知り合い、就職を世話しようと牛乳会社の宣伝部に売り込むが、逆に自分がクビになってしまう。彼はちょっとした弾みで拳闘のチャンピオンを殴り倒してしまい、拳闘選手としてデビューする。試合は悪徳プロデューサーが仕切り、インチキ試合で連戦連勝するが、とうとうチャンピオン戦となる。これは真剣勝負のはずだったが、チャンピオンが誤って眠り薬を飲んでしまい、珍妙な試合となってダニーが勝ち、牛乳会社の共同経営者となって、ヴァージニアと結ばれる。

ヴェラ＝エレンがダニーの妹役のダンサーとして出ている。前作と同じに、ヴァージニア・メイヨーの共演で、曲はジュール・スタインが大半を書いている。監督はノーマン・Z・マクロードで、カラー作品。ゴールドウィン制作でRKO配給。

虹を摑む男　The Secret Life of Walter Mitty (1947)は、ジェイムス・サーバーの同名

小説 (1938) の映画化。ダニー・ケイは出版社の校正係だったが、昼間から夢見がちで、白日夢を見るうちに、夢と現実の区別がつかなくなってしまう。彼はある日、通勤途中の電車の中で、見知らぬ美女ヴァージニア・メイヨーに突然キスされて、ヴァージニアから秘密の手帳を渡されるが、それには戦争中に隠されたオランダの宝石の隠し場所が記されている。そのためにダニーはナチス残党のスパイから付け狙われるが、それが夢なのか現実なのかだんだんとわからなくなってしまう。偶然にその秘密に気付いたダニーはスパイの本拠に乗り込み、スパイたちを捕まえてヴァージニアを救い出し、彼女と結婚する。

ダニーが夢の中でヒーローとなって活躍する場面が面白い。6つの夢があり、1番目は嵐の中の船長、2番目は奇跡の手術をする外科医、3番目は戦争中の撃墜王の中佐（歌入り）、4番目はミシシッピーの賭博師、5番目はパリの帽子デザイナー（歌入り）、6番目は西部のガンマンで、それぞれの場面で危機に瀕した美女ヴァージニアを救う。夢の中でいかにもダニー・ケイらしい曲を歌うが、2曲とも妻のシルヴィア・ファインの作。ノーマン・Z・マクロード監督のカラー作品で、ゴールドウィン制作、RKO配給。

1982年にイタリアで翻案されたのに加えて、アメリカでも「Life! ライフ」The Secret Life of Walter Mitty (2013) としてリメイクされたが、ミュージカルではない。

ヒット・パレード A Song Is Born (1948) は、ゲイリー・クーパーとバーバラ・スタンウィックが出演した、ハワード・ホークス監督の「教授と美女」Ball of Fire (1941)* のリメイク作品。基になった「教授と美女」の話は、ビリー・ワイルダーが渡米する前のドイツ時代から構想を温めていたもの。

ダニー・ケイは音楽院教授で、音楽事典の編纂をしているが、新しい音楽ジャズの話を聞いて、ナイト・クラブへ出かけて行き、録音したいので翌日は音楽院に来てほしいと楽団メンバーに依頼する。翌日、楽団と一緒に美人歌手ヴァージニア・メイヨーもやって来て、情夫のギャングが警察から追われているために、帰ろうとしない。ダニーは困りながらも、ヴァージニアに恋してしまう。ヴァージニアは、本当はギャングと逃げるチャンスを窺っていたのだが、車が故障してダニーと一緒に宿に泊まり、彼の本当の愛を理解して、ギャングから乗り換えてダニーと結婚する。

この作品では、ヴァージニア・メイヨーが白雪姫で、世間離れした純真な教授は小人たちといった構成となっている。だから音楽事典を書いている教授は、ダニー・ケイを含めて7人いる。「教授と美女」(1941)* と同じに、この作品もハワード・ホークスが監督。前作では言語学の教授だったが、ミュージカル版とするために音楽院教授に置き換えてある。

オリジナルの曲はジーン・デ・ポールの手によるもの。そのほかジャズの演奏はベニー・グッドマン楽団が担当していて本格的。グッドマン本人が音楽院教授の一人として出演するほか、サッチモことルイ・アームストロングやライオネル・ハンプトン、トミー・ドーシーも演奏しているので、ジャズ・ファンは必見。発色の見事なテクニカラーで、RKO配給。ダニー・ケイのデビュー以来この作品までは、すべてサミュエル・ゴールドウィンの手によるもので、配給はRKOが担当してきたが、ゴールドウィンの制作はこの作品でいったん終わる。

検察官閣下 The Inspector General (1949) は、ニコライ・ゴーゴリの有名な芝居 (1836) のミュージカル映画版。ロシアの田舎でインチキ薬を売っていたダニー・ケイと仲間のウォルター・スレザクは、インチキがばれて逃げ出し、離れ離れになってしまう。ダニー・ケイはある村で不審者として投獄されるが、その時に検察官が変装して査察に来るという噂が流れて来るので、市長はダニーを検察官だと思い込み、下にも置かぬもてなしをする。そこへダニーの相棒ウォルターがやって来て、事情を知って市長を脅すので、大混乱となる。最後には本物の検察官が到着し、市長の悪事を見抜き、ダニーこそ正直者だとして、後釜の市長に据える。

この作品の制作は、サミュエル・ゴールドウィンから離れ、ワーナーとなっている。ヘンリー・コスター監督のカラー作品。ダニー・ケイの芸は残っているが、ゴールドウィンの映画とは少しムードが変わった。相手役も妖艶さを感じさせるヴァージニア・メイヨーか

ら、清純なバーバラ・ベイツへと代わっている。曲を書いたのはやはり妻のシルヴィア・ファインで、これは以前と同じ。

南仏夜話　夫は偽者　On the Riviera (1951) は、アリス・フェイの「リオでの一夜」That Night in Rio (1941)* の再映画化で、その下敷きはルドルフ・ロタールの戯曲「赤い猫」The Red Cat (1934)。シチュエーションは変わっているが、どの作品も同じ内容。

モンテカルロで公演しているアメリカ人芸人ダニー・ケイは、大西洋横断の飛行士アンリ（ダニー・ケイの二役）と自分がよく似ていることを知り、彼の真似を演じていたが、ある日アンリの代役となってパーティに出席する。入れ替わったのが妻にもわからないほどの出来で成功するが、戻ってきた本物のアンリは、妻があまりにも優しくするので、芸人の振りをして妻にキスを迫る。妻のほうは本物の夫だとわかったのでからかっただけなのだが、心配になったアンリは、昨夜の夫は偽者のほうだというので、妻は大慌てするが、最後には事情がわかり丸く収まる。

二役が得意なダニー・ケイのために、フォックス社は取って置きの題材で、3度目の映画化を行った。劇中でダニーがモーリス・シュヴァリエを真似て歌うのは、この原作の最初の映画化「シュヴァリエの巴里っ子」Folies Bergère de Paris (1935) へ敬意を表したもの。カルメン・ミランダの真似をやるのは、2度目の映画化「リオでの一夜」(1941)* へのオマージュだろう。全体の台本や画面の構成は驚くほど1941年版に似ているが、アリス・フェイの魅力がある分だけ1941年版のほうが面白い。

ジャック・コールが振付を担当して、豪華な群舞場面も沢山あり、若き日のグウェン・ヴァードンがリード・ダンサーとして見事な踊りを見せている。フォックスで撮っても、曲は妻のシルヴィア・ファインが担当している。監督はウォルター・ラングでカラー作品。

アンデルセン物語　Hans Christian Andersen (1952) は、デンマークの童話作家の伝記的な作品。19世紀のデンマークの田舎で靴屋をやっていたダニー・ケイ（アンデルセン役）は、いつも子供たちを集めては自分で作った話を聞かせていたが、子供たちが学校に行かなくなるとの苦情で村にいづらくなり、コペンハーゲンへ出る。コペンハーゲンで、彼は美しいバレリーナのジジ・ジャンメルからバレエ・シューズの修理の依頼を受ける。ジャンメルの美しさ、演出家の夫を持つ彼女の苦悩、そして彼の恋心のインスピレーションにより、「人魚姫」の話を一気に書き上げる。やがて、ダニーの創作童話はだんだんと評判となり、新聞にも掲載されるようになって、彼の書いた「人魚姫」もバレエとして上演される。しかし、バレリーナのジャンメルが演出家の妻として幸せな生活を送っていることを知り、絶望して故郷へ戻る決心をする。そうして故郷に戻り、靴屋をやりながら童話を語ると、子供たちだけでなく、町の人々も温かく迎えるのだった。

アンデルセンの有名な童話を盛り込んで、歌で物語を進めるのに成功している。盛り込まれている童話は「はだかの王様」、「親指姫」、「人魚姫」、「みにくいアヒルの子」など。

音楽を書いたのはフランク・レッサーで、印象に残る曲が多い。ダニーがコペンハーゲンに到着する場面は、街の賑わいが行商人たちの売り声で音楽的に表現されていて、見事な出来栄え。こうした音楽的な手法はその後のミュージカルにも大きな影響を与えた。

制作はサミュエル・ゴールドウィンで、配給はRKOのカラー作品。台本はモス・ハート、楽曲もフランク・レッサーと、ミュージカルを知り尽くした一流のスタッフが揃っているので、ダニー・ケイの一人芸を見せる映画ではなく、ミュージカルとして全体のまとまりが良い作品となっている。

あの手この手　Knock on Wood (1954) は、ミュージカルというよりも喜劇映画の傑作。腹話術師のダニー・ケイは、結婚しようとするたびに人形がやきもちを焼くので、なかなか結婚できない。彼がパリからチューリッヒに向けて飛び立つ時に、人形作り職人のスパイが、彼の2体の人形に最新式飛行機の秘密書類を隠して運ばせるので、ダニーはスパイ騒動に巻き込まれて、殺人犯としても警察から追われる身となり、ロンドン中を逃げ回る。結局、最後には真相が明らかとなり、無事に結婚もできる。

ダニーの妻のシルヴィア・ファインが久し

ぶりにダニーの得意とする早口言葉のような歌を書いている。メルヴィン・フランクとノーマン・パナマ監督のカラー、ヴィスタ版のパラマウント作品。

ダニー・ケイの黒いキツネ The Court Jester (1955) は、再びメルヴィン・フランク監督でパラマウントが制作したダニー・ケイらしい作品。ダニーのコメディとしても代表的な作品。中世の英国。正しい血統の幼い王を回復しようと、「黒いキツネ」の一団が、邪悪な王に挑む。王宮へ入る秘密の通路の鍵を手に入れるために、「黒いキツネ」のリーダーは先に出発するが、幼い王の面倒見を手下の中で一番優しい男ダニー・ケイに命じ、二人の警護を若い娘グリニス・ジョーンズに命ずる。道化として王宮に呼ばれたイタリア人と遭遇したダニー・ケイは、その男に成りすまして王宮に入り込み、秘密の通路の鍵を手に入れようとする。ところが、政略結婚から逃れようとする王女アンジェラ・ランズベリーがダニーに助けを求めるので、大混乱となる。最後には邪悪な王は倒されて、正統な幼き王が地位を回復する。楽曲はシルヴィア・ファインとサミー・カーンが組んで書いている。カラー、ヴィスタ版。

僕はツイてる Merry Andrew (1958) は、ポール・ギャリコの短編「ヘンリー・メナフィのロマンス」The Romance of Henry Menafee (1943) の映画化。英国人の教師で考古学の研究をしているダニー・ケイは、古代ローマの彫像を掘り出そうと、アタリをつけた場所に行ってみると、そこにはサーカス団のテントがある。事情を話し団員とも仲良くなって発掘作業をするが、ある日、土砂崩れが起きて、綱渡りの娘ピア・アンジェリと一緒に、穴の中に閉じ込められてしまう。一晩を二人で過ごしたので、ダニーは結婚を迫られるが、英国に許嫁がいるので、慌てて逃げ帰る。ある日彼の学校に、探していた彫像を見つけたと、ピア・アンジェリが届けにくる。許嫁との結婚を予定していたダニーだが、予定を変更して、ピア・アンジェリと結婚する。

楽曲はシルヴィアではなく、ソール・チャップリンで、そつなくまとめている。監督は振付が専門のマイケル・キッド。カラーのシネスコ版。原題の意味は「陽気なアンドルー

(ダニーの役名)」という意味だが、Merry Andrewには「道化師」という意味もある。

5つの銅貨 The Five Pennies (1959) は、1920年代から活躍していたジャズのコルネット奏者レッド・ニコルズの伝記映画。音楽がたっぷりと入っているが、いわゆるミュージカル調ではない。

コルネットが得意なダニー・ケイ (レッド・ニコルズ役) は、ジャズ楽団に入り楽団歌手のバーバラ・ベル・ゲデスと恋仲となり結婚する。ダニーの演奏スタイルはデキシーランド・ジャズ風のものだったが、所属楽団のスタイルは違っていたので、彼は仲間を集めて「5つの銅貨」という楽団を作り、全国巡業した。ダニーの実力はルイ・アームストロングにも認められ、「5つの銅貨」には、トミー・ドーシー、グレン・ミラー、アーティ・ショウなどの才能が集まり、楽団の人気も高まるが、寄宿舎に入れていた娘が小児麻痺となったために、ダニーは楽団を解散して全力で娘を育てる決心をする。ダニーはコルネットを捨てて、造船労働者となって働くが、妻のバーバラは、もう一度彼に活躍をさせようと、ナイト・クラブへの出演を勧める。寄せ集めでうまく行かない楽団だったが、彼を励ますために、昔の仲間たちが戻ってくる。

劇中にルイ・アームストロング本人が出てくるのも見もの。シルヴィア・ファインが曲を書いているが、ヒットした主題歌は、ナポリ民謡の『魂と心』Anema e coreのメロディを借用している。この曲は1950年代に英語版の歌詞でダイナ・ショアなどに歌われていたので、この映画で使われる前から知られていた。

アメリカでは1953年にソーク・ワクチンと呼ばれる、ポリオ用のワクチンが発明されるまで、小児麻痺が猛威を振るい恐れられていた。この映画が作られたのは、更に改良されたセービン・ワクチンが使われ始めた時期。メルヴィル・シェイヴルソン監督のカラー、ヴィスタ版のパラマウント作品。

ダニー・ケイの替え玉作戦 On the Double (1961) は、第二次世界大戦中の英国の話。アメリカ兵ダニー・ケイは、ドイツ軍に狙われている英軍の将軍に似ているために、替え玉となって敵を欺くが、替え玉を演じている最

中に本物の将軍が亡くなってしまう。敵に将軍が亡くなったと悟られないように、ダニーは替え玉を続けるが、ナチスに誘拐されて、ゲシュタポ本部へ連行されて厳しい尋問にあう。そこでダニーは持ち前の才能を発揮して、ナチスのスパイ名簿を盗み、祖国に持ち帰る。彼の役目は終わったが、将軍の妻に気に入られて、その妻のために将軍の身代わりを続けることになる。シルヴィア・ファインがいつものように曲を書いている。監督はメルヴィル・シェイヴルソンで、カラー、シネスコ版のパラマウント作品。

★

ディーン・マーティン Dean Martin
(1917.6.7-1995.12.25)
ジェリー・ルイス Jerry Lewis
(1926.3.16-)

ディーン・マーティンは1917年生まれで、歌のうまい俳優として活躍した。イタリア系の甘い顔立ちで二枚目役を演じることが多い。1926年生まれのコメディアンのジェリー・ルイスと1946年にコンビを組み、1949-56年の7年間にパラマウントで16本の主演作品を作っている。これらの作品は日本では「底抜け」シリーズとして紹介されている。

このコンビは、歌手とコメディアンという点ではビングとボブに似ているが、映画の作り方としてはアボットとコステロの流れを汲んでいるようにも感じられる。コンビを解消した後は別々に活動しているが、歌えるだけにミュージカル分野ではディーン・マーティンが目立つ。「底抜け」の題名は、コンビを解消した後も、ジェリー・ルイスの映画に使われている。

二人のデビュー作である「友達のイルマ」My Friend Irma (1949)*は、ラジオのホーム・ドラマの映画化で、マリー・ウィルソンが演じる変わり者のイルマという女性と冷静なルーム・メイトが主人公だが、脇役で出た新人のディーン・マーティンとジェリー・ルイスに人気が集まった。

この続編の「友達のイルマ西へ行く」My Friend Irma Goes West (1950)*も作られるが、二人の人気が高まったので、次の「底抜け右向け！左」At War with the Army (1950)からは、二人を主演とするようになる。

最初の陸軍物から始まり、海軍の「底抜け艦隊」Sailor Beware (1952)、飛行機の出る「底抜け落下傘部隊」Jumping Jacks (1952)と続けるのはコメディ・チームのお決まりのパターン。

この3本の間に作った「我が息子」That's My Boy (1951)*は、軟弱なジェリー・ルイスが、親に雇われたフットボール・コーチのディーン・マーティンから指導を受けて試合に出る学園物。次の「ボケ役」The Stooge (1952)*は公開が遅れたが、「底抜け右向け！左」(1950)のすぐ後で撮られているので、ほかの作品とは少しムードが異なり、ヴォードヴィル・チームの楽屋裏物。

この後は、二人がコンビを解消する1956年までに9作品が作られている。「底抜けびっくり仰天」Scared Stiff (1953)は、カルメン・ミランダが最後に映画出演した作品。「底抜けやぶれかぶれ」The Caddy (1953)はドナ・リードが共演。デイモン・ラニヤンの世界を扱った「底抜けふんだりけったり」Money from Home (1953)、ベン・ヘクトの戯曲を映画化した「底抜けニューヨークの休日」Living It Up (1954)、ザザ・ガボールをゲストに迎えてサーカスの世界を描いた「底抜け最大のショウ」3 Ring Circus (1954)などが続き、「お若いデス」You're Never Too Young (1955)は宝石泥棒騒動、シャーリー・マクレインを迎えての「画家とモデル」Artists and Models (1955)、西部劇仕立ての「底抜け西部へ行く」Pardners (1956)、そして最後はハリウッドを舞台にした「底抜けのるかそるか」Hollywood or Bust (1956)で締めくくられている。

コンビ解消後のディーン・マーティンは、プレイ・ボーイ的な役柄が増える。MGMで撮った「一万の寝室」Ten Thousand Bedrooms (1957)*のマーティンは、イタリア出身のアンナ・マリア・アルバゲッティとの共演。次の「ベルが鳴っています」Bells Are Ringing (1960)*は、MGMとしては珍しい舞台作品の忠実な映画化。舞台でもこの役を演じたジュディ・ホリデイの主演で、ディーンは相手役。

シナトラ一家の「オーシャンと十一人の仲間」Ocean's Eleven (1960)に出た後、「ペペ」Pepe (1960)と「世界の歌物語」Canzoni nel

第 4 章　1950年代：画面の大型化

mondo (1963) では歌のゲスト出演。仲間のシャーリー・マクレインが主演して、様々な男性遍歴を描いた「何という行き方！」What a Way to Go! (1964) にも男性の一人として出演。シナトラ一家の映画「七人の愚連隊」Robin and the 7 Hoods (1964) の後は、ビリー・ワイルダーの「ねえ！キスしてよ」Kiss Me, Stupid (1964) でプレイ・ボーイの歌手役を演じている。

その後は007映画のヒットを背景として、ディーン・マーティンが同じような秘密工作員を演じるサイレンサー・シリーズがコロムビアで作られた。「サイレンサー　沈黙部隊」The Silencers (1966)、「サイレンサー　殺人部隊」Murderers' Row (1966)、「サイレンサー　待伏部隊」The Ambushers (1967)、「サイレンサー　破壊部隊」The Wrecking Crew (1969) と、4作まで作られていて、シド・チャリシー、アン＝マーグレット、センタ・バーガー、エルケ・ゾマーなどの美人を相手役としているのも007と同じ。このシリーズもミュージカルではないが歌が少しだけ入っている。

ディーンと別れた後のジェリー・ルイスは、単独のコメディ作品をパラマウントで作っていて、1990年代半ばまで出演していた。ミュージカルはほとんどないが、「底抜け楽じゃないデス」Rock-a-Bye Baby (1958)、「底抜けシンデレラ野郎」Cinderfella (1960)、「底抜けもててもてて」The Ladies Man (1961) など、若干の音楽が入る作品もある。

底抜け右向け！左　At War with the Army (1950) は、マーティンとルイスが初主演した歌入りの作品。陸軍の曹長ディーン・マーティンはプレイ・ボーイとして有名。付き合っている娘が結婚の件といってマーティンを訪ねてくるので、結婚を迫られると思った彼は、平素から面倒をみているドジな部下ジェリー・ルイス一等兵を身代わりとして切り抜けようとする。この作戦は失敗して、上官にも騒ぎが知れて彼は降格となってしまうが、娘の結婚話というのはほかの男との結婚だとわかり、彼は安心して出撃していく。ハル・ウォーカー監督作品。

我が息子　That's My Boy (1951)* は、ハル・ウォーカー監督の学園物のコメディ。ジェリー・ルイスは有名フットボール選手の不肖の息子役で、親に雇われたコーチのディーン・マーティンの指導を受けて、大事な試合で活躍する。

底抜け艦隊　Sailor Beware (1952) は、陸軍を扱った「底抜け右向け！左」(1950) に続き、海軍を舞台にした作品。ディーン・マーティンとジェリー・ルイスのコンビは、一緒に海軍に入り潜水艦勤務でハワイまで行くことになる。ディーンと正反対のジェリーは女性が苦手だが、女性らしくないマリオン・マーシャルに惚れてしまう。ハワイ入港時に映画女優がやって来るので、潜水艦の班長とジェリーのどちらが先に女優にキスできるかを賭ける。ジェリーは苦手の分野なので苦戦するが、ディーンが懸命にサポートして何とか賭けに勝つことができる。日本では「底抜け右向け！左」よりもこちらが先に公開された。監督はハル・ウォーカー。

底抜け落下傘部隊　Jumping Jacks (1952) は、軍隊物の3作目で、今回は落下傘部隊。ジェリーはドサ回りの芸人で、やっとブロードウェイへ進出のチャンスをつかみ喜んだのも束の間、親友で落下傘部隊にいるディーンに、軍隊内のショーをやるので一緒に出てくれと頼まれる。ショーは大成功で、司令官に気に入られて、ジェリーは抜け出せなくなってしまう。おまけにジェリーは演習で敵陣営の司令官を捕らえるので、功績が認められて正式に落下傘部隊に入隊するが、そこでもドジを繰り返す。監督はノーマン・タウログ。

ボケ役　The Stooge (1952)* は、それまでのマーティンとルイスの作品とは異なり、ドラマ仕立ての作品。歌手のマーティンとコメディアンのルイスが、コンビを組んで売り出す。人気が上昇するに従い、マーティンは自分勝手に振舞うようになり、コンビはうまく行かなくなるが、最後には二人の友情が戻る。ノーマン・タウログ監督作品。

底抜けびっくり仰天　Scared Stiff (1953) は、ボブ・ホープがポーレット・ゴダードと共演した「幽霊退治」The Ghost Breakers (1940)* のリメイク。監督も同じジョージ・マーシャルが担当している。ニュー・ヨークのナイト・クラブで歌手をしているディーン・マーティンは、美しい娘リザベス・スコットが

遺産を引き継いでハバナへ行くと聞き、ボディ・ガードとして一緒に行くことにする。ディーンはクラブで給仕をしている仲の良いジェリー・ルイスも一緒に連れて行く。船の中で、遺産として引き継ぐ屋敷には幽霊が出るという噂を聞くが、ディーンは気に留めない。果たして、屋敷に着いてみると、娘の知り合いの男が、館に大金が隠されていると言い残して死んでしまう。実は大金を狙う悪者が殺したのだ。悪者は娘たちの命も狙うがディーンの活躍で何とか無事に遺産を引き継ぐことができる。カルメン・ミランダが脇役で出ているが、彼女の最後の映画出演作品。

底抜けやぶれかぶれ The Caddy (1953) は、「ボケ役」と同じパターンの作品で、監督も同じノーマン・タウログ。ディーン・マーティンとジェリー・ルイスはブロードウェイでも人気の芸人コンビだ。今は大成功している二人の生い立ちが親によって語られる。ディーンは漁師の家に生まれるが、船酔いするので仕事ができずに家出する。ジェリーの父は有名なゴルフ選手で、彼自身も良い腕を持っているのだが、観客の前ではうまくプレイできずに家出してしまう。二人は偶然に知り合い、ジェリーがディーンにゴルフを教えて、彼のコーチによって大会で優勝するが、驕ったディーンは酒浸りとなり試合で失敗してしまう。仕方なく二人はレストランを開き、ショーをやったところ人気が出て、ブロードウェイにも進出するようになる。マーティンの相手役としてドナ・リードが出ている。

底抜けふんだりけったり Money from Home (1953) は、マーティンとルイスとしては初のカラーで、ヴィスタ版の作品。おまけに3Dの立体映画として作られた。内容はデイモン・ラニヤンの原作なので、ギャングたちの人情喜劇というムード。ブロードウェイで競馬の呑み屋をやっているディーン・マーティンは借金でギャングから脅されて、メリーランド州で行われる障害レースで本命の馬を邪魔するように命じられる。ディーンは友人で獣医見習いのジェリー・ルイスと一緒に向かい、本命の馬に乗る騎手と偽り、美人の馬主マージ・ミラーに近づくが、あまりの美しさに恋してしまい、彼女の味方につくことにする。一方、ジェリーも女獣医に惚れて、本命の馬を勝たせようと決める。ギャングの親玉は二人の動きが怪しいので、邪魔しに乗り込んでくるが、二人は力を合わせて何とか本命を勝たせる。ジョージ・マーシャルの監督作品。

底抜けニューヨークの休日 Living It Up (1954) は、ジュール・スタインの舞台作品「ヘイゼル・フラッグ」Hazel Flag (1953) の映画化。この舞台作品はキャロル・ロムバードとフレドリク・マーチの共演した、傑作スクリューボール喜劇「怖いものなし」Nothing Scared (1937)* の舞台ミュージカル版。基の映画の台本を書いたベン・ヘクトが、マーティンとルイス版の台本も担当している。

ニュー・メキシコ駅員のジェリー・ルイスは、一生に一度のニュー・ヨーク見物に出かけようとして、誤って核実験場に迷い込む。核実験場で放射線を浴びたルイスは、医者のディーン・マーティンの誤診により余命いくばくもないとされるが、それが新聞に載るので全米で有名となる。ニュー・ヨークの新聞の婦人記者ジャネット・リーは、ルイスが死ぬ前に念願のニュー・ヨーク見物をさせて記事にしようと、彼を招待する。マーティンは自分の診断が誤診だったと気付くが、美しいジャネットの姿を見ると、それは伏せて、自分もニュー・ヨークへ一緒に行くことにする。ジャネットはルイスを不憫に思い結婚しようと思い立つが、ルイスのほうは彼女の本心からではないと知り、結婚式で大暴れしてしまう。そのために彼が健康だということが明らかとなるが、今更本当のことは言えないので、ルイスは死んだことにしてしまう。ルイスはそうしてニュー・ヨークの片隅でひっそりと暮らすことになる。ノーマン・タウログ監督で、カラー、ヴィスタ版。

底抜け最大のショウ 3 Ring Circus (1954) は、サーカスを題材に取った作品で、原題はリングが3つある大サーカスを意味している。除隊して行き場所が見つからないマーティンとルイスのコンビは、ジョアン・ドルーのサーカスに拾われる。ルイスは道化師として人気が出て、マーティンは綱渡り芸人ザザ・ガボールの力添えで、サーカスの横に賭博場を開いて繁盛する。やがて、財力をつけたマーティンがサーカスの座長となるが、慈善公演を断ったことから、ルイスやほかの団員の反

第4章 1950年代：画面の大型化

撲を買い孤立してしまう。最後にはマーティンも反省して、ジョアンと愛し合っていることに気付きサーカスへ戻ってくる。ジョセフ・ペブニー監督のカラー、ヴィスタ版作品。

お若いデス You're Never Too Young (1955) は、ジンジャー・ロジャースとレイ・ミランドが共演した、ビリー・ワイルダー監督の「少佐と未成年」The Major and the Minor (1942)*のリメイク。高校教師のディーン・マーティンは、婚約者で教師仲間のダイアン・リンとともに休暇でカリフォルニアへやって来て、ホテルで宝石の強盗殺人事件に巻き込まれる。犯人のレイモンド・バーは床屋ジェリー・ルイスのポケットに宝石を隠し、バーが追い回すので、ルイスは訳もわからずに逃げ回る。ルイスは、マーティンとダイアンの勤める女学校まで逃げてきて、レイモンド・バーも追ってくるが、最後にはバーは警察に捕まり一件落着する。ノーマン・タウログ監督のカラー、ヴィスタ版作品。

画家とモデル Artists and Models (1955) という題名は、1920年代のブロードウェイのショーや、ジャック・ベニーが主演した映画「画家とモデル」Artists and Models (1937) にも使われているが、これらの作品とこの映画とは関係がない。

　ニュー・ヨークでデザイナーをしているディーン・マーティンと漫画好きのジェリー・ルイスは一緒に住んでいるが、ルイスがホラー漫画の夢を見て叫び声を上げるので、同じアパートの住人であるドロシー・マローンとシャーリー・マクレインが文句を言う。謝りに行ったルイスは、シャーリーが蝙蝠女の衣装で出てくるので、驚いてしまう。実はドロシーは蝙蝠女の漫画を描いている漫画家で、シャーリーはそのモデルだった。マーティンはルイスの夢をヒントにスリラー漫画を描くようになるが、ドロシーのほうは子供向けの本に転向する。そうしているうちに、ルイスの夢に注目した外国のスパイ団が、ルイスを追い回すが、最後にはスパイも捕らえられて、マーティンとドロシー、ルイスとシャーリーという二組のカップルが出来上がる。女優陣が豪華で楽しめる。フランク・タシュリン監督のカラー、ヴィスタ版。

底抜け西部へ行く Pardners (1956) は、ビング・クロスビーの「愉快なリズム」Rhythm on the Range (1936) のリメイクだが、話は大分異なり、ボブ・ホープの「腰抜け二挺拳銃の息子」Son of Paleface (1952) に近い。19世紀の末に、西部の牧場が盗賊に襲われて牧場主と牧童頭が殺されるが、それぞれの息子は何とか逃げ延びて、今は立派に成人している。牧場主の息子ジェリー・ルイスはニュー・ヨークで暮らし、牧童頭の息子ディーン・マーティンは昔の牧場で牧童を務めていた。父親に憧れていたルイスは名を伏せて故郷の牧場に戻るが、そこでは昔の盗賊の息子たちがやはり悪事を働いている。ルイスは悪漢たちから狙われて牧場を奪い取られそうになるが、マーティンの働きに助けられて、土地の娘と一緒になる。監督はビングの「愉快なリズム」も監督しているノーマン・タウログで、カラー、ヴィスタ版。

底抜けのるかそるか Hollywood or Bust (1956) は、ディーン・マーティンとジェリー・ルイスが共演した最後の作品。ニュー・ヨークの賭博師マーティンは借金で首が回らなくなり、自動車の当たるクジ引き券を偽造して金を得ようと考える。クジ引きの当日に、本物の当たり券を持ったルイスが現れるので、仕方なく二人で自動車をシェアすることになるが、ルイスは大の映画ファンで、貰った自動車に乗ってハリウッドに行き、憧れのグラマー女優アニタ・エクバーグに会うと言い出すので、仕方なくマーティンも一緒に旅することになる。途中で歌手志望の娘パット・クローリーも加わり3人の珍道中となるが、マーティンはパットに惚れて、彼女の歌のテストを手伝い、ルイスは念願のアニタに会うことができる。

　撮影中からマーティンとルイスは口もきかない関係で、ルイスの態度があまりにも目に余るものだったので、監督のフランク・タシュリンもルイスに謹慎を求めたと伝えられる。ルイスにとっては辛い思い出だったらしく、完成後もこの映画を見ようとしなかったという。カラー、ヴィスタ版。

一万の寝室 Ten Thousand Bedrooms (1957)*は、ディーン・マーティンがルイスとのコンビ解消後に最初に出演した作品。パラマウントから離れてMGMで作ったが、マー

312

ティンのプレイ・ボーイ振りを強調した作品で、イタリア出身で歌のうまいアンナ・マリア・アルバゲッティとの顔合わせ。

マーティンは、アメリカのホテル王で、ローマの1万室の巨大ホテルを買収するが、その地で惚れた娘アンナ・マリア・アルバゲッティと結婚するには、その3人の姉たちを先に嫁がせないといけないという難問にぶつかる。リチャード・ソープ監督でカラー、シネスコ版。

ベルが鳴っています Bells Are Ringing (1960)*は、ジュール・スタインの舞台作品(1956)の映画化。アーサー・フリードの制作で、ヴィンセント・ミネリ監督のMGM最後のミュージカル作品だが、それまでのMGMミュージカルとはムードが異なり、舞台作品の忠実な映画化となっている。その理由は、台本を書いたのが、舞台版と同じベティ・カムデンとアドルフ・グリーンというだけでなく、ブロードウェイでもこの役を演じたジュディ・ホリデイを主演としたためだろう。

ホリデイは電話伝言サービス会社のオペレーターで、その顧客の一人ディーン・マーティンは、声だけしか知らないホリデイのことを母親のような存在と感じている。ある日、電話に応答しないマーティンにどうしても大切な用件を伝えるために、ホリデイはマーティンの家に行って直接伝えようとするが、そこで初めて会ったマーティンは、ホリデイだとは知らずに恋をしてしまう。これに電話を使った競馬の呑み屋などの話が絡む。

ねえ！キスしてよ Kiss Me, Stupid (1964)は、ジーナ・ロロブリジーダのイタリア映画「一夜だけの妻」Moglie per una notte (1952)*のリメイク。基になった映画はマリオ・カメリーニの監督作品だが、これもアンナ・ボナッチの芝居「素晴らしいひととき」L'ora della fantasia (1944) の映画化。

ラス・ヴェガスの歌手ディーン・マーティンは、ハリウッドへ向かう途中でガソリン・スタンドに寄ると、急に車が故障するので、ピアノ教師のクリフ・オズモンドの家に一晩泊まることになる。実はクリフはガソリン・スタンドの主人と一緒に曲を書いていて、それをディーンに売り込むために車に細工したわけだ。ところが、異常なまでに嫉妬深いクリフは、ディーンが女に手が早いのを心配し、美人妻ファリシア・ファーを隠して、代わりに近所のバーに勤めているキム・ノヴァクを妻だといって紹介する。案の定ディーンは、曲などそっちのけでキムを口説きにかかるので、怒ったクリフはディーンを追い出してしまう。ところがキムと夫が一緒に家にいるのを見て、妻のファシリアも怒って出て行ってしまい、バーでディーンと知り合うことになる。やがてディーンのショーがラス・ヴェガスからテレビ中継されるが、歌っているのは何とクリフの曲だった。喜んだものの、クリフは心配になって妻のファシリアにディーンのことを尋ねると、彼女の答えは「バカねえ、キスしてよ」だった。

劇中で歌われる曲は、ジョージとアイラ・ガーシュウィンの曲で、洒落た歌詞になっている。ビリー・ワイルダー監督の手馴れた喜劇作品。白黒、シネスコ版のミリッシュ社作品。

サイレンサー 沈黙部隊 The Silencers (1966) は、コロムビア社で作られたプレイ・ボーイの秘密工作員が活躍する「サイレンサー」シリーズの第1作。ディーン・マーティンが007風の歌う秘密工作員マット・ヘルムを演じ、ゲストの美女たちと共演する。

第一線を引退して休暇を楽しんでいたディーンは、急に本部から呼び出されて、中国のスパイ団と戦う。アメリカのミサイルを乗っ取って電波誘導により西部の町を破壊しようという企みを阻止するために、昔の相棒ダリア・ラビと一緒にニュー・メキシコへ向かう。そこで謎の美女と秘密のマイクロ・フィルムを取り合うが、最後には相棒のダリアが敵方の二重スパイだったとわかり、敵の基地を破壊して事なきを得る。ダンサー役でシド・チャリシーが出ている。本家の007ほどではないが、このマーティンのスパイ物もシリーズ化されて、4作品が作られた。

サイレンサー 殺人部隊 Murderers' Row (1966) は、第2作目の作品で、アン＝マーグレットとの共演。何でも破壊してしまう光線兵器を開発する一味にディーンが立ち向かう。一味はリヴィエラに本拠地があり、新兵器の完成のために世界的な科学者を誘拐する。それを探るためにディーンはリヴィエラに赴き、

第4章 1950年代：画面の大型化

科学者の娘アン＝マーグレットと協力して、一味の秘密基地に潜り込み施設を破壊する。

サイレンサー 待伏部隊 The Ambushers (1967) は、シリーズ3作目でセンタ・バーガーとの共演。アメリカは世界で最初に電磁動力を使った飛行円盤を開発するが、試験飛行中に何者かに奪われてしまう。奪った一味はメキシコにいるらしいとの情報で、ディーンはメキシコに乗り込む。そこでは、ほかの国のスパイも入り乱れて円盤の取り合いが行われていた。円盤が隠されているのはジャングルの奥との情報を得て、ディーンは他国の魅力的なスパイのセンタ・バーガーなどと戦い、最後には円盤を取り返す。3作目以降は音楽がほとんど入らない。

サイレンサー 破壊部隊 The Wrecking Crew (1969) は、シリーズ最後の作品でエルケ・ゾマーとの共演。デンマークの列車で大量の金塊が盗まれるという事件が発生して、ディーンはコペンハーゲンへ飛ぶ。英国の情報部員であるシャロン・テートと協力して、敵方のエルケ・ゾマーなどの誘惑を振り切り、本拠地に乗り込むが逆に捕らえられてしまう。ディーンは何とか脱出して、逃げる一味を小型のヘリコプターで追跡して金塊を取り戻す。

エルヴィス・プレスリー Elvis Presley (その1) (1935.1.8～1977.8.16)

エルヴィス・プレスリーは、1935年にミシシッピー州で生まれ、1948年にテネシー州のメンフィスへ移り住んでいる。メンフィスはカントリー音楽の中心地で、エルヴィスの音楽スタイルは、このカントリー音楽と黒人音楽を取り入れて作られた。最初は地元のメンフィスで音楽活動をしていたが、1955年にRCAレコードと契約してから全国的に有名となり、テレビ出演した。

映画の世界では1956年にデビューして、1958年から2年間は兵役のために芸能活動を休むので、本格的に活躍したのは1960年代だった。主にパラマウントとMGMに作品を残したが、50年代の作品4本のうち、パラマウントが2本、フォックスとMGMが各1本となっている。

デビュー作はフォックスの「やさしく愛して」Love Me Tender (1956) だが、これは主演ではなく助演。2作目はパラマウントの「さまよう青春」Loving You (1957) で、当時の社会が、ロックンロールをどう捉えていたかがわかる作品。3作目の「監獄ロック」Jailhouse Rock (1957) はMGMで作られた作品だが、それまでのMGMミュージカルとは違ったスタイルとなっていて興味深い。

兵役前の最後の作品はパラマウントの「闇に響く声」King Creole (1958) で、青春映画として優れた作品。1960年代に作られるエルヴィスの作品は娯楽色が強くなるが、50年代の作品はジェイムス・ディーンの役柄に通じるような、悩める青春が描かれていて、音楽的にもカントリー音楽や黒人音楽の影響が色濃く出ている。(p.335の1960年代俳優の項へ続く)

やさしく愛して Love Me Tender (1956) は、記念すべきエルヴィス・プレスリーのデビュー作だが、まだ主演の扱いになってはいない。南北戦争の終わり頃、南軍の兵士リチャード・イーガンは北軍の列車を襲い兵士の給料を略奪するが、その時にはもう終戦となっていた。そこで、奪った金を仲間と山分けして故郷に戻るが、故郷ではイーガンが亡くなったとの噂が広がり、恋人デブラ・パジェットは、弟エルヴィス・プレスリーと結婚していた。絶望したイーガンは町を去って新天地へ向かうが、北軍がやって来てイーガンを公金横領で捕らえようとする。エルヴィスは兄を助けようとするが、イーガンが山分けした金を仲間たちから集めて金を返そうとするので、仲間の間で疑心暗鬼から争いが起こり、エルヴィスも妻デブラが裏切ったのではないかと動揺する。イーガンは何とか金を返すが、仲間争いの撃ち合いでエルヴィスは亡くなってしまう。

映画の中でエルヴィスが死んでしまうのはこの作品のみ。エルヴィスは若い時にはブロンドで、年とともに色が濃くなっていったが、この作品では撮影時期によって彼の髪の毛の色が微妙に変化している。

エルヴィスは映画の中で4曲を歌っている。いずれもエルヴィスとケン・ダービーの手によるもので、タイトル曲が大ヒットした。ロバート・D・ウェッブ監督のフォックス作品で、白黒のシネマスコープ版ステレオ。

さまよう青春 Loving You (1957) は、エルヴィスが初めて主演した彼の原点ともいえる作品。自伝的な雰囲気を漂わせた話になっていて、彼のスタイルがこの作品で確立したといっても良いだろう。

エルヴィス・プレスリーは酒の配達をやっている青年で、歌とギターがうまいので、楽団マネジャーをやっていたリンダ・スコットの目に留まり、楽団に加わることになる。若い娘たちの圧倒的な人気を得て、プレスリーを大々的に売り出そうとするが、保守的な人々の妨害で、コンサート会場の劇場が使えなくなる。そこで、リンダは公聴会をテレビ中継して、世論を盛り上げてコンサートを成功させる。プレスリーは実はリンダに惚れていたのだが、彼女は楽団リーダーのウェルデン・コーリーと離婚したものの、やはり諦めきれずに再婚する。

ハル・カンター監督のパラマウント映画で、カラーのヴィスタ版。エルヴィスは初めてのカラー作品なので、髪の毛を黒く染めたという。ロックンロール出現時のアメリカ社会の反応がよく描かれているだけでなく、エルヴィスのスローな曲から、リズムを強調した曲、そして特徴的な腰と脚の素早い動きが楽しめる。

監獄ロック Jailhouse Rock (1957) は、MGMでリチャード・ソープが監督した作品なので、映画としてのまとまりが良く、プレスリーの代表作のひとつとなっている。

南部でトラック運転手をしていたエルヴィス・プレスリーは、酒場の喧嘩で相手を殴り殺してしまい、刑務所へ送られる。刑務所内で、エルヴィスはカントリー歌手のミッキー・ショーネシーと出会い、ギターや歌を教わり、腕を上げるので、出所したら二人で一緒に組んで歌おうと意気投合する。先に出所したエルヴィスの歌は、簡単には売れなかったが、レコード会社の宣伝係をしていたジュディ・タイラーと一緒に、新しいレコード会社を立ち上げて売り出す。彼女の努力によりエルヴィスの人気は次第に高まり、ヒットが続出するが、大スターとなったエルヴィスは次第にわがままとなり、女の子を次から次へと替え、金の亡者のようになっていく。後から出所してきて居場所を失ったミッキーは、我慢できなくなってエルヴィスを殴るが、それが喉に命中して彼は歌えなくなってしまう。しかし、ミッキーとジュディの懸命の看病で、エルヴィスは再び声を取り戻し、人を愛することも知るのだった。

この映画はMGMのスタジオで撮影されたので、ジーン・ケリーも熱心に撮影現場を見学していたらしい。白黒のシネスコ作品で興行的に大ヒットした。

闇に響く声 King Creole (1958) は、エルヴィスが兵役につく前に撮った最後の作品。ハロルド・ロビンスの小説「ダニー・フィッシャーの石」A Stone for Danny Fisher (1952) の映画化。

ニュー・オリンズの高校生エルヴィス・プレスリーは、柄の悪い安酒場で給仕をして生活費を稼いでいるので、学校にはなかなか通えずに、落第が続いていた。働いている安酒場で彼が歌うと、「キング・クレオール」というナイト・クラブから声がかかり、そこで歌うようになる。安酒場を経営している街の顔役は、子分たちにエルヴィスの父親を襲わせて、元の安酒場に戻るようエルヴィスを脅すので、怒ったエルヴィスは顔役を殴り倒し、子分たちとも喧嘩になってしまう。顔役に追われたエルヴィスは、彼に惚れた顔役の情婦に助けられ、顔役は揉み合いの最中に亡くなるので、「キング・クレオール」へと戻っていく。

エルヴィス作品としては珍しく台本がしっかりとしていて見応えがあり、ドラマとして最も面白い作品のひとつ。映画の最後で歌う、『君のいる限り』As Long As I Have You も良い。マイケル・カーティス監督のパラマウント映画で、白黒のヴィスタ版。

第4章　1950年代：画面の大型化

5　ワーナー

　1950年代のワーナー・ミュージカルを支えたのは、ドリス・デイとその相手役を務めたゴードン・マクレエだろう。ドリスは1940年代末からミュージカル作品に出始めたが、彼女に合う相手役がおらず、ゴードン・マクレエと4本、ジェイムス・キャグニーと2本を共演した程度。そのほかジーン・ネルソンもワーナーにいたが、一人でワーナーを支える力はなかったために、1950年代の後半にドリスとゴードンが去ると、ワーナー社のミュージカル映画は消滅してしまう。

ドリス・デイ　Doris Day
(1922.4.3–)

　ドリス・デイは、1922年生まれの金髪の歌手で、主にワーナー映画で活躍した。最初は楽団の歌手をしていたから、歌はうまく甘い声を持つ。美人タイプというよりも、家庭的で親しみのある笑顔により全米的な人気を得た。ミュージカル作品ではないが、ヒッチコック監督の「知りすぎていた男」(1956)で、『ケ・セラ・セラ』を歌ったのが大ヒット。明るいキャラクターで、ロック・ハドソンと組んだロマンチック・コメディなどもファンが多い。

　最初の主演作は「洋上のロマンス」Romance on the High Seas (1948)*で、金持ちの妻の身代わりとなって豪華客船で旅する時に、見張り役の私立探偵ジャック・カースンと恋におちる話。その後ドリスは1954年まで、ワーナーでミュージカル作品に出演し続ける。次の「夢はあなたに」My Dream Is Yours (1949)*と「素敵な気持ち」It's a Great Feeling (1949)*も、ジャック・カースンと組んだ作品。

　ワーナーにはミュージカル俳優がほとんどいなかったために、折角ドリス・デイのような女優が出てきても、歌えない相手と組んでドリス一人が歌う形となり、単調な作品となってしまう。

　そのために1950年以降は配役に工夫が見られるようになる。「情熱の狂想曲」Young Man with a Horn (1950)は、カーク・ダグラス主演のコルネット奏者の生涯を描いた作品で、ドリス・デイの作品としては珍しく重たいムード。

　「二人でお茶を」Tea for Two (1950)は、ゴードン・マクレエが相手役で、1920年代の舞台作品の映画化。マクレエとは、田舎の小さな町の平凡な娘の恋を描いた「月光の入り江で」On Moonlight Bay (1951)*と、その続編の「銀月の光で」By the Light of the Silvery Moon (1953)*でも共演している。

　「ウェスト・ポイント物語」The West Point Story (1950)*は、演出家ジェイムス・キャグニーが陸軍士官学校のショーを演出する話。ヴァージニア・メイヨーがキャグニーの相手役で、ドリス・デイとゴードン・マクレエも出ているという豪華な作品。キャグニーとはもう1本MGMの「情欲の悪魔」Love Me or Leave Me (1955)でも共演しているが、こちらのキャグニーは得意のギャング役を演じている。

　「ブロードウェイの子守唄」Lullaby of Broadway (1951)*はジーン・ネルソンが相手役で、彼の踊りがうまく生きた作品。次の「夢で逢いましょう」I'll See You in My Dreams (1951)*は、作詞家ガス・カーンの伝記作品でドリス・デイは妻の役。こういう作品を作る場合、MGMならば豪華なゲスト・スターが並ぶが、ワーナーだと配役が弱い。

　第二次世界大戦中には沢山作られた慰問用の映画だが、朝鮮戦争では「スターリフト」Starlift (1951)*ぐらいしか作られなかった。この作品はドリス・デイを中心に、ワーナー所属のスターたちが総出演している。「四月のパリ」April in Paris (1952)*は、芸達者なレイ・ボルジャーと共演した作品で、ドリスよりもレイ・ボルジャーのほうが記憶に残る。そして、MGMからハワード・キールを借りて作ったのが、西部の女傑といわれた実在の女性を主人公にした「カラミティ・ジェーン」Calamity Jane (1953)で、ドリス・デイの代表作となった。

　「幸運な私」Lucky Me (1954)*は、シネマスコープで撮影されたワーナー最初の作品で、役者を並べてはいるが低調な出来。ワーナー最後の作品となったのが「心は若く」Young at Heart (1954)*で、フランク・シナトラと

の共演。その後は、ワーナーから離れて各社の作品に出ているが、ヒッチコック監督のサスペンス映画「知りすぎていた男」(1956) は、ミュージカル作品ではないものの、大ヒットした『ケ・セラ・セラ』Whatever Will Be を歌う場面が効果的に使われている。

ミュージカルとしてはワーナーで作られた「パジャマ・ゲーム」The Pajama Game (1957) が優れている。これはブロードウェイ作品の忠実な映画化で、相手役のジョン・レイットや脇役のキャロル・ヘイニーが、舞台と同じ役を演じただけでなく、舞台で評判となったボブ・フォッシー振付の『スチーム・ヒート』と『ヘルナンドの隠れ家』が、そっくりそのまま収録されている。

ミュージカルとして最後となったのは、MGMで作られた「ジャンボ」Billy Rose's Jumbo (1962) で、ジミー・デュランテと共演しているが、もはや1950年代MGMのような輝きは失われている。

洋上のロマンス Romance on the High Seas (1948)* は、ワーナー社がカラーで作った、ドリス・デイのデビュー作品。楽しみにしていた船旅を何度も延ばすので、夫の浮気を疑ったジャニス・ペイジは、一人でリオ行きの船に乗り込む振りをして、ナイト・クラブ歌手ドリス・デイを身代わりに立てて船旅に出し、自分は隠れて夫を見張ることにする。一方、夫のほうも、ジャニスの振舞を怪しいと考えて、私立探偵ジャック・カースンを船に乗せて、妻の行動の監視をするように依頼する。ジャック・カースンは身代わりだと知らないままにドリス・デイに近づき、二人は恋仲となるが、そこにナイト・クラブのピアノ弾きで、ドリスに結婚を申し込んでいるオスカー・レヴァントが現れるので、話がややこしくなる。結局、ジャニス・ペイジとその夫もリオのホテルで鉢合わせして大混乱となるが、最後には誤解が解けて、ドリスはカースンと結ばれる。

楽曲はジュール・スタインとハリー・ウォーレンで、『それは魔法』It's Magic がヒットした。ドリス・デイは若い時から楽団で歌っていたが、映画に出演するのはこれが最初。監督はマイケル・カーティス。ショー場面の振付はバスビー・バークレイだが、お金をかけていないこともあり、バークレイらしさは出ていない。

夢はあなたに My Dream Is Yours (1949)* は、ディック・パウエルとジンジャー・ロジャースの「二千万人の恋人」Twenty Million Sweethearts (1934) のリメイク。人気のラジオ・スターが契約更新してくれないので、制作担当のジャック・カースンは、代わりの新人を探し回り、ニュー・ヨークで歌のうまいドリス・デイを見つけ出す。彼女をハリウッドのラジオ局に連れて来て、スポンサーの了解を取ろうとするがうまく行かない。あちこちのナイト・クラブでも断られて困ったカースンは、路線を変えて落ち着いたムードの曲で売り込むとこれが成功、ドリスは大スターとなり、カースンの優しさに触れて彼を愛していることを悟る。

ドリスはシングル・マザーの歌手という設定で、ドリスの小さな息子の夢の中で、ウサギのバックス・バニーなどの、ワーナー社のアニメ・キャラクターが登場する。作曲は「二千万人の恋人」の時にも曲を書いたハリー・ウォーレンだが、ドリス・デイを意識した新曲を書いている。マイケル・カーティス監督で、カラーのワーナー作品。

素敵な気持ち It's a Great Feeling (1949)* は、撮影所を舞台に有名スターたちが次々とゲスト出演する作品。女優志願のドリス・デイは、ワーナー映画の撮影所の食堂でウェートレスをしていて、主演女優を探していたデニス・モーガンとジャック・カースンの目に留まり、スタジオの幹部に売り込むがうまく行かない。フランス女優に化けたりもするが、これも失敗。失意のうちにドリスは故郷に帰って結婚することにするが、帰りの列車の中でスタジオの幹部に本当の才能を見せることができて、映画出演が決まる。

ジャック・カースンがモーリス・シュヴァリエの真似をして歌うが、これがよく似ている。ゲスト出演しているのは、ゲイリー・クーパー、ジョーン・クロフォード、ダニー・ケイ、エロール・フリン、エドワード・G・ロビンソン、ジェイン・ワイマンなど、監督のマイケル・カーティスも顔を見せる。作曲はジュール・スタインで、軽い調子。デイヴィッド・バトラー監督のワーナー社カラー作品。

情熱の狂想曲_{ラプソディ}　Young Man with a Horn (1950) の「狂想曲」は、ラプソディと読ませる。ドロシー・ベイカーの処女作の同名小説 (1938) の映画化で、ビックス・バイダーベックという実在のコルネット奏者の生涯を描いたもの。ビックスは主に1920年代に活躍したが、1931年に28歳の若さで亡くなっている。

　黒人ジャズメンから手ほどきを受けたトランペットの名手カーク・ダグラス（リックという役名だがビックスをモデルとしている）は、ダンス楽団に入り、ピアノのホーギー・カーマイケルや歌手ドリス・デイと知り合う。ダンスの伴奏ではなく本物のジャズを演奏したいカークは、楽団から離れてホーギーと一緒に活動し、ニュー・ヨークへ進出する。やがてドリスの紹介で、少しエキセントリックなローレン・バコールと結婚して、大楽団で働くようになるが、音楽への情熱が強過ぎてバコールとの間もうまく行かなくなり、酒の量も増えて結婚生活も体も壊してしまう。そんな彼の情熱を理解したホーギーとドリスは、彼を支える。

　使われている音楽は実際にビックスが活躍した時代よりも、新しい時代のものが多い。カーク・ダグラスのトランペットは、ハリー・ジェイムスが演奏している。マイケル・カーティスの監督で、白黒で撮ったこともあり、重たいドラマというムード。ドリス・デイは自分自身も楽団歌手の経験があり、その時代にはあまり良い印象を持っていないらしく、撮影中も乗り気でなかったようだ。イタリアでもプーピ・アヴァーティ監督が「ジャズ・ミー・ブルース」Bix (1991) で、同じ人物を描いている。

二人でお茶を　Tea for Two (1950) は、ブロードウェイの舞台ミュージカル「ノー、ノー、ナネット」No, No, Nanette (1925) の映画化。この作品は1930年、1940年と過去2回映画化されているので、この作品は3回目。

　ドリス・デイは富豪の娘で、歌や踊りを習っているが、ショーの資金集めに苦労していた一座が、資金を出せば彼女を主演にすると持ちかける。ドリスは、一座のスターであるゴードン・マクレエとだんだんと親密になるが、48時間は何を聞かれても「ノー」としか答えないという約束で、父親から資金提供の了承を得たので、待ち望んでいたプロポーズにも「ノー」と答えざるを得ない。ところが48時間が終わると、1929年の株式大暴落で父親は財産を失っていたことが判明。一座は、再び資金不足に悩むが、ドリスの秘書が金持ちと結婚して資金を提供し、無事にショーの幕が開く。

　ドリス・デイは歌だけでなく、踊りもこなしている。舞台版はヴィンセント・ユーマンズの作曲で、この映画版でも有名曲はそのまま使っているが、ほかの曲は入れ替えている。デイヴィッド・バトラー監督で、カラーのワーナー作品。

ウェスト・ポイント物語　The West Point Story (1950)* は、ジェイムス・キャグニー主演のミュージカル作品。失業中のミュージカル演出家キャグニーは、プロデューサーから頼まれて、ウェスト・ポイント陸軍士官学校に、美人秘書ヴァージニア・メイヨーを伴って乗り込む。実はプロデューサーの甥で士官学校生のゴードン・マクレエが学内でショーを企画したので、それを手伝うと同時に、甥もショーの世界に引きずり込もうというのだ。ところが、ショーのゲストに呼んだドリス・デイに惹かれたゴードンは、無断外出をして退学させられそうになる。キャグニーはハリウッドまでゴードンを探しに行き、学校に連れ戻す。ジュール・スタインの作曲、ロイ・デル・ルース監督の白黒版ワーナー作品。

ブロードウェイの子守唄　Lullaby of Broadway (1951)* は、ドリス・デイを主演としてジーン・ネルソンを相手役としたミュージカル。ドリス・デイはミュージカル・スターで、長らくロンドンで活動していたが、久々にアメリカへ戻り母の邸宅を訪ねる。母親もかつてはブロードウェイのスターだったが、今は落ちぶれてアルコール依存症となり安酒場で歌っていて、邸宅もとっくに他人の手に渡っていたのだが、邸宅の持ち主は母親をよく知っていたので、話を合わせてドリスを歓迎する。金持ちの投資家がドリスに惹かれて、次のショーに使おうと制作者に勧めるが、ドリスのほうはダンサーのジーン・ネルソンに夢中になってしまう。ドリスは母親の本当の姿を見て驚くが、何とか立ち直り、無事にショーの幕が開く。

監督のデイヴィッド・バトラーが、過去のミュージカル作品を熱心に研究したことがわかる作品で、ミュージカルの定石を守った作品となっている。全体の構成は、デイモン・ラニヤンの小説を映画化した「一日だけの淑女」Lady for a Day (1933)を彷彿とさせるが、ミュージカルとしての構成はアステアとロジャースの作品に範をとっており、ジーン・ネルソンの踊り方はアステアをよく真似ている。

タイトルにもなっているハリー・ウォーレンの有名な曲は、バスビー・バークレイの「ゴールド・ディガース36年」Gold Diggers of 1935 (1935)の中で、ウィニーフレッド・ショーが歌い有名になったもの。映画の最後のショー場面でこの曲が使われるが、真っ暗な背景の中でドリス・デイの顔だけが豆粒のように浮かび上がり、1コーラスを歌う間にカメラがだんだんと近づいていくというカメラ・ワークは、オリジナルの映画に敬意を表して同じように撮ったのだろう。

その後の踊りは一転してアステア風となるが、ドリス・デイの着ている金色のドレスは、ジンジャー・ロジャースが「ブロードウェイのバークレイ夫妻」The Barkleys of Broadway (1949)で着たドレスに似ている。そのほかの踊りや、撮影方法などもよく真似ている。ハリー・ウォーレンの曲以外にも、いろいろな既成曲を使っている。ワーナー社のカラー作品。

月光の入り江で On Moonlight Bay (1951)*は、「二人でお茶を」(1950)に続き、ゴードン・マクレエを相手役とした作品。20世紀初頭のアメリカの田舎町。町に引っ越してきたお転婆娘ドリス・デイは、通りを挟んだ向かいの家に住む好青年ゴードン・マクレエと恋仲になる。ゴードンが大学を卒業したら結婚しようと、ドリスは密かに思い描いているが、第一次世界大戦が始まり、ゴードンは卒業と同時に出征してしまう。ドリスの父親は地方銀行の副頭取で、保守的な考え方の持ち主だったため、ゴードンとの結婚をなかなか認めようとはしなかったが、母親の説得により自分の若い時を思い出し、二人の交際を認める気になる。

ブース・タンキントンの小説「ペンロド」Penrod (1914)が原作で、この作品は舞台劇(1918)で上演された後、無声時代にも映画化(1922)されている。大変人気のあるキャラクターで、小説でも続編が書かれており、続編もシリーズ化されて何度も映画化されている。このミュージカル版も評判が良かったので、すぐに同じキャストにより続編の「銀月の光で」(1953)*が作られた。

楽曲はいろいろな作曲家の作品を使用。ロイ・デル・ルース監督のカラー版ワーナー作品。

夢で逢いましょう I'll See You in My Dreams (1951)*は、作詞家ガス・カーンの伝記映画で、ドリス・デイは彼を支える妻役。ダニー・トーマスが演じる作詞家ガス・カーンは、夢中になって詞を書くだけが取り柄の男だったが、楽器店の楽譜売りの歌手ドリス・デイは、彼の才能をよく理解して支える。二人が結婚してから、ダニーはヒット曲を連発して、第一次世界大戦では戦地を慰問に回り、ブロードウェイでジーグフェルドの作品にも詞を書く。しかし、幸せな日々は続かず、1930年代に入りラジオの時代となると、彼の曲は売れなくなってしまう。ドリスは昔の友人に頼んで、ハリウッドでの仕事を見つけるが、時間に追われるような曲作りをすることはできずに、体調を崩してしまう。そんな彼に生きる力を取り戻させようと、密かに仲間を呼んで励ますのもドリスだった。

ガス・カーンの伝記なので、彼の書いた曲とその当時のヒット曲が使われている。ドリスだけでなく、多彩なメンバーが歌っているが、第一次世界大戦中の慰問ショーの場面で、ドリスが黒塗りの顔でミンストレル風に歌うのは珍しい。マイケル・カーティス監督の白黒ワーナー作品。

四月のパリ April in Paris (1952)*では、ドリスの相手役はレイ・ボルジャーになっている。踊り子ドリス・デイは、アメリカ国務省の招待で、パリで開催される世界芸術祭へ参加することになる。国務省は大女優を派遣するつもりだったのだが、役人レイ・ボルジャーが名前を間違えて、ドリスへ招待状を送ってしまう。レイ・ボルジャーは慌ててドリスを止めようとするが、踊り子の派遣が世間の評判となり、そのまま派遣することになる。

アメリカからの国務省一行は、ドリスと一緒に船でフランスへ向かうが、船の中で意気投合したドリスとレイは、船長に頼んで結婚してしまう。ところが、それが偽の船長で結婚は無効となり、おまけにフランスに着くと、飛行機で先回りしていたボルジャーの婚約者イヴ・ミラーが現れるので、大荒れとなるが、最後に二人は無事に結ばれる。レイ・ボルジャーが素晴らしい踊りを見せている。この振付はルロイ・プリンツ。楽曲はヴァーノン・デューク。デイヴィッド・バトラー監督のカラー、ワーナー作品。

銀月の光で By the Light of the Silvery Moon (1953)*は、「月光の入り江で」(1951)*の続編。前作ではゴードン・マクレエが出征したところで話が終わるが、この作品では、ゴードンが第一次世界大戦から戻ってきたところから始まる。戦争からゴードンが戻ったらすぐに結婚するつもりでいたドリスは、きちんとした職について金を貯めてから結婚する、と彼が言うのでがっかりしてしまう。ゴードンは、ドリスの父親の銀行で貸付係を始めるが、ドリスの父親がフランス女優と浮気をしているのではないかと、ドリスと弟が心配するので、結婚どころではなくなる。結局最後には誤解が解けて、丸く収まる。出演者は前作とほとんど同じだが、監督は代わって、デイヴィッド・バトラーが担当している。ワーナーのカラー作品。

カラミティ・ジェーン Calamity Jane (1953)は、ハワード・キールがワーナーに貸し出されてドリス・デイの相手役を務めた作品。「アニーよ銃をとれ」Annie Get Your Gun (1950)の焼き直しともいえる内容で、こうした西部劇ミュージカルにはハワード・キールがよく似合う。

19世紀末の西部開拓時代の小さな町で、ドリス・デイ（カラミティ・ジェーン役）は男たちに混じり、まるで男のような生活を送っていた。拳銃の腕前も男勝りで、密かにキールを好いていたのだが、男たちは色気のないドリスなどには目もくれずに、レヴュー・ショーのスターの写真を取り合っていた。ドリスはそんなに見たいなら連れてきてやると、あてもないままに大見得を切り、スターを呼ぶために大都会シカゴへ出る。右も左もわからない大都会で、お目当てのスターの楽屋に乗り込むむが、そこにいたのは付き人のアリン・アン・マクレリーで、彼女がスターの名を騙るので、それを信じて町まで連れて帰る。町でショーを始めると、すぐに大スターでないことはばれてしまうが、ドリスは新人にもチャンスを与えろと説得して、町の人たちも受け入れる。マクレリーと一緒に住み始めたドリスは、その影響で女らしい立ち振舞を覚えて、ハワード・キールのハートを射ることにも成功する。

「アニーよ銃をとれ」を意識して作られているが、ある面ではより成功している。その理由は、やたらと豪華なスペクタクル場面を展開せずに、歌や芸をじっくりと見せた点にある。音楽はサミー・フェインの手によるもので、『密かな愛』My Secret Love などのメガ・ヒットを生み出した。

振付はジャック・ドナヒューで、ドリス・デイは砂を床にまいて踊るサンド・タップを見せる。砂を使ったタップは、フレッド・アステアも「トップ・ハット」Top Hat (1935)の中で踊っているが、どちらの場面でも効果的に使われている。

「カラミティ」というのは「災難」というような意味だが、そういうあだ名で呼ばれる女性は実在の人物。西部開拓時代の有名人物で、インディアンと戦ったカスター将軍の斥候などを務めた後、この映画でハワード・キールが演じたワイルド・ビル・ヒコックと「結婚した」と本人は語っていたが、正式な結婚かどうかはわからない。仲が良かったのは事実らしい。

晩年はバファロー・ビルのワイルド・ウェスト・ショーで曲撃ちの芸を見せていたというから、「アニーよ銃をとれ」の話そのままの人生といって良いかも知れない。有名人物なので、沢山の映画に登場するが、ミュージカル関係ではボブ・ホープの「腰抜け二挺拳銃」Paleface (1948)の中で、ジェイン・ラッセルも演じている。

幸運な私 Lucky Me (1954)*は、シネマスコープ最初期のミュージカル作品。音響も4チャンネル・ステレオだが、まだステレオに慣れていない時代の録音で、妙に音が左右に動く。迷信好きで、何にでも縁起をかつぐド

リス・デイは、フィル・シルヴァース座長の売れないミュージカル一座に所属していた。金欠のためにホテルのキッチンで仕事をしているが、そのホテルに泊まっている有名な作曲家ロバート・カミングスと偶然に出会い、互いに相手の正体を知らぬまま恋におちる。カミングスはドリスが歌手で、歌がうまいことを知り、次のミュージカルに使いたいと考えるが、一方でスポンサーである石油王の娘マーサ・ハイヤーのご機嫌をとる必要があり、二人の間で困ってしまう。結局、最後にはドリスとロバートは本当に愛し合っていることを確かめ合い、石油王も資金を出すことが決まる。

脇役にエディ・フォイ・ジュニアとナンシー・ウォーカーが出ていて、芸達者なところを見せる。楽曲はサミー・フェインで、監督は振付師出身のジャック・ドナヒューだったが、出始めたばかりのシネスコ映画に慣れなかったためか、全体として低調な仕上がり。カラー、ステレオのワーナー作品。

心は若く Young at Heart (1954)*は、マイケル・カーティス監督の「四人の姉妹」Four Daughters (1938) のミュージカル版リメイク。3人の娘がいる音楽一家に、作曲家ギグ・ヤングが下宿することとなる。一緒に顔を合わせるうち、姉妹の中でもドリス・デイと親しくなる。ギグ・ヤングは自分の曲を編曲するために友人のフランク・シナトラを呼ぶが、シナトラもいつしかドリスに恋心を抱く。ドリスはギグとの結婚を発表するが、ギグとの結婚を望んでいた姉妹たちがショックを受けるので、ギグを諦めてシナトラと結婚する。ドリスとシナトラの結婚生活はうまく行かず、シナトラは事故で亡くなってしまうので、ドリスは独身のまま待っていたギグと改めて一緒になる。

基の映画では4人姉妹だったのが、3人姉妹となっているものの大筋は同じ。「四人の姉妹」はもともとファニー・ハーストの書いた小説「姉妹の振る舞い」Sister Act の映画版。ハーストの小説はその多くが映画化されていて、有名作ではダグラス・サーク監督のメロドラマ「悲しみは空の彼方に」Imitation of Life (1959) などがある。楽曲は既成曲を使用。監督はゴードン・ダグラスで、カラーのヴィスタ版ワーナー作品。

情欲の悪魔 Love Me or Leave Me (1955) は、実在のトーチ・シンガーであるルース・エッティングの伝記作品。1920年代のシカゴで、ダンス・ホールの踊り子をしていたドリス・デイ（ルース・エッティング役）は、客に絡まれたところをギャングのジェイムス・キャグニーに助けられて、歌を習って歌手として売り出す。彼女の歌は評判が良く、シカゴでラジオ出演した後、ニュー・ヨークでジーグフェルドの舞台にも出演する。全国のナイト・クラブを回った後に、ハリウッドからも声がかかる。ドリスに夢中のキャグニーは、彼女と結婚してハリウッドへ行くが、彼の荒っぽい性格にドリスはついていけない。結局キャグニーとは離婚して、昔ドリスに歌を教えてくれたピアノ弾きキャメロン・ミッチェルと愛を語るが、キャグニーは怒って銃を撃ち、逮捕されてしまう。刑期を終えて出てきたキャグニーを待っていたのは、彼が昔から思い描いていたナイト・クラブと、そこで歌うドリス・デイの姿だった。

ルース・エッティングは、トーキー初期の1巻物や2巻物の短編に沢山出演して姿を残している。「ローズランド」Roseland (1930)*という1巻物の短編の中では、この映画にあるようなダンス・ホールで踊る役を演じている。長編ではエディ・カンターの「羅馬太平記」Roman Scandals (1933) の脇役で出演して1曲歌っている。本物のルース・エッティングはトーチ・シンガーなので、ドリスとは歌い方が異なるが、ドリスは無理に真似をして歌ってはいない。

ドリスは、前作の「心は若く」Young at Heart (1954)*でワーナーの独占契約が終了したので、この作品はMGMで撮り、ジョー・パスタナクの制作になっている。ギャングの情婦のような役柄で激しい暴力場面があるため、ドリス・デイは自分のイメージに合うかどうか悩んだ末に役を受けたという。

ほかにも候補者は沢山いたし、生前のルース・エッティングは、ジェイン・パウエルを推薦していたらしいが、ジェイムス・キャグニーが強力に推したので、ドリスに決まったという。キャグニーは以前に「ウェスト・ポイント物語」West Point Story (1950)*で共

演して、ドリスを気に入っていたらしい。ドリスを主演とするために、普段は絶対にこだわるキャグニーが、トップ・ビリングをドリスに譲っている。

楽曲は当時のものと新曲を織り交ぜて使用しており、リチャード・ロジャースの『ひと踊り10セント』Ten Cents a Danceが評判になって、サントラ盤のレコードがベストセラーとなった。キャグニー自身も気に入った作品で、アカデミー賞の6部門でノミネートされて、台本賞を取った。チャールズ・ヴィードア監督のカラー、シネスコ版MGM作品。

パジャマ・ゲーム The Pajama Game (1957) は、古巣のワーナーに戻って撮った、リチャード・アドラーとジェリー・ロスの同名舞台作品 (1954) の映画化。舞台版に忠実な映画化で、大半のキャストが舞台からそのまま起用されている。舞台でジャニス・ペイジが演じた役がドリス・デイに代わっただけで、相手役も舞台版の主演者ジョン・レイットがそのまま演じている。

アメリカの田舎町にあるパジャマ製造工場に、新しい製造監督ジョン・レイットが赴任してくる。この工場では1時間当たり7セント半の賃上げをめぐり、工場長と労働組合が対立していた。ジョン・レイットは組合の代表者ドリス・デイと交渉するが、賃上げについては妥協できないまま、互いに惹かれ合う。組合はスロー・ダウン闘争に入り、ジョンはドリスを解雇せざるを得なくなり、事態は悪化する。ところが、ジョンが工場長の秘書キャロル・ヘイニーを酔わせて、秘密にしていた帳簿を調べると、書類上は既に賃上げしたことになっているとわかる。ジョンは、これを証拠に工場長を説得して賃上げを行い、ドリスとも仲直りするのだった。

舞台作品では、ボブ・フォッシーが振り付けた『ヘルナンドの隠れ家』と『スチーム・ヒート』のふたつのダンス場面が評判になったが、この映画でもオリジナルで踊ったキャロル・ヘイニーが絶頂期の踊りを残している。音楽も舞台版とほとんど同じ。

一般にブロードウェイ・ミュージカルは上演時間が2時間を超えるのに対し、この頃の映画は1時間半から2時間の作品が多かった。この作品も1時間41分なので、舞台版

の楽曲をそのまま全部入れるのは難しいが、主要なナンバーは忠実に収録されているので、舞台好きには嬉しい。舞台版を演出したジョージ・アボットも映画版に参加していて、スタンリー・ドーネンとの共同監督。カラーのヴィスタ版。ミュージカルとして完成度が高く、1950年代のワーナー社の代表作となった。

ジャンボ Billy Rose's Jumbo (1962) は、ジョー・パスタナク制作によるMGM作品で、リチャード・ロジャースとローレンツ・ハートの舞台ミュージカル (1934) に基づいているが、話は大幅に変わっている。

舞台版は、ニュー・ヨーク名物といわれた巨大なヒッポドローム劇場を使って上演された。映画版はバスビー・バークレイが演出した最後の作品で、ドリス・デイにとっても最後のミュージカル。一時代を築いたMGMミュージカルも、この作品をもって終わったと考えても良いだろう。

サーカスを舞台にした話で、「ジャンボ」というのはワンダー・サーカス名物の象の名前。ワンダー・サーカスはジミー・デュランテが経営をして、娘ドリス・デイがスターだが、デュランテが賭け事好きなので、経営は左前で借金を重ね、芸人にも逃げられる始末だ。そこへ綱渡りだけでなく、サーカス芸なら何でもこなすスティーヴン・ボイドが現れてサーカスを手伝う。一緒に仕事するうちに、ドリスとボイドは真剣に愛し合うようになるが、実はボイドはライバル・サーカスの団長の息子で、ワンダー・サーカスを乗っ取り、人気象ジャンボを奪うために送り込まれたスパイだった。ドリスを愛してしまったボイドは父親を止めようとするが、間に合わずに、ワンダー・サーカスは潰れて、象のジャンボは奪われてしまう。ボイドの正体を知ったドリスは憤慨するが、ボイドは父親と別れて、ジャンボを連れてドリスの下に戻ってくる。

リチャード・ロジャースの曲は美しいが、バークレイの演出は、サーカス場面で彼らしさを見せるものの、間延びした印象で全体的に低調な作品となった。チャールズ・ウォルターズのカラー、シネスコ版の作品。

ゴードン・マクレエ Gordon MacRae

(1921.3.12-1986.1.24)

ゴードン・マクレエは、1921年生まれで高校時代から歌や演劇に興味を持っていて、楽団歌手も経験したが、その後ブロードウェイの舞台に立ち、そこから映画界入りして、1949年から53年は、ワーナーでジューン・ヘイヴァーやドリス・デイの相手役を務めた。その後は、フォックスでシャーリー・ジョーンズと組んで2本のロジャースとハマースタイン2世作品に出演した。

1950年代後半からはテレビ界入りして、映画出演は減った。甘い歌声を持っているが、クルーナーというわけではなく、ミュージカル風の歌い方の二枚目役を得意とした。

デビュー作の「虹の女王」Look for the Silver Lining (1949) はマリリン・ミラーの伝記映画で、ジューン・ヘイヴァー主演、ゴードン・マクレエとレイ・ボルジャーが助演した。次の「ロージー・オグレイディの娘」The Daughter of Rosie O'Grady (1950)*もヘイヴァーの相手役で歌っているが、踊りはジーン・ネルソンが手伝っている。

「二人でお茶を」Tea for Two (1950) からの4本は、ドリス・デイとの共演で、ジェイムス・キャグニー主演の「ウェスト・ポイント物語」The West Point Story (1950)*、田舎町の生活を描いた「月光の入り江で」On Moonlight Bay (1951)*と、その続編の「銀月の光で」By the Light of the Silvery Moon (1953)*に出演している。

「スターリフト」Starlift (1951)*もドリス・デイが中心だが、慰問用のオール・スター映画なので、共演というよりもゲスト出演。「回れ右」About Face (1952)*は、題名からわかるとおりに陸軍大学校を舞台とした男っぽい作品。

ワーナーには歌える女優が少なくて、ゴードンのような本格的なバリトン歌手の相手役がいないため、「砂漠の歌」The Desert Song (1953)*ではMGMからキャスリン・グレイスンを借り、「三人の水兵と一人の娘」Three Sailors and a Girl (1953)*もMGMからジェイン・パウエルを借りて作った。

結局、ワーナーでは十分な活躍が難しかったためか、その後はフォックス系で作られた、リチャード・ロジャースとオスカー・ハマースタイン2世の「オクラホマ！」Oklahoma! (1955)と「回転木馬」Carousel (1956)に、シャーリー・ジョーンズと組んで主演した。

ミュージカル映画の最後となったのはフォックスの「人生で最高のものはタダ」The Best Things in Life Are Free (1956)*で、作詞家B・G・デ・シルヴァの役を演じたが、共演者に恵まれずに低調な出来だった。

虹の女王 Look for the Silver Lining (1949) は、1910-20年代にジーグフェルドの舞台で人気のあったマリリン・ミラーの伝記映画。だから、ミラー役を演ずるジューン・ヘイヴァーが主役で、ゴードン・マクレエは相手役。

ヴォードヴィリアン一家の末娘ジューン・ヘイヴァーは、なかなか舞台に立つ機会に恵まれなかったが、レイ・ボルジャー（ジャック・ドナヒュー役）と一緒に踊ったのが認められて、出演の機会を得る。やがて、ブロードウェイの舞台に進出、ゴードン・マクレエと共演して恋をするが、ゴードンが第一次世界大戦で出征してしまうので、恋は進まない。戦争が終わり、ゴードンが戻ってくると二人はすぐに結婚、彼女もジーグフェルドの花形となる。ところが、舞台「サリー」の初日に、愛するゴードンは自動車事故で亡くなってしまう。愛する人を失うが、ジューンは「サニー」などのヒットを飛ばし、体の続く限り舞台に生きる決心をする。

マリリン・ミラーは実在の有名なスターなので、当時のヒット曲をそのまま使用している。レイ・ボルジャーが演じるジャック・ドナヒューは、マリリン・ミラーの2番目の夫でタップの名手。ボルジャーは、昔風のタップ・ダンスを再現している。監督はデイヴィッド・バトラーで、ワーナーのカラー作品。

ロージー・オグレイディの娘 The Daughter of Rosie O'Grady (1950)*は、19世紀末のアメリカを背景としている。ロージー・オグレイディはヴォードヴィルで活躍していたが、3人の娘と夫を残して亡くなる。残された夫は酒好きのアイルランド気質で、愛する妻をヴォードヴィルで失ったことから、ショーのことを一切忘れて、軌道馬車の御者となって3人の娘を育てる。上の姉は警官に恋をして結婚するが、真ん中の娘ジューン・ヘイ

ヴァーは母親似で、舞台への気持ちを抑えきれない。父の反対を押し切って、ゴードン・マクレエ（トニー・パスター役）のヴォードヴィル一座に入ると人気が出る。父は娘がいなくなって寂しい思いをするが、最後には互いに許し合い、昔の家族に戻る。

ジューン・ヘイヴァーの相手役をゴードン・マクレエが務めているが、ゴードンは歌専門なので、踊りはジーン・ネルソンが相手して、アステアとロジャース風に踊っている。ゴードンの役名はトニー・パスターで、19世紀中頃にヴォードヴィル界で活躍した実在の人物だから、彼の伝記映画ともいえる。パスターは、サーカスやミンストレルで修業した後に、様々なスタイルを取り入れて、ヴォードヴィルの原型を作ったといわれた人物。だが、この映画の背景としている時代と、実際のパスターの活躍時期は少しずれているし、ゴードンとパスターとは、外見上もまったく似ていないので、モデルとして参考にした程度と考えたほうが良いだろう。

ロージー・オグレイディという名前はアイルランド系では一般的な名前で、ベティ・グレイブル主演の「優しいロージー・オグレイディ」Sweet Rosie O'Grady (1943)*という作品もあるが、この作品とは関係がない。「虹の女王」Look for the Silver Lining (1949)に続いて、マクレエがジューン・ヘイヴァーと共演した作品で、監督も同じくデイヴィッド・バトラー。末娘役のデビー・レイノルズは、この作品で実質的にデビューした。ワーナーのカラー作品。

回れ右 About Face (1952)*は、後のアメリカ大統領ロナルド・レーガンが出演した「落ちこぼれ兄弟」Brother Rat (1938)*をリメイクしたミュージカル作品。さらにその前には同名のブロードウェイのヒット喜劇 (1936) もある。陸軍大学校を舞台とした話で、もうすぐ卒業して軍隊に入る予定のエディ・ブラッケンは、実は結婚していて、近々子供が生まれることになっている。彼は学校の野球チームのエース・ピッチャーなので、退学などで試合に出られなくなると困るため、二人の仲間ゴードン・マクレエとディック・ウエッソンは、いろいろ工夫して難局を切り抜ける。3人は卒業が危うくなるが、最後には何とか無事に卒業する。

原題の About Face とは軍隊用語で、「回れ右」という意味。ピーター・デ・ローズが曲を書いているが、低調な仕上がりで冴えない。若き日のジョエル・グレイが出ている。ロイ・デル・ルース監督で、カラーのワーナー作品。

人生で最高のものはタダ The Best Things in Life Are Free (1956)*は、作詞家B・G・デ・シルヴァの伝記映画。ゴードン・マクレエ（デ・シルヴァ役）は、アーネスト・ボーグナイン（リュー・ブラウン役）、ダン・デイリー（レイ・ヘンダソン役）と組んで流行歌を書き、ティン・パン・アレイ（楽器屋街）のピアノ弾きから出世して、ブロードウェイの作曲家となる。ゴードンはさらにハリウッドでも名を上げるので、3人の間には亀裂が入るが、最後には協力し合う。

この映画の題名にもなっている有名な曲の作詞家の伝記映画なので、その当時の曲が使われていて、大半の曲はレイ・ヘンダソン作曲、作詞がリュー・ブラウンとB・G・デ・シルヴァの共作。こうした、作曲家や作詞家の伝記映画というのは、簡素にも豪華にも作ることができる。MGMでは満天の星のようにいるスターたちを次々と出して、観客を楽しませるが、フォックス社ではそうした芸当ができないために、単なる伝記映画に終わった。マイケル・カーティス監督のカラー、シネスコ作品。

★

ヴァージニア・メイヨー Virginia Mayo (1920.11.30−2005.1.17)

ヴァージニア・メイヨーは1920年生まれで、小さい時から踊りを習いブロードウェイのレヴューなどに出ていた。制作者サミュエル・ゴールドウィンに見出されて、ゴールドウィン社で撮られたダニー・ケイ作品5本で相手役を務めたほか、ボブ・ホープやジェイムス・キャグニーの相手役もこなした。歌はダメなので、ほとんどの作品は吹替になっている。

ダニー・ケイと組んだのは、「ダニー・ケイの新兵さん」Up in Arms (1944)、「ダニー・ケイの天国と地獄」Wonder Man (1945)、「ダニー・ケイの牛乳屋」The Kid from Brooklyn (1946)、「虹を摑む男」The Secret Life of Walter Mitty (1947)、「ヒット・パレード」A Song Is Born (1948)の5本で、いずれもサミュエル・ゴールドウィンの美しいテクニカラー作品。

「七日間の上陸休暇」Seven Days Ashore (1944)*は、ゴールドウィンの映画を配給していたRKOで作られたミュージカル。故郷のサン・フランシスコの街で、7日間の休暇を楽しむプレイ・ボーイの水兵が、二人の美人と婚約したところへ、本物の婚約者が現れるので大混乱する話。ヴァージニアはその中の一人を演じた。「姫君と海賊」The Princess and the Pirate (1944)は、ゴールドウィンがボブ・ホープを招いて作ったカラー作品。

1948年以降はワーナーに移り、初めての主演作「賢い娘は話さない」Smart Girls Don't Talk (1948)*は、ワーナー得意のギャング物で、殺人事件に巻き込まれたヴァージニアが、ギャングの親分への愛を守るか、警察に協力をするかで迷う。ミルトン・バール主演の「テレヴィジョンの王様」Always Leave Them Laughing (1949)は、舞台で時代遅れとなった芸人がテレビで活躍する話。

次の「ウェスト・ポイント物語」The West Point Story (1950)*は、ジェイムス・キャグニー主演のミュージカルで、ブロードウェイの演出家が陸軍士官学校でショーを演出する話。ヴァージニアはキャグニーの恋人役。「雲を日光で彩れ」Painting the Clouds with Sunshine (1951)*はデニス・モーガン主演のミュージカル。「ブロードウェイ黄金時代」Gold Diggers of Broadway (1929)のリメイクで、3人の娘が金持ちを探しにラス・ヴェガスへと向かう。ヴァージニアは娘の一人を演じている。

「スターリフト」Starlift (1951)*は、朝鮮戦争時にワーナーが作った慰問映画なので、ゲスト出演だが、次の「彼女は大学でも働く」She's Working Her Way Through College (1952)*は、ヴァージニア主演の学園物のミュージカルで、相手役は後に大統領になったロナルド・レーガンが務めている。ダンスのお相手はレーガンではなくてジーン・ネルソン。バーレスクで人気のあったヴァージニアが大学に入って巻き起こす騒動で、ヘンリー・フォンダが主演した「雄の動物」The Male Animal (1942)*のリメイク。

ミュージカルの最後となったのは、やはりジーン・ネルソンを相手役にした「彼女がブロードウェイに戻ってきた」She's Back on Broadway (1953)*で、映画で人気のなくなった女優が古巣のブロードウェイで頑張る話。

ジーン・ネルソン　Gene Nelson
(1920.3.24-1996.9.16)

ジーン・ネルソンは、1920年生まれのダンサーで、子供の頃にフレッド・アステアの映画を見てダンサーを目指したというだけあって、アステア風のダンスを踊ることもある。第二次世界大戦前にはソーニャ・ヘニーのスケート・ショーで3年間踊っていたが、第二次世界大戦で従軍して、戻るとフォックスと契約し、その後1950年にワーナーに移ってミュージカル作品に出演した。

初出演は、ヘニーのショーで踊っていた時代の「すべては夜に起きる」Everything Happens at Night (1939)*。ソーニャの主演で、ネルソンはスケート・ダンサー役。従軍中に出たのがワーナーの「これが陸軍だ」This Is the Army (1943)*で、この映画でも兵士役なので名前は出ていない。戦後フォックスで出たのが、ジューン・ヘイヴァー主演の「今は誰が彼女にキスしているのだろう」I Wonder Who's Kissing Her Now (1947)*で、これはまだ端役。次の「ロージー・オグレイディの娘」The Daughter of Rosie O'Grady (1950)*は、ジューン・ヘイヴァーとゴードン・マクレエの主演作品で、この作品ではダンス・ナンバーを担当して出番が増えた。

ワーナーに移るとドリス・デイの相手役が多くなり、「二人でお茶を」Tea for Two (1950)では助演して、ドリス・デイと歌い踊るだけでなく、振付も自分でやり始める。次の「ウェスト・ポイント物語」The West Point Story (1950)*は、当時のワーナーの主要ミュージカル・スター総出演の作品で、ジーン・ネルソンも助演で参加している。「ブロードウェイの子守唄」Lullaby of Broadway (1951)は、ドリス・デイの相手役で、ネルソンの良さが最もよく出ている。

第4章 1950年代：画面の大型化

それ以降はヴァージニア・メイヨー主演作品への出演が3本続く。デニス・モーガンとヴァージニア・メイヨーの「雲を日光で彩れ」Painting the Clouds with Sunshine (1951)*では助演。「スターリフト」Starlift (1951)*でゲスト出演の後、ヴァージニア・メイヨーとロナルド・レーガン主演の「彼女は大学でも働く」She's Working Her Way Through College (1952)*でも助演。ヴァージニア最後の作品「彼女がブロードウェイに戻ってきた」She's Back on Broadway (1953)*では、相手役として出ている。

ゴードン・マクレエとキャスリン・グレイスンが共演した「三人の水兵と一人の娘」Three Sailors and a Girl (1953)*でも助演。その後はワーナーから離れて、ユニヴァーサルで作られたトニー・カーティスとグロリア・デ・ヘヴン主演の「だからこれがパリ」So This Is Paris (1955)*で助演し、フォックスの新時代作品「オクラホマ！」Oklahoma! (1955)でも助演している。

1960年代に入ってからは監督に転向して、エルヴィス・プレスリーの映画「キッスン・カズン」Kissin' Cousins (1964)と、「ハレム万才」Harum Scarum (1965)を監督した。

ワーナーのその他の作品

くたばれヤンキース　Damn Yankees! (1958) は、「パジャマ・ゲーム」The Pajama Game (1957) に続いて作られた、リチャード・アドラーとジェリー・ロスの同名舞台作品 (1955) の映画版。舞台作品は、ダグラス・ワロップの小説「ヤンキースがペナントを逃した日」The Year the Yankees Lost the Pennant (1954) に基づいている。

前作に続いて、ワーナーが舞台に忠実に映画化していて、舞台でも評判をとったローラ役でグウェン・ヴァードンが出演している。監督は舞台も演出したジョージ・アボットと映画界のスタンリー・ドーネンが共同監督をしている。

現代版のファウスト物語で、悪魔に魂を売って野球選手となるという話。ワシントン・セネターズの熱烈なファンの中年男タブ・ハンターは、ヤンキースを一度は打ち負かしたいと考えて、そのためなら悪魔に魂を売っても良いと呟いたとたんに、悪魔レイ・ウォルストンが現れる。悪魔は、魂と引き換えに彼を若い野球選手にして、セネターズで活躍できるようにするという提案をする。ハンターは取引に応じて、若い選手となって活躍し、セネターズは連勝する。悪魔は、グウェン・ヴァードン（魔女のローラ役）を送り込んで、ハンターを誘惑させる。セネターズが優勝しそうになるものの、ハンターが誘惑に負けて優勝を逃せば、人々が嘆き悲しみ自殺者が出て楽しめるだろうという考えだ。だが、魔女のヴァードンは純粋なハンターに心を打たれて、彼の味方となり、悪魔に睡眠薬を飲ませて、セネターズを優勝に導く。

悪魔役のレイ・ウォルストンと、魔女役のグウェン・ヴァードンが舞台と同じ役で出演している。グウェン・ヴァードンは、夫ボブ・フォッシーの振付を舞台そのままに踊っている。ところが、『ちっちゃなオツム』A Little Brains という曲では、舞台で評判だった「バンプ」という腰を突き出す動きが、セクシー過ぎるという理由により、動きを止めて収録されている。

ヴァードンの踊るもうひとつの有名な曲が『ローラの望みはなんでも』Whatever Lola Wants で、英国公開時には Damn という表現を避けるために、この曲から映画の題名がとられて、「ローラの望むもの」What Lola Wants という題名になった。カラー、ヴィスタ版。

6　ユニヴァーサル

1940年代のユニヴァーサルは、ディアナ・ダービンに加えて、ドナルド・オコナーなどが出演したB級作品を量産していたが、1950年代になるとテレビに観客を奪われて、西部

劇とともに、B級ミュージカルの制作をやめる方針を打ち出した。そのため、ユニヴァーサル社のミュージカル俳優は失業してほかの映画会社へ移ることになる。このような事情で、1950年代のユニヴァーサル社ではいわゆるミュージカル映画は作られなくなってしまったが、音楽家の伝記作品を何本か作っている。

ひとつはフランク・シナトラを招いて撮った「ダニー・ウィルソン物語」Meet Danny Wilson (1951)。ほかには、ビッグ・バンド・ジャズ時代に人気のあった楽団リーダーを主人公とした伝記的な音楽映画を2本作っている。ジェイムス・ステュアートとジューン・アリソンが共演した「グレン・ミラー物語」Glenn Miller Story (1954) と、スティーヴン・アレンとドナ・リードの「ベニイ・グッドマン物語」Benny Goodman Story (1956) で、どちらも家庭的なムードの女優の好演で楽しめる作品となっている。

---

7 コロムビア

1940年代のコロムビアは、リタ・ヘイワースとアン・ミラーのミュージカル作品が作られていたが、1950年代は唯一フランキー・レイン主演のB級作品が作られた。

フランキー・レイン Frankie Laine
(1913.3.30-2007.2.6)

フランキー・レインは、日本ではテレビ西部劇の「ローハイド」Rawhide (1959-66) の主題歌で有名だが、アメリカでは1950年代の代表的な歌手の一人で、カントリー・アンド・ウェスタン調の曲を得意とした。これを生かして、何本かの西部劇で主題歌を歌っている。

1913年にシチリアからの移民の子供として生まれ、小さな時から教会などで歌っていたが、15歳からは歌ったりダンスを教えたり、あらゆる仕事をしながらあちこちを回った。1932年にダンス・マラソンに出場して、連続145日間踊り続けて優勝したというから、体力にも優れていたのだろう。その後は楽団歌手となり、1940年代はマーキュリー・レコードに録音を残しているが、1950年代にはコロムビア・レコードに移り活躍した。映画では主に1950年代に主演作品を残している。

「ダンス・ホールのつもりで」Make Believe Ballroom (1949)* はラジオのヒット番組の映画化で、他愛ない恋物語だがゲストの音楽家が豊富な作品。フランキー・レインもゲスト出演の一人で、ほかにはナット・キング・コール、ジミー・ドーシー、ジーン・クルーパなどが出演している。「君の微笑むとき」When You're Smiling (1950)* も前作と同じで、テキサスから出てきた男がレコード・デビューを果たして恋人を見つけるというだけの話。ゲスト・スターとして、フランキーのほかにボブ・クロスビー、ビリー・ダニエルス、ケイ・スターらが出ている。

「陽のあたる側で」Sunny Side of the Street (1951)* は、フランキーがトップ・ビリングとなっているが、テレビ局の舞台裏の話で、テレビ番組のスターを演じて歌った。共演はビリー・ダニエルス。次の「肩にかかる虹」Rainbow 'Round My Shoulder (1952)* もビリー・ダニエルスと共演した作品で、若い娘シャーロット・オースティンがハリウッドでデビューするまでの話。

「もっと微笑んで」Bring Your Smile Along (1955)* では、田舎からニュー・ヨークに出て作詞家を目指す女教師コンスタンス・タワーズが、作曲家キーフ・ブラッセルと組んで、フランキー・レインに曲を歌わせる。しかし、故郷に恋人がいるコンスタンスは、ブラッセルにも魅力を感じて思い悩む。この作品は、ブレイク・エドワーズとリチャード・クインの共同台本でエドワーズが監督した低予算作品だったので、同時期に撮影された「マイ・シスター・アイリーン」My Sister Eileen (1955)* と同じような背景の話にして、セットは同じものを使い回した。

「マイ・シスター・アイリーン」の台本も、エドワーズとクインの共同台本。こちらのほうは、ロザリンド・ラッセルが主演した同名作品 (1942)*のミュージカル版で、オハイオ州の田舎から出てきた作家志望と女優志望の二人の姉妹が、ニュー・ヨークで成功するまでを描く。舞台ミュージカルとなったレナード・バーンスタインの「ワンダフル・タウン」Wonderful Town (1953)（この舞台もロザリンド・ラッセル主演）と同じ原作だが、「マイ・シスター・アイリーン」は、ジュール・スタイン作曲のシネスコ版で、コロンビアとしては大作。ジャネット・リー、ジャック・レモンのほか、ベティ・ギャレットとボブ・フォッシーが出演していて、リチャード・クインが監督した。

その後はMGMの「ラスヴェガスで逢いましょう」Meet Me in Las Vegas (1956) にゲスト出演して1曲歌った。ミュージカル最後となったのは、コロンビアでブレイク・エドワーズが監督した「最後に笑うのは彼」He Laughed Last (1956)*。フランキー・レインはナイト・クラブのマネジャーで、踊り子のルーシー・マーローをめぐり、ギャングのアラン・リードと恋の鞘当てを演じる。映画のムードとしては前年にMGMで作られたマーロン・ブランド主演の「野郎どもと女たち」Guys and Dolls (1955) の影響を受けた作品。

音楽家の伝記作品

コロンビア社はミュージカル・スターがいなかったために、1950年代にはたいしたミュージカル映画を作らなかったが、歌ったり踊ったりする俳優を必要としない音楽家の伝記作品は、いくつか残している。ユニヴァーサルの「グレン・ミラー物語」Glenn Miller Story (1954) と「ベニイ・グッドマン物語」Benny Goodman Story (1956) がヒットしたこともあり、コロンビアもタイロン・パワーとキム・ノヴァクの共演で、ピアニストのエディ・デューチンの半生を描いた「愛情物語」The Eddie Duchin Story (1955) を作っている。ピアノの演奏はカーメン・キャヴァレロが担当した。

有名なジャズ・ドラマーの伝記作品「ジーン・クルーパ物語」The Gene Crupa Story (1959)*は、サル・ミネオがクルーパ役を演じているが、ドラムの音はクルーパ自身が担当している。サル・ミネオはテレビ・ドラマ「ドラムの男」Drummer Man (1957)*でドラマーの役を演じたことから、この作品でも同じような役を演じることになった。レッド・ニコルズやアニタ・オデイといったゲスト出演者が豪華な作品。

---

8 その他

スーザン・ヘイワード　Susan Hayward (1917.6.30–1975.3.14)

スーザン・ヘイワードは、1917年生まれの女優で、高校を卒業後に東海岸で写真のモデルをしていたが、「風と共に去りぬ」Gone with the Wind (1939) のスカーレット役募集のニュースに接して、ハリウッドへ出て映画界入りする。最初はB級作品が多く、各社で様々な役をこなしたが、ミュージカルでは1950年代に歌手の伝記映画を残した。

ミュージカルとしてはディック・パウエルの「聖林ホテル」Hollywood Hotel (1937) や、ジュディ・カノヴァの「シス・ホプキンズ」Sis Hopkins (1941)*、パラマウントの「きらめくスターのリズム」Star Spangled Rhythm (1942)*にも出ているが、いずれも端役。リパブリック社のシリーズ物「ヒット・パレード1943年版」Hit Parade of 1943 (1943)*でやっと主演級の役が付いて、作曲家の役で出ている。

歌手としては認識されていなかったが、ユニヴァーサルの「スマッシュ・アップ」Smash-Up: The Story of a Woman (1947)*で、アルコール依存症から立ち直るナイト・クラブ歌手役を演じて好評を得た。そこで、フォックスが作った飛行機事故の大怪我から立ち直

る歌手ジェイン・フロマンの伝記作品「わが心に歌えば」With a Song in My Heart (1952) の役が回ってきた。

どちらの作品も歌は吹替だったが、トーキー初期に人気のあったミュージカル女優の伝記映画「明日泣く」I'll Cry Tomorrow (1955) では、リリアン・ロスの歌い方を真似て自分で歌っている。この作品はMGMの制作で、アルコール依存により身を滅ぼす主人公を描いている。

ジェイン・ラッセル　Jane Russell
(1921.6.21–2011.2.28)

ジェイン・ラッセルは、1921年生まれで濃厚なセクシーさを売り物にした女優。最初はハワード・ヒューズに見出されて「ならず者」The Outlaw (1943) に出演したのが、映画界入りのきっかけだが、小さな時からピアノを習っていて歌もこなすので、初期の映画では、ミュージカルではない作品でも歌っている。

最初の音楽作品はボブ・ホープ主演の「腰抜け二挺拳銃」The Paleface (1948) で、ついでフランク・シナトラと共演した「ふたつのダイナマイト」Double Dynamite (1951)* に出演した。「犯罪都市」The Las Vegas Story (1952) は、ジェイン主演でヴィクター・マチュアやヴィンセント・プライス共演の犯罪映画だが、元ナイト・クラブ歌手という設定で、何曲か歌う。「マカオ」Macao (1952)* もロバート・ミッチャムを相手役に配したジョセフ・フォン・スタンバーグの作品だが、ここでも歌手という設定で歌う。

ボブ・ホープともう一度組んだ「腰抜け二挺拳銃の息子」Son of Paleface (1952) を経て、モンローと組んだ本格的なミュージカル作品「紳士は金髪がお好き」Gentlemen Prefer Blondes (1953) がヒットする。そのため、この路線で「フランス航路」The French Line (1953) が作られた。前作とは逆の設定で、金持ちのジェインが身分を隠して船の中で相手を見つけるという話。

次の「紳士はブルーネット娘と結婚する」Gentlemen Marry Brunettes (1955) は題名からもわかるとおりに、「紳士は金髪がお好き」の続編の映画化。ジェインはブルーネットなので、前作では金髪のモンローが主演の扱いだが、続編のほうは赤毛のジーン・クレインとの共演で、ジェインが題名からも主演だとわかる。

その他の作品

ニュー・フェイス　New Face (1954)* は、ブロードウェイで新人を集めて上演されたショー・ケース（新人売り出しのためのショー）を、シネマスコープ、ステレオ録音でそのまま映画に収録した作品で、ほとんど舞台そのままといえる構成。

1 幕開き　Opening
2 合唱　New Faces
3 アーサ・キットの歌　C'est si bon
4 ヴァージニア・デ・ルースの歌　He Takes Me Off His Income Tax（この後も何度も登場して歌の続きを歌う）
5 ポール・リンデの寸劇　Meet the Senate
6 ロバート・クラリーの歌と踊り　Lucky Pierre
7 ジューン・キャロルの歌　Penny Candy
8 アリス・ゴストリーの歌　Boston Beguine
9 ヴァージニア・デ・ルース、ロバート・クラリー、アーサ・キットの歌　Love Is a Simple Thing
10 寸劇　Book Review
11 ジューン・キャロルとアリス・ゴストリーの歌　Time for Tea
12 ロバート・クラリーの歌　Alouette
13 アーサ・キットの歌　Santa Baby
14 ロニー・グレアム、アリス・ゴストリーの歌と踊り　Waltzing in Venice (Take Off the Mask)
15 踊り　Nancy Puts Her Hair Up
16 ポール・リンデの寸劇　Mr. Canker in Darkest Africa
17 ロバート・クラリーの歌　Raining Memories
18 寸劇　Snake Charmer Dance
19 アーサ・キットの歌　Uska Dara (A Turkish Tale)
20 ロバート・クラリーの歌　I'm in Love with Miss Logan
21 ポール・リンデ、アリス・ゴストリー、ロニー・グレアムの寸劇　Harry the Heel
22 合唱　Lizzy Borden
23 アーサ・キットの歌　Bal Petit Bal
24 アーサ・キットの歌と踊り　Monotonous
25 合唱　New Faces

9 ディズニー

1940年代に資金難で中編作品しか作れなかったウォルトは、1950年代に入り、世界市場を狙い長編のアニメ劇映画に再挑戦する。1950年代の作品は「シンデレラ」Cinderella (1950)から始まり、童話的な題材を使った「不思議の国のアリス」Alice in Wonderland (1951)、「ピーター・パン」Peter Pan (1953)、「わんわん物語」Lady and the Tramp (1955)、「眠れる森の美女」Sleeping Beauty (1959)と続いた。どの作品も印象的な曲が挿入されているが、「白雪姫」Snow White and the Seven Dwarfs (1937)的に主人公が歌うスタイルではなく、「ピノキオ」Pinocchio (1940)的に背景音楽的な使い方となっている。

この時代の画面の大型化に合わせて、「わんわん物語」はシネスコ版で、「眠れる森の美女」は70mmで制作されている。1950年代までアニメの制作は、すべて手描きのセルで行われたが、「眠れる森の美女」以降は作画のスタイルが変化し始める。「白雪姫」(1937)から続く、伝統的な柔らかい曲線的な表現が失われて、硬い直線的な表現が増えてくる。

また、従来のディズニー作品は短編、長編ともRKOの配給であったが、RKOの経営が不安定になったことから、1953年にウォルトが自分自身で配給会社ブエナ・ヴィスタを作り、「わんわん物語」(1955)以降の作品はブエナ・ヴィスタ社の配給となった。

中期の長編アニメ

シンデレラ Cinderella (1950)は、中断後8年目に再開した長編アニメ作品。「バンビ」Bambi (1942)後は、短編または中編が続いていたが、この作品から、再び長編に取り組むようになった。原作はシャルル・ペローの童話「シンデレラまたは小さなガラスの靴」Cendrillon ou la petite pantoufle de verre (1697)で、古い民話から採録されたもの。

シンデレラは美しい娘だが、継母とその意地悪な娘二人に、召使代わりにこき使われている。お城からの舞踏会の招待状が来た時にも、シンデレラは姉たちの意地悪によって出かけられなくなってしまうが、魔法使いゴッドマザーの呪文でドレスと馬車が用意され、舞踏会へ向かう。魔法は真夜中の12時に解けてしまうので、それまでに帰るようにいわれたシンデレラは、王子と楽しくダンスをするが、12時の鐘を聞いて大慌てで舞踏会を後にする。後に残された片方のガラスの靴を手がかりとして、王子はシンデレラを探し当て、結婚を申し込むのだった。

楽曲を担当するのはマック・デイヴィッド、ジェリー・リヴィングストン、アル・ホフマンの3人で、『ビビディ・バビディ・ブー』がヒットした。ディズニー社は「白雪姫」(1937)以来、大ヒット作品には恵まれずに、財政的な苦労が続いたが、この作品から立て続けにヒット作が出て、経営が安定する。ベン・シャープスティーン総監督のカラー作品。

不思議の国のアリス Alice in Wonderland (1951)は、ルイス・キャロルの小説「不思議の国のアリス」Alice's Adventures in Wonderland (1865)と、「鏡の国のアリス」Through the Looking-Glass, and What Alice Found There (1871)のアニメ化。昼寝をしていたアリスが、時計を持った白ウサギが走っていくのを追いかけて穴に飛び込むと、そこは不思議の国で、次々と奇妙な出来事が起こる。最後にはトランプの兵隊を操るハートの女王に捕らえられるが、姉の呼ぶ声で目を覚ますのだった。

楽曲はボブ・ヒリアード、サミー・フェイン、オリヴァー・ウォレスらが担当。アリスの声を担当したキャスリン・ボーモントは歌手が本業ではないので、歌で苦労している。キャスリンは、次の「ピーター・パン」(1953)でもウェンディの声を担当した。

ウォルト・ディズニーにとって「アリス」物は特別に思い入れのある作品で、ウォルトが最初に手がけた無声時代の短編も「アリス」を題材とした「アリスの海での一日」Alice's Day at Sea (1924)*だった。これは、純粋なアニメではなく、アリスは実写でヴァージニア・デイヴィスが演じ、そのほかのキャラクターはアニメで合成している。その後もこの

シリーズは続いて、アリス役の出演者は交代するが、1924年から27年の間に、56本の「アリス」作品が作られている。

ミッキー・マウスが登場するのは1928年の「蒸気船のウィリー」Steamboat Willie (1928) なので、アリスはその前から手がけていたキャラクターだ。ディズニーにとってはそれだけ思いの強い作品だったので、「ピノキオ」(1940) の冒頭の場面でも、机の上には「不思議の国のアリス」の本が置かれている。この長編作品を作るにあたっては、準備に10年、制作に5年をかけたという。ベン・シャープスティーン総監督のカラー作品。

ピーター・パン　Peter Pan (1953) は、ジェイムス・M・バリーの戯曲「ピーター・パン、または大きくなりたくなかった少年」Peter Pan, or the Boy Who Wouldn't Grow Up (1905) のアニメ化。ロンドンの保守的なダーリング家の子供たち、ウェンディ、ジョン、マイケルの3人は、両親がパーティで外出している間にピーター・パンに誘われて、ネヴァーランドへ行き冒険をする。楽しく遊んだりするが、海賊フックに捕まり、危ういところをピーター・パンに助けられてロンドンへ戻る。戻ったウェンディは大人になる決心をするのだった。

音楽はサミー・フェインの曲が中心で、オリヴァー・ウォレスなどが書き加えている。監督はクライド・ジェロニミほかでカラー作品。

わんわん物語　Lady and the Tramp (1955) は、ディズニーの長編としては初めてのオリジナルの作品で原作がない。原題は「ご婦人と放浪者」という意味だが、この題名はリチャード・ロジャースとローレンツ・ハートのコンビによるヒット曲『ご婦人は気まぐれ』The Lady Is a Trampを意識している。この曲は舞台の「戦う子供たち」Babes In Arms (1937) で使われたもの。

原作がないといっても、ディズニー・プロの一からの創作ではなく、コスモポリタン誌に掲載されたワード・グリーンの短編小説「幸せなダン、口笛を吹く犬」Happy Dan, The Whistling Dog (1943) をウォルトが読み、グリーンを呼んでその小説のキャラクターを使って、オリジナルの物語を書かせたのが基になったという。

レディと呼ばれるアメリカン・コッカー・スパニエル犬は、飼い主の奥さんに赤ちゃんが出来たため、以前ほど可愛がられなくなる。主人夫妻が旅行中にシャム猫たちから意地悪されて、レディは家政婦に口輪をはめられてしまう。そして屋敷の外に出て迷子となり困っているところを、野良の雑種犬トランプに助けられて仲良くなり、スパゲッティを食べてデイトする。2匹は野犬収容所に入れられてしまうが、レディは家政婦に引き取られる。ところが夫妻の赤ん坊が大きなねずみに襲われそうになり、それをレディがトランプに急報して助けたため、戻ってきた夫妻も喜び、晴れて2匹は結ばれる。

楽曲はソニー・バークと歌手のペギー・リーの合作によるもので、『美しい夜』Bella Notteが大ヒットした。この曲はペギー・リーの吹込みで有名だが、映画の中では2匹のデイトの場面でジョージ・ディヴォットが歌っている。ディズニーの長編としては初めてのシネマスコープ作品で、従来のスタンダード版も並行して作られた。クライド・ジェロニミほかの監督で、カラー、4チャンネルのステレオ作品。

眠れる森の美女　Sleeping Beauty (1959) は、「シンデレラ」Cinderella (1950) と同じにシャルル・ペローの童話が原作で、「眠れる森の美女」La belle au bois dormant (1697) のアニメ化。英語の原題には「森の」という言葉はないが、日本ではペロー原作の仏語題名に戻り「森の」が入っている。

中世ヨーロッパの王国で、姫が生まれオーロラと名づけられ、多くの客が招かれて贈り物をする。二人の妖精が美しさと歌声を贈るが、そこへ祝宴に招かれなかった魔女マレフィセントがやって来て、16歳の誕生日に糸車の針で指を刺されて死ぬと、呪いをかける。3人目の妖精は、死ぬのではなく眠るだけで、愛する人のキスで眠りから覚めると、呪文をかけてくれる。16歳の日までオーロラ姫は森の中に隠されて百姓娘として育てられるが、森の中でフィリップ王子と偶然に出会い恋におちる。果たして16歳の誕生日に魔女はオーロラ姫を眠らせてしまうが、フィリップ王子は真実の剣で魔女を倒し、姫を眠りから目

覚めさせて結婚する。

　原作の物語では、オーロラ姫が100年間眠ってから王子が登場するが、アニメ版では眠る前に王子と出会うので、眠っている時間が短い。映画全体としてはチャイコフスキーのバレエ組曲の音楽が使われているが、歌はジョージ・ブランズの書き下ろした曲。

　ディズニーが童話をアニメ化するのは、この作品の後しばらく休止され、次の作品は30年後の「リトル・マーメイド　人魚姫」The Little Mermaid (1989)となる。また、この作品は手描きのセルで作られた最後の作品としても知られ、次の作品「101匹わんちゃん」One Hundred and One Dalmatians (1961)では、沢山の子犬たちを描くのにコピー機が使用されている。

　新しい技術の好きなウォルトはこの「眠れる森の美女」を70mmで制作したので、大型のセル画が必要だったこともあり、当時のお金で600万ドルという巨額の制作費を使った。クライド・ジェロニミ監督のカラー作品。

第 5 章
1960 年代：スタジオ・システムの崩壊

第5章　1960年代：スタジオ・システムの崩壊

1　映像表現の変化

　1950年代のアメリカがマッカーシズムと赤狩りの時代だったのに対して、1960年代はケネディ大統領の登場により幕が上がる。1950年代後半から問題になり始めた人種差別の問題が顕在化して公民権運動が広まり、リンカーンによる奴隷解放100周年を記念して行われた1963年のキング牧師のワシントン大行進などを経て、1964年に公民権法が成立する。

　一方、ヴェトナム戦争に深入りしたアメリカの国内でも、1960年代の後半から反戦運動が広まり、そうした厭戦ムードの中から、1950年代のビートニク世代に代わって、フラワー・チルドレンやヒッピーなどのカウンター・カルチャー世代が登場した。また、1960年代末には既存の性概念を崩す性革命も起こり、LSD、マリファナなどの薬物の使用も広まっていった。

テレビの時代

　娯楽の面ではテレビの大画面化とカラー化が進み、毎週同じような作品を映画館で提供するプログラム・ピクチャーの仕組みは崩壊して、テレビでは見られないような大作映画を志向するようになる。大作主義は成功の報酬も大きいが、逆に失敗すると巨額の損失が生じるために、映画産業はリスクの高いものとなる。

　西部劇は、映画館でのプログラム・ピクチャーに代わって、「ローハイド」Rawhide (1959–65)、「ララミー牧場」Laramie (1959–63) などがテレビで放映されるようになり、制作数はぐっと減少して、後にイタリア製の西部劇であるマカロニ・ウェスタン（英語ではスパゲッティ・ウェスタン）が登場する要因となる。

　ミュージカル映画の分野でも、テレビで大量の音楽番組が提供されるようになり、制作本数が激減するとともに、MGMに代表されるスター・システムが崩壊した。歌や踊りを演じる芸人がほとんどテレビに移ってしまったために、映画界では芸人不在となり、芸に依存したミュージカル作品は成立しにくくなった。そのため、リチャード・ロジャースとオスカー・ハマースタイン2世に代表されるような、台本がしっかりと書かれた舞台作品をそのまま映画化する傾向が生じ、映画オリジナルのミュージカル作品を生み出す力はほとんど消えてしまった。

　音楽面では、兵役を終えたエルヴィス・プレスリーがロックンロールを取り入れた映画を作るようになり、英国から登場したビートルズは新感覚の映画で若者たちの支持を得たので、音楽映画もロックの比率が高まった。戦後に登場したLPレコードは1950年代末にステレオ化されたので、1960年代はサウンド・トラック盤と呼ばれる映画音楽も人気が出た。

ヘイズ・コードの廃止と映像表現

　映画界にとってのもうひとつ大きな事件は、ヘイズ・コードの廃止だ。通称ヘイズ・コードと呼ばれる映画倫理規定は、1934年から厳しく映画表現を制限してきたが、北欧映画の自由な性表現の波に洗われて、1968年にとうとう廃止されて、アメリカ映画連盟（MPAA）によるレイティング制度に移行した。

　これは一律に映画表現を規制するのではなく、表現の内容に合わせて年齢制限などを設ける考え方で、当初は4種類の分類だったが、その後に分類数を増やしたり、分類表現を見直したりして現在に至っている。ヘイズ・コードは、暴力、性などの映像表現を厳しく制限してきたが、その廃止により、映像表現が発達し、その分だけ脚本表現が衰退して、ハリウッド映画の質を大きく変えるきっかけとなった。

2 俳優

エルヴィス・プレスリー Elvis Presley（その2）

　エルヴィス・プレスリーは、テレビの普及により大手映画会社の配給システムが崩れて、スター中心の映画制作がなくなった中で、唯一のスターとしてミュージカル映画に出演し続けた。兵役を終えると早速「G・I・ブルース」G. I. Blues (1960) に出て、1960年代に27本の劇映画に出演した。27本中1本の西部劇以外は、歌入りの音楽映画となっている。1960年代には多作だったが、70年代に入ると映画出演はやめてコンサートに集中したので、コンサートの記録映画しか残していない。その記録は2本のドキュメンタリー映画にまとめられている。1977年に42歳の若さで亡くなり、ファンを悲しませた。

　彼の初期の映画作品は、社会の中での自分の居場所を探して悩みながら成長するような役柄が多かったが、中期以降の作品では大半は娯楽的な作品となり、芸術的な評価からは遠ざかった。

　これだけ多くの作品に出演しているが、1950年代までのスター・システムが崩れてしまったので、特定のスタジオではなく各社の作品に出演した。それでもプレスリー作品は、あくまでもプレスリーの映画であり、スタジオのカラーをあまり感じさせないのが、1960年代の特徴なのだろう。

　制作まで関与していない配給だけの作品も含めて数えると、一番多いのがMGMで12本、次がパラマウントで7本、ユナイトが3本、フォックスが2本、その他2本となっている。あえて違いを見つけるならば、MGMは昔からの流れを汲んで豪華な作りで、1960年代後半の作品が多い。パラマウントは1960年代前半が多く、ビング・クロスビー以来の伝統であるハワイ物を得意としている。

　このように沢山の作品が作られると、普通は相手役の女優も固定化することが多いが、エルヴィスの場合には毎回違う女優が相手役を務める。エルヴィスは毎回歌を聞かせるが、アン＝マーグレットが相手役を演じた「ラスベガス万才」Viva Las Vegas (1964) のように、相手女優も歌や踊りを見せるほうがミュージカルとしては賑やかになる。

　監督で見るとノーマン・タウログの作品が多く、「G・I・ブルース」(1960)、「ブルー・ハワイ」Blue Hawaii (1961)、「ガール！ガール！ガール！」Girls! Girls! Girls! (1962)、「ヤング・ヤング・パレード」It Happened at the World's Fair (1963)、「いかすぜ！この恋」Tickle Me (1965)、「カリフォルニア万才」Spinout (1966)、「ふたつのトラブル」Double Trouble (1967)*、「スピードウェイ」Speedway (1968)、「バギー万才！」Live a Little, Love a Little (1968) と9本もあり、タウログ監督がエルヴィス映画の基調を作ったことがわかる。

　そのほか、変わったところでは1950年代にワーナーのドリス・デイ映画などでアステア風の踊りを見せていたジーン・ネルソンが監督に転身して、「キッスン・カズン」Kissin' Cousins (1964) と「ハレム万才」Harum Scarum (1965) の2本の監督をしている。

　MGMで作られた「ラスベガス万才」(1964) はジャック・カミングスの制作で、ジョージ・シドニー監督という組み合わせのうえ、芸達者なアン＝マーグレットが相手役ということもあり、往年のMGMミュージカルの片鱗を感じさせる作品に仕上がっている。

　1960年代の最初に作られたフォックスの2本は、フォックスで作られたデビュー作の「やさしく愛して」Love Me Tender (1956) の流れを汲んでいて、インディアンとの混血に悩む青年を描く「燃える平原児」Flaming Star (1960) や、暴力で執行猶予の刑を受けた青年がカウンセラーの女性に恋心を抱く「嵐の季節」Wild in the Country (1961) など、1950年代のムードを残していた。

　女の子とリゾート地、海などを組み合わせた青春の恋物語のパターンが確立するのは、ノーマン・タウログ監督の「ブルー・ハワイ」(1961) で、この路線は「ガール！ガール！ガール！」(1962)、「アカプルコの海」Fun in Acapulco (1963)、「ラスベガス万才」(1964)、「いかすぜ！この恋」(1965)、「ハワイアン・パラダイス」Paradise, Hawaiian Style (1966)、「Go！Go！Go！」Easy Come, Easy Go (19

67)、「ブルー・マイアミ」Clambake (1967) と続いていく。

1960年代の前半では恋を求めて娘を追いかける設定が、後半になると娘から追いかけられて、逃げ回るという形に変化していく。娘から追われるという設定は「カリフォルニア万才」(1966)と「ふたつのトラブル」(1967)*が代表的。

エルヴィスの作品は、ほとんどが現代のアメリカを舞台とした同時代のものだが、例外もある。「ハレム万才」(1965)は、まだ謎のベールに包まれていた時代のアラブの架空の国が舞台、「フランキーandジョニー」Frankie and Johnny (1966) は19世紀のミシシッピー河の船、「トラブル・ウィズ・ガールズ」The Trouble with Girls (1969)*は、19世紀末のアメリカで流行った文化講習会の模様を描いている。

そのほかにもユートピア的な世界を描く「夢の渚」Follow That Dream (1962) や、伝統的なボクシング物の「恋のKOパンチ」Kid Galahad (1962)、カーニバルでオートバイの曲乗りをする「青春カーニバル」Roustabout (1964)、若い娘のお目付け役をする「フロリダ万才」Girl Happy (1965)、貧乏青年と金持ちが身分交換する「ブルー・マイアミ」(1967)、インディアン役を演じた「ステイ・アウェイ・ジョー」Stay Away, Joe (1968)*、ナンシー・シナトラとの共演「スピードウェイ」(1968)、劇映画最後となった「修道着の変更」Change of Habit (1969)*などがある。

1970年以降はきっぱりと映画出演をやめてしまうが、エルヴィスのコンサートの模様を描く「エルビス オン ステージ」Elvis: That's the Way It Is (1970) と「エルビス・オン・ツアー」Elvis on Tour (1972) が作られて、こうした音楽ドキュメンタリー分野で先駆的な役割を果たした。

G・I・ブルース G. I. Blues (1960) は、兵役を終えてすぐに作られた作品。エルヴィスの兵隊時代の姿を見せるという趣向で、フランクフルトに駐留する米軍兵士たちの話。駐屯地のそばには人気のカフェがあり、美人の踊り子ジュリエット・プラウズがいるが、ガードが固いので誰も近づけない。そのために、部隊では最初に口説いた兵士が300ドルを貫える賭けがあった。エルヴィスが代表して口説くことになり、デイトするうちにもう一歩というところまで行くが、エルヴィスは賭けを降りてしまう。エルヴィスは親友の赤ん坊を預かることになり、世話をしきれなくなってジュリエットの助けを借りて一晩を過ごすうちに、二人は愛し合うようになる。ところがジュリエットは賭けの話を聞いて怒ってしまうものの、最後には誤解も解けて二人は一緒になる。

ジュリエット・プラウズが魅力的で、得意の踊りも披露している。エルヴィスは、酒場の場面で『ホフマンの舟唄』を現代化して歌っている。ノーマン・タウログ監督のパラマウント社制作、カラー、ヴィスタ版の作品。

燃える平原児 Flaming Star (1960) は、クレア・ハフェイカーの小説「燃える戦士」Flaming Lance (1958) を、ドン・シーゲル監督が映画化したもの。珍しくエルヴィスが白人とインディアンの混血役を演じている。

19世紀後半のテキサス州西部。牧場主のジョン・マッキンタイアには、白人の先妻との間に生まれたスティーヴ・フォレストと、後妻のインディアン女ドロレス・デル・リオとの間に生まれたエルヴィス・プレスリーの、二人の息子がいた。スティーヴはバーバラ・イーデンと婚約していたが、彼女の二人の兄がインディアンに襲われるので、村人とインディアンとの間で緊張が高まる。ジョン・マッキンタイアは、村の白人とインディアンの争いに胸を痛める。エルヴィスは母ドロレスとともにインディアンの村に行って相談するが、答えは見つからない。母ドロレスがバーバラの兄に撃たれて亡くなってしまうので、エルヴィスは村人に対して恨みを持ち、インディアンと行動をともにしようと考える。ところが、父がインディアンに殺されたために、今度はインディアンの酋長を憎み、一人荒野に消えていく。

エルヴィスは、タイトル曲のほかは劇中で1曲歌うだけで、音楽は少ない。カラー、シネスコ版のフォックス社作品。

嵐の季節 Wild in the Country (1961) は、J・R・サラマンカの小説「失われた祖国」The Lost Country (1958) を、クリフォード・オデッツが映画向けに脚色した作品で、エルヴィ

スがシリアスなドラマを演じている。

　エルヴィス・プレスリーは喧嘩で兄を殺す寸前まで殴り、執行猶予付きの保護処分となって、叔父の家に預けられる。執行猶予期間中は、定期的に精神科医のホープ・ラングの下に通わねばならないという条件も付いている。叔父の家には、身持ちの悪い娘チューズデイ・ウェルドも同居していて、叔父はウェルドにエルヴィスを誘惑させて、二人を結婚させようと目論んでいた。ウェルドとの結婚を迫られて困ったエルヴィスは、精神科医ホープに相談して、次第に彼女に頼るようになる。エルヴィスに小説の才能があるとみたホープは、彼を大学に行かせようと考えて、大学教授に紹介するために一緒に出かけ、その帰りに大雨にあってモーテルで休んだところを人に見られて、噂を立てられてしまう。噂を立てた相手に腹を立てたエルヴィスは、また相手を殴り、そのためか相手の男は死んでしまう。殺人の罪に問われそうになるが、調査により彼の死因は別にあったことがわかり、エルヴィスは救われ、大学へ進むことになる。

　クリフォード・オデツが1963年にガンで亡くなる前に書いた最後の作品で、力のこもった台本となっている。オデツの台本では、エルヴィスは最後に自殺することになっていたらしいが、試写会での評判が良くなかったため、救いのある終わり方に変えたらしい。ドラマが中心の作品で、エルヴィスの歌はタイトル曲を含めて4曲しかない。フィリップ・ダン監督のフォックス社製作、カラー、シネスコ版作品。この作品の後の、「ブルー・ハワイ」(1961)以降のエルヴィスは、娘たちを追い回すような能天気な役ばかりとなり、歌もぐっと増える。

ブルー・ハワイ　Blue Hawaii (1961) は、文句なしに楽しいエルヴィスの娯楽作品。兵役を終えてハワイに戻ったエルヴィスは、家業のパイナップル農場を継がずに、混血ハワイ娘の恋人の勧めで、旅行ガイドを始める。最初の仕事で、女教師に連れられた4人の女学生を案内することとなるが、年頃の女性と一緒にホテルに泊まったりするので、いろいろと誤解が生じる。最後には誤解も解けて、父親からも認められ、観光会社を作り恋人とも結婚できる。

　エルヴィスは14曲も歌い、ファン・サービスに努めた。この作品がヒットしたので、その後のエルヴィス映画は、この作品のスタイルを踏襲することになる。タイトル曲は、ビング・クロスビーが「ワイキキの結婚」Waikiki Wedding (1937) の中で歌ったもの。エルヴィスの母親役でアンジェラ・ランズベリーが出ている。ノーマン・タウログ監督のパラマウント社、カラー、シネスコ版作品。

夢の渚　Follow That Dream (1962) は、リチャード・パウエルの風刺小説「開拓者よ、故郷へ帰れ！」Pioneer, Go Home! (1959) の映画化。生活保護や軍隊の傷病手当で暮らす一家が、当てのないドライブをするうちに、南部の海岸近くでガソリンが切れて野宿したのがきっかけで、その地に住み着いて生活を始める。そうすると、だんだんと人が集まり、その賑わいに目をつけたギャングたちが、大型のトレイラー・ハウスで賭博場を開設する。深夜まで騒ぎが続くので、軍隊帰りで傷病手当を貰っているエルヴィスが保安官となり、治安を守ろうとするが、ギャングたちはエルヴィスを邪魔と感じて、付け狙うようになる。結局ギャングたちのトレイラーで爆発が起きて、ギャングたちは去るが、今度は福祉事務所が一家の子供たちの養育に適さないとして、3人の子供たちを保護するという名目で連れ去ってしまう。最後には、養育権をめぐる意見聴取で堂々と意見を述べたエルヴィスが認められて、やっと一家に平和が戻る。

　開拓時代の名残で、所有権の定まっていない土地は、入植者が住んで自分の所有権を主張できるという法律を題材に、エルヴィスが底抜けに善良な青年を演じている。父親役のアーサー・オコンネルも好演。ドラマとして面白いが、歌はその分少なめ。ゴードン・ダグラス監督、カラー、シネスコ版。ユナイト配給。

恋のKOパンチ　Kid Galahad (1962) は、マイケル・カーティス監督の「倒れるまで」Kid Galahad (1937) の再映画化。基の映画ではエドワード・G・ロビンソンがボクシング・コーチ役で主演だったが、エルヴィス版では選手役のエルヴィスが主演。

　軍隊帰りのエルヴィスは、親も亡くなり頼れる知り合いもいないため、生まれ故郷の町

に戻ってくる。その町で、金のためにボクシングの練習相手をして才能を見出されたエルヴィスは、「キッド・ギャラハッド」の名前で売り出し、試合を勝ち進む。ところがマネジャーであるギグ・ヤングの妹ジョーン・ブラックマンとエルヴィスが恋仲となり、ボクシングから引退して自動車修理工場を開くと言い出すので、ギグ・ヤングは大反対する。

一方、ギャングたちは八百長試合で儲けようとしていたので、ギグ・ヤングを脅しに来るが、彼は何とか断ろうとする。それを知って怒ったエルヴィスは、試合に出場して相手を打ち負かして正義を取り戻す。

原題にあるギャラハッドは、アーサー王伝説に出てくる騎士の一人で、聖杯を発見したことで有名。堅気で女性に優しいことでも知られている。この映画のエルヴィスの役はそのギャラハッド的な性格なので、リング名もキッド・ギャラハッドと付けられている。劇中でエルヴィスが歌うのはタイトル・バックで流れる曲を含めて6曲で、エルヴィス作品としては音楽が少なめだ。フィル・カールソン監督の、カラー、ヴィスタ版作品。ユナイト配給。

ガール！ガール！ガール！ Girls! Girls! Girls! (1962)は、エルヴィスが歌いまくる映画。ユナイト社で撮った前2作は、批評家には受けたが商業的には当たらなかったので、パラマウントに戻ってノーマン・タウログ監督で職人的な娯楽作品が作られた。

エルヴィスは、ハワイの釣舟屋で雇われ船長をやりながら金を貯めていた。彼は、父親と一緒に昔作ったヨットを、いつか買い戻したいと思っていたのだ。ある日エルヴィスは酔っ払いに絡まれた娘ローレル・グッドウィンを救い、ヨットに乗せて近くの海を回るが、嵐を避けるために友人の家に避難して一緒に過ごすうちに恋におちる。彼の欲しがっていたヨットは、急がないと他人の手に渡ってしまうので、早く金を作ろうとエルヴィスはクラブで歌い始める。なかなか金が貯まらないエルヴィスを助けようと、ローレルは金持ちの父親から金を貰ってヨットを買い戻すが、他人の施しを嫌ったエルヴィスは姿を消してしまう。ローレルは二人で避難した友人の家を思い出し、そこまで彼を追っていくと、エルヴィスはローレルの愛を知って、彼女に結婚を申し込むのだった。

最後の場面は世界各国の娘が民族衣装で登場してツイストを踊るという珍妙な場面で、日本娘は着物姿で踊っている。カラー、ヴィスタ版作品。

ヤング・ヤング・パレード It Happened at the World's Fair (1963)は、1962年にシアトルで開催された万国博覧会を背景としたきわもの映画。エルヴィス・プレスリーはゲイリー・ロックウッドと一緒に、小さな飛行機で運び屋をしているが、ゲイリーの賭けの借金で、飛行機を差し押さえられてしまい、請け出す金を作ろうと、賑わっているシアトルの万国博覧会へ行く。ゲイリーは、シアトルでも懲りずにカード賭博で儲けようとする。一方のエルヴィスは、親とはぐれた中国系の少女の面倒を見るが、それが縁で美人の看護師ジョーン・オブライエンと知り合う。少女が児童福祉局に連れて行かれたり、密輸事件に巻き込まれたりするが、最後にはハッピー・エンドとなる。ノーマン・タウログ監督だがいささか低調。カラー、シネスコ版のMGM作品。

アカプルコの海 Fun in Acapulco (1963)は、題名のとおりにメキシコの保養地アカプルコを舞台とした作品。エルヴィスはヨットの乗組員だったが、アカプルコに上陸した時に酒場で歌ったのが好評で、そのまま土地のホテルで歌うようになる。そのホテルで社交主任を務めていたアーシュラ・アンドレスと恋仲となるが、恋敵のアレジャンドロ・レイと喧嘩して、レイが負傷したために、彼に代わって高飛び込みに出場することになってしまう。実は、エルヴィスは家族で演じた空中サーカスで、弟をつかみ損ねて死なせたトラウマから、高所恐怖症となっていたが、それを克服して飛び込みを成功させ、アーシュラと結ばれる。

メキシコが舞台なので、音楽もメキシコ調や南米調のものが使われている。リチャード・ソープ監督のカラー、ヴィスタ版作品。パラマウント配給。

キッスン・カズン Kissin' Cousins (1964)では、エルヴィスが一人二役を演じて楽しませてくれる。米軍がミサイル基地を建設するた

めに、目的の山地を手に入れようとするが、地主で山に住むアーサー・オコンネルは売ろうとしない。オコンネルの説得を命ぜられたエルヴィスは、オコンネルの息子（エルヴィスの二役）と衝突するが、それがきっかけで仲良くなり、二人の娘も手懐ける。最後には熊に襲われたオコンネルを助けて、任務を達成する。

題名のKissin' Cousinsは、会った時にキスをして挨拶をするような「親しい親類」といった意味だが、ここでは「とてもよく似ている二人」という意味で使われている。エルヴィスは、黒髪と金髪で二役を演じた。ジーン・ネルソンの監督でカラー、シネスコ版。MGM配給。

ラスベガス万才 Viva Las Vegas (1964) は、ジャック・カミングス制作にジョージ・シドニー監督という、往年のMGMミュージカル全盛期のメンバーの手による作品なので、そうした雰囲気を漂わせている。

エルヴィスは自動車レースの競技運転士で、ラス・ヴェガスでのレースに参加するために準備をしているが、車のエンジンがまだ手に入っていない。そのうえ美人の水泳教師アン＝マーグレットに気をとられているうちに、エンジンを買うための金を、プールで落としてしまう。仕方なくホテルで給仕をすることとなり、エンジン代の足しにしようとアマチュア・コンテストでも歌うがうまく行かない。結局、最後には、スポンサーが現れてエンジンを手に入れて、レースで優勝、アン＝マーグレットの愛も手に入れる。

普通のエルヴィス映画ではエルヴィス一人が歌うというスタイルが多いが、この作品では相手役のアン＝マーグレットも芸達者なので、変化があって楽しい仕上がり。MGM制作のカラー、シネスコ版。

青春カーニバル Roustabout (1964) のエルヴィスは、オートバイ乗りとなるが、危険な場面も代役を使わずに撮影したらしい。エルヴィス・プレスリーはオートバイ好きの歌手で、出演していたクラブで客と喧嘩して店を飛び出し、バーバラ・スタンウィックが率いる旅回りのカーニバル（巡回遊園地）に参加する。そこでエルヴィスの歌は人気が出て、一座の娘ジョーン・フリーマンと恋仲となるが、客の財布が盗まれた事件でエルヴィスに疑いがかかり、彼はライバルの一座へ移ってしまう。エルヴィスが抜けた後のカーニバルには人が集まらずに苦しい経営となり、ジョーンがエルヴィスを訪ねてわけを話すと、エルヴィスは元に戻り、再び一座を盛り上げる。

何となくドリス・デイの「ジャンボ」Billy Rose's Jumbo (1962) に似た話で、サーカスをカーニバルに置き換えただけという印象もある。ジョン・リッチ監督のカラー、シネスコ版作品。パラマウント配給。

フロリダ万才 Girl Happy (1965) は、エルヴィスのプログラム・ピクチャー。エルヴィスはシカゴのクラブ歌手だが、クラブのオーナーの娘シェリー・ファバレスが、仲間と一緒にフロリダに遊びに行くので、お目付け役を命ぜられて、一緒にフロリダへ向かう。彼は歌手の仕事のほか、自分の好きな娘とのデイトもあり、お目付け役の仕事もあるので、忙しい生活を送る。イタリア青年が美人のシェリーに目をつけて追い回すので、エルヴィスも懸命に監視をするうち、シェリーと恋仲となってしまう。ところが、エルヴィスが監視役だったことを知り、シェリーは怒って大暴れして、警察に捕まってしまう。最後には二人が本当に愛し合っていることがわかり、結ばれる。

エルヴィスはMGMでシェリー・ファバレスと3本共演しているが、この作品が最初。ボリス・セーガル監督のカラー、シネスコ版、MGM作品。

いかすぜ！この恋 Tickle Me (1965) は、潰れかけていた映画会社アライド・アーチスト社を救うために作ったような作品。映画のための新曲はないが、ノーマン・タウログ監督がそつなくまとめている。大ヒットではないが、アライド・アーチストはこの作品で一息ついた。

エルヴィスは観光牧場でロデオを見せているが、同じ牧場で体操のインストラクターをやっているジョスリン・レインと恋仲となる。彼女は、祖父の残した遺産を探しているが、正体不明の暴漢に何度も襲われ、その度にエルヴィスに救われる。嵐を避けるために入った古いホテルで、遺産は偶然に見つかるが、町の悪徳保安官がそれを横取りしようと狙う。

第5章　1960年代：スタジオ・システムの崩壊

この保安官を振り切って、二人は無事に逃げ、観光牧場で結婚式を挙げる。カラー、シネスコ版作品。

ハレム万才　Harum Scarum (1965) のエルヴィスは、ハリウッド調のアラビアン・ナイトに迷い込む。映画スターで歌手のエルヴィスは、映画公開の舞台挨拶で中東の某王国へ行くが、招待された鎖国中の国へ行く途中で、薬を飲まされて、暗殺団に捕らえられる。エルヴィスは逃げ出すが再び捕らえられて、国王の暗殺に加担するように脅される。エルヴィスがベリー・ダンサーたちと一緒に、ラマダーン明けの祝宴で宮廷に行く時に、国王を殺させようというのだ。しかし、エルヴィスは姫に正体を見破られて投獄される。美しい姫に恋したエルヴィスは、国王とともに暗殺団の隠れ家に侵入、命を狙う主謀者は王の弟マイケル・アンサラで、暗殺団はアメリカの石油会社に利権を売ろうとしていたことを知る。エルヴィスは仲間とともに、謀反人たちを捕らえて平和を取り戻し、ベリー・ダンサーたちとともにラス・ヴェガスへ戻り、新しいショーを成功させる。

アラビア風の衣装などはマルレーネ・ディートリッヒの「キスメット」Kismet (1944) のものを再利用したという。今の基準で見るとおかしなアラブ世界の描き方に思えるが、当時としては十分にムードを出していた。ジーン・ネルソン監督のカラー、ヴィスタ版作品。MGM配給。

フランキーandジョニー　Frankie and Johnny (1966) は、少し古い時代設定の作品。19世紀前半のミシシッピー河のショー・ボート。ドナ・ダグラス（フランキー役）とエルヴィス（ジョニー役）は舞台でコンビを組む芸人で、互いに愛し合っていたが、結婚はしていない。エルヴィスは無類のギャンブル好きで、ボートの中ではいつも賭け事ばかりだったが、ジプシーの占いで、勝利を呼び込む赤毛の幸運の女神が現れると予言される。予言どおり赤毛の娘が現れて、エルヴィスは夢中になって追い回す。これにはドナも不満だが、その幸運の女神が船主の愛人だったため、船主も怒りエルヴィスを消すように殺し屋に命ずるものの、その女神が船主との結婚を了承するのですべては解決。エルヴィスも命拾いして、

ドナと結婚する。フレデリク・デ・コルドヴァ監督の、カラー、ヴィスタ版作品。ユナイト配給。

ハワイアン・パラダイス　Paradise, Hawaiian Style (1966) は、エルヴィスのハワイ物としては3作目。エルヴィスは飛行機のパイロットだが、女性にモテ過ぎて失敗し、故郷のハワイで友人のジェイムス繁田と一緒に、チャーター・ヘリコプターの会社を始める。営業が大事と、エルヴィスは昔なじみの娘たちに集客を依頼する。ジェイムスは彼の小さな娘とともにヘリコプターで帰る途中で遭難してしまうが、エルヴィスの必死の捜索で救出される。エルヴィスは事務所で雇った娘スザンナ・リーと恋仲となり結ばれる。

観光映画的にハワイの風景と音楽や踊りを見せているが、それ以上ではない。ジェイムスの小さな娘役ドナ・バターワースが達者な歌を聞かせている。マイケル・D・ムーア監督のカラー、ヴィスタ版作品。パラマウント配給。

カリフォルニア万才　Spinout (1966) の日本公開題名はCalifornia Holidayで、英国で公開された題名で日本に輸入された。歌手のエルヴィスは各地を回っているが、サンタ・バーバラで公演した時に、土地の有力者の娘シェリー・ファバレスが彼に夢中になり追いかけ回す。シェリーは何とか彼の心を射止めたいと、一計を案じて彼を町に引き留める。町にしばらく滞在する間に、エルヴィスは3人の女性から追い回されるが、その3人の女性は、それぞれほかの男から追いかけられるという騒ぎ。結局、エルヴィスは誰とも結婚せずに独身主義を貫く。

エルヴィスは普段はアコースティック・ギターだが、この作品では珍しくエレキ・ギターを弾いている。監督はいつものノーマン・タウログで、カラー、シネスコ版のMGM作品。

Go！Go！Go！　Easy Come, Easy Go (1967) のエルヴィスは海軍士官役。エルヴィスは海軍で機雷除去の水中作業をしている時に沈没船の中に宝のようなものを見かけて、船主の孫娘ドディ・マーシャルを訪ねると、本当に宝物が残されている可能性があることを知らされる。除隊すると早速、エルヴィスはドディらと一緒に宝を引き上げにかかるが、

同じ宝を狙っている連中と取り合いになってしまう。エルヴィスたちは宝の引き上げに成功するが、宝物は金貨や銀貨ではなく、銅貨だったためにたいした価値はなく、一番の収穫はドディの愛を得たことだった。ジョン・リッチ監督のカラー、ヴィスタ版で、パラマウント作品。

ふたつのトラブル Double Trouble (1967)*でのエルヴィスは、二人の娘に追いかけられるので、トラブルも2倍という題名。アメリカ人のロック歌手エルヴィスは、ヨーロッパ・ツアーで英国に行くと、もうすぐ18歳となり大金を相続するという娘から追い回される。未成年だと知ってエルヴィスは相手にせずにベルギー公演へと向かうが、娘は追いかけてくる。ところが、後見人の叔父が遺産を使い込んでいて、娘を亡き者にしようと、殺し屋を雇って娘を狙うので、エルヴィスもその騒ぎに巻き込まれてしまう。一方、エルヴィスは公演先に必ず現れる謎の美女に惹かれるが、彼女は遺産を使い込んだ叔父の愛人だとわかる。さらにエルヴィスの鞄に盗んだ宝石を隠して持ち出そうとする間抜けな泥棒や、それを追うスコットランド・ヤードの警部などが絡む。

ヨーロッパを舞台にした作品だが、エルヴィスはロケには行かずに、ハリウッドのスタジオだけで撮影した。音楽は前半に多く、後半は完全なドタバタ喜劇風。さすがにこの頃になるとエルヴィス人気にも翳りが出始めて、日本では公開されなかったが、後にテレビで放映された。ノーマン・タウログの監督で、カラー、シネスコ版、MGM作品。

ブルー・マイアミ Clambake (1967)でのエルヴィスは、石油会社のオーナーの息子だが、自分では何もできないのに金持ちの生活を送ることに疑問を感じ、家を飛び出してマイアミへ行く。彼は貧乏な水上スキー・インストラクターと知り合い、身分を交換する。エルヴィスは水上スキーの仕事で忙しく働き、貧乏な青年はエルヴィスに代わってホテルの豪華スイート・ルームでの生活を送る。マイアミの豪華リゾートで金持ちの男を捕まえに来た娘シェリー・ファブレスは、期待どおりに金持ちの男から求婚されるが、貧乏でもエルヴィスを選ぶ決心をする。エルヴィスは好きなボートで金を稼ごうと、自分の修理した船でボート競走に参加して優勝。彼を探しに来た父親も理解を示し、シェリーの愛も手に入れる。

エルヴィス映画としては珍しく、物語の内容に合わせた歌の入れ方で、ミュージカルらしいムードのある作品。アーサー・H・ネイデル監督の、カラー、シネスコ版作品。ユナイトの配給。

ステイ・アウェイ・ジョー Stay Away, Joe (1968)*は、ダン・カシュマンの同名小説(1953)の映画化。エルヴィスはナバホ族のインディアン役で、ロデオ大会で優勝して、近代的な生活をしようと四苦八苦するコメディ。ピーター・テュークスベリー監督のカラー、シネスコ版MGM作品。

スピードウェイ Speedway (1968)でのエルヴィスは、フランク・シナトラの娘ナンシー・シナトラと共演している。エルヴィスはスピード・レーサーで収入はたっぷりとあるのだが、困った人を見ると助けずにはいられない性格で、次から次へと気前よく金を使い、手元には残らない。そこへ税務署から多額の納税通知が来るが、金がないので払えない。そこで、国税庁から徴税係の会計士ナンシー・シナトラがやって来て、エルヴィスから離れずに、レースの賞金も全部取り上げてしまう。一方、エルヴィスが困った人々に買い与えたはずの、車や家具などが次々と不払いで差し押さえに遭うが、それは、エルヴィスのマネジャーが競馬に金をつぎ込んでいたからだった。そんなエルヴィスを見て、ナンシーも彼に協力する姿勢となり、シャーロット500のカー・レースに出場できるよう国税庁の上司を説得する。エルヴィスはレースの終盤の事故により惜しくも優勝を逃してしまうが、ラップ・タイムの賞金を得て借金を返し、ナンシーの愛も得る。

ナンシーはソロで歌うほか、エルヴィスとも一緒に歌っていて、いつものエルヴィス映画に比べると変化がある。ノーマン・タウログ監督の、カラー、シネスコ版MGM作品。

バギー万才! Live a Little, Love a Little (1968)は、ノーマン・タウログが最後に監督した作品。無声映画時代から長く監督をしていたタウログは、エルヴィス作品も多く監督

したが、この映画が最後となった。

　エルヴィスは写真家で、昼はお堅い保守的な新聞社で働き、夜はヌード雑誌のカメラマンと、掛け持ちで頑張っているが、忙しいうえに昼と夜とでは路線が違うので、苦労の連続だ。彼はファッション・モデルのミシェル・ケリーと知り合って恋をし、両方の仕事をこなしつつ、何とか彼女のハートも手に入れる。

　エルヴィスは映画の中で10曲以上を歌うことが多いが、この作品ではコメディに重点を置いたためか、4曲しか歌っていない。新聞社の編集長役で往年の大歌手ルディ・ヴァリーが出演している。日本語題名は原題とまったく違っているが、この題名はエルヴィスが砂浜用のサンド・バギー車に乗っているところからとられたものだろう。カラー、シネスコ版のMGM作品。この作品の後、エルヴィスはNBCテレビで「エルヴィス1968年カムバック特番」Elvis: '68 Comeback Special (1968) に出演して、路線を新たにする。

トラブル・ウィズ・ガールズ　The Trouble with Girls (1969)＊は、デイ・キーンとドゥワイト・V・バブコックの小説「文化講習会」Chautauqua (1960) の映画化。この「シャトーカ」というのは、19世紀後半から20世紀初頭に、アメリカでよく行われていた巡回興行の文化講習会のこと。成人教育を目的とした文化的な講演から、エンターテインメント、牧師の説教までと、ごちゃ混ぜのイベントだ。セオドア・ローズヴェルト大統領は、このシャトーカを「最もアメリカ的なもの」と呼んだ。

　1920年代のアメリカ。エルヴィスは巡回文化講習会の団長で全米を回っているが、子供向けのお話お姉さんをやっているマリリン・メイスンが、過重労働だといって騒ぐので、その対応に追われている。小さな保守的な町にやって来た時に、町の名士が殺されて団員に疑いがかかるが、エルヴィスは正当防衛ならば無罪だと智恵をつけ、犯人に告白させることに成功し、危機を切り抜ける。相手役のマリリンも歌うので音楽は多いが、エルヴィスの歌は4曲のみ。ピーター・テュークスベリー監督の、カラー、シネスコ版MGM作品。

修道着の変更　Change of Habit (1969)＊は、ユニヴァーサルとNBCテレビの共同制作。前年にエルヴィスの特番を作った時の約束により、NBCも制作に参加した。エルヴィスの劇映画はこの作品が最後で、以降はコンサート中心の活動となるので、記録映画しか作られていない。

　エルヴィスは貧しい人々向けに治療を行っている診療所の医師で、同じ診療所でセラピストをやっている美しい尼僧のメリー・タイラー・ムーアに恋をする。メリーは規則に反して尼僧の服を着なかったので、教区の牧師からは避難の声が上がる。原題のhabitには、「修道着」と「習慣」という二重の意味が込められている。ウィリアム・A・グレアム監督のカラー、ヴィスタ版作品。

エルビス オン ステージ　Elvis: That's the Way It Is (1970) は、ラス・ヴェガスで開催された、エルヴィスの3シーズン目のコンサートに密着したドキュメンタリー作品。舞台裏なども描かれている。デニス・サンダース監督で、カラー、シネスコ版MGM作品。4チャンネル・ステレオ方式。2001年に再編集版がリリースされていて、半分以上の場面が入れ替わっている。

エルビス・オン・ツアー　Elvis on Tour (1972) は、生前のエルヴィスが出演した最後の映画。主に1972年前半に行われた全米コンサートの記録を中心にまとめられていて、オフ・ステージの模様も描いたドキュメンタリー作品。ロバート・エイベルとピエール・アディッジの監督で、カラー、シネスコ版。MGM配給。この作品以降のエルヴィスは主にテレビで中継されたコンサートの映像が残されている。

THIS IS ELVIS　This Is Elvis (1981) は、1977年にエルヴィスが亡くなってから作られた伝記的な作品。エルヴィスの生涯をドラマ化して描いた映画で、子供時代から晩年までを4人の俳優で演じている。その間に本物のエルヴィスの昔の映画やコンサートの場面が入る。マルコム・レオとアンドルー・ソルト監督のカラー、ヴィスタ版ワーナー作品。

★

アン＝マーグレット　Ann-Margret (1941.4.28–)

アン＝マーグレットは、1941年にスウェーデンで生まれて、7歳の時に両親とともにアメリカへ移住して、シカゴ郊外に居を定めた。大学在学中にコメディアンのジョージ・バーンズに見出されて、ラス・ヴェガスのショーに出演したのが映画界入りのきっかけ。セクシーさと、ちょっと甘えたような舌足らずの歌が特徴で、1960年代の開放的な女性のムードを持っている。

映画出演では「ステート・フェア」State Fair (1962) が最初。その後に出た「ポケット一杯の幸福」Pocketful of Miracles (1961) で、ベティ・デイヴィスの娘役を演じたが、こちらが先に公開されたので、これをデビュー作品とする場合もある。「バイ・バイ・バーディ」Bye Bye Birdie (1963) では、主役を演じてブレイク。その後は「ラスベガス万才」Viva Las Vegas (1964) で、エルヴィス・プレスリーの恋人役としてホテルでの水泳インストラクターを演じ、ソロやデュエットで歌うほか、踊りも披露した。

マドリードにやって来た3人のアメリカ娘を描く「マドリードで乾杯」The Pleasure Seekers (1964)、パリのファッション界にアメリカ娘が乗り込むという「メイド・イン・パリ」Made in Paris (1966)、扇情的小説を書いて売り出す「スインガー」The Swinger (1966)、ディーン・マーティンの「サイレンサー 殺人部隊」Murderers' Row (1966) などにも登場したが、ミュージカル作品にはあまり恵まれずに、ドラマにも多く出演している。

主役ではないが、ケン・ラッセル監督が映画化したロック・オペラ「トミー」Tommy (1975) や、ディズニーのルネッサンス期に作られた実写作品「ニュージーズ」Newsies (1992)* にも出演して、それなりの存在感があった。

ステート・フェア State Fair (1962) は、リチャード・ロジャースとオスカー・ハマースタイン2世のミュージカル映画「ステート・フェア」State Fair (1945) のリメイクで、1945年版ではアイオワ州を背景としていたが、この1962年版ではテキサス州に置き換えられた。その関係で歌も若干入れ替わっている。もともとは、フィリップ・D・ストロングの同名小説 (1932) が原作で、ミュージカルではないがジャネット・ゲイナー主演で「あめりか祭」State Fair (1933) として映画化されているから、この作品は3回目の映画化。

テキサスの田舎で暮らす農場一家の話。年に一度の州の祭りに、一家は出かけていく。父親のトム・イーウェルは自慢の豚を品評会に出し、母親のアリス・フェイは手作りのミンスミート（ドライ・フルーツのリカー漬け）を料理コンテストに出品、息子のパット・ブーンは自慢のスポーツ・カーで自動車レースに出場、娘のパメラ・ティフィンは祭りのカーニバルを楽しみにしている。パット・ブーンは旅芸人のアン＝マーグレットに恋して、妹のパメラはテレビの司会者のボビー・ダーリンに夢中になる。祭りが終わって、二人の恋も終わるかと思えたが、農場に戻ったパメラをボビー・ダーリンが迎えに来るのだった。

アン＝マーグレットの長編デビュー作であり、アリス・フェイも久々に歌っている。1945年版はジーン・クレインの代表作で、ダナ・アンドルーズ、ディック・ヘイムズなどの出演で、リチャード・ロジャースの世界をよく描き出したが、1962年版は現代的になり過ぎて、ロジャース音楽の美しいメロディが生きていない。

オリジナルの1945年版はスタンダード・サイズのテクニカラーだったが、1962年版はホセ・フェラー監督で、トッド・AO方式と呼ばれる65mmフィルムで撮影されたものの、公開版は35mmのシネマスコープとなっている。4チャンネル・ステレオ方式のフォックス作品。その後、この作品はブロードウェイでもデイヴィッド・メリクが舞台化 (1996) している。

バイ・バイ・バーディ Bye Bye Birdie (1963) は、チャールズ・ストラウスとリー・アダムスのブロードウェイ作品 (1960) の映画化。エルヴィス・プレスリーが1958年に兵役にとられたことに触発された作品で、ブロードウェイ・ミュージカルでは初めてロック音楽を取り入れたが、全体としては伝統的なブロードウェイのスタイルを守っている。

ロックンロールのスター歌手ジェシー・ピアスン（バーディ役）が兵役にとられると聞いて、彼のマネジャーであるディック・ヴァン・ダイクはパニックとなる。というのも、

彼の事務所は財政が火の車となっていたからだ。何とか話題作りをして儲けようと、秘書のジャネット・リーとともに作戦を立てる。軍隊に行く前に、ファン・クラブの女の子から一人を選んで「最後のキス」をすることとして、その模様を全米にテレビ中継して流そうと考える。相手に選ばれたアン＝マーグレットは大喜びだが、不満なのは彼女の恋人だったボビー・ライデルで、テレビ中継の最中にピアスンを殴り倒してしまうので大騒ぎとなる。一夜明けて、人々は平和な生活へと戻っていき、ヴァン・ダイクも長年一緒に仕事をしてきたジャネットと結婚する決心を固めるのだった。

ディック・ヴァン・ダイクは、舞台で高い評価を得て映画版でも同じ役を演じたが、映画版は舞台とかなり変わってしまったので、不満を漏らしていたという。アン＝マーグレットの初主演作で、彼女の魅力が前面に押し出されている。最初と最後には彼女の歌うタイトル曲が流れるが、これはアン＝マーグレットを意識してストラウスが映画用に書き下ろした新曲で、舞台版にはない。テレビ中継の場面ではエド・サリヴァン自身が出演していて、これも評判になった。

振付はオンナ・ホワイトで、ロックンロール調の曲に合わせて見事な群舞を振り付けている。後年、「グリース」Grease (1978) の振付をしたパトリシア・バーチは、この作品から強い影響を受けている。ジョージ・シドニー監督のカラー、シネスコ版で、4チャンネル・ステレオのコロムビア作品。

1995年にテレビ向けのリメイク作品が作られて、ジーン・サックスが監督している。こちらは秘書役のローズを、ヴァネッサ・ウィリアムスが演じていて、彼女に焦点が当たっているが、ジーン・サックス監督としてはやや低調な仕上がり。

マドリードで乾杯 The Pleasure Seekers (1964) は、ジョン・H・セコンダーリの小説「噴水の硬貨」Coins in the Fountain (1952) の再映画化。最初の映画化は主題歌が有名な「愛の泉」Three Coins in the Fountain (1954) で、これはローマを舞台とした作品。この映画では舞台をスペインのマドリードに移してはいるが、内容は同じで、マドリードにやって来た3人のアメリカ娘の恋物語。

キャロル・リンレイは通信社に勤めていて、上司のブライアン・キースに惹かれているが、彼には奥さんがいる。キャロルに惚れているのは同僚のガードナー・マッケイ。アン＝マーグレットは歌と踊りを勉強していて、医者のアンドレ・ローレンスと恋仲だった。後からやって来た娘パメラ・ティフィンは貴族の青年アンソニー・フランシオーサと恋におちる。しかし、3人とも恋がうまく行かなくなりニュー・ヨークへ戻ってしまうので、3人の恋人たちも彼女たちをニュー・ヨークまで追っていくのだった。

ジミー・ヴァン・ヒューゼンの曲をアン＝マーグレットが何曲か歌っている。ジーン・ネグレスコ監督のカラー、シネスコ版フォックス作品。

メイド・イン・パリ Made in Paris (1966) は、ヘレン・ローズの衣装デザインで評判になった作品。彼女のデザインした衣装が一番の見ものかも知れない。アン＝マーグレットは、ニュー・ヨークの衣料店で商品の仕入れ助手をしているが、仕入れ主任が新婚旅行に行くので、代わってパリの一流デザイナーであるルイ・ジュールダンの新作を買付けに派遣される。アン＝マーグレットに心を寄せていた店主の息子チャド・エヴァレットは、誘惑の多いパリでの彼女の世話を、友人のリチャード・クレンナに頼むことにする。パリに着いたアン＝マーグレットは、新米なので業界では相手にしてもらえずに苦労するが、何とかファッション・ショーに潜り込むと、ルイ・ジュールダンにすっかり気に入られてしまう。ところが、アン＝マーグレットをルイに取られることを心配したチャドが、ルイを殴るので大混乱となるが、最後にはアン＝マーグレットもチャドの下に戻るのだった。

音楽面では、カウント・ベイシー楽団が演奏しているほか、タイトル曲はバート・バカラックが作曲、アン＝マーグレットも歌っている。ボリス・サガル監督で、カラー、シネスコ版MGM作品。

スインガー The Swinger (1966) は、いかにも1960年代らしい世相を反映した作品。フリー・セックスやサイケデリックというようなブームを背景として、アン＝マーグレッ

トはセクシーな魅力を見せる。

　小説家志望のアン＝マーグレットは、キワドイ写真や記事で有名なガール・ルアー誌に自作の小説を売り込みに行くが、編集長のアンソニー・フランシオーサは、刺激がないといって相手にしない。悔しい思いをしたアン＝マーグレットは、エロ小説を沢山買い込んで研究し、ドギツイ表現を多用した「スインガー」という小説を書き、自伝だといって再びアンソニーに持ち込む。あまりの表現にさすがの編集長も驚くが、社長は気に入って大々的に売り出そうと計画する。アンソニーは本当に自伝なのかどうか気になって、アン＝マーグレットの生活を調べたり付け回したりするが、そのうちに彼女に恋をしてしまう。最後にはアン＝マーグレットも創作小説だと白状して二人は結ばれる。

　いつの時代にも、こうした元気の良い女性が出てくるが、話の内容はアイリーン・ダンが演じた「花嫁凱旋」Theodora Goes Wild (1936) を彷彿とさせる。音楽は既成曲を使用していて、アン＝マーグレットが数曲を歌う。ジョージ・シドニー監督のカラー、ヴィスタ版パラマウント作品。

フランキー・アヴァロン　Frankie Avalon (1939.9.18–)

　フランキー・アヴァロンは1939年生まれで、最初はトランペットを吹いていたが、その後ポップ・ロックの歌手に転向、プレスリーの兵役中には、ポップス歌手として若者の間で人気があった。B級のホラー映画などを得意としていたアメリカン・インターナショナル・ピクチャーズ（AIP）で、当時の若者の風俗を取り入れたビーチ物と呼ばれる映画に多く出演した。

　映画出演は「ジャムボリー」Jamboree (1957)*が最初で、「やめないでもっと！」Beach Party (1963) 以降に、アネット・フニチェッロと組んで、ビーチで遊ぶサーファーたちを描く、一連の低予算B級ミュージカル映画に出た。一連の映画では、海岸での若者たちのバカ騒ぎ、ビキニの水着、オートバイに乗った暴走族、ツイストに代表される新しい踊り、サーフィン、ロックンロールなどが取り入れられているが、倫理規定が厳しかった時代なので、現在の基準から見ると驚くほど保守的な表現にとどまっている。

　アネットと組んだ作品のほかに、フランキーだけが出ている作品としては、初期の姿が見られる「ジャムボリー」(1957)*、4曲を歌ったボブ・ホープ主演の「テスト・ハネムーン」I'll Take Sweden (1965)、「爆笑！ミサイル大騒動」Sergeant Dead Head (1965)* などがある。その後は、ジョン・トラヴォルタの主演の「グリース」Grease (1978) の中で、落ちこぼれ高校生の守護天使役で出演して1曲歌っていた。

ジャムボリー　Jamboree (1957)*は、当時の音楽状況を切り取って見せるような作品。若い二人の歌を売り込もうと二人のマネジャーが奮闘するが、この二人、実は離婚した夫婦なので、喧嘩ばかりでうま行いかない。物語に意味はなく、劇中に挿入される当時の人気スターたちの歌や音楽が見もの。フランキー・アヴァロンの映画デビュー作品で、まだ新人歌手として1曲を歌うだけ。次々と当時のポップ音楽家たちが登場する。ファッツ・ドミノ、カウント・ベイシー、ジェリー・リー・ルイス、フォア・コインズらが登場。ロイ・ロックウッド監督作品。

爆笑！ミサイル大騒動　Sergeant Dead Head (1965)*は、いかにもAIPらしい荒唐無稽な作品。フランキーは結婚を間近に控えた宇宙飛行士だが、急にチンパンジーと一緒に宇宙飛行することとなる。地球へ戻ると、チンパンジーと彼の脳とが入れ替わってしまい、彼は監禁されてしまう。監禁中に、ほかの男（これもフランキーが演じている）が婚約者と結婚しそうになるので、フランキーは自分の脳を取り返して駆けつけ、婚約者を取り戻す。

　ガイ・ヘムリックとジェリー・スタイナーが曲を書いていて、監督はノーマン・タウログ。カラー、シネスコ版のAIP（アメリカン・インターナショナル・ピクチャーズ）配給作品。

アネット・フニチェッロ　Annette Funicello (1942.10.22–2013.4.8)

　アネット・フニチェッロは、1942年生ま

第5章　1960年代：スタジオ・システムの崩壊

れの女優で、ディズニー映画専門だったが、フランキー・アヴァロンと組んだビーチ物が当たったので、AIPに貸し出されて一連の作品に出演した。歌は得意ではないが何とかこなす。フランキー・アヴァロン作品の大半で相手役を務めたが、アネットはミッキー・マウス・クラブ育ちのディズニー・プロの所属だったので、厳しい管理がされて、ほかの娘たちが全員ビキニ姿なのに、一人だけワンピース水着といったような映画もある。

二人が最初に組んだ作品は「やめないでもっと！」Beach Party (1963)で、仲間たちに邪魔されてなかなか二人きりになれないという映画。次の「ムキムキ・ビーチ」Muscle Beach Party (1964)*は、ボディ・ビルのマッチョな男たちがビーチに登場、「ビキニ・ビーチ」Bikini Beach (1964)*では、ビートルズ風の髪型をした英国のポップ・スターがやってくる。「ビンゴ・パーティ」Beach Blanket Bingo (1965)*ではアネットの恋敵となる美人歌手が登場し、「スキーパーティ」Ski Party (1965)ではスキー場に舞台を移すが最後は結局ビーチに戻ってくる。

二人がビーチ物で共演したのは「ビキニガール・ハント」How to Stuff a Wild Bikini (1965)*が最後で、誰でもそれを見ると惚れてしまうという魔法のビキニの話。アネットが妊娠してしまったために、この作品でシリーズは終了した。最後の作品から20年以上経過して、久々に二人が共演したのが「バック・トゥ・ザ・ビーチ」Back to the Beach (1987)*で、若い世代を見守る夫婦役を演じている。そのほかにアネットが主演した作品として「パジャマ・パーティ」Pajama Party (1964)*や「大暴走」Thunder Alley (1967)*がある。

やめないでもっと！　Beach Party (1963)は、フランキー・アヴァロンとアネット・フニチェロの組んだ「青春ビーチ物」映画の1作目。この作品が好評だったので、この後4本の同じような作品が作られた。エルヴィス・プレスリーの「ブルー・ハワイ」Blue Hawaii (1961)がヒットしたこともあり、1960年代の前半にはこうしたビーチ物の映画が多かった。

フランキー・アヴァロンとアネット・フニチェロは恋人同士で、二人だけのバカンスを求めてカリフォルニアのビーチにやって来るが、仲間たちもサーフィンに来ていて、なかなか二人きりになれない。フランキーは近くの酒場でウェートレスをしているスタイル抜群の娘に言い寄られるので、アネットは暴走族の不良たちに絡まれたのを助けてくれたビートニク研究の教授と仲の良いところを見せつける。暴走族は教授に仕返ししようとするが、フランキーや仲間たちが力を合わせて撃退する。

軽いロックンロール調の曲が入っていて、フランキー、アネットのほかにディック・デールらが歌っている。監督はウィリアム・アシャーで、カラー、シネスコ版。配給はB級のエキセントリックな作品を得意としたAIP。

ムキムキ・ビーチ　Muscle Beach Party (1964)*は、「やめないでもっと！」(1963)に続く、ビーチ物の第2作。フランキーとアネットはサーファー仲間で恋人同士。ところが仲間たちのビーチへ、ジムで鍛えた筋骨隆々の男たちが突然登場する。ヨットでクルーズ中の大金持ちの伯爵夫人が、筋肉男に目をつけてやって来るが、フランキーの歌を聞いて彼に色目を使い、レコードを出すように勧める。これを見たアネットは気が気ではないが、最後には二人の愛を確かめ合う。

今回も音楽はフランキー、アネット、ディック・コールらが担当。セットも前作の使い回しで、いかにも低予算作品だが、若き日のスティーヴィー・ワンダーが1曲歌っているのは見る価値がある。監督もウィリアム・アシャーで前作と同じ。AIP配給の、カラー、シネスコ作品。

ビキニ・ビーチ　Bikini Beach (1964)*はビーチ物の3作目。英国のポップ・スター（これもフランキーが演じている）が休暇でカリフォルニアのビーチにやって来るので、アネットは恋人のフランキーとポップ・スターとの間で心が揺れ動く。ビーチを買い占めて保養施設を作ろうとする金持ちの出版業者キーナン・ウィンも登場する。いつものサーフィンや、自動車レース、バイクの暴走族などが絡むが、話は見るべきものはない。

英国のポップ・スターが登場するのはビートルズの影響で、髪型などもそっくりで登場

する。音楽面ではピラミッズが出ていて、最後にスティーヴィー・ワンダーが登場して1曲歌う。監督はいつものウィリアム・アシャーで、制作・配給ともにAIPのカラー、シネスコ作品。

パジャマ・パーティ　Pajama Party (1964)*は、アネットの主演作品で、フランキーはちょっと顔を見せるだけ。いかにもAIPらしい荒唐無稽な話。火星人トミー・カークが地球侵略の下調べのためにやって来て、魅力的なアネットに恋する。

脇役としてバスター・キートン、エルサ・ランチャスター、ドロシー・ラムーアらの豪華メンバーが出演している。アネットとトミー・カークに加えてパジャマ姿の若いメンバーが歌っていて、ドロシー・ラムーアも1曲歌う。監督はドン・ワイズで、カラー、シネスコのAIP制作。AIPはトミー・カーク主演で「ヘヴンリービキニ」The Ghost in the Invisible Bikini (1966)*という、ナンシー・シナトラが歌うホラー・ミュージカル映画も作っている。

ビンゴ・パーティ　Beach Blanket Bingo (1965)*は、ウィリアム・アシャー監督によるAIPのビーチ物の4作目。ここでもフランキーとアネットは恋人同士だが、美人のポップ歌手のリンダ・エヴァンスが現れて、フランキーは彼女に惹かれたり、ほかの娘に迫られたりしてアネットはむくれる。リンダが暴走族の連中に誘拐されて殺されそうになったり、溺れかけたサーファー仲間を人魚が助けたりするハチャメチャな展開。

往年の喜劇役者バスター・キートンが出てきてビキニ娘たちを追いかける。女の子たちはみんなビキニ姿で登場するが、アネットだけはワンピースの水着姿。これはアネットがディズニーとの契約で、ビキニ姿はダメとされたためだという。カラー、シネスコ版で、AIP配給。

スキーパーティ　Ski Party (1965)は、サーフ・ボードをスキーに持ち替えたスキー物だが、ビキニ場面もたっぷりと用意されている。監督がアラン・ラフキンに代わったのと、アネットが恋人役ではないので、ほかのビーチ物とはちょっとムードが異なる。

話はマリリン・モンローの「お熱いのがお好き」Some Like It Hot (1959) のパロディで、フランキーとドウェイン・ヒックマンの二人が、スキー場で女の子に化けてスキーを習うが、フランキーはインストラクターのスウェーデン娘に惚れて、口説くために男に戻る。ヒックマンはマッチョなプレイ・ボーイのアロン・キンケイドに口説かれて、ステディな関係となって追いかけられる。最後は二人ともスキー場から逃げ出すが、アロン・キンケイドやほかの女の子たちも二人を追って、とうとうカリフォルニアのビーチまでやってきて、皆でビーチ・パーティとなる。

いつも一緒に出ているアネットは、最初に教師役でちょっと顔を見せるだけ。珍しくレスリー・ゴアが出演して歌っているが、彼女の歌う曲はマーヴィン・ハムリッシュの作曲したもの。ほかにジェイムス・ブラウンが出てきて1曲歌う。カラー、シネスコ版作品。AIP配給。

ビキニガール・ハント　How to Stuff a Wild Bikini (1965)*は、フランキーとアネットの組んだビーチ物の最後となった5番目の作品。フランキーは出演しているが、時間的には少しだけで、実際にはアネットとドウェイン・ヒックマンの映画といったほうが良いだろう。

フランキーは海軍の兵役でしばらく不在なので、恋人のアネットのことが心配だ。というのも留守中にドウェイン・ヒックマンが、彼女に言い寄りそうだからだ。そこで魔術師のバスター・キートンに相談すると、キートンはベヴァリー・アダムスに「魔法のビキニ」を着せてビーチに送り出す。それを見るとどんな男でも惚れてしまうという代物だ。ところが広告会社のミッキー・ルーニーが、彼女をセックス・シンボルとして売り出そうとしたり、暴走族の親分が彼女に惚れ込んだりして混乱する。

ミッキー・ルーニーは2曲ほど歌っている。フランキーの出演が少ないのは出演料でもめたためで、アネットも妊娠してしまったために、ビキニどころか水着姿も見せないため、ビーチ物はこの作品が最後となった。テレビ・シリーズの「奥様は魔女」Bewitched (1964-72) で奥様サマンサ役を演じたエリザベス・モントゴメリーが、キートンの娘役でゲスト出演していて、サマンサ風に鼻を動か

第5章　1960年代：スタジオ・システムの崩壊

して見せる。ウィリアム・アシャー監督のカラー、シネスコ版。AIP制作・配給。

火の玉レーサー　Fireball 500 (1966)*は、自動車レースの話。フランキーとフェイビアンは旅回りのカー・レーサーでライバル同士。あちこちでレースをしながら土地の女の子と遊んでいる。フランキーを見初めた美貌の金持ち未亡人がスポンサーを申し出るが、彼女に惚れている秘書役の男に殺されそうになってしまう。

アネットはフェイビアンの恋人役でコーヒー・スタンドの店員をやっている。ガイ・ヘムリックとジェリー・スタイナーの曲をフランキーやアネットが歌う。ウィリアム・アシャー監督のカラー、シネスコ版作品。AIP制作・配給。

大暴走　Thunder Alley (1967)*は、前作に続いて自動車レース物。この作品はアネットとフェイビアンの共演で、フランキーは出演していない。フェイビアンは自動車レースで大事故を起こして、スタント・カー・ショーの運転手に転向するが、一座の団長の娘アネットとその恋人ウォーレン・ベリンジャーに、渋々ながら、運転テクニックを教えることになる。そうして、彼らはフェイビアンの恋人で、やはり自動車レースに出るダイアン・マクベインのライバルとなって争うのだった。歌はアネットの1曲のみ。監督はリチャード・ラッシュで、カラー、シネスコ版のAIP作品。

バック・トゥ・ザ・ビーチ　Back to the Beach (1987)*は、懐かしのフランキーとアネットが20年以上たって再び組んだ作品。二人はすっかり中年となって今は子持ちの夫婦だ。久々にカリフォルニアに住む娘を訪ねてみると、娘はパンク歌手と同棲している。また、コニー・フランシスがゲスト出演して、夫のフランキーを誘惑する。フランキーとアネットは懐メロを歌っている。リンドール・ホッブス監督のカラー、ヴィスタ版、パラマウント作品。

★

シャーリー・マクレイン　Shirley MacLaine (1934.4.24-)

シャーリー・マクレインは、1934年生まれのダンサーで女優。生まれた時に人気のあったシャーリー・テンプルから名前が付けられた。男優のウォーレン・ベイティは、シャーリーの実弟。子供時代からダンス・レッスンをしていたので、最初はロジャースとハマースタイン2世の舞台ミュージカル「私とジュリエット」Me and Juliette (1953)にダンサーとして出演、続いて舞台版「パジャマ・ゲーム」Pajama Game (1954)でキャロル・ヘイニーの代役となる。

その後はパラマウント映画と契約して映画界入りし、ヒッチコック監督の「ハリーの災難」The Trouble with Harry (1955)が最初の出演作品。マーティンとルイスのコメディ「画家とモデル」Artists and Models (1955)で1曲歌った後は、「走り来る人々」Some Came Running (1958)や「アパートの鍵貸します」The Apartment (1960)の演技で注目されるが、ミュージカル出演は少なかった。

「カンカン」Can-Can (1960)は、フランク・シナトラ主演の作品で、シャーリーはパリのカンカン劇場の経営者兼踊り手として出演している。「オーシャンと十一人の仲間」Ocean's Eleven (1960)は、シナトラ一家総出演の作品で、シャーリーも少しだけ顔を見せる。

「あなただけ今晩は」Irma la Douce (1963)も舞台版はミュージカルだが、映画版は歌抜きとなっている。「何という行き方！」What a Way to Go! (1964)は、多くの男性遍歴をオムニバス風に描く作品で、ジーン・ケリー編ではミュージカル風の展開となっている。次の「スイート・チャリティ」Sweet Charity (1969)は舞台作品の映画化で、ボブ・フォッシーの振付による本格的なミュージカル映画だ。

1970年に「山から落ちないで」Don't Fall Off the Mountainという本を出してからは精神世界の活動にも熱心に取り組んでいるが、その後に出たハーバート・ロス監督のバレエ映画「愛と喝采の日々」The Turning Point (1977)も見応えのある作品だった。

あなただけ今晩は　Irma la Douce (1963)は、同名舞台ミュージカル(1960)の映画化で、舞台版にあった歌はカットされてバックに流れる音楽として使われたため、ミュージカル作品ではないが紹介しておく。歌を入れなかったのは、一説には監督のビリー・ワイルダ

ーがミュージカル嫌いだったためともいわれている。舞台のミュージカルは、もともとはパリで上演（1956）されたマルグリート・モノーの作品が、ロンドン（1958）経由でブロードウェイでも上演されたもの。

パリの下町のいかがわしい界隈。新米警官のジャック・レモンは真面目に取り締まりをし過ぎてクビになってしまうが、シャーリー・マクレイン扮する稼ぎの良い娼婦「優しいイルマ」のヒモの男を偶然殴り倒してしまい、代わって彼女のヒモとなる。当然シャーリーが働いて金を貢いでくれるのだが、真面目なレモンは、シャーリーがほかの男の相手をするのが耐えられなくなって、自分で謎の紳士となりシャーリーを毎晩借り切ることにする。そのために彼は朝早くから働いたので、疲れきってしまい、謎の人物が死んだことにする。レモンは、その殺人容疑で捕らえられて大騒ぎとなるが、最後にはシャーリーに赤ん坊も生まれて、幸せな暮らしを送るようになる。

監督のビリー・ワイルダーに、主演はジャック・レモンとシャーリー・マクレインという「アパートの鍵貸します」（1960）と同じ顔ぶれで、よくまとまった喜劇となっている。音楽は基のミュージカルから取られていて、音楽の構成と編曲はアンドレ・プレヴィンが担当した。カラー、シネスコ版でユナイト配給。

何という行き方！ What a Way to Go!（1964）は、もともとマリリン・モンローを念頭にフォックス社が企画した作品だったが、モンローが1962年に亡くなってしまったので、シャーリー・マクレインが演じることになった。

質素な生活を望みながらも、次々と夫が亡くなり莫大な遺産を手にして大金持ちとなったシャーリー・マクレインの回顧話。シャーリーは、町で一番の金持ちのディーン・マーティンに求婚されるが、愛が感じられないのでそれを断り、ものぐさ男のディック・ヴァン・ダイクと結婚（無声映画風に展開）する。ディーンに馬鹿にされたディックは、何とか彼を見返そうと馬車馬のように働き、ついにディーンを町から追い出すが、過労で倒れてしまい財産を残す。次に結婚（フランス映画風に展開）したのは、パリの貧乏画家ポール・ニューマンで、彼も結婚すると絵が売れ始めて莫大な財産を残して死んでしまう。次の結婚相手は金持ちの実業家ロバート・ミッチャム（ハリウッドの豪華映画風に展開）。彼を金儲けからは引退させたものの、牧場で牛に蹴られて亡くなり財産を残す。次の相手は場末のレストランで道化をしていたジーン・ケリーで、結婚すると急に人気が出て（ミュージカル映画風に展開）、試写会でファンに押し潰されて財産を残して亡くなる。最後に現れたのは、昔のディーン・マーティンで、すっかりと落ちぶれて貧乏人となっていたが、シャーリーは結婚して楽しく暮らす。

ベティ・カムデンとアドルフ・グリーンのコンビが曲を書き、ジーン・ケリーとシャーリーが歌っている。ケリー自身が振り付けたシャーリーとのダンスもなかなか良い。シャーリーの衣装はイーディス・ヘッドのデザインによるもので、素晴らしいドレスが多く、これを見ているだけでも飽きない。強欲なシャーリーの母親役は、マルクス兄弟の映画に沢山出ていたマーガレット・デュモンが演じていて、これが最後の映画出演となった。J・リー・トンプソン監督のカラー／白黒、シネスコ版のフォックス社配給作品。

スイート・チャリティ Sweet Charity（1969）は、サイ・コールマン作曲、ボブ・フォッシー演出、振付の舞台作品（1966）の映画化で、フォッシー自身が監督している。舞台版の台本は喜劇の得意なニール・サイモンだが、映画の台本はピーター・ストーン。舞台作品の基になったのはフェデリコ・フェリーニのイタリア映画「カビリアの夜」Le Notti di Cabiria（1954）で、フェリーニ監督の妻であるジュリエッタ・マシーナが主人公を演じた。舞台版の主演は、フォッシーの妻だったグウェン・ヴァードンが演じた。

ニュー・ヨークのダンス・ホールで踊りの相手をしているシャーリー・マクレイン（チャリティ役）は、人並みに幸せな結婚をしたいと考えているが、いつもやくざな男に騙されて金を巻き上げられてしまう。それでも、ある日シャーリーは真面目で気の弱い保険数理士ジョン・マクマーティンと知り合い、デイトを重ねるうちに結婚の約束をする。今度

こそはと期待するが、結局はジョンもシャーリーのダンス・ホステスとしての過去を実際に見ると、結婚に踏み切れずに去ってしまう。一人セントラル・パークに残されて希望を失ったシャーリーだったが、フラワー・チルドレンたちに力づけられて、明日への希望を取り戻す。

シャーリーのほかにも、チタ・リヴェラ、ポーラ・ケリー、ベン・ヴェリーン、サミー・デイヴィス・ジュニア、リカルド・モンタルバン、スタビー・ケイなどの実力派を揃えて成功している。ボブ・フォッシーが、振付だけでなく監督も担当したのはこの作品が最初。

フォッシーの振付は独創的なもので、ダンス・ホールで踊り子たちが客を誘う『ビッグ・スペンダー』Big Spenderと、ナイト・クラブで高慢そうな金持ちの常連客たちが踊る『金持ちのフルーグ』Rich Man's Frugは、ブロードウェイ史上に残る名場面が、映画でもそのまま収録されている。ちなみに、フルーグFrugというのは1960年代に流行った形態模写的なダンスで、モンキー、サーフ、チキンなどの踊りと同様に、金持ちの形態を模写して見せる。この作品のフルーグでは、『無関心』、『ヘビー級（ボクシング）』、『大フィナーレ』の3部構成となっている。そのほかのダンス・ナンバーもフォッシーらしさがよく出ている。

ニュー・ヨークで本格的なロケを行い、セントラル・パーク、リンカーン・センター、ウォール街、タイムズ・スクウェアなどの名所がふんだんに出てくるのも見どころのひとつ。カラー、シネスコ版、6チャンネル・ステレオ（70mm版）のユニヴァーサル作品。

愛と喝采の日々 The Turning Point (1977)は、ミュージカルというよりもバレエを背景とした映画。シャーリー・マクレインはバレエ団のプリマだったが、妊娠のために結婚して引退する。その娘レスリー・ブラウンも大きくなり、母のいたアメリカン・バレエ・シアター（ABT）でデビューする。かつてはシャーリーと「アンナ・カレーニナ」の役を取り合い、今はプリマを務めているアン・バンクロフトは、レスリーの面倒をよく見て世話を焼くが、それを見たシャーリーは、過去にプリマの座を奪われて、今度は娘までも奪わ

れるのではないかと不安となる。そして、シャーリーとアンはとうとう大声で喧嘩をしてしまうが、それによって二人は再び信頼関係を取り戻す。そしてレスリーは、密かに愛している男性ダンサーのミハイル・バリシニコフと共演して成功する。

アーサー・ローレンツの台本がよく書けていて、シャーリーとアン・バンクロフトという大女優対決が見もの。バレエ場面はABTのダンサーたちが演じているので、本格的。タイトル・バックは「ラ・バヤデール」の影の王国のアラベスク・パンシェの繰返し場面。そのほかにも「ジゼル」、「白鳥の湖」、「眠れる森の美女」などの名作が次々と登場する。最後にミハイルとレスリーが踊るのは「ドン・キホーテ」のパ・ド・ドゥで、ミハイルが素晴らしいジャンプと回転を見せている。ハーバート・ロス監督のカラー、ヴィスタ版のフォックス作品。

ジュリー・アンドルーズ Julie Andrews (1935.10.1-)

ジュリー・アンドルーズは1935年に英国で生まれ、素晴らしい歌を聞かせるミュージカル女優として、舞台と映画、テレビで活躍した。透明感のある澄んだ声が特徴で、絶頂期には4オクターブの声域があった。若い時から英国の舞台に出ていたが、サンディー・ウィルソンのミュージカル「ボーイ・フレンド」The Boy Friend (1953英、1954米)に出たのが縁で、ブロードウェイに進出する。

舞台版の「マイ・フェア・レディ」My Fair Lady (1956)でブレイクして、ロジャースとハマースタイン2世のテレビ・ミュージカル「シンデレラ」Cinderella (1957)*で主役を演じて注目された。舞台では、「マイ・フェア・レディ」に続いて、同じラーナーとロウのコンビによる「キャメロット」Camelot (1960)にも出演するが、その後は映画中心の活動となり、舞台は「ヴィクター／ヴィクトリア」Victor/Victoria (1995)まで間が開いた。

映画出演は、ディズニーの「メリー・ポピンズ」Mary Poppins (1964)が最初で、その後の「サウンド・オブ・ミュージック」The Sound of Music (1965)は興行的にもヒット

した。金髪の女優を好むヒッチコック監督のサスペンス作品「引き裂かれたカーテン」Torn Curtain (1966) にも出演するが、ミュージカルとしてはディズニー系統の「モダン・ミリー」Thoroughly Modern Millie (1967) の後はヒット作に恵まれていない。

　映画監督の夫ブレイク・エドワーズの手による第一次世界大戦当時のスパイの話「暁の出撃」Darling Lili (1970) は失敗作といわれたが、同じくエドワーズの最後のミュージカル作品「ビクター／ビクトリア」Victor Victoria (1982) は出来が良かったので、そのまま舞台化された。

メリー・ポピンズ　Mary Poppins (1964) は、パメラ・リンドン・トラヴァースの同名小説 (1934) の映画化。単にミュージカル化しただけでなく、アニメーションと実写を合成したディズニーらしい作品となっている。

　20世紀初頭のロンドン。デイヴィッド・トムリンソンはロンドンの伝統的な銀行に勤める幹部で、規則正しい生活を送ることを旨としている。彼の小さな息子と娘にも厳格なしつけを求めて乳母を雇っているが、子供たちのいたずらが度を越しているので、どの乳母も長く居つかない。子供たちは自分たちの理想の乳母を紙に書いて父親に渡すが、デイヴィッドがそれを破いて暖炉に捨てると、それが空へ舞って行き、雲の上にいるジュリー・アンドルーズ（メリー・ポピンズ役）に届く。翌日の乳母募集広告で、多くの応募者が集まるが、ジュリーはほかの乳母たちを吹き飛ばしてしまい、自分が乳母となる。ジュリーは子供たちの願った乳母の条件にピッタリで、大道芸人のディック・ヴァン・ダイクが描いた絵の中に入ってピクニックをして子供たちを驚かせる。父親は子供たちにお金を貯めることを覚えさせるため、銀行に小遣いを預けさせようとするが、2ペンスで鳩の餌を買うことの大事さを、ジュリーから聞いていた子供たちは銀行で騒ぐので、それをきっかけに取り付け騒ぎが起きてしまい、父のデイヴィッドはクビになってしまう。失意のデイヴィッドは家に戻り、子供たちと一緒に公園で凧揚げを始めるが、そこへ銀行の会長が亡くなり、代わってデイヴィッドが役員になったというニュースが飛び込んでくる。親子で楽しそうに遊ぶ姿を見て、ジュリーはもう自分の仕事は終わったとして、風に乗って去っていくのだった。

　主演のメリー・ポピンズ役にはいろいろな女優の名前が挙がったが、ディズニーが「王さまの剣」Sword in the Stone (1963) を作っていた時期に、同じアーサー王の話を舞台ミュージカル化した「キャメロット」Camelot (1960) が上演されていて、ジュリーが主役を演じていたので目に留まったという。ジュリーとしては「マイ・フェア・レディ」My Fair Lady (1956) の映画化 (1964) の話があり、本人も出たがったが、ワーナー社は知名度を考えてオードリー・ヘプバーンを主役としたので、悔しがったジュリーはディズニーの「メリー・ポピンズ」(1964) に出演、こちらでアカデミー主演女優賞を取って憂さを晴らした。

　音楽を書いたのは、ディズニー作品を中心に曲を提供しているシャーマン兄弟で、作品によく合った曲を書いている。ロバート・スティーヴンソン監督のカラー、ヴィスタ版、4チャンネル・ステレオ作品。なお、後に舞台版も制作されて、2006年にブロードウェイに登場した。

サウンド・オブ・ミュージック　The Sound of Music (1965) は、ロジャースとハマースタイン2世の同名舞台ミュージカル (1959) の比較的忠実な映画化。話の基になったのはマリア・フォン・トラップの書いた自伝「トラップ家合唱団物語」The Story of the Trapp Family Singers (1949) で、実話に基づいた話となっている。この自伝が出版された後、ドイツでも「菩提樹」Die Trapp-Familie (1956)、「続・菩提樹」Die Trapp-Familie in Amerika (1958) として映画化されているが、音楽はまったく異なる。

　ロジャースとハマースタイン2世のコンビは、映画化する時にも舞台に忠実に映画化することを求めるが、この作品では映画のために2曲を追加しており、評判が良かったので、舞台版のリバイバル上演時にも取り入れている。

　第二次世界大戦直前のオーストリア。修道女のジュリー（マリア役）は真面目だが元気に溢れていて、修道院に収まりきらない。修道院よりも俗界のほうがジュリーに向いてい

ると考えた院長ペギー・ウッドは、奥方に先立たれた退役軍人の貴族クリストファー・プラマーが、7人の子供たちの面倒をみる家庭教師を求めていると聞き、ジュリーを送り込む。軍人上がりの父が子供たちを厳格な規則で縛るので、子供たちは親の愛情を欲しがっていた。ジュリーは子供たちの気持ちを理解して、のびのびと育てようとするが、クリストファーは家庭の温かさを思い出すのを恐れて、容易に愛情を見せない。彼はウィーンの貴婦人を後妻に迎えようと、館に呼んで舞踏会を開くが、舞踏会でクリストファーと踊ったマリアは、踊りの最中に頬を赤らめた自分に気付き、館から飛び出して修道院に戻ってしまう。ジュリーが去って意気消沈する子供たちの様子を見て、クリストファーも自分に必要なのはジュリーのような女性なのだと悟るのだった。一方、恋から逃げ出したジュリーを見て、院長のペギーは、困難な問題にこそ立ち向かえと励まして、館に戻らせる。やがて、二人は結婚して幸せな家庭を築こうとするが、折しもドイツがオーストリアを併合して、クリストファーにもナチス軍に参加するように召集令状が届く。オーストリアを愛し、ナチスを嫌うクリストファーは、一計を案じ民謡コンサートに出場すると見せかけて、アルプスを越えて、ナチスに支配された祖国から一家で脱出するのだった。

ジュリーの役は子供たちの面倒をみるという点では、「メリー・ポピンズ」と一脈通じるところがある。本人は幅広い役を演じたいという思いがあったようだが、世間的にはこのふたつの作品で、ジュリーのイメージがすっかりと出来上がったようだ。監督はロバート・ワイズで、ミュージカルを専門としていたわけではないが、この時期には「ウエスト・サイド物語」West Side Story (1961) とこの作品で、大型画面ミュージカルの新旋風を巻き起こした。

1950年代までのミュージカル作品は、スタジオ内のセットで撮影されることが多かったが、ロバート・ワイズは屋外にカメラを持ち出して、大自然の風景の中でのミュージカルを展開した。それまでにない新しい展開ではあったが、芸を見せる要素が減り、踊りというよりも、映画の編集で見せる構成となったのは否めない。70mmでカラー、シネスコ版、6チャンネル・ステレオ構成のフォックス作品。

モダン・ミリー Thoroughly Modern Millie (1967) は、クレジットされていないが、ロンドンの舞台ミュージカル「菊の花」Chrysanthemum (1956) から話を借りている。舞台版は1910年代のロンドンのチャイナ・タウンを背景としているが、映画版では時代も場所も置き換えて、陽気な作品に変更し、音楽はまったくの別物を使った。

1920年代のニュー・ヨーク。都会での生活と金持ちとの結婚を夢見て大都会に出てきた活動的なジュリーは、ベアトリス・リリーが経営する女性専用ホテルに居を定めて、ハンサムな独身社長ジョン・ギャビンの秘書として働くようになる。ジョンはジュリーなど眼中になく、同じホテルにいる清純派のメリー・タイラー・ムーアに夢中になる。ジュリーに惚れたのは、金には縁がなさそうな好青年ジェイムス・フォックスで、彼に誘われたジュリーは、破天荒な大金持ちキャロル・チャニングのパーティへ行き、楽しいひとときを過ごす。一方、ホテルの女主人ベアトリス・リリーは、裏で若い娘を売春宿に売り飛ばしているので、行方不明になったメリーを探して、ジェイムスは自ら女装して売春宿にもぐりこむ。最後はジュリーの活躍により、メリーたちは救出されるのだった。

アカデミー音楽賞を取っているが、これは編曲や指揮のエルマー・バーンスタインに与えられたもので、楽曲は昔の曲と新曲を取り混ぜている。タイトル曲を書いたのはジミー・ヴァン・ヒューゼン。ロス・ハンター制作のユニヴァーサル作品で、監督は「マリアンの友だち」The World of Henry Orient (1964)、「明日に向かって撃て」Butch Cassidy and the Sundance Kid (1969)、「スティング」The Sting (1973) などのジョージ・ロイ・ヒルが担当し、さわやかな仕上がりとなっている。後に何曲か加えられて、映画に基づいたブロードウェイ作品 (2002) も作られている。70mm、カラー、6チャンネル・ステレオ版。

スター! Star! (1968) は、英国の大女優で、ブロードウェイでも「王様と私」(1951) のアンナ役などを演じたガートルード・ローレ

ンスの伝記映画で、ノエル・カワードとの交流を中心にして描かれている。

　芸人の子供として生まれて、貧しい家庭に育ったジュリー・アンドルーズ（ガートルード・ローレンス役）は、芸能学校で若き日のダニエル・マッセイ（ノエル・カワード役）と出会い、兄妹のように育つ。やがて大きくなったジュリーは、父親と一緒にミュージック・ホールに出演したり、コーラス・ガールをやったりするが、ノエル・カワードの作品で有名になる。貴族のスポンサーも付いて、ロンドンの社交界でも知られる存在となり、次々とヒットを飛ばす。その勢いでジュリーはニュー・ヨークにも進出、働き過ぎで倒れたりもするが「闇の中の婦人」（1941）などで真のスターとなり、劇場主と結婚する。

　「サウンド・オブ・ミュージック」The Sound of Music (1965) の大ヒットに気を良くしたフォックス社は、「ドリトル先生 不思議な旅」Doctor Dolittle (1967) など立て続けに大型ミュージカル作品を制作した。この作品はジュリーを主演としてロバート・ワイズが監督という「サウンド・オブ・ミュージック」と同じ組み合わせで、二匹目のドジョウを狙ったが、制作資金を回収できないほどのひどい興行成績だった。

　「サウンド・オブ・ミュージック」と異なるのは、ロジャースとハマースタイン2世の優れた舞台作品の下敷きがなかったので、ドラマと音楽の融合が弱くなった点だ。また、伝記映画なので、音楽場面を当時の音楽や舞台場面で構成するのは当然だが、あまりにも多くの音楽場面を詰め込んだため、上映時間が長くなり過ぎてしまった。

　上映時間はアメリカ版で約3時間、英国版では3時間半を超える長さで、見ているほうが疲れてしまう。そのため、フォックスは約2時間に編集し直した短縮版を作成して、題名も Those Were the Happy Times (1969) と変えて再公開したが、やはり成功しなかった。この作品の世界初公開は英国で、次いで日本で公開されたので、珍しくアメリカよりも早い公開となっている。日本公開版の長さはアメリカ版と同じ。70mm、カラー、シネスコ版、6チャンネル・ステレオ作品。

暁の出撃　Darling Lili (1970) は、ジュリーが映画監督のブレイク・エドワーズと再婚した直後に作られた作品で、もちろんブレイク・エドワーズが監督している。パリで大学紛争などが発生して、途中でロケ地をブリュッセルに切り替えたこともあり、制作予算を大幅に超えたが興行成績はさっぱりで、「スター！」に続いてひどい失敗作となった。

　第一次世界大戦中のヨーロッパ。ジュリー・アンドルーズは英国兵士たちに人気の歌手で、士気高揚に寄与したことにより、フランスでレジオン・ドヌール勲章を受けることとなり、パリへと向かう。しかし、ジュリーは実はドイツ軍のスパイで、パリでは連合空軍の動きを探るように秘密指令を受けていた。ジュリーは独身の空軍パイロットのロック・ハドソンと知り合い、デイトを重ねて、米軍飛行機の情報を探り出す。デイトを重ねるうちに、ジュリーは本当にロック・ハドソンを愛するようになるが、コード名クレープ・シュゼットと呼ばれる彼の愛人がいると知った時に、嫉妬してシュゼットがドイツの女スパイであると吹聴して、ハドソンを叛逆罪で捕らえさせてしまう。ところが、ハドソンが自分を本当に愛していると知り、ジュリーは、自分こそが本当のスパイで、ハドソンは無実であると告白しようとするが、ドイツ側に捕らえられてしまう。ハドソンはジュリーを助けて、スイスに連れ出し、戦争が終わるまで待つように言うのだった。

　第一次世界大戦が背景なので、当時のヒット曲も使われているが、半分ぐらいの曲はヘンリー・マンシーニが新たに書き下ろしている。2時間半弱の大作だったが、後に2時間程度の短縮版も作られている。撮影は35mmだったが、拡大して70mmプリントで公開された。カラー、シネスコ版、6チャンネル・ステレオのパラマウント配給。

バーブラ・ストライザンド　Barbra Streisand（1942.4.24-）

　バーブラ・ストライザンドは歌手として有名だが、女優、制作者、映画監督としても活躍していて多才。1942年にブルックリンで生まれて、最初は舞台で活動。「あなたには卸値で」I Can Get It for You Wholesale

(1962)でブロードウェイ・デビューして、舞台版の「ファニー・ガール」Funny Girl (1964)で大ブレイク、「私の名はバーブラ」My Name Is Barbra (1965)などのレコード・アルバムがヒットして、歌手としても人気が出る。

映画界入りしたのは「ファニー・ガール」の映画版(1968)で、舞台の役をそのまま演じた。その後は、ミュージカルだけでなく普通の映画にも沢山主演すると同時に、制作や監督まで自分でこなすようになる。「ハロー・ドーリー！」Hello, Dolly! (1969)は、有名舞台作品の映画版で、ジーン・ケリーが監督している。続く「晴れた日に永遠が見える」On a Clear Day You Can See Forever (1970)は、舞台でも演じた作品の映画版。

5年後の「ファニー・レディ」Funny Lady (1975)は、ヒット作「ファニー・ガール」の続編だが気が抜けていた。ジュディ・ガーランドの名作をロック版として再映画化した「スター誕生」A Star Is Born (1976)などもある。新境地を開いたのは、バーブラが自分で監督もした「愛のイエントル」Yentl (1983)で、ユダヤ人としてのアイデンティティを求めた作品だが、バーブラ一人が心情を歌う形なので、ミュージカルとしては変化を欠いた作品となった。私生活では、同じ4月24日生まれなのでシャーリー・マクレインと仲が良い。

ファニー・ガール Funny Girl (1968)は、ジュール・スタイン作曲の同名舞台作品(1964)の映画化で、ジーグフェルド・フォリーズの大スターだったファニー・ブライスの伝記的な作品。小さい時から舞台に憧れていたバーブラ・ストライザンド（ファニー・ブライス役）は、小さな劇場のコーラスから始めるが、あまりにも個性的な芸風で、コーラスには収まらない。そんなバーブラに魅力を感じたのは賭博師のオマー・シャリフで、二人は親密さを増していく。バーブラは一流の興行師フロレンツ・ジーグフェルドの目に留まり、ジーグフェルドの舞台でコミカルな役を演じるようになる。バーブラは巡業先でオマー・シャリフと再会し、結婚を決意して舞台から引退するが、オマーの事業は次第にうまく行かなくなり、最後には危ない仕事に手を出して、遂に収監されてしまう。バーブラは再び舞台に立つようになり、出獄したオマーは、バーブラに別れを告げて去っていくのだった。

ブロードウェイでも大ヒットした作品で、バーブラは舞台版をそのまま演じて、デビュー作でアカデミー主演女優賞を取る。授賞式でオスカー像を受け取った際に語った「ハロー、ゴージャス」の言葉は有名だが、これはこの映画の冒頭の台詞からの引用。舞台版にかなり忠実で、上映時間も2時間半以上と舞台を超えているうえ、映写が始まる前に、序曲や間奏曲が10分間以上流れるというのも舞台風。

伝記映画だが昔の曲ではなくジュール・スタインの新曲が中心で、バーブラの歌い方もファニー・ブライス本人とは似せていない。ただし、個性的な顔立ちは両者に共通していると感じられる。監督はウィリアム・ワイラーで、カラー、シネスコ版、ステレオのコロムビア作品。

ハロー・ドーリー！ Hello, Dolly! (1969)も、ブロードウェイでヒットした同名作品(1964)の映画化。ジェリー・ハーマンの作曲で、ソーントン・ワイルダーの戯曲「仲人」Matchmaker (1955)を原作としている。この原作もオーストリアのヨハン・ネストロイの喜劇「彼の望んだ楽しみ」Einen Jux will er sich machen (1842)に基づいていて、ソーントン・ワイルダーが「ヨンカースの商人」The Merchant of Yonkers (1938)として翻案しているが、「仲人」はこれを改作したもの。

ニュー・ヨーク郊外の小さな町ヨンカースで飼料店を経営するウォルター・マッソーは、独身の中年男で特に遊ぶこともせずに、二人の住み込み店員をこき使って、しこたま金を貯め込んでいる。バーブラ・ストライザンド（ドーリー役）は未亡人で、昔は金持ちだったが今は仲人をしたりしながら暮らしていて、人生は楽しむべきだという考えの持ち主だ。バーブラはウォルターに結婚相手を紹介すると言って、ひどい相手を紹介したり、住み込み店員の二人にデイトの相手を紹介したりして、結局は自分がウォルターと結婚して、お金の使い方を教える。

舞台版でのドーリー役は、キャロル・チャ

ニングが演じたが、タイトル曲はルイ・アームストロングがカバーして大ヒットしたため、そちらも有名になった。映画の中でもバーブラはルイとともにこの曲を歌ってサービスしている。1964年のアメリカ大統領選挙では、リンドン・B・ジョンソンがこの曲を陣営の応援歌として採用、キャロル・チャニングが「ハロー、リンドン」と歌い、大統領に当選した。背の高いダンサーとして後年有名になるトミー・チューンは、この映画がデビュー作。

監督は往年の名ダンサーだったジーン・ケリー。ケリーが昔から目指していたように、カメラを撮影所から持ち出して屋外での踊りを見せている。舞台版の踊りはガワー・チャンピオンの振付で評判になったが、映画版の振付は、ジーン・ケリーと長年一緒に仕事をしていたマイケル・キッドが担当した。制作はフォックスで、「サウンド・オブ・ミュージック」The Sound of Music (1965) の大ヒットにより、ミュージカルの大作に力を入れていて、70mmのトッド・AO方式で作られている。カラー、シネスコ版、6チャンネル・ステレオ。

晴れた日に永遠が見える On a Clear Day You Can See Forever (1970) は、転生を扱った一風変わった作品。バートン・レインの同名舞台作品 (1965) の映画化で、台本は舞台と同じアラン・J・ラーナーが担当している。バートン・レインは「フィニアンの虹」Finian's Rainbow (1947舞台、1968映画) でも、アイルランドの妖精をテーマとした作品を作っているので、こうしたテーマが好きなのかも知れない。

バーブラは超能力による不思議な力を持っているが、ある日大学の講義を受けていたところ、教授のイヴ・モンタンがかけた催眠術で、自分は18世紀の公爵夫人の生まれ変わりだと言い出す。この輪廻転生の記憶をたどる実験を重ねるうちに、イヴ・モンタンは次第に催眠術中に現れる公爵夫人に恋していく。バーブラは自分が利用されているように感じて逃げ出してしまうが、イヴ・モンタンに呼び出されて再び催眠術をかけられると、次の生まれ変わりで二人は一緒になることがわかり、イヴ・モンタンも安心して術を解くのだった。

バーブラとモンタンという異色の顔合わせで、監督はMGMミュージカルの黄金時代を作ったヴィンセント・ミネリが担当したが、バーブラの主演作としては低調な出来に終わった。カラー、シネスコ版のパラマウント作品。

ファニー・レディ Funny Lady (1975) は、「ファニー・ガール」Funny Girl (1968) の続編なので、「レディ」となっている。話は前作の続きで、バーブラがオマー・シャリフと別れたところから始まる。バーブラは野心的なジェイムス・カーン（ビリー・ローズ役）と出会い、意気投合して新作に打ち込むがこの作品は失敗に終わる。しかし、バーブラとカーンは結婚。バーブラは地方巡業に出て、カーンは挽回の計画を練るが、カーンが次に用意した作品は大規模な水上レヴューで、バーブラの主演作ではなかった。おまけに、カーンはその主演女優と関係が出来てしまい、バーブラは離婚して、一人で生きていく決心をする。

前作がジュール・スタイン作曲のヒット舞台作品であるのに対して、この続編は「キャバレー」で有名なジョン・カンダーとフレッド・エブのコンビが新曲を書いて、昔の曲と組み合わせた映画オリジナル作品。監督はハーバート・ロスだが、ミュージカルとしての構成が弱く、ジェイムス・カーンも伝説的な制作者ビリー・ローズのムードが感じられないために、前作とは比べ物にならないほどつまらない仕上がりとなっている。バーブラはこの作品に乗り気でなかったらしいが、無理に出演させられたという。

ブロードウェイの「ピピン」Pippin (1972) で有名になった、黒人スターのベン・ヴェリーンが出演していて、黒人ダンサーのビル・ロビンソンらしき役で踊りを見せている。劇中の役名はバート・ロビンスなので、バート・ウィリアムスとビル・ロビンソンの両者を意識していると思われる。カラー、シネスコ版、4チャンネル・ステレオのコロムビア作品。

スター誕生 A Star Is Born (1976) は、ジョージ・キューカー監督の「栄光のハリウッド」What Price Hollywood (1932) の3度目のリメイク作品。最初のリメイクはジャネット・

ゲイナーが主演の「スタア誕生」A Star Is Born (1937) で、ミュージカルとなったのは2度目のジュディ・ガーランド版「スタア誕生」A Star Is Born (1954)、バーブラ版はロック音楽となっている。

ロック歌手のスーパー・スターで最近は落ち目のクリス・クリストファーソンは、小さな酒場で新人歌手のバーブラ・ストライザンド（エスター役）を見つけ、彼女のために曲を書いてデビューを助ける。やがてバーブラの人気はどんどんと高まり、グラミー賞を受賞するが、クリスのほうはだんだんと世間から忘れられていく。耐えられなくなったクリスは自動車の飛ばし過ぎで亡くなってしまうが、その追悼コンサートでバーブラが歌い、人々はクリスを思い出すのだった。

大半の曲はポール・ウィリアムスとケニー・アッシャーのコンビが書いたが、バーブラ自身が作曲した『常緑』Evergreen がアカデミー主題歌賞を取ってヒットした。監督はフランク・ピアソンで、カラー、ヴィスタ版、ドルビー・サラウンドのワーナー配給作品。

愛のイエントル　Yentl (1983) は、バーブラが主演するだけではなく、監督、制作も担当した作品。アイザック・バシェヴィス・シンガーの未出版小説「神学校生イエントル」Yentl the Yeshiva Boy (1962) が、まずブロードウェイで「イエントル」Yentl (1975) として舞台化され、それが映画化された。小説も映画化と合わせて1983年に出版された。

20世紀初頭のポーランド。ユダヤ人の村で司祭の娘として育ったバーブラ（イエントル役）は、ほかの娘と異なり学問に心を寄せていた。父親が亡くなって、身寄りのないバーブラは、男装して一人町へ出て大学へ入ろうと考える。町の学生酒場で出会ったマンディ・パティンキンに助けられて大学に入ったバーブラは、ユダヤの経典タルムードを勉強する。やがてパティンキンの婚約者エイミー・アーヴィングを紹介され、家族ぐるみで交際するようになる。ところが、パティンキンの兄が聖書の教えに反して自殺してしまうので、エイミーとの婚約も破棄せざるを得なくなり、代わってバーブラが結婚相手に選ばれる。隠し切れなくなったバーブラは、パティンキンに女であることを告白して、エイミーの面倒を見るように伝えて、自分はアメリカに向けて一人旅立っていく。

ユダヤ色の強い作品で、女性の自立という点からは、現代的なテーマだともいえる。楽曲はミシェル・ルグランが担当し、歌っているのはバーブラ一人なので、普通のミュージカルのように会話が歌となるのではなく、イエントルの心情の独白が歌となって流れる。カラー、ヴィスタ版、ドルビーのユナイト作品。

3　舞台作品の映画化

舞台に忠実な映画化

ブロードウェイの舞台作品の映画化は、1930年代から行われてきたが、舞台版とはかなり違った形となることが多かった。その理由はブロードウェイのショーが2幕構成で2時間を超える作品が多いのに対して、映画の場合には休憩なしの短時間上映が基本であり、2時間以内の上映時間に合わせるため、主に音楽がカットされたためである。ブロードウェイ作品も、昔は音楽を中心としたルーズな構成のものも多かったので、そうした作り方でも問題は少なかった。また、ハリウッドの場合には作品を中心に考えるのではなく、スター中心主義だったので、スターの個性や得意な芸に合わせて、作品を作り変えてしまうことも多かった。

そうしたハリウッドのミュージカル映画の作り方に対して異論を唱えて、舞台に忠実な作りを求めたのが、リチャード・ロジャースとオスカー・ハマースタイン2世のコンビで、二人の戦後のヒット作品の映画化に当たっては、舞台どおりの映画化が条件となった。ハリウッド側でも、ヴォードヴィルから供給されていた芸人がほとんどテレビに移ってしまい、大スターが不在となったために、脚本の

しっかりした作品を、無名でも実力のある役者で作れるのはありがたいことだった。

さらに、テレビに対抗するために映画の大画面化、大作化が進み、2時間を超える上映時間でも、上映館側の抵抗がなくなったこともあり、舞台版に忠実な映画化が進んだ。こうした動きは1950年代後半のフォックス社で始まり、「オクラホマ！」Oklahoma! (1955)、「回転木馬」Carousel (1956)、「王様と私」The King and I (1956)、「南太平洋」South Pacific (1958) の4本が1950年代に作られた。

こうした傾向に対して、1950年代には一番熱心にミュージカルに取り組んでいたMGMでも、「キスメット」Kismet (1955) などでは、少し妥協してブロードウェイ作品を忠実に映画化する傾向が見られたが、MGMほどスターを抱えていない他社では、もっと急速に作り方が変わっていった。

ワーナーは、「パジャマ・ゲーム」Pajama Game (1957) と「くたばれヤンキース」Damn Yankees (1958) の2本を、かなり舞台版に忠実に作っている。「パジャマ・ゲーム」の主役は、舞台版で演じたジョン・レイットをそのまま起用して、ドリス・デイと組ませただけでなく、『スチーム・ヒート』や『ヘルナンドの隠れ家』などのボブ・フォッシーの名振付を、そのまま映画でも再現した。「くたばれヤンキース」でも、男を誘惑する悪魔のアシスタント役を、舞台版そのままにグウェン・ヴァードンが演じていて、貴重な映像が残されている。

1960年代の傾向

1960年代になると、ブロードウェイのミュージカル作品はいっそう台本重視となって改変しにくくなる。また、ブロードウェイの知名度も上がり、大衆にも受け入れやすくなったことから、舞台に忠実な映画化が大幅に増える。1960年代の10年間は、ほぼ年間2本のペースでこうした映画化が行われるようになった。これだけ大量の舞台作品が映画化されるというのは、それまでにない現象だった。

フォックスの「カンカン」Can-Can (1960) は、コール・ポーターのパリ・ムードに溢れた作品で、フランク・シナトラとシャーリー・マクレイン、モーリス・シュヴァリエにルイ・ジュールダンという顔ぶれは、従来の映画界のまま。音楽はポーターのものを使用しているが、演出は完全に映画風となっている。

同じシナトラ一家の作品でも、ディーン・マーティンの出た「ベルが鳴っています」Bells Are Ringing (1960)* は、ジュール・スタイン作曲、ヴィンセント・ミネリ監督のMGMの作品でありながら、舞台で主演したジュディ・ホリデイを主演に据えて、演出も舞台風となっている。

ロバート・ワイズ監督の試み

そうした中で、ミュージカル映画の新しい行き方を示したのは、ロバート・ワイズが監督した「ウエスト・サイド物語」West Side Story (1961) だった。この作品は、作曲家としてだけでなく、オーケストラの指揮者としても活躍していたレナード・バーンスタインの意欲的な作品で、ジェローム・ロビンスの振付と併せた画期的な舞台作品だった。

この作品は有名スターを必要としない代わりに、ロビンスの斬新な振付なしには成り立たないダンス・ミュージカルでもあった。ロバート・ワイズ監督は、『体育館のダンス』のように舞台に忠実な踊りの収録を行う一方、プロローグのダンスでは大胆な屋外ロケとカメラの切り替えにより、映画としてのリズムを出し、バスビー・バークレイ以降では初めて、芸をそのまま記録する舞台実写風ではない、モンタージュ（映画的編集）を使ったミュージカル映画を作った。

ワイズ監督は、それまでミュージカル映画を監督した経験はなく、良い意味で従来のミュージカル映画の型にはまっていなかったので、新しい作り方が可能だったのだろう。この作品で自信を得たワイズ監督は、新星ジュリー・アンドルーズを使い、ロジャースとハマースタインの「サウンド・オブ・ミュージック」The Sound of Music (1965) をフォックスで撮り、これも大ヒットする。

「サウンド・オブ・ミュージック」もきっちりとした台本の作品だったので、作品の構成は舞台版に忠実だが、大自然の中でのびやかに歌わせることに成功した。この映画の大成功は、フォックスを大作ミュージカル路線に

走らせるきっかけとなり、ワイズ監督もジュリー・アンドルーズのミュージカル映画を続けて撮ることとなる。

ロジャースとハマースタインのミュージカルとしては、「サウンド・オブ・ミュージック」の前にも、「フラワー・ドラム・ソング」Flower Drum Song (1961) が作られている。ロジャースとハマースタインの作品は、そのほとんどがフォックスで映画化されているが、この作品だけはユニヴァーサルの制作となっている。作り方はほかの作品と同じで舞台に忠実だが、サン・フランシスコの中華街を背景として、中国移民の世代間ギャップを描くというテーマが受けずに、映画としてはヒットしなかった。

折衷的な配役

1960年代前半の舞台作品の映画化はおおむね舞台に忠実だが、舞台の主演俳優を使って映画化するのか、名前の売れている映画スターを主演として興行的な安全策を見込むか、迷いが生じて折衷的な配役が行われた。メルディス・ウィルソン作曲の「ミュージック・マン」The Music Man (1962)*の主役は、舞台でも主演したロバート・プレストンだったが、相手役には映画で名前が売れていたシャーリー・ジョーンズが起用されている。一方、ジュール・スタイン作曲の「ジプシー」Gypsy (1962) は、舞台版は母親役のエセル・マーマンで評判をとった作品だが、映画版ではロザリンド・ラッセルとナタリー・ウッドという顔合わせになっている。

チャールズ・ストラウス作曲の「バイ・バイ・バーディ」Bye Bye Birdie (1963) は、主演の女の子に映画界からアン＝マーグレットを起用したが、重要な脇役は舞台版で演じていたディック・ヴァン・ダイクをそのまま起用した。メルディス・ウィルソン作曲の「不沈のモリー・ブラウン」The Unsinkable Molly Brown (1964) では、主演を映画スターのデビー・レイノルズとして、相手役のハーヴ・プレスネルは舞台版と同じという具合だ。

ビリー・ワイルダー監督が映画化したフランス産ミュージカルの「あなただけ今晩は」Irma la Douce (1963) は、シャーリー・マクレーンとジャック・レモンという主演俳優を映画界から起用したこともあってか、ミュージカルではなくコメディとして作られて、音楽はBGMにしか使わないという選択だった。

だから、舞台で空前の大ヒットとなった、アラン・ジェイ・ラーナーとフレデリク・ロウ作曲の「マイ・フェア・レディ」My Fair Lady (1964) の主演を、誰にするかは大きな問題だった。ロンドンとブロードウェイの舞台で主役を演じて、素晴らしい歌声に自信を持っていたジュリー・アンドルーズは、当然に映画版も自分が演じるべきだと思っていた。一方、制作者のジャック・ワーナーは、映画界では無名のジュリーを主演とすることに慎重で、結局はオードリー・ヘプバーンを起用し、ヘプバーンの歌は吹き替えて、相手役のレックス・ハリスンやスタンリー・ホロウェイを舞台から起用するに留めた。

この選択にジュリー・アンドルーズは不満だったので、ディズニーから「メリー・ポピンズ」Mary Poppins (1964) の出演依頼があると、喜んで引き受けた。この問題はその後も尾を引き、同じラーナーとロウ作曲の「キャメロット」Camelot (1967) がワーナーで映画化される時には、舞台で演じたジュリーに出演依頼があったにも拘わらず、ジュリーは出演を断った。

舞台の主演俳優がそのまま映画でも演じる傾向は、1960年代後半も続き、フランク・レッサー作曲の「努力しないで出世する方法」How to Succeed in Business without Really Trying (1967) は、舞台版で主演したロバート・モースがそのまま演じただけでなく、クレジットはされていないがボブ・フォッシーの有名な振付がほぼ忠実に再現されている。ジュール・スタイン作曲の「ファニー・ガール」Funny Girl (1968) も、舞台で演じたバーブラ・ストライザンドをそのまま映画でも主演させて、映画界のオマー・シャリフと組み合わせている。

サイ・コールマン作曲の「スイート・チャリティ」Sweet Charity (1969) は、舞台版ではグウェン・ヴァードンの主演だったが、年齢的に無理と感じられたためか、映画ではシャーリー・マクレインが演じている。しかし、この作品はボブ・フォッシーの演出と振付によって成り立っている作品であり、映画版も

ボブ・フォッシーが監督したので、主要なダンス・ナンバーは舞台版がそのまま取り入れられていて、そうした意味で舞台版に忠実な作品となっている。

英国発の作品

1960年代後半の新しい波として、英国作品の快進撃が挙げられる。ロンドンのウェスト・エンドはブロードウェイよりも古い歴史を持ち、ミュージカルの伝統もあるが、長い間ロンドンでのローカルな上演に限られていた。しかし、英国発のビートルズが世界中で人気となったこともあり、そうした波に乗って1960年代の後半から優れたプロデューサーの手により、ヒット作が積極的にブロードウェイに進出するようになり、映画化にも取り組むようになった。

ビートルズ映画「ビートルズがやって来るヤァ！ヤァ！ヤァ！」A Hard Day's Night (1964)や「HELP！4人はアイドル」Help! (1965)で、新感覚の映像を見せて世間を驚かせたリチャード・レスター監督は、英国人ではなく生粋のアメリカ人だが、ビートルズ映画の感覚でスティーヴン・ソンドハイム作曲の「ローマで起った奇妙な出来事」A Funny Thing Happened on the Way to the Forum (1966)を映画化した。この映画の主役は舞台版と同じゼロ・モステルが演じているが、映画化の手法は舞台からは完全に離れて、映画のコメディに徹している。

英国のロック・スターとしては、トミー・スティールも人気があったが、トミーは舞台ミュージカルに出演していて、それをそのまま「心を繋ぐ6ペンス」Half a Sixpence (1967)として映画化している。トミーはその人気でアメリカ舞台作品の映画化「フィニアンの虹」Finian's Rainbow (1968)にも出演した。この作品には英国の歌手ペトラ・クラークも出演したので、多分に英国色が強まった。この作品の舞台版は1947年の初演で、南部の人種差別問題を批判的に描いているので、公民権運動が定着する、1960年代後半まで映画化しにくかった事情はあるが、20年も前の作品となると初演メンバーも使えずに、新しいスターを使う選択となっている。

英国発のミュージカルは、ライオネル・バート作曲の「オリバー！」Oliver! (1968)も大ヒットし、主演した子役のマーク・レスターは、その後「小さな恋のメロディ」Melody (1971)で人気が出る。1960年代の最後に作られた、第一次世界大戦を題材にして反戦を訴えた「素晴らしき戦争」Oh! What a Lovely War (1969)も英国らしい作品。もともとしっかりとした台本ではなかったので、自由に脚色、演出できた点もあるが、リチャード・アッテンボロー監督は、知的な演出により英国らしさを表現した。

失われた舞台感覚

こうした舞台版に忠実な映画化というのは、1960年代を通じて行われたが、60年代の末には映画的に作ろうとする動きが現れてきて、1970年代となると「舞台的」な作品は減少してくる。ジェリー・ハーマン作曲の「ハロー・ドーリー！」(1969)は舞台作品(1964)として大ヒットし、1960年代を代表する作品となったが、主役を演じたのは舞台版のキャロル・チャニングではなく、舞台出身ながら映画界でも有名となったバーブラ・ストライザンドだった。監督が、MGMミュージカルで一世を風靡したジーン・ケリーだったので期待が大きかったが、舞台版に忠実な部分と映画版として屋外ロケで空間を広げた部分が噛み合わずに、中途半端な仕上がりとなってしまった。

もっと悲惨だったのはラーナーとロウの古い作品を映画化した「ペンチャー・ワゴン」Paint Your Wagon (1969)で、恐らくは「マイ・フェア・レディ」のヒットにより、1951年に上演された二人の古い作品を探し出してきて映画化したのだろうが、西部劇だからという発想なのか、リー・マーヴィンとクリント・イーストウッドという、およそミュージカルとは縁遠い役者を主演としたために大失敗に終わった。

ウエスト・サイド物語　West Side Story (1961)は、ブロードウェイの舞台作品(1957)の映画化。対立するふたつのグループに属す若い男女の実らぬ恋を描くという点で、シェイクスピアの「ロミオとジュリエット」の現代版となっている。舞台版は、ニューヨーク

を背景にして、カトリックとユダヤ教の間で苦しむ「イースト・サイド」物語として最初は企画されたが、ほかの芝居に似ているということから、プエルト・リコ移民との対立を描く「ウエスト・サイド」物語となった。舞台版の完成度が高かったためか、映画化にあたっては、曲の順序の入れ替えと歌詞の変更以外は、舞台版に忠実に映画化されている。

1950年代のマンハッタンのウエスト・サイド地区では、プエルト・リコ系のシャーク団と白人系のジェット団の、ふたつの不良グループが縄張りを争って対立していた。地区でのダンス・パーティでも、両グループは一触即発の状態だったが、その中でシャーク団の団長ジョージ・チャキリスの妹ナタリー・ウッドと、ジェット団の団長ラス・タムブリンの先輩リチャード・ベイマーは出会い、一目惚れする。ナタリーの願いで、両グループの喧嘩を止めに入ったリチャードは、誤ってナタリーの兄チャキリスを刺し殺してしまう。逃げようとするリチャードは、シャーク団の若者により殺されてしまい、愛する兄と恋人を同時に失ったナタリーは、不毛な争いを続ける両団に和解を求めるのだった。

作曲はニューヨーク・フィルの常任指揮者を長く務めたレナード・バーンスタインで、作詞は後年に作曲家としても活躍するスティーヴン・ソンドハイム。素晴らしい曲で、現在でもまったく古さを感じさせない。印象的な群舞を振り付けたのは、バレエ界で活躍していたジェローム・ロビンスで、映画化に当たっては、ロバート・ワイズと共同で監督を務めた。

踊りの水準も文句なしに高いが、撮影方法は、従来のミュージカル映画の文法を無視した、視点の頻繁な切替があるので、純粋に踊りを楽しむのは難しい。ナタリー・ウッドの歌は、マーニ・ニクソンが吹き替えている。アカデミー賞を10部門で獲得して、ミュージカルで9部門を取った「恋の手ほどき」Gigi (1958)の記録を塗り替えた。70mm、カラー、6トラック・ステレオ方式で、ユナイトの配給。

フラワー・ドラム・ソング Flower Drum Song (1961)は、ロジャースとハマースタイン2世の舞台作品(1958)の映画版。ロジャースとハマースタイン2世の舞台作品は、ほとんどがフォックス社によって映画化されているが、この作品だけはユニヴァーサル社の制作で、作品としての出来は悪くないが、興行成績は振るわなかった。原作は中国系のアメリカ人C・Y・リーの同名小説(1957)で、いかにもロジャースとハマースタイン2世らしい切り口でミュージカル化している。

サン・フランシスコでナイト・クラブを経営している中国人ジャック・スーは、結婚相手は中国からと考え、お見合い写真を見てミヨシ梅木を呼び寄せる。梅木は伝統的な中国の娘で、父親と一緒に中国から密航してサン・フランシスコにたどり着く。ところがクラブ歌手でアメリカ育ちのナンシー・クワンは、密かにジャックを愛していたのでおかんむりだ。仕方なく、ジャックは知り合いのジェイムス繁田と梅木を結婚させようとするが、繁田は歌手クワンが好きなのでうまく行かない。いろいろともめるが、最後には、ジャックとクワン、繁田と梅木というカップルが出来上がる。

ミヨシ梅木は、ブロードウェイでもこの役を演じて好評だったので、そのまま映画でも演じている。ナンシー・クワンの歌はB・J・ベイカーによる吹替。ヘンリー・コスター監督のカラー、シネスコ版作品。

ミュージック・マン The Music Man (1962)*は、メルディス・ウィルソン作曲の同名舞台作品(1957)の映画化。主演のロバート・プレストンは舞台でもこの役を演じた。ワーナー社は知名度の高いフランク・シナトラで映画化しようとしたらしいが、ウィルソンがロバート・プレストンの起用にこだわったので、舞台と同じ配役になったという。ウィルソンのこだわりのためか、映画版もほとんど舞台に忠実に映画化されている。舞台版の相手役はチャーミングなバーバラ・クックだったが、映画版ではシャーリー・ジョーンズに代わっている。

アイオワ州の小さな田舎町。自称「音楽家」のロバート・プレストンは、町の人々に少年楽団の結成を呼びかける。楽器を売ったら逃げ出そうという詐欺師なのだ。町の図書館司書でピアノ教師のシャーリー・ジョーンズは、初めから彼を怪しいと感じていたが、引っ込み思案な弟が張り切っているのを見て、少年

楽団の結成を応援し、本当に実現させる。そしてプレストンは、シャーリーと結ばれる。『76本のトロンボーン』など、大ヒットした名曲があるにも拘らず、日本では未公開に終わった。モートン・ダコスタ監督のカラー、シネスコ版ステレオ作品。

ジプシー　Gypsy (1962) は、ストリッパーとして有名になったジプシー・ローズ・リーの自伝「ジプシー、思い出」Gypsy, A Memoir (1957) に基づく、ジュール・スタイン作曲の舞台作品 (1959) の映画版。舞台、映画のどちらも、ジプシー本人よりも、猛女といえるその母親へ焦点を当てた作品となっている。母親役を舞台で演じたのはエセル・マーマンだが、映画版はロザリンド・ラッセル。

1920年代のアメリカ。ステージ・ママのロザリンド・ラッセル（ローズ役）は、自分の小さな娘二人をスターにしようと懸命に売り出す。ロザリンドは姉のアン・ジリアンを主演としたショーを作るが、娘たちが大きくなってもショーでは子供扱いのままだった。ところが、アンは一座の男と駆け落ちしてしまい、ロザリンドは残ったナタリー・ウッド（ジプシー・ローズ・リー役）に希望をかけるものの、世の中は1930年代の不況で、トーキー映画に押されて、舞台の仕事は簡単には見つからなかった。苦労してやっと見つけた仕事は、バーレスク小屋の仕事。スターのストリッパーが出演できなくなり、その代役が必要になった時に、ナタリーはそれを引き受けて、母から独り立ちすることを選んだ。ナタリーはストリッパーとして人気が高まり、ジプシー・ローズ・リーの芸名で有名になる。夢破れた母と、自分の道を選んで成功した娘は、初めて理解し合うことができるのだった。

「ウエスト・サイド物語」(1961) では吹替だったナタリー・ウッドも、この作品では自分自身で歌っている。母親役のロザリンド・ラッセルは、簡単な曲は頑張って自分で歌ったが、難しい曲はリザ・カークの吹替となった。ジュール・スタインの名作だけに、比較的忠実に映画化されたこの作品も見応えがある。舞台でのローズは、エセル・マーマンの強烈な歌声で印象的だったが、ロザリンドのローズも歌では負けるものの、演技は良い。振付はロバート・タッカーで、舞台版のジェローム・ロビンスの振付を踏襲して優れた振付を残している。

実生活でのジプシー・ローズ・リーは、映画女優としても活躍して、1960年代の終わりまで映画に出演した。自伝のほかにも推理小説「Gストリング殺人事件」The G-String Murders (1941) を書いている。姉のジューンもその後映画界に入り、ジューン・ヘイヴァーの芸名でミュージカル映画にも出演している。マーヴィン・ルロイ監督のカラー、シネスコ版、ステレオ作品。ワーナー制作。

不沈のモリー・ブラウン　The Unsinkable Molly Brown (1964) は、メルディス・ウィルソン作曲の舞台作品 (1960) の映画版。貧乏に育ったデビー・レイノルズ（モリー役）は、金持ちになりたいと鉱山町に出て、小さな鉱山を持つハーヴ・プレスネルと結婚する。結婚はしたものの、夫はたいした金を持っていないと知りがっかり。それもつかの間で、突然夫が金鉱を見つけて大金持ちとなる。金持ちとなってデンバーの高級住宅地に居を構えたが、名門の旧家の連中から無教養を馬鹿にされるので、欧州に渡り教養を身につけ貴族の友人を作る。ところが、帰国して開いたパーティに、昔の鉱山仲間が大挙して押し寄せるので大混乱して、新聞にも誹謗中傷が載る始末。デビーは、嫌気がさして夫を置いて、一人で欧州へ戻ってしまう。欧州では貴族と遊んだりするものの、心の空虚さは充たされずに、夫の下へ戻る決心をする。ところが、アメリカへの帰路で、豪華客船が氷山と衝突して沈没。デビーは人々を助けて大活躍し、一躍英雄となる。そして夫も温かくデビーを迎えるのだった。

舞台作品に忠実というよりも、映画的にアレンジしているし、往年のMGMミュージカルのような華やかさにも欠けるので、いかにも中途半端な印象だが、デビー・レイノルズの好演で、楽しめる作品。振付はピーター・ジェナーロー。チャールズ・ウォルターズ監督のカラー、シネスコ版ステレオ作品。

マイ・フェア・レディ　My Fair Lady (1964) は、大ヒットしたフレデリク・ロウの舞台作品 (1956) の映画化。この舞台作品はジョージ・バーナード・ショウの戯曲「ピグマリオン」Pygmalion (1912) を下敷きとしている。

このショウの戯曲はレスリー・ハワードの主演で映画化（1938）されているが、日本では未公開。「ピグマリオン」という題名は、自分の彫った彫像に恋をしたというギリシャ神話から取られている。彫像に恋をするという点では、クルト・ワイルの舞台ミュージカル（1943）を映画化した、「ヴィナスの接吻」One Touch of Venus（1948）も似たようなテーマを扱っている。

ロンドンの一風変わった貴族で言語学者のレックス・ハリスンは、インド言語の方言研究家ウィルフレッド・ハイド・ホワイトと賭けをして、ひどいコックニー（ロンドン訛り）の花売り娘オードリー・ヘプバーンの言葉を直せるかどうか実験する。オードリーの父親のスタンリー・ホロウェイが文句を言ってくるが、それを追い払い、特訓を重ねてアスコット競馬場で成果を試す。アスコットでは言葉よりも話す内容に問題があったが、貧乏貴族の若者ジェレミー・ブレッドは、オードリーの魅力に参ってしまう。レックス・ハリスンはさらに訓練を重ねて、某国大使館の舞踏会にオードリーを連れて行くが、誰も彼女の正体を見破ることはできない。それほど完璧な英語を話したのだ。実験の成功に酔いしれるレックス・ハリスンを見て、オードリーは実験が終わればもう御用済みの存在ではないかとの不安から反撥する。彼女は昔働いた生花市場に戻ってみるが、そこにも今の彼女の居場所はない。オードリーのいない生活で、初めての寂しさを感じたレックス・ハリスンの下へ、オードリーもまた戻るのだった。

「ウエスト・サイド物語」（1961）が、原作には忠実でありながら、踊りも含めて屋外ロケも多用して映画的な作品としたのに対して、この「マイ・フェア・レディ」はスタジオ撮影に徹して、舞台の香りをそのまま映画に残している。その点でセシル・ビートンの衣装やセットが、舞台のままに美しく残っているのは素晴らしい。フレデリク・ロウの音楽は、大陸的なムードを残したオペレッタ調で、この作品の時代背景とうまく調和している。振付はハーミズ・パンで、振付を感じさせない美しい動きを表現している。

レックス・ハリスンとスタンリー・ホロウェイは舞台でもこの役を演じているが、イライザ役を舞台で演じたジュリー・アンドルーズは、映画ではオードリー・ヘプバーンに取って代わられた。これは巨額の映画化権を払ったジャック・ワーナーが、その当時はまだ映画界では無名の存在だったジュリーを起用するリスクを避けたためだといわれている。そのために、ジュリーはウォルト・ディズニーの依頼で「メリー・ポピンズ」Mary Poppins（1964）へ出演した。

オードリーは歌が苦手なので、一応はどの曲も録音はしたが、最終的にはマーニ・ニクソンの吹替が使われた。オードリー自身の声が残っているのは『待ちなさい』Just You Waitの歌で、歌の途中でオードリーの声からマーニ・ニクソンの声に代わるのが、注意深く聞くとわかる。

よく練られた台本とそれにマッチした音楽で、舞台作品の最高峰といえるが、映画でも格調高く再現されていて、傑作の1本に数えられる。アカデミー賞の受賞数では「ウエスト・サイド物語」（1961）には及ばなかったものの、8部門で賞を獲得した。ただし、1965年の主演女優賞は「メリー・ポピンズ」（1964）のジュリー・アンドルーズが受賞した。ジョージ・キューカー監督の、70mm、カラー、ステレオ作品。ワーナー社制作。

ローマで起った奇妙な出来事 A Funny Thing Happened on the Way to the Forum（1966）は、スティーヴン・ソンドハイム作曲の舞台作品（1962）の映画版。舞台作品は、古代ローマの喜劇作家ティトゥス・マッキウス・プラウトゥスの作品を下敷きにしているが、主に「プセイドラス」Pseudolusという奴隷を主人公とした作品からプロットを借用している。1960年代には長い題名のミュージカル作品が流行ったが、この作品の題名も長い。

古代ローマの奴隷ゼロ・モステルが、何とか自由な身分を手に入れようと奮闘する。ある日、主人が外出した時に、一家の息子マイケル・クロフォードが、隣の娼館のアネット・アンドレと一緒になりたいと恋焦がれているのを知る。二人が一緒になれたら自由を得るとの条件でアネットとの結婚仲介を請け負う。ところが、アネットはローマの将軍に売約済みで、その将軍がアネットを引き取りに来るので、ゼロ・モステルは嘘や宴会でご

まかそうと動き回る。しかし、ゼロ・モステルの嘘もばれて、万事休すと思われた時に、海賊にさらわれた息子と娘を探すために、長年旅に出ていた隣家の主人バスター・キートンが突然に帰宅し、ローマ将軍はキートンの息子で、アネットは娘だということが判明する。かくして、マイケルはアネットと結ばれ、ゼロ・モステルも自由を手に入れることができる。

　喜劇というよりも笑劇に近い作りで、スティーヴン・ソンドハイムの曲は、音楽も歌詞も機知に富んでいる。ゼロ・モステルは舞台でも同じ役を演じて当たりをとった。バスター・キートンのほかにもフィル・シルヴァースらの、喜劇役者が揃っている。

　監督のリチャード・レスターは、ビートルズの映画で売り出した新進気鋭の監督で、新感覚のモンタージュにより、古代ローマを現代的な感覚で見せている。スピーディな映像処理で見せる作品だが、映像表現を優先したため音楽は犠牲となり、多くの優れた曲がカットされてしまった。カラー、ヴィスタ版のユナイト作品。

キャメロット　Camelot (1967) は、舞台版の「マイ・フェア・レディ」My Fair Lady (1956) に続いて作られた、アラン・ジェイ・ラーナーとフレデリク・ロウの舞台ミュージカル (1960) の映画化。T・H・ホワイトの書いたアーサー王伝説「過去と未来の王」The Once and Future King (1958) がベースとなっている（ディズニーの「王さまの剣」The Sword in the Stone〔1963〕の項を参照）。

　中世のブリタニア。石に刺さった剣を抜いてブリタニア王となったリチャード・ハリス（アーサー王役）は、魔術師マーリンの指導を受けて立派に成人して、美女ヴァネッサ・レッドグレイヴ（ジェネヴィエーヴ役）を妃に迎える。彼は、平和に生活できる楽園キャメロットの理想の下、諸国に呼びかけ、上下関係を作らない円卓の騎士を集めて平和を守ろうとした。この呼びかけに応じてフランスからは騎士フランコ・ネロ（ランスロット役）がやって来るが、ヴァネッサの美しさに目を奪われ、王の目を盗んで密会を重ねる。その密会が明るみに出た時に、リチャード・ハリスはヴァネッサを火炙りの刑に処せざるを得なくなり、彼女を助けるためにフランコ・ネロは兵を挙げる。結局、フランコに救われたヴァネッサは尼僧院に入り、リチャードとフランコは戦いを続け、理想を描いた国は滅び去る。しかし、キャメロットの理想を未来に伝えるために、リチャードは一人の少年に夢を託すのだった。

　舞台版では、シェイクスピア俳優リチャード・バートンとジュリー・アンドルーズ、そして歌のうまいロバート・グーレがランスロット役という顔合わせで評判になった。映画化権を買ったジャック・ワーナーも舞台版と同じ配役で映画化したかったらしいが、「マイ・フェア・レディ」My Fair Lady (1964) の映画版に出演できなかったジュリー・アンドルーズが、出演に難色を示したため、監督のジョシュア・ローガンが推した、リチャード・ハリスとヴァネッサ・レッドグレイヴという顔合わせになった。

　70mmの大作だったが、上映時間が長過ぎたこともあり、制作者が目論んだほどには批評も興行成績も良くなかった。リチャード・ハリスの演技も良く、アーサー王伝説の映画化としては一番面白いようにも感じられるが、歌の魅力に欠けるのが残念。カラー、ヴィスタ版のワーナー作品。

心を繋ぐ6ペンス　Half a Sixpence (1967) は、同名の舞台作品（1963英、1965米）の映画版。舞台でこの役を演じた英国スターのトミー・スティールが、映画でも主演した。SFなどでおなじみのH・G・ウェルズが書いた小説「キップス」Kipps: The Story of a Simple Soul (1905) が原作。この小説は、無声映画とトーキーで映画化されており、キャロル・リード監督の作品 (1941) が有名だが、日本では未公開。

　洋装店に勤める身寄りのないトミー・スティールは、金持ちの家でメイドをしているジュリア・フォスターと恋仲となり、愛の証として6ペンス銀貨を半分に割り、互いに片方ずつ大事に持つことにした。ところが、そのトミーに莫大な遺産が転がり込んで人生が狂う。急に金持ちとなって上流社会の仲間入りしたトミーは、上流令嬢に惹かれて婚約するが、やはり上流社会との付き合いはできないと感じて、婚約を解消してメイドのジュリア

に結婚を申し込む。ところが、上流令嬢の兄の投資の失敗により全財産を失ってしまう。しかし、最後には投資していた芝居が大ヒットして、それなりの収益が入るので、二人で幸せな家庭を築く決心をする。

楽曲はデイヴィッド・ヘネカーで、後にアンドルー・ロイド・ウェバーが出現するまでは、英国の誇るミュージカル作曲家だった。ブロードウェイでの上演はなかったが、ロンドンの舞台「チャーリー・ガール」Charlie Girl (1965) もヒットしている。ブロードウェイ作品がだんだんと理屈っぽくなっていったのに対して、ヘネカーの作品は親しみやすい曲が多く、文句なしに楽しめる。英国映画だが、MGMミュージカルの絶頂期を築いたジョージ・シドニーが監督した。ジリアン・リンの振付も良い。カラー、シネスコ版、ステレオ作品。パラマウント制作・配給。

努力しないで出世する方法 How to Succeed in Business without Really Trying (1967) は、フランク・レッサーの同名舞台作品 (1961) の映画化。下敷きとなっているのは、シェパード・ミードの同名ベスト・セラー小説 (1952)。ミードはこの本が当たったので、How to... シリーズを沢山書いている。

野心的な青年ロバート・モースは、「努力しないで出世する方法」という本を手に入れて、その本のとおりに行動して大企業で出世していく。誰が何をしているかわからないほど大きな企業に職を得ることが最初の一歩で、郵便室からスタートしたロバートは、ゴマすりと処世術だけで出世する。そんな彼を優しく見守り味方してくれたのは、同じ企業で秘書をしているミシェル・リーだった。ロバートは社長に気に入られて宣伝担当の副社長となるが、彼が企画したテレビの宝探し番組で大混乱が起き、あわやクビかと思われた時に、今度は会長と意気投合して、美人女性と再婚する会長に代わり、会長となって、ミシェルと結婚するのだった。

主演のロバート・モースは舞台でもこの役を演じており、映画版でも当たり役をそのまま再現している。振付はデイル・モデラで、舞台版のダンサーの一人。舞台版の実質的な振付はボブ・フォッシーで、その振付を踏襲している。特に『秘書はおもちゃじゃない』A Secretary is Not a Toy や『人間の友愛』Brotherhood of Man の群舞の扱いなどは、いかにもフォッシーらしさが出ていて、見どころのひとつとなっている。

社長役で出ているのは往年のクルーナー歌手として、映画でも人気があったルディ・ヴァリーで、舞台に引き続いて映画でも同じ役を演じて達者な様子を見せた。デイヴィッド・スウィフト監督のカラー、シネスコ版、ユナイト配給作品。

オリバー！ Oliver! (1968) は、ライオネル・バートの同名舞台作品 (1960英、1962米) の映画版。英国製のミュージカルで、原作は文豪チャールズ・ディケンズの小説「オリヴァー・トゥイスト」Oliver Twist (1838)。舞台作品も映画版も、原作の小説にかなり忠実に作られている。原作の小説は有名作品だけに、無声映画時代から数多くの映画化がされているが、中でも無声時代にロン・チャニーとジャッキー・クーガンで作られた「オリヴァー・トゥイスト」Oliver Twist (1922) と、トーキーになってアレック・ギネスを使ってデイヴィッド・リーン監督が撮った「オリヴァ・ツイスト」Oliver Twist (1948) が有名。ウォルト・ディズニーも子猫を主人公にしたミュージカル・アニメ「オリバー　ニューヨーク子猫ものがたり」Oliver & Company (1988) を作っている。

19世紀のロンドン。マーク・レスター (オリバー役) は、身寄りがなく孤児院で育てられるが、貪欲な孤児院の管理人にオートミール粥をもう少し欲しいと言ったばかりに、葬儀屋に売り飛ばされてしまう。そこから逃げ出したマークは、道で出会ったスリの少年に誘われて、ロン・ムーディ (ファイギン役) のスリの一団に加わるが、初仕事で失敗して、狙った相手の金持ち貴族に引き取られて育てられることになる。ところが、使いに出されたマークは、スリ仲間のオリヴァー・リード (ビル役) に見つかり、連れ戻されてしまうので、心配した金持ち貴族がマークを探すと、その貴族の探していた孫息子であったことが判明する。スリ仲間の面倒を見ている優しい娘シャニ・ウォリス (ナンシー役) の手引きで、マークは無事に貴族の下へ戻ることができるものの、シャニはリードに殺されてしま

う。警官隊も加わり、リードは射殺されて、マークにも幸せな生活がやっと訪れる。

ロン・ムーディやオリヴァー・リードも出ているが、人気をさらったのは小さなオリバー役を演じたマーク・レスターだった。レスターはこの後、「小さな恋のメロディ」Melody (1971)で人気沸騰する。舞台版は、ライオネル・バートが台本、音楽、作詞と、ほとんど全部一人で作り上げていて、楽曲も親しみやすいものが多い。

映画版では、舞台のムードを壊さずに、キャロル・リード監督の世界が展開される。そこが評価されてアカデミー作品賞を得ているが、この作品の後は、ミュージカル映画で作品賞を取る作品はなくなってしまう。次に作品賞を得たミュージカル映画は、34年後の「シカゴ」Chicago (2002)だった。こうしたことを考えると、ミュージカル映画というジャンルが、もう時代のものではなくなったと感じさせる作品でもあった。オンナ・ホワイトの振付は、楽しいダンスを残してはいるが、物語の内容と結びついていないので、単なる踊りに終わっている。カラー、シネスコ版、ステレオ作品。英国映画。

ペンチャー・ワゴン　Paint Your Wagon (1969) は、ラーナーとロウの同名舞台作品 (1951) の映画化。「マイ・フェア・レディ」My Fair Lady (1964)や「キャメロット」Camelot (1967)がヒットしたので、同じラーナーとロウの古い作品を掘り起こしたという印象。アラン・ジェイ・ラーナー自身が映画化を望んで、自ら製作しただけでなく、台本を手直ししたり、ロウの了解を得たうえで、アンドレ・プレヴィンに新曲をいくつか書かせたりしている。

ゴールド・ラッシュ時代のアメリカ西部。一山当てようと西部にやって来たリー・マーヴィンは、同じような風来坊の男クリント・イーストウッドと馬が合い、一緒に金探しを始める。ある日、モルモン教徒の男が二人の妻を連れて通りかかるので、リー・マーヴィンは美しいほうのジーン・セバークを金で譲り受ける。3人で一緒に暮らすうちに、ジーンとクリントとの間にも愛が生まれるが、ジーンはモルモン教徒とは逆に、女が二人の夫を持っても問題ないとして、そのまま奇妙な3人生活を続ける。しかし、近所の男たちの目があるので、リー・マーヴィンは落ち着かない。そのために、隣町へ行く予定だった6人の酒場女を横取りして連れてきて、町に酒場を作る。酒場が出来ると、町は急速に発展し、人が増えてブーム・タウンとなる。そうなると農民たちも押し寄せて立派な町となってしまう。新たにやって来た真面目な農民たちに影響され、ジーンもどんどんと道徳的な態度をとるようになる。自由で気儘な暮らしが好きなリー・マーヴィンは、ここらが潮時と考えて、ジーンとクリントを残して新しい土地を求めて去って行くのだった。

原作の舞台作品は、ゴールド・ラッシュを背景に、ブーム・タウンが終わった後に、自分たちの地道な生活を築こうとする男女の話だが、映画版ではすっかりと主題が変わり、放浪する男の物語となっている。もともとのロウの音楽は古めかしい大陸調のムードを持った曲が多く、「ブリガドゥーン」(1947)に続いて、アグネス・デ・ミルのバレエが舞台では評判となったが、映画ではそうした古いムードは払拭されてしまった。恐らくは、1969年というヴェトナム戦争の時代背景と、ヒッピー・ブームなどもあり、この作品も放浪賛美の中途半端な仕上がりとなったのだろう。

もうひとつの問題は配役にあり、リー・マーヴィンとクリント・イーストウッドという、西部劇の大スターを並べて、この二人に自分で歌わせたために、音楽面で弱くなった。共演のジーン・セバークの歌は、もちろん吹替。さらに踊りもないので、原作とは似ても似つかない作品となり、膨大な費用を浪費した失敗作となった。監督は舞台出身のジョシュア・ローガンだが、良いところはなかった。カラー、シネスコ版、ステレオのパラマウント作品。

素晴らしき戦争　Oh! What a Lovely War (1969) は、英国の同名舞台作品 (1963) の映画化。舞台作品の台本はジョン・リットルウッドだが、内容的には戦史研究をしていたアラン・クラークの書籍「馬鹿者たち、1915年の英国の海外派兵の歴史」The Donkeys, A History of the British Expeditionary Force in 1915 (1961) を参考にしている。当時流行

していた替歌を中心にショーを構成するという点では、チャールズ・チルトンが構成したBBCのラジオ番組「長い旅路」The Long Trailに影響を受けたという。

最初は1963年にストラトフォード・アポン・エイヴォンで公演して好評だったため、同年にウェスト・エンドへ進出。翌1964年にはブロードウェイでも上演されるほどの人気となった。それまでのミュージカルとはスタイルが異なり、ドキュメンタリー的な内容と当時の流行歌で風刺的に世相を描くという、いかにも英国的な作品となっている。監督は英国のリチャード・アッテンボローで、俳優としての経歴が長く、監督としてはこの作品が最初だが、知性的な作品に仕上げている。

1914年の欧州。オーストリアの皇太子がサラエヴォで暗殺されたことを契機に、オーストリアはセルビアに宣戦布告して、セルビアの背後にいるロシアや、オーストリアの背後にいるドイツも巻き込んだ第一次世界大戦が始まる。ドイツは、フランスに侵入するために、中立国のベルギーに攻め込むので、それを契機として、英国もドイツと戦うことになる。ごく普通の家庭スミス家の息子たちも次々と戦場に送られて、無能な司令官や戦争でひと儲けを企む商人たちに翻弄されて、みんな戦死してしまう。そうした中で、英国では厭戦的なムードが高まり、ヴァネッサ・レッドグレイヴらの活動家が反戦演説をするようになる。アメリカの参戦もあり、戦争は終わるが、後に残ったのはどこまでも続く墓標だけだった。

楽曲は第一次世界大戦当時の流行歌や、その替歌が中心で、各公演で使用曲は違うようだが、タイトル曲は英国のミュージック・ホール調だ。使用された楽曲の中には、ジェローム・カーンが舞台ミュージカル「ユタから来た娘」The Girl from Utah (1914) のために書いた、『みんな信じてくれない』They Didn't Believe Me という美しい曲がある。この曲は、MGM映画「真夜中の接吻」That Midnight Kiss (1949)* で、マリオ・ランツァとキャスリン・グレイスンも歌っている。オリジナルの曲では、「君がどんなに美しいか、みんな信じてくれない……」という歌詞なのだが、この映画の最後で流れる曲では、「どんなに危ないのか、みんな信じてくれない……」となっている。

出演する俳優人も、ジョン・ミルズ、ジョン・ギルグッド、ローレンス・オリヴィエ、マイケル・レッドグレイヴ、マギー・スミスなど、英国の名優たちが総出演の豪華配役。恐らくは、反戦ミュージカル映画の最高傑作。カラー、シネスコ版の英国映画。

4　映画オリジナルの作品

スター中心の作品

1960年代は、舞台ミュージカルの映画化の全盛期だったが、1950年代から続くスター中心の映画ミュージカルが、まったくなくなったわけではない。フォックスの最後の金髪ミュージカル・スターだったマリリン・モンローは、イヴ・モンタンと共演した「恋をしましょう」Let's Make Love (1960) が最後の作品となる。

シナトラ一家と呼ばれたフランク・シナトラの仲間たちは、ミュージカルではないが、歌入りの映画を沢山作っている。「オーシャンと十一人の仲間」Ocean's Eleven (1960) では、ディーン・マーティンとサミー・デイヴィス・ジュニアが少しだけ歌ったが、ほぼ同じメンバーの「七人の愚連隊」Robin and the 7 Hoods (1964) は、完全なミュージカル仕立てとなっている。

ディーン・マーティンは、歌が得意なので「ペペ」Pepe (1960) や、「世界の歌物語」Canzoni nel mondo (1963) のような、ゲスト・スターが芸を見せる映画にも、こまめに出演しているが、シャーリー・マクレインの相手を務めた「何という行き方！」What a Way to Go! (1964) や、ビリー・ワイルダー監督の喜劇「ねえ！キスしてよ」Kiss Me, Stupid (1964) のナイト・クラブの歌手役を演じても

よく似合う。

その後、マーティンは007ばりの特殊工作員の電撃フリント・シリーズを、「サイレンサー 沈黙部隊」The Silencers (1966)、「サイレンサー 殺人部隊」Murderers' Row (1966)、「サイレンサー 待伏部隊」The Ambushers (1967)、「サイレンサー 破壊部隊」The Wrecking Crew (1969) と、4本作っている。

アン＝マーグレット

アン＝マーグレットはスウェーデン出身の女優で歌も踊りもこなすが、フォックスがリメイクした「ステート・フェア」State Fair (1962) で、いかにも現代的な娘を演じて、その後に「バイ・バイ・バーディ」Bye Bye Birdie (1963) の主役に抜擢される。ミュージカルづいたのか、プレスリーの「ラスベガス万才」Viva Las Vegas (1964) に出たあと、「マドリードで乾杯」The Pleasure Seekers (1964)、「メイド・イン・パリ」Made in Paris (1966)、「スインガー」The Swinger (1966) などに出演、ディーン・マーティンの「サイレンサー 殺人部隊」Murderers' Row (1966) にもゲスト出演している。

ジュリー・アンドルーズとディズニー

1960年代の新しいミュージカル映画の波は、ジュリー・アンドルーズの出演した「メリー・ポピンズ」Mary Poppins (1964) によって引き起こされた。ディズニーはそれまで、アニメの世界で本格的なミュージカルを作ったり、実写の音楽映画を作ったりはしていたが、実写の本格的なミュージカル作品というのはなかった。それが、シャーマン兄弟の作詞・作曲と、ジュリーの本格的な歌唱とが組み合わされて、新しい作品群が生み出された。

この映画を起点として、ディズニーはこうした実写中心のファミリー・ミュージカル路線をしばらく続けることとなり、ジュリーが次に出演した「サウンド・オブ・ミュージック」The Sound of Music (1965) の大成功により、フォックス社は大作ミュージカルへと進む。

ジュリー・アンドルーズ自身も、ジョージ・ロイ・ヒルが監督した1920年代ムードの「モダン・ミリー」Thoroughly Modern Millie (1967) や、ロバート・ワイズ監督の大作で、英国のミュージカル女優ガートルード・ローレンスとノエル・カワードの交流を描いた「スター！」Star! (1968) に出演して、快進撃を続ける。

ディズニーも、「最高にしあわせ」The Happiest Millionaire (1967)、「ファミリー・バンド」The One and Only, Genuine, Original Family Band (1968)、アンジェラ・ランズベリー主演の「ベッドかざりとほうき」Bedknobs and Broomsticks (1971) と、ファミリー作品を続けた。

大作主義

フォックスも家族向けを狙い、「マイ・フェア・レディ」(1964) のレックス・ハリスンを主演として、大作の「ドリトル先生 不思議な旅」Doctor Dolittle (1967) を作るものの、興行的には大失敗して、しばらくミュージカルに対しては臆病となってしまう。

「ドリトル先生 不思議な旅」は、作曲が英国のレスリー・ブリッカスで、共演のアンソニー・ニューリーも英国人なので、随分と英国風だったが、英国で作られた「チキ・チキ・バン・バン」Chitty Chitty Bang Bang (1968) は、逆にアメリカ人作曲家のシャーマン兄弟を使い、出演はディック・ヴァン・ダイクと、ジュリー・アンドルーズによく似た雰囲気のサリー・アン・ハウズを組み合わせたので、「メリー・ポピンズ」によく似たムードの作品となった。こうした童話またはメルヘン的なテーマのミュージカルは、1970年代の映画ミュージカルにも繋がっている。

ほかの1960年代のミュージカル作品としては、やはりMGMが熱心で、大画面化の究極として、シネラマ方式で作られた「不思議な世界の物語」The Wonderful World of the Brother Grimm (1962)、デビー・レイノルズが歌のうまい尼僧を演じた「歌え！ドミニク」The Singing Nun (1966)、英国のパブリック・スクールを舞台にしてピーター・オトゥールとペトラ・クラークが共演した「チップス先生さようなら」Goodbye, Mr. Chips (1969) などを制作した。

ペペ　Pepe (1960) は、コロムビア社で作ら

れたゲスト・スターの顔見せ映画。ペペと呼ばれるメキシコ人役のカンティンフラスは、愛馬がハリウッドの映画監督ダン・デイリーに売られたので、取り戻したいと考えてハリウッドへ乗り込む。ダンは売れない監督で、誰も相手にしない男だったが、カンティンフラスは彼と交渉して、愛馬の世話役となる。ダンは賭けで大儲けしたので、その金を使って映画を撮ることとして、シャーリー・ジョーンズを主演にしてメキシコで撮影を始める。途中で資金が足りなくなったりするが、何とか映画は完成して、ダンは監督として再起しシャーリーと結婚、愛馬も無事にカンティンフラスの手へ戻る。

ハリウッド撮影所が舞台となるので、ゲスト出演が多く、ビング・クロスビー、ボビー・ダーリン、ジュディ・ガーランド（声だけ）、サミー・デイヴィス・ジュニア、ジミー・デュランテ、デビー・レイノルズ、モーリス・シュヴァリエなどが歌を披露するほか、有名な俳優も多数顔を見せる。ジョージ・シドニー監督でカラー横長画面のコロムビア作品。

1 オーケストラ演奏　序曲　Overture
2 ビング・クロスビーとカンティンフラスのアカペラの歌　Pennies from Heaven / Let's Fall in Love / South of the Border
3 ボビー・ダーリンの歌　That's How It Went All Right / The Rumble
4 ラジオから流れるジュディ・ガーランドの歌でシャーリー・ジョーンズとダン・デイリーが踊る　The Faraway Part of Town
5 サミー・デイヴィス・ジュニアの歌　Hooray for Hollywood
6 カンティンフラスとジミー・デュランテ　トランプの寸劇
7 デビー・レイノルズとカンティンフラスの踊り　Tequila
8 モーリス・シュヴァリエの歌　Mimi
9 モーリス・シュヴァリエの歌　September Song
10 モーリス・シュヴァリエとカンティンフラス、ダン・デイリーの歌と踊り　Mimi
11 ダン・デイリーとシャーリー・デバーグの踊り　Rhumba
12 シャーリー・ジョーンズの歌　Pepe
13 子供たちの合唱　Pepe

陽気なパリ　Gay Purr-ee (1962)＊は、ワーナー系のアニメ・ミュージカル。プロヴァンス地方の田舎猫ミューゼット（ジュディ・ガーランドの声）は、文化とロマンスを求めて大都会パリへ出る。ミューゼットのボーイ・フレンドのジャン・トム（ロバート・グーレの声）は、仲間と一緒に彼女を追ってパリへ出て行くが、大都会なのでミューゼットはなかなか見つからない。ミューゼットは、悪徳手配師ミョウリスと出会い、彼の紹介でマダムから殿方と接する手練手管を仕込まれる。というのも、アメリカの金持ち猫が妻を欲しがっていたので、ミューゼットを高値で売り飛ばそうというのだ。いろいろと邪魔されるが、最後にはジャン・トムがミューゼットを救い出し、再び一緒に暮らす。

題名の「ゲイ・パリー」というのは、「陽気なパリ」という英語がフランス語の発音風に綴られている。ジュディ・ガーランドとロバート・グーレのほかにも、レッド・バトンズ、ハーマイアニ・ジンゴールドという豪華な顔ぶれが声を担当。ジュディは引退の直前で、ロバートはこれがデビュー作。楽曲はハロルド・アーレンで、本格的なミュージカルとなっている。エイブ・レヴィトウ監督のカラー、ヴィスタ版作品。

不思議な世界の物語　The Wonderful World of the Brother Grimm (1962) は、ドイツの作家ヘルマン・ゲスナーのグリム兄弟に関する伝記に基づいて作られた作品で、最初のグリム兄弟の導入部分と、3話からなる童話で構成されている。

ローレンス・ハーヴェイとカール・ベームのグリム兄弟は、プロシア皇帝に献上する皇帝家の歴史本をまとめているが、仕事よりも子供たちに童話を話して聞かせるほうが好きだ。歴史本のほうは順調に進まない。というのも、仕事で調べに出ても、童話の収集に夢中になってしまうからだ。結局、二人は一緒に童話の収集に専念するようになる。物語の中に、童話が挿入されている（原作とは若干話の内容が変わっている）。

楽曲はボブ・メリルが担当。3台の35mmカメラを使って撮影し、3台で上映するシネラマ方式。MGMはシネラマで2本の劇映画を制作したが、これがその1本。もう1本は「西部開拓史」How the West Was Won (1962) で、作り始めは「不思議な世界の物語」のほうが遅かったが、公開は先になった。

3画面を繋ぎ合わせて上映する方式なので、普通のシネスコよりもさらに横長の画面で、

上映スクリーンも大きく湾曲していた。音響も7チャンネル・ステレオとなっている。「西部開拓史」のほうは修復上映されているが、この作品はネガ・フィルムがダメージを受けているとのことで、本格的な修復が行われていない。ヘンリー・レヴィンとジョージ・パル監督作品。

1「踊るお姫様」 Die zertanzten Schuhe　姿を消せるマントを手に入れた木こりのラス・タムブリンが、毎晩、靴に穴を開けてしまうお姫様イヴェット・ミミューの秘密を探り、一晩中踊りの相手をして姫の心を手に入れる。

2「靴直しと小妖精」 Die Wichtelmänner　クリスマス・イヴの夜に、靴屋ローレンス・ハーヴェイは、子供たちのために操り人形を作ったので、靴の修理が遅れてしまう。疲れきって寝入ってしまったローレンスに代わり、人形たちが靴の修理を夜の間に仕上げる。

3「歌う白骨」 Der singende Knochen　騎士と従者が竜退治に出かけるが、竜を射止めたのは従者だった。騎士は従者を殺し、手柄を自分のものにするが、ある日、羊飼いが白骨を見つけて笛を吹くと、白骨が殺された従者のことを歌い、真相が明らかとなる。

世界の歌物語　Canzoni nel mondo (1963) は、ヨーロッパを中心としたナイト・クラブなどの歌の場面を集めた作品で、イタリアのミーナなどが出演しているが、アメリカ代表としてディーン・マーティンが出演して2曲を歌う。

1 リカ・ザライの歌 「胸も踊る今宵」
2 バレエ 「ナポリの狂想曲」
3 ローリング'20s（ナイト・クラブ）
4 ブルーベル・ガールズの踊り（リド）
5 ディーン・マーティンの歌 「僕に戻れ」
6 ミーナの歌 「幸せがいっぱい」
7 ダブル・ストリップ（二人のストリップ）
8 アントニオ・プーロ舞踊団のスペイン舞踊
9 ゴーラのストリップ・ダンス
10 ジュリエット・グレコの歌 「枯葉」
11 女の戦争「戦場にかける橋」のパロディ化ストリップ
12 ジンマ兄弟のアクロバット
13 パピーノ・デ・カプリのクインテット
14 ディーン・マーティンの歌 「ローマの夜」
15 ジョルジュ・ユルメの歌 「オガスト・ブラウン」
16 ジプシー・ローズ・リーのストリップ
17 群舞
18 ジルベール・ベコーの歌 「そして今は」
19 ピエロの嘆き ルイ・バルデスの至芸
20 マルベッサ・ドーンの歌 「悲しみよさらば」
21 ストリップ人形
22 ミック・ミシェルの歌 「忘れないで」
23 ブルーベル・ガールズのフィナーレ

ドリトル先生 不思議な旅　Doctor Dolittle (1967) は、ヒュー・ジョン・ロフティングの有名な児童文学「ドリトル先生」シリーズの映画版。話の中心となっているのはシリーズ中の「ドリトル先生航海記」The Voyages of Doctor Dolittle (1922)、「ドリトル先生アフリカゆき」The Story of Doctor Dolittle (1920)、「ドリトル先生のサーカス」Doctor Dolittle's Circus (1924) で、これらの作品を混ぜこぜに使っている。

レックス・ハリスン（ドリトル先生役）は、動物の言葉がわかる医者で、いろいろな動物の病気を治している。いつの日か冒険旅行で世界中を回り、海カタツムリを探したいと考えていたレックスは、双頭のリャマを友人からもらったのを機に、リャマをサーカスの人気者に仕立てて旅費を作ろうとする。ところが、ホーム・シックのアザラシを海に戻したことから、誤解により投獄されてしまうため、動物の力を借りて念願の海カタツムリ探索の旅に出る。航海中に嵐に遭遇して浮き島にたどり着き、そこで念願の海カタツムリに会うことができる。彼はしばらく島に留まるが、ハリスンの故郷では動物たちがストライキを起こして、裁判でハリスンの無罪を勝ち取ったと聞き、巨大な蛾に乗って故郷の町へ帰る。

「サウンド・オブ・ミュージック」(1965) の大ヒットで、大作ミュージカル路線を進めたフォックス社は、この作品も70mmで作ったが、興行成績は散々で、この後しばらくはミュージカルに慎重となる。「マイ・フェア・レディ」My Fair Lady (1964) でヒギンズ教授役を演じたレックス・ハリスンと、英国のミュージカル俳優アンソニー・ニューリーの顔合わせで、楽曲は英国のミュージカル作家レスリー・ブリッカスが担当するという、全体として英国色の強い作品となっている。

ブリッカスは舞台「地球を止めろ—俺は降りたいんだ」Stop the World - I Want to Get Off (1961英、1962米、映画1966*) のほかには大きな実績はなかったが、ほかに作曲家の候補が見つからなかったために起用された。

アンソニー・ニューリーもブリッカスと一緒に「地球を止めろ-俺は降りたいんだ」を作り、自分でも出演した俳優なので、その縁もあって出演している。

ミュージカルなのに、肝心の楽曲が良くなかったのが問題。監督はリチャード・フライシャーで、カラー、シネスコ版、ステレオ作品。同じロフティングの原作を現代風にしたエディ・マーフィの「ドクター・ドリトル」Dr. Dolittle (1998)とその続編(2001)もあるが、ミュージカルではない。

チキ・チキ・バン・バン Chitty Chitty Bang Bang (1968)は、007シリーズで有名なイアン・フレミングの書いた、同名の子供向け長編小説(1964)のミュージカル映画化。ただし、物語の内容は原作と異なり、ロアルド・ダールが映画向けに書き下ろしたものとなっている。

変わり者の発明家ディック・ヴァン・ダイクは、オンボロ自動車チキ号をピカピカに改造し、二人の子供とピクニックに出て、金持ち令嬢サリー・アン・ホウズと知り合う。皆が浜辺で休んでいると、遠くにボートが見えるので、ボートに乗っている悪漢たちのことを、ディックは子供たちに語って聞かせる。悪漢が船の大砲をディックたちに向けるので、一行はチキ号で海の上を逃げるが、悪漢たちはディックと一緒に暮らす爺さんを誘拐して、飛行船で連れ去ってしまう。そこで、チキ号も羽根を出して空を飛び、飛行船を追ってブルガリアの城までやって来る。城下町では悪漢が子供たちを捕えて、城に閉じ込めていたため、ディックの子供たちも誘拐されてしまう。そこで、ディックとサリーは村の子供たちと力を合わせて城に忍び込み、悪漢たちを退治して無事に帰還する。という荒唐無稽な話は、ディックの夢だったことがわかるが、現実に戻ってチキ号が走り始めると、今度は本当に空を飛ぶ。

英国の作品で、内容的には「メリー・ポピンズ」Mary Poppins (1964)の線を狙っている。ディック・ヴァン・ダイクの相手役は、ジュリー・アンドルーズに似た雰囲気のサリー・アン・ホウズで、二人の子供を絡めるところも同じ、そして楽曲も「メリー・ポピンズ」のシャーマン兄弟をあてている。シャーマン兄弟がディズニー以外の作品に曲を書いたのは、この作品が初めて。結果としてディズニーに近い雰囲気の作品に仕上がっている。

ロンドンで舞台化(2002)されてヒットしたものの、ブロードウェイ(2005)では今ひとつの反応だった。ケン・ヒューズ監督の70mm、カラー、ステレオ作品。

ミンスキーの劇場が手入れをうけた夜 The Night They Raided Minsky's (1968)*は、1920年代のバーレスクの世界を描く作品で、音楽をチャールズ・ストラウスが書いている。聖書を頑なに信じるアーミッシュの娘が、踊りで聖書を広めようと考えて、田舎から家出してマンハッタンへやって来る。彼女が職を得たのはミンスキーのバーレスク劇場。そこで語られる聖書は、サロメの7つのベールの踊りで、グラインドやバンプの連発だった。娘の父親の牧師が見に来たり、ギャングの出入りがあったりするが、うっかり娘が衣装を落として胸を見せてしまうので、待ち構えていた警官隊が取締りに乱入して大騒ぎとなる。当時のバーレスク劇場のムードがよく再現されている。監督はウィリアム・フリードキンで、ユナイトの配給。

チップス先生さようなら Goodbye, Mr. Chips (1969)は、ジェイムス・ヒルトンの同名小説(1934)のミュージカル版。原作は19世紀末から20世紀初頭が背景となっているが、この映画では、時代を第二次世界大戦前後に置き換えている。有名な小説なので、過去にもサム・ウッド監督が映画化(1939)*していて、そちらも面白いがミュージカルではない。

英国の田舎にある伝統的なパブリック・スクールで教えるピーター・オトゥール(チップス先生役)は、真面目で教育熱心な先生だった。そんなピーターが、休暇でイタリアの遺跡を訪れた時に、ミュージカル女優ペトゥラ・クラークと出会い、恋におち結婚する。保守的な学校の中で一際目をひく快活なペトゥラは、生徒たちの間で人気は高いが、学校の経営陣からは白い眼で見られた。逃げ出そうとするペトゥラをピーターは愛の力で支え続け、やがて周囲もそれを認めてピーターは校長となる。しかし、第二次世界大戦が始まると、ペトゥラは慰問公演に出かけて、帰ら

ぬ人となる。そんな彼女の思い出を胸に秘めて、定年後もピーターは子供たちの育つ姿を見つめ続けるのだった。

楽曲を担当しているのは、「ドリトル先生不思議な旅」Doctor Dolittle (1967)に続いてレスリー・ブリッカス。ピーター・オトゥールは俳優としては素晴らしい演技をしているが、歌えないのでミュージカルには不向き。

ほとんどの歌はペトゥラ・クラークが歌っているので、ペトゥラのファンには嬉しいが、ミュージカルとしてのバランスは良くない。ただし、テレンス・ラティガンの台本は優れていて、ドラマとしては感動的。ハーバート・ロス監督の70mmの大作。カラー、ステレオ作品で、MGMの制作だが、往年のMGMミュージカルの輝きはまったく失われている。

5　ディズニー

テレビ界での活躍

ウォルト・ディズニーは、1954年に自分のテレビ番組を開始し、1955年にはレジャー施設のディズニーランドをオープンした。さらに、1960年からはテレビ番組を日曜日夜のゴールデン・アワーに移してカラーで放送し始める。テレビ番組では、昔のアニメ作品、ディズニーランドの紹介、ドキュメンタリー作品に加えて実写のドラマも放映した。手を広げ過ぎて仕事が忙しくなったのか、1960年代の長編アニメは本数が減り、「101匹わんちゃん」One Hundred and One Dalmatians (1961)、「王さまの剣」The Sword in the Stone (1963)、「ジャングル・ブック」The Jungle Book (1967)の3本だけだった。

逆にテレビ放映用に作った実写作品の本数が増えて、レベルも上がり、その成果は「メリー・ポピンズ」Mary Poppins (1964)に結実する。テレビ用に作ったチャイコフスキーの伝記作品は、日本では再編集されて「チャイコフスキー物語」The Peter Tchaikovsky Story (1960)として劇場公開された。

アメリカで人気の高い物語「ポリアンナ」Pollyanna (1960)の映画化や、ヴィクター・ハーバートのオペレッタの映画化「おもちゃの王国」Babes in Toyland (1961)、ウィーン少年合唱団を題材とした「青きドナウ」Almost Angels (1962)、子供向けの小説の映画化「夏の魔術」Summer Magic (1963)、ヨハン・シュトラウスの伝記作品「ウィーンの森の物語」The Waltz King (1963)などが作られた。

シャーマン兄弟の登場

ミュージカルではないが「罠にかかったパパとママ」The Parent Trap (1961)の主題歌を書いてヒットさせたシャーマン兄弟は、「夏の魔術」でも楽曲を担当して力をつけたが、ジュリー・アンドルーズ主演で作った「メリー・ポピンズ」(1964)が大ヒットしたので、シャーマン兄弟が曲を書いた本格的なミュージカルが「最高にしあわせ」The Happiest Millionaire (1967)、「ファミリー・バンド」The One and Only, Genuine, Original Family Band (1968)、「ベッドかざりとほうき」Bedknobs and Broomsticks (1971)と、続けて作られた。そのほか、テレビ用に作られて劇場公開された作品として、バレエの道に進む少女を描く「バレリーナ物語」Ballerina (1966)がある。

後期の長編

101匹わんちゃん　One Hundred and One Dalmatians (1961)は、ドディ・スミスの同名小説 (1956)のアニメ化。ダルメシアン犬のボンゴを飼う売れない作曲家ロジャーが、同じくダルメシアンを飼う美人の娘と結婚して、ダルメシアンの子犬が沢山生まれる。ダルメシアンの毛皮で美しいコートを作ろうと考えているクルエラ・デ・ヴィルは、それを聞いて子犬を譲り受けたいと申し出るが、ロジャーに断られてしまう。そこでデ・ヴィルは子犬たちを誘拐してしまう。子犬を奪われ

た犬のボンゴとその妻は、ロンドン中の犬の力を借りて子犬たちの居所を突き止めて、捕らえられていたほかのダルメシアン犬も一緒に助け出す。救出された子犬は何と99匹もいたのだった。

楽曲はメル・リーヴンが書いているが、これまでのディズニー作品と比べると音楽の比率は低くなっている。また、前作「眠れる森の美女」Sleeping Beauty (1959) では、制作費がかかり過ぎたとの反省もあり、この作品は安く上げるため、35mmのスタンダード版で制作して、公開時にヴィスタ版に焼いて公開した。再公開時にはオリジナルのスタンダード版も公開されている。クライド・ジェロニミほかの監督によるカラー作品。

美しい犬の毛皮でコートを作ろうとするクルエラ・デ・ヴィルという魅力的な悪役がこの映画で誕生して、後に「101」101 Dalmatians (1996) として実写版でリメイクされたが、その時にはグレン・クロースがこのクルエラを演じた。

王さまの剣　The Sword in the Stone (1963) は、英国人ならば誰でも知っているアーサー王伝説のアニメ化で、T・H・ホワイトの「石に刺さった剣」The Sword in the Stone (1938) に基づいている。これはホワイトの書いたアーサー王伝説「過去と未来の王」The Once and Future King (1958) を構成する4編の物語のうちの最初の物語で、主にアーサー王の少年時代から王になるまでを描いている。

その後の話として、「風と闇の王妃」The Queen of Air and Darkness (1939)、「災難を呼ぶ騎士」The Ill-Made Knight (1940)、「風前の灯」The Candle in the Wind (1958) と3編が続き、ジェネヴィエーヴ姫との結婚、円卓の騎士の召集、ランスロットの登場と彼との戦いなどの話となるが、そちらはブロードウェイで「キャメロット」Camelot (1960) としてミュージカル化されて、映画版 (1967) も作られた。

こちらのアニメ作品は、石に刺さった剣を抜いた者がブリタニア王となるという最初の部分で、剣を偶然に抜いた少年ワートは魔法使いマーリンらの教育を受けて立派な王となる。楽曲はシャーマン兄弟が担当。ウォルフガング・ライザーマン監督で、カラー、スタンダード版。

ジャングル・ブック　The Jungle Book (1967) は、ラドヤード・キプリングの同名小説 (1894) のアニメ化。ジャングルで置き去りにされた人間の赤ん坊が、モーグリと名づけられてオオカミによって育てられるが、10歳となり人食いトラにも狙われるので、人間の村へ戻すことになる。ところがモーグリはジャングルが好きで帰りたがらない。村へ行く途中でサルに捕らえられて逃げ出し、人食いトラを火で追い払うことに成功したモーグリは、村へ戻る必要もなくなるが、水を汲みに来た美しい人間の娘に一目惚れして、人間の村へ戻る決心をする。

楽曲は主にシャーマン兄弟が担当、音楽的に充実した作品となっている。この映画の公開の前年にウォルト・ディズニーが亡くなったために、ウォルトが全般的に監修したのは、この作品が最後となった。この後もディズニー・プロはウォルトの遺志を引き継いで作品を作り続けるが、時代とともに作風は変化する。ウォルフガング・ライザーマン監督で、カラー、スタンダード版。

実写作品

チャイコフスキー物語　The Peter Tchaikovsky Story (1960) は、アメリカのテレビで1959年に放映された作品の再編集版。若き日のチャイコフスキーが「白鳥の湖」のバレエ音楽を作曲するまでの成長を描く。チャールズ・バートン監督で、カラー、スタンダード版。

ポリアンナ　Pollyanna (1960) は、エレノア・ホグマン・ポーターの同名小説 (1913) の映画化で、すべて実写の作品。人気の小説なので、古くは無声時代にもメアリー・ピックフォードが「青春の夢」Pollyanna (1920) として映画化しているほか、多くのリメイクが作られている。

両親に先立たれて孤児となった、天真爛漫な少女ヘイリー・ミルズ（ポリアンナ役）は、叔母の家に引き取られるが、叔母の家は昔からの名門で格式の高い家だった。しかし、ヘ

イリー・ミルズはそんなことにはお構いなく、明るく陽気に町の人と付き合った。ある日、バザーで遅くなったヘイリーは、木に登って窓から家に入ろうとして脚を折ってしまうが、寝たきりになった彼女を町の人々は励ましに来て、手術を受けに大病院へ向かわせるのだった。

楽曲はヘイゼル・ジョージ。ヘイリー・ミルズはディズニーで6本の作品を作ったが、その中で最初の作品。アドルフ・マンジュはこの作品が最後の映画出演作となっている。デイヴィッド・スウィフト監督で、カラー、ヴィスタ版。

おもちゃの王国　Babes in Toyland (1961)は、ヴィクター・ハーバートの同名オペレッタ(1903)の実写映画版。スタン・ローレルとオリヴァー・ハーディのコンビも「玩具の国」Babes in Toyland (1934)として映画化しているので、この作品は2度目の映画化。話はオリジナルとは少し変えているが、大筋は同じ。

村の青年トミー・サンズは、美しいアネット・フニチェッロとの結婚が決まるが、魔法使いのレイ・ボルジャーが横恋慕して邪魔をする。先ずは、トミーを海に投げ込み、アネットが大事にしていた羊を盗んでしまう。アネットが諦めてレイと結婚しようかと考えていたところに、トミーが戻ってくる。トミーとアネットは、盗まれた羊を追っておもちゃの国に迷い込み、おもちゃ作りのエド・ウィンを手伝いながら、レイを退治し、最後には結ばれる。

脇役にミュージカル役者のレイ・ボルジャーを配して、監督には振付家として有名なジャック・ドナヒューを起用したが、興行的には失敗した。そのため、ディズニーのミュージカル映画作りはしばらく模索の時期が続き、「メリー・ポピンズ」Mary Poppins (1964)でやっと花開く。MGMでも、アニメ版の「おもちゃの国を救え！」Babes in Toyland (1997)が作られたが、これはヴィクター・ハーバートの主題歌を使っただけで本格的なミュージカルではない。カラー、ヴィスタ版の作品。

青きドナウ　Almost Angels (1962) は、ウィーン少年合唱団を題材にした話。日本では、英国公開版と同じBorn to Singという題名で公開された。

ヴィンセント・ウィンター少年は、厳しいテストを通過して、憧れのウィーン少年合唱団に入る。彼の美しい声に気付いた教師は、彼をソプラノの独唱者として育てようとする。今までそのパートを担当していたショーン・スカリーは、そろそろ声変わりの時期だったので、代わりを必要としていたのだ。ショーンは自分のパートを取られるのを恐れて、ヴィンセントを閉じ込めてしまうが、それはかえって二人の友情を深めることになる。合唱団が海外公演に向かう時に、ショーンの声は出なくなっていたが、海外公演に連れて行こうとヴィンセントは陰で歌ったりする。その様子を見た先生は、ショーンを副指揮者として公演に同行させるのだった。

ウォルト・ディズニーが、実際に合唱団の公演を聞いて映画化を思い立ち、1年近く調査をしてウィーン・ロケをしたという。演奏はウィーン交響楽団が担当。ヨハン・シュトラウスの曲を中心に、ドイツの曲が使われている。ウィーン少年合唱団を題材とした映画は、ドイツでも「野ばら」Der Schönste Tag Weines Lebens (1957)などが作られている。カラー、ヴィスタ版のスティーヴ・プレヴィン監督作品。

夏の魔術　Summer Magic (1963)は、子供向けの小説を多く書いたケイト・ダグラス・ウィギンの小説「ケアリー母さんの鶏」Mother Carey's Chickens (1911)の映画化。この小説は「娘の三角関係」Mother Carey's Chickens (1938)として、ルビー・キーラーとアン・シャーリーで映画化されたので、この作品は2度目の映画化。

20世紀初頭のメイン州の田舎町。夏休みに気に入った家を見つけた娘ヘイリー・ミルズは、町の郵便局長に問い合わせ、格安で借りて、一家で引っ越して来る。郵便局長から借りたのだが、本当の持ち主は別にいたので話が混乱してしまう。両親に先立たれた従妹のデボラ・ウォーリーも加わり、土地のハンサムな先生を二人で取り合ったりするが、最後にはデボラと先生、ヘイリーと家の持ち主の青年というカップルが出来上がる。

「罠にかかったパパとママ」The Parent

Trap (1961)でヒット曲を書いたシャーマン兄弟が曲を書いていて、「メリー・ポピンズ」Mary Poppins (1964)での大ブレイクを予感させる作品となっている。ジェイムス・ニールソン監督のカラー、ヴィスタ版。

ウィーンの森の物語 The Waltz King (1963) は、アメリカではテレビ向けだったが、それ以外の国では劇場用映画として公開されている。ウィーンを舞台としている点では「青きドナウ」Almost Angels (1962)に続くものだが、シュトラウスを描くという点では、ドイツ、アメリカなどで昔から多くの映画が作られていて、人気のある題材。有名なものとしては、ジュリアン・デュヴィヴィエ監督の「グレート・ワルツ」The Great Waltz (1938)や、「美しく青きドナウ」The Great Waltz (1972)などがある。

ウィーンのワルツ王といわれたブライアン・エイハーン（ヨハン・シュトラウス父役）には二人の息子がいて、二人とも音楽好きだったが、父親は音楽家になることに反対していた。しかし兄のカーウィン・マシューズ（ヨハン子役）はオペラ歌手センタ・バーガーの支援と励ましで、自分のオーケストラを作り、自作の『ウィーンの森の物語』で成功して、父の書いた『ラデツキー行進曲』でも好評を得る。次に彼の取り組んだのはオペレッタの作曲で、センタ・バーガーを主演とした「こうもり」は大成功を収めるのだった。スティーヴ・プレヴァン監督のカラー作品。テレビ向きなのでスタンダード版。

バレリーナ物語 Ballerina (1966)は、デンマーク王立バレエ団に題材を取った作品。これもアメリカのテレビ向けに制作された作品だが、再編集されて劇場公開された。

デンマークの王立バレエ団の付属学校に通う娘メッテ・フニンゲンは、才能はあるがバレエの道へ進むのを母親に反対されて、成績が振るわなかった。卒業試験でも良い成績を残せなかったが、バレエ団のプリマであるクリステン・シモーネは、彼女に目をかけて監督を説得し、「白鳥の湖」を踊らせる。それでも母親は反対するので、メッテは元気がなかったが、次の「コッペリア」でも見事な踊りを見せ、バレエの道へ進む自信を得る。ノーマン・キャムベル監督の、カラー、スタンダード版作品。

最高にしあわせ The Happiest Millionaire (1967)は、カイル・クリクトンの同名喜劇 (1956)の映画化で、この舞台作品は、コーデリア・ビドルとクリクトンが共同で書いた小説「フィラデルフィアのわが父」My Philadelphia Father (1955)に基づいている。この小説は実在したコーデリアの父親の話で、映画にも描かれたようにエキセントリックな人物だったという。「メリー・ポピンズ」Mary Poppins (1964)が大ヒットしたので、その路線上の作品で、ジュリー・アンドルーズのように清潔感溢れるレスリー・アン・ウォーレンを主演に起用している。

第一次世界大戦頃のアメリカ。フィラデルフィアの旧家の令嬢レスリー・アン・ウォーレンは、お嬢様育ちで男性との付き合い方も知らないが、そんな彼女を気に入ったのが、タバコ会社の御曹司ジョン・デイヴィッドソンだ。二人は意気投合するが、レスリーの父親のフレッド・マクマレイは一風変わった人物なので、ジョンを気に入るかどうかわからない。それでも、ジョンとフレッドは、一緒にボクシングや柔道をするうちに意気投合する。難関はジョンの母親のほうで、レスリーが気に入らない。結局、仲の悪い両親たちを尻目に、二人は勝手に結婚をすることにするのだった。

フレッド・マクマレイ家の執事役で英国の人気スターだったトミー・スティールが出演している。作曲は「メリー・ポピンズ」に引き続き、シャーマン兄弟が担当している。古い時代に合わせた音楽で、ミュージカルとしてはディズニー作品の中でもトップ・クラス。オリジナルの上演時間は序曲などを含めて3時間弱で、ディズニー映画としては一番長いが、上映されるたびに短く編集されたために、一番短いものは2時間程度の版もある。実写作品としてはウォルトが直接関与した最後の作品。ノーマン・トカー監督のカラー、ヴィスタ版作品。

ファミリー・バンド The One and Only, Genuine, Original Family Band (1968)は、実話に基づく家族楽団の話で、ローラ・バウアー・ヴァン・ナイスが書いた自伝「ファミリー・バンド、ミズーリからブラック・ヒル

ズまで」The Family Band, From the Missouri to the Black Hills, 1881-1900 (1961) の映画化。

19世紀末のアメリカはネブラスカ州。田舎の町に住む一家は、父親バディ・エブセンと母親の下に、レスリー・アン・ウォーレンの長女を筆頭とする8人兄弟がいて、祖父のウォルター・ブレナンも加わり、一家11人で家族楽団を作っていた。レスリーはダコタに住むペン・フレンドのジョン・デイヴィッドソンが訪ねて来ることとなり、落ち着かない。果たして姿を現したジョンはハンサムな好青年で、レスリーは夢中になってしまうが、ジョンにダコタへの移住を強く勧められて、一家はジョンの住む町へ引っ越していく。折から23代大統領選挙が始まり、レスリーの祖父ウォルターは、大の民主党員だったため、家族楽団で応援歌を演奏して宣伝に努める。ところが、ダコタの町には共和党支持者が多く、ジョンも共和党を応援する新聞を出していたので、一家との関係に緊張が走る。結局、共和党が勝ち祖父のウォルターはがっかりするが、孫娘のレスリーとジョンが仲直りするのを見て喜び、家族楽団の演奏は続くのだった。

「最高にしあわせ」(1967) に続き、シャーマン兄弟が楽曲を書いている。ヒュー・ランバートが振付を担当していて優れたナンバーを残している。後にコメディエンヌとして有名になるゴールディ・ホーンのデビュー作で、台詞はないが顔を見せている。マイケル・オハーリヒー監督のカラー、スタンダード版作品。

ベッドかざりとほうき Bedknobs and Broomsticks (1971) は、メアリー・ノートンの小説 Bed-Knob and Broomstick (1957) の映画化。アニメと実写を合成した作品で、「メリー・ポピンズ」Mary Poppins (1964) に近い技術が使われている。

第二次世界大戦中の英国。戦争孤児となった3人の兄弟は、田舎町のオールド・ミスであるアンジェラ・ランズベリーの家に預けられる。少し取り付き難いと感じさせるアンジェラだったが、実はドイツ軍を撃退しようと、通信教育で魔法を習っている新米の魔女だったので、兄弟たちもびっくりする。ところが突然に魔法学校の閉校の知らせが来るので、アンジェラと子供たちは、魔法でベッドを飛ばしてロンドンの学校へと向かう。通信教育をやっていたのはインチキ手品師の男で、魔法のネタ本が途中で破れているために、やむなく閉校するという。アンジェラが本の続きを探して、古本屋を回ると、彼女の求める呪文は、動物界の王がペンダントに彫り込んで持っていることがわかり、動物が支配するというアニメ世界のナブンブ島までベッドで飛んで行き、物に命を吹き込んで自由に動かせる呪文を手に入れる。そうして田舎町に戻ると、ドイツ軍が密かに上陸してくるので、博物館の鎧や兜に呪文をかけて大軍団を作り、ほうきに乗って空を飛びながら指揮してドイツ軍を撃退するのだった。

「メリー・ポピンズ」(1964) 路線の最後の作品で、シャーマン兄弟の楽曲。今回はいかにも英国的なムードを持ったアンジェラ・ランズベリーを主役に据えている。ロバート・スティーヴンスン監督のカラー、スタンダード版作品。

第 6 章

1970 年代：ロックの時代

第6章　1970年代：ロックの時代

1　ヴェトナム戦争とロック音楽

ヴェトナムからの撤退

　1960年代は公民権運動によって人種差別撤廃が叫ばれて、ヴェトナム戦争の反対運動や大学紛争が世界中で巻き起こった。また、性革命の波が北欧から押し寄せて、ヒッピーの登場やロック音楽の台頭など大きな社会変化が起こり、既存の権威は否定されて、新しい価値観を求める動きが広がった。

　1970年代はそうした中で始まる。1971年のドル・金の交換を停止したニクソン・ショックにより、世界経済は大きな変化が生じ、1972年にアメリカは中国との国交を回復、1973年にヴェトナムから撤退した。そうした決断を行ったニクソン大統領は、前代未聞のウォーター・ゲイト事件により1974年に辞任に追い込まれてしまう。アメリカは、そうした中で1976年に建国200年を迎えて、過去を振り返り懐かしむ声も出てきた。

対抗文化とロック音楽

　音楽の分野でも既存の権威を否定するようなロック音楽の全盛期となり、それまでの主流だったポップスやジャズは片隅へ追いやられてしまう。音楽活動に大きな影響を与えたのは、1960年代に開発されて1970年代に普及したコンパクト・カセット・テープだろう。

　安価な録音・再生手段を手に入れた人々は、自分たちで音楽を作り始め、多様な個人的音楽が発生した。また、経済的に貧しい開発途上の国々でも、自分たちの音楽を容易に発信できるようになった。音楽の聞き手のほうも、ウォークマンなどの開発により、個人的に音楽を聞く習慣が出来て、皆で同じ音楽を聞くという文化は衰退し始める。

　映画の世界でも、ヘイズ・コードの撤廃により、それまではあり得なかった、大胆な映像表現が行われるようになった。音楽の世界で一般的になった個人表現のような映画も多く作られて、ヴェトナム戦争で傷ついた精神の荒廃や、激変する社会の中での、人々の不安、孤独、愛を求めてさまよう世界を描く映画が増えた。

　ロック音楽は、映画作品の中では、まずバック・グラウンド音楽として使用が進んだ。その代表的な作品は、「イージー・ライダー」Easy Rider (1969)や「いちご白書」The Strawberry Statement (1970)であるが、その音楽的な主張が強過ぎるためか、ミュージカルや従来の音楽映画のジャンルにはなかなか入り込めなかった。しかし、ヒッピーたちの新しい動きと結びつき、「ウッドストック」Woodstock (1970)では、ロック・コンサートの記録映画というジャンルを確立して、1970年代の道筋を付けた。

　ミュージカル映画の世界では、ロック・コンサート系の作品のほかに、舞台作品の映画化が続いたが、1960年代のヒット作品の映画化は、1970年代の感性とズレが生じること、1970年代になるとブロードウェイもスランプとなったことなどにより、ヒットには繋がりにくかった。映画オリジナルの作品では、「メリー・ポピンズ」Mary Poppins (1964)以降の子供向け作品の流れは残ったが、新しい動きは現れなかった。

2　舞台作品の映画化

バーブラとライザ

　1960年代に一大ブームを巻き起こしたジュリー・アンドルーズであったが、映画オリジナルの「暁の出撃」Darling Lili (1970)が失敗に終わったために、その後はミュージカル映画から遠ざかってしまう。そのため、1970年代に、かろうじて一枚看板のスターとしてミュージカル界に存在し得たのは、バーブラ・ストライザンドとライザ・ミネリの二人だけだった。

　バーブラ・ストライザンドは自分自身の舞

台作品を映画化した「晴れた日に永遠が見える」On a Clear Day You Can See Forever (1970) に出た後、「ファニー・ガール」Funny Girl (1968) の続編である映画オリジナルの「ファニー・レディ」Funny Lady (1975) に出演、その後にジュディ・ガーランドの名作をロック音楽でリメイクした「スター誕生」A Star Is Born (1976) を作るが、いずれもミュージカルとしては低調だった。

ライザ・ミネリは、1930年代から40年代のMGM映画で活躍したジュディ・ガーランドの娘として登場したが、瞬く間に独り立ちして大スターとなった。舞台作品の映画版である「キャバレー」Cabaret (1972) では、ボブ・フォッシーがライザに合わせて、基の舞台とは違った映画を作り成功を収めた。ライザはその後、「ラッキー・レディ」Lucky Lady (1975) や、「ニューヨーク・ニューヨーク」New York, New York (1977) といった、映画オリジナルのミュージカルに出演しているが、だんだんとドラマ色の強い作品が増えてくる。

屋外ロケの多用

1970年代の前半に作られた舞台作品の映画版には、「屋根の上のバイオリン弾き」Fiddler on the Roof (1971)、「ラ・マンチャの男」Man of La Mancha (1972)、「ジーザス・クライスト・スーパースター」Jesus Christ Superstar (1973)、「メイム」Mame (1974) などがある。

「屋根の上のバイオリン弾き」と「ジーザス・クライスト・スーパースター」の2本は、時代はまったく異なるが、ユダヤ人の世界を描いた話で、両方ともノーマン・ジョイスンが監督した。この2本は、物語の背景のためもあるが、屋外ロケを中心に作られていて、基の舞台の台本には比較的忠実であるが、密度の濃い空間が作れずに拡散してしまい、舞台版とはニュアンスの異なった作品となった。

こうした屋外ロケを多用したミュージカル作りは、1960年代の初めから始まったもので、1970年代に入ってもこの流れは継続していた。だから昔の作品を引っ張り出してきて70mmで映画化した「ソング・オブ・ノルウェー」Song of Norway (1970) や、アーサー・ヒラーが監督した「ラ・マンチャの男」(1972) も、ロケ部分が多く舞台空間との違いに戸惑いが感じられる。こうした映画の作り方は、「マタイ福音書」の世界をニュー・ヨークのヒッピーたちに置き換えて描いた「ゴッドスペル」Godspell (1973) でさえ脱し切れていない。

舞台の実写的な作品

これに対して、まったく異なったアプローチを見せたのが、英国でケン・ラッセル監督が作った「ボーイフレンド」The Boy Friend (1971) だ。この作品では物語の中で歌うことの不自然さを、劇中劇の形で、舞台の実写作品のように撮ることで解決している。作り物のセット空間では許される不自然さも、大自然の中ではいっそう不自然に見えてしまうために、逆に舞台らしさを残して、不自然さを解消しているのだ。原作の舞台作品は、英国で1950年代に上演されて、背景を1920年代に置いたが、映画版ではトーキー初期の1930年代の映画のパロディに置き換えて成功している。

このように完全に舞台風に作られた作品には、舞台のキャストをそのまま使って撮影された歴史劇の「1776年」1776 (1972)*や、昔のSFとホラー映画の世界をロック・ミュージカル化した「ロッキー・ホラー・ショー」Rocky Horror Picture Show (1975) があり、この作品は一部の熱狂的な支持者によりカルト・ミュージカルの元祖となった。

もうひとつ、舞台で演出したハロルド・プリンスがそのまま監督した映画版「リトル・ナイト・ミュージック」A Little Night Music (1977)*も、冒頭場面では劇場の舞台を実写するところから始まり、最後にも舞台に戻って終わるという演出だった。舞台を実写的に撮ってしまうという撮影方法は、スウェーデンの映画監督イングマル・ベルイマンのテレビ用映画「魔笛」Trollflöjten (1975) でも全面的に採用されて、市民権を得た。

ロック音楽の使用

「オズの魔法使」を舞台で黒人ロック・ミュージカル化した「ウィズ」The Wiz (1975) は、舞台の特徴を生かした大胆な演出により高い評価を得たが、映画版の「ウィズ」The Wiz (1978) は、黒人スター総出演で作ったものの、

主演のダイアナ・ロスが少女というには成長し過ぎていたことと、ニュー・ヨークの街でのロケを多用したことから、舞台の面白さを再現することに失敗してしまった。

「ヘアー」Hair (1979) も、舞台版は1967年の初演で、ロック音楽を全面的に取り入れ、ヒッピーたちの平和を求める反戦活動を、体制派の本拠ブロードウェイの舞台で見せたエポック・メイキングな作品だったが、13年の年月を経て、時代の雰囲気がまったく変わってからの映画化では、チェコから亡命してきたミロス・フォアマン監督の手にも余るテーマだった。

むしろ、新しい波は1950年代の風俗やロックンロール音楽を取り入れた、「グリース」Grease (1978) によってもたらされた。等身大の日常的なテーマを扱い、パトリシア・バーチの若々しい振付で踊る若者たちの姿は、悩みを抱えていたこの時代に、新しいヒーロー像ジョン・トラヴォルタを送り出した。

ソング・オブ・ノルウェー　Song of Norway (1970) は、ノルウェーの作曲家エドヴァルド・グリーグの伝記作品で、ロバート・ライトとジョージ・フォレストの同名ヒット舞台作品 (1944) の映画化。舞台版とは話の内容も音楽も、かなり変わっている。音楽はグリーグの音楽からメロディを借用してライトとフォレストが編曲している。

1860年頃のノルウェー。若きトラルフ・モースタット（グリーグ役）はピアノの名手だったが、家が貧しいために、ローマでの勉強を希望していたものの、なかなか望みは叶わなかった。そうした折に、ある音楽祭で富豪の娘クリスティーナ・ショリンと知り合う。トラルフの才能を認めた彼女は、父の開く音楽会に彼を招待するが、父親は音楽家との交際を認めず、貴族との婚約を求めた。何とかトラルフをデビューさせたいクリスティーナは、彼の独奏会を開くことと引き換えに貴族と婚約をする。独奏会は成功して、高い評価を受けた彼は、コペンハーゲンに出て勉強を続けるが、そこで故郷の美しい娘フローレンス・ヘンダスンと出会い、恋におち結婚する。一方、クリスティーナも、父親が亡くなったので、貴族との婚約を破棄して、トラルフを大々的に援助するようになる。彼はやがてフランツ・リストに認められ、ローマに出て勉強を進めるが、妻のフローレンスは故郷に戻り、逆にクリスティーナがローマにやって来て彼と親密さを増していく。しかし、故郷の妻が大変な苦労を重ねて自分を支えてくれていることを知った彼は、クリスティーナに別れを告げて、故郷のフローレンスの下へ戻っていくのだった。

1970年代初期の大型ミュージカル映画ブームに乗って作られた70mm映画で、放送系のアメリカン・ブロードキャスト・カンパニー (ABC) の制作。映画向きに改変して監督を担当したのはアンドルー・L・ストーンで、大作として力を入れて取り組んだ割には平凡な出来に終わった。

屋根の上のバイオリン弾き　Fiddler on the Roof (1971) は、ジェリー・ボックとシェルドン・ハーニックの同名舞台作品 (1964) の映画化。舞台作品はそれまでのブロードウェイのロングラン記録を塗り替えた大ヒット作で、物語と歌の結合度の高い傑作なので、映画化にあたっても改変は難しく、舞台に忠実な映画化となっている。舞台作品はショロム・アレイヘムの短編小説「牛乳屋のテヴィエ」Tevye der milkhiker (1894) やそのシリーズの短編、及びそれを舞台劇化した作品 (1917) を下敷きにしている。イディッシュ語で書かれた作品だが早くから英語にも翻訳されていたようだ。

映画の世界でも、無声時代には「壊れた障壁」Broken Barriers (1919)*、トーキー時代に入ってからも「テヴィエ」Tevye (1939)* として映画化されている。いずれの作品も日本未公開で、「壊れた障壁」(1919) は、同じ原題のノーマ・シアラー主演の「輝やく一路」Broken Barriers (1924) とは別作品。

ミュージカルの題名「屋根の上のバイオリン弾き」の意味するところは、ヴァイオリン弾きというのが「伝統」を意味しており、屋根の上に乗っているために不安定で、今にも転げ落ちそうな状態を表している。

革命前のロシアの寒村。ユダヤ人の村民たちは、古くからのしきたりの世界の中で生活している。村の牛乳屋トポル（テヴィエ役）夫婦には5人の娘がいるが、目下の悩みは年頃になった娘たちの結婚相手だ。仲人役の村

の婆さんは、長女に年寄りだが金持ちの肉屋との結婚話を持ってくるが、長女は貧乏な仕立屋と愛し合っていて、肉屋との結婚に乗り気でない。金持ちにこだわる妻をごまかして、トポルは何とか仕立屋との結婚を認めてやる。二人の結婚式のお祝いの日に、ロシア人たちがやって来て、ユダヤ人の立ち退きを命令する。そうした中で、次女は革命を目指そうとする貧乏学生と愛を語る仲となり、三女はロシア人の若者と一緒になると言い出す。貧乏学生は逮捕されてシベリア送りとなり、次女は彼を追ってシベリアへと向かう。残されたまだ小さな四女と五女を連れて、一家は寂しく村を去るのだった。

ブロードウェイでのテヴィエ役はゼロ・モステルが演じたが、映画版にはロンドンで演じたトポルが出演した。音楽はユダヤ的なムードを残しつつも、普遍的な美しさを持っていて成功している。

舞台美術は、ロシアのユダヤ系の寒村をシャガール風に表現していたが、映画版では写実的に違和感のない風景をロケしている。ミュージカル映画作品としては、ひとつのスタイルを示した古典的な傑作。ノーマン・ジュイスン監督。カラー、シネスコ版、ステレオ作品。ユナイト配給。

ボーイフレンド　The Boy Friend (1971) は、サンディ・ウィルソン作曲の英国製の舞台作品 (1953) の映画版。ブロードウェイでも1954年に上演されてヒットしている。ロンドンのウェスト・エンドとブロードウェイで主演したのは若き日のジュリー・アンドルーズで、この作品がジュリーのアメリカ・デビューとなった。

英国の田舎町の寂れた劇場では、ミュージカル「ボーイフレンド」が上演されようとしているが、主演女優が怪我をしたために、舞台監督助手をやっていたトゥイギーが代役を務めることとなる。ところが、客席に有名なアメリカの映画監督がいるというので、コーラス・ガールも含めて全員が大張りきりとなって舞台の幕が開く。上演される芝居は、1920年代のリヴィエラが舞台。花嫁学校にいる資産家の娘トゥイギーに、舞踏会用の衣装を、ベル・ボーイのクリストファー・ゲイブルが届けに来る。二人は良いムードになるが、実はクリストファーも金持ちの御曹司だった。そこへトゥイギーの父親が現れるが、花嫁学校の女校長モイラ・フレイザーは、彼の昔の恋人だったことが判明。最後には、トゥイギーとクリストファー、父親と女校長という二組のカップルが出来て、ハッピーエンドとなる。劇中の芝居が終わると、タップのうまいトミー・テューンが、映画監督が長年探し求めていた息子だったということが判明する。

舞台作品はもともと1920年代のノスタルジックなムードを売りにしたのだが、そのままではちょっと映画にしにくいと感じたケン・ラッセル監督は、現代の場末の劇場で演じられるミュージカルを見せるという形で、見事に舞台のムードを残した。おまけに、舞台における1920年代へのオマージュは、1930年代のバスビー・バークレイ映画へのオマージュに置き換えるというアイディアで、ファンを唸らせた。

映画の中で俯瞰撮影によるカレイド・スコープ的な場面が出てくるのは、バークレイ作品のパロディであり、終盤の飛行機の上で踊る場面が展開されるのは、アステアとロジャースの初回作「空中レヴュー時代」Flying Down to Rio (1933) からアイディアを借用している。途中のギリシャ風の衣装で踊る場面は、イサドラ・ダンカンの踊りへのオマージュ。

どの場面もトニー・ウォルトンの美術が素晴らしい。特に舞台の各場面のセットの美しさには、目を見張るものがあり、ちょっとグロテスクともいえるほどの舞台照明で撮影するのは、やはりケン・ラッセルのセンスか。

ケン・ラッセル監督はミュージカル専門ではないが、1970年代前半には音楽映画を沢山撮っていて、「恋人たちの曲 悲愴」The Music Lovers (1970)、「マーラー」Mahler (1974)、「リストマニア」Lisztomania (1975)*のクラシック音楽家3部作の間に、この作品と「トミー」Tommy (1975) を作っている。

主演のトゥイギーは歌も踊りもご愛嬌といったところだが、脇役として背の高いダンサーのトミー・テューンが出て華を添えている。大プロデューサーだったアーサー・フリードが、現役時代に映画化権を押さえていたためMGMの制作。カラー、シネスコ版ステレオ作品。

第6章　1970年代：ロックの時代

キャバレー　Cabaret (1972) は、ジョン・カンダーとフレッド・エブの同名舞台作品 (1966) の映画化。物語はクリストファー・イシャーウッドの体験的な短編小説集「ベルリンにさようなら」Goodbye to Berlin (1939) と、それをジョン・ヴァン・ドゥルーテンが戯曲化した「私はカメラ」I Am a Camera (1951) に基づいている。この戯曲版はジュリー・ハリス主演で上演され、そのままハリスが演じて「嵐の中の青春」I Am a Camera (1955) として映画化もされている。

1930年代のベルリン。街ではナチスが勢力を増しつつあった。英国から来た若き作家マイケル・ヨークは、部屋を借りて、同じ家に下宿するキャバレーの歌手ライザ・ミネリと知り合う。ライザの紹介で、マイケルはいろいろな人に英語を教えるようになる。そのうちに金持ちの男爵ヘルムート・グリームと3人で遊び回るようになるが、ヘルムートはライザだけでなく、マイケルにも肉体関係を求めるのだった。ナチスの時代が押し寄せてきた時に、ヘルムートはアルゼンチンに移住し、マイケルはベルリンを去り、そしてライザは再びキャバレーで歌うのだった。

舞台版ではアメリカ人作家と英国娘の歌手の話だが、映画では英国人作家とアメリカ人歌手に置き換わっている。また舞台版にはないドイツ人男爵が登場して、代わりに下宿屋のユダヤ人の夫婦のエピソードがほとんどなくなっている。その結果、ナチスの台頭した時代的な背景よりも、ライザ・ミネリの個人的な生き様に焦点が当たる形となり、楽曲も大分入れ替わっている。

こうした変更は、舞台版がハロルド・プリンスの演出だったのに対して、映画版はボブ・フォッシーの演出になったことと、1972年というヴェトナム戦争末期の世相が反映された結果だと思われる。キャバレーのMC役を演じるジョエル・グレイは、舞台版と同じ役を演じているが、ライザ・ミネリとボブ・フォッシーの強烈な個性により、映画は舞台とはまったく違った仕上がりとなった。カラー、ヴィスタ版、ステレオ作品。

1776年　1776 (1972)* は、歴史教師だったというシャーマン・エドワーズが書いた同名舞台作品 (1969) の映画化。1776年というのはアメリカが独立した年で、独立宣言にまつわる話を題材としている。

1776年のアメリカでは、英国からの圧制に対して独立問題を協議するために、全米各地からの代表がフィラデルフィアに集まって大陸会議を開いていた。ウィリアム・ダニエルス (ジョン・アダムス役) は独立論をぶち上げるが、ほかの地域の代表たちは追随せずに、ハワード・ダ・シルヴァ (ベンジャミン・フランクリン役) の根回しにも拘わらず、独立決議は採択されずに、代わって独立宣言が作成されることとなる。宣言案の起草にはヴァージニア代表のケン・ハワード (トーマス・ジェファーソン役) が選ばれたので、彼は地元から若い妻を呼び寄せて、草案作りに没頭する。宣言案は内容をめぐって各地域の利害がぶつかり、調整は難航するが、最後には妥協が成立して7月4日に署名される。

アメリカの独立宣言は、学校でもよく教えられるので、原本を保管しているワシントンの国立公文書館は若い見学者が多いが、日本人にはなじみの薄い題材なので、映画は未公開に終わった。配役は舞台版とほぼ同じで、舞台版を演出したピーター・ハントが監督している。カラー、シネスコ版のコロムビア作品。当初公開版は2時間半弱だが、その後3時間弱のディレクターズ・カット版が作られた。

ラ・マンチャの男　Man of La Mancha (1972) は、ミッチ・リーの作曲による同名舞台作品 (1965) の映画化。この舞台作品は有名なミゲル・ド・セルヴァンテスの長編小説「ドン・キホーテ」Don Quixote (1605および1615) に基づいているが、直接的には小説をテレビ劇にしたデール・ワッサーマンの「我、ドン・キホーテ」I, Don Quixote (1959) を下敷きにしている。このテレビ作品は音楽劇ではないので、その芝居にミッチ・リーが音楽を付けてミュージカルとした。

スペイン黄金時代のラ・マンチャ地方。詩人のピーター・オトゥール (セルバンテス役) は、ドン・キホーテの物語で教会を侮辱したとして、宗教裁判にかけられることになる。裁判を待つ牢獄の中で、彼は牢名主の裁きを受けて、ドン・キホーテの話を物語る。本を読み過ぎた老人ピーター・オトゥール (ドン・キホーテ役) は、一昔前に姿を消した遍歴の

騎士となり、世の悪と戦う決心をして従者ジェイムス・ココ（サンチョ・パンサ役）を連れて旅に出る。風車を悪魔と取り違えて戦ったりしながら、片田舎の小さな宿に着くが、そこにいた料理女のソフィア・ローレンを、城に住む貴婦人ドルシネア姫と思い込み、自分の思い姫とする。最初は戸惑っていたソフィアも、次第に彼の影響を受けて自分の生き方を見直そうとする。一方、留守家族たちは老人ピーターを心配して、本当の姿を鏡に映して彼に見せ、正気に戻そうとする。鏡と向き合ったピーターは、気を失い元の老人となって寝込んでしまう。見舞いに来たソフィアの話を聞いて、遍歴の騎士を思い出すものの、その時には事切れてしまう。しかし、彼の思いはしっかりとソフィアの胸のうちに生きながらえる。そこで物語は終わるが、話を聞いた牢の囚人たちは一様に共感して、宗教裁判へ向かうピーターを勇気付けるのだった。

1960年代から70年代にかけてのアメリカの悩める時代に、「ありのままの事実」ではなく「あるべき真実」を求め、『見果てぬ夢』を見るドン・キホーテの姿は、社会全体から大きな支持を得た。監督はアーサー・ヒラーで、主演のピーター・オトゥールは歌えないため、サイモン・ギルバートの吹替。カラー、ヴィスタ版、ステレオ作品。

オー！カルカッタ！　Oh！Calcutta！(1972)*は、オフ・ブロードウェイで観光名物化して長く続演された小劇場のセックス・コント集で、全裸場面も出てくる性革命時代の象徴的な作品。舞台の実写として撮影されたビデオを基に映画化されて、一部の劇場で公開されたが、もちろん日本では未公開。ジャック・レヴィー監督のカラー、スタンダード・サイズ作品。

ジーザス・クライスト・スーパースター
Jesus Christ Superstar (1973) は、アンドルー・ロイド・ウェバーとティム・ライスの同名舞台作品 (1971) の映画化。新約聖書の「マタイ福音書」に沿った物語の展開となっている。この舞台作品の前には、ウェバーとライスのロック・オペラと称された2枚組みのLPレコード・アルバム (1970) が発表されており、これがコンサート形式で上演されて評判になったので、ブロードウェイでも上演された。

ウェバーは英国出身なので、彼の作品の初演はロンドンで行われることも多いが、イギリスではこの作品に宗教的な拒否感があったことから、上演はブロードウェイが先行。「マタイ福音書」の音楽版という点では、古くからあるヨハン・セバスティアン・バッハの「マタイ受難曲」(1727) とほとんど同じ題材だが、この作品ではキリストをより人間的に描き、ユダの立場にも一定の理解を示したために、宗教団体からの反撥が大きかった。

砂漠の中に若者たちを乗せたバスがやって来て、セットを組むところから物語は始まる。テッド・ニーリー演ずるナザレのイエスは、過ぎ越しの祭りに合わせて、ガリラヤからエルサレムへ乗り込もうとしていた。彼の奇跡を求めて押し寄せる人々への相手で、イエスは疲れきっていたが、そんな彼を理解して優しく接するのは、イヴォンヌ・エリマン演ずるマグダラのマリアだけだった。イエスの弟子の一人カール・アンダソン演じるユダは、高価な香油を使うマリアに批判的で、人々を助ける方法はほかにもあるのではないか、と疑問を持っていた。だから、ユダヤ教会の上層部がイエスを危険人物として捕らえようとした時に、ユダは密告してイエスの居場所を教えるが、その報酬として銀貨30枚を受け取ると、金のためにやったのかと悩み自殺してしまう。一方、捕らえられたイエスの扱いをめぐり、自ら手を汚したくないローマ帝国の総督は、ユダヤ人の中で決着をつけるように求めるが、結局は総督の判断となり、総督が民衆に扱いを委ねた結果、イエスは磔刑に決まりゴルゴダの丘で処刑されるのだった。

舞台版をそのまま映画にするのではなく、「ボーイフレンド」The Boy Friend (1971) と同じように、劇中劇の形で若者たちに演じさせることによって、キリストの時代をロック音楽に乗せて演じることの不自然さを解決している。監督は「屋根の上のバイオリン弾き」Fiddler on the Roof (1971) のノーマン・ジュイソンで、歌うことの不自然さを解消して見せはしたが、ミュージカルとしては必ずしも成功したとはいえない。

舞台版と異なりイスラエルの荒野で演じる映画版のスタイルは、日本の舞台にも大きな

第6章　1970年代：ロックの時代

影響を与えた。日本での舞台初演時には、花魁が登場するような日本化された演出であったが、映画版が日本で公開された後には、「エルサレム版」と称して砂漠の中で演じるような演出が日本の舞台にも登場した。映画はカラー、シネスコ版ステレオ作品で、ユニヴァーサル社制作。

ゴッドスペル　Godspell (1973) は、スティーヴン・シュウォルツの同名舞台作品 (1971) の映画化。「ジーザス・クライスト・スーパースター」(1973) と同じに「マタイ福音書」に基づいた作品だが、こちらの作品はキリストの生涯を綴るというよりも、福音書の中のいろいろなエピソードを語る中で、キリストの考え方を浮き彫りにする。背景は、現代ニュー・ヨークのヒッピーたちの話に置き換えられている。オフ・ブロードウェイの小品なので、お金をかけた作りではないが、もともとは「福音書」の研究から発した作品だけに、真面目な内容となっている。

　現代のニュー・ヨーク。橋を渡ってマンハッタン島に現れた洗礼者ヨハネは、ホーンを鳴らして若者たちを呼び集める。タクシー運転手、食堂のウェートレス、女優の卵など8人がセントラル・パークの噴水に集まり、ヨハネから洗礼を受ける。そこに現れたのがイエス＝キリストで、躊躇するヨハネに洗礼を求めるところから物語が始まる。共同生活を始めた10人の若者たちが、「マタイ福音書」からイエスのエピソードを演ずる。様々なエピソードが語られ、演じられる中で、若者たちはイエスの説く神の愛に触れて変わっていく。やがて最後の晩餐となり、ヨハネ役の若者が、今度はユダとなって裏切り、最後の晩餐を終えたキリストを捕らえて金網に張り付ける。若者たちはキリストを讃えて歌いながら街を行くのだった。

　「ジーザス・クライスト・スーパースター」とは異なり、「福音書」のエピソードを切り出して、現代に生きるイエス像を描こうとしている。スティーヴン・シュウォルツの音楽はどれも美しいが、『一日ごとに』Day by Dayがヒット・チャートに乗る大ヒットとなり、この作品も知られるようになった。ニュー・ヨークの名所巡りのようにあちこちの風景が映るが、2001年の9.11のテロで失われた世界貿易センター・ビルの屋上で踊る場面も出てくる。デイヴィッド・グリーン監督のカラー、スタンダード版、コロムビア作品。

メイム　Mame (1974) は、ジェリー・ハーマンの同名の舞台ヒット作 (1966) の映画化で、パトリック・デニスの自伝的な小説「メイム叔母さん」Auntie Mame: An Irreverent Escapade (1955) が下敷きとなっている。この小説は、ジェローム・ローレンスの脚色で舞台劇「メイム叔母さん」Auntie Mame (1956) となり、ロザリンド・ラッセルが演じた。この舞台はそのままロザリンド・ラッセルが演じて映画化 (1958) されている。

　ミュージカル版は「メイム」Mame (1966) と改題されて、アンジェラ・ランズベリーの主演でヒットした。映画化は、舞台の続演が1970年に終了した後に企画されたが、舞台で演じたアンジェラは、映画版ではルシル・ボールが主役となったので不満だったらしい。

　ルシルはテレビの仕事ばかりでミュージカルには出ていなかったため、歌えるかどうか心配されていたが、録音に電気的な処理を加えて何とか聞けるように細工し、吹替はしなかった。

　物語は1920年代の後半に始まる。身寄りを失った幼い少年は、ニュー・ヨークの資産家の叔母ルシル・ボール（メイム役）に引き取られるが、叔母さんの前向きで自由な生き方に驚いてしまう。しかし、1929年の経済恐慌によって叔母さんは財産を失い、いろいろな職業を経験するが、テキサスの億万長者ロバート・プレストンに見初められて結婚。それ以降は自由に世界中を旅して回るような生活を送る。そうした中でまたしても夫を事故で失うが、不幸な人々にも手を差し伸べつつ、あくまでもメイムは前向きに生きる。

　比較的舞台版に忠実な映画化であったが、ルシルはしばらくミュージカルから離れていたので、全体の出来は低調で、作者のジェリー・ハーマンも気に入らなかったらしい。ジーン・サックス監督で、カラー、シネスコ版。

ロッキー・ホラー・ショー　Rocky Horror Picture Show (1975) は、リチャード・オブライエンの英国製舞台作品「ロッキー・ホラー・ショー」Rocky Horror Show (1973) の映画化。映画版の題名にはPictureが付け加

えられている。ロンドンでヒットした後、ブロードウェイで上演されたのは1975年11月で、映画の公開は1975年8月（英国）、同年9月（アメリカ）だったので、アメリカでは舞台版よりも映画版のほうが少しだけ早かった。作者のリチャード・オブライエンは、舞台、映画ともに下男のリフ・ラフ（宇宙人）の役で出演している。

女の子の唇が大写しとなり、「SF映画2本立て」と歌う中で物語が始まる。若いカップルのバリー・ボストウィックとスーザン・サランドンの二人は結婚をして、恩師の博士ジョナサン・アダムスの家に挨拶に行こうと車で出発するが、途中の嵐で道を見失い、近くにあった不気味な古い城に助けを求める。城には奇怪な召使たちがいて、主人のティム・カーリーは、人造人間を作っている。最新の人造人間ピーター・ヒンウッド（ロッキー役）は立派な肉体で美しいが、失敗作のミートローフは醜悪で性格も悪い困り者だった。ティム・カーリーは迷い込んだ新婚の二人を誘惑して、二人とも犯してしまう。その間にも召使たちは勝手に振る舞うが、最後には二人が会いたがっていた博士が登場して、召使たちは宇宙人であったことが判明。城全体が宇宙船となって飛び去っていくのだった。

全編が1950年代のロックンロールとB級SF映画や怪奇映画のパロディで構成されており、映画ファンにとっては興味の尽きない作品で、カルト映画となった。城の主人のティム・カーリーは初演からのメンバー。ジム・シャーマン監督のカラー、ヴィスタ版のステレオ作品。フォックス社制作。

リトル・ナイト・ミュージック A Little Night Music (1977)*は、スティーヴン・ソンドハイムの同名の傑作舞台作品 (1973) の映画化。舞台版と同じハロルド・プリンスが監督している。この舞台作品は、スウェーデンのイングマル・ベルイマン監督の映画「夏の夜は三たび微笑む」Sommarnattens leende (1955) のミュージカル版で、背景はスウェーデンだが、ミュージカルの映画版では、オーストリアに背景が置き換えられた以外は、おおむね舞台に忠実に作られている。

19世紀末のオーストリア。中年の弁護士レン・カリオウには、先妻との間に出来た20歳の息子がいて、それよりも若い18歳の娘を後妻にとるものの、結婚後11か月たっても妻との間には何も関係がない。そうした折に、昔の恋人である女優エリザベス・テイラーが舞台公演で町に来たため、弁護士は逢いに行き一挙に昔の恋の炎が燃え上がる。ところが女優には現在の愛人である伯爵ローレンス・ギタードがいて、三角関係でもめることになる。週末に女優の招待した晩餐会があり、全員が鉢合わせすると、それまでの人間関係の矛盾が一挙に吹き出る。弁護士の幼妻は彼の息子と駆け落ちし、弁護士は伯爵と決闘の末に傷ついて、自分が本当に愛しているのは女優だと悟るのだった。

ミュージカル版の題名は、モーツァルトの「アイネ・クライネ・ナハト・ムジーク」の英語訳そのままで、日本語では「小夜曲」（セレナーデ）と呼ばれるもの。作品全体もセレナーデのムードを狙っていることを示している。一方、ベルイマン映画の原題は「夏の夜は微笑む」となっていて、若過ぎるカップル、愚かなカップル、経験し過ぎたカップルのために3回微笑むという台詞から、日本語題名には「三たび」が付け加えられた。

『道化を呼んで』Send in the Clownsという曲が、舞台版で大ヒットして、アメリカでは人気があった作品だが、残念ながら日本では公開されなかった。踊りはないものの、ソンドハイムの曲が優れていて、ミュージカル作品として最高傑作の1本に数えられる。監督のハロルド・プリンスは、舞台の人で映画のミュージカルはこれ1本しか撮っていない。カラー、ヴィスタ版。

グリース Grease (1978) は、ブロードウェイの同名ミュージカル作品 (1972) の映画版。比較的舞台版に忠実な映画化だが、曲は大幅にカットされている。題名のグリースというのは、当時流行ったリーゼント・ヘアーを固めるのに使う油を意味している。

1950年代のロックンロール時代のアメリカ。高校生でツッパリ・グループのリーダーであるジョン・トラヴォルタは、夏に避暑地でオリヴィア・ニュートン＝ジョンと出会い恋におちるが、夏の終わりとともに二人の恋も終わる。ところが、ジョンの在籍するライデル高校に、オリヴィアが転校してくるので、二

人の恋は再び燃え上がるものの、ツッパリ派のジョンは、仲間の前では清純派のオリヴィアに対して愛を語りにくい。全米の高校ダンス・コンテストの会場にライデル高校が選ばれた時に、オリヴィアは当然ジョンと一緒に踊ろうとするが、ツッパリ娘アネット・チャールズがジョンと組んで踊り、優勝してしまうので、二人の関係は冷えてしまう。しかし、最後にはオリヴィアもツッパリ・スタイルの革ジャンで現れて、ジョンの愛を取り戻すのだった。

前年の「サタデー・ナイト・フィーバー」Saturday Night Fever (1977) で人気の出たトラヴォルタと、既に大スターだったオリヴィア・ニュートン＝ジョンという顔合わせでヒットしたが、二人とも高校生を演じるのは年齢的に無理があったため、続編の「グリース2」Grease 2 (1982) が作られた時には全面的にキャストが変わっている。

舞台版の楽曲はジム・ジェイコブスとウォーレン・ケイシーのコンビだが、映画版では二人の曲を残しつつ、当時のヒット曲も沢山取り入れている。振付は舞台版に続いてパトリシア・バーチが担当していて、若々しい振付を見せている。この振付が映画版では一番の見ものだろう。

そのほかに、懐かしい役者が出ているのも見逃せない。ロックンロール歌手だったフランキー・アヴァロンが守護天使役、トーキー初期のバークレイ映画で活躍したジョーン・ブロンデルは食堂のウェートレス役、イヴ・アーデンが校長役、シド・シーザーがコーチ役で出ている。監督はランダル・クライザーで、カラー、シネスコ版のパラマウント作品。

ウィズ The Wiz (1978) は、チャーリー・スモールズの同名舞台作品 (1975) の映画化。舞台版はフランク・ボームの童話「オズの魔法使い」The Wonderful Wizard of Oz (1900) のミュージカル化。

舞台は、オール黒人キャストで、達者な子役ステファニー・ミルズと斬新な演出で評判を呼んだが、映画版ではモータウン・レコードが制作に入り、ダイアナ・ロスという立派な大人を主役として、物語の背景も現代ニュー・ヨークへ置き換えたために、内容的に別作品といって良いほど変わっている。ジュディ・ガーランドの名作「オズの魔法使」The Wizard of Oz (1939) とは、まったく違う作品。

現代ニュー・ヨークのハーレム。小学校教師ダイアナ・ロスは、決してハーレムから足を踏み出そうとしなかったが、愛犬のトトを追って吹雪の中を家の外に出ると、吹き飛ばされて遊園地の巨大な看板の上に落ち、東の悪い魔女を殺してしまったことを知る。知らない街ニュー・ヨークの中で、中年女性セルマ・カーペンターが現れ、魔女の靴をダイアナ・ロスに履かせて、家に帰る方法を教えることができるのは、魔法使いのウィズだけで、黄色い道をたどりエメラルド・シティへ行くように言う。ダイアナは黄色い道の途中で、案山子のマイケル・ジャクソン、ブリキ男のニプシー・ラッセル、ライオンのテッド・ロスと出会い、一緒にエメラルド・シティへと向かう。ウィズは、北の悪い魔女メイベル・キングを倒すように命ずるので、4人は力を合わせて魔女をやっける。戻ってみると、ウィズは力のある魔法使いではなく、単なる政治屋だったことがわかるが、4人はそれぞれ自分たちの欲しかったものを手に入れたことを知るのだった。

モータウンのスターが総出演した割には、面白みがまったくない作品となっている。というのも、舞台版はジェフリー・ホルダーの演出した独特の世界であったが、映画版ではシドニー・ルメットのような社会派監督が担当したために、娯楽性という点では中途半端な仕上がりとなったことが大きい。舞台版の演出はかなり様式的だったので、具体的に映像化するのは難しかったのだろう。

ニュー・ヨークが舞台となったため、エメラルド・シティの遠景は、パラマウント・ビルの姿を模していて、中に入ると、今は失われた世界貿易センター・ビルの前の広場のムードとなっている。

最後に出てくる良い魔女のグリンダは、往年の大スターだったレナ・ホーンが演じていて、年齢を感じさせない美しさだ。レナは出演時に60歳ぐらいだから驚異的ともいえるが、この役はジュディ・ガーランド版でもビリー・バークが55歳で演じているので、それを意識したのかも知れない。ユニヴァーサルとモータウンの制作で、カラー、ヴィスタ

版。

ヘアー Hair (1979) は、ゴルト・マクダーマトとジェローム・ラーニ、ジェイムス・ラドゥの同名舞台作品 (1967) の映画化。舞台版はブロードウェイで初めて本格的にロック音楽を取り入れた作品で、ヴェトナム戦争真っ只中の反戦的ムードの中で、ヒッピーなどの風俗を大胆に取り入れて成功した。一方の映画版は、ヴェトナム戦争終了後の、時代のムードがすっかり変わった後の映画化であり、話の内容もかなり変更せざるを得ず、さすがに素晴らしい音楽も時代の輝きを失った。

ヴェトナム戦争時代のアメリカ。田舎に住んでいたジョン・サヴェイジは、徴兵の通知を受けてワシントンに出頭する前の2日間をニュー・ヨーク見物にあてる。セントラル・パークで、トリート・ウィリアムスらのヒッピー・グループと一緒になったジョンは、公園を乗馬で通り過ぎた上流の娘ベヴァリー・ダンジェロに一目惚れする。それを知ったヒッピーたちは、ジョンと彼女を逢わせようとしてベヴァリーの社交界デビュー・パーティに入り込んで混乱させる。翌日の反戦集会でジョンはベヴァリーと再会し、二人の恋は燃え上がる。しかし、ジョンはワシントンの事務所に出頭して、ネヴァダ州の新兵訓練所へ送られて訓練を受けることになる。ジョンから手紙を受け取ったベヴァリーは、ヒッピーたちと一緒にネヴァダまで行くが、訓練中のジョンには面会もできない。一計を案じたトリートは、長い髪を切ってジョンの身代わりとなり、ジョンとベヴァリーを再会させる。ところがその間に部隊には出撃命令が下り、身代わりとなったトリートはヴェトナムで戦死してしまう。彼の墓の前で仲間たちは悲しみに暮れるが、世の中にも反戦の波は広がっていくのだった。

監督のミロス・フォアマンは、プラハの春 (1968) の後にチェコからアメリカに活動の拠点を移した監督で、もしかするとこのヴェトナム戦争の反戦劇の中に、1970年代末の東欧の閉塞感を重ね合わせて作ったのかも知れない。カラー、ヴィスタ版作品。

3 映画オリジナルの作品

お子様向けの作品

1970年代の映画オリジナルの作品は、ジュリー・アンドルーズの「暁の出撃」Darling Lili (1970)、バーブラ・ストライザンドの「ファニー・レディ」Funny Lady (1975) と「スター誕生」A Star Is Born (1976)、そして、ライザ・ミネリの「ラッキー・レディ」Lucky Lady (1975) と「ニューヨーク・ニューヨーク」New York, New York (1977) などのビッグ・スター出演作品を除いてみると、大半の作品が子供向け、家族向けの童話的な作品となってしまう。これは、「メリー・ポピンズ」の大ヒットに続く流れであると同時に、ヘイズ・コードの廃止に伴い、何でもありの状態となった映画の中で、せめてミュージカルぐらいは、家族で安心して鑑賞できるテーマを求めた結果なのだろう。

「オリバー！」のレスリー・ブリッカスが作曲をした英国製の「クリスマス・キャロル」Scrooge (1970) は、半ば子供向けの作品。同じくレスリー・ブリッカスの「夢のチョコレート工場」Willy Wonka and the Chocolate Factory (1971)* は、ロアルド・ダールの少し毒のある童話のミュージカル版。ディズニー製だが英国を舞台に魔法レッスンを取り入れた「ベッドかざりとほうき」Bedknobs and Broomsticks (1971) も同じ路線の作品だ。

フランコ・ゼフィレッリ監督の「ロミオとジュリエット」Romeo and Juliet (1968) で人気が出たオリヴィア・ハッセーの出演した、「失われた地平線」Lost Horizon (1973) は大人向けの作品だが、メルヘンの香りを漂わせていたし、「トム・ソーヤーの冒険」Tom Sawyer (1973) と「ハックルベリー・フィンの冒険」Huckleberry Finn (1974)* の描くのは、アメリカの冒険少年の世界そのものだった。

ミュージカルでは定評のあるスタンリー・

ドーネンが撮った、フランスのファンタジー小説のミュージカル版「星の王子さま」The Little Prince (1974)に続いて、子供だけで演じた英国製の「ダウンタウン物語」Bugsy Malone (1976)では、ジョディ・フォスターが凄い色気で観客を驚かせた。初の米ソ共同制作だが、両国の出演者がしっくり溶け合っていないメーテルリンクの童話「青い鳥」The Blue Bird (1976)なども作られている。

ロックと黒人音楽の浸透

音楽としてのロックは、世の中では全盛だったが、ミュージカルの世界ではなかなか取り入れられなかった。そうした中でも、リズムよりもメロディに重点を置き、歌詞もわかりやすい形で作られたロック作品が登場して、ミュージカルの中で定着し始める。こうしたロック音楽の導入は、舞台作品では1960年代から始まっていたが、映画では1970年代に入ってやっと本格化する。代表的な作品としては、「オペラ座の怪人」のパロディ版「ファントム・オブ・パラダイス」Phantom of the Paradise (1974)や、ザ・フーのアルバムを映画化した「Tommy トミー」Tommy (1975)がある。

公民権の獲得によって、1970年代に入り黒人の音楽や映画も市民権を持ち始めた中で、人気アーティストのダイアナ・ロスを主人公として、黒人の伝説的なジャズ歌手の伝記映画「ビリー・ホリデイ物語 奇妙な果実」Lady Sings the Blues (1972)も作られたが、こうした作品はそれほど増えなかった。

黒人音楽を専門に扱ったモータウン・レコードは、ディスコ音楽という新しいジャンルを生み出し、ディスコの女王ドナ・サマーを誕生させた。そうしたディスコの世界を描いた「イッツ・フライデー」Thank God, It's Friday (1978)も作られたが、ドナ・サマーの『ラスト・ダンス』だけしか見どころのない作品で、本格的なディスコ映画としてはジョン・トラヴォルタの「サタデー・ナイト・フィーバー」Saturday Night Fever (1977)のほうが面白く、この作品によって1980年代のダンス映画ブームが巻き起こった。

ノスタルジックな作品

そのほかの1970年代の映画オリジナルの作品としては、ノスタルジックなムードの映画を得意とするピーター・ボグダノヴィッチ監督の作った「やっとつかんだ愛」At Long Last Love (1975)*や、スタンリー・ドーネン監督がトーキー初期の拳闘映画とミュージカルの2本立てを再現した「ブルックリン物語」Movie Movie (1978)が作られた。

ベット・ミドラーが亡くなったばかりのジャニス・ジョプリンを演じた「ローズ」The Rose (1979)も評判を呼んだが、1970年代の最後を締めくくったのは、ボブ・フォッシーが自分自身を描いた「オール・ザット・ジャズ」All That Jazz (1979)が出色の出来で、フェリーニの「8 1/2」(1963)のように、自伝的な世界をミュージカル化して見せた。

しかし、1970年代のミュージカル映画で驚いたのは、何といってもMGMが創立50周年を記念して作った、ミュージカル映画のアンソロジー「ザッツ・エンターテインメント」That's Entertainment (1974)の登場だろう。MGMの全盛時代が1950年代で終わってしまってから、まだ10年と少ししかたっていなかったが、その間のアメリカ社会の大きな変化で、MGMミュージカルの楽しさを人々はすっかり忘れかけていた。この映画はトーキー初期から50年代末までのMGMの名作を、テーマごとに分類して次から次へと見せてくれた。

オールド・ファンにとっては懐かしい映画だったが、昔の作品を知らない若い世代には新鮮な驚きを提供した。特に日本の観客にとっては、日本で公開されなかった作品も含めて驚きの連続であり、昨日、現像所から届けられたような、保存状態の良い鮮明な映像に驚かされた。

この映画が大好評だったので、続編として「ザッツ・エンターテインメント PART 2」That's Entertainment, Part II (1976)だけでなく、MGMだけに限らずに踊りの名場面だけを集めた「ザッツ・ダンシング！」That's Dancing! (1984)や、MGMの70周年記念で作られた「ザッツ・エンターテインメント PART 3」That's Entertainment ! III (1994)が続い

た。

「ザッツ・エンターテインメント」に刺激されて、フォックス社はテレビ番組としてミュージカルの特集「思い出のフォックス・ミュージカル」Fred Astaire Salutes the Fox Musicals (1974) を放映した。ワーナーはやはり会社創立50周年を記念して映画音楽を集めたLPレコード3枚組みを発売して、それとほぼ同じ内容のアンソロジー映画も制作したが、試写だけで公開されずに終わっている。また、黒人の映画の名場面を集めた「これが黒人娯楽だ」That's Black Entertainment (1990)* も作られている。

クリスマス・キャロル Scrooge (1970) は、チャールズ・ディケンズの小説「クリスマス・キャロル」A Christmas Carol (1843) のミュージカル映画化。映画の原題は、主人公のけちな老人の名前で、この物語から転じて英語では「いつも不平不満を言っている守銭奴」という意味でも使われる。

19世紀半ばのロンドン。強欲でけちなために孤独な老人アルバート・フィニー（スクルージ役）は、たった一人の事務員デイヴィッド・コリングスを薄給でこき使っていた。クリスマス・イヴの日にも、普段どおりに仕事をさせてクリスマス休暇も1日しか与えなかった。アルバートが家に帰ると、亡くなった昔の共同経営者アレック・ギネスが現れて、クリスマス・イヴに過去、現在、未来と、3人の亡霊がやって来るが、お前を救えるのは未来の亡霊だけだと言い残して消える。夢かと思われたが、午前1時に過去の亡霊エディス・エヴァンスが現れ、彼に昔の青春時代の恋人との楽しかった思い出を見せる。2時になると現在の亡霊ケネス・モアが現れ、事務員一家のクリスマス風景を見せる。彼が酷使しているにも拘わらず、一家はアルバートのために祈り、彼の子供は重い病気で苦しんでいる。3時になると未来の亡霊パディ・ストーンが現れて、アルバートを事務所まで連れて行く。事務所の前には大勢の人が集まり、何かを祝うように喜んでいるので、アルバートも一緒に喜ぶが、それはアルバートの死を喜ぶ人々の姿だった。誰からも愛されていない自分の存在に気付いたアルバートは、クリスマス料理やプレゼントを買い、事務員の家庭を訪ねて、贈り物を与えて昇給を告げ、街の人々にも沢山のプレゼントを配るのだった。

英国製で、作曲を担当したのはレスリー・ブリッカス。未来の亡霊役のパディ・ストーンは、もともと振付家で、この映画の振付も担当している。1960–70年代には日本の宝塚で振付を行い、鴨川清作の名作「シャンゴ」(1967) の振付なども担当した。1986年に亡くなったので、映画版「ビクター／ビクトリア」(1982) の振付が最後の仕事となった。

「オリバー！」Oliver! (1968) が好評だったので、明確にその路線を狙った作品だが、大物俳優を集めた割にはミュージカルとしての出来は今ひとつだった。この作品は後に英国で舞台化もされ、「スクルージ：ミュージカル版」Scrooge: The Musical (1992) の題名で、アンソニー・ニューリーが主演した。ロナルド・ニーム監督のカラー、シネスコ版作品。

夢のチョコレート工場 Willy Wonka and the Chocolate Factory (1971)* は、ロアルド・ダールの児童書「チョコレート工場の秘密」Charlie and the Chocolate Factory (1964) のミュージカル映画版。

ジーン・ワイルダー（ウィリー・ウォンカ役）の経営する世界一大きい不思議なチョコレート工場で、工場見学に5組の親子を招くこととなり、その会社のキャンディの中に5枚の招待券が入れられる。4組の親子はキャンディを大量購入して券を手に入れた、鼻持ちならない金持ちの親子だったが、最後の1枚は貧乏一家で明るく暮らすピーター・オストラム（チャーリー少年役）が手に入れて工場に招かれる。不思議な工場の中で、4人の悪童たちは、ジーン・ワイルダーの定めた規定に反する行動をとり、チョコレートの中に落ちたりして消えてしまうが、最後に残ったピーターは、ワイルダーから工場を譲りたいと持ちかけられる。ピーターはワイルダーも家族の一員になってもらい、工場を譲り受けるのだった。

この作品は、「クリスマス・キャロル」Scrooge (1970) で曲を書いたレスリー・ブリッカスが、アンソニー・ニューリーと共同で楽曲を書いている。オーブリー・ウッズの歌った『お

菓子屋さん』The Candy Manが大ヒットした。映画化にあたっては原作者のロアルド・ダールが映画の脚本も書いたが、映像化の難しい場面があり、デイヴィッド・シェルツァーが大幅に書き直してしまったために、ダールは出来上がった作品を見て激怒し、続編の映画化権を与えなかった。

ティム・バートンが監督した「チャーリーとチョコレート工場」Charlie and the Chocolate Factory (1964) は、同じ原作のリメイク作品だが、コンピュータ・グラフィックスを多用した作品でミュージカルではない。

ビリー・ホリデイ物語 奇妙な果実 Lady Sings the Blues (1972) は、黒人のブルース歌手ビリー・ホリデイが亡くなる直前に出版した自伝「ブルースを歌う婦人」Lady Sings the Blues (1956) を脚色した作品。

貧しい家に育ったダイアナ・ロス（ビリー・ホリデイ役）は、売春宿などで働きながら好きな歌の道に生きようとしていたが、ハーレムのクラブで歌ったのがきっかけとなり、白人楽団の歌手としての仕事を得る。ドサ回りでの公演は良い観客に恵まれずに、苦しい生活が続き、その苦しさを紛らわすために、ダイアナは次第に麻薬中毒となっていく。ラジオ番組への出演が、黒人であることを理由に断られて、彼女の苦しみは限界を超え、麻薬中毒で収監されてしまう。ちゃんとした歌手となって一流のカーネギー・ホールで歌いたいと考えたダイアナは、麻薬を断ち、もう一度地方回りからやり直す。しかし、待ち望むカーネギー・ホールでの公演の決定が遅れるために、耐え切れなくなったダイアナは、またしても麻薬に手を出してしまう。しかし、友人の力を借りて立ち直り、見事にカーネギー・ホールでのコンサートを成功させるのだった。

話の内容はいささか暗めだが、ダイアナ・ロスの歌は聞く価値がある。使われている曲は当時のビリー・ホリデイの持ち歌。ダイアナ・ロスを売り出していたモータウン・レコードの制作で、監督はシドニー・J・フューリー。カラー、シネスコ版。

失われた地平線 Lost Horizon (1973) は、桃源郷の「シャングリ・ラ」で有名なジェイムス・ヒルトンの同名小説 (1933) のミュージカル映画版。東南アジアの小国で革命が起き、英国大使ピーター・フィンチは自国民を脱出させようとしていた。脱出用の最後の飛行機に乗ったのは、ピーターのほか、新聞記者マイケル・ヨーク、写真家サリー・ケラーマン、牧師ジョージ・ケネディと、コメディアンのボビー・ヴァンだった。この5人は無事に飛行機が飛び立つので安心するが、気付いてみると見知らぬ飛行士が操縦席にいて、目指している東とは逆の西へ向かっている。その上、ヒマラヤの山奥で故障して不時着し、飛行士は死んでしまう。5人は吹雪の山中で途方に暮れるが、通りかかった現地人に助けられて、彼らの村へ向かう。雪山のトンネルを抜けると、そこはヒマラヤ山中とは思えない気候温暖な桃源郷で、花は咲き乱れ人々は誰も楽しそうに暮らしている。歓待を受けた一行は、舞姫オリヴィア・ハッセーの美しさに目を奪われるが、中でもマイケル・ヨークはすぐに恋におちる。また、ピーターも小学校の美しい教師リヴ・ウルマンに魅力を感じる。この土地はどこかに不思議さを感じさせたが、その理由を長老のシャルル・ボワイエが話してくれる。この土地に留まる限り、土地の力で人々は不老長寿となるが、土地を出たとたんに、年をとって死んでしまうというのだ。それでもマイケル・ヨークは土地になじめずに脱出を決心し、愛するオリヴィアを連れて山のトンネルを抜けるが、雪の中でオリヴィアは瞬く間に老けて亡くなってしまう。それを見て絶望したマイケルは、谷に身を投じる。数日後、外の世界に出たピーターも、どうしてもリヴ・ウルマンを忘れられずに、再びシャングリ・ラへ戻るのだった。

ジェイムス・ヒルトンの物語は、フランク・キャプラ監督が映画化した「失はれた地平線」Lost Horizon (1937) が、名作として名高い。このミュージカル版は、大金をつぎ込んだ失敗作として有名。当時人気のあったバート・バカラックが楽曲を担当して、軽快なムードの曲を書いているが、物語の展開がもたついて、映画としては不出来だった。

出演者もオリヴィア・ハッセーなど、当時の人気俳優を並べているが、どの出演者も歌がうたえず吹替となり、肝心の歌の場面が迫力を欠いたように思える。監督はチャール

トム・ソーヤーの冒険 Tom Sawyer (1973) は、マーク・トウェインの小説「トム・ソーヤーの冒険」The Adventures of Tom Sawyer (1876) のミュージカル映画化。親を失い叔母さんと一緒に暮らすジョニー・ウィテイカー（トム・ソーヤー役）と、孤児のジェフ・イースト（ハックルベリー・フィン役）は、大の仲良しで冒険好きだ。近所に判事が越してきて可愛い娘のジョディ・フォスターもいるので、二人はドキドキする。ある夜に、二人は墓場で殺人事件を目撃してしまい、犯人に狙われるので、筏でミシシッピ河に逃げ出す。島にたどり着いた二人は楽しく暮らすが、次第に叔母さんたちのことが心配になり、町に戻ると、二人の葬式が行われていたが、二人の元気な姿を見た叔母さんたちは大喜びする。独立記念日の祭りで、ジョディと一緒にピクニックに行ったジョニーは、殺人犯に付け狙われて逃げ回るが、最後には犯人は脚を滑らせて洞窟に落ちてしまう。二人は冒険ごっこから卒業して、少し大人になる。

ディズニーではなくリーダース・ダイジェスト社の制作だが、ディズニー作品専門だったシャーマン兄弟が曲を書いている。まだ10歳のジョディ・フォスターが上手な演技を見せている。ドン・テイラー監督のカラー、シネスコ版。翌年に、続編の「ハックルベリー・フィンの冒険」Huckleberry Finn (1974)*が作られる。

ハックルベリー・フィンの冒険 Huckleberry Finn (1974)*は、やはりマーク・トウェインの小説「ハックルベリー・フィンの冒険」Adventures of Huckleberry Finn (1884) のミュージカル映画化で、前年の「トム・ソーヤーの冒険」(1973) の続編として企画され、同じシャーマン兄弟が楽曲を担当したが、監督はJ・リー・トンプソンに代わっている。

今回はジェフ・イースト（ハックルベリー・フィン役）が主人公で、死んだと思われた彼の父親がひょっこり戻ってきて、ジェフを誘拐して身代金を要求する。ジェフは逃げ出して、黒人奴隷のポール・ウィンフィールドとともに、自由を求めてミシシッピ河を旅するのだった。カラー、スタンダード版。

同じ題材をブロードウェイで舞台ミュージカル化した「ビッグ・リヴァー」Big River (1985) もあるが、これはロジャー・ミラーが音楽を担当した別の作品。

ファントム・オブ・パラダイス Phantom of the Paradise (1974) は、ガストン・ルルーの小説「オペラ座の怪人」Le Fantôme de l'Opéra (1911) をパロディ化した、ロック・オペラ的な作品。怪奇な映画を得意とするブライアン・デ・パルマ監督らしく、そのほかの様々な怪奇的要素を沢山詰め込んでいる。

ウィリアム・フィンレイ（ウィンスロー・リーチ役）は天才的なロック音楽の作曲家で、大手のデス・レコードに売り込むが、社長のポール・ウィリアムス（スワン役）は、フィンレイを騙して曲を取り上げた挙句に、麻薬所持の罪で彼をシンシン刑務所に送り込む。復讐を誓ったフィンレイは脱獄してレコード工場に忍び込むが、プレス機に顔を挟まれて、怪物のような醜い姿となってしまう。ポールは新たに開場するロックの殿堂パラダイス劇場の柿(こけら)落としにフィンレイの曲を使おうとするが、俗悪なロック・グループによって歌われるのでフィンレイは拒否する。ポールは、フィンレイのお気に入りの歌姫ジェシカ・ハーパーに歌わせると約束して、更に新曲を書くように命ずる。しかし、約束は破られて、曲が完成するとフィンレイは壁の中に生き埋めにされてしまうだけでなく、その曲はオカマのロック・シンガーによって歌われる。それに気付いたフィンレイは壁を破って抜け出し、舞台を破壊、悪魔と取引してポールが自分の代わりに年をとらせていたビデオ・テープも壊し、ポールを破滅させて復讐を果たすのだった。

全体の流れは「オペラ座の怪人」だが、ポール・ウィリアムス扮するレコード会社社長のスワンは、悪魔に魂を売って若さを手に入れ（ゲーテの「ファウスト」）、自分の代わりにビデオ・テープに年をとらせる（オスカー・ワイルドの小説「ドリアン・グレイの肖像」）など、ほかの要素も取り入れている。そのほかにも「フランケンシュタイン」のような、いろいろな怪奇映画の要素を連想させる部分があり、オカマのロック・シンガーを演じたビーフなども秀逸で、興行的には振るわなかったが、一部のファンを喜ばせた。音楽を担当

したのはポール・ウィリアムスで、作品のムードにあった曲を書いている。カラー、ヴィスタ版。

星の王子さま　The Little Prince (1974) は、フランスのサン＝テグジュペリの同名小説 Le Petit Prince (1943) のミュージカル映画化。原作は寓意に富むファンタジー小説だが、映画ではすべてを具体的に撮影する必要があるので、原作とは違う仕上がりとなった。

　飛行機パイロットのリチャード・カイリーは、故障でサハラ砂漠に不時着した時に、星の王子さまと出会う。王子さまの話では、もともと小さな星に住んでいたのだが、その星で生えてきたバラのドナ・マケクニーがわがままなので、旅に出ていろいろな星を回っているとのこと。途中で、国境を守る王様のいる星、投資家が金儲けをしている星、歴史家の星、軍人の星などをめぐり、地球に到着する。地球では蛇のボブ・フォッシーや、キツネのジーン・ワイルダーと仲良くなるが、キツネの言葉に心を動かされて、自分の星へ戻っていく。

　音楽は、久々にフレデリク・ロウが担当し、コンビで名作を沢山書いたアラン・J・ラーナーが、作詞と台本を担当している。監督はMGMミュージカルの全盛期に活躍したスタンリー・ドーネン、蛇役では踊りの神様のようなボブ・フォッシーも出ている。これだけの一流メンバーを揃えても、必ずしも面白い作品が出来ないところが、ミュージカル映画の難しさだろう。カラー、シネスコ版。後にブロードウェイでもジョン・バリーが作曲した舞台ミュージカル「星の王子さまと飛行士」The Little Prince and the Aviator (1981) が、試演だけで幕を開けずに終了したが、映画版とは違う作品。

Tommy トミー　Tommy (1975) は、ロック・グループのザ・フーが作った新しい形式のロック・オペラ作品。第二次世界大戦中に生まれたロジャー・ダルトリー（トミー役）は、父親が戦死したので、母アン＝マーグレットと再婚相手のオリヴァー・リードに育てられる。ところが死んだはずの父親が突然に家に戻ってくるので、オリヴァーは殴り殺してしまう。ロジャーはそれを目撃するが、オリヴァーから「何も見なかった、何も聞かなかった」と言われたために、ショックを受けて見ることも、聞くことも、話すこともできなくなる。いろいろな治療を受け、怪しげなカルト教団の教祖にも診させるが治らない。それどころか、口がきけないのを良いことに、サディストにもてあそばれたりもする。科学的な診断は、彼の異常は精神的なものであり、鏡に映る自分の姿だけが見えるというものだった。ところがある日、彼はピン・ボールに才能があることがわかり、ピン・ボールのチャンピオンとなる。そうして大金が入るようになるが、相変わらず、見る、聞く、話すことはできないので、鏡に自分の姿を映すことだけが楽しみとなる。母親のアン＝マーグレットは鏡の世界にいる彼を突き放し、鏡を割ってしまうが、そうすると、彼の目、耳、口の感覚が戻ってくる。こうして奇跡を起こした彼の下には、彼を信仰する人々が集まり始めて、目や耳を塞いでピン・ボールを追体験し始める。しかし、この内面的な思索に耐え切れなくなった人々はすべてを打ち壊して、アン＝マーグレットやオリヴァー・リードも殺されてしまう。一人残された少年は今や本当の意味での自由を得るのだった。

　この作品の音楽は、ザ・フーが1969年に発表したレコード・アルバムが出発点だが、コンサートでもしばしば演奏されるようになり、1975年にケン・ラッセル監督が映画化した。ケン・ラッセルは英国の監督で、ちょっとエキセントリックなタッチの作品が多いが、初期には音楽を多用した作品を多く撮っていて、「恋人たちの曲 悲愴」The Music Lovers (1970)、「ボーイフレンド」The Boy Friend (1971)、「マーラー」Mahler (1974)、「リストマニア」Listomania (1975)* などを撮った。この作品もこうした作品群の延長線上にある。

　映画化にあたっては、若干の曲が書き加えられている。この作品には熱狂的なファンも多く、ブロードウェイでも The Who's Tommy (1993) として舞台化されている。カラー、ヴィスタ版5チャンネル・ステレオ、コロムビア配給作品。

ラッキー・レディ　Lucky Lady (1975) は、ライザ・ミネリを主役としたスタンリー・ドーネン監督のオリジナル作品。題名の「ラッキー・レディ」とは船の名前であり、ライザ

3 映画オリジナルの作品

を指しているわけではない。

　禁酒法時代のアメリカ。ライザ・ミネリは、メキシコ側にある国境の町ティファナから、メキシコ人労働者をアメリカに密入国させる仕事をしていたが、ラッキー・レディ号という船を持つバート・レイノルズたちと組み、アメリカへ酒を密輸する仕事を始める。沖合に停泊する卸船から酒を受け取り、沿岸警備隊の警備をかいくぐって陸揚げするのだ。サン・ディエゴ付近では、土地のボスが酒の密輸を仕切っていたが、ライザたちが割って入ったために抗争となる。最初は土地のボスや沿岸警備隊を振り切って大儲けするが、酒の卸船が土地のボスに乗っ取られてしまうので、ライザたちは仲間を集めて対決し、大量のウイスキーをせしめることに成功する。

　楽曲はジョン・カンダーとフレッド・エブのコンビが数曲書いているが、それ以外にも当時のヒット曲が使われている。カラー、ヴィスタ版。

やっとつかんだ愛　At Long Last Love (1975)*は、ピーター・ボグダノヴィッチ監督自身の創作によるオリジナル作品で、1930年代のミュージカル映画へのオマージュとして作られた。1930年代の話。社交界デビューしたシビル・シェパードと競馬場で知り合った賭博師デュイリオ・デル・プリート、色事師バート・レイノルズとブロードウェイの踊り子マデリン・カーンの、四人が織り成す恋物語。最後には、マデリンとデュイリオ、シビルとバートという組み合わせとなり、バートの運転手とマデリンのメイドの間にも恋が生まれて、3組の恋人たちが出来上がる。

　1930年代のコール・ポーターの曲を沢山使っていて、全体としてはアステアとロジャース風の作品を作りたかったようだが、完全な失敗作で、興行成績も散々だった。ピーター・ボグダノヴィッチ監督は優れた映画を沢山撮っているが、彼の「汚点」とまで批評家に酷評された。カラー、ヴィスタ版。

ダウンタウン物語　Bugsy Malone (1976)は、英国のアラン・パーカー監督による禁酒法時代のギャング映画で、子供たちが大人の役を演じる。マシン・ガンから発射されるのは銃弾ではなく、パイ・クリームとなっている。時は禁酒法時代のニュー・ヨーク。リトル・イタリーのギャングのボスであるデブのジョン・カッシージは、新興勢力の伊達男マーティン・レブの一味に押され気味だ。というのもマーティン側の持つ新しいマシン・ガンに負けているのだ。だからカッシージは、色気たっぷりの情婦ジョディ・フォスターに慰められても、元気が出ない。おまけに密造酒工場も襲われて、酒場の売り上げもさっぱりだ。カッシージは、部下のスコット・バイオ（バグシー・マローン役）に命じてマシン・ガンを調達して、マーティン一味との決戦に挑み、マシン・ガンでパイ・クリームを撃ち合う。

　時代背景を1930年代にとり、禁酒法、ギャング、パイ投げ、子供たちによる演技と、いかにも昔風の題材を揃えて成功している。ポール・ウィリアムスが当時のムードたっぷりの曲を書いていて、ミュージカル仕立てだが、どの歌も大人が吹き替えている。まだ13歳のジョディ・フォスターが凄い色気を見せているが、有名な「タクシー・ドライバー」Taxi Driver (1976)が撮られたのが、この作品の直後だと聞けば納得できる。カラー、ヴィスタ版。

青い鳥　The Blue Bird (1976)は、モーリス・メーテルリンクの同名舞台劇L'Oiseau bleu (1908)のミュージカル映画化。題材としてはありきたりだが、米ソ合作というところに特色がある。1976年といえば、東西冷戦、平和共存の時代を経て、長く続いたヴェトナム戦争もようやく終結して、ソ連との共同制作がいよいよ可能となった時期だった。アメリカ側からは主演のエリザベス・テイラーを始めとして、ジェイン・フォンダ、エヴァ・ガードナーと女優陣が並び、ソ連側からはバレエ・ダンサーなどが参加している。監督はアメリカのジョージ・キューカーだが、撮影はモスクワとレニングラード（サンクト・ペテルブルグ）で行われた。スタッフは混成チームだが、両国の撮影のやり方がかなり異なるので苦労したという。

　森の木こりの子供たちトッド・ルッキンランド（チルチル役）とパッツィ・ケンシット（ミチル役）は、不思議な老婆から、病気の娘のために青い鳥を探してきてほしいと頼まれて、ダイヤの付いた帽子を渡される。ダイ

ヤを回すと光の精エリザベス・テイラーが現れ、犬や猫なども人間の姿として見えるようになる。光の精の案内で青い鳥を探しに出かけるが、二人が最初に訪れたのは祖父母の家だった。その庭で青い鳥を見つけて、二人は大喜びするが、いつの間にか鳥は黒くなってしまう。二人は光の精が進めない闇の世界に入り、夜の女王ジェイン・フォンダから鍵をもらい、次々と扉を開けて亡霊たちや戦争の中を進むと、沢山の青い鳥がいたものの、その鳥は光に当たると死んでしまう。続いて道を進むと、贅沢の館があり堕落した人々に巻き込まれそうになる。さらに森の奥深くまで進むと森の巨木に襲われ、最後には未来の子供の国を訪れる。気付くと二人は家のベッドで寝ているのだった。そして、家で飼っていた鳥が青くなっているのを見つけて、病気の娘に届けるが、娘の目の前で青い鳥は逃げてしまう。幸福は外の世界ではなく、自分の家にあることを二人は知るのだった。

楽曲もアメリカ側のアーウィン・コスタルと、ソ連側のアンドレイ・ペトロフとの合作。ソ連側のダンサーによる踊りも今ひとつ意味不明で、出来の良し悪しよりも、初めての米ソ合作というだけの作品。カラー、シネスコ版。ロシア語題名はСиняя птица。

ニューヨーク・ニューヨーク New York, New York (1975) は、マーティン・スコセッシ監督のオリジナル・ミュージカル作品。第二次世界大戦の終結した日のニューヨーク。復員してきたサックス奏者ロバート・デ・ニーロは、歌手ライザ・ミネリに出会って惹かれる。二人は一緒にナイト・クラブに出演するが、楽団と一緒に全国巡業する話がライザに飛び込み、別れを告げる間もなく旅立ってしまう。ライザを忘れられないロバートは、巡業先まで追って行き、楽団と合流する。二人の関係は急速に深まり、ついに結婚。ところが妊娠に気付いたライザはツアーを離れ、ニューヨークへ戻って産むことにする。ライザ抜きの楽団はうまく行かずに、ロバートもニューヨークへ戻り、ジャズ・クラブで演奏し始める。しかし、大手のレコード会社が付いて大衆化路線を進むライザと、ジャズの世界を深く進むロバートは、次第にうまく行かなくなり、二人は別れてしまう。やがて年月が流れ、二人はそれぞれの世界で成功して再会する。今でも二人の心は通い合うものの、やはり目指す方向が異なっていることを悟るのだった。

ライザ・ミネリを主演として、ジョン・カンダーとフレッド・エブの曲で1940年代から50年代の古き良き時代を描いているが、テーマもテンポも重く、スコセッシ監督の演出ももたつくので、「楽しい」作品ではない。ライザの歌うタイトル曲がヒットしたが、歌や音楽は舞台上のものとして扱われているので、舞台裏側の音楽映画だといえる。

スコセッシは、最初の編集版が長過ぎたため、2時間半まで短縮。それでも長いと批判されて2時間強まで縮めた。その後にもう一度編集し直し、最後にミュージカル場面を追加した3時間近い版も作られている。昔風のミュージカルを作ろうと考えたというのが監督の弁だが、どこかモダンになり過ぎて、ロバート・デ・ニーロの演技も粘着質で、ミュージカル向きではなかった。カラー、ヴィスタ版。

イッツ・フライデー Thank God, It's Friday (1978) は、ディスコ音楽全盛時代に、モータウンが所属スターを並べたディスコ映画。ロス・アンジェルスのディスコZooで、金曜日の夜にダンス・コンテストが行われる。様々な人が集まりディスコ音楽に乗って踊りまくるが、そこでは、それぞれの人生も映し出される。

ディスコの女王といわれた人気絶頂期のドナ・サマーがデビューを目指す新人歌手の役で出ていて、有名な『ラスト・ダンス』を歌っている。そのほかコモドアーズなども出演しているが、映画としてはつまらないので、『ラスト・ダンス』1曲を聞けば十分と感じさせる映画。ロバート・クライン監督のカラー、ヴィスタ版作品。

ブルックリン物語 Movie Movie (1978) は、スタンリー・ドーネン監督が、1930年代の2本立て風に撮った作品。1本目はボクシング物の「ダイナマイトの手」Dynamite Hands。貧乏青年ハリー・ハムリンは弁護士を目指して勉強しているが、妹キャスリン・ベラーが失明して、手術代金のためにボクサーとなり金を得ようとする。悪徳マネジャーに八百長試合を持ちかけられて、妹のためにと心が揺

れるが、妹はやくざな男と結婚して、その男が手術代金を出すので、ハムリンは八百長試合を拒否してチャンピオンになる。しかし、彼を支えていたコーチのジョージ・C・スコットは、悪徳マネジャーの銃弾に倒れてしまう。それを見たハムリンはすぐに法律学校を卒業、地方検事となり悪徳マネジャーを起訴して、電気椅子へ送り込む。

2本目は、バスビー・バークレイ風のミュージカル「バクスターの美人たち1933年版」Baxter's Beauties of 1933。死期が近づいていることを知ったブロードウェイの制作者ジョージ・C・スコットが、最後のショーを企画する。ところが主役の女優は酔って転倒して脚を折り、ショーの幕が開かなくなる。目立たなかった新人の才能を見抜いていた新進作曲家の推薦により、新人の娘が代役となってショーを成功させる。また、その新人の娘は、正体を隠して制作者が養育費を出していた相手であることも明らかとなる。

丁寧なことに、2本の間には戦争映画の予告編も入るという凝りようだ。最初のボクサー映画は、マイケル・カーティス監督の「倒れるまで」Kid Galahad (1937) や、ジョン・ガーフィールド主演の「肉体と魂」Body and Soul (1947)*のパロディ。このボクサー物は劇場公開時には白黒だったが、ビデオ発売時にはカラー化された。

最初からカラーで公開された2本目のミュージカルは、ワーナーの「四十二番街」42nd Street (1933) のパロディで、主演の制作者を演じるスコットの役名バクスターは、「四十二番街」で死を控えた演出家役を演じたワーナー・バクスターから取られている。

振付はマイケル・キッドで、当人も1本目の拳闘選手の父親役で出演している。また、拳闘選手を誘惑するギャングの情婦役にはアン・ラインキングが出演して歌と踊りを披露する。2本目のミュージカル作品のコーラス・ガール役でバーバラ・ハリスが出演しているが、歌はない。ヴィスタ版。独立系の制作。

ローズ The Rose (1979) は、特にクレジットされていないが、1970年に亡くなった歌手ジャニス・ジョプリンをモデルとした映画。ジョプリンが最後に出したアルバムのタイトル「パール」を、そのまま映画の題名にしよ

うとしたが、まだ早いと、主演のベット・ミドラーが主張して「ローズ」となった。

ヴェトナム反戦運動が盛んだった1969年のアメリカ。人気のロック歌手ベット・ミドラー (ローズ役) は、過密なスケジュールで全国ツアーをこなし、肉体的にも精神的にも疲れ果てていたが、マネジャーのアラン・ベイツは彼女を叱咤激励しながらスケジュールをこなしていた。ある日、我慢しきれなくなって逃げ出したベットは、乗り込んだハイヤー運転手フレデリック・フォレストの男らしさに惹かれて、彼に頼るようになる。そのフレデリックも実は脱走兵で、不安を抱えているため、あまりにも奔放なベットに呆れて彼女の下を去る。一人残されたベットは、いたたまれずに薬に頼るが、コンサートに集まった大観衆を前にして、マネジャーは彼女を無理やり舞台に立たせる。大観衆の声援に応えて歌った彼女には、もうそれ以上生き続ける力は残っていなかった。ベット・ミドラーの好演により興行的にもヒットした作品。マーク・ライデル監督のカラー、ヴィスタ版作品。

オール・ザット・ジャズ All That Jazz (1979) は、ボブ・フォッシーの心情吐露的な作品で、フェデリコ・フェリーニの「8 1/2」(1963) に似た作り方。時代を反映してか、少し暗いムードとなっている。ブロードウェイの振付家兼演出家のロイ・シャイダーは、新作のミュージカルに打ち込んで準備を進めている。新作には元妻のリランド・パーマーや、同棲中のアン・ラインキングも出演する、彼の人生の集大成となる作品だった。一方、長年の酒やタバコ、そして働き過ぎで疲れた体をごまかしながら仕事をこなすのも限界に来て、とうとう心臓を悪くして倒れてしまう。彼は、心臓手術の間にもこれまでの人生を振り返る夢を見て、夢の中で現れた天使ジェシカ・ラングに告白しながら、自分の過去を清算して死へと向かっていくショーを演出せずにはいられない。彼の人生はショー・ビジネスそのものなのだから。

映画の題名は、ジョン・カンダーとフレッド・エブのミュージカル「シカゴ」Chicago (1975) の曲から取られているが、カンダーとエブの曲は使われずに、ほかのいろいろな作曲家の曲が使われている。

第 6 章　1970 年代：ロックの時代

実は、フォッシーは舞台版「シカゴ」を制作中の 1973 年に、心臓発作を起こして病院に搬送されて、しばらく入院していた。その時には妻のグウェン・ヴァードンと愛人アン・ラインキングが、仲良く見舞いに通っていたらしい。この映画では、そうした体験が赤裸々に語られている。ボブ・フォッシーは監督だけでなく振付も自ら行っているので、いかにもフォッシーらしいダンス場面が沢山出てくる。カラー、ヴィスタ版。

4　名作のアンソロジー

1950 年代で終わりを告げたハリウッドのスタジオ制作のミュージカル映画は、社会の激しい変化についていけずに、1960 年代には完全に失われてしまう。そのために、1970 年代になるとそれを懐かしむムードも出てきて、MGM ミュージカルのアンソロジーが「ザッツ・エンターテインメント」That's Entertainment（1974）という形にまとめられて公開されると、ミュージカル映画をこれまで見たこともない世代からも支持を受けて、続編や関連作品が作られた。

各作品は、これまでの映画の名場面を繋ぎ合わせたもので、日本では公開されていない映画も多いことから、わかる範囲でどの映画の何という曲なのかがわかるように採録した。ミュージカル映画以外の一般映画については、ほんの 1 カットだけの場面もあり、調べ切れていない。

ザッツ・エンターテインメント　That's Entertainment（1974）は、MGM の創立 50 周年記念の作品として企画されたもので、全体を監督したのは、「オズの魔法使」The Wizard of Oz（1939）でブリキ男を演じたジャック・ヘイリーの息子のジャック・ヘイリー・ジュニア。
1 序曲　Overture
[1] フランク・シナトラによる案内　「雨に唄えば」の特集
1「ホリウッド・レヴュウー」Hollywood Revue of 1929（1929）　クリフ・エドワーズの歌　Singing in the Rain
2「キートンの歌劇王」Speak Easily（1932）　ジミー・デュランテの歌　Singing in the Rain
3「小さなネリー・ケリー」Little Nellie Kelly（1940）*　ジュディ・ガーランドの歌　Singing in the Rain
4「雨に唄えば」Singin' in the Rain（1952）　ジーン・ケリー、ドナルド・オコナー、デビー・レイノルズの歌　Singing in the Rain
〈映画タイトル〉
[2] フランク・シナトラによる案内　白黒映画の時代
1「ブロードウェイ・メロディー」The Broadway Melody（1929）　チャールズ・キングの歌　Broadway Melody
2「ロザリー」Rosalie（1937）*　エレノア・パウエルの踊り　Rosalie
3「ローズ・マリイ」Rose-Marie（1936）　ジャネット・マクドナルドとネルソン・エディの歌　Indian Love Call
4「巨星ジーグフェルド」The Great Ziegfeld（1936）　デニス・モーガンの歌（アラン・ジョーンズの吹替）　A Pretty Girl Is Like a Melody（巨大なケーキの頂上に座るのはヴァージニア・ブルース）
5「踊るニュウ・ヨーク」Broadway Melody of 1940（1940）　エレノア・パウエルとフレッド・アステアの踊り　Begin the Beguine
6「下町天国」It Happened in Brooklyn（1947）　フランク・シナトラとジミー・デュランテの歌　The Song's Gotta Come from the Heart
[3] エリザベス・テイラーによる案内　カラー作品の時代
1「シンシア」Cynthia（1947）*　エリザベス・テイラーの歌　The Melody of Spring（ピアノを弾くのは S・Z・サカル）
2「万人の歓呼」Thousands Cheer（1943）*　レナ・ホーンの歌　Honeysuckle Rose
3「私を野球につれてって」Take Me Out to the Ball Game（1949）*　ジーン・ケリーとフランク・シナトラの歌と踊り　Take Me Out to the Ball Game
4「詞と曲」Words and Music（1949）*　ジューン・アリソンとブラックバーン・ツウィンズの歌　Thou Swell
5「グッド・ニュース」Good News（1947）*　ジューン・アリソンとピーター・ローフォードの歌と踊り　The Varsity Drag
[4] ピーター・ローフォードによる案内
1「島であなたと共に」On an Island with You（1948）*　現地人の群舞
2「愛の二週間」Two Weeks with Love（1950）*　デビー・

396

レイノルズとカールトン・カーペンターの歌　Aba Daba Honeymoon

3「スイングの少女」A Date with Judy (1948)　エリザベス・テイラーの歌　It's a Most Unusual Day

4「スイングの少女」(1948)　ジェイン・パウエルの歌　It's a Most Unusual Day

5「ハーヴェイの店の娘たち」The Harvey Girls (1946)*　ジュディ・ガーランド、レイ・ボルジャーの歌　On the Atchison, Topeka and the Santa Fe

[5] ジェイムス・ステュアートによる案内　俳優の歌

1「キートンのエキストラ」Free and Easy (1930)　ロバート・モントゴメリーの歌　It Must Be You

2「ホリウッド・レヴュー」Hollywood Revue of 1929 (1929)　ジョーン・クロフォードの歌と踊り　Gotta Feelin' for You

3「無軌道行進曲」Reckless (1935)　ジーン・ハーロウの歌　Reckless

4「暁の爆撃機」Suzy (1936)　ジーン・ハーロウとケアリー・グラントの歌　Did I Remember

5「踊るアメリカ艦隊」Born to Dance (1936)　ジェイムス・ステュアートの歌　Easy to Love

6「愚者の歓喜」Idiot's Delight (1939)*　クラーク・ゲイブルの歌　Puttin' on the Ritz

7「踊る不夜城」Broadway Melody of 1938 (1937)　ジュディ・ガーランドの歌　Dear Mr. Gable; You Made Me Love You

[6] ミッキー・ルーニーによる案内　裏庭ミュージカル

1「紐育・ハリウッド」Broadway to Hollywood (1933)　ミッキー・ルーニーとジュディ・ガーランドの共演場面

2「青春一座」Babes in Arms (1939)　ミッキーとジュディの歌　Babes in Arms

3「ブロードウェイ」Babes on Broadway (1941)　ミッキーとジュディの歌　Hoe Down

4「バンドを鳴らせ」Strike Up the Band (1940)*　ミッキーとジュディの歌　Do the La Conga

5「ブロードウェイ」(1941)　ミッキーとジュディの歌　Waiting for the Robert E. Lee

6「ブロードウェイ」(1941)　ミッキーとジュディ、リチャード・クイン、ヴィージニア・ワイドラーの歌　Babes on Broadway

7「バンドを鳴らせ」(1940)*　ミッキーとジュディの歌　Strike Up the Band

[7] ジーン・ケリーによる案内　フレッド・アステアの映画

1「ジーグフェルド・フォリーズ」Ziegfeld Follies (1945)　ジーン・ケリーとアステアの踊り　The Babbitt and the Bromide

2「ブロードウェイのバークレイ夫妻」The Barkleys of Broadway (1949)*　アステアとジンジャー・ロジャースの踊り　They Can't Take That Away from Me

3「ダンシング・レディ」Dancing Lady (1933)　アステアとジョーン・クロフォードの踊り　Let's Go Bavarian

4「バンド・ワゴン」The Band Wagon (1953)　アステアとジャック・ブキャナンの踊り　I Guess I'll Have to Change My Plan

5「恋愛準決勝戦」Royal Wedding (1951)　アステアと帽子掛けの踊り　Sunday Jumps

6「ブロードウェイのバークレイ夫妻」(1949)*　アステアの踊り　Shoes with Wings On

7「恋愛準決勝戦」Royal Wedding (1951)　アステアの壁と天井での踊り　You're All the World to Me

8「バンド・ワゴン」(1953)　アステアとシド・チャリシーのセントラル・パークでの踊り　Dancing in the Dark

[8] ドナルド・オコーナーによる案内　エスター・ウィリアムスの映画

1「パガン島の恋歌」Pagan Love Song (1950)*　エスターのハワード・キールとの泳ぎ

2「濡れると危険」Dangerous When Wet (1953)*　エスターとフェルナンド・ラマスの泳ぎ

3「恋のスリル」Thrill of a Romance (1945)　エスターとヴァン・ジョンソンの泳ぎ

4「島であなたと共に」On an Island with You (1948)*　エスターとピーター・ローフォードの泳ぎ

5「島であなたと共に」(1948)*　エスターとリカルド・モンタルバンの泳ぎ

6「濡れると危険」(1953)*　エスターと、トムとジェリーの泳ぎ

7「今度は本気で」This Time for Keeps (1947)*　エスターとジミー・デュランテの泳ぎ

8「世紀の女王」Bathing Beauty (1944)　エスターとレッド・スケルトンの泳ぎ

9「世紀の女王」(1944)　フィナーレのエスター

10「水着の女王」Neptune's Daughter (1949) と「百万弗の人魚」Million Dollar Mermaid (1952) からのプロダクション・ナンバー

[9] デビー・レイノルズによる案内　スターたち

1「土曜は貴方に」Three Little Words (1950)　デビー・レイノルズの歌（ヘレン・ケインの吹替）　I Wanna Be Loved By You

2「小さな町の娘」Small Town Girl (1953)*　アン・ミラーの踊り　I've Gotta Hear That Beat

3「ニュー・オリンズの名士」The Toast of New Orleans (1950)*　マリオ・ランツァとキャスリン・グレイスンの歌

第6章　1970年代：ロックの時代

Be My Love
4「雨に唄えば」Singin' in the Rain (1952)　ドナルド・オコナーの踊り　Make 'Em Laugh
5「ショウボート」Show Boat (1951)　コーラス　Cotton Blossom
6「ショウボート」(1951)　ハワード・キールとキャスリン・グレイスンの歌　Make Believe
7「ショウボート」(1951)　ウィリアム・ワーフィールドの歌　Ol' Man River
[10] フレッド・アステアによる案内　ジーン・ケリーの映画：「バンド・ワゴン」からBy Myselfの場面を挿入
1「踊る海賊」The Pirate (1948)　ケリーとニコラス兄弟の踊り　Be a Clown
2「派手に生きよう」Living in a Big Way (1947)*　ケリーの建築現場での踊り　The Children's Dance
3「踊る海賊」The Pirate (1948)　ケリーの踊り　The Pirate Ballet
4「錨を上げて」Anchors Aweigh (1945)　ケリーの踊り　La Cumparsita
5「踊る大紐育」On the Town (1949)　ケリーとシナトラ、ジュールス・マンシンの歌　New York, New York
6「錨を上げて」(1945)　ケリーとねずみのジェリーの踊り　The Worry Song
7「雨に唄えば」Singin' in the Rain (1952)　ケリーの踊り　Singin' in the Rain
8「雨に唄えば」(1952)　ケリーの踊り　The Broadway Melody Ballet
[11] ライザ・ミネリによる案内　ジュディ・ガーランドの映画
1「懐かしの夏」In the Good Old Summertime (1949)*　フィナーレでライザ・ミネリがジュディと一緒に登場
2「西班牙舞曲」La Fiesta de Santa Barbara (1935) 短編　ジュディの歌　La Cucaracha
3「アメリカーナの少女」Every Sunday (1936) 短編　ジュディとディアナ・ダービンの歌　Waltz with a Swing/Americana
4「踊る不夜城」Broadway Melody of 1938 (1937)　ジュディとバディ・エブセンの踊り　Your Broadway and My Broadway
5「オズの魔法使」The Wizard of Oz (1939)　ジュディの歌　We're Off to See the Wizard
6「オズの魔法使」(1939)　ジュディとレイ・ボルジャー、ジャック・ヘイリー、バート・ラーの歌　If I Only Had the Nerve
7「オズの魔法使」(1939)　ジュディの歌　Over the Rainbow
8「女の子に夢中」Girl Crazy (1943)*　ジュディの歌　But Not for Me

9「若草の頃」Meet Me in St. Louis (1944)　ジュディの歌　The Trolley Song
10「若草の頃」(1944)　ジュディとマーガレット・オブライエンの歌　Under the Bamboo Tree
11「若草の頃」(1944)　ジュディの歌　The Boy Next Door
12「夏期公演」Summer Stock (1950)*　ジュディの歌　Get Happy（ジュディのいろいろな場面の挿入あり）
[12] ビング・クロスビーによる案内　大画面の映画
1「虹の都へ」Going Hollywood (1933)　ビングの歌　Going Hollywood
2「上流社会」High Society (1956)　ビングとフランク・シナトラの歌　Well, Did You Evah
3「上流社会」(1956)　ビングとグレイス・ケリーの歌　True Love
4「艦隊は踊る」Hit the Deck (1956)　アン・ミラー、デビー・レイノルズほかの歌　Hallelujah
5「掠奪された七人の花嫁」Seven Brides for Seven Brothers (1954)　ラス・タムブリンほかの踊り　Barnraising Dance (Bless Your Beautiful Hide)
6「恋の手ほどき」Gigi (1958)　ルイ・ジュールダンの歌　Gigi
7「恋の手ほどき」(1958)　モーリス・シュヴァリエの歌　Thank Heaven for Little Girls
[13] フランク・シナトラの締めくくり
1「巴里のアメリカ人」An American in Paris (1951)　ジーン・ケリーとレスリー・キャロンの踊り　An American in Paris Ballet
〈エンド・タイトルと退場音楽〉

ザッツ・エンターテインメント　PART 2

That's Entertainment, Part II (1976) は、前作がヒットしたので、続編として作られたもので、ジーン・ケリーが監督している。　前作がミュージカル一辺倒だったのに対して、この作品ではMGMの看板役者たちも登場して、ドラマの1場面を見せる。

1 序曲　Overture
〈タイトル〉
「バンド・ワゴン」The Band Wagon (1953)からフレッド・アステアとジャック・ブキャナン、オスカー・レヴァント、ナネット・ファブレイの歌　That's Entertainment　これに重ねてMGM映画のいろいろな場面が挿入される
[1] ジーン・ケリーとフレッド・アステアによる案内　二人の歌と踊り
1「僕と彼女のために」For Me and My Gal (1942)*　ジュディ・ガーランドとジーン・ケリーの歌　For Me and My Gal

4　名作のアンソロジー

2「ご婦人よ行儀良く」Lady Be Good (1941)*　エレノア・パウエルの踊り　Fascinating Rhythm
3「踊るブロードウェイ」Broadway Melody of 1936 (1935)　ロバート・テイラーの歌（相手はジューン・ナイト）　I've Got a Feelin' You're Foolin'
4「奥様は顔が二つ」Two Faced Woman (1941)　グレタ・ガルボのナイト・クラブでの踊り　La Chica Choca
5「ニュー・ヨークの美女」The Belle of New York (1952)*　フレッド・アステアの舞台での踊り　I Wanna Be a Dancin' Man
6「リリー」Lili (1953)　レスリー・キャロンと人形の歌　Hi-Lili, Hi-Lo
7「踊る海賊」The Pirate (1948)　ジュディ・ガーランドとジーン・ケリーの歌と踊り　Be a Clown（ジミー・デュランテ、ローレルとハーディ、レッド・スケルトン、エド・ウィン、バスター・キートン、W・C・フィールズ、ドナルド・オコナーの登場場面）
[2] フレッド・アステアによる案内
1「オペラは踊る」A Night at the Opera (1935)　マルクス兄弟　船室に大勢が入る喜劇場面
2「キス・ミー・ケイト」Kiss Me Kate (1953)　アン・ミラーとトミー・ランドール、ボブ・フォッシーとキャロル・ヘイニー、ボビー・ヴァンとジャンヌ・コインの踊り　From This Moment On
3「絹の靴下」Silk Stockings (1957)　フレッド・アステアの歌　All of You
4「絹の靴下」(1957)　フレッド・アステアとシド・チャリシーの踊り　All of You
5「詞と曲」Words and Music (1948)*　レナ・ホーンの歌　The Lady Is a Tramp
6「見た目の可愛い」Lovely to Look At (1952)*　キャスリン・グレイスンの歌　Smoke Gets in Your Eyes
7「見た目の可愛い」(1952)*　マージとガワー・チャムピオンの満天星の中の踊り　Smoke Gets in Your Eyes
8「イースター・パレード」Easter Parade (1948)　ジュディ・ガーランドとフレッド・アステアの歌　Easter Parade
[3] ジーン・ケリーによる案内　白黒の作品
1「虹の都へ」Going Hollywood (1933)　ビングの歌で相手はフィフィ・ドーセイ　Temptation
2「聞いて、あなた」Listen, Darling (1938)*　ジュディ・ガーランドの歌　Zing! Went the Strings of My Heart
3「天の安息所」Cabin in the Sky (1943)*　エセル・ウォルターズの歌とロチェスターのギター　Taking a Chance on Love
4「踊るアメリカ艦隊」Born to Dance (1936)　エレノア・パウエルの踊り　Swingin' the Jinx Away

5「ニュー・ムーン」New Moon (1940)　ネルソン・エディの歌　Stout Hearted Men
6「ニュー・ムーン」(1940)　ジャネット・マクドナルドとネルソン・エディの歌　Lover Come Back to Me
7「姉妹と水兵」Two Girls and a Sailor (1944)　ジミー・デュランテの歌とハリー・ジェイムス楽団の演奏　Inka Dinka Doo
8「女の子に夢中」Girl Crazy (1943)*　ジュディ・ガーランドとミッキー・ルーニーの歌とトミー・ドーシーの楽団の演奏　I Got Rhythmのバスビー・バークレイの演出場面
[4] ジーン・ケリーによる案内　コメディ場面　様々なパイ投げ場面の挿入
1 ローレルとハーディの喜劇映画
2 アボットとコステロの喜劇映画「凸凹ハリウッドの巻」Bud Abotto and Lou Costello in Hollywood (1945)　寸劇『耳栓で聞こえない』
3「作曲家のレヴュー」The Song Writers' Revue (1930)*　短編　ジャック・ベニーの司会、ネイシオ・ハーブ・ブラウンのピアノとアーサー・フリードの歌　The Wedding of the Painted Doll
4「ブロードウェイ・メロディー」Broadway Melody (1929)　群舞　The Wedding of the Painted Doll
[5] サミー・カーンによる案内　作曲の苦労
1「メイジー」Maisie (1939)*　アン・サザーンの歌とロバート・ヤングのピアノ　Oh Lady Be Good
2「ブロードウェイのセレナーデ」Broadway Serenade (1939)*　リュー・エイヤースがアル・シーンの励ましでジャネット・マクドナルドのために曲を作る　Broadway Serenade for Every Lonely Heart
3「詞と曲」Words and Music (1948)　ミッキー・ルーニーの歌　Manhattan
4「土曜は貴方に」Three Little Words (1950)*　フレッド・アステアとレッド・スケルトンの曲作り　Three Little Words
5「グレート・ワルツ」The Great Waltz (1938)　フェルナンド・グラヴェイ、ミリツァ・コリャス、クリスチャン・ラブが公園で馬車に乗りながら小鳥の声を聞いて『ウィーンの森の物語』を作る　Tales from the Vienna Woods
[6] フレッド・アステアとジーン・ケリーによる案内
1「雨に唄えば」Singin' in the Rain (1952)　ドナルド・オコナーとデビー・レイノルズ、ジーン・ケリーの歌と踊り　Good Morning
2「バンド・ワゴン」The Band Wagon (1953)　ナネット・ファブレイとフレッド・アステア、ジャック・ブキャナンの歌　Triplets
3「若草の頃」Meet Me in St. Louis (1944)　ジュディ・ガーランドの歌（マーガレット・オブライエンに対して歌う）

399

第 6 章　1970年代：ロックの時代

Have Yourself a Merry Little Christmas
4「イースター・パレード」Easter Parade (1948)　フレッド・アステアの歌とスロー・モーションの踊り　Steppin' Out with My Baby
5「情欲の悪魔」Love Me or Leave Me (1955)　ドリス・デイのナイト・クラブでの歌　Ten Cents a Dance
6「巴里のアメリカ人」An American in Paris (1951)　ジーン・ケリーとパリの子供たちの歌　I Got Rhythm
[7] フランク・シナトラの特集
1「優しい罠」The Tender Trap (1955)*　フランク・シナトラの歌　The Tender Trap
2 フランク・シナトラのソロ・デビュー・コンサート映像 (1942)　ニュー・ヨークのパラマウント劇場でのシナトラの歌　I'll Walk Alone
3「雲の流れ去るまで」Till the Clouds Roll By (1946)*　シナトラの歌　Ol' Man River
4「錨を上げて」Anchors Aweigh (1945)　シナトラの歌　I Fall in Love Too Easily
5「下町天国」It Happened in Brooklyn (1947)　シナトラとビリー・ロイ、ジミー・デュランテの歌　I Believe
6「上流社会」High Society (1956)　シナトラの歌　You're Sensational
7「錨を上げて」(1945)　シナトラとジーン・ケリーの歌と踊り　I Begged Her
8「雲の流れ去るまで」(1946)*　シナトラの歌　Ol' Man River（シナトラのいろいろな場面の挿入）
[8] フレッド・アステアとジーン・ケリーによる案内　名優たちの名場面
1 グレタ・ガルボの場面集　「一人よ」aloneと言う場面
2 クラーク・ゲイブルの場面集
3「チップス先生さようなら」Goodbye, Mr. Chips (1939)
4「孤児ダビド物語」David Copperfield (1935)のW・C・フィールズ
5「グランド・ホテル」Grand Hotel (1932)
6 ジーン・ハーロウの場面集　「爆弾の頬紅」Bombshell (1933)、「晩餐八時」Dinner at Eight (1933)
7「トーキー映画の旅」Travel Talkies (1934–1953)*　短編紀行カラー映画短編から（香港、ストックホルム、タージ・マハール、ガテマラ、日本、アイルランド、スイスなど）
8「類人猿ターザン」Tarzan (1932)のジョニー・ワイズミューラー
9 ジミー・デュランテ場面集　「ハリウッド・パーティ」Hollywood Party (1934)のターザンのパロディ、「ジャンボ」Jumbo (1962)
10 いろいろな役者たち
11 クラーク・ゲイブルの場面集　『愛している』I Love Youと言う場面
12 マルクス兄弟の場面集　「オペラは踊る」A Night at the Opera (1935)、「マルクス一番乗り」A Day at the Race (1937)
13「二都物語」A Tale of Two Cities (1935)のロナルド・コールマン
14「家路」Lassie Come Home (1943)のラッシー（犬）
15「風と共に去りぬ」Gone with the Wind (1939)
[9] ジーン・ケリーによる案内　パリ特集
1「メリイ・ウィドウ」The Merry Widow (1934)　モーリス・シュヴァリエの歌　Maxim's
2「メリイ・ウィドウ」(1934)　モーリス・シュヴァリエの歌　Girls, Girls, Girls
3「雲の流れ去るまで」Till the Clouds Roll By (1946)*　ダイナ・ショアの歌　The Last Time I Saw Paris（本編からカットされた場面）
4「巴里のアメリカ人」An American in Paris (1951)　ジーン・ケリーとレスリー・キャロンのセーヌ河岸での踊り　Love Is Here to Stay
5「巴里のアメリカ人」(1951)　ジョルジュ・ゲタリーの歌　(I'll Build A) Stairway to Paradise
6「カンカン」Can-Can (1960)　グウェン・ヴァードンの踊り　Can Can
7「メリイ・ウィドウ」(1934)　舞踏会場面　The Merry Widow Waltz
[10] ジーン・ケリーとフレッド・アステアによる案内
1「舞踊への招待」Invitation to the Dance (1956)　アニメの中のアラブの宮殿でジーン・ケリーが二人の男と踊る　「船乗りシンドバッド」Sinbad the Sailorから
2「上流社会」High Society (1956)　ビング・クロスビーとルイ・アームストロングの歌　Now You Has Jazz
3「イースター・パレード」Easter Parade (1948)　ジュディ・ガーランドとフレッド・アステアが浮浪者の恰好で歌う　A Couple of Swells
4「小さな町の娘」Small Town Girl (1953)*　ボビー・ヴァンのピョンピョン踊り　Take Me to Broadway
5「雨に唄えば」Singin' in the Rain (1952)　ジーン・ケリーとシド・チャリシーの踊り　Broadway Melody Ballet
6「アニーよ銃をとれ」Annie Get Your Gun (1950)　ルイ・カルハーンとベティ・ハットン、ハワード・キール、キーナン・ウィンの歌　There's No Business Like Show Business
[11] スペンサー・トレイシーとキャサリン・ヘプバーンの映画集
1「少年の町」Boys Town (1938)　トレイシーとミッキー・ルーニー
2「ブーム・タウン」Boom Town (1940)　トレイシーとク

400

4　名作のアンソロジー

ラーク・ゲイブル
3「フィラデルフィア物語」The Philadelphia Story (1940)　ヘプバーンとケアリー・グラント
4「パットとマイク」Pat and Mike (1952)*　トレイシーとヘプバーン
5「アダム氏とマダム」Adam's Rib (1949)　トレイシーとヘプバーン
6「パットとマイク」Pat and Mike(1952)*　トレイシーとヘプバーン
[12] ジーン・ケリーとフレッド・アステアによる案内
1「いつも上天気」It's Always Fair Weather (1955)　ジーン・ケリーの歌とローラー・スケートによる踊り　I Like Myself
2「恋の手ほどき」Gigi (1958)　ハーマイアニ・ジンゴールドとモーリス・シュヴァリエの歌　I Remember It Well
3「ブロードウェイのバークレイ夫妻」The Barkleys of Broadway (1949)*　フレッド・アステアとジンジャー・ロジャースの踊り　Bouncin' the Blues
4「恋は簡単」Easy to Love (1953)*　エスター・ウィリアムスの水上スキー　Cypress Gardens Water Spectacular（バスビー・バークレイ演出）
（ジーン・ケリーとフレッド・アステアの締めくくりの歌「バンド・ワゴン」のアステア、ナネット・ファブレイほかの歌う That's Entertainment が入る）
〈エンド・タイトルと退場音楽〉

ザッツ・ダンシング！　That's Dancing！(1984) は、再びジャック・ヘイリー・ジュニアの手掛けた、踊り中心のアンソロジー映画。MGMの作品だが、フォックス社など、ほかのスタジオの作品も含まれている。
〈タイトル〉That's Dancing!　各種ミュージカル映画の場面が挿入される
[1] ジーン・ケリーによる案内　初期のミュージカル映画
1 路上のブレイクダンス／太古からの踊りの歴史／20世紀初期の記録的映画
2「陽気な巴里っ子」So This Is Paris (1926)　エルンスト・ルビッチの映画のパーティ場面
3「ショウ・オブ・ショウズ」The Show of Shows (1929)　フィナーレの群舞
[2] バスビー・バークレイの作品
1「青空狂騒曲」Flying High (1931)　コーラス・ガールたち　We'll Dance Until Dawn
2「四十二番街」42nd Street (1933)　ルビー・キーラーと群舞　Forty-Second Street
3「ゴールド・ディガース」Gold Diggers of 1933 (1933)　ルビー・キーラーほかのヴァイオリンをモチーフとした踊り　Shadow Waltz
4「泥酔夢」Dames (1934)のプロモーション映画　バークレイ監督へのインタビュー
5「泥酔夢」(1934)　大勢のルビー・キーラー　I Only Have Eyes for You
6「泥酔夢」(1934)　ディック・バウエルの歌と群舞　Dames
7「ゴールド・ディガース36年」Gold Diggers of 1935 (1935)　群舞によるタップ・ダンス　Lullaby of Broadway
8「ルーファス・ジョーンズを大統領に」Rufus Jones for President (1933)*短編　子供時代のサミー・デイヴィス・ジュニア　You Rascal You (I'll Be Glad When You're Dead)
[3] サミー・デイヴィス・ジュニアによる案内　タップ・ダンスの名手たち
★フレッド・アステア
1「ロバータ」Roberta (1935)　アステア　I Won't Dance
2「コンチネンタル」The Gay Divorcee (1934)　アステアとジンジャー・ロジャース　Night and Day
3「有頂天時代」Swing Time (1936)　アステアとジンジャー・ロジャース　Pick Yourself Up
★ビル・ロビンソン
4「テンプルの愛国者」The Littlest Rebel (1935)　シャーリー・テンプルとビル・ロビンソン　Organ Grinder's Swing
5「一日だけの王様」King for a Day (1934)*短編　ビル・ロビンソン　The Old Folks at Home
6「一日だけの王様」King for a Day (1934)*短編　ビル・ロビンソン　Smiles
★エレノア・パウエル
7「踊るブロードウェイ」Broadway Melody of 1936 (1935)　エレノア・パウエル　Broadway Rhythm
8「踊るホノルル」Honolulu (1939)　エレノア・パウエルのフラダンス衣装での踊り　Hola E Pae
★ニコラス兄弟
9「遥かなるアルゼンチン」Down Argentine Way (1940)*　ニコラス兄弟　Down Argentine Way
★レイ・ボルジャー
10「ハーベイの店の娘たち」The Harvey Girls (1946)*　レイ・ボルジャー　On the Atchison, Topeka and the Santa Fe
11「オズの魔法使」The Wizard of Oz (1939)　案山子のレイ・ボルジャー　If I Only Had a Brain（カット場面）
12「オズの魔法使」(1939)　レイ・ボルジャーとジュディ・ガーランドの歌　We're Off to See the Wizard
13「愛と喝采の日々」The Turning Point (1977)　ミハイル・バリシニコフの踊り　バレエ「海賊」
[4] ミハイル・バリシニコフによる案内　バレエの人々

401

1 無声映画時代のバレエ
2 ロイ・フラーの回転ダンス　照明により衣装の色が変わる
3 イサドラ・ダンカンの映像
4 「ポルティシの啞娘」The Dumb Girl of Portici (1916)　アンナ・パヴロワの踊り
5 コールド・バレエ（2色方式テクニカラー）
6 「油断なく」On Your Toes (1939)*　ヴェラ・ゾリナとチャールズ・ラスキーの踊り（ジョージ・バランシン振付）
7 「赤い靴」The Red Shoes (1948)　モイラ・シアラーの踊り　The Ballet of the Red Shoes
8 「回転木馬」Carousel (1956)　ジャック・ダムボワーズの踊り　Louise's Ballet（アグネス・デ・ミルのオリジナルに変更を加えた振付）
9 バレエ「海賊」ルドルフ・ヌレエフとマーゴ・フォンテインのパ・ド・ドゥ

[5] レイ・ボルジャーによる案内　フレッド・アステアとジーン・ケリー
1 「恋愛準決勝戦」Royal Wedding (1951)　アステアとジェイン・パウエルと群舞　I Left My Hat in Haiti
2 「雨に唄えば」Singin' in the Rain (1952)　ケリーとドナルド・オコナー　Moses
3 「土曜は貴方に」Three Little Words (1950)　アステアとヴェラ＝エレンの踊り　Thinking of You（ハーミズ・パン振付）
4 「舞踊への招待」Invitation to the Dance (1956)　キャロル・ヘイニーとケリー　「船乗りシンドバッド」Sinbad the Sailorから（キャロル・ヘイニーの踊るモデル映像と完成したアニメ版）
5 「バンド・ワゴン」The Band Wagon (1953)　アステアとルロイ・ダニエルズ　A Shine on Your Shoes
6 「いつも上天気」It's Always Fair Weather (1955)　ケリーとマイケル・キッド、ダン・デイリーの踊り　The Binge（マイケル・キッド振付）

[6] ライザ・ミネリによる案内　ブロードウェイの舞台作品からの踊り
1 「ヤンキー・ドゥードゥル・ダンディ」Yankee Doodle Dandy (1942)　ジェイムス・キャグニー　Give My Regards to Broadway（セイモア・フェリックスとルロイ・プリンスの振付）
2 「キス・ミー・ケイト」Kiss Me Kate (1953)　アン・ミラーとトミー・ランドール、ボビー・ヴァン、ボブ・フォッシー　Tom, Dick or Harry（ハーミズ・パンとボブ・フォッシーの振付）
3 「オクラホマ！」Oklahoma! (1955)　ジェイムス・ミッチェルとバムビ・リンの踊り　Laurey's Dream Ballet（アグネス・デ・ミルの振付）
4 「スイート・チャリティ」Sweet Charity (1969)　シャーリー・マクレインとチタ・リヴェラ、ポーラ・ケリー　There's Gotta Be Something Better Than This（ボブ・フォッシーの振付）
5 「絹の靴下」Silk Stockings (1957)　シド・チャリシー　Red Blues（ユージ・ローリングの振付）
6 「ウエスト・サイド物語」West Side Story (1961)　タッカー・スミスとラス・タムブリン、バート・ミッチェルスと群舞　Cool（ジェローム・ロビンスの振付）

[7] ジーン・ケリーによる案内　1980年代の新しい傾向
1 「サタデー・ナイト・フィーバー」Saturday Night Fever (1977)　ジョン・トラヴォルタのディスコ・ダンス（音楽はビー・ジーズ）　You Should Be Dancing
2 「フェーム」Fame (1980)　ニュー・ヨークの路上での踊り（アイリーン・キャラの歌）　Fame
3 「フラッシュダンス」Flashdance (1983)　アイリーン・キャラの歌によるジェニファー・ビールスのオーディションの踊り　Flashdance...What A Feeling
4 「今夜はビート・イット」Beat It (1983)　マイケル・ジャクソンと群舞（ミュージック・ビデオ）

〈エンド・タイトル〉シド・チャリシー「絹の靴下」、アステアとロジャース「有頂天時代」、ジーン・ケリー「舞踏への招待」、エレノア・パウエル「ホノルル」、マージとガワー・チャムピオン、群舞「ウエスト・サイド物語」、テムプルとロビンソン「テムプルの愛国者」、群舞「泥酔夢」、トーキー初期の作品など挿入される

ザッツ・エンターテインメント　PART 3
That's Entertainment! Ⅲ (1994) は、MGMの70周年記念で作られた作品。監督はバッド・フリージェンとマイケル・J・シェリダンで、今回は、本編からカットされ倉庫に眠っていたフィルムを探し出してきて見せる。沢山探し出したので、この映画に入り切らなかったものは、「ザッツ・エンターテインメント」シリーズの3枚をセットとしたDVDの、おまけとしてリリースされている。

1 序曲　Overture
2 「ジーグフェルド・フォリーズ」Ziegfeld Follies (1945)　フレッド・アステアの歌とルシル・ボール　Here's to the Girls

〈タイトル〉後ろで流れる各種のミュージカル場面は、ジャック・ブキャナンの「バンド・ワゴン」、ジューン・アリソンの「詞と曲」*、シド・チャリシーの「バンド・ワゴン」、レナ・ホーン「ブロードウェイ・リズム」*、ハワード・キールの「キス・ミー・ケイト」、ジーン・ケリーの「雨に唄えば」、アン

4 名作のアンソロジー

ミラーの「小さな町の娘」*、デビー・レイノルズ「メルヴィンが好き」*、ミッキー・ルーニーの「バンドを鳴らせ」*、エスター・ウィリアムスの「百万弗の人魚」、「ジーグフェルド・フォリーズ」ほか

[1] ジーン・ケリーによる案内　トーキー初期と1930年代

1 「ロカスト五人姉妹」（短編）The Five Locust Sisters (1928)*　ファイヴ・ロカスト姉妹の歌　My Pet
2 「ホリウッド・レヴュー」Hollywood Revue of 1929 (1929)　クリフ・エドワーズの歌とフィナーレ（2色カラー）ノアの箱舟の場面　Singing in the Rain
3 初期の2色方式テクニカラーのミュージカル映画から
4 「時の行進」March of Time（1930年頃の未完成の作品）*　ドッジ・ツインズの歌　The Lock Step
5 「駄法螺男爵」Meet the Baron (1933)　シャワーを浴びる美女たちの歌　Clean as a Whistle
6 「浮かれ姫君」Naughty Marietta (1935)　ジャネット・マクドナルドとネルソン・エディの歌　Ah, Sweet Mystery of Life
7 「ハリウッド・パーティ」Hollywood Party (1934)　合唱　Hollywood Party
8 「踊る不夜城」Broadway Melody of 1938 (1937)　燕尾服で踊るエレノア・パウエルとバディ・エブセン、ジョージ・マーフィ　Follow in My Footsteps
9 「ご婦人よ行儀良く」Lady Be Good (1941)*　エレノア・パウエルの踊り（撮影風景との比較）Fascinating Rhythm
10 「青春一座」Babes in Arms (1939)　ミッキー・ルーニーとジュディ・ガーランドの歌　Good Morning
11 「青春一座」(1939)　フィナーレ
12 「アンディ・ハーディの二重生活」Andy Hardy's Double Life (1942)*　ミッキー・ルーニーとエスター・ウィリアムスのキス場面

[2] エスター・ウィリアムスによる案内　エスターの泳ぎ

1 「今度は本気で」This Time for Keeps (1947)*　ジミー・デュランテの歌とエスター・ウィリアムスの泳ぎ　Ten Percent Off
2 エスター・ウィリアムスの場面集　ギリシャ彫刻と共演「ユピテルのお気に入り」Jupiter's Darling (1955)*、トムとジェリーと共演「濡れると危険」Dangerous When Wet (1953)*、ハワード・キールと共演「テキサス・カーニバル」Texas Carnival (1951)*、「百万弗の人魚」Million Dollar Mermaid (1952)のフィナーレ
3 「雲の流れ去るまで」Till the Clouds Roll By (1946)*　ジューン・アリソンの歌　Cleopatterer

[3] ジューン・アリソンによる案内　1940年代の作品

1 「綺麗な脚を前に」Best Foot Forward (1943)*　ジューン・アリソンとグロリア・デ・ヘイヴン、ナンシー・ウォーカーの歌と踊り　The Three B's
2 「錨を上げて」Anchors Aweigh (1945)　キャスリン・グレイスンの歌　Waltz from Serenade for Strings
3 「イースター・パレード」Easter Parade (1948)　アン・ミラーの歌とタップ・ダンス　Shaking the Blues Away
4 「グッド・ニュース」Good News (1947)*　ジョーン・マクラケン、レイ・マクドナルドの歌と踊り　Pass That Peace Pipe
5 「ブロードウェイ・リズム」Broadway Rhythm (1944)　ロス姉妹の歌とアクロバティックな踊り　Solid Potato Salad
6 「踊る大紐育」On the Town (1949)　ジーン・ケリーとヴェラ＝エレン、フランク・シナトラとベティ・ギャレット、ジュールス・マンシンとアン・ミラーの踊り　On the Town
7 「いつも上天気」It's Always Fair Weather (1955)　シド・チャリシーのボクシング・ジムでの踊り　Baby, You Knock Me Out

[4] シド・チャリシーによる案内　ジーン・ケリーの作品

1 「僕と彼女のために」For Me and My Gal (1942)*　ケリーとジュディ・ガーランドのヴォードヴィルでの歌と踊り　Ballin' the Jack
2 「夏期公演」Summer Stock (1950)*　ケリーと新聞紙の踊り　You Wonderful You
3 「詞と曲」Words and Music (1948)*　ケリーとヴェラ＝エレンの踊り　Slaughter on Tenth Avenue
4 「巴里のアメリカ人」An American in Paris (1951)　ロートレックの絵の中で踊るケリー　An American in Paris Ballet
5 「雨に唄えば」Singin' in the Rain (1952)　ケリーとドナルド・オコーナーの歌とフィドルを弾きながらの踊り　Fit as a Fiddle
6 「ブリガドーン」Brigadoon (1954)　ケリーとシド・チャリシーの丘の上での踊り　The Heather on the Hill
7 「雨に唄えば」Singin' in the Rain (1952)　デビー・レイノルズの広告版の前での歌　You Are My Lucky Star（削除場面）

[5] デビー・レイノルズによる案内　いろいろな出演者と有名女優たち

1 「美人劇場」Ziegfeld Girl (1941)　トニー・マーティンの歌とラナ・ターナー、ヘディ・ラマー　You Stepped out of a Dream
2 「メルヴィンが好き」I Love Melvin (1953)*　デビー・レイノルズの歌　A Lady Loves（削除された田舎娘の場面）
3 「いつも上天気」It's Always Fair Weather (1955)　ドロレス・グレイの歌　Thanks a Lot, But No Thanks
4 「恋歌」Torch Song (1953)　ジョーン・クロフォードと

ド・チャリシー(「バンド・ワゴン」の削除場面)の画面比較(歌は両方ともインディア・アダムス) Two Faced Woman
5 ザヴィア・クガート楽団のナイト・クラブでの演奏 トーテムの前で白い服の女たちが踊る
6「接吻盗賊」The Kissing Bandit (1948)* リカルド・モンタルバンとシド・チャリシー、アン・ミラーがメキシコで踊る Dance of Fury
7「ナンシー、リオへ行く」Nancy Goes to Rio (1950)* カルメン・ミランダの歌 Caroom Pa Pa
8「ブロードウェイ」Babes on Broadway (1941) ミッキー・ルーニーの歌(カルメン・ミランダのパロディ) Mama, Yo Quiero
9「詞と曲」Words and Music (1948)* レナ・ホーンの歌 Where or When

[6] レナ・ホーンによる案内 レナ・ホーンとジュディ・ガーランド
1「パナマのハティ」Panama Hattie (1942)* レナ・ホーンの歌 Just One of Those Things
2「天の安息所」Cabin in the Sky (1943)* レナ・ホーンの歌(バブル・バスの中で歌う削除場面) Ain't It the Truth
3「ショウボート」Show Boat (1951) エヴァ・ガードナーの歌 Can't Help Lovin' Dat Man (アネット・ウォーレンの吹替と本人の歌との比較)
4「雲の流れ去るまで」Till the Clouds Roll By (1946)* レナ・ホーンの歌 Can't Help Lovin' Dat Man
5「アニーよ銃をとれ」Annie Get Your Gun (1950) ベティ・ハットン版の1場面の後、ジュディ・ガーランド版の I'm an Indian Too (削除場面)
6「アニーよ銃をとれ」(1950) ジュディ・ガーランドの歌 Doin' What Comes Natur'lly (削除場面)
7「詞と曲」Words and Music (1948)* ジュディ・ガーランドとミッキー・ルーニーの歌 I Wish I Were in Love Again

[7] ミッキー・ルーニーによる案内 ジュディ・ガーランドの作品
1「みんな歌おう」Everybody Sing (1938)* ジュディの歌 Swing Mr. Mendelssohn
2「初恋合戦」Love Finds Andy Hardy (1938) ジュディの歌 In-Between
3「オズの魔法使」The Wizard of Oz (1939) マンチキンたちの歌 Follow the Yellow Brick Road (「オズの魔法使」の場面が挿入される)
4 アカデミー賞授賞式(1940) ミッキーがジュディにオスカーを手渡す場面
5「オズの魔法使」(1939) ジュディの歌 Over the Rainbow
6「ブロードウェイ」Babes on Broadway (1941) ミッキーとジュディの歌 How About You?
7「美人劇場」Ziegfeld Girl (1941) ジュディの歌 Minnie from Trinidad
8「雲の流れ去るまで」(1946)* ジュディの歌 Who?
9「ハーヴェイの店の娘たち」The Harvey Girls (1946)* ジュディの歌 March of the Doagies (削除場面)
10「イースター・パレード」Easter Parade (1948) ジュディの歌 Mr. Monotony (削除場面) 初めに「夏期公演」(1950)*で同じ曲を歌うジュディの場面が入る。
11「イースター・パレード」Easter Parade (1948) フレド・アステアとアン・ミラーの踊り It Only Happens When I Dance with You

[8] アン・ミラーによる案内 フレッド・アステアの踊り
1「ダンシング・レディ」Dancing Lady (1933) ジョーン・クロフォードとアステアの踊り Let's Go Bavarian
2「踊るニュウ・ヨーク」Broadway Melody of 1940 (1940) エレノア・パウエルとアステアのタップ・ダンス Juke Box Dance
3「ヨランダと泥棒」Yolanda and the Thief (1945)* アステアとルシル・ブレマーの踊り Coffee Time
4「イースター・パレード」Easter Parade (1948) 玩具店で踊るアステア Drum Crazy
5「バンド・ワゴン」The Band Wagon (1953) アステアとシド・チャリシーのハード・ボイルド風の踊り Girl Hunt Ballet
6「ブロードウェイのバークレイ夫妻」The Barkleys of Broadway (1949)* アステアとジンジャー・ロジャースのオープニング・タイトル・バックの踊り Swing Trot (タイトルを消したもの)
7「ニュー・ヨークの美女」The Belle of New York (1952)* アステアの踊り I Wanna Be a Dancin' Man (削除場面と最終版の比較)
8「アニーよ銃をとれ」Annie Get Your Gun (1950) ハワード・キールとベティ・ハットンの歌 Anything You Can Do

[9] ハワード・キールによる案内 大型画面の時代
1「絹の靴下」Silk Stockings (1957) フレッド・アステアとジャニス・ペイジの歌と踊り Stereophonic Sound (当時の大画面映画の予告編が挿入される)
2「情欲の悪魔」Love Me or Leave Me (1955) ドリス・デイの歌と踊り Shaking the Blues Away
3「監獄ロック」Jailhouse Rock (1957) エルヴィス・プレスリーの歌 Jailhouse Rock
4「恋の手ほどき」Gigi (1958) ルイ・ジュールダンの歌 Gigi (「恋の手ほどき」の様々な場面が挿入される)

[10] ジーン・ケリーの締めくくり

4 名作のアンソロジー

1「バンド・ワゴン」The Band Wagon (1953) フレッド・アステア、ジャック・ブキャナン、オスカー・レヴァント、ナネット・ファブレイ、シド・チャリシーの歌 That's Entertainment いろいろなミュージカル映画の場面が挿入される)
〈エンド・タイトル〉

思い出のフォックス・ミュージカル Fred Astaire Salutes the Fox Musicals (1974) は、テレビ用に制作されたもの。フレッド・アステアが司会、進行を担当する、フォックス版の「ザッツ・エンターテインメント」。フォックス・スターが総出演。日本でもテレビ放映された。
〈アステアの挨拶〉

1「ショウほど素敵な商売はない」There's No Business Like Show Business (1954) タイトル曲 エセル・マーマンの歌
2「足ながおじさん」Daddy Long Legs (1955) フレッド・アステアがドラムを叩く History of the Beat
3「紳士は金髪がお好き」Gentlemen Prefer Blondes (1953) マリリン・モンローとジェイン・ラッセルの歌 Two Little Girls From Little Rock
4「ショーの後で逢いましょう」Meet Me After the Show (1951)* ベティ・グレイブル No-Talent Joe
5「カンカン」Can-Can (1960) ベティ・グレイブルとグウェン・ヴァードンがモーリス・シュヴァリエの誕生日を祝う会に、スタジオ見学に訪れた訪米中のソ連のフルチショフ首相が加わる
〈踊りの作品〉
6「五十年後の世界」Just Imagine (1930) ダンス場面
7「シュヴァリエの巴里っ子」Folies Bergère de Paris (1935) モーリス・シュヴァリエとアン・サザーン(デイヴ・グールドがダンス監督でアカデミー賞を受賞する場面が続く)
8「足ながおじさん」Daddy Long Legs (1955) フレッド・アステアの踊り Sluefoot
〈歌の作品〉
9「仲間は皆ここに」The Gang's All Here (1943)* カルメン・ミランダの歌
10「マダムと呼びなさい」Call Me Madam (1953)* エセル・マーマンとドナルド・オコーナーの歌 You're Just In Love
11「カルメン」Carmen Jones (1954) パール・ベイリーの歌
12「ハロー・ドーリー！」Hello, Dolly! (1969) タイトル曲 バーブラ・ストライザンドとルイ・アームストロングの歌
13「銀盤の女王」One in a Million (1936) ソーニャ・ヘニーのスケート
14「フットボール・パレード」Pigskin Parade (1936)* ジュディ・ガーランドの歌
〈フォックスの子役〉
15「輝く瞳」Bright Eyes (1934) シャーリー・テンプルの歌
16「放浪者たち」Rascals (1938)* ジェイン・ウィザーズの歌
17「農園の寵児」Rebecca of Sunnybrook Farm (1938) シャーリー・テンプルとビル・ロビンソンの踊り
〈大人たち〉
18「サニー・サイド・アップ」Sunny Side Up (1929) ジャネット・ゲイナーとチャールズ・ファーレルの歌
19「万事ありがとう」Thanks for Everything (1938)* アイリーン・ハーヴェイとトニー・マーティン
20「陽気な街」On the Avenue (1937) リッツ兄弟のコメディ場面
21「シュヴァリエの巴里っ子」Folies Bergère de Paris (1935) モーリス・シュヴァリエの歌
22「ストーミー・ウェザー」Stormy Weather (1943) レナ・ホーンの歌、キャブ・キャロウェイとニコラス兄弟の踊り
23「わが心に歌えば」With a Song in my Heart (1952) スーザン・ヘイワードの歌
〈第二次世界大戦中の娯楽作品〉
24 海軍支援ショーでのゲスト出演 ボリス・カーロフ、イヴ・アーデン、ダニー・ケイほか
25「ジープの4人娘」Four Jills in a Jeep (1944)* マーサ・レイとディック・ヘイムス
26「ピン・ナップ・ガール」Pin Up Girls (1944)* ローラー・スケートの群舞
〈アカデミー賞受賞作品〉
27「慕情」Love is a Many-Splendored Thing (1955)を指揮するアルフレッド・ニューマン
28「ドリー姉妹」The Dolly Sisters (1945)* ベティ・グレイブルの歌 I Can't Begin to Tell You
29「明日に向かって撃て」Butch Cassidy and the Sundance Kid (1969) B・J・トーマスの歌 Raindrops Keep Fallin' on my Head (映像は自動車で逃げる場面)
30「もしもし、サン・フランシスコですか」Hello, Frisco, Hello (1943)* アリス・フェイの歌 You'll Never Know
31「ステート・フェア」State Fair (1945) ジーン・クレインの歌 It Might As Well Be Spring
32「ドリトル先生 不思議な旅」Doctor Dolittle (1967) レックス・ハリスンの歌 Talk to the Animals
〈ロマンチックな二人〉
33「僕の恋人サリー」My Gal Sal (1942)* リタ・ヘイワー

スとヴィクター・マチュア
34「足ながおじさん」Daddy Long Legs (1955) フレッド・アステアとレスリー・キャロンの歌と踊り Something's Gotta Give

35「サウンド・オブ・ミュージック」The Sound of Music (1965) ジュリー・アンドルーズの歌
〈アステアの締めくくり〉

---

5 クラシック系の音楽映画

　1970年には、チャイコフスキーの伝記映画が2本登場した。ひとつはソ連で作られた重厚な伝記映画「チャイコフスキー」Tchaikovsky (1970)で、作曲家の苦悩を描く。もう1本は英国で作られた「恋人たちの曲 悲愴」The Music Lovers (1970)で、エキセントリックな作風で知られるケン・ラッセル監督が作曲家の人物像を鮮明に描き出した。

　ケン・ラッセルは1970年代の前半に音楽映画を多く手掛けていて、この作品の後にミュージカル「ボーイフレンド」The Boy Friend (1971)をはさんで、「マーラー」Mahler (1974)、「リストマニア」Lisztomania (1975)*と、大作曲家の伝記作品を作った。「リストマニア」*はロック調のドタバタ喜劇風で、随分とデフォルメされたフランツ・リスト像になっている。

　そのほかの音楽作品としては、MGMの名作「グレート・ワルツ」The Great Waltz (1938)をリメイクした「美しき青きドナウ」The Great Waltz (1972)が作られた。

チャイコフスキー　Tchaikovsky (1970)はソ連製で、いわば公式の伝記映画。チャイコフスキーが楽曲を作る中での苦悩を描いていて、バレリーナのマイヤ・プリセツカヤが珍しく歌手役で出演している。

　『ピアノ協奏曲第1番』で名を挙げたインノケンティ・スモクトゥノフスキー（チャイコフスキー役）は、歌手マイヤ・プリセツカヤとの恋、社交界のメック夫人の経済的な支援や二人の膨大な手紙のやり取り、教え子との結婚と離婚、恩師の死などの不幸を乗り越えて、次々と名曲を世に送り出して、最後に『悲愴』を完成させる。しかし、その初演の直後に病に倒れて帰らぬ人となる。

　ソ連的な大作映画で、音楽だけを楽しめば良いが、映画としては重厚過ぎて疲れる。イゴール・タランキンほかの監督でカラー、シネスコ版作品。

恋人たちの曲 悲愴　The Music Lovers (1970) は、英国のケン・ラッセル監督が描く作曲家チャイコフスキーの伝記作品で、チャイコフスキーの同性愛的な傾向に力点を置いて描いている。

　リチャード・チェムバレン（チャイコフスキー役）は、モスクワの音楽院の前途有望な学生だったが、若い伯爵クリストファー・ゲイブルと親密過ぎる仲となり、人々も心配をする。彼の発表した『ピアノ協奏曲第1番』は、教授陣からは酷評されたが、聴衆からは支持されて、芸術好きのメック夫人が彼の支援に動く。リチャードは生活を立て直そうと、クリストファーと別れてグレンダ・ジャクソンと結婚するが、二人の間はうまく行かない。リチャードはメック夫人の庇護を受けて田舎で作曲に専念するが、それもクリストファーによって邪魔されてしまう。そして、夫人との間に溝が出来ただけでなく、彼を支えてきた姉も亡くなり、すっかり気落ちしてしまい、最後の『悲愴』を書き上げて自殺してしまうのだった。

　ケン・ラッセルは、BBCの依頼で作曲家エドガー・エルガーの伝記作品「エルガー」Elgar (1962)*をテレビ向けに撮っているが、1970年代になり、この作品に続いてグスタフ・マーラー、フランツ・リストの伝記的な作品を続けて作る。

　演奏はアンドレ・プレヴィン指揮のロンドン・シンフォニー・オーケストラが担当している。カラー、シネスコ版作品。

マーラー　Mahler (1974)は、ケン・ラッセルの音楽家伝記映画の第2弾で、グスタフ・マーラーを扱っている。この映画では、ユダ

ヤ人であることに苦しむマーラーを中心的に描く。

20世紀初頭のヨーロッパ。ウィーンへ戻るために妻と一緒に列車に乗っているロバート・パウエル（グスタフ・マーラー役）は、自分の老い先が長くはないと知り、過去の自分をいろいろと回想する。12人兄弟の2番目として貧しい家に育ち、ピアノを勉強した思い出。妻がほかの男へ逃げるのではないかと心配したこと。オーストリア皇帝に拝謁したこと。そして、音楽界の重鎮ワーグナーに気に入られようと、ユダヤ教からカトリックへ改宗したこと。いろいろな思い出が蘇るが、今は妻との愛を確かめ合うのだった。

この作品では、ワーグナーの再婚した妻コジマが、反ユダヤ主義的な態度でマーラーを悩ませる幻想的な場面が見せ場となっている。カラー、ヴィスタ版。

リストマニア Lisztomania (1975)*は、ケン・ラッセルの音楽家シリーズの3作目になるが、それまでの描き方とはまったく異なるドタバタ喜劇風の作品。ロジャー・ダルトリー（フランツ・リスト役）の娘ヴェロニカ・キリガン（コジマ役）がポール・ニコラス（リヒャルト・ワーグナー役）と結婚して、夫婦で悪行を行う。見かねた法王がダルトリーに自制を求めるので、彼は必死になって二人を抑えようと動き回る。

主演のロジャー・ダルトリーは、ロック・グループ「ザ・フー」のヴォーカルで、同じ年に作った「Tommyトミー」Tommy (1975)でも、ケン・ラッセル監督とともに仕事をしている。リストの音楽もロック調となっている。カラー、シネスコ版。

美しき青きドナウ The Great Waltz (1972)は、MGMの名作「グレート・ワルツ」The Great Waltz (1938)のリメイク作品。1938年版はフランスの名匠ジュリアン・デュヴィヴィエ監督の作品で、オペラ歌手ミリツァ・コリャスが素晴らしい歌声を聞かせてくれた。今回の作品はカラーの大型映画だが、内容的には劣る。

19世紀中頃のウィーン。街で流行しているのは軽快なウィンナ・ワルツで、ナイジェル・パトリック（ヨハン・シュトラウス父役）は、人気のワルツ作曲家だった。彼の長男ホルスト・ブッフホルツ（ヨハン・シュトラウス子役）は、音楽の才能があるのに父からは音楽を禁じられていたので、密かに母の支援を受けて、父の出演するダンス・ホールの競争相手のホールでデビューする。彼の曲は市民たちの支援を受けてヒットする。ある日、彼は美しいオペラ歌手メリー・コスタと恋におち、名曲を次々と生み出すが、心ない噂により二人の関係は破局を迎えてしまう。しかし、最後には誤解も解けて、世界平和記念祭で大オーケストラを指揮するのだった。アンドルー・L・ストーン監督のカラー、シネスコ版作品。

6　ロック系の音楽映画

ロック・コンサート系

1960年代に、ロック音楽は反戦平和運動やヒッピーと結びつき、ひとつの社会現象となった。その集大成として催されたのが、1969年8月にニュー・ヨーク州郊外で開催された3日間のロック・フェスティバルだった。30組以上のロック・グループが演奏して、40万人以上が参加しながらも大きな混乱なく運営されたこの大イベントは、1960年代の対抗文化の集大成であり、新しい活動の方向性を示した出発点として位置づけられたが、実際には終着点であったかも知れない。そのコンサートの模様を記録したドキュメンタリー映画が「ウッドストック」Woodstock (1970)であり、この映画の成功により、1970年代前半にはロック・コンサートの記録映画が多く作られた。

映画出演をやめてコンサート活動に専念し始めたエルヴィス・プレスリーの「エルヴィス　オン　ステージ」Elvis: That's the Way It Is (1970)と、「エルビス・オン・ツアー」Elvis

第 6 章　1970 年代：ロックの時代

on Tour (1972) は別格としても、多くのロック・イベントやロック・アーティストのコンサートが記録された。

多数のアーティストが出演したコンサートの記録は、ロックの殿堂フィルモアの閉鎖に伴い開催された「フィルモア 最后のコンサート」Fillmore (1972)、バングラディシュ救済のためにニュー・ヨークで開催された「バングラディシュのコンサート」The Concert for Bangladesh (1972)、黒人救済をサポートするための「ワッツタックス スタックス・コンサート」Wattstax (1973) などがある。

特定のグループが開いたコンサートとしては、ジョー・コッカーの全米ツアーを記録した「ウィズ・ジョー・コッカー」Joe Cocker: Mad Dogs and Englishman (1970)、ローリング・ストーンズの全米ツアーの模様を記録する「ローリング・ストーンズ・イン・ギミー・シェルター」Gimme Shelter (1970)、デイヴィッド・ボウイほかのロンドン・コンサートを記録した「ジギー・スターダスト」Ziggy Stardust and the Spiders from Mars (1973)、ザ・バンドの解散コンサートの記録「ラスト・ワルツ」The Last Waltz (1978) が作られた。

そのほかのロック系の映画としては、天才ギタリストの生涯を綴るドキュメント「ジミィ・ヘンドリックス」Jimi Hendrix (1973) や、1950 年代のロックンロールのスターたちが再集合した「ロックンロール・エクスプロージョン」Let's the Good Times Roll (1973)、アフリカのガーナで開催されたソウル音楽の祭典を記録した「SOUL TO SOUL 魂の詩」Soul to Soul (1971) がある。

こうしたドキュメンタリー的な映画だけでなく、1970 年代後半にはロックをテーマにした劇映画もいくつか作られた。人気のあったロック・ギタリストの伝記「バディ・ホリー物語」The Buddy Holly Story (1978)*、ロックンロール時代のディスク・ジョッキーの伝記「アメリカの熱狂レコード」American Hot Wax (1978)*、ラジオ局で自分たちの音楽を流そうとする「FM」FM (1978)*、ビートルズの追っかけの様子を描くロバート・ゼメキス監督の「抱きしめたい」I Wanna Hold Your Hand (1978)、エルヴィス・プレスリーの伝記「ザ・シンガー」Elvis (1979)、ロックンロールをめぐる高校の騒動を描く「ロックンロール・ハイスクール」Rock'n'Roll High School (1979) などがある。

そのほかに、ロックを使ったミュージカル風の作品として、西部劇仕立ての「ウエスタン・ロック　ザカライヤ」Zachariah (1971) や、シェイクスピアの「オセロ」をアメリカに置き換えた「キャッチ・マイ・ソウル」Catch My Soul (1974) が作られている。

フォーク系

1970 年代にはロック歌手だけでなく、反体制的な生き方をするフォーク歌手も、自分たちの音楽で映画を作った。また、それ以外のカントリー音楽や民族音楽などにも関心が集まった。

代表的な作品としては、反戦フォーク歌手として知られるジョーン・バエズのツアー・コンサートを記録した「ジョーン・バエズ 心の旅」Carry It On (1970)、フォーク歌手ジョー・ヒルの生涯を描いた「愛とさすらいの青春 ジョー・ヒル」Joe Hill (1971)、同じくフォーク歌手ウディ・ガスリーの伝記作品「ウディ・ガスリー わが心のふるさと」Bound for Glory (1976)、ボブ・ディランのコンサートを記録した「レナルド＆クララ」Renald and Clara (1978)、ブルース・ギタリスト兼歌手のレッドベリーの伝記「レッドベリー」Leadbelly (1976)* などのほかに、ロバート・アルトマン監督がカントリー音楽を通じてアメリカ社会を描いた「ナッシュビル」Nashville (1975) がある。

アメリカ以外の国でも音楽映画が作られた。ロック界でも人気のあったインドのシタール奏者ラヴィ・シャンカールに密着したドキュメンタリー「ラヴィ・シャンカール わが魂の詩・ラーガ」Raga (1971) や、人気ポップス・グループのオーストラリア・コンサートの模様を描いた「アバ ザ・ムービー」ABBA: The Movie (1977)、19 世紀末に偏見の中で活躍した黒人のピアニストを描いた「スコット・ジョプリン」Scott Joplin (1977)* などがある。

7 アニメ作品

ウォルト・ディズニーが1966年に亡くなったため、1960年代末からのディズニー作品は、昔からウォルトと一緒に仕事をしていたアニメーターたちが、ウォルト抜きで制作した。「おしゃれキャット」The Aristocats (1970) は、ウォルトの死後、最初に作られた長編アニメで、音楽は1960年代から活動していたシャーマン兄弟が担当したが、次の「ロビン・フッド」Robin Hood (1973) あたりからは、明確に作品の創造力が低下してくる。

その後に作られた「クマのプーさん」The Many Adventures of Winnie the Pooh (1977) は、長編ではなく中編を3本組み合わせたもの。

ウォルト後のディズニー・アニメ

おしゃれキャット The Aristocats (1970) は、ウォルトが亡くなった後に制作されたが、企画段階ではウォルトが確認していた作品。「わんわん物語」Lady and the Tramp (1955) と「101匹わんちゃん」One Hundred and One Dalmatians (1961) が、犬をテーマにした作品だったのに対して、猫をテーマとしている。

20世紀初頭のパリで裕福に暮らすボンファミーユ婦人は、ダッチェスという美しい雌猫とその3匹の子供たちを可愛がって暮らしていた。婦人が猫たちに遺産を与える遺言書を書くので、長年仕えてきた執事のエドガーはショックを受ける。エドガーは猫たちを追い払おうと、4匹を田舎に捨ててしまう。知らぬ場所で困ったダッチェスたちは、野良猫たちの協力で何とかパリの家まで戻って来るが、またしても執事のエドガーはダッチェスたちをアフリカに送ろうとする。ダッチェスは今回も野良猫たちの協力でエドガーをやっつけて、婦人と一緒に幸せに暮らす。

楽曲はシャーマン兄弟で、パリのムードを出すためにフランス風の音楽を書いている。おまけに、テーマ曲はモーリス・シュヴァリエに歌わせるという徹底ぶり。ウォルフガング・ライザーマン監督で、カラー、スタンダード版。

ロビン・フッド Robin Hood (1973) は、英国で古くから語り継がれてきた伝説の映画化。人間ではなく、シャーウッドの森に住む動物たちの世界の話に置き換えている。

国を治めるリチャード王が十字軍の遠征で留守の間に、弟のジョンは動物たちに重税を課して苦しめる。狐のロビン・フッドは、熊のリトル・ジョンと協力してジョンを襲い、宝石などを巻き上げるが、ジョンは怒ってさらに高税を課して、払えない動物たちをどんどん投獄する。ロビンらは牢から動物たちを助け出して、ジョンの財宝も併せて盗み出す。やがて十字軍の遠征からリチャード王が戻り、森に平和が訪れる。

新曲はロジャー・ミラーほかが担当、ジョージ・ブランズの書いた曲がアカデミー賞の候補に選ばれた。ウォルフガング・ライザーマン監督で、カラー、ヴィスタ版。

クマのプーさん The Many Adventures of Winnie the Pooh (1977) は、A・A・ミルンの書いた、童話シリーズ「くまのプーさん」Winnie-the-Pooh (1926) から作られた3編のアニメ中編を繋ぎ合わせた作品。

楽曲は全般にわたってシャーマン兄弟が書いていて、大半をスターリング・ホロウェイが歌っている。カラー、ヴィスタ版。なお、プーさんのシリーズは「くまのプーさん」Winnie the Pooh (2011) として続編が作られている。

1 「プーさんとはちみつ」Winnie the Pooh and the Honey Tree (1966) 食いしん坊で蜂蜜好きのプーさんが、風船を使い高いところにある蜂蜜を取ろうとするが、蜂に攻撃されて墜落。ウサギからたらふくご馳走になり、穴から出られなくなるので、翌朝、腹がへこんでからほかの動物たちが引っ張り出す。ウォルフガング・ライザーマン監督。

2 「プーさんと大あらし」Winnie the Pooh and the Blustery Day (1968) 大あらしで森が洪水となり、家を流されてしまうが、プーさんは子豚を助けて英雄となる。ウォルフガング・ライザーマン監督。

3 「プーさんとティガー」Winnie the Pooh and Tigger Too (1974) 元気な虎のティガーは、元気過ぎて皆を困らすので、ウサギがしつけを行う。ジョン・ラウンズベリー監督。

ディズニー以外のアニメ

　長編アニメのミュージカルは、長い間ディズニーの十八番だったが、ほかの会社でまったく作られなかったわけではない。1960年代にもワーナー系で、「陽気なパリ」Gay Purr-ee (1962)* というアニメが作られていて、ジュディ・ガーランドとロバート・グーレが声を担当している。1970年代に入るとディズニーが低調となった代わりに、他社が長編アニメ・ミュージカルを試みるようになった。

　独立系で作られた、猫物の「脛骨の横丁」Shinbone Alley (1971)* は、もともとメル・ブルックスとジョー・ダリオンの台本によるブロードウェイの舞台ミュージカルで、舞台ではエディ・ブラッケンとアーサ・キットが演じたが、アニメ映画では、エディ・ブラッケンとキャロル・チャニングが声を担当している。同じ猫物でも「フリッツ・ザ・キャット」Fritz the Cat (1972) は大人向けのアニメで、興行成績が良かったため、監督と台本を担当したラルフ・バクシは、続編の「大渋滞」Heavy Traffic (1973)* も作っている。

　ディズニーと並ぶアニメの大手ハンナ=バーベラ・プロダクションも、本格的なミュージカル「シャーロットのおくりもの」Charlotte's Web (1973) を作っていて、デビー・レイノルズが声を担当した。「オズへの帰還」Journey Back to Oz (1974)* は、ドロシーがもう一度頭を打ってオズの国へ行く話で、ドロシーの声はジュディ・ガーランドの娘ライザ・ミネリが担当。そのほかにも、ミッキー・ルーニー、エセル・マーマン、ミルトン・バールといった大物が声で出演している。

　アニメではないが人形を主役とする作品も登場した。人気のあった子供向けのテレビ番組「セサミ・ストリート」で人形を担当したジム・ヘンソンは、1976年に人形を主人公とした歌入りのショー番組「マペット・ショー」The Muppet Show (1976–81) をテレビで作り、大人気となったので、映画版の「マペットの夢見るハリウッド」The Muppet Movie (1979) を作っている。

第 7 章
1980 年以降のミュージカル映画

1 グローバルとデジタル

グローバル化の時代

1980年以降のアメリカは、もはや世界を単独支配できる状態ではなく、グローバル化した世界の中でのアメリカとなったことを意識せざるを得なくなる。

1979年のイランにおけるイスラム革命から始まり、ソ連のアフガニスタンへの侵攻、1980年のイラン・イラク戦争などにより、中東の石油の供給が不安定となり、第二次石油ショックが発生して石油価格が急騰したので、代替エネルギーの開発などが進められることとなる。

また、1981年のレーガン大統領の就任により、アメリカとソ連の対決姿勢は強まる。1980年代を通じて社会主義陣営では開放的な政策を求める動きが強まり、1986年のチェルノブイリ原発事故の処理などに対する批判もあって、ゴルバチョフがペレストロイカを主導、ベルリンの壁も1989年に崩壊して、1991年にはソ連が消滅して共産党の一党独裁が終了した。

その結果、ロシア、東欧も含めた各国が自由貿易体制の中に組み込まれ、さらにアジアにおいてもヴェトナムは1986年にドイモイ政策により市場参入し、中国も1992年に本格的に市場参入することとなるために、世界経済は完全に一体化したグローバル時代を迎えることになった。

それまでの資本主義体制の中で発展してきた、西欧諸国や日本などの経済先進国では、当初は市場の広がりを歓迎したものの、安く豊富な労働力を持つ新規参入諸国との経済市場の調整を余儀なくされて、バブル経済が生じたために、その後の処理に苦しむこととなる。

さらに2001年9月11日に発生したニュー・ヨーク貿易センター・ビルなどへのテロの発生により、アメリカは中東地区での戦争に本格的に巻き込まれて、長期間これにかかりきりになる。

デジタル技術の進展

この時代にはデジタル技術も大きく発展する。1982年に登場したコンパクト・ディスク(CD)は、従来の音響製品がアナログ式の記録スタイルだったものを、一気にデジタル式に変えてしまう。1995年以降はコンピュータと通信技術の急速な発展やインターネットの普及が、経済的な活動だけでなく、政治や文化にも大きな影響を与えるようになる。

さらに、1996年には家庭用DVDプレイヤーが発売されて、映像の世界もデジタル化が進んだ。21世紀となり、2001年にはiPodが発売されて、音楽も書籍も「物」を買う形式から、インターネットでダウンロードして「情報」を買う形態へと変化した。

映画の世界でも21世紀に入ると、撮影から、配給、映写まで全部デジタル化した映画が制作されるようになり、そのために従来のハイビジョンの4倍の画素数を持つ4Kや、さらに高精細化した8Kの映像技術が登場した。映画の配給も、フィルムでのプリントは高価で管理も手間がかかることから、デジタル・ファイルで配給されて、映画館もデジタル映写機で上映するように変わった。日本国内でも、2013年までにほとんどの映画館はデジタル上映方式へと転換した。

このようにデジタル化した制作環境の中で、映画制作の考え方も大きく変化して、コンピュータ・グラフィックスをフルに使用した映画も普通に制作されるようになった。こうした技術的変化は映画の内容にも当然に反映される。トーキー初期から続いてきた芸人の芸を見せる作品は1950年代で消滅してしまったが、それ以降の映画的な技法や編集などで見せる作品も後退を続ける。

物語と音楽がデジタル技術によって完全に分解されてしまい、コンピュータ・グラフィックスだけを見せるような映画が増え始める。21世紀のミュージカルを楽しめるか否かは、こうした流れに抵抗があるかないかにかかっているといっても過言ではないだろう。

2　舞台作品の映画化

　1980年代以降のブロードウェイは新しい作品を生み出すエネルギーを失い、ノスタルジックな作品やリバイバル上演が増えて、英国のアンドリュー・ロイド・ウェバーが一人で頑張る形となった。そのために、1980-90年代には新作が減り、その映画化数も当然に減少した。2000年代に入って数だけは増加に転じたが、新しい力を見せるような作品は現れていない。

1980年代

　1930年代の不況下のニュー・ヨークを舞台にした「アニー」Annie (1982) は、舞台に比較的忠実な映画化で、古典的な作り方のミュージカル。バート・レイノルズとドリー・パートンが共演した「テキサス一番の娼家」The Best Little Whorehouse in Texas (1982) は、もともとユニヴァーサル社が出資してブロードウェイで1978年に上演した作品の映画化。

　ブロードウェイでエイズが猛威を振るっていた1975年に初演されたヒット作「コーラス・ライン」A Chorus Line (1985) も映画化されたが、舞台作品ほどのインパクトはなかった。

　むしろ1980年代で注目すべき映画化は、B級ホラー映画をオフ・ブロードウェイでロック・ミュージカル化した「リトル・ショップ・オブ・ホラーズ」Little Shop of Horrors (1986) だろう。この作品には舞台版に出ていたエレン・グリーンがそのまま出演して、舞台風のセットで撮影したので、密度の濃い作品となった。

　1980年代の最後に作られた「三文オペラ」Mack the Knife (1989) は、古いブレヒト作品の映画化で、なぜ古い作品を再映画化したのかよくわからないが、時代に合わせて主役はラウル・ジュリアが演じている。

1990年代

　「ファンタスティックス」The Fantasticks (1995)*は、1960年にオフ・ブロードウェイで初演されてロング・ラン記録を作った作品の映画化で、原作舞台があまりにも舞台的に省略された簡素な作品だったので、それを具体的に映像化するためにいろいろ工夫のあとが見られるものの、結果としてうまく行かなかった。

　人気のアンドリュー・ロイド・ウェバーが作曲した、アルゼンチンのスキャンダラスな大統領夫人エヴィータの生涯を描いた「エビータ」Evita (1996) は、マドンナの主演で評判になった。ロイド・ウェバーの作品らしく、物語の展開はオペラ的に歌で行われるので、音楽的にはオリジナルの舞台版と同じような作りとなっている。

　1990年代の終わりに現れた「リトル・ボイス」Little Voice (1998) は、ミュージカルではないが、歌がふんだんに挿入された作品。自閉症で歌だけに心を開く英国の少女を描いた芝居が原作で、英国の舞台で演じたジェイン・ホロックスが映画でも好演している。

2000年以降

　21世紀に入って登場したのは、東独から脱出するために性転換手術を受けた男を描いたオフ・ブロードウェイの「ヘドウィグ・アンド・アングリーインチ」Hedwig and the Angry Inch (2001) で、舞台でも主演したジョン・キャメロン・ミッチェルが映画版でも主演している。

　美人女優二人の共演で話題となった「シカゴ」Chicago (2002) は、1920年代の芝居を1975年に舞台ミュージカル化した作品の映画化で、舞台版はボブ・フォッシーの斬新な振付と演出で評判となったが、映画版はフォッシー版とは違う振付で、かなり味わいの違う作品に仕上がっている。

　「オペラ座の怪人」The Phantom of the Opera (2004) は、ブロードウェイの初演から16年もたってからの映画化で、遅過ぎる感もあるが、主演の配役で難航したようだ。このアンドリュー・ロイド・ウェバーの代表作は、音楽が緻密でオペラ的な構成なので、映画化に当たっても舞台版に忠実な形をとっている。

　プッチーニのオペラ「ラ・ボエーム」の話を現代ニュー・ヨークに置き換えたロック・

413

ミュージカル「RENT レント」Rent (2005) の主人公たちは、昔のような白血病ではなく現代的なエイズに苦しむが、この作品も舞台版に忠実な映画化。

「プロデューサーズ」The Producers (2005) は、1960 年代のメル・ブルックスの映画を舞台ミュージカル化した作品の映画版で、ブロードウェイの初演が 2001 年だから、ネイサン・レインとマシュー・ブロドリックという舞台でも主演した二人がそのまま演じただけでなく、監督も舞台の演出・振付を担当したスーザン・ストローマンだったので、舞台版の感覚に近い映画となっている。

逆に舞台版から離れて映画化したのが「ドリームガールズ」Dreamgirls (2006) で、モータウン・レコードで売り出したダイアナ・ロスとシュープリームスがモデルとなっているが、舞台版で素晴らしかったジェニファー・ホリデイに代わって、映画版では新人のジェニファー・ハドソンが、これまたうまい歌を聞かせている。

1960 年代のまだ人種差別が残っていた頃のアメリカを描いた「ヘアスプレー」Hairspray (2007) は、当時のムードをよく再現していて、それだけでも楽しませてくれる。

スティーヴン・ソンドハイムの作品は音楽的に凝り過ぎているためか、なかなか映画化されないが、19 世紀ロンドンを舞台に理髪師が腐敗した役人に復讐する「スウィーニー・トッド　フリート街の悪魔の理髪師」Sweeney Todd : The Demon Barber of Fleet Street (2007) は、美しい音楽に支えられた舞台作品だったのに、映画版はデジタル化された映像処理が妙におどろおどろしいだけのホラー映画となってしまった。

一方、昔のヒット曲を次々と聞かせるジューク・ボックス・ミュージカルの代表作といわれた「マンマ・ミーア！」Mamma Mia! (2008) は、AßBA の音楽をうまく使って楽しい作品に仕上がった。

モーリ・イエストンが作曲した「NINE」Nine (2009) は、1982 年の舞台作品の映画化で、イタリアのフェリーニ監督の「8 1/2」のミュージカル版。フェリーニ作品はいかにも映画的で、舞台ミュージカルはイタリアの温泉施設をイメージした白いタイルを基調とした舞台的な作品だったので、映画版の作り方が注目されたが、イタリアを強調し過ぎた中途半端な仕上がりとなった。

キャメロン・マッキントッシュが制作して世界中で大ヒットしたフランス製の「レ・ミゼラブル」Les Misérables (2012) は、満を持しての映画化で、舞台のように歌を聞かせるために、歌を同時録音して撮影されたが、舞台特有の表現をどのように映像化するかに課題が残り、こうした舞台作品の映画化の難しさを改めて認識させた。

2014 年には、1960 年代に活躍した男性コーラスのフォー・シーズンズを描いた「ジャージー・ボーイズ」Jersey Boys (2014) を、クリント・イーストウッドが監督して話題となった。「ANNIE アニー」Annie (2014) は 1982 年版のリメイクだ。1982 年版は、舞台に忠実な形で映画化されているが、リメイク版では、背景を現代ニュー・ヨークに置き換えて、主人公の少女アニーと億万長者は、両方とも黒人が演じている。

ディズニー社は「アナと雪の女王」Frozen (2013) のヒットにより、童話路線に舵を切り、「眠れる森の美女」Sleeping Beauty (1959) の新解釈の実写版「マレフィセント」Maleficent (2014) を作ったが、これは音楽作品ではない。その後もその延長線上で、スティーヴン・ソンドハイムの舞台作品「森の中へ」Into the Woods (1987) を映画化して、「イントゥ・ザ・ウッズ」Into the Woods (2014) として公開した。

1980年代

テキサス一番の娼家　The Best Little Whorehouse in Texas (1982)* は、舞台でヒットした同名作品 (1978) の映画版。実話に基づく話で、話題性もありヒットした。20 世紀初頭から営業を続け、土地の男たちからも愛されていた、テキサスの小さな町の郊外にある娼家「チキン牧場」が、地元テレビの「番犬報告」のレポーターにより突然非難される。娼家を経営するドリー・パートンと長年付き合っていた地元の保安官バート・レイノルズは、何とか娼家を守ろうと州知事にも直談判するが、

マスコミの圧力には勝てずに娼家は閉鎖に追い込まれる。娘たちは皆去って行くが、バートは去ろうとするドリーを押し留めて結婚を申し込む。コリン・ヒギンズ監督のカラー、シネスコ作品。

アニー Annie (1982) は、チャールズ・ストルースとマーティン・チャーニンの同名舞台作品 (1977) の映画化。舞台作品の原作はハロルド・グレイの有名な漫画「小さな孤児アニー」Little Orphan Annie (1924–) で、新聞に連載されて不況の1930年代に人気を博した。原作の漫画は過去にも映画化されているが、この作品は舞台ミュージカルの映画版となっている。

　1930年代の不況の真っ只中のニュー・ヨーク。孤児院で暮らすアイリーン・クイン (アニー役) は明るい少女で、酔っ払いでオールド・ミスの意地悪い管理人キャロル・バーネットから逃れるために、院を抜け出す。アニーは、街で大きな野良犬サンディと出会い、自分と同じ境遇から救い出そうとするが、警官に見つかり孤児院に連れ戻されてしまう。そこへ現れたのが億万長者の秘書アン・ラインキングで、億万長者アルバート・フィニーが、社会奉仕のために1週間だけ孤児を自宅へ招くので、孤児を探しているという。アンは一目でアニーと意気投合して、彼女を連れて帰るが、アルバート・フィニーは男の子を望んでいたので、乗り気にならない。しかし、フィニーも一緒に過ごすうちに、アニーの天真爛漫な性格を知り、養女にしたいと考える。ところが、アニーは両親と別れた時に貰った片割れのロケットを大事にしていて、自分の親を探したいと言う。この話を聞いたアルバート・フィニーは、高額な懸賞金をかけてアニーの親探しを始める。亡くなった両親のロケットの片割れを、孤児院のキャロル・バーネットから手に入れた、悪漢の弟とその愛人のバーナデット・ピータースは、両親と偽って金を騙し取ろうとする。フィニーは、証拠のロケットを見せられて、危うく騙されそうになるが、孤児院の子供たちの通報により、真実が明らかとなり、晴れてアニーは億万長者の養女に迎えられる。

　舞台版の原作は、ミュージカルが不作だった1970年代のブロードウェイで気を吐いた旧世代の名作で、映画版はミュージカルには不慣れなジョン・フォード監督であったが、さすがに名監督だけあってそつなくまとめている。それもそのはずで、出演者たちがいずれも芸達者なミュージカル役者で、舞台のムードをよく映画に移し変えた。楽曲の中でも、不況の世の中で明日への希望を歌う『明日』Tomorrow は、世の中を元気付けた。カラー、シネスコ版のコロムビア作品。

　懐かしい時代背景の理屈抜きに楽しい作品なので、この映画の後にも再映画化されている。1999年には、90分のTV用作品が作られた。短く収めるために、大統領に会いに行くエピソードをカットして、結末も少し変更している。このTV版では、アニーは映画を見に行く代わりに、ブロードウェイのミュージカルを見に行く。1977年のオリジナル舞台でアニー役を演じたアンドレア・マカードルが、その舞台のスター役となって歌うので、昔のファンには懐かしい。

　2014年には、劇場用作品として本格的にリメイクされた。時代背景を現代に移した黒人版で、IT長者のジェイミー・フォックスは、金を注ぎ込んでニュー・ヨーク市長の座を狙っているが、支持率は低迷している。世間の注目を集めようと、たまたま知り合った孤児のアニーをペント・ハウスに招き、人気取りをする。ところが実の親を探すアニーの心に打たれて、彼女を引き取り、最後には市長選への出馬を諦める、という話に変っている。時代が変り、音楽も現代的になったためか、オリジナルのムードは失われている。

コーラス・ライン A Chorus Line (1985) は、マーヴィン・ハムリッシュの同名舞台作品 (1975) の映画化。舞台版は振付、演出を担当したマイケル・ベネットの原案に基づき、実際にブロードウェイのダンサーたちから体験談を聞いてまとめ上げた作品。だから、ひとつの物語というよりも、多くのダンサーたちが心で考えていることを、舞台上で見せる形となっている。映画版も基本的には舞台版を踏襲して、ダンサーたちが語る形をとっている。

　ブロードウェイの演出家マイケル・ダグラスは、新しいショーのコーラス・ダンサーを選ぶためのオーディションを実施する。大勢

集まった若者たちを踊らせて、その中から16人のメンバーを残し、最終選考を行う。そこでは、ダンサーたち一人ひとりのこれまでの経験や人生が語られて、彼らの生き様が浮かび上がってくる。その中にはマイケル・ダグラスの昔の恋人アリソン・リードも含まれているし、オーディション中に脚を痛めて病院へ運ばれるダンサーもいる。脚を痛めて踊れなくなれば、そこでダンサー人生は終わってしまうかも知れない。そうしたダンサー人生に懸けるメンバーから、8人が選ばれショーに参加することになる。

監督はリチャード・アッテンボローで、エイズに苦しんでいた時代のブロードウェイのムードをよく出している。ハムリッシュの曲も良く、『ひとつ』Oneなどがヒット、それに乗せて踊る「コーラス・ライン・キック」と呼ばれる踊りは一世を風靡した。

タップ・ルーティンで脚を挫いたダンサーが運び出された後で、「踊れなくなったらどうするのか」という演出家の問いかけがある。その問いに答える『愛のためにやったこと』What I Did for Love という歌は、舞台版ではダンサーたちの「踊りへの愛」の歌だが、映画版では演出家の恋人役アリソン・リードが「演出家への愛」を歌っていて、意味がまったく変わっている。この曲の後が、フィナーレの『ひとつ』になり、舞台版ではダンサーたちの「踊りへの愛」がさらに展開される形となるが、映画版では『愛のためにやったこと』の意味が異なっているので、フィナーレの意味が不明になってしまった。これは舞台版のほうが良い。カラー、シネスコ版のユニヴァーサル作品。

リトル・ショップ・オブ・ホラーズ Little Shop of Horrors (1986) は、アラン・メンケンのオフ・ブロードウェイの同名作品 (1982) の映画化。舞台版の基となったのは、アメリカン・インターナショナル (AIP) でB級ホラーを量産したロジャー・コーマンの同名映画「恐怖の小店」The Little Shop of Horrors (1960)*だが、日本では公開されていない。

ニュー・ヨークの下町にある小さな花屋のしがない店員リック・モラニスは、住み込みで主人にこき使われているが、女店員でグラマーなエレン・グリーン（オードリー役）に惚れている。彼は皆既日食の日に、これまで見たこともない不思議な植物を偶然に発見し、オードリー2と名付けて、興味のままに育てることにする。オードリー2は何とリックの血を欲しがり、血を与えるとすくすくと成長した。大きくなった植物を店のショー・ウィンドーに飾ると、店は大繁盛するようになる。喜んだ主人はリックに、きちんと植物を育てるように申し付けるが、大きくなるにつれて多量の血を欲しがるので、リックも困ってしまう。そこで、大好きな店員エレンの恋人でサディストの歯医者を殺して植物に与えると、植物はさらに大きくなり、店主も食べて巨大化する。これ以上は無理だと感じたリックが、エレンを連れて逃げ出そうとするので、怒った植物は大暴れして建物を壊し、その下敷きとなってしまうのだった。

スタートがB級ホラー映画で、舞台化の最初はオフ・オフ・ブロードウェイの小さな劇場だったが、アラン・メンケンの曲が良く、映画版では結構メジャーなムードの作品となっていて、文句なしに楽しめる。メンケンは、この作品の後ディズニー社のアニメ作品の楽曲を担当するようになり、1990年代のディズニー・ルネッサンスを主導した。

エレン・グリーンは舞台でもオードリー役を演じた。原作の映画では、店員役の男もオードリーも植物に食べられてしまうが、ミュージカル版では植物が建物の下敷きとなる。監督はフランク・オズで、カラー、ヴィスタ版作品。

三文オペラ Mack the Knife (1989) は、ベルトルト・ブレヒトの有名な「三文オペラ」Die Dreigroschenoper (1928) の映画化。この舞台作品は、トーキー初期のパプスト監督作品「三文オペラ」Die 3 Groschen-Oper (1931独) や、ロイヤル・シェイクスピア・カンパニー (RSC) で活躍した演出家ピーター・ブルックがローレンス・オリヴィエで撮った「三文オペラ」The Beggar's Opera (1953英) など、数多くの映画化がなされてきた。今回はアメリカ資本で作られてはいるが、形式的にはオランダ映画。監督はアイルランド出身のメナハム・ゴラン。

匕首マッキーと呼ばれるギャングの親分ラウル・ジュリアは、美しい娘レイチェル・

ロバートソンに惚れて結婚するが、実はこのレイチェルはロンドン中の乞食の総元締めをやっているリチャード・ハリスの娘で、リチャードはラウルが気に食わない。そこでラウルの昔の情婦だったジュリア・ミゲスを焚きつけてラウルを逮捕させるが、警視総監もラウルの友人なので、ラウルはまんまと逃げてしまう。怒ったリチャードは、ロンドン中が注目している女王の戴冠式に、乞食を総動員すると警視総監を脅すので、さすがの警視総監も仕方なくラウルを捕らえて処刑しようとするが、処刑の前に、女王の恩赦があり救われる。役者は揃っているが、つまらない作品に終わっている。カラー。

1990年代

ファンタスティックス The Fantasticks (1995)*は、ハーヴェイ・シュミットとトム・ジョーンズが、オフ・ブロードウェイで上演した記録的なロングラン作品 (1960) の映画化。小さな劇場ではあるが40年以上も続演したので、公演が続いている間に映画化された。内容は「シラノ・ド・ベルジュラック」Cyrano de Bergerac (1897) の作者として知られる、エドモン・ロスタンの劇「ロマネスク」Les Romanesques (1894) に基づく話。

隣に住む青年ジョセフ・マッキンタイアと娘ジーン・ルイザ・ケリーは、愛し合っている。互いの父親も結婚を望んでいるが、直接にそのことを当人たちに伝えるとかえって反撥するといけないので、交際を禁じて恋心を燃え上がらせる考えだ。父親たちは、旅回りの役者を雇って娘を誘拐させ、それを青年に救出させて結婚話を固めようとする。ところが青年があまりにも自慢げに話すので、父親たちはつい本当のことを話してしまう。ショックを受けた青年は、自分の本当の力を試そうとカーニバルへ行って役者に挑戦するが、逆にひどい目に遭わされる。隣家の娘は役者たちと一緒に旅へ出ようとするが、置き去りにされてしまう。結局、傷ついた二人は家に戻り、愛を確認し合うのだった。

娘の父親役で、ジョエル・グレイが出ている。何曲か削って短くした以外は舞台版にほぼ忠実な作りとなっているものの、映画版は大草原の中でロケしているために、風景がリアル過ぎて、後半の青年の放浪と絶望の旅がうまく描けていない。1995年に編集まで終えて幾度か試写されたが、どういうわけかしばらくお蔵入りとなり、本格的に公開されたのは2000年となった。監督はマイケル・リチーだが、最終的な編集はフランシス・フォード・コッポラも手伝ったという。

最終版は、話も曲もかなり大胆にカットされて、すっきりとはしているが、ミュージカルとしては物足りない。特に最後に若者二人が家に戻り、父親たちが両家を隔てる壁を取り除こうとして、進行役の役者に止められる場面が欠けている。舞台版では「傷ついたことを思い出すために、壁はそのままに」という台詞があって、『思い出そう』Try to Rememberの歌となるのだが、映画版ではその重要な台詞がカットされており、この歌で何を思い出すのかわからず、深みのない作品となった。カラー、シネスコ版。

エビータ Evita (1996) は、アンドルー・ロイド・ウェバーによる同名舞台作品 (1979) の映画化。舞台版はロンドン発の作品で、演出のハロルド・プリンスの手により練り上げられてブロードウェイでも上演された。主演のパッティ・ルポンの熱演が好評だったが、映画版ではマドンナが主演した。

1930年代のアルゼンチン。田舎の小さな町で私生児として育ったマドンナ (エビータ役) は、女優を目指して大都会へ出ようと、タンゴ歌手ジミー・ネイルの愛人となり、ブエノス・アイレスへ向かう。彼女は石鹸会社の社長に取り入ってラジオのコマーシャルに出たのを皮切りに、だんだんと有名となり、上流階級のパーティにも顔を出すようになる。そうしたパーティで知り合ったのが、軍事政権の有力者である陸軍大佐ジョナサン・プライス (ペロン役) で、二人はすぐに愛し合うようになる。彼も野望を持ち副大統領となるが、反対勢力に恨まれて投獄されてしまう。マドンナはラジオで大衆に直接呼びかけて「労働者よ、ペロンを救え！」とキャンペーンを張り、彼を助け出すことに成功する。労働者を味方につけたジョナサンは、とうとう大統領に昇りつめる。彼と結婚したマドンナ

して、大衆の広い支持を集めて大統領夫人として、欧州外交や、貧しい人々を助ける財団活動を行うが、病に倒れて国中の悲しみのうちに若くしてその生涯を終える。

全編が音楽に乗って運ばれるオペラに近い形式で、台詞はほとんどなく、大半は歌で語られる。おおむね舞台版に忠実で、大規模なスケールで撮影している。アラン・パーカー監督でカラー、シネスコ版。

リトル・ボイス Little Voice (1998) は、英国の劇作家ジム・カートライトの芝居「リトル・ヴォイスの興亡」The Rise and Fall of the Little Voice (1992英、1994米) の映画化。父の死後に自分の中に閉じこもり、ほとんど口を利かなくなってしまった少女ジェイン・ホロックスは、声が小さいことから母親からはLV (リトル・ヴォイス) と呼ばれていた。ジェインの楽しみはジュディ・ガーランドやシャーリー・バッシーなどのレコードを聞くことだが、繰り返し聞くうちにジュディやそのほかの歌手そっくりに歌えるようになる。母親に連れられて酒を飲みに来たタレント・エージェントの男は、偶然にこの歌を聞いて、気乗りのしないジェインをナイト・クラブで歌わせる。これが大受けするので、ジェインを売り出して大儲けを企むが、ジェインは頑なに拒否をする。その夜ジェインの家は火事となるが、彼女を助け出したのは、密かに彼女に心を寄せていた内気な青年で、ジェインは、その青年に初めて心を開くのだった。

原作者のジム・カートライトは、彼の別の芝居に出演していたジェイン・ホロックスが、とてもうまく歌うのを聞き、彼女のためにこの芝居を書いたという。だからジェインはオリジナルの配役。ブロードウェイでは別人が演じている。シャーリー・バッシー、ジュディ・ガーランド、マリリン・モンロー、マルレーネ・ディートリッヒなどの歌が出てくる。マーク・ハーマン監督の英国映画、カラー、ヴィスタ版。

2000年以降

ヘドウィグ・アンド・アングリーインチ Hedwig and the Angry Inch (2001) は、オフ・ブロードウェイの同名舞台作品 (1998) の映画化。舞台版は、主演したジョン・キャメロン・ミッチェルの台本で、音楽はスティーヴン・トラスク。映画版もそのままの組み合わせで、ミッチェル自身が出演して監督まで担当した。

共産党時代の東ドイツで生まれたジョン・キャメロン・ミッチェル (ヘドウィグ役) は、性転換手術をして女性となり、米兵と結婚してアメリカへ渡る。アメリカではすぐに捨てられてしまうが、ロック歌手ヘドウィグとなり、兵士の韓国人妻たちと一緒に「アングリーインチ」という楽団を作る。この楽団の名前は、彼が性転換手術をした際に残ってしまった不完全な「怒りの1インチ」なのだ。彼はロック歌手を目指す若い青年に目をつけて可愛がるが、彼はヘドウィグの曲を盗んで売り出す。怒ったヘドウィグは、全米中、彼を追い回す。やっと見つけ出した若い青年はヘドウィグに恋歌を歌い、ヘドウィグは自分が「完全」であることを悟るのだった。カラー、ヴィスタ版。

シカゴ Chicago (2002) は、ジョン・カンダーとフレッド・エブの同名舞台作品 (1975) の映画化。モーリン・ダラス・ワトキンスの同名劇 (1926) のミュージカル化だが、この芝居は無声時代に「市俄古」Chicago (1927) として、その後のトーキー時代にもジンジャー・ロジャース主演の「ロキシー・ハート」Roxie Hart (1942)* として映画化されている。なお、日本公開題名が「シカゴ」In Old Chicago (1938) というアリス・フェイの作品もあるが、本作品とは無関係。

舞台版ミュージカルは演出、振付を担当したボブ・フォッシーの作品というイメージが強かったために、フォッシーが1987年に亡くなった後は、映画化が難しいと思われていたが、ロブ・マーシャル監督が映画化を担当した。

1920年代のシカゴ。自分の不倫相手を撃ち殺して、刑務所に入った歌手レニー・ゼルウィガー (ロキシー役) は、同じ刑務所に収監されている殺人犯の美人歌手キャサリン・ゼタ＝ジョーンズ (ヴェルマ役) と張り合って人気を競い、敏腕弁護士リチャード・ギアを雇い、裁判で無罪を獲得する。しかし、世

間の関心は移ろいやすく、社交界で新たに起きた殺人事件などに関心が移り、レニーは世間から忘れられてしまう。そこで、殺人歌手のレニーとキャサリンがコンビを組んで売り出し、人気を得る。

舞台版はチタ・リヴェラとグウェン・ヴァードンという踊りの上手な大女優の顔合わせが評判になって人気を呼んだが、映画版では美人女優の顔合わせとなっている。

ボブ・フォッシーが亡くなった後に、彼のユニークな振付をどう処理するかというのは悩ましい問題だ。ブロードウェイでの再演(1996)は、ロキシー役を自分でも演じたことがあるアン・ラインキングが、フォッシーの振付を再現した。この映画では、シンシア・オンルビアが新しく振り付けてオリジナルとは違う踊りとしたが、ところどころにフォッシー的な仕種を取り入れている。

1950年代までのミュージカル映画の基準でいえば、平均点以下の仕上がりだが、ミュージカル作品としては「オリバー！」Oliver！(1968)以来、34年ぶりにアカデミー作品賞を受賞した。カラー、ヴィスタ版。

オペラ座の怪人 The Phantom of the Opera (2004) は、アンドルー・ロイド・ウェバーの同名舞台作品(1986英、1988米)の映画化。基になった原作はガストン・ルルーの小説「オペラ座の幽霊」Le Fantôme de l'Opéra (1911)で、舞台ミュージカル化される前にも沢山の映画や舞台となっている。ネルソン・エディの「オペラの怪人」Phantom of the Opera (1943)も同じ原作。

ウェバー版の舞台作品は、ロンドン製ながらブロードウェイでも空前の大ヒットを記録した。映画版も舞台とほぼ同じ構成となっている。ブロードウェイでの初演から随分と時間を置いての映画化なのは、1990年頃に舞台版のキャストそのままで映画化の準備が進められたが、主演のクリスティーナ役だったサラ・ブライトマンがウェバーと離婚(1990)したために、企画が流れてしまったためだ。

19世紀末のパリのオペラ座。新しくオペラ座のパトロンとなった若い子爵パトリック・ウィルソンは、コーラスの中に、音楽家の娘で自分の幼なじみだったエミー・ロッサムを見つける。実は、エミーは親が亡くなり、オペラ座の中で育てられた娘で、誰だかわからないまま「音楽の天使」に歌を教わっていた。オペラ座では、わがままなミニー・ドライヴァーがプリマドンナであったが、彼女が歌うたびにいろいろな「事故」が発生する。それは昔から伝わる「オペラ座の怪人」(ジェラルド・バトラー)の仕業によるもので、怪人はミニーを主役から降ろし、代わりにエミーに歌わせるように要求する。脅迫に従わずにミニーを主役とした公演は大混乱に終わり、次は怪人が作曲したオペラ「ドン・ファン」をエミーの主演で上演するが、怪人がいつの間にか舞台で歌っている。それを暴かれた怪人は場内のシャンデリアを落とし、エミーをさらって地下へと逃げる。そこでエミーは怪人の本当の姿を知るが、警官たちに追い詰められて怪人は自ら姿を隠して、エミーは救われる。

クラシックなムードを持った映画なので、美術が重要であるが、装置も衣装もよく出来ている。問題のシャンデリアはスワロフスキーに特注して、3つ作らせて撮影したという。歌も破綻せず、ピーター・ダーリングの振付も良いが、踊りの撮影方法はカメラの切り替えが多過ぎて、各カットが短過ぎるのが気になる。2000年代の作品としては名作の1本。ジョエル・シューマッハー監督でカラー、シネスコ版。

RENT レント Rent (2005) は、ジョナサン・ラーソンの同名舞台作品(1996)の映画化。話はプッチーニの名作オペラ「ラ・ボエーム」La Bohème と同じだが、舞台はパリではなく、現代のニュー・ヨークに置き換わっている。オペラの基となったのは、アンリ・ムルジェールの小説「ボヘミアン生活の情景」La Vie de Bohème (1851)で、この小説はいくつかの話を集めた作品。

1990年頃のニュー・ヨーク。イースト・ヴィレッジのロフトには、金のない芸術家仲間3人が住んでいた。エイズに侵されたロック歌手アダム・パスカル、映像作家を目指して、何でも映画に撮るアンソニー・ラップ、哲学教授ジェッセ・L・マーティンだ。アダムは、階下に住む麻薬中毒の黒人ダンサーのロザリオ・ドーソンと出会い、互いに惹かれ合う。ジェッセもエイズに侵された女装のゲ

第7章　1980年以降のミュージカル映画

イと恋仲となる。そうした中で家主は家賃を滞納するならば出て行けと、彼らを追い出しにかかるが、それは地区の再開発計画のためだと知り、アンソニーの元恋人でロック歌手のイディナ・メンゼルは抗議のコンサートを開く。追い出しは免れるが、ジェッセの恋人がエイズの発症で亡くなった時に、残されたメンバーは、今のこの時を生きていこうと思いを新たにするのだった。

全編ロック音楽を使った作品だが、『愛の季節』Seasons of Love などの歌がヒットして、一部の熱狂的なファンの支持を集めた。19世紀のパリの話が、現代のニュー・ヨークでもまったく同じに通用するというのは興味深いが、風俗の描き方が幾分表面的な印象もある。クリス・コロンバス監督でカラー、シネスコ版。

プロデューサーズ　The Producers (2005) は、メル・ブルックスの同名舞台作品 (2001) の映画化。メル・ブルックス自身が監督したゼロ・モステル主演の同名映画 (1968) が、まず舞台作品としてミュージカル化され、その舞台作品をさらに映画化したのがこの映画。ただし、この映画はメル・ブルックスの監督ではなく、舞台版を演出、振付したスーザン・ストローマンが監督している。主演も、舞台版に出演したネイサン・レインとマシュー・ブロドリクの組み合わせなので、若干の楽曲の削除以外は、舞台版に忠実な映画化となっている。

1950年代末のニュー・ヨーク。落ちぶれた演劇制作者のネイサン・レインは、金持ちの老婦人を騙してショーへの出資金を巻き上げて生活をしている。彼の帳簿を調べに来た、若い小心者の会計士マシュー・ブロドリクは、沢山の金を集めて失敗するほうが、下手に金をかけて中途半端なヒット作を作るよりも儲かることを発見する。初めから金を使わずに制作すれば良いのだ。二人はこの案に熱中して、まず最低の脚本「ヒトラーの春」の権利を買い、次に最低の演出家のゲイ男と契約する。主役はヒトラーを信奉する作者の男が、自分で演じる予定だったが、幕が開く前に脚を折って出られなくなる。そこで、演出家のゲイ男がヒトラーを演じたところ、史上最低の芝居が逆にコメディとして大受けしてしま

う。芝居は成功するものの、二人は失敗を見越して過剰に配当金を約束していたので、配当金を払えずに逮捕されてしまう。しかし、収監された刑務所でも、二人は同じビジネス・モデルで囚人たちのショーを上演するのだった。

メル・ブルックスは映画監督として有名だが、突然にこうしたミュージカルの作曲を手がけたので、大いに驚かされた。1968年版の原作映画の中でも、メルは『ヒトラーの春』Springtime for Hitler と『恋の虜になって』We're Prisoners of Love の2曲を書いている。ミュージカル版ではこの2曲はそのまま使い、ほかの曲を書き足している。

近年は、手放しで楽しめるようなミュージカル作品が、ブロードウェイにもハリウッドにもなくなってしまったが、この作品は1960年代のムードに溢れて、久々に楽しく仕上がっていた。スーザン・ストローマン監督の演出も、舞台の振付出身だけに、いかにも舞台臭く、この作品のムードに合っている。カラー、シネスコ版。

ドリームガールズ　Dreamgirls (2006) は、ヘンリー・クリーガーの同名舞台作品 (1981) の映画化。舞台版はレコード会社モータウンで売り出した、黒人女性グループのシュープリームスを思い起こさせる内容で評判を呼んだが、初演から25年後に映画化された。映画化が遅れたのは、何回か企画が持ち上がったものの、主演女優との交渉がまとまらなかったため、といわれている。

1960年代のデトロイト。売り出そうとしていた黒人3人のコーラス・グループのドリメッツは、素人コンテストに出場して、優勝は逃すものの、中古車販売の傍らタレント・エージェントをしているジェイミー・フォックスのアレンジで、ソウル音楽のスター歌手エディ・マーフィのバック・コーラスを務めるようになる。やがて3人はバック・コーラスから独立して、名前もザ・ドリームズと変えて売り出すことになる。グループで一番歌がうまいのは、少し太めのジェニファー・ハドソンだったが、マネジャーのジェイミーは、ルックスが良く白人層にも受ける軽い歌い方のビヨンセをリード・ヴォーカルに起用する。ジェニファーは私生活でもジェイ

ミーと親密であったが、この措置は面白くない。結局グループから離脱するものの、ジェイミーの子供を宿していたことを知る。ジェニファーの代わりの娘を加えたザ・ドリームズは大人気となるが、女手ひとつで子供を育てるジェニファーは苦しい生活を続け、何とかクラブ歌手として職を得る。苦労の末に彼女は新曲を用意するが、それがジェイミーによって盗まれて、ザ・ドリームズの曲としてヒットする。あまりの仕打ちにジェニファーは激しく抗議し、それを知ったビヨンセもジェイミーから離れる決心をして、グループは活動を続けることはできなくなる。最後にジェニファーも加えた4人は解散コンサートを開くのだった。

　舞台版ではジェニファー・ホリデイの歌が良いとの評判だったが、映画版のジェニファー・ハドソンも素晴らしい歌を聞かせるので、ミュージカル・ファンの間では、どちらのジェニファーが良いかという議論があった。ジェニファー・ハドソンは、もともとそれほど太ってはいなかったが、映画の役作りのために体重を増やしたという。逆にスマートでないと困るビヨンセのほうは、撮影期間だけは必死にダイエットしたらしい。

　使われている曲は舞台からのものが大半だが、若干の入れ替えが行われている。舞台版はマイケル・ベネットの鮮やかな演出だったが、映画版はビル・コンドン監督のオーソドックスな演出で、もたついている。カラー、シネスコ版。

ヘアスプレー　Hairspray (2007) は、マーク・シャインマンの同名舞台作品 (2002) の映画化。この舞台版は、ジョン・ウォーターズ監督の映画「ヘアースプレイ」Hairspray (1988) の舞台ミュージカル化。

　1960年代のボルティモア。南部と北部の中間にある伝統的なアメリカの街だ。肥満気味の女子高生ニッキー・ブロンスキーはダンスに夢中で、今の一番の関心は、地元テレビで人気の番組「コニー・コリンズ・ショー」のダンス・メンバーに入ること。そして、ダンス・コンテストで優勝して、ミス・ヘアスプレーに選ばれるのが夢だ。しかし、一番人気はブリタニー・スノーで、その母親の番組制作者は、いつもブリタニーが優勝するように細工している。ニッキーはオーディションで認められて番組に参加し、人気も出てくるが、それまで人気の高かったブリタニーはそれが気に入らない。ニッキーはもっとうまく踊りたいと考えていたが、ある日、黒人たちと一緒に踊り、そのリズム感の良さに驚いてしまう。テレビ番組では月に1度のブラック・デイしか黒人は出演できない決まりとなっていたが、そんな差別的な扱いはおかしいと感じたニッキーは、公民権運動に参加するようになる。テレビ番組では、電話による人気投票が始まっていたが、これまで1位を続けていたブリタニーは、目障りなニッキーの出場を妨害しようとする。ニッキーは警察から追われるが、それでも仲間の協力で何とか出場。しかし、人気投票で1番となったのは、飛び入りで参加した黒人少女だった。

　単に能天気なコメディというだけでなく、人種問題なども取り入れた作品で、マーティン・ルーサー・キングやその時代の公民権運動を思い起こさせてくれる。風俗、衣装、音楽のどの点をとっても見事に1960年代のムードを再現していて、歌い方も当時のスタイルを真似ている。背景となったボルティモアのダンス番組は、当時人気のあった実在のテレビ番組。

　マイナー系映画出身のジョン・ウォーターズ監督のオリジナル作品は、いささか悪趣味な毒も残していたが、ミュージカル版は立派なメジャー作品となっている。ニッキーの母親役を、ジョン・トラヴォルタが女装して演じている。アダム・シャンクマン監督のカラー、シネスコ版作品。

スウィーニー・トッド フリート街の悪魔の理髪師　Sweeney Todd: The Demon Barber of Fleet Street (2007) は、スティーヴン・ソンドハイムの同名舞台作品 (1979) の映画化。この作品も初演から28年の間を置いての映画化。舞台作品は、クリストファー・ボンドの同名の劇 (1970) をベースとしている。スウィーニー・トッドのキャラクターは、ボンドの創作ではなく、英国ヴィクトリア朝時代の恐怖小説などにも登場する伝統的なもの。

　このような恐怖小説が、果たしてミュージカルに向くか否か、意見が分かれるだろうが、スティーヴン・ソンドハイムは美しい音楽に

包み、ミュージカルの最高傑作のひとつとして仕上げた。映画版は基本的には舞台に従い、音楽もそのまま使っているが、恐怖映画的な作りが先立ち、ミュージカルとしての味わいは犠牲となっている。

19世紀のロンドンのフリート街。美しい妻や小さな娘と幸せに暮らしていた理髪師のジョニー・デップ（スウィーニー・トッド役）は、妻に惚れた悪徳判事アラン・リックマンの策略により、妻と娘をとられて、監獄に送られ15年間服役して昔の街に戻ってくる。ジョニーは、ヘレナ・ボトム・カーターが切り盛りする、不味いミート・パイ屋の2階を借り、理髪店を開業して判事リックマンに復讐する機会を窺う。ジョニーは身寄りのない客がやって来ると、喉を搔き切り、その肉をヘレナに渡したので、肉のたっぷりと入ったミート・パイだと評判が上がり大繁盛する。こうして機会を待つが、昔の妻は行方不明、娘は判事リックマンが育てていて、美しく育ったので妻にしようとしているとわかり、復讐心が燃える。いよいよチャンスは訪れ、おびき寄せた判事リックマンがやって来るので、ジョニーは一気に殺してしまう。さらに邪魔になる人物も次々と殺すが、邪魔だと思って殺した気の狂った乞食女が、実は行方不明だった自分の妻の変わり果てた姿だったと知り、最後には大家のヘレナも殺し、彼自身もヘレナを慕っていた小僧に殺されてしまう。

ティム・バートンの監督で、歌はほとんど囁くように歌われるために、音楽を感じさせず、ソンドハイムのミュージカルというよりも、血が飛び散るホラー映画というムードになっている。色彩を抑えたカラー、シネスコ版。

マンマ・ミーア！ Mamma Mia ! (2008) は、ABBAの曲を使った同名の舞台作品 (1999英、2001米) の映画化。昔のヒット曲を集めて聞かせるミュージカルをジューク・ボックス・ミュージカルと呼ぶが、そうした中で物語も面白くまとまっていて最もヒットした作品。

ギリシャのエーゲ海の島でリゾート・ホテルを経営するメリル・ストリープには、年頃の娘アマンダ・セイフライドがいて、結婚式が迫っていた。女手ひとつで育てられたアマンダは、自分の父親が誰だか知らなかったが、結婚式では父親に付き添われてヴァージン・ロードを進みたいと考えていた。そこで、母親の昔の日記を盗み読み、自分の父親である可能性がありそうな男性に内緒で招待状を送る。ニュー・ヨークの富豪と、スウェーデンの冒険家と、英国の銀行員の3人だ。やって来た3人は母親に見つかり、大騒動となる。アマンダは誰が父親かを必死に探るが、決め手がなく混乱し、婚約者にも呆れられる始末。結局は最後に結婚式でアマンダに付き添ったのは、母親のメリル・ストリープだった。

全編がABBAのヒット・ソングで彩られていて、1970年代のムード。題名はイタリア語で「私のお母さん」という意味だが、普通は間投詞的に「何ということだ！大変だ！」といったニュアンスで使われる。監督はブロードウェイ版を演出したフィリーダ・ロイド。興行的には良い成績を残した。カラー、シネスコ版。

NINE Nine (2009) は、モーリ・イエストンの同名舞台作品 (1982) の映画化。舞台作品は、イタリアのフェデリコ・フェリーニの映画「8 1/2」(1963) のミュージカル版。

1960年代のイタリア。映画監督のダニエル・ルイ＝ルイス（グイード役）は新作の構想発表を求められるが、アイディアがまとまらずに困っている。心の支えを求めて、妻に甘えたり、愛人ペネロペ・クルスを呼び寄せたり、主演女優ニコール・キッドマンの相手をしたり、様々な女性と付き合うが、彼の心には少年時代のマンマであるソフィア・ローレンや、近所の乞食女などとの思い出が彷彿と心に浮かんでくる。

描かれているテーマは、おおむねフェリーニの描いた世界と同じ。フェリーニの映画の題名は、彼の自伝的要素から、8.5番目の作品という意味で付けられている。半端な数となっているのは、過去の長編を6本と、共同監督やオムニバス作品の3本をそれぞれ0.5本分として足し上げたもの。

それに対して、ミュージカル版の「9」というのは、主人公の9歳の頃の心境が描かれているための命名だ。モーリ・イエストンの音楽は1980年代のブロードウェイ作品として大変優れたもので、映画版でもそのまま踏襲しているが、映画版は品格の感じられない描

き方となっているのが気になる。ロブ・マーシャル監督のカラー、シネスコ版作品。

ロック・オブ・エイジズ　Rock of Ages (2012) は、同名舞台作品 (2005) の映画化。舞台作品は1980年頃の曲を集めたジューク・ボックス・ミュージカルで、2005年にロス・アンジェルスで初演され、2009年にはブロードウェイでも上演された。

　1987年のロス・アンジェルス。オクラホマの田舎町から歌手を夢見て出てきた娘ジュリアン・ハフは、サンセット大通りにあるライブ・ハウスで、ウェイターをやっているディエゴ・ボネータと知り合い、その店で一緒に働くようになる。ボネータも音楽の世界を目指していたので、二人は意気投合して恋におちる。サンセット大通り地区の浄化と再開発を目指す市長夫人キャサリン・ゼタ＝ジョーンズなどの運動により、店は閉店の危機にさらされていたので、何とか店を存続させようと、往年のスター歌手トム・クルーズのコンサートを開く。ところが、ジュリアンはクルーズとの関係を疑われ、ボネータとうまく行かなくなってしまう。結局、皆傷ついてサンセット大通りから去ろうとするが、ボネータはジュリアンとの愛が一番大切だと気付き、一緒になるのだった。

　1980年代の懐メロ調ロックを聞かせるのが主眼なので、物語は陳腐。脇役で、トム・クルーズや、ゼタ＝ジョーンズが出演して話題となった。監督は振付から転向したアダム・シャンクマンで、「ヘアスプレー」Hairspray (2007) に続いて監督だけでなく、振付も担当した。

レ・ミゼラブル　Les Misérables (2012) は、世界中でヒットしたフランス製ミュージカルの映画化。フランスで1980年に上演され、それを英国の制作者キャメロン・マッキントシュが英語版にして1985年に上演したものがベースとなっているので、映画は英語版。ブロードウェイでは1987年に初演された。舞台版ではロイヤル・シェイクスピア劇団のトレヴァー・ナンとジョン・ケアードによる演出が好評だった。

　音楽はフランスのクロード＝ミシェル・シェーンベルクで、ロックを取り入れた美しいメロディの曲を書いている。台詞はほとんどなく、オペラ的に歌だけで物語が運ぶので、映画版も舞台を踏襲した作りとなっている。上映時間も2時間半強であり、舞台とほぼ同じ。物語はヴィクトル・ユゴーの同名小説 (1862) に沿ったもの。

　19世紀初頭のフランスで、ジャン・ヴァルジャン（ヒュー・ジャックマン）は一片のパンを盗んだ罪で19年も投獄され、すっかり人間不信になり出獄。過去を隠して成功して人に尽くすが、それを警視ジャヴェール（ラッセル・クロウ）が執拗に追う。ミリエル神父の銀の燭台のエピソード、子供を密かに育てていた女工フォンティーヌ（アン・ハサウェイ）の話、その娘コゼットの話、コゼットが惚れる革命家の学生マリウスの話、マリウスに尽くすエポニールの話などが語られて、警視ジャヴェールは自分の信念を失い自殺して、ジャン・ヴァルジャンはフォンティーヌの迎えで神に召される。

　原作小説は日本では「噫ああ無情」と訳されたが、原題は「悲惨な人々」と複数形。登場人物の全員が不幸な生涯をおくる、耐えられないほど悲しい話だが、それを甘い音楽で包みヒットさせた。こうした作品では、通常は事前に音楽と歌を録音して、それに合わせて映像を撮るのが一般的だが、トム・フーパー監督は舞台と同じように迫力のある歌を求めて、歌の同時録音を行った。

　そのヒントとなったのは、「マイ・フェア・レディ」(1964) のレックス・ハリスンの歌が、同時録音で迫力のあるものになっていたからだという。レックス・ハリスンは歌手ではなく役者だったために、音楽に乗せて語るように歌い、それが毎回異なった調子なので同時録音せざるを得なかったのだが、この作品ではその方法を全面的に採用した。そのために、離れた場所で伴奏のピアノを弾き、役者はそれをイヤホンで聞きながら歌い、イヤホンはデジタル処理で映像から消し、オーケストラの伴奏は歌に合わせて後から録音したという。

　そのような方法を使うならば、画面のほうも舞台風に少し様式化しても良いのではと思うが、前半部分は妙にリアルに映像化されていて、迫力はあるが、音楽よりも画面の悲惨さが目立ち、楽しめない。特にフォンティーヌのエピソード部分がアン・ハサウェイの迫

力ある演技で、ほかの部分との調和を壊したきらいがある。

舞台版では、バリケードの装置が好評だったが、映画版ではそれを再現できないために、それに代えて巨大な象の映像を登場させている。これは原作のユゴーの小説で、「バスティーユの象」として記述されているもので、19世紀前半には実在していたらしい。アカデミー賞を3部門で取ったが、主要部門では逃した。

ジャージー・ボーイズ Jersey Boys (2014) は、ブロードウェイでヒットした同名舞台作品 (2005) の映画版。1960年代に活躍した4人組男性コーラス・グループのフォー・シーズンズの伝記作品で、代表曲の『シェリー』ほかを存分に聞かせる。そうした意味ではジューク・ボックス・ミュージカル。ニュー・ジャージーの田舎町の貧しい4人組ヴォーカル・グループが売り出し、成功するものの、それに伴う苦労も味わう。主演のヴァリ役は、この役でブロードウェイ・デビューしたジョン・ロイド・ヤングが、映画でも演じている。そのほかにも舞台の出演者が多く出ている。

大監督となったクリント・イーストウッドが、初めてミュージカル映画を監督したことでも評判になった。イーストウッドはこれまでに、ジャズのサックス奏者チャーリー・パーカーの伝記映画「バード」Bird (1988) を作っているが、歌入りのミュージカル作品は初めて。カラー、シネスコ版、ステレオの作品。

イントゥ・ザ・ウッズ Into the Woods (2014) は、スティーヴン・ソンドハイムの「森の中へ」Into the Woods (1987) の映画版で、「アナと雪の女王」、「マレフィセント」で当てたディズニー社が、同じ童話路線ということで映画化した。

子供を授かりたいパン屋の夫婦が、森の中に入り、赤頭巾ちゃん、ジャックと豆の木、ラプンツェル、シンデレラなどの童話の主人公たちと遭遇する。舞台では、バーナデット・ピータースの主演で評判になったが、映画版ではメリル・ストリープが演じている。

舞台版では赤頭巾ちゃんとオオカミの性的な関係などが暗示されていたが、映画版はディズニーの制作なので、そうした大人向けの毒は抜かれている。また、曲の入れ替えがあり、ソンドハイムの新曲も追加されたが、全体としては舞台版に忠実な秀作。監督はロブ・マーシャルで、カラー、シネスコ版のステレオ作品。

3 映画オリジナルの作品

1980年以降は、歌や踊りが物語と融合した本格的なミュージカル映画というのはほとんどなくなってしまい、単なる音楽入りの映画か、歌や踊りが入っているだけの映画しか作られていない。これはそうした芸を持つヴォードヴィル芸人が消滅してしまっただけでなく、舞台作品も「台本ミュージカル」から「コンセプト・ミュージカル」の時代に移り、昔のように緻密な台本と音楽を組み立てる作者が不在となったためだろう。

1980年代

「**フェーム**」Fame (1980) は、芸能界を目指してニュー・ヨークの芸能高校で努力する若い生徒たちを描いた作品で、アイリーン・キャラの歌う主題歌がヒットした。「**ジャズ・シンガー**」The Jazz Singer (1980) は、ミュージカル映画の出発点となったアル・ジョルスンの映画のリメイクだが、音楽はロック調で主演のニール・ダイヤモンドの独演会のような作品。

オリヴィア・ニュートン＝ジョンが主演した「**ザナドゥ**」Xanadu (1980) は、幻想的な作品で本格的なミュージカルを目指したが、音楽も踊りも中途半端に終わっている。むしろ、人気のテレビ番組から派生した「**ブルース・ブラザース**」The Blues Brothers (1980) のほうが、新感覚の映画として支持を集めた。

「**ペニーズ・フロム・ヘヴン**」Pennies from Heaven (1981)* は、原題がビング・クロスビ

ーの「黄金の雨」Pennies from Heaven (1936)と同じだが、話はまったく異なる。どちらも1930年代のヒット曲を使っているので、同じ題名となっただけ。この作品は本格的なミュージカル仕立てだが、出演者が歌うのではなく、歌の場面は1930年代のレコードが流れる仕組み。着想としては面白い。

　ドイツで作られた「リリー・マルレーン」Lili Marleen (1981)は、この曲がヒットしたものの迫害された歌手ララ・アンデルセンの伝記作品。ジュリー・アンドルーズが久しぶりに主演した「ビクター/ビクトリア」Victor Victoria (1982)は、1930年代のパリを背景としたノスタルジックな作品で、古いドイツ映画のリメイク。面白い作品だったので、舞台化されて舞台でもジュリーが演じた。

　「グリース2」Grease 2 (1982)は、題名からわかるとおりにヒットした「グリース」Grease (1978)の続編だが、基の舞台作品があるわけではなく、ジョン・トラヴォルタも出なかったので、気の抜けた安物のシャンパンのように味気ない作品となってしまった。

　フランシス・フォード・コッポラが監督した「コットンクラブ」The Cotton Club (1984)は、ミュージカルというよりもギャング映画だが、禁酒法時代のハーレムのムードがよく再現されていて、ショー場面も楽しめる。タップ・ダンスのグレゴリー・ハインズが出ていて、兄弟のモーリスとともに昔のニコラス兄弟のようなタップを踊って見せるのが拾い物。グレゴリー・ハインズはそのあとも「ホワイト・ナイツ　白夜」White Nights (1985)や、「タップ」Tap (1989)の中で存分に踊って見せた。

　1980年代終わりの「恋のゆくえ　フェビュラス・ベーカー・ボーイズ」The Fabulous Baker Boys (1989)は、ナイト・クラブで弾いているピアノ・デュオの兄弟が、観客の受けを狙って女の子のヴォーカルを入れるところから始まるドラマ。

1990年代

　1990年代の「ディック・トレイシー」Dick Tracy (1990)は、有名な漫画作品の映画化で、スティーヴン・ソンドハイムの曲が入っている。ベット・ミドラーが女性歌手役となり第二次世界大戦中の慰問活動を描いた「フォー・ザ・ボーイズ」For the Boys (1991)、ライザ・ミネリが引退したブロードウェイのコーラス・ガールを演じて、町の人たちに踊りを教えることに生きがいを見出す「ステッピング・アウト」Stepping Out (1991)などは、ミュージカルというよりもドラマで、それぞれ面白く出来ている。

　ディズニー系で作られた歌入りのコメディ「天使にラブ・ソングを…」Sister Act (1992)は、ウーピー・ゴールドバーグの個性でヒットして、続編の「天使にラブ・ソングを2」Sister Act 2: Back in the Habit (1993)が作られ、さらに舞台ミュージカル化までされた。小さな町の人々が、町の歴史を描くミュージカルを手作りする「グフマンを待ちながら」Waiting for Guffman (1996)*、音楽好きのウディ・アレンが、出演者にわざと下手に歌わせたミュージカル「世界中がアイ・ラブ・ユー」Everyone Says I Love You (1996)、マーク・ブリッツスタインのオペラの上演の裏側を描いた「クレイドル・ウィル・ロック」The Cradle Will Rock (1999)なども作られた。

2000年以降

　21世紀に入っての作品としては、オーストラリア出身の監督バズ・ラーマンが、新感覚の漫画的な表現を多用した「ムーランルージュ」Moulin Rouge! (2001)や、夏の演劇キャンプの様子を描く「キャンプ」Camp (2003)などが作られた。

　2004年に作られた2本の伝記映画、「五線譜のラブレター」De-Lovely (2004)は作曲家コール・ポーターを、「Ray　レイ」Ray (2004)は盲目の歌手レイ・チャールズを描いているが、どちらも従来の伝記映画ではあまり触れなかったような暗部まで執拗に描き、ミュージカルとしての楽しさよりもドラマを優先させている。

　英国からは、ヌード・ショーの起源を描く「ヘンダーソン夫人の贈り物」Mrs. Henderson Presents (2005)がやって来て、アメリカでも新感覚で捉え直したセクシー・ショーの世界を描く「バーレスク」Burlesque (2010)が作られた。また、「キャデラック・レコード　音楽でアメリカを変えた人々の物語」Cadillac Records (2008) もロック初期のレコード業界の内幕を描いた。

★

1980年代

フェーム Fame (1980) は、アラン・パーカーが監督した作品。いわば「コーラス・ライン」(1985) の学校版で、ニュー・ヨークの公演芸術高等学校に通う若者たちの人生を描く。音楽、演劇、ダンスの各専攻科で行われる厳しい試験をくぐり抜けて入学した若者が、自分の才能に悩んだり、騙されてポルノ雑誌のモデルをさせられそうになったり、アルバイトに夢中になって勉強ができなくなったりするが、仲間たちの助けもあり、4年間で卒業してそれぞれの道へ巣立っていく。

楽曲は主にマイケル・ゴアの手によるものだが、アカデミー歌曲賞に2曲が同時にノミネートされて、タイトル曲のほうで受賞した。アイリーン・キャラが素晴らしい歌を聞かせたこともあり、人気が出てテレビ・シリーズ (1982-87) になったり、舞台ミュージカル (1988地方公演、1995英、2003オフ・ブロードウェイ) となったりした後に、映画でもリメイク (2009) された。

舞台となった高校は、ニュー・ヨークの飛行場に名前を残すフィオレロ・ラガーディアが、市長時代に作った専門学校で、この映画の舞台となった旧校舎は、タイムズ・スクウェアのすぐ近く、46丁目の6番街と7番街の間にあったが、現在は65丁目にあるリンカーン・センターの裏に移転している。カラー、ヴィスタ版。

ジャズ・シンガー The Jazz Singer (1980) は、アル・ジョルスンの作品 (1927) のリメイク。1952年にもリメイクされているので、この作品は2度目。ユダヤ教の先唱者ローレンス・オリヴィエの息子として育ったニール・ダイヤモンドは、歌がうまく父の助手を務めていたが、ポピュラー音楽が好きで自分でも曲を書いていた。ある日、ロック界のスターが彼の曲に目をつけて声をかけるので、ニールは家族の反対を押し切ってカリフォルニアへ向かう。しかし、彼の曲は意に反した編曲で歌われたため、スターの秘書だったルーシー・アーナスの支援を受けて、ニールは独立して自分で歌うようになる。だんだんと売れ出したニールに対して、妻がやって来て戻るように説得するが、彼が応じないので、離婚してしまう。そうしてニールはルーシーと再婚して、歌手として本格的な活動を行うようになる。しかし、怒った父親ローレンス・オリヴィエが彼を勘当してしまうので、ショックを受けたニールは、放浪の旅に出る。やがてルーシーの産んだ自分の子供の存在を知ったニールは、父親に代わって先唱者の大役を果たし、歌手としても大成して父親と和解するのだった。

楽曲は主演のニール・ダイヤモンド自身が書いたロック調の曲なので、ジャズ・シンガーというよりも、ロック・シンガーという仕上がりとなっている。リチャード・フライシャー監督のカラー、ヴィスタ版作品。

ザナドゥ Xanadu (1980) は、1980年代では唯一といっても良い、オリジナルのミュージカル映画。幻想的な内容で、題名からして不可解だ。英語でXanaduとは、モンゴルのクビライ・カーンが作った「上都」という町のことで、マルコ・ポーロの「東方見聞録」Il Milione (1300頃) の中でも紹介されている。

この映画では、詩人サミュエル・テイラー・コールリッジが上都を意識しながら書いた幻想的な詩集Kubla Khan or A Vision in a Dream: A Fragmentno (1797) から引用したとしている。明確にクレジットされてはいないが、物語の内容は、リタ・ヘイワースの「地上に降りた女神」Down to Earth (1947)* からインスピレーションを受けている。

現代のカリフォルニア。画家志望のマイケル・ベックは、壁画から抜け出したミューズの一人オリヴィア・ニュートン=ジョンと海岸で出会い、一目惚れする。彼は画家を目指してはいたが、生活のためにかつて勤めていたレコード会社に戻ると、不思議なことに担当するジャケットのアート・カバーにも、オリヴィアの写真がある。彼女と出会った海岸へもう一度出かけたマイケルは、彼女に名前を尋ね、次には大金持ちで音楽好きのジーン・ケリーと出会う。ケリーは1940年代の音楽を演奏するようなナイト・クラブを開きたいと常々考えていたが、オリヴィアに導か

れて見つけた建物は、まさしくケリーが求めていた場所だった。その場所をザナドゥと名づけてオープンする日がやって来るものの、マイケルは浮かない。オリヴィアに恋をしたが、彼女はミューズであり、ゼウス神の下へ戻らねばならないからだ。光の中に消えるオリヴィアを見てマイケルは気を落とすが、彼を慰めたのは、オリヴィアそっくりのウェートレスだった。

ローラー・スケートなどの当時の風俗を取り入れ、オリヴィア・ニュートン＝ジョンと往年のスターであるジーン・ケリーを配したが、踊りの場面などは現代的過ぎる印象を受ける。当時の一時的な流行を取り入れ過ぎたために、今ではちょっと感覚のずれを感じさせるが、オリヴィアのファンは楽しめるかも知れない。

楽曲はジョン・ファラーとジェフ・リンが主に書いている。ロバート・グリーンワルド監督のカラー、ヴィスタ版。後年、舞台ミュージカル化 (2007) されて、ブロードウェイでも上演されている。

ブルース・ブラザース The Blues Brothers (1980) は、ジョン・ベルーシとダン・エイクロイドという2人組ブルース・ブラザースのクールなコメディ。二人はNBCで人気の深夜テレビ番組「サタデイ・ナイト・ライヴ」の最初からの出演者で、1975年から出ていたが、1978年に仲間と一緒になってブルース・ブラザースを作り、音楽入りのコーナーを受け持ったところ人気沸騰し、その勢いでこの映画を作った。

刑期を終えて出獄したベルーシは、孤児院での幼なじみのエイクロイドの出迎えを受ける。二人は孤児院へ行き世話になったシスターと会い、その孤児院が財政難で5000ドルの税金が払えずに困っている話を聞く。二人はリズム・アンド・ブルース楽団を再結成して、資金集めのコンサートを開きたいと、昔の仲間たちを集めて回る。途中で謎の女に邪魔されたり、パトカーに追われたりするが、何とかコンサートを開き、レコード会社から契約金をせしめて税金を納めるが、結局、警察に捕まり、また刑務所へ逆戻りする。しかし、刑務所の中でも二人はブルース楽団をやるのだった。

ゲスト・スターが豪華で、ジェイムス・ブラウン、キャブ・キャロウェイ、レイ・チャールズ、アレサ・フランクリンなどが登場する。ジョン・ランディス監督で、カラー、スタンダード版。残念ながら、ベルーシはこの映画を撮った後、1982年に亡くなってしまう。しかし楽団そのものは活動を続けていて、続編の「ブルース・ブラザース2000」Blues Brothers 2000 (1998) が作られた。

ペニーズ・フロム・ヘヴン Pennies from Heaven (1981)* は、デニス・ポッター作の英国BBCの同名テレビ・ドラマ (1978) の映画化。テレビでは英国だった背景が、映画版ではアメリカに移っているものの、話の大筋は同じ。題名は、昔のヒット曲から取られていて、ビング・クロスビーの映画「黄金の雨」Pennies from Heaven (1936) でも有名だが、1981年版と昔のビング・クロスビーの映画とは異なる話。

1930年代のアメリカ。楽譜の行商をやっている男スティーヴ・マーティンは、自分で楽器店を開きたいと一生懸命働くが、女房ジェシカ・ハーパーは彼に冷たい。不満の溜まったスティーヴは、行商先の楽器店で女性教師バーナデット・ピータースと出会い、一気に彼女と関係してしまう。バーナデットは妊娠して職を失い、落ちぶれて売春婦となる。一方、スティーヴは身に憶えのない殺人事件の犯人として捕らえられてしまう。しかし最後には二人は再会して一緒になる。

楽曲の大半は1930年代の曲を使っていて、当時の録音に合わせて出演者たちが口を動かして歌うスタイルをとっている。タイトル曲は、クロスビーの歌ではなくアーサー・トレイシーの歌が使われている。ミュージカル・ナンバーも1930年代のバークレイ風やアステア風の演出で、しかも美しいカラーなので楽しめる。

途中で挿入されるアステアとロジャースのダンス場面は、「艦隊を追って」Follow the Fleet (1936) の『歌と踊りに立ち向かおう』Let's Face the Music and Danceで、スティーヴとバーナデットが踊る時に現れる大勢の燕尾服の男性ダンサーたちは、「トップ・ハット」Top Hat (1935) の中のタイトル曲から借用されている。

第7章 1980年以降のミュージカル映画

女性教師役のバーナデット・ピータースは、1980年代にソンドハイムの舞台作品で大ブレイクするが、その直前に撮られた映画だけに若さに溢れている。ハーバート・ロス監督のカラー、ヴィスタ版作品。

リリー・マルレーン Lili Marleen (1981) は、ララ・アンデルセンの自伝「天国にはいろいろな色がある」Der Himmel hat viele Farben (1972)(邦訳は「リリー・マルレーン:歌手ララの愛と人生」)に基づいた西ドイツ映画。『リリー・マルレーン』は第二次世界大戦中に、主にドイツ軍兵士の間で流行ったヒット曲で、軍人の恋歌だ。

ララ・アンデルセンは1939年にこの曲を吹き込み、大ヒットしたが、恋人がユダヤ人だという理由で、ナチスは後にこの曲を禁止した。一方、連合国の英国兵士の間でもこの曲が流行ったが、敵国の歌ということで、連合国側でも禁止したらしい。

1938年のドイツ。ナチスが台頭してユダヤ人には身の危険が迫っていた。ユダヤ人音楽家のジャンカルロ・ジャンニーニは、アーリア人系の歌手ハンナ・シグラ(ララ・アンデルセン役)と恋仲だったが、人種の問題からも結婚に踏み切れないでいた。ユダヤ人狩りが始まり、ジャンニーニはスイスに逃れてドイツにはなかなか戻れずにいた。一方ハンナが歌った『リリー・マルレーン』の曲は大ヒットしてナチス・ドイツの兵士の間で大人気となる。一躍有名となったハンナをジャンニーニは快く感じなかったが、彼女に会いに行き偽造パスポートを見破られて、結局は捕らえられてしまう。戦争が終わって平和が戻った中で、ジャンニーニは指揮者として活躍するが、そのコンサートを聞きに行ったハンナは、彼の傍らに妻がいることを知り、黙って立ち去るのだった。

ライナー・ヴェルナー・ファスビンダー監督のカラー、ヴィスタ版作品。同じ話はアーサー・クラブトリー監督により、「リリー・マルレーン」Lilli Marlene (1951)* としてアメリカでも映画化されていて、その続編の「リリー・マルレーンの結婚」The Wedding of Lilli Marlene (1953)* も作られている。

ビクター/ビクトリア Victor Victoria (1982) は、ドイツのミュージカル映画「カルメン狂騒曲」Viktor und Viktoria (1933) の50年ぶりのリメイク。この原作は、英国でもジェシー・マシューズの主演で「最初は娘」First a Girl (1935)* として、英語版が作られている。面白い作品だが、しばらく忘れられていたものの「Mr.レディ Mr.マダム」La Cage aux Folle (1978) などのヒットにより、ゲイ的な性倒錯テーマのコメディが注目された中で再登場した。ジュリー・アンドルーズが宝塚ばりに男装のタキシード姿などを見せる。

1930年代初頭のパリ。ジュリー・アンドルーズ(ビクトリア役)は素晴らしいソプラノ歌手だが、仕事がなくて食事にも困っている。レストランでゴキブリを使い無銭飲食をしようとしたところを、年の行ったゲイの芸人ロバート・プレストンに助けられて、彼のアパートに転がり込む。着替えもないので男物のスーツを着たところ、よく似合ったので、ロバートは一計を案じてナイト・クラブに売り込むことにする。ジュリーに男装させて、ポーランドのゲイ貴族ビクターと称して歌わせるのだ。これが大受けして、シカゴでナイト・クラブを経営しているジェイムス・ガーナーが夢中になる。彼は密かに調べ、ジュリーが女であることを発見して恋仲となる。二人がゲイだと周りの人々は誤解するが、最後にはジュリーも女に戻り、ジェイムスと結婚する。

監督はジュリーの夫ブレイク・エドワーズで、曲はヘンリー・マンシーニと「暁の出撃」Darling Lili (1970) のメンバーだが、今回はエドワーズの得意のコメディなので成功している。ブレイク・エドワーズは、「ピンク・パンサー3」The Pink Panther Strikes Again (1976) でも女装の男性にナイト・クラブで歌わせており、ジュリーが吹き替えて歌ったので、その延長線上でこの作品を作ったのかも知れない。

後に、ブロードウェイで舞台化 (1995) され、やはりジュリーが主演し、ブレイク・エドワーズが演出した。舞台では、ジュリーのほかにも、ライザ・ミネリやラクウェル・ウェルチがこの役を演じている。カラー、シネスコ版、ドルビー音響のMGM作品。

グリース2 Grease 2 (1982) は、ヒットした「グリース」Grease (1978) の続編として

作られたオリジナルの作品。設定は同じライデル高校だが、メンバーは完全に入れ替わっている。前回の話とは男と女の立場が入れ替わっていて、女子ツッパリ・グループのリーダーの愛を得るために、英国からの転校生がバイクを練習してライダーとなる。

ライデル高校の新学期が始まり、ミシェル・ファイファーをリーダーとする女子ツッパリ・グループのピンク・レディズの面々も、バイクを乗り回す男子ツッパリ・グループのサンダー・バードも学校に戻ってくる。英国から転校してきたマクスウェル・コールフィールドは、ミシェルに一目惚れするが、彼女はツッパリのクールなライダーに憧れていて相手にしない。そこで、マクスウェルはアルバイトの稼ぎでバイクを買い、猛特訓して謎のクール・ライダーとして登場。ミシェルにも認められて恋仲となる。

前作で振付を担当して評判の良かったパトリシア・バーチが、初監督で振付も担当している。やはり二番煎じのムードとなるのは、主演の二人の個性が足りないためだろう。カラー、シネスコ版作品。

コットンクラブ The Cotton Club (1984) は、禁酒法時代にハーレムで有名だったナイト・クラブを舞台とした作品で、フランシス・フォード・コッポラの監督。当時のジャズやダンスのムードがよく出ているが、全体としてはコッポラ監督の「ゴッドファーザー」The Godfather (1972) のように、ギャング映画的なムード。

1920年代のニュー・ヨークはハーレム地区。白人ながらジャズが好きで、コルネットやピアノをこなすリチャード・ギアは、ハーレムのクラブで、黒人に混ざって演奏している。ある晩ギャング同士の抗争があり、彼はギャングのジェイムス・レマイとその愛人の歌手ダイアン・レインの命を救う。ハーレム地区一番のナイト・クラブは、黒人の芸を見せるコットンクラブだが、客は金持ちの白人ばかりだった。そのクラブで、タップ・ダンサーの兄弟グレゴリーとモーリス・ハインズは、オーディションを受けて合格する。クラブの経営者は街の顔役だったが、彼のパーティでピアノの伴奏をしたギアは、前夜助けたダイアン・レインが歌手だというので驚くものの、二人が愛し合うようになるのに時間はかからなかった。しかし、ギャングの親分を欺く二人の恋は長続きするはずもない。ギアはハリウッドのスクリーン・テストに合格して、映画の世界で成功。ダイアンもナイト・クラブの経営を任されるようになるが、ギャングたちの抗争は日増しに激しくなり、親分たちは次々と死んでいく。しかし、そうした中で、コットンクラブのショーは今日も賑わうのだった。デューク・エリントンやキャブ・キャロウェイの曲が使われていて、グレゴリー・ハインズの超人的なタップ・ダンスが印象に残る。

恋のゆくえ フェビュラス・ベーカー・ボーイズ The Fabulous Baker Boys (1989) は、スティーヴ・クローヴス監督の作品で、シアトルの話。ジェフとボーのブリッジズ兄弟は、二人でフェビュラス・ベーカー・ボーイズというピアノ・デュオを組み、かつては人気があったものの、今は落ち目となっている。ジェフのほうは酒浸りの生活が続いているので、何とか立て直そうと、ボーは女性歌手をグループに入れることを提案する。オーディションにやって来たミシェル・ファイファーは、何となく安っぽい印象だったが、歌は良いのでグループに加えると、新グループの人気は上昇していく。ジェフはミシェルに恋してしまうが、彼女には受け入れられずに、喧嘩となってグループは解散してしまう。しかし、音楽こそが一番大切だと悟ったジェフは、再び3人での活動を始めるのだった。本物のブリッジズ兄弟が、劇中でもベーカー兄弟を演じている。この二人が共演するのはこの作品が初めて。使われているのは既成曲で、ミシェル・ファイファーが何曲か歌う。カラー、ヴィスタ版作品。

タップ Tap (1989) は、「コットンクラブ」The Cotton Club (1984) で素晴らしいタップ・ダンスを披露したグレゴリー・ハインズのタップを見せるための作品。天才的なタップを踊った父を持つグレゴリー・ハインズは、親の血を引き継いで超人的なタップ・ダンサーとなる。しかし、金には恵まれず、ギャングたちと付き合うようになり、身の軽さを利用した事務所荒らしをして捕まる。刑務所に入ったハインズは、その辛さをタップで紛ら

わして、出所後、父の友人サミー・デイヴィス・ジュニアが娘と運営するタップ教室を訪ねて居候となり、皿洗いをしながら娘と付き合い始める。彼は何とかタップで身を立てようと、ブロードウェイのオーディションを受けるが、演出家に相手にされず落ち込んでしまう。そんな彼に目をつけた昔のギャング仲間が再び宝石泥棒に誘い、彼もそれに乗りかけるが、最後には自分の目指す踊りに生きようと、サミーと一緒に新しい踊りを作るのだった。

ブロードウェイでは1970年代の後半から、昔のハーレムで見せていたような、ジャズと黒人芸人のショーが何本かかかり人気を得た。そこで、古い映画も舞台作品の題材として使われるようになり、「四十二番街」42nd Street (1980) が舞台化されて、タップ・ダンスが再び流行りだした。

トミー・テューンやヒントン・バトルといったタップの名手たちの人気が出て、その流れに乗り、この映画のグレゴリー・ハインズも登場した。全編でタップが繰り広げられるので、タップ・ファンには嬉しい映画。ニック・キャッスル監督のカラー、ヴィスタ版。

1990年代

ディック・トレイシー Dick Tracy (1990) は、チェスター・ゴールドが描いた1930年代に始まる漫画の映画化。1930年代のアメリカの大都市。敏腕刑事のウォーレン・ベイティ(ディック・トレイシー役)は、ギャングの親分アル・パチーノを追っていた。アル・パチーノが有名クラブのオーナーを殺し、クラブ歌手のマドンナを手に入れたからだ。彼はアル・パチーノを追い詰めようとするが、逆に彼の恋人グレン・ヘドリーを誘拐されてしまう。助け出そうとしてアル・パチーノと対決するウォーレンの前に現れた謎の人物は、アル・パチーノを撃ち殺し、次にウォーレンの命も狙おうとするが、ウォーレンの助手の銃弾に倒れる。その謎の人物の正体は歌手マドンナだった。

最後の場面は、MGM作品「バンド・ワゴン」The Band Wagon (1953) の中の『ガール・ハント・バレエ』を彷彿とさせる展開。スティーヴン・ソンドハイムが5曲ほど楽曲を書いていて、そのほとんどをマドンナが歌っている。主演のウォーレン・ベイティが監督も担当。カラー、スタンダード版。

フォー・ザ・ボーイズ For the Boys (1991) は、ベット・ミドラーが一人の女性歌手の半生を好演したドラマ。映画ではクレジットされていないが、マーサ・レイの実生活をそのまま描いたといわれている。マーサ・レイは賠償を求めて法廷で争ったが、裁判では負けたらしい。ジェイムス・カーンの演じるコメディアンは、ボブ・ホープがモデル。

芸人のベット・ミドラーは、第二次世界大戦で夫を戦場に送り出し、息子と暮らしている。台本を書く叔父ジョージ・シーガルから誘われて、彼女は人気コメディアンのジェイムス・カーンとコンビを組んで活躍するようになる。欧州戦線への慰問でも二人は大人気であったが、ミドラーの夫は戦争で亡くなってしまう。戦後も二人の人気は続くが、朝鮮戦争で慰問に訪れた時に、悲惨な戦場を目にしたミドラーは、不安を感じてジェイムスとの関係が深まる。しかし、ジェイムスが、台本を書いていた彼女の叔父をクビにしたことから、二人はコンビを解消し、ミドラーは引退してしまう。やがて彼女の息子は成人して、軍隊に入りヴェトナム戦争に従軍する。息子に会いたい一心で、彼女は再びジェイムスとコンビを組んでヴェトナムで慰問公演を行うが、息子との再会は果たすものの、息子も戦死してしまう。希望を失ったミドラーは引退して、人前に出ようとしなかったが、名誉ある賞が二人に与えられることとなり、彼女はもう一度人々の前に姿を現すのだった。楽曲は当時の既成曲を使用。マーク・ライデル監督のカラー、ヴィスタ版作品。

ステッピング・アウト Stepping Out (1991) は、ロンドンで上演されたリチャード・ハリス作の同名舞台劇 (1984) の映画化。舞台劇は、パリ、ニュー・ヨークでも上演されている。映画版もリチャード・ハリスが脚本を書いているが、舞台版ではロンドンを背景としていたものを、映画ではアメリカへ移している。

昔はブロードウェイの舞台に立っていたダ

ンサーのライザ・ミネリは、今はニュー・ヨーク市郊外の小さな町でタップ・ダンスを教えている。生徒たちは様々な職を持つ女性7人と男性一人だが、なかなか上達しないタップをダラダラと練習している。そこへ町の文化センターから慈善公演に出演しないかとの話が飛び込み、ライザと生徒たちは顔色を変えて練習に取り組むようになる。発表会が近づいて、練習も軌道に乗った時に、ライザの夫は仕事の都合で西海岸に移り住むこととなるが、ライザはこの発表会を途中で投げ出すわけには行かないといって、妊娠していたにも拘わらず、夫と別れる決心をする。生徒たちも、いろいろと問題を抱えていたが、ともかく公演は成功し、翌年もさらに磨きをかけた踊りを見せるのだった。

ライザが出ているので、彼女と仲の良いジョン・カンダーとフレッド・エブが曲を提供しているが、ライザが歌うのは2曲だけ。そのほかに踊りも入っている。原作が舞台劇だけに芝居はよく出来ていて面白い。ライザもデビュー作の「くちづけ」The Sterile Cuckoo (1969) 以来の新鮮さで、目を輝かせた演技が出色の出来。

ダンス教室でピアノの伴奏をしているシェリー・ウィンタースも味のある演技。俳優はほとんどアメリカ人で、下手に踊っているが、実際には踊りのうまいダンサーが演じている。監督は英国のルイス・ギルバート。カラー、ヴィスタ版作品。

天使にラブ・ソングを… Sister Act (1992) は、ウーピー・ゴールドバーグの歌入りコメディで、大ヒットした作品。ネヴァダ州リノのカジノで歌手をしているウーピー・ゴールドバーグは、パトロンであるギャングの親分の殺人現場を偶然目撃してしまい、身の危険を感じて警察へ駆け込む。警察では彼女を保護するために、名前を変えてサン・フランシスコの修道院に匿うこととする。修道院は厳格な院長の下で運営されていたが、聖歌隊に入ったウーピーはリーダーとなって尼僧たちを指導して、曲のレパートリーを伝統的な聖歌だけではなく、ロックやソウルにも広げる。この活動はたちまち評判になり、ローマ法王のアメリカ訪問の時にも、この修道院の訪問が組み込まれるが、ギャングたちの追及の手も伸びてきて、ウーピーは誘拐されてリノに連れ戻されてしまう。しかし、尼僧たちは力を合わせてウーピーを助け出し、法王の前での公演を成功させるのだった。

音楽は賛美歌からゴスペル調までいろいろな曲が使われている。修道院長役で英国の名優マギー・スミスが出ている。ヒットしたので、翌年に続編の「天使にラブ・ソングを2」Sister Act 2: Back in the Habit (1993) が作られた。続編も主要なキャストは同じで、ウーピーはラス・ヴェガスで歌っているが、マギー・スミスの修道院長に頼まれて、荒れた高校の音楽クラスを立て直して、合唱コンクールで優勝させる。話は面白みに欠けるが音楽は満載で楽しめる。その後はさらに、ロンドンを経てブロードウェイで舞台版ミュージカル (2011) となった。エミール・アルドリーノ監督作品。ディズニー系のタッチストーン社作品。

世界中がアイ・ラブ・ユー Everyone Says I Love You (1996) は、ウディ・アレン監督の作ったミュージカル映画。ウディ・アレンは、ジャズに造詣が深く、いつも古いジャズを映画に使っているが、この作品では1930年代の曲を主に使って、当時のミュージカル映画風に仕上げている。

ニュー・ヨークのパーク・アヴェニューのペントハウスに住む、金持ちの弁護士一家の馬鹿げた恋愛話。慈善活動家の母親ゴールディ・ホーンは、金持ちの弁護士と再婚している。その娘ナターシャ・リオンは、実父ウディ・アレンと夏を過ごすためにヴェネチアへやって来る。父親はそこで、画家ティントレットの研究をしている人妻ジュリア・ロバーツに恋をするので、ナターシャは父を助けて二人の恋愛を実らせる。一方、ナターシャもゴンドラ漕ぎに恋をするが、ニュー・ヨークに戻るとそれもすっかり忘れて、新しいボーイ・フレンドに夢中になる。アレンの娘ドリュー・バリモアや、アレンと母の間に生まれた双子の恋愛も絡み、一家の騒ぎはクリスマスになっても続く。

出演しているのは、ミュージカル専門の役者ではないが、ウディ・アレンは全員に自分で歌うことを要求、あまりにも下手だったドリュー・バリモア以外の役者たちは自分で歌

った。ゴールディ・ホーンは、歌がうま過ぎたので、逆に下手に歌えと監督から指導されたらしい。

題名はバート・カルマーとハリー・ルビーの曲から取られている。マルクス兄弟の「御冗談でショ」Horse Feathers (1932) のために書かれた曲で、グルーチョとゼッポが歌った。映画の中でもマルクス兄弟に扮装する仮装パーティの場面がある。カラー、ヴィスタ版作品。

グフマンを待ちながら Waiting for Guffman (1996)*は、クリストファー・ゲストの自作、自演のコメディ。ミズーリ州の小さな町で、町の創設150年を記念するために、その町の歴史をミュージカルで見せることになる。小さな劇団で演出経験があるクリストファー・ゲストが、町の素人たちを集めて一所懸命練習させる。公演の当日に、ブロードウェイの一流の制作者グフマン氏が見に来ることになり、一同は張り切るが、グフマン氏はなかなか到着しない。題名はサミュエル・ベケットの不条理演劇「ゴドーを待ちながら」En attendant Godot (1952) のもじり。カラー、ヴィスタ版。

クレイドル・ウィル・ロック The Cradle Will Rock (1999) は、題名（「揺籠は揺れるだろう」とも訳される）を見ると、マーク・ブリッツスタインの作曲した反資本主義的なオペラ作品が思い浮かぶが、オペラそのものの映画化ではなく、それを作った人々を描いている。

基になったオペラは、F・ローズヴェルト大統領が不況対策で作った雇用促進局の推進した、連邦劇場計画の制作によるもので、ニュー・ディール政策の一環であったが、あまりにも内容が社会主義的との批判を浴びて、上演直前に財政支援が打ち切られた。そのために、ピアノ1台で小さな劇場を借りての自主上演となったといういわくつきの作品。

オペラは、鉄鋼労働者が組合を組織して経営者と戦うという内容で、1937年当時としては確かに批判されそうな主題だ。このオペラは、まだ若かったオーソン・ウェルズが演出を担当したが、映画では上演までの苦労話と出演する人々の話が描かれ、ブリッツスタインのオペラの曲が使われている。ティム・ロビンス監督のカラー、シネスコ版。

2000年以降

ムーランルージュ Moulin Rouge! (2001) は、オーストラリア出身の監督バズ・ラーマンの新感覚オリジナル・ミュージカル映画。20世紀初頭のパリ。作家志望のユアン・マクレガーは、人気キャバレーであるムーラン・ルージュの台本作家となり、そこの女優ニコール・キッドマンと愛し合うようになるが、二人の関係はキャバレーの経営者ジム・ブロードベントの知るところとなる。ジムは、パトロンである公爵の相手をするようにニコールに命ずるが、公爵は二人の関係を察知して激怒し、ユアンを殺そうとする。ニコールは愛するユアンを守ろうと、本心とは異なり愛想尽かしするが、結局は愛に忠実に生きる道を選ぶ。しかし、ニコールは結核に侵されて亡くなり、残されたユアンは、彼女の思い出を記そうと筆をとるのだった。

バズ・ラーマンは俳優としてスタートし、映画監督となったのは1992年。映画監督となる前の1990年にシドニーでプッチーニのオペラ「ラ・ボエーム」La bohème (1896) を新感覚で演出して評判になった。

オペラの演出というのは今や何でもありで、現代的な風俗やコンセプチュアルな演出というのが一種の流行となっているが、バズ・ラーマンの「ラ・ボエーム」はそれとは一線を画すもので、古典的でもなく、さりとて現代的とも違う、戯画化された様式で演出している。この新演出の「ラ・ボエーム」は、2003年にブロードウェイでもトリプル・キャストによる週8回の公演を行い、観客たちを驚かせた。

映画「ムーランルージュ」の演出方法も、その延長線上にある漫画的なもの。話は「椿姫」と「キャバレー」を混ぜ合わせたような陳腐なもので、カメラを振り回すような乱暴な映像と、平均1秒ぐらいで切り替わる短過ぎるカットのために、踊りも演技もあったものではない。

使われている楽曲は、「サウンド・オブ・ミュージック」から、マドンナ、エルトン・ジョ

ン、U2などいろいろなジャンルの既成曲を使用。最後のショー場面ではインドのボリウッド風の演出もある。

　コンピュータ・グラフィックスを利用した、独特のデコラティヴな美術様式が感じられる。題名はフランス語で「赤い風車」という意味だが、ロートレックの絵でおなじみの、フレンチ・カンカンで評判をとったキャバレーとして知られている。カラー、シネスコ版。

キャンプ　Camp (2003) は、監督のトッド・グラフが少年時代に経験した演劇キャンプでの体験に基づいた映画。トッドは役者の出身で、監督はこの作品が最初。ブロードウェイの舞台を目指すミュージカル俳優たちを養成する、サマー・キャンプに集う若者たちの話。ハンサムな男をめぐる娘たちの駆け引きや、落ち目でアル中の作曲家が若者と付き合ううちに、次第にやる気を取り戻す様子が描かれる。最後のチャリティ公演が大成功して、ひと夏が終わる。使われている音楽はオリジナル曲のほかに、スティーヴン・ソンドハイムなど。

五線譜のラブレター　De-Lovely (2004) は、アメリカの大作曲家として知られるコール・ポーターの生涯を描いた伝記映画。彼の書いた音楽を聞かせるよりも、ゲイというこれまで語られることのなかった側面に焦点を当てている。

　コール・ポーター自身の回想場面から映画は始まる。金持ちに生まれつき、パリで遊びながら暮らしているケヴィン・クライン（コール・ポーター役）は、社交界の集まりで美しいアシュレイ・ジャッド（リンダ役）と出会い結婚する。彼は自分が同性愛であることもアシュレイに打ち明けるが、包容力のあるアシュレイはそれでもかまわないと結婚する。新婚旅行でヨーロッパを回る間もケヴィンは男性バレエ・ダンサーと遊んだりする。アシュレイが、アメリカから大作曲家のキース・アレン（アーヴィング・バーリン役）を呼ぶと、キースは彼の才能を見抜き、ブロードウェイでの活動を勧める。果たして彼はブロードウェイでヒット・ショーを書くが、やがて、妻アシュレイを無視して遊びまくるようになる。何とか生活を立て直そうと、ハリウッドへ移り映画ミュージカルの作曲もするが、そ

こでも享楽的な生活にはまり込むので、アシュレイもとうとう去ってしまう。そうした折に彼は落馬事故で足を骨折して歩けなくなる。アシュレイは彼の下へ戻り、人々から見放されて酒に溺れる彼に、最後まで献身的に尽すのだった。

　主に1930年代のポーターのヒット曲が使われて、舞台場面なども挿入されるが、現代的に描かれ過ぎていて、当時の雰囲気が感じられない。ショー場面を見せるというよりも、コール・ポーターの悩みを描いている。そうした描き方が好きか嫌いかで、評価が割れる作品。監督はアーウィン・ウィンカーで、カラー、シネスコ版。

Ray レイ　Ray (2004) は、テイラー・ハックフォード監督が作った、盲目の黒人歌手レイ・チャールズの伝記映画。1947年のジョージア州。幼くして視力を失った17歳の青年ジェイミー・フォックス（レイ・チャールズ役）は、北部のシアトルで楽団に参加し、音楽活動を始める。やがてゴスペル歌手のケリー・ワトソンと結婚し、子供も生まれるが、徐々に麻薬に侵されて、妻以外の女性とも深い関係となる。1960年に大ヒットを出してグラミー賞を取るが、愛人を麻薬で失い、自分も麻薬所持で逮捕され、音楽業界から追放されてしまう。しかし、逮捕を契機に更生して立ち直った彼は、再びコンサート活動に戻るのだった。

　映画ではクレジットされてはいないが、レイの公式伝記映画といえる内容。レイ・チャールズが自伝「兄弟レイ」Brother Ray (1978) を出版したので、テイラー監督はすぐに映画化権を取得したが、実際の映画化は資金難により遅れた。レイ・チャールズ本人も映画の台本を点字でチェックして、若い時代の演技指導にも参加、編集途中のフィルムなどもチェックしたらしいが、映画の最終版が完成する少し前に亡くなった。映画の中での曲はジェイミー・フォックスの歌と、レイ・チャールズ自身の過去の映像の両方が使われている。カラー、ヴィスタ版作品。

ヘンダーソン夫人の贈り物　Mrs. Henderson Presents (2005) は、英国で作られた実話に基づく話。1937年に夫に先立たれたジュディ・デンチ（ヘンダーソン夫人役）は、潰

れかけた劇場を買い取ってショーを始めるが、最初は当たるものの、次第に客足が遠のいてしまう。そこで、英国で初めての活人画風のヌード・ショーを上演し、第二次世界大戦中も兵士たちに娯楽を提供し続ける。一時は、政府から閉鎖を命じられるが、兵士たちの熱い支持を受けて、公演を続ける。

英国で初めて生のヌードを見せたといわれている劇場の実話で、真面目に作られている。スティーヴン・フレアズの監督作品。カラー、ヴィスタ版。

キャデラック・レコード 音楽でアメリカを変えた人々の物語 Cadillac Records (2008) は、実話に基づく話で、1950年にシカゴで設立されて、ブルースを中心に多くのアーティストを世に送り出した、チェス・レコード社が描かれる。ユダヤ系ポーランド移民のエイドリアン・ブロディ（チェス役）は、自分のレコード会社を立ち上げて、黒人にも門戸を開き、チャック・ベリーを始めとする多くの新しい音楽を世に送り出す。新会社からはヒット曲も出るが、麻薬やセックスなどの問題も次々と起こる。

レコード会社を設立したチェスがキャデラックに乗って行商していたことや、ヒット曲が出ると歌手たちにキャデラックを買い与えたことから、チェス・レコード社は、別名「キャデラック・レコード」とも呼ばれた。ダーネル・マーティン監督作品。

バーレスク Burlesque (2010) は、クリスティーナ・アギレラの歌と踊りを見せる作品。歌手志望のアギレラは、アイオワの小さな町を後にして、ロス・アンジェルスへ出てくる。小さなバーレスク劇場のショーに魅せられたアギレラは、バーテンダーの助けを借りて、その店のウェートレスになる。ダンサーの妊娠や、トラブルで穴が開いた時に、アギレラは見事に代役を演じ、次第に客の人気も得て、バーレスク劇場のトップ・スターへと上り詰める。このアギレラの話に、バーレスク劇場を経営する女経営者シェールの、経営上の借金の悩みなどが絡む。

バーレスク劇場は、時代により随分と内容を変えてきた。1930年代までは、セクシーな要素を含むヴァラエティ・ショーが上演されていたが、1940年以降の特に戦後は、ストリップ・ショーの要素が強まり、だんだんと露出度の高い見世物になっていった。1960年代末のポルノ映画の解禁により、バーレスクもドギツさを増し、1970年代にはすっかり衰退してしまう。

しかし、1990年代以降になると、昔のバーレスクを懐かしむ動きが出て来て、ネオ・バーレスクと呼ばれる新しいショーが生まれた。露出ではなくセクシーさを見せるショーを復元したわけで、この映画もそうしたネオ・バーレスクの流れを汲むものだろう。とはいえ、映画の主眼は、物語でもセクシーさでもなく、クリスティーナ・アギレラの歌を聞かせ、踊りを見せることにある。だから、次々と舞台場面が繰り広げられる。バーレスク劇場の経営者役で歌手のシェールも出ているが、歌わない。スティーヴ・アンティン監督。振付はデニス・フェイ。

4 ダンス映画

ミュージカル映画には踊りが付き物だが、そうした踊りは観客に見せるためのダンスが大半だ。人々が自分自身の楽しみで踊るのは、昔であればボール・ルーム・ダンスと呼ばれた社交ダンスや民族舞踊、近年であればディスコやクラブの踊り、時には街角で踊られる路上ダンスなどもある。タップ・ダンスも昔は街角で競い合って踊られたので、一種の路上系の踊りだが、後に舞台で見せるための踊りに発展した。

ディスコ・ダンス

ディスコ・ダンスは1970年代に発展して、映画の世界では「サタデー・ナイト・フィーバー」Saturday Night Fever (1977) と、「イッツ・フライデー」Thank God, It's Friday (1978) の2本のディスコ映画が作られたので、単に自分たちで踊って楽しむ踊りから、見

て楽しむことができる踊りとなった。踊りを見せるという点では、「サタデー・ナイト・フィーバー」のジョン・トラヴォルタが、映画の中で特訓して素晴らしいディスコ・ダンスを見せた影響で、普通の若者が楽しみでダンスを踊り、認められてプロの世界に入って行くというような映画が、1980年代に現れる。

「サタデー・ナイト・フィーバー」では当時のディスコ風景が描かれており、大勢の人々が1列に並んで踊る様子が見られる。社交ダンスの世界では男女のカップルが組んで踊るのが基本なのに対して、1960年代以降はゴー・ゴー・ダンスやツイストのように、一人で踊る形が浸透した。しかし、ディスコ・ダンスでは再びカップルで踊ったり、列を作って踊ったりするようになった。

列になって踊るというのは、民族舞踊の世界では一般的な形態であり、踊りを通じて連帯的な意識の確認が行われるので、こうしたディスコでの踊りをニック・コーンが「部族の儀式」と評したのは的を射ていると思われる。

そのトラヴォルタは、続編の「ステイン・アライブ」Staying Alive (1983) では、あっさりとディスコ・ダンスを捨て去り、ブロードウェイのショー・ダンスの世界に挑戦している。

同じ年に作られた「フラッシュダンス」Flashdance (1983) は、「ステイン・アライブ」の女性版ともいえる内容で、地元の酒場で踊りを見せる鉄工所の溶接工の女性が、クラシック・バレエの世界へ挑戦する。ダンス映画好きのハーバート・ロス監督が作った「フットルース」Footloose (1984) は、保守的な牧師に禁止された音楽と踊りを、若者たちが取り戻す話が描かれる。

路上ダンスとラップ

1980年代前半からは、ヒップ・ホップ音楽や、ブレイク・ダンスに代表されるような路上で踊る若者たちを描く作品が現れる。こうした作品の大半は、劇中の踊りを見せるだけの目的で作られているので、若者たちが路上で競い合ったり、クラシック・バレエと路上ダンスの間で、心が揺れ動いたり、あるいはスラム街の再開発をしようとする悪徳企業と対決したりという、紋切り型の話が多い。

最初に登場した「ワイルド・スタイル」Wild Style (1983) は、ダンスよりもラップ音楽系の映画で、地下鉄に落書きアートを描いていた青年が、ラップ・コンサート会場のアートを任される。本格的なブレイク・ダンス映画は、「ブレイクダンス」Breakin' (1984) あたりから始まる。この作品では主人公のジャズ・ダンサーのルシンダ・ディッキーは、厳しいダンス教師にうんざりしているが、路上で踊る二人の青年と出会い、自分を解放する路上ダンスにのめり込む。続編「ブレイクダンス2」Breakin' 2: Electric Boogaloo (1984) では、地区センターが再開発で潰されそうになり、ダンサーたちが立ち上がる。

「ボディ・ロック」Body Rock (1984)* は、路上でブレイク・ダンスを踊っていた青年がテクニックを身につけて、高級クラブで踊るようになり、バブルな生活となる。「ビート・ストリート」Beat Street (1984)* も背景はブロンクスの貧民街だが、青年たちはブロンクスから抜け出して、マンハッタンの一流クラブでのDJを夢見る。クラブが舞台となるので、ヒップ・ホップやブレイク・ダンスが多く登場する。

「ダウンタウン・ウォーズ」Rappin' (1985)* は、ラップ系の作品で、服役を終えたラッパーが、ラップを武器に悪徳再開発業者から街を守る。こうした中で、巨匠ロバート・ワイズ監督もこうした世界を描き、「ルーフトップ」Rooftops (1989)* を作る。この作品では、廃墟となったビルの屋上にある給水塔に住みついた青年が、夜になると路上でダンス対決する。

ラテン・ダンス

ラテン・ダンスも1980年代末から流行して、これをテーマにした作品が作られる。「ダーティ・ダンシング」Dirty Dancing (1987) は、若い娘が踊りの楽しさに目覚めて新しい世界に挑戦するという作品。この映画がヒットしたので、だいぶ後になって続編の「ダンシング・ハバナ」Dirty Dancing : Havana Nights (2004) が作られている。

「ランバダ 青春に燃えて」Lambada (1990) は、ベヴァリー・ヒルズ高校の新任数学教師

が、毎夜ダンス・クラブでランバダを踊りまくるが、それは貧民街の若者の関心をひき、数学を教えるためだったという内容。「情熱のランバダ」The Forbidden Dance (1990) となると、母国の熱帯雨林の乱開発をやめさせるためにアメリカに渡ったブラジル娘が、住み込みメイドで働いている家の息子と恋仲になり、二人でランバダ・コンテストに優勝、乱開発中止をテレビで訴えるという、飛躍した話になっている。

「ダンス・ウィズ・ミー」Dance with Me (1998) では、ダンス・インストラクターの娘が6年間のブランクの後に、ダンスのパートナーを誰にするかと悩みながらダンス大会でサルサを踊り優勝する。

社交ダンス

社交ダンスの世界では、「ダンシング・ヒーロー」Strictly Ballroom (1992) が、バズ・ラーマン監督によって作られた。踊りにはまるのは若者だけでないことを見せたのが、「タンゴ・レッスン」The Tango Lesson (1997) で、もう若くはない大人の女性がタンゴに挑戦する。その後作られた「レッスン!」Take the Lead (2006) は、社交ダンスを教える若い青年が、問題生徒の多い高校でダンスを教えて、ヒップ・ホップしか知らない若者たちに新しい世界を見せる。

社交ダンスの世界でも、少し変わった内容なのが、「椅子取りゲーム」Musical Chairs (2011)* で、美しいプロ・ダンサーが事故で歩けなくなり車椅子の生活となるが、ダンス・スタジオで社交ダンスを教えていた彼女のファンは、彼女と一緒に車椅子ダンスを踊り始める。

路上ダンスの展開

2000年代に入っても、路上ダンス系の映画は続き、「セイブ・ザ・ラストダンス」Save the Last Dance (2001) では、バレエが好きでジュリアードに進もうと考えていた娘が、母親の突然の事故死により、バレエへの道を一度は諦めるものの、ヒップ・ホップ・ダンスを踊る黒人青年に勇気づけられて、バレエへの情熱を取り戻す。これは続編も作られて、「セイブ・ザ・ラストダンス2」Save the Last Dance 2 (2006)* では、ジュリアードに進んだ娘が、バレエとヒップ・ホップ・ダンスの間で心に迷いが生じる。

ラップ系の映画も根強い人気があり、「8 Mile」8 Mile (2002) では、白人青年がラッパーとしてのプロ・デビューを目指して猛特訓し、黒人ばかりの大会に出場する。ロス・アンジェルスの路上でのダンス合戦を描く「ユー・ガット・サーブド」You Got Served (2004)* も作られた。

路上ではないがダンスをテーマにした作品には、「ダンス・レボリューション」Honey (2003)* もある。夜はバーテンダーとして働き、昼はレコード店の店員をしながら、プロのダンサーを目指す娘ハニーが、プロモーション・ビデオの監督に見出されて振付を担当するが、その代償に体を求められる。これも続編があって、「ダンス・レボリューション2」Honey 2 (2011)* では、ハニーは子供たちにダンスを教えながら、ダンス大会を目指す。

ストンプ

足を踏み鳴らして踊るストンプという踊りもあり、足で音を出すので路上ダンスとは一線を画するが、これを題材にした「ストンプ!」How She Move (2007)* が作られている。この作品では、医学を学ぶために大学進学を目指す娘が好きな踊りを封印しているが、薬物中毒となった姉の治療代で、一家はお金を使い果たしてしまう。そこで、進学費用が必要となり、ストンプの大会で優勝して賞金を手に入れようと、踊りを再開する。

「ストンプ・ザ・ヤード」Stomp the Yard (2007) もあって、こちらは路上ダンスの名手だった黒人青年が、兄の死をきっかけに大学へ進学するが、そこでストンプ・ダンスのサークルから声がかかる。これには続きもあって、「ストンプ・ザ・ヤード2」Stomp the Yard 2: Homecoming (2010)* では、一時帰省した青年が、昔の仲間とダンス・コンテストに挑む。

路上ダンスとバレエ

路上ダンスとバレエを絡めた「ステップ・アップ」Step Up (2006)* は、人気シリーズと

なった作品。路上ダンスの上手な青年が、芸術学校で備品類を壊し、裁判所から労働奉仕としてその学校の清掃を命じられる。彼は、そこでパートナーが怪我をしたバレリーナの相手役をすることになり、バレエの世界に目覚める。

「ステップ・アップ2：ザ・ストリート」Step Up 2: The Streets (2008) は前作の続きで、今回は女性ダンサーが芸術学校に入ることになるが、路上ダンスも諦めきれずに悩む。「ステップ・アップ3」Step Up 3D (2010)*は、3Dで作られたが日本では公開されなかった。ニュー・ヨークで開催された路上ダンスの世界大会で、若者たちが優勝をかけて戦う。

「ステップ・アップ4：レボリューション」Step Up Revolution (2012) では、マイアミを背景に、路上ダンサーたちが再開発に立ち向かう。その後、「ステップ・アップ5」Step Up All In (2014)*も作られた。いつも同じような話では飽きられるので、「アメリカの戦場」Battlefield America (2012)*では、ビジネスマンの男が、下手な路上ダンス・チームの面倒を見ることになり、プロを雇って鍛え直し、大会に送り出す。

一方、英国でも路上ダンスの映画が作られていて、「ストリートダンス TOP OF UK」StreetDance 3D (2010) では、路上ダンス選手権の決勝を目前に、割れてしまったチームが、ロイヤル・バレエ学校の生徒たちの協力を仰いで、何とか決勝進出を果たす。これも続編があり、「ストリートダンス2」StreetDance 2 (2012)*では、路上ダンスとサルサが出会う。

サタデー・ナイト・フィーバー Saturday Night Fever (1977) は、ディスコ・ブームに火をつけた作品で、ニック・コーンがニュー・ヨーク誌に書いた記事、「新しい土曜夜の部族儀式」Tribal Rites of the New Saturday Night (1976) に触発されて作られた。

ブルックリンの下町でペンキ屋に勤めているジョン・トラヴォルタは、土曜日の夜になると颯爽としたスタイルでディスコへ踊りに行く。彼は近隣でも一番踊りがうまく、仲間たちからも一目置かれていた。ある日ディスコで、踊りのうまいカレン・ゴーニーと知り合ったジョンは、ディスコ大会の500ドルの賞金を得ようと、カレンと大会に出場する。踊りの練習を通じて彼女の生活を知るが、同じブルックリンの出身でありながら、今の境遇を脱して、マンハッタンで暮らすために、必死に努力していることがわかる。それまでは自分の小さな世界だけで生きてきたジョンも、もう一度広い世界に挑戦してみようという気になる。そうして、近所の仲間たちと別れて再出発を目指すのだった。

1970年代後半のアメリカでは、長く続いたヴェトナム戦争のトラウマから、悩みを持ち、不安を感じ、生き方を見失い、刹那的に暮らす人々も多かったが、そうした当時の世相がよく描かれている。トラヴォルタはダンサーではなかったが、特訓してディスコ・ダンスをマスターした。そのダンス・スタイルは独特で、ゲイ風でなよなよとしてはいるものの、意外性のある動きで楽しませてくれる。

全編に流れるのが、ビー・ジーズの音楽で、これも映画とともにヒットした。ジョン・バダム監督のカラー、ヴィスタ版の作品。

ステイン・アライブ Staying Alive (1983) は、「サタデー・ナイト・フィーバー」(1977) の続編。ディスコ・キングとなったジョン・トラヴォルタは、ブルックリンの生活に満足せずに、マンハッタンのブロードウェイで踊りに挑戦する。といっても現実は厳しく、昼はダンス・スタジオで教えて、夜はバーテンダーで生活費を稼ぐ。オーディションを何度受けても落とされるが、恋人の助力によって、新作ショーのダンサーとして採用される。主役の男優が難しいダンスを求められて四苦八苦しているので、トラヴォルタは必死に練習してそれをマスターし、主役に代わってスターとなる。

監督が「ロッキー」Rocky (1976) で主演したシルヴェスター・スタローンなので、少し汗臭い雰囲気を漂わす作品。話も前作とは異なり陳腐な純愛ドラマで、ダンス場面に魅力が感じられない。振付や撮影方法も、踊りというものをまったく理解していないのではないかと感じさせる。音楽はビー・ジーズだけでなく、シルヴェスター・スタローンの弟であるフランク・スタローンらが担当している。カラー、ヴィスタ版。

第 7 章　1980 年以降のミュージカル映画

フラッシュダンス　Flashdance (1983) は、話の内容からすると「ステイン・アライブ」Staying Alive (1983) の女性版のようにも見えるが、トロントで実在したモーリーン・マーダーという女性がモデルとなっている。そのため、この映画化権をめぐって彼女が裁判で争ったと伝えられる。

ピッツバーグの鉄工所で、男に混じって溶接工として働く女性ジェニファー・ビールズは、プロのダンサーを目指していて、夜はバーの舞台で踊る一方、自宅でも踊りを練習している。彼女は、将来はクラシック・バレエ団に入りたい、と思ってはいるものの、自分に基礎的な訓練ができていないことを思い知らされて挫折してしまう。彼女を好きだった鉄工所のオーナーは、密かに彼女を応援し、友人たちもそれぞれの立場から彼女を励まして、ジェニファーはバレエ団のオーディションで高い評価を得るのだった。

曲はいろいろなものを使っているが、アイリーン・キャラの歌った主題歌が人気となり、アカデミー主題歌賞を取った。単純なドラマで映画としての工夫はなく、批評家筋には受けなかったが、興行的には大ヒットした。エイドリアン・リン監督のカラー、ヴィスタ版作品。英国で舞台化されて2010年にロンドンで上演された。

フットルース　Footloose (1984) は、ダンス物が得意なハーバート・ロス監督の作品。父が姿を消してしまったために、母と一緒に叔父を頼り、大都会のシカゴからユタ州の保守的な町へ移ってきた高校生のケヴィン・ベーコンは、高校生のロックやダンスが禁止されていると聞いて驚く。彼は牧師の娘ロリ・シンガーに惚れるが、彼女には別の恋人がいて挑戦を受けるので、チキン・ゲームに勝ち、ロリのハートを手に入れる。二人が禁を破って隣の州へ踊りに行くので、町には波紋が広がる。しかし、ケヴィンは大胆にもアルバイト先の倉庫を借りて、高校卒業のプロム（ダンス・パーティ）を開くことにする。彼の熱意に心を打たれて牧師も協力し、プロムは成功する。

音楽はケニー・ロギンスとディーン・ピッチフォードによる主題歌に加えて、ロックを中心とした既成曲も使用されている。カラー、ヴィスタ版作品。ブロードウェイでもトム・スノウの作曲で舞台化(1998)されている。

ダーティ・ダンシング　Dirty Dancing (1987) は、エミール・アルドリーノ監督の低予算作品だが、驚くほどの大ヒットとなった。1963年の夏、17歳のジェニファー・グレイは、家族と一緒にリゾート地の山荘へ行く。その山荘で、ジェニファーはセクシーな踊りを見て衝撃を受け、それを踊ったダンサーから手ほどきを受ける。彼のダンス・パートナーが妊娠したために、ジェニファーが代役を務めることとなり、ダンスの特訓を受けてホテルのショーをこなす。夏が終わり山荘を去る日のパーティでも、ジェニファーは覚えたダーティ・ダンスを踊るのだった。カラー、ヴィスタ版。

後に続編の「ダンシング・ハバナ」Dirty Dancing: Havana Nights (2004) が作られている。続編は続きの話となることが多いが、この続編は時代を遡り、1959年のキューバ革命を背景として、仕事のためにキューバへ赴任したアメリカ人一家の娘と、革命派キューバ人の息子がダンス・コンテストへ出る話。キューバ音楽が満載で楽しい。

オーストラリアでは「ダーティ・ダンシング：古典的な物語」Dirty Dancing: The Classic Story on Stage (2004) として舞台化、ロンドンでも上演された。

ダンシング・ヒーロー　Strictly Ballroom (1992) は、バズ・ラーマン監督のオーストラリア映画。社交ダンスのうまい青年が、大会に挑み、自分の考案した新しいステップで踊り、観客たちの支持を得るものの、保守的な審査員や大会の主催者からは拒否される。その後も、彼は新しいパートナーを得て、新ステップを試すが、いずれも観客からの支持はあるものの、大会では拒否されてしまう。それでも彼は挫けずに、踊り続けるのだった。

タンゴ・レッスン　The Tango Lesson (1997) は英国、フランスの合作で、サリー・ポッター監督の自伝的な作品。パリで映画の脚本を書いていたサリーは、気分転換のためにタンゴ・ダンサーのパブロから踊りを習うが、自室を模様替えする間に、パリを離れてアルゼンチンで本格的なレッスンを受けると、タンゴへの情熱はさらに燃え上がる。パリへ戻

ってからもパブロと踊るが、それは次第に彼との恋へと変わっていく。彼女は猛練習して彼のパートナーとして舞台でも踊り、彼の故郷のブエノス・アイレスで、タンゴ・ダンサーの映画を撮るのだった。

5 バレエ映画

　踊りの映画ではクラシック・バレエ系の作品も増加した。1970年代に、引退したバレリーナとその娘を描いた「愛と喝采の日々」The Turning Point (1977) が作られるが、1980年代に入ると、ハーバート・ロス監督は伝説的なダンサーを題材とした「ニジンスキー」Nijinsky (1980) を作り、その知られざる一面を描いた。フランスではクロード・ルルーシュ監督の「愛と哀しみのボレロ」Les uns et les autres (1981) で、ジョルジュ・ドンがベジャールの振り付けた『ボレロ』を踊った。

　バレエといえば負けられないのがソ連で、「瀕死の白鳥」で有名なアンナ・パヴロワの伝記作品「アンナ・パブロワ」Anna Pavlova (1983) を作る。1974年に西側に亡命したソ連のミハイル・バリシニコフは大いに話題となったが、そのバリシニコフ自身が亡命ダンサーを演じた「ホワイト・ナイツ 白夜」White Nights (1985) は、冷戦時代に作られたことを考えると、意味するところがよくわかる。そのバリシニコフとアメリカの若いダンサーが「ジゼル」の映画を撮るというのが「ダンサー」Dancers (1987) で、ダンス好きのハーバート・ロス監督らしい作品。

　「リトル・ダンサー」Billy Elliot (2000) は、ダンス場面は少ないが、炭鉱労働者の小さな息子がバレエ好きで、バレエ学校へ入り本当に檜舞台に立つという話。後に舞台ミュージカルにもなった。「センターステージ」Center Stage (2000) は、プリマを目指してバレエ学校へ通う若者たちの青春を描く作品で、続編「センターステージ2 ダンス・インスピレーション！」Center Stage: Turn It Up (2008)* も作られた。バレエ団で主役を得るのは大変で、「白鳥の湖」の主役の重圧に耐えられない若いダンサーを描いた「ブラック・スワン」Black Swan (2010) は、バレエ映画というよりもホラーに近い。

　3D映画が2010年前後にブームとなったが、ドイツの振付家として有名なピナ・バウシュの「Pina ピナ・バウシュ 踊り続けるいのち」Pina (2011) は、舞台場面が実写的に3D収録されている。

ニジンスキー Nijinsky (1980) は、ニジンスキーの日記と、彼の妻が書いた伝記「ニジンスキーの生涯」Life of Nijinsky (1933) に基づいて作られた映画。ニジンスキーといえば、ロシアの伝説的なダンサーで、空中に浮かんだまま降りてこないというほど滞空時間が長いジャンプにより有名だった。

　20世紀の初頭。興行師ディアギレフ（アラン・ベイツ）の率いたロシア・バレエ団のスターであり、振付家でもあるニジンスキー（ジョルジュ・デ・ラ・ペーナ）は、ディアギレフとは友人以上の深い性的な関係があった。彼は革新的でジャンプも出てこない「牧神の午後」で、従来のバレエの制約を取り払い観客を驚かせ、更に、ストラヴィンスキー音楽の「春の祭典」でも斬新な振付を行うが、観客には理解されなかった。次の作品の振付はフォーキンに任せると、ディアギレフが決めるので、反撥して気の動転したニジンスキーは、プリマのロモラ（レスリー・ブラウン）と衝動的に結婚してしまう。しかし、そのことがディアギレフとの関係を決定的に崩し、ニジンスキーは精神錯乱を起こしてしまう。彼は精神病院に入院するが、ロモラは最後まで彼に献身的に尽くすのだった。

　興行師ディアギレフは、「バレエ・リュス」（ロシア・バレエ団）を率いたことで有名だが、ニジンスキーとの関係も、ほぼこの映画で描かれたとおりだと伝えられている。ニジンスキーは超人的なジャンプで有名だが、ジャンプの映像は残念ながら残されていない。その

第7章　1980年以降のミュージカル映画

ニジンスキーが、ジャンプをしないバレエ作品を作ったのが「牧神の午後」で、今見ても驚くほどエロチックな動きを残している。その彼が晩年は精神病院を転々としていたのも有名だが、その理由がここで明かされている。

センセーショナルな内容だけに、ケン・ラッセル監督も撮りたがったというが、「愛と喝采の日々」The Turning Point (1977)でバレエ映画に実績のあったハーバート・ロスが監督を担当した。当初、ニジンスキー役にはミハイル・バリシニコフを想定したようだが、ミハイルが出演できなくなり代わってジョルジュ・デ・ラ・ペーナが選ばれた。ほかの役もダンサーが演じていてバレエ場面も多い。

劇中で登場するバレエ場面は「シェヘラザード」、「バラの精」、「遊戯」（ドビュッシー）、「牧神の午後」、「謝肉祭」（シューマン）、「ペトルーシュカ」、「春の祭典」、「イゴール公」など。カラー、シネスコ版。

アンナ・パブロワ　Anna Pavlova (1983)は、ソ連を中心に国際制作された作品で、「瀕死の白鳥」で有名な伝説的バレエ・ダンサーのアンナ・パヴロワの伝記映画。

19世紀末のサンクト・ペテルブルグに育ち、「眠れる森の美女」を見てバレエに目覚めたアンナ・パヴロワ（ガリーナ・ベリャーエワ）は、バレエ学校の時代から頭角を現し、表現力に優れた踊り手となった。彼女はディアギレフ（フセヴォロド・ラリオーノフ）のロシア・バレエ団に参加して、振付家のフォーキン、跳躍に優れたダンサーのニジンスキーらと一緒に仕事をするようになる。彼女の熱心なファンのダンドレ（ジェイムス・フォックス）は、結婚を申し込むが、アンナはバレエに一生を捧げる決心をする。ディアギレフのバレエ団はパリ公演で大成功して、フォーキンはアンナのためにサン＝サーンスの名曲「瀕死の白鳥」を振り付けて成功する。しかし、ダンドレが汚職容疑で逮捕されたため、アンナは全財産をはたいて彼を助け出し、二人で全世界を回る公演を実施する。アメリカから東洋まで回る大ツアーだったが、徐々にアンナの体は病に蝕まれて、帰らぬ人となる。

監督はソ連のエミーリ・ロチャヌーで、もともとはテレビの連続ドラマとして企画された5時間程度の作品だったが、劇場公開向けに2時間半に編集された。日本ではさらに短縮した2時間強の編集版が公開されている。バレエの本場ソ連製だけに、バレエ場面が豊富。カラー、スタンダード版。

ホワイト・ナイツ 白夜　White Nights (1985)は、ミュージカルというよりも冷戦を扱ったドラマだが、ダンス場面も入る。東西冷戦時代のソ連。ミハイル・バリシニコフは、芸術の自由のために西側に亡命したバレエ・ダンサー役で、ロンドンから東京へ向かう途中、飛行機事故で白夜のシベリアに不時着する。ミハイルは自分の身分を示すものをすべて捨てるが、病院で目覚めた時に待っていたのはKGBの大佐だった。KGBはミハイルがもう一度ソ連に戻って踊ることを求めて、その説得役としてグレゴリー・ハインズとその妻イザベラ・ロッセリーニを割り当てる。グレゴリーは、アメリカの人種差別的な政策に反抗して、ソ連に亡命した黒人タップ・ダンサーで、ソ連で活動していた。グレゴリーとミハイルは正反対の立場だが、踊りへの情熱を介してお互いの心を理解し合うようになる。ミハイルが再び西側で活躍できるように、ミハイルの昔の恋人やグレゴリー夫妻が協力してKGBを欺き、脱出を成功させる。

西側に亡命したバレエ・ダンサーと、黒人差別から逃れてソ連に亡命したタップ・ダンサーという組み合わせが面白く、二人が一緒になって踊る場面が見もの。ミハイル自身が西側に亡命したのは1974年だったので、その10年後にこの役を演じたことになる。ライオネル・リッチーの自作自演の『よく言うね、教えろよ』Say You, Say Meがアカデミー主題曲賞を取っている。テイラー・ハックフォード監督の、カラー、ヴィスタ版作品。

ダンサー　Dancers (1987)は、バレエを題材にとった映画が得意なハーバート・ロス監督のオリジナル作品。まだ若いバレエ・ダンサーであるジュリー・ケントは、脚を痛めて踊れなくなったプリマに代わり、「ジゼル」の映画版に出演するために、急遽呼ばれてアメリカからイタリアへとやって来る。相手役の王子は有名なミハイル・バリシニコフで、ジュリーは憧れのミハイルと一緒に踊れるので、彼に夢中になってしまう。ところが、女性関係の噂が多いミハイルの記事が新聞に載

ったことから、ジュリーは自分の現実の立場と「ジゼル」の話が重なるように感じて、第1幕でジゼルの狂い死ぬ場面を撮り終えると、海に身を投じる。ミハイルは周囲から非難されるものの、第2幕の撮影に入る。ところが、撮影中の亡霊の場面で登場する相手役がジュリーに見える。驚いた彼は迫真の演技で踊るが、その相手役というのは実はジュリー本人だった。古典バレエの名作「ジゼル」の話に、現実のバレリーナの心境を重ね合わせた作品。カラー、ヴィスタ版。

リトル・ダンサー　Billy Elliot (2000) は、英国で作られた作品で、1984年に実際にあった炭鉱ストライキを背景としている。ロイヤル・バレエ団に実在したダンサーの体験談を聞いて台本が書かれたという。

1980年代の英国の炭鉱の町。11歳の少年ジェイミー・ベル（ビリー・エリオット役）は、炭鉱一家で育ち、父も兄も炭鉱労働者だ。ジェイミーも男の子らしくボクシングを習うために、毎週の授業料を貰い通っている。ところが、ある日ボクシングへ行く途中で、女の子たちのバレエ練習を見て、自分でもやってみたくなり、親には内緒で、ボクシングではなくバレエを習うようになる。バレエ教室ではメキメキと上達して先生も熱心に教えるが、ボクシングを習いに行っていないことを知った父親は怒って、バレエもやめさせてしまう。しかし、ある日友人の前で踊る息子の姿を見て、その才能を確信した父親は、何とか本格的な学校に通わせたいと考える。折から炭鉱はストライキに入っていて、収入のない父親はスト破りを決意するが、仲間たちのカンパに支えられて、ジェイミーをバレエ学校へと通わせることができる。今や学校を卒業してバレエ団に入った彼は、「白鳥の湖」に出演するのだった。

古典バレエの道に進む少年の話で、バレエを踊る場面はほとんどなく、ミュージカルとはちょっと違うが、後に舞台でミュージカル化された。最後のバレエ場面は、振付家マシュー・ボーンが主宰したバレエ団AMPが上演した男性版「白鳥の湖」で、男性が白い羽根付きのズボンで白鳥を演ずる作品。監督はスティーヴン・ダルドリーで、カラー、ヴィスタ版。

舞台版はエルトン・ジョンの作曲で、「ビリー・エリオット／ミュージカル版」Billy Elliot the Musical として、ロンドンで2005年に、ブロードウェイで2008年に上演された。更に2014年には、ロンドンでの公演がそのまま収録されて映画公開された。

センターステージ　Center Stage (2000) は、バレエ・ダンサーを目指す若者たちの青春群像を描いている。登場するバレエ学校などはすべて架空の設定。

一流のバレエ・ダンサーを目指すアマンダ・シュールは、名門のバレエ学校に合格して、厳しいレッスンに取り組む日々を送るが、卒業を前にして、舞台監督ピーター・ギャラガーから、脚の骨格が悪いので卒業公演への出演は難しいと言われてしまう。落ち込んだアマンダは、禁じられている外部のダンス・スタジオへ行くが、そこでバレエ団の花形イーサン・スティーフェルと出会い、意気投合して一夜を共にする。いろいろな出来事があるが、卒業公演の幕は開き、アマンダも踊ることができる。

古典バレエと現代バレエの両方の場面が出てくる。ニコラス・ハイトナー監督のカラー、シネスコ版作品。スティーヴ・ヤコブソン監督で、続編「センターステージ2　ダンス・インスピレーション！」Center Stage: Turn It Up (2008)* も作られた。

ブラック・スワン　Black Swan (2010) は、バレエを題材としてはいるものの、バレエ映画よりもホラー映画に近い。母親もバレエ・ダンサーだったナタリー・ポートマンは、所属するバレエ団の公演で「白鳥の湖」のプリマを踊ることになる。しかし、母親の監視下で育てられてバレエ以外の世界を知らない彼女は、白鳥は踊れても、王子を誘惑する悪の魅力に満ちた黒鳥の踊りには今ひとつ自信を持てなかった。そうした折に、その悪の魅力を存分に身につけた新人ダンサーのミラ・クニスが現れるので、ナタリーは役作りに苦しむ。実生活でも男を誘惑するミラと付き合ううちに、ミラが自分の役を奪おうとして、自分を陥れているのではないかと苛まれる。幻想の中で、役を奪おうとしたミラを、ナタリーは割れた鏡の破片で刺してしまう。「白鳥の湖」の初日にナタリーは大喝采を浴びるが、

気付くと、ミラを刺したと思った鏡の破片は自分の腹に刺さっていて、踊り終えたナタリーは、血だらけとなって倒れるのだった。ダレン・アロノフスキー監督、シネスコ版。

Pina ピナ・バウシュ 踊り続けるいのち Pina (2011) は、ドイツの振付家ピナ・バウシュを題材としたドキュメンタリー作品。ピナ・バウシュは現代ダンスの振付家として優れた作品を発表してきたが、惜しくも2009年に亡くなった。彼女と長く付き合いがあった映画監督のヴィム・ヴェンダースが、ピナが亡くなった後に、その遺志を継ぎ、彼女の4つのダンス作品を3D映像で記録したのがこの作品。

「春の祭典」Le sacre du printemps (1975)、「カフェ・ミュラー」Café Müller (1978)、「コンタクトホーフ」Kontakthof (1978)、「フルムーン」Vollmond (2006) の4作品が収録されたほか、在りし日のピナ・バウシュの映像や、ダンサーたちへのインタビューで構成される。この中の「コンタクトホーフ」は、成人版 (1978)、老年版 (2000)、少年・少女版 (2006) の3種類が過去に上演されているが、成人版と老年版を映画では混ぜて構成している。少年・少女版は、この映画とは別にアン・リンセル監督が「ピナ・バウシュ 夢の教室」Tanzträume (2010) として映画化している。

この作品の撮影開始の直前にピナが急逝したが、映画は予定どおりに撮影されたという。舞台作品の踊りを普通のカメラで撮影すると、奥行きの感じられない平板な映像となってしまうが、こうした舞台公演の記録に3Dカメラを用いるのは、ひとつの新しい試みといえる。

6 クラシック系音楽映画

1980年代以降のクラシック系の音楽映画としては、モーツァルトの生涯を描く舞台劇の映画化「アマデウス」Amadeus (1984) を始め、西独と仏の合作でワーグナーの恋を描く「ワーグナーとコジマ」Richard und Cosima (1986)、オペラのアリアを取り上げて自由にイメージを描いた「アリア」Aria (1987)、イタリアで作られたヴァイオリニストの伝記「パガニーニ」Paganini (1989)、英国で作られたベートーヴェンの恋文の相手を探し出そうとする「不滅の恋 ベートーベン」Immortal Beloved (1994) などがある。

アマデウス Amadeus (1984) は、大作曲家アマデウス・モーツァルトの生涯を描いたピーター・シェイファーの同名戯曲 (1979) の映画化。アマデウスとはモーツァルトの名前だが、意味としてはラテン語で「神の愛する」という意味。劇中でも、オーストリア皇帝ヨゼフ2世の宮廷音楽家を務めていたF・マリ・エイブラハム（サリエリ役）が苦悩するのは、その点である。トム・ハルス（モーツァルト役）の音楽的な才能を最も早く、そして本当に理解したのはサリエリであったが、神のものとも思える才能を、なぜ神が、かくも下品な若者に与えたのか理解できずに苦しむ。生活のための金を必要としていたモーツァルトは、サリエリの妨害により宮廷の仕事を十分にできず、大衆的な仕事に身をすり減らして早世する。

芝居として面白く、ブロードウェイでもヒットしたが、ミロス・フォアマン監督の手による映画版も高い評価を受けて、作品賞も含めて8部門でオスカーを取っている。モーツァルトの楽曲が沢山登場し、オペラ場面が特に楽しい。カラー、シネスコ版。

ワーグナーとコジマ Richard und Cosima (1986) は、西独、仏合作によるワーグナーの伝記作品。アメリカでの公開題名はWahnfriedとなっている。19世紀のスイス。大作曲家リヒャルト・ワーグナーは、フランツ・リストの娘で、他人の妻であるコジマと恋におち二人で暮らすようになる。二人の下には哲学者のニーチェがやって来てコジマに恋心を抱いたりする。バイロイトでの楽劇の公演では、女性の観客や歌手との関係をワーグナーは噂されるが、最後に彼の死を看取ったのはコジマだった。ペーター・パザック監督のカラー、

ヴィスタ版作品。

アリア Aria（1987）は、10編のオペラからアリアを選び、その曲に乗せて、原作のオペラとは関係のないドラマを、10人の監督たちが自由な発想で撮った作品。歌はレコード録音をそのまま使っている。オペラ座の内部を紹介するジョン・ハートが狂言回しを務め、最後を締めくくる。カラー、ヴィスタ版作品。

1「仮面舞踏会」Un Ballo in Maschera　ヴェルディ曲。レオンタイン・プライス、カルロ・ベルゴンツィ、ロバート・メリルほかの歌。ニコラス・ローグ監督。1931年のウィーン。アルバニアのゾグ王（女性のテレサ・ラッセルが演じる）はオペラ・ハウスで美しい男爵夫人（ステファニー・レイン）と出会う。オペラを見終えて、出口へ向かう王と従者たちは、アルバニアからの亡命者により狙われて、あたりは一面血の海と化す。

2「運命の力」La Forza del destino　ヴェルディ曲。レオンタイン・プライスの歌。チャールズ・スターリッジ監督。クレモナの聖堂の祭壇の上には聖母子を描いた絵画がある。絵画の中のキリストとマリアに、助けを求めるように見つめていた3人の子供たちは、学校を抜け出して駐車してあった車を盗んで走るが、パトカーに追跡されて、衝突した車は燃え上がる。

3「アルミード」Armide　リュリ曲。レイチェル・ヤカール、ジーガー・ヴァンデルスティーン、ダニエル・ボルストの歌。ジャン・リュック・ゴダール監督。スポーツ・センターで掃除をしていた娘ヴァレリー・アランは、一人の若者マリオン・ピーターソンに魅せられる。彼はトレーニングに夢中で彼女の存在には気付かない。怒りを感じた娘は彼の背に向かいナイフを振りかざすのだった。

4「リゴレット」Rigoletto　ヴェルディ曲。ロバート・メリル、アンナ・モッフォ、アルフレッド・クラウスの歌。ジュリアン・テンプル監督。中年の映画制作者（バック・ヘンリー）が、スウェーデン女優（ベヴァリー・ダンジェロ）を誘い、ホテルに連れ込む。一方、彼の妻（アニタ・モリス）も同じホテルに若い男を連れ込んで浮気する。二人は隣り合わせの部屋であることも知らずに浮気に励む。

5「死の都」Die tote Stadt　コルンゴールト曲。キャロル・ネブレット、ルネ・コロほかの歌。ブルース・ベレスフォード監督。ベルギーのブルージュ。亡くなった妻を忘れられずにその想い出に生きる男（ピーター・バーチ）は、ある日、亡き妻に生き写しのダンサー（エリザベス・ハーレイ）に出会う。彼女を家に連れてきた男は、妻との思い出の詰まったリュートを彼女に贈るのだった。

6「アバリス」Les Boréades　ラモー曲。ジャン＝ピエール・ラフォン、フィリップ・ラングリッジほかの歌。ロバート・アルトマン監督。18世紀のオペラ・ハウス。貴族たちが、精神病の患者たちを舞台に並べて、気まぐれな楽しみを行う。出演はジュリー・ハガティ、ジュヌヴィエーヴ・バージュほか。

7「トリスタンとイゾルデ」Tristant und Isolde　リヒャルト・ワーグナー曲。レオンタイン・プライスの歌。フランク・ロッダム監督。現代のラス・ヴェガス。ネヴァダ州の砂漠で車を飛ばし、ラス・ヴェガスのホテルで愛し合った若いカップル、ブリジット・フォンダとジェイムス・マザーズが心中する。

8「トゥーランドット」Turandot　プッチーニ曲。ユッシ・ビヨルキングの歌。ケン・ラッセル監督。光溢れる中で土星の輪から逃げようとしながら身をよじる半裸の娘を、神官と巫女たちが宝石で飾っていく。それは自動車事故で傷つき、病院で手当てを受けている娘の幻想だった。出演はリンジ・ドリュー、アンドレアス・ウィスニュースキーほか。

9「ルイーズ」Louise　シャルパンティエ曲。レオンタイン・プライスの歌。デレク・ジャーマン監督。出演はティルダ・スウィントンほか。今は老いてしまったオペラのプリマドンナが、舞台の上で喝采を受けながら、昔の若かった時代の恋を思い出す。

10「道化師」Pagliacci　レオンカヴァルロ曲。エンリコ・カルーソの歌。ビル・ブライドン監督。道化師の扮装をした狂言回しのジョン・ハートが舞台に立ち、自分の人生と重ね合わせながら、『衣裳を着けろ』Vesti la giubbaを歌う。

パガニーニ　Paganini（1989）は、イタリアで作られた天才ヴァイオリニストのパガニーニの生涯を描く作品。素晴らしい演奏により、どこで公演しても大絶賛を受けるパガニーニは、演奏旅行のたびにいろいろな婦人たちと遊び回る奔放な生活をしていた。とうとう彼は体を壊して倒れ、帰らぬ人となる。クラウス・キンスキーが自分で台本、監督、主演をこなしている。

不滅の恋 ベートーベン　Immortal Beloved（1994）は、英国のバーナード・ローズ監督の手によるベートーヴェンをテーマとした作品。ベートーヴェンが亡くなった時には、3通の手紙が残されていて、それが誰にあてたものなのかは、今もいろいろと論争があるようだ。

19世紀のドイツ。音楽家のベートーヴェンが亡くなった時に、その遺書には「私の楽譜と財産のすべては不滅の恋人に捧げる」と記されていた。弟子だったジェローン・クラッペは、この「不滅の恋人」を探し出そうと、恋人へあてた手紙を手掛かりとして、3人の

女性を訪ねる。最初は伯爵夫人ヴァレリア・ゴリツィノで、ピアノ教師として教えに来るベートーヴェンに惹かれて二人は恋をするが、彼の聴覚を試したために、ベートーヴェンは二度と彼女に会おうとしなかった。2番目はハンガリーの伯爵夫人イザベラ・ロッセリーニで、コンサートで知り合い、館に招かれたベートーヴェンは幸せなひと時を送ったのだった。最後は弟と結婚したヨハンナ・テア・スーグで、彼女との結婚にベートーヴェンは大反対して、弟の死後にはその子供を引き取り、ピアノを仕込もうとしたのだった。クラッペの出した結論は、ベートーヴェンが愛した女性はヨハンナで、彼が引き取って育てた子供は、実はベートーヴェンの子供だったというものだった。ベートーヴェンの曲が全編で使われている。カラー、シネスコ版。

---

7 ディズニー

ルネッサンス

ウォルトが亡くなった後のディズニー社は、アニメ・ミュージカルからすっかり遠のいていたが、1980年代の終わりから再挑戦の試みが始まった。最初に作ったのが、ディケンズの「オリヴァー・ツイスト」を現代のニュー・ヨークの猫に置き換えた「オリバー　ニューヨーク子猫ものがたり」Oliver & Company (1988)で、ビリー・ジョエルやベット・ミドラーが声を担当して評判になった。

これで自信をつけたスタッフは、本格的な制作にかかり、「リトル・マーメイド　人魚姫」The Little Mermaid (1989)以降、1990年代に名作を次々と世に送り出す。この1990年代のディズニー・アニメの再生は「ディズニー・ルネッサンス」と呼ばれた。

アラン・メンケンの活躍とその後

「リトル・マーメイド　人魚姫」で楽曲を担当したアラン・メンケンは、続く「美女と野獣」Beauty and the Beast (1991)、「アラジン」Aladdin (1992)でも楽曲を書いて流れを作った。次の「ライオン・キング」The Lion King (1994)ではエルトン・ジョンが曲を書くが、それに続く「ポカホンタス」Pocahontas (1995)、「ノートルダムの鐘」The Hunchback of Notre Dame (1996)、「ヘラクレス」Hercules (1997)では、再びアラン・メンケンが担当している。

メンケンが音楽から外れて「ムーラン」Mulan (1998)、「ターザン」Tarzan (1999)が作られたが、さすがに息切れしたようで、2000年を記念して作られた「ファンタジア2000」Fantasia 2000 (1999)あたりで、ルネッサンスも終了した。このディズニー・ルネッサンス時代の作品のいくつかは、ブロードウェイで舞台ミュージカル化されている。

21世紀に入り、コンピュータ・グラフィックスの影響などで低調な時代となるが、そうした中で、「リロ＆スティッチ」Lilo & Stitch (2002)、「ブラザー・ベア」Brother Bear (2003)、「ホーム・オン・ザ・レンジ にぎやか農場を救え！」Home on the Range (2004)*などが作られた。その後は「プリンセスと魔法のキス」The Princess and the Frog (2009)や、「塔の上のラプンツェル」Tangled (2010)に続き、「アナと雪の女王」Frozen (2013)で復調した。

★

ディズニー・ルネッサンス時代

オリバー　ニューヨーク子猫ものがたり
Oliver & Company (1988)は、チャールズ・ディケンズの「オリヴァー・ツイスト」Oliver Twist (1837)を原作とした作品。大筋では原作に即しているが、かなり自由に脚色されている。

ニュー・ヨークの捨て猫オリバーは、野良犬のドジャーに助けられて、犬たちと仲間となる。犬の仲間たちの面倒を見ているのは、犬の主人フェイギンだったが、彼は悪漢ビル・サイクスから借金の返済を迫られて困っ

ていた。ある日、オリバーは、金持ちの少女ジェニーに拾われて、彼女の家で暮らすことになる。それを知ったビルは、オリバーを使ってジェニーを誘拐し、身代金を取ろうと考えて、フェイギンやドジャーたちを無理に協力させようとする。しかし、最後の瞬間にフェイギンたちは考え直し、ジェニーとオリバーは救われて、幸せに暮らすことになる。

　ディズニー社は、しばらくアニメ・ミュージカルから遠ざかっていたので、本格的にミュージカル路線に復帰するかどうかを、検討するためにテスト的に作られた作品。この作品で自信を得て、アニメ・ミュージカルが復活してディズニー・ルネッサンスが始まる。楽曲はハワード・アシュマンほかが担当し、ビリー・ジョエルやベット・ミドラーの歌が評判となった。犬たちが踊る場面の振付はボブ・フォッシーが担当している。ジョージ・スクリブナー監督のカラー、ヴィスタ版作品。

リトル・マーメイド人魚姫 The Little Mermaid (1989) は、アンデルセンの有名な同名童話「小さな人魚」Den lille havfrue (1837)のアニメ化。ディズニー社は童話路線からしばらく遠ざかっていたが、この作品で童話路線への回帰が明確となった。

　海の王国の王トリトンの末娘アリエルは好奇心の強い娘で、外界に興味を持っていたが、ある日、難破した船から王子エリックを助けて、彼に恋をしてしまう。どうしてもエリックに会いたいアリエルは、海の魔女アースラに頼み、美しい声と引き換えに人間の足を得て王子に会いに行く。おまけに3日以内にエリックのキスを受けなければ、永遠にアースラの奴隷として働かされるのだ。狡猾なアースラはエリックにも魔法をかけて心を奪ってしまうが、最後には魔法も解けて、エリックがアースラを滅ぼし、二人は結ばれる。

　手描きのセル画を使った最後の作品として知られている。楽曲はアラン・メンケンとハワード・アシュマンのコンビが担当していて、アカデミー主題歌賞と音楽賞を獲得、アラン・メンケンの時代が始まる。ロン・クレメンツとジョン・マスカーの監督で、カラー、ヴィスタ版。なお、2008年にブロードウェイで舞台版が上演された。

美女と野獣 Beauty and the Beast (1991)は、フランスの童話「美女と野獣」La Belle et la Bête の映画化。オールド・ファンは、この題名からジャン・コクトーの映画「美女と野獣」La Belle et la Bête (1946)を連想するが、話は同じでも随分とムードの異なった作品となっている。

　森の中の城に住むわがままな王子は、魔女に心を試されて、野獣の姿に変えられてしまう。召使たちも、家具などに姿を変えられる。魔女の残したバラが枯れる前に王子が誰かを愛し、相手からも愛されないと魔法は解けないのだ。ある日、美しい娘ベルの父親が、この野獣の住む城に誤って足を踏み入れ、捕らえられてしまう。ベルは自分が代わりに城に住むことを了解して父を助ける。初めは怖かった野獣も、ベルと一緒に暮らすうちに、次第に優しい心を持つようになる。そうして娘を失った父親の悲しむ姿を見て、ベルを村に戻すことにする。しかし、ベルを好いていた村の乱暴者ガストンは、野獣を退治してベルを助けようと、彼に戦いを挑む。ガストンは野獣と争ううちに城の屋根から落ちてしまうが、同時に野獣も深く傷つく。傷ついた野獣を見てベルが彼に愛を打ち明けると、その瞬間に魔法が解けて、元の美しい王子の姿に戻るのだった。

　この作品からは、アニメーションの手描きのセル画が廃止されて、全面的にコンピュータ作画が使用された。それにより手描きの時代にはなかった、カメラ視点が連続的に変化するような、コンピュータ処理特有のダイナミックなカメラ・ワークが実現した。「リトル・マーメイド　人魚姫」(1989)に引き続き、絶好調のアラン・メンケンとハワード・アシュマンのコンビが楽曲を担当、またしてもアカデミー主題歌賞を得ている。

　この作品のヒットにより、ディズニー社はアニメ・ミュージカルの舞台化によるブロードウェイ進出を目論んだ。1980年以降のブロードウェイ・ミュージカルは、新作に勢いがなくなり低迷の時期を迎えていたが、ディズニーの進出により、再び若い観客を呼び込むことになる。この作品は1994年に舞台化されて、ヒットしている。ゲイリー・トロースデールとカーク・ワイズ監督作品で、カラー、ヴィスタ版。

第7章　1980年以降のミュージカル映画

アラジン　Aladdin (1992) は、アラビアン・ナイトの一部として伝えられる、有名な中東の民話が原作。「千夜一夜物語」に含まれるのか外伝なのかは、専門家の間でも意見が分かれているようだ。アラジンという名前は、アラビア語で「信仰の高潔さ」という意味で、いかにもアラビア風だが、現在残っているテキストでは、中国の町で母親と暮らす中国人の少年の物語となっている。この映画では観客の期待に合わせて、シンドバッド風のアラジンが登場している。ただし、全体的にはインド的な風俗とのミックス調。

物語は中東の国での話。美しい娘ジャスミンが市場で盗みの疑いをかけられたのを見て、貧乏青年アラジンは彼女を助けるが、ジャスミンは王朝の支配者スルタンの娘だったことがわかる。権力欲に取りつかれて王国を乗っ取ろうと画策する大臣は、自分の望みを叶える魔法のランプを手に入れるためにアラジンを利用しようと考えて、彼を捕らえて宮殿に閉じ込める。監禁されたアラジンは謎の老人から、砂漠の中の洞窟から魔法のランプを取ってくれば自由の身にしてやると言われて、ランプを取りに向かう。魔法の絨毯に導かれて洞窟からランプを取り出すと、ランプに閉じ込められていたジニー（精霊）が現れて、3つの願いを叶えるという。アラジンは最初の願いで立派な王子に変身して、宮殿に乗り込みジャスミンに愛を語ろうとする。ところが謎の老人に化けていた大臣が、ランプをアラジンから盗み、王国を乗っ取り、自分を最強のジニーにするようにランプのジニーに命じると、最強のジニーとなった途端にランプに吸い込まれてしまう。アラジンは最後の願いでジニーをランプから解放し、スルタンの祝福を受けてジャスミンと結婚するのだった。

音楽は前作に続いて、アラン・メンケンとハワード・アシュマンのコンビだが、今回は一部の歌詞をティム・ライスが書いている。またしてもアカデミー歌曲賞と音楽賞を受賞したが、受賞曲はティム・ライス作詞のほう。ロン・クレメンツとジョン・マスカーの監督で、カラー、ヴィスタ版。

ライオン・キング　The Lion King (1994) は、オリジナルの物語とされているが、アメリカのファンの間では旧約聖書のヨゼフとモーゼの話に似ているとか、殺された父親に代わって復讐するという点でシェイクスピアの「ハムレット」との類似性を指摘する声があった。

日本のファンの間では手塚治虫の「ジャングル大帝」との類似性を指摘する意見が多かった。実際に物語はよく似ているし、絵の構図なども共通点が多い。「ジャングル大帝」のテレビ版は「白いライオンのキムバ」Kimba the White Lion としてアメリカでもよく知られていたようだ。主人公の名前も手塚版がKimba なのに対して、この作品ではSimba と似過ぎているのも気にかかる。

この名前の類似性に対して、ディズニー社は、Simba というのはスワヒリ語でライオンを意味する言葉で、偶然の一致だという見解。日本の手塚プロダクションの態度は、手塚作品も初期のディズニー作品から影響を受けているので、仮に手塚作品がディズニー作品に影響を与えたのだとしたら、光栄であるというものだった。

ジャングルの王であるライオンのムファサには、子供ライオンのシムバが生まれるが、シムバに後を継がせたくない王の弟スカーは、シムバを暴走するヌーの大群の中に誘い込み、子供を助けるためにムファサに大怪我をさせたうえ、殺害して自分が王になってしまう。おまけに、父の死の原因は自分にあったとシムバに思い込ませて、追放してしまう。シムバは、精神的に打ちのめされて暮らすが、スカーの悪政の話を聞き、父の精神が蘇り、ジャングルに戻ってスカーを倒して平和なジャングルを取り戻す。

楽曲はエルトン・ジョンとティム・ライスが担当し、またしてもアカデミー歌曲賞と音楽賞を得る。監督はロジャー・アラーズとボブ・ミンコフで、カラー、ヴィスタ版。

この作品もブロードウェイで舞台版 (1997) が制作されたが、ディズニー社はこの作品のために、フローレンツ・ジーグフェルドが使っていた、42丁目のニュー・アムステルダム劇場を復活させて、そこで大々的に上演をした。舞台版は映画版に基づきながらも、演出と美術でジュリー・テイモアが人形的なセットや動きを取り入れた独創的な世界を構築し、トニー賞を総ざらいして大ヒットした。

エルトン・ジョンとティム・ライスはこの勢いに乗って、ヴェルディのオペラと同じ題材を使い、舞台ミュージカル版「アイーダ」Aida (2000)をヒットさせている。

ポカホンタス Pocahontas (1995) は、実話に題材をとった作品で、インディアン娘と英国探検隊員の結ばれぬ恋を描く。17世紀のアメリカのヴァージニア。先住民のパウアタン族の長には一人娘ポカホンタスがいた。そこへ英国からラドクリフ総督に率いられた探検隊がやって来て、隊員スミスはポカホンタスに一目惚れして、お互いに愛を語り合うようになる。ところがラドクリフ一行は金や財宝を求めて土地を荒らし回るので、パウアタン族との間でも小競り合いが起きる。スミスも捕らえられて処刑されそうになるが、ポカホンタスは体を張って彼を守る。その姿を見て、族長も戦いを止める決心をする。探検隊が引き上げる時に、スミスは愛するポカホンタスに英国へ行こうと誘うが、ポカホンタスは土地に残る決心をして、彼を見送るのだった。

楽曲はアラン・メンケンで、作詞はブロードウェイでも活躍していたスティーヴン・シュワルツ。エンド・タイトルの曲はヴァネッサ・ウィリアムスが歌っている。このヴァネッサの歌により、またしてもアカデミー主題歌賞と音楽賞を受賞した。マイク・ガブリエルとエリック・ゴールドバーグの監督で、カラー、ヴィスタ版。

ノートルダムの鐘 The Hunchback of Notre Dame (1996) は、ヴィクトル・ユゴーの小説「ノートルダム大聖堂」Notre-Dame de Paris (1831) のアニメ化。フランス語の原題は、もちろんノートルダム大聖堂のことを指しているのだが、「ノートルダム」というのは「われらが女性」というのが原義で、通常は聖母マリアのことを指す。ノートルダム大聖堂は、聖母マリアに捧げられた教会。原作小説での題名は、もちろん大聖堂を意味しているが、主役の娘エスメラルダのことを暗に示しているようにも感じられる。

英語の題名では「ノートルダムのせむし男」という意味で、せむし男のカジモドに焦点を当てているが、これはアメリカでは古くからこの題名で翻訳されていたためもあるだろう。映画でも無声映画のロン・チャニー版「ノートルダムのせむし男」(1923)や、トーキー版のチャールズ・ロートン版「ノートルダムの傴僂男」(1939)があるが、いずれも英語題名はThe Hunchback of Notre Dameだ。

バレエではジュール・ペローが振り付けた「エスメラルダ」La Esmeralda (1844) と、ローラン・プティの振り付けた「ノートルダム・ド・パリ」Notre-Dame de Paris (1965) のふたつがあるが、いずれもエスメラルダに焦点を当てた作品となっている。

このアニメ作品では、「せむし男」のほうが主役で、おまけに原作とは少し違った終わり方となっている。日本での題名は、違ったムードで付けられたが、恐らくは「せむし」という言葉が、差別的な響きを持っていると配慮して「鐘」という表現になったと思われる。そのために、日本公開版では英語題名までThe Bells of Notre Dameと変えられた。

15世紀のパリ。醜い姿ゆえノートルダム寺院の鐘楼に閉じ込められて鐘つきをやっているカジモドは、祭りの賑わいに誘われて、初めて外界に出る。祭りの余興で「道化の王」コンテストに出たカジモドは優勝するが、人々はその醜い姿が作り物ではなく本物だとわかると、急に彼を嘲笑する。そんな彼を庇ってくれたのは、美しいジプシー娘エスメラルダだった。その優しさにカジモドは愛を感じるが、エスメラルダは彼を庇ったことで捕らえられそうになり、ノートルダム寺院に逃げ込む。最高裁判事のフロローは、近衛隊長のフィーバスにエスメラルダを捕らえるよう命じて、民家に火を放つが、乱暴なやり方に反撥を覚えたフィーバスは人々を救い、フロローに反抗するので、彼もまた命を狙われ、ノートルダム寺院に逃げ込む。エスメラルダとフィーバスに愛が芽生えた様子を見て、カジモドは胸を痛めるが二人を匿う。結局、カジモドは捕らえられて、エスメラルダとフィーバスも処刑されそうになるが、縛られたカジモドは鎖を渾身の力で解き、エスメラルダを救う。フィーバスの話を聞いて民衆も立ち上がり、フロローは鐘楼から落ちて亡くなり、人々にも平和な生活が戻るのだった。

前作に続き楽曲はアラン・メンケンとスティーヴン・シュワルツが担当。今回は、アカ

デミー音楽賞にノミネートされたが受賞は逃している。メンケンの音楽は、それまでの作品とは少しトーンが違っていて、古典的なミュージカル調の仕上がりとなっており、音楽的にも充実している。

これはブロードウェイでの「オペラ座の怪人」The Phantom of the Opera (1988) の成功に、大きく影響されているように思える。作品のテーマについて、オペラ座なのかノートルダム大聖堂なのかの違いはあるものの、閉じ込められた怪人と美女の実らぬ恋という点では同じで、音楽でも似たような路線を狙っているように感じられる。ゲイリー・トラウスデールとカーク・ワイズの監督作品で、カラー、ヴィスタ版。

「リトル・マーメイド 人魚姫」(1989) から始まった、ディズニー・ルネッサンスは、1990年代の作品全般を示すことが多いが、厳密に考える人はこの路線を指揮していた制作者のジェフリー・カッツェンバーグが1994年にディズニー・プロを離れてルネッサンスが終わったと言い、その場合にはこの作品を最後とする。確かに「ヘラクレス」Hercules (1997) 以降の作品は、雰囲気が大きく変わる。

ヘラクレス Hercules (1997) は、ギリシャ神話に題材をとった作品。天上の神ゼウスの子供として生まれたヘラクレスは、生まれつきの怪力の持ち主だった。ゼウスを倒して神の国の支配者になろうとする死者の神ハデスは、ゼウスを倒す邪魔となるので、ヘラクレスを地上の人間界に追い出してしまう。人間に育てられたヘラクレスは、怪力ゆえに人間界になじめず、自分がゼウスの子であることを知り、神の国へ戻ろうと考える。戻るためには、怪力だけでなく真の英雄となる必要があるため、その道に詳しいフィルなどの助言を受けて、人助けをしたり、ハデスの送る怪物を倒したりする。人々からの称讃を受けはするが、それは本当の英雄ではないとゼウスから言われてしまう。彼はハデスに魂を奪われた美しい娘に恋をしてしまい、彼女の魂を取り戻すために、1日だけ彼の怪力を封じる取引をハデスとする。その1日の間に、ハデスはゼウスを倒そうとする。ヘラクレスは怪物と戦い傷を負ってしまうが、愛する娘や父を助けたいと心から念じた時に、怪力を取り戻して、父を救い、真の英雄となる。

楽曲はアラン・メンケンが書いているが、作詞はデイヴィッド・ジッペルに代わっている。ロン・クレメンツとジョン・マスカーの監督作品で、カラー、ヴィスタ版。

ムーラン Mulan (1998) は、古い中国の民話から題材をとっているが、ロバート・D・サン・サウチの絵本「ファ・ムーラン：女戦士の物語」Fa Mulan: The Story of a Woman Warrior (1998) が原作としてクレジットされている。ムーランとは木蓮（中国表記では木蘭）の意味で、ここでは中国女性の名前。ファ・ムーランは花木蘭で、花は姓で、木蘭が名。「隋唐演義」などに登場して、京劇にもなっている有名な女傑の話だが、結末は結婚によるハッピー・エンドと自害の2通りがある。中国では「花木蘭」の題名で公開されて、若者に人気だった。

昔の中国の話。フン族が侵入してくるのに対応するため、一家から男子一人を軍隊に出すように命令が下る。名門のファ家では、脚の悪い父親しか男子がいないので、元気の良い娘ムーランが、髪を短く切り父に代わり男の振りをして軍隊に入る。ムーランは体力では本物の男に負けるものの、頭を使った作戦でフン族を追い払うことに成功する。ところが、戦いで負傷して女であることがわかり、軍隊を追い出されてしまう。しかし、フン族の来襲を知ったムーランは、軍隊に再び協力して皇帝をフン族から守る。皇帝からも褒美を受けたムーランは、今や一家の誇りとなる。

楽曲はアラン・メンケンが外れて、マシュー・ワイルダーで、作詞はデイヴィッド・ジッペル。トニー・バンクロフトとバリー・クックの監督作品で、カラー、ヴィスタ版。

ターザン Tarzan (1999) は、エドガー・ライス・バローズの人気小説「類人猿ターザン」Tarzan of the Apes (1914) のアニメ化。難破船から何とか陸へとたどり着いた英国貴族の夫婦は、ジャングルで豹に殺されてしまうが、赤ん坊だけは生き残る。ゴリラが赤ん坊を拾い、ターザンと名づけて育てる。彼は大きく逞しく育ち、両親を襲った豹を殺して仇を討つ。英国からポーター教授とその娘ジェイン、探検家クレイトンが密林探検にやって来て、ゴリラたちと暮らしていたターザンは

ジェインに興味を持ち言葉を教わる。クレイトンはターザンを閉じ込めて、ゴリラを捕獲して持ち帰ろうとするが、怒ったターザンは仲間のゾウを呼んでゴリラを救出する。探検隊の一行は英国に帰ることにするが、密林を守るターザンに惹かれて、ジェインはジャングルに残る決心をする。

楽曲はフィル・コリンズが担当して、アカデミー主題歌賞を受賞している。クリス・バックとケヴィン・リーマの監督でカラー、ヴィスタ版。2006年に舞台版がブロードウェイで上演されている。

ファンタジア2000 Fantasia 2000 (1999) は、「ファンタジア」Fantasia (1940) の60周年を記念して最新技術で制作されたリメイク作品。プログラムは8部構成。演奏はシカゴ交響楽団で、指揮はメトロポリタン歌劇場で活躍していたジェイムス・レヴァイン。巨大な画面のIMAX方式で作られたカラー作品。

1 「交響曲第5番」(ベートーヴェン) ピショーテ・ハント監督 抽象的な蝶で善と悪の対立を描く
2 「交響詩 ローマの松」(レスピーギ) ヘンデル・ブトイ監督 案内役はスティーヴ・マーティン。鯨が空を飛ぶ
3 「ラプソディー・イン・ブルー」(ガーシュイン) エリック・ゴールドバーグ監督 案内役はクインシー・ジョーンズ。演劇の戯画を描いたアル・ハーシュフェルドのスタイルを真似て描く一昔前のニューヨーク生活
4 「ピアノ協奏曲第2番」(ショスタコーヴィッチ) ヘンデル・ブトイ監督 案内役はベット・ミドラー。アンデルセンの「しっかり者の錫の兵隊」
5 「動物の謝肉祭」(サン=サーンス) エリック・ゴールドバーグ監督 案内役はジェイムス・アール・ジョーンズ。フラミンゴたちがヨーヨーと格闘する
6 「魔法使いの弟子」(デュカ) ジェイムス・アルガー監督 案内役はマジシャンのペンとテイラー。1940年版でも人気のあったミッキーの演じる魔法使いの弟子
7 「威風堂々」(エルガー) フランシス・グレイバス監督 案内役は指揮者ジェイムス・レヴァイン。ドナルドが演じるノアとその箱舟の話
8 「火の鳥」(ストラヴィンスキー) ポールとゲイトン・ブリッツィ監督 案内役はアンジェラ・ランズベリー。死んでまた蘇る生命の再生

21世紀の作品

リロ&スティッチ Lilo & Stitch (2002) は、特に原作がないオリジナル作品。ハワイのカウアイ島に姉と二人で住んでいる少女リロは、大のプレスリー・ファンだ。そんなリロに、姉は捨て犬スティッチをプレゼントするが、実はこのスティッチは銀河帝国から送られてきたロボットで、触れるものを何でも破壊するようにプログラムされている。ところがリロはスティッチを見放さず愛情を注いで暮らすので、スティッチは性格の良い犬に変わっていく。

ディズニーのそれまでの作品にはなかったロボット犬が登場する。リロがエルヴィス・プレスリーのファンだという設定なので、プレスリーの曲が沢山出てくる。ディーン・デュボア、クリス・サンダース監督作品のカラー、ヴィスタ版。

ブラザー・ベア Brother Bear (2003) も、原作のないオリジナル作品。自然界の掟を破り、熊を殺したために、逆に熊の姿に変えられてしまった青年キナイが、故郷の鮭の川に戻り母熊を探そうとする小熊コーダと一緒に旅するうちに、兄弟のような友情が芽生える。フィル・コリンズ曲。アーロン・ブレイズ、ロバート・ウォーカー監督作品の、カラー、ヴィスタ版。

ホーム・オン・ザ・レンジ にぎやか農場を救え！ Home on the Range (2004)* も、ディズニーのオリジナル作品。平和な楽園農場が借金のために競売に付されそうになるので、農場の3匹の牛たちが協力して、賞金のかかった牛泥棒を捕らえて借金を返し農場を救う。アラン・メンケン曲。ウィル・フィン、ジョン・サンフォード共同監督のカラー、ヴィスタ版。

チキン・リトル Chicken Little (2005) は、ディズニー単独では最初の3D-CGの作品。小さな鶏の男の子チキン・リトルが宇宙から飛んできたエイリアンの落下物を見て大騒ぎする。

プリンセスと魔法のキス The Princess and the Frog (2009) は、久々の伝統的な童話路線の作品で、E・D・ベイカーの童話「蛙の

王女様」The Frog Princess (2002) のアニメ化。この原作はグリム童話「蛙の王子」Der Froschkönig oder der eiserne Heinrich に着想を得たとされている。ニュー・オリンズを舞台に設定していて、ニュー・オリンズ風のジャズ音楽が使われるだけでなく、主人公の娘も黒人の設定となっている点が珍しい。

ニュー・オリンズでウェートレスをしているティアナは、いつか自分のレストランを持つのが夢だ。彼女は幼なじみの富豪の娘に頼まれて、仮装パーティで料理を出すためにプリンセスの恰好をするが、その時に魔法でカエルの姿に変えられた、一文無しのダメ王子と出会う。王子は本物のプリンセスがキスをすると元の姿に戻ると説明するので、ティアナがキスをすると、ティアナまでカエルの姿になってしまう。人間に戻る方法を見つけようと二人はいろいろと冒険を重ねるが、どうしても人間には戻れないので、諦めて2匹で結婚して生活する決心をする。2匹が結婚してキスをすると二人は人間に戻る。それは王子と結婚したことによりティアナが本当のプリンセスとなったからだった。

これまでは、ピクサー社系の3Dアニメ作品で曲を書くことの多かった、ランディ・ニューマンが楽曲を担当した。作画はコンピュータ作画となる前のやわらかいムードが復活している。ロン・クレメンツとジョン・マスカー監督の、カラー、ヴィスタ版作品。久々にアカデミー楽曲賞にノミネートされたが、受賞は逃している。

塔の上のラプンツェル Tangled (2010) も、有名なグリム童話「ラプンツェル」Rapunzel のアニメ化。原作の中でラプンツェルというのは主人公の娘の名前だが、妊婦に良いといわれているレタスに似た野菜の名前でもある。この映画では英語題名を「もつれた」と変えていて、話の内容もグリム童話の毒を全部抜いている。

中世のヨーロッパ。城で生まれた姫は、歌をうたうと伸びる魔法の金髪を持っている。姫は魔女にさらわれて、森の中の高い塔の中に閉じ込められて18年間育つ。今や大きくなった姫ラプンツェルは、外の世界に興味を持つが、そこへ盗人のフリンがやって来たので、彼の案内で外の世界へ飛び出す。最後に は、ラプンツェルはさらわれた姫であることが判明して城へ戻り、フリンと結婚して幸せに暮らす。

伝統的な童話路線だが、これまでの伝統的な作画ではなく、3Dのコンピュータ作画となっている。楽曲は久々にアラン・メンケンが担当。ネイザン・グレーノ、バイロン・ハワード監督の、カラー、ヴィスタ版作品。

アナと雪の女王 Frozen (2013) は、アンデルセンの童話「雪の女王」Snedronningen (1844) のアニメ化。不思議な能力を持った女王によりすべてが凍り付いてしまった国で、再び夏を取り戻すために、女王の妹アナとその恋人が協力し、凍り付いた女王の心を溶かす。

アンデルセンの原作は、教訓的な要素が強いが、アニメ版は物語の内容をかなり変えてはいるものの、教訓的な部分は残している。ソ連でも「雪の女王」Snezhnaya koroleva (1957) としてアニメ化された題材。ロシア語の原題は Снежная королева。

今回は、3Dのミュージカル・アニメとして作られた。主人公アナは現代アメリカ娘を代表するような顔立ちで、雪の女王の歩き方もモンロー・ウォーク。全体として本格的なミュージカル調で、楽曲はロバートとクリステン・アンダソンのロペス夫妻が担当、主題歌『ありのままで』Let It Go がヒットした。監督はクリス・バックほか。

ウォルト後の実写作品

実写作品のほうもウォルトが亡くなった後の1970年代、1980年代はエネルギーを失ったように思える。かろうじて、実写とアニメを組み合わせた「ピートとドラゴン」Pete's Dragon (1977)*や、スティーヴン・スピルバーグが制作に参加した大人向けの作品「ロジャー・ラビット」Who Framed Roger Rabbit (1988) が作られた程度だ。

アニメのルネッサンスと合わせて、実写ミュージカルでもルネッサンスを興そうと、アラン・メンケンが楽曲を書いた大作「ニュージーズ」Newsies (1992)* を作るが、これが成功しなかったために、アニメ作品の舞台化

に力を入れることとなる。

　新しい流れが出てくるのは、21世紀に入り、ディズニー専門チャンネルをリニューアルして、現代の若者たちに焦点を当てた新番組が登場してからだろう。こうした新番組の映画版として「リジー・マグワイア・ムービー」The Lizzie McGuire Movie (2003)*や「ハイスクール・ミュージカル　ザ・ムービー」High School Musical 3: Senior Year (2008)が登場した。また、中世の白雪姫の世界から現代のニュー・ヨークに迷い込む、久々に実写とアニメを組み合わせたミュージカル「魔法にかけられて」Enchanted (2008)も作られている。その後は、ブロードウェイ作品を映画化した「イントゥ・ザ・ウッズ」Into the Woods (2014)も制作された。

ピートとドラゴン　Pete's Dragon (1977)*は、シートン・I・ミラーとS・S・フィールドの短編小説に基づく作品。孤児のピートとドラゴンのエリオットの話で、実写の世界にアニメのドラゴンが入り込む。

　20世紀初頭のメイン州の港町。孤児のショーン・マーシャル（ピート役）は、彼にしか見えないアニメのドラゴンと出会い、意地悪な養父から逃げ出す。酒飲みの灯台守ミッキー・ルーニーやその娘ヘレン・レディの助けも借りながら、ショーンとドラゴンは嵐の中で活躍して、人々から受け入れられる。そしてショーンは新しい家族を手に入れる。

　楽曲を書いているのはアル・ハーシャとジョエル・ハーシュホーンのコンビ。ヘレン・レディ、ミッキー・ルーニー、シェリー・ウィンタースなど芸達者な面々が歌っている。ドン・チャフィー監督のカラー、ヴィスタ版で、ドルビー録音作品。

ロジャー・ラビット　Who Framed Roger Rabbit (1988) は、ゲイリー・K・ウォルフの小説「ロジャー・ラビットを陥れたのは誰か」Who Censored Roger Rabbit? (1981) の映画化。ディズニーとしては珍しく、子供向けではなく、もう少し高い年齢層向けの作品で、アニメと実写をかなり大胆に融合させている。

　1947年のロス・アンジェルス近くの町トゥーム・タウン。アニメ・キャラのウサギのロジャーに元気がないので、アニメ会社の社長に頼まれた探偵ボブ・ホスキンスが調査を始める。ロジャーの妖艶な妻ジェシカがスタビー・ケイと密会している写真を撮るが、スタビー・ケイが何者かに殺されてしまい、ロジャーに疑いがかかる。疑いを晴らすために、ロジャーは探偵のボブに助けを求めて真相を解明する。

　ウォルトが亡くなり、彼の時代とは違う路線となったことを感じさせる作品で、スティーヴン・スピルバーグが制作に関与して、お金をかけた楽しめる作品となっている。監督は「バック・トゥ・ザ・フューチャー」Back to the Future (1985) で人気の出たロバート・ゼメキスで、「バック・トゥ・ザ・フューチャー PART 2」Back to the Future Part II (1989) の直前にこの作品を作っている。

　ロジャーの妻のジェシカの色っぽい声はキャスリーン・ターナーによるものだが、歌は別人。このジェシカのキャラもアニメだが、ディズニー作品としてはお色気過剰と判断されたために、DVD版では色気を抑える修正が施されている。そのほか、歴代のディズニーのアニメ・キャラたちやベティ・ブープらがゲスト出演している。カラー、ヴィスタ版のドルビー録音。

ニュージーズ　Newsies (1992)*（日本での英語題名は英国での公開題名のThe News Boys）は、ディズニーによる実写ミュージカルで、大作としてお金をつぎ込んだ割には興行成績が良くなかった。1990年代のディズニーは、アニメの世界でディズニー・ルネッサンスと呼ばれるほどの大成功を収めたが、その立役者の一人が音楽を担当したアラン・メンケンだった。そのメンケンがアニメの勢いに乗り、この実写ミュージカルを作曲したが、結果は面白みのない作品に終わった。19世紀末ニュー・ヨークでニュージーズと呼ばれる新聞売りの少年たちの話で、実話に基づく。

　1899年のアメリカ。ニュー・ヨークではピュリツァーの発行するワールド紙と、ハーストの発行するジャーナル紙が熾烈な争いをしていたが、利益を追求するためにピュリツァーは、競争相手のハーストと手を組んで、新聞の卸値をほんのわずかだけ値上げしようと

する。生活のかかった新聞少年たちは組合を結成して立ち向かい、ストライキを始めるが、会社側の暴力的な切り崩しにあって、うまく行かない。そんな少年たちを助けたのは、ピュリツァーの競争相手だったサン紙の記者だった。彼は会社から圧力を受けて記事を書けなくなるが、子供たちを助けるために少年たちの新聞を作り、会社側が少年たちを不当な低賃金で働かせていること、少年感化院でも看守が不正に詐取していることを暴く。ニュー・ヨーク州知事をやっていたセオドア・ローズヴェルト（後の大統領）はこの事実を少年たちの新聞で知り、不正を取り締まり、正義を取り戻す。少年たちは、やっとストライキを終えることができる。

アン＝マーグレットが、スウェーデンの歌姫と呼ばれる場末の人気スターとして登場し、少年たちを陰で支える役を演じて 2 曲を歌う。アラン・メンケンの音楽が作品のムードに合っていないだけでなく、台本も陳腐。ケニー・オルテガ監督で、カラー、シネスコ版、ドルビー・サラウンド作品。

リジー・マグワイア・ムービー The Lizzie McGuire Movie (2003)* は、ディズニーの有料チャンネル向けに作られたシリーズ物「リジー・マグワイア」Lizzie McGuire (2001–04) の映画版。テレビのほかにリジーを題材にした小説 (2002–08) が 20 冊以上発売された人気シリーズ。この映画でもテレビと同じヒラリー・ダフがリジー・マグワイア役を演じている。

ドジで間抜けなアメリカ娘のヒラリー・ダフは、中学校の卒業記念に、高校の先生に引率されてイタリア旅行に行くが、現地のデュオのヴォーカルの娘と瓜二つで、本物のデュオの娘に代わって歌い大人気となる。イタリアの有名な曲と新曲とを組み合わせて使用している。ジム・フォール監督のカラー、シネスコ版。

魔法にかけられて Enchanted (2008) は、久々にディズニーが作ったアニメと実写を組み合わせたミュージカル作品で、「白雪姫」Snow White and the Seven Dwarfs (1937) 以来の伝統を感じさせるが、背景はぐっと現代的になっている。

アニメの国の森で暮らしていた娘ジゼルは、王子に助けられて恋におち結婚の約束をするが、城に住む王子の意地悪な継母は、ジゼルを魔法の井戸に落としてしまう。エイミー・アダムス（ジゼル役）が気付くと、そこはアニメの世界ではなく、現代のニュー・ヨークで実写となる。彼女は弁護士のパトリック・デムプシーに助けられるが、彼の恋人イディナ・メンゼルは二人の関係を誤解して不機嫌となる。一方、王子ジェイムス・マーズデンや継母も、エイミーを追ってニュー・ヨークへやって来て、王子は彼女を見つけ出すものの、継母が毒リンゴを食べさせるので眠ってしまう。エイミーは王子がキスしても目を覚まさないが、弁護士のパトリックがキスをすると目を覚ます。そこで真実の愛が明らかとなり、エイミーとパトリックはニュー・ヨークで結婚し、弁護士の元恋人イディナは王子とアニメの国で一緒になる。

21 世紀に入り現代路線が続いたディズニーだが、この作品から徐々に古典的な童話路線も戻ってくる。楽曲を書いたのはアラン・メンケンで、詞はスティーヴン・シュワルツが担当。何とジュリー・アンドルーズがナレーションをやっている。ケヴィン・リーマ監督のカラー、シネスコ版。

ハイスクール・ミュージカル ザ・ムービー High School Musical 3: Senior Year (2008) は、アメリカのディズニー有料チャンネル向けに作られた長編の青春ドラマ・シリーズの完結編。テレビ向けの「ハイスクール・ミュージカル」High School Musical (2006) が最初の作品で、エミー賞を取るなど人気が出たため、翌年に続編の「ハイスクール・ミュージカル 2」High School Musical 2 (2007) が作られて、この 3 作目は完結編として最初から劇場公開向けに制作された。

イースト高校を卒業するスポーツマンのザック・エフロンは、アルバカーキ大学からバスケット・ボール奨学生のオファーを受ける。その恋人で秀才のヴァネッサ・ハジェンズは名門スタンフォード大学に合格する。ザックはヴァネッサに卒業記念ダンス・パーティのアテンドを申し出るが、二人とも大学で離れ離れになるのが心配だ。スポーツマンの一方でミュージカルの才能を持つザックは、ジュリアード音楽院で学び舞台への道を目指すべ

きか悩むが、結局はヴァネッサのスタンフォード大学に近いカリフォルニア大学バークレイ校へ進学し、バスケットをやりながら舞台を目指すことにする。音楽はいろいろなものを使っていて、監督は1作目からのケニー・オルテガ。カラー、スタンダード版。

8 ディズニー以外のアニメ

　ディズニーが1990年代に、ディズニー・ルネッサンスと呼ばれる一連のアニメ・ミュージカルで成功したことから、ほかの会社もこうした市場を狙って、長編アニメ作品を制作した。フォックス系では「アナスタシア」（1997）を、ドリームワークスは「プリンス・オブ・エジプト」（1998）を、ワーナー系では「王様と私」（1999）を作っている。

アナスタシア　Anastasia (1997) は、イングリッド・バーグマン主演の「追想」Anastasia (1956) のアニメ・ミュージカル版。映画化権を持っているフォックス社が5000万ドルを投じて制作したもので、アニメ化の総指揮はディズニー・スタジオで「眠れる森の美女」Sleeping Beauty (1959) 以来、長くアニメを作ってきたドン・ブルースとゲイリー・ブルースが担当しているので、ディズニー風の質の高い作品に仕上がっている。

　20世紀初頭のロシア革命の混乱の中で、ニコライ皇帝の娘アナスタシアはモスクワから脱出するが、その後は行方不明となる。10年後のサンクト・ペテルブルグで、過去の記憶を失った娘アーニャは、昔の王宮を知る青年と出会い、皇太后の住むパリへ向かう。怪僧ラスプーチンの妨害を乗り越えて、アーニャは無事に皇太后と面会することができ、アナスタシアと認められる。

　音楽はスティーヴン・フラハティが書いており、アナスタシアの声はメグ・ライアンが担当、皇太后はアンジェラ・ランズベリーという配役、そのほかにもバーナデット・ピータースが歌っている。

プリンス・オブ・エジプト　Prince of Egypt (1998) は、旧約聖書のモーゼの話をアニメ化した作品で、モーゼの生い立ちからエジプト脱出までを描いている。そうした点ではセシル・B・デミル監督の「十戒」（1957）とほぼ同じ内容。スティーヴン・スピルバーグ系のドリームワークスの制作。

　ユダヤの民でありながら、エジプトの王宮で育てられたモーゼは、神の啓示を受けて、エジプトで虐げられていたユダヤの民を引き連れて紅海を渡り、約束の地を目指す。

　ディズニー・アニメの「ノートルダムの鐘」（1996）にも曲を書いたスティーヴン・シュワルツが曲を書き、主題歌をホイットニー・ヒューストンとマライア・キャリーがデュエットして評判となった。

王様と私　The King and I (1999)* は、リチャード・ロジャースとオスカー・ハマースタイン2世の名作舞台（1951）のアニメ化。ワーナーが資金を出して制作した。この舞台作品はデボラ・カーが主演して、舞台に忠実な映画化（1956）が行われているので、アニメ版は2度目の映画化。シャム（現在のタイ）の王宮に家庭教師として英国からやって来た未亡人のアンナが、王様を助けて皇太子たちの教育を受け持つ。

　87分の作品なので、舞台版の全曲は入りきらずに、主要な曲のみを使っている。市場での評価が低かったので、ロジャースとハマースタインの財産管理会社は、二人の作品は2度とアニメ化を行わない方針に転換したようだ。

第 8 章
テレビのミュージカル

第8章　テレビのミュージカル

アメリカにおけるミュージカルの放送は、1930年代からラジオで行われていた。特に石鹸会社が提供した「ラックス・ラジオ劇場」Lux Radio Theatreは、映画のヒット作を同じスターたちの出演で放送したので、人気があった。1940年代には戦場の兵士向けを意識した「公演指令」Command Performanceで、人気スターたちの出演する歌入り番組が放送されていた。

1950年代に入りテレビの時代になると、ラジオ時代と異なり、音だけでなく映像も放送できるので、演劇やミュージカルも盛んにテレビで放映されるようになる。これらの作品は1950年代から60年代前半あたりまでは、キネコ Kinescopeと呼ばれる16mmフィルムでテレビ画面を撮影した記録が存在し、それ以降はビデオ・テープで残されているが、現在では失われてしまい、もう見ることのできない作品も多い。

古いキネコの作品は、修復されてDVD化されたものもあるが、一般発売されていない作品も多い。しかし、近い将来はそうした作品も見る機会が得られると考えて、網羅的に解説をした。日本でも、1956年から始まったイタリア・オペラの来日公演は、キネコに残された記録映像が、DVDなどで復元されている。

1　1950年代

ABC系列のテレビ・ミュージカル

本格的なミュージカルがテレビで放映されたのは、恐らくは「ニッカーボッカーの休日」Knickerbocker Holiday (1950)*あたりが最初だと思われる。これは1950年10月からABC系列で始まった「ピュリツァー賞劇場」Pulitzer Prize Playhouse (1950–52)の第7話として放映されたもの。マックスウェル・アンダスン脚本、クルト・ワイル音楽の舞台版を短縮したもので、出演者もデニス・キング、ジョン・レイト、ドレッタ・モローという豪華版。

1953年にはテレビ・オリジナルの作品「13の時計」Thirteen Clocks (1953)*がやはりABCの「モトローラ・テレビ・アワー」で放映された。この作品はジェイムス・サーバーの小説のミュージカル版で、楽曲はマーク・ブッチが担当。出演はジョン・レイトとロバータ・ピータースだったが、映像記録は残っていない。

ミュージカル・コメディ・タイム

NBCはミュージカルに積極的で、1950年のシーズンには「ミュージカル・コメディ・タイム」Musical Comedy Timeという番組で、13本のミュージカルを制作して放映した。

第1回はマーサ・レイ主演で「エニシング・ゴーズ」Anything Goes (1950)*、続いてジョニー・モーガンとナンシー・ウォーカーの「フーピー！」Whoopee! (1950)*、ミミ・ベンゼルとウィルバー・エヴァンスの「チョコレートの兵隊」The Chocolate Soldier (1950)*、パトリシア・モリソンとバート・ホウィーラーの「リオ・リタ」Rio Rita (1950)*、イッラ・ペティーナとウィルバー・エヴァンスの「メリー・ウィドウ」The Merry Widow (1950)*、ジョン・ビールの「踊る艦隊」Hit the Deck (1950)*、デニス・キングとロバート・ウィードの「おもちゃの国の子供たち」Babes in Toyland (1950)*、ケニー・ベイカーとドレッタ・モローの「ミス・リバティ」Miss Liberty (1951)*、ヴィクター・ムーアの「ルイジアナの取引」Louisiana Purchase (1951)*、マルゲリーテ・ピアッツァの「お針子さん」Mlle. Modiste (1951)*、アン・ジェフリーズとジョン・レイトの「音楽で復讐」Revenge with Music (1951)*、アン・クローリーとジャッキー・グリーソンの「ノー！ノー！ナネット！」No! No! Nanette! (1951)*、バート・ラー主演の「フライイング・ハイ」Flying High (1951)*などの、オペレッタやミュージカルの名作が、実力派キャストで放映されている。

1 1950年代

マックス・リーブマンの提供

1954年以降は、大幅にミュージカル作品の放映が増える。これは「マックス・リーブマンの提供」と「プロデューサーの展示箱」が放映されたためである。

「マックス・リーブマンの提供」Max Leibman Presentsは、NBCの土曜の夜9時というゴールデン時間帯に放映された番組で、1954年9月から1956年6月まで続いた。台本はニール・サイモンが担当しており、舞台作品のテレビ化では比較的舞台に忠実なのが特徴。

第1回の放映作品は、テレビのオリジナル作品「サテンと拍車」Satins and Spurs (1954)*で、田舎娘ベティ・ハットンがマディソン・スクウェア・ガーデンのロデオ・ショーに出演し、取材のカメラマンと恋をして、ブロードウェイの舞台にも出るという、B級映画にありがちな話。NBCも最初の本格的なカラー放映なので張り切ったが、まだ家庭にはカラー受像機が普及していなかったため、大半の人は白黒で見たという。

この番組は2週に1度の放映で、2回目の「闇の中の婦人」Lady in the Dark (1954)*は、クルト・ワイルの有名な舞台作品のテレビ版。舞台版 (1941) ではガートルード・ローレンスが演じ、映画版 (1944) はジンジャー・ロジャースが演じたが、テレビ版はアン・サザーンが演じている。アン・サザーンはこれを演じた時には45歳で、ちょっと太り過ぎで踊りには難があったが、全体的には舞台版に忠実で映画版よりも出来が良い。

「綺麗な脚を前に」Best Foot Forward (1954)*も、ヒュー・マーティンとラルフ・ブレインの舞台作品 (1941) のテレビ版。MGMで作られた映画版 (1943) はルシル・ボール主演だが、テレビ版の主演はマリリン・マクスウェル。この作品は1963年にもオフ・ブロードウェイで再演され、その時にはライザ・ミネリが主演して話題となった。

クリスマス前には、子供向けの作品が良いということから、ヴィクター・ハーバートのオペレッタ作品「おもちゃの国の子供たち」Babes in Toyland (1954)*も放映された。この作品にはまだ若かったバーバラ・クックが出ている。

その後もオペレッタ作品が続いて、アルフレッド・ドレイクの「ノーティ・マリエッタ」Naughty Marietta (1954)*、エディ・アルバート、ジャネット・ブレア、ボリス・カーロフらが共演した「コネチカット・ヤンキー」A Connecticut Yankee (1955)*、アン・ジェフリーズ主演の「メリー・ウィドウ」The Merry Widow (1955)*、フランク・シナトラのショー「カレイドスコープ」Kaleidoscope (1955)*、ネルソン・エディ主演の「砂漠の歌」The Desert Song (1955)*、タイロン・パワーがホストを務めたレヴュー・ショー「プロムナード」Promenade (1955)*、エディ・アルバートとリーゼ・スティーヴンスの「チョコレートの兵隊」The Chocolate Soldier (1955)*と続く。リーゼ・スティーヴンスがこの作品に出るのは、ネルソン・エディとの共演 (1941) に続き2度目。

リーブマンのシーズン2

リーブマンの番組の2シーズン目の初回は「ハイジ」Heidi (1955)*のミュージカル版で、ジニー・カーソンがハイジ役だったが、これはミス・キャストと評判が悪かった。続いてはヨハン・シュトラウス親子を描いた「グレート・ワルツ」The Great Waltz (1955)*。「最愛の敵」Dearest Enemy (1955)*はリチャード・ロジャースとローレンツ・ハートの舞台作品 (1925) のテレビ版。主演はロバート・スターリングとアン・ジェフリーズで、アメリカの独立戦争時にワシントンの軍隊集結の時間を稼ぐため、英国の将校たちを接待するアメリカ女性たちの話で、舞台版に忠実な音楽を使っている。映画化されていない作品なので貴重な映像。

「モーリス・シュヴァリエ・ショー」The Maurice Chevalier Show (1956)*をはさんで、アメリカ人ダンサーのダン・デイリーがパリに行って昔のパートナーと一緒になって踊る「春のパリ」Paris in the Springtime (1956)*、ヴァラエティ・ショーの「パノラマ」Panorama (1956)*、働く女性たちのエピソードを綴った「天は働く女性を守ってくれる」Heaven Will Protect the Working Girl (1956)*が作られた。

第 8 章　テレビのミュージカル

テレビ・オリジナルの作品で評判になったのは、アルフレッド・ドレイクとドレッタ・モローという舞台版の「キスメット」Kismet (1953) のコンビがそのまま登場した「マルコ・ポーロの冒険」The Adventures of Marco Polo (1956)*で、音楽はリムスキー＝コルサコフの曲を流用しており、レコードも発売された。

その後は、エセル・マーマンらをゲストに迎えた「ガーシュウィンの音楽」The Music of Gershwin (1956)*、チタ・リヴェラらをゲストに呼んだ「モーリス・シュヴァリエ・スペシャル」Maurice Chevalier Special (1956)*が放映された。最後の作品はドレッタ・モローがアメリカ人女性教師役で、欧州旅行中に恋におちると、その相手は金を横領した銀行員だったという「休日」Holiday (1956)*という作品で、何となくキャサリン・ヘプバーンの「旅情」Summertime (1955) に似ている。

プロデューサーの展示箱

「プロデューサーの展示箱」Producers' Showcase も、NBC系列で1954年から57年まで放映されたシリーズ。こちらはドラマが中心だったが、ミュージカルも何本か放映されている。最初に放映されたのが、ノエル・カワードの「今晩八時半」Tonight at 8:30 (1954)*。オリジナルの曲が付けられていて、ジンジャー・ロジャースとトレヴァー・ハワードの顔合わせだった。「日付変更線」Dateline (1954)*はジョン・デイリーが狂言回し役で、ボブ・ホープなどのゲストが世界各地をエピソードで紹介するショー。

「ピーター・パン」Peter Pan (1955)*は、前年にブロードウェイで上演された舞台のメリー・マーティンとシリル・リチャードがそのまま出演したことで評判になった作品。「王様とキャンドル夫人」The King and Mrs. Candle (1955)*もシリル・リチャード主演のテレビ・オリジナル作品で、小国の王様が財政破綻で、アメリカへ出稼ぎに行く話。「広いひろい世界」Wide Wide World (1955)*はウディ・ハーマン、ボビィ・ハケット、ルイ・アームストロングらの音楽を聞かせるジャム・セッション番組だった。

展示箱のシーズン 2-3

2シーズン目に放映された「わが町」Our Town (1955)*は、ソートン・ワイルダーの有名な戯曲 (1938) をテレビ・ミュージカル化したもの。ポール・ニューマン、エヴァ・マリー・セイント、フランク・シナトラといった豪華配役で、エミー賞でも音楽貢献賞を得ている。

前年に続く「日付変更線2」Dateline II (1955)*、フレデリク・アシュトンとマーゴ・フォンテインという顔合わせのバレエ名作「眠れる森の美女」Sleeping Beauty (1956)*、レナータ・テバルディらを集めたオペラ・ガラ「音楽の祭典」Festival of Music (1956)*など、多彩な番組が放映されている。

「ブルーマ・ガール」Bloomer Girl (1956)*は、ハロルド・アーレンの舞台作品 (1944) のテレビ版で、南北戦争当時に女性解放の一環としてブルーマ着用を呼びかけた女性の話。バーバラ・クックが末娘役で素晴らしい歌を聞かせるだけでなく、舞台版で評判の良かったアグネス・デ・ミル振付のバレエが、アグネス本人の振付で収録されている。「ロザリンダ」Rosalinda (1956)*はヨハン・シュトラウスのオペレッタ「こうもり」Die Fledermaus (1987) のテレビ版で、ジーン・フェンとシリル・リチャードの共演。

3シーズン目には、ディック・ヘイムスやルイ・アームストロングが出た「神はえこひいきしない」The Lord Don't Play Favorites (1956)*、ジョエル・グレイがジャックを演じた「ジャックと豆の木」Jack and the Beanstalk (1956)*、ヴィクトリア・デ・ロス・アンヘルスらをゲストに迎えた「音楽の祭典2」Festival of Music II (1956)*、「広いひろい世界2」Wide Wide World II (1956)*、ジュール・スタインが曲を書いた「人生は四十二から」Ruggles of Red Gap (1957)*、フォンテインとアシュトンが再び踊った「シンデレラ」Cinderella (1957)*、ミッキー・ルーニーがジョージ・M・コーハン役を演じた「ミスター・ブロードウェイ」Mr. Broadway (1957)*などが放映されている。

ホールマーク劇場

　クリスマス・カードなどを作っているホールマーク社は、1952年から「ホールマーク劇場」Hallmark Hall of Fameと呼ばれる番組を提供していて、ABC、NBC、CBS、公共放送と局は変わっているが現在でも続いている。放送されるのは有名な舞台作品のテレビ版やオリジナルの作品で、良質なことで定評がある。年に5−6本が放映されていてドラマが多いが、ミュージカル作品も含まれている。

　この番組で放送されたものには、「ハンス・ブリンカーと銀のスケート靴」Hans Brinker or the Silver Skates (1958)*、「ファンタスティックス」The Fantasticks (1964)*、「ピノキオ」Pinocchio (1967)*、「小さな天使」The Littlest Angel (1969)*、「君は良い人、チャーリー・ブラウン」You're a Good Man, Charlie Brown (1973)*、「ピーター・パン」Peter Pan (1976)*などがある。

ベスト・オブ・ブロードウェイ

　CBSでもNBCに対抗して「ベスト・オブ・ブロードウェイ」Best of Broadway (1954–55)という番組を持っていた。この番組は1シーズン9話しか作られなかったが、ミュージカルとしてはコール・ポーターの「パナマのハティ」Panama Hattie (1954)*が、舞台版 (1940)でもこの役を演じたエセル・マーマンで放映された。

舞台作品のテレビ化

直面せよ！　Let's Face It! (1954)*は、コール・ポーターの舞台作品 (1941)のテレビ版で、コルゲート・コメディ・アワーで放映された作品。ジーン・ネルソンとバート・ラー、ヴィヴィアン・ブレインが共演している。

ヴィーナスの接吻　One Touch of Venus (1955)*はクルト・ワイルの舞台作品 (1953)のテレビ版で、ダラスで開催されたテキサス州のステート・フェア会場からNBCが生中継した。ジャネット・ブレアがヴィーナス役。

ハイ・ボタン・シューズ　High Button Shoes (1956)*は、舞台作品 (1947)のテレビ版で、NBCで放映された。主演はドン・アメチとナネット・ファブレイで、ナネットは舞台と同じ役を演じた。

アニーよ銃をとれ　Annie Get Your Gun (1957)*は、舞台作品 (1946)のテレビ版で、NBCの放映。アニー役はメリー・マーティンが演じている。この作品は驚異的な視聴率を記録した。

キス・ミー・ケイト　Kiss Me Kate (1958)*はコール・ポーターの舞台作品 (1948)のテレビ版で、舞台と同じアルフレッド・ドレイクとパトリシア・モリソンが演じて評判となった。この番組は生放送ではなく、アンペックス社が開発した初期のビデオ・テープでカラー放送された。この舞台作品は何度もテレビ・ミュージカル版が作られていて、BBCが制作した1964年版ではハワード・キールとパトリシア・モリソンが共演。ABCの放映した1968年版ではロバート・グーレとキャロル・ローレンスの顔合わせとなっている。

ワンダフル・タウン　Wonderful Town (1958)*はレナード・バーンスタインの舞台作品 (1953)のテレビ版で、CBSは主演のロザリンド・ラッセルだけでなく、多くの出演者を舞台と同じにキャスティングした。

テレビ・オリジナル

クリスマス・キャロル　A Christmas Carol (1954)*は、マクスウェル・アンダーソンの詞にバーナード・ハーマンが曲をつけた作品で、フレドリク・マーチの主演。CBSで放映された。

独身男　The Bachelor (1956)*は、NBCの放映したオリジナル作品。3人の娘と付き合っている独身男ハル・マーチは、秘書のキャロル・ヘイニーの助けを借りて、3人がかち合わないようにスケジュールを立てているが、ある日3人が鉢合わせして全員から結婚を迫られる。キャロル・ヘイニーの歌と踊りが素晴らしく、評判になった。

アダノの鐘　A Bell for Adano (1956)*は、ジョン・ハーシーの処女作でピュリツァー賞を取った小説 (1944)のミュージカル版。第二次世界大戦中のシチリア島で、ナチスへの

第8章 テレビのミュージカル

金属供出を免れるために、アダノの町の鐘を隠す話。ハワード・ディーツの詞にアーサー・シュワルツが曲をつけ、アンナ・マリア・アルバゲッティが出演した。

ハイ・トール High Tor (1956)*は、CBSの放映。マックスウェル・アンダソンの戯曲(1937)にアーサー・シュワルツが曲を付けたミュージカルで、ハドソン河沿いの山ハイ・トールをめぐる話。ビング・クロスビーとジュリー・アンドルーズの共演という豪華作品。

街で一番けちな男 The Stingiest Man in Town (1956)*はNBCの放映したディケンズの「クリスマス・キャロル」のミュージカル版。フレッド・スピールマンが曲を書いて、スクルージ役はバジル・ラスボーン、共演はヴィック・ダモンという顔ぶれ。1978年に同じ題名の作品がNBCで放映されたが、そちらはアニメ版で声の出演が豪華。

シンデレラ Cinderella (1957)*は、リチャード・ロジャースとオスカー・ハマースタインがジュリー・アンドルーズのためにテレビ向けに書き下ろした伝説的な名作で、驚異的な視聴率を得た。CBSでの放映はカラーで生放送だったが、現在は白黒のキネコしか残っていない。

この作品はジュリーによく似たムードを持つレスリー・アン・ウォーレンでリメイク(1965)され、ジンジャー・ロジャース、セレスト・ホーム、ウォルター・ピジョンらが脇を固めて、カラーでビデオ・テープに収録された。さらに1997年にも新キャストでリメイクされていて、人気黒人歌手ブランディのシンデレラに、バーナデット・ピータースの継母、ウーピー・ゴールドバーグの女王というキャスト。1997年版は日本でも放映されている。

ジュニア・ミス Junior Miss (1957)*は、サリー・ベンソンがニューヨーカー誌に書いた短編が原作。モス・ハートの演出した芝居(1941)、ジョージ・シートンの映画(1945)*がヒットして、1949年にはCBSラジオで連続ドラマになった。CBSはこれをテレビ版のミュージカルにして、「デュポン・ショー」の枠で放映した。ドロシー・フィールズの詞でバートン・レインの曲、キャロル・リンリーとドン・アメチという配役。

ハメルンの笛吹き男 The Pied Piper of Hamelin (1957)*は、NBCで放映されたグリム兄弟原作の話で、ヴァン・ジョンソンが笛吹き、クロード・レインズが市長という顔合わせ。音楽はノルウェーの作曲家グリークのメロディを使用している。全編が詞で運ばれる実験的な作品。

ピノキオ Pinocchio (1957)*もNBCの放映で、ミッキー・ルーニーがピノキオ役を演じた。

誰がアーネストか? Who's Earnest？(1957)*はCBSが放映した、オスカー・ワイルドの「真面目が肝心」The Importance of Being Earnest (1895)のミュージカル版。台本と作詞はアン・クロスウェルで、リー・ポクリスが曲を書いて評判が良かったので、このテレビ版を基に舞台版を作り、「恋するアーネスト」Earnest in Love (1960)としてオフ・ブロードウェイで上演された。オスカー・ワイルドの原作劇では、名前のアーネストと「真面目」という言葉が二重の意味になっている。

アラジン Aladdin (1958)*はコール・ポーターが作曲した最後の作品で、有名なアラビアン・ナイトの話を、原作どおりに中国の少年の話として描く。魔法使い役にシリル・リチャード、アラジンの母親役にウナ・マーケルという顔合わせで、姫役でアンナ・マリア・アルバゲッティが出ている。CBSで放映されてLPレコードも発売された。同じ題名の作品「アラジン」Aladdin (1967)*が、もう一度CBSで放映されているが、これは子供向け劇団が上演した作品に基づいたもの。

賢者の贈り物 Gift of Magi (1958)*は、CBSが放映したO・ヘンリーの短編に基づく作品。リチャード・アドラーが曲を書いて、サリー・アン・ホウズとゴードン・マクレエという顔合わせ。同じ題材はNBCでも The Gift of Magi (1978)として20年後にミュージカル化されているが、これはフレッド・トバイアスが曲を書いた別の作品。オフ・ブロードウェイでも同じ題名で上演(1984)されているが、これもランディ・コーツが曲を書いた別の作品。

ハンス・ブリンカーと銀のスケート靴 Hans Brinker or the Silver Skates (1958)*は、メリー・メイプス・ドッジの児童文学(1865)

のテレビ・ミュージカル版。オランダの少年ハンスがスピード・スケートの賞品「銀のスケート靴」を得ようとする話で、NBCのホールマーク劇場での放映。主演はタブ・ハンターで、1948年から52年までフィギュア・スケートの世界チャンピオンだったディック・バトンが登場して、存分にスケート場面を見せた。音楽はヒュー・マーティンが書いている。NBCは、この作品を1969年にもう一度同じ題名でミュージカル化している。そちらはマーク・チャーラップの曲で、シリル・リチャード、エレノア・パーカーらが出ている。

ヘンゼルとグレーテル Hansel and Gretel (1958)*もNBCの放映。レッド・バトンズとバーバラ・クックがヘンゼルとグレーテル役で、母親はリーゼ・スティーヴンス、父親はルディ・ヴァリー、そのほかにもスタビー・ケイらが出ている豪華なキャストの作品。

若草物語 Little Women (1958)*は、リチャード・アドラーがテレビ向けに曲を書いた作品で、CBSで放送された。ジョエル・グレイ、フローレンス・ヘンダソン、リーゼ・スティーヴンスらが出演した。マーガレット・オブライエンがMGM版の映画 (1949) と同じベス役を演じた。

ジャズ・シンガー The Jazz Singer (1959)*は、NBCで放映された作品で、基本はアル・ジョルスンの映画と同じ話だが、ジェリー・ルイスがコミカルに演じている。共演はアンナ・マリア・アルバゲッティ。

若草の頃 Meet Me in St. Louis (1959)*は、映画ミュージカル (1944) のテレビ版。出演はジーン・クレイン、ジェイン・パウエルらで、MGMの制作。

---

2 1960年代

舞台作品のテレビ化

ピーター・パン Peter Pan (1960)*は、NBCによる舞台版 (1954) の放映で、メリー・マーティンとシリル・リチャードが舞台と同じ役を演じた。この作品は1955年と56年にも生放送されたが、それらは記録されなかったので、1960年にビデオ・テープでカラー収録され、再度放映された。

ファンタスティックス The Fantastics (1964)*は、オフ・ブロードウェイで超ロングランした作品のテレビ版で、珍しく続演中に放映された。出演はジョン・デイヴィッドソンとスーザン・ワトソンが若い二人で、バート・ラー、リカルド・モンタルバン、スタンリー・ホロウェイらが助演した。NBCのホールマーク劇場での放映。

ワンス・アポン・ア・マットレス Once Upon a Mattress (1964)*は、キャロル・バーネットが演じた舞台作品 (1959) のテレビ版で、舞台と同じくキャロルが演じて、CBSで放映された。キャロルは1972年にもこの作品をもう一度テレビで演じていて、その時にはバーナデット・ピータースが助演している。2005年にもディズニーがテレビ向けにこの作品をリメイクしていて、キャロルも出演しているが、さすがにその時には姫ではなく女王役を演じている。

ブリガドゥーン Brigadoon (1966)*は、ラーナーとロウの舞台作品 (1947) のテレビ版で、ロバート・グーレとピーター・フォーク、サリー・アン・ハウズという顔合わせだが、「刑事コロンボ」で有名になったピーター・フォークの出演が珍しい。

1967年には、ミュージカルの名作が続けて放映されている。ABCで放映された「回転木馬」 Carousel (1967)*はロバート・グーレの主演で、短縮版ながら高い評価を受けた。「アニーよ銃をとれ」 Annie Get Your Gun (1967)*はNBCの放映で、57歳のエセル・マーマンがブロードウェイで再演 (1966) した勢いで、その翌年に収録している。同じくNBCが放映した「くたばれヤンキース」 Damn Yankees (1967)*は、フィル・シルヴァースとリー・レミックの顔合わせ。「キスメット」 Kismet (1967)*はホセ・フェラーとアンナ・マリア・アルバゲッティ、ジョージ・チャキ

リスという面白い顔合わせの作品。

テレビ・オリジナル

だから助けてよ、アフロディーテ So Help Me, Aphrodite (1960)* もNBCの放映で、ナネット・ファブレイ、ジャン・ピエール・オーモント、スタビー・ケイ、トニー・ランドールらの出演。ナネット・ファブレイはトラック運転手たちが集まる食堂のウェートレスで、いつも夢想に耽り、いろいろな人物になる想像をしている。曲はジャック・ブルックスの手によるもの。

フェザートップ Feathertop (1961)* はABCの放映した作品で、ナサニエル・ホーソーンの短編小説のミュージカル版。メリー・ロジャースの曲で、ジェイン・パウエルの主演。魔法をかけられたフェザートップは、普通の人には案山子の姿に見えるが、知事の娘にだけは男前に見えたので、恋におちる。

ピノキオ Pinocchio (1965)* はCBSで放映された子供向け劇団の作品で、好評だったので1967年にも再放送された。

鏡の国のアリス Alice Through the Looking Glass (1966)* は、ルイス・キャロルの有名な小説のテレビ・ミュージカル版で、ジミー・デュランテ、ナネット・ファブレイ、リカルド・モンタルバン、アグネス・ムーアヘッドらのゲスト・スターが豪華な作品。

カンタヴィルの亡霊 The Canterville Ghost (1966)* も、ABCのStage 67 シリーズで放映された1本で、曲はジェリー・ボックとシェルドン・ハーニクのコンビ。オスカー・ワイルドの短編小説 (1987) からのミュージカル化で、300歳になる幽霊の話。マイケル・レッドグレイヴが幽霊役。

待宵草 Evening Primrose (1966)* は、スティーヴン・ソンドハイムが作曲したテレビ向けの作品で、メイシー百貨店に住み着いた詩人の男が、同じように百貨店で暮らす若い娘と出会い恋をする。オリジナルはカラー放映されたが、現在は白黒版しか残っていない。ソンドハイム作曲のテレビ・ミュージカルは珍しい。原題は花言葉で「静かな愛」を意味している。

ジャックと豆の木 Jack and the Beanstalk (1966)* はCBSで放映されたもので、ジーン・バーギーの曲。有名な役者は出ていない。

オリムパス7000番 Olympus 7000 (1966)* は、ABCのStage 67 シリーズで放映された、大学のフットボール・チームの話。負け続けのチームのコーチを愛する娘が、オリムパス7000番に電話して、神様役のドナルド・オコナーにチームの勝利を願うという話。作曲がリチャード・アドラーなので、舞台の「くたばれヤンキース」Damn Yankees (1955) のフットボール版というムード。

アンドロクレスと獅子 Androcles and the Lion (1967)* は、ジョージ・バーナード・ショウの戯曲の映画版 (1952) をテレビ・ミュージカル化したもので、リチャード・ロジャースの作曲。ライオンの足に刺さったトゲを抜いてやったキリスト教徒アンドロクレスが、ローマの競技場でライオンに助けられる。ノーマン・ウィズダムがアンドロクレス役、シーザー役にノエル・カワード、ライオンはジェフリー・ホルダーという配役で、ジョー・レイトン監督。NBCでの放映。

ピノキオ Pinocchio (1967)* は、NBCのホールマーク劇場で放映された作品で、音楽はウォルター・マークスが担当した。

それが人生 That's Life (1968)* は、1968年から1年間32話が放映された1時間枠のミュージカル番組。ロバートとグロリアという二人の新婚生活を描くもので、ロバート・モースらが出演した。豪華なゲスト・スターが様々な曲を歌った。

小さな天使 The Littlest Angel (1969)* は、大昔、羊飼いの少年が天国へ行き、天使たちから天国での過ごし方を学ぶ話で、NBCのホールマーク劇場での放映。

アニメ作品

マグー氏のクリスマス・キャロル Mr. Magoo's Christmas Carol (1962)* は、ディケンズの「クリスマス・キャロル」に基づいたアニメ版のミュージカルで、ジュール・スタインが曲を書いた。声はジャック・キャシディらで、NBCの放映。

クイロウと巨人　Quillow and the Giant (1963)*は、クレジットされていないがジェイムス・サーバーの絵本「おもちゃ屋のクイロウ」The Great Quillow (1944)の人形アニメ・ミュージカル。大食漢の巨人をおもちゃ屋クイロウが追い払う話で、NBCの放映。

赤鼻トナカイのルドルフ　The Story of Rudolph the Red-Nosed Reindeer (1964)*は、CBSがクリスマス向けに作った人形アニメーションのミュージカル。

不思議の国のアリス　Alice in Wonderland or What's a Nice Kid Like You Doing in a Place Like This? (1966)*は、ハンナ゠バーベラ・プロが作りABCで放映されたアニメ・ミュージカルだが、チャールズ・ストラウスが曲を書いて、サミー・デイヴィス・ジュニアやザザ・ガボールが声を担当している豪華版。

グリンチはどうやってクリスマスを盗んだのか　Dr. Seuss' How the Grinch Stole Christmas (1966)*は、CBSで放映された子供向けのアニメ作品。クリスマスも人間も嫌いなグリンチが、何とかしてクリスマスを盗もうとする話で、ドクター・スースの絵本(1957)が原作。マーク・チャーラップの曲で、ボリス・カーロフが声の出演。この原作は「グリンチ」How the Grinch Stole Christmas (2000)としてジム・キャリーの映画にもなっていて、その後ブロードウェイでもメル・マーティンの曲によるミュージカル版(2006)が上演されている。

ジャックと豆の木　Jack and the Beanstalk (1967)*は、ハンナ゠バーベラ・プロの制作、NBC放映のアニメ・ミュージカルで、実写とも組み合わされている。ジーン・ケリーが演出だけでなく出演もしている。曲はミミー・ヴァン・ヒューゼン。

3　1970年代

舞台作品のテレビ化

ジョージM！　George M! (1970)*は、ブロードウェイで上演(1968)されたジョージ・M・コーハンの伝記ミュージカルで、テレビ版もブロードウェイと同じくジョエル・グレイとバーナデット・ピータースが主演して、レッド・バトンズ、ジャック・キャシディ、ナネット・ファブレイらが出演した豪華作品。

君がため我は歌わん　Of Thee I Sing (1971)*はジョージ・ガーシュウィンのピュリツァー賞受賞ミュージカル(1931)のテレビ版で、CBSで放映された。

アプローズ　Applause (1973)*はチャールズ・ストラウスの舞台作品(1970)のテレビ版で、ほぼ舞台と同じ配役で放映された。ユニヴァーサルTVの制作で、CBSの放映。

君は良い人、チャーリー・ブラウン　You're a Good Man, Charlie Brown (1973)*は、NBCのホールマーク劇場で放映されたオフ・ブロードウェイ・ミュージカル(1967)のテレビ版。これは実写版だが、1985年にCBSで放映されたのはアニメ版。

シー・ラヴズ・ミー　She Loves Me (1978)*は舞台ミュージカル(1963)のテレビ版で、BBCの制作。有名な俳優は出ていないが舞台に忠実な作り。

テレビ・オリジナル

ジキル博士とハイド氏　Dr. Jekyll and Mr. Hyde (1973)*は、NBCで放映されたカーク・ダグラス主演のテレビ・オリジナルのミュージカル作品で、同じ題材を使った舞台版「ジキルとハイド」Jekyll & Hyde (1997)とは、別の作品。

スターダストの女王　Queen of the Stardust Ballroom (1975)は、CBSで放映されたテレビ・オリジナルのミュージカルで、中年の未亡人モーリン・ステープルトンが、友人と行った昔風のダンス・ホールで、新しい恋人を見つける話。日本でも放映された。

ピーター・パン　Peter Pan (1976)*は、BBC

で制作されたテレビ・ミュージカルで、レスリー・ブリッカスとアンソニー・ニューリーが曲を書き、ミア・ファーローとダニー・ケイが共演、ポーラ・ケリーも出演している。ホールマーク劇場でNBCの放映。

ピノキオ Pinocchio (1976)*は、ダニー・ケイのジェペット爺さんに、サンディ・ダンカンのピノキオという豪華な配役。ロン・フィールドが振付を行い、本格的なミュージカルとなっている。CBSで放映された。

昔むかしグリム兄弟 Once Upon a Brothers Grimm (1977)*は、グリム童話による「赤頭巾ちゃん」、「親指トム」、「ヘンゼルとグレーテル」、「眠れる森の美女」、「シンデレラ」、「ブレーメンの音楽隊」、「蛙の王子」、「ルンペルシュティルツヒェン」の、8話構成のミュージカル。ミッチー・リーが曲を書いている。

ミンストレル芸人 Minstrel Man (1977)*は、20世紀初頭にミンストレル・ショーに出ていた二人の兄弟のそれぞれの進む道を描く作品で、CBSで放映された。

シンディ Cindy (1978)*は、オール黒人キャストによるシンデレラ物語の現代版。チャーレイン・ウッダードの主演で、ABCの放映。

アニメ作品

サンタが町にやって来る Santa Clause Is Coming to Town (1970)*はクリスマス向けに作られた人形アニメのミュージカルで、フレッド・アステア、ミッキー・ルーニー、キーナン・ウィンなどが声で出演している。

サンタのいない年 The Year without a Santa Claus (1974)*は、ABCで放映された人形アニメのミュージカル。声の出演はシャーリー・ブースとミッキー・ルーニー。

リアリー・ロージー Really Rosie (1975)*は、CBSで放映されたアニメ・ミュージカルで、キャロル・キングが声の出演。

街で一番けちな男 The Stingiest Man in Town (1978)*は、クリスマス向けに作られたアニメ・ミュージカルで、話は「クリスマス・キャロル」に基づく。声の出演がウォルター・マッソー、トム・ボズリー、セオドア・バイケル、ロバート・モースなど豪華な顔ぶれ。ABCで放映。

赤鼻トナカイのルドルフと雪だるまフロスティの7月のクリスマス Rudolph and Frosty's Christmas in July (1979)*は、7月にABCで放映されたアニメ・ミュージカルで、レッド・バトンズ、エセル・マーマン、ミッキー・ルーニーらが声の出演をしている。

4 1980年以降

舞台作品のテレビ化

乞食オペラ The Beggar's Opera (1983)*は、BBCが制作したジョン・ゲイのバラッド・オペラで、クルト・ワイル版とは異なる。ジョナサン・ミラーの演出。

君は良い人、チャーリー・ブラウン You're a Good Man, Charlie Brown (1985)*は、オフ・ブロードウェイでヒットした舞台 (1967) のアニメ版で、歌の大部分は舞台と同じ。アニメ・キャラクターは原作のシュルツのものを使っている。

おもちゃの国の子供たち Babes in Toyland (1986)*は、クリスマス向けにNBCで放映されたヴィクター・ハーバート作品の実写版で、西独との共同制作。レスリー・ブリッカスが新曲を追加している。

ヨゼフと驚異のテクニカラー・ドリームコート Joseph and the Amazing Technicolor Dreamcoat (1991)*は、英国で再演されたキャストにより制作されたアンドルー・ロイド・ウェーバーの舞台作品のテレビ版。

ジプシー Gypsy (1993)*は、ジュール・スタインの舞台 (1959) のテレビ版で、ベット・ミドラーがローズ役を演じている。エセル・マーマン以降、アンジェラ・ランズベリー、ロザリンド・ラッセル、バーナデット・ピータース、パッティ・ルポンなど歴代の大女優

がこの役に挑んでいるが、ベット・ミドラーもテレビ版で熱演している。CBSの放映。

バイ・バイ・バーディ Bye Bye Birdie (1995)*は、チャールズ・ストラウスの舞台 (1960) のテレビ版で、ABCでの放映。ジーン・サックスの監督で期待されたが、低調な仕上がり。

キャッツ Cats (1998)*は、舞台版 (1982) の作品をスタジオ収録したもので、舞台とほぼ同じスタッフによっているが、演出が少し異なっている。

アニー Annie (1999)*は、ブロードウェイでヒットしたチャールズ・ストラウスの舞台 (1977) のテレビ版で、ディズニーの制作、ABCの放映。おおむね舞台版に忠実だが、90分の作品なので若干のカットがある。

ヨゼフと驚異のテクニカラー・ドリームコート Joseph and the Amazing Technicolor Dreamcoat (1999)*は、作曲者のアンドルー・ロイド・ウェバーの会社リアリー・ユースフル・グループで制作したビデオ作品。ブロードウェイでは1982年に上演された作品で、ビデオ版では舞台に出演したメンバーをいろいろと集めている。アメリカでは公共放送のPBSで放映された。

南太平洋 South Pacific (2001) は、ロジャースとハマースタインの名作舞台 (1949) のテレビ版で、グレン・クロースが主演している。比較的すっきりした作り方で、ミッツィ・ゲイナーの映画版 (1958) よりも好感が持てるが、グレン・クロースはこの役には年をとり過ぎているという批判も多く、彼女のファン以外には受けなかった。ABCでの放映。日本でも放映された。

ミュージック・マン The Music Man (2003)*は、ABCで放映されたメルディス・ウィルソンの舞台 (1957) のテレビ版。舞台と同じロバート・プレストンが主演した映画版が1962年に作られているが、テレビ版ではマシュー・ブロドリクが演じている。ブロドリクはこの役を演じるには線が細過ぎ、全体としてつまらない作品となってしまった。

★

テレビ・オリジナル

不思議の国のアリス Alice in Wonderland (1985)*は、クリスマス向けにCBSで放映された実写版の作品。スティーヴ・アレンが曲を書いている。

コパカバーナ Copacabana (1985)*は、バニー・マニロウのヒット曲をテレビ・ミュージカル化した作品で、ピアニストのバニー・マニロウとアネット・オトゥール演じるローラがコパカバーナで売り出す話。CBSでの放映。

ポリー 歌う天使 Polly (1989)*は、ディズニーが制作した「ポリアンナ」のミュージカル版で、主人公は黒人のケシア・ナイト・プリアムが演じた。NBCの放映。翌年にも続編の「ポリーの帰郷」Polly-Comin' Home! (1990)*が作られている。

警官ロック Cop Rock (1990)*はABCで放映されたテレビ・ドラマ・シリーズで、ハイウェイ・パトロールと音楽やダンスを組み合わせた番組。エミー賞を取ったものの、わずか3か月、11回で終了してしまった失敗作。

サンタ夫人 Mrs. Santa Clause (1996)*は、CBSで放映されたクリスマス向けの番組。アンジェラ・ランズベリーのサンタ夫人が、クリスマス・シーズンで忙しい夫のサンタにかまってもらえないため、自分でそりに乗って出かける。

シンデレラ Cinderella (1997) は、ロジャースとハマースタインの作品で、黒人歌手ブランディ・ノーウッドを主人公にしたリメイク。日本でも放送。

ゼペット Geppetto (2000) は、題名からわかるとおりにピノキオの話。ディズニーの制作だが、昔のアニメ作品のリメイクではなく、現代化した実写作品で、スティーヴン・シュワルツが新曲を書いている。それでも昔の主題歌『星に願いを』When You Wish Upon a Starは挿入されている。ABCでの放映。

クリスマス・キャロル A Christmas Carol (2004)*は、ディズニー・ミュージカルで名を上げたアラン・メンケンが曲を書いた作品で、NBCがクリスマス向けの番組として放送した。実写版。

ハイスクール・ミュージカル High School Musical (2006) は、ディズニー・チャンネルで放映されたテレビ・オリジナルの作品。好評だったので、翌年に続編の「ハイスクール・ミュージカル2」High School Musical 2 (2007) が作られて、さらに劇場公開用作品として完結編の「ハイスクールミュージカル ザ・ムービー」High School Musical 3: Senior Year (2008) が作られた。

glee グリー glee (2009–15) は、オハイオ州にある高校のグリー・クラブ（合唱部）を舞台にした青春ドラマで、既成のヒット曲が劇中で歌われ人気を博した。フォックス系の放映で、2009年度に始まり、好評なので6シーズンまで続いた。

オハイオの高校に赴任してきたスペイン語教師は、その高校の卒業生だが、自分が属していたグリー・クラブが廃部同然で人気がないため、顧問になって立て直しを図る。校長からは、存続の条件として州大会での優勝を求められ、一同の挑戦が始まる。地区大会、州大会へ出場して実力をつけ、全国大会での優勝を目指す。その間に、様々なミュージカルや流行歌手たちの音楽に取り組むのが見どころ。この番組に関連したオーディション番組でも盛り上がった。また、出演者によるコンサート模様が「glee グリー ザ・コンサート 3Dムービー」Glee: The 3D Concert Movie (2011) として映画となっている。

SMASH スマッシュ Smash (2012–13) は、ブロードウェイ・ミュージカルの舞台裏を見せるドラマ。マリリン・モンローの伝記ミュージカル「爆弾娘」Bombshellを、ブロードウェイで上演することとなり、マリリン役や結婚相手の野球選手ジョー・ディマジオ役のオーディションが行われて、準備が進む。シリーズ2ではブロードウェイでショーが上演されるものの、財務上や制作上のトラブルが持ち上がり、スタッフや出演者は、次のショーを考え始める。そして、最終回ではトニー賞への期待がかかる。

スティーヴン・スピルバーグが制作に参加して話題を呼んだ。バーナデット・ピータースやライザ・ミネリなどの大物ゲストや、意外な人物の出演も呼び物だった。これまでの、ディズニーのテレビ・シリーズが若者路線だったのに対して、大人の音楽入りドラマを目指した。NBC系列。マーク・シャインマンとスコット・ウィットマンがオリジナル曲を書いている。マリリン・モンローを題材にしたブロードウェイ作品では「マリリン」Marilyn (1983) が上演されているが、これは短期間で幕を閉じた失敗作。このTVシリーズとは関係がない。

アニメ作品

サンタの冒険 The Life and Adventures of Santa Claus (1985)* は、クリスマス向けにCBSで放映された人形アニメ。アルフレッド・ドレイクが声の出演。

たのしい川べ The Wind in the Willows (1987)* は、ケネス・グレアムの童話に基づいたアニメ・ミュージカルで、ABCでの放映。動物たちを主人公とする、子供向けの人形アニメ番組が1983年末から続いていて、その番組の延長線上で作られた。

第 9 章
踊りと歌の流れ

第9章 踊りと歌の流れ

1 映画の中の踊り

踊りはミュージカルの中では欠かせない要素だといえる。映画の中では実に多様な踊りが使われていて、クラシック・バレエからブレイク・ダンスまで、いろいろな踊りがあると同時に、その伴奏に使われる音楽も多種多様だ。現在ではあまりなくなったが、トーキー初期においてはジャズ音楽を使ってクラシック・バレエのテクニックで踊るような場面もよく見られた。

ミュージカルで使われる踊りは、大きく分けて4つの源流を持つ。①民族舞踊から出た社交ダンス、②19世紀のミンストレル・ショーから始まったタップ・ダンス、③クラシック・バレエ、④20世紀に始まったモダン・ダンス、がミュージカルの踊りに大きな影響を与えた。20世紀後半にはこうした踊りが融合して「ジャズ・ダンス」という、新しいジャンルも作り出されている。これらの流れについて、簡単に説明をしておこう。

社交ダンスの発祥

もともと、踊りというのは祈りの要素を持っていて、祈禱のためのダンスや、民族舞踊として発展してきた。どちらも鑑賞用の踊りではなく、自分たちで踊るためのものとして成立している。西洋では中世から近世にかけて、宮廷において民族舞踊が洗練される形で社交的なダンスが発展した。昔の宮廷で踊られた踊りは、フォーク・ダンスとしての特徴を強く残していて、列に並んだ男女が同じ動きで踊る特徴があった。その宮廷ダンスが、1組の男女が抱き合って踊るような、現在の社交ダンスの形に変わったのは、19世紀初頭のナポレオン戦争後だといわれている。

長い間、社交ダンスはワルツやポルカといった踊りが中心であったが、それに新しい流れを持ち込んだのは、1910年代に現れたヴァーノンとアイリーンのキャッスル夫妻だ。二人の活躍はアステアとロジャースが「カッスル夫妻」The Story of Vernon and Irene Castle (1939) として映画化しているので、この映画により概略はわかる。キャッスル・ウォークを始めとして、ターキー・トロット、バニー・ハグ、タンゴなどの新しいステップを次々に紹介した。

この映画には出てこないが、彼らの音楽をアレンジしたのは黒人のピアニストで、シンコペーションやジャズのリズムを取り入れて音楽に躍動感を加えた。それと、アイリーン・キャッスルの斬新なファッションが人気を呼び、人々は争うように彼らの踊りを真似て踊った。新しいステップや踊り方を見せるために、二人はあらゆる場所でデモンストレーションするようになり、舞台でこうした踊りを見せることに繋がっていった。

新ステップの流行

社交ダンスから発した新しい踊りを見せるのは舞台でも流行となり、「ジーグフェルド・フォリーズ」Ziegfeld Follies (1910) の中で、ファニー・ブライスがグリズリー・ベアという新しいステップを見せた。こうした踊りは動物の動きからヒントを得るためか、動物の名前が付いているものが多い。ターキー・トロットから発展したフォックス・トロットは、フォックスというヴォードヴィリアンの名前から取られたとする説もあるが、動物の「狐」かも知れない。

こうした新しいステップは次々と誕生するようになり、1924年には有名なチャールストンが誕生する。チャールストンは大流行して、多くの地域でコンテストが開催されたが、各地のコンテストで全部優勝して評判になったのがジョーン・クロフォードで、彼女はそれをきっかけに演劇経由で映画界に入り、大女優となった。クロフォードは「ダンシング・レディ」Dancing Lady (1933) でアステアと一緒に踊っているが、何を踊ってもチャールストンのように元気良く飛び跳ねるスタイルだ。

1926年にはアン・ペニングトンが、舞台版の「ジョージ・ホワイトのスキャンダルス」George White's Scandals (1926) で、ブラック・ボトム Black Bottom という黒人の動作を模した踊りを紹介した。翌年には、「グッド・ニュース」Good News (1927) の中で、ヴァーシティ・ドラッグ The Varsity Drag が踊られた。こうした新しい踊りは、1910年

代からパリで流行ったアパッシュ・ダンス Apache や、リンディ・ホップ Lindy Hop のような黒人のアクロバティックな踊りの影響を受けたりしながら、時代とともに発展していった。

これらの踊りの人気は、ダンス楽団の増加という形で音楽業界にも大きく影響した。ダンス楽団からは多数の歌手も誕生した。ダンス楽団の人気は、1920年代から40年代まで続くが、その後50年代に入りロックンロールが誕生して下火になる。

タップ・ダンスの誕生

ミュージカル映画に大きな影響を与えたのは、こうした、社交ダンスからの流れのほかに、黒人のダンスから生まれたタップ・ダンスの流れもある。タップ・ダンスは19世紀中頃に全米各地で流行したミンストレル・ショーの中で生まれた。ミンストレル・ショーは1840年頃から南北戦争を挟み1880年頃までが最盛期で、1880年以降はヴォードヴィルに吸収されて次第に消滅した。そのヴォードヴィルは1930年頃まで続くが、トーキー映画の登場で観客を失って消滅、舞台ではブロードウェイのミュージカル・コメディだけが残る。

ミンストレル・ショーというのは、主に白人が黒人の真似をして、黒人の歌や踊り、芝居などを見せるものだ。だから、黒人に平素から接している南部の人々には目新しいものとは感じられず、あまり黒人と一緒に生活していない北部での見世物として始まった。ニュー・ヨークのマンハッタン島は南から北へと発展していったので、19世紀にはメトロポリタン歌劇場も40丁目あたりに存在していた。それよりも南の、特に下町のバワリー地区はいかがわしい店も含めて低俗なショーを見せる店も多かったが、こうした地区でミンストレルは生まれたといわれる。

タップ・ダンスについては、英国発祥の木靴で音を出して踊るクロッグ・ダンス Clog Dance と、近年アイリッシュ・ダンスとして脚光を浴びたアイルランド発祥のジグ・ダンス Jig Dance と呼ばれる素早い動きの踊りが融合して、アフリカ発祥のシンコペーションを使ったリズムで踊られたのが起源とされる。

恐らくは欧州からの移民、特にアイルランド系と黒人が融合する場所で生まれた踊りだ。

ミンストレル・ショー

奴隷が解放された南北戦争（1861-65）以前にも、数は少ないが北部には奴隷ではない自由黒人が存在していて、そうした黒人がバワリー地区でクロッグ・ダンスやジグに接して、それらを真似て踊って見せて小遣い稼ぎをしたことからタップ・ダンスが生まれたという。こうした黒人たちは、何人か集まって黒人向けのショーを始めるが、それは普段から黒人と接していない北部の白人たちには、新鮮で興味深いものだったに違いない。

しかし、黒人のこうしたショーは、あまりにも粗野で、猥雑で、とても一般の白人には受け入れられないと思われた。そこで、白人が黒人の真似をして、少し上品に演じたのが、ミンストレル・ショーの発祥だという。

黒人に扮するためにコルクを焼いて炭を作り、それを顔に塗って黒塗りの顔 Black Face に大きな白い唇を描くのが典型的なスタイルで、このメイクには欧州の道化の影響が見られる。手には白い手袋をするというのもひとつの決まりだ。こうしたメイクは白人だけでなく黒人の演ずるミンストレルでも真似された。南北戦争後には奴隷解放令を受けて、黒人が演じるミンストレル劇団も増えるが、そうした黒人劇団でも白人と同じようなメイクを行うことが多かったようだ。

ミンストレルで使われる音楽は、主にバンジョーとタンバリンで伴奏される。だからバンジョーの響きを聞くと、昔のアメリカ人は南部への郷愁や黒人のムードを感じた。舞台版の「ショー・ボート」Show Boat (1927) のオーケストレーションではこうした伝統を踏まえて、随所にバンジョーを使った編曲がなされている。

ミンストレル・ショーは、北東部から始まり西部にも広がったが、もともと黒人と接する機会の少ない白人の観客が、好奇の目で鑑賞するということが多かったので、南部への広がりは遅れたようだ。南北戦争後には黒人を中心としたミンストレル劇団が増えて、南部にも広がるが、南部での公演は白人の襲撃などもあって命がけだった。

第9章　踊りと歌の流れ

ミンストレル・ショーは歌や踊りだけでなく、漫談、演説、「アンクル・トムの小屋」に代表されるような芝居が演じられたが、19世紀末にはこの形式による上演形態は衰退する。ヴォードヴィルに吸収されて歌や踊りはそのまま残るが、演劇形態などは失われた。ミンストレルの漫談や芝居のムードを最後まで残して活躍したのは、ラジオ番組や初期のテレビ番組で人気のあった黒塗り顔の2人組エイモスとアンディ。二人のスタイルは「間抜け」と「伊達男」のように役割を決めて演ずる典型的なスタイルを残していたが、彼らの後はこうしたスタイルを継ぐ芸人はいなくなった。

マスター・ジューバ

タップ・ダンスの発祥については、初期のミンストレル劇団で白人に混じって踊った黒人の天才的ダンサーが大きく寄与したといわれている。マスター・ジューバ Master Juba と呼ばれたウィリアム・ヘンリー・レイン（1825-53）であり、所属した白人劇団と一緒に、1848年にロンドンでも公演を行って、ロンドンの観客を驚かせたという。

踊りの映像や写真は残されていないので、正確なところはわからないが、ブーツを履いて踊ったのが今のタップ・ダンスの原型のような踊りだったらしい。ロンドンの観客を驚かせたのは、踊りながらそのリズムに合わせて、叫んだり笑ったりしたことだ。特に、速いリズムに合わせての笑いはロンドンの観客の印象に強く残ったようだ。

こうして生み出されたタップ・ダンスは、その後、多くの芸人たちによってソフト・シュー（柔らかい革底の靴）の踊り、ステッキを使った踊り、様々なステップの踊りが考案されて、ビル・ボージャングル・ロビンソンやフレッド・アステアの時代にそのスタイルを完成させて現在に至っている。

後に作られた映画などで、ミンストレル・ショーの場面が登場すると、ケイク・ウォーク Cake Walk と呼ばれる踊りも登場する。もともとは踊りのコンテストが行われて、その賞品にケーキが出たのでこの名称が付いたという。この踊りにはいろいろな型があるが、典型的なのは男女が腕を組んで、上半身は反り返って脚を大きく前に蹴り出しながら歩くという型だ。それ以外でもリズミカルに歩けば何でもケイク・ウォークと称される。この踊りは南北戦争後にその原型が出来たらしいが、この名称が登場したのはアメリカ建国100年祭（1876）なので、ミンストレル・ショーでは末期になってから登場したと考えて良い。

クラシック・バレエと振付家

もうひとつミュージカルの踊りに大きな影響を与えたのは、クラシック・バレエの流れだ。メトロポリタン歌劇場などでは、19世紀からヨーロッパのスター・ダンサーを招いて公演していた。最も有名なのは1909年にやって来たアンナ・パヴロワで、彼女の映像は無声映画ではあるが「ポルティシの啞娘」The Dumb Girl of Portici (1916) の中で踊る姿が残されている。パヴロワに代表される多くのダンサーたちの影響もあり、初期の舞台ミュージカルやミュージカル映画ではクラシック・バレエのダンサーたちが数多く登場した。「ジーグフェルド・フォリーズ」の舞台写真を見ても、トウ・シューズを履いて写っているスターが多いのに驚かされる。

こうしたダンサーたちの活躍だけでなく、重要な役割を果たしたのは、バレエ界出身の振付家の存在だ。バレエの世界では昔からバレエ・マスター（メートル・ド・バレエ）と呼ばれる振付家が存在した。そのためバレエ出身者はミュージカルの世界に振付を持ち込んだ。ミンストレル・ショーやヴォードヴィルの芸人たちは、懸命に自分の芸を磨き、自分でステップも考案して踊ったが、バレエの世界では振付家が踊りを振り付けた。そして、優れた振付家を供給したのは、ロシア・バレエ団だった。

バランシンとデ・ミル

20世紀初頭にパリでセンセーションを巻き起こした、セルゲイ・ディアギレフの率いる「ロシア・バレエ団」（バレエ・リュス）は、振付のミハイル・フォーキンや、跳躍で有名なニジンスキーなどの才能を擁していた。バレエ団に途中から加わったダンサーのジョージ・バランシンは、ディアギレフの死後、

1930年代半ばにアメリカに渡り、ニュー・ヨーク・シティ・バレエ (NYCB) を組織して、アメリカに最新のバレエを伝えた。

バランシンは、それだけでなく舞台ミュージカル作品の振付を多く担当して、ミュージカルにクラシック・バレエのテイストを加えた。映画の世界でも「ゴールドウィン・フォリーズ」The Goldwyn Follies (1938)*や、「油断なく」On Your Toes (1939)*で振付を残している。

バランシンに続いてバレエを使いミュージカルを振り付けたのは、アグネス・デ・ミルで、テレビ向けに作られた「ブルーマ・ガール」Bloomer Girl (1956)*や、ロジャースとハマースタインの映画版「オクラホマ！」Oklahoma! (1955) に見事な踊りが残されている。舞台版の「回転木馬」Carousel (1945) と「ブリガドゥーン」Brigadoon (1947) もデ・ミルの振付で評判になったが、映画版は違う振付となっている。

ジェローム・ロビンス

デ・ミルとともに伝統を引き継いだのはジェローム・ロビンスで、舞台でも作曲家レナード・バーンスタインと組んで、「オン・ザ・タウン」On the Town (1944)や、「ウエスト・サイド物語」West Side Story (1957) などの名場面を振り付けた。そのほかにも「王様と私」The King and I (1951) や、「屋根の上のバイオリン弾き」Fiddler on the Roof (1964) などに優れた踊りを残しており、それらの踊りはまとめて舞台の「ジェローム・ロビンスのブロードウェイ」Jerome Robbins' Broadway (1989) として残されている。

ロビンスの踊りは映画にも多く残されていて、「王様と私」The King and I (1956)、「ウエスト・サイド物語」West Side Story (1961) でロビンスの振付を見ることができる。「ジプシー」Gypsy (1962) と「屋根の上のバイオリン弾き」Fiddler on the Roof (1971) では、オリジナルのロビンスのムードを残しつつ映画版は変更が加わっている。その理由は「ウエスト・サイド物語」の制作過程で、完全主義者のロビンスは納得するまでリハーサルを繰り返したために、制作費がかかり過ぎるとの理由で、監督をロバート・ワイズに代えられてしまい、それ以降映画での振付を敬遠するようになったからだ。また、ワイズ監督が踊りの途中の画面切換を多用したことも気に入らなかったらしい。

ロビンスの作品では二人の日系ダンサーの活躍も見逃せない。一人はソノ・オーサトでロシア・バレエ団に加わって本格的なバレエを習い、舞台版の「オン・ザ・タウン」On the Town (1944) で、主演の相手役アイヴィを演じて、重要なバレエ場面を踊った。オーサトはシナトラの「接吻盗賊」Kissing Bandit (1948)*でも見事なソロ・ダンスを披露している。もう一人はマーサ・グレアムの舞踊団で踊っていたユリコ（菊池百合子、日本では雨宮ユリ子の名で出演）で、舞台版「王様と私」The King and I (1951) の『アンクル・トムの小屋』で踊り、映画版 (1956) でもその踊りを見せていた。この作品では東洋的なムードを出すにあたって、ロビンスに助言もしたらしい。

モダン・ダンス

クラシック・バレエだけでなく、モダン・ダンスもミュージカルには大きな影響を与えた。モダン・ダンスのルーツはイサドラ・ダンカン (1878-1927) だといわれていて、その生涯は「裸足のイサドラ」Isadra (1968) という映画にもなっている。本人の踊っている映像は、晩年に屋外で踊った様子を隠し撮りしたような断片しか残されていない。

彼女は、クラシック・バレエの動きは自然に反していて醜いと感じ、ギリシャ時代の絵画などから着想を得て、古代の人々の踊りに戻り、人間の感情を直接、身体で表現しようと考えた。そのために、バレエ・シューズは履かずにギリシャ風のコスチュームをまとい裸足で踊った。古典バレエのテクニックとは異なった即興的な動きが中心だったというが、その考え方は多くの賛同者を呼び、モダン・ダンスとして発展した。また、こうした踊りの精神は、テクニック至上主義だった古典バレエの世界にも大きな影響を与えて、ディアギレフ以降の現代的なバレエを生み出した。

デニショーン

モダン・ダンス界で重要な役割を果たしたのはルース・セント・デニス (1879-1968) で、彼女はアメリカで最初にダンスを教えたアデ

ルフィ大学でダンスを学び、踊りの世界に入った。もともとインドの古典舞踊団を組織したこともあるぐらいだから、東洋の古典舞踊に強い関心を持っていて、日本の着物を着てポーズする写真も残している。彼女は、後に夫となるテッド・ショーンと組んで、デニショーン（二人の名前を組み合わせた）というダンス学校を創設（1915）して、そこで多くの生徒を教えたので、門下生の中からマーサ・グレアムやドリス・ハンフリーらの、モダン・ダンスの巨匠たちが次々と育った。

中でもマーサ・グレアム（1894–1991）の独創的なダンスは、多くの人々を魅了した。日本でも多くのダンサーがグレアムから影響を受けている。アキコ・カンダはグレアムのバレエ団に加わって学び、日本に戻ってきて1960年代から宝塚歌劇団でも振付を行い、グレアム流の振付を宝塚に導入した。

グレアムやハンフリーらは自分たちの舞踊団を中心に活動したので、直接にミュージカルの振付は行っていないが、ジーン・ケリーなどの多くのダンサーに影響を与えた。

黒人の中ではキャサリン・ダナム（1909–2006）が西インド諸島のアフリカ起源の踊りに触発されて、民族舞踊的な要素を取り入れた黒人のモダン・ダンス系の舞踊団を組織して活躍した。彼女はブロードウェイの舞台や映画にも出演しているが、「ストーミー・ウェザー」Stormy Weather (1943) のタイトル曲で、レナ・ホーンの歌に続いて踊っている。

以上のようにミュージカルに影響を与えた踊りは4つに大別できるが、実際のミュージカル作品では、これらの踊りが単独ではなく、組み合わせて取り込まれている。ビル・ロビンソンやニコラス兄弟の踊りは純粋なタップ・ダンスだが、フレッド・アステアのダンスには社交ダンスの要素が強く織り込まれていて、ジンジャー・ロジャースとの踊りの中ではターキー・トロットなどのステップの要素が見られる。一方、ジーン・ケリーの踊りはモダン・ダンスの要素が強く取り込まれている。バレエ界出身のレスリー・キャロンはいうまでもなくクラシック・バレエのムードだが、シド・チャリシーもバレエ出身。エレノア・パウエルやアン・ミラー、ヴェラ＝エレンなどはタップ・ダンサーだ。

ジャズ・ダンス

ジーン・ケリーの「舞踏への招待」Invitation to the Dance (1956) の中で素晴らしい踊りを見せているキャロル・ヘイニーは、モダン・ダンスのバック・グラウンドを強く感じさせる踊り手だ。もっともヘイニーは、振付家ジャック・コールの助手としてミュージカルなどのショー・ダンスを踊るための訓練を受けたので、あらゆるジャンルの踊りをこなせる。

こうしてミュージカル向けにあらゆる踊りの要素を取り入れた、新しいジャズ・ダンスという分野を切り開いたのは、ボブ・フォッシー（1927–87）だ。フォッシーはダンサーとしてMGMの「キス・ミー・ケイト」Kiss Me Kate (1953) でも、従来の踊りの常識を打ち破るような凄い踊りを見せているが、彼を一躍有名にしたのは、ブロードウェイで「パジャマ・ゲーム」The Pajama Game (1954) の『スチーム・ヒート』や、「くたばれヤンキース」Damn Yankees (1955) の『ローラの望むもの』を振り付けてからだ。

従来の踊りの常識を破る動きと斬新なアイディアは、振付に新時代をもたらした。「努力しないで出世する方法」How to Succeed in Business without Really Trying (1961) の『秘書はおもちゃじゃない』、「スウィート・チャリティ」Sweet Charity (1966) の『ビッグ・スペンダー』や『金持ちのフルーグ』の踊りは、今でも古典として残り、語り草になっている。これらの踊りは、ほとんどが映画でもほぼ同じ形で残されているので、今でも容易に見ることができるが、映画版の「シカゴ」Chicago (2002) は彼の死後に映画化されたので、オリジナルの振付とは異なっている。

映画の中の踊り

ミュージカル映画が誕生する前の無声映画にも踊りは入っている。イタリア系のルドルフ・ヴァレンチノは、「黙示録の四騎士」The Four Horsemen of Apocalypse (1921) の中で、ガウチョ・スタイルでアルゼンチン・タンゴを踊り、ブームを巻き起こした。トーキー時代になってからも、ジョージ・ラフトが

「ボレロ」Borelo（1934）や「ルムバ」Rumba（1935）など、踊りをテーマとした作品を作っている。

1930年代の不況時代にはどれだけ長く踊り続けることができるかを競うダンス・マラソン大会などが頻繁に開かれたが、案外これをテーマにした映画は作られておらず、これを題材にしたホレス・マッコイの小説を映画化した「ひとりぼっちの青春」They Shoot Horses Don't They?（1970）が、ジェイン・フォンダの主演で後年作られた程度だ。

ミュージカルが下火となって、ディスコ・ブームとなった1980年代になってから、若者たちの踊る風俗や、古典バレエの中に自らの青春を見出すような若者たちを描く映画は多く登場しているが、正面から踊りを見せようという映画は少ない。

1930年代のバレエ映画

古典バレエを正面から扱った映画も少ない。それでも、バレリーナを主人公とした作品は、いくつか作られている。リリアン・ハーヴェイがバレリーナを演じた「白鳥の舞」Schwarze Rose（1935）、「ワルツへの招待」Invitation to the Waltz（1936）*、「舞姫記」Fanny Elßler（1937）のほか、フランスで作られた「白鳥の死」La mort du cygne（1937）などもあるが、本数としてはそれほど多くはない。

クラシック・バレエの世界に多くの観客の目を惹きつけたのは、英国で作られた「赤い靴」The Red Shoes（1948）が最初だろう。

この作品は、美しいテクニカラーの映像と、モイラ・シアラーの踊りによって、人々が忘れかけていたクラシック・バレエの世界を、もう一度思い起こさせてくれた。それ以前にも、クラシック・バレエをそのまま実写記録したような短編作品が何本か作られてはいたが、長編作品でバレエを中心テーマとした作品はほとんど作られたことがなかった。

クラシック・バレエの長編作品が作られなかったのは、映画でトーキーが導入された1930年以降、西側諸国のバレエ界が停滞していたからだ。劇場における古典バレエは、19世紀にロマンチック・バレエが黄金時代を迎えたが、当時の西欧でバレエの中心地となっていたパリでも、20世紀に入るとすっかり低調となっていた。

そこへ新風を吹き込んだのが、ディアギレフが率いた「ロシア・バレエ団」（バレエ・リュス）で、1909年にパリで初公演を行った。ディアギレフは、当時のロシアの最高水準の踊りを紹介してパリの観客を驚かせた。新しいロシア・バレエは、観客たちを熱狂させたが、1914年に第一次世界大戦が欧州で始まると公演の場を失い、バレエ団は1916年にアメリカ公演を行う。第一次世界大戦は1918年末に終わるが、その間にロシアでは1917年に革命が起こり、バレエ団は帰るべき国を失い、1920年代は欧州で公演を続ける。しかし、芸術面だけでなく興行面を含めて全体を統率していたディアギレフが、1929年に亡くなり、バレエ団は空中分解してしまう。

1930年代のバレエ界は、世界中どこも低調だったといえる。バレエに関しては、アメリカは未開の地で、ロンドンもロイヤル・バレエ団が設立されるのは1956年のことだから、1930年代にはその前身のバレエ学校がやっと発足したような状況だった。だから、西欧世界のバレエの中心地はパリだったが、そのパリもディアギレフを失い、創作バレエを細々と作っている状況だった。ロシアでは、革命後のソ連となってもバレエの伝統は続いていたが、西側諸国との関係が断たれていたために、その活動内容はほとんど伝わってこなかった。

第二次世界大戦後のバレエ映画

低調な1930年代の後、1940年代前半は第二次世界大戦のために、まともなバレエ活動は行われなかった。新しい動きが出てくるのは、戦後の混乱が収まってからで、まずソ連映画「眠れる美女」Solistka baleta（1947）が公開される。この映画はバレエ作品「眠れる森の美女」の映画版ではなく、ソ連の有名ソリストたちの踊りが挿入された作品で、西欧バレエ界はガリーナ・ウラノワの踊る「白鳥の湖」を知ることになる。

アメリカでは、ヘンリー・コスター監督の「終わりなき踊り」The Unfinished Dance（1947）*が作られる。この作品は、戦前にフランスで作られた「白鳥の死」La mort du cygne（1937）のリメイクで、マーガレット・

オブライエンがバレエ学校で「白鳥の湖」の主役を争う。シド・チャリシーが踊りを引き受けている。

そうした状況の中で「赤い靴」The Red Shoes (1948) が発表され、大ブームを巻き起こす。主役のバレリーナを演じたモイラ・シアラーは、続いて「ホフマン物語」The Tales of Hoffmann (1951) でも踊る。「赤い靴」を見たジーン・ケリーは自分でもバレエ作品を作りたくなり、ローラン・プティの下で踊っていたレスリー・キャロンを呼んで「巴里のアメリカ人」An American in Paris (1951) を撮り、続いて意欲的なバレエ作品「舞踏への招待」Invitation to the Dance (1956) を作った。

こうした1950年代前半には、短編バレエ作品も何本か作られた。冷戦状態で交流がほとんどなくなっていたソ連からは、ウラノワの踊りをそのままカラーで記録した「ロメオとジュリエット物語」Romeo i Dzhulyetta (1955) が届く。また、雪解けにより、1956年にソ連からの文化交流使節としてボリショイ・バレエ団が、ロンドンを始めとして西側諸国で公演を行い、人々にバレエの面白さを再認識させる。この公演の模様は、英国で「バレエへの招宴」The Bolshoi Ballet and Giselle (1957) として映画化された。英国は、ロイヤル・バレエ団を1956年に王立とし、マーゴ・フォンテインというプリマを生み出す。フォンテインの踊りを記録するために、英国では「ローヤル・バレエ」The Royal Ballet (1960) が作られた。

亡命ダンサーの活躍

1960年代になると、ニジンスキーの再来といわれたソ連のルドルフ・ヌレエフが、1961年に西側に亡命し、1963年からフォンテインと組んで踊るようになる。二人の踊りは、「ロイヤル・バレエの夕べ」An Evening with the Royal Ballet (1963)*、「ロミオとジュリエット」Romeo and Juliet (1966)*、「白鳥の湖」Schwanensee (1967)* に収録されている。こうした作品に刺激されたのか、ディズニーも「バレリーナ物語」Ballerina (1966) をテレビ向けに作っている。

1970年代になると、ミーシャの愛称で親しまれたミハイル・バリシニコフもアメリカへ亡命して、アメリカン・バレエ・シアターで活躍するようになる。バリシニコフはアメリカで活躍し、ハリウッドでバレエ・ダンサーをモデルにした「愛と喝采の日々」The Turning Point (1977)、「ホワイト・ナイツ 白夜」White Nights (1985)、「ダンサー」Dancers (1987) などのバレエを主題とした劇映画に出演した。

バレエ映画の新展開

「愛と喝采の日々」(1977) を監督したのは、ダンサー出身で、長年振付を経験してから映画監督になったハーバート・ロス。彼はこの作品で踊り心に火がついて、「ニジンスキー」Nijinsky (1980)、「フットルース」Footloose (1984)、「ダンサー」Dancers (1987) など、次々と踊りを主題とした作品を作った。

一方、フランスでも戦後世代の振付家ローラン・プティや、モーリス・ベジャールが活躍をし始める。ローラン・プティは、秘蔵っ子だったレスリー・キャロンを映画界に送り出すが、自作品も映画化して「ブラック・タイツ」1-2-3-4 ou Les collants noirs (1961) を作る。これは、内容的には優れていたが、興行的には苦戦して、バレエ映画挑戦の試みもこの1作で終わる。ベジャールの作品では、クロード・ルルーシュ監督の「愛と哀しみのボレロ」Les uns et les autres (1981) の最後でジョルジュ・ドンが『ボレロ』を踊り、映画界でも話題となった。

こうして、1970年代以降は多くのバレエ映画が作られるようになるが、1970年代後半からディスコ・ブームが巻き起こり、「サタデー・ナイト・フィーバー」Saturday Night Fever (1977) 以降は、ダンサーではなく普通の人々が踊る作品が多く作られる。こうしたブームから、踊り好きの若者が本格的なダンスを目指したり、街の若者たちがブレイク・ダンスを発展させて、路上のダンス対決を行ったりするような映画が沢山登場している。(1980年代以降のダンス映画p.434と、バレエ映画p.439の項も参照)

2 映画の中の歌

　ミュージカル映画の中で、踊りとともに重要な役割を担うのは歌だろう。踊りが様々なジャンルから影響を受けたように、ミュージカルの歌もいろいろな背景を持った歌から影響を受けた。トーキー時代になり、映画に手っ取り早く歌を入れようとした時に、歌手の供給源は3つあった。ひとつはクラシック音楽の歌手で、主にオペラ劇場で活躍する歌手。もうひとつは大衆的なヴォードヴィル劇場で活躍する芸人と、ブロードウェイのショーで歌っている歌手や俳優たち。そして最後はナイト・クラブやキャバレーで活躍していた芸人たちで、出始めたばかりのラジオ放送でも彼らは人気だった。それぞれについて簡単に説明する。

クラシック系

　クラシック系の歌手は、ベル・カント唱法と呼ばれるオペラで発展した歌唱法を身につけていた。美しい声でなおかつ声量があることが、3000人を収容するようなオペラ・ハウスでは求められるために、それを可能とするような歌い方が発達したわけだ。この歌い方は専門的な訓練を受けないと身につけることが難しいために、この系統の歌手たちはメトロポリタン歌劇場に出演しているところを口説かれて映画界入りした人が多い。

　メトロポリタン歌劇場では、世界中から有名歌手を招いていたので、そうした中には欧州などの外国籍の歌手も多かった。一方、アメリカ人の歌手の場合には、メトロポリタン歌劇場を目指してはいたが、途中で挫折したり、あるいは地方の歌劇場で歌ったりしているところをスカウトされて映画界に入った歌手たちもいる。

　この系統の女性歌手としては、グレイス・ムーアやリリー・ポンス、リーゼ・スティーヴンスなどが劇場からの転籍組で、劇場での実績があまりないままに映画界で活躍したのは、ジャネット・マクドナルド、キャスリン・グレイスン、アイリーン・ダン、ディアナ・ダービンたちだった。ドイツから夫のヤン・キープラと一緒にやって来たマルタ・エゲルトも、アメリカで映画に出演している。

　男性歌手としては、ローレンス・ティベットやリヒャルト・タウバー、ヤン・キープラらが劇場からの転籍組で、映画専門なのがネルソン・エディ、アラン・ジョーンズ、マリオ・ランツァなどだろう。

ヴォードヴィル系

　2番目のヴォードヴィル劇場やブロードウェイでの出演者たちは、オペラほどではないが、1000人から1500人を収容する中劇場で、後ろの客席まで届くような歌い方が要求された。そのために、ベル・カントではないが、大声での歌い方を身につけることになる。

　トーキー映画が出現した1920年代後半には、まだ劇場ではマイクが使用されていなかったので、大声は重要な要素だった。ブロードウェイでミュージカルの女王といわれたエセル・マーマンは、3000人を収容する大劇場で歌っても、天井をビリビリと震わす声量だったという。

　この系統の歌手は、ミンストレル・ショーやヴォードヴィルの流れを汲んでいるので、観客を惹き付けるために、かなり強いリズムで歌うことが多かった。それが、上品なショーとなると少しムードが変わる。「ジーグフェルド・フォリーズ」のような、上流の金持ち向けのショーへの出演では、あまりにも強烈なリズムでの歌い方は敬遠されるようになり、美しい声を聞かせて、感情表現を盛り込むような、「上品」さが求められるようになる。

　その結果、トーチ・シンガーと呼ばれる、恋の歌を得意とする女性歌手も現れる。ジュディ・ガーランドの「美人劇場」(1941)のオーディション場面では、こうした歌い方の違いを、ジュディが一人でやって見せる場面が収録されている。古くからの歌い方を身につけていたのは、アル・ジョルスンやエディ・カンターで、女性ではエセル・マーマンが代表格だろう。

クルーナー系

　3番目は、ヴォードヴィルなどの劇場ではなく、キャバレーやナイト・クラブから映画界に入った歌手で、その歌い方は小唄調とい

うか鼻歌に近いような歌い方や、細かい感情表現を入れた歌い方をする特徴がある。フランスからやって来たモーリス・シュヴァリエは、こうした歌い方の代表格だが、アメリカではナイト・クラブのダンス楽団の専属歌手から出発した歌手たちもこうした歌い方をする。

キャバレーやクラブでは、歌手たちは比較的小さな空間で歌うので、大声を出さずに、甘く囁きかけるような歌い方となり、マイクの使用が一般的になるまでは、メガホンを使うことも多かった。こうした歌い方の歌手たちは、「クルーナー」と呼ばれて、マイクを使った歌が前提となるラジオ放送と相性が良かったために、ラジオ歌手として人気が出た。代表的な歌手は、モーリス・シュヴァリエのほかにも、ビング・クロスビー、ラス・コロムボ、ルディ・ヴァリーなどがいて、時代が下ってからはフランク・シナトラやペリー・コモに歌い方が引き継がれた。女性歌手では、楽団歌手から転じたアリス・フェイやドリス・デイが代表的。

---

3 黒人系の作品

アメリカのミュージカル作品において、黒人文化の与えた影響は大きい。ジャズという音楽ジャンルも、タップ・ダンスも、もともとは黒人文化にルーツがある。トーキー初期にはまだ残っていたミンストレル・ショーというジャンルも、白人が黒人を真似して見せる芸にすぎなかった。ブロードウェイの舞台で白人と黒人が入り交じって演じることは、今では当たり前になっているが、1960年代の公民権運動の前までは、白人と黒人は分離されていて、一緒に演じるというのは例外的なことだった。

黒人専用の映画

アメリカでは、黒人は白人についで人口が多かったので、黒人向けの娯楽映画も作られたが、それらは「人種映画」Race Movie (Race Film) と呼ばれて、白人向けの映画とは明確に区別されていた。そうした映画も大半は白人資本によって作られることが多く、映画館も地方によっては黒人専用館が存在したが、専用館がない地域では、白人用映画館が空いている昼間や深夜に黒人向けの映画が上映された。これらの作品は、大半が低予算のコメディで、音楽入りの作品も多く作られたが、映画技術的には見るべきものはなかった。

こうした映画作品は1950年代前半まで作られたが、テレビによって駆逐されて消滅した。テレビでは人気のラジオ番組からテレビに移ったエイモスとアンディの漫才コンビの番組が存在したが、この二人は白人が黒人役を演じているだけで、本物の黒人ではなく、昔風にミンストレルの寸劇を演じていた。

エイモスとアンディよりも前には、黒人を演じる白人二人組として、「二羽の黒がらす」Two Black Crows と呼ばれたジョージ・モランとチャールズ・マックもいた。二人は映画「催眠術師」Hypnotized (1932)* に出演している。

黒人が白人と交じり合うことがほとんど禁止的なムードであった様子は、「ヘアスプレー」Hairspray (2007) の中で描かれているとおりで、テレビでも黒人向けの番組が成立したわけではなかったが、黒人向けの映画というのは1960年代には勢いを失っていた。

1960年代の公民権運動以降は、黒人が普通に出演する映画も増えて、ブラック映画 Black Movies というような表現も使われたが、現在ではアフリカ系アメリカ人映画 African American Movie という表現が一般的に使われている。

黒人芸人たち

黒人芸人たちはトーキー映画以前からも活躍していた。1920年代から30年代にかけてニュー・ヨークのハーレムにあったコットン・クラブでは、白人向けに一流の黒人のショーを見せていた。また、ブロードウェイでも白人向けに作られた黒人のショーはいくつか存在していたし、ジョージ・ガーシュウィンは、オペラ「ポーギーとベス」Porgy and Bess

(1935)を上演する条件として、黒人歌手が演じることにこだわっていた。

コットン・クラブは、タップ・ダンスの名手として尊敬を集めたビル・ボージャングル・ロビンソンや、兄弟でアクロバティックなタップ・ダンスを見せるニコラス兄弟を輩出して、彼らは映画の世界でも活躍した。彼らは、コットン・クラブでは燕尾服で正装して踊っていたが、映画になると紋切り型の愚かな黒人役を演じさせられることが多く、深く傷ついたという。

黒人女性歌手は映画にも多く登場していて、エセル・ウォルターズ、レナ・ホーン、ドロシー・ダンドリッジ、ダイアン・キャロル、アーサ・キット、パール・ベイリー、ダイアナ・ロスなど、多くの歌手が活躍した。

音楽家や楽団リーダーでも、だぶだぶの「ズート・スーツ」で有名なキャブ・キャロウェイを始めとして、デューク・エリントン、ルイ・アームストロングなどが多くの映画に出演している。

一般向けとなった黒人映画

先に述べたとおり、1950年代までは、これらの有名黒人スターを使い、メジャー・スタジオが作る白人向けの黒人出演映画と、黒人向けの人種映画は明確に分けられていた。

白人向けを意識して作られたオール黒人の映画としては、トーキー初期に「デキシー歌舞曲」Hearts in Dixie (1929) や、「ハレルヤ」Hallelujah (1929) があったが、その後メジャー・スタジオではしばらく黒人作品は作られなかった。例外的な作品はレックス・イングラムが主演した「緑の牧場」The Green Pastures (1936) で、ブロードウェイのヒット作の映画版だった。

1940年代に入ると戦争の影響で、黒人兵士向けの慰問作品として「ストーミー・ウェザー」Stormy Weather (1943) や、「天の安息所」Cabin in the Sky (1943)* などが作られている。その後は「ニューオリンズ」New Orleans (1947)*、ビゼーの名作オペラをブロードウェイ向きにした「カルメン」Carmen Jones (1954)、「セントルイス・ブルース」St. Louis Blues (1958)、「ポギーとベス」Porgy and Bess (1959) などが作られた。

1960年代の公民権運動以降は、以前とは少し様子が異なり、黒人の出演する一般映画が増える。ダイアナ・ロスを主演とした「ビリー・ホリデイ物語 奇妙な果実」Lady Sings the Blues (1972)、クルト・ワイルの舞台作品 (1949) の再演 (1972) で主役を演じたブロック・ピータースのほか、メルバ・ムーアが出演した黒人と白人の混成キャストによる「星に散る」Lost in the Star (1974)*、レッドベリーの名前で親しまれたブルース歌手の伝記作品「レッドベリー」Leadbelly (1976)*、ブロードウェイ作品 (1975) の映画版「ウィズ」The Wiz (1978)、ディスコの世界を描いた「イッツ・フライデー」Thank God, It's Friday (1978)、ハーレムを舞台とした「コットンクラブ」Cotton Club (1984)、ジャズの巨人チャーリー・パーカーの伝記映画「バード」Bird (1988)、グレゴリー・ハインズやホイットニー・ヒューストンが出演した「天使の贈り物」The Preacher's Wife (1996)、盲目の歌手レイ・チャールズの伝記「Ray レイ」Ray (2004)、舞台作品 (1981) の映画化の「ドリームガールズ」Dreamgirls (2006) などが作られている。

デキシー歌舞曲 Hearts in Dixie (1929) は、ハリウッドで初めて作られた黒人だけが出演するトーキー作品。熱病で娘と孫を失った老人が、きちんとした教育が必要だと痛感して、周囲の反対を押し切って末っ子を学校へ送り出す。スタッフは白人で、監督はポール・スローン。フォックス社の作品。

ハレルヤ Hallelujah (1929) は、MGMでキング・ヴィダー監督が撮った黒人映画。信心深い黒人の家庭に育ったダニエル・L・ヘインズは、魅力的な娘ニーナ・メイ・マッキニーに誘惑されて、賭けで綿代金を全部巻き上げられてしまい、そのショックから信仰生活に入る。彼の真摯な信仰の態度に周囲の人々も感化され、誘惑した娘も彼の下で洗礼を受ける。しかし、ヘインズはやはりマッキニーの魅力には勝てずに、再び彼女に溺れる。浮気な彼女はそうした生活に飽き、ほかの男と生活を共にして自動車事故で亡くなり、ヘインズは傷心のうちに故郷へ戻る。

出演者は全部黒人だが、台本や監督は白人

スタッフなので、話の内容はいかにも白人的な価値観が感じられるものの、テーマは真面目なものだ。ニーナ・メイ・マッキニーが魅力的で目立つが、彼女はこの作品のほかにもユービー・ブレイクやニコラス兄弟と共演した短編作品に出演して歌っている。

ストーミー・ウェザー Stormy Weather (1943) は、第二次世界大戦中に作られた作品。黒人ミュージカルは、1930年代にMGMで何本か作られた後は、メジャー系の会社ではほとんど作られなかったが、第二次世界大戦の黒人兵士慰問用に、オールスター・キャストでこの素晴らしい作品が作られた。主な出演者は、レナ・ホーン、ビル・ロビンソン、キャブ・キャロウェイ、キャサリン・ダナム、ファッツ・ウォラー、ニコラス兄弟、コールマン・ホーキンスなど。ビル・ロビンソンとファッツ・ウォラーは、この作品が最後の映画出演となった。タイトル曲の『荒れ模様』Stormy Weatherは、レナ・ホーンが歌いキャサリン・ダナムの舞踊団が踊っている。

第一次世界大戦で欧州戦線に出征した黒人のビル・ロビンソンは、ナイト・クラブで会ったレナ・ホーンと恋をする。踊りのうまいロビンソンは、ショーの世界でも成功するが、妬みを持つ仲間との間がうまく行かずにハリウッドで活躍するようになる。第二次世界大戦で欧州に慰問公演に出かけたロビンソンは、レナ・ホーンと再会して、愛を確認し合う。物語よりも、ロビンソンのタップ・ダンスや、レナ・ホーンの歌、キャサリン・ダナムの踊り、キャブ・キャロウェイ楽団の演奏などを見せる目的の映画。

1 タイトル曲　オーケストラ演奏　Stormy Weather
2 ビル・ロビンソンのタップとハーモニカ演奏　Rang Tang Tang
3 歩兵連隊の楽団演奏　Over There / March medley
4 楽団演奏　Linda Brown
5 レナ・ホーンとビル・ロビンソンの踊り　At a Georgia Camp Meeting / De Camptown Races
6 レナ・ホーンの歌（ピアノはベイブ・ウォレス）　There's No Two Ways About Love
7 レナ・ホーン、ビル・ロビンソンほかのケイク・ウォーク
8 トランプ楽団とビル・ロビンソンの歌と踊り　Dah, Dat, Dah
9 ファッツ・ウォラーとビール・ストリート・ボーイズの演奏と歌　That Ain't Right / Ain't Misbehavin'
10 レナ・ホーンの歌と踊り　Diga Diga Do
11 ベイブ・ウォレスの歌、続いて群舞とビル・ロビンソンの踊り　African Dance
12 メイ・E・ジョンソンの歌と男性ダンサーの踊り　I Lost My Sugar in Salt Lake City
13 ミンストレル風に黒塗り顔で演じる寸劇
14 レナ・ホーンとビル・ロビンソンの歌と踊り　I Can't Give You Anything But Love
15 キャブ・キャロウェイの歌と彼の楽団演奏（キャロウェイが有名なズート・スーツで登場）　Geechy Joe
16 レナ・ホーンの歌とキャサリン・ダナムとその舞踊団による踊り　Stormy Weather
17 ビル・ロビンソンの踊りとレナ・ホーンの歌　There's No Two Ways About Love
18 ビル・ロビンソンの歌と踊り、キャブ・キャロウェイの楽団演奏　My My, Ain't That Somethin'
19 キャブ・キャロウェイの楽団演奏とニコラス兄弟の踊り　The Jumpin' Jive
20 キャブ・キャロウェイ、レナ・ホーン、ビル・ロビンソンの歌と踊り　My My, Ain't That Somethin'

天の安息所 Cabin in the Sky (1943)* は、MGMが第二次世界大戦中に、ヴィンセント・ミネリ監督で黒人兵士慰問用に作った作品。エセル・ウォルターズ、エディ・ロチェスター・アンダソン、レナ・ホーン、ルイ・アームストロングらが出演している。基になったのはブロードウェイで上演されたヴァーノン・デュークの同名舞台作品 (1940) であり、エセル・ウォルターズが舞台と同じ役を演じた。

人は良いが意志の弱いエディ・アンダソンは、悪い仲間に誘われてサイコロ賭博で借金を重ねているが、エセル・ウォルターズと結婚して何とか更生しようとする。しかし悪い仲間にまた誘惑されて、インチキ賭博の片棒を担ぎ瀕死の重傷を負う。信心深い彼の妻エセル・ウォルターズは、このまま夫が死んでは、罪が多く天国へ行けないと思い、更生のチャンスを神に願う。神の使者と悪魔の使者がやって来て、6か月の猶予の間に本当に更生できるかどうか観察することになり、彼は息を吹き返す。悪魔の使者は美しい娘レナ・ホーンを使って彼を誘惑して、更生を邪魔する。とうとう誘惑に負けた彼は、妻を撃ってしまうが、瀕死の妻の必死の祈りにより、天国は

3　黒人系の作品

彼にも門を開く。

　映画版はアーサー・フリードの制作。当時の黒人トップ・スターが一堂に会し、ヴィンセント・ミネリ監督の手により秀作に仕上がった。舞台版で高い評価を得た、キャサリン・ダナムの踊りこそ映画にはないものの、エセル・ウォルターズやレナ・ホーンの素晴らしい歌を聞くことができる。白人スタッフによる描き方は、当時のアメリカ社会での黒人観を反映しているとはいえ、デューク・エリントン楽団も登場するなど、演奏のレベルも高く、映画としての出来も良いので、公民権運動以前に作られた黒人ミュージカルとしては、「ストーミー・ウェザー」(1943) と並んで、最高傑作といえる。

ニューオリンズ　New Orleans (1947)*は、黒人映画というよりもジャズ映画。ニューオリンズでのジャズ発祥から、シカゴでのジャズの流行までを描く。メインのプロットは白人の世界が描かれていて、クラシックの世界でオペラ歌手を目指す上流の娘が、ニュー・オリンズの繁華街で、ジャズ好きの賭博師と出会う。第一次世界大戦を背景とした海軍命令により、ニュー・オリンズの繁華街が潰れて、ジャズ楽士たちは全米に散らばり、シカゴで再びジャズが花開いた時に、オペラの世界で成功した娘と賭博師は再会する。

　第一次世界大戦後の禁酒法の時代に、闇酒場のギャングたちの世界でジャズが流行して、アル・カポネに代表されるイタリア系ギャングの間では、ジャズとともにイタリア・オペラが愛好されたので、そうした歴史的背景に基づいて本作品が成立している。この作品が特記されるのは、全編にわたり、ルイ・アームストロングの楽団が、ニュー・オリンズ・ジャズからシカゴ系ジャズまでを演奏するだけでなく、ビリー・ホリデイの歌や、ウディ・ハーマンの演奏も収録されているため。

カルメン　Carmen Jones (1954) は、ビゼーのオペラを第二次世界大戦中のアメリカに置き換えた作品。音楽はビゼーのものをそのまま使い、英語の歌詞はオスカー・ハマースタイン2世が書いている。下敷きになったのは戦争中にビリー・ローズが制作したブロードウェイの舞台作品 (1943) で、映画化にあたっても大きな変更はない。

近く転属になる兵士ハリー・ベラフォンテは、パラシュート工場で働く気性の激しいドロシー・ダンドリッジ（カルメン役）を収監するために護送の任務を与えられるが、途中でダンドリッジに誘惑されてしまう。結局ベラフォンテは軍を脱走して、ダンドリッジと一緒にシカゴへ行き、最後は彼女に言い寄るボクサーに嫉妬して、ダンドリッジを殺してしまう。

　ベラフォンテもダンドリッジも歌手なのだが、この作品の曲はオペラ的な歌唱が求められるので、二人とも吹替となった。ダンドリッジの吹替はマリリン・ホーンが担当。そのほかに、パール・ベイリーやダイアン・キャロルも出演している。監督はオットー・プレミンジャーで、カラー、シネスコ版のステレオ作品。フォックス系で配給された。

セントルイス・ブルース　St. Louis Blues (1958) は、黒人の作曲家で『セントルイス・ブルース』を書いたW・C・ハンディの伝記映画。ナット・キング・コール（ハンディ役）は音楽好きだが、厳しい父親は「悪魔の音楽には近寄るな」と言って、音楽の道に進むことを決して許そうとしなかった。そのために、コールは家出してナイト・クラブに住み込み、歌手アーサ・キットなどに助けられて曲を書き、次々とヒットさせる。こうした実績により、最後には父親にも認められる。豪華な競演陣でキャブ・キャロウェイ、エラ・フィッツジェラルド、マヘリア・ジャクソン、パール・ベイリーらが出演している。監督はアレン・ライズナーで、白黒だがヴィスタ版で、パラマウントの制作。

ポギーとベス　Porgy and Bess (1959) は、サミュエル・ゴールドウィンが制作したオール黒人キャストによる70mmの大作。ジョージ・ガーシュウィンの有名なオペラの映画版で、シドニー・ポワチエとドロシー・ダンドリッジがポギーとベス役を演じたほか、サミー・デイヴィス・ジュニア、パール・ベイリー、ダイアン・キャロルといった黒人スター総出演だが、主演の二人の歌は吹替。

　ガーシュウィンの遺族はこの映画の出来に不満を持ち、ゴールドウィンも気に入らなかったので、1974年以降は上映されなくなった。遺族の不満の理由というのは主演の二人の吹

替ではなく、演出が良くないということらしい。当初は舞台版を演出したルーベン・マモーリアンを監督に予定していたが、途中でマモーリアンをクビにしてオットー・プレミンジャーに変更したのに加えて、撮影中にゴールドウィンがうるさく口出ししたので、プレミンジャー監督も、満足のいかない出来だったと回顧している。

もともとはコロムビア社が映画化権を取得して、ミンストレル風に顔を黒塗りした白人が演じるスタイルでの映画化を企画したと伝えられ、その後映画化権はフォックスへと移り、最終的にゴールドウィンの手に渡った。ゴールドウィンも懲りたのか、この作品が最後の制作作品となった。

第 10 章
英国の作品

第10章　英国の作品

1　ミュージック・ホールと劇場

　英国のミュージカル映画は、日本では系統的に紹介されていないため、その全貌はほとんど知られていない。また、英国でもミュージカル映画が不作だという意見が多く、あまり研究されてこなかった。確かにアメリカのように派手なミュージカル映画というのは、作られていないが、英国らしいミュージカル映画というのは存在している。

ミュージック・ホールの伝統

　ミュージカル映画が成立するためには、映画の中で歌や踊りを見せることができる芸人の存在が欠かせないが、英国にはミュージック・ホールの伝統があり、その出身者が供給源になった。英国のミュージック・ホールは、19世紀後半から20世紀初頭が最も盛んだったので、アメリカでミンストレル・ショーやヴォードヴィルが流行っていた時期と重なる。

　19世紀末にはアメリカでもミンストレル・ショーの最盛期は過ぎて、ヴォードヴィルの時代に移ったが、ミュージック・ホールでの演目というのはヴォードヴィル・ショーの演目に近いから、英国が先行していたともいえる。芸人がそれぞれ自分の出し物を持っていて、それがひとつの景となり、何人もの出演者が歌や踊り、寸劇、曲芸など、様々な出し物を見せる。

　ロンドンでは、ミュージック・ホールと劇場は明確に区別されていた。ミュージック・ホールにはテーブルがあり、飲食しながらショーを見る形式だったのに対して、劇場では椅子だけが並ぶ形で、ロビーでしか飲食はできなかった。

　ミュージック・ホールでは、一杯機嫌の観客にアピールすることが必要なので、芸人たちは個性を強調した出し物を演じた。こうした芸は、英国流のユーモアが含まれているので、アメリカではあまり受け入れられなかった。ミュージック・ホールの伝統は英国の中では根強く残っていて、少なくとも「素晴らしき戦争」Oh! What a Lovely War (1969)の頃までは、そうした流れを強く感じさせたが、ロック時代の到来とともに、伝統も失われていく。

　英国では1907年に、労働時間の短縮と賃上げを求める出演者やスタッフと、ミュージック・ホール運営主の間で争いがあり、大規模なストライキが起きたので、その間にミュージック・ホールは衰退してしまう。それでも1914年に第一次世界大戦が始まると、戦意高揚のためのショーが求められて、また勢いを盛り返したが、1930年代の不況や、レコード産業やラジオ放送の登場により観客を奪われて、芸人もその多くが映画の世界に移ってしまう。その後もテレビが登場して、残っていたホールも1950年代には閉鎖に追い込まれる。こうして、芸人の供給源を失った英国ミュージカル映画は、同時に衰退した。

ミュージック・ホールの芸人たち

　トーキー初期から1930年代に活躍した英国のスターたちは、その多くがミュージック・ホールの出身者だといって良い。代表的なのは、グレイシー・フィールズ、ジョージ・フォームビー、アーサー・アスキー、トミー・トリンダー、ジェシー・マシューズたちだ。このほかにも、アメリカへ渡って名を上げたミュージック・ホール出身者には、チャールズ・チャップリンを始めとして、ガートルード・ローレンス、スタン・ローレル、ベアトリス・リリー、スタンリー・ホロウェイなどがいる。

　これらの出演者の中で、グレイシー・フィールズはミュージック・ホールでのスタイルを映画の中でも守り、歌のうまい庶民の娘役を演じて英国では高い人気を誇ったが、アメリカではほとんど受けなかった。逆にアメリカ受けするようなスタイルで映画に出演したのがジェシー・マシューズで、アメリカでも高い人気を得た。しかし、マシューズに続いてアメリカ風のスタイルを演じる芸人が出る前に、第二次世界大戦が始まり、英国でも戦争を意識した作品が大半を占めるようになる。

劇場の伝統

　ミュージック・ホールではなく、劇場のミュージカル作品から映画界に入ったのはジャック・ブキャナンやアンナ・ニーグルだ。ミ

ュージック・ホールが庶民的な雰囲気なのに対して、劇場の観客は上流階級なので、その芸風も上品なものとなっている。ジャック・ブキャナンは、後の「バンド・ワゴン」The Band Wagon (1953) でフレッド・アステアと共演してその実力を見せてくれた。過去にはハリウッドで活躍しようと試みたものの、彼の芸風がアメリカに合わなかったためか、出演したのは、ほとんど英国だ。

アンナ・ニーグルは歌も芝居もできる女優で、監督のハーバート・ウィルコックスと結婚したので、彼女の主演した作品のほとんどをウィルコックスが監督している。ニーグルも 1930 年代にハリウッドで何本かの作品に出演したが、結局は英国に戻った。

ダンス楽団

もうひとつ、この時期の英国のミュージカル映画の特徴として、ダンス楽団映画というジャンルが存在した。英国のダンス楽団ブームはアメリカよりも若干早く始まった。1920 年代から 1930 年代にかけて、主にホテルのボール・ルームなどで演奏の需要があり、ダンス楽団が沢山誕生した。こうした楽団の演奏は、もちろんラジオでも放送されたが、映画にも結構登場している。

第二次世界大戦後の展開

第二次世界大戦中に人気の高かったのはヴェラ・リンで、出演作品こそ少ないが、時代の雰囲気を反映した作品に出ている。第二次世界大戦が終了すると、従来のミュージック・ホール出身者の活動は下火となり、新しい動きが出てくる。

監督のマイケル・パウエルはエメリック・プレスバーガーと組んで、テクニカラーの美しい作品群を作り始める。音楽作品では、アンデルセンの童話を題材としたバレエ映画「赤い靴」The Red Shoes (1948) を作る。この作品でバレエを踊ったモイラ・シアラーの人気が高まり、シアラーの踊りをたっぷりと見せるオペレッタ映画「ホフマン物語」The Tales of Hoffmann (1951) が作られ、その次にはウィーンのオペレッタ「こうもり」の映画版「美わしのロザリンダ」Oh... Rosalinda!! (1955) が発表された。

新しい世代

こうした伝統的なバレエやオペレッタ路線に対して、若者たちのエネルギーを吸収する形で、新たなポップ・スターも出現する。トミー・スティールやクリフ・リチャードが登場して、若者の音楽だけでなく、新しい若者像が作られるようになった。この二人はアメリカでのエルヴィス・プレスリーの登場に呼応して現れた。

一方、ジョン・オズボーンが戯曲「怒りを込めて振り返れ」Look Back in Anger (1956) を発表し、映画の世界でも「怒れる世代」の新しい波が続々と現れた。「土曜の夜と日曜の朝」Saturday Night and Sunday Morning (1960)、「蜜の味」A Taste of Honey (1961)、「長距離ランナーの孤独」The Loneliness of the Long Distance Runner (1962)、「ふたりだけの窓」The Family Way (1966) などの作品が、階級社会の現実を反映して、若者たちの苦悩を示した。

こうした苦悩を飛び越えて新しい時代を切り開いたのが、ビートルズだろう。「ビートルズがやって来る ヤア！ヤア！ヤア！」A Hard Day's Night (1964) では、アメリカ出身のリチャード・レスター監督が新感覚の映像を見せた。

ビートルズの登場以降のミュージカル映画は、ロック物一辺倒になったかというとそうでもない。ロック物の映画は、アメリカと同様に「ウッドストック」Woodstock (1970) 以降の作品は、コンサートの記録が増えて映画としての力を失ってくる。いわゆる古典的なミュージカル映画は、ブロードウェイの停滞に対してウェスト・エンドのミュージカルが元気になったのに呼応して、注目すべき舞台作品の映画化が行われている。

「マルキ・ド・サドの演出のもとにシャラントン精神病院患者によって演じられたジャン＝ポール・マラーの迫害と暗殺」The Persecution and Assassination of Jean-Paul Marat, as Performed by the Inmates of the Asylum of Charenton, under the Direction of the Marquis de Sade (1967) という、1960 年代らしい長い題名の作品に続き、アメリカのスタッフが中心となって作った英国作品の

第 10 章　英国の作品

「オリバー！」Oliver!（1968）、ミュージック・ホールでの流行歌を中心に構成した「素晴らしき戦争」Oh! What a Lovely War（1969）などが作られた。

ケン・ラッセルとアラン・パーカー

こうした中でユニークな活動をしたのが、英国出身のケン・ラッセル監督と、アラン・パーカー監督だろう。ケン・ラッセルは1970年代に入り、チャイコフスキーの伝記作品「恋人たちの曲 悲愴」The Music Lovers（1970）、「マーラー」Mahler（1974）、「リストマニア」Lisztomania（1975）*と、クラシック音楽家の3部作を作っただけでなく、その間にバスビー・バークレイ作品のパロディに仕上げた「ボーイフレンド」The Boy Friend（1971）と、ザ・フーのアルバムをミュージカル化した「Tommy トミー」Tommy（1975）を発表するなど、1970年代の英国音楽映画を活性化した。

一方のアラン・パーカー監督も子供を使ったギャング物のミュージカル「ダウン・タウン物語」Bugsy Malone（1976）、アメリカの芸能高校の若者たちを描いた「フェーム」Fame（1980）、「ピンク・フロイド ザ・ウォール」Pink Floyd The Wall（1982）、アイルランドでソウル・バンドに青春をかける若者たちを描いた「ザ・コミットメンツ」The Commitments（1991）、舞台作品の映画化「エビータ」Evita（1996）と、音楽物を得意としている。

その後も英国ではユニークな音楽作品が作られていて、「タンゴ・レッスン」The Tango Lesson（1997）や「リトル・ボイス」Little Voice（1998）、サヴォイ・オペラで有名なギルバートとサリヴァンのコンビを描く「さかさま」Topsy-Turvy（1999）*、「リトル・ダンサー」Billy Elliott（2000）、「恋の骨折り損」Love's Labour's Lost（2000）、「オペラ座の怪人」The Phantom of the Opera（2004）、「ヘンダーソン夫人の贈り物」Mrs. Henderson Presents（2005）、「レ・ミゼラブル」Les Misérables（2012）と、活発な活動が続いている。

2　戦前

グレイシー・フィールズ　Gracie Fields
（1898.1.9－1979.9.27）

グレイシー・フィールズは、1898年生まれの英国の女優で、舞台と映画の両方で活躍した。労働者階級の庶民的な娘役を演じて、1930年代の英国で人気があった。彼女の映画作品は英国を意識したものだったので、国内では大変な人気であったが、日本にはほとんど輸入されていない。

フィッシュ・アンド・チップス屋の娘として生まれたグレイシーは、3人の兄弟たちと一緒に子供劇団に入り、1905年から舞台に立ったという。学校に通う傍ら綿工場で働くが、1910年からはプロとして活躍を始める。1915年からはコメディアンのアーチー・ピットと組み、1923年に結婚する。1925年になるとグレイシーは単独でロンドンのウェスト・エンドの大劇場の芝居に出演。同時に有名なミュージック・ホールのアルハンブラ劇場に出演するようになる。一番忙しい時には一晩で3つの劇場に掛け持ち出演したという。

映画出演したのは「我らが町のサリー」Sally in Our Alley（1931）*が最初で、労働者階級の気丈な娘を演じて庶民の人気を得て、それ以降もそうした役どころを演じ続けた。彼女の役柄は、工場労働者や家政婦、お針子といった働く娘が大半だ。1930年代の不況での庶民の心情を代弁したともいえる。彼女の歌は英国のミュージック・ホールの伝統を感じさせ、あまりにも英国的過ぎたので、英国内での人気に反してアメリカでの人気は上がらなかった。

「ハートの女王」Queen of Hearts（1936）*は、イタリアから来たモンティ・バンクスが監督するが、それが縁でグレイシーは、アーチー・ピットと離婚して、1940年にバンクスと結婚する。英国での作品は「造船所のサリー」Shipyard Sally（1939）*が最後で、第二次世界大戦中はアメリカで生活している。

アメリカでは慰問映画の「楽屋口接待所」

Stage Door Canteen (1943)*にゲスト出演したほか、英国時代と似たような家政婦役を演じた「モリーと私」Molly and Me (1945)*に主演したが、ヒットしなかった。大戦後には英国に戻り、主に舞台で活躍した。彼女の歌は、後に映画「リトル・ボイス」Little Voice (1998)の中でも使われている。

我らが町のサリー Sally in Our Alley (1931)*は、グレイシー・フィールズの映画デビュー作。庶民的な役が受けて大ヒットし、フィールズの人気を不動のものにした。第一次世界大戦で恋人が出征したために、フィールズは歌う女給をしながら彼の帰りを待つ。恋人は戦場で負傷して体が不自由となり、フィールズを縛りたくないと考えて、戦死したと知らせる。数年後、すっかり傷が治癒した恋人は、フィールズの前に現れる。ほかの女の邪魔で二人は別れることとなるが、最後には誤解も解けて再び愛し合うのだった。主題歌の『サリー』がヒットした。モーリス・エルヴィ監督作品。

明るい面を見る Looking on the Bright Side (1932)*は、グラハム・カッツほかの監督作品。フィールズは美容院でマニキュア係として働き、同じ美容院のパーマ係で作曲家志望の男と恋人同士だ。彼の書いた『明るい面を見る』という曲が出版されて、彼は一躍社交界の寵児となり、魅力的な上流の娘に惹かれる。フィールズは彼を諦めて歌手としてデビューするが、大人気となり、最後に二人は仲直りする。

グレイスの今週 This Week of Grace (1933)*のフィールズは工場労働者。工場をクビになったフィールズは、男爵夫人の館で家政婦の職を得る。男爵夫人はエキセントリックな性格で、仕事は大変だが、フィールズは信頼を得て、男爵夫人の甥と恋して結婚する。しかし、彼が誤解に基づいて結婚したのではないかと心配になり、家を出てコーラス・ガールとなるが、彼が本当に愛していることがわかり、家に戻る。監督はモーリス・エルヴィ。

恋と人生と笑い Love, Life and Laughter (1934)*は、オペレッタの「学生王子」に似た話。パブの娘フィールズは、外国の王子と恋におち一緒に暮らすが、国王が亡くなり王子は許婚と結婚せざるを得なくなる。フィールズは、躊躇する許婚の娘を勇気付けて王子と一緒にさせる。

進みて歌う Sing As We Go (1934)*のフィールズも工場労働者。不況のために綿糸工場を解雇されたフィールズは、仕方なく海岸の保養地で仕事を探し、ありとあらゆる仕事をするが、何をやってもうまく行かない。しかし、歌う機会を得て、もとの職場の同僚たちを鼓舞する。最後には工場が再開されることとなり、昔の仲間たちと工場へ戻る。労働者階級の頭の働く娘というフィールズの最も得意とする役柄で、彼女の代表作となった。スタンリー・ホロウェイとの共演で、彼とは生涯の友だったという。ベイジル・ディーン監督作品。

元気を出して笑おう Look Up and Laugh (1935)*のフィールズも、庶民の味方を演じる。大型の百貨店を作るために、地元の市場が取り壊されそうになるのを、フィールズが救う。監督は前作に続いてベイジル・ディーン。

ハートの女王 Queen of Hearts (1936)*は、後にフィールズと結婚するモンティ・バンクス監督が初めて担当した作品。お針子の娘フィールズは、主演男優の服を届けに行き、新作ショーのパトロンと勘違いされ、持ち前の才能を披露し、ショーの主役を演じて大スターとなる。最後の舞台場面ではハリウッド流のショー場面が展開される。題名は劇中の主題歌から取られている。

ショーは続く The Show Goes On (1937)*は、ベイジル・ディーンの監督作品で、工場で働く歌のうまい娘フィールズが、家を飛び出し場末のショーで歌い、病に苦しむ作曲家に見出され、彼の曲でスターとなる。ショー場面はアメリカのミュージカル風。

黄金の夢 We're Going to Be Rich (1938)は、日本でも公開された作品だが、フィールズの普段の作品とは異なり、オーストラリアや南アフリカが舞台となっている。19世紀末のオーストラリアで、夫が有り金全部を金鉱探しにつぎ込み破産するので、一家は南アフリカへと向かう。幼子を育てるためにフィールズは酒場で歌うようになり人気を得るが、酒場の主人との関係を怪しんだ夫は自暴自棄となる。最後には二人はよりを戻し再び金鉱探しに向かう。モンティ・バンクス監督作品。

第10章 英国の作品

いつも微笑みを　Keep Smiling (1938)*は、フィールズには珍しい舞台裏の話。マネジャーに金を持ち逃げされて困った芸人たちが、自分たちでバスを買い、旅回りの一座としてショーを続ける。モンティ・バンクス監督作品。

造船所のサリー　Shipyard Sally (1939)*は、フィールズが英国で最後に撮った作品。フィールズ（サリー役）はミュージック・ホールで歌っていたが、父親が英国北部にある造船所近くのパブを引き継ぐので、パブを手伝うことにする。しかし、造船所が閉鎖されそうになるので、フィールズが労働者たちとともに政府を動かし、閉鎖を食い止める。モンティ・バンクス監督作品。

モリーと私　Molly and Me (1945)*は、アメリカで作られた作品で、監督はルイス・ザイラー。フィールズ（モリー役）は売れない女優で、引退した気難しい政治家の家政婦となり、彼の人生に再び新風を吹き込む。

★

ジェシー・マシューズ　Jessie Matthews (1907.3.11–1981.8.19)

　ジェシー・マシューズは、1907年生まれの英国のミュージカル女優で、1930年代中頃に活躍した。英国のミュージカル映画は、全般的にミュージック・ホールの伝統を持つ作品が多かったが、マシューズ作品はアメリカ的な感覚で作られたため、アメリカでも人気が出た。

　ロンドンの貧民街で八百屋の家に生まれ、16人兄弟中の7番目だったという。公立の施設で踊りを習い、12歳の時から舞台に立ち、ガートルード・ローレンスなどの大女優の代役をやっていた。映画では無声映画時代に端役で出ていたが、頭角を現すのはトーキーとなってから。貧乏貴族の娘が歌手を目指す「思いがけずに」Out of the Blue (1931)*や、婚約者がいやで逃げ出す花嫁の話「花嫁が行く」There Goes the Bride (1932)*で主演級となる。

　マシューズが主役を演じるのは「艦隊歓迎」The Midshipmaid (1932)からで、舞台作品を映画化した「素敵な仲間たち」The Good Companions (1933)*、サスペンスの巨匠アルフレッド・ヒッチコックが監督した「ウィーンからのワルツ」Waltzes from Vienna (1934)*などの後に、代表作「永遠の緑」Evergreen (1934)に出る。これは母娘2代に渡るレヴュー・スターの活躍を描く作品。

　続く「最初は娘」First a Girl (1935)*は、売れない娘芸人が男性の振りをして女役を演じる話で、その後も「君と踊れば」It's Love Again (1936)で、失業コーラス・ガールが大出世する役を演じている。この頃が全盛時代で、その多くをヴィクター・サヴィルが監督している。

　マシューズは1931年に俳優ソニー・ヘイルと結婚するので、1937年からは、それまでのヴィクター・サヴィル監督に代わって、ヘイルがマシューズ作品の監督を務める。しかし、ヘイルはプロの監督ではなかったために、彼の監督した3本の作品「すっかり慌てて」Head Over Heels (1937)*、「露天甲板」Gangway (1937)*、「一緒に航海」Sailing Along (1938)*は、あまり成功しなかった。

　晩年は、アメリカのNBCテレビ向けに作られた、ロジャースとハート作品「コネチカット・ヤンキー」A Connecticut Yankee (1955)*や、MGMの「親指トム」Tom Thumb (1958)に脇役として出演した。

素敵な仲間たち　The Good Companions (1933)*は、1929年に発表された同名のヒット小説が原作で、1931年に舞台化され、更に映画化された。ショーの舞台裏話で、コーラス・ガールのマシューズがスターになる。1957年にリメイクされたほか、何度も舞台やテレビでこの話は取り上げられている。ヴィクター・サヴィル監督作品。

ウィーンからのワルツ　Waltzes from Vienna (1934)*は、若き日のヨハン・シュトラウス（子）を描く。父から音楽を禁止されてパン屋に勤めたシュトラウスは、そこで美しい娘ジェシー・マシューズと恋仲になるが、貴婦人が現れて彼にワルツを書くように求めるのでマシューズは気を揉む。サスペンスの巨匠アルフレッド・ヒッチコックが34歳の時に監督した作品だが、「こうした題材は自分向きではなく出来が悪い」と、ヒッチコック本人が語っている。

永遠の緑　Evergreen (1934)は、マシューズ

の代表作となった作品。20世紀の初頭にロンドンの劇場で人気のあった女優マシューズは、貴族との結婚を前に突然失踪するが、20年後にマシューズの娘が現れて、容姿が瓜ふたつだったので、昔のままの姿「永遠の緑」だとの宣伝で人気が出る。しかし、娘は母親の振りをするのに耐えられず、自分は娘であると発表するが、それでも観客は大喜びなのだった。マシューズの大ヒット曲『通り過ぎて』Over My Shoulderが歌われる。ヴィクター・サヴィル監督作品。

最初は娘　First a Girl (1935)*は、世界的な大不況を背景としたムードの作品で、ドイツ映画「カルメン狂想曲」Viktor und Viktoria (1933)のリメイク。ミュージック・ホールの歌手志望の貧乏娘は、なかなかデビューのチャンスがない。シェイクスピア俳優を目指す男友達ヴィクターが、女装で歌う役を得るが声が出なくなってしまうので、マシューズは男性が女装しているように装い、ヴィクターに代わって女役を演じ人気を得る、という倒錯的な話。

アメリカのバスビー・バークレイ風の演出が入る。この話は、同じく英国出身のミュージカル女優ジュリー・アンドルーズが、後年ハリウッドとブロードウェイで演じることになる。ヴィクター・サヴィル監督。

君と踊れば　It's Love Again (1936) は、正体不明の謎の女優が人気を得るという点で、ヒットした「永遠の緑」(1934) や「最初は娘」(1935)* と同じ流れを汲む作品。監督も同じくヴィクター・サヴィルが担当している。

ゴシップ・コラムを書いているロバート・ヤングが、記事のネタに困り架空の人物スマイス・スマイス夫人を捏造して、インドの虎狩りや飛行機からダイブをする社交界の謎の美女として紹介する。この記事は大評判となるが、もともとそんな人物は存在しないので、人々の前には姿を現さない。売れないコーラス・ガールのマシューズは、変装して自らスマイス・スマイスと名乗って東洋風のダンスを披露し、レヴューで主役の座を得る。

すっかり慌てて　Head Over Heels (1937)*の監督は、それまでマシューズ作品の監督を担当していたサヴィルではなく、マシューズの夫ソニー・ヘイルが監督した。そのために、サヴィル作品とはムードが変わっている。

マシューズは、俳優組合とのトラブルを抱えたパリ出身の女優で、別名での出演を強要されて困ってしまう。アメリカの映画女優とギャングたちの恋の三角関係の話がそれに絡む。

露天甲板　Gangway (1937)*もソニー・ヘイルの監督作品で、英国からアメリカに向かう豪華客船が舞台となっている。マシューズはハリウッドのスターにインタビューするために、大西洋航路の豪華客船に乗る。宝石泥棒が同じ船に乗ったとの情報があり、ロンドン警視庁の警部やギャングたちも乗り込み、宝石を持っているのではないかとマシューズは付け狙われる。

一緒に航海　Sailing Along (1938)*は、ソニー・ヘイルの3本目の監督作品。ミュージック・ホールのスターとして人気のあったマシューズは、ハンサムな男と出会い、自分の仕事を捨てて一緒になろうと考える。

★

ジャック・ブキャナン　Jack Buchanan
(1891.4.2-1957.10.20)

ジャック・ブキャナンは、フレッド・アステアとMGMで共演した「バンド・ワゴン」The Band Wagon (1953) で知られるが、英国では20世紀初頭から活躍しているベテランの役者だ。1891年にスコットランドで生まれ、ロンドンで事務員として勤めながらアマチュア劇団に入り活動する。ロンドンの舞台に初めて立ったのは1912年で、その後「今夜こそは」Tonight's the Night (1915) がヒットした。

映画デビューは無声時代で、「懐かしの日々」Auld Lang Syne (1917) の脇役に出たのが最初。その後、ロンドンの舞台で1921年版の「シャーロットのA-Zレヴュー」Charlot A-Z Revueに出演。これが好評で、アメリカでも上演されたので、ブロードウェイの「アンドレ・シャーロットのレヴュー1924年版」Andre Charlot's Revue of 1924 (1924) と、「シャーロットのレヴュー」Charlot Revue (1925) などに出演した。

いかにも英国人然としたムードがあり、トーキーの時代になるとハリウッドに呼ばれて、「巴里」Paris (1929) でアイリーン・ボルドー

第10章　英国の作品

ニの、「モンテ・カルロ」Monte Carlo (1930) でジャネット・マクドナルドの相手役を務める傍ら、ワーナーのカラー大作レヴュー作品「ショウ・オヴ・ショウズ」The Show of Shows (1929)*にもゲスト出演する。

しかし、芸風がアメリカに合わなかったためか、1931年以降は英国へ戻り、アメリカ映画にはほとんど出なくなる。アメリカのミュージカル作品に再登場するのは、何と23年後の「バンド・ワゴン」The Band Wagon (1953) だった。

1931年以降の英国時代の作品には、若いダンサーに惚れた貴族の男を演じた「メイフェアの男」A Man of Mayfair (1931)*、アンナ・ニーグルを相手役に第一次世界大戦を背景とした恋を描いた「蒼い幻想」Good Night, Vienna (1932)、自分で監督もしたコメディ仕立ての「社長様のお出で」Yes, Mr. Brown (1933)、台本・監督・主演と一人3役の「羽根の生えた唄」That's a Good Girl (1933) などがある。

その後も、1930年代には数多く出演していて、昔からの人気演目をミュージカル化した「文無し長者」Brewster's Millions (1935)、英国人執事がアメリカ人の金持ち令嬢に恋をする「食品庫から現れて」Come Out of the Pantry (1935)*、古城を遺産として引き継いだ貴族を描いた「騎士が勇猛だった頃」When Knights Were Bold (1936)*、舞台作品を映画化した「口笛を吹くだろう」This'll Make You Whistle (1936)*、金持ちが私立探偵気取りで強奪事件に挑む「強奪犯を捕らえろ」Smash and Grab (1937)*のほか、ファッション・ビジネスを題材とした「金額制限なし」The Sky's the Limit (1938)*、ルネ・クレール監督でモーリス・シュヴァリエと共演した「ニュースを作れ」Break the News (1938)*、「悪漢集合」The Gang's All Here (1939)*などがあり、いかにも英国らしい作品に出演した。

1940年代となると、舞台活動に重点を移し、映画にはほとんど出演しなくなる。久々にその姿をスクリーンで見ることができたのは、ハリウッドで作られたフレッド・アステアの「バンド・ワゴン」(1953) で、その後は英国に戻って「幸せならば」As Long as They're Happy (1955)*に出ている。

蒼い幻想　Good Night, Vienna (1932) は、アンナ・ニーグルと共演した作品。1914年のオーストリアで、プレイ・ボーイの陸軍大尉ブキャナンは、花屋の娘ニーグルに惚れて結婚を願うが、心を打ち明ける前に第一次世界大戦が勃発して出征する。戦後ニーグルはオペラ歌手として有名になり、ブキャナンは落ちぶれるが、二人は再会して愛を確かめ合う。アメリカではMagic Nightの題名で公開、日本公開もアメリカ版だった。ハーバート・ウィルコックス監督。

社長様のお出で　Yes, Mr. Brown (1933) は、ブキャナンが自分で監督もした作品。アメリカのブラウン玩具会社の社長がウィーン支店にやって来るというので、支店長のブキャナンは、何を言われても「左様です、ブラウン様」と答えるように、社員全員に言いつける。ブキャナンは社長の機嫌をとろうと頑張るが、放って置かれたブキャナンの奥方がへそを曲げるので困ってしまう。しかし、社長はブキャナンの秘書をいたく気に入り、上機嫌で婚約者として連れて帰る。

羽根の生えた唄　That's a Good Girl (1933) も、ブキャナンが自分で監督した作品。文無しのジャック・ブキャナンに叔母から財産分与の話が飛び込み、信頼できる友人を連れて会いに行くが、集まった中で恋人の組み換えが起こり、最後は3組のカップルが出来上がる。

文無し長者　Brewster's Millions (1935) は、無声時代から何度も映画化されている話のミュージカル版。この作品の後も映画化されているので、恐らくは7回の映画化が行われている。

文無し男に突然巨額の遺産が転がり込むが、それには50万ポンドを半年で使い果たすことが条件になっている。そのため、男は出来の悪いショーに投資したり、株を買ったりするのだが、すべて大当たりして金が増えてしまう。しかし、財産管理人が金を持ち逃げするので、結局は金を失い、無事に遺産を得て、金を失っても愛してくれる娘も手に入れる。ソートン・フリーランド監督作品。

食品庫から現れて　Come Out of the Pantry (1935)*は、英国の貧乏貴族ブキャナンが、アメリカで大富豪の邸宅で執事となり、大富

豪の姪に恋をする。描き方は少し異なるが、ナンシー・キャロルの主演した「ハニー」Honey (1930) と同じ原作。ジャック・レイモンド監督作品。

騎士が勇猛だった頃 When Knights Were Bold (1936)* は、ジャック・レイモンド監督作品。この題材は無声時代にも2回ほど映画化されているが、トーキーではこの作品だけ。インドに赴任していた英国人の若者ブキャナンが、古い城を相続して英国へ戻ってくる。彼は、昔の騎士道に夢中になっている親類の娘を感動させようと、中世の鎧兜に身を包んで登場する。

強奪犯を捕らえろ Smash and Grab (1937)* では、ブキャナンが制作と台本を受け持ち、主演している。監督はティム・ホウィーラン。ロンドンの大金持ちの紳士が、宝石の連続強奪事件を解決しようと、私立探偵気取りで活躍する。

金額制限なし The Sky's the Limit (1938)* の原題は、フレッド・アステアの「青空に踊る」(1943) と同じ原題だが、まったく別の英国作品。ファッション・ビジネス界のブキャナンが破産しそうになり、仲間のマーラ・ロゼフと一緒に、新コレクションの発表にむけて有能なデザイナーを探し回るが、見つけたデザイナーがさらにトラブルの種となる。

アンナ・ニーグル Anna Neagle
(1904.10.20 – 1986.6.3)

アンナ・ニーグルは、1930年代、1940年代の英国を代表する女優で、舞台と映画、ミュージカルと演劇の両方で活躍した。1904年にロンドン近郊で生まれたニーグルは、幼少から踊りを習い、14歳でコーラス・ガールとして舞台に立った。

20歳の時にロンドンで、C・B・コクランやアンドレ・シャーロットのレヴューにダンサーとして出ている。しかし、25歳の時にダンサーを卒業して女優に転向、ロンドンの舞台ミュージカル「立ちて歌えよ」Stand Up and Sing (1931) でジャック・ブキャナンの相手役を演じる。

この作品を見た、映画監督で制作者でもあるハーバート・ウィルコックスが、二人を主演とした映画「蒼い幻想」(1932) を作り、これがニーグルの本格的な映画デビューとなる。ウィルコックスの監督で「小さな乙女」The Little Damozel (1933)* を撮った後、ノエル・カワードの舞台作品の映画版「薔薇のワルツ」Bitter Sweet (1933) に出演した。

この後もニーグルの作品はウィルコックスが監督するようになる。ミュージカル作品としては、王位継承をテーマにした「女王の恋愛」The Queen's Affair (1934)*、実在のショー・ガールを描いた「ネル・グウィン」Nell Gwyn (1934)* の後、イタリアの外交官がショー・ガールに惚れる「ロンドン・メロディ」London Melody (1937)*、楽屋話の「スポットライト」Limelight (1937)* などに出演する。

その後にミュージカルではないが、カラーで作られた歴史ドラマ「ヴィクトリア女王」Victoria the Great (1937) とその続編の「60年間の栄光時代」Sixty Glorious Years (1938)* を撮り、これがアメリカでも評判になり、ハリウッドに呼ばれる。

アメリカでは、第一次世界大戦中の英国人看護師を描いたドラマ「看護師イーディス・カヴェル」Nurse Edith Cavell (1939)* の後、RKOの制作で、「アイリーン」Irene (1940)*、「ノー、ノー、ナネット」No, No, Nanette (1940)*、「サニー」Sunny (1941)* と、1910–20年代の舞台ヒット作の映画版に取り組む。アメリカ時代にも監督はウィルコックスが担当した。アメリカのミュージカル3部作が終わると、二人は帰国して1943年に結婚する。

英国に戻ると、第二次世界大戦中は戦争を題材にした映画を撮り、戦後は軽いドラマ作品で、高い人気を保持した。音楽入りの作品としては、階級差を描く「カーゾン街のコートニー家」The Courtneys of Curzon Street (1947)*、「パーク・レインの春」Spring in Park Lane (1948)* と、その続編的な「メイフェアの五月」Maytime in Mayfair (1949)* に出るが、1950年代には看護師ナイチンゲールの伝記作品などのシリアスなドラマに出るようになる。

その後は劇場に戻り、ニーグルがいろいろな人物を演じる舞台ミュージカルの「輝ける日々」The Glorious Days (1953) に出演して

ヒットさせた。映画ミュージカルでは、ヒット舞台「輝ける日々」の映画版である「春のライラック」Lilacs in the Spring (1954)*や、「王のラプソディ」King's Rhapsody (1955)*、「御婦人は堅物」The Lady Is a Square (1959)*に出演している。

1960年代になると、夫のウィルコックスが1964年に破産したので苦労するが、舞台の「チャーリー・ガール」Charlie Girl (1965)が大ヒットして、6年間で2202回のロングランとなり、ニーグルは2047回の最長連続出演記録を作りギネスブックに載った。1969年にはデイムの称号も受けている。

小さな乙女 The Little Damozel (1933)*は、同名の芝居の映画化で、ニーグルの初めての主演作品。賭けごと好きの船長が、ナイト・クラブの踊り子ニーグルと恋におちて結婚するものの、二人の関係は次第にうまく行かなくなる。結局ニーグルは離婚して、元の踊り子に戻る。

薔薇のワルツ Bitter Sweet (1933)は、ノエル・カワードのヒット・オペレッタの映画版。19世紀末のウィーン。金持ちの娘ニーグルが貧乏作曲家と一緒になるものの、ほかの金持ち男に言い寄られて、作曲家は決闘の末に命を落とす。しかし、ニーグルは永遠に彼の愛を忘れない。この話を年老いたニーグルから聞いた若い娘は、貧乏音楽家との恋に生きる決心をする。

後にハリウッドでも、ジャネット・マクドナルドとネルソン・エディの共演で「甘辛人生」Bitter Sweet (1940)として再映画化されたが、マクドナルド版では回想形式をとっていない。マクドナルドとエディの二人はロムバーグの作品から作った「君若き頃」Maytime (1937)で、既に回想形式による同じような話を撮っていたため。

女王の恋愛 The Queen's Affair (1934)*のニーグルは、恋する王女役。東欧の国ルリタニアの王女ニーグルは、臣下の叛乱により追放されるが、叛乱派が失脚したため、国に戻り王位に就く。しかし、彼女は叛乱派の首領と恋におちて結婚し、民主的な国を作る。アメリカの公開題名はRunaway Queen。

ネル・グウィン Nell Gwyn (1934)*は、17世紀に実在したミュージック・ホールの人気女優を描いた作品。人気のネル・グウィン(ニーグル)は、その魅力で多くの貴族たちとのロマンスが話題になるが、最後にはとうとう国王チャールズ2世の妾となる。お払い箱になったほかの妾は、これに不満でグウィンとの全面的な対決となる。

ロンドン・メロディ London Melody (1937)*は、路上の芸人が大スターとなる話。イタリア外交官のトゥリオ・カルミナッティは、仕事で訪れたロンドンの街角で、芸人ニーグルを見て一目惚れする。彼女を密かに応援して大劇場のスターにするが、恋はなかなか進まない。Look Out for Loveの別題名もある。

スポットライト Limelight (1937)*では、コーラス・ガールのニーグルが、喉を痛めたスターの代役として抜擢され、一夜にしてスターになる。チャップリンの「ライムライト」Limelight (1952)と同じ題名だが、関係がない。

アイリーン Irene (1940)*は、アメリカで作られた、舞台作品の映画化3部作の最初の作品。オリジナルの舞台はハリー・ティアニー作曲で、ブロードウェイで1919年に初演されたヒット作。無声映画版(1926)も作られているので、2度目の映画化。アイルランドからニュー・ヨークに出てきた娘の恋物語。

ノー、ノー、ナネット No, No, Nanette (1940)*は、アメリカ3部作の2番目の作品でヴィンセント・ユーマンズの舞台作品 (1924)の2度目の映画化。最初の映画化はバーニス・クレアの作品 (1930)。24時間は「ノー」としか返事できない約束をした娘ナネットの話。

サニー Sunny (1941)*は、アメリカで作った最後の作品で、ジェローム・カーンの同名作品 (1925)の映画版。トーキー初期の「便利な結婚」(1930)と同じ原作で、レイ・ボルジャーが共演。

カーゾン街のコートニー家 The Courtneys of Curzon Street (1947)*は、英国の階級社会を描いた作品。19世紀末のロンドンの名家で、跡取りの息子がメイドのニーグルと結婚するが、ニーグルは階級の差別を感じて、夫と別れて故郷のアイルランドに戻り子供を育てる。ニーグルは生活のためにキャバレーで歌うようになるが、夫は彼女を忘れられずに再会する。1947年に英国で最もヒットした作

品。アメリカではThe Courtney Affairの題名で公開された。

パーク・レインの春　Spring in Park Lane
(1948)*は、ロンドンの高級住宅街パーク・レインに住む貴族の令嬢ニーグルが馬を世話する男に恋するが、実はその男は貴族の変装した姿だったという喜劇。

メイフェアの五月　Maytime in Mayfair (1949)*
も前作の「パーク・レインの春」(1948)*に続いて、高級住宅街を舞台にした話。ロンドンのメイフェア地区。同じ通りで向かい合わせに営業しているニーグルの洋装店と腹黒い相手の店が、商売で争う。

春のライラック　Lilacs in the Spring (1954)*
は、舞台の「輝ける日々」The Glorious Days (1953)の映画版。戦争で脳震盪を起こしたニーグルが、幻想でいろいろな人物となる。芸人のネル・グウィン、ヴィクトリア女王、そして第一次世界大戦中に芸人エロール・フリンと結婚した自分の母親と、幻想が繰り広げられる。

　ネル・グウィンとヴィクトリア女王は、ニーグルが以前の映画で演じた役で、楽屋オチとなっている。フリンとはこの後の「王のラプソディ」でも共演している。アメリカ公開題名はLet's Make Up。

王のラプソディ　King's Rhapsody (1955)*
は、アイヴァー・ノヴェッロの舞台作品(1949)の映画版。欧州のどこかの国。王子のエロール・フリンは、平民のニーグルに恋して一緒に暮らすようになるが、父親の国王が亡くなり、王位を継ぐため、許婚と結婚することになる。数年後、思い直してニーグルと結婚する決意を固めたフリンはニーグルを探すが、ニーグルは彼を愛しているにも拘わらず、王を然るべき場所へと戻すのだった。

御婦人は堅物　The Lady Is a Square (1959)*
のニーグルは母親役を演じる。ニーグルは金持ちの未亡人で、若い娘と暮らしていて、その娘に惚れた若い男がピアノの調律師に化けて言い寄ろうとする。若い男は流行のポップス音楽を目指しているが、大のポップス嫌いのニーグルは、男を嫌う。脇役でアンソニー・ニューリーが出ている。

★

エヴリン・レイ　Evelyn Laye
(1900.7.10–1996.2.17)

　エヴリン・レイは1900年生まれの英国女優で、1920–30年代の英国ミュージカル・スターとして愛された。美しい声でオペレッタ的な歌い方をする。1920年代のロンドン・ミュージカルに多く出演していて、ノエル・カワードの「甘辛人生」Bitter Sweet (1929)をロンドンとニュー・ヨークで演じた。

　映画では無声時代に英国映画に出ているが、ミュージカル作品では、アメリカで撮った「天国の一夜」One Heavenly Night (1931)が最初。羽目を外し過ぎて田舎での謹慎を命じられたスターに代わって、キャバレーのタバコ売りをやっている貧乏娘レイが田舎に行くと、土地の貴族に口説かれてしまうという話で、ジョン・ボールズを相手役にオペレッタ的に歌うが、歌は良いものの音楽の扱い方がいかにも唐突で、批評家に酷評されて英国に帰ってしまう。

　英国では3本のミュージカル映画に出ている。最初はシュトラウスのオペレッタの「こうもり」を映画版にした「ワルツの時間」Waltz Time (1933)*。次の「魅惑王女」Princess Charming (1934)*は、ヨーロッパの小国で革命が起きて逃げ出した姫が隣国を目指すが、途中で海軍将校と結婚してしまうという話。「夕暮れの歌」Evensong (1934)では、アイルランド娘がパリでオペラを勉強してスターとなるが、折から勃発した第一次世界大戦のために結婚のチャンスを逃し、最後まで一人で歌い続ける。

　アメリカで再び撮った「春の宵」The Night Is Young (1935)は、シグマンド・ロムバーグのオペレッタ作品で、内容的には「学生王子」Student Prince (1924)の焼き直しのような作品。ヨーロッパの小国の皇太子ラモン・ノヴァッロが、政略結婚をせざるを得なくなり、独身最後の日々をウィーンで過ごすが、その間にオペラ劇場の純真な踊り子エヴリン・レイに惚れてしまい、地位を捨てて恋に走ろうかと迷うものの、最後にはエヴリンが身を退いて政略結婚を受け入れる。

　その後は舞台作品に出ているが、映画では目立った活躍をしていない。

第 10 章　英国の作品

★

ジョージ・フォームビー　George Formby
(1904.5.26-1961.3.6)

　ジョージ・フォームビーは、ミュージック・ホールで活躍していた芸人の息子として、1904年に生まれる。7歳の時から騎手になるための訓練を受けていたが、1921年に父親が急死したために、父に代わって舞台に立つようになる。そのために、父親と同じ芸名を使った。ちょうどその頃に、木靴ダンス・コンテストで優勝した踊りのうまい娘バリルと結婚する。

　最初は父親の芸を真似ていたが、芽が出ないため、ウクレレやバンジョー・ウクレレと呼ばれる小型のバンジョーを使った独特の演奏を披露するようになり人気を得る。レコードでヒットを飛ばし、1930年代中頃から40年代の中頃までの10年間は映画にも多く出演して、20本以上のミュージカル映画を作ったが、日本にはほとんど輸入されなかった。

　役柄としてはモテないダメ男を演じることが多く、トラブルに巻き込まれて最後には丸く収まるというパターンの中で、得意のバンジョー・ウクレレを使った歌が入る。「ブーツ！ブーツ！」Boots! Boots! (1934)*ではホテルの靴磨き、「失業給付はカットしろ」Off the Dole (1935)*ではにわか私立探偵、「スピード無制限」No Limit (1935)*ではスピード狂のバイク・マニア、「椅子は取っておいて」Keep Your Seats, Please (1936)*では宝石を相続した男、「いつも健康に」Keep Fit (1937)*では恋人のためにボクシングの試合をする男を演じている。

　「我田引水」Feather Your Nest (1937)*では偶然にレコードのスターとなり、「氷を見る」I See Ice (1938)*では新型隠しカメラを発明して騒動になる。この頃から第二次世界大戦の戦争色も出て来て、空軍を舞台にした「空の上」It's in the Air (1938)*、偽札騒動に巻き込まれる「怪しい雲行き」Trouble Brewing (1939)*、競馬の騎手となる「それ行けジョージ！」Come on George! (1939)*、ナチスのスパイと戦う「ジョージにやらせろ」Let George Do It! (1940)*、海軍を背景にした「警官は使わない」Spare a Copper (1940)*

までの作品が面白い。

　その後は新開発の繊維に投資する「またしてもうまく行く」Turned Out Nice Again (1941)*、お人好しの男が人違いで誘拐されそうになる「南米人ジョージ」South American George (1941)*、描いた絵が騒動を引き起こす「恥ずかしがりすぎ」Much Too Shy (1942)*、本国防衛の喜劇「急いで」Get Cracking (1943)*、戦後復興時の不正を描く「打ち勝つために覗き回る」He Snoops to Conquer (1944)*、間違ってナチスのスパイの隠れ家に紛れ込んでしまう「水兵ジョージ」Bell-Bottom George (1944)*、殺人犯人と間違われる「僕はやっていない」I Didn't Do It (1945)*、居酒屋の主人を演じた「民間人ジョージ」George in Civvy Street (1946)*に出演したが、戦後の作品は低調になった。このほか、ヴェラ・リンの2本の主演作品で制作助手を務めている。

★

トミー・トリンダー　Tommy Trinder
(1909.3.24-1989.7.10)

　トミー・トリンダーは1909年生まれのコメディアンで、舞台、映画、ラジオ、テレビで活躍した。ミュージカル映画では「シャンパン・チャーリー」Champagne Charlie (1944)*が代表作。1940年代前半の映画出演が多かったので、ミュージカルではないオーストラリアの開拓物「大荒原」Bitter Springs (1950)しか、トリンダー作品は日本に輸入されなかった。

　学校を早い時期に中退して働き、12歳の時から舞台に立った。17歳の時には旅回りの劇団でスターとなり、1937年にはロンドンの舞台やラジオでも人気が出る。彼の映画デビューは、喜劇「まるでハネムーン」Almost a Honeymoon (1938)*で、ミュージカルとしては「小さな陽だまりを守れ」Save a Little Sunshine (1938)*が最初。

　第二次世界大戦に入ると、暗い世相を忘れさせる彼の明るい性格は、大人気となる。軍隊物の「笑いとばそう」Laugh It Off (1940)*が受けたので、軽い喜劇を得意としたアーリング・スタジオが目をつけて契約し、「三人の水兵」Sailors Three (1940)*、「三人のペ

テン師」Fiddlers Three (1944)*、そして彼の代表作となる「シャンパン・チャーリー」(1944)*を制作した。その後は、テレビ出演やドラマなどへの出演が中心。

小さな陽だまりを守れ Save a Little Sunshine (1938)*のトリンダーは、珍しい化石を入手して、その報奨金で潰れかかった下宿屋を買うが、うまく行かずにそこで働くことになる。結局は、下宿屋をレストランに改装して成功する。ノーマン・リー監督作品。

笑いとばそう Laugh It Off (1940)*は、時代を反映した軍隊物の喜劇。第二次世界大戦で入隊した芸人のトリンダーは、敵軍の司令部に迷い込むが、得意の芸で切り抜け、成果を上げて任官される。同名のアメリカ映画(1939)とは別作品。

三人の水兵 Sailors Three (1940)*は、アーリング・スタジオが制作した軍隊喜劇。第二次世界大戦中に、英軍の3人の水兵が南米の港で酔っ払い、偶然にナチス・ドイツの船を発見して乗っ取る。ウォルター・フォード監督作品。アメリカ公開題名はThree Cock-eyed Sailors。続編が「三人のペテン師」(1944)*。

三人のペテン師 Fiddlers Three (1944)*は、軍隊物の喜劇で、現代からローマ時代に突然飛ぶ。二人の水兵と一人の婦人海軍兵士が、輸送任務でストーンヘンジへ向かった折に、嵐で雷に打たれ、気付くとローマ時代にいる。皇帝ネロに殺されそうになるが、歴史上の知識を活用して皇帝の予言者となる。水兵のトリンダーは、王妃に色仕掛けで言い寄られたりする。ハリー・ワット監督作品。アメリカでの再公開題名はWhile Nero Fiddled。

シャンパン・チャーリー Champagne Charlie (1944)*は、トリンダーの代表作となったミュージック・ホールの話。19世紀のロンドンで、ふたつのミュージック・ホールの競争と、市当局の閉鎖圧力に対する協調を描く。トリンダーはシャンパン・チャーリーと呼ばれる芸人役で、ほかにもスタンリー・ホロウェイらが出ている。アルベルト・カヴァルカンティ監督作品。

ヴェラ・リン Vera Lynn

(1917.3.20-)

ヴェラ・リンは、1917年生まれの英国の国民的な歌手で、第二次世界大戦中に歌った『また逢いましょう』などで、兵士たちのアイドルになった。現在でも高い人気があり、昔の録音を編集し直したベスト盤は、2009年に英国のアルバム売り上げで1位となった。7歳の時から歌い始めて、ダンス楽団の歌手をしていたが、1935年からはラジオにも出演するようになり、1936年には単独のレコード録音をした。

代表曲となった『また逢いましょう』を録音したのは1942年で、この曲の大ヒットにより、映画に出演するようになる。3本の映画に出演した後、第二次世界大戦の終了とともに引退を表明して、惜しむ声の多い中で、映画出演をやめてしまう。しかし、歌手活動はその後も続けた。

リズム・セレナーデ Rhythm Serenade (1943)*でのヴェラ・リンは教師役で、学校の閉鎖に伴い、入隊して戦争に参加しようとするが、軍需工場のための保育園を作るように求められる。彼女は建物を提供してくれた資産家の男と恋をする。ゴードン・ウェルズリー監督作品。

また逢いましょう We'll Meet Again (1943)*は、ヴェラ・リンの大ヒットした曲をそのまま題名にした作品で、フィリップ・ブランドン監督作品。第二次世界大戦中にダンサーを目指してロンドンに出てきたリンは、踊りではなく歌で評価されて、ラジオの人気歌手となる。また、彼女はスコットランド出身の兵士と恋をする。当時大ヒットした『また逢いましょう』の歌は、後にスタンリー・キューブリック監督の「博士の異常な愛情」(1964)で、最後の原子爆弾の場面に使われた。

興奮の一夜 One Exciting Night (1944)*では、レンブラントの自画像を持つ有名作曲家が、絵を奪おうとするギャングたちから狙われる。歌手を目指すヴェラ・リンは、たまたま作曲家の財布を手に入れたことから、彼を助けたり、自分を売り込んだりしているうちに事件に巻き込まれる。ウォルター・フォード監督作品。現在、発売されているDVDでは、You Can't Do without Loveの題名となっている。

3 戦後

マイケル・パウエル Michael Powell（監督）(1905.9.30-1990.2.19)
エメリック・プレスバーガー Emeric Pressburger（監督）(1902.12.5-1988.2.5)

マイケル・パウエルは英国出身の映画監督で、ハンガリー出身のエメリック・プレスバーガーとコンビを組み、アーチャーズ The Archers という制作会社を設立して、デボラ・カー主演の「黒水仙」Black Narcissus（1947）など、テクニカラーの美しい作品群を撮ったことで知られている。

ミュージカルが専門というわけではなく、いろいろなジャンルの作品を撮ったが、アンデルセン童話を題材としたバレエ映画「赤い靴」The Red Shoes (1948) が大反響を巻き起こしたので、同じモイラ・シアラーに踊らせたオッフェンバックのオペレッタの映画版「ホフマン物語」The Tales of Hoffmann (1951)、シュトラウスのオペレッタ「こうもり」の映画版「美わしのロザリンダ」Oh... Rosalinda!! (1955) を作った。

赤い靴 The Red Shoes (1948) は、マイケル・パウエルとエメリック・プレスバーガーの作ったバレエ映画の傑作。バレエのことしか考えないバレエ団の座長は、有望な青年作曲家と実力のある新人バレリーナのモイラ・シアラーを見出して契約をする。一座のプリマはリュドミラ・チェリーナだったが、彼女が結婚すると聞いて座長は、結婚したらバレエには専念できないといってクビにしてしまう。代わってスターになったのはモイラ・シアラーで、座長は前から温めていたアンデルセンの童話「赤い靴」のバレエ化をしようと、青年作曲家に曲を書かせて、シアラーに踊らせる。公演は大成功して、シアラーと作曲家は、練習を通じていつしか愛し合うようになる。二人が愛し合っていることを知った座長は、シアラーがバレエに専念するように、青年作曲家をクビにするが、シアラーは彼と駆け落ちしてしまう。一座のスターを失ったバレエ団はうまく行かなくなり、結局もう一度シアラーを呼んで「赤い靴」の公演をモンテ・カルロで行うこととなる。しかし、夫となった作曲家は彼女が踊るのを止めさせようと、列車でモンテ・カルロに向かう。座長の情熱と作曲家の夫の愛情の板挟みに苦しんだシアラーは、悩んだ末に公演の開始時刻に列車に飛び込んでしまう。

アンデルセンの童話と映画のバレリーナの人生がダブって見える。座長のモデルは、ロシア・バレエ団を率いたディアギレフではないかとする意見もあるが、風貌はまったく似ていない。バレエ場面の振付はロバート・ヘルプマン。美しいテクニカラー作品。

ホフマン物語 The Tales of Hoffmann (1951) は、「赤い靴」に続くパウエルとプレスバーガーの音楽作品で、ジャック・オッフェンバックのオペレッタの映画化。ほぼ舞台版どおりの構成だが、前作でモイラ・シアラーの人気が高まったため、プロローグに追加された『蜻蛉の踊り』と、自動人形オリンピアを踊らせており、振付はフレデリク・アシュトンが担当している。

「プロローグ」は19世紀のニュルンベルクのオペラ劇場で、交尾の後にオスを食い殺す『蜻蛉の踊り』をモイラ・シアラーが踊り、それを見て詩人ホフマン（ロバート・ランスヴィル）は惹かれる。ホフマンは、幕間に近所の酒場で求められるままに昔の不思議な恋物語を語る。

最初は「オリンピアの物語」で、発明家からもらった眼鏡をかけると、自動人形オリンピア（モイラ・シアラー）が生きた美女に見えて恋してしまう。しかし、人形師が発明家に払った手形が不渡りとなり、怒った発明家は人形を壊してしまう。

次はヴェネチアを舞台とした「娼婦ジュリエッタの物語」。悪魔に操られた娼婦ジュリエッタ（リュドミラ・チェリーナ）の歓心を買おうと、ホフマンは自分の影を悪魔に売り渡す。貴族からジュリエッタの部屋の鍵を手に入れるが、彼女はそこにはいない。

最後は「アントニアの物語」。オペラ歌手のアントニア（アン・エヤーズ）は、病気のために父親から歌うことを止められている。歌えば体の調子も良くなると、悪い医師にそそのかされたアントニアは、天国の母親と二重唱を歌い切れてしまう。

「エピローグ」では最初の酒場に戻る。ホフマンの愛するシアラーが現れた時には、ホフマンはすっかり酔い潰れてしまっている。オペレッタの映画化としては最高峰といえる傑作。

美わしのロザリンダ　Oh... Rosalinda!! (1955) は、パウエルとプレスバーガーが作った、シュトラウスのオペレッタ「こうもり」の映画版。話は第二次世界大戦後のウィーンに置き換えられている。基のオペレッタでは、浮気性の亭主が主役だが、映画版ではその奥方ロザリンダ（リュドミラ・チェリーナ）が主役。

夫のアイゼンシュタイン大佐（マイケル・レッドグレイヴ）が営倉に入れられそうなのを良いことに、夫人ロザリンダは、昔の愛人だったアメリカ空軍大尉（メル・フェラー）との逢瀬を楽しむが、空軍大尉は夫と間違われて営倉に入れられてしまう。夫の大佐はオルロフスキー将軍の仮面舞踏会で見知らぬ婦人を口説くが、実はそれが自分の妻だったという展開。テクニカラーでシネマスコープ版。

トミー・スティール　Tommy Steele
(1936.12.17–)

トミー・スティールは1936年生まれの英国のロックンロール歌手で、ミュージカルの「心を繋ぐ6ペンス」で有名。少年時代はいろいろな仕事についていたが、ロンドンのロックンロール発祥の地と呼ばれるコーヒー・バー The 2 i's Coffee Bar で歌っているところを見出されて、1956年にレコード・デビューし、1957年から映画にも出演するようになる。一時は「オリバー！」の作曲者ライオネル・バートやマイク・プラットと組んで曲も書き、英国のエルヴィス・プレスリーと呼ばれた。

最初のミュージカル主演作は、宣伝のために作られた伝説的な作品「トミー・スティール物語」The Tommy Steele Story (1957) で、その後に「公爵はジーンズをはいていた」The Duke Wore Jeans (1958)* や、「闘牛士トミー」Tommy the Toreador (1959)* などの喜劇的な作品に主演した。

1960年代からはその明るい性格を生かして舞台にも立つようになる。ロンドンで上演された舞台版「心を繋ぐ6ペンス」Half a Sixpence (1963) が大ヒットして、ブロードウェイでも1965年に出演し、1967年には映画版にも出演している。この映画版は英国の制作だが、監督はハリウッド・ミュージカルのベテランのジョージ・シドニーが担当した。

ブロードウェイへの出演で、アメリカでも名前が売れて、ディズニー作品の「最高にしあわせ」The Happiest Millionaire (1967) や、ブロードウェイ作品の映画化「フィニアンの虹」Finian's Rainbow (1968) などにも出演した。映画ミュージカルとして最後になったのは、子供向けのクリスマス作品「クインシーの冒険」Quincy's Quest (1979)* で、その後は舞台やショーなどに出演している。70歳を過ぎても舞台版の「ドリトル先生」Doctor Dolittle (2008) などに出演した。

トミー・スティール物語　The Tommy Steele Story (1957) は、トミー・スティールが英国で有名になるまでの半生を描く。トミーは最初ベルボーイをしていたが、柔道の練習中に背骨を傷めて入院する。病院内で退屈しのぎにギターを練習したトミーは、退院して客船で働くようになり、暇な時にカフェで歌を披露したが、その歌が評判となりレコード・デビューを果たす。アメリカ公開題名は Rock Around the World。ジェラルド・ブライアント監督作品。

公爵はジーンズをはいていた　The Duke Wore Jeans (1958)* のトミー・スティールは英国貴族の息子で、父親は彼を美しい王女と結婚させようと考えるが、スティールは抵抗する。台本と曲はライオネル・バートが担当している。ジェラルド・トーマス監督。

闘牛士トミー　Tommy the Toreador (1959)* では、英国の陽気な船乗りトミーがスペインへ行き、ギャングに監禁された闘牛士に代わって、闘牛をする。ジョン・パディ・カーステアズ監督。

すべては偶然に　It's All Happening (1963)* のトミーは、孤児院育ちで今はレコーディング・スタジオで働く青年。経営危機に瀕した孤児院を助けるために、トミーはチャリティ・コンサートを開く。ドン・シャープ監督。アメリカ公開題名は The Dream Maker。

クインシーの冒険　Quincy's Quest (1979)*

は、クリスマス向けの作品。クリスマスの前日のおもちゃ屋で、売れ残った玩具は廃棄されることになる。人形のクインシー（トミー・スティール）は、捨てられるのを避けようと、店を抜け出してサンタ探しの旅に出る。ロバート・リード監督作品。

クリフ・リチャード　Cliff Richard
（1940.10.14-）

　クリフ・リチャードは、1940年にインドで生まれた英国のロックンロール歌手。1947年に英国に帰国し、エルヴィス・プレスリーに触発されて、ロックンロール歌手となり、バック・バンドのシャドウズとともに活躍して、映画にも出演した。レコード・デビューは1958年で、それ以降の50年間で、シングル盤の売り上げトップが14枚という記録を持っている。

　映画初出演は「若き非行の群れ」Serious Charge（1959）だが、この時にはまだ主演ではなく、脇役で3曲を歌っている。物語は1950年代末によくある不良青年の話で、若い牧師が更生をさせようとするがうまく行かないというもの。フィリップ・キングの同名舞台劇の映画化。

　続く作品は「女体入門」Expresso Bongo（1959）で、ちょっと驚く邦題が付いているが、これはピンク映画を得意とした大蔵映画が輸入したため。内容はボンゴと呼ばれる若い歌手（クリフ）を売り出す話で、ヌード・ダンサーの登場場面があるので、こんな題名を付けたのだろう。

　本格的な主演作品は「若さでぶつかれ！」The Young Ones（1961）が最初で、貧乏だが歌のうまい青年役で歌いまくる。波に乗ったクリフは、「太陽と遊ぼう！」Summer Holiday（1963）でもシャドウズを率いて青春ドラマを演じ、歌う。この作品の原題は、ミッキー・ルーニー主演の「サンマー・ホリデイ」Summer Holiday（1948）と同じだが、関係がない。

　「素晴らしい生活」Wonderful Life（1964)*では、女優に惚れ込んだクリフとシャドウズが、映画機材を借用して勝手に映画を撮ってしまう。「太陽をつかもう！」Finders Keepers（1966）も、1966年に実際に起きたスペインでの原爆落下騒動を背景とした青春ドラマで、クリフはシャドウズと出演している。

　人形アニメの劇場版「サンダーバード」Thunderbirds Are GO（1966）では、人形のクリフとシャドウズが2曲ほど歌う。「ありふれたもの」Two a Penny（1967)*は普通のドラマで、不良少年が信仰に目覚める話だが、この中でもクリフは3曲を歌っている。「レッツ・ゴー！ ハーマンズ・ハーミッツ」Mrs. Brown, You've Got a Lovely Daughter（1968）は、若者たちがバンドを作り、成功を目指して都会に出る話。

　「彼の国」His Land（1970)*は、クリフ自身を描いたドキュメンタリー作品。「つれてって」Take Me High（1974)*は、久々のミュージカルで、銀行員クリフはレストランの女性経営者に惚れて、彼女を助けて新しいハンバーガーの売り出しに協力する。この作品がクリフの最後の映画出演となった。

ビートルズ　The Beatles
Ringo Star（1940.7.7-）
John Lennon（1940.10.9-1980.12.8）
Paul McCartney（1942.6.18-）
George Harrison（1943.2.25-2001.11.29）

　ビートルズの登場は、1960年代のポピュラー音楽界で一番大きな出来事だろう。ビートルズは、デビューから間を置かずに映画にも登場して、世界中を熱狂させた。

　デビュー作の「ビートルズがやって来るヤァ！ヤァ！ヤァ！」A Hard Day's Night（1964）は、ビートルズがコンサートであちこちを回る様子を映画にしたものだが、ドキュメンタリーではなくコメディ調に演出されている。もちろん映画の中でヒット曲が歌われるのだが、映画的にもリチャード・レスター監督の演出が斬新で、新しい時代の到来を感じさせるものがあった。

　次の「HELP！4人はアイドル」Help!（1965）もリチャード・レスターの作品で、ビートルズは音楽だけでなく、映像表現においても新しい時代の寵児となった。

　その後は、自分たちで監督もした「The Beatles マジカル・ミステリー・ツアー」Magical Mystery Tour (1967)、アニメーションで戦争反対を訴えた「ビートルズ イエロー・サブマリン」Yellow Submarine (1968)、アルバム作成のドキュメンタリー「ビートルズ レット・イット・ビー」Let It Be (1970) などが作られたが、グループは1970年に解散して、4人が別々に活動することとなり、それ以降は4人が揃った映画は作られていない。このほか、初期のビートルズの活動は英国で作られた人気ロック・バンド総出演の映画「ポップ・ギア」Pop Gear (1965) にも残されている。

第 11 章
ドイツの作品

第 11 章　ドイツの作品

1　オペレッタとナチス

　ここでは、現在のドイツだけでなく、ドイツ語圏を形成するドイツとオーストリア、そして歴史的にオーストリアとの関係が深かったハンガリーの映画までを含めて、ドイツ語圏の映画群として扱っている。

　ミュージカル映画というのは、アメリカで発達した映画ジャンルだが、英語圏としての英国を除くと、それ以外の国で、ミュージカル映画や音楽映画を多く作ったのはドイツ語圏だ。ミュージカルを生み出すのに必要な、市場、トーキー映画を作る技術力、歌や踊りをこなせる出演者の確保という点で、ドイツはアメリカに次ぐ位置にあった。

　アメリカのミュージカル映画は、実質的には1929年から始まり、舞台の実写のような作品が洪水のような勢いで作られたあと、1932年頃に映画としてのスタイルが定まってくるが、1934年の半ばからヘイズ・コードと呼ばれる倫理規定が施行されて、表現に制約が生じて、シャーリー・テンプルやジュディ・ガーランドに代表される子供ミュージカルが続いた。

ワイマール時代

　ナチスが台頭する前の、ワイマール憲法時代のドイツのミュージカル映画は、アメリカから約1年遅れて、1930年から本格的に始まる。ドイツで初めて上映されたトーキー映画は、ドイツ映画ではなくアメリカ映画で、米ワーナー社の「シンギング・フール」(1928)が、1929年6月3日に上映された。これに続いてドイツ国内でもトーキーの制作が始まり、最初に作られたウーファ社の「ガラスの珍獣」Gläserne Wundertiere (1929)*は1929年8月2日に公開された。この作品はディスク方式だったが、光学記録式のトーキーもすぐに開発された。

　光学方式の最初の作品はヴィリー・フリッチュ主演の「悲歌」Melodie des Herzens (1929)で、1929年12月16日に封切られている。「悲歌」はドイツ語版のほかに、英語版、フランス語版、ハンガリー語版も別撮影されている。

　同時期に作られた「奥様お手をどうぞ」Ich küsse Ihre Hand, Madame (1929)*は、無声映画として作られた作品だったが、トーキー映画がヒットしたので、主題歌1曲だけがトーキーで撮影されて追加された。この主題歌の場面は、オペラ歌手として有名なリヒャルト・タウバーの声に合わせて、主演俳優が歌うというものだった。全編トーキーとなった長編の音楽作品としては「世界のメロディ」Melodie del Welt (1929)が最初だが、これはドキュメンタリー映画だった。

　このように、無声映画からトーキーへの切り替えは1929年から始まるが、この年は世界恐慌の発生した年でもあった。そのために、ドイツの映画市場は縮小して、観客も制作本数も大幅に減る。無声映画だけが作られた最後の年で、恐慌直前の1928年のドイツ国内における映画制作本数は224本だったが、経済恐慌後の不況の中で、すべてトーキー作品となった1932年の制作本数は132本と半減している。この間に国民所得が4割減り、観客数も3割減ってしまい、ウーファ、トービス、テラの3大映画会社も経営が苦しくなる。

オペレッタの影響

　トーキー初期のアメリカのミュージカル映画が芸人の芸を見せたのに対して、ドイツ作品は覚えやすいメロディを観客に聞かせようとする傾向が強かった。これはウィーンのオペレッタの伝統から強く影響を受けたためだ。いずれにしろ、ドイツのミュージカル・スターは、オペラやオペレッタの出身であることが多い。

　ウィーンのオペレッタは、アメリカのミュージカルに対して強い影響を与えたが、当時流行していたベルリンのキャバレー芸は、アメリカのジャズ音楽やヴォードヴィル芸から強い影響を受けていた。ドイツのミュージカル映画では、当然にその両方の要素が取り入れられたので、芝居の流れに乗せて見せる部分ではオペレッタ調であり、ショー場面になるとアメリカのミュージカル映画とよく似た場面が登場する。

　オペレッタ調の作品では、映画の扱う題材も、貴族と村娘の恋のような話にエキゾチッ

クな彩りを付けたものが多い。このテーマが現代化されると、銀行家や金持ちの企業家と、花屋の娘の恋のようなものに置き換わる。一方、アメリカのミュージカル調のショー場面を見せるのが主眼の映画であれば、アメリカ映画と同じように、舞台裏の恋を描く手法が使われる。

ナチスの影響

アメリカのミュージカル映画は、1934年中頃に始まるヘイズ・コードによる倫理規制で表現方法が大きく変化したが、ドイツ語圏の作品は1933年初頭にナチスが政権を取るので、その影響を受けた。ナチスは、映画を大衆宣伝に利用しようと考え、1934年に映画法を制定して国策による検閲を始める。また、ユダヤ人やそれに関与した人物をパージしたために、方針に合わない出演者やスタッフは逃げ出したり、追放されたりして、活躍するスターも入れ替わった。

映画を作る人物が大きく入れ替わった割には、1933年までと検閲の開始された1934年以降を比較しても、ミュージカル映画の場合には表現方法が大きく変化したようには思えない。つまり、ミュージカル映画だけを見ると、ナチスの検閲よりも、ヘイズ・コードによる影響のほうが大きかったと感じられる。

ナチスは本腰を入れて検閲を行ったので、多くの映画研究者は、1934年以降のドイツ音楽映画についても、ナチスの宣伝に利用されていたと考えているが、実際にその時代の作品を見る限り、一部の作品を除いては、ナチスの宣伝や思想教育に利用されたというよりも、無害な娯楽作品のように感じられる。

たとえば、レヴュー場面で大勢の踊り子が並んだ踊りや隊列行進は、ナチスの整然としたアヒル歩きの隊列行進と似ているとして、ナチスの思想を広めようとした証左であると説明されることがある。しかし、私の見る限り、こうしたレヴュー場面は、単にアメリカのバスビー・バークレイのドリル・パレード式の振付を真似ただけのように思える。

アメリカ作品の影響

実際に検閲が本格化する前に作られた「カルメン狂想曲」Viktor und Viktoria (1933)でのレヴュー場面では、バークレイ風に真上から撮影して、踊り子たちが様々に幾何学模様を作るカレイド・スコープ的な俯瞰撮影が出てくる。バークレイが初めてこうした俯瞰撮影を用いたのは「フーピー」(1930)からであり、多用するようになったのは「ゴールド・ディガース」(1933)以降だということを考えると、驚くほどアメリカの作品を研究して、ほとんど遅れなく取り入れていたことがわかる。ナチスの行進を真似るのであれば、バークレイ風の俯瞰撮影は必要ないが、ナチス時代になってもこうした手法は使われている。

こうしたアメリカのミュージカルを真似る傾向は、1934年にナチスが映画の検閲を始めてからも変わらずに続き、アメリカ映画をよく研究していたことが窺える。ツァラー・レアンダーの「初演」Premiere (1937)*は、物語の運びは舞台レヴューを背景とした「絢爛たる殺人」Murder at the Vanities (1934)を真似ていて、ミュージカル場面の構成はバスビー・バークレイ風となっている。

この時代は、アメリカでは歌の映画よりも、アステアとロジャースや、エレノア・パウエルに代表されるようなダンサーの映画が多かったが、ドイツではこれに匹敵する踊り手が存在しなかったので、群舞を中心としたバークレイ風の作品を真似るしかなかった。しかし、ナチス時代になって、マリカ・レックというアメリカ風に踊れる女優が発見されると、「軽騎兵」Leichte Kavallerie (1935)*以降の作品で、彼女をエレノア・パウエルに見立てたような作品が多く作られる。

こうしたことからも、ドイツにおけるミュージカル作品は、一部の例外を除いて、大衆に娯楽を与える働きが大きく、思想統制の影響は小さかったように思える。逆に第二次世界大戦が終了して、戦争中のような娯楽映画の必要性が薄れると、西独、東独ともにアメリカ風のミュージカル映画をほとんど作らなくなる。

外国出身者の活躍

ドイツのミュージカルを彩った大スターは、いずれもドイツ国内ではなく、外国から来た人物が中心となっているのもひとつの特徴だ。トーキー初期のオペレッタ調の作品で活躍し

たのは、美男美女で美声を併せ持ったヤン・キープラとマルタ・エゲルトのカップルだが、キープラはポーランド、エゲルトはハンガリーの出身だ。ナチス時代に活躍したオペラ出身のヨハネス・ヘースタースは、オランダ出身だった。

一方、軽いジャズ調のミュージカルで人気のあったリリアン・ハーヴェイは英国生まれで、ドイツ人の父と英国人の母を持つ。ハーヴェイに続いたのはハンガリー人のケーテ・フォン・ナギ、ナチス時代に活躍した踊りのうまいマリカ・レックもハンガリーの出身、ドイツのグレタ・ガルボと宣伝されたツァラー・レアンダーは、ガルボと同様にスウェーデンの出身だった。リリアン・ハーヴェイとコンビを組むことの多かったヴィリー・フリッチュもポーランド生まれだ。

ドイツ出身で歌もこなしたマルレーネ・ディートリッヒは、ナチスを嫌い早々とアメリカへ渡ってしまったので、ドイツ人スターとしてはレナーテ・ミュラーぐらいしかいなかった。ドイツのミュージカル作品の場合には、歌や踊りの芸を見せるというよりも、親しみやすいメロディを歌って聞かせるという作品が多いので、出演者は必ずしも歌の専門家である必要はない。無声時代から活躍していたポーラ・ネグリも歌っているし、男優陣ではハンス・アルバースらも歌った。

第二次世界大戦後

第二次世界大戦以降は、アメリカ風のミュージカルは影を潜めて、代わって伝統的なオペレッタが作られた。戦前から活躍するヨハネス・ヘースタース主演の「こうもり」Die Fledermaus (1946)*は、戦争中に作られた作品だが、公開は戦後となった。戦中からのミュージカルの女王マリカ・レックを主人公とした「チャールダッシュの女王」Die Csardasfürstin (1951)*や、「青い仮面」Maske in Blau (1953)*、マルタ・エゲルト主演の「微笑みの国」Das Land des Lächelns (1952)*、ヴィリ・フォルストが監督した「白馬亭にて」Im weißen Rößl (1952)*などのほかにも、オペラ舞台の裏側を描いたマリカ・レックとヨハネス・ヘースタース共演の「離婚した女」Die geschiedene Frau (1953)*などがある。

しかし、ワルツを基本としたウィーン風のオペレッタも1950年代の後半になると下火となる。代わって増えるのは、新しいポピュラー音楽を使った映画だ。「愛とダンスと1000のヒット曲」Liebe, Tanz und 1000 Schlager (1955)*は、イタリア人で6か国語を話すカテリーナ・ヴァレンテの主演作品だった。

そうした流れの一方、伝統的なクラシック音楽を使った作品も根強い人気があり、「サウンド・オブ・ミュージック」(1965)と同じ原作に基づいて、トラップ一家のオーストリア脱出劇を描いた「菩提樹」Die Trapp-Familie (1956)と、アメリカに渡った後の苦労を描く「続・菩提樹」Die Trapp-Familie in Amerika (1958)が作られている。

こうした路線はオーストリア映画にも影響して、ウィーン少年合唱団の活動を描いた「野ばら」Der Schönste Tag meines Lebens (1957)、「ほがらかに鐘は鳴る」Wenn Die Glocken Hell Erklingen (1959)が作られて、アメリカでもディズニーが「青きドナウ」Almost Angels (1962)を制作した。

オーストリアでは、スキー選手のトニー・ザイラーがオリンピックで優勝して人気が高まったため、彼を主演にした歌入りの青春映画が何本か作られた。こうした作品は当然にスキーの滑走場面が多く盛り込まれるので、戦前の山岳映画の伝統を思い出させる効果もあった。

マリカ・レックは、戦後も高い人気を維持して映画に出続けていたが、さすがに1960年代になると息切れした。代わってミュージカル分野で活躍したのが、ペーター大帝(ロシアのピョートル大帝のもじり)の愛称で絶大な人気を誇ったペーター・アレクサンダーで、「愛とダンスと1000のヒット曲」(1955)*でカテリーナ・ヴァレンテと共演して頭角を現した後に、1960年代は古いオペレッタを現代化した音楽に乗せた作品を多く生み出した。

2　ワイマール時代

リヒャルト・タウバー　Richard Tauber
(1891.5.16–1948.1.8)

　リヒャルト・タウバーは、1891年生まれのオーストリアのテノール歌手。両親ともに役者だったので、小さな時から声楽の訓練を受けていた。1912年から舞台に立ち、1913年にオペラ「魔笛」でデビュー、ドレスデンやベルリンで歌うようになる。1920年代になるといろいろなオペラに出演する一方、シュトラウスやレハールのオペレッタにも出演するようになる。

　トーキーが登場すると、映画にも多く出演した。無声映画に音楽を入れた「奥様お手をどうぞ」Ich küsse Ihre Hand, Madame (1929)*では歌だけだが、「もう女は信じない」Ich glaub' nie mehr an eine Frau (1930)*以降は、歌だけでなく自ら主演する。マックス・ライヒマンの監督で「魅惑の目標」Das lockende Ziel (1930)*、「微笑みの国」Das Land des Lächelns (1930)*、「大いなる魅力」Die große Attraktion (1931)*、ゲオルク・ヤコビーの監督で「愛の旋律」Melodie der Liebe (1932)*に出演するが、ユダヤ人の血を引いていたので、ナチスが台頭してくると活躍の場を英国に移す。

　英国でもシューベルトの伝記オペレッタ「花咲く頃」Blossom Time (1934)や、タウバー自身が曲を書いた「私の太陽」Heart's Desire (1935)、ジミー・デュランテと共演した「音楽なき土地」Land without Music (1936)*、レオンカヴァッロのオペラの映画版「道化師」Pagliacci (1936)*に主演している。その後は「ワルツ・タイム」Waltz Time (1945)と、「リスボン物語」Lisbon Story (1946)*で数曲を歌うが、肺癌のために1948年に亡くなった。彼の亡くなった後に、オーストリアで伝記映画「あなたこそ世界」Du bist die Welt für mich (1953)*が作られている。

もう女は信じない　Ich glaub' nie mehr an eine Frau (1930)*のタウバーは、女が嫌になり外国に行くが、暫くぶりに故国へ戻ることにする。タウバーは、帰りの船で若い水夫と知り合い、水夫の故郷で母親に紹介される。水夫の妹が売春婦にされていることを知り、タウバーは彼女を助け出して母親の下へ戻す。しかし、そうした中で、タウバーは再び女性不信に陥ってしまう。マックス・ライヒマン監督。

魅惑の目標　Das lockende Ziel (1930)*は、タウバーが自分で制作会社を作り、主演した作品。歌のうまい青年タウバーは、故郷を出てベルリンで成功し、魅力的な娘と知り合う。故郷から婚約者の娘が出てきて嫉妬するが、彼は相手にしない。しかし、彼が惚れた魅惑の娘はほかの男と結婚することがわかり、失意のうちに故郷に戻るが、婚約者の娘もほかの男と一緒になっている。マックス・ライヒマン監督。

微笑みの国　Das Land des Lächelns (1930)*は、フランツ・レハールの同名オペレッタの映画版。オリジナルの舞台作品は「黄色い上着」Die gelbe Jacke (1923)の題名で初演されたが、その後改訂されて「微笑みの国」Das Land des Lächelns (1929)として、タウバーの主演で初演された。翌年にレコード録音が行われて、この映画も作られた。相手役は舞台とは変わっている。マックス・ライヒマン監督。

大いなる魅力　Die große Attraktion (1931)*もタウバー自身の制作による作品。タウバーはヴァラエティ一座の座長で、新しく入った若いダンサーの娘に魅力を感じる。一方、彼は何年か前に別れた昔の妻も忘れられない。しかし、娘と組んで踊る若い男が彼女を愛していると知り、娘を諦める。マックス・ライヒマン監督。

愛の旋律　Melodie der Liebe (1932)*は、タウバーがドイツで作った最後の作品で、それまでのマックス・ライヒマン監督ではなく、ゲオルク・ヤコビーが監督した。オペラ歌手のタウバーが娘に惚れるが、彼女は文無し作曲家に恋をするという話。

花咲く頃　Blossom Time (1934)は、英国で作られたシューベルトの伝記作品。19世紀初頭のウィーン。小学校教諭のシューベルト（タウバー）は大衆に愛される歌曲を書くが、上流社会では評価されない。シューベルトを

人々に認めさせようと、支援者が名士を集めた演奏会を開くが、あいにく歌手の声が出なくなってしまう。そこで、シューベルト自らが歌い人々の喝采を得る。彼は下宿屋の娘に恋をするが、それは成就しない。

題名はシグマンド・ロムバーグのオペレッタ作品から取られているが、ロムバーグの歌は使われていない。もともと、この作品はウィーンで上演された「三人娘の家」Das Dreimäderlhaus (1916) という作品が基となっている。ウィーンで大ヒットしたこのシューベルトの伝記作品を、ブロードウェイで上演する時に、台本を改訂してシグマンド・ロムバーグが曲を書き直し、「花咲く頃」Blossom Time (1921) として上演した。

一方、ロンドンでは、別の改訂台本にジョージ・ハワード・クラッツァムがシューベルトの曲を編曲して、「ライラックの頃」Lilac Time (1922) として上演している。この映画は、音楽をクラッツァムが担当したため、「ライラックの頃」を下敷きにして、ロムバーグの曲は使わなかったが、題名だけは「花咲く頃」を借用した。

この題名だと、アメリカではロムバーグ作品と混同されてしまうために、アメリカ公開題名は「四月の花」April Blossoms とされた。なお、アメリカ内ではApril Romanceの別題名も使われた。ポール・L・スタイン監督。

私の太陽 Heart's Desire (1935) では、タウバー自身が曲を書いている。ウィーンの酒場で歌うタウバーは、ロンドンから来た興行師に誘われて、ロンドンで歌うことにする。というのは、興行師の娘が美しくて恋をしてしまったからだ。彼はロンドンで成功するが、恋した娘は別の作曲家の男と親密な関係だとわかり、ロンドンにいる理由もなくなり故郷のウィーンに戻る。タウバーの曲はクラッツァムが編曲を担当した。ポール・L・スタイン監督。

音楽なき土地 Land without Music (1936)*はタウバーの主演で、アメリカの喜劇役者ジミー・デュランテが共演している。音楽嫌いの姫ダイアナ・ネイピアが、すべての音楽を禁止するので、音楽好きの警察署長が楽器を密輸する。19世紀の実話に基づいた作品。アメリカでは「禁じられた音楽」Forbidden Musicの題名で1938年に公開された。

道化師 Pagliacci (1936)*は、レオンカヴァッロの人気ヴェリズモ・オペラの映画版だが、英語で歌われていて、オリジナルとは違う編曲になっている。カール・グルーネ監督作品。

ヤン・キープラ　Jan Kiepura
(1902.5.16−1966.8.15)

ヤン・キープラは、1902年にポーランドの田舎(当時はロシア領)に生まれて、ワルシャワで法律を学ぶが、歌に才能があるとわかり、歌手への道を進む。最初は1924年にワルシャワ・オペラでデビュー、1926年から27年のシーズンにウィーン国立歌劇場で「トゥーランドット」に出演して大評判をとった。

その後は、パリのオペラ座、ミラノのスカラ座を始めとする世界中の歌劇場に出演して高い評価を得ただけでなく、トーキー時代を迎えた映画界にも呼ばれて多くのオペレッタ映画に出演した。

「唄へ今宵を」Mein Herz ruft nach dir (1934) で共演した、ハンガリー出身のソプラノの美女マルタ・エゲルトと1936年に結婚して、多くの映画や舞台で共演する。戦争の色が濃く垂れ込めた1938年に、欧州を離れてアメリカへ渡り、1938年から42年のシーズンまで、ニュー・ヨークのメトロポリタン歌劇場に出演する。そのため、マルタ・エゲルトも一緒にアメリカに渡り、ハリウッド映画に出演した。その後はブロードウェイでオペレッタにも出演し、アメリカに永住した。

最初に出演した作品は、「南の哀愁」Die singende Stadt (1930)。ドイツ映画とはいうものの、イタリア人監督がポーランド人のキープラを主演にして作ったもので、イタリアの漁師が歌手となる話。この作品が受けて、その後も同じようなオペラ歌手物の映画を続ける。「今宵こそは」Das Lied einer Nacht (1932) ではラジオで人気の歌手役、「春のいざなひ」Ein Lied für dich (1933) ではウィーン国立歌劇場の歌手役、「唄へ今宵を」(1934) では貧乏オペラ団のテノール役を演じた。

「すべての女性を愛す」Ich liebe alle Frauen (1935)*は、オペラ歌手がよく似た男と入れ

替わる取り違えの喜劇で、ドイツで出演したのはこの映画が最後。アメリカへ渡り出演した「恋のナポリ」Give Us This Night (1936) は、デビュー作の「南の哀愁」に戻ったような話で、漁師がオペラ歌手となる。

オーストリアでも2本出演した。1本は「オーパンリンク」Opernring (1936)*で、歌のうまいタクシー運転手がオペラ歌手として成功する話。もう1本は、プッチーニの「ラ・ボエーム」の映画版である「ボヘミアンの魅力」Zauber der Boheme (1937)*。エゲルトとの共演が続き、イタリアで撮った「さらばミミ！」Addio Mimí! (1949)*も二人の共演だ。

フランスで出演した「輝くワルツ」Valse brillante (1949)*や、最後に西ドイツで撮ったレハールのオペレッタ「微笑みの国」Das Land des Lächelns (1952)*も、二人の共演だった。こうしたキープラの映画は、後年のマリオ・ランツァ映画に大きな影響を与えている。

南の哀愁 Die singende Stadt (1930) は、ドイツのウーファ作品だが、ナポリを舞台にした作品で、イタリアで音楽物を得意としているカルミネ・ガローネが監督したため、イタリア的な雰囲気を持っている。

ナポリの漁師ヤン・キープラは、地元の恋人と楽しい暮らしをしていたが、ウィーンから来たブリギッテ・ヘルムに心惹かれて、彼女と一緒にウィーンへ出て歌の勉強をする。リサイタルを開くものの、都会の生活に馴染めない彼は、恋人の待つナポリへと戻るのだった。英語版は英国と共同制作でCity of Song (1931)*の題名。

今宵こそは Das Lied einer Nacht (1932) は、ヤン・キープラの美しい歌声を聞かせる映画。ラジオでも有名な人気歌手キープラは、あまりに仕事漬けの生活から逃げ出す。彼は汽車の中で偶然に知り合った男の名前を拝借して、スイスのリゾート地でのんびりと過ごし、可愛い娘マグダ・シュナイダーと知り合う。ところが名前を借りた男が詐欺師だったことから、キープラは間違って逮捕されてしまい、仕方なく本名を明かして歌を披露、村人の歓迎を受ける。

最後の場面ではキープラが「ラ・ボエーム」のアリアを聞かせる。仏語版 La chanson d'une nuit (1932)*と英語版Tell Me Tonight (1932)*も別撮影で作られており、主演の二人はそのまま出演している。英語版は英国で作られていて、アメリカ公開時の題名はBe Mine Tonight (1932)*。

春のいざなひ Ein Lied für dich (1933) のヤン・キープラは、若手のテノールで、ウィーン国立歌劇場に出演している。そこへ、若い娘イェニー・ユーゴーが恋人のピアノ弾きと一緒に売り込みに来る。娘が可愛いので、キープラは一目惚れしてしまうが、誤解が重なり、娘は好きでもない歌劇場の支配人との結婚を発表。キープラは力を落とすが、娘が支配人を愛していないと知り、娘を取り戻す。

ヨーエ・マイ監督作品。仏語版 Tout pour l'amour (1933)*、英語版「歌によせて」My Song for You (1934)*ともヤン・キープラが主演だが、相手役は変わっている。英語版のアメリカ公開題名はA Song for You (1935)*となっている。

唄へ今宵を Mein Herz ruft nach dir (1934) は、ヤン・キープラとマルタ・エゲルトという二人のオペラ歌手が主演で、監督はイタリアのカルミネ・ガローネが担当した。金欠のオペラ団がモンテ・カルロの歌劇場に出演しようと船で向かい、船中で密航者マルタ・エゲルトを助ける。モンテ・カルロでは出演を断られてしまうが、エゲルトの機転で一座のスターであるヤン・キープラの歌を支配人に聞かせることができる。ところが支配人はキープラ一人と契約したいというので、一座はそれを断り、町の広場で「トスカ」を公演して人々の人気をさらい、やっと契約にこぎつける。

この作品は、伊語版の「星は光りぬ」E lucean le stelle (1935)*と、仏語版 Mon coeur t'appelle (1934)*もキープラとエゲルトで撮影されている。仏語版の英語圏公開題名はMy Heart Is Calling You。伊語版は、プッチーニの「トスカ」の有名なアリアをそのまま題名にしているが、オペラのアリアは『星は光りぬ』E lucevan le stelleであるのに対して、映画題名luceanでは「v」が抜けている。恐らくは方言をそのまま表記したものだろう。

第 11 章　ドイツの作品

すべての女性を愛す　Ich liebe alle Frauen (1935)*は、カール・ラマク監督のウーファ作品で、ヤン・キープラがオペラ歌手と商人の二役を演じる。パーティ嫌いのオペラ歌手が、よく似た商人にパーティでの代役を頼むことから始まる間違いの喜劇。

仏語版 J'aime toutes les femmes (1935)*の相手役はダニエル・ダリューが務めている。ナチス支配下のドイツで主演したのはこの作品が最後で、その後キープラはオーストリア経由でアメリカへ渡る。

恋のナポリ　Give Us This Night (1936) は、キープラがアメリカに招かれて、パラマウント社で撮った英語版の作品。舞台はイタリアのソレントで、歌のうまい漁師キープラが、下手な歌手に代わりナポリでオペラのスターとなる。監督はアレクサンダー・ホールで、キープラ以外の出演者はほとんどがアメリカ人。

オーパンリンク　Opernring (1936)*は、オーストリアで作られた作品で、監督は再びイタリアのカルミネ・ガローネが担当している。ヤン・キープラはタクシー運転手だが、金持ち娘の乱暴な運転が原因で、事故を起こして失業してしまう。金持ち娘はキープラに資金援助して、歌手として成功させるので、キープラも娘に惹かれるが、結局は本当の愛を求めて、昔の恋人である花売り娘へと戻る。題名の「オーパンリンク」はウィーンのオペラ劇場近くの環状道路の名称。ドイツでの公開題名はIm Sonnenschein（日光の中で）となっている。

ボヘミアンの魅力　Zauber der Boheme (1937)*も、オーストリアで撮られた作品で、監督はゲツァ・フォン・ボルヴァリー。題名からわかるとおり、プッチーニの「ラ・ボエーム」を下敷きにした作品で、相手役のミミは結婚したばかりのマルタ・エゲルトが演じている。

さらばミミ！　Addio Mimí! (1949)*は、プッチーニのオペラ「ラ・ボエーム」の現代版。前回の「ボヘミアンの魅力」と同じく相手のミミ役はマルタ・エゲルトだが、監督はイタリアのカルミネ・ガローネに代わっている。

輝くワルツ　Valse brillante (1949)*は、マルタ・エゲルトの主演作品で、人気のオペラ歌手エゲルトが悪漢に付け狙われるので、舞台上で彼女を守るためにキープラが奮闘する。フランスで作られた作品で、監督はジャン・ボワイエ。

微笑みの国　Das Land des Lächelns (1952)*は、キープラの最後の映画出演作で、フランツ・レハールの舞台作品の映画版。この作品もマルタ・エゲルトとの共演で、戦後初めて出演した西ドイツの映画。カラー作品。

マルタ・エゲルト　Márta (Mártha) Eggerth (1912.4.17–2013.12.26)

マルタ・エゲルトは、1912年にハンガリーで音楽好きの一家に生まれ、小さな時から歌の才能を見せた。1920年に8歳でオペラのアリアを歌ったのが評判となり、10歳の時にはハンガリーの国民的なアイドルになっていた。その後オペラの舞台に立つが、トーキーの時代となると、美しく透明感のある声だけでなく美貌も兼ね備えていたので、人気が出た。

1930年から映画に出演して、「唄へ今宵を」Mein Herz ruft nach dir (1934)で美男テノールのヤン・キープラと競演したのが縁で、二人は結婚。戦争色が強まった欧州から逃れ、キープラが1938年にメトロポリタン歌劇場に出演するのに合わせて渡米、1940年代にはMGMのジュディ・ガーランド作品にも出演している。終戦後もキープラと一緒に、オペレッタの舞台や映画に出演した。

デビューはハンガリー映画で、ハンガリーで最初のミュージカル作品といわれる「世界で唯一人の娘」Csak egy kislány van a világon (1930)*に17歳で助演して人気をさらう。その後はドイツで「新郎の未亡人」Die Bräutigamswitwe (1931)*に主演して、プレイ・ボーイが間違えて結婚する踊り子役を演じた。この作品は英語版のLet's Love and Laugh (1931)*も作られたが、英語版は主演ではなく顔を見せるだけ。

「愛の集合ラッパ」Trara um Liebe (1931)は、軍隊を背景とした恋物語で、リリアン・ハーヴェイが主演した無声映画「愛と喇叭手」Liebe und Trompetenblasen (1925)*のリメイク。次の「命知らずの男」Der Draufgänger (1931)*は、ハンス・アルバース主演の宝石泥棒の話だが、エゲルトは脇役で歌手志望の娘役。

「グランド・ホテルの一夜」Eine Nacht im Grandhotel (1931)*は、後にグレタ・ガルボ主演で有名となる「グランド・ホテル」Grand Hotel (1932)と同じ原作の作品で、エゲルトは貧しい青年から恋されるプリマ・バレリーナ役を演じる。

「御婦人向け外交官」Der Frauendiplomat (1932)*は、オーストリアのプレイ・ボーイ外交官が、美人のエゲルトと出会い、初めて本当の恋をするという話。「歌、接吻、娘」Ein Lied, ein Kuß, ein Mädel (1932)*のエゲルトは女優志願の娘役。「ワルツがあった頃」Es war einmal ein Walzer (1932)*は、フランツ・レハールが晩年に作曲した映画用の作品で、エゲルトがレハールを歌う。この作品は英語版のWhere Is This Lady? (1932)*も作られていて、エゲルトはそれにも主演している。

「現代の持参金」Moderne Mitgift (1932)*に出演の後、好きでない相手と結婚させられそうになる姫を演じた「シェーンブルン宮殿の夢」Traum von Schönbrunn (1932)*、地下鉄の切符売りのエゲルトが郵便飛行士と恋する「青空」Das Blaue vom Himmel (1932)*、「皇帝円舞曲」Kaiserwalzer (1933)*、パウル・アブラハムのオペレッタを映画化した「ハワイの花」Die Blume von Hawaii (1933)*などの後に、有名な「未完成交響楽」Leise flehen meine Lieder (1933)に出演した。続く「ロシア皇太子」Der Zarewitsch (1933)*もレハールのオペレッタの映画版で、女性を苦手な皇太子が踊り子に恋する話。

「唄へ今宵を」(1934)では、ヤン・キープラと共演する。キープラとはその後も「ボヘミアンの魅力」Zauber der Boheme (1937)*、「さらばミミ!」Addio Mimí! (1949)*、「輝くワルツ」Valse brillante (1949)*、「微笑みの国」Das Land des Lächelns (1952)*で共演している。

ヤン・キープラとの共演でなく単独で出演した作品は、エメリッヒ・カールマン作曲のオペレッタの映画版「チャルダス姫」Die Czardasfürstin (1934)、ウィーンの歌姫テレーズ・クロネスの伝記的な作品「夜の鶯」Ihr größter Erfolg (1934)、イタリアの作曲家ベリーニの伝記作品「おもかげ」Casta diva (1935)、ハンガリーの歌姫役を演じる「金髪のカルメン」Die blonde Carmen (1935)*、ブダペストの人気歌手と田舎地主の息子の恋を描く「ハンガリア夜曲」Die ganze Welt dreht sich um Liebe (1935)、レハールのオペレッタの映画版「ひばりの歌うところ」Wo die Lerche singt (1936)*などがある。

「思ひ出の曲」Das Hofkonzert (1936)は、母親から受け継いだ故郷の曲を歌って、貴族の父親とめぐり合う話で、オランダ出身のヨハネス・ヘースタースとの共演。仏語版のLa chanson du souvenir (1936)*も作られている。「私が幸せな時はいつも」Immer wenn ich glücklich bin...! (1938)*はオーストリアで出演した作品で、レヴューの女王が大地主と結婚するものの、田園生活に満足できずに、結局はレヴューに戻るという話。

エゲルトは1938年に夫ヤン・キープラと一緒に渡米後、ハリウッドでジュディ・ガーランドの「僕と彼女のために」For Me and My Gal (1942)*と「リリー・マースの出演です」Presenting Lily Mars (1943)*に出演している。

未完成交響楽 Leise flehen meine Lieder (1933) は、作曲家シューベルトの伝記だが、話としてはかなり創作が入っている。才能はあるが世間で認められずに小学校の教師をしているシューベルトは、いつも金欠で、彼を密かに想っている質屋の娘に助けられている。ある日、パトロンの貴族の館で演奏するチャンスを得るが、演奏中に部屋に入ってきた美しい娘エゲルトの高笑いで演奏を台無しにされて怒って帰ってしまう。そのため折角のチャンスを棒に振るが、エゲルトは彼に惹かれて音楽教師として館に招く。二人は同じ館に暮らすうちに次第に恋するようになるが、身分違いの恋を心配したエゲルトの父親が、無理やり二人を引き離して、エゲルトを貴族と結婚させてしまう。シューベルトの恋は破れ、楽譜に「わが恋の成らざるが如く、この曲もまた成るまじ」と記す。

エゲルトは貴族の娘という設定だが、ハンガリーの田舎娘の衣装で得意のチャールダシ

ュを披露する。畑での逢引きの場面も美しく、彼女の代表作となっている。ヴィリ・フォルスト監督のオーストリア映画。英語版の題名はUnfinished Symphony (1934)*。

夜の鶯 Ihr größter Erfolg (1934) は、19世紀初頭にウィーンで活躍した女優テレーゼ・クロネスの伝記。テレーゼ役のマルタ・エゲルトはウィーンの洗濯娘だったが、歌がうまく、それをたまたま聞いた音楽家がエゲルトをデビューさせる。たちまち彼女は人気者となるが、悪徳詐欺師の伯爵に騙されて、詐欺の片棒を担いだのではと誤解される。最後には誤解も解けて、熱狂的な観客に迎えられる。実際のテレーゼは多才で、自分で脚本も書いたが、29歳で早世した。ヨハネス・マイヤー監督作品。

おもかげ Casta diva (1935) は、オペラ作曲家として有名なベリーニの伝記だが、かなり脚色された芝居となっている。ナポリの音楽学校で学んだベリーニは、世間からなかなか認められないが、ナポリ長官の病弱な娘エゲルトだけはその才能を認めた。ベリーニはエゲルトに愛の歌『清らかな女神よ』Casta Divaを捧げて、エゲルトもこの曲に力づけられる。しかし、エゲルトには貴族の婚約者がいて、ベリーニは失恋してオペラ「ノルマ」を書くが、それには愛の歌が欠けていて、そのためにローマの観客には不評だった。それを知ったエゲルトは、『清らかな女神よ』の楽譜を持ってナポリからローマまで馬車で駆けつけ、オペラのプリマに楽譜を渡して歌を追加させる。このアリアでオペラは大ヒットするが、旅の無理がたたってエゲルトは亡くなってしまう。

感傷的な話だが、エゲルトの歌う『清らかな女神よ』の場面が良く、フォトジェニックな映像。カルミネ・ガローネ監督のイタリア映画。英語版The Divine Spark (1935)*も作られている。

思ひ出の曲 Das Hofkonzert (1936) は、後にアメリカでメロドラマ映画を多く撮ったダグラス・サークの監督作品。某地方を治める侯爵の恒例の音楽会に、予定した歌手が出られなくなり、急遽、ミュンヘンで評判の歌姫を招くことになる。歌姫エゲルトが、歌手だった母親から教わった曲を歌うと、その歌によりエゲルトこそ侯爵の娘だと明らかになる。相手役はヨハネス・ヘースタース。仏語版 La chanson du souvenir (1936)*も作られた。

リリアン・ハーヴェイ　Lilian Harvey
(1906.1.19–1968.7.27)

リリアン・ハーヴェイは、トーキー初期のミュージカル女優で、歌も踊りもできるうえに、英語、ドイツ語、フランス語を話せたので、トーキー初期の各国語版の映画を全部ひとりでこなす便利な存在だった。ヴィリー・フリッチュと組んだ作品が多く、12年間に渡り共演している。歌も踊りも一通りこなすが、清楚なキャラクターで、セックス・アピールを感じさせないムードだった。

ハーヴェイは、ドイツ人の父と英国人の母の間に1906年ロンドンで生まれた。1914年に第一次世界大戦が勃発すると、一家はドイツへ移り、8歳のハーヴェイはスイスの寄宿学校で育てられた。この学校時代にフランス語を学び、3か国語を話すようになる。

大戦が終わった後はベルリンで高校に通い、その時代にベルリン国立歌劇場付属のバレエ学校で踊りを習う。高校卒業後にレヴュー団に入り欧州各国を巡業するが、ウィーンでの公演を演出したロベルト・ランドが映画を撮ることとなり、ハーヴェイもそれに出演したのが映画界入りのきっかけとなった。

その無声映画「航海」Der Fluch (1925)*がデビュー作で、無声時代だけで10数本に出演している。彼女に目をつけたウーファ社は無声末期の1929年から彼女の映画を作るようになり、トーキー時代になると彼女を主演としたミュージカル作品を量産した。

「あなたが心を明かす時」Wenn du einmal dein Herz verschenkst (1929)*のハーヴェイはボルネオに住む孤児の役で、船主と洋上で恋をする。この作品は無声映画として作られたが、トーキーの時代となり、急遽、主題歌を付け加えたサウンド版を制作して、1930年に封切られた。続いて撮ったのが「愛のワルツ」Liebeswalzer (1930)*で、結婚する相手が替え玉だったと知り、貴族の令嬢が復讐する話で、相手役にヴィリー・フリッチュ、監督はヴィルヘルム・ティーレという組み合

わせ。次の犯罪コメディ「いたずら」Hokus-pokus (1930)*もヴィリー・フリッチュとの共演。英語版もあって The Temporary Widow (1930)*という題名。

その後が、いよいよ本格的なミュージカルの「ガソリン・ボーイ三人組」Die Drei von der Tankstelle (1930) で、これもティーレ監督、共演はヴィリー・フリッチュだった。「押し込み強盗」Einbrecher (1930)*もフリッチュとの共演で、金持ちの妻ハーヴェイが、強盗のフリッチュに言い寄られる。

次に出演した「女王様御命令」Princesse, à vos ordres ! (1931)*は、ケーテ・フォン・ナギの主演した「女王様御命令」Ihre Hoheit befiehlt (1931) の仏語版で、フランス語を話せないナギに代わり主役を演じた。ドイツ語版でのナギの相手役はフリッチュだったが、フランス語版ではフランス人に代わっている。「女人禁制」Nie wieder Liebe ! (1931) は、アメリカ人のプレイ・ボーイの話で、ハーヴェイは彼を誘惑する役を演じた。

このように初期のミュージカル作品の大半では、ヴィリー・フリッチュが恋人役を務めている。続いての共演は、ナポレオン流刑後の欧州秩序を調整するウィーン会議の様子を描いた「会議は踊る」Der Kongreß tanzt (1931) で、これが大当たりする。この作品はエリック・シャレルの監督だったが、ハーヴェイは助監督を務めたパウル・マーティンと恋仲になり、この後の作品ではマーティンと一緒に仕事をしたがるようになる。

「踊る奥様」Zwei Herzen und ein Schlag (1932) は、ティーレの監督作品で、給仕長の奥様がナイト・クラブのスターとなる話。「クイック」Quick (1932)*のハーヴェイは若くして離婚し、暇をもてあましている女で、寄席でハンス・アルバースが演じている道化師「クイック」に夢中になる。アルバースもハーヴェイに愛を語ろうとするが、素顔の彼と道化師の溝が埋められずに悩むという話。同じ題名でフランス語版も作られている。貧乏な娘がスターになる「ブロンドの夢」Ein blonder Traum (1932) は、恋仲のパウルが監督した作品。調髪師が女王陛下と間違われて口説かれるという「私と女王様」Ich und die Kaiserin (1933) が続いた。

ウーファとの3年契約が切れたハーヴェイは、1933年にフォックスに招かれてパウル・マーティンと一緒にアメリカに渡り、「裏切る唇」My Lips Betray (1933)、「妾の弱点」My Weakness (1933)、「生ける人形」I Am Suzanne! (1933) の3本に出演、コロムビアでも「今宵も楽しく」Let's Live Tonight (1935) に出演するが、恋人のパウルに仕事がないので、ドイツへ戻る。フォックスはハーヴェイ主演の次回作「乾杯の唄」George White's Scandals (1934) を企画していたが、ハーヴェイがドイツに戻ったために、アリス・フェイを代役として起用し、フェイが飛躍するきっかけとなった。

1935年にドイツへ戻るものの、1934年にナチスが政権を取っていて、表面上は歓迎の姿勢を示しはしたが、ユダヤ人と親交のあるハーヴェイは監視下に置かれる。そのため、パウル・マーティンと一緒に仕事ができる点は良いものの、居心地は決して良くなかった。マーティンの監督では、「白鳥の舞」Schwarze Rosen (1935)、「幸運児」Glücks-kinder (1936)*、「七つ擲る」Sieben Ohrfeigen (1937)、「舞姫記」Fanny Elßler (1937)、「舵取りする女」Frau am Steuer (1939)*の5本に出演。この間に英国で「ワルツへの招待」Invitation to the Waltz (1936)*、カール・リッター監督の「カプリチオ」Capriccio (1938)、イタリアでは「砂上の楼閣」Castelli in aria (1939)*に出演している。

マーティン監督はほかの女優と結婚していたので、ハーヴェイと結婚するために、1938年に離婚するが、逆に離婚後はハーヴェイとの関係がうまく行かなくなる。さらにハーヴェイは、出演料の半分を外貨で受け取る契約が守られなかったこと、ユダヤ人振付家の脱出を手伝い財産を没収されたことなどから、ドイツを離れてフランスへ移る。

フランスでは以前からなじみだったジャン・ボワイエ監督により、「セレナーデ」Sérénade (1940)*、「ミケット」Miquette (1940)*の2本の映画に出演するが、1940年6月のナチス・ドイツによるパリ占拠により、その後はもう映画に出られなくなる。

第二次世界大戦中はアメリカの西海岸でボランティアの看護師となり、その後は舞台に

も立つが成功しなかった。大戦後にパリに戻り、コンサートを開いたりするが、晩年はリヴィエラで過ごした。

愛のワルツ　Liebeswalzer (1930)*では、貴族の娘ハーヴェイは、会ったこともない大公と結婚することになり、大公の舞踏会に出かける。大公と思った相手は、大公の服を身にまとった秘書官ヴィリー・フリッチュだったので、恥をかかされたハーヴェイは、大公への仕返しを考える。

　監督はヴィルヘルム・ティーレ。英語版のThe Love Waltz (1930)*も別撮影で作られていて、主演は同じハーヴェイだが、ほかの出演者は異なり、監督はカール・ウィンストンが担当している。

ガソリン・ボーイ三人組　Die Drei von der Tankstelle (1930) は、大恐慌のために仕事も財産も失った3人組の男たちが、共同でガソリン・スタンドを始める。そのスタンドに来るなじみの美人客リリアン・ハーヴェイに3人は恋をするが、結局3人の中でフリッチュが結婚する。ウーファ社初のモダンなオペレッタ作品で、ヴィルヘルム・ティーレ監督。仏語版Le chemin du paradis (1930)*も作られた。

女人禁制　Nie wieder Liebe! (1931) は、ハーヴェイがプレイ・ボーイを誘惑する役を演じる。アメリカ人の金持ちプレイ・ボーイのハリー・リートケは、次から次へと女に金を巻き上げられて、ほとほとうんざりして、1年間の女断ち（女人禁制）を宣言するが、約束を破ったら5万ドルを友人に払う約束をさせられる。リートケは女に会わないようにヨットで海に繰り出すが、溺れかけた娘リリアン・ハーヴェイを偶然に助けると、凄い美人なので恋してしまいそうになるが、5万ドルを考えて思いとどまる。実はこのハーヴェイは女人禁制を破らせようと、友人たちが差し向けた囮なのだ。しばらく一緒にいるうちにリートケは大金を払ってでも彼女を手に入れようかと考えるが、逆にハーヴェイは彼に恋してしまい、大金を払わせないように冷たくあしらう。我慢しきれなくなったリートケがついにハーヴェイにキスするので、友人たちが現れて約束の5万ドルを請求するが、その時にはちょうど1年間を1分過ぎている。

アメリカ風のコメディ仕立ての作品で、監督はアナトール・リトヴァク。フランス語版Calais-Douvres (1931)*は別撮影で、ハーヴェイ主演だが、ほかは別キャスト。

会議は踊る　Der Kongreß tanzt (1931)は、1814年にナポレオンがエルバ島に流刑された後、ヨーロッパの新秩序を定めるために各国の代表がウィーンに集まり、議定書を検討する様子を描く。オーストリアの宰相メッテルニッヒが、連日華やかな舞踏会を催して自国に有利な議定書を定めようとするが、それに応ぜずにメッテルニッヒと論戦を繰り広げるのが、ヴィリー・フリッチュ演ずるロシアのアレクサンドル1世だった。男前のフリッチュに憧れた手袋屋の店員リリアン・ハーヴェイが、フリッチュの乗る馬車に花束を投げ込み、爆弾と間違われたことが縁となり、二人は束の間の逢引きを楽しむ。

　ベルリンの劇場でレヴューやオペレッタを演出していたエリック・シャレルが初めて映画を監督した。フランス語版Le congrès s'amuse (1931)*、英語版The Congress Dances (1932)*も別撮影されているが、主演のハーヴェイは3か国語とも堪能だったので、全部自分で主演している。『唯一度』や『新しいワイン』などの曲がヒットしたが、『唯一度』の歌が、馬車が進むにつれて次々といろいろな人物によって歌い継がれていく場面は、名場面として有名。

ブロンドの夢　Ein blonder Traum (1932) は、ハーヴェイとヴィリー・フリッチュの共演作品。ヴィリー・フリッチュとヴィリ・フォルストの二人は窓拭き仲間だ。ハリウッド行きを夢見て騙された、スター志望の娘ハーヴェイが金もなく困っているのを見て、貧乏ながら同居させて面倒を見る。二人は可愛いハーヴェイに恋してしまうが、ハーヴェイはベルリンへやって来たアメリカの映画制作者に直接売り込み、ハリウッドへの切符を手にする。彼女に惚れた二人は、一緒にハリウッド行きを決心する。

　監督はパウル・マーティンで、脚本にはビリー・ワイルダーも参加している。仏語版のUn rêve blond (1932)*と、英語版のHappy Ever After (1932)*も別撮影で作られていて、ハーヴェイは全部に主演しているが、ほかの

出演者は代わっている。アメリカでは独語版もA Blonde's Dream (1932)の題名で公開されている。

踊る奥様　Zwei Herzen und ein Schlag (1932)は、ヴィルヘルム・ティーレの監督作品。ハーヴェイは愛し合っているホテルの給仕長と結婚するが、舞台への夢を捨てきれずに、家を飛び出して舞台デビューする。2年後にホテルに戻り離婚を持ち出すが、夫は了解しない。それでもハーヴェイのパトロンの金持ちは、パリのナイト・クラブへの出演を決めて、結婚を発表するが、ホテルの仲間たちの働きで、ハーヴェイは元の給仕長とよりを戻す。仏語版のLa fille et le garçon (1931)*もハーヴェイが自分で演じている。

私と女王様　Ich und die Kaiserin (1933)のハーヴェイは女王様の調髪師で、女王様から借用した靴下留めを道に落としてしまう。それを見つけたのは男前の侯爵で、靴下留めを拾った拍子に落馬して気を失って寝込んでしまう。慌てて靴下留めを取り戻しに行ったハーヴェイは、寝込んで姿が見えない侯爵が歌を求めるので、求められるままに恋人が書いた曲を歌う。侯爵は、女王陛下に拝謁した折に、女王が見覚えのある靴下留めをしているので、歌の主は女王陛下だと思い込んでしまう。困ったハーヴェイは、夜に侯爵の部屋に忍び込み、再び歌って誤解を解こうとする。

作曲家のフリードリッヒ・ホレンダーが監督をしている。仏語版Moi et l'impératrice (1933)*と、英語版The Only Girl (1934)*が別に作られた。

裏切る唇　My Lips Betray (1933)は、リリアン・ハーヴェイが初めてアメリカで撮った作品。音楽好きの国王が住む国で、国王の運転手と親しくなったビア・ホールの歌手ハーヴェイが、国王の車で送ってもらったことから、王の寵愛を受けた歌手として有名になり、ビア・ホールが繁盛する。気を良くしたホールの亭主が宣伝するので、国王の許婚である隣国の王女が怒ってしまい、国王もハーヴェイを呼びつけるが、あまりに可愛いので、気に入ってしまう。アメリカ作品ながらヨーロッパを舞台としている。監督はジョン・G・ブライストンで、フォックス社の作品。

妾（めかけ）の弱点　My Weakness (1933)もフォックス社の作品で、デイヴィッド・バトラーが監督している。放蕩息子が叔父からの仕送りを止められて生活に困り、適当な娘と結婚すると言い出す。心配した叔父がよく選ぶように説教すると、女なんて誰でも同じ、メイドの娘だって磨けば光ると言い張る。そこで、叔父と放蕩息子は、メイドのリリアン・ハーヴェイが本当に魅力的な女になるかどうかを賭ける。果たしてハーヴェイは素晴らしい美女に変身して、親類の男が追い回すので、放蕩息子も夢中になってしまう。後年の「マイ・フェア・レディ」とほとんど同じような話。

生ける人形　I Am Suzanne! (1933)は、ハーヴェイがフォックスで撮った3本目の作品で、ローランド・V・リーの監督作品。パリで人気の翳ってきた人形劇一座が、レヴューで人気の踊り子リリアン・ハーヴェイ（スザンヌ役）の人形で人気を回復しようと、人形師がハーヴェイの顔を写生するが、その時にハーヴェイは人形師に恋してしまう。ハーヴェイは脚を折り、舞台に立てなくなるので、人形師は懸命に看病して回復させるが、ハーヴェイは舞台へ戻らず、恋した人形師と一緒に人形劇に打ち込む。しかし、人形師は一緒に働くだけで、ちっとも愛を語ってくれない。そこで、ハーヴェイは恋を諦めて舞台に戻り、レヴューの興行師はハーヴェイとその人形を共演させて大当たりを取る。

今宵も楽しく　Let's Live Tonight (1935)は、フォックスではなくコロムビア社で撮った作品で、監督はヴィクター・シュレジンガーだが、音楽物が不得意なコロムビア社なので、楽曲が少ない。アメリカの土木技師で金持ちの男が、モンテ・カルロでリリアン・ハーヴェイと出会い恋をするものの、二人の年齢差が大きいのを気にして別れてしまう。その後、土木技師の弟から求婚されたハーヴェイは、一度はその気になるものの、兄と再会すると彼の愛を確信して、兄と結婚する。

白鳥の舞　Schwarze Rosen (1935)は、ハーヴェイがアメリカからドイツに戻り最初に撮った作品で、恋人のパウル・マーティンが監督をした。内容はロシアのバレリーナであるタニア・フェードロワナの悲劇的な恋を描いた作品。フィンランドで踊っていたハーヴェイ（タニア役）は、フィンランド独立運動に

身を投じた青年と出会い恋をする。しかし、彼がシベリア送りとなりそうになるので、彼女はそれを救うために、ロシアからの総督の愛を受け入れ、結局は服毒してしまう。

原題の意味は「黒い薔薇」。ハーヴェイは仏語版 Roses noires (1935)*、英語版 Black Roses (1936)* にも主演している。

ワルツへの招待 Invitation to the Waltz (1936)* は、英国で作られた作品で、19世紀初頭を背景とした、バレリーナのハーヴェイと、既婚の貴族男性との恋物語。ポール・メルツバッハの監督作品で低調な仕上がり。

幸運児 Glückskinder (1936)* は、再びパウル・マーティンがメガホンを取った、アメリカ的なスクリューボール・コメディ。失業中の女優ハーヴェイが放浪罪で罰せられそうなのを救うため、アルバイトで新聞記者をやっていたヴィリー・フリッチュは、夜間法廷で婚約者だと証言する。判事がその場で二人を結婚させるので、そこから二人の珍道中が始まる。

ブライアン・マーロウの小説の映画化とクレジットされているが、フランク・キャプラ監督の映画「或る夜の出来事」(1934) から大きな影響を受けている。仏語版は Les gais lurons (1936)*。日本では未公開だが、戦後、ドイツ文化センターで回顧上映された時に「幸運児」の題名が付けられた。

七つ擲る Sieben Ohrfeigen (1937) は、リリアン・ハーヴェイとヴィリー・フリッチュが組んだコメディで、監督はパウル・マーティンが担当した。株式市場の暴落で7ポンドを失ったヴィリー・フリッチュは、それに復讐するために、市場を操作した男に対して、1週間の間に公衆の面前で7回平手打ちにすると公言するが、その娘リリアン・ハーヴェイに恋したことから決意が鈍る。ミュージカルでなく喜劇。

舞姫記 Fanny Elßler (1937) も、パウル・マーティンの監督作品。19世紀初頭に活躍したオーストリア出身バレリーナのファニー・エルスラーを、リリアン・ハーヴェイが演じる伝記作品。メッテルニッヒの秘書官だったゲッツは、ナポレオン2世の即位を防ぐために、当時人気のあったエルスラーを差し向けて、恋によって即位を妨げようとする。しかし、二人は本当に恋をしてしまい、エルスラーは逆にナポレオン2世を応援しようとする。史実とは若干違う話の展開となっている。

カプリチオ Capriccio (1938) は、カール・リッター監督の作品で、ドイツ映画ながらイタリア語で「恋の気まぐれ」という意味の題名となっている。リリアン・ハーヴェイが男装の麗人を演じるのは、グレタ・ガルボの「クリスチナ女王」Queen Christina (1933) や、レナーテ・ミューラーの「カルメン狂想曲」Victor und Victoria (1933) の影響か。

祖父の老将軍に男勝りに育てられたハーヴェイは、中年の知事と結婚させられそうになり、男装してドン・ファンと名乗り逃げ出すが、逃げる途中で知事の従弟と出会い、恋仲となり結婚する。

砂上の楼閣 Castelli in aria (1939)* はイタリアで作られた作品で、監督はアウグスト・ジェニーナ。ウィーンの劇場の衣装係をしているハーヴェイが、富くじでイタリアの豪華旅行を当てる。イタリアへ向かう列車の中で、王子と名乗るヴァイオリニストと知り合い、彼の案内で旅行を楽しむ。

舵取りする女 Frau am Steuer (1939)* は、ハーヴェイがナチス政権下で最後に出演したドイツ映画。監督はハーヴェイの恋人のパウル・マーティンで、共演はいつものヴィリー・フリッチュ。ブダペストの銀行に勤めるハーヴェイは、好きなフリッチュと結婚するが、ハーヴェイに惚れている職場の上司にクビにされると困るので、結婚を隠している。しかし、妊娠してしまい、仕事を続けられなくなる。

セレナーデ Sérénade (1940)* は、ドイツを脱出したハーヴェイがフランスで出演した作品。ジャン・ボワイエ監督作品だが、ナチス・ドイツがフランスへ侵攻する直前に作られたので、観客も落ち着いて映画を見る状況ではなかったかも知れない。内容はシューベルトの伝記的な作品で、ハーヴェイはシューベルトの恋人のダンサー役だが、年齢的にもかなり無理があるというのが一般的な評価だった。

ミケット Miquette (1940)* も、前作と同様にフランスで作られた作品で、監督も同じジャン・ボワイエ。パリでの公開は5月1日で、

パリがドイツ軍に占拠されたのが6月14日なので、これがハーヴェイの最後の作品となった。ハーヴェイが演ずるミケットは、英国から戻ってきたタバコ屋の看板娘で、街の貴族も彼女に夢中になり、ハーヴェイの舞台デビューを支援、最後は貴族の一人と結ばれる。

★

ヴィリー・フリッチュ　Willy Fritsch
（1901.1.27–1973.7.13）

ヴィリー・フリッチュは、無声時代から戦後まで、ドイツ映画に出演し続けた男優。決して上手ではないが歌もこなすので、トーキー初期のミュージカル映画でリリアン・ハーヴェイと組み、多くの作品に出演した。第二次世界大戦前後に、多くの俳優がナチスに迫害されたり、あるいはナチスへの協力者として戦後に活動の場所を失ったりしたが、フリッチュは政治から少し離れた娯楽映画を中心に活動していたので、どの時代にも大衆から愛され続けた。

1901年に現在のポーランドで生まれた。1910年に父親がジーメンス社で働くこととなり、一家でベルリンへ移る。ヴィリー・フリッチュも14歳の時から機械関係の仕事に就いたようだがうまく行かずに、メッセンジャー・ボーイなどを経験した後、1919年から舞台に立つようになった。演劇を学びながら、1920年代の初めには無声映画にも出演するようになる。リリアン・ハーヴェイと共演したのは「貞淑なズザンネ」Die keusche Susanne (1926)*が最初だが、まだこの映画では二人とも脇役だった。

最初の音楽作品はウーファ初のトーキー作品である「悲歌」Melodie des Herzens (1929)で、貧乏兵士と田舎娘の恋物語。次の「愛のワルツ」Liebeswalzer (1930)*は、リリアン・ハーヴェイと組んだ最初のトーキー作品で、貴族の結婚にまつわる喜劇。この時には二人とも主演となっている。

二人の共演はこの後も続き、「いたずら」Hokuspokus (1930)*、「ガソリン・ボーイ三人組」Die Drei von der Tankstelle (1930)、「押し込み強盗」Einbrecher (1930)*、「会議は踊る」Der Kongreß tanzt (1931)、「ブロンドの夢」Ein blonder Traum (1932)に出演するが、その後はハーヴェイが渡米してしまうので、共演はしばらく中断。

ハーヴェイがドイツへ戻ってからは、「白鳥の舞」Schwarze Rosen (1935)、「幸運児」Glückskinder (1936)*、「七つ擲る」Sieben Ohrfeigen (1937)、「舵取りする女」Frau am Steuer (1939)*で共演した。初期のリリアン・ハーヴェイの作品は、ハーヴェイがフランス語と英語に堪能だったので、ドイツ語版に加えて、フランス語版と英語版もハーヴェイ自身で出演しているが、フリッチュが共演したのはドイツ語版だけ。

ハーヴェイとの共演作品を作る間にも、彼女以外の女優とも共演していて、ケーテ・フォン・ナギとは「女王様御命令」Ihre Hoheit befiehlt (1931)、「お洒落王国」Ronny (1931)、「私は昼あなたは夜」Ich bei Tag und du bei Nacht (1932)、「桃源郷」Prinzessin Turandot (1934)で共演。レナーテ・ミューラーと「カイロの結婚」Saison in Kairo (1933)と「ワルツ合戦」Walzerkrieg (1933)で共演という多作ぶり。1930年代には、これらの女優と共演したほかにも「陽気な王子様」Des jungen Dessauers große Liebe (1933)や、「紅天夢」Amphitryon (1935)*などの音楽作品にも出ている。

リリアン・ハーヴェイがフランスへ去った後は、ミュージカル作品ではなく、喜劇やドラマに出演していたが、マルテ・ハレルと組んで「三回目の結婚式」Dreimal Hochzeit (1941)*に出た。ハーヴェイの跡を継ぐマリカ・レックが登場すると、「女こそ優れた外交官」Frauen sind doch bessere Diplomaten (1941)*で相手役を務める。

その後はシュトラウスのオペレッタの映画版「ウィーン気質」Wiener Blut (1942)に出演。戦争中に作られたヨハネス・ヘースタース主演のオペレッタ作品「こうもり」Die Fledermaus (1946)*にも出演している。

戦後も多くの作品に出演しているが、成功したものは少ない。主な作品として、妻たちが夫に復讐しようとする喜劇「ハロー、あなたは妻を忘れてしまった」Hallo - Sie haben Ihre Frau vergessen (1949)*、「チャーリーへの12の心」Zwölf Herzen für Charly (1949)*、彫刻家がガラテアの彫像のモデルに恋

をして歌手の恋人ともめる「美しきガラテア」Die wunderschöne Galathee (1950)*がある。新作のショーを作る舞台裏のごたごたを描いた「美しくなければ」Schön muß man sein (1951)*では、アニー・オンドラと共演している。踊りのうまいマリア・リットと共演した「ヴェールのマヤ」Die verschleierte Maja (1951)*もある。

　歌に心がこもっていないと、批評家からき下ろされたオペラのプリマが、実力を証明しようと名前を変えて、無名の歌手として再登場するが、そこで知り合った男と恋をして、心のこもった歌を聞かせるようになるという「デュバリー夫人」Die Dubarry (1951)*、フリッチュが歌手を演じ、ロミー・シュナイダーがデビューした、「白いライラックがもう一度咲くとき」Wenn der weiße Flieder wieder blüht (1953)*などもある。

　その後も、フランツ・リストの実らぬ恋を描いた「ハンガリア狂詩曲」Ungarische Rhapsodie (1954)*、「恋はおとぎ話」Liebe ist ja nur ein Märchen (1955)*、昔のヒット作をリメイクした「ガソリン・ボーイ三人組」Die Drei von der Tankstelle (1955)*、フリッチュがレヴュー団の団長でプレイ・ボーイを演じた「斜めのオット」Der schräge Otto (1957)*、戦前の作曲家の人生を描いた「五月のふたつの心」Zwei Herzen im Mai (1958)*、昔の恋人に密かに会いに行く老教師を娘が追う「パパ、イタリアで何をするの」Was macht Papa denn in Italien? (1961)*などに出演したが、脇役が多かった。

陽気な王子様　Des jungen Dessauers große Liebe (1933) は、日本ではオーストリア版が輸入されたのでEines Prinzen junge Liebeの原題で公開された。アーサー・ロビンソンが監督したウーファ作品。

　プロイセンのデッサウの王子フリッチュは、男前なうえに快活な人柄で、村娘の間でも人気が高く、薬屋の娘トルーデ・マーレンと恋仲になる。王妃は息子が平民と恋しているのを心配して、隣国の姫君と結婚させようとするが、王様は薬屋の娘を貴族に取り立てて王子との結婚を認める。仏語版Tambour battant (1933)*は、ジョルジュ・ジゴーの主演。

紅天夢こうてんむ　Amphitryon (1935)*は、ラインホルト・シュンツェルが監督したウーファ作品で、ギリシャ神話の世界を描く。人間界の戦士アンフィトリオン（フリッチュ）の美しい妻ケーテ・ゴールドを見初めたゼウス（フリッチュの二役）は、アンフィトリオンに化けて彼女を口説こうとするものの、嫉妬深い自分の妻ジュノーに見つかり天界に連れ戻される。

　モリエールも劇化している喜劇で、仏語版はLes dieux s'amusent (1935)*。オーストリアでの題名は「紅天夢 雲の中から幸せが来る」Amphitryon - Aus den Wolken kommt das Glückで、「雲の中から幸せが来る」という副題が付いている。この副題は、ナチスが作ったレニ・リーフェンシュタール監督の有名なナチ党の全国大会を記録した映画「意志の勝利」Triumph des Willens (1934)の冒頭場面で、ヒトラーが飛行機で降りてくる場面への当てこすりだと「ウーファ物語」の著者クラウス・クライマーは書いている。

マルレーネ・ディートリッヒ　Marlene Dietrich (1901.12.27–1992.5.6)

　マルレーネ・ディートリッヒはドイツ出身の女優だが、無声時代とトーキー初期の作品を除いては、ほとんどアメリカで活躍している。セクシーな低い声で歌い、脚の美しさが自慢で巨額の保険をかけて評判になったりもした。歌手としても知られていて、映画の中でもキャバレーや酒場の歌手として歌う場面は多いが、いわゆるミュージカル的な作品はほとんどない。

　ディートリッヒは1901年にベルリンで生まれた。警察官僚だった父親は1907年に亡くなり、母親は幼いディートリッヒを連れて再婚する。ディートリッヒはヴァイオリンやピアノを習うが、次第に興味は文学や演劇に向かい、舞台を目指すようになる。ベルリンのキャバレーに出演する傍ら、1922年からは無声映画にも出演するようになる。

　「奥様お手をどうぞ」Ich küsse Ihre Hand, Madame (1929)*は無声映画として作られた作品で、トーキー時代となったために、急遽主題歌が後から挿入された作品。ディートリッヒは出演だけで歌ってはいない。

ディートリッヒは、ベルリンのキャバレーに出演しているところをジョセフ・フォン・スタンバーグに見出されて、「嘆きの天使」Der blaue Engel (1930)でローラ役を演じ、歌を披露してセンセーションを巻き起こした。この作品は英語版 The Blue Angel (1930)*も作られたので、アメリカでも人気を呼び、パラマウントの招聘を受けて、ディートリッヒはスタンバーグとともにアメリカへ渡る。アメリカでのディートリッヒは、徹底的にその美しさを引き出されて、セックス・シンボル化されたが、そのイメージはスタンバーグ監督によって作られたものだった。

「モロッコ」Morocco (1930)ではゲイリー・クーパーを相手に男装姿で歌ったが、次の「間諜 X 27」Dishonored (1931)では歌わず、「ブロンド・ヴィナス」Blonde Venus (1932)では着ぐるみのゴリラから登場して歌っている。その後も「恋の凱歌」The Song of Songs (1933)などでも歌を披露している。

1933年1月にナチスがドイツで政権を取ると、マルタ・エゲルト主演の「夜の鶯」Ihr größter Erfolg (1934)や、「レギーネ」Regine (1935)*でディートリッヒの歌を挿入するなどラブ・コールを送り、祖国ドイツへ戻るように説得するが、スタンバーク監督がユダヤ系だったことと、彼女自身の政治的な信念が強かったこともあり、これを拒絶して1939年にアメリカの市民権を取得する。

第二次世界大戦中は欧州戦線へ慰問に行き、当時ララ・アンデルセンの歌でヒットしていた『リリー・マルレーン』を歌い人気を得た。戦後も、アメリカを拠点として、映画出演と歌手活動を行った。彼女の活動をドキュメンタリーとしてまとめた「真実のマレーネ・ディートリッヒ」Marlene Dietrich: Her Own Song (2002)も作られている。

★

リアーネ・ハイト Liane Haid
(1895.8.16–2000.11.28)

リアーネ・ハイトは、オーストリア映画を代表する女優で、1920年代の無声映画のスターとして有名だが、踊りも歌もできたのでトーキー時代となっても多くのミュージカル作品に出演した。ドイツのトーキー映画初期に多く見られたような素人芸の延長のような下手な歌ではなく、本格的な歌唱法をマスターした歌声を聞かせる。リアーネの妹グリットも同じように映画女優として活躍した。

ハイトは1895年にオーストリアのウィーンで生まれる。最初はダンサーとして踊り、歌の訓練も受けた。映画界入りは1915年で、1920年頃からベルリンへ移り、映画出演を続けて代表作「恋のネルソン」Lady Hamilton (1921)に出る。映画がトーキー時代になると、途端にオペレッタやミュージカル作品が望まれるようになり、彼女の歌の才能が生きる。

トーキー最初の作品は、エドムント・アイスラーのオペレッタの映画版「不滅の放浪者」Der unsterbliche Lump (1930)。チロルの山の中でオペラを書いている青年作曲家は、郵便局長の娘ハイトを愛していたが、金がないのでオペラに成功したら結婚しようと言い残して都会へと出て行く。彼はオペレッタで成功するが、それを知らないハイトは別の男と結婚してしまい、絶望したオペラ作曲家は気の狂った放浪者として村に戻って来るものの、最後には二人が結ばれるという話。日本公開は国際版だったので、Immortal Vagabondという英語題名で紹介されている。

ハイトがミュージカル女優として人気を上げたのは、ヴィリ・フォルストと共演した「歌は終わりぬ」Das Lied ist aus (1930)*で、舞台裏の陳腐な恋物語だが、ハイトが歌う『さよなら、私の小さな兵隊さん』Adieu, mein kleiner Gardeoffizierが大ヒットした。この作品はフランス語版 Petit officier... Adieu! (1930)*も作られていて、やはりハイトが主演している。「皇帝の恋人」Kaiserliebchen (1931)*は、19世紀後半の話で、皇帝ヨゼフがお忍びの旅で出会った女性郵便局長に恋をして愛し合うようになるが、国のために愛を諦めるという話。

「サーカス・リングの影」Schatten der Manege (1931)*のハイトはサーカスの女団長で、新入りのアクロバットの男をめぐって、女曲馬師と恋の火花を散らす。この映画はオーストリアでは「サーカスの恋」Zirkus Leben*の題名で公開された。次の「オペラ座の仮装舞踏会」Opernredoute (1931)*は、夫が仕事で仮装舞踏会に行けないので、夫人がメイド

を連れて舞踏会へ行くと、夫の友人から口説かれてしまうという話。仏語版 Grains de beauté (1932)*も作られたが、ハイトは出ていない。題材としてはオペレッタの「こうもり」に似たウィーンらしい話の展開だ。

アメリカのパラマウント社が作ったナンシー・キャロルの喜劇「踊り子夫人」Laughter (1930) は各国語版が作られたが、ハイトはそのドイツ語版「ルーシーを取り巻く男性」Die Männer um Lucie (1931)*でも主役を演じている。次の「アルカディアの王子」Der Prinz von Arkadien (1932)*は、ヴィリ・フォルストとの共演で、国事そっちのけで音楽と娘たちに夢中な王子が国を追放されてしまい、田舎娘ハイトと恋をする話。翌年に英語版 Prince of Arcadia (1933)*も作られている。「あなたが誰なのか気にしない」Ich will nicht wissen, wer du bist (1932)*は、貧乏貴族が金持ちの運転手となり、金持ちの姪ハイトと恋をする話。彼はハイトの愛が本物だとわかるまでは本当の身分を明かさない。

「ロシア皇帝のダイヤモンド」Der Diamant des Zaren (1932)*は、無声映画「オルロフ」Der Orlow (1927)のリメイク。ロシア皇帝がかつて所有していたオルロフと呼ばれる巨大なダイヤモンドをめぐる話で、ハイトはロシア人の歌手役。「あなたが誰なのか教えて」Sag' mir, wer Du bist (1933)*は、舞台劇 Madonna, wo bist du? の映画版だが、前年の「あなたが誰なのか気にしない」を意識した題名になっている。仮面舞踏会でオペラ歌手のハイトと出会った若い男が恋におちて、どうしても彼女を探し出そうと、ラジオで「あなたは誰?」と問いかける。

「ヴァレンシアの星」Der Stern von Valencia (1933)*は、「ヴァレンシアの星」と呼ばれる蒸気船をめぐる物語で、ハイトはヴォードヴィルの女優役で出ている。続く「一夜の物語」Roman einer Nacht (1933)*は、ハイトと見知らぬ人との一夜の出会いを描く。「南の城」Das Schloß im Süden (1933)*のハイトは映画女優で、偶然に本物の王子が相手役を演じることとなり、相手の身分を知らないまま恋をする。仏語版 Château de rêve (1933)*は別キャストでダニエル・ダリューが助演している。「愛を恐れないで」Keine Angst vor Liebe (1933)*は、仕事熱心とさぼり専門の対照的な上司を持つ秘書が、互いに入れ替わってうまく行くという話。

「若き日の旅」Die Fahrt in die Jugend (1935)*は、もう若くはない男爵が若い娘ハイトを邸宅に招くという展開。「ダンス音楽」Tanzmusik (1935)*では、オーストリアの作曲家が、アメリカに渡って、ジャズ・ピアニストとして成功し、ニュー・ヨーク社交界のハイトと結婚して祖国へ戻るが、二人はうまく行かない。「誰が最後のキスを…」Wer zuletzt küßt... (1936)*のハイトはウィーンの有名女優で、チャリティでキスを売ることになり、それをめぐる騒動が繰り広げられる。

実質的に最後の作品となった「雪の中のペーター」Peter im Schnee (1937)*は、ペーターという名前の可愛いおしゃまな女の子トラウドル・スタルクが、危機を迎えている叔母ハイトの結婚生活を立て直す手伝いをする話。スタルクは、ドイツ版のシャーリー・テンプルとして売り出された子役で、40歳を超えたハイトは叔母役となっている。ハイトは、1937年以降は戦争を避けてスイスで暮らし、105歳まで長生きした。

ケーテ・フォン・ナギ Käthe von Nagy
(1904.4.4–1973.12.20)

ケーテ・フォン・ナギは、1904年にハンガリーで生まれた女優。ウィーン近郊の寄宿学校で教育を受けた後、ブダペストで新聞記者をしながら、演劇や踊り、歌を習った。新聞社の特派員としてベルリンへ行き、そのまま映画に出演するようになる。映画への出演は無声時代の1927年からで、トーキーになるとミュージカル作品にも出演、1937年以降はフランスを中心に活動した。若い時からフランス語が得意だったようで、ほとんどの作品の仏語版に自ら出演している。

最初のミュージカル作品は、フランスのルイ・ガンヌのオペレッタ「曲芸師」の映画版で、フランス語版はそのままの題名「曲芸師」Les saltimbanques (1930)*だが、ドイツ語版は Gaukler (1930)*の題名だった。この作品では、まだ部分トーキー。日本に輸入されたミュージカル作品としては「お洒落王国」

Ronny (1931) が最初で、衣装デザイナーのナギがオペレッタで成功するという話。やはり身分違いの恋を描いた「女王陛下の恋」Ihre Majestät die Liebe (1931)*、お姫様が近衛隊の中尉と恋をする「女王様御命令」Ihre Hoheit befiehlt (1931) にも出ている。

「わが妻は実業家」Meine Frau, die Hochstaplerin (1931)*は、夫の出世のためには何でもやるという妻のナギが、金をはたいて自ら実業家となって夫を出世させる話。仏語版の Ma femme... homme d'affaires (1932)*も作られたが、珍しくナギは出ていない。この作品では仏語版に出なかったのに、「狂乱のモンテカルロ」Bomben auf Monte Carlo (1931)の仏語版 Le capitaine Craddock (1931)*では、ナギが女王役で出ている。

「美しき冒険」Das schöne Abenteuer (1932)*は、好きでもない相手と結婚させられそうになった娘ナギが、愛している男と駆け落ちしてあちこちを旅する話で、フランスの芝居の映画版なので、仏語版 La belle aventure (1932)*も作られている。続いて、時代を反映した洒落た喜劇「わたしは昼あなたは夜」Ich bei Tag und du bei Nacht (1932) に出る。

その後は、音楽物ではない一般の作品にも出演している。ソ連から戦乱の満州へ逃げるドイツ人を描いた「あかつき」Flüchtlinge (1933)、自動車販売店に勤める娘が貴族との結婚に憧れる「いつかは貴婦人に」Einmal eine große Dame sein (1934)*とその仏語版の Un jour viendra (1934)*、「偉人の恋人」Die Freundin eines großen Mannes (1934)*、「閣下の娘」Die Töchter ihrer Exzellenz (1934)*、プレイ・ボーイの若い貴族を描く「若い男爵ノイハウス」Der junge Baron Neuhaus (1934)*（仏語版は Nuit de mai〔1934〕*）などがある。

音楽物では、ヴィリー・フリッチュと共演したトゥーランドット姫の話「桃源郷」Prinzessin Turandot (1934)、願いを叶える魔法のランプを手に入れた水兵を描く「愛と死と悪魔」Liebe, Tod und Teufel (1934)*のほか、「栄光の道」La route impériale (1935)、「ポムパドール夫人」Die Pompadour (1935)*などにも出演した。ドイツとイタリアで合作したオペラ歌手を主人公とする「アヴェ・マリア」Ave Maria (1936)*は、イタリアの名テノールのベンヤミーノ・ジリを主演にして、ナギが相手役を務めた作品。

「フィナーレ」Finale (1938)*は、孤児の娘たちが、勉強を続けるための資金援助をしてくれる人を探そうとして、トラブルに巻き込まれる話で、ドイツ軍のオーストリア占拠前に作られた最後の作品。ゲツァ・フォン・ボルヴァリー監督の手によるもので、イルゼ・ヴェルナーも出ている。その後はフランスを中心に活動したが、ドイツで作った「弦楽四重奏団のレナーテ」Renate im Quartett (1939)*は音楽作品。

お洒落王国 Ronny (1931) は、ラインホルト・シュンツェル監督のウーファ作品。パリの衣装デザイナーのナギは、自分がデザインしたオペレッタ用の衣装を届けに、パルーサ王国までやって来る。そのオペラは女嫌いの王子ヴィリー・フリッチュが書いた作品だが、出演を断ったプリマに代わってナギが歌い、フリッチュとの恋も実る。同名の仏語版も作られていてナギ主演だが、ほかのキャストは代わっている。

女王陛下の恋 Ihre Majestät die Liebe (1931)*は、ジョー・メイ監督の作品で、家族企業の金持ちの家に育った青年フランシス・レデラーが、キャバレーで女王陛下と呼ばれる娘ナギに惚れて、結婚しようとするが、家族たちは彼に昇給をちらつかせて、身分違いの娘を諦めるように説得する。

別撮影の仏語版 Son altesse l'amour (1931)*はアナベラの主演で作られている。また、ハリウッドでもマリリン・ミラー主演の英語版「女王陛下の恋」Her Majesty Love (1931)*が作られた。

女王様御命令 Ihre Hoheit befiehlt (1931) は、ハンス・シュワルツ監督のウーファ作品。小国のお転婆姫君ナギは、踊り子に化けて毎晩平民たちの祭りに参加している。ある晩にパン屋の番頭ヴィリー・フリッチュと出会い恋をするが、実はフリッチュも近衛隊の中尉だった。それを知った姫は彼を出世させて結婚しようとするが、その計画がばれてしまう。そのために、姫は退屈な隣国の公爵と結婚させられそうになり、結局フリッチュと駆け落ちするのだった。

第11章　ドイツの作品

仏語版はPrincesse, à vos ordres ! (1931)*で、リリアン・ハーヴェイの主演。英語版はリメイクされたAdorable (1933)*で、ジャネット・ゲイナー主演。

狂乱のモンテカルロ　Bomben auf Monte Carlo (1931)は、ハンス・シュワルツ監督のウーファ作品で、ハンス・アルバースの主演。ヨーロッパの小国の戦艦は日々の運営費にも窮する有様だったが、モンテ・カルロまで王女を迎えに行くという命令が下り、船長ハンス・アルバースは物見遊山の気分で向かう。ところが美しい娘アンナ・ステンに惚れて船長はカジノで大金を失う。困った船長は金を返さなければ街を砲撃すると脅す。ところが、自分の惚れた美しい娘が実は王女だったことを知り、船長はハワイに向けて逃げ出すが、王女も別の船で彼を追う。

『モンテカルロの一夜』ほかの主題歌のメロディが親しみやすく、世界中でヒットした。仏語版の「艦長クラドック」Le capitaine Craddock (1931)*はまったくの別キャストで、王女役をナギが演じた。この作品はハンス・アルバースが主演した英語版Monte Carlo Madness (1932)*も作られている。戦後はゲオルク・ヤコビー監督が1960年にリメイクしている。

勝利者　Der Sieger (1932)は、ハンス・ハインリッヒとパウル・マーティンが監督したウーファ作品。ハンス・アルバース主演で、ナギは相手役。貧乏なアルバースは、ホテルで中年婦人のダンスの相手をする傍ら、電話や電報の取り扱いをしていたが、偶然に金持ち娘ナギと知り合い恋をする。彼女の父親の大事な電報を打ち忘れたことが逆に幸いして、父親を破産から救う結果となり、ナギとの恋が成就する。

世界恐慌の後の不景気時代だから、金持ちの娘と結婚するのが勝利者なのだろう。ナギは仏語版Le vainqueur (1932)*にも出ている。

私は昼あなたは夜　Ich bei Tag und du bei Nacht (1932)は、ルドウィッヒ・ベルガー監督のウーファ作品。ナギとヴィリー・フリッチュの顔合わせとなっている。ネイリストのナギは昼の仕事、ナイト・クラブの給仕ヴィリー・フリッチュは夜の仕事なので、下宿代を節約するために、互いに顔も知らないまま部屋をシェアしている。二人は偶然に外で出会い、相手を金持ちだと勘違いして恋におちるものの、身分違いを気にして思い悩む。最後にはお互いに部屋をシェアしている相手だとわかり結ばれる。

仏語版À moi le jour, à toi la nuit (1932)*はナギの主演だが、英語版のEarly to Bed (1932)*はヒザー・エンジェルの主演。話はルビッチ監督の「桃色の店」(1940)と似ているが、こちらのほうが先に作られている。

レナーテ・ミュラー　Renate Müller
(1906.4.26–1937.10.7)

レナーテ・ミュラーはミュンヘン生まれのドイツ人で、マルレーネ・ディートリッヒと並んで人気のあった女優。単に美しいだけでなく、明るく親しみやすさを持った女優で、歌えるのでミュージカル作品にも結構出ている。無声時代から映画に出ていて、トーキーでも活躍したが、1937年に住んでいたマンションの2階から転落して亡くなった。

ナチス政府は、モルヒネなどの薬物中毒による錯乱死との噂を流したが、後の研究によるとヒトラーからの求婚を断っただけでなく、ナチスのプロパガンダ政策に非協力的で、おまけにユダヤ人の恋人もいたために、ゲシュタポに追い詰められたとの見方が一般的なようだ。

ミュラーは1906年のミュンヘン生まれで、父親は新聞社を経営していた。学校に通う傍ら歌の練習をして、1924年に一家でベルリンへ移ると、いろいろな演劇に出るようになる。トーキー直前の1928年から無声映画に出演、トーキー時代になり最初に出演したのが「拳闘王」Liebe im Ring (1930)で、この時にはまだ脇役だった。続いてエミール・ヤニングスの相手役を務めた「神々の寵児」Liebling der Götter (1930)に出演。

「秘書」Die Privatsekretärin (1931)*では銀行に勤める若い娘役を演じ、これで人気が出てスターとなる。その後は「ちょっとした浮気」Der kleine Seitensprung (1931)*、「結婚する娘」Mädchen zum Heiraten (1932)*、「モード巴里」Wenn die Liebe Mode macht (1932)などのコメディ調の作品に多く出演し

ている。

「カイロの結婚」Saison in Kairo (1933)と「ワルツ合戦」Walzerkrieg (1933)では、ヴィリー・フリッチュと共演。その次の作品が、いかにもベルリンらしい話の「カルメン狂想曲」Viktor und Viktoria (1933)で、大ヒットして彼女の代表作となった。

ナチス政権となってからは作品に恵まれず、「英国式の結婚」Die englische Heirat (1934)*、「ひめごと」Allotria (1936)などに出演しているが、最後の作品となった「トガー」Togger (1937)*はナチスの宣伝映画で、無理に出演させられたといわれている。

拳闘王 Liebe im Ring (1930) は、アメリカでトーキー初期に流行した、いわゆる拳闘選手物。貧乏な青年マックス・シュメリンクが拳闘選手として見出され、勝ち進むにつれて金持ちの美女が近寄ってくる。チャンピオンとなり、一時は気の迷いが生ずるが、最後には昔の貧乏時代の恋人の下へ戻る。最初は無声映画として作られたが、途中で部分トーキーとなり、シュメリンクの歌も追加された。ミュラーはまだ脇役。ラインホルト・シュンツェル監督作品。

神々の寵児 Liebling der Götter (1930) は、ハンス・シュワルツの監督作品で、名優エミール・ヤニングスがテノール歌手役を演じている。神々の寵児と呼ばれた名テノールのエミール・ヤニングスは、いつも取り巻きの女性に囲まれているが、南米での巡業中に喉を痛めて歌えなくなる。そんな彼が頼りにしたのは妻のレナーテ・ミュラーで、ミュラーも夫を独り占めにして幸福を味わうが、やがて彼の声は回復して、人々から再び喝采を受けるので、逆にミュラーは寂しさを味わう。ミュラーも歌っている。

秘書 Die Privatsekretärin (1931)*は、舞台オペレッタを映画化したもので、ミュラーの出世作となった。監督はヴィルヘルム・ティーレ。ウィーンの銀行に速記者として採用されたミュラーが、普通の行員だと思って恋した相手は、銀行の経営者だったという話。

独英仏伊版の4作品が別撮影されており、英語版Sunshine Susie (1931)*はミュラー自身が強い独語訛りの英語で演じていて、監督はヴィクター・サヴィル。アメリカ公開時にはThe Office Girl (1931)*と改題された。仏語版Dactylo (1931)*はマリー・グローリーが主演で、ティーレ監督。伊語版La segretaria privata (1931)*はエルサ・メルリーニ主演で、ゴッフレード・アレッサドリーニの監督。1953年に西独でリメイクされている。

ちょっとした浮気 Der kleine Seitensprung (1931)*は、ラインホルト・シュンツェルの監督作品。新婚の弁護士の夫が、昔の女友達と逢ったとの噂を聞いた新妻ミュラーが、怒って自分も火遊びをしようと考える。やがて、二人の関係は離婚の危機を迎える。仏版Le petit écart (1932)*は別キャストで撮られている。

結婚する娘 Mädchen zum Heiraten (1932)*のミュラーは、自分が惚れた男に家政婦として近づき、そのまま結婚しようと考える。英語版Marry Me (1932)*もミュラーが主演している。監督はどちらの版もヴィルヘルム・ティーレ。

モード巴里 Wenn die Liebe Mode macht (1932) は、パリの洋装店のお針子の話。お針子のミュラーは、デザイナーに恋をするが、デザイナーはマヌカンに夢中だ。ところが、ひょんなことからミュラーがそのデザイナーの最新作を着てファッション・ショーに出演、二人の恋は実る。

後に作られたバスビー・バークレイの「流行の王様」Fashions of 1934 (1934) は、この映画の物語に似た展開。フランツ・ウェンツラー監督作品。

カイロの結婚 Saison in Kairo (1933) は、ヴィリー・フリッチュとミュラーが共演した作品。カイロに避寒に来ていたアメリカの大金持ちの未亡人は、彼女の財産を狙う男たちに付きまとわれてうんざりする。一方、放蕩で財産が目減りしている欧州の貴族も彼女に色目を使う。そうした親を心配する未亡人の息子ヴィリー・フリッチュと貴族の娘ミュラーは、二人で意気投合して親同士を結婚させようと目論むが、結局は若い二人が結婚する。ラインホルト・シュンツェル監督作品。仏語版Idylle au Caire (1933)*も作られている。

ワルツ合戦 Walzerkrieg (1933)も、ヴィリー・フリッチュとの共演作品。ウィーンでヨゼフ・ランナーとヨハン・シュトラウスがワ

ルツの作曲と演奏で競い合い、二人が腕前を披露する試合「ワルツ合戦」が、英国のヴィクトリア女王の前でも繰り広げられる。ランナー側はレナーテ・ミュラー、シュトラウス側はヴィリー・フリッチュが応援、最後に二人は仲良く『ラデツキー行進曲』を演奏する。ルドウィッヒ・ベルガー監督作品。

カルメン狂想曲 Viktor und Viktoria (1933) は、売れない女優のヴィクトリア（レナーテ・ミュラー）が、冴えない男優ヴィクター（ヘルマン・ティーミッヒ）の代役を引き受けて、男性の振りをして「男性が女装して演じるカルメン」の出し物で大人気となり、男女の倒錯した愛で混乱する。

「カルメン狂想曲」という題名は、劇中の舞台場面で闘牛場を背景にカルメン風の衣装で歌う場面があるため。ミュージカル場面では俯瞰撮影が使われていて、明確にバスビー・バークレイの影響が見て取れる。大ヒットして何度もリメイクされているが、ジュリー・アンドルーズが演じた「ビクター／ビクトリア」(1982) が有名で、後に舞台ミュージカルにもなった。

英国式の結婚 Die englische Heirat (1934)* は、ラインホルト・シュンツェルの監督作品。英国の若い貴族がベルリン娘レナーテ・ミュラーと結婚するものの、英国人家族は彼女によそよそしく振る舞い、ちっとも打ち解けない。小説を原作とした喜劇で、タンゴ調の曲『愛は謎』がヒットした。

ひめごと Allotria (1936) は、ヴィリ・フォルストの監督した作品。農園主とスピード狂の男は親友同士で、二人とも同じ女を愛さないと誓うが、実は同じ娘に恋していて、混乱が生じる。

★

フランチスカ・ガール Franziska (Franciska) Gaal (1904.2.1-1973.1.2)

フランチスカ・ガールは、ブダペスト出身の女優で歌もうたった。生年は1895年から1909年まで諸説あるが、一般的には1904年とされている。ブダペストで演劇を学び、1921年にハンガリーで無声映画に3本ほど出ている。その後はいろいろな芝居やオペレッタに出るが、欧州ユニヴァーサル社にいたジョー・パスタナクに見出されて、1932年からトーキー映画に出るようになる。

カール・ボーズ、ゲツァ・フォン・ボルヴァリー、ヘンリー・コスターなどの監督の下でミュージカル作品に出演するが、ナチスの台頭により欧州ユニヴァーサル社は解散となり、1936年にパスタナクとヘンリー・コスター監督がハリウッドへ渡ったため、ガールはウィーンに残り、その地で映画に出演する。

ウィーンでは良い作品に恵まれず、ガールも1937年にはパスタナクを頼って渡米するが、パスタナクは既にディアナ・ダービンを見つけていて、「天使の花園」Three Smart Girls (1936) が成功していたので、英語が十分話せなかったこともあり、ガールには居場所がなかった。そこで、ビング・クロスビーと共演の「パリのハネムーン」Paris Honeymoon (1939)* など、3本の映画に出演する。

本当の理由はわからないが、恐らくは故郷に病気の母親がいたために、1940年にハンガリーに戻っている。ガールはユダヤ系だったために、ナチス時代に身の危険を覚悟しての帰国だった。第二次世界大戦中の映画出演は途切れるが、戦争後にハンガリーで映画に出演するもののうまく行かず、1947年には再びアメリカへ渡る。今度は映画界ではなく、ブロードウェイの演劇の脇役に出演したが、たいして評判にはならず、晩年は子供服の店を経営したという。

パプリカ Paprika (1932)* は、カール・ボーズの監督した作品。ハンガリー娘ガールは、女友達の弟が好きになり、メイドになって家に入り込み、彼に近づこうとする。ところが、可愛いガールを見て、女友達の夫も色気を出すので混乱する。仏語版、伊語版も別キャストで作られた。伊語版はヴィットリオ・デ・シーカの主演。

ベロニカの花束 Gruß und Kuß - Veronika (1933) は、カール・ボーズ監督の作品。ガールは花屋の店員で、4人の婦人に毎日花を贈っている紳士に惚れるが、4人に贈っていることを届け先の婦人にうっかり喋ってしまい、紳士の怒りを買う。しかし、ガールがその紳士に謝りに行ったのが縁で、二人は結ばれることになる。

失礼、私の間違いです Pardon, tévedtem

(1933)*は、ハンガリーで作られた、ジョー・パスタナクの制作、スティーヴ・セカリーとゲツァ・フォン・ボルヴァリーの共同監督の作品。ガールは友人の結婚式に出るが、花婿が帰ってしまい結婚式が流れてしまう。そのために式の出席者が結婚相手を勘違いして、間違いの喜劇となる。ドイツ語版「ブダペストの醜聞」Skandal in Budapest (1933)*も同時に作られている。現在は、ハンガリー語版は残っていない。

青い果実 Csibi, der Fratz (1934) は、ジョー・パスタナクの制作によるオーストリアのユニヴァーサル社の作品。オペラ歌手フランチスカ・ガールは、休暇でウィーンの母親の下へ帰るが、母の結婚を邪魔しないようにチビという名の10歳の子供の振りをする。しかし、母の婚約者の友人に一目惚れして、大人だと白状して結婚する。マックス・ノイフェルドが監督。

春のパレード Frühjahrsparade (1934) は、ジョー・パスタナクがドイツとハンガリーのユニヴァーサル社で作った作品で、音楽物の得意なゲツァ・フォン・ボルヴァリーが監督した。オペレッタで有名なロベルト・シュトルツが音楽を書いていて、ハンガリー映画だが、ドイツ語で撮影されている。ハンガリーでの題名はTavaszi parádé。

ハンガリーの田舎娘フランチスカ・ガールは、ウィーンへ行けば幸せをつかめるという占い師の言葉を信じて、ウィーンへ出て叔母のパン屋を手伝う。程なくガールは軍楽隊の鼓手と恋仲となるが、彼の書いた行進曲の楽譜を誤ってパン生地の中に落としてしまい、その楽譜入りのパンが、こともあろうに皇帝へ届けられてしまう。皇帝は楽譜を見て怒るが、ガールが謝りに来るので事情を聞き、その楽譜を演奏するように命ずる。その曲を皇帝が気に入ったので、すべては丸く収まり、ガールも鼓手と結婚する。

パスタナクはこの作品が気に入り、アメリカに渡った後もディアナ・ダービンでこの作品をリメイクして、「青きダニューブの夢」Spring Parade (1940) を作っている。また、舞台のオペレッタとしても、1964年にウィーンのフォルクスオーパーで上演された。

ペエテルの歓び Peter (1934) は、ジョー・パスタナク制作でヘンリー・コスター監督という、後のディアナ・ダービン映画のコンビの作品。17歳の娘フランチスカ・ガールは金がなく、祖母と一緒に街頭で歌って生活しているが、警官に追われて逃げる泥棒が、変装用に彼女の服を着て逃げるので、ガールは仕方なくその男の残した男の服を着て新聞売りをする。新聞売りの最中に自動車事故がきっかけで青年医師と知り合い、彼の世話で男名前のペエテルと名乗りガレージで働くようになる。何とか彼に恩返ししようと、ガールは上流階級の舞踏会に潜り込み、青年医師に患者を紹介しようとする。医師にはほかに恋人がいたが、ペエテルが本当は娘だったとわかり、二人は結ばれる。この作品もハンガリーの作品だが、ドイツ語で撮影されている。

人形の母 Kleine Mutti (1935) も、ジョー・パスタナク制作でヘンリー・コスターが監督した作品。欧州ユニヴァーサル社の制作で、オーストリアとハンガリーの共同制作で撮影はドイツ語。

フランチスカ・ガールは女学生だったが、たまたま捨て子を拾ったことから、彼女の子だと勘違いされて学校を追い出され、仕事をいろいろやるがうまく行かない。しかし最後には金持ちの息子と結婚することになる。

最後はカタリーナ Katharina, die Letzte (1936)*は、ジョー・パスタナクとヘンリー・コスターが、アメリカへ渡る直前にガール主演で撮った作品。オーストリアでの制作で、メイドのガールが運転手に恋をするが、その運転手が実は大金持ちだったというシンデレラ物語。

ミス・リリー Fräulein Lilli (1936)*は、オーストリアで作られた作品で、ジョー・パスタナクもヘンリー・コスターも渡米してしまったため、ハンス・ベーレントとロベルト・ホールマスの共同監督で作られている。盗まれた宝石をめぐる喜劇だが、制作上の混乱もあり失敗作品となった。

海賊 The Buccaneer (1938) は、ガールがアメリカへ渡って初めて出演した作品で、セシル・B・デミル監督の活劇。まだ十分に英語が喋れなかったようで、オランダ娘役で出演している。19世紀初頭のアメリカ。海賊が米軍に味方して英軍を撃退する話で、ガー

階下の娘　The Girl Downstairs (1938)*は、ノーマン・タウログ監督のMGM作品。プレイ・ボーイのフランチョット・トーンが、好きな娘に近づこうと考えて、その娘の下働きの召使をやっているフランチスカ・ガールを利用するが、そのうちに自分が好きなのはガールのほうだと悟る。ミュージカルではないが、ガールは歌っている。

★

ヨゼフ・シュミット　Joseph Schmidt
(1904.3.4-1942.11.16)

　ヨゼフ・シュミットは、旧ハンガリー領で生まれたテノール歌手で、トーキー初期は映画にも出演したが、ユダヤ系であったためにナチスの進出とともに出演の機会を失い、第二次世界大戦中の1942年にスイスで亡くなった。背が低く150cmぐらいしかなかったと伝えられていて、舞台での活動は少なく、ラジオとレコード、映画が主な活躍場所だった。

　映画出演では、脇役として「恋の急行」Der Liebesexpreß (1931)*、「ゲーテは生きている！」Goethe lebt...! (1932)*、「追い詰められた男」Gehetzte Menschen (1932)*に出た。最初の主演作は、「歌は世界を廻る」Ein Lied geht um die Welt (1933)*で、若い歌手がラジオで成功するものの、恋には敗れるという話。ドイツで作られた英語版My Song Goes Round the World (1934)*にも出演している。

　1934年になるとドイツでは出演できなくなり、オーストリアへ移って作った「若い時には世界は君のもの」Wenn du jung bist, gehört dir die Welt (1934)*は、家政婦の息子が、仲間の助けを借りて歌手として成功し、好きだった主人の娘との恋も実るという話。次の「空から星が降ってくる」Ein Stern fällt vom Himmel (1934)*もオーストリアの作品で、音楽生ヨゼフが歌手として成功する話。英語版A Star Fell from Heaven (1936)*も作られている。この作品と同じ題名のミュージカル作品が1961年にも公開されているが、これはトニー・ザイラーとイナ・バウアーが共演した作品で、シュミットの作品とは関係がない。

　「我が生涯最高の日」Heut' ist der schönste Tag in meinem Leben (1936)*は、シュミット最後の作品で、双子の兄弟が別々に育ち、大きくなって再会するが、同じ娘に恋してしまうという話。戦後に西独で伝記映画「歌は世界を廻る」Ein Lied geht um die Welt (1958)*が作られている。

3　ナチス時代

マリカ・レック　Marika Rökk
(1913.11.3-2004.5.16)

　マリカ・レックは、金髪でちょっと太めのダンサーで、歌もうたえる。ドイツのミュージカル界には、オペラから移ってきた歌のうまい出演者はいたが、踊れるスターは少なかった。そのため、貴重な踊り手としてナチス時代にスターとなり、終戦までドイツで活躍し、ナチスの宣伝映画に沢山出たといわれたものの、ドイツ国内での人気は高く、戦後も西ドイツで活躍した。

　大変な努力家として知られ、歌も踊りも懸命に努力して習得した。ハンガリー出身で、ドイツ語を話す時にもハンガリー語のアクセントは抜けなかったが、逆にそれがトレード・マークとなった。努力しても直らなかったのがちょっと太めの体型で、特に脚が太いといわれ、ダイエットしたが効果がなく、ウーファのカメラマンはそれを隠すためにロー・アングルでの撮影を多用したという。

　彼女はハンガリー人建築家の娘として、1913年にエジプトのカイロで生まれた。カイロで生まれたのは恐らく父親の仕事の関係で、生まれた後はすぐにブダペストへ戻って育てられた。第一次世界大戦後に一家はパリへ移り、マリカはそこでホフマン舞踊団に入り、10代の時からムーラン・ルージュの舞台に立った。舞踊団の海外ツアーでアメリカ

へ行き、そこでブロードウェイのダンスに触れる。レックはそのままアメリカに残り、1920年代後半は「ジーグフェルド・フォリーズ」などの振付で活躍していたネッド・ウェイバーンの下で働き、タップ・ダンスなどのアメリカ流の踊りをマスターする。

1929年にヨーロッパへ戻り、英国でトーキー初期の作品「水兵はなぜ家を後にしたか」Why Sailors Leave Home (1930)*と、「キスして、軍曹」Kiss Me Sergeant (1932*)に出るが、ここではまだ端役のダンサー。祖国ハンガリーへ戻り、2本の喜劇「キスして、あなた」Csókolj meg, édes! (1932)*と、「幽霊列車」Kísértetek vonata (1933)*で主演する。これに注目したのがドイツの最大手のウーファで、1934年に2年契約を結び、ミュージカル作品を作り始める。

最初の「軽騎兵」Leichte Kavallerie (1935)*で人気が沸騰し、続いて「熱血」Heißes Blut (1936)*が作られて、ゲオルク・ヤコビー監督と出会う。マリカの人気に目をつけたナチスの支援も受けて、オランダ人のテノール歌手ヨハネス・ヘースタースと組んだ作品が作られる。二人が組んだオペレッタは「乞食学生」Der Bettelstudent (1936)、「ガスパローネ」Gasparone (1937)*、「ハロー、ジャニーヌ！」Hallo Janine! (1939)*がある。

ヘースタース以外と組んだ作品としては、ヤコビーが監督した「そしてあなたは私の最愛の人と行く」Und du mein Schatz fährst mit (1937)*と「五月の一夜」Eine Nacht im Mai (1938)*、アルヴィン・エリンク監督で、頭の固い叔父を口説いて、親類の男と結婚しようとする踊り子役の「回転木馬」Karussell (1937)*、祖国ハンガリーに戻って出演した喜劇「いばら」Vadrózsa (1939)*、ヴィクター・スタールと共演した喜劇「私を愛して」Hab mich lieb (1942)*がある。

そのほか、ツァラー・レアンダーの主演したチャイコフスキーの伝記「さんざめく舞踏会の夜」Es war eine rauschende Ballnacht (1939)では脇役での出演で、チャイコフスキーと結婚する、踊り子役を演じている。また、イルゼ・ヴェルナー主演の「希望音楽会」Wunschkonzert (1940)にもゲスト出演している。

1940年にゲオルク・ヤコビー監督と結婚してからは、ほとんどの作品をヤコビーが監督している。レックが二役を演じた「美貌の敵」Kora Terry (1940)、ドイツ最初のカラー長編「女こそ優れた外交官」Frauen sind doch bessere Diplomaten (1941)*、「皇帝とのダンス」Tanz mit dem Kaiser (1941)*、「わが夢の女性」Die Frau meiner Träume (1944)*と、戦争中に優れた作品を生み出している。

第二次世界大戦後には、オーストリアで「フレゴーラ」Fregola (1948)*に出演、同じくオーストリアでヤコビーが監督した「ドナウ河の子」Kind der Donau (1950)*は、マリカ・レックが出演予定の劇場が火事になり、寄付を集めて再建する話。次の「サン・レモの旋風」Sensation in San Remo (1951)*も監督はヤコビーだが、西独での制作で、体操教師が実はショーに出演していたという話。

以降も監督はずっとヤコビーで、「チャールダッシュの女王」Die Csardasfürstin (1951)*、「青い仮面」Maske in Blau (1953)*、「離婚した女」Die geschiedene Frau (1953)*、「緑のオウムの夜」Nachts im grünen Kakadu (1957)*、久々にヘースタースと共演した「マリカの自由公演」Bühne frei für Marika (1958)*などのミュージカルを作った。「初演前夜」Die Nacht vor der Premiere (1959)*もヤコビー監督だが、レックはこの作品では脇役に回っている。

ヤコビー監督は1960年を最後に引退するので、レックはほかの監督と組んで、現代版の「こうもり」Die Fledermaus (1962)*や、「パラダイス・ホテルでの初夜」Hochzeitsnacht im Paradies (1962)などの作品に出演したが、次第に活動の場をテレビと舞台に移した。

軽騎兵 Leichte Kavallerie (1935)*は、マリカ・レックのドイツでのデビュー作品で、ウーファ制作のヴェルナー・ホックバウム監督作品。継父から虐待された娘マリカ・レックは、家から逃げ出し、旅回りのサーカスで馬に乗り軽業を演じて人気者になる。一座の座長はレックに惚れて、大スターとして育てようとするが、レックは馬の世話係に恋をする。ハンガリーの小説に基づく話で、レックの出

世作となった。仏語版はCavalerie légère (1935)*で、レックではなくモナ・ゴヤが演じている。

熱血 Heißes Blut (1936)*は、ハンガリーを舞台とした物語。マリカ・レックは、かつては金満家だったものの、今ではほとんどの財産を失った家の娘だ。彼女は恋人を助けるために、なけなしの財産を使って彼の債務を肩代わりする。ナチスによって禁止されていたジプシー音楽が沢山使われている。ウーファ制作で、監督はゲオルク・ヤコビー。レックがヤコビー監督と組んだのはこの作品が最初。

乞食学生 Der Bettelstudent (1936)は、カール・ミレカーのオペレッタの映画版。領主の無礼な態度に平手打ちで応じた貴族の娘に腹を立てて、領主は牢獄にいた乞食学生ヨハネス・ヘースタースたちを貴族に仕立て、その娘と恋をさせ、いざ結婚という時に彼の身分を明かして、笑いものにしようと考える。ところが、その乞食学生は高貴な生まれだったことがわかる。

マリカ・レックは平手打ちする娘の姉妹役。テノールのヨハネス・ヘースタースとレックはこの作品が初の共演。宴会の踊りの場面で、バスビー・バークレイ風の俯瞰撮影が使われている。ゲオルク・ヤコビー監督のウーファ作品。別キャストで仏語版Les deux favoris (1936)*も作られている。

そしてあなたは私の最愛の人と行く Und du mein Schatz fährst mit (1937)*でのマリカ・レックは、ドイツのオペラ歌手で、ブロードウェイの制作者から招かれてアメリカへ渡る。しかし、渡航中からトラブルに巻き込まれ、アメリカでは盗みの疑いで告訴されて窮地に陥るが、航海中に知り合った男に助けられて、無事に舞台を務めてスターとなる。ゲオルク・ヤコビー監督のウーファ作品。

ガスパローネ Gasparone (1937)*も、「乞食学生」(1936)に続く、カール・ミレカーのオペレッタの映画版。市長が放蕩息子を金持ちの貴族娘と結婚させようとするが、対抗馬としてヨハネス・ヘースタースが現れる。ヤコビー監督で、ウーファ作品。

五月の一夜 Eine Nacht im Mai (1938)*のマリカ・レックはお転婆娘で、免許停止中なのに自動車事故を起こして逃げ回り、その途中でも不倫中の男性と事故を起こす。そうしてベルリンへ戻り、ホテルのパーティに出席すると、偶然に事故の相手の男性と出会ってしまう。ヤコビー監督のウーファ作品。

ハロー、ジャニーヌ! Hallo Janine! (1939)*は、ヤコビー監督ではなくカール・ボーズ監督のウーファ作品。マリカ・レックはパリのレヴューの踊り子だが、親友をひどい目に遭わせたプレイ・ボーイの貴族ヨハネス・ヘースタースに復讐しようと考えて、変装して貴族のパーティで彼に近づく。しかし、貴族だと思った相手は作曲家の好青年だとわかる。派手なショー場面があり、有名な『音楽、音楽、音楽』が歌われるなど、レックの代表作の1本。

美貌の敵 Kora Terry (1940)のマリカ・レックは、コーラとテリーという双子の姉妹を二役で演じる。コーラとテリーは二人で組んでダンスを踊っているが正反対の性格で、派手で人気のあるコーラと何事にも控えめな性格のテリーとが、作曲家の男の愛をめぐって対立し、テリーは気が動転してコーラを傷つけてしまう。そこで、事故を隠そうと、テリーはコーラに代わってショーに出演することになる。しかし、そのコーラにスパイの嫌疑がかかることから、実はテリーだと告白せざるを得なくなり、複雑な展開となる。

二人で踊るタップ・ダンスの場面、マグレブ諸国でのベリー・ダンス風の踊り、東欧の田舎風の民族舞踊など、舞台場面がふんだんに用意されたヤコビー監督のウーファ作品。戦争中の日本で公開された、最後のドイツ・ミュージカル作品。

希望音楽会 Wunschkonzert (1940)は、イルゼ・ヴェルナーの主演作品で、マリカ・レックはゲスト出演。1936年のベルリン・オリンピック開催中にヴェルナーは空軍中尉と恋におちて結婚を考えるが、中尉は秘密指令でどこかへ派遣されたために、連絡がとれなくなる。第二次世界大戦が始まり、慰問用の「希望音楽会」というラジオ番組が始まり、この番組で二人は手がかりをつかみ再会する。希望音楽会とは、リクエストにより希望の音楽を流す番組のこと。エデュアルト・フォン・ボルソディ監督のウーファ作品。

女こそ優れた外交官 Frauen sind doch bessere Diplomaten (1941)*は、ドイツで最初に作られたカラーの長編映画。アメリカが「オズの魔法使」(1939)や、「風と共に去りぬ」(1939)などの美しいテクニカラー作品を立て続けに制作したことから、ドイツもこれに対抗してカラー映画技術を確立して、この映画を作った。

議会でカジノを禁止する法案が作られると聞いたカジノ経営者が、姪の踊り子マリカ・レックを議会の反対工作に送り込む。レックは苦戦するものの、司令官ヴィリー・フリッチュを恋の力で味方につける。ゲオルク・ヤコビー監督のウーファ作品。

皇帝とのダンス Tanz mit dem Kaiser (1941)*は、ドイツ皇帝ではなくオーストリア皇帝の話。皇帝の補佐官を務める貴族の青年が、トランシルヴァニアを通りかかった時に馬車が故障し、土地の領主の館に宿を頼む。領主はまだ若く美しい男爵未亡人マリカ・レックで、二人はたった一晩で恋におちてしまう。レックは、彼をお忍びで旅行中の皇帝ヨゼフ2世だと思い込み、再会したいと手紙を出す。ヨゼフ2世は女に興味がなく、母の皇后も困っていたが、男爵未亡人からの手紙に驚いた皇后が、レックを呼び寄せる。舞踏会で皇帝に会ったレックは人違いなので驚くが、皇帝のほうはレックに惚れてしまう。最後は事情を察した皇后の配慮で、補佐官がレックと結ばれる。田舎の祭りや、民族舞踊を取り入れた踊りが見どころ。ヤコビー監督のウーファ作品。

私を愛して Hab mich lieb (1942)*は、ハラルド・ブラウン監督のウーファ作品。踊り子レックは寝坊して舞台に遅刻し、アドリブで舞台をめちゃくちゃにして、クビになる。悪いことに下宿の部屋代も払えずに、部屋も追い出されてしまう。しかし、隣の部屋の男に助けられ、彼の友人の男と恋するようになる。

わが夢の女性 Die Frau meiner Träume (1944)*は、ヤコビー監督で作られたウーファのカラー作品。レヴュー・スターのマリカ・レックは、劇場での生活にうんざりして、列車から偶然に降りた場所で山に逃げ込む。山では鉱山技師に助けられて、田舎の生活を満喫、主婦の楽しさも発見する。劇場の演出家が毛皮のコートを手掛かりにして彼女を探し出し、もとのレヴューに連れ戻すが、鉱山技師が追ってきて結ばれる。

チャールダッシュの女王 Die Csardasfürstin (1951)*は、戦前に沢山作られた、レックとヘースタース共演のヤコビー監督作品で、カールマンの有名なオペレッタの映画版。

ウィーンでチャールダッシュの女王と呼ばれているマリカ・レックは、貴公子ヨハネス・ヘースタースを好きなのだが、身分違いで結婚できない。ヘースタースは貴族の娘と結婚するはずだったが、その娘が駆け落ちするので、二人は晴れて結婚することができる。

戦前には同じくハンガリー出身の歌姫マルタ・エゲルトで、「チャルダス姫」Die Czardasfürstin (1934)として映画化されている。

青い仮面 Maske in Blau (1953)*は、1937年に初演されたフレッド・レイモンドの同名オペレッタの映画版。仮面舞踏会で出会った青い仮面の婦人を描いた画家が、彼女と再会して恋をする。ゲオルク・ヤコビー監督作品。

離婚した女 Die geschiedene Frau (1953)*でも、マリカ・レックがヨハネス・ヘースタースと共演している。舞台でいつも共演しているオペラ歌手ヘースタースとレックが、ひょんなことから同じ部屋で一夜を過ごすことになる。二人の間には何もないが、レックの夫はひどくやきもちを焼き、それが逆効果になる。ヤコビー監督。

緑のオウムの夜 Nachts im grünen Kakadu (1957)*は、映画出演からしばらく遠ざかっていたレックのカムバック作品。多額の借金を背負い、芸人を雇えなくなったナイト・クラブ「緑のオウム」の経営を引き継いだレックが、自らショーを見せることにする。監督は相変わらず夫のゲオルク・ヤコビーが担当。

マリカの自由公演 Bühne frei für Marika (1958)*のマリカ・レックはミュージカル・スターで、夫はショーの作曲家。夫と離婚したレックは、夫の助けなしでも立派にショーを実現できることを証明しようと頑張る。これもヤコビー監督。

★

ヨハネス・ヘースタース Johannes Heesters (1903.12.5-2011.12.24)

第 11 章　ドイツの作品

ヨハネス・ヘースタースはオランダ出身のオペレッタ歌手で、1930年代から活躍を始め、21世紀に入り100歳を超えても舞台に立っていた長寿の役者として知られている。「メリー・ウィドウ」のダニロ役を得意とし、32年間に1600回以上演じたという。若い時にこのダニロを見たアドルフ・ヒトラーが大変気に入り、第三帝国で大事にする芸術家のリストに載せたことから、ナチス高官や親衛隊との付き合いがあり、本人は否定していたが、戦争協力者といわれていた。しかし、戦後のドイツでも人気があり、西独でも映画や舞台で活躍し、100歳で栄誉ある「宮廷歌手」の称号を得ている。

ヘースタースは1903年にオランダで生まれ、幼少期にドイツの親類の家で暮らしたこともあり、ドイツ語に堪能だった。16歳でオペレッタの歌手になることを決心して訓練を受ける。17歳の時に舞台で歌い始めて、無声映画の端役にも出演する。

念願どおりにオペレッタの舞台に立ったのは1934年のフォルクスオーパーで、ミレカーの「乞食学生」がデビュー作品。この頃から映画にも本格的に出演し始める。トーキー最初の出演作品はオランダで作られた「ブリーク・ベット」Bleeke Bet (1934)*で、この作品ではまだ端役。オーストリアで作られた「会社のすべて」Alles für die Firma (1935)*にも端役で出ているが、この作品のオランダ語版「四人のムラー」De vier mullers (1935)*では脇役を務めている。

1936年にベルリンへ移り、ウーファと契約して映画に出演するようになる。「皇帝の燭台」Die Leuchter des Kaisers (1936)*でもまだ脇役だが、次に出演したミレカーのオペレッタの映画版「乞食学生」Der Bettelstudent (1936)では、ミュージカル女優として人気のあったマリカ・レックと共演する。この二人のコンビは、それまで人気のあった、リリアン・ハーヴェイとヴィリー・フリッチュに代わる形でドイツ音楽映画での人気カップルとなった。

そこで、ウーファはこの二人を使い、「ガスパローネ」Gasparone (1937)*と「ハロー、ジャニーヌ！」Hallo Janine! (1939)*を作った。その後は別々に活動したが、戦後も「チャールダッシュの女王」Die Csardasfürstin (1951)*、「離婚した女」Die geschiedene Frau (1953)*、「マリカの自由公演」Bühne frei für Marika (1958)*の3本で共演した。

マリカ・レックの作品以外では、名ソプラノのマルタ・エゲルトと共演した「思ひ出の曲」Das Hofkonzert (1936)、妻に捧げるセレナーデが知らぬ間にレコード発売されてしまう「女が黙るとき」Wenn Frauen schweigen (1937)*、音楽を愛し女性を嫌う男爵が男装した甥の嫁に騙される「私の叔母　あなたの叔母」Meine Tante - deine Tante (1939)*、プレイ・ボーイのオペラ歌手が次々と女性を口説き離婚されそうになる「冒険は続く」Das Abenteuer geht weiter (1939)*、ベスト・セラー「愛の学校」の作家とテノール歌手の両方の秘書をこなしている娘がどちらを選ぶかで迷う「愛の学校」Liebesschule (1940)*、画家が放浪者たちと10日間一緒に暮らす「陽気な放浪者たち」Die lustigen Vagabunden (1940)*、カール・ツェラーのオペレッタ「小鳥売り」の映画版「チロルの薔薇」Rosen in Tirol (1940)*に出演している。

その後も、本格的なミュージカルから歌入りコメディまで、多くの娯楽作品に出ている。「あなただけ！」Immer nur-Du! (1941)*、「ジェニーと燕尾服の男」Jenny und der Herr im Frack (1941)*、「幻想」Illusion (1941)*、「恋のカーニバル」Karneval der Liebe (1943)、「天国の扉のアクセル」Axel an der Himmelstür (1944)*、「愛よ永遠に」Es lebe die Liebe (1944)*、「幸い女性のために」Glück bei Frauen (1944)*、「それは無邪気に始まった」Es fing so harmlos an (1944)*などがある。ナチス政権下で最後に作られたのは「こうもり」Die Fledermaus (1946)*で、1944年に撮影されたが、公開は戦後になってからだった。

戦後は音楽物のほかに、ロマンチック・コメディなどにも出演しているが、主な作品としては、「ウィーンの旋律」Wiener Melodien (1947)*、「パラダイス・ホテルでの初夜」Hochzeitsnacht im Paradies (1950)*、「夜の蝶教授」Professor Nachtfalter (1951)*、「幸せに踊る」Tanz ins Glück (1951)*などがある。

この頃から古き良き時代を偲ぶ作品が増え

て、オペレッタの「チャールダッシュの女王」Die Csardasfürstin (1951)*、「白馬亭にて」Im weißen Rößl (1952)*、「オペラ座の舞踏会」Opernball (1956)*のほか、マリカ・レックと組んだ作品や、戦前のヒット作の再映画化である「リオの星」Stern von Rio (1955)*、「ベラミ」Bel Ami (1955)*、「ヴィクターとヴィクトリア」Viktor und Viktoria (1957)*に出演している。

ツァラー・レアンダー Zarah Leander
(1907.3.15–1981.6.23)

　ツァラー・レアンダーは、1907年生まれのスウェーデン女優で、1920年代末にはスウェーデンの舞台でオペレッタなどに出ていた。スウェーデンでは4本の映画に出演し、主演ではないが歌う役を演じている。その後イタリア、フランス、ドイツなどの映画で歌っているが、主演作品はない。

　ドイツで作られた「ボートの8人娘」Acht Mädels im Boot (1932) は、日本でも公開されているが、これも歌だけの出演。アメリカでもバーンズとアレンのミュージカル映画「愛は花盛り」Love in Bloom (1935) で歌ったほか、アステアとロジャースの「艦隊を追って」(1936) のバック・コーラスにも出ている。

　1935年にウィーンでオペラに出ていたところをスカウトされて、最大手の映画会社ウーファと契約して1936年にドイツに腰を落ち着ける。アメリカで活躍したグレタ・ガルボと同じスウェーデン出身なので、ドイツのガルボと呼ばれて、当時最も高給取りの映画スターになった。スウェーデン的な美人で、低い歌声も魅力的なので、彼女の作品には必ずといっても良いほど歌が挿入されている。契約した時期にちょうどウーファがナチスの支配下に置かれたので、娯楽映画とはいいながらも、ナチス色の強い作品に出演した。

　戦争中は家族を祖国スウェーデンに戻し、一人だけドイツに残って映画出演しており、その間の出演料はドイツ通貨と外貨で半分ずつ受け取る契約だったが、ナチスがその契約を守らなかったため、1942年にスウェーデンに帰国。祖国で活動しようとしたが、ナチス協力者といわれて、戦争中は彼女の歌の放送が禁止されたために、活動再開に時間がかかった。

　ドイツで最初に出た作品は「初演」Premiere (1937)*で、レヴューの上演中に殺人事件が起こり、劇場の舞台裏で捜査が進められる。ハリウッドの「絢爛たる殺人」Murder at the Vanities (1934) を、そのまま真似た作品といえる。舞台場面では、アステアとロジャース風の踊りや、バスビー・バークレイ風の群舞が展開され、レアンダーはウィニー・ショウ的な歌い方を披露する。

　続く「世界の涯てに」Zu neuen Ufern (1937) は、愛する男の身代りとなってオーストラリアの刑務所へ送られる英国人オペラ歌手の話でメロドラマ風。「南の誘惑」La Habanera (1937) は、プエルト・リコ人と結婚したスウェーデン人が、望郷の念に駆られる話で、ここまでのレアンダーは、ドイツ人ではなく外国人役ばかり演じている。

　「故郷」Heimat (1938) でのレアンダーは初めてのドイツ人役で、父親と折り合いが悪くアメリカへ渡ったレアンダーが、祖国ドイツへ戻り和解する。この程度の他愛ない話でも、見方によってはナチスの宣伝映画だと思えるだろう。「青狐」Der Blaufuchs (1938)*は、堅物の夫を持つレアンダーが夫の友人によろめく話。「さんざめく舞踏会の夜」Es war eine rauschende Ballnacht (1939) はチャイコフスキーの伝記作品で、レアンダーはチャイコフスキーを密かに支援する貴婦人役を演じている。

　「砂漠の歌」Das Lied der Wüste (1939)*は、北アフリカの砂漠で英国軍に捕らえられたスウェーデン人の恋人のために歌い続ける英国人オペラ歌手という設定。ロムバーグのオペレッタ「砂漠の歌」Desert Song (1926) とは関係がない。「女王の心」Das Herz der Königin (1940)*は、スコットランドの女王メアリー・ステュアートをレアンダーが演じている。

　「自由への道」Der Weg ins Freie (1941)*は、イタリア人と結婚したオペラ歌手のメロドラマ。「大いなる愛」Die große Liebe (1942)*は、ドイツで将校と結婚した歌手が戦争中に苦労する話。「あの頃は」Damals (19

43)*もメロドラマで、女医のレアンダーが性格の合わない夫のために苦労する。レアンダーがドイツで出演した作品はこれが最後となる。

1940年代後半は歌うだけで、映画への出演はできずにいたが、1950年代になり、西ドイツへ戻りナイト・クラブ歌手役を演じた「ガブリエラ」Gabriela (1950)*や、やはりクラブ経営者を演じた「キューバ・カバナ」Cuba Cabana (1952)*に出演、「アヴェ・マリア」Ave Maria (1953)*でもナイト・クラブの歌手役を演じた。「青い蛾」Der blaue Nachtfalter (1959)*が最後の主演作で、オペラ歌手が長い投獄生活の後にナイト・クラブ歌手になるというメロドラマ。こうして並べてみると、結局は戦後の出演作も戦前の歌入りメロドラマ路線をそのまま継続している。

ラ・ヤーナ　La Jana
(1905.2.24-1940.3.13)

ラ・ヤーナは、1905年にウィーンで生まれた女性ダンサー。まだ小さい時に両親とともにフランクフルトへ移り、その地でバレエを習い10代からオペラのバレエ場面で踊っていた。10代の後半からはキャバレーで踊るようになり、フランクフルトだけでなく、ベルリン、ウィーン、パリ、ロンドンのキャバレーに出演している。20歳となった1925年から無声映画にも出演し始めて10作品以上に出演している。

トーキー時代になって最初に出たのは、ポーランドの革命劇「ワルシャワの城塞」Die Warschauer Zitadelle (1930)*で、ストリップ的な踊りを見せている。次の「美食家」Der Schlemihl (1931)*では主人公の美食家に惚れられるダンサー役、「私はあなた」Ich bin Du (1934)*はラ・ヤーナ主演のドラマで26分の短編。その後は1934-35年に英国やスコットランドで巡回公演をしたので、映画には出ていない。

ドイツに戻り1936年から再び映画に出演するが、題名からもわかるとおりに、異国的な題材が多い。ラ・ヤーナという名前もインド風の響きがあり、そうしたエキゾチックなムードで人気があった。「空中劇場」Truxa (1937)は綱渡り芸人の話で、ラ・ヤーナは恋人のダンサー役。

「ベンガルの虎」Der Tiger von Eschnapur (1938)*は、テア・フォン・ハルボウの小説「インドの墓」の映画版。この作品が前編で、続く「インドの墓」Das indische Grabmal (1938)*が後編。ラ・ヤーナはベンガル地方のマハラジャの妻で、複雑な恋愛関係が描かれるドラマ中心の作品だが、この中でもラ・ヤーナはインド風の踊りを見せている。

「輝くスター」Es leuchten die Sterne (1938)*は、ミュージカル風の作品で映画界の舞台裏を描いている。「ヴァラエティの人々」Menschen vom Varieté (1939)*もヴァラエティ・ショーの舞台裏の恋物語で、恋のもつれが殺人にまで発展してしまう。「リオの星」Stern von Rio (1940)*は、ブラジルで掘り出された巨大なダイヤをめぐる話。

ラ・ヤーナはこれらの作品を撮った後、慰問巡回公演の無理のためか、1940年に、35歳の若さで肺炎により亡くなった。なお、50年代に入り、「ベンガルの虎」と「インドの墓」を再編集して1本に短縮した、「インドの復讐」Indische Rache (1952)*も作られている。

ゲツァ・フォン・ボルヴァリー　Géza von Bolváry (監督) (1897.12.26-1961.8.10)

ゲツァ・フォン・ボルヴァリーは、ハンガリー出身の映画監督で、無声時代からの監督作品は100本に及ぶが、トーキー以降の作品は、そのほとんどが音楽物だった。ボルヴァリーは1897年にブダペストに生まれ、高校卒業後は王立陸軍学校に進み、17歳で志願して第一次世界大戦中は大尉として戦う。

戦争終了後にはフリーランスの記者となるがうまく行かずに、1919年にブダペストで映画に出演するようになる。エキストラから始めて役者となり、1920年からは監督に転向する。1921年には映画演劇学校を始めるが、ハンガリーの映画産業は彼には小さ過ぎたようで、1923年から活躍の場を求めて、ウィーン、ミュンヘン、ロンドンなどの映画会社で映画を撮り、最終的に落ち着いたのはベルリンだった。

トーキー時代に入り「娘の教師」Der Erzieher meiner Tochter (1930)*、「デリカテッセン」Delikatessen (1930)*の2本を監督するが、3本目に撮ったオペレッタ作品「4分の3拍子の二つの心」Zwei Herzen im Dreiviertel-Takt (1930)*が好評だったので、それを天職に感じたのか、それ以降のほとんどの作品は、オペレッタ物、歌入り喜劇、音楽映画などで、ドイツ語圏の音楽映画を支え続けた。初期の作品では台本作家のワルター・ライシュと作曲家ロベルト・シュトルツと組んだ作品が多い。

職人肌の監督で1930年代と40年代はお気に入りの役者を使って、映画を量産した。第二次世界大戦中も無害な娯楽映画で切り抜けて、戦後の混乱期は停滞するが、病気で監督を引退する1950年代末まで音楽作品を作り続けた。戦後はウィーン・フォルクスオーパーの演出を手がけたこともある。ウィーン風のオペレッタも、ハリウッド風のミュージカルも作れる器用な監督だった。

「4分の3拍子の二つの心」(1930)*では、ウィーン出身のヴィリ・フォルストや、アメリカでも名脇役として活躍したブダペスト出身のサカルなどを使っている。

トーキー初期にはフォルストの作品が多く「君に捧げるタンゴ」Ein Tango für Dich (1930)*、フォルストがリアーネ・ハイトと共演した「歌は終わりぬ」Das Lied ist aus (1930)*、「オーダー・メイドの主人」Der Herr auf Bestellung (1930)*、「維納の花嫁」Die lustigen Weiber von Wien (1931)、「モナ・リザの失踪」Der Raub der Mona Lisa (1931)、「君を夢みて」Ich kenn' dich nicht und liebe dich (1934) (仏語版Toi que j'adore〔1934〕*) がある。

「維納の花嫁」は日本公開時の題名だが、原題は「ウィーンの陽気な女房たち」で、シェイクスピアの戯曲「ウィンザーの陽気な女房たち」のもじりとなっている。

フォルストの後では、グスタフ・フレーリヒの作品が続く。「愛の指令」Liebeskommando (1931)*から始まり、マルタ・エゲルトとの共演の「歌、接吻、娘」Ein Lied, ein Kuß, ein Mädel (1932)*、リアーネ・ハイトとの共演の「あなたが誰なのか気にしない」Ich will nicht wissen, wer du bist (1932)*、「恋の日曜日」Ein Mann mit Herz (1932)、「女性の夢は何」Was Frauen träumen (1933)*、「偉大なる愛の夜」Die Nacht der großen Liebe (1933)*、「ストラディヴァリウス」Stradivari (1935)* (仏語版はStradivarius〔1935〕*)、「愛の囁き」Es flüstert die Liebe (1935)*、「誘拐」Die Entführung (1936)*と続いた。

ボルヴァリー監督と同郷ブダペスト出身のフランチスカ・ガールの主演では、「失礼、私の間違いです」Pardon, tévedtem (1933)*、「春のパレード」Frühjahrsparade (1934)がある。

また、リアーネ・ハイトの出演作はフォルストとの共演の「歌は終わりぬ」(1930)*、フレーリヒとの共演の「あなたが誰か気にしない」(1932)*のほか、「南の城」Das Schloß im Süden (1933)*がある。

1934年に作ったショパンの伝記作品「別れの曲」Abschiedswalzer (1934)*は、日本でも公開されたが、日本に輸入されたのは仏語版のLa chanson de l'adieu (1934)だったので、フランス映画と誤解されているが実はドイツ作品。この件については、岡俊雄が著書「フィルム・ミュージック」で、「東和商事の川喜多かしこ夫人が、双方の試写を見てフランス語版の方が出来が良いから、そちらを買ったと言われたのをききおぼえていた」と記している。

そのほかにもマグダ・シュナイダー主演の「冬の夜の夢」Winternachtstraum (1935)*を作っているが、この題名もシェイクスピアの「真夏の夜の夢」のもじりとなっている。

その後は、「フランドルの城」Das Schloß in Flandern (1936)*、「女学校」Mädchenpensionat (1936)*、「収穫」Ernte (1936)*、「放浪者ルムパチ」Lumpacivagabundus (1936)*などの後、ツァラー・レアンダーのデビュー作「初演」Premiere (1937)*を撮り、ヤン・キープラとマルタ・エゲルト共演の「ボヘミアンの魅力」Zauber der Boheme (1937)*、アニー・オンドラ主演の「魅惑」Der Unwiderstehliche (1937)*、ケーテ・フォン・ナギの「フィナーレ」Finale (1938)*など、いろいろなスターの作品を担当、「命の鏡」Spiegel des Lebens (1938)*、「大河と草原の

間に」Zwischen Strom und Steppe (1939)*（ハンガリー語版 Tiszavirág〔1939〕*）、「マリア・イローナ」Maria Ilona (1939)* と続いた。

「オペラ座の舞踏会」Opernball (1939)* でマルテ・ハレルを見出してからは、しばらく彼女の作品が続く。「ウィーンの出来事」Wiener G'schichten (1940)*、オペラ作曲家とプリマ・ドンナとの恋愛を描いた「帰還」Ritorno (1940)*、ヨハネス・ヘースタースと共演の「チロルの薔薇」Rosen in Tirol (1940)*、次はヴィリー・フリッチュと共演の「三回目の結婚式」Dreimal Hochzeit (1941)*、「秘密の伯爵夫人」Die heimliche Gräfin (1942)*、「暗い日」Der dunkle Tag (1943)*、「シュランメル兄弟」Schrammeln (1944)*、ヘースタースと共演の「こうもり」Die Fledermaus (1946)* が作られた。ヘースタースは後の「パラダイス・ホテルでの初夜」Hochzeitsnacht im Paradies (1950)* でも起用されている。この間にほかの役者を起用した作品としては「運命」Schicksal (1942)*、「高潔な男？」Ein Mann mit Grundsätzen？(1943)* などがあった。

戦後は1950年から監督を再開するが、特定の役者を使うという形ではなく、その時々にいろいろな役者を起用している。作品名だけ記載しておくと、「私の愛するあなたは誰？」Wer bist du, den ich liebe？(1950)*、「パラダイス・ホテルでの初夜」(1950)*、「黒い瞳」Schwarze Augen (1951)*、「愚妻」Meine Frau macht Dummheiten (1952)*、「フリッツとフリデリケ」Fritz und Friederike (1952)*、「連隊の娘」Die Tochter der Kompanie (1953)*、「いつか私は戻る」Einmal kehr' ich wieder (1953)* などがある。

1950年代の後半は、「私のレオポルド」Mein Leopold (1955)*、「チロルの愛」Ja, ja die Liebe in Tirol (1955)*、「黒い森の旋律」Schwarzwaldmelodie (1956)*、「ツバメの歌うこと」Was die Schwalbe sang (1956)*、「ドン・コサック合唱団」Das Donkosakenlied (1956)*、「山頂」Hoch droben auf dem Berg (1957)*、「美しき世界」Schön ist die Welt (1957)*、「すべて良好」Es wird alles wieder gut (1957)*、「五月のふたつの心」Zwei Herzen im Mai (1958)*、「唯一度の」Das gab's nur einmal (1958)*、「キルシュのチョコレート・ケーキ」Schwarzwälder Kirsch (1958)*、「ラデツキー行進曲よ高らかに」Hoch klingt der Radetzkymarsch (1958)*、「歌は世界を廻る」Ein Lied geht um die Welt (1958)* などがある。

マルテ・ハレル Marte Harell
(1907.1.4-1996.3.12)

マルテ・ハレルはウィーン出身の女優で、ゲツァ・フォン・ボルヴァリー監督に見出されて一連のオペレッタ映画に出演した。ウィーンのオペレッタに似合う、上品さを持った女優だった。1907年生まれで、高校時代に演劇を勉強したという。演劇の世界に入り、デビューしたのが1937年で、ミュンヘンやベルリンの劇場に出ていた。

1939年にゲツァ・フォン・ボルヴァリー監督の「オペラ座の舞踏会」に出演して好評だったので、戦争中はずっとボルヴァリー監督の下でオペレッタ映画に主演した。しかし、本格的なオペラの場面は吹替のようだ。戦後は主にオーストリアで活躍して、1951年にはオーストリアで一番人気のある女優に選ばれ、1960年代まで映画にも出演し続けたが、戦後のミュージカル作品は少ない。1970年以降はテレビに出演している。

ボルヴァリー監督作品には、「オペラ座の舞踏会」Opernball (1939)*、「ウィーンの出来事」Wiener G'schichten (1940)*、「帰還」Ritorno (1940)*、「チロルの薔薇」Rosen in Tirol (1940)*、「三回目の結婚式」Dreimal Hochzeit (1941)*、「秘密の伯爵夫人」Die heimliche Gräfin (1942)*、「暗い日」Der dunkle Tag (1943)*、「シュランメル兄弟」Schrammeln (1944)*、「こうもり」Die Fledermaus (1946)* がある。

ほかの監督と組んで作った作品は、ヴィリ・フォルストが監督した「女は天使じゃない」Frauen sind keine Engel (1943)*、ハレルが楽団歌手を演じた「素晴らしい夜」Tolle Nacht (1943)*、ヨハネス・ヘースタースと共演した「天国の扉のアクセル」Axel an der Himmelstür (1944)*、古き良き時代を描い

た「ロマンチックな新婚旅行」Romantische Brautfahrt (1944)*があった。

戦後は、オーストリアで「私を信じて」Glaube an mich (1946)*に出て、映画出演を再開したが、音楽物は「ウィーンは踊る」Wien tanzt (1951)*、「君はヴェルター湖の薔薇」Du bist die Rose vom Wörthersee (1952)*といった程度で、1931年のリリアン・ハーヴェイの名作をリメイクした「会議は踊る」Der Kongreß tanzt (1955)*にも出演したが、脇役に回っている。

オペラ座の舞踏会 Opernball (1939)*は、ウィーン国立歌劇場の建物で行われる舞踏会をテーマとした作品で、夫の貞節を疑った妻が、舞踏会で変装して夫を試そうとする。19世紀末のウィーンを舞台に、着飾った人々の軽薄さをからかっている。

ハンス・モーザーらの喜劇役者が脇を固めた、ゲツァ・フォン・ボルヴァリー監督の作品。1956年にヨハネス・ヘースタースでリメイクされたが、その時にもハンス・モーザーが出ている。

ウィーンの出来事 Wiener G'schichten (1940)*は、ボルヴァリー監督の喜劇。20世紀初頭のウィーンで、若い未亡人ハレルが経営するカフェには、若く有能な給仕が二人いるが、ちょっとした誤解がきっかけで、一人がクビにされてしまう。彼は隣で同じようなカフェを始めるが、最後には和解してひとつの店となる。

帰還 Ritorno (1940)*は、イタリアの名テノールであるベンジャミーノ・ジリとハレルが共演した作品。二人ともオペラ歌手役での出演。オペラ歌手ハレルは若いオペラ作曲家と愛し合っているが、ハレルのほうが先に成功して、作曲家の楽譜出版を手助けする。出版は順調に進むが、二人はだんだんと疎遠となってしまう。しかし、最後には彼の新作オペラ「夢の音楽」に、ハレルも出演して二人は結婚する。

舞台場面で大勢の女性たちが化粧台に向かい、夜になってベッドに入るという構成は、バスビー・バークレイの「泥酔夢」Dames (1934)のタイトル曲から強い影響を受けている。ボルヴァリー監督作品で、独語版「夢の音楽」Traummusik (1940)*も作られている。

チロルの薔薇 Rosen in Tirol (1940)*は、カール・ツェラーのオペレッタ「小鳥売り」の映画版。内容は舞台版とは少し違っている。領主ヨハネス・ヘースタースが鳥撃ちに行くが、本当の目的は浮気の相手探しだ。后ハレルが浮気の現場を押さえようと変装して乗り込むと、そこにいるのは、村娘を口説こうとしていた小鳥売りの男だった。ボルヴァリーの監督作品。

三回目の結婚式 Dreimal Hochzeit (1941)*は、ロシア革命前後の欧州。サンクト・ペテルブルグでヴィリー・フリッチュ扮する王子は、平民のハレルと結婚しようとするが、身分違いの結婚を周りが許さない。革命の後、二人はベルリンで再会して結婚しようとするが、ハレルは歌手でフリッチュがタクシー運転手なので、フリッチュは自分を恥じて結婚できない。その後二人は豪華客船で出会う。3回目はバーテンダーとモデルの関係で、やっと結婚できる。ボルヴァリー監督作品。

秘密の伯爵夫人 Die heimliche Gräfin (1942)*もボルヴァリー監督の作品。女優の卵ハレルは、遊び人の伯爵夫人と内緒で入れ替わり、オペラ座の舞踏会に出席するが、ネックレスの盗難事件に巻き込まれてしまう。最後には疑いも晴れて恋人も見つかる。

暗い日 Der dunkle Tag (1943)*は、ボルヴァリー監督作品だが音楽物ではない。アフリカで鉱区の権利を得た男が、資金調達のために故郷へ戻り、幼なじみのハレルに結婚を申し込むが、彼に詐欺の疑いがかかり結婚できない。5年後に二人が再会した時に、ハレルは別の男と結婚していて、それでもなお駆け落ちをしようと持ちかける。ハレルの夫が何者かに殺されるので、男に疑いがかかるが、最後には疑いも晴れて、二人は結婚することができる。

女は天使じゃない Frauen sind keine Engel (1943)*は、ヴィリ・フォルスト監督のロマンチック喜劇。映画監督と台本作家が一緒に豪華客船で航海し、二人とも女の子に夢中になる。監督は家庭的な娘に惹かれて、台本作家が惚れたハレルは、犯罪の影が漂う娘だった。タイトル曲がヒットした。

素晴らしい夜 Tolle Nacht (1943)*は、リゾート・ホテルでの恋の騒動。楽団歌手ハレ

第11章 ドイツの作品

ルを、楽団リーダーとホテルの給仕グスタフ・フレーリヒが取り合う。テオ・リンゲンの監督作品。

天国の扉のアクセル Axel an der Himmelstür（1944）*は、ラルフ・ベラツキーの同名オペレッタ（1936）の映画版で、ハレルはヨハネス・ヘースタースと共演している。1936年の初演舞台では、後にドイツの映画スターとなるツァラー・レアンダーが主演デビューした。アクセルというのは男性の名前で、ヘースタースが演じている。アルトゥール・マリア・ラベナルト監督作品。

ロマンチックな新婚旅行 Romantische Brautfahrt（1944）*は、戦争末期に作られた当たり障りのない喜劇。年老いた結婚相手に会いに行く伯爵令嬢ハレルは、道中で若い男爵と一緒になり、旅をするうちに、互いに愛し合うようになってしまう。レオポルド・ハイニシュ監督作品。

シュランメル兄弟 Schrammeln（1944）*は、ウィーン名物のシュランメル音楽を始めたヨハンとヨゼフ・シュランメル兄弟の話。ハレルは兄弟の恋人役。シュランメル音楽は、19世紀末ウィーンの、ホイリゲと呼ばれるワイン酒場で人気があった。ヴァイオリン2本と、ギター、クラリネット、場合によってはアコーディオンという小編成の楽団で、民族音楽をベースとした曲を演奏するのが一般的だった。ボルヴァリー監督作品。

こうもり Die Fledermaus（1946）*は、有名なヨハン・シュトラウスのオペレッタの映画版で、ハレルはロザリンデ役、アイゼンシュタイン役にはヨハネス・ヘースタース、友人のフランク役がヴィリー・フリッチュという豪華な顔合わせ。オルロフスキー侯爵の役は、高い声域で書かれているため、舞台では通常女性によって演じられるが、この映画では男優が演じている。

公開は戦後の1946年だが、撮影されたのは戦争末期の1944年8月から10月にかけてで、連合軍によるパリ解放後に作られている。ドイツ敗戦が濃厚となった時期の作品なのに、ドイツが開発したアグファ・カラーで作っているのだから、当時のドイツの経済力は凄いものだと感心してしまう。

カラー映画なので、マルテ・ハレルは髪の毛を真っ赤に染めて、赤毛役を演じている。ボルヴァリー監督が戦争末期に破れかぶれで作った超大作。この作品の後にハレルは、ボルヴァリー監督で「素敵なズザンネ」Die tolle Susanne*という作品を撮り始めるが、未完成に終わるので、ナチス時代の作品としては「こうもり」が最後となった。

私を信じて Glaube an mich（1946）*は、戦後すぐにオーストリアで作られた喜劇。中年の教授が若い婚約者ハレルの気持ちを確かめるために、若い甥を滞在先のリゾート・ホテルに差し向けて誘惑させる。これを知ったハレルは教授に復讐することにする。結局、最後には二人の関係はうまく行かなくなってしまう。ゲツァ・フォン・ツィフラ監督作品。

ウィンナ・ワルツ Wiener Walzer（1951）*は、ヨハン・シュトラウス父子がウィーンの街中にワルツを流行らせる様子を描く。ハレルは恋人役。エミール・E・ライナート監督作品。

君はヴェルター湖の薔薇 Du bist die Rose vom Wörthersee（1952）*は、ブロードウェイで成功した作曲家が故郷オーストリアの田舎へ戻り、幼なじみの未亡人ハレルと結婚して幸せを見出す話。ヴェルター湖はオーストリア南部の湖。ヒュベルト・マリシュカ監督作品。

リッツィ・ヴァルトミュラー Lizzi Waldmüller（1904.5.25–1945.4.8）

リッツィ・ヴァルトミュラーは、1904年にオーストリアで生まれた女優。父親が移動演劇の監督だったので、幼い時から歌や演技の訓練を受けて、オペレッタの舞台に立つようになる。

映画デビューはゲオルク・ヤコビー監督の「スペインのハエ」Die spanische Fliege（1931）*で、「一目惚れ」Liebe auf den ersten Ton（1932）*などの作品に出た後に、ヴィリ・フォルスト主演、監督した「ベラミ 美しき女性のお気に入り」Bel Ami. Der Liebling schöner Frauen（1939）*で主題歌を歌い評判となる。

その後も「カサノヴァの結婚」Casanova heiratet（1940）*、ゲツァ・フォン・ボルヴ

ァリー監督の「帰還」Ritorno (1940)*、オペレッタを作る舞台裏を描く「ルナ夫人」Frau Luna (1941)*、「すべてはグロリアのために」Alles für Gloria (1941)*などに出演。「ヴェネチアの夜」Die Nacht in Venedig (1942)*では、離婚した歌手ヴァルトミュラーがヴェネチア公演中に元夫とのよりを戻そうと努力する。

「恋愛喜劇」Liebeskomödie (1943)*、「あなたとワルツを」Ein Walzer mit dir (1943)*、ヨハネス・ヘースタースと共演した「愛よ永遠に」Es lebe die Liebe (1944)*、「マクシミリアンのような男」Ein Mann wie Maximilian (1945)*に出演するが、1945年に戦争中の爆撃により亡くなった。

4　第二次世界大戦後

ペーター・アレクサンダー　Peter Alexander（1926.6.30-2011.2.12）

　ペーター・アレクサンダーは、戦後のドイツで多くの音楽映画に主演した人気歌手。1926年にオーストリアで生まれ、少年時代から歌っていたが、戦後は1946年にウィーン大学の医学部へ進んだ。しかし大学での勉強はすぐにやめて、演技の勉強をするようになる。

　演劇にも出るが、1951年に最初のレコードを出して歌手デビューする。レコード歌手として成功したアレクサンダーは、1980年代までヒット曲を出し続ける。その傍ら、1952年から約40本の映画に出演した。

　1952年から54年までに出演した8本の作品は脇役だったので、イタリアからカテリーナ・ヴァレンテをゲストに迎えた「愛とダンスと1000のヒット曲」Liebe, Tanz und 1000 Schlager (1955)*が最初の主演作品。ヴァレンテとは翌年も「ボンジュール、キャスリン」Bonjour Kathrin (1956)*で共演している。その後はスウェーデンから来たビビ・ジョーンズと「愛とジャズと有頂天」Liebe, Jazz und Übermut (1957)*、「彼女を解放したら大変だ」Wehe, wenn sie losgelassen (1958)*などに出演している。

　1950年代の作品は、大半が青春物だったが、1960年代になると古典的なオペレッタ作品を現代化した作品も手がけて、「白馬亭にて」Im weißen Rößl (1960)*、「こうもり」Die Fledermaus (1962)*、「パラダイス・ホテルでの初夜」Hochzeitsnacht im Paradies (1962)*、「メリー・ウィドウ」Die lustige Witwe (1962)*などに出た。

　そのほか、ボビー伯爵を主人公としたシリーズ、「ボビー伯爵の冒険」Die Abenteuer des Grafen Bobby (1961)*、「ボビー伯爵の甘い生活」Das süße Leben des Grafen Bobby (1962)*、「ボビー伯爵、ワイルド・ウェストの恐怖」Graf Bobby, der Schrecken des wilden Westens (1966)*も作っている。「ベラミ2000年版、プレイ・ボーイをいかにして誘惑するか」Bel Ami 2000 oder Wie verführt man einen Playboy? (1966)*などの後は、テレビでの出演が多くなった。

トニー・ザイラー　Toni Sailer（1935.11.17-2009.8.24）

　トニー・ザイラーは、1956年の冬季オリンピックにオーストリア代表として出場し、3つの金メダルを取って国民的な人気者となり、音楽に乗せたスキー映画に出演した。「ザイラーの初恋物語」Ein Stück vom Himmel (1958)がデビュー作品で、「黒い稲妻」Der schwarze Blitz (1958)、「満天の星」Tausend Sterne leuchten (1959)*と続き、その後に出た「ザイラーと12人の娘　白銀は招くよ！」12 Mädchen und 1 Mann (1959)は日本でも大ヒットする。

　そこで、松竹は彼を日本に招いて「銀嶺の王者」Der König der silbernen Berge (1960)を撮る。その後、ドイツに戻って制作されたのが「白銀に躍る」Kauf dir einen bunten Luftballon (1961)と、「空から星が降ってくる」Ein Stern fällt vom Himmel (1961)の2

第 11 章　ドイツの作品

本。この2本は、1950年代末に西ドイツのフィギュア・スケート選手として活躍したイナ・バウアーとの共演なので、豪華なスケート・レヴューが入っている。その後も数本の作品に出演しているが、ヒットはしなかった。

第 12 章
スペインの作品

第12章 スペインの作品

1 フラメンコとフランコ

知られざるスペイン映画

スペイン映画は、日本ではほとんど紹介されてこなかったので、ミュージカル映画も含めて、日本の書籍では記述が無きに等しい。乾英一郎の「スペイン映画史」の巻末にある年度別リストによると、戦後の日本公開スペイン映画は、1950年代に7本、1960年代に11本、1970年代に17本、1980年代には29本であり、1983年にフィルム・センターで「スペイン映画の史的展望」が開催されて、23本が上映されたことから、急速に関心が高まり、1980年代に多くのスペイン映画が上映されたことがわかる。

しかし、こうした関心も戦後の作品、特に1975年のフランコ政権崩壊後の作品に集中していて、それ以前の作品となると、メキシコで活動していたルイス・ブニュエルぐらいしか紹介されていない。そのために日本でのスペイン映画の紹介となると、大半の書籍は、映画の誕生から始まり、ルイス・ブニュエルの前衛的な作品、そこから突然に1950年代へ飛んで、カトリックの世界を描いた子供物の「汚れなき悪戯」Marcelino, pan y vino (1954)が紹介され、ビクトル・エリセ監督の「ミツバチのささやき」El espíritu de la colmena (1973)、カルロス・サウラ監督の「血の婚礼」Bodas de sangre (1981)の登場となる。

これでは、とてもスペイン映画の、特にミュージカル作品の全貌を窺い知ることはできない。このような状況なので、日本で公開された映画だけでなく、スペインの状況を直接に確認しなければならないことになる。

前述の「スペイン映画史」は、映画の誕生から、出版された1992年までの状況を、バランス良く紹介した唯一ともいえる和書だが、筆者の乾氏も、「困ったことに、実はビデオもあまり多くは出ていない…。現在手元にあるのは二百七、八十本に過ぎない」と、あとがきの中で書いている。

その後の20年でかなり状況が変わり、多くのスペイン映画を見ることが可能となってきた。しかし、スペインの場合には内戦があり、それ以前に作られた映画の約8割は失われているとの報告もあるため、全体像の構築はまだ課題が多いが、今回はミュージカル映画について概略をまとめてみた。

スペイン・ミュージカルの成立

先に述べたように、ミュージカル映画が成立するためには、①映画産業の発達、②市場の存在、③芸人やスタッフの存在、④ある程度の社会的な圧力の存在、が必要だが、スペインはこの条件を満たす国だった。映画産業の発達という意味では、最先端ではなかったがある程度の制作体制を持っていた。重要なのは市場の存在で、トーキーで映画マーケットが言語別に分割された時に、スペインは、スペイン語仲間の中南米市場を持つこととなった。人口規模から考えても、メキシコとアルゼンチンというふたつの大国と一体化した市場を持てたのは、幸運だった。

芸人とスタッフという点では、スペインは驚くほど多くの芸能を持っていた。スペインといえば闘牛とフラメンコが頭に浮かぶように、アンダルシア地方を中心に発達したフラメンコは、歌と踊りの供給源として不足はなかった。また、スペインにはサルスエラと呼ばれるオペレッタの伝統があった。

フラメンコが貧しいジプシーたちによって発達した芸能であるのに対して、サルスエラは貴族によって支えられたオペレッタで、マドリードを中心に発達したが、スペイン語によるオペレッタ形式は庶民にも親しみやすかったので、貴族階級だけでなく庶民にも受け入れられた。

スペイン固有の芸能

サルスエラは17-18世紀に発展したが、イタリア・オペラの流入により、一時期停滞する。代わって庶民に愛されたのがトナディーリャ tonadilla と呼ばれる歌で、民衆的な歌や踊りを取り込んだ10-20分程度のミニ・オペラに発展した。トナディーリャは18世紀後半から19世紀前半にかけて流行し、2000曲以上が作られたというが、19世紀後半からは、このミニ・オペラを取り入れた軽サルス

エラと、複数幕構成のオペラに近い重サルスエラへ発展していった。こうした伝統の中から、プラシド・ドミンゴを始めとする、多くの優れたオペラ歌手をスペインは生み出している。

トナディーリャはサルスエラに吸収されて消滅したが、庶民の求める民衆歌謡は、19世紀末から20世紀初頭にかけて、クプレー cuplé として蘇る。クプレーは女性の歌うトーチ・ソング的な歌が多く、アラブ起源のハカラ jácara や、トナディーリャ、フランス起源の歌曲が入り混じって成立した。クプレー歌手として最も有名なのは、1920年代から30年代にかけて活躍したラケル・メルレで、サラ・モンティエールが主演した「最後のクプレー」(1957)*のモデルとなった。メレル自身も映画出演しているが、ほとんどが無声作品で、トーキー作品は1本しかない。

クプレーも内戦開始 (1936) とともに消滅してしまうが、こうした伝統はその後コプラ copla と呼ばれる歌に引き継がれて、スペインの大衆的な歌謡曲として続いている。フラメンコのカンテと呼ばれる歌が喉を絞って歌い、サルスエラがオペラに近いベルカントで歌われるのに対して、クプレーやコプラはアメリカのポピュラー音楽の楽曲の影響も受けた歌い方となっており、マイクのない時代には叫びに近い形で歌われて、マイクの普及とともによりソフトな歌い方へと変化した。アメリカのポピュラー音楽との一番の違いは、スペイン特有の小節をきかせた歌い方にある。こうした、メインの芸能のほかにも、スペインには各地に伝わる独自の伝統音楽や踊りも多く、スペインのミュージカル映画を多様なものにしている。

フランコ政権の影響

ミュージカル映画の成立の条件として最後に挙げた、「ある程度の社会的な圧力」という点でも、スペインは当てはまる。フランコによる軍事独裁政権と、カトリック教会の存在だ。本書はスペイン史の本ではないので詳しくは述べないが、ミュージカル映画成立の背景を知るための、最低限の事項を整理しておく。

スペインは長く王政が続いていたが、第一

1 フラメンコとフランコ

次世界大戦の特需の終了、モロッコでの叛乱対応、1929年の世界恐慌、カタルーニャやバスク地方などの独立問題、共産主義の脅威などが複合要因となって、1931年に成立した第二共和政もうまく機能しなかった。

そうした状況の中で、同じカトリック国イタリアにおけるムッソリーニの台頭とファシスト独裁体制の成立 (1926) や、隣国ポルトガルでのファシスト体制サラザール政権の成立 (1932) の影響を受けて、スペイン軍のフランコ将軍が中心となって共和国に対して叛乱を起こし、1936年から39年までスペインで内戦が続いた。

フランコ将軍はドイツとイタリアの支援を受け、共和国政府はソ連の支援を受けて内戦は続いた。仏英は中立的な政策だったので、フランコ将軍に反撥した自由主義国の人々は国際義勇軍を結成して戦った。その様子はヘミングウェイによって、小説「誰がために鐘は鳴る」For Whom the Bell Tolls (1940) で描かれ、更にゲイリー・クーパーとイングリッド・バーグマン主演で映画化 (1943) もされている。

映画の歴史と併せて考えると、トーキーの誕生は1920年代末で、スペイン国内でのトーキー制作は1932年以降なので、やっとトーキー映画が軌道に乗り始めたところで内戦となり、国内での制作が止まってしまう。内戦中は、ドイツとイタリアがフランコ将軍を支援していたので、ドイツやイタリアでスペイン語の映画が制作されている。

内戦後の映画統制

1939年に内戦が終了すると、フランコは映画の検閲による思想統制と、スペイン国内の映画産業の振興という、ドイツやイタリアと同じような政策をとった。検閲は主にシナリオと完成映画に対して行われたが、スペインの場合には単なる思想統制だけでなく、カトリック教会的な観点からも厳しく検閲されたので、性的な表現や教会批判に繋がるような描写もすべてカットされた。

内戦は終わるものの、1940年以降の欧州は第二次世界大戦の戦火に包まれるので、フランコ政権はドイツ、イタリアとともに戦うことを求められるが、国内の経済的な疲弊を

理由として、非交戦政策を貫いた。そのために、フランコ政権は戦後も崩壊せず、1975年にフランコが亡くなるまで続いた。隣国のポルトガルもサラザール首相が1970年に亡くなり、1974年に軍事クーデターで政権が転覆されるまで、実質的なファシスト体制が続いた。

1960年代後半に世界中で大学紛争や、カウンター・カルチャーが広まり、性革命も起こるので、フランコが高齢となり体力が衰えるに従い、映画表現への統制も緩んだが、スペインではカトリック的な道徳観も強く、国内ではフランコの死まで、古い価値観から抜け出せずにいた。

そのため、1970年頃までのスペイン社会では、表現を抑えつける圧力がかかり続けていて、思想や表現の統制に巻き込まれない、娯楽的な音楽作品は大衆層から一定の支持があった。こうした背景から、アメリカのミュージカル映画が1940年代をピークとして、1950年代の豪華絢爛たるMGMミュージカル映画とともに衰退し、ドイツのミュージカル映画がナチス・ドイツと一緒に消滅してしまった中で、スペインでは1960年代まで古風なミュージカル映画が作られた。

フラメンコ女優

スペインのミュージカル映画スターは圧倒的に女優が多く、その流れは、大きく分けてフラメンコ系のスターと、クプレー（コプラ）系に分かれるが、一部は重複もしている。また、それ以外にも数は少ないが、サルスエラ出身のオペラ的な歌手がいる。

フラメンコ系のスターは、当然であるが、歌だけでなく踊りも得意であり、多くの場合はジプシーの雰囲気を感じさせ、黒髪で黒い瞳、浅黒い肌を持つ。また、カフェ・カンタンテまたはタブラオと呼ばれるフラメンコを見せる酒場の出身者が多い。また、フラメンコの本場である、セビーリャを中心とするアンダルシア地方の出身者が多い。

トーキー映画で最初に高い人気を得たミュージカル女優は、イムペリオ・アルヘンティーナで、アルゼンチン生まれながらフラメンコ系女優として、スペインで国民的なアイドルとなった。大衆に人気があっただけでなく、フランコ、ヒトラーという独裁者にも好まれたことから、第二次世界大戦後はスペイン語圏外で活躍の場を持つことができなかった。彼女の最盛期は、トーキー初期から内戦前のスペインだったと考えて良い。スペインでは大変高い人気を誇ったが、残念なことにナチス支配下のドイツで作られた「西班牙の夜」Andalusische Nächte (1938) ぐらいしか輸入されなかったので、日本ではほとんど評価されなかった。

続いて活躍したのは、本物のジプシー出身のカルメン・アマヤだった。素晴らしい踊りの名手で、世界各国で絶賛されたが、内戦のためにスペインを離れた後、国外での活躍が長く続き、若い時期にスペイン国内で本格的な映画作品を撮ることができなかった。活躍している最中に病気で亡くなったが、死の直前に撮った「バルセロナ物語」Los Tarantos (1963) が日本でも公開されて、当時増え始めていたフラメンコ・ファンをうならせた。

フラメンコ系で落とせないのがローラ・フロレスで、素晴らしい踊りの表現力を見せたが、彼女の作品は日本にはまったく輸入されなかったので、日本では知られていない。カルメン・セビーリャもフラメンコが上手で出演作品も多い。フランスと合作の仏語版「南の誘惑」Andalousie (1951) だけしか輸入されなかったので、日本ではその全貌は知られていない。ローラ・フロレスや、カルメン・セビーリャと同世代に活躍したフラメンコ女優にパキータ・リコもいる。彼女もフラメンコの名手で、この3人娘が共演した「月のバルコニー」El balcón de la Luna (1962)* という作品も作られている。

クプレー歌手

一方、クプレー系の歌手出身としては、コンチャ・ピケールが一番古く、1923年に短編の実験的なトーキー作品をアメリカで撮っている。その後もトーキー初期の作品に何本か出演した。アントニータ・コロメーもトーキー初期にデビューするが、内戦のために活躍する機会が少なく、作品も少ない。エストレリータ・カストロも歌の上手な歌手で、映画にも出演した。デビューした途端に内戦が始まり苦労しているが、内戦後にも多くの作

品に出ている。ファニータ・レイナもクプレーの流れを引き継いだコプラの代表的な歌手で、レコードも多いが映画でも素晴らしい歌声を残している。

しかし、何といってもクプレー系の歌手で一番の人気はサラ・モンティエールだろう。1928年生まれだったので、活躍の時期は第二次世界大戦後となる。スペイン国内ではなかなか芽が出なかったため、メキシコで映画出演すると、それがハリウッドの目に留まり、アメリカ映画に出演。その実績で本国スペインでも一躍スターとなった。歌えるだけでなく、美人で豊満な体型だったので、当時の世界的な基準に合う美人女優として大変な人気だった。

当時のスペインでは、フランス女優ブリジット・バルドーの映画は軒並み上映禁止となるほど検閲が厳しかったのに、どうしてサラの映画が許されたのかわからないが、胸の大きく開いたドレスで登場すると、当事の基準から考えて、その存在そのものが検閲に引っかかるのではないかと思われるほどのセックス・アピールだった。彼女の出演作は、「最後のクプレー」El último cuplé (1957)*以降、ほとんどがミュージカル仕立ての作品となり、「一夜のための五つの枕」Cinco almohadas para una noche (1974)*まで、高い人気を誇った。

サルスエラ系の歌手としては、1930年代に多く出演したラケル・ロドリーゴ、1940年代後半と50年代前半に活躍した本格的なオペラ調で歌うマリア・デ・ロス・アンヘレス・モラレスらがいる。

子役の活躍

1950年代のスペインでは、カトリックの教義に従った教会を主題とした作品や、奇跡を扱った作品が作られたが、その中で「汚れなき悪戯」Marcelino, pan y vino (1954)がベルリン映画祭で銀獅子賞を受賞、カンヌ映画祭でも高い評価を受けて世界中で絶賛されたので、それに続けと子役を使った作品が続々と作られた。その中でも、音楽物を得意としたのが、少年ホセリートと少女マリソル、そしてロシオ・ドゥルカルだった。

ホセリートは「小さなナイチンゲール」El pequeño ruiseñor (1956)*でデビューして、ボーイ・ソプラノを売りにして1960年代前半まで活躍した。マリソルは小さな時から成熟した声を持ち、フラメンコもできる少女で、「太陽は泣かない」Un rayo de luz (1960)でデビューした。1960年代を通じて活躍し、「マリソルの初恋」La nueva Cenicienta (1964)が日本でも公開されて、来日もしたので日本でも人気が出た。ロシオ・ドゥルカルも子役としてスタートしたが、映画に出始めたのは大きくなってからで、歌手としての人気が高く、新しいポップス調の曲を歌った。

フランコ後の映画

1970年代以降のスペイン映画は混乱期を迎える。世界中で性革命が起こり、ロック音楽が充満して、フランコ政権の崩壊により1976年には映画の検閲制度も完全に廃止され、急速に表現の自由が許されたので、時代としての方向感をつかみにくかったことが原因と思われる。このような背景の中、1960年代まで古風なミュージカル映画が作られてきたスペインだが、1970年代後半には、そうした映画はほとんどなくなってしまう。

代わって登場した音楽作品はカルロス・サウラ監督が一人で支えている感がある。「血の婚礼」Bodas de sangre (1981)から始まるアントニオ・ガデスと組んだフラメンコ3部作を始めとして、フラメンコだけでなく、タンゴやファド、オペラなどを題材とした作品を発表し続けているが、これらの作品は、いずれもサウラ監督らしい芸術的な映画作品で、昔の芸人中心の映画作品ではなくなっている。

★

コンチャ・ピケール　Concha Piquer (1906.12.8-1990.12.11)

コンチャ・ピケールは、1906年にバレンシアで生まれた女性歌手で、主にクプレーを歌った。貧しい一家の育ちで、歌を習って11歳の時から舞台に立ち、バレンシアで歌っていたところをスカウトされて、1921年にアメリカに渡り、ブロードウェイの舞台でも、ドーニャ・コンチャやコンチータ・ピケールの名前でクプレーを歌った。

アメリカでのデビューは16歳だったが、

14歳の少女と宣伝されたので、1908年生まれとした伝記も多い。この時には5年間アメリカに滞在して、多くの劇場に出演し、エディ・カンター、アル・ジョルスン、フレッドとアディール・アステアらとも共演している。

映画デビューもアメリカで、1巻物の短編「コンチータ・ピケール」Conchita Piquer (1923)*に出演して、『遠きセビーリャから』From Far Sevilleと題した踊りを披露している。この作品は1923年の制作だが、デ・フォレスト・フォノフィルム DeForest Phonofilmと呼ばれる音声システムで記録されたトーキー映画だった。この音声方式は、真空管の発明者として知られるリー・デ・フォレストの特許によるもので、ドイツで研究された方式に基づいて開発され、マイクから拾った電気信号を波形にして、フィルムに直接記録するという方式だった。この方式では、数十本の短編作品が作られたようだが、当時の技術水準が未熟だったために、音声品質が悪く、後に出た円盤記録方式に負けて、廃れてしまった。

コンチャは1926年にスペインに戻り、舞台や映画に出た。スペイン映画では「清い心を持っていた黒人」El negro que tenía el alma blanca (1927)*に出演したのが最初で、無声作品ではあるものの、黒人ダンサーが白人の踊り子に惚れる物語なので、踊りも入っている。パリにあったパラマウント社のスタジオで撮影された作品で、トーキー時代に入ってからアントニータ・コロメーでリメイク(1934)された。

「シェリー醸造所」La bodega (1930)*は部分トーキーの作品で、歌や踊りの部分だけがトーキーとなり、そのほかの物語部分は無声映画の作りなので、台詞は字幕画面となる。ヘレスのシェリー酒醸造所の娘と、酒の密輸をやっている青年の恋物語で、フラメンコの本場だけあって、歌や踊りが入る。コンチャは1933年に闘牛士と結婚して、「君がために歌う」Yo canto para ti (1934)*に出演する。この作品は、サルスエラなども多く書いているフランシスコ・ラモス・デ・カストロの舞台劇「子供は企む」El niño se las trae (1933)の映画化。

その後は、名作詞家と組んでクプレーの名曲を次々と発表しているが、映画では「ドローレス」La Dolores (1940)*に出ている。原題に冠詞が付いているが、ドローレスというのは娘の名前で、「あの」ドローレスという意味。別れた床屋の男が流布する中傷に苦しむという内容で、無声時代に2度も作られた作品のリメイク。

暫く間が空いた後に出た「フィリグラーナ」Filigrana (1949)*は、アルゼンチンの劇場で高い名声を得たジプシー出身の芸人フィリグラーナの話で、彼女は恋のために貴族の男を破滅させたことがあるのだが、彼女の息子がその貴族の娘と恋をする。コンチャは1950年代も舞台などへの出演は続けたが、1958年に引退した。

★

イムペリオ・アルヘンティーナ Imperio Argentina（1906.12.26-2003.8.22）

イムペリオ・アルヘンティーナは、1906年にアルゼンチンのブエノス・アイレスで生まれている。父親がギタリスト、母親はダンサーという芸能一家だったので、小さい時から歌や踊りを習っていた。子供時代には主にスペインのアンダルシア地方で育ち、本場のフラメンコを身につけた。1924年に両親がスペイン公演をした折に、マドリードの劇場でデビューしている。

デビュー当時は、アルゼンチンで活躍していた歌姫パストラ・イムペリオの子供版として、「小さなイムペリオ」Petite Imperioと呼ばれていたが、イムペリオのようにうまく歌い、フラメンコの踊りが得意なラ・アルヘンティニータ La Argentinitaのように踊れるようにということで、イムペリオ・アルヘンティーナという芸名を付けた。

舞台に出ていたところを、監督のフロリアン・レイに見出されて、スペインで映画界入りした。最初の作品はアルマンド・プラシオ・バルデスの小説を映画化した「尼僧サン・スルピシオ」La hermana San Sulpicio (1927)*で、まだ無声版。この作品がヒットしたので、トーキーでもリメイク(1934)されている。この翌年には、ドイツとスペインの合作映画「あてのない心」Corazones sin rumbo (1928)*に出演するため、ドイツへ行っている。

初のトーキーは「愛はソルフェージュ」El amor solfeando (1930)*で、この作品はドイツ製のミュージカル映画「私に会いに来て」Komm' zu mir zum Rendezvous (1930)*の西語版。同時に仏語版も作られているが、アルヘンティーナが出演したのは西語版だけ。

トーキー初期の各国語版を作るために、パリにあったパラマウント社の撮影所に呼ばれて、クララ・ボウの「女房盗塁」Her Wedding Night (1930) の西語版である「結婚式の夜」Su noche de bodas (1931)*に出演した。この作品は、アメリカ女優が友人と一緒にフランス旅行へ行き、言葉が通じないままに田舎町で間違って結婚式を挙げて混乱に巻き込まれる喜劇で、舞台劇の映画版。

続いてナンシー・キャロルの「踊子夫人」Laughter (1930) の西語版である「笑いが一番」Lo mejor es reir (1931)*にも主演している。これは踊り子の娘が、年の差が大きい株屋と結婚するものの、うまく行かずに、結局は若い貧乏作曲家と一緒になるという話。

続いてアルゼンチンの国民的な歌手カルロス・ガルデルと、短編「家は深刻」La casa es seria (1932)*、「場末のメロディ」Melodía de arrabal (1933)*の2本で共演した。「家は深刻」は短編の音楽喜劇で、二人は恋人役。「場末のメロディ」のほうは、ガルデルが場末の酒場のタンゴ歌手で、アルヘンティーナが声楽教師役。アルヘンティーナが、ガルデルに歌の指導をするが、ガルデルは犯罪に巻き込まれてしまう。

この時期にやはりパラマウントにいたモーリス・シュヴァリエとも、「魅力の顧客」El cliente seductor (1931)*という短編作品で共演したようだ。これらのパラマウントの西語版は、当時パラマウント社がパリにスタジオを持っていたので、そこで撮影された。

トーキー初期の各国語版制作ブームが終わると、イムペリオはスペインへ戻り、映画出演を続ける。1936年の内戦開始前までは、フロリアン・レイの監督作品が多い。この時代に作られたのが、「こんにちは」Buenos días (1932)*、「いつ自殺するの？」¿Cuándo te suicidas? (1932)*、「ママの婚約者」El novio de mamá (1934)*、「尼僧サン・スルピシオ」La hermana San Sulpicio (1934)*、「気高きアラゴン娘」Nobleza baturra (1935)*、「モレナ・クララ」Morena Clara (1936)*で、イムペリオとレイ監督の絶頂期ともいえる。

このうち、「尼僧サン・スルピシオ」(1934)*は、無声作品のリメイクで、温泉地で出会った尼僧に恋した男が、最後にはその娘と結婚するという喜劇。スペインではこうした教会関係者を題材とした作品も多い。

「気高きアラゴン娘」(1935)*は、題名のとおりにスペイン北部のアラゴン地方の小さな村を舞台にした話で、歌の上手な娘に横恋慕した男が、その娘の不貞の噂を流すが、最後にはそれを告白して娘の純潔を証明する。アラゴン地方の音楽が使われており、フラメンコとは異なるムードだ。

「モレナ・クララ」(1936)*のイムペリオは、一転してアンダルシア地方のジプシー娘役。生ハムを盗んだ罪で罰金を科せられるが、検察官の男と仲良くなり、彼とその家族を助けて恋人になる。この作品は後年ローラ・フロレスもリメイク (1954) している。イムペリオ主演、レイ監督のコンビは好調だったが、スペイン内戦の勃発により、国内での映画制作が続けられなくなってしまう。

スペイン内戦は、1936年7月に勃発して1939年4月まで続いたが、政権を握ったフランシスコ・フランコは、イムペリオのファンであることを表明していた。しかし、スペインは内乱による荒廃で映画制作の環境が整わなかった。一方、ナチス党を率いたヒトラーも、宣伝相のゲッペルスに命じて、イムペリオをドイツに招き第三帝国のスターにしようとした。

ドイツではカルメンを題材とした「西班牙の夜」Andalusische Nächte (1938) とその西語版「トリアナのカルメン」Carmen, la de Triana (1938)*に出演する。これは歌入りだがビゼーのオペラではなく、別の曲を使っている。ドイツでは続いて西語で作られた「アイクサの歌」La canción de Aixa (1939)*に出演する。この作品は二人のムスリムと、混血の娘アイクサの恋物語。

ところが、ドイツ滞在中にユダヤ人迫害の大襲撃「水晶の夜事件」(1938年11月) に遭遇して、イムペリオは恐怖を感じてドイツを

逃げ出す。逃げた先は、ムッソリーニが支配を固めていたイタリアで、「トスカ」Tosca (1941) に出演する。これはプッチーニのオペラではなく、原作の戯曲に基づく伊語版のドラマだが、随所にプッチーニの音楽も流れる。

イムペリオは、当時の欧州のファシスト政権下で映画出演が続いたので、アメリカやメキシコでの活動が難しくなり、第二次世界大戦中から1951年までは、フランコ政権下のスペインや、ペロン政権下のアルゼンチンで映画出演することになるが、その後は映画出演をやめてしまう。

フランコ政権下での映画制作はどうしても、政権の趣味に合ったものが中心となり、監督もフロリアン・レイではなくなる。スペインに戻って撮った「ゴヤ風に」Goyescas (1942)* では、イムペリオが歌手と伯爵夫人の二役を演じる。二人の女性が同じ男に恋してしまうという趣向。この作品はベニート・ペロホ監督が担当している。「バンブー」Bambú (1945)* は、失意の作曲家がキューバへ行き、その地で友人を作るが、彼と一緒に、バンブーという名前の果物売りの娘に夢中になる。この作品には脇役でサラ・モンティエールも出ている。

「歌の人々」La maja de los cantares (1946)* は、アルゼンチンの作品だが、南スペインのカディスの町を舞台とした、人気の歌手イムペリオとカフェの主人の恋物語。次の「ドローレスの歌」La copla de la Dolores (1947)* もアルゼンチンの作品で、悪い噂のために村にいづらくなった娘が、ほかの村へ行くが、そこでも人殺しに巻き込まれて別の土地を目指す。

スペインで再びレイ監督で撮った「蟬」La cigarra (1948)* もさして評判にはならずに終わった。実質的に最後の作品となったのはアルゼンチンで作られた「歌謡喫茶店」Café Cantante (1951)* で、アンダルシア地方のタブラオの人気歌手が結婚式の夜に殺されてしまう。

1960年代以降は数えるほどしか映画出演していないが、「アマ・ローザ」Ama Rosa (1960)* は乳母で、自分が出産時に失った子供が、金持ちの家で生まれ変わったと信じたイムペリオが、乳母になってその子供に愛情を注ぐ。1曲だけだがこの作品でもイムペリオは歌っている。1980年代後半まで映画には出たが、たいした作品はなかった。

ラケル・ロドリーゴ　Raquel Rodrigo
(1915.3.11～2004.3.18)

ラケル・ロドリーゴは、キューバ生まれのスペイン女優。両親はガリシア出身でキューバへ移住したが、1915年にラケルが生まれた後、プエルト・リコなどを経由してスペインへ戻り、最終的には1921年にマドリードに居を定める。

ラケルは高校時代から歌や音楽を勉強して、1932年に17歳で映画デビュー、その後は劇場にも出るようになった。主に1930年代の映画に多く出演して、その後も劇場で活躍したが、内戦終了後には人気が衰えて、1962年に結婚して引退した。

デビュー作は「カルセレラス」Carceleras (1932)* で、コルドバを舞台に一人の娘をめぐる二人の男の殺し合いを描く。無声時代に2度映画化された人気作品のリメイク。題名は「看守」という意味ではなく、囚人の嘆きを題材にしたフラメンコの曲形式を示したもの。

続く「黒髪と金髪」Una morena y una rubia (1933)* では、祭りで踊った金髪娘が男を誘惑する。バルセロナでの恋の1週間を描く「幸福の一週間」Una semana de felicidad (1934)*、孤児の娘が尼僧の助けで出世する「尼僧アレグリーア」Madre Alegría (1935)* は、1950年にアルゼンチンでもリメイクされた作品。続く「尼僧たちの子供」El niño de las monjas (1935)* も同じような話で、尼僧院の門番に拾われた少年が成人して闘牛士になる。

この後は、スペインのオペレッタであるサルスエラを原作にしたミュージカル作品が続く。最初は「フランシスキータ夫人」Doña Francisquita (1934)* で、恋の三角関係を描いた。「パロマの前夜祭」La verbena de la Paloma (1935)* も、19世紀末の有名なサルスエラの映画版。二人の貧乏なお針子娘が、金持ちの薬屋の老主人に誘われ、パロマの前夜祭へ踊りに行こうとして、恋人から止めら

れる。パロマの祭りというのは処女聖人のお祭り。

「ムーア人の王女」La reina mora (1937)*もサルスエラが原作で、セビーリャの祭りで美しい娘ラケルに惚れた青年が喧嘩して傷を負う。トラブルを避けるために、ラケルとその兄は新しい家に移るが、そこはムーア人の王女が、恋に嘆き苦しんで亡くなったという伝説の家だった。

「セビーリャの理髪師」El barbero de Sevilla (1938)*は、ロッシーニのオペラと同じで、ボーマルシェの原作から作られた音楽劇。「苦悩する王様」El rey que rabió (1940)*も19世紀末のサルスエラが原作。羊飼いに変装した王様が、農民の娘ラケルに恋をする。

何本か普通の映画に出演した後、最後に出た音楽作品は「マリブランの歌」La canción de La Malibrán (1951)*。19世紀前半に活躍したスペイン出身のオペラ歌手マリア・マリブランを描き、オペラ場面が豊富に登場する。主演はマリア・モラレスで、ラケルは脇役。

アントニータ・コロメー　Antoñita Colomé（1912.2.18–2005.8.28)

アントニータ・コロメーは、主に1930年代と40年代に活躍した歌手で女優。1912年にセビーリャで生まれて、薬剤師になるための教育を受けるが、父が亡くなり15歳でフラメンコ・ダンサーと結婚する。結婚後にマドリードで音楽を勉強して、ヴァラエティ・ショーなどで歌うようになり、トーキー時代となると映画界に身を投じる。

1936年にスペインで内戦が始まり、国内での活動が困難となると、パリへ移る。その後は、アメリカ大陸へ渡り、スペイン語圏の国でショーなどに出演する。スペインへ戻るのは、内戦の混乱が収まった1940年代に入ってからで、映画やレコードで活動した。

映画デビューはカルロス・ガルデル主演の「ベノスアイレスの灯」Las luces de Buenos Aires (1931)で、端役での出演。この作品はアルゼンチン映画だが、パリにあったパラマウント社のトーキー用の撮影所で作られた。その後は、音楽物の映画だけではなく、多くの喜劇やドラマなどに出演している。初めての主演作は「清い心を持っていた黒人」El negro que tenía el alma blanca (1934)*で、無声時代の作品のリメイク。召使をしていた黒人がマドリードで踊り手としてデビューする。彼は白人の娘と組んで踊り、彼女に恋をするが、その愛は娘から拒絶されてしまう。

その後の音楽物の作品を挙げると、「人生の車輪」La rueda de la vida (1942)*のアントニータは歌手で、作曲家と恋におちるが、数年後に再会した時には彼女は施設に入っており、相手の作曲家はアメリカで名を成している。「炎のダンス」Danza del fuego (1942)*は、アントニータがジプシーの一団に加わり、マドリードで踊って有名になる。La sévillane という別題名も使われている。「偽りの栄光」La mentira de la gloria (1946)*のアントニータは、宝くじが当たり、歌手志望のカウボーイと一緒にショーに出演する。

「マリア・アントニア ラ・カランバ」María Antonia 'La Caramba' (1951)*は、「ラ・カランバ」と呼ばれた18世紀のフラメンコ歌手で、踊り手でもあったマリア・アントニアの伝記作品。闘牛士や軽業師との恋が描かれる。「キテの場」Tercio de quites (1951)*は、スペインとメキシコの闘牛士の競い合いと友情を描く作品で、アントニータは助演だが、何曲か歌っている。題名にあるキテというのは闘牛用語で、危機に瀕した闘牛士のために、牛の気を逸らす技のこと。

カルメン・アマヤ　Carmen Amaya (1913.11.2–1963.11.19)

カルメン・アマヤは、映画女優というよりもフラメンコの踊り手、歌手として有名。フラメンコといえばアンダルシア地方が本場だが、カルメンはカタルーニャ地方のバルセロナで1913年に生まれた。ジプシー(ロマ)の生まれで、父はギタリスト。フラメンコ一家に育ったので、正式にフラメンコを習ったわけではないが、小さな時から体で覚えたという。

一家は貧しく、貧民街で育ったため、フラメンコの歌や踊りを見せていたタブラオでいろいろな技を学んだ。本人も6歳の時からそうした酒場で踊ったり、歌ったりした。10

歳になるとマドリードでも踊るようになり、多くのダンサーから技を習得して、10代で早くも名ダンサーとして有名になる。

1936年にスペイン内戦が勃発すると、国内での活動が難しくなり、スペインを脱出して、アメリカ、中南米、スペイン以外の欧州など、世界各国を回り公演した。1940年代には、英国のチャーチル首相や、アメリカのF・ローズヴェルト大統領の前でも踊っている。

スペインの内戦が終わっても、欧州は第二次世界大戦の戦火に包まれていたために、結局11年間も外国で暮らすことになり、最終的にスペインへ戻ったのは、第二次世界大戦が終わって落ち着いた後の1947年だった。そのため、映画デビューは内戦前のスペインだったが、スペインを出た後はメキシコやハリウッドで映画に出演している。1947年に戻った後は何本かスペインでも出演したが、1963年に肝臓病のために50歳で亡くなった。

映画としての最初の作品は「ファン・シモンの娘」La hija de Juan Simón (1935)*で、葬儀屋ファン・シモンの娘に恋した青年が、結婚を認められずに、歌手として酒場で歌い、殺人事件に巻き込まれる。カルメンは酒場の踊り手として登場する。スペイン内戦直前に撮った「男やもめのロドリゲス」Don Viudo de Rodríguez (1936)*は、30分の短編作品で、女に生まれ変わりたいと魔術師に相談した男やもめに、魔術師がジプシー娘やキャバレーの娘などの幻想を見せる。

「マリア・デ・ラ・オー」María de la O (1939)*は、スペイン国内で作られた作品で、題名になっている有名な歌に基づいて作られた作品。画家の男が美しいジプシー娘と結婚して女児が生まれるが、殺人事件のために国を離れてアメリカへ渡り、15年ぶりに戻ると、女児は踊りの上手な美しい娘マリア・デ・ラ・オーとなっており、彼女をモデルとして絵を描く。

その後、アメリカへ行きハリウッドで映画出演した作品には、「パナマのハティ」Panama Hattie (1942)*、「ニッカーボッカーの休日」Knickerbocker Holiday (1944)*、「兵士たちに続け」Follow the Boys (1944)*、「弁護士と会って」See My Lawyer (1945)*の4本があるが、いずれもダンサーや歌での出演。

アメリカの後はメキシコへ移り、「闘牛士の愛」Los amores de un torero (1945)*に出演する。闘牛士と二人の女の恋を描く作品で、カルメンも踊っている。暫く後にフランスで作られた、遺産相続のために未亡人と結婚することになる男の話「貴方はいつ死ぬの」Quand te tues-tu? (1953)*でもカルメンは踊った。「ドリンゲ、カストリートとアラジンのランプ」Dringe, Castrito y la lámpara de Aladino (1954)*は、アルゼンチンで作られた千夜一夜物語のアラジンの魔法のランプが現代に現れるという話で、カルメンはここでも踊るだけ。

久々にスペインで出演した作品が「バルセロナ物語」Los Tarantos (1963)。内容は現代バルセロナを舞台とした「ロミオとジュリエット」で、対立するふたつのジプシー一族、タラントスとゾロンゴスの若者の悲恋を描く。カルメンが素晴らしい踊りを見せていて、日本でも公開されたので、この映画を見てフラメンコを目指した日本の踊り手も多かった。残念なことにカルメンはこの映画を撮った直後に亡くなっている。

この作品は、やはりフラメンコの名手であるクリスティーナ・オヨスの主演で、背景をバルセロナからアンダルシアに移した「アンダルシアの恋物語」Montoyas y Tarantos (1989)としてリメイクされた。カルメンの死後に、生前に撮られた映像を再編集した「ジプシーの女王」Queen of the Gypsies (2002)*がアメリカで作られている。

エストレリータ・カストロ　Estrellita Castro (1908.6.26–1983.7.10)

エストレリータ・カストロは、1908年にセビーリャで生まれた歌手で、映画にも出演した。父親は魚屋を営み、エストレリータは12人兄弟の末っ子だった。生活は苦しかったが、母親がフラメンコの名手で人気があり、早くから才能を見せたエストレリータも、11歳から無料で歌を教わることができた。

彼女が12歳の時に、セビーリャ大公の大宴会があり、国王アルフォンソ13世と王妃ビクトリア・ユーヘニアの前で歌う機会があ

った。エストレリータの歌に感動した王妃は、ブレスレットを下賜したという。

歌手として活躍し始めたエストレリータは、『私の子馬』Mi jacaでヒットを飛ばし、南米のラテン・アメリカ諸国を含めたスペイン語圏で人気者となる。その歌い方は、アンダルシア地方の民謡風で、フラメンコのスタイルが基本だが、後には様々なスタイルで歌うようになる。こうして歌の世界で人気が出て、映画界からも呼ばれた。

短編「私のアンダルシア風の中庭」Mi patio andaluz (1933)*に出演後、長編作品の「農家の娘ロサリオ」Rosario la cortijera (1935)*で、いきなり主演している。この作品では父親と一緒に幸せに暮らしていた農家の娘が、アメリカからやって来た男と恋をして、村の恋人との間で板挟みになる。

これから本格的に映画出演しようとした矢先にスペイン内戦 (1936-39) が勃発して、エストレリータはやむなくドイツで西語作品に出る。ドイツ時代の作品は、「マリキーリャ・テレモート」Mariquilla Terremoto (1938)*、「セビーリャの理髪師」El barbero de Sevilla (1938)*、「スペインの溜息」Suspiros de España (1939)*の3本で、いずれもミュージカル作品。

「マリキーリャ・テレモート」とは娘の名前。可愛く歌のうまい娘マリキーリャは、劇場デビューすることになるが、恥ずかしがりやで内気なマリキーリャは人前に出られない。しかし、周囲の懸命の助力により、最後には立派にデビューをする。

「セビーリャの理髪師」は、何でも解決してしまうセビーリャの理髪師フィガロが、恋の手助けを行う。有名なボーマルシェの戯曲の映画版だが、ロッシーニのオペラ音楽は使われていない。

「スペインの溜息」では、貧しい一家の娘エストレリータが、怒りっぽい母親や飲んだくれの継父と暮らしている。家族たちはバラバラだが、ただひとつ、エストレリータが歌手デビューして名を挙げることを、皆が望んでいる。

第二次世界大戦でドイツが危なくなると、イタリアへ行き、「夜の子供たち」Los hijos de la noche (1939)*に出る。この作品は伊語版I figli della notte (1940)*と同じキャストで同時撮影されたもので、金持ちとなった妹が、20年ぶりにアメリカから帰国するとの連絡を受けて、急ごしらえの家族を作る話。イタリアで活動を始めたものの、1939年にスペイン内戦が終わると、待ちかねたように帰国して、スペインで映画出演する。

スペインでは1940年代前半に「ジプシー娘」La gitanilla (1940)*、「旋風」Torbellino (1941)*、「タンジールの謎」Los misterios de Tánger (1942)*、「田舎娘」La patria chica (1943)*、「カポーテの娘」La maja del capote (1944)*の5本に出演しているが、いずれも歌入りのドラマ。

「ジプシー娘」(1940)*は、ミゲル・デ・セルバンテスの短編小説の映画版で、無声時代から何度か映画化されている作品。歌や踊りのうまいジプシー娘に貴族が恋をするが、身分違いの恋は成就しない。しかし、そのジプシー娘は高貴な血統だったことがわかり、二人は結ばれる。「旋風」(1941)*は、エストレリータがラジオで賞を取って有名になる話。「タンジールの謎」(1942)*は、モロッコの、反スペイン活動家への武器密輸のため、タンジールで落ち合う話。

「田舎娘」(1943)*は、スペインの伝統的な音楽劇サルスエラの映画版で、セビーリャのフラメンコ舞踊団と歌手がパリへ呼ばれて行くが、興行師に逃げられてしまう。帰りの旅費を工面しようと、同郷の画家に相談するが、そこで知遇を得た金持ちの英国人と歌手の娘が恋仲となり、問題は解決する。「カポーテの娘」(1944)*は、闘牛士に惚れた娘が、家のために自分の恋を犠牲にして結婚を諦める。カポーテというのは闘牛士の使うピンクと黄色のケープのこと。

第二次世界大戦後は、時折、テレビや映画、舞台に出演したが、戦前のような人気はなかった。メキシコで撮った「ジプシーの掟」Gitana tenías que ser (1953)*は、スペインから呼ばれたジプシーの女歌手が、メキシコ映画でマリアッチ楽団と共演することとなり、いがみ合ったり恋をしたりの騒動となる。カルメン・セビーリャとエストレリータ・カストロが珍しく共演している。

「中庭の女の子」La niña del patio (1967)*

は、立ち退きの危機にさらされたマドリードの住民が、孤児の女の子と一緒にフラメンコ・ショーを開催する話。最後の映画出演となった「フローラの家」Casa Flora (1973)*は、スペインで人気の闘牛士がアメリカ大陸で亡くなり、遺骨となって帰国するので、スペイン中で大騒ぎとなり、売春宿でも騒ぎとなる。フローラの家とは売春宿のこと。

★

ファニータ・レイナ Juanita Reina
(1925.8.25-1999.3.19)

ファニータ・レイナは、1940年代と50年代のスペインを代表する歌手で、映画にも多く出演した。フラメンコではなく、19世紀末から20世紀初頭に流行したクプレーという歌謡曲を、1940年代風にアレンジした大衆歌謡コプラ（アンダルシアのコプラとも呼ばれる）を歌い、「コプラの女王」と呼ばれて人気があった。

ファニータは1925年にセビーリャで生まれ、父親は魚屋だったが、祖父がフラメンコを教えていたので、そこで踊りを習う。子供の時から歌がうまかったので、11歳の時にはあちこちのパーティや、お祭りで歌っていた。この歌を聞いたセビーリャのサルスエラ劇団の監督に認められて、13歳で初めて舞台に立つ。

ファニータの才能を確信した父親は、娘のマネジャーとなり、親類から借金してショーを上演。これが当たったので、アンダルシア地方全体をツアーで回った。人気が出てレコードも発売され、2作目のショーを企画し、これが首都のマドリードでも上演されて、好評を得た。

舞台での活動に目を付けた映画界は、映画にも引っ張り出す。最初の作品は「白い鳩」La blanca Paloma (1942)*で、未亡人が夫から引き継いだ店を、同年代の男やもめと共同経営するが、未亡人の息子が遊び人で、共同経営者の美しい娘にちょっかいを出す。

続く「血筋のカネリータ」Canelita en rama (1943)*は、貴族ドン・ファンがジプシー娘と愛し合い、ジプシー娘は子供を産んで亡くなる。自分の子供だと信じた貴族は、その女の子を上流婦人として通用するように大事に育てる。一方、長く外国留学へ出ていた貴族の息子が家に戻って来ると、家にいたその美しい娘に参ってしまうが、父親は自分の子供同士が愛し合うと困るので、二人を引き離そうとする。最後には、ジプシーの娘は彼の子供ではないとわかる。

「マカレーナ」Macarena (1944)*は、美しい娘に惚れた二人の青年と、その恋を邪魔する地主の老人の話。「ローラは港へ行く」La Lola se va a los puertos (1947)*は、カディスの港で歌うベテラン歌手ファニータが、大地主のパーティに呼ばれて行くと、彼女のファンだという地主の若い息子に好意を寄せられる。この作品に出演したのは、ファニータが22歳の時だったが、40歳の役を演じた。

「スペインのセレナーデ」Serenata española (1947)*は、スペインの作曲家イサーク・アルベニスの伝記的な作品。小さな時に音楽学校でピアノの賞を受けるが、厳し過ぎる父親から逃げ出して諸国を遍歴し、時にはジプシー娘と恋をして決闘もする。やがて、彼の後援者が現れて作曲家として大成する。

「嵐」Vendaval (1949)*は18世紀後半のスペインが舞台。ファニータはトナディーリャの人気歌手で、スペイン女王のイザベル2世を陰謀から救う。「ピコネラのローラ」Lola, la piconera (1952)*は、ナポレオンがスペインを征服しようとして攻め入った時の話。スペイン側が守っているカディスの港の歌手ファニータは、スペインの愛国者だが、フランス人将校に恋をしてしまう。

「グロリア・マイレーナ」Gloria Mairena (1952)*のファニータは、母親と娘の二役を演じる。夫のギタリストを残して早世にしたフラメンコ・ダンサーの娘が成長して、母親そっくりの美人となり、作曲家と恋におちる。「セビーリャの出来事」Sucedió en Sevilla (1955)*では、セビーリャで大農場を経営する実業家の娘ファニータをめぐり、共同経営者の息子と現場監督の青年が争う。

「ホアン・ルセロの恋人」La novia de Juan Lucero (1959)*は、貧しい生まれの青年ホアン・ルセロが、名馬を手にしたことから運が向いて大金持ちとなる。彼は良家の娘ファニータに出会い恋をする。ファニータは父が亡くなり、同時に財産も失っているのだった。

1 フラメンコとフランコ

★

マリア・デ・ロス・アンヘレス・モラレス　María de los Ángeles Morales
(1929.1.14−2013.5.28)

マリア・デ・ロス・アンヘレス・モラレスは、短く呼ぶ際にはマリア・モラレスという。1940年代後半から50年代にかけて活躍したオペラ歌手で、映画にも出た。

1929年にマドリードで生まれて、小さな時からアマチュアで歌っていたが、やがて子供向けのラジオ番組などで活躍し始める。

12歳の時には劇場に出るようになり、19歳でハーグの国際声楽コンテストで優勝して本格的に活動を始める。ヨーロッパやアメリカの主要オペラ劇場でも歌い、イタリア物のオペラを得意とした。特に南米を含むスペイン語圏の国では人気が高い。

映画に出たのは、カルメン・セビーリャ主演の「お転婆娘」La revoltosa (1949)*が最初で、この時にはまだゲスト出演。本格的な主演作品は「アポロ劇場」Teatro Apolo (1950)*が最初。19世紀末にメキシコで成功して戻ってきた男が、アポロ劇場の歌姫マリアに恋をして結婚、マリアも舞台で成功するが、やがて、アポロ劇場は取り壊されることになる。

「マリブランの歌」La canción de La Malibrán (1951)*も、マリア・マリブランをモデルとしたオペラ歌手の結婚とオペラ生活を描く。マリブランはパリ生まれだが、その血筋はスペイン系なので、スペインでも人気が高い。「マドリードから天国へ」De Madrid al cielo (1952)*は、マドリードで成功を目指して頑張る二人の若者を描く喜劇。娘は歌での成功を目指し、青年は絵を描く。主演作はこの作品が最後で、その後はゲスト出演程度。

ローラ・フロレス　Lola Flores
(1923.1.21−1995.5.16)

ローラ・フロレスは、1923年にシェリー酒とフラメンコで有名なヘレス・デ・ラ・フロンテーラに生まれた。父親が酒場を経営していたので、歌のうまいローラは、子供の時から酒場で歌っては小遣いを稼いだ。瞳も髪も黒く、ジプシーの音楽を得意としたために、ジプシーの血が流れていると噂されたが、本当はジプシー系ではないようだ。本人はジプシーの血をひいたフラメンコの踊り手パストラ・インペリオの影響を受けたと語っている。

1938年に15歳で旅回りのヴァラエティ・ショーに加わり、スペイン内戦が終わると、父親は酒場を他人に譲り、一家でマドリードへ移る。マドリードでは、有名な教師マヌエル・ロペス＝キロガから歌をみっちりと仕込まれる。その結果、フラメンコの表現力という点で、歌も踊りも群を抜く実力を持つようになる。実際に彼女の踊りを見ると、手の表現で、歌詞よりも雄弁に語りかけてくることがわかる。

最初の映画は「策略」Martingala (1939)*で、ジプシーから少年を買おうとした英国人女性が、その少年はジプシーにさらわれた被害者だと知り本当の両親を探す。この時にはまだ脇役で歌っただけ。1940年代にはローラが妻子ある中年男性を誘惑する「途中停止」Un alto en el camino (1941)*、「河口の謎」Misterio en la marisma (1943)*、「パリの遺産相続」Una herencia de París (1944)*などに出演しているが、いずれも歌や踊りの脇役。

主演するのは「魅せられて」Embrujo (1947)*が最初。この作品は若く有望なフラメンコ・ダンサーが、師匠の男から離れて広く世界で活躍するものの、最後には彼の下に戻るという話。ジュリアン・デュヴィヴィエ監督の「ブラック・ジャック」Black Jack (1950)*は、ジョージ・サンダース主演で、スペインを舞台とした麻薬密輸を扱う英語作品だが、ローラも歌手役で出ている。

1950年代前半には、山賊に育てられた美しい娘の話「シェラ・モレナ山脈の星」La estrella de Sierra Morena (1952)*、富くじを売るジプシー娘がメキシコ人と一緒に当たりくじを得る「おぉ、痛たたた！」¡Ay, pena, penita, pena! (1953)*、父が密輸をやっていたために孤島で育った美しい娘が、ヨットで島へやって来た金持ちの若い男と恋をする「欲望の踊り」La danza de los deseos (1954)*、イムペリオ・アルヘンティーナのヒット作 (1936)*のリメイク「モレナ・クララ」

547

Morena Clara (1954)＊などで主演している。

メキシコで作られた「女王」La faraona (1956)＊では、スペインの美しいジプシー娘がメキシコに住む資産家の祖父の急死の知らせを受けて、メキシコへ向かう。その莫大な遺産を引き継ぐつもりだったが、祖父がまだ元気なことを知り驚く。この作品は大ヒットして、ローラ・フロレスは「ファラオナ」の愛称で呼ばれるようになる。「ファラオナ」という言葉の底には、スペインのジプシーが、古代エジプト王家の末裔だというロマンチックな伝説が漂っている。

「黄金の夢」Sueños de oro (1958)＊もメキシコで作られた作品。ローラは混血のジプシー娘（マリクルース）で、父と一緒にメキシコの大牧場で働いている。その牧場の息子がアメリカ留学から戻り、ローラに恋をする。共演はフリオ・アルダムとフェリックス・ゴンザレス。スペインでは「マリクルース」Maricruzの題名で公開された。

「豪華ショー」El gran espectáculo (1958)＊もメキシコ作品。美しいジプシー娘ローラが、親の決めた結婚相手が気に入らずに家出して、ショーの一座に入り、メキシコで人気を得る。共演はアントニオ・バドゥー。スペインでは紛らわしいことに「黄金の夢」Sueños de oroの題名で公開された。前作のメキシコ原題と同じというだけでなく、ローラ・フロレスが主演で監督もミゲル・サカリアス、公開年も同じなので、「黄金の夢」と「豪華ショー」は混同されやすいが別作品。

「カインの娘たち」Las de Caín (1959)＊は、スペインの劇作家ホアキン・キンテロの芝居の映画化で、5人の娘を持つ父親が、娘の結婚相手を探し回る喜劇。1958年に舞台のサルスエラにもなった。ローラは歌手役での出演。「僕のせいだ」Échame la culpa (1959)＊もメキシコとの合作。メキシコの牧場主が、注文した種牛が送られてこないので、スペインまで談判に来る。交渉の間に、彼はマドリードでフラメンコを見て感動する。「バルガスの旅籠」Venta de Vargas (1959)＊は、19世紀初頭のスペインでナポレオン軍の侵入を防ごうと、村の踊り子が恋を仕掛ける。

「マリア・デ・ラ・オー」María de la O (1959)＊は、美しいジプシー娘マリア・デ・ラ・オーと地主の恋物語。もともと同名の楽曲があり、それに触発された映画となっている。同じ曲は、カルメン・アマヤとパストラ・イムペリオによっても映画化(1939)されている。

1960年代の主演作「月のバルコニー」El balcón de la Luna (1962)＊は、ローラのほかにもカルメン・セビーリャとパキータ・リコを並べた3人娘の喜劇。3人は「月のバルコニー」というコーラス・グループで歌い、金持ちを捕まえて玉の輿に乗ろうと考えている。エストレリータ・カストロと共演した「フローラの家」Casa Flora (1973)＊に出た後は、テレビでの活動が中心となるが、1980年代まで映画にも出ていた。

舞台活動にも力を注ぎ、マノーロ・カラコルと組んで「サムブラ」Zambraというショーを作り、1944年から51年までスペイン国内を回った。その後にメキシコへ渡って、南米を回り、ラテン・アメリカ諸国でも多くのファンを獲得した。レコードでも活躍して50枚以上のレコードを録音した。1991年に脱税容疑が持ち上がり大騒ぎになるが、1995年に亡くなる。その後、伝記映画「ローラ、その映画」Lola, la película (2007)＊も作られている。

★

カルメン・セビーリャ Carmen Sevilla (1930.10.16–)

カルメン・セビーリャは、1930年にセビーリャで生まれたフラメンコ系の女優。子供の時からフラメンコの歌や踊りを習い、12歳の時には「スペインのラプソディ」Rapsodia españolaというショーで舞台に立った。同じ舞台には、後に映画の世界に入るパキータ・リコやアナ・エスメラルダも出ていた。

映画デビューは、スペインの作曲家イサーク・アルベニスの伝記「スペインのセレナーデ」Serenata española (1947)＊だが、この時にはまだ端役でクレジットされていない。

最初の主演作品は、メキシコのハリスコ出身の文無し牧童が遺産相続のためにセビーリャにやって来る「メキシコ人、セビーリャで歌う」Jalisco canta en Sevilla (1949)＊で、これはメキシコとスペインの合作映画。主演作品だけでなくダンサー役での出演などを併せ

ると、1949年からの約10年間で、約30作品に出演した。

主演作品としては、スペインの貧民街での洗濯娘カルメンと若い大工の恋を描く「お転婆娘」La revoltosa (1949)*、歌の上手な青年が飛行機事故で亡くなったカルロス・ガルデルのギターを求めてスペインからメキシコやアルゼンチンを回る「ガルデルのギター」La guitarra de Gardel (1949)*と続く。

闘牛士とフラメンコ・ダンサーの恋を描く「アンダルシアの夢」El sueño de Andalucía (1951)*は、同時に作られた仏語版の「南の誘惑」Andalousie (1951)が日本でも公開されている。フランス作品の「欲望と愛」Le désir et l'amour (1951)*は、フランスからスペインへロケに来た撮影隊の話で、スタントとして現地で雇われた漁師の男が主演女優に熱を上げるので、漁師の妻がやきもきする。

「尼僧サン・スルピシオ」La hermana San Sulpicio (1952)*は、イムペリオ・アルヘンティーナの同名作品(1934)のリメイク。「皇室のヴィオレッタ」Violetas imperiales (1952)*は、ジプシー娘カルメン（ヴィオレッタ役）がウジェニーという若い娘の手相を読み、将来は皇后になることを予言する話。ウジェニーは果たしてナポレオン3世の后となる。この題材はクプレー歌手として有名だったラケル・メレルが無声時代(1923)*とトーキー(1932)*でも映画化しており、それを見たサルバドール・ダリは、1938年に同名のシュールの絵を描いている。

「ジプシーの掟」Gitana tenías que ser (1953)*はメキシコで作られた作品で、映画撮影のためにジプシー歌手カルメンがメキシコへ行き、地元楽団のマリアッチ歌手と共演する。最初は衝突するがほどなく恋が芽生える。

「カディスの美女」La belle de Cadix (1953)*は、フランシス・ロペスのオペレッタの映画版で、フランスで作られた作品。フランスの映画隊がアンダルシア地方で映画を撮る話。「アンダルシアの紳士」Un caballero andaluz (1954)*では、スペインの大地主の息子が英国留学から休みで戻り、ジプシーとのトラブルに巻き込まれる。

「口説く」Requiebro (1955)*は、アルゼンチンで作られた作品で、スペインのフラメンコ歌手が、アルゼンチンでデビューし、土地の大歌手の息子に言い寄られる。「セビーリャの学術会議」Congreso en Sevilla (1955)*のカルメンは、スウェーデンから戻る金がないので、誤ってセビーリャで開かれる医学会の招待を受けたのを幸いに、医者と一緒にセビーリャへ行くが、嘘がばれないように苦労して取り繕う。「賢い粉屋の女房」La pícara molinera (1955)*は有名な小説「三角帽子」の映画版で、粉屋の女房が美人なので好色な代官が寝取ろうとして失敗する話。

「じゃじゃ馬ならし」La fierecilla domada (1956)*はシェイクスピア作品の映画版。「ドン・ファン」Don Juan (1956)はフランスで作られたフェルナンデル主演の喜劇。「スペインの情事」Spanish Affair (1957)*はドン・シーゲルが共同監督したアメリカ映画で、旅行でスペインに来た建築家が、美しい娘カルメンを通訳に雇うが、彼女の婚約者は二人の関係を心配する。

イタリアとの合作「砂漠の恋人たち」Los amantes del desierto (1957)*、「みんなの秘書」Secretaria para todo (1958)*、「復讐」La venganza (1958)*、「パンと恋とアンダルシア」Pan, amor y... Andalucía (1958)*などがあるが、いずれもミュージカルではない。このうち「パンと恋とアンダルシア」は、ヴィットリオ・デ・シーカとジーナ・ロロブリジーダが組んでヒットした「パンと恋と夢」Pane, amore e fantasia (1953)の続編で、4作目にあたるが、このシリーズもこの作品で最後になった。

その後は、イタリアのドキュメンタリー「ヨーロッパの夜」Europa di notte (1959)の中のタブラオの場面で踊った。アメリカで作られた「キング・オブ・キングス」King of Kings (1961)の後、1960年代前半に出演した「モニカを探して」Buscando a Mónica (1962)*はアルゼンチン製の映画で、スペインでの題名は「モニカの秘密」El secreto de Mónica。マドリードでカルメンと知り合い結婚した男が、自動車事故で留まった小さな町で、妻の過去の秘密を知る。

久々のミュージカル作品となったのは、スペインへ戻って出演した「月のバルコニー」El balcón de la Luna (1962)*で、カルメン

第12章　スペインの作品

のほかローラ・フロレスとパキータ・リコの3人が共演した作品。「夏のクルーズ」Crucero de verano (1964)*は、旅行代理店に勤めるカルメンが、夏のクルーズ船で外国の男と恋におちるが、政治的な事件に巻き込まれてしまう話。

この頃からテレビ出演が多くなるが、父に先立たれた娘たちの話「ロシオの道」Camino del Rocío (1966)、パンチョ・ビラのゲリラ部隊を描くメキシコ映画「ビラのゲリラ」La guerrillera de Villa (1967)*、座席に忘れられた赤ん坊の両親を探す「困ったタクシー」El taxi de los conflictos (1969)*、若い作家の男が未亡人だと思って付き合っていた相手が実は人妻だとわかる「品格ある不倫」Un adulterio decente (1969)*などに主演した。

1970年代にも喜劇からホラーまでいろいろな作品に出たが、音楽物はほとんどなくなった。1980年代以降はテレビ出演が中心で、2010年頃まで出演を続けた。

パキータ・リコ　Paquita Rico
(1929.10.13-)

パキータ・リコは、1929年生まれの歌手。美人だったので、映画にも多く出演した。セビーリャで生まれて、芸能好きの母親とともに、小さな時からフラメンコを見たり聞いたりしながら育つ。ラジオのコンテストで入賞し、その後に郷土ショーを上演していたモンテマール・スペイン舞踊団el ballet español de Montemarに参加する。舞踊団では、歌手のカルメン・セビーリャや、踊り手のアナ・エスメラルダと一緒だった。

その後フラメンコ歌手のペペ・ピントと一緒に活動をしているところを、映画監督のフロリアン・レイにスカウトされて映画界入りする。最初の映画は「がんばれ闘牛士」¡Olé torero! (1948)*で、この作品ではまだ端役。

主演したのはレイ監督の手による「マノレーテに乾杯」Brindis a Manolete (1948)*で、闘牛中に亡くなった実在の闘牛士マノレーテの娘が、フラメンコ・ダンサー上がりの若い闘牛士に惚れられる。

「ルンボ」Rumbo (1950)*では、友人の援助を受けてセビーリャで成功した青年ルンボが、金を貸してくれた友人の親類を訪ねると、その友人と間違われて歓待され、その家の娘パキータと恋におちるが、パキータは彼の素性に疑問を持つ。

1950年代には毎年1本程度の主演作品を撮り、ほかの映画にも出演して歌っている。1960年代の前半まではやはり年間1本のペースで主演作品を撮ったが、1960年代後半からはテレビへの出演が多くなる。

1950年代の作品では、「マリア・モレナ」María Morena (1951)*は、殺人犯と疑われた男の息子が、昔の事件を解明するうちに美しいジプシー娘と恋をしてしまう話。「デブラ、純潔のジプシー」Debla, la virgen gitana (1951)*では、画家が美しいジプシー娘の絵を描き、その妻が嫉妬する。

「血の月」Luna de sangre (1952)*は、19世紀にナポレオンがアンダルシアに侵攻した時の話。フランス兵を殺して逃げた婚約者を待つ娘は、婚約者が兄嫁に惚れていることを知りショックを受ける。「陽気なキャラバン」La alegre caravana (1953)*では、名家の息子が不本意な結婚から逃げ出して、ジプシーに仲間入りして美しい娘パキータに出会う。

「水瓶の娘」La moza de cántaro (1954)*は、17世紀スペインのアンダルシア地方を舞台にしている。侮辱された父親に代わりパキータが決闘、男装してドン・ファンの一団に加わり逃走する。「ヘレスの妖精」El duende de Jerez (1954)*では、ワインの功罪を研究するアメリカ人学者が、シェリー酒の産地ヘレスを訪れて、ベラスケスの有名な絵「バッカスの勝利と酔っ払いたち」を見て、考察を深める。

「タチアオイ」Malvaloca (1954)*のパキータは酒場の踊り手で、二人の男に言い寄られる。タチアオイ (立葵) は植物の名前。「トリアナの溜息」Suspiros de Triana (1955)*は、メキシコ公演のために歌のパートナーを探しに来たアメリカ人歌手が、セビーリャのトリアナ地区の街角で、良い声の花売り娘を見つけ出して契約する話。

1950年代後半に入り、「クッラ・ベレータ」Curra Veleta (1956)*は若い娘の名前で、伯父の家で暮らしている娘にアメリカで亡くなった父親の遺産の話が舞い込むが、遺産とは

父愛用のギターだと判明する。「闘牛士の二人の花嫁」Dos novias para un torero (1956)*は、メキシコの闘牛士が代理人の手配で結婚することとなりスペインへやって来るが、そこでは二人の花嫁が待っているという話。

「ジャマイカへ」À la Jamaïque (1957)*は、フランスで作られたオペレッタ作品。ジャマイカの地主が休暇でパリへ来て、スペインの歌手パキータに恋をする。「ポルトガルの洗濯娘」Les lavandières du Portugal (1957)*は、フランス作品。フランスの広告会社が、洗濯機の広告にポルトガルの洗濯娘を使うことにする。役柄にうまく合う娘をパリまで連れてくるために、広告会社の社員が彼女に恋した振りをする。

「不可能万歳！」¡Viva lo imposible! (1958)*は、単調な会社勤め生活に嫌気がさした中年男が、家財を一切売り払い、子供たちを連れて新しい生活を探す話。結局、サーカスの世界に飛び込むが、そこでの生活も決して彼の心を満たさない。「女暴君」La tirana (1958)*は、18世紀のスペインを舞台に女暴君と呼ばれた女優を描く。大公の情婦で、画家ゴヤの友人でもあったが、本当の恋人が決闘で亡くなったことから歯車が狂う。

次の「アルフォンソ12世、どこへ行くの？」¿Dónde vas, Alfonso XII? (1959)*は、19世紀の名君といわれたアルフォンソ12世を描く。母親と一緒にパリへ亡命し、そこで出会った従妹マリア・デ・ラス・メルセデスと恋をして結婚する話が描かれるが、音楽作品ではない。「おばあちゃん、助けて」S.O.S., abuelita (1959)*のパキータは、結婚3年目の妻で、夫の浮気に苦しみ、壁に掛かる祖母の肖像画に助けを求める。

「突風」Ventolera (1962)*のパキータは、セビーリャの地主の貞淑な妻だが、夫を飛行機事故で失ってしまう。パキータは夫を理想化していたが、亡くなった後に夫の本当の姿を知り、それまでとは打って変わり、「突風」のように周囲に魅力を振りまき始める。

「未亡人船主」La viudita naviera (1962)*は、19世紀末のセビーリャ地方が舞台。パキータは船主と結婚するが、その夫が渡航先のキューバで客死してしまい、自分が船主となる。

アメリカとスペインの合作西部劇「荒野の愚連隊」Tierra brutal (1962) は、日本でも英語題名のThe Savage Gunsとして公開された。それに続き、カルメン・セビーリャ、ローラ・フロレスと共演した「月のバルコニー」El balcón de la Luna (1962)*にも出ている。「夜の物語」Historia de una noche (1963)*は、パキータの夫が会社の金を使い込んで首が回らなくなっているところに、彼女の昔の恋人が戻って来る話。

その後も中年女性を主人公とした4話からなるオムニバス映画「のろまな女たち」Le tardone (1966)*、スターたちを集めた顔見せの「困ったタクシー」El taxi de los conflictos (1969)*に出ている。

★

サラ・モンティエール　Sara Montiel
(1928.3.10–2013.4.8)

サラ・モンティエールは、スペインが生んだ国際派女優で、1950年代を中心にアメリカでも活躍して、スペイン語圏では最も人気が高かった。スペインのミュージカル女優の大半はアンダルシア地方の出身で、フラメンコ流の歌や踊りを得意とするが、サラはフラメンコではなくクプレーを歌った。映画デビュー当初はほとんど歌わなかったが、メキシコ時代から徐々に歌うようになり、歌入りの作品がヒットしてからは、大半がミュージカルとなった。

1928年にスペインのラ・マンチャ地方で、農家の娘として生まれる。スペインの内戦時にはまだ幼かったので、映画活動を始めるのは内戦終結後。映画会社の主催した新人発掘コンテストで優勝して、1944年に映画界入りする。

最初の作品は「おまえが好きだ」Te quiero para mí (1944)*だが、まだチョイ役。1944年から50年にかけて14本の作品に出演するが、いずれも脇役の域を出ないため、1951年にメキシコで2本出演するが、これも脇役。この時期の作品としては「愛と王冠の壁の中に」Locura de amor (1948) が日本でも公開されているが、これは16世紀のスペインを描いたコスチューム物で、ミュージカルではない。

初の主演作はスペインに戻って撮った「隊長ベネノ」El capitán Veneno (1951)*で、以降は再びメキシコで主演級の作品を10本ほど撮る。映画の中で歌い始めたのはメキシコ時代で、「彼女と堕天使と私」Ella, Lucifer y yo (1953)*の中では歌手役で歌っている。「モデル志願」Se solicitan modelos (1954)*は、ファッション・モデルを目指す娘たちの話で、モデル訓練の場面で美女たちの美しい肢体を見せるので、スペイン本国では作りにくい作品。最後のファッション・ショーの場面で、サラは歌っている。

こうした活躍によりハリウッドの撮影所に呼ばれたサラは、ゲイリー・クーパー主演の「ヴェラクルス」Vera Cruz (1954)で、メキシコ娘役を演じる。それに続きマリオ・ランツァ主演の「セレナーデ」Serenade (1956)*でも、メキシコの美女役で登場する。この「セレナーデ」を監督したアンソニー・マンとは翌1957年に結婚している。ロッド・スタイガー主演の「赤い矢」Run of the Arrow (1957) では、インディアン娘役を演じた。

こうしてハリウッド映画で名前が売れたので、スペイン本国でも、彼女を急遽呼び戻して主演作品を作った。「最後のクプレー」El último cuplé (1957)*は、急いで作られた歌入り映画で、芸人を描いた舞台裏物の構成でサラの歌をたっぷりと盛り込んだところ、これが受けて大ヒットした。そこで、こうした歌入り映画を続けることとなり、クプレー歌手を題材にした「すみれ売り」La violetera (1958)*を作るが、これも大ヒットして、この『すみれ売り』の曲がサラのテーマ曲となる。

この歌入りドラマ路線が当たったので、同じ路線で「ロンダ村のカルメン」Carmen la de Ronda (1959)*、「最後のタンゴ」Mi último tango (1960)*、「愛の罪」Pecado de amor (1961)*が作られた。その後も1960年代の終わり頃まで、「麗しのローラ」La bella Lola (1962)*、「シャンテクレールの女王」La reina del Chantecler (1962)*、「カサブランカの夜」Noches de Casablanca (1963)、「サムバ」Samba (1965)*、「ベイルートの女」La dama de Beirut (1965)*、「行方不明の女」La mujer perdida (1966)*、「トゥセット通り」Tuset Street (1968)*、「その女」Esa mujer (1969)*、「ヴァラエティ・ショー」Varietés (1971)*、「一夜のための五つの枕」Cinco almohadas para una noche (1974)*など、同じような作品が続いた。

モンティエールは、アメリカ映画に出演して人気が出て、その後スペインでも主演したので、アメリカ基準の肩や胸をかなり露出した衣装を着ていたが、カトリック的な道徳観を前提とする、当時のスペインの基準を大きく超えるセックス・アピールがあり、人気が高まる一方、眉をしかめる保守層も多かった。

1950年代後半から60年代前半にかけては、世界の映画界でセックス・アピールの強い豊満な美女に人気が出て、サラのほかにもアメリカのマリリン・モンローから始まり、イタリアのジーナ・ロロブリジーダやソフィア・ローレン、フランスのブリジット・バルドー、スウェーデンのアニタ・エクバーグなどが活躍した。これらのグラマーな美女たちの中で、ミュージカルに多く出演したのは、マリリン・モンローとサラ・モンティエールだった。こうしたグラマー・ブームは、1960年代後半に、「小枝」と呼ばれた英国出身の細身モデルのトゥイギーが登場して終焉する。

この時代のモンティエールは、色気が強い一方で、ハバナ産葉巻の愛好者としても知られ、葉巻をくわえた写真が多く残されている。1970年代と80年代には多くの舞台ショーで各地を公演して回り、1975年以降はテレビにも多く出演した。

最後のクプレー El último cuplé (1957)*は、メロドラマ的な芸人物。20世紀初頭のバルセロナ。サラ・モンティエールはキャバレー歌手で、今は忘れられた古いクプレーを歌い劇場主に認められ、売り出すとどんどん人気が高まる。人気の出たサラは、パリや南米でも公演を行い、ロシア貴族からも言い寄られたりする。サラは若い闘牛士と恋におちるが、彼は闘牛で命を落とし、彼女も生きる力を失ってしまう。彼女は死を覚悟して舞台で最後のクプレーを歌い、劇場主の腕の中で事切れてしまう。

急いで作られた歌入り映画で、サラは吹替のつもりでいたのだが、歌を吹込む予定の歌

手が、録音当日に前払い金を要求し、監督も現金の持ち合わせがなかったので、歌手は録音せずに帰ってしまう。そのため、サラ自身の歌を録音したところ、これが受けて大ヒットしたという。

題名にあるクプレーはスペインの伝統的な俗曲で、17世紀ぐらいから始まり、19世紀にはキャバレーなどで歌われる低俗な歌曲とされていた。今ではひとつの芸術ジャンルとされているが、この映画の時代のスペインの古い倫理観からすると、母親が自分の娘をクプレー歌手にしようとするというのは、道徳的におかしいとして、台本の検閲でダメが出たという。そこで作者は、実の母親ではないと示唆する台詞を付け加えて検閲を通したという。

最後に『ネナ』Nenaを歌う場面は感動的。フアン・デ・オルドゥーニャ監督のカラー作品で、スペインで大ヒットしたために、この後のサラの作品は、ほとんどこの映画と同じパターンで作られた。

すみれ売り　La violetera (1958)*は、サラの代表作。19世紀末のマドリードの路上ですみれを売っていた娘サラは、貴族の男ラフ・バローネに見初められ恋仲となる。ところがバローネは、貴族の身分を守るために、貴族の娘との結婚を強く求められる。諦めきれないバローネは、サラと同棲を始めるが、一族の名誉を守るために、彼の兄は決闘せざるを得なくなり、亡くなってしまう。その責任を感じたバローネは、二人の関係を解消する。

サラは、生活のために酒場で歌うようになるが、フランスの興行師に認められて、大劇場で公演して人気を得る。やがてバローネは政治家として大成し、一度は声が出なくなったサラも再び歌手生活に戻るが、再会した二人は別の道を歩むことにするのだった。

ルイス・セザール・アマドリ監督のメロドラマ。サラは沢山の曲を歌うが、中でも主題歌の『すみれ売り』が大ヒットして、彼女のテーマ曲となった。この曲は1914年に書かれたスペインの流行歌で、クプレー歌手として有名だったラケル・メレルが歌ってヒットした。

チャップリンは、「街の灯」City Lights (1931) をメレル主演で撮ろうとしたが実現しなかったため、代わりにメレルのヒット曲をテーマ曲に使った。そのため、日本では「街の灯」のテーマ曲として知られている。サラはスペイン語のオリジナルの歌詞で歌っている。

ロンダ村のカルメン　Carmen, la de Ronda (1959)*は、ビゼーのオペラではなく、メリメの原作に触発された翻案物。ナポレオン軍がスペインへ侵攻してきた時の話で、カルメン（サラ）は、ロンダ村の酒場で歌っている。彼女の恋人は、仏軍と戦っているゲリラ部隊の隊長アントニオだが、カルメンは仏軍の伍長ホセと恋仲になってしまう。カルメンは仏軍に捕らえられるが、最後には、ゲリラ隊の隊長アントニオを自分の身を挺して守り、彼の腕の中で亡くなる。そして、スペインは仏軍から解放される。ジプシー娘カルメン役で、サラが多くの曲を歌っている。トゥーリオ・デミチェリ監督のカラー作品。

最後のタンゴ　Mi último tango (1960)*は、大ヒットした「最後のクプレー」(1957)*と似た題名だが、内容は異なる。サラは舞台の大スターを夢見ているが、今はレヴュー団のスター歌手の付き人だ。レヴュー団のスターはアルゼンチンに呼ばれて、サラも一緒に南米へ向かう。ブエノス・アイレスでは、サラがもてはやされて一躍スターとなる。

前半はスペインなので、タンゴは出てこないが、後半のブエノス・アイレスでタンゴ風の曲が使われている。アルゼンチン映画「栄光の小径」Caminito de Gloria (1939)*のリメイク。「栄光の小径」ではタンゴの名曲『小径』Caminitoが歌われたが、サラは歌っていない。ルイス・セザール・アマドリ監督のカラー作品。

愛の罪　Pecado de amor (1961)*のサラは、珍しく女性刑務所の悔悟係の尼僧を演じている。彼女は囚人たちの面倒をよく見るが、実は彼女にも辛い過去がある。サラは「二十の風車」というキャバレーの歌手で人気者だったが、その所有者との恋に破れ、傷心のまま各地を公演して回る。各地で出会う男たちとの恋も、結局はうまく行かない。そうした辛い過去を、彼女は隠そうともせずに語るのだった。

タンゴの大歌手カルロス・ガルデルが作曲した名曲『想いの届く日』El día que me

第12章　スペインの作品

quierasをサラが歌う。ルイス・セザール・アマドリ監督のカラー作品。

麗しのローラ　La bella Lola (1962)*のサラは、キャバレー歌手を演じる。18世紀中頃のスペイン。サラはパトロンの支援を受けているが、若い貴族のプレイ・ボーイに誘惑されて恋におちてしまう。二人が真剣になればなるほど、幸せは遠のき、身分違いの恋に苦しむことになる。

　デュマの「椿姫」の翻案。サラは『アマポーラ』や『ラ・パロマ』などを歌う。アルフォンソ・バルカサール監督のカラー作品。サラも34歳となり、若さよりも大人の色気を前面に出すようになった。

シャンテクレールの女王　La reina del Chantecler (1962)*は、第一次世界大戦中のマドリードが舞台。舞台の歌姫サラは多くの男から言い寄られるが、若い新聞記者フレデリコと恋におちる。しかし、彼には別に恋人がいることがわかる。ラファエル・ヒル監督のカラー作品。

カサブランカの夜　Noches de Casablanca (1963) は、第二次世界大戦中のドイツ支配下のカサブランカを背景とした作品で、ハンフリー・ボガートとイングリッド・バーグマンが共演した「カサブランカ」とよく似た話。酒場歌手のサラは、フランスのレジスタンス活動とナチスの争いに巻き込まれる。サラの恋人がレジスタンス一派に殺されたため、サラもナチスのために働くように求められるが、最後には彼女は体を張ってレジスタンス一派を助ける。

　サラは『キサス、キサス、キサス』、『ベサメ・ムーチョ』などを歌った。アンリ・ドコアン監督のカラー作品で、珍しく日本でも公開された。

サムバ　Samba (1965)*は、題名からわかるとおりにブラジルのリオを舞台とした作品。サラはブラジルの歌手だが、パトロンの目を盗んで浮気をして、殺されてしまう。パトロンは、その死を隠すために、貧民街から生き写しの娘（サラの二役）を探し出して、カーニバルの女王役をやらせるが、その衣装には密輸用の宝石が隠されている。リオのカーニバルの風景などを取り入れて、スペイン・ムードとはちょっと異なった作品。ラファエル・ヒル監督のカラー作品。

ベイルートの女　La dama de Beirut (1965)*のサラは、歌手志望の女を演じる。身に覚えのない罪で有罪判決を受けて服役したサラは、出所後にバルセロナで「ギリシャ人」と名乗る男と知り合い、中東で歌う契約をする。彼女はベイルートのカジノで歌うこととなるが、実はそこは秘密の売春組織となっていて、サラもそうした対応を求められる。しかし、危ういところをベイルートに来ていたフランス人医師に助けられ、パリへ脱出することができる。パリでは、その医師の息子と恋仲となる。

　ラディスラオ・バホダ監督のカラー作品。バホダ監督はこの作品の完成の直前に心臓発作で亡くなったので、この作品が最後の作品となった。サラはこの作品の撮影前に、ローマで法王パウロ6世の祝福を受けて弁護士と再婚するが、撮影中は相手役の男優との浮気が噂された。

　カトリックの国イタリアでは宗教的には結婚の解消はできないが、1970年の世俗的な法律の改正により、法律上の離婚が認められるようになると、サラはすぐに離婚してしまう。ちなみに、1957年にアンソニー・マン監督と結婚した時には法律的な結婚で、1961年に離婚している。

行方不明の女　La mujer perdida (1966)*のサラは、またしても犯罪に巻き込まれる。サラは漁村に育つが、一緒に暮らしていた母親が水兵と寝ているのを目撃してしまい、ショックを受けて家出し、マドリードに出て酒場の歌手となる。金持ちの政治家に援助されたり、イタリアの彫刻家と恋をしてモデルになったりするが、最後には殺人事件に巻き込まれてしまう。トゥーリオ・デミチェリ監督のカラー作品。

トゥセット通り　Tuset Street (1968)*は、1960年代後半の新風俗と旧来の風俗を見せる作品。トゥセット通りは、バルセロナの流行の先端を行く通りで、ヒッピーや新しい若者文化の中心だ。それとは逆なのが、古くからの劇場街で、サラはその旧来の街にいる昔風の歌手だ。新しい街の若者が、サラを見て、口説けるかどうか賭けをする。友人たちは口説く様子をテープに録音して、後で楽しもう

という魂胆だ。だが、口説くうちに若者は本当にサラに恋してしまうが、サラはテープに録音されていたことを知り、裏切られたと感じる。

　新しい時代の風俗を取り入れた作品だが、カウンター・カルチャー世代の新風俗と、サラの存在がいかにもアンバランスで、中途半端な作品に終わった。ホルヘ・グラウ、ルイス・マルキナ共同監督のカラー作品。

その女　Esa mujer (1969)*のサラは、またしても歌手役。殺人事件の被告として法廷に立たされるが、その法廷での証言から彼女の生い立ちが明らかとなる。暴行された尼僧が身籠って女の子を産み、その子が美しく成長してサラとなる。政治家の支援を受けて有名な歌手となるが、彼女に言い寄るのは金目当ての男たちばかりだった。サラが本当に愛した男は急死してしまい、そのために彼女に殺人の疑惑がかかったことが、明らかとなる。マリオ・カムス監督のカラー作品。

ヴァラエティ・ショー　Varietés (1971)*は、ヴァラエティ・ショーの一座の話。サラは、一座のスターを夢見て長年舞台を務めているが、なかなか主役の座は回ってこない。主役を夢見てピアニストとの縁談も断ってしまうが、チャンスは回ってこない。ある日、一座のスターが急病となり、サラが代役に立ち、観客から喝采を受ける。だが、すぐにスターは復帰して、サラの夢も消えてしまう。

　一座のショー場面が豪華に構成されている。フアン・アントニオ・バルデム監督のカラー作品。バルデム監督自身の「喜劇役者」Cómicos (1954)*のリメイク。この作品は1973年に北京で上映禁止になったらしいが、恐らくは露出度の高いセクシーな舞台衣装でサラが登場するためだろう。

一夜のための五つの枕　Cinco almohadas para una noche (1974)*は、ちょっと「マンマ・ミーア！」Mamma Mia! (2008)と似た話。サラは娘とその母親の二役を演じる。年頃となって結婚の決まった娘サラは、ボーイ・フレンドの家で自分の母親の古い写真を発見する。サラの母親は、サラを産む時に亡くなったので、興味を持ったサラは母親の昔の日記を読み始める。そこには、彼女に言い寄った5人の男たちの話が書かれていて、サラは自分の本当の父親が誰かを探し始める。サラも、時代を反映してか、一昔前のスペインでは考えられないような、かなり大胆な下着姿を披露する。ペドロ・ラサガ監督のカラー作品。

われらが人生の歌　Canciones de nuestra vida (1975)*は、スペイン版の「ザッツ・エンターテインメント」That's Entertainment (1974)といえるスペインのミュージカル映画のアンソロジー。有名な俳優の紹介により、昔から現在までの約20の名音楽場面を見せる。トーキー初期の作品から、サラの最新作「一夜のための五つの枕」(1974)*まで収録されているが、若干偏りがあるとの意見もある。

　膨大なフィルムの中から1時間半に編集しているので、収録作品には限界があるが、全体の流れを感じることはできる。エドゥアルド・マンサノス・ブロチェロ監督のカラー／白黒作品。

ホセリート　Joselito
(1943.2.11–)

　ホセリートは、1943年生まれのスペインの子役スターで、その美しい声から「小さなナイチンゲール」と呼ばれた。多くの曲を歌っただけでなく、映画にも出演した。13歳で歌手デビューして人気が出るが、その勢いで映画にも出演。映画デビューは「小さなナイチンゲール」El pequeño ruiseñor (1956)*で、この題名がそのまま愛称となった。不幸な子供が歌の才能で社会に認められて、幸せを得るというのが、ホセリート映画の基本パターン。

　背が小さかったため、ミッキー・ルーニーと同じように、いつまでも子役を演じ続けるが、1950年代が活躍のピークで、1960年代に入り声変わりすると、急速に人気が衰えた。成人した後はビジネスマンとして活躍したようだが、1990年に銃と麻薬の密輸の容疑によりアンゴラで逮捕され、スペインへ強制送還された。スペインでの服役後は、自伝を出版したり、テレビに出演したりしている。

小さなナイチンゲール　El pequeño ruiseñor (1956)*は、母親が歌手と一緒に出て行ってしまったため、残されたホセリート少年は祖父と一緒に教会の鐘楼で暮らすようにな

る。教会のミサや結婚式での歌により彼の才能が認められ、彼に幸せが訪れる。14歳のホセリートのデビュー作品。

ナイチンゲールの献歌　Saeta del ruiseñor (1957)*のホセリートは、セビーリャ近くに住むいたずらっ子で、歌がうまい。彼は、歌の才能を真剣に伸ばそうとしなかったが、盲目の少女と出会い、真面目に歌うようになる。献歌（サエタ）というのは、スペインのカトリック信者が、聖母マリア行列などに捧げて主にアカペラでうたう歌。

山頂のナイチンゲール　El ruiseñor de las cumbres (1958)*のホセリートは、山の羊飼いの少年で、家に母親はいるが、父親はいつも不在だ。父親は有り金を全部酒に替えて飲んでしまう酔っ払いなのだ。この状況に耐えられなくなった少年は一人家を出て、歌で認められる。

僕の歌を聴いて　Escucha mi canción (1959)*のホセリートは、両親が行方不明の孤児で、母親を探すために、人形劇団の一座に入り歌うようになる。その歌を聞いたテレビの制作者が気に入り、彼をテレビに出演させる。ホセリートは母親を見つけたい一心で、懸命にテレビで歌う。ナイチンゲールの題名が3本続いたので、趣を変えた題名となっている。

小さな大佐　El pequeño coronel (1960)*では、ホセリートの父親の大佐が、植民地でコレラにかかり病死してしまう。残されたホセリートは盗賊に誘拐されるが、美声で歌い、聞き惚れた盗賊が油断した隙に逃げ出し、遺産を横取りしようとする悪い伯父と対決する。

ホセリートと親指トムの冒険　Aventuras de Joselito y Pulgarcito (1960)*のホセリートは、父親がメキシコへ出稼ぎに行き、祖母と一緒に小さな漁村で暮らしている。長く戻ってこない父親にどうしても会いたくなったホセリートは、ある日、小舟に乗ってメキシコを目指すことにする。幸い彼はメキシコ行きの船に助けられ、現地では新聞売りの少年と一緒に父親を探す冒険に出る。

二人の浮浪児　Los dos golfillos (1961)*のホセリートは、18歳なのでかなり成長したものの、まだ少年役で出ている。死刑囚の兄を助けようと、その弟が刑務所長の息子を誘拐して脅迫するが、刑務所長は脅しに応じない。誘拐された息子は行方不明となるが、7年後に成長した息子ホセリートは路上で歌いながら生活をしている。

美しき記憶　Bello recuerdo (1961)*のホセリートは、学校の寄宿舎に入っているが、父親が急死したために、休みに戻る家がなくなってしまう。彼を気にかけている中年の女性音楽教師が不憫に思い、彼に会いに行くと、不思議なことに、ホセリートは、その女性教師が有名音楽家だった時に誘拐された、彼女の息子だったことが判明する。

白い馬　El caballo blanco (1962)*は、メキシコで作られた西部劇調の作品。メキシコに住む祖母を訪ねて、ホセリートはスペインからやって来るが、途中で盗賊に誘拐されてしまう。しかし、歌の好きなカウボーイに助けられて、二人は一緒に歌い、祖母にも会える。

トミーの秘密　El secreto de Tomy (1963)*では、20歳となったホセリートがまだ少年役を演じる。今回は馬主の息子だが、父親の破産により馬を手放さざるを得なくなる。新しい馬主の娘に惚れた彼は、お気に入りの馬に乗り競馬で賞金を得る。

アンディアのペドリートの新しい人生　La vida nueva de Pedrito de Andía (1965)*のホセリートは、実年齢では22歳だが、ティーン・エイジャー役。幼なじみの娘にずっと恋心を抱いていたホセリートは、外国留学から戻った彼女が、大きく成長した娘となっていることを発見する。背の小さな彼は、彼女をダンスに誘うが、断られてしまい、いつまでも彼女を想い続けるのをやめる。

狂った青春　Loca juventud (1965)*のホセリートは、これまでと違って百万長者の息子で、休暇で遊びに来たマドリードで、イタリア娘と出会って意気投合する。

浮浪児ホセリート　Joselito vagabundo (1966)*のホセリートは、街の浮浪児だが、貴族の女に頼まれて、富豪の役を演じる。メキシコで作られた作品。

都会の囚人　Prisionero en la ciudad (1969)*は、ホセリートの最後の作品で、都会にやって来た青年ホセリートが、犯罪に巻き込まれる。

マリソル　Marisol
(1948.2.4–)

　マリソルは、1948年生まれの歌手、ダンサー、女優で、成長したホセリートに代わり、新しい子役として1960年に登場した。女の子で声変わりがなかったため、少女から娘役へと変わる1960年代末までミュージカル映画で活躍した。その後は、普通の映画に女優として出たり、テレビで歌ったりした。生まれがアンダルシア地方なので、幼少期からフラメンコの歌と踊りを仕込まれ、歌い方も基本的にはフラメンコ調が多い。有名なフラメンコ・ダンサーのアントニオ・ガデスと結婚して、3人の子供をもうけた。

　1959年にスペインのテレビで歌っているのをスカウトされて映画界入りし、デビュー作は「太陽は泣かない」Un rayo de luz (1960)。デビューした時には12歳だったが、子供っぽいムードで演じたのは「天使がやって来た」Ha llegado un ángel (1961)*、「富くじ」Tómbola (1962)*、「マリソル、リオへと向かう」Marisol rumbo a Río (1963)*、「ベンベニードの物語」La historia de Bienvenido (1964)*、そして日本でも公開された「マリソルの初恋」La nueva Cenicienta (1964)あたりまでで、その後は大人の役柄を演じている。

　「あの娘を探せ」Búsqueme a esa chica (1964)*、「カブリオラ」Cabriola (1965)*、「マリソルの四つの結婚式」Las 4 bodas de Marisol (1967)*、「二人だけで」Solos los dos (1968)*、「昼のカロラ、夜のカロラ」Carola de día, Carola de noche (1969)*あたりは、完全に大人の役で、昔ほどの人気はなくなった。

　マリソル主演の映画では、イザベル・ガルセスが母親役などを演じており、「天使がやって来た」(1961)*、「マリソル、リオへ向かう」(1963)*、「あの娘を探せ」(1964)*、「マリソルの四つの結婚式」(1967)*、「二人だけで」(1968)*、「困ったタクシー」El taxi de los conflictos (1969)*、の6本の映画で共演している。

　この頃から音楽物でない映画にも出るようになり、サスペンス作品「真夜中の恐怖」La corrupción de Chris Miller (1973) では、当時のスペインとしては異例の大胆なヌード場面にも挑戦している。その後は「雨のしのび逢い」La chica del Molino Rojo (1973)に出た後、犯罪物の「欲望の力」El poder del deseo (1975)*や、アントニオ・ガデスと共演した「過ぎ去りし日々」Los días del pasado (1978)*に出演している。

　暫く映画から遠のくが、1980年代に入りカルロス・サウラ監督がアントニオ・ガデスと組んで撮った「血の婚礼」Bodas de sangre (1981) と、「カルメン」Carmen (1983) にも脇役で出演した。最後の作品は「封印された事件」Caso cerrado (1985)*で、その後は引退している。

太陽は泣かない　Un rayo de luz (1960) は、12歳のマリソルのデビュー作。イタリア貴族の青年が、スペインの歌手と結婚するが、それを家族に伝えに行く途中の飛行機事故で亡くなってしまう。イタリアの家族は、スペイン歌手との結婚を受け入れなかったが、彼女は亡くなった青年の子供を生み、苦労して育てる。やがて、その娘マリソルが成長して、孫に会いたくなったイタリアの祖父が夏休みに呼び寄せるが、マリソルが可愛いので手放せなくなってしまう。結局、最後には和解して、皆が一緒に暮らすことになる。

　『走れ、走れ、子馬』Corre, corre, caballitoがヒットした。「マリソルの初恋」(1964) が日本でもヒットしたので、その後に日本でも公開された。

天使がやって来た　Ha llegado un ángel (1961)*のマリソルは、船の事故で両親を失った孤児を演じる。両親ともに亡くなったので、家財を処分した大金を手にして、伯父を頼ってカディスからマドリードへと向かう。伯父の一家の後妻はマリソルに冷たくするが、金に困っていたので、マリソルの持つ大金を何とか手に入れようとする。マリソルは仲良くなった召使と一緒に一家を助け、自分自身もテレビのショーでデビューする。

富くじ　Tómbola (1962)*のマリソルは、学校行事でプラド美術館へ行った時に、有名な絵「薔薇の聖母」が3人の男たちによって盗まれて、偽物に置き換えられるのを目撃する。マリソルは大人たちに話をするが、誰も信じてくれない。それどころか、目撃された3人は口封じのためにマリソルを誘拐しようとす

る。マリソルは、逆に3人を説得して老神父を介して絵を返還させようとする。

マリソルは14歳になり、少女としては育ち過ぎたために、撮影時には、胸を押さえて小さく見せるなどの工夫をしたらしい。Tómbolaというのは祭りなどで行われる、ビンゴに似た数字合わせのくじ引き。歌では『おちびちゃん』Chiquitinaが良い。

マリソル、リオへ向かう Marisol rumbo a Río (1963)*のマリソルは、15歳の双子姉妹で二役を演じている。夫が亡くなったために、双子の姉妹を育てられなくなった母親イザベル・ガルセスは、8年前にブラジルで成功している伯父に妹を預けた。母親はブラジルに手紙を書くが、なかなか返事が来ないので、どうしても会いたくなり、懸命に働くが渡航費用が貯まらない。とうとう家財道具一式を売り払い、一人分の船賃を確保して、娘のマリソルは船に隠れて密航し、何とかリオにたどり着く。リオでは、伯父の悪い秘書が、娘二人へ残されるはずの遺産を横取りしようとしていることが判明して、マリソルはそれを暴こうとするが、巨大なキリスト像の立つコルコヴァードの丘から突き落とされそうになる。

ベンベニードの物語 La historia de Bienvenido (1964)*のベンベニードというのは、子ロバの名前。マリソルが子供たちを相手に、小さな時に親ロバから引き離されて、寂しく暮らすベンベニードの物語を語る。

マリソルの初恋 La nueva Cenicienta (1964)は、日本で公開されて、マリソルの人気が出た作品。原題は「新シンデレラ」という意味で、物語の内容もそのとおり。

マリソルは売れない作曲家の娘役。アメリカ人歌手がスペインへやって来て、フラメンコ・ダンサーのアントニオとテレビで共演することとなるが、アントニオは一緒に踊る相手役が見つからない。ある日、街角で踊るマリソルを見て、共演相手にしようと思うが見失う。一方、マリソルはアメリカ人歌手への売り込みを狙っていて、偶然アントニオと再会、二人は組んで踊ることになる。

最後のミュージカル場面は、フラメンコ調の踊りが入り面白い。日本公開は1966年で、公開に合わせて来日して、日本語で主題歌の『マリソルの初恋』Me conformo(「あなたに合わせて」の意味)を歌い、レコードも発売した。この日本語版は伊藤ゆかりもカバーしている。

あの娘を探せ Búsqueme a esa chica (1964)*のマリソルは16歳の娘で、父親と一緒にマヨルカ島で観光客向けに歌や踊りを見せている。マリソルは、マドリードからやって来た若いデュオのエル・ドーオ・ディナミコと知り合う。二人はマリソルたちよりも現代的な曲を歌って観光客にも人気だったが、マリソルと組んで歌い大受けする。エル・ドーオ・ディナミコは、1960年代にスペインで人気のあったデュオで、二人とマリソルの共演が見どころ。

カブリオラ Cabriola (1965)*のマリソルは、17歳の大人役。カブリオラというのは子馬の名前で、少年のような恰好をした娘に飼われているが、その馬が馬術ショーに出演することになり、少女スターが馬に興味を持つ。

マリソルの四つの結婚式 Las 4 bodas de Marisol (1967)*のマリソルはもう子役ではなく、完全な大人。マリソルはスペインの人気スターで、アメリカ人の映画監督と一緒に仕事するうちに恋におちる。制作者は宣伝に使おうと考えて、二人の結婚式を大々的に宣伝するが、その結婚式で、3人の男が二人の結婚に異を唱える。マリソルは、その3人との関係を詳しく語る。英国の学校で知り合って恋をした英国人歌手、闘牛士を目指す青年との恋、アフリカで知り合って恋の炎を燃やしたフランス人医師との話を聞き終わり、アメリカ人監督は、結婚を諦めて立ち去る。

二人だけで Solos los dos (1968)*のマリソルは有名な歌手。道路で車を走らせている時に知り合った若い闘牛士の男と、いろいろな場所で顔を合わせるうちに、いつしか恋におちる。しかし、危険と隣り合わせの闘牛士という職業の男をいつも心配することに耐えられずに、マリソルは、闘牛かマリソルか、どちらかを選ぶように彼に迫る。決断できない男を置き去りにして、マリソルは彼から離れていくのだった。

昼のカロラ、夜のカロラ Carola de día, Carola de noche (1969)*のマリソルはヨーロッパの小国の皇女を演じる。自国の革命の

ために命からがら脱出したマリソルは、バルセロナで身を隠し、刺客に見つからないように警戒をしている。それでも、ナイト・クラブで働く若い男と恋をして、手元の金もなくなるため、ナイト・クラブで歌と踊りを見せる決心をする。

雨のしのび逢い La chica del Molino Rojo (1973) は、日本でも公開された作品。アメリカの賭博場を仕切るギャングの親玉メル・フェラーが、プレイ・ボーイの賭博師にもてあそばれて妻が自殺したので、男に復讐するために、妻によく似たナイト・クラブの踊り子マリソルを使い、賭博師を誘惑させておびき出そうとする。ところが、マリソルは賭博師に近づき、本当に恋をしてしまい、彼を助けようとする。映画の最初と最後に音楽が使われるが、途中での音楽は1曲だけ。

過ぎ去りし日々 Los días del pasado (1978)*は、フラメンコ・ダンサーのアントニオ・ガデスとの共演作品。マリソルは、この作品の後1982年にガデスと結婚する。スペインの内戦が終わり6年経った1945年。山奥の村に女性教師が赴任してくる。村の学校で教えるのが仕事だが、彼女がこの村へ来た本当の目的は、行方不明の恋人アントニオを探すことだった。彼は、内戦中にアルジェリアへ行ったことになっていたが、本当は山中に隠れているのだった。歌は少ない。

ロシオ・ドゥルカル Rocío Dúrcal
(1944.10.4–2006.3.25)

ロシオ・ドゥルカルは、1944年にマドリードで生まれた歌手で、映画にも出た。スペインの女性歌手の多くが、アンダルシア地方出身でフラメンコの訓練を受けたのに対して、ロシオはマドリードの出身で、現代的な音楽から出発した新世代の歌手といえる。10歳くらいからラジオに出演して歌っていたが、15歳の時にテレビ出演しているところをスカウトされて、映画にも出るようになる。

デビュー作品は「青春の歌」Canción de juventud (1962)*で、主に1960年代に音楽映画作品に出演したが、1960年代と70年代には、メキシコやアメリカも含めてコンサート活動などをしていたため、出演本数はそれほど多くない。2006年に癌のため亡くなった。

「青春の歌」(1962)*は、保守的な男子高校と革新的な女子高校の生徒が、古い教会の再建のために交流を深める話で、ロシオはデビュー作でいきなり主演している。続く「ラ・マンチャのロシオ」Rocío de La Mancha (1963)*は、ラ・マンチャ地方で風車の案内をしているロシオが、自動車事故で子供を失った歌手に誘われて、パリへ行く話。

「私は17歳」Tengo 17 años (1964)*に出演したロシオは、実年齢は20歳で、悩めるティーン・エイジャー役を演じる。金持ちの娘ロシオは親と意見が合わずに家出して、陶芸家の伯父の家に転がり込み、そこで新しい生活を発見する。

「クローヴァーの娘」La chica del trébol (1964)*のロシオは、タクシー運転手の娘で、ファッション・ブティックで働いているが、ある日パーティで大金持ちの青年と出会い恋をする。「何よりも素敵」Más bonita que ninguna (1965)*のロシオは、キャバレーのウェートレスなのだが、恋人の青年にはそれを隠して電話会社で働いていると言っている。一方の彼のほうは、ロシオではないほかの金持ちの娘と結婚しようとしていることがわかり、ロシオは彼に復讐することにする。

「一緒に来てね」Acompáñame (1966)*は、スペインの未亡人がカナリア諸島の家を処分するため、現地へ一緒に行くメイドと運転手を募集したところ、博物館で働くロシオと、メキシコから来た金持ちの留学生が応募して、二人が恋におちる。

「こんにちは、伯爵令嬢」Buenos días, condesita (1967)*のロシオはレコード店員で、歌手になりたいと考えている。ある日、友人から、短期間だけ婚約者の伯爵令嬢の振りをしてほしいと頼まれる。彼の婚約者に会いに貴族の両親が外国から戻って来るためだ。ところが、両親が長く滞在することとなり、いろいろと支障が出る。

「空の恋」Amor en el aire (1967)*のロシオは、飛行機のスチュワーデスを演じる。ブエノス・アイレスからマドリードへの便で、スペイン留学するアルゼンチン青年パリート・オルテガと知り合ったロシオは、街で再会して恋におち、二人で歌って売り出すこと

第12章　スペインの作品

「クリスティーナ・グスマン」Cristina Guzmán (1968)*は、カルメン・デ・イカサの小説の2度目の映画化。ロシオは語学を教える未亡人教師だが、行方不明の妹の思い出を断ち切れない若い男のために、妹に変装して慰めようとする。ロシオが貞淑な女性と奔放な女性の両方を演じ分けている。

「ラス・レアンドラス」Las leandras (1969)*は、英国留学からスペインへ戻ったロシオが久々に母と会うと、レヴュー・ショーのスターだった母親がすっかり落ちぶれて、場末の小屋に出ているので、一緒になって復活を目指す。原題はお金を意味している言葉。

「新米反抗者」La novicia rebelde (1971)*は、何度も映画化されている「尼僧サン・スルピシオ」の翻案作品で、陽気な新米修道女が病院や療養所で珍騒動を巻き起こす。

その後は、ミュージカル作品ではなく普通のドラマに出ていて、盲目の男に尽くす「マリアネラ」Marianela (1972)*では主演で、フランスとの合作「花で云って」Dites-le avec des fleurs (1974)*では脇役で出ている。フランコ政権崩壊後には、レズビアンの大胆なヌード場面を披露した「不思議な感じ」Me siento extraña (1977)*にも出ている。

カルロス・サウラ　Carlos Saura (監督)
(1932.1.4–)

カルロス・サウラは、現代スペインを代表する映画監督で、映画祭での受賞歴が多く、カンヌで3回、ベルリンで3回受賞している。1932年にアラゴンで生まれ、芸術一家で育つ。最初はカメラに興味を持ち写真を撮っていたが、やがて16mmで映画を撮るようになり、映画学校に進み、卒業制作の短編が早くも注目を集めた。

最初の監督作品は「ならず者」Los golfos (1960)*で、スペイン版のネオレアリズモを見せた。その後は普通の映画を撮っていて、チャーリー・チャップリンの娘ジェラルディン・チャップリンと、結婚はしないものの実質的なパートナーとなり、1970年代は彼女の主演作品を多く撮っている。

1980年代にアントニオ・ガデスと組んでフラメンコ3部作と呼ばれる「血の婚礼」Bodas de sangre (1981)、「カルメン」Carmen (1983)、「恋は魔術師」El amor brujo (1986)を作ってからは、フラメンコだけでなく多くの音楽作品を撮っている。

フラメンコ関連の作品としては、「セビジャーナス」Sevillanas (1992)*、「フラメンコ」Flamenco (1995)、「サロメ」Salomé (2002)、「イベリア　魂のフラメンコ」Iberia (2005)、「フラメンコ・フラメンコ」Flamenco, Flamenco (2010)がある。

そのほかの音楽関係の作品としては、スペイン内戦を描く「歌姫カルメーラ」¡Ay, Carmela! (1990)、アルゼンチン・タンゴを題材とした「タンゴ」Tango (1998)、ポルトガルの歌を題材とした「ファド」Fados (2007)*、モーツァルトと台本作家ダ・ポンテを描く「ドン・ジョヴァンニ　天才劇作家とモーツァルトの出会い」Io, Don Giovanni (2009)などがある。

血の婚礼　Bodas de sangre (1981)は、題名からわかるとおりに、スペインを代表する劇作家ガルシア・ロルカの劇 (1933)に触発された作品。アントニオ・ガデス舞踊団が再構成したフラメンコ劇の公演模様を、ドキュメンタリー風に撮っている。全体は5場の構成で、アントニオ・ガデスが踊るほか、相手役としてクリスティーナ・オヨスが踊っている。

カルメン　Carmen (1983)では、カルメンの話をフラメンコ劇として上演する過程が描かれる。ドン・ホセ役のアントニオ・ガデスは、クリスティーナ・オヨスが教えるフラメンコ学校で、カルメン役の若い踊り手を選び、稽古を重ねるが、彼女にはやくざ者の夫がいて、舞台上の芝居と現実の生活の区別がつかなくなる。

恋は魔術師　El amor brujo (1986)は、サウラ監督のフラメンコ3部作の最後の作品で、スペインの作曲家マヌエル・デ・ファリャがバレエ曲として書いた同名の曲に基づいたフラメンコ劇。子供の時に結婚相手を決められたジプシー娘が成長して、結婚したものの、浮気な夫に苦しむ。出演者も前作とほぼ同じで、アントニオ・ガデスやクリスティーナ・オヨス。

歌姫カルメーラ　¡Ay, Carmela! (1990)は、

スペイン内戦中に苦労する旅回り一座の芸人たちを描く。一座の歌姫は、相手役の男優と婚約していて、内戦で混乱中のスペインを公演して回る。二人は共和国支持だったので、共和国地域を回っていたが、ある時、フランコ勢力の土地に入り、親フランコのイタリア軍に捕らえられる。イタリア軍から公演を求められるが、あまりにもファシスト寄りの台本なので、怒った歌姫カルメーラは、共和国の旗を衣装にして演じ、大騒ぎを巻き起こす。

セビジャーナス Sevillanas (1992)*は、アンダルシア地方のフラメンコを、一流の踊り手、歌手、ギタリストで見せる作品。11景からなるドキュメント風の構成となっている。出演者はローラ・フロレス、メルケ・エスメラルダ、ロシオ・フラード、マノロ・サンルカルほか。題名はセビーリャ人たちという意味もあるが、セビーリャ民謡の意味もある。日本では劇場公開されなかったが、テレビで放映された。

フラメンコ Flamenco (1995)は、フラメンコそのものを紹介する作品で、13種類のリズムの紹介や、古いスタイルから新しい形まで様々な踊りを見せる。単純化されたセットの中で、踊りを浮き立たせた撮影となっている。

タンゴ Tango (1998)は、舞台を南米アルゼンチンに移して、タンゴを主題とした作品。ブエノス・アイレスで、離婚の心の傷を負った映画監督ミゲル・アンヘル・ソラが、タンゴを使いアルゼンチンの移民の歴史を描く作品を撮る。主演の踊り手に若手の魅力的な娘ミア・マエストロを採用し、二人は次第に惹かれ合うが、彼女は出資者の愛人だったので、怒った出資者が刺客を送り込む。映画の撮影は進み、移民たちを中心とする群衆の中で生まれてくるタンゴが撮影されるが、群衆に紛れ込んだ刺客が彼女を刺し殺す。サウラ監督らしく単純化されたセットでの踊りで、ドキュメンタリー風の作り。

サロメ Salomé (2002)は、ヘロデ王に洗礼者ヨハネの首を求めるサロメの話をフラメンコ仕立てで見せる。国立バレエ団の芸術監督だったアイーダ・ゴメスが振り付けて、自分でサロメ役を踊っている。この作品も、「サロメ」の映画を作る過程をドキュメンタリー風に撮ったという設定となっている。

イベリア 魂のフラメンコ Iberia (2005)は、スペインの作曲家イサーク・アルベニスのピアノ曲に題材を取った作品。アルベニスの作品は「イベリア」という半島全体を指す題名だが、実際にはアンダルシア地方の町や音楽を題材にした、12曲からなるピアノの組曲。このピアノ曲に基づいて、フラメンコ作品を作る過程を、ドキュメンタリー風に仕上げている。一流の踊り手、歌手、ギタリスト、ピアニストが集められて撮影された。

ファド Fados (2007)*は、ポルトガルの歌ファドを紹介するドキュメンタリー作品。ファドはスペインの音楽とは異なり、ポルトガル・ギターと呼ばれる6コースで12本の金属弦の楽器を使用した伴奏が特徴で、19世紀後半のリスボンで成立した歌曲。アマリア・ロドリゲスの歌で有名になったので、暗いムードの歌が中心と思われがちだが、明るい調子の曲も多い。この作品では現代のファド歌手、演奏家が中心だが、アマリア・ロドリゲスの古い映像も出てくる。サウラ監督は2年間にわたりファドを研究してこの作品を作ったという。

ドン・ジョヴァンニ 天才劇作家とモーツァルトの出会い Io, Don Giovanni (2009)は、劇作家ロレンツォ・ダ・ポンテと作曲家モーツァルトの出会いを描く。ダ・ポンテは聖職に就いたものの放蕩ぶりが目に余り、ヴェネチアから追放されてしまう。彼はウィーンでモーツァルトと出会い、一緒にオペラを作ることとなる。二人は、「フィガロの結婚」を成功させるが、次に取り組んだのは、放蕩貴族を主人公とする「ドン・ジョヴァンニ」で、この作品にはダ・ポンテ自身の女性遍歴も盛り込まれる。

原題からもわかるとおりに、スペイン語ではなくイタリア語で撮られた作品。サウラ監督の音楽物としては珍しく、ドキュメンタリー調ではなく、ドラマ仕立てとなっている。モーツァルトは、基本はドイツ語のオペラ作品を書いたが、ダ・ポンテ3部作と呼ばれるイタリア語のオペラを書いていて、「ドン・ジョヴァンニ」は2作目にあたる。3作目は「コジ・ファン・トゥッテ」。

フラメンコ・フラメンコ Flamenco, Fla-

第12章 スペインの作品

menco (2010) は、サウラ監督が得意の、フラメンコを題材としたドキュメンタリー調の作品。当代一流の演者が集まり、人の一生を、誕生から成長、死、そして再生へと21景に分けて見せる。

第 13 章
その他の国

1 フランスの作品

フランスは、アメリカと並び映画の盛んな国だが、ミュージカル映画はあまり作られていない。ミュージカルが生まれてくる背景となる、キャバレーのショーや、レヴュー・ショーなどの上演も盛んで、1930年代当時のパリのレヴューは、宝塚を中心に日本でも紹介されていた。また、映画の制作も盛んだったので、ミュージカル映画が作られる素地は十分といっても良いが、なぜかミュージカル作品の数は少ない。

トーキー初期の作品

それでも、パリのキャバレーなどの様子は、無声時代から実写的に記録されていて、「モン・パリ」La revue des revues (1927)、「花のパリ」Paris attraction (1927) などが日本でも公開されている。同じ流れで作られた「ダンセ・パリ」La folie du jour (1929) は、トーキー版も作られたようだが、日本では無声作品として公開されている。

トーキー初期のフランス映画は、ミュージカルではないものの、主人公の歌う、歌入り芝居の作品が多く作られた。この分野で多くの作品を残したのがルネ・クレール監督で、「巴里の屋根の下」Sous les toits de Paris (1930)、「ル・ミリオン」Le million (1931)、「自由を我等に」À nous la liberté (1931)、「巴里祭」Quatorze Juillet (1933) などの作品を作った。

この時期には、ほかの監督も似たような作品を作っていて、ジョルジュ・ミルトンが主演した「巴里っ子」Le roi des resquilleurs (1930) や、イタリアのカルミネ・ガローネ監督がアルベール・プレジャン主演で作った「掻払いの一夜」Un soir de rafle (1931)、「プレジャンの舟唄」Le chant du marin (1932) などのほか、ドイツ人ヴィルヘルム・ティーレが監督した「ル・バル」Le bal (1931) もある。これ以外にも「イレ・シャルマン」Il est charmant (1932)、「靴屋の大将」Le roi du cirage (1932) などが作られた。

ジョセフィンとシュヴァリエ

こうしたトーキー初期のフランス風の音楽映画に対して、アメリカのミュージカル作品がフランスでも紹介されると、アメリカ風の作品も作られる。この時期にはアメリカ出身の黒人女優ジョセフィン・ベイカーが、パリのレヴューで活躍しており、彼女が主演するミュージカル作品も作られた。「はだかの女王」Zouzou (1934)、「タムタム姫」Princess Tam Tam (1935) などは、アメリカのレヴュー映画の影響を強く受けている。

モーリス・シュヴァリエはフランス出身の芸人で、トーキー初期からアメリカの映画界で活躍していたが、1930年代後半から欧州へ戻り、英国やフランスの映画に出演した。フランス時代の代表作にはジュリアン・デュヴィヴィエの監督した「シュヴァリエの流行児」L'homme du jour (1937) がある。第二次世界大戦が始まると、フランスはドイツに占領されて、シュヴァリエもフランス映画出演の機会に恵まれなかったが、戦後は「王様」Le roi (1949) などの作品に出演した。

第二次世界大戦中は、ナチス・ドイツとの関係がうまく行かなくなったリリアン・ハーヴェイもフランスで映画に出演し、「セレナーデ」Sérénade (1940)、「ミケット」Miquette (1940) などを残している。

クラシック音楽の影響

フランスでは、クラシック音楽を使った音楽作品も作られていて、ドイツの監督G・W・パプストが、ロシア出身のバス歌手シャリアピンの主演で撮った「ドン・キホーテ」Don Quichotte (1933)、アベル・ガンス監督が作った伝記作品「楽聖ベートーヴェン」Un grand amour de Beethoven (1936) や、グレイス・ムーア主演のオペラ作品「ルイーズ」Louise (1939) などがある。そのほかに、バレリーナの世界を描く「白鳥の死」La mort du cygne (1937) もあるが、こうした伝統はその後も引き継がれて、作曲家ベルリオーズの伝記作品「幻想交響楽」La symphonie fantastique (1944) や、19世紀のオペラ歌手を描く「ラ・マリブラン」La Malibran (1944)、ピアノの名手フランツ・リストを描く「愛の夢」Rêves d'amour (1947)、オペレッ

タ作曲家の伝記「パリのワルツ」La valse de Paris (1950) などが作られた。

第二次世界大戦後

第二次世界大戦後は、いわゆるミュージカル映画というのはほとんどなくなってしまうが、歌手を主人公とした歌入り映画が作られるようになる。ジルベール・ベコーやイヴ・モンタンの歌入り作品が作られたが、「過去を持つ愛情」Les amants du Tage (1955) には、ポルトガルのファドの女王として有名なアマリア・ロドリゲスが登場する。ジャン・ルノワール監督の「恋多き女」Elena et les hommes (1956) でも、ジュリエット・グレコが歌っている。

1950年代の後半になると、カラー化した大型画面を使ったレヴュー作品も作られるようになり、ジジ・ジャンメールが主演した「巴里の不夜城」Folies-Bergère (1956) や、ジルベール・ベコー主演の「カジノ・ド・パリ」Casino de Paris (1957) が登場する。こうした流れに乗って、レスリー・キャロンを育てたバレエの振付家ローラン・プティは、ダンス中心の大作「ブラック・タイツ」1-2-3-4 ou Les Collants noirs (1961) を発表している。

新しい波

フランスの映画界では1950年代末から、ジャン=リュック・ゴダールや、フランソワ・トリュフォーらの新世代監督が台頭して、「新しい波」Nouvelle Vague と呼ばれる新感覚の作品が登場するようになる。そうした流れは音楽映画の世界にも流入して、ジャック・ドゥミ監督が作曲家ミシェル・ルグランと組んで「シェルブールの雨傘」Les parapluies de Cherbourg (1964) を発表する。この作品は、すべての台詞を音楽に乗せて歌うという表現方法をとり、それまでのミュージカル映画の常識を打ち破った。

この作品が高い評価を得たので、ドゥミ監督は、続いて70mmの大作「ロシュフォールの恋人たち」Les demoiselles de Rochefort (1967) を作るが、アメリカからジーン・ケリーなどの大スターを呼んで登場させたこともあり、ハリウッド流ミュージカル映画の二番

煎じのようになってしまう。ドゥミ監督はその後も、童話に題材を取った「ロバと王女」Peau d'âne (1970)、「ハメルンの笛吹き」The Pied Piper (1972) を作った後、「シェルブールの雨傘」の路線を踏襲した「都会のひと部屋」Une chambre en ville (1982)* と、「ロシュフォールの恋人たち」を踏襲した、「想い出のマルセイユ」Trois places pour le 26 (1988) を作るが、必ずしも成功していない。

こうしたドゥミ監督の新しい音楽映画は、ほかの監督にも大きな影響を与えた。ルイ・マル監督はブリジット・バルドーとジャンヌ・モローを共演させた「ビバ！マリア」Viva Maria! (1965) を作った。クロード・ルルーシュ監督もフランシス・レイの音楽を効果的に使って「男と女」Un homme et une femme (1966) などの音楽的な作品を作った。「恋人たちのメロディ」Smic Smac Smoc (1971) ではフランシス・レイの出演で、「愛と哀しみのボレロ」Les uns et les autres (1981) ではベジャール振付の「ボレロ」を踊るジョルジュ・ドンの出演で話題となった。

1980年代以降

こうした中でもオペラ系の作品は、絶え間なく登場してくる。オペラ歌手のファンの青年を描く「ディーバ」Diva (1981)、フランチェスコ・ロージ監督の「カルメン」Carmen (1984)、西独との合作の「ワーグナーとコジマ」Richard und Cosima (1986)、イタリアの去勢歌手ファリネッリの生涯を描いた「カストラート」Farinelli (1994) などが作られている。

1990年代末になると新しいスタイルの音楽作品が登場する。前衛的な映画作品で知られていたアラン・レネ監督が作った「恋するシャンソン」On connaît la chanson (1997) では、登場人物の歌は、古いシャンソンのレコードで吹き替えられている。こうした手法はアメリカの「ペニーズ・フロム・ヘヴン」Pennies from Heaven (1981)* でも使われたので、格別に目新しくもないが、アラン・レネ監督がこうした映画を作ったことに驚かされた。このような手法であれば、歌えない役者でも音楽作品に出ることができるので、「8人の女たち」8 femmes (2002) でも、そ

の手法は踏襲された。アラン・レネ監督は、その後に「巴里の恋愛協奏曲」Pas sur la bouche (2003) で本格的なミュージカル作品に挑んでいる。最近ではクリストフ・オノレ監督が「愛のあしあと」Les bien-aimés (2011) で歌入り芝居を作り、カトリーヌ・ドヌーヴが実の娘キアーラ・マストロヤンニと共演した。

★

ジョセフィン・ベイカー　Josephine Baker (1906.6.3-1975.4.12)

　ジョセフィン・ベイカーは、1906年にセント・ルイスで生まれたアメリカ人だが、故郷の人種差別的な雰囲気を嫌ってニュー・ヨークへ出て黒人のレヴューに参加、さらに1920年代前半にパリへ移る。当時のチャールストンなどの新しい踊りで人気が出て、パリでも一流のフォリー・ベルジェールへの進出を果たす。腰の周りにバナナをぶら下げて踊るバナナ・ダンスで有名となり、「琥珀の女王」と呼ばれた。映画に出たのもフランスで、無声時代から何本かの映画に出たが、トーキーになってからはミュージカル作品に出演した。

　無声時代では、フォリー・ベルジェールの舞台を描いた「モン・パリ」La revue des revues (1927)（アメリカ公開題名はMon Paris）と、「ダンセ・パリ」La folie du jour (1929)、劇映画仕立ての「南海の女王」La sirène des tropiques (1927) などで踊りを見せている。トーキーになって作った「はだかの女王」Zouzou (1934) は洗濯娘がレヴューで成功する話で、ジャン・ギャバンが相手役。バスビー・バークレイ風のダンス場面もあり、ジョセフィンの代表作となった。「タムタム姫」Princesse Tam Tam (1935) は、アフリカの野性の少女がパリの社交界で人気を得る話。その後は「ムーラン・ルージュ」Moulin Rouge (1940)*や「偽りの警報」Fausse alerte (1945)*に出演したが、あまり評価されなかった。

　1930年代と50年代にアメリカでも公演したが、物珍しさで受けたフランスとは異なり、アメリカでは大衆受けしなかった。1950年代のニュー・ヨーク公演時には、会員制高級クラブとして有名なストーク・クラブで差別的に扱われて、ジョセフィンは店で抗議した。たまたま食事に来ていたグレイス・ケリーがそれを目撃して、勇気ある女性として感心する。

　晩年は、世界各国の孤児を養子にとり、レインボー・ファミリーと名付けて子育てに注力するが、経済的に苦労して、長年住みなれた家を追い出されてしまう。そのニュースが伝えられた時に、モナコ王妃となっていたグレイス・ケリーが救いの手を差し伸べ、支援したことは有名。テレビ向けの伝記映画「ジョセフィン・ベイカー物語」The Josephine Baker Story (1991)*が作られて、かなり忠実にジョセフィンの生涯を描いている。

はだかの女王　Zouzou (1934) は、ジョセフィンの代表作。幼なじみジャン・ギャバンとサーカスで一緒に育ったジョセフィン・ベイカーは、大きくなって洗濯屋で働いていたが、密かにジャンを好いている。一方、ジャンはレヴュー劇場の照明係で、ジョセフィンの親友である洗濯娘に惚れている。ある日、ジャンは殺人の疑いで捕まり、彼の弁護士費用を稼ぐために、ジョセフィンはレヴューの舞台に立ち成功する。真犯人も明らかとなり、ジャンは釈放されるが、そのジャンを待っていたのは親友の洗濯娘だと知り、ジョセフィンは黙って去るのだった。

　フランス映画でマルク・アレグレ監督作品。相手役がジャン・ギャバンだというのが凄いが、ギャバンも1曲歌っている。ジョセフィンは数曲を歌い、長い手足を使った踊りも見せている。最後のレヴュー場面は、大勢のダンサーを使ったプロダクション・ナンバーで、明らかにバスビー・バークレイの影響を受けた演出となっている。

タムタム姫　Princesse Tam Tam (1935) も、フランス映画でエドモン・T・グレヴィル監督作品。小説家アルベール・プレジャンは、題材を求めて北アフリカへ行き、野性の少女ジョセフィン・ベイカーと出会う。プレジャンは、ベイカーを育てつつ文明化する過程を小説に描こうと考えて、彼女を引き取り、タムタム姫と称してパリへ連れ帰る。ジョセフィンは野性的な踊りを披露して社交界で人気となるが、彼女にとってはそんな生活はつま

らないので、さっさとアフリカに帰ってしまう。プレジャンはそれを題材に小説を書く。ここでもジョセフィンは歌も披露するが、踊りがメイン。

★

ルネ・クレール René Clair（監督）
(1898.11.11-1981.3.15)

　ルネ・クレールはフランス出身の高名な映画監督なので、改めて紹介するまでもないが、トーキー初期に独自の感覚を持った歌入り作品を何本か作っている。1898年に生まれたクレールは、第一次世界大戦の後、ジャーナリズムの仕事の傍ら、シャンソン歌手のダミアの曲の詩なども書いていたので、音楽的な感覚には優れていたようだ。

　映画を作るようになったのは無声時代の1924年からで、無声時代に「幕間」Entr'acte (1924)、「眠るパリ」Paris qui dort (1925)、「イタリア麦の帽子」Un chapeau de paille d'Italie (1928) などの傑作を作っている。これらの作品はいずれも音楽的なリズムのある画像編集が特徴で、ファンタジー調のムードを持っていた。こうしたクレールの特徴はトーキー時代になっても失われず、初期のトーキー映画でも無声映画のムードが残っていて、スポークン・タイトルに代わり、台詞や歌が入るという独特の感覚で作られている。

　トーキー初期の「巴里の屋根の下」Sous les toits de Paris (1930)、「ル・ミリオン」Le million (1931)、「自由を我等に」À nous la liberté (1931)、「巴里祭」Quatorze Juillet (1933) などは、ミュージカルというよりも歌入りの芝居だが、いずれも音楽性に富んでいる。

　喜劇の傑作「最後の億万長者」Le dernier milliardaire (1934) の後は、英国に活動の拠点を移して「幽霊西へ行く」The Ghost Goes West (1935) や、ジャック・ブキャナンとモーリス・シュヴァリエが共演したミュージカル作品「ニュースを作れ」Break the News (1938) を撮る。ハリウッドへ渡り、マルレーネ・ディートリッヒを主演とした「焔の女」The Flame of New Orleans (1941) でも歌を入れたが、その後は音楽作品を作っていない。

★

ジャック・ドゥミ Jacques Demy（監督）
(1931.6.5-1990.10.27)

　ジャック・ドゥミは1931年生まれのフランスの監督で、1960年代から独特のミュージカル作品を発表した。学校で芸術や映画を学び、アニメーターの助手を務めた後に監督となる。長編のデビュー作は「ローラ」Lola (1961) で、ミュージカルではないが、彼の原点がこの作品に詰まっている。この作品はフランス西部の港町ナントを舞台とした若者の恋物語で、当時の仏映画界を席巻していた「新しい波」の影響を強く受けた作品となっている。

　ドゥミの作品は港町を舞台としたものが多く、賭けごとに溺れて破滅していく男女を描いた「天使の入り江」La baie des anges (1963)*では南仏のニースを、ミュージカルの金字塔となった「シェルブールの雨傘」Les parapluies de Cherbourg (1964) では北部の港町シェルブールを、続く「ロシュフォールの恋人たち」Les demoiselles de Rochefort (1967) では、西部の港町ロシュフォールを舞台に選んでいる。「都会のひと部屋」Une chambre en ville (1982)*ではナントに戻り、「想い出のマルセイユ」Trois places pour le 26 (1988) では、舞台は南仏マルセイユとなっている。

　同じ人物が後の作品で再登場するのもドゥミ映画の特徴だろう。デビュー作の「ローラ」(1961) で踊り子ローラに振られた冴えない男ローラン・カサールは、「シェルブールの雨傘」に金持ちの宝石商となって再登場して、カトリーヌ・ドヌーヴと結婚する。一方のローラは、ドゥミ監督がアメリカで撮った「モデル・ショップ」Model Shop (1969)*に再登場するが、ローラ役は前作と同様にアヌーク・エーメが演じている。

　ドゥミがミュージカルの監督として有名なのは、何といっても「シェルブールの雨傘」(1964) が傑作だったからだ。この作品はミシェル・ルグランと組んで、それまでになかった、まったく新しい感覚のミュージカル作品を誕生させた。しかし、続けて作った「ロシュフォールの恋人たち」(1967) では、大画

面のハリウッド・ミュージカルに近くなり、ドゥミの特色が失われた。その後は童話路線に転換して「ロバと王女」Peau d'âne (1970)と「ハメルンの笛吹き」The Pied Piper (1972)を作るが、必ずしも成功したとはいえない。

さらに商業的な一般映画の路線に転換して、マルチェロ・マストロヤンニが男性なのに想像妊娠してしまうという喜劇「モン・パリ」Mon Paris (1973)や、日本からの依頼で作られた池田理代子の漫画を映画化した「ベルサイユのばら」Lady Oscar (1979)を撮っている。その後再びミュージカル路線に戻り、「シェルブールの雨傘」風の「都会のひと部屋」(1982)*と、「ロシュフォールの恋人たち」風の「想い出のマルセイユ」(1988)を作った。

シェルブールの雨傘 Les parapluies de Cherbourg (1964)の舞台となっているのは、1950年代末のフランス北部の港町シェルブール。傘屋の娘カトリーヌ・ドヌーヴは母娘の二人暮らしで、同じように叔母と一緒に暮らす自動車修理工のニーノ・カステロヌオーヴォと愛を語り、結婚を夢見ていた。ところが、ニーノが兵役でアルジェリア戦争へ行っている間に、妊娠していることがわかり、彼女との結婚を求める金持ち宝石商の申し出を受け入れる。兵役から戻ったニーノはそれを知って生活が荒れ、頼りにしていた叔母にも先立たれる。一度は生きる力を失ったニーノだが、叔母の看病をしていた娘と結婚して、叔母の遺産でガソリン・スタンドを開き幸せな家庭を作る。冬の夜に給油に立ち寄ったドヌーヴと偶然に再会したニーノは、お互いの現在の幸福を守ろうと、そのまま別れるのだった。

音楽はミシェル・ルグランで、出演者それぞれにテーマ曲を作り、その旋律に場面ごとの歌詞を付けて歌わせている。場面ごとに異なる詞と曲を書くアメリカ型のミュージカルとは違う、新しいスタイルだ。こうした技法はワーグナーの楽劇における、ライト・モティーフの使用に近い考え方で、映画全体が歌で構成されて、オペラ的になっている。

宝石商のローラン・カサールという役柄は、3年前の「ローラ」Lola (1961)の主役であり、そのテーマ曲が、「シェルブールの雨傘」の中でも、カサールのテーマとして使われた。更に「ローラ」の舞台となったフランス西部の港町ナントの商店街風景は、カサールの回想として登場している。

シェルブールの町中を鮮やかなペンキで塗り替えた風景は、美しいカラー作品に映えている。ドゥミ監督の初めてのミュージカル映画だが、最も優れている。ドヌーヴは若く美しいが、歌は吹替。

ロシュフォールの恋人たち Les demoiselles de Rochefort (1967)は、フランス西部の港町ロシュフォールを舞台に、美人の双子姉妹カトリーヌ・ドヌーヴとフランソワーズ・ドルレアック、そしてその母親ダニエル・ダリューの恋を描く。年に1度の祭りに合わせて、移動公演のジョージ・チャキリスらがやって来て練習を始めるが、一座の娘役が突然に辞めてしまうので、困ったチャキリスは歌って踊れる双子の姉妹に代役出演を頼む。

作曲を勉強中のドルレアックは、新しく町に出来た音楽店の店主ミシェル・ピコリの紹介で、アメリカ人音楽家ジーン・ケリーと知り合い恋におちる。そのミシェル・ピコリは、夫に先立たれたダニエル・ダリューの昔の恋人で、ダリューを今でも探し続けており、最後には出会うことができる。踊りをやっているドヌーヴは、チャキリス一座とパリへ向かうが、ドヌーヴを理想の恋人として探し求めていた、除隊水兵で画家のジャック・ペランと最後に出会う。

音楽は「シェルブールの雨傘」と同じミシェル・ルグランだが、前作とは異なり台詞劇の間に歌が挿入されるという形式で、ジーン・ケリーやジョージ・チャキリスの出演もあり、アメリカ風のミュージカル作品になっている。チャキリスを中心として群舞が繰り広げられ、ジーン・ケリーのダンスも入っている。

衣装は派手な色彩で彩られていて、町の人もレオタードやタイツのようなカラフルな衣装に薄物をまとって出てくるが、リチャード・ロジャースの舞台ミュージカル「ノー・ストリングス」No Strings (1962)の衣装の影響を受けた印象がある。70mmの豪華作品として作られたが、大味な出来となった。

ロバと王女 Peau d'âne (1970)は、シャル

ル・ペローの童話の映画版。青の国の美しい王妃が、王様ジャン・マレイを残して亡くなるが、自分よりも美しい娘と再婚するようにとの遺言を残す。王様マレイは再婚相手にふさわしい娘を探すが、どうしても見つからずに、自分の娘の王女カトリーヌ・ドヌーヴが条件を満たしていることに気付く。マレイは何としても結婚しようとするが、親と結婚することを避けたいドヌーヴは、妖精の助けを借りてロバの皮を被った下女となり、隣の赤の国へ行き、身を隠す。普段はロバの皮を被って働くが、森で一人美しく着飾っているところを、赤の国の王子ジャック・ペランが見て、一目惚れで結婚する。メルヘン調に仕上がった童話ミュージカル。

ハメルンの笛吹き　The Pied Piper (1972) は、「ロバと王女」(1970) に続く童話路線の作品。それまでのドゥミ監督の作品が、ミシェル・ルグランの音楽とカトリーヌ・ドヌーヴの主演という組み合わせだったのに対して、この作品はドノヴァンの主演で、彼の音楽を使った。題名からもわかるとおりにドイツの有名な民話の映画版で、ドノヴァンが笛吹き男を演じ、町長の娘の恋の話が絡む。

都会のひと部屋　Une chambre en ville (1982)* は、「ローラ」(1961) と同じにフランス西部の港町ナントを舞台にした作品で、1955年のストライキで失業した冶金工を中心とした話。彼は真面目な店員の娘と付き合っているが、奔放な美人ドミニク・サンダと出会い、彼女に恋をする。サンダは、彼が下宿している家の未亡人ダニエル・ダリューの娘で、テレビ店主と結婚したものの、彼とはうまく行かずに冶金工に惚れてしまう。まずいことに、彼は工場をクビになり、付き合っていた店員の娘は妊娠していたことがわかる。サンダの夫は、妻に逃げられて自殺してしまい、冶金工もデモに参加して、警官に撲られて亡くなり、愛する人を失ったサンダも自殺してしまう。

音楽的な処理は、ドゥミ作品として最も成功した「シェルブールの雨傘」(1964) とよく似ていて、ミュージカルとしては出来が良いが、物語があまりにもペシミスティック過ぎる。テーマも描き方も、あらゆる点で「シェルブールの雨傘」を意識していて、カトリーヌ・ドヌーヴに代えて、美人女優のドミニク・サンダを起用している。

港町ナントを背景としたので、サンダの夫の経営するテレビ店があるショッピング・モール風景は、「ローラ」を思い起こさせる。こうして以前からの流れを使っている点や、真面目な店員の娘に着せたカラフルな衣装に、ジャック・ドゥミの好みが現れている。

想い出のマルセイユ　Trois places pour le 26 (1988) は、南仏の地中海に面した港町マルセイユを舞台とした話。マルセイユで育ったイヴ・モンタンは、自分の半生を描く新作舞台ミュージカルに出演するため、久々に故郷へ戻る。彼の目的はミュージカルへの出演だけでなく、昔の恋人フランソワーズ・ファビアンとの再会もある。フランソワーズは男爵と結婚したが、その男爵は詐欺で投獄され、多くの借金を残して亡くなっている。残された彼女は借金に苦しみながら一人娘を育てているが、実は、それはモンタンの娘だった。モンタンは、昔の恋人と再会して、彼女への愛が変わらないことを確信するが、男爵と結婚して幸せそうに見える昔の恋人には、愛を語れない。ところが、初日を目前にして、モンタンの相手役の主演女優が妊娠しているとわかり、出演できなくなってしまう。ワンマン・ショーへの変更も考えるが、モンタンの大ファンだという、地元の女優志望の娘マチルダ・メイを代役に起用することにする。果たして公演は大成功して、共演したマチルダも巡業公演に一緒に出かけることになる。彼女こそ、モンタンの実の娘で、昔の恋人が母だとわかり、3人で一緒に旅立つことにする。

ミュージカルとしては台詞劇に歌が入る「ロシュフォールの恋人たち」(1967) のスタイルで、踊りも入りアメリカのミュージカルに近い形式となっている。

2 イタリアの作品

イタリアには音楽が溢れているように思えるが、案外本格的なミュージカル映画は存在しない。オペラの映画版が作られているのと、昔からのナポリ民謡などを使った民謡映画、サンレモ音楽祭で世界的なカンツォーネ・ブームが起きた時に、ヒット曲を使ったいわゆる歌謡映画が作られただけだといえる。

先に述べたように、ミュージカル映画が生み出されるためには、映画産業がある程度の規模を持っていること、市場が存在していること、そして出演者となる芸人が育つ劇場活動などが存在していることが必要だ。イタリアでなぜミュージカル映画が多く作られなかったかを、歴史的な状況から簡単に見てみよう。

イタリアの映画事情

イタリア映画は、無声時代の初期にはイタリア各地で大量に制作され、当時は世界でも指折りの映画大国だった。特に有名なのはローマ時代を扱ったようなコスチューム物の歴史劇で、それ以外にもナポリでは「ディーヴァ（女神）映画」と呼ばれる美女を主演とした作品が多く作られた。マッチョな美男を主演とした「ディーヴォ（男神）映画」というのもあり、古代の英雄が描かれた。こうした娯楽的な作品のほかに、未来派とも呼ばれる前衛的な作品も作られたが、これはドイツ表現主義に呼応した、イタリア版の前衛芸術だと考えて良いだろう。

このように無声映画中期頃までは制作本数も多かったが、量の増大が質の低下を招き、第一次世界大戦後の1920年代になると、本数が激減して、1920年代末にはほとんど映画が制作されなくなった。こうした状況で台頭してきたファシスタ党のムッソリーニは、1920年に黒シャツ隊を組織し、1921年には党の統帥（ドゥーチェ）となり、翌1922年にはローマへ進軍して、国王から組閣の命を引き出す。

ムッソリーニの映画政策

ムッソリーニは、1920年代の半ばに大衆プロパガンダ用メディアとしての映画の重要性に気付き、映画産業の育成に力を入れる。

彼はイタリア映画の壊滅的な状況に対処するために、後にチネ・チタとして結実した撮影所の建設を命じ、撮影所に併設する研究的な映画学校である映画実験センターCentro Sperimentale di Cinematografiaを作り、映画人の育成を行う。それとともにルーチェ Luce（光という意味）という映画会社でニュース映画を制作して、プロパガンダに利用した。

トーキー時代の1931年になると、劇映画の市場を席捲し始めたアメリカ映画を中心とする外国映画の輸入を制限して、国内の映画産業の振興を本格化する。1932年にはヴェネチア映画祭を開始して、1933年には映画祭で「ムッソリーニ杯」を設ける。第2回のムッソリーニ杯のイタリア映画部門では、作曲家ベリーニの伝記作品である、「おもかげ」Casta diva (1935) が受賞している

こうして、ムッソリーニが映画の振興に力を入れたので、映画実験センターが1935年に、チネチタ撮影所が1937年に完成した。ふたつの施設の完成により、振興の準備は整うものの、こうした施策が実際に効果を現すのは、ムッソリーニがいなくなった戦後のことで、ネオレアリズモの一連の作品を生み出す原動力となった。

トーキー初期

1920年代後半にはイタリア映画界は衰退していたため、トーキー映画の制作は他国よりも若干遅れて始まる。最初の作品は「愛の唄」La canzone dell'amore (1930)*で、この作品は題名からもわかるとおり、主題歌が挿入されていて、それがヒットした。他国のようにトーキー時代となって洪水のように音楽映画が作られなかったのは、それに対応できる芸人がほとんどいなかったためだろう。いたのはオペラ歌手だった。

だから、トーキー時代となっても音楽作品は少ない。この時期のマリオ・カメリーニ監督の有名な「殿方は嘘つき」Gli uomini, che mascalzoni... (1932)では、劇中の『愛を語ってよマリュウ』Parlami d'amore Mariùが大

ヒットしたが、この曲は、後に映画監督として有名になるヴィットリオ・デ・シーカが歌っている。

当時のラジオやレコードで人気だった、女性3人組のコーラス・グループであるトリオ・レスカーノなどを映画に出演させる試みもあったが、継続的な動きにはならなかった。トリオ・レスカーノはクローズ・ハーモニー（密集和声）で歌うスタイルが、アメリカのアンドルーズ姉妹に似ており、活躍した時期もほぼ同じだが、トリオ・レスカーノのほうが少し先にデビューしている。

いずれにせよ、1930年代に大衆的な音楽でミュージカル映画を作る試みはほとんどなかった。しかし、イタリア出身の監督カルミネ・ガローネは、オペラ調の音楽作品を、トーキー初期から一貫して作り続けた。

ガローネ監督の活躍

カルミネ・ガローネ監督は、1920年代末のイタリア映画界は衰退していて、新たに発明されたトーキー作品を作るだけの力がないため、1929年にドイツでトーキー作品を撮った。

それが成功したためか、ドイツではヤン・キープラ主演の音楽作品を、フランスではアルベール・プレジャンやアナベラ主演の音楽的な作品を、英国でもミュージカル映画を作る。

こうした実績が目立ったので、ムッソリーニに呼び戻されて、マルタ・エゲルト主演の「おもかげ」Casta diva (1935) を撮る。

その後はもっとムッソリーニの気に入るような映画作りを求められたため、現代物を避けて歴史劇の世界に逃げ込み、「シピオネ」Scipione l'africano (1937) を撮るが、本人はやはり音楽物が作りたかったようで、ヴェルディの伝記や、プッチーニの「蝶々夫人」の映画版「蝶の夢」Il sogno di Butterfly (1939)*などの音楽映画を撮っている。

しかし、戦争が始まるとこうした娯楽的な作品ばかりを作ることは許されず、目立たない平凡な作品でごまかしていた。戦争が終わると好きなオペラ作品の映画化を進め、日本と共同制作された「蝶々夫人」Madama Butterfly (1954) の監督も務めている。

ナポリ民謡映画

こうした音楽映画は、ガローネ以外の監督はあまり手掛けていない。戦後となっても脚光を浴びたのはネオレアリズモの一連の作品で、1950年代となると巨匠たちの作品や、イタリア式の喜劇が登場して、イタリア映画は一気に脚光を浴びるようになる。そうした中で、音楽映画の面でも新しい動きが出てくる。ナポリに代表される古くから伝わる民謡をテーマにした音楽作品だ。

こうした民謡映画作品は、「歌の半世紀」Canzoni di mezzo secolo (1952) 頃から始まり、1950年代前半に増加するが、その中でも最高峰の作品が日本でも公開された「ナポリの饗宴」Carosello napoletano (1954) だった。

イタリアの常として、何かが当たると二番煎じ的な作品が大量に作られ、工夫を加えてそのジャンルを発展させるうちに、源流とはまったく違った作品が生まれ、最後には飽きられて姿を消すという展開が、民謡映画のジャンルでも起こり、1950年代の末にはこうした作品はすっかりと影を潜める。

サンレモ音楽祭とカンツォーネ映画

代わって登場してくるのが、新しいイタリアン・ポップスのカンツォーネを題材とした音楽作品だった。これには当時開催されたサンレモ音楽祭が強い影響を与えた。サンレモ音楽祭は1951年から始まり、最初はラジオで同時放送されたが、テレビの普及に伴い、1955年からはテレビで生中継されるようになる。

テレビ放送が始まると、音楽祭の人気も上がり注目を集めた。ドメニコ・モドゥーニョが歌い、1958年の優勝曲となった『ボラーレ』Nel blu dipinto di blu は、世界中で大ヒットしたので、サンレモ音楽祭は、イタリアの音楽祭から世界の音楽祭へと飛躍する。こうして1950年代末から60年代前半にかけてサンレモ音楽祭の黄金期が訪れて、次々とカンツォーネのヒット曲が登場する。

歌好きのイタリアの若者は、従来の土着的な民謡とは異なるアメリカン・ポップスや、エルヴィス・プレスリー、ビートルズの登場

に反応して、新しいメロディアスなポップス歌謡を生み出した。

多くの歌手は数曲のヒットで姿を消したが、そうした若者たちのヒット曲を使い、適当に物語を付け足した映画が1960年代には作られた。しかし、こうした映画もヒット曲が出ないと成立しないし、このジャンルも過激な表現を求めて変節したので、だんだんと人々から飽きられてしまい、1960年代の末には下火となる。

「夜」物映画

こうした歌謡映画とともに1960年代に登場してきたのが、いわゆる「夜」物と呼ばれるキャバレー・ショーを記録したドキュメンタリー作品だった。出発点となった「ヨーロッパの夜」Europa di notte (1959) は、内容的にはヨーロッパのキャバレーで上演されている、歌や芸、ストリップ・ショーなどを記録した作品で、監督はイタリア映画界の巨匠アレッサンドロ・ブラゼッティだから、ちゃんとした映画作品となっていた。

しかし、この作品が当たったとなると、「アメリカの夜」America di note (1961)、「世界の夜」Il mondo di note (1961)、「続・世界の夜」Il mondo di notte numero 2 (1962)と続き、その後にも、「世界の熱い夜」Mondo caldo di note (1962)、「世界のセクシー・ナイト」Mondo sexy di note (1962)、「セクシーの夜」Sexy al neon (1962)、「夜の夜」Universo di note (1962)、「続々・世界の夜」Il mondo di notte numero 3 (1963)、「続・セクシーの夜」Sexy al neon bis (1963)と、雨後の筍のように次々と続く中で、セクシー路線、残酷路線などに分化して観客から見放された。

こうした「夜」物映画も1960年代の前半で終わってしまい、セクシー路線はエロチック・コメディ路線へと変化して、ラウラ・アントネッリ主演の「青い体験」Malizia (1973) の路線へと変わっていくが、1970年代以降はイタリア映画そのものがエネルギーを失い、新しい表現を探し続けることになるので、音楽的な作品もいくらかは作られたが、成功したものはほとんどないと感じられる。

★

カルミネ・ガローネ Carmine Gallone (監督) (1885.9.10-1973.3.12)

カルミネ・ガローネは、イタリアのセシル・B・デミルと呼ばれる監督で、歴史劇と音楽物を得意とした。音楽物では、トーキー初期にドイツ、フランス、英国などでミュージカル作品を多く撮ったほか、ヴェルディを中心としたオペラ作品の映画化も多い。東宝が八千草薫主演で制作した、プッチーニのオペラ「蝶々夫人」(1954) も、ガローネが監督している。

ガローネは、1885年にフランス国境近くの地中海沿岸の町タッジアで生まれた。母親はニース出身のフランス人。父はナポリ近くのソレント出身だったので、ガローネは主にナポリで育ったという。子供の時から芝居が好きで、15歳から脚本を書いていた。

1912年にはローマに出て、劇団の座付き作者となる。やがて演出を手がけるようになるが、当時人気が出始めていた映画に興味を持ち、1914年頃から映画の世界で活躍し始める。無声時代の代表作は「ポンペイ最後の日」Gli ultimi giorni di Pompeii (1926) で、その後はイタリア映画界が停滞していたこともあり、ドイツ、フランスなどでも映画を作り、国際的に活躍する。

イタリア国内でトーキー映画が作られたのは、1930年になってからだが、ガローネはそれに先立ち、ドイツで「六十八番目の花嫁」Das Land ohne Frauen (1929) を撮っている。音楽映画としては、ドイツで作ったヤン・キープラ主演の「南の哀愁」Die singende Stadt (1930) が最初で、その後はフランスでアルベール・プレジャン主演の「掻払いの一夜」Un soir de rafle (1931)、「プレジャンの舟唄」Le chant du marin (1932)、「アメリカの息子」Un fils d'Amérique (1932)*、「ホテルの王様」Le roi des palaces (1932)、続いては英国に渡って「ホテルの王様」の英語版King of the Ritz (1933)*、「陽気に行こう」Going Gay (1933)*とその続編となる「君の愛のために」For Love of You (1933)*、「ワルツのふたつの心」Two Hearts in Waltz Time (1934)*を作った。本国イタリアでは、

彼が活躍できるだけの映画産業がまだ育っていなかったので、その後は再びドイツへ戻り、ヤン・キープラの「唄へ今宵を」Mein Herz ruft nach dir (1934) を撮る。

イタリアへ戻って活躍し始めるのは、ファシストが本格的に映画産業にてこ入れをした1935年からで、オペラの作曲家ベリーニの伝記作品「おもかげ」Casta diva (1935) を作り、1935年のヴェネチア映画祭で第2回ムッソリーニ杯（イタリア映画部門）を受賞している。この時期には、ドイツでフランツ・リストを描いた「もし音楽がなければ」Wenn die Musik nicht wär (1935)* を、オーストリアではヤン・キープラ主演の「オーパンリンク」Opernring (1936)* を作っている。

ムッソリーニが映画に本格的に力を入れて、チネ・チタを建設することになると、ガローネもイタリアに戻り、歴史物でイタリアを賛美するような作品を作る。この時期の作品がアメリカ大陸を発見したクリストファー・コロンブスを描く「クリストフォロ・コロムボ」Cristoforo Colombo (1937)* と、カルタゴのハンニバルを破ったローマの将軍スキピオを描いた「シピオネ」Scipione l'africano (1937) だった。「シピオネ」は、ムッソリーニが気に入るように作ったというだけあって、これも1937年のムッソリーニ杯を取っている。

その後は、ドイツでサーカスを舞台とした「ヴァリエテの乙女」Manege (1937)、イタリアに戻りベンジャミーノ・ジリを主演にした「母の歌」Mutterlied (1937)* と「マリオネット」Marionette (1939)*、それと同時期にオペラ作曲家ヴェルディの伝記作品「ジュゼッペ・ヴェルディ」Giuseppe Verdi、プッチーニのオペラ「蝶々夫人」をベースとした「蝶の夢」Il sogno di Butterfly (1939)* を作っている。

音楽作品以外でもアリダ・ヴァリのドラマを撮っているが、音楽物の勢いも止まらず、ヨハネス・ヘースタースの「冒険は続く」Das Abenteuer geht weiter (1939)*、歌えなくなったプリマを描く「愛して、アルフレード！」Amami, Alfredo! (1940)*、モーツァルトを題材とした「不滅の旋律」Melodie eterne (1940)* などを作ったが、戦争中は音楽物が作りにくい環境となったためか、ドラマや喜劇などを作っている。

再び音楽物を手がけるのは戦後で、戦争中のオペラ歌手を描いた「彼の前に全ローマが震える」Avanti a lui tremava tutta Roma (1946)* を作る。それ以降はオペラの映画版が続いて、ヴェルディの「リゴレット」Rigoletto (1947)*、「椿姫」La signora dalle camelie (1947)*、「イル・トロヴァトーレ」Il trovatore (1949)*、「運命の力」La forza del destino (1950)* のほか、プッチーニの「ラ・ボエーム」の映画版「さらばミミ！」Addio Mimí! (1949)* や、グノーの「ファウスト（悪魔篇）」La leggenda di Faust (1948) を作っている。

オペラ物が一段落した後も、ベンジャミーノ・ジリの主演する「夜のタクシー」Taxi di notte (1950)*、西独と共同で作った「虹の上で踊る」Wir tanzen auf dem Regenbogen (1952)* を作る。その後も、オペラ作曲家の伝記「プッチーニ」Puccini (1953)*、ロッシーニを中心に描く「リコルディの家」Casa Ricordi (1954)*、「おもかげ」Casta diva (1935) のリメイクでベリーニを描く「清らかな女神よ」Casta diva (1956)* を作り、オペラの映画化でも、日本と共同制作した「蝶々夫人」Madama Butterfly (1954)、マスカーニの「カヴァレリア・ルスティカーナ」Cavalleria rusticana (1955)*、プッチーニの「トスカ」Tosca (1956)* を作っているが、晩年はフランスでフェルナンデル主演の喜劇などの監督を務めた。

最後の監督作品は「カルメン」の現代版だがオペラではなく普通のドラマ。日本では「禁じられた肉体」Carmen di Trastevere (1963) の題名で公開されたが、これは配給が大蔵映画だったので、このような邦題が付いたのだろう。

3 ソ連の作品

ロシア（ソ連）の映画は、政治の動向を抜きにして語ることはできない。それは、映画が誕生して発展した時代と、帝政ロシアに革命が起きてソヴィエト連邦が誕生した時代がほとんど一致していたため、その影響を直接に受けているからだ。

ソヴィエト時代には、日本を含めて西側諸国との文化的な交流が少なかったので、あまり知られていないが、スターリン時代のソ連では、娯楽としてのミュージカル映画が作られていた。恐らくは、スターリン圧政下における、国民の数少ない娯楽のひとつだったのだろう。

ロシア革命と映画

ロシアでは19世紀末に自国で映画を発明したとしているが、その真偽は別として、実際に映画が撮影されるようになったのは20世紀の初めからだ。国土が広いため、全土でというわけではないが、モスクワやサンクト・ペテルブルク（当時はペトログラード）などの大都市を中心に映画産業が成り立っていたようだ。

そのロシアでは、1917年に革命が始まり、レーニンが中心となって、1922年末にソヴィエト連邦を成立させる。レーニンはネップと呼ばれる新経済政策を採用して、社会主義体制内において一定の市場経済を認めて、経済の活性化を図った。レーニンは大衆へ大きな影響を与える映画の役割を認めて、革命の最中から記録映像を撮らせ、1919年に映画産業の国有化を図るとともに、国営映画学校を開設している。後にムッソリーニが、同じような映画政策を採用するが、それより15年も先行してこうした施策を実施している。

こうして、革命後のソ連で、ネップの流れに乗り映画産業の育成が図られ、その中でセルゲイ・エイゼンシュテイン監督が「ストライキ」Stachka（1925）、「戦艦ポチョムキン」Bronenosets Potyomkin（1925）などの作品を発表して、モンタージュ理論を背景にした無声映画の黄金時代が到来する。

俳優出身の監督セルゲイ・コマーロフが、このモンタージュ理論を使い、1926年にモスクワを訪問したメアリー・ピックフォードとダグラス・フェアバンクスのニュース映像などを編集した、劇映画「メアリー・ピックフォードの接吻」Potseluy Meri Pikford（1927）*を作っている。

スターリンの映画政策

1924年にレーニンが亡くなると、世界革命論のトロツキーと、一国社会主義論を展開したスターリンが熾烈な権力闘争を行い、1929年にトロツキーが国外追放されて、スターリンの時代となる。スターリンはネップを廃止して、重工業を優先して国力を高める計画経済を採用し、コルホーズなどの集団農場政策を推し進めた。

アメリカでは、ちょうどその頃からトーキー映画の時代に入っている。アル・ジョルスンの「ジャズ・シンガー」The Jazz Singer（1927）が大評判となると、ソ連の映画関係者もトーキー研究の必要性を認識した。そのため、スターリンから特別許可を得たエイゼンシュテインは、グリゴリー・アレクサンドロフ、エドゥアルド・ティッセとともに、1929年から32年まで、欧州やアメリカ大陸を回り、トーキー作品の研究をする。スターリンも映画については並々ならぬ関心を持ち、トーキー映画の重要性を認識していた。

しかし、レーニンが産業の振興を考えて個々の作品についてはあまり口出ししなかったのに対して、スターリンは個別の作品の内容に口出しをした。スターリンはクレムリンにある映写室で、公開前の全作品を自分で見て、その扱いを一人で決めたという。スターリンの意見に反対する者は誰もいなかった。

スターリンは、ソ連の芸術作品は、社会主義建設にふさわしい「社会主義リアリズム」を基本的な方法論とするよう、1932年に共産党中央委員会で決議する。そのために、以降の芸術作品は、すべてこの「社会主義リアリズム」に縛られるようになり、これに該当しないモンタージュ理論は、肩身が狭くなってしまう。

手足を縛られたエイゼンシュテイン監督は様式美の世界に逃げ込み、「イワン雷帝」

Ivan Groznyy (1944)、「イワン雷帝（第2部）」(1946) では、様式的な表現を採用した。これは二代目市川左團次がモスクワ公演 (1928) の「仮名手本忠臣蔵」などで見せた、歌舞伎の見得に影響された演出だった。それでも、第2部はスターリンにより公開禁止にされてしまう。

厳しい検閲と制作数の減少

スターリン時代の検閲の厳しさは有名だが、検閲はソ連時代に始まったものではなく、エカテリーナ2世がフランス革命のロシアへの波及を恐れて始めたというから、帝政時代からの伝統だった。とはいえ、検閲が政治的な報道・言論だけでなく、芸術的な領域にまで厳しく行われたのが、スターリン時代の特徴だといえる。

社会主義にふさわしい規範として「社会主義リアリズム」が設定されたが、ロシアは19世紀からリアリズム演劇の伝統を持っていた。そうした伝統を考えれば、帝政末期から始まった美術分野を中心とするロシアン・アヴァン・ギャルドに対して、もっと大衆にもわかりやすい芸術をということで、リアリズムに振り子が戻るのはそれほど違和感があるわけではないが、問題はそれと社会主義の建設とを結び付けて偏狭な解釈を行い、厳しく検閲したことだろう。

スターリンの口出しや厳しい検閲により、映画作家はあまり作品を作れなくなってしまったので、1930年代前半には年間50本程度の作品が作られていたのに、スターリン末期には年間10本程度の作品しか作られなくなってしまう。

1953年にスターリンが亡くなると映画制作も回復し、1955年には100本程度、それ以降は年間150本程度が制作されているので、いかにスターリンの時代に映画が作りにくかったかがわかる。1956年の第20回共産党大会において、ハリウッド映画好きだったフルシチョフ第一書記による、スターリン批判の秘密報告がなされて、その芸術政策も転換される。そうした「雪解け」のムードの中で、ロシアの誇るボリショイ・バレエの欧州公演も1956年に行われた。

スターリン時代のミュージカル

このような抑圧的なスターリン時代に、いわゆるソ連製のミュージカル映画が誕生した。政治的なメッセージや、真剣な映像表現を目指すと危険であった時代に、作家たちは無難な娯楽作品へ逃げ込み、娯楽を求めていた大衆から支持された。

エイゼンシュテインと一緒に欧米視察へ行ったグリゴリー・アレクサンドロフ監督は、「陽気な連中」Vesyolye rebyata (1934)、「サーカス」Tsirk (1936)*、「ヴォルガ、ヴォルガ」Volga - Volga (1938)*など、アメリカのミュージカル映画の影響を強く受けた作品を作っている。

やはりエイゼンシュテイン監督の薫陶を受けたイワン・ピリエフ監督は、「豊かな花嫁」Bogataya nevesta (1938)*、「トラクター運転手」Traktoristy (1939)*、「コーカサスの花嫁」Svinarka i pastukh (1941)、「シベリア物語」Skazanie o zemle sibirskoy (1947)、「クバンのコサック」Kubanskie kazaki (1949)*などの、集団農場を背景とした農村ミュージカルが多い。

そのほかにも、「アコーディオン」Garmon (1934)*を撮ったイゴール・サフチェンコ監督、アレクサンドル・イワノフスキー監督などがミュージカル作品を撮っている。これらの一連のミュージカル作品は、スターリン時代の象徴的な作品であったために、1956年のスターリン批判とともに映画館から姿を消してしまったようだ。しかし、作品としてはなかなか面白いので、大衆に好まれて、1987年のペレストロイカ以降のテレビでよく放映されていると聞く。

特に1988年から92年にかけて、こうした作品が疲れきった人々の精神を鼓舞した役割を認める意見と、現実を無視して理想化した姿を描いて逃避的だとする、賛否両論の議論がソ連国内で盛んだったらしい。

芸能要素

ミュージカル映画のバック・グラウンドを構成する芸能要素としては、ロシアは国民楽派の古典音楽や、オペラ、世界最高水準のバレエなどを有していたが、これらの芸術は帝

政ロシア時代の貴族層により支えられていたものであり、ソ連の社会主義のテイストとは異なっていたためか、1930年代から40年代に作られたミュージカル作品の大半は、ロシア民謡や民族舞踊をベースとした作品が多い。

描かれるテーマも、集団農場などの若者が社会主義建設に邁進する中で、これまた労働英雄的な女性と恋をするような紋切り型の作品が多いが、ミュージカル映画の場合には、物語は付け足しであり、映画の目的が歌や踊りを見せる点にあるのだとすると、テーマはなんでも良かったのかも知れない。

スターリン時代に活躍した、二人の映画監督アレクサンドロフとプィリエフは、いずれも美人で芸達者な女優と結婚して、その女優を主演とした一連の作品を作っている。想像の域を出ないが、恐らくは自由なキャスティングもままならずに、こうした形で主演女優を確保するしかなかったのだろう。プィリエフは、スターリンが亡くなるとすぐに離婚している。

オペラやバレエなどを背景とした貴族趣味の作品が復活するのは、第二次世界大戦の終了した1940年代後半以降で、フルシチョフ時代の「雪解け」ムードの中で本格化していく。特にスターリン批判以降は、西側に対するソ連の芸術的な優位性を示すように、ボリショイ・バレエなどが頻繁に西側諸国にも紹介されるようになり、西側のバレエ界にも大きな影響を与えた。

技術的側面

映画の制作本数が西側諸国と比較してかなり少なかったことからもわかるが、映画の技術的な側面でも、ソ連は最先端というわけではなかった。トーキーやカラー映画への対応という点で見ると、ドイツはアメリカの1-2年遅れでいずれも対応していたが、ソ連の場合には、アメリカとほぼ同時期にこれらの技術に対応していたという宣伝がなされたものの、実用化された作品が作られた時期で見ると、ミュージカル作品の本格的な出現は5年遅れだった。

3色に分解された本格的なカラー映画もアメリカが1930年代中頃には実用化の領域に達していたのに対して、ソ連がカラー映画を本格的に実用化したのは、第二次世界大戦で東独にあったアグファ・カラーの工場を接収してからだった。

もっとも、日本の状態はどうだったかというと、初のトーキー作品「マダムと女房」(1931)こそ、それほど遅れずに作っているが、映画館でのトーキー対応が遅れたためか、大半の映画がトーキーとなるのは1930年代の後半だった。カラー作品という点でも、日本最初の本格カラー作品は木下恵介監督の「カルメン故郷へ帰る」(1951)だから、戦争の影響を差し引いてもソ連よりもさらに技術面で遅れていた。

「雪解け」からペレストロイカの直前までは、ソ連の文化的水準の高さを見せつけるような、バレエやオペラ、大作曲家の伝記作品が作られているが、いずれも重厚長大で、威厳を強調するスターリン様式の建築のような印象であり、映画としては面白くない。ペレストロイカ以降は、表現の自由が大幅に増して、多様な作品が作られるようになるが、能天気なミュージカル映画を作れるような時代ではなくなっている。

1930年代から40年代のいわゆる東側のミュージカル作品のアンソロジーが、「イースト・サイド物語」East Side Story (1997)*としてフランスで作られている。

★

グリゴリー・アレクサンドロフ　Grigori Aleksandrov（Григóрий Васильевич Александров）(監督)
(1903.1.13-1983.12.16)

グリゴリー・アレクサンドロフは、1903年生まれで、小さな時から芝居やオペラに夢中だったらしい。楽器の演奏を習い、オペラ劇場の演出助手や様々な仕事をしていたが、1921年にモスクワの劇場でセルゲイ・エイゼンシュテインと出会う。当時のエイゼンシュテインは劇場で演出の仕事をしていたので、アレクサンドロフもそれを手伝っていた。

映画界入りしたのは俳優として出演したのが最初で、エイゼンシュテイン監督の「ストライキ」Stachka (1925)、「戦艦ポチョムキン」Bronenosets Potyomkin (1925)にも出演している。その後はエイゼンシュテインと

共同で監督するようになり、トーキー研究のためにエイゼンシュテインと一緒に1929年から32年まで欧米を回る。二人の関係は特別に深いものだったとする研究もある。

ソ連に戻って作った短編の「インターナショナル」International (1932)*を見たスターリンに気に入られて、1933年にスターリンから直々に、大衆のためにミュージカルを作るように命じられる。その結果作られたのが、「陽気な連中」Vesyolye rebyata (1934) で、ソ連国内で大ヒットして、戦前に日本でも公開されている。

この作品でスターリンからもお墨付きを得たアレクサンドロフは、合間にプロパガンダ映画を作りつつ、「サーカス」Tsirk (1936)*、「ヴォルガ、ヴォルガ」Volga - Volga (1938)*などを作った。「陽気な連中」(1934)の後に、一連の作品に主演した女優のリュボーフ・オルロワ Lyubov Orlova と結婚したので、続く作品も彼女を主演としている。音楽面では、ほとんどの作品をイサーク・ドゥナエフスキーが担当、歌詞はヴァシリー・レベデフ＝クマッチュが書いている。

陽気な連中 Vesyolye rebyata (1934) は、アレクサンドロフ監督が初めて撮ったミュージカル作品。音楽好きの牧童の男が、大音楽家と間違われて貴族の館に招かれたり、コンサートでオーケストラを指揮したり、ジャズ楽団とともに歌ったりして、騒ぎを巻き起こすが、最後には恋人を見つける。喜劇仕立てで、牧童の歌や、リストのハンガリアン狂詩曲、当時のジャズ音楽などが盛り沢山。全体として、マルクス兄弟のドタバタ喜劇の影響を受けている。

貴族の館のメイド役を演じたリュボーフ・オルロワは、美しいうえに、声楽だけでなく、踊りや演技も学んだ本格派。劇場に出ていたところを、アンドレイ・ベレジンという政治家に見初められて結婚するが、彼はスターリンにより1930年に投獄されてしまう。オルロワは、夫が投獄されたため、やけになってアルコール依存症になりかけるが、アレクサンドロフ監督に見出されてこの映画に出演する。

結果的に映画は大ヒットし、アレクサンドロフ監督は別の女性と結婚していたが、離婚してオルロワにプロポーズする。それを受けてオルロワも離婚し、二人は結婚。その後は、オルロワを主役とした一連のミュージカル映画を作る。スターリンはオルロワのファンだったようで、1935年に栄誉女優賞を与えている。オルロワはスターリンに頼んで、獄中の前夫と面会したようだが、釈放までには至らず、彼は1947年に癌と診断されてやっと帰郷を許されたという。

この作品は、大評判になり、外国で宣伝されたので、戦前に日本にも輸入された。ロシア語の原題はВесёлые ребята（楽しい仲間）、日本公開時の英語題名は Merry Folks、アメリカ公開時の題名は Moscow Laughs だが、その後ビデオ発売時に付けられた Jolly Fellows の題名が一般的に使われている。もともとは白黒の作品だが、21世紀にカラー化処理した映像も作られた。

サーカス Tsirk (1936)*は、リュボーフ・オルロワが主演した作品。オルロワはアメリカの芸人で、ドイツ人興行師に連れられて、モスクワのサーカス公演に出演する。彼女の得意な出し物は、大砲に入って打ち上げられて、メリエス風に描かれた月を打ち破り、その先の大きな輪につかまり、その輪に乗って歌うというもの。この出し物で、オルロワはモスクワでも人気が出る。彼女は労働者と恋におち、ソ連に残ろうかと悩むが、邪悪なドイツ人興行師は、彼女を取り戻そうと、アメリカ時代にオルロワと黒人との間に出来た赤ん坊をサーカス・リングで観客に見せる。すると、モスクワの観客たちは、各民族の歌をうたい赤ん坊を祝福するのだった。

邪悪なドイツ人興行師というのはもちろんヒトラーに対する当てこすりであり、アメリカの芸人オルロワは人種差別のないソ連へ残るという「正しい」選択をする。多くの民族が平等にソ連邦を形成していることを示すために、黒人の血が混じる赤ん坊に対して、サーカスの観客たちが子守唄を歌う最後の場面では、ソ連邦の様々な民族がそれぞれの言語で歌う。ロシア語、ウクライナ語、グルジア語、イディッシュ語で歌われるが、イディッシュ語の歌はユダヤ人の名優ソロモン・ミコエルスが歌っている。

この場面はソ連邦がいかに人種差別をして

いないかを強調する場面だが、皮肉なことに、その後ミコエルスはユダヤ人として迫害される。ミコエルスは、レーニンの時代に設立されたモスクワの国立ユダヤ劇場で活躍していたが、イスラエル建国（1948）後に始まったスターリンの「根なし草のコスモポリタン」キャンペーンにより1948年に粛清されてしまう。

　このように前作「陽気な連中」（1934）に比べると、はるかにプロパガンダ色が濃厚だが、娯楽的なオブラートでうまく包んでいる。大砲の上でタップ・ダンスを踊って見せるほか、最後のサーカス場面は、同心円状に幾重にも並んだコーラス・ガールたちが織り成す幾何学模様を俯瞰撮影するという、バークレイ風の仕上がりとなっている。ロシア語の原題はЦирк（サーカス）で、英語題名はThe Circus。日本では未公開だがDVDが発売された。この作品も最近カラー化されている。

ヴォルガ、ヴォルガ　Volga - Volga (1938)*は、田舎の楽器屋がアマチュアの楽団を作り、モスクワで開催される音楽オリンピックに参加する話。話のほとんどはモスクワに行く途中のヴォルガ河の船上で展開される。この作品もリュボーフ・オルロワが主演している。ドタバタ喜劇風の展開で、スターリンのお気に入りの作品だったと伝えられる。

　映画の題名は、有名なロシア民謡『ステンカ・ラージン』の歌詞から取られた。7番の歌詞の冒頭部分「ヴォルガ、ヴォルガ、生みの母なるヴォルガよ！」からの引用。ロシア語の原題はВолга-Волга（ヴォルガ、ヴォルガ）。この作品も最近になってカラー版が作られた。

輝ける道　Svetlyy put (1940)*は、ロシア版のシンデレラ物語。リュボーフ・オルロワは、無学の娘で台所で下働きをしていたが、繊維工場に職を得て、その聡明さで、織物機を効率的に操作してレーニン賞を受ける。彼女はまた、工場の技師と恋をして、突然美女に変身する。

　ロシア語の原題はСветлый путь（輝ける道）。アメリカ公開題名はオルロワが演じた主人公の名前をとってTanyaだったが、ロシア語をそのまま訳したThe Shining Pathも使われている。

恋は魔術師　Vesna (1947)でのリュボーフ・オルロワは、女性科学者とオペラ歌手の二役を演じている。有名な女性科学者をモデルとした映画を作るために、本人に出演を依頼するがにべもなく断られてしまい、よく似たオペラ歌手に科学者の役を演じてもらう。ところが、オペラ歌手は舞台出演に忙しく、女性科学者本人に頼んでオペラ歌手の振りをして撮影所に行ってもらう。映画の脚本には、科学者が本人とは異なる性格として描かれているが、映画の役を演じる本人も次第にそれを楽しみ始める。一方、オペラ歌手のほうは、女性科学者に代わって学者やマスコミの相手をすることとなるが、歌を披露して大受けする。この作品は戦後すぐの1948年に日本でも公開された。ロシア語の原題はВесна（春）で、アメリカ公開題名はSpring。

作曲家グリンカ　Kompozitor Glinka (1952)*は、19世紀ロシアの国民的な作曲家ミハイル・グリンカの伝記作品。若き日のグリンカは、イタリアで音楽を勉強して、ロシアへ戻りオペラを中心とした作曲活動をする。リュボーフ・オルロワは、グリンカの妻役で出演している。グリンカを描いたソ連映画はレフ・アルンシュタム監督の「グリンカ」Glinka (1946)が先に作られていて、こちらは1948年に日本でも公開されている。ロシア語の原題はКомпозитор Глинка（作曲家グリンカ）で、アメリカ公開時の英語題名はMan of Music。

★

イワン・ピィリエフ　Ivan Pyryev (Ива́н Алекса́ндрович Пы́рьев)
(1901.11.4–1968.2.7)

　イワン・ピィリエフは、1901年生まれの監督で、スターリン時代にコルホーズなどの集団農場を舞台としたミュージカル作品を多く作った。若い時には舞台の演出助手として、舞台時代のエイゼンシュテインの手伝いをしていたが、無声時代の末期に映画監督としてデビュー。普通の映画作品を撮っていたが、1936年に失業中の女優マリーナ・ラドゥイニナと結婚し、1938年から40年代にかけて彼女を主演とした一連のミュージカル作品を作った。

　集団農場を描いてスターリンのお気に入り

となったので、スターリン賞を6回受賞。妻のラドゥイニナも5回受賞しているので、夫婦合わせると11回も受賞したことになる。しかし、スターリンが亡くなると二人は離婚してしまい、ピィリエフはシリアスなドラマを作るようになる。

豊かな花嫁　Bogataya nevesta (1938)*は、ウクライナ地方の集団農場を舞台とした作品で、小麦の収穫時期に働くトラクター運転手と、農場で働く娘マリーナ・ラドゥイニナの恋を描く。二人は恋におちるが、トラクター運転手がほかの娘たちにも色目を使うので、ラドゥイニナは働く娘たちと一緒に、男と対等な力があることを見せつける。

　ロシア語の原題はБогатая невеста（豊かな花嫁）で、アメリカ公開時の英語題名はThe Country Bride、ビデオ発売時の英語題名はThe Rich Brideとなっている。

トラクター運転手　Traktoristy (1939)*は、前作「豊かな花嫁」(1938)*が好評だったので、同じように集団農場を扱った作品。前作とは逆で、美女のトラクター運転手マリーナ・ラドゥイニナと、退役兵士の恋を描いている。極東での戦いを終えて戻ってきた兵士が、新聞に載った同郷の女性トラクター運転手に恋をして、その心を手に入れる。ロシア語の原題はТрактористы（トラクター運転手）で、英語題名はTractor-Driversとなっている。

コーカサスの花嫁　Svinarka i pastukh (1941)は、北部で養豚をする娘マリーナ・ラドゥイニナが、モスクワの農業品評会で、南部の羊飼いの男と出会い、恋におちる。故郷に帰った羊飼いの男は、娘を恋しく思い手紙を出すが、娘も家族も文字が読めない。そこで文字を読める青年に代読を頼むが、彼は娘に恋をしていたため、羊飼いの男が結婚したことを告げる手紙だと嘘を言う。失恋した娘は、その青年と結婚する決心をするが、結婚式を挙げる前に、羊飼いの男が訪ねて来て、真相が明らかとなる。

　ロシア語原題はСвинарка и пастух（豚飼い娘と羊飼い）だが、アメリカでの公開題名はThey Met in Moscow、国際版の英語題名はSwineherd and Shepherd、日本公開時の英語題名はThe Country Girl and a Cowboyとなっている。

戦争後の午後6時　V shest chasov vechera posle voyny (1944)*は、前作「コーカサスの花嫁」(1941)の続編として企画されたが、出来上がった作品は、「邂逅」Love Affair (1939)や「哀愁」Waterloo Bridge (1940)に近い話となっている。

　ナチス・ドイツとの戦争中にモスクワで出会ったマリーナ・ラドゥイニナと砲兵隊の中尉は、戦争が終わった後、午後6時にモスクワ橋で再会することを誓い合う。様々な困難があるが、二人は再会を果たす。

　ロシア語の原題はВ шесть часов вечера после войны（戦争後の午後6時）で、国際版の英語題名はSix O'Clock in the Evening After the War、アメリカ公開時の英語題名はSix P.M.だった。

シベリア物語　Skazanie o zemle sibirskoy (1947)は、旧東独にあったアグファ・カラーの技術を手に入れて作られた、第二次世界大戦後のカラー作品。対独戦線で負傷したピアニストの青年は、ピアノが弾けなくなり、故郷のシベリアに戻り作曲に情熱を燃やす。彼には歌手の恋人マリーナ・ラドゥイニナがいたが、彼女とも別れる決心をする。しかし、運命の悪戯か、アメリカで開催されるコンクールに参加しようと飛行機に乗ったラドゥイニナは、シベリアに不時着してピアニストと再会する。昔の恋が蘇るが、彼女の前途のために、青年は愛想尽かしをして別れる。青年は作曲に打ち込み、ついに大曲を完成させて作曲家としてデビュー、晴れてラドゥイニナと一緒になり、シベリアへ戻る。

　美しい風景をカラーでとらえた作品で、日本でも公開されて高い評価を得た。ラフマニノフやチャイコフスキーの名曲のほかにも、ロシア民謡などが使われている。ロシア語の原題はСказание о земле Сибирской（シベリア物語）で、アメリカ公開題名はSymphony of LifeおよびTale of the Siberian Land、国際版の英語題名はThe Ballad of Siberia。

クバンのコサック　Kubanskie kazaki (1949)*は、小麦の刈り入れ期の集団農場を背景にした作品。馬を育てる女牧場主マリーナ・ラドゥイニナと、元コサック兵で馬を育てる男が、馬の障害物競走などで争うが、その過程で恋するようになる。コサックは大きな河

沿いに生活したので、各地方の河の名前で区別されるが、ここではクバン河のコサックが描かれる。

スターリン末期の作品で、1953年にスターリンが亡くなり、1956年の共産党大会でスターリン批判が行われると、フルシチョフの演説の中に、「スターリンは実際の（貧しい）農村ではなく、映画に描かれた（豊かな）農村を見ていた」という表現で、暗にこの作品を想像させる部分があったため、この作品は映画館から姿を消してしまったという。

その後、ペレストロイカ期にはテレビで何度も放映される人気の作品となり、1988年から92年にかけては、現実の苦しい生活から目を背けて理想化し過ぎているのではないかなどとの論議が、ロシア国内で行われた。ロシア語の原題はКубанские казаки（クバンのコサック）で、アメリカ公開時の英語題名はCossacks of the Kuban。

イゴール・サフチェンコ　Igor Savchenko
（Савченко Ігор Андрійович）（監督）
（1906.10.11‒1950.12.14）

イゴール・サフチェンコは、1906年生まれの監督。最初は演劇の道に進み、1929年代の末には、青年演劇で演出をしていた。無声映画を何本か手掛けた後に、トーキーで撮った音楽作品「アコーディオン」Garmon (1934)*が高い評価を得た。音楽物が得意ということではなく普通の劇映画が多いが、音楽物では「古いヴォードヴィル」Starinnyy vodevil (1947)*も撮っている。

アコーディオン　Garmon (1934)*の主役は、アコーディオンの上手な若者。彼の弾くアコーディオンは魅力的で、村の中でもあちこちからお呼びがかかる。だが、彼が青年共産同盟の書記に選出されて、仲間から「同志」と呼ばれるようになると、その職務に夢中になり、アコーディオンからすっかり遠のいてしまう。彼のアコーディオンが好きな村の若者たちは、それを残念がり、皮肉を込めた歌などを皆で歌うが、それが反動的だと批判されたりする。最後には青年も気付いて、職務の傍ら、アコーディオンも弾くようになる。

監督のサフチェンコは、脚本も書き、自ら出演もしている。若者たちの合唱場面が多い。「陽気な連中」Vesyolye rebyata (1934)よりも少し早く公開されたので、恐らくはこの作品がソ連最初のミュージカル映画。ロシア語の原題はГармонь（アコーディオン）で、英語題名はAccordion。日本未公開だが、1996年のロシア・ソビエト映画祭で上映された。

古いヴォードヴィル　Starinnyy vodevil (1947)*は、帝政ロシア時代を描く喜劇。金満家の叔母が亡くなり、その遺志に従って遺産を相続するために、残された親類の娘が、条件に合う婿を探そうとする。叔母は持ち物全部に自分のイニシャルを付けていたので、それをそのまま引き継げるように、イニシャルが同じになる相手を探し、やっと条件に合いそうな中尉を見つける。ところがその中尉は貧乏だったので、娘の父親は機嫌が悪くなるものの、何とか結婚にこぎつける。

カラーで撮られている。ロシア語の原題はСтаринный водевиль（古いヴォードヴィル）で、国際版の英語題名はAn Old Vaudeville、アメリカ公開題名はThe Lucky Brideだった。

イワン・カヴァレリス　Ivan Kavaleridze
（Іва́н Петро́вич Кавалері́дзе）（監督）
（1887.4.1‒1978.12.3）

イワン・カヴァレリスは、1887年生まれの彫刻家で、映画も何本か監督している。ウクライナの出身で、ウクライナ語でのオペラを2本撮った。

ポルタヴィアの娘ナタルカ　Natalka Poltavka (1936)*は、ソ連で初めて作られたウクライナ語のオペレッタ。1819年に書かれたウクライナ語の戯曲に基づいて、ミコラ・リセンコが作曲して1889年に初演されたオペレッタの映画版。

村の美しい娘ナタルカは、外国に行ったきりで音信不通の恋人を待っているが、彼の帰りを待つ間に、年老いた大地主がナタルカに目をつけて、その母親を説得して婚約してしまう。しかし、結婚式の前に、ナタルカの待ち望んだ恋人が帰還、母親と揉めるが最後には幸せな結婚をする。

原題はНаталка Полтавка（ポルタヴィアの娘ナタルカ）で、国際版の英語表記は

Natalka, the Girl from Poltavia。

ドナウ河を越えたコサックたち Zaporozhets za Dunayem (1937)*も、ウクライナ語によるオペレッタの映画版。現在のウクライナ北部に住むコサックが、エカテリーナ2世のロシアに征服され、新しい大地を求めて南下し、ドナウ川を越えてオスマン・トルコに入り定住するまでの史実に基づくオペレッタ。好色なトルコのサルタンなどが登場する。

　原題はЗапорожець за Дунаем（ドナウ川を越えたコサックたち）で、国際版の英語表記はCossacks Beyond the Danube。記録によると、1929年にオペラ歌手のイワン・コスロフスキーの歌を使ってこの作品が映画化されている。どのような音声記録方式に拠ったか確認できていないが、ほかのトーキー・ミュージカルは1934年以降に作られているので、この1929年版がソ連最初の音楽作品かも知れない。1954年にはカラーで再映画化されている。

アレクサンドル・イワノフスキー Aleksandr Ivanovsky (Александр Викторович Ивано́вский)（監督）
(1881.11.29 – 1968.1.12)

　アレクサンドル・イワノフスキーは、音楽物を得意とした監督。1881年生まれで、最初はオペラ劇場で演出をしていたが、次第に演劇にも手を広げて、1918年からは映画界に入り監督をするようになった。トーキー時代になっても、1930年代は普通のドラマを撮っていたが、「モスコウの音楽娘」(1941)以降は、オペラ、バレエ的な作品を多く手掛けた。

モスコウの音楽娘 Anton Ivanovich serditsya (1941) は、クラシック音楽至上主義の音楽教授の話。音楽院の教授はポピュラー音楽を馬鹿にしているが、オペラ歌手を目指す末娘が、その恋人の書いた新作オペラでデビューすると、喜ぶ一方、恋人の作曲家がポピュラー音楽も弾いたりするので腹を立てる。しかし、その教授も、夢の中で尊敬する作曲家バッハに諭されて、恋人の作曲家に協力する。

　ロシア語の原題はАнтон Иванович сердится（アントン・イワノヴィッチは怒る）で、国際版の英語題名はSong of Spring、アメリカ公開題名はSpring Song。日本でも戦後に公開された。

音楽物語 Muzykalnaya istoriya (1941)*は、タクシー運転手をしながらオペラ歌手を目指す青年が、音楽学校に通い才能を開花させる。また、その学校の同級生と恋におちる。劇中に登場する有名作曲家のオペラ場面が見どころ。ロシア語の原題はМузыкальная история（音楽物語）で、英語題名はMusical Story。

シルヴァ Silva (1944)*は、カールマンの書いた人気オペレッタ「チャールダッシュの女王」の映画版。人気の演目なので、無声時代から何度も映画化されていて、トーキーではドイツ作品が多いが、この作品はロシア語。ロシア語の原題はСильва（シルヴァ）で、英語題名はGypsy Princess。

眠れる美女 Solistka baleta (1947) は、バレリーナとテノール歌手の恋物語。二人は愛し合っているにも拘わらず、それぞれの道に進むために別れざるを得ない。主役のバレリーナが、劇中でバレエ「眠れる森の美女」のオーロラ姫を踊るところから、この題名が付いている。有名なガリーナ・ウラノワが、「白鳥の湖」の第2幕を踊る場面が収録されている。

　アメリカで好評だったため、日本でも公開された。バレエ映画として有名になった「赤い靴」The Red Shoes (1948)の前年に作られている。ロシア語の原題はСпящая красавица（眠れる美女）で、国際版の英語題名はSleeping Beauty、アメリカ公開題名はRussian Ballerina。

音楽会のスターたち Kontsert masterov iskusstv (1952)*は、オペラ、バレエ、民族舞踊などの名手が登場するコンサートを収録した作品。マキシム・ミカイロフ、ガリーナ・ウラノワ、セルゲイ・レメシェフらが登場する。カラー版。

　ロシア語の原題は、Концерт мастеров искусств（音楽会の名芸術家）で、国際版の英語題名はSong and Dance Concert、アメリカ公開題名はConcert of Stars。

第13章 その他の国

ソ連のその他の作品

大音楽会 Bolshoy kontsert (1952) は、ボリショイ劇場創立175年を記念して作られた作品。集団農場の仲間たちがボリショイ劇場でオペラを見て、今度は逆にボリショイ劇場の出演者たちが集団農場を訪問。農場の美声の娘が見出されて、モスクワで音楽学校に通い、学生仲間と一緒にボリショイ観劇へ行く。

物語よりも、劇中に挿入された、オペラやバレエの名場面が見どころ。前半が「イーゴリ公」の抜粋で、バスのピロゴフが歌う。集団農場を訪ねる場面ではロシア民謡が歌われ、後半はバレエ。プリセツカヤの「白鳥の湖」、ウラノワの「ロメオとジュリエット」の抜粋があり、最後はグリンカのオペラ「ルスランとリュドミラ」が収録されている。

ロシア語の原題はБольшой концерт（ボリショイのコンサート）、アメリカ公開題名はThe Great Concert。ボリショイというのは「大きな」という意味だから、ボリショイ劇場は「大」劇場。この作品はそのボリショイ劇場を中心に描いた作品なので、「ボリショイ劇場のコンサート」という題名のほうが合うかも知れない。ヴェラ・ストロエフ監督のカラー作品。

虹の世界のサトコ Sadko (1953) は、リムスキー＝コルサコフのオペラ「サトコ」の映画化。コルサコフの音楽を使っているが、若干の新曲も追加されている。古い伝説に基づく物語で、吟遊詩人のサトコが、故郷に恋人を残して、船で東洋に「幸せの鳥」を探しに出かけて3年間探し回るが、見つけることができない。嵐を鎮めるために、船から水中に飛び込んだサトコは、海の女神に歓待されるが、それを振り切って故郷の恋人の下へ戻り、本当の「幸せの鳥」を発見する。

監督は美しいカラー映像で高い評価を得た「石の花」Kamennyy tsvetok (1946) のアレクサンドル・プトゥシコ。カラー作品。ロシア語の原題はСадко（サトコ）で、アメリカでの吹替版題名はThe Magic Voyage of Sinbad。

ロメオとジュリエット物語 Romeo i Dzhulyetta (1955) は、ボリショイ劇場でのバレエ公演をそのまま映画に撮った作品。ボリショイのプリマであるガリーナ・ウラノワがジュリエットを踊る。レフ・アルンシュタム監督のカラー作品。ロシア語の原題はРомео и Джульетта（ロメオとジュリエッタ）で、アメリカ公開題名はRomeo & Juliet。

すべてを五分で Karnavalnaya noch (1956) は、ロシアの若者たちが文化宮殿で新年を祝う行事を盛り上げようとする話。ジャズ楽団なども入れて賑やかで楽しい行事を企画するが、謹厳実直な新館長は厳かに式典を行うというので、若者たちは館長の裏をかいて、面白い行事にしようと、新年を迎える5分間に頑張って準備をする。

カラー作品で、日本でも公開された。ロシア語の原題はКарнавальная ночь（カーニバルの夜）で、英語題名はCarnival Night、アメリカ公開題名はCarnival in Moscow。エルダル・リャザーノフ監督作品。

エフゲニー・オネーギン Yevgeni Onegin (1958)* は、チャイコフスキーの同名オペラの映画版。ロマン・ティコミロフ監督で、アレクサンドル・イワノフスキーが脚色している。映画俳優が演じていて、オペラ歌手が吹き替えている。カラー版。ロシア語の原題はЕвгений Онегинで、英語題名はEugene Onegin。

年度別作品一覧

[凡例]

- 配列の順序は、国別、公開年度別、原題のアルファベット順としている。
- 国の配列順序は、以下のとおり。
  - 英語圏の作品（米、英、加など）
  - 独語圏の作品（独、墺、ハンガリー）
  - 西語圏の作品（スペイン、メキシコ、アルゼンチン）
  - 仏語圏の作品（仏など）
  - 伊語圏の作品（イタリア）
  - 露語圏の作品（ソ連、東欧諸国）
  - その他の国の作品
- 記載内容の順序は、「邦題　原題　公開年　制作国　会社　公開種別　上映時間　色彩　画面サイズ　音響　監督　主演　内容」としている。
- 邦題は、日本公開された作品については公開時の題名を記した。未公開作品については、テレビ放映やビデオ発売時の題名なども採用したが、複数の題名が付けられたり、内容がわかりにくい場合には、これを採用せずに、内容に沿って訳した。
- 原題は、映画制作国におけるオリジナルの題名を記したので、日本公開時の原題とは必ずしも一致しない作品もある。また、ソ連の作品については、キリル文字ではなく、音価でラテン文字に置き換えて表記した。
- 公開年は映画館で上映（発売）された年であり、制作年とは異なる場合がある（可能な限り調査したが、完璧ではないのでご容赦いただきたい）。
- 制作国は、どこの国の会社が主体となって制作したかで決めたが、1930年代の各国語版の制作や、1980年代以降の複数国による共同制作など、あまり意味を持たない場合もある。
- 会社は、主たる制作会社を1社のみ記したが、これも1960年代以降は会社の特徴が失われており、あまり意味を持たない。
- 使用した会社名の主な略号は以下のとおり。
  AA：アライド・アーティスト
  AIP：アメリカン・インターナショナル・ピクチャーズ
  Col：コロムビア
  FBO：フィルム・ブッキング・オフィス
  FN：ファースト・ナショナル
  Fox：フォックスまたは20世紀フォックス
  MGM：メトロ・ゴールドウィン・メイヤー
  Mono：モノグラム
  Para：パラマウント
  PRC：プロデューサーズ・リリーシング・コーポレーション
  Rep：リパブリック
  RKO：RKO・ラジオ・ピクチャーズ
  Univ：ユニヴァーサル
  WB：ワーナー・ブラザース
- 公開種別については、日本の映画館で上映されたか否かを基準とした。したがって、テレビ放映のみ、ビデオ・DVD発売のみの場合には未公開とした。なお、題名または公開年の末尾に付した「*」印は未公開作品であることを示す。テレビ番組で日本で放送された作品は「放送」と表示した。
- 上映時間については、オリジナルの公開時の上映時間を分単位で記したが、古い作品についてはフィルム長ではなく巻数から時間換算したものもあり、一応の目安として考える必要がある。調べきれなかったものについては記載していない。
- 色彩については、白黒かカラー、または両方（パートカラー）かの区分を示していて、モノクロ・フィルムを全体に染色（セピア、ブルー、赤など）したり、部分的に着色した場合や、カラーの種類などについては記載していない。
- 画面サイズについては、スタンダード（S）、ヴィスタ（V）、シネマスコープ（CS）の3種類で大別して記載して、それ以上細かいアスペクト比率については記載していない。
- 音響については、記載のないものは原則としてモノラル音響。ドルビー方式も含めて立体音響の作品は、ステレオと記載した。音響のチャンネル数や方式については記載していない。また、完全には調べきれなかったので、不明なものは記載していないが、近年の作品はほとんどがステレオとなっている。

アメリカ

1927年

ジャズ・シンガー　The Jazz Singer
1927　米　WB　公開　88分　白黒　S　監督：アラン・クロスランド　主演：アル・ジョルスン　世界初のミュージカル映画。サウンド版で部分トーキー。ユダヤ教主唱者の息子ジョルスンがポピュラー歌手になる。

1928年

ギャング・ワー　Gang War
1928　米　FBO　公開　70分　白黒　S　監督：バート・グレノン　主演：ジャック・ピックフォード　ギャング物のメロドラマ。ミュージカルではないが歌入りの部分トーキー。

マイ・マン　My Man
1928　米　WB　未　99分　白黒　S　監督：アーチー・メイヨー　主演：ファニー・ブライス　洋服店主のブライスが結婚しようとするが、嫉妬した姉が邪魔をする。舞台版「ジーグフェルド・フォリーズ」で見せた芸をファニーが再現する。部分トーキー。

ラモナ　Ramona
1928　米　Inspiration Pictures　公開　80分　白黒　S　監督：エドウィン・カリュー　主演：ドロレス・デル・リオ　混血の娘ラモナ（デル・リオ）はインディアンの青年と恋仲となり、結婚して二人で幸せに暮らすが、夫が殺されて、彼女を密かに思っていたほかの男と再婚する。部分トーキー。

影の女　The Shady Lady
1928　米　Pathé　未　60分　白黒　S　監督：エドワード・H・グリフィス　主演：ロバート・アームストロング　中米の革命のためにキューバから武器を密輸する一味の女が、ライバルの密輸団の男と恋をする。部分トーキー。

シンギング・フール　The Singing Fool
1928　米　WB　公開　105分　白黒　S　監督：ロイド・ベーコン　主演：アル・ジョルスン　給仕のジョルスンは、妻に逃げられ、子育てと仕事に苦労するが、最愛の息子を失ってしまう。部分トーキー。

1929年

喝采　Applause
1929　米　Para　公開　80分　白黒　S　監督：ルーベン・マモーリアン　主演：ヘレン・モーガン　ヘレン・モーガンが場末のバーレスク劇場の女王を演じた母娘物。最後は娘が母親に代わって人気を得る。

春宵巴里合戦（しゅんしょうぱりかっせん）　The Battle of Paris
1929　米　Para　公開　80分　白黒　S　監督：ロバート・フローリー　主演：ガートルード・ローレンス　パリの街頭で歌っていた文無し娘ローレンスが、画家のモデルとなり、彼と恋をする。

栄光の輝き　Blaze O' Glory
1929　米　Sono Art　未　78分　白黒　S　監督：ジョージ・クローンほか　主演：ベティ・コムプソン　ヴォードヴィルの娘と結婚した第一次世界大戦のヒーローに、殺人犯の疑いがかかる。

ブロードウェイ　Broadway
1929　米　Univ　公開　105分　白黒　S　監督：ポール・フジョス　主演：グレン・タイロン　ナイト・クラブの舞台裏で起こる殺人事件。

レヴュー時代　Broadway Babies
1929　米　FN　公開　86分　白黒　S　監督：マーヴィン・ルロイ　主演：アリス・ホワイト　コーラス・ガールのアリスが、舞台監督とパトロンのギャングの親分との間で愛に苦しむが、ギャングは抗争で亡くなり、本当に好きだった舞台監督と一緒になる。

ブロードウェイ・メロディー　The Broadway Melody
1929　米　MGM　公開　100分　白黒／カラー　S　監督：ハリー・ボーモン　主演：チャールズ・キング　新作のレヴュー「ブロードウェイ・メロディー」に主演するキングが、共演する姉妹ベッシー・ラヴとアニタ・ペイジの二人を愛して苦しむが、最後はラヴが身を引く。一部分が2色方式のテクニカラーで、MGM最初のオール・トーキー作品。同時録音でなく、プレ（事前）録音が用いられたのはこの作品が最初といわれている。

ブロードウェイのスキャンダルス
Broadway Scandals
1929 米 Col 未 73分 白黒 S 監督：ジョージ・アーチェインボー 主演：サリー・オニール 田舎娘のオニールはジャック・イーガンと組んだ舞台で成功するが、イーガンに目をつけたほかの女が彼を奪おうとする。しかし、彼は大舞台を諦めて、サリーと一緒に組んでやり直すことにする。

恋愛行進曲　Close Harmony
1929 米 Para 公開 70分 白黒 S 監督：ジョン・クロムウェル 主演：ナンシー・キャロル ジャズに夢中の青年チャールズ・バディ・ロジャースが、レヴューの踊り子キャロルの手助けにより、舞台デビューする。

藪睨みの世界　The Cockeyed World
1929 米 Fox 公開 118分 白黒 S 監督：ラオール・ウォルシュ 主演：ヴィクター・マクラグレン 海軍仲間の兵士マクラグレンとエドモンド・ロウが、世界各地で女を取り合う。

ココナッツ　The Cocoanuts
1929 米 Para 公開 96分 白黒 S 監督：ロバート・フローリーほか 主演：マルクス兄弟 兄弟初の映画出演作品。アーヴィング・バーリンの舞台作品の映画版。

踊る人生　The Dance of Life
1929 米 Para 公開 115分 カラー S 監督：ジョン・クロムウェルほか 主演：ナンシー・キャロル 失業中のダンサーのキャロルが、踊りの上手なハル・スケリーと知り合い、コンビを組み人気が出て結婚する。スケリーはブロードウェイからもお呼びがかかり、檜の舞台を踏むが、酒と女に身を持ち崩してしまう。彼を立ち直らせようと、キャロルは彼を励ましてカムバックさせる。

砂漠の歌　The Desert Song
1929 米 WB 公開 123分 カラー S 監督：ロイ・デル・ルース 主演：ジョン・ボールズ 同名舞台作品の映画版。2色方式のカラーで作られたが、現在残っているのは白黒版のみ。

黎明の剣士　Devil May Care
1929 米 MGM 公開 97分 カラー S 監督：シドニー・フランクリン 主演：ラモン・ノヴァロ ナポレオンの近衛兵だったノヴァロは銃殺されそうになり、逃げる途中で美しい娘ドロシー・ジョーダンと恋におちる。

君知るやわが悩み　Footlights and Fools
1929 米 FN 公開 78分 カラー S 監督：ウィリアム・A・サイター 主演：コリーン・ムーア ブロードウェイのレヴューでスターのムーアは、昔からダメ男を好きなのだが、金持ちからも求婚されて困る。

ラグビー時代　The Forward Pass
1929 米 FN 公開 78分 白黒 S 監督：エドワード・F・クライン 主演：ダグラス・フェアバンクス・ジュニア 大学ラグビーの名手フェアバンクスが、故郷の母親を心配して試合に打ち込めず、辞めると言い出す。監督は可愛い娘に誘惑させて引き留めようとするが、今度は恋に夢中となり試合に打ち込めなくなる。

ムービィートンフォリース
Fox Movietone Follies of 1929
1929 米 Fox 公開 80分 白黒／カラー S 監督：デイヴィッド・バトラー 主演：ジョン・ブリーデン 田舎から出てきた青年が、舞台を夢見る娘と結婚しようとするが、なかなかOKしてくれないので、自分の農場を売った金をつぎ込みショーを買ってしまう。フォックス社のカラー大作。

アメリカ娘に栄光あれ
Glorifying the American Girl
1929 米 Para 公開 95分 カラー S 監督：ミラード・ウェブ 主演：エディ・カンター 舞台レヴューの神様フロレンツ・ジーグフェルドが制作した映画版のレヴュー。デパート店員がレヴューでスターになるまでを描く舞台裏物で、カンターやヘレン・モーガン、ルディ・ヴァリーら、舞台の人気者がゲスト出演している。

ブロードウェイ黄金時代
Gold Diggers of Broadway
1929 米 WB 公開 101分 カラー S 監督：ロイ・デル・ルース 主演：ナンシー・ウェルフォード ワーナーの看板となったシリーズの1作目で、2色方式のカラー。

グレイト・ガッボ　The Great Gabbo
1929 米 James Cruze 公開 92分 カラー S 監督：ジェイムス・クルーズほか

主演：エリッヒ・フォン・シュトロハイム　シュトロハイムは腹話術師で、本心では愛している踊り子に冷たく接するが、彼女は大スターとなり、ほかの男と結婚するので、希望を失う。

ハレルヤ　Hallelujah
1929　米　MGM　公開 109分　白黒　S　監督：キング・ヴィダー　主演：ダニエル・L・ヘインズ　ヴィダー監督が全員黒人の出演者で撮った異色の作品。美しい娘に惑わされた青年が、誤って自分の弟を殺し、信仰生活に入る。しかし、娘が忘れられずに駆け落ちして、最後にはその娘も失う。

ハッピイ・デイズ　Happy Days
1929　米　Fox　公開 80分　白黒　CS　監督：ベンジャミン・ストロフ　主演：マージョリー・ホワイト　長年続いたショー・ボートが借金を抱えて倒産するので、一座の女優がブロードウェイの役者たちを巻き込みチャリティ・ショーで助ける。グランドゥールと呼ばれる70mmフィルムを使った横長画面（1：2.1程度）で公開された初期のワイド画面映画として知られる。

デキシー歌舞曲　Hearts in Dixie
1929　米　Fox　公開 71分　白黒　S　監督：ポール・スローン　主演：ステピン・フェチット　南部の綿畑で生計を立てている年老いた黒人が、自分の娘と孫を熱病で失い教育の大事さを認識し、若い息子を都会で勉強させる。

ホリウッド・レヴュウー
The Hollywood Revue of 1929
1929　米　MGM　公開 118分　白黒／カラー　S　監督：チャールズ・ライズナー　主演：ジャック・ベニー　全28景からなる、人気スター総出演のレヴュー・ショー。一部2色方式のテクニカラー。

母なれば　Honky Tonk
1929　米　WB　公開 71分　白黒　S　監督：ロイド・ベーコン　主演：ソフィ・タッカー　ナイト・クラブで歌いながら娘を欧州に留学させていたタッカーは、娘と静かに暮らしたいと考えるが、娘は母が歌手と知り驚く。

巴里よいとこ　Hot for Paris
1929　米　Fox　公開 71分　白黒　S　監督：ラオール・ウォルシュ　主演：ヴィクター・マクラグレン　船員のマクラグレンが、パリの競馬で大穴を当て、踊り子のフィフィ・ドーセイと恋仲になり、結婚する。

レヴューの巴里っ子　Innocents of Paris
1929　米　Para　公開 78分　白黒　S　監督：リチャード・ウォレス　主演：モーリス・シュヴァリエ　パリで屑物屋をやっていた陽気なシュヴァリエが、ルイーズという娘に惚れて、歌手に転向して結婚が認められる。

流行の寵児　Is Everybody Happy?
1929　米　WB　公開 80分　白黒　S　監督：アーチー・メイヨー　主演：テッド・ルイス　楽団リーダーの伝記。

鴛鴦の舞　It's a Great Life
1929　米　MGM　公開 93分　カラー　S　監督：サム・ウッド　主演：ダンカン姉妹　ロゼッタとヴィヴィアンのダンカン姉妹はデパート店員だが、同僚のローレンス・グレイとともに職を失い、レヴューの舞台に立って人気を得る。ところが、男女の仲がうまく行かずに苦労を重ねる。

小さなジョニー・ジョーンズ
Little Johnny Jones
1929　米　FN　未　74分　白黒　S　監督：マーヴィン・ルロイ　主演：エドワード・バゼッル　ジョージ・M・コーハンの舞台作品の映画化。競馬騎手が人気スターに恋をする。

ラヴ・パレイド　The Love Parade
1929　米　Para　公開 107分　白黒　S　監督：エルンスト・ルビッチ　主演：モーリス・シュヴァリエ　小国のお姫様ジャネット・マクドナルドと、プレイ・ボーイの公爵シュヴァリエが結婚する。

ラッキー・ボーイ　Lucky Boy
1929　米　Tiffany-Stahl　公開 97分　白黒　S　監督：ノーマン・タウログほか　主演：ジョージ・ジェッセル　「ジャズ・シンガー」の二番煎じのような話で、部分トーキー。

恋の幸運　Lucky in Love
1929　米　Pathé　未　76分　白黒　S　監督：ケネス・S・ウェブ　主演：モートン・ダウニー　アメリカ青年とアイルランドの金持ちの孫娘の恋。

恋愛戦線　Marianne

1929 米 Cosmopolitan 公開 111分 白黒 S 監督：ロバート・Z・レナード 主演：マリオン・デイヴィス 第一次世界大戦中のフランス娘とアメリカ兵の恋物語。

ホリウッド結婚　Married in Hollywood
1929 米 Fox 公開 110分 カラー S 監督：マーセル・シルヴァー 主演：J・ハロルド・マレイ アメリカのコーラス・ガールとヨーロッパの小国の王子が恋におち、周囲に反対されるが、革命が起きて結婚することができる。

哀調の小径　Melody Lane
1929 米 Univ 公開 76分 白黒 S 監督：ロバート・F・ヒル 主演：エディ・レナード 第一次世界大戦で欧州へ行ったアメリカ人作曲家が、フランスの美人歌手に恋をする。

母親っ子　Mother's Boy
1929 米 Pathé 未 82分 白黒 S 監督：ブラドリー・バーカー 主演：モートン・ダウニー 病気の母のために青年がデビュー舞台を棒に振るが、それが報道されてスターとなる。「ジャズ・シンガー」の二番煎じ。

エロ大行進曲　On with the Show!
1929 米 Vitaphone 公開 104分 カラー S 監督：アラン・クロスランド 主演：ベティ・コムプソン 新しいショーを作る舞台裏の話。全編が2色方式テクニカラー。

化粧の天使　The Painted Angel
1929 米 FN 公開 68分 白黒 S 監督：ミラード・ウェブ 主演：ビリー・ダヴ ニュー・オリンズからニュー・ヨークに出てきた歌手がナイト・クラブで有名になり、男関係でもめる。

巴里　Paris
1929 米 FN 公開 97分 白黒／カラー S 監督：クラレンス・G・バジャー 主演：イレーネ・ボルドーニ コール・ポーターの舞台作品の映画化だが、ポーターの曲はほとんど使われていない。フランスの歌姫とアメリカ人の恋物語。ジャック・ブキャナンも出ている。

レヴュー結婚　Pointed Heels
1929 米 Para 公開 61分 白黒／カラー S 監督：A・エドワード・サザーランド 主演：ヘレン・ケイン 舞台裏物で、ケインの歌が聞ける。

ナイト・クラブの女王　Queen of the Night Clubs
1929 米 WB 未 60分 白黒 S 監督：ブライアン・フォイ 主演：テキサス・ガイナン 無声時代に多く出演し、禁酒法時代にニュー・ヨークで有名な闇酒場を経営したガイナンが主演した、唯一のミュージカル作品。ジョージ・ラフトも出ている。

虹の男　The Rainbow Man
1929 米 Sono Art 公開 96分 白黒 S 監督：フレッド・ニューメイヤー 主演：エディ・ドーリング 歌手が孤児を抱えて奮闘する。

リオ・リタ　Rio Rita
1929 米 RKO 公開 140分 白黒／カラー S 監督：ルーサー・リード 主演：ビーブ・ダニエルス 盗賊と疑われる兄を持つメキシコ娘とテキサス・レンジャーの恋物語。ヒット舞台作品の映画版。最後の30分が2色カラー。

恋の花園　Sally
1929 米 FN 公開 103分 カラー S 監督：ジョン・フランシス・ディロン 主演：マリリン・ミラー 舞台で演じたミラーがそのまま映画でも演じた。踊りのうまい孤児の娘が、ロシア人ダンサーに成りすまして舞台に出る。

子守唄　Say It with Songs
1929 米 WB 公開 95分 白黒 S 監督：ロイド・ベーコン 主演：アル・ジョルスン 妻に色目を使った男を殴り殺してしまった歌手ジョルスンを妻と子供が支える。

ショウ・ボート　Show Boat
1929 米 Univ 公開 147分 白黒 S 監督：ハリー・A・ポラードほか 主演：ローラ・ラ・プラント 無声映画にトーキーのプロローグを付け足した作品。

ショウ・オヴ・ショウズ　The Show of Shows
1929 米 WB 未 128分 白黒／カラー S 監督：ジョン・G・アドルフィ 主演：ジョン・バリモア 2部構成で、21景のレヴュー大作。いくつかの景は2色方式カラーで撮られている。

恋の走馬灯　Smiling Irish Eyes
1929 米 FN 公開 90分 白黒 S 監

督：ウィリアム・A・サイター　主演：コリーン・ムーア　アイルランド娘が、恋人の音楽志望の青年をアメリカへ送り出して成功を祈り、最後に結ばれる。

さようならレティ So Long Letty
1929　米　WB　未　64分　白黒　S　監督：ロイド・ベーコン　主演：シャーロット・グリーンウッド　金持ちの叔父が結婚相手の嫁を見ようとやってくるが、彼女は他人と入れ替わる。

スポーツ王国 So This Is College
1929　米　MGM　公開　98分　白黒　S　監督：サム・ウッド　主演：ロバート・モントゴメリー　大学のフットボール選手の親友同士が、一人の娘を取り合う。

恋の歌 Song of Love
1929　米　Edward Small　未　82分　白黒　S　監督：アール・C・ケントン　主演：ベル・ベイカー　歌姫ベイカーを主役とした舞台裏物のメロドラマ。

ストリート・ガール The Street Girl
1929　米　RKO　公開　87分　白黒　S　監督：ウェズリー・ラグルス　主演：ベティ・コムプソン　ハンガリー出身の娘がニュー・ヨークで失業するが、貧乏楽団員が助けて、一緒に演奏するようになる。

サニー・サイド・アップ Sunny Side Up
1929　米　Fox　公開　121分　白黒／カラー　S　監督：デイヴィッド・バトラー　主演：ジャネット・ゲイナー　金持ちの青年が、偶然知り合った貧乏だが純真な娘と恋をする。

スヰーティ Sweetie
1929　米　Para　公開　95分　白黒　S　監督：フランク・タトル　主演：ナンシー・キャロル　大学のフットボール選手と娘たちの恋物語。ヘレン・ケインが出ている。

シンコペーション Syncopation
1929　米　RKO　未　83分　白黒　S　監督：バート・グレノン　主演：バーバラ・ベネット　男女のヴォードヴィル・チームの娘が金持ちの男と恋仲になる。

尖端脚化粧(せんたんきゃくけしょう) Tanned Legs
1929　米　RKO　公開　71分　白黒　S　監督：トーマス・J・ジェラティ　主演：ジューン・クライド　モダン・ガールが恋人のモダン・ボーイを助けるために活躍する。

時と場所と娘 The Time, the Place and the Girl
1929　米　WB　未　70分　白黒　S　監督：ハワード・ブレストン　主演：ベティ・コムプソン　大学のフットボール選手が社会に出て働き、それまでは気付かなかった娘の魅力に惹かれる。

気ままな恋人 The Vagabond Lover
1929　米　RKO　未　65分　白黒　S　監督：マーシャル・ニーラン　主演：ルディ・ヴァリー　ルディがサックス吹きとなり恋をする。

ウィアリー・リヴァー Weary River
1929　米　FN　公開　86分　白黒　S　監督：フランク・ロイド　主演：ベティ・コムプソン　ギャングが刑務所で『悩める河』というヒット曲を書き、出所後にトラブルに巻き込まれるが、恋人に助けられる。

楽屋行進曲 Why Bring That Up?
1929　米　Para　公開　82分　白黒　S　監督：ジョージ・アボット　主演：チャールズ・マック　黒人の扮装で人気を取った二人のヴォードヴィル・チームが、美人の娘に翻弄される。

狼の唄 Wolf Song
1929　米　Para　公開　80分　白黒　S　監督：ヴィクター・フレミング　主演：ゲイリー・クーパー　ロッキー山中で仲間と猟師をしていた男が、町の娘に恋をする。

踊るカレッヂ Words and Music
1929　米　Fox　公開　81分　白黒　S　監督：ジェイムス・ティンリング　主演：ロイス・モラン　大学内でショーを自主公演して競うことになり、娘とその恋人がライバルと争う。

1930年

青春来る Along Came Youth
1930　米　Para　公開　74分　白黒　S　監督：ロイド・コリガンほか　主演：チャールズ・バディ・ロジャース　アメリカの調教師と騎手が、愛馬を連れて英国へ渡る。競馬でひと儲けを企むが、すべてを失う。最後は貴族の娘と恋仲となり、競馬にも優勝する。

百万長者の中で Among the Millionaires
1930　米　Para　未　74分　白黒　S　監督：

フランク・タトル　主演：クララ・ボウ　しがないウェートレスが、大金持ちの息子に恋をして結ばれる。

けだもの組合　Animal Crackers
1930　米　Para　公開　97分　白黒　S　監督：ヴィクター・ヒアマン　主演：マルクス兄弟　金持ち宅のパーティで、有名絵画が盗まれて大騒ぎとなる。

腕はたしかか　Are You There?
1930　米　Fox　公開　60分　白黒　S　監督：ハミルトン・マクファデン　主演：ベアトレス・リリー　公爵に近づく怪しい女を捕まえるために、リリーがいろいろと変装して調査する。

あなた自身でいてね　Be Yourself
1930　米　Joseph M. Schenck　未　77分　白黒　S　監督：ソーントン・フリーランド　主演：ファニー・ブライス　ナイト・クラブ歌手と拳闘選手の恋。拳闘の試合には負けるが恋には勝つ。

ビッグ・ボーイ　Big Boy
1930　米　WB　未　68分　白黒　S　監督：アラン・クロスランド　主演：アル・ジョルスン　ジョルスンは主人の名馬ビッグ・ボーイに乗ってケンタッキー競馬に出ようとするが、クビになって歌う給仕となる。

大乱痴気　The Big Party
1930　米　Fox　公開　60分　白黒　S　監督：ジョン・G・ブライストン　主演：スー・キャロル　マンハッタンで貧しい店員の娘と青年が恋をするが、娘が金持ちに気に入られて、二人はうまくいかなくなる。

チウインガム行進曲　The Big Pond
1930　米　Para　公開　72分　白黒　S　監督：ホバート・ヘンリー　主演：モーリス・シュヴァリエ　貧乏貴族のシュヴァリエが、アメリカのチューインガム工場主の娘と恋をする。

連隊の花嫁　Bride of the Regiment
1930　米　FN　未　79分　カラー　S　監督：ジョン・フランシス・ディロン　主演：ヴィヴィアン・シーガル　ルドルフ・シャンツァーとアーネスト・ウェリシュのオペレッタの映画版。イタリアの伯爵と結婚する花嫁が、オーストリアの叛逆者に連れ去られてしまう。ベティ・グレイブルの「高貴な婦人」That Lady in Ermine (1948)*と同じ話。

輝く光　Bright Lights
1930　米　FN　未　69分　カラー　S　監督：マイケル・カーティス　主演：ドロシー・マケイル　ショー・ガールが結婚して、家事でてんやわんやの騒ぎとなる。原題は同じだが、バークレイの「ブラウンの千両役者」Bright Lights (1935)とは異なる。

肉体の呼ぶ声　Call of the Flesh
1930　米　MGM　公開　100分　白黒／カラー　S　監督：チャールズ・ブレイビン　主演：ラモン・ノヴァッロ　セビーリャの青年が、マドリードでオペラ歌手としてデビューするが、病に倒れる。修道院の娘との恋が絡む。

生命の切札　Cameo Kirby
1930　米　Fox　公開　55分　白黒　S　監督：アーヴィング・カミングス　主演：J・ハロルド・マレイ　ミシシッピーの賭博師が農園の娘に恋をするが、うまく実らない。ある日、賭博で農園を巻き上げると、農園主が自殺してしまう。ところが、農園に行ってみると、恋した娘がそこにいる。

守備隊の隊長　Captain of the Guard
1930　米　Univ　未　83分　白黒　S　監督：ジョン・S・ロバートソンほか　主演：ローラ・ラ・プラント　フランス国歌『ラ・マルセイエーズ』を書いた作曲家ルージュ・ド・リールの目から見たフランス革命。

虹を追って　Chasing Rainbows
1930　米　MGM　未　100分　白黒／カラー　S　監督：チャールズ・ライズナー　主演：ベッシー・ラヴ　ショーを巡業して回る一座の舞台裏の話。

確認また確認　Check and Double Check
1930　米　RKO　未　77分　白黒　S　監督：メルヴィン・W・ブラウン　主演：エイモスとアンディ　ラジオで人気番組を持っていたエイモスとアンディの映画初出演作。二人は白人だが、黒人を演じる漫才コンビ。デューク・エリントンがゲスト出演。

元気を出して笑おう　Cheer Up and Smile
1930　米　Fox　未　76分　白黒　S　監督：シドニー・ランフィールド　主演：アーサー・レイク　ラジオ局で強盗が歌手を殴り倒すので、平凡な農民が代わって歌い、一夜にして

大スターとなる。

歓楽の孤児　Children of Pleasure
1930　米　MGM　公開　70分　白黒　S　監督：ハリー・ボーモン　主演：ローレンス・グレイ　作曲家として成功した男が社交界の娘に恋をするが、自分が本当に愛しているのは別の娘だと気付く。

大学の恋人たち　College Lovers
1930　米　FN　未　61分　白黒　S　監督：ジョン・G・アドルフィ　主演：ジャック・ホワイティング　大学で二人のフットボール選手が、一人の娘を取り合う。

頓馬者（とんまもの）　The Cuckoos
1930　米　RKO　未　97分　カラー　S　監督：ポール・スローン　主演：ホウィーラーとウールジー　二人のインチキ占い師がメキシコのリゾート地で繰り広げる恋とお金の騒動。

踊る恋人　Dancing Sweeties
1930　米　WB　未　62分　白黒　S　監督：レイ・エンライト　主演：グラント・ウィザーズ　ダンス・コンテストで知り合った男女がプロを目指すが、娘がステップを覚えないのでコンビを解消。しかし、結婚する。

ピストル娘　Dangerous Nan McGrew
1930　米　Para　公開　73分　白黒　S　監督：マルコム・セント・クレア　主演：ヘレン・ケイン　旅回り一座の歌手ナン（ケイン）がギャングを捕まえる。

ディキシアナ　Dixiana
1930　米　RKO　公開　100分　カラー　S　監督：ルーサー・リード　主演：ビーブ・ダニエルズ　サーカス芸人のディキシアナと南部農園主の息子の恋を描くRKOのカラー大作。コメディ・チームのホウィーラーとウールジーとの共演。ドロシー・リーの漫画声が魅力的。

恋愛古典風景　The Florodora Girl
1930　米　Cosmopolitan　公開　79分　カラー　S　監督：ハリー・ボーモン　主演：マリオン・デイヴィス　ブロードウェイで人気のショー「フロロドーラ」に出演する娘と上流青年の結婚話。

リーダーに続け　Follow the Leader
1930　米　Para　未　76分　白黒　S　監督：ノーマン・タウログ　主演：エド・ウィン　レストランのシェフであるエドが、知り合いの娘ジンジャー・ロジャースをブロードウェイのスターにするために、出演中のエセル・マーマンを誘拐しようとする。

青春倶楽部　Follow Thru
1930　米　Para　公開　92分　カラー　S　監督：ロイド・コリガン　主演：ナンシー・キャロル　ゴルフ・クラブでの、娘たちとゴルフ・コーチの恋愛騒ぎ。

キートンのエキストラ　Free and Easy
1930　米　MGM　公開　92分　白黒　S　監督：エドワード・セジウィック　主演：バスター・キートン　田舎の美人コンテストで優勝したアニタ・ペイジを密かに愛していたキートンは、何とか映画界で売り出そうと、ハリウッドへ行きドタバタを演じる。

でたらめに行こう　Going Wild
1930　米　FN　未　68分　白黒　S　監督：ウィリアム・A・サイター　主演：ジョー・E・ブラウン　新聞記者のブラウンは、パーム・ビーチで有名飛行士と間違われて歓待を受けるが、飛行競争に出場することになり、逃げ出そうとして可愛い娘たちに囲まれて困ってしまう。

脚線価千金（きゃくせんかたいせんきん）　The Golden Calf
1930　米　Fox　公開　69分　白黒　S　監督：ミラード・ウェッブ　主演：ジャック・マルホール　垢抜けない秘書が、友人の助けを借りて美女に変身し、上司と結婚する。

ひかり輝くドウン　Golden Dawn
1930　米　WB　未　83分　カラー　S　監督：レイ・エンライト　主演：ヴィヴィアン・シーガル　第一次世界大戦中の東アフリカ。現地で育った白人の娘ドウンと、英国人ゴム園主のオペレッタ調の恋物語。

有頂天時代　Good News
1930　米　MGM　公開　90分　白黒／カラー　S　監督：ニック・グリンド　主演：メリー・ロウラー　大学のフットボールの選手と女学生の恋物語。

海上ジャズ大学　Heads Up
1930　米　Para　公開　76分　白黒　S　監督：ヴィクター・シェルツィンガー　主演：ヘレン・ケイン　金持ちが自分の船で海軍士官学校の卒業式に行くが、酒の密輸騒ぎに巻き込まれる。

友愛天国　High Society Blues

1930　米　Fox　公開　102分　白黒　S　監督：デイヴィッド・バトラー　主演：ジャネット・ゲイナー　代々続く名家の娘が、隣に越してきたアイオワの田舎青年と恋におちて、周囲の反対に遭う。

艦隊は踊る　Hit the Deck
1930　米　RKO　未　103分　白黒／カラー　S　監督：ルーサー・リード　主演：ジャック・オーキー　ブロードウェイ作品の映画版。後のMGM作品（1955）と同じ原作。

天下無敵　Hold Everything
1930　米　WB　公開　74分　カラー　S　監督：ロイ・デル・ルース　主演：ジョー・E・ブラウン　舞台（1928）ではバート・ラーが演じたドジな拳闘選手の役を、映画版ではブラウンが演じる。

ハニー　Honey
1930　米　Para　公開　75分　白黒　S　監督：ウェズリー・ラグルス　主演：ナンシー・キャロル　金に困った南部名門の令嬢キャロルは、大邸宅をニュー・ヨークの大金持ちの婦人に貸すが、黒人ではなく白人の召使を集めてほしいと頼まれ、仕方なく自分で召使を務めて、借主の婦人の息子と恋をする。

月光の曲　In Gay Madrid
1930　米　MGM　公開　82分　白黒　S　監督：ロバート・Z・レナード　主演：ラモン・ノヴァッロ　スペイン貴族の青年と踊り子との恋物語。

五十年後の世界　Just Imagine
1930　米　Fox　公開　109分　白黒　S　監督：デイヴィッド・バトラー　主演：モーリン・オサリヴァン　1930年当時に、50年後の世界を想像したSFミュージカル。1930年に死んだ男が蘇生術により生き返り、火星探検へ行き、火星の美女たちに歓待される。

キング・オブ・ジャズ　King of Jazz
1930　米　Univ　公開　98分　カラー　S　監督：ジョン・マレイ・アンダソンほか　主演：ポール・ホワイトマン楽団ほか　オール・スターのカラー・レヴュー映画。

連隊の花形　Kiss Me Again
1930　米　FN　公開　75分　カラー　S　監督：ウィリアム・A・サイター　主演：バーニス・クレア　婦人服店の店員クレアは、青年大尉との結婚を諦めてオペラ歌手として大成。アルジェリアから戻った大尉と結ばれる。

忘れじの面影　A Lady's Morals
1930　米　Cosmopolitan　公開　87分　白黒　S　監督：シドニー・フランクリン　主演：グレイス・ムーア　オペラのソプラノ歌手と作曲家の恋物語。

女護ヶ島上陸（にょごがしまじょうりく）　Leathernecking
1930　米　RKO　公開　79分　白黒／カラー　S　監督：エドワード・F・クライン　主演：アイリーン・ダン　上流婦人に恋した水兵が、婦人の気を惹くために船が座礁したように見せようとして、本当に座礁させてしまう。

極楽島満員　Let's Go Native
1930　米　Para　公開　77分　白黒　S　監督：レオ・マケリー　主演：ジャネット・マクドナルド　金に困ったレヴュー一座が仕事でアルゼンチンへ向かうが、船が途中で沈没して、南海の孤島に流れ着く。ナンセンス・コメディ。

春宵綺談（しゅんしょうきだん）　Let's Go Places
1930　米　Fox　公開　70分　白黒　S　監督：フランク・R・ストレイヤー　主演：ジョセフ・ワグスタッフ　イラストレーターの男が、ハリウッドで歌うスターとしてデビューし、相手役と結婚する。

尖端娘商売（せんたんむすめしょうばい）　The Life of the Party
1930　米　WB　公開　79分　カラー　S　監督：ロイ・デル・ルース　主演：ウィニー・ライトナー　楽譜屋をクビになった二人の娘が、金満家の男を引っ掛けようとハバナに出向く。見つけた相手が詐欺師なので混乱するものの、最後には目的を遂げる。

ブロードウェイのバイロン卿　Lord Byron of Broadway
1930　米　MGM　未　80分　白黒／カラー　S　監督：ハリー・ボーモンほか　主演：チャールズ・ケリー　ショー・ビジネス界で出世するに従い、どんどんと女を替えていく作曲家の話。バイロン卿は次々と女性を替えて奔放な生活を送った詩人。

魅惑を賭けて　Lottery Bride
1930　米　Joseph M. Schenck　公開　80分　白黒／カラー　S　監督：ポール・S・スタイン　主演：ジャネット・マクドナルド　弟が賭けで大損して銀行の金を使い込んだので、

アメリカ　1930年代

マクドナルドが金のために婚約者とダンス・マラソンに出るものの、うまくいかず原題のとおりに抽選で選ばれる花嫁になるが、最後には婚約者と結ばれる。

ゴルフ狂時代　Love in the Rough
1930　米　MGM　公開 84分　白黒　S　監督：チャールズ・ライズナー　主演：ロバート・モントゴメリー　ゴルフのうまい貧乏青年が、ゴルフ場で上流令嬢と知り合い結婚する。貧乏人と知って花嫁は驚くが、ゴルフ大会で優勝して万事解決する。

マダム・サタン　Madam Satan
1930　米　MGM　公開 116分　白黒　S　監督：セシル・B・デミル　主演：ケイ・ジョンソン　夫が外で遊び呆けて情婦まで作るので、夫人が仮装パーティにサタンの扮装で現れて魅力を撒き散らし、夫に口説かせる。オペレッタ「こうもり」と似た話。

マミー　Mammy
1930　米　WB　公開 84分　白黒／カラー　S　監督：マイケル・カーティス　主演：アル・ジョルスン　ミンストレル一座のジョルスンは、恋争いで二枚目俳優を傷つけて収監されるが、最後には疑いが晴れて、恋も成就する。

モンタナの月　Montana Moon
1930　米　MGM　公開 89分　白黒　S　監督：マルコム・セント・クレア　主演：ジョーン・クロフォード　社交界の令嬢クロフォードが都会の軟弱な男に飽きて、モンタナで出会った男らしい牧童と結婚する。

モンテ・カルロ　Monte Carlo
1930　米　Para　公開 90分　白黒　S　監督：エルンスト・ルビッチ　主演：ジャネット・マクドナルド　好きでもない王子との結婚を強いられた伯爵令嬢が、モンテ・カルロのホテルで隠れているのを、ジャック・ブキャナンが口説く。

ニュー・ムーン　New Moon
1930　米　MGM　公開 78分　白黒　S　監督：ジャック・コンウェイ　主演：ローレンス・ティベット　ロムバーグのオペレッタの映画化。オペラ界のティベット主演で相手役にはグレイス・ムーア。

1930年フォックス・フォリィス　New Movietone Follies of 1930
1930　米　Fox　公開 84分　白黒／カラー　S　監督：ベンジャミン・ストロフ　主演：マージョリー・ホワイト　金持ちのドラ息子がレヴューのスターに恋をして、一座を呼び大宴会を開く。フォックスのレヴュー作品。

浮気成金　No, No, Nanette
1930　米　FN　公開 98分　白黒／カラー　S　監督：クラレンス・G・バジャー　主演：バーニス・クレア　舞台作品(1925)の映画化。ナネットとその恋人の作家トムが、気の好いスポンサーを探して自分たちのショーを上演する。

水兵さん行儀良く！　Oh! Sailor Behave!
1930　米　WB　未　70分　白黒　S　監督：アーチー・メイヨー　主演：アイリーン・デルロイ　エルマー・ライスの戯曲「ナポリを見て死ね」の映画版ミュージカル。二人のアメリカ水兵がナポリで泥棒と出会う。

盗まれた接吻　Oh, For a Man!
1930　米　Fox　公開 78分　白黒　S　監督：ハミルトン・マクファデン　主演：ジャネット・マクドナルド　オペラ歌手のマクドナルドが、キスを奪われた宝石泥棒に恋をする。

情熱の唇　One Mad Kiss
1930　米　Fox　公開 64分　白黒　S　監督：マーセル・シルヴァーほか　主演：ホセ・モヒカ　圧政に立ち向かう逆賊が踊り子に恋をする。メキシコのオペラ・スターのホセ・モヒカ主演。

パラマウント・オン・パレイド　Paramount on Parade
1930　米　Para　公開 102分　白黒／カラー　S　監督：ドロシー・アーツナーほか　主演：モーリス・シュヴァリエ　パラマウント・スター総出演のレヴュー映画。シュヴァリエが案内役。

巴里選手　Playboy of Paris
1930　米　Para　公開 79分　白黒　S　監督：ルドウィグ・バーガー　主演：モーリス・シュヴァリエ　プレイ・ボーイの給仕が店主の娘と結婚する。

目覚めよ感激　Puttin' on the Ritz
1930　米　Joseph M. Schenck　公開 88分　白黒／カラー　S　監督：エドワード・スローン　主演：ジョーン・ベネット　ヴォードヴィルの男女コンビが舞台で成功するものの、男は有頂天となり、遊んだ挙句失明してしま

う。

喧嘩商売　Queen High
1930　米　Para　公開　85分　白黒　S　監督：フレッド・ニューメイヤー　主演：チャールズ・ラグルス　二人の共同経営者が、いつも喧嘩しながら店を経営する。

降っても照っても　Rain or Shine
1930　米　Col　未　86分　白黒　S　監督：フランク・キャプラ　主演：ジョー・クック　クックの舞台作品の映画化。親からサーカスを引き継いだ娘の奮闘。

河宿の夜　Roadhouse Nights
1930　米　Para　公開　68分　白黒　S　監督：ホバート・ヘンリー　主演：ヘレン・モーガン　新聞記者が、悪漢たちの根城である居酒屋に侵入し、正体を暴かれて危機一髪のところを、店の歌手に救われる。

悪漢の唄　The Rogue Song
1930　米　MGM　公開　104分　カラー　S　監督：ライオネル・バリモアほか　主演：ローレンス・ティベット　レハールのオペレッタ「ジプシーの恋」の映画版。オペラ出身のティベット主演。脇役でローレルとハーディが出ている。

令嬢暴力団　Safety in Numbers
1930　米　Para　公開　80分　白黒　S　監督：ヴィクター・シェルツィンガー　主演：チャールズ・バディ・ロジャース　ジャズ好きの金持ちの息子を女性に慣らすために、3人のショー・ガールが雇われるが、彼はその一人に惚れて、自分のレヴューを上演する。

これは愛？　Sei tu l'amore
1930　米　Italtone　未　75分　白黒　S　監督：アルフレッド・サバト　主演：ルイザ・カゼロッティ　イタリア人によってハリウッドで作られた伊語のオペレッタ作品。3人の楽団員たちが一人の娘に恋をする。

いやと言えない女　She Couldn't Say No
1930　米　WB　未　70分　白黒　S　監督：ロイド・ベーコン　主演：ウィニー・ライトナー　ナイト・クラブ歌手と男前ギャングのメロドラマ。

ハリウッド盛衰記　Show Girl in Hollywood
1930　米　FN　公開　80分　白黒／カラー　S　監督：マーヴィン・ルロイ　主演：アリス・ホワイト　恋人同士の劇作家と女優が、ブロードウェイで芝居が当たらず、ハリウッドへ行き成功する。

我が心の歌　Song o' My Heart
1930　米　Fox　未　85分　白黒　S　監督：フランク・ボーゼイジ　主演：ジョン・マコーマク　アイルランドの中年テノール歌手が、昔の恋人の子供たちの面倒を見る。マコーマクはアイルランドのオペラ歌手。

情熱の歌　Song of the Flame
1930　米　FN　未　96分　カラー　CS　監督：アラン・クロスランド　主演：バーニス・クレア　同名舞台作品(1925)の映画化。ロシア革命に参加した農民の娘が、王子と出会って恋をする。ヴァイタスコープと呼ばれるワイド・スクリーン版。

赤陽の山路　Song of the West
1930　米　WB　公開　82分　カラー　S　監督：レイ・エンライト　主演：ジョン・ボールズ　連隊長の娘に惚れて駆け落ちした大尉が、賭博場を開くが最後には連隊に復帰する。

春は此処に　Spring Is Here
1930　米　FN　未　69分　白黒　S　監督：ジョン・フランシス・ディロン　主演：バーニス・クレア　二人の男に言い寄られた娘が、一人と駆け落ちするが、父親はそれを押し止めて、彼女が本当に愛している相手を悟らせる。

便利な結婚　Sunny
1930　米　FN　公開　78分　白黒／カラー　S　監督：ウィリアム・A・サイター　主演：マリリン・ミラー　英国のサーカスの踊り子サニーがアメリカ男に惚れて、豪華客船に潜り込んでアメリカまでついて行き、最後は結婚する。

晴れた空　Sunny Skies
1930　米　Tiffany-Stahl　未　75分　白黒　S　監督：ノーマン・タウログ　主演：ベニー・ルービン　大学のフットボール選手が、大きな試合の前に大怪我したルーム・メイトに輸血するかどうか悩む。

優しいキティ・ベルエア　Sweet Kitty Bellairs
1930　米　WB　未　63分　カラー　S　監督：アルフレッド・E・グリーン　主演：クローディア・デル　18世紀の英国。魅力的な娘が療養地で悪漢と恋におちる。

恋人のオン・パレード

Sweethearts on Parade
1930　米　Christie　未　65分　白黒　S　監督：マーシャル・ニーラン　主演：アリス・ホワイト　デパートで働く娘が、金持ちと結婚するが、彼は重婚だったことが判明。前から彼女に惚れていた水兵が助ける。

空中大曲芸団　Swing High
1930　米　Pathé　公開　95分　白黒　S　監督：ジョセフ・サントリー　主演：ヘレン・トゥエルヴトリーズ　恋に心乱れたサーカスの空中ブランコの娘が、脚を滑らして怪我をするが、最後は丸く収まる。

女を学んだ二人　They Learned about Women
1930　米　MGM　未　95分　白黒　S　監督：ジャック・コンウェイ　主演：ベッシー・ラヴ　副業でヴォードヴィルに出ている野球選手の二人が、恋のもつれから優勝を逃しそうになる。

三人姉妹　The Three Sisters
1930　米　Fox　公開　77分　白黒　S　監督：ポール・スローン　主演：ルイーズ・ドレッサー　イタリアの田舎町で3人姉妹を育てる母親の話。長女はアメリカへ行き、次女は子供を残して亡くなり、三女はオペラの勉強のためにウィーンへ出るので、母は一人残されて苦労する。

最高速度　Top Speed
1930　米　FN　未　80分　白黒　S　監督：マーヴィン・ルロイ　主演：バーニス・クレア　二人のしがない事務員が、金持ちの振りをして上流社会に入り、億万長者の娘と恋をする。

放浪の王者　The Vagabond King
1930　米　Para　公開　104分　カラー　S　監督：ルドウィグ・バーガーほか　主演：デニス・キング　フリムル作曲の舞台作品の映画版。フランソワ・ヴィヨンがフランス国王を助け、姫ジャネット・マクドナルドと恋をする。

ヴィエンナの夜　Viennese Nights
1930　米　WB　公開　92分　カラー　S　監督：アラン・クロスランド　主演：ヴィヴィアン・シーガル　ウィーンの靴屋の娘が金のために貴族と結婚するものの、やはり自分に恋していた音楽家を忘れられない。やがて孫娘に昔の自分の姿を見出す。

フーピー　Whoopee!
1930　米　Samuel Goldwyn　公開　93分　カラー　S　監督：ソーントン・フリーランド　主演：エディ・カンター　インディアンの青年と恋をした白人の娘を救うために、神経衰弱のカンターが一緒に駆け落ちする。ヒット舞台作の映画化。

1931年

腕の男　Blonde Crazy
1931　米　WB　公開　79分　白黒　S　監督：ロイ・デル・ルース　主演：ジェイムス・キャグニー　ギャングのキャグニーと、その情婦ジョーン・ブロンデルの浮き沈みを描く。

夢の子供たち　Children of Dreams
1931　米　WB　未　78分　白黒　S　監督：アラン・クロスランド　主演：マーガレット・シリング　リンゴ園で働く娘がオペラ歌手として成功する。シグマンド・ロムバーグが楽曲を担当。

コネチカット・ヤンキー　A Connecticut Yankee
1931　米　Fox　未　95分　白黒　S　監督：デイヴィッド・バトラー　主演：ウィル・ロジャース　マーク・トウェインの小説の映画版。ロジャースとハートの同名舞台作品とは異なる。

キューバの恋唄　Cuban Love Song
1931　米　MGM　公開　86分　白黒　S　監督：W・S・ヴァン・ダイク　主演：ローレンス・ティベット　富豪の青年が、若い時に恋したものの第一次世界大戦で別れたキューバ娘を思い、10年後に訪ねる。

暗黒街に踊る　Dance, Fools, Dance
1931　米　MGM　公開　80分　白黒　S　監督：ハリー・ボーモン　主演：ジョーン・クロフォード　金持ちのお婆娘が経済恐慌のため新聞社で働くようになり、暗黒街の闇酒場にダンサーとして侵入し、ギャングから弟を助け出す。

デリシアス　Delicious
1931　米　Fox　公開　106分　白黒　S　監督：デイヴィッド・バトラー　主演：ジャネット・ゲイナー　スコットランド娘が叔父を頼りにアメリカへ渡るが、叔父が見つからず

に絶望。しかし、船中で知り合った金持ちの青年と恋をして救われる。

五千万人のフランス人 Fifty Million French-men
1931 米 WB 未 70分 カラー S 監督：ロイド・ベーコン 主演：オルセンとジョンソン 二人の男が、一人の女性を口説けるかどうかで大金を賭ける。コール・ポーターの舞台作品の映画版。

青空狂想曲 Flying High
1931 米 MGM 公開 80分 白黒 S 監督：チャールズ・ライズナー 主演：バート・ラー 飛行機発明家のラーが、飛行機大会で優勝する。また、女給シャーロット・グリーンウッドから熱烈な求婚を受ける。

女王陛下の恋 Her Majesty Love
1931 米 FN 未 75分 白黒 S 監督：ウィリアム・ディターレ 主演：マリリン・ミラー ドイツで、貴族の青年が美しいが貧しい娘との結婚を、父親に反対されて断念する。しかし、ほかの男と結婚した娘を諦めきれずに、取り戻そうと頑張る。

モダーン西部王 A Holy Terror
1931 米 Fox 公開 53分 白黒 S 監督：アーヴィング・カミングス 主演：ジョージ・オブライエン ニュー・ヨークの自宅で父を殺された青年が、犯人と目される牧場主を訪ねると、その牧場主が本当の自分の父親だと判明する。

ハネムーンの道 Honeymoon Lane
1931 米 Para 未 71分 白黒 S 監督：ウィリアム・ジェイムス・クラフト 主演：エディ・ダウリング 1926年の同名舞台作品の映画化。ヨーロッパの小国の王様が、アメリカのリゾート地で、賭博師にカモられそうになる。主演したダウリングの作で、妻のレイ・ドゥーリーと共演している。

熱い跡取り娘 The Hot Heiress
1931 米 FN 未 79分 白黒 S 監督：クラレンス・G・バジャー 主演：ベン・リヨン 上流の娘が建設労働者に恋をして、彼の胸に飛び込む。内容はつまらないが、楽曲はロジャースとハートが担当。

マンハッタン・パレード Manhattan Parade
1931 米 WB 未 75分 カラー S 監督：ロイド・ベーコン 主演：ウィニー・ライトナー ブロードウェイの舞台衣装屋の主人が女に走り、その間に女房のライトナーが経営を立て直す。

いんちき商売 Monkey Bussiness
1931 米 Para 公開 77分 白黒 S 監督：ノーマン・Z・マクロード 主演：マルクス兄弟 欧州からニュー・ヨークに向かう豪華客船の密航者となったマルクス兄弟が、船中で様々な騒動を巻き起こす。

天国の一夜 One Heavenly Night
1931 米 Samuel Goldwyn 公開 82分 白黒 S 監督：ジョージ・フィッツモーリス 主演：エヴリン・レイ ブダペストの歌姫があまりの人気で町を追放される。花売り娘のレイが身代わりとなって田舎に行き、土地のプレイ・ボーイの貴族と恋仲になる。

突貫勘太 Palmy Days
1931 米 Samuel Goldwyn 公開 77分 白黒 S 監督：A・エドワード・サザーランド 主演：エディ・カンター 薄物をまとった美人たちが働くパン工場に忍び込んだカンターを、シャーロット・グリーンウッドが追いかけ回す。バークレイ振付。

リノの娘 Peach-O-Reno
1931 米 RKO 未 63分 白黒 S 監督：ウィリアム・A・サイター 主演：ホウィーラーとウールジー リノで離婚専門の弁護士事務所を開いているホウィーラーとウールジーが、偶然に同じ夫婦の夫と妻から依頼を受けてしまう。ドロシー・リーの共演。

南方の放浪者 The Prodigal
1931 米 MGM 公開 76分 白黒 S 監督：ハリー・A・ポラード 主演：ローレンス・ティベット 放浪の旅に出ていた弟が家に戻り、兄嫁に恋心を抱くものの、不義を恐れて立ち去る。ラナ・ターナー主演の「プロディガル」(1955)とは関係がない別作品。

シンガポール航路 The Road to Singapore
1931 米 WB 公開 69分 白黒 S 監督：アルフレッド・E・グリーン 主演：ウィリアム・パウエル シンガポールに近い英植民地に住むプレイ・ボーイと、現地医師の妻の恋心を描く、歌入りのメロドラマ。原題は似ているが、ビング・クロスビーの「珍道中」シリーズとは関係がない。

陽気な中尉さん The Smiling Lieutenant

1931　米　Para　公開　93分　白黒　S　監督：エルンスト・ルビッチ　主演：モーリス・シュヴァリエ　オスカー・シュトラウスの「ワルツの夢」の映画版。プレイ・ボーイの兵隊が隣国の王女と結婚して退屈する。

１９３２年

ラヂオは笑ふ　The Big Broadcast
1932　米　Para　公開　80分　白黒　S　監督：フランク・タトル　主演：ビング・クロスビー　人気のラジオ歌手ビングの恋と失恋を描くレヴュー作品。

大都会の憂鬱　Big City Blues
1932　米　WB　未　63分　白黒　S　監督：マーヴィン・ルロイ　主演：ジョーン・ブロンデル　遺産が転がり込んで田舎町からニュー・ヨークへ出た純情な男が、賭け事や闇酒パーティでコーラス・ガールと遊ぶうちに、殺人事件に巻き込まれる。ハンフリー・ボガートのワーナー初出演の作品。

フォリーズの金髪娘　Blondie of the Follies
1932　米　MGM　未　91分　白黒　S　監督：エドマンド・グールディング　主演：マリオン・デイヴィス　フォリーズに出演する二人の娘が、貧乏暮らしから抜け出すために金持ちの男を捕まえようとする。

不注意な女　Careless Lady
1932　米　Fox　未　68分　白黒　S　監督：ケネス・マケンナ　主演：ジョーン・ベネット　純情な田舎娘がパリ旅行へ行き、ニュー・ヨークの闇酒場で知り合った男の名をうっかり告げてトラブルになる。

クルーナー歌手　Crooner
1932　米　FN　未　68分　白黒　S　監督：ロイド・ベーコン　主演：デイヴィッド・マナーズ　サックス吹きが歌手に転向して人気を得るが、傲慢な態度により、すぐに凋落してしまう。

頓珍漢嫁探し　Girl Crazy
1932　米　RKO　公開　74分　白黒　S　監督：ウィリアム・A・サイター　主演：ホウィーラーとウールジー　ガーシュウィン作曲の舞台作品の映画化。ドロシー・リー共演。ガーランドとルーニー主演の「女の子に夢中」(1943)*と同じ原作。

御冗談でショ　Horse Feathers
1932　米　Para　公開　68分　白黒　S　監督：ノーマン・Z・マクロード　主演：マルクス兄弟　大学のフットボール試合を題材にしたマルクス兄弟のドタバタ劇。

催眠術師　Hypnotized
1932　米　Mack Sennett　未　58分　白黒　S　監督：マック・セネット　主演：ジョージ・モランとチャールズ・マック　顔を黒塗りしたコメディ・チームであるモランとマックの主演作。宝くじを当てた二人が、その当選券を持って英国まで賞金を取りに行く途中の船で、怪しい催眠術師に当選券を巻き上げられてしまう。

カンターの闘牛士　The Kid from Spain
1932　米　Samuel Goldwyn　公開　118分　白黒　S　監督：レオ・マケリー　主演：エディ・カンター　銀行強盗に巻き込まれたカンターが、メキシコへ逃げて偽闘牛士となり、ライダ・ロベルティと結ばれる。バークレイの振付。

今晩は愛して頂戴ナ　Love Me Tonight
1932　米　Para　公開　104分　白黒　S　監督：ルーベン・マモーリアン　主演：モーリス・シュヴァリエ　貧乏な仕立屋のシュヴァリエが、貴族の娘ジャネット・マクドナルドと恋をする。

ハリウッドは大騒ぎ　Make Me a Star
1932　米　Para　公開　86分　白黒　S　監督：ウィリアム・ボーディン　主演：ジョーン・ブロンデル　大俳優への夢を抱いてハリウッドへやって来た青年が、撮影所で働く秘書の助力で喜劇役者として成功する。歌入りの喜劇。

君とひととき　One Hour with You
1932　米　Para　公開　80分　白黒　S　監督：エルンスト・ルビッチ　主演：モーリス・シュヴァリエ　ルビッチ監督の無声映画「結婚哲学」(1924)のミュージカル版。医者とその妻、妻の女友達の誤解に基づく三角関係。

お化け大統領　The Phantom President
1932　米　Para　公開　78分　白黒　S　監督：ノーマン・タウログ　主演：ジョージ・M・コーハン　大統領候補に魅力がないので、替え玉としてよく似た大道芸人を候補として選挙運動をすると、本当に当選してしまう。

赤毛の女　Red-Headed Woman

1932　米　MGM　未　79分　白黒　S　監督：ジャック・コンウェイ　主演：ジーン・ハーロウ　金持ち狙いの浮気な娘が、次々と男と関係を持つ。プラチナ・ブロンドで有名なハーロウが、カツラで赤毛役を演じる。ただし映画は白黒。

その夜　This Is the Night
1932　米　Para　公開　80分　白黒　S　監督：フランク・タトル　主演：セルマ・トッド　浮気な男が、他人の女房とヴェネチアへ旅行に出ようとした時に亭主が戻るので、女優を雇い自分の女房を演じさせてごまかす。ところが女優が純情な娘だったので、今度はその娘に恋してしまう。

1933年

可愛らしい　Adorable
1933　米　Fox　未　88分　白黒　S　監督：ウィリアム・ディターレ　主演：ジャネット・ゲイナー　お転婆姫君のゲイナーは、身分を隠して城の外で働き、食料品店の男と恋におちるが、城では大臣が姫を政略結婚させようと準備をする。独作品「女王様御命令」（1931）のリメイク。

不思議の国のアリス　Alice in Wonderland
1933　米　Para　公開　76分　白黒　S　監督：ノーマン・Z・マクロード　主演：リチャード・アレン　ルイス・キャロルの小説の映画版。話は「鏡の国のアリス」も混じっている。

坊やはお寝み　A Bedtime Story
1933　米　Para　公開　87分　白黒　S　監督：ノーマン・タウログ　主演：モーリス・シュヴァリエ　プレイ・ボーイが捨て子の赤ん坊を育てるうちに夢中になり、面倒をみている看護師と結婚する。

友情の曲線　Best of Enemies
1933　米　Fox　公開　72分　白黒　S　監督：ライアン・ジェイムス　主演：チャールズ・バディ・ロジャース　反目するドイツ系の家の子供たちが、ドイツで再会して恋におちる。親の喧嘩をよそに、二人はアメリカで結婚する。

ブロードウェイの悪人　Broadway Bad
1933　米　Fox　未　61分　白黒　S　監督：シドニー・ランフィールド　主演：ジョーン・ブロンデル　列車事故で亡くなった女優ハル・スケリーの生涯にヒントを得た話。コーラス・ガールが暴力的な夫と別れて成功する。

キャバレエの鍵穴　Broadway Thru a Keyhole
1933　米　20th Century　公開　90分　白黒　S　監督：ロウェル・シャーマン　主演：ラス・コロンボ　ギャングの愛する娘コンスタンス・カミングが、歌手のコロンボに惚れるので、怒ったギャングも結局は二人を認める。

紐育ニューヨーク・ハリウッド　Broadway to Holly-wood
1933　米　MGM　公開　85分　白黒／カラー　S　監督：ウィラード・マック　主演：アリス・ブラディ　ヴォードヴィル一家の3代記。1代目が落ち目のヴォードヴィルで頑張る中、2代目は戦死、3代目はハリウッドでスターとなる。

大学のコーチ　College Coach
1933　米　WB　未　76分　白黒　S　監督：ウィリアム・A・ウェルマン　主演：ディック・パウエル　大学のフットボール物。何としても試合に勝とうとコーチが頑張り、助っ人を集める。

響け応援歌　College Humor
1933　米　Para　公開　80分　白黒　S　監督：ウェズリー・ラグルス　主演：ビング・クロスビー　クロスビーは大学教授で女学生に惚れられる。しかし、フットボール選手が彼女に恋していたので騒動となる。

踊れ、娘たち　Dance, Girl, Dance
1933　米　Invincible　未　74分　白黒　S　監督：フランク・R・ストレイヤー　主演：アラン・ダインハート　コーラス・ガールが場末のショーの主役と結婚するが、すぐに捨てられて、妊娠していることがわかる。大制作者の支援を受けて娘はスターとなり、子供も無事に生まれる。1940年の同名作品とは関係がない。

ダンシング・レディ　Dancing Lady
1933　米　MGM　公開　92分　白黒　S　監督：ロバート・Z・レナード　主演：ジョーン・クロフォード　踊りのうまい娘が、金持ち男の支援を受けて、ブロードウェイのスターになる。フレッド・アステアのデビュー作。

我輩はカモである　Duck Soup

アメリカ　1930年代

1933　米　Para　公開　68分　白黒　S　監督：レオ・マケリー　主演：マルクス兄弟　金欠に苦しむ小国の宰相となったグルーチョが隣国と戦争をする。マルクス兄弟のパラマウント時代最後の作品。

空中レヴュー時代　Flying Down to Rio
1933　米　RKO　公開　89分　白黒　S　監督：ソーントン・フリーランド　主演：ドロレス・デル・リオ　リオのホテルでのレヴュー上演許可が下りないので、飛行機の翼の上でレヴューを演じる。フレッド・アステアとジンジャー・ロジャースの初共演作品。

フットライト・パレード　Footlight Parade
1933　米　WB　公開　104分　白黒　S　監督：ロイド・ベーコン　主演：ジェイムス・キャグニー　舞台の仕事が減ったミュージカルの演出家が、映画館での舞台ショーを企画して当てる。恋人や離婚騒動が絡む。ジョーン・ブロンデル、ディック・パウエル、ルビー・キーラーの豪華配役で、バークレイ振付。

四十二番街　42nd Street
1933　米　WB　公開　89分　白黒　S　監督：ロイド・ベーコン　主演：ワーナー・バクスター　死を予感した演出家バクスターの最後のミュージカルで、主演女優が足を挫き、代わって才能ある新人娘がデビューする。バークレイ振付の名作で、ルビー・キーラーとディック・パウエルのコンビが活躍。

女難アパート　Girl without a Room
1933　米　Para　公開　78分　白黒　S　監督：ラルフ・マーフィ　主演：チャールズ・ファレル　絵を勉強しようと、青年がアメリカの田舎町からパリへ行き、女と絵とで苦労する。

虹の都へ　Going Hollywood
1933　米　Cosmopolitan　公開　78分　白黒　S　監督：ラオール・ウォルシュ　主演：マリオン・デイヴィス　お硬い女学校の教師に飽きたデイヴィスが、好きな歌手ビング・クロスビーを追いかけて、ハリウッドまで行き映画スターとなる。

ゴールド・ディガース　Gold Diggers of 1933
1933　米　WB　公開　97分　白黒　S　監督：マーヴィン・ルロイ　主演：ジョーン・ブロンデル　不況の中でレヴューを上演しようとするが、資金難で立ち往生。新進の作曲家が資金を出すが、彼は金持ちの御曹司で、一座のスターとなったルビー・キーラーと結ばれる。バークレイ振付。

風来坊　Hallelujah, I'm a Bum
1933　米　Lewis Milestone　公開　82分　白黒　S　監督：ルイス・マイルストン　主演：アル・ジョルスン　セントラル・パークで暮らす風来坊の男が、記憶喪失の美女を助けて真面目に働くようになるが、娘の記憶が戻り再び風来坊に戻る。ジョルスンが顔を黒塗りせずに演じる。

ふるさとの唄　Hello, Everybody!
1933　米　Para　公開　69分　白黒　S　監督：ウィリアム・A・サイター　主演：ケイト・スミス　ダムと水力発電所を作るため、牧場を売ってほしいといわれた女牧場主が抵抗する。彼女は歌がうまくラジオでも人気が出るので、その出演料を使って問題の解決を図る。

生ける人形　I Am Suzanne!
1933　米　Fox　公開　98分　白黒　S　監督：ローランド・V・リー　主演：リリアン・ハーヴェイ　足を折ったダンサーが、自分をモデルにした人形劇に打ち込むが、回復して人形と共演する。「会議は踊る」(1931)で人気の出たリリアン・ハーヴェイがアメリカで撮った作品。

水曜日の恋　I Love You Wednesday
1933　米　Fox　公開　80分　白黒　S　監督：ヘンリー・キングほか　主演：ワーナー・バクスター　パリでダンス修業していた娘が失恋して南米へ行き、そこでアメリカ人建築家バクスターと恋におちる。

妾は天使ぢゃない　I'm No Angel
1933　米　Para　公開　87分　白黒　S　監督：ウェズリー・ラグルス　主演：メイ・ウェスト　サーカスでライオン使いをやって人気の出たウェストが、上流社会のケアリー・グラントに惚れる。

国際喜劇ホテル　International House
1933　米　Para　公開　68分　白黒　S　監督：A・エドワード・サザーランド　主演：W・C・フィールズ　中国で発明された新型テレビを買い求めに各国代表が集まり、珍騒動を繰り広げるフィールズの喜劇。

素晴らしき人生　It's Great to be Alive
1933　米　Fox　公開　69分　白黒　S　監督：アルフレッド・L・ワーカー　主演：ラウル・ルーリアン　プレイ・ボーイの男が、飛行機の故障で無人島に不時着した際に、世界中で不思議な病気が流行り、地球上から男がいなくなってしまう。貴重な「男」として発見された彼は、好きだった女性と結婚が叶う。

ジミーとサリー　Jimmy and Sally
1933　米　Fox　未　65分　白黒　S　監督：ジェイムス・ティンリング　主演：ジェイムス・ダン　若いジミーとサリーの恋物語。恋敵のポーラが現れたり、ジミーが失業したりする。

恋をしませう　Let's Fall in Love
1933　米　Col　公開　68分　白黒　S　監督：デイヴィッド・バートン　主演：エドモンド・ロウ　わがままなスウェーデン女優に辞められて困った映画監督が、フランス語訛りの娘を特訓してスウェーデン娘に仕立てて映画を完成させる。

レヴュー艦隊　Melody Cruise
1933　米　RKO　公開　76分　白黒　S　監督：マーク・サンドリッチ　主演：チャールズ・ラグルス　友人が細君に首根っこを押さえられているのを見た金持ちのドラ息子が、結婚しない決心をするものの、クルーズで美女と出会い、あっさりと結婚を決める。

月の宮殿　Moonlight and Pretzels
1933　米　Univ　公開　83分　白黒　S　監督：カール・フロイント　主演：レオ・カリーヨ　田舎の作曲家がブロードウェイへ出て、自分のショーを上演しようと苦労する。

ミスター・ブロードウェイ　Mr. Broadway
1933　米　Broadway-Hollywood　未　63分　白黒　S　監督：ジョニー・ウォーカー　主演：エド・サリヴァン　ゴシップ・ライターのサリヴァンが、ブロードウェイの夜を案内。バート・ラー、ルース・エッティング、ブロッサム・シーリー、ジャック・ベニーらが出演。

裏切る唇　My Lips Betray
1933　米　Fox　公開　76分　白黒　S　監督：ジョン・G・ブライストン　主演：リリアン・ハーヴェイ　ビア・ホールで歌っていた娘が、王様の寵愛を受けたとの噂が広まり、店が繁盛する。「会議は踊る」で人気の出たハーヴェイがアメリカで撮ったオペレッタ。フランスで先に公開された。

妾の弱点　My Weakness
1933　米　Fox　公開　73分　白黒　S　監督：デイヴィッド・バトラー　主演：リリアン・ハーヴェイ　金持ちの放蕩息子が叔父との賭けで、召使の小娘ハーヴェイを当代一流の娘に仕立て上げて、上流の男と結婚させようとするが、自分がハーヴェイに惚れてしまう。

マートとマージ　Myrt and Marge
1933　米　Bryan Foy　未　62分　白黒　S　監督：アル・ボーズバーグ　主演：マートゥル・ヴェイル　ラジオの人気番組だった「マートとマージの物語」の映画版。ドサ回りの一座がブロードウェイを目指して頑張る。

ブロードウェイにかかる虹　Rainbow Over Broadway
1933　米　Chesterfield　未　72分　白黒　S　監督：リチャード・ソープ　主演：ジョーン・マーシュ　継母が子供たちを連れて田舎からマンハッタンへ出て、歌い始める。子供たちは戸惑うが、彼らの書いた曲もヒットする。

羅馬太平記　Roman Scandals
1933　米　Samuel Goldwyn　公開　92分　白黒　S　監督：フランク・タトル　主演：エディ・カンター　アメリカの田舎町の自動車事故で気を失ったカンターが、夢でローマ時代に行き活躍する。

わたしは別よ　She Done Him Wrong
1933　米　Para　公開　66分　白黒　S　監督：ロウェル・シャーマン　主演：メイ・ウェスト　酒場で人気のウェストが、救世軍で男前のケアリー・グラントに惚れる。

めりけん音頭　Sitting Pretty
1933　米　Para　公開　85分　白黒　S　監督：ハリー・ジョー・ブラウン　主演：ジャック・ヘイリー　お調子者の作曲家が親友とハリウッドへ行き、苦労の末に大レヴュー映画を作る。

轟く凱歌　The Sweetheart of Sigma Chi
1933　米　W.T. Lackey　公開　77分　白黒　S　監督：エドウィン・L・マリン　主演：メリー・カーライル　大学のボート選手が、

美人学生に恋して心落ち着かなくなり、ボート競技で負けそうになる。

当って砕けろ　Take a Chance
1933　米　Para　公開　82分　白黒　S　監督：モンテ・ブライスほか　主演：ジェイムス・ダン　賭博師二人が女歌手二人を追ってニュー・ヨークへ行き、レヴュー出演を手伝い、ハートも射止める。クリフ・エドワーズ、リリアン・ロス、ジューン・ナイトの共演。

仔豚物語（三匹の仔豚）　The Three Little Pigs
1933　米　Disney　公開　8分　カラー　S　監督：バート・ジレット　ディズニーの1巻物のカラー短編アニメ。主題歌の『狼なんか怖くない』が有名。

唄へ！踊れ！　Too Much Harmony
1933　米　Para　公開　76分　白黒　S　監督：A・エドワード・サザーランド　主演：ビング・クロスビー　レヴューの人気役者クロスビーが、田舎のヴォードヴィルで歌のうまい娘を見つけて、ブロードウェイで売り出し、ほかの娘との婚約を破棄して結婚する。

ブルースを唄ふ女　Torch Singer
1933　米　Para　公開　71分　白黒　S　監督：アレクサンダー・ホール　主演：クローデット・コルベール　金持ちの御曹司との子供を一人で育てようとしたコーラス・ガールが、経済的に困り養子に出す。その後、娘はブルース歌手として大成して、行方知れずだった御曹司や子供ともめぐり合う。

恋の手ほどき　The Way to Love
1933　米　Para　公開　80分　白黒　S　監督：ノーマン・タウログ　主演：モーリス・シュヴァリエ　パリでガイド志望の貧乏青年シュヴァリエが、ナイフ芸人の助手の娘に惚れる。

1934年

玩具の国　Babes in Toyland
1934　米　Hal Roach　公開　77分　白黒　S　監督：ガス・マインズほか　主演：ローレルとハーディ　ヴィクター・ハーバートのオペレッタの映画版。おもちゃの国で、借金のために結婚を無理強いされた娘を、ローレルとハーディが助ける。

文学士　Bachelor of Arts
1934　米　Fox　未　74分　白黒　S　監督：ルイス・キング　主演：トム・ブラウン　金持ちの息子である大学生が、女遊びのために遺産を棒に振る。

罪ぢゃないわよ　Belle of the Nineties
1934　米　Para　公開　73分　白黒　S　監督：レオ・マケリー　主演：メイ・ウェスト　バーレスク劇場のスターと拳闘選手の恋。

ボレロ　Bolero
1934　米　Para　公開　85分　白黒　S　監督：ウェズリー・ラグルスほか　主演：ジョージ・ラフト　男前のダンサーが場末のカフェで踊り始め、一流のナイト・クラブを持つまでになる。しかし、第一次世界大戦で負傷し、最後に自分のクラブで、ラヴェル作曲の『ボレロ』を踊る。相手役はキャロル・ロンバードで、1920年代に有名だったダンサーのサリー・ランドも出ている。

ハリウッド征服　Bottoms Up
1934　米　Fox　公開　85分　白黒　S　監督：デイヴィッド・バトラー　主演：スペンサー・トレイシー　カナダで美人コンテストに優勝した娘が、ハリウッドで俳優志望の男たちと一緒に売り込み、スターとなる。

キャラヴァン　Caravan
1934　米　Fox　公開　101分　白黒　S　監督：エリック・シャレル　主演：シャルル・ボワイエ　ワインで有名なハンガリーのトカイ村の話。領主の娘が、財産の相続条件として結婚が必要なので、ワイン祭りに来たジプシー青年と勢いで結婚してしまう。後にこれを悔やみ、青年将校と結婚し直す。「会議は踊る」を監督したエリック・シャレルのハリウッド作品。

猫と提琴　The Cat and Fiddle
1934　米　MGM　公開　88分　白黒／カラー　S　監督：ウィリアム・K・ハワード　主演：ジャネット・マクドナルド　ジェローム・カーンのオペレッタの映画版。ベルギーのオペレッタ作曲家が、アメリカから来た美人ソプラノ歌手と恋をする。彼のオペレッタは彼女の主演で成功する。3色方式のテクニカラーで撮影された最初の作品。

美人国武者修業　Cockeyed Cavaliers
1934　米　RKO　公開　72分　白黒　S　監督：マーク・サンドリッチ　主演：ホウィー

ラーとウールジー　ホウィーラーとウールジーは中世の遍歴の騎士で、無銭旅行をしている。借金のために嫌な結婚を強要されて、男装で逃げ回るドロシー・リーを、二人が助ける。

カレッヂ・リズム　College Rhythm
1934　米　Para　公開　86分　白黒　S　監督：ノーマン・タウログ　主演：ジョー・ペナー　大学時代にフットボールで活躍した選手が、就職したデパートでも大学の体育会式のやり方で活躍、ライバル店とのフットボール試合にも勝つ。ジャック・オーキー、ライダ・ロベルティの共演。

泥酔夢（デイム）　Dames
1934　米　WB　公開　91分　白黒　S　監督：レイ・エンライトほか　主演：ジョーン・ブロンデル　大金持ちの変わり者が、道徳向上のために、不道徳なショーを妨害しようとする。ルビー・キーラー、ディック・パウエルが出演するバークレイ振付作品。

最後のヨットで　Down to Their Last Yacht
1934　米　RKO　未　64分　白黒　S　監督：ポール・スローン　主演：メリー・ボーランド　社会主義者からヨットを借りた金持ち一家が、南海の孤島に流れ着いて、土地の女王から、女たちの慰み者になるか、鮫の餌食になるかと迫られる。RKO社で作られた最も馬鹿げた映画と批判され、制作のルー・ブロックがクビになった。

自殺合戦　Embarrassing Moments
1934　米　Univ　公開　61分　白黒　S　監督：エドワード・レムリ　主演：チェスター・モリス　いたずら好きの青年が友人を騙して歌わせるが、恋人の前で恥をかかされた友人は自殺してしまう。それを青年は悩むが、実はこの自殺は狂言で、逆に騙されたのだった。

流行の王様　Fashions of 1934
1934　米　FN　公開　78分　白黒　S　監督：ウィリアム・ディターレ　主演：ウィリアム・パウエル　詐欺師の男が、フランスのデザイナーの最新の服飾デザインをでっち上げて、ひと儲けを企む。流行遅れのダチョウの羽根を大量に仕入れて流行らそうと、羽根を使ったレヴューを上演するが、羽根は売れずに没収されてしまう。

お姫様大行進　Flirtation Walk
1934　米　FN　公開　97分　白黒　S　監督：フランク・ボーゼイジ　主演：ルビー・キーラー　大将の娘に惚れた若い兵士が、一念発起して士官学校へ入り、彼女のハートを射止める。

コンチネンタル　The Gay Divocee
1934　米　RKO　公開　107分　白黒　S　監督：マーク・サンドリッチ　主演：フレッド・アステア　コール・ポーターの舞台作品の映画化。アステアとロジャースのコンビ第2作目。

乾杯の唄　George White's Scandals
1934　米　Fox　公開　80分　白黒　S　監督：ソーントン・フリーランドほか　主演：ルディ・ヴァリー　ジョージ・ホワイト制作のショーに主演する二人の恋に、金持ちの娘が横槍を入れる。アリス・フェイのデビュー作。

おしゃべり者　Gift of Gab
1934　米　Univ　未　70分　白黒　S　監督：カール・フロイント　主演：エドマンド・ロウ　クビになって落ち込み、酒浸りとなったアナウンサーを、恋人の娘が勇気付けて、特ダネを提供する。

ミズーリから来た娘　The Girl from Missouri
1934　米　MGM　未　75分　白黒　S　監督：ジャック・コンウェイほか　主演：ジーン・ハーロウ　金持ちと結婚するまでは純潔を守ると誓ってニュー・ヨークへ出てきたハーロウだが、プレイ・ボーイたちの誘惑で陥落しそうになる。ハーロウのセクシーな衣装が評判になった。

春の夜明け　Happiness Ahead
1934　米　FN　公開　86分　白黒　S　監督：マーヴィン・ルロイ　主演：ディック・パウエル　金持ちの娘が、しがない窓拭き男と恋をして結ばれる。

ハロルド・ティーン　Harold Teen
1934　米　WB　未　66分　白黒　S　監督：マレイ・ロス　主演：ハル・ルロイ　高校生を主人公としたカール・エドの漫画の映画版。クラスの人気者ハロルドが活躍する。

わが胸は高鳴る　Here Is My Heart
1934　米　Para　公開　77分　白黒　S　監督：フランク・タトル　主演：ビング・クロ

スビー ロシアの亡命貴族の美しい娘に惚れて、大金持ちのビングがホテルを買い取り、ベル・ボーイとなって近づく。

メリケン万歳 暴走の巻 Hips, Hips Hooray
1934 米 RKO 公開 68分 白黒 S 監督：マーク・サンドリッチ 主演：ホウィーラーとウールジー 口紅のセールス・マンをやっていたホウィーラーとウールジーが、大会社の支配人となり、探偵から逃げ回りながら自動車競走に参加して優勝する。

ハリウッドパーティー Hollywood Party
1934 米 MGM 公開 68分 白黒／カラー S 監督：アラン・ドゥワンほか 主演：ジミー・デュランテ 撮影所のスター「シュナーザン」（デュランテ版ターザン）の人気が落ち目なので、挽回のために新しいライオンを入手しようとする。ミッキー・マウスが登場するアニメ場面のみカラー。ローレルとハーディも出演。

君と唱へば I Like It That Way
1934 米 Univ 公開 67分 白黒 S 監督：ハリー・ラクマン 主演：グロリア・ステュアート 保険の勧誘員の男が真面目そうな娘に惚れるが、実は賭博場のダンサーで、盲目の兄の治療代金を稼ぐために働いているのだった。

百万弗が小僧 Kid Millions
1934 米 Samuel Goldwyn 公開 90分 白黒／カラー S 監督：ロイ・デル・ルース 主演：エディ・カンター ブルックリンの貧しい青年が、考古学者の父親からエジプトのファラオの宝を遺産として受け取る。青年はアメリカへ戻り、アイスクリーム店を開いて子供たちにたらふく食べさせる。最後のレヴュー場面は3色方式のテクニカラー。

アメリカのケリー王
King Kelly of the U.S.A.
1934 米 Monogram 未 66分 白黒 S 監督：レナード・フィールズ 主演：ガイ・ロバートソン アメリカの興行師キング・ケリーが、ヨーロッパ巡業中に小国の王女に恋をして、電気掃除機の出現により苦境に陥った基幹産業のモップ製造業を立て直す。バリトン歌手ロバートソンが主演。

水兵がんばれ Let's Talk It Over
1934 米 Univ 公開 68分 白黒 S 監督：カート・ニューマン 主演：チェスター・モリス 休暇中の水兵が溺れかけた娘を助けると、娘は億万長者だった。二人は釣り合わないかに見えたが、最後には愛し合うようになる。

可愛いマーカちゃん Little Miss Marker
1934 米 Para 公開 80分 白黒 S 監督：アレクサンダー・ホール 主演：アドルフ・マンジュ 競馬の掛け金の抵当（マーカ）に置いていかれた少女マーカが、持ち前の明るさでナイト・クラブのスタッフたちの人気者となる。シャーリー・テンプルが少女マーカを演じる。

拡声器 The Loudspeaker
1934 米 W. T. Lackey 未 67分 白黒 S 監督：ジョセフ・サントリー 主演：レイ・ウォーカー ラジオの司会者が、パン・ケーキ会社の提供番組で人気者になる。

恋のセレナーデ Love Time
1934 米 Fox 公開 72分 白黒 S 監督：ジェイムス・ティンリング 主演：パット・パターソン 作曲家シューベルトの伝記作品で、恋物語が中心。

娘結婚症 Many Happy Returns
1934 米 Para 公開 64分 白黒 S 監督：ノーマン・Z・マクロード 主演：グレイシー・アレン 百貨店の社主の外遊中に、娘のグレイシーがめちゃくちゃな経営をする。父親は彼女をジョージ・バーンズと結婚させて新婚旅行へ追い払う。

風の接吻 Melody in Spring
1934 米 Para 公開 75分 白黒 S 監督：ノーマン・Z・マクロード 主演：ラニー・ロス 収集癖のある父親の娘に惚れた男が、父親に気に入られたい一心で、スイスで牛の鈴を盗み投獄されたため、娘も自分から進んで牢に入る。

メリイ・ウィドウ The Merry Widow
1934 米 MGM 公開 99分 白黒 S 監督：エルンスト・ルビッチ 主演：モーリス・シュヴァリエ レハールの有名オペレッタの映画化。シュヴァリエとジャネット・マクドナルドの共演。

ムーラン・ルージュ Moulin Rouge
1934 米 20th Century 公開 70分 白黒 S 監督：シドニー・ランフィールド

主演：コンスタンス・ベネット　ムーラン・ルージュの座付き作者フランチョット・トーンの妻と、フランス女優の二役をベネットが演じる。舞台に出たい妻が、フランス女優に変装して舞台に立つと、夫に口説かれるので当惑してしまう。

絢爛たる殺人　Murder at the Vanities
1934　米　Para　公開　89分　白黒　S　監督：ミッチェル・ライゼン　主演：カール・ブリッソン　舞台ショー「ヴァニティーズ」の初日に、ショーの進行に合わせるように2件の殺人事件が起きる。事件の捜査とともに、主演俳優の結婚や横恋慕、俳優の母親の過去などが明らかとなる。

空飛ぶ音楽　Music in the Air
1934　米　Fox　公開　85分　白黒　S　監督：ジョー・メイ　主演：グロリア・スワンソン　ジェローム・カーンの舞台作品の映画化。ドイツの田舎町の老作曲家が、自作のオペラをミュンヘンで売り込み、それが上演されて、ラジオ放送により電波が空を飛び村にも届く。スワンソンの相手役はジョン・ボールズ。

恋の一夜　One Night of Love
1934　米　Col　公開　84分　白黒　S　監督：ヴィクター・シェルツィンガー　主演：グレイス・ムーア　アメリカ娘がミラノでオペラを勉強して、教師に恋をする。ウィーンで成功した彼女は、故郷に戻りメトロポリタン歌劇場でも歌う。

頓間パルーカ　Palooka
1934　米　Edward Small　公開　86分　白黒　S　監督：ベンジャミン・ストロフ　主演：ジミー・デュランテ　拳闘コーチのデュランテが、パルーカをチャンピオンにするためインチキ試合で勝たせるが、彼は女の取り合いに巻き込まれるので、最後には負けて安心する。

水兵万歳　She Learned about Sailors
1934　米　Fox　公開　78分　白黒　S　監督：ジョージ・マーシャル　主演：アリス・フェイ　上海のナイト・クラブで歌っていたアリスが、アメリカの水兵に結婚を申し込まれて、アメリカまで押しかけてその水兵と結婚する。

彼女は僕を愛さない　She Loves Me Not
1934　米　Para　公開　85分　白黒　S　監督：エリオット・ニュージェント　主演：ビング・クロスビー　ギャングの殺人事件の目撃者となった娘を、大学生のクロスビーが男装させて匿い、映画界へ売り込む。

合点！承知！　Shoot the Works
1934　米　Para　公開　64分　白黒　S　監督：ウェズリー・ラグルス　主演：ジャック・オーキー　大都会で、芸人をやったり、見世物で生活したりしている仲間たちを描く。

歓呼の嵐　Stand Up and Cheer
1934　米　Fox　公開　68分　白黒　S　監督：ハミルトン・マクファデン　主演：ワーナー・バクスター　不況の世の中を元気付けるために娯楽省が作られて、シャーリー・テンプルを売り出す。テンプルの本格的な長編デビュー作。

ほんとに危険人物　Strictly Dynamite
1934　米　RKO　未　71分　白黒　S　監督：エリオット・ニュージェント　主演：ジミー・デュランテ　落ち目の喜劇役者が若いギャグ・ライターを雇うと、彼の妻や相手役などとの恋の三角関係が出来てしまう。

カルロ　Student Tour
1934　米　MGM　公開　84分　白黒　S　監督：チャールズ・ライズナー　主演：ジミー・デュランテ　大学のボート競技部員たちが、哲学の単位を落としたため、ボートの試合に出られなくなりそうなので、英国行きの船中で教授の娘から補講を受けながら遠征して試合に勝つ。

いとしのアデリン　Sweet Adeline
1934　米　WB　公開　87分　白黒　S　監督：マーヴィン・ルロイ　主演：アイリーン・ダン　ジェローム・カーンの舞台作品（1929）の映画化。ビア・ホールの歌姫と作曲家の恋物語。

聖林三百六十五夜（ハリウッドデカメロン）　365 Nights in Hollywood
1934　米　Fox　公開　77分　白黒　S　監督：ジョージ・マーシャル　主演：アリス・フェイ　フェイの初期の作品。俳優学校に入学した美人フェイがスターになる。邦題には「ハリウッド・デカメロン」とルビがふられている。

薔薇色遊覧船

アメリカ　1930年代

Transatlantic Merry Go Round
1934　米　Edward Small　公開　91分　白黒　S　監督：ベンジャミン・ストロフ　主演：ジーン・レイモンド　ニューヨークから欧州へ向かう豪華客船で起こるふたつの殺人事件と、それに巻き込まれた女優ナンシー・キャロルの話。

二千万人の恋人　Twenty Million Sweethearts
1934　米　FN　公開　89分　白黒　S　監督：レイ・エンライト　主演：パット・オブライエン　新人歌手ディック・パウエルがラジオで売り出すが、それを助けた歌手のジンジャー・ロジャースと恋仲になる。

目覚めて夢見よ　Wake Up and Dream
1934　米　Univ　未　77分　白黒　S　監督：カート・ニューマン　主演：ラス・コロンボ　3人組ヴォードヴィル・チームで、二人の男が一人の娘を好きになり、うまく行かなくなる。コール・ポーターの同名作品とは関係がない。

恋と胃袋　We're Not Dressing
1934　米　Para　公開　74分　白黒　S　監督：ノーマン・タウログ　主演：ビング・クロスビー　南海の孤島に流れ着き、金持ちのわがまま娘キャロル・ロムバードと船員クロスビーの力関係が逆転する。

波止場の天使　Wharf Angel
1934　米　Para　公開　65分　白黒　S　監督：ウィリアム・キャメロン・メンジーズほか　主演：ヴィクター・マクラグレン　港近くの酒場の娘が、警察に追われた男を匿ううちに、その純情さに惚れて、船員との恋を忘れてしまう。

ワンダー・バー　Wonder Bar
1934　米　FN　公開　84分　白黒　S　監督：ロイド・ベーコン　主演：アル・ジョルスン　パリのナイト・クラブでの三角関係。ジゴロの男が恋の恨みを買い、ダンサーに刺し殺される。

1935年

踊りの後で　After the Dance
1935　米　Col　未　60分　白黒　S　監督：レオ・ブルガーコフ　主演：ナンシー・キャロル　脱獄した男が、匿ってくれたコーラス・ガールとダンス・チームを組んで人気が出る。しかし、そのコーラス・ガールに横恋慕した男が密告する。

誰がやっても　All the King's Horses
1935　米　Para　未　87分　白黒　S　監督：フランク・タトル　主演：カール・ブリッソン　もっと愛し方を勉強しろと王妃から指導された王が勉強へ行く間、ハリウッドの役者が代役を務めるが、あまりにも王に似ているので、王妃は代役だと知らずに愛するようになってしまう。

1936年の大放送　The Big Broadcast of 1936
1935　米　Para　公開　97分　白黒　S　監督：ノーマン・タウログ　主演：ジャック・オーキー　架空のラジオ・スターに惚れた小さな島の女王が、ラジオ作家たちを島へ連れて帰る。作家たちはその島で殺されそうになるので、ラジオ放送で助けを求める。ライダ・ロベルティ、バーンズとアレンが共演。

ブラウンの千両役者　Bright Lights
1935　米　WB　公開　82分　白黒　S　監督：バスビー・バークレイ　主演：ジョー・E・ブラウン　ブラウンは妻と一緒にヴォードヴィル・チームを組んでいたが、ブロードウェイへ進出すると別の娘と組むことになり、夫婦の危機が訪れるものの、最後には夫婦一緒にブロードウェイで当たりを取る。

ブロードウェイのゴンドラ漕ぎ
Broadway Gondlier
1935　米　WB　未　99分　白黒　S　監督：ロイド・ベーコン　主演：ディック・パウエル　タクシー運転手のパウエルがラジオ歌手となる。

ブロードウェイの女主人　Broadway Hostess
1935　米　WB　未　68分　白黒　S　監督：フランク・マクドナルド　主演：ウィニー・ショウ　田舎町から出てきた歌手が、ブロードウェイのナイト・クラブで大成功して金持ちとなるが、周りにいるのは悪人ばかりで、本当の愛を感じられず孤独な生活を送る。

踊るブロードウェイ
Broadway Melody of 1936
1935　米　MGM　公開　101分　白黒　S　監督：ロイ・デル・ルースほか　主演：ジャック・ベニー　ブロードウェイの演出家を頼って田舎から出てきた、同郷のエレノア・パウエルがデビューしてスターとなる。MGM

の「ブロードウェイ・メロディー」シリーズの第1作目。

コロナアド　Coronado
1935　米　Para　公開　77分　白黒　S　監督：ノーマン・Z・マクロード　主演：ジョニー・ダウンズ　リゾート地のコロナアド・ホテルに泊まった金持ちの息子が、楽団歌手に惚れて身分を隠してダンサーとなり、一緒に働きハートを射止める。

テンプルちゃんお芽出度そう　Curly Top
1935　米　Fox　公開　75分　白黒　S　監督：アーヴィング・カミングス　主演：シャーリー・テンプル　孤児院の明るく利発な姉妹が、金持ちの養子となり幸せに暮らす。

西班牙狂想曲　The Devil Is a Woman
1935　米　Para　公開　79分　白黒　S　監督：ジョセフ・フォン・スタンバーグ　主演：マルレーネ・ディートリッヒ　男から金を巻き上げて遊んでいる、スペインの美貌の踊り子に恋した男の話。

粗忽婦人　Dizzy Dames
1935　米　Liberty　未　65分　白黒　S　監督：ウィリアム・ナイ　主演：マージョリー・ラムボウ　俳優向けの賄い宿をやっている元女優の母親を訪ねて、俳優志望の娘が突然現れる。

ソプラノ奥様　Enter Madame
1935　米　Para　公開　82分　白黒　S　監督：エリオット・ニュージェント　主演：エリッサ・ランディ　プリマドンナのランディが舞台で歌っている時に、照明の火が衣装に燃え移り、客席にいたケアリー・グラントが助けたのが縁で二人は結婚する。ところがランディの巡業中は、召使のように雑事をこなさねばならぬので、グラントは嫌気がさす。彼は離婚を考えるが、ランディが魅力を発揮して引き留める。

夜毎八時に　Every Night at Eight
1935　米　Para　公開　80分　白黒　S　監督：ラオール・ウォルシュ　主演：アリス・フェイ　3人娘がコーラス・グループを作り人気も出るが、楽団リーダーとの恋でグループに危機が訪れる。

シュヴァリエの巴里っ子
Folies Bergère de Paris
1935　米　20th Century　公開　80分　白黒　S　監督：ロイ・デル・ルース　主演：モーリス・シュヴァリエ　男爵が自分によく似た俳優を代役に立てると、夫人が親しくするので、俳優と浮気したのではないかと心配になる。アリス・フェイ主演で「リオでの一夜」(1941)*としてリメイクされた。

ジョージ・ホワイツ　一九三五年スキャンダルス　George White's 1935 Scandals
1935　米　Fox　公開　84分　白黒　S　監督：ジョージ・ホワイトほか　主演：アリス・フェイ　地方劇団に出ていたアリスが、ブロードウェイでスターになる。「スキャンダルス」はブロードウェイのヒット・シリーズ。

迷優ナポレオン　The Girl Friend
1935　米　Col　公開　67分　白黒　S　監督：エドワード・バゼル　主演：アン・サザーン　ナポレオンの芝居を書いた作者が、制作者を騙って田舎者の劇作家ジャック・ヘイリーの農場へ行き、自分の台本で芝居を上演する。その過程で、農場主の妹アン・サザーンと恋をする。

カジノ・ド・巴里　Go into Your Dance
1935　米　WB　公開　89分　白黒　S　監督：アーチー・メイヨー　主演：アル・ジョルスン　酒浸りの芸人ジョルスンを妹のグレンダ・ファーレルが支え、キャバレーを開き、踊り子ルビー・キーラー、歌手ヘレン・モーガンの出演で繁盛するが、この二人とジョルスンの三角関係が生ずる。

わたし貴婦人よ　Goin' to Town
1935　米　Emanuel Cohen　公開　74分　白黒　S　監督：アレクサンダー・ホール　主演：メイ・ウェスト　酒場の歌手ウェストが遺産を引き継いで金持ちになるが、家に格式がないと言われて、英国貴族と結婚して貴婦人となる。

ゴールド・ディガース36年
Gold Diggers of 1935
1935　米　FN　公開　98分　白黒　S　監督：バスビー・バークレイ　主演：ディック・パウエル　夏のリゾート・ホテルで知り合ったパウエルとグロリア・ステュアートが、ホテルでのショーに出演する。バークレイ監督の傑作のひとつ。

ハーモニーの小路　Harmony Lane
1935　米　Mascot　未　89分　白黒　S　監

アメリカ　1930年代

ハイ・ティキ　Hei Tiki
1935　米　Alexander Markey　未　74分　白黒　S　監督：アレクサンダー・マーキー　ニュージーランドのマオリ族のふたつの部族の争いと、王子と生贄の娘の恋を描くドキュメンタリー風の作品。

珍芸騒動　Here Comes Cookie
1935　米　Para　公開　63分　白黒　S　監督：ノーマン・Z・マクロード　主演：バーンズとアレン　金満家の娘が父の留守中に金を湯水のごとく使い、奇抜なショーを制作するが、これがヒットして更にお金が増える。

楽団がやって来る　Here Comes the Band
1935　米　MGM　未　86分　白黒　S　監督：ポール・スローン　主演：テッド・ルイス　自分の曲が無断で使われたとして、作曲家が訴えを起こして勝つ。ヴァージニア・ブルース共演。

ロマンス乾杯　Here's to Romance
1935　米　Fox　公開　82分　白黒　S　監督：アルフレッド・E・グリーン　主演：ニーノ・マルティーニ　金持ちの夫婦が互いに張り合い、テノール歌手とダンサーを後援してデビューさせる。

青春万歳　Hooray for Love
1935　米　RKO　公開　72分　白黒　S　監督：ウォルター・ラング　主演：アン・サザーン　レヴューの演出家を目指す若者が、踊り子サザーンに惚れ、その父親の協力も得て彼女を主役にしたレヴューを演出する。

恋の歌　I Dream Too Much
1935　米　RKO　公開　97分　白黒　S　監督：ジョン・クロムウェル　主演：リリー・ポンス　アメリカ青年がオペラの勉強でパリへ行き、ポンスと結婚するが、彼女の歌の才能に気付いてオペラ歌手にする。

恋に生きる　I Live for Love
1935　米　WB　未　64分　白黒　S　監督：バスビー・バークレイ　主演：ドロレス・デル・リオ　南米からブロードウェイへ招かれたドロレスの激しい恋物語。バークレイ監督だが踊りの場面はない。

カリアンテ　In Caliente
1935　米　WB　公開　84分　白黒　S　監督：ロイド・ベーコン　主演：ドロレス・デル・リオ　メキシコのリゾート地でのアメリカ青年とメキシコの踊り子の恋。

本人出現　In Person
1935　米　RKO　公開　87分　白黒　S　監督：ウィリアム・A・サイター　主演：ジンジャー・ロジャース　人気が出過ぎて群衆恐怖症になったロジャースが、人里離れた山小屋で治療するうちに、一緒にいた男と恋をする。

ブロードウェイのソロモン王　King Solomon of Broadway
1935　米　Univ　未　75分　白黒　S　監督：アラン・クロスランド　主演：エドマンド・ロウ　その聡明さから「ソロモン王」と呼ばれた、ブロードウェイの賭博師の話。

今宵も楽しく　Let's Live Tonight
1935　米　Col　公開　75分　白黒　S　監督：ヴィクター・シェルツィンガー　主演：リリアン・ハーヴェイ　女に興味のなかった金持ちの建築技師が、モンテ・カルロでアメリカ娘ハーヴェイと出会い恋をする。

麗はしの巴里　Lottery Lover
1935　米　Fox　公開　82分　白黒　S　監督：ヴィルヘルム・ティーレ　主演：ルー・エアーズ　米海軍の士官候補生がパリの休暇でムーラン・ルージュの女優を見て、食事に誘おうと考える。口説き方の練習のために踊り子と付き合ううち、その娘に恋をする。

愛は花盛り　Love in Bloom
1935　米　Para　未　75分　白黒　S　監督：エリオット・ニュージェント　主演：バーンズとアレン　旅回りカーニバルの娘が、ブロードウェイへ出て作曲家を目指す男と恋をする。バーンズとアレンはカーニバルの芸人役。

歌の翼　Love Me Forever
1935　米　Col　公開　110分　白黒　S　監督：ヴィクター・シェルツィンガー　主演：グレイス・ムーア　マンハッタンの社交界の花であるムーアが破産したのを見て、オペラ好きの賭博師がナイト・クラブで彼女を歌わせ、本格的に訓練してメトロポリタン歌劇場へ出演させる。しかし、金を使い過ぎた賭博師は破産してしまい、最後には出世したムー

ア が、彼の借金を肩代わりする。

メトロポリタン　Metropolitan
1935　米　Fox　公開　79分　白黒　S　監督：リチャード・ボーレスラフスキー　主演：ローレンス・ティベット　バリトン歌手のティベットを主役にした、メトロポリタン歌劇場の物語。ティベットが神経質なソプラノ歌手のお相手をする。主にオペラの曲が使われている。フォックス社と20世紀社が合併して作った最初の作品。

真夏の夜の夢　A Midsummer Night's Dream
1935　米　WB　公開　142分　白黒　S　監督：ウィリアム・ディターレほか　主演：ジェイムス・キャグニー　シェイクスピアの戯曲のミュージカル版。マックス・ラインハルトが共同監督。イアン・ハンター、ディック・パウエル、オリヴィア・デ・ハヴィランドなどの豪華スター共演。

放送豪華版　Millions in the Air
1935　米　Para　公開　71分　白黒　S　監督：レイ・マケアリー　主演：ジョン・ハワード　ラジオのアマチュア・コンテストでデビューした男性歌手が、コンテストで知り合ったスポンサーの社長の娘に恋をする。

ミシシッピ　Mississippi
1935　米　Para　公開　73分　白黒　S　監督：A・エドワード・サザーランドほか　主演：ビング・クロスビー　クロスビーがW・C・フィールズと共演した作品。ミシシッピー河のショー・ボートの歌手を演じる。

聖林スター合戦　Music Is Magic
1935　米　Fox　公開　66分　白黒　S　監督：ジョージ・マーシャル　主演：アリス・フェイ　新作のミュージカル映画を作ることになるが、スターのビーブ・ダニエルスは、新人を主役に据えて自分は脇役に回る。

浮かれ姫君　Naughty Marietta
1935　米　MGM　公開　105分　白黒　S　監督：フランシス・グッドリッチ　主演：ジャネット・マクドナルド　ヴィクター・ハーバートのオペレッタの映画版。ジャネットとネルソン・エディが初めて組んだ作品。

オペラは踊る　A Night at the Opera
1935　米　MGM　公開　96分　白黒　S　監督：サム・ウッドほか　主演：マルクス兄弟　富豪の婦人がイタリアから有名歌手を連れて帰る船中でのドタバタ劇。マルクス兄弟のMGM移籍後の初作品。

春の宵　The Night Is Young
1935　米　MGM　公開　81分　白黒　S　監督：ダドリー・マーフィ　主演：ラモン・ノヴァッロ　シグマンド・ロムバーグのオペレッタの映画版。家のために、好きな女性ではなく別の娘との政略結婚を受け入れた若き貴族の恋物語。

間抜けたち　The Nitwits
1935　米　RKO　未　81分　白黒　S　監督：ジョージ・スティーヴンス　主演：ホウィーラーとウールジー　作曲家志望のホウィーラーとウールジーは同じタバコ売り場で働く同僚で、ホウィーラーは自作の曲を楽譜出版社社長に売り込もうとするが、その社長が殺されて、彼にも疑いがかけられる。デビューしたてのベティ・グレイブルが、ホウィーラーの恋人役で出ている。

懐かしの我が家　The Old Homestead
1935　米　Liberty　未　73分　白黒　S　監督：ウィリアム・ナイ　主演：メリー・カーライル　田舎から出てきた男とその恋人が、ラジオで歌って人気者になる。歌うカウボーイ、ロイ・ロジャースの長編デビュー作品。

大学の人気者　Old Man Rhythm
1935　米　RKO　公開　75分　白黒　S　監督：エドワード・ルドウィグ　主演：チャールズ・バディ・ロジャース　息子が大学で女にたぶらかされているという噂を聞いた父親が、自分も大学に入り息子を監視する。「日本映画作品大鑑」では、Old Man in Collegeの原題名で記載されている。

可愛いオデイ　Paddy O'Day
1935　米　Fox　公開　73分　白黒　S　監督：ルイス・ザイラー　主演：ジェイン・ウィザーズ　アイルランドからの移民船で母親が亡くなり、残された8歳の娘が人々の助けを借りながら頑張って生きる。

ミス・グローリーを呼び出せ　Page Miss Glory
1935　米　Cosmopolitan　未　93分　白黒　S　監督：マーヴィン・ルロイ　主演：マリオン・デイヴィス　同名舞台喜劇(1934)の映画版。田舎から出て来て、ホテルのメイドをやっていたデイヴィスは、写真コンテスト

アメリカ 1930年代

で優勝した架空のモデル「ミス・グローリー」に似ていたことから、一躍スターになる。ディック・パウエル共演。

巴里は夜もすがら　Paris in Spring
1935　米　Para　公開　82分　白黒　S　監督：ルイス・マイルストン　主演：メリー・エリス　失恋で絶望して死のうと考えた中年男が、同じ境遇の少女とエッフェル塔で偶然知り合い、互いに恋している振りをして元の恋人の愛を取り戻す。

降雨師　The Rainmakers
1935　米　RKO　未　78分　白黒　S　監督：フレッド・ギオル　主演：ホウィーラーとウールジー　降雨師のウールジーが、旱魃に苦しむカリフォルニアの村に呼ばれて、村人を救う。ドロシー・リーの共演。

無軌道行進曲　Reckless
1935　米　MGM　公開　97分　白黒　S　監督：ヴィクター・フレミング　主演：ジーン・ハーロウ　貧しい娘ハーロウをナイト・クラブ歌手に育てた興行師ウィリアム・パウエルは、密かに愛していたハーロウが上流の男と結婚するので力を落とす。ところが、彼女が殺人の嫌疑でつまはじきにされるので、全力で彼女を支える。実在の歌手リビー・ホールマンの殺人スキャンダル事件にヒントを得て作られた際物映画。リビーは黒髪だったが、ハーロウは銀髪。

赤毛パレード　Redheads on Parade
1935　米　Fox　公開　78分　白黒　S　監督：ノーマン・Z・マクロード　主演：ジョン・ボールズ　制作資金に困ったプロデューサーが、赤毛や金髪に染めるヘア・ダイ会社と組んで資金調達し、映画を完成させる。デキシー・リー、ジャック・ヘイリー共演。

ロバータ　Roberta
1935　米　RKO　公開　106分　白黒　S　監督：ウィリアム・A・サイター　主演：アイリーン・ダン　パリのロバータ服飾店をめぐる舞台作品の映画版。アステアとロジャースの主演作でもある。

ルムバ　Rumba
1935　米　Para　公開　71分　白黒　S　監督：マリオン・ゲーリング　主演：ジョージ・ラフト　ハバナで踊っていたしがないクラブ・ダンサーのラフトが、金持ちの娘キャロル・ロムバードと知り合い、ブロードウェイへ進出して踊る。

波止場女　Ship Café
1935　米　Para　公開　65分　白黒　S　監督：ロバート・フローリー　主演：カール・ブリッソン　歌のうまい船員が金持ち女に気に入られて歌手となるが、結局、船員免許を得て好きな海へ戻る。

海行かば　Shipmates Forever
1935　米　WB　公開　109分　白黒　S　監督：フランク・ボーゼイジ　主演：ディック・パウエル　海軍提督の息子パウエルは、音楽の道へ進みたいと考えている。しかし、父親に言われて海軍士官学校に進み、そこで本当の海軍魂に触れて考えを変える。パウエルの恋人役はルビー・キーラー。ハリー・ウォーレンの曲だが、バークレイの演出ではない。

セント・ルイスの女　St. Louis Woman
1935　米　Screencraft　未　68分　白黒　S　監督：アルバート・レイ　主演：ジャネット・ロフ　セント・ルイスの大学で医学を学ぶ青年が、プロのフットボール・チームからの誘いを受けて、大学とフットボールのどちらを取るか悩む。それにクラブ歌手との恋が絡む。

ブロードウェイのスターたち　Stars Over Broadway
1935　米　WB　未　89分　白黒　S　監督：ウィリアム・キースリー　主演：パット・オブライエン　若いベル・ボーイが歌の才能を見出されてナイト・クラブ歌手となるが、彼が本当に目指していたのはオペラだった。

ピストルと音楽　Stolen Harmony
1935　米　Para　公開　80分　白黒　S　監督：アルフレッド・L・ワーカー　主演：ジョージ・ラフト　前科者が真面目になって楽団でサックスを吹いていたが、ギャングの仲間ではないかと疑われて、決死の行動で疑いを晴らす。

スウィート・ミュージック　Sweet Music
1935　米　WB　公開　100分　白黒　S　監督：アルフレッド・E・グリーン　主演：ルディ・ヴァリー　楽団リーダーで歌手のヴァリーは、好きなダンサーを呼んで一緒の舞台に立ったり、ラジオに出たりするが、マネジャーに邪魔されて二人の恋はうまく進まない。

熱情奏鳴曲　Sweet Surrender

1935 米 Broadway 公開 85分 白黒 S 監督：モンテ・ブライス　主演：フランク・パーカー　ラジオの人気テノールはダンサーの娘に惚れていたが、フランスへ行く船でその娘と偶然に一緒になり、パリで彼女を助ける。

サンクス・ミリオン　Thanks a Million
1935 米 20th Century 公開 87分 白黒 S 監督：ロイ・デル・ルース　主演：ディック・パウエル　売れない楽団が知事選の手伝いをしているうちに、本物の知事候補よりも人気が出て、知事に当選してしまう。後に「幸運だったら」(1946)* として、リメイクされた。

これが人生　This Is the Life
1935 米 Fox 未 63分 白黒 S 監督：マーシャル・ニーラン　主演：ジェイン・ウィザーズ　子役で人気の女の子が、仕事に嫌気がさして変装して家出する。警察から逃げている男の子と知り合うが、彼の無罪を証明して助ける。ジェイン・ウィザーズはシャーリー・テンプルと同じ時代の子役。

活発に　To Beat the Band
1935 米 RKO 未 70分 白黒 S 監督：ベンジャミン・ストロフ　主演：ヒュー・ハーバート　巨額の遺産を引き継ぐこととなった男が、3日以内に未亡人と結婚しないといけないという条件が付いていたことから騒動となる。

トップ・ハット　Top Hat
1935 米 RKO 公開 101分 白黒 S 監督：マーク・サンドリッチ　主演：フレッド・アステア　アステアとロジャースのコンビ4作目。ロンドンで見初めたジンジャーをアステアが追い回すが、既婚だと勘違いされて相手にされない。

今宵は二人で　Two for Tonight
1935 米 Para 公開 61分 白黒 S 監督：フランク・タトル　主演：ビング・クロスビー　田舎で歌手志望のクロスビーが、家の近所に墜落した飛行機の操縦をしていた娘と知り合い、その助けを借りて戯曲を上演する。

男の魂　Under Pressure
1935 米 Fox 公開 72分 白黒 S 監督：ラオール・ウォルシュ　主演：エドマンド・ロウ　マンハッタンとブルックリンを地下で結ぶトンネルを掘る労働者たちが、両側から競争で掘り進める。

コブラ・タンゴ　Under the Pampas Moon
1935 米 Fox 公開 78分 白黒 S 監督：ジェイムス・ティンリング　主演：ワーナー・バクスター　アルゼンチンの草原で牧童をしていたバクスターは、愛馬を盗まれて、ブエノス・アイレスの競馬場まで追って行き、苦労の末に馬を取り戻して故郷に帰る。

１９３６年

海は桃色　Anything Goes
1936 米 Para 公開 92分 白黒 S 監督：ルイス・マイルストン　主演：ビング・クロスビー　コール・ポーターの舞台作品の映画版。欧州行きの船中での様々な騒動を描く。

膝にバンジョウ　Banjo on My Knee
1936 米 Fox 公開 95分 白黒 S 監督：ジョン・クロムウェル　主演：バーバラ・スタンウィック　ミシシッピー河で漁をする河の男と、陸の娘が結婚するが、すれ違いでうまく行かない。

1937年の大放送　The Big Broadcast of 1937
1936 米 Para 公開 100分 白黒 S 監督：ミッチェル・ライゼン　主演：バーンズとアレン　ラジオの新番組に田舎出のシャーリー・ロスを出演させると、人気歌手とそのマネジャーが彼女を取り合い、恋の鞘当てを演じる。

極楽浪人天国　The Bohemian Girl
1936 米 MGM 公開 71分 白黒 S 監督：ジェイムス・W・ホーン　主演：ローレルとハーディ　ジプシーの一団に誘拐されて育てられた伯爵の娘が大きくなり、その土地に戻り伯爵家に忍び込むが、捕らえられて身分が明らかとなる。

踊るアメリカ艦隊　Born to Dance
1936 米 MGM 公開 106分 白黒 S 監督：ロイ・デル・ルース　主演：エレノア・パウエル　潜水艦の乗組員ジェイムス・ステュアートと、踊り子パウエルの恋物語。

スタアと選手　Cain and Mabel
1936 米 Cosmopolitan 公開 90分 白黒 S 監督：ロイド・ベーコン　主演：マリオン・

アメリカ　1930年代

デイヴィス　駆け出し女優デイヴィスと、売り出し中の拳闘選手クラーク・ゲイブルが、宣伝のために恋仲との噂を流すが、本当に愛し合うようになる。

これって南部なの　Can This Be Dixie?
1936　米　Fox　未　70分　白黒　S　監督：ジョージ・マーシャル　主演：ジェイン・ウィザーズ　南部の歴史ある農園で、破産の危機に瀕した父親が、金を稼ぐために、小さな娘と一緒に館でショーを演じる。

テンプルの灯台守　Captain January
1936　米　Fox　公開　77分　白黒　S　監督：デイヴィッド・バトラー　主演：シャーリー・テンプル　老船長が、難破船から助け出した少女を育てるが、彼女が金持ちの娘だとわかり引き離されそうになる。

闇の狂人　Charley Chan at the Opera
1936　米　Fox　公開　68分　白黒　S　監督：H・ブルース・ハムバーストン　主演：ワーナー・オーランド　オーランドが演ずる「チャーリー・チャン」シリーズの第1作。オペラ歌手の妻を持つ狂人が病院を抜け出すと、「ファウスト」を上演中の劇場で殺人事件が起きる。狂人役はボリス・カーロフ。曲はオスカー・レヴァントが書いている。

コリーン　Colleen
1936　米　WB　公開　89分　白黒　S　監督：アルフレッド・E・グリーン　主演：ディック・パウエル　パウエルが持つ洋装店はルビー・キーラーが店長をしているが、金持ちが店を買い取り、愛人のジョーン・ブロンデルに任せるので、店が混乱する。ワーナーのいつものメンバーだが、低調な出来。

青春ホテル　College Holiday
1936　米　Para　公開　86分　白黒　S　監督：フランク・タトル　主演：バーンズとアレン　財政危機になったホテルの娘が、演芸大会を開いて客を呼び、ホテルを盛り返す。

女学生大行進　Collegiate
1936　米　Para　公開　80分　白黒　S　監督：ラルフ・マーフィ　主演：ジョー・ペナー　飲んだくれの男が古色蒼然とした女学校を相続して、近代的で魅力的な学校に改革する。

踊る脚　Dancing Feet
1936　米　Rep　未　70分　白黒　S　監督：ジョセフ・サントリー　主演：エドワード・J・ニュージェント　社交界の不良娘が、ダンサー志望のベル・ボーイとダンス・チームを組んで売り出す。

踊る海賊　Dancing Pirate
1936　米　Pioneer　公開　83分　カラー　S　監督：ロイド・コリガン　主演：チャールズ・コリンズ　19世紀初頭のアメリカ。ダンス教師が海賊に誘拐され、逃げ出した先のメキシコの小さな町で、町長の娘と恋におちる。

馬上の極悪人　The Devil on Horseback
1936　米　George A. Hirliman　未　70分　カラー　S　監督：クレイン・ウィルバー　主演：リリー・ダミタ　南米を訪問した映画スターが、現地の賊首の農場へ招待されるが、誘拐されたと誤解が生じて大騒ぎになる。

テンプルちゃんのえくぼ　Dimples
1936　米　Fox　公開　79分　白黒　S　監督：ウィリアム・A・サイター　主演：シャーリー・テンプル　貧しい老人と一緒に街頭芸を見せていたテンプルが、金持ちに認められて劇場デビューする。

最初の赤ちゃん　The First Baby
1936　米　Fox　未　75分　白黒　S　監督：ルイス・ザイラー　主演：ジョニー・ダウンズ　若い夫婦が子供を持つと、妻の母親が乗り込んできていろいろと干渉するので、夫婦の間に亀裂が生じる。しかし、2人目の子供の誕生ですべてが解決する。

艦隊を追って　Follow the Fleet
1936　米　RKO　公開　110分　白黒　S　監督：マーク・サンドリッチ　主演：フレッド・アステア　アステアとロジャースのコンビ5作目。水兵のアステアが昔のダンス・パートナーと一緒にショーを作る。

心のままに　Follow Your Heart
1936　米　Rep　未　82分　白黒　S　監督：オーブリー・スコット　主演：マリオン・タリー　コロムビアがグレイス・ムーアで当てたので、リパブリックもメトロポリタン歌劇場からタリーを連れて来て、娘が歌劇場でデビューするまでを映画にした。タリーの主演作はこの1本だけ。

フランキーとジョニー　Frankie and Johnny
1936　米　Edward Small　未　66分　白黒　S　監督：チェスター・アースキンほか　主

年度別作品一覧

演:ヘレン・モーガン ジャズ歌手と田舎から出てきた男が結婚するが、男がほかの娘と遊び回るので、女は男を銃で撃ち殺す。プレスリーの同名映画(1966)と基本的には同じ話で、19世紀末に実際に起きた殺人事件をテーマにした歌に基づいている。

新入生の恋　Freshman Love
1936　米　WB　未　67分　白黒　S　監督:ウィリアム・C・マクガン　主演:パトリシア・エリス　大学のボート部コーチは、過酷な練習と禁欲的な生活でチームを率いているが、魅力的な女学生が登場して方針が変わる。

歌へ陽気に　The Gay Desperado
1936　米　Pickford-Lasky　公開　86分　白黒　S　監督:ルーベン・マモーリアン　主演:ニーノ・マルティーニ　メキシコの貧しい青年は歌が上手だったので、馬賊に気に入られて仲間に入る。彼は、一味に誘拐されたアメリカ人を助ける。アイダ・ルピノが相手役。

恋のナポリ　Give Us This Night
1936　米　Para　公開　73分　白黒　S　監督:アレクサンダー・ホール　主演:ヤン・キープラ　ソレントで歌のうまい漁師キープラが、下手なオペラ歌手に代わって、ナポリでオペラのスターになる。キープラはポーランド出身で、トーキー初期のドイツ映画に出ていたが、アメリカに招かれ出演した。

浮気名女優　Go West Young Man
1936　米　Emanuel Cohen　公開　82分　白黒　S　監督:ヘンリー・ハサウェイ　主演:メイ・ウェスト　女優が結婚しないように見張る、お目付け役の付き人が、その女優に恋してしまう。「日本映画作品大鑑」記載の邦題「浮気名優」は誤り。

踊る三十七年　Gold Diggers of 1937
1936　米　FN　公開　101分　白黒　S　監督:ロイド・ベーコン　主演:ディック・パウエル　保険会社の社員が、殺し屋に狙われている演劇制作者を守り、ショーを成功させる。バークレイ振付の大ナンバーがある。

巨星ジーグフェルド　The Great Ziegfeld
1936　米　MGM　公開　185分　白黒　S　監督:ロバート・Z・レナード　主演:ウィリアム・パウエル　ジーグフェルドの伝記大作。物語よりもスター総出演のレヴュー場面が凄い。

緑の牧場　The Green Pastures
1936　米　WB　公開　93分　白黒　S　監督:マーク・コネリー　主演:レックス・イングラム　ルイジアナの田舎町の黒人教会の日曜学校で語られる、旧約聖書のエピソードが綴られる。ブロードウェイのヒット作の映画化で、黒人キャスト。

楽天的に　Happy Go Lucky
1936　米　Rep　未　69分　白黒　S　監督:オーブリー・スコット　主演:フィル・レーガン　太平洋で亡くなったとされた夫とよく似た記憶喪失のダンサーを上海で見つけた妻は、何とか彼の過去を取り戻させようとする。

脱帽　Hats Off
1936　米　Boris Petroff　未　66分　白黒　S　監督:ボリス・ペトロフ　主演:メイ・クラーク　1936年のテキサス・カーニバルをめぐり、広告会社のジョー・ペインとクラークがしのぎを削るが、最後には恋におちる。

裂かれたふたつの心　Hearts Divided
1936　米　Cosmopolitan　未　87分　白黒　S　監督:フランク・ボーゼイジ　主演:マリオン・デイヴィス　トーキー初期の「祖国の叫び」(1928)のリメイク。ナポレオンの弟がアメリカで美しい娘と恋して結婚する。

やあ、牧童　Hi Gaucho
1936　米　RKO　未　59分　白黒　S　監督:トーマス・アトキンス　主演:ジョン・キャロル　スペインからやって来た金持ちの老人に結婚を求められたアルゼンチン娘には、ほかに好きな男がいた。そこで娘を守ろうとした盗賊が老人を捕らえてしまう。

ジャングルの女王　The Jungle Princess
1936　米　Para　公開　85分　白黒　S　監督:ヴィルヘルム・ティーレ　主演:ドロシー・ラムーア　マレーのジャングルで親と死別し、動物たちと育ったラムーアが、探検に来たレイ・ミランドを助けて、一緒に暮らすうちに恋をする。ターザンの男女逆転版。

バーレスクの王様　King of Burlesque
1936　米　Fox　公開　90分　白黒　S　監督:シドニー・ランフィールド　主演:アリス・フェイ　バーレスクをやっていたワーナー・バクスターは、フェイを連れてブロードウェイへ進出して成功するが、上流婦人と結婚して上品なショーを制作すると失敗してす

アメリカ　1930年代

べてを失う。

陽気な姫君　The King Steps Out
1936　米　Col　公開　85分　白黒　S　監督：ジョセフ・フォン・スタンバーグ　主演：グレイス・ムーア　「エリザベート」として知られるオーストリア皇后に題材を取った作品。若き日のエリザベートは、姉が皇帝フランチョット・トーンとの結婚を嫌っているので、それを助けようとして、自分が恋してしまう。オペレッタ調。王室を扱った題材だったので、日本ではCeciliaと改題して、会話の音声を全部削り、代わりに活動弁士、松井翠聲の解説を入れて公開した。

美しき野獣　Klondike Annie
1936　米　Para　公開　80分　白黒　S　監督：ラオール・ウォルシュ　主演：メイ・ウェスト　酒場の歌姫がアラスカ行きの船の中で修道女の感化を受け、亡くなった修道女に代わり教会を再建する。

大都会の歓呼　Laughing Irish Eyes
1936　米　Rep　公開　70分　白黒　S　監督：ジョセフ・サントリー　主演：フィル・レーガン　アイルランドで歌のうまい青年が、間違いで拳闘選手としてアメリカに呼ばれ、世界チャンピオンとなる。

ボビーの初舞台　Let's Sing Again
1936　米　Bobby Breen　公開　70分　白黒　S　監督：カート・ニューマン　主演：ボビー・ブリーン　人気の子役歌手ボビーのデビュー主演作品。イタリア人歌手とアメリカ娘の間に出来た子供ボビーは、アメリカで育てられるが、母と死別して孤児となる。しかし、歌のうまさに気付いた周りの人々の力で、歌うようになり、父親との再会を果たす。

意気な紐育ッ子　The Music Goes 'Round
1936　米　Col　公開　80分　白黒　S　監督：ヴィクター・シェルツィンガー　主演：ハリー・リッチマン　ブロードウェイの大スターが、ミシシッピ河のショー・ボートの娘に惚れて、一緒に舞台に立つ。

銀盤の女王　One in a Million
1936　米　Fox　公開　95分　白黒　S　監督：シドニー・ランフィールド　主演：ソーニャ・ヘニー　スイスの山小屋でスケートをするソーニャを見たアメリカの興行師アドルフ・マンジュは、彼女をショーに出演させる。ソーニャはオリンピックでも金メダルを取る。ソーニャのデビュー作。

パーム・スプリングス　Palm Springs
1936　米　Para　未　72分　白黒　S　監督：オーブリー・スコット　主演：フランシス・ラングフォード　カリフォルニアのリゾート地パーム・スプリングスで、金欠の賭博師が、娘ラングフォードを金持ちの英国人デイヴィッド・ニーヴンと結婚させようとするが、娘は田舎者に恋してしまう。

黄金の雨　Pennies from Heaven
1936　米　Emanuel Cohen　公開　81分　白黒　S　監督：ノーマン・Z・マクロード　主演：ビング・クロスビー　ビングが生活に困っている孤児の娘を助けようと頑張る。ヒット曲名をそのまま映画の題名としている。

フットボール・パレード　Pigskin Parade
1936　米　Fox　未　93分　白黒　S　監督：デイヴィッド・バトラー　主演：ステュアート・マーティン　フットボールの弱い大学に、誤って強豪大学からの試合の申し込みが届いて混乱する。MGMから貸し出されたジュディ・ガーランドが出ている。

テンプルの福の神　Poor Little Rich Girl
1936　米　Fox　公開　72分　白黒　S　監督：アーヴィング・カミングス　主演：シャーリー・テンプル　石鹸会社の社長の愛娘テンプルは、迷子になったところを芸人に助けられて、一緒にラジオ番組に出るが、それがライバル会社の提供番組だったので大騒動となる。アリス・フェイ、ジャック・ヘイリー共演。

南瓜おやじ　Poppy
1936　米　Para　公開　73分　白黒　S　監督：A・エドワード・サザーランド　主演：W・C・フィールズ　インチキ薬売りのフィールズが、莫大な遺産があると聞いて、自分の育てたポピーという娘を、偽の証明書で相続人に仕立てるが失敗。しかし、本当にポピーが相続人だったことが、ロケットの写真から判明する。

姫君海を渡る　The Princess Comes Across
1936　米　Para　公開　76分　白黒　S　監督：ウィリアム・K・ハワード　主演：キャロル・ロムバード　欧州からニュー・ヨークへ向かう客船の中で、楽団リーダーがスウェ

ーデン女優に夢中になるが、実は彼女は貧乏なアメリカ娘の変装。そして次々と不可解な殺人事件が起きるが、二人は愛し合うようになる。

ボビーの凱歌 Rainbow on the River
1936 米 Bobby Breen 公開 87分 白黒 S 監督：カート・ニューマン 主演：ボビー・ブリーン 南部で黒人に育てられている白人の少年ボビーは、実はニュー・ヨークの金満家の遺児で、上手な歌で周りの大人たちを魅了する。ボビーの2作目。

ラモナ Ramona
1936 米 Fox 公開 84分 カラー S 監督：ヘンリー・キング 主演：ロレッタ・ヤング 白人の家で育てられた混血の娘ラモナと、インディアンの青年との恋物語。二人は結婚するが、白人社会から迫害される。

愉快なリズム Rhythm on the Range
1936 米 Para 公開 87分 白黒 S 監督：ノーマン・タウログ 主演：ビング・クロスビー ビングはニュー・ヨークのロデオ大会で優勝した賞金で、立派な牛を買って故郷の牧場へ帰る。道中での恋の話が絡む。

ローズ・マリイ Rose Marie
1936 米 MGM 公開 113分 白黒 S 監督：W・S・ヴァン・ダイク 主演：ジャネット・マクドナルド フリムルの舞台作品の映画版。マクドナルドとネルソン・エディの主演。

ロジタ Rose of the Rancho
1936 米 Para 公開 85分 白黒 S 監督：マリオン・ゲーリング 主演：ジョン・ボールズ 独立前のカリフォルニア。スペイン系住民とアメリカ系住民が対立している。法と正義を取り戻すべくボールズは戦うが、謎のスペイン系義勇軍の首領は、ロジタという娘だった。ロジタ役はメトロポリタン歌劇場の歌姫グラディス・スワーザウトが演じた。

桑港（サンフランシスコ） San Francisco
1936 米 MGM 公開 115分 白黒 S 監督：W・S・ヴァン・ダイク 主演：クラーク・ゲイブル サン・フランシスコ大地震を背景とした、劇場主ゲイブルと歌姫ジャネット・マクドナルドの恋物語。

ショウボート Show Boat
1936 米 Univ 公開 113分 白黒 S 監督：ジェイムス・ホウェイル 主演：アイリーン・ダン ジェローム・カーンの舞台作品の2度目の映画化。アラン・ジョーンズ、ポール・ロブスン、ヘレン・モーガンという豪華な顔ぶれ。

うすのろ仲間 Silly Billies
1936 米 RKO 未 64分 白黒 S 監督：フレッド・ギオル 主演：ホウィーラーとウールジー 歯医者のウールジーは悪徳不動産屋から店を買い開業するが、その町の住人は全員カリフォルニアのゴールド・ラッシュに向けて、幌馬車隊で出発することになっていた。そこで、二人も幌馬車隊と一緒に出発するが、いろいろな事件に巻き込まれる。

恋歌を歌って Sing Me a Love Song
1936 米 WB 未 75分 白黒 S 監督：レイ・エンライト 主演：ジェイムス・メルトン 父親の百貨店で身分を隠して働く青年が、楽譜売り場の娘と恋仲になる。

歌って、ベイビー Sing, Baby, Sing
1936 米 Fox 未 90分 白黒 S 監督：シドニー・ランフィールド 主演：アリス・フェイ ナイト・クラブ歌手のフェイが、有名俳優との恋愛話で有名になろうとする。

歌う若者 The Singing Kid
1936 米 FN 未 85分 白黒 S 監督：ウィリアム・キースリー 主演：アル・ジョルスン 年で声の出なくなった歌手が、田舎で声の美しい少女に出会う。キャブ・キャロウェイ、ウィニー・ショウなどが出演。

月に腰掛けて Sitting on the Moon
1936 米 Rep 未 66分 白黒 S 監督：ラルフ・スターブ 主演：ロジャー・プライアー 作曲家の男と、彼の曲を歌う元映画スターの娘の浮き沈みと恋の物語。

町一番のちゃっかり娘 Smartest Girl in Town
1936 米 RKO 公開 58分 白黒 S 監督：ジョセフ・サントリー 主演：ジーン・レイモンド 姉の貧乏暮らしを見て、アン・サザーンは金持ち男と結婚しようと決心するが、貧乏なモデル男に恋をしてしまう。しかし、実は彼は金持ちだった。

ソング・アンド・ダンス・マン Song and Dance Man
1936 米 Fox 未 72分 白黒 S 監督：

アラン・ドゥワン　主演：クレア・トレヴァー　ジョージ・M・コーハンの同名舞台作品(1923)の映画化。無声映画「歌へ！踊れ！」(1926)と同じ原作。カップル芸人の、男は才能がなく酒に溺れるが、女性は制作者の支援を受けてスターとなる。

俳優志願　Stage Struck
1936　米　FN　未　91分　白黒　S　監督：バスビー・バークレイ　主演：ディック・パウエル　パウエルは舞台演出家で、資金を出したジョーン・ブロンデルのショーを作るが、ブロンデルが初日に出演しないと言い出すので、新人を主役にして幕を開ける。バークレイ監督だが大掛かりなナンバーはない。

一夜だけのスター　Star for a Night
1936　米　Fox　未　76分　白黒　S　監督：ルイス・ザイラー　主演：クレア・トレヴァー　アメリカで暮らすオーストリア出身の3人兄弟は、母国の母親が心配しないように大成功していると手紙に書くが、実際は下積みの生活だった。ところが、盲目の母親が突然会いにやって来るので、兄弟は協力して取り繕う。フランク・キャプラ監督の「一日だけの淑女」(1933)の裏返しの話。

テンプルちゃんの上海脱出　Stowaway
1936　米　Fox　公開　87分　白黒　S　監督：ウィリアム・A・サイター　主演：シャーリー・テンプル　中国で孤児となったテンプルは、本人も知らない間にアメリカ行きの船に乗ってしまい、アリス・フェイとロバート・ヤングに助けられる。

当り屋勘太　Strike Me Pink
1936　米　Samuel Goldwyn　公開　100分　白黒　S　監督：ノーマン・タウログ　主演：エディ・カンター　遊園地の管理を任されたカンターが、不正にスロット・マシンを置こうとするギャングに狙われる。カンターが惚れる相手は、ナイト・クラブ歌手のエセル・マーマン。

有頂天時代　Swing Time
1936　米　RKO　公開　103分　白黒　S　監督：ジョージ・スティーヴンス　主演：アステアとロジャース　賭け事好きのダンサーが、ダンス教師ロジャースを口説き落とす。

世界の歌姫　That Girl from Paris
1936　米　RKO　公開　104分　白黒　S　監督：リー・ジェイソン　主演：リリー・ポンス　嫌いな男との結婚から逃げ出して、アメリカへ行くパリの歌姫の話。ポンスの2作目。

素晴らしき求婚　Three Cheers for Love
1936　米　Para　公開　61分　白黒　S　監督：レイ・マケアリー　主演：エレノア・ホイットニー　ホイットニーは東部の花嫁学校に入れられるが、学校の経営が傾き、芸人が教師となるので、彼女は作曲家の男と恋仲になる。両親は学校のショーを見て感心して、芸人たちのスポンサーになる。

天使の花園　Three Smart Girls
1936　米　Univ　公開　84分　白黒　S　監督：ヘンリー・コスター　主演：チャールズ・ウィニンガー　ディアナ・ダービンの長編デビュー作。母と別れた父親の再婚を阻止しようと、3人の娘が智恵を絞る。

あなたに魅せられて　Under Your Spell
1936　米　Fox　未　62分　白黒　S　監督：オットー・プレミンジャー　主演：ローレンス・ティベット　周りに騒がれて嫌気のさしたオペラ歌手が、突然メキシコの牧場へ行ってしまうので、困ったマネジャーは、魅力的な女性を差し向ける。

空中散歩　Walking on Air
1936　米　RKO　公開　70分　白黒　S　監督：ジョセフ・サントリー　主演：ジーン・レイモンド　金持ちの娘アン・サザーンが変な男と結婚しないように、父親は見張りを付けるが、アンは対抗して文無しの歌手を雇い、恋人役を演じさせるうちに、本当に恋してしまう。

愛と接吻で　With Love and Kisses
1936　米　Conn　未　67分　白黒　S　監督：レスリー・グッドウィンズ　主演：ピンキー・トムリン　人のいない田舎で牛を相手に曲を書いていた作曲家が、ヒットを飛ばして都会へ出て苦労をする。

1937年

アリババ女の都へ行く
Ali Baba Goes to Town
1937　米　Fox　公開　80分　白黒　S　監督：デイヴィッド・バトラー　主演：エディ・カンター　映画のロケ中に寝込んでしまったカンターが、アラビアへ行く夢を見る。

画家とモデル Artists and Models
1937 米 Para 公開 97分 白黒 S 監督：ラオール・ウォルシュ　主演：ジャック・ベニー　銀器会社のリチャード・アレンが、宣伝で銀の女王の選出を広告会社のベニーに依頼、選出の過程でアレンとベニーは、互いの婚約者を取り替えて結婚する。

ブロードウェイの花 Blossoms on Broadway
1937 米 Para 未 88分 白黒 S 監督：リチャード・ウォレス　主演：シャーリー・ロス　詐欺師が、踊り子ロスを金鉱の権利者に仕立てて、ひと儲けを企むが、ロスの恋した相手は捜査官だった。

踊る不夜城 Broadway Melody of 1938
1937 米 MGM 公開 110分 白黒 S 監督：ロイ・デル・ルース　主演：エレノア・パウエル　自分が育てた競走馬を自分で買い取りたいと考えたパウエルが、金のためにショー・ビジネスで働くと、そのままスターになってしまう。

シャンパン・ワルツ Champagne Waltz
1937 米 Para 公開 85分 白黒 S 監督：A・エドワード・サザーランド　主演：グラディス・スウォーザウト　ウィーンの伝統的なワルツを演奏するダンス・ホールの隣に、アメリカのジャズを聞かせるダンス・ホールが出来る。困った経営者とその歌のうまい娘は、逆にニュー・ヨークへ行ってワルツを聞かせるダンス・ホールを開く。

踊る騎士 A Damsel in Distress
1937 米 RKO 公開 101分 白黒 S 監督：ジョージ・スティーヴンス　主演：フレッド・アステア　アステアがジンジャー・ロジャース以外と組んだ作品。漫談コンビのバーンズとアレンが共演していて、相手役はジョーン・フォンテイン。邦題の「騎士」には「ナイト」とルビがふられた。

マルクス一番乗り A Day at the Race
1937 米 MGM 公開 111分 白黒 S 監督：サム・ウッド　主演：マルクス兄弟　獣医のグルーチョが、人間の偽医者となる競馬物の喜劇。

一か八か Double or Nothing
1937 米 Para 未 90分 白黒 S 監督：セオドア・リード　主演：ビング・クロスビー　巨万の富を持つ金持ちが、正直者で利殖の才にも長けた人物に財産を譲ろうと、変わった遺言を残す。

毎日が休日 Every Day's a Holiday
1937 米 Emanuel Cohen 未 80分 白黒 S 監督：A・エドワード・サザーランド　主演：メイ・ウェスト　詐欺師のウェストが、フランス女優に成りすまして人気を得る。

五十二丁目 52nd Street
1937 米 Walter Wanger 未 80分 白黒 S 監督：ハロルド・ヤング　主演：イアン・ハンター　有名な「四十二番街」に似せた題名のB級作品。42丁目は劇場街だったが、52丁目はナイト・クラブ街で、それを背景とした歌手の恋物語。

歌ふ密使 The Firefly
1937 米 MGM 公開 131分 白黒 S 監督：ロバート・Z・レナード　主演：ジャネット・マクドナルド　マクドナルドがスペイン国王の間諜となり、酒場で歌姫をしながらフランス将校を誘惑する。アラン・ジョーンズ共演。

麗人遁走曲(とんそうきょく) Hideaway Girl
1937 米 Para 公開 72分 白黒 S 監督：ジョージ・アーチェインボー　主演：シャーリー・ロス　ロスは、父を破産から救うために、金持ちの悪人と結婚することになるが、結婚式で騒ぎが起こるので、ほかの男と一緒に逃げる。彼女は結局その男と結婚する。

飛行機乗り High Flyers
1937 米 RKO 未 70分 白黒 S 監督：エドワード・F・クライン　主演：ホウィーラーとウールジー　遊園地の飛行機を運転していたホウィーラーとウールジーは、山の写真を撮るという記者に雇われて、山へ向かうが、記者の本当の目的は宝石泥棒が隠したダイヤを探すことだった。

たくましき男 High, Wide and Handsome
1937 米 Para 公開 110分 白黒 S 監督：ルーベン・マモーリアン　主演：アイリーン・ダン　ランドルフ・スコットは、アイリーンと結婚して石油を掘り当て、鉄道会社と戦いながら、輸送用のパイプラインを作り上げる。

ヒット・パレード The Hit Parade
1937 米 Rep 未 83分 白黒 S 監督：

ガス・マインズ　主演：フランシス・ラングフォード　上流出身の女性ラジオ歌手が、マネジャーの男をクビにするので、彼は新人を探し出してスターにする。しかし、彼女には暗い過去があった。リパブリック社は、この後4本の「ヒット・パレード」を作る。

ラヂオの歌姫　Hitting a New High
1937　米　RKO　公開　85分　白黒　S　監督：ラオール・ウォルシュ　主演：リリー・ポンス　ポンスの3作目。オペラ歌手を目指す娘が奇策で売り込むが、結局、失敗して結婚する。

聖林ホテル　Hollywood Hotel
1937　米　WB　公開　109分　白黒　S　監督：バスビー・バークレイ　主演：ディック・パウエル　ベニー・グッドマン楽団でサックスを吹くパウエルは、ハリウッドで俳優を目指すが、なかなか芽が出ない。しかし最後には美声が認められて、スターとなる。バークレイらしいレヴュー場面はないが、楽団演奏が秀逸。

やんちゃ娘　The Holy Terror
1937　米　Fox　未　68分　白黒　S　監督：ジャイムス・ティンリング　主演：ジェイン・ウィザーズ　海軍中尉が基地でのショーを計画するが、その制作過程でスパイを発見する。テンプルと並ぶフォックスの子役ウィザーズが、中尉の娘役で出演。

紅薔薇行進曲　I'll Take Romance
1937　米　Col　公開　90分　白黒　S　監督：エドワード・H・グリフィス　主演：グレイス・ムーア　メトロポリタン歌劇場の歌姫ムーアを南米公演に呼ぼうと、恋した振りをした男が、本当にムーアに恋してしまう。

大学三人男　Life Begins in College
1937　米　Fox　公開　80分　白黒　S　監督：ウィリアム・A・サイター　主演：リッツ兄弟　低迷する大学のフットボール・チームに、石油長者のインディアンが入り急に強くなる。しかし、彼にはプロ経験があったことが判明して、大事な試合に出られなくなる。リッツ兄弟の喜劇で、歌はトニー・マーティンが担当。

靴を脱いだ女　The Life of the Party
1937　米　RKO　公開　77分　白黒　S　監督：ウィリアム・A・サイター　主演：ジョー・ペナー　金持ちの息子が、列車内で偶然知り合ったオペラ歌手志望の娘に一目惚れし、猛アタックをかけて結婚する。

愛と野次　Love and Hisses
1937　米　Fox　未　82分　白黒　S　監督：シドニー・ランフィールド　主演：ウォルター・ウィンチェル　楽団リーダーのベン・バーニーが、新人歌手をタダで宣伝しようと、コラムニストのウィンチェルに嘘を語ると、ウィンチェルは反対のことをコラムに書くので、作戦は成功する。

願いをかけて　Make a Wish
1937　米　Bobby Breen　未　77分　白黒　S　監督：カート・ニューマン　主演：ボビー・ブリーン　ボビーは少年キャンプで作曲家と知り合う。その作曲家は、ボビーの美人の母親が、オペレッタの主役にピッタリだと感じる。しかし、母親の再婚相手が舞台に立つことを認めないので、ボビーが活躍する。

マンハッタンの急展開　Manhattan Merry-Go-Round
1937　米　Rep　未　89分　白黒　S　監督：チャールズ・ライズナー　主演：フィル・レーガン　闇の世界と繋がるレコード制作者とギャングたちのトラブル。低予算作品だが、キャブ・キャロウェイ、ジーン・オートリーなどがゲスト出演する。

君若き頃　Maytime
1937　米　MGM　公開　132分　白黒　S　監督：ロバート・Z・レナード　主演：ジャネット・マクドナルド　ロムバーグの舞台の映画化だが、話も曲も異なる。マクドナルドとネルソン・エディの共演で、感傷的で美しい名作。

ボーイ・フレンドを紹介します　Meet the Boy Friend
1937　米　Rep　未　63分　白黒　S　監督：ラルフ・スターブ　主演：ロバート・ペイジ　ラジオで「アメリカのボーイ・フレンド」と呼ばれる人気歌手が、スウェーデン女優に惚れて結婚すると言い出すので、人気の低下を恐れた周囲が大騒ぎする。

二人のメロディ　Melody for Two
1937　米　WB　公開　60分　白黒　S　監督：ルイス・キング　主演：ジェイムス・メルトン　楽団リーダーと、別の楽団を率いる

女性歌手が、人気を張り合いながら恋をする。ウィニー・ショウが出演している。

1938年の回転木馬　Merry-Go-Round of 1938
1937　米　Univ　未　87分　白黒　S　監督：アーヴィング・カミングス　主演：バート・ラー　ブロードウェイから3人のスターを呼び、それぞれの芸を見せる。ユニヴァーサル社は「回転木馬」のシリーズ化を企画したが、この1作で終わった。

山は笑ふ　Mountain Music
1937　米　Para　公開　76分　白黒　S　監督：ロバート・フローリー　主演：ボブ・バーンズ　山奥に住む青年と、その一家に反目する家の娘が結婚することになる。その娘に密かに恋心を抱く弟に結婚を譲ろうと、兄が姿を消したことから、弟に兄殺害の嫌疑がかかる。兄はほかの娘マーサ・レイと恋仲となって現れるので、すべては解決する。

ドッド君乗出す　Mr. Dodd Takes the Air
1937　米　FN　公開　87分　白黒　S　監督：アルフレッド・E・グリーン　主演：ケニー・ベイカー　歌のうまい青年が田舎から都会へ出て歌手として人気も出るが、本当の友人が見つからずに、退屈しのぎに新型ラジオを発明する。すると権利争いに巻き込まれるので、うんざりして田舎へ帰ってしまう。

御婦人向けの音楽　Music for Madame
1937　米　RKO　未　81分　白黒　S　監督：ジョン・G・ブライストン　主演：ニーノ・マルティーニ　イタリアのオペラ崩れの歌手が、ハリウッドの映画スターとして成功する。イタリア出身の人気歌手マルティーニが主演。

新人豪華版　New Faces of 1937
1937　米　RKO　公開　100分　白黒　S　監督：リー・ジェイソン　主演：ジョー・ペナー　悪徳制作者がショーの資金を持ち逃げしようとするので、出演者が自分たちでショーを制作してヒットさせる。ブロードウェイでは1934年から「新人」を冠したショーが何作か上演されたので、映画でも似たような作品が作られた。映画版はこのほかに1954年版があるが、これは舞台の1952年版をそのまま撮影したもので、この1937年版とは関係ない。

親なしの赤ん坊　Nobody's Baby
1937　米　Hal Roach　未　68分　白黒　S　監督：ガス・マインズ　主演：パツィ・ケリー　ナイト・クラブのダンサーが、密かに結婚して子供を産み、赤ん坊を二人の新米看護師に預ける。看護師役はケリーとライダ・ロベルティ。

陽気な街　On the Avenue
1937　米　Fox　公開　89分　白黒　S　監督：ロイ・デル・ルース　主演：ディック・パウエル　ブロードウェイのショーで皮肉って描かれた大金持ちの娘マデリン・キャロルと、その役を演じるアリス・フェイ、人気歌手パウエルの三角関係。

オーケストラの少女　One Hundred Men and a Girl
1937　米　Univ　公開　84分　白黒　S　監督：ヘンリー・コスター　主演：ディアナ・ダービン　失業中の楽団の指揮をストコフスキーに依頼するために、ダービンが活躍する。アドルフ・マンジュ共演。

準備と意志と才能　Ready, Willing and Able
1937　米　WB　未　93分　白黒　S　監督：レイ・エンライト　主演：ルビー・キーラー　女学生のキーラーは、ブロードウェイの新作で役を得ようと、有名な英国女優を騙るが、本物が現れるので混乱、二人に役を割り振ってショーを上演する。息切れ気味のワーナー作品。

王室騎馬隊のレンフルー　Renfrew of the Royal Mounted
1937　米　Criterion　未　57分　白黒　S　監督：アルバート・ハーマン　主演：ジェイムス・ニューウィル　小説で有名な森林警備隊のレンフルー軍曹の話が、1936年からラジオで放送されて人気を得たので、映画版が作られた。この映画はシリーズ1作目で、合計8本が作られるが、大半がモノグラム社のB級作品。作品は「ローズ・マリー」風の仕上がり。

夢見るリズム　Rhythm in the Clouds
1937　米　Rep　未　62分　白黒　S　監督：ジョン・H・アウア　主演：パトリシア・エリス　田舎から出てきた作曲家志望の娘が、偽の手紙を使い、留守中の金持ち作曲家のアパートに潜り込んで暮らす。

アメリカ　1930年代

ロザリー　Rosalie
1937　米　MGM　未　123分　白黒　S　監督：W・S・ヴァン・ダイク　主演：エレノア・パウエル　欧州の小国の王女パウエルが、アメリカの士官学校生のネルソン・エディと恋をする。踊りのパウエルと歌のエディの組み合わせ。

踊らん哉　Shall We Dance
1937　米　RKO　公開　109分　白黒　S　監督：マーク・サンドリッチ　主演：アステアとロジャース　ロシアのバレエ・ダンサーと実はアメリカ人のアステアが、パリで見初めたアメリカ人ショー・ガールのロジャースを口説く。

歌えば幸せ　Sing and Be Happy
1937　米　Fox　未　64分　白黒　S　監督：ジェイムス・ティンリング　主演：トニー・マーティン　広告会社の社長の息子が、ライバル社の社長の娘と恋仲となるので、騒動が持ち上がる。

できる間は歌って　Sing While You're Able
1937　米　Conn　未　66分　白黒　S　監督：マーシャル・ニーラン　主演：ピンキー・トムリン　金持ち男が、南部で見出した女性ヒルビリー歌手をラジオで売り出し、恋仲となるが、邪魔が入る。

唄ふ陸戦隊　The Singing Marine
1937　米　WB　公開　105分　白黒　S　監督：レイ・エンライト　主演：ディック・パウエル　歌のうまい海兵隊員パウエルが、コンテストで評価されて、歌手として人気が出る。バークレイの振付作品。

白雪姫　Snow White and the Seven Dwarfs
1937　米　Disney　公開　83分　カラー　S　監督：ウィリアム・コットレルほか　グリム童話のアニメ化。ディズニー初の長編アニメで、ミュージカル版。日本公開は戦後。

キャグニー　ハリウッドへ行く　Something to Sing About
1937　米　Zion Meyers　未　93分　白黒　S　監督：ヴィクター・シェルツィンガー　主演：ジェイムス・キャグニー　ニュー・ヨークのナイト・クラブのフーファー（タップ・ダンサー）であるキャグニーが、ハリウッドでスターとなる。

スヰング　Swing High, Swing Low
1937　米　Para　公開　92分　白黒　S　監督：ミッチェル・ライゼン　主演：キャロル・ロムバード　ナイト・クラブの踊り子ロムバードが、船で出会ったトランペット吹きのフレッド・マクマレイと恋をして結婚。マクマレイはニュー・ヨークの店へ移り人気も出る。彼は昔の恋人と再会して深い関係になるが、最後はロムバードとの生活に戻る。

スウィングしてよ、先生　Swing It, Professor
1937　米　Conn　未　62分　白黒　S　監督：マーシャル・ニーラン　主演：ピンキー・トムリン　音楽教師の男が、最新の「スウィング」を知らないということでクビになり、懸命に流行曲の勉強をする。

タレント・スカウト　Talent Scout
1937　米　WB　未　62分　白黒　S　監督：ウィリアム・クレメンス　主演：ドナルド・ウッズ　タレント・スカウトの男が、才能豊かな女優を売り出そうとするが、スクリーン・テストは散々な結果に終わる。

氷上乱舞　Thin Ice
1937　米　Fox　公開　79分　白黒　S　監督：シドニー・ランフィールド　主演：ソーニャ・ヘニー　スケート・インストラクターのヘニーが、身分を知らずに王子タイロン・パワーと恋をする。ヘニーの2作目。

俺の問題だ　This Is My Affair
1937　米　Fox　未　100分　白黒　S　監督：ウィリアム・A・サイター　主演：ロバート・テイラー　マッキンレー大統領の特命でおとり捜査員となり、銀行強盗団の組織に入り込んだ海軍中尉テイラーは、大統領が暗殺されて窮地に立たされる。しかし、彼を愛していたナイト・クラブ芸人バーバラ・スタンウィックが、後任のセオドア・ローズヴェルト大統領に嘆願して助ける。実話に基づく話。

こちらへどうぞ　This Way Please
1937　米　Para　未　75分　白黒　S　監督：ロバート・フローリー　主演：チャールズ・バディ・ロジャース　映画館の実演ショーの司会者ロジャースは、案内係の若い娘ベティ・グレイブルに目を掛けて舞台に出すが、彼女は若くて金持ちのジャッキー・クーガンに惹かれる。グレイブルのパラマウント移籍第1作。日本でのテレビ放送時の題名は「人

気スタア罷り通る」。

サラブレッドは泣かない Thoroughbreds Don't Cry
1937 米 MGM 未 80分 白黒 S 監督：アルフレッド・E・グリーン 主演：ジュディ・ガーランド 騎手ミッキー・ルーニーは、有名な競走馬に乗ることになるが、ギャングたちの八百長試合に巻き込まれて傷ついてしまう。しかし、下宿の娘ジュディなどの力添えで立ち直る。ジュディとミッキーの初共演作。

人生の喜び Thrill of a Lifetime
1937 米 Para 未 75分 白黒 S 監督：ジョージ・アーチェインボード 主演：ヨット・クラブ・ボーイズ ヨット・クラブ・ボーイズが、サマー・キャンプでブロードウェイの制作者だと詐称して出演者を集めると、キャンプの中で多くの恋が実る。ジュディ・カノヴァが出ている。

明朗時代 Top of the Town
1937 米 Univ 公開 86分 白黒 S 監督：ラルフ・マーフィほか 主演：ドリス・ノーラン 大金を相続した婦人が、マンハッタンの高層ビルでナイト・クラブを開き、ショーの上演で喝采を受ける。ジョージ・マーフィ共演。

月を消しましょ Turn off the Moon
1937 米 Para 公開 79分 白黒 S 監督：ルイス・サイラー 主演：チャールズ・ラグルス 占星術に凝ったデパート経営者が、星占いを信じて結婚を延ばしているうちに、相手に逃げられそうになる。

二十三時間半の休暇 23 1/2 Hours Leave
1937 米 Douglas MacLean 未 72分 白黒 S 監督：ジョン・G・ブライストン 主演：ジェイムス・エリソン 軍曹が将軍の娘と恋をして、23時間半の休暇を取り消されたにも拘らず外出し、敵のスパイを捕らえて戻るので、将軍に褒められる。無声時代の「二十三時間半」(1919)のリメイクで、無声版で主演したダグラス・マクリーンが制作した。

大学祭り Varsity Show
1937 米 WB 公開 120分 白黒 S 監督：ウィリアム・キースリー 主演：ディック・パウエル 大学生が学内ショーを上演するため、卒業生でブロードウェイの演出家となったパウエルを呼び、手助けしてもらう。バークレイが振付を担当。

ヴォーグ1938年版 Vogues of 1938
1937 米 Walter Wanger 未 109分 カラー S 監督：アーヴィング・カミングス 主演：ワーナー・バクスター 高級ブティックを経営するバクスターが、客を喜ばせようとファッション・ショーを上演する。当時のトップ・モデルが出演する美人ショーが見もの。初期の3色方式テクニカラー作品で、マックス・ファクター社が新開発したカラー映画用の化粧品（パン・ケーキ）が使われた。

ワイキキの結婚 Waikiki Wedding
1937 米 Para 公開 89分 白黒 S 監督：フランク・タトル 主演：ビング・クロスビー ハワイのパイナップル会社の社員クロスビーと、ミスに選ばれてやって来たシャーリー・ロスとの恋物語。

目覚めて生きよ Wake Up and Live
1937 米 Fox 未 91分 白黒 S 監督：シドニー・ランフィールド 主演：ウォルター・ウィンチェル ラジオ界の裏側を描く作品で、アリス・フェイとジャック・ヘイリーの共演。

島のワラビィ・ジム
Wallaby Jim of the Islands
1937 米 George A. Hirliman 未 61分 白黒 S 監督：チャールズ・ラモント 主演：ジョージ・ヒューストン 漁師のヒューストンは、南太平洋の海で真珠の多い海床を発見するが、同じように真珠を狙う無法者との戦いが起きる。

間奏楽 When You're in Love
1937 米 Col 公開 110分 白黒 S 監督：ロバート・リスキン 主演：グレイス・ムーア オペラ歌手ムーアは入国査証を得るために、一時的な結婚をしてアメリカへ入国するが、適当に選んだ相手と本当に恋してしまう。

すべては手に入らない
You Can't Have Everything
1937 米 Fox 未 100分 白黒 S 監督：ノーマン・タウログ 主演：アリス・フェイ 売れない劇作家アリスとドン・アメチの恋。それにアメチの元恋人ジプシー・ローズ・リ

アメリカ　1930年代

ーが絡む。

スキングの女王　You're a Sweetheart
1937　米　Univ　公開　96分　白黒　S　監督：デイヴィッド・バトラー　主演：アリス・フェイ　アリスがユニヴァーサル社に貸し出された作品。

1938年

世紀の楽団　Alexander's Ragtime Band
1938　米　Fox　公開　106分　白黒　S　監督：ヘンリー・キング　主演：アリス・フェイ　アリスのほか、エセル・マーマン、タイロン・パワー、ドン・アメチの顔合わせで、全編にアーヴィング・バーリンの名曲が流れる。

全米の恋人　All-American Sweetheart
1938　米　Col　未　62分　白黒　S　監督：ラムバート・ヒリア　主演：パトリシア・ファー　大学のボート部の学生たちとギャングの話。コロムビア社の新人女優ファーがトップ・ビリングとなっている。

おしゃれ地獄　Artists and Models Abroad
1938　米　Para　公開　90分　白黒　S　監督：ミッチェル・ライゼン　主演：ジャック・ベニー　英国から巡業に来ていたレヴューの一座が、パリで金が尽き、アメリカ人の金欠娘ジョーン・ベネットも加わり騒ぎとなるが、最後にはベネットが金持ちだと判明してめでたしとなる。「画家とモデル」(1937)の続編。

百万弗大放送　The Big Broadcast of 1938
1938　米　Para　公開　91分　白黒　S　監督：ミッチェル・ライゼン　主演：W・C・フィールズ　大西洋航路を2隻の客船が競走する。パラマウントの看板だった「大放送」シリーズの3作目。ボブ・ホープ、マーサ・レイ、ドロシー・ラムーア、シャーリー・ロスという豪華な顔ぶれ。

国境の狼　Border Wolves
1938　米　Univ　未　56分　白黒　S　監督：ジョセフ・H・ルイス　主演：ボブ・ベイカー　ユニヴァーサルの「歌うカウボーイ」として売り出したボブ・ベイカーが、コンスタンス・ムーアと共演し、幌馬車隊を襲うならず者と戦う。

氷上リズム　Breaking the Ice
1938　米　Bobby Breen　公開　81分　白黒　S　監督：エドワード・F・クライン　主演：ボビー・ブリーン　ボーイ・ソプラノのブリーンの主演作。父が亡くなり母が故郷に帰りたがるので、その旅費を稼ごうと少年が努力する。スケートのうまい少女アイリーン・デアも出ていて、ブリーンがスケート・ショーで歌うのでこのような題名になっている。

ブロードウェイの仲間たち　Broadway Musketeers
1938　米　WB　未　63分　白黒　S　監督：ジョン・ファロウ　主演：マーガレット・リンゼイ　ハンフリー・ボガートの「勝負の三人」Three on a Match (1932)の女性版リメイク。孤児院を出た3人の娘リンゼイ、アン・シェリダン、マリー・ウィルソンのその後の人生を描く。

気儘（きまま）時代　Carefree
1938　米　RKO　公開　83分　白黒　S　監督：マーク・サンドリッチ　主演：アステアとロジャース　精神分析医のアステアが、催眠術でロジャースを治療する。工夫はあるが二人の作品としては低調。

ココナッツ・グローヴ　Cocoanut Grove
1938　米　Para　未　85分　白黒　S　監督：アルフレッド・サンテル　主演：フレド・マクマレイ　マクマレイ率いる小楽団が、有名ナイト・クラブのココナッツ・グローヴに出ようとオーディションに参加する。ほかにもハリー・オーウェンスのハワイアン楽団やヨット・クラブ・ボーイズなどが出演する。

スウィング大学　College Swing
1938　米　Para　未　86分　白黒　S　監督：ラオール・ウォルシュ　主演：バーンズとアレン　フラッパー娘のグレイシー・アレンが大学を経営することになり、スウィング・ジャズが大学に溢れる。ボブ・ホープ、マーサ・レイも出演。

ブルックリンから来たカウボーイ　Cowboy from Brooklyn
1938　米　WB　未　77分　白黒　S　監督：ロイド・ベーコン　主演：ディック・パウエル　ブルックリン出身のパウエルが、職が見つからずに西部でカウボーイをしながら歌っているところをスカウトに発見されて、ブロードウェイでスターとなる。「歌うカウボー

年度別作品一覧

イ」のメジャー版。

リズム博士　Dr. Rhythm
1938　米　Emanuel Cohen　未　80分　白黒　S　監督：フランク・タトル　主演：ビング・クロスビー　警官と博士が仕事を取り替える。警官として美人の警備を担当した博士は恋してしまう。テレビ放映の題名は「恋のカーニバル」。

みんな歌おう　Everybody Sing
1938　米　MGM　未　91分　白黒　S　監督：エドウィン・L・マリン　主演：アラン・ジョーンズ　芸人一家の話で、娘のジュディ・ガーランドは、音楽の授業中にメンデルスゾーンの曲をスウィングして歌い、退学になってしまう。ビリー・バーク、ファニー・ブライスなどの豪華メンバーが出演。

大学一年生　Freshman Year
1938　米　Univ　未　65分　白黒　S　監督：フランク・マクドナルド　主演：コンスタンス・ムーア　大学生たちに、保険料5セントで落第したら10ドルを支払う落第保険を売って儲けようとするが、厳しい教授が全員を落第させたために破綻してしまう。

月の庭　Garden of the Moon
1938　米　WB　未　94分　白黒　S　監督：バスビー・バークレイ　主演：パット・オブライエン　ナイト・クラブ「月の庭」の経営者オブライエンが、ジョー・ペイン楽団のひき止めと、秘書マーガレット・リンゼイの歓心を買うことに腐心する。バークレイ監督だが踊りは弱い。

階下の娘　The Girl Downstairs
1938　米　MGM　未　77分　白黒　S　監督：ノーマン・タウログ　主演：フランチスカ・ガール　プレイ・ボーイのフランチョット・トーンが、娘を口説こうと考えて、娘のメイドのガールに近づくが、ガールに恋してしまう。

ポルカの歌姫　The Girl of the Golden West
1938　米　MGM　公開　121分　白黒　S　監督：ロバート・Z・レナード　主演：ジャネット・マクドナルド　西部の酒場を経営する歌のうまいマクドナルドと、盗賊ネルソン・エディの恋。

水兵を頂戴　Give Me a Sailor
1938　米　Para　未　80分　白黒　S　監督：エリオット・ニュージェント　主演：マーサ・レイ　レイとベティ・グレイブルの姉妹を、水兵のボブ・ホープとジャック・ホワイティングの兄弟が取り合う。

大成功　Going Places
1938　米　WB　未　84分　白黒　S　監督：レイ・エンライト　主演：ディック・パウエル　調子の良いセールス・マンのパウエルが、経験がないのに競馬の騎手だと売り込んで、大レースに出る。ルイ・アームストロングの楽団演奏に乗り、馬が頑張り優勝する。

夜は巴里で　Gold Diggers of Paris
1938　米　WB　公開　97分　白黒　S　監督：レイ・エンライト　主演：ルディ・ヴァリー　パリのバレエの祭典にアメリカからショー・ガールたちが参加して好評を博す。バークレイの「ゴールド・ディガース」シリーズだが、低予算のためか低調。

ゴールドウィン・フォリーズ　The Goldwyn Follies
1938　米　Samuel Goldwyn　未　115分　カラー　S　監督：ジョージ・マーシャルほか　主演：アドルフ・マンジュ　映画制作者マンジュが、映画好きの田舎娘を制作の助言役に雇い、歌のうまいハンバーガー屋の店員を主演とする映画を作りヒットさせる。ゴールドウィン制作の豪華なカラー作品で、ジョージ・バランシンの振付でヴェラ・ゾリナが踊るのが見もの。ほかにリッツ兄弟も出演。テレビ放映時の題名は「華麗なるミュージカル」。

グレート・ワルツ　The Great Waltz
1938　米　MGM　公開　104分　白黒　S　監督：ジュリアン・デュヴィヴィエほか　主演：ルイーズ・ライナー　若き日のヨハン・シュトラウスの伝記的作品。歌姫ミリツァ・コリャスの歌が素晴らしい。

天晴れ着陸　Happy Landing
1938　米　Fox　公開　102分　白黒　S　監督：ロイ・デル・ルース　主演：ソーニャ・ヘニー　大西洋横断の飛行士がノルウェーに不時着、土地のスケート娘はそれが縁で渡米してスケートを滑る。ドン・アメチ、エセル・マーマン、シーザー・ロメロが共演。

気のない素振り　Hard to Get
1938　米　WB　未　82分　白黒　S　監督：レイ・エンライト　主演：ディック・パウエ

ル　ガソリン・スタンドに勤める貧乏青年パウエルと、金持ちの娘オリヴィア・デ・ハヴィランドとの恋物語。

処女読本　Having Wonderful Time
1938　米　RKO　公開　70分　白黒　S　監督：アルフレッド・サンテル　主演：ジンジャー・ロジャース　タイピストのロジャースが、サマー・キャンプでアルバイトしていた法曹資格を持つ失業学生との結婚を考えるが、妻を養う財力がないと、学生が消極的なので苦労する。

ハワイの呼び声　Hawaii Calls
1938　米　Bobby Breen　未　91分　白黒　S　監督：エドワード・F・クライン　主演：ボビー・ブリーン　今回のボビー少年は貧しい靴磨きで、友人と一緒にハワイへ密航して、現地で外国スパイを見つける。ハワイアンの曲を沢山聞かせる。

あの女学生を守れ　Hold That Co-Ed
1938　米　Fox　未　80分　白黒　S　監督：ジョージ・マーシャル　主演：ジョン・バリモア　南部の野心的な州知事が、人気取りのために大学のフットボール・チームの強化に助っ人を雇う。相手チームも同じ作戦なので困るが、女学生がピンチを救う。ルイジアナ州のヒューイ・ロング知事がモデル。ジョージ・マーフィ共演。

シカゴ　In Old Chicago
1938　米　Fox　公開　111分　白黒　S　監督：ヘンリー・キング　主演：タイロン・パワー　MGMの「桑港(サンフランシスコ)」(1936)に対抗して作られた。パワーとアリス・フェイ主演で、シカゴの大火災を描く大作。

ジョゼット　Josette
1938　米　Fox　公開　73分　白黒　S　監督：アラン・ドゥワン　主演：ドン・アメチ　金持ちの父親が、ジョゼットというキャバレーの娘に夢中になるので、跡継ぎの兄弟が父の旅行中に偵察に行くが、とても純真な娘なので、二人とも恋してしまう。実は本物のジョゼットは父親と一緒に旅行中で、兄弟たちが惚れたのは別の娘だった。シモーヌ・シモン、ロバート・ヤング共演。

生活の悦び　Joy of Living
1938　米　RKO　公開　91分　白黒　S　監督：タイ・ガーネット　主演：アイリーン・ダン　ブロードウェイのスターであるダンが、舞台か結婚生活かで悩む。ダグラス・フェアバンクス・ジュニアが相手役のロマンチック喜劇。

すぐ傍に　Just Around the Corner
1938　米　Fox　未　70分　白黒　S　監督：アーヴィング・カミングス　主演：シャーリー・テンプル　テンプルとビル・ロビンソンの共演作品。テンプルは大金持ちの娘だが、父親の事業破綻により、貧乏暮らしへ突き落とされる。「小公女セイラ」と似た筋立て。

ケンタッキーの月光　Kentucky Moonshine
1938　米　Fox　未　87分　白黒　S　監督：デイヴィッド・バトラー　主演：リッツ兄弟　ヒルビリー音楽をやっているリッツ兄弟は、マンハッタンでは仕事が見つからず、田舎へ行ってスカウトに「発見」されようと考える。トニー・マーティンが共演。

結婚の断層　The Lady Objects
1938　米　Col　公開　66分　白黒　S　監督：アール・C・ケントン　主演：グロリア・ステュアート　建築家を目指す夫と弁護士の妻の話。妻は順調にキャリアを積むが、夫は建築家としては振るわずに、ナイト・クラブ歌手へ転向。そちらで才能を示すが、妻との関係はうまく行かなくなる。ところが殺人事件に巻き込まれた夫を、妻が弁護して関係を取り戻す。

聞いて、あなた　Listen, Darling
1938　米　MGM　未　75分　白黒　S　監督：エドウィン・L・マリン　主演：ジュディ・ガーランド　ガーランド初の長編主演作品。『私の琴線にキュンと響く』を歌うジュディが素晴らしい。

天晴れテンプル　Little Miss Broadway
1938　米　Fox　公開　72分　白黒　S　監督：アーヴィング・カミングス　主演：シャーリー・テンプル　テンプル映画としては後期の傑作。孤児のテンプルが明るさで人々を幸せにする。ジョージ・マーフィ、ジミー・デュランテとの共演。

可愛い餓鬼娘　Little Miss Roughneck
1938　米　Col　公開　64分　白黒　S　監督：オーブリー・スコット　主演：イーディス・フェローズ　ヴォードヴィルで人気の少女がハリウッドへ売り込むが、うまく行かな

い。そこで、行方不明の狂言をして有名となり、映画界入りを果たす。フォックスのテンプルに対抗して、コロムビア社が売り出した子役のフェローズが主演。

初恋合戦 Love Finds Andy Hardy
1938 米 MGM 公開 91分 白黒 S 監督：ジョージ・B・サイツ 主演：ミッキー・ルーニー ルーニーの「アンディ・ハーディ」シリーズの第4作。ジュディ・ガーランド、アン・ラザフォード、ラナ・ターナーの3人とルーニーの四角関係の恋物語。日本では戦後の公開。

人気者の恋 Love on Toast
1938 米 Emanuel Cohen 未 65分 白黒 S 監督：イヴァール・アンドレ・デュポン 主演：ジョン・ペイン スポンサーの依頼で、広告会社の娘が、歌うソーダ屋をミスター・マンハッタンに選び、彼は鼻持ちならない歌手をミス・ブルックリンに選ぶが、結局、広告会社の娘と歌うソーダ屋が恋仲となる。

アヴェ・マリア Mad About Music
1938 米 Univ 公開 100分 白黒 S 監督：ノーマン・タウログ 主演：ディアナ・ダービン 寄宿生活の少女ダービンが、空想で作り出した父親を級友に紹介する。喜劇としてよく出来ている。

燦めく銀星 My Lucky Star
1938 米 Fox 公開 90分 白黒 S 監督：ロイ・デル・ルース 主演：ソーニャ・ヘニー スケートの上手な百貨店員のヘニーが、大学でもスケートを披露、いじめに遭うが最後にはスケート・ショーを成功させる。

楽園の外で Outside of Paradise
1938 米 Rep 未 68分 白黒 S 監督：ジョン・A・アウア 主演：フィル・レーガン アメリカの楽団リーダーが、アイルランドの古城を相続して、ナイト・クラブに改装しようとするが、実際にはファースト・フード店が出来上がる。

ラジオ・シティの大騒ぎ Radio City Revels
1938 米 RKO 未 90分 白黒 S 監督：ベンジャミン・ストロフ 主演：ボブ・バーンズ ジャック・オーキーとミルトン・バールは売れない作曲家で、ラジオ向けのメロディを探していると、寝ている間に素晴らしいメロディを口ずさむ田舎男バーンズが現れる。アン・ミラーも脇役で出ている。

放浪者たち Rascals
1938 米 Fox 未 77分 白黒 S 監督：H・ブルース・ハムバーストン 主演：ジェイン・ウィザーズ ジプシーの一団に入った記憶喪失の娘が、好きでない男爵との結婚から逃げ出した娘だとわかり、仲間が助ける。

農園の寵児 Rebecca of Sunnybrook Farm
1938 米 Fox 公開 80分 白黒 S 監督：アラン・ドゥワン 主演：シャーリー・テンプル 芸人の娘が厳格な叔母の農園に預けられるが、その目を盗んで隣家からラジオに出演する。ビル・ロビンソンとの共演。

秘密の恋物語 Romance in the Dark
1938 米 Para 未 77分 白黒 S 監督：H・C・ポッター 主演：グラディス・スウォーザウト ドイツの戯曲「黄色いナイチンゲール」(1907)の映画版で、農村出身の美しいオペラ歌手を、テノールとそのマネジャーが取り合う。メトロポリタン歌劇場出身のスウォーザウトがオペラの曲を聞かせる。

ルーム・サーヴィス Room Service
1938 米 RKO 未 78分 白黒 S 監督：ウィリアム・A・サイター 主演：マルクス兄弟 兄弟がMGMからRKOに貸し出された作品。舞台劇の映画版で、マルクス兄弟の特徴が出ていない。

サリー、アイリーンとメリー
Sally, Irene and Mary
1938 米 Fox 未 86分 白黒 S 監督：ウィリアム・A・サイター 主演：アリス・フェイ 無声映画「三人の踊子」(1925)のミュージカル版。マニキュア係から舞台を目指した3人の娘たちが、それぞれの道を進む。

歌え、悪童たち Sing, You Sinners
1938 米 Para 未 88分 白黒 S 監督：ウェズリー・ラグルス 主演：ビング・クロスビー 歌うのが好きな3人兄弟のクロスビー、フレッド・マクマレイ、ドナルド・オコナーの話。

大学の顔役 Start Cheering
1938 米 Col 公開 78分 白黒 S 監督：アルバート・S・ロジェル 主演：ジミー・デュランテ 映画スターが大学に入り、学長の娘と恋仲になるが、彼女を好いていた

ほかの男の恨みを買う。

素直と場所と興行　Straight, Place and Show
1938　米　Fox　未　68分　白黒　S　監督：デイヴィッド・バトラー　主演：リッツ兄弟　競走馬を相続したリッツ兄弟が、大レースに出るための金が工面できずに苦労する。エセル・マーマン、キャブ・キャロウェイも出演。

恋人　Sweethearts
1938　米　MGM　未　114分　カラー　S　監督：W・S・ヴァン・ダイクほか　主演：ジャネット・マクドナルド　ヴィクター・ハーバートの同名舞台作品(1913)のカラー版映画化。マクドナルドとネルソン・エディの5作目。

歓声をスウィングさせろ　Swing That Cheer
1938　米　Univ　未　70分　白黒　S　監督：ハロルド・D・シュスター　主演：トム・ブラウン　大学のフットボール・チームの二人のスター選手の話。

あの娘を乗せろ　Swing Your Lady
1938　米　WB　未　77分　白黒　S　監督：レイ・エンライト　主演：ハンフリー・ボガート　ドサ回りのレスリング興行をやっているボガートは、強い田舎娘を見つけて男性レスラーと試合をさせようとするが、二人は恋におちて戦おうとしない。

スウィングしようよ　Swing, Sister, Swing
1938　米　Univ　未　72分　白黒　S　監督：ジョセフ・サントリー　主演：ケン・マレイ　田舎のガソリン・スタンドの店員が、新しいダンス・ステップを考案して、ニュー・ヨークのナイト・クラブで踊り人気が出る。だが、流行はすぐに終わり、田舎へ戻ってガソリン・スタンド店を開く。

極楽オペレッタ　Swiss Miss
1938　米　MGM　公開　73分　白黒　S　監督：ジョン・G・ブライストンほか　主演：ローレルとハーディ　ねずみ捕りのセールス・マンであるローレルとハーディは、チーズ生産国にはねずみが多いと考えてスイスへ行くが、金を巻き上げられてホテルで働く。そこには作曲家とその妻のオペラ歌手がいる。

タイニー・タウンの恐怖　The Terror of Tiny Town
1938　米　Jed Buell　未　62分　白黒　S　監督：サム・ニューフィールド　主演：ビリー・カーティス　西部の田舎町タイニー・タウンに、拳銃使いの悪漢が現れて町中を恐怖に陥れるので、町の人々は結束してこれと戦う。

万事ありがとう　Thanks for Everything
1938　米　Fox　未　70分　白黒　S　監督：ウィリアム・A・サイター　主演：アドルフ・マンジュ　ラジオ番組で「平均的なアメリカ人」に選ばれたジャック・ヘイリーは、いろいろな賞品の広告塔に使われるが、彼に恋人が出来て、番狂わせが起きる。

思い出よありがとう　Thanks for the Memory
1938　米　Para　未　75分　白黒　S　監督：ジョージ・アーチェインボード　主演：ボブ・ホープ　ヒット曲をそのまま題名にした作品で、失業作家ボブ・ホープが主夫となり、働きに出ているシャーリー・ロスと夫婦役を演じる。

年ごろ　That Certain Age
1938　米　Univ　公開　95分　白黒　S　監督：エドワード・ルドウィグ　主演：ディアナ・ダービン　近所の子供たちとオペラごっこで遊んでいたダービンが、初めて大人の男性に惚れる。

セニョリタ　Tropic Holiday
1938　米　Para　公開　78分　白黒　S　監督：セオドア・リード　主演：ボブ・バーンズ　ハリウッドの脚本家レイ・ミランドが、新作の執筆のために秘書マーサ・レイと一緒にメキシコへ行くと、二人は宿の娘ドロシー・ラムーアや男性歌手に惚れてしまう。アメリカにいる二人の許婚が心配して迎えに来るが、最後には別のカップルが出来上がる。

1939年

マルクス兄弟珍サーカス　At the Circus
1939　米　MGM　公開　87分　白黒　S　監督：エドワード・バゼル　主演：マルクス兄弟　貧乏サーカスが金に困り、金持ちのパーティに乗り込む。日本では戦後公開。

青春一座　Babes in Arms
1939　米　MGM　公開　94分　白黒　S　監督：バスビー・バークレイ　主演：ミッキー・ルーニー　芸人の子供たちが、親が許してくれないので、自分たちで裏庭ミュージ

カルを作る。ジュディ・ガーランドとのコンビ作品。

バラライカ　Balalaika
1939　米　MGM　未　102分　白黒　S　監督：ラインホルト・シュンツェル　主演：ネルソン・エディ　ロシア貴族エディと、革命派の一家に育ったカフェの歌姫イローナ・マッセイの恋物語。

ブロードウェイのセレナーデ　Broadway Serenade
1939　米　MGM　未　114分　白黒　S　監督：ロバート・Z・レナード　主演：ジャネット・マクドナルド　ナイト・クラブ歌手のマクドナルドがブロードウェイで成功する。夫の作曲家が彼女を支える。

カフェ・ソサエティ　Café Society
1939　米　Para　未　83分　白黒　S　監督：エドワード・H・グリフィス　主演：マデリン・キャロル　社交界の新人キャロルと結婚した新聞カメラマンのフレッド・マクマレイが、新妻の「しつけ」に苦労する。

踊る女子大生　Dancing Co-Ed
1939　米　MGM　未　84分　白黒　S　監督：S・シルヴァン・サイモン　主演：ラナ・ターナー　有名なタップ・ダンサーが新作映画を作ろうとした時に、パートナーの妊娠が発覚して、新しいパートナーを探す。内心はターナーを採用することに決めていたが、宣伝のために、大学でパートナー選びのコンテストを開く。

唄は星空　East Side of Heaven
1939　米　Univ　公開　88分　白黒　S　監督：デイヴィッド・バトラー　主演：ビング・クロスビー　「歌う電報配達員」のクロスビーが、電話交換手ジョーン・ブロンデルと結婚するまでの苦労話。

すべては夜に起きる　Everything Happens at Night
1939　米　Fox　未　78分　白黒　S　監督：アーヴィング・カミングス　主演：ソーニャ・ヘニー　第二次世界大戦中に、ナチス・ドイツから逃れて、偽名を使いスイスで暮らすノーベル賞学者と、その娘ヘニーの話。

すべては氷上で　Everything's on Ice
1939　米　Sol Lesser　未　65分　白黒　S　監督：アール・C・ケントン　主演：アイリーン・デア　天才少女フィギュア・スケーターであるデアの、「氷上のリズム」に続く2作目。少女が悪い叔父に利用される。

銀の靴　First Love
1939　米　Univ　公開　84分　白黒　S　監督：ヘンリー・コスター　主演：ディアナ・ダービン　ダービンが演ずる現代版の「シンデレラ」物語。

波止場　Fisherman's Wharf
1939　米　Sol Lesser　未　72分　白黒　S　監督：バーナード・ボーハウス　主演：ボビー・ブリーン　孤児のボビー少年は、サン・フランシスコの漁師に育てられるが、義理の叔母が意地悪な息子を連れて来るので、いじめられて家出してしまう。

オペレッタの王様　The Great Victor Herbert
1939　米　Para　公開　91分　白黒　S　監督：アンドルー・L・ストーン　主演：アラン・ジョーンズ　ヴィクター・ハーバートの伝記作品。伝記よりもショー場面が楽しい。ジョーンズの相手役はメリー・マーティン。日本では戦後公開。

ガリヴァー旅行記　Gulliver's Travels
1939　米　Fleischer　公開　76分　カラー　S　監督：デイヴ・フライシャー　ディズニーの「白雪姫」（1937）に対抗してパラマウント社がマックス・フライシャーに依頼して作ったアニメ長編。日本では戦後公開。

ハワイの夜　Hawaiian Nights
1939　米　Univ　未　65分　白黒　S　監督：アルバート・S・ロジェル　主演：ジョニー・ダウンズ　楽団にうつつを抜かすダウンズを何とか実業に向かわせようと、父親は彼をハワイのホテルのマネジャーにするが、そこでも彼は楽団を率いて成功する。

バリ島のハネムーン　Honeymoon in Bali
1939　米　Para　未　95分　白黒　S　監督：エドワード・H・グリフィス　主演：フレッド・マクマレイ　バリ島に住むマクマレイは、ニュー・ヨークでマデリン・キャロルに出会い、結婚を申し込むが断られる。島に帰った彼を思い、キャロルは結婚を決意して会いに行くが、マクマレイは別の女性と婚約している。アラン・ジョーンズも共演。

踊るホノルル　Honolulu
1939　米　MGM　公開　83分　白黒　S　監督

督：エドワード・バゼル　主演：エレノア・パウエル　映画スターが自分とよく似たハワイの農園主と入れ替わって、ハワイ航路の船に乗り込み、踊り子と恋をする。

アイス・フォリーズ1939年版
Ice Follies of 1939
1939　米　MGM　未　82分　白黒／カラー　S　監督：ラインホルト・シュンツェル　主演：ジョーン・クロフォード　アイス・スケート・ショーをやっているジェイムス・スチュアートは、仲間のクロフォードと結婚するが、彼女がハリウッドへ行って成功するので、別々に活動することになる。

笑いとばそう　Laugh It Off
1939　米　Univ　未　63分　白黒　S　監督：アルバート・S・ロジェル　主演：ジョニー・ダウンズ　ダウンズは弁護士を目指す楽団リーダーで、破産した老婦人用ホームを再建するために、ギャングのカジノを利用しようと考える。低予算作品。

自由を響かせろ　Let Freedom Ring
1939　米　MGM　未　87分　白黒　S　監督：ジャック・コンウェイ　主演：ネルソン・エディ　大陸横断鉄道のために、不当に安く土地を買収しようとする会社と、それと戦う男たちを描く。

ロンドンの遊び人　Man about Town
1939　米　Para　未　85分　白黒　S　監督：マーク・サンドリッチ　主演：ジャック・ベニー　アメリカの演劇制作者ベニーは、ロンドン公演中に主役のドロシー・ラムーアに惚れるが、彼女はとり合ってくれない。そこで彼女の気を惹くために、夫から無視されている貴族の夫人といちゃつく。

行儀悪いけど素敵　Naughty But Nice
1939　米　WB　未　89分　白黒　S　監督：レイ・エンライト　主演：アン・シェリダン　謹厳真面目な音楽教師ディック・パウエルは、狂詩曲を書くが受けが悪いので、女性作詞家の協力でスウィング調にしたところ大ヒットする。しかし、パウエルは女性作詞家を忘れて歌手シェリダンに夢中になる。

油断なく　On Your Toes
1939　米　WB　未　94分　白黒　S　監督：レイ・エンライト　主演：ヴェラ・ゾリナ　ロジャースとハートの舞台作品(1936)の映画版。ジョージ・バランシンが舞台版に続けて振り付けた。舞台版よりも短くはなっているものの、『ゼノビア姫』と『十番街の殺人』のダンス・ナンバーがオリジナルの振付と衣装で見られるのは貴重。ロジャースの音楽は大幅に割愛されていて、舞台版に比べると魅力に乏しい。題名はバレエの「トウで立つ」と、「油断なく」の両方の意味合いを持たせている。

暗い夜　One Dark Night
1939　米　Million Dollar　未　81分　白黒　S　監督：レオ・C・ポプキン　主演：マンタン・モアランド　黒人物を多く作ったミリオン・ダラー社の作品。怠け者の男が高価なラジウムを砂漠で見つけて金を作り、ナイト・クラブを買う。

パリのハネムーン　Paris Honeymoon
1939　米　Para　未　92分　白黒　S　監督：フランク・タトル　主演：ビング・クロスビー　アメリカの億万長者クロスビーがフランスの貴族と結婚するつもりで渡仏するが、田舎娘フランチスカ・ガールに惚れてしまう。

ワシントン広場のローズ
Rose of Washington Square
1939　米　Fox　未　86分　白黒　S　監督：グレゴリー・ラトフ　主演：アリス・フェイ　ファニー・ブライスをモデルとした芸人の出世物語。タイロン・パワー、アル・ジョルスンとの共演。

銀嶺のスタア　Second Fiddle
1939　米　Fox　未　85分　白黒　S　監督：シドニー・ランフィールド　主演：ソーニャ・ヘニー　映画会社が、ベスト・セラー小説の映画化の主役を全米で探し、ヘニーに白羽の矢を立てる。タイロン・パワー、ルディ・ヴァリーとの共演。日本でもDVDが発売され、昔風の題名が付けられた。

彼女は警官と結婚した　She Married a Cop
1939　米　Rep　未　66分　白黒　S　監督：シドニー・ソルコウ　主演：フィル・レーガン　ニューヨークでアイルランド系の「歌う警官」が、アニメの吹替で活躍する。

ホットなのが好き　Some Like It Hot
1939　米　Para　未　65分　白黒　S　監督：ジョージ・アーチェインボード　主演：ボブ・ホープ　司会者でダメ男のホープと、彼を助

ける楽団歌手シャーリー・ロスの話。ジーン・クルーパも出ている。

セント・ルイスのブルース St. Louis Blues
1939 米 Para 未 92分 白黒 S 監督：ラオール・ウォルシュ 主演：ドロシー・ラムーア ブロードウェイのスターだったラムーアが、単調な生活に飽きて逃げ出し、ミシシッピー河のショー・ボートで人気者となり、船長に言い寄られる。題名は同じだが、W・C・ハンディの伝記「セントルイス・ブルース」(1958)とは関係がない。

スター作り The Star Maker
1939 米 Para 未 94分 白黒 S 監督：ロイ・デル・ルース 主演：ビング・クロスビー 少年少女を集めてショーを上演した、ガス・エドワーズの伝記的な作品。

カッスル夫妻 The Story of Vernon and Irene Castle
1939 米 RKO 公開 93分 白黒 S 監督：H・C・ポッター 主演：アステアとロジャース 新しい社交ダンスを広めたカッスル夫妻の伝記。

懐しのスワニー Swanee River
1939 米 Fox 公開 84分 カラー S 監督：シドニー・ランフィールド 主演：ドン・アメチ 作曲家フォスターの伝記作品。アル・ジョルスンがミンストレルのスター役で出ている。日本では戦後公開。

そのとおり、君は間違っている That's Right, You're Wrong
1939 米 RKO 未 94分 白黒 S 監督：デイヴィッド・バトラー 主演：ケイ・カイザー 楽団リーダーのカイザーが、ハリウッド進出を目指す。アドルフ・マンジュなどのスターが沢山出てくる。

かれらに音楽を They Shall Have Music
1939 米 Samuel Goldwyn 公開 105分 白黒 S 監督：アーチー・メイヨー 主演：ヤッシャ・ハイフェッツ 貧しい子供たちに無料で音楽を教える老音楽家の音楽学校が財政危機に陥るが、有名なバイオリニストの支援で危機を脱する。

三銃士 The Three Musketeers
1939 米 Fox 未 73分 白黒 S 監督：アラン・ドゥワン 主演：ドン・アメチ アメチがダルタニヤンを、ほかの銃士をリッツ兄弟が演じる。グロリア・ステュアートがアン王女役。

庭の千草 Three Smart Girls Grow Up
1939 米 Univ 公開 90分 白黒 S 監督：ヘンリー・コスター 主演：ディアナ・ダービン 「天使の花園」(1936)の続編。3人姉妹の二人の姉が結婚する。

青い制服 The Under-Pup
1939 米 Univ 公開 88分 白黒 S 監督：リチャード・ウォレス 主演：グロリア・ジーン ジーンのデビュー作。貧しい少女が音楽の才能で夏のキャンプに参加する。周囲は金持ちの娘ばかりで、最初はいじめられるが、最後には素晴らしい歌声を聞かせる。

南部までの道 Way Down South
1939 米 Sol Lesser 未 61分 白黒 S 監督：レスリー・グッドウィンズほか 主演：ボビー・ブリーン 南北戦争前の南部で、父親が亡くなり、少年ボビーに残されたのは農園と黒人奴隷たちだった。奴隷を売り払おうとする周囲の大人たちに、ボビーは反抗する。黒人奴隷が彼の唯一の友達だったからだ。監督は英国出身で、脚本は黒人のクラレンス・ミューズ。

オズの魔法使 The Wizard of Oz
1939 米 MGM 公開 101分 白黒／カラー S 監督：ヴィクター・フレミング 主演：ジュディ・ガーランド ガーランドの金字塔的な傑作。MGMミュージカルの原点となった作品。日本では戦後公開。

1940年

アルゼンチンの夜 Argentine Nights
1940 米 Univ 未 75分 白黒 S 監督：アルバート・S・ロジェル 主演：リッツ兄弟 トラブルでニュー・ヨークから逃げ出したリッツ兄弟が、アルゼンチンへ密航して、アンドルーズ姉妹と一緒に破産しかけたホテルを立て直す。

裏庭フォリーズ Barnyard Follies
1940 米 Rep 未 67分 白黒 S 監督：フランク・マクドナルド 主演：メリー・リー リパブリック社で子役として活躍したリーの主演作品で、農村近代化の4Hクラブ運動の資金集めにレヴューを上演する。

甘辛人生 Bitter Sweet

1940　米　MGM　未　94分　カラー　S　監督：W・S・ヴァン・ダイク　主演：ジャネット・マクドナルド　ノエル・カワードのオペレッタの2度目の映画化。ネルソン・エディとの共演。

青い鳥　The Blue Bird
1940　米　Fox　未　88分　白黒／カラー　S　監督：ウォルター・ラング　主演：シャーリー・テンプル　メーテルリンクの童話のテンプル版。歌は少ない。

シラキュースから来た男たち　The Boys from Syracuse
1940　米　Univ　未　73分　白黒　S　監督：A・エドワード・サザーランド　主演：アラン・ジョーンズ　ロジャースとハートの舞台作品の映画版だが、曲はかなり少ない。下敷きはシェイクスピアの「間違いの喜劇」で、ローマ時代の話。よく似た男たちが間違われて混乱する。

踊るニュウ・ヨーク　Broadway Melody of 1940
1940　米　MGM　公開　102分　白黒　S　監督：ノーマン・タウログ　主演：フレッド・アステア　アステア、エレノア・パウエル、ジョージ・マーフィが踊る舞台裏物。

若武者ベニー再び乗りだす　Buck Benny Rides Again
1940　米　Para　未　82分　白黒　S　監督：マーク・サンドリッチ　主演：ジャック・ベニー　ベニーが持つラジオ番組の常連が総出演する顔見せ映画。恋人に気に入られようと張り切った、カウボーイ気取りのラジオ司会者ベニーが、本物の西部に怖気づく。

海洋児　Captain Caution
1940　米　Hal Roach　公開　86分　白黒　S　監督：リチャード・ウォレス　主演：ヴィクター・マチュア　19世紀初頭の英米戦争を背景に、アメリカ船長の娘が、殺された船長に代わって船を指揮する海洋冒険活劇。歌が何曲か入る。

コンガの夜　La Conga Nights
1940　米　Univ　未　70分　白黒　S　監督：リュー・ランダース　主演：ヒュー・ハーバート　ハーバートが6役を演じる喜劇。金に困った女性歌手を助けようと、金欠の芸人たちが集まってナイト・クラブを開く。

踊れ、娘たち　Dance, Girl, Dance
1940　米　RKO　未　90分　白黒　S　監督：ドロシー・アーツナー　主演：モーリン・オハラ　クラシック・バレエを目指して都会に出てきたオハラは、バレエの仕事がなくバーレスクに出るが、演出家に惚れて仲間のルシル・ボールと彼を取り合う。

身を寄せて踊る　Dancing on a Dime
1940　米　Para　未　74分　白黒　S　監督：ジョセフ・サントリー　主演：ロバート・ペイジ　政府の助成金が打ち切られて、若者たちのショーが上演できなくなる。若者たちは偶然に札束を見つけて喜ぶが、それは偽札だった。グレイス・マクドナルド共演。

遥かなるアルゼンチン　Down Argentine Way
1940　米　Fox　未　89分　カラー　S　監督：アーヴィング・カミングス　主演：ドン・アメチ　アルゼンチンへ競走馬を買い付けに行ったアメリカ娘ベティ・グレイブルの恋物語。カルメン・ミランダ、シャーロット・グリーンウッド共演。

ファンタジア　Fantasia
1940　米　Disney　公開　125分　カラー　Sステレオ　監督：ベン・シャープスティンほか　クラシック音楽を映像化した7つの短編からなるアニメ作品。新開発のステレオ音響を使った。

四十人の小さな母親　Forty Little Mothers
1940　米　MGM　未　90分　白黒　S　監督：バスビー・バークレイ　主演：エディ・カンター　失業中の大学教授が、自殺しようとした不幸な娘を助けたことから、その娘の小さな赤ん坊を育てることになる。教授は古風な女学校で職を得るが、いたずら好きの女学生たちが、一致協力して赤ん坊の面倒を見る。

マルクス二挺拳銃　Go West
1940　米　MGM　公開　80分　白黒　S　監督：エドワード・バゼル　主演：マルクス兄弟　西部の土地を奪い合うドタバタ喜劇。

ヒット・パレード1941年版　Hit Parade of 1941
1940　米　Rep　未　88分　白黒　S　監督：ジョン・H・アウア　主演：ケニー・ベイカー　潰れそうなラジオ局が、資金援助してくれた発明家の娘を番組に使うが、歌がダメで

友人に吹き替えさせる。ところが、ラジオ局の社長が娘とデイトしたいと言い出すので混乱する。

大騒ぎ　Hullabaloo
1940　米　MGM　未　78分　白黒　S　監督：エドウィン・L・マリン　主演：フランク・モーガン　忘れられかけた芸人モーガンが、ラジオでの再起を目指すがうまく行かず、若い世代の力を借りる。ダン・デイリー、ヴァージニア・オブライエンらが共演。1960年代にロックンロールを使った同名のテレビ・シリーズが作られているが関係ない。

愛のほかには何もあげられない　I Can't Give You Anything But Love, Baby
1940　米　Univ　未　61分　白黒　S　監督：アルバート・S・ロジェル　主演：ブロドリク・クロフォード　クロフォード扮する感傷的なギャングが、行方不明の初恋の相手を探すために、作曲家ジョニー・ダウンズに恋歌を書かせる。低予算作品。

好きにできたら　If I Had My Way
1940　米　Univ　未　82分　白黒　S　監督：デイヴィッド・バトラー　主演：ビング・クロスビー　ビングがユニヴァーサルで客演し、ディアナ・ダービンの跡継ぎとして売り出し中のグロリア・ジーンと共演した作品。

今は誰の恋人でもない　I'm Nobody's Sweetheart Now
1940　米　Univ　未　64分　白黒　S　監督：アーサー・ルビン　主演：デニス・オキーフ　知事候補の息子は、両親を喜ばすために、政治家の娘と付き合っている振りをしているが、実はナイト・クラブの歌手に惚れている。コンスタンス・ムーア共演の低予算作品。

アイリーン　Irene
1940　米　Imperadio　未　101分　白黒／カラー　S　監督：ハーバート・ウィルコックス　主演：アンナ・ニーグル　ヒット舞台作品(1919)の映画版。無声版(1926)も作られているので、2度目の映画化。アイルランドからニュー・ヨークへ出てきた娘の恋物語。

ホノルル航路　It's a Date
1940　米　Univ　公開　103分　白黒　S　監督：ウィリアム・A・サイター　主演：ディアナ・ダービン　女優志望のダービンが、母親で大女優のケイ・フランシスと同じ役を取り合う。ダービンは1940年代に入り、大人と恋をするようになる。

ジョニー・アポロ　Johnny Apollo
1940　米　Fox　未　94分　白黒　S　監督：ヘンリー・ハサウェイ　主演：タイロン・パワー　パワー（ジョニー・アポロ役）は大学を卒業するが、父が横領の罪で服役中のため、誰も雇ってくれない。そのためギャングの片棒を担ぐことになるが、ギャングの愛人でナイト・クラブ歌手ドロシー・ラムーアと恋仲になってしまう。

リリアン・ラッセル　Lillian Russell
1940　米　Fox　未　127分　白黒　S　監督：アーヴィング・カミングス　主演：アリス・フェイ　19世紀末から20世紀初頭に、ブロードウェイで人気の高かった女優リリアン・ラッセルの伝記作品。

ほんの少しの幸せ　A Little Bit of Heaven
1940　米　Univ　未　87分　白黒　S　監督：アンドルー・マートン　主演：グロリア・ジーン　貧しい家庭に育った少女ジーンが、突然、ラジオ・スターとなって一家を支えるようになるが、父親以外の家族が浪費するので苦労する。

小さなネリー・ケリー　Little Nellie Kelly
1940　米　MGM　未　98分　白黒　S　監督：ノーマン・タウログ　主演：ジュディ・ガーランド　アイルランド移民の娘ジュディが美しく育ち、父親の仲間たちの中で人気者となる。コーハンの舞台作品の映画化。

汝の隣人を愛せ　Love Thy Neighbor
1940　米　Para　未　82分　白黒　S　監督：マーク・サンドリッチ　主演：ジャック・ベニー　ラジオで人気のあったベニーとフレッド・アレンを組み合わせたコメディ。ベニーがアレンの姪メリー・マーティンに恋をする。ベニーのラジオでの相手役として、有名な黒人俳優エディ・ロチェスター・アンダソンも出ている。

母ちゃん、彼が色目を使うの　Ma, He's Making Eyes at Me
1940　米　Univ　未　61分　白黒　S　監督：ハロルド・D・シュスター　主演：トム・ブラウン　高級婦人服店の宣伝係が、失業中のコーラス・ガールのコンスタンス・ムーアを「ミス・マンハッタン」と称して広告や宣伝

アメリカ　1940年代

に使うが、自分がその娘に恋してしまう。
マージ　Margie
1940　米　Univ　未　59分　白黒　S　監督：オーティス・ギャレットほか　主演：トム・ブラウン　作曲家志望のブラウンと、ラジオ作家志望の娘ナン・グレイ（マージ役）の、新婚生活と喧嘩模様を描く低予算作品。
旋律と月光　Melody and Moonlight
1940　米　Rep　未　72分　白黒　S　監督：ジョセフ・サントリー　主演：ジョニー・ダウンズ　ベル・ボーイのダウンズが、ラジオで人気者になる出世物語。低予算作品。
メロディ牧場　Melody Ranch
1940　米　Rep　未　84分　白黒　S　監督：ジョセフ・サントリー　主演：ジーン・オートリー　B級の「歌うカウボーイ」専門のジーン・オートリーが、ジミー・デュランテとアン・ミラーを招いて制作した特作西部劇。ラジオ・スターのオートリーが、故郷の町に戻って名誉保安官を務めるが、そこへ子供時代からの宿敵が現れる。
ビルマの月　Moon Over Burma
1940　米　Para　未　76分　白黒　S　監督：ルイス・キング　主演：ドロシー・ラムーア　ビルマのラングーンに足止めされた歌手ラムーアを、二人のチーク製材業者が取り合う。ロバート・プレストン共演。
我が心の曲　Music in My Heart
1940　米　Col　未　70分　白黒　S　監督：ジョセフ・サントリー　主演：トニー・マーティン　欧州の俳優マーティンが、ブロードウェイへの出演中に、踊り子リタ・ヘイワースと恋仲になるが、彼女には別に金持ちの婚約者がいる。アンドレ・コステラネッツ楽団も出演。
ニュー・ムーン　New Moon
1940　米　MGM　公開　105分　白黒　S　監督：ロバート・Z・レナード　主演：ジャネット・マクドナルド　マクドナルドとネルソン・エディによる、ロムバーグの舞台作品の2度目の映画化。日本公開は戦後。
アール・キャロルでの一夜　A Night at Earl Carroll's
1940　米　Para　未　62分　白黒　S　監督：カート・ニューマン　主演：ケン・マレイ　新市長がアール・キャロルのナイト・クラブで祝賀会を開催する夜に、一座のスターが誘拐されてしまうので、残ったメンバーが頑張ってショーを上演する。
ノー、ノー、ナネット　No, No, Nanette
1940　米　Suffolk　未　96分　白黒　S　監督：ハーバート・ウィルコックス　主演：アンナ・ニーグル　ヴィンセント・ユーマンズの舞台作品の2度目の映画化。24時間は「ノー」としか返事しないと約束した、女優志望の金持ち娘ニーグルの話。
ジョニー、どんなに愛せるの！　Oh Johnny, How You Can Love!
1940　米　Univ　未　60分　白黒　S　監督：チャールズ・ラモント　主演：トム・ブラウン　駆け落ちしようとしているペギー・モランの車が故障して、行商中のブラウンと一緒に旅することになるが、銀行強盗に巻き込まれて大騒ぎとなる。
熱帯の一夜　One Night in the Tropics
1940　米　Univ　未　82分　白黒　S　監督：A・エドワード・サザーランド　主演：アラン・ジョーンズ　ジョーンズが結婚保険を売る話。アボットとコステロの長編デビュー作品。
ピノキオ　Pinocchio
1940　米　Disney　公開　88分　カラー　S　監督：ベン・シャープスティンほか　イタリア童話のアニメ版。『星に願いを』がヒットした。
恋のラジオ放送　Pot o' Gold
1940　米　James Roosevelt　未　86分　白黒　S　監督：ジョージ・マーシャル　主演：ジェイムス・ステュアート　音楽好きのステュアートは、田舎出で歌のうまい娘ポーレット・ゴダードと恋仲になるものの、ゴダードの父親が、ステュアートの金満家の叔父の宿敵だったので騒動になる。ラジオ番組の映画版。
川のリズム　Rhythm on the River
1940　米　Para　未　92分　白黒　S　監督：ヴィクター・シェルツィンガー　主演：ビング・クロスビー　ゴースト・ライターとして曲を書いているビングと、詞を書いているメリー・マーティンが意気投合して自分たちの曲を書く。
シンガポール珍道中　Road to Singapore

631

1940 米 Para 公開 85分 白黒 S 監督：ヴィクター・シェルツィンガー 主演：ビング・クロスビー クロスビーとボブ・ホープ、ドロシー・ラムーアの珍道中シリーズの記念すべき第1作。

ぼんやり娘 Scatterbrain
1940 米 Rep 未 73分 白黒 S 監督：ガス・マインズ 主演：ジュディ・カノヴァ ハリウッドの映画会社がヒルビリーを歌う新人発掘のためにスカウトを出し、山出しの娘ジュディ・カノヴァを見つける。

セカンド・コーラス Second Chorus
1940 米 Para 未 84分 白黒 S 監督：H・C・ポッター 主演：フレッド・アステア アステアがパラマウント社でポーレット・ゴダードと組んだ作品。アーティ・ショウ楽団が出ている。踊りは低調。

歌い踊ってホットに Sing, Dance, Plenty Hot
1940 米 Rep 未 70分 白黒 S 監督：リュー・ランダース 主演：ルース・テリー 詐欺師が偽のチャリティ・ショーで儲けるが、最後には仲間の裏切りで捕まる。ジョニー・ダウンズ共演のB級作品。

青きダニューブの夢 Spring Parade
1940 米 Univ 公開 89分 白黒 S 監督：ヘンリー・コスター 主演：ディアナ・ダービン ハンガリー映画「春のパレード」(1934)の再映画化で、監督、制作とも同じだが、主役はダービンとなっている。日本公開は戦後。

バンドを鳴らせ Strike Up the Band
1940 米 MGM 未 120分 白黒 S 監督：バスビー・バークレイ 主演：ミッキー・ルーニー ルーニーとジュディ・ガーランドの青春物。高校のブラス・バンドでドラムを叩くルーニーが、ジャズで有名なポール・ホワイトマンに認められる。ガーシュウィンの曲が使われているが、舞台作品とは話が異なる。

ティン・パン・アレイ Tin Pan Alley
1940 米 Fox 未 94分 白黒 S 監督：ウォルター・ラング 主演：アリス・フェイ ティン・パン・アレイの楽器屋で、歌って楽譜を売る美人の姉妹と作曲家の恋。フェイとベティ・グレイブルが珍しく姉妹役を演じている。

女の子が多すぎる Too Many Girls
1940 米 RKO 未 85分 白黒 S 監督：ジョージ・アボット 主演：ルシル・ボール ロジャースとハートの舞台作品の映画版で、女子学生物。テレビ放映時の題名は「女学生の恋」。

ブロードウェイの二人の娘
Two Girls on Broadway
1940 米 MGM 未 73分 白黒 S 監督：S・シルヴァン・サイモン 主演：ラナ・ターナー 「ブロードウェイ・メロディー」(1929)の再映画化。ターナーとジョーン・ブロンデルはブロードウェイで共演していて、ダンサーのジョージ・マーフィを取り合う。

君は見出すだろう You'll Find Out
1940 米 RKO 未 97分 白黒 S 監督：デイヴィッド・バトラー 主演：ケイ・カイザー カイザーの楽団が、若き女遺産相続人の誕生パーティに呼ばれて古い城へ行くと、ピーター・ローレ、ボリス・カーロフ、ベラ・ルゴーシなどの奇怪な面々が現れる。ホラー・ミステリーのミュージカル。

若い人 Young People
1940 米 Fox 未 79分 白黒 S 監督：アラン・ドゥワン 主演：シャーリー・テンプル 孤児となったテンプルを、ジャック・オーキーとシャーロット・グリーンウッドの芸人夫婦が育てる。

1941年

全米女子学生 All-American Co-Ed
1941 米 Hal Roach 未 53分 白黒 S 監督：ルロイ・プリンス 主演：フランシス・ラングフォード 男子学生ジョニー・ダウンズが、女装して女子大に潜り込み、美人コンテストに出場する。

折れた羽根の天使
Angels with Broken Wings
1941 米 Rep 未 72分 白黒 S 監督：バーナード・ボーハウス 主演：ビニー・バーンズ 夫を亡くして再婚を望む母のために、3人の娘が協力して恋敵の邪魔をする。

アーカンソーの判事 Arkansas Judge
1941 米 Rep 未 71分 白黒 S 監督：フランク・マクドナルド 主演：ウィーヴァ

一兄弟　ウィーヴァー兄弟とロイ・ロジャースの西部劇。平和な町で未亡人の金50ドルが盗まれる。疑いをかけられた家政婦を、若き法学生ロジャースが助ける。

ブロードウェイ　Babes on Broadway
1941　米　MGM　公開　118分　白黒　S　監督：バスビー・バークレイ　主演：ミッキー・ルーニー　ルーニーとジュディ・ガーランドが一緒にブロードウェイを目指す。バークレイらしい豪華な舞台場面。

マルクス兄弟　デパート騒動　The Big Store
1941　米　MGM　公開　83分　白黒　S　監督：チャールズ・ライズナー　主演：マルクス兄弟　デパートの暴漢を探すマルクス兄弟のドタバタ劇で、MGMでの最後の作品。

ブルースの誕生　Birth of the Blues
1941　米　Para　公開　87分　白黒　S　監督：ヴィクター・シェルツィンガー　主演：ビング・クロスビー　ニュー・オリンズを舞台にしたジャズの誕生物語。メリー・マーティンが共演。

ブロンディ　南米の巻　Blondie Goes Latin
1941　米　Col　未　68分　白黒　S　監督：フランク・R・ストレイヤーほか　主演：ペニー・シングルトン　人気漫画「ブロンディ」の映画版は1938年から50年までに28本作られたが、これは8番目の作品。上司から招かれて、ブロンディ一家が船で南米へ行く。

夜のブルース　Blues in the Night
1941　米　WB　未　88分　白黒　S　監督：アナトール・リトヴァク　主演：プリシラ・レイン　旅回りジャズ楽団の人間模様を描く。後に監督となるエリア・カザンが俳優として出演している。

凸凹二等兵の巻　Buck Privates
1941　米　Univ　未　84分　白黒　S　監督：アーサー・ルビン　主演：アボットとコステッロ　警官に追われて陸軍に入ってしまった凸凹コンビ。アンドルーズ姉妹が歌う。

士官候補生の娘　Cadet Girl
1941　米　Fox　未　68分　白黒　S　監督：レイ・マケアリー　主演：キャロル・ランディス　陸軍士官学校の青年が、ナイト・クラブ歌手に惚れて結婚しようとするが、上官に諭されて、軍務を終えてから結婚することにする。

チョコレートの兵隊　The Chocolate Soldier
1941　米　MGM　未　102分　白黒　S　監督：ロイ・デル・ルース　主演：ネルソン・エディ　エディとリーゼ・スティーヴンスの共演したオペレッタ。話はモルナールの「衛兵」の映画化で、劇中劇でオスカー・ストラウスの「チョコレートの兵隊」が演じられる。

ダンボ　Dumbo
1941　米　Disney　公開　64分　カラー　S　監督：ベン・シャープスティンほか　耳の大き過ぎる子象のダンボが、ねずみに励まされて自信を得るアニメ。日本公開は戦後。

祝祭日　Fiesta
1941　米　Hal Roach　未　45分　カラー　S　監督：ルロイ・プリンス　主演：アン・エイアズ　メキシコの牧場の跡取り娘が久々に帰郷するが、同行した軟弱な男を婚約者と紹介するので、地元で待っていた許婚ホセとの間に緊張が走る。

焔の女　The Flame of New Orleans
1941　米　Univ　公開　79分　白黒　S　監督：ルネ・クレール　主演：マルレーネ・ディートリッヒ　19世紀中頃の話。フランスからニュー・オリンズへやって来たディートリッヒは、自分の素性を隠して金持ちの男と結婚しようとするものの、結局は自分が本当に愛していた蒸気船の船長を選ぶ。

魅力の若者　Glamour Boy
1941　米　Para　未　79分　白黒　S　監督：ラルフ・マーフィ　主演：ジャッキー・クーパー　往年の子役クーパーの名作「スキピィ」（1931）をリメイクすることになり、クーパー自身が、演技指導を手伝う。スザンナ・フォスターが歌っている。

娘よ、西部を目指せ　Go West, Young Lady
1941　米　Col　未　70分　白黒　S　監督：フランク・R・ストレイヤー　主演：ペニー・シングルトン　ブロンディ映画専門だったシングルトンのミュージカル。題名はホレス・グリーリーの有名な言葉「青年よ西部を目指せ」のパロディ。西部へ行ったシングルトンが、小さな町で酒場の娘アン・ミラーと、保安官グレン・フォードを取り合う。

アメリカ大放送　The Great American Broadcast

1941　米　Fox　未　90分　白黒　S　監督：アーチー・メイヨー　主演：アリス・フェイ　ラジオ初期に、全米ネットワークを苦労して作り上げる話。

若草の歌　The Hard-Boiled Canary
1941　米　Para　公開　80分　白黒　S　監督：アンドルー・L・ストーン　主演：アラン・ジョーンズ　音楽訓練キャンプ場の息子ジョーンズが、バーレスクで不良少女スザンナ・フォスターを見出し、仕込んでオペラに出演させる。日本公開はアメリカでの再公開のフィルムだったので、改題されたThere's Magic in Musicとなっている。

ヘルツァポピン　Hellzapoppin'
1941　米　Univ　未　84分　白黒　S　監督：H・C・ポッター　主演：オール・オルセン　オルセンとチック・ジョンソンの同名舞台作品（1938）の映画版。舞台と同じ二人が主演。舞台版はストーリーのないレヴューだが、映画版には軽い話が付いている。

凸凹お化け騒動　Hold That Ghost
1941　米　Univ　公開　86分　白黒　S　監督：アーサー・ルビン　主演：アボットとコステロ　凸凹コンビがお化け屋敷でギャングの隠した金を見つけて、リゾート・ホテルに改造する。アンドルーズ姉妹が歌う。

アイス・カパデス　Ice-Capades
1941　米　Rep　未　88分　白黒　S　監督：ジョセフ・サントリー　主演：ジェイムス・エリソン　レイク・プラシドの祭りを取材に行くニュース映画のカメラマンが、飛行機に乗り遅れて、代わりにセントラル・パークでスケートする美女の映像を撮影したことから、アイス・カパデス（氷上ショー）の人気が高まる。チェコのスケート選手だったヴェラ・フルーバ・ラルストンがスケートを見せる。

凸凹海軍の巻　In the Navy
1941　米　Univ　公開　86分　白黒　S　監督：アーサー・ルビン　主演：アボットとコステロ　凸凹コンビがハワイの海軍で巻き起こす珍騒動。ディック・パウエルとアンドルーズ姉妹の共演。

それは前夜から始まった　It Started with Eve
1941　米　Univ　未　90分　白黒　S　監督：ヘンリー・コスター　主演：ディアナ・ダービン　チャールズ・ロートンとダービンが共演した喜劇の傑作。

キャスリーン　Kathleen
1941　米　MGM　未　88分　白黒　S　監督：ハロルド・S・バケット　主演：シャーリー・テンプル　キャスリーン役のテンプルは12歳の少女で、召使に囲まれて何不自由なく暮らしているが、母親はおらず父親はいつも仕事に忙しい。父は後妻を迎えようと考えるが、テンプルは気に入らず、自分のお気に入りの精神分析医を父に勧める。

凸凹空中の巻　Keep 'Em Flying
1941　米　Univ　公開　86分　白黒　S　監督：アーサー・ルビン　主演：アボットとコステロ　凸凹コンビが陸軍航空隊に入る。ディック・フォーラン、マーサ・レイらが共演。

若者たちに別れのキスを
Kiss the Boys Goodbye
1941　米　Para　未　85分　白黒　S　監督：ヴィクター・シェルツィンガー　主演：ドン・アメチ　同名の芝居をミュージカル化した映画。「風と共に去りぬ」のミュージカル版を作るために、南部美人を探しに行った演出家アメチと、作曲家オスカー・レヴァントが、歌のうまい娘メリー・マーティンを見出す。

ご婦人よ行儀良く　Lady Be Good
1941　米　MGM　未　112分　白黒　S　監督：ノーマン・Z・マクロード　主演：エレノア・パウエル　ガーシュウィンのヒット舞台作品の題名が付いているが、内容は異なる。パウエルがバークレイの演出でパワー・アップしている。

ラス・ヴェガスの夜　Las Vegas Nights
1941　米　Para　未　90分　白黒　S　監督：ラルフ・マーフィ　主演：コンスタンス・ムーア　4人組のヴォードヴィル・チームが、ラス・ヴェガスで浮き沈みする。トミー・ドーシー楽団の歌手でフランク・シナトラが出ている。

曲を作ろう　Let's Make Music
1941　米　RKO　未　84分　白黒　S　監督：レスリー・グッドウィンズ　主演：ボブ・クロスビー　ビング・クロスビーの弟ボブの楽団を中心とした作品。高校の女性音楽教師の書いた応援歌が、ボブの楽団演奏でヒットして、ボブは教師の美しい姪ジーン・ロジャー

アメリカ　1940年代

スと恋におちる。

ルイジアナの取引　Louisiana Purchase
1941　米　Para　未　98分　カラー　S　監督：アーヴィング・カミングス　主演：ボブ・ホープ　アーヴィング・バーリンの舞台作品の映画化。共演のヴェラ・ゾリナやヴィクター・ムーアが舞台と同じ役を演じた。

旋律の小径　Melody Lane
1941　米　Univ　未　60分　白黒　S　監督：チャールズ・ラモント　主演：ザ・メリー・マックス　4人組コーラス・グループのザ・メリー・マックスの主演作品。田舎から都会に出てきてラジオ・スターを目指すが、4人はトラブルに巻き込まれる。

マイアミにかかる月　Moon Over Miami
1941　米　Fox　未　91分　カラー　S　監督：ウォルター・ラング　主演：ドン・アメチ　貧乏娘ベティ・グレイブルが、マイアミの高級ホテルで、金持ち男との結婚を狙う。シャーロット・グリーンウッド、レイ・ボルジャー共演。

ハワイの月明かり　Moonlight in Hawaii
1941　米　Univ　未　60分　白黒　S　監督：チャールズ・ラモント　主演：ジェイン・フレージー　フレージーとジョニー・ダウンズの共演作品。ハワイ旅行に来た金持ちの娘を、売れない歌手が案内する。

バッタ君町に行く　Mr. Bug Goes to Town
1941　米　Fleischer　公開　78分　カラー　S　監督：デイヴ・フライシャー　バッタ君は蜜蜂嬢と恋仲だが、ギャングのカブトムシが横恋慕し、二人の邪魔をして無理な結婚を蜜蜂嬢に迫る。「ガリヴァー旅行記」（1939）に続くフライシャーの2作目の長編アニメ。配給はパラマウント系。

水兵たち　Navy Blues
1941　米　WB　未　108分　白黒　S　監督：ロイド・ベーコン　主演：アン・シェリダン　ホノルルに休暇上陸した水兵たちが娘たちと遊ぶ。ジャック・オーキー、マーサ・レイ、ジャック・ヘイリーらの共演。

カモに半分はやるな　Never Give a Sucker an Even Break
1941　米　Univ　未　71分　白黒　S　監督：エドワード・F・クライン　主演：W・C・フィールズ　フィールズは映画制作者に彼にアイディアを売り込み、支離滅裂なメキシコでの冒険談を語るが、制作者はそれを使わずに、フィールズの姪グロリア・ジーンを主演にした普通のミュージカルを作る。

永遠の調べ　New Wine
1941　米　Gloria　公開　87分　白黒　S　監督：ラインホルト・シュンツェル　主演：アラン・カーティス　カーティスが演じる創作的なシューベルトの伝記作品。イローナ・マッセイとの恋、公爵夫人ビニー・バーンズとの未完成交響曲をめぐるエピソードが描かれる。日本公開時の英語題名はOne Romantic Nightで、英国公開の題名はThe Great Awakening。アメリカ再公開時には更にThe Melody Masterと題名が変わっている。

楽しい娘？　Nice Girl?
1941　米　Univ　未　91分　白黒　S　監督：ウィリアム・A・サイター　主演：ディアナ・ダービン　ダービンが父の仕事仲間に惚れるが、子供扱いされてしまう。フランチョット・トーンの共演。

遊び友達　Playmates
1941　米　RKO　未　96分　白黒　S　監督：デイヴィッド・バトラー　主演：ケイ・カイザー　借金で首が回らなくなった役者ジョン・バリモアのために、カイザー楽団がジャズ版の「ロミオとジュリエット」をラジオで放送する。

お馬鹿さん　Puddin' Head
1941　米　Rep　未　80分　白黒　S　監督：ジョセフ・サントリー　主演：ジュディ・カノヴァ　放送会社の建設予定地を、山出しの娘が持っているので、偽のラジオ出演契約をちらつかせて懐柔しようとするが、それが裏目に出る。

起床　Rise and Shine
1941　米　Fox　未　92分　白黒　S　監督：アラン・ドウァン　主演：ジャック・オーキー　オーキーは大学のフットボール選手で、選手としては優秀だが学業はダメだ。学長は教授宅に預けて勉強を見させようとするが、ギャングが送り込んだ大学の卒業生でダンサーのジョージ・マーフィが登場して混乱する。

巡回カーニバル　Road Show
1941　米　Hal Roach　未　87分　白黒　S　監督：ハル・ローチ　主演：アドルフ・マン

ジュ　間違って精神病院に入った金持ちの青年が、逃げ出して巡回カーニバルの娘と恋をする。

アフリカ珍道中　Road to Zanzibar
1941　米　Para　公開　91分　白黒　S　監督：ヴィクター・シェルツィンガー　主演：ビング・クロスビー　ビングとボブ・ホープ、ドロシー・ラムーアの珍道中シリーズの2作目。ウナ・マーケルの共演。

新兵総出演　Rookies on Parade
1941　米　Rep　未　69分　白黒　S　監督：ジョセフ・サントリー　主演：ボブ・クロスビー　珍道中シリーズを真似て、ボブとエディ・フォイ・ジュニアを組ませた作品。この二人の作曲家チームが、陸軍の新兵訓練所に入る。ガートルード・ニーセンも出ている。

サン・アントニオのばら　San Antonio Rose
1941　米　Univ　未　63分　白黒　S　監督：チャールズ・ラモント　主演：ジェイン・フレージー　ライブ・ハウスの競争が激しく、競争相手に負けそうなので、フレージーやイヴ・アーデンが魅力的なショーを上演する。ザ・メリー・マックスも出演。

もう一度歌おう　Sing Another Chorus
1941　米　Univ　未　64分　白黒　S　監督：チャールズ・ラモント　主演：ジョニー・ダウンズ　大学生の息子がショーを上演したがるので、父親は自分の工場の記念日に公演を許すが、息子は騙されて金を巻き上げられてしまう。ジェイン・フレージーの共演。

シス・ホプキンズ　Sis Hopkins
1941　米　Rep　未　99分　白黒　S　監督：ジョセフ・サントリー　主演：ジュディ・カノヴァ　田舎娘シス・ホプキンズ（カノヴァ）が都会に出て、金持ちの親類の家から上品な学校に通うが、意外にも彼女は学校で人気者となる。ボブ・クロスビー共演。

マダム・ラ・ゾンガの六つのレッスン　Six Lessons from Madame La Zonga
1941　米　Univ　未　62分　白黒　S　監督：ジョン・ロウリンズ　主演：ルペ・ヴェレス　ハバナのナイト・クラブを経営するヴェレスと、偽貴族レオン・エロルの話。映画の題名は当時流行っていた流行歌から取られている。

永遠の微笑　Smilin' Through
1941　米　MGM　未　100分　カラー　S　監督：フランク・ボーゼイジ　主演：ジャネット・マクドナルド　同名舞台作品の映画化で、ノーマ・シアラーで映画化された「永遠に微笑む」(1932)のリメイク。

銀嶺セレナーデ　Sun Valley Serenade
1941　米　Fox　公開　86分　白黒　S　監督：H・ブルース・ハンバーストン　主演：ソーニャ・ヘニー　スキー・リゾート地でのソーニャの恋物語。グレン・ミラー楽団、ジョン・ペインが共演。

サニー　Sunny
1941　米　Suffolk　未　98分　白黒　S　監督：ハーバート・ウィルコックス　主演：アンナ・ニーグル　ジェローム・カーンの同名作品の映画版。トーキー初期の「便利な結婚」(1930)と同じ原作。レイ・ボルジャー共演。

キャンパスの恋人　Sweetheart of the Campus
1941　米　Col　未　70分　白黒　S　監督：エドワード・ドミトリク　主演：ルビー・キーラー　キーラーはオジー・ネルソン楽団の歌手で、大学で一夜限りの公演を行い人気を得る。キーラー最後の映画出演作品。

交代をして兵隊さん　Swing It Soldier
1941　米　Univ　未　66分　白黒　S　監督：ハロルド・ヤング　主演：ケン・マレイ　ディスク・ジョッキーの妻は、夫が戦地にいる寂しさに耐えかねて、双子の妹に仕事を代わってもらい、夫に会いに行こうと考える。

背が高く、浅黒くて立派　Tall, Dark and Handsome
1941　米　Fox　未　78分　白黒　S　監督：H・ブルース・ハンバーストン　主演：シーザー・ロメロ　禁酒法時代。ロメロは虫も殺さぬ男だが、ギャングを職業としているので、表には怖さを出している。しかし、ヴァージニア・ギルモアに恋したことから、立派な男になりたいと考えて、ギャングの親分を葬り去る。

リオでの一夜　That Night in Rio
1941　米　Fox　未　91分　カラー　S　監督：アーヴィング・カミングス　主演：アリス・フェイ　フェイの傑作カラー作品。ドン・アメチ、カルメン・ミランダと共演陣も豪華。

二人はアルゼンチンで出会った　They Met in Argentina
1941　米　RKO　未　77分　白黒　S　監督：

レスリー・グッドウィンズほか　主演：モーリン・オハラ　テキサスの石油王がアルゼンチンへ競走馬を買いに行き、牧場の娘オハラに恋してしまう。

リズムの時間　Time Out for Rhythm
1941　米　Col　未　75分　白黒　S　監督：シドニー・ソルコウ　主演：ルディ・ヴァリー　ナイト・クラブの舞台裏物。アン・ミラー、ローズマリー・レイン、三馬鹿大将が共演。

金髪娘が多過ぎる　Too Many Blondes
1941　米　Univ　未　60分　白黒　S　監督：ソーントン・フリーランド　主演：ルディ・ヴァリー　ラジオで活躍する鴛鴦(おしどり)夫婦の夫が、魅力的なブロンド娘に誘惑されて、夫婦の間に亀裂が入る。

マンハッタンから来たラテン娘　Two Latins from Manhattan
1941　米　Col　未　65分　白黒　S　監督：チャールズ・バートン　主演：ジョーン・デイヴィス　マンハッタンのナイト・クラブがキューバから姉妹の芸人を呼ぶが、期日になっても現れない。仕方なく広報係の娘のルーム・メイトをキューバ娘に仕立てて公演する。これは大ヒットするが、そこへ本物が現れるので混乱する。

ヴァージニア　Virginia
1941　米　Para　未　110分　カラー　S　監督：エドワード・H・グリフィス　主演：マデリン・キャロル　南部ヴァージニア州の美人キャロルは、南部紳士フレッド・マクマレイと北部出身のスターリング・ヘイドンとの間で、心が揺れ動く。

ハバナの週末　Week-End in Havana
1941　米　Fox　未　81分　カラー　S　監督：ウォルター・ラング　主演：アリス・フェイ　デパートの売り子フェイが休暇を取ってハバナへ行く。カルメン・ミランダ、ジョン・ペインの共演。

どこであの娘を見つけたの　Where Did You Get That Girl?
1941　米　Univ　未　65分　白黒　S　監督：アーサー・ルビン　主演：レオン・エロル　クラシック音楽を書いている青年の曲を、貧乏楽団がジャズに編曲して売り出そうとするが、金欠のためエロルの質屋で楽器を借りる、レコーディング・スタジオに深夜潜り込んで録音したりする。

踊る結婚式　You'll Never Get Rich
1941　米　Col　公開　88分　白黒　S　監督：シドニー・ランフィールド　主演：フレッド・アステア　アステアがコロムビアでリタ・ヘイワースと組んだ作品。時節柄アステアも陸軍に入隊する設定。

君こそそれだ　You're the One
1941　米　Para　未　83分　白黒　S　監督：ラルフ・マーフィ　主演：ボニー・ベイカー　肥満気味の楽団リーダーが、痩せ薬のスポンサーを得るために、痩せようと努力する。

美人劇場　Ziegfeld Girl
1941　米　MGM　公開　132分　白黒　S　監督：ロバート・Z・レナード　主演：ジュディ・ガーランド　ジーグフェルド・ガールとなった3人の娘、ジュディ、ヘディ・ラマー、ラナ・ターナーの話。バークレイの手による豪華なショー場面が展開される。

こんなブーム　Zis Boom Bah
1941　米　Mono　未　61分　白黒　S　監督：ウィリアム・ナイ　主演：グレイス・ヘイズ　ヴォードヴィル役者が、20年ぶりに共演する息子のためにレストランを買い、息子はそれをシアター・レストランにしてヒットさせる。

1942年

ほとんど結婚して　Almost Married
1942　米　Univ　未　65分　白黒　S　監督：チャールズ・ラモント　主演：ジェイン・フレージー　ナイト・クラブ歌手を目指して田舎から出て来た娘が、誤って新聞に噂を書き立てられ、仕方なく金持ちと便宜的な結婚をするが、二人は本当に愛し合うようになる。

我が心の歌　Always in My Heart
1942　米　WB　公開　92分　白黒　S　監督：ジョー・グレアム　主演：ケイ・フランシス　二人の子を育てるフランシスが、出所した子供たちの実父ウォルター・ヒューストンと結婚するか、生活のために金持ちの男と結婚するかを悩む。

バンビ　Bambi
1942　米　Disney　公開　70分　カラー　S　監督：デイヴィッド・ハンド　森の中で育っ

年度別作品一覧

た小鹿のバンビが成長して、父親の大鹿に代わり、森の王者となるまでを描く。終戦前の最後に作られたディズニー長編アニメ。

難局で　Behind the Eight Ball
1942　米　Univ　未　60分　白黒　S　監督：エドワード・F・クライン　主演：リッツ兄弟　避暑地のミュージカル劇場で連続殺人事件が起きる。リッツ兄弟の喜劇。

歌うために生まれた　Born to Sing
1942　米　MGM　未　82分　白黒　S　監督：エドワード・ルドウィグ　主演：ヴァージニア・ワイルダー　自分の曲を盗まれた作曲家が、自作曲だと証明するために、仲間の助けを借りてショーを上演する。

ブロードウェイ　Broadway
1942　米　Univ　未　91分　白黒　S　監督：ウィリアム・A・サイター　主演：ジョージ・ラフト　禁酒法時代にブロードウェイのナイト・クラブで踊っていたラフトと、その相手役のダンサーの複雑な恋愛関係を描く。ジョージ・アボットの同名の芝居(1926)の映画化。トーキー初期にも「ブロードウェイ」(1929)として映画化されている。

カイロ　Cairo
1942　米　MGM　未　101分　白黒　S　監督：W・S・ヴァン・ダイク　主演：ジャネット・マクドナルド　アメリカ人女優が実はナチスのスパイではないかと考えた新聞記者が、カイロを舞台に彼女の動静を探る。

大峡谷の叫び　Call of the Canyon
1942　米　Rep　未　71分　白黒　S　監督：ジョセフ・サントリー　主演：ジーン・オートリー　借金を抱える家畜バイヤーが、オートリーの家畜を不当に値切るので、揉めて牧童が殺される。オートリーは偽の競馬中継をラジオで流して、バイヤーを捕らえようとする。

海兵隊を召集せよ　Call Out the Marines
1942　米　RKO　未　67分　白黒　S　監督：ウィリアム・ハミルトンほか　主演：ヴィクター・マクラグレン　海兵隊員がキャバレーの歌姫に夢中になる。それにスパイの話が絡む。

個人攻撃するな　Don't Get Personal
1942　米　Univ　未　60分　白黒　S　監督：チャールズ・ラモント　主演：ヒュー・ハーバート　漬物会社を引き継いだハーバートが、自社が提供するラジオ番組でいつも喧嘩ばかりしている夫婦役のジェイン・フレージーとロバート・ペイジに会い、実際には仲が良いことに驚く。

艦隊入港　The Fleet's In
1942　米　Para　未　93分　白黒　S　監督：ヴィクター・シェルツィンガー　主演：ドロシー・ラムーア　パラマウント社で何度も映画化されている題材。内気な水兵ウィリアム・ホールデンが、ナイト・クラブで伯爵夫人と呼ばれるラムーアにキスできるかどうかを賭ける。後のマーティンとルイスの「底抜け艦隊」(1952)と同じ話。

音楽で高飛び　Flying with Music
1942　米　Hal Roach　未　46分　白黒　S　監督：ジョージ・アーチェインボード　主演：マージョリー・ウッドワース　離婚の慰謝料の支払から逃げている男が、5人の美女たちのツアー・ガイドとなる。

脚光セレナーデ　Footlight Serenade
1942　米　Fox　未　80分　白黒　S　監督：グレゴリー・ラトフ　主演：ジョン・ペイン　ブロードウェイに出演したボクサーのヴィクター・マチュアは、共演のベティ・グレイブルに惚れるが、彼女には恋人ペインがいる。

僕と彼女のために　For Me and My Gal
1942　米　MGM　未　104分　白黒　S　監督：バスビー・バークレイ　主演：ジュディ・ガーランド　第一次世界大戦中のヴォードヴィル・チームの話。ジーン・ケリーのデビュー作。

四人の男と一人の娘　Four Jacks and a Jill
1942　米　RKO　未　68分　白黒　S　監督：ジャック・ヒヴリー　主演：レイ・ボルジャー　男性4人と女性1人の音楽チームで、女性アン・シャーリーが恋人のギャングのために抜けてしまい、新しい女性ジューン・ハヴォクを入れて人気を得る。RKOの「ストリート・ガール」(1929)、「世界の歌姫」(1936)と同じ話。

恋の目覚め　Get Hep to Love
1942　米　Univ　未　71分　白黒　S　監督：チャールズ・ラモント　主演：グロリア・ジーン　天才子役のジーンは、仕事であまりにも酷使されるので逃げ出して、小さな町で若い夫婦ロバート・ペイジとジェイン・フレー

638

ジーの子供となり、普通の生活を送ろうとする。ドナルド・オコナーも共演。

やり遂げろ、姉妹たち Give Out, Sisters
1942　米　Univ　未　65分　白黒　S　監督：エドワード・F・クライン　主演：アンドルーズ姉妹　財政難のナイト・クラブが、女子学生をダンサーに雇おうとするが、彼女の叔母がなかなか了承せずにトラブルとなる。

黄金の西部の中心 Heart of the Golden West
1942　米　Rep　未　65分　白黒　S　監督：ジョセフ・ケイン　主演：ロイ・ロジャース　ロジャースは家畜運搬人が高い料金を吹っ掛けるので、ボートでの家畜運搬を考える。

やあ、お隣さん Hi, Neighbor
1942　米　Rep　未　72分　白黒　S　監督：チャールズ・ラモント　主演：ジーン・パーカー　財政難の大学を助けるために、女子学生たちが夏休み中の大学をリゾート施設にして、ショーを上演する。ラジオで人気のあったタレントが大勢出演。

スイング・ホテル Holiday Inn
1942　米　Para　公開　100分　白黒　S　監督：マーク・サンドリッチ　主演：ビング・クロスビー　アステアとビングがヴァージニア・デイルを奪い合い、ビングは別にマージョリー・レイノルズを見つける。

天使と結婚した私 I Married an Angel
1942　米　MGM　未　84分　白黒　S　監督：W・S・ヴァン・ダイクほか　主演：ジャネット・マクドナルド　ロジャースとハートの舞台作品の映画版。マクドナルドとネルソン・エディの共演。

アイス・カパデス・レヴュー
Ice-Capades Revue
1942　米　Rep　未　79分　白黒　S　監督：バーナード・ボーハウス　主演：エレン・ドルー　潰れそうなアイス・ショーを引き継いだ娘が、ライバル・ショーの演出家と恋仲となり、一座を立て直す。ソーニャ・ヘニー作品の二番煎じ的なスケート映画だが、リパブリックとしては前年の「アイス・カパデス」に続く作品。

アイスランド Iceland
1942　米　Fox　未　79分　白黒　S　監督：H・ブルース・ハムバーストン　主演：ソーニャ・ヘニー　プレイ・ボーイの海兵隊員ジョン・ペインが、アイスランドへ派兵されて、土地の娘ソーニャと結婚騒動になる。

監獄ブルース Jail House Blues
1942　米　Univ　未　62分　白黒　S　監督：アルバート・S・ロジェル　主演：ナット・ペンドルトン　受刑中に刑務所で上演したショーが好評で、夢中になる受刑者の話。

オザークのジョーン Joan of Ozark
1942　米　Rep　未　82分　白黒　S　監督：ジョセフ・サントリー　主演：ジュディ・カノヴァ　オザークの山に住むヒルビリー娘カノヴァが鳥を撃つと、ナチスの伝書鳩だったので、人気者となり政府のために働く。

歩兵のジョニー Johnny Doughboy
1942　米　Rep　未　64分　白黒　S　監督：ジョン・H・アウア　主演：ジェイン・ウィザース　ハリウッドで子役ばかりをやらされた女優が逃げ出して、兵士向けのショーに出演する。

ジューク・ボックスのジェニー
Juke Box Jenny
1942　米　Univ　未　61分　白黒　S　監督：ハロルド・ヤング　主演：ケン・マレイ　ジューク・ボックスを経営する男が、金持ち娘を手に入れようと、ジューク・ボックスのスターとして売り出す。この映画でのジューク・ボックスは、レコード再生機ではなく、リクエストにより通信回線で音楽を流す方式。

音楽娘 Juke Girl
1942　米　WB　未　90分　白黒　S　監督：カーティス・バーナード　主演：アン・シェリダン　シェリダンとロナルド・レーガンの主演で、フロリダのトマト農場で働く出稼ぎの男たちと、出荷会社との争いを描く。

44丁目の市長 The Mayor of 44th Street
1942　米　RKO　未　86分　白黒　S　監督：アルフレッド・E・グリーン　主演：ジョージ・マーフィ　元ダンサーの男がダンス楽団を始めて、ストリート・チルドレンを助けるが、ギャングに横槍を入れられる。アン・シャーリーが共演。

ハバナの月明かり Moonlight in Havana
1942　米　Univ　未　63分　白黒　S　監督：アンソニー・マン　主演：アラン・ジョーンズ　ジョーンズは野球選手だが、春のキャンプの練習中に風邪をひくと、素晴らしい声で

歌えることが判明。ナイト・クラブの支配人は、彼に風邪をひかせて歌わせようとする。ジェイン・フレージー共演。

月光の仮面舞踏会 Moonlight Masquerade
1942 米 Rep 未 67分 白黒 S 監督：ジョン・H・アウア 主演：デニス・オキーフ 石油会社の経営者の息子オキーフと共同経営者の娘ジェイン・フレージーは、親が勝手に二人の結婚を決めるので反撥するが、お互い相手が誰だか知らないうちに恋してしまう。

私のお気に入りのスパイ My Favorite Spy
1942 米 RKO 未 86分 白黒 S 監督：テイ・ガーネット 主演：ケイ・カイザー 新婚旅行に行く直前に徴兵されたカイザーは、ナイト・クラブを拠点にするナチスのスパイの動静を探るため、秘密調査員として楽団リーダーを務めるが、美人の連絡員と密かに会うので、妻から浮気を疑われてしまう。喜劇役者ハロルド・ロイドの制作。ボブ・ホープの「腰抜けモロッコ騒動」(1951)と同じ原題だが関係はない。

僕の恋人サリー My Gal Sal
1942 米 Fox 未 103分 カラー S 監督：アーヴィング・カミングス 主演：リタ・ヘイワース 19世紀末に活躍した作曲家ポール・ドレイサーを、ヴィクター・マチュアが演じる伝記映画。アリス・フェイで企画されたが、妊娠したためにリタ・ヘイワースをコロムビアから借りて作られた。

懐かしの我が家 The Old Homestead
1942 米 Rep 未 68分 白黒 S 監督：フランク・マクドナルド 主演：ウィーヴァー兄弟 西部の小さな町でごろつきが暴れ回るので、困った町の人々が、本物のギャングを雇ってごろつきを追い払う。

オーケストラの妻たち Orchestra Wives
1942 米 Fox 未 98分 白黒 S 監督：アーチー・メイヨー 主演：ジョージ・モントゴメリー ジャズ楽団のトランペッターに惚れた純情な田舎娘が、結婚して地方巡業を一緒に回るうちに、夫の浮気を心配するようになる。一度は楽団も解散するが、最後には再結成する。グレン・ミラーも出演して、彼の楽団が次々と演奏するのが見もので、慰問映画のムード。ニコラス兄弟が燕尾服姿で素晴らしい踊りを見せる。

パナマのハティ Panama Hattie
1942 米 MGM 未 79分 白黒 S 監督：ノーマン・Z・マクロード 主演：レッド・スケルトン コール・ポーターのヒット舞台作品の映画版だが、話は少し違っている。パナマ運河でホテルを経営する女性ハティをアン・サザーンが演じ、その恋を描く。

凸凹宝島騒動 Pardon My Sarong
1942 米 Univ 公開 84分 白黒 S 監督：アール・C・ケントン 主演：アボットとコステロ ヨット・レースのコースから外れて、南の島の宝物騒動に巻き込まれる。

優先配備勢揃い Priorities on Parade
1942 米 Para 未 79分 白黒 S 監督：アルバート・S・ロジェル 主演：アン・ミラー 第二次世界大戦中の飛行機工場で、アン・ミラーたちが労働者を励ますショーを上演する。

カウボーイ二等兵 Private Buckaroo
1942 米 Univ 未 68分 白黒 S 監督：エドワード・F・クライン 主演：アンドルーズ姉妹 アンドルーズ姉妹、ディック・フォーランが歌い、ハリー・ジェイムス楽団が演奏する戦争中の兵士物で、慰問調の作品。

リズム・パレード Rhythm Parade
1942 米 Mono 未 68分 白黒 S 監督：ハワード・ブレストンほか 主演：ニルス・T・グランランド ゲイル・ストームがナイト・クラブ歌手を演じるB級作品。話は捨て子騒動からスキャンダルへと発展する。ミルス兄弟らが出演。

凸凹カウボーイの巻 Ride 'Em Cowboy
1942 米 Univ 公開 82分 白黒 S 監督：アーサー・ルビン 主演：アボットとコステロ ロデオ大会をめぐるドタバタ。ディック・フォーラン、エラ・フィッツジェラルドなどが出演。

凸凹スパイ騒動 Rio Rita
1942 米 MGM 公開 91分 白黒 S 監督：S・シルヴァン・サイモン 主演：アボットとコステロ 「リオ・リタ」(1929)の再映画化。ユニヴァーサルではなく凸凹コンビがMGMに貸し出された作品で、キャスリン・グレイスンが美しい歌声を聞かせる。

モロッコへの道 Road to Morocco

1942 米 Para 公開 82分 白黒 S 監督：デイヴィッド・バトラー　主演：ビング・クロスビー　ボブ・ホープと組んだ珍道中シリーズの3作目で、モロッコの砂漠で部族の争いに巻き込まれる。

七日間の休暇　Seven Days' Leave
1942 米 RKO 未 87分 白黒 S 監督：ティム・ウィーラン　主演：ヴィクター・マチュア　マチュアは祖父から多額の遺産を受けることになるが、それには祖父の好きだった女性の孫娘ルシル・ボールと結婚することが条件となっていた。ところが二人には別の婚約者がいるだけでなく、マチュアは7日後に戦地に向かうこととなっていたので忙しくなる。ゲイリー・クーパーの主演した同名の作品(1930)があるが違う話。

花の合唱隊　Seven Sweethearts
1942 米 MGM 公開 98分 白黒 S 監督：フランク・ボーゼイジ　主演：キャスリン・グレイスン　7人の娘を上から順番に結婚させたい古い父親と、下の娘に惚れた新聞記者の話。

おーい、船　Ship Ahoy
1942 米 MGM 未 95分 白黒 S 監督：エドワード・バゼル　主演：エレノア・パウエル　パウエルがドーシー楽団の伴奏で踊る。戦争中なので新型兵器を船でプエルト・リコへ運ぶというスパイ事件が絡む。

悩み事を歌い飛ばせ　Sing Your Worries Away
1942 米 RKO 未 70分 白黒 S 監督：A・エドワード・サザーランド　主演：バート・ラー　ラーは作曲家で、ナイト・クラブのタバコ売り娘が恋人だが、彼女が遺産を相続するので、ギャングがラーを殺してタバコ娘と結婚しようとする。ジューン・ハヴォク（ジプシー・ローズ・リーの妹）がストリッパー役で出演するほか、バディ・エブセンも共演。

眠たい娘　Sleepytime Gal
1942 米 Rep 未 84分 白黒 S 監督：アルバート・S・ロジェル　主演：ジュディ・カノヴァ　ホテルの厨房で働いているカノヴァは歌がうまいので、楽団歌手に応募しようとするが、ギャングが愛人を楽団歌手にするよう圧力をかけるので混乱する。

島の歌　Song of the Islands
1942 米 Fox 未 76分 カラー S 監督：ウォルター・ラング　主演：ベティ・グレイブル　ハワイを背景とした、牧場主の息子ヴィクター・マチュアと農園の娘グレイブルの恋物語。

ロッキーの春風　Springtime in the Rockies
1942 米 Fox 公開 91分 カラー S 監督：アーヴィング・カミングス　主演：ベティ・グレイブル　ダンサーのグレイブルが、結婚相手にジョン・ペインを選ぶか、シーザー・ロメロにするかで迷う。カルメン・ミランダやハリー・ジェイムス楽団も出演。

きらめくスターのリズム　Star Spangled Rhythm
1942 米 Para 未 99分 白黒 S 監督：ジョージ・マーシャル　主演：ビング・クロスビー　パラマウント・スター総出演の慰問調映画。

まさに最高潮　Strictly in the Groove
1942 米 Univ 未 60分 白黒 S 監督：ヴァーノン・キーズ　主演：レオン・エロル　大学生の息子が勉強せずにジャズ楽団に熱中するので、父親のホテル王は息子をアリゾナの観光牧場へ送ってしまう。しかし、そこでも楽団を結成した息子は、美しい娘と結婚するが、彼女はライバル・ホテルの経営者の娘だった。

グラマー娘　Sweater Girl
1942 米 Para 未 77分 白黒 S 監督：ウィリアム・クレメンス　主演：エディ・ブラッケン　大学で恒例のレヴューを上演しようと準備している最中に、不思議な殺人事件が起きる。

シンコペーション　Syncopation
1942 米 RKO 未 88分 白黒 S 監督：ウィリアム・ディターレ　主演：アドルフ・マンジュ　トランペット吹きの恋を通して、20世紀前半のアメリカのジャズの歴史を見せる。雑誌読者の人気投票で出演者を選んだので、チャーリー・バーネット、ベニー・グッドマン、ハリー・ジェイムス、ジーン・クルーパ、コニー・ボーズウェルなど当時の人気者が顔を揃えている。

陸軍に忠実に　True to the Army
1942 米 Para 未 77分 白黒 S 監督：アルバート・S・ロジェル　主演：ジュディ・

カノヴァ　サーカス出演中に殺人を目撃したカノヴァは、ギャングに追われて、恋人のいる陸軍キャンプへ逃げ込み、男性兵士に変装するが、それが混乱を巻き起こす。アラン・ジョーンズ、アン・ミラーが共演。テレビ放映時の題名は「綱渡りデイジーの災難」。

消え行くヴァージニア州人　The Vanishing Virginian
1942　米　MGM　未　97分　白黒　S　監督：フランク・ボーゼイジ　主演：フランク・モーガン　レベッカ・ウィリアムスの自伝の映画化で、婦人参政権運動に参加する進歩的な娘キャスリン・グレイスンと、保守的な公務員の父親モーガンを描く。

何が起きているの？　What's Cookin'?
1942　米　Univ　未　69分　白黒　S　監督：エドワード・F・クライン　主演：アンドルーズ姉妹　ラジオで音楽番組を提供している社長は、流行の音楽を放送したいが、クラシック音楽好きの夫人がそれを許さない。そこで娘グロリア・ジーンの協力を得て番組を一新する。ロバート・ペイジ、ジェイン・フレージー、グレイス・マクドナルド、ドナルド・オコナーなどのユニヴァーサル・スターが総出演で、演奏はウディ・ハーマン楽団。

ジョニーの凱旋するとき　When Johnny Comes Marching Home
1942　米　Univ　未　74分　白黒　S　監督：チャールズ・ラモント　主演：アラン・ジョーンズ　陸軍の英雄ジョーンズ（ジョニー役）は、各地で賞賛の嵐に遭い、うんざりして芸能人の下宿屋に逃げ込み、女性楽団員たちと仲良くなる。グロリア・ジーン、ペギー・ライアン、ドナルド・オコナー、ジェイン・フレージーらが共演。この時代のユニヴァーサル映画の中では一番面白い。

ヤンキー・ドゥードゥル・ダンディ　Yankee Doodle Dandy
1942　米　WB　公開　126分　白黒　S　監督：マイケル・カーティス　主演：ジェイムス・キャグニー　ブロードウェイの舞台で自作自演して人気のあった、ジョージ・M・コーハンの伝記作品。

田舎者　Yokel Boy
1942　米　Rep　未　69分　白黒　S　監督：ジョセフ・サントリー　主演：アルバート・デッカー　ブロードウェイでもジュディ・カノヴァ主演で上演された作品(1939)に基づく映画。田舎の熱心な映画ファンがハリウッドで企画の手伝いをする。

晴れて今宵は　You Were Never Lovelier
1942　米　Col　公開　97分　白黒　S　監督：ウィリアム・A・サイター　主演：フレッド・アステア　アルゼンチンへやって来たアステアは、競馬で有り金をすってしまい、旅費稼ぎにホテルのショーに出演して、ホテル経営者の娘リタ・ヘイワースと恋仲になる。コロンビアでリタと共演した2本目の作品。

青春勢揃い　Youth on Parade
1942　米　Rep　未　72分　白黒　S　監督：アルバート・S・ロジェル　主演：ジョン・ハバード　学生たちが、いたずらで理想的な女学生をでっち上げるが、それに興味を持った教授が会おうとするので慌てる。

1943年

いつも二番手　Always a Bridesmaid
1943　米　Univ　未　61分　白黒　S　監督：アール・C・ケントン　主演：アンドルーズ姉妹　合成ゴムの偽製法を売り込もうとする詐欺師の話で、ラジオの人気者アンドルーズ姉妹の話が絡む。

海を渡る唄　The Amazing Mrs. Holliday
1943　米　Univ　公開　96分　白黒　S　監督：ブルース・マニングほか　主演：ディアナ・ダービン　ダービンは中国で布教していた宣教師の娘で、中国の孤児を連れてアメリカへ戻る。

世界を回る　Around the World
1943　米　RKO　未　80分　白黒　S　監督：アラン・ドゥワン　主演：ケイ・カイザー　カイザー楽団が、歌手たちと一緒に、世界各地の船上の兵士たちを慰問して回る。

綺麗な脚を前に　Best Foot Forward
1943　米　MGM　未　94分　カラー　S　監督：エドワード・バゼル　主演：ルシル・ボール　有名映画女優ルシルが士官学校のダンス・パーティに招かれる。舞台作品の映画版。

天の安息所　Cabin in the Sky
1943　米　MGM　未　98分　白黒　S　監督：ヴィンセント・ミネリほか　主演：エセル・ウォーターズ　黒人兵士慰問用に作られ

たオール黒人映画。舞台作品の比較的忠実な映画版で、当時の黒人スター総出演。

キャンパスのリズム　Campus Rhythm
1943　米　Mono　未　63分　白黒　S　監督：アーサー・ドレイファス　主演：ジョニー・ダウンズ　ラジオの女性歌手ゲイル・ストームが偽名で大学に入学するが、契約の問題で学内ショーへの出演を拒否するため、仲間外れにされてしまう。

おしゃべり娘　Chatterbox
1943　米　Rep　未　77分　白黒　S　監督：ジョセフ・サントリー　主演：ジョー・E・ブラウン　映画の中だけのカウボーイのブラウンが、田舎娘ジュディ・カノヴァに助けられる。

コニー・アイランド　Coney Island
1943　米　Fox　未　96分　カラー　S　監督：ウォルター・ラング　主演：ベティ・グレイブル　19世紀末のコニー・アイランドで売り出し、ブロードウェイでも活躍した女優の恋物語。

マンハッタンのカウボーイ　Cowboy in Manhattan
1943　米　Univ　未　56分　白黒　S　監督：フランク・ウッドラフ　主演：フランシス・ラングフォード　ブロードウェイのスターであるラングフォードを我が物にしようと、売れない作曲家ロバート・ペイジが、金持ちカウボーイの振りをして口説く。

精神病院　Crazy House
1943　米　Univ　未　80分　白黒　S　監督：エドワード・F・クライン　主演：オール・オルセンとチック・ジョンソン　ユニヴァーサル撮影所を追い出されたオルセンとジョンソンの二人は、映画を自主制作しようと、スタジオを借り主演女優を見つけてスポンサー探しまで行う。アラン・ジョーンズ、デルタ・ボーイズ、カウント・ベイシーほかのゲスト出演が豪華。

砂漠の歌　The Desert Song
1943　米　WB　未　95分　カラー　S　監督：ロバート・フローリー　主演：デニス・モーガン　フリムルのオペレッタの2度目の映画化。第二次世界大戦中にモロッコのクラブでピアノを弾くモーガンと、歌手アイリーン・マニングとの恋に、ナチス・ドイツのスパイ騒動が絡む。新曲も追加されている。

デキシー　Dixie
1943　米　Para　未　89分　カラー　S　監督：A・エドワード・サザーランド　主演：ビング・クロスビー　『デキシー』の作曲家として有名な、ケンタッキー出身の作曲家エメットをクロスビーが演じる。

アイルランドの兵士　Doughboys in Ireland
1943　米　Col　未　61分　白黒　S　監督：リュー・ランダース　主演：ケニー・ベイカー　楽団歌手ベイカーが徴兵され、恋人から離れて、アイルランド娘に恋をする。

デュバリイは貴婦人　Du Barry Was a Lady
1943　米　MGM　公開　101分　カラー　S　監督：ロイ・デル・ルース　主演：レッド・スケルトン　コール・ポーターの舞台作品の映画版。富くじに当たったナイト・クラブのクローク係スケルトンが、夢の中でフランス国王ルイになり、デュバリィ夫人となった歌手ルシル・ボールを追い回す。ジーン・ケリーも出演している。

フォリーズの娘　Follies Girl
1943　米　PRC　未　72分　白黒　S　監督：ウィリアム・ローランド　主演：ウェンディ・バリー　バーレスクの衣装デザインをやっているバリーに金満家が夢中になり、止めに入った金満家の息子も彼女に恋してしまう。

楽団稼業　Follow the Band
1943　米　Univ　未　61分　白黒　S　監督：ジーン・ヤーブロー　主演：エディ・キラン　トロンボーンの上手な田舎の青年が、楽団に雇われてラジオでも人気者となり、知り合った娘と結婚する。

舞台の魅力　Footlight Glamour
1943　米　Col　未　72分　白黒　S　監督：フランク・R・ストレイヤー　主演：ペニー・シングルトン　「ブロンディ」シリーズの14作目。ブロンディが書いたアマチュア・ショーの主役が、夫ダグウッドの大切な顧客の娘で、親が出演に反対する。

女優会社　Gals, Incorporated
1943　米　Univ　未　60分　白黒　S　監督：レスリー・グッドウィンズ　主演：レオン・エロル　悪い娘たちが、金持ち老人をカモにして、ナイト・クラブに出資させて結婚を目

論むが、老人の娘が現れて邪魔をする。

仲間は皆ここに The Gang's All Here
1943　米　Fox　未　103分　カラー　S　監督：バスビー・バークレイ　主演：アリス・フェイ　金持ちの息子が、出征前にナイト・クラブの歌姫フェイに惚れる。カルメン・ミランダ、ベニー・グッドマン、シャーロット・グリーンウッドの共演で、バークレイのナンバーが凄い。

始めろ Get Going
1943　米　Univ　未　57分　白黒　S　監督：ジーン・ヤーブロー　主演：ロバート・ペイジ　第二次世界大戦中のワシントンで、タイピストのグレイス・マクドナルドは、上司ペイジの気を惹くために、スパイ網に巻き込まれた振りをするが、実際に二人はスパイ事件に巻き込まれる。

女の子に夢中 Girl Crazy
1943　米　MGM　未　99分　白黒　S　監督：ノーマン・タウログほか　主演：ミッキー・ルーニー　ガーシュウィンの舞台作品の映画版。女遊びが過ぎて田舎の大学に送られたルーニーが、町の郵便局員ジュディ・ガーランドに惚れる。フィナーレはバークレイの演出。

モントレーから来た娘 Girl from Monterey
1943　米　PRC　未　58分　白黒　S　監督：ウォレス・フォックス　主演：アーミーダ　ボクサーの兄が、自分の恋人と戦う予定になったことを知った妹は、それを止めようとするが、マネジャーは兄の気をそらすために魅力的な女に誘惑させる。

成り行き任せ Happy Go Lucky
1943　米　Para　未　81分　カラー　S　監督：カーティス・バーナード　主演：メリー・マーティン　ナイト・クラブのクローク係マーティンは、金持ち男と結婚しようと、貯金をはたいてカリブ海クルーズへ行き、金持ちのルディ・ヴァリーを見つけるが、貧乏歌手のディック・パウエルと恋仲になってしまう。ほかにベティ・ハットンが出ている。

虚栄の花 The Hard Way
1943　米　WB　公開　109分　白黒　S　監督：ヴィンセント・シャーマン　主演：アイダ・ルピノ　親に先立たれた二人姉妹の姉ルピノは、妹ジョーン・レスリーを一流女優にしようと、旅回り芸人のデニス・モーガンやジャック・カースンを踏み台とするが、最後には躓いてしまう。

収穫の旋律 Harvest Melody
1943　米　PRC　未　70分　白黒　S　監督：サム・ニューフィールド　主演：ローズマリー・レイン　人気に翳りの出た女優レインが、戦争で人手不足の農場の収穫の手伝いに行き、人気回復の宣伝に利用しようとする。

発情期 The Heat's on
1943　米　Col　未　79分　白黒　S　監督：グレゴリー・ラトフ　主演：メイ・ウェスト　大女優ウェストを、二人の演劇制作者が取り合う。実質的にウェスト最後の映画出演作。

もしもし、サン・フランシスコですか Hello, Frisco, Hello
1943　米　Fox　未　99分　カラー　S　監督：H・ブルース・ハムバーストン　主演：アリス・フェイ　「バーレスクの王様」(1936)のカラーによる再映画化。ヴォードヴィル・チームの舞台裏話。

エルマーがやって来た Here Comes Elmer
1943　米　Rep　未　74分　白黒　S　監督：ジョセフ・サントリー　主演：アル・ピアース　小さな町の楽団が、ニュー・ヨークで売り出そうと奮闘する。

取っておく彼女のもの Hers to Hold
1943　米　Univ　未　94分　白黒　S　監督：フランク・ライアン　主演：ディアナ・ダービン　「天使の花園」(1936)、「庭の千草」(1939)の続編。ダービンは飛行機パイロットのジョセフ・コットンと恋をする。

彼は私の男 He's My Guy
1943　米　Univ　未　92分　白黒　S　監督：エドワード・F・クライン　主演：ディック・フォーラン　戦争中に防衛産業で働く従業員の士気を高めるために、芸人を集めたショーを上演する。ガートルード・ニーセン、ミルス兄弟らが登場。

よう、相棒 Hi, Buddy
1943　米　Univ　未　66分　白黒　S　監督：ハロルド・ヤング　主演：ディック・フォーラン　兵士のフォーランは、貧しい街の少年倶楽部を作ろうと資金集めをするが、詐欺師に資金を持ち逃げされそうになる。

高く、より高く Higher and Higher

1943 米 RKO 未 90分 白黒 S 監督：ティム・ホウィーラン 主演：ミシェル・モルガン ロジャースとハートの舞台作品の映画化だが、曲はあまり使われていない。フランク・シナトラが出演。

春の序曲　His Butler's Sister
1943 米 Univ 公開 87分 白黒 S 監督：フランク・ボーゼイジ 主演：ディアナ・ダービン 歌で身を立てようとする田舎娘ダービンが、一流作曲家の愛を手に入れる。

ヒット・パレード1943年版　Hit Parade of 1943
1943 米 Rep 未 82分 白黒 S 監督：アルバート・S・ロジェル 主演：ジョン・キャロル 1937-51年にリパブリックで5本作られた「ヒット・パレード」の3作目。売れなくなった作曲家キャロルが、新進の作曲家スーザン・ヘイワードの曲を無断借用する。この作品は数年後に再公開されたが、改題されて「心変わり」Change of Heartとなっている。

凸凹スキー騒動　Hit the Ice
1943 米 Univ 公開 82分 白黒 S 監督：チャールズ・ラモント 主演：アボットとコステロ 街頭写真屋の二人は、偶然に銀行強盗の写真を撮ったため、強盗に追われてスキー場に逃げ込む。

やあ、こんちは　Hi'ya, Chum
1943 米 Univ 未 61分 白黒 S 監督：ハロルド・ヤング 主演：リッツ兄弟 兄弟たちがカリフォルニアのブーム・タウンでナイト・クラブを開業する。

こんちは、水兵さん　Hi'ya, Sailor
1943 米 Univ 未 63分 白黒 S 監督：ジーン・ヤーブロー 主演：ドナルド・ウッズ 当時ユニヴァーサルで作られた「Hi」シリーズのうちの1本。水兵が自作の歌を売り込もうとして失敗。ナイト・クラブ歌手に恋をする。

新婚のリゾート・ホテル　Honeymoon Lodge
1943 米 Univ 未 63分 白黒 S 監督：エドワード・C・リリー 主演：デイヴィッド・ブルース 離婚の危機に瀕した夫婦が、愛を取り戻そうと山のロッジで休暇を楽しむが、それぞれに求愛者が現れてしまう。

それはどうかな　How's About It?
1943 米 Univ 未 61分 白黒 S 監督：アール・C・ケントン 主演：アンドルーズ姉妹 詞の盗作騒ぎなどが起きる音楽出版社で、エレベーター・ガールで歌手志望のアンドルーズ姉妹が歌う。

僕がやったんだ　I Dood It
1943 米 MGM 未 102分 白黒 S 監督：ヴィンセント・ミネリ 主演：レッド・スケルトン バスター・キートンの「キートンの結婚狂」(1929)の再映画化。しがない洗濯屋のスケルトンが、スターのエレノア・パウエルと結婚する。彼は、ナチスの陰謀から彼女を救い出して男を上げる。

みんな幸せかい？　Is Everybody Happy?
1943 米 Col 未 73分 白黒 S 監督：チャールズ・バートン 主演：テッド・ルイス クラリネットの名手で楽団リーダーとして活躍したルイスが、自分で主演する伝記映画。ルイスがいつも観客に話しかけていた言い回しをそのまま題名に使っている。

それは馬草じゃない　It Ain't Hay
1943 米 Univ 未 80分 白黒 S 監督：アール・C・ケントン 主演：アボットとコステロ デイモン・ラニヤンの小説の映画化。馬車屋の娘が馬を亡くして困り、凸凹コンビが競走馬を盗んでくることから始まる人情喜劇。

恋の訪れ　It Comes Up Love
1943 米 Univ 未 61分 白黒 S 監督：チャールズ・ラモント 主演：グロリア・ジーン 田舎で育った二人の娘が、マンハッタンの父親と一緒に住むことになり、恋をしたり、父親の恋愛にチョッカイを出したりする。グロリアの相手役はドナルド・オコナー。

極楽ブギウギ　Jitterbugs
1943 米 Fox 未 75分 白黒 S 監督：マルコム・セント・クレア 主演：ローレルとハーディ ジャズ・メンの極楽コンビが、詐欺事件に巻き込まれる。共演はヴィヴィアン・ブレイン。

音楽窃盗　Larceny with Music
1943 米 Univ 未 64分 白黒 S 監督：エドワード・C・リリー 主演：アラン・ジョーンズ 楽団と女性歌手が騙されて、ナイト・クラブへの出演ができなくなるので、歌手はメイドとなって悪事を暴く。

腰抜けと原爆娘　Let's Face It
1943　米　Para　公開　76分　白黒　S　監督：シドニー・ランフィールド　主演：ボブ・ホープ　夫の留守中に中年夫人の相手をして小遣い稼ぎをしようとしたボブ・ホープは、突然の夫の帰宅に大慌てで逃げ出す。コール・ポーターの舞台作品が原作。

音楽の山から来た男　Man from Music Mountain
1943　米　Rep　未　71分　白黒　S　監督：ジョセフ・ケイン　主演：ロイ・ロジャース　価値のない金山の権利書や土地を売り付ける詐欺師と戦う男の話。

メロディの行進　Melody Parade
1943　米　Mono　未　73分　白黒　S　監督：アーサー・ドレイファス　主演：メリー・ベス・ヒューズ　ショーの制作者を目指すナイト・クラブの給仕の青年が、歌手を夢見るクローク係の可愛い金髪娘のデビューを助ける。

ミスター・ビッグ　Mister Big
1943　米　Univ　未　64分　白黒　S　監督：チャールズ・ラモント　主演：ドナルド・オコナー　演劇学校のコチコチの古典ばかりに飽きた生徒たちが、経営者の留守中に現代的なショーを上演する。グロリア・ジーン、ペギー・ライアン、ロバート・ペイジなどが出演。

ヴァーモントの月明かり　Moonlight in Vermont
1943　米　Univ　未　62分　白黒　S　監督：エドワード・C・リリー　主演：グロリア・ジーン　ヴァーモントの農園の娘ジーンは、ニュー・ヨークの演劇学校に入るが、叔父の農園で人手が足りなくなり、学校の仲間を引き連れて収穫の手伝いをする。当時流行った同名曲もあるが、この映画とは関係がない。

楽しくて仕方ない　Never a Dull Moment
1943　米　Univ　未　60分　白黒　S　監督：エドワード・C・リリー　主演：リッツ兄弟　ナイト・クラブ芸人のリッツ兄弟が、宝石泥棒事件に巻き込まれる。フランシス・ラングフォードが共演。

秘蔵っ子　Nobody's Darling
1943　米　Rep　未　71分　白黒　S　監督：アンソニー・マン　主演：メリー・リー　映画スターの娘が、両親から放って置かれるので、自分の力で女優になる。

オペラの怪人　Phantom of the Opera
1943　米　Univ　公開　92分　カラー　S　監督：アーサー・ルビン　主演：ネルソン・エディ　ガストン・ルルーの有名な原作のカラー版映画化。エディとユニヴァーサルの歌姫スザンナ・フォスターの共演。

ピストルを持つママ　Pistol Packin' Mama
1943　米　Rep　未　64分　白黒　S　監督：フランク・ウッドラフ　主演：ルース・テリー　マンハッタンを追い出された二人の賭博師が、ラス・ヴェガスで荒稼ぎしようと考える。

パワーズの娘　The Powers Girl
1943　米　UA　未　93分　白黒　S　監督：ノーマン・Z・マクロード　主演：ジョージ・マーフィ　モデル派遣で有名となったジョン・ロバート・パワーズの、モデル嬢たちを題材とした作品。アン・シャーリーに惚れたカメラマンのマーフィと、トップ・モデルのキャロル・ランディスの関係を描く。ベニー・グッドマン楽団も出演。

リリー・マースの出演です　Presenting Lily Mars
1943　米　MGM　未　104分　白黒　S　監督：ノーマン・タウログ　主演：ジュディ・ガーランド　田舎娘のジュディ（リリー・マース役）がブロードウェイで大スターになる。

マンハッタンから来た赤毛娘　Redhead from Manhattan
1943　米　Col　未　64分　白黒　S　監督：リュー・ランダース　主演：ルペ・ヴェレス　ブロードウェイのスターが、結婚から逃れるために双子の妹と入れ替わる。双子の姉妹をヴェレスが二役で演じる。

ベヴァリーの起床ラッパ　Reveille with Beverly
1943　米　Col　未　78分　白黒　S　監督：チャールズ・バートン　主演：アン・ミラー　クラシック音楽専門の放送局で、ミラー（ベヴァリー役）は、朝5時からこっそりとジャズ番組を流し始める。これが兵士たちの間で評判となり、「ベヴァリーの起床ラッパ」と呼ばれる。

島のリズム　Rhythm of the Islands

アメリカ 1940年代

1943 米 Univ 未 60分 白黒 S 監督：ロイ・ウィリアム・ニール 主演：アラン・ジョーンズ 詐欺師のジョーンズが、南の島で部族の長と偽り、金持ち娘ジェイン・フレージーを口説いて騙そうとするが、本当に恋してしまう。

万事好調　Riding High
1943 米 Para 未 88分 カラー S 監督：ジョージ・マーシャル 主演：ドロシー・ラムーア　バーレスクの女王ラムーアが、西部にある父親の銀山を相続するが、その銀山は今にも潰れそうな状態だった。鉱山技師ディック・パウエルは彼女を助けて、事態を収拾する。同じ原題のビング・クロスビー主演「恋は青空の下」(1950)とは関係がない。

三兵士への敬礼　Salute for Three
1943 米 Para 未 74分 白黒 S 監督：ラルフ・マーフィ 主演：ベティ・ジェイン・ローズ　歌手ベティをラジオで売り出すために、戦争で英雄となった兵士との恋を演出する。三兵士とは、陸軍、海軍、海兵隊の兵士。

彼女は必要なものを持っている　She Has What It Takes
1943 米 Col 未 66分 白黒 S 監督：チャールズ・バートン 主演：ジンクス・ファールケンバーク　新人女優が売り出しのために昔の有名女優の娘の振りをするが、コラムニストに見抜かれてしまう。

彼女は僕のだ　She's for Me
1943 米 Univ 未 61分 白黒 S 監督：レジナルド・ル・ボーグ 主演：グレイス・マクドナルド　二人の弁護士が、依頼人の美しい女性を取り合う。

銀色のスケート　Silver Skates
1943 米 Mono 未 78分 白黒 S 監督：レスリー・グッドウィンズ 主演：ケニー・ベイカー　アイス・ショーの歌手ベイカーと、スケーターのベリタ、女興行主の三角関係を描く。ソーニャ・ヘニーのスケートに対抗してモノグラム社が売り出したベリタのデビュー作。

青空に踊る　The Sky's the Limit
1943 米 RKO 公開 89分 白黒 S 監督：エドワード・H・グリフィス 主演：フレッド・アステア　アステアが1930年代に活躍したRKOで、ジョーン・レスリーと共演した作品。戦争中なので、アステアは休暇中の空軍パイロット役を演じる。

スリーピー・ラグーン　Sleepy Lagoon
1943 米 Rep 未 65分 白黒 S 監督：ジョセフ・サントリー 主演：ジュディ・カノヴァ　スリーピー・ラグーンの町は軍需産業で出稼ぎ労働者が溢れて、町も腐敗していた。ラジオ番組に出ていたジュディは市長となって、町を浄化する。

なかなかのもの　Something to Shout About
1943 米 Col 未 90分 白黒 S 監督：グレゴリー・ラトフ 主演：ドン・アメチ　歌も踊りも、演技もダメな金持ち女が、自分を主役にする条件でショーに出資するが、最後には才能ある若い娘へ主役を譲る。

注目の醜聞　Spotlight Scandals
1943 米 Mono 未 79分 白黒 S 監督：ウィリアム・ボーディン 主演：ビリー・ギルバート　「歌う床屋」がショーで成功して相手役の娘に惚れるが、彼女がラジオへ進出するので、自分もソロで活動することにする。

楽屋口接待所　Stage Door Canteen
1943 米 UA 未 193分 白黒 S 監督：フランク・ボーゼイジ 主演：シェリル・ウォーカー　演劇協会の作った戦時慰問用の作品。兵士向けの慰問所で芸人たちがショーを見せる。

ストーミー・ウェザー　Stormy Weather
1943 米 Fox 公開 78分 白黒 S 監督：アンドルー・L・ストーン 主演：レナ・ホーン　黒人兵士慰問用に作られた作品。第一次世界大戦で出征してレナに惚れた頃を、ビル・ロビンソンが回顧して踊る。黒人スター総出演。

スルタンの娘　The Sultan's Daughter
1943 米 Mono 未 64分 白黒 S 監督：アーサー・ドレイファス 主演：アン・コリオ　アラブの部族長の娘が母親から油田を相続するが、それをナチス・ドイツとアメリカが取り合う。

優しいロージー・オグレイディ　Sweet Rosie O'Grady
1943 米 Fox 未 74分 カラー S 監督：アーヴィング・カミングス 主演：ベティ・グレイブル　ロンドンで活躍していた元バーレスク嬢のグレイブルと、新聞記者の恋。

熱狂のスウィング　Swing Fever
1943　米　MGM　未　79分　白黒　S　監督：ティム・ウィーラン　主演：ケイ・カイザー　天性の催眠術師でもある売れない作曲家は、弱いボクサーに術をかけて勝たせるが、ギャングに利用されていることに気付く。

共同経営者をうまくのせろ
Swing Your Partner
1943　米　Rep　未　72分　白黒　S　監督：フランク・マクドナルド　主演：マートル・ワイズマン　乳製品工場での不正を暴く話で、カントリー音楽界のスターが出演。

交代勤務のジョニー　Swingtime Johnny
1943　米　Univ　未　61分　白黒　S　監督：エドワード・F・クライン　主演：アンドルーズ姉妹　戦争中にパイプ・オルガン製作所を改造した砲弾工場でアンドルーズ姉妹が働き、仕事の合間に歌いまくる。

タヒチ島の素敵な娘　Tahiti Honey
1943　米　Rep　未　68分　白黒　S　監督：ジョン・H・アウア　主演：シモーヌ・サイモン　フランスがナチス・ドイツに占領されたために、タヒチ島で足止めを食った楽団が、フランス系の娘を歌手として採用するが、それが揉め事の原因となる。

君の幸運の星にありがとう
Thank Your Lucky Stars
1943　米　WB　未　127分　白黒　S　監督：デイヴィッド・バトラー　主演：エディ・カンター　ワーナー・スター総出演の戦時慰問映画。

腰抜けスパイ騒動　They Got Me Covered
1943　米　Samuel Goldwyn　未　95分　白黒　S　監督：デイヴィッド・バトラー　主演：ボブ・ホープ　ホープとドロシー・ラムーアが組んだ、第二次世界大戦を背景としたスパイ物。

これが陸軍だ　This Is the Army
1943　米　WB　未　121分　カラー　S　監督：マイケル・カーティス　主演：ジョージ・マーフィ　アーヴィング・バーリンの第一次世界大戦を背景にした舞台の映画版で、戦時慰問用作品。

万人の歓呼　Thousands Cheer
1943　米　MGM　未　125分　カラー　S　監督：ジョージ・シドニー　主演：キャスリン・グレイスン　MGMスター総出演の戦時慰問映画。大佐の娘グレイスンに、二等兵ジーン・ケリーが恋をする。

賛成　Thumbs Up
1943　米　Rep　未　67分　白黒　S　監督：ジョセフ・サントリー　主演：ブレンダ・ジョイス　安酒場で歌手をしている娘が、軍需工場でプロデューサーと知り合い、才能を発揮してスターの座を手に入れる。

最高の男　Top Man
1943　米　Univ　未　74分　白黒　S　監督：チャールズ・ラモント　主演：ドナルド・オコナー　第二次世界大戦で一家の主が出征し、残された若者たちが、皆を勇気付けるショーを上演する。スザンナ・フォスター、リリアン・ギッシュ共演。

実生活のとおりに　True to Life
1943　米　Para　未　94分　白黒　S　監督：ジョージ・マーシャル　主演：メリー・マーティン　ラジオ作家のディック・パウエルは、典型的なファミリー・コメディを書くために、マーティンとその一家に近づき、その会話をラジオに使ううちに、マーティンに恋をする。マーティンはディックの愛情は偽物だと思い、フランチョット・トーンに近づく。

やあ、何を騒いでいるの
What's Buzzin', Cousin?
1943　米　Col　未　75分　白黒　S　監督：チャールズ・バートン　主演：アン・ミラー　歌のうまい弁護士が、傾きかけていたアン・ミラーのホテルで歌い、ホテルを立て直す。

氷上の花　Wintertime
1943　米　Fox　公開　82分　白黒　S　監督：ジョン・ブラーム　主演：ソーニャ・ヘニー　経営不振のカナダのホテルが、客寄せにノルウェーからスケート選手のソーニャを呼び、ショーを上演する。

運がいいね、スミスさん
You're a Lucky Fellow, Mr. Smith
1943　米　Univ　未　64分　白黒　S　監督：フェリックス・E・ファイスト　主演：アラン・ジョーンズ　財産を引き継ぐために退屈な男と結婚することになった娘が、婚礼に向かう列車の中でほかの男と恋仲になる。題名はアンドルーズ姉妹のヒット曲から取られていて、この作品の中でも歌われる。

１９４４年

恋の花粉症　Allergic to Love
1944　米　Univ　未　60分　白黒　S　監督：エドワード・C・リリー　主演：マーサ・オドリスコル　若いカップルが南米へ新婚旅行に行くと、新婦が花粉症となり、くしゃみが止まらずに医者にかかり、医者と恋仲になってしまう。

そしてエンジェル姉妹は歌う　And the Angels Sing
1944　米　Para　未　96分　白黒　S　監督：ジョージ・マーシャル　主演：ドロシー・ラムーア　エンジェル家の4人姉妹、ラムーア、ベティ・ハットン、ダイアナ・リン、ミミ・チャンドラーは別々の仕事を求めていたが、仕事が見つからないので、楽団歌手となり4人でエンジェル姉妹として歌うようになる。

アトランティック・シティ　Atlantic City
1944　米　Rep　未　87分　白黒　S　監督：レイ・マケアリー　主演：コンスタンス・ムーア　20世紀初頭のアトランティック・シティ。ホテル経営者が街を活気付けて娯楽の中心とするために、水着美人コンテストを行うが、そこへ飛び切り美人のムーアがやって来る。

スウィング街の子供たち　Babes on Swing Street
1944　米　Univ　未　69分　白黒　S　監督：エドワード・C・リリー　主演：アン・ブライス　貧乏な少年たちが学費稼ぎのために、若い世代向けのナイト・クラブを作ろうとする。

世紀の女王　Bathing Beauty
1944　米　MGM　公開　101分　カラー　S　監督：ジョージ・シドニー　主演：レッド・スケルトン　水泳教師エスター・ウィリアムスに惚れたスケルトンが、彼女が教える女子大へ入学する。

美人だが金欠　Beautiful But Broke
1944　米　Col　未　74分　白黒　S　監督：チャールズ・バートン　主演：ジョーン・デイヴィス　芸能エージェントが徴兵されてしまい、留守を任された秘書の娘が、戦争で男手が不足している楽団を補うため、金欠の女性を集めて女性楽団を編成する。

ユーコンのベル　Belle of the Yukon
1944　米　RKO　未　83分　カラー　S　監督：ウィリアム・A・サイター　主演：ランドルフ・スコット　ゴールド・ラッシュに沸くカナダのユーコンの町に、詐欺師スコットが流れてきて酒場を開く。そこへ昔の恋人のジプシー・ローズ・リー（ベル役）もやって来る。ダイナ・ショアも恋敵として登場する。

バワリーからブロードウェイへ　Bowery to Broadway
1944　米　Univ　未　94分　白黒　S　監督：チャールズ・ラモント　主演：マリア・モンテス　二人のヴォードヴィリアンが、柄の悪いバワリー地区からブロードウェイへ進出して成功するが、同じ女優に惚れて争い、コンビを解消する。しかし、最後にはコンビに戻る。

ブラジル　Brazil
1944　米　Rep　公開　91分　白黒　S　監督：ジョセフ・サントリー　主演：ティト・ギザール　アメリカ人の女流作家ヴァージニア・ブルースが、取材でブラジルへ行き、歌手のギザールと恋におちる。

ブロードウェイ・リズム　Broadway Rhythm
1944　米　MGM　未　115分　カラー　S　監督：ロイ・デル・ルース　主演：ジョージ・マーフィ　ミュージカル制作者マーフィは、古いヴォードヴィリアンたちを解雇して、映画スターに置き換えようと考えるが、映画スターは、逆に昔ながらの芸人を大事にすべきだと教える。ショー場面で豪華なゲスト陣が出演している。

歌わずにいられない　Can't Help Singing
1944　米　Univ　未　90分　カラー　S　監督：フランク・ライアン　主演：ディアナ・ダービン　東部の政治家の娘ダービンは、惚れた青年が父親の差し金で西部へ飛ばされたため、彼を追って幌馬車隊で西部へ向かうが、途中でロバート・ペイジに惚れてしまう。ダービン唯一のカラー作品。

キャリア・ガール　Career Girl
1944　米　PRC　未　69分　白黒　S　監督：ウォレス・フォックス　主演：フランシス・ラングフォード　カンザスの田舎から出てきた娘ラングフォードが、苦労してブロードウェイで主役を演じるまで。

カロライナのブルース　Carolina Blues
1944　米　Col　未　81分　白黒　S　監督：リー・ジェイソン　主演：ケイ・カイザー　戦地での慰問ツアーから戻ったカイザー楽団は、軍需工場でも公演する。歌手の娘が結婚で抜けるため、代わりに踊りの上手なアン・ミラーが入り、最後にはカイザーと結婚する。

バーレスクのカサノヴァ　Casanova in Burlesque
1944　米　Rep　未　74分　白黒　S　監督：レスリー・グッドウィンズ　主演：ジョー・E・ブラウン　お堅い大学教授が、夏休み中にストリップを見せるバーレスク小屋で喜劇役者として働く。

親に似た子供　Chip Off the Old Block
1944　米　Univ　未　71分　白黒　S　監督：チャールズ・ラモント　主演：ドナルド・オコナー　兵学校から家に戻る列車で、オコナーはミュージカル・スターの娘に一目惚れして近づくが、駅にオコナーの婚約者が待っていたために、騒動になる。ペギー・ライアン、アン・ブライスの共演。

最高潮　The Climax
1944　米　Univ　未　86分　カラー　S　監督：ジョージ・ワグナー　主演：ボリス・カーロフ　カーロフは歌劇場の医者で、美しいソプラノ歌手を独り占めにしたいが故に殺害してしまう。10年後に若いスザンナ・フォスターがデビューした時に、カーロフは再び昔の感情が蘇り、彼女を独り占めにしようとするが、フォスターの婚約者が助ける。「燃ゆる愛歌」The Climax (1930) のリメイク。

カバーガール　Cover Girl
1944　米　Col　公開　104分　カラー　S　監督：チャールズ・ヴィダー　主演：リタ・ヘイワース　リタのために、ジーン・ケリーを招いて共演させた作品。ナイト・クラブのダンサーのリタが、雑誌の表紙を飾る娘に抜擢されて、スターとなる。

カウボーイの接待所　Cowboy Canteen
1944　米　Col　未　72分　白黒　S　監督：リュー・ランダース　主演：チャールズ・スタリット　第二次世界大戦中の慰問用作品で、兵士向けの観光牧場でいろいろなショーが上演される。ジェイン・フレイザー、テックス・リッター、ミルズ兄弟らが出演する。

南部の大宴会　Dixie Jamboree
1944　米　PRC　未　72分　白黒　S　監督：クリスティ・カヴァンヌ　主演：フランシス・ラングフォード　ミシシッピー河最後のショー・ボートで、船長が密造酒を作っていると勘違いされて、ならず者に船を乗っ取られそうになる。

ヴィーナス以来ずっと　Ever Since Venus
1944　米　Col　未　74分　白黒　S　監督：アーサー・ドレイファス　主演：アイナ・レイ・ハットン　染色剤を使わない新しい口紅を発明した青年が、業界から締め出されそうになるが、恋人に助けられて展示会に出品する。

兵士たちに続け　Follow the Boys
1944　米　Univ　未　122分　白黒　S　監督：A・エドワード・サザーランド　主演：ジョージ・ラフト　戦時慰問用作品で、ヴェラ・ゾリナ、ジャネット・マクドナルド、ダイナ・ショア、ドナルド・オコナー、アンドルーズ姉妹、マルレーネ・ディートリッヒなどが出演。

ジープの四人娘　Four Jills in a Jeep
1944　米　Fox　未　89分　白黒　S　監督：ウィリアム・A・サイター　主演：ケイ・フランシス　フォックス社の戦時慰問用作品。フランシス、キャロル・ランディス、マーサ・レイ、ミッツィ・メイフェアの4人がジープに乗り、フィル・シルヴァースの案内で戦地の兵士を慰問して回る。アリス・フェイなどのフォックス・スターがゲスト出演している。

お化け捕獲人　Ghost Catchers
1944　米　Univ　未　68分　白黒　S　監督：エドワード・F・クライン　主演：オルセンとジョンソン　南部出身の大佐は、歌のうまい娘グロリア・ジーンをデビューさせるために、マンハッタンで屋敷を借りるが、そこがお化け屋敷だったので、ジーンは隣のナイト・クラブにいたオルセンとジョンソンに助けを求める。

女の子大殺到　Girl Rush
1944　米　RKO　未　65分　白黒　S　監督：ゴードン・ダグラス　主演：ウォリー・ブラウン　19世紀中頃のカリフォルニアで、職にあぶれたヴォードヴィリアンが金鉱の町に

アメリカ　1940年代

来ると、女っ気がまったくないので娘たちを呼び、レヴューを上演する。

我が道を往く　Going My Way
1944　米　Para　公開　126分　白黒　S　監督：レオ・マケリー　主演：ビング・クロスビー　ニュー・ヨークの貧民街に赴任した若い神父が、少年たちを勇気付けて合唱団を作る。リーゼ・スティーヴンスがオペラ歌手役で登場。

グリニッチ・ヴィレッジ　Greenwich Village
1944　米　Fox　未　82分　カラー　S　監督：ウォルター・ラング　主演：カルメン・ミランダ　ヴィレッジに居を構えたクラシック作曲家を目指すドン・アメチと、同じ建物の闇酒場に出演しているヴィヴィアン・ブレインの恋物語。

国境を越える手　Hands across the Border
1944　米　Rep　未　72分　白黒　S　監督：ジョセフ・ケイン　主演：ロイ・ロジャース　陸軍向けに馬を育てる二人の牧場主の対立を描く。ロイは殺されそうな馬を助けて、レースに出る。

クロークの優しい娘　Hat Check Honey
1944　米　Univ　未　68分　白黒　S　監督：エドワード・F・クライン　主演：レオン・エロル　息子にはもっと良い生活をさせたいと考えたヴォードヴィリアンの父親エロルは、息子を舞台から外してしまう。息子を愛していたクローク係の娘グレイス・マクドナルドは、彼を助けて舞台で成功させ、疎遠となっていた親子を再会させる。

海軍婦人予備隊がやって来る　Here Come the Waves
1944　米　Para　未　99分　白黒　S　監督：マーク・サンドリッチ　主演：ビング・クロスビー　海軍に入ったビングと、海軍婦人予備隊のベティ・ハットンとの恋物語。ハットンが性格の異なる双子の姉妹を二役で演じる。

おい、新兵　Hey, Rookie
1944　米　Col　未　77分　白黒　S　監督：チャールズ・バートン　主演：アン・ミラー　ブロードウェイの制作者ラリー・パークスは、ショー・ビジネスからしばらく離れたいと考えて軍隊に入るが、低予算での慰問ショーの制作を命じられて、ブロードウェイのスターであるミラーの助けを借りる。

こんちは、ハンサムさん　Hi, Good Lookin'
1944　米　Univ　未　62分　白黒　S　監督：エドワード・C・リリー　主演：ハリエット・ヒラード　ラジオ歌手を目指す娘ヒラードが、そうと知らずに大物歌手と恋におち、デビューを果たす。

ハリウッド玉手箱　Hollywood Canteen
1944　米　WB　公開　124分　白黒　S　監督：デルマー・デイヴィス　主演：ベティ・デイヴィス　ワーナー社の戦時慰問用作品。病院船で帰ってきた兵士が、ハリウッドの接待所で憧れのスターに出会う。ゲストが沢山出てくる。

熱いリズム　Hot Rhythm
1944　米　Mono　未　79分　白黒　S　監督：ウィリアム・ボーダイン　主演：ドナ・ドレイク　歌手の卵ドレイクが上手に歌うので、ラジオ作家が勝手にレコードを作ってしまう。これを聞いた楽団主が気に入り、契約しようとして、間違えてほかの娘と契約するので混乱する。

社交界で　In Society
1944　米　Univ　未　75分　白黒　S　監督：ジーン・ヤーブローほか　主演：アボットとコステロ　凸凹コンビが誤って届けられた招待状を受け取り、社交界のパーティに乗り込む。

アイルランドの瞳が微笑む時　Irish Eyes Are Smiling
1944　米　Fox　未　90分　カラー　S　監督：グレゴリー・ラトフ　主演：モンティ・ウーリー　アイルランドの作曲家アーネスト・R・ボールを、ディック・ヘイムスが演じた伝記作品。題名は作曲家ボールの代表的なヒット曲『アイルランドの瞳が微笑む時』When Irish Eyes Are Smiling から取られている。

ジャム・セッション　Jam Session
1944　米　Col　未　77分　白黒　S　監督：チャールズ・バートン　主演：アン・ミラー　小さな町からダンサーを目指してハリウッドへ向かったアン・ミラーは、シナリオ作家の秘書となり、原稿を取り違えてクビとなる。いろいろな楽団が出演し、豪華なゲスト陣。

ジャムボリー　Jamboree
1944　米　Rep　未　71分　白黒　S　監督：

ジョセフ・サントリー　主演：ルース・テリー　田舎のヒルビリー楽団が、都会のラジオ放送進出を目指す。

カンザス・シティのキティ　Kansas City Kitty
1944　米　Col　未　71分　白黒　S　監督：デル・ロード　主演：ジョーン・デイヴィス　ピアノ教師をしているデイヴィスが音楽出版社を買うが、出版社は『カンザス・シティのキティ』という曲の権利で訴訟に巻き込まれていて、潰れそうだった。

ニッカーボッカーの休日　Knickerbocker Holiday
1944　米　UA　未　85分　白黒　S　監督：ハリー・ジョー・ブラウン　主演：ネルソン・エディ　クルト・ワイルの舞台作品の映画版。MGMを離れたエディが独立プロで作った。

闇の中の婦人　Lady in the Dark
1944　米　Para　未　100分　カラー　S　監督：ミッチェル・ライゼン　主演：ジンジャー・ロジャース　クルト・ワイルの舞台作品の映画版。優柔不断な雑誌編集者の心理を描くのは同じだが、曲は舞台版とはかなり違う。

ご婦人よ、踊りましょう　Lady, Let's Dance
1944　米　Mono　未　88分　白黒　S　監督：フランク・ウッドラフ　主演：ベリータ　アイス・スケーターのベリータを主演とするスケート・ショー作品。カリフォルニア旅行へ行ったベリータが、踊り子に代わってスケート・ショーを見せる。

レイク・プラシドのセレナーデ　Lake Placid Serenade
1944　米　Rep　未　85分　白黒　S　監督：スティーヴ・セクリー　主演：ヴェラ・ラルストン　チェコスロヴァキアの娘が、アメリカのレイク・プラシドの祭りに参加して、スケートで優勝する。しかし、欧州で戦争が勃発して帰国できなくなり、アメリカで新しい恋人を見つけるが、その男には別に婚約者がいた。

凸凹ハレムの巻　Lost in a Harem
1944　米　MGM　公開　89分　白黒　S　監督：チャールズ・ライズナー　主演：アボットとコステッロ　凸凹コンビがMGMに貸し出された作品で、アラブのハレムに迷い込む。

ルイジアナの千草ピクニック　Louisiana Hayride
1944　米　Col　未　67分　白黒　S　監督：チャールズ・バートン　主演：ジュディ・カノヴァ　山出しの娘カノヴァは、映画スターにすると言われて、詐欺師に金を巻き上げられるが、懲りもせずにハリウッドへ出てスクリーン・テストを受ける。プレスリーで有名となった同名のラジオ番組とは関係がない。

若草の頃　Meet Me in St. Louis
1944　米　MGM　公開　113分　カラー　S　監督：ヴィンセント・ミネリ　主演：ジュディ・ガーランド　1933年にセント・ルイスで開催された万国博覧会を背景とした、ガーランドの家庭劇。

ミス十代を紹介します　Meet Miss Bobby Socks
1944　米　Col　未　68分　白黒　S　監督：グレン・トライオン　主演：ボブ・クロスビー　人気のフランク・シナトラをパロディ風に描いた作品で、ボブがティーン・エイジャーの人気アイドルを演じる。

庶民と接する　Meet the People
1944　米　MGM　未　100分　白黒　S　監督：チャールズ・ライズナー　主演：ルシル・ボール　ブロードウェイのスターのルシルが、造船所の溶接工ディック・パウエルの書いた芝居を気に入り、それを上演する。それどころか、彼女自身も一緒に造船所で働き、彼に恋をする。舞台作品（1940）が基になっている。

陽気なモナハン一家　The Merry Monahans
1944　米　Univ　未　91分　白黒　S　監督：チャールズ・ラモント　主演：ドナルド・オコナー　20世紀初頭のヴォードヴィル一家の話。酒飲みの父ジャック・オーキーが業界から嫌われるので、子供のオコナーとペギー・ライアンは分かれて活動するが、最後には一家が再会する。

ミンストレル芸人　Minstrel Man
1944　米　PRC　未　70分　白黒　S　監督：ジョセフ・H・ルイスほか　主演：ベニー・フィールズ　ミンストレル芸人が、亡くなった友人の小さな娘を育て、ミンストレルに出演させる。

ラス・ヴェガスにかかる月　Moon Over Las Vegas

652

1944 米 Univ 未 65分 白黒 S 監督：ジーン・ヤーブロー　主演：アン・グウィン　若い夫婦がうまく行かなくなり、離婚するつもりでラス・ヴェガスへ向かうが、カウンセリングを受けた妻は、夫を嫉妬させれば、夫婦仲を取り戻せると指導される。

月明かりとサボテン　Moonlight and Cactus
1944 米 Univ 未 60分 白黒 S 監督：エドワード・F・クライン　主演：アンドルーズ姉妹　戦争で人手が足りずに、アンドルーズ姉妹に牧場運営が任されるが、牧場主が休暇で同僚と牧場へ戻ると、手際よく運営されているので驚く。

青い部屋の殺人　Murder in the Blue Room
1944 米 Univ 未 61分 白黒 S 監督：レスリー・グッドウィンズ　主演：アン・グウィン　未解決の死亡事件があったお化け屋敷の謎を解くためにパーティが開催されるが、青い部屋にいた人が行方不明となる。

百万人の音楽　Music for Millions
1944 米 MGM 公開 117分 白黒 S 監督：ヘンリー・コスター　主演：マーガレット・オブライエン　第二次世界大戦中にホセ・イタービが指揮する交響楽団で人手が足りなくなり、女性奏者を増やす。コントラバスのジューン・アリソンは、妊娠中ながら頑張り、夫からの便りが途絶えて一同心配するものの、無事が確認され赤ん坊も生まれる。

マンハッタンの音楽　Music in Manhattan
1944 米 RKO 未 81分 白黒 S 監督：ジョン・H・アウア　主演：アン・シャーリー　シャーリーとデニス・デイは、アマチュア芸人コンテストで優勝してプロとなるが、全然人気が出ない。そこで、父親に資金援助を頼もうとワシントンへ向かうが、その途中でいろいろな事件が起きる。

僕の一番の恋人　My Best Gal
1944 米 Rep 未 67分 白黒 S 監督：アンソニー・マン　主演：ジェイン・ウィザーズ　芸能一家に育った娘が、ショーの世界に入らずにドラッグ・ストアで働くが、恋人の作曲家のためにショーを手伝うことにする。

俺の仲間　My Buddy
1944 米 Rep 未 67分 白黒 S 監督：スティーヴ・セクリー　主演：ドン・レッド・バリー　第一次世界大戦から故郷へ戻った男は、仕事がなく密造酒作りの手伝いをするが、そこから彼の人生が狂い始める。

僕の彼女は音楽好き　My Gal Loves Music
1944 米 Univ 未 60分 白黒 S 監督：エドワード・C・リリー　主演：ボブ・クロスビー　グレイス・マクドナルドは、薬の行商ショーで14歳の神童と年齢を偽って人気を得て、ラジオでボブと共演する。ボブは彼女の本当の年齢を見抜いて恋をする。

リズムはお許しを　Pardon My Rhythm
1944 米 Univ 未 62分 白黒 S 監督：フェリックス・E・フィースト　主演：グロリア・ジーン　高校生楽団や若者たちの、恋と苦しみを描く学園物。

ピンナップ・ガール　Pin Up Girl
1944 米 Fox 未 84分 カラー S 監督：H・ブルース・ハムバーストン　主演：ベティ・グレイブル　ワシントン勤務となったグレイブルは、偶然知り合った水兵にミュージカル女優だと嘘をついて困ったことになる。グレイブルのピンナップ写真に人気があったことから、この題名が付けられた。

虹の島　Rainbow Island
1944 米 Para 未 98分 カラー S 監督：ラルフ・マーフィ　主演：ドロシー・ラムーア　第二次世界大戦中に日本軍から逃れた3人の水兵は、南太平洋の小さな島にたどり着き、そこで島民たちの面倒を見ている白人医師と、その娘ドロシー・ラムーアに出会う。テレビ放映時の題名は「南の島でラブハント」。

向こう見ずな年頃　Reckless Age
1944 米 Univ 未 60分 白黒 S 監督：フェリックス・E・フィースト　主演：グロリア・ジーン　デパート王の孫娘ジーンは、祖父の専制的な経営に反撥して、偽名で店員となり下宿暮らしをする。

リヴェット工のロージー　Rosie the Riveter
1944 米 Rep 未 75分 白黒 S 監督：ジョセフ・サントリー　主演：ジェイン・フレージー　軍需工場で働くことになったフレージーとその友人は、住宅が不足しているので、シフト勤務がずれている男性と部屋をシェアすることになる。

ニューヨークの饗宴　Sensations of 1945
1944 米 UA 公開 86分 白黒 S 監

督：アンドルー・L・ストーン　主演：エレノア・パウエル　ダンサーのパウエルが、踊りだけでなく、ショーの企画・制作でも腕を振るう。パウエル最後の主演作。

七日間の上陸休暇　Seven Days Ashore
1944　米　RKO　未　74分　白黒　S　監督：ジョン・H・アウア　主演：ウォリー・ブラウン　サン・フランシスコで7日間の休暇をもらった水兵のブラウンは、3人の娘たちを相手に破綻をきたさないように遊びまくる。

彼女が恋人です　She's a Sweetheart
1944　米　Col　未　69分　白黒　S　監督：デル・ロード　主演：ジェイン・フレージー　戦争休暇中の兵士向け下宿屋として自宅を開放した婦人が、食事や娯楽だけでなく、恋人のいない兵士にはお似合いの娘を紹介するので、本気で恋をする兵士も現れる。

輝け中秋の満月　Shine on Harvest Moon
1944　米　WB　未　112分　白黒／カラー　S　監督：デイヴィッド・バトラー　主演：アン・シェリダン　20世紀初頭のミュージカル・スターであるノーラ・ベイをシェリダンが、相手役のジャック・ノーワースをデニス・モーガンが演じる。全編カラーの予定だったが、物資が不足したためフィナーレのみカラーで撮られた。題名はノーラ・ベイのヒット曲名をそのまま使用している。

ショー・ビジネス　Show Business
1944　米　RKO　未　92分　白黒　S　監督：エドウィン・L・マリン　主演：エディ・カンター　カンターの自伝的な芸人物語。ジョージ・マーフィ、コンスタンス・ムーア、ジョーン・デイヴィスと一緒に、4人で組んだヴォードヴィル・チームの浮き沈みと解散を描く。

調子よく歌おう　Sing a Jingle
1944　米　Univ　未　62分　白黒　S　監督：エドワード・C・リリー　主演：アラン・ジョーンズ　ジョーンズはラジオで人気の歌手だが、徴兵検査で不合格となったために、偽名で軍需工場で働き、工場長の娘と恋におちる。

歌え、隣人　Sing, Neighbor, Sing
1944　米　Rep　未　70分　白黒　S　監督：フランク・マクドナルド　主演：ルース・テリー　田舎でお人好しの住民相手に詐欺を働く男に、テリーが恋をする。

歌う保安官　The Singing Sheriff
1944　米　Univ　未　63分　白黒　S　監督：レスリー・グッドウィンズ　主演：カロライナ・コットン　ブロードウェイのスターが、西部の小さな町の保安官となり、ならず者を捕まえる。

ちょっと素敵　Slightly Terrific
1944　米　Univ　未　65分　白黒　S　監督：エドワード・F・クライン　主演：レオン・エロル　若者たちが、自分たちのショーを上演しようと制作者に支援を求めるが、制作者と大物経営者が双子だったので混乱する。

兵隊さんへのちょっとしたもの　Something for the Boys
1944　米　Fox　未　87分　カラー　S　監督：ルイス・サイラー　主演：カルメン・ミランダ　南部の農園を相続したミランダたちは、陸軍基地の妻たちのための下宿屋を始める。舞台作品の映画化。

街道の歌　Song of the Open Road
1944　米　UA　未　93分　白黒　S　監督：S・シルヴァン・サイモン　主演：エドガー・バーゲン　少女スターのジェイン・パウエルが、ステージ・ママから逃げ出して、子供農園で働く。パウエルが14歳で出たデビュー作で、MGM専属となる前の作品。

デキシーの南部　South of Dixie
1944　米　Univ　未　61分　白黒　S　監督：ジーン・ヤーブロー　主演：アン・グウィン　潰れそうな楽譜出版社を助けるために、作曲家の男が南部出身者だと偽り、その伝記の映画化権を映画会社に売るが、作り話がばれないように、南部出身の女性歌手デキシーから南部英語を習う。そのうちに彼はデキシーに恋をしてしまう。

スター勢揃い　Stars on Parade
1944　米　Col　未　63分　白黒　S　監督：リュー・ランダース　主演：ラリー・パークス　スターを目指す新人たちが、オーディションで芸を見せる。

芸人ホテル　Step Lively
1944　米　RKO　公開　88分　白黒　S　監督：ティム・ホウィーラン　主演：フランク・シナトラ　マルクス兄弟の「ルーム・サーヴィス」(1938)*の再映画化。ジョージ・マー

フィ、グロリア・デ・ヘヴンの共演。

甘くて情緒的　Sweet and Low-Down
1944　米　Fox　未　76分　白黒　S　監督：アーチー・メイヨー　主演：ベニー・グッドマン　グッドマン楽団に入ることを許されたトロンボーン吹きの青年が、恋人にそそのかされて自分の楽団を作るが失敗し、結局はグッドマンの下へ戻る。ウディ・アレンの「ギター弾きの恋」(1999)とほぼ同じ原題だが、関係はない。

アメリカの恋人　Sweethearts of the USA
1944　米　Mono　未　63分　白黒　S　監督：ルイス・D・コリンズ　主演：ウナ・マーケル　戦争中に兵器工場で働く娘が、頭を強打して気を失ってから、不思議な夢を見るようになる。

スウィング・ホステス　Swing Hostess
1944　米　PRC　未　76分　白黒　S　監督：サム・ニューフィールド　主演：マーサ・ティルトン　電話で音楽を流す遠隔ジューク・ボックスで働く娘が、楽団リーダーと恋仲となり歌手デビューする。

鞍の上でスウィング　Swing in the Saddle
1944　米　Col　未　69分　白黒　S　監督：リュー・ランダース　主演：ジェイン・フレージー　二人の牧場主が年次歌唱大会での優勝を賭けて競っているが、そこへ失業中の二人の女優がやって来る。牧場主は料理番を募集したつもりだったが、女優たちは結婚相手募集と勘違いして混乱する。

ブルースでスウィング　Swing Out the Blues
1944　米　Col　未　73分　白黒　S　監督：マルコム・セント・クレア　主演：ボブ・ヘイムス　ラジオの人生相談番組に相談を持ち掛ける夫婦の話。

大げさにする　Take It Big
1944　米　Para　未　75分　白黒　S　監督：フランク・マクドナルド　主演：ジャック・ヘイリー　借金で潰れそうな牧場を引き継いだヘイリーが、借金返済のために牧場でのショーを計画する。

これが人生　This Is the Life
1944　米　Univ　未　87分　白黒　S　監督：フェリックス・E・フィースト　主演：ドナルド・オコナー　田舎の若い娘スザンナ・フォスターは、年上の軍医に恋しているが、密かにフォスターを愛していた幼なじみのオコナーは、軍医がフォスター向きでないことを悟らせる。

三人の騎士　The Three Caballeros
1944　米　Disney　公開　71分　カラー　S　監督：ノーマン・ファーガソンほか　ディズニーの「ラテン・アメリカの旅」(1942)に続く南米物アニメ。短編を組み合わせたオムニバス作品。

三人の妹　Three Little Sisters
1944　米　Rep　未　69分　白黒　S　監督：ジョセフ・サントリー　主演：メリー・リー　戦争中に知らない娘と文通した兵士は、相手を金持ちの美しい令嬢だと思い込んで恋をする。後に会いに行くと、貧しい車椅子の娘だった。

トロカデロ　Trocadero
1944　米　Rep　未　74分　白黒　S　監督：ウィリアム・ナイ　主演：ローズマリー・レイン　父親から引き継いだナイト・クラブのトロカデロを、娘が切り盛りする。

大草原のたそがれ　Twilight on the Prairie
1944　米　Univ　未　62分　白黒　S　監督：ジーン・ヤーブロー　主演：ジョニー・ダウンズ　カウボーイ楽団がハリウッドで映画出演することになるが、西海岸へ向かう途中の草原で立ち往生して、牧場の仕事を手伝うことになる。

姉妹と水兵　Two Girls and a Sailor
1944　米　MGM　公開　124分　白黒　S　監督：リチャード・ソープ　主演：ヴァン・ジョンソン　ナイト・クラブで歌っている姉妹の歌手ジューン・アリソンとグロリア・デ・ヘヴンは、水兵ジョンソンに親切にするが、実は彼は大金持ちだった。

ダニー・ケイの新兵さん　Up in Arms
1944　米　Samuel Goldwyn　公開　105分　カラー　S　監督：エリオット・ニュージェント　主演：ダニー・ケイ　ケイが新兵となって南の島へ行くと、それを追って彼の恋人も次々と島へやって来る。

海軍婦人予備隊員、陸軍婦人隊員と海兵隊員　A Wave, a Wac and a Marine
1944　米　Mono　未　70分　白黒　S　監督：フィル・カールソン　主演：エリス・ノックス　ナイト・クラブの内幕物。ハリウッ

ドのタレント・スカウトが、代役をスターと間違える。題名が内容と合わないが、ナイト・クラブのタレントが最後に軍隊に入ることから、このような題名となった。いかにも戦争中らしい命名。

週末の外出許可　Weekend Pass
1944　米　Univ　未　65分　白黒　S　監督：ジーン・ヤーブロー　主演：マーサ・オドリスコル　田舎者の水兵がロス・アンジェルスでの休暇でデイトすると、変な娘ばかりなので、休暇が終わって船に戻りホッとする。

恋は配給できない　You Can't Ration Love
1944　米　Para　未　78分　白黒　S　監督：レスター・フラー　主演：ベティ・ジェイン・ローズ　戦争で独身男が少なくなったため、女子大生が相談して、デイト相手の男を配給制にする。

1945年

凸凹ハリウッドの巻
Bud Abbott and Lou Costello in Hollywood
1945　米　MGM　公開　83分　白黒　S　監督：S・シルヴァン・サイモン　主演：アボットとコステロ　凸凹コンビがハリウッドで俳優斡旋業に挑み、新人男優を売り出す。

錨を上げて　Anchors Aweigh
1945　米　MGM　公開　143分　カラー　S　監督：ジョージ・シドニー　主演：フランク・シナトラ　プレイ・ボーイの水兵ジーン・ケリーに連れられて外出した内気なシナトラが、歌手を目指すキャスリン・グレイスンに惚れる。

聖メリイの鐘　The Bells of St. Mary's
1945　米　RKO　公開　126分　白黒　S　監督：レオ・マケリー　主演：ビング・クロスビー　「我が道を往く」(1944)の続編。イングリッド・バーグマンが切り盛りする教会付属学校の経営危機を、クロスビーが助ける。

ブルックリンから来た金髪娘
The Blonde from Brooklyn
1945　米　Col　未　65分　白黒　S　監督：デル・ロード　主演：ボブ・ヘイムス　遠隔ジューク・ボックスでヘイムスと一緒に歌っていたブルックリン娘が、ラジオのコマーシャルに出るために南部出身だと偽る。

金髪娘の身代金　Blonde Ransom
1945　米　Univ　未　68分　白黒　S　監督：ウィリアム・ボーディン　主演：ドナルド・クック　ナイト・クラブを経営している恋人が金に困ったのを見て、悪党の叔父から金を巻き上げようと考えた娘が、狂言誘拐を演じる。

女の子を連れて来い　Bring on the Girls
1945　米　Para　未　92分　カラー　S　監督：シドニー・ランフィールド　主演：ヴェロニカ・レイク　金持ち男が、金ではなく彼自身を愛してくれる娘を見つけようと努力する。彼が惚れたタバコ売りのヴェロニカは金に夢中となるので、代わって金に興味のなさそうなマージョリー・レイノルズを見つける。

楽しく危ない　Delightfully Dangerous
1945　米　UA　未　92分　白黒　S　監督：アーサー・ルビン　主演：ジェイン・パウエル　パウエルの第2回の主演作でまだ15歳。姉のようにブロードウェイのスターになりたいと考えて、都会に出てみると、姉が出ていたのはバーレスクだった。

ダイヤモンドの蹄鉄　Diamond Horseshoe
1945　米　Fox　未　104分　カラー　S　監督：ジョージ・シートン　主演：ベティ・グレイブル　ラス・ヴェガスのナイト・クラブのダンサーであるグレイブルに、医学生ディック・ヘイムスが惚れる。「ダイヤモンドの蹄鉄」というのは、制作者ビリー・ローズが持っていた実在のナイト・クラブなので、この映画の原題も、彼の名前を頭に冠してBilly Rose's Diamond Horseshoeと記されることがある。

人形顔　Doll Face
1945　米　Fox　未　80分　白黒　S　監督：ルイス・サイラー　主演：ヴィヴィアン・ブレイン　ストリップ劇場で人気のある「人形顔」と呼ばれるブレインが、ブロードウェイの大舞台に立とうと奮闘する。ペリー・コモ、カルメン・ミランダの共演。

ドリー姉妹　The Dolly Sisters
1945　米　Fox　未　114分　カラー　S　監督：アーヴィング・カミングス　主演：ベティ・グレイブル　グレイブルとジューン・ヘイヴァーのドリー姉妹が、ハンガリー料理店のショーから始めて、ブロードウェイ経由でパリの舞台に立ち人気を得る。

アメリカ　1940年代

ハリウッド宝船　Duffy's Tavern
1945　米　Para　公開　97分　白黒　S　監督：ハル・ウォーカー　主演：エド・ガードナー　復員兵士へ食事を提供するレコード会社の社長は、資金難解消のために、スターを呼んで来て店でショーを上演する。ビング・クロスビー、ベティ・ハットンらのパラマウント・スターが出演する慰問調の作品。

イーディは淑女　Eadie Was a Lady
1945　米　Col　未　67分　白黒　S　監督：アーサー・ドレイファス　主演：アン・ミラー　お堅い女子大の娘アン・ミラー（イーディ役）が、学費稼ぎにストリップのアルバイトをする。それを学校に知られぬように四苦八苦する。

アール・キャロルのヴァニティーズ
Earl Carroll Vanities
1945　米　Rep　未　91分　白黒　S　監督：ジョセフ・サントリー　主演：デニス・オキーフ　国の財政危機を救うためにニュー・ヨークへ来た小国の王妃が、ナイト・クラブで制作者アール・キャロルの目にとまり、「ヴァニティーズ」に出演する。

可愛らしい　Easy to Look At
1945　米　Univ　未　65分　白黒　S　監督：フォード・ビービ　主演：グロリア・ジーン　ファッション・デザイナーを目指す娘が、田舎からニュー・ヨークへ出て、苦労して名声を得る。

イヴは彼女のリンゴを知っていた
Eve Knew Her Apples
1945　米　Col　未　64分　白黒　S　監督：ウィル・ジェイスン　主演：アン・ミラー　ラジオ歌手ミラーは、休暇欲しさに逃げ出して車に隠れると、それは新聞記者の車だったので、いろいろと混乱するが、二人は恋仲となる。キャプラの「或る夜の出来事」(1934)のリメイク。

サン・フランシスコのサリー　Frisco Sal
1945　米　Univ　未　94分　白黒　S　監督：ジョージ・ワグナー　主演：スザンナ・フォスター　フォスターは兄を殺した犯人を探すために、東部からカリフォルニアへやって来て、酒場歌手となり、酒場の経営者と恋をする。

辺境の娘　Frontier Girl

1945　米　Univ　未　92分　カラー　S　監督：チャールズ・ラモント　主演：イヴォンヌ・デ・カルロ　無実の罪でお尋ね者となった男が、酒場の歌手カルロと結婚するが、捕らえられて数年後に出獄すると小さな娘がいる。

陽気なセニョリータ　The Gay Senorita
1945　米　Col　未　69分　白黒　S　監督：アーサー・ドレイファス　主演：ジンクス・フォルケンバーグ　カリフォルニアのメキシコ人地区の再開発、立ち退き問題に、アメリカ人建築家とメキシコ娘ジンクスの恋が絡む。

ジョージ・ホワイトのスキャンダルス
George White's Scandals
1945　米　RKO　未　95分　白黒　S　監督：フェリックス・E・フィースト　主演：ジョーン・デイヴィス　「スキャンダルス」としては3本目の作品。舞台裏物で、2組の恋が描かれる。

戦慄の調べ　Hangover Square
1945　米　Fox　公開　77分　白黒　S　監督：ジョン・ブラーム　主演：レアード・クレガー　錯乱を起こすと自分でも何をするかわからない激情の作曲家が、好きな酒場歌手リンダ・ダーネルがほかの男に惹かれたと知って、発作的に彼女を殺してしまう。

夢のひととき　Her Highness and the Bellboy
1945　米　MGM　公開　112分　白黒　S　監督：リチャード・ソープ　主演：ヘディ・ラマー　欧州の小国の王女ヘディ・ラマーが、お忍びでニュー・ヨークへやって来る。好きになった新聞記者に密かに会いに来たのだが、ホテルの世話係となったボーイのロバート・ウォーカーは、すっかり王女に夢中になってしまう。ところが、ウォーカーには足を痛めた元踊り子のジューン・アリソンという恋人がいて、二人は愛を確かめ合う。それを見たラマーも王女の座を捨てて恋人の胸に飛び込む。

幸運な夜　Her Lucky Night
1945　米　Univ　未　63分　白黒　S　監督：エドワード・C・リリー　主演：アンドルーズ姉妹　映画館で隣に座った男と幸せな将来が開ける、と占い師に言われた娘が、映画の切符を2枚買い、1枚を窓から投げる。アンドルーズ姉妹を中心としたロマンチック・

コメディだが、ハロルド・ロイドの作品から物語を盗用していると訴えられて、賠償金を払った。

女子大生がやって来る
Here Come the Co-Eds
1945　米　Univ　未　90分　白黒　S　監督：ジーン・ヤーブロー　主演：アボットとコステロ　凸凹コンビが警察に追われて女子大の用務員になるが、女子大の財政難を知ってこれを助ける。

寝よう　Hit the Hay
1945　米　Col　未　62分　白黒　S　監督：デル・ロード　主演：ジュディ・カノヴァ　破産寸前の歌劇団が、牛飼い娘カノヴァの素晴らしい声を聞いてスカウトする。カノヴァは退屈なオペラを彼女流にアレンジして歌い、観客の熱狂的な支持を受ける。

幸せへのヒッチハイク
Hitchhike to Happi-ness
1945　米　Rep　未　74分　白黒　S　監督：ジョセフ・サントリー　主演：アル・ピアース　ハリウッドで有名なラジオ女性歌手がお忍びでニュー・ヨークへ戻り、作曲家の卵と恋をする。そして、彼の曲を彼女が歌うことになる。

これからの蜜月　Honeymoon Ahead
1945　米　Univ　未　60分　白黒　S　監督：レジナルド・ル・ボーグ　主演：アラン・ジョーンズ　刑務所内の合唱団が、中心メンバーのジョーンズが仮釈放で抜けてしまうため、刑務所へ呼び戻そうとする。

楽団リーダーが大好き　I Love a Bandleader
1945　米　Col　未　70分　白黒　S　監督：デル・ロード　主演：フィル・ハリス　ペンキ屋だったハリスは頭を打って記憶喪失となり、スウィング楽団のリーダーとなる。記憶喪失を利用して歌手志望の娘が楽団歌手となるが、彼の記憶が戻るので混乱する。

四月を忘れない　I'll Remember April
1945　米　Univ　未　63分　白黒　S　監督：ハロルド・ヤング　主演：グロリア・ジーン　裕福な家庭に育った娘ジーンは、一家が破産してラジオ局の歌手となるが、ラジオ局同士の反目や殺人事件に巻き込まれてしまう。

まったくもって君の言うとおり
I'll Tell the World
1945　米　Univ　未　61分　白黒　S　監督：レスリー・グッドウィンズ　主演：リー・トレイシー　アナウンサーのトレイシーが、潰れそうな放送局を盛り上げる。

鉄火肌の金髪娘　Incendiary Blonde
1945　米　Para　未　113分　カラー　S　監督：ジョージ・マーシャル　主演：ベティ・ハットン　禁酒法時代にナイト・クラブの女王と呼ばれたテキサス・ガイナンの伝記映画。

楽しみです　It's a Pleasure
1945　米　RKO　未　90分　白黒　S　監督：ウィリアム・A・サイター　主演：ソーニャ・ヘニー　ヘニーはスケート・ショーのスターで、レフリーを殴って締め出されたホッケー選手と一緒に滑り、恋仲となって結婚する。しかし、彼の乱れた生活に合わせることができず、一人で滑る決心をする。

列車の女　Lady on a Train
1945　米　Univ　未　94分　白黒　S　監督：チャールズ・デイヴィッド　主演：ディアナ・ダービン　列車の中から殺人事件を目撃したダービンが、自分で調べ始めると事件に巻き込まれてしまう。

着実にやろう　Let's Go Steady
1945　米　Col　未　60分　白黒　S　監督：デル・ロード　主演：パット・パリッシュ　若い連中が自分たちの曲を演奏するショーを企画するが、商業楽団は誰も耳を貸さないので、軍楽隊に応援を頼む。

進め幌馬車　Man from Oklahoma
1945　米　Rep　公開　68分　白黒　S　監督：フランク・マクドナルド　主演：ロイ・ロジャース　「歌うカウボーイ」のロジャースが、故郷の土地争いに巻き込まれて、悪人の企みを暴く。

メキシコの仮面舞踏会
Masquerade in Mexico
1945　米　Para　未　96分　白黒　S　監督：ミッチェル・ライゼン　主演：ドロシー・ラムーア　魅力的なナイト・クラブ歌手ラムーアは、メキシコ・シティで宝石を盗まれて、事件の解決を待つために、しばらく街に留まる。滞在中に、ラムーアは奇妙な依頼を銀行家から受ける。妻を口説こうとするプレイ・ボーイ闘牛士の気をそらすために、逆に闘牛士を誘惑してほしいという依頼だった。

メキシコ娘　Mexicana
1945　米　Rep　未　83分　白黒　S　監督：アルフレッド・サンテル　主演：ティト・ギザール　大人気のメキシコ人歌手が、ファンから迫られて困り、偽装結婚をする。

モリーと私　Molly and Me
1945　米　Fox　未　77分　白黒　S　監督：ルイス・ザイラー　主演：グレイシー・フィールズ　気難しい政治家の家政婦となったフィールズが、一家に新風を吹き込む。英国女優フィールズの主演。

奔放の90年代　The Naughty Nineties
1945　米　Univ　未　76分　白黒　S　監督：ジーン・ヤーブロー　主演：アボットとコステッロ　凸凹コンビが賭博師に乗っ取られたショー・ボートを救う。

ナイト・クラブの娘　Night Club Girl
1945　米　Univ　未　61分　白黒　S　監督：エドワード・F・クライン　主演：ヴィヴィアン・オースティン　ダンサーのオースティンと歌手のジュディ・クラークは、コラムニストの支援を受けてナイト・クラブでデビューする。

ノブ・ヒル　Nob Hill
1945　米　Fox　未　95分　カラー　S　監督：ヘンリー・ハサウェイ　主演：ジョージ・ラフト　19世紀末のサン・フランシスコの繁華街バーバリー・コーストで酒場を経営しているラフトは、ノブ・ヒルに住み上流社会の仲間入りをしたいと考えて、上流婦人ジョーン・ベネットと付き合うが、最後はラフトに惚れた酒場歌手ヴィヴィアン・ブレインへ戻る。

みんなの出番　On Stage Everybody
1945　米　Univ　未　75分　白黒　S　監督：ジーン・ヤーブロー　主演：ジャック・オーキー　昔からのヴォードヴィリアンであるオーキーは、時代の波に乗り遅れていたが、ラジオの新人発掘番組で人気を得る。ペギー・ライアンがオーキーの娘役。

とびきりの上等　Out of This World
1945　米　Para　未　96分　白黒　S　監督：ハル・ウォーカー　主演：エディ・ブラッケン　女性楽団で男性歌手を務めるブラッケンの将来が有望なので、楽団リーダーが投資を求めると、女性たちから予想以上に資金が集まり混乱する。

南北アメリカの娘　Pan-Americana
1945　米　RKO　未　84分　白黒　S　監督：ジョン・H・アウア　主演：フィリップ・テリー　旅行雑誌社で働く娘が、南米に住む婚約者と、同僚カメラマンとの間で、恋心を揺らす。

偉大なるパトリック　Patrick the Great
1945　米　Univ　未　84分　白黒　S　監督：フランク・ライアン　主演：ドナルド・オコナー　老齢に達した役者とその息子オコナーが、同じ役を演じると息子に人気が集まる。最後は親子とも人生の伴侶を見つける。ペギー・ライアン共演。

ペントハウスのリズム　Penthouse Rhythm
1945　米　Univ　未　60分　白黒　S　監督：エドワード・F・クライン　主演：カービー・グラント　ショー・ビジネスを目指す娘と、その3人の兄弟の話。

ラジオ・スター勢揃い　Radio Stars on Parade
1945　米　RKO　未　69分　白黒　S　監督：レスリー・グッドウィンズ　主演：ウォリー・ブラウン　芸能エージェントのブラウンとアラン・カーニーの漫才コンビが、フランシス・ラングフォードをラジオ歌手として売り出す。

アメリカ交響楽　Rhapsody in Blue
1945　米　WB　公開　135分　白黒　S　監督：アーヴィング・ラッパー　主演：ロバート・アルダ　作曲家ジョージ・ガーシュウィンの伝記。ゲスト・スターによるショー場面が豪華。

弁護士と会って　See My Lawyer
1945　米　Univ　未　67分　白黒　S　監督：エドワード・F・クライン　主演：オルセンとジョンソン　1939年の舞台劇の映画版。オルセンとジョンソンはナイト・クラブ芸人で、契約を破棄したいのだが、クラブの経営者は応じない。そこで3人の弁護士を雇い、クラブの顧客に大量の訴訟を起こさせる。判事はクラブを実地検分して調べることにする。

西部から来た娘　Senorita from the West
1945　米　Univ　未　63分　白黒　S　監督：フランク・R・ストレイヤー　主演：アラン・ジョーンズ　3人の金鉱探しに育てられた娘が、歌手を目指してニュー・ヨークへ出て、ラジオ局のエレベーター係となる。彼女は歌

手ジョーンズと知り合い、金鉱も見つかって金持ちとなり、歌手デビューが叶う。

影のある女 Shady Lady
1945 米 Univ 未 91分 白黒 S 監督：ジョージ・ワグナー 主演：チャールズ・コバーン 収監されていたいかさまカード賭博師が仮釈放となり、姪ジニー・シモンズと一緒にシカゴで新しい生活を始める。しかし、シモンズがナイト・クラブの歌手となり、そこに集まる連中を見て、またカード賭博に戻ってしまう。

故郷への道中を歌う Sing Your Way Home
1945 米 RKO 未 72分 白黒 S 監督：アンソニー・マン 主演：ジャック・ヘイリー 大戦中にパリで足止めされていたアメリカの新聞特派員が、帰りの船中で若い女性演芸団の一行と一緒になる。

ミス・ジュリーへの歌 A Song for Miss Julie
1945 米 Rep 未 69分 白黒 S 監督：ウィリアム・ローランド 主演：シャーリー・ロス 二人の男が19世紀の実在の人物の秘密を暴くオペレッタを書くが、遺族の娘が現れて上演に難色を示す。しかし、最後には娘の協力も得て、ブロードウェイでヒットさせる。

腰布の歌 Song of the Sarong
1945 米 Univ 未 65分 白黒 S 監督：ハロルド・ヤング 主演：ナンシー・ケリー 南海の孤島で、官能的に踊る女王が統治する部族が守る「幸運の真珠」を手に入れようと、探検家が賞金を懸ける。

楽聖ショパン A Song to Remember
1945 米 Col 公開 113分 カラー S 監督：チャールズ・ヴィダー 主演：ポール・ムニ 伝記物の得意なコロムビア社の作ったフレデリク・ショパンの伝記。コーネル・ワイルドがショパン役で、マール・オベロンがジョルジュ・サンド役を演じる。

ステート・フェア State Fair
1945 米 Fox 公開 100分 カラー S 監督：ウォルター・ラング 主演：ジーン・クレイン 「あめりか祭」(1933)をミュージカル化したリメイク。ロジャースとハマースタインのオリジナル曲が付けられている。ダナ・アンドルーズ、ディック・ヘイムス、ヴィヴィアン・ブレイン共演。

ストーク・クラブ The Stoke Club
1945 米 Para 未 98分 白黒 S 監督：ハル・ウォーカー 主演：ベティ・ハットン マンハッタンに実在する高級ナイト・クラブのクローク嬢をハットンが演じる。

日よけ帽のスー Sunbonnet Sue
1945 米 Mono 未 89分 白黒 S 監督：ラルフ・マーフィ 主演：ゲイル・ストーム ニュー・ヨークのバワリー地区の騒々しい酒場の娘が、歌や踊りを見せようとするが、バワリーで踊るのはとんでもないと、金持ちの叔母が止めようとする。

スウィングしてよ、娘さん Swing Out, Sister
1945 米 Univ 未 60分 白黒 S 監督：エドワード・C・リリー 主演：ロッド・キャメロン 交響楽団の指揮者が、ジャズ・トランペッターの夢を捨てきれずに、密かにナイト・クラブで演奏するが、そこの女性歌手に惚れて、経営者と彼女を取り合う。

虹でスウィング Swingin' on a Rainbow
1945 米 Rep 未 72分 白黒 S 監督：ウィリアム・ボーダイン 主演：ジェイン・フレージー 作曲家志望の娘が、楽団リーダーに曲を盗まれて、曲を取り戻そうとニュー・ヨークへ乗り込む。

星に伝えて Tell It to a Star
1945 米 Rep 未 67分 白黒 S 監督：フランク・マクドナルド 主演：ルース・テリー ナイト・クラブのタバコ売りの娘が、歌のオーディションで頑張るがうまく行かない。そこへ叔父さんが現れて、大物の振りをして姪を助ける。

君と過ごしたあの夜 That Night with You
1945 米 Univ 未 84分 白黒 S 監督：ウィリアム・A・サイター 主演：フランチョット・トーン なかなか舞台に立てないで困った女優志望の娘スザンナ・フォスターが、制作者の行方不明の娘だと偽って舞台に立つ。ところが娘の母親が様子を見に来るので混乱する。

あれは精霊 That's the Spirit
1945 米 Univ 未 87分 白黒 S 監督：チャールズ・ラモント 主演：ペギー・ライアン 突然死したヴォードヴィリアンのジャック・オーキーが、18年ぶりに天国から地

アメリカ　1940年代

上に戻り、苦労している妻と成長した娘ペギーが幸せに暮らせるように奮闘する。

恋のスリル　Thrill of a Romance
1945　米　MGM　未　105分　カラー　S　監督：リチャード・ソープ　主演：ヴァン・ジョンソン　エスター・ウィリアムズが山のリゾート地に新婚旅行で行くと、そこで知り合ったジョンソンと恋におちる。

今宵よ永遠に　Tonight and Every Night
1945　米　Col　公開　92分　カラー　S　監督：ヴィクター・サヴィル　主演：リタ・ヘイワース　ロンドンのミュージック・ホールの花形ヘイワースと、空軍将校の結ばれぬ恋。

西部の空の下に　Under Western Skies
1945　米　Univ　未　57分　白黒　S　監督：ジーン・ヤーブロー　主演：マーサ・オドリスコル　旅回りの一座が、アリゾナの小さな町で道徳的な人々から拒否されて、ひとまず酒場に逗留するが、酒場の経営者が悪漢だったので、町の教師が一座を救う。

ここからどこへ行くの　Where Do We Go from Here?
1945　米　Fox　未　74分　カラー　S　監督：グレゴリー・ラトフほか　主演：フレッド・マクマレイ　マクマレイは第二次世界大戦の徴兵検査で不合格となり、たまたま見つけた古いランプの精霊に、戦争へ行けるように願う。飲んだくれの精霊は、アメリカの独立戦争や、コロンブスのアメリカ発見、17世紀の戦争など、間違えていろいろな時代へ彼を送り込む。ジョーン・レスリー、ジューン・ヘイヴァー共演。

娘たちはなぜ家庭を後にしたのか　Why Girls Leave Home
1945　米　PRC　未　69分　白黒　S　監督：ウィリアム・バーク　主演：ローラ・レイン　不幸な家庭に育った娘が家を出てクラブ歌手となるが、そこでは違法賭博が行われていて、知り過ぎた娘は殺されかける。

ダニー・ケイの天国と地獄　Wonder Man
1945　米　Samuel Goldwyn　公開　98分　カラー　S　監督：H・ブルース・ハムバーストン　主演：ダニー・ケイ　ケイ得意の二役物で、殺された兄に代わって気弱な弟が活躍する。ヴァージニア・メイヨー、ヴェラ＝エレンが共演。

ヨランダと泥棒　Yolanda and the Thief
1945　米　MGM　未　108分　カラー　S　監督：ヴィンセント・ミネリ　主演：フレッド・アステア　アステアが南米の小国で大金持ちの娘と恋をする。ルシル・ブレマーが共演。

ジーグフェルド・フォリーズ
Ziegfeld Follies
1945　米　MGM　公開　110分　カラー　S　監督：レミュエル・エイヤースほか　主演：ウィリアム・パウエル　天国のフロレンツ・ジーグフェルドが、最新のスターたちを集めてショーを作る。豪華なショー場面が豊富。

1946年

竹の金髪娘　The Bamboo Blonde
1946　米　RKO　未　67分　白黒　S　監督：アンソニー・マン　主演：フランシス・ラングフォード　米軍爆撃機のパイロットが、太平洋戦線への出発前にマンハッタンの小さなナイト・クラブで出会った歌手を忘れられずに、爆撃機に彼女の絵を描き「竹の金髪娘」という名前を付け、活躍して英雄となる。彼は国に戻り、婚約者ではなくそのクラブ歌手と結婚する。

彼のせいで　Because of Him
1946　米　Univ　未　88分　白黒　S　監督：リチャード・ウォレス　主演：ディアナ・ダービン　ダービンがチャールズ・ロートンと組んだ喜劇。舞台女優を目指すダービンは、デビューのために有名制作者の偽手紙を書く。

女子大生ベティ　Betty Co-Ed
1946　米　Col　未　68分　白黒　S　監督：アーサー・ドレイファス　主演：ジーン・ポーター　カーニバルの踊り子だったポーターが、身分を隠して格式のある女子大に入学して巻き起こす喜劇。

ブルー・スカイ　Blue Skies
1946　米　Para　公開　104分　カラー　S　監督：ステュアート・ハイスラー　主演：ビング・クロスビー　フレッド・アステアがパラマウントへ招かれて、クロスビーと共演した2本目の作品。

建国百年祭の夏　Centennial Summer
1946　米　Fox　未　102分　カラー　S　監督：オットー・プレミンジャー　主演：ジー

661

ン・クレイン　1876年にフィラデルフィアで開催された建国100年祭で、フランス館運営のために来たフランス人コーネル・ワイルドに、クレインとリンダ・ダーネルの姉妹が夢中になる。

婿探し千万弗　Cinderella Jones
1946　米　WB　公開　90分　白黒　S　監督：バスビー・バークレイ　主演：ジョーン・レスリー　楽団歌手レスリーは、巨額の遺産を相続する条件として、2週間以内に知能指数の高い男と結婚することを求められて大騒ぎする。

我が心に誓って　Cross My Heart
1946　米　Para　未　85分　白黒　S　監督：ジョン・ベリー　主演：ベティ・ハットン　キャロル・ロムバードとフレッド・マクマレイの「真実の告白」(1937)のミュージカル版。売れない弁護士と嘘つき上手の妻ハットンの話で、ハットンが殺人事件に巻き込まれて、その弁護で夫が名を上げる。

キューバのピート　Cuban Pete
1946　米　Univ　未　60分　白黒　S　監督：ジーン・ヤーブロー　主演：デジ・アーナズ　キューバ楽団の音楽を流したいと考えたラジオ局のスタッフが、苦労の末にアーナズ楽団をハバナから呼び寄せるが、スポンサーが気に入らないというので騒ぎとなる。

愛憎の曲　Deception
1946　米　WB　公開　110分　白黒　S　監督：アーヴィング・ラッパー　主演：ベティ・デイヴィス　トーキー初期の「嫉妬」(1929)の音楽入りリメイク。ピアニストのデイヴィスは大作曲家の寵愛を受けていたが、若いチェロ奏者と仲となり結婚する。夫に対する大作曲家の冷たい態度に反撥して、デイヴィスは彼を撃ち殺してしまう。

私に惚れている？　Do You Love Me
1946　米　Fox　未　91分　カラー　S　監督：グレゴリー・ラトフ　主演：モーリン・オハラ　音楽学校の校長オハラは、列車に乗り合わせたハリー・ジェイムスの演奏に魅せられるが、あまりにも地味な恰好なので相手にされない。学校に戻った彼女は大変身して美女となり、男から言い寄られる。

ミズーリあたりで　Down Missouri Way
1946　米　PRC　未　75分　白黒　S　監督：ジョセフ・バーン　主演：マーサ・オドリスコル　農業大学の女性准教授が田舎でラバと休養している時に、映画のロケ隊と出会い、彼女は制作者と恋をして、ラバも映画に出演する。

アール・キャロルの写生帳　Earl Carroll Sketchbook
1946　米　Rep　未　90分　白黒　S　監督：アルバート・S・ロジェル　主演：コンスタンス・ムーア　歌手ムーアとその恋人の作曲家ウィリアム・マーシャルが、売り出そうと必死に努力する。

結婚は簡単　Easy to Wed
1946　米　MGM　未　106分　カラー　S　監督：エドワード・バゼルほか　主演：ヴァン・ジョンソン　億万長者の娘エスター・ウィリアムスの離婚騒動と、彼女に惚れた元新聞記者ジョンソンの話。

フレディ遊びに出る　Freddie Steps Out
1946　米　Mono　未　75分　白黒　S　監督：アーサー・ドレイファス　主演：フレディ・ステュアート　ラジオのクルーナー歌手が失踪する。大学生がふざけて、瓜ふたつのフレディをその歌手だと宣伝すると、歌手の妻が赤ん坊と一緒に現れて混乱する。

ハーヴェイの店の娘たち　The Harvey Girls
1946　米　MGM　未　102分　カラー　S　監督：ジョージ・シドニー　主演：ジュディ・ガーランド　19世紀のアメリカ。文通で結婚相手を決めてやって来たものの、期待を裏切られた娘をジュディが演ずる。西部劇調の作品。レイ・ボルジャー、アンジェラ・ランズベリー共演。

彼女好みの男　Her Kind of Man
1946　米　WB　未　78分　白黒　S　監督：フレデリク・デ・コルドヴァ　主演：デイン・クラーク　コラムニストのクラークが、闇酒場の歌手ジャニス・ペイジに恋をするが、彼女はギャングの情婦だった。しかし、ギャングが金欠となり、クラークの愛が勝つ。

高校のヒーロー　High School Hero
1946　米　Mono　未　69分　白黒　S　監督：アーサー・ドレイファス　主演：フレディ・ステュアート　フットボール・チームが不振の高校は、すべてがうまく行かないが、勝利に導くヒーローが現れる。

メキシコの休日　Holiday in Mexico
1946　米　MGM　未　128分　カラー　S　監督：ジョージ・シドニー　主演：ウォルター・ピジョン　駐メキシコ米国大使ピジョンとその娘ジェイン・パウエルがメキシコで恋をする。パウエルはMGM初出演。

ユーモレスク　Humoresque
1946　米　WB　公開　125分　白黒　S　監督：ジーン・ネグレスコ　主演：ジョーン・クロフォード　天才的なバイオリニストに惚れた金持ち有閑マダムのクロフォードは、彼を援助して結婚を求めるが、彼が愛しているのは音楽だけだった。フランク・ボーゼイジ監督の同名無声映画(1920)のリメイク。

幸運だったら　If I'm Lucky
1946　米　Fox　未　78分　白黒　S　監督：ルイス・サイラー　主演：ヴィヴィアン・ブレイン　ディック・パウエルの「サンクス・ミリオン」(1935)のリメイク。ペリー・コモが選挙運動の応援で歌ううちに人気が出て、自分が候補者となってしまう。カルメン・ミランダ共演。

青春は素晴らしい　It's Great to Be Young
1946　米　Col　未　69分　白黒　S　監督：デル・ロード　主演：レスリー・ブルックス　退役したGIたちが、リゾート地のサマー・キャンプでショーを上演し、それが制作者の目に留まって、ブロードウェイへの道が開ける。

ジョルスン物語　The Jolson Story
1946　米　Col　公開　128分　カラー　S　監督：アルフレッド・E・グリーン　主演：ラリー・パークス　トーキー映画初期に活躍したアル・ジョルスンの伝記。ミンストレル・ショーからブロードウェイの舞台、映画での成功を描く。

卒業ダンス・パーティ　Junior Prom
1946　米　Mono　未　69分　白黒　S　監督：アーサー・ドレイファス　主演：フレディ・ステュアート　高校の生徒会長選挙をめぐり、金持ちの息子と歌のうまい生徒が対決する。

ダニー・ケイの牛乳屋　The Kid from Brook-lyn
1946　米　SG　公開　113分　カラー　S　監督：ノーマン・Z・マクロード　主演：ダニー・ケイ　牛乳配達員が拳闘のチャンピオンになる。「ロイドの牛乳屋」(1936)のリメイク。

愛する人帰る　Lover Come Back
1946　米　Univ　未　90分　白黒　S　監督：ウィリアム・A・サイター　主演：ジョージ・ブレント　戦争特派員のブレントが不在中には、妻のルシル・ボールも男付き合いを全部断っていた。しかし、夫が戻ると、そのプレイ・ボーイぶりが目に余るので、ルシルも復讐を考える。

メイク・マイン・ミュージック　Make Mine Music
1946　米　Disney　未　75分　カラー　S　監督：ロバート・コーマックほか　10編のポピュラー音楽に映像を付けたアニメのオムニバス作品。日本未公開だが、1956年に「くじらのウィリー」が、1958年に「ピーターと狼」が短編として公開された。

マージ　Margie
1946　米　Fox　未　94分　カラー　S　監督：ヘンリー・キング　主演：ジーン・クレイン　母親クレイン（マージ役）が、娘に1920年代の高校生活について語って聞かせる。当時の関心事はボーイ・フレンドとのデートだが、新たに赴任してきたフランス語の教師に女生徒の人気が集中する。

ブロードウェイで会いましょう　Meet Me on Broadway
1946　米　Col　未　78分　白黒　S　監督：リー・ジェイソン　主演：マージョリー・レイノルズ　若いのに横柄な演出家が、ブロードウェイで爪弾きされてしまい、田舎でアマチュア・ショーを演出する。そのショーの主催者の娘レイノルズは、彼のブロードウェイ再登板に力を貸す。

愛馬トリッガー　My Pal Trigger
1946　米　Rep　公開　79分　白黒　S　監督：フランク・マクドナルド　主演：ロイ・ロジャース　「歌うカウボーイ」のロジャースの代表作で、彼の愛馬トリッガーの誕生秘話。

夜も昼も　Night and Day
1946　米　WB　公開　128分　カラー　S　監督：マイケル・カーティス　主演：ケアリー・グラント　グラントが演じる作曲家コール・ポーターの伝記。舞台場面が盛り沢山。

恋愛放送 No Leave, No Love
1946 米 MGM 公開 119分 白黒 S 監督：チャールズ・マーティン　主演：ヴァン・ジョンソン　戦功で栄誉勲章を授与されたジョンソンは、一刻も早く婚約者の待つ故郷へ帰りたがったが、婚約者は彼の不在中にほかの男と結婚していたので、母からの連絡でホテルにしばらく足止めされる。その間に彼はラジオに出演している人気の娘に恋をする。

人々は面白い People Are Funny
1946 米 Para 未 93分 白黒 S 監督：サム・ホワイト　主演：ジャック・ヘイリー　NBCの人気ラジオ番組をそのまま映画化した作品で、ルディ・ヴァリー、フランシス・ラングフォードなどのゲストが豪華。

アラスカ珍道中 Road to Utopia
1946 米 Para 公開 90分 白黒 S 監督：ハル・ウォーカー　主演：ビング・クロスビー　クロスビーとボブ・ホープの珍道中シリーズ4作目。ホープがドロシー・ラムーアと結婚するのは、この作品だけ。

踊っている間は歌って Sing While You Dance
1946 米 Col 未 88分 白黒 S 監督：D・ロス・レダーマン　主演：エレン・ドルー　新進の作曲家ドルーは、有名作曲家の未亡人と知り合い、故人の曲を一部変更しても良いとの許可を得て、少しいじった曲を大ヒットさせる。

トウモロコシの中で歌う Singin' in the Corn
1946 米 Col 未 65分 白黒 S 監督：デル・ロード　主演：ジュディ・カノヴァ　サーカスで占い師をやっているカノヴァは、叔父が亡くなり土地を引き継ぐ。しかし、その土地は本来の持ち主である「歌うインディアン」部族に引き渡すことが、遺言で残されていた。

ちょっとスキャンダラスな Slightly Scan-dalous
1946 米 Univ 未 66分 白黒 S 監督：ウィル・ジェイスン　主演：フレデリク・ブラディ　別々の仕事をしていた双子の兄弟が、同じ仕事にかかわり、恋人たちも大混乱するが、最後には双子ではなく三つ子だったことが判明して、問題は解決する。

南部の唄 Song of the South
1946 米 Disney 公開 94分 カラー S 監督：ハーヴ・フォスターほか　主演：ルース・ウォリック　ディズニーの実写とアニメを組み合わせた作品で、南部の黒人の爺さんが白人の子供に、いろいろな話を聞かせる。黒人と白人との共演という微妙な問題に触れた作品。

スージー踏み出す Susie Steps Out
1946 米 UA 未 65分 白黒 S 監督：レジナルド・ル・ボーグ　主演：デイヴィッド・ブルース　父が会社をクビになり、家計を助けるために、娘が年を偽ってナイト・クラブで歌ったところ、人気が出てテレビ出演するので、姉とその恋人に見つかってしまう。

大学クラブの恋人 Sweetheart of Sigma Chi
1946 米 Mono 未 76分 白黒 S 監督：ジャック・バーンハードほか　主演：フィル・レーガン　「轟く凱歌」(1933)のリメイク。兵役を終えて大学へ戻り、ボート部のエースとなっている青年ロス・ハンターと、可愛い女子大生エリス・ノックスの恋物語。大学対抗レースの勝敗がかかる展開。

スウィングの行進1946年版 Swing Parade of 1946
1946 米 Mono 未 74分 白黒 S 監督：フィル・カールソン　主演：ゲイル・ストーム　ストームは新しいナイト・クラブで歌手になろうと売り込むが、うまく行かない。三馬鹿大将は、ストームとクラブ・オーナーの恋を助けて、彼女を歌手デビューさせる。コニー・ボーズウェルも出ている。

ご婦人はまったく Talk About a Lady
1946 米 Col 未 71分 白黒 S 監督：ジョージ・シャーマン　主演：ジンクス・フォークンバーグ　莫大な遺産の転がり込んだ田舎娘が、マンハッタンで自分のナイト・クラブに活を入れ、マネジャーと結婚する。

水兵と婦人沿岸警備隊員 Tars and Spars
1946 米 Col 未 86分 白黒 S 監督：アルフレッド・E・グリーン　主演：ジャネット・ブレア　沿岸警備隊員アルフレッド・ドレイクは、海上勤務を希望しているが、与えられた仕事は繋留された筏での非常食の実験だ。そこへ連絡係として、婦人隊員のブレアが現れる。

憂鬱な三人娘 Three Little Girls in Blue

1946　米　Fox　未　100分　カラー　S　監督：H・ブルース・ハムバーストン　主演：ジューン・ヘイヴァー　ロレッタ・ヤングの「三匹の盲ネズミ」Three Blind Mice (1938)*、ベティ・グレイブルの「マイアミにかかる月」Moon Over Miami (1941)*と同じ話。20世紀初頭のアトランティック・シティで、ヘイヴァー、ヴェラ＝エレン、ヴィヴィアン・ブレインの3人の娘たちが、ちょっとした遺産が入ったのを機に、金持ちの男を見つけて結婚しようとする。

恋のブラジル　The Thrill of Brazil
1946　米　Col　公開　91分　白黒　S　監督：S・シルヴァン・サイモン　主演：エヴリン・キーズ　リオ・デ・ジャネイロのホテルのショーの制作者と、その妻で振付家の離婚をめぐる駆け引きを描く。

雲の流れ去るまで　Till the Clouds Roll By
1946　米　MGM　未　132分　カラー　S　監督：リチャード・ウォーフほか　主演：ロバート・ウォーカー　作曲家ジェローム・カーンの伝記。2時間を超える大作で、MGMスター総出演の舞台場面が見もの。

時と場所と娘　The Time, the Place and the Girl
1946　米　WB　未　105分　カラー　S　監督：デイヴィッド・バトラー　主演：デニス・モーガン　ナイト・クラブ経営者モーガンとジャック・カースンは、クラブの隣に住むオペラ歌手マーサ・ヴィカースがポピュラー音楽も好きなことを知り、ブロードウェイのショーの主役に引っ張り出す。

嘘つきお嬢さん　Two Sisters from Boston
1946　米　MGM　公開　112分　白黒　S　監督：ヘンリー・コスター　主演：キャスリン・グレイスン　オペラに出ていると親に嘘をついて、キャバレーで歌っているグレイスンの話。

目覚めて夢見よ　Wake Up and Dream
1946　米　Fox　未　92分　カラー　S　監督：ロイド・ベーコン　主演：ジョン・ペイン　第二次世界大戦で海軍に入り、戦闘中に行方不明になったペインを、恋人のジューン・ヘイヴァーが探しに行くと、彼は小さな島で暮らしている。

１９４７年

楽団を鳴らせ　Beat the Band
1947　米　RKO　未　67分　白黒　S　監督：ジョン・H・アウア　主演：フランシス・ラングフォード　第二次世界大戦から戻り、楽団再結成の資金を稼ぐために、イタリア人の音楽教師に成りすました男が、金持ち娘ラングフォードに歌を教える。1942年の舞台作品の映画版。

カレンダー・ガール　Calendar Girl
1947　米　Rep　未　88分　白黒　S　監督：アラン・ドウォン　主演：ジェイン・フレージー　踊りの好きなフレージーと作曲家の恋物語。画家がフレージーをモデルとしたカレンダー・ガールの絵を描き、その扇情的な表現が物議をかもす。

カーネギー・ホール　Carnegie Hall
1947　米　UA　公開　144分　白黒　S　監督：エドガー・G・ウルマー　主演：マーシャ・ハント　息子が成長してカーネギー・ホールでデビューすることを夢見る母親ハントを中心に描く作品。リリー・ポンスやリーゼ・スティーヴンス、エッツィオ・ピンザなどのゲストが歌う。

コスタ・リカのカーニバル
Carnival in Costa Rica
1947　米　Fox　未　97分　カラー　S　監督：グレゴリー・ラトフ　主演：ディック・ヘイムス　アメリカの学校を卒業してコスタ・リカへ戻ってきたシーザー・ロメロとヴェラ＝エレンは許婚だったので、両親は結婚の準備を進めるが、ロメロはナイト・クラブ歌手セレスト・ホームに惹かれ、ヴェラ＝エレンもカーニバルで出会ったアメリカ人のコーヒー買い付け業者ヘイムスと恋仲になってしまう。

タバコ売り娘　Cigarette Girl
1947　米　Col　未　67分　白黒　S　監督：ガンサー・フォン・フリッチ　主演：レスリー・ブルックス　しがない青年とナイト・クラブのタバコ売り娘が出会い、互いに金持ち、クラブ歌手と嘘をつくが、何年かの後に二人ともその嘘が本当となる。

悩まし女王　Copacabana
1947　米　UA　公開　92分　白黒　S　監

督：アルフレッド・E・グリーン　主演：グルーチョ・マルクス　マネジャーのグルーチョが、カルメン・ミランダをあの手この手で、有名ナイト・クラブの「コパカバーナ」に売り込む。

地上に降りた女神　Down to Earth
1947　米　Col　未　101分　カラー　S　監督：アレクサンダー・ホール　主演：リタ・ヘイワース　ブロードウェイの新作ショーで、ギリシャの舞の女神テレプシコーラを風刺する企画を立てるが、本物の女神ヘイワースが人間の姿で現れて、演出家を魅了し、ショーを真面目な内容に変えてしまい、興行は失敗する。

ドーシー兄弟物語　The Fabulous Dorseys
1947　米　UA　未　88分　白黒　S　監督：アルフレッド・E・グリーン　主演：トミー・ドーシー　ジャズ楽団リーダーとして活躍したトミーとジミー・ドーシーの伝記映画で、本人たちも出演して演奏している。

闘牛の女王　Fiesta
1947　米　MGM　公開　104分　カラー　S　監督：リチャード・ソープ　主演：エスター・ウィリアムス　メキシコの闘牛士に男女の双子が生まれて、息子リカルド・モンタルバンは音楽の道に進みたがり、娘ウィリアムスは闘牛に興味を持つ。

こぐま物語　ミッキーと豆の木
Fun and Fancy free
1947　米　Disney　公開　70分　カラー　S　監督：ジャック・キニーほか　中編2本を組み合わせたアニメ作品。クリフ・エドワーズとダイナ・ショアが歌っている。

グッド・ニュース　Good News
1947　米　MGM　未　93分　カラー　S　監督：チャールズ・ウォルターズ　主演：ジューン・アリソン　大学の人気フットボール選手ピーター・ローフォードが落第しそうになりながら活躍し、教授秘書アリソンと恋におちる。舞台作品（1927）の映画版。

ヒット・パレード1947年版
Hit Parade of 1947
1947　米　Rep　未　90分　白黒　S　監督：フランク・マクドナルド　主演：エディ・アルバート　リパブリックの「ヒット・パレード」の5本中4番目の作品。ナイト・クラブで売り出した3人の男とコンスタンス・ムーアの人気が出て、映画にも出演するものの、ムーアの人気が高まるにつれてグループには亀裂が入る。

ハネムーン　Honeymoon
1947　米　RKO　未　74分　白黒　S　監督：ウィリアム・キースリー　主演：シャーリー・テンプル　テンプルは、メキシコ勤務の伍長ガイ・マディスンと結婚するために、メキシコ・シティまでやって来るが、行き違いで二人はなかなか会えずに、大変な苦労をする。

今は誰が彼女にキスしているのだろう
I Wonder Who's Kissing Her Now
1947　米　Fox　未　104分　カラー　S　監督：ロイド・ベーコン　主演：ジューン・ヘイヴァー　20世紀初頭に、ヴォードヴィルの作曲家から始め、ブロードウェイでもショーを書いたジョセフ・E・ハワードの伝記映画。題名は彼のヒット曲から取られている。

私はあなたのもの　I'll Be Yours
1947　米　Univ　公開　93分　白黒　S　監督：ウィリアム・A・サイター　主演：ディアナ・ダービン　ウィリアム・ワイラーの「お人好しの仙女」The Good Fairy (1935)のミュージカル版。

下町天国　It Happened in Brooklyn
1947　米　MGM　公開　104分　白黒　S　監督：リチャード・ウォーフ　主演：フランク・シナトラ　シナトラのほかにキャスリン・グレイスン、ジミー・デュランテ、ピーター・ローフォードが出演。帰還兵士シナトラが、デュランテと一緒に、貧しい子供に音楽を教えているグレイスンを助ける。

五番街の出来事
It Happened on Fifth Ave-nue
1947　米　AA　公開　116分　白黒　S　監督：ロイ・デル・ルース　主演：ドン・デフォー　五番街の豪邸に住む大金持ち一家は、金儲けばかりを考える主人のためにバラバラとなっていたが、いつの間にか心の広い浮浪者デフォーが豪邸の主となり、金持ち一家も居候のように一緒に住むことになる。やがて浮浪者の広い心に感化された一家は、家族の絆を取り戻す。アライド・アーチストの第1回作品。1955年に「夜の億万長者」と改題され、再公開された。

女たらし　Ladies' Man
1947　米　Para　未　91分　白黒　S　監督：ウィリアム・D・ラッセル　主演：エディ・ブラッケン　田舎で農場を経営する女に縁のない男が、偶然に石油を掘り当てて成金となり、ニュー・ヨーク見物へ出かけるが、ラジオの街角インタビューで大金持ちだと答えたので、女たちが群がってくる。原題は同じだが、ジェリー・ルイスの「底抜けもててもてて」(1961)とは関係がない。

リンダは行儀良く　Linda Be Good
1947　米　Matty Kemp　未　67分　白黒　S　監督：フランク・マクドナルド　主演：エリーゼ・ノックス　小説家の妻（リンダ）が、小説の題材を得ようと、夫には内緒でバーレスク一座に入り舞台に立つが、ナイト・クラブ出演中に、夫と上司が顧客を連れて現れる。

小さなミス・ブロードウェイ　Little Miss Broadway
1947　米　Col　未　70分　白黒　S　監督：アーサー・ドレイファス　主演：ジーン・ポーター　花嫁学校を終えたジーンは、実家を大金持ちだと思っていたが、実際は文無しだった。そこで、服役中の友人の家に勝手に入り込んで取り繕い、ボーイ・フレンドを招くが、友人が隠していた大金を使ったことから混乱が起きる。原題が同じシャーリー・テンプルの「天晴れテンプル」(1938)とは無関係。

派手に生きよう　Living in a Big Way
1947　米　MGM　未　104分　白黒　S　監督：グレゴリー・ラ・カヴァ　主演：ジーン・ケリー　戦争から戻ってきたケリーは、出征前に結婚した花嫁が高慢な金持ちだと知り、彼女の金を使って戦争未亡人や孤児のための家を建てることにする。家を建てる場面が、「ザッツ・エンターテインメント」(1974)にも使われた。

愛して学ぶ　Love and Learn
1947　米　WB　未　83分　白黒　S　監督：フレデリック・デ・コルドヴァ　主演：ジャック・カースン　カースンとロバート・ハットンは売り出し中の作曲家コンビで、金持ちの女性マーサ・ヴィッカースが身分を隠して密かに援助すると、彼女との愛をめぐり二人は対立してしまう。

私の愛する男　The Man I Love
1947　米　WB　未　96分　白黒　S　監督：ラオール・ウォルシュ　主演：アイダ・ルピノ　ナイト・クラブ歌手ルピノは、兄弟を訪ねた地に滞在する間に近所のクラブに出演するが、そこのピアニストに惚れてしまう。しかし、ピアニストは離婚の痛手から回復していない。

ママはタイツをはいていた　Mother Wore Tights
1947　米　Fox　未　107分　カラー　S　監督：ウォルター・ラング　主演：ベティ・グレイブル　グレイブルが、ママさんヴォードヴィリアンとなり、舞台と子育てに奮闘する。

お気に入りの黒髪娘　My Favorite Brunette
1947　米　Para　未　87分　白黒　S　監督：エリオット・ニュージェント　主演：ボブ・ホープ　写真家ホープは、隣の私立探偵を訪ねて来たドロシー・ラムーアに、行方不明の叔父の捜索を頼まれて、一緒に探すうちに殺人事件に巻き込まれてしまう。

僕の野育ちアイルランドのローズ　My Wild Irish Rose
1947　米　WB　未　101分　カラー　S　監督：デイヴィッド・バトラー　主演：デニス・モーガン　19世紀末から20世紀初頭に活躍した、アイルランド系アメリカ人歌手チョーンシー・オルコットの伝記を、モーガンが演じる。女優リリアン・ラッセルとのプラトニックな愛と、アーリン・ダール（ローズ役）への愛が描かれる。題名はオルコットが書いたヒット曲から取られている。

ニューオリンズ　New Orleans
1947　米　UA　未　90分　白黒　S　監督：アーサー・ルビン　主演：アルトゥーロ・デ・コルドヴァ　20世紀初頭のニュー・オリンズの花街でジャズが生まれて、それがシカゴに伝わる様子が描かれる。ルイ・アームストロング、ビリー・ホリデイ、ウディ・ハーマン楽団など、ゲスト陣が豪華。

北西入植地　Northwest Outpost
1947　米　Rep　未　91分　白黒　S　監督：アラン・ドゥワン　主演：ネルソン・エディ　19世紀前半のカリフォルニアのロシア人入植地にやって来たエディが、ロシアの貴婦人と恋をする。

古いスペイン街道で　On the Old Spanish Trail
1947　米　Rep　未　75分　カラー　S　監督：ウィリアム・ウィットニー　主演：ロイ・ロジャース　ロジャースがメキシコの歌手ティト・ギザールと組んだ作品。巡回ショーを公演している時に借金取りが来て、払わなければ機材を全部没収するという。そのために、ロイは金を稼がねばならなくなる。

ポーリンの冒険　The Perils of Pauline
1947　米　Para　公開　96分　カラー　S　監督：ジョージ・マーシャル　主演：ベティ・ハットン　無声時代の連続活劇の女王パール・ホワイトの生涯をハットンが演じる。

南米珍道中　Road to Rio
1947　米　Para　公開　100分　白黒　S　監督：ノーマン・Z・マクロード　主演：ビング・クロスビー　クロスビーとボブ・ホープが、ショーを混乱させたため、ニュー・オリンズを逃げ出して、南米のリオ・デ・ジャネイロへ向かう。

軍曹、大学へ行く　Sarge Goes to College
1947　米　Mono　未　63分　白黒　S　監督：ウィル・ジェイスン　主演：フレディ・ステュアート　第二次世界大戦で負傷した海兵隊の軍曹が長い休暇をもらい、静かな環境の短大でのんびり過ごそうとするが、学内ショーで楽団が必要となり軍楽団を呼んでくる。

虹を摑む男　The Secret Life of Walter Mitty
1947　米　SG　公開　110分　カラー　S　監督：ノーマン・Z・マクロード　主演：ダニー・ケイ　夢ばかり見ているケイは、とうとう白日夢と現実の区別がつかなくなってしまう。

衝撃のミス・ピルグリム　The Shocking Miss Pilgrim
1947　米　Fox　未　85分　カラー　S　監督：ジョージ・シートン　主演：ベティ・グレイブル　19世紀中頃に職業婦人だったグレイブルが婦人運動を始める。

スモーキー・リヴァーのセレナーデ　Smoky River Serenade
1947　米　Col　未　67分　白黒　S　監督：ダーウィン・エイブラハムズ　主演：ルース・テリー　村の土地を業者が全部買い取ろうとする中で、第二次世界大戦で亡くなった息子との約束に従い、牧場を守る男の話。

内緒の何か　Something in the Wind
1947　米　Univ　未　94分　白黒　S　監督：アーヴィング・ピチェル　主演：ディアナ・ダービン　金持ちが亡くなり、見知らぬ女性への毎月の送金を続けるように遺言があったことから始まる喜劇。

愛の調べ　Song of Love
1947　米　MGM　公開　119分　白黒　S　監督：クラレンス・ブラウン　主演：キャサリン・ヘプバーン　作曲家シューマンの妻となった、天才ピアニストのクララ・シューマンの伝記をヘプバーンが演じる。

シェヘラザードの歌　Song of Scheherazade
1947　米　Univ　未　105分　カラー　S　監督：ウォルター・ライシュ　主演：イヴォンヌ・デ・カルロ　ロシアの作曲家リムスキー＝コルサコフの伝記。ナイト・クラブで踊るデ・カルロの姿を見て、有名な「シェヘラザード」を作曲する。

山岳地帯の春　Springtime in the Sierras
1947　米　Rep　未　75分　カラー　S　監督：ウィリアム・ウィットニー　主演：ロイ・ロジャース　ロジャースとジェイン・フレージーの歌うカウボーイ物。密猟の犯人とロジャースが戦う。

僕の恋人　That's My Gal
1947　米　Rep　未　66分　カラー　S　監督：ジョージ・ブレア　主演：リン・ロバーツ　悪徳制作者が、ショーを失敗させて投資家への配当をなくそうとするが、投資家の一人が自分の投資分を自治体に寄付したので、知事の秘書リンが乗り込んできてショーを改善し、ヒットさせてしまう。

今度は本気で　This Time for Keeps
1947　米　MGM　未　105分　カラー　S　監督：リチャード・ソープ　主演：エスター・ウィリアムス　オペラ歌手の息子が戦争から戻り、ウィリアムスと恋をする。

二人の金髪娘と一人の赤毛娘　Two Blondes and a Redhead
1947　米　Col　未　70分　白黒　S　監督：アーサー・ドレイファス　主演：ジーン・ポーター　金持ちの令嬢ポーターは上流の学校に通っているが、ブロードウェイでコーラ

アメリカ　1940年代

ス・ガールとなるお転婆ぶりで、執事と結婚すると言い出す。

終わりなき踊り　The Unfinished Dance
1947　米　MGM　未　101分　カラー　S　監督：ヘンリー・コスター　主演：マーガレット・オブライエン　プリマの座を外部の娘に取られて、バレエ学校の生徒が、新プリマに怪我を負わせようと細工する。シド・チャリシーも踊っている。仏映画「白鳥の死」La mort du cygne (1937) のリメイク。

ハリウッド・アルバム　Variety Girl
1947　米　Para　公開　93分　白黒／カラー　S　監督：ジョージ・マーシャル　主演：メリー・ハッチャー　田舎娘がハリウッドでデビューする様子を描く中で、パラマウント・スターが総出演する。

楽し我が道　Welcome Stranger
1947　米　Para　公開　107分　白黒　S　監督：エリオット・ニュージェント　主演：ビング・クロスビー　小さな村の老医師に代わるためにやって来た若い医師クロスビーが、人々の信頼を得るまでを描く。

娘が美しいとき　When a Girl's Beautiful
1947　米　Col　未　68分　白黒　S　監督：フランク・マクドナルド　主演：アデル・ジャージェンス　広告業界の男が理想的な娘を求めて、いろいろなモデルの写真を合成するが、彼は本物を求めたくなる。

1948年

四月の雨　April Showers
1948　米　WB　未　94分　白黒　S　監督：ジェイムス・V・カーン　主演：ジャック・カースン　売れなくなってきた夫婦ヴォードヴィリアンのカースンとアン・サザーンが、人気回復のために息子を加えると、息子の人気だけが高まる。バスター・キートンをモデルにした話だといわれている。

君はカーニバルで雇われているの？　Are You with It?
1948　米　Univ　未　93分　白黒　S　監督：ジャック・ハイヴリー　主演：ドナルド・オコナー　数学の天才オコナーは保険会社に勤めていたが、自分の計算間違いに気付いて会社を辞めてしまう。保険会社では心の安らぎを感じなかったオコナーが、カーニバルを見

て初めて楽しさを覚え、自分も出演するようになる。ブロードウェイ作品(1945)の映画版。

大都会　Big City
1948　米　MGM　未　103分　白黒　S　監督：ノーマン・タウログ　主演：マーガレット・オブライエン　孤児の少女オブライエンが施設へ送られそうなので、3人の男たちロバート・プレストン、ダニー・トーマス、ジョージ・マーフィが保護するが、トーマスとマーフィは自分が恋人と結婚してオブライエンを養子にしたいと考える。

キャンパスのハネムーン　Campus Honeymoon
1948　米　Rep　未　61分　白黒　S　監督：リチャード・セイル　主演：リン・ワイルド　大学寮の部屋が空いていないので、退役軍人二人と金髪娘リンとリー・ワイルドが、偽装結婚して、退役軍人向け家族寮に入り、怪しいと疑われる。

キャンパスの探偵　Campus Sleuth
1948　米　Mono　未　57分　白黒　S　監督：ウィル・ジェイスン　主演：フレディ・スチュアート　大学のダンス・パーティで雑誌写真家が殺された事件をめぐり、ドジな警部がおかしな捜査をしている間に、学生たちが真犯人を探し出す。

迷路　Casbah
1948　米　Univ　公開　94分　白黒　S　監督：ジョン・ベリー　主演：イヴォンヌ・デ・カルロ　ジャン・ギャバンの「望郷」(1937)のミュージカル版。フランスで罪を犯したトニー・マーティンは、アルジェの街にある迷路のようなカスバ地区に逃げ込み官憲から逃れているが、惚れた女のために逮捕されてしまう。「望郷」とは異なり、最後は船ではなく飛行機で発つ。

氷上円舞曲　The Countess of Monte Cristo
1948　米　Univ　公開　77分　白黒　S　監督：フレデリク・デ・コルドヴァ　主演：ソーニャ・ヘニー　ソーニャ最後のハリウッド作品。ウェートレスが映画「モンテ・クリスト伯爵夫人」に出演するが失敗、アイス・ショーで成功する。

スイングの少女　A Date with Judy
1948　米　MGM　公開　113分　カラー　S　監督：リチャード・ソープ　主演：ウォレス・

ビアリー　年頃の娘ジェイン・パウエルとエリザベス・テイラーの恋愛話。

夢見る娘　Dream Girl
1948　米　Para　未　85分　白黒　S　監督：ミッチェル・ライゼン　主演：ベティ・ハットン　ハットンはいつも空想の世界で夢見ているので、両親も姉も呆れている。その夢想を止めることができたのは、本当の恋人だけだった。

イースター・パレード　Easter Parade
1948　米　MGM　公開　107分　カラー　S　監督：チャールズ・ウォルターズ　主演：ジュディ・ガーランド　安酒場で踊っていたジュディが、フレッド・アステアに仕込まれてダンス・パートナーとして売り出す。アン・ミラー共演。

皇帝円舞曲　The Emperor Waltz
1948　米　Para　公開　106分　カラー　S　監督：ビリー・ワイルダー　主演：ビング・クロスビー　オーストリア皇帝に蓄音機を売り込みに行ったアメリカ人セールス・マンのクロスビーが、貴族の令嬢ジョーン・フォンテインと恋仲となる。

反目と口論そして戦い　Feudin', Fussin' and A-Fightin'
1948　米　Univ　未　78分　白黒　S　監督：ジョージ・シャーマン　主演：ドナルド・オコナー　旅回りセールス・マンのオコナーは、足が早いので、町の人に頼まれて、隣町との競走に出場させられる。

異国の出来事　A Foreign Affair
1948　米　Para　未　116分　白黒　S　監督：ビリー・ワイルダー　主演：ジーン・アーサー　大戦後のベルリンで、アメリカ陸軍大尉のジョン・ランドは、ナイト・クラブ歌手マルレーネ・ディートリッヒに魅了されて、軍用品などを渡していたが、そこへアメリカの女性議員アーサーが実態調査に現れるので騒動になる。原題のaffairは、単に出来事だけでなく二人の情事も指しているので、「外国での醜聞」といったニュアンス。「異国の出来事」はビデオ発売時の題名。

陽気な牧場主　The Gay Ranchero
1948　米　Rep　未　72分　カラー　S　監督：ウィリアム・ウィットニー　主演：ロイ・ロジャース　メキシコ歌手ティト・ギタールとロイの顔合わせ。保安官ロイは飛行場を乗っ取ろうとする悪人たちと対決する。

ブロードウェイによろしく　Give My Regards to Broadway
1948　米　Fox　未　92分　カラー　S　監督：ロイド・ベーコン　主演：ダン・デイリー　チャールズ・ウィニンジャーを柱とした4人のヴォードヴィル一家は、時代が変わり仕事が減ってしまう。子供たちにショーの仕事を継がせたかった父親だが、息子のデイリーらに好きな道へ進むことを許す。

魅力の娘　Glamour Girl
1948　米　Col　未　68分　白黒　S　監督：アーサー・ドレイファス　主演：ジーン・クルーパ　田舎出の娘が都会でタレント・スカウトに認められて、売り出すためにクルーパの楽団と共演する。

グランド・キャニオンの小路　Grand Canyon Trail
1948　米　Rep　未　72分　カラー　S　監督：ウィリアム・ウィットニー　主演：ロイ・ロジャース　ジェイン・フレージー共演。銀山を探す中で、ロイが詐欺師の鉱山技師と戦う。

君には負けた　I Surrender Dear
1948　米　Col　未　67分　白黒　S　監督：アーサー・ドレイファス　主演：グロリア・ジーン　グロリアは本名を隠して楽団歌手となり、そのリーダーと恋仲となる。しかし、ラジオのディスク・ジョッキーをやっている父親が落ち目となり、代わりに恋人がその職を得ると聞き、グロリアは恋人から去り、父親を助ける。題名にはビング・クロスビーのヒット曲名をそのまま使っていて、映画の中ではグロリアが歌う。

君がスージーを知っていたなら　If You Knew Susie
1948　米　RKO　未　90分　白黒　S　監督：ゴードン・ダグラス　主演：エディ・カンター　引退したヴォードヴィル夫婦カンターとジョーン・デイヴィスが、先祖が独立戦争時にジョージ・ワシントンから大金を贈与された証書を発見して大騒ぎする。

ロマンチックじゃないこと？　Isn't It Ro-mantic?
1948　米　Para　未　87分　白黒　S　監督：

ノーマン・Z・マクロード　主演：ヴェロニカ・レイク　19世紀末のインディアナ州で、南軍は負けていないと言い張る元少佐は、落ちぶれても働こうとはしない。その3人の娘は、ろくでもない男たちに求婚されているが、金のために結婚するか、愛を取るかを悩む。

接吻盗賊 The Kissing Bandit
1948　米　MGM　未　100分　カラー　S　監督：ラズロー・ベネデク　主演：フランク・シナトラ　スペイン統治時代のメキシコで、家業の盗賊を継いだ優男のシナトラが、総督の娘キャスリン・グレイスンと恋をする。

コーラスの女たち Ladies of the Chorus
1948　米　Col　未　61分　白黒　S　監督：フィル・カールソン　主演：アデル・ジャージェンス　母アデルと一緒にコーラス・ガールをやっていたマリリン・モンローは、主役に抜擢されて、金持ち男に言い寄られるが、住む世界が違い過ぎるので、母は心配する。モンローはソロで2曲を歌う。

ルル・ベル Lulu Belle
1948　米　Col　未　86分　白黒　S　監督：レスリー・フェントン　主演：ドロシー・ラムーア　ルル・ベルという酒場歌手（ラムーア）が、前途有望な弁護士の卵と恋をして結婚するが、すぐに金が尽き、ラムーアはナイト・クラブで歌うようになる。悪い環境から夫を遠ざけるために、ラムーアは夫に愛想尽かしをして、金持ちと一緒にニュー・ヨークへ行き、ブロードウェイのスターとなる。金持ちから結婚を申し込まれるが、ラムーアは昔の夫を選ぶ。

豪華客船 Luxury Liner
1948　米　MGM　未　98分　カラー　S　監督：リチャード・ウォーフ　主演：ジョージ・ブレント　ジェイン・パウエルは退屈な寄宿学校を抜け出して、父親が船長をやっているリオ・デ・ジャネイロ行きの豪華客船に潜り込み、船内の楽団で美しい声を披露して人気者となる。

メアリー・ルー Mary Lou
1948　米　Col　未　65分　白黒　S　監督：アーサー・ドレイファス　主演：ロバート・ロウェリー　飛行機の客室乗務員の娘が、客にサービスで歌ったのが縁で、ナイト・クラブ歌手としてデビューする。芸名をメアリー・ルーとしたために、同じ芸名を使う歌手から脅迫を受けるが、ボーイ・フレンドに助けられる。

メロディ・タイム Melody Time
1948　米　Disney　未　72分　カラー　S　監督：クライド・ジェロニミほか　ポピュラー音楽に乗せた7編の短編アニメ作品集。ロイ・ロジャースも実写で登場する。

凸凹闘牛の巻 Mexican Hayride
1948　米　Univ　公開　77分　白黒　S　監督：チャールズ・バートン　主演：アボットとコステッロ　追われてメキシコに逃げ込んだ凸凹コンビは、女闘牛士の投げた帽子を受け取ったことから賓客としてもてなされる。音楽は少ない。

メキシコの謎 Mystery in Mexico
1948　米　RKO　未　66分　白黒　S　監督：ロバート・ワイズ　主演：ウィリアム・ランディガン　保険会社の調査員が、失踪した同僚の調査を命じられて、同僚の妹の魅力的な歌手とともにメキシコへ行き、宝石泥棒の一味と対峙する。

島であなたと共に On an Island with You
1948　米　MGM　未　107分　カラー　S　監督：リチャード・ソープ　主演：エスター・ウィリアムス　映画スターのエスターがロケでハワイへ行き、技術指導でロケに参加していた海軍将校ピーター・ローフォードと恋仲となる。

ある日曜日の午後 One Sunday Afternoon
1948　米　WB　未　90分　カラー　S　監督：ラオール・ウォルシュ　主演：デニス・モーガン　ゲイリー・クーパーの「ある日曜日の午後」（1933）の再映画化。ジェイムス・キャグニーの「いちごブロンド」（1941）とも同じ話。19世紀末、歯医者を開業しているモーガンのところへ、日曜日の午後に急患が来るが、彼こそはモーガンが長年恨みを抱き続けた男だった。モーガンは復讐しようかと悩む。

ヴィナスの接吻 One Touch of Venus
1948　米　Univ　公開　82分　白黒　S　監督：ウィリアム・A・サイターほか　主演：ロバート・ウォーカー　クルト・ワイルの舞台作品（1943）の映画化。ヴィナスの彫像に接吻すると、本物の人間となり恋をする。

エヴァ・ガードナーがヴィーナス役。

腰抜け二挺拳銃　The Paleface
1948　米　Para　公開　91分　カラー　S　監督：ノーマン・Z・マクロード　主演：ボブ・ホープ　鉄砲のうまいジェイン・ラッセル（カラミティ・ジェイン役）が、身分を隠すために、臆病な歯医者ホープと一緒に幌馬車に乗り、インディアンへ武器を流している密売人を捕らえに行く。

踊る海賊　The Pirate
1948　米　MGM　公開　102分　カラー　S　監督：ヴィンセント・ミネリ　主演：ジュディ・ガーランド　カリブ海に浮かぶ小さな島で、旅回りの芸人ジーン・ケリーが、村一番の美人ガーランドに惚れて結婚する。

洋上のロマンス　Romance on the High Seas
1948　米　WB　未　99分　カラー　S　監督：マイケル・カーティス　主演：ジャック・カースン　浮気調査で船旅中の女性を監視するカースンが、身代わりと知らずにドリス・デイに恋をする。デイのデビュー作だが完全にデイが主演。

わが心にかくも愛しき　So Dear to My Heart
1948　米　Disney　未　79分　カラー　S　監督：ハミルトン・ルスクほか　主演：バール・アイヴス　実写とアニメを組み合わせた作品で、農場の少年が黒い子羊を育てる。

ヒット・パレード　A Song Is Born
1948　米　SG　公開　113分　カラー　S　監督：ハワード・ホークス　主演：ダニー・ケイ　ゲイリー・クーパーの「教授と美女」Ball of Fire（1941）の再映画化。音楽教授ケイが新しいジャズ音楽研究のために、ナイト・クラブでヴァージニア・メイヨーの歌を聞き、研究のために家に招くとギャング騒動に巻き込まれる。

悲愴交響曲　Song of My Heart
1948　米　AA　公開　85分　白黒　S　監督：ベンジャミン・グレイザー　主演：フランク・サンドストロム　チャイコフスキーの伝記。彼を支援した女性との関係が描かれ、チャイコフスキーの名曲が流れる。

サンマー・ホリデイ　Summer Holiday
1948　米　MGM　公開　93分　カラー　S　監督：ルーベン・マモーリアン　主演：ミッキー・ルーニー　ルーニー自身の「噫ああ、初恋」

（1935）のミュージカル版。田舎町の高校生の恋を描く。

高貴な婦人　That Lady in Ermine
1948　米　Fox　未　89分　カラー　S　監督：エルンスト・ルビッチほか　主演：ベティ・グレイブル　19世紀欧州の小国の伯爵令嬢グレイブルは、まさに結婚しようとした時にハンガリー軍に奇襲され、花婿は逃げてしまう。これは先祖が16世紀に直面した状況と同じで、グレイブルは敵軍の隊長と恋をする。

愛しい三人娘　Three Daring Daughters
1948　米　MGM　未　115分　カラー　S　監督：フレッド・M・ウィルコックス　主演：ジャネット・マクドナルド　雑誌編集者マクドナルドが休暇で船旅へ行き、ホセ・イタービと再婚して戻るが、家ではジェイン・パウエルら3人の娘が、母親と別れた父親を呼び戻そうとしていたので騒ぎとなる。

テキサスから来た二人の男
Two Guys from Texas
1948　米　WB　未　86分　カラー　S　監督：デイヴィッド・バトラー　主演：デニス・モーガン　モーガンとジャック・カースンのコンビによる西部劇。二人のヴォードヴィリアンが西部の牧場で足止めをくらい、いろいろな騒動に巻き込まれる。

カリフォルニアの星の下に
Under California Stars
1948　米　Rep　未　70分　カラー　S　監督：ウィリアム・ウィットニー　主演：ロイ・ロジャース　ロイとジェイン・フレージーの顔合わせ。ロイは愛馬トリッガーを盗まれて、馬泥棒と戦う。

セントラル・パークの中で
Up in the Central Park
1948　米　Univ　未　86分　白黒　S　監督：ウィリアム・A・サイター　主演：ディアナ・ダービン　シグマンド・ロムバーグの舞台作品（1945）の映画化。腐敗したニュー・ヨーク市政を正そうと、新聞記者のディック・ヘイムスが奮闘する。ダービンはセントラル・パークの管理人の娘役で、オペラ歌手志望という設定。

僕の女房が微笑んでくれるとき
When My Baby Smiles at Me

アメリカ　1940年代

1948　米　Fox　未　98分　カラー　S　監督：ウォルター・ラング　主演：ベティ・グレイブル　ナンシー・キャロルの「踊る人生」The Dance of Life (1929)のリメイク。ヴォードヴィリアン夫婦の夫ダン・デイリーが酒に溺れるのを、妻グレイブルが支える。

詞と曲　Words and Music
1948　米　MGM　未　120分　カラー　S　監督：ノーマン・タウログ　主演：ミッキー・ルーニー　作詞家ローレンツ・ハートの伝記作品で、ゲスト・スターによる舞台場面が満載。

君は僕のためのもの
You Were Meant for Me
1948　米　Fox　未　92分　白黒　S　監督：ロイド・ベーコン　主演：ジーン・クレイン　田舎町の娘クレインは、ダンス・パーティで演奏した楽団リーダーのダン・デイリーに一目惚れして結婚するが、演奏旅行が続いてうんざりしたうえ、1929年の大恐慌で生活が難しくなってしまう。

1949年

イカボードとトード氏
The Adventures of Ichabod and Mr. Toad
1949　米　Disney　未　68分　カラー　S　監督：ジェイムス・アルガーほか　2編の中編からなるアニメ。

テレヴィジョンの王様
Always Leave Them Laughing
1949　米　WB　公開　116分　白黒　S　監督：ロイ・デル・ルース　主演：ミルトン・バール　地方回り専門でブロードウェイの舞台にはなかなか立てなかったヴォードヴィル役者バールが、テレビで活躍するようになるまでを描く。

ブロードウェイのバークレイ夫妻
The Barkleys of Broadway
1949　米　MGM　未　109分　カラー　S　監督：チャールズ・ウォルターズ　主演：フレッド・アステア　アステアとジンジャー・ロジャースがRKO時代以来、10年ぶりに組んでMGMで撮った芸人物。

バッシュフル・ベンドから来た金髪美人
Beautiful Blonde from Bashful Bend
1949　米　Fox　未　77分　カラー　S　監督：プレストン・スタージェス　主演：ベティ・グレイブル　浮気な愛人シーザー・ロメロを、酒場の歌手グレイブルが二挺拳銃で追い回す。

夢の宮廷　A Connecticut Yankees in King Arthur's Court
1949　米　Para　公開　106分　カラー　S　監督：テイ・ガーネット　主演：ビング・クロスビー　機械工ビングが落馬によりタイム・スリップして、アーサー王の宮殿で活躍する。

暗がりで踊る　Dancing in the Dark
1949　米　Fox　未　92分　カラー　S　監督：アーヴィング・レイス　主演：ウィリアム・パウエル　人気のピークを過ぎた映画スターのパウエルが、次作品の相手役にとブロードウェイの大物女優との契約交渉へ行き、代わりに若い新人の娘を見つけ出し、映画デビューさせようとする。

腰抜け大捕物　The Great Lover
1949　米　Para　公開　80分　白黒　S　監督：アレクサンダー・ホール　主演：ボブ・ホープ　ホープはボーイ・スカウトの少年たちを引率して欧州行きの船に乗るが、航海中にロンダ・フレミングに恋したり、悪事に巻き込まれたりする。

ハバナの休日　Holiday in Havana
1949　米　Col　未　73分　白黒　S　監督：ジーン・ヤーブロー　主演：デジ・アーナズ　キューバのホテルのバス運転手アーナズは、音楽の世界を目指している。ホテルの楽団リーダーに抜擢されて、カーニバルに出場するために歌手とダンサーを探そうと、ハバナへ向かうが、その途中でダンスの上手な娘と知り合う。

懐かしの夏　In the Good Old Summertime
1949　米　MGM　未　102分　カラー　S　監督：ロバート・Z・レナード　主演：ジュディ・ガーランド　エルンスト・ルビッチ監督の「桃色の店」The Shop around the Corner (1940)のミュージカル版。文通で恋した相手が、同じ店の店員同士だったという話。ヴァン・ジョンソン共演。

検察官閣下　The Inspector General
1949　米　WB　公開　102分　カラー　S　監督：ヘンリー・コスター　主演：ダニー・ケイ　ゴーゴリの舞台劇の映画化。詐欺師の行

商人が検察官と間違われるが、市長よりもよっぽどまともだったという喜劇。

素敵な気持ち　It's a Great Feeling
1949　米　WB　未　85分　カラー　S　監督：デイヴィッド・バトラー　主演：ドリス・デイ　デニス・モーガンとジャック・カーソンが、ワーナー撮影所のカフェテリアで働くデイを発見して、スタジオに売り込むが、なかなかうまく行かない。

ジョルスン再び歌う　Jolson Sings Again
1949　米　Col　公開　96分　カラー　S　監督：ヘンリー・レヴィン　主演：ラリー・パークス　「ジョルスン物語」(1946)の続編の伝記。すっかり引退モードになっていたジョルスンは、第二次世界大戦の兵士慰問公演で活躍、戦後に伝記映画が作られる。

虹の女王　Look for the Silver Lining
1949　米　WB　公開　106分　カラー　S　監督：デイヴィッド・バトラー　主演：ジューン・ヘイヴァー　ジーグフェルドの大スターだったマリリン・ミラーをヘイヴァーが演ずる伝記作品。踊りのレイ・ボルジャーと歌のゴードン・マクレエ共演。原題名に使われた『希望を求めて』Look for the Silver Liningはミラーの大ヒットした曲名。

ラヴ・ハッピー　Love Happy
1949　米　UA　未　85分　白黒　S　監督：デイヴィッド・ミラー　主演：マルクス兄弟　マルクス兄弟最後の映画出演作品で、マリリン・モンローとヴェラ＝エレンが出ている。

ダンス・ホールのつもりで　Make Believe Ballroom
1949　米　Col　未　79分　白黒　S　監督：ジョセフ・サントリー　主演：ジェローム・コートランド　西海岸地区で人気のラジオ番組の映画版。ディスク・ジョッキーとクイズを組み合わせた番組で、多くの人気スターが登場している。

笑わせて　Make Mine Laughs
1949　米　RKO　未　63分　白黒　S　監督：リチャード・フライシャー　主演：ジョーン・デイヴィス　過去に作られた様々な映画の音楽場面を繋ぎ合わせた再編集作品。一部に著作権処理されていない場面が使用され、後に削除された。

マンハッタンの天使　Manhattan Angel
1949　米　Col　未　68分　白黒　S　監督：アーサー・ドレイファス　主演：グロリア・ジーン　青少年センターとして使われている古い建物が、再開発計画で取り壊されそうになり、グロリアは友人を美人コンテストに出場させて、その賞金で建物を保存することにする。

夢はあなたに　My Dream Is Yours
1949　米　WB　未　101分　カラー　S　監督：マイケル・カーティス　主演：ジャック・カースン　ジンジャー・ロジャースの「二千万人の恋人」Twenty Million Sweethearts (1934)のリメイク。カースンがシングル・マザーの歌手ドリス・デイの売り込みを図る。

友達のイルマ　My Friend Irma
1949　米　Para　未　103分　白黒　S　監督：ジョージ・マーシャル　主演：ジョン・ランド　ラジオ・ドラマの映画版。マリー・ウィルソンの演じるイルマを中心とした話だが、脇役で出たディーン・マーティンとジェリー・ルイスの人気が高く、すっかりくわれてしまった。

水着の女王　Neptune's Daughter
1949　米　MGM　公開　95分　カラー　S　監督：エドワード・バゼル　主演：エスター・ウィリアムス　水着会社社長エスターが、南米から来たポロ選手リカルド・モンタルバンと恋をする。レッド・スケルトン共演。

君は綺麗な娘さん　Oh, You Beautiful Doll
1949　米　Fox　未　93分　カラー　S　監督：ジョン・M・スタール　主演：マーク・スティーヴンス　流行作曲家のスティーヴンスが、売れないオペラ作曲家の娘ジューン・ヘイヴァーと恋をして、オペラのメロディを流行歌に仕立てるとヒットする。

古風な娘　An Old-Fashioned Girl
1949　米　Equity　未　82分　白黒　S　監督：アーサー・ドレイファス　主演：グロリア・ジーン　貧乏な家庭に育ったグロリアは、裕福な親類からの援助を断り、音楽教師として自活し、本当の恋人を見つける。

踊る大紐育　On the Town
1949　米　MGM　公開　98分　カラー　S　監督：スタンリー・ドーネンほか　主演：ジーン・ケリー　レナード・バーンスタイン作曲の舞台(1944)の映画版。踊りも歌も舞台

版とはかなり異なるが、楽しい作品に仕上がっている。フランク・シナトラ、ヴェラ＝エレン、アン・ミラーなどが共演。

赤とホットと青　Red, Hot and Blue
1949　米　Para　未　84分　白黒　S　監督：ジョン・ファロウ　主演：ベティ・ハットン　売り出し中のコーラス・ガールのハットンが、殺人事件に巻き込まれて誘拐されるが、ヴィクター・マチュアに助け出される。題名はアメリカ国旗を表す赤白青の白をホットに変えたもの。

ちょっとフランス人　Slightly French
1949　米　Col　未　81分　白黒　S　監督：ダグラス・サーク　主演：ドロシー・ラムーア　クビになった映画監督ドン・アメチが、カーニバルで見つけた娘ラムーアをフランス人女優に仕立てて、監督に復帰するが、嘘だとバレてしまう。

スクウェア・ダンス記念祭　Square Dance Jubilee
1949　米　Donald Barry　未　79分　白黒　S　監督：ポール・ランドレス　主演：ドン・レッド・バリー　テレビのスクウェア・ダンス記念祭に出演するカントリー・アンド・ウェスタンのタレントを発掘するために、西部へ向かった二人のテレビ・マンが、テレビ放送中に家畜を盗もうとしている悪漢に遭遇する。

私を野球につれてって　Take Me Out to the Ball Game
1949　米　MGM　未　93分　カラー　S　監督：バスビー・バークレイ　主演：フランク・シナトラ　シーズン・オフはヴォードヴィルをやっている野球選手が、野球とショーの両立で悩む。ジーン・ケリー、エスター・ウィリアムス共演。

真夜中の接吻　That Midnight Kiss
1949　米　MGM　未　96分　カラー　S　監督：ノーマン・タウログ　主演：キャスリン・グレイスン　オペラ歌手デビューするグレイスンが、ベテランのオペラ歌手とうまく行かずに、トラック運転手をしていた声の良い青年マリオ・ランツァと組んで舞台で成功する。マリオのデビュー作。

僕の心にいる娘　There's a Girl in My Heart
1949　米　AA　未　79分　カラー　S　監督：アーサー・ドレイファス　主演：リー・バウマン　19世紀末のニュー・ヨーク。移民が多いバワリー地区で、古い病院を潰して競技場を作る再開発計画を、地区の人々が阻止する。ユニヴァーサル系のグロリア・ジーンやペギー・ライアンが出ている。

歌ふ捕物帖　Top o' the Morning
1949　米　Para　公開　100分　白黒　S　監督：デイヴィッド・ミラー　主演：ビング・クロスビー　アイルランドの小さな村で宝石が盗まれ、アメリカから保険調査員ビングがやって来て村娘のアン・ブライスと恋をする。

はい、僕の女房です　Yes Sir, That's My Baby
1949　米　Univ　未　82分　カラー　S　監督：ジョージ・シャーマン　主演：ドナルド・オコナー　戦争から戻って大学に入ったオコナーは、グロリア・デ・ヘヴンと結婚しているが、既婚者はフットボール・チームに入れないという規則に憤慨する。この規則は、結婚し損ねた女性教授が作ったということがわかり対応策を練る。

君は僕のすべて　You're My Everything
1949　米　Fox　未　94分　カラー　S　監督：ウォルター・ラング　主演：ダン・デイリー　ヴォードヴィリアンのデイリーは、ボストン旧家の娘アン・バクスターと組み人気が出て、映画界でも活躍する。やがて二人には可愛い女の子が生まれて、シャーリという名前で全米の人気者となる。

1950年

アニーよ銃をとれ　Annie Get Your Gun
1950　米　MGM　公開　107分　カラー　S　監督：ジョージ・シドニーほか　主演：ベティ・ハットン　舞台作品の映画版。使われている楽曲は舞台とほぼ同じ。山出しの娘が射撃上手で、バッファロー・ビルの西部ショーに参加して人気を得る。ハワード・キール共演。

底抜け右向け！左　At War with the Army
1950　米　Para　公開　93分　白黒　S　監督：ハル・ウォーカー　主演：マーティンとルイス　陸軍でプレイ・ボーイのマーティンと、ドジなルイスの結婚話をめぐるドタバタ。

ブルースの巨人　Blues Busters

年度別作品一覧

1950 米 Mono 未 67分 白黒 S 監督：ウィリアム・ボーダイン 主演：レオ・ゴーシィ 扁桃腺を除去して甘い歌声が出るようになった歌手が、急に人気が出て、どの店に出るかで揉める。最後には昔の声に戻り、平和な生活が訪れる。

海の無法者　Buccaneer's Girl
1950 米 Univ 公開 77分 カラー S 監督：フレデリク・デ・コルドヴァ 主演：イヴォンヌ・デ・カルロ 19世紀のニュー・オリンズ。海賊に捕まり逃げ出したデ・カルロは、海賊の親分と再会して、彼を愛していたことを悟る。

シンデレラ　Cinderella
1950 米 Disney 公開 74分 カラー S 監督：クライド・ジェロニミほか ペローの童話に基づく長編アニメ。戦後初のディズニー長編。

カクタス・クリークのカーテン・コール　Curtain Call at Cactus Creek
1950 米 Univ 未 86分 カラー S 監督：チャールズ・ラモント 主演：ドナルド・オコナー 旅回り一座がカクタス・クリークで公演しようとした時に、土地の悪漢たちに何もかも盗まれてしまう。

ロージー・オグレイディの娘　The Daughter of Rosie O'Grady
1950 米 WB 未 104分 カラー S 監督：デイヴィッド・バトラー 主演：ジューン・ヘイヴァー ヴォードヴィリアンのロージー・オグレイディの娘ヘイヴァーが、制作者ゴードン・マクレエに認められて舞台に立つ。

アイダホの公爵夫人　Duchess of Idaho
1950 米 MGM 未 98分 カラー S 監督：ロバート・Z・レナード 主演：エスター・ウィリアムス 水中レヴューのスターであるウィリアムスが、友人の娘の恋愛を手助けするうちに、自分も楽団リーダーのヴァン・ジョンソンに恋をしてしまう。

腰抜け千両役者　Fancy Pants
1950 米 Para 公開 92分 カラー S 監督：ジョージ・マーシャル 主演：ボブ・ホープ レオ・マケリー監督の「人生は四十二から」(1935)のリメイク。ボブが偽の英国人執事役となって、アメリカの成金娘ルシ

ル・ボールの教育係となる。

偉大なルパート　The Great Rupert
1950 米 George Pal 未 87分 白黒 S 監督：アーヴィング・ピチェル 主演：ジミー・デュランテ 貧乏な一家が運に見放されて、小さな地下室に引っ越してくるが、そこに住み着いていた小さなリスのルパートは、一家を勇気づけるだけでなく、大金をもたらす。ジョージ・パルのコマ撮り技法により、リスが撮影されている。

ヒット・パレード1951年版　Hit Parade of 1951
1950 米 Rep 未 85分 白黒 S 監督：ジョン・H・アウア 主演：ジョン・キャロル 賭博師の男が借金取りに追われて、よく似た歌手と入れ替わるので、恋人も含めて混乱する。キャロルが二役を演じている。リパブリックの「ヒット・パレード」シリーズの最後の作品。

何とかしよう　I'll Get By
1950 米 Fox 未 83分 カラー S 監督：リチャード・セイル 主演：ジューン・ヘイヴァー アリス・フェイとベティ・グレイブルの「ティン・パン・アレイ」Tin Pan Alley (1940)*のリメイク。ヘイヴァーとグロリア・デ・ヘヴンの姉妹と作曲家との恋。

レッツ・ダンス　Let's Dance
1950 米 Para 未 112分 カラー S 監督：ノーマン・Z・マクロード 主演：ベティ・ハットン ボストンの名家に嫁いだものの、未亡人となってしまったハットンが、昔組んでいたアステアと踊り、一人で子育てをする。フレッド・アステアをパラマウントへ招き、ハットンと組ませた作品。

牛乳配達人　The Milkman
1950 米 Univ 未 87分 白黒 S 監督：チャールズ・バートン 主演：ドナルド・オコナー 戦争のトラウマで、緊張するとアヒルのように鳴いてしまうオコナーが、父親の経営する牛乳会社のライバル社の配達員となり恋をする。

ミスター音楽　Mr. Music
1950 米 Para 未 110分 白黒 S 監督：リチャード・ハイドン 主演：ビング・クロスビー 「青春の溜息」Accent on Youth (1935)のミュージカル版。のんびり屋で遊ん

676

でばかりの作曲家ビングは、女子大生の秘書を雇い真面目に働こうとするが、やはり金欠が続く。

私の青空　My Blue Heaven
1950　米　Fox　未　96分　カラー　S　監督：ヘンリー・コスター　主演：ベティ・グレイブル　ダン・デイリーとグレイブルのヴォードヴィリアン夫婦が、仕事をしながら子育てに奮闘する。題名は1928年のヒット曲から取られている。

友達のイルマ西へ行く
My Friend Irma Goes West
1950　米　Para　未　91分　白黒　S　監督：ハル・ウォーカー　主演：ジョン・ランド　「友達のイルマ」(1949)*の続編で、マーティンとルイスが活躍する。マーティンがテレビで歌い、ハリウッドと長期契約して西へ向かうが、契約相手は狂人で、契約は無効だとわかる。イルマ（マリー・ウィルソン）はギャングに誘拐されたりする。

ナンシー、リオへ行く　Nancy Goes to Rio
1950　米　MGM　未　100分　カラー　S　監督：ロバート・Z・レナード　主演：アン・サザーン　ディアナ・ダービンの「ホノルル航路」It's a Date (1940)のリメイク。母親サザーンと娘ジェイン・パウエルが同じ役を取り合う。

パガン島の恋歌　Pagan Love Song
1950　米　MGM　未　76分　カラー　S　監督：ロバート・オルトン　主演：エスター・ウィリアムス　太平洋の島へ行ったアメリカ娘エスターが、ココナッツ農園主ハワード・キールと恋におちる。

ペティ・ガール　The Petty Girl
1950　米　Col　未　88分　カラー　S　監督：ヘンリー・レヴィン　主演：ロバート・カミングス　アメリカのピン・ナップ用美人画家として有名なジョージ・ペティの伝記作品。ペティ（カミングス）がヴィレッジのナイト・クラブで古風な女性教授ジョーン・コーフィールドに出会い、モデルにと口説く。

恋は青空の下　Riding High
1950　米　Para　公開　112分　白黒　S　監督：フランク・キャプラ　主演：ビング・クロスビー　クロスビーが競走馬の調教に夢中になる。コロムビア社に多くの作品を残したキャプラ監督が、パラマウントで監督した。

夏期公演　Summer Stock
1950　米　MGM　未　108分　カラー　S　監督：チャールズ・ウォルターズ　主演：ジュディ・ガーランド　ジュディが女手ひとつで切り盛りしている農園に、妹グロリア・デ・ヘヴンがジーン・ケリーの金欠一座と一緒にやって来て、納屋でショーを上演しようとする。ジュディのMGM最後の作品。題名は「夏の演目」という意味。

二人でお茶を　Tea for Two
1950　米　WB　公開　98分　カラー　S　監督：デイヴィッド・バトラー　主演：ドリス・デイ　舞台作品「ノー、ノー、ナネット」の映画版。ショーの制作資金を得るために、何を聞かれても「ノー」としか答えないと約束した娘デイの話。相手役はゴードン・マクレエ。

土曜は貴方に　Three Little Words
1950　米　MGM　公開　102分　カラー　S　監督：リチャード・ソープ　主演：フレッド・アステア　アステアとレッド・スケルトンが、バート・カルマーとハリー・ルビーの作曲・作詞コンビを演ずる伝記映画。ヴェラ＝エレンがアステアの踊りの相手役。

彼女は二挺拳銃　A Ticket to Tomahawk
1950　米　Fox　公開　90分　カラー　S　監督：リチャード・セイル　主演：ダン・デイリー　19世紀後半のアメリカ。トマホーク行きの大陸鉄道の最初の列車が、駅馬車業者やインディアンの妨害を受けながら、何とか期限内に到着する。アン・バクスターが相手役。

ニュー・オリンズの名士
The Toast of New Orleans
1950　米　MGM　未　97分　カラー　S　監督：ノーマン・タウログ　主演：キャスリン・グレイスン　前年の「真夜中の接吻」*とほとんど同じメンバーで作られた作品。プリマのグレイスンが、漁師マリオ・ランツァを発見して、歌や行儀作法を仕込む。

恋の二週間　Two Weeks with Love
1950　米　MGM　未　92分　カラー　S　監督：ロイ・ローランド　主演：ジェイン・パウエル　夏のリゾート地に2週間滞在する間に、パウエルがリカルド・モンタルバンと恋

仲になる。

ウォバッシュ街　Wabash Avenue
1950　米　Fox　未　92分　カラー　S　監督：ヘンリー・コスター　主演：ベティ・グレイブル　「コニー・アイランド」Coney Island (1943)*を再びグレイブルでリメイクした作品で、背景はシカゴに代わっている。

ウェスト・ポイント物語
The West Point Story
1950　米　WB　未　107分　白黒　S　監督：ロイ・デル・ルース　主演：ジェイムス・キャグニー　ブロードウェイの演出家キャグニーが、ウェスト・ポイント士官学校のショーに取り組む。ヴァージニア・メイヨー、ゴードン・マクレエ、ドリス・デイ共演。

君の微笑むとき　When You're Smiling
1950　米　Col　未　75分　白黒　S　監督：ジョセフ・サントリー　主演：ジェローム・コートランド　田舎者のコートランドが都会に出て、音楽界に飛び込み恋人も見つける。フランキー・レイン、ボブ・クロスビー、ミルズ兄弟らが出ている。

情熱の狂想曲（ラプソディ）　Young Man with a Horn
1950　米　WB　公開　112分　白黒　S　監督：マイケル・カーティス　主演：カーク・ダグラス　伝説的なコルネット奏者ビックスの伝記作品。ローレン・バコールが結婚相手、ドリス・デイが楽団歌手役で出ている。

1951年

不思議の国のアリス　Alice in Wonderland
1951　米　Disney　公開　75分　カラー　S　監督：クライド・ジェロニミほか　ルイス・キャロルの児童文学のアニメ化。

巴里のアメリカ人　An American in Paris
1951　米　MGM　公開　113分　カラー　S　監督：ヴィンセント・ミネリ　主演：ジーン・ケリー　ジョージ・ガーシュウィンの音楽に触発されて作られたダンス中心の映画。ケリーがレスリー・キャロンと踊る。

ミスターで呼んで　Call Me Mister
1951　米　Fox　未　96分　カラー　S　監督：ロイド・ベーコン　主演：ベティ・グレイブル　終戦後の日本に兵士慰問ショーで来たグレイブルが、昔の夫ダン・デイリーと出会う。題名はハロルド・ロームの舞台作品から取られている。

カサ・マナナ　Casa Manana
1951　米　Mono　未　73分　白黒　S　監督：ジーン・ヤーブロー　主演：ヴァージニア・ウェルズ　ウェルズは重役秘書をやっているが、密かにラジオのタレント・コンテストへ出場する。ロバート・クラークはウェルズに心惹かれて、彼女をカサ・マナナというナイト・クラブで売り出すが、手放したくない重役が妨害する。

凸凹山へ行くの巻
Comin' Round the Mountain
1951　米　Univ　未　77分　白黒　S　監督：チャールズ・ラモント　主演：アボットとコステロ　凸凹コンビがヒルビリー歌手の娘への遺産を探して山の中へ行く。

ディスク・ジョッキー　Disc Jockey
1951　米　AA　未　77分　白黒　S　監督：ウィル・ジェイスン　主演：ジニー・シムズ　テレビ何するものぞというラジオのDJが、新人歌手シムズに惚れて売り出すが、彼女が好きなのはマネジャーのほうだった。

ふたつの海賊旗　Double Crossbones
1951　米　Univ　未　75分　カラー　S　監督：チャールズ・バートン　主演：ドナルド・オコナー　18世紀のカロライナ。総督が悪徳商人と組み、海賊を黙認して儲けているのに憤慨した若者オコナーが、友人と一緒に別の海賊を雇い、戦いを挑む。

ふたつのダイナマイト　Double Dynamite
1951　米　RKO　未　80分　白黒　S　監督：アーヴィング・カミングス　主演：ジェイン・ラッセル　同じ銀行で窓口係を務めるフランク・シナトラとラッセルは、結婚を考えるが金がない。シナトラは競馬で大穴を当てるが、それが意外な結果をもたらす。

ホコリは御容赦を　Excuse My Dust
1951　米　MGM　未　82分　カラー　S　監督：ロイ・ローランドほか　主演：レッド・スケルトン　19世紀末に自動車の発明に夢中になったスケルトンは、レースに出場しようと恋人の助けを借りるが、その父親が馬車屋だったので騒動となる。

脚光ヴァラエティ　Footlight Varieties
1951　米　RKO　未　61分　白黒　S　監督：ハル・イエーツほか　主演：ジャック・パー

兵士ジェイン　G. I. Jane
1951　米　Murray　未　62分　白黒　S　監督：レジナルド・ル・ボーグ　主演：ジーン・ポーター　テレビ制作者のトム・ニールは、陸軍婦人隊のショーの制作中に徴兵通知を受けて失神してしまう。砂漠のレーダー基地に行ったり、婦人部隊に配属されたりする夢を見て、その中で婦人兵士ポーターに出会う。デミ・ムーア主演の「G. I. ジェーン」（1997）とは関係がない。

ゴールデン・ガール　Golden Girl
1951　米　Fox　未　108分　カラー　S　監督：ロイド・ベーコン　主演：ミッツィ・ゲイナー　19世紀のアメリカで活躍した芸人ロッタ・クラブトリーの生涯を、ゲイナーが演じる。題名は「売れっ子」という意味だが、マネジャーを兼ねるロッタの母親が、稼ぎを全部黄金にしてトランクに入れて持ち歩いたというエピソードも暗に示している。

歌劇王カルーソ　The Great Caruso
1951　米　MGM　公開　109分　カラー　S　監督：リチャード・ソープ　主演：マリオ・ランツァ　イタリアの代表的テノール歌手エンリコ・カルーソの伝記を、ランツァが演じる。

結婚の根拠　Grounds for Marriage
1951　米　MGM　未　90分　白黒　S　監督：ロバート・Z・レナード　主演：ヴァン・ジョンソン　オペラ歌手キャスリン・グレイスンは、医者ジョンソンと結婚する。職業の違いもあってうまく行かずに離婚するが、やはり愛していることを悟り、もう一度よりを戻す。

花婿来たる　Here Comes the Groom
1951　米　Para　未　113分　白黒　S　監督：フランク・キャプラ　主演：ビング・クロスビー　恋人ジェイン・ワイマンがほかの男と結婚しそうなので、パリ特派員のビングは急いで故郷へ戻る。

秘蔵っ子　Honeychile
1951　米　Rep　未　89分　カラー　S　監督：R・G・スプリングスティーン　主演：ジュディ・カノヴァ　音楽出版社のエディ・フォイ・ジュニアが、作曲家志望の娘カノヴァを山中まで訪ねて、出版契約を結ぼうとするが、以前に曲を盗まれた経験を持つカノヴァは、警戒してなかなか契約を結ばない。カノヴァの久々のミュージカルで、カラー作品。

夢で逢いましょう　I'll See You in My Dreams
1951　米　WB　未　110分　白黒　S　監督：マイケル・カーティス　主演：ドリス・デイ　作詞家ガス・カーンの伝記作品で、デイが彼の妻を演じる。

腰抜けペテン師　The Lemon Drop Kid
1951　米　Para　未　91分　白黒　S　監督：シドニー・ランフィールドほか　主演：ボブ・ホープ　デイモン・ラニヤンの小説の映画化。レモン・ドロップを手放さない詐欺師ホープが、クリスマス・シーズンにサンタを動員して社会鍋で稼ごうとする。

ブロードウェイの子守唄　Lullaby of Broadway
1951　米　WB　未　92分　カラー　S　監督：デイヴィッド・バトラー　主演：ドリス・デイ　ロンドンで活躍していたデイが、久々にアメリカへ戻ると、ブロードウェイのスターだった母は、すっかり落ちぶれている。ジーン・ネルソン共演。

ダニー・ウィルソン物語　Meet Danny Wilson
1951　米　Univ　未　88分　白黒　S　監督：ジョセフ・ペヴニー　主演：フランク・シナトラ　下積みから這い上がり、スターとなるナイト・クラブ歌手シナトラの話。

ショーの後で逢いましょう　Meet Me After the Show
1951　米　Fox　未　87分　カラー　S　監督：リチャード・セイル　主演：ベティ・グレイブル　夫との離婚を考えていたグレイブルだが、夫が自動車事故で記憶喪失となるので、昔に戻って愛し合う。

皇帝さま　Mr. Imperium
1951　米　MGM　未　87分　カラー　S　監督：ドン・ハートマン　主演：ラナ・ターナー　小国の王子エッツィオ・ピンザが、イタリアの避暑地でナイト・クラブ歌手ターナーと恋をする。10年以上の歳月を経て、それぞれ王様とハリウッド・スターとなり、二人

は再会する。

人間と音楽について Of Men and Music
1951 米 Fox 未 85分 白黒 S 監督：アレクサンダー・ハミッドほか 主演：ディームス・テイラー 主にクラシック音楽家の演奏や日常を描く。

月光の入り江で On Moonlight Bay
1951 米 WB 未 95分 カラー S 監督：ロイ・デル・ルース 主演：ドリス・デイ 20世紀初頭のアメリカで、田舎町のお転婆娘デイと好青年ゴードン・マクレエが恋をする。

南仏(みなみフランス)夜話 夫(おっと)は偽者 On the Riviera
1951 米 Fox 公開 89分 カラー S 監督：ウォルター・ラング 主演：ダニー・ケイ 「リオでの一夜」That Night in Rio (1941)の再映画化。夫によく似た役者が、夫の代役を務めて混乱を招く。

雲を日光で彩れ Painting the Clouds with Sunshine
1951 米 WB 未 87分 カラー S 監督：デイヴィッド・バトラー 主演：デニス・モーガン ヴァージニア・メイヨーほかの3人のコーラス・ガールが、金持ちを見つけて結婚しようとラス・ヴェガスへ向かう。「ブロードウェイ黄金時代」Gold Diggers of Broadway (1929)のリメイク。

名誉戦傷章日記 Purple Heart Diary
1951 米 Col 未 73分 白黒 S 監督：リチャード・クイン 主演：フランシス・ラングフォード 第二次世界大戦中の前線基地を、ラングフォードを中心とした慰問チームが回る。看護師に密かに恋心を抱く四肢不自由の元フットボール選手を勇気付ける。

リズムの酒場 Rhythm Inn
1951 米 Mono 未 73分 白黒 S 監督：ポール・ランドレス 主演：ジェイン・フレージー 金欠の楽団が楽器を質に入れるが、仕事が入り、作曲家志望の質屋の店員の曲を女性歌手フレージーが歌うことを条件に、夜だけ楽器を使わせてもらう。しかし、店員の恋人の娘が嫉妬するので、揉めることになる。

若くて可愛く金持ち Rich, Young and Pretty
1951 米 MGM 未 95分 カラー S 監督：ノーマン・タウログ 主演：ジェイン・パウエル 母親ダニエル・ダリューの住むパリへ行った、テキサスの牧場主の娘パウエルが、フランス男ヴィック・ダモンと恋をする。

恋愛準決勝戦 Royal Wedding
1951 米 MGM 公開 93分 カラー S 監督：スタンリー・ドーネン 主演：フレッド・アステア エリザベス女王の結婚式を背景に、兄妹ヴォードヴィリアンがそれぞれ恋をする。ジェイン・パウエルが妹役。

ショウボート Show Boat
1951 米 MGM 公開 108分 カラー S 監督：ジョージ・シドニー 主演：キャスリン・グレイスン ジェローム・カーンの舞台作品の、映画化3度目にして初のカラー作品。エヴァ・ガードナー、ハワード・キール共演。

スターリフト Starlift
1951 米 WB 未 103分 白黒 S 監督：ロイ・デル・ルース 主演：ドリス・デイ 朝鮮戦争時の慰問映画。スターリフト作戦と呼ばれる、ハリウッド・スターたちの空軍基地慰問の様子を描く。

ロスの繁華街 The Strip
1951 米 MGM 未 85分 白黒 S 監督：ラズロー・カルドス 主演：ミッキー・ルーニー 朝鮮戦争から戻ったドラム奏者ルーニーは、ロス・アンジェルスのサンセット通りでナイト・クラブを開こうとして、ギャングたちの抗争に巻き込まれる。

陽のあたる側で Sunny Side of the Street
1951 米 Col 未 71分 カラー S 監督：リチャード・クイン 主演：フランキー・レイン テレビ局の案内係をしている青年が、恋人の受付嬢や有名歌手レインの助力で歌手となるが、スポンサーの親類で幼馴なじみの娘が登場して、彼を取り合う。1930年にヒットした曲から題名が取られている。

テキサスのカーニバル Texas Carnival
1951 米 MGM 未 77分 カラー S 監督：チャールズ・ウォルターズ 主演：エスター・ウィリアムス レッド・スケルトンと組んでカーニバルに出演しているウィリアムスが、テキサスの牧童頭ハワード・キールに惚れる。

二人の娘と一人の男 Two Gals and a Guy
1951 米 Weisner Bros. 未 70分 白黒 S 監督：アルフレッド・E・グリーン 主演：

ロバート・アルダ　アルダとジャニス・ペイジのコンビはテレビ番組を持つが、そのために二人の危機が訪れる。

ブロードウェイへの二枚の切符
Two Tickets to Broadway
1951　米　RKO　未　106分　カラー　S　監督：ジェイムス・V・カーン　主演：トニー・マーティン　田舎娘ジャネット・リーがニュー・ヨークへ出て、ボブ・クロスビーのテレビ番組に出演しようとするうちにマーティンに惚れてしまう。

1952年

パンキン・クリックから来たアーロン・スリック　Aaron Slick from Punkin Crick
1952　米　Para　未　95分　カラー　S　監督：クロード・ヴィニョン　主演：アラン・ヤング　田舎の若き未亡人ダイナ・ショアは、都会に出たいと考えて、農場を売った金でシカゴへ出る。しかし、その土地には石油が埋まっていた。ダイナ・ショア最後の映画出演。

回れ右　About Face
1952　米　WB　未　94分　カラー　S　監督：ロイ・デル・ルース　主演：ゴードン・マクレエ　陸軍士官学校をもうすぐ卒業するエディ・ブラッケンは、内緒で結婚していたため、マクレエらの仲間たちがいろいろと助ける。

四月のパリ　April in Paris
1952　米　WB　未　94分　カラー　S　監督：デイヴィッド・バトラー　主演：ドリス・デイ　パリの国際芸術祭にアメリカを代表する大女優を派遣しようと考えた国務省が、誤って踊り子デイを送り込む。その縁で、デイは国務省の役人レイ・ボルジャーと結婚する。

君は僕のものだから　Because You're Mine
1952　米　MGM　未　103分　カラー　S　監督：アレクサンダー・ホール　主演：マリオ・ランツァ　兵役に取られたオペラ歌手ランツァが、オペラ好きの上官の娘ドレッタ・モローと結婚する。

ニュー・ヨークの美女
The Belle of New York
1952　米　MGM　未　82分　カラー　S　監督：チャールズ・ウォルターズ　主演：フレッド・アステア　19世紀末のニュー・ヨークで、プレイ・ボーイのアステアが、救世軍の真面目な美人ヴェラ゠エレンに一目惚れして、生活態度を改めて求婚する。

ブロードウェイの捜査刑事
Bloodhounds of Broadway
1952　米　Fox　未　90分　カラー　S　監督：ハーモン・ジョーンズ　主演：ミッツィ・ゲイナー　デイモン・ラニヤンの小説が原作。天才的な暗算能力を持つ競馬の呑み屋スコット・ブラディが、捜査を逃れて高飛びした時に、田舎娘ゲイナーに惚れて彼女を売り出し、自分も改心して服役する。刑を終えて戻ると、ゲイナーはナイト・クラブの大スターとなっていて、仲間の与太者たちも皆そこで真面目に働いている。

私の物はあなたの物
Everything I Have Is Yours
1952　米　MGM　未　92分　カラー　S　監督：ロバート・Z・レナード　主演：マージとガワー・チャムピオン　チャムピオン夫妻はダンス・チームで、ブロードウェイの大舞台を目指して頑張りチャンスを得るが、マージが妊娠するため、ピンチ・ヒッターでモニカ・ルイスが相手役となる。

アンデルセン物語　Hans Christian Andersen
1952　米　SG　公開　112分　カラー　S　監督：チャールズ・ヴィダー　主演：ダニー・ケイ　童話作家アンデルセンの伝記的な作品。アンデルセンが、美しいバレリーナに触発されて「人魚姫」を書く。

ジェニーを夢見て　I Dream of Jeanie
1952　米　Rep　未　90分　カラー　S　監督：アラン・ドゥワン　主演：レイ・ミドルトン　19世紀アメリカの作曲家スティーヴン・フォスターの伝記。愛した娘には振られるが、その妹のジェニーと結ばれる。

凸凹巨人退治　Jack and the Beanstalk
1952　米　WB　公開　82分　カラー　S　監督：ジーン・ヤーブロー　主演：アボットとコステロ　童話「ジャックと豆の木」の凸凹コンビ版。凸凹コンビの所属していたユニヴァーサルではなく独立系の制作。

ジャズ・シンガー　The Jazz Singer
1952　米　WB　未　107分　カラー　S　監督：マイケル・カーティス　主演：ダニー・トーマス　アル・ジョルスン主演作（1927）

のカラー版リメイク。音楽は新曲。

底抜け落下傘部隊 Jumping Jacks
1952 米 Para 公開 96分 白黒 S 監督：ノーマン・タウログ 主演：マーティンとルイス マーティンとルイスの軍隊物3作目で、二人は落下傘部隊に入る。

ちょうど君に Just for You
1952 米 Para 未 104分 カラー S 監督：エリオット・ニュージェント 主演：ビング・クロスビー ショーの制作者クロスビーには二人の大きな子供がいるが、スターのジェイン・ワイマンと再婚しようと考える。

見た目の可愛い Lovely to Look at
1952 米 MGM 未 103分 カラー S 監督：マーヴィン・ルロイ 主演：キャスリン・グレイスン アステアとロジャースの「ロバータ」Roberta (1935) のリメイク。パリの洋装店を引き継いだアメリカ人のレッド・スケルトンが、店で大々的なファッション・ショーを開く。ハワード・キール共演。

定期市で会いましょう Meet Me at the Fair
1952 米 Univ 未 87分 カラー S 監督：ダグラス・サーク 主演：ダン・デイリー 薬売りショーの行商人ダン・デイリーが、孤児院から逃げた少年を匿い、施設内の不正を暴く手伝いをする。

メリイ・ウィドウ The Merry Widow
1952 米 MGM 公開 105分 カラー S 監督：カーティス・バーナード 主演：ラナ・ターナー フランツ・レハールのオペレッタの映画版。ルビッチ監督作品 (1934) のリメイク。相手役はフェルナンド・ラマス。

百万弗の人魚 Million Dollar Mermaid
1952 米 MGM 公開 115分 カラー S 監督：マーヴィン・ルロイ 主演：エスター・ウィリアムス 水泳選手から水中レヴューのスターとなったアネット・ケラーマンの伝記。バークレイのレヴュー場面が豪華。

オクラホマ・アニー Oklahoma Annie
1952 米 Rep 未 90分 カラー S 監督：R・G・スプリングスティーン 主演：ジュディ・カノヴァ 小さな雑貨店の店主カノヴァは、新任の保安官に惚れて、彼に協力して町の腐敗と戦う。

肩にかかる虹 Rainbow 'Round My Shoulder
1952 米 Col 未 78分 カラー S 監督：リチャード・クイン 主演：フランキー・レイン 若い娘がハリウッドへ行き、才能を見出されて映画デビューする。

バリ島珍道中 Road to Bali
1952 米 Para 公開 91分 カラー S 監督：ハル・ウォーカー 主演：ビング・クロスビー パラマウントで作られた最後の珍道中物。クロスビーとホープは、島の女王ドロシー・ラムーアの財宝を引き揚げる潜水夫となる。

底抜け艦隊 Sailor Beware
1952 米 Para 公開 108分 白黒 S 監督：ハル・ウォーカー 主演：マーティンとルイス 底抜けコンビが海軍の潜水艦でハワイへ行き、女優へのキスで競う。

彼女は大学でも働く She's Working Her Way Through College
1952 米 WB 未 104分 カラー S 監督：H・ブルース・ハムバーストン 主演：ヴァージニア・メイヨー 高校を出てバーレスクに出ていたメイヨーが、恩師ロナルド・レーガンが教える大学に入学して、騒動を巻き起こす。

雨に唄えば Singin' in the Rain
1952 米 MGM 公開 103分 カラー S 監督：スタンリー・ドーネンほか 主演：ジーン・ケリー ケリーの代表作で、無声映画からトーキーへの切り替わりを背景に、映画スターのケリーがコーラス・ガールのデビー・レイノルズの才能を見出し、愛するようになる。ドナルド・オコナー共演。

おーい、スカートさん Skirts Ahoy
1952 米 MGM 未 109分 カラー S 監督：シドニー・ランフィールド 主演：エスター・ウィリアムス エスター、ジョーン・エヴァンス、ヴィヴィアン・ブレインの3人が、海軍婦人予備隊に入って巻き起こす恋の騒動。

誰かが私を愛している Somebody Loves Me
1952 米 Para 未 97分 カラー S 監督：アーヴィング・ブレッチャー 主演：ベティ・ハットン ブロッサム・シーリーの伝記映画。シーリーはヴォードヴィルで売り出し、大舞台でも活躍するようになる。題名は当時流行ったガーシュウィンの曲名から取られている。

腰抜け二挺拳銃の息子 Son of Paleface
1952　米　Para　公開　95分　カラー　S　監督：フランク・タシュリン　主演：ボブ・ホープ　「腰抜け二挺拳銃」The Paleface (1948)の続編。腰抜けの息子が大学生となり、父が隠したという金貨を探しに行く。

星条旗よ永遠なれ Stars and Stripes Forever
1952　米　Fox　未　90分　カラー　S　監督：ヘンリー・コスター　主演：クリフトン・ウェッブ　行進曲で有名なジョン・フィリップ・スーザの伝記。本人の自伝に基づいたとしているが、忠実な伝記ではない。海兵隊の楽長スーザが、本人の名前が付いた楽器スーザフォンを採用する話などが描かれる。

ボケ役 The Stooge
1952　米　Para　未　100分　白黒　S　監督：ノーマン・タウログ　主演：マーティンとルイス　歌手マーティンとコメディアンのルイスは、コンビで売り出し人気が出るが、マーティンが自分勝手に振る舞うので、うまく行かなくなる。

ロビン・フッド The Story of Robin Hood
1952　米　Disney　公開　84分　カラー　S　監督：ケン・アナキン　主演：リチャード・トッド　獅子王リチャードの十字軍遠征中に、ジョン王子の圧政が人々を苦しめるため、弓のうまい青年がロビン・フッドと名乗り、人々を助ける。

ワラワラからやって来た陸軍婦人隊
The WAC from Walla Walla
1952　米　Rep　未　83分　白黒　S　監督：ウィリアム・ウィットニー　主演：ジュディ・カノヴァ　辺鄙なワラワラからやって来たカノヴァが、陸軍婦人隊に入り大騒ぎする。

わが心に歌えば With a Song in My Heart
1952　米　Fox　公開　117分　カラー　S　監督：ウォルター・ラング　主演：スーザン・ヘイワード　歌手ジェイン・フロマンの伝記をヘイワードが演じる。地方の小さなラジオ局から始めて舞台でも人気を集め、第二次世界大戦中は前線近くでの慰問公演を行うが、飛行機事故で重傷を負い、九死に一生を得て復活する。題名はロジャースのヒット曲から取られていて、ヘイワードの歌はフロマン自身の歌で吹き替えられている。

１９５３年

やんちゃ学生 The Affairs of Dobie Gillis
1953　米　MGM　公開　72分　白黒　S　監督：ドン・ワイズ　主演：デビー・レイノルズ　中西部の女子学生デビーは、同じ新入生ボビー・バン（ドビー・ジリス役）に夢中になるが、父親はそれを不愉快に感じて、二人の仲を裂こうとする。友人役の一人でボブ・フォッシーが出ている。

総員上陸 All Ashore
1953　米　Col　未　80分　カラー　S　監督：リチャード・クイン　主演：ミッキー・ルーニー　ルーニー、ディック・ヘイムス、レイ・マクドナルドの3人の水兵が、カタリナ島の上陸休暇で遊び回る。ルーニーは金持ちの娘と知り合い、マクドナルドはペギー・ライアンと踊る。

バンド・ワゴン The Band Wagon
1953　米　MGM　公開　112分　カラー　S　監督：ヴィンセント・ミネリ　主演：フレッド・アステア　もう忘れられかけた映画スターのアステアが、舞台に出演することになる。相手役はクラシック・バレエのプリマであるシド・チャリシー、演出は前衛的なジャック・ブキャナンという組み合わせなのでうまく行かないが、最後には成功する。オスカー・レヴァント、ナネット・ファブレイ共演。

銀月の光で By the Light of the Silvery Moon
1953　米　WB　未　101分　カラー　S　監督：デイヴィッド・バトラー　主演：ドリス・デイ　「月光の入り江で」(1951)*の続編で、デイとゴードン・マクレエの顔合わせ。第一次世界大戦から戻ったマクレエは、すぐに結婚せずに、お金を貯めてからと言うので、恋人のデイはやきもきする。

底抜けやぶれかぶれ The Caddy
1953　米　Para　公開　95分　白黒　S　監督：ノーマン・タウログ　主演：マーティンとルイス　ゴルフはうまいがあがり性でプレイできないルイスが、マーティンのキャディーをやりながら彼を指導する。しかし、マーティンが酒浸りとなり、二人でヴォードヴィリアンに転向して成功する。

カラミティ・ジェーン Calamity Jane
1953　米　WB　公開　101分　カラー　S

監督：デイヴィッド・バトラー　主演：ドリス・デイ　男勝りだった実在のカラミティ・ジェーンをデイが演じる。男たちが色気のある女優に夢中なのを見て、女性らしく振る舞うことを覚えて、ハワード・キールの心をつかむ。

マダムと呼びなさい　Call Me Madam
1953　米　Fox　未　114分　カラー　S　監督：ウォルター・ラング　主演：エセル・マーマン　アーヴィング・バーリンの舞台の映画版。舞台と同じにマーマンが主演している。大金持ちの未亡人マーマンが、欧州の小国の米国大使となって赴任、外務大臣ジョージ・サンダースに口説かれたり、報道官ドナルド・オコナーが王女ヴェラ＝エレンに恋したりする。

河での巡航　Cruisin' Down the River
1953　米　Col　未　79分　カラー　S　監督：リチャード・クイン　主演：ディック・ヘイムス　ニュー・ヨークのナイト・クラブ歌手ヘイムスは、亡くなった祖父から壊れかけたショー・ボートを相続して、それをクラブに改造する。その間に彼は美しい娘に恋をするが、彼女こそ祖父の宿敵の孫娘だった。

濡れると危険　Dangerous When Wet
1953　米　MGM　未　95分　カラー　S　監督：チャールズ・ウォルターズ　主演：エスター・ウィリアムス　運動好き健康一家の娘ウィリアムスが、ドーヴァー海峡を泳いで渡るレースに出場して、結婚相手も見つける。

砂漠の歌　The Desert Song
1953　米　WB　未　110分　カラー　S　監督：H・ブルース・ハムバーストン　主演：キャスリン・グレイスン　シグマンド・ロムバーグのオペレッタの3度目の映画化。グレイスンがワーナーへ貸し出されて、ゴードン・マクレエと共演している。

椰子のさえぎる中で　Down Among the Sheltering Palms
1953　米　Fox　未　87分　カラー　S　監督：エドマンド・グールディング　主演：ウィリアム・ルンディガム　第二次世界大戦が終わったのに南洋の島から帰れない兵士たちは、うんざりしているが、土地の娘たちが親切にしてくれるので、交友が禁止されていることをつい忘れてしまう。

恋は簡単　Easy to Love
1953　米　MGM　未　96分　カラー　S　監督：チャールズ・ウォルターズ　主演：エスター・ウィリアムス　フロリダのリゾート地の水上ショーに出演するエスターと男たちの恋物語。大規模な水上スキー・レヴューをバークレイが演出している。相手役はヴァン・ジョンソンとトニー・マーティン。

エディ・カンター物語　The Eddie Cantor Story
1953　米　WB　未　115分　カラー　S　監督：アルフレッド・E・グリーン　主演：キーフ・ブラッセル　ジーグフェルドの舞台で有名となったエディ・カンターの伝記作品。

農夫は嫁をとる　The Farmer Takes a Wife
1953　米　Fox　未　81分　カラー　S　監督：ヘンリー・レヴィン　主演：ベティ・グレイブル　「運河のそよ風」The Farmer Takes a Wife (1935)のリメイク。19世紀半ばに運河で働く男女の恋物語。

T博士の五千本の指　The 5,000 Fingers of Dr. T
1953　米　Col　未　89分　カラー　S　監督：ロイ・ローランド　主演：メリー・ヒーリー　ピアノの練習にうんざりした少年が、ピアノ教師のT博士が500人の少年たちに巨大なピアノを朝から晩まで弾かせている夢を見て、何とか少年たちを助けようと考える。

フランス航路　The French Line
1953　米　RKO　公開　102分　カラー　V（立体）　監督：ロイド・ベーコン　主演：ジェイン・ラッセル　金持ちのラッセルはなかなか結婚相手が決まらなかったが、フランスへ向かう豪華客船で、ほかの娘と入れ替わり、船室を変えてやっと相手を見つける。ラッセルを魅力的に見せるため、当時流行の立体映画で作られた。

紳士は金髪がお好き　Gentlemen Prefer Blondes
1953　米　Fox　公開　91分　カラー　S　監督：ハワード・ホークス　主演：ジェイン・ラッセル　金持ちとの結婚を狙うマリリン・モンローと、男前が好きなラッセルの共演が評判になった作品で、ジュール・スタインの舞台の映画版。

隣の娘　The Girl Next Door

1953 米 Fox 未 92分 カラー S 監督：リチャード・セイル 主演：ダン・デイリー 妻を亡くした漫画家デイリーと、隣に住むブロードウェイの女優ジューン・ヘイヴァーの恋物語。

その娘にもう一度やらせてやってくれ Give a Girl a Break
1953 米 MGM 未 82分 カラー S 監督：スタンリー・ドーネン 主演：マージとガワー・チャムピオン ブロードウェイのショーの主演女優が抜けてしまい、演出家ガワー・チャムピオンたちがオーディションをする。3人の娘マージ、デビー・レイノルズ、ヘレン・ウッドが残り、その中から選ばれることになる。ボブ・フォッシーも出演している。

女の子たちがやって来る Here Come the Girls
1953 米 Para 未 78分 カラー S 監督：クロード・ヴィニョン 主演：ボブ・ホープ 中年コーラス・ボーイのホープが、突然に主演女優の相手役に抜擢されたのは、切り裂き男の囮となるためだった。

私は気にしない娘 The I Don't Care Girl
1953 米 Fox 未 78分 カラー S 監督：ロイド・ベーコン 主演：ミッツィ・ゲイナー ヴォードヴィリアンとして活躍したエヴァ・タングウェイの伝記的な作品。映画の題名は、エヴァのヒット曲から取られている。

メルヴィンが好き I Love Melvin
1953 米 MGM 未 77分 カラー S 監督：ドン・ワイズ 主演：ドナルド・オコナー ルック誌で働く駆け出しカメラマンのオコナーは、公園でコーラス・ガールのデビー・レイノルズと出会い、すっかり惚れ込んでしまう。ところがデビーの父親は、もっとちゃんとした男と付き合えと言って、交際を許さない。そこで、オコナーはデビーを雑誌の表紙に載せようと考える。

キス・ミー・ケイト Kiss Me Kate
1953 米 MGM 公開 109分 カラー V（立体）ステレオ 監督：ジョージ・シドニー 主演：キャスリン・グレイスン コール・ポーターの舞台の映画版。シェイクスピアの「じゃじゃ馬馴らし」を舞台で演じながら、同じ話が舞台裏でも進行する。ハワード・キールが相手役。そのほか、ボブ・フォッシー、キャロル・ヘイニー、トミー・ロール、ボビー・ヴァン、アン・ミラーたちのダンスが見事。出始めの立体映画で、ステレオ音響。

南米の恋人 Latin Lovers
1953 米 MGM 未 104分 カラー S 監督：マーヴィン・ルロイ 主演：ラナ・ターナー 資産家のターナーは、どの求婚者が本当に自分を愛しているのか、財産目当てではないのかと悩んだ末に、金持ちの求婚者ジョン・リンドとブラジルへ行く。ところがリンドはブラジルでも忙しく働き、一人残されたターナーは、現地で大金持ちのリカルド・モンタルバンと恋におちる。

もう一度やろう Let's Do It Again
1953 米 Col 未 95分 白黒 S 監督：アレクサンダー・ホール 主演：ジェイン・ワイマン レオ・マケリー監督の「新婚道中記」The Awful Truth (1937) のミュージカル版。夫婦がお互いの行動に疑惑を感じて離婚の危機に瀕する。ワイマンの相手役はレイ・ミランド。

リリー Lili
1953 米 MGM 公開 81分 カラー S 監督：チャールズ・ウォルターズ 主演：レスリー・キャロン ポール・ギャリコの小説の映画化。孤児のキャロンが、カーニバルの人形遣いメル・フェラーに拾われて、そこで演じる魔術師に憧れるが、本当に愛を注いでくれるのは人形遣いだったと知る。

ピーター・パン Peter Pan
1953 米 Disney 公開 77分 カラー S 監督：クライド・ジェロニミほか ジェイムス・バリーの童話のアニメ。

底抜けびっくり仰天 Scared Stiff
1953 米 Para 公開 108分 白黒 S ステレオ 監督：ジョージ・マーシャル 主演：マーティンとルイス 底抜けコンビが、ハバナのお化け屋敷を引き継いだ娘を助けて、問題を解決する。

彼女がブロードウェイに戻ってきた She's Back on Broadway
1953 米 WB 未 95分 カラー S 監督：ゴードン・ダグラス 主演：ヴァージニア・メイヨー ハリウッドで活躍していたメ

イョーは、映画が当たらなくなりブロードウェイに戻って来るが、共演相手のジーン・ネルソンは昔の恋人で、彼を残して映画界に飛び込んだメイヨーに、今でも恨みを抱いていた。

小さな町の娘　Small Town Girl
1953　米　MGM　未　92分　カラー　S　監督：ラズロー・カルドス　主演：ジェイン・パウエル　スピード違反で小さな町の刑務所に入った金持ちプレイ・ボーイのフェアリー・グレンジャーは、保安官の娘パウエルと恋仲となる。ブロードウェイのスター役でアン・ミラーが出ている。

だからこれが恋　So This Is Love
1953　米　WB　未　101分　カラー　S　監督：ゴードン・ダグラス　主演：キャスリン・グレイスン　テネシーのナイチンゲールと呼ばれたオペラ歌手グレイス・ムーアの伝記映画。

君知るや南の国　Sombrero
1953　米　MGM　公開　103分　カラー　S　監督：ノーマン・フォスター　主演：リカルド・モンタルバン　メキシコの小さなふたつの町は、些細なことで仲違いをしていた。チーズ作りの青年モンタルバンは、対立する町の町長の娘ピア・アンジェリに恋をして、二人で工夫して仲直りさせる。

楽しき我が家　The Stars Are Singing
1953　米　Para　公開　99分　カラー　S　監督：ノーマン・タウログ　主演：ローズマリー・クルーニー　ポーランドの孤児アンナ・マリア・アルバゲッティは、アメリカへ密入国して母の友人でオペラ歌手のメルキオールを訪ねる。同じアパートのローズマリー・クルーニーなどの芸人が、アルバゲッティの美しい声を認めてラジオ局に売り込むと、彼女は人々の心をつかみ、正式な入国を勝ち取る。

シアトルから来た赤毛の娘たち　Those Red-heads from Seattle
1953　米　Para　未　90分　カラー　V（立体）　監督：ルイス・R・フォスター　主演：ロンダ・フレミング　ゴールド・ラッシュの時代に、母親アグネス・ムーアヘッドに率いられて、ロンダ・フレミングほか4人の赤毛娘が、シアトルからアラスカへやって来る。4人の娘たちは、酒場で歌いながら金持ちを探すように見えたが、本当の目的は父親を殺した犯人を探すことだった。立体映画。

三人の水兵と一人の娘　Three Sailors and a Girl
1953　米　WB　未　95分　カラー　S　監督：ロイ・デル・ルース　主演：ジェイン・パウエル　3人の水兵ゴードン・マクレエ、ジーン・ネルソン、ジャック・E・レナードが、ニュー・ヨークで休暇上陸した時に、ショーへの投資話を持ちかけられて金を巻き上げられるが、主役パウエルの頑張りでショーは成功する。

今宵我らは歌う　Tonight We Sing
1953　米　Fox　未　109分　カラー　S　監督：ミッチェル・ライゼン　主演：デイヴィッド・ウェイン　ウクライナからアメリカへ来て興行師となったソル・ヒューロクの伝記的な作品。ロシア系の音楽家やダンサーを沢山アメリカに紹介する。エッツィオ・ピンザ、ロバータ・ピータース、アイザック・スターンなどが出演。

ブガドン交響楽　Toot, Whistle, Plunk and Boom
1953　米　Disney　公開　10分　カラー　S　監督：ワード・キムボール　短編アニメ。

恋歌　Torch Song
1953　米　MGM　未　90分　カラー　V　監督：チャールズ・ウォルターズ　主演：ジョーン・クロフォード　ミュージカル女優クロフォードは、押しも押されもしない大スターだが、伴奏に盲目のピアニストを雇い、それまでよりもいっそう魅力が増す。クロフォードの10年ぶりの復帰作で、初めてのカラー作品。吹替だが顔を黒塗りして歌う場面が評判になった。

あの娘を歩いて家へ送っている　Walking My Baby Back Home
1953　米　Univ　未　95分　カラー　S　監督：ロイド・ベーコン　主演：ドナルド・オコナー　陸軍を除隊したオコナーが、ミンストレル風のデキシーランド・ショーで当たりを取る。ジャネット・リー、バディ・ハケット共演。

1954年

アテナ　Athena

アメリカ　1950年代

1954　米　MGM　未　119分　カラー　V　ステレオ　監督：リチャード・ソープ　主演：ジェイン・パウエル　ギリシャ女神の名前が付けられている7人の娘の恋愛と結婚話。パウエルが長女アテナ、デビー・レイノルズが次女ミネルヴァ役。

ブリガドーン　Brigadoon
1954　米　MGM　公開　108分　カラー　V　ステレオ　監督：ヴィンセント・ミネリ　主演：ジーン・ケリー　フレデリク・ロウの舞台作品の映画版。100年に一度しか現れない村に迷い込んでシド・チャリシーに恋をしたケリーは、自分も村に残る決心をする。曲は舞台版のものをそのまま使っているが、踊りはまったく異なる。

カルメン　Carmen Jones
1954　米　Fox　公開　105分　カラー　CS　ステレオ　監督：オットー・プレミンジャー　主演：ハリー・ベラフォンテ　ビゼーのオペラ「カルメン」を、アメリカの黒人社会に置き換えた舞台作品の映画版。カルメン役はドロシー・ダンドリッジ、ほかにもパール・ベイリー、ダイアン・キャロルなどが出演している。

喝采　The Country Girl
1954　米　Para　公開　104分　白黒　V　監督：ジョージ・シートン　主演：ビング・クロスビー　クリフォード・オデツの戯曲の映画化。子供を失い酒浸りとなった芸人クロスビーを、妻のグレイス・ケリーが献身的に支える。

我が心に君深く　Deep in My Heart
1954　米　MGM　公開　132分　カラー　V　ステレオ　監督：スタンリー・ドーネン　主演：ホセ・フェラー　作曲家シグマンド・ロムバーグの伝記をフェラーが演じる。多くのゲスト・スターが数々の舞台場面を再現する。

グレン・ミラー物語　The Glenn Miller Story
1954　米　Univ　公開　115分　カラー　S　ステレオ　監督：アンソニー・マン　主演：ジェイムス・ステュアート　ビッグ・バンド時代の楽団リーダーであるグレン・ミラーの伝記映画。

あの手この手　Knock on Wood
1954　米　Para　公開　103分　カラー　V　監督：メルヴィン・フランクほか　主演：ダニー・ケイ　腹話術師ケイがスパイ騒動に巻き込まれる。

闇の中の婦人　Lady in the Dark
1954　米TV　NBC　未　85分　白黒　S　監督：マックス・リーブマン　主演：アン・サザーン　クルト・ワイルの舞台作品のテレビ版。リーブマン演出で舞台版に忠実。

底抜けニューヨークの休日　Living It Up
1954　米　Para　公開　95分　カラー　V　監督：ノーマン・タウログ　主演：マーティンとルイス　ジュール・スタインの舞台作品「ヘイゼル・フラッグ」の映画版。核実験で放射線を浴びたルイスが死ぬ前にニュー・ヨーク見物をするが、実は健康だったという話。

幸運な私　Lucky Me
1954　米　WB　未　100分　カラー　CS　ステレオ　監督：ジャック・ドナヒュー　主演：ドリス・デイ　迷信好きの歌手デイは、芽が出ずにホテルで働くが、有名作曲家と恋におちる。

マンボ　Mambo
1954　米　Para　公開　110分　白黒　S　監督：ロベルト・ロッセン　主演：シルヴァーナ・マンガーノ　イタリアとアメリカの合作。ヴェネチアで働くマンガーノはマンボ・ダンス団に入り、振付家キャサリン・ダナムの指導で上達するが、踊りに生きるか、愛に生きるかで悩む。アメリカからはシェリー・ウィンタースとダナムが参加している。

ニュー・フェイス　New Faces
1954　米　Fox　未　99分　カラー　CS　ステレオ　監督：ハリー・ホーナー　主演：ロニー・グレアム　ブロードウェイの舞台作品(1952)をそのまま映画化した作品で、物語はなく、歌や踊り、寸劇で構成される。アーサ・キットが歌っている。1937年のRKO作品「新人豪華版」とは関係がない。

赤いガーター　Red Garters
1954　米　Para　未　91分　カラー　V　監督：ジョージ・マーシャル　主演：ローズマリー・クルーニー　兄殺しの犯人を探しに西部の町に来たガイ・ミッチェルは、正しく拳銃で決闘した場合には殺人ではない、という西部の掟を知る。そして人々が殺し合うのを見て、町の娘たちと一緒に流血をやめさせようとする。

ラプソディー　Rhapsody
1954　米　MGM　公開 115分　カラー　S　監督：チャールズ・ヴィダー　主演：エリザベス・テイラー　チューリッヒの音楽学校でヴァイオリンを学ぶヴィットリオ・ガスマン、ピアノを学ぶジョン・エリクソンとテイラーの恋と結婚を描く。テイラーの相手をして練習がおろそかになると、演奏がうまく行かないというジレンマを抱えて、音楽とテイラーのどちらを選ぶかが二人の問題となる。

ローズ・マリー　Rose Marie
1954　米　MGM　公開 104分　カラー　CS　ステレオ　監督：マーヴィン・ルロイ　主演：アン・ブライス　ルドルフ・フリムルのオペレッタの3度目の映画化。相手役はハワード・キールとフェルナンド・ラマス。

掠奪された七人の花嫁　Seven Brides for Seven Brothers
1954　米　MGM　公開 102分　カラー　CS　ステレオ　監督：スタンリー・ドーネン　主演：ジェイン・パウエル　オレゴンの山奥に住む7人兄弟が、花嫁欲しさに町から娘たちを奪ってくる。歌、踊りともに優れたジャック・カミングス制作の傑作。

スタア誕生　A Star Is Born
1954　米　WB　公開 181分　カラー　CS　ステレオ　監督：ジョージ・キューカー　主演：ジュディ・ガーランド　MGMから離れたジュディの復帰第1作で、ジャネット・ゲイナーの「スタア誕生」(1937)のリメイク。

皇太子の初恋　The Student Prince
1954　米　MGM　公開 104分　カラー　CS　ステレオ　監督：リチャード・ソープ　主演：アン・ブライス　シグマンド・ロムバーグ作曲の「学生王子」の映画版。王子役はエドマンド・パードムが演じたが、歌はマリオ・ランツァが吹き替えている。

奥様は芳紀17才　Susan Slept Here
1954　米　RKO　公開 98分　カラー　V　監督：フランク・タシュリン　主演：ディック・パウエル　脚本家のパウエルは、少年院を逃げ出した娘デビー・レイノルズから話を聞こうと家に預かるが、未成年と一夜を明かせばスキャンダルになると言われて、慌てて結婚してしまう。しかし、よく考えると、本当に愛し始めていることに気付く。

ショウほど素敵な商売はない　There's No Business Like Show Business
1954　米　Fox　公開 117分　カラー　CS　ステレオ　監督：ウォルター・ラング　主演：エセル・マーマン　マーマンとダン・デイリーの夫婦に、子供たちのドナルド・オコナー、ミッツィ・ゲイナー、ジョニー・レイを加えた、5人組のヴォードヴィリアン一家の浮き沈みを描く。マリリン・モンローがオコナーの恋人役で、魅力を見せる。

主演コメディアン　Top Banana
1954　米　UA　未　100分　カラー　S　監督：アルフレッド・E・グリーン　主演：フィル・シルヴァース　シルヴァース主演の舞台作品(1951)の映画版。テレビ番組の評価が下がるので、女の子を入れて人気を回復しようとする。

野性の女相続人　Untamed Heiress
1954　米　Rep　未　70分　白黒　S　監督：チャールズ・ラモント　主演：ジュディ・カノヴァ　その昔にオペラ歌手が援助した男が財を成し、恩を返すために、歌手の娘カノヴァを探し出す。

ホワイト・クリスマス　White Christmas
1954　米　Para　公開 120分　カラー　V　ステレオ　監督：マイケル・カーティス　主演：ビング・クロスビー　スキー・リゾート・ホテルを始めた退役将軍を訪ねた元部下のクロスビーとダニー・ケイは、将軍を励ますために、テレビで呼びかけて昔の部下たちを集める。ローズマリー・クルーニー、ヴェラ＝エレン共演。

心は若く　Young at Heart
1954　米　WB　未　117分　カラー　V　監督：ゴードン・ダグラス　主演：フランク・シナトラ　「四人の姉妹」Four Daughters (1938)のリメイク。3人娘の家に若い男シナトラが下宿して、その友人も含めて恋と結婚の騒ぎが起きる。シナトラは姉妹の一人ドリス・デイと結婚するが、事故で亡くなってしまう。

1955年

奥様はジャズがお好き　Ain't Misbehavin'
1955　米　Univ　公開 82分　カラー　V　監督：エドワード・バゼル　主演：ローリー・

カルホーン　金持ちのカルホーンが、踊り子に惚れて結婚するが、嫉妬した周囲の女が邪魔するので喧嘩となる。

画家とモデル　Artists and Models
1955 米 Para 公開 109分 カラー V 監督：フランク・タシュリン　主演：マーティンとルイス　底抜けコンビのルイスは大の漫画好きで、隣に漫画家とそのモデルがいたので、意気投合する。ドロシー・マロン、シャーリー・マクレイン共演。

もっと微笑んで　Bring Your Smile Along
1955 米 Col 未 83分 カラー S 監督：ブレイク・エドワーズ　主演：フランキー・レイン　田舎の女性教師コンスタンス・ムーアは、作詞家を目指して都会へ出る。彼女は作曲家キーフ・ブラッセルと組んで曲を作り、レインがそれを歌う。曲の評判も良いが、ムーアは故郷の恋人ウィリアム・レスリーとブラッセルとの間で心が揺れ動く。

カロライナの弾丸特急　Carolina Cannonball
1955 米 Rep 未 73分 白黒 S 監督：チャールズ・ラモント　主演：ジュディ・カノヴァ　カノヴァはネヴァダ州で電車を運行しているが、電車が故障するので、近くに落ちてきた原爆搭載ミサイルのエンジンを借用して、電車を走らせることにする。

ダニー・ケイの黒いキツネ　The Court Jester
1955 米 Para 公開 101分 カラー V 監督：メルヴィン・フランクほか　主演：ダニー・ケイ　ケイが「黒いキツネ」団の一員となり、城の秘密通路の鍵を手に入れようとする。

足ながおじさん　Daddy Long Legs
1955 米 Fox 公開 126分 カラー CS ステレオ　監督：ジーン・ネグレスコ　主演：フレッド・アステア　アステアがレスリー・キャロンと組んで、ジーン・ウェブスターの小説をミュージカル化した作品。

紳士はブルーネット娘と結婚する　Gentlemen Marry Brunettes
1955 米 UA 公開 99分 カラー CS ステレオ　監督：リチャード・セイル　主演：ジェイン・ラッセル　アニタ・ルースが書いた、「紳士は金髪がお好き」の続編「しかし、紳士はブルーネット娘と結婚する」の映画化。コーラス・ガールのラッセルとジーン・クレインは、ニュー・ヨークを逃げ出してパリへ行き、二人とも良い相手を見つけて結婚する。

娘の猛進　The Girl Rush
1955 米 Para 未 85分 カラー V 監督：ロバート・ピロシュ　主演：ロザリンド・ラッセル　博物館で働いているラッセルは、亡くなった父親からラス・ヴェガスのホテルを相続して、叔母と一緒に現地へ向かう。しかし、二人が着いた時には、もう一人の所有者がホテルを売り払っていた。

ガラスの靴　The Glass Slipper
1955 米 MGM 公開 93分 カラー V ステレオ　監督：チャールズ・ウォルターズ　主演：レスリー・キャロン　キャロンが演じるシンデレラの物語。

野郎どもと女たち　Guys and Dolls
1955 米 SG 公開 152分 カラー CS ステレオ　監督：ジョセフ・L・マンキウィッツ　主演：マーロン・ブランド　フランク・レッサーの舞台作品の映画版。デイモン・ラニヤンの小説の世界を、ブランド、ジーン・シモンズ、フランク・シナトラ、ヴィヴィアン・ブレインらが演じる。

艦隊は踊る　Hit the Deck
1955 米 MGM 公開 112分 カラー CS ステレオ　監督：ロイ・ローランド　主演：ジェイン・パウエル　ヴィンセント・ユーマンズの舞台作品の映画化だが、曲は新曲。3人の水兵が上陸休暇で羽目を外す。

明日泣く　I'll Cry Tomorrow
1955 米 MGM 公開 117分 白黒 V 監督：ダニエル・マン　主演：スーザン・ヘイワード　ブロードウェイのスターだったリリアン・ロスの伝記を、ヘイワードが演じる。恋人に先立たれて、悲しみを紛らわすために酒を飲むようになり、最後はアルコール依存症となってしまう。

わが愛は終りなし　Interrupted Melody
1955 米 MGM 公開 106分 カラー CS ステレオ　監督：カーティス・バーナード　主演：グレン・フォード　オーストラリア出身のソプラノのマージョリー・ローレンスの伝記を、エレノア・パーカーが演じる。フォードは、病気の彼女を献身的に支える医師の夫役。

いつも上天気 It's Always Fair Weather
1955 米 MGM 公開 101分 カラー CS ステレオ 監督：スタンリー・ドーネンほか 主演：ジーン・ケリー 戦後10年目に再会を約束した3人の兵士、ケリー、ダン・デイリー、マイケル・キッドの物語。

ユピテルのお気に入り Jupiter's Darling
1955 米 MGM 未 95分 カラー CS 監督：ジョージ・シドニー 主演：エスター・ウィリアムス 第二次ポエニ戦争でカルタゴの将軍ハンニバル（ハワード・キール）は、ローマの美女ウィリアムスに恋をする。ウィリアムス最後の出演作品。

キスメット Kismet
1955 米 MGM 未 113分 カラー CS ステレオ 監督：ヴィンセント・ミネリほか 主演：ハワード・キール 舞台作品の映画版で、音楽はほぼ舞台のままに、作曲家ボロディンのメロディを使っている。アラビアン・ナイトの詩人の話を、キールとアン・ブライス、ドロレス・グレイ、ヴィック・ダモンたちが演じる。「キスメット」とはアラビア語で「運命」の意味。

わんわん物語 Lady and the Tramp
1955 米 Disney 公開 76分 カラー CS ステレオ 監督：クライド・ジェロニミほか 上品な飼い犬レディと、野性的な野良犬のアニメ版恋物語。2匹がイタリア料理店の裏口でデイトをする場面が印象的。

そのライフルを下ろして Lay That Rifle Down
1955 米 Rep 未 71分 白黒 S 監督：チャールズ・ラモント 主演：ジュディ・カノヴァ ホテルの仕事を手伝うカノヴァは、単調で辛い生活から抜け出そうと、通信教育を申し込むが、それが詐欺だったことから騒ぎになる。

情欲の悪魔 Love Me or Leave Me
1955 米 MGM 公開 122分 カラー CS ステレオ 監督：チャールズ・ヴィダー 主演：ドリス・デイ 恋歌で有名な歌手ルース・エッティングの伝記をデイが演じる。夫のギャング役で、ジェイムス・キャグニーが出演している。

魔法の炎 Magic Fire
1955 米 Rep 未 120分 カラー 監督：ウィリアム・ディターレ 主演：イヴォンヌ・デ・カルロ リヒャルト・ワーグナーの伝記作品。ルートヴィッヒ2世との関係などが描かれる。

マイ・シスター・アイリーン My Sister Eileen
1955 米 Col 未 108分 カラー CS ステレオ 監督：リチャード・クイン 主演：ジャネット・リー ロザリンド・ラッセル主演の同名映画（1942）*のミュージカル版リメイク。同じ原作はバーンスタイン作曲の舞台作品「ワンダフル・タウン」（1953）にもなっているが、話は同じでも音楽は異なる。オハイオから出てきた姉妹の姉は小説家となり、美人の妹は女優を目指す。ジャック・レモン、ベティ・ギャレット、ボブ・フォッシーらが共演。

オクラホマ！ Oklahoma!
1955 米 Fox 公開 145分 カラー CS ステレオ 監督：フレッド・ジンネマン 主演：ゴードン・マクレエ ロジャースとハマースタインの舞台作品の映画化。音楽、踊りとも舞台に忠実で、新時代を作った作品。マクレエの相手役はシャーリー・ジョーンズ。

パリのフォリーズ1956年版 Paris Follies of 1956
1955 米 AA 未 72分 カラー S 監督：レスリー・グッドウィンズ 主演：フォレスト・タッカー 1週間で作られた低予算作品。ハリウッド製「ムーラン・ルージュ」を舞台に、金を求める興行師や数々の舞台場面が出てくる。Fresh from Paris という題名でも上映された。

皆殺しのトランペット Pete Kelly's Blues
1955 米 WB 公開 95分 カラー CS ステレオ 監督：ジャック・ウェブ 主演：ジャック・ウェブ ウェブがラジオで演じた話に基づく作品。カンザス・シティでコルネットを吹いている男が、横暴なギャングに一人で立ち向かう。

第二の偉大な性 The Second Greatest Sex
1955 米 Univ 未 87分 カラー CS 監督：ジョージ・マーシャル 主演：ジーン・クレイン アリストファネスの「女の平和」の西部劇版。反目するふたつの町が戦いに明け暮れているのにうんざりした女たちが、平

和が訪れるまで、男たちに対してセックス・ストライキをする。

エディ・フォイ物語 The Seven Little Foys
1955 米 Para 公開 93分 カラー V 監督：メルヴィル・シェイヴルソン 主演：ボブ・ホープ 実在のヴォードヴィリアンであるエディ・フォイの伝記。イタリアのバレリーナに惚れて結婚し、7人の子供を儲ける。

真実の友 Sincerely Yours
1955 米 WB 未 115分 カラー V 監督：ゴードン・ダグラス 主演：リベラス ベティ・デイヴィスの出た「神を演じた男」The Man Who Played God (1932)*のリメイク。何不自由なく暮らしていたピアニストが突然聴力を失い、読唇術を覚えて望遠鏡で人々の会話を盗み見て、自分よりももっと不幸な人々が多いことを知る。

だからこれがパリ So This Is Paris
1955 米 Univ 未 96分 カラー V 監督：リチャード・クイン 主演：トニー・カーティス 24時間の上陸許可をもらった水兵3人が、パリで3人の娘と出会う。

私の夫は二人いる Three for the Show
1955 米 Col 公開 93分 カラー CS 監督：H・C・ポッター 主演：ベティ・グレイブル ブロードウェイのスターであるグレイブルが、夫ジャック・レモンは戦死したと思ってガワー・チャンピオンと再婚すると、夫がひょっこりと戻ってくる。

1956年

夜は夜もすがら Anything Goes
1956 米 Para 公開 106分 カラー V 監督：ロバート・ルイス 主演：ビング・クロスビー 「海は桃色」Anything Goes (1936)の再映画化で、コール・ポーターの舞台が下敷きだが、話はまったく変えている。共演はドナルド・オコナー、ジジ・ジャンメール、ミッツィ・ゲイナー。

ベニイ・グッドマン物語 The Benny Goodman Story
1956 米 Univ 公開 116分 カラー V 監督：ヴァレンタイン・デイヴィス 主演：スティーヴ・アレン ベニー・グッドマンの伝記映画。子供時代からスウィング全盛の時代までを描く。相手役にドナ・リード。

人生で最高のものはタダ The Best Things in Life Are Free
1956 米 Fox 未 104分 カラー CS ステレオ 監督：マイケル・カーティス 主演：ゴードン・マクレエ デ・シルヴァ、ブラウン、ヘンダソンの3人組作曲家の伝記をマクレエ、アーネスト・ボーグナイン、ダン・デイリーが演じる。題名は3人の作った代表作から取られている。

陽気のせいデス The Birds and the Bees
1956 米 Para 公開 94分 カラー V 監督：ノーマン・タウログ 主演：ジョージ・ゴーベル アフリカからアメリカへ戻る船の中で起こる、金持ちの息子と詐欺師たちとの攻防戦。ミッツィ・ゲイナー共演。

歓びの街角 Bundle of Joy
1956 米 RKO 公開 98分 カラー V 監督：ノーマン・タウログ 主演：エディ・フィッシャー 百貨店の店員デビー・レイノルズが、赤ん坊を拾ったことから運が向いて、経営者の息子フィッシャーと結婚する。

回転木馬 Carousel
1956 米 Fox 公開 128分 カラー CS ステレオ 監督：ヘンリー・キング 主演：ゴードン・マクレエ ロジャースとハマースタインの舞台ヒット作(1945)の映画版。相手役はシャーリー・ジョーンズ。

チャチャチャ・ブーム Cha-Cha-Cha-Boom
1956 米 Col 未 78分 白黒 S 監督：フレッド・F・シアーズ 主演：ダマソ・ペレス・プラド ペレス・プラドほかの音楽家たちが、音楽を演奏しまくる。

愛情物語 The Eddy Duchin Story
1956 米 Col 公開 123分 カラー CS ステレオ 監督：ジョージ・シドニー 主演：タイロン・パワー 甘いピアノ演奏で人気のあったエディ・デューチンの伝記映画。相手役はキム・ノヴァク。

哀愁物語 Gaby
1956 米 MGM 公開 96分 カラー CS ステレオ 監督：カーティス・バーナード 主演：レスリー・キャロン 第二次世界大戦中にロンドンで出会ったパリ娘キャロンと、米兵ジョン・カーの恋物語。

女はそれを我慢できない

The Girl Can't Help It
1956　米　Fox　公開　99分　カラー　CS　ステレオ　監督：フランク・タシュリン　主演：ジェイン・マンスフィールド　金欠の芸能エージェントが、ギャングの依頼で情婦を歌手として売り出そうとするが、二人は恋仲となってしまう。1950年代半ばのロックンロール歌手が沢山登場する。プラターズも出演。マンスフィールドの歌は吹替。

上流社会　High Society
1956　米　MGM　公開　111分　カラー　V　ステレオ　監督：チャールズ・ウォルターズ　主演：ビング・クロスビー　「フィラデルフィア物語」The Philadelphia Story (1940) のミュージカル版。グレイス・ケリー、フランク・シナトラの共演。

底抜けのるかそるか　Hollywood or Bust
1956　米　Para　公開　95分　カラー　V　監督：フランク・タシュリン　主演：マーティンとルイス　クジで自動車を手に入れた底抜けの二人が、ハリウッドまで人気女優アニタ・エクバーグに会いに行く。

舞踏への招待　Invitation to the Dance
1956　米　MGM　公開　93分　カラー　S　監督：ジーン・ケリー　主演：ジーン・ケリー　ケリーの実験的なダンス映画。3部構成だが、日本では「嘆きのピエロ」、「腕輪のロンド」のみが公開された。

王様と私　The King and I
1956　米　Fox　公開　133分　カラー　CS　ステレオ　監督：ウォルター・ラング　主演：ユル・ブリナー　ロジャースとハマースタイン2世の舞台作品の映画版。デボラ・カーが相手役。

やさしく愛して　Love Me Tender
1956　米　Fox　公開　89分　白黒　CS　ステレオ　監督：ロバート・E・ウェブ　主演：リチャード・イーガン　南北戦争で北軍兵士の給料を奪った南軍残党たちの話。エルヴィス・プレスリーの鮮烈なデビュー作。

ラスヴェガスで逢いましょう
Meet Me in Las Vegas
1956　米　MGM　公開　112分　カラー　CS　ステレオ　監督：ロイ・ローランド　主演：ダン・デイリー　牧場成金のデイリーが、バレリーナのシド・チャリシーの手を握り賭けで大儲けしたことから二人の愛が芽生える。話よりも、豪華なゲスト・スターが見もの。日本公開時の原題はViva Las Vegas。

異性　The Opposite Sex
1956　米　MGM　未　117分　カラー　CS　ステレオ　監督：デイヴィッド・ミラー　主演：ジューン・アリソン　結婚10年目を迎えた演劇制作者とその妻のラジオ歌手アリソンの、愛と離婚の間で揺れる心を描く。ドロス・グレイ、アン・シェリダン、アン・ミラー、アグネス・ムーアヘッドと豪華な女優陣。ノーマ・シアラー、ジョーン・クロフォード、ロザリンド・ラッセルなどが共演した。ジョージ・キューカー監督の「女」The Women (1939)*のリメイク。

底抜け西部へ行く　Pardners
1956　米　Para　公開　90分　カラー　V　監督：ノーマン・タウログ　主演：マーティンとルイス　ビング・クロスビーの「愉快なリズム」Rhythm on the Range (1936)のリメイク。底抜けコンビが西部の悪漢たちと戦い、ルイスは土地の娘と結婚する。

ロック・アンド・ロール　狂熱のジャズ
Rock Around the Clock
1956　米　Col　公開　77分　白黒　V　ステレオ　監督：フレッド・F・シアーズ　主演：ビル・ヘイリー　ビル・ヘイリーとコメッツが、その熱狂的な演奏で当たる様子を描く。プラターズの共演。

セレナーデ　Serenade
1956　米　WB　未　121分　カラー　V　監督：アンソニー・マン　主演：マリオ・ランツァ　オペラ歌手を目指す青年ランツァが、金持ち女ジョーン・フォンテインの後ろ盾でデビューするが、すぐに捨てられて傷つく。ランツァがMGMから離れてワーナーで撮った作品。

すてきな気持ち　That Certain Feeling
1956　米　Para　公開　103分　カラー　V　監督：メルヴィン・フランクほか　主演：ボブ・ホープ　売れない漫画家ホープが、別れた女房エヴァ・マリー・セイントの再婚候補となっている売れっ子漫画家のゴースト・ライターとなるが、一緒に仕事するうちに二人はよりを戻す。

放浪の王者　The Vagabond King

1956 米 Para 公開 86分 カラー V 監督：マイケル・カーティス 主演：キャスリン・グレイスン フリムル作曲の舞台作品の再映画化。共演はオレステ・カーコプとリタ・モレノ。

夜の乗合自動車 You Can't Run Away from It
1956 米 Col 公開 95分 カラー CS ステレオ 監督：ディック・パウエル 主演：ジューン・アリソン クラーク・ゲイブルの「或る夜の出来事」It Happened One Night (1934)のミュージカル版リメイク。ゲイブルの役をジャック・レモンが演じる。結婚を認められないので逃げ出した娘アリソンが、長距離バスで隣り合った新聞記者レモンと恋をする。俳優だったパウエルが監督に回っている。

１９５７年

四月の恋 April Love
1957 米 Fox 公開 97分 カラー CS ステレオ 監督：ヘンリー・レヴィン 主演：パット・ブーン 不良少年ブーンが、田舎の農場で自動車修理を経験したり、馬の世話をしたりして、自分を取り戻してシャーリー・ジョーンズと恋におちる。

さようならローマ Arrivederci Roma
1957 米 MGM 未 107分 カラー CS ステレオ 監督：ロイ・ローランド 主演：マリオ・ランツァ ローマへ行ったランツァが流行のカンツォーネを歌う。米伊合作で、主題歌はカンツォーネの名曲として残る。アメリカでの公開題名はThe Seven Hills of Rome。

ボー・ジェイムス Beau James
1957 米 Para 未 105分 カラー V 監督：メルヴィル・シェイヴルソン 主演：ボブ・ホープ ボー・ジェイムスと呼ばれた、1920年代のニュー・ヨーク市長ジミー・ウォーカーの伝記。派手な遊び人で映画女優との浮き名も流した。

シンデレラ Cinderella
1957 米TV CBS 未 76分 カラー CS 監督：ラルフ・ネルソン 主演：ジュリー・アンドルース ロジャースとハマースタインが書いた、童話のテレビ・ミュージカル。

パリの恋人 Funny Face
1957 米 Para 公開 103分 カラー V 監督：スタンリー・ドーネン 主演：オードリー・ヘプバーン ガーシュウィン作曲の古い舞台作品の映画版だが、話はまったく異なる。フレッド・アステアとヘプバーンが組んで踊る。

魅惑の巴里 Les Girls
1957 米 MGM 公開 114分 カラー CS ステレオ 監督：ジョージ・キューカー 主演：ジーン・ケリー ケリーと一緒に組んで踊っていた3人の娘ミッツィ・ゲイナー、タイナ・エルグ、ケイ・ケンドールが、昔の恋愛事件をめぐり裁判で争い、誰が真実を話しているのかわからなくなる。

追憶 The Helen Morgan Story
1957 米 WB 公開 118分 白黒 CS 監督：マイケル・カーティス 主演：アン・ブライス 舞台版「ショー・ボート」(1927)で『ビル』を歌って有名になったヘレン・モーガンの伝記映画。最後はアルコール漬けの生活となる。ポール・ニューマンの共演。

監獄ロック Jailhouse Rock
1957 米 MGM 公開 96分 白黒 CS 監督：リチャード・ソープ 主演：エルヴィス・プレスリー プレスリーの主演第2作目。血の気の多いプレスリーは、喧嘩の弾みで相手を殺して服役するが、刑務所で歌の手ほどきを受けて、出獄後に売り出し大ヒットする。名作だが、日本での公開は遅れた。

抱擁 The Joker Is Wild
1957 米 Para 公開 126分 白黒 V 監督：チャールズ・ヴィダー 主演：フランク・シナトラ シカゴのナイト・クラブで禁酒法時代から活躍したジョー・E・ルイスの半生を、シナトラが演じる。ミッツィ・ゲイナー、ジーン・クレインが相手役。

さまよう青春 Loving You
1957 米 Para 公開 101分 カラー V 監督：ハル・カンター 主演：エルヴィス・プレスリー プレスリーの初主演作品。酒屋の配達をやっていたプレスリーは歌がうまいので、旅回りの楽団に入り、人気が出る。

パジャマ・ゲーム The Pajama Game
1957 米 WB 公開 101分 カラー V 監督：ジョージ・アボットほか 主演：ドリス・デイ パジャマ工場の賃上げをめぐる、労働

者と工場監督との対立と愛を描く。アドラーとロスの舞台作品に忠実な映画化で、ボブ・フォッシー振付の鮮烈な踊りが、そのまま収録されている。

夜の豹　Pal Joey
1957　米　Col　公開　111分　カラー　V　監督：ジョージ・シドニー　主演：リタ・ヘイワース　ロジャースとハートの舞台作品を下敷きにしているが、内容はかなり異なる。女好きのナイト・クラブ芸人フランク・シナトラと、リタ、キム・ノヴァクの三角関係を描く。

ロカビリーの子供　Rockabilly Baby
1957　米　Fox　未　81分　白黒　CS　監督：ウィリアム・F・クラックストン　主演：ヴァージニア・フィールド　元ストリッパーのフィールドは、引退して小さな町へやって来る。その町では人々の尊敬を集めて、学校の校長とも親しくなるが、突然に彼女の過去が暴露されてしまう。

サッチモは世界を廻る　Satchmo the Great
1957　米　UA　公開　63分　カラー　CS　監督（編集）：アダム・アヴァキアン　主演：ルイ・アームストロング　アームストロングことサッチモの、欧州ツアーやニュー・ヨークでのバーンスタインとのコラボを記録したドキュメンタリー。日本公開は44分の短縮版。

絹の靴下　Silk Stockings
1957　米　MGM　公開　117分　カラー　CS　ステレオ　監督：ルーベン・マモーリアン　主演：フレッド・アステア　ルビッチ監督の「ニノチカ」Ninotchka (1939)のミュージカル版で、コール・ポーターの舞台作品（1955）に基づく。相手役はシド・チャリシーで、素晴らしい踊りを見せる。

一万の寝室　Ten Thousand Bedrooms
1957　米　MGM　未　114分　カラー　CS　ステレオ　監督：リチャード・ソープ　主演：ディーン・マーティン　アメリカのホテル王マーティンが、ローマの巨大ホテルを買収して、ローマ娘アンナ・マリア・アルバゲッティに惚れる。

これは夜かも　This Could Be the Night
1957　米　MGM　未　104分　白黒　CS　ステレオ　監督：ロバート・ワイズ　主演：ジーン・シモンズ　お堅い学校の教師シモンズは、夜はナイト・クラブ経営者の秘書となり、昼とはまったく違った連中と付き合う。

1958年

カントリー音楽の休日　Country Music Holiday
1958　米　Para　未　81分　白黒　監督：アルヴィン・ガンザー　主演：ファーリン・ハスキー　テネシーから大都会へ出て、レコードを吹き込んだ歌手ハスキーは、売り出しのために新聞にゴシップを流すが、それを見た故郷の恋人が心配して、都会へ出てくる。ザザ・ガボールが本人役で出ている。

くたばれヤンキース　Damn Yankees!
1958　米　WB　公開　111分　カラー　V　監督：ジョージ・アボットほか　主演：タブ・ハンター　アドラーとロスの舞台作品の忠実な映画化。グエン・ヴァードンが舞台と同じ役でボブ・フォッシーの振付を踊る。

恋の手ほどき　Gigi
1958　米　MGM　公開　115分　カラー　CS　ステレオ　監督：ヴィンセント・ミネリ　主演：レスリー・キャロン　ラーナーとロウの手による「マイ・フェア・レディ」路線の作品。キャロンの脇を、ベテランのモーリス・シュヴァリエ、ハーミオン・ジンゴールド、ルイ・ジュールダンたちが固めた、MGMミュージカル最後の傑作。

求婚大作戦　The Girl Most Likely
1958　米　RKO　未　98分　カラー　S　監督：ミッチェル・ライゼン　主演：ジェイン・パウエル　パウエルが3人の求婚者の誰と結婚するかで悩む。金持ちにするか、セールス・マンとの安定した生活か、それとも愛では一番の機械工か。ジンジャー・ロジャース主演の「愛の鐘はキッスで鳴った」Tom, Dick and Harry (1941)*のリメイク。

闇に響く声　King Creole
1958　米　Para　公開　116分　白黒　V　監督：マイケル・カーティス　主演：エルヴィス・プレスリー　生活費のために酒場のバイトに忙しく、高校を卒業できないプレスリーが、キング・クレオールというナイト・クラブで歌を認められて人気が出る。ニュー・オリンズの雰囲気がよく出ている。

100万弗のリズム　Let's Rock
1958　米　Col　公開　79分　白黒　S　監

督：ハリー・フォスター　主演：ジュリアス・ラ・ローザ　ガール・フレンドの助けを借りて、ラ・ローザがロックンロールの新しいサウンドで人気を得る。日本公開は44分の短縮版。

恋愛候補生　Mardi Gras
1958　米　Fox　公開　107分　カラー　CS　ステレオ　監督：エドマンド・グールディング　主演：パット・ブーン　士官候補生のパット・ブーンが、ニュー・オリンズの祭りマルディ・グラで、人気女優と仲良くなり結婚する。

僕はツイてる　Merry Andrew
1958　米　MGM　公開　103分　カラー　CS　ステレオ　監督：マイケル・キッド　主演：ダニー・ケイ　英国の学校教師ケイが遺跡発掘へ行き、サーカスの娘ピア・アンジェリと恋仲になる。

底抜け楽じゃないデス　Rock-a-Bye Baby
1958　米　Para　公開　103分　カラー　V　監督：フランク・タシュリン　主演：ジェリー・ルイス　お人好しのルイスが、同郷の女優に三つ子の世話を頼まれて悪戦苦闘する。

歌え、倅、歌え　Sing, Boy, Sing
1958　米　Fox　未　90分　白黒　CS　ステレオ　監督：ヘンリー・エフロン　主演：トミー・サンズ　厳格な牧師を祖父に持つ青年が、ロックンロールでスターとなるが、祖父が亡くなり自分も牧師となる。

南太平洋　South Pacific
1958　米　Fox　公開　171分　カラー　CS　ステレオ　監督：ジョシュア・ローガン　主演：ロッサノ・ブラッツィ　ロジャースとハマースタインの舞台に忠実な映画化。ミッツィ・ゲイナー、ジョン・カーの共演。

セントルイス・ブルース　St. Louis Blues
1958　米　Para　公開　105分　白黒　V　監督：アレン・ライズナー　主演：ナット・キング・コール　映画の題名となっている曲を書いた黒人作曲家の伝記を、コールが演じる。アーサー・キット、キャブ・キャロウェイ、エラ・フィッツジェラルド、マヘリア・ジャクソンら黒人スターが沢山出ている。

1959年

生まれながらの向う見ず　Born Reckless
1959　米　WB　未　80分　カラー　V　監督：ハワード・W・コッチ　主演：マミー・ヴァン・ドーレン　旅回りのロデオ乗りの男が、助けた金髪グラマー歌手に惚れられるが、本人は一向に気付かない。金髪歌手は、男の向う見ずな放浪生活をやめさせようとする。

昔のように　Come Prima
1959　米　MGM　未　92分　カラー　CS　ステレオ　監督：ルドルフ・マテ　主演：マリオ・ランツァ　オペラ歌手のマリオがカプリ島に休養に行き、耳の聞こえない娘に恋をするが、娘は奇跡的に回復して、彼の歌を聞けるようになる。マリオ最後の映画で、米・西独・伊の合作。題名はヒット・カンツォーネ曲から取られている。英語の題名はFor the First Time。

5つの銅貨　The Five Pennies
1959　米　Para　公開　117分　カラー　V　監督：メルヴィル・シェイヴルソン　主演：ダニー・ケイ　コルネット奏者レッド・ニコルスの伝記映画。一度は有名になりながらも、娘の病気のためにコルネットを諦める。

ジーン・クルーパ物語
The Gene Krupa Story
1959　米　Col　未　101分　白黒　S　監督：ドン・ワイズ　主演：サル・ミネオ　ベニー・グッドマン楽団などで活躍した、ドラム奏者ジーン・クルーパの伝記。ドラムはクルーパ自身が音を入れた。

おい、若者たち　Hey Boy! Hey Girl!
1959　米　Col　未　83分　白黒　監督：デイヴィッド・ローウェル・リッチ　主演：ルイ・プリマ　小さな教区で歌のうまい敬虔な娘が少年楽団と一緒に歌い、少年キャンプの費用を稼ぐ。

疑惑の愛情　Hound-Dog Man
1959　米　Fox　未　87分　カラー　CS　ステレオ　監督：ドン・シーゲル　主演：フェイビアン　田舎の農場で父親の手伝いをして育った少年フェイビアンが、風来坊の男と一緒に旅をする。少年はいろいろな世界を見聞して、父親を尊敬し直す。

真夏の夜のジャズ
Jazz on a Summer's Day
1959　米　Galaxy　公開　85分　カラー　S　監督：アラム・アヴァキアンほか　主演：ル

年度別作品一覧

イ・アームストロング　ニュー・ポート・ジャズ・フェスティヴァルの記録映画。サッチモのほかにも、セルニアス・モンク、アニタ・オデイ、チャック・ベリーなどが出演。

ジューク・ボックス・リズム　Juke Box Rhythm
1959　米　Col　未　81分　白黒　V　監督：アーサー・ドレイファス　主演：ジョー・モロー　ヨーロッパの小国の王女が、戴冠式用の衣装を求めてニュー・ヨークへ来る。王女と親しくなった青年は、友人の店で買わせて手数料を稼ぎ、彼の父が制作するショーの足しにしようとする。

拳銃に泣くトム・ドーリィ　The Legend of Tom Dooley
1959　米　Col　公開　79分　白黒　V　監督：テッド・ポスト　主演：マイケル・ランドン　南北戦争が終わったのを知らない南軍兵士ランドンが、北軍の馬車を襲い、殺人犯として追われることになる。前年にキングストン・トリオでヒットした曲をテーマに映画化した作品。

リル・アブナー　Li'l Abner
1959　米　Para　未　114分　カラー　V　監督：メルヴィン・フランク　主演：ピーター・パルマー　漫画に基づいた舞台作品(1956)の映画版で、舞台版と同じくパルマーが主演している。全米で一番無益な村なので、核実験場にするために立ち退けと言われた村人たちの騒動を描く。何とか阻止しようと、村人は力持ちのリル・アブナーをワシントンへ派遣する。

下らぬものを盗むな　Never Steal Anything Small
1959　米　Univ　未　94分　カラー　CS　監督：チャールズ・レデラー　主演：ジェイムス・キャグニー　ギャングのキャグニーは、港湾労働者を仕切る委員長になり、若い弁護士を雇う。弁護士の妻シャーリー・ジョーンズが魅力的なので、二人を離婚させて言い寄ろうと考えて、窃盗の罪を弁護士に負わせようとする。

ポギーとベス　Porgy and Bess
1959　米　SG　公開　138分　カラー　CS　ステレオ　監督：オットー・プレミンジャー　主演：シドニー・ポワチエ　ジョージ・ガーシュウィンのオペラの映画版。出演者は全員黒人。

ひとこと云って　Say One for Me
1959　米　Fox　公開　120分　カラー　CS　ステレオ　監督：フランク・タシュリン　主演：ビング・クロスビー　父の病院代を稼ぐためナイト・クラブに出演する女子大生デビー・レイノルズを、神父のビングが助ける。

眠れる森の美女　Sleeping Beauty
1959　米　Disney　公開　75分　カラー　CS　ステレオ　監督：クライド・ジェロニミ　童話のアニメ版。新曲もあるが、チャイコフスキーのバレエ音楽も使っている。

お熱いのがお好き　Some Like It Hot
1959　米　UA　公開　120分　白黒　V　監督：ビリー・ワイルダー　主演：マリリン・モンロー　ギャングの抗争に巻き込まれた楽団員トニー・カーティスとジャック・レモンは、女装して女性楽団に入りマイアミへ逃げるが、そこでもギャングと遭遇する。モンローは楽団の歌手役。

1960年

夜が泣いている　All the Fine Young Cannibals
1960　米　MGM　公開　112分　カラー　CS　監督：マイケル・アンダソン　主演：ロバート・ワグナー　テキサスの田舎町でトランペットを吹いているワグナーは、ナタリー・ウッドと愛し合っていたが、彼女は都会へ出て金持ちと結婚する。ワグナーもトランペッターとして人気が出て、ある夜ナイト・クラブで二人は再会し、昔の恋に火がつく。

ベルが鳴っています　Bells Are Ringing
1960　米　MGM　未　126分　カラー　CS　ステレオ　監督：ヴィンセント・ミネリ　主演：ジュディ・ホリデイ　ジュール・スタインの舞台の映画版で、ホリデイが舞台と同じ役を演じる。留守番電話サービスの電話応対係ホリデイと、顧客ディーン・マーティンが恋仲となる。

カンカン　Can-Can
1960　米　Fox　公開　131分　カラー　CS　ステレオ　監督：ウォルター・ラング　主演：フランク・シナトラ　コール・ポーターの舞台の映画版。新任の真面目な検事が赴任して

アメリカ　1960年代

きて、カンカンの踊りを猥褻だとして取り締まるので裁判になる。シャーリー・マクレイン、モーリス・シュヴァリエ共演。

燃える平原児　Flaming Star
1960　米　Fox　公開　101分　カラー　CS　監督：ドン・シーゲル　主演：エルヴィス・プレスリー　インディアンの母と白人の父の間に生まれ育ったプレスリーが、両者の抗争の中で自分のアイデンティティを求めて苦しむ。

G・I・ブルース　G. I. Blues
1960　米　Para　公開　104分　カラー　V　監督：ノーマン・タウログ　主演：エルヴィス・プレスリー　2年間の兵役を終えて復帰したエルヴィスが、軍隊生活を演じる。相手役はジュリエット・プラウズ。

愉しいひと時　High Time
1960　米　Fox　未　103分　カラー　CS　監督：ブレイク・エドワーズ　主演：ビング・クロスビー　中年のクロスビーが一念発起して大学に入り、フランス語教師に恋をする。

恋をしましょう　Let's Make Love
1960　米　Fox　公開　112分　カラー　CS　ステレオ　監督：ジョージ・キューカー　主演：マリリン・モンロー　大富豪イヴ・モンタンと、劇団の魅力的な女優モンローの恋。

ペペ　Pepe
1960　米　Col　公開　195分　カラー　CS　ステレオ　監督：ジョージ・シドニー　主演：カンティンフラス　メキシコの男ペペ（カンティンフラス）が自分の売った馬を求めてハリウッドへ行き、多くのスターたちを見る。ゲスト・スターが豪華。

わが恋は終りぬ　Song without End
1960　米　Col　公開　141分　カラー　CS　ステレオ　監督：チャールズ・ヴィダー　主演：ダーク・ボガード　ボガードが演じるフランツ・リストの伝記映画。

地下街の住人　The Subterraneans
1960　米　MGM　公開　89分　カラー　CS　監督：ラナルド・マクドゥーガル　主演：レスリー・キャロン　ビートニク世代のジャズ映画。サン・フランシスコの一角の建物の地下に住み、ボヘミアンな生活を送る若者の愛を描く。

1961年

七面鳥艦隊　All Hands on Deck
1961　米　Fox　公開　100分　カラー　CS　監督：ノーマン・タウログ　主演：パット・ブーン　海軍中尉のブーンが、新聞記者バーバラ・イーデンと恋をする。七面鳥は部下が持ち込んだ艦艇のマスコット。

おもちゃの王国　Babes in Toyland
1961　米　Disney　公開　104分　カラー　V　監督：ジャック・ドナヒュー　主演：レイ・ボルジャー　ヴィクター・ハーバートのオペレッタの映画版。アネット・フニチェッロが共演。

ブルー・ハワイ　Blue Hawaii
1961　米　Para　公開　102分　カラー　CS　監督：ノーマン・タウログ　主演：エルヴィス・プレスリー　プレスリーがハワイで旅行ガイドとなる。

フラワー・ドラム・ソング　Flower Drum Song
1961　米　Univ　公開　133分　カラー　CS　ステレオ　監督：ヘンリー・コスター　主演：ナンシー・クワン　ロジャースとハマースタインの舞台の映画版で、サン・フランシスコの中国人社会を描く。

パリの旅愁　Paris Blues
1961　米　UA　公開　98分　白黒　V　監督：マーティン・リット　主演：ポール・ニューマン　パリのジャズ・クラブで演奏しながら、新しい曲を書いているニューマンは、アメリカから旅行でやって来たジョアン・ウッドワードと恋をするが、アメリカへ戻る決心がつかずに別れる。

白雪姫と道化もの　Snow White and the Three Stooges
1961　米　Fox　公開　107分　カラー　CS　ステレオ　監督：ウォルター・ラング　主演：三馬鹿大将　フィギュア・スケートの金メダリストであるキャロル・ヘイスが、スケート好きの白雪姫を演じ、三馬鹿大将が7人の小人役となる。

よみがえるブルース　Too Late Blues
1961　米　Para　未　103分　カラー　V　監督：ジョン・カサヴェテス　主演：ボビー・ダーリン　ダーリンはジャズ・ピアニストで、

毎夜あちこちで演奏をしているが、美しい女性歌手ステラ・スティーヴンスと出会ったことから、彼女と一緒にいることだけが目的のような生活になってしまう。

狂熱のツイスト　Twist Around the Clock
1961　米　Col　公開　86分　白黒　V　監督：オスカー・ルドルフ　主演：チャビー・チェッカー　一夜にして全米に広がった踊りツイストを、チャビー・チェッカーらが踊りまくる。

ウエスト・サイド物語　West Side Story
1961　米　UA　公開　152分　カラー　CS　ステレオ　監督：ジェローム・ロビンスほか　主演：ナタリー・ウッド　バーンスタイン作曲の舞台作品の映画版。ジェローム・ロビンスが踊りの部分を担当したほか、ロバート・ワイズが共同監督した。

嵐の季節　Wild in the Country
1961　米　Fox　公開　114分　カラー　CS　ステレオ　監督：フィリップ・ダン　主演：エルヴィス・プレスリー　兄に暴行を加えて保護観察処分となり、精神科医に通う悩める若者をプレスリーが演じる。

１９６２年

青きドナウ　Almost Angels
1962　米　Disney　公開　93分　カラー　V　監督：スティーヴ・プレヴィン　主演：ヴィンセント・ウィンター　ウィーン少年合唱団の主役の座をめぐる確執と友情を描く。日本ではBorn to Singという題名で、国際版が公開された。

ジャンボ　Billy Rose's Jumbo
1962　米　MGM　公開　123分　カラー　CS　ステレオ　監督：チャールズ・ウォルターズ　主演：ドリス・デイ　ロジャースとハートの古い舞台作品の映画版で、舞台とはかなり異なる。ジャンボという人気者の大きな象をめぐるサーカス団の話と、団長の娘デイのロマンス。

夢の渚　Follow That Dream
1962　米　UA　公開　109分　カラー　CS　監督：ゴードン・ダグラス　主演：エルヴィス・プレスリー　現代のお伽噺的な展開で、風来坊たちが気ままに海岸に住み着くと、どんどんと住民が増えて問題が起こる。

陽気なパリ　Gay Purr-ee
1962　米　WB　未　85分　カラー　V　監督：エイブ・レヴィトウ　パリに出てきた娘猫のロマンスを描くアニメ。声がジュディ・ガーランドとロバート・グーレという豪華な顔合わせ。

ガール！ガール！ガール！
Girls! Girls! Girls!
1962　米　Para　公開　106分　カラー　V　監督：ノーマン・タウログ　主演：エルヴィス・プレスリー　貧乏青年が、父親と一緒に昔作ったヨットを何とか手に入れようと、歌って稼いだりするうちに、金持ちの娘と知り合う。

ジプシー　Gypsy
1962　米　WB　公開　143分　カラー　CS　ステレオ　監督：マーヴィン・ルロイ　主演：ロザリンド・ラッセル　ジュール・スタインの舞台の映画版。ストリッパーとなったジプシー・ローズ・リーの母親を中心に描く。ナタリー・ウッド共演。

恋のＫＯパンチ　Kid Galahad
1962　米　UA　公開　95分　カラー　V　監督：フィル・カールソン　主演：エルヴィス・プレスリー　突然にボクシング選手となったプレスリーが、恋と八百長試合に巻き込まれる。

ベートーヴェン 気骨の楽聖
The Magnificent Rebel
1962　米　Disney　未　156分　カラー　S　監督：ジョージ・トレスラー　主演：カールハインツ・ベーム　テレビ番組「ディズニーランド」で、2回にわたり放映されたベートーヴェンの伝記作品。

ミュージック・マン　The Music Man
1962　米　WB　未　151分　カラー　CS　ステレオ　監督：モートン・ダコスタ　主演：ロバート・プレストン　メルディス・ウィルソンの舞台の映画版。楽器を売りつけるインチキ・セールスマンを、舞台と同じロバート・プレストンが演じる。シャーリー・ジョーンズ共演。

ステート・フェア　State Fair
1962　米　Fox　公開　118分　カラー　CS　ステレオ　監督：ホセ・フェラー　主演：パット・ブーン　ロジャースの名作(1945)の

現代版リメイク。州のお祭りに参加する一家と、その子供たちの恋。アン゠マーグレット、ボビー・ダーリンなどが共演。

一緒にスウィング Swingin' Along
1962 米 Fox 未 74分 カラー CS 監督：チャールズ・バートン 主演：トミー・ヌーナン 何をやってもダメな若者ヌーナンが作曲コンテストに挑むが、詐欺師に引っかかりそうになる。

不思議な世界の物語 The Wonderful World of the Brothers Grimm
1962 米 MGM 公開 135分 カラー シネラマ ステレオ 監督：ヘンリー・レヴィン 主演：ローレンス・ハーヴェイ グリム童話3編をシネラマで見せる。

1963年

やめないでもっと！ Beach Party
1963 米 AIP 公開 101分 カラー CS 監督：ウィリアム・アシャー 主演：ロバート・カミングス フランキー・アヴァロンとアネット・フニチェッリによる、アメリカン・インターナショナル・ピクチャーズ社の低予算ビーチ物の第1作。

バイ・バイ・バーディ Bye Bye Birdie
1963 米 Col 公開 112分 カラー CS ステレオ 監督：ジョージ・シドニー 主演：ディック・ヴァン・ダイク プレスリー風ロック・スターに夢中になる田舎町の娘アン゠マーグレットを描く。チャールズ・ストラウスの舞台作品の映画化。

渚のデイト Follow the Boys
1963 米 MGM 公開 95分 カラー CS 監督：リチャード・ソープ 主演：コニー・フランシス アメリカの駆逐艦が突然南仏カンヌを出航するので、乗組員の妻や恋人たちが、イタリアやギリシャなどの寄港地へ追いかける。コニーが歌いまくる。

アカプルコの海 Fun in Acapulco
1963 米 Para 公開 97分 カラー V 監督：リチャード・ソープ 主演：エルヴィス・プレスリー メキシコの避暑地のホテルで歌うプレスリーが、アーシュラ・アンドレスと恋をする。

フォーク・ソング集会 Hootenanny Hoot
1963 米 MGM 未 91分 白黒 V 監督：ジーン・ネルソン 主演：ピーター・ブレック 番組が当たらないテレビ制作者が、各地でフォーク・ソングのグループを見つけて、彼らの出演するフォーク番組を作る。

あなただけ今晩は Irma la Duce
1963 米 UA 公開 147分 カラー CS 監督：ビリー・ワイルダー 主演：ジャック・レモン フランス製の舞台作品「優しいイルマ」の映画版。基はミュージカルだが、映画版では曲は背景音楽だけに使われていて、歌はない。イルマ役はシャーリー・マクレイン。

ヤング・ヤング・パレード It Happened at the World's Fair
1963 米 MGM 公開 105分 カラー CS 監督：ノーマン・タウログ 主演：エルヴィス・プレスリー プレスリーがシアトルの万国博覧会で、美人看護師ジョーン・オブライエンと恋仲になる。

夏の魔術 Summer Magic
1963 米 Disney 公開 110分 カラー V 監督：ジェイムス・ニールソン 主演：ヘイリー・ミルズ 夏休みに気に入った家を借りて一家で過ごすミルズの恋物語。

王さまの剣 The Sword in the Stone
1963 米 Disney 公開 79分 カラー S 監督：ウォルフガング・ライザーマン アーサー王伝説を題材としたアニメ。

ウィーンの森の物語 The Waltz King
1963 米 Disney 公開 95分 カラー S 監督：スティーヴ・プレヴィン 主演：カーウィン・マシューズ ヨハン・シュトラウスの伝記。アメリカではテレビ用だったが、他国では劇場公開された。

1964年

踊れ！ サーフィン For Those Who Think Young
1964 米 UA 公開 96分 カラー CS 監督：レスリー・H・マーティンソン 主演：ジェイムス・ダレン 大金持ちの息子の大学生ダレンと、その同級生の恋人パメラ・ティフィンが、親に結婚を認めさせるために頑張る。

クレイジー・ジャンボリー Get Yourself a College Girl
1964 米 MGM 公開 87分 カラー V

監督：シドニー・ミラー　主演：メリー・アン・モブリー　女子大生モブリーが曲を書いて売り出そうとするが、大学にバレて退学処分されそうになる。

彼女は億万長者　I'd Rather Be Rich
1964　米　Univ　公開 96分　カラー　監督：ジャック・スマイト　主演：サンドラ・ディ　死にそうな祖父モーリス・シュヴァリエに婚約者を紹介しようと考えたサンドラ・ディは、婚約者アンディ・ウィリアムスの到着が遅れるので、ピンチ・ヒッターとして化学者ロバート・グーレを祖父に紹介する。ところがシュヴァリエが元気になり混乱する。ディアナ・ダービンの「それは前夜から始まった」It Started with Eve (1941)*のリメイク。

キッスン・カズン　Kissin' Cousins
1964　米　MGM　公開 96分　カラー　CS　監督：ジーン・ネルソン　主演：エルヴィス・プレスリー　米軍のミサイル基地用の土地を取得するため、エルヴィスが地主を説得する。

ハートでキッス　Looking for Love
1964　米　MGM　公開 85分　カラー　CS　監督：ドン・ワイズ　主演：コニー・フランシス　フランシスは歌手を目指しているが、芽が出ないので結婚を考える。しかし、テレビ番組で歌う機会があり、人気が出て恋人も見つかる。

メリー・ポピンズ　Mary Poppins
1964　米　Disney　公開 139分　カラー　V　ステレオ　監督：ロバート・スティーヴンソン　主演：ジュリー・アンドルーズ　有名な児童文学の映画化。アンドルーズの映画デビューで、実写とアニメを組み合わせた意欲的な作品。

マイ・フェア・レディ　My Fair Lady
1964　米　WB　公開 170分　カラー　CS　ステレオ　監督：ジョージ・キューカー　主演：オードリー・ヘプバーン　ラーナーとロウの舞台ヒット作の映画化。かなり舞台に忠実で、舞台で演じたレックス・ハリスンが演じている。

マドリードで乾杯　The Pleasure Seekers
1964　米　Fox　公開 107分　カラー　CS　監督：ジーン・ネグレスコ　主演：アン＝マーグレット　「愛の泉」Three Coins in the Fountain (1954)のリメイク。3人のアメリカ娘マーグレット、キャロル・リンレイ、パメラ・ティフィンがマドリードで恋をする。

七人の愚連隊　Robin and the 7 Hoods
1964　米　WB　公開 123分　カラー　CS　監督：ゴードン・ダグラス　主演：フランク・シナトラ　禁酒法時代のシカゴ。ギャングの親分シナトラとその仲間たちが、ピーター・フォークが率いるギャングと抗争する。

青春カーニバル　Roustabout
1964　米　Para　公開 101分　カラー　CS　監督：ジョン・リッチ　主演：エルヴィス・プレスリー　オートバイで旅をしている歌手プレスリーが、バーバラ・スタインウィックのカーニバルに入り人気が出る。

ビート・パレード　The T. A. M. I. Show
1964　米　AIP　公開 123分　白黒　V　監督：スティーヴ・バインダー　主演：ビーチ・ボーイズ　この年にヒット曲を出した若者を一堂に集めたテレビ・ショー Teen Age Music Internationalの記録映像。

不沈のモリー・ブラウン
The Unsinkable Molly Brown
1964　米　MGM　公開 128分　カラー　CS　ステレオ　監督：チャールズ・ウォルターズ　主演：デビー・レイノルズ　メルディス・ウィルソンの舞台作品の映画版。田舎から出て大金持ちとなり、波乱万丈の人生を送ったモリー・ブラウンの生涯をレイノルズが演じる。

ラスベガス万才　Viva Las Vegas
1964　米　MGM　公開 85分　カラー　CS　監督：ジョージ・シドニー　主演：エルヴィス・プレスリー　ラス・ヴェガスで開催される自動車レースに参加するプレスリーが、水泳インストラクターのアン＝マーグレットに恋をする。

ハンク・ウィリアムス物語　偽りの心
Your Cheatin' Heart
1964　米　MGM　公開 99分　白黒　CS　監督：ジーン・ネルソン　主演：ジョージ・ハミルトン　カントリー・アンド・ウェスタンの歌手で、早世したハンク・ウィリアムスの伝記映画。題名は彼のヒット曲名。

1965年

踊る太陽　Beach Ball
1965　米　Para　公開 83分　カラー　CS

アメリカ　1960年代

監督：レニー・ウィーンリブ　主演：エド・バーンズ　ロック音楽グループの若者3人が、楽器を買う金を得ようと、女装して音楽コンテストに出演して優勝する。

フロリダ万才　Girl Happy
1965　米　MGM　公開　96分　カラー　CS　監督：ボリス・セーガル　主演：エルヴィス・プレスリー　クラブ歌手プレスリーは、クラブ経営者の娘のお目付け役としてフロリダへ行くが、その娘と恋仲となってしまう。

ビーチ・ガール　The Girls on the Beach
1965　米　Para　公開　80分　カラー　V　監督：ウィリアム・ウィットニー　主演：ノリーン・コーコラン　女子大生たちが、クラブ・ハウスを維持するためにイベントを企画して、ビートルズを呼ぶことにする。ビーチ・ボーイズが出演。

ハレム万才　Harum Scarum
1965　米　MGM　公開　95分　カラー　V　監督：ジーン・ネルソン　主演：エルヴィス・プレスリー　エルヴィスは映画スターで、中東の王国の暗殺騒ぎに巻き込まれる。

テスト・ハネムーン　I'll Take Sweden
1965　米　UA　公開　97分　カラー　V　監督：フレデリク・デ・コルドヴァ　主演：ボブ・ホープ　ホープが、娘チューズデイ・ウェルドとフランキー・アヴァロンの結婚話に振り回される。

サンセット物語　Inside Daisy Clover
1965　米　WB　公開　128分　カラー　CS　監督：ロバート・マリガン　主演：ナタリー・ウッド　貧乏なウッドは、夢に見た映画女優デイジー・クローヴァーとなり、ロバート・レッドフォードと結婚するが、映画界の現実は彼女を幻滅させる。アンドレ・プレヴィンの曲が3曲入っている。

爆笑！ミサイル大騒動
Sergeant Deadhead
1965　米　AIP　未　90分　カラー　CS　監督：ノーマン・タウログ　主演：フランキー・アヴァロン　宇宙飛行をしたアヴァロンとサルの脳が入れ替わってしまい、婚約者をほかの男に取られそうになる。

スキーパーティ　Ski Party
1965　米　AIP　公開　90分　カラー　CS　監督：アラン・ラフキン　主演：フランキー・アヴァロン　アヴァロンと友人が女性に化けてスキー場へ行き、惚れたり口説かれたりするが、最後はビーチでビキニ姿を見せる。

サウンド・オブ・ミュージック
The Sound of Music
1965　米　Fox　公開　174分　カラー　CS　ステレオ　監督：ロバート・ワイズ　主演：ジュリー・アンドルーズ　ロジャースとハマースタインの舞台作品の、アンドルーズ主演による映画化。音楽は舞台に比較的忠実。カメラを屋外に持ち出して思い切りロケして、新しいミュージカルのひとつの到達点を示した。

いかすぜ！この恋　Tickle Me
1965　米　AA　公開　90分　カラー　CS　監督：ノーマン・タウログ　主演：エルヴィス・プレスリー　観光牧場でロデオを見せるプレスリーが、同じ牧場の体操インストラクターに恋をする。

青空のデイト　When the Boys Meet the Girls
1965　米　MGM　公開　97分　カラー　CS　監督：アルヴィン・ガンザー　主演：コニー・フランシス　ガーシュウィンの「女の子に夢中」の3回目の映画化。建築学生のハーヴ・プレスネルが遊び過ぎで放校となり、田舎へ行きコニーと知り合い、観光牧場を二人で作るうちに愛し合うようになる。

1966年

バレリーナ物語　Ballerina
1966　米　Disney　公開　94分　カラー　S　監督：ノーマン・キャムベル　主演：メッテ・フニンゲン　デンマーク王立バレエ団の付属学校でバレエを習う少女たちの話。テレビ向けに作られたが、アメリカ以外では劇場公開された。

フランキー and ジョニー
Frankie and Johnny
1966　米　UA　公開　87分　カラー　V　監督：フレデリク・デ・コルドヴァ　主演：エルヴィス・プレスリー　ミシシッピー河のショー・ボートの芸人プレスリーとドナ・ダグラスは相思相愛の仲だが、プレスリーがほかの娘を追い回すので波風が立つ。

ローマで起った奇妙な出来事　A Funny Thing Happened on the Way to the Forum

1966 米 UA 公開 99分 カラー V ステレオ 監督：リチャード・レスター 主演：ゼロ・モステル スティーヴン・ソンドハイムの舞台作品の映画版で、舞台と同じゼロ・モステルが主演した。ビートルズ映画で名を売ったレスター監督が新感覚で作ったが、音楽は随分と犠牲になっている。

そのままで！ Hold on!
1966 米 MGM 未 85分 カラー CS 監督：アーサー・ルビン 主演：ハーマンズ・ハーミッツ 英国のポップ・グループのハーマンズ・ハーミッツが、アメリカで演奏ツアーをする間に、女の子に追いかけられたり、NASAで宇宙船を勧められたりする。ビートルズ映画風の作り。

サイレンサー 殺人部隊 Murderer's Row
1966 米 Col 公開 105分 カラー V 監督：ヘンリー・レヴィン 主演：ディーン・マーティン 秘密工作員マーティンが、科学者の娘アン＝マーグレットと一緒に、何でも破壊してしまう光線兵器を開発する一味と戦う。

ハワイアン・パラダイス Paradise Hawaiian Style
1966 米 Para 公開 91分 カラー V 監督：マイケル・D・ムーア 主演：エルヴィス・プレスリー エルヴィスがハワイでヘリコプター会社を始めて、事務所の娘と恋仲になる。

歌え！ドミニク The Singing Nun
1966 米 MGM 公開 97分 カラー CS 監督：ヘンリー・コスター 主演：デビー・レイノルズ 『ドミニク』を作曲した尼僧の伝記作品。

カリフォルニア万才 Spinout
1966 米 MGM 公開 90分 カラー CS 監督：ノーマン・タウログ 主演：エルヴィス・プレスリー 歌手で自動車レーサーのエルヴィスは各地を回るが、カリフォルニアでの滞在中にも、娘たちに追い回される。日本公開の原題はCalifornia Holiday。

スインガー The Swinger
1966 米 Para 公開 81分 カラー V 監督：ジョージ・シドニー 主演：アン＝マーグレット 小説家志望のマーグレットが、官能小説を書いて雑誌に売り込む。

１９６７年

キャメロット Camelot
1967 米 WB 公開 179分 カラー CS ステレオ 監督：ジョシュア・ローガン 主演：リチャード・ハリス ラーナーとロウのアーサー王を題材とした舞台作品の映画版。音楽は舞台に忠実で、ドラマを膨らませた結果、3時間の大作となった。

ブルー・マイアミ Clambake
1967 米 UA 公開 100分 カラー CS 監督：アーサー・H・ネイデル 主演：エルヴィス・プレスリー 金持ちの息子エルヴィスが、貧乏青年と入れ替わって水上スキーやボート競走に励み、本当の恋人を見つける。

さあ、ちょっと楽しもうぜ C'Mon Let's Live a Little
1967 米 Para 未 84分 カラー CS 監督：デイヴィッド・バトラー 主演：ボビー・ヴィー 田舎のフォーク歌手は、自動車事故で困っている大学学長の娘を救ったことから、奨学金をもらい大学に入るが、反体制運動の若者に利用されてしまう。

太陽の恋人 クール・ワンズ The Cool Ones
1967 米 WB 公開 98分 カラー CS 監督：ジーン・ネルソン 主演：ロディ・マクダウァル デビー・ワトソンは歌手を目指して頑張り、人気も出始めるが、一緒に歌う男との愛を選び歌手を諦める。

ドリトル先生 不思議な旅 Doctor Dolittle
1967 米 Fox 公開 152分 カラー CS ステレオ 監督：リチャード・フライシャー 主演：レックス・ハリスン 児童文学の映画版。動物の言葉がわかる医者ハリスンが、冒険旅行をする。

ふたつのトラブル Double Trouble
1967 米 MGM 未 90分 カラー CS 監督：ノーマン・タウログ 主演：エルヴィス・プレスリー アメリカの人気歌手エルヴィスが、欧州ツアーで二人の娘に追い回される。

GO！GO！GO！ Easy Come, Easy Go
1967 米 Para 公開 95分 カラー V 監督：ジョン・リッチ 主演：エルヴィス・プレスリー 海軍士官のエルヴィスが退役して、

沈没船の宝物を引き上げる。
一番素早いギター
The Fastest Guitar Alive
1967　米　MGM　未　87分　カラー　監督：マイケル・D・ムーア　主演：ロイ・オービソン　南北戦争の時代。南軍スパイのロイ・オービソンは、ギターにライフルを仕込み、サン・フランシスコから船積みされる金塊を奪い、エル・パソに潜む将軍に届けようとする。

好景気　Good Times
1967　米　Col　未　91分　カラー　V　監督：ウィリアム・フリードキン　主演：ソニー・ボノ　デュオのソニーとシェールが主演するテレビ番組の映画版。いろいろな寸劇や歌で構成されている。

最高にしあわせ　The Happiest Millionaire
1967　米　Disney　公開　164分　カラー　V　ステレオ　監督：ノーマン・トカー　主演：フレッド・マクマレイ　古き良き時代のフィラデルフィア。名家の令嬢サリー・アン・ホウズの恋を描く、シャーマン兄弟作曲の作品。

努力しないで出世する方法　How to Succeed in Business Without Really Trying
1967　米　UA　公開　121分　カラー　CS　監督：デイヴィッド・スウィフト　主演：ロバート・モース　フランク・レッサーの舞台の映画版。舞台と同じくモース主演で、舞台版に忠実。

ジャングル・ブック　The Jungle Book
1967　米　Disney　公開　78分　カラー　S　監督：ウォルフガング・ライザーマン　キプリングの小説のアニメ化。ジャングルで動物に育てられた少年が、人間の少女に恋をする。

モダン・ミリー　Thoroughly Modern Millie
1967　米　Univ　公開　153分　カラー　V　ステレオ　監督：ジョージ・ロイ・ヒル　主演：ジュリー・アンドルーズ　動乱の1920年代を背景に、田舎から出てきたアンドルーズが、行方不明になった娘メリー・タイラー・ムーアを探して、誘拐犯と戦う。

ヤング・アメリカンズ　歌え青春！
Young Americans
1967　米　Col　公開　104分　カラー　監督：アレクサンダー・グラスホフ　主演：ダイアン・アダムス　若者たちのコーラス・グループ「ヤング・アメリカンズ」の公演ツアーの模様を記録した作品。

１９６８年

チキ・チキ・バン・バン
Chitty Chitty Bang Bang
1968　米　UA　公開　144分　カラー　CS　ステレオ　監督：ケン・ヒューズ　主演：ディック・ヴァン・ダイク　イアン・フレミングの児童文学の映画化。悪漢に誘拐された父親を助けるために、ヴァン・ダイクが子供たちと一緒に遠い国まで冒険する。

フィニアンの虹　Finian's Rainbow
1968　米　WB　公開　141分　カラー　CS　ステレオ　監督：フランシス・フォード・コッポラ　主演：フレッド・アステア　バートン・レインの古い舞台作品の映画版。幸せを求めてアイルランドからアメリカへ移住してきたアステアとペトゥラ・クラークの父娘は、レインボー・バレーに居を構えるが、アステアが勝手に持ち出した金の壺を取り返そうと、妖精トミー・スティールがついてくる。

ファニー・ガール　Funny Girl
1968　米　Col　公開　155分　カラー　CS　ステレオ　監督：ウィリアム・ワイラー　主演：バーブラ・ストライザンド　ジュール・スタインの名作舞台を、舞台そのままにバーブラが演じる。相手役はオマー・シャリフ。

ヘッド　Head
1968　米　Col　未　86分　カラー　S　監督：ボブ・レイフェルソン　主演：モンキーズ　テレビ番組で人気があったロック・グループのモンキーズを中心とした作品。

バギー万才！　Live a Little, Love a Little
1968　米　MGM　公開　90分　カラー　CS　監督：ノーマン・タウログ　主演：エルヴィス・プレスリー　写真家のエルヴィスは、お堅い新聞と柔らかい雑誌の写真を引き受けているので、忙しくて恋まで手が回らない。

ミンスキーの劇場が手入れをうけた夜
The Night They Raided Minsky's
1968　米　UA　未　99分　カラー　監督：ウィリアム・フリードキン　主演：ジェイソン・ロバーツ　1920年代のマンハッタン。敬虔なキリスト教アーミッシュ派の娘が、バーレスク劇場でグラインドやバンプを連発す

る。娘の父親の牧師が見に来たり、ギャングの出入りがあったりするので大混乱し、警察の手入れを受ける。チャールズ・ストラウスの曲。

オリバー！ Oliver!
1968 米 Col 公開 153分 カラー CS ステレオ 監督：キャロル・リード 主演：マーク・レスター ディケンズの小説の舞台版の映画化。孤児のオリバーがスリ集団に巻き込まれるが、貴族の孫息子であることが判明する。

ファミリー・バンド The One and Only Genuine Original Family Band
1968 米 Disney 公開 110分 カラー 監督：マイケル・オハーリヒー 主演：ウォルター・ブレナン 実話に基づく11人の家族楽団の話。一家は民主党びいきで選挙の応援をする。

スピードウェイ Speedway
1968 米 MGM 公開 94分 カラー CS 監督：ノーマン・タウログ 主演：エルヴィス・プレスリー スピード・レーサーのプレスリーは、困った人にどんどん金を与えるので、手元に金が残らない。そこで、会計士ナンシー・シナトラが管理をすることになる。

スター！ Star!
1968 米 Fox 公開 218分 カラー CS ステレオ 監督：ロバート・ワイズ 主演：ジュリー・アンドルーズ 英国出身のミュージカル女優ガートルード・ローレンスの伝記をアンドルーズが演じる。主にノエル・カワードとの関係が描かれ、舞台の再現場面もたっぷりとある。

歌のひと時 A Time to Sing
1968 米 MGM 未 91分 カラー CS 監督：アーサー・ドレイファス 主演：ハンク・ウィリアムス・ジュニア カントリー・アンド・ウェスタンの歌手グラディ・ドッドの伝記を、ウィリアムス・ジュニアが演じる。

1969年

アリスのレストラン Alice's Restaurant
1969 米 UA 公開 111分 カラー V 監督：アーサー・ペン 主演：アーロ・ガスリー ウディ・ガスリーの息子アーロ・ガスリーのヒット曲から作られた、ペン監督の作品。大学をドロップ・アウトしたガスリーが、アリスの経営するレストランに入り浸り、若者たちが多く集まってくる。

スヌーピーとチャーリー A Boy Named Charlie Brown
1969 米 Cinema Center 公開 86分 カラー S 監督：ビル・メレンデス チャールズ・M・シュルツの「ピーナッツ」シリーズの長編アニメ化。

修道着の変更 Change of Habit
1969 米 NBC Univ 未 93分 カラー V 監督：ウィリアム・A・グレアム 主演：エルヴィス・プレスリー 医師プレスリーが、診療所の美しい修道女メリー・タイラー・ムーアに恋をする。

チップス先生さようなら Goodbye, Mr. Chips
1969 米 MGM 公開 155分 カラー CS ステレオ 監督：ハーバート・ロス 主演：ピーター・オトゥール ヒルトンの小説の映画版。伝統的なパブリック・スクールの教師オトゥールが、ミュージカル女優ペトゥラ・クラークと結婚して周囲を驚かせる。

ハロー・ドーリー！ Hello, Dolly!
1969 米 Fox 公開 146分 カラー CS ステレオ 監督：ジーン・ケリー 主演：バーブラ・ストライザンド ジェリー・ハーマンのヒット舞台作品の映画版。何でも屋の未亡人バーブラが、小金を貯め込んだウォルター・マッソーと結婚する。ケリーが監督して屋外で踊りを展開した。

ペンチャー・ワゴン Paint Your Wagon
1969 米 Para 公開 158分 カラー CS ステレオ 監督：ジョシュア・ローガン 主演：リー・マーヴィン ラーナーとロウの古い作品のホコリを払って映画化した作品だが、歌える役者が出ていないので、意味不明の仕上がりとなった。

スイート・チャリティ Sweet Charity
1969 米 Univ 公開 149分 カラー CS ステレオ 監督：ボブ・フォッシー 主演：シャーリー・マクレイン サイ・コールマンの舞台作品の映画版。原作はフェリーニ監督の「カビリアの夜」。舞台版を演出・振付したボブ・フォッシーが映画でも監督して、素晴らしい振付を残している。

トラブル・ウィズ・ガールズ
The Trouble with Girls
1969　米　MGM　未　97分　カラー　CS
監督：ピーター・テュークスベリー　主演：エルヴィス・プレスリー　プレスリーが20世紀初頭の巡回文化講習会の座長を演じる。

１９７０年

おしゃれキャット　The Aristocats
1970　米　Disney　公開　78分　カラー　S
監督：ウォルフガング・ライザーマン　シャーマン兄弟作曲のアニメ・ミュージカル。老婦人が猫に財産を残す遺言状を書くので、猫を追い払おうとする執事と猫たちが戦う。

ジョーン・バエズ 心の旅　Carry It On
1970　米　New Film　公開　80分　カラー
監督：ジェイムス・コイン　主演：ジョーン・バエズ　徴兵拒否で1969年に逮捕された夫を解放させようと、全米をツアー・コンサートしたバエズの記録映画。

暁の出撃　Darling Lili
1970　米　Para　公開　143分　カラー　CS ステレオ　監督：ブレイク・エドワーズ　主演：ジュリー・アンドルーズ　第一次世界大戦を背景に、英国の人気歌手アンドルーズが実はドイツのスパイだったという話。

エルビス オン ステージ
Elvis :That's the Way It Is
1970　米　MGM　公開　97分　カラー　CS ステレオ　監督：デニス・サンダース　主演：エルヴィス・プレスリー　エルヴィスのラス・ヴェガスのコンサートに密着したドキュメンタリー。

ローリング・ストーンズ・イン・ギミー・シェルター　Gimme Shelter
1970　米　Maysles　公開　91分　カラー　S
監督：アルバート・メイスルズほか　主演：ローリング・ストーンズ　全米コンサート・ツアーのドキュメンタリー。オルタモントのコンサートで起きた、バイク暴走族ヘルス・エンジェルスによる黒人青年殺害場面も入っている。

ウィズ・ジョー・コッカー
Joe Cocker: Mad Dogs and Englishmen
1970　米　MGM　公開　117分　カラー　CS ステレオ　監督：ピエール・アディッジ　主演：ジョー・コッカー　コッカーの1970年の全米コンサートを記録したドキュメンタリー。Mad Dogs and Englishmenというのは、ノエル・カワードの古い曲名にもなっている言い回し。「暑い日に外出するのは狂った犬と英国人だけ」という歌詞からの転用で、「暑い日」という意味でも使われる。

晴れた日に永遠が見える
On a Clear Day You Can See Forever
1970　米　Para　公開　129分　カラー　CS
監督：ヴィンセント・ミネリ　主演：バーブラ・ストライザンド　バートン・レインの舞台作品の映画化。バーブラが催眠術で前世を語る。

怪獣島の大冒険　Pufnstuf
1970　米　Univ　未　98分　カラー　V　監督：ホリングスワース・モース　主演：ジャック・ワイルド　子供向けテレビの人気マペット・シリーズ「H・R・プフンスタフ」の映画版。少年が魔笛に導かれて怪獣島へ渡り、魔女と対決する。怪獣はマペット。

ソング・オブ・ノルウェー　Song of Norway
1970　米　ABC　公開　138分　カラー　CS ステレオ　監督：アンドルー・L・ストーン　主演：フロレンス・ヘンダスン　ロバート・ライトとジョージ・フォレストの舞台作品の映画版で、ノルウェーの作曲家グリーグの伝記。ヘンダスンは妻の役。

ウッドストック　Woodstock
1970　米　WB　公開　184分　カラー　CS ステレオ　監督：マイケル・ワドリー　主演：ジョーン・バエズ　1969年に開催されたウッドストックの記念碑的なコンサートの記録映画。

１９７１年

ベッドかざりとほうき
Bedknobs and Broomsticks
1971　米　Disney　公開　117分　カラー　S
監督：ロバート・スティーヴンソン　主演：アンジェラ・ランズベリー　実写とアニメを組み合わせた作品。第二次世界大戦中に魔法を勉強したランズベリーが、博物館の鎧を動かしてドイツ軍を撃退する。

屋根の上のバイオリン弾き
Fiddler on the Roof

1971　米　UA　公開　181分　カラー　CS　ステレオ　監督：ノーマン・ジュイスン　主演：トポル　ジェリー・ボックの大ヒット舞台作品の映画版。帝政末期のロシアでのユダヤ人一家への迫害と、その崩壊を描く。

ラヴィ・シャンカール わが魂の詩・ラーガ　Raga
1971　米　Apple　公開　96分　カラー　CS　監督：ハワード・ワース　主演：ラヴィ・シャンカール　インドのシタール奏者シャンカールに密着したドキュメンタリー映画。リンカーン・センターでのコンサート映像なども入っている。ラーガとはインド音楽の旋律奏法のこと。

脛骨横丁　Shinbone Alley
1971　米　AA　未　85分　カラー　監督：ジョン・ウィルソンほか　メル・ブルックスとジョー・ダリオンの舞台作品のアニメ化。自殺した新聞記者がゴキブリとなって生き返り、猫に恋をする。

SOUL TO SOUL 魂の詩　Soul to Soul
1971　米　Ghana Arts Council　公開　96分　カラー　CS　監督：デニス・サンダース　主演：ウィリー・ボボ　1971年にガーナで開催された、ソール・ミュージックの祭典を記録した映画。アメリカとアフリカのソウル歌手の共演。

200のモーテル　200 Motels
1971　米　Bizarre　未　98分　カラー　V　監督：フランク・ザッパほか　主演：マザーズ・オヴ・インヴェンション　前衛的なロック・グループのマザーズ・オヴ・インヴェンションのめちゃくちゃなツアーを、シュール・レアリスティックな映像で描く。

夢のチョコレート工場　Willy Wonka and the Chocolate Factory
1971　米　Para　未　100分　カラー　S　ステレオ　監督：メル・ステュアート　主演：ジーン・ワイルダー　ロアルド・ダールの児童文学の映画版。世界一のチョコレート工場を引き継ぐ子供を選ぶために、5人の子供への招待状が菓子の中へ入れられる。

ウエスタン・ロック ザカライヤ　Zachariah
1971　米　ABC　公開　93分　カラー　V　監督：ジョージ・エングランド　主演：ジョン・ルビンシュタイン　ロック音楽に乗せた西部劇。通信販売で拳銃を手に入れて早撃ちの練習をしたルビンシュタインは、西部へ出てガン・ファイターとして名を上げるが、早撃ちの虚しさを悟り、放浪の旅へと向かう。

1972年

キャバレー　Cabaret
1972　米　AA　公開　124分　カラー　V　ステレオ　監督：ボブ・フォッシー　主演：ライザ・ミネリ　ジョン・カンダーとフレッド・エブの舞台作品の映画化。ナチス・ドイツ台頭期のベルリンで、英国人作家とアメリカ人キャバレー歌手ライザ・ミネリの交流を描く。

バングラディシュのコンサート　The Concert for Bangladesh
1972　米　Fox　公開　103分　カラー　CS　ステレオ　監督：ソール・スウィマー　主演：ジョージ・ハリスン　1971年にニュー・ヨークのマジソン・スクウェア・ガーデンで開催された、バングラディシュ救済コンサートの記録映画。

エルビス・オン・ツアー　Elvis on Tour
1972　米　MGM　公開　93分　カラー　CS　ステレオ　監督：ロバート・エイベルほか　主演：エルヴィス・プレスリー　1972年のエルヴィス全米ツアーを記録したドキュメンタリー。

フィルモア 最后のコンサート　Fillmore
1972　米　Fox　公開　105分　カラー　CS　ステレオ　監督：リチャード・T・ヘフロン　主演：ビル・グレアム　1965年から71年までの間、ロックの殿堂として多くのロック・ミュージシャンを育てた、サン・フランシスコのフィルモア・ウェストと、ニュー・ヨークのフィルモア・イーストの閉鎖に合わせて開催された、1週間の連続コンサートの模様を記録したドキュメンタリー。

フリッツ・ザ・キャット　Fritz the Cat
1972　米　Aurica Finance　公開　78分　カラー　S　監督：ラルフ・バクシ　ヴィレッジに住む大学生猫フリッツの、反体制運動とセックス、ドラッグなどの奔放な生活を描く大人向けのアニメ。当時の世相を反映した内容。

美しき青きドナウ　The Great Waltz
1972　米　MGM　公開　135分　カラー　CS

ステレオ　監督：アンドルー・L・ストーン　主演：ホルスト・ブッフホルツ　ワルツ王ヨハン・シュトラウスの伝記。邦題を「美しく」としている資料もある。

奇妙な果実　ビリー・ホリデイ物語
Lady Sings the Blues
1972　米　Para　公開　144分　カラー　CS　監督：シドニー・J・フューリー　主演：ダイアナ・ロス　ブルース歌手として有名なビリー・ホリデイの伝記をロスが演じる。『奇妙な果実』はホリデイの歌った代表曲。

ラ・マンチャの男　Man of La Mancha
1972　米　UA　公開　132分　カラー　CS　ステレオ　監督：アーサー・ヒラー　主演：ピーター・オトゥール　ミッチ・リーの舞台作品の映画化。ドン・キホーテ物語のミュージカル版で、1960年代のアメリカのムードを反映しているものの、屋外ロケが多くミュージカルとしては散漫。相手役はソフィア・ローレン。

オー！カルカッタ！　Oh! Calcutta!
1972　米　Elkins　公開　100分　カラー　S　監督：ジャック・レヴィー　主演：ライナ・バレット　オフ・ブロードウェイでヒットして観光名物化した、セックスを題材にしたショーの映画版。公演をビデオ収録したものをフィルム焼付けして劇場でも公開した。

1776年　1776
1972　米　Col　未　142分　カラー　CS　監督：ピーター・H・ハント　主演：ウィリアム・ダニエルズ　シャーマン・エドワーズの舞台作品の映画化。アメリカの独立宣言を作る経緯が描かれる。

1973年

シャーロットのおくりもの
Charlotte's Web
1973　米　Para　公開　94分　カラー　V　監督：チャールズ・A・ニコルス　ハンナ＝バーベラ・プロの本格的なアニメ・ミュージカル。農場の家畜小屋で、いつか食肉にされてしまうのではないかと悩む子豚のウィルバーを、蜘蛛のシャーロットが勇気付けて救う。シャーロットの声はデビー・レイノルズ。

ゴッドスペル　Godspell
1973　米　Col　公開　103分　カラー　S　監督：デイヴィッド・グリーン　主演：ヴィクター・ガーバー　スティーヴン・シュワルツの舞台作品の映画版。「マタイ福音書」によるキリストの話を、ニュー・ヨークのヒッピーたちが演じる。

大渋滞　Heavy Traffic
1973　米　AIP　未　77分　カラー　V　監督：ラルフ・バクシ　「フリッツ・ザ・キャット」（1972）に続く大人向けのアニメ作品。今回は動物ものではなく、漫画家志望のイタリア系青年が、家を出て黒人の娘と同棲する。

ジーザス・クライスト・スーパースター
Jesus Christ Superstar
1973　米　Univ　公開　108分　カラー　CS　ステレオ　監督：ノーマン・ジュイスン　主演：テッド・ニーリー　アンドルー・ロイド・ウェバーとティム・ライスのロック・オペラの映画版。キリストの生涯と磔刑、復活を描く。映画版では、若者たちが荒野でごっこ遊びをするように演じる。

ジミ・ヘンドリックス　Jimi Hendrix
1973　米　WB　公開　98分　カラー　CS　ステレオ　監督：ジョー・ボイドほか　主演：アーサー・アレン　1970年に早世した、天才ギタリストのジミ・ヘンドリックスの生涯を綴るドキュメンタリー。演奏も多く収録されている。

ロックンロール・エクスプロージョン
Let the Good Times Roll
1973　米　Col　公開　99分　カラー　CS　ステレオ　監督：ロバート・エイベル　主演：チャック・ベリー　1950年代中頃からブームとなったロックンロールのスターたちを一堂に集めたコンサートと、当時の映像を編集したドキュメンタリー。エルヴィス・プレスリー、ビル・ヘイリーとコメッツ、チャック・ベリー、ザ・コースターズらが登場。

失われた地平線　Lost Horizon
1973　米　Col　公開　150分　カラー　CS　ステレオ　監督：チャールズ・ジャロット　主演：ピーター・フィンチ　ジェイムス・ヒルトンの小説の映画版。シャングリ・ラに迷い込んだ新聞記者のマイケル・ヨークが、舞姫オリヴィア・ハッシーを連れ出すが、1歩土地を出ると急に老婆となり死んでしまう。バート・バカラックの曲。

ロビン・フッド　Robin Hood
1973　米　Disney　公開 83分　カラー　V　監督：ウォルフガング・ライザーマン　ロビン・フッドの物語を、動物を主人公にアニメ化した作品。

トム・ソーヤーの冒険　Tom Sawyer
1973　米　UA　公開 103分　カラー　CS　ステレオ　監督：ドン・テイラー　主演：ジョニー・ウィティカー　マーク・トウェインの小説の映画化。シャーマン兄弟の曲。

ワッタックス スタックス・コンサート　Wattstax
1973　米　Col　公開 98分　カラー　V　監督：メル・ステュアート　主演：ザ・ドラマティクス　黒人をサポートするワッツ財団への寄付を募るために、1972年にロス・アンジェルスで10万人を集めたコンサートの記録映像。黒人専門のレコード会社スタックス・レコードのアーチストたちが総出演した。

1974年

思い出のフォックス・ミュージカル　Fred Astaire Salutes the Fox Musicals
1974　米TV　Fox Television　放送 66分　白黒／カラー　S　監督：マーク・ブロー　主演：フレッド・アステア　フォックス社のミュージカル映画アンソロジーで、テレビ用に制作された。アステアが進行役となり、シャーリー・テンプル、アリス・フェイ、ベティ・グレイブル、カルメン・ミランダ、ソーニャ・ヘニー、シャーリー・ジョーンズなどフォックス・スターが総出演。日本でもテレビ放映。

ハックルベリー・フィンの冒険　Huckleberry Finn
1974　米　MGM　未 107分　カラー　CS　監督：J・リー・トンプソン　主演：ジェフ・イースト　「トム・ソーヤーの冒険」の続編で、同じくシャーマン兄弟の楽曲。

オズへの帰還　Journey Back to Oz
1974　米　Filmation　未 88分　カラー　S　監督：ハル・サザーランド　「オズの魔法使」の続編のアニメ版で、竜巻で頭を打ったドロシーがもう一度オズの国に戻ると、新たな問題が発生している。ドロシーの声はライザ・ミネリが担当。ほかにもミッキー・ルーニーやエセル・マーマンなど豪華な声の配役。

星の王子さま　The Little Prince
1974　米　Para　公開 88分　カラー　V　ステレオ　監督：スタンリー・ドーネン　主演：リチャード・カイリー　サン＝テグジュペリの小説のファンタジックな映画版。出演者は一流陣が揃い、監督も一流だが低調に終わった。

星に散る　Lost in the Stars
1974　米　Cinévision　未 97分　カラー　V　監督：ダニエル・マン　主演：ブロック・ピータース　マックスウェル・アンダソン台本でクルト・ワイルが音楽を書いた舞台作品 (1949) の映画版。下敷きとなったのはアレイン・ペイトンの小説 Cry, the Beloved Country で、「輝きの大地」(1995) という映画にもなっている。南アフリカで牧師をしているピータースは、行方がわからない息子を探すために都会へ出るが、息子は犯罪者として処刑されてしまう。ピータースは1972年のブロードウェイ再演でこの役を演じたので、そのまま映画に出演した。メルバ・ムーア共演。

メイム　Mame
1974　米　WB　公開 132分　カラー　CS　ステレオ　監督：ジーン・サックス　主演：ルシル・ボール　ジェリー・ハーマンの舞台作品の映画化。ロザリンド・ラッセルの「メイム叔母さん」Auntie Mame (1958) とも同じ話。1920–30年代に自由な生き方をしたメイムをルシルが演じる。

ファントム・オブ・パラダイス　Phantom of the Paradise
1974　米　Fox　公開 92分　カラー　V　ステレオ　監督：ブライアン・デ・パルマ　主演：ポール・ウィリアムス　「オペラ座の怪人」のロック版パロディ。デ・パルマ監督の才能が光る傑作。

ザッツ・エンターテインメント　That's Entertainment
1974　米　MGM　公開 135分　カラー　V　ステレオ　監督：ジャック・ヘイリー・ジュニア　主演：フレッド・アステア　MGM創立50周年記念で作られたミュージカル映画のアンソロジー。トーキー初期から1958年の「恋の手ほどき」までを紹介する。

1975年

やっとつかんだ愛　At Long Last Love
1975　米　Fox　未　118分　カラー　V　監督：ピーター・ボグダノヴィッチ　主演：バート・レイノルズ　ボグダノヴィッチ監督が作った1930年代ミュージカル映画へのオマージュ。金持ち男とコーラス・ガールの恋愛話の中で、当時のヒット曲が歌われる。

ファニー・レディ　Funny Lady
1975　米　Col　公開　136分　カラー　CS　ステレオ　監督：ハーバート・ロス　主演：バーブラ・ストライザンド　「ファニー・ガール」(1968)の続編として作られたファニー・ブライス伝の後日談で、制作者ビリー・ローズ（ジェイムス・カーン）との関係が中心に描かれる。映画オリジナルの作品で、ジョン・カンダーとフレッド・エブが曲を付けている。

ラッキー・レディ　Lucky Lady
1975　米　Fox　公開　118分　カラー　V　ステレオ　監督：スタンリー・ドーネン　主演：ジーン・ハックマン　禁酒法の時代に、ラッキー・レディ号という船で酒を密輸する話。ライザ・ミネリの共演。

ナッシュビル　Nashville
1975　米　Para　公開　159分　カラー　CS　ステレオ　監督：ロバート・アルトマン　主演：キース・キャラダイン　カントリー音楽のメッカであるナッシュヴィルに集まる5人の若者を通じてアメリカ社会を描く、アルトマン監督の作品。バーバラ・ハリスが出ている。

ロッキー・ホラー・ショー　The Rocky Horror Picture Show
1975　米　Fox　公開　100分　カラー　V　ステレオ　監督：ジム・シャーマン　主演：ティム・カーリー　英国製ロック・ミュージカルの映画版。ホラーとSFがごちゃ混ぜになったような構成でカルト的な人気を得た。

1976年

青い鳥　The Blue Bird
1976　米・露（ソ連）　Lenfilm　公開　99分　カラー　CS　ステレオ　監督：ジョージ・キューカー　主演：エリザベス・テイラー　メーテルリンクの童話を、デタント時代に米ソで合作した作品。米側はフォックス社が中心。ロシア語題名はСиняя птица。

ウディ・ガスリー　わが心のふるさと　Bound for Glory
1976　米　UA　公開　147分　カラー　V　監督：ハル・アシュビー　主演：デイヴィッド・キャラダイン　フォーク歌手ウディ・ガスリーの自伝の映画化。キャラダインがガスリーを演じる。

レッドベリー　Leadbelly
1976　米　Brownstone　未　128分　カラー　監督：ゴードン・パークス　主演：ロジャー・E・モスレイ　ブルース・シンガーでギタリストとしても有名な、レッドベリーの波乱万丈の生涯を描く。

スター誕生　A Star Is Born
1976　米　WB　公開　139分　カラー　V　ステレオ　監督：フランク・ピアソン　主演：バーブラ・ストライザンド　「スター誕生」(1954)のロック音楽版リメイク。

ザッツ・エンターテインメント PART 2　That's Entertainment, Part II
1976　米　MGM　公開　133分　カラー　V　ステレオ　監督：ジーン・ケリー　主演：フレッド・アステア　「ザッツ・エンターテインメント」(1974)の続編。前作に続き1930年代前半から50年代終わりまでのMGMミュージカル全盛期の名場面を見せる。ミュージカルではない有名俳優の名場面も登場する。

1977年

アバ ザ・ムービー　ABBA: The Movie
1977　米　Polar Music International　公開　95分　カラー　CS　ステレオ　監督：ラッセ・ハルストレム　主演：ABBA　人気ポップス・グループABBAの、オーストラリア・コンサートの模様を描いたドキュメンタリー調の作品。

リトル・ナイト・ミュージック　A Little Night Music
1977　米　Sascha　未　124分　カラー　V　監督：ハロルド・プリンス　主演：エリザベス・テイラー　スティーヴン・ソンドハイムの舞台作品の忠実な映画化。舞台を演出したプリンスが監督した。

ニューヨーク・ニューヨーク

年度別作品一覧

New York, New York
1977 米 UA 公開 155分 カラー V ステレオ　監督：マーティン・スコセッシ　主演：ライザ・ミネリ　サックス吹きのロバート・デ・ニーロと歌手ミネリの、愛とすれ違いを描く。

アウトロー・ブルース　Outlaw Blues
1977 米 WB 公開 100分 カラー　監督：リチャード・T・ヘフロン　主演：ピーター・フォンダ　人気歌手に自作の曲を盗された囚人が、自分の曲を取り戻すまでの話。

ピートとドラゴン　Pete's Dragon
1977 米 Disney 未 128分 カラー V ステレオ　監督：ドン・チャフィ　主演：ショーン・マーシャル　孤児のピートとアニメのドラゴンの友情物語。アニメのドラゴンが実写の世界に入り込んで活躍する。

ビアンカの冒険　The Rescuers
1977 米 Disney 公開 78分 カラー S 監督：ウォルフガング・ライザーマンほか　小さな娘の救援を求める手紙がビンで流れ着いたので、ビアンカを始めとするねずみのレスキュー隊が救援に向かうアニメ作品。

サタデー・ナイト・フィーバー
Saturday Night Fever
1977 米 Para 公開 118分 カラー V ステレオ　監督：ジョン・バダム　主演：ジョン・トラヴォルタ　ディスコ・ブームに火をつけたダンス映画の先駆的な作品。トラヴォルタがディスコのコンテストで優勝を目指す。

スコット・ジョプリン　Scott Joplin
1977 米TV Univ 未 96分 カラー V 監督：ジェレミー・ケイガン　主演：ビリー・ディ・ウィリアムス　19世紀末に偏見の中で活躍した、黒人ピアニストのスコット・ジョプリンの伝記。

愛と喝采の日々　The Turning Point
1977 米 Fox 公開 119分 カラー V 監督：ハーバート・ロス　主演：アン・バンクロフト　シャーリー・マクレインの娘がバレエ団に入ったことから、引退したバレリーナのマクレインと、昔のライバルだったバンクロフトとの間で、その娘をめぐる確執が起こる。ミハイル・バリシニコフが踊っているのが見もの。バレエ・ダンサー映画の先駆的な作品。

マイ・ソング　You Light Up My Life
1977 米 Col 公開 90分 カラー V 監督：ジョセフ・ブルックス　主演：ディディ・コン　タレント志願の女性コンが映画監督に口説かれて、ほかの青年との結婚をやめるが、監督に捨てられて歌に生きるシンガー・ソングライターとなる決心をする。

1978年

アメリカの熱狂レコード
American Hot Wax
1978 米 Para 未 91分 カラー ステレオ　監督：フロイド・マトリクス　主演：ティム・マッキンタイア　ロックンロールの初期に活躍したディスク・ジョッキーのアラン・フリードの伝記的な作品。

バディ・ホリー物語
The Buddy Holly Story
1978 米 Col 未 114分 カラー V ステレオ　監督：スティーヴ・ラッシュ　主演：ゲイリー・バセー　白人ロック・ギタリストであるバディ・バセーの半生を描いた伝記作品。

FM　FM
1978 米 Univ 未 104分 カラー CS ステレオ　監督：ジョン・A・アロンツォ　主演：マイケル・ブランドン　ラジオ局の経営陣が陸軍の宣伝を増やすという方針を打ち出したので、反体制的な従業員たちが放送局を乗っ取って、自分たちの音楽を流す。

グリース　Grease
1978 米 Para 公開 110分 カラー CS ステレオ　監督：ランダル・クライザー　主演：ジョン・トラヴォルタ　ブロードウェイの舞台作品の映画版。高校生のツッパリ・グループの恋物語を、ロックンロールに乗せて、トラヴォルタとオリヴィア・ニュートン＝ジョンが演じる。

抱きしめたい　I Wanna Hold Your Hand
1978 米 Univ 公開 104分 カラー V 監督：ロバート・ゼメキス　主演：ナンシー・アレン　ゼメキスの初監督作品。大人気のビートルズがエド・サリヴァン・ショーに出演するのを追い回すファンの様子を描く。

ラスト・ワルツ　The Last Waltz

1978 米 UA 公開 117分 カラー V ステレオ 監督：マーティン・スコセッシ 主演：ロビー・ロバートソン 1976年にサン・フランシスコで開かれた、ロック・グループのザ・バンドの解散コンサートの模様を収めた記録映画。

ラッシー Magic of Lassie
1978 米 Lassie 公開 100分 カラー V ステレオ 監督：ドン・チャフィ 主演：ジェイムス・ステュアート 犬を主人公としたラッシー物。アリス・フェイほかの往年のスターたちが出ている。

ブルックリン物語 Movie Movie
1978 米 ITC 公開 105分 カラー／白黒 V 監督：スタンリー・ドーネン 主演：ジョージ・C・スコット 1930年代風に拳闘映画とミュージカル映画の2本立ての構成。スコットが両方で主演する。

レナルド&クララ Renaldo and Clara
1978 米 Lombard Street 公開 292分 カラー 監督：ボブ・ディラン 主演：ボブ・ディラン 1975-76年に行われたボブ・ディランのコンサートの模様を収めた映画。曲の合間に、アレン・ギンズバークやジョーン・バエズも登場する。

サージャント・ペッパー
Sgt. Pepper's Lonely Hearts Club Band
1978 米 Univ 公開 113分 カラー CS ステレオ 監督：マイケル・シュルツ 主演：ピーター・フランプトン 1967年に発売されたビートルズの同名アルバムに触発されて作られた作品。兵士のために音楽を演奏した「ペッパー軍曹の寂しい心楽団」と、その遺志を継ぐ若者たちの話。

ふたりでスロー・ダンスを
Slow Dancing in the Big City
1978 米 UA 公開 110分 カラー V ステレオ 監督：ジョン・G・アヴィルドセン 主演：ポール・ソルヴィーノ ニュー・ヨークの新聞記者と、踊れなくなったバレリーナの心の交流を描く。

イッツ・フライデー Thank God, It's Friday
1978 米 Col 公開 89分 カラー V ステレオ 監督：ロバート・クライン 主演：ドナ・サマー サマーとコモドアーズが主演するディスコ映画で、金曜日の夜にディスコに集う人々を描く。モータウン社肝煎りの作品。

アンクル・ジョー Uncle Joe Shannon
1978 米 UA 公開 108分 カラー V 監督：ジョセフ・C・ハンライト 主演：バート・ヤング 場末で働いていたジャズのトランペッターが、自宅の火災で妻子を失い、偶然に知り合った、昔の愛人の6歳の子供と旅をするロード・ムービー。

ウィズ The Wiz
1978 米 Univ 公開 134分 カラー V ステレオ 監督：シドニー・ルメット 主演：ダイアナ・ロス 「オズの魔法使」の黒人版で、基はブロードウェイ作品。ニュー・ヨークの遊園地跡を舞台に、マイケル・ジャクソンやメイベル・キングが出演して、物語を進める。

1979年

オール・ザット・ジャズ All That Jazz
1979 米 Col/Fox 公開 123分 カラー V ステレオ 監督：ボブ・フォッシー 主演：ロイ・シャイダー 新作の準備に取り組む演出家の苦悩など、フォッシー自身の心情を描いた作品。

ビートルズの誕生 Birth of the Beatles
1979 米 Dick Clark 未 104分 カラー S 監督：リチャード・マーカンド 主演：スティーヴ・マケナ ビートルズの誕生までを伝記的に描く。

ザ・シンガー Elvis
1979 米TV ABC 公開 150分 カラー S 監督：ジョン・カーペンター 主演：カート・ラッセル ラッセルが演じるエルヴィス・プレスリーの伝記で、テレビ向けの作品だが、日本では劇場公開された。

ヘアー Hair
1979 米 UA 公開 121分 カラー V ステレオ 監督：ミロス・フォアマン 主演：ジョン・サヴェイジ ヴェトナム反戦を訴えたヒッピーたちのロック・ミュージカルを、10年以上経ってヴェトナム戦争が完全に終わってから映画化した作品。

ロックンロール・ハイスクール
Rock'n'Roll High School
1979 米 New World 公開 93分 カラー S 監督：アラン・アーカッシュ 主演：

P・J・ソールズ　1950年代の高校で、堅物の女性校長がロックンロール禁止を打ち出して、ロックのレコードを燃やしてしまうので、ロック・バンドのラモーズやそのファンが対決する。制作はロジャー・コーマンで、カルト的な人気に支えられて、2012年に日本でも上映された。

ローズ　The Rose
1979　米　Fox　公開　125分　カラー　V　ステレオ　監督：マーク・ライデル　主演：ベット・ミドラー　1970年に亡くなった歌手ジャニス・ジョプリンをモデルにした女性歌手の生涯。過剰な仕事をこなして、肉体的にも精神的にも燃え尽きてしまった女性ロック歌手をミドラーが演じる。

1980年

ブルース・ブラザース　The Blues Brothers
1980　米　Univ　公開　133分　カラー　S　ステレオ　監督：ジョン・ランディス　主演：ジョン・ベルーシ　テレビ番組で人気の出たブルース・ブラザースの映画。孤児院の資金難を知り、一肌脱ごうと昔の楽団員を集めてコンサートを開くファンタジックな作品。

ミュージック・ミュージック　Can't Stop the Music
1980　米　EMI　公開　124分　カラー　CS　ステレオ　監督：ナンシー・ウォーカー　主演：アレックス・ブライリー　人気ディスコ音楽グループのヴィレッジ・ピープルがデビューするまでを描くが、実際のデビューの経緯とは異なる作り話。タイトル曲も含めて、ヴィレッジ・ピープルのディスコ音楽を聞かせる作品。

歌え！ロレッタ　愛のために　Coal Miner's Daughter
1980　米　Univ　公開　125分　カラー　V　ステレオ　監督：マイケル・アプテッド　主演：シシー・スペイセク　カントリー・ソングの女王といわれたロレッタ・リンの伝記映画。少女時代から結婚、出産、夫と一緒の活動、そしてスランプの時代が描かれる。

フェーム　Fame
1980　米　MGM　公開　134分　カラー　V　ステレオ　監督：アラン・パーカー　主演：エディ・バース　明日のデビューを夢見て、ニュー・ヨークの芸能学校に通う若者たちの生き様を描く。アイリーン・キャラの歌がヒットした。

アイドルの作り手　The Idolmaker
1980　米　Kirkwood　未　117分　カラー　V　ステレオ　監督：テイラー・ハックフォード　主演：レイ・シャーキー　フランキー・アヴァロンやフェイビアンを世に出した、ロック・プロモーターのボブ・マルクッチの伝記作品。

ジャズ・シンガー　The Jazz Singer
1980　米　EMI　公開　115分　カラー　V　ステレオ　監督：リチャード・フライシャー　主演：ローレンス・オリヴィエ　アル・ジョルスンの作品(1927)の2度目のリメイクで、ニール・ダイヤモンドが演じるロック音楽版。

ニジンスキー　Nijinsky
1980　米　Hera　公開　129分　カラー　V　ステレオ　監督：ハーバート・ロス　主演：アラン・ベイツ　ベイツ演じるディアギレフが主宰するロシア・バレエ団で、次々とセンセーショナルなダンスを見せたニジンスキーの伝記。

スターダスト・メモリー　Stardust Memories
1980　米　UA　公開　89分　白黒　V　ステレオ　監督：ウディ・アレン　主演：ウディ・アレン　映画監督のアレンが新作を発表するが、あまり評判が良くない。映画祭に呼ばれて、スターダスト・ホテルに滞在する間も、新作のことや私生活で付き合う女優やほかの女性のことが気になる。シャーロット・ランプリングやマリー＝クリスティーヌ・バロー、ジェシカ・ハーパーらが入り乱れて彼は翻弄されるが、それも彼の映画の一部に過ぎなかった。ウディ・アレン版の「8 1/2」。古い既成曲が沢山使われている。

ザナドゥ　Xanadu
1980　米　Univ　公開　93分　カラー　V　ステレオ　監督：ロバート・グリーンワルド　主演：オリヴィア・ニュートン＝ジョン　現代のカリフォルニアで、壁画から抜け出してきた美の女神オリヴィアに魅せられる若者の話。

1981年

ペニーズ・フロム・ヘヴン

Pennies from Heaven
1981　米　MGM　未　108分　カラー　V
監督：ハーバート・ロス　主演：スティーヴ・マーティン　1930年代のアメリカで、楽譜の行商をするマーティンと地方の楽器店の店員バーナデット・ピータースの恋。歌は昔のレコードをそのまま使っている。映画の題名は当時のヒット曲から取られていて、ビング・クロスビーの「黄金の雨」（1936）とは違う話。

THIS IS ELVIS　This Is Elvis
1981　米　WB　公開　101分　カラー　V　ステレオ　監督：マルコム・レオ　主演：デイヴィッド・スコット　エルヴィス・プレスリーの生涯を、子供時代から描く伝記映画。

ズート・スーツ　Zoot Suit
1981　米　Univ　未　103分　V　カラー　ステレオ　監督：ルイス・ヴァルデス　主演：ダニエル・ヴァルデス　1940年代のロス・アンジェルスで、社会に反抗的とされるズート・スーツを着ていたメキシコ系の青年が、身に覚えのない殺人の罪で裁判にかけられる。ズート・スーツとは、丈の長い上着とダブダブのズボンで、長いチェインを付けたファッション。キャブ・キャロウェイの着用で有名。実話に基づく話で、ブロードウェイで上演された同名作品（1979）の映画化。

１９８２年

アニー　Annie
1982　米　Col　公開　127分　カラー　CS　ステレオ　監督：ジョン・ヒューストン　主演：アイリーン・クイン　チャールズ・ストラウスの舞台作品の映画版。不況の1930年代に希望を与えた孤児アニーの物語。

テキサス一番の娼家
The Best Little Whorehouse in Texas
1982　米　Univ　未　114分　カラー　CS　ステレオ　監督：コリン・ヒギンズ　主演：バート・レイノルズ　実話に基づいた舞台作品の映画版で、ドリー・パートンとレイノルズの共演。田舎の古くからある娼家が、突然テレビで非難されて廃業する。

グリース２　Grease 2
1982　米　Para　公開　115分　カラー　CS　ステレオ　監督：パトリシア・バーチ　主演：ミシェル・ファイファー　「グリース」（1978）の続編だが、舞台作品はなく映画オリジナル。今回は真面目な青年とツッパリ娘の組み合わせ。前作では振付のバーチが監督して、雰囲気を引き継いだ。

ザ・ローリングストーンズ
Let's Spend the Night Together
1982　米　Northstar　公開　95分　カラー　CS　ステレオ　監督：ハル・アシュビー　主演：ローリング・ストーンズ　1981年の全米ツアーの模様を記録したドキュメンタリー。

ビクター／ビクトリア　Victor Victoria
1982　米　MGM　公開　132分　カラー　CS　ステレオ　監督：ブレイク・エドワーズ　主演：ジュリー・アンドルーズ　ジュリーが男装し、ゲイの男芸人の振りをして歌い人気を得る。後に舞台作品となった。

１９８３年

フラッシュダンス　Flashdance
1983　米　Para　公開　95分　カラー　V　ステレオ　監督：エイドリアン・リン　主演：ジェニファー・ビールス　ピッツバーグの鉄工所で働く女性は、近所の酒場で踊っているが、一念発起してクラシック・バレエの世界を目指す。

ステイン・アライブ　Staying Alive
1983　米　Para　公開　93分　カラー　V　ステレオ　監督：シルヴェスター・スタローン　主演：ジョン・トラヴォルタ　「サタデー・ナイト・フィーバー」（1977）の続編で、トラヴォルタはブルックリンからマンハッタンへ出て、ブロードウェイを目指す。スタローン監督なので、ダンス版「ロッキー」という体育会系のムード。

ワイルド・スタイル　Wild Style
1983　米　Wild Style　公開　82分　カラー　S　監督：チャーリー・エイハーン　主演：リー・ジョージ・キノンズ　街の青年がラップ・コンサートの会場でアートを描く。

１９８４年

アマデウス　Amadeus
1984　米　Saul Zaentz　公開　160分　カラー　CS　ステレオ　監督：ミロス・フォア

マン　主演：F・マリ・エイブラハム　モーツァルトの生涯を描いた芝居の映画版で、宮廷音楽家を務めるサリエリの立場から描く。

ビート・ストリート　Beat Street
1984　米　Orion　未　104分　カラー　V　ステレオ　監督：スタン・レイサン　主演：レエ・ドウン・チョン　ブロンクスの貧民街の若者たちが、地下鉄にアートしたり、路上でブレイク・ダンスを踊ったりして自己表現する。

ボディ・ロック　Body Rock
1984　米　New World　未　93分　カラー　CS　ステレオ　監督：マルチェロ・エプスタイン　主演：ロレンゾ・ラマス　街頭でラップやブレイク・ダンスをやっていたラマスが、見出されて高級店でショーを見せるようになるが、そうした生活は彼の性には合わない。

ブレイクダンス　Breakin'
1984　米　Golan-Globus　公開　90分　カラー　S　ステレオ　監督：ジョエル・シルバーグ　主演：ルシンダ・ディキー　ブレイク・ダンスを初めて本格的に紹介した作品。真面目なダンス教師にジャズ・ダンスを習うディキーは馴染めずにいたが、男性二人の踊るブレイク・ダンスの自己表現に惹かれて、一緒に踊るようになり路上の人気者となる。最後にはミュージカルのオーディションにも合格する。

ブレイクダンス2
Breakin' 2 : Electric Boogaloo
1984　米　Cannon　公開　94分　カラー　S　ステレオ　監督：サム・ファーステンバーグ　主演：ルシンダ・ディキー　「ブレイクダンス」に続く作品で、3人組のブレイク・ダンサーが、ショッピング・センターを建てるために地上げする再開発者に立ち向かう。

コットンクラブ　The Cotton Club
1984　米　Orion　公開　127分　カラー　V　ステレオ　監督：フランシス・フォード・コッポラ　主演：リチャード・ギア　禁酒法時代のハーレムのナイト・スポットを背景に、芸人たちとギャングの世界を描く。

フットルース　Footloose
1984　米　Para　公開　107分　カラー　V　ステレオ　監督：ハーバート・ロス　主演：ケヴィン・ベーコン　ユタ州の保守的な高校に転校したベーコンは、ロック音楽もダンスも禁止されているのに驚き、自分でダンス・パーティを開くことにする。

ストリート・オブ・ファイヤー
Streets of Fire
1984　米　Univ　公開　93分　V　カラー　ステレオ　監督：ワルター・ヒル　主演：マイケル・パレ　美人ロック歌手ダイアン・レインが、街を牛耳る暴走族に誘拐されるので、元カレのクールな男パレが、危険を冒して助け出す。復讐に現れた暴走族たちに、街の人々も一緒になって立ち向かう。1940年代から50年代の風景の中で、80年代のサウンドが流れる不思議のムードの作品。レインの歌は吹替。

ザッツ・ダンシング！　That's Dancing!
1984　米　MGM　公開　105分　カラー　CS　ステレオ　監督：ジャック・ヘイリー・ジュニア　主演：ミハイル・バリシニコフ　ダンス版の「ザッツ・エンターテインメント」で、ジーン・ケリーが中心となり、無声時代のアンナ・パヴロワの踊りから、マイケル・ジャクソンの『今夜はビート・イット』(1983)までを紹介する。

スパイナル・タップ　This Is Spinal Tap
1984　米　Spinal Tap　未　82分　カラー　V　ステレオ　監督：ロブ・ライナー　主演：ロブ・ライナー　架空の楽団スパイナル・タップのコンサートの模様を、ドキュメンタリー風に描く。

1985年

不思議の国のアリス　Alice in Wonderland
1985　米TV　CBS　放送　187分　カラー　S　監督：ハリー・ハリス　主演：ナタリー・グレゴリー　ルイス・キャロルの児童文学の、実写版テレビ・ミュージカル。

コーラス・ライン　A Chorus Line
1985　米　Col　公開　113分　カラー　CS　ステレオ　監督：リチャード・アッテンボロー　主演：マイケル・ダグラス　マーヴィン・ハムリッシュの舞台作品の映画版。オーディションを受ける16人のダンサーたちの心情を描く。

コパカバーナ　Copacabana

1985　米TV　CBS　未　96分　カラー　S　監督：ウォリス・フセイン　主演：バリー・マニロウ　マニロウのヒット曲をテーマにして作られたテレビ作品。

セサミストリート ザ・ムービー おうちに帰ろう、ビッグ・バード！
Follow That Bird
1985　米　WB　未　88分　カラー　S　ステレオ　監督：ケン・クワピス　テレビで人気のセサミ・ストリートの映画版。ビッグ・バードたちがアメリカ大陸を冒険旅行する人形劇。

サンタの冒険
The Life and Adventure of Santa Clause
1985　米TV　CBS　未　50分　カラー　S　ステレオ　監督：ジュールス・バスほか　クリスマス向けの人形アニメ。

ダウンタウン・ウォーズ　Rappin'
1985　米　Cannon　未　92分　カラー　S　ステレオ　監督：ジョエル・シルバーグ　主演：マリオ・ヴァン・ピープルス　出所したピープルスが、得意のラップとブレイク・ダンスで、地域住民に立ち退きを迫る開発業者に対抗する。

ホワイト・ナイツ　白夜　White Nights
1985　米　Col　公開　136分　カラー　V　ステレオ　監督：テイラー・ハックフォード　主演：ミハイル・バリシニコフ　ソ連からアメリカへ亡命したバリシニコフと、黒人差別を嫌いアメリカからソ連へ亡命したタップ・ダンサーのグレゴリー・ハインズが、心を通わせる。二人の踊りが見もの。

君は良い人、チャーリー・ブラウン
You're a Good Man, Charlie Brown
1985　米TV　CBS　未　50分　カラー　S　監督：サム・ハイメス　オフ・ブロードウェイのミュージカル作品を短縮してアニメにした作品。

１９８６年

おもちゃの国の子供たち　Babes in Toyland
1986　米TV・西独　NBC　未　140分　カラー　S　ステレオ　監督：クライヴ・ドナー　主演：ドリュー・バリモア　ヴィクター・ハーバートのオペレッタのテレビ版。ビデオ発売時の題名は「おもちゃの国のクリスマス」。

リトル・ショップ・オブ・ホラーズ
Little Shop of Horrors
1986　米　WB　公開　102分　カラー　V　ステレオ　監督：フランク・オズ　主演：リック・モラニス　アラン・メンケンのオフ・ブロードウェイ作品の映画版。基はロジャー・コーマンのB級ホラー映画なので、そうしたムードが残る怪作。

ラウンド・ミッドナイト　Round Midnight
1986　米　WB　公開　133分　カラー　CS　ステレオ　監督：バートランド・タヴェルニエ　主演：デクスター・ゴードン　1959年のパリ。アメリカから伝説的なテナー・サックス奏者ゴードンがやって来るので、ファンの男フランソワ・クリューゼは夢中になる。ゴードンはアル中だったが、フランソワは貧しいながらも彼を家に呼び、数か月を一緒に暮らす。ゴードンがアメリカへ帰る時に、フランソワも決心して彼と一緒にアメリカへ渡るが、アメリカの観客たちはゴードンを過去の遺物扱いして理解しないので、幻滅してパリへ戻るのだった。

１９８７年

ラ・バンバ　La Bamba
1987　米　Col　公開　104分　カラー　V　ステレオ　監督：ルイ・ヴァルデス　主演：ルー・ダイヤモンド・フィリップ　17歳で亡くなった伝説的なロックンローラーであるリッチー・バレンスの伝記映画。

ダンサー　Dancers
1987　米　Golan-Globus　公開　99分　カラー　ステレオ　監督：ハーバート・ロス　主演：ミハイル・バリシニコフ　バレエ映画制作のために若いジュリー・ケントが代役として呼ばれ、憧れのバリシニコフと「ジゼル」を踊るが、役柄と自分の立場が重なって見えるので悩む。

ダーティ・ダンシング　Dirty Dancing
1987　米　Great American　公開　100分　カラー　V　ステレオ　監督：エミール・アルドリーノ　主演：パトリック・スウェイジ　若い娘が避暑地でプロのダンサーから手ほどきを受け、情熱的な踊りを踊る。

たのしい川べ　The Wind in the Willows
1987　米TV　ABC　未　96分　カラー　S　監

督：ジュールス・バスほか　1983年から続いた人形アニメ・シリーズのミュージカル。

1988年

バード　Bird
1988　米　WB　公開　161分　カラー　V　ステレオ　監督：クリント・イーストウッド　主演：フォレスト・ウィテカー　ジャズ好きで知られるイーストウッドが作った、モダン・ジャズの巨匠チャーリー・バード・パーカーの伝記。素晴らしい演奏を聞かせるが、酒の飲み過ぎで早世してしまう。

オリバー　ニューヨーク子猫ものがたり　Oliver & Company
1988　米　Disney　公開　74分　カラー　S　ステレオ　監督：ジョージ・スクリブナー　ディケンズの「オリヴァー・ツイスト」の動物アニメ版。ディズニーが本格的なアニメ・ミュージカル路線に復帰するきっかけとなった。

ロジャー・ラビット　Who Framed Roger Rabbit
1988　米　Touchstone　公開　104分　カラー　V　ステレオ　監督：ロバート・ゼメキス　主演：ボブ・ホスキンズ　ディズニーとスティーヴン・スピルバーグが組んで作った、実写とアニメによる大人向け作品。

1989年

恋のゆくえ　フェビュラス・ベーカー・ボーイズ　The Fabulous Baker Boys
1989　米　Fox　公開　114分　カラー　V　ステレオ　監督：スティーヴ・クロブス　主演：ジェフ・ブリッジズ　シアトルでピアノ・デュオを組む兄弟は、人気に翳りが出たので、女性ヴォーカルを加えて盛り返すが、今度は恋愛でうまく行かなくなる。

リトル・マーメイド　人魚姫　The Little Mermaid
1989　米　Disney　公開　83分　カラー　S　ステレオ　監督：ロン・クレメンツほか　ディズニー・ルネッサンスの出発点になったアニメ版「人魚姫」。アラン・メンケンの曲が人気を得た。

ナショナル・ランプーン　クリスマス・バケーション　National Lampoon's Christmas Vacation
1989　米　WB　公開　97分　カラー　S　ステレオ　監督：ジェレマイア・チェチク　主演：チャヴィ・チェイス　アメリカの古き良きクリスマスを送ろうとした一家が、冬のボーナスが支給されないので社長に談判する。

ポリー　歌う天使　Polly
1989　米TV　Disney　放送　100分　カラー　S　ステレオ　監督：デビー・アレン　主演：ケシア・ナイト・プリアム　「ポリアンナ」のミュージカル版テレビ映画。

ルーフトップ　Rooftops
1989　米　Koch　未　98分　カラー　V　ステレオ　監督：ロバート・ワイズ　主演：ジェイソン・ゲドリック　廃ビルの屋上に住む青年が、毎夜、路上ダンス対決をする。

タップ　Tap
1989　米　TriStar　公開　111分　カラー　V　ステレオ　監督：ニック・キャッスル　主演：グレゴリー・ハインズ　タップ・ダンサーのハインズが、ギャングに誘われて宝石泥棒に加担しそうになる。

1990年

ディック・トレイシー　Dick Tracy
1990　米　BV　公開　105分　カラー　V　ステレオ　監督：ウォーレン・ベイティ　主演：ウォーレン・ベイティ　漫画を映画化した刑事とギャングの対決。マドンナ、アル・パチーノ共演。

情熱のランバダ　The Forbidden Dance
1990　米　21st Century　公開　97分　カラー　V　ステレオ　監督：グレイドン・クラーク　主演：ローラ・ハリング　ブラジル娘が、アメリカでランバダ大会に優勝して、熱帯雨林の乱開発中止を訴える。

ランバダ　青春に燃えて　Lambada
1990　米　Cannon　公開　104分　カラー　CS　ステレオ　監督：ジョエル・シルベーグ　主演：J・エディ・ペック　高校の数学教師が、毎夜ランバダを踊り、若者たちに近づいて数学を教える。

モ'・ベター・ブルース　Mo' Better Blues
1990　米　Univ　公開　130分　カラー　V　ステレオ　監督：スパイク・リー　主演：デンゼル・ワシントン　ジャズ・トランペッタ

一の人生劇。楽団メンバーのギャンブルのいざこざから、唇に傷を負いトランペッターとしての生命を奪われる。彼は結婚して息子にトランペットを教える。

これが黒人娯楽だ
That's Black Entertain-ment
1990　米　Skyline　未　60分　白黒／カラー　S　監督：ウィリアム・グリーヴスほか　主演：ポール・ロブスン　1929-57年の、黒人の音楽場面を編集したもの。ポール・ロブスン、ポール・スミス、ベッシー・スミス、ユービー・ブレイク、ニコラス兄弟、レナ・ホーン、キャブ・キャロウェイ、エセル・ウォーターズなどが登場する。白人だがビング・クロスビーが顔を黒塗りしてミンストレル風に歌う場面も収録。黒人映画の歴史をまとめたドキュメンタリー・シリーズのトーキー一編。

1991年

美女と野獣　Beauty and the Beast
1991　米　Disney　公開　84分　カラー　V　ステレオ　監督：ゲイリー・トゥルースデイル　フランス童話のアニメ版。コンピュータによるアニメでダイナミックなカメラ・ワークを見せた。

ドアーズ　The Doors
1991　米　TriStar　公開　140分　カラー　SC　ステレオ　監督：オリヴァー・ストーン　主演：ヴァル・キルマー　ロック・バンドのドアーズのヴォーカリストとして、カリスマ的な人気のあったジム・モリスンが、若くして自殺するまでの半生を描く。

フォー・ザ・ボーイズ　For the Boys
1991　米　Fox　公開　138分　カラー　V　ステレオ　監督：マーク・ライデル　主演：ベット・ミドラー　マーサ・レイの生涯に触発された女性歌手の物語を、ベット・ミドラーが熱演。

僕たちの時間　The Hours and Times
1991　米　Antarctic　公開　60分　白黒　V　監督：クリストファー・ミュンチ　主演：デイヴィッド・アンガス　1963年の春、ビートルズのジョン・レノンとマネジャーのエプスタインが二人でスペイン旅行に行く。この作品では二人の同性愛的な関係が描かれる。

ステッピング・アウト　Stepping Out
1991　米　Para　公開　106分　カラー　V　ステレオ　監督：ルイス・ギルバート　主演：ライザ・ミネリ　ロンドンの舞台劇の映画版。小さな町でタップを教える元ダンサーが、発表会で生徒とともに生きがいを見出す。

1992年

アラジン　Aladdin
1992　米　Disney　公開　90分　カラー　V　ステレオ　監督：ロン・クレメンツほか　アラビアン・ナイトの「アラジンと魔法のランプ」のアニメ版。

ボブ・ロバーツ　陰謀が生んだ英雄
Bob Roberts
1992　米　Para　公開　102分　カラー　V　ステレオ　監督：ティム・ロビンス　主演：ティム・ロビンス　フォーク・シンガーで大金持ちのボブ・ロバーツが、上院議員選挙に立候補して支持を集める。狙撃されて大怪我をするが、最後には当選を果たす。英国との合作。

ニュージーズ　Newsies
1992　米　Touchwood Pacific　未　121分　カラー　CS　ステレオ　監督：ケニー・オルテガ　主演：クリスチャン・ベイル　アニメで当てたアラン・メンケンの作曲による実写ミュージカルで、ニュー・ヨークの新聞少年たちの話。

天使にラブ・ソングを…　Sister Act
1992　米　Touchstone　公開　100分　カラー　V　ステレオ　監督：エミール・アルドリーノ　主演：ウーピー・ゴールドバーグ　ギャングの殺人を目撃したカジノ歌手ゴールドバーグが、修道院に匿われてコーラスの指導をする。

1993年

ナイトメアー・ビフォア・クリスマス
The Nightmare Before Christmas
1993　米　Touchstone　公開　76分　カラー　V　ステレオ　監督：ヘンリー・セリック　ハロウィン大王がクリスマスの世界を知り、サンタの代役を務めるがうまく行かずに反省するアニメ作品。

天使にラブ・ソングを2

Sister Act 2 : Back in the Habit Sister Act
1993 米 Touchstone 公開 107分 カラー V ステレオ 監督：ビル・デューク 主演：ウーピー・ゴールドバーグ 「天使にラブ・ソングを…」(1992)の続編。ラス・ヴェガス歌手のゴールドバーグが、荒れた高校の生徒たちに歌を教えて聖歌隊を作り、コンクールに出場する。

スイング・キッズ　Swing Kids
1993 米 BV 公開 112分 カラー V ステレオ 監督：トーマス・カーター 主演：ロバート・ショーン・レナード 1936年のドイツのハンブルグ。アメリカのジャズに憧れて毎夜ダンス・ホールに通う、スウィング・キッドと呼ばれる若者たちがいた。ナチ色が強まるにつれ、ヒトラー・ユーゲントなどに迫害されるが、彼らは自分たちの青春をスウィング・ジャズの中に求める。

TINA ティナ
What's Love Got to Do with It
1993 米 Touchstone 公開 118分 カラー V ステレオ 監督：ブライアン・ギブソン 主演：アンジェラ・バセット ロック界の女王と呼ばれるティナ・ターナーの自伝の映画化。

１９９４年

ライオン・キング　The Lion King
1994 米 Disney 公開 89分 カラー V ステレオ 監督：ロジャー・アラーズ ジャングルの王であるライオンのムサファが亡くなり、その子供シムバが王になるまでの苦労話のアニメ化。

オンリー・ユー　Only You
1994 米 TriStar 公開 115分 カラー V ステレオ 監督：ノーマン・ジュイスン 主演：マリサ・トメイ ピッツバーグに住む女性教師が、運命の恋人との出会いを求めてイタリア中を駆け巡るコメディ。

サムバディ・トゥ・ラブ　Somebody to Love
1994 米 Cabin Fever 公開 102分 カラー V ステレオ 監督：アレクサンダー・ロックウェル 主演：ロージー・ペレス ハリウッド女優を夢見る場末のダンサーと、その恋人の売れない役者の話。恋人には妻子がいるが、離婚する金もない。ダンサー娘はメキシコ系の若者から言い寄られる。

スワン・プリンセス 白鳥の湖
The Swan Princess
1994 米 Nest Family 公開 90分 カラー V ステレオ 監督：リチャード・リッチ ドイツの民話を題材としたアニメ作品。日本のドリカムの曲も１曲使われている。

ザッツ・エンターテインメント PART 3
That's Entertainment! III
1994 米 MGM 公開 120分 カラー SC ステレオ 監督：バッド・フリージェンほか 主演：デビー・レイノルズ MGM創立70周年記念に作られた「ザッツ・エンターテインメント」(1974)の続編。今回もトーキー初期から「恋の手ほどき」(1958)までの紹介だが、削除された未公開場面なども発掘して見せる。

１９９５年

バイ・バイ・バーディ　Bye Bye Birdie
1995 米TV ABC 未 135分 カラー S ステレオ 監督：ジーン・サックス 主演：ジェイソン・アレクサンダー チャールズ・ストラウスの舞台作品のテレビ版。

ファンタスティックス　The Fantasticks
1995 米 UA 未 86分 カラー SC ステレオ 監督：マイケル・リチー 主演：ジョエル・グレイ ハーヴェイ・シュミットとトム・ジョーンズのオフ・ブロードウェイでの超ロングラン作品を映画化したもの。1995年に限定公開されたものの、本格公開は2000年となった。舞台ではほとんど装置なしの作品だが、映画では具体的な映像となるので、想像力が働きにくくなっている。

ジョージア　Georgia
1995 米 Miramax 公開 115分 カラー V ステレオ 監督：ウル・グロスバード 主演：ジェニファー・ジェイソン・リー シアトルを舞台として、姉妹歌手の人生を描く。姉はカントリー・シンガーとして成功して家族にも恵まれるが、妹ジェニファーは安酒場で酔っ払って歌う、自堕落な生活から抜け出せない。

陽のあたる教室　Mr. Holland's Opus
1995 米 Hollywood 公開 143分 カラー CS ステレオ 監督：スティーヴン・

ヘレク　主演：リチャード・ドレイファス　作曲家を目指す30歳の男が、自分の作曲の時間を得るために高校の音楽教師となり、音楽に関心のない高校生たちに、その楽しさを教えようと頑張る。クラシックからポップスまで、いろいろな音楽が使われている。

ポカホンタス　Pocahontas
1995　米　Disney　公開　81分　カラー　V　ステレオ　監督：マイク・ガブリエルほか　17世紀のアメリカで、白人探検隊員とインディアン娘の結ばれぬ恋を描くアニメ。

ショーガール　Showgirls
1995　米　UA　公開　128分　カラー　SC　ステレオ　監督：ポール・バーホーヘン　主演：エリザベス・バークレイ　人に言えない過去を持つ娘がラス・ヴェガスへ出て、ストリップから始めて一流ホテルのトップレス・ショーのスターになるまでを裏側から描く。

トイ・ストーリー　Toy Story
1995　米　Pixar　公開　81分　カラー　V　ステレオ　監督：ジョン・ラセター　立体感を出したコンピュータ・グラフィックスによるアニメ作品で、玩具のカウボーイと宇宙レンジャーが、争ったり協力したりして持ち主の少年の下へ帰る。

１９９６年

世界中がアイ・ラブ・ユー　Everyone Says I Love You
1996　米　Miramax　公開　101分　カラー　V　ステレオ　監督：ウディ・アレン　主演：ウディ・アレン　ニュー・ヨークの金持ち一家の恋愛話で、娘の助けを借りてアレンが人妻ジュリア・ロバーツを口説く。1930年代の曲を使っている。

エビータ　Evita
1996　米　BV　公開　135分　カラー　SC　ステレオ　監督：アラン・パーカー　主演：マドンナ　アンドルー・ロイド・ウェバーの舞台の映画版。貧しい家庭に生まれて、アルゼンチンの大統領夫人にまで上り詰めたエビータ・ペロンの生涯を描く。

グレイス・オブ・マイ・ハート　Grace of My Heart
1996　米　Univ　公開　116分　カラー　V　ステレオ　監督：アリソン・アンダース　主演：イリーナ・ダグラス　1950年代後半から70年代前半にかけてのアメリカ。金持ちの娘がシンガー・ソングライターとして売り出すまでを描く。キャロル・キングをモデルとしている。

ノートルダムの鐘　The Hunchback of Notre Dame
1996　米　Disney　公開　91分　カラー　V　ステレオ　監督：ゲイリー・トゥルースデイル　「ノートルダムのせむし男」のアニメ版で、せむし男とジプシー娘エスメラルダの実らぬ恋を描く。

カンザス・シティ　Kansas City
1996　米　CiBy 2000　公開　116分　カラー　V　ステレオ　監督：ロバート・アルトマン　主演：ジェニファー・ジェイソン・リー　1930年代のカンザス・シティの高級ジャズ・クラブを舞台に、政治家の誘拐事件を描く。ジャズ・プレイヤーの演奏が聞きどころ。

サンタ夫人　Mrs. Santa Claus
1996　米TV　CBS　未　90分　カラー　S　ステレオ　監督：テリー・ヒューズ　主演：アンジェラ・ランズベリー　ランズベリーが演じる、夫にかまってもらえないサンタ夫人の話。

天使の贈り物　The Preacher's Wife
1996　米　BV　公開　125分　カラー　V　ステレオ　監督：ペニー・マーシャル　主演：デンゼル・ワシントン　ヘンリー・コスター監督の「気まぐれ天使」The Bishop's Wife (1947)のリメイク。真面目な牧師を助けるために天国から派遣された天使が、美しい牧師の妻に恋をしてしまう。ホイットニー・ヒューストンの共演。

すべてをあなたに　That Thing You Do!
1996　米　Fox　公開　108分　カラー　S　ステレオ　監督：トム・ハンクス　主演：トム・ハンクス　1960年代のアメリカの田舎町。バンドを始めた若者たちがコンテストで優勝して大人気を博すが、2曲目を出せずに、メンバーはバラバラとなり解散してしまう。

グフマンを待ちながら　Waiting for Guffman
1996　米　Castle Rock　未　84分　カラー　V　ステレオ　監督：クリストファー・ゲスト　主演：クリストファー・ゲスト　町の素

人劇をブロードウェイの制作者が見に来るというので、一同張り切る。

1997年

アナスタシア　Anastasia
1997　米　Fox　公開　94分　カラー　SC　ステレオ　監督：ドン・ブルースほか　フォックスが中心となり、ディズニーに対抗して作ったアニメ大作。イングリッド・バーグマンの「追想」(1956)と同じ話で、ロマノフ王朝の末皇女アナスタシアは記憶を失うが、皇太后に会い、記憶の一端が戻る。怪僧ラスプーチンが絡む。

おもちゃの国を救え！　Babes in Toyland
1997　米　MGM　未　74分　カラー　ステレオ　監督：トビー・ブルースほか　アニメ作品。クリスマス前のおもちゃの国の工場はプレゼント製造に忙しいが、工場を破壊してクリスマスを台無しにしようとする悪人の陰謀が発覚するので、子供たちが力を合わせて工場を守る。ヴィクター・ハーバートのオペレッタの曲が使われている。

シンデレラ　Cinderella
1997　米TV　ABC　放送　88分　カラー　S　ステレオ　監督：ロバート・イスコフ　主演：ブランディ　ロジャースとハマースタイン作品のリメイク。シンデレラ役は黒人のブランディで、継母役をバーナデット・ピータースが演じる。

ヘラクレス　Hercules
1997　米　Disney　公開　93分　カラー　V　ステレオ　監督：ロン・クレメンツほか　人間界へ追いやられた怪力ヘラクレスが、神の国に戻ろうと努力するアニメ。

ワイルド・マン・ブルース
Wild Man Blues
1997　米　Jean Doumanian　公開　105分　カラー　V　ステレオ　監督：バーバラ・コップル　主演：ウディ・アレン　アレンがクラリネットを吹いているニュー・オーリンズ・ジャズ楽団のヨーロッパ・ツアーを取材したドキュメンタリー。

1998年

ブルース・ブラザース2000
Blues Brothers 2000
1998　米　Univ　公開　123分　カラー　V　ステレオ　監督：ジョン・ランディス　主演：ダン・エイクロイド　前作「ブルース・ブラザース」(1980)の続編。18年の刑期を終えて出所したエイクロイドが、楽団を再結成してコンテストに出場する。

ダンス・ウィズ・ミー　Dance with Me
1998　米　Mandalay　公開　126分　カラー　V　ステレオ　監督：ランダ・ヘインズ　主演：バネッサ・ウィリアムス　ダンスを教える娘が、ブランクの後にパートナーで悩むが、サルサ大会で優勝する。

踊るのよ、フランチェスカ！
Franchesca Page
1998　米　Franchesca Page　公開　94分　V　カラー　ステレオ　監督：ケリー・セイン　主演：ヴァーラ・ジーン・マーマン　下手なショー・ガールが突然ブロードウェイの新作の主役に抜擢されるが、その裏には、ショーを失敗させて儲けようとする悪徳制作者がいた。ところが、ショー・ガールを成功させたいステージ・ママが、これに介入する。「プロデューサーズ」(2005)に似た話

ムーラン　Mulan
1998　米　Disney　公開　88分　カラー　V　ステレオ　監督：トニー・バンクロフト　中国の女傑を描くアニメ。攻め込んできたフン族を撃退して皇帝から褒美を受ける。

プリンス・オブ・エジプト　Prince of Egypt
1998　米　DreamWorks　公開　99分　カラー　V　ステレオ　監督：ブレンダ・チャップマンほか　旧約聖書「出エジプト記」のアニメ版。「十戒」(1957)とほぼ同じで、モーゼの誕生から紅海を渡るまでが描かれる。

ウェディング・シンガー
The Wedding Singer
1998　米　Juno Pix　公開　95分　カラー　V　ステレオ　監督：フランク・コラチ　主演：アダム・サンドラー　結婚当日に花嫁に逃げられたウェディング・シンガーの男が、ほかの男と結婚する予定のウェートレスに恋して結婚する。

1999年

エルモと毛布の大冒険
The Adventures of Elmo in Grouchland

1999 米 Col 公開 73分 カラー V ステレオ 監督：ゲイリー・ハルヴォーソン 主演：マンディ・パティンキン セサミ・ストリートのエルモを主人公とした、人形と人物の実写作品。エルモが愛用している毛布を追って仲間たちが冒険をする。

アニー Annie
1999 米TV ABC 未 90分 カラー S ステレオ 監督：ロブ・マーシャル 主演：キャシー・ベイツ チャールズ・ストラウスの舞台作品のテレビ版。

クレイドル・ウィル・ロック
Cradle Will Rock
1999 米 Touchstone 公開 132分 カラー SC ステレオ 監督：ティム・ロビンス 主演：ハンク・アザリア 1930年代の実話に基づいた話。マーク・ブリッツスタインは、労働者が組合を作って戦うというオペラ「ゆりかごは揺れる」を書く。あまりにも社会主義的との批判を受けて、上演直前に政府資金が打ち切られるが、出演者たちは協力して上演する。

ファンタジア 2000 Fantasia 2000
1999 米 Disney 公開 74分 カラー IMAX ステレオ 監督：ジェイムス・アルガーほか 「ファンタジア」(1940)の60周年を記念して作られたリメイク。クラシック音楽に乗せて8編のアニメが展開される。

王様と私 The King and I
1999 米 WB 未 87分 カラー V ステレオ 監督：リチャード・リッチ ロジャースとハマースタインの舞台作品のアニメ化。

ミュージック・オブ・ハート
Music of the Heart
1999 米 Miramax 公開 124分 カラー V ステレオ 監督：ウェス・クライヴン 主演：メリル・ストリープ 二人の子供を抱えて夫と別れたメリル・ストリープは、生活のために子供たちにヴァイオリンを教えるが、市の予算削減でその教室が中止されそうになる。何とか教室を続けようと、有名ヴァイオリニストの支援を受けて、子供たちはカーネギー・ホールでのコンサートを開く。

サウスパーク 無修正映画館
South Park: Bigger Longer & Uncut
1999 米 Comedy Central 公開 81分 カラー V ステレオ 監督：トレイ・パーカー 1997年から始まった人気テレビ・アニメの映画版。アメリカの田舎町サウスパークの4人の小学生が繰り広げる喜劇。カナダのコメディアンが出ているR指定の映画を見た小学生たちが、それを真似て禁止用語を連発するようになり、怒ったPTAがカナダを非難して、米加の全面戦争となる。

ギター弾きの恋 Sweet and Lowdown
1999 米 Sweetland 公開 95分 カラー V 監督：ウディ・アレン 主演：ショーン・ペン 1930年代のシカゴ。ジャズ・ギターの名手が、いろいろな女を追い回すが、誰とも幸せになれない。

ターザン Tarzan
1999 米 Disney 公開 88分 カラー V ステレオ 監督：クリス・バックほか アフリカの密林に育ったターザンが、探検でやって来た娘ジェインと恋をするアニメ。

2000年

あの頃ペニー・レインと Almost Famous
2000 米 Col 公開 122分 カラー V ステレオ 監督：キャメロン・クロウ 主演：ビリー・クラダップ 1970年代のアメリカ。ロック好きの少年パトリック・フュジットは、ロック音楽について校内新聞などに書いていたが、それが認められて、好きなバンドのツアーに同行取材することになる。追っかけ少女の中に、ひときわ美しいケイト・ハドソン（ペニー・レイン役）がいて恋をするが、ケイトはバンドのギタリストに夢中だった。しかし、ギタリストに恋人が現れて、失恋したケイトは睡眠薬で自殺を図る。パトリックは必死に看病して命を助けるが、彼の青春の1ページも終わりを告げる。

センターステージ Center Stage
2000 米 Col 公開 115分 カラー CS ステレオ 監督：ニコラス・ハイトナー 主演：アマンダ・シュル 名門バレエ学校で学ぶ娘が、骨格に問題があり卒業公演への参加は難しいと、舞台監督に告げられてショックを受ける。

ゼペット Geppetto
2000 米TV ABC 放送 89分 カラー S ステレオ 監督：トム・ムーア 主演：

ドリュー・ケリー　童話の実写ミュージカル。スティーヴン・シュワルツの曲。日本放映題名は「ピノキオとゼペット」。

2001年

ボージャングルス　Bojangles
2001　米TV　Showtime　未　101分　カラー　S　ステレオ　監督：ジョセフ・サージェント　主演：グレゴリー・ハインズ　伝説的な黒人タップ・ダンサーのビル・ボージャングル・ロビンソンを、タップの名手ハインズが演じた伝記。昔風のスタイルで踊っている。

カルメン　ヒップ・オペラ　Carmen: A Hip Hopera
2001　米TV　MTV　放送　88分　カラー　ステレオ　監督：ロバート・タウンゼント　主演：ビヨンセ・ノウルズ　ビゼーのカルメンを、現代のロス・アンジェルスに置き換えて、ヒップ・ホップ風に歌った作品。ビヨンセがカルメン役。

グリッター　Glitter
2001　米　Fox　公開　104分　カラー　CS　ステレオ　監督：ヴォンディ・カーティス・ホール　主演：マライア・キャリー　黒人と白人の間に生まれた娘が、売れないコーラス・ガールから始めて、デビューして大コンサートを開くまでを描く。

ヘドウィグ・アンド・アングリーインチ　Hedwig and the Angry Inch
2001　米　Killer　公開　95分　カラー　V　ステレオ　監督：ジョン・キャメロン・ミッチェル　主演：ジョン・キャメロン・ミッチェル　オフ・ブロードウェイ作品の映画版。舞台版に出演していたミッチェルがそのまま映画にも主演している。東独から脱出するため性転換して女性となった男が、米兵と結婚してアメリカへ渡りロック歌手となる。

ムーランルージュ　Moulin Rouge!
2001　米　Fox　公開　127分　カラー　CS　ステレオ　監督：バズ・ラーマン　主演：ニコール・キッドマン　19世紀のパリのキャバレーを舞台に、ショーの台本作家と、主演女優の恋が描かれる。

セイブ・ザ・ラストダンス　Save the Last Dance
2001　米　Para　公開　112分　カラー　V　ステレオ　監督：トーマス・カーター　主演：ジュリア・スタイルズ　ジュリアード音楽院のバレエ入試時に母を事故で亡くした娘スタイルズが、シカゴへ移り黒人にヒップ・ホップ・ダンスの楽しさを教わり、新たに生きる決心をする。

南太平洋　South Pacific
2001　米TV　ABC　放送　129分　カラー　S　ステレオ　監督：リチャード・ピアス　主演：グレン・クロス　ロジャーズとハマースタインの舞台作品のテレビ版。原作に忠実な作り。

2002年

シカゴ　Chicago
2002　米　Miramax　公開　113分　カラー　V　ステレオ　監督：ボブ・マーシャル　主演：レニー・ゼルウィガー　ジョン・カンダーとフレッド・エブの舞台作品の映画版。禁酒法時代に不倫相手を撃ち殺して収監された女性二人（ゼルウィガーとキャサリン・ゼタ＝ジョーンズ）が組んで歌い人気を得る。

8 Mile　8 Mile
2002　米・独　Imagine　公開　110分　カラー　CS　ステレオ　監督：カーティス・ハンソン　主演：エミネム　ヒップ・ホップで人気のあるエミネムを主人公とした作品。プレス工場で働く青年が、苦労を重ねながら自分でラップ技術を磨き、コンテストに挑む。

リロ＆スティッチ　Lilo & Stitch
2002　米　Disney　公開　85分　カラー　V　ステレオ　監督：ディーン・デブロイスほか　ハワイを舞台に、宇宙からやって来た性格の悪い犬型ロボットと少女との友情を描くアニメ。

ジプシーの女王　Queen of the Gypsies
2002　米　Gypsy Heart　未　80分　白黒／カラー　S　監督：ジョセリン・M・アハミ　主演：カルメン・アマヤ　アマヤの生前の映像を再編集したドキュメンタリー。

永遠のモータウン　Standing in the Shadows of Motown
2002　米　Artisan　公開　116分　カラー　V　ステレオ　監督：ポール・ジャストマン　主演：ジョー・ハンター　黒人の音楽レーベル

として一時代を築いたモータウンを、陰で支えたバンドのファンク兄弟を中心に、インタビューを通して描く。

2003年

ブラザー・ベア　Brother Bear
2003　米　Disney　公開　85分　カラー　V　ステレオ　監督：アーロン・ブレイズ　熊を殺したために熊の姿になった人間の青年と小熊との友情を描くアニメ。

キャンプ　Camp
2003　米　IFC　公開　114分　カラー　V　ステレオ　監督：トッド・グラフ　主演：ドン・ディクソン　ひと夏のキャンプでの、若者たちの恋愛騒動や、締めくくりとなるショーの曲を書く教師役ディクソンたちの話。

アメリカン・スター　From Justin to Kelly
2003　米　19 Entertainment　未　90分　カラー　V　ステレオ　監督：ロバート・イスコヴ　主演：ケリー・クラークソン　バカンスでマイアミへやって来た娘ケリーが、大学生ジャスティンと恋におちる。主役の二人は、テレビのアイドル発掘番組の出身だったので、劇場未公開だがビデオ発売時の題名は「アメリカン・スター」となった。

ダンス・レボリューション　Honey
2003　米　Univ　未　94分　カラー　V　ステレオ　監督：ビリー・ウッドラフ　主演：ジェシカ・アルバ　踊りのうまい娘が、クラブでプロモーション・ビデオのディレクターに声を掛けられて振付家となるが、関係を迫られて、断ると仕事も失う。しかし、子供たちへのダンス指導を通じて、自分の生き方を見出す。

リジー・マグワイア・ムービー
The Lizzie McGuire Movie
2003　米　Disney　未　94分　カラー　CS　ステレオ　監督：ジム・フォール　主演：ヒラリー・ダフ　人気テレビ・シリーズの映画版。アメリカの高校生ダフが、イタリア旅行で現地の歌手と間違われる。

みんなのうた　A Mighty Wind
2003　米　Castle Rock　公開　91分　カラー　V　ステレオ　監督：クリストファー・ゲスト　主演：クリストファー・ゲスト　1980年代にフォークソング・ブームを巻き起こした伝説的なマネジャーが亡くなり、その長男が父の追悼のために、解散した昔のフォーク・グループを呼び集めて大コンサートを開く。

ミュージック・マン　The Music Man
2003　米TV　ABC　放送　150分　カラー　S　ステレオ　監督：ジェフ・ブレックナー　主演：マシュー・ブロドリク　メルディス・ウィルソンの舞台作品のテレビ版。日本放映題名は「恋するミュージック・マン」。

スクール・オブ・ロック
The School of Rock
2003　米　Para　公開　108分　カラー　V　ステレオ　監督：リチャード・リンクレイター　主演：ジャック・ブラック　売れないロック・ギタリストが、お堅い小学校の代用教員となり、子供たちにロックを教えてコンテストに出場する。

歌う大捜査線　The Singing Detective
2003　米　Icon　未　109分　V　カラー　ステレオ　監督：キース・ゴードン　主演：ロバート・ダウニー・ジュニア　重篤な皮膚病で入院した探偵小説の作家が、ベッドの中で妄想し、1950年代ハード・ボイルド調で娼婦の殺人事件を捜査する。BBCで放映された同名のテレビ・ドラマ（1986）の映画版。

2004年

ビヨンド the シー　夢見るように歌えば
Beyond the Sea
2004　米・独・英　Lions Gate　公開　118分　カラー　CS　ステレオ　監督：ケヴィン・スペイシー　主演：ケヴィン・スペイシー　歌手ボビー・ダーリンの伝記映画。歌手として売り出し映画にも出演し、人気の絶頂だったサンドラ・ディと結婚するが破綻、歌手として再起する。題名はボビーのヒット曲「海の彼方に」をそのまま使っているが、これはシャンソンの「ラ・メール」の英語版。

クリスマス・キャロル　A Christmas Carol
2004　米TV　NBC　未　97分　カラー　S　ステレオ　監督：アーサー・アラン・セイドルマン　主演：ケルシー・グラマー　アラン・メンケンの作曲によるテレビ・オリジナルの作品。

五線譜のラブレター　De-Lovely

2004 米 MGM 公開 125分 カラー CS ステレオ 監督：アーウィン・ウィンクラー 主演：ケヴィン・クライン コール・ポーターの伝記映画で、ショー場面よりも足の怪我やゲイの付き合いといった面を中心に描いている。

ダンシング・ハバナ
Dirty Dancing: Havana Nights
2004 米 Miramax 公開 86分 カラー V ステレオ 監督：ガイ・ファーランド 主演：ディエゴ・ルナ キューバ革命の直前のハバナに転勤してきたアメリカ人一家の娘が、革命派の青年と一緒にダンス大会に出る。

ホーム・オン・ザ・レンジ にぎやか農場を救え！ Home on the Range
2004 米 Disney 公開 76分 カラー V ステレオ 監督：ウィル・フィンほか 3頭の牛が協力して牛泥棒を捕らえるアニメ。アラン・メンケンの曲。

Ray レイ Ray
2004 米 Univ 公開 152分 カラー V ステレオ 監督：テイラー・ハックフォード 主演：ジェイミー・フォックス 盲目の黒人歌手として有名なレイ・チャールズの伝記映画。ヒット曲を出すが麻薬中毒に苦しみ、立ち直ってコンサートを行う。

ユー・ガット・サーブド You Got Served
2004 米 Screen Gems 未 95分 カラー V ステレオ 監督：クリス・ストークス 主演：オマリオン・グランドベリー ロス・アンジェルスの下町で、路上ダンス対決に青春を賭ける少年たちを描く。テレビ放映時の題名は「ストリート・ダンス・バトル」。

2005年

チキン・リトル Chicken Little
2005 米 Disney 公開 81分 カラー V ステレオ 監督：マーク・ディンダル 3Dコンピュータ・グラフィックス・アニメ。何をやってもドジで笑われる小さな鶏チキン・リトルが、宇宙からやって来たエイリアンと戦う。

ワンス・アポン・ア・マットレス
Once Upon a Mattress
2005 米TV ABC 未 90分 カラー V ステレオ 監督：キャスリン・マーシャル 主演：キャロル・バーネット 童話「えんどう豆の上に寝たお姫様」を題材に取った、メリー・ロジャースの舞台作品のテレビ版。初演(1959)でお姫様役を演じたバーネットが、王女役を演じる。テレビ版はこの作品が3作目。

プロデューサーズ The Producers
2005 米 Univ 公開 134分 カラー CS ステレオ 監督：スーザン・ストローマン 主演：ネイサン・レイン メル・ブルックスの舞台作品の映画版。舞台で主演したネイサンとマシュー・ブロドリクがそのまま演じ、舞台で演出・振付をしたストローマンが監督を担当した。舞台の楽しさが伝わってくる作品。

RENT レント Rent
2005 米 Rent 公開 135分 カラー CS ステレオ 監督：クリス・コロンバス 主演：テイ・ディグス ジョナサン・ラーソンの舞台の映画版。オペラ「ラ・ボエーム」の翻案で、現代のニュー・ヨークに置き換えた話となっている。

ロマンスと煙草 Romance & Cigarettes
2005 米 UA 未 105分 カラー CS ステレオ 監督：ジョン・タトゥーロ 主演：ジェイムス・ギャンドルフィーニ 鉄工労働者のギャンドルフィーニは、結婚して3人の娘もいる。ところが、ランジェリー・ショップに勤める魅力的な女と長く不倫関係を続けていたのを知られてしまい、大騒ぎとなる。音楽は既成曲がそのまま主人公の心情表現に使われている。

ウォーク・ザ・ライン 君につづく道
Walk the Line
2005 米 Fox 公開 136分 カラー CS ステレオ 監督：ジェイムス・マンゴールド 主演：ホアキン・フェニックス カントリー歌手から出発したジョニー・キャッシュの半生を描く。デビュー、薬物中毒との戦い、運命の恋人ジューン・カーターへの愛、伝説的な刑務所コンサートなどが描かれる。キャッシュの自伝「黒服の男」に基づいている。

2006年

敬愛なるベートーヴェン
Copying Beethoven

2006　米・独・ハンガリー　Sidney Kimmel　公開　104分　カラー　CS　ステレオ　監督：アニエシュカ・ホランド　主演：ダイアン・クルーガー　晩年の交響曲第9番を写譜するために雇われた若い女性音楽家と、ベートーヴェンの心の交流。

ドリームガールズ　Dreamgirls
2006　米　Para　公開　130分　カラー　CS　ステレオ　監督：ビル・コンドン　主演：ビヨンセ・ノウルズ　ヘンリー・クリーガーの舞台の映画版。シュープリームスをモデルに、黒人3人のコーラス・ユニットを売り出す裏側が描かれる。

ハイスクール・ミュージカル　High School Musical
2006　米TV　Disney　放送　98分　カラー　S　ステレオ　監督：ケニー・オルテガ　主演：ザック・エフロン　ディズニー・チャンネルで作られたオリジナル作品の第1作。

アイドルワイルド　Idlewild
2006　米　Atlas　未　121分　カラー　CS　ステレオ　監督：ブライアン・バーバー　主演：アンドレ・ベンジャミン　禁酒法時代のアメリカ南部の町アイドルワイルドを舞台に、ナイト・クラブを経営しながら歌手もするビッグ・ボイと、ピアニストのベンジャミンの二人の黒人青年が、ギャングたちの抗争や愛人とのトラブルに巻き込まれながらも、何とか生き抜く。振付はタップの名手ヒントン・バトル。

今宵、フィッツジェラルド劇場で　A Prairie Home Companion
2006　米　Picturehouse　公開　105分　カラー　CS　ステレオ　監督：ロバート・アルトマン　主演：メリル・ストリープ　毎回、フィッツジェラルド劇場から中継され、地元で愛されているラジオ音楽番組「プレイリー・ホーム・コンパニオン」が最終回を迎えて、劇場も取り壊される中で、出演者たちの思いを描く。

セイブ・ザ・ラストダンス2　Save the Last Dance 2 : Stepping Up
2006　米Video　Para　未　90分　カラー　V　ステレオ　監督：デイヴィッド・ペトラルカ　主演：イザベラ・ミコ　「セイブ・ザ・ラストダンス」(2001)の続編。ジュリアード音楽院に入学してクラシック・バレエをみっちり仕込まれた娘が、卒業を前にしてヒップ・ホップ・ダンスとクラシックのどちらを取るかで悩む。

ステップ・アップ　Step Up
2006　米　Touchstone　公開　104分　カラー　CS　ステレオ　監督：アン・フレッチャー　主演：チャニング・タトム　路上ダンサーの不良青年が、芸術高校のバレエ・ダンサーの相手役で踊ることになり、踊りを真剣に学ぶ決心をする。

レッスン！　Take the Lead
2006　米　New Line　公開　118分　カラー　V　ステレオ　監督：リズ・フリードランダー　主演：アントニオ・バンデラス　問題のある荒れた高校で社交ダンスを教える青年を描く。

２００７年

アクロス・ザ・ユニバース　Across the Universe
2007　米　Revolution　公開　133分　カラー　CS　ステレオ　監督：ジュリー・テイモア　主演：エヴァン・レイチェル・ウッド　1960年代に、父親に会うためにリヴァプールからアメリカにやって来た青年が、様々な友人と出会う。全編にビートルズの音楽が流れる。

奇跡のシンフォニー　August Rush
2007　米　WB　公開　114分　カラー　CS　ステレオ　監督：カーステン・シェリダン　主演：フレディ・ハイモア　チェロのソリストの娘とロック・ギタリストの青年が、一夜の恋をして子供が出来るが、娘の父親はそれを隠して孤児院に入れる。11年後、孤児院で育った子供が天才的な音楽の才能によりジュリアード音楽院へ進み、セントラル・パークでコンサートを開くと、そこで両親と奇跡的に再会する。

魔法にかけられて　Enchanted
2007　米　Disney　公開　107分　カラー　V　ステレオ　監督：ケヴィン・リマ　主演：エイミー・アダムス　アニメの国で暮らしていた白雪姫タイプのエイミー・アダムスが、時空をワープして現代ニュー・ヨークに現れて騒ぎを巻き起こす。

年度別作品一覧

ヘアスプレー Hairspray
2007 米 New Line 公開 117分 カラー CS ステレオ 監督：アダム・シャンクマン 主演：ジョン・トラヴォルタ マーク・シャインマンの舞台作品の映画版。公民権運動が本格化する前の1960年代前半のアメリカで、ダンス好きの肥満女子高生が、黒人と一緒に踊りテレビ番組にも出場する。

ハイスクール・ミュージカル2 High School Musical 2
2007 米TV Disney 放送 104分 カラー V ステレオ 監督：ケニー・オルテガ 主演：ザック・エフロン 前年に続くシリーズ第2作。3作目の最終版は劇場公開用として作られた。

ストンプ・ザ・ヤード Stomp the Yard
2007 米 Rainforest 公開 115分 カラー CS ステレオ 監督：シルヴァン・ホワイト 主演：コロムバス・ショート 路上ダンスのうまい青年が大学でストンプに挑戦する。

スウィーニー・トッド フリート街の悪魔の理髪師 Sweeney Todd : The Demon Barber of Fleet Street
2007 米 WB 公開 116分 カラー V ステレオ 監督：ティム・バートン 主演：ジョニー・デップ スティーヴン・ソンドハイムの舞台作品の映画版。美しい妻と小さな娘を悪漢にとられた床屋の復讐劇。

厳しい歩み デューイ・コックス物語 Walk Hard :The Dewey Cox Story
2007 米 Apatow 未 120分 カラー CS ステレオ 監督：ジェイク・カスダン 主演：ジョン・C・ライリー 架空のロックンロール歌手デューイ・コックス（ライリー）の波乱万丈の人生を描く喜劇。子供の頃からギターを弾いて育ち、歌手として人気が出たライリーは、次から次へと娘たちと寝て、3回結婚して沢山の子供を作り、テレビ・ショーを持ち、プレスリーやビートルズとも共演、麻薬にも溺れるが、バック・コーラスの娘に本当の愛を抱く。

2008年

キャデラック・レコード 音楽でアメリカを変えた人々の物語 Cadillac Records
2008 米 LightWave 公開 109分 カラー CS ステレオ 監督：ダーネル・マーティン 主演：エイドリアン・ブロディ 1950年代に設立されて、チャック・ベリーなどを世に送り出したキャデラック・レコードの話。

センターステージ2 ダンス・インスピレーション！ Center Stage: Turn It Up
2008 米・加 Stage 6 未 95分 カラー V ステレオ 監督：スティーヴン・ヤコブソン 主演：ケニー・ウォーモルド デトロイトでは一番のバレエ・ダンサーだと思ってニュー・ヨークのバレエ学校へ来た娘は、オーディションで落とされて、レベルの違いを思い知らされるが、生活のためにクラブでバイトし、最後にはブロードウェイでシンデレラの役を得る。

ブロードウェイ・ブロードウェイ コーラスラインにかける夢 Every Little Step
2008 米 Endgame 公開 96分 カラー V ステレオ 監督：アダム・デル・デオ 主演：ボブ・エイビアン 2006年に再演されたブロードウェイの「コーラス・ライン」のオーディションに密着したドキュメンタリー。ダンサーを選ぶ過程が描かれる。

ハイスクール・ミュージカル ザ・ムービー High School Musical 3 :Senior Year
2008 米 Disney 公開 112分 カラー V ステレオ 監督：ケニー・オルテガ 主演：ザック・エフロン テレビ・シリーズの映画版で、1と2はTV映画だったので、劇場用はこの3作目のみ。イースト高校のバスケ部のキャプテンと、秀才の娘の恋を描く。

マンマ・ミーア！ Mamma Mia!
2008 米・英・独 Univ 公開 108分 カラー CS ステレオ 監督：フィリーダ・ロイド 主演：メリル・ストリープ ABBAの曲を使った同名舞台作品(1999)の映画版。女手ひとつで育った娘が、自分の父親を知ろうと、結婚式に母親の昔の恋人たちを呼ぶ。

悔恨のミュージック The Music of Regret
2008 米 Double Wide Media 未 40分 カラー S ステレオ 監督：ローリー・シモンズ 主演：メリル・ストリープ 40分の中編作品。女性腹話術師とその人形や、人形の求婚者たちの話。

アメリカ　2000年以降

REPO! レポ　Repo! The Genetic Opera
2008　米　Twisted　公開　150分　カラー　Vステレオ　監督：ダレン・リン・バーズマン　主演：アレクサ・ヴェガ　未来SF・ホラー・ミュージカル。難病が流行っている未来で、治療代金が支払えない者は、レポと呼ばれる臓器回収者に殺されてしまう。次の回収予定者は盲目のオペラ歌手サラ・ブライトマンだったが、彼女をよく知るレポ役の男は悩む。

ステップ・アップ2 ザ・ストリート
Step Up 2 : The Streets
2008　米　Touchstone　未　98分　カラー　V　ステレオ　監督：ジョン・M・チュー　主演：ブリアーナ・エヴィガン　路上ダンサーの不良少女が芸術学校に入り、同級生たちと路上ダンス対決に挑戦する。

2009年

フェーム　Fame
2009　米　MGM　未　123分　カラー　CSステレオ　監督：ケヴィン・タンチャロエン　主演：ケイ・パナベイカー　アラン・パーカー監督の同名作品 (1980) のリメイク。

ハンナ・モンタナ ザ・ムービー
Hannah Montana :The Movie
2009　米　It's a Laugh　公開　102分　カラー　V　ステレオ　監督：ピーター・チェルソム　主演：マイリー・サイラス　2006-11年に放映された、ディズニー・チャンネルの人気ドラマの劇場版。サイラスは普通の女の子だが、ハンナ・モンタナの名前でアイドル歌手活動もやっている。その二役を知っているのは家族だけだ。サイラスの態度がわがままになってくるので、アイドルとしての活動を休み、一家は田舎町でしばらく過ごすことにするが、そこでもモンタナ役を演じることになるので混乱する。

NINE　Nine
2009　米　Weinstein　公開　118分　カラー　CS　ステレオ　監督：ロブ・マーシャル　主演：ダニエル・デイ＝ルイス　モーリ・イエストンの舞台作品の映画版。原作はフェリーニの「8 1/2」で、映画監督が新作の構想を練りながら、様々な女性との付き合いを回想する。

パッシング・ストレンジ　Passing Strange
2009　米　40 Acres & A Mule　未　135分　カラー　CS　ステレオ　監督：スパイク・リー　主演：ダニエル・ブレイカー　2007年にオフで、2008年にはブロードウェイのベラスコ劇場で上演されたロック・ミュージカルをそのまま収録した作品。南部の保守的な家庭に育った黒人青年が、欧州でジェイムス・ボールドウィンとジョセフィン・ベイカーの足跡をたどり、様々な経験をする中で自分を見つけようとする。

プリンセスと魔法のキス
The Princess and the Frog
2009　米　Disney　公開　97分　カラー　Vステレオ　監督：ロン・クレメンツほか　グリム童話「蛙の王子」の舞台をニュー・オリンズに置き換えたアニメ。

マイケル・ジャクソン THIS IS IT　This Is It
2009　米　Col　公開　111分　カラー　VS　監督：ケニー・オルテガ　主演：マイケル・ジャクソン　マイケルは2009年6月に亡くなったが、7月からロンドンでThis Is Itというコンサートを予定していた。コンサートは実施できなかったが、マイケルの個人用としてリハーサル模様が収録されていたので、それを編集して全世界同時にドキュメンタリーとして公開した。

2010年

ブラック・スワン　Black Swan
2010　米　Fox Searchlight　公開　108分　カラー　CS　ステレオ　監督：ダレン・アロノフスキー　主演：ナタリー・ポートマン　「白鳥の湖」の主役を得たナタリーは、テクニックは完璧だが、黒鳥の誘惑の心が表現できずに悩む。

バーレスク　Burlesque
2010　米　Screen Gems　公開　119分　カラー　CS　ステレオ　監督：スティーヴ・アンティン　主演：シェール　歌手を夢見て大都会ロス・アンジェルスに出てきた娘クリスティーナ・アギレラが、セクシーなショーを見せるバーレスク・クラブに出演して、次第に人気を得ていく。

アルゼンチンタンゴ 伝説のマエストロたち
Café de los maestros
2010　米・ブラジル・英・アルゼンチン　Lita

Stantic　公開　92分　カラー　V　ステレオ　監督：ミゲル・コアン　主演：アニバル・アリアス　1940年代から50年代にかけて活躍した伝説的なタンゴの巨匠たちが一堂に会して、新しいアルバムを収録する様子を描いたドキュメンタリー。

ステップ・アップ3　Step Up 3D
2010　米　Touchstone　未　107分　カラー／3D　V　ステレオ　監督：ジョン・M・チュー　主演：リック・マラムブリ　「ステップ・アップ」シリーズ3作目。ニュー・ヨークでも屈指の路上ダンス・チームを率いるリックは、世界大会に出場する準備を進め、ダンスのうまい美女シャーニ・ヴィンソンを仲間に引き入れて大会に挑む。立体映画版。

ストンプ・ザ・ヤード2
Stomp the Yard 2: Homecoming
2010　米　Rainforest　未　89分　カラー　V　ステレオ　監督：ロブ・ハーディ　主演：キース・デヴィッド　「ストンプ・ザ・ヤード」(2007)の続編。

塔の上のラプンツェル　Tangled
2010　米　Disney　公開　100分　カラー　V　ステレオ　監督：ネイサン・グレノ　グリム童話「ラプンツェル」のアニメ版ミュージカル。アラン・メンケンの音楽。

2011年

ファースト・ポジション 夢に向かって踊れ！
First Position
2011　米　First Position　公開　95分　カラー　V　S　監督：ベス・カーグマン　主演：アラン・ベル　毎年ニュー・ヨークで開催される、9歳から19歳の若いバレエ・ダンサーたちのコンテスト「ユース・アメリカ・グランプリ」に挑戦する6人を描いたドキュメンタリー。日系のミコ・フォーガティも出ている。

ダンス・レボリューション2　Honey 2
2011　米　Univ　未　110分　カラー　V　ステレオ　監督：ビリー・ウッドラフ　主演：カテリーナ・グレアム　「ダンス・レボリューション」(2003)の続編。あちこちを回りながら仕事をしていたグレアムは、出身のブロンクスに戻り、地元の若者にダンスを教えて競技大会を目指すが、その大会には彼女の昔の恋人が率いるチームも参加していた。

椅子取りゲーム　Musical Chairs
2011　米　Active Fox　未　102分　カラー　V　ステレオ　監督：スーザン・セイデルマン　主演：リー・パイプス　車椅子の娘とダンスを踊る社交ダンス・インストラクターを描く。

2012年

アメリカの戦場　Battlefield America
2012　米　Brian & Barrett　未　106分　カラー　CS　ステレオ　監督：クリス・ストークス　主演：マルケス・ヒューストン　ビジネスマンがプロのダンサーを雇い、下手な路上ダンス・チームをテコ入れする。

ロック・オブ・エイジズ　Rock of Ages
2012　米　New Line　公開　136分　カラー　CS　ステレオ　監督：アダム・シャンクマン　主演：ジュリアン・ハフ　ブロードウェイの同名作品(2009)の映画版。1980年代後半のロス・アンジェルスで、ロック・スターを目指す若者たちが、ライブ・ハウスで働きながら、チャンスをつかもうとする。

ステップ・アップ4　Step Up Revolution
2012　米　Offspring　未　99分　カラー　CS　ステレオ　監督：スコット・スピア　主演：キャサリン・マコーミク　「ステップ・アップ」シリーズの4作目。マイアミへ行ってダンサーになろうとしたマコーミクが、マイアミの路上ダンサーたちと出会う。

2013年

アナと雪の女王　Frozen
2013　米　Disney　公開　102分　カラー／3D　CS　ステレオ　監督クリス・バックほか　アンデルセンの童話「雪の女王」の3Dアニメ版。

2014年

ANNIE アニー　Annie
2014　米　Marcy　公開　118分　カラー　CS　ステレオ　監督：ウィル・グルック　主演：ジェイミー・フォックス　1982年の映画版のリメイク。背景を現代に移して、黒人少女がアニーを演じる。

イントゥ・ザ・ウッズ　Into the Woods

2014　米　Lucamar　公開　124分　カラー　CS　ステレオ　監督：ロブ・マーシャル　主演：メリル・ストリープ　スティーヴン・ソンドハイムの同名舞台作品の映画版。グリム童話の主人公たちが登場する。ディズニーを中心とした制作で、概ね舞台版に忠実な映画化。

ジャージー・ボーイズ　Jersey Boys
2014　米　Four Seasons　公開　134分　カラー　CS　ステレオ　監督：クリント・イーストウッド　主演：ジョン・ロイド・ヤング　同名舞台作品 (2005) の映画版。1960年代に活躍したヴォーカル・グループのフォー・シーズンズの伝記作品。

ラスト5イヤーズ　The Last Five Years
2014　米　Lucky Monkey　公開　94分　CS　カラー　ステレオ　監督：リチャード・ラグラヴェネーズ　主演：アナ・ケンドリック　ブロードウェイの女優を目指すケンドリックと、小説を志すジェレミー・ジョーダンの、出会いから破局までの5年間を描く。オフ・ブロードウェイでヒットしたジェイソン・ロバート・ブラウン曲の同名作品 (2002) の映画化。2013年にも再演されている。

英国

1930年代

恋の焔　The Flame of Love
1930　英・独　BIP　公開　74分　白黒　S　監督：リヒャルト・アイヒベルクほか　主演：アンナ・メイ・ウォング　帝政時代のロシアで、中国の曲技団の舞姫ウォングは、大公の属官と愛し合っていたが、大公から愛を迫られて、弟の命を救うために自らを犠牲にする。独語版は Der Weg zur Schande (1930)、仏語版は Hai-Tang (1930)。

ギリシャ街　Greek Street
1930　英　Golden Arrow　未　85分　白黒　S　監督：シンクレア・ヒル　主演：サリ・マリツァ　マリツァがナイト・クラブ歌手を演じる。

ハーモニー天国　Harmony Heaven
1930　英　BIP　未　61分　白黒／カラー　S　監督：トーマス・ベントリー　主演：ポリー・ウォード　ショーを作る舞台裏の話。英国で最初のカラー・ミュージカル作品。

ただ歌のために　Just for a Song
1930　英　Gainsborough　未　94分　白黒／カラー　S　監督：ガレス・ガンドレイ　主演：リリアン・ホール・デイヴィス　舞台裏物。若いカップルがミュージック・ホールのスターになろうと努力するが、エージェントによって邪魔される。

大喝采　Raise the Roof
1930　英　BIP　未　77分　白黒　S　監督：ウォルター・サマーズ　主演：ベティ・バルフォア　若い青年がミュージカルの主役となるが、それに反対する金持ちの父親が、相手役の女優を買収して、ショーを台無しにする。英国で最初のミュージカルといわれている。

変ロ長調の交響楽　Symphony in Two Flats
1930　英　Gainsborough　未　86分　白黒　S　監督：ガレス・ガンドレイ　主演：アイヴァー・ノヴェッロ　ノヴェッロの戯曲の映画版。大衆音楽の作曲をしていたノヴェッロは、クラシックの作曲コンクールで優勝したと勘違いする。彼の妻は彼の幻想が壊れないように嘘をつくが、そのために二人の信頼関係は崩れてしまう。アメリカ公開版は別撮影で相手役が代わっている。

メイフェアの男　A Man of Mayfair
1931　英　Para　未　83分　白黒　S　監督：ルイス・マーカントン　主演：ジャック・ブキャナン　若いダンサーに惚れた貴族ブキャナンが、裏の手を使って言い寄ろうとする。

思いがけずに　Out of the Blue
1931　英　BIP　未　88分　白黒　S　監督：ジーン・ジェラード　主演：ジェシー・マシューズ　貧乏貴族の娘マシューズが歌手を目指し、ラジオのスターに惚れるが、相手にされない。

我らが町のサリー　Sally in Our Alley
1931　英　ATP　未　74分　白黒　S　監督：

モーリス・エルヴィ　主演：グレイシー・フィールズ　第一次世界大戦で引き裂かれた恋人たちが再会する。

蒼きドナウの流れ　The Blue Danube
1932　英　Herbert Wilcox　公開　72分　白黒　S　監督：ハーバート・ウィルコックス　主演：ブリジット・ヘルム　ジプシー楽団の若い娘ヘルムと青年ジョセフ・シルドクラウトは愛し合っていたが、青年が貴族の娘に心惹かれて二人の仲がうまく行かなくなる。無声映画「ダニューブの漣」(1928)のリメイクだが、話は大分変わっている。日本公開は仏語版 Le Danube Blue。

踊れ可愛い娘　Dance Pretty Lady
1932　英　BIF　未　64分　白黒　S　監督：アンソニー・アスキス　主演：アン・カソン　20世紀初頭の英国。貧しい生まれながらバレエに打ち込んだ娘カソンと、彼女を支えた男との愛を描く。ハーマイアニ・ジンゴールドのデビュー作品で、端役で出ている。

蒼い幻想　Good Night, Vienna
1932　英　Herbert Wilcox　公開　75分　白黒　S　監督：ハーバート・ウィルコックス　主演：ジャック・ブキャナン　1914年のオーストリア。陸軍大尉ブキャナンは、花屋の娘アンナ・ニーグルとの結婚を願うが、第一次世界大戦によって二人は引き裂かれる。

貴族の称号　His Lordship
1932　英　Westminster　未　79分　白黒　S　監督：マイケル・パウエル　主演：ジェリー・ヴェルノ　配管工が突然に貴族の称号を相続する。アメリカの映画女優が、貴族の称号欲しさに彼と結婚しようとして騒ぎとなる。

明るい面を見る　Looking on the Bright Side
1932　英　ATP　未　81分　白黒　S　監督：グレアム・カッツほか　主演：グレイシー・フィールズ　フィールズが恋人の書いた曲を歌ってヒットさせるが、恋人はほかの娘に惹かれる。

円滑な恋　Love on Wheels
1932　英　Gainsborough　未　86分　白黒　S　監督：ヴィクター・サヴィル　主演：ジャック・ハルバート　若い店員が、女性の気を惹こうとするがうまく行かない。しかし、強盗を未然に防いで彼は出世する。

幸運の娘　Lucky Girl
1932　英　BIP　未　75分　白黒　S　監督：ジーン・ジェラードほか　主演：ジーン・ジェラード　大公の宴会で宝石泥棒が発生して、変装した王族などが疑われるが、最後には大公の娘が事件を解決する。

山の娘　The Maid of the Mountains
1932　英　BIP　未　80分　白黒　S　監督：ルピーノ・レイン　主演：ナンシー・ブラウン　ロンドンで1352回のロングランを記録したオペレッタ(1917)の映画版。ヨーロッパの山岳地帯。山賊の首領の情婦が、土地の領主に捕らえられ、山賊は情婦を助け出そうとする。しかし、山賊が領主の娘に惚れるので、情婦は嫉妬して裏切り、山賊たちは捕らえられてしまう。最後には、情婦は首領を助け出し、再び愛を確認する。

艦隊歓迎　The Midshipmaid
1932　英　Gaumont　公開　84分　白黒　S　監督：アルバート・デ・クールヴィル　主演：ジェシー・マシューズ　高名な経済学者が、経費削減の依頼を受けて、娘マシューズと一緒に艦隊を見学に行くが、ちょうどその船で乗組員の慰安ショーの練習をやっていて、マシューズもそれに参加する。

ジャズは踊る　Say It with Music
1932　英　Herbert Wilcox　公開　69分　白黒　S　監督：ジャック・レイモンド　主演：ジャック・ペイン　第一次世界大戦で傷つき、それ以前の記憶を失った作曲家が、戦友で今はジャズ楽団リーダーとして大成しているペインと再会、彼と一緒に昔の曲を演奏して記憶が戻る。

眠れない夜　Sleepless Nights
1932　英　BIP　未　73分　白黒　S　監督：トーマス・ベントリー　主演：スタンリー・ルピノ　引きこもっている億万長者をインタビューするために、南仏にやって来た記者が、億万長者の娘に頼まれてホテルの自室を貸すと、そこへ彼の上司がやって来るので、誤解されて混乱する。

花嫁が行く　There Goes the Bride
1932　英　British Lion　未　79分　白黒　S　監督：アルバート・デ・クールヴィル　主演：ジェシー・マシューズ　無理強いされた結婚から逃げ出した実業家の娘マシューズは、慌てて無一文で列車に乗り、泥棒と間違われて

しまう。しかし、それが縁で素敵な男と出会う。

薔薇のワルツ　Bitter Sweet
1933　英　Herbert Wilcox　公開　93分　白黒　S　監督：ハーバート・ウィルコックス　主演：アンナ・ニーグル　ノエル・カワードのヒット・オペレッタの映画化。19世紀末のウィーン。金持ちの娘ニーグルが貧乏作曲家と一緒になる。ニーグルは金持ちの男に言い寄られて、作曲家は決闘の末に命を落とすが、彼女は永遠に彼の愛を忘れない。この話を年老いたニーグルから聞いた若い娘は、貧乏音楽家との恋に生きる決心をする。

幸運に生まれて　Born Lucky
1933　英　Westminster　未　78分　白黒　S　監督：マイケル・パウェル　主演：タルボット・オファーレル　孤児で女給のルネ・レイは、その素晴らしい声で、ラジオのスターとなる。

ビリングスゲイトのブリタニア　Britannia of Billingsgate
1933　英　Gaumont　未　80分　白黒　S　監督：シンクレア・ヒル　主演：ヴァイオレット・ロレイン　ビリングスゲイトでフィッシュ・アンド・チップス屋をやっている娘が、自慢の声を生かして映画スターになる。

君の愛のために　For Love of You
1933　英　Windsor　未　77分　白黒　S　監督：カルミネ・ガローネ　主演：アーサー・リスコー　「陽気に行こう」Going Gay (1933)の続編。ヴェネチアのカーニバルを背景とした恋物語。

陽気に行こう　Going Gay
1933　英　Windsor　未　78分　白黒　S　監督：カルミネ・ガローネ　主演：アーサー・リスコー　二人の親友が同じ娘に恋をして、仲違いする。アメリカ公開題名はKiss Me Goodbye。

素敵な仲間たち　The Good Companions
1933　英　Gaumont　未　113分　白黒　S　監督：ヴィクター・サヴィル　主演：ジェシー・マシューズ　1929年に発表された同名のヒット小説が、1931年に舞台で上演され、それが1933年に映画化された。ショーの一座の舞台裏物で、コーラス・ガールのマシューズがスターになる。1957年にリメイクされたほか、舞台やテレビで何度も取り上げられている。

小さな乙女　The Little Damozel
1933　英　Herbert Wilcox　未　73分　白黒　S　監督：ハーバート・ウィルコックス　主演：アンナ・ニーグル　ナイト・クラブの娘ニーグルは、賭け事好きの船長と結婚するが、うまく行かずに元の生活に戻る。

あなたのくれた歌　The Song You Gave Me
1933　英　BIP　未　86分　白黒　S　監督：ポール・L・スタイン　主演：ビーブ・ダニエルス　著名な歌手の秘書ダニエルスが、歌手のハートを射貫く。ウォルター・ライシュの戯曲の映画化。アメリカ女優ダニエルスの主演。

南の乙女　A Southern Maid
1933　英　BIP　未　83分　白黒　S　監督：ハリー・ヒューズ　主演：ビーブ・ダニエルス　同名オペレッタ(1917)の映画版。サンチャゴを舞台として、スペイン貴族の娘ダニエルスと英国の農園主の恋を描く。ダニエルスが二役を演じる。

羽根の生えた唄　That's a Good Girl
1933　英　Herbert Wilcox　公開　83分　白黒　S　監督：ジャック・ブキャナン　主演：ジャック・ブキャナン　文無しのブキャナンに叔母から財産分与の話が飛び込み、信頼できる友人を連れて出かけて行く。

グレイスの今週　This Week of Grace
1933　英　Real Art　未　92分　白黒　S　監督：モーリス・エルヴィ　主演：グレイシー・フィールズ　男爵夫人の家政婦となったフィールズは、夫人の甥と恋におちて結婚する。

ワルツの時間　Waltz Time
1933　英　Gaumont　未　82分　白黒　S　監督：ヴィルヘルム・ティーレ　主演：エヴリン・レイ　作家がウィーンへ取材に行き、魅力的な婦人を口説くと、その婦人は自分の妻だったという話で、シュトラウスの「こうもり」の翻案。1945年の「ワルツ・タイム」とは別作品。

社長様のお出で　Yes, Mr. Brown
1933　英　Herbert Wilcox　公開　90分　白黒　S　監督：ジャック・ブキャナン　主演：ジャック・ブキャナン　アメリカの玩具会社の社長ブラウン氏が来訪するので、ウィー

支店長のブキャナンが接待に苦労する。

サリーおばさん　Aunt Sally
1934　英　Gainsborough　未　84分　白黒　S　監督：ティム・ウィーラン　主演：シシリー・コートニッジ　ロンドンのナイト・クラブで、自称フランス人のザザを名乗っていたサリー（コートニッジ）は、クラブ経営者とギャングの抗争に巻き込まれる。

花咲く頃　Blossom Time
1934　英　British International　公開　88分　白黒　S　監督：ポール・L・スタイン　主演：リヒャルト・タウバー　楽聖シューベルトが若き教師時代に、下宿屋の娘に恋をするが、娘は近衛士官と結婚する。原題はシグマンド・ロムバーグのオペレッタと同じ題名だが、ロムバーグの音楽は使われずに、シューベルトの曲が使われている。

ブーツ！ブーツ！　Boots! Boots!
1934　英　Blakeley　未　80分　白黒　S　監督：バート・トレイシー　主演：ジョージ・フォームビー　フォームビーはホテルの靴磨きで、仕事はからきしダメだが、控え室ではバンジョーを弾いて人気となる。メイド役でフォームビーの妻バリルが踊りを見せる。

ラクダ隊参上　The Camels Are Coming
1934　英　Gainsborough　未　79分　白黒　S　監督：ティム・ウィーランほか　主演：ジャック・ハルバート　エジプトのラクダ部隊の隊員が、密輸団を捕らえるために、アラブの族長に変装する。

朱金昭　Chu Chin Chow
1934　英　Gainsborough　公開　103分　白黒　S　監督：ウォルター・フォード　主演：ジョージ・ロビー　オスカー・アッシュの同名オペレッタの映画版。アリ・ババと40人の盗賊の話で、中国から奴隷を買い付けにやって来た朱金昭を、盗賊が殺し、朱金昭の一行に成りすまして、アリ・ババが退治する。

放送局での死　Death at Broadcasting House
1934　英　Phoenix　未　75分　白黒　S　監督：レジナルド・デナム　主演：イアン・ハンター　ラジオの生放送中に出演者が殺される事件が起きて、スコットランド・ヤードの警部が捜索する。「絢爛たる殺人」（1934）と似た題材で、直後に作られている。アボットとコステロの「凸凹探偵の巻」（1942）に影響を与えた。

夕暮れの歌　Evensong
1934　英　Gaumont　公開　87分　白黒　S　監督：ヴィクター・サヴィル　主演：エヴリン・レイ　アイルランド出身の歌姫がパリへ出てオペラで成功し、オーストリアの公子と結婚しようとするが、第一次世界大戦の勃発により夢破れ、オペラで長く活躍する。ネリー・メルバの生涯がモデルになっている。

永遠の緑　Evergreen
1934　英　Gaumont　公開　94分　白黒　S　監督：ヴィクター・サヴィル　主演：ジェシー・マシューズ　人気女優マシューズは突然失踪するが、30年後にその娘が母親の名前で現れて、変わらぬ若い姿「永遠の緑」として人気になる。

おーい、ジャック　Jack Ahoy
1934　英　Gainsborough　未　70分　白黒　S　監督：ウォルター・フォード　主演：ジャック・ハルバート　ダメ船員ジャックが、提督の娘の歓心を買おうと、中国の海賊船との戦いで張り切る。

キラーニーの百合　Lily of Killarney
1934　英　Twickenham　未　88分　白黒　S　監督：モーリス・エルヴィ　主演：ジョン・ガリック　18世紀の南アイルランドのキラーニーで、借金のために好きでない女性との結婚を迫られた男が金策に苦労する。

恋と人生と笑い　Love, Life and Laughter
1934　英　ATP　未　83分　白黒　S　監督：モーリス・エルヴィ　主演：グレイシー・フィールズ　パブの娘フィールズは、外国の王子と恋におちるが、結局は結ばれない。

ミュージック・ホール　Music Hall
1934　英　Real Art　未　73分　白黒　S　監督：ジョン・バクスター　主演：ジョージ・カーニー　引退したミュージック・ホールのスターが、古いホールを再開するためにカムバックする。ミュージック・ホールで人気のあった、G・H・エリオットらが出演している。

ネル・グウィン　Nell Gwyn
1934　英　Herbert Wilcox　未　85分　白黒　S　監督：ハーバート・ウィルコックス　主演：アンナ・ニーグル　17世紀の英国で人気のあった女優ネル・グウィンのスキャンダ

ラスな生涯を描く。

放送中　On the Air
1934　英　British Lion　未　78分　白黒　S　監督：ハーバート・スミス　主演：デイビー・バーナビー　ラジオの人気者たちが休日を利用して、教区牧師の企画したコンサートを手伝う。

魅惑王女　Princess Charming
1934　英　Gainsborough　未　78分　白黒　S　監督：モーリス・エルヴィ　主演：エヴリン・レイ　ハンガリーのアルベルト・シルマイのオペレッタ「アレクサンドラ」Alexandra (1925)の映画版。自国で叛乱の危機にあった若い皇女が、国を守るために隣国の年老いた王との結婚を承諾する。皇女を迎えに来た隣国の武官は、差し迫った叛乱を鎮めるために、自ら皇女と結婚してしまう。叛乱を鎮めた後で武官は皇女と離婚し、予定通りに年老いた王と結婚させようとするが、その時には皇女は彼に恋をしている。

女王の恋愛　The Queen's Affair
1934　英　Herbert Wilcox　未　77分　白黒　S　監督：ハーバート・ウィルコックス　主演：アンナ・ニーグル　東欧の王女が、叛乱により国を追放されるが、それが鎮まり帰国して王位を継承、叛乱派の首領と恋におちる。

ラジオ・パレード1935年版
Radio Parade of 1935
1934　英　BIP　未　96分　白黒／カラー　S　監督：アーサー・B・ウッド　主演：ウィル・ヘイ　あまりにも小難しい番組が多過ぎるとの苦情が寄せられたので、放送局の社長がオールスターのヴァラエティ番組を放送させる。40人近くの英国の人気者が登場。一部はカラーで撮影された。アメリカ公開名はRadio Follies。

想う心を花に託して　Say It with Flowers
1934　英　Real Art　未　71分　白黒　S　監督：ジョン・バクスター　主演：メアリー・クレア　繁華街で花を売っているクレアが病気になり、心配した顧客のミュージック・ホールのスターたちが、お金を集めるチャリティ・ショーを開催して、彼女を療養に行かせる。フローリー・フォード、チャールズ・コボーン、マリー・ケンドールといった、当時のミュージック・ホールの人気者が出演して

いるのが見どころ。

進みて歌う　Sing As We Go
1934　英　ATP　未　80分　白黒　S　監督：ベイジル・ディーン　主演：グレイシー・フィールズ　衣料品工場をクビになったフィールズは、仲間たちを鼓舞して工場を再開させる。

ワルツのふたつの心　Two Hearts in Waltz Time
1934　英　Reginald Fogwell　未　80分　白黒　S　監督：カルミネ・ガローネほか　主演：カール・ブリッソン　シュトールのオペレッタ「4分の3拍子の二つの心」の映画版。作曲家がオペレッタのプリマに恋をする。ゲツァ・フォン・ボルヴァリー監督の独作品(1930)*と同じ原作。

ウィーンからのワルツ　Waltzes from Vienna
1934　英　Gaumont　未　81分　白黒　S　監督：アルフレッド・ヒッチコック　主演：ジェシー・マシューズ　ワルツ王と呼ばれたヨハン・シュトラウス親子の話を、サスペンスの巨匠ヒッチコックが監督した作品。マシューズはシュトラウス（子）の恋人役。ヒッチコックはこの種の音楽作品は苦手なようで、「最低の出来」と自ら語っている。

呪われしアブデュル　Abdul the Damned
1935　英　Alliance-Capital　未　111分　白黒　S　監督：カール・グルーネ　主演：フリッツ・コートナー　「流血の赤い皇帝」として知られる19世紀末のトルコのアブデュルハミト2世が、秘密警察を作り、少しでも疑いのある者を次々と殺して行く。

文無し長者　Brewster's Millions
1935　英　Herbert Wilcox　公開　80分　白黒　S　監督：ソーントン・フリーランド　主演：ジャック・ブキャナン　文無し男に突然巨額の遺産が転がり込むが、相続には50万ポンドを半年で使い果たすことが条件となっていた。

地下の怪盗　Bulldog Jack
1935　英　Gaumont　公開　72分　白黒　S　監督：ウォルター・フォード　主演：ジャック・ハルバート　名探偵が自動車事故で入院したために、事故の相手だったハルバートが、探偵に代わって宝石泥棒の一味を捕らえる。

夢の車　Car of Dreams

1935　英　Gaumont　未　72分　白黒　S　監督：グレアム・カッツ　主演：グレーテ・モスハイム　ロールス・ロイスに憧れている娘に惚れた工場主の息子が、身分を隠して彼女を口説こうとする。

食品庫から現れて　Come Out of the Pantry
1935　英　Herbert Wilcox　未　71分　白黒　S　監督：ジャック・レイモンド　主演：ジャック・ブキャナン　英国の貧乏貴族がアメリカで大金持ちの召使となり、その美人の姪に恋をする。ナンシー・キャロルの「ハニー」(1930)と同じ原作。

ダンス・バンド　Dance Band
1935　英　British International　未　75分　白黒　S　監督：マーセル・ヴァーネル　主演：チャールズ・バディ・ロジャース　楽団リーダーが、ライバル楽団の女リーダーと恋におちる。この時代の英国はダンス楽団の全盛期だった。

火事は計画されていた　A Fire Has Been Arranged
1935　英　Twickenham　未　70分　白黒　S　監督：レスリー・S・ヒスコット　主演：チェスニー・アレン　二人の泥棒が宝石を盗み、牧草地に埋める。二人は捕まって10年の服役を終えて出所し、宝石を掘り出そうとするが、そこには百貨店が建っている。宝石のために、二人は百貨店を燃やしてしまうが、宝石は既に元の持ち主が取り戻していた。

最初は娘　First a Girl
1935　英　Gaumont　未　94分　白黒　S　監督：ヴィクター・サヴィル　主演：ジェシー・マシューズ　独映画「カルメン狂想曲」(1933)の英語版リメイク。貧乏な娘が、男性が女装した振りをして舞台を演じ、当たりを取る。

私の太陽　Heart's Desire
1935　英　BIP　公開　82分　白黒　S　監督：ポール・L・スタイン　主演：リヒャルト・タウバー　ウィーンの酒場で歌っていたタウバーが、ロンドンのオペラでデビューする。

熱波　Heat Wave
1935　英　Gainsborough　未　72分　白黒　S　監督：モーリス・エルヴィ　主演：アルバート・バードン　八百屋の男が革命家に雇われるが、間違って武器の代わりに野菜を届けてしまう。

ハイド・パーク・コーナー　Hyde Park Corner
1935　英　Grosvenor　未　85分　白黒　S　監督：シンクレア・ヒル　主演：ゴードン・ハーカー　舞台作品の映画版で、舞台と同じハーカーが演じている。昔の先祖の決闘と同じ状況、場所で、子孫たちも決闘する。

わが心を捧ぐ　I Give My Heart
1935　英　BIP　未　90分　白黒　S　監督：マーセル・ヴァーネル　主演：ギッタ・アルパー　カール・ミレカーのオペレッタ「デュバリー」The Dubarry (1932)の映画版。アルパーが、フランス国王に寵愛されるデュバリー夫人を演じる。アメリカ公開時の題名はThe Loves of Madame Dubarry。

元気を出して笑おう　Look Up and Laugh
1935　英　ATP　未　80分　白黒　S　監督：ベイジル・ディーン　主演：グレイシー・フィールズ　大型百貨店のために取り壊されそうな市場をフィールズが守る。

ラ・ボエーム　Mimi
1935　英　British International　公開　98分　白黒　S　監督：ポール・L・スタイン　主演：ダグラス・フェアバンクス・ジュニア　プッチーニのオペラと同じく、小説「ボヘミアンの生活」La Vie de Bohèmeからの脚色なので、話は同じだが音楽は異なる。ミミ役はガートルード・ローレンス。

音楽は魅力を持つ　Music Hath Charms
1935　英　BIP　未　70分　白黒　S　監督：トーマス・ベントリーほか　主演：ヘンリー・ホール　楽団リーダーのホールが演奏すると、そのおかげで霧に迷った人が救い出されたり、人喰い人種から逃げられたりする。

スピード無制限　No Limit
1935　英　ATP　公開　80分　白黒　S　監督：モンティ・バンクス　主演：ジョージ・フォームビー　スピード狂のフォームビーが、持ち金をすべてつぎ込んでオートバイを入手してレースに出る。彼のバイクは壊れてしまうが、知り合ったバイク会社の社長秘書の機転で、見事に優勝。秘書の愛も手に入れる。

失業給付はカットしろ　Off the Dole
1935　英　Mancunian　未　89分　白黒　S

監督：アーサー・メルツ　主演：ジョージ・フォームビー　フォームビーが叔父から探偵事務所を引き継ぎ、にわか探偵となり逃亡中の犯罪者を捕らえる。

ああ、父さん！　Oh, Daddy!
1935　英　Gainsborough　未　77分　白黒　S　監督：グレアム・カッツほか　主演：レスリー・ヘンソン　謹厳実直で知られる清教徒の田舎紳士が、再婚した妻の娘に会いにロンドンへ行くと、キャバレーで踊り子をやっていて、店ですっかりご機嫌となってしまう。

海賊ラジオ　Radio Pirates
1935　英　Sound City　未　89分　白黒　S　監督：アイヴァー・キャムベル　主演：レスリー・フレンチ　3人の若者が金儲けしようと、許可なしでラジオ放送を始めるが、結局、捕まってしまう。

パリのスキャンダル　Scandals of Paris
1935　英　British International　未　70分　白黒　S　監督：ヴィクター・ハンブリーほか　主演：ジーン・ジェラード　パリの画家が着衣のモデルをスケスケの衣装のように描くと、それを気に入った石鹸会社の部長が宣伝に利用するが、実はそのモデルは部長の娘だった。

彼女に音楽を　She Shall Have Music
1935　英　Julius Hagen　未　91分　白黒　S　監督：レスリー・S・ヒスコット　主演：ジャック・ヒルトン　英国の人気楽団を率いるヒルトン主演作品。船舶建造会社の社長が楽団を雇い、ヨットから放送しようとするが、ライバルが妨害する。

スキブス　Squibs
1935　英　Twickenham　未　77分　白黒　S　監督：ヘンリー・エドワーズ　主演：ベティ・バルフォア　ロンドンの下町でスキブスと呼ばれる花屋の娘が、警官と恋をする。父親の反対に遭うが宝くじが当たって結婚できる。1921年の無声映画版のリメイク。主演のバルフォアは無声版でも同じ役を演じている。

街の歌　Street Song
1935　英　Real Art　未　64分　白黒　S　監督：バーナード・ヴォーハウス　主演：ジョン・ガリック　街角で歌う歌手が殺人事件に巻き込まれたのを、商店主が助ける。

響き合うふたつの心　Two Hearts in Harmony
1935　英　Time Films　未　75分　白黒　S　監督：ウィリアム・ボーダイン　主演：バーニス・クレア　キャバレー歌手クレアが、妻を亡くした貴族に見初められる。その貴族の息子の家庭教師になり、息子の心はつかむものの、結婚に反対する家族たちと戦うことになる。

シュヴァリエの放浪児　The Beloved Vagabond
1936　英　Toeplitz　公開　105分　白黒　S　監督：クルト・ベルンハルト　主演：モーリス・シュヴァリエ　建築家シュヴァリエが、英国娘とフランス娘のどちらにするかで迷う。仏語版 Le vagabond bien-aimé (1936) も作られた。

みんなで踊りを　Everybody Dance
1936　英　Gaumont　未　74分　白黒　S　監督：チャールズ・ライズナー　主演：シスリー・コートニッジ　亡くなった姉の子供の面倒を見ることになったナイト・クラブ歌手が、子供を育てるためにクラブを去って牧場へ移る。ところが、収入が減って困る彼女のマネジャーは、裁判で争い邪魔しようとする。

人生のすべて　Everything in Life
1936　英　Tudor　未　70分　白黒　S　監督：ジム・エルダー・ウィルス　主演：ギッタ・アルパー　オペラ歌手のアルパーが、作曲家の心を得るために貧乏娘の振りをする。アメリカ公開題名は Because of Love。

すべてはリズム　Everything Is Rhythm
1936　英　Joe Rock　未　73分　白黒　S　監督：アルフレッド・J・グールディング　主演：ハリー・ロイ　中欧某国の王女が楽団リーダーのロイに夢中になるが、その恋は宰相に邪魔される。人気のハリー・ロイ楽団が出演する作品。

彼女に電話　Give Her a Ring
1936　英　BIP　未　79分　白黒　S　監督：アーサー・B・ウッド　主演：ウェンディ・バリー　ドイツ映画「お嬢さん、誤接続です」Fräulein - Falsch verbunden (1932)* のリメイク作品。ダメな電話交換手バリーが主人公で、最後に彼女は上司と結ばれる。

罪の旋律　Guilty Melody
1936　英　Franco　未　75分　白黒　S　監督：リシャール・ポティエ　主演：ギッタ・

アルパー　ハンガリーの歌姫アルパーは、英国の情報将校と恋におちて、スパイを強要される。一方、アルパーの夫はレコードに暗号を録音して、連絡を取ろうと考える。仏語版のLe disque 413 (1936)も作られた。

ワルツへの招待　Invitation to the Waltz
1936　英　BIP　未　80分　白黒　S　監督：ポール・メルツバッハ　主演：リリアン・ハーヴェイ　ハーヴェイ演ずるバレリーナと貴族の恋物語。

君と踊れば　It's Love Again
1936　英　Gaumont　公開　83分　白黒　S　監督：ヴィクター・サヴィル　主演：ジェシー・マシューズ　売れないコーラス・ガールのマシューズが、新聞で話題となった社交界の謎の婦人として登場して、本当にスターとなる。

何でも屋のジャック　Jack of All Trades
1936　英　Gainsborough　未　76分　白黒　S　監督：ジャック・ハルバートほか　主演：ジャック・ハルバート　失業していたジャックは、給仕の職を得て名門のパーティにタキシード姿で行くと、大物の客と間違われて、銀行の経営を引き受けることとなり、実業家として成功する。

椅子は取っておいて　Keep Your Seats, Please
1936　英　ATP　未　82分　白黒　S　監督：モンティ・バンクス　主演：ジョージ・フォームビー　フォームビーは高価な宝石を相続することになり、悪徳弁護士と一緒に見に行くと、宝石が隠されていた椅子がどこかに消えている。

音楽なき土地　Land without Music
1936　英　Capitol　未　80分　白黒　S　監督：ウォルター・フォード　主演：リヒャルト・タウバー　音楽嫌いの王女ダイアナ・ネイピアが、すべての音楽を禁止するので、音楽好きの警察署長は楽器を密輸する。オペラ歌手タウバーの主演で、ジミー・デュランテが共演。19世紀の実話に基づく作品。アメリカではForbidden Music (1938)*の題名。

ハートの女王　Queen of Hearts
1936　英　ATP　未　78分　白黒　S　監督：モンティ・バンクス　主演：グレイシー・フィールズ　お針子のフィールズが、劇場に服を届けに行き、それが縁でショーのスターに

なる。

ラジオ好き　Radio Lover
1936　英　City　未　64分　白黒　S　監督：ポール・カポン　主演：ワイリー・ワトソン　顔の不細工な歌手が、ハンサムな男を雇って、自分は裏で歌いヒットさせる。ところが、そのカラクリがバレてしまう。

柔らかな光と甘い音楽　Soft Lights and Sweet Music
1936　英　British Lion　未　86分　白黒　S　監督：ハーバート・スミス　主演：バート・アムブローズ　楽団リーダーのアムブローズが主演した作品。映画題名はアムブローズのヒット曲から取られている。

自由の歌　Song of Freedom
1936　英　British Lion　未　80分　白黒　S　監督：J・ウェルダー・ウィルス　主演：ポール・ロブスン　黒人のロブスンは英国の港湾労働者だが、歌がうまいのでオペラ歌手となる。彼は自分のルーツを求めてアフリカへ渡り、先祖探しをするが、呪術師に殺されそうになる。しかし、彼の歌で、部族の正統な支配者だと証明されて受け入れられる。

スター勢揃い　Stars on Parade
1936　英　Butcher's　未　81分　白黒　S　監督：オズワルド・ミッチェルほか　主演：サム・バートン　ミュージック・ホールの人気スターが出てきて次々と芸を見せる。

口笛を吹くだろう　This'll Make You Whistle
1936　英　Herbert Wilcox　未　79分　白黒　S　監督：ハーバート・ウィルコックス　主演：ジャック・ブキャナン　英国製舞台ミュージカルの映画化で、リヴィエラを背景とした、プレイ・ボーイの恋愛話。舞台版と比べると音楽は大幅にカットされた。

騎士が勇猛だった頃　When Knights Were Bold
1936　英　Capitol　未　76分　白黒　S　監督：ジャック・レイモンド　主演：ジャック・ブキャナン　英国の古い城を相続した男が、古い騎士道に夢中になっている親類の娘を感動させようと、中世の鎧兜に身を包んで登場する。

神に愛されし者　Whom the Gods Love
1936　英　Associated Talking　未　82分　白黒　S　監督：バジル・ディーン　主演：

スティーヴン・ハガード　作曲家モーツァルトの伝記的な作品。「魔笛」などのエピソードが語られる。

全スターを呼び出せ　Calling All Stars
1937　英　British Lion　未　75分　白黒　S　監督：ハーバート・スミス　主演：バート・アムブローズ　レコード会社のダメ社員が、原盤を輸送中に落として壊してしまう。困った彼は、演奏者を集めて録音し直す。英国の当時の人気スターが総出演する。

公演命令　Command Performance
1937　英　Grosvenor　未　84分　白黒　S　監督：シンクレア・ヒル　主演：アーサー・トレイシー　有名な歌手が高圧的なマネジャーと衝突し、身分を隠してジプシーに仲間入りして路上で歌う。ジプシーとの生活で、彼は美しいジプシー娘に恋をする。ウォルター・ラング監督の同名アメリカ作品(1931)*と同じく、スタフォード・ディケンズの芝居からの映画化だが、背景は随分と変わっている。

夢見る唇　Dreaming Lips
1937　英　Trafalgar　未　94分　白黒　S　監督：パウル・ツィンナー　主演：エリザベート・ベルクナー　管弦楽団員の妻ベルクナーは、夫の巡業が続きかまってもらえないため、ヴァイオリニストと浮気するが、夫が重病となり彼を介抱する。しかし、妻の立場と愛に苦しみ自殺する。ドイツ映画「夢見る唇」Der träumende Mund (1932)*の英語版リメイクで、監督も主演のベルクナーもドイツ語版と同じ。

我田引水　Feather Your Nest
1937　英　ATP　未　86分　白黒　S　監督：ウィリアム・ボーダイン　主演：ジョージ・フォームビー　フォームビーはレコード会社で働いているが、原盤を誤って壊してしまうので、自分の録音と入れ替えたところ、大ヒットする。

露天甲板　Gangway
1937　英　Gaumont　未　90分　白黒　S　監督：ソニー・ヘイル　主演：ジェシー・マシューズ　大西洋航路の豪華客船に乗った新聞記者マシューズが、宝石泥棒事件に巻き込まれる。

魅惑の夜　Glamorous Night
1937　英　ABPC　未　81分　白黒　S　監督：ブライアン・デズモンド・ハースト　主演：メアリー・エリス　アイヴァー・ノヴェッロのヒット・オペレッタ(1935)の映画版だが、エリスを主人公としたので、舞台版とは随分と変わっている。ヨーロッパの小国で宰相の叛乱に遭った王を助けて、ジプシー娘エリスが国を統治する。

すっかり慌てて　Head Over Heels
1937　英　Gaumont　未　84分　白黒　S　監督：ソニー・ヘイル　主演：ジェシー・マシューズ　マシューズが、俳優組合とのトラブルを抱えたパリ出身の女優役を演じる。

いつも健康に　Keep Fit
1937　英　ATP　未　82分　白黒　S　監督：アンソニー・キミンズ　主演：ジョージ・フォームビー　恋人のネイリストを取り合って、マッチョな男とボクシングをすることになったフォームビーが体を鍛える。

スポットライト　Limelight
1937　英　Herbert Wilcox　未　80分　白黒　S　監督：ハーバート・ウィルコックス　主演：アンナ・ニーグル　コーラス・ガールのニーグルが、スターの代役に抜擢され、一夜にしてスターになる。

ロンドン・メロディ　London Melody
1937　英　Herbert Wilcox　未　75分　白黒　S　監督：ハーバート・ウィルコックス　主演：アンナ・ニーグル　イタリアの外交官トゥリオ・カルミナッティは、仕事で訪れたロンドンの街角で、芸人ニーグルを見て一目惚れし、密かに応援して彼女を大劇場のスターにするが、恋はなかなか進まない。英国での別題名はLook Out for Love。

月光の曲　Moonlight Sonata
1937　英　Pall Mall　公開　86分　白黒　S　監督：ロザー・メンデス　主演：イグナツィ・ヤン・パデレフスキー　ポーランドの有名なピアニストであるパデレフスキーがピアノ演奏を残した映画。若い恋人たちが、彼の弾く『月光の曲』を聞き、一緒になる決心をする。

音は大丈夫　O-Kay for Sound
1937　英　Gainsborough　未　86分　白黒　S　監督：マルセル・ヴァーネル　主演：ジミー・ネルヴォ　クレイジー・ギャングと呼ばれる6人組のナンセンス・コメディ・チームの作品で、彼らが投資家と間違われて大混

乱となる。

踊るロマンス　Paradise for Two
1937　英　Denham　公開　77分　白黒　S　監督：ソーントン・フリーランド　主演：ジャック・ハルバート　パリの大実業家が偶然に踊り子と出会い好意を持つ。踊り子は彼を新聞記者と間違えるので、そのまま新聞記者の振りをして付き合う。アメリカ公開題名はGaiety Girlsで、日本公開版はこちら。

リズムのゆすり屋　Rhythm Racketeer
1937　英　Joe Rock　未　84分　白黒　S　監督：ジェイムス・シーモア　主演：ハリー・ロイ　楽団リーダーのロイを主演にした作品。

ショーは続く　The Show Goes On
1937　英　ATP　未　93分　白黒　S　監督：ベイジル・ディーン　主演：グレイシー・フィールズ　工場で働くフィールズが、病気の作曲家の曲を歌い名声を得る。

スウィングして歌おう　Sing as You Swing
1937　英　Joe Rock　未　82分　白黒　S　監督：レッド・デイヴィス　主演：エヴリン・ドール　ラジオのスターが沢山登場するヴァラエティ・ショー。

金額制限なし　The Sky's the Limit
1937　英　General　未　78分　白黒　S　監督：ジャック・ブキャナンほか　主演：ジャック・ブキャナン　破産の危機を迎えた衣料品ビジネス界のブキャナンが、新コレクションの発表に向けて、有能なデザイナーを探し回る。

強奪犯を捕らえろ　Smash and Grab
1937　英　Jack Buchanan　未　73分　白黒　S　監督：ティム・ホウィーラン　主演：ジャック・ブキャナン　ロンドンの大金持ちの紳士が、宝石の連続強奪事件を解決しようと、私立探偵を気取って活躍する。

アーチの下で　Underneath the Arches
1937　英　Julius Hagen　未　71分　白黒　S　監督：レッド・デイヴィス　主演：バッド・フラナガン　二人の男が南米へ行き、着いた先で革命に巻き込まれる。クレイジー・ギャングのフラナガンが書き、フラナガンとアレンが歌ったタイトル曲(1932)が大ヒットしたので、それをそのまま題名にしている。同じ題名のロンドン製舞台ミュージカル(1982)もあるが、これはクレイジー・ギャングの伝記的な作品。

ヴァラエティの時間　Variety Hour
1937　英　Fox　未　66分　白黒　S　監督：レッド・デイヴィス　主演：チャールズ・クラパム　二人のアナウンサーが司会して、ラジオなどの人気者を次々と見せる。

暁の翼　Wings of the Morning
1937　英　New World Pictures　公開　89分　カラー　S　監督：ハロルド・D・シュスターほか　主演：アナベラ　英国初のテクニカラー作品で、ジャック・カーディフのカメラが美しい映像を見せる。アイルランド貴族と美しいジプシー娘が結婚するが、貴族は落馬して亡くなり、ジプシー娘は追い出されてしまう。何十年かの後、彼女と生き写しの孫娘が再びアイルランドへ渡り、馬の調教師と恋におちる。

ニュースを作れ　Break the News
1938　英　Jack Buchanan　未　78分　白黒　S　監督：ルネ・クレール　主演：ジャック・ブキャナン　ブキャナンとモーリス・シュヴァリエの歌と踊りのコンビは、売り出しのために狂言殺人を思いつく。クレール監督、コール・ポーター音楽と豪華なスタッフだが、映画の評判は今ひとつだった。

氷を見る　I See Ice
1938　英　ATP　未　84分　白黒　S　監督：アンソニー・キミンズ　主演：ジョージ・フォームビー　旅回りのアイス・スケート・ショーの小道具係フォームビーが、新型隠しカメラを発明して、新聞社のために写真を撮り、トラブルに巻き込まれる。

空の上　It's in the Air
1938　英　ATP　未　87分　白黒　S　監督：アンソニー・キミンズ　主演：ジョージ・フォームビー　フォームビーは友人の制服を着て、英国空軍に紛れ込み、曹長の娘に惚れたり、飛行機に乗って混乱を巻き起こしたりする。

いつも微笑みを　Keep Smiling
1938　英　Fox　未　83分　白黒　S　監督：モンティ・バンクス　主演：グレイシー・フィールズ　金を持ち逃げされた演芸一座が、自分たちでバスを買って、各地回り公演する。

純な娘を試して　Kicking the Moon Around

1938　英　Vogue　未　78分　白黒　S　監督：ウォルター・フォード　主演：バート・アムブローズ　楽団リーダーのアムブローズの主演作品。召使エヴリン・ドールの愛を試すために、金持ちの男が貧乏人の振りをする。見事試験に合格した彼女は、突然、上流社会に仲間入りすることになる。アメリカ公開題名はThe Playboy。

遊び明かそう　Let's Make a Night of It
1938　英　ABPC　未　67分　白黒　S　監督：グレアム・カッツ　主演：チャールズ・バディ・ロジャース　妻と夫がそれぞれ内緒でナイト・クラブの経営を始めることになる。ところが、ふたつのクラブが隣り合っているので、問題となる。

彼女は上を行く　Over She Goes
1938　英　ABPC　未　74分　白黒　S　監督：グレアム・カッツ　主演：スタンリー・ルピノ　年老いたヴォードヴィリアンが、貴族の称号と古い屋敷を引き継ぐことになる。彼は仲間たちをその屋敷に招待するが、その中にはかつて結婚を約束した女もいて、約束の履行を迫られる。

一緒に航海　Sailing Along
1938　英　Gaumont　未　97分　白黒　S　監督：ソニー・ヘイル　主演：ジェシー・マシューズ　舞台スターのマシューズは、ハンサムな男と出会い、自分の仕事を捨てて結婚する。

小さな陽だまりを守れ　Save a Little Sunshine
1938　英　Welwyn　未　75分　白黒　S　監督：ノーマン・リー　主演：トミー・トリンダー　トリンダーの初ミュージカル映画。小さな下宿屋を救う。

優しい悪魔　Sweet Devil
1938　英　Jack Buchanan　未　71分　白黒　S　監督：ルネ・ギッサール　主演：ボビー・ハウズ　秘書に惚れて結婚を考えたビジネスマンが、友人の助言に従って、求婚の前に彼女を解雇するが、娘は訳がわからずに取り乱して怒ってしまう。ジャック・ブキャナンの制作。

黄金の夢　We're Going to Be Rich
1938　英　Fox　公開　78分　白黒　S　監督：モンティ・バンクス　主演：グレイシー・フィールズ　金鉱探しに失敗した夫のために、フィールズは酒場で歌い人気を得る。

それ行けジョージ！　Come on George!
1939　英　ATP　未　88分　白黒　S　監督：アンソニー・キミンズ　主演：ジョージ・フォームビー　レース前に気が立って誰にでも噛み付く馬を、フォームビーだけが手なずけることができたので、彼がそのまま騎手となって優勝する。

悪漢集合　The Gang's All Here
1939　英　ABPC　未　71分　白黒　S　監督：ソーントン・フリーランド　主演：ジャック・ブキャナン　ブキャナンが宝石泥棒を追う捜査員を演じる。

ラムベス・ウォーク　The Lambeth Walk
1939　英　Pinebrook　未　67分　白黒　S　監督：アルバート・デ・クールヴィル　主演：ルピーノ・レイン　舞台で大ヒットした「ミー・アンド・マイ・ガール」(1937)の映画版。主演のレインは舞台でもこの役を演じている。舞台作品は1984年にロンドンで、86年にブロードウェイで再演されて、再び人気が出た。映画版のアメリカ公開題名はMe and My Girl。

ミカド　The Mikado
1939　英　Gilbert and Sullivan　未　90分　カラー　S　監督：ヴィクター・シェルツィンガー　主演：ケニー・ベイカー　ギルバートとサリヴァンのオペレッタ(1885)のテクニカラーによる映画版。昔の日本国。皇太子ベイカーが嫌いな娘との結婚を避けるため、宮殿を飛び出して旅回りの芸人となる。彼は旅先で美しい娘に恋をするが、なかなか結婚できない。監督と主演はアメリカ勢だが、ほかの出演者の大半はギルバートとサリヴァン物を得意としたドイリー・カート歌劇団。

ミュージック・ホール・パレード
Music Hall Parade
1939　英　Butcher's　未　80分　白黒　S　監督：オズワルド・ミッチェル　主演：リチャード・ノリス　亡くなった父から引き継いだミュージック・ホールを守るために、娘が全国から優秀な芸人を集めて、ショーを上演する。

造船所のサリー　Shipyard Sally
1939　英　Fox　未　77分　白黒　S　監督：モンティ・バンクス　主演：グレイシー・フ

ィールズ　造船所そばのパブの娘が、労働者と一緒になって造船所の廃止をくい止める。

怪しい雲行き　Trouble Brewing
1939　英　ATP　未　87分　白黒　S　監督：アンソニー・キミンズ　主演：ジョージ・フォームビー　印刷工のフォームビーは競馬で大穴を当てるが、賞金が偽札で支払われたので、胴元とのトラブルに巻き込まれる。

1940年代

楽隊車　Band Waggon
1940　英　Gainsborough　未　85分　白黒　S　監督：マルセル・ヴァーネル　主演：アーサー・アスキー　放送局を追い出された2人組は、田舎の城でナチスが作った秘密のテレビ放送基地を発見して、それを使いショーを放送する。BBCの人気ラジオ番組の映画版。

我らが横丁を通って　Down Our Alley
1940　英　British Screen Service　未　56分　白黒　S　監督：ジョージ・A・クーパー　主演：ヒューイ・グリーン　ジャズ楽団のリーダーが有名になる。

守備隊フォリーズ　Garrison Follies
1940　英　Signet　未　64分　白黒　S　監督：マクリーン・ロジャース　主演：バリー・ルピノ　第二次世界大戦の兵士向けのショーを作る退役大佐とドジな配管工の話。

ハロー、有名さん！　Hullo, Fame!
1940　英　British　未　45分　白黒　S　監督：アンドルー・ブキャナン　主演：ヘドリ・アンダソン　多彩な出演者が出るレヴュー・ショー。

笑いとばそう　Laugh It Off
1940　英　British National　未　78分　白黒　S　監督：ジョン・バクスターほか　主演：トミー・トリンダー　第二次世界大戦中の軍隊物。トリンダーが敵陣に迷い込み、英雄となる。

ジョージにやらせろ　Let George Do It!
1940　英　Ealing　未　82分　白黒　S　監督：マルセル・ヴァーネル　主演：ジョージ・フォームビー　第二次世界大戦の開始直後、ウクレレ芸人フォームビーが、間違った船に乗ったことからノルウェーに着き、そこでナチスのスパイと戦う。

三人の水兵　Sailors Three
1940　英　Ealing　未　86分　白黒　S　監督：ウォルター・フォード　主演：トミー・トリンダー　水兵たちがナチスの船を偶然に発見して乗っ取る。

英国のどこかで　Somewhere in England
1940　英　John E. Blakeley　未　79分　白黒　S　監督：ジョン・E・ブレークリー　主演：ハリー・コリス　軍隊で、副官の娘の愛を得ようと、伍長とそのライバルが争う。「どこかで(somewhere)」シリーズの第1作。シリーズは5作品作られた。

警官は使わない　Spare a Copper
1940　英　ATP　未　77分　白黒　S　監督：ジョン・パディ・カーステアズ　主演：ジョージ・フォームビー　勇敢な警官が新しい戦艦の破壊を未然に防止する働きをして、英雄と称えられるが、同僚たちは彼が敵のスパイではないかと勘繰る。

秘密で　Under Your Hat
1940　英　Grand National　未　79分　白黒　S　監督：モーリス・エルヴィ　主演：ジャック・ハルバート　夫婦のダンス・コンビが、政府からの依頼で諜報員となる。しかし、外国の美人スパイの監視を求められ、夫がいつもその美人と一緒なので、妻がやきもちを焼く。

君は覚えているだろう　You Will Remember
1940　英　Jack Raymond　未　86分　白黒　S　監督：ジャック・レイモンド　主演：ロバート・モーリー　20世紀初頭に英国のミュージック・ホールで人気のあった、作曲家レスリー・ステュアートの伝記。

音楽に直面して　Facing the Music
1941　英　Butcher's　未　79分　白黒　S　監督：マクリーン・ロジャース　主演：バニー・ドイル　第二次世界大戦中に、敵のスパイを欺くための偽軍事工場を運営するドジな男の話。

飛行船　Gasbags
1941　英　Gainsborough　未　77分　白黒　S　監督：ウォルター・フォード　主演：バッド・フラナガン　6人組喜劇チームのクレイジー・ギャングの喜劇。クレイジー・ギャングたちは移動式のフィッシュ・アンド・チップス店を飛行船で運ぼうとして、ナチス支配下のドイツへ不時着してしまう。ギャング

たちは、何とか英国に戻ろうと、ヒトラーに変装して、秘密兵器を盗み出す。

お化け列車　The Ghost Train
1941　英　Gainsborough　未　85分　白黒　S　監督：ウォルター・フォード　主演：アーサー・アスキー　田舎の駅で夜を明かすことになった旅客たちは、駅長から真夜中に現れるお化け列車の話を聞かされる。1923年の芝居の映画版だが、フォード監督自身が映画化（1931）した作品のリメイク。

彼はスターを見つけた　He Found a Star
1941　英　John Corfield　未　89分　白黒　S　監督：ジョン・パディ・カーステアズ　主演：ヴィック・オリヴァー　オリヴァーは、有能な秘書サラ・チャーチル（チャーチル首相の実娘）を雇い、タレント・エージェントを始める。サラは彼に夢中だが、オリヴァーのほうはナイト・クラブの歌手に惚れる。

あなたに感謝　I Thank You
1941　英　Gainsborough　未　83分　白黒　S　監督：マルセル・ヴァーネル　主演：アーサー・アスキー　破産しそうなヴァラエティ劇団の経営者が、元女優の貴族夫人から資金援助を仰ごうとする。

南米人ジョージ　South American George
1941　英　Col　未　92分　白黒　S　監督：マルセル・ヴァーネル　主演：ジョージ・フォームビー　お人好しのフォームビーが、彼と瓜ふたつの南米出身オペラ歌手を探すのに協力するが、オペラ歌手は殺し屋に狙われていることがわかる。

またしてもうまく行く　Turned Out Nice Again
1941　英　ATP　未　81分　白黒　S　監督：マルセル・ヴァーネル　主演：ジョージ・フォームビー　時代遅れの下着工場で働くフォームビーは、新しい素材に自分で投資して、それを大量に仕入れたことから会社をクビになってしまう。ところが、その素材が革命的な新製品を生むことがわかり、会社に呼び戻され、ほかの会社からもお呼びが掛かる。

気球はあがる　The Balloon Goes Up
1942　英　E. J. Fancey　未　58分　白黒　S　監督：レッド・デイヴィス　主演：エセル・エヴネル　ナチス・ドイツに対する戦意高揚を狙ったヴァラエティ。航空婦人補助隊がナチスのスパイを捕らえる。

ガートとデイジーが片付ける　Gert and Daisy Clean Up
1942　英　Butcher's　未　85分　白黒　S　監督：マクリーン・ロジャース　主演：エルシー・ウォーターズ　ガートとデイジーというのは女性二人の漫才チームで、エルシーとドリスという姉妹が演じる。二人はBBCラジオで人気番組を持っていて、3本の映画に出演したが、この作品はそのうちの1本。二人が悪徳食料品屋を片付ける。

大ヘンデル　The Great Mr. Handel
1942　英　GHW　未　89分　カラー　S　監督：ノーマン・ウォーカー　主演：ウィルフリッド・ローソン　ドイツで生まれ英国へ渡って活躍した、作曲家ヘンデルの激動の人生を描く。

アーサー・キングは紳士だった　King Arthur Was a Gentleman
1942　英　Gainsborough　未　99分　白黒　S　監督：マルセル・ヴァーネル　主演：アーサー・アスキー　アーサー・キングという名の男がアフリカ戦線に行き、アーサー王の伝説の剣を得たと空想する。

恥ずかしがりすぎ　Much Too Shy
1942　英　Col　未　92分　白黒　S　監督：マルセル・ヴァーネル　主演：ジョージ・フォームビー　恥ずかしがり屋のアマチュア絵描きのフォームビーが、ヌード画に有名人の顔を書き足したところ、それが石鹸の広告に使われて大騒動となる。

駐留地のどこかで　Somewhere in Camp
1942　英　Mancunian　未　88分　白黒　S　監督：ジョン・E・ブレークリー　主演：ハリー・コリス　司令官の娘をめぐり、軍曹と3人の二等兵が争う。

もう一度微笑みましょう　We'll Smile Again
1942　英　British National　未　93分　白黒　S　監督：ジョン・バクスター　主演：バッド・フラナガン　クレイジー・ギャングのフラナガンとアレンの喜劇。ナチスのスパイが映画を使い本国へ暗号メッセージを送ろうと、映画スタジオに潜り込むが、ドジなフラナガンのために失敗する。

急いで　Get Cracking
1943　英　Col　未　96分　白黒　S　監督：

マルセル・ヴァーネル　主演：ジョージ・フォームビー　本国防衛の演習で、フォームビーはトラックを戦車に改造して、隣人たちを出し抜く。

私達のような何百万人もの人々
Millions Like Us
1943　英　Gainsborough　未　103分　白黒　S　監督：シドニー・ギリアットほか　主演：パトリシア・ロック　第二次世界大戦中に戦時工場で働く娘たちを描く。航空兵と結婚した娘は、夫を戦争で失うが、同僚の娘たちから強く生きることを学ぶ。

ミス・ロンドン有限責任会社
Miss London Ltd.
1943　英　Gainsborough　未　99分　白黒　S　監督：ヴァル・ゲスト　主演：アーサー・アスキー　戦争中のロンドンでエスコート会社を運営する話。アステアとロジャースやマルクス兄弟のパロディ場面が出てくる。

リズム・セレナーデ　Rhythm Serenade
1943　英　Col　未　87分　白黒　S　監督：ゴードン・ウェルズリー　主演：ヴェラ・リン　教師をしていたヴェラ・リンは、学校が閉鎖され軍需工場のための保育園作りに努力する。

休暇のどこかで　Somewhere on Leave
1943　英　John E. Blakeley　未　96分　白黒　S　監督：ジョン・E・ブレークリー　主演：フランク・ランドル　休暇で実家に帰った兵士が、舞踏会で会った娘に惚れる。この後もこのシリーズは「民間生活のどこかで」Somewhere in Civvies (1943)*、「政界のどこかで」Somewhere in Politics (1949)*と続いた。

ロイヤル劇場　Theatre Royal
1943　英　British National　未　101分　白黒　S　監督：ジョン・バクスター　主演：バッド・フラナガン　ロイヤル劇場が資金難で閉鎖されそうになるのを、裏方のフラナガンが救う。

ヴァラエティ50年祭　Variety Jubilee
1943　英　Butcher's　未　92分　白黒　S　監督：マクリーン・ロジャース　主演：レジナルド・パーデル　20世紀初頭に作られたミュージック・ホールが第一次世界大戦中に人気になるが、やがて客が入らなくなる。しかし、創設者の孫が、再び往年の輝きを取り戻そうと努力する。

また逢いましょう　We'll Meet Again
1943　英　Col　未　84分　白黒　S　監督：フィリップ・ブランドン　主演：ヴェラ・リン　第二次世界大戦中にヴェラ・リンはラジオの人気歌手となり、スコットランド出身の兵士と恋をする。

楽園の蜜蜂　Bees in Paradise
1944　英　Gainsborough　未　72分　白黒　S　監督：ヴァル・ゲスト　主演：アーサー・アスキー　飛行機の不時着で4人の飛行士が南海の孤島に着陸する。そこは女性しかいない楽園のような島で、すぐに結婚相手が見つかるが、実は新婚旅行の後で男性は殺されることを知る。

水兵ジョージ　Bell-Bottom George
1944　英　Col　未　97分　白黒　S　監督：マルセル・ヴァーネル　主演：ジョージ・フォームビー　英国海軍がナチスの潜水艦を攻撃する新兵器を開発するので、それを破壊するためにナチスのスパイがロンドンに潜伏していた。ドジで海軍を落第したフォームビーは、空襲の最中に間違ってスパイの隠れ家に迷い込んでしまう。

シャンパン・チャーリー　Champagne Charlie
1944　英　Ealing　未　105分　白黒　S　監督：アルベルト・カヴァルカンティ　主演：トミー・トリンダー　19世紀のロンドンで、ふたつのミュージック・ホールの競争と、市当局の閉鎖圧力に対する協調を描く。トリンダーはシャンパン・チャーリーと呼ばれる芸人で、ほかにもスタンリー・ホロウェイなどが出ている。

三人のペテン師　Fiddlers Three
1944　英　Ealing　未　88分　白黒　S　監督：ハリー・ワット　主演：トミー・トリンダー　水兵二人と婦人兵が、雷に打たれてローマ時代にタイム・スリップして、皇帝ネロに殺されそうになる。

打ち勝つために覗き回る
He Snoops to Conquer
1944　英　Col　未　103分　白黒　S　監督：マルセル・ヴァーネル　主演：ジョージ・フォームビー　英国の小さな村の戦後復興計画の汚職を調査するために、ロンドンから調査

官がやって来る。うっかり屋のフォームビーは調査に協力するが、トラブルに巻き込まれる。

天国は角を曲がって　Heaven Is Round the Corner
1944　英　British National　未　103分　白黒　S　監督：マクリーン・ロジャース　主演：ウィル・ファイフ　田舎娘が解放後のパリに出て歌で成功し、英国大使館員と恋におちる。ファイフはスコットランドの人気喜劇役者。

興奮の一夜　One Exciting Night
1944　英　Col　未　89分　白黒　S　監督：ウォルター・フォード　主演：ヴェラ・リン　歌手のヴェラ・リンが、誘拐犯に狙われている男性の恋人と勘違いされて、事件に巻き込まれる。

音楽への戦い　Battle for Music
1945　英　Strand　未　74分　白黒　S　監督：ドナルド・テイラー　主演：ジョス・アムブラー　第二次世界大戦中のロンドン交響楽団の活動を描く。資金難で楽団の継続が危ぶまれるが、団員たちは自主活動を続ける。

夢見る　Dreaming
1945　英　John Baxter　未　78分　白黒　S　監督：ジョン・バクスター　主演：バッド・フラナガン　フラナガンとアレンの喜劇。戦争で負傷し意識を失ったフラナガンは、奇妙な夢を見る。

僕はやっていない　I Didn't Do It
1945　英　Col　未　97分　白黒　S　監督：マルセル・ヴァーネル　主演：ジョージ・フォームビー　ロンドンから来た俳優志望の男が、田舎のホテルで殺人事件に巻き込まれて、自分の無罪を証明しようと、真犯人探しをする。

君の恋人になろう　I'll Be Your Sweetheart
1945　英　Gainsborough　未　104分　白黒　S　監督：ヴァル・ゲスト　主演：マーガレット・ロックウッド　20世紀初頭の英国のミュージック・ホールで、人気のロックウッドとその相手役を務めるヴィック・オリヴァーの苦労と恋を描く。

ワルツ・タイム　Waltz Time
1945　英　British National　公開　91分　白黒　S　監督：ポール・L・スタイン　主演：キャロル・レイ　若くして皇位を継いだキャロルは、近衛隊員でプレイ・ボーイの男と結婚したいが、枢密院の長老がそれを許さない。そこで、キャロルは長老の娘と組んで、結婚にこぎつける。リヒャルト・タウバーが2曲を歌う。

復員　Demobbed
1946　英　Mancunian　未　96分　白黒　S　監督：ジョン・E・ブレークリー　主演：ノーマン・エヴァンス　陸軍から復員した元兵士たちが、犯罪を取り締まったりコンサートを開いたりして、市民活動に戻る。

陽気なジョージ　Gaiety George
1946　英　Embassy　未　98分　白黒　S　監督：ジョージ・キング　主演：リチャード・グリーン　19世紀末から20世紀初頭に、英国の劇場を買って良質のエンターテインメントを提供したアイルランド出身のジョージ・ハワードの伝記作品。

民間人ジョージ　George in Civvy Street
1946　英　Col　未　79分　白黒　S　監督：マルセル・ヴァーネル　主演：ジョージ・フォームビー　フォームビーは酒場の経営者だが、ライバル酒場の給仕娘に恋をして、何とか彼女を獲得しようとする。

太陽がやって来る　Here Comes the Sun
1946　英　General　未　91分　白黒　S　監督：ジョン・バクスター　主演：バッド・フラナガン　共同経営者の遺言を書き換えて新聞社主となった男が、自分の罪をごまかすために映画のエキストラに罪を負わせるが、脱獄した彼は無実を証明して、新聞社主を告発する。

笑う姫君　The Laughing Lady
1946　英　British National　公開　100分　カラー　S　監督：ポール・L・スタイン　主演：アン・ジーグラー　フランス革命の時代。貴族の母親がギロチンに送られるのを防ごうと、息子が英国から宝石を盗み出す。

リスボン物語　Lisbon Story
1946　英　British National　未　100分　白黒　S　監督：ポール・L・スタイン　主演：パトリシア・バーク　第二次世界大戦中にロンドンのキャバレーで歌っていた娘が、英国のスパイに協力してナチス支配下のドイツに渡り、原子力技術者を助ける。リヒャルト・

タウバーが歌っていて、彼の最後の映画出演となった。

ロンドンの街　London Town
1946　英　Rank　未　126分　カラー　S　監督：ウェズリー・ラグルス　主演：シド・フィールド　フィールドはベテランの役者だが、新作では代役となり力を落とす。娘でスター扱いのペトラ・クラークが、父のカムバックに向けて力を発揮する。英国で初めての本格的なテクニカラー長編として期待されたが、評判は悪かった。アメリカでは再編集された短縮版が My Heart Goes Crazy という題名で公開された。

魔法の楽弓　The Magic Bow
1946　英　Gainsborough　公開　106分　白黒　S　監督：バーナード・ノールス　主演：ステュワート・グレンジャー　19世紀のイタリアで活躍したヴァイオリンの名手ニコラ・パガニーニの創作的な伝記。

海軍をご紹介　Meet the Navy
1946　英　British National　未　85分　白黒／カラー　S　監督：アルフレッド・ドラヴァース　主演：ライオネル・マートン　第二次世界大戦中にカナダ海軍の制作したショーが、1943年から45年にかけて英国各地を巡回した。この映画はその模様を記録したもので、最後のレヴュー場面はテクニカラーで撮影されている。

恋を追う女　Spring Song
1946　英　British National　公開　80分　白黒　S　監督：モントゴメリー・タリー　主演：ピーター・グレイヴス　20世紀初めのミュージック・ホールで、美しいジャネットにオックスフォードの学生トニーが恋をするが、二人の恋は結ばれない。年を経て、第二次世界大戦中にジャネットの娘とトニーの甥が再び恋をして、今度の二人は、愛を確かなものとする。グレイヴスと相手役のキャロル・レイがそれぞれ二役を演じている。

新経営陣の下　Under New Management
1946　英　Mancunian　未　90分　白黒　S　監督：ジョン・E・ブレークリー　主演：ナット・ジャックリー　荒れ果てたホテルを相続した男が、軍隊の旧友たちと再開を目指すが、その地域に飛行場が作られることを知った悪徳不動産業者が、ホテルを買いたいと言い寄って来る。

カーゾン街のコートニー家　The Courtneys of Curzon Street
1947　英　Herbert Wilcox　未　120分　白黒　S　監督：ハーバート・ウィルコックス　主演：アンナ・ニーグル　19世紀末のロンドンで、貴族がメイドのニーグルと結婚するが、うまく行かない。

夢の再会　A Date with a Dream
1948　英　Tempean　未　55分　白黒　S　監督：ディッキー・リーマン　主演：テリー・トーマス　戦争中に慰問ショーで組んでいた4人が、戦後に再会してナイト・クラブで公演する。

赤い靴　The Red Shoes
1948　英　Archers　公開　136分　カラー　S　監督：マイケル・パウエルほか　主演：アントン・ウォルブルック　パウエルとプレスバーガーのバレエ映画の傑作。新人バレリーナのモイラ・シアラーは、バレエ団の座長に見出されて、新作バレエ「赤い靴」を踊りスターとなるが、バレエに専念しろという座長と、恋人の作曲家の愛の板ばさみとなり、列車に飛び込んでしまう。

パーク・レインの春　Spring in Park Lane
1948　英　Herbert Wilcox　未　100分　白黒／カラー　S　監督：ハーバート・ウィルコックス　主演：アンナ・ニーグル　貴族の令嬢が馬を世話する男と恋におちるが、実は彼も貴族だったという喜劇。

メイフェアの五月　Maytime in Mayfair
1949　英　Herbert Wilcox　未　94分　カラー　S　監督：ハーバート・ウィルコックス　主演：アンナ・ニーグル　洋品店を経営するニーグルが商売敵と争う。

舞姫夫人　Trottie True
1949　英　Two Cities　公開　96分　カラー　S　監督：ブライアン・デズモンド・ハースト　主演：ジーン・ケント　19世紀末から20世紀初頭にかけて、コーラス・ガールからミュージック・ホールのスターになったトロッティ・トゥルーをケントが演じる。日本公開はアメリカ公開版で、原題名が The Gay Lady となっている。

1950年代

英国

私と踊って　Come Dance with Me
1950　英　Mario Zampi　未　58分　白黒　S　監督：マリオ・ザンピ　主演：マックス・ウォール　ナイト・クラブを舞台に、平民の男女がお互いに貴族の振りをして、相手を口説こうとする。

ダンス・ホール　Dance Hall
1950　英　Ealing　未　80分　白黒　S　監督：チャールズ・クライトン　主演：ドナルド・ヒューストン　ダンス・ホールを舞台とした庶民の話。仲の良い夫婦の妻が、夫ヒューストンの踊りが気に入らないので、別の男と組んでコンテストに出ようとするが、夫はやきもちを焼く。

わが心は君に　The Dancing Years
1950　英　ABPC　公開　98分　カラー　S　監督：ハロルド・フレンチ　主演：デニス・プライス　アイヴァー・ノヴェッロのヒット・オペレッタ（1939）の映画版。20世紀初頭のウィーン。田舎の下宿屋にいた若き作曲家プライスは、宿の娘と兄妹のように親しく、結婚を約束するが、オペラのプリマ・ドンナに見出されて、作曲家として大成する。プリマ・ドンナとプライスは愛し合うようになり結婚を考えるので、プライスは宿の娘との昔の約束を守り、形だけの求婚をするが、事情を察した娘は断る。しかし、プライスが宿の娘を愛していると誤解したプリマ・ドンナは、ほかの貴族と結婚してしまう。月日が流れ、宿の娘はバレリーナとして成功して、プライスと一緒に暮らすようになる。ある日プライスは、昔のプリマ・ドンナに再会するが、彼女は彼によく似た子供を連れている。仏映画「シェルブールの雨傘」（1964）に影響を与えた。

銀の靴　Happy Go Lovely
1951　英　Marcel Hellman　公開　97分　カラー　S　監督：H・ブルース・ハムバーストン　主演：デイヴィッド・ニーヴン　アメリカからやって来た踊り子ヴェラ＝エレンが、スコットランドの金持ちニーヴンと恋仲となる。

ホフマン物語　The Tales of Hoffman
1951　英　Archers　公開　138分　カラー　S　監督：マイケル・パウエルほか　主演：モイラ・シアラー　「赤い靴」に続く、パウエルとプレスバーガーの作品で、オッフェンバックのオペレッタの映画版。プロローグに続き、自動人形に恋をするオリンピア（モイラ・シアラー）の物語、続いて悪魔に操られた娼婦ジュリエッタ（リュドミラ・チェリーナ）の歓心を買おうと影を売る話、最後に死ぬまで歌い続けるアントニア（アン・エヤーズ）の話。その後にエピローグがある。

追憶の調べ　Wherever She Goes
1951　英・豪　Faun　公開　80分　白黒　S　監督：マイケル・ゴードン　主演：アイリーン・ジョイス　英国で活躍したピアニストのアイリーン・ジョイスの伝記作品。オーストラリアでの少女時代を中心に描く。

一緒に歌いましょう　Sing Along with Me
1952　英　Harold Huth　未　78分　白黒　S　監督：ピーター・グレアム・スコット　主演：ドナルド・ピアス　田舎の食料品店の主人が、ラジオの作曲コンテストで優勝して出版社と契約する。ロンドンへ移り住んで都会生活を満喫するが、曲が書けなくなってしまう。

チャーリーはどこだ？　Where's Charley?
1952　英　WB　未　97分　カラー　S　監督：デイヴィッド・バトラー　主演：レイ・ボルジャー　フランク・レッサーの舞台作品（1948）の映画版で、ボルジャーが舞台と同じ役を務めた。19世紀のオックスフォード大学では、若い女性は付き添いなしに男子寮に入れないので、レイ・ボルジャーは叔母に変装して女の子を連れ込むが、老紳士が叔母に扮したボルジャーに色目を使うので混乱する。

三文オペラ　The Beggar's Opera
1953　英　Herbert Wilcox　公開　94分　カラー　S　監督：ピーター・ブルック　主演：ローレンス・オリヴィエ　邦題は「三文オペラ」だが、ブレヒト原作ではなくジョン・ゲイの「乞食オペラ」の映画版。音楽はアーサー・ブリスで、オリヴィエが歌っている。

メルバ　Melba
1953　英　Horizon　公開　112分　カラー　S　ステレオ　監督：ルイス・マイルストン　主演：パトリシア・ムンセル　オーストラリア出身の歌姫として有名な、ネリー・メルバの伝記。

ギルバートとサリヴァン物語　The Story of Gilbert and Sullivan

1953 英 London Film 未 109分 カラー S 監督：シドニー・ジリアト 主演：ロバート・モーリー 19世紀末のサヴォイ・オペラで有名なギルバートとサリヴァンの伝記。コミック・オペラの名場面が出てくる。

ノーマンのデパート騒動　Trouble in Store
1953 英 Maurice Cowan 公開 85分 白黒 S 監督：ジョン・パディ・カーステアズ 主演：ノーマン・ウィズダム ウィズダムはデパートの倉庫で働いているダメ社員で、クビになったり、再雇用されたりしながら、売り上げ金横領の企みを暴く。

春のライラック　Lilacs in the Spring
1954 英 Herbert Wilcox 未 94分 カラー／白黒 S 監督：ハーバート・ウィルコックス 主演：アンナ・ニーグル 脳震盪を起こしたニーグルが、いろいろな歴史上の人物になる想像をする。

デイジーという名のワニ　An Alligator Named Daisy
1955 英 Rank 未 88分 カラー V 監督：J・リー・トンプソン 主演：ドナルド・シンデン 作曲家のシンデンは、魅力的な婚約者との旅行中に、偶然に荷物を間違えて小さなワニの面倒を見ることになる。

幸せならば　As Long as They're Happy
1955 英 Group 未 91分 カラー V 監督：J・リー・トンプソン 主演：ジャック・ブキャナン 株式仲買人ブキャナンの家に流行歌手がやって来るので、3人の娘が夢中になってしまう。

王のラプソディ　King's Rhapsody
1955 英 Herbert Wilcox 未 93分 カラー CS 監督：ハーバート・ウィルコックス 主演：アンナ・ニーグル 王子エロール・フリンが、平民の娘ニーグルに恋をする。

美わしのロザリンダ　Oh... Rosalinda!!
1955 英 Archers 公開 101分 カラー CS 監督：マイケル・パウエルほか 主演：アンソニー・クウェイル パウエルとプレスバーガーの作ったシュトラウスのオペレッタ「こうもり」の映画版。話は戦後のウィーンに置き換えられていて、マイケル・レッドグレイヴとリュドミラ・チェリーナの顔合わせ。

チャーリー・ムーン　Charley Moon
1956 英 Colin Lesslie 未 92分 カラー S 監督：ガイ・ハミルトン 主演：マックス・バイグレイヴス 田舎のミュージック・ホールに出ていたチャーリー・ムーン（バイグレイヴス）はロンドンの舞台で大成功を収めるが、人気は長続きせずに、結局は元の舞台に戻る。

素晴らしい世界　It's a Wonderful World
1956 英 George Minter 未 89分 カラー CS 監督：ヴァル・ゲスト 主演：テレンス・モーガン ダンス楽団リーダーのテッド・ヒースを出演させた作品。二人の作曲家チームがフランス人歌手を売り出そうと、新曲で苦労する。1939年のクローデット・コルベールの同名作品とは関係がない。

思春期の感情　It's Great to Be Young!
1956 英 Marble Arch 公開 94分 カラー S 監督：シリル・フランケル 主演：ジョン・ミルズ 楽団コンクールに出場しようと一生懸命練習をする高校生と、熱意でそれを支える教諭ミルズが無理解な校長と対決する。

ラムズボトム再び乗りだす　Ramsbottom Rides Again
1956 英 Jack Hylton 未 92分 白黒 S 監督：ジョン・バクスター 主演：アーサー・アスキー 祖父からカナダの牧場を相続した英国人アスキーが、牧場経営で頑張る。西部劇のパロディ。

舞踏会のあとで　After the Ball
1957 英 Romulus 未 89分 カラー S 監督：コンプトン・ベネット 主演：パトリシア・カークウッド 19世紀末から20世紀初頭の英国のミュージック・ホールで、男装で人気だった歌手ヴェスタ・ティリーの伝記。

バレエへの招宴　The Bolshoi Ballet and Giselle
1957 英 Paul Czinner 公開 100分 カラー V 監督：パウル・ツィンナー 主演：ガリーナ・ウラノワ ボリショイ・バレエが1956年にロンドン公演した時に撮影された実写的な記録。2部構成で、前半はバレエの名場面を抜粋で見せる。後半はウラノワの「ジゼル」の抜粋。

素敵な仲間たち　The Good Companions
1957 英 ABPC 未 104分 カラー CS 監督：J・リー・トンプソン 主演：エリッ

ク・ポートマン　ジェシー・マシューズの同名作品（1933）のリメイクで、旅回り一座の内幕を描く。才能のある娘がロンドンのショーで成功する。

幸せになろう　Let's Be Happy
1957　英　Marcel Hellman　未　107分　カラー　S　監督：ヘンリー・レヴィン　主演：ヴェラ＝エレン　アメリカの平凡な娘ヴェラ＝エレンがスコットランドの城を相続することになり、現地でジゴロの餌食となりそうになるが、助けられる。エイミー・ステュアートの戯曲「ジニー」（1940）の映画版。原作の戯曲は英国で1941年に映画化されているので、この作品は2度目の映画化。

危ない年頃　These Dangerous Years
1957　英　ABPC　未　107分　白黒　V　監督：ハーバート・ウィルコックス　主演：ジョージ・ベイカー　若い歌手がレコード・デビューした途端に徴兵される。プレスリーの話に似ているが、プレスリーが徴兵通知を受けたのは1958年1月。制作は監督ウィルコックスの妻のアンナ・ニーグル。

トミー・スティール物語　The Tommy Steele Story
1957　英　Insignia　公開　70分　白黒　S　監督：ジェラール・ブライアント　主演：トミー・スティール　トミーが英国で有名になるまでの半生を描く。アメリカでの公開題名はRock around the World。

公爵はジーンズをはいていた　The Duke Wore Jeans
1958　英　Insignia　未　90分　白黒　S　監督：ジェラルド・トーマス　主演：トミー・スティール　英国の若い貴族が、父の決めた結婚に抵抗する。

ゴールデン・ディスク　The Golden Disc
1958　英　Butcher's　未　78分　白黒　S　監督：ドン・シャープ　主演：リー・パターソン　若いカップルがコーヒー店を開き、店で有望な新人歌手を見出す。さっそくレコード会社を設立して、歌手を売り出しヒットさせるが、すぐに大手のレコード会社に買収されてしまう。

こんにちはロンドン　Hello London
1958　英・米　Fox　未　78分　白黒　S　監督：ガイ・エルムスほか　主演：ソーニャ・ヘニー　ヘニー率いるスケート・ショーの一団が、ロンドンの慈善公演に参加する。慈善公演では多くの英国の大スターが出演する。46歳のヘニーが自ら企画して英国で作った作品だが、失敗に終わった。

ロックしようぜ　Rock You Sinners
1958　英　E. J. Fancey　未　59分　白黒　監督：デニス・カヴァナー　主演：フィリップ・ジルベール　ロックンロールに夢中なディスク・ジョッキーや仲間たちが、テレビでロック番組を作ろうと努力する。

6.5スペシャル　The 6.5 Special
1958　英　Insignia　未　85分　カラー　CS　監督：アルフレッド・ショーネシー　主演：ダイアン・トッド　1957年から始まったBBCのロックンロール番組を題材にした作品。土曜の夕方6時5分からの放送だったので、この題名となった。当時のスターたちが勢揃いする。

親指トム　Tom Thum
1958　英・米　MGM　公開　98分　カラー　V　監督：ジョージ・パル　主演：ラス・タムブリン　グリム童話の映画版。正直者の木こりの家に生まれた親指トムが、金貨泥棒騒ぎに巻き込まれる。

女体入門　Expresso Bongo
1959　英　Val Guest　公開　111分　白黒　CS　監督：ヴァル・ゲスト　主演：ローレンス・ハーヴェイ　ドラマーのハーヴェイは、タレントを育てて儲けようと考え、歌のうまいボンゴ（クリフ・リチャード）を売り込み、ギャラをピンハネする。ボンゴはピンハネに気付いて去っていくが、ハーヴェイは次のボンゴを探す。ピンク映画の得意な大蔵映画の輸入なので、変な日本語題名となった。

スターを追って　Follow a Star
1959　英　Rank　未　102分　白黒　監督：ロバート・アッシャー　主演：ノーマン・ウィズダム　労働者のウィズダムは声が良く、歌もうまかったが、彼の歌声がプロの歌手に盗まれてしまう。

男の心意気　The Heart of a Man
1959　英　Herbert Wilcox　未　92分　白黒　V　監督：ハーバート・ウィルコックス　主演：フランキー・ヴォーン　失業中の水夫ヴォーンは歌手として売り出して金を得て、

憧れの上流娘のハートを得ようとする。アンソニー・ニューリーが脇役で出ている。アンナ・ニーグルが制作した。

アイドルの整列　Idol on Parade
1959　英　Warwick　未　88分　白黒　CS　監督：ジョン・ギリング　主演：ウィリアム・ベンディクス　人気ポップ歌手のアンソニー・ニューリーが軍隊に入って大騒ぎとなる。プレスリーの兵役騒ぎに乗じた作品。原作小説の題名ではIdle（怠け者）だったが、映画版はIdol（アイドル）と変えられた。

御婦人は堅物　The Lady Is a Square
1959　英　Herbert Wilcox　未　100分　白黒　V　監督：ハーバート・ウィルコックス　主演：アンナ・ニーグル　自分の娘の恋にやきもきする母親ニーグルの話。

ハネムーン　Luna de miel
1959　英・西　Cesáreo González　公開　109分　カラー　CS　監督：マイケル・パウエル　主演：アンソニー・スティール　バレリーナのリュドミラ・チェリーナが、スティールと結婚してスペインへ新婚旅行に行く。そこで出会ったフラメンコの名手アントニオが、チェリーナと共演したいと付きまとい、フラメンコ・ダンスが展開される。英国、日本での題名はHoneymoon。

若き非行の群れ　Serious Charge
1959　英　Alva　公開　87分　白黒　V　監督クウェイル　同名舞台劇（1956）の映画化。牧師のクウェイルが小さな町に赴任して、不良少年たちを更生させようと努力するが、力及ばずに町を去る。クリフ・リチャードの映画デビュー作品で、数曲を歌う。監督テレンス・ヤングは後に007シリーズで有名になる。

闘牛士トミー　Tommy the Toreador
1959　英　George H. Brown　未　90分　カラー　V　監督：ジョン・パディ・カーステアズ　主演：トミー・スティール　水夫トミーが、スペインで闘牛士に代わって闘牛をする。

1960年代

狂っちゃいねえぜ　Beat Girl
1960　英　Willoughby　公開　89分　白黒　V　監督：エドモン・T・グレヴィル　主演：デイヴィッド・ファーラー　ビートニク世代の娘が、裕福な親に反抗して不良生活を送る。ミュージカルではないが音楽が多く、英国で初めてのサントラ盤が発売された。

ローヤル・バレエ　The Royal Ballet
1960　英　Rank　公開　137分　カラー　監督：ポール・チナー　主演：マーゴ・フォンテイン　フォンテインを主役にしたコヴェント・ガーデンでの上演をそのまま記録した作品で、1部が「白鳥の湖」第2幕、2部が「火の鳥」、3部が「オンディーヌ」という構成。

若さでぶつかれ！　The Young Ones
1961　英　ABPC　公開　108分　カラー　CS　監督：シドニー・J・フューリー　主演：クリフ・リチャード　ロンドンで貧しい若者たちが集まり歌い踊っていたが、金持ちがその建物を買って閉鎖してしまうので、若者たちは自力で資金を集めようと、ショーを上演して成功させる。

泥棒楽団　Band of Thieves
1962　英　Filmvale　未　69分　白黒　監督：ピーター・ベゼンセネット　主演：アカー・ビルク　出所した連中がジャズ楽団を作り、巡業しながら泥棒して回る。

伝統だよ、父さん！　It's Trad, Dad!
1962　英　Amicus　未　78分　白黒　S　監督：リチャード・レスター　主演：ヘレン・シャピロ　英国の田舎町でポップ音楽を愛する若者たちが、ジューク・ボックスを撤去した町長と対決する。ビートルズ映画で有名になるリチャード・レスター監督の作品。

落ち着いていこう　Play It Cool
1962　英　Coronado　未　82分　白黒　監督：マイケル・ウィナー　主演：ビリー・ヒューリー　ロック音楽をやっている恋人と別れて、上流の娘が大陸へ行き、多くを学んで戻る。

ミサイル珍道中　The Road to Hong Kong
1962　英　UA　公開　91分　白黒　V　監督：ノーマン・パナマ　主演：ビング・クロスビー　10年ぶりに再結成されたビングとボブ・ホープ、ドロシー・ラムーアの珍道中。英国製で昔の作品とは雰囲気は違う。

ばらの騎士　Der Rosenkavalier
1962　英　Rank　公開　192分　カラー　監督：ポール・チナー　主演：エリザベス・シュワルツコプ　カラヤンが指揮するリヒャル

ト・シュトラウスの歌劇を記録した作品。ウィーン州立歌劇場でシュワルツコプ主演。

ある人々　Some People
1962　英　Vic　未　93分　カラー　監督：クライヴ・ドナー　主演：ケネス・モア　地方都市のスピード狂の非行少年たちが、教会のコーラス指揮者に励まされてロック楽団を作り、社会に溶け込んでゆく。

私は歌い続けたい　I Could Go on Singing
1963　英　Barbican　未　100分　カラー　CS　監督：ロナルド・ニーム　主演：ジュディ・ガーランド　アメリカの大歌手ジュディが、別れた恋人と子供を訪ねる。ジュディ最後の映画出演作品。日本でのテレビ放映題名は「愛と歌の日々」。

すべては偶然に　It's All Happening
1963　英　KNP　未　101分　カラー　S　監督：ドン・シャープ　主演：トミー・スティール　孤児院を救うために、トミーはチャリティ・コンサートを開く。

ロンドン中で　It's All Over Town
1963　英　Delmore　未　55分　カラー　S　監督：ダグラス・ヒコックス　主演：ランス・パーシヴァル　舞台の裏方をやっている若者たちが、ロンドンのショーを全部見て回る。ロック楽団が沢山出演する。

楽しもうぜ　Live It Up!
1963　英　Three Kings　未　75分　白黒　監督：ランス・コムフォート　主演：ケニー・ボール　昼間は働き、夜はロックンロール楽団をやっている若者たちが、デモ・テープを作り売り出す。この作品がヒットして、続編の「お客になって」Be My Guest (1965)*が作られた。

太陽と遊ぼう！　Summer Holiday
1963　英　Ivy　公開　107分　カラー　CS　監督：ピーター・イェーツ　主演：クリフ・リチャード　ロンドンのバス製造工場で働く4人の若者が、休暇中にバスでヨーロッパを旅行することになり、旅役者や歌手、家出娘などを乗せて騒動を巻き起こす。ミッキー・ルーニーの「サンマー・ホリデイ」(1948)とは関係がない。

引き継いで　Take Me Over
1963　英　Col　未　60分　白黒　監督：ロバート・リン　主演：テムペランス・セヴン　実業家が豪華ホテルを建てるため、予定地にあるコーヒー店や骨董店を買収することとなり苦労する。

なんて素敵な世界　What a Crazy World
1963　英　Michael Carreras　未　88分　白黒　CS　監督：マイケル・カレラス　主演：ジョー・ブラウン　ロンドンの貧しい労働者階級の若者たちが、ロックを仕事として始める。

ビートルズがやって来る ヤア！ヤア！ヤア！　A Hard Day's Night
1964　英　Proscenium　公開　87分　白黒　V　監督：リチャード・レスター　主演：ビートルズ　ビートルズがデビューして、英国内を巡業したり、テレビ出演したりする様子を描く。ドキュメンタリー風の作品。

素晴らしい生活　Wonderful Life
1964　英　Elstree　未　113分　カラー　CS　監督：シドニー・J・フューリー　主演：クリフ・リチャード　歌手とその楽団が、怪しい映画撮影でカナリア諸島に足止めされてしまう。彼らはロケ隊の機材を使い、自分たちのミュージカル映画を勝手に作ってしまう。

5人の週末　Catch Us If You Can
1965　英　Bruton　公開　91分　白黒　V　監督：ジョン・ブアマン　主演：デイヴ・クラーク・ファイヴ　英国の怒れる若者たちが、冒険を求めて小さな島へ向かうが、そこは何もない平凡な島だったので、若者たちは次の冒険を求めて旅立つ。

HELP! 4人はアイドル　Help!
1965　英　UA　公開　96分　カラー　V　監督：リチャード・レスター　主演：ビートルズ　ドラムスのリンゴ・スターがファンから指輪をもらうと、それが東洋宗教の生贄の印だったことから、指輪を求める教祖一味に狙われることになり、4人は逃げ回る。

馬を手に入れて　I've Gotta Horse
1965　英　ABPC　未　92分　カラー　CS　監督：ケネス・ヒューム　主演：ビリー・ヒューリー　ロック歌手が気晴らしに競走馬を買うが、これに夢中になって音楽活動がおろそかになってしまう。

ポップ・ギア　Pop Gear
1965　英　Associated British-Pathé　公開　70分　カラー　CS　監督：フレデリク・グー

ド　主演：ジミー・サヴィル　英国の人気ロック・バンドが総出演する記録映画。

リサの三つの帽子　Three Hats for Lisa
1965　英　Seven Hills　未　99分　カラー　監督：シドニー・ヘイヤーズ　主演：ジョー・ブラウン　造船所に勤める3人の若者が、大好きなイタリア女優の帽子を手に入れようと、勤めを休んで飛行場から女優を追い回す。

太陽をつかもう！　Finders Keepers
1966　英　George H. Brown　公開　94分　カラー　V　監督：シドニー・ヘイヤーズ　主演：クリフ・リチャード　スペインのリゾート・ホテルに仕事で来たクリフ・リチャードとシャドーズは、水素爆弾を積んだ米軍機がホテル近くに墜落したため、観光客が来なくなり、仕事がなくなってしまう。困った彼らは、自分たちで祭りを企画するが失敗。最後には水素爆弾を見つけ出し、米軍に返却する。1966年1月に実際に起きた水爆搭載機の落下事故を題材にした作品。

お化け、流行に乗る　The Ghost Goes Gear
1966　英　British-Pathé　未　79分　カラー　V　監督：ヒュー・グラッドウィッシュ　主演：スペンサー・デイヴィス　ポップ・グループのマネジャーをやっている貴族の邸宅が、金欠で荒れ放題なので、屋敷を改装してお化け屋敷の見世物にしようとする。

心を繋ぐ6ペンス　Half a Sixpence
1967　英　Ameran　公開　143分　カラー　CS　ステレオ　監督：ジョージ・シドニー　主演：トミー・スティール　デイヴィッド・ヘネカーの英国製舞台ミュージカルの映画版。貧乏青年が突然に遺産を相続して、愛を失いそうになる。

茂みの中の欲望
Here We Go Round the Mulberry Bush
1967　英　Giant　公開　96分　カラー　V　監督：クライヴ・ドナー　主演：バリ・エヴァンス　高校生エヴァンスは、プレイ・ボーイ気取りで女の子を口説きまくるが、誰ともうまく行かずに幻滅。勉強して大学に進むが、大学でも新たな気持ちで女の子を口説く。

ミカド　The Mikado
1967　英　BHE　未　122分　カラー　CS　監督：ステュアート・バージ　主演：ドナルド・アダムス　1939年版に続くギルヴァートとサリヴァンのオペレッタのリメイク。前作と同じくドイリー・カート歌劇団が中心で、舞台セットをそのまま使ったような作品に仕上がっている。

マルキ・ド・サドの演出のもとにシャラントン精神病院患者によって演じられたジャン＝ポール・マラーの迫害と暗殺　The Persecution and Assassination of Jean-Paul Marat, as Performed by the Inmates of the Asylum of Charenton, under the Direction of the Marquis de Sade
1967　英　Marat Sade　公開　116分　カラー　V　監督：ピーター・ブルック　主演：パトリック・マジー　ドイツの劇作家ペーター・ヴァイスの同名劇（1963）の英語版映画化。1964年にピーター・ブルックの演出で、ロイヤル・シェイクスピア・カンパニーで上演され、翌年にはブロードウェイでも上演。映画版もほぼ同じキャストで演じられている。題名が長いので「マラー／サド」Marat/Sadeと略される。

傷だらけのアイドル　Privilege
1967　英　John Heyman　公開　103分　カラー　V　監督：ピーター・ワトキンス　主演：ポール・ジョーンズ　英国の流行歌手が宣伝に乗り国民的なアイドルとなるが、国や教会の宣伝に利用されるのが嫌になる。自分を主張し始めるが、その途端にマスコミから締め出されてしまう。

ありふれたもの　Two a Penny
1967　英　WWP　未　98分　カラー　V　監督：ジェイムス・F・コリア　主演：クリフ・リチャード　金欲しさにドラッグの売人などをやり、人生に希望を持てなかった若者リチャードとその恋人が、ビリー・グレアムの説教を聞いて宗教に目覚める。

裸足のイサドラ　Isadora
1968　英　Univ　公開　168分　カラー　V　ステレオ　監督：カレル・ライス　主演：ヴァネッサ・レッドグレイヴ　従来のクラシック・バレエを否定して、ギリシャ風の衣装を身にまとい、裸足で自由に踊ったイサドラ・ダンカンの生涯を描く伝記。イサドラは、モダン・ダンスの創始者ともいわれる。

レッツ・ゴー！ ハーマンズ・ハーミッツ
Mrs. Brown, You've Got a Lovely Daughter

1968　英　MGM　公開　110分　カラー　CS　ステレオ　監督：ソール・スウィマー　主演：ピーター・ヌーン　マンチェスターの貧乏楽団5人組が、ロンドンで一旗上げようと勇んで乗り込むが、散々な目に遭って結局は故郷へ戻る。

ビートルズ イエロー・サブマリン
Yellow Submarine
1968　英　UA　公開　90分　カラー　V　監督：ジョージ・ダニング　アニメ作品。海底にある王国ペパーランドが反音楽ミサイル攻撃を受けたと聞いたビートルズは、黄色い潜水艦に乗ってペパーランドへ行き、音楽で愛と平和を広める。

素晴らしき戦争　Oh! What a Lovely War
1969　英　Accord　公開　144分　カラー　CS　監督：リチャード・アッテンボロー　主演：ウェンディ・オールナット　第一次世界大戦の様子を、兵士たちの替歌で綴った舞台作品の映画版。

1970年代

レット・イット・ビー　Let It Be
1970　英　Apple　公開　81分　カラー　S　監督：マイケル・リンゼイ・ホッグ　主演：ビートルズ　ビートルズの新曲Let It Beの録音風景をそのまま記録したドキュメンタリー作品。

恋人たちの曲 悲愴　The Music Lovers
1970　英　Russ-Arts　公開　123分　カラー　CS　監督：ケン・ラッセル　主演：リチャード・チェムバレン　チャイコフスキーの伝記。「ピアノ協奏曲第1番」、「悲愴」などの創作エピソードが語られる。悪妻をグレンダ・ジャクソンが演じる。

クリスマス・キャロル　Scrooge
1970　英　Cinema Center　公開　120分　カラー　CS　ステレオ　監督：ロナルド・ニーム　主演：アルバート・フィニー　ディケンズの「クリスマス・キャロル」の映画版。フィニーのほかに、アレック・ギネス、ケネス・モア、パディ・ストーンなどの豪華メンバー。

ボーイフレンド　The Boy Friend
1971　英　MGM　公開　137分　カラー　CS M　監督：ケン・ラッセル　主演：トゥイギー　サンディ・ウィルソンの英国舞台作品の映画版。基の舞台劇を劇中劇として1930年代のバークレイ風の演出で見せる。

展覧会の絵　Pictures at an Exhibition
1972　英　Visual and Musical Entertainment　未　95分　カラー　ステレオ　監督：ニコラス・ファーガソン　主演：エマーソン・レイク・アンド・パーマー　プログレッシヴ・ロック・バンドのエマーソン・レイク・アンド・パーマーが、1971年にライシアム劇場で行った公演を記録した映画。

ハメルンの笛吹き　The Pied Piper
1972　英・米　Sagittarius　公開　90分　カラー　V　ステレオ　監督：ジャック・ドゥミ　主演：ドノヴァン　ドイツの童話に基づいた、ファンタジー・ミュージカル。

不思議の国のアリスの冒険　Alice's Adven-tures in Wonderland
1973　英　Joseph Shaftel　未　101分　カラー　CS　監督：ウィリアム・スターリング　主演：フィオラ・フラートン　ルイス・キャロルの小説のミュージカル映画化。

グラストンバリー・フェア　Glastonbury Fayre
1973　英　Goodtimes　未　91分　カラー　監督：ピーター・ニールほか　主演：アーサー・ブラウン　1971年6月のグラストンバリー祭りのポップ・コンサートを記録した作品。グラストンバリーでは1970年頃からコンサートなどが毎年開かれている。

マイウェイ・マイラブ　That'll Be the Day
1973　英　Goodtimes　公開　91分　カラー　V　監督：クロード・ワッタム　主演：デヴィッド・エセックス　平凡な青年が家業の食料品店を継ぎ、友人の妹と結婚するが、ロック音楽に目覚めて現在の生活に飽き足りなくなり、家を捨てて出て行く。

ジギー・スターダスト　Ziggy Stardust and the Spiders from Mars
1973　英　Fox　公開　90分　カラー　S　監督：D・A・ペネベイカー　主演：デヴィッド・ボウイ　ボウイとザ・スパイダーズ・フロム・マーズが、ロンドンで開催した1973年のコンサートの模様を記録したドキュメンタリー。

キャッチ・マイ・ソウル　Catch My Soul

1974 英 Metromedia 未 97分 カラー V 監督：パトリック・マクグーハン 主演：リチー・ヘヴンズ シェイクスピアの「オセロ」のロック版で、アメリカ中西部に舞台を移している。

マーラー Mahler
1974 英 Goodtimes 公開 115分 カラー V 監督：ケン・ラッセル 主演：ロバート・パウエル 作曲家マーラーの伝記。

スターダスト Stardust
1974 英 Goodtimes 未 111分 カラー V ステレオ 監督：マイケル・アプテッド 主演：デイヴィッド・エセックス 1960年代を背景にロック歌手の浮き沈みを描く。「マイウェイ・マイラブ」That'll Be the Day（1973）の続編。

つれてって Take Me High
1974 英 Balladeer 未 90分 カラー 監督：デイヴィッド・アスキー 主演：クリフ・リチャード 銀行員のリチャードは、田舎町の潰れそうな食堂の立て直しを手伝ううちに、食堂の女性経営者に恋して、新しいハンバーガー屋を成功させる。

ドッキリボーイ2 ブギウギ大騒動 Confessions of a Pop Performer
1975 英 Col 公開 91分 カラー V 監督：ノーマン・コーエン 主演：ロビン・アスクウィズ アスクウィズとアンソニー・ブースが組んだお色気コメディ「ドッキリボーイ」(1974)の2作目で、二人がロック楽団のマネジャーとなる。

リストマニア Lisztomania
1975 英 Goodtimes 公開 103分 カラー CS ステレオ 監督：ケン・ラッセル 主演：ロジャー・ダルトリー ロック調で作られたフランツ・リストの伝記。

骨董屋 The Old Curiosity Shop
1975 英 Reader's Digest 未 118分 カラー CS 監督：マイケル・タクナー 主演：アンソニー・ニューリー ディケンズの同名小説(1940-41)のミュージカル映画版。孫娘と一緒に骨董屋を営んでいた老人が、賭博に手を出して財産を失い放浪の旅に出る。

Tommy トミー Tommy
1975 英 RSO 公開 111分 カラー V ステレオ 監督：ケン・ラッセル 主演：ロジャー・ダルトリー ザ・フーによるロック・オペラのアルバムの映画化。幼い時の精神的なショックで目、耳、口の機能を失った少年の話。

ダウンタウン物語 Bugsy Malone
1976 英 Rank 公開 93分 カラー V ステレオ 監督：アラン・パーカー 主演：ジョディ・フォスター 禁酒法時代のギャングたちの抗争を、すべて子供たちで演じる。拳銃やマシン・ガンの銃撃場面は、パイ投げに置き換えられている。

シンデレラ The Slipper and the Rose : The Love Story of Cinderella
1976 英 Paradine 公開 146分 カラー CS ステレオ 監督：ブライアン・フォーブス 主演：シェリー・ヒューソン シンデレラ物語のミュージカル版。王子役にリチャード・チェムバレン。日本公開題名はThe Love Story of Cinderella。

レッド・ツェッペリン 狂熱のライブ The Song Remains the Same
1976 英・米 Swan Song 公開 137分 カラー V ステレオ 監督：ピーター・クリフトンほか 主演：レッド・ツェッペリン 1973年にマジソン・スクウェア・ガーデンで行われたコンサート模様などを記録したドキュメンタリー。

バレンチノ Valentino
1977 英・米 UA 公開 128分 カラー ステレオ 監督：ケン・ラッセル 主演：ルドルフ・ヌレエフ 無声映画の大スターだったルドルフ・ヴァレンチノの生涯を、ケン・ラッセル監督が描く。ヴァレンチノは、無声作品の中でタンゴを官能的に踊ったことで知られるので、ヌレエフがそれを演じるのが見どころ。

ジュビリー 聖なる年 Jubilee
1978 英 Megalovision 公開 100分 カラー V 監督：デレク・ジャーマン 主演：ジェニー・ラナカー 16世紀の英国。エリザベス1世は、魔術師に導かれて未来の英国を見る。未来のロンドンは堕落して荒廃した暗い街だった。題名は1977年のエリザベス女王（2世）のシルバー・ジュビリー（即位25周年）に触発されたもの。

パンク・ロック・ムービー

The Punk Rock Movie
1978　英　Notting Hill　公開　86分　カラー　監督：ドン・レッツ　主演：セックス・ピストルズ　1977年にパンク・ロック専門で100日間だけ開かれたロキシー・カフェでの記録映像。8mmカメラで撮られた映像のブロー・アップ。

子供たちは大丈夫　The Kids Are Alright
1979　英　The Who　未　101分　カラー　ステレオ　監督：ジェフ・スタイン　主演：ザ・フー　ロック・グループのザ・フーの活動を、1964年から78年にかけて追ったドキュメンタリー。

マペットの夢見るハリウッド
The Muppet Movie
1979　英・米　Henson　未　95分　カラー　V　ステレオ　監督：ジェイムス・フローリー　蛙のカーミットが豚のミス・ピギーたちとともにハリウッドへ向かい、映画界入りを目指す人形劇。

クインシーの冒険　Quincy's Quest
1979　英　Thames Television　未　79分　カラー　S　監督：ロバート・リード　主演：トミー・スティール　玩具の人形クインシーが、サンタを探して旅へ出る。

1980年代

バビロン　Babylon
1980　英・伊　Chrysalis　未　95分　カラー　監督：フランコ・ロッソ　主演：デイヴィッド・N・ヘインズ　西インド諸島からロンドンへやって来た若者が、スラム街から脱出しようと、レゲエ音楽のDJに賭ける。

ブレイキング・グラス　Breaking Glass
1980　英　Allied Stars　公開　104分　カラー　CS　ステレオ　監督：ブライアン・ギブソン　主演：フィル・ダニエルス　個性的な少女がマネジャーに育てられて、ロック歌手として名を成すが、金儲け主義のプロダクションに使い捨てにされる。

セックス・ピストルズ グレート・ロックンロール・スウィンドル
The Great Rock'n'Roll Swindle
1980　英　Boyd's　公開　103分　カラー　S　監督：ジュリアン・テンプル　主演：マルコム・マクラレン　過激なロック・グループのセックス・ピストルズを世に送り出した制作者マクラレンが語る、売り出しの裏幕。

ルード・ボーイ　Rude Boy
1980　英　Buzzy　公開　133分　カラー　V　ステレオ　監督：ジャック・ハザン　主演：ザ・クラッシュ　ルード・ボーイとはロック好きの若者のこと。アルバイト生活の若者が、ザ・クラッシュのロック・コンサートを見て、楽団の追っかけをするが、挫折して元の生活に戻る。

マペットの大冒険 宝石泥棒を捕まえろ！
The Great Muppet Caper
1981　英　Henson Associates　未　95分　カラー　V　ステレオ　監督：ジム・ヘンソン　「マペットの夢見るハリウッド」(1979)*の続編。ファッション・デザイナーの盗まれた宝石を探して、人形たちが犯人を追う。その過程でカーミットがミス・ピギーに恋をする。

ワン・フロム・ザ・ハート
One from the Heart
1982　英・米　MGM　公開　107分　カラー　S　ステレオ　監督：フランシス・フォード・コッポラ　主演：フレデリック・フォレスト　ラス・ヴェガスで、独立記念日7月4日の前夜を過ごす男女を描く。

ピンク・フロイド ザ・ウォール
Pink Floyd The Wall
1982　英　MGM　公開　95分　カラー　CS　ステレオ　監督：アラン・パーカー　主演：ボブ・ゲルドフ　ピンク・フロイドの同名アルバムを映画化した作品。ロック・スターのピンクは抑圧・疎外されて育ち、大人になった時には自分の周りに「壁」を築いて完全に孤立したため、いつかそれを打ち破らねばならなかった。

乞食オペラ　The Beggar's Opera
1983　英TV　BBC　未　135分　カラー　S　監督：ジョナサン・ミラー　主演：ボブ・ホスキンズ　ジョン・ゲイの舞台作品のテレビ版。

ペンザンスの海賊
The Pirates of Penzance
1983　英・米　Univ　未　112分　カラー　CS　S　監督：ウィルフォード・リーチ　主演：ケヴィン・クライン　英国のサリヴァンとギルバートの同名コミック・オペラの映画

版。見習い海賊のレックス・スミスが、英軍将校の純情な娘リンダ・ロンシュタットに恋をする。アンジェラ・ランズベリー共演。1981年のブロードウェイでの再演に出演したクラインが、そのまま海賊の首領役を演じた。

愛のイエントル　Yentl
1983　英・米　UA　公開　132分　カラー　V　ステレオ　監督：バーブラ・ストライザンド　主演：バーブラ・ストライザンド　舞台作品(1975)をミュージカル化した映画版。20世紀初頭のポーランドで、ユダヤ人聖職者の娘として育ったストライザンドが、勉強を続けるために男装して大学に通うが、女性に結婚を求められる立場となる。

ヤァ！ブロード・ストリート
Give My Regards to Broad Street
1984　英　Fox　公開　108分　カラー　V　ステレオ　監督：ピーター・ウェブ　主演：ポール・マッカートニー　人気のシンガー・ソングライターのポールは、レコード会社へ行き、リンゴ・スターと一緒に新曲を録音したり、映画音楽の録音をしたり、BBCの放送局で歌ったりで、忙しく過ごす。ところが、新アルバムのマスター・テープが盗まれてしまい、彼は昔歌っていたブロード・ストリートで、偶然にマスター・テープを発見する、というところで夢から覚める。

シド・アンド・ナンシー　Sid and Nancy
1986　英　Initial　公開　112分　カラー　V　ステレオ　監督：アレックス・コックス　主演：ゲイリー・オールドマン　1979年にドラッグ中毒で亡くなったセックス・ピストルズのシド・ヴィシャスと、恋人で彼に殺されたナンシーの生活を描く。

アリア　Aria
1987　英　R.V.P　公開　90分　カラー　V　ステレオ　監督：ロバート・アルトマンほか　主演：ジョン・ハート　10編から成るオムニバス作品。オペラから10のアリアを選び、アルトマン、ゴダール、ケン・ラッセルなどの監督が自由な発想で描く。

フィル・コリンズ in バスター　Buster
1988　英　Movie Group　公開　102分　カラー　V　ステレオ　監督：デイヴィッド・グリーン　主演：フィル・コリンズ　1960年代の英国。コリンズ（バスター役）は列車強盗で多額の現金を手にして、メキシコへ逃げるが、愛妻がホーム・シックにかかり、逮捕覚悟で英国に戻り服役する。歌手コリンズが主演して主題歌がヒットした。

ペットショップ・ボーイズ 夢色の幻想
It Couldn't Happen Here
1988　英　EMI　公開　86分　カラー　V　ステレオ　監督：ジャック・ボンド　主演：ペットショップ・ボーイズ　シンセサイザー・ポップ音楽のペットショップ・ボーイズ（ニール・テナントとクリス・ロウ）の二人が、シュールな体験をしながら旅をする。

マダム・スザーツカ　Madame Sousatzka
1988　英　Cineplex-Odeon　公開　122分　カラー　V　ステレオ　監督：ジョン・シュレジンガー　主演：シャーリー・マクレイン　ロンドンでピアノを教えるマクレインは、単なるピアノの技巧だけでなく教養を身に付けさせようとするが、経済的に苦しい弟子は、商業的な成功を目指して去ってしまう。

1990年代

バック・ビート　Backbeat
1994　英・独　Channel Four　公開　100分　カラー　V　ステレオ　監督：イアン・ソフトリー　主演：スティーヴン・ドーフ　ビートルズの正式デビュー前に、メンバーの中心的な存在だったステュアート・サトクリフが、女性写真家と恋におちてグループを抜け、病に倒れる。

不滅の恋 ベートーヴェン
Immortal Beloved
1994　英・米　Col　公開　121分　カラー　SC　ステレオ　監督：バーナード・ローズ　主演：ゲイリー・オールドマン　ベートーヴェンが残した恋人への3通の手紙から、彼の最愛の恋人が誰だったかを探す。

ブラス！　Brassed Off
1996　英・米　Channel Four　公開　107分　カラー　V　ステレオ　監督：マーク・ハーマン　主演：ピート・ポスルスウェイト　寂れゆく炭鉱の町で、労働者たちが伝統のブラス・バンドを守り、全英大会に出場しようと練習するが、炭鉱の閉鎖が決まり、資金難で決勝進出が危うくなる。

英国

トレインスポッティング　Trainspotting
1996　英　Channel Four　公開　94分　カラー　V　ステレオ　監督：ダニー・ボイル　主演：ユアン・マクレガー　ヘロイン中毒で定職に就けずに、日々遊び回る若者たちの苦しみを描く。ミュージカルではないが音楽が多く入っている。

スパイス・ザ・ムービー　Spice World
1997　英　Columbia　公開　93分　カラー　V　ステレオ　監督：ボブ・スピアーズ　主演：スパイス・ガールズ　女性5人組のスパイス・ガールズがコンサートを開く様子を描く。

タンゴ・レッスン　The Tango Lesson
1997　英・仏　Adventure　公開　100分　カラー　V　ステレオ　監督：サリー・ポッター　主演：サリー・ポッター　映画脚本家のサリーは気分転換のためにタンゴを習い始めるが、次第に夢中になり、ダンスの相手への愛も芽生える。

キャッツ　Cats
1998　英・米TV　PBS　未　120分　カラー　V　ステレオ　監督：デイヴィッド・マレット　主演：エレイン・ペイジ　アンドルー・ロイド・ウェバーの舞台作品のスタジオ収録版。

リトル・ボイス　Little Voice
1998　英　Miramax　公開　97分　カラー　V　ステレオ　監督：マーク・ハーマン　主演：ジェイン・ホロックス　自閉症で有名歌手のレコードをひたすら聞いていた娘は、レコードそっくりに歌えるので、エージェントがクラブで売り出そうとするが、心はなかなか開かれない。

ベルベット・ゴールドマイン　Velvet Goldmine
1998　英・米　Channel Four　公開　124分　カラー　V　ステレオ　監督：トッド・ヘインズ　主演：ユワン・マクレガー　1970年代に流行ったグラム・ロック界のスーパー・スターのデビューから引退までを、新聞記者の目を通して描く。

ヨゼフと驚異のテクニカラー・ドリームコート　Joseph and the Amazing Technicolor Dreamcoat
1999　英　Really Useful　未　76分　カラー　V　ステレオ　監督：デイヴィッド・マレット　主演：ドニー・オズモンド　1982年のブロードウェイ再演のキャストを中心にビデオ収録された作品。

さかさま　Topsy-Turvy
1999　英　Goldwyn　未　160分　カラー　V　ステレオ　監督：マイク・リー　主演：ジム・ブロードベント　19世紀後半のロンドン。サヴォイ・オペラで有名なギルヴァート（ブロードベント）とサリヴァン（アラン・コードナー）が、「ミカド」を作る過程を描く。

2000年以降

リトル・ダンサー　Billy Elliot
2000　英・仏　Arts Council　公開　110分　カラー　V　ステレオ　監督：スティーヴン・ダルドリー　主演：ジェイミー・ベル　炭鉱労働者の息子が女の子たちに混ざってバレエを習い、ロイヤル・バレエでデビューする。

恋の骨折り損　Love's Labour's Lost
2000　英・仏・米　Pathé　公開　93分　カラー　CS　ステレオ　監督：ケネス・ブラナー　主演：アレッサンドロ・ニヴォラ　シェイクスピア喜劇のミュージカル版。時代を1930年代末に移して、当時のヒット曲を使用している。

耳に残るは君の歌声　The Man Who Cried
2000　英・仏　Canal+　公開　100分　カラー　V　ステレオ　監督：サリー・ポッター　主演：クリスティーナ・リッチ　20世紀初頭のロシアでユダヤ人として生まれ、迫害から逃げる途中で家族とはぐれてしまった娘が、ロンドンでコーラス・ガールとなり、ハリウッドで大成した父親と再会する。

24アワー・パーティ・ピープル　24 Hour Party People
2002　英　Revolution　公開　117分　カラー　V　ステレオ　監督：マイケル・ウィンターボトム　主演：スティーヴ・クーガン　1970年代の後半のマンチェスター。次々と新しいロック・スターを送り出したファクトリー・レコードの興亡を描く。

花嫁と偏見　Bride & Prejudice
2004　英・米　Pathé　未　111分　カラー　CS　ステレオ　監督：グリンダー・チャダー　主演：マーティン・ヘンダソン　英国の

ジェーン・オースティンの小説「高慢と偏見」Pride and Prejudiceを、インドのボリウッド・ミュージカル風にアレンジした作品で、PrideをBrideに置き換えた題名となっている。インドで4人の娘のために良き夫を探す母親が描かれる。

オペラ座の怪人 The Phantom of the Opera
2004 英・米 WB 公開 143分 カラー CS ステレオ 監督：ジョエル・シューマッハー 主演：ジェラルド・バトラー アンドルー・ロイド・ウェバーの世界中でヒットした舞台作品の映画版。全編が歌なので、映画版も舞台版と同じ構成となっている。

ヘンダーソン夫人の贈り物 Mrs. Henderson Presents
2005 英・米 Pathé 公開 103分 カラー V ステレオ 監督：スティーヴン・フレアズ 主演：ジュディ・デンチ 英国で初めての額縁ショー的なヌード・ショーを上演したヘンダーソン夫人の、実話に基づく物語。

ティム・バートンのコープスブライド Tim Burton's Corpse Bride
2005 英・米 WB 公開 77分 カラー V ステレオ 監督：ティム・バートンほか アメリカの「ナイトメアー・ビフォア・クリスマス」(1993)と同じく、人形アニメにデジタル技術を加えた作品。18世紀の英国で、死んだ花嫁（コープス・ブライド）と誤って結婚してしまった成金男の話。

ヴィヴァルディ、赤毛の司祭 Vivaldi, the Red Priest
2009 英・伊 Riviera 未 120分 カラー V ステレオ 監督：リアーナ・マラビーニ 主演：スティーヴン・クリー 「赤毛の司祭」と呼ばれた18世紀の作曲家アントニオ・ヴィヴァルディの伝記。テレビ向けの180分版を再編集した作品。

ストリートダンス TOP OF UK
StreetDance 3D
2010 英 Vertigo 公開 98分 カラー 3D V ステレオ 監督：マックス・ガイワほか 主演：ニコラ・バーレイ 仲間割れで人数が足りなくなった路上ダンス・チームが、ロイヤル・バレエの生徒の協力を得て大会に出場する。3Dで制作された。

レ・ミゼラブル Les Misérables
2012 英 Working Title 公開 158分 カラー V ステレオ 監督：トム・フーパー 主演：ヒュー・ジャックマン ヴィクトル・ユゴーの小説を原作として、パリで1980年に、ロンドンで1985年に初演された同名舞台作品の映画版。フランスの原作を英語化してヒットさせたキャメロン・マッキントッシュが制作した。

ストリートダンス2 StreetDance 2
2012 英 Vertigo 未 85分 カラー V ステレオ 監督：マックス・ガイワほか 主演：ソフィア・ブーテッラ 路上ダンス・バトルの雪辱戦のために、全世界から優れた路上ダンサーを集めて戦う。

サンシャイン 歌声が響く街 Sunshine on Leith
2013 英 Entertainment Film 公開 100分 カラー CS S 監督：デクスター・フレッチャー 主演：ピーター・ミュラン スコットランドのリースを背景に、アフガニスタンの戦争から戻った息子を迎えた一家の物語。銀婚式で、夫に成長した隠し子がいたことが明るみに出て、一家に崩壊の危機が訪れる。ヒット舞台作品の映画版。

ビリー・エリオット ミュージカルライブ リトル・ダンサー Billy Elliot the Musical Live
2014 英 Universal Stage 公開 169分 カラー CS S 監督：スティーヴン・ダルドリー 主演：エリオット・ハンナ バレエを目指す少年の話「リトル・ダンサー」Billy Elliot (2000)は、2005年に英国で舞台ミュージカル化されたが、その舞台をそのまま映画に収録して公開した作品。

踊るアイラブユー♪ Walking on Sunshine
2014 英・米・伊 Vertigo 公開 97分 カラー CS S 監督：マックス・ギーワほか 主演：ハンナ・アータートン 3年ぶりに南イタリアのプーリアを訪ねたハンナは、姉の結婚相手を紹介される。その相手が、ハンナの3年前の元カレだったことから、恋の炎が再び燃え上がる。1980年代の曲を使ったジューク・ボックス・ミュージカル。

アイルランド

ザ・コミットメンツ The Commitments
1991 アイルランド・英・米 Beacon 公開 118分 カラー V ステレオ 監督：アラン・パーカー 主演：ロバート・アーキンズ ダブリンで自分たちのソウル・バンドを作りたいと考えたアーキンズが、仲間を集めて演奏会を開き、徐々に腕を上げて人気も出るが、仲間内での揉め事も増え、最後には解散してしまう。

ヒア・マイ・ソング Hear My Song
1991 アイルランド British Screen 公開 113分 カラー V ステレオ 監督：ピーター・チェルソム 主演：ネッド・ビーティ 脱税により逃げ回っていた昔のオペラ歌手を探し出し、リサイタルを開くまでのコメディ。

ONCE ダブリンの街角で Once
2006 アイルランド Irish Film 公開 85分 カラー V ステレオ 監督：ジョン・カーニー 主演：グレン・ハンサード ダブリンの街角で、ロンドンから来た街頭音楽家の男とチェコから来た移民の女が出会い、生活苦の中で音楽に喜びを見出し、一緒に録音をするが、二人ともそれ以上は踏み出せない。舞台版も2012年にブロードウェイで上演された。

カナダ

ルネ・オン・メロディー Un enfant comme les autres...
1972 加 Cipango 公開 74分 カラー V 監督：デニス・エロー 主演：ルネ・シマール カナダの少年ルネが、小さな時から歌い、地元のコンテストで優勝して、歌手としての一歩を踏み出すまでを追ったドキュメンタリー。

愛が聞こえる If You Could See What I Hear
1982 加 Cypress Grove 公開 103分 カラー ステレオ 監督：エリック・ティル 主演：マーク・シンガー 生まれながらの盲目でありながら、運動神経は抜群で音楽的な才能に恵まれたシンガーは、黒人の娘に惚れるが、娘は自分が黒人だからと逃げてしまう。次にマークは金髪の少女と知り合い、彼女の励ましを受けて、スカイ・ダイビングに挑戦したり、ゴルフで高スコアを出したりして、盲目ながら努力して生きていく。

ストンプ！ How She Move
2007 加・米・仏 Sienna 未 94分 カラー V ステレオ 監督：イラン・イクバク・ラシッド 主演：トレ・アームストロング 大学進学資金を得ようと考えて、ストンプを踊る大会にかける娘を描く。

オーストラリア

パイレーツ・ムービー The Pirate Movie
1982 豪 Joseph Hamilton 公開 105分 V カラー ステレオ 監督：ケン・アナキン 主演：クリスティ・マクニコル 遊園地に遊びに来たマクニコルが、海賊のアトラクションを見た後、船から落ちて気を失い、海賊と戦ったり恋をしたりする冒険の夢を見る。コミック・オペラ「ペンザンスの海賊」の翻案だが、楽曲はギルバートとサリヴァンの物ではなく、新曲を使用。同時期に「ペンザン

ス の 海 賊」The Pirates of Penzance (1983)*が制作されていたため、大急ぎで制作公開された。

ディンゴ　Dingo
1991　豪・仏　Gevest　公開　105分　カラー　SC　ステレオ　監督：ロルフ・デ・ヘーア　主演：コリン・フリールズ　伝説のジャズ・トランペッター（マイルス・デイヴィス）に憧れた青年を描く。マイルスが亡くなる直前に出演した。

ダンシング・ヒーロー　Strictly Ballroom
1992　豪　Miramax　公開　94分　カラー　V　ステレオ　監督：バズ・ラーマン　主演：ポール・マーキュリオ　社交ダンスのうまい青年が独自のステップを考案して大会に挑むが、観客の支持は得られるものの審査員からは評価されない。

ピアノ・レッスン　The Piano
1993　豪　Australia Film　公開　121分　カラー　V　ステレオ　監督：ジェイン・キャンピオン　主演：ホリー・ハンター　スコットランドからニュージーランドの入植者に嫁いだ娘は、口がきけずにピアノを弾くことだけが楽しみで、ピアノとともに海岸に降り立つ。しかし、夫は理解を示さずに、ピアノを現地の男に売り払ってしまう。娘は、キーの数だけのレッスンをすればピアノを返すとい

われて、その男の家で教えるうちに心を通わすようになる。

ハーモニー　Cosi
1996　豪　Miramax　公開　103分　カラー　V　ステレオ　監督：マーク・ジョフィー　主演：ベン・メンデルスゾーン　精神病院で演劇セラピーを担当することになった青年が、患者の希望でモーツァルトの「コジ・ファン・トゥッテ」を上演すべく、患者たちと一緒に努力する。

シャイン　Shine
1996　豪　Australia Film　公開　105分　カラー　V　ステレオ　監督：スコット・ヒックス　主演：ジェフリー・ラッシュ　小さな頃から父親に厳しくピアノを仕込まれた青年が、精神病で入院するものの、復帰してピアニストとしてデビューする。実在のピアニストであるデイヴィッド・ヘルフゴットの伝記作品。ピアノ演奏はヘルフゴット本人。

ソウルガールズ　The Sapphires
2012　豪　Goalpost　公開　103分　CS　S　監督：ウェイン・ブレア　主演：クリス・オダウド　1960年代末のオーストラリア。差別に苦しむアボリジニの三姉妹がソウルを歌い、ヴェトナム戦争中のアメリカ軍基地を慰問に回る。舞台作品の映画版。

ドイツ

1920年代

ハンガリア狂想曲　Ungarische Rhapsodie
1928　独　UFA　公開　白黒　S　監督：ハンス・シュワルツ　主演：リル・ダゴファー　ハンガリーの大地主の娘ディータ・パルロと騎兵ヴィリー・フリッチュは恋人同士だが、祭りの夜にフリッチュは若く美しい将軍夫人に誘惑される。無声映画として作られたが、アメリカ公開時にサウンド版となり主題歌が入れられた。

奥様お手をどうぞ
Ich küsse Ihre Hand, Madame
1929　独　Super　未　66分　白黒　S　監督：

ロベルト・ランド　主演：マルレーネ・ディートリッヒ　離婚したディートリッヒが貧乏貴族の給仕と恋をする。当初無声映画として作られたが、後に音楽が追加されたサウンド版となった。タンゴの名曲として有名なタイトル曲をリヒャルト・タウバーが歌っている。

世界のメロディ　Melodie Der Welt
1929　独　Tobis　公開　49分　白黒　S　監督：ワルター・ルットマン　主演：イワン・コバル・サンボルスキ　水兵と恋人の別れから始まり、世界各地の人々の様子が描かれていく。ドイツ映画最初のトーキー作品。

悲歌　Melodie des Herzens
1929　独　UFA　公開　88分　白黒　S　監

ドイツ

督：ハンス・シュワルツ　主演：ディータ・パルロ　ハンガリーのブダペストに女中奉公で出てきた田舎娘パルロが、貧乏兵士ヴィリー・フリッチュと恋仲になり、無理して金を貯めようと身を落とす。ウーファ社初のトーキー作品。

あなたが心を明かす時
Wenn du einmal dein Herz verschenkst
1929　独　UFA　未　85分　白黒　S　監督：ヨハネス・グテル　主演：リリアン・ハーヴェイ　ボルネオに住む娘ハーヴェイが船主と恋をする。無声版として作られたが、後から歌を追加したサウンド版も作られた。

1930年代

嘆きの天使　Der blaue Engel
1930　独　UFA　公開　124分　白黒　S　監督：ジョセフ・フォン・スタンバーグ　主演：エミール・ヤニングス　謹厳実直な英語教師ヤニングスが、キャバレーの踊り子マルレーネ・ディートリッヒに夢中となり結婚するが、最後には道化役となり、笑われながら死んでいく。

ブロンドの歌姫　Die blonde Nachtigall
1930　独　UFA　未　82分　白黒　S　監督：ヨハネス・マイヤー　主演：エルンスト・ベメル　高慢な態度で有名なプリマドンナが、アメリカの制作者の助言で素直になり、より人気を得る。

若きハイデルベルヒ　Ein Burschenlied aus Heidelberg
1930　独　UFA　公開　79分　白黒　S　監督：カール・ハートル　主演：ハンス・ブラウゼウェッター　父親の出身地ハイデルベルクに留学したアメリカ娘ベティ・バードの、二人の青年との恋物語。

ガソリン・ボーイ三人組　Die Drei von der Tankstelle
1930　独　UFA　公開　99分　白黒　S　監督：ヴィルヘルム・ティーレ　主演：ヴィリー・フリッチュ　大恐慌で財産を失った3人の男たちが、共同でガソリン・スタンドを始めて、美人客リリアン・ハーヴェイに恋をする。

押し込み強盗　Einbrecher
1930　独　UFA　未　102分　白黒　S　監督：ハンス・シュワルツ　主演：ハインツ・ルーマン　金持ち老人の若妻リリアン・ハーヴェイが、気の良い押し込み強盗ヴィリー・フリッチュに言い寄られる。

オーダー・メイドの主人　Der Herr auf Bestellung
1930　独　Super　未　92分　白黒　S　監督：ゲツァ・フォン・ボルヴァリー　主演：ヴィリ・フォルスト　独身主義の男フォルストが秘書に惚れられる。アメリカでは「ウィーンの寵児」Der Liebling von Wienの題名で公開された。

いたずら　Hokuspokus
1930　独　UFA　未　83分　白黒　S　監督：グスタフ・ウチキー　主演：リリアン・ハーヴェイ　夫を溺れさせた罪で裁判にかけられたハーヴェイは、妊娠していることがわかる。果たして真相は。

もう女は信じない　Ich glaub' nie mehr an eine Frau
1930　独　Emelka　未　90分　白黒　S　監督：ハンス・シュワルツ　主演：リヒャルト・タウバー　女性不信のタウバーが久々に故国に戻るが、やはり女性が嫌になる。

微笑みの国　Das Land des Lächelns
1930　独　Richard Tauber Tonfilm　未　102分　白黒　S　監督：マックス・ライヒマン　主演：リヒャルト・タウバー　レハールの同名オペレッタ(1929)の映画版。

拳闘王　Liebe im Ring
1930　独　Terra　未　81分　白黒　S　監督：ラインホルト・シュンツェル　主演：マックス・シュメリンク　貧乏な青年が拳闘の才能を見出され、勝ち進むにつれて金持ち女が寄ってくるが、最後は貧乏時代の恋人の下へ戻る。

愛のワルツ　Liebeswalzer
1930　独　UFA　未　90分　白黒　S　監督：ヴィルヘルム・ティーレ　主演：リリアン・ハーヴェイ　貴族の娘ハーヴェイは婚約した大公の舞踏会に出かけるが、大公だと思った相手は替え玉の秘書官ヴィリー・フリッチュだとわかり、仕返しを考える。

神々の寵児　Liebling der Götter
1930　独　UFA　公開　112分　白黒　S　監督：ハンス・シュワルツ　主演：エミール・

年度別作品一覧

ヤニングス　神々の寵児といわれた名テノールとその妻レナーテ・ミュラーの愛を描く。

歌は終わりぬ　Das Lied ist aus
1930　独　Super　未　102分　白黒　S　監督：ゲツァ・フォン・ボルヴァリー　主演：リアーネ・ハイト　オペレッタの歌姫ハイトに一座のヴィリ・フォルストが恋をするが、ハイトは金持ちの男と結婚する。

魅惑の目標　Das lockende Ziel
1930　独　Richard Tauber Tonfilm　未　95分　白黒　S　監督：マックス・ライヒマン　主演：リヒャルト・タウバー　歌のうまい青年がベルリンで成功して、魅力的な娘に惚れる。

曲芸師　Les saltimbanques
1930　独・伊・仏　Albert Lauzin　未　88分　白黒　S　監督：ロベルト・ランドほか　主演：ケーテ・フォン・ナギ　モーリス・オルドノーのオペレッタの映画版。

南の哀愁　Die Singende Stadt
1930　独　UFA　公開　98分　白黒　S　監督：カルミネ・ガローネ　主演：ヤン・キープラ　ナポリの漁師キープラは、地元の恋人と楽しい暮らしを送っていたが、ブリギッテ・ヘルムに心惹かれて、彼女と一緒にウィーンへ出て歌の勉強をする。リサイタルを開くものの、ウィーンでの生活に馴染めない彼は、恋人の待つナポリへ戻る。イタリアの名匠ガローネ監督とポーランド出身テノールのキープラの組み合わせ。

君に捧げるタンゴ　Ein Tango für Dich
1930　独　DLS　未　102分　白黒　S　監督：ゲツァ・フォン・ボルヴァリー　主演：ヴィリ・フォルスト　金持ちの有名歌手と無名歌手が、踊り子を取り合う。

不滅の放浪者　Der unsterbliche Lump
1930　独　UFA　公開　97分　白黒　S　監督：グスタフ・ウチキー　主演：リアーネ・ハイト　山の中で作曲を志す青年グスタフ・フレーリヒと、郵便局長の娘ハイトのすれ違いの恋。

ワルツの王様　Der Walzerkönig
1930　独　Merkur　未　90分　白黒　S　監督：マンフレッド・ノア　主演：ハンス・スチューヴェ　ヨハン・シュトラウスの伝記。

4分の3拍子の二つの心　Zwei Herzen im 3/4 Takt
1930　独　Super　未　96分　白黒　S　監督：ゲツァ・フォン・ボルヴァリー　主演：ヴァルター・ヤンセン　ウィーンで新作オペレッタを書いている台本作家の兄弟と友人の作曲家が、曲作りに悩み、恋人を取り替えたりしながら新曲を作る。ロベルト・シュトルツ作曲で、日本では公開されなかったが、世界中で大ヒットして1933年には舞台版が上演された。

狂乱のモンテカルロ　Bomben auf Monte Carlo
1931　独　UFA　公開　111分　白黒　S　監督：ハンス・シュワルツ　主演：ハンス・アルバース　金欠の戦艦の艦長がモンテ・カルロのカジノで大金を失い、カジノを砲撃すると脅すが王女にたしなめられる。仏語版にはケーテ・フォン・ナギが出演している。

新郎の未亡人　Die Bräutigamswitwe
1931　独　Richard Eichberg　未　100分　白黒　S　監督：リヒャルト・アイヒベルク　主演：マルタ・エゲルト　プレイ・ボーイが独身最後のパーティで酔っ払い、気付くと知らない踊り子エゲルトと結婚していたことから始まる喜劇。

命知らずの男　Der Draufgänger
1931　独　Richard Eichberg　未　92分　白黒　S　監督：リヒャルト・アイヒベルク　主演：ハンス・アルバース　宝石泥棒の話。マルタ・エゲルトが歌手志望役で歌う。

三文オペラ　Die 3 Groschen-Oper
1931　独　Tobis　公開　112分　白黒　S　監督：ゲオルク・ヴィルヘルム・パプスト　主演：ロッテ・レーニャ　ブレヒトとクルト・ワイルのオペラの映画版。独語版と仏語版が別キャストで作られた。ナチスによってネガ・フィルムが燃やされたために、現在残っているのは復元版。

山のクリスティーネ　Die Försterchristl
1931　独　Transozean　未　90分　白黒　S　監督：フレデリク・ツェルニク　主演：イレーネ・アイジンガー　同名オペレッタ(1907)の映画版。山の娘が、オーストリア皇帝と知らずに恋をする。無声時代にも映画化されているので、この作品は2度目の映画化。1952年と62年にも映画化されている。

大いなる魅力　Die große Attraktion
1931　独　Emelka　未　87分　白黒　S　監督：マックス・ライヒマン　主演：リヒャルト・タウバー　ヴァラエティ一座を率いるタウバーが、新しく入ってきた娘に魅力を感じる。

女王様御命令　Ihre Hoheit befiehlt
1931　独　UFA　公開　96分　白黒　S　監督：ハンス・シュワルツ　主演：ケーテ・フォン・ナギ　お忍びで町娘に化けて外出した小国の女王ナギは、パン屋の番頭ヴィリー・フリッチュと出会い恋をする。実はフリッチュも近衛隊の中尉で、二人は駆け落ちする。

女王陛下の恋　Ihre Majestät die Liebe
1931　独　DLS　未　102分　白黒　S　監督：ジョー・メイ　主演：ケーテ・フォン・ナギ　金持ちの青年フランシス・レデラーがキャバレーの娘ナギに惚れて結婚しようとするが、家族たちの反対に遭う。

皇帝の恋人　Kaiserliebchen
1931　独　Atlantis　未　82分　白黒　S　監督：ハンス・ティントナー　主演：リアーネ・ハイト　皇帝ヨゼフがお忍びの旅で出会った女性郵便局長と恋をする。

ちょっとした浮気　Der kleine Seitensprung
1931　独　UFA　未　88分　白黒　S　監督：ラインホルト・シュンツェル　主演：レナーテ・ミュラー　夫の浮気を疑い、自分もちょっとした浮気をする若妻ミュラーの話。

会議は踊る　Der Kongreß tanzt
1931　独　UFA　公開　85分　白黒　S　監督：エリック・シャレル　主演：リリアン・ハーヴェイ　19世紀初頭のウィーン会議を背景に、ウィーンの手袋屋の娘ハーヴェイとロシアのアレクサンドル1世のほのかな恋を描く、初期ドイツ・ミュージカルの傑作。

恋の急行　Der Liebesexpreß
1931　独　Greenbaum　未　85分　白黒　S　監督：ロベルト・ウィーネ　主演：ゲオルク・アレクサンダー　タイプライターのコンテストで賞金を得た娘がヴェネチア旅行に行き、そこで金持ちのハンサムな男と知り合う。ヨゼフ・シュミットが脇役で出演している。仏語版はNuits de Venise(1931)。

愛の指令　Liebeskommando
1931　独　Super-Film　未　101分　白黒　S　監督：ゲツァ・フォン・ボルヴァリー　主演：ドリー・ハース　軍人一家に育った娘ハースが、兄に代わって男と偽り軍人学校に入るが、ハンサムな将校グスタフ・フレーリヒと出会って、女であることを明かす。

維納の花嫁　Die lustigen Weiber von Wien
1931　独　Super　公開　109分　白黒　S　監督：ゲツァ・フォン・ボルヴァリー　主演：ヴィリ・フォルスト　19世紀末のウィーン。宮中顧問官には10人の娘がいるが、年甲斐もなく新しい花嫁を迎えることとなり、住み込みで娘たちに踊りを教えていたフォルストをクビにして追い出してしまう。怒った娘たちは家出してフォルストのいるホテルに駆けつける。娘たちは即席のレヴュー団を結成して公演し、それを文部大臣が見るので、顧問官はクビを覚悟するが、大臣はレヴューをことのほか気に入り、すべては丸く収まる。

わが妻は実業家　Meine Frau, die Hochstaplerin
1931　独　UFA　未　91分　白黒　S　監督：クルト・ゲロン　主演：ケーテ・フォン・ナギ　夫の出世を願う妻ナギが、自ら実業家となって、夫を出世させる。

グランド・ホテルの一夜　Eine Nacht im Grandhotel
1931　独　Thalia　未　91分　白黒　S　監督：マックス・ノイフェルト　主演：マルタ・エゲルト　グレタ・ガルボの「グランド・ホテル」Grand Hotel (1932)と同じ話。エゲルトがバレリーナ役を演じる。

女人禁制　Nie Wieder Liebe
1931　独　UFA　公開　88分　白黒　S　監督：アナトール・リトヴァク　主演：リリアン・ハーヴェイ　金持ちのプレイ・ボーイが、1年間の女人禁制を誓い友人と大金を賭けるが、それを破らせるために美しい娘ハーヴェイが送り込まれる。

オペラ座の仮装舞踏会　Opernredoute
1931　独　Greenbaum　未　85分　白黒　S　監督：マックス・ノイフェルト　主演：リアーネ・ハイト　仮装舞踏会へ行ったハイトが、夫の友人に口説かれて困惑する。

秘書　Die Privatsekretärin
1931　独　Greenbaum　未　100分　白黒　S　監督：ヴィルヘルム・ティーレ　主演：レナ

ーテ・ミュラー　ウィーンの銀行で速記係として採用されたミュラーが、銀行の経営者と恋をする。独英仏伊の4種類が別撮影された。

モナ・リザの失踪
Der Raub der Mona Lisa
1931　独　Super　公開　89分　白黒　S　監督：ゲツァ・フォン・ボルヴァリー　主演：トルーデ・フォン・モロ　1911年にルーブルからダ・ヴィンチの名画「モナ・リザ」を盗んだ男を描く。

お洒落王国　Ronny
1931　独　UFA　公開　89分　白黒　S　監督：ラインホルト・シュンツェル　主演：ケーテ・フォン・ナギ　パリの衣装デザイナーのナギはオペレッタ用の衣装を届けに行き、そのままプリマに代わって出演し、女嫌いの王子ヴィリー・フリッチュの心も捉える。

サーカス・リングの影　Schatten der Manege
1931　独　Haase　未　79分　白黒　S　監督：ハインツ・パウル　主演：リアーネ・ハイト　サーカスの女団長ハイトが、アクロバットの男をめぐり、曲馬師の娘と争う。

愛の集合ラッパ　Trara um Liebe
1931　独　Richard Eichberg　未　92分　白黒　S　監督：リヒャルト・アイヒベルク　主演：マルタ・エゲルト　軍隊を背景とした恋物語。

ヴィクトリアと彼女の軽騎兵
Viktoria und ihr Husar
1931　独　Aafa　未　96分　白黒　S　監督：リヒャルト・オズヴァルト　主演：ミカエル・ボーネン　第一次世界大戦で軽騎兵の隊長だった夫が戦死したと思ったハンガリーの伯爵夫人は、アメリカ人と再婚するが、夫が再び姿を現すので驚く。1954年にリメイクされている。

ベイビー　Baby
1932　独　Ondra-Lamac　未　86分　白黒　S　監督：カール・ラマク　主演：アニー・オンドラ　金持ちの娘ベイビー・スージー（オンドラ）は、親に反撥して家出し、ショー・ビジネスの世界で売り出す。ポーランド出身の歌手オンドラの代表作。同名の仏語版も作られている。ラマク監督とオンドラの無声映画「サックス・スージー」Saxophone-Susi (1928)*の再映画化。

青空　Das Blaue vom Himmel
1932　独　Aafa　未　77分　白黒　S　監督：ヴィクター・ヤンソン　主演：マルタ・エゲルト　地下鉄の切符売りの娘エゲルトが、郵便飛行士と恋をする。飛行士は空に愛の言葉を描いて告白する。

ブロンドの夢　Ein blonder Traum
1932　独　UFA　公開　98分　白黒　S　監督：パウル・マーティン　主演：リリアン・ハーヴェイ　ハリウッド行きを夢見る貧乏娘ハーヴェイを、ヴィリー・フリッチュとヴィリ・フォルストの窓拭き2人組が助ける。

運転手アントワネット　Chauffeur Antoinette
1932　独　Excelsior　未　88分　白黒　S　監督：ヘルベルト・セルピン　主演：シャルロッテ・アンデル　フランスでヒットした舞台劇の映画化。金持ちのアントワネット（アンデル）が、株式の暴落で破産し、自宅を売りに出すと、買い手の男が彼女に惚れる。英語版 The Love Contract (1932)*と、仏語版 Conduisez-moi, Madame (1932)*も、同じ監督で作られている。

ロシア皇帝のダイヤモンド
Der Diamant des Zaren
1932　独　Sokal　未　89分　白黒　S　監督：マックス・ノイフェルト　主演：リアーネ・ハイト　ロシア皇帝がかつて所有したといわれる「オルロフ」という巨大なダイヤモンドをめぐる話。

あれか、これか　Die - oder keine
1932　独　Carl Froelich　未　91分　白黒　S　監督：カール・フレーリヒ　主演：ギッタ・アルパー　欧州の小国の王子二人が歌手アルパーに恋をする。老王が亡くなった時にアルパーはどちらの王子を選ぶのか迫られる。

ワルツがあった頃
Es war einmal ein Walzer
1932　独　Aafa　未　78分　白黒　S　監督：ヴィクター・ヤンソン　主演：マルタ・エゲルト　フランツ・レハールが映画用に書いたオペレッタ作品。

御婦人向け外交官　Der Frauendiplomat
1932　独　T. K. Tonfilm　未　74分　白黒　S　監督：E・W・エモ　主演：マルタ・エゲルト　マックス・ハンセンはオーストリアの公爵で、各国大使館の御婦人のお相手を専門と

しているプレイ・ボーイだが、エゲルトと出会い本当に恋してしまう。出演者はオペラ出身者だが、軽快な曲が使われている。

自分の心を見つけたギッタ
Gitta Entdeckt Ihr Herz
1932 独 Carl Froelich 未 95分 白黒 S
監督：カール・フレーリヒ 主演：ギッタ・アルパー ハンガリーの舞台で活躍していたギッタが主演した作品。作曲家パウル・ケンプとその恋人ギッタの恋物語で、ケンプの曲が売れて二人の仲にヒビが入るが、最後には再び愛を確認する。

伯爵令嬢 Gräfin Mariza
1932 独 Roto 公開 115分 白黒 S 監督：リヒャルト・オズヴァルド 主演：ドロテア・ヴィーク エメリッヒ・カールマンのオペレッタの映画化。ハンガリーの伯爵令嬢ヴィークと農園の管理人フベルト・マリシュカの恋物語。

偽むらさき Die Gräfin von Monte-Christo
1932 独 UFA 公開 98分 白黒 S 監督：カール・ハートル 主演：ブリギッテ・ヘルム 映画女優を目指す無名のヘルムは、映画でモンテ・クリスト伯爵夫人という名のチョイ役が付いて、映画の衣裳のまま高級ホテルに乗り付けると、本物の伯爵夫人と勘違いしたホテルから下にも置かぬもてなしを受ける。それを見ていた詐欺師たちがひと稼ぎしようと考えて、彼女は詐欺事件に巻き込まれる。

私は昼あなたは夜 Ich bei Tag und du bei Nacht
1932 独 UFA 公開 98分 白黒 S 監督：ルドウィッヒ・ベルガー 主演：ケーテ・フォン・ナギ 昼に仕事をしているナギと、夜に仕事をしているヴィリー・フリッチュが部屋代を節約するために同じ部屋をシェアしているが、お互いを知らないまま恋をする。

あなたが誰なのか気にしない Ich will nicht wissen, wer du bist
1932 独 Boston 未 95分 白黒 S 監督：ゲツァ・フォン・ボルヴァリー 主演：リアーネ・ハイト 貧乏貴族の青年が金持ちの運転手となり、金持ちの姪ハイトと結ばれる。

今宵こそは Das Lied einer Nacht
1932 独 Cine-Allianz 公開 82分 白黒 S 監督：アナトール・リトヴァク 主演：ヤン・キープラ ラジオで有名な歌手キープラが、仕事を抜け出してリゾート地で可愛い娘と恋をする。

歌、接吻、娘 Ein Lied, ein Kuß, ein Mädel
1932 独 Super 未 98分 白黒 S 監督：ゲツァ・フォン・ボルヴァリー 主演：マルタ・エゲルト 女優志望のエゲルトが、金持ちと知らずにグスタフ・フレーリヒと恋をする。彼は密かに彼女のデビューを支援する。

結婚する娘 Mädchen zum Heiraten
1932 独 Fellner & Somio 未 102分 白黒 S 監督：ヴィルヘルム・ティーレ 主演：レナーテ・ミュラー ミュラーが好きな男に近づこうと考えて、家政婦になる。

恋の日曜日 Ein Mann mit Herz
1932 独 Super 公開 102分 白黒 S 監督：ゲツァ・フォン・ボルヴァリー 主演：グスタフ・フレーリヒ 青年銀行員フレーリヒが、偶然出会った頭取の令嬢と恋におちる。

愛の旋律 Melodie der Liebe
1932 独 Reichsliga 未 105分 白黒 S 監督：ゲオルク・ヤコビー 主演：リヒャルト・タウバー 文無しの作曲家に恋をしている娘に惚れたオペラ歌手タウバーの話。

現代の持参金 Moderne Mitgift
1932 独 T. K. Tonfilm 未 83分 白黒 S 監督：E・W・エモ 主演：マルタ・エゲルト

パプリカ Paprika
1932 独 Victor Klein 未 93分 白黒 S 監督：カール・ボーズ 主演：フランチスカ・ガール ハンガリー娘のガールは、惚れた男の家にメイドとして入り込むが、そこの主人がガールに色目を使う。

アルカディアの王子 Der Prinz von Arkadien
1932 独・墺 O. Glück, Wien 未 89分 白黒 S 監督：カール・ハートル 主演：リアーネ・ハイト アルカディアの王子ヴィリ・フォルストは政務をおろそかにして、村娘を追いかけてばかりなので、国を追い出されてしまう。フォルストはヨーロッパの小国に居を構えるが、そこで不真面目な王子にうんざりしてアルカディアから逃げ出して

きた娘と恋におちる。ロベルト・シュトルツの曲。英語版は英国での別撮影でPrince of Arcadia (1933)*。

クイック　Quick
1932　独　UFA　未　97分　白黒　S　監督：ロベルト・シオドマク　主演：リリアン・ハーヴェイ　離婚した有閑婦人ハーヴェイは、旅回り一座の道化師に恋をするが、道化師に恋をしているのか、それを演じている男に恋しているのかわからなくなる。日本にも輸入されて「恋は道化師」という邦題まで決まったが、公開されなかったようだ。

美しき冒険　Das schöne Abenteuer
1932　独　UFA　未　82分　白黒　S　監督：ラインホルト・シュンツェル　主演：ケーテ・フォン・ナギ　好きでない男と結婚させられそうになったナギは、従妹と男に助けられて祖母の下へ逃げ込むが、祖母は二人を新婚と思い込む。

勝利者　Der Sieger
1932　独　UFA　公開　92分　白黒　S　監督：ハンス・ハインリヒほか　主演：ハンス・アルバース　貧乏なアルバースは、金持ちの娘ケーテ・フォン・ナギと出会って恋におち、彼女の父親を破産から救って恋が成就する。

素敵なアイディア　Ein Toller Einfall
1932　独　UFA　未　87分　白黒　S　監督：クルト・ゲロン　主演：ヴィリー・フリッチュ　大邸宅を持つ金欠貴族が、館を売ろうと英国へ行くが、その間に甥のフリッチュが館をホテルに改装して、娘たちを集めてショーを上演、金欠を解消する。仏語版Une idée folle (1933)*は出演者が異なる。

シェーンブルン宮殿の夢
Traum von Schönbrunn
1932　独　Schulz & Wuellner　未　79分　白黒　S　監督：ヨハネス・マイヤー　主演：マルタ・エゲルト　王女エゲルトは好きではない王子と結婚を強いられそうになるが、彼女は王子が変装した姿に恋をしていた。

売られた花嫁　Die verkaufte Braut
1932　独　ASUM　未　77分　白黒　S　監督：マックス・オフュールス　主演：マックス・ナドラー　スメタナのオペラに基づいた作品。田舎の村娘が、好きな男がいるのに地主の息子と結婚させられそうになる。

モード巴里　Wenn die Liebe Mode macht
1932　独　UFA　公開　83分　白黒　S　監督：フランツ・ウェンツラー　主演：レナーテ・ミュラー　パリの洋装店のお針子ミュラーとデザイナーの恋を描く。

踊る奥様　Zwei Herzen und ein Schlag
1932　独　UFA　公開　85分　白黒　S　監督：ヴィルヘルム・ティーレ　主演：リリアン・ハーヴェイ　ハーヴェイは愛し合っていたホテルの給仕長と結婚するが、舞台への夢を捨てきれずに、家を飛び出して舞台デビューする。

ハワイの花　Die Blume von Hawaii
1933　独　Rio　未　86分　白黒　S　監督：リヒャルト・オズヴァルト　主演：マルタ・エゲルト　アブラハムのオペレッタの映画版。

ホフマン嬢の物語
Fräulein Hoffmanns Erzählungen
1933　独　Ondra-Lamac　未　89分　白黒　S　監督：カール・ラマク　主演：アニー・オンドラ　コーヒー輸入業の経営者オンドラに、ライバル会社の社主が恋をする。

ベロニカの花束　Gruß und Kuß - Veronika
1933　独　Victor Klein　公開　84分　白黒　S　監督：カール・ボーズ　主演：フランチスカ・ガール　花屋の店員ガールが、花束を毎日4人へ届けると客に話してしまい、贈り主の紳士に怒られるが、それが縁で結婚する。

今日が問題だ　Heut Kommts Drauf an
1933　独　Boston　未　86分　白黒　S　監督：クルト・ゲロン　主演：ハンス・アルバース　楽団リーダーのハンスは、女性楽団リーダーのルイーゼ・ライナーに惚れる。ところが、このふたつの楽団は「黄金のサックス賞」をめぐり、コンテストで競争していることがわかり、互いに策をめぐらす。

私と女王様　Ich und die Kaiserin
1933　独　UFA　公開　82分　白黒　S　監督：フリードリッヒ・ホレンダー　主演：リリアン・ハーヴェイ　女王様の調髪師ハーヴェイが落とした靴下留めを侯爵が拾い、ハーヴェイと女王様とを取り違える。

陽気な王子様
Des jungen Dessauers große Liebe
1933　独　UFA　公開　98分　白黒　S　監督：アーサー・ロビンソン　主演：ヴィリー・

フリッチュ　プロイセンのデッサウの王子フリッチュは、男前なうえに快活な人柄で、村娘の間で人気が高かったが、薬屋の娘トルーデ・マーレンと恋仲になる。王妃は息子が平民に恋しているのを心配して、隣国の姫君と結婚させようとするが、王様は薬屋の娘を貴族に叙して、王子との結婚を認める。仏語版 Tambour battant (1933)* は、ジョルジュ・ジゴーの主演。日本公開はオーストリア公開版で Eines Prinzen junge Liebe の原題。

皇帝円舞曲　Kaiserwalzer
1933　独　Zelnik　未　91分　白黒　S　監督：フレデリク・ツェルニク　主演：マルタ・エゲルト　カフェの歌姫エゲルトと貴族の恋物語。シュトラウスほかの音楽を使用。

愛を恐れないで　Keine Angst vor Liebe
1933　独　Ideal　未　94分　白黒　S　監督：ハンス・シュタインホフ　主演：リアーネ・ハイト　モーレツ上司と、のんびり上司の秘書が入れ替わる。

春のいざなひ　Ein Lied für dich
1933　独　UFA　公開　89分　白黒　S　監督：ヨーエ・マイ　主演：ヤン・キープラ　歌劇場のテノールのキープラが、歌劇の練習に迷い込んだ娘に一目惚れする。

歌は世界を廻る　Ein Lied geht um die Welt
1933　独　Rio　未　96分　白黒　S　監督：リヒャルト・オズヴァルト　主演：ヨゼフ・シュミット　人気歌手シュミットの、うまく行かない恋を描く。英語版 My Song Goes Round the World (1934)* も別撮影されている。

女の子が世界に巻き起こす旋風　Ein Mädel wirbelt durch die Welt
1933　独　Schulz & Wuellner　未　71分　白黒　S　監督：ゲオルク・ヤコビー　主演：マグダ・シュナイダー　若い作曲家と作詞家のチームは、黒い森の奥深くに住んで仕事に打ち込んでいるが、そこへ結婚から逃げた娘シュナイダーがバイクに乗って転がり込むので、二人の関係が怪しくなる。

偉大なる愛の夜　Die Nacht der großen Liebe
1933　独　Super-Film　未　95分　白黒　S　監督：ゲツァ・フォン・ボルヴァリー　主演：グスタフ・フレーリヒ　海軍将校フレーリヒは、コンスタンチノープルでチェコのオペラ歌手に惚れる。しかし、オペラ歌手はフレーリヒよりも年上で、自分の娘がフレーリヒに惚れたことから、彼女は年寄りの外交官と結婚することにする。

一夜の物語　Roman einer Nacht
1933　独　Atalanta　未　78分　白黒　S　監督：カール・ボーズ　主演：リアーネ・ハイト　ハイトと見知らぬ男との一夜の物語を描く。

あなたが誰なのか教えて　Sag' mir, wer Du bist
1933　独　T. K. Hisa　未　80分　白黒　S　監督：ゲオルク・ヤコビー　主演：リアーネ・ハイト　仮面舞踏会でハイトに恋をした青年が、ラジオで「あなたは誰？」と呼びかける。

カイロの結婚　Saison in Kairo
1933　独　UFA　公開　80分　白黒　S　監督：ラインホルト・シュンツェル　主演：レナーテ・ミュラー　大金持ちの未亡人とプレイ・ボーイの貴族を結婚させようと、未亡人の息子ヴィリー・フリッチュと貴族の娘ミュラーが目論むが、最後は若い二人が結婚する。

南の城　Das Schloß im Süden
1933　独　Boston　未　90分　白黒　S　監督：ゲツァ・フォン・ボルヴァリー　主演：リアーネ・ハイト　映画女優ハイトが、身分を隠して映画の相手役となった本物の王子に恋をする。

女の子はあなたを忘れない　So ein Mädel vergißt man nicht
1933　独・墺　Projektograph　未　92分　白黒　S　監督：フリッツ・コルトナー　主演：ヴィリ・フォルスト　長く仕事にあぶれていた連中が、久々に集まり大きなショーを作る。その過程の恋やドラマを描く。

ヴァレンシアの星　Der Stern von Valencia
1933　独　UFA　未　83分　白黒　S　監督：アルフレッド・ツァイスラー　主演：リアーネ・ハイト　蒸気船「ヴァレンシアの星」をめぐる話。

カルメン狂想曲　Viktor und Viktoria
1933　独　UFA　公開　100分　白黒　S　監督：ラインホルト・シュンツェル　主演：レナーテ・ミュラー　売れない貧乏女優ヴィクトリア（ミュラー）が、冴えない男優ヴィクターの代役を演じて人気を得る。

ワルツ合戦　Walzerkrieg
1933　独　UFA　公開　93分　白黒　S　監督：ルドウィッヒ・ベルガー　主演：レナーテ・ミュラー　英国女王がヨハン・シュトラウスの楽団をロンドンに招くので、対抗心を燃やしたヨゼフ・ランナーもロンドンに乗り込み、御前で演奏してワルツで競い合う。最後は二人で仲良くラデツキー行進曲を演奏する。

女性の夢は何　Was Frauen träumen
1933　独　Super-Film　未　90分　白黒　S　監督：ゲツァ・フォン・ボルヴァリー　主演：ノラ・グレゴール　宝石好きで盗癖のある娘グレゴールは、宝石店に目を付けられているが、盗んだ後は密かに男が支払っているので捕まらない。しかし、彼女の香水の付いた手袋が宝石店に残されていたため、いよいよピンチが訪れる。アメリカでOne Exciting Adventure (1934)*としてリメイクされている。

ロシア皇太子　Der Zarewitsch
1933　独　Prima-Tonfilm　未　87分　白黒　S　監督：ヴィクター・ヤンソン　主演：マルタ・エゲルト　レハールのオペレッタ作品の映画版。

別れの曲　Abschiedswalzer
1934　独　Boston　公開　87分　白黒　S　監督：ゲツァ・フォン・ボルヴァリー　主演：ヴォルフガング・リーベンアイナー　ショパンの伝記映画。本来はドイツ映画だが、日本では仏語版La Chanson de l'Adieu (1934)が輸入されたためにフランス映画扱いされる場合も多い。

チャルダス姫　Die Czardasfürstin
1934　独　UFA　公開　95分　白黒　S　監督：ゲオルク・ヤコビー　主演：マルタ・エゲルト　エメリヒ・カールマンの同名オペレッタ「チャールダッシュの女王」(1915)の映画版。カールマンはハンガリー人だがユダヤ系なので、映画クレジットに名前が出てこない。ブダペストでチャールダッシュの女王と呼ばれて人気のあるエゲルトと、彼女に熱を上げる伯爵パウル・ケンプ、そのパウルの婚約者の貴族令嬢、エゲルトに恋する軽騎兵の4人をめぐる話。舞台版とは、少し異なった内容。

英国式の結婚　Die englische Heirat
1934　独　Cine-Allianz　未　97分　白黒　S　監督：ラインホルト・シュンツェル　主演：レナーテ・ミュラー　英国貴族がベルリン娘ミュラーと結婚するが、英国人家族は彼女に対して冷淡に振る舞う。

偉人の恋人
Die Freundin eines großen Mannes
1934　独　UFA　未　97分　白黒　S　監督：パウル・ヴェゲネル　主演：ケーテ・フォン・ナギ　わがまま女優のために、「偉人の恋人」という新作劇の上演が危ぶまれるが、有名女優ナギが名前を変えて出演して成功させる。

人生を楽しんで　Freut euch des Lebens
1934　独　UFA　未　91分　白黒　S　監督：ハンス・スタインホフ　主演：ドリット・クライスラー　人気者のウェートレスが歌唱コンテストで優勝して、旅行へ行き伴侶も見つける。

君を夢みて
Ich kenn' dich nicht und liebe dich
1934　独　Boston　公開　94分　白黒　S　監督：ゲツァ・フォン・ボルヴァリー　主演：マグダ・シュナイダー　オペレッタ作曲家のヴィリ・フォルストが、美しい令嬢の写真に触発されて、『汝知らねど、汝を愛す』というヒット曲を書く。その令嬢はシュナイダーだとわかり、その家の召使となって家に入り込むが、非の打ちどころがないので、正式に作曲家として求婚をする。

夜の鶯　Ihr größter Erfolg
1934　独　Cine-Allianz　公開　92分　白黒　S　監督：ヨハネス・マイヤー　主演：マルタ・エゲルト　19世紀初頭にウィーンで活躍した女優テレーズ・クロネスの伝記作品。

若い男爵ノイハウス
Der junge Baron Neuhaus
1934　独　UFA　未　95分　白黒　S　監督：グスタフ・ウチキー　主演：ケーテ・フォン・ナギ　マリア・テレジア時代の18世紀ウィーンで、若い貴族のプレイ・ボーイが活躍する。

愛と死と悪魔　Liebe, Tod und Teufel
1934　独　UFA　未　105分　白黒　S　監督：ハインツ・ヒルペルトほか　主演：ケーテ・フォン・ナギ　小説「宝島」で有名な小

説家スティーヴンソンの短編の映画化。願いを叶えてくれる精霊の宿るビンを手に入れた水兵が、美しい娘ナギと知り合い結婚しようとするが、そのビンを安く売らないと心を悪魔に支配されてしまうことを知る。ブリギッテ・ホルナイが歌手役で歌っている。仏語版はLe diable en bouteille (1935)*。

唄へ今宵を　Mein Herz ruft nach dir
1934　独　Cine-Allianz　公開　83分　白黒　S　監督：カルミネ・ガローネ　主演：ヤン・キープラ　金欠のオペラ団がモンテ・カルロの劇場支配人に何とか認められてやっと公演できる。キープラとマルタ・エゲルトの顔合わせ。

不運なマリー　Pechmarie
1934　独　Klagemann　未　92分　白黒　S　監督：エリッヒ・エンゲル　主演：ジェニー・ユーゴ　生まれつき不運な娘マリーは、新聞売りで生活を支えているが、浮浪者からもらった宝くじが当たり、運が向いてくる。

桃源郷　Prinzessin Turandot
1934　独　UFA　公開　82分　白黒　S　監督：ゲルハルト・ランプレヒト　主演：ケーテ・フォン・ナギ　トゥーランドット姫の話。ナギが姫でカラフ役はヴィリー・フリッチュ。音楽はプッチーニではなく、フランツ・デーレが書いている。

君にワルツを一曲　Ein Walzer für dich
1934　独　Badal　未　92分　白黒　S　監督：ゲオルク・ゾッホ　主演：ルイ・グラヴール　ヨーロッパの小国を統治するカーミラ・ホーンは、昔の王子で今は歌手のグラヴールが戻って来るので、政権を譲り二人は結婚する。

紅天夢　Amphitryon
1935　独　UFA　公開　105分　白黒　S　監督：ラインホルト・シュンツェル　主演：ヴィリー・フリッチュ　ギリシャ神話の世界の話。人間界の戦士アンフィトリオン（フリッチュ）の美しい妻ケーテ・ゴールトを見初めたゼウス（フリッチュの二役）は、アンフィトリオンに化けてケーテを口説こうとするが、自分の妻ジュノーに見つかり天界に連れ戻される。

金髪のカルメン　Die Blonde Carmen
1935　独　Cine-Allianz　未　101分　白黒　S　監督：ヴィクトル・ヤンソン　主演：マルタ・エゲルト　エゲルトはブダペストのオペレッタのスターで、休養で山に来ているが、新作のオペレッタ「金髪のカルメン」を仕上げようと、二人の作曲家チームが同じホテルへやって来る。二人の会話を立ち聞きしたエゲルトは二人をからかうことにする。

ハンガリア夜曲　Die ganze Welt dreht sich um Liebe
1935　独　Standard　公開　93分　白黒　S　監督：ヴィクトル・トゥーヤンスキー　主演：マルタ・エゲルト　ウィーンで人気のハンガリー歌手エゲルトを見て、田舎から来た地主の息子が夢中になり、二人は恋におちる。しかし新聞記事から、もしかすると自分の妹ではないかと心配するが、新聞記事がでたらめだとわかり、二人は結ばれる。

すべての女性を愛す　Ich liebe alle Frauen
1935　独　UFA　未　88分　白黒　S　監督：カール・ラマク　主演：ヤン・キープラ　キープラがオペラ歌手役と商人の二役を演ずる喜劇。パーティ嫌いのオペラ歌手が、よく似た商人にパーティでの代役を務めてもらったことから起こる間違いの喜劇。仏語版J'aime toutes les femmes (1935)*の相手役には、ダニエル・ダリューが出演している。

ワルツの季節　Königswalzer
1935　独　UFA　公開　83分　白黒　S　監督：ヘルベルト・マイシュ　主演：ヴィリ・フォルスト　19世紀中頃のドイツ。オーストリアの若き国王ヨゼフは、エリザベートとの結婚話を進めるために、武官フォルストを使者としてバイエルンへ送る。フォルストはエリザベートの話をまとめるだけでなく、自分の結婚相手も見つける。同じ題名で1955年にリメイクされている。仏語版Valse royale (1935)*も別メンバーで撮られた。

軽騎兵　Leichte Kavallerie
1935　独　UFA　未　88分　白黒　S　監督：ヴェルナー・ホックバウム　主演：マリカ・レック　継父に虐待されて家から逃げ出したマリカが、旅回りのサーカスで馬に乗り軽業を見せて人気者になる。

愛の夢　Liebesträume
1935　独・墺・ハンガリー　Attila　未　90分　白黒　S　監督：ハインツ・ヒレ　主演：

フランツ・ヘルテリッヒ　フランツ・リストの伝記映画。

マズルカ　Mazurka
1935　独　Cine-Allianz　公開　91分　白黒　S　監督：ヴィリ・フォルスト　主演：ポーラ・ネグリ　パーティで酔っ払ったところを無理に口説かれて、女好きのピアニストと一夜を共にしたネグリは、今はキャバレーで歌っているが、その相手が店に来たので撃ち殺してしまう。ネグリが久々にドイツへ戻って撮った作品。自分で歌っているが、一部は吹替らしい。

第九交響楽　Schlußakkord
1935　独　UFA　公開　100分　白黒　S　監督：ダグラス・サーク　主演：ヴィリー・ビルゲル　一人息子を祖国ドイツに残してアメリカへ渡った母親が、ラジオでベートーヴェンの第九交響曲を聞いて、生きる力を取り戻し、ドイツへ戻り音楽家の養子となった息子の乳母として、実の息子を育てる。

白鳥の舞　Schwarze Rosen
1935　独　UFA　公開　93分　白黒　S　監督：パウル・マーティン　主演：リリアン・ハーヴェイ　ロシアのバレリーナであるタニア・フェードロワナをハーヴェイが演じた伝記。

ストラディヴァリウス　Stradivari
1935　独　Boston　未　100分　白黒　S　監督：ゲツァ・フォン・ボルヴァリー　主演：グスタフ・フレーリヒ　有名なヴァイオリンのストラディヴァリウスをめぐる話。このヴァイオリンを持ち、将来は演奏家になるのが夢だった青年が、第一次世界大戦で負傷して夢断たれ、治療に当たった医師に恋人まで取られそうになる。

プラーグの大学生　Der Student von Prag
1935　独　Cine-Allianz　公開　87分　白黒　S　監督：アルトゥール・ロビンソン　主演：アントン・ウォルブルック　無声映画時代に2度映画化されているので、3度目の映画化。自分の影と引き換えに財産を手に入れた大学生が、影に苦しみ最後は命を断つ。歌姫役のドロテア・ヴィークの歌声は、ミリツァ・コリャスによるもので、素晴らしいソプラノを聞かせる。

小鳥売り　Der Vogelhändler
1935　独　Majestic　公開　白黒　S　監督：E・W・エモ　主演：マリア・アンデルガスト　カール・ツェラーのオペレッタの映画版。チロル地方の小鳥売りの男と、村の郵便局の娘アンデルガストの恋物語。

もし音楽がなければ　Wenn die Musik nicht wär
1935　独　FDF　未　89分　白黒　S　監督：カルミネ・ガローネ　主演：パウル・ヘルビガー　フランツ・リスト門下生の音楽教師と、金持ち娘の恋物語。

冬の夜の夢　Winternachtstraum
1935　独　Boston　未　70分　白黒　S　監督：ゲツァ・フォン・ボルヴァリー　主演：マグダ・シュナイダー　事務員の若者が、小切手を間違った銀行へ持ち込んだ後に、恋人シュナイダーとアルプス旅行に行くので、横領を疑われて騒ぎとなる。

ジプシー男爵　Zigeunerbaron
1935　独　UFA　公開　105分　白黒　S　監督：カール・ハートル　主演：アントン・ウォルブルック　ヨハン・シュトラウスのオペレッタの映画版。トルコがハンガリーに攻め入った時に、トルコに味方したとして地方領主が追放されるが、後年、成長した遺児が戻り、昔の財宝を掘り出して土地を取り戻し、自分が助けたジプシーの娘と恋をする。

ひめごと　Allotria
1936　独　Cine-Allianz　公開　94分　白黒　S　監督：ヴィリ・フォルスト　主演：レナーテ・ミュラー　親友同士の二人の青年が、同じ女を愛さないと誓うが、実は同じ娘に恋しいた。

アヴェ・マリア　Ave Maria
1936　独・伊　Itala　未　88分　白黒　S　監督：ヨハネス・リーマン　主演：ケーテ・フォン・ナギ　亡くなった恋人の墓を訪れたオペラ歌手ベンジャミーノ・ジリは、パリでクラブ歌手ナギと出会い、彼女の本当の愛を知り結婚する。

乞食学生　Der Bettelstudent
1936　独　UFA　公開　95分　白黒　S　監督：ゲオルク・ヤコビー　主演：フリッツ・カムパース　カール・ミレカーのオペレッタの映画版。貴族の娘に平手打ちをくわされた領主は、娘に復讐しようと、牢獄にいた乞食

学生ヨハネス・ヘースタースたちを貴族に仕立て、彼女との結婚式を仕組み、後で身分をバラして笑いものにしようと考える。

ボッカチオ Boccaccio
1936　独　UFA　公開　88分　白黒　S　監督：ヘルベルト・マイシュ　主演：アルブレヒト・シェンハルス　スッペのオペレッタではなく、映画オリジナルの作品。中世のイタリアで、貧乏な裁判書記のヴィリー・フリッチュが、金のためにボッカチオの筆名で艶本を書き、領主の浮気を皮肉ると、怒った領主は出版人を投獄してしまう。しかし女たちの間でボッカチオの人気が高まり、領主も偽ボッカチオとなり女を口説こうとするので混乱する。

愛のレッスン Das Einmaleins der Liebe
1936　独　Minerva　未　96分　白黒　S　監督：カール・ホフマン　主演：ルイーゼ・ウルリッヒ　青年と若い娘の愛の駆け引きと誤解を描く。青年は二人の人物に成りすますが、娘のほうが一枚上手で、3人の娘の振りをする。

誘拐 Die Entführung
1936　独　Boston　未　87分　白黒　S　監督：ゲツァ・フォン・ボルヴァリー　主演：グスタフ・フレーリヒ　多感な年頃の娘が家を抜け出し、誘拐されたことにして、フレーリヒのヨットで密航しようとする。

幸運児 Glückskinder
1936　独　UFA　未　93分　白黒　S　監督：パウル・マーティン　主演：リリアン・ハーヴェイ　失業女優ハーヴェイとアルバイトで新聞記者をやっていたヴィリー・フリッチュが、意図せずに結婚してしまい、二人で珍道中を繰り広げる。

熱血 Heißes Blut
1936　独　UFA　未　93分　白黒　S　監督：ゲオルク・ヤコビー　主演：マリカ・レック　レックが恋人を助けるために自分の財産をなげうって、債務を肩代わりする。

思ひ出の曲 Das Hofkonzert
1936　独　UFA　公開　85分　白黒　S　監督：ダグラス・サーク　主演：マルタ・エゲルト　侯爵の音楽会に招かれたミュンヘンで評判の歌姫エゲルトは、母親から受け継いだ曲を歌い、侯爵の娘だということが明らかになる。

間奏曲 Intermezzo
1936　独　Majestic　未　94分　白黒　S　監督：ヨゼフ・フォン・バキー　主演：トレーシ・ルドルフ　オペラのプリマであるルドルフは、金持ちの婚約者から引退を勧められるが、オペラを諦めるのが嫌で、スペインへ行きオペラ作曲家と恋をする。同じ原題のイングリッド・バーグマンの「間奏曲」(1936)と、そのリメイクの「別離」(1939)があるが、別作品。

白服の娘 Mädchen in Weiß
1936　独　FDF　未　85分　白黒　S　監督：ヴィクター・ヤンソン　主演：マリア・チェボターリ　美人ソプラノのチェボターリ主演の作品。サンクト・ペテルブルグの女学校で、今は亡き名オペラ歌手の娘が、オペラの道に進もうと考えるが、婚約者の貴族がそれを認めないために悩む。

フランドルの城 Das Schloß in Flandern
1936　独　Tobis-Magna　未　93分　白黒　S　監督：ゲツァ・フォン・ボルヴァリー　主演：マルタ・エゲルト　第一次世界大戦中に、6人の英国将校がパリのレヴューの歌姫に恋をする。

ひばりの歌うところ Wo die Lerche singt
1936　独　A. G. Berna　未　97分　白黒　S　監督：カール・ラマク　主演：マルタ・エゲルト　エゲルトは地主の娘だが、家計を助けるために、街道沿いに自動車向けのレスト・ハウスを開こうと考え、ガソリン・スタンドを計画していた男と協力して、一緒に店を作る。

舞姫記 Fanny Elßler
1937　独　UFA　公開　83分　白黒　S　監督：パウル・マーティン　主演：リリアン・ハーヴェイ　19世紀初頭に活躍したバレリーナのファニー・エルスラーの伝記。

女の愛 女の苦しみ Frauenliebe - Frauenleid
1937　独　Cine-Allianz　未　99分　白黒　S　監督：アウグスト・ジェニナ　主演：マグダ・シュナイダー　アメリカのピアニストが初めての欧州演奏を終えてホテルに戻ると、一人の少年が手紙を差し出す。手紙には彼の子供だと書かれていて、その母親シュナイダーは亡くなっている。音楽入りのドラマ。

ガスパローネ　Gasparone
1937　独　UFA　未　94分　白黒　S　監督：ゲオルク・ヤコビー　主演：マリカ・レック　「乞食学生」(1936)に続くカール・ミレカーのオペレッタの映画版。

南の誘惑　La Habanera
1937　独　UFA　公開　98分　白黒　S　監督：ダグラス・サーク　主演：ツァラー・レアンダー　プエルト・リコで現地の金持ちと結婚したスウェーデン娘レアンダーが、夫が暴君だと知り望郷の念に苦しむ。そこへ昔の恋人だったスウェーデン人医師がやって来て、恋心に火がつく。

回転木馬　Karussell
1937　独　UFA　未　89分　白黒　S　監督：アルヴィン・エリンク　主演：マリカ・レック　ダンサーのレックは仕事がないので、兄のガソリン・スタンドを手伝っていた。レックは沢山の男たちから言い寄られるが本当に好きなのは親類の男で、彼と結婚するために叔父を説得する。

シャーロック・ホームズだった男　Der Mann, der Sherlock Holmes war
1937　独　UFA　未　112分　白黒　S　監督：カール・ハートル　主演：ハンス・アルバース　1910年にブリュッセルで開かれた万国博覧会で、高価な切手が盗まれたのを捜査するために、シャーロック・ホームズとその友人ワトソンを騙るアルバースとハインツ・レーマンが、夜行列車を止めて捜査を行うが、作者のコナン・ドイルが現れて、二人は偽物だと露呈する。

祖国なき人　Menschen ohne Vaterland
1937　独　UFA　未　105分　白黒　S　監督：ヘルベルト・マイシュ　主演：ヴィリー・フリッチュ　第一次世界大戦後のバルト海に面した港町リエパーヤ。ドイツへ攻め込もうとするソヴィエト赤軍と、ドイツ系ロシア貴族で「正義」のドイツ側で戦うフリッチュを描く。サンクト・ペテルブルグから逃れてきたドイツ娘との恋が絡む。典型的なナチスのプロパガンダ映画。

母の歌　Mutterlied
1937　独・伊　Itala　未　94分　白黒　S　監督：カルミネ・ガローネ　主演：ベンジャミーノ・ジリ　オペラ・スターのジリとマリア・チェボターリの恋物語。舞台の役と現実生活が重なって見える。伊語版は「あなただけに」Solo per te (1938)*。

七つ擲る　Die Sieben Ohrfeigen
1937　独　UFA　公開　97分　白黒　S　監督：パウル・マーティン　主演：リリアン・ハーヴェイ　株式市場の暴落で7ポンドを失ったヴィリー・フリッチュが、仇敵と思った男の娘リリアン・ハーヴェイに恋してしまう。

夜のタンゴ　Tango Notturno
1937　独　FDF　公開　88分　白黒　S　監督：フリッツ・キルヒホフ　主演：ポーラ・ネグリ　歌手のネグリは、『夜のタンゴ』を書いた作曲家と結婚して子供が出来るが、ネグリとよりを戻したい飛行士の男と会っている最中に子供が転落死するので、夫の作曲家は浮気を疑う。ネグリの歌ったタイトル曲がタンゴの名曲として残った。

トガー　Togger
1937　独　Minerva　未　99分　白黒　S　監督：ユルゲン・フォン・アルテン　主演：レナーテ・ミュラー　ワイマールからナチス時代に移るドイツでの、新聞社の動きを描く。

空中劇場　Truxa
1937　独　Tobis-Magna　公開　92分　白黒　S　監督：ハンス・H・ツェルレット　主演：ラ・ヤーナ　サーカスの綱渡りの男トルクサと、魔術師の助手をしている踊り子ラ・ヤーナは恋仲になるが、魔術師が横恋慕する。

そしてあなたは私の最愛の人と行く　Und du mein Schatz fährst mit
1937　独　UFA　未　97分　白黒　S　監督：ゲオルク・ヤコビー　主演：マリカ・レック　オペラ歌手レックは、渡航中からトラブルに巻き込まれて、アメリカでは盗みの疑いで告訴されて窮地に陥る。

魅惑　Der Unwiderstehliche
1937　独　Tobis-Magna　未　83分　白黒　S　監督：ゲツァ・フォン・ボルヴァリー　主演：アニー・オンドラ　オンドラは金持ちだったが、金ではなく自分を本当に愛してくれる男性を見つけるために、洋服店のモデルをしている。同じ店で働く青年も金持ちの息子であることを隠して働いていて、二人が恋をする。

白い奴隷　Weiße Sklaven
1937　独　Lloyd　未　111分　白黒　S　監

督：カール・アントン　主演：テオドール・ロース　ロシア革命で、戦艦と黒海の港を舞台に、逃げ惑う貴族の娘らを描く革命劇。カミラ・ホルンの歌が入っている。

女が黙るとき　Wenn Frauen schweigen
1937　独　UFA　未　78分　白黒　S　監督：フリッツ・キルヒホフ　主演：ヨハネス・ヘースタース　ヘースタースは恋人と結婚するが、歌が上手なことは隠していた。ある日、妻に内緒でセレナーデを歌ったところ、その歌声がレコード会社に偶然録音されてレコード発売されるので騒ぎとなる。

世界の涯てに　Zu neuen Ufern
1937　独　UFA　公開　106分　白黒　S　監督：ダグラス・サーク　主演：ツァラー・レアンダー　愛する男の身代わりとなって刑を受け、オーストラリアの刑務所へ送られた英国人歌手レアンダーは、その後、恋人が出世してオーストラリアの総督副官になるものの、救いの手を差し伸べないので、絶望して酒場の歌手となる。

西班牙の夜　Andalusische Nächte
1938　独　Carl Froelich　公開　94分　白黒　S　監督：ヘルベルト・マイシュ　主演：インペリオ・アルヘンティーナ　アルゼンチン生まれのスペインの歌姫アルヘンティーナが、カルメンを演じる。ビゼーの曲ではなく、新曲が使われている。西語版 Carmen, la de Triana (1938)* も別撮影された。

アンナ・ファヴェッティ　Anna Favetti
1938　独　Fanal　未　99分　白黒　S　監督：エリッヒ・ワシュネク　主演：ブリギッテ・ホルナイ　第一次世界大戦で行方不明となった息子の帰りを待つ老いた父親は、娘のアンナ（ホルナイ）と暮らしているが、旅行に来た建築家の男とホルナイが恋におち、父親は帰らぬ息子の現実を受け入れて娘の結婚を認める。

青狐　Der Blaufuchs
1938　独　UFA　未　101分　白黒　S　監督：ヴィクトル・トゥーヤンスキー　主演：ツァラー・レアンダー　堅物の大学教授が、妻レアンダーにかまわないので、レアンダーは夫の友人の飛行士と恋をして、カップルが組み替わる。

カプリチオ　Capriccio
1938　独　UFA　公開　95分　白黒　S　監督：カール・リッター　主演：リリアン・ハーヴェイ　ハーヴェイは、中年の知事と結婚させられそうになり、男装して逃げ出し、知事の従弟と恋をして結婚する。

私の心はあなたのもの　Dir gehört mein Herz
1938　独・伊　Itala　未　104分　白黒　S　監督：カルミネ・ガローネ　主演：ベンジャミーノ・ジリ　オペラ歌手ジリが田舎のワイン農園へ戻っている時に、旅回りの人形劇団で歌い、英国娘と恋におちる。イタリア語版は「マリオネット」Marionette (1939)*。

輝くスター　Es leuchten die Sterne
1938　独　Tobis　未　100分　白黒　S　監督：ハンス・H・ツェルレット　主演：ラ・ヤーナ　田舎からベルリンに出てきて映画スターを目指す娘が、リード・ダンサーと間違われて、レヴューで主役を演じる。

五百万ドルの相続人　Fünf Millionen suchen einen Erben
1938　独　Majestic　未　85分　白黒　S　監督：カール・ボーズ　主演：ハインツ・ルーマン　アメリカの金満家の叔父が500万ドルの大金を残して亡くなり、ドイツの甥がそれを相続することになるが、幸せな結婚が条件となっている。条件を確認するために公証人がアメリカからドイツへ渡るが、公証人は結婚を妨害して遺産を受け取らせまいとする。

大冒険　Das große Abenteuer
1938　独　Cine-Allianz　未　99分　白黒　S　監督：ヨハネス・マイヤー　主演：マリア・アンデルガスト　ニュー・ヨークで、ドイツ人の女性歌手が『愛の夢』という歌で有名になるが、拳闘選手の殺人事件に巻き込まれてしまう。

故郷　Heimat
1938　独　UFA　公開　98分　白黒　S　監督：カール・フレーリヒ　主演：ツァラー・レアンダー　娘を家庭に閉じ込めようとする古い考えの父親と決別し、アメリカへ渡り成功した歌手レアンダーが、故郷のドイツへ戻る。故郷では、妊娠させたまま彼女を捨てた昔の恋人と再会、再び言い寄られるので、故郷を再び捨てるか否かと悩む。

秘密指令　In geheimer Mission

1938　独　Cine-Allianz　未　91分　白黒　S
監督：ユルゲン・フォン・アルテン　主演：グスタフ・フレーリヒ　ごく普通の男がイタリアのジェノヴァへ書類鞄を届ける指令を受けて現地へ赴くが、そこで美しい娘と出会い事件に巻き込まれる。

ジャングルの決死行　Kautschuk
1938　独　UFA　公開　104分　白黒　S　監督：エドゥアルト・フォン・ボルゾディ　主演：ルネ・デルトゲン　ブラジルのアマゾン奥地に、禁じられているゴム種子の採取へ行く。

憧れの君よ　Ma soeur de lait
1938　独・仏　UFA　公開　104分　白黒　S　監督：ジャン・ボワイエ　主演：メグ・ルモニエ　お転婆娘ルモニエが、好きな映画スターに近づこうと、幼なじみの娘に変装したり、あの手この手を使ったりして、最後には結婚する。

モニカ　母親は子供のために戦う
Monika. Eine Mutter kämpft um ihr Kind
1938　独　Aco　未　90分　白黒　S　監督：ハインツ・ヘルビック　主演：マリア・アンデルガスト　経済的な理由で自分の子供を手放した母親が、映画スターとなり子供と再会する。

決断の夜　Die Nacht der Entscheidung
1938　独　FDF　未　89分　白黒　S　監督：ヌンツィオ・マラソンマ　主演：ポーラ・ネグリ　領事の男は妻を亡くし、若く美しいネグリと再婚するが、ネグリはいつの間にか領事の娘の恋人と深い仲となる。

五月の一夜　Eine Nacht im Mai
1938　独　UFA　未　88分　白黒　S　監督：ゲオルク・ヤコビー　主演：マリカ・レック　お転婆娘のレックが、免許停止中なのに自動車事故を起こして逃げ回り、ベルリンへ戻ってパーティに出席すると、偶然に事故の相手の男性と出会ってしまう。

ナノン　Nanon
1938　独　UFA　未　83分　白黒　S　監督：ヘルベルト・マイシュ　主演：エルナ・サック　ルイ14世時代のフランス。美貌の歌手サック（ナノン役）は、難攻不落で有名だが、貴族ヨハネス・ヘースタースがついに彼女の心を射止める。恋敵から決闘を求められたヘースタースは、ルイ王の禁止した決闘により逮捕されてしまうが、劇作家モリエールからの嘆願状で救われる。

ナポレオンが全部悪い
Napoleon ist an allem schuld
1938　独　Tobis　未　93分　白黒　S　監督：クルト・ゲッツ　主演：クルト・ゲッツ　ナポレオン好きの貴族がパリへ行く途中で踊り子に惚れるが、貴族の妻ジョセフィーヌのほうが一枚上手だった。

7号船室の銃声　Schüsse in Kabine 7
1938　独　Majestic　未　86分　白黒　S　監督：カール・ボーズ　主演：マリア・アンデルガスト　南アフリカからアムステルダムへ貴重なダイヤを運ぶため、どちらが本物かわからないようにして、ふたつの船で運ばれる。途中で収納ケースが盗まれるが、本当はまったく違う方法でダイヤは運ばれていた。

危険な踊り　Der Tanz auf dem Vulkan
1938　独　Majestic　未　86分　白黒　S　監督：ハンス・スタインホフ　主演：グスタフ・グリュンゲンス　1830年のパリ。人気の喜劇役者グリュンゲンスは、圧政で評判の悪いシャルル10世を痛烈に批判するが、逆に逮捕されて死刑判決を受ける。しかし、彼を愛する庶民はこれを阻止しようとする。

思ひ出の円舞曲（ワル）　Verklungene Melodie
1938　独　UFA　公開　98分　白黒　S　監督：ヴィクトル・トゥーヤンスキー　主演：ブリギッテ・ホルナイ　砂漠での不時着事故がきっかけで、女優志願のホルナイは実業家と知り合い恋をするが、結局は彼の下から去る。

五月に一度の　Wie einst im Mai
1938　独　Ariel　未　96分　白黒　S　監督：リヒャルト・シュナイダー・エデンコベン　主演：ハンス・ゼッシュ・バロット　19世紀初頭から、1937年に開催されたベルリン700年祭までの、ある一家の年代記。

二人の女　Zwei Frauen
1938　独　Tobis　未　82分　白黒　S　監督：ハンス・H・ツェルレット　主演：オルガ・チェホーワ　有名女優チェホーワは、若いレーサーの男に惚れて結婚を考えるが、そこへ突然、別れた夫と暮らす18歳の娘が、女優になりたいとやって来る。娘の存在を再婚相

手に隠そうとするが、いつの間にか若い二人は恋仲となってしまう。

冒険は続く　Das Abenteuer geht weiter
1939　独　Bavaria　未　93分　白黒　S　監督：カルミネ・ガローネ　主演：ヨハネス・ヘースタース　発展家のオペラ歌手ヘースタースは、アメリカ人女性と一緒にミラノからミュンヘンへ飛び、すぐに引き返そうとするが悪天候で飛行機が飛ばずに、陸路で戻る途中の宿屋の娘にも手を出す。彼の妻は離婚を申し出るが、彼女なしではうまく歌えないので、ヘースタースは引き留める。

三番港の警報　Alarm auf Station III
1939　独　Terra　未　96分　白黒　S　監督：フィリップ・ロター・マイヤリンク　主演：グスタフ・フレーリヒ　酒の密輸をする軍曹フレーリヒと、その愛人の酒場歌手の話。

ベラミ　美しき女性のお気に入り
Bel Ami. Der Liebling schöner Frauen
1939　独　Forst　未　96分　白黒　S　監督：ヴィリ・フォルスト　主演：ヴィリ・フォルスト　モーパッサンの小説の映画版。美男の新聞記者ベラミ（フォルスト）が社交界の女たちを次々に利用して出世する。

缶の中の結婚　Ehe in Dosen
1939　独　Cine-Allianz　未　96分　白黒　S　監督：ヨハネス・マイヤー　主演：レニー・マレンバッハ　作曲家とその妻はいつも喧嘩ばかりなので離婚を考えるが、妻の叔父の提案で、時間をかけて問題の解決を図ることにする。結局、作曲家は成功し、二人の子供のために夫婦を続けることにする。

さんざめく舞踏会の夜
Es war eine rauschende Ballnacht
1939　独　UFA　公開　94分　白黒　S　監督：カール・フレーリヒ　主演：ツァラー・レアンダー　売れない作曲家チャイコフスキーに舞踏会で再会した昔の恋人レアンダーは、今は貴族の妻なので本人には内緒で援助をする。楽譜の出版を手配して演奏会も成功させるが、チャイコフスキーは病に倒れて亡くなる。マリカ・レックが、チャイコフスキーと形だけの結婚をする踊り子役で出演している。

舵取りする女　Frau am Steuer
1939　独　UFA　未　85分　白黒　S　監督：パウル・マーティン　主演：リリアン・ハーヴェイ　銀行員のハーヴェイは、クビにされると困るので結婚を隠しているが、妊娠してしまう。

ハロー、ジャニーヌ！　Hallo Janine!
1939　独　UFA　未　93分　白黒　S　監督：カール・ボーズ　主演：マリカ・レック　踊り子レックは、親友をひどい目に遭わせたプレイ・ボーイの貴族ヨハネス・ヘースタースに復讐しようと考える。

僕はすぐに戻るから
Ich bin gleich wieder da
1939　独　UFA　未　89分　白黒　S　監督：ペーター・パウル・ブラウア　主演：パウル・クリンガー　学生クリンガーが、ショーに出ている娘の助手となって楽屋に出入りするうちに、演出家の娘や踊り子など、3人の娘を相手にするので忙しくなる。

物言わぬ賢母　Die kluge Schwiegermutter
1939　独　UFA　未　90分　白黒　S　監督：ハンス・デッペ　主演：クリスティアン・ゴロンク　コーヒー・チェーン店主の婦人が、末娘を実業家と結婚させるため、いろいろと工夫する間違いの喜劇。

砂漠の歌　Das Lied der Wüste
1939　独　UFA　未　87分　白黒　S　監督：パウル・マーティン　主演：ツァラー・レアンダー　北アフリカで英国軍に捕らえられたスウェーデン人鉱山技師を救うために、歌い続ける英国人歌手レアンダーの話。

男はそうあらねばならない
Männer müssen so sein
1939　独　Terra　未　100分　白黒　S　監督：アルトゥール・マリア・ラベナルト　主演：ヘルタ・ファイラー　父親に踊りを禁じられたファイラーは、家出してサーカスに入り、虎の檻で踊ったりしながら、サーカスの男と恋をする。

マリア・イローナ　Maria Ilona
1939　独　Terra　未　94分　白黒　S　監督：ゲツァ・フォン・ボルヴァリー　主演：パウラ・ウェセリー　19世紀中頃のハンガリーで、オーストリア人と結婚したものの、ハンガリーを忘れられない王女マリア・イローナを描く。

私の叔母　あなたの叔母
Meine Tante - deine Tante

1939　独　UFA　未　89分　白黒　S　監督：カール・ボーズ　主演：ヨハネス・ヘースタース　音楽が大好きで女性嫌いの男爵が、男装した娘に騙される。

明日には逮捕される
Morgen werde ich verhaftet
1939　独　Tobis　未　85分　白黒　S　監督：カール・ハインツ・シュトルクス　主演：フェルディナンド・マリアン　歌手の男が射殺されて、疑いをかけられたオーケストラのコンサート・マスターが、妻子を残して姿を消す。妻はずっと彼の帰りを待ちわびていたが、ある日、彼は名前を変えてタンゴ楽団のリーダーとして姿を現す。

オペラ座の舞踏会　Opernball
1939　独・墺　Terra　未　107分　白黒　S　監督：ゲツァ・フォン・ボルヴァリー　主演：マルテ・ハレル　オペラ座の舞踏会で、妻が夫の品行を試す。1956年にリメイクされている。

独身の楽園　Paradies der Junggesellen
1939　独　Terra　公開　91分　白黒　S　監督：クルト・ホフマン　主演：ハインツ・リューマン　女運の悪いリューマンは2度目の離婚の後に、下宿屋の女将に結婚を迫られるが、友人たちの助けで危機を脱する。

弦楽四重奏団のレナーテ
Renate im Quartett
1939　独　Tobis　未　88分　白黒　S　監督：パウル・ヴェルホーヴェン　主演：ケーテ・フォン・ナギ　弦楽四重奏団の一人が抜けて、代役で女性のナギ（レナーテ役）が入るが、それが恋の騒動を巻き起こす。

歌う愚か者　Der singende Tor
1939　独・伊　Itala　未　70分　白黒　S　監督：ヨハネス・マイヤー　主演：ベンジャミーノ・ジリ　独伊合作で、イタリアの名テノールのジリが主演している。ローマの公園で男が射殺され、男を撃った歌手ジリは正当防衛を主張するが、大金が失われていて疑われる。裁判で、殺された男の妻が現れて、真相が明らかとなる。伊語版は「遠い家」Casa lontana。

世界を股にかけて踊る
Wir tanzen um die Welt
1939　独　Tobis　未　96分　白黒　S　監督：カール・アントン　主演：ルーシー・ヘーフリッヒ　人気のあるダンス学校の踊り子たちが、様々な競争の中で個性を発揮する。

1940年代

カサノヴァの結婚　Casanova heiratet
1940　独　Majestic　未　99分　白黒　S　監督：ヴィクター・デ・コーワ　主演：カール・シェーンベック　舞台でカサノヴァ役を演じているシェーンベックは、私生活でも存分にカサノヴァぶりを発揮して、3人の女と恋をする。

女王の心　Das Herz der Königin
1940　独　UFA　未　112分　白黒　S　監督：カール・フレーリヒ　主演：ツァラー・レアンダー　スコットランドの女王メアリー・ステュアートの不幸な半生を、レアンダーが演ずる。

フロイトの心　失恋
Herzensfreud - Herzensleid
1940　独　Algefa　未　98分　白黒　S　監督：ユベール・マリシュカ　主演：マグダ・シュナイダー　ブレーメンからウィーンへ来ていた作曲家ポール・クリンガーは、ウィーンでシュナイダーと結婚して子供まで作るが、故郷のブレーメンで婚約者が待っていたので大変なことになる。

貞淑な愛人　Die keusche Geliebte
1940　独　UFA　未　104分　白黒　S　監督：ヴィクター・トゥーヤンスキー　主演：ヴィリー・フリッチュ　起業家フリッチュに資金が必要となり、友人が銀行家を紹介するが、その銀行家の妻カミラ・ホルンがフリッチュの昔の愛人だったことから騒動が起こる。

服が人を作る　Kleider machen Leute
1940　独　Terra　未　91分　白黒　S　監督：ヘルムート・コイトナー　主演：ハインツ・ルーマン　ヘマをしてクビになった洋服屋が立派な服を着ていたので、人に頼まれて外交使節団の振りをするが、本物が現れて混乱する。

小夜曲　Eine kleine Nachtmusik
1940　独　Tobis　未　86分　白黒　S　監督：レオポルト・ハイニシュ　主演：ハネス・ステルツァー　結婚したての若きモーツァルトは、金に困っていたが、プラハでの「ドン・

ジョヴァンニ」公演で指揮の依頼があり、妻と一緒に出かけて行き大成功を収める。

美貌の敵　Kora Terry
1940　独　UFA　公開　110分　白黒　S　監督：ゲオルク・ヤコビー　主演：マリカ・レック　レックが、コーラとテリーの双子の姉妹を、二役で演じる。コーラとテリーはダンサーで、作曲家の男を取り合って対立する。

より強い恋　Lauter Liebe
1940　独　Terra　公開　89分　白黒　S　監督：ハインツ・リューマン　主演：ヘルタ・ファイラー　本当はほかの相手が好きなのに、偏狭な両親に無理やり結婚させられた二人が、工夫して本当の相手を得る。

愛の学校　Liebesschule
1940　独　UFA　未　90分　白黒　S　監督：カール・ゲオルク・クルプ　主演：ヨハネス・ヘースタース　作家とテノール歌手の両方の秘書をやっている娘が、どちらにしようかと悩む。

陽気な放浪者たち　Die lustigen Vagabunden
1940　独　Cine-Allianz　未　96分　白黒　S　監督：ユルゲン・フォン・アルテン　主演：ヨハネス・ヘースタース　放浪者の絵を描いた画家とそのモデルが批評家と賭けをして、10日間森の中で放浪者として暮らすことになり、本物の放浪者と間違われて盗みの容疑で逮捕されたりするものの、最後にはハッピー・エンドとなる。

娘に限って　Meine Tochter tut das nicht
1940　独　Euphono　公開　89分　白黒　S　監督：ハンス・H・ツェルレット　主演：ラルフ・アーサー・ロバーツ　自分の娘はしっかり者と考えていた父親ロバーツは、娘が遊び回って車の事故を起こすので大慌てする。

維納っ子物語　Operette
1940　独　Forst　公開　107分　白黒　S　監督：ヴィリ・フォルスト　主演：ヴィリ・フォルスト　実在した19世紀ウィーンの劇場支配人フランツ・フォン・ヤウナーをフォルストが演じる。天才的な支配人ヤウナーが、作曲家スッペやミレカーを起用し、新しいオペレッタを次々と提供して、ウィーンの人気者となる。

チロルの薔薇　Rosen in Tirol
1940　独　Terra　未　100分　白黒　S　監督：ゲツァ・フォン・ボルヴァリー　主演：マルテ・ハレル　カール・ツェラーのオペレッタ「小鳥売り」の映画版。

リオの星　Stern von Rio
1940　独　Tobis　未　95分　白黒　S　監督：カール・アントン　主演：ラ・ヤーナ　ブラジルで掘り出された巨大なダイヤ「リオの星」は、ダイヤモンド商人の婚約者でダンサーのラ・ヤーナに贈られる。ダイヤをアムステルダムで披露することとなるが、その展示会の最中にダイヤが消えてしまう。

ウィーンの出来事　Wiener G'schichten
1940　独・墺　Styria　未　100分　白黒　S　監督：ゲツァ・フォン・ボルヴァリー　主演：マルテ・ハレル　ウィーンのカフェで働く二人の給仕と、カフェの持ち主である未亡人ハレルの話。

希望音楽会　Wunschkonzert
1940　独　UFA　公開　103分　白黒　S　監督：エドゥアルト・フォン・ボルズディ　主演：イルゼ・ヴェルナー　ヴェルナーは空軍中尉と恋におちて結婚を考えるが、中尉は秘密指令で派遣されて連絡がつかなくなる。しかし、ラジオ番組をきっかけに再会する。

すべてはグロリアのため　Alles für Gloria
1941　独　Deka　未　94分　白黒　S　監督：カール・ボーズ　主演：ローラ・ソラーリ　レコード会社「グロリア」社長の姪ソラーリは、デュオ歌手の契約を取ろうと、密かに惚れている制作の男と一緒にナポリへ行き、恋愛騒動を巻き起こす。

アニタと悪魔　Anita und der Teufel
1941　独　未　白黒　S　監督：ゲツァ・フォン・ツィフラ　主演：ロジータ・セラーノ　テオ・マケーブンの同名オペレッタ(1938)の映画版。チリ出身のセラーノが歌っている。

三回目の結婚式　Dreimal Hochzeit
1941　独　Wien　未　95分　白黒　S　監督：ゲツァ・フォン・ボルヴァリー　主演：ヴィリー・フリッチュ　ロシア革命とその後の激動の世の中で、身分の違いのためになかなか結婚できない男女を描く。

ルナ夫人　Frau Luna
1941　独　Majestic　未　96分　白黒　S　監督：テオ・リンゲン　主演：リッツィ・ヴァルトミュラー　「ルナ夫人」という新作オペ

レッタを作る舞台裏の話。

女こそ優れた外交官
Frauen sind doch bessere Diplomaten
1941 独 UFA 未 95分 カラー S 監督：ゲオルク・ヤコビー 主演：マリカ・レック 議会がカジノを禁止すると聞いたカジノ経営者は、姪の踊り子レックを反対工作に送り込む。レックは苦戦するが、司令官ヴィリー・フリッチュを恋の力で味方に付ける。ドイツで最初に作られたカラーの長編映画。

フリーデマン・バッハ Friedemann Bach
1941 独 Terra 未 102分 白黒 S 監督：トローゴット・ミュラーほか 主演：グスタフ・グリュンジェンス 有名な作曲家セバスチャン・バッハの長男で、作曲家のフリーデマン・バッハの伝記作品。バレリーナとの恋などが描かれる。

幻想 Illusion
1941 独 UFA 未 84分 白黒 S 監督：ヴィクトル・トゥーヤンスキー 主演：ヨハネス・ヘースタース 女優ブリギッテ・ホルナイが、ヘースタースの誤った女性観を改めさせようと、2か月間だけ夫婦を装い、彼に幻想を与える賭けをするが、本当に愛を感じ始める。

あなただけ！ Immer nur-Du!
1941 独 Tobis 未 98分 白黒 S 監督：カール・アントン 主演：ヨハネス・ヘースタース 舞台で歌っているドラ・コマーと、映画の有名歌手ヘースタースが舞台で共演することになり、ぶつかり合いが起こるが、コマーは引退してヘースタースと結婚する。

おかしな二人 Männerwirtschaft
1941 独 UFA 未 99分 白黒 S 監督：ヨハネス・マイヤー 主演：カリン・ハート 若い農夫が、幼なじみで美しく育った娘ハートと再会して、恋心を抱き強引に迫るが、ハートは失踪して農夫は逮捕されてしまう。それを知ったハートは、急いで駆けつけて彼と和解する。

皇帝とのダンス Tanz mit dem Kaiser
1941 独 UFA 未 102分 白黒 S 監督：ゲオルク・ヤコビー 主演：マリカ・レック 女に興味のないはずの皇帝ヨゼフ2世へ、旅行先の貴族の未亡人レックから恋文が届く。

自由への道 Der Weg ins Freie
1941 独 UFA 未 113分 白黒 S 監督：ロルフ・ハンセン 主演：ツァラー・レアンダー イタリアの地主と結婚したオペラ歌手レアンダーが、昔の恋人を救うために偽装自殺するが、夫が再婚するのを見て本当に自殺する。

大いなる愛 Die große Liebe
1942 独 UFA 未 102分 白黒 S 監督：ロルフ・ハンセン 主演：ツァラー・レアンダー ドイツで空軍将校と結婚した女性歌手が、戦争中の生活に苦労しながら生きる。

私を愛して Hab mich lieb
1942 独 UFA 未 100分 白黒 S 監督：ハラルド・ブラウン 主演：マリカ・レック 舞台をめちゃくちゃにしたためにクビになった踊り子レックは、下宿代も払えずに部屋を追い出されて、隣の部屋の男に助けられる。

秘密の伯爵夫人 Die heimliche Gräfin
1942 独・墺 Wien 未 96分 白黒 S 監督：ゲツァ・フォン・ボルヴァリー 主演：マルテ・ハレル 伯爵夫人と女優の卵が、こっそりと入れ替わる。

ベーレンホフでの結婚
Hochzeit auf Bärenhof
1942 独 UFA 未 98分 白黒 S 監督：カール・フレーリヒ 主演：ハインリッヒ・ゲオルク 若い娘が、年老いた金持ち貴族と結婚させられそうになるが、結局は若い士官と結婚する。

ヴェネチアの夜 Die Nacht in Venedig
1942 独 Tobis 未 89分 白黒 S 監督：パウル・ヴェルホーヴェン 主演：リッツィ・ヴァルトミュラー 離婚したオペレッタのスター夫婦が、ヴェネチア公演中によりを戻そうとする。

運命とともに去りぬ Vom Schicksal verweht
1942 独 FDF 未 95分 白黒 S 監督：ヌンツィオ・マラソンマ 主演：シビル・シュミッツ カリブ海の島でマラリアと戦う若い女性医師を描いた冒険物。ローマのチネチタで撮られた作品で、伊語版「ジャングル」Giungla (1942)*も作られた。

モーツァルトの恋 Wen die Götter lieben
1942 独・墺 UFA 公開 111分 白黒 S 監督：カール・ハートル 主演：ハンス・ホルト モーツァルトの伝記。妻コンスタン

ツァやその姉ルイーゼとの恋を中心に描く。
日本では2011年に東京都写真美術館で公開。

ウィーン気質　Wiener Blut
1942　独　Forst　未　106分　白黒　S　監督：ヴィリ・フォルスト　主演：ヴィリー・フリッチュ　ヨハン・シュトラウスの最後のオペレッタの映画化。ウィーン会議の時代。伯爵フリッチュはウィーン貴族の娘と結婚しているが、ほかの町娘にも次々と手を出す。

我々は音楽家　Wir machen Musik
1942　独　Terra　未　95分　白黒　S　監督：ヘルムート・コイトナー　主演：イルゼ・ヴェルナー　金のためにカフェでピアノを弾いていたヴィクター・デ・コーワは、歌手ヴェルナーと出会いクラシック音楽をきちんと勉強しようと決心、二人は結婚する。彼のオペラは失敗して金で苦労するが、最後には成功する。

納屋のバス・ルーム　Das Bad auf der Tenne
1943　独　Tobis　未　88分　カラー　S　監督：フォルカー・フォン・コランド　主演：ヴィル・ドーム　17世紀のフランドル地方。裕福な商人が市長ドームの家に泊まった折に、礼として市長の妻にバスタブを贈る。市長は家の中に置くことを許さず、納屋にバスタブを置き入浴するので、妻やそのメイドが入浴するのを村の男たちが節穴から覗く。ドイツで4番目に作られたカラー作品で、ヌード場面を見せるための筋立てになっている。

あの頃は　Damals
1943　独　UFA　未　94分　白黒　S　監督：ロルフ・ハンセン　主演：ツァラー・レアンダー　性格の合わない夫を持ったドイツの女医レアンダーが、スイスや南アフリカを流浪しながら、苦労する。

女は天使じゃない　Frauen sind keine Engel
1943　独　Forst　未　80分　白黒　S　監督：ヴィリ・フォルスト　主演：マルテ・ハレル　映画監督と脚本家が豪華客船で航海中に、仕事そっちのけで女たちを追いかける。

恋のカーニバル　Karneval der Liebe
1943　独　Berlin　未　96分　白黒　S　監督：パウル・マーティン　主演：ヨハネス・ヘースタース　舞台に出演中の主演歌手ヘースタースはドラ・コマーとの結婚を考えているが、その前に離婚しなければならない。その一方で、二人は踊り子や作曲家の男も気になる。舞台裏の恋のカーニバルを描く。

恋の物語　Liebesgeschichten
1943　独　UFA　未　101分　白黒　S　監督：ヴィクトール・トゥーヤンスキー　主演：ヴィリー・フリッチュ　幼い日に出会った二人が成人して再会するが、娘は銀行家と結婚してしまう。そこで、青年は軍隊で覚えた音楽を友として暮らすようになる。

恋愛喜劇　Liebeskomödie
1943　独　Berlin　未　89分　白黒　S　監督：テオ・リンゲン　主演：リッツィ・ヴァルトミュラー　自分の好きな画家の気を惹くために、有名作曲家の愛人であったと、嘘の噂を娘が流す。

恋の初演　Liebespremiere
1943　独　Terra　未　91分　白黒　S　監督：アルトゥール・マリア・ラベナルト　主演：クリステン・ハイベルク　オペレッタの主演女優は、舞台を諦めずに子供も欲しいと考えて、制作者との結婚を考える。

青い仮面　Maske in Blau
1943　独　Neue　未　94分　白黒　S　監督：パウル・マーティン　主演：クララ・タボディ　歌と踊りの好きな娘クララが、作曲家に才能を認められて、彼の新作オペレッタ「青い仮面」のソロ・ダンサーとして出演する。劇中の曲はフレッド・レイモンドのオペレッタ「青い仮面」(1937)から何曲か取られている。

素晴らしい夜　Tolle Nacht
1943　独　Tobis　未　80分　白黒　S　監督：テオ・リンゲン　主演：マルテ・ハレル　リゾート・ホテルでの、楽団歌手をめぐる恋の騒動。

あなたとワルツを　Ein Waltzer mit dir
1943　独　Berlin　未　88分　白黒　S　監督：フベルト・マリシュカ　主演：リッツィ・ヴァルトミュラー　オペレッタの作曲家は、美人プリマが妻で何の不足もないが、妻が愛しているのは自分ではなく、自分の書く曲ではないかと疑い、友人の名前で次の作品を発表するので騒動となる。

白い夢　Der weiße Traum
1943　独　Wien　未　93分　白黒　S　監督：

ゲツァ・フォン・ツィフラ　主演：オリー・ホルツマン　ウィーンの劇場主の愛人で才能のない娘に代わり、スケートのスターであるホルツマンがスケート・ショーを演じて人気を得る。

天国の扉のアクセル　Axel an der Himmelstür
1944　独　未　白黒　S　監督：アーサー・マリア・ラベナルト　主演：マルテ・ハレル　ラルフ・ベラツキーの同名オペレッタ（1936）の映画版。ハリウッド女優とウィーンからの亡命者の話。オリジナルの舞台版はツァラー・レアンダーが演じた。

それは無邪気に始まった　Es fing so harmlos an
1944　独　Bavaria　未　90分　白黒　S　監督：テオ・リンゲン　主演：ヨハネス・ヘースタース　秘密の書類を持って連絡に来た二人の外交官が、任務を忘れて女性に夢中になる。

愛よ永遠に　Es lebe die Liebe
1944　独　Bavaria　未　89分　白黒　S　監督：エリッヒ・エンゲル　主演：リッツィ・ヴァルトミュラー　ベルリンのアポロ劇場のスター兼演出家ヨハネス・ヘースタースが、魅力的なスペイン娘を見出し、彼女を主役にしたショーを成功させる。

わが夢の女性　Die Frau meiner Träume
1944　独　UFA　未　99分　カラー　S　監督：ゲオルク・ヤコビー　主演：マリカ・レック　レヴュー・スターのレックは、劇場での生活にうんざりして山に逃げ出し、鉱山技師と出会う。

幸い女性のために　Glück bei Frauen
1944　独　Wien　未　87分　白黒　S　監督：ペーター・パウル・ブラウア　主演：ヨハネス・ヘースタース　女性に人気のある俳優ヘースタースは、劇場での生活にうんざりして海の事故で行方不明となり、ヒゲを生やして漁師として生活する。しかし、新人女優と恋をして彼女と舞台で共演するために、本名を明かして結ばれる。

偉大なる自由通り7番地　Große Freiheit Nr. 7
1944　独　Terra　未　111分　カラー　S　監督：ヘルムート・コイトナー　主演：ハンス・アルバース　水兵を退役したアルバースはハンブルクの偉大なる自由通り7番地のカフェで歌っていた。彼は造船所で働く男とイルゼ・ヴェルナーを取り合う。ハンス・アルバースの代表作だが、宣伝相ゲッペルスが「主人公が英雄的でない」とクレームをつけたので検閲を通らず、戦前はドイツ国内では公開されずに、プラハで公開された。戦後は1945年6月に東ドイツで公開された。現在はこの場所に映画の題名を付けたディスコがある。

ロマンチックな新婚旅行　Romantische Brautfahrt
1944　独　Wien　未　88分　白黒　S　監督：レオポルト・ハイニシュ　主演：マルテ・ハレル　伯爵夫人のために決闘を行うとの噂を立てられた若い男爵は、それを打ち消そうとして、かえって伯爵夫人に惹かれてしまう。

シュランメル兄弟　Schrammeln
1944　独・墺　Wien　未　93分　白黒　S　監督：ゲツァ・フォン・ボルヴァリー　主演：マルテ・ハレル　ウィーン名物のシュラメル音楽を始めた兄弟の物語。

トロイメライ　Träumerei
1944　独　UFA　未　110分　白黒　S　監督：ハラルド・ブラウン　主演：ヒルデ・クラール　作曲家シューマンとピアニストの妻クララを描いた伝記的作品。

マクシミリアンのような男　Ein Mann wie Maximilian
1945　独　Bavaria　未　88分　白黒　S　監督：ハンス・デッペ　主演：カリン・ハルト　弁護士の男が真面目な一家の娘と結婚することとなるが、秘密にしていた隠し子のリッツィ・ヴァルトミュラーが歌手をしているので、その扱いに悩む。

こうもり　Die Fledermaus
1946　独　Terra　未　100分　カラー　S　監督：ゲツァ・フォン・ボルヴァリー　主演：ヨハネス・ヘースタース　ヨハン・シュトラウスの有名オペレッタを、ヘースタースが演じる。1944年に撮影されたが、公開は戦後の46年となった。

幸福への旅　Fahrt ins Glück
1948　独　UFA　未　88分　白黒　S　監督：エリッヒ・エンゲル　主演：ケーテ・ドルシュ　かつては劇場で活躍して今は引退しているドルシュは、祖父母と一緒に暮らす自分の

娘と会うために、故郷のチロル地方へ旅する。娘の結婚は気に入らなかったが、自分の伴侶を見つける。戦争中の1944年に撮影されたが、公開は48年となった。

ハロー、あなたは妻を忘れてしまった
Hallo - Sie haben Ihre Frau vergessen
1949　西独　Cinephon　未　90分　白黒　S　監督：ヘルムート・ヴァイスほか　主演：ヴィリー・フリッチュ　ないがしろにされた妻たちが夫に復讐する。

アネット、夢じゃない　Träum' nicht, Annette
1949　独　Tobis　未　94分　白黒　S　監督：エバーハルト・クラゲマン　主演：ジェニー・ユーゴ　女性教師ユーゴは、3人の男の誰を選ぶかで迷う。若い政治家、技師、ピアニストの中から、彼女はピアニストを選ぶ。1944年に「最後にはイエス」Sag' endlich jaの題名で制作されたが、終戦前に完成せず、戦後に再編集されて公開された。

チャーリーへの12の心
Zwölf Herzen für Charly
1949　西独　Cinephon　未　96分　白黒　S　監督：フリッツ・アンデルフィンガー　主演：ヴィリー・フリッチュ　ドイツで暮らすフリッチュの下へ、アメリカで育った双子の兄弟が現れるので、混乱が起きる。フリッチュが二役を演ずる。

1950年代

パラダイス・ホテルでの初夜
Hochzeit-snacht im Paradies
1950　西独　Meteor　未　95分　白黒　S　監督：ゲツァ・フォン・ボルヴァリー　主演：ヨハネス・ヘースタース　同名オペレッタ(1942)の映画版。後にペーター・アレクサンダーとマリカ・レックでリメイク(1962)されている。オペレッタのスターであるヘースタースが引退して医師に戻り、普通の娘と結婚すると聞いて、舞台の相手役が結婚を阻止しようとする。

ウィンザーの陽気な女房たち
Die lustigen Weiber von Windsor
1950　東独　DEFA　未　95分　白黒　S　監督：ゲオルク・ヴィルトハーゲン　主演：ソーニャ・ツィーマン　東独で作られたシェイクスピア喜劇のミュージカル版。

私を愛するのは誰？
Wer bist du, den ich liebe?
1950　西独　Merkur　未　100分　白黒　S　監督：ゲツァ・フォン・ボルヴァリー　主演：イェスター・ネーフェ　カモから金を巻き上げようとする男女のロマンチック・コメディ。

美しきガラテア　Die wunderschöne Galathee
1950　西独　Junge　未　105分　白黒　S　監督：ロルフ・マイヤー　主演：ヴィリー・フリッチュ　彫刻家が、ガラテアの彫像のモデル女性に恋をする。

チャールダッシュの女王　Die Csardasfürstin
1951　西独　Styria　未　93分　カラー　S　監督：ゲオルク・ヤコビー　主演：マリカ・レック　カールマンの有名なオペレッタの映画版。ウィーンでチャールダッシュの女王と呼ばれているレックは、貴公子ヨハネス・ヘースタースを好きなのだが、身分違いで結婚できない。

デュバリー夫人　Die Dubarry
1951　西独　Standard　未　99分　白黒　S　監督：ゲオルク・ヴィルトハーゲン　主演：ヴィリー・フリッチュ　批評家にけなされたオペラのプリマ・ドンナが、実力を証明するために、無名の新人歌手として活躍して見せる。

S氏の妻　Die Frauen des Herrn S.
1951　西独　Pontus　未　95分　白黒　S　監督：パウル・マーティン　主演：ソーニャ・ツィーマン　古代ギリシャでソクラテスが悪妻に苦しむ。

夜の蝶教授　Professor Nachtfalter
1951　西独　Junge　未　99分　白黒　S　監督：ロルフ・マイヤー　主演：ヨハネス・ヘースタース　女子学校で音楽を教えるヘースタースが、女学生からモテ過ぎて困るので、ナイト・クラブ「夜の蝶」の歌手と結婚した振りをしようと考える。

美しくなければ　Schön muß man sein
1951　西独　Real　未　96分　白黒　S　監督：アコス・ラトニ　主演：ヴィリー・フリッチュ　ショーの舞台裏を描く。

黒い瞳　Schwarze Augen
1951　西独　CCC　未　88分　白黒　S　監督：ゲツァ・フォン・ボルヴァリー　主演：ヴィル・クアトフリーク　ヴァイオリニスト

が金持ちの愛人と恋におち、殺人事件に巻き込まれる。

サン・レモの旋風 Sensation in San Remo
1951 西独 Junge 未 98分 カラー S 監督：ゲオルク・ヤコビー 主演：マリカ・レック レックは体操教師だが、密かにショーに出演して人気を得る。

ヴェールのマヤ Die verschleierte Maja
1951 西独 Pontus 未 96分 カラー S 監督：ゲツァ・フォン・ツィフラ 主演：ヴィリー・フリッチュ アメリカのウォーター・バレエに出ようと頑張る踊り子の話。

君はヴェルター湖の薔薇 Du bist die Rose vom Wörthersee
1952 西独 Algefa 未 100分 白黒 S 監督：フベルト・マリシュカ 主演：マルテ・ハレル ブロードウェイで成功して、故郷のオーストリアへ戻り、幸せを見出す作曲家の話。

フリッツとフリデリケ Fritz und Friederike
1952 西独 Fama 未 94分 白黒 S 監督：ゲツァ・フォン・ボルヴァリー 主演：リゼロッテ・プルヴァー 男のように育てられた娘が、寄宿制の女学校を抜け出して軍隊の男に惚れる。

白馬亭にて Im weißen Rößl
1952 西独 Carlton 未 99分 カラー S 監督：ヴィリ・フォルスト 主演：ヨハンナ・マッツ ラルフ・ベナツキーのヒット・オペレッタの映画版。白馬亭という宿の女主人マッツと、ボーイ長、泊り客などの恋がもつれるが、最後には皇帝ヨゼフの来訪により3組のカップルが出来上がる。

微笑みの国 Das Land des Lächelns
1952 西独 Berolina 未 107分 カラー S 監督：ハンス・デッぺほか 主演：マルタ・エゲルト フランツ・レハールのオペレッタの映画化。オペラ歌手エゲルトとアジアの小国の王子ヤン・キープラの恋。

愚妻 Meine Frau macht Dummheiten
1952 西独 Victor von Struve 未 93分 白黒 S 監督：ゲツァ・フォン・ボルヴァリー 主演：インゲ・エガー 保守的な化学者が、新聞記者の娘と結婚してちぐはぐな生活を送る。

虹の上で踊る Wir tanzen auf dem Regen-bogen
1952 西独・伊 Allfram 未 97分 カラー S 監督：カルミネ・ガローネほか 主演：インゲ・エガー 大学生の青年には会社勤めの恋人がいたが、プリマ・バレリーナに恋をしてしまい、二人の娘の間に確執が生じる。そうした中で起きた宝石泥棒事件に青年が巻き込まれるが、最後には疑いが晴れる。伊語題名は「ヴェールなしで」Senza veli。

ハワイの花 Die Blume von Hawaii
1953 西独 Arion 未 94分 白黒 S 監督：ゲツァ・フォン・ツィフラ 主演：マリア・リット 20世紀初頭のハワイで、アメリカ軍によって退位させられた王女を描く。オペレッタの映画版で、1933年版に続いて2度目の映画化。

いつか私は戻る Einmal kehr' ich wieder
1953 西独・ユーゴスラヴィア Deutsche 未 96分 カラー S 監督：ゲツァ・フォン・ボルヴァリー 主演：パウル・ダルケ 欧州の小国の貧しい漁師の息子が、アメリカへ渡り大金持ちになって子供たちとヨットで帰国し、昔の恋の花を咲かせる。

離婚した女 Die geschiedene Frau
1953 西独 Cine-Allianz 未 99分 カラー S 監督：ゲオルク・ヤコビー 主演：マリカ・レック レックとヨハネス・ヘースタースはオペラの舞台でいつも共演しているが、ある時、同じ部屋で一晩過ごすことになり、それがきっかけでマリカは夫と離婚してヘースタースと結ばれる。

青い仮面 Maske in Blau
1953 西独 Bavaria 未 99分 白黒 S 監督：ゲオルク・ヤコビー 主演：マリカ・レック フレッド・レイモンドのオペレッタの映画版。青い仮面を付けた婦人と画家の恋物語。

連隊の娘 Die Tochter der Kompanie
1953 西独・伊・仏 Posa 未 88分 白黒 S 監督：ゲツァ・フォン・ボルヴァリーほか 主演：ハネローレ・シュロツ 題名は同じだがドニゼッティのオペラとは別の話。娘が連隊に育てられる。独語版のほかに伊語版も作られていて、そちらの主演はアントネッラ・ルアルディ。

白いライラックがもう一度咲くとき

Wenn der weiße Flieder wieder blüht
1953　西独　Berolina　未　97分　カラー　S　監督：ハンス・デッペ　主演：ヴィリー・フリッチュ　歌手の卵フリッチュは、マグダ・シュナイダーと結婚していたが、フリッチュがほかの女性に愛の歌をうたったのが原因で、二人は別れてしまう。15年後にマグダの娘ロミー・シュナイダーが、有名になったフリッチュに夢中になる。

永遠のワルツ　Ewiger Walzer
1954　西独　Rotary　未　97分　カラー　S　監督：パウル・ヴェルホーヴェン　主演：ベルンハルト・ウィッキ　ヨハン・シュトラウスの伝記。シュトラウスの恋と作品を描く。

恋のギター　Gitarren der Liebe
1954　西独　Neue Emelka　未　95分　白黒　S　監督：ヴェルナー・ヤコブス　主演：ヴィコ・トリアーニ　自動車工のトリアーニは、歌手になろうとコーラス・グループに入り、地方を回るうちにマントヴァーニに見出されて、ソロ歌手となる。

ルートヴィヒ・ファン・ベートーヴェン
Ludwig van Beethoven
1954　東独　DEFA　未　95分　白黒　S　監督：マックス・ヤープ　主演：ハインツ・ハルトマン　東独が作った作曲家ベートーヴェンの伝記。

美しき水車小屋の娘　Die schöne Müllerin
1954　西独　Algefa　未　99分　カラー　S　監督：ヴォルフガング・リーベンアイナー　主演：ヴォルトラウト・ハース　題名は歌曲と同じだが、シューベルトの話ではなく、水車小屋の娘と戦争に行った若者の恋物語。

ハンガリア狂想曲　Ungarische Rhapsodie
1954　西独・仏　Florida　未　95分　カラー　S　監督：ペーター・ベルナイス　主演：コレット・マルシャン　フランツ・リストとロシアのカロリーナ王女の恋を描く。ヴィリー・フリッチュが脇役で出ている。仏語版はPar ordre du tsar (1954)*。

ガソリン・ボーイ三人組
Die Drei von der Tankstelle
1955　西独　Berolina　未　93分　カラー　S　監督：ハンス・ウォルフ　主演：アドリアン・ホーヴェン　1930年の作品のリメイク。

チロルの愛　Ja, ja die Liebe in Tirol
1955　西独　Berolina　未　100分　カラー　S　監督：ゲツァ・フォン・ボルヴァリー　主演：ゲルハルト・リートマン　友人と一緒にチロルへ行ったピアニストが、現地の娘を見初めるが、娘には姉がいて、姉が先に結婚しないとその娘も結婚できない。そこで友人を姉と結婚させようと考える。

恋はおとぎ話　Liebe ist ja nur ein Märchen
1955　西独　Berolina　未　97分　カラー　S　監督：アーサー・マリア・ラベナルト　主演：ヴィリー・フリッチュ　美食家の夫を持った妻の話。フランスのジョルジュ・ゲタリーが歌っている。

愛とダンスと1000のヒット曲
Liebe, Tanz und 1000 Schlager
1955　西独　CCC　未　103分　白黒　S　監督：パウル・マーティン　主演：カテリーナ・ヴァレンテ　田舎娘ヴァレンテが見出されてスターとなる。イタリア生まれで6か国語を話したというヴァレンテのドイツ・デビュー作品。

リオの星　Stern von Rio
1955　西独・伊　CCC　未　100分　白黒　S　監督：クルト・ノイマン　主演：ヨハネス・ヘースタース　ラ・ヤーナの同名作品(1940)のリメイク。巨大なダイヤ「リオの星」をめぐる話。

ボンジュール、キャスリン　Bonjour Kathrin
1956　西独　Alfred Greven　未　96分　カラー　S　監督：カール・アントン　主演：カテリーナ・ヴァレンテ　オペレッタ「世界で一番幸せな娘」Die glücklichste Frau der Weltの映画化。貧乏な音大生たちが、金を稼ごうとレヴューに出る。ペーター・アレクサンダーとヴァレンテの共演作。

ドン・コサック合唱団　Das Donkosakenlied
1956　西独　Berolina　未　95分　カラー　S　監督：ゲツァ・フォン・ボルヴァリー　主演：クラウス・ビダーシュタット　音楽好きで特にドン・コサック合唱団の歌が何よりも好きな少年は、心臓が悪くて好きな歌を聞きに行くことさえ叶わない。

黒い森の旋律　Schwarzwaldmelodie
1956　西独　Berolina　未　100分　カラー　S　監督：ゲツァ・フォン・ボルヴァリー　主演：エリカ・ビール　黒い森でカラクリ時

計を作っていた青年は、放火犯人と間違われてアメリカへ逃げるが、母が病気と聞いて祖国へ戻る決心をする。

菩提樹 Die Trapp-Familie
1956 西独 Divina 公開 106分 カラー S 監督：ヴォルフガング・リーベンアイナー 主演：ルート・ロイベリック 第二次世界大戦直前のオーストリア。修道女だったマリアは男爵と結婚してその子供たちと合唱団を作る。「サウンド・オブ・ミュージック」と同じ原作。

ツバメの歌うこと Was die Schwalbe sang
1956 西独 Berolina 未 105分 カラー S 監督：ゲツァ・フォン・ボルヴァリー 主演：マイブリット・ニルソン 都会の大学へ作曲の勉強に出た青年は、故郷に残してきた恋人を忘れて、女性歌手と恋におちる。

コニーとペーターが一緒なら Wenn die Conny mit dem Peter
1956 西独 Melodie 未 106分 白黒 S 監督：フリッツ・ウムゲルター 主演：コーネリア・フロボース 寄宿制高校の生徒ペーター（ペーター・クラウス）は、楽団のリーダーで、コニー（フロボース）はその恋人だ。ペーターは母親が高額の手術を受けるため、学費が払えなくなる。学費を稼ぐために、楽団は夜のクラブでアルバイトをするが、教師に見つかってしまう。

すべて良好 Es wird alles wieder gut
1957 西独 Kurt Ulrich 未 100分 カラー S 監督：ゲツァ・フォン・ボルヴァリー 主演：ヨハンナ・マッツ 学生だった娘が、父の死により働き始める。テレビ局で速記をやるが、穴を埋めるためにアナウンサーの代役を務めて人気が出る。

山頂 Hoch droben auf dem Berg
1957 西独 Berolina 未 102分 カラー S 監督：ゲツァ・フォン・ボルヴァリー 主演：ゲルハルト・リートマン チロルの山の中で車の事故を起こした女性ポップス歌手は、素晴らしいヨーデルの木こりを発見して、都会で歌手としてデビューさせるが、木こりの妻は二人の愛が壊れるのを心配する。

朝な夕なに Immer wenn der Tag beginnt
1957 西独 Bavaria 公開 102分 カラー S 監督：ヴォルフガング・リーベンアイナー 主演：ルート・ロイベリック 生徒との人間的な関係を大切にして指導しようとする美人の女性教師ロイベリックが、生徒たちの恋愛の対象になって悩む。主題歌の『真夜中のブルース』がヒットした。

愛とジャズと有頂天 Liebe, Jazz und Übermut
1957 西独 CCC 未 102分 カラー V 監督：エリック・オーデ 主演：ペーター・アレクサンダー アメリカの音楽教師アレクサンダーが、ドイツの古めかしくて保守的な寄宿制学校の音楽教師となる。スウェーデンのビビ・ジョーンズとの共演。

緑のオウムの夜 Nachts im grünen Kakadu
1957 西独 Real 未 97分 カラー V 監督：ゲオルク・ヤコビー 主演：マリカ・レック 多額の借金があるナイト・クラブ「緑のオウム」の経営を引き継いだレックが、自らショーを見せることにする。

美しき世界 Schön ist die Welt
1957 西独 Astra 未 85分 カラー S 監督：ゲツァ・フォン・ボルヴァリー 主演：ルドルフ・ショック オペレッタの相手役が新人で金持ちの娘と聞き、ベテラン歌手は心配になるが、実力もあり魅力的なので、すっかり惚れてしまう。

斜めのオット Der schräge Otto
1957 西独 Berolina 未 104分 カラー S 監督：ゲツァ・フォン・ツィフラ 主演：ゲルマイネ・ダマール ダンサー志望の娘ダマールは、父親に反対されてホテルで働くが、チャンスをつかまえてレヴューでデビューする。

ヴィクターとヴィクトリア Viktor und Viktoria
1957 西独 Central-Europa 未 107分 カラー S 監督：カール・アントン 主演：ヨハンナ・フォン・コツィアン 同じ原題の「カルメン狂想曲」（1933）のリメイク。ヨハネス・ヘースタースが助演で出ている。

マリカの自由公演 Bühne frei für Marika
1958 西独 Real 未 93分 カラー V 監督：ゲオルク・ヤコビー 主演：マリカ・レック 作曲家の夫と別れたミュージカル女優レックが、夫の助けなしでも立派に公演できることを証明しようと頑張る。ヨハネス・ヘースタースが共演。

未完成交響楽　Das Dreimäderlhaus
1958　西独・墺　Aspa　公開　102分　カラー　S　監督：エルンスト・マリシュカ　主演：カール・ハインツ・ベーム　シューベルトの伝記だが、1933年の映画とは別の話で、ウィルナーのオペレッタ「三人姉妹の館」の映画化。貧乏なシューベルトは彼を支援する貴婦人に恋をするが、彼女は別の歌手を愛していた。

唯一度の　Das gab's nur einmal
1958　西独　Kurt Ulrich　未　105分　白黒　S　監督：ゲツァ・フォン・ボルヴァリー　主演：ハンス・アルバース　映画スターに憧れた娘が映画祭でハンス・アルバースに出会い、パーティのウェートレスとして一夜だけ映画界を垣間見る。リリアン・ハーヴェイの有名な歌とは関係がない。

マリツァ伯爵令嬢　Gräfin Mariza
1958　西独　Carlton　未　103分　カラー　S　監督：ルドルフ・シュンドラー　主演：クリスティン・ゲルナー　カールマンのオペレッタの映画化。1932年版に続く2度目の映画化。

歌は世界を廻る　Ein Lied geht um die Welt
1958　西独　Neubach　未　103分　白黒　S　監督：ゲツァ・フォン・ボルヴァリー　主演：ハンス・ライザー　ナチス時代に迫害された歌手ヨゼフ・シュミットの伝記作品。

黒い稲妻　Der schwarze Blitz
1958　西独　Bavaria　公開　96分　カラー　V　監督：ハンス・グリム　主演：トニー・ザイラー　1956年の冬季オリンピックで3つの金メダルを取った、スキー選手ザイラーを主演としたスキー映画。スキー大会での優勝を狙う「黒い稲妻」こと大工のザイラーは、有力選手を妨害したのではないかと疑われるが、誤解は晴れて競技でも勝つ。

キルシュのチョコレート・ケーキ　Schwarzwälder Kirsch
1958　西独　Kurt Ulrich　未　90分　カラー　S　監督：ゲツァ・フォン・ボルヴァリー　主演：マリアンヌ・ホルト　歌手志望の娘が、「キルシュのチョコレート・ケーキ」というショーで成功する。

ザイラーの初恋物語　Ein Stück vom Himmel
1958　西独　Bavaria　公開　92分　カラー　S　監督：ルドルフ・ユーゲルト　主演：トニー・ザイラー　ザイラーが、夏にアルバイトした給油所で、婚約者のいる娘と恋におちる。

続・菩提樹　Die Trapp-Familie in Amerika
1958　西独　Divina　公開　106分　カラー　S　監督：ヴォルフガング・リーベンアイナー　主演：ルート・ロイベリック　大ヒットした「菩提樹」(1956)の続編。トラップ一家合唱団が、アメリカへ亡命した後、苦労して成功する。

彼女を解放したら大変だ　Wehe, wenn sie losgelassen
1958　西独　CCC　未　78分　カラー　V　監督：ゲツァ・フォン・ツィフラ　主演：ペーター・アレクサンダー　牧場を引き継いだアレクサンダーが、ジャズを牛に聞かせると乳の出が良くなることを発見、好きな音楽を聞かせる。

シュペッサートの宿　Das Wirtshaus im Spessart
1958　西独　Bavaria　未　99分　カラー　V　監督：クルト・ホフマン　主演：リスロッテ・パルヴァー　シュペッサートの森に住む盗賊が、貴族の娘を誘拐して身代金を要求するが、父親がそれを払わないことから話が拗れる。「シュペッサートの幽霊城」Das Spukschloß im Spessart (1960)*、「シュペッサートの栄光時代」Herrliche Zeiten im Spessart (1967)*と続く、ホフマン監督3部作の第1作目。

五月のふたつの心　Zwei Herzen im Mai
1958　西独　Kurt Ulrich　未　90分　カラー　V　監督：ゲツァ・フォン・ボルヴァリー　主演：ディーター・ボルシェ　作曲家の人生を描く。

私はここに　Hier bin ich - hier bleib ich
1959　西独　CCC　未　100分　カラー　S　監督：ヴェルナー・ヤコブス　主演：カテリーナ・ヴァレンテ　ヴァレンテと貴族との結婚や、恋をめぐるごたごたを描く。ドイツ巡業中のビル・ヘイリーとコメッツが特別出演している。

初演前夜　Die Nacht vor der Premiere
1959　西独　Real　未　99分　カラー　V　監督：ゲオルク・ヤコビー　主演：マリカ・レック　レックはレヴュー・スターで、南米公演を成功させる。彼女の娘はハンブルクの男

と結婚したがっているが、レックは気が進まない。二人は欧州に戻る船の中で、麻薬密輸事件に巻き込まれてしまう。

ラ・パロマ　La Paloma
1959　西独　Alfa　未　85分　カラー　V　監督：パウル・マーティン　主演：ビビ・ジョーンズ　ベルリンのレビュー劇場で「ラ・パロマ」という新作を準備するが、ライバルの劇場も同じようなショーを企画していて、出演者の取り合いとなる。最後には合同公演が実現して、サッチモもゲスト出演する。

満天の星　Tausend Sterne leuchten
1959　西独　Willy Zeyn　未　89分　カラー　S　監督：ハラルド・フィリップ　主演：トニー・ザイラー　潰れそうなレヴュー団のダンサーと、ザイラーの恋物語。

1960年代

コニーとペーターが音楽を作る
Conny und Peter machen Musik
1960　西独　Melodie　未　87分　白黒　S　監督：ヴェルナー・ヤコブス　主演：コーネリア・フロボース　マッジョーレ湖畔のホテルに休養に来たコニー（フロボース）は、そこで給仕をしながら歌っていたペーターと出会う。「コニーとペーターが一緒なら」（1958）*の続編。

三色すみれ　Eine Frau furs Ganze Leben
1960　西独　Bavaria　公開　122分　カラー　S　監督：ヴォルフガング・リーベンアイナー　主演：ルート・ロイベリック　軍楽隊にいた父親にトランペットを習った娘ロイベリックが結婚して、第一次世界大戦、第二次世界大戦を生き抜く様子を描く家族ドラマ。

フレディと百万長者
Freddy und der Millionär
1961　西独・伊　Divina　未　88分　カラー　V　監督：パウル・マイ　主演：フレディ・クイン　歌も得意なフレディ主演の喜劇シリーズの1本。フレディが金持ちの安楽な生活に憧れる。

今日は散歩　Heute gehn wir bummeln
1961　西独　Real　未　88分　カラー　S　監督：エリック・オーデ　主演：マリカ・レック　赤ちゃん用品会社の経営者のドタバタを描く。ジーン・ケリーの「踊る大紐育」（1949）のドイツ語題名と同じだが、別の作品。

白銀に躍る　Kauf dir einen bunten Luftballon
1961　西独・墺　Kurt Ulrich　公開　102分　カラー　CS　監督：ゲツァ・フォン・ツィフラ　主演：イナ・バウアー　舞台美術家のトニー・ザイラーは、スキーとスケートが趣味だが、スケート場主の姪バウアーに惚れて、彼女を特訓して新作ショーの主役に起用する。しかし、愛人を主役に起用することに固執したスポンサーの怒りに触れて、劇場ではなく氷上でレヴューを上演する。

夫は奇跡的経済復興
Mein Mann, das Wirtschaftswunder
1961　西独　Deutsche　未　90分　カラー　V　監督：ウルリッヒ・エアフルト　主演：マリカ・レック　成功したやもめの実業家が、自分の娘たちに母親が欲しいと考えて結婚相手を探し、女優のレックに目をつける。「奇跡的経済復興」というのは第二次世界大戦後の経済復興を表す当時の流行語。

空から星が降ってくる
Ein Stern fällt vom Himmel
1961　西独・墺　Kurt Ulrich　公開　102分　カラー　CS　監督：ゲツァ・フォン・ツィフラ　主演：トニー・ザイラー　スキーのザイラーとスケートのイナ・バウアーを組み合わせた作品。引退宣言したフィギュア・スケート選手のバウアーを、ザイラーが探し出してアイス・レヴューに出演させる。

パパ、イタリアで何をするの？
Was macht Papa denn in Italien?
1961　西独　Franz Seitz　未　97分　カラー　S　監督：ハンス・ディーター・シュワルツ　主演：ヴィリー・フリッチュ　銀婚式を迎えた老教師フリッチュが、イタリアにいる昔の恋人に密かに会いに行くのを、彼の娘たちが追っていく。

三文オペラ　Die Dreigroschenoper
1962　西独・仏　CEC　公開　124分　カラー　CS　監督：ヴォルフガング・シュタウテ　主演：クルト・ユルゲンス　ブレヒトとワイルの舞台の映画化。ポリー役はジューン・リッチー。英語題名はThe Threepenny Opera。

チロルの音楽と恋だから
...denn die Musik und die Liebe in Tirol
1963　西独　Music House　未　94分　カラ

一　監督：ヴェルナー・ヤコブス　主演：ヴィヴィ・バッハ　ジャズ・クラブでトランペットを吹いているバッハが、牧場を相続して、仲間と一緒に現地へ行くと、ギャングの密輸事件に巻き込まれる。最後には事件も解決して、カップルが出来上がる。当時のヒット曲が沢山流れる。

フレディと草原の歌
Freddy und das Lied der Prärie
1964　西独・ユーゴスラヴィア　Avala　未　101分　カラー　CS　監督：ソベイ・マーティン　主演：フレディ・クイン　両親を殺された男が、無法者たちに復讐するミュージカル仕立ての西部劇。英語で作られた。

可愛い白ねずみ　Geliebte weiße Maus
1964　東独　DEFA　未　76分　カラー　監督：ゴットフリート・コルディツ　主演：ロルフ・ヘリッヒ　通勤にバイクを使っている娘が、交通整理の警官に愛情を感じて、彼と親しくなるためにわざと交通違反をして恋を成就させる。

そして、8時に何かがベッドへ行かねば
...und sowas muß um 8 ins Bett
1965　西独・墺　Sascha-Verleih　未　97分　白黒　S　監督：ヴェルナー・ヤコブス　主演：ペーター・アレクサンダー　アレクサンダーが女子高の厳格な教師役を演じ、校内の恋愛事件に振り回される。

アンナ・マグダレーナ・バッハの日記
Chronik der Anna Magdalena Bach
1968　西独・伊　Franz Seitz　公開　94分　白黒　S　監督：ダニエル・ユイレほか　主演：クリスチアーネ・ラング　大作曲家バッハの伝記。彼の2番目の妻だったアンナ・マグダレーナの視点から描かれる。

暑い夏　Heißer Sommer
1968　東独　VEB DEFA　未　91分　カラー　CS　監督：ヨアヒム・ハスラー　主演：クリス・デルク　夏休みにバルチック海までヒッチハイクで行った、女の子たちと男の子たちの恋物語。

ハインツ　心の旅路
Heintje - Ein Herz geht auf Reisen
1969　西独　Allianz　未　104分　カラー　V　監督：ヴェルナー・ヤコブス　主演：ハインツ・シモンズ　オランダ出身の歌手ハインツの子役時代のシリーズ作品の代表作。叔母と一緒に暮らしていたハインツが、孤児院に入れられ、そこを抜け出してスイスへ向かう途中で、人々との心の触れ合いを経験する。

１９７０年以降

ハンフリーズ　爆発だ そして天使は歌う
Les Humphries: Es knallt - und die Engel singen
1974　西独・西・伊　Atlántida　未　90分　カラー　CS　監督：ディーター・ガイスラーほか　主演：ポンツィアーノ・アルナルテ　ハンブルクを中心に活動したフォーク・ロック・グループのハンフリーズ・シンガーズが出演した、ギャング映画。

人間ベートーベン
Beethoven - Tage aus einem Leben
1976　東独　DEFA　公開　108分　カラー　V　監督：ホルスト・ゼーマン　主演：ドナタス・バニオニス　作曲家ベートーヴェンの伝記。彼のエキセントリックな性格に焦点を当てる。

リリー・マルレーン　Lili Marleen
1981　西独　Tobis　公開　120分　カラー　V　監督：ライナー・ヴェルナー・ファスビンダー　主演：ハンナ・シグラ　『リリー・マルレーン』の歌をヒットさせたが、ユダヤ系の愛人がいたことから、ナチスに迫害された歌手ララ・アンデルセンの伝記作品。

哀愁のトロイメライ　Frühlingssinfonie
1983　西独　Allianz　公開　103分　カラー　V　監督：ペーター・シャモニ　主演：ナターシャ・キンスキー　作曲家シューマンと結婚したピアノの名手クララ・シューマンの若き日を描く。原題はシューマンの『春の交響楽』だが、日本公開題名はピアノ曲の『トロイメライ』となり、ビデオでは「クララ・シューマン物語」となった。

ワーグナーとコジマ　Richard und Cosima
1986　西独・仏　Star　公開　112分　カラー　V　ステレオ　監督：ペーター・パザック　主演：オットー・サンダー　作曲家リヒャルト・ワーグナーと、フランツ・リストの娘で人妻だったコジマ、そして哲学者ニーチェの三角関係を描く。

ライン・ワン　Linie 1

1988 西独 Bioskop 公開 99分 カラー V ステレオ 監督：ラインハルト・ハウフ 主演：トーマス・アーレンス ロック歌手のジョニーを訪ねてベルリンへやって来た少女が、地下鉄1号線の中で、現代ドイツを象徴するような雑多な人々に遭遇する。ナチ高官の未亡人、トルコ人、それを排斥する人々などが描かれる。舞台劇の映画化。

ブエナ・ビスタ・ソシアル・クラブ
Buena Vista Social Club
1999 独・米 Road Movies 公開 105分 カラー V ステレオ 監督：ヴィム・ヴェンダース 主演：コムパイ・セグンド キューバ音楽の巨匠たちが、年老いてから再結成した楽団でコンサートを開いたり、レコーディングしたりする姿を追うドキュメンタリー。

真実のマレーネ・ディートリッヒ
Marlene Dietrich : Her Own Song
2002 独・米 APG 公開 100分 カラー V ステレオ 監督：デヴィッド・ライヴァ 主演：マルレーネ・ディートリッヒ ディートリッヒの生涯を描いたドキュメンタリー作品。本人の映像や、関係者のインタビューで構成されている。

4分間のピアニスト　Vier Minuten
2006 独 Kordes & Kordes 公開 112分 カラー V S 監督：クリス・クラウス 主演：ハンナ・ヘルツシュプルンク 父親から虐げられて育った天才ピアノ少女は、社会への疎外感を持ち、殺人を犯し服役している。ナチス時代に同性愛の相手女性を殺害された老ピアノ女性教師が、何とか少女の心を開かせてピアノを弾かせようと努力する。

オーストリア

1930年代

未完成交響楽　Leise flehen meine Lieder
1933 墺・独 Cine-Allianz 公開 85分 白黒 S 監督：ヴィリ・フォルスト 主演：マルタ・エゲルト シューベルトの創作的な伝記。貧乏教師シューベルトが貴族の館で演奏した時に、娘エゲルトの高笑いで演奏を中断されて、心の傷を負う。その後、エゲルトの音楽家庭教師となり恋をするが、彼女はほかの貴族と結婚するので恋に破れる。成らざる恋と同じに交響曲も「未完成」となる。

ハンガリア驃騎兵　Rakoczy-Marsch
1933 墺・独・ハンガリー Hunnia Filmgyár 公開 83分 白黒 S 監督：グスタフ・フレーリヒ 主演：グスタフ・フレーリヒ ハンガリー音楽の名曲をテーマにした、驃騎兵と伯爵令嬢の恋物語。ドイツでの公開題名はRakoczimarsch。

青い果実　Csibi, der Fratz
1934 墺 Univ 公開 98分 白黒 S 監督：マックス・ノイフェルトほか 主演：フランチスカ・ガール オペラ歌手のガールが、休暇でウィーンの母親の下へ帰り、母の婚約者の友人に一目惚れして結婚する。

青空を食にに　Frasquita
1934 墺 Atlantis 公開 84分 白黒 S 監督：カール・ラマク 主演：ヤルミラ・ノヴォトナ フランツ・レハールの同名オペレッタ（1922）の映画化。婚約者に会いに行った男が、途中でジプシーの歌姫と出会い、恋をして結ばれる。

空から星が降ってくる
Ein Stern fällt vom Himmel
1934 墺 Styria 未 88分 白黒 S 監督：マックス・ノイフェルト 主演：ヨゼフ・シュミット 音楽を学ぶシュミットが歌手として成功する。

若い時には世界は君のもの
Wenn du jung bist, gehört dir die Welt
1934 墺 Haas 未 77分 白黒 S 監督：ヘンリー・オベルス・オブストレムほか 主演：ヨゼフ・シュミット 家政婦の息子シュミットが、歌手として成功する。

愛の囁き　Es flüstert die Liebe
1935 墺・ハンガリー Styria 未 94分 白黒 S 監督：ゲツァ・フォン・ボルヴァリー 主演：グスタフ・フレーリヒ 青年フレ

ーリヒは、間違えた振りをして美しい娘にキスをするが、彼女に訴えられてしまう。しかし、それが縁で二人は結ばれる。

若き日の旅　Die Fahrt in die Jugend
1935　墺　Pan　未　85分　白黒　S　監督：カール・ボーズ　主演：リアーネ・ハイト　年老いた男爵が、若いハイトに心を寄せる。

人形の母　Kleine Mutti
1935　墺・ハンガリー　Univ　公開　102分　白黒　S　監督：ヘンリー・コスター　主演：フランチスカ・ガール　欧州ユニヴァーサル社時代のパスタナク制作、コスター監督の作品。女学生ガールは、捨て子を拾ったのが縁で、金持ちの息子と結婚する。

恋は終わりぬ　Letzte Liebe
1935　墺　Wiener　公開　87分　白黒　S　監督：フリッツ・シュルツ　主演：田中路子　日本人ソプラノ歌手の田中路子が、オーストリアでアルバート・バッサーマンと共演した作品。オーストリアの作曲家バッサーマンは不調で曲が書けずにいたが、日本から声楽の勉強に来ていた田中路子と出会い、インスピレーションを得て、東洋的な主題の新作オペラを書き、路子の主演で上演する。しかし、路子は指揮者で年が近いバッサーマンの甥と恋仲になり、失意したバッサーマンは自動車事故で亡くなってしまう。

　田中路子は、実生活ではかなり年上のオーストリアの実業家と結婚して、ドイツ語圏の音楽界で活躍、戦後は八千草薫主演の「蝶々夫人」(1954)のスズキ役も演じた。リヒャルト・タウバーの書いた曲が使われている。

ポムパドール夫人　Die Pompadour
1935　墺　Mondial　未　85分　白黒　S　監督：ヴィリー・シュミット・ゲントネル　主演：ケーテ・フォン・ナギ　ルイ15世の愛人だったポムパドール夫人と画家とのアヴァンチュールを描く。

ダンス音楽　Tanzmusik
1935　墺　Pan　未　82分　白黒　S　監督：J・A・ヒュブラー・カーラ　主演：リアーネ・ハイト　オーストリアの作曲家がアメリカでジャズ・ピアニストとして成功、ハイトと結婚するがうまく行かなくなる。

不滅のメロディ　Unsterbliche Melodien
1935　墺　Tassul　未　74分　白黒　S　監督：ハインツ・パウル　主演：アルフレッド・イェルガー　ヨハン・シュトラウスの伝記。最初の妻と死別し、中年の未亡人と再婚するか、若いバレリーナと再婚するかで悩む。

収穫　Ernte
1936　墺　Vienna　未　89分　白黒　S　監督：ゲザ・フォン・ボルヴァリー　主演：パウラ・ヴェセリー　資産を食い潰した一家に仕えていた運転手の娘ヴェセリーは、金がなくなった後も誠実に仕えるが、一家の大黒柱となるべき男は、美人を追いかけるのに夢中だった。

ミス・リリー　Fräulein Lilli
1936　墺　Projektograph　未　86分　白黒　S　監督：ハンス・ベーレントほか　主演：フランチスカ・ガール　宝石店の店員となったガールが、モンテ・カルロのカジノに宝石を運び、盗難事件に巻き込まれる。

我が生涯最高の日　Heut' ist der schönste Tag in meinem Leben
1936　墺　Globe　未　84分　白黒　S　監督：リヒャルト・オズヴァルト　主演：ヨゼフ・シュミット　双子の兄弟が同じ娘に恋してしまう。

最後はカタリーナ　Katharina, die Letzte
1936　墺　Univ　未　93分　白黒　S　監督：ヘンリー・コスター　主演：フランチスカ・ガール　メイドのガールが運転手に恋をするが、その運転手は実は大金持ちだった。アメリカへ渡る前にジョー・パスタナクが制作、コスターが監督した作品。

放浪者ルムパチ　Lumpacivagabundus
1936　墺　Styria　未　90分　白黒　S　監督：ゲザ・フォン・ボルヴァリー　主演：パウル・ヘルビガー　天国の悪い精霊が地上に降りて、3人の浮浪者に宝くじを当てさせる。1年後に二人はまともな生活を送るようになるが、一人は浮浪者を続けている。無声時代から何度も映画化されている物語の3度目の映画化。この後もリメイクされている。

女学校　Mädchenpensionat
1936　墺　Styria　未　94分　白黒　S　監督：ゲザ・フォン・ボルヴァリー　主演：ラウル・アスラン　小国の王女が、過保護な国王から離れて教育を受けるため、寄宿制の女学校に入るが、そこで貧乏教師と恋におちてし

まう。
オーパンリンク Opernring
1936 墺 Gloria 未 93分 白黒 S 監督：カルミネ・ガローネ　主演：ヤン・キープラ　タクシー運転手キープラが、金持ち娘の援助で歌手となるが、最後は昔の恋人である花売り娘の下へと戻る。ドイツでの公開題名はIm Sonnenschein（日光の中で）。
誰が最後のキスを… Wer zuletzt küßt...
1936 墺 Projektograph 未 85分 白黒 S 監督：E・W・エモ　主演：リアーネ・ハイト　有名女優のハイトが、チャリティでキスを売ることになり騒ぎとなる。
話題の男 Der Mann, von dem man spricht
1937 墺 Projektograph 未 91分 白黒 S 監督：E・W・エモ　主演：ハインツ・ルーマン　気が弱くて「ノー」と言えない男の話。叔父の命ずるままに、動物学を学んだり、結婚相手をあてがわれたりするが、なかなか「ノー」と言えずに混乱する。
雪の中のペーター Peter im Schnee
1937 墺 Mondial 未 80分 白黒 S 監督：カール・ラマク　主演：リアーネ・ハイト　ペーターという小さな娘が、叔母ハイトの結婚危機を救う。
初演 Premiere
1937 墺 Gloria 未 82分 白黒 S 監督：ゲツァ・フォン・ボルヴァリー　主演：ツァラー・レアンダー　ウィーンのミュージカル劇場で、初演の日にスターのパトロンが殺される。舞台を続けながら刑事が捜査を行う。アメリカで作られた、「絢爛たる殺人」Murder at the Vanities（1934）を真似た作品。
ボヘミアンの魅力 Zauber der Boheme
1937 墺 Intergloria 未 102分 白黒 S 監督：ゲツァ・フォン・ボルヴァリー　主演：ヤン・キープラ　プッチーニの「ラ・ボエーム」の映画版だが、話は原作に戻り、音楽もプッチーニのほかに新曲を加えている。主演はキープラとマルタ・エゲルト。
フィナーレ Finale
1938 墺 Intergloria 未 95分 白黒 S 監督：ゲツァ・フォン・ボルヴァリー　主演：ケーテ・フォン・ナギ　孤児の娘たちが教育を続けるためのスポンサー探しをする。
私が幸せな時はいつも Immer wenn ich glücklich bin...!
1938 墺 Projektograph 未 94分 白黒 S 監督：カール・ラマク　主演：マルタ・エゲルト　レヴューの女王が大地主と結婚して田舎暮らしをするが、すぐに退屈してしまう。

1940年代

私を信じて Glaube an mich
1946 墺 Löwen 未 80分 白黒 S 監督：ゲツァ・フォン・ツィフラ　主演：マルテ・ハレル　中年の男が若い婚約者の気持ちを確かめようと、彼女を試す。
ウィーンの旋律 Wiener Melodien
1947 墺 Donau 未 93分 白黒 S 監督：テオ・リンゲンほか　主演：ヨハネス・ヘースタース　小さい時に別れて育てられた双子の再会をめぐる間違いの喜劇。
フレゴーラ Fregola
1948 墺 Styria 未 90分 白黒 S 監督：ハラルド・レーベリング　主演：マリカ・レック　レックが大戦後にオーストリアで撮った作品。女優のレック（フレゴーラ役）にボーイ・フレンド殺しの疑いがかけられる。
エロイカ Eroica
1949 墺 Neue Wiener 公開 95分 白黒 S 監督：ヴァルテル・コルム・フェルテエ　主演：エヴァルト・ヴァルザー　作曲家ベートーヴェンの伝記作品。ナポレオンを解放者と考えて交響曲に「エロイカ（英雄）」の題名を付けるが、皇帝に即位したことに失望してほかの曲に取り掛かる。
愛の薔薇 Rosen der Liebe
1949 墺 Arta 未 97分 白黒 S 監督：マックス・ノイフェルト　主演：ナディン・グレイ　女性歌手と小国の国王の許されぬ恋を描く。
ウィーンの娘たち Wiener Mädeln
1949 墺・独 Forst 未 109分 カラー S 監督：ヴィリ・フォルスト　主演：ヴィリ・フォルスト　ウィーンで活躍した作曲家カール・ミヒャエル・ツィーラーの伝記作品で、題名は彼の代表的なワルツから取られている。1944年から撮影されたが、完成して公開（東独）されたのは1949年だった。

1950年代

ドナウ河の子　Kind der Donau
1950　墺　Wien　未　107分　カラー　S　監督：ゲオルク・ヤコビー　主演：マリカ・レック　マリカの出演予定の劇場が火事で焼けてしまうが、台本作家が新聞で訴えて、劇場を再建する。オーストリア最初のカラー長編作品。

幸せに踊る　Tanz ins Glück
1951　墺　Wiener Mundus　未　98分　カラー　S　監督：アルフレッド・ステーガー　主演：ヨハネス・ヘースタース　ロベルト・シュトルツの同名オペレッタ（1920）の映画版。ヘア・ドレッサーの助手が貴族と間違われる。

ウィーンは踊る　Wien tanzt
1951　墺　Cordial　未　98分　白黒　S　監督：エミール・E・レイナート　主演：マルテ・ハレル　ヨハン・シュトラウスとその息子のワルツ王の話。ドイツでの公開題名はWiener Walzer。

あなたこそ世界　Du bist die Welt für mich
1953　墺　Erma　未　107分　白黒　S　監督：エルンスト・マリシュカ　主演：ヨアヒム・ブレネケ　リヒャルト・タウバーの伝記作品で、踊り子との恋などが描かれる。映画の題名はタウバーが書いた歌曲から取られている。

不滅のモーツァルト　Unsterblicher Mozart
1954　墺　Wiener Mundus　未　97分　カラー　S　監督：アルフレッド・ステーガーほか　主演：ヴィルマ・リップ　ウィーンの歌劇場で収録されたモーツァルトのオペラ「後宮からの誘拐」、「フィガロの結婚」、「ドン・ジョヴァンニ」の3作品からの名場面集。

ベラミ　Bel Ami
1955　墺・仏・西独　Projektograph　未　100分　カラー　S　監督：ルイ・ダカン　主演：ヨハネス・ヘースタース　ヴィリ・フォルストの同名作品（1939）の2度目のリメイク。

会議は踊る　Der Kongreß tanzt
1955　墺　Cosmos　未　105分　カラー　CS　監督：フランツ・アンテル　主演：ヨハンナ・マッツ　リリアン・ハーヴェイの名作（1931）のリメイク。

モーツァルト　Mozart
1955　墺　Cosmopol　未　100分　カラー　S　監督：カール・ハートル　主演：オスカー・ウェルナー　「魔笛」前後のモーツァルトを描くフィクション。

オペラ座の舞踏会　Opernball
1956　墺　Erma　未　107分　カラー　S　監督：エルンスト・マリシュカ　主演：ヨハネス・ヘースタース　夫の貞節に疑問を持つ妻が、オペラ座の舞踏会で夫を試そうと考える。

銀盤のリズム　Symphonie in Gold
1956　墺　Neusser-Cosmos　公開　95分　カラー　S　監督：フランツ・アンテル　主演：ヨアヒム・フッホスベルガー　スケート選手がトレーニング資金稼ぎのために、仮面を被ってアイス・ショーに出て人気となる。

野ばら　Der schönste Tag meines Lebens
1957　墺　Donau　公開　95分　カラー　S　監督：マックス・ノイフェルト　主演：ミハエル・アンデ　1956年のハンガリー動乱の混乱で、ハンガリーからオーストリアに逃れて来た少年アンデが、老人に助けられてウィーン少年合唱団に入り活躍する。

ラデツキー行進曲よ高らかに
Hoch klingt der Radetzkymarsch
1958　墺　Lux　未　102分　カラー　S　監督：ゲツァ・フォン・ボルヴァリー　主演：ヨハンナ・マッツ　青年将校が、女の子を1日で口説けるかどうか、友人とシャンパン10本を賭ける。賭けには勝つものの、その話が歌となり街中に広まってしまう。

幼な心　Sag ja, Mutti
1958　墺　Zenith-Sonor　公開　84分　カラー　S　監督：アルフレッド・レーナー　主演：ハンス・ゼーンカー　病弱な女の子がチロルで音楽一家と知り合い、力づけられる。日本公開時の原題は、ドイツでの公開題名のKleines Herz in großer Not（大きな痛みの小さな心）。

ほがらかに鐘は鳴る
Wenn die Glocken hell erklingen
1959　墺　Donau　公開　90分　カラー　S　監督：エドゥアルト・フォン・ボルゾディ　主演：ミハエル・アンデ　ウィーン少年合唱団が夏にチロル地方に行った時に、団員のア

ンデは土地の地主に気に入られるが、実はアンデはその家から駆け落ちした娘の子供で、孫にあたる少年だったことがわかる。

ザイラーと12人の娘　白銀は招くよ！
12 Mädchen und 1 Mann
1959　墺　Sascha　公開　88分　カラー　S　監督：ハンス・クエスト　主演：トニー・ザイラー　山間の小さな村に盗難事件の調査に来たザイラーが、スキーに来た12人の娘たちと出会い、マルギット・ニュンケと恋におちる。

1960年代

白馬亭にて　Im weißen Rößl
1960　墺・西独　Carlton　未　103分　カラー　S　監督：ヴェルナー・ヤコブス　主演：ペーター・アレクサンダー　有名なオペレッタを現代化してアレクサンダーが主演した作品。

ボビー伯爵の冒険
Die Abenteuer des Grafen Bobby
1961　墺　Sascha-Verleih　未　94分　カラー　V　監督：ゲツァ・フォン・ツィフラ　主演：ペーター・アレクサンダー　アレクサンダーのボビー伯爵シリーズの1作目。アレクサンダーが、金持ちのアメリカ婦人の欧州旅行をエスコートする。

こうもり　Die Fledermaus
1962　墺　Sascha-Verleih　未　107分　カラー　SC　監督：ゲツァ・フォン・ツィフラ　主演：マリカ・レック　ヨハン・シュトラウスのオペレッタの映画版。レックは奥様ロザリンデではなく、小間使アデーレを演じている。

パラダイス・ホテルでの初夜
Hochzeit-snacht im Paradies
1962　墺　Sascha-Verleih　未　104分　カラー　SC　監督：パウル・マーティン　主演：マリカ・レック　同名オペレッタの2度目の映画化。レビューの舞台に立つペーター・アレクサンダーが、結婚して引退を宣言するので、共演する恋人レックが、新婚旅行先のヴェネチアまで追って行き、結婚をぶち壊そうとする。旧世代のレックと新世代のアレクサンダーの顔合わせ。

メリー・ウィドウ　Die lustige Witwe
1962　墺・西独　Sascha　未　113分　カラー　V　監督：ヴェルナー・ヤコブス　主演：ペーター・アレクサンダー　アレクサンダーによる有名オペレッタの現代化映画。

ボビー伯爵の甘い生活
Das süße Leben des Grafen Bobby
1962　墺　Sascha-Verleih　未　92分　カラー　V　監督：ゲツァ・フォン・ツィフラ　主演：ペーター・アレクサンダー　ボビー伯爵シリーズの2作目。探偵となったアレクサンダーは、女装して「甘い生活」というナイト・クラブに侵入する。

ベラミ2000年版、プレイ・ボーイをいかにして誘惑するか　Bel Ami 2000 oder Wie verführt man einen Playboy?
1966　墺・伊　Intercontinental　未　101分　カラー　V　監督：ミカエル・プフレンガー　主演：ペーター・アレクサンダー　アレクサンダーが雑誌のレポーターに選ばれるが、とんだ落とし穴がある。モテモテ男のベラミの現代版。

ボビー伯爵、ワイルド・ウェストの恐怖
Graf Bobby, der Schrecken des wilden Westens
1966　墺　Avala　未　92分　カラー　V　監督：パウル・マーティン　主演：ペーター・アレクサンダー　ボビー伯爵のアレクサンダーが、アリゾナの牧場を相続してアメリカへ渡り、西部の荒波にもまれる。

ヴィナーワルツ　激しくも愛に燃えて…
Johann Strauss - Der König ohne Krone
1987　墺・西独・仏　Johann Strauss　公開　124分　S　カラー　監督：フランツ・アンテル　主演：オリヴァー・トビアス　ワルツ王ヨハン・シュトラウス（トビアス）の不幸な私生活を描く。

ハンガリー

世界で唯一人の娘
Csak egy kislány van a világon
1930　ハンガリー　Antal　未　100分　白黒　S　監督：ベラ・ガール　主演：マルタ・エゲルト　最初は無声映画として作られたが、後からハンガリーの民族音楽などが入れられた。ハンガリー最初のサウンド映画。

失礼、私の間違いです　Pardon, tévedtem
1933　ハンガリー　Univ　未　96分　白黒　S　監督：ゲツァ・フォン・ボルヴァリーほか　主演：リリ・バーキー　友人の結婚式に出た娘が、花嫁と間違われる。フランチスカ・ガールが助演。

春のパレード　Frühjahrsparade
1934　ハンガリー・墺・独　Univ　公開　93分　白黒　S　監督：ゲツァ・フォン・ボルヴァリー　主演：フランチスカ・ガール　ハンガリーの田舎娘ガールが、占いを信じてウィーンへ出て、軍楽隊員と結婚する。

ペエテルの歓び　Peter
1934　ハンガリー・米・墺　Univ　公開　85分　白黒　S　監督：ヘンリー・コスター　主演：フランチスカ・ガール　貧乏娘が男の服を着てペエテルと名乗り、医者の手伝いをするが、娘とわかり結婚する。

サヴォイでの舞踏会　Ball im Savoy
1935　ハンガリー　Hunnia　未　84分　白黒　S　監督：スティーヴ・セーケイ　主演：ギッタ・アルパー　有名歌手アルパーは、社交界で有名な男爵の舞踏会に出席するためにカンヌへやって来て、宝石盗難事件に巻き込まれる。別撮影された英語版Ball at Savoy (1936)*が英国で作られていて、アメリカではWith Pleasure, Madameの題名で公開された。

フランツ・リスト　愛の夢
Szerelmi álmok - Liszt
1970　ハンガリー・ソ連　Lenfilm　公開　171分　カラー　CS　ステレオ　監督：マルトン・ケレチ　主演：イムレ・シンコビッチ　ピアノの天才フランツ・リストの生涯を描く伝記。サンクト・ペテルブルグに住むロシア貴婦人との愛を中心に描く。ハンガリーとソ連が合作した70mmの大作。ロシア語題名はФеренц Лист-Грёзы любви。

ミーティング・ヴィーナス　Meeting Venus
1991　ハンガリー　BSB　公開　119分　カラー　V　ステレオ　監督：イシュトバン・サボー　主演：グレン・クロース　ハンガリーの無名の指揮者が、パリのオペラ座で「タンホイザー」を指揮するチャンスをつかみ、期待に満ちてやって来るが、ストライキなどに巻き込まれて、上演が危ぶまれる。しかし、彼の熱意により公演は成功する。

スペイン

1930年代

愛はソルフェージュ　El amor solfeando
1930　西・仏・独　Cinaes　未　85分　白黒　S　監督：アルマンド・グエラ　主演：イムペリオ・アルヘンティーナ　ドイツ作品「私に会いに来て」Komm' zu mir zum Rendezvous (1930)*の西語版。

シェリー醸造所　La bodega
1930　西・仏　CGC　未　87分　白黒　S　監督：ベニート・ペロホ　主演：コンチャ・ピケール　ヘレスのシェリー醸造所の娘と、酒の密輸青年の恋。

笑いが一番　Lo mejor es reir
1931　米（西）　Para　未　71分　白黒　S　監督：E・W・エモほか　主演：イムペリオ・アルヘンティーナ　「踊子夫人」Laughter (1930)の西語版。

結婚式の夜　Su noche de bodas
1931　米（西）　Para　未　83分　白黒　S　監督：ルイス・メルカントンほか　主演：イムペリオ・アルヘンティーナ　「女房盗塁」Her Wedding Night (1930)の西語版。

こんにちは　Buenos días

1932　米（西）　Para　未　白黒　S　監督：フロリアン・レイ　主演：イムペリオ・アルヘンティーナ

カルセレラス　Carceleras
1932　西　Diana Exclusivas　未　87分　白黒　S　監督：ホセ・ブッチス　主演：ラケル・ロドリーゴ　一人の娘をめぐり、二人の男が殺し合う。

家は深刻　La casa es seria
1932　米（西）　Para　未　25分　白黒　S　監督：ルシアン・ジャクルクス　主演：カルロス・ガルデル　ガルデルとイムペリオ・アルヘンティーナ共演の短編喜劇。

いつ自殺するの？　¿Cuándo te suicidas?
1932　米（西）　Para　未　81分　白黒　S　監督：マヌエル・ロメロ　主演：イムペリオ・アルヘンティーナ　若い貴族が伯父から遺産を相続することとなるが、未亡人と結婚することが条件だったので、結婚相手の夫人の夫に自殺してもらうことを考える。

場末のメロディ　Melodía de arrabal
1933　米（西）　Para　未　94分　白黒　S　監督：ルイス・J・ガスニエ　主演：カルロス・ガルデル　タンゴ歌手ガルデルと、彼に歌を教える教師イムペリオ・アルヘンティーナの話。

黒髪と金髪　Una morena y una rubia
1933　西　Diana Exclusivas　未　白黒　S　監督：ホセ・ブッチス　主演：ラケル・ロドリーゴ　金髪娘が男を誘惑する。現在は12分間の断片しか残っていない。

フランシスキータ夫人　Doña Francisquita
1934　西　Ibérica　未　93分　白黒　S　監督：ハンス・ベーレント　主演：ラケル・ロドリーゴ　サルスエラの映画版。恋の三角関係を描く。

尼僧サン・スルピシオ
La hermana San Sulpicio
1934　西　CIFESA　未　90分　白黒　S　監督：フロリアン・レイ　主演：イムペリオ・アルヘンティーナ　尼僧に恋した男が、尼僧を還俗させて結婚する。

清い心を持っていた黒人
El negro que tenía el alma blanca
1934　西　Suevia　未　83分　白黒　S　監督：ベニート・ペロホ　主演：アントニータ・コロメー　組んで踊っていた白人の娘に惚れた、黒人ダンサーの話。

ママの婚約者　El novio de mamá
1934　西　CIFESA　未　89分　白黒　S　監督：フロリアン・レイ　主演：イムペリオ・アルヘンティーナ　婚約者が浮気したと思った若い娘は、修道院へ入ろうとするが、婚約者は彼女を誘拐する。

幸福の一週間　Una semana de felicidad
1934　西　Ibérica　未　74分　白黒　S　監督：マックス・ノセック　主演：ラケル・ロドリーゴ　バルセロナでの恋の1週間を描く。

君がために歌う　Yo canto para ti
1934　西　EFE　未　87分　白黒　S　監督：フェルナンド・ロルダン　主演：コンチャ・ピケール　舞台劇の映画版。

ファン・シモンの娘　La hija de Juan Simón
1935　西　Filmófono　未　69分　白黒　S　監督：ネメシオ・M・ソブレビラ　主演：カルメン・アマヤ　惚れた娘との結婚を認めてもらえない男が、酒場で歌手をして殺人事件に巻き込まれる。

尼僧アレグリーア　Madre Alegría
1935　西　Diana Exclusivas　未　94分　白黒　S　監督：ホセ・ブッチス　主演：ラケル・ロドリーゴ　孤児の娘たちを助ける尼僧の話。

尼僧たちの子供　El niño de las monjas
1935　西　Diana Exclusivas　未　79分　白黒　S　監督：ホセ・ブッチス　主演：ラケル・ロドリーゴ　尼僧院の門番に育てられた孤児が闘牛士になる。

気高きアラゴン娘　Nobleza baturra
1935　西　CIFESA　未　85分　白黒　S　監督：フロリアン・レイ　主演：イムペリオ・アルヘンティーナ　横恋慕した男に不貞の噂を流される娘の話。

農家の娘ロサリオ　Rosario la cortijera
1935　西　E. González　未　75分　白黒　S　監督：レオン・アルトラ　主演：エストレリータ・カストロ　農家の娘がアメリカから来た男に恋をして、村の恋人との板挟みに苦しむ。

パロマの前夜祭　La verbena de la Paloma
1935　西　CIFESA　未　78分　白黒　S　監督：ベニート・ペロホ　主演：ラケル・ロドリーゴ　サルスエラの映画化。二人のお針子

が、年寄りの薬屋に誘われて祭りへ行こうとする。

男やもめのロドリゲス
Don Viudo de Rodríguez
1936　西　Ayensa　未　30分　白黒　S　監督：ヘロニモ・ミウラ　主演：カルメン・アマヤ　女になりたい男に、魔術師が幻想を見せる中編。

モレナ・クララ　Morena Clara
1936　西　CIFESA　未　105分　白黒　S　監督：フロリアン・レイ　主演：イムペリオ・アルヘンティーナ　ジプシー娘と検察官の恋。

ムーア人の王女　La reina mora
1937　西　CIFESA　未　90分　白黒　S　監督：エウセビオ・フェルナンデス・アルダビン　主演：ラケル・ロドリーゴ　サルスエラの映画化。娘が引っ越した先は、その昔ムーア人の王女が恋で嘆き死にしたとの、伝説の家だった。

セビーリャの理髪師　El barbero de Sevilla
1938　西・独　Fabrikation　未　90分　白黒　S　監督：ベニート・ペロホ　主演：エストレリータ・カストロ　ボーマルシェの原作を音楽劇としたもの。ロッシーニの音楽ではない。

トリアナのカルメン　Carmen, la de Triana
1938　独・西　Carl Froelich　未　110分　白黒　S　監督：フロリアン・レイ　主演：イムペリオ・アルヘンティーナ　独作品「西班牙の夜」Andalusische Nächte (1938)の西語版。

マリキーリャ・テレモート
Mariquilla Terremoto
1938　西・独　Hispano　未　83分　白黒　S　監督：ベニート・ペロホ　主演：エストレリータ・カストロ　内気で恥ずかしがり屋の娘が歌手としてデビューする。

アイクサの歌　La canción de Aixa
1939　独・西　Film Produktion　未　96分　白黒　S　監督：フロリアン・レイ　主演：イムペリオ・アルヘンティーナ　二人のムスリムと、混血娘アイクサの恋。

夜の子供たち　Los hijos de la noche
1939　西・伊　Imperator　未　93分　白黒　S　監督：ベニート・ペロホほか　主演：エストレリータ・カストロ　貧乏暮らしの兄が、20年ぶりにアメリカから戻る金持ちの妹に見せようと、急ごしらえの家族を作る。伊語版I figli della notte (1940)*も同時に作られた。

マリア・デ・ラ・オー　María de la O
1939　西　Ufilms　未　109分　白黒　S　監督：フランシスコ・エリアス　主演：カルメン・アマヤ　画家とジプシーの恋物語。

スペインの溜息　Suspiros de España
1939　西・独　Hispano　未　100分　白黒　S　監督：ベニート・ペロホ　主演：エストレリータ・カストロ　貧しい家の娘が歌手としてデビューする。

1940年代

ドローレス　La Dolores
1940　西　CIFESA　未　102分　白黒　S　監督：フロリアン・レイ　主演：コンチャ・ピケール　別れた男の流す中傷に苦しむ娘の話。

ジプシー娘　La gitanilla
1940　西　CIFESA　未　85分　白黒　S　監督：フェルナンド・デルガド　主演：エストレリータ・カストロ　ジプシー娘と貴族の青年の恋。

苦悩する王様　El rey que rabió
1940　西　Diana Exclusivas　未　102分　白黒　S　監督：ホセ・ブッチス　主演：ラケル・ロドリーゴ　サルスエラの映画化。羊飼いに変装した王様が、農民の娘に恋をする。

旋風　Torbellino
1941　西　CIFESA　未　104分　白黒　S　監督：ルイス・マルキナ　主演：エストレリータ・カストロ　カストロが冴えないラジオ局で活躍して、旋風を巻き起こす。

白い鳩　La blanca Paloma
1942　西　Diana　未　76分　白黒　S　監督：クラウディオ・デ・ラ・トーレ　主演：ファニータ・レイナ　店を友人と経営する未亡人の息子が、共同経営者の娘と恋をする。

炎のダンス　Danza del fuego
1942　西・仏　未　88分　白黒　S　監督：アンドレ・ウゴンほか　主演：アントニータ・コロメー　ジプシーと一緒に踊り、マドリードで人気の出る娘の話。

ゴヤ風に　Goyescas

年度別作品一覧

1942　西　Universal Ibero Americana　未　102分　白黒　S　監督：ベニート・ペロホ　主演：イムペリオ・アルヘンティーナ　イムペリオが歌手と伯爵夫人の二役を演じ、一人の男に惚れる。

タンジールの謎　Los misterios de Tánger
1942　西　España　未　102分　白黒　S　監督：カルロス・フェルナンデス・クエンカ　主演：エストレリータ・カストロ　スペインに対するモロッコの叛乱運動を描く。

人生の車輪　La rueda de la vida
1942　西　Suevia　未　92分　白黒　S　監督：エウセビオ・フェルナンデス・アルダビン　主演：アントニータ・コロメー　女性歌手と作曲家のすれ違いの恋。

血筋のカネリータ　Canelita en rama
1943　西　Rafa　未　97分　白黒　S　監督：エドゥアルド・ガルシア・マロート　主演：ファニータ・レイナ　ジプシー娘に産ませた娘と、自分の息子が恋仲になり、困る貴族の話。

田舎娘　La patria chica
1943　西　Marta　未　88分　白黒　S　監督：フェルナンド・デルガド　主演：エストレリータ・カストロ　サルスエラの映画化。セビーリャの舞踊団の娘がパリで英国人と恋をする。

マカレーナ　Macarena
1944　西　Rafa　未　84分　白黒　S　監督：アントニオ・グスマン・メリノ　主演：ファニータ・レイナ　美しい娘に惚れた二人の若者の話。

カポーテの娘　La maja del capote
1944　西　Mercurio　未　106分　白黒　S　監督：フェルナンド・デルガド　主演：エストレリータ・カストロ　闘牛士との恋を、家のために諦める娘の話。

バンブー　Bambú
1945　西　Suevia　未　98分　白黒　S　監督：ホセ・ルイス・サエンサ・ド・ヘレディア　主演：イムペリオ・アルヘンティーナ　果物売りの娘バンブーに、二人の男が惚れる。

偽りの栄光　La mentira de la gloria
1946　西　Ediciones　未　80分　白黒　S　監督：フリオ・デ・フライシュナー　主演：アントニータ・コロメー　宝くじに当たった娘が、カウボーイの青年と一緒にショーに出演する。

魅せられて　Embrujo
1947　西　Boga　未　80分　白黒　S　監督：カルロス・セラーノ・デ・アスマ　主演：ローラ・フロレス　フラメンコ・ダンサーとその師匠を描く。

ローラは港へ行く　La Lola se va a los puertos
1947　西　Juan de Orduña　未　120分　白黒　S　監督：フアン・デ・オルドゥーニャ　主演：ファニータ・レイナ　女性歌手と地主の息子の淡い恋。

スペインのセレナーデ　Serenata española
1947　西　Colonial AJE　未　120分　白黒　S　監督：フアン・デ・オルドゥーニャ　主演：ファニータ・レイナ　作曲家イサーク・アルベニスの伝記的作品。

マノレーテに乾杯　Brindis a Manolete
1948　西　Hércules　未　88分　白黒　S　監督：フロリアン・レイ　主演：パキータ・リコ　闘牛士マノレーテの娘が、若い闘牛士に惚れられる。

蝉　La cigarra
1948　西　Filmófono　未　78分　白黒　S　監督：フロリアン・レイ　主演：イムペリオ・アルヘンティーナ　アルゼンチンの有望な男性歌手が相手役を探し、「蝉」と呼ばれる娘を見つけるが、彼女は舞台に立ちたがらないので困る。

フィリグラーナ　Filigrana
1949　西　Manuel del Castillo　未　105分　白黒　S　監督：ルイス・マルキナ　主演：コンチャ・ピケール　ジプシー女優の息子が、その女優と昔恋仲だった貴族の娘に恋をする。

ガルデルのギター　La guitarra de Gardel
1949　西・アルゼンチン　Lais　未　85分　白黒　S　監督：レオン・クリモフスキー　主演：カルメン・セビーリャ　亡くなった大歌手カルロス・ガルデルのギターを求めて、世界中を回る。

メキシコ人、セビーリャで歌う
Jalisco canta en Sevilla
1949　西・メキシコ　Chamartín　未　113分　白黒　S　監督：フェルナンド・デ・フエンテス　主演：カルメン・セビーリャ　メキシコの文無し牧童が、遺産相続のためにス

ペインへやって来る。

お転婆娘　La revoltosa
1949　西　Intercontinental　未　109分　白黒　S　監督：ホセ・ディアス・モラレス　主演：カルメン・セビーリャ　洗濯娘と若い大工の恋。

嵐　Vendaval
1949　西　Juan de Orduña　未　95分　白黒　S　監督：フアン・デ・オルドゥーニャ　主演：ファニータ・レイナ　大衆歌手が、女王を陰謀から救う。

1950年代

ルムボ　Rumbo
1950　西　Cinem. Madrileña　未　95分　カラー　S　監督：ラモン・トラード　主演：パキータ・リコ　事業に成功した青年ルムボが、恩人の親類を訪ねて、そこの娘に恋をする。

アポロ劇場　Teatro Apolo
1950　西　Suevia　未　105分　白黒　S　監督：ラファエル・ヒル　主演：マリア・モラレス　メキシコで富を築いた男がスペインへ戻り、オペラの歌姫に恋をする。

マリブランの歌
La canción de La Malibrán
1951　西　Sagitario　未　95分　白黒　S　監督：ルイス・エスコバル　主演：マリア・モラレス　伝説的なオペラ歌手マリア・マリブランの伝記的作品。

デブラ、純潔のジプシー
Debla, la virgen gitana
1951　西　Capitolio　未　92分　カラー　S　監督：ラモン・トラード　主演：パキータ・リコ　画家のモデルになったジプシー娘に、画家の妻が嫉妬する。

マリア・アントニア　ラ・カランバ
María Antonia 'La Caramba'
1951　西　Hércules　未　90分　白黒　S　監督：アルトゥーロ・ルイス・カスティーリョ　主演：アントニータ・コロメー　フラメンコ・ダンサーとして有名だったマリア・アントニアの伝記。

マリア・モレナ　María Morena
1951　西　Ariel　未　75分　カラー　S　監督：ホセ・マリア・フォルケ　主演：パキー

タ・リコ　昔の殺人事件を解明しようとする青年が、ジプシー娘に恋をする。

アンダルシアの夢　El sueño de Andalucía
1951　西・仏　CCFC　未　94分　カラー　S　監督：ルイス・ルシア　主演：カルメン・セビーリャ　闘牛士とフラメンコ・ダンサーの恋。仏語版「南の誘惑」Andalousie (1951)が日本で公開された。

キテの場　Tercio de quites
1951　西・メキシコ　Clasa　未　80分　白黒　S　監督：エミリオ・ゴメス・ムリエル　主演：アントニータ・コロメー　スペインとメキシコの闘牛士の競争と友情。

マドリードから天国へ　De Madrid al cielo
1952　西　Aspa　未　95分　白黒　S　監督：ラファエル・ヒル　主演：マリア・モラレス　マドリードでの成功を夢見る歌手の娘と、画家の青年を描く。

シェラ・モレナ山脈の星
La estrella de Sierra Morena
1952　西　Suevia　未　96分　カラー　S　監督：ラモン・トラード　主演：ローラ・フローレス　山賊に育てられた美しい娘の話。

グロリア・マイレーナ　Gloria Mairena
1952　西　Reina　未　80分　白黒　S　監督：ルイス・ルシア　主演：ファニータ・レイナ　早世したフラメンコ・ダンサーの母にそっくりになった娘が、作曲家と恋をする。

尼僧サン・スルピシオ
La hermana San Sulpicio
1952　西　Benito Perojo　未　88分　カラー　S　監督：ルイス・ルシア　主演：カルメン・セビーリャ　同名作品(1934)*のリメイク。

ピコネラのローラ　Lola, la piconera
1952　西　CIFESA　未　89分　白黒　S　監督：ルイス・ルシア　主演：ファニータ・レイナ　ナポレオンがアンダルシアを攻めた時に、フランス将校に恋したカディスの女性歌手の話。

血の月　Luna de sangre
1952　西　PECSA　未　95分　白黒　S　監督：フランシスコ・ロビラ・ベレタ　主演：パキータ・リコ　フランス軍から逃げた婚約者を待つ娘が、その婚約者が兄嫁に惚れていると知りショックを受ける。

陽気なキャラバン　La alegre caravana

1953　西　Suevia　未　85分　白黒　S　監督：ラモン・トラード　主演：パキータ・リコ　名家の息子が、強制された結婚が嫌で飛び出し、ジプシーのキャラバンに加わり、ジプシー娘に恋をする。

アンダルシアの紳士　Un caballero andaluz
1954　西　CEA　未　90分　カラー　S　監督：ルイス・ルシア　主演：カルメン・セビーリャ　英国留学から戻った大地主の息子が、ジプシーとのトラブルに巻き込まれる。

欲望の踊り　La danza de los deseos
1954　西　Suevia　未　83分　白黒　S　監督：フロリアン・レイ　主演：ローラ・フロレス　孤島で育った美しい娘が、ヨットで島にやって来た金持ちと恋をする。

ヘレスの妖精　El duende de Jerez
1954　西　Huguet　未　80分　白黒　S　監督：ダニエル・マングラネ　主演：パキータ・リコ　アメリカのワイン学者が、ヘレスを訪問して研究を深める。

タチアオイ　Malvaloca
1954　西　Ariel　未　95分　白黒　S　監督：ラモン・トラード　主演：パキータ・リコ　酒場の踊り子を、二人の男が取り合う。

モレナ・クララ　Morena Clara
1954　西　CIFESA　未　91分　カラー　S　監督：ルイス・ルシア　主演：ローラ・フロレス　1936年の同名作品のリメイク。

水瓶の娘　La moza de cántaro
1954　西　Atenea　未　72分　白黒　S　監督：フロリアン・レイ　主演：パキータ・リコ　侮辱された父親に代わり、男装して決闘した娘が、芸能一座に加わり逃走する。

セビーリャの学術会議　Congreso en Sevilla
1955　西　DIA　未　85分　白黒　S　監督：アントニオ・ロマン　主演：カルメン・セビーリャ　金欠のカルメンが、学術会議に潜り込んで、スウェーデンから故郷のスペインへ戻る。

賢い粉屋の女房　La pícara molinera
1955　西・仏　Benito Perojo　未　80分　カラー　S　監督：レオン・クリモフスキー　主演：カルメン・セビーリャ　好色な代官が、粉屋の美人女房を寝取ろうとして失敗する。ペドロ・アントニオ・デ・アラルコンの小説「三角帽子」（1874）の映画版。

セビーリャの出来事　Sucedió en Sevilla
1955　西　Altamira　未　84分　白黒　S　監督：ホセ・グティエレス・マエッソ　主演：ファニータ・レイナ　大農園の娘をめぐる恋のつばぜり合い。

トリアナの溜息　Suspiros de Triana
1955　西　Benito Perojo　未　85分　カラー　S　監督：ラモン・トラード　主演：パキータ・リコ　アメリカ人歌手が、セビーリャの街角で歌のうまい娘を発見する。トリアナはセビーリャでジプシーの多い地区。

クッラ・ベレータ　Curra Veleta
1956　西　Dauro　未　83分　白黒　S　監督：ラモン・トラード　主演：パキータ・リコ　アメリカで亡くなった父親が残したギターを、スペインの娘が引き継ぐ。

闘牛士の二人の花嫁
Dos novias para un torero
1956　西・メキシコ　Atenea　未　85分　白黒　S　監督：アントニオ・ロマン　主演：パキータ・リコ　メキシコの闘牛士が、結婚のためにスペインにやって来ると、二人の花嫁が待っている。

小さなナイチンゲール　El pequeño ruiseñor
1956　西　Argos　未　98分　白黒　V　監督：アントニオ・デル・アモ　主演：ホセリート　祖父と一緒に教会の鐘楼で暮らす少年が、歌の才能を認められる。ホセリートのデビュー作。

ナイチンゲールの献歌　Saeta del ruiseñor
1957　西　Argos　未　77分　カラー　V　監督：アントニオ・デル・アモ　主演：ホセリート　歌に才能のあるいたずらっ子が、盲目の少女と出会い、真面目に歌に取り組む。

最後のクプレー　El último cuplé
1957　西　Orduña　未　110分　カラー　V　監督：フアン・デ・オルドゥーニャ　主演：サラ・モンティエール　クプレー歌手と闘牛士の恋を描く。

山頂のナイチンゲール
El ruiseñor de las cumbres
1958　西　Argos　未　86分　カラー　V　監督：アントニオ・デル・アモ　主演：ホセリート　羊飼いの少年が、家出して歌で成功する。

女暴君　La tirana

1958 西 Orduña 未 93分 カラー V 監督：フアン・デ・オルドゥーニャ 主演：パキータ・リコ 18世紀スペインで女暴君と呼ばれた女優の話。

すみれ売り La violetera
1958 西・伊 Benito Perojo 未 108分 カラー S 監督：ルイス・セサール・アマドリ 主演：サラ・モンティエール すみれ売りの娘と貴族のすれ違いの恋。すみれ売りの娘はクプレー歌手として人気が出る。

不可能万歳！ ¡Viva lo imposible!
1958 西 Coral 未 111分 カラー 監督：ラファエル・ヒル 主演：パキータ・リコ 会社勤めに飽きた中年男が、サーカスの世界に飛び込む。

ロンダ村のカルメン Carmen, la de Ronda
1959 西 Benito Perojo 未 106分 カラー V 監督：トゥーリオ・デミチェリ 主演：サラ・モンティエール メリメのカルメンの話を、ナポレオン軍と戦うロンダ村を背景として描く。ビゼーの音楽は使われていない。

僕のせいだ Échame la culpa
1959 西・メキシコ Suevia 未 92分 カラー S 監督：フェルナンド・コルテス 主演：ローラ・フロレス メキシコの牧場主が、マドリードでフラメンコを踊る娘に感動する。

僕の歌を聴いて Escucha mi canción
1959 西 Cesáreo González 未 84分 カラー V 監督：アントニオ・デル・アモ 主演：ホセリート 行方不明の両親を探す孤児が、テレビで両親に歌いかける。

マリア・デ・ラ・オー María de la O
1959 西 Suevia 未 98分 カラー V 監督：ラモン・トラード 主演：ローラ・フロレス ジプシー娘と地主の恋物語。有名な歌に基づく。

ホアン・ルセロの恋人 La novia de Juan Lucero
1959 西 Santos Alcocer 未 84分 カラー S 監督：サントス・アルコセル 主演：ファニータ・レイナ 貧しい生まれの青年が、名馬を育てて出世して、良家の娘を手に入れる。

おばあちゃん、助けて S. O. S., abuelita
1959 西 Sonora 未 80分 カラー 監督：レオン・クリモフスキー 主演：パキータ・リコ 夫の浮気に苦しむ妻が、祖母の肖像画に助けを求める。

バルガスの旅籠 Venta de Vargas
1959 西 PECSA 未 87分 カラー 監督：エンリケ・カアン・サラベリー 主演：ローラ・フロレス ナポレオンのフランス軍の侵入を防ぐ村の踊り子の話。

１９６０年代

アマ・ローザ Ama Rosa
1960 西 Auster 未 99分 白黒 S 監督：レオン・クリモフスキー 主演：イムペリオ・アルヘンティーナ 金持ちの子供を、自分が失った子供の生まれ変わりだと信じて育てる母親の愛情を描く。

最後のタンゴ Mi último tango
1960 西・アルゼンチン Benito Perojo 未 122分 カラー S 監督：ルイス・セザール・アマドリ 主演：サラ・モンティエール 歌手の付き人をやっていた娘が、南米公演でスターとなる。

小さな大佐 El pequeño coronel
1960 西 Suevia 未 85分 カラー V 監督：アントニオ・デル・アモ 主演：ホセリート 大佐だった父親を失った少年が、盗賊や悪い伯父と戦う。

太陽は泣かない Un rayo de luz
1960 西 Guión 公開 110分 カラー V 監督：ルイス・ルシア 主演：マリソル イタリア青年とスペイン歌手との間に生まれた小さな娘マリソルが、両家を結ぶ。

美しき記憶 Bello recuerdo
1961 西・メキシコ Cesáreo González 未 104分 カラー S 監督：アントニオ・デル・アモ 主演：ホセリート 女性音楽教師が、昔誘拐された自分の息子に巡り合う。

二人の浮浪児 Los dos golfillos
1961 西 Suevia 未 80分 カラー V 監督：アントニオ・デル・アモ 主演：ホセリート 誘拐された刑務所長の息子が大きくなって、路上で歌う。

天使がやって来た Ha llegado un ángel
1961 西・メキシコ Cesáreo González 未 100分 カラー S 監督：ルイス・ルシア

主演：マリソル　事故で両親を失った孤児の娘が、マドリードの伯父の家で奮闘する。

愛の罪　Pecado de amor
1961　西・伊・アルゼンチン　Cesáreo González　未　116分　カラー　S　監督：ルイス・セザール・アマドリ　主演：サラ・モンティエール　キャバレーの人気歌手が、すべての恋に破れて、尼僧となって女性刑務所の悔悟係をひき受ける。

月のバルコニー　El balcón de la Luna
1962　西　Cesáreo González　未　99分　カラー　S　監督：ルイス・サスラフスキー　主演：ローラ・フロレス　金持ちと結婚しようと考える3人娘のコーラス・グループの話。カルメン・セビーリャ、パキータ・リコとの共演。

麗しのローラ　La bella Lola
1962　西・仏・伊　Balcázar　未　111分　カラー　S　監督：アルフォンソ・バルカサール　主演：サラ・モンティエール　キャバレー歌手が、パトロンの金持ちと若い貴族の間で恋に苦しむ。「椿姫」の翻案。

青春の歌　Canción de juventud
1962　西　Procusa　未　96分　カラー　V　監督：ルイス・ルシア　主演：ロシオ・ドゥルカル　保守的な男子高校と革新的な女子高校の生徒たちが、教会再建で協力し合う。

シャンテクレールの女王　La reina del Chantecler
1962　西　Suevia　未　112分　カラー　S　監督：ラファエル・ヒル　主演：サラ・モンティエール　第一次世界大戦中のマドリードを背景に、歌姫と新聞記者の恋を描く。

富くじ　Tómbola
1962　西　Guión　未　103分　カラー　V　監督：ルイス・ルシア　主演：マリソル　プラド美術館から盗まれた絵をめぐり、マリソルが泥棒たちを改心させる。

突風　Ventolera
1962　西　Tarfe　未　95分　カラー　監督：ルイス・マルキナ　主演：パキータ・リコ　夫を亡くした地主の妻が、突風のように周囲に魅力を振りまき始める。

未亡人船主　La viudita naviera
1962　西　Tarfe　未　95分　カラー　V　監督：ルイス・マルキナ　主演：パキータ・リコ　夫の船主が亡くなり、未亡人が自分で船主となる。

夜の物語　Historia de una noche
1963　西　Atlántida　未　96分　白黒　CS　監督：ルイス・サフラフスキー　主演：パキータ・リコ　夫が金に困っている中で、妻が昔の恋人と再会する。

マリソル、リオへ向かう　Marisol rumbo a Río
1963　西　Cesáreo González　未　94分　カラー　V　監督：フェルナンド・パラシオス　主演：マリソル　マリソルが、リオに住む伯父を訪ねて、悪い秘書と対決する。

カサブランカの夜　Noches de Casablanca
1963　西・仏・伊　FICIT　公開　101分　カラー　V　監督：アンリ・ドコアン　主演：サラ・モンティエール　第二次世界大戦中のカサブランカを背景として、酒場歌手がドイツ軍とレジスタンスの板挟みに遭う。

ラ・マンチャのロシオ　Rocío de La Mancha
1963　西　Época　未　96分　カラー　V　監督：ルイス・ルシア　主演：ロシオ・ドゥルカル　ラ・マンチャ地方で風車の案内をする娘が、歌手に誘われてパリへ出る決心をする。

トミーの秘密　El secreto de Tomy
1963　西・仏　Suevia　未　88分　カラー　S　監督：アントニオ・デル・アモ　主演：ホセリート　父の破産で競走馬を手放した少年が、その馬に乗って競馬で優勝し、賞金を得る。

バルセロナ物語　Los Tarantos
1963　西　Rovira Beleta　公開　92分　カラー　S　監督：フランチスコ・ロビラ・ベレタ　主演：カルメン・アマヤ　バルセロナ版の「ロミオとジュリエット」。対立するジプシー一族の娘と青年が恋をして、悲劇的な殺し合いになる。アマヤのフラメンコが見もの。

あの娘を探せ　Búsqueme a esa chica
1964　西　Guión　未　100分　カラー　V　監督：フェルナンド・パラシオスほか　主演：マリソル　マヨルカ島で観光客向けに歌を披露するマリソルが、男性デュオと組んで人気を得る。

クローヴァーの娘　La chica del trébol
1964　西・伊　Mondial　未　100分　カラー　V　監督：セルジオ・グリエコ　主演：ロシオ・ドゥルカル　マドリードの洋服店の

店員が、大金持ちの青年と恋をする。

夏のクルーズ　Crucero de verano
1964　西・伊　Cesáreo González　未　99分　カラー　CS　監督：ルイス・ルシア　主演：カルメン・セビーリャ　旅行会社の女性社員が、夏のクルーズで魅力的な外国人男性と恋をする。彼は有力な政治家だったので、二人の恋は女性スパイによって邪魔される。

ベンベニードの物語　La historia de Bienvenido
1964　西　Guión　未　62分　カラー　監督：アウグスト・フェノリャル　主演：マリソル　両親から引き離された子ロバのベンベニードの物語を、マリソルが小さな子供たちに語る。

マリソルの初恋　La nueva Cenicienta
1964　西　Guión　公開　92分　カラー　V　監督：ジョージ・シャーマン　主演：マリソル　売れない作曲家の娘マリソルが、フラメンコ・ダンサーのアントニオに見出されて、相手役を務めてテレビ・ショーでデビューする。原題は「新シンデレラ」の意味。

私は17歳　Tengo 17 años
1964　西　Procusa　未　111分　カラー　V　監督：ホセ・マリア・フォルケ　主演：ロシオ・ドゥルカル　親と意見の合わない娘が、家を飛び出して陶芸家の伯父を手伝い、自分の人生を発見する。

カブリオラ　Cabriola
1965　西　Guión　未　90分　カラー　V　監督：メル・フェラー　主演：マリソル　子馬カブリオラが馬術ショーに出演する。

ベイルートの女　La dama de Beirut
1965　西・仏・伊　Balcázar　未　92分　カラー　V　監督：ラディスラオ・バホダ　主演：サラ・モンティエール　スペインの歌手志望の女が、ベイルートで歌う契約をするが、そこは売春組織だった。

狂った青春　Loca juventud
1965　西・伊・仏　Cesáreo González　未　93分　カラー　CS　監督：マヌエル・ムル・オティ　主演：ホセリート　休暇でマドリードに遊びに来たイタリア娘と、ホセリートが意気投合する。

何よりも素敵　Más bonita que ninguna
1965　西・アルゼンチン　Cámara　未　114分　カラー　V　監督：ルイス・セザール・アマドリ　主演：ロシオ・ドゥルカル　ウェートレスの娘が身分を隠して青年と付き合うが、青年も別に婚約者がいることを隠している。

サムバ　Samba
1965　西・ブラジル　Condor　未　106分　カラー　S　監督：ラファエル・ヒル　主演：サラ・モンティエール　リオの歌手が浮気して殺されてしまい、身代わりの娘がカーニバルの女王を演じる。

アンディアのペドリートの新しい人生　La vida nueva de Pedrito de Andía
1965　西　Suevia　未　96分　カラー　S　監督：ラファエル・ヒル　主演：ホセリート　幼なじみの娘に恋心を抱いていたホセリートは、成長した彼女に振られてしまう。

一緒に来てね　Acompáñame
1966　西　Cámara　未　113分　カラー　V　監督：ルイス・セザール・アマドリ　主演：ロシオ・ドゥルカル　カナリア諸島へ行く金持ちの使用人に応募した娘が、同じく運転手に応募した留学生と恋をする。

行方不明の女　La mujer perdida
1966　西・仏・伊　Cesáreo González　未　105分　カラー　S　監督：トゥーリオ・デミチェリ　主演：サラ・モンティエール　家出して、マドリードで酒場の歌手となった娘が、殺人事件に巻き込まれる。

空の恋　Amor en el aire
1967　西・アルゼンチン　Argentina Sono　未　100分　カラー　V　監督：ルイス・セザール・アマドリ　主演：ロシオ・ドゥルカル　スチュワーデスのロシオが、アルゼンチンからの留学生と組んで歌で売り出す。

こんにちは、伯爵令嬢　Buenos días, condesita
1967　西　Cámara　未　127分　カラー　V　監督：ルイス・セザール・アマドリ　主演：ロシオ・ドゥルカル　レコード店員のロシオが、友人に頼まれて、貴族の婚約者の伯爵令嬢を演じる。

マリソルの四つの結婚式　Las 4 bodas de Marisol
1967　西　Guión　未　94分　カラー　V　監督：ルイス・ルシア　主演：マリソル　アメリカの映画監督と結婚しようとした女優マリソルに対して、3人の男が異論を唱える。

中庭の女の子　La niña del patio
1967　西　Turisfilms　未　86分　カラー　監督：アマンド・デ・オッソリオ　主演：エストレリータ・カストロ　立ち退きの危機に瀕した住民が、小さな女の子を中心にフラメンコ・ショーを開く。

クリスティーナ・グスマン　Cristina Guzmán
1968　西　Cesáreo González　未　105分　カラー　V　監督：ルイス・セザール・アマドリ　主演：ロシオ・ドゥルカル　行方不明となった恋人への思いを断ち切れない男を、その恋人の姉が、妹に扮して慰めようとする。

二人だけで　Solos los dos
1968　西　Guión　未　91分　カラー　V　監督：ルイス・ルシア　主演：マリソル　歌手マリソルが闘牛士と恋をするが、危険と隣り合わせの職業に耐えられずに、離れていく。

トゥセット通り　Tuset Street
1968　西　Proesa　未　92分　カラー　V　監督：ホルヘ・グラウほか　主演：サラ・モンティエール　昔風の女性歌手が、最新風俗の若者に口説かれる。

品格ある不倫　Un adulterio decente
1969　西　Coral　未　95分　カラー　V　監督：ラファエル・ヒル　主演：カルメン・セビーリャ　未亡人だと思って付き合った相手は、実は人妻だった。

昼のカロラ、夜のカロラ　Carola de día, Carola de noche
1969　西　Guión　未　90分　カラー　V　監督：ハイメ・デ・アルミニャン　主演：マリソル　革命で故国から逃げた皇女が、金が底を突きナイト・クラブで歌う決心をする。

その女　Esa mujer
1969　西　Proesa　未　104分　カラー　S　監督：マリオ・カムス　主演：サラ・モンティエール　殺人事件で告訴された女性歌手の証言で、彼女の波乱万丈の過去が明らかとなる。

ハメルン　Hamelín
1969　西・伊　Jaime Prades　未　83分　カラー　CS　監督：ルイス・マリア・デルガド　主演：ミゲル・リオス　「ハメルンの笛吹男」の映画版。

ラス・レアンドラス　Las leandras
1969　西　Cámara　未　109分　カラー　V　監督：エウヘニオ・マルティン　主演：ロシオ・ドゥルカル　英国留学から戻った娘が、落ちぶれたレヴュー・スターの母親と一緒に、復活を目指す。

都会の囚人　Prisionero en la ciudad
1969　西　Saeta　未　81分　カラー　監督：アントニオ・デ・ハエン　主演：ホセリート　都会に出てきた青年が犯罪に巻き込まれる。

困ったタクシー　El taxi de los conflictos
1969　西　Arturo González　未　100分　カラー　CS　監督：マリアノ・オソレス　主演：カルメン・セビーリャ　タクシー運転手が、座席に置き忘れられた赤ん坊の両親を探す。スター総出演の作品。

1970年代

新米反抗者　La novicia rebelde
1971　西　Cámara　未　92分　カラー　V　監督：ルイス・ルシア　主演：ロシオ・ドゥルカル　新米修道女が巻き起こす喜劇。「尼僧サン・スルピシオ」の翻案。

ヴァラエティ・ショー　Varietés
1971　西　Copercines　未　99分　カラー　V　監督：フアン・アントニオ・バルデム　主演：サラ・モンティエール　ヴァラエティ・ショーのスターを夢見て、脇役のコーラスを続ける娘の話。

フローラの家　Casa Flora
1973　西　Moviola　未　88分　カラー　V　監督：ラモン・フェルナンデス　主演：エストレリータ・カストロ　人気の闘牛士が亡くなり、娼婦たちの間でも大騒ぎとなる。ローラ・フロレスとの共演。

雨のしのび逢い　La chica del Molino Rojo
1973　西　José Frade　公開　162分　カラー　CS　監督：エウヘニオ・マルティン　主演：マリソル　殺された金持ちの妻に代わって、ナイト・クラブの踊り子が殺人犯のプレイ・ボーイを誘惑する。

一夜のための五つの枕　Cinco almohadas para una noche
1974　西　Aldebarán　未　81分　カラー　V　監督：ペドロ・ラサガ　主演：サラ・モンティエール　母親の古い日記を読んで、自分の本当の父親を探そうとする娘の話。

われらが人生の歌

Canciones de nuestra vida
1975　西　Isla　未　95分　カラー／白黒　V　監督：エドゥアルド・マンサノス・ブロチェロ　スペイン版の「ザッツ・エンターテインメント」。

過ぎ去りし日々　Los días del pasado
1978　西・アルゼンチン　Impala　未　109分　カラー　V　監督：マリオ・カムス　主演：マリソル　内戦中に山中に身を隠した恋人を探すため、マリソルが女性教師となって山奥の村に赴任する。

1980年以降

血の婚礼　Bodas de sangre
1981　西・仏　Emiliano Piedra　公開　72分　カラー　S　監督：カルロス・サウラ　主演：アントニオ・ガデス　フェデリコ・ガルシア・ロルカの戯曲（1933）に基づくフラメンコ劇を、アントニオ・ガデス舞踊団が上演する様子を映画化した作品。妻子ある男と愛し合っている娘が、ほかの男との結婚を求められて、血塗られた婚礼となってしまう。サウラ監督のフラメンコ3部作の第1作。

カルメン　Carmen
1983　西　Emiliano Piedra　公開　102分　カラー　V　監督：カルロス・サウラ　主演：アントニオ・ガデス　「カルメン」のフラメンコ版。フラメンコ3部作の2作目。

恋は魔術師　El amor brujo
1986　西　Emiliano Piedra　公開　100分　カラー　V　ステレオ　監督：カルロス・サウラ　主演：アントニオ・ガデス　ファリャのバレエ曲のフラメンコ版。フラメンコ3部作の3作目。

アンダルシアの恋物語　Montoyas y Tarantos
1989　西　CVC　公開　96分　カラー　V　監督：ビンセンテ・エスクリバ　主演：クリスティーナ・オヨス　アンダルシア版の「ロミオとジュリエット」。「バルセロナ物語」（1963）のリメイク。

歌姫カルメーラ　¡Ay, Carmela!
1990　西・伊　Iberoamericana　公開　102分　カラー　V　ステレオ　監督：カルロス・サウラ　主演：カルメン・マウラ　スペイン内戦中に、フランコ側のイタリア軍に捕らえられた、共和国支持の旅芸人の話。

セビジャーナス　Sevillanas
1992　西　Juan Lebrón　未　53分　カラー　V　ステレオ　監督：カルロス・サウラ　主演：ローラ・フロレス　アンダルシア地方のフラメンコを11景で見せる作品。

フラメンコ　Flamenco
1995　西　RTVA　公開　100分　カラー　V　ステレオ　監督：カルロス・サウラ　主演：ラ・パケラ・ド・ヘレス　一流のフラメンコ・ダンサーたちを集めて多様なスタイルのフラメンコを見せるドキュメンタリー。

タンゴ　Tango
1998　西・アルゼンチン　Pandora　公開　115分　カラー　V　ステレオ　監督：カルロス・サウラ　主演：ミゲル・アンヘル・ソラ　ブエノス・アイレスで、映画監督がアルゼンチンの歴史をタンゴで描く映画を作る。撮影の過程で、監督と主演女優の恋が展開する。

サロメ　Salomé
2002　西　Zebra　公開　85分　カラー　V　ステレオ　監督：カルロス・サウラ　主演：アイーダ・ゴメス　ヘロデ王に洗礼者ヨハネの首を求めるサロメの話を、フラメンコで見せる。

イベリア　魂のフラメンコ　Iberia
2005　西・仏　TeleMadrid　公開　120分　カラー　V　ステレオ　監督：カルロス・サウラ　主演：サラ・バラス　イサーク・アルベニスのピアノ組曲を題材として、全18景のフラメンコの組曲をスタジオで撮影したもの。当代一流の踊り手が出ている。

ローラ、その映画　Lola, la película
2007　西　Antena 3 Televisión　未　113分　カラー　V　監督：ミゲル・エルモソ　主演：ガラ・エボラ　ローラ・フロレスの伝記作品。

フラメンコ・フラメンコ
Flamenco, Flamenco
2010　西　GPD　公開　97分　カラー　V　ステレオ　監督：カルロス・サウラ　主演：サラ・バラス　人間の一生を、全21景のフラメンコで見せる。

年度別作品一覧

メキシコ

闘牛士の愛　Los amores de un torero
1945　メキシコ　未　82分　白黒　S　監督：ホセ・ディアス・モラレス　主演：カルメン・アマヤ　闘牛士と二人の女の恋。

おお、痛たたた！　¡Ay, pena, penita, pena!
1953　メキシコ・西　Diana　未　95分　白黒　S　監督：ミゲル・モライタ　主演：ローラ・フロレス　ジプシー娘がメキシコ人と一緒に富くじを当てる。

ジプシーの掟　Gitana tenías que ser
1953　メキシコ・西　Cesáreo González　未　88分　白黒　S　監督：ラファエル・バレドン　主演：エストレリータ・カストロ　スペインのジプシー女性歌手が、メキシコでマリアッチ楽団と共演して映画を作る。カルメン・セビーリャとの共演。

モデル志願　Se solicitan modelos
1954　メキシコ　Galindo Hermanos　未　90分　白黒　S　監督：チャノ・ウルエタ　主演：サラ・モンティエール　ファッション・モデルを目指す娘たちを描く。

女王　La faraona
1956　メキシコ・西　Zacarías　未　85分　白黒／カラー　S　監督：ルネ・カルドナ　主演：ローラ・フロレス　スペインのジプシー娘が、伯父の遺産を引き継ぐために、メキシコへ行く。

豪華ショー　El gran espectáculo
1958　メキシコ・西　Zacarías　未　80分　カラー　CS　ステレオ　監督：ミゲル・サカリアス　主演：ローラ・フロレス　ジプシー娘が親の決めた結婚に反撥して家出し、ショーのスターになる。スペインでの題名は「黄金の夢」Sueños de oroだが、メキシコ版「黄金の夢」とは別の作品。

黄金の夢　Sueños de oro
1958　メキシコ・西　Zacarías　未　86分　カラー　S　監督：ミゲル・サカリアス　主演：ローラ・フロレス　メキシコの牧場で働くジプシー娘が、牧場の跡継ぎ息子と恋をする。スペインでの公開題名は、「マリクルース」Maricruz。

ホセリートと親指トムの冒険　Aventuras de Joselito y Pulgarcito
1960　メキシコ・西　Filmex　未　87分　カラー　S　監督：レネ・カルドナ　主演：ホセリート　出稼ぎに出た父親を探して、少年がスペインからメキシコへ船で向かう。

白い馬　El caballo blanco
1962　メキシコ・西　Filmex　未　88分　カラー　V　監督：ラファエル・バレドン　主演：ホセリート　祖母を訪ねてメキシコへ渡った少年が、盗賊に誘拐されるが、カウボーイに助けられる。

浮浪児ホセリート　Joselito vagabundo
1966　メキシコ・西　Cesáreo González　未　88分　カラー　V　監督：ミゲル・モライタ　主演：ホセリート　街の浮浪児が、貴族の女に頼まれて富豪の役を演じる。

アルゼンチン

ベノスアイレスの灯　Las luces de Buenos Aires
1931　アルゼンチン・米　Para　公開　85分　白黒　S　監督：アデルキ・ミリア　主演：カルロス・ガルデル　タンゴ歌手として有名なカルロス・ガルデルの主演作。ガルデルと恋人の娘は田舎で歌っていたが、ブエノス・アイレスの興行主に勧められて、娘だけ都会へ出て行く。ガルデルは娘が恋しくて、友人のガウチョ（カウボーイ）に頼み、娘を連れ戻す。

薔薇のタンゴ　Puerta cerrada
1939　アルゼンチン　Sono　公開　105分　白黒　S　監督：ジョン・アルトンほか　主演：リベルタード・ラマルケ　劇場で歌っている娘ラマルケは、一度は舞台を諦めて結婚するが、結婚に反対した兄と夫の争いに巻き込まれて、誤って夫を撃ち殺してしまい服役する。

君を呼ぶタンゴ La vida de Carlos Gardel
1939 アルゼンチン Sono 公開 107分 白黒 S 監督：アルベルト・デ・ザヴァリア 主演：ウーゴ・デル・カリル アルゼンチンの国民的な歌手カルロス・ガルデルの伝記作品。デビューから飛行機事故で亡くなるまでを描く。

黒い瞳の女 La vida es un tango
1939 アルゼンチン Lumiton 公開 87分 白黒 S 監督：マヌエル・ロメロ 主演：ティト・ルジアルド タンゴでの成功を目指す若者の恋、別れ、再会を描く。

歌の人々 La maja de los cantares
1946 アルゼンチン Argentina Sono 未 75分 白黒 S 監督：ベニート・ペロホ 主演：イムペリオ・アルヘンティーナ 歌手と酒場の主人の恋。

アルベニス Albéniz
1947 アルゼンチン Argentina Sono 未 125分 白黒 S 監督：ルイス・セサール・アマドリ 主演：ペドロ・ロペス・ラガール スペインの作曲家イサーク・アルベニスの伝記作品。

ドローレスの歌 La copla de la Dolores
1947 アルゼンチン・西 Argentina Sono 未 96分 白黒 S 監督：ベニート・ペロホ 主演：イムペリオ・アルヘンティーナ 悪い噂を流されて村にいられなくなった娘の話。

情熱のタンゴ El Cantor del Pueblo
1948 アルゼンチン 公開 78分 白黒 S 監督：アントニオ・ベール・シアニ 主演：ロベルト・キロガ 3人の労働者がタンゴ歌手として人気を得る。有名タンゴ楽団が出演。

タンゴ（タンゴの歴史）
La Historia del Tango
1949 アルゼンチン Cosmos 公開 84分 白黒 S 監督：マヌエル・ロメロ 主演：ビルジニア・ルケ タンゴの名手アンヘル・ビラルバがパリへ出て、人気を得るまでを描く。フェルナンド・ラマスが助演している。

歌謡喫茶店 Café Cantante
1951 アルゼンチン・西 Cosmos 未 90分 白黒 S 監督：アントニオ・モムプレット 主演：イムペリオ・アルヘンティーナ タブラオの人気歌手が結婚式の夜に殺される。

口説く Requiebro
1955 アルゼンチン AAA 未 83分 白黒 S 監督：カルロス・シュリエペル 主演：カルメン・セビーリャ フラメンコ歌手が、アルゼンチンで地主の息子に言い寄られる。

モニカを探して Buscando a Mónica
1962 アルゼンチン AS 未 93分 白黒 S 監督：ホセ・マリア・フォルケ 主演：カルメン・セビーリャ 偶然に滞在した町で、夫が妻の秘密を知る。スペインでの題名は「モニカの秘密」El secreto de Mónica。

タンゴ・バー Tango Bar
1987 アルゼンチン・プエルトリコ Beco 公開 90分 カラー V ステレオ 監督：マルコス・チューリナ 主演：ラウル・ジュリア 軍政のアルゼンチンから亡命していたルビン・ファレスが、10年ぶりにブエノス・アイレスへ戻り、昔の仲間とタンゴ・バーで踊るうちに、想い出が蘇る。

タンゴ・イン・ブエノスアイレス 抱擁
Abrazos, tango en Buenos Aires
2003 アルゼンチン Abasto 公開 85分 カラー V ステレオ 監督：ダリエル・リヴァス 主演：ホセ・リベルテーラ タンゴ・フェスティヴァルの模様を捉えたドキュメンタリー。

フランス

1920年代

花のパリ Paris attraction
1927 仏 ANC 公開 白黒 S 無声 監督：アレックス・ナルパ 無声ながら当時のパリの代表的なレヴュー場面を収めた作品。

モン・パリ La revue des revues
1927 仏 Alex Nalpas 公開 103分 白黒／カラー S 無声 監督：ジョエ・フランシス 主演：ジョセフィン・ベイカー パ

年度別作品一覧

リのお針子が、レヴュー好きが高じて、自分でもレヴューに出演して好評を得る。当時のフォリー・ベルジェールやムーラン・ルージュ、パレス座のレヴュー場面をパテ・カラーで収録。音はないが、踊りが入っている。無声なのに、仏語版のほか独語版Die Frauen von Folies Bergères (1927)が別撮影されている。日本では宝塚の「モン・パリ」が1927年に上演されて、大ヒットしたので「モン・パリ」Mon Parisの題名で1929年に公開されたが、この題名は日本だけ。

ダンセ・パリ　La folie du jour
1929　仏　Alex Nalpas　公開　白黒　S　監督：ジョエ・フランシス　主演：ジョセフィン・ベイカー　田舎出の夫婦がパリへ出て、夫がレヴューに夢中になるので、妻も夫を取り戻すためにレヴューの舞台に立つ。見せ場は当時のレヴュー場面。トーキー版も作られたようだが、日本公開は無声。

1930年代

巴里っ子　Le roi des resquilleurs
1930　仏　Pathé-Natan　公開　105分　白黒　S　監督：ピエール・コロムビエ　主演：ジョルジュ・ミルトン　その日暮らしだが歌のうまいミルトンが、娘に惚れて結婚を申し込む。

巴里の屋根の下　Sous les toits de Paris
1930　仏　Tobis　公開　96分　白黒　S　部分トーキー　監督：ルネ・クレール　主演：アルベール・プレジャン　パリの街で歌って楽譜を売っているプレジャンとその友人が、ルーマニアから来た娘を取り合う。

自由を我等に　À nous la liberté
1931　仏　Tobis　公開　104分　白黒　S　監督：ルネ・クレール　主演：レイモン・コルディ　脱獄して蓄音機工場で富を築いたコルディは、昔の囚人仲間と再会して意気投合するが、身元がバレて警察に追われて浮浪者となる。二人は富を失うが、自由を手に入れる。チャップリンの「モダン・タイムス」(1936)に影響を与えたといわれている。

ル・バル　Le bal
1931　仏　Marcel Vandal et Charles Delac　公開　75分　白黒　S　監督：ヴィルヘルム・ティーレ　主演：アンドレ・ルフォール　貧しいが幸せに暮らしていた親子3人の一家が、株で大儲けして急に社交界と付き合うようになる。親子はバラバラで、ちっとも楽しくない。娘のダニエル・ダリューが、父が開催する舞踏会の招待状をセーヌ河に投げ捨てるので、舞踏会には誰も来ないが、一家は幸せを取り戻す。独語版Der Ball (1931)*も作られた。

ル・ミリオン　Le million
1931　仏　Tobis　公開　81分　白黒　S　監督：ルネ・クレール　主演：アナベラ　100万フランが当たった富くじ券を、古い上着に入れたまま売ってしまい、転々とする持ち主を追いかけて取り戻そうとする。

搔払いの一夜　Un soir de rafle
1931　仏　Osso　公開　109分　白黒　S　監督：カルミネ・ガローネ　主演：アルベール・プレジャン　水夫のプレジャンが、偶然に酒場歌手アナベラと知り合い、愛し合うようになる。プレジャンは拳闘選手となり、チャンピオンとなるが、人気が出ると高級娼婦に誘われて練習ができずに、結局は試合に負けて、やっとアナベラの本当の愛に気付く。

プレジャンの舟唄　Le chant du marin
1932　仏　Osso　公開　100分　白黒　S　監督：カルミネ・ガローネ　主演：アルベール・プレジャン　二人の水夫が港を回って女たちと遊び、故郷の港に戻ってみると、女房もほかの男と遊んでいる。

イレ・シャルマン　Il est charmant
1932　仏　Para　公開　87分　白黒　S　監督：ルイ・メルカントン　主演：メグ・ルモニエ　遊び人の男が、叔父の命令で小さな町の公証人となるが、パリから遊び仲間や恋人を呼び寄せて町で人気者になる。スウェーデン語版のStudenter i Paris (1932)*も作られた。

ホテルの王様　Le roi des palaces
1932　仏・英　Gainsborough　未　84分　白黒　S　監督：カルミネ・ガローネ　主演：ジュール・ベリー　ハンガリーのヘンリー・キステメイカーの同名戯曲の映画版。ホテルの運営を実質的に切り盛りしているポーターを描く。題名のpalaceは、宮殿ではなく豪華なホテルのこと。英語版も作られていて、そちらの題名はKing of the Ritz (1933)。

フランス

靴屋の大将 Le roi du cirage
1932 仏 Pathé-Natan 公開 103分 白黒 S 監督：ピエール・コロムビエ 主演：ジョルジュ・ミルトン 靴磨きのミルトンがレヴューのスターと知り合い、一緒に行った賭博場で大当たりして、靴工場を興し、靴屋の大将となる。

ドン・キホーテ Don Quichotte
1933 仏 Nelson 公開 82分 白黒 S 監督：G・W・パプスト 主演：フェオドール・シャリアピン セルバンテスの小説を、ドイツの監督パプストが、ロシアのバス歌手シャリアピン主演で映画化した作品。シャリアピンは世界的な歌手で1936年に来日、帝国ホテルで食べたステーキに名を残した。同名の独語版のほか、英語版 Don Quixote (1933)*も作られた。いずれもシャリアピンの主演だが、ほかのキャストは異なる。

巴里祭 Quatorze Juillet
1933 仏 Tobis 公開 86分 白黒 S 監督：ルネ・クレール 主演：アナベラ タクシー運転手の男が、花売り娘のアナベラに恋をして、革命記念日の7月14日にお互いの愛を確かめ合う。しかし、誤解がもとで二人はすれ違うが、再会して恋も戻る。原題が「7月14日」で、日本公開題名が「巴里祭」だったことから、日本ではフランスの革命記念日を「巴里祭」と呼ぶようになった。

モンパルナスの夜 La tète dùm homme
1933 仏 Marcel Vandal et Charles Delac 公開 90分 白黒 S 監督：ジュリアン・デュヴィヴィエ 主演：アリ・ボール デュヴィヴィエのペシミスティックな犯罪劇。シャンソン歌手のダミアなどが出演している。

トト Toto
1934 仏 Pathé 公開 80分 白黒 S 監督：ジャック・ターナー 主演：アルベール・プレジャン パリの与太者プレジャンが、失業中のタイピストの娘と知り合い、恋におちて結ばれる。

はだかの女王 Zou Zou
1934 仏 H. Roussillon 公開 92分 白黒 S 監督：マルク・アレグレ 主演：ジョセフィン・ベイカー 恋人のジャン・ギャバンが殺人事件に巻き込まれたのを助けるために、洗濯娘をしていたベイカーがレヴューに出演して大人気となる。

タムタム姫 Princess Tam Tam
1935 仏 Arys 公開 77分 白黒 S 監督：エドモン・T・グレヴィル 主演：ジョセフィン・ベイカー 小説家アルベール・プレジャンが、アフリカで野性の娘ベイカーを発見して連れて帰る。彼女はキャバレーで踊って人気を得るが、退屈して国へ帰ってしまう。

楽聖ベートーヴェン Un grand amour de Beethoven
1936 仏 Général 公開 139分 白黒 S 監督：アベル・ガンス 主演：アリ・ボール ベートーヴェンと二人の女性の恋を中心に描いた伝記。

シュヴァリエの流行児 L'homme du jour
1937 仏 Marquis 公開 93分 白黒 S 監督：ジュリアン・デュヴィヴィエ 主演：モーリス・シュヴァリエ しがない電気工のシュヴァリエが、歌手を目指すがうまく行かない。

白鳥の死 La mort du cygne
1937 仏 Cineatlantica 公開 100分 白黒 S 監督：ジャン・ブノア・レヴィ 主演：イヴェット・ショヴィレ パリのオペラ座のプリマが、ロシアから来た新進バレリーナに主役を奪われる。プリマを慕っていたバレエ学校の生徒は、床板を外してロシアのバレリーナに怪我させるが、そのことが生徒の苦しみとなる。

最終合意 Accord final
1938 仏・スイス Francinex 未 73分 白黒 S 監督：イグナシー・ローゼンクランツ 主演：ケーテ・フォン・ナギ ヨーロッパ演奏旅行中の若いアメリカ人ヴァイオリニストが、翌日会った10番目の娘と結婚して見せると、彼のストラディヴァリウスを興行主と賭ける。ところが彼は10番目の娘ではなく、その娘と同室のナギに恋をしてしまう。

ルイーズ Louise
1939 仏 SPPF 未 83分 白黒 S 監督：アベル・ガンス 主演：グレイス・ムーア フランスの伝説的な監督ガンスが撮った、オペラ作品の映画化。お針子と貧乏詩人の恋物語。ムーア最後の作品となった。

年度別作品一覧

1940年代

ミケット Miquette
1940 仏 UFPC 未 100分 白黒 S 監督：ジャン・ボワイエ 主演：リリアン・ハーヴェイ タバコ屋の看板娘ハーヴェイが、踊り子になって成功する。

セレナーデ Sérénade
1940 仏 F. T. 未 90分 白黒 S 監督：ジャン・ボワイエ 主演：リリアン・ハーヴェイ 作曲家シューベルトの伝記作品で、ハーヴェイは彼の恋人の踊り子役。

ラ・マリブラン La Malibran
1944 仏 Sirius 未 95分 白黒 S 監督：サシャ・ギトリ 主演：ゲオリ・ブエ 19世紀にロッシーニのオペラなどで活躍した、メゾ・ソプラノの歌手マリア・マリブランの伝記。

幻想交響楽 La symphonie fantastique
1944 仏 Continental 公開 95分 白黒 S 監督：クリスチャン・ジャック 主演：ルネ・サン＝シール ジャン・ルイ・バローが演じる、フランスの作曲家ベルリオーズの伝記。英国女優への恋と、彼を慕うフランス人歌手サン＝シールの愛を中心に描かれる。

偽りの警報 Fausse alerte
1945 仏 Flag Films 未 90分 白黒 S 監督：ジャック・ド・バロンセリ 主演：ジョセフィン・ベイカー 第二次世界大戦中のパリ。隣同士に住む若い恋人たちは、いがみ合う親たちの反対で付き合うこともできない。キャバレー歌手ベイカーは、二人を助けるために、偽の空襲警報を考える。ベイカーの踊る場面はほとんどヌードだったので、アメリカ公開時には大幅にカットされ、再編集でThe French Wayの題名となった。

奥様は唄に首ったけ Histoire de chanter
1946 仏 Discina 公開 95分 白黒 S 監督：ジル・グランジェ 主演：ルイ・マリアノ 人気のオペラ歌手マリアノに妻が夢中になるので、夫の医師が怒り、マリアノを酔わせて、悪声の声帯に取り替えてしまう。マリアノは医師の妻に近づかないことを約束して、声を戻してもらう。

夜の門 Les portes de la nuit
1946 仏 Nouvelle Pathé 未 100分 白黒 S 監督：マルセル・カルネ 主演：ピエール・ブラッスール 第二次世界大戦後のパリ。レジスタンス時代の裏切り者と生き延びた闘士の戦いを描く。音楽劇ではないが、イヴ・モンタンの『枯葉』が使われている。

ラムンチョの結婚 Le mariage de Ramuntcho
1947 仏 France 未 83分 カラー S 監督：マックス・ド・ボーコルベイユ 主演：アンヌ・マリ・ブラスレイ スペインのバスク地方へ行ったフランス人画家が、現地で密輸を商売にする男ラムンチョの結婚を助ける。フランスで作られた最初のカラー長編作品。バスク地方の歌や踊りが入る。

愛の夢 Rêves d'amour
1947 仏 Pathé 未 100分 白黒 S 監督：クリスチャン・スタンジェル 主演：ピエール・リシャール・ウィルム ピアノの名手、作曲家として活躍したフランツ・リストの伝記作品。スキャンダルになった伯爵夫人との恋や、ジョルジュ・サンドとの交流を描く。

美しき水車小屋の娘 La belle meunière
1948 仏 Gaumont 未 99分 カラー S 監督：マルセル・パニョル 主演：ティーノ・ロッシ シューベルト役にロッシ、水車小屋の娘に監督の妻ジャクリーヌ・パニョルを配したオペレッタ。当時としてはまだ珍しかったカラー作品。

王様 Le roi
1949 仏 Spéva 公開 100分 白黒 S 監督：マルク・ジルベール・ソーヴァジョン 主演：モーリス・シュヴァリエ ヨーロッパ小国の王様シュヴァリエが、訪仏して元踊り子の女性に愛を囁くが、それを見てその夫が嫉妬する。

輝くワルツ Valse brillante
1949 仏 Vox 未 95分 白黒 S 監督：ジャン・ボワイエ 主演：マルタ・エゲルト 人気歌手エゲルトは何者かに狙われるので、マネジャーが心配してテノール歌手ヤン・キープラを警護につける。

1950年代

パリのワルツ La valse de Paris
1950 仏・伊 Lux 未 92分 白黒 S 監督：マルセル・アシャール 主演：イヴォン

ヌ・プランタン　オペレッタの作曲家ジャック・オッフェンバックと、ソプラノ歌手ホーテンス・シュナイダーの伝記作品。

欲望と愛　Le désir et l'amour
1951　仏・西　Lais　未　80分　白黒　S　監督：アンリ・ドコアン　主演：カルメン・セビーリャ　スペイン・ロケに来た仏映画の女優と、現地の漁師の男が恋をする。

パリの空の下セーヌは流れる
Sous le ciel de Paris
1951　仏　Regina　公開　114分　白黒　S　監督：ジュリアン・デュヴィヴィエ　主演：ブリジット・オベール　パリのセーヌ川の周りで生活するパリっ子たちの様々な生活を描く。ミュージカルではないが主題歌が2曲入っている。日本公開の原題はSous le ciel de Paris coule la Seine。

皇室のヴィオレッタ　Violetas imperiales
1952　仏・西　Benito Perojo　未　108分　カラー　S　監督：リシャール・ポティエ　主演：カルメン・セビーリャ　ジプシー娘が、将来の皇后を予言する。

運命の呼び声　L'appel du destin
1953　仏・伊　Sélection　未　100分　白黒　S　監督：ジョルジュ・ラコーム　主演：ジャン・マレー　若くして神童といわれた青年指揮者が、全国巡業中に、酒浸りになって家を出たピアニストの父親と再会、再び家族の絆を取り戻す。

カディスの美女　La belle de Cadix
1953　仏・西　CCFC　未　105分　カラー　S　監督：レイモン・ベルナール　主演：カルメン・セビーリャ　オペレッタの映画版。フランスの映画会社が、アンダルシアで映画作成に挑む。

麗しのオテロ　La bella Otero
1954　仏・伊　Modernes　未　92分　カラー　S　監督：リシャール・ポティエ　主演：マリア・フェリックス　「麗しのオテロ」と呼ばれた、パリのフォリー・ベルジェールで一世を風靡したスペイン出身のダンサー、カロリーナ・オテロの伝記作品。上流の貴族たちと多くの恋愛をして、スキャンダラスな生涯を送る。

フレンチ・カンカン　French Cancan
1954　仏　Franco　公開　102分　カラー　S　監督：ジャン・ルノワール　主演：ジャン・ギャバン　19世紀末のパリ。興行師ジャン・ギャバンが、「赤い風車」でカンカンの踊りを見せて、流行らせるまでを、美しいカラーで描く。エディット・ピアフらも登場する。

ウィーンの別離　Par ordre du tsar
1954　仏・西独　Florida　公開　98分　カラー　S　監督：アンドレ・アゲ　主演：ミシェル・シモン　フランツ・リストと公爵夫人の実らぬ恋物語。

過去を持つ愛情　Les amants du Tage
1955　仏　ECC　公開　123分　白黒　S　監督：アンリ・ヴェルヌイユ　主演：ダニエル・ジェラン　互いに配偶者を殺した暗い過去を持つ男女が愛し合うようになるが、どうしても過去から逃れられずに別れてしまう。音楽劇ではないが、ポルトガルのファド歌手アマリア・ロドリゲスが、『黒い小舟』（日本では『暗いはしけ』と訳されている）を歌っている。

メキシコの歌手　Le Chanteur de Mexico
1956　仏・西　Jason　未　103分　カラー　CS　監督：リシャール・ポティエ　主演：ルイス・マリアーノ　パリで公演しているテノール歌手が、共演している女性歌手と一緒にメキシコへ行くことを断るため、興行師はよく似た別人を仕立ててメキシコへ向かう。パリで1950年に上演されたオペレッタ作品の映画版。

巴里の不夜城　Folies-Bergère
1956　仏　Sirius　公開　102分　カラー　V　監督：アンリ・ドコアン　主演：ジジ・ジャンメール　パリに駐屯していた米兵の芸人が、フォリー・ベルジェールの舞台でジジ・ジャンメールを見て、恋して共演し結ばれる。

遥かなる国から来た男
Le pays, d'où je viens
1956　仏　CLM　公開　94分　カラー　S　監督：マルセル・カルネ　主演：ジルベール・ベコー　クリスマス・シーズンに、山の中の小さな町に現れたジルベール・ベコーが、自分によく似た音楽家の恋を実らせて去っていく。ベコーが二役を演じている。

ジャマイカへ　À la Jamaïque
1957　仏　Lyrica　未　96分　カラー　S　監督：アンドレ・ベルトミュー　主演：パキータ・リコ　ジャマイカの地主が、パリでスペ

カジノ・ド・パリ Casino de Paris
1957 仏・西独・伊 Bavaria 公開 95分 カラー V 監督：アンドレ・ユヌベル 主演：ジルベール・ベコー パリのカジノ・ド・パリに出演しているカテリーナ・ヴァレンテと、劇作家のヴィットリオ・デ・シーカ、デ・シーカと一緒に作品を作っている若いベコーの恋物語。

ポルトガルの洗濯娘
Les lavandières du Portugal
1957 仏・西 Univers 未 99分 カラー CS 監督：ピエール・ガスパール・ユイットほか 主演：パキータ・リコ 洗濯機の広告に使うために、ポルトガルの洗濯娘をパリに呼ぼうとする。

イヴ・モンタン シャンソン・ド・パリ
Yves Montand chante chansons de Paris
1957 仏 Dofine 公開 70分 白黒 S 主演：イヴ・モンタン 1957-58年に行われた、モンタンのソ連公演の記録映画。

黒いオルフェ Orfeu Negro
1959 仏・ブラジル・伊 Dispat 公開 100分 カラー S 監督：マルセル・カミュ 主演：ブレノ・メロ ギリシャ神話のオルフェとユリディスを、現代のリオのカーニバルの世界に置き換えて描く。死を感じさせる男から逃げてオルフェの下へやって来たユリディスは感電死してしまい、オルフェも山から転げ落ちて亡くなる。

1960年代

女は女である Une femme est une femme
1961 仏・伊 EIA 公開 85分 カラー CS 監督：ジャン＝リュック・ゴダール 主演：アンナ・カリーナ 書店員と同棲するストリッパーのカリーナは、子供が欲しいと言い出すが、彼が乗り気にならないので、ほかの男ジャン＝ポール・ベルモンドと寝て、子供を作ろうとする。ゴダール監督のミュージカルで、音楽はミシェル・ルグラン。

ブラック・タイツ
1-2-3-4 ou Les Collants noirs
1961 仏 Talma 公開 140分 カラー CS 監督：テレンス・ヤング 主演：ジジ・ジャンメール ローラン・プティが振り付けた4話構成のバレエ映画で70mmの大作。第1話「ダイヤモンドを食べる女」La croqueuse de diamants：ジジ・ジャンメールがスリの親分となる。第2話「シラノ・ド・ベルジュラック」Cyrano de Bergerac：ローラン・プティとモイラ・シアラー。第3話「陽気な未亡人」Deuil en 24 heures：シド・チャリシーが夫を殺した若い男と遊ぶ。第4話「カルメン」Carmen：ローラン・プティとジジ・ジャンメール。

アイドルを探せ Cherchez l'idole
1963 仏・伊 UGC 公開 85分 白黒 CS 監督：ミシェル・ボワロン 主演：ダニー・サヴァル 恋人サヴァルにダイヤを贈ろうと、フランク・フェルナンデルは高価なダイヤを盗むが、見つかりそうになり楽器店のギターにダイヤを隠す。そのダイヤを取り戻そうと、二人はギターを買ったアイドルたちを探し回り、最後にシャルル・アズナブールのギターの中に在るのをやっと見つける。シルヴィ・ヴァルタンの歌がヒットした。

シェルブールの雨傘
Les parapluies de Cherbourg
1964 仏・西独 Parc 公開 91分 カラー V 監督：ジャック・ドゥミ 主演：カトリーヌ・ドヌーヴ シェルブールの傘屋の娘ドヌーヴは、自動車修理工ニーノ・カステロヌオーヴォと愛し合って結婚を夢見るが、ニーノがアルジェリア戦争へ行っている間に妊娠していることがわかり、金持ちの宝石商と結婚。ニーノはそれを知って生活が荒れるが、ほかの娘と結婚してガソリン・スタンドを経営して幸せな家庭を作る。

ビバ！マリア Viva Maria!
1965 仏・伊 NEF 公開 122分 カラー CS 監督：ルイ・マル 主演：ブリジット・バルドー 南米の小国でアナーキストの父に育てられたバルドーが、旅回り一座のジャンヌ・モローとコンビを組んで人気を得る。しかし、民衆の叛乱を見ると血が騒いで、機関銃を撃ちまくり、革命を成功させて英雄となる。

ロシュフォールの恋人たち
Les demoiselles de Rochefort
1967 仏 Madeleine 公開 127分 カラー CS ステレオ 監督：ジャック・ドゥミ

主演：カトリーヌ・ドヌーヴ　ロシュフォールの祭りを背景に、美人姉妹ドヌーヴとフランソワーズ・ドルレアックの恋を描く。ジーン・ケリー、ジョージ・チャキリス、ダニエル・ダリューも出演している70mmの豪華作品。

1970年代

ロバと王女　Peau d'âne
1970　仏　Marianne　公開　100分　カラー　V　ステレオ　監督：ジャック・ドゥミ　主演：カトリーヌ・ドヌーヴ　シャルル・ペローの童話の映画版。美し過ぎたため親である王様から結婚を求められた王女ドヌーヴが、ロバの皮をまとい隣国に逃げて下女として働き、その国の王子と結婚する。

恋人たちのメロディ　Smic Smac Smoc
1971　仏　Films 13　公開　90分　カラー　V　監督：クロード・ルルーシュ　主演：カトリーヌ・アレグレ　ルルーシュ監督のラブ・コメディ。貧乏な労働者3人組が仲間の結婚を祝い羽目を外す。フランシス・レイの音楽。

ジョニー・オン・ステージ
Johnny Hallyday par Francois Reichenbach
1972　仏　Pleiade　公開　80分　カラー　CS　監督：フランソワ・レシャンバック　主演：ジョニー・アリデイ　フランスのロック歌手兼俳優アリデイの、ロック公演やインタビューをまとめたドキュメンタリー。日本公開題名はJohnny on Stage。

愛の讃歌　Piaf
1974　仏　Feuer and Martin　公開　104分　カラー　V　監督：ギイ・カザリル　主演：ブリジット・アリエル　エディット・ピアフの生涯を、幼少期から晩年まで、回想形式で綴る。芸を再現して見せるというよりも、いかに苦労して、厳しい生活の中で育ち、不幸な生涯であったかを、執拗に描く。

パリの生活　La vie parisienne
1977　仏・伊・西独　Bavaria Atelier　未　100分　カラー　V　監督：クリスチャン・ジャック　主演：マルティーヌ・サルシー　オッフェンバックのオペレッタの映画版。

1980年代

ディーバ　Diva
1981　仏　Galaxie　公開　117分　カラー　V　監督：ジャン＝ジャック・ベネックス　主演：ウィルヘルメニア・フェルナンデス　しがない郵便配達の青年フレデリク・アンドレイは、黒人女性オペラ歌手フェルナンデスの大ファンだが、彼女のレコードが出ていないので、コンサート会場で彼女の歌を録音する。ところが、ギャングの情婦が組織の秘密を吹き込んだテープを、殺される前に彼の鞄に投げ込んだのがもとで、彼はギャングやそれを追う警察に狙われるようになる。しかし、最後には、何とか事件は解決されて、彼にも平和な生活が戻る。

愛と哀しみのボレロ　Les uns et les autres
1981　仏　Films 13　公開　184分　カラー　CS　ステレオ　監督：クロード・ルルーシュ　主演：ロベール・オッセン　ソ連のバレエ・ダンサー、フランスのユダヤ系音楽家、フランスのナイト・クラブ歌手、アメリカのジャズ音楽家の4人とその子供たちの、第二次世界大戦前後の人生を描く長編。最後にジョルジュ・ドンが、ベジャール振付の『ボレロ』を踊る。

都会のひと部屋　Une chambre en ville
1982　仏・伊　Progéfi　未　90分　カラー　V　ステレオ　監督：ジャック・ドゥミ　主演：ドミニク・サンダ　港町ナントを背景に、不幸な結婚をしたサンダが、冶金工と恋におちる。

旅への誘い　Invitation au voyage
1982　仏・伊・西独　NEF　未　93分　カラー　CS　監督：ピーター・デル・モンテ　主演：ローレン・マレ　仲の良かった双子の男女の女性が事故で亡くなり、残された男はどう生きるべきかを探すために、チェロ・ケースに亡骸を入れて、車で思い出の地を回る。

恋に生きた女ピアフ　Édith et Marcel
1983　仏　Films 13　未　170分　カラー　V　ステレオ　監督：クロード・ルルーシュ　主演：エヴリーヌ・ブリックス　大劇場デビューしたエディット・ピアフと、拳闘のミドル級世界チャンピオンとなったマルセル・セルダンの恋愛を描く。ピアフの歌が満載。セルダン役を演じたのはマルセル・セルダン・ジュニア。

人生は小説　La vie est un roman
1983　仏　Fideline　未　110分　カラー　V
監督：アラン・レネ　主演：ヴィットリオ・ガスマン　フランスのアルデンヌ地方の古い城にまつわる3つの話を描く。中世の騎士は、姫をドラゴンから助ける。第一次世界大戦の頃は、貴族がユートピアを作ろうとする。現在は、夏期学校やセミナーで、子供たちが泊まるとともに、教師たちは恋愛に夢中になっている。

カルメン　Carmen
1984　仏・伊　Gaumont　公開　152分　カラー　V　ステレオ　監督：フランチェスコ・ロージ　主演：ジュリア・ミゲネス　ビゼーのオペラの映画化。カルメン役はミゲネスで、相手役のドン・ホセはプラシド・ドミンゴ。アリア以外は歌わずに喋る形。指揮はロリン・マゼール。

タンゴ ガルデルの亡命
El exilio de Gardel: Tangos
1985　仏・アルゼンチン　Tercine　公開　119分　カラー　V　ステレオ　監督：フェルナンド・E・ソラナス　主演：マリー・ラフォレ　アルゼンチンからフランスへ政治亡命した女優が、本国の仲間と連絡を取りながらタンゴ劇「ガルデルの亡命」を上演しようと準備する。日本公開時の題名はTangos, l'exil de Gardel。

悲しみのヴァイオリン
La femme de ma vie
1986　仏・西独　Bioskop　公開　102分　カラー　V　監督：レジス・ヴァルニエ　主演：クリストフ・マラヴォラ　ヴァイオリニストが精神的な悩みからアルコール依存症となり、立ち直れない。

ゴールデン・エイティーズ
Golden Eighties
1986　仏・ベルギー・スイス　La Cecilia　公開　96分　V　カラー　監督：シャンタル・アケルマン　主演：デルフィーヌ・セイリグ　パリのブティック経営者の息子や、その親たちの恋愛騒動を描く。アケルマンは、ベルギーの女性監督。

ラ・ボエーム　La Bohème
1988　仏・伊・英　Erato　未　106分　カラー　V　ステレオ　監督：ルイジ・コメンチーニ　主演：バーバラ・ヘンドリックス　プッチーニのオペラの映画版。ルドルフォ役の声はホセ・カレーラス。

想い出のマルセイユ
Trois places pour le 26
1988　仏　Renn　公開　106分　カラー　CS　ステレオ　監督：ジャック・ドゥミ　主演：イヴ・モンタン　マルセイユで自分の半生を綴ったミュージカルに出演するために、久々に故郷に戻ったモンタンは、昔の恋人が産んだ自分の娘と共演することになる。

1990年代

ジェラシー　Jalousie
1991　仏・伊　Paradis　公開　100分　カラー　V　ステレオ　監督：キャスリーン・フォンマーティ　主演：リオ　女流写真家と舞台装置家の男の、うまく行かない恋を描く。

めぐり逢う朝　Tous les matins du monde
1991　仏　Canal Plus　公開　115分　カラー　V　ステレオ　監督：アラン・コルノー　主演：ジャン゠ピエール・マリエル　17世紀の伝説的な作曲家で、チェロの演奏家でもあったコロンボと、その弟子の軋轢と共感を描く。

伴奏者　L'accompagnatrice
1992　仏　Canal Plus　公開　102分　カラー　V　ステレオ　監督：クロード・ミレール　主演：ロマーヌ・ボーランジェ　第二次世界大戦中のフランスで、歌手の伴奏者の娘が、歌手とその夫や愛人との関係を見ながら、一緒に英国へ亡命する。

愛を弾く女　Un coeur en hiver
1992　仏　Par Film　公開　105分　カラー　V　ステレオ　監督：クロード・ソーテ　主演：ダニエル・オートゥイユ　若く美貌のヴァイオリニストと、楽器工房の男二人との恋と別れを描く。

ラヴィ・ド・ボエーム　La vie de Bohème
1992　仏・独・スウェーデン・フィンランド　Pyramide　公開　103分　白黒　V　監督：アキ・カウリスマキ　主演：マッティ・ペロンパー　オペラの「ラ・ボエーム」と同じ原作を現代化した作品で、音楽は既成曲を使っている。

カストラート　Farinelli

1994　仏・伊・ベルギー　Stephan　公開
111分　カラー　V　ステレオ　監督：ジェラール・コルビオ　主演：ステファノ・ディオニージ　去勢により大人になってもボーイ・ソプラノで力強く歌う、カストラートの伝説的名手ファリネッリの伝記作品。作曲家の兄との屈折した関係や、女たちとの愛が描かれる。

無伴奏「シャコンヌ」　Le joueur de violon
1994　仏・独・ベルギー　Centre Européen　公開 94分　カラー　V　ステレオ　監督：シャルリー・ヴァン・ダム　主演：リシャール・ベリ　バイオリン奏者ベリは、地下鉄の通路に自分の演奏の場所を見つけるが、工事の開始とともに居場所を失ってしまう。

パリでかくれんぼ　Haut bas fragile
1995　仏　Pierre Grise　公開 169分　カラー　V　ステレオ　監督：ジャック・リヴェット　主演：ナタリー・リシャール　パリで奔放に生きる３人の娘たち、リシャール、マリアンヌ・ドニクール、ローランス・コートの、それぞれの生活が重なり合う様子を描く。

イースト・サイド物語　East Side Story
1997　仏・独　Anda　未 76分　白黒／カラー　S　監督：ダナ・ランガ　主演：マルガリータ・アンドゥルシュコヴィッチ　1930年代後半から1960年代中頃までの、旧ソ連圏で作られたミュージカル映画約50本を紹介したアンソロジー。

恋するシャンソン　On connaît la chanson
1997　仏・スイス・英・伊　Arena　公開 120分　カラー　V　ステレオ　監督：アラン・レネ　主演：アニエス・ジャウイ　現代のパリを舞台とした複雑な恋愛関係を描くが、出演者たちの台詞は突然に有名シャンソン（古いレコードを使っている）で吹き替えられる。

ジャンヌと素敵な男の子
Jeanne et le garçon formidable
1998　仏　Canal+　未 98分　CS　カラー　ステレオ　監督：オリヴィエ・デュスカレルほか　主演：ヴィルジニー・ルドワイヤン　パリで旅行会社に勤めるルドワイヤンは、多くの男性との恋愛を楽しんでいたが、本命と感じたボーイ・フレンドがエイズを発症して入院、亡くなってしまう。

2000年以降

王は踊る　Le roi danse
2000　仏・独・ベルギー　K-Star　公開 115分　カラー　CS　ステレオ　監督：ジェラール・コルビオ　主演：ブノワ・マジベル　太陽王と呼ばれたルイ14世（マジベル）と、彼を密かに愛したイタリア出身の宮廷音楽家を描く。

8人の女たち　8 femmes
2002　仏・伊　BIM　公開 111分　カラー　V　ステレオ　監督：フランソワ・オゾン　主演：カトリーヌ・ドヌーヴ　1950年代のフランス。大邸宅に雪で閉じ込められた中で主人が殺され、そこにいた8人の女たちに疑いがかかる。

巴里の恋愛協奏曲(コンチェルト)　Pas sur la bouche
2003　仏・スイス　Arena　公開 115分　カラー　CS　ステレオ　監督：アラン・レネ　主演：サビーヌ・アゼマ　古いフランスのオペレッタ作品の映画化。男女の恋愛の駆け引きを描く喜劇。

コーラス　Les choristes
2004　仏・スイス・独　Pathé　公開 97分　カラー　CS　ステレオ　監督：クリストフ・バラティエ　主演：ジャラール・ジュニョ　フランスの片田舎。問題児を集めた学校の舎監として赴任したジュニョが、自分の夢だった作曲をしてコーラスを教え、子供たちの心を開かせる。

甲殻類と貝類　Crustacés et Coquillages
2005　仏　Agat　未 96分　カラー　V　ステレオ　監督：オリヴィエ・デュカステル　主演：ギルバート・メルキ　パリに住む4人家族の一家が、夏休みを過ごそうと南仏の別荘にやって来る。そこへ一家の友人の若いゲイや、妻の愛人なども加わるので混乱する。フランス語の題名には別の意味もある。

譜めくりの女　La tourneuse de pages
2006　仏　Diaphana　公開 85分　カラー　V　ステレオ　監督：ドゥニ・デルクール　主演：デボラ・フランソワ　音楽学校の試験で、有名ピアニストの無神経な態度に傷ついた少女が大きくなり、そのピアニストの譜めくり係となり復讐する。

恋の歌 Les chansons d'amour
2007　仏　Alma　未　100分　カラー　V　ステレオ　監督：クリストフ・オノレ　主演：リュディヴィーヌ・サニエ　パリで同棲する男性一人と女性二人の日常生活を描く。「シェルブールの雨傘」へのオマージュとして作られた作品。

幸せはシャンソニア劇場から　Faubourg 36
2008　仏・独・チェコ　Galatée　公開　120分　カラー　CS　ステレオ　監督：クリストフ・バラティエ　主演：ジャラール・ジュニョ　第二次世界大戦直前から戦後までのパリを舞台に、下町のレヴュー劇場を何とか守り、上演を続けようとする芸人たちや裏方を描く。別題でParis 36もある。

シャネル&ストラヴィンスキー
Coco Chanel & Igor Stravinsky
2009　仏・日・スイス　Eurowide　公開　119分　カラー　CS　ステレオ　監督：ヤン・クーネン　主演：アナ・ムグラリス　パリで理解を得られずに苦労するストラヴィンスキーを、シャネルが援助するが、そのうちに二人は深い関係となる。

オーケストラ！　Le Concert
2009　仏・伊・ルーマニアほか　Oï Oï Oï　公開　119分　カラー　CS　ステレオ　監督：ラデュ・ミヘイレアニュ　主演：アレクセイ・グシュコフ　ソ連時代に天才的な指揮者として活躍したものの、ユダヤ人であるために共産主義の敵とされて、今はボリショイ劇場の清掃員をやっている音楽家が、昔の仲間と一緒にパリのシャルレ劇場でコンサートを行い、有名ヴァイオリニストとなっている仲間の娘とチャイコフスキーを演奏する。

愛のあしあと　Les bien-aimés
2011　仏・英・チェコ　Why Not　公開　139分　カラー　CS　ステレオ　監督：クリストフ・オノレ　主演：キアラ・マストロヤンニ　1960年代からの親子2代にわたる、欧州を股にかけた恋愛劇。

イタリア

1910-20年代

エクセルシオール　Excelsior
1913　伊　Comeri　未　白黒　S　無声　監督：ルカ・コメリオ　主演：アルマンド・ベルッチーニ　無声映画だが、1881年にミラノ・スカラ座で初演されたルイジ・マンツォッティのバレエ「エクセルシオールの舞踏会」を収録している。

ナポリとソレント　Napule e Surriento
1929　伊　Any　未　80分　白黒　S　部分トーキー　監督：ウバルド・マリア・デル・コッレ　主演：ルチア・ザヌッシ　有名なナポリ民謡を題名にした歌入りの作品。

1930年代

愛の唄　La canzone dell'amore
1930　伊　Società Italiana　未　94分　白黒　S　監督：ジェナーロ・リゲッツィ　主演：ドリア・パオラ　イタリアで作られた最初のトーキー作品。母が出産で亡くなり、娘は残された赤ん坊を苦労して育てるが、そこへ父親を名乗る男が現れる。独語版はLiebeslied (1931)*で、レナーテ・ミュラー共演。

ラ・ウォリー　La Wally
1932　伊　Società Italiana　未　84分　白黒　S　監督：グイド・ブリニョーネ　主演：ゲルマーナ・パオリエーリ　好きでない男と結婚させられそうになった気丈な美人娘が、山へ逃げる。19世紀末にミラノ・スカラ座で上演されたカタラーニのオペラの映画版。

ペルゴレージ　Pergolesi
1933　伊　Italiana　未　80分　白黒　S　監督：グイド・ブリニョーネ　主演：エリオ・ステイネル　オペラ「奥様女中」を作曲したペルゴレージの伝記作品。

おもかげ　Casta diva
1935　伊　Alleanza　公開　87分　白黒　S　監督：カルミネ・ガローネ　主演：マルタ・エゲルト　イタリア・オペラの作曲家として有名なベリーニの実らぬ恋を描く伝記映画。原題の『清き女神』は、歌劇「ノルマ」の中

の有名なアリアで、この映画のテーマにもなっている。

忘れな草　Non ti scordar di me
1935　伊　Itala　未　98分　白黒　S　監督：アウグスト・ジェニーナ　主演：ベンジャミーノ・ジリ　男やもめのオペラ歌手ジリが、若い娘と結婚するが、大西洋航海中に二人はうまく行かなくなる。英語版(1936)*はForget Me Not。独語版(1935)*の方はVergiss mein nicht。

道化師　Pagliacci
1936　伊・英　Trafalgar　未　92分　白黒／カラー　S　監督：カール・グルーネ　主演：リヒャルト・タウバー　英国で作られたイタリア・オペラ「道化師」の映画版。主演はドイツ出身のタウバー。

ジュゼッペ・ヴェルディ　Giuseppe Verdi
1937　伊　Grandi Film Storici　未　110分　白黒　S　監督：カルミネ・ガローネ　主演：フォスコ・ジャケッティ　イタリア・オペラの巨匠ヴェルディの伝記映画で、少年時代から、スエズ運河開通記念にエジプトで上演した「アイーダ」までが描かれる。ベンジャミーノ・ジリが「リゴレット」を歌っている。

スカラ座の女王　Regina della Scala
1937　伊　Aprilla　未　88分　白黒　S　監督：カミッロ・マストロチンケ　主演：マルゲリータ・カロジオ　スカラ座のプリマ・ドンナと作曲家やバレリーナの恋物語。

砂上の楼閣　Castelli in aria
1939　伊　Astra　未　96分　白黒　S　監督：アウグスト・ジェニーナ　主演：リリアン・ハーヴェイ　宝くじでイタリア旅行が当たったウィーンの娘ハーヴェイが、列車で知り合った自称王子の案内で観光する。

カヴァレリア・ルスティカーナ　Cavalleria rusticana
1939　伊　Scalera　未　75分　白黒　S　監督：アムレート・パレルミ　主演：イサ・ポーラ　兵役から戻った若者の婚約者は、知らぬ間に金持ちの男と結婚していた。若者は気持ちを抑えきれずに、彼女と愛し合うようになるが、横恋慕した娘がそれを密告する。マスカーニのオペラに基づくが、話は現代化されている。

終わりはいつもこのように　Finisce sempre così
1939　伊　Excelsa　未　68分　白黒　S　監督：エンリケ・スシーニ　主演：ヴィットリオ・デ・シーカ　オペラ作曲家がブダペスト公演にやって来るが、彼が現地の娘を口説こうとするので、一緒について来た妻が邪魔をして、公演がなかなかうまく運ばない。

風に向かう我が歌　La mia canzone al vento
1939　伊　SAFA　未　82分　白黒　S　監督：グイド・ブリニョーネ　主演：ジュゼッペ・ルーゴ　金のないオペラ歌手が田舎の療養所へ行くと、そこの医師は、有名人を抱えてひと儲けしようとたくらんでいた。

蝶の夢　Il sogno di Butterfly
1939　伊・独　Esperia　未　96分　白黒　S　監督：カルミネ・ガローネ　主演：マリア・チェボターリ　プッチーニの「蝶々夫人」を現代化した作品。チェボターリはイタリアのオペラ歌手で、彼女を捨てて再婚したアメリカ人と4年ぶりに再会する。

1940年代

愛して、アルフレード！　Amami, Alfredo!
1940　伊　Grandi　未　92分　白黒　S　監督：カルミネ・ガローネ　主演：マリア・チェボターリ　オペラのプリマが作曲家と恋をするが、健康上の理由で、医者に歌を止められてしまう。

不滅の旋律　Melodie eterne
1940　伊　ENIC　未　97分　白黒　S　監督：カルミネ・ガローネ　主演：ジーノ・チェルヴィ　イタリアで作られた作曲家モーツァルトの伝記作品。

帰還　Ritorno
1940　伊・独・墺　Itala　未　70分　白黒　S　監督：ゲツァ・フォン・ボルヴァリー　主演：マルテ・ハレル　音楽学校で知り合った、女性歌手と男性作曲家の恋。二人はやがてプリマとオペラ作曲家として大成する。独語版は「夢の音楽」Traummusik (1940)*。

内気の学校　La scuola dei timidi
1941　伊　Juventus　未　76分　白黒　S　監督：カルロ・ルドヴィコ・ブラガリア　主演：アルベルト・ラバリアーティ　歌はうまいが人前で歌えない青年が、内気を治す学校で、

はにかみ屋の娘と知り合い恋におちる。

トスカ　Tosca
1941　伊　Scalera　公開　100分　白黒　S
監督：カール・コッホ　主演：イムペリオ・アルヘンティーナ　伊語版のドラマで、物語はオペラと同じ。フランスのジャン・ルノワール監督が撮り始めたが、第二次世界大戦が始まり、フランスへ戻ってしまい、コッホ監督が引き継いだ。

ロッシーニ　Rossini
1942　伊　Nettunia　未　112分　白黒　S
監督：マリオ・ボナルド　主演：ニーノ・ベソッツィ　オペラ作曲家ロッシーニの伝記。結婚したソプラノのイザベラ・コルブランは、喉を酷使して声を失ってしまう。

このように生きたい　Voglio vivere così
1942　伊　Grandi　未　83分　白黒　S
監督：マリオ・マットリ　主演：フェルッチオ・タリアヴィーニ　美声の若者が、劇場の裏方から人気の歌手になる。

二人で駆け落ち　Fuga a due voci
1943　伊　Juventus　未　66分　白黒　S
監督：カルロ・ルドヴィコ・ブラガリア　主演：ジーノ・ベーキ　バリトン歌手が列車の中で娘と出会い冒険が始まる、という映画を作る話。

僕は歌いたい　Ho tanta voglia di cantare
1943　伊　Grandi　未　82分　白黒　S
監督：マリオ・マットリ　主演：フェルッチオ・タリアヴィーニ　企業家の息子は美声の持主だが、父親の理解が得られないので、家を飛び出して歌うようになり、美しい娘と出会って結ばれる。

マリア・マリブラン　Maria Malibran
1943　伊　Alleanza　未　137分　白黒　S
監督：グイド・ブリニョーネ　主演：マリア・チェボターリ　19世紀のフランス人ソプラノとして有名なマリブランの伝記。

道化師　I pagliacci
1943　伊・独　Itala　未　90分　白黒　S
監督：ジュゼッペ・ファティガーティ　主演：ベンジャミーノ・ジリ　レオンカヴァッロのオペラ作品の映画版で、ジリが歌う。

ソレントへ帰れ　Torna a Sorrento
1945　伊　Manenti　未　95分　白黒　S
監督：カルロ・ルドヴィコ・ブラガリア　主演：ジーノ・ベーキ　愛する男を追ってソレントからローマへ出てきた娘と、セールスマンの男が間違った手紙で偶然に知り合い、彼女と一緒にその恋人を探すうちに、だんだんと二人は親密になっていく。

彼の前に全ローマが震える
Avanti a lui tremava tutta Roma
1946　伊　Excelsa　未　98分　白黒　S
監督：カルミネ・ガローネ　主演：アンナ・マニャーニ　第二次世界大戦中のローマのオペラ劇場。英国から侵入した工作者はオペラ劇場のレジスタンスの一員に匿われるが、彼の話と舞台上のオペラ「トスカ」の話が重なる。

夢の騎士　Il cavaliere del sogno
1947　伊　Radici　未　90分　白黒　S
監督：カミッロ・マストロチンケ　主演：アメデオ・ナッツァーリ　オペラ作曲家ドニゼッティの伝記。ティート・スキーパが何曲か歌っている。アメリカ公開題名はLife of Donizetti。

愛の妙薬　L'elisir d'amore
1947　伊　Prora　未　90分　白黒　S
監督：マリオ・コスタ　主演：ネリー・コラッディ　コラッディとティート・ゴッビが主演したドニゼッティのオペラの映画版。村娘役でジーナ・ロロブリジーダが出演している。

ラムメルモールのルチア　Lucia di Lammermoor
1947　伊　Opera Film　未　108分　白黒　S
監督：ピエロ・バレリーニ　主演：ネリー・コラッディ　ドニゼッティのオペラの映画版。

リゴレット　Rigoletto
1947　伊　Excelsa　未　105分　白黒　S
監督：カルミネ・ガローネ　主演：ティート・ゴッビ　ヴェルディのオペラの映画版。オペラ歌手ゴッビが主演。

椿姫　La signora dalle camelie
1947　伊　Grandi　未　82分　白黒　S
監督：カルミネ・ガローネ　主演：ネリー・コラッディ　ヴェルディのオペラの映画版。主役の歌は吹替。

風がうたってくれた歌
Il vento m'ha cantato una canzone
1947　伊　Audax　未　90分　白黒　S
監督：カミッロ・マストロチンケ　主演：ラウラ・ソラーリ　番組がつまらないとの理由で

イタリア

スポンサーに逃げられそうになった放送局の社員が、何とかしようと頑張る。

オペラに夢中　Follie per l'opera
1948　伊　GESI　未　97分　白黒　S　監督：マリオ・コスタ　主演：ジーノ・ベーキ　第二次世界大戦中のロンドン大空襲により、市内のカトリック教会が失われ、イタリア人たちがオペラ・コンサートを開いて、再建資金を集める。ジリ、ゴッビ、ベーキらが出演している。

ファウスト（悪魔篇）　La leggenda di Faust
1948　伊　Cineopera　公開　87分　白黒　S　監督：カルミネ・ガローネ　主演：イタロ・タヨ　ゲーテの原作をオペラ化した、グノーの「ファウスト」Faust（1859）の映画版。

道化師　I pagliacci
1948　伊　Itala　未　67分　白黒　S　監督：マリオ・コスタ　主演：ティート・ゴッビ　ゴッビによるレオンカヴァッロのオペラの映画化。

さらばミミ！　Addio Mimí!
1949　伊・米　Cineopera　未　92分　白黒　S　監督：カルミネ・ガローネ　主演：マルタ・エゲルト　プッチーニの「ラ・ボエーム」を現代化した作品で、プッチーニ以外の曲も使っている。エゲルトとヤン・キープラの共演。

マラカツムバ…だけどルムバじゃない　Maracatumba... ma non è una rumba
1949　伊　General　未　103分　白黒　S　監督：エドモンド・ロッツィ　主演：レナート・ラスケル　ショー・ガールに惚れている青年に、農場の娘との結婚話が持ち上がる。ところが、そこへショー・ガールの一団が巡業に来るので、二人の娘が対決することになる。

ヴィッジュの消防士　I pompieri di Viggiù
1949　伊　Lux　未　84分　白黒　S　監督：マリオ・マットリ　主演：ニーノ・タラント　ヴィッジュの消防隊長の娘が、寄宿制の学校から逃げ出し、消防団員らが探し回る。喜劇役者のトトが共演。

イル・トロヴァトーレ　Il trovatore
1949　伊　Continentalcine　未　111分　白黒　S　監督：カルミネ・ガローネ　主演：ジーノ・シニムベルギ　ヴェルディのオペラの映画版。主役の歌は吹替。

1950年代

道の歌　Canzoni per le strade
1950　伊　Filmolimpia　未　88分　白黒　S　監督：マリオ・ランディ　主演：ルチアーノ・タヨーリ　ミラノの街で、貧しくて治療代を払えない盲目の娘を、歌手が助けて結婚する。

運命の力　La forza del destino
1950　伊　Gallone　未　100分　白黒　S　監督：カルミネ・ガローネ　主演：ネリー・コラッディ　ヴェルディのオペラの映画版。主役の歌は吹替。

寄席の脚光　Luci del varietà
1950　伊　Capitorium　未　93分　白黒　S　監督：フェデリコ・フェリーニほか　主演：ペッピーノ・デ・フィリッポ　イタリアのドサ回り一座の座長と、踊り子の話。フェリーニの初監督作品で、アルベルト・ラトゥアーダとの共同監督。ジュリエッタ・マシーナが助演で出ている。

愛の物語　Romanzo d'amore
1950　伊・仏　Cinématographique de France　未　95分　白黒　S　監督：ドゥイリオ・コレッティ　主演：ダニエル・ダリュー　イタリアのピアニスト兼作曲家エンリコ・トセッリを、ロッサノ・ブラッツィが演じる。

夜のタクシー　Taxi di notte
1950　伊・仏　Italiana Cines　未　88分　白黒　S　監督：カルミネ・ガローネ　主演：ベンジャミーノ・ジリ　歌手志望のタクシー運転手ジリが、赤ん坊を見つけて母親を探すが、結局は見つからず、代わって両親となる夫婦を見つける。

ノルマの恋　L'amore di Norma
1951　伊　Aster Laura　未　89分　白黒　S　監督：ジュゼッペ・デ・マルティーノ　主演：ロリ・ランディ　有名なオペラ歌手ノルマ（ランディ）は、若く有能なテノールを発見して売り出す。人気の出た彼は外国に行くが、その間にノルマは彼の子供を産む。2年後に帰国したテノールは、ほかの娘を帯同していたが、子供が生まれたことを知り、ノルマと結婚する。

春の歌　Canzone di primavera
1951　伊　Zeus　未　100分　白黒　S　監督：マリオ・コスタ　主演：レオナルド・コ

ルテーゼ テヴェレ河にある食堂の娘と、若い作曲家の恋物語。

ドン・ロレンツォ Don Lorenzo
1951 伊 Pincio 未 90分 白黒 S 監督：カルロ・ルドヴィコ・ブラガリア 主演：ルチアーノ・タヨーリ 失業者を助けるために「希望の村」を運営するドン・ロレンツォ（タヨーリ）が盗難事件に巻き込まれる。

マイクはあなたのもの Il microfono è vostro
1951 伊 Mambretti 未 95分 白黒 S 監督：ジュゼッペ・ベナーティ 主演：ジゼラ・ソフィオ 声が良いので、友人の楽団と一緒に「マイクはあなたのもの」という放送番組に出演した娘が、放送にたびたび出るようになり、婚約者が嫉妬する。

OK・ネロ O.K. Nero
1951 伊 ICS 公開 105分 白黒 S 監督：マリオ・ソルダーティ 主演：カルロ・カムパニーニ アメリカ水兵二人が、ローマ見物中に頭を殴られて、気付くと古代ローマ時代にいる。暴君ネロに気に入られたり、怒らせて追われたりして夢から覚めるとMP（憲兵）につかまる。

温泉の女将 Il padrone del vapore
1951 伊 Laurentiis 未 87分 白黒 S 監督：マリオ・マットリ 主演：チッチオ・バルビ アメリカの実業家が、新しい清涼飲料水の発売のためにイタリアを巡るが、途中の自動車事故で山間の小さな村に逗留し、そこのホテルの女経営者に惚れる。

歌の半世紀 Canzoni di mezzo secolo
1952 伊 Excelsa 未 86分 カラー S 監督：ドメニコ・パオレッラ 主演：マルコ・ヴィカリオ 20世紀前半のイタリア50年の歴史的な出来事と当時の歌を綴る作品。

歌う街 La città canora
1952 伊 Sud 未 96分 白黒 S 監督：マリオ・コスタ 主演：ジャコモ・ロンディネッラ ナポリの網元の娘が、歌のうまい水夫に恋をして結婚を望むが、父親は亡くなった親友の息子と結婚させようとする。

エンリコ・カルーソ 声の伝説
Enrico Caruso : leggenda di una voce
1952 伊 Asso 未 91分 白黒 S 監督：ジャコモ・ジェンティローモ 主演：エルマンノ・ランディ イタリアのテノール歌手カルーソの若き時代を描いた伝記。相手役はジーナ・ロロブリジーダ。アメリカ題名はThe Young Caruso。

ラ・ファヴォリータ La favorita
1952 伊 MAS 未 88分 白黒 S 監督：チェザーレ・バルレッキ 主演：ソフィア・ローレン ドニゼッティのオペラの映画版。王の愛妾ローレンに恋してしまった修道士の話。

アイーダ Aida
1953 伊 Oscar 未 95分 カラー S 監督：クレメンテ・フラカッシ 主演：ソフィア・ローレン ヴェルディのオペラの映画版。ローレンの歌は、レナータ・テバルティが歌っている。ほかの役者も吹替。

情熱の歌 Canzone appassionata
1953 伊 Athena 未 89分 カラー S 監督：ジョルジオ・シモネッティ 主演：ニッラ・ピッツィ 金持ちの家に引き取られた孤児の娘は、大きくなってそのまま家の嫁になるが、美声の持ち主だったことがわかり、歌手として活躍するので、結婚生活はうまく行かなくなる。

歌、歌、歌 Canzoni, canzoni, canzoni
1953 伊 Excelsa 未 92分 カラー S 監督：ドメニコ・パオレッラ 主演：アルベルト・ソルディ 5話の短編からなる作品。

美術館で会いましょう Ci troviamo in galleria
1953 伊 Athena 未 95分 カラー S 監督：マウロ・ボロニーニ 主演：ニッラ・ピッツィ 人気の絶頂期を過ぎた歌手が、イタリア国内巡業中に、美声の娘を見つけ出して仲間に入れると、彼女はすぐに才能を開花してラジオやテレビに出演するようになる。彼女はシスティーナ礼拝堂での公演も行う。

取っておきの愛の歌十曲
Dieci canzoni d'amore da salvare
1953 伊 Urania 未 91分 白黒 S 監督：フラヴィオ・カルツァヴァーラ 主演：ジャック・セルナス 青年音楽家が若い女性歌手と愛し合って結婚を約束するが、失明して婚約を破棄する。盲目となった彼は、大事な曲を友人に盗まれてしまうが、元婚約者が彼を救う。

ラ・ジョコンダ La Gioconda
1953 伊 OCI 未 87分 白黒 S 監

督：ジャチント・ソリート　主演：アルバ・アルノーヴァ　ポンキエッリのオペラの映画版。

ジュゼッペ・ヴェルディ　Giuseppe Verdi
1953　伊　Consorzio Verdi　未　121分　カラー　S　監督：ラファエロ・マタラッツォ　主演：ピエーレ・クレッソイ　「椿姫」などで有名な、イタリアを代表するオペラ作曲家ヴェルディの伝記。死の床でヴェルディが回想する形式で生涯を描く。

プッチーニ　Puccini
1953　伊　Rizzoli　未　119分　カラー　S　監督：カルミネ・ガローネ　主演：ガブリエーレ・フェルツェッティ　「トスカ」、「トゥーランドット」などで有名なオペラ作曲家プッチーニの伝記。青年時代から老年までを描く伝記作品で、3人の女性との関係を中心に構成されている。

我が人生の物語　Il romanzo della mia vita
1953　伊　Diva　未　100分　白黒　S　監督：リオネッロ・ディ・フェリーチェ　主演：ルチアーノ・タヨーリ　小児麻痺を克服して国民的な人気歌手となったタヨーリの伝記。

挨拶と接吻　Saluti e baci
1953　伊・仏　Athena　未　92分　白黒　S　監督：モーリス・ラブロー　主演：ジョルジュ・ゲタリー　ラジオの新人タレント発掘番組は人気が低迷していたが、新しい女性を発掘して、彼女の呼びかけで世界中から手紙が殺到する。

殿下はノーと仰いました　Sua altezza ha detto no!
1953　伊　Doram Albas　未　88分　白黒　S　監督：マリア・バサリア　主演：ジャック・セルナス　雑誌編集者の息子がオペレッタに出演しようとするが、父親は反対する。息子は交通事故で記憶を失うが、オペレッタ出演を通して記憶を取り戻す。

ナポリのタランテラ　Tarantella napoletana
1953　伊　Titanus　未　91分　カラー　S　監督：カミッロ・マストロチンケ　主演：クララ・ビンディ　全体をまとめる物語はなく、16景の歌と踊りを次々と見せる。

雑誌万歳！　Viva la rivista!
1953　伊　AIAP　未　95分　白黒　S　監督：エンツォ・トラパーニ　主演：カルロ・ダッポルト　4話からなるオムニバス作品。

ちょっと海賊のアルヴァロ　Alvaro piuttosto corsaro
1954　伊　Titanus　未　90分　カラー　S　監督：カミッロ・マストロチンケ　主演：レナート・ラスケル　海賊の末裔アル・バーノが、宝の隠し場所を記した地図を手に入れて、冒険に出る。

脚光を浴びたスターたち　Assi alla ribalta
1954　伊　Fidia　未　73分　カラー　S　監督：フェルディナンド・バルディほか　主演：ニーノ・タラント　宝石泥棒事件の手掛かりを求めて、刑事がいろいろな劇場を調査する中で、有名芸人たちの場面を見せる。

愛の歌　Canzone d'amore
1954　伊　Trio　未　92分　白黒　S　監督：ジョルジオ・シモネッリ　主演：クラウディオ・ヴィッラ　歌手志望の若い男と、二人の娘との恋の話。

ナポリの饗宴　Carosello napoletano
1954　伊　Lux　公開　129分　カラー　S　監督：エットレ・ジャニーニ　主演：パオロ・ストッパ　辻音楽師ストッパの貧乏一家を狂言回しとして、ナポリの歴史を7つのエピソードで見せる。各エピソードは古いナポリ民謡で彩られている。原題は「ナポリの回転木馬」の意味。若きソフィア・ローレンが美しい。[1]ミケレンマ：17世紀の話。青年ミケレンマが漁に出ている間に、村はサラセン人に襲われて、恋人は崖から海へ身を投げる。[2]マサニエロ：スペイン統治下での叛乱。良いものをあげるから、代わりに良いものを頂戴と物々交換が広がっていく。[3]プルチネッラ：コメディア・デッラルテの道化（プルチネッラ）は、世の中を風刺するが、出演中に亡くなってしまう。[4]カルメーラ：町の洗濯娘が青年を好きになり、青年がその洗濯娘に惚れるようにまじないをしてもらうが、青年がお針子の娘にキスをするので、洗濯娘とお針子たちの大喧嘩となる。[5]シシーナ：20世紀初頭のフニクリ・フニクラの登山電車の開通や、移民の時代。観光写真のモデルをしているシシーナ（ソフィア・ローレン）と、その恋人の作曲家の人目を忍んだ恋物語。[6]マリア・マリ：辻音楽師の一家の娘へのセレナーデ。[7]マルゲリータ：一人の娘を

めぐり3人の愛人が鉢合わせをして殺し合う。

歌のキャラヴァン　Carovana di canzoni
1954　伊　Trionfalcine　未　85分　白黒　S　監督：セルジオ・コルブッチ　主演：アキッレ・トリアーニ　ポップス歌手のコンテストの最終日に向けて、会場のホテルに集まった人々の大騒ぎの様子を描く。

リコルディの家　Casa Ricordi
1954　伊　Diana　未　110分　カラー　S　監督：カルミネ・ガローネ　主演：ロランド・アレクサンドレ　19世紀初頭に印刷機を入手して、ミラノのスカラ座に眠っていたオペラの楽譜を出版した、ジョヴァンニ・リコルディの話。

清らかな女神よ　Casta diva
1954　伊・仏　Documento　未　98分　カラー　S　監督：カルミネ・ガローネ　主演：アントネッラ・ルアルディ　ガローネ自身が作った「おもかげ」（1935）のリメイクで、作曲家ベリーニの伝記的な作品。

百のセレナーデ　Cento serenate
1954　伊　Trionfalcine　未　90分　白黒　S　監督：アントン・ジュリオ・マジャーロ　主演：ジェラルド・ランドリー　アメリカの実業家が恋人と一緒にナポリを訪れ、ナポリ娘との恋に巻き込まれるが、最後は元の鞘に収まる。

火刑台上のジャンヌ・ダルク
Giovanna d'Arco al rogo
1954　伊・仏　Associate　未　80分　カラー　S　監督：ロベルト・ロッセリーニ　主演：イングリッド・バーグマン　アルトゥール・オネゲル作曲のオラトリオに基づくジャンヌ・ダルクの話。日本発売のDVDは仏語題名のJeanne au bûcher。

大ヴァラエティ・ショー　Gran varietà
1954　伊　Excelsa　未　103分　カラー　S　監督：ドメニコ・パオレッラ　主演：マリア・フィオーレ　5話からなるオムニバス映画。アルベルト・ソルディ、ヴィットリオ・デ・シーカなども出演している。

愛の涙　Lacrime d'amore
1954　伊　Romana　未　107分　白黒　S　監督：ピーノ・メルカンティ　主演：ガレアッツォ・ベンティ　金持ちの船主とその美しい妻、その元恋人などの複雑な恋愛関係。

ナポリの手紙　Lettera napoletana
1954　伊　Romana　未　92分　白黒　S　監督：ジョルジオ・パスティーナ　主演：ジャコモ・ロンディネッラ　コーヒー輸入会社の青年は、上司の娘と密かに愛し合っていたが、ほかの同僚のタバコ密輸事件や、会社の資金横領事件に巻き込まれてしまう。

蝶々夫人　Madama Butterfly
1954　伊・日　Rizzoli　公開　114分　カラー　S　監督：カルミネ・ガローネ　主演：八千草薫　プッチーニの名作オペラの映画化。イタリアと日本の東宝の合作で、宝塚出身の八千草薫が蝶々夫人を演じたが歌はイタリア人。相手役のピンカートンにはテノールのニコラ・フィラクリーディ。2時間弱なので原作よりも短縮され、日本の紹介的な場面が追加されている。

ナポリはいつでもナポリ
Napoli è sempre Napoli
1954　伊　Caiano　未　95分　白黒　S　監督：アルマンド・フィッツァロッティ　主演：レア・パドヴァーニ　美声の娘は歌手として才能があったが、恋人の船主への愛を守るために、歌手をやめると誓う。しかし、彼は金に困り多額の借金が出来るので、彼女はもう一度歌手として金を稼ごうと考える。

ナポリは泣き笑う　Napoli piange e ride
1954　伊　Leo　未　92分　白黒　S　監督：フラヴィオ・カルツァヴァーラ　主演：ルチアーノ・タヨーリ　歌手を志していた男が、事故で歌手を諦めて時計職人となる。時計屋の主人の妻が美しい声の持ち主なので、歌手に育てようとするが、浮気を疑われる。

リゴレットと彼の悲劇
Rigoletto e la sua tragedia
1954　伊　Diva　未　96分　カラー　S　監督：フラヴィオ・カルツァヴァーラ　主演：アルド・シルヴァーニ　ヴェルディのオペラの映画版。歌は吹替で、ティート・ゴッビ、ピーナ・アルマルディ、マリオ・デル・モナコなどが声を担当している。

私に歌って　悲しみよこんにちは！
Cantami : Buongiorno Tristezza!
1955　伊　CaMo　未　87分　白黒　S　監督：ジョルジオ・パスティーナ　主演：ジャコモ・ロンディネッラ　製薬工場に勤める娘

は同僚の青年を愛していたが、工場主の息子が彼女に惚れるので、愛した青年を助けるために、工場主の息子と結婚することになる。

神秘の歌手　Il cantante misterioso
1955　伊　Ariel　未　85分　白黒　S　監督：マリノ・ジロラーミ　主演：ルチアーノ・タヨーリ　恋人に誤解され、無実の罪で投獄された男が脱獄して負傷するが、漁師に助けられる。彼は恩返しのために地元のホテルで歌い始めるが、伴奏を担当したオルガン弾きの作曲でレコードを作ったところ、放送局のコンテストで優勝してしまう。しかし、脱獄した男は身分を明かせない。

全イタリアの歌　Canzoni di tutta Italia
1955　伊　Carlo Infascelli　未　90分　カラー　CS　監督：ドメニコ・パオレッラ　主演：マルコ・ヴィカリオ　イタリア各地の都市のヒット曲を集めて聞かせる作品。

ヴァラエティの回転木馬　Carosello del varietà
1955　伊　Boqui　未　98分　白黒　S　監督：アルド・ボナルディほか　主演：ルイジ・エルミニオ・ドリーヴォ　画家が18歳の誕生日を迎えた娘にテレビを贈る。そのテレビでヴァラエティ番組が放送されて、次から次へと芸人たちが登場する。

カヴァレリア・ルスティカーナ　Cavalleria rusticana
1955　伊　Excelsa　未　80分　カラー　S　監督：カルミネ・ガローネ　主演：メイ・ブリット　ガローネ監督によるマスカーニのオペラの映画化。

美女の中の美女
La donna più bella del mondo
1955　伊・仏　GESI　公開　104分　カラー　SC　監督：ロバート・Z・レナード　主演：ジーナ・ロロブリジーダ　イタリア出身の美貌のオペラ歌手リナ・カヴァリエリをロロブリジーダが演じる。美し過ぎるがゆえに、多くの男たちに愛を迫られて、本当の恋を見つけられない苦労を描く。恋人役はヴィットリオ・ガスマン。

不滅のメロディ　マスカーニ
Melodie immortali - Mascagni
1955　伊・仏　Lux　未　96分　白黒　S　監督：ジャコモ・ジェンティローモ　主演：ピエーレ・クレッソイ　「カヴァレリア・ルスティカーナ」で有名なオペラ作曲家マスカーニの伝記。

歌の十課　Ore dieci lezione di canto
1955　伊　Ariel　未　94分　白黒　S　監督：マリノ・ジロラーミ　主演：クラウディオ・ヴィッラ　リゾート・ホテルでの仕事に向かっていた歌手が、車の故障で小さな村の寄宿制女学校の管理人に助けられる。ところが、その学校の音楽教師が急病になり、音楽の授業を代わって引き受けることになる。

陽の沈む時　Quando tramonta il sole
1955　伊　Titanus　未　94分　カラー　CS　監督：グイド・ブリニョーネ　主演：カルロ・ジュッフレ　ナポリの二人の若者が音楽で身を立てようとミラノへ出て、恋をする。

星空の下で歌う　Cantando sotto le stelle
1956　伊　Schermi　未　92分　白黒　S　監督：マリノ・ジロラーミ　主演：ジョニー・ドレッリ　ローマへ行った男が、その地の友人と一緒に富くじを買う。それが1等賞に当たったことから大騒ぎとなる。

移住者の歌　Il canto dell'emigrante
1956　伊　Ariel　未　92分　白黒　S　監督：アンドレア・フォルツァーノ　主演：ルチアーノ・タヨーリ　長くアメリカの公演旅行に行っていたタヨーリがイタリアに戻ると、恋人がスパイ容疑で逮捕されていたので、彼女を助けるために奮闘する。

禁じられた歌　Canzone proibita
1956　伊　Ionia　未　90分　白黒／カラー　S　監督：フラヴィオ・カルツァヴァーラ　主演：クラウディオ・ヴィッラ　第二次世界大戦前に、ある男が村の女教師に恋するが、彼女には別に婚約者がいた。戦争が始まり、二人の男はロシア戦線で戦う。婚約者が戦死したと聞いた娘は、もう一人の男と結婚し、男は歌手として成功するが、そこへ死んだと思った婚約者が戻ってきて三角関係となる。

カプリ島の結婚　Ci sposeremo a Capri
1956　伊　Effe　未　83分　白黒　S　監督：シロ・マルチェッリーニ　主演：フランコ・スポルテッリ　トトカルチョの販売店として対立しているふたつの家の、息子と娘が偶然に出会い、熱愛してカプリで結婚する。

マルツェッラ　Maruzzella
1956　伊　Romana　未　56分　カラー　CS

監督：ルイジ・カプアーノ　主演：マリサ・アラッシオ　マルツェッラという娘とその継母が、一人の男を取り合う。

愛の交響楽　Sinfonia d'amore
1956　伊・仏　ENIC　公開　117分　カラー　S　監督：グラウコ・ペレグリーニ　主演：クラウデ・レイデュ　作曲家シューベルトの伝記で、実らぬ恋を描く。シューベルトの音楽が中心だが、ほかの作曲家の音楽も使われている。

尼僧マリア　Suor Maria
1956　伊　Romana　未　95分　白黒　S　監督：ルイジ・カプアーノ　主演：マーク・ローレンス　父親が亡くなってすぐに修道院に入った尼僧マリアは、単に悪い男から逃げたいだけだった。彼女は無実の罪を負った父親の話を語る。

トスカ　Tosca
1956　伊　Cinecittà　未　110分　カラー　CS　監督：カルミネ・ガローネ　主演：フランカ・デュバル　プッチーニのオペラの映画版。トスカ役は吹替で、マリオ役はフランコ・コレリ。

トトとペッピーノと…悪い女
Totò, Peppino e... la malafemmina
1956　伊　DDL　未　106分　白黒　S　監督：カミッロ・マストロチンケ　主演：トト　ナポリで医学校に通っていた息子が、ダンサーに惚れてミラノへ行ってしまうので、トトを始めとする親類たちが、彼を連れ戻そうとミラノへ向かう。

南では新しいことは何もない
A sud niente di nuovo
1957　伊　Nova　未　81分　カラー　S　監督：ジョルジオ・シモネッリ　主演：アッベ・ラーネ　若い青年が劇団のダンサーに恋をして、自分も劇団に入ろうとする。そこへ青年の父親も現れて、恋の混乱に拍車がかかる。

聞いてね　Ascoltami
1957　伊・西独　Bamberger　未　91分　白黒　S　監督：カルロ・カムポガリアーニ　主演：ヨアヒム・フッホスベルガー　妻子と別れ、別の女性と一緒になって外国で暮らし始めた歌手が、事故ですべてを失う。

運命の歌　La canzone del destino
1957　伊　Jonia　未　89分　カラー　CS　監督：マリノ・ジロラーミ　主演：クラウディオ・ヴィラ　二人の異母兄弟が同じ娘に恋をする。第一次世界大戦で二人の男は召集され、娘も看護師として従軍するので、戦場近くで3人は運命の出会いをする。

一番美しい歌　La canzone più bella
1957　伊　ARBE　未　90分　白黒／カラー　S　監督：オットリーノ・フランコ・ベルトリーニ　主演：カルロ・ダンジェロ　貧乏だが有望な音楽家は、金持ちの娘と恋仲だったが、娘の母親が結婚に反対して、娘を金持ちの技師と結婚させようとするのでもめる。

最初の喝采　Primo applauso
1957　伊　Titanus　未　90分　白黒　S　監督：ピーノ・メルカンティ　主演：ジャンニ・バギーノ　歌のうまいバリスタが、ラジオ番組「最初の喝采」で有名になるが、昔の友人たちをすっかり忘れてしまう。

16人の金髪娘へのセレナータ
Serenata per sedici bionde
1957　伊　Jonia　未　90分　白黒　S　監督：マリノ・ジロラーミ　主演：シルヴィオ・バゴリーニ　英国の古城を相続した青年が、友人と一緒に見に行くと、すっかり荒れ果てている。しかし、その夜に嵐を避けるために16人のフランス娘が避難してくるので、大パーティとなる。

七人姉妹への七つの歌
Sette canzoni per sette sorelle
1957　伊　Ariel　未　102分　白黒　S　監督：マリノ・ジロラーミ　主演：クラウディオ・ヴィラ　小さな町の市長の7人の娘は、歌手のヴィラに夢中になっている。彼女らと結婚したい男は、催眠術師の助けを借りて結婚を進めようと考える。

愛はローマで生まれる
L'amore nasce a Roma
1958　伊　MM　未　87分　白黒　CS　監督：マリオ・アメンドーラ　主演：アントニオ・チファリエッロ　田舎からローマへ出てきた若い画家と歌手が、スペイン広場で花を売る娘に恋をする。

カリプソ　Calypso
1958　伊・仏　Enalpa　未　95分　カラー　CS　監督：ゴルフィエロ・コロンナ　主演：サイ・グラント　ダンサーを目指す娘の話。

ダンスのために、婚約者との関係がうまく行かなくなる。

歌の回転木馬　Carosello di canzoni
1958　伊　Romana　未　90分　白黒　S　監督：ルイジ・カプアーノ　主演：ジュゼッペ・ポレッリ　妻と二人の娘を持ちながら定職のない男が、歌手のバック・コーラスになろうと頑張る。

こうしなさい、睨みます！　Come te movi, te fulmino!
1958　伊　Diana　未　90分　カラー　CS　監督：マリオ・マットリ　主演：レナート・ラスケル　内気な学校教師は、貧乏で食事にも困るが、食堂の娘が密かに応援して、二人の間に恋が芽生える。

ナポリ我が太陽！　Napoli sole mio!
1958　伊　Flora　未　90分　カラー　CS　監督：ジョルジオ・シモネッリ　主演：マウリツィオ・アレーナ　若い娘は、地位ある男性とナポリで結婚することになっているが、ナポリのレストランで歌っていた好青年と運命的な出会いをして、彼が貧しいにも拘らず結婚。青年は歌手として成功する。

微笑みと歌　Sorrisi e canzoni
1958　伊　Transfilm　未　98分　カラー　S　監督：ルイジ・カプアーノ　主演：ガブリエーレ・ティンティ　恋人を追ってローマに出てきた娘が、芸人たちの集まる下宿で、いろいろな人々と知り合う。

ウムベルト劇場　Teatro Umberto
1958　伊　未　白黒　S　監督：アルベルト・F・ナポレターノ　主演：アルベルト・スコピー　ナポリのウムベルト劇場の経営者が、1920年代からの劇場の出来事やヒット作を回想する。

忘れな草　Vento di primavera
1958　伊・西独　Cine-Italia　公開　103分　カラー　V　監督：ジュリオ・デル・トーレほか　主演：フェルッチョ・タリアヴィーニ　西独から仕事を求めてローマへ出た娘ザビーネ・ベートマンは、青年への恋と、子持ちの中年オペラ歌手タリアヴィーニの愛との間で、心が揺れ動く。イタリアのオペラ歌手タリアヴィーニが、有名な『忘れな草』を歌う。伊・独の合作で独語版。日本公開の原題は独語でVergiss Mein Nicht。

ヨーロッパの夜　Europa di notte
1959　伊・仏　Avers　公開　102分　カラー　CS　監督：アレッサンドロ・ブラゼッティ　主演：アルバ・アルノーヴァ　ヨーロッパ各地のナイト・クラブやキャバレーのショーを見せる。ドメニコ・モドゥーニョが歌っている。

ナポリはすべてひとつの歌　Napoli è tutta una canzone
1959　伊　Valerio Valeri　未　83分　白黒　S　監督：イグナツィオ・フェロネッティ　主演：ディーナ・デ・サンティス　寄席芸人の娘にはマネジャーの恋人がいたが、久々に生まれ故郷のナポリへ戻り、初恋の相手と再会すると、恋の炎がまた燃え上がる。

若き獅子　Il giovane leone
1959　伊・仏　Boréal　未　82分　白黒　S　監督：ジョン・ベリー　主演：マガーリ・ノエル　主人公の銀行員はナイト・クラブ歌手を夢見ているが、妻が体操インストラクターに口説かれていることに気付かない。仏語の題名はOh! Qué mambo。

不誠実だが美しい　Perfide ma belle
1959　伊　CTC　未　94分　白黒　S　監督：ジョルジオ・シモネッリ　主演：クラウディオ・ヴィッラ　田舎で好きな娘と結婚できない若者が、ナポリへ出て歌手となり、いろいろな恋愛に巻き込まれる。

ジューク・ボックスの若者たち　I ragazzi del juke-box
1959　伊　Era　未　102分　白黒　S　監督：ルチオ・フルチ　主演：マリオ・カロテヌート　保守的な音楽中心のレコード会社を経営する父親がスキャンダルで逮捕され、新しい音楽好きの娘が、若いミュージシャンのロックンロールのレコードを出す。

1960年代

歌え！太陽　Appuntamento a Ischia
1960　伊　Serena　公開　99分　カラー　CS　監督：マリオ・マットリ　主演：ドメニコ・モドゥーニョ　人気歌手のモドゥーニョは娘と一緒に巡業して回っているが、モドゥーニョの再婚相手の未亡人が娘を寄宿舎に入れようとするので、娘はほかの女性と父親を結婚させようと立ち回る。

トレヴィの泉　Fontana di Trevi
1960　伊・西　AIT　未　102分　カラー　CS　監督：カルロ・カムポガリアーニ　主演：クラウディオ・ヴィッラ　トレヴィの泉の前にある旅行社に勤める二人の青年が、魅力的なスペイン娘と知り合いになる。二人は仕事でスペインへ行った時に、この娘との再会を求めて夢中で探し回る。

危険な母親たち　Madri pericolose
1960　伊　Romana　未　95分　白黒　S　監督：ドメニコ・パオレッラ　主演：エヴィ・マルタリアーティ　金持ちの開いた大パーティに潜り込んで、何とか自分の娘を金持ちと結婚させようと、あの手この手を使う4人の母親たちの物語。

テオのマンドリン　Un mandarino per Teo
1960　伊　Columbus　未　98分　カラー　CS　監督：マリオ・マットリ　主演：ウォルター・キアーリ　劇場で仕事をしている青年が、このボタンを押せば中国でマンドリン弾きが死に、多額の遺産が入ると悪魔に囁かれて、ボタンを押す。果たしてそのとおりになり、数奇な運命が始まる。

サンレモ、偉大なる挑戦　Sanremo, la grande sfida
1960　伊　Aron　未　85分　白黒　S　監督：ピエロ・ヴィヴァレッリ　主演：マリオ・カロテヌート　サンレモ音楽祭で自社の歌手を優勝させようと、ふたつの楽譜出版社があらゆる手を使って争うが、結局は両社とも自滅し、第3の歌手が優勝する。

歌のテディ・ボーイズ　I Teddy boys della canzone
1960　伊　Aron　未　80分　白黒　S　監督：ドメニコ・パオレッラ　主演：アントニオ・アックァ　若者たちのグループが自分たちの音楽を流そうと、国営テレビの番組を乗っ取る。

法廷の絶唱歌手　Urlatori alla sbarra
1960　伊　Era　未　83分　白黒　S　監督：ルチオ・フルチ　主演：アドリアーノ・チェレンターノ　絶唱型の歌手の人気が出て、テレビにまで登場する。

アメリカの夜　America di notte
1961　伊・仏ほか　D'An-Fran　公開　100分　カラー　CS　監督：カルロス・アルベルト　主演：エリゼス・カルドーソ　アメリカのジャズや踊りなどを紹介した「夜」物の作品。

百人の娘たちのための五人の海兵　Cinque marines per cento ragazze
1961　伊　Alpi　未　96分　カラー　CS　監督：マリオ・マットリ　主演：ヴィルナ・リージ　5人の海兵が軍事演習中に、誤って全寮制の女学校に紛れ込んでしまう。彼らは女学生から歓迎され、歌がうまいので学内ショーにも出演する。

あなたも私もキスをする　Io bacio... tu baci
1961　伊　Adessi　公開　92分　白黒　S　監督：ピエロ・ヴィヴァレッリ　主演：ミーナ　ガリバルディの部下だったという頑固老人がミラノの街に住み、再開発に応じない。不動産会社社長の娘ミーナが説得にやって来るが、老人の下に集まる若者と意気投合、借金返済のために、有名歌手を呼びコンサートを開く。

ミーナ…解き放たれて　Mina... fuori la guardia
1961　伊　Giorgio Ghiron　未　85分　白黒　CS　監督：アマンド・W・タムブレッラ　主演：ミーナ　有名な歌手が若い娘ミーナと恋におちるが、歌手の嫉妬深い恋人が絡んでもめる。

世界の夜　Il mondo di notte
1961　伊　Julia　公開　125分　カラー　CS　監督：ルイジ・ヴァンツィ　主演：チェリ・ビビ　「ヨーロッパの夜」(1959)が当たったので、世界中の寄席芸を記録して公開した作品。

サンレモ乾杯！　Appuntamento in Riviera
1962　伊　Serena　公開　93分　カラー　V　監督：マリオ・マットリ　主演：トニー・レニス　作曲家レニスが、サンレモ音楽祭で自作の曲を歌い、歌手として活躍を始める。ところが、契約書に結婚を禁止する条項があり恋人と結婚できない。ほかのプロダクションと契約するものの、今度は結婚相手を会社が指定するとあり、歌手ミーナと結婚させられそうになる。1951年から始まったサンレモ音楽祭は、1958年の『ヴォラーレ』のヒットにより人気の絶頂期を迎えるので、それを背景としている。

ツイスト・リズムの歌
Canzoni a tempo di twist
1962　伊　Europa　未　96分　白黒　CS　監督：ステファノ・カンツィオ　主演：ティベリオ・ムルジャ　女性歌手の熱狂的ファンのシチリア男が、彼女を独り占めするために、その声や姿を放送するすべての機器を壊す計画を立て、ローマでそれを実行に移そうとして、スパイ事件に巻き込まれる。

コパカバーナの殿堂　Copacabana Palace
1962　伊・仏・ブラジル　Consórcio Paulista　未　125分　カラー　CS　監督：ステーノ　主演：シルヴァ・コシナ　リオのカーニバルを題材に取り、街の様子を見せる。

世界の熱い夜　Mondo caldo di notte
1962　伊　IDC　公開　90分　カラー　CS　監督：レンツォ・ルッソ　主演：マック・ロナイ　世界のキャバレーなどのストリップを中心に見せる。

続・世界の夜　Il mondo di notte numero 2
1962　伊　Julia　公開　120分　カラー　CS　監督：ジャンニ・プロイア　主演：フォルトゥナータ・ウベルティーニ　世界の夜シリーズの2作目。クラブのショーだけでなく、だんだんと珍奇な見世物が増える。

世界のセクシー・ナイト
Mondo sexy di notte
1962　伊・仏　Documento　公開　100分　カラー　CS　監督：ミーノ・ロイ　主演：シェリー・ド・モンパルナス　世界のセクシー・ショー場面を見せるドキュメンタリー。

セクシーの夜　Sexy al neon
1962　伊・仏　Belles Rives　公開　100分　カラー　CS　監督：エットレ・フェッチ　主演：ジャック・アルバン　ヨーロッパを中心としたナイト・クラブ芸の紹介。セクシーと銘打っているので、ヌード・ショーの比率が高い。

夜のトト　Totò di notte n. 1
1962　伊　Cinex　未　100分　カラー　CS　監督：マリオ・アメンドーラ　主演：トト　ちょっとした遺産を受け継いだ2人組が、世界中を旅して回るが、金を使い果たして、アメリカからローマまでヒッチハイクで戻ってくる。

夜の夜　Universo di notte
1962　伊　Euro　公開　90分　カラー　CS　監督：アレッサンドロ・ジャコボーニ　主演：ホセ・アントニオ　世界の芸能と奇習を見せるドキュメンタリー。

ビキニで歌おう　Canzoni in... bikini
1963　伊　Tele　未　85分　白黒　CS　監督：ジュゼッペ・ヴァーリ　主演：エドアルド・ヴィアネッロ　テレビ広告会社の社員の恋愛を描く。

世界の歌物語　Canzoni nel Mond
1963　伊・米　Cinegai　公開　86分　カラー　SC　監督：ヴィットリオ・サーラ　主演：ジルベール・ベコー　ヨーロッパとアメリカの、キャバレーやナイト・クラブの名場面を見せる。当時のイタリアで流行った、「夜」物の延長線上の作品。ベコーのほかに、ミーナ、ディーン・マーティン、ジュリエット・グレコなども出演している。

サーカスの息子　Il figlio del circo
1963　伊・仏　Capitole　未　94分　白黒　CS　監督：セルジオ・グリエコ　主演：ラムンチョ　サーカスのある遊園地で暮らしていた少年が、友人となったピエロの勧めで親元へ戻り、歌の才能を開花させる。

続々・世界の夜
Il mondo di notte numero 3
1963　伊　Julia　未　100分　カラー　CS　監督：ジャンニ・プロイア　主演：ジョージ・サンダース　世界の夜シリーズの3作目で、音楽物というよりもエロ・グロ的な内容になっている。ナレーションは英語。

大気楽　Scanzonatissimo
1963　伊　Zebra　未　105分　白黒　CS　監督：ディーノ・ヴェルデ　主演：アリギエロ・ノスチェーゼ　1963年当時のイタリアの政治を風刺したヴァラエティ。

続・セクシーの夜　Sexy al neon bis
1963　伊　Belles Rives　未　92分　カラー　CS　監督：エットレ・フェッチ　ドキュメンタリー作品で、「セクシーの夜」の続編。ストリップ場面が多い。

変な奴　Uno strano tipo
1963　伊　Giovanni Addessi　未　90分　白黒／カラー　CS　監督：ルチオ・フルチ　主演：アドリアーノ・チェレンターノ　人気ロックンロール歌手の真似をしているアマル

フィの男が、歌手の赤ん坊騒動に巻き込まれる。

セクシー・トト　Totò sexy
1963　伊　Cinex　未　100分　カラー　CS　監督：マリオ・アメンドーラ　主演：トト　二人のコントラバス奏者が密輸事件で投獄されて、刑務所内で欧州各地の美女たちの夢を見る。

カンタジロ音楽祭の叫び
Urlo contro melodia nel Cantagiro 1963
1963　伊　Labor　未　91分　カラー　V　監督：アルトゥーロ・ジェッミティ　主演：ペッピーノ・ディ・カプリ　1963年のカンタジロ音楽祭を記録した、ドキュメンタリー作品。

貴方にひざまずいて　In ginocchio da te
1964　伊　Sicilia　公開　110分　白黒　V　監督：エットレ・マリア・フィッツァロッティ　主演：ジャンニ・モランディ　モランディは、ボローニャからナポリへ出て海軍に入隊、ナポリ娘に恋をする。歌のうまいモランディはラジオで歌い、娘の心を得る。モランディの演じた海軍3部作の最初の作品。

ほほにかかる涙　Una lacrima sul viso
1964　伊　Imprecine　公開　90分　白黒　V　監督：エットレ・マリア・フィッツァロッティ　主演：ボビー・ソロ　ソロのヒット曲を題名として作られた歌謡映画。ナポリ生まれでアメリカ育ちのソロが、サンレモ音楽祭で人気となり、故郷のナポリでピアノの恩師を訪ねてその娘に恋をするが、すれ違いでうまく行かない。最後に娘の頬にかかる涙を見て愛を確信する。ソロはイタリアの歌手だが、プレスリーの影響を受けて、アメリカ風の芸名を使っている。

狂った歌の世界
Questo pazzo, pazzo mondo della canzone
1964　伊　Bandiera Gialla　未　103分　カラー　V　監督：ブルーノ・コルブッチほか　主演：サンドラ・モンダイーニ　当時の流行歌手たちが次々にヒット曲を歌う。

ハリー・ガリーの子供たち
I ragazzi dell'Hully Gully
1964　伊　Finanziaria　未　78分　白黒　S　監督：マルチェロ・ジャンニーニ　主演：ウンベルト・ドルシ　作曲家が亡くなり、その年度一番のヒット曲を当てた親類に財産を贈ると遺書にあったことから、騒ぎが巻き起こる。

兵士と伍長　Soldati e caporali
1964　伊　Domiziana　未　95分　白黒　S　監督：マリオ・アメンドーラ　主演：ガブリエーレ・アントニーニ　陸軍兵士が海軍と歌比べをする。

太陽！太陽！太陽！　Tutto è musica
1964　伊　M. Film　公開　85分　カラー　S　監督：ドメニコ・モデューニョ　主演：ドメニコ・モデューニョ　『ヴォラーレ』を大ヒットさせたモデューニョが、自ら監督、出演して歌いまくる作品。原題もヒット曲から取られていて、「すべては音楽」の意味。

超高圧　Altissima pressione
1965　伊　Tigielle 33　未　97分　白黒　CS　監督：エンツォ・トラパーニ　主演：ディーノ　歌手志望のディーノとタイピストの娘の恋物語。ディーノは金持ちを説得して、新しいレストランを開く。ルチオ・ダッラも出ている。

この大馬鹿のイタリア人たち
Questi pazzi, pazzi italiani
1965　伊　Asacam　未　85分　カラー　V　監督：トゥリオ・ピアチェンティーニ　主演：フレッド・ボングスト　イタリアだけでなく、ペトゥラ・クラークなどの国外の歌手も流行歌を聞かせる。繋ぎにアニメーションが入る。

アメリカ娘リタ　Rita, la figlia americana
1965　伊　CMV　未　101分　白黒　CS　監督：ピエロ・ヴィヴァレッリ　主演：トト　喜劇役者トトの作品。クラシック音楽の信奉者トトの養子となったアメリカ娘リタ・パヴォーネが、大のポップス好きだったので大騒ぎとなる。

歌の並木道　Viale della canzone
1965　伊　Asacam　未　85分　カラー　V　監督：トゥリオ・ピアチェンティーニ　主演：マリサ・ソリナス　「この大馬鹿のイタリア人たち」(1965)と同じ監督の3部作の1本。内容は3作とも同じ構成。

008 リズム作戦　008: Operazione ritmo
1965　伊　Asacam　未　65分　カラー　V　監督：トゥリオ・ピアチェンティーニ　主演：ベティ・カーティス　「歌の並木道」(1965)、「この大馬鹿のイタリア人たち」(1965)と同

じ3部作の1本。

愛は限りなく　Dio, come ti amo!
1966　伊・西　Ultra　公開　107分　白黒　V　監督：ミゲル・イグレシアス　主演：ジリオラ・チンクェッティ　チンクェッティのヒット曲をそのまま題名にした歌謡映画。チンクェッティはイタリアの飛び込み選手で、バルセロナ大会の時に地元の女性選手と仲良くなり、その恋人の男性に惹かれて恋をする。タイトル曲は最後の場面で歌われる。

ブルックリンから来たギャング
Un gangster venuto da Brooklyn
1966　伊・西　CC Astro　未　90分　カラー　CS　監督：エミモ・サルヴィ　主演：エヴィ・マランディ　アメリカのギャングがローマへ移住して、イタリアの法律を捻じ曲げて、高層ビルを建てようとする。

僕は戻ってくる　Mi vedrai tornare
1966　伊　Mondial　未　120分　白黒　CS　監督：エットレ・マリア・フィッツァロッティ　主演：ジャンニ・モランディ　モランディの海軍3部作の最後の作品。士官候補生モランディは、故郷に戻った時に出席したパーティで、日本人の皇女と出会い恋をするが、皇女には日本の皇室に許婚がいる。日本人役をエリザベッタ・ウーが演じる。

誰も私を裁くことはできない
Nessuno mi può giudicare
1966　伊　Mondial　未　107分　白黒　CS　監督：エットレ・マリア・フィッツァロッティ　主演：ファブリツィオ・モローニ　田舎からローマに出てきた青年は、勤め先でデパートの女店員に恋をするが、その上司も彼女に執心だった。青年と恋人は、デパートの商品横領事件に巻き込まれる。

僕は君には不釣り合い
Non son degno di te
1966　伊　Ultra　未　115分　白黒　S　監督：エットレ・マリア・フィッツァロッティ　主演：ジャンニ・モランディ　「貴方にひざまずいて」(1964)の続編。モランディは上官の娘と婚約して、レコード会社とも契約をする。

許し　Perdono
1966　伊　Mondial　未　115分　カラー　CS　監督：エットレ・マリア・フィッツァロッティ　主演：カテリーナ・カゼッリ　百貨店で働く二人の娘と、一人の青年の三角関係。青年が美声で歌うようになったことから、仲良しだった3人の関係にひびが入る。

かしまし娘リタ　Rita la zanzara
1966　伊　Mondial　未　110分　カラー　CS　監督：リナ・ウェルトミュラー　主演：リタ・パヴォーネ　女学生リタは音楽教師に恋をするが、この教師は夜にロック音楽をやっている。

もし君なしだったら　Se non avessi più te
1966　伊　Mondial　未　95分　白黒　CS　監督：エットレ・マリア・フィッツァロッティ　主演：ジャンニ・モランディ　人気歌手に婚約者がいるが、レコード会社との契約条項のために結婚できない。二人は密かに結婚するが、子供が出来てしまうので公表せざるを得なくなる。

狂った心…凶暴性の狂人
Cuore matto... matto da legare
1967　伊　Gloria　未　96分　白黒／カラー　CS　監督：マリオ・アメンドーラ　主演：リトル・トニー　貧乏青年が歌手として売り出そうとするが、両親は金持ちの醜い娘と結婚させようとする。青年はほかに好きな娘がいるので、友人を使って金持ちの娘を追い払おうと考える。

陸軍元帥　La feldmarescialla
1967　伊・仏　Fida　未　110分　カラー　CS　監督：ステーノ　主演：リタ・パヴォーネ　第二次世界大戦中のトスカーナ地方。ドイツ軍に撃ち落とされた米軍機パイロットが、温泉でナチスの制服を手に入れて逃げる。

さらばグラナダ！　Granada addio!
1967　伊　Tirso　未　95分　カラー　CS　監督：マリノ・ジロラーミ　主演：クラウディオ・ヴィッラ　イタリアの歌手がスペイン公演へ行くと、主催者が破産して公演が流れてしまう。そこで、彼は闘牛を見に行き、素晴らしい美女に恋をする。

私は主張しません、愛します
Io non protesto, io amo
1967　伊　BRC　未　98分　カラー　CS　監督：フェルディナンド・バルディ　主演：カテリーナ・カゼッリ　歌好きの女教師が音楽祭で大人気を得るが、恋人に歌か愛かどち

らかを選ぶように迫られて、愛を取る。
西部の小さなリタ　Little Rita nel West
1967　伊　BRC　未　90分　カラー　CS
監督：フェルディナンド・バルディ　主演：リタ・パヴォーネ　リタはより良い世界を実現するために、メキシコで悪漢たちと戦う。ミュージカル仕立てのマカロニ・ウェスタン。
ローラ・コルト　Lola Colt
1967　伊　Europa　未　85分　カラー　CS
監督：シロ・マルチェッリーニ　主演：ローラ・ファラーナ　サン・タンナの町へやって来た酒場の踊り子ローラが、恋仲となった農場主と一緒に、町を牛耳る悪漢たちと対決する。
甲板の海兵　Marinai in coperta
1967　伊　Claudia　未　98分　カラー　CS
監督：ブルーノ・コルブッチ　主演：リトル・トニー　歌手を目指していた青年が突然に徴兵されて海兵となる。青年は休暇中に仲間と一緒に結婚相手を見つけたり、レコード会社との契約を取ろうとしたりして奮闘する。
白日の下　Nel sole
1967　伊　Mondial　未　107分　カラー　CS
監督：アルド・グリマルディ　主演：ロミナ・パワー　貧乏学生が金持ちの娘に恋をして、自分も大金持ちの貴族に見せようとする。友人の助けを借りて、貴族の留守中の館に娘を招待するが、そこへ貴族が戻ってくるので騒動になる。
さよならは決して言わないで
Non mi dire mai good-bye
1967　伊　Danica　未　95分　カラー　CS
監督：ジャンフランコ・バルダネッロ　主演：トニー・レニス　シチリアの片田舎に住む娘が、流行歌手の熱烈なファンとなり、レコード会社の招待でローマへ出て、歌手に会おうと奮闘する。
かしまし娘を放っておいて
Non stuzzicate la zanzara
1967　伊　Mondial　未　124分　カラー　CS
監督：リナ・ウェルトミュラー　主演：リタ・パヴォーネ　「かしまし娘リタ」（1966）の続編。女学生リタは音楽教師と駆け落ちして、歌のコンテストに出演する。
愛のため…魔法のため…
Per amore... per magia...
1967　伊　Rizzoli　未　110分　カラー　CS
監督：ドゥッチオ・テッサリ　主演：ジャンニ・モランディ　アラジンは領主の娘エスメラルダに恋をするが、悪漢もエスメラルダを狙っていた。アラジンは魔法のランプの助けを借りて、結婚しようとする。
君を愛すと言う時
Quando dico che ti amo
1967　伊　Rizzoli　未　99分　カラー　CS
監督：ジョルジオ・ビアンキ　主演：トニー・レニス　駆け出しの歌手が取り巻きの女の子ばかりを追いかけるが、ある日美人歌手と出会い恋をする。
貴重な娘　Una ragazza tutta d'oro
1967　伊　Ima　未　93分　白黒　S　監督：マリアーノ・ラウレンティ　主演：イヴァ・ザニッキ　美しい声を持つイヴァを発見した音楽教師は、彼女をサンレモ音楽祭に参加させようとするが、素行の悪い彼女に振り回される。
黄旗の少年たち　I ragazzi di Bandiera Gialla
1967　伊　Ima　未　93分　カラー　CS　監督：マリアーノ・ラウレンティ　主演：マリサ・サリナ　若い連中が倉庫を借りて、ビートニクのクラブを開く。その過程で、歌手の娘をめぐり二人の青年が火花を散らす。
笑うだろう　Riderà
1967　伊　West　未　93分　カラー　CS　監督：ブルーノ・コルブッチ　主演：リトル・トニー　田舎からローマへ出て大学に通っている振りをしている青年が、アルバイトで歌ったり映画に出演したりしながら、友人たちと暮らす。
兵士と新兵　Soldati e capelloni
1967　伊　Mega　未　97分　白黒　S　監督：エットレ・マリア・フィッツァロッティ　主演：パトリツィア・ヴァルトゥッリ　音楽プロデューサーが新しい楽団をデビューさせようとするが、髪が短くて人気が出ない。髪を伸ばそうとしていると、仲間の一人が兵役で髪を刈られてしまう。
今夜は飛び込み　Stasera mi butto
1967　伊　Seven　未　85分　カラー　CS
監督：エットレ・マリア・フィッツァロッティ　主演：カテリーナ・ボラット　夏の避暑地で恋を繰り広げる若者たちの話。

イタリア

キメラ　Chimera
1968　伊　Mondial　未　110分　カラー　CS　監督：エットレ・マリア・フィッツァロッティ　主演：ジャンニ・モランディ　歌手のモランディは長期の南米ツアーに出るが、愛妻が子供を産むのでイタリアへ戻ってくる。

女と樽と狙撃兵　Donne, botte e bersaglieri
1968　伊　Fida　未　98分　カラー　V　監督：ルッジェロ・デオダート　主演：リトル・トニー　コーラス・グループをやっていた青年が徴兵されてしまい、特別許可を取って音楽祭に出ようとする。

世界の金　L'oro del mondo
1968　伊　Mondial　未　94分　カラー　CS　監督：アルド・グリマルディ　主演：ロミナ・パワー　金持ちの息子が女子大生に惚れて、自分と結婚しなければ、娘の父親の事業を潰してしまうと脅す。

損は私で、得は君
Peggio per me... meglio per te
1968　伊　Fida　未　98分　カラー　CS　監督：ブルーノ・コルブッチ　主演：リトル・トニー　飛行機会社のパイロットの若い男は、婚約者がいるのに、旅先で若い娘を追いかけ回している。心配な婚約者は、彼と一緒に飛行機に乗って監視しようと考える。

世界で一番美しいカップル
La più bella coppia del mondo
1968　伊　Genesio　未　85分　カラー　V　監督：カミッロ・マストロチンケ　主演：パオラ・クアットリーニ　美男と美女の俳優が密かに結婚していたと、誤解に基づいて新聞が報じたことから、大混乱が発生する。

椿姫　La Traviata
1968　伊　B. L. Vision　未　110分　カラー　CS　監督：マリオ・ランフランキ　主演：アンナ・モッフォ　ヴェルディのオペラの映画版。

エスメラルダ海岸のヴァカンス
Vacanze sulla Costa Smeralda
1968　伊　Fida　未　96分　カラー　V　監督：ルッジェロ・デオダート　主演：リトル・トニー　サルデーニャ島でホテルを経営している男は、ライバルのホテルが人気歌手を出演させるので、すっかり客足が遠のき、海に身投げをするが、海底で宝の入った箱を見つけて運が向いてくる。

ツム・ツム・ツム　Zum zum zum
1968　伊　Mondial　未　102分　カラー　CS　監督：ブルーノ・コルブッチほか　主演：ドロレス・パルンボ　ローマに暮らす一家の物語。父親は音楽好きで、長男はシチリア娘と結婚したがっているが、父は反対している。次男は音楽の成績が悪いので、父の悩みの種となる。

貴方を想って　Pensando a te
1969　伊　Mondial　未　91分　カラー　CS　監督：アルド・グリマルディ　主演：アル・バーノ　大学で工学を学んだ青年は、夢を追って歌手になろうと考え、大学教授が彼のマネジャーを引き受ける。青年はアメリカ・ツアーのために英語を習い、英語教師と恋におち、教授は妻がいるのに秘書と恋仲になる。

愛の心配　Pensiero d'amore
1969　伊　EIA　未　96分　カラー　CS　監督：マリオ・アメンドーラ　主演：マル　英国の貧乏青年がヒッチハイクしながらイタリアを回り、歌って稼いだり、恋をしたりする。

微笑む青年　Il ragazzo che sorride
1969　伊　Mondial　未　105分　カラー　V　監督：アルド・グリマルディ　主演：アル・バーノ　大学を卒業してすぐに美人と結婚して5年が経つバーノは、アフリカの鉱山へ行って働くこととなるが、妻は同行を拒否する。そのために、ほかの男に会っているのではないかとの疑いがかかる。

彼女の名前はドンナ・ローザ
Il suo nome è Donna Rosa
1969　伊　Mondial　未　106分　カラー　V　監督：エットレ・マリア・フィッツァロッティ　主演：アル・バーノ　カプリ島で船員をしている青年が仕事でナポリへ出た時に、美しい娘と出会い恋をするが、彼女は名家の出だったので、家柄の問題で二人の恋はなかなか進まない。

ジプシー女　Zingara
1969　伊　Variety　未　91分　カラー　V　監督：マリアーノ・ラウレンティ　主演：ボビー・ソロ　歌手として成功したいと思い、友人と一緒にヴォーカル・グループをやっている青年が、出演したクラブで踊りのうまい不思議な娘と出会う。

ツム・ツム・ツム2　Zum, zum, zum n°2
1969　伊　Mondial　未　93分　カラー　CS
監督：ブルーノ・コルブッチ　主演：ペッピーノ・デ・フィリッポ　前年の「ツム・ツム・ツム」の続編。青年が女性航空パイロットと知り合い恋をする。

1970年代

恋の規範2　Amore Formula due
1970　伊　EIA　未　108分　カラー　CS　監督：マリオ・アメンドーラ　主演：マル　車のテスト運転をしている男性二人は仲が良いが、女性の件で深刻な事態となる。

シューベルト物語　Angeli senza paradiso
1970　伊　Mondial　公開　91分　カラー　SC　監督：エットレ・マリア・フィッツァロッティ　主演：アルバーノ　シューベルトの伝記。作曲家としてのデビューまでを描く。トーキー初期の「未完成交響楽」(1933)のリメイクに近い内容で、演奏の途中に高笑いして邪魔した娘との恋物語。

見るのは沢山だ　Basta guardarla
1970　伊　Fair　未　100分　カラー　CS　監督：ルチアーノ・サルチェ　主演：マリア・グラツィア・ブッチェッラ　田舎娘が才能を生かして劇団に入り地方回りをする。一座のスター歌手と恋仲となるが、ほかの女優が嫉妬して彼女の悪い噂を流す。

愛の涙　Lacrime d'amore
1970　伊　Explora　未　103分　カラー　CS　監督：マリオ・アメンドーラ　主演：マル　英国人歌手が、妻に裏切られたと思い帰国するが、麻薬の密売をしたと疑われて捕えられる。しかし、真犯人が明らかとなり、無事イタリアへ戻る。同名作品が1954年にも作られているが別作品。

レディ・バーバラ　Lady Barbara
1970　伊　Euro Explorer　未　110分　カラー　CS　監督：マリオ・アメンドーラ　主演：レナート・ブリオスキ　俳優をやっている青年は歌手を目指しているが、好きだった娘がほかの男と結婚してしまう。しかし、新婚旅行で自動車事故に遭った娘は、青年の下へ戻ってくる。

青い目のリサ　Lisa dagli occhi blu
1970　伊　Mondial　未　92分　V　監督：ブルーノ・コルブッチ　主演：シルヴィア・ディオニジオ　若き核物理学者が美しい娘に惚れるが、彼女の家は破産しそうで、娘は金のために好きでもない男と結婚しようとする。

愛の真夜中　Mezzanotte d'amore
1970　伊　Mondial　未　95分　カラー　CS　監督：エットレ・マリア・フィッツァロッティ　主演：ロミナ・パワー　夫がインドから戻らないため、亡くなったと信じた妻は、ほかの貴族と再婚するが、再婚した晩に死んだと思っていた夫が現れる。

美しいもの…それは私たち　Quelli belli... siamo noi
1970　伊　Fiodorcinema　未　87分　カラー　CS　監督：ジョルジオ・マリウッツォ　主演：マウリツィオ・アルチェーリ　夜に仲間たちと歌っていた機械工の青年が、シチリア出身の素敵な娘と出会う。しかし、彼女には故郷の村に父親が決めた許婚がいた。

第三運河　モンテ・カルロの冒険
Terzo canale - Avventura a Montecarlo
1970　伊　San Marco　未　100分　カラー　CS　監督：ジュリオ・パラディージ　主演：マル　ローマ在住の若いロック・グループが、モンテ・カルロで開かれる音楽祭へ行こうとするものの、行き着けずに、カラカラ浴場で開催された音楽祭で歌う。

女性万歳　W le donne
1970　伊　Mondial　未　94分　カラー　CS　監督：アルド・グリマルディ　主演：リトル・トニー　イタリア系アメリカ人の歌手が、巡業でイタリアにやって来ると、そのまま徴兵されてしまう。彼は軍隊に入るとすぐに司令官の娘と恋におちる。

伯父さんありがとう、私も試してみます
Grazie zio, ci provo anch'io
1971　伊・西　Dauro　未　100分　カラー　CS　監督：ニック・ノストロ　主演：リカルド・ガローネ　CIAのスパイをやっているイタリア青年が、スペインへ行って人造ダイヤモンドの製法を手に入れようとするが、発明者は亡くなり、謎の女性歌手カルメンが近づいてくる。

ラムメルモールのルチア
Lucia di Lam-mermoor

1971　伊　BL　未　103分　カラー　CS　監督：マリオ・ランフランキ　主演：アンナ・モッフォ　美人ソプラノ歌手モッフォが主演するドニゼッティのオペラ作品の映画版。

先生、どんな音楽ですか
Ma che musica maestro
1971　伊　Flora Devon　未　94分　カラー　CS　監督：マリアーノ・ラウレンティ　主演：ジャンニ・ナッザロ　鉄道駅の名称をめぐり、長年対立しているふたつの村に属していながら愛し合う男女の話。「ロミオとジュリエット」のパロディ。

私のために兵隊に行って
Venga a fare il soldato da noi
1971　伊　Mondial　未　99分　カラー　CS　監督：エットレ・マリア・フィッツァロッティ　主演：カティア・クリスティーネ　誤って女の子に徴兵令状が届くので、彼女は女たらしの男を代役にして、兵役に行かせることにする。

星屑　Polvere di stelle
1973　伊　Capitolina　未　142分　カラー　CS　監督：アルベルト・ソルディ　主演：アルベルト・ソルディ　第二次世界大戦中にも何とか続けたローマのヴァラエティ・ショー劇団は、米軍による解放で、兵士が溢れて活況を呈する。

トスカ　La Tosca
1973　伊　Quasars　未　104分　カラー　CS　監督：ルイジ・マーニ　主演：モニカ・ヴィッティ　プッチーニのオペラと同じ話だが、新たに脚色されたコメディ作品で、音楽はアルマンド・トロヴァジョーリ。

嘆き…電話　Piange... il telefono
1975　伊・仏　Coralta　未　96分　カラー　CS　監督：ルチオ・デ・カーロ　主演：ドメニコ・モデューニョ　若い青年が仕事でアフリカへ赴任している間に、恋人だった娘はほかの男と結婚してしまう。

微笑みと平手打ちと接吻
Un sorriso, uno schiaffo, un bacio in bocca
1975　伊　Titanus　未　105分　カラー　CS　監督：マリオ・モッラ　主演：レナート・モッツェット　1947–64年にチタヌス社が配給した映画のアンソロジーで、音楽場面も多く収録されている。

売春宿　Bordella
1976　伊　EIA　未　100分　カラー　CS　監督：プーピ・アヴァーティ　主演：アル・レッティエリ　愛とセックスを世界中に広げようと、アメリカ人がミラノに国際恋愛会社を設立して活動を始める。

僕のベッドに女スパイがいる
C'è una spia nel mio letto
1976　伊　Team　未　90分　カラー　CS　監督：ルイジ・ペトリーニ　主演：エンツォ・チェルシーコ　国際的偽札作りを捜査するために、イタリア青年がモナコ領事館に侵入して活躍する。

ラスト・コンサート　Dedicato a una stella
1976　伊・日　A. Esse　公開　94分　カラーV　監督：ルイジ・コッツィ　主演：リチャード・ジョンソン　余命3か月の白血病の少女（ステラ）が、かつての名ピアニストの復帰を助ける。日伊合作。イタリア語の原題は「星（ステラ）に捧ぐ」。台詞は英語で、英語題名はThe Last Concert。

タバリンのフルフル　Frou-frou del tabarin
1976　伊　BiDiA　未　88分　カラー　S　監督：ジョヴァンニ・グリマルディ　主演：マルティーネ・ブロチャルド　オペレッタ「タバリン舞踏場の男爵夫人」の映画版。題名は劇中の主題歌から取られていて、フルフルは女性の名前。19世紀末から20世紀初頭のパリを背景に、舞踏場での男爵夫人の恋を描く。

世界の夜の今日　Mondo di notte oggi
1976　伊　Clesi　未　90分　カラー　CS　監督：ジャンニ・プロイア　主演：ジャンニ・カルロ・フスコ　「世界の夜」（1961）から15年後の現状。

禁じられたエロチカ　Proibito erotico
1978　伊・英　Spectacular　未　97分　カラー　CS　監督：ルイジ・バッツェッラほか　主演：エンツォ・モンテデューロ　各地のエロチック・ショーを取材したドキュメンタリー的な作品。

バナナ共和国　Banana republic
1979　伊　EMI　未　101分　カラー　CS　ステレオ　監督：オッタヴィオ・ファッブリ　主演：ルチオ・ダッラ　人気歌手ルチオ・ダッラのコンサートの模様を収録した作品。

グリース・ロック　Brillantina Rock
1979　伊　Devon　未　91分　カラー　S　監督：ミケーレ・マッシモ・トランティーニ　主演：モンティ・レイ・ガリッソン　ディスコを舞台にして、アメリカ人実業家の娘をめぐり、イタリア男たちがダンスで競う。

すべては学校で　Tutti a squola
1979　伊　Italian International　未　95分　カラー　V　監督：ピエール・フランチェスコ・ピンジトーレ　主演：ピッポ・フランコ　古代のカルト本を大学で教えている教授が、麻薬のシンジケートから脅されて、学生に麻薬を売り刑務所行きとなるが、そのために却って人気が出る。

1980年代

白いポップのキリスト　White Pop Jesus
1980　伊　Sirus　未　94分　カラー　CS　監督：ルイジ・ペトリーニ　主演：アワナ・ガーナ　精神病院を抜け出した男が、ディスコでイエス・キリストとなり布教する。公開は1980年だが、作られたのは1968年。

夢を手伝って　Aiutami a sognare
1981　伊　AMA　未　112分　カラー　S　監督：プーピ・アヴァーティ　主演：マリアンジェラ・メラート　第二次世界大戦中にアメリカの飛行士がイタリアの田舎に不時着して、母と娘3人が暮らす田舎の家で匿われる。アメリカ音楽の好きな母親と飛行士の間に愛情が芽生える。

囚人　Carcerato
1981　伊　IMPP　未　90分　カラー　CS　監督：アルフォンソ・ブレッシャ　主演：マリオ・メローラ　悪友にそそのかされてアメリカへ出稼ぎに行った男が、2年ぶりにナポリに戻ると、彼の恋人は子供を産んでいる。悪友は、子供を産んだ娘の継母と一緒に暮らしている。銃の暴発で悪友が亡くなるため、アメリカ帰りの男に嫌疑がかかる。

アヴェ・マリア　L'Ave Maria
1982　伊　Giada　未　105分　カラー　V　監督：ニーニ・グラッシア　主演：ニーノ・ダンジェロ　小さな息子を残して妻に先立たれた25歳の男は、生活に困り結婚式で歌っていたが、息子の教師をしている女性と知り合い、困難を乗り越えて家庭を築く。

カヴァレリア・ルスティカーナ　Cavalleria rusticana
1982　伊・西独　UNITEL　未　70分　カラー　監督：フランコ・ゼフィレッリ　主演：プラシド・ドミンゴ　ドミンゴによるマスカーニのオペラの映画版。

ダンシング・パラダイス　Dancing Paradise
1982　伊　AMA　未　180分　カラー　CS　監督：プーピ・アヴァーティ　主演：ジャンニ・カヴィーナ　ダンシング・パラダイスという名の音楽家と、その息子の話。息子もまた、天使の導きにより、父と同じ道を進む。

トラヴィアータ1985　椿姫　La Traviata
1982　伊　Accent　公開　109分　カラー　Sステレオ　監督：フランコ・ゼフィレッリ　主演：テレサ・ストラタス　ヴェルディのオペラ「椿姫」をゼフィレッリが映画化した本格的なオペラ作品。相手役はプラシド・ドミンゴで、指揮はメトロポリタン歌劇場のジェイムス・レバイン。

女性ファン　L'ammiratrice
1983　伊　PRO. ME. C.　未　102分　カラー　CS　監督：ロマノ・スカンダリアート　主演：ニーノ・ダンジェロ　女性記者がスクープを求めて有名歌手ダンジェロにインタビューするが、彼と恋におちてしまう。

ル・バル　Ballando ballando
1983　伊・仏・アルジェリア　Massfilm　公開　112分　カラー　V　監督：エットレ・スコラ　主演：エティエンヌ・ギシャール　1936年から83年までの時代の移り変わりを、パリのダンス・ホールで踊る人々と、47曲の音楽、踊り、服装などで表現していく。台詞はない。日本公開の原題はLe bal。

ディスコ　La discoteca
1983　伊　Gloria　未　91分　カラー　CS　監督：マリアーノ・ラウレンティ　主演：ニーノ・ダンジェロ　南イタリアのピザ職人の青年は、故郷に恋人を置いて北のリゾート・ホテルへ出稼ぎに行くが、そこで別の娘に出会う。

ジーンズとTシャツ　Un jeans e una maglietta
1983　伊　Gloria　未　81分　カラー　CS　監督：マリアーノ・ラウレンティ　主演：ニーノ・ダンジェロ　カプリ島のホテルのカフェでバリスタをやっている貧乏青年ダンジェ

恋する兵士　'O surdato 'nnammurato
1983　伊　Ninfea　未　96分　カラー　CS
監督：ニーニ・グラッシア　主演：フランコ・チプリアーニ　海軍に入った青年は、恋人に毎日手紙を書くことを約束するが、歌がうまいと評判になり、手紙を書く暇がなくなってしまう。

高校生　Lo studente
1983　伊　Giada　未　102分　カラー　CS
監督：ニーニ・グラッシア　主演：ニーノ・ダンジェロ　20年ぶりに故郷の町に戻った男爵は、すっかり変わった町の案内係に貧しい高校生を雇うが、地元のボスはこれが気にくわず、高校生は盗みの疑いで警察に捕まってしまう。ところが、その高校生は、男爵が若かった時に下女に産ませた子供だったことを、その母親から知らされる。

シンデレラ'80　Cenerentola '80
1984　伊・仏　Radiotelevisione　未　171分　カラー　CS　監督：ロベルト・マレノッティ　主演：ボニー・ビアンコ　ニュー・ヨークで父、継母、その娘たちと暮らすシンディ（ビアンコ）は、継母の娘がローマでクラシック音楽を勉強することとなり、継母と一緒にローマへやって来る。そこで彼女は虐げられるが、恋人となった青年が、実は貴族だったとわかる。

つま先立ちで　In punta di piedi
1984　伊　Gulliver 2000　未　93分　カラー　CS　監督：ジャムピエロ・メーレ　主演：マルチェッロ・モドーニョ　大学卒業後に、ローマの父親の工場で働きながら、音楽の仕事を探す青年と、バレエ学校へ通うアメリカ娘の恋物語。

ニュー・ヨークの浮浪児
Uno scugnizzo a New York
1984　伊　Metopa　未　98分　カラー　V
監督：マリアーノ・ラウレンティ　主演：ニーノ・ダンジェロ　ナポリからニュー・ヨークへ渡ったダンジェロが、歌では稼げないので、拳闘の試合に出て、帰りの旅費を稼ごうとする。

来て見て奪って　Venni vidi e m'arrapaoh
1984　伊　Mondial Baia　未　75分　カラー　CS　監督：ヴィンチェンツォ・サルヴィアーニ　主演：アレッサンドロ・チェルケッティ　ロック・バンドの若い連中が、初めてのセックス相手を探し回るB級作品。

大都会のブルース　Blues metropolitano
1985　伊　Numero Uno　未　116分　カラー　CS　ステレオ　監督：サルヴァトーレ・ピッシチェッリ　主演：マリーナ・スーマ　ナポリでのロック・コンサート巡業中に起こる、麻薬やセックス、マフィアなどの騒動を描く。

ジョアン・ルイ　ある日、月曜日に私はこの地に到着する　Joan Lui - ma un giorno nel paese arrivo io di lunedì
1985　伊・西独　Alexandra　未　163分　カラー　CS　ステレオ　監督：アドリアーノ・チェレンターノ　主演：アドリアーノ・チェレンターノ　ヒッピー姿の男がキリストの再来として現れ、現代の悪魔と戦う。

ポップコーンとポテトチップス
Popcorn e patatine
1985　伊　PRO. ME. C.　未　94分　カラー　CS　監督：マリアーノ・ラウレンティ　主演：ニーノ・ダンジェロ　学校を卒業して、それまでの恋人をどうするか悩みながら、シチリアで過ごす男女たちを描く。

写真物語　Fotoromanzo
1986　伊　Gloria　未　95分　カラー　CS　監督：マリアーノ・ラウレンティ　主演：ニーノ・ダンジェロ　ナポリのドアマンの息子で作曲をしているダンジェロは、恋人が家族とともにミラノへ移ったのを追って、ミラノへと向かう。

トスカニーニ　Il giovane Toscanini
1988　伊・仏　Italian International　公開　109分　カラー　V　ステレオ　監督：フランコ・ゼフィレッリ　主演：C・トーマス・ハウエル　指揮者トスカニーニの若き日を描く。ミラノ・スカラ座のオーディションで試験官の傲慢な態度に腹を立てて南米リオ・デ・ジャネイロに渡ったトスカニーニは、引退していた大歌手エリザベス・テイラーがカムバックした「アイーダ」公演で指揮をして評判を得る。台詞は英語。

ミス・アリゾナ　Miss Arizona
1988　伊・ハンガリー　Mastro　未　95分　カラー　S　ステレオ　監督：パル・サンド

ール 主演：マルチェロ・マストロヤンニ 1920年から第二次世界大戦まで、ブダペストにある「アリゾナ」というナイト・クラブを舞台として、ユダヤの血をひく一家が、時代に振り回される様子を描く。

パガニーニ　Paganini
1989　伊・仏　Président　公開　81分　カラー　V　ステレオ　監督：クラウス・キンスキー　主演：クラウス・キンスキー　天才ヴァイオリニストの奔放な生涯を描く。

ヴェネチアの赤　Rosso veneziano
1989　伊・仏　Cléa　未　120分　カラー　V　ステレオ　監督：エチエンヌ・ペリエール　主演：ヴィンセント・スパーノ　18世紀のヴェネチアを舞台に、貴族社会で起きた殺人事件の謎に迫ろうとする。仏語題名はRouge Venise。

浮浪児たち　Scugnizzi
1989　伊　Clemi　未　122分　カラー　CS　ステレオ　監督：ナンニ・ロイ　主演：レオ・グロッタ　失業中の青年俳優が、少年院で子供たちを教える仕事に就き、少年たちの才能に驚き、仕事にのめり込んでいく。

1990年代

ジャズ・ミー・ブルース　Bix
1990　伊・米　Duea　公開　100分　カラー　V　ステレオ　監督：プーピ・アヴァーティ　主演：ブライアント・ウィークス　ジャズ・コルネット奏者ビックス・バイダーベックの生涯。台詞は英語。

踊れトスカーナ！　Il Ciclone
1996　伊　Vittorio　公開　93分　カラー　V　ステレオ　監督：レオナルド・ピエラッチョーニ　主演：レオナルド・ピエラッチョーニ　トスカーナ地方へ公演のためにやって来たスペインのフラメンコ・ダンサーの一団が、田舎の民宿にたどり着けずに、普通の民家に泊まる。その家に住んでいた気弱な会計士は、エキゾチックな美女たちに夢中になり、その一人に恋をする。

死ぬほどターノ　Tano da morire
1997　伊　ASP　公開　80分　カラー　V　ステレオ　監督：ロベルタ・トーレ　主演：チッチョ・グアリーノ　シチリアのマフィアのターノと、その4人の妹たちを描く。妹たちは、兄ターノが大物過ぎて、結婚できない。

アンナレ　Annarè
1998　伊　Associate　未　95分　カラー　V　ステレオ　監督：ニニ・グラッシア　主演：ジジ・ダレッシオ　ナポリの青年ジジは歌手になろうとアメリカへ2年間行っていたが、戻ってみると昔の恋人アンナレがほかの男と結婚しようとしている。彼はコンサートで彼女への愛を歌う。

ジョリー・ブルー　Jolly Blu
1998　伊　Marton　未　90分　カラー　V　ステレオ　監督：ステファノ・サルヴァーティ　主演：マックス・ペッツァリ　借金のために閉鎖されそうなバール「ジョリー・ブルー」を救うために、若者たちが音楽を演奏する。

ラウラはいない　Laura non c'è
1998　伊　Edizioni Star　未　90分　カラー　V　ステレオ　監督：アントニオ・ボニファッチョ　主演：ニコラス・ロジャース　若者がラウラという娘を救い、後で彼女の住所を訪ねるが、彼女は見つからない。

百年　Cient'anne
1999　伊　CTC　未　110分　カラー　V　ステレオ　監督：ニニ・グラッシア　主演：ジジ・ダレッシオ　孤児の青年ジジは洋装店の店員で、その店の娘に恋をしているが、ある日彼は、自分に父親がいることを知る。題名はジジの歌から取られている。

海の上のピアニスト
La leggenda del pianista sull'oceano
1999　伊　Medusa　公開　170分　カラー　SC　ステレオ　監督：ジュゼッペ・トルナトーレ　主演：ティム・ロス　20世紀初頭のアメリカ。ヨーロッパ航路の豪華客船の中で生まれ育ち、音楽を覚えて活躍した一人のピアニストの生涯を描く。英語題名はThe Legend of 1900。

2000年以降

アイタニック　Aitanic
2000　伊　Clemi　未　92分　カラー　V　ステレオ　監督：ニーノ・ダンジェロ　主演：ニーノ・ダンジェロ　歌手ダンジェロが監督・主演する「タイタニック」(1997)のパロディ。カプリ行きの船が座礁する。

サウス・サイド物語 Sud Side Stori
2000 伊 Gam 未 78分 カラー V ステレオ 監督：ロベルタ・トーレ 主演：フォルスティーネ・エホボール イタリアの南部シチリア島のパレルモを舞台とした、娼婦ロメアとロック歌手トニー・ジュリエットの恋物語。

樹のアイーダ Aida degli alberi
2001 伊・英 Lanterna 未 75分 カラー V ステレオ 監督：グイド・マヌーリ アニメ作品。森の中で人々は平和に生活しているが、奴隷を求めて乱入する兵士たちによって、静寂が破られる。ある日、兵士の国の王子と、森の王女アイーダが恋におちたことから、戦いが始まる。

フィルターなしで Senza filtro
2001 伊 Kubla 未 95分 カラー V ステレオ 監督：ミムモ・ライモンディ 主演：アルベルティーノ ミラノを舞台として、ラップ音楽に興じる若者たちの、奔放な生活を描く。

トスカ Tosca
2001 伊・仏・英・独 Euripide 公開 128分 カラー V ステレオ 監督：ブノワ・ジャコー 主演：アンジェラ・ゲオルギュー ゲオルギューとロベルト・アラーニャ夫婦による、プッチーニのオペラの映画化。

永遠のマリア・カラス Callas Forever
2002 伊・仏ほか Galfin 公開 111分 カラー V ステレオ 監督：フランコ・ゼフィレッリ 主演：ファニー・アルダン 1977年、もう声が出なくなり始めていたマリア・カラスに、「カルメン」の映画化の話が持ち込まれる。全盛期の録音を使い、映像をそれに合わせて撮影しようというのだ。一度は乗り気になったカラスだが、こうしたやり方にはどうしても納得が行かなかった。台詞は英語。

まるで恋のよう Come se fosse amore
2002 伊 ITC 未 88分 カラー V ステレオ 監督：ロベルト・ブルキエッリ 主演：ミケランジェロ・プルチ 電気技師の男が、恋におちたように感じさせる機械を発明する。

一族 The Clan
2005 伊 De Angelis 未 95分 カラー V ステレオ 監督：クリスティアン・デ・シーカ 主演：クリスティアン・デ・シーカ 二人の親友が、ラス・ヴェガスで開かれるハーレー=ダヴィッドソンのバイクの集いに参加するため、ローマからアメリカへ向かう。

シャン 自然人の古代の心 Shan - il cuore antico dei popoli naturali
2007 伊 Ecospirituality 未 93分 カラー V ステレオ 監督：ステファノ・ミッラ 主演：ジャンカルロ・バルバドロ 5人の音楽家による、欧州人のルーツを探るドキュメンタリー的な作品。

私のことを話して Parlami di me
2008 伊 Studio 41 未 87分 カラー V ステレオ 監督：ブランド・デ・シーカ 主演：クリスティアン・デ・シーカ クリスティアンが子供時代からの自分のことを語りながら歌う。舞台ショーの映画版。

ランスへの旅、または黄金の百合咲く宿、一幕の滑稽劇 Il viaggio a Reims ossia l'albergo del Giglio d'Oro, dramma giocoso in un atto
2009 伊 RAI 未 164分 カラー V ステレオ 監督：カルロ・タリアブレ 主演：パトリツィア・チョーフィ ロッシーニのオペラの映画版。

ドン・ジョヴァンニ 天才劇作家とモーツァルトの出会い Io, Don Giovanni
2009 伊・西 Intervenciones Novo 公開 127分 カラー CS ステレオ 監督：カルロス・サウラ 主演：ロレンツォ・バルドゥッチ 劇作家ダ・ポンテと作曲家モーツァルトが、オペラ「ドン・ジョヴァンニ」を作る様子を描く。

すべてはユダのせい Tutta colpa di Giuda
2009 伊 Rossofuoco 未 102分 カラー V ステレオ 監督：ダヴィデ・フェラーリオ 主演：カーシャ・スムトゥニャク キリストの磔刑を新解釈した作品を、刑務所で演出する女性を描く。

ニュー・ヨークの南で A Sud di New York
2010 伊 Show Service 未 83分 カラー V ステレオ 監督：エレナ・ボレッリ 主演：エレナ・ボレッリ ニュー・ヨークでのショー・ビジネスで一時は成功したものの、今は振るわないイタリア女性が、イタリアから出てきた若い娘のデビューを手伝う。

私たちと踊って　Balla con noi
2011　伊　Aurora　未　108分　カラー　S ステレオ　監督：チンツィア・ボモール　主演：アリス・ベッラガムバ　クラシック・バレエを学ぶ娘と、路上ダンスを踊る若者たちの交流。

ロシア（ソ連）

1930年代

アコーディオン　Garmon　（Гармонь）
1934　露（ソ連）　Mezhrabpomfilm　未　66分　白黒　S　監督：イゴール・サフチェンコ　主演：ゾヤ・フェドロワ　アコーディオンのうまい青年が党務に夢中になってしまい、仲間から音楽を求められる。英語題名はAccordion。

陽気な連中
Vesyolye rebyata　（Весёлые ребята）
1934　露（ソ連）　Grading Dimension　公開　96分　カラー／白黒　S　監督：グリゴリー・アレクサンドロフ　主演：レオニード・ウチョーソフ　牧童の男がドイツ人からバイオリンを習って、音楽の道へ進もうとするが、大失敗を沢山やらかす。英語題名はMerry FolksやJolly Fellowsなど。

ポルタヴィアの娘ナタルカ
Natalka Poltavka　（Наталка Полтавка）
1936　露（ソ連）　Ukrainfilm　未　71分　白黒　S　監督：イワン・カヴァレリス　主演：エカテリーナ・オスミアロフスカ　ウクライナ語のオペラ作品の映画化。英語題名はNatalka, the Girl from Poltavia。

サーカス　Tsirk　（Цирк）
1936　露（ソ連）　Mosfilm　未　90分　白黒　S　監督：グリゴリー・アレクサンドロフ　主演：リュボーフ・オルロワ　黒人の子供を産んだ白人サーカス芸人が、邪悪なドイツ人興行師に利用されてソ連で公演する。英語題名はThe Circus。

ドナウ河を越えたコサックたち
Zaporozhets za Dunayem
（Запорожець за Дунаєм）
1937　露（ソ連）　Kiev-kino　未　72分　白黒　S　監督：イワン・カヴァレリス　主演：ステパン・シュクラツ　史実に基づくウクライナ語のオペラの映画化。国際版の英語題名はCossacks Beyond the Danube。

豊かな花嫁
Bogataya nevesta　（Богатая невеста）
1938　露（ソ連）　Kiev　未　93分　白黒　S　監督：イワン・プィリエフ　主演：マリーナ・ラドゥイニナ　刈り入れ時期の集団農場で働く娘と、トラクター運転手の恋。英語題名はThe Country Bride、またはThe Rich Bride。

ヴォルガ、ヴォルガ
Volga - Volga　（Волга-Волга）
1938　露（ソ連）　Grading Dimension　未　104分　白黒　S　監督：グリゴリー・アレクサンドロフ　主演：リュボーフ・オルロワ　アマチュア楽団がモスクワの音楽コンクールを目指して、ヴォルガ河を進む。

トラクター運転手
Traktoristy　（Трактористы）
1939　露（ソ連）　Kiev　未　84分　白黒　S　監督：イワン・プィリエフ　主演：マリーナ・ラドゥイニナ　女トラクター運転手と退役兵士の恋物語。英語題名はTractor-Drivers。

1940年代

輝ける道　Svetlyy put　（Светлый путь）
1940　露（ソ連）　Mosfilm　未　87分　白黒　S　監督：グリゴリー・アレクサンドロフ　主演：リュボーフ・オルロワ　無学の娘が、織物工場で労働効率を改善して、レーニン賞を受ける。アメリカ公開題名はTanyaまたはThe Shining Path。

モスコウの音楽娘　Anton Ivanovich serditsya
（Антон Иванович сердится）
1941　露（ソ連）　Lenfilm　公開　80分　白黒　S　監督：アレクサンドル・イワノフスキー　主演：ニコライ・コノワーロフ　音楽教授のイワノヴィッチは古典音楽の信奉者で、

ジャズ調の音楽は大嫌いだが、娘が音楽劇でジャズ調の曲を歌い成功する姿を見て考えを変える。英語題名はSong of Spring。

音楽物語　Muzykalnaya istoriya (Музыкальная история)
1941　露（ソ連）　Lenfilm　未　83分　白黒　S　監督：アレクサンドル・イワノフスキー　主演：セルゲイ・レメシェフ　タクシー運転手の青年が、音楽学校で歌手としての才能を開花させる。英語題名はMusical Story。

コーカサスの花嫁　Svinarka i pastukh (Свинарка и пастух)
1941　露（ソ連）　Mosfilm　公開　87分　白黒　S　監督：イワン・プィリエフ　主演：マリーナ・ラドゥイニナ　養豚の娘と羊飼いの青年がモスクワの農業品評会で出会って恋をする。アメリカ公開題名はThey Met in Moscow。

シルヴァ　Silva　(Сильва)
1944　露（ソ連）　Sverdlovsk　未　79分　白黒　S　監督：アレクサンドル・イワノフスキー　主演：ゾヤ・スミルノワ＝ネミロヴィッチ　オペレッタ「チャールダッシュの女王」の映画版。英語題名はGypsy Princess。

戦争後の午後6時
V shest chasov vechera posle voyny (В шесть часов вечера после войны)
1944　露（ソ連）　Mosfilm　未　100分　白黒　S　監督：イワン・プィリエフ　主演：マリーナ・ラドゥイニナ　戦争中にモスクワで出会った恋人が、戦争後の再会の約束をする。英語題名はSix O'Clock in the Evening After the War またはSix P.M.。

グリンカ　Glinka　(Глинка)
1946　露（ソ連）　Mosfilm　公開　116分　白黒　S　監督：レフ・アルンシュタム　主演：ボリス・チルコフ　ロシアの作曲家グリンカの伝記作品。アメリカ公開題名はThe Great Glinka。

シベリア物語　Skazanie o zemle sibirskoy (Сказание о земле Сибирской)
1947　露（ソ連）　Mosfilm　公開　114分　カラー　S　監督：イワン・プィリエフ　主演：マリーナ・ラドゥイニナ　戦争で負傷したピアニストの青年が故郷のシベリアに帰り作曲に挑む。アメリカ公開題名はSymphony of Life。

眠れる美女
Solistka baleta (Спящая красавица)
1947　露（ソ連）　Lenfilm　公開　75分　白黒　S　監督：アレクサンドル・イワノフスキー　主演：マイヤ・レディーナ　バレリーナのレディーナと、オペラ歌手のウラジミール・カサノヴィッチの恋物語。英語題名はSleeping Beauty。

古いヴォードヴィル　Starinnyy vodevil (Старинный водевиль)
1947　露（ソ連）　Mosfilm　未　71分　カラー　S　監督：イゴール・サフチェンコ　主演：イリーナ・シュベツソワ　叔母の残した遺産を引き継ぐために、娘が条件の合った男性を探す。アメリカ公開題名はThe Lucky Bride。

恋は魔術師　Vesna　(Весна)
1947　露（ソ連）　Mosfilm　公開　104分　白黒　S　監督：グリゴリ・アレクサンドロフ　主演：リュボーフ・オルロワ　瓜ふたつの女性科学者とオペラ女優が入れ替わって混乱する。アメリカ公開題名はSpring。

シンデレラ姫　Zolushka　(Золушка)
1947　露（ソ連）　Lenfilm　公開　80分　白黒　S　監督：ナジェジダ・コシェワロワ　ほか　主演：ヤニイナ・ジェイモ　ペローの童話に基づいて作られた子供向きの実写作品。英語題名はCinderella。

クバンのコサック
Kubanskie kazaki (Кубанские казаки)
1949　露（ソ連）　Mosfilm　未　112分　カラー　S　監督：イワン・プィリエフ　主演：マリーナ・ラドゥイニナ　女牧場主と元コサック兵の恋。アメリカ公開題名はCossacks of the Kuban。

1950年代

夜明け　Musorgskiy　(Мусоргский)
1950　露（ソ連）　Lenfilm　公開　120分　カラー　S　監督：グリゴリー・ロッシャーリ　主演：アレクサンドル・ボリソフ　19世紀後半のロシアで民族音楽を志し、「ボリス・ゴドノフ」を作曲して上演するまでのムソルグスキーを描く。英語題名はStory of Boris Godunov またはMussorgsky。

大音楽会
Bolshoy kontsert（Большой концерт）
1952　露（ソ連）　Mosfilm　公開　108分　カラー　S　監督：ヴェラ・ストロエフ　主演：ガリーナ・ウラノワ　ボリショイ劇場創設175周年記念で作られたオペラ、バレエなどの名場面集。アメリカ公開題名はThe Great Concert。

作曲家グリンカ
Kompozitor Glinka（Композитор Глинка）
1952　露（ソ連）　Mosfilm　未　112分　カラー　S　監督：グリゴリー・アレクサンドロフ　主演：ボリス・スミノロフ　作曲家グリンカの伝記。アメリカ公開題名はMan of Music。

音楽会のスターたち
Kontsert masterov iskusstv（Концерт мастеров искусств）
1952　露（ソ連）　Lenfilm　未　83分　カラー　S　監督：アレクサンドル・イワノフスキー　主演：ガリーナ・ウラノワ　オペラ、バレエ、民族舞踊などのコンサートを収録。アメリカ公開題名はConcert of Stars。

リムスキー＝コルサコフ
Rimsky-Korsakov（Римский-Корсаков）
1952　露（ソ連）　Lenfilm　未　114分　カラー　S　監督：ジェナディ・カザンスキー　主演：グリゴリー・ベロフ　ロシアの作曲家リムスキー＝コルサコフの伝記作品。

虹の世界のサトコ
Sadko（Садко）
1953　露（ソ連）　Mosfilm　公開　85分　カラー　S　監督：アレクサンドル・プトゥシコ　主演：セルゲイ・ストリャーロフ　リムスキー＝コルサコフの歌劇「サトコ」の映画版。吟遊詩人サトコが、恋した乙女のために理想郷の建設を夢見て、3艘の船で世界を冒険して回り、最後には暴風雨の中で海中に身を投ずるが、海の女神に歓待される。アメリカ公開題名はThe Magic Voyage of Sinbad。

ロメオとジュリエット物語
Romeo i Dzhulyetta（Ромео и Джульетта）
1955　露（ソ連）　Mosfilm　公開　92分　カラー　S　監督：レフ・アルンシュタム　主演：ガリーナ・ウラノワ　バレエ「ロメオとジュリエット」をそのまま収録した作品。アメリカ公開題名はRomeo & Juliet。

すべてを五分で
Karnavalnaya noch（Карнавальная ночь）
1956　露（ソ連）　Mosfilm　公開　78分　カラー　S　監督：エリダール・リャザーノフ　主演：イーゴリ・イリンスキー　新年を祝う祭りを若者たちが準備するが、頭の硬い役人が真面目な式典を求める。若者たちは機転をきかせて、新年の5分前から始まった式典を自分たちの企画に変える。英語題名はCarnival Night。

レニングラード交響楽
Leningradskaya simfoniya（Ленинградская симфония）
1957　露（ソ連）　Mosfilm　公開　92分　白黒　S　監督：ザハール・アグラネンコ　主演：ニコライ・クリューチコフ　1942年にナチス・ドイツの包囲攻撃を受けていたレニングラードで、ショスタコーヴィッチの新作の交響曲第8番の演奏会を開くために、戦場から兵士を呼び戻す。英語題名はLeningrad Symphony。

白鳥の湖
Lebedinoe ozero（Лебединое озеро）
1958　露（ソ連）　Central　公開　81分　カラー　S　監督：ゾヤ・トゥルビエワ　主演：マイヤ・プリセツカヤ　プリセツカヤがボリショイ劇場で踊る「白鳥の湖」を記録した作品。4幕構成。英語題名はSwan Lake。

エフゲニー・オネーギン
Yevgeni Onegin（Евгений Онегин）
1958　露（ソ連）　Lenfilm　未　106分　カラー　S　監督：ロマン・ティコミロフ　主演：ヴァディム・メドヴェージェフ　チャイコフスキーの同名オペラの映画化。英語題名はEugene Onegin。

1960年代

華麗なるバレエ
Sekret uspekha（Секрет успеха）
1960　露（ソ連）　Mosfilm　公開　75分　カラー　CS　監督：レオニード・ラヴロフスキー　主演：ナタリヤ・ベッスメル　ボリショイ・バレエ団の裏側を描くドキュメンタリーで、70mmで作られた大作。プリセツカヤ

ほかのプリマたちの踊りが収録されている。英語題名はBolshoi Ballet '67、またはThe Secret of Success。

眠れる森の美女　Spyashchaya krasavitsa（Спящая красавица）
1964　露（ソ連）　Lenfilm　公開　90分　カラー　CS　ステレオ　監督：コンスタンチン・セルゲーエフほか　主演：アラ・シズーワ　マリウス・プティパの代表作を70mmで収録したもの。出演はレニングラード・バレエ団。英語題名はThe Sleeping Beauty。

白鳥の湖
Lebedinoe ozero（Лебединое озеро）
1968　露（ソ連）　Lenfilm　公開　82分　カラー　CS　ステレオ　監督：コンスタンチン・セルゲーエフほか　主演：エレーナ・エフチェーエナ　「眠れる森の美女」（1964）に続き、レニングラード・バレエ団の踊るプティパの名作を70mmで収録した作品。英語題名はSwan Lake。

1970年代

チャイコフスキー
Chaykovskiy　（Чайковский）
1970　露（ソ連）　Mosfilm　公開　157分　カラー　CS　ステレオ　監督：イーゴリ・タランキン　主演：インノケンティ・スモクトゥノフスキー　「ピアノ協奏曲第1番」から「悲愴」までの、チャイコフスキーの代表作を綴った伝記作品。ボリショイ・バレエ、オペラが出演し、バレエのマイヤ・プリセツカヤが歌手役で登場する。日本公開版は英語表記のTchaikovsky。

ヨハン・シュトラウス　白樺のワルツ
Proshchaniye s Peterburgom（Прощание с Петербургом）
1971　露（ソ連）　Lenfilm　公開　97分　カラー　CS　ステレオ　監督：ヤン・フリード　主演：ギルト・ヤコブレフ　若き日のヨハン・シュトラウスがサンクト・ペテルブルグ近くの保養地で演奏会を開き、伯爵令嬢オリガと恋におちるが、恋は実らぬままに終わる。英語題名はFarewell to Sankt Petersburg。

1980年代

アンナ・パブロワ
Anna Pavlova（Анна Павлова）
1983　露（ソ連）・東独・キューバ・仏・英　Poseidon　公開　155分　カラー　CS　ステレオ　監督：エミーリ・ロチャヌー　主演：ガリーナ・ベリャーエワ　「瀕死の白鳥」で有名なパヴロワの生涯を描いた伝記映画。プティパ、フォーキン、ディアギレフとの交流や、ニジンスキーとの共演、第一次世界大戦、ロシア革命などの激動の時代に、恋人を助けるために踊り続けたパヴロワの生涯が描かれる。英語題名はPavlova :A Woman for All Time。

ジャズメン
My iz dzhaza（Мы из джаза）
1983　露（ソ連）　Mosfilm　公開　89分　カラー　S　監督：カレン・シャフナザーロフ　主演：イーゴリ・スクリャール　ロシア革命直後の1920年代のソ連。オデッサ港の音楽学校でピアノを学ぶイーゴリ・スクリャールは、アメリカの新しい大衆音楽ジャズに心を奪われる。音楽学校を退学して仲間を集めて4人でジャズ楽団を始め、苦労を重ねながら、ソ連でのジャズの定着を図ろうとする。英語題名はJazzmen。

グルジア

若き作曲家の旅
Akhalgazrda kompozitoris mogzauroba（Путешествие молодого композитора）
1986　グルジア・露（ソ連）　Qartuli Pilmi　公開　105分　カラー　監督：ゲオルギー・シェンゲラーヤ　主演：レヴァン・アバシーゼ　1907年のグルジア。音楽学校を卒業したばかりの青年が、グルジア各地を回り古い民謡を採集しようとするが、折からの革命運動に巻き込まれてしまう。日本公開時の英語題名はA Young Composer's Odessay。アメリカ公開題名はVoyage of the Young Com-

poser、国際版の英語題名は The Journey of a Young Composer。

その他の国

オランダ

三文オペラ　Mack the Knife
1989　オランダ　21st Century　公開　120分　カラー　ステレオ　監督：メナヘム・ゴラン　主演：ラウル・ジュリア　クルト・ワイルの「三文オペラ」の映画版。リチャード・ハリス共演。

クリビアにおまかせ！
Ja zuster, nee zuster
2002　オランダ　Bos Bros.　公開　100分　V　カラー　ステレオ　監督：ピーター・クラマー　主演：ルス・ルカ　オランダの田舎町にある療養所の看護師クリビア（ルカ）は、療養所の老人たちから頼りにされているが、隣に住む意地悪な大家との間に問題が生じる。1966年から68年にオランダでヒットしたテレビ・ドラマの映画化。

ギリシャ

アクロポル　Akropol
1996　ギリシャ・伊・独ほか　Alco　未　125分　カラー　V　ステレオ　監督：パンテリス・ヴールガリス　主演：レフテリス・ヴォヤチス　アリストファネスなどの古代ギリシャ悲劇を現代に再現した「アクロポル」劇場の芝居を紹介する。

スイス

ネイキッド・タンゴ　Naked Tango
1990　スイス　Gotan　公開　90分　カラー　ステレオ　監督：レナード・シュレーダー　主演：ヴィンセント・ドノフリオ　1920年代のブエノス・アイレス。老富豪の若妻が、アルゼンチンでタンゴ・ダンサーから娼婦となっていく。

スウェーデン

愛とさすらいの青春　ジョー・ヒル
Joe Hill
1971　スウェーデン・米　Para　公開　117分　カラー　監督：ボー・ウィデルベルイ　主演：トミー・ベルグレン　スウェーデンからアメリカへ移住した、フォーク・シンガーのジョー・ヒルの生涯を描く劇映画。

デンマーク

ダンサー・イン・ザ・ダーク
Dancer in the Dark
2000　デンマーク　Zentropa　公開　140分　カラー　CS　ステレオ　監督：ラース・フォン・トリア　主演：ビヨーク　アメリカへ渡った移民でシングル・マザーのビヨークが、自分の視力を失いつつも息子の手術代を貯めるが、貯金を警官に巻き上げられて、揉み合ううちに拳銃の暴発事故で警官を殺してしまう。アイスランドの歌姫ビヨークが音楽を書き、主演している。

ノルウェイ

バレエボーイズ　Ballettguttene
2014　ノルウェイ　Indie　公開　75分　カラー　VS　監督：ケネス・エルヴェバック　出演：ルーカス・ビヨルンボー・ブレンツロド　ノルウェイのオスロ国立芸術アカデミーで、プロのバレエ・ダンサーを目指して青春を賭ける3人の若者の、12歳から16歳までの4年間の生活を追ったドキュメンタリー作品。ルーカスは英国のロイヤル・バレエの研修生になるが、他の二人は進路を悩む。日本公開の原題はBallet Boys。

ベルギー

仮面の中のアリア　Le Maitre de Musique
1988　ベルギー　RTBF　公開　100分　カラー　V　ステレオ　監督：ジェラール・コルビオ　主演：ホセ・フアン・ダム　20世紀の初頭。引退するオペラの大歌手が、自分の持てる技術を引き継がせようと、二人の弟子を育てる。フアン・ダムはベルギーのオペラ歌手。

ポーランド

若きショパン Mlodosc Chopina
1952 ポーランド WFF Lodz 未 121分 白黒 S 監督：アレクサンダー・フォード 主演：チェスワフ・ヴォレヤコ 若き時代のショパンを描く伝記作品。

ポルトガル

人喰いたち Os Canibais
1988 ポルトガル・仏ほか Filmargem 未 98分 カラー V ステレオ 監督：マノエル・デ・オリヴェイラ 主演：ルイス・ミゲル・シントラ ポルトガルの貴族階級の、結婚式までの様子をオペラ風に描く。

ファド Fados
2007 ポルトガル・西 Duvideo 未 93分 カラー V ステレオ 監督：カルロス・サウラ 主演：チコ・バルケ・デ・オリャンダ ポルトガル民謡ファドを紹介するドキュメンタリー作品。

ルクセンブルク

ラフマニノフ ある愛の調べ Lilacs
2007 ルクセンブルク Thema 公開 96分 カラー CS ステレオ 監督：バーヴェル・ルンギン 主演：エフゲニー・ツィガノフ ラフマニノフの青年時代から、ロシア革命でアメリカへ亡命しての活動、演奏家、作曲家としての悩みなどを描く。

［付録］主な伝記映画

[付録] 主な伝記映画

　ここでは、伝記映画について、分類してまとめた。多くの伝記映画が作られているので、完全なリストではなく、主なものだけをまとめている。題名に続く人名は、伝記のモデルとなった人物。続くカッコ内は演じた俳優（主要作品のみ）。国名が記されていない作品はアメリカ映画。

[付録] 主な伝記映画

ミュージカル作曲家の伝記

1930年代
「オペレッタの王様」The Great Victor Herbert (1939) ヴィクター・ハーバート（ウォルター・コノリー）

1940年代
「僕の恋人サリー」My Gal Sal (1942)* ポール・ドレッサー（ヴィクター・マチュア）
「アイルランドの瞳が微笑む時」Irish Eyes Are Smiling (1944)* アーネスト・R・ボール（ディック・ヘイムズ）
「アメリカ交響楽」Rhapsody in Blue (1945) ジョージ・ガーシュウィン（ロバート・アルダ）
「夜も昼も」Night and Day (1946) コール・ポーター（ケアリー・グラント）
「雲の流れ去るまで」Till the Cloud Roll By (1946)* ジェローム・カーン（ロバート・ウォーカー）
「今は誰が彼女にキスしているのだろう」I Wonder Who's Kissing Her Now (1947)* ジョー・ハワード（マーク・スティーヴンス）
「僕の野育ちアイルランドのローズ」My Wild Irish Rose (1947)* ショーンシー・オルコット（デニス・モーガン）
「詞と曲」Words and Music (1948)* リチャード・ロジャース（トム・ドレイク）とローレンツ・ハート（ミッキー・ルーニー）

1950年代
「土曜は貴方に」Three Little Words (1950) バート・カルマー（フレッド・アステア）とハリー・ルビー（レッド・スケルトン）
「夢で逢いましょう」I'll See You in My Dreams (1951)* ガス・カーン（ダニー・トーマス）
「我が心に君深く」Deep in My Heart (1954) シグマンド・ロムバーグ（ホセ・フェラー）
「人生で最高のものはタダ」The Best Things in Life Are Free (1956)* B・G・デシルヴァ（ゴードン・マクレエ）

1960年代以降
「五線譜のラブレター」De-Lovely (2004) コール・ポーター（ケヴィン・クライン）

ミュージカルの出演者の伝記

女性
1940年代
「リリアン・ラッセル」Lillian Russell (1940)* リリアン・ラッセル（アリス・フェイ）
「輝け中秋の満月」Shine on Harvest Moon (1944)* ノーラ・ベイ（アン・シェリダン）
「鉄火肌の金髪娘」Incendiary Blonde (1945)* テキサス・ガイナン（ナイト・クラブ歌手：ベティ・ハットン）
「虹の女王」Look for the Silver Lining (1949) マリリン・ミラー（ジューン・ヘイヴァー）

1950年代
「誰かが私を愛している」Somebody Loves Me (1952)* ブロッサム・シーリー（ベティ・ハットン）
「わが心に歌えば」With a Song in My Heart (1952) ジェイン・フロマン（スーザン・ヘイワード）
「だからこれが恋」So This Is Love (1953)* グレイス・ムーア（オペラ歌手：キャスリン・グレイスン）
「私は気にしない娘」The I Don't Care Girl (1953)* エヴァ・タングエイ（ミッツィ・ゲイナー）
「情欲の悪魔」Love Me or Leave Me (1955) ルース・エッティング（ナイト・クラブ歌手：ドリス・デイ）
「明日泣く」I'll Cry Tomorrow (1955) リリアン・ロス（スーザン・ヘイワード）
「わが愛に終わりなし」Interrupted Melody (1955) マージョリー・ローレンス（オペラ歌手：エレノア・パーカー）
「追憶」The Helen Morgan Story (1957) ヘレン・モーガン（アン・ブライス）

1960年代
「ジプシー」Gypsy (1962) ジプシー・ローズ・リー（ナタリー・ウッド）

[付録] 主な伝記映画

「スター」Star! (1968)　ガートルード・ローレンス（ジュリー・アンドルーズ）
「ファニー・ガール」Funny Girl (1968)　ファニー・ブライス（バーブラ・ストライザンド）

1970年代以降
「奇妙な果実　ビリー・ホリデイ物語」Lady Sings the Blues (1972)　ビリー・ホリデイ（ブルース歌手：ダイアナ・ロス）
「ファニー・レディ」Funny Lady (1975)　ファニー・ブライス（バーブラ・ストライザンド）

男性
1930年代
「巨星ジーグフェルド」The Great Ziegfeld (1936)　フロレンツ・ジーグフェルド（制作者：ウィリアム・パウエル）

1940年代
「ヤンキー・ドゥードゥル・ダンディー」Yankee Doodle Dandy (1942)　ジョージ・M・コーハン（ジェイムス・キャグニー）
「ジョルスン物語」The Jolson Story (1946)　アル・ジョルスン（ラリー・パークス）
「ジョルスン再び歌う」Jolson Sings Again (1949)　アル・ジョルスン（ラリー・パークス）

1950年代
「エディ・カンター物語」The Eddie Cantor Story (1953)*　エディ・カンター（キーフ・ブラッセル）
「エディ・フォイ物語」The Seven Little Foys (1955)　エディ・フォイ（ボブ・ホープ）
「抱擁」The Joker Is Wild (1957)　ジョー・E・ルイス（ナイト・クラブ歌手：フランク・シナトラ）

1960年代以降
「Ray　レイ」Ray (2004)　レイ・チャールズ（ブルース歌手：ジェイミー・フォックス）

ポピュラー音楽家の伝記

楽器演奏系
「ドーシー兄弟物語」The Fabulous Dorseys (1947)*　トミーとジミー・ドーシー（本人たち）
「グレン・ミラー物語」The Glenn Miller Story (1954)（ジェイムス・ステュアート）
「ベニイ・グッドマン物語」The Benny Goodman Story (1956)（スティーヴ・アレン）
「愛情物語」The Eddy Duchin Story (1956)　エディ・デューチン（タイロン・パワー）
「ジーン・クルーパ物語」The Gene Krupa Story (1959)*（サル・ミネオ）
「5つの銅貨」The Five Pennies (1959)　レッド・ニコルズ（ダニー・ケイ）
「バード」Bird (1988)　チャーリー・パーカー（フォレスト・ウィテカー）

歌手系
「無軌道行進曲」Reckless (1935)*　リビー・ホルマン（20世紀初頭のトーチ・シンガー：ジーン・ハーロウ）
「ドリー姉妹」Dolly Sisters (1945)*　ドリー姉妹（ベティ・レイブル、ジューン・ヘイヴァー）
「ハンク・ウィリアムス物語　偽りの心」Your Cheatin' Heart (1965)　ハンク・ウィリアムス（ジョージ・ハミルトン）
「わが心のふるさと」Bound for Glory (1976)　ウディ・ガスリー（デイヴィド・キャラダイン）
「ローズ」The Rose (1979)　ジャニス・ジョプリン（ベット・ミドラー）
「歌え！ロレッタ愛のために」Coal Miner's Daughter (1980)　ロレッタ・リン（60年代のカントリー歌手：シシー・スペイセク）

アメリカ以外の歌手
「舞踏会のあとで」After the Ball (1957)*英　ヴェスタ・ティリー（イギリスのミュージック・ホール歌手：パット・カークウッド）
「トミー・スティール物語」The Tommy Steele Story (1957)英（本人）

「菩提樹」Die Trapp Familie (1956)西独　トラップ一家合唱団（ルート・ロイリベック）
「続・菩提樹」Die Trapp Familie in Amerika (1958)西独　（ルート・ロイリベック）
「サウンド・オブ・ミュージック」The Sound of Music (1965)トラップ一家合唱団（ジュリー・アンドルーズ）
「愛の讃歌」Piaf (1974)仏　エディット・ピアフ（マリオン・コティヤール）
「リリー・マルレーン」Lili Marleen (1981)西独　ララ・アンデルセン（ハンナ・シグラ）

踊り手

「カッスル夫妻」Story of Vernon & Irene Castle (1939)（アステアとロジャース）
「裸足のイサドラ」Isadra (1968)英　イサドラ・ダンカン（ヴァネッサ・レッドグレイヴ）
「ニジンスキー」Nijinsky (1980)英（ジョルジュ・デ・ラ・ペーナ）
「アンナ・パブロワ」Anna Pavlova (1983)ソ連・英（ガリーナ・ベリャーエワ）

作曲家

「ハーモニーの小路」Harmony Lane (1935)*　スティーヴン・フォスター（ダグラス・モントゴメリー）
「懐かしのスワニー」Swanee River (1939)　スティーヴン・フォスター（ドン・アメチ）
「スター作り」The Star Maker (1939)*　ガス・エドワーズ（20世紀初頭の作曲家：ビング・クロスビー）
「君は覚えているだろう」You Will Remember (1940)*英　レスリー・ステュアート（19世紀末のイギリスのミュージカル作曲家：ロバート・モーリー）
「デキシー」Dixie (1943)*　ダン・エメット（ミンストレル・ショーの芸人・作曲家：ビング・クロスビー）
「君は綺麗な娘さん」Oh, You Beautiful Doll (1949)*　フレッド・フィッシャー（20世紀初頭の流行曲の作曲家：マーク・スティーヴンス）
「楽しくて仕方ない」Never a Dull Moment (1950)*　ケイ・スウィフト（20世紀前半のショーの作曲：アイリーン・ダン）
「金髪のジェニー」I Dream of Jeanie (1952)*　スティーヴン・フォスター（ビル・シャーリー）
「星条旗よ永遠なれ」Stars and Stripes Forever (1952)*　ジョン・フィリップ・スーザ（クリフトン・ウェッヴ）
「セントルイス・ブルース」St. Louis Blues (1958)　W・C・ハンディ（20世紀初頭のブルース作曲家：ナット・キング・コール）
「スコット・ジョプリン」Scott Joplin (1977)*　19世紀末のラグ・タイムの作曲家（ビリー・ディー・ウィリアムス）
「バディ・ホリー物語」The Buddy Holly Story (1978)*　ロックンロールのシンガー・ソング・ライター。飛行機事故で亡くなる。（ゲーリー・バセー）

その他

「ポーリンの冒険」Perils of Pauline (1947)　パール・ホワイト（無声映画の女優：ベティ・ハットン）
「陽気なジョージ」Gaiety George (1948)*英　ジョージ・エドワーズ（19世紀末のイギリスのミュージカル制作者：リチャード・グリーン）
「アニーよ銃をとれ」Annie Get Your Gun (1950)　アニー・オークリー（ベティ・ハットン）
「ゴールデン・ガール」Golden Girl (1951)*　ロッタ・クラブトリー（女優：ミッツィ・ゲイナー）
「ボー・ジェイムス」Beau James (1957)*　ジミー・ウォーカー（1920年代のニュー・ヨーク市長：ボブ・ポープ）
「オール・ザット・ジャズ」All That Jazz (1979)　ボブ・フォッシー（ロイ・シャイダー）
「アイドルの作り手」The Idolmaker (1980)*　ボブ・マルクッチ（フェイビアンやアヴァロンを見出した制作者：レイ・シャーキー）

クラシックの作曲家

ドイツ系

「アンナ・マグダレナ・バッハの日記」Chronik der Anna Magdalena Bach (1968)独　バッハ

「ベートーヴェン」Beethoven (1927)*独
「ベートーヴェンの生涯」The Life of Beethoven (1929)*独

［付録］主な伝記映画

「楽聖ベートーヴェン」Un grand amour de Beethoven (1936) 仏
「エロイカ」Eroica (1949)＊墺　ベートーヴェン
「ルートヴィヒ・ファン・ベートーヴェン」Ludwig van Beethoven (1954)＊西独
「ベートーヴェン　気骨の楽聖」The Magnificent Rebel (1962)＊米ＴＶ
「ルートヴィヒ・ファン・ベートーヴェン」Ludwig van Beethoven (1970)＊墺・西独　ドキュメンタリー
「人間ベートーヴェン」Beethoven (1976) 東独

「神に愛されし者」Whom the Gods Love (1936)＊英　モーツァルト
「小夜曲」Eine kleine Nachtmusik (1940)＊独　モーツァルト
「永遠の旋律」Melodie Eterne (1940)＊伊　モーツァルト
「モーツァルトの恋」Wen die Götter lieben (1942) 独・墺
「不滅のモーツァルト」Unsterblicher Mozart (1954)＊独
「モーツァルト」Mozart (1955)＊墺
「アマデウス」Amadeus (1984) 米　モーツァルト

「トロイメライ」Träumerei (1944)＊独　シューマン
「愛の調べ」Song of Love (1947) 米　ロベルト・シューマンというよりもクララ・シューマンの伝記作品。
　　フランツ・リストの支援やブラームスとの淡い恋愛感情も描かれる。
「哀愁のトロイメライ」Frühlingssinfonie (1983) 西独　シューマン

「リヒャルト・ワーグナーの生涯」Richard Wagner (1913)＊独　無声
「魔法の炎」Magic Fire (1955)＊英　ワーグナー

オーストリア系
「アントン・ブルックナーの生涯」Das Leben Anton Bruckners (1974)＊独
「マーラー」Mahler (1976) 英
「フランツ・レハール」Franz Lehar (1923)＊墺　無声

「未完成交響楽」Leise flehen meine Lieder (1933) 独　シューベルト
「花咲く頃」Blossom Time (1934) 英　シューベルト
「恋のセレナーデ」Love Time (1934) 米　シューベルト
「セレナーデ」Sérénade (1940)＊仏　シューベルト
「永遠の調べ」New Wine (1941) 米　シューベルト
「美しき水車小屋の娘」La belle meunière (1948)＊仏　シューベルト
「愛の交響楽」Sinfonia d'Amore (1956) 伊　シューベルト
「未完成交響楽」Das Dreimäderlhaus (1958) 独　シューベルト
「シューベルト物語」Angeli senza paradiso (1970) 伊

「ワルツの王様」Der Walzerkönig (1930)＊独　ヨハン・シュトラウス（子）
「ウィーンからのワルツ」Waltzes from Vienna (1934)＊英　ヨハン・シュトラウス（子）
「ワルツ合戦」Walzerkrieg (1934) 独　ヨハン・シュトラウス（子）
「グレート・ワルツ」The Great Waltz (1938)　ヨハン・シュトラウス（子）．
「ウィーンは踊る」Wien tanzt (1951)＊独　ヨハン・シュトラウス（子）
「永遠のワルツ」Ewiger Walzer (1954)＊独　ヨハン・シュトラウス（子）
「ウィーンの森の物語」The Waltz King (1963)　ヨハン・シュトラウス（子）
「美しき青きドナウ」The Great Waltz (1972)　ヨハン・シュトラウス（子）．

イタリア系
「おもかげ」Casta Diva (1935) 伊　ベリーニ
「夢の騎士」Il cavaliere del sogno (1947)＊伊　ドニゼッティ
「不滅のメロディ　マスカーニ」Melodie immortali - Mascagni (1955)＊伊　マスカーニ
「魔法の楽弓」The Magic Bow (1946)＊英　パガニーニ
「ペルゴレージ」Pergolesi (1933)＊伊

[付録] 主な伝記映画

「プッチーニ」Puccini (1953)*伊
「ロッシーニ」Rossini (1942)*伊
「愛の物語」Romanzo d'amore (1950)*伊　エンリコ・トセッリ（ピアニスト兼作曲家）
「ジュゼッペ・ヴェルディ」Giuseppe Verdi (1937)*伊
「ジュゼッペ・ヴェルディ」Giuseppe Verdi (1953)*伊

フランス系
「幻想交響楽」La symphonie fantastique (1944)仏　ベルリオーズ
「パリのワルツ」La valse de Paris (1950)*仏　オッフェンバック

英国系
「ギルバートとサリヴァン物語」Story of Gilbert & Sullivan (1953)*英
「さかさま」Topsy-Turvy (1999)* 英　ギルバートとサリヴァン
「大ヘンデル」The Great Mr. Handel (1942)*英

東欧系
「別れの曲」Abschiedswalzer (1934)独　ショパン
「楽聖ショパン」A Song to Remember (1945)
「若きショパン」Mlodosc Chopina (1952)*ポーランド

「愛の夢」Rêves d'amour (1947)*仏　リスト
「ウィーンの別離」Par ordre du tsar (1954)仏・独　リスト
「わが恋は終わりぬ」Song without End (1960)米　リスト
「フランツ・リスト　愛の夢」Szerelmi álmok - Liszt (1970) ハンガリー・ソ連
「リストマニア」Lisztomania (1975)英　リスト

ロシア系
「グリンカ」Glinka (1946)ソ連
「夜明け」Mussorgsky (1950)ソ連　ムソルグスキー
「シェヘラザードの歌」Song of Scheherezade (1947)*米　リムスキー＝コルサコフ
「リムスキー＝コルサコフ」Rimsky-Korsakov (1952)*ソ連
「さんざめく舞踏会の夜」Es war eine ranschende Ballnacht (1939)独　チャイコフスキー
「わが心の歌」Song of My Heart (1948)*米　チャイコフスキー
「チャイコフスキー物語」The Peter Tchaikovsky Story (1960)米
「チャイコフスキー」Chaykovskiy (1970)ソ連
「恋人たちの曲　悲愴」The Music Lovers (1970)英　チャイコフスキー

その他
「ソング・オブ・ノールウェイ」Song of Norway (1970)米　グリーク
「アルベニス」Albéniz (1947)*アルゼンチン イサーク・アルベニス（スペインの作曲家）

クラシックの演奏家
「歌劇王カルーソ」The Great Caruso (1951) 米
「エンリコ・カルーソ　声の伝説」Enrico Caruso: leggenda di una voce (1952)*伊　米国題名Young Caruso
「美女の中の美女」La donna più bella del mondo (1955)伊　リナ・カヴァリエリ
「ラ・マリブラン」La Malibran (1942)*仏　マリア・マリブラン
「メルバ」Melba (1953)英　ネリー・メルバ
「今宵我らは歌う」Tonight We Sing (1953)*　ソル・ヒューロック

参考文献

参考文献

この分野の本は狭い分野の研究書や、非常に簡単な入門書は多く出ているが、全体像の理解に役立つ本は案外少ない。ここでは、本書よりもさらに詳しく知りたい人に役立つ本と、基礎的な事柄が載っている本を簡単に紹介する。なお、1984年までの舞台ミュージカルの文献は「ブロードウェイ・ミュージカル事典」(芝邦夫、劇書房、1984)に詳しく記載したので、そちらを参照願いたい。

参考文献

ミュージカル映画を専門的に扱った本

The Hollywood Musical - Every HollywoodMusical from 1927 to the Present Day　Clive Hirschhorn, Octopus Books, 1981
ハリウッド・ミュージカルの1344本を取り上げて、作品ごとに写真を掲載して簡単な説明を付している。写真があるので作品の雰囲気を理解しやすい。1980年の作品まで収録。大型本で456ページ。1991年に改訂版が出て、1990年の作品まで収録された。

A History of Movie Musicals - Gotta Sing Gotta Dance (revised edition)　John Kobal, The Hamlyn Publishing Group, 1983
映画ミュージカル全般を歴史的に記述した本。アメリカ以外の英国、ドイツ、フランスなどの作品についても簡単に触れている。初版(1971)では松竹の「東京踊り」(1957)の写真が載っていたが、改版でなくなった。写真も豊富な大型本。320ページ。

The British Musical Film　John Mundy, Manchester University Press, 2007
英国のミュージカル作品の歴史を解説している。ミュージカルだけでなく音楽映画全般について説明がある。

Hollywood Musicals　Ted Sennett, Harry N. Abrams, 1981
420葉の写真を中心とした大型本。カラー写真も多い。384ページ。

All Talking! All Singing! All Dancing! - A Pictorial History of the Movie Musical　John Springer, Citadel Press, 1966
写真を中心としたミュージカル映画の歴史。

Encyclopaedia of the Musical Film　Stanley Green, Oxford University Press, 1981
主な作品、出演者、スタッフなどをアルファベット順に配した事典。

The Hollywood Musical　John Russell Taylor and Arthur Jackson, McGraw-Hill Book, 1971
3部構成で、歴史解説、作品紹介、出演者紹介からなる。作品紹介では、各楽曲が誰によって演じられたかが記載されていて便利。

Film It with Music - An Encyclopedic Guide to the American Movie Musical　Thomas Hischak, Greenwood Press, 2001
代表的な作品、出演者、スタッフ、テーマなどをアルファベット順に配した事典。ほとんどの内容がその後のオックスフォード社の事典に吸収された。

The Oxford Companion to the American Musical - Theatre, Film and Television　Thomas Hischak, Oxford University Press, 2008
題名のとおり、アメリカの舞台、映画、テレビのミュージカル作品について網羅的に扱った事典。923ページ、2段組みの大部。

The Blue Book of Hollywood Musicals: Songs - From the Sound Tracks and the Stars Who Song Them Since the Talkies a Quater-Century Ago　Jack Burton, Century House, 1953
各年別にミュージカル作品のスタッフ、出演者、楽曲などを記載した本。1952年までしか記載されていないが、古い作品を調べる時には便利。

The Movie Musical - From Vitaphone to 42nd Street as Reported in a Great Fan Magazin　Miles Kreuger(ed.), Dover Publications, 1975
トーキー初期のミュージカル映画について、当時出版された映画雑誌の関連記事を転載したもの。当時の雰囲気がよくわかる。1926年から33年まで扱われている。

The Movie Musical　Lee Edward Stern, Pyramid Publications, 1974
ピラミッド社の写真入りの映画の歴史シリーズの1冊で、初心者向けだが、わかりやすく歴史がまとめられ

参考文献

The American Musical　Tom Vallance, A. Zwemmer, 1970
ミュージカル映画の出演者やスタッフをアルファベット順に並べたフィルモグラフィー集。

The Musical Film　Douglas McVay, A. Zwemmer, 1967
1927年から66年までの各年別に、公開されたミュージカル映画を簡単に解説している。あまり網羅的ではない。

A Song in the Dark - The Birth of the Musical Film　Richard Barrios, Oxford University Press, 1995
トーキー映画の誕生から1934年までを詳細に研究した本。2009年に改訂版も出た。

The World of Entertainment! - Hollywood's Greatest Musicals　Hugh Fordin, Doubleday, 1975
MGMでミュージカルの黄金時代を築いたアーサー・フリードの制作した作品について、当時の撮影所の資料を使って制作過程を検証した本。

「ミュージカル入門」野口久光編　荒地出版社　1963年
舞台ミュージカルの説明が大半。映画については、野口久光の戦後10作品の解説と柳生純麿(すみまろ)編の戦後ミュージカル映画のリスト67作品。

「ミュージカル映画 フィルム・アートシアター」柳生すみまろ　芳賀書店　1975年
322ページの本だが、半分が写真集。歴史が80ページ、フィルモグラフィーが35ページ、年代順のリストが35ページという構成。1950-60年代の日本公開作品が中心に記述されている。1930–40年代の重要な作品が抜けている。

「娯楽映画の世界 ミュージカル」　児玉数夫　社会思想社　現代教養文庫　1980年
1940-78年のミュージカル映画78本を解説。児玉氏らしく埋もれた作品を取り上げている。

「ハリウッド・ミュージカル映画のすべて」スタンリー・グリーン　村林典子訳　岡部迪子監修　音楽之友社　1995年
Hollywood Musicals - Year by Year (1990)の翻訳で、アメリカのミュージカル研究の第一人者の著作。原著は改訂されて第3版(2010)が出ていて、2009年の作品まで載っている。トーキー初期から1989年までの約300本を解説。作品の選び方は適切だが、一人の出演者は、原則として1本しか取り上げていないので、重要な作品が抜けている。

「ミュージカル洋画 ぼくの500本」双葉十三郎　文春新書　2007年
双葉氏の著「ぼくの採点表」からミュージカル関係の作品を抜粋したもの。トーキー初期から最新作まで取り扱っているが、日本公開作品のみで、重要な作品が抜けている。双葉調の解説。

個別の作品、映画作家、俳優などに関する本

The Busby Berkeley Book　Tony Thomas and Jim Terry with Busby Berkeley, New York Graphic Society, 1973
バスビー・バークレイの作品を一つひとつ解説した公式ガイド本。

The Genius of Busby Berkeley　Bob Pike and Dave Martin, Creative Film Society, 1973
バスビー・バークレイへのインタビューを中心にまとめられた本。

Fred Astaire　Benny Green, The Hamlyn Publishing Group, 1979
写真を沢山入れたフレッド・アステアの伝記。

Starring Fred Astaire　Stanley Green and Burt Goldblatt, Dodd, Mead, 1973

フレッド・アステアの出演作品を、舞台も含めて一つひとつ説明している。501ページの大部。

Steps in Time　Fred Astaire, Da Carpo Press, 1959
フレッド・アステアの自伝。翻訳「フレッド・アステア自伝」（篠儀直子役　青土社　2006年）も出ている。

The Magic Factory - How MGM Made An American in Paris　Donald Knox, Praeger Publishers, 1973
「巴里のアメリカ人」の制作を担当したスタッフへのインタビューを中心にまとめた本。

The Making of the Wizard of Oz - Movie Magic and Studio Power in the Prime of MGM and Miracle of Production #1060　Aljean Harmetz, Alfred A. Knopf, 1977
「オズの魔法使」の制作過程を、撮影所の内部資料も駆使して分析する。

Television Musicals - Plots, Critiques. Casts and Credits for 222 shows written for and Presented on Television, 1994-1996　Joan Baxter, McFarland & Company, 1997
1944–96年に米国のテレビで放映された、テレビ向けオリジナル・ミュージカル作品を1本ずつ説明している。

映画音楽関係の本

The Great Songwriters of Hollywood　Warren Craig, A. S. Barnes, 1980
ハリウッドで活躍した作曲家を約30人取り上げて説明している。

Hollywood Song - The Complete Film & Musical Companion　Vol.1-3　Ken Bloom, Facts on File, 1995
映画をアルファベット順に並べて、その映画の音楽スタッフと使用曲などを記載。最初の2巻が本編で、3巻目は索引。

Harry Warren and the Hollywood Musical　Tony Thomas, Citadel Press, 1975
ハリウッドで活躍したハリー・ウォーレンの楽曲を楽譜付きで順番に解説した本。

Hollywood on Record - The Film Stars' Discography　Michael R. Pitts and Louis H. Harrison, The Scarecrow Press, Inc., 1978
書名のとおりに、ハリウッドのスターが録音した曲のレコードを一覧表にまとめたもの。

「世界映画音楽大事典」キネマ旬報社　1971年　1978年
日本公開作品の映画音楽を解説した事典。1978年版はミュージカル映画以外も含めて約1000本を解説。日本公開作品に限られていて、戦前作品は少ない。

「映画音楽 時の流れとともに」関光夫　日本放送出版協会　1973年
映画音楽全体を語る本で、トーキー初期の日本公開作品については詳しい。

「フィルム・ミュージック 世界映画音楽事典」岡俊雄　教育社　1988年
映画音楽中心の本で、戦前のミュージカル全般について触れている。

踊り関係の本

America Dances　Agnes de Mille, Macmillan Publishing, 1980
振付家として有名なアグネス・デ・ミルが書いた、アメリカのダンスの歴史。

Dancing Till Dawn - A Century of Exhibition Ballroom Dance　Julie Malnig, Greenwood Press, 1992
社交ダンスの発展とその見世物化、ショーとの関係について論考している。

「オックスフォード バレエ・ダンス事典」デブラ・クレイン、ジュディス・マックレル　鈴木晶、赤尾雄人、

参考文献

海野敏、長野由紀訳　平凡社　2010年
The Oxford Dictionary of Dance（2000）の翻訳だが、日本関係の項目も追加されている。約2500項目で、720ページ。原著は *The Concise Oxford Dictionary of Ballet* の改訂増補版で、現在は第2版（2010）に改訂されている。

「踊る世紀」鈴木晶　新書館　1994年
主に20世紀のバレエについて要点を押さえて説明している。

「バレエの歴史 フランス・バレエ史―宮廷バレエから20世紀まで」佐々木涼子　学習研究社　2008年
フランスを中心としたバレエの歴史。

「ロシア・バレエの黄金時代」野崎韶夫　新書館　1993年
ロシア・バレエの歴史と代表作の紹介、解説文などの構成。

「20世紀ダンス史」ナンシー・レイノルズ、マルコム・マコーミック　松澤慶信監訳　慶應義塾大学出版会　2013年
No Fixed Points: Dance in the Twentieth Century の翻訳で、2段組み900ページを超える大著。ロイ・フラーやイサドラ・ダンカンから始め、モダン・ダンス、ポスト・モダン・ダンスを概観する。巻末に舞台と映画のミュージカルのダンスについても章を起こして説明している。

「バレエ・ヒストリー バレエ誕生からバレエ・リュスまで」芳賀直子　世界文化社　2014年
バレエ誕生から現在までの歴史を、簡潔にまとめて説明している。詳しくはないが、記述のバランスがよく、全体像を把握しやすい。ビジュアル版と銘打っていて、図版も豊富。

映画の関連本

「ジェローム・ロビンスが死んだ ミュージカルと赤狩り」津野海太郎　平凡社　2008年
ハリウッドの赤狩りに関して、ジェローム・ロビンスに絞って論じている。

基礎的な映画資料

The American Film Institute Catalog of Motion Pictures Produced in the United States　University of California Press, 1971-99
1990年代に出版された作品事典で、19世紀末から1970年までの各作品について詳しく記録している。10年分ごとにまとめられている。

「日本映画作品大鑑」全7巻　キネマ旬報別冊　1960-61年
1896年以降1945年の終戦までに日本で公開された日本映画、外国映画を公開順にまとめたもの。キネマ旬報誌に紹介された作品の索引にもなっている。

「日本公開アメリカ映画総目録1908-1941」上・下　畑暉男、和久田一、石田泰久　映画史研究会　1978年　1979年
戦前に日本で公開された映画の日本語題名と原題の対応インデックス。キネマ旬報誌の掲載号も記載されている。

「20世紀アメリカ映画事典 1914⇨2000 日本公開作品記録」畑暉男編　カタログハウス　2002年
1914年から2000年までの、日本公開されたアメリカ映画約15000本を、1本ずつ説明した大事典。

「欧米映画史」上・下・続　南部圭之助、淀川長治、岡俊雄、飯島正、佐藤忠雄　東京ブック　1969年　1970年　1971年
上巻で南部圭之助が戦前の作品を、下巻で岡俊雄が独・仏の戦前作品と米の戦後作品を、続巻で南部圭之助

が英国作品を解説。日本公開作品だけなので、バランスが悪い。

「やぶにらみ世界娯楽映画史 戦前編・戦後編」児玉数夫　現代教養文庫　社会思想社　1978年
児玉氏の観点で選び出した娯楽映画を解説する。ミュージカル作品も取り上げられている。

「日本映画発達史」全5巻　田中純一郎　中央公論社　1957–76年
日本における映画の歴史を詳しく書いた労作。外国映画も扱われている。文庫版も出ている。

映画会社別の作品解説書

The MGM Story　John Douglas Eames, Crown Publishers, 1975
1924–74年の50年間のMGM社の1705作品を、一つひとつ写真とともに説明する。

The Warner Bros. Story　Clive Hirschhorn, Octopus Books, 1979
1918–78年のワーナー・ブラザース社の作品を1800本以上紹介している。

The RKO Story　Richard B. Jewell with Vernon Harbin, Octopus Books, 1982
1929–60年のRKO社作品1051本を紹介している。

The Universal Story　Clive Hirschhorn, Crown Publishers Inc., 1983
1913–82年のユニヴァーサル社作品2641本を紹介している。

The Paramount Story　John Douglas Eames, Octopus Books, 1985
1916–84年のパラマウント社作品2805本を紹介する。

The United Artists Story　Ronald Bergan, Crown Publishers, 1986
1919–85年のユナイテッド・アーティスト社の作品1581本を紹介する。

A Biographical Dictionary of Film　David Thomson, William Morrow & Company, 1975
世界各国の約900人の俳優、監督、制作者について、生い立ちなどを含めて簡単な経歴が記載されている。

ドイツ、オーストリア映画関係の本

「ヒトラーと映画」岩崎昶　朝日選書　朝日新聞社　1975年
ナチス時代の映画制作の研究書。

「ウーファ物語 ある映画コンツェルンの歴史」クラウス・クライマイアー　平田達治、宮本春美、山本佳樹、原克、飯田直子、須藤直子、中川慎二訳　鳥影社　2005年
Die UFA-Story (1992) の翻訳で、戦前にドイツ最大の映画会社だったウーファ社について歴史的に説明する。

「ナチ娯楽映画の世界」瀬川裕司　平凡社　2000年
ナチス時代の娯楽映画について実際に見て書いている。ミュージカルも少しだが記述されている。

「ドイツ映画の偉大な時代 ただひとたびの」クルト・リース　平井正、柴田陽弘訳　フィルム・アート社　1981年
Das gab's nur einmal - Die grosse Zeit des deutschen Films (1977) の翻訳。

「ドイツ映画」ザビーネ・ハーケ　山本佳樹訳　鳥影社　2010年
German National Cinema (2002, 2008) の翻訳で、アメリカ人の書いたドイツ映画の通史。

「映画都市ウィーンの光芒 オーストリア映画全史」瀬川裕司　青土社　2003年

参考文献

オーストリア映画全般の歴史を扱っている。

フランス映画関係の本

「フランス映画史」飯島正　白水社　1950年
戦後すぐに出た通史なので、戦前の作品に詳しい。

イタリア映画関係の本

「イタリア映画史」飯島正　白水社　1953年
戦後すぐに出された通史で、戦前からネオレアリズモまで詳しく書かれている。

「イギリス映画史 イタリア映画史」筈見有弘、吉村信次郎　世界の映画作家32　キネマ旬報社　1976年
キネマ旬報社が出した各国の映画史のうちの1冊だが、説明は日本公開作品が中心。

「映画100年STORYまるかじり イタリア映画快作210本」柳澤一博　朝日新聞社　1994年
サイレント時代から今日まで、バランスよく選ばれた作品のストーリーが記されている。

「イタリア映画史入門 1905–2003」ジャン・ピエロ・ブルネッタ　川本英明訳　鳥影社　2008年
Guida alla storia del cinema italiano (2003)の翻訳で、イタリアの映画研究家ブルネッタの書いた通史。

Cent'anni di cinema italiano, Economica Laterza 2 vol.　Gian Piero Brunetta, Editori Laterza, 1995
前掲書と同様にブルネッタのイタリア映画の通史で、こちらのほうがよくまとまっている。

スペイン映画関係の本

「スペイン映画史」乾英一郎　芳賀書店　1992年
スペイン映画の通史として貴重な本。

ソ連映画関係の本

「ロシア・ソビエト映画史 エイゼンシュテインからソクーロフへ」山田和夫　キネマ旬報社　1997年
帝政ロシア時代から、ソ連時代、ペレストロイカまでの通史。

A History of Russian Cinema　Birgit Beumers, Bloomsbury, 2009
ロシア、ソ連映画の現在までの通史で、コンパクトによくまとまっている。

邦題索引

邦題索引

- 本文中の作品と年度別作品一覧のミュージカル映画を収録した。
- 日本語の五十音順にすべての作品を配列した。
- 清音、濁音、半濁音は区別せずに配列した。
- 音引などの記号類は、読みに含めずに配列した。
- 旧仮名遣いは、表記のままに配列した（「唄ふ」、「歌へ」、「ラヂオ」など）。
- 数字の場合にはその読みで配列した。
- 記載した内容は、邦題　公開年　国　公開種別　原題　掲載ページ。
- 略称で使用した漢字国名は、以下のとおり。
  - 米：アメリカ
  - 英：英国
  - 加：カナダ
  - 豪：オーストラリア
  - 独：ドイツ
  - 墺：オーストリア
  - 西：スペイン
  - 仏：フランス
  - 伊：イタリア
  - 露：ソ連（ロシア）
- 国名が多数の場合には、主たる制作国名のみを記した。
- ロシア語の原題はキリル文字を音価によって置き換えたラテン文字で記載した。

ア

ああ、父さん！　1935　英　未　Oh, Daddy!　735
愛が聞こえる　1982　加　公開　If You Could See What I Hear　757
アイクサの歌　1939　西　未　La canción de Aixa　541, 793
挨拶と接吻　1953　伊　未　Saluti e baci　817
愛して、アルフレード！　1940　伊　未　Amami, Alfredo!　573, 813
愛して学ぶ　1947　米　未　Love and Learn　210, 667
哀愁のトロイメライ　1983　独　公開　Frühlingssinfonie　785, 846
哀愁物語　1956　米　公開　Gaby　267, 691
愛情物語　1956　米　公開　The Eddy Duchin Story　3, 328, 691, 844
アイス・カパデス　1941　米　未　Ice-Capades　634, 639
アイス・カパデス・レヴュー　1942　米　未　Ice-Capades Revue　639
アイス・フォリーズ1939年版　1939　米　未　Ice Follies of 1939　97, 627
アイスランド　1942　米　未　Iceland　93, 95, 639
愛する人帰る　1946　米　未　Lover Come Back　663
愛憎の曲　1946　米　公開　Deception　662
アイーダ　1953　伊　未　Aida　816
アイタニック　2000　伊　未　Aitanic　832
アイダホの公爵夫人　1950　米　未　Duchess of Idaho　109, 179, 181, 676
哀調の小径　1929　米　公開　Melody Lane　588
愛と喝采の日々　1977　米　公開　The Turning Point　348, 350, 401, 439, 440, 474, 710
愛と哀しみのボレロ　1981　仏　公開　Les uns et les autres　439, 474, 565, 809
愛とさすらいの青春 ジョー・ヒル　1971　スウェーデン・米　公開　Joe Hill　408, 838
愛と死と悪魔　1934　独　未　Liebe, Tod und Teufel　517, 766
愛とジャズと有頂天　1957　独　未　Liebe, Jazz und Übermut　533, 782
愛と接吻で　1936　米　未　With Love and Kisses　615
愛とダンスと1000のヒット曲　1955　独　未　Liebe, Tanz und 1000 Schlager　502, 533, 781
愛と野次　1937　米　未　Love and Hisses　235, 617
アイドルの整列　1959　英　未　Idol on Parade　748
アイドルの作り手　1980　米　未　The Idolmaker　712, 845
アイドルワイルド　2006　米　未　Idlewild　725
アイドルを探せ　1963　仏　公開　Cherchez l'idole　808
愛のあしあと　2011　仏　公開　Les bien-aimés　566, 812
愛のイエントル　1983　英　公開　Yentl　354, 356, 754
愛の唄　1930　伊　未　La canzone dell'amore　570, 812
愛の歌　1954　伊　未　Canzone d'amore　817
愛の訪れ　1930　米　公開　Love Comes Along　68
愛の学校　1940　独　未　Liebesschule　526, 775
愛の交響楽　1956　伊　公開　Sinfonia d'amore　820, 846
愛の囁き　1935　墺　未　Es flüstert die Liebe　529
愛の讃歌　1974　仏　公開　Piaf　809, 845
愛の集合ラッパ　1931　独　未　Trara um Liebe　506, 762
愛の調べ　1947　米　公開　Song of Love　668, 846
愛の指令　1931　独　未　Liebeskommando　529, 761
愛の心配　1969　伊　未　Pensiero d'amore　827
愛の旋律　1932　独　未　Melodie der Liebe　503, 763
愛のため…魔法のため…　1967　伊　未　Per amore... per magia...　826
愛の罪　1961　西　未　Pecado de amor　552, 553, 798
愛の涙　1954　伊　未　Lacrime d'amore　818
愛の涙　1970　伊　未　Lacrime d'amore　828
愛の薔薇　1949　墺　未　Rosen der Liebe　788
愛のほかには何もあげられない　1940　米　未　I Can't Give You Anything But Love, Baby　226, 630

邦題索引

愛の真夜中　1970　伊　未　Mezzanotte d'amore　828
愛の妙薬　1947　伊　未　L'elisir d'amore　814
愛の物語　1950　伊　未　Romanzo d'amore　815, 847
愛の夢　1935　独　未　Liebesträume　767
愛の夢　1947　仏　未　Rêves d'amour　564, 806, 847
愛のレッスン　1936　独　未　Das Einmaleins der Liebe　769
愛のワルツ　1930　独　未　Liebeswalzer　508, 510, 513, 759
愛は限りなく　1966　伊　公開　Dio, come ti amo!　825
愛はソルフェージュ　1930　西　未　El amor solfeando　541, 791
愛馬トリッガー　1946　米　公開　My Pal Trigger　238, 663
愛は花盛り　1935　米　未　Love in Bloom　527, 607
愛はローマで生まれる　1958　伊　未　L'amore nasce a Roma　820
愛よ永遠に　1944　独　未　Es lebe die Liebe　526, 533, 778
アイリーン　1940　米　未　Irene　489, 490, 630
アイルランドの瞳が微笑む時　1944　米　未　Irish Eyes Are Smiling　152, 651, 843
アイルランドの兵士　1943　米　未　Doughboys in Ireland　643
愛を恐れないで　1933　独　未　Keine Angst vor Liebe　516, 765
愛を弾く女　1992　仏　公開　Un coeur en hiver　810
アヴェ・マリア　1936　独　未　Ave Maria　517, 768
アヴェ・マリア　1938　米　公開　Mad About Music　121, 624
アヴェ・マリア　1953　独　未　Ave Maria　528
アヴェ・マリア　1982　伊　未　L'Ave Maria　830
アウトロー・ブルース　1977　米　公開　Outlaw Blues　710
青い果実　1934　墺　公開　Csibi, der Fratz　521, 786
青い仮面　1943　独　未　Maske in Blau　777
青い仮面　1953　独　未　Maske in Blau　502, 523, 525, 780
蒼い幻想　1932　英　公開　Good Night, Vienna　488, 489, 730
青い制服　1939　米　公開　The Under-Pup　216, 628
青い鳥　1940　米　未　The Blue Bird　89, 92, 629
青い鳥　1976　米　公開　The Blue Bird　388, 393, 709
青い部屋の殺人　1944　米　未　Murder in the Blue Room　229, 653
青い目のリサ　1970　伊　未　Lisa dagli occhi blu　828
青きダニューブの夢　1940　米　公開　Spring Parade　212, 213, 521, 632
青狐　1938　独　未　Der Blaufuchs　527, 771
青きドナウ　1962　米　公開　Almost Angels　371, 373, 374, 502, 698
蒼きドナウの流れ　1932　英　公開　The Blue Danube　730
青空　1932　独　未　Das Blaue vom Himmel　507, 762
青空狂想曲　1931　米　公開　Flying High　38, 40, 401, 596
青空に踊る　1943　米　公開　The Sky's the Limit　163, 165, 207, 489, 647
青空のデイト　1965　米　公開　When the Boys Meet the Girls　701
赤い影　1932　米　未　The Red Shadow　24
赤いガーター　1954　米　未　Red Garters　687
赤い靴　1948　英　公開　The Red Shoes　2, 260, 402, 473, 474, 483, 494, 581, 744, 745
赤い風車　1927　米　未　Red Mill　8, 97
赤毛の女　1932　米　未　Red-Headed Woman　597
赤毛パレード　1935　米　公開　Redheads on Parade　609
暁の出撃　1970　米　公開　Darling Lili　351, 353, 378, 387, 428, 705
暁の翼　1937　英　公開　Wings of the Morning　738
暁の爆撃機　1936　米　公開　Suzy　98, 397
赤とホットと青　1949　米　未　Red, Hot and Blue　201, 203, 240, 675
赤鼻トナカイのルドルフ　1964　米　TV　The Story of Rudolph the Red-Nosed Reindeer　463
赤鼻トナカイのルドルフと雪だるまフロスティの7月のクリスマス　1979　米　TV　Rudolph and Frosty's Christmas in July　464

邦題索引

アカプルコの海　1963　米　公開　Fun in Acapulco　335, 338, 699
明るい面を見る　1932　英　未　Looking on the Bright Side　485, 730
アーカンソーの判事　1941　米　未　Arkansas Judge　632
アクロス・ザ・ユニバース　2007　米　公開　Across the Universe　725
アクロポル　1996　ギリシャ　未　Akropol　838
憧れの君よ　1938　独　公開　Ma soeur de lait　772
アコーディオン　1934　露　未　Garmon　575, 580, 834
アーサー・キングは紳士だった　1942　英　未　King Arthur Was a Gentleman　741
朝な夕なに　1957　独　公開　Immer wenn der Tag beginnt　782
足ながおじさん　1955　米　公開　Daddy Long Legs　252, 256, 267, 405, 406, 689
明日泣く　1955　米　公開　I'll Cry Tomorrow　329, 689, 843
明日には逮捕される　1939　独　未　Morgen werde ich verhaftet　774
遊び明かそう　1938　英　未　Let's Make a Night of It　739
遊び友達　1941　米　未　Playmates　635
当って砕けろ　1933　米　公開　Take a Chance　26, 69, 601
アダノの鐘　1956　米　TV　A Bell for Adano　459
当り屋勘太　1936　米　公開　Strike Me Pink　18, 20, 125, 615
アーチの下で　1937　英　未　Underneath the Arches　738
熱い跡取り娘　1931　米　未　The Hot Heiress　596
暑い夏　1968　独　未　Heißer Sommer　785
熱いリズム　1944　米　未　Hot Rhythm　651
悪漢集合　1939　英　未　The Gang's All Here　488, 739
悪漢の唄　1930　米　公開　The Rogue Song　98, 117, 594
天晴れ着陸　1938　米　公開　Happy Landing　93, 94, 125, 151, 622
天晴れテムプル　1938　米　公開　Little Miss Broadway　89, 92, 118, 127, 623, 667
アテナ　1954　米　未　Athena　273, 275, 276, 686
アトランティック・シティ　1944　米　未　Atlantic City　235, 649
アナスタシア　1997　米　未　Anastasia　453, 720
あなたが心を明かす時　1929　独　未　Wenn du einmal dein Herz verschenkst　508, 759
あなたが誰なのか教えて　1933　独　未　Sag' mir, wer Du bist　516, 765
あなたが誰なのか気にしない　1932　独　未　Ich will nicht wissen, wer du bist　516, 529, 763
あなたこそ世界　1953　墺　未　Du bist die Welt für mich　503, 789
あなた自身でいてね　1930　米　未　Be Yourself　21, 590
あなただけ！　1941　独　未　Immer nur-Du!　526, 776
あなただけ今晩は　1963　米　公開　Irma la Duce　348, 358, 699
あなたとワルツを　1943　独　未　Ein Walzer mit dir　533, 777
あなたに感謝　1941　英　未　I Thank You　741
貴方にひざまづいて　1964　伊　公開　In ginocchio da te　824, 825
あなたに魅せられて　1936　米　未　Under Your Spell　98, 615
あなたのくれた歌　1933　英　未　The Song You Gave Me　731
貴方はいつ死ぬの　1953　西　未　Quand te tues-tu?　544
あなたも私もキスをする　1961　伊　公開　Io bacio... tu baci　822
貴方を想って　1969　伊　未　Pensando a te　827
アナと雪の女王　2013　米　公開　Frozen　414, 425, 444, 450, 728
アナベル情事　1931　米　公開　Annabelle's Affairs　50
アニー　1982　米　公開　Annie　413, 415, 713
アニー　1999　米　TV　Annie　465, 721
ANNIE アニー　2014　米　公開　Annie　414, 415, 728
アニタと悪魔　1941　独　未　Anita und der Teufel　775
アニーよ銃をとれ　1950　米　公開　Annie Get Your Gun　156, 201, 203, 253, 277, 320, 400, 404, 675, 845
アニーよ銃をとれ　1957　米　TV　Annie Get Your Gun　459
アニーよ銃をとれ　1967　米　TV　Annie Get Your Gun　126, 461

邦題索引

アネット、夢じゃない 1949 独 未 Träum' nicht, Annette 779
あの頃は 1943 独 未 Damals 527, 777
あの頃ペニー・レインと 2000 米 公開 Almost Famous 721
あの娘を歩いて家へ送っている 1953 米 未 Walking My Baby Back Home 223, 686
あの娘を探せ 1964 西 未 Búsqueme a esa chica 557, 558, 798
あの娘を乗せろ 1938 米 未 Swing Your Lady 625
あの女学生を守れ 1938 米 未 Hold That Co-Ed 127, 226, 235, 623
あの手この手 1954 米 公開 Knock on Wood 304, 307, 687
アバ ザ・ムービー 1977 米 公開 AᗺBA: The Movie 408, 709
危ない年頃 1957 英 未 These Dangerous Years 747
アフリカ珍道中 1941 米 公開 Road to Zanzibar 189, 191, 636
アプローズ 1973 米 TV Applause 463
アポロ劇場 1950 西 未 Teatro Apolo 547, 795
甘辛人生 1940 米 公開 Bitter Sweet 98, 101, 102, 104, 490, 628
甘くて情緒的 1944 米 未 Sweet and Low-Down 655
アマデウス 1984 米 公開 Amadeus 5, 442, 713, 846
アマ・ローザ 1960 西 未 Ama Rosa 542, 797
雨に唄えば 1952 米 公開 Singin' in the Rain 7, 12, 126, 139, 154, 173, 193, 222, 223, 243, 259, 261, 264, 276, 396, 398, 399, 400, 402, 403, 682
雨に濡れた欲情 1953 米 公開 Miss Sadie Thompson 232, 251
雨のしのび逢い 1973 西 公開 La chica del Molino Rojo 557, 559, 800
アメリカ交響楽 1945 米 公開 Rhapsody in Blue 3, 156, 207, 210, 211, 227, 233, 659, 843
アメリカ大放送 1941 米 未 The Great American Broadcast 138, 139, 633
アメリカーナの少女 1936 米 公開 Every Sunday 111, 398
アメリカのケリー王 1934 米 未 King Kelly of the U. S. A. 603
アメリカの恋人 1944 米 未 Sweethearts of the U. S. A. 655
アメリカの戦場 2012 米 未 Battlefield America 437, 728
アメリカの熱狂レコード 1978 米 未 American Hot Wax 408, 710
アメリカの夜 1961 伊 公開 America di notte 572, 822
アメリカ娘に栄光あれ 1929 米 公開 Glorifying the American Girl 17, 22, 26, 68, 127, 586
アメリカ娘リタ 1965 伊 未 Rita, la figlia americana 824
アメリカン・スター 2003 米 未 From Justin to Kelly 723
怪しい雲行き 1939 英 未 Trouble Brewing 492, 740
嵐 1949 西 未 Vendaval 546, 795
嵐の季節 1961 米 公開 Wild in the Country 335, 336, 698
アラジン 1958 米 TV Aladdin 460
アラジン 1992 米 公開 Aladdin 444, 446, 717
アラスカ珍道中 1946 米 公開 Road to Utopia 190, 192, 664
アリア 1987 英 公開 Aria 442, 443, 754
アリスのレストラン 1969 米 公開 Alice's Restaurant 704
アリババ女の都へ行く 1937 米 公開 Ali Baba Goes to Town 18, 20, 93, 615
ありふれたもの 1967 英 未 Two a Penny 496, 750
アルカディアの王子 1932 独 未 Der Prinz von Arkadien 208, 516, 763
アール・キャロルでの一夜 1940 米 未 A Night at Earl Carroll's 235, 240, 631
アール・キャロルのヴァニティーズ 1945 米 未 Earl Carroll Vanities 235, 657
アール・キャロルの写生帳 1946 米 未 Earl Carroll Sketchbook 235, 662
アルゼンチンタンゴ 伝説のマエストロたち 2010 米 公開 Café de los maestros 727
アルゼンチンの夜 1940 米 未 Argentine Nights 217, 234, 628
ある日曜日の午後 1948 米 未 One Sunday Afternoon 206, 210, 671
ある人々 1962 英 未 Some People 749
アルベニス 1947 アルゼンチン 未 Albéniz 803, 847
あれか、これか 1932 独 未 Die - oder keine 762
あれは精霊 1945 米 未 That's the Spirit 223, 661

邦題索引

アンクル・ジョー 1978 米 公開 Uncle Joe Shannon 711
暗黒街に踊る 1931 米 公開 Dance, Fools, Dance 97, 595
アンダルシアの恋物語 1989 西 公開 Montoyas y Tarantos 544, 801
アンダルシアの紳士 1954 西 未 Un caballero andaluz 549, 796
アンダルシアの夢 1951 西 未 El sueño de Andalucía 549, 795
アンディアのペドリートの新しい人生 1965 西 未 La vida nueva de Pedrito de Andía 556, 799
アンディ・ハーディと上流娘 1940 米 未 Andy Hardy Meets Debutante 112, 115, 157, 158
アンディ・ハーディの個人秘書 1941 米 未 Andy Hardy's Private Secretary 115, 174
アンディ・ハーディの二重生活 1942 米 未 Andy Hardy's Double Life 115, 178, 403
アンデルセン物語 1952 米 公開 Hans Christian Andersen 304, 307, 681
アンドロクレスと獅子 1967 米 TV Androcles and the Lion 462
アンナ・パブロワ 1983 露 公開 Anna Pavlova 439, 440, 837, 845
アンナ・ファヴェッティ 1938 独 未 Anna Favetti 771
アンナ・マグダレーナ・バッハの日記 1968 独 公開 Chronik der Anna Magdalena Bach 785
アンナレ 1998 伊 未 Annarè 832

イ

イヴは彼女のリンゴを知っていた 1945 米 未 Eve Knew Her Apples 233, 657
イヴ・モンタン シャンソン・ド・パリ 1957 仏 公開 Yves Montand chante chansons de Paris 808
家は深刻 1932 西 未 La casa es seria 541, 792
いかすぜ！この恋 1965 米 公開 Tickle Me 335, 339, 701
イカボードとトード氏 1949 米 未 The Adventures of Ichabod and Mr. Toad 241, 245, 673
錨を上げて 1945 米 公開 Anchors Aweigh 154, 169, 171, 173, 174, 259, 263, 281, 283, 398, 400, 403, 656
意気な紐育ッ子 1936 米 公開 The Music Goes 'Round 613
生ける人形 1933 米 公開 I Am Suzanne! 509, 511, 599
異国の出来事 1948 米 未 A Foreign Affair 670
移住者の歌 1956 伊 未 Il canto dell'emigrante 819
偉人の恋人 1934 独 未 Die Freundin eines großen Mannes 517, 766
イースター・パレード 1948 米 公開 Easter Parade 154, 158, 163, 167, 168, 254, 265, 399, 400, 403, 404, 670
イースト・サイド物語 1997 仏 未 East Side Story 576, 811
椅子取りゲーム 2011 米 未 Musical Chairs 463, 728
椅子は取っておいて 1936 英 未 Keep Your Seats, Please 492, 736
異性 1956 米 未 The Opposite Sex 266, 692
急いで 1943 英 未 Get Cracking 492, 741
偉大なる愛の夜 1933 独 未 Die Nacht der großen Liebe 529, 765
偉大なる自由通り7番地 1944 独 未 Große Freiheit Nr. 7 778
偉大なルパート 1950 米 未 The Great Rupert 119, 676
偉大なるパトリック 1945 米 未 Patrick the Great 222, 657
いたずら 1930 独 未 Hokuspokus 509, 513, 759
一か八か 1937 米 未 Double or Nothing 58, 62, 616
一族 2005 伊 未 The Clan 833
一番美しい歌 1957 伊 未 La canzone più bella 820
一番素早いギター 1967 米 未 The Fastest Guitar Alive 703
一番の恋人 1931 米 未 The Great Lover 69, 70
一万の寝室 1957 米 未 Ten Thousand Bedrooms 309, 312, 694
一夜だけのスター 1936 米 未 Star for a Night 615
一夜のための五つの枕 1974 西 未 Cinco almohadas para una noche 539, 552, 555, 800
一夜の物語 1933 独 未 Roman einer Nacht 516, 765
いつか私は戻る 1953 独 未 Einmal kehr' ich wieder 530, 780
いつ自殺するの？ 1932 西 未 ¿Cuándo te suicidas? 541, 792

邦題索引

一緒に歌いましょう　1952　英　未　Sing Along with Me　745
一緒に来てね　1966　西　未　Acompáñame　559, 799
一緒に航海　1938　英　未　Sailing Along　486, 487, 739
一緒にスウィング　1962　米　未　Swingin' Along　699
5つの銅貨　1959　米　公開　The Five Pennies　3, 304, 308, 695
イッツ・フライデー　1978　米　公開　Thank God, It's Friday　388, 394, 434, 477, 711
いつも健康に　1937　英　未　Keep Fit　492, 737
いつも上天気　1955　米　公開　It's Always Fair Weather　153, 259, 262, 265, 401, 402, 403, 690
いつも二番手　1943　米　未　Always a Bridesmaid　217, 229, 642
いつも微笑みを　1938　英　未　Keep Smiling　486, 738
偽りの栄光　1946　西　未　La mentira de la gloria　543, 794
偽りの警報　1945　仏　未　Fausse alerte　566, 806
イーディは淑女　1945　米　未　Eadie Was a Lady　233, 657
愛しい三人娘　1948　米　未　Three Daring Daughters　98, 103, 177, 672
いとしのアデリン　1934　米　公開　Sweet Adeline　69, 71, 604
田舎娘　1943　西　未　La patria chica　545, 794
田舎者　1942　米　未　Yokel Boy　642
命知らずの男　1931　独　未　Der Draufgänger　506, 760
生命の切札　1930　米　公開　Cameo Kirby　590
イベリア 魂のフラメンコ　2005　西　公開　Iberia　560, 561, 801
今は誰が彼女にキスしているのだろう　1947　米　未　I Wonder Who's Kissing Her Now　150, 325, 666, 843
今は誰の恋人でもない　1940　米　未　I'm Nobody's Sweetheart Now　234, 630
いやと言えない女　1930　米　未　She Couldn't Say No　594
イル・トロヴァトーレ　1949　伊　未　Il trovatore　573, 815
イレ・シャルマン　1932　仏　公開　Il est charmant　564, 804
いんちき商売　1931　米　公開　Monkey Bussiness　55, 56, 596
イントゥ・ザ・ウッズ　2014　米　公開　Into the Woods　414, 424, 451, 728

ウ

ヴァージニア　1941　米　未　Virginia　637
ヴァーモントの月明かり　1943　米　未　Moonlight in Vermont　216, 646
ヴァラエティ 50年祭　1943　英　未　Variety Jubilee　742
ヴァラエティ・ショー　1971　西　未　Varietés　552, 555, 800
ヴァラエティの回転木馬　1955　伊　未　Carosello del varietà　819
ヴァラエティの時間　1937　英　未　Variety Hour　738
ヴァレンシアの星　1933　独　未　Der Stern von Valencia　516, 765
ウィアリー・リヴァー　1929　米　公開　Weary River　589
ヴィヴァルディ、赤毛の司祭　2009　英　未　Vivaldi, the Red Priest　756
ヴィエンナの夜　1930　米　公開　Viennese Nights　286, 595
ヴィクターとヴィクトリア　1957　独　未　Viktor und Viktoria　527, 782
ヴィクトリアと彼女の軽騎兵　1931　独　未　Viktoria und ihr Husar　762
ウィズ　1978　米　公開　The Wiz　379, 386, 477, 711
ウィズ・ジョー・コッカー　1970　米　公開　Joe Cocker: Mad Dogs and Englishmen　408, 705
ヴィッジュの消防士　1949　伊　未　I pompieri di Viggiù　815
ヴィーナス以来ずっと　1944　米　未　Ever Since Venus　650
ヴィナスの接吻　1948　米　公開　One Touch of Venus　152, 167, 230, 362, 671
ヴィーナスの接吻　1955　米　TV　One Touch of Venus　459
ヴィナーワルツ 激しくも愛に燃えて…　1987　墺　公開　Johann Strauss - Der König ohne Krone　790
ウィーンからのワルツ　1934　英　未　Waltzes from Vienna　486, 733, 846
ウィーン気質　1942　独　未　Wiener Blut　513, 777
ウィンザーの陽気な女房たち　1950　独　未　Die lustigen Weiber von Windsor　529, 779
ウィンナ・ワルツ　1951　墺　未　Wiener Walzer　532

邦題索引

ウィーンの旋律　1947　墺　未　Wiener Melodien　526, 788
ウィーンの出来事　1940　独　未　Wiener G'schichten　530, 531, 775
維納の花嫁　1931　独　公開　Die lustigen Weiber von Wien　529, 761
ウィーンの別離　1954　仏　公開　Par ordre du tsar　807, 847
ウィーンの娘たち　1949　墺　未　Wiener Mädeln　788
ウィーンの森の物語　1963　米　公開　The Waltz King　371, 374, 699, 846
ウィーンは踊る　1951　墺　未　Wien tanzt　531, 789, 846
維納物語　1940　独　公開　Operette　775
ウエスタン・ロック　ザカライヤ　1971　米　公開　Zachariah　408, 706
ウエスト・サイド物語　1961　米　公開　West Side Story　4, 73, 270, 293, 352, 357, 359, 361, 362, 402, 471, 698
ウェスト・ポイント物語　1950　米　未　The West Point Story　205, 316, 318, 321, 323, 325, 678
ウェディング・シンガー　1998　米　公開　The Wedding Singer　720
ヴェネチアの赤　1989　伊　未　Rosso veneziano　832
ヴェネチアの夜　1942　独　未　Die Nacht in Venedig　533, 776
ヴェールのマヤ　1951　独　未　Die verschleierte Maja　514, 780
ウォーク・ザ・ライン　君につづく道　2005　米　公開　Walk the Line　724
ヴォーグ1938年版　1937　米　未　Vogues of 1938　620
ウォバッシュ街　1950　米　未　Wabash Avenue　143, 146, 678
ヴォルガ、ヴォルガ　1938　露　未　Volga - Volga　575, 577, 578, 834
ウォルドーフ・ホテルでの週末　1945　米　未　Week-End at the Waldorf　81
浮かれ姫君　1935　米　公開　Naughty Marietta　98, 99, 104, 403, 608
失われた地平線　1973　米　公開　Lost Horizon　387, 390, 707
うすのろ仲間　1936　米　未　Silly Billies　69, 614
嘘つきお嬢さん　1946　米　公開　Two Sisters from Boston　118, 132, 174, 175, 184, 665
歌い踊ってホットに　1940　米　未　Sing, Dance, Plenty Hot　226, 235, 632
歌う丘　1941　米　未　The Singing Hill　204
歌う愚か者　1939　独　未　Der singende Tor　774
歌う大捜査線　2003　米　未　The Singing Detective　723
歌、歌、歌　1953　伊　未　Canzoni, canzoni, canzoni　816
歌うために生まれた　1942　米　未　Born to Sing　155, 638
歌う保安官　1944　米　未　The Singing Sheriff　654
歌う街　1952　伊　未　La città canora　816
歌う若者　1936　米　未　The Singing Kid　17, 614
歌え、悪童たち　1938　米　未　Sing, You Sinners　58, 62, 222, 624
歌え、倅、歌え　1958　米　未　Sing, Boy, Sing　695
歌え！太陽　1960　伊　公開　Appuntamento a Ischia　821
歌え！ドミニク　1966　米　公開　The Singing Nun　277, 367, 702
歌えば幸せ　1937　米　未　Sing and Be Happy　619
歌え、隣人　1944　米　未　Sing, Neighbor, Sing　236, 654
歌え！ロレッタ　愛のために　1980　米　公開　Coal Miner's Daughter　712, 844
歌、接吻、娘　1932　独　未　Ein Lied, ein Kuß, ein Mädel　507, 529, 763
歌って、ベイビー　1936　米　未　Sing, Baby, Sing　84, 86, 614
歌の回転木馬　1958　伊　未　Carosello di canzoni　821
歌のキャラヴァン　1954　伊　未　Carovana di canzoni　818
歌の十課　1955　伊　未　Ore dieci lezione di canto　819
歌の翼　1935　米　公開　Love Me Forever　123, 124, 607
歌のテディ・ボーイズ　1960　伊　未　I Teddy boys della canzone　822
歌の並木道　1965　伊　未　Viale della canzone　824
歌の半世紀　1952　伊　未　Canzoni di mezzo secolo　571, 816
歌のひと時　1968　米　未　A Time to Sing　704
歌の人々　1946　アルゼンチン　未　La maja de los cantares　542, 803
歌は終わりぬ　1930　独　未　Das Lied ist aus　515, 529, 760

865

邦題索引

歌は世界を廻る　1933　独　未　Ein Lied geht um die Welt　522, 765
歌は世界を廻る　1958　独　未　Ein Lied geht um die Welt　522, 530, 783
唄は星空　1939　米　公開　East Side of Heaven　58, 63, 626
歌姫カルメーラ　1990　西　公開　¡Ay, Carmela!　560, 801
歌ふ捕物帖　1949　米　公開　Top o' the Morning　190, 194, 224, 675
歌ふ密使　1937　米　公開　The Firefly　98, 101, 116, 616
唄ふ陸戦隊　1937　米　公開　The Singing Marine　39, 45, 46, 209, 619
唄へ！踊れ！　1933　米　公開　Too Much Harmony　57, 59, 601
唄へ今宵を　1934　独　公開　Mein Herz ruft nach dir　504, 505, 506, 507, 573, 767
歌へ陽気に　1936　米　公開　The Gay Desperado　208, 612
歌わずにいられない　1944　米　未　Can't Help Singing　212, 214, 230, 649
打ち勝つために覗き回る　1944　英　未　He Snoops to Conquer　492, 742
内気の学校　1941　伊　未　La scuola dei timidi　813
有頂天時代　1930　米　公開　Good News　25, 77, 97, 591
有頂天時代　1936　米　公開　Swing Time　25, 73, 77, 78, 80, 144, 188, 401, 402, 615
美しいもの…それは私たち　1970　伊　未　Quelli belli... siamo noi　828
美しき青きドナウ　1972　米　公開　The Great Waltz　406, 407, 706, 846
美しきガラテア　1950　独　未　Die wunderschöne Galathee　514, 779
美しき記憶　1961　西　未　Bello recuerdo　556, 797
美しき水車小屋の娘　1948　仏　未　La belle meunière　806, 846
美しき水車小屋の娘　1954　独　未　Die schöne Müllerin　781
美しき世界　1957　独　未　Schön ist die Welt　530, 782
美しき冒険　1932　独　未　Das schöne Abenteuer　517, 764
美しき野獣　1936　米　公開　Klondike Annie　65, 66, 613
美しくなければ　1951　独　未　Schön muß man sein　514, 779
ウッドストック　1970　米　公開　Woodstock　378, 407, 483, 705
ウディ・ガスリー　わが心のふるさと　1976　米　公開　Bound for Glory　408, 709, 844
腕の男　1931　米　公開　Blonde Crazy　595
腕はたしかか　1930　米　公開　Are You There?　590
生まれながらの向う見ず　1959　米　未　Born Reckless　695
馬を手に入れて　1965　英　未　I've Gotta Horse　749
海の上のピアニスト　1999　伊　公開　La leggenda del pianista sull'oceano　832
海の無法者　1950　米　公開　Buccaneer's Girl　676
海は桃色　1936　米　公開　Anything Goes　58, 61, 125, 208, 209, 297, 299, 610, 691
海行かば　1935　米　公開　Shipmates Forever　38, 46, 609
海を渡る唄　1943　米　公開　The Amazing Mrs. Holliday　212, 213, 642
ウムベルト劇場　1958　伊　未　Teatro Umberto　821
裏切る唇　1933　米　公開　My Lips Betray　94, 509, 511, 600
裏庭フォリーズ　1940　米　未　Barnyard Follies　628
売られた花嫁　1932　独　未　Die verkaufte Braut　764
麗しのオテロ　1954　仏　未　La bella Otero　807
麗はしの巴里　1935　米　公開　Lottery Lover　607
美わしのロザリンダ　1955　英　公開　Oh... Rosalinda!!　483, 494, 495, 746
麗しのローラ　1962　西　未　La bella Lola　552, 554, 798
浮気成金　1930　米　公開　No, No, Nanette　24, 593
浮気名女優　1936　米　公開　Go West Young Man　65, 66, 612
運がいいね、スミスさん　1943　米　未　You're a Lucky Fellow, Mr. Smith　226, 648
運転手アントワネット　1932　独　未　Chauffeur Antoinette　762
運命とともに去りぬ　1942　独　未　Vom Schicksal verweht　776
運命の歌　1957　伊　未　La canzone del destino　820
運命の力　1950　伊　未　La forza del destino　573, 815
運命の呼び声　1953　仏　未　L'appel du destin　807

邦題索引

エ

永遠の調べ　1941　米　公開　New Wine　635, 846
永遠の微笑　1941　米　未　Smilin' Through　98, 102, 636
永遠のマリア・カラス　2002　伊　公開　Callas Forever　833
永遠の緑　1934　英　公開　Evergreen　486, 487, 732
永遠のモータウン　2002　米　公開　Standing in the Shadows of Motown　722
永遠のワルツ　1954　独　未　Ewiger Walzer　781, 846
栄光の裏通り　1952　米　未　Glory Alley　267
栄光の輝き　1929　米　未　Blaze O' Glory　585
栄光の都　1940　米　公開　City for Conquest　207
栄光は輝く　1919　米　公開　Belle of New York　8
英国航空隊の米兵　1941　米　未　A Yank in the R. A. F.　142
英国式の結婚　1934　独　未　Die englische Heirat　519, 520, 766
英国のどこかで　1940　英　未　Somewhere in England　740
8 Mile（エイトマイル）　2002　米　公開　8 Mile　436, 722
エクセルシオール　1913　伊　未　Excelsior　812
S氏の妻　1951　独　未　Die Frauen des Herrn S.　779
エスメラルダ海岸のヴァカンス　1968　伊　未　Vacanze sulla Costa Smeralda　827
エディ・カンター物語　1953　米　未　The Eddie Cantor Story　18, 684, 844
エディ・フォイ物語　1955　米　公開　The Seven Little Foys　205, 301, 303, 691, 844
エニシング・ゴーズ　1950　米　TV　Anything Goes　456
エビータ　1996　米　公開　Evita　413, 417, 484, 719
FM　1978　米　未　FM　408, 710
エフゲニー・オネーギン　1958　露　未　Yevgeni Onegin　582, 836
エルビス オン ステージ　1970　米　公開　Elvis: That's the Way It Is　336, 342, 407, 705
エルビス・オン・ツアー　1972　米　公開　Elvis on Tour　336, 342, 407, 706
エルマーがやって来た　1943　米　未　Here Comes Elmer　644
エルモと毛布の大冒険　1999　米　公開　The Adventures of Elmo in Grouchland　720
悲歌（エレジー）　1929　独　公開　Melodie des Herzens　500, 513, 758
エロイカ　1949　墺　公開　Eroica　788, 846
エロ大行進曲　1929　米　公開　On with the Show!　13, 26, 28, 588
円滑な恋　1932　英　未　Love on Wheels　730
エンリコ・カルーソー　声の伝説　1952　伊　未　Enrico Caruso: leggenda di una voce　816, 847

オ

お熱いのがお好き　1959　米　公開　Some Like It Hot　23, 63, 196, 253, 290, 291, 347, 696
おーい、ジャック　1934　英　未　Jack Ahoy　732
おい、新兵　1944　米　未　Hey, Rookie　233, 651
おーい、スカートさん　1952　米　未　Skirts Ahoy　148, 179, 182, 682
おーい、船　1942　米　未　Ship Ahoy　109, 111, 641
おい、若者たち　1959　米　未　Hey Boy! Hey Girl!　695
黄金の雨　1936　米　公開　Pennies from Heaven　58, 61, 425, 427, 613, 713
黄金の西部の中心　1942　米　未　Heart of the Golden West　236, 639
黄金の夢　1938　英　公開　We're Going to Be Rich　485, 739
黄金の夢　1958　メキシコ　未　Sueños de oro　548, 802
王様　1949　仏　公開　Le roi　52, 564, 806
王様とキャンドル夫人　1955　米　TV　The King and Mrs. Candle　458
王様と私　1956　米　公開　The King and I　252, 293, 295, 357, 471, 692
王様と私　1999　米　未　The King and I　453, 721
王さまの剣　1963　米　公開　The Sword in the Stone　351, 363, 371, 372, 699
王室騎馬隊のレンフルー　1937　米　未　Renfrew of the Royal Mounted　618
王のラプソディ　1955　英　未　King's Rhapsody　490, 491, 746

邦題索引

王は踊る 2000 仏 公開 Le roi danse 811
おお、痛たたた！ 1953 メキシコ 未 ¡Ay, pena, penita, pena! 547, 802
大いなる愛 1942 独 未 Die große Liebe 527, 776
大いなる魅力 1931 独 未 Die große Attraktion 503, 761
狼の唄 1929 米 公開 Wolf Song 589
大気楽 1963 伊 未 Scanzonatissimo 823
大げさにする 1944 米 未 Take It Big 655
大騒ぎ 1940 米 未 Hullabaloo 152, 630
おかしな二人 1941 独 未 Männerwirtschaft 776
オー！カルカッタ！ 1972 米 公開 Oh! Calcutta! 383, 707
お気に入りの黒髪娘 1947 米 未 My Favorite Brunette 199, 667
奥様お手をどうぞ 1929 独 未 Ich küsse Ihre Hand, Madame 500, 503, 514, 758
奥様は唄に首ったけ 1946 仏 未 Histoire de chanter 806
奥様はジャズがお好き 1955 米 公開 Ain't Misbehavin' 688
奥様は芳紀17才 1954 米 公開 Susan Slept Here 688
オクラホマ！ 1955 米 公開 Oklahoma! 250, 251, 252, 292, 293, 294, 295, 323, 326, 357, 402, 471, 690
オクラホマ・アニー 1952 米 未 Oklahoma Annie 237, 682
OK・ネロ 1951 伊 公開 O. K. Nero 816
オーケストラ！ 2009 仏 公開 Le Concert 812
オーケストラの少女 1937 米 公開 One Hundred Men and a Girl 121, 618
オーケストラの妻たち 1942 米 未 Orchestra Wives 640
オザークのジョーン 1942 米 未 Joan of Ozark 237, 639
幼な心 1958 墺 公開 Sag ja, Mutti 789
押し込み強盗 1930 独 未 Einbrecher 509, 513, 759
伯父さんありがとう、私も試してみます 1971 伊 未 Grazie zio, ci provo anch'io 828
鴛鴦（おしどり）の舞 1929 米 公開 It's a Great Life 25, 587
おしゃべり娘 1943 米 未 Chatterbox 237, 643
おしゃべり者 1934 米 未 Gift of Gab 602
お洒落王国 1931 独 公開 Ronny 513, 516, 517, 762
おしゃれキャット 1970 米 公開 The Aristocats 409, 705
おしゃれ地獄 1938 米 公開 Artists and Models Abroad 621
オーシャンと十一人の仲間 1960 米 公開 Ocean's Eleven 281, 282, 286, 309, 348, 366
オズの魔法使 1939 米 公開 The Wizard of Oz 3, 88, 101, 112, 113, 154, 155, 208, 379, 386, 396, 398, 401, 404, 525, 628, 708, 711, 853
オズへの帰還 1974 米 未 Journey Back to Oz 410, 708
オーダー・メイドの主人 1930 独 未 Der Herr auf Bestellung 529, 759
落ち着いていこう 1962 英 未 Play It Cool 748
夫は奇跡的経済復興 1961 独 未 Mein Mann, das Wirtschaftswunder 784
お転婆娘 1949 西 未 La revoltosa 547, 549, 795
おとぎの国の休日 1930 米 未 A Holiday in Storyland 111
男の心意気 1959 英 未 The Heart of a Man 747
男の魂 1935 米 公開 Under Pressure 610
男はそうあらねばならない 1939 独 未 Männer müssen so sein 773
男やもめのロドリゲス 1936 西 未 Don Viudo de Rodríguez 544, 793
踊っている間は歌って 1946 米 未 Sing While You Dance 664
音は大丈夫 1937 英 未 O-Kay for Sound 737
踊らん哉 1937 米 公開 Shall We Dance 73, 77, 80, 168, 619
踊り子サリー 1925 米 公開 Sally 8
踊りの後で 1935 米 未 After the Dance 24, 127, 605
踊るアイラブユー♪ 2014 英 公開 Walking on Sunshine 756
踊る脚 1936 米 未 Dancing Feet 611
踊るアメリカ艦隊 1936 米 公開 Born to Dance 108, 109, 239, 397, 399, 610

邦題索引

踊る奥様　1932　独　公開　Zwei Herzen und ein Schlag　509, 511, 764
踊る海賊　1936　米　公開　Dancing Pirate　231, 611
踊る海賊　1948　米　公開　The Pirate　157, 158, 169, 172, 259, 283, 398, 399, 672
踊るカレッヂ　1929　米　公開　Words and Music　589
踊る艦隊　1950　米　TV　Hit the Deck　456
踊る騎士　1937　米　公開　A Damsel in Distress　74, 78, 79, 616
踊る結婚式　1941　米　公開　You'll Never Get Rich　163, 164, 165, 231, 637
踊る恋人　1930　米　未　Dancing Sweeties　591
踊る三十七年　1936　米　公開　Gold Diggers of 1937　37, 39, 45, 46, 209, 612
踊る女子大生　1939　米　未　Dancing Co-Ed　184, 626
踊る人生　1929　米　公開　The Dance of Life　23, 143, 146, 586, 673
踊る大紐育　1949　米　公開　On the Town　42, 154, 169, 171, 173, 187, 255, 259, 262, 265, 266, 281, 398, 403, 674, 784
踊る太陽　1965　米　公開　Beach Ball　700
踊るニュウ・ヨーク　1940　米　公開　Broadway Melody of 1940　108, 127, 131, 154, 163, 396, 404, 629
踊るのよ、フランチェスカ！　1998　米　公開　Franchesca Page　720
踊る不夜城　1937　米　公開　Broadway Melody of 1938　108, 110, 111, 127, 397, 398, 403, 616
踊るブロードウェイ　1935　米　公開　Broadway Melody of 1936　26, 108, 109, 238, 399, 401, 605
踊るホノルル　1939　米　公開　Honolulu　108, 110, 401, 626
踊る娘達　1928　米　公開　Our Dancing Daughters　97
踊るロマンス　1937　英　公開　Paradise for Two　738
踊れ可愛い娘　1932　英　未　Dance Pretty Lady　730
踊れ！サーフィン　1964　米　公開　For Those Who Think Young　699
踊れトスカーナ！　1996　伊　公開　Il Ciclone　832
踊れ、娘たち　1933　米　未　Dance, Girl, Dance　598
踊れ、娘たち　1940　米　未　Dance, Girl, Dance　184, 185, 629
おばあちゃん、助けて　1959　西　未　S. O. S., abuelita　551, 797
お馬鹿さん　1941　米　未　Puddin' Head　237, 635
お化け大統領　1932　米　公開　The Phantom President　117, 597
お化け捕獲人　1944　米　未　Ghost Catchers　216, 650
お化け、流行に乗る　1966　英　未　The Ghost Goes Gear　750
お化け列車　1941　英　未　The Ghost Train　741
お針子さん　1926　米　未　Mademoiselle Modiste　8
お針子さん　1951　米　TV　Mlle. Modiste　456
オーパンリンク　1936　墺　未　Opernring　505, 506, 573, 788
お姫様大行進　1934　米　公開　Flirtation Walk　38, 46, 602
オペラ座の怪人　2004　英　公開　The Phantom of the Opera　105, 388, 413, 419, 484, 708, 756
オペラ座の仮装舞踏会　1931　独　未　Opernredoute　515, 761
オペラ座の舞踏会　1939　独　未　Opernball　530, 531, 774
オペラ座の舞踏会　1956　墺　未　Opernball　527, 789
オペラに夢中　1948　伊　未　Follie per l'opera　815
オペラの怪人　1943　米　公開　Phantom of the Opera　104, 105, 225, 419, 646
オペラは踊る　1935　米　公開　A Night at the Opera　56, 106, 116, 399, 400, 608
オペレッタの王様　1939　米　公開　The Great Victor Herbert　116, 200, 225, 626, 843
お前はもう陸軍にいるんだぞ　1941　米　未　You're in the Army Now　118, 209
思いがけずに　1931　英　未　Out of the Blue　486, 729
思い出のフォックス・ミュージカル　1974　米　TV　Fred Astaire Salutes the Fox Musicals　389, 405, 708
想い出のマルセイユ　1988　仏　公開　Trois places pour le 26　565, 567, 568, 569, 810
思い出よありがとう　1938　米　未　Thanks for the Memory　195, 196, 625
想う心を花に託して　1934　英　未　Say It with Flowers　733
おもかげ　1935　伊　公開　Casta diva　507, 508, 570, 571, 573, 812, 818, 846

邦題索引

おもちゃの王国 1961 米 公開 Babes in Toyland 209, 371, 373, 697
玩具の国 1934 米 公開 Babes in Toyland 117, 226, 373, 601
おもちゃの国の子供たち 1950 米 TV Babes in Toyland 456
おもちゃの国の子供たち 1954 米 TV Babes in Toyland 457
おもちゃの国の子供たち 1986 米 TV Babes in Toyland 464, 715
おもちゃの国を救え！ 1997 米 未 Babes in Toyland 373, 720
思ひ出の曲 1936 独 公開 Das Hofkonzert 507, 508, 526, 769
思ひ出の円舞曲(ワルツ) 1938 独 公開 Verklungene Melodie 772
親なしの赤ん坊 1937 米 未 Nobody's Baby 64, 618
親に似た子供 1944 米 未 Chip Off the Old Block 222, 224, 650
親指トム 1958 英 公開 Tom Thum 270, 486, 747
オリバー！ 1968 米 公開 Oliver! 359, 364, 387, 389, 419, 484, 495, 704
オリバー ニューヨーク子猫ものがたり 1988 米 公開 Oliver & Company 364, 444, 716
オリムパス7000番 1966 米 TV Olympus 7-000 462
オール・ザット・ジャズ 1979 米 公開 All That Jazz 388, 395, 711, 845
折れた羽根の天使 1941 米 未 Angels with Broken Wings 227, 632
俺の仲間 1944 米 未 My Buddy 236, 653
俺の問題だ 1937 米 未 This Is My Affair 619
お若いデス 1955 米 公開 You're Never Too Young 309, 312
終わりなき踊り 1947 米 未 The Unfinished Dance 264, 473, 669
終わりはいつもこのように 1939 伊 未 Finisce sempre così 813
音楽会のスターたち 1952 露 未 Kontsert masterov iskusstv 581, 836
音楽窃盗 1943 米 未 Larceny with Music 226, 645
音楽で高飛び 1942 米 未 Flying with Music 638
音楽で復讐 1951 米 TV Revenge with Music 456
音楽なき土地 1936 英 未 Land without Music 118, 503, 504, 736
音楽に直面して 1941 英 未 Facing the Music 740
音楽の祭典 1956 米 TV Festival of Music 458
音楽の祭典2 1956 米 TV Festival of Music II 458
音楽の山から来た男 1943 米 未 Man from Music Mountain 236, 645
音楽は魅力を持つ 1935 英 未 Music Hath Charms 734
音楽への戦い 1945 英 未 Battle for Music 743
音楽娘 1942 米 未 Juke Girl 639
音楽物語 1941 露 未 Muzykalnaya istoriya 581, 835
温泉の女将 1951 伊 未 Il padrone del vapore 816
女が黙るとき 1937 独 未 Wenn Frauen schweigen 526, 771
女こそ優れた外交官 1941 独 未 Frauen sind doch bessere Diplomaten 513, 523, 525, 776
女たらし 1947 米 未 Ladies' Man 667
女と樽と狙撃兵 1968 伊 未 Donne, botte e bersaglieri 827
女に賭けるな 1931 米 公開 Don't Bet on Women 50
女の愛 女の苦しみ 1937 独 未 Frauenliebe - Frauenleid 769
女の子が多すぎる 1940 米 未 Too Many Girls 184, 185, 232, 239, 632
女の子が世界に巻き起こす旋風 1933 独 未 Ein Mädel wirbelt durch die Welt 765
女の子大殺到 1944 米 未 Girl Rush 239, 650
女の子たちがやって来る 1953 米 未 Here Come the Girls 227, 301, 302, 685
女の子に夢中 1943 米 未 Girl Crazy 39, 115, 156, 157, 160, 183, 398, 399, 597, 644, 701
女の子はあなたを忘れない 1933 独 未 So ein Mädel vergißt man nicht 765
女の子を連れて来い 1945 米 未 Bring on the Girls 204, 656
女は女である 1961 仏 公開 Une femme est une femme 808
女はそれを我慢できない 1956 米 公開 The Girl Can't Help It 691
女は天使じゃない 1943 独 未 Frauen sind keine Engel 530, 531, 777
女暴君 1958 西 未 La tirana 551, 796
女を学んだ二人 1930 米 未 They Learned about Women 97, 173, 595

邦題索引

オンリー・ユー　1994　米　公開　Only You　718

カ

母ちゃん、彼が色目を使うの　1940　米　未　Ma, He's Making Eyes at Me　234, 630
階下の娘　1938　米　未　The Girl Downstairs　522, 622
会議は踊る　1931　独　公開　Der Kongreß tanzt　194, 509, 510, 513, 599, 600, 601, 761
会議は踊る　1955　墺　未　Der Kongreß tanzt　531, 789
海軍婦人予備隊がやって来る　1944　米　未　Here Come the Waves　182, 190, 192, 200, 651
海軍婦人予備隊員、陸軍婦人隊員と海兵隊員　1944　米　未　A Wave, a Wac and a Marine　655
海軍をご紹介　1946　英　未　Meet the Navy　744
悔恨のミュージック　2008　米　未　The Music of Regret　726
怪獣島の大冒険　1970　米　未　Pufnstuf　705
海上ジャズ大学　1930　米　公開　Heads Up　23, 591
海賊　1938　米　公開　The Buccaneer　521
快賊ディアボロ　1933　米　公開　The Devil's Brother　117
海賊ラジオ　1935　英　未　Radio Pirates　735
回転木馬　1937　独　未　Karussell　523, 770
回転木馬　1956　米　公開　Carousel　252, 292, 293, 294, 295, 323, 357, 402, 691
回転木馬　1967　米　TV　Carousel　461
街道の歌　1944　米　未　Song of the Open Road　177, 654
海兵隊を召集せよ　1942　米　未　Call Out the Marines　638
海洋児　1940　米　公開　Captain Caution　629
カイロ　1942　米　未　Cairo　98, 103, 638
カイロの結婚　1933　独　公開　Saison in Kairo　513, 519, 765
カインの娘たち　1959　西　未　Las de Caín　548
カヴァレリア・ルスティカーナ　1939　伊　未　Cavalleria rusticana　813
カヴァレリア・ルスティカーナ　1955　伊　未　Cavalleria rusticana　573, 819
カヴァレリア・ルスティカーナ　1982　伊　未　Cavalleria rusticana　830
カウボーイ二等兵　1942　米　未　Private Buckaroo　217, 222, 223, 640
カウボーイの接待所　1944　米　未　Cowboy Canteen　130, 228, 650
帰らざる河　1954　米　公開　River of No Return　290, 291
画家とモデル　1937　米　公開　Artists and Models　208, 236, 312, 616, 621
画家とモデル　1955　米　公開　Artists and Models　309, 312, 348, 689
鏡の国のアリス　1966　米　TV　Alice Through the Looking Glass　462
輝くスター　1938　独　未　Es leuchten die Sterne　528, 771
輝く光　1930　米　未　Bright Lights　590
輝く瞳　1934　米　公開　Bright Eyes　35, 89, 90, 91, 405
輝くワルツ　1949　仏　未　Valse brillante　505, 506, 507, 806
輝け中秋の満月　1944　米　未　Shine on Harvest Moon　206, 207, 654, 843
輝ける道　1940　露　未　Svetlyy put　578, 834
夏期公演　1950　米　未　Summer Stock　157, 158, 173, 186, 252, 259, 260, 398, 403, 404, 677
学生怪死事件　1935　米　公開　College Scandal　226
拡声器　1934　米　未　The Loudspeaker　603
楽聖ショパン　1945　米　公開　A Song to Remember　248, 660, 847
楽聖ベートーヴェン　1936　仏　公開　Un grand amour de Beethoven　125, 564, 805, 846
楽隊車　1940　英　未　Band Waggon　740
カクタス・クリークのカーテン・コール　1950　米　未　Curtain Call at Cactus Creek　223, 676
楽団稼業　1943　米　未　Follow the Band　239, 643
楽団がやって来る　1935　米　未　Here Comes the Band　607
楽団リーダーが大好き　1945　米　未　I Love a Bandleader　658
楽団を鳴らせ　1947　米　未　Beat the Band　239, 665
確認また確認　1930　米　未　Check and Double Check　590
楽屋口接待所　1943　米　未　Stage Door Canteen　63, 126, 130, 137, 208, 484, 647

邦題索引

楽屋行進曲　1929　米　公開　Why Bring That Up?　589
火刑台上のジャンヌ・ダルク　1954　伊　未　Giovanna d'Arco al rogo　818
歌劇王カルーソ　1951　米　公開　The Great Caruso　154, 224, 279, 679, 847
影のある女　1945　米　未　Shady Lady　230, 660
影の女　1928　米　未　The Shady Lady　585
過去を持つ愛情　1955　仏　公開　Les amants du Tage　565, 807
カサノヴァの結婚　1940　独　未　Casanova heiratet　532, 774
カサブランカの夜　1963　西　公開　Noches de Casablanca　552, 554, 798
カサ・マナナ　1951　米　未　Casa Manana　678
賢い粉屋の女房　1955　西　未　La pícara molinera　549, 796
舵取りする女　1939　独　未　Frau am Steuer　509, 512, 513, 773
カジノ・ド・巴里　1935　米　公開　Go into Your Dance　14, 16, 22, 38, 606
カジノ・ド・パリ　1957　仏　公開　Casino de Paris　565, 808
火事は計画されていた　1935　英　未　A Fire Has Been Arranged　734
かしまし娘リタ　1966　伊　未　Rita la zanzara　825, 826
かしまし娘を放っておいて　1967　伊　未　Non stuzzicate la zanzara　826
ガーシュウィンの音楽　1956　米　TV　The Music of Gershwin　458
カストラート　1994　仏　公開　Farinelli　565, 810
ガスパローネ　1937　独　未　Gasparone　523, 524, 526, 770
風がうたってくれた歌　1947　伊　未　Il vento m'ha cantato una canzone　814
風に向かう我が歌　1939　伊　未　La mia canzone al vento　813
風の接吻　1934　米　公開　Melody in Spring　603
ガソリン・ボーイ三人組　1930　独　公開　Die Drei von der Tankstelle　509, 510, 513, 759
ガソリン・ボーイ三人組　1955　独　未　Die Drei von der Tankstelle　514, 781
カーゾン街のコートニー家　1947　英　未　The Courtneys of Curzon Street　489, 490, 744
肩にかかる虹　1952　米　未　Rainbow 'Round My Shoulder　327, 682
喝采　1929　米　公開　Applause　22, 224, 299, 585
喝采　1954　米　公開　The Country Girl　297, 299, 687
カッスル夫妻　1939　米　公開　The Story of Vernon and Irene Castle　73, 74, 79, 80, 468, 628, 845
合点！承知！　1934　米　公開　Shoot the Works　196, 207, 604
活発に　1935　米　未　To Beat the Band　610
搔払（かっぱらい）の一夜　1931　仏　公開　Un soir de rafle　564, 572, 804
カディスの美女　1953　仏　未　La belle de Cadix　549, 807
我田引水　1937　英　未　Feather Your Nest　492, 737
ガートとデイジーが片付ける　1942　英　未　Gert and Daisy Clean Up　741
悲しみのヴァイオリン　1986　仏　公開　La femme de ma vie　810
カーネギー・ホール　1947　米　公開　Carnegie Hall　81, 82, 665
彼女が恋人です　1944　米　未　She's a Sweetheart　228, 654
彼女がブロードウェイに戻ってきた　1953　米　公開　She's Back on Broadway　325, 326, 685
彼女好みの男　1946　米　未　Her Kind of Man　210, 662
彼女に音楽を　1935　英　未　She Shall Have Music　735
彼女に電話　1936　英　未　Give Her a Ring　735
彼女の名前はドンナ・ローザ　1969　伊　未　Il suo nome è Donna Rosa　827
彼女は上を行く　1938　英　未　Over She Goes　739
彼女は億万長者　1964　米　公開　I'd Rather Be Rich　213, 700
彼女は警官と結婚した　1939　米　未　She Married a Cop　627
彼女は大学でも働く　1952　米　未　She's Working Her Way Through College　325, 326, 682
彼女は二挺拳銃　1950　米　公開　A Ticket to Tomahawk　153, 677
彼女は必要なものを持っている　1943　米　未　She Has What It Takes　647
彼女は僕のだ　1943　米　未　She's for Me　229, 647
彼女は僕を愛さない　1934　米　公開　She Loves Me Not　57, 59, 604
彼女を解放したら大変だ　1958　独　未　Wehe, wenn sie losgelassen　533, 783
カバーガール　1944　米　公開　Cover Girl　169, 170, 188, 231, 650

カフェ・ソサエティ　1939　米　未　Café Society　626
カブリオラ　1965　西　未　Cabriola　557, 558, 799
カプリチオ　1938　独　公開　Capriccio　509, 512, 771
カプリ島の結婚　1956　伊　未　Ci sposeremo a Capri　819
南瓜おやじ　1936　米　公開　Poppy　613
カポーテの娘　1944　西　未　La maja del capote　545, 794
神々の寵児　1930　独　公開　Liebling der Götter　518, 519, 759
神に愛されし者　1936　英　未　Whom the Gods Love　736, 846
神はえこひいきしない　1956　米　TV　The Lord Don't Play Favorites　458
仮面の中のアリア　1988　ベルギー　公開　Le Maitre de Musique　838
カモに半分はやるな　1941　米　未　Never Give a Sucker an Even Break　216, 635
歌謡喫茶店　1951　アルゼンチン　未　Café Cantante　542, 803
からくり女王　1937　米　公開　Pick a Star　64, 117
ガラスの靴　1955　米　公開　The Glass Slipper　256, 267, 268, 689
カラミティ・ジェーン　1953　米　公開　Calamity Jane　277, 316, 320, 683
カリアンテ　1935　米　公開　In Caliente　39, 44, 236, 607
ガリヴァー旅行記　1939　米　公開　Gulliver's Travels　626, 634
カリフォルニアの星の下に　1948　米　未　Under California Stars　228, 672
カリフォルニア万才　1966　米　公開　Spinout　335, 336, 340, 702
カリプソ　1958　伊　未　Calypso　820
ガール！ガール！ガール！　1962　米　公開　Girls! Girls! Girls!　335, 338, 698
カルセレラス　1932　西　未　Carceleras　542, 792
ガルデルのギター　1949　西　未　La guitarra de Gardel　549, 794
カルメン　1948　米　公開　The Loves of Carmen　231
カルメン　1954　米　公開　Carmen Jones　405, 477, 479, 687
カルメン　1983　西　公開　Carmen　557, 560, 801
カルメン　1984　仏　公開　Carmen　565, 810
カルメン狂想曲　1933　独　公開　Viktor und Viktoria　428, 487, 501, 512, 519, 520, 734, 765, 782
カルメン ヒップ・オペラ　2001　米　TV　Carmen: A Hip Hopera　722
カルロ　1934　米　公開　Student Tour　104, 118, 142, 604
カレイドスコープ　1955　米　TV　Kaleidoscope　457
華麗なるバレエ　1960　露　公開　Sekret uspekha　836
カレッヂ・リズム　1934　米　公開　College Rhythm　64, 207, 209, 602
彼のせいで　1946　米　未　Because of Him　212, 215, 661
彼の前に全ローマが震える　1946　伊　未　Avanti a lui tremava tutta Roma　573, 814
彼はスターを見つけた　1941　英　未　He Found a Star　741
彼は私の男　1943　米　未　He's My Guy　240, 644
かれらに音楽を　1939　米　公開　They Shall Have Music　628
カレンダー・ガール　1947　米　未　Calendar Girl　228, 665
カロライナの弾丸特急　1955　米　未　Carolina Cannonball　237, 689
カロライナのブルース　1944　米　未　Carolina Blues　233, 650
可愛いオデイ　1935　米　公開　Paddy O'Day　231, 608
可愛い餓鬼娘　1938　米　公開　Little Miss Roughneck　623
可愛い白ねずみ　1964　独　未　Geliebte weiße Maus　785
可愛いマーカちゃん　1934　米　公開　Little Miss Marker　89, 90, 198, 603
可愛らしい　1933　米　未　Adorable　83, 598
可愛らしい　1945　米　未　Easy to Look At　216, 657
河での巡航　1953　米　未　Cruisin' Down the River　155, 227, 684
川のリズム　1940　米　未　Rhythm on the River　190, 191, 200, 631
河宿の夜　1930　米　公開　Roadhouse Nights　22, 117, 594
カンカン　1960　米　公開　Can-Can　53, 282, 285, 348, 357, 400, 405, 696
監獄ブルース　1942　米　未　Jail House Blues　230, 639
監獄ロック　1957　米　公開　Jailhouse Rock　314, 315, 404, 693

邦題索引

歓呼の嵐　1934　米　公開　Stand Up and Cheer　27, 35, 89, 90, 93, 604
カンザス・シティ　1996　米　公開　Kansas City　719
カンザス・シティのキティ　1944　米　未　Kansas City Kitty　228, 652
歓声をスウィングさせろ　1938　米　未　Swing That Cheer　234, 625
間奏楽　1937　米　公開　When You're in Love　123, 124, 620
間奏曲　1936　独　未　Intermezzo　769
艦隊歓迎　1932　英　公開　The Midshipmaid　486, 730
艦隊入港　1942　米　未　The Fleet's In　199, 200, 201, 638
艦隊は踊る　1930　米　未　Hit the Deck　591
艦隊は踊る　1955　米　公開　Hit the Deck　154, 266, 270, 273, 275, 276, 398, 689
艦隊を追って　1936　米　公開　Follow the Fleet　73, 76, 77, 80, 275, 427, 527, 611
カンタヴィルの亡霊　1966　米　TV　The Canterville Ghost　462
カンタジロ音楽祭の叫び　1963　伊　未　Urlo contro melodia nel Cantagiro 1963　827
カンターの闘牛士　1932　米　公開　The Kid from Spain　18, 19, 38, 43, 64, 142, 209, 597
カントリー音楽の休日　1958　米　未　Country Music Holiday　694
缶の中の結婚　1939　独　未　Ehe in Dosen　773
乾杯の唄　1934　米　公開　George White's Scandals　26, 83, 84, 118, 128, 509, 602
甲板の海兵　1967　伊　未　Marinai in coperta　826
歓楽の孤児　1930　米　公開　Children of Pleasure　25, 591

キ

聞いて、あなた　1938　米　未　Listen, Darling　112, 113, 399, 623
聞いてね　1957　伊　未　Ascoltami　820
消え行くヴァージニア州人　1942　米　未　The Vanishing Virginian　174, 642
帰還　1940　伊　未　Ritorno　530, 531, 533, 813
気球はあがる　1942　英　未　The Balloon Goes Up　741
危険な踊り　1938　独　未　Der Tanz auf dem Vulkan　772
危険な母親たち　1960　伊　未　Madri pericolose　822
騎士が勇猛だった頃　1936　英　未　When Knights Were Bold　488, 489, 736
起床　1941　米　未　Rise and Shine　127, 635
傷だらけのアイドル　1967　英　公開　Privilege　750
キス・ミー・ケイト　1953　米　公開　Kiss Me Kate　154, 251, 266, 270, 272, 277, 399, 402, 472, 685
キス・ミー・ケイト　1958　米　TV　Kiss Me Kate　459
キスメット　1955　米　未　Kismet　224, 277, 278, 357, 690
キスメット　1967　米　TV　Kismet　461
奇跡のシンフォニー　2007　米　公開　August Rush　725
貴族の称号　1932　英　未　His Lordship　730
ギター弾きの恋　1999　米　公開　Sweet and Lowdown　655, 721
気違い馬鹿　1931　米　未　Cracked Nuts　68
貴重な娘　1967　伊　未　Una ragazza tutta d'oro　826
キッスン・カズン　1964　米　公開　Kissin' Cousins　326, 335, 338, 700
キテの場　1951　西　未　Tercio de quites　543, 795
来て見て奪って　1984　伊　未　Venni vidi e m'arrapaoh　831
キートンのエキストラ　1930　米　公開　Free and Easy　117, 397, 591
キートンの歌劇王　1932　米　公開　Speak Easily　117, 396
絹の靴下　1957　米　公開　Silk Stockings　210, 252, 253, 256, 257, 265, 399, 402, 404, 694
樹のアイーダ　2001　伊　未　Aida degli alberi　833
気のない素振り　1938　米　未　Hard to Get　47, 622
厳しい歩み　デューイ・コックス物語　2007　米　未　Walk Hard: The Dewey Cox Story　726
希望音楽会　1940　独　公開　Wunschkonzert　131, 523, 524, 775
気儘時代　1938　米　公開　Carefree　73, 79, 80, 621
気ままな恋人　1929　米　未　The Vagabond Lover　127, 589
君がスージーを知っていたなら　1948　米　未　If You Knew Susie　18, 20, 670

君がために歌う　1934　西　未　Yo canto para ti　540, 792
君がため我は歌わん　1971　米　TV　Of Thee I Sing　463
君こそそれだ　1941　米　未　You're the One　637
君知るや南の国　1953　米　公開　Sombrero　265, 686
君知るやわが悩み　1929　米　公開　Footlights and Fools　586
君と唄へば　1934　米　公開　I Like It That Way　114, 603
君と踊れば　1936　英　公開　It's Love Again　486, 487, 736
君と過ごしたあの夜　1945　米　未　That Night with You　225, 660
君とひととき　1932　米　公開　One Hour with You　48, 50, 51, 597
君に捧げるタンゴ　1930　独　未　Ein Tango für Dich　529, 760
君には負けた　1948　米　未　I Surrender Dear　216, 670
君にワルツを一曲　1934　独　未　Ein Walzer für dich　767
君の愛のために　1933　英　未　For Love of You　572, 731
君の恋人になろう　1945　英　未　I'll Be Your Sweetheart　743
君の幸運の星にありがとう　1943　米　未　Thank Your Lucky Stars　18, 130, 134, 135, 205, 206, 207, 208, 648
君の微笑むとき　1950　米　未　When You're Smiling　327, 678
君はヴェルター湖の薔薇　1952　独　未　Du bist die Rose vom Wörthersee　531, 532, 786
君は覚えているだろう　1940　英　未　You Will Remember　740, 845
君はカーニバルで雇われているの？　1948　米　未　Are You with It?　222, 669
君は綺麗な娘さん　1949　米　未　Oh, You Beautiful Doll　150, 674, 845
君は僕のすべて　1949　米　未　You're My Everything　153, 254, 675
君は僕のためのもの　1948　米　未　You Were Meant for Me　149, 153, 673
君は僕のものだから　1952　米　未　Because You're Mine　279, 681
君は見出すだろう　1940　米　未　You'll Find Out　632
君は良い人、チャーリー・ブラウン　1973　米　TV　You're a Good Man, Charlie Brown　459, 463
君は良い人、チャーリー・ブラウン　1985　米　TV　You're a Good Man, Charlie Brown　464, 715
君若き頃　1937　米　公開　Maytime　98, 100, 102, 104, 490, 617
君を愛すと言う時　1967　伊　未　Quando dico che ti amo　826
君を夢みて　1934　独　公開　Ich kenn' dich nicht und liebe dich　529, 766
君を呼ぶタンゴ　1939　アルゼンチン　公開　La Vida de Carlos Gardel　803
キメラ　1968　伊　未　Chimera　827
脚線価千金　1930　米　公開　The Golden Calf　591
キャグニー ハリウッドへ行く　1937　米　未　Something to Sing About　151, 205, 619
キャスリーン　1941　米　未　Kathleen　89, 93, 634
脚光ヴァラエティ　1951　米　未　Footlight Varieties　678
脚光セレナーデ　1942　米　未　Footlight Serenade　143, 144, 209, 638
脚光を浴びたスターたち　1954　伊　未　Assi alla ribalta　817
キャッチ・マイ・ソウル　1974　英　未　Catch My Soul　408, 751
キャッツ　1998　英　TV　Cats　465, 755
キャデラック・レコード 音楽でアメリカを変えた人々の物語　2008　米　公開　Cadillac Records　425, 434, 726
キャバレー　1972　米　公開　Cabaret　355, 379, 382, 432, 706
キャバレエの鍵穴　1933　米　公開　Broadway Thru a Keyhole　128, 202, 598
キャメロット　1967　米　公開　Camelot　358, 363, 365, 372, 702
キャラヴァン　1934　米　公開　Caravan　601
キャリア・ガール　1944　米　未　Career Girl　239, 649
ギャング・ワー　1928　米　公開　Gang War　585
キャンパスの恋人　1941　米　未　Sweetheart of the Campus　38, 636
キャンパスの探偵　1948　米　未　Campus Sleuth　669
キャンパスのハネムーン　1948　米　未　Campus Honeymoon　669
キャンパスのリズム　1943　米　未　Campus Rhythm　227, 643
キャンプ　2003　米　公開　Camp　425, 433, 723

邦題索引

休暇のどこかで 1943 英 未 Somewhere on Leave 742
求婚大作戦 1958 米 未 The Girl Most Likely 270, 273, 276, 694
休日 1956 米 TV Holiday 458
牛乳配達人 1950 米 未 The Milkman 119, 223, 676
キューバの恋唄 1931 米 公開 Cuban Love Song 98, 117, 595
キューバのピート 1946 米 未 Cuban Pete 662
清い心を持っていた黒人 1934 西 未 El negro que tenía el alma blanca 540, 543, 792
今日が問題だ 1933 独 未 Heut Kommts Drauf an 764
行儀悪いけど素敵 1939 米 未 Naughty But Nice 47, 207, 627
共同経営者をうまくのせろ 1943 米 未 Swing Your Partner 648
狂熱のツイスト 1961 米 公開 Twist Around the Clock 698
今日は散歩 1961 独 未 Heute gehn wir bummeln 784
狂乱のモンテカルロ 1931 独 公開 Bomben auf Monte Carlo 517, 518, 760
虚栄の花 1943 米 公開 The Hard Way 166, 206, 208, 644
曲芸師 1930 独 未 Les saltimbanques 516, 760
曲を作ろう 1941 米 未 Let's Make Music 634
巨星ジーグフェルド 1936 米 公開 The Great Ziegfeld 21, 116, 119, 159, 206, 208, 396, 612, 844
清らかな女神よ 1954 伊 未 Casta diva 573, 818
キラーニーの百合 1934 英 未 Lily of Killarney 732
燦めく銀星 1938 米 公開 My Lucky Star 93, 94, 624
きらめくスターのリズム 1942 米 未 Star Spangled Rhythm 47, 130, 132, 190, 200, 225, 328, 641
ギリシャ街 1930 英 未 Greek Street 729
キルシュのチョコレート・ケーキ 1958 独 未 Schwarzwälder Kirsch 530, 783
ギルバートとサリヴァン物語 1953 英 未 The Story of Gilbert and Sullivan 745, 847
綺麗な脚を前に 1943 米 未 Best Foot Forward 185, 186, 403, 642
綺麗な脚を前に 1954 米 TV Best Foot Forward 457
疑惑の愛情 1959 米 未 Hound-Dog Man 695
銀色のスケート 1943 米 未 Silver Skates 647
金額制限なし 1937 英 未 The Sky's the Limit 488, 489, 738
キング・オブ・ジャズ 1930 米 公開 King of Jazz 13, 26, 29, 120, 592
銀月の光で 1953 米 未 By the Light of the Silvery Moon 316, 319, 320, 323, 683
禁じられた歌 1956 伊 未 Canzone proibita 819
禁じられたエロチカ 1978 伊 未 Proibito erotico 829
銀の靴 1939 米 公開 First Love 121, 122, 131, 230, 626
銀の靴 1951 英 公開 Happy Go Lovely 122, 266, 745
金髪騒動 1937 米 公開 Blonde Trouble 226
金髪のカルメン 1935 独 未 Die Blonde Carmen 507, 767
金髪娘が多過ぎる 1941 米 未 Too Many Blondes 128, 637
金髪娘の身代金 1945 米 未 Blonde Ransom 656
銀盤の女王 1936 米 公開 One in a Million 93, 151, 405, 613
銀盤のリズム 1956 墺 公開 Symphonie in Gold 789
銀嶺セレナーデ 1941 米 公開 Sun Valley Serenade 93, 95, 132, 636
銀嶺の王者 1960 日 公開 Der König der silbernen Berge 533
銀嶺のスタア 1939 米 未 Second Fiddle 93, 94, 128, 627

ク

クイック 1932 独 未 Quick 509, 764
クイロウと巨人 1963 米 TV Quillow and the Giant 463
クインシーの冒険 1979 英 未 Quincy's Quest 459, 495, 753
空中劇場 1937 独 公開 Truxa 528, 770
空中散歩 1936 米 公開 Walking on Air 615
空中大曲芸団 1930 米 公開 Swing High 82, 595
空中レヴュー時代 1933 米 公開 Flying Down to Rio 36, 73, 74, 75, 80, 381, 599

クカラチャ 1934 米 公開 La Cucaracha 13
愚妻 1952 独 未 Meine Frau macht Dummheiten 530, 780
くたばれヤンキース 1958 米 公開 Damn Yankees! 326, 357, 694
くたばれヤンキース 1967 米 TV Damn Yankees 461
下らぬものを盗むな 1959 米 未 Never Steal Anything Small 205, 292, 696
口笛を吹くだろう 1936 英 未 This'll Make You Whistle 488, 736
グッド・ニュース 1947 米 未 Good News 184, 396, 403, 666
靴屋の大将 1932 仏 公開 Le roi du cirage 564, 805
クッラ・ベレータ 1956 西 未 Curra Veleta 550, 796
靴を脱いだ女 1937 米 公開 The Life of the Party 232, 617
口説く 1955 アルゼンチン 未 Requiebro 549, 803
苦悩する王様 1940 西 未 El rey que rabió 543, 793
クバンのコサック 1949 露 未 Kubanskie kazaki 575, 579, 835
グフマンを待ちながら 1996 米 未 Waiting for Guffman 425, 432, 719
クマのプーさん 1977 米 公開 The Many Adventures of Winnie the Pooh 409
雲の流れ去るまで 1946 米 未 Till the Clouds Roll By 158, 174, 179, 184, 188, 254, 264, 269, 281, 400, 403, 404, 665, 843
雲を日光で彩れ 1951 米 未 Painting the Clouds with Sunshine 206, 325, 326, 680
暗い日 1943 独 未 Der dunkle Tag 530, 531
暗い夜 1939 米 未 One Dark Night 627
暗がりで踊る 1949 米 未 Dancing in the Dark 673
グラストンバリー・フェア 1973 英 未 Glastonbury Fayre 751
鞍の上でスウィング 1944 米 未 Swing in the Saddle 228, 655
グラマー娘 1942 米 未 Sweater Girl 641
グランド・キャニオンの小路 1948 米 未 Grand Canyon Trail 228, 670
グランド・ホテルの一夜 1931 独 未 Eine Nacht im Grandhotel 507, 761
glee グリー 2009 米 TV glee 466
glee グリー ザ・コンサート 3Dムービー 2011 米 公開 Glee: The 3D Concert Movie 466
グリース 1978 米 公開 Grease 344, 345, 380, 385, 425, 428, 710
グリース2 1982 米 公開 Grease 2 386, 425, 428, 713
クリスティーナ・グスマン 1968 西 未 Cristina Guzmán 560, 800
クリスマス・キャロル 1954 米 TV A Christmas Carol 459
クリスマス・キャロル 1970 英 公開 Scrooge 387, 389, 751
クリスマス・キャロル 2004 米 TV A Christmas Carol 465, 723
クリスマスの休暇 1944 米 公開 Christmas Holiday 212, 214
グリース・ロック 1979 伊 未 Brillantina Rock 830
グリッター 2001 米 公開 Glitter 722
グリニッチ・ヴィレッジ 1944 米 未 Greenwich Village 147, 148, 150, 151, 651
クリビアにおまかせ！ 2002 オランダ 公開 Ja zuster, nee zuster 838
グリンカ 1946 露 公開 Glinka 578, 835, 847
グリンチはどうやってクリスマスを盗んだのか 1966 米 TV Dr. Seuss' How the Grinch Stole Christmas 463
狂った歌の世界 1964 伊 未 Questo pazzo, pazzo mondo della canzone 824
狂った心…凶暴性の狂人 1967 伊 未 Cuore matto... matto da legare 825
狂った青春 1965 西 未 Loca juventud 556, 799
狂っちゃいねえぜ 1960 英 公開 Beat Girl 748
クルーナー歌手 1932 米 未 Crooner 597
クレイジー・ジャンボリー 1964 米 公開 Get Yourself a College Girl 699
グレイス・オブ・マイ・ハート 1996 米 公開 Grace of My Heart 719
グレイスの今週 1933 英 未 This Week of Grace 485, 731
グレイト・ガッボ 1929 米 公開 The Great Gabbo 586
クレイドル・ウィル・ロック 1999 米 公開 Cradle Will Rock 425, 432, 721
グレート・ワルツ 1938 米 公開 The Great Waltz 374, 399, 406, 407, 622, 846

邦題索引

グレート・ワルツ　1955　米　TV　The Great Waltz　457
グレン・ミラー物語　1954　米　公開　The Glenn Miller Story　3, 184, 239, 327, 328, 687, 844
黒い稲妻　1958　独　公開　Der schwarze Blitz　533, 783
黒いオルフェ　1959　仏　公開　Orfeu Negro　808
黒い瞳　1951　独　未　Schwarze Augen　530, 779
黒い瞳の女　1939　アルゼンチン　公開　La vida es un tango　803
黒い森の旋律　1956　独　未　Schwarzwaldmelodie　530, 781
クローヴァーの娘　1964　西　未　La chica del trébol　559, 798
黒髪と金髪　1933　西　未　Una morena y una rubia　542, 792
クロークの優しい娘　1944　米　未　Hat Check Honey　229, 651
グロリア・マイレーナ　1952　西　未　Gloria Mairena　546, 795
軍曹、大学へ行く　1947　米　未　Sarge Goes to College　668

ケ

敬愛なるベートーヴェン　2006　米　公開　Copying Beethoven　724
警官は使わない　1940　英　未　Spare a Copper　492, 740
警官ロック　1990　米　TV　Cop Rock　465
軽騎兵　1935　独　未　Leichte Kavallerie　501, 523, 767
脛骨横丁　1971　米　未　Shinbone Alley　410, 706
芸人ホテル　1944　米　公開　Step Lively　107, 127, 186, 281, 282, 654
化粧の天使　1929　米　公開　The Painted Angel　588
気高きアラゴン娘　1935　西　未　Nobleza baturra　541, 792
けだもの組合　1930　米　公開　Animal Crackers　55, 56, 253, 590
月光の入り江で　1951　米　未　On Moonlight Bay　316, 319, 320, 323, 680, 683
月光の仮面舞踏会　1942　米　未　Moonlight Masquerade　228, 640
月光の曲　1930　米　公開　In Gay Madrid　592
月光の曲　1937　英　公開　Moonlight Sonata　737
結婚式の夜　1931　西　未　Su noche de bodas　541, 791
結婚する娘　1932　独　未　Mädchen zum Heiraten　518, 519, 763
結婚の根拠　1951　米　未　Grounds for Marriage　270, 272, 679
結婚の断層　1938　米　公開　The Lady Objects　230, 623
結婚は簡単　1946　米　未　Easy to Wed　179, 180, 183, 185, 662
決断の夜　1938　独　未　Die Nacht der Entscheidung　772
弦楽四重奏団のレナーテ　1939　独　未　Renate im Quartett　517, 774
喧嘩商会　1937　米　公開　On Again-Off Again　68
喧嘩商売　1930　米　公開　Queen High　80, 594
元気を出して笑おう　1930　米　未　Cheer Up and Smile　590
元気を出して笑おう　1935　英　未　Look Up and Laugh　485, 734
建国百年祭の夏　1946　米　未　Centennial Summer　149, 661
検察官閣下　1949　米　公開　The Inspector General　304, 306, 673
賢者の贈り物　1958　米　TV　Gift of Magi　460
拳銃に泣くトム・ドーリィ　1959　米　公開　The Legend of Tom Dooley　696
幻想　1941　独　未　Illusion　526, 776
幻想交響楽　1944　仏　公開　La symphonie fantastique　564, 806, 847
現代の持参金　1932　独　未　Moderne Mitgift　507, 763
ケンタッキーの月光　1938　米　未　Kentucky Moonshine　623
拳闘王　1930　独　未　Liebe im Ring　518, 519, 759
絢爛たる殺人　1934　米　公開　Murder at the Vanities　26, 207, 235, 501, 527, 604, 732, 788

コ

恋歌　1953　米　未　Torch Song　403, 686
恋歌を歌って　1936　米　未　Sing Me a Love Song　207, 614
恋多き女　1956　仏　公開　Elena et les homes　565

恋ごころ　1948　米　公開　For the Love of Mary　212, 216
恋するシャンソン　1997　仏　公開　On connaît la chanson　565, 811
恋する兵士　1983　伊　未　'O surdato 'nnammurato　831
恋と胃袋　1934　米　公開　We're Not Dressing　57, 59, 125, 605
恋と人生と笑い　1934　英　未　Love, Life and Laughter　485, 732
恋に生きた女ピアフ　1983　仏　未　Édith et Marcel　809
恋に生きる　1935　米　未　I Live for Love　39, 44, 607
恋の一夜　1934　米　公開　One Night of Love　123, 124, 604
恋の歌　1929　米　未　Song of Love　589
恋の歌　1935　米　公開　I Dream Too Much　81, 184, 607
恋の歌　2007　仏　未　Les chansons d'amour　812
恋の訪れ　1943　米　未　It Comes Up Love　216, 222, 646
恋のカーニバル　1943　独　未　Karneval der Liebe　526, 777
恋の花粉症　1944　米　未　Allergic to Love　649
恋のギター　1954　独　未　Gitarren der Liebe　781
恋の規範2　1970　伊　未　Amore Formula due　828
恋の急行　1931　独　未　Der Liebesexpreß　522, 761
恋の幸運　1929　米　未　Lucky in Love　587
恋の初演　1943　独　未　Liebespremiere　777
恋のスリル　1945　米　未　Thrill of a Romance　178, 180, 397, 661
恋のセレナーデ　1934　米　公開　Love Time　603, 846
恋の走馬灯　1929　米　公開　Smiling Irish Eyes　588
恋の手ほどき　1933　米　公開　The Way to Love　52, 53, 601
恋の手ほどき　1958　米　公開　Gigi　52, 154, 252, 267, 268, 360, 398, 401, 404, 694, 708, 718
恋のナポリ　1936　米　公開　Give Us This Night　505, 506, 612
恋の二週間　1950　米　未　Two Weeks with Love　156, 261, 273, 274, 276, 677
恋の日曜日　1932　独　公開　Ein Mann mit Herz　529, 763
恋のKO（ノックアウト）パンチ　1962　米　公開　Kid Galahad　336, 337, 698
恋の花園　1929　米　公開　Sally　13, 21, 588
恋のブラジル　1946　米　公開　The Thrill of Brazil　233, 665
恋の骨折り損　2000　英　公開　Love's Labour's Lost　484, 755
恋の焰　1930　英　公開　The Flame of Love　729
恋の目覚め　1942　米　未　Get Hep to Love　216, 222, 228, 230, 638
恋の物語　1943　独　未　Liebesgeschichten　777
恋のゆくえ　フェビュラス・ベーカー・ボーイズ　1989　米　公開　The Fabulous Baker Boys　425, 429, 716
恋のラジオ放送　1940　米　未　Pot o' Gold　205, 631
恋は青空の下　1950　米　公開　Riding High　117, 297, 298, 647, 677
恋はアンディ・ハーディを一笑に付する　1946　米　未　Love Laughs at Andy Hardy　115
恋はおとぎ話　1955　独　未　Liebe ist ja nur ein Märchen　514, 781
恋は終わりぬ　1935　墺　公開　Letzte Liebe　787
恋は簡単　1953　米　未　Easy to Love　157, 179, 183, 265, 401, 684
恋は配給できない　1944　米　未　You Can't Ration Love　656
恋は魔術師　1947　露　公開　Vesna　578, 835
恋は魔術師　1986　西　公開　El amor brujo　560, 801
恋人　1938　米　未　Sweethearts　98, 101, 104, 208, 625
恋人たちの曲 悲愴　1970　英　公開　The Music Lovers　381, 392, 406, 484, 751, 847
恋人たちのメロディ　1971　仏　公開　Smic Smac Smoc　565, 809
恋人のオン・パレード　1930　米　未　Sweethearts on Parade　594
恋を追う女　1946　英　公開　Spring Song　744
恋をしましょう　1960　米　公開　Let's Make Love　264, 290, 292, 366, 697
恋をしませう　1933　米　公開　Let's Fall in Love　600
降雨師　1935　米　未　The Rainmakers　69, 609

幸運児　1936　独　未　Glückskinder　509, 512, 513, 769
幸運だったら　1946　米　未　If I'm Lucky　147, 148, 151, 610, 663
幸運な夜　1945　米　未　Her Lucky Night　657
幸運な私　1954　米　未　Lucky Me　316, 320, 687
幸運に生まれて　1933　英　未　Born Lucky　731
幸運の娘　1932　英　未　Lucky Girl　730
公演命令　1937　英　未　Command Performance　737
豪華客船　1948　米　未　Luxury Liner　177, 178, 671
甲殻類と貝類　2005　仏　未　Crustacés et Coquillages　811
豪華ショー　1958　メキシコ　未　El gran espectáculo　548, 802
高貴な婦人　1948　米　未　That Lady in Ermine　143, 146, 590, 672
黄旗の少年たち　1967　伊　未　I ragazzi di Bandiera Gialla　826
好景気　1967　米　未　Good Times　703
豪傑カサノヴァ　1954　米　未　Casanova's Big Night　301, 302
高校生　1983　伊　未　Lo studente　831
高校のヒーロー　1946　米　未　High School Hero　662
皇室のヴィオレッタ　1952　仏　未　Violetas imperiales　549, 807
こうしなさい、睨みます！　1958　伊　未　Come te movi, te fulmino!　821
公爵はジーンズをはいていた　1958　英　未　The Duke Wore Jeans　495, 747
交代勤務のジョニー　1943　米　未　Swingtime Johnny　217, 648
皇太子の初恋　1954　米　公開　The Student Prince　224, 278, 279, 688
交代をして兵隊さん　1941　米　未　Swing It Soldier　239, 636
強奪犯を捕らえろ　1937　英　未　Smash and Grab　488, 489, 738
皇帝円舞曲　1933　独　未　Kaiserwalzer　507, 765
皇帝円舞曲　1948　米　公開　The Emperor Waltz　190, 194, 670
皇帝さま　1951　米　未　Mr. Imperium　184, 276, 679
皇帝とのダンス　1941　独　未　Tanz mit dem Kaiser　523, 525, 776
皇帝の恋人　1931　独　未　Kaiserliebchen　515, 761
紅天夢　1935　独　公開　Amphitryon　513, 514, 767
幸福の一週間　1934　西　未　Una semana de felicidad　542, 792
幸福への旅　1948　独　未　Fahrt ins Glück　778
興奮の一夜　1944　英　未　One Exciting Night　493, 743
こうもり　1946　独　未　Die Fledermaus　502, 513, 526, 530, 532, 778
こうもり　1962　墺　未　Die Fledermaus　523, 533, 790
氷を見る　1938　英　未　I See Ice　492, 738
コーカサスの花嫁　1941　露　公開　Svinarka i pastukh　575, 579, 835
五月に一度の　1938　独　未　Wie einst im Mai　772
五月の一夜　1938　独　未　Eine Nacht im Mai　523, 524, 772
五月のふたつの心　1958　独　未　Zwei Herzen im Mai　514, 530, 783
故郷　1938　独　公開　Heimat　527, 771
故郷への道中を歌う　1945　米　未　Sing Your Way Home　660
国際喜劇ホテル　1933　米　公開　International House　127, 599
こぐま物語 ミッキーと豆の木　1947　米　公開　Fun and Fancy free　26, 241, 245, 666
極楽オペレッタ　1938　米　公開　Swiss Miss　625
極楽闘牛士　1945　米　公開　The Bullfighters　117
極楽島満員　1930　米　公開　Let's Go Native　48, 49, 592
極楽ブギウギ　1943　米　未　Jitterbugs　117, 147, 645
極楽浪人天国　1936　米　公開　The Bohemian Girl　117, 610
ここからどこへ行くの　1945　米　未　Where Do We Go from Here?　207, 661
GO！GO！GO！　1967　米　公開　Easy Come, Easy Go　335, 340, 702
ココナッツ　1929　米　公開　The Cocoanuts　55, 56, 586
ココナッツ・グローヴ　1938　米　未　Cocoanut Grove　621
心のままに　1936　米　未　Follow Your Heart　611

邦題索引

心は若く 1954 米 未 Young at Heart 281, 316, 321, 688
心を繋ぐ6ペンス 1967 英 公開 Half a Sixpence 258, 359, 363, 750
乞食オペラ 1983 英 TV The Beggar's Opera 464, 753
乞食学生 1936 独 公開 Der Bettelstudent 523, 524, 526, 768, 770
腰抜け大捕物 1949 米 公開 The Great Lover 70, 195, 198, 301, 673
腰抜け顔役 1949 米 公開 Sorrowful Jones 185, 195, 198, 301
腰抜けスパイ騒動 1943 米 未 They Got Me Covered 195, 197, 199, 301, 648
腰抜け千両役者 1950 米 公開 Fancy Pants 185, 301, 676
腰抜けと原爆娘 1943 米 公開 Let's Face It 195, 197, 200, 301, 646
腰抜け二挺拳銃 1948 米 公開 The Paleface 195, 198, 253, 301, 302, 303, 320, 329, 672, 683
腰抜け二挺拳銃の息子 1952 米 公開 Son of Paleface 198, 301, 302, 312, 329, 683
腰抜けペテン師 1951 米 未 The Lemon Drop Kid 301, 679
腰抜けモロッコ騒動 1951 米 公開 My Favorite Spy 301, 302, 640
腰抜け列車強盗 1959 米 公開 Alias Jesse James 301, 303
腰布の歌 1945 米 未 Song of the Sarong 660
五十二丁目 1937 米 未 52nd Street 616
五十年後の世界 1930 米 公開 Just Imagine 405, 592
御冗談でショ 1932 米 公開 Horse Feathers 55, 56, 432, 597
個人攻撃するな 1942 米 未 Don't Get Personal 227, 230, 638
コスタ・リカのカーニバル 1947 米 未 Carnival in Costa Rica 152, 266, 665
五線譜のラブレター 2004 米 公開 De-Lovely 211, 425, 433, 723, 843
五千万人のフランス人 1931 米 未 Fifty Million Frenchmen 596
こちらへどうぞ 1937 米 未 This Way Please 142, 619
国境の狼 1938 米 未 Border Wolves 234, 621
国境を越える手 1944 米 未 Hands across the Border 236, 651
骨董屋 1975 英 未 The Old Curiosity Shop 752
ゴッドスペル 1973 米 公開 Godspell 379, 384, 707
コットンクラブ 1984 米 公開 The Cotton Club 424, 429, 477, 714
子供たちの結婚 1930 米 未 The Wedding of Jack and Jill 223
子供たちは大丈夫 1979 英 未 The Kids Are Alright 753
小鳥売り 1935 独 公開 Der Vogelhändler 768
コニー・アイランド 1943 米 未 Coney Island 143, 144, 146, 643, 678
コニーとペーターが一緒なら 1956 独 未 Wenn die Conny mit dem Peter 782, 784
コニーとペーターが音楽を作る 1960 独 未 Conny und Peter machen Musik 784
5人の週末 1965 英 公開 Catch Us If You Can 749
コネチカット・ヤンキー 1931 米 未 A Connecticut Yankee 595
コネチカット・ヤンキー 1955 米 TV A Connecticut Yankee 457, 486
この大馬鹿のイタリア人たち 1965 伊 未 Questi pazzi, pazzi italiani 824
このように生きたい 1942 伊 未 Voglio vivere così 814
コパカバーナ 1985 米 TV Copacabana 465, 714
コパカバーナの殿堂 1962 伊 未 Copacabana Palace 823
五番街の出来事 1947 米 公開 It Happened on Fifth Avenue 666
五百万ドルの相続人 1938 独 未 Fünf Millionen suchen einen Erben 771
古風な娘 1949 米 未 An Old-Fashioned Girl 216, 674
御婦人は堅物 1959 英 未 The Lady Is a Square 490, 491, 748
ご婦人はまったく 1946 米 未 Talk About a Lady 664
御婦人向け外交官 1932 独 未 Der Frauendiplomat 507, 762
御婦人向けの音楽 1937 米 未 Music for Madame 618
ご婦人よ、踊りましょう 1944 米 未 Lady, Let's Dance 652
ご婦人よ行儀良く 1941 米 未 Lady Be Good 109, 110, 152, 155, 188, 399, 403, 634
仔豚物語（三匹の仔豚） 1933 米 公開 The Three Little Pigs 241, 242, 601
コブラ・タンゴ 1935 米 公開 Under the Pampas Moon 231, 610
困ったタクシー 1969 西 未 El taxi de los conflictos 550, 551, 557, 800

子守唄　1929　米　公開　Say It with Songs　14, 16, 588
ゴヤ風に　1942　西　未　Goyescas　542, 793
今宵こそは　1932　独　公開　Das Lied einer Nacht　504, 505, 763
今宵は二人で　1935　米　公開　Two for Tonight　58, 60, 610
今宵、フィッツジェラルド劇場で　2006　米　公開　A Prairie Home Companion　725
今宵も楽しく　1935　米　公開　Let's Live Tonight　509, 511, 607
今宵よ永遠に　1945　米　公開　Tonight and Every Night　231, 661
今宵我らは歌う　1953　米　未　Tonight We Sing　686, 847
コーラス　2004　仏　公開　Les choristes　811
コーラスの女たち　1948　米　未　Ladies of the Chorus　671
コーラス・ライン　1985　米　公開　A Chorus Line　413, 415, 426, 714, 726
コリーン　1936　米　公開　Colleen　38, 46, 611
ゴールデン・エイティーズ　1986　仏　公開　Golden Eighties　810
ゴールデン・ガール　1951　米　未　Golden Girl　286, 288, 679, 845
ゴールデン・ディスク　1958　英　未　The Golden Disc　747
ゴールドウィン・フォリーズ　1938　米　未　The Goldwyn Follies　471, 622
ゴールド・ディガース　1933　米　公開　Gold Diggers of 1933　26, 27, 37, 38, 39, 40, 41, 46, 60, 74, 80, 209, 401, 501, 599
ゴールド・ディガース36年　1935　米　公開　Gold Diggers of 1935　37, 39, 44, 46, 319, 401, 606
ゴルフ狂時代　1930　米　公開　Love in the Rough　593
これが黒人娯楽だ　1990　米　未　That's Black Entertainment　389, 717
これが人生　1935　米　未　This Is the Life　610
これが人生　1944　米　未　This Is the Life　222, 225, 655
これからの蜜月　1945　米　未　Honeymoon Ahead　226, 229, 658
これが陸軍だ　1943　米　未　This Is the Army　127, 130, 133, 152, 205, 207, 239, 240, 325, 648
これって南部なの　1936　米　未　Can This Be Dixie?　611
これは愛？　1930　米　未　Sei tu l'amore　594
これは夜かも　1957　米　未　This Could Be the Night　694
コロナアド　1935　米　公開　Coronado　226, 606
コンガの夜　1940　米　未　La Conga Nights　234, 629
コンチネンタル　1934　米　公開　The Gay Divocee　36, 73, 74, 75, 80, 142, 401, 602
こんちは、水兵さん　1943　米　未　Hi'ya, Sailor　646
こんちは、ハンサムさん　1944　米　未　Hi, Good Lookin'　651
今度は本気で　1947　米　未　This Time for Keeps　118, 179, 181, 397, 403, 668
こんなブーム　1941　米　未　Zis Boom Bah　637
こんにちは　1932　西　未　Buenos días　541, 791
こんにちは、伯爵令嬢　1967　西　未　Buenos días, condesita　559, 799
こんにちはロンドン　1958　英　未　Hello London　93, 747
今晩は愛して頂戴ナ　1932　米　公開　Love Me Tonight　48, 50, 51, 98, 597
今晩八時半　1954　米　TV　Tonight at 8:30　458
今夜は飛び込み　1967　伊　未　Stasera mi butto　826

サ

さあ、ちょっと楽しもうぜ　1967　米　未　C'Mon Let's Live a Little　702
最愛の敵　1955　米　TV　Dearest Enemy　457
最高速度　1930　米　未　Top Speed　24, 595
最高潮　1944　米　未　The Climax　225, 650
最高にしあわせ　1967　米　公開　The Happiest Millionaire　367, 371, 374, 375, 495, 703
最高の男　1943　米　未　Top Man　222, 225, 648
最後に笑うのは彼　1956　米　未　He Laughed Last　328
最後のクプレー　1957　西　未　El último cuplé　537, 539, 552, 553, 796
最後のタンゴ　1960　西　未　Mi último tango　552, 553, 797
最後のヨットで　1934　米　未　Down to Their Last Yacht　602

最後はカタリーナ　1936　墺　未　Katharina, die Letzte　521, 787
最終合意　1938　仏　未　Accord final　805
最初の赤ちゃん　1936　米　未　The First Baby　226, 611
最初の喝采　1957　伊　未　Primo applauso　820
最初は娘　1935　英　未　First a Girl　428, 486, 487, 734
催眠術師　1932　米　未　Hypnotized　476, 597
ザイラーと12人の娘 白銀は招くよ！　1959　墺　公開　12 Mädchen und 1 Mann　533, 790
ザイラーの初恋物語　1958　独　公開　Ein Stück vom Himmel　533, 783
サイレンサー 殺人部隊　1966　米　公開　Murderer's Row　310, 313, 343, 367, 702
サイレンサー 沈黙部隊　1966　米　公開　The Silencers　265, 310, 313, 367
サイレンサー 破壊部隊　1969　米　公開　The Wrecking Crew　310, 314, 367
サイレンサー 待伏部隊　1967　米　公開　The Ambushers　310, 314, 367
幸い女性のために　1944　独　未　Glück bei Frauen　526, 778
サヴォイでの舞踏会　1935　ハンガリー　未　Ball im Savoy　791
サウス・サイド物語　2000　伊　未　Sud Side Stori　833
サウスパーク 無修正映画館　1999　米　公開　South Park: Bigger Longer & Uncut　721
サウンド・オブ・ミュージック　1965　米　公開　The Sound of Music　4, 59, 73, 76, 252, 293, 350, 351, 353, 355, 357, 358, 367, 369, 406, 432, 502, 701, 782, 845
さかさま　1999　英　未　Topsy-Turvy　484, 755, 847
サーカス　1936　露　未　Tsirk　575, 577, 834
サーカスの息子　1963　伊　未　Il figlio del circo　823
サーカス・リングの影　1931　独　未　Schatten der Manege　515, 762
裂かれたふたつの心　1936　米　未　Hearts Divided　47, 97, 612
ザ・コミットメンツ　1991　アイルランド　公開　The Commitments　484, 757
サージャント・ペッパー　1978　米　公開　Sgt. Pepper's Lonely Hearts Club Band　711
砂上の楼閣　1939　伊　未　Castelli in aria　509, 512, 813
ザ・シンガー　1979　米　公開　Elvis　408, 711
サタデー・ナイト・フィーバー　1977　米　公開　Saturday Night Fever　386, 388, 402, 434, 435, 437, 474, 710, 713
作家と御婦人　1937　米　公開　Ever Since Eve　97
作曲家グリンカ　1952　露　未　Kompozitor Glinka　578, 836
雑誌万歳！　1953　伊　未　Viva la rivista!　817
サッチモは世界を廻る　1957　米　公開　Satchmo the Great　694
ザッツ・エンターテインメント　1974　米　公開　That's Entertainment　109, 111, 154, 164, 170, 256, 260, 388, 389, 396, 405, 555, 667, 708, 709, 714, 718, 801
ザッツ・エンターテインメント PART 2　1976　米　公開　That's Entertainment, Part II　388, 398, 709
ザッツ・エンターテインメント PART 3　1994　米　公開　That's Entertainment! III　388, 402, 718
ザッツ・ダンシング！　1984　米　公開　That's Dancing!　388, 401, 714
サテンと拍車　1954　米　TV　Satins and Spurs　457
ザナドゥ　1980　米　公開　Xanadu　231, 259, 424, 426, 712
サニー　1941　米　未　Sunny　208, 489, 490, 636
サニー・サイド・アップ　1929　米　公開　Sunny Side Up　83, 405, 589
砂漠の歌　1929　米　公開　The Desert Song　271, 586
砂漠の歌　1939　独　未　Das Lied der Wüste　527, 773
砂漠の歌　1943　米　未　The Desert Song　206, 271, 643
砂漠の歌　1953　米　未　The Desert Song　270, 271, 323, 684
砂漠の歌　1955　米　TV　The Desert Song　457
The Beatles マジカル・ミステリー・ツアー　1967　英　TV　Magical Mystery Tour　496
さまよう青春　1957　米　公開　Loving You　314, 315, 693
サムバ　1965　西　未　Samba　552, 554, 799
サムバディ・トゥ・ラブ　1994　米　公開　Somebody to Love　718
さようならレティ　1929　米　未　So Long Letty　589
さようならローマ　1957　米　未　Arrivederci Roma　279, 280, 693

邦題索引

小夜曲　1940　独　未　Eine kleine Nachtmusik　774, 846
さよならは決して言わないで　1967　伊　未　Non mi dire mai good-bye　826
さらばグラナダ！　1967　伊　未　Granada addio!　825
さらばミミ！　1949　伊　未　Addio Mimí!　505, 506, 507, 573, 815
サラブレッドは泣かない　1937　米　未　Thoroughbreds Don't Cry　112, 114, 620
サリー、アイリーンとメリー　1938　米　未　Sally, Irene and Mary　84, 86, 118, 624
サリーおばさん　1934　英　未　Aunt Sally　732
サロメ　2002　西　公開　Salomé　560, 561, 801
ザ・ローリングストーンズ　1982　米　公開　Let's Spend the Night Together　713
サン・アントニオのばら　1941　米　未　San Antonio Rose　227, 230, 636
三回目の結婚式　1941　独　未　Dreimal Hochzeit　513, 530, 531, 775
山岳地帯の春　1947　米　未　Springtime in the Sierras　228, 668
サンクス・ミリオン　1935　米　公開　Thanks a Million　47, 148, 610, 663
さんざめく舞踏会の夜　1939　独　公開　Es war eine rauschende Ballnacht　523, 527, 773, 847
サンシャイン 歌声が響く街　2013　英　公開　Sunshine on Leith　756
三銃士　1939　米　未　The Three Musketeers　151, 628
三色すみれ　1960　独　公開　Eine Frau furs Ganze Leben　784
賛成　1943　米　未　Thumbs Up　240, 648
サンセット物語　1965　米　公開　Inside Daisy Clover　700
山荘物語　1949　米　公開　The Sun Comes Up　98, 103
サンタが町にやって来る　1970　米　TV　Santa Clause Is Coming to Town　464
サンタのいない年　1974　米　TV　The Year without a Santa Claus　464
サンタの冒険　1985　米　TV　The Life and Adventure of Santa Clause　466, 715
サンダーバード　1966　英　公開　Thunderbirds Are GO　496
サンタ夫人　1996　米　TV　Mrs. Santa Claus　465, 719
三太郎大西洋横断　1930　米　公開　The Sap from Syracuse　80
山頂　1957　独　未　Hoch droben auf dem Berg　530, 782
山頂のナイチンゲール　1958　西　未　El ruiseñor de las cumbres　556, 796
三人姉妹　1930　米　公開　The Three Sisters　595
三人の妹　1944　米　未　Three Little Sisters　236, 655
三人の騎士　1944　米　公開　The Three Caballeros　131, 241, 244, 655
三人の水兵　1940　英　未　Sailors Three　492, 493, 740
三人の水兵と一人の娘　1953　米　未　Three Sailors and a Girl　273, 274, 323, 326, 686
三人のペテン師　1944　英　未　Fiddlers Three　492, 493, 742
三番港の警報　1939　独　未　Alarm auf Station Ⅲ　773
桑港（サン・フランシスコ）　1936　米　公開　San Francisco　48, 87, 98, 100, 140, 614, 623
サン・フランシスコのサリー　1945　米　未　Frisco Sal　225, 657
三兵士への敬礼　1943　米　未　Salute for Three　26, 647
サンマー・ホリデイ　1948　米　公開　Summer Holiday　115, 186, 496, 672, 749
三文オペラ　1931　独　公開　Die 3 Groschen-Oper　416, 760
三文オペラ　1953　英　公開　The Beggar's Opera　416, 745
三文オペラ　1962　独　公開　Die Dreigroschenoper　784
三文オペラ　1989　オランダ　公開　Mack the Knife　413, 416, 838
サンレモ、偉大なる挑戦　1960　伊　未　Sanremo, la grande sfida　822
サンレモ乾杯！　1962　伊　公開　Appuntamento in Riviera　822
サン・レモの旋風　1951　独　未　Sensation in San Remo　523, 780

シ

G・I・ブルース　1960　米　公開　G.I. Blues　335, 336, 697
シアトルから来た赤毛の娘たち　1953　米　未　Those Redheads from Seattle　686
幸せならば　1955　英　未　As Long as They're Happy　488, 746
幸せに踊る　1951　墺　未　Tanz ins Glück　526, 789
幸せになろう　1957　英　未　Let's Be Happy　267, 747

幸せはシャンソニア劇場から 2008 仏 公開 Faubourg 36 812
幸せへのヒッチハイク 1945 米 未 Hitchhike to Happiness 658
ジェニーと燕尾服の男 1941 独 未 Jenny und der Herr im Frack 526
ジェニーを夢見て 1952 米 未 I Dream of Jeanie 681
シェヘラザードの歌 1947 米 未 Song of Scheherazade 668, 847
ジェラシー 1991 仏 公開 Jalousie 810
シエラ・モレナ山脈の星 1952 西 未 La estrella de Sierra Morena 547, 795
シェリー醸造所 1930 西 未 La bodega 540, 791
シェリー夫人 1917 米 公開 Madame Sherry 8
シェルブールの雨傘 1964 仏 公開 Les parapluies de Cherbourg 565, 567, 568, 569, 745, 808, 812
シェーンブルン宮殿の夢 1932 独 未 Traum von Schönbrunn 507, 764
シカゴ 1938 米 公開 In Old Chicago 84, 87, 100, 151, 418, 623
シカゴ 2002 米 公開 Chicago 365, 413, 418, 472, 722
四月の雨 1948 米 未 April Showers 207, 669
四月の恋 1957 米 公開 April Love 292, 297, 693
四月のパリ 1952 米 未 April in Paris 209, 316, 319, 681
四月を忘れない 1945 米 未 I'll Remember April 216, 658
士官候補生の娘 1941 米 未 Cadet Girl 633
ジギー・スターダスト 1973 英 公開 Ziggy Stardust and the Spiders from Mars 408, 751
ジキル博士とハイド氏 1973 米 TV Dr. Jekyll and Mr. Hyde 463
ジーグフェルド・フォリーズ 1945 米 公開 Ziegfeld Follies 21, 27, 154, 158, 163, 166, 169, 174, 179, 185, 187, 264, 397, 402, 403, 661
茂みの中の欲望 1967 英 公開 Here We Go Round the Mulberry Bush 750
ジーザス・クライスト・スーパースター 1973 米 公開 Jesus Christ Superstar 3, 379, 383, 384, 707
自殺合戦 1934 米 公開 Embarrassing Moments 602
思春期の感情 1956 英 公開 It's Great to Be Young! 746
THIS IS ELVIS 1981 米 公開 This Is Elvis 342, 713
シス・ホプキンズ 1941 米 未 Sis Hopkins 236, 328, 636
下町天国 1947 米 公開 It Happened in Brooklyn 118, 174, 281, 282, 283, 396, 400, 666
七人姉妹への七つの歌 1957 伊 未 Sette canzoni per sette sorelle 820
七人の愚連隊 1964 米 公開 Robin and the 7 Hoods 282, 286, 297, 310, 366, 700
七人の娘たち 1954 仏 未 J'avais sept filles 52
七面鳥艦隊 1961 米 公開 All Hands on Deck 297, 697
失業給付はカットしろ 1935 英 未 Off the Dole 492, 734
実生活のとおりに 1943 米 未 True to Life 47, 200, 648
失礼、私の間違いです 1933 ハンガリー 未 Pardon, tévedtem 520, 529, 791
シド・アンド・ナンシー 1986 英 公開 Sid and Nancy 754
詞と曲 1948 米 未 Words and Music 115, 158, 184, 188, 264, 266, 269, 396, 399, 402, 403, 404, 673, 843
死ぬとは言わないで 1939 米 未 Never Say Die 195, 196
死ぬほどターノ 1997 伊 公開 Tano da morire 832
ジプシー 1962 米 公開 Gypsy 358, 361, 471, 698, 843
ジプシー 1993 米 TV Gypsy 464
ジプシー女 1969 伊 未 Zingara 827
ジプシー男爵 1935 独 公開 Zigeunerbaron 768
ジプシーの掟 1953 メキシコ 未 Gitana tenías que ser 545, 549, 822
ジプシーの女王 2002 米 未 Queen of the Gypsies 544, 722
ジプシー娘 1940 西 未 La gitanilla 545, 793
ジープの四人娘 1944 米 未 Four Jills in a Jeep 130, 136, 138, 143, 150, 152, 650
自分の心を見つけたギッタ 1932 独 未 Gitta Entdeckt Ihr Herz 763
シベリア物語 1947 露 公開 Skazanie o zemle sibirskoy 575, 579, 835
姉妹と水兵 1944 米 公開 Two Girls and a Sailor 118, 154, 183, 186, 399, 655
島であなたと共に 1948 米 未 On an Island with You 118, 179, 181, 264, 396, 397, 671

邦題索引

島の歌　1942　米　未　Song of the Islands　142, 144, 641
島のリズム　1943　米　未　Rhythm of the Islands　226, 228, 646
島のワラビィ・ジム　1937　米　未　Wallaby Jim of the Islands　620
ジミーとサリー　1933　米　未　Jimmy and Sally　600
ジミ・ヘンドリックス　1973　米　公開　Jimi Hendrix　408, 707
シャイン　1996　豪　公開　Shine　758
社交界で　1944　米　未　In Society　217, 220, 651
ジャージー・ボーイズ　2014　米　公開　Jersey Boys　414, 424, 729
写真物語　1986　伊　未　Fotoromanzo　831
ジャズ・シンガー　1927　米　公開　The Jazz Singer　12, 14, 15, 16, 23, 233, 426, 574, 585, 587, 588
ジャズ・シンガー　1952　米　未　The Jazz Singer　681
ジャズ・シンガー　1959　米　TV　The Jazz Singer　461
ジャズ・シンガー　1980　米　公開　The Jazz Singer　424, 426, 712
ジャズは踊る　1932　英　公開　Say It with Music　730
ジャズ・ミー・ブルース　1990　伊　公開　Bix　318, 832
ジャズメン　1983　露　公開　My iz dzhaza　837
社長様のお出で　1933　英　公開　Yes, Mr. Brown　488, 731
ジャックと豆の木　1956　米　TV　Jack and the Beanstalk　458
ジャックと豆の木　1966　米　TV　Jack and the Beanstalk　462
ジャックと豆の木　1967　米　TV　Jack and the Beanstalk　463
シャネル＆ストラヴィンスキー　2009　仏　公開　Coco Chanel & Igor Stravinsky　812
ジャマイカへ　1957　仏　未　À la Jamaïque　551, 807
ジャム・セッション　1944　米　未　Jam Session　233, 651
ジャムボリー　1944　米　未　Jamboree　236, 651
ジャムボリー　1957　米　未　Jamboree　345
シャーロック・ホームズだった男　1937　独　未　Der Mann der Sherlock Holmes war　770
シャーロットのおくりもの　1973　米　公開　Charlotte's Web　277, 410, 707
ジャングルの決死行　1938　独　公開　Kautschuk　772
ジャングルの恋　1938　米　公開　Her Jungle Love　199
ジャングルの女王　1936　米　公開　The Jungle Princess　612
ジャングル・ブック　1967　米　公開　The Jungle Book　371, 372, 703
シャン 自然人の古代の心　2007　伊　未　Shan - il cuore antico dei popoli naturali　833
シャンテクレールの女王　1962　西　未　La reina del Chantecler　552, 554, 798
ジャンヌと素敵な男の子　1998　仏　未　Jeanne et le garçon formidable　811
シャンパン・チャーリー　1944　英　未　Champagne Charlie　492, 493, 742
シャンパン・ワルツ　1937　米　公開　Champagne Waltz　616
ジャンボ　1962　米　公開　Billy Rose's Jumbo　119, 157, 317, 322, 339, 400, 698
シュヴァリエの巴里っ子　1935　米　公開　Folies Bergere de Paris　52, 54, 139, 307, 405, 606
シュヴァリエの放浪児　1936　英　公開　The Beloved Vagabond　52, 54, 735
シュヴァリエの流行児　1937　仏　公開　L'homme du jour　52, 54, 564, 805
収穫　1936　墺　未　Ernte　529, 787
収穫の旋律　1943　米　未　Harvest Melody　227, 644
13の時計　1953　米　TV　Thirteen Clocks　456
囚人　1981　伊　未　Carcerato　830
修道着の変更　1969　米　未　Change of Habit　336, 342, 704
自由の歌　1936　英　未　Song of Freedom　736
自由への道　1941　独　未　Der Weg ins Freie　527, 776
週末の外出許可　1944　米　未　Weekend Pass　656
16人の金髪娘へのセレナータ　1957　伊　未　Serenata per sedici bionde　820
自由を響かせろ　1939　米　未　Let Freedom Ring　104, 627
自由を我等に　1931　仏　公開　À nous la liberté　564, 567, 804
主演コメディアン　1954　米　未　Top Banana　688
祝祭日　1941　米　未　Fiesta　633

ジューク・ボックスのジェニー　1942　米　未　Juke Box Jenny　639
ジューク・ボックスの若者たち　1959　伊　未　I ragazzi del juke-box　821
ジューク・ボックス・リズム　1959　米　未　Juke Box Rhythm　696
ジュゼッペ・ヴェルディ　1937　伊　未　Giuseppe Verdi　573, 813, 847
ジュゼッペ・ヴェルディ　1953　伊　未　Giuseppe Verdi　817, 847
ジュニア・ミス　1957　米　TV　Junior Miss　460
守備隊の隊長　1930　米　未　Captain of the Guard　590
守備隊フォリーズ　1940　英　未　Garrison Follies　740
ジュビリー 聖なる年　1978　英　公開　Jubilee　752
シュペッサートの宿　1958　独　未　Das Wirtshaus im Spessart　783
シューベルト物語　1970　伊　公開　Angeli senza paradiso　828, 846
シュランメル兄弟　1944　独　未　Schrammeln　530, 532, 778
巡回カーニバル　1941　米　未　Road Show　635
春宵綺談　1930　米　公開　Let's Go Places　592
春宵巴里合戦　1929　米　公開　The Battle of Paris　585
純な娘を試して　1938　英　未　Kicking the Moon Around　738
準備と意志と才能　1937　米　未　Ready, Willing and Able　38, 209, 618
ジョアン・ルイ ある日、月曜日に私はこの地に到着する　1985　伊　未　Joan Lui - ma un giorno nel paese arrivo io di lunedì　831
硝煙と薔薇　1934　米　公開　Operator 13　97
女王　1956　メキシコ　未　La faraona　548, 802
女王様御命令　1931　独　公開　Ihre Hoheit befiehlt　509, 513, 517, 598, 761
ショウ・オヴ・ショウズ　1929　米　未　The Show of Shows　13, 26, 28, 488, 588
女王の心　1940　独　未　Das Herz der Königin　527, 774
女王の恋愛　1934　英　未　The Queen's Affair　489, 490, 733
女王陛下の恋　1931　独　未　Ihre Majestät die Liebe　21, 517, 761
女王陛下の恋　1931　米　未　Her Majesty Love　21, 517, 596
衝撃のミス・ピルグリム　1947　米　未　The Shocking Miss Pilgrim　143, 145, 152, 668
情熱の歌　1930　米　未　Song of the Flame　24, 594
情熱の歌　1953　伊　未　Canzone appassionata　816
情熱の唇　1930　米　公開　One Mad Kiss　593
情熱のタンゴ　1948　アルゼンチン　公開　El Cantor del Pueblo　803
情熱の狂想曲(ラブソディ)　1950　米　公開　Young Man with a Horn　316, 318, 678
情熱のランバダ　1990　米　公開　The Forbidden Dance　436, 716
ショウ・ボート　1929　米　公開　Show Boat　8, 21, 22, 116, 120, 225, 588
ショウボート　1936　米　公開　Show Boat　22, 69, 116, 120, 225, 614
ショウボート　1951　米　公開　Show Boat　22, 269, 270, 271, 277, 398, 404, 680
ショウほど素敵な商売はない　1954　米　公開　There's No Business Like Show Business　126, 153, 223, 288, 289, 290, 405, 688
情欲の悪魔　1955　米　公開　Love Me or Leave Me　2, 205, 316, 321, 400, 404, 690, 843
勝利者　1932　独　公開　Der Sieger　518, 764
上流社会　1956　米　公開　High Society　281, 297, 298, 300, 398, 400, 692
小聯隊長　1935　米　公開　The Little Colonel　89, 90
初演　1937　墺　未　Premiere　501, 527, 529, 788
初演前夜　1959　独　未　Die Nacht vor der Premiere　523, 783
女学生大行進　1936　米　公開　Collegiate　142, 238, 611
女学校　1936　墺　未　Mädchenpensionat　529, 787
ショーガール　1995　米　公開　Showgirls　719
食品庫から現れて　1935　英　未　Come Out of the Pantry　488, 734
ジョージア　1995　米　公開　Georgia　718
ジョージM！　1970　米　TV　George M!　463
女子大生がやって来る　1945　米　未　Here Come the Co-Eds　218, 221, 223, 658
女子大生ベティ　1946　米　未　Betty Co-Ed　661

邦題索引

ジョージにやらせろ　1940　英　未　Let George Do It!　492, 740
ジョージ・ホワイツ　一九三五年スキャンダルス　1935　米　公開　George White's 1935 Scandals　26, 27, 64, 84, 85, 108, 606
ジョージ・ホワイトのスキャンダルス　1945　米　未　George White's Scandals　83, 657
処女読本　1938　米　公開　Having Wonderful Time　81, 623
女性の夢は何　1933　独　未　Was Frauen träumen　529, 766
女性万歳　1970　伊　未　W le donne　828
女性ファン　1983　伊　未　L'ammiratrice　830
ジョゼット　1938　米　公開　Josette　151, 623
女難アパート　1933　米　公開　Girl without a Room　599
ジョニー・アポロ　1940　米　未　Johnny Apollo　199, 630
ジョニー・オン・ステージ　1972　仏　公開　Johnny Hallyday par Francois Reichenbach　809
ジョニー、どんなに愛せるの！　1940　米　未　Oh Johnny, How You Can Love!　631
ジョニーの凱旋するとき　1942　米　未　When Johnny Comes Marching Home　216, 222, 225, 228, 642
ショーの後で逢いましょう　1951　米　未　Meet Me After the Show　143, 147, 405, 679
ショーは続く　1937　英　未　The Show Goes On　485, 728
ショー・ビジネス　1944　米　未　Show Business　18, 20, 127, 235, 654
庶民と接する　1944　米　未　Meet the People　47, 184, 185, 186, 652
女優会社　1943　米　未　Gals, Incorporated　229, 643
ジョリー・ブルー　1998　伊　未　Jolly Blu　832
ジョルスン再び歌う　1949　米　公開　Jolson Sings Again　15, 18, 233, 674, 844
ジョルスン物語　1946　米　公開　The Jolson Story　14, 15, 18, 233, 663, 674, 844
ジョーン・バエズ　心の旅　1970　米　公開　Carry It On　408, 705
シー・ラヴズ・ミー　1978　米　TV　She Loves Me　463
シラキュースから来た男たち　1940　米　未　The Boys from Syracuse　225, 629
白雪姫　1937　米　公開　Snow White and the Seven Dwarfs　131, 241, 242, 244, 269, 330, 452, 619, 626
白雪姫と道化もの　1961　米　公開　Snow White and the Three Stooges　697
シルヴァ　1944　露　未　Silva　581, 835
白い馬　1962　メキシコ　未　El caballo blanco　556, 802
白い奴隷　1937　独　未　Weiße Sklaven　770
白い鳩　1942　西　未　La blanca Paloma　546, 793
白いポップのキリスト　1980　伊　未　White Pop Jesus　830
白い夢　1943　独　未　Der weiße Traum　777
白いライラックがもう一度咲くとき　1953　独　未　Wenn der weiße Flieder wieder blüht　514, 780
白服の娘　1936　独　未　Mädchen in Weiß　769
シンガポール航路　1931　米　公開　The Road to Singapore　596
シンガポール珍道中　1940　米　公開　Road to Singapore　189, 190, 631
シンギング・フール　1928　米　公開　The Singing Fool　14, 15, 17, 500, 585
ジーン・クルーパ物語　1959　米　未　The Gene Krupa Story　328, 696, 844
新経営陣の下　1946　英　未　Under New Management　744
シンコペーション　1929　米　未　Syncopation　68, 589
シンコペーション　1942　米　未　Syncopation　641
新婚道中記　1937　米　公開　The Awful Truth　69, 72, 152, 209, 685
新婚のリゾート・ホテル　1943　米　未　Honeymoon Lodge　645
真実の友　1955　米　未　Sincerely Yours　691
真実のマレーネ・ディートリッヒ　2002　独　公開　Marlene Dietrich: Her Own Song　515, 786
紳士は金髪がお好き　1953　米　公開　Gentlemen Prefer Blondes　147, 289, 290, 329, 405, 684, 689
紳士はブルーネット娘と結婚する　1955　米　公開　Gentlemen Marry Brunettes　128, 149, 291, 329, 689
新人豪華版　1937　米　公開　New Faces of 1937　82, 232, 618, 687
ジーンズとTシャツ　1983　伊　未　Un jeans e una maglietta　830

人生で最高のものはタダ 1956 米 未 The Best Things in Life Are Free 153, 323, 324, 691, 843
神聖な出来事 1932 米 未 Blessed Event 46
人生の車輪 1942 西 未 La rueda de la vida 543, 794
人生のすべて 1936 英 未 Everything in Life 735
人生の喜び 1937 米 未 Thrill of a Lifetime 199, 226, 236, 620
人生は小説 1983 仏 未 La vie est un roman 810
人生は四十二から 1957 米 TV Ruggles of Red Gap 458
人生を楽しんで 1934 独 未 Freut euch des Lebens 766
シンディ 1978 米 TV Cindy 464
シンデレラ 1950 米 公開 Cinderella 330, 331, 676
シンデレラ 1957 米 TV Cinderella 350, 458, 460, 693
シンデレラ 1965 米 TV Cinderella 460
シンデレラ 1976 英 公開 The Slipper and the Rose: The Love Story of Cinderella 752
シンデレラ 1997 米 TV Cinderella 460, 465, 720
シンデレラ '80 1984 伊 未 Cenerentola '80 831
シンデレラ姫 1947 露 公開 Zolushka 835
新入生の恋 1936 米 未 Freshman Love 209, 612
神秘の歌手 1955 伊 未 Il cantante misterioso 819
新兵総出演 1941 米 未 Rookies on Parade 235, 240, 636
新米反抗者 1971 西 未 La novicia rebelde 560, 800
新郎の未亡人 1931 独 未 Die Bräutigamswitwe 506, 760

ス

スイート・チャリティ 1969 米 公開 Sweet Charity 348, 349, 358, 402, 472, 704
水兵がんばれ 1934 米 公開 Let's Talk It Over 603
水兵さん行儀良く! 1930 米 未 Oh! Sailor Behave! 25, 593
水兵ジョージ 1944 英 未 Bell-Bottom George 492, 742
水兵たち 1941 米 未 Navy Blues 207, 635
水兵と婦人沿岸警備隊員 1946 米 未 Tars and Spars 664
水兵万歳 1934 米 公開 She Learned about Sailors 83, 84, 85, 604
水兵を頂戴 1938 米 未 Give Me a Sailor 142, 195, 196, 622
水曜日の恋 1933 米 公開 I Love You Wednesday 599
スインガー 1966 米 公開 The Swinger 343, 344, 367, 702
スイング・キッズ 1993 米 公開 Swing Kids 718
スイングの少女 1948 米 公開 A Date with Judy 151, 177, 178, 397, 669
スイング・ホテル 1942 米 公開 Holiday Inn 163, 164, 167, 190, 204, 299, 639
スウィート・ミュージック 1935 米 公開 Sweet Music 22, 128, 609
スウィーニー・トッド フリート街の悪魔の理髪師 2007 米 公開 Sweeney Todd: The Demon Barber of Fleet Street 414, 421, 726
スウィング街の子供たち 1944 米 未 Babes on Swing Street 223, 224, 649
スウィングして歌おう 1937 英 未 Sing as You Swing 738
スウィングしてよ、先生 1937 米 未 Swing It, Professor 619
スウィングしてよ、娘さん 1945 米 未 Swing Out, Sister 660
スウィングしようよ 1938 米 未 Swing, Sister, Swing 226, 625
スウィング大学 1938 米 未 College Swing 142, 196, 621
スウィングの行進1946年版 1946 米 未 Swing Parade of 1946 664
スウィング・ホステス 1944 米 未 Swing Hostess 655
スカラ座の女王 1937 伊 未 Regina della Scala 813
過ぎ去りし日々 1978 西 未 Los días del pasado 557, 559, 801
好きにできたら 1940 米 未 If I Had My Way 190, 191, 216, 630
スキーパーティ 1965 米 公開 Ski Party 346, 347, 701
スキブス 1935 英 未 Squibs 735
スクウェア・ダンス記念祭 1949 米 未 Square Dance Jubilee 227, 675

邦題索引

すぐ傍に　1938　米　未　Just Around the Corner　89, 90, 92, 623
スクール・オブ・ロック　2003　米　公開　The School of Rock　723
スコット・ジョプリン　1977　米　未　Scott Joplin　408, 710, 845
スージー踏み出す　1946　米　未　Susie Steps Out　664
進みて歌う　1934　英　未　Sing As We Go　485, 733
進めオリンピック　1932　米　公開　Million Dollar Legs　64
進め幌馬車　1945　米　公開　Man from Oklahoma　238, 658
スター！　1968　米　公開　Star!　352, 367, 704
スタア誕生　1954　米　公開　A Star Is Born　158, 162, 356, 688
スタアと選手　1936　米　公開　Cain and Mabel　97, 209, 229, 610
スター勢揃い　1936　英　未　Stars on Parade　736
スター勢揃い　1944　米　未　Stars on Parade　654
スターダスト　1974　英　未　Stardust　752
スターダストの女王　1975　米　TV　Queen of the Stardust Ballroom　463
スターダスト・メモリー　1980　米　公開　Stardust Memories　712
スター誕生　1976　米　公開　A Star Is Born　162, 354, 355, 379, 387, 709
スター作り　1939　米　未　The Star Maker　58, 63, 628, 845
スターリフト　1951　米　未　Starlift　130, 135, 205, 209, 316, 323, 325, 326, 680
スターを追って　1959　英　未　Follow a Star　747
すっかり慌てて　1937　英　未　Head Over Heels　486, 487, 737
ステイ・アウェイ・ジョー　1968　米　未　Stay Away, Joe　336, 341
ステイン・アライブ　1983　米　公開　Staying Alive　435, 437, 438, 713
素敵なアイディア　1932　独　未　Ein Toller Einfall　764
素敵な気持ち　1949　米　未　It's a Great Feeling　206, 209, 304, 316, 317, 674
すてきな気持ち　1956　米　公開　That Certain Feeling　301, 303, 692
素敵な仲間たち　1933　英　未　The Good Companions　486, 731
素敵な仲間たち　1957　英　未　The Good Companions　746
ステッピング・アウト　1991　米　公開　Stepping Out　425, 430, 717
ステップ・アップ　2006　米　公開　Step Up　436, 725
ステップ・アップ2 ザ・ストリート　2008　米　未　Step Up 2:The Streets　437, 727
ステップ・アップ3　2010　米　未　Step Up 3D　437, 728
ステップ・アップ4　2012　米　未　Step Up Revolution　437, 728
ステップ・アップ5　2014　米　未　Step Up All In　437
ステート・フェア　1945　米　公開　State Fair　147, 149, 151, 152, 343, 405, 660
ステート・フェア　1962　米　公開　State Fair　138, 297, 343, 367, 698
ストーク・クラブ　1945　米　未　The Stoke Club　201, 202, 660
ズート・スーツ　1981　米　未　Zoot Suit　713
ストーミー・ウェザー　1943　米　公開　Stormy Weather　130, 405, 472, 477, 478, 479, 647
ストラディヴァリウス　1935　独　未　Stradivari　529, 768
ストリート・オブ・ファイヤー　1984　米　公開　Streets of Fire　714
ストリート・ガール　1929　米　公開　The Street Girl　588, 638
ストリートダンス TOP OF UK　2010　英　公開　StreetDance 3D　437, 756
ストリートダンス2　2012　英　未　StreetDance 2　437, 756
ストンプ！　2007　加　未　How She Move　436, 757
ストンプ・ザ・ヤード　2007　米　公開　Stomp the Yard　436, 726, 728
ストンプ・ザ・ヤード2　2010　米　未　Stomp the Yard 2: Homecoming　436, 728
素直と場所と興行　1938　米　未　Straight, Place and Show　126, 625
スヌーピーとチャーリー　1969　米　公開　A Boy Named Charlie Brown　704
スパイス・ザ・ムービー　1997　英　公開　Spice World　755
スパイナル・タップ　1984　米　未　This Is Spinal Tap　714
素晴らしい生活　1964　英　未　Wonderful Life　496, 749
素晴らしい世界　1956　英　未　It's a Wonderful World　746
素晴らしい夜　1943　独　未　Tolle Nacht　530, 531, 777

素晴らしき求婚　1936　米　公開　Three Cheers for Love　615
素晴らしき人生　1933　米　公開　It's Great to be Alive　600
素晴らしき戦争　1969　英　公開　Oh! What a Lovely War　3, 5, 359, 365, 482, 484, 751
スピードウェイ　1968　米　公開　Speedway　335, 336, 341, 704
スピード無制限　1935　英　公開　No Limit　492, 734
西班牙狂想曲　1935　米　公開　The Devil Is a Woman　606
スペインのセレナーデ　1947　西　未　Serenata española　546, 548, 794
スペインの溜息　1939　西　未　Suspiros de España　545, 793
西班牙の夜　1938　独　公開　Andalusische Nächte　538, 541, 771, 793
西班牙舞曲　1935　米　公開　La Fiesta de Santa Barbara　13, 111, 398
すべての女性を愛す　1935　独　未　Ich liebe alle Frauen　504, 506, 766
すべては学校で　1979　伊　未　Tutti a squola　830
すべては偶然に　1963　英　未　It's All Happening　495, 749
すべてはグロリアのため　1941　独　未　Alles für Gloria　533, 775
すべては手に入らない　1937　米　未　You Can't Have Everything　84, 86, 151, 620
すべては氷上で　1939　米　未　Everything's on Ice　626
すべてはユダのせい　2009　伊　未　Tutta colpa di Giuda　833
すべては夜に起きる　1939　米　未　Everything Happens at Night　93, 95, 325, 626
すべてはリズム　1936　英　未　Everything Is Rhythm　735
すべて良好　1957　独　未　Es wird alles wieder gut　530, 782
すべてをあなたに　1996　米　公開　That Thing You Do!　719
すべてを五分で　1956　露　公開　Karnavalnaya noch　582, 836
スポーツ王国　1929　米　公開　So This Is College　25, 589
スポットライト　1937　英　未　Limelight　489, 490, 737
SMASH　スマッシュ　2012　米　TV　Smash　466
スマッシュ・アップ　1947　米　未　Smash-Up: The Story of a Woman　328
すみれ売り　1958　西　未　La violetera　552, 553, 797
スモーキー・リヴァーのセレナーデ　1947　米　未　Smoky River Serenade　236, 668
スリーピー・ラグーン　1943　米　未　Sleepy Lagoon　237, 647
スルタンの娘　1943　米　未　The Sultan's Daughter　647
スワン・プリンセス　白鳥の湖　1994　米　公開　The Swan Princess　718
スキーティ　1929　米　公開　Sweetie　23, 589
スキング　1937　米　公開　Swing High, Swing Low　146, 199, 619
スキングの女王　1937　米　公開　You're a Sweetheart　84, 86, 127, 621

セ

生活の悦び　1938　米　公開　Joy of Living　70, 72, 623
世紀の楽団　1938　米　公開　Alexander's Ragtime Band　84, 87, 125, 151, 235, 621
世紀の女王　1944　米　公開　Bathing Beauty　178, 179, 209, 397, 649
青春一座　1939　米　公開　Babes in Arms　112, 114, 115, 155, 157, 159, 160, 261, 397, 403, 625
青春カーニバル　1964　米　公開　Roustabout　336, 339, 700
青春来る　1930　米　公開　Along Came Youth　589
青春倶楽部　1930　米　公開　Follow Thru　13, 24, 591
青春勢揃い　1942　米　未　Youth on Parade　236, 642
青春の歌　1962　西　未　Canción de juventud　559, 798
青春は素晴らしい　1946　米　未　It's Great to Be Young　663
青春万歳　1935　米　公開　Hooray for Love　607
青春ホテル　1936　米　公開　College Holiday　226, 611
星条旗よ永遠なれ　1952　米　未　Stars and Stripes Forever　683, 845
精神病院　1943　米　未　Crazy House　226, 229, 230, 643
西部から来た娘　1945　米　未　Senorita from the West　226, 659
セイブ・ザ・ラストダンス　2001　米　公開　Save the Last Dance　436, 722, 725
セイブ・ザ・ラストダンス2　2006　米　未　Save the Last Dance 2: Stepping Up　436, 725

891

邦題索引

西部の空の下に 1945 米 未 Under Western Skies 661
西部の小さなリタ 1967 伊 未 Little Rita nel West 826
世界中がアイ・ラブ・ユー 1996 米 公開 Everyone Says I Love You 425, 431, 719
世界で一番美しいカップル 1968 伊 未 La più bella coppia del mondo 827
世界で唯一人の娘 1930 ハンガリー 未 Csak egy kislány van a világon 506, 791
世界の熱い夜 1962 伊 公開 Mondo caldo di notte 572, 823
世界の歌姫 1936 米 公開 That Girl from Paris 81, 184, 208, 615, 638
世界の歌物語 1963 伊 公開 Canzoni nel Mond 309, 366, 369, 823
世界の金 1968 伊 未 L'oro del mondo 827
世界のセクシー・ナイト 1962 伊 公開 Mondo sexy di notte 572, 823
世界の涯てに 1937 独 公開 Zu neuen Ufern 527, 771
世界のメロディ 1929 独 公開 Melodie Der Welt 500, 758
世界の夜 1961 伊 公開 Il mondo di notte 572, 822, 829
世界の夜の今日 1976 伊 未 Mondo di notte oggi 829
世界を股にかけて踊る 1939 独 未 Wir tanzen um die Welt 774
世界を回る 1943 米 未 Around the World 642
背が高く、浅黒くて立派 1941 米 未 Tall, Dark and Handsome 636
セカンド・コーラス 1940 米 未 Second Chorus 163, 164, 205, 632
赤陽の山路 1930 米 公開 Song of the West 593
セクシー・トト 1963 伊 未 Totò sexy 824
セクシーの夜 1962 伊 公開 Sexy al neon 572, 823
セサミストリート ザ・ムービー おうちに帰ろう、ビッグ・バード! 1985 米 未 Follow That Bird 715
セックス・ピストルズ グレート・ロックンロール・スウィンドル 1980 英 公開 The Great Rock'n'Roll Swindle 753
接吻盗賊 1948 米 未 The Kissing Bandit 174, 264, 265, 281, 283, 404, 471, 671
セニョリタ 1938 米 公開 Tropic Holiday 199, 625
セビジャーナス 1992 西 未 Sevillanas 560, 561, 801
セビーリャの学術会議 1955 西 未 Congreso en Sevilla 549, 796
セビーリャの出来事 1955 西 未 Sucedió en Sevilla 546, 796
セビーリャの理髪師 1938 西 未 El barbero de Sevilla 543, 545, 793
ゼペット 2000 米 TV Geppetto 465, 721
蟬 1948 西 未 La cigarra 542, 794
セレナーデ 1940 仏 未 Sérénade 509, 512, 564, 806, 846
セレナーデ 1956 米 未 Serenade 279, 280, 552, 692
008 リズム作戦 1965 伊 未 008: Operazione ritmo 824
全イタリアの歌 1955 伊 未 Canzoni di tutta Italia 819
1930年フォックス・フォリィス 1930 米 公開 New Movietone Follies of 1930 27, 593
1936年の大放送 1935 米 公開 The Big Broadcast of 1936 27, 57, 60, 64, 125, 605
1937年の大放送 1936 米 公開 The Big Broadcast of 1937 57, 60, 610
1938年の回転木馬 1937 米 未 Merry-Go-Round of 1938 618
選手の後に娘あり 1931 米 公開 Local Boy Makes Good 69
全スターを呼び出せ 1937 英 未 Calling All Stars 737
先生、どんな音楽ですか 1971 伊 未 Ma che musica maestro 829
戦争後の午後6時 1944 露 未 V shest chasov vechera posle voyny 579, 835
センターステージ 2000 米 公開 Center Stage 439, 441, 721
センターステージ2 ダンス・インスピレーション! 2008 米 未 Center Stage: Turn It Up 439, 441, 726
尖端脚化粧 1929 米 公開 Tanned Legs 37, 589
尖端娘商売 1930 米 公開 The Life of the Party 592
聖(セント)メリイの鐘 1945 米 公開 The Bells of St. Mary's 132, 190, 192, 656
セントラル・パークの中で 1948 米 未 Up in the Central Park 152, 212, 215, 672
セント・ルイスの女 1935 米 未 St. Louis Woman 609

セント・ルイスのブルース　1939　米　未　St. Louis Blues　199, 628
セントルイス・ブルース　1958　米　公開　St. Louis Blues　477, 479, 628, 695, 845
1776年　1972　米　未　1776　379, 382, 707
旋風　1941　西　未　Torbellino　545, 793
全部本当になった　1940　米　未　It All Came True　207
全米女子学生　1941　米　未　All-American Co-Ed　227, 239, 632
全米の恋人　1938　米　未　All-American Sweetheart　621
旋律と月光　1940　米　未　Melody and Moonlight　226, 227, 631
旋律の小径　1941　米　未　Melody Lane　230, 635
戦慄の調べ　1945　米　公開　Hangover Square　657

ソ

総員上陸　1953　米　未　All Ashore　116, 152, 223, 683
造船所のサリー　1939　英　未　Shipyard Sally　484, 486, 739
ソウルガールズ　2012　豪　公開　The Sapphires　758
SOUL TO SOUL 魂の詩　1971　米　公開　Soul to Soul　408, 706
続・世界の夜　1962　伊　公開　Il mondo di notte numero 2　572, 823
続・セクシーの夜　1963　伊　未　Sexy al neon bis　572, 823
続々・世界の夜　1963　伊　未　Il mondo di notte numero 3　572, 823
続・菩提樹　1958　独　公開　Die Trapp-Familie in Amerika　351, 502, 783, 845
祖国なき人　1937　独　未　Menschen ohne Vaterland　770
粗忽婦人　1935　米　未　Dizzy Dames　25, 606
底抜け艦隊　1952　米　公開　Sailor Beware　201, 309, 310, 638, 682
底抜け最大のショウ　1954　米　公開　3 Ring Circus　309, 311
底抜け西部へ行く　1956　米　公開　Pardners　309, 312, 692
底抜けニューヨークの休日　1954　米　公開　Living It Up　309, 311, 687
底抜けのるかそるか　1956　米　公開　Hollywood or Bust　309, 312, 692
底抜けびっくり仰天　1953　米　公開　Scared Stiff　151, 309, 310, 685
底抜けふんだりけったり　1953　米　公開　Money from Home　309, 311
底抜け右向け！左　1950　米　公開　At War with the Army　309, 310, 675
底抜けやぶれかぶれ　1953　米　公開　The Caddy　227, 309, 311, 683
底抜け楽じゃないデス　1958　米　公開　Rock-a-Bye Baby　310, 695
底抜け落下傘部隊　1952　米　公開　Jumping Jacks　309, 310, 682
そしてあなたは私の最愛の人と行く　1937　独　未　Und du mein Schatz fährst mit　523, 524, 770
そしてエンジェル姉妹は歌う　1944　米　未　And the Angels Sing　199, 200, 201, 649
そして、8時に何かがベッドへ行かねば　1965　独　未　...und sowas muß um 8 ins Bett　785
卒業ダンス・パーティ　1946　米　未　Junior Prom　663
その女　1969　西　未　Esa mujer　552, 555, 800
その娘(こ)にもう一度やらせてやってくれ　1953　米　未　Give a Girl a Break　269, 276, 685
そのとおり、君は間違っている　1939　米　未　That's Right, You're Wrong　628
そのままで！　1966　米　未　Hold on!　702
その夜　1932　米　公開　This Is the Night　598
そのライフルを下ろして　1955　米　未　Lay That Rifle Down　237, 690
ソプラノ奥様　1935　米　公開　Enter Madame　606
空から星が降ってくる　1934　墺　未　Ein Stern fällt vom Himmel　522, 786
空から星が降ってくる　1961　独　公開　Ein Stern fällt vom Himmel　533, 784
空飛ぶ音楽　1934　米　公開　Music in the Air　604
空の上　1938　英　未　It's in the Air　492, 738
空の恋　1967　西　未　Amor en el aire　559, 799
青空(そら)を衾(しとねに)に　1934　墺　公開　Frasquita　786
それ行けジョージ！　1939　英　未　Come on George!　492, 739
それが人生　1968　米　TV　That's Life　462
それは前夜から始まった　1941　米　未　It Started with Eve　120, 212, 213, 215, 634, 700

それはどうかな 1943 米 未 How's About It? 217, 229, 230, 645
それは馬草じゃない 1943 米 未 It Ain't Hay 217, 220, 229, 645
それは無邪気に始まった 1944 独 未 Es fing so harmlos an 526, 778
ソレントへ帰れ 1945 伊 未 Torna a Sorrento 814
ソング・アンド・ダンス・マン 1936 米 未 Song and Dance Man 614
ソング・オブ・ノルウェー 1970 米 公開 Song of Norway 379, 380, 705
損は私で、得は君 1968 伊 未 Peggio per me... meglio per te 827

タ

大ヴァラエティ・ショー 1954 伊 未 Gran varietà 818
大音楽会 1952 露 公開 Bolshoy kontsert 582, 836
大学一年生 1938 米 未 Freshman Year 234, 622
大学クラブの恋人 1946 米 未 Sweetheart of Sigma Chi 664
大学三人男 1937 米 公開 Life Begins in College 617
大学の顔役 1938 米 公開 Start Cheering 118, 204, 240, 624
大学の恋人たち 1930 米 未 College Lovers 591
大学のコーチ 1933 米 未 College Coach 46, 598
大学の人気者 1935 米 公開 Old Man Rhythm 142, 608
大学祭り 1937 米 公開 Varsity Show 39, 45, 46, 620
大喝采 1930 英 未 Raise the Roof 729
大峡谷の叫び 1942 米 未 Call of the Canyon 236, 638
第九交響楽 1935 独 公開 Schlußakkord 768
第三運河 モンテ・カルロの冒険 1970 伊 未 Terzo canale - Avventura a Montecarlo 828
大渋滞 1973 米 未 Heavy Traffic 410, 707
泰西侠盗伝 1934 米 公開 Stingaree 69, 70
大成功 1938 米 未 Going Places 47, 622
大草原のたそがれ 1944 米 未 Twilight on the Prairie 227, 655
大都会 1948 米 未 Big City 127, 669
大都会の歓呼 1936 米 公開 Laughing Irish Eyes 613
大都会のブルース 1985 伊 未 Blues metropolitano 831
大都会の憂鬱 1932 米 未 Big City Blues 597
タイニー・タウンの恐怖 1938 米 未 The Terror of Tiny Town 625
第二の偉大な性 1955 米 未 The Second Greatest Sex 149, 690
大ヘンデル 1942 英 未 The Great Mr. Handel 741, 847
大冒険 1938 独 未 Das große Abenteuer 771
大暴走 1967 米 未 Thunder Alley 346, 348
ダイヤモンドの蹄鉄 1945 米 未 Diamond Horseshoe 143, 145, 152, 656
太陽がやって来る 1946 英 未 Here Comes the Sun 743
太陽！太陽！太陽！ 1964 伊 公開 Tutto è musica 824
太陽と遊ぼう！ 1963 英 公開 Summer Holiday 496, 749
太陽の恋人 クール・ワンズ 1967 米 公開 The Cool Ones 702
太陽は泣かない 1960 西 公開 Un rayo de luz 539, 557, 797
太陽をつかもう！ 1966 米 公開 Finders Keepers 496, 750
大乱痴気 1930 米 公開 The Big Party 590
大レヴュー 1929 米 未 The Big Revue 111
ダウンタウン・ウォーズ 1985 米 未 Rappin' 435, 715
ダウンタウン物語 1976 英 公開 Bugsy Malone 388, 393, 752
高く、より高く 1943 米 未 Higher and Higher 281, 282, 644
だからこれが恋 1953 米 未 So This Is Love 123, 270, 271, 272, 686, 843
だからこれがパリ 1955 米 未 So This Is Paris 187, 326, 691
だから助けてよ、アフロディーテ 1960 米 TV So Help Me, Aphrodite 462
抱きしめたい 1978 米 公開 I Wanna Hold Your Hand 408, 710
たくましき男 1937 米 公開 High, Wide and Handsome 69, 71, 199, 616

竹の金髪娘　1946　米　未　The Bamboo Blonde　239, 661
ターザン　1999　米　公開　Tarzan　444, 448, 721
唯一度の　1958　独　未　Das gab's nur einmal　530, 783
ただ歌のために　1930　英　未　Just for a Song　729
タチアオイ　1954　西　未　Malvaloca　550, 796
タップ　1989　米　公開　Tap　425, 429, 716
脱帽　1936　米　未　Hats Off　612
ダーティ・ダンシング　1987　米　公開　Dirty Dancing　435, 438, 715
ダニー・ウィルソン物語　1951　米　未　Meet Danny Wilson　281, 283, 327, 679
ダニー・ケイの替え玉作戦　1961　米　公開　On the Double　304, 308
ダニー・ケイの牛乳屋　1946　米　公開　The Kid from Brooklyn　227, 266, 304, 305, 324, 663
ダニー・ケイの黒いキツネ　1955　米　公開　The Court Jester　304, 308, 689
ダニー・ケイの新兵さん　1944　米　公開　Up in Arms　304, 305, 324, 655
ダニー・ケイの天国と地獄　1945　米　公開　Wonder Man　266, 304, 305, 324, 661
たのしい川べ　1987　米　TV　The Wind in the Willows　466, 715
愉しいひと時　1960　米　未　High Time　297, 300, 697
楽しい娘？　1941　米　未　Nice Girl?　212, 213, 635
楽しき我が家　1953　米　公開　The Stars Are Singing　686
楽しく危ない　1945　米　未　Delightfully Dangerous　177, 235, 656
楽しくて仕方ない　1943　米　未　Never a Dull Moment　239, 646
楽しくて仕方ない　1950　米　未　Never a Dull Moment　70, 845
楽しみです　1945　米　未　It's a Pleasure　93, 95, 658
楽しもうぜ　1963　英　未　Live It Up!　749
楽し我が道　1947　米　公開　Welcome Stranger　190, 193, 669
タバコ売り娘　1947　米　未　Cigarette Girl　665
タバリンのフルフル　1976　伊　未　Frou-frou del tabarin　829
旅ガラス子供連れ　1934　米　公開　Kentucky Kernels　68
タヒチ島の素敵な娘　1943　米　未　Tahiti Honey　648
旅への誘い　1982　仏　未　Invitation au voyage　809
タムタム姫　1935　仏　公開　Princess Tam Tam　564, 566, 805
誰がアーネストか？　1957　米　TV　Who's Earnest?　460
誰かが私を愛している　1952　米　未　Somebody Loves Me　201, 204, 682, 843
誰が最後のキスを…　1936　墺　未　Wer zuletzt küßt...　516, 788
誰がやっても　1935　米　未　All the King's Horses　209, 605
誰も私を裁くことはできない　1966　伊　未　Nessuno mi può giudicare　825
タレント・スカウト　1937　米　未　Talent Scout　619
タンゴ（タンゴの歴史）　1949　アルゼンチン　公開　La Historia del Tango　803
タンゴ　1998　西　公開　Tango　560, 561, 801
タンゴ・イン・ブエノスアイレス 抱擁　2003　アルゼンチン　公開　Abrazos, tango en Buenos Aires　803
タンゴ ガルデルの亡命　1985　仏　公開　El exilio de Gardel: Tangos　810
タンゴ・バー　1987　アルゼンチン　公開　Tango Bar　803
タンゴ・レッスン　1997　英　公開　The Tango Lesson　436, 438, 484, 755
ダンサー　1987　米　公開　Dancers　439, 440, 474, 715
ダンサー・イン・ザ・ダーク　2000　デンマーク　公開　Dancer in the Dark　838
タンジールの謎　1942　西　未　Los misterios de Tánger　545, 794
ダンシング・ハバナ　2004　米　公開　Dirty Dancing: Havana Nights　435, 438, 724
ダンシング・パラダイス　1982　伊　未　Dancing Paradise　830
ダンシング・ヒーロー　1992　豪　公開　Strictly Ballroom　436, 438, 758
ダンシング・レディ　1933　米　公開　Dancing Lady　73, 74, 97, 104, 397, 404, 468, 598
ダンス・ウィズ・ミー　1998　米　公開　Dance with Me　436, 720
ダンス音楽　1935　墺　未　Tanzmusik　516, 787
ダンス・バンド　1935　英　未　Dance Band　734

ダンス・ホール　1950　英　未　Dance Hall　745
ダンス・ホールのつもりで　1949　米　未　Make Believe Ballroom　327, 674
ダンス・レボリューション　2003　米　未　Honey　436, 723, 728
ダンス・レボリューション2　2011　米　未　Honey 2　436, 728
ダンセ・パリ　1929　仏　公開　La folie du jour　564, 566, 804
ダンボ　1941　米　公開　Dumbo　26, 241, 243, 244, 633

チ

小さな乙女　1933　英　未　The Little Damozel　489, 490, 731
小さなジョニー・ジョーンズ　1929　米　未　Little Johnny Jones　587
小さな大佐　1960　西　未　El pequeño coronel　556, 797
小さな天使　1969　米　TV　The Littlest Angel　459, 462
小さなナイチンゲール　1956　西　未　El pequeño ruiseñor　539, 555, 796
小さなネリー・ケリー　1940　米　未　Little Nellie Kelly　127, 157, 159, 396, 630
小さな陽だまりを守れ　1938　英　未　Save a Little Sunshine　492, 493, 739
小さな町の娘　1953　米　未　Small Town Girl　157, 266, 273, 274, 397, 400, 403, 686
小さなミス・ブロードウェイ　1947　米　未　Little Miss Broadway　667
チュウインガム行進曲　1930　米　公開　The Big Pond　51, 53, 590
地下街の住人　1960　米　公開　The Subterraneans　697
地下の怪盗　1935　英　公開　Bulldog Jack　733
チキ・チキ・バン・バン　1968　米　公開　Chitty Chitty Bang Bang　367, 370, 703
地球を止めろ　俺は降りたいんだ　1966　英　未　Stop the World - I Want to Get Off　369, 370
チキン・リトル　2005　米　公開　Chicken Little　449, 724
地上最大のショウ　1952　米　公開　The Greatest Show on Earth　200, 201, 203
地上に降りた女神　1947　米　未　Down to Earth　231, 426, 666
血筋のカネリータ　1943　西　未　Canelita en rama　546, 794
チップス先生さようなら　1969　米　公開　Goodbye, Mr. Chips　367, 370, 400, 704
血の婚礼　1981　西　公開　Bodas de sangre　536, 539, 557, 560, 801
血の月　1952　西　未　Luna de sangre　550, 795
チャイコフスキー　1970　露　公開　Chaykovskiy　406, 837, 847
チャイコフスキー物語　1960　米　公開　The Peter Tchaikovsky Story　371, 372, 847
チャイナタウンへの旅　1926　米　未　A Trip to Chinatown　8
着実にやろう　1945　米　未　Let's Go Steady　658
チャチャチャ・ブーム　1956　米　未　Cha-Cha-Cha-Boom　691
チャーリーはどこだ？　1952　英　未　Where's Charley?　209, 745
チャーリーへの12の心　1949　独　未　Zwölf Herzen für Charly　513, 779
チャーリー・ムーン　1956　英　未　Charley Moon　746
チャルダス姫　1934　独　公開　Die Czardasfürstin　507, 525, 766
チャールダッシュの女王　1951　独　未　Die Csardasfürstin　502, 523, 525, 526, 527, 779
朱金昭（チュウチンチャウ）　1934　英　公開　Chu Chin Chow　732
注目の醜聞　1943　米　未　Spotlight Scandals　647
駐留地のどこかで　1942　英　未　Somewhere in Camp　741
超高圧　1965　伊　未　Altissima pressione　824
調子よく歌おう　1944　米　未　Sing a Jingle　226, 654
蝶々夫人　1954　伊　公開　Madama Butterfly　571, 572, 573, 787, 818
ちょうど君に　1952　米　未　Just for You　209, 297, 298, 682
蝶の夢　1939　伊　未　Il sogno di Butterfly　571, 573, 813
直面せよ！　1954　米　TV　Let's Face It!　459
チョコレートの兵隊　1914　米　未　The Chocolate Soldier　8
チョコレートの兵隊　1941　米　未　The Chocolate Soldier　104, 105, 633
チョコレートの兵隊　1950　米　TV　The Chocolate Soldier　456
チョコレートの兵隊　1955　米　TV　The Chocolate Soldier　457
ちょっと海賊のアルヴァロ　1954　伊　未　Alvaro piuttosto corsaro　817

ちょっとした浮気　1931　独　未　Der kleine Seitensprung　518, 519, 761
ちょっとスキャンダラスな　1946　米　未　Slightly Scandalous　664
ちょっと素敵　1944　米　未　Slightly Terrific　654
ちょっとフランス人　1949　米　未　Slightly French　151, 199, 675
チロルの愛　1955　独　未　Ja, ja die Liebe in Tirol　530, 781
チロルの音楽と恋だから　1963　独　未　…denn die Musik und die Liebe in Tirol　784
チロルの薔薇　1940　独　未　Rosen in Tirol　526, 530, 531, 775
珍芸騒動　1935　米　公開　Here Comes Cookie　607

ツ

追憶　1957　米　公開　The Helen Morgan Story　22, 128, 224, 693, 843
追憶の調べ　1951　英　公開　Wherever She Goes　745
ツイスト・リズムの歌　1962　伊　未　Canzoni a tempo di twist　823
月明かりとサボテン　1944　米　未　Moonlight and Cactus　217, 653
月に腰掛けて　1936　米　未　Sitting on the Moon　614
月の宮殿　1933　米　公開　Moonlight and Pretzels　24, 600
月の庭　1938　米　未　Garden of the Moon　39, 622
月のバルコニー　1962　西　未　El balcón de la Luna　538, 548, 549, 551, 798
月を消しましょ　1937　米　公開　Turn off the Moon　226, 620
椿姫　1947　伊　未　La signora dalle camelie　573, 814
椿姫　1968　伊　未　La traviata　827
ツバメの歌うこと　1956　独　未　Was die Schwalbe sang　530, 782
つま先立ちで　1984　伊　未　In punta di piedi　831
罪ぢゃないわよ　1934　米　公開　Belle of the Nineties　36, 65, 66, 601
罪の旋律　1936　英　未　Guilty Melody　735
ツム・ツム・ツム　1968　伊　未　Zum zum zum　827, 828
ツム・ツム・ツム2　1969　伊　未　Zum, zum, zum n°2　828
つれてって　1974　英　未　Take Me High　496, 752

テ

定期市で会いましょう　1952　米　未　Meet Me at the Fair　153, 682
ディキシアナ　1930　米　公開　Dixiana　68, 591
デイジーという名のワニ　1955　英　未　An Alligator Named Daisy　746
貞淑な愛人　1940　独　未　Die keusche Geliebte　774
ディスク・ジョッキー　1951　米　未　Disc Jockey　678
ディスコ　1983　伊　未　La discoteca　830
ディック・トレイシー　1990　米　公開　Dick Tracy　425, 430, 716
TINA ティナ　1993　米　未　What's Love Got to Do with It　718
ディーバ　1981　仏　公開　Diva　565, 809
T博士の五千本の指　1953　米　未　The 5,000 Fingers of Dr. T　684
泥酔夢（ディム）　1934　米　公開　Dames　5, 37, 39, 43, 46, 401, 402, 531, 602
ティム・バートンのコープスブライド　2005　英　公開　Tim Burton's Corpse Bride　756
ディンゴ　1991　豪　公開　Dingo　758
ティン・パン・アレイ　1940　米　未　Tin Pan Alley　138, 139, 142, 150, 632, 676
テオのマンドリン　1960　伊　未　Un mandarino per Teo　822
テキサス一番の娼家　1982　米　未　The Best Little Whorehouse in Texas　413, 414, 713
テキサスから来た二人の男　1948　米　未　Two Guys from Texas　206, 672
テキサスのカーニバル　1951　米　未　Texas Carnival　179, 182, 265, 277, 680
テキサスの無法者　1942　米　公開　Deep in the Heart of Texas　238
デキシー　1943　米　未　Dixie　190, 192, 199, 643, 845
デキシー歌舞曲　1929　米　公開　Hearts in Dixie　477, 587
デキシーの南部　1944　米　未　South of Dixie　654
できる間は歌って　1937　米　未　Sing While You're Able　619

凸凹お化け騒動 1941 米 公開 Hold That Ghost 217, 219, 634
凸凹海軍の巻 1941 米 公開 In the Navy 47, 217, 218, 634
凸凹海賊船 1952 米 公開 Abbott and Costello Meet Captain Kidd 218, 222
凸凹カウボーイの巻 1942 米 公開 Ride 'Em Cowboy 217, 219, 640
凸凹巨人退治 1952 米 公開 Jack and the Beanstalk 218, 221, 681
凸凹空中の巻 1941 米 公開 Keep 'Em Flying 217, 219, 634
凸凹スキー騒動 1943 米 公開 Hit the Ice 217, 220, 645
凸凹スパイ騒動 1942 米 公開 Rio Rita 174, 217, 640
凸凹宝島騒動 1942 米 公開 Pardon My Sarong 217, 220, 230, 640
凸凹闘牛の巻 1948 米 公開 Mexican Hayride 671
凸凹二等兵の巻 1941 米 未 Buck Privates 217, 218, 227, 633
凸凹ハリウッドの巻 1945 米 公開 Bud Abbott and Lou Costello in Hollywood 218, 221, 399, 656
凸凹ハレムの巻 1944 米 公開 Lost in a Harem 218, 220, 652
凸凹山へ行くの巻 1951 米 未 Comin' Round the Mountain 218, 221, 678
テスト・ハネムーン 1965 米 公開 I'll Take Sweden 301, 304, 345, 701
でたらめに行こう 1930 米 公開 Going Wild 25, 591
鉄火肌の金髪娘 1945 米 未 Incendiary Blonde 200, 202, 658, 843
鉄拳舞踏 1920 米 公開 45 Minute from Broadway 8
デブラ、純潔のジプシー 1951 西 未 Debla, la virgen gitana 550, 795
テンプルちゃんお芽出度う 1935 米 公開 Curly Top 89, 90, 606
テンプルちゃんのえくぼ 1936 米 公開 Dimples 89, 91, 611
テンプルちゃんの上海脱出 1936 米 公開 Stowaway 84, 89, 91, 615
テンプルちゃんの小公女 1938 米 公開 The Little Princess 3, 89, 92
テンプルの愛国者 1935 米 公開 Littlest Rebel 89, 90, 91, 401, 402
テンプルの灯台守 1936 米 公開 Captain January 89, 91, 611
テンプルの福の神 1936 米 公開 Poor Little Rich Girl 84, 89, 91, 613
デュバリイは貴婦人 1943 米 公開 Du Barry Was a Lady 151, 169, 170, 185, 643
デュバリー夫人 1951 独 未 Die Dubarry 514, 779
デリシアス 1931 米 公開 Delicious 83, 595
テレヴィジョンの王様 1949 米 公開 Always Leave Them Laughing 325, 673
殿下はノーと仰いました 1953 伊 未 Sua altezza ha detto no! 817
天下無敵 1930 米 公開 Hold Everything 592
天国の一夜 1931 米 公開 One Heavenly Night 491, 596
天国の扉のアクセル 1944 独 未 Axel an der Himmelstür 526, 530, 532, 778
天国は角を曲がって 1944 英 未 Heaven Is Round the Corner 743
天国爆撃隊 1932 米 公開 Sky Devils 38
天使がやって来た 1961 西 未 Ha llegado un ángel 557, 797
天使と結婚した私 1942 米 未 I Married an Angel 98, 103, 104, 189, 639
天使にラブ・ソングを… 1992 米 公開 Sister Act 425, 431, 717, 718
天使にラブ・ソングを 2 1993 米 公開 Sister Act 2: Back in the Habit 425, 431, 717
天使の贈り物 1996 米 公開 The Preacher's Wife 477, 719
天使の花園 1936 米 公開 Three Smart Girls 36, 88, 121, 122, 212, 213, 214, 520, 615, 628, 644
伝統だよ、父さん! 1962 英 未 It's Trad, Dad! 748
天の安息所 1943 米 未 Cabin in the Sky 130, 154, 155, 389, 404, 477, 478, 642
天は働く女性を守ってくれる 1956 米 TV Heaven Will Protect the Working Girl 457
展覧会の絵 1972 英 未 Pictures at an Exhibition 751

ト

ドアーズ 1991 米 公開 The Doors 717
トイ・ストーリー 1995 米 公開 Toy Story 719
24 アワー・パーティ・ピープル 2002 英 公開 24 Hour Party People 755
闘牛士トミー 1959 英 未 Tommy the Toreador 495, 748
闘牛士の愛 1945 メキシコ 未 Los amores de un torero 544, 802

闘牛士の二人の花嫁　1956　西　未　Dos novias para un torero　551, 796
闘牛の女王　1947　米　公開　Fiesta　179, 180, 264, 265, 666
道化師　1936　伊　未　Pagliacci　503, 504, 813
道化師　1943　伊　未　I pagliacci　814
道化師　1948　伊　未　I pagliacci　815
桃源郷　1934　独　公開　Prinzessin Turandot　513, 517, 767
トゥセット通り　1968　西　未　Tuset Street　552, 554, 800
トウ・ダンス　1927　米　公開　Tiptoes　8
塔の上のラプンツェル　2010　米　公開　Tangled　444, 450, 728
トウモロコシの中で歌う　1946　米　未　Singin' in the Corn　237, 664
トガー　1937　独　未　Togger　519, 770
都会の囚人　1969　西　未　Prisionero en la ciudad　556, 800
都会のひと部屋　1982　仏　未　Une chambre en ville　565, 567, 568, 569, 809
時と場所と娘　1929　米　未　The Time, the Place and the Girl　589
時と場所と娘　1946　米　未　The Time, the Place and the Girl　206, 210, 665
独身男　1956　米　TV　The Bachelor　459
独身の楽園　1939　独　公開　Paradies der Junggesellen　774
どこであの娘を見つけたの　1941　米　未　Where Did You Get That Girl?　637
ドーシー兄弟物語　1947　米　未　The Fabulous Dorseys　666, 844
年ごろ　1938　米　公開　That Certain Age　24, 121, 122, 625
トスカ　1941　伊　公開　Tosca　542, 814
トスカ　1956　伊　未　Tosca　573, 820
トスカ　1973　伊　未　La Tosca　829
トスカ　2001　伊　公開　Tosca　833
トスカニーニ　1988　伊　公開　Il giovane Toscanini　831
突貫勘太　1931　米　公開　Palmy Days　18, 19, 38, 63, 596
ドッキリボーイ2 ブギウギ大騒動　1975　英　公開　Confessions of a Pop Performer　752
取っておきの愛の歌十曲　1953　伊　未　Dieci canzoni d'amore da salvare　816
取っておく彼女のもの　1943　米　未　Hers to Hold　121, 122, 212, 214, 644
ドッド君乗出す　1937　米　公開　Mr. Dodd Takes the Air　209, 618
突風　1962　西　未　Ventolera　551, 798
トップ・ハット　1935　米　公開　Top Hat　73, 75, 80, 167, 320, 427, 610
トト　1934　仏　公開　Toto　805
トトとペッピーノと…悪い女　1956　伊　未　Totò, Peppino e... la malafemmina　820
轟く凱歌　1933　米　公開　The Sweetheart of Sigma Chi　600, 664
ドナウ河の子　1950　墺　未　Kind der Donau　523, 789
ドナウ河を越えたコサックたち　1937　露　未　Zaporozhets za Dunayem　581, 834
隣の娘　1953　米　未　The Girl Next Door　150, 153, 684
とびきりの上等　1945　米　未　Out of This World　204, 659
Tommy トミー　1975　英　公開　Tommy　343, 381, 388, 392, 407, 484, 752
富くじ　1962　西　未　Tómbola　557, 798
トミー・スティール物語　1957　英　公開　The Tommy Steele Story　495, 747, 844
トミーの秘密　1963　西　未　El secreto de Tomy　556, 798
トム・ソーヤーの冒険　1973　米　公開　Tom Sawyer　387, 391, 708
友達のイルマ　1949　米　未　My Friend Irma　309, 674, 677
友達のイルマ西へ行く　1950　米　未　My Friend Irma Goes West　309, 677
土曜は貴方に　1950　米　公開　Three Little Words　19, 23, 186, 252, 253, 255, 261, 266, 276, 397, 399, 402, 677, 843
トラヴィアータ1985 椿姫　1982　伊　公開　La Traviata　830
トラクター運転手　1939　露　未　Traktoristy　575, 579, 834
トラブル・ウィズ・ガールズ　1969　米　未　The Trouble with Girls　336, 342, 705
トリアナのカルメン　1938　西　未　Carmen, la de Triana　541, 793
トリアナの溜息　1955　西　未　Suspiros de Triana　550, 796

邦題索引

ドリー姉妹　1945　米　未　The Dolly Sisters　143, 145, 150, 405, 656, 844
ドリトル先生 不思議な旅　1967　米　公開　Doctor Dolittle　353, 367, 369, 371, 405, 702
ドリームガールズ　2006　米　公開　Dreamgirls　414, 420, 477, 725
努力しないで出世する方法　1967　米　公開　How to Succeed in Business Without Really Trying　128, 358, 364, 472, 703
ドリンゲ、カストリートとアラジンのランプ　1954　アルゼンチン　未　Dringue, Castrito y la lámpara de Aladino　545
トレインスポッティング　1996　英　公開　Trainspotting　755
トレヴィの泉　1960　伊　未　Fontana di Trevi　822
トロイメライ　1944　独　未　Träumerei　778, 846
トロカデロ　1944　米　未　Trocadero　227, 655
泥棒楽団　1962　英　未　Band of Thieves　748
ドローレス　1940　西　未　La Dolores　540, 793
ドローレスの歌　1947　アルゼンチン　未　La copla de la Dolores　542, 803
ドン・キホーテ　1933　仏　公開　Don Quichotte　564, 805
ドン・コサック合唱団　1956　独　未　Das Donkosakenlied　530, 781
ドン・ジョヴァンニ 天才劇作家とモーツァルトの出会い　2009　伊　公開　Io, Don Giovanni　560, 561, 833
頓珍漢外交ゼネバ行　1933　米　公開　Diplomaniacs　68
頓珍漢丸儲け　1931　米　公開　Caught Plastered　68
頓珍漢嫁探し　1932　米　公開　Girl Crazy　38, 39, 68, 597
頓間パルーカ　1934　米　公開　Palooka　118, 604
頓馬者　1930　米　未　The Cuckoos　68, 591
ドン・ロレンツォ　1951　伊　未　Don Lorenzo　816

ナ

内緒の何か　1947　米　未　Something in the Wind　212, 215, 222, 668
ナイチンゲールの献歌　1957　西　未　Saeta del ruiseñor　556, 796
ナイト・クラブ　1929　米　未　Night Club　37
ナイト・クラブの女王　1929　米　未　Queen of the Night Clubs　63, 202, 538
ナイト・クラブの娘　1945　米　未　Night Club Girl　659
ナイトメアー・ビフォア・クリスマス　1993　米　公開　The Nightmare Before Christmas　717, 759
NINE　2009　米　公開　Nine　414, 422, 727
なかなかのもの　1943　米　未　Something to Shout About　151, 264, 647
中庭の女の子　1967　西　未　La niña del patio　545, 800
仲間は皆ここに　1943　米　未　The Gang's All Here　138, 141, 150, 155, 156, 405, 644
渚のデイト　1963　米　公開　Follow the Boys　210, 270, 699
嘆き…電話　1975　伊　未　Piange... il telefono　829
嘆きの天使　1930　独　公開　Der blaue Engel　515, 759
ナショナル・ランプーン クリスマス・バケーション　1989　米　公開　National Lampoon's Christmas Vacation　716
懐しのスワニー　1939　米　公開　Swanee River　15, 17, 151, 628
懐かしの夏　1949　米　未　In the Good Old Summertime　158, 161, 398, 673
懐かしの我が家　1935　米　未　The Old Homestead　25, 69, 608
懐かしの我が家　1942　米　未　The Old Homestead　640
ナッシュビル　1975　米　公開　Nashville　408, 709
夏のクルーズ　1964　西　未　Crucero de verano　550, 799
夏の魔術　1963　米　公開　Summer Magic　371, 373, 699
7号船室の銃声　1938　独　未　Schüsse in Kabine 7　772
七つ擲（なぐ）る　1937　独　公開　Die Sieben Ohrfeigen　509, 512, 513, 770
斜めのオット　1957　独　未　Der schräge Otto　514, 782
何が起きているの？　1942　米　未　What's Cookin'?　216, 217, 222, 223, 227, 229, 230, 642
何よりも素敵　1965　西　未　Más bonita que ninguna　559, 799

邦題索引

七日間の休暇　1942　米　未　Seven Days' Leave　184, 185, 641
七日間の上陸休暇　1944　米　未　Seven Days Ashore　325, 654
ナノン　1938　独　未　Nanon　772
ナポリとソレント　1929　伊　未　Napule e Surriento　812
ナポリの饗宴　1954　伊　公開　Carosello napoletano　571, 817
ナポリのタランテラ　1953　伊　公開　Tarantella napoletana　817
ナポリの手紙　1954　伊　公開　Lettera napoletana　818
ナポリはいつでもナポリ　1954　伊　未　Napoli è sempre Napoli　818
ナポリはすべてひとつの歌　1959　伊　未　Napoli è tutta una canzone　821
ナポリは泣き笑う　1954　伊　未　Napoli piange e ride　818
ナポリ我が太陽！　1958　伊　未　Napoli sole mio!　821
ナポレオンが全部悪い　1938　独　未　Napoleon ist an allem schuld　772
納屋のバス・ルーム　1943　独　未　Das Bad auf der Tenne　777
悩まし女王　1947　米　公開　Copacabana　106, 108, 151, 216, 665
悩み事を歌い飛ばせ　1942　米　未　Sing Your Worries Away　240, 641
成り行き任せ　1943　米　未　Happy Go Lucky　47, 128, 200, 201, 644
南海の劫火　1932　米　公開　Bird of Paradise　39
難局で　1942　米　未　Behind the Eight Ball　227, 229, 638
汝の隣人を愛せ　1940　米　未　Love Thy Neighbor　200, 204, 630
ナンシー、リオへ行く　1950　米　未　Nancy Goes to Rio　151, 177, 213, 273, 404, 677
なんて素敵な世界　1963　英　未　What a Crazy World　749
何でも屋のジャック　1936　英　未　Jack of All Trades　736
何という行き方！　1964　米　公開　What a Way to Go!　310, 348, 349, 366
何とかしよう　1950　米　未　I'll Get By　149, 150, 153, 187, 676
南部の唄　1946　米　公開　Song of the South　241, 246, 664
南部の大宴会　1944　米　未　Dixie Jamboree　239, 650
南部までの道　1939　米　未　Way Down South　628
南米人ジョージ　1941　英　未　South American George　492, 741
南米珍道中　1947　米　公開　Road to Rio　190, 194, 217, 668
南米の恋人　1953　米　未　Latin Lovers　184, 685
南方の放浪者　1931　米　公開　The Prodigal　25, 98, 596
南北アメリカの娘　1945　米　未　Pan-Americana　659

二

肉体の呼ぶ声　1930　米　公開　Call of the Flesh　590
虹でスウィング　1945　米　未　Swingin' on a Rainbow　228, 660
虹の上で踊る　1952　独　未　Wir tanzen auf dem Regenbogen　573, 780
虹の男　1929　米　公開　The Rainbow Man　588
虹の島　1944　米　未　Rainbow Island　199, 653
虹の女王　1949　米　公開　Look for the Silver Lining　150, 209, 323, 324, 674, 843
虹の世界のサトコ　1953　露　公開　Sadko　582, 836
虹の都へ　1933　米　公開　Going Hollywood　57, 59, 97, 398, 399, 599
二十三時間半の休暇　1937　米　未　23 1/2 Hours Leave　620
虹を追って　1930　米　未　Chasing Rainbows　25, 96, 590
虹を掴む男　1947　米　公開　The Secret Life of Walter Mitty　3, 203, 304, 305, 325, 668
ニジンスキー　1980　米　公開　Nijinsky　439, 474, 712, 845
偽むらさき　1932　独　公開　Die Gräfin von Monte-Christo　763
二千万人の恋人　1934　米　公開　Twenty Million Sweethearts　46, 80, 317, 605, 674
尼僧アレグリーア　1935　西　未　Madre Alegría　542, 792
尼僧サン・スルピシオ　1934　西　未　La hermana San Sulpicio　541, 560, 792, 800
尼僧サン・スルピシオ　1952　西　未　La hermana San Sulpicio　549, 795
尼僧たちの子供　1935　西　未　El niño de las monjas　542, 792
尼僧マリア　1956　伊　未　Suor Maria　820

邦題索引

ニッカーボッカーの休日　1944　米　未　Knickerbocker Holiday　104, 105, 544, 652
ニッカーボッカーの休日　1950　米　TV　Knickerbocker Holiday　456
200のモーテル　1971　米　未　200 Motels　706
ニューオリンズ　1947　米　未　New Orleans　477, 479, 667
ニュー・オリンズの名士　1950　米　未　The Toast of New Orleans　174, 176, 270, 278, 397, 677
ニュージーズ　1992　米　未　Newsies　343, 451, 717
ニュースを作れ　1938　英　未　Break the News　52, 55, 488, 567, 738
ニュー・フェイス　1954　米　未　New Faces　329, 687
ニュー・ムーン　1930　米　公開　New Moon　98, 123, 593
ニュー・ムーン　1940　米　公開　New Moon　98, 102, 104, 123, 399, 631
ニューヨーク・ニューヨーク　1977　米　公開　New York, New York　379, 387, 394, 709
ニューヨークの饗宴　1944　米　公開　Sensations of 1945　109, 111, 653
ニュー・ヨークの美女　1952　米　未　The Belle of New York　252, 254, 266, 399, 404, 681
ニュー・ヨークの浮浪児　1984　伊　未　Uno scugnizzo a New York　831
ニュー・ヨークの南で　2010　伊　未　A Sud di New York　833
紐育・ハリウッド　1933　米　公開　Broadway to Hollywood　104, 114, 118, 397, 598
女護ヶ島上陸　1930　米　公開　Leathernecking　69, 70, 592
女体入門　1959　英　公開　Expresso Bongo　496, 747
女人禁制　1931　独　公開　Nie Wieder Liebe　509, 510, 761
庭の千草　1939　米　公開　Three Smart Girls Grow Up　121, 122, 212, 214, 628, 644
人気者の恋　1938　米　未　Love on Toast　624
人形顔　1945　米　未　Doll Face　147, 148, 151, 656
人形の母　1935　墺　公開　Kleine Mutti　521, 787
人間と音楽について　1951　米　未　Of Men and Music　680
人間ベートーベン　1976　独　公開　Beethoven - Tage aus einem Leben　785

ヌ

盗まれた接吻　1930　米　公開　Oh, For a Man!　50, 593
濡れると危険　1953　米　未　Dangerous When Wet　179, 182, 397, 403, 684

ネ

ネイキッド・タンゴ　1990　スイス　公開　Naked Tango　838
ねえ！キスしてよ　1964　米　公開　Kiss Me, Stupid　310, 313, 366
願いをかけて　1937　米　未　Make a Wish　617
猫と提琴　1934　米　公開　The Cat and Fiddle　13, 98, 99, 601
熱狂のスウィング　1943　米　未　Swing Fever　648
熱血　1936　独　未　Heißes Blut　523, 524, 769
熱情奏鳴曲　1935　米　公開　Sweet Surrender　609
熱帯の一夜　1940　米　未　One Night in the Tropics　217, 218, 225, 631
熱波　1935　英　未　Heat Wave　734
眠たい娘　1942　米　未　Sleepytime Gal　236, 237, 641
眠れない夜　1932　英　未　Sleepless Nights　730
眠れる美女　1947　露　公開　Solistka baleta　473, 581, 835
眠れる森の美女　1956　米　TV　Sleeping Beauty　458
眠れる森の美女　1959　米　公開　Sleeping Beauty　330, 331, 332, 372, 414, 453, 696
眠れる森の美女　1964　露　公開　Spyashchaya krasavitsa　837
寝よう　1945　米　未　Hit the Hay　237, 658
ネル・グウィン　1934　英　未　Nell Gwyn　489, 490, 732

ノ

農園の寵児　1938　米　公開　Rebecca of Sunnybrook Farm　89, 90, 92, 405, 624
農園の一幕　1926　米　未　A Plantation Act　14, 15
農家の娘ロサリオ　1935　西　未　Rosario la cortijera　545, 792

農夫は嫁をとる　1953　米　未　The Farmer Takes a Wife　143, 147, 684
ノーティ・マリエッタ　1954　米　TV　Naughty Marietta　457
ノートルダムの鐘　1996　米　公開　The Hunchback of Notre Dame　444, 447, 453, 719
ノー、ノー、ナネット　1940　米　未　No, No, Nanette　318, 489, 490, 631
ノー！ノー！ナネット！　1951　米　TV　No! No! Nanette!　456
野ばら　1957　墺　公開　Der schönste Tag meines Lebens　373, 502, 789
ノブ・ヒル　1945　米　未　Nob Hill　64, 659
ノーマンのデパート騒動　1953　英　公開　Trouble in Store　746
ノルマの恋　1951　伊　未　L'amore di Norma　815
呪われしアブデュル　1935　英　未　Abdul the Damned　733

ハ

ハイジ　1955　米　TV　Heidi　457
売春宿　1976　伊　未　Bordella　829
ハイスクール・ミュージカル　2006　米　TV　High School Musical　452, 466, 725
ハイスクール・ミュージカル ザ・ムービー　2008　米　公開　High School Musical 3: Senior Year　451, 452, 726
ハイスクール・ミュージカル2　2007　米　TV　High School Musical 2　452, 466, 726
ハイディ　1937　米　公開　Heidi　3, 89, 92
ハイ・ティキ　1935　米　未　Hei Tiki　607
ハイド・パーク・コーナー　1935　英　未　Hyde Park Corner　734
ハイ・トール　1956　米　TV　High Tor　460
バイ・バイ・バーディ　1963　米　公開　Bye Bye Birdie　230, 343, 358, 367, 699
バイ・バイ・バーディ　1995　米　TV　Bye Bye Birdie　344, 465, 718
はい、僕の女房です　1949　米　未　Yes Sir, That's My Baby　186, 223, 675
ハイ・ボタン・シューズ　1956　米　TV　High Button Shoes　459
俳優志願　1936　米　未　Stage Struck　39, 45, 46, 209, 615
パイレーツ・ムービー　1982　豪　未　The Pirate Movie　757
ハインツ 心の旅路　1969　独　未　Heintje - Ein Herz geht auf Reisen　785
ハーヴェイの店の娘たち　1946　米　未　The Harvey Girls　158, 161, 208, 264, 397, 404, 662
パガニーニ　1989　伊　公開　Paganini　442, 443, 832, 846
パガン島の恋歌　1950　米　未　Pagan Love Song　179, 182, 183, 277, 397, 677
バギー万才！　1968　米　公開　Live a Little, Love a Little　335, 341, 703
白銀に躍る　1961　独　公開　Kauf dir einen bunten Luftballon　533, 784
白日の下　1967　伊　未　Nel sole　826
伯爵令嬢　1932　独　公開　Gräfin Mariza　763
爆笑隊従軍記　1930　米　公開　Half Shot at Sunrise　68
爆笑！ミサイル大騒動　1965　米　未　Sergeant Deadhead　345, 701
白鳥の死　1937　仏　未　La mort du cygne　473, 564, 669, 805
白鳥の舞　1935　独　公開　Schwarze Rosen　473, 509, 511, 513, 768
白鳥の湖　1958　露　公開　Lebedinoe ozero　836
白鳥の湖　1967　英　未　Schwanensee　474
白鳥の湖　1968　露　公開　Lebedinoe ozero　837
白馬亭にて　1952　独　未　Im weißen Rößl　502, 527, 780
白馬亭にて　1960　墺　未　Im weißen Rößl　533, 790
パーク・レインの春　1948　英　未　Spring in Park Lane　489, 491, 744
始めろ　1943　米　未　Get Going　229, 230, 644
パジャマ・ゲーム　1957　米　公開　The Pajama Game　263, 317, 322, 326, 357, 693
パジャマ・パーティ　1964　米　未　Pajama Party　346, 347
馬上の極悪人　1936　米　未　The Devil on Horseback　232, 611
場末のメロディ　1933　西　未　Melodía de arrabal　541, 792
恥ずかしがりすぎ　1942　英　未　Much Too Shy　492, 741
バス停留所　1956　米　公開　Bus Stop　290, 291

邦題索引

はだかの女王　1934　仏　公開　Zou Zou　564, 566, 805
裸足のイサドラ　1968　英　公開　Isadora　471, 750, 845
8人の女たち　2002　仏　公開　8 femmes　565, 811
バック・トゥ・ザ・ビーチ　1987　米　未　Back to the Beach　346, 348
バック・ビート　1994　英　公開　Backbeat　754
ハックルベリー・フィンの冒険　1974　米　未　Huckleberry Finn　387, 391, 708
初恋合戦　1938　米　公開　Love Finds Andy Hardy　112, 114, 115, 184, 404, 624
バッシュフル・ベンドから来た金髪美人　1949　米　未　Beautiful Blonde from Bashful Bend　128, 143, 146, 673
発情期　1943　米　未　The Heat's on　65, 67, 644
パッシング・ストレンジ　2009　米　未　Passing Strange　727
バッタ君町に行く　1941　米　公開　Mr. Bug Goes to Town　635
ハッピィ・デイズ　1929　米　公開　Happy Days　37, 587
バディ・ホリー物語　1978　米　未　The Buddy Holly Story　408, 710, 845
派手に生きよう　1947　米　未　Living in a Big Way　169, 172, 398, 667
バード　1988　米　公開　Bird　424, 477, 716, 844
ハートでキッス　1964　米　公開　Looking for Love　700
ハートの女王　1936　英　未　Queen of Hearts　484, 485, 736
波止場　1939　米　未　Fisherman's Wharf　626
波止場女　1935　米　公開　Ship Café　609
波止場の天使　1934　米　公開　Wharf Angel　605
花咲く頃　1934　英　公開　Blossom Time　503, 732, 846
バナナ共和国　1979　伊　未　Banana republic　829
花の合唱 (コーラス)　1942　米　公開　Seven Sweethearts　174, 175, 641
花のパリ　1927　仏　公開　Paris attraction　564, 803
パナマのハティ　1942　米　未　Panama Hattie　152, 404, 544, 640
パナマのハティ　1954　米　TV　Panama Hattie　126, 459
花婿来たる　1951　米　未　Here Comes the Groom　199, 209, 297, 298, 679
花嫁が行く　1932　英　未　There Goes the Bride　486, 730
花嫁凱旋　1936　米　公開　Theodora Goes Wild　69, 71, 345
花嫁と偏見　2004　英　未　Bride & Prejudice　755
ハニー　1930　米　公開　Honey　24, 489, 592, 734
羽根の生えた唄　1933　英　公開　That's a Good Girl　488, 731
ハネムーン　1947　米　未　Honeymoon　89, 666
ハネムーン　1959　英　公開　Luna de miel　748
ハネムーンの道　1931　米　未　Honeymoon Lane　596
パノラマ　1956　米　TV　Panorama　457
パパ、イタリアで何をするの？　1961　独　未　Was macht Papa denn in Italien?　514, 784
母親っ子　1929　米　未　Mother's Boy　588
ハバナの休日　1949　米　未　Holiday in Havana　673
ハバナの週末　1941　米　未　Week-End in Havana　138, 140, 150, 637
ハバナの月明かり　1942　米　未　Moonlight in Havana　225, 228, 639
母なれば　1929　米　公開　Honky Tonk　587
母の歌　1937　独　未　Mutterlied　573, 770
バビロン　1980　英　未　Babylon　753
パプリカ　1932　独　未　Paprika　520, 763
パーム・スプリングス　1936　米　未　Palm Springs　238, 613
ハメルン　1969　西　未　Hamelín　800
ハメルンの笛吹き　1972　英　公開　The Pied Piper　565, 568, 569, 751
ハメルンの笛吹き男　1957　米　TV　The Pied Piper of Hamelin　460
ハーモニー　1996　豪　公開　Cosi　758
ハーモニー天国　1930　英　未　Harmony Heaven　729
ハーモニーの小路　1935　米　未　Harmony Lane　606, 845

薔薇色遊覧船　1934　米　公開　Transatlantic Merry Go Round　24, 604
パラダイス・ホテルでの初夜　1950　独　未　Hochzeitsnacht im Paradies　526, 530, 779
パラダイス・ホテルでの初夜　1962　墺　未　Hochzeitsnacht im Paradies　523, 533, 790
ばらの騎士　1962　英　公開　Der Rosenkavalier　748
薔薇のタンゴ　1939　アルゼンチン　公開　Puerta cerrada　802
薔薇のワルツ　1933　英　公開　Bitter Sweet　102, 489, 490, 731
パラマウント・オン・パレイド　1930　米　公開　Paramount on Parade　23, 24, 26, 30, 51, 57, 60, 593
バラライカ　1939　米　未　Balalaika　104, 626
巴里　1929　米　公開　Paris　487, 588
ハリウッド・アルバム　1947　米　公開　Variety Girl　190, 193, 196, 199, 669
聖林スター合戦　1935　米　公開　Music Is Magic　84, 85, 608
ハリウッド盛衰記　1930　米　公開　Show Girl in Hollywood　594
ハリウッド征服　1934　米　公開　Bottoms Up　601
ハリウッド宝船　1945　米　公開　Duffy's Tavern　130, 132, 190, 193, 201, 657
ハリウッド玉手箱　1944　米　公開　Hollywood Canteen　18, 130, 135, 137, 205, 206, 207, 208, 209, 217, 651
聖林三百六十五夜（ハリウッド・デカメロン）　1934　米　公開　365 Nights in Hollywood　84, 85, 604
ハリウッド道中　1947　米　未　The Road to Hollywood　190, 193, 194
ハリウッドは大騒ぎ　1932　米　公開　Make Me a Star　597
ハリウッドパーティー　1934　米　公開　Hollywood Party　117, 118, 603
聖林ホテル　1937　米　公開　Hollywood Hotel　39, 45, 46, 239, 328, 617
ハリー・ガリーの子供たち　1964　伊　未　I ragazzi dell'Hully Gully　824
巴里祭　1933　仏　公開　Quatorze Juillet　564, 567, 805
巴里選手　1930　米　公開　Playboy of Paris　51, 53, 593
巴里っ子　1930　仏　公開　Le roi des resquilleurs　564, 804
パリでかくれんぼ　1995　仏　公開　Haut bas fragile　811
バリ島珍道中　1952　米　公開　Road to Bali　190, 297, 298, 301, 682
バリ島のハネムーン　1939　米　未　Honeymoon in Bali　116, 626
巴里のアメリカ人　1951　米　公開　An American in Paris　154, 256, 259, 260, 267, 398, 400, 403, 474, 678, 853
パリの恋人　1957　米　公開　Funny Face　253, 256, 693
パリのスキャンダル　1935　英　未　Scandals of Paris　735
パリの生活　1977　仏　未　La vie parisienne　809
パリの空の下セーヌは流れる　1951　仏　公開　Sous le ciel de Paris　807
パリのハネムーン　1939　米　未　Paris Honeymoon　58, 62, 520, 627
パリのフォリーズ1956年版　1955　米　未　Paris Follies of 1956　690
巴里の不夜城　1956　仏　公開　Folies-Bergère　565, 807
巴里の屋根の下　1930　仏　公開　Sous les toits de Paris　564, 567, 804
パリの旅愁　1961　米　公開　Paris Blues　697
巴里の恋愛協奏曲（コンチェルト）　2003　仏　公開　Pas sur la bouche　566, 811
パリのワルツ　1950　仏　未　La valse de Paris　565, 806, 847
巴里は夜もすがら　1935　米　公開　Paris in Spring　208, 609
巴里よいとこ　1929　米　公開　Hot for Paris　587
バルガスの旅籠　1959　西　未　Venta de Vargas　548, 797
遥かなるアルゼンチン　1940　米　未　Down Argentine Way　139, 142, 143, 144, 150, 151, 401, 629
遥かなる国から来た男　1956　仏　公開　Le pays, d'où je viens　807
春来りなば　1923　米　公開　Maytime　8
バルセロナ物語　1963　西　公開　Los Tarantos　538, 544, 798, 801
春のいざなひ　1933　独　公開　Ein Lied für dich　504, 505, 765
春の歌　1951　伊　未　Canzone di primavera　815
春の序曲　1943　米　公開　His Butler's Sister　132, 212, 214, 645
春の同窓会　1957　米　未　Spring Reunion　201, 204
春のパリ　1956　米　TV　Paris in the Springtime　457

邦題索引

春のパレード 1934 ハンガリー 公開 Frühjahrsparade 213, 521, 529, 632, 791
春の夜明け 1934 米 公開 Happiness Ahead 47, 602
春の宵 1935 米 公開 The Night Is Young 287, 491, 608
春のライラック 1954 英 未 Lilacs in the Spring 490, 491, 746
春は此処に 1930 米 未 Spring Is Here 24, 25, 594
バレエへの招宴 1957 英 公開 The Bolshoi Ballet and Giselle 474, 746
バレエボーイズ 2014 ノルウェイ Indie 公開 Ballettguttene 838
バーレスク 2010 米 公開 Burlesque 425, 434, 727
バーレスクの王様 1936 米 公開 King of Burlesque 84, 85, 140, 209, 612, 644
バーレスクのカサノヴァ 1944 米 未 Casanova in Burlesque 240, 650
晴れた空 1930 米 未 Sunny Skies 594
晴れた日に永遠が見える 1970 米 公開 On a Clear Day You Can See Forever 354, 355, 379, 705
晴れて今宵は 1942 米 公開 You Were Never Lovelier 163, 165, 231, 642
ハレム万才 1965 米 公開 Harum Scarum 326, 335, 336, 340, 701
バレリーナ物語 1966 米 公開 Ballerina 371, 374, 474, 701
ハレルヤ 1929 米 公開 Hallelujah 477, 587
バレンチノ 1977 英 公開 Valentino 752
ハロー、あなたは妻を忘れてしまった 1949 独 未 Hallo - Sie haben Ihre Frau vergessen 513, 779
ハロー、ジャニーヌ！ 1939 独 未 Hallo Janine! 523, 524, 526, 773
ハロー・ドーリー！ 1969 米 公開 Hello, Dolly! 259, 354, 359, 405, 704
パロマの前夜祭 1935 西 未 La verbena de la Paloma 542, 792
ハロー、有名さん！ 1940 英 未 Hullo, Fame! 740
ハロルド・ティーン 1934 米 未 Harold Teen 602
ハワイアン・パラダイス 1966 米 公開 Paradise Hawaiian Style 335, 340, 702
ハワイの月明かり 1941 米 未 Moonlight in Hawaii 226, 227, 635
ハワイの花 1933 独 未 Die Blume von Hawaii 507, 764
ハワイの花 1953 独 未 Die Blume von Hawaii 780
ハワイの呼び声 1938 米 未 Hawaii Calls 623
ハワイの夜 1939 米 未 Hawaiian Nights 226, 234, 626
パワーズの娘 1943 米 未 The Powers Girl 127, 646
バワリーからブロードウェイへ 1944 米 未 Bowery to Broadway 222, 224, 225, 649
ハンガリア狂想曲 1928 独 公開 Ungarische Rhapsodie 758
ハンガリア狂想曲 1954 独 未 Ungarische Rhapsodie 514, 781
ハンガリア驃騎兵（ひょうきへい） 1933 墺 公開 Rakoczy-Marsch 786
ハンガリア夜曲 1935 独 公開 Die ganze Welt dreht sich um Liebe 507, 767
パンキン・クリックから来たアーロン・スリック 1952 米 未 Aaron Slick from Punkin Crick 681
ハンク・ウィリアムス物語 偽りの心 1964 米 公開 Your Cheatin' Heart 700, 844
バングラディシュのコンサート 1972 米 公開 The Concert for Bangladesh 408, 706
パンク・ロック・ムービー 1978 英 公開 The Punk Rock Movie 752
万事ありがとう 1938 米 公開 Thanks for Everything 405, 625
万事円満 1928 米 公開 Oh, Kay! 9
万事好調 1943 米 未 Riding High 47, 199, 647
ハンス・ブリンカーと銀のスケート靴 1958 米 TV Hans Brinker or the Silver Skates 459, 460
ハンス・ブリンカーと銀のスケート靴 1969 米 TV Hans Brinker or the Silver Skates 461
伴奏者 1992 仏 公開 L'accompagnatrice 810
バンド・ワゴン 1953 米 公開 The Band Wagon 78, 154, 252, 255, 256, 265, 397, 398, 399, 401, 402, 404, 405, 430, 483, 487, 488, 683
バンドを鳴らせ 1940 米 未 Strike Up the Band 115, 154, 155, 157, 158, 160, 397, 403, 632
ハンナ・モンタナ ザ・ムービー 2009 米 公開 Hannah Montana: The Movie 727
万人の歓呼 1943 米 未 Thousands Cheer 109, 115, 130, 133, 158, 169, 171, 174, 183, 185, 186, 265, 396, 648
バンビ 1942 米 公開 Bambi 131, 241, 244, 330, 637
バンブー 1945 西 未 Bambú 542, 794

ハンフリーズ 爆発だーそして天使は歌う 1974 独 未 Les Humphries: Es knallt - und die Engel singen 785
反目と口論そして戦い 1948 米 未 Feudin', Fussin' and A-Fightin' 223, 670

ヒ

ピアノ・レッスン 1993 豪 公開 The Piano 758
ヒア・マイ・ソング 1991 アイルランド 公開 Hear My Song 757
ビアンカの冒険 1977 米 公開 The Rescuers 710
ひかり輝くドウン 1930 米 未 Golden Dawn 591
引き継いで 1963 英 未 Take Me Over 749
ビキニガール・ハント 1965 米 未 How to Stuff a Wild Bikini 346, 347
ビキニで歌おう 1963 伊 未 Canzoni in... bikini 823
ビキニ・ビーチ 1964 米 未 Bikini Beach 346
ビクター／ビクトリア 1982 米 公開 Victor Victoria 351, 389, 425, 428, 520, 713
飛行機乗り 1937 米 未 High Flyers 68, 616
飛行船 1941 英 未 Gasbags 740
ピコネラのローラ 1952 西 未 Lola, la piconera 546, 795
膝にバンジョウ 1936 米 公開 Banjo on My Knee 610
美術館で会いましょう 1953 伊 未 Ci troviamo in galleria 816
秘書 1931 独 未 Die Privatsekretärin 518, 519, 761
美女と野獣 1991 米 公開 Beauty and the Beast 444, 445, 717
美女の中の美女 1955 伊 公開 La donna più bella del mondo 819, 847
美人劇場 1941 米 公開 Ziegfeld Girl 152, 155, 157, 159, 184, 403, 404, 475, 637
美人国武者修業 1934 米 公開 Cockeyed Cavaliers 68, 69, 601
美人だが金欠 1944 米 未 Beautiful But Broke 228, 649
ピストルと音楽 1935 米 公開 Stolen Harmony 63, 209, 609
ピストル娘 1930 米 公開 Dangerous Nan McGrew 23, 591
ピストルを持つママ 1943 米 未 Pistol Packin' Mama 236, 649
悲愴交響曲 1948 米 未 Song of My Heart 672
秘蔵っ子 1943 米 未 Nobody's Darling 646
秘蔵っ子 1951 米 未 Honeychile 237, 679
ピーター・パン 1953 米 公開 Peter Pan 330, 331, 685
ピーター・パン 1955 米 TV Peter Pan 458, 461
ピーター・パン 1956 米 TV Peter Pan 461
ピーター・パン 1960 米 TV Peter Pan 461
ピーター・パン 1976 米 TV Peter Pan 459, 463
ビーチ・ガール 1965 米 公開 The Girls on the Beach 701
ビッグ・ボーイ 1930 米 未 Big Boy 14, 16, 590
日付変更線 1954 米 TV Dateline 458
日付変更線2 1955 米 TV Dateline II 458
ヒット・パレード 1937 米 未 The Hit Parade 235, 239, 616
ヒット・パレード 1948 米 公開 A Song Is Born 304, 306, 325, 672
ヒット・パレード 1953 独 未 Schlagerparade 52
ヒット・パレード1941年版 1940 米 未 Hit Parade of 1941 232, 235, 239, 629
ヒット・パレード1943年版 1943 米 未 Hit Parade of 1943 235, 645
ヒット・パレード1947年版 1947 米 未 Hit Parade of 1947 235, 666
ヒット・パレード1951年版 1950 米 未 Hit Parade of 1951 235, 676
人喰いたち 1988 ポルトガル 未 Os Canibais 839
ひとこと云って 1959 米 公開 Say One for Me 276, 297, 300, 696
ビート・ストリート 1984 米 未 Beat Street 435, 714
ビートとドラゴン 1977 米 公開 Pete's Dragon 116, 450, 451, 710
ビート・パレード 1964 米 公開 The T. A. M. I. Show 700
人々は面白い 1946 米 未 People Are Funny 128, 239, 664

邦題索引

ビートルズ イエロー・サブマリン 1968 英 公開 Yellow Submarine 497, 751
ビートルズ レット・イット・ビー 1970 英 公開 Let It Be 497, 751
ビートルズがやって来る ヤア！ヤア！ヤア！ 1964 英 公開 A Hard Day's Night 359, 483, 496, 749
ビートルズの誕生 1979 米 未 Birth of the Beatles 711
Pina ピナ・バウシュ 踊り続けるいのち 2011 米 公開 Pina 439, 442
ピナ・バウシュ 夢の教室 2010 独 公開 Tanzträume 442
陽のあたる側で 1951 米 未 Sunny Side of the Street 327, 680
陽のあたる教室 1995 米 公開 Mr. Holland's Opus 718
ピノキオ 1940 米 公開 Pinocchio 25, 26, 241, 242, 269, 330, 331, 631
ピノキオ 1957 米 TV Pinocchio 460
ピノキオ 1965 米 TV Pinocchio 462
ピノキオ 1967 米 TV Pinocchio 459, 462
ピノキオ 1976 米 TV Pinocchio 464
陽の沈む時 1955 伊 未 Quando tramonta il sole 819
火の玉レーサー 1966 米 未 Fireball 500 348
ビバ！マリア 1965 仏 公開 Viva Maria! 565, 808
ひばりの歌うところ 1936 独 未 Wo die Lerche singt 507, 769
響き合うふたつの心 1935 英 未 Two Hearts in Harmony 24, 735
響け応援歌 1933 米 公開 College Humor 57, 58, 598
美貌の敵 1940 独 公開 Kora Terry 131, 523, 524, 775
秘密指令 1938 独 未 In geheimer Mission 771
秘密で 1940 英 未 Under Your Hat 740
秘密の恋物語 1938 米 未 Romance in the Dark 624
秘密の伯爵夫人 1942 独 未 Die heimliche Gräfin 530, 531, 776
姫君海を渡る 1936 米 公開 The Princess Comes Across 613
姫君と海賊 1944 米 公開 The Princess and the Pirate 195, 197, 325
ひめごと 1936 独 公開 Allotria 519, 520, 768
101匹わんちゃん 1961 米 公開 One Hundred and One Dalmatians 332, 371, 409
百人の娘たちのための五人の海兵 1961 伊 未 Cinque marines per cento ragazze 822
百年 1999 伊 未 Cient'anne 832
百のセレナーデ 1954 伊 未 Cento serenate 818
百万長者の中で 1930 米 未 Among the Millionaires 589
百万弗小僧 1934 米 公開 Kid Millions 13, 18, 20, 125, 127, 603
百万弗大放送 1938 米 公開 The Big Broadcast of 1938 57, 60, 195, 196, 199, 621
百万弗の人魚 1952 米 公開 Million Dollar Mermaid 19, 38, 156, 179, 182, 397, 403, 682
100万弗のリズム 1958 米 公開 Let's Rock 694
百万人の音楽 1944 米 公開 Music for Millions 118, 184, 654
氷上円舞曲 1948 米 公開 The Countess of Monte Cristo 93, 96, 669
氷上の花 1943 米 公開 Wintertime 93, 95, 648
氷上乱舞 1937 米 公開 Thin Ice 93, 94, 619
氷上リズム 1938 米 公開 Breaking the Ice 621
日よけ帽のスー 1945 米 未 Sunbonnet Sue 660
ビヨンド the シー 夢見るように歌えば 2004 米 公開 Beyond the Sea 723
ビリー・エリオット ミュージカルライブ リトル・ダンサー 2014 英 公開 Billy Elliot the Musical Live 756
ビリー・ホリデイ物語 奇妙な果実 1972 米 公開 Lady Sings the Blues 388, 390, 477, 707, 844
ビリングスゲイトのブリタニア 1933 英 未 Britannia of Billingsgate 731
昼のカロラ、夜のカロラ 1969 西 未 Carola de día, Carola de noche 557, 558, 800
ビルマの月 1940 米 未 Moon Over Burma 199, 631
広いひろい世界 1955 米 TV Wide Wide World 458
広いひろい世界2 1956 米 TV Wide Wide World II 458
品格ある不倫 1969 西 未 Un adulterio decente 550, 800
ピンク・フロイド ザ・ウォール 1982 英 公開 Pink Floyd The Wall 484, 753

邦題索引

ビンゴ・パーティ　1965　米　未　Beach Blanket Bingo　346, 347
ピンナップ・ガール　1944　米　未　Pin Up Girl　143, 145, 653

フ

ファウスト（悪魔篇）　1948　伊　公開　La leggenda di Faust　573, 815
ファースト・ポジション 夢に向かって踊れ！　2011　米　公開　First Position　728
ファド　2007　ポルトガル　未　Fados　560, 561, 839
ファニー・ガール　1968　米　公開　Funny Girl　21, 87, 88, 354, 355, 358, 379, 703, 709, 844
ファニー・レディ　1975　米　公開　Funny Lady　354, 355, 379, 387, 709, 844
ファミリー・バンド　1968　米　公開　The One and Only Genuine Original Family Band　367, 371, 374, 704
ファン・シモンの娘　1935　西　未　La hija de Juan Simón　544, 792
ファンタジア　1940　米　公開　Fantasia　241, 242, 243, 244, 449, 629, 721
ファンタジア 2000　1999　米　公開　Fantasia 2000　243, 444, 449, 721
ファンタスティックス　1964　米　TV　The Fantasticks　459, 461
ファンタスティックス　1995　米　未　The Fantasticks　413, 417, 718
ファントム・オブ・パラダイス　1974　米　公開　Phantom of the Paradise　388, 391, 708
フィナーレ　1938　墺　未　Finale　517, 529, 788
フィニアンの虹　1968　米　公開　Finian's Rainbow　253, 254, 258, 355, 359, 495, 703
フィリグラーナ　1949　西　未　Filigrana　540, 794
フィル・コリンズ in バスター　1988　英　公開　Buster　754
フィルターなしで　2001　伊　未　Senza filtro　833
フィルモア 最后のコンサート　1972　米　公開　Fillmore　408, 706
風来坊　1933　米　公開　Hallelujah, I'm a Bum　14, 16, 599
不運なマリー　1934　独　未　Pechmarie　767
フェザートップ　1961　米　TV　Feathertop　462
ブエナ・ビスタ・ソシアル・クラブ　1999　独　公開　Buena Vista Social Club　786
フェーム　1980　米　公開　Fame　402, 424, 426, 484, 712
フェーム　2009　米　未　Fame　426, 727
フォーク・ソング集会　1963　米　未　Hootenanny Hoot　699
フォー・ザ・ボーイズ　1991　米　公開　For the Boys　425, 430, 717
フォリーズの金髪娘　1932　米　未　Blondie of the Follies　97, 117, 597
フォリーズの娘　1943　米　未　Follies Girl　643
ブガドン交響楽　1953　米　公開　Toot, Whistle, Plunk and Boom　686
不可能万歳！　1958　西　未　¡Viva lo imposible!　551, 797
復員　1946　英　未　Demobbed　743
服が人を作る　1940　独　未　Kleider machen Leute　774
不思議な世界の物語　1962　米　公開　The Wonderful World of the Brothers Grimm　270, 367, 368, 699
不思議の国のアリス　1933　米　公開　Alice in Wonderland　598
不思議の国のアリス　1951　米　公開　Alice in Wonderland　330, 678
不思議の国のアリス　1966　米　TV　Alice in Wonderland or What's a Nice Kid Like You Doing in a Place Like This?　463
不思議の国のアリス　1985　米　TV　Alice in Wonderland　465, 714
不思議の国のアリスの冒険　1973　英　未　Alice's Adventures in Wonderland　751
不誠実だが美しい　1959　伊　未　Perfide ma belle　821
舞台の魅力　1943　米　未　Footlight Glamour　643
ふたつの海賊旗　1951　米　未　Double Crossbones　223, 678
ふたつのダイナマイト　1951　米　未　Double Dynamite　281, 283, 329, 678
ふたつのトラブル　1967　米　未　Double Trouble　335, 336, 341, 702
二人だけで　1968　西　未　Solos los dos　557, 558, 800
二人でお茶を　1950　米　公開　Tea for Two　317, 318, 319, 323, 325, 677
二人で駆け落ち　1943　伊　未　Fuga a due voci　814

909

邦題索引

ふたりでスロー・ダンスを 1978 米 公開 Slow Dancing in the Big City 711
二人の女 1938 独 未 Zwei Frauen 772
二人の女の間で 1945 米 未 Between Two Women 186
二人の金髪娘と一人の赤毛娘 1947 米 未 Two Blondes and a Redhead 668
二人の青春 1941 米 公開 Life Begins for Andy Hardy 112, 115, 157, 159
二人の浮浪児 1961 西 未 Los dos golfillos 556, 797
二人の娘と一人の男 1951 米 未 Two Gals and a Guy 210, 680
二人のメロディ 1937 米 公開 Melody for Two 229, 617
二人はアルゼンチンで出会った 1941 米 公開 They Met in Argentina 636
不注意な女 1932 米 未 Careless Lady 597
不沈のモリー・ブラウン 1964 米 公開 The Unsinkable Molly Brown 277, 358, 361, 700
プッチーニ 1953 伊 未 Puccini 573, 817, 847
降っても照っても 1930 米 未 Rain or Shine 594
フットボール・パレード 1936 米 未 Pigskin Parade 111, 112, 226, 405, 613
フットライト・パレード 1933 米 公開 Footlight Parade 12, 19, 38, 39, 42, 46, 182, 205, 599
フットルース 1984 米 公開 Footloose 435, 438, 474, 714
ブーツ！ブーツ！ 1934 英 未 Boots! Boots! 492, 732
舞踏会のあとで 1957 英 未 After the Ball 746, 844
舞踏への招待 1956 米 公開 Invitation to the Dance 259, 263, 472, 474, 692
フーピー 1930 米 公開 Whoopee 17, 18, 19, 27, 38, 68, 305, 501, 595
フーピー！ 1950 米 TV Whoopee! 456
譜めくりの女 2006 仏 公開 La tourneuse de pages 811
不滅の恋 ベートーヴェン 1994 英 公開 Immortal Beloved 442, 443, 754
不滅の旋律 1940 伊 未 Melodie eterne 573, 813
不滅の放浪者 1930 独 公開 Der unsterbliche Lump 515, 760
不滅のメロディ 1935 墺 未 Unsterbliche Melodien 787
不滅のメロディ マスカーニ 1955 伊 未 Melodie immortali - Mascagni 819, 846
不滅のモーツァルト 1954 墺 未 Unsterblicher Mozart 789, 846
冬の夜の夢 1935 独 未 Winternachtstraum 529, 768
フライイング・ハイ 1951 米 TV Flying High 456
ブラウンの千両役者 1935 米 公開 Bright Lights 39, 44, 590, 605
プラーグの大学生 1935 独 公開 Der Student von Prag 768
ブラザー・ベア 2003 米 公開 Brother Bear 444, 449, 723
ブラジル 1944 米 公開 Brazil 649
ブラス！ 1996 英 公開 Brassed Off 754
ブラック・スワン 2010 米 公開 Black Swan 2, 439, 441, 727
ブラック・タイツ 1961 仏 公開 1-2-3-4 ou Les Collants noirs 265, 474, 565, 808
フラッシュダンス 1983 米 公開 Flashdance 402, 435, 438, 713
フラメンコ 1995 西 公開 Flamenco 560, 561, 801
フラメンコ・フラメンコ 2010 西 公開 Flamenco, Flamenco 560, 561, 801
フラワー・ドラム・ソング 1961 米 公開 Flower Drum Song 252, 293, 358, 360, 697
フランキー and ジョニー 1966 米 公開 Frankie and Johnny 336, 340, 701
フランキーとジョニー 1936 米 未 Frankie and Johnny 22, 611
フランシスキータ夫人 1934 西 未 Doña Francisquita 542, 792
ブランシュ夫人の秘密 1933 米 公開 The Secret of Madame Blanche 69, 70
フランス航路 1953 米 公開 The French Line 329, 684
フランツ・リスト 愛の夢 1970 ハンガリー 公開 Szerelmi álmok - Liszt 791, 847
フランドルの城 1936 独 未 Das Schloß in Flandern 529, 769
ブリガドゥーン 1966 米 TV Brigadoon 461
ブリガドーン 1954 米 公開 Brigadoon 154, 259, 261, 265, 403, 687
フリッツ・ザ・キャット 1972 米 公開 Fritz the Cat 410, 706, 707
フリッツとフリデリケ 1952 独 未 Fritz und Friederike 530, 780
フリーデマン・バッハ 1941 独 未 Friedemann Bach 776

プリンス・オブ・エジプト 1998 米 公開 Prince of Egypt 453, 720
プリンセスと魔法のキス 2009 米 公開 The Princess and the Frog 444, 449, 727
古いヴォードヴィル 1947 露 未 Starinnyy vodevil 580, 835
古いスペイン街道で 1947 米 未 On the Old Spanish Trail 228, 668
ふるさとの唄 1933 米 公開 Hello, Everybody! 599
ブルー・スカイ 1946 米 公開 Blue Skies 163, 167, 190, 661
ブルースでスウィング 1944 米 未 Swing Out the Blues 655
ブルースの巨人 1950 米 未 Blues Busters 675
ブルースの誕生 1941 米 公開 Birth of the Blues 190, 191, 200, 633
ブルース・ブラザース 1980 米 公開 The Blues Brothers 424, 427, 712, 720
ブルース・ブラザース2000 1998 米 公開 Blues Brothers 2000 427, 720
ブルースを唄ふ女 1933 米 公開 Torch Singer 64, 601
ブルックリンから来たカウボーイ 1938 米 未 Cowboy from Brooklyn 47, 207, 621
ブルックリンから来たギャング 1966 伊 未 Un gangster venuto da Brooklyn 825
ブルックリンから来た金髪娘 1945 米 未 The Blonde from Brooklyn 656
ブルックリン物語 1978 米 公開 Movie Movie 388, 394, 711
ブルー・ハワイ 1961 米 公開 Blue Hawaii 62, 335, 337, 346, 697
ブルー・マイアミ 1967 米 公開 Clambake 336, 341, 702
ブルーマ・ガール 1956 米 TV Bloomer Girl 458, 471
ブレイキング・グラス 1980 英 公開 Breaking Glass 753
ブレイクダンス 1984 米 公開 Breakin' 435, 714
ブレイクダンス2 1984 米 公開 Breakin' 2: Electric Boogaloo 435, 714
フレゴーラ 1948 墺 未 Fregola 523, 788
プレジャンの舟唄 1932 仏 公開 Le chant du marin 564, 572, 804
フレディ遊びに出る 1946 米 未 Freddie Steps Out 662
フレディと草原の歌 1964 独 未 Freddy und das Lied der Prärie 785
フレディと百万長者 1961 独 未 Freddy und der Millionär 784
フレンチ・カンカン 1954 仏 公開 French Cancan 807
フロイトの心 失恋 1940 独 未 Herzensfreud - Herzensleid 774
浮浪児たち 1989 伊 未 Scugnizzi 832
浮浪児ホセリート 1966 メキシコ 未 Joselito vagabundo 556, 802
プロデューサーズ 2005 米 公開 The Producers 414, 420, 720, 724
ブロードウェイ 1929 米 公開 Broadway 63, 585, 638
ブロードウェイ 1941 米 公開 Babes on Broadway 115, 132, 155, 157, 159, 397, 404, 633
ブロードウェイ 1942 米 未 Broadway 63, 638
ブロードウェイ黄金時代 1929 米 公開 Gold Diggers of Broadway 13, 37, 40, 63, 206, 290, 325, 586, 680
ブロードウェイで会いましょう 1946 米 未 Meet Me on Broadway 663
ブロードウェイにかかる虹 1933 米 未 Rainbow Over Broadway 600
ブロードウェイによろしく 1948 米 未 Give My Regards to Broadway 153, 670
ブロードウェイの悪人 1933 米 未 Broadway Bad 598
ブロードウェイの女主人 1935 米 未 Broadway Hostess 605
ブロードウェイの子守唄 1951 米 未 Lullaby of Broadway 316, 318, 325, 679
ブロードウェイのゴンドラ漕ぎ 1935 米 未 Broadway Gondlier 47, 605
ブロードウェイのスキャンダルス 1929 米 未 Broadway Scandals 586
ブロードウェイのスターたち 1935 米 未 Stars Over Broadway 39, 45, 609
ブロードウェイのセレナーデ 1939 米 未 Broadway Serenade 98, 101, 155, 399, 626
ブロードウェイの捜査刑事 1952 米 未 Bloodhounds of Broadway 287, 288, 681
ブロードウェイのソロモン王 1935 米 未 King Solomon of Broadway 607
ブロードウェイの仲間たち 1938 米 未 Broadway Musketeers 207, 621
ブロードウェイのバイロン卿 1930 米 未 Lord Byron of Broadway 25, 592
ブロードウェイのバークレイ夫妻 1949 米 未 The Barkleys of Broadway 74, 81, 163, 168, 319, 397, 401, 404, 673

邦題索引

ブロードウェイの花　1937　米　未　Blossoms on Broadway　616
ブロードウェイの二人の娘　1940　米　未　Two Girls on Broadway　127, 184, 632
ブロードウェイ・ブロードウェイ　コーラスラインにかける夢　2008　米　公開　Every Little Step　726
ブロードウェイへの二枚の切符　1951　米　未　Two Tickets to Broadway　156, 157, 187, 265, 681
ブロードウェイへの道　1953　米　未　Main Street to Broadway　200
ブロードウェイ・メロディー　1929　米　公開　The Broadway Melody　25, 27, 60, 96, 109, 110, 127, 163, 184, 396, 399, 585, 606, 632
ブロードウェイ・リズム　1944　米　未　Broadway Rhythm　127, 186, 402, 403, 649
プロムナード　1955　米　TV　Promenade　457
フローラの家　1973　西　未　Casa Flora　546, 548, 800
フロリダ万才　1965　米　公開　Girl Happy　336, 339, 701
ブロンディ　南米の巻　1941　米　未　Blondie Goes Latin　235, 633
ブロンドの歌姫　1930　独　未　Die blonde Nachtigall　759
ブロンドの夢　1932　独　公開　Ein blonder Traum　509, 510, 513, 762
文学士　1934　米　未　Bachelor of Arts　601

へ

ヘアー　1979　米　公開　Hair　380, 387, 711
ヘアスプレー　2007　米　公開　Hairspray　414, 421, 423, 476, 726
兵士ジェイン　1951　米　未　G. I. Jane　679
兵士たちに続け　1944　米　未　Follow the Boys　63, 98, 130, 136, 216, 217, 222, 225, 229, 230, 544, 650
兵士と伍長　1964　伊　未　Soldati e caporali　824
兵士と新兵　1967　伊　未　Soldati e capelloni　826
兵隊さんへのちょっとしたもの　1944　米　未　Something for the Boys　147, 148, 151, 654
ベイビー　1932　独　未　Baby　762
ベイルートの女　1965　西　未　La dama de Beirut　552, 554, 799
ベヴァリーの起床ラッパ　1943　米　未　Reveille with Beverly　130, 233, 646
ペエテルの歓び　1934　ハンガリー　公開　Peter　521, 791
ヘッド　1968　米　未　Head　703
ベッドかざりとほうき　1971　米　公開　Bedknobs and Broomsticks　367, 371, 375, 387, 705
ペットショップ・ボーイズ　夢色の幻想　1988　英　公開　It Couldn't Happen Here　754
ペティ・ガール　1950　米　未　The Petty Girl　677
ヘドウィグ・アンド・アングリーインチ　2001　米　公開　Hedwig and the Angry Inch　413, 418, 722
ベートーヴェン　気骨の楽聖　1962　米　未　The Magnificent Rebel　698, 846
ベニイ・グッドマン物語　1956　米　公開　The Benny Goodman Story　327, 328, 691, 844
ペニーズ・フロム・ヘヴン　1981　米　未　Pennies from Heaven　77, 424, 427, 565, 712
紅薔薇行進曲　1937　米　公開　I'll Take Romance　123, 124, 617
ベノスアイレスの灯　1931　アルゼンチン　公開　Las luces de Buenos Aires　543, 802
ベビイお目見得　1934　米　公開　Baby Takes a Bow　35, 89, 90
ヘヴンリービキニ　1966　米　未　The Ghost in the Invisible Bikini　347
ペペ　1960　米　公開　Pepe　52, 119, 153, 158, 277, 292, 297, 309, 366, 367, 697
ヘラクレス　1997　米　公開　Hercules　444, 448, 720
ベラミ　1955　墺　未　Bel Ami　527, 789
ベラミ　美しき女性のお気に入り　1939　独　未　Bel Ami. Der Liebling schöner Frauen　532, 773
ベラミ 2000年版、プレイ・ボーイをいかにして誘惑するか　1966　墺　未　Bel Ami 2000 oder Wie verführt man einen Playboy?　533, 790
ベルが鳴っています　1960　米　未　Bells Are Ringing　309, 313, 357, 696
ペルゴレージ　1933　伊　未　Pergolesi　812, 846
ヘルツァポピン　1941　米　未　Hellzapoppin'　227, 230, 634
HELP! 4人はアイドル　1965　英　公開　Help!　359, 496, 749
ベルベット・ゴールドマイン　1998　英　公開　Velvet Goldmine　755
ヘレスの妖精　1954　西　未　El duende de Jerez　550, 796

ベーレンホフでの結婚　1942　独　未　Hochzeit auf Bärenhof　776
ベロニカの花束　1933　独　公開　Gruß und Kuß - Veronika　520, 764
辺境の娘　1945　米　未　Frontier Girl　657
弁護士と会って　1945　米　未　See My Lawyer　229, 544, 659
ペンザンスの海賊　1983　英・米　未　The Pirates of Penzance The Pirates of Penzance　753
ヘンゼルとグレーテル　1958　米　TV　Hansel and Gretel　461
ヘンダーソン夫人の贈り物　2005　英　公開　Mrs. Henderson Presents　425, 433, 484, 756
ペンチャー・ワゴン　1969　米　公開　Paint Your Wagon　359, 365, 704
返答　1952　米　未　Sound Off　116
ペントハウスのリズム　1945　米　未　Penthouse Rhythm　659
変な奴　1963　伊　未　Uno strano tipo　823
ベンベニードの物語　1964　西　未　La historia de Bienvenido　557, 558, 799
便利な結婚　1930　米　公開　Sunny　21, 25, 208, 490, 594, 636
変ロ長調の交響楽　1930　英　未　Symphony in Two Flats　729

ホ

ホアン・ルセロの恋人　1959　西　未　La novia de Juan Lucero　546, 797
ボーイフレンド　1971　英　公開　The Boy Friend　3, 74, 157, 379, 381, 383, 392, 406, 484, 751
ボーイ・フレンドを紹介します　1937　米　未　Meet the Boy Friend　230, 617
冒険は続く　1939　独　未　Das Abenteuer geht weiter　526, 573, 773
放送局での死　1934　英　未　Death at Broadcasting House　732
放送豪華版　1935　米　公開　Millions in the Air　608
放送中　1934　英　未　On the Air　733
法廷の絶唱歌手　1960　伊　未　Urlatori alla sbarra　822
坊やはお寝み　1933　米　公開　A Bedtime Story　52, 53, 598
抱擁　1957　米　公開　The Joker Is Wild　149, 281, 285, 288, 693, 844
放浪者たち　1938　米　未　Rascals　405, 624
放浪者ルムパチ　1936　墺　未　Lumpacivagabundus　529, 787
放浪の王者　1930　米　公開　The Vagabond King　13, 48, 49, 595
放浪の王者　1956　米　公開　The Vagabond King　270, 273, 278, 692
ポカホンタス　1995　米　公開　Pocahontas　444, 447, 719
ほがらかに鐘は鳴る　1959　墺　公開　Wenn die Glocken hell erklingen　502, 789
ポギーとベス　1959　米　公開　Porgy and Bess　477, 479, 696
僕がやったんだ　1943　米　未　I Dood It　109, 111, 645
北西入植地　1947　米　未　Northwest Outpost　104, 106, 667
僕たちの時間　1991　米　公開　The Hours and Times　717
僕と彼女のために　1942　米　未　For Me and My Gal　127, 155, 157, 169, 172, 259, 398, 403, 507, 638
僕の一番の恋人　1944　米　未　My Best Gal　229
僕の歌を聴いて　1959　西　未　Escucha mi canción　556, 797
僕の彼女は音楽好き　1944　米　未　My Gal Loves Music　229, 653
僕の恋人　1947　米　未　That's My Gal　668
僕の恋人サリー　1942　米　未　My Gal Sal　231, 405, 640, 843
僕の心にいる娘　1949　米　未　There's a Girl in My Heart　216, 223, 675
僕のせいだ　1959　西　未　Échame la culpa　548, 797
僕の女房が微笑んでくれるとき　1948　米　未　When My Baby Smiles at Me　143, 146, 152, 240, 672
僕の野育ちアイルランドのローズ　1947　米　未　My Wild Irish Rose　206, 667, 843
僕のベッドに女スパイがいる　1976　伊　未　C'è una spia nel mio letto　829
僕は歌いたい　1943　伊　未　Ho tanta voglia di cantare　814
僕は君には不釣り合い　1966　伊　未　Non son degno di te　825
ボクは芸人　1934　米　公開　You Belong to Me　22
僕はすぐに戻るから　1939　独　未　Ich bin gleich wieder da　773
僕はツイてる　1958　米　公開　Merry Andrew　305, 308, 695
僕は戻ってくる　1966　伊　未　Mi vedrai tornare　825

邦題索引

僕はやっていない　1945　英　未　I Didn't Do It　492, 743
ボケ役　1952　米　未　The Stooge　309, 310, 311, 683
ホコリは御容赦を　1951　米　未　Excuse My Dust　678
ボー・ジェイムス　1957　米　未　Beau James　119, 301, 693, 845
星屑　1973　伊　未　Polvere di stelle　829
星空の下で歌う　1956　伊　未　Cantando sotto le stelle　819
星に散る　1974　米　未　Lost in the Stars　477, 708
星に伝えて　1945　米　未　Tell It to a Star　236, 660
星の王子さま　1974　米　公開　The Little Prince　388, 392, 708
ボージャングルス　2001　米　未　Bojangles　334
ホセリートと親指トムの冒険　1960　メキシコ　未　Aventuras de Joselito y Pulgarcito　556, 802
菩提樹　1956　独　公開　Die Trapp-Familie　351, 502, 782, 783, 845
ボッカチオ　1936　独　公開　Boccaccio　769
ホットなのが好き　1939　米　未　Some Like It Hot　195, 196, 627
ポップ・ギア　1965　英　公開　Pop Gear　497, 749
ポップコーンとポテトチップス　1985　伊　未　Popcorn e patatine　831
ボディ・ロック　1984　米　未　Body Rock　435, 714
ホテルの王様　1932　仏　未　Le roi des palaces　572, 804
ほとんど結婚して　1942　米　未　Almost Married　227, 230, 637
焔の女　1941　米　公開　The Flame of New Orleans　567, 633
炎のダンス　1942　西　未　Danza del fuego　543, 793
ホノルル航路　1940　米　公開　It's a Date　177, 212, 273, 630, 677
ボビーの凱歌　1936　米　公開　Rainbow on the River　614
ボビーの初舞台　1936　米　公開　Let's Sing Again　613
ボビー伯爵の甘い生活　1962　墺　未　Das süße Leben des Grafen Bobby　533, 790
ボビー伯爵の冒険　1961　墺　未　Die Abenteuer des Grafen Bobby　533, 790
ボビー伯爵、ワイルド・ウェストの恐怖　1966　墺　未　Graf Bobby, der Schrecken des wilden Westens　533, 790
ホフマン嬢の物語　1933　独　未　Fräulein Hoffmanns Erzählungen　764
ホフマン物語　1951　英　公開　The Tales of Hoffman　474, 483, 494, 745
ボブ・ロバーツ　陰謀が生んだ英雄　1992　米　公開　Bob Roberts　717
歩兵のジョニー　1942　米　未　Johnny Doughboy　639
ボヘミアンの魅力　1937　墺　未　Zauber der Boheme　505, 506, 507, 529, 788
微笑みと歌　1958　伊　未　Sorrisi e canzoni　821
微笑みと平手打ちと接吻　1975　伊　未　Un sorriso, uno schiaffo, un bacio in bocca　829
微笑みの国　1930　独　未　Das Land des Lächelns　503, 759
微笑みの国　1952　独　未　Das Land des Lächelns　502, 505, 506, 507, 780
微笑む人生　1936　仏　公開　Avec le sourire　52, 54
微笑む青年　1969　伊　未　Il ragazzo che sorride　827
ほほにかかる涙　1964　伊　公開　Una lacrima sul viso　824
ホーム・オン・ザ・レンジ　にぎやか農場を救え！　2004　米　公開　Home on the Range　444, 449, 724
ポムパドール夫人　1935　墺　未　Die Pompadour　517, 787
ポリアンナ　1960　米　公開　Pollyanna　371, 372
ポリー　歌う天使　1989　米　TV　Polly　465, 716
ホリウッド結婚　1929　米　公開　Married in Hollywood　588
ホリウッド・レヴュー　1929　米　公開　The Hollywood Revue of 1929　25, 26, 27, 96, 97, 117, 396, 397, 403, 587
ポリーの帰郷　1990　米　TV　Polly-Comin' Home!　465
ポーリンの冒険　1947　米　公開　The Perils of Pauline　201, 202, 668, 845
ポルカの歌姫　1938　米　公開　The Girl of the Golden West　26, 98, 101, 104, 622
ポルタヴィアの娘ナタルカ　1936　露　未　Natalka Poltavka　580, 834
ポルトガルの洗濯娘　1957　仏　未　Les lavandières du Portugal　551, 808
ボレロ　1934　米　公開　Bolero　63, 207, 473, 601

邦題索引

幌馬車襲撃　1939　米　公開　Roll Wagons Roll　238
ホワイト・クリスマス　1954　米　公開　White Christmas　165, 267, 297, 299, 304, 688
ホワイト・ナイツ　白夜　1985　米　公開　White Nights　425, 439, 440, 474, 715
ボンジュール、キャスリン　1956　独　未　Bonjour Kathrin　533, 781
ほんとに危険人物　1934　米　未　Strictly Dynamite　118, 604
本人出演　1935　米　公開　In Person　80, 607
ほんの少しの幸せ　1940　米　未　A Little Bit of Heaven　216, 630
奔放の90年代　1945　米　未　The Naughty Nineties　218, 221, 659
ぼんやり娘　1940　米　未　Scatterbrain　236, 632

マ

マイアミにかかる月　1941　米　未　Moon Over Miami　142, 144, 151, 635, 665
マイウェイ・マイラブ　1973　英　公開　That'll Be the Day　751, 752
マイクはあなたのもの　1951　伊　未　Il microfono è vostro　816
マイケル・ジャクソン THIS IS IT　2009　米　公開　This Is It　727
マイ・シスター・アイリーン　1955　米　未　My Sister Eileen　327, 328, 690
マイ・ソング　1977　米　公開　You Light Up My Life　710
毎日が休日　1937　米　未　Every Day's a Holiday　65, 66, 616
舞姫記　1937　独　公開　Fanny Elßler　473, 509, 512, 769
舞姫夫人　1949　英　公開　Trottie True　744
マイ・フェア・レディ　1964　米　公開　My Fair Lady　4, 73, 167, 176, 257, 351, 359, 361, 362, 363, 365, 367, 369, 423, 700
マイ・マン　1928　米　未　My Man　21, 585
マカレーナ　1944　西　未　Macarena　546, 794
マグー氏のクリスマス・キャロル　1962　米　TV　Mr. Magoo's Christmas Carol　462
マクシミリアンのような男　1945　独　未　Ein Mann wie Maximilian　533, 778
まさに最高潮　1942　米　未　Strictly in the Groove　229, 641
マージ　1940　米　未　Margie　631
マージ　1946　米　未　Margie　149, 663
また逢いましょう　1943　英　未　We'll Meet Again　493, 742
またしてもうまく行く　1941　英　未　Turned Out Nice Again　492, 741
マダム・サタン　1930　米　公開　Madam Satan　593
マダム・スザーツカ　1988　英　公開　Madame Sousatzka　754
マダムと呼びなさい　1953　米　未　Call Me Madam　126, 223, 227, 266, 405, 684
マダム・ラ・ゾンガの六つのレッスン　1941　米　未　Six Lessons from Madame La Zonga　636
町一番のちゃっかり娘　1936　米　公開　Smartest Girl in Town　614
街で一番けちな男　1956　米　TV　The Stingiest Man in Town　460
街で一番けちな男　1978　米　TV　The Stingiest Man in Town　464
街の歌　1935　英　未　Street Song　735
まったくもって君の言うとおり　1945　米　未　I'll Tell the World　658
待宵草　1966　米　TV　Evening Primrose　462
マヅルカ　1935　独　公開　Mazurka　768
魔笛　1975　スウェーデン　TV　Trollflöjten　4, 379
マートとマージ　1933　米　未　Myrt and Marge　600
マドリードから天国へ　1952　西　未　De Madrid al cielo　547, 795
マドリードで乾杯　1964　米　公開　The Pleasure Seekers　343, 344, 367, 700
真夏の夜のジャズ　1959　米　公開　Jazz on a Summer's Day　695
真夏の夜の夢　1935　米　公開　A Midsummer Night's Dream　608
間抜けたち　1935　米　未　The Nitwits　68, 142, 608
マノレーテに乾杯　1948　西　未　Brindis a Manolete　550, 794
マペットの大冒険 宝石泥棒を捕まえろ！　1981　英　未　The Great Muppet Caper　753
マペットの夢見るハリウッド　1979　英　未　The Muppet Movie　410, 753
魔法にかけられて　2007　米　公開　Enchanted　451, 452, 725

邦題索引

魔法の楽弓　1946　英　公開　The Magic Bow　744, 846
魔法の炎　1955　米　未　Magic Fire　690, 846
マ・ポム　1950　仏　未　Ma pomme　52
ママの婚約者　1934　西　未　El novio de mamá　541, 792
ママはタイツをはいていた　1947　米　未　Mother Wore Tights　143, 146, 152, 667
マミー　1930　米　公開　Mammy　14, 16, 593
真夜中の接吻　1949　米　未　That Midnight Kiss　154, 174, 175, 176, 270, 278, 366, 675, 677
マーラー　1974　英　公開　Mahler　381, 392, 406, 484, 752, 846
マラカツムバ…だけどルムバじゃない　1949　伊　未　Maracatumba... ma non è una rumba　815
マリア・アントニア ラ・カランバ　1951　西　未　María Antonia 'La Caramba'　543, 795
マリア・イローナ　1939　独　未　Maria Ilona　530, 773
マリア・デ・ラ・オー　1939　西　未　María de la O　544, 793
マリア・デ・ラ・オー　1959　西　未　María de la O　548, 797
マリア・マリブラン　1943　伊　未　Maria Malibran　814
マリア・モレナ　1951　西　未　María Morena　550, 795
マリカの自由公演　1958　独　未　Bühne frei für Marika　523, 525, 526, 782
マリー・ガランテ　1934　米　未　Marie Galante　22
マリキーリャ・テレモート　1938　西　未　Mariquilla Terremoto　545, 793
マリソルの初恋　1964　西　公開　La nueva Cenicienta　539, 557, 558, 799
マリソルの四つの結婚式　1967　西　未　Las 4 bodas de Marisol　557, 558, 799
マリソル、リオへ向かう　1963　西　未　Marisol rumbo a Río　557, 558, 798
マリツァ伯爵令嬢　1958　独　未　Gräfin Mariza　783
マリブランの歌　1951　西　未　La canción de La Malibrán　543, 547, 795
マルキ・ド・サドの演出のもとにシャラントン精神病院患者によって演じられたジャン゠ポール・マラーの迫害と暗殺　1967　英　公開　The Persecution and Assassination of Jean-Paul Marat, as Performed by the Inmates of the Asylum of Charenton, under the Direction of the Marquis de Sade　483, 750
マルクス一番乗り　1937　米　公開　A Day at the Race　106, 107, 116, 400, 616
マルクス兄弟珍サーカス　1939　米　公開　At the Circus　106, 107, 625
マルクス兄弟デパート騒動　1941　米　公開　The Big Store　56, 106, 107
マルクス捕物帖　1946　米　公開　A Night in Casablanca　106, 107
マルクス二挺拳銃　1940　米　公開　Go West　106, 107, 629
マルコ・ポーロの冒険　1956　米　TV　The Adventures of Marco Polo　458
マルツェッラ　1956　伊　未　Maruzzella　819
まるで恋のよう　2002　伊　未　Come se fosse amore　833
回れ右　1952　米　未　About Face　323, 324, 681
満天の星　1959　独　未　Tausend Sterne leuchten　533, 784
マンハッタンから来た赤毛娘　1943　米　未　Redhead from Manhattan　646
マンハッタンから来たラテンス娘　1941　米　未　Two Latins from Manhattan　637
マンハッタンの音楽　1944　米　未　Music in Manhattan　653
マンハッタンのカウボーイ　1943　米　未　Cowboy in Manhattan　230, 239, 643
マンハッタンの急展開　1937　米　未　Manhattan Merry-Go-Round　617
マンハッタンの天使　1949　米　未　Manhattan Angel　216, 674
マンハッタン・パレード　1931　米　未　Manhattan Parade　596
マンボ　1954　米　公開　Mambo　687
マンマ・ミーア！　2008　米　公開　Mamma Mia!　414, 422, 555, 726

ミ

ミカド　1939　英　未　The Mikado　739
ミカド　1967　英　未　The Mikado　750
未完成交響楽　1933　墺　公開　Leise flehen meine Lieder　5, 507, 786, 828, 846
未完成交響楽　1958　独　公開　Das Dreimäderlhaus　783, 846
ミケット　1940　仏　未　Miquette　509, 512, 564, 806
ミサイル珍道中　1962　英　公開　The Road to Hong Kong　190, 297, 298, 300, 301, 748

ミシシッピ 1935 米 公開 Mississippi 58, 60, 207, 608, 916
ミシシッピーの賭博師 1942 米 未 Mississippi Gambler 239
ミス・アリゾナ 1988 伊 未 Miss Arizona 831
水瓶の娘 1954 西 未 La moza de cántaro 550, 796
水着の女王 1949 米 公開 Neptune's Daughter 179, 181, 397, 674
ミス・グローリーを呼び出せ 1935 米 未 Page Miss Glory 47, 97, 608
ミス十代を紹介します 1944 米 未 Meet Miss Bobby Socks 652
ミス・ジュリーへの歌 1945 米 未 A Song for Miss Julie 660
ミスター音楽 1950 米 未 Mr. Music 269, 297, 298, 676
ミスターで呼んで 1951 米 未 Call Me Mister 143, 147, 152, 156, 678
ミスター・ビッグ 1943 米 未 Mister Big 216, 222, 230, 646
ミスター・ブロードウェイ 1933 米 未 Mr. Broadway 600
ミスター・ブロードウェイ 1957 米 TV Mr. Broadway 458
ミズーリあたりで 1946 米 未 Down Missouri Way 662
ミズーリから来た娘 1934 米 未 The Girl from Missouri 602
ミス・リバティ 1951 米 TV Miss Liberty 456
ミス・リリー 1936 墺 未 Fräulein Lilli 521, 787
ミス・ロンドン有限責任会社 1943 英 未 Miss London Ltd. 742
魅せられて 1947 西 未 Embrujo 547, 794
見た目の可愛い 1952 米 未 Lovely to Look at 265, 269, 270, 271, 277, 399, 682
道の歌 1950 伊 未 Canzoni per le strade 815
ミーティング・ヴィーナス 1991 ハンガリー 公開 Meeting Venus 791
緑のオウムの夜 1957 独 未 Nachts im grünen Kakadu 523, 525, 782
緑の牧場 1936 米 公開 The Green Pastures 477, 612
皆殺しのトランペット 1955 米 公開 Pete Kelly's Blues 690
ミーナ…解き放たれて 1961 伊 未 Mina... fuori la guardia 822
南太平洋 1958 米 公開 South Pacific 4, 252, 287, 288, 293, 296, 357, 695
南太平洋 2001 米 TV South Pacific 465, 722
南では新しいことは何もない 1957 伊 未 A sud niente di nuovo 820
南の哀愁 1930 独 公開 Die Singende Stadt 504, 505, 572, 760
南の乙女 1933 英 未 A Southern Maid 731
南の城 1933 独 未 Das Schloß im Süden 516, 529, 765
南の誘惑 1937 独 公開 La Habanera 527, 770
南の誘惑 1951 西 公開 Andalousie 538, 549, 795
南仏(みなみフランス)夜話 夫(ハズ)は偽者 1951 米 公開 On the Riviera 139, 304, 307, 680
未亡人船主 1962 西 未 La viudita naviera 551, 798
耳に残るは君の歌声 2000 英 公開 The Man Who Cried 755
ミュージック・オブ・ハート 1999 米 公開 Music of the Heart 721
ミュージック・ホール 1934 英 未 Music Hall 732
ミュージック・ホール・パレード 1939 英 未 Music Hall Parade 739
ミュージック・マン 1962 米 未 The Music Man 292, 358, 360, 698
ミュージック・マン 2003 米 TV The Music Man 465, 723
ミュージック・ミュージック 1980 米 公開 Can't Stop the Music 240, 712
魅力の娘 1948 米 未 Glamour Girl 670
魅力の若者 1941 米 未 Glamour Boy 225, 633
見るのは沢山だ 1970 伊 未 Basta guardarla 828
魅惑 1937 独 未 Der Unwiderstehliche 529, 770
魅惑王女 1934 英 未 Princess Charming 491, 733
魅惑の巴里 1957 米 公開 Les Girls 169, 252, 259, 263, 288, 693
魅惑の目標 1930 独 未 Das lockende Ziel 503, 760
魅惑の夜 1937 英 未 Glamorous Night 737
魅惑を賭けて 1930 米 公開 Lottery Bride 48, 49, 592
身を寄せて踊る 1940 米 未 Dancing on a Dime 204, 229, 230, 629

邦題索引

民間人ジョージ 1946 英 未 George in Civvy Street 492, 743
ミンスキーの劇場が手入れをうけた夜 1968 米 未 The Night They Raided Minsky's 370, 703
ミンストレル芸人 1944 米 未 Minstrel Man 652
ミンストレル芸人 1977 米 TV Minstrel Man 464
みんな歌おう 1938 米 未 Everybody Sing 21, 112, 113, 116, 404, 622
みんな幸せかい？ 1943 米 未 Is Everybody Happy? 645
みんなで踊りを 1936 英 未 Everybody Dance 735
みんなのうた 2003 米 公開 A Mighty Wind 723
みんなの出番 1945 米 未 On Stage Everybody 223, 659

ム

ムーア人の王女 1937 西 未 La reina mora 543, 793
昔のように 1959 米 未 Come Prima 279, 280, 695
昔むかしグリム兄弟 1977 米 TV Once Upon a Brothers Grimm 464
無軌道行進曲 1935 米 公開 Reckless 98, 114, 116, 397, 609, 844
ムキムキ・ビーチ 1964 米 未 Muscle Beach Party 346
向こう見ずな年頃 1944 米 未 Reckless Age 653
婿探し千万弗 1946 米 公開 Cinderella Jones 156, 207, 662
娘が美しいとき 1947 米 未 When a Girl's Beautiful 669
娘結婚症 1934 米 公開 Many Happy Returns 603
娘たちはなぜ家庭を後にしたのか 1945 米 未 Why Girls Leave Home 661
娘に限って 1940 独 公開 Meine Tochter tut das nicht 775
娘の猛進 1955 米 未 The Girl Rush 187, 689
娘よ、西部を目指せ 1941 米 未 Go West, Young Lady 232, 633
無伴奏「シャコンヌ」 1994 仏 公開 Le joueur de violon 811
ムービィートンフォリース 1929 米 公開 Fox Movietone Follies of 1929 26, 27, 83, 586
ムーラン 1998 米 公開 Mulan 444, 448, 720
ムーラン・ルージュ 1934 米 公開 Moulin Rouge 128, 603
ムーラン・ルージュ 1940 仏 未 Moulin Rouge 566
ムーランルージュ 2001 米 公開 Moulin Rouge! 425, 432, 722

メ

メアリー・ルー 1948 米 未 Mary Lou 671
メイク・マイン・ミュージック 1946 米 未 Make Mine Music 104, 217, 241, 244, 245, 663
メイド・イン・パリ 1966 米 公開 Made in Paris 343, 344, 367
名馬一鞭 1923 米 公開 Little Johnny Jones 8
メイフェアの男 1931 英 未 A Man of Mayfair 488, 729
メイフェアの五月 1949 英 未 Maytime in Mayfair 489, 491, 744
メイム 1974 米 公開 Mame 185, 379, 384, 708
迷優ナポレオン 1935 米 公開 The Girl Friend 606
名誉戦傷章日記 1951 米 未 Purple Heart Diary 239, 680
迷路 1948 米 公開 Casbah 669
明朗時代 1937 米 公開 Top of the Town 127, 223, 240, 620
メキシコ人、セビーリャで歌う 1949 西 未 Jalisco canta en Sevilla 548, 794
メキシコの歌手 1956 仏 未 Le Chanteur de Mexico 807
メキシコの仮面舞踏会 1945 米 未 Masquerade in Mexico 199, 658
メキシコの休日 1946 米 未 Holiday in Mexico 177, 663
メキシコの謎 1948 米 未 Mystery in Mexico 671
メキシコ娘 1945 米 未 Mexicana 235, 659
邂逅 (めぐりあい) 1939 米 公開 Love Affair 70, 72, 579
めぐり逢う朝 1991 仏 公開 Tous les matins du monde 810
目覚めて生きよ 1937 米 未 Wake Up and Live 84, 86, 620
目覚めて夢見よ 1934 米 未 Wake Up and Dream 120, 128, 605

目覚めて夢見よ　1946　米　未　Wake Up and Dream　665
目覚めよ感激　1930　米　公開　Puttin' on the Ritz　593
メトロポリタン　1935　米　公開　Metropolitan　98, 608
メモリー・レーンを下る　1949　米　未　Down Memory Lane　190, 194
メリイ・ウィドウ　1934　米　公開　The Merry Widow　51, 98, 99, 400, 603
メリイ・ウィドウ　1952　米　公開　The Merry Widow　184, 682
メリー・ウィドウ　1950　米　TV　The Merry Widow　456
メリー・ウィドウ　1955　米　TV　The Merry Widow　457
メリー・ウィドウ　1962　墺　未　Die lustige Witwe　533, 790
めりけん音頭　1933　米　公開　Sitting Pretty　80, 600
メリケン万歳　暴走の巻　1934　米　公開　Hips, Hips Hooray　68, 69, 603
メリー・ポピンズ　1964　米　公開　Mary Poppins　350, 351, 352, 362, 367, 370, 371, 373, 374, 375, 378, 387, 700
メルヴィンが好き　1953　米　未　I Love Melvin　223, 276, 403, 685
メルバ　1953　英　公開　Melba　745, 847
メロディ・タイム　1948　米　未　Melody Time　217, 239, 241, 245, 671
メロディの行進　1943　米　未　Melody Parade　646
メロディ牧場　1940　米　未　Melody Ranch　118, 232, 631

モ

もう一度歌おう　1941　米　未　Sing Another Chorus　226, 227, 636
もう一度微笑みましょう　1942　英　未　We'll Smile Again　741
もう一度やろう　1953　米　未　Let's Do It Again　72, 152, 209, 685
もう女は信じない　1930　独　未　Ich glaub' nie mehr an eine Frau　503, 759
燃える平原児　1960　米　公開　Flaming Star　335, 336, 697
もし音楽がなければ　1935　独　未　Wenn die Musik nicht wär　573, 768
もし君なしだったら　1966　伊　未　Se non avessi più te　825
もしもし、サン・フランシスコですか　1943　米　未　Hello, Frisco, Hello　138, 140, 141, 240, 405, 644
モスクワの音楽娘　1941　露　公開　Anton Ivanovich serditsya　581, 834
モダーン西部王　1931　米　公開　A Holy Terror　596
モダン・ミリー　1967　米　公開　Thoroughly Modern Millie　6, 351, 352, 367, 703
モーツァルト　1955　墺　未　Mozart　789, 846
モーツァルトの恋　1942　独　公開　Wen die Götter lieben　776, 846
もっと微笑んで　1955　米　未　Bring Your Smile Along　327, 689
モデル志願　1954　メキシコ　未　Se solicitan modelos　552, 802
モード巴里　1932　独　公開　Wenn die Liebe Mode macht　518, 519, 764
モナ・リザの失踪　1931　独　公開　Der Raub der Mona Lisa　529, 762
モニカ 母親は子供のために戦う　1938　独　未　Monika. Eine Mutter kämpft um ihr Kind　772
モニカを探して　1962　アルゼンチン　未　Buscando a Mónica　549, 803
物言わぬ賢母　1939　独　未　Die kluge Schwiegermutter　773
モ'ベター・ブルース　1990　米　公開　Mo' Better Blues　716
モーリス・シュヴァリエ・ショー　1956　米　TV　The Maurice Chevalier Show　457
モーリス・シュヴァリエ・スペシャル　1956　米　TV　Maurice Chevalier Special　458
モリーと私　1945　米　未　Molly and Me　485, 486, 659
モレナ・クララ　1936　西　未　Morena Clara　541, 793
モレナ・クララ　1954　西　未　Morena Clara　547, 796
モロッコへの道　1942　米　公開　Road to Morocco　189, 191, 640
モンタナの月　1930　米　公開　Montana Moon　25, 97, 593
モンテ・カルロ　1930　米　公開　Monte Carlo　48, 49, 198, 488, 593
モントレーから来た娘　1943　米　未　Girl from Monterey　644
文無し長者　1935　英　公開　Brewster's Millions　488, 733
モン・パリ　1927　仏　公開　La revue des revues　564, 566, 568, 803, 804
モンパルナスの夜　1933　仏　公開　La tète dùm homme　805

邦題索引

ヤ

やあ、お隣さん 1942 米 未 Hi, Neighbor 639
やあ、こんちは 1943 米 未 Hi'ya, Chum 228, 230, 645
やあ、何を騒いでいるの 1943 米 未 What's Buzzin', Cousin? 233, 648
ヤァ!ブロード・ストリート 1984 英 公開 Give My Regards to Broad Street 754
やあ、ベイビー! 1930 米 未 Hello Baby! 37
やあ、牧童 1936 米 未 Hi Gaucho 612
優しい悪魔 1938 英 未 Sweet Devil 739
優しいキティ・ベルエア 1930 米 未 Sweet Kitty Bellairs 594
優しいロージー・オグレイディ 1943 米 未 Sweet Rosie O'Grady 143, 145, 324, 647
優しい罠 1955 米 未 The Tender Trap 276, 281, 284, 400
やさしく愛して 1956 米 公開 Love Me Tender 258, 314, 335, 692
椰子のさえぎる中で 1953 米 未 Down Among the Sheltering Palms 187, 287, 288, 687
野性の女相続人 1954 米 未 Untamed Heiress 237, 688
やっとつかんだ愛 1975 米 未 At Long Last Love 388, 393, 709
屋根の上のバイオリン弾き 1971 米 公開 Fiddler on the Roof 379, 380, 383, 471, 705
藪睨みの世界 1929 米 公開 The Cockeyed World 586
山のクリスティーネ 1931 独 未 Die Försterchristl 760
山の娘 1932 英 未 The Maid of the Mountains 730
山は笑ふ 1937 米 公開 Mountain Music 618
闇に踊る 1932 米 公開 Dancers in the Dark 63, 64
闇に響く声 1958 米 公開 King Creole 314, 315, 694
闇の狂人 1936 米 公開 Charley Chan at the Opera 611
闇の中の婦人 1944 米 未 Lady in the Dark 80, 652
闇の中の婦人 1954 米 TV Lady in the Dark 457, 687
やめないでもっと! 1963 米 公開 Beach Party 345, 346, 699
やり遂げろ、姉妹たち 1942 米 未 Give Out, Sisters 152, 217, 222, 229, 639
野郎どもと女たち 1955 米 公開 Guys and Dolls 148, 253, 255, 281, 284, 286, 328, 689
柔らかな光と甘い音楽 1936 英 未 Soft Lights and Sweet Music 736
ヤンキー・ドゥードゥル・ダンディ 1942 米 公開 Yankee Doodle Dandy 166, 205, 206, 233, 239, 303, 402, 642, 844
ヤング・アメリカンズ 歌え青春! 1967 米 公開 Young Americans 703
ヤング・ヤング・パレード 1963 米 公開 It Happened at the World's Fair 335, 338, 699
やんちゃ学生 1953 米 公開 The Affairs of Dobie Gillis 276, 683
やんちゃ娘 1937 米 未 The Holy Terror 617

ユ

友愛天国 1930 米 公開 High Society Blues 83, 591
憂鬱な三人娘 1946 米 未 Three Little Girls in Blue 147, 150, 266, 664
誘拐 1936 独 未 Die Entführung 529, 769
夕暮れの歌 1934 英 公開 Evensong 491, 732
友情の曲線 1933 米 公開 Best of Enemies 598
優先配備勢揃い 1942 米 未 Priorities on Parade 232, 640
愉快なリズム 1936 米 公開 Rhythm on the Range 58, 61, 312, 614, 692
ユー・ガット・サーブド 2004 米 未 You Got Served 436, 724
雪の中のペーター 1937 墺 未 Peter im Schnee 516, 788
行方不明の女 1966 西 未 La mujer perdida 552, 554, 799
ユーコンのベル 1944 米 未 Belle of the Yukon 649
豊かな花嫁 1938 露 未 Bogataya nevesta 575, 579, 834
油断なく 1939 米 未 On Your Toes 136, 222, 471, 627
ユピテルのお気に入り 1955 米 未 Jupiter's Darling 179, 183, 269, 277, 403, 690
夢で逢いましょう 1951 米 未 I'll See You in My Dreams 316, 319, 679, 843

邦題索引

夢の音楽　1940　独　未　Traummusik　531, 813
夢の騎士　1947　伊　未　Il cavaliere del sogno　814, 846
夢の宮廷　1949　米　公開　A Connecticut Yankees in King Arthur's Court　190, 194, 673
夢の車　1935　英　未　Car of Dreams　733
夢の子供たち　1931　米　未　Children of Dreams　595
夢の再会　1948　英　未　A Date with a Dream　744
夢のチョコレート工場　1971　米　未　Willy Wonka and the Chocolate Factory　387, 389, 706
夢の渚　1962　米　公開　Follow That Dream　336, 337, 698
夢のひととき　1945　米　公開　Her Highness and the Bellboy　667
夢はあなたに　1949　米　未　My Dream Is Yours　316, 317, 674
夢見る　1945　英　未　Dreaming　743
夢見る唇　1937　英　未　Dreaming Lips　737
夢見る娘　1948　米　未　Dream Girl　201, 203, 670
夢見るリズム　1937　米　未　Rhythm in the Clouds　230, 618
夢を手伝って　1981　伊　未　Aiutami a sognare　830
ユーモレスク　1946　米　公開　Humoresque　663
許し　1966　伊　未　Perdono　825

ヨ

夜明け　1950　露　公開　Musorgskiy　835, 847
夜歩き巴里雀　1930　米　公開　Those Three French Girls　25
よう、相棒　1943　米　未　Hi, Buddy　230, 644
陽気な王子様　1933　独　公開　Des jungen Dessauers große Liebe　513, 514, 764
陽気なキャラバン　1953　西　未　La alegre caravana　550, 795
陽気なジョージ　1946　英　未　Gaiety George　743, 845
陽気なセニョリータ　1945　米　未　The Gay Senorita　657
陽気な中尉さん　1931　米　公開　The Smiling Lieutenant　51, 53, 596
陽気なパリ　1962　米　未　Gay Purr-ee　158, 368, 410, 698
陽気な姫君　1936　米　公開　The King Steps Out　123, 124, 612
陽気な放浪者たち　1940　独　未　Die lustigen Vagabunden　526, 775
陽気な牧場主　1948　米　未　The Gay Ranchero　228, 670
陽気な街　1937　米　公開　On the Avenue　47, 84, 86, 405, 618
陽気なモナハン一家　1944　米　未　The Merry Monahans　222, 224, 652
陽気な連中　1934　露　公開　Vesyolye rebyata　575, 577, 578, 580, 834
陽気に行こう　1933　英　未　Going Gay　572, 731
陽気のせいデス　1956　米　公開　The Birds and the Bees　288, 289, 691
洋上のロマンス　1948　米　未　Romance on the High Seas　156, 210, 316, 317, 672
欲望と愛　1951　仏　公開　Le désir et l'amour　549, 807
欲望の踊り　1954　西　未　La danza de los deseos　547, 796
夜毎来る女　1932　米　公開　Night after Night　65
夜毎八時に　1935　米　公開　Every Night at Eight　63, 84, 85, 238, 606
寄席の脚光　1950　伊　未　Luci del varietà　815
ヨゼフと驚異のテクニカラー・ドリームコート　1991　米　TV　Joseph and the Amazing Technicolor Dreamcoat　464
ヨゼフと驚異のテクニカラー・ドリームコート　1999　英　TV　Joseph and the Amazing Technicolor Dreamcoat　465, 755
四人の男と一人の娘　1942　米　未　Four Jacks and a Jill　208, 240, 638
ヨハン・シュトラウス　白樺のワルツ　1971　露　公開　Proshchaniye s Peterburgom　837
よみがえるブルース　1961　米　未　Too Late Blues　697
ヨランダと泥棒　1945　米　未　Yolanda and the Thief　163, 166, 404, 661
より強い恋　1940　独　公開　Lauter Liebe　775
夜が泣いている　1960　米　公開　All the Fine Young Cannibals　696
夜の鶯　1934　独　公開　Ihr größter Erfolg　507, 508, 515, 766

邦題索引

夜の子供たち　1939　西　未　Los hijos de la noche　545, 793
夜の世界　1932　米　公開　Night World　38
夜のタクシー　1950　伊　未　Taxi di notte　573, 815
夜のタンゴ　1937　独　公開　Tango Notturno　770
夜の蝶教授　1951　独　未　Professor Nachtfalter　526, 779
夜のトト　1962　伊　未　Totò di notte n. 1　823
夜の乗合自動車　1956　米　公開　You Can't Run Away from It　47, 233, 693
夜の豹　1957　米　公開　Pal Joey　233, 281, 285, 694
夜のブルース　1941　米　未　Blues in the Night　633
夜の物語　1963　西　未　Historia de una noche　551, 798
夜の門　1946　仏　未　Les portes de la nuit　806
夜の夜　1962　伊　公開　Universo di notte　572, 823
夜は巴里で　1938　米　公開　Gold Diggers of Paris　37, 39, 46, 128, 622
夜は夜もすがら　1956　米　公開　Anything Goes　61, 223, 288, 297, 299, 691
夜も昼も　1946　米　公開　Night and Day　200, 209, 211, 663, 843
歓びの街角　1956　米　公開　Bundle of Joy　276, 691
ヨーロッパの夜　1959　伊　公開　Europa di notte　549, 572, 821, 822
四十二番街　1933　米　公開　42nd Street　3, 16, 37, 39, 40, 41, 42, 46, 71, 74, 80, 147, 156, 269, 395, 401, 430, 599, 616
四十人の小さな母親　1940　米　未　Forty Little Mothers　18, 20, 155, 629
44丁目の市長　1942　米　未　The Mayor of 44th Street　127, 639
4分間のピアニスト　2006　独　公開　Vier Minuten　786
4分の3拍子の二つの心　1930　独　未　Zwei Herzen im 3/4 Takt　529, 760

ラ

ライオン・キング　1994　米　公開　The Lion King　444, 446, 718
ライン・ワン　1988　独　公開　Linie 1　785
ラヴィ・シャンカール わが魂の詩・ラーガ　1971　米　公開　Raga　408, 706
ラヴィ・ド・ボエーム　1992　仏　公開　La vie de Boheme　810
ラ・ウォリー　1932　伊　未　La Wally　812
ラヴ・ハッピー　1949　米　未　Love Happy　106, 108, 266, 674
ラヴ・パレイド　1929　米　公開　The Love Parade　48, 49, 51, 587
ラウラはいない　1998　伊　未　Laura non c'è　832
ラウンド・ミッドナイト　1986　米　公開　Round Midnight　715
楽園の外で　1938　米　未　Outside of Paradise　624
楽園の蜜蜂　1944　英　未　Bees in Paradise　742
ラクダ隊参上　1934　英　未　The Camels Are Coming　732
楽天奇術師　1928　米　公開　Lady Be Good　8
楽天的に　1936　米　未　Happy Go Lucky　612
ラグビー時代　1929　米　公開　The Forward Pass　586
ラジオ好き　1936　英　未　Radio Lover　736
ラジオ・シティの大騒ぎ　1938　米　未　Radio City Revels　232, 624
ラジオ・スター勢揃い　1945　米　未　Radio Stars on Parade　239, 659
ラジオ・パレード1935年版　1934　英　未　Radio Parade of 1935　733
ラ・ジョコンダ　1953　伊　未　La Gioconda　816
ラスヴェガスで逢いましょう　1956　米　公開　Meet Me in Las Vegas　153, 265, 328, 692
ラス・ヴェガスにかかる月　1944　米　未　Moon Over Las Vegas　652
ラス・ヴェガスの夜　1941　米　未　Las Vegas Nights　204, 234, 634
ラスト・コンサート　1976　伊　公開　Dedicato a una stella　829
ラスト5イヤーズ　2014　米　公開　The Last Five Years　729
ラスト・ワルツ　1978　米　公開　The Last Waltz　408, 710
ラスベガス万才　1964　米　公開　Viva Las Vegas　335, 339, 343, 367, 700
ラス・レアンドラス　1969　西　未　Las leandras　560, 800

ラヂオの歌姫　1937　米　公開　Hitting a New High　81, 617
ラヂオは笑ふ　1932　米　公開　The Big Broadcast　26, 27, 57, 58, 60, 193, 597
ラッキー・ボーイ　1929　米　公開　Lucky Boy　587
ラッキー・レディ　1975　米　公開　Lucky Lady　379, 387, 392, 709
ラッシー　1978　米　公開　Magic of Lassie　116, 138, 711
ラデツキー行進曲よ高らかに　1958　墺　未　Hoch klingt der Radetzkymarsch　530, 789
ラテン・アメリカの旅　1942　米　公開　Saludos Amigos　131, 241, 244, 655
ラ・パロマ　1959　独　未　La Paloma　784
ラ・バンバ　1987　米　公開　La Bamba　715
ラ・ファヴォリータ　1952　伊　未　La favorita　816
ラプソディー　1954　米　公開　Rhapsody　688
ラフマニノフ　ある愛の調べ　2007　ルクセンブルグ　公開　Lilacs　839
ラ・ボエーム　1935　英　公開　Mimi　734
ラ・ボエーム　1988　仏　公開　La Bohème　810
ラ・マリブラン　1944　仏　未　La Malibran　564, 806, 847
ラ・マンチャの男　1972　米　公開　Man of La Mancha　3, 379, 382, 707
ラ・マンチャのロシオ　1963　西　未　Rocío de La Mancha　559, 798
ラムズボトム再び乗りだす　1956　英　未　Ramsbottom Rides Again　746
ラムベス・ウォーク　1939　英　未　The Lambeth Walk　739
ラムメルモールのルチア　1947　伊　未　Lucia di Lammermoor　814
ラムメルモールのルチア　1971　伊　未　Lucia di Lammermoor　828
ラムンチョの結婚　1947　仏　未　Le mariage de Ramuntcho　806
ラモナ　1928　米　公開　Ramona　585
ラモナ　1936　米　公開　Ramona　151, 614
ランスへの旅、または黄金の百合咲く宿、一幕の滑稽劇　2009　伊　未　Il viaggio a Reims ossia l'albergo del Giglio d'Oro, dramma giocoso in un atto　833
ランバダ　青春に燃えて　1990　米　公開　Lambada　435, 716

リ

リアリー・ロージー　1975　米　TV　Really Rosie　464
リヴェット工のロージー　1944　米　未　Rosie the Riveter　228, 653
リオでの一夜　1941　米　未　That Night in Rio　54, 138, 139, 150, 151, 307, 606, 636, 680
リオの星　1940　独　未　Stern von Rio　528, 775
リオの星　1955　独　未　Stern von Rio　527, 781
リオ・リタ　1929　米　公開　Rio Rita　68, 588, 640
リオ・リタ　1950　米　TV　Rio Rita　456
陸軍元帥　1967　伊　未　La feldmarescialla　825
陸軍に忠実に　1942　米　未　True to the Army　225, 232, 237, 641
リコルディの家　1954　伊　未　Casa Ricordi　573, 818
リゴレット　1947　伊　未　Rigoletto　573, 818
リゴレットと彼の悲劇　1954　伊　未　Rigoletto e la sua tragedia　818
離婚した女　1953　独　未　Die geschiedene Frau　502, 523, 525, 526, 780
リサの三つの帽子　1965　英　未　Three Hats for Lisa　750
リジー・マグワイア・ムービー　2003　米　未　The Lizzie McGuire Movie　451, 452, 723
リストマニア　1975　英　公開　Lisztomania　381, 392, 406, 407, 484, 752, 847
リスボン物語　1946　英　未　Lisbon Story　503, 743
リズム・セレナーデ　1943　英　未　Rhythm Serenade　493, 742
リズムの酒場　1951　米　未　Rhythm Inn　228, 680
リズムの時間　1941　米　未　Time Out for Rhythm　128, 232, 637
リズムのゆすり屋　1937　英　未　Rhythm Racketeer　738
リズムはお許しを　1944　米　未　Pardon My Rhythm　216, 653
リズム博士　1938　米　未　Dr. Rhythm　58, 62, 622
リズム・パレード　1942　米　未　Rhythm Parade　640

リーダーに続け 1930 米 未 Follow the Leader 80, 125, 591
リトル・ショップ・オブ・ホラーズ 1986 米 公開 Little Shop of Horrors 413, 416, 715
リトル・ダンサー 2000 英 公開 Billy Elliott 2, 439, 441, 484, 755, 756
リトル・ナイト・ミュージック 1977 米 未 A Little Night Music 4, 379, 385, 709
リトル・ボイス 1998 英 公開 Little Voice 413, 418, 484, 485, 755
リトル・マーメイド　人魚姫 1989 米 公開 The Little Mermaid 332, 444, 445, 448, 716
リノの娘 1931 米 未 Peach-O-Reno 68, 596
リムスキー＝コルサコフ 1952 露 未 Rimsky-Korsakov 836, 847
掠奪された七人の花嫁 1954 米 公開 Seven Brides for Seven Brothers 154, 262, 270, 273, 274, 277, 398, 688
流行の王様 1934 米 公開 Fashions of 1934 39, 42, 519, 602
流行の寵児 1929 米 公開 Is Everybody Happy? 37, 587
リラクタント・ドラゴン 1941 米 公開 The Reluctant Dragon 241, 245
リリー 1953 米 公開 Lili 256, 267, 268, 399, 685
リリアン・ラッセル 1940 米 未 Lillian Russell 138, 151, 630, 843
リリー・マースの出演です 1943 米 未 Presenting Lily Mars 157, 160, 507, 646
リリー・マルレーン 1981 独 公開 Lili Marleen 425, 428, 785, 845
リル・アブナー 1959 米 未 Li'l Abner 696
リロ＆スティッチ 2002 米 公開 Lilo & Stitch 444, 449, 722
リンダは行儀良く 1947 米 未 Linda Be Good 667

ル

ルイジアナの取引 1941 米 未 Louisiana Purchase 195, 197, 635
ルイジアナの取引 1951 米 TV Louisiana Purchase 456
ルイジアナの干草ピクニック 1944 米 未 Louisiana Hayride 237, 652
ルイーズ 1939 仏 未 Louise 123, 125, 564, 805
ルーシーを取り巻く男性 1931 独 未 Die Männer um Lucie 516
ルートヴィヒ・ファン・ベートーヴェン 1954 独 未 Ludwig van Beethoven 781, 846
ルード・ボーイ 1980 英 公開 Rude Boy 753
ルナ夫人 1941 独 未 Frau Luna 533, 775
ルネ・オン・メロディー 1972 加 公開 Un enfant comme les autres... 757
ル・バル 1931 仏 公開 Le bal 564, 804
ル・バル 1983 伊 公開 Ballando ballando 830
ルーフトップ 1989 米 未 Rooftops 435, 716
ル・ミリオン 1931 仏 公開 Le million 564, 567, 804
ルーム・サーヴィス 1938 米 未 Room Service 56, 106, 107, 232, 282, 624, 654
ルムバ 1935 米 公開 Rumba 63, 207, 473, 609
ルムボ 1950 西 未 Rumbo 550, 795
ルル・ベル 1948 米 未 Lulu Belle 199, 671

レ

Ray レイ 2004 米 公開 Ray 425, 433, 477, 724, 844
レイク・プラシドのセレナーデ 1944 米 未 Lake Placid Serenade 236, 652
令嬢暴力団 1930 米 公開 Safety in Numbers 594
麗人遁走曲 1937 米 公開 Hideaway Girl 616
黎明の剣士 1929 米 公開 Devil May Care 586
レヴュー艦隊 1933 米 公開 Melody Cruise 82, 600
レヴュー結婚 1929 米 公開 Pointed Heels 23, 588
レヴュー時代 1929 米 公開 Broadway Babies 585
レヴューの巴里っ子 1929 米 公開 Innocents of Paris 51, 52, 54, 587
列車の女 1945 米 未 Lady on a Train 212, 215, 658
レッスン！ 2006 米 公開 Take the Lead 436, 725

邦題索引

レッツ・ゴー！ ハーマンズ・ハーミッツ　1968　英　公開　Mrs. Brown, You've Got a Lovely Daughter　496, 750
レッツ・ダンス　1950　米　未　Let's Dance　201, 252, 253, 676
レッド・ツェッペリン　狂熱のライブ　1976　英　公開　The Song Remains the Same　752
レッドベリー　1976　米　未　Leadbelly　408, 477, 709
レディ・バーバラ　1970　伊　未　Lady Barbara　828
レナルド＆クララ　1978　米　公開　Renaldo and Clara　408, 711
レニングラード交響楽　1957　露　公開　Leningradskaya simfoniya　836
REPO！レポ　2008　米　公開　Repo! The Genetic Opera　727
レ・ミゼラブル　2012　英　公開　Les Misérables　414, 423, 484, 756
恋愛喜劇　1943　独　未　Liebeskomödie　533, 777
恋愛行進曲　1929　米　公開　Close Harmony　23, 586
恋愛候補生　1958　米　公開　Mardi Gras　297, 695
恋愛古典風景　1930　米　公開　The Florodora Girl　25, 97, 591
恋愛四重奏　1930　米　公開　Young Man of Manhattan　80
恋愛準決勝戦　1951　米　公開　Royal Wedding　154, 167, 252, 254, 260, 273, 397, 402, 680
恋愛戦線　1929　米　公開　Marianne　25, 97, 587
恋愛放送　1946　米　公開　No Leave, No Love　664
連隊の花形　1930　米　公開　Kiss Me Again　24, 592
連隊の花嫁　1930　米　未　Bride of the Regiment　590
連隊の娘　1953　独　未　Die Tochter der Kompanie　530, 780
RENT　レント　2005　米　公開　Rent　414, 419, 724

□

ロイヤル劇場　1943　英　未　Theatre Royal　742
ロイヤル・バレエの夕べ　1963　英　未　An Evening with the Royal Ballet　474
ロカビリーの子供　1957　米　未　Rockabilly Baby　694
6.5スペシャル　1958　英　未　The 6.5 Special　747
ロザリー　1937　米　未　Rosalie　104, 108, 110, 208, 396, 619
ロザリンダ　1956　米　TV　Rosalinda　458
ロシア皇太子　1933　独　未　Der Zarewitsch　507, 766
ロシア皇帝のダイヤモンド　1932　独　未　Der Diamant des Zaren　516, 762
ロージー・オグレイディの娘　1950　米　未　The Daughter of Rosie O'Grady　150, 276, 323, 325, 676
ロジタ　1936　米　公開　Rose of the Rancho　614
ロジャー・ラビット　1988　米　公開　Who Framed Roger Rabbit　451, 716
ロシュフォールの恋人たち　1967　仏　公開　Les demoiselles de Rochefort　259, 565, 567, 568, 569, 808
ローズ　1979　米　公開　The Rose　388, 395, 712, 844
ロスの繁華街　1951　米　未　The Strip　115, 680
ローズ・マリー　1928　米　公開　Rose-Marie　9, 97, 100
ローズ・マリー　1954　米　公開　Rose Marie　157, 224, 277, 688
ローズ・マリイ　1936　米　公開　Rose Marie　98, 99, 104, 106, 116, 277, 396, 614
ロッキーの春風　1942　米　公開　Springtime in the Rockies　140, 142, 144, 150, 641
ロッキー・ホラー・ショー　1975　米　公開　The Rocky Horror Picture Show　379, 384, 709
ロック・アンド・ロール　狂熱のジャズ　1956　米　公開　Rock Around the Clock　692
ロック・オブ・エイジズ　2012　米　公開　Rock of Ages　423, 728
ロックしようぜ　1958　英　未　Rock You Sinners　747
ロックンロール・エクスプロージョン　1973　米　公開　Let the Good Times Roll　408, 707
ロックンロール・ハイスクール　1979　米　公開　Rock'n'Roll High School　408, 711
ロッシーニ　1942　伊　未　Rossini　814, 847
露天甲板　1937　英　未　Gangway　486, 487, 737
ロバータ　1935　米　公開　Roberta　69, 73, 75, 77, 80, 265, 269, 271, 401, 609, 782
ロバと王女　1970　仏　公開　Peau d'âne　565, 568, 569, 809
ロビン・フッド　1952　米　公開　The Story of Robin Hood　683

邦題索引

ロビン・フッド 1973 米 公開 Robin Hood 409, 708
羅馬(ローマ)太平記 1933 米 公開 Roman Scandals 18, 19, 38, 42, 184, 321, 600
ローマで起った奇妙な出来事 1966 米 公開 A Funny Thing Happened on the Way to the Forum 359, 362, 701
ロマンス乾杯 1935 米 公開 Here's to Romance 607
ロマンスと煙草 2005 米 未 Romance & Cigarettes 724
ロマンチックじゃないこと？ 1948 米 未 Isn't It Romantic? 204, 670
ロマンチックな新婚旅行 1944 独 未 Romantische Brautfahrt 531, 532, 778
ロミオとジュリエット 1966 英 未 Romeo and Juliet 474
ロメオとジュリエット物語 1955 露 公開 Romeo i Dzhulyetta 474, 582, 836
ローヤル・バレエ 1960 英 公開 The Royal Ballet 474, 748
ローラ・コルト 1967 伊 未 Lola Colt 826
ローラ、その映画 2007 西 未 Lola, la película 548, 801
ローラは港へ行く 1947 西 未 La Lola se va a los puertos 546, 794
ローリング・ストーンズ・イン・ギミー・シェルター 1970 米 公開 Gimme Shelter 408, 705
ロンダ村のカルメン 1959 西 未 Carmen, la de Ronda 552, 553, 797
ロンドン中で 1963 英 未 It's All Over Town 749
ロンドンの遊び人 1939 米 未 Man about Town 199, 627
ロンドンの街 1946 英 未 London Town 744
ロンドン・メロディ 1937 英 未 London Melody 489, 490, 737

ワ

ワイキキの結婚 1937 米 公開 Waikiki Wedding 58, 62, 63, 337, 620
ワイルド・スタイル 1983 米 公開 Wild Style 435, 713
ワイルド・マン・ブルース 1997 米 公開 Wild Man Blues 720
わが愛は終りなし 1955 米 公開 Interrupted Melody 689
若い男爵ノイハウス 1934 独 未 Der junge Baron Neuhaus 517, 766
若い時には世界は君のもの 1934 墺 未 Wenn du jung bist, gehört dir die Welt 522, 786
若い人 1940 米 未 Young People 89, 93, 632
若き作曲家の旅 1986 グルジア 未 Akhalgazrda kompozitoris mogzauroba 837
若き獅子 1959 伊 未 Il giovane leone 821
若きショパン 1952 ポーランド 未 Mlodosc Chopina 839, 847
若きハイデルベルヒ 1930 独 公開 Ein Burschenlied aus Heidelberg 759
若き非行の群れ 1959 英 公開 Serious Charge 496, 748
若き日の旅 1935 墺 未 Die Fahrt in die Jugend 516, 787
若草の歌 1941 米 公開 The Hard-Boiled Canary 225, 634
若草の頃 1944 米 公開 Meet Me in St. Louis 154, 158, 161, 166, 398, 399, 652
若草の頃 1959 米 TV Meet Me in St. Louis 461
若草物語 1958 米 TV Little Women 461
若くて可愛く金持ち 1951 米 未 Rich, Young and Pretty 273, 274, 680
わが恋は終りぬ 1960 米 公開 Song without End 697
わが心に歌えば 1952 米 公開 With a Song in My Heart 329, 405, 683, 843
わが心にかくも愛しき 1948 米 未 So Dear to My Heart 241, 246, 672
我が心に君深く 1954 米 公開 Deep in My Heart 259, 265, 266, 273, 286, 687, 843
我が心に誓って 1946 米 未 Cross My Heart 201, 202, 662
我が心の歌 1930 米 未 Song o' My Heart 594
我が心の歌 1942 米 未 Always in My Heart 637
我が心の曲 1940 米 未 Music in My Heart 231, 631
わが心は君に 1950 英 公開 The Dancing Years 745
わが心を捧ぐ 1935 英 未 I Give My Heart 734
若さでつかれ！ 1961 英 公開 The Young Ones 496, 748
我が生涯最高の日 1936 墺 未 Heut' ist der schönste Tag in meinem Leben 522, 787
我が人生の物語 1953 伊 未 Il romanzo della mia vita 817

邦題索引

わが妻は実業家　1931　独　未　Meine Frau, die Hochstaplerin　517, 761
我輩はカモである　1933　米　公開　Duck Soup　55, 56, 57, 598
我輩は名剣士　1946　米　公開　Monsieur Beaucaire　195, 198, 302
わが町　1955　米　TV　Our Town　458
我が道を往く　1944　米　公開　Going My Way　58, 132, 190, 192, 193, 651, 656
若武者ベニー再び乗りだす　1940　米　未　Buck Benny Rides Again　204, 629
我が息子　1951　米　未　That's My Boy　309, 310
わが胸は高鳴る　1934　米　未　Here Is My Heart　57, 60, 602
若者たちに別れのキスを　1941　米　未　Kiss the Boys Goodbye　151, 200, 204, 634
わが夢の女性　1944　独　未　Die Frau meiner Träume　523, 525, 778
別れの曲　1934　独　公開　Abschiedswalzer　529, 766, 847
ワーグナーとコジマ　1986　独　公開　Richard und Cosima　442, 565, 785
ワシントン広場のローズ　1939　米　未　Rose of Washington Square　3, 15, 21, 84, 87, 627
忘れじの面影　1930　米　公開　A Lady's Morals　123, 592
忘れな草　1935　伊　未　Non ti scordar di me　813
忘れな草　1958　伊・西独　公開　Vento di primavera　821
話題の男　1937　墺　未　Der Mann, von dem man spricht　788
私が幸せな時はいつも　1938　墺　未　Immer wenn ich glücklich bin...!　507, 788
わたし貴婦人よ　1935　米　公開　Goin' to Town　65, 66, 606
私たちと踊って　2011　伊　未　Balla con noi　834
私達のような何百万人もの人々　1943　英　未　Millions Like Us　742
私と踊って　1950　英　未　Come Dance with Me　745
私と女王様　1933　独　公開　Ich und die Kaiserin　509, 511, 764
私に歌って 悲しみよこんにちは！　1955　伊　未　Cantami: Buongiorno Tristezza!　818
私に惚れている？　1946　米　未　Do You Love Me　152, 662
私の愛する男　1947　米　未　The Man I Love　207, 208, 667
私の青空　1950　米　未　My Blue Heaven　143, 146, 152, 287, 677
私のお気に入りのスパイ　1942　米　未　My Favorite Spy　209, 640
私の叔母 あなたの叔母　1939　独　未　Meine Tante - deine Tante　526, 773
私の心はあなたのもの　1938　独　未　Dir gehört mein Herz　771
私のことを話して　2008　伊　未　Parlami di me　833
妾(わたし)の弱点　1933　米　公開　My Weakness　509, 511, 600
私の太陽　1935　英　公開　Heart's Desire　503, 504, 734
私のために兵隊に行って　1971　伊　未　Venga a fare il soldato da noi　829
私の小さなチカデー　1940　米　未　My Little Chickadee　65, 66
私の夫(ハズ)は二人いる　1955　米　公開　Three for the Show　143, 147, 269, 691
私の物はあなたの物　1952　米　未　Everything I Have Is Yours　269, 681
私はあなたのもの　1947　米　公開　I'll Be Yours　212, 215, 666
私は歌い続けたい　1963　英　未　I Could Go on Singing　158, 162, 749
私は気にしない娘　1953　米　未　The I Don't Care Girl　287, 288, 685, 843
私はここに　1959　独　未　Hier bin ich - hier bleib ich　783
私は17歳　1964　西　未　Tengo 17 años　559, 799
私は主張しません、愛します　1967　伊　未　Io non protesto, io amo　825
妾(わたし)は天使ぢゃない　1933　米　公開　I'm No Angel　36, 65, 599
私は昼あなたは夜　1932　独　公開　Ich bei Tag und du bei Nacht　513, 518, 763
わたしは別よ　1933　米　公開　She Done Him Wrong　36, 65, 600
私を愛して　1942　独　未　Hab mich lieb　523, 525, 776
私を愛するのは誰？　1950　独　未　Wer bist du, den ich liebe?　779
私を信じて　1946　墺　未　Glaube an mich　531, 532, 788
私を野球につれてって　1949　米　未　Take Me Out to the Ball Game　156, 169, 171, 172, 179, 281, 396, 675
ワッツタックス スタックス・コンサート　1973　米　公開　Wattstax　408, 708
笑いが一番　1931　西　未　Lo mejor es reir　541, 791

笑いとばそう　1939　米　未　Laugh It Off　226, 234, 627
笑いとばそう　1940　英　未　Laugh It Off　492, 493, 740
笑うだろう　1967　伊　未　Riderà　826
笑う姫君　1946　英　公開　The Laughing Lady　743
笑わせて　1949　米　未　Make Mine Laughs　239, 674
ワラワラからやって来た陸軍婦人隊　1952　米　未　The WAC from Walla Walla　237, 683
ワルツがあった頃　1933　独　未　Es war einmal ein Walzer　507, 762
ワルツ合戦　1934　独　公開　Walzerkrieg　513, 519, 766, 846
ワルツ・タイム　1945　英　公開　Waltz Time　503, 731, 743
ワルツの王様　1930　独　未　Der Walzerkönig　760, 846
ワルツの季節　1935　独　公開　Königswalzer　767
ワルツの時間　1933　英　未　Waltz Time　491, 731
ワルツのふたつの心　1934　英　未　Two Hearts in Waltz Time　572, 733
ワルツへの招待　1936　英　未　Invitation to the Waltz　473, 509, 512, 736
われらが人生の歌　1975　西　未　Canciones de nuestra vida　555, 800
我らが町のサリー　1931　英　未　Sally in Our Alley　484, 485, 729
我らが横丁を通って　1940　英　未　Down Our Alley　740
我々は音楽家　1942　独　未　Wir machen Musik　777
ワンス・アポン・ア・マットレス　1964　米　TV　Once Upon a Mattress　461
ワンス・アポン・ア・マットレス　1972　米　TV　Once Upon a Mattress　461
ワンス・アポン・ア・マットレス　2005　米　TV　Once Upon a Mattress　724
ONCE ダブリンの街角で　2006　アイルランド　公開　Once　757
ワンダー・バー　1934　米　公開　Wonder Bar　14, 43, 46, 605
ワンダフル・タウン　1958　米　TV　Wonderful Town　459
ワン・フロム・ザ・ハート　1982　英　公開　One from the Heart　753
わんわん物語　1955　米　公開　Lady and the Tramp　330, 331, 409, 690

原題索引

原題索引

- 本文中の作品と年度別作品一覧のミュージカル映画を収録した。
- 日本語の題名しか本文中に記載されていない場合にも、収録した。
- 言語を問わず、すべてアルファベット順に配列した。
- 原題の先頭に冠詞がある場合には、冠詞を除いて配列した。
- 原題の先頭が数字の場合は、当該言語の読みに開いて配列した。
- 題名中の単語の区切りの空白（スペース）は、読みに含めて配列した。
- ロシア語についてはキリル文字を音価によってラテン文字に置き換えた題名で配列した。
- 同じ題名が存在する場合には、公開年の順序で配列した。
- 記載した内容は、原題　公開年　国　公開種別　邦題　掲載ページ。
- 略称で使用した漢字国名は、以下のとおり。
  - 米：アメリカ
  - 英：英国
  - 加：カナダ
  - 豪：オーストラリア
  - 独：ドイツ
  - 墺：オーストリア
  - 西：スペイン
  - 仏：フランス
  - 伊：イタリア
  - 露：ソ連（ロシア）
- 国名が多数の場合には、主たる制作国名のみを記した。

A

À la Jamaïque 1957 仏 未 ジャマイカへ 551, 807
À nous la liberté 1931 仏 公開 自由を我等に 564, 567, 804
A Sud di New York 2010 伊 未 ニュー・ヨークの南で 833
A sud niente di nuovo 1957 伊 未 南では新しいことは何もない 820
Aaron Slick from Punkin Crick 1952 米 未 パンキン・クリックから来たアーロン・スリック 681
ABBA: The Movie 1977 米 公開 アバ ザ・ムービー 408, 709
Abbott and Costello Meet Captain Kidd 凸凹海賊船 1952 米 公開 218, 222
Abdul the Damned 1935 英 未 呪われしアブデュル 733
Abenteuer des Grafen Bobby, Die 1961 墺 未 ボビー伯爵の冒険 533, 790
Abenteuer geht weiter, Das 1939 独 未 冒険は続く 526, 573, 773
About Face 1952 米 未 回れ右 323, 324, 681
Abrazos, tango en Buenos Aires 2003 アルゼンチン 公開 タンゴ・イン・ブエノスアイレス 抱擁 803
Abschiedswalzer 1934 独 公開 別れの曲 529, 766, 847
accompagnatrice, L' 1992 仏 公開 伴奏者 810
Accord final 1938 仏 未 最終合意 805
Acompáname 1966 西 未 一緒に来てね 559, 799
Across the Universe 2007 米 公開 アクロス・ザ・ユニバース 725
Addio Mimì! 1949 伊 未 さらばミミ！ 505, 506, 507, 573, 815
Adorable 1933 米 未 可愛らしい 83, 598
adulterio decente, Un 1969 西 未 品格ある不倫 550, 800
Adventures of Elmo in Grouchland, The 1999 米 公開 エルモと毛布の大冒険 720
Adventures of Ichabod and Mr. Toad, The 1949 米 未 イカボードとトード氏 241, 245, 673
Adventures of Marco Polo, The 1956 米 TV マルコ・ポーロの冒険 458
Affairs of Dobie Gillis, The 1953 米 公開 やんちゃ学生 276, 683
After the Ball 1957 英 未 舞踏会のあとで 746, 844
After the Dance 1935 米 未 踊りの後で 24, 127, 605
Aida 1953 伊 未 アイーダ 816
Aida degli alberi 2001 伊 未 樹のアイーダ 833
Ain't Misbehavin' 1955 米 公開 奥様はジャズがお好き 688
Aitanic 2000 伊 未 アイタニック 832
Aiutami a sognare 1981 伊 未 夢を手伝って 830
Akhalgazrda kompozitoris mogzauroba 1986 グルジア 公開 若き作曲家の旅 837
Akropol 1996 ギリシャ 未 アクロポル 838
Aladdin 1958 米 TV アラジン 460
Aladdin 1992 米 公開 アラジン 444, 446, 717
Alarm auf Station Ⅲ 1939 独 未 三番港の警報 773
Albéniz 1947 アルゼンチン 未 アルベニス 803, 847
alegre caravana, La 1953 西 未 陽気なキャラバン 550, 795
Alexander's Ragtime Band 1938 米 公開 世紀の楽団 84, 87, 125, 151, 235, 621
Ali Baba Goes to Town 1937 米 公開 アリババ女の都へ行く 18, 20, 93, 615
Alias Jesse James 1959 米 公開 腰抜け列車強盗 301, 303
Alice in Wonderland 1933 米 公開 不思議の国のアリス 598
Alice in Wonderland 1951 米 公開 不思議の国のアリス 330, 678
Alice in Wonderland 1985 米 TV 不思議の国のアリス 465, 714
Alice in Wonderland or What's a Nice Kid Like You Doing in a Place Like This? 1966 米 TV 不思議の国のアリス 463
Alice Through the Looking Glass 1966 米 TV 鏡の国のアリス 462
Alice's Adventures in Wonderland 1973 英 未 不思議の国のアリスの冒険 751
Alice's Restaurant 1969 米 公開 アリスのレストラン 704
All Ashore 1953 米 未 総員上陸 116, 152, 223, 683

原題索引

All Hands on Deck 1961 米 公開 七面鳥艦隊 297, 697
All That Jazz 1979 米 公開 オール・ザット・ジャズ 388, 395, 711, 845
All the Fine Young Cannibals 1960 米 公開 夜が泣いている 696
All the King's Horses 1935 米 未 誰がやっても 209, 605
All-American Co-Ed 1941 米 未 全米女子学生 227, 239, 632
All-American Sweetheart 1938 米 未 全米の恋人 621
Allergic to Love 1944 米 未 恋の花粉症 649
Alles für Gloria 1941 独 未 すべてはグロリアのため 533, 775
Alligator Named Daisy, An 1955 英 未 デイジーという名のワニ 746
Allotria 1936 独 公開 ひめごと 519, 520, 768
Almost Angels 1962 米 公開 青きドナウ 371, 373, 374, 502, 698
Almost Famous 2000 米 公開 あの頃ペニー・レインと 721
Almost Married 1942 米 未 ほとんど結婚して 227, 230, 637
Along Came Youth 1930 米 公開 青春来る 589
Altissima pressione 1965 伊 未 超高圧 824
Alvaro piuttosto corsaro 1954 伊 未 ちょっと海賊のアルヴァロ 817
Always a Bridesmaid 1943 米 未 いつも二番手 217, 229, 642
Always in My Heart 1942 米 未 我が心の歌 637
Always Leave Them Laughing 1949 米 公開 テレヴィジョンの王様 325, 673
Ama Rosa 1960 西 未 アマ・ローザ 542, 797
Amadeus 1984 米 公開 アマデウス 5, 442, 713, 846
Amami, Alfredo! 1940 伊 未 愛して、アルフレード！ 573, 813
amants du Tage, Les 1955 仏 公開 過去を持つ愛情 565, 807
Amazing Mrs. Holliday, The 1943 米 公開 海を渡る唄 212, 213, 642
Ambushers, The 1967 米 公開 サイレンサー 待伏部隊 310, 314, 367
America di notte 1961 伊 公開 アメリカの夜 572, 822
American Hot Wax 1978 米 未 アメリカの熱狂レコード 408, 710
American in Paris, An 1951 米 公開 巴里のアメリカ人 154, 256, 259, 260, 267, 398, 400, 403, 474, 678, 853
ammiratrice, L' 1983 伊 未 女性ファン 830
Among the Millionaires 1930 米 未 百万長者の中で 589
amor brujo, El 1986 西 公開 恋は魔術師 560, 801
Amor en el aire 1967 西 未 空の恋 559, 799
amor solfeando, El 1930 西 未 愛はソルフェージュ 541, 791
amore di Norma, L' 1951 伊 未 ノルマの恋 815
Amore Formula due 1970 伊 未 恋の規範2 828
amore nasce a Roma, L' 1958 伊 未 愛はローマで生まれる 820
amores de un torero, Los 1945 メキシコ 未 闘牛士の愛 544, 802
Amphitryon 1935 独 公開 紅天夢 513, 514, 767
Anastasia 1997 米 公開 アナスタシア 453, 720
Anchors Aweigh 1945 米 公開 錨を上げて 154, 169, 171, 173, 174, 259, 263, 281, 283, 398, 400, 403, 656
And the Angels Sing 1944 米 未 そしてエンジェル姉妹は歌う 199, 200, 201, 649
Andalousie 1951 西 公開 南の誘惑 538, 549, 795
Andalusische Nächte 1938 独 公開 西班牙の夜 538, 541, 771, 793
Androcles and the Lion 1967 米 TV アンドロクレスと獅子 462
Andy Hardy Meets Debutante 1940 米 未 アンディ・ハーディと上流娘 112, 115, 157, 158
Andy Hardy's Double Life 1942 米 未 アンディ・ハーディの二重生活 115, 178, 403
Andy Hardy's Private Secretary 1941 米 未 アンディ・ハーディの個人秘書 115, 174
Angeli senza paradiso 1970 伊 公開 シューベルト物語 828, 846
Angels with Broken Wings 1941 米 未 折れた羽根の天使 227, 632
Animal Crackers 1930 米 公開 けだもの組合 55, 56, 253, 590
Anita und der Teufel 1941 独 未 アニタと悪魔 775

Anna Favetti　1938　独　未　アンナ・ファヴェッティ　771
Anna Pavlova　1983　露　公開　アンナ・パブロワ　439, 440, 837, 845
Annabelle's Affairs　1931　米　公開　アナベル情事　50
Annarè　1998　伊　未　アンナレ　832
Annie　1982　米　公開　アニー　413, 415, 713
Annie　1999　米　TV　アニー　465, 721
Annie　2014　米　公開　ANNIE　アニー　414, 415, 728
Annie Get Your Gun　1950　米　公開　アニーよ銃をとれ　156, 201, 203, 253, 277, 320, 400, 404, 675, 845
Annie Get Your Gun　1957　米　TV　アニーよ銃をとれ　459
Annie Get Your Gun　1967　米　TV　アニーよ銃をとれ　126, 461
Anton Ivanovich serditsya　1941　露　公開　モスクワの音楽娘　581, 834
Anything Goes　1936　米　公開　海は桃色　58, 61, 125, 208, 209, 297, 299, 610, 691
Anything Goes　1950　米　TV　エニシング・ゴーズ　456
Anything Goes　1956　米　公開　夜は夜もすがら　61, 223, 288, 297, 299, 691
appel du destin, L'　1953　仏　未　運命の呼び声　807
Applause　1929　米　公開　喝采　22, 224, 299, 585
Applause　1973　米　TV　アプローズ　463
Appuntamento a Ischia　1960　伊　公開　歌え！太陽　821
Appuntamento in Riviera　1962　伊　公開　サンレモ乾杯！　822
April in Paris　1952　米　未　四月のパリ　209, 316, 319, 681
April Love　1957　米　公開　四月の恋　292, 297, 693
April Showers　1948　米　未　四月の雨　207, 669
Are You There?　1930　米　公開　腕はたしかか　590
Are You with It?　1948　米　未　君はカーニバルで雇われているの？　222, 669
Argentine Nights　1940　米　未　アルゼンチンの夜　217, 234, 628
Aria　1987　英　公開　アリア　442, 443, 754
Aristocats, The　1970　米　公開　おしゃれキャット　409, 705
Arkansas Judge　1941　米　未　アーカンソーの判事　632
Around the World　1943　米　未　世界を回る　642
Arrivederci Roma　1957　米　未　さようならローマ　279, 280, 693
Artists and Models　1937　米　公開　画家とモデル　208, 236, 312, 616, 621
Artists and Models　1955　米　公開　画家とモデル　309, 312, 348, 689
Artists and Models Abroad　1938　米　公開　おしゃれ地獄　621
As Long as They're Happy　1955　英　未　幸せならば　488, 746
Ascoltami　1957　伊　未　聞いてね　820
Assi alla ribalta　1954　伊　未　脚光を浴びたスターたち　817
At Long Last Love　1975　米　未　やっとつかんだ愛　388, 393, 709
At the Circus　1939　米　公開　マルクス兄弟珍サーカス　106, 107, 625
At War with the Army　1950　米　公開　底抜け右向け！左　309, 310, 675
Athena　1954　米　未　アテナ　273, 275, 276, 686
Atlantic City　1944　米　未　アトランティック・シティ　235, 649
August Rush　2007　米　公開　奇跡のシンフォニー　725
Aunt Sally　1934　英　未　サリーおばさん　732
Avanti a lui tremava tutta Roma　1946　伊　未　彼の前に全ローマが震える　573, 814
Ave Maria　1936　独　未　アヴェ・マリア　517, 768
Ave Maria　1953　独　未　アヴェ・マリア　528
Ave Maria, L'　1982　伊　未　アヴェ・マリア　830
Avec le sourire　1936　仏　公開　微笑む人生　52, 54
Aventuras de Joselito y Pulgarcito　1960　メキシコ　未　ホセリートと親指トムの冒険　556, 802
Awful Truth, The　1937　米　公開　新婚道中記　69, 72, 152, 209, 685
Axel an der Himmelstür　1944　独　未　天国の扉のアクセル　526, 530, 532, 778
¡Ay, Carmela!　1990　西　公開　歌姫カルメーラ　560, 801

¡Ay, pena, penita, pena! 1953 メキシコ 未 おお、痛たたた！ 547, 802

B

Babes in Arms 1939 米 公開 青春一座 112, 114, 115, 155, 157, 159, 160, 261, 397, 403, 625
Babes in Toyland 1934 米 公開 玩具の国 117, 226, 373, 601
Babes in Toyland 1950 米 TV おもちゃの国の子供たち 456
Babes in Toyland 1954 米 TV おもちゃの国の子供たち 457
Babes in Toyland 1961 米 公開 おもちゃの王国 209, 371, 373, 697
Babes in Toyland 1986 米 TV おもちゃの国の子供たち 464, 715
Babes in Toyland 1997 米 未 おもちゃの国を救え！ 373, 720
Babes on Broadway 1941 米 公開 ブロードウェイ 115, 132, 155, 157, 159, 397, 404, 633
Babes on Swing Street 1944 米 未 スウィング街の子供たち 223, 224, 649
Baby 1932 独 未 ベイビー 762
Baby Takes a Bow 1934 米 公開 ベビイお目見得 35, 89, 90
Babylon 1980 英 未 バビロン 753
Bachelor, The 1956 米 TV 独身男 459
Bacheleor of Arts 1934 米 未 文学士 601
Back to the Beach 1987 米 未 バック・トゥ・ザ・ビーチ 346, 348
Backbeat 1994 英 公開 バック・ビート 754
Bad auf der Tenne, Das 1943 独 未 納屋のバス・ルーム 777
bal, Le 1931 仏 公開 ル・バル 564, 804
Balalaika 1939 米 未 バラライカ 104, 626
balcón de la Luna, El 1962 西 未 月のバルコニー 538, 548, 549, 551, 798
Ball im Savoy 1935 ハンガリー 未 サヴォイでの舞踏会 791
Balla con noi 2011 伊 未 私たちと踊って 834
Ballando ballando 1983 伊 公開 ル・バル 830
Ballerina 1966 米 公開 バレリーナ物語 371, 374, 474, 701
Ballettguttene 2014 ノルウェイ Indie 公開 バレエボーイズ 838
Balloon Goes Up, The 1942 英 未 気球はあがる 741
Bamba, La 1987 米 公開 ラ・バンバ 715
Bambi 1942 米 公開 バンビ 131, 241, 244, 330, 637
Bamboo Blonde, The 1946 米 未 竹の金髪娘 239, 661
Bambú 1945 西 未 バンブー 542, 794
Banana republic 1979 伊 未 バナナ共和国 829
Band of Thieves 1962 英 未 泥棒楽団 748
Band Waggon 1940 英 未 楽隊車 740
Band Wagon, The 1953 米 公開 バンド・ワゴン 78, 154, 252, 255, 256, 265, 397, 398, 399, 401, 402, 404, 405, 430, 483, 487, 488, 683
Banjo on My Knee 1936 米 公開 膝にバンジョウ 610
barbero de Sevilla, El 1938 西 未 セビーリャの理髪師 543, 545, 793
Barkleys of Broadway, The 1949 米 未 ブロードウェイのバークレイ夫妻 74, 81, 163, 168, 319, 397, 401, 404, 673
Barnyard Follies 1940 米 未 裏庭フォリーズ 628
Basta guardarla 1970 伊 未 見るのは沢山だ 828
Bathing Beauty 1944 米 公開 世紀の女王 178, 179, 209, 397, 649
Battle for Music 1945 英 未 音楽への戦い 743
Battle of Paris, The 1929 米 公開 春宵巴里合戦 585
Battlefield America 2012 米 未 アメリカの戦場 437, 728
Be Yourself 1930 米 未 あなた自身でいてね 21, 590
Beach Ball 1965 米 公開 踊る太陽 700
Beach Blanket Bingo 1965 米 未 ビンゴ・パーティ 346, 347
Beach Party 1963 米 公開 やめないでもっと！ 345, 346, 699
Beat Girl 1960 英 公開 狂っちゃいねえぜ 748

Beat Street　1984　米　未　ビート・ストリート　435, 714
Beat the Band　1947　米　未　楽団を鳴らせ　239, 665
Beau James　1957　米　未　ボー・ジェイムス　119, 301, 693, 845
Beautiful Blonde from Bashful Bend　1949　米　未　バッシュフル・ベンドから来た金髪美人　128, 143, 146, 673
Beautiful But Broke　1944　米　未　美人だが金欠　228, 649
Beauty and the Beast　1991　米　公開　美女と野獣　444, 445, 717
Because of Him　1946　米　未　彼のせいで　212, 215, 661
Because You're Mine　1952　米　未　君は僕のものだから　279, 681
Bedknobs and Broomsticks　1971　米　公開　ベッドかざりとほうき　367, 371, 375, 387, 705
Bedtime Story, A　1933　米　公開　坊やはお寝み　52, 53, 598
Bees in Paradise　1944　英　未　楽園の蜜蜂　742
Beethoven - Tage aus einem Leben　1976　独　公開　人間ベートーベン　785
Beggar's Opera, The　1953　英　公開　三文オペラ　416, 745
Beggar's Opera, The　1983　英　TV　乞食オペラ　464, 753
Behind the Eight Ball　1942　米　未　難局で　227, 229, 638
Bel Ami　1955　墺　未　ベラミ　527, 789
Bel Ami 2000 oder Wie verführt man einen Playboy?　1966　墺　未　ベラミ2000年版、プレイ・ボーイをいかにして誘惑するか　533, 790
Bel Ami. Der Liebling schöner Frauen　1939　独　未　ベラミ 美しき女性のお気に入り　532, 773
Bell for Adano, A　1956　米　TV　アダノの鐘　459
bella Lola, La　1962　西　未　麗しのローラ　552, 554, 798
bella Otero, La　1954　仏　未　麗しのオテロ　807
Bell-Bottom George　1944　英　未　水兵ジョージ　492, 742
belle de Cadix, La　1953　仏　未　カディスの美女　549, 807
belle meunière, La　1948　仏　未　美しき水車小屋の娘　806, 846
Belle of New York　1919　米　公開　栄光は輝く　8
Belle of New York, The　1952　米　未　ニュー・ヨークの美女　252, 254, 266, 399, 404, 681
Belle of the Nineties　1934　米　公開　罪ぢゃないわよ　36, 65, 66, 601
Belle of the Yukon　1944　米　未　ユーコンのベル　649
Bello recuerdo　1961　西　未　美しき記憶　556, 797
Bells Are Ringing　1960　米　未　ベルが鳴っています　309, 313, 357, 696
Bells of St. Mary's, The　1945　米　公開　聖（セント）メリイの鐘　132, 190, 192, 656
Beloved Vagabond, The　1936　英　公開　シュヴァリエの放浪児　52, 54, 735
Benny Goodman Story, The　1956　米　公開　ベニイ・グッドマン物語　327, 328, 691, 844
Best Foot Forward　1943　米　未　綺麗な脚を前に　185, 186, 403, 642
Best Foot Forward　1954　米　TV　綺麗な脚を前に　457
Best Little Whorehouse in Texas, The　1982　米　未　テキサス一番の娼家　413, 414, 713
Best of Enemies　1933　米　公開　友情の曲線　598
Best Things in Life Are Free, The　1956　米　公開　人生で最高のものはタダ　153, 323, 324, 691, 843
Bettelstudent, Der　1936　独　公開　乞食学生　523, 524, 526, 768, 770
Betty Co-Ed　1946　米　未　女子大生ベティ　661
Between Two Women　1945　米　未　二人の女の間で　186
Beyond the Sea　2004　米　公開　ビヨンド the シー 夢見るように歌えば　723
bien-aimés, Les　2011　仏　公開　愛のあしあと　566, 812
Big Boy　1930　米　未　ビッグ・ボーイ　14, 16, 590
Big Broadcast, The　1932　米　公開　ラヂオは笑ふ　26, 27, 57, 58, 60, 193, 597
Big Broadcast of 1936, The　1935　米　公開　1936年の大放送　27, 57, 60, 64, 125, 605
Big Broadcast of 1937, The　1936　米　公開　1937年の大放送　57, 60, 610
Big Broadcast of 1938, The　1938　米　公開　百万弗大放送　57, 60, 195, 196, 199, 621
Big City　1948　米　未　大都会　127, 669
Big City Blues　1932　米　未　大都会の憂鬱　597
Big Party, The　1930　米　公開　大乱痴気　590

Big Pond, The 1930 米 公開 チュインガム行進曲 51, 53, 590
Big Revue, The 1929 米 未 大レヴュー 111
Big Store, The 1941 米 公開 マルクス兄弟デパート騒動 56, 106, 107
Bikini Beach 1964 米 未 ビキニ・ビーチ 346
Billy Elliot 2000 英 公開 リトル・ダンサー 2, 439, 441, 484, 755, 756
Billy Elliot the Musical Live 2014 英 公開 ビリー・エリオット ミュージカルライブ リトル・ダンサー 756
Billy Rose's Jumbo 1962 米 公開 ジャンボ 119, 157, 317, 322, 339, 400, 698
Bird 1988 米 公開 バード 424, 477, 716, 844
Bird of Paradise 1932 米 公開 南海の劫火 39
Birds and the Bees, The 1956 米 公開 陽気のせいデス 288, 289, 691
Birth of the Beatles 1979 米 未 ビートルズの誕生 711
Birth of the Blues 1941 米 公開 ブルースの誕生 190, 191, 200, 633
Bitter Sweet 1933 英 公開 薔薇のワルツ 102, 489, 490, 731
Bitter Sweet 1940 米 未 甘辛人生 98, 101, 102, 104, 490, 628
Bix 1990 伊 公開 ジャズ・ミー・ブルース 318, 832
Black Swan 2010 米 公開 ブラック・スワン 2, 439, 441, 727
blanca Paloma, La 1942 西 未 白い鳩 546, 793
blaue Engel, Der 1930 独 公開 嘆きの天使 515, 759
Blaue vom Himmel, Das 1932 独 未 青空 507, 762
Blaufuchs, Der 1938 独 未 青狐 527, 771
Blaze O' Glory 1929 米 未 栄光の輝き 585
Blessed Event 1932 米 未 神聖な出来事 46
Blonde Carmen, Die 1935 独 未 金髪のカルメン 507, 767
Blonde Crazy 1931 米 公開 腕の男 595
Blonde from Brooklyn, The 1945 米 未 ブルックリンから来た金髪娘 656
blonde Nachtigall, Die 1930 独 未 ブロンドの歌姫 759
Blonde Ransom 1945 米 未 金髪娘の身代金 656
Blonde Trouble 1937 米 公開 金髪騒動 226
blonder Traum, Ein 1932 独 公開 ブロンドの夢 509, 510, 513, 762
Blondie Goes Latin 1941 米 未 ブロンディ 南米の巻 235, 633
Blondie of the Follies 1932 米 未 フォリーズの金髪娘 97, 117, 597
Bloodhounds of Broadway 1952 米 未 ブロードウェイの捜査刑事 287, 288, 681
Bloomer Girl 1956 米 TV ブルーマ・ガール 458, 471
Blossom Time 1934 英 公開 花咲く頃 503, 732, 846
Blossoms on Broadway 1937 米 未 ブロードウェイの花 616
Blue Bird, The 1940 米 未 青い鳥 89, 92, 629
Blue Bird, The 1976 米 公開 青い鳥 388, 393, 709
Blue Danube, The 1932 英 公開 蒼きドナウの流れ 730
Blue Hawaii 1961 米 公開 ブルー・ハワイ 62, 335, 337, 346, 697
Blue Skies 1946 米 公開 ブルー・スカイ 163, 167, 190, 661
Blues Brothers, The 1980 米 公開 ブルース・ブラザース 424, 427, 712, 720
Blues Brothers 2000 1998 米 公開 ブルース・ブラザース2000 427, 720
Blues Busters 1950 米 未 ブルースの巨人 675
Blues in the Night 1941 米 未 夜のブルース 633
Blues metropolitano 1985 伊 未 大都会のブルース 831
Blume von Hawaii, Die 1933 独 未 ハワイの花 507, 764
Blume von Hawaii, Die 1953 独 未 ハワイの花 780
Bob Roberts 1992 米 公開 ボブ・ロバーツ 陰謀が生んだ英雄 717
Boccaccio 1936 独 公開 ボッカチオ 769
Bodas de sangre 1981 西 公開 血の婚礼 536, 539, 557, 560, 801
bodega, La 1930 西 未 シェリー醸造所 540, 791
Body Rock 1984 米 未 ボディ・ロック 435, 714

Bogataya nevesta 1938 露 未 豊かな花嫁 575, 579, 834
Bohème, La 1988 仏 未 ラ・ボエーム 810
Bohemian Girl, The 1936 米 公開 極楽浪人天国 117, 610
Bojangles 2001 米 未 ボージャングルス 722
Bolero 1934 米 公開 ボレロ 63, 207, 473, 601
Bolshoi Ballet and Giselle, The 1957 英 公開 バレエへの招宴 474, 746
Bolshoy kontsert 1952 露 公開 大音楽会 582, 836
Bomben auf Monte Carlo 1931 独 未 狂乱のモンテカルロ 517, 518, 760
Bonjour Kathrin 1956 独 未 ボンジュール、キャスリン 533, 781
Boots! Boots! 1934 英 未 ブーツ！ブーツ！ 492, 732
Bordella 1976 伊 未 売春宿 829
Border Wolves 1938 米 未 国境の狼 234, 621
Born Lucky 1933 英 未 幸運に生まれて 731
Born Reckless 1959 米 未 生まれながらの向う見ず 695
Born to Dance 1936 米 公開 踊るアメリカ艦隊 108, 109, 239, 397, 399, 610
Born to Sing 1942 米 未 歌うために生まれた 155, 638
Bottoms Up 1934 米 公開 ハリウッド征服 601
Bound for Glory 1976 米 公開 ウディ・ガスリー わが心のふるさと 408, 709, 844
Bowery to Broadway 1944 米 未 バワリーからブロードウェイへ 222, 224, 225, 649
Boy Friend, The 1971 英 公開 ボーイフレンド 3, 74, 157, 379, 381, 383, 392, 406, 484, 751
Boy Named Charlie Brown, A 1969 米 公開 スヌーピーとチャーリー 704
Boys from Syracuse, The 1940 米 未 シラキューズから来た男たち 225, 629
Brassed Off 1996 英 公開 ブラス！ 754
Bräutigamswitwe, Die 1931 独 未 新郎の未亡人 506, 760
Brazil 1944 米 公開 ブラジル 649
Break the News 1938 英 未 ニュースを作れ 52, 55, 488, 567, 738
Breakin' 1984 米 公開 ブレイクダンス 435, 714
Breakin' 2: Electric Boogaloo 1984 米 公開 ブレイクダンス2 435, 714
Breaking Glass 1980 英 公開 ブレイキング・グラス 753
Breaking the Ice 1938 米 公開 氷上リズム 621
Brewster's Millions 1935 英 公開 文無し長者 488, 733
Bride & Prejudice 2004 英 未 花嫁と偏見 755
Bride of the Regiment 1930 米 未 連隊の花嫁 590
Brigadoon 1954 米 公開 ブリガドーン 154, 259, 261, 265, 403, 687
Brigadoon 1966 米 TV ブリガドゥーン 461
Bright Eyes 1934 米 公開 輝く瞳 35, 89, 90, 91, 405
Bright Lights 1930 米 未 輝く光 590
Bright Lights 1935 米 公開 ブラウンの千両役者 39, 44, 590, 605
Brillantina Rock 1979 伊 未 グリース・ロック 830
Brindis a Manolete 1948 西 未 マノレーテに乾杯 550, 794
Bring on the Girls 1945 米 未 女の子を連れて来い 204, 656
Bring Your Smile Along 1955 米 未 もっと微笑んで 327, 689
Britannia of Billingsgate 1933 英 未 ビリングスゲイトのブリタニア 731
Broadway 1929 米 公開 ブロードウェイ 63, 585, 638
Broadway 1942 米 未 ブロードウェイ 63, 638
Broadway Babies 1929 米 公開 レヴュー時代 585
Broadway Bad 1933 米 未 ブロードウェイの悪人 598
Broadway Gondlier 1935 米 未 ブロードウェイのゴンドラ漕ぎ 47, 605
Broadway Hostess 1935 米 未 ブロードウェイの女主人 605
Broadway Melody, The 1929 米 公開 ブロードウェイ・メロディー 25, 27, 60, 96, 109, 110, 127, 163, 184, 396, 399, 585, 606, 632
Broadway Melody of 1936 1935 米 公開 踊るブロードウェイ 27, 108, 109, 238, 399, 401, 605
Broadway Melody of 1938 1937 米 公開 踊る不夜城 108, 110, 111, 127, 397, 398, 403, 616

原題索引

Broadway Melody of 1940 1940 米 公開 踊るニュウ・ヨーク 108, 127, 131, 154, 163, 396, 404, 629
Broadway Musketeers 1938 米 未 ブロードウェイの仲間たち 207, 621
Broadway Rhythm 1944 米 未 ブロードウェイ・リズム 127, 186, 402, 403, 649
Broadway Scandals 1929 米 未 ブロードウェイのスキャンダルス 586
Broadway Serenade 1939 米 未 ブロードウェイのセレナーデ 98, 101, 155, 399, 626
Broadway Thru a Keyhole 1933 米 公開 キャバレエの鍵穴 128, 202, 598
Broadway to Hollywood 1933 米 公開 紐育・ハリウッド 104, 114, 118, 397, 598
Brother Bear 2003 米 公開 ブラザー・ベア 444, 449, 723
Buccaneer, The 1938 米 公開 海賊 521
Buccaneer's Girl 1950 米 公開 海の無法者 676
Buck Benny Rides Again 1940 米 未 若武者ベニー再び乗りだす 204, 629
Buck Privates 1941 米 未 凸凹二等兵の巻 217, 218, 227, 633
Bud Abbott and Lou Costello in Hollywood 1945 米 公開 凸凹ハリウッドの巻 218, 221, 399, 656
Buddy Holly Story, The 1978 米 未 バディ・ホリー物語 408, 710, 845
Buena Vista Social Club 1999 独 公開 ブエナ・ビスタ・ソシアル・クラブ 786
Buenos días 1932 西 未 こんにちは 541, 791
Buenos días, condesita 1967 西 未 こんにちは、伯爵令嬢 559, 799
Bugsy Malone 1976 英 公開 ダウンタウン物語 388, 393, 752
Bühne frei für Marika 1958 独 未 マリカの自由公演 523, 525, 526, 782
Bulldog Jack 1935 英 公開 地下の怪盗 733
Bullfighters, The 1945 米 公開 極楽闘牛士 117
Bundle of Joy 1956 米 公開 歓びの街角 276, 691
Burlesque 2010 米 公開 バーレスク 425, 434, 727
Burschenlied aus Heidelberg, Ein 1930 独 公開 若きハイデルベルヒ 759
Bus Stop 1956 米 公開 バス停留所 290, 291
Buscando a Mónica 1962 アルゼンチン 未 モニカを探して 549, 803
Búsqueme a esa chica 1964 西 未 あの娘を探せ 557, 558, 798
Buster 1988 英 公開 フィル・コリンズ in バスター 754
By the Light of the Silvery Moon 1953 米 未 銀月の光で 316, 319, 320, 323, 683
Bye Bye Birdie 1963 米 公開 バイ・バイ・バーディ 230, 343, 358, 367, 699
Bye Bye Birdie 1995 米 TV バイ・バイ・バーディ 344, 465, 718

C

caballero andaluz, Un 1954 西 未 アンダルシアの紳士 549, 796
caballo blanco, El 1962 メキシコ 未 白い馬 556, 802
Cabaret 1972 米 公開 キャバレー 355, 379, 382, 432, 706
Cabin in the Sky 1943 米 未 天の安息所 130, 154, 155, 389, 404, 477, 478, 642
Cabriola 1965 西 未 カブリオラ 557, 558, 799
Caddy, The 1953 米 公開 底抜けやぶれかぶれ 227, 309, 311, 683
Cadet Girl 1941 米 未 士官候補生の娘 633
Cadillac Records 2008 米 公開 キャデラック・レコード 音楽でアメリカを変えた人々の物語 425, 434, 726
Café Cantante 1951 アルゼンチン 未 歌謡喫茶店 542, 803
Café de los maestros 2010 米 公開 アルゼンチンタンゴ 伝説のマエストロたち 727
Café Society 1939 米 未 カフェ・ソサエティ 626
Cain and Mabel 1936 米 公開 スタアと選手 97, 209, 229, 610
Cairo 1942 米 未 カイロ 98, 103, 638
Calamity Jane 1953 米 公開 カラミティ・ジェーン 277, 316, 320, 683
Calendar Girl 1947 米 未 カレンダー・ガール 228, 665
Call Me Madam 1953 米 未 マダムと呼びなさい 126, 223, 227, 266, 405, 684
Call Me Mister 1951 米 未 ミスターで呼んで 143, 147, 152, 156, 678
Call of the Canyon 1942 米 未 大峡谷の叫び 236, 638
Call of the Flesh 1930 米 公開 肉体の呼ぶ声 590

原題索引

Call Out the Marines 1942 米 未 海兵隊を召集せよ 638
Callas Forever 2002 伊 公開 永遠のマリア・カラス 833
Calling All Stars 1937 英 未 全スターを呼び出せ 737
Calypso 1958 伊 未 カリプソ 820
Camelot 1967 米 公開 キャメロット 358, 363, 365, 372, 702
Camels Are Coming, The 1934 英 未 ラクダ隊参上 732
Cameo Kirby 1930 米 公開 生命の切札 590
Camp 2003 米 公開 キャンプ 425, 433, 723
Campus Honeymoon 1948 米 未 キャンパスのハネムーン 669
Campus Rhythm 1943 米 未 キャンパスのリズム 227, 643
Campus Sleuth 1948 米 未 キャンパスの探偵 669
Can This Be Dixie? 1936 米 未 これって南部なの 611
Can-Can 1960 米 公開 カンカン 53, 282, 285, 348, 357, 400, 405, 696
canción de Aixa, La 1939 西 未 アイクサの歌 541, 793
Canción de juventud 1962 西 未 青春の歌 559, 798
canción de La Malibrán, La 1951 西 未 マリブランの歌 543, 547, 795
Canciones de nuestra vida 1975 西 未 われらが人生の歌 555, 800
Canelita en rama 1943 西 未 血筋のカネリータ 546, 794
Canibais, Os 1988 ポルトガル 未 人喰いたち 839
Can't Help Singing 1944 米 未 歌わずにいられない 212, 214, 230, 649
Can't Stop the Music 1980 米 公開 ミュージック・ミュージック 240, 712
Cantami: Buongiorno Tristezza! 1955 伊 未 私に歌って 悲しみよこんにちは！ 818
Cantando sotto le stelle 1956 伊 未 星空の下で歌う 819
cantante misterioso, Il 1955 伊 未 神秘の歌手 819
Canterville Ghost, The 1966 米 TV カンタヴィルの亡霊 462
canto dell'emigrante, Il 1956 伊 未 移住者の歌 819
Cantor del Pueblo, El 1948 アルゼンチン 公開 情熱のタンゴ 803
Canzone appassionata 1953 伊 未 情熱の歌 816
Canzone d'amore 1954 伊 未 愛の歌 817
Canzone dell'amore, La 1930 伊 未 愛の唄 570, 812
canzone del destino, La 1957 伊 未 運命の歌 820
Canzone di primavera 1951 伊 未 春の歌 815
canzone più bella, La 1957 伊 未 一番美しい歌 820
Canzone proibita 1956 伊 未 禁じられた歌 819
Canzoni a tempo di twist 1962 伊 未 ツイスト・リズムの歌 823
Canzoni di mezzo secolo 1952 伊 未 歌の半世紀 571, 816
Canzoni di tutta Italia 1955 伊 未 全イタリアの歌 819
Canzoni in... bikini 1963 伊 未 ビキニで歌おう 823
Canzoni nel Mond 1963 伊 公開 世界の歌物語 309, 366, 369, 823
Canzoni per le strade 1950 伊 未 道の歌 815
Canzoni, canzoni, canzoni 1953 伊 未 歌、歌、歌 816
Capriccio 1938 独 公開 カプリチオ 509, 512, 771
Captain Caution 1940 米 公開 海洋児 629
Captain January 1936 米 公開 テンプルの灯台守 89, 91, 611
Captain of the Guard 1930 米 未 守備隊の隊長 590
Car of Dreams 1935 英 未 夢の車 733
Caravan 1934 米 公開 キャラヴァン 601
Carceleras 1932 西 未 カルセレラス 542, 792
Carcerato 1981 伊 未 囚人 830
Career Girl 1944 米 未 キャリア・ガール 239, 649
Carefree 1938 米 公開 気儘時代 73, 79, 80, 621
Careless Lady 1932 米 未 不注意な女 597
Carmen 1983 西 公開 カルメン 557, 560, 801

939

原題索引

Carmen 1984 仏 公開 カルメン 565, 810
Carmen Jones 1954 米 公開 カルメン 405, 477, 479, 687
Carmen, la de Ronda 1959 西 未 ロンダ村のカルメン 552, 553, 797
Carmen, la de Triana 1938 西 未 トリアナのカルメン 541, 793
Carmen: A Hip Hopera 2001 米 TV カルメン ヒップ・オペラ 722
Carnegie Hall 1947 米 公開 カーネギー・ホール 81, 82, 665
Carnival in Costa Rica 1947 米 未 コスタ・リカのカーニバル 152, 266, 665
Carola de día, Carola de noche 1969 西 未 昼のカロラ、夜のカロラ 557, 558, 800
Carolina Blues 1944 米 未 カロライナのブルース 233, 650
Carolina Cannonball 1955 米 未 カロライナの弾丸特急 237, 689
Carosello del varietà 1955 伊 未 ヴァラエティの回転木馬 819
Carosello di canzoni 1958 伊 未 歌の回転木馬 821
Carosello napoletano 1954 伊 公開 ナポリの饗宴 571, 817
Carousel 1956 米 公開 回転木馬 252, 292, 293, 294, 295, 323, 357, 402, 691
Carousel 1967 米 TV 回転木馬 461
Carovana di canzoni 1954 伊 未 歌のキャラヴァン 818
Carry It On 1970 米 公開 ジョーン・バエズ 心の旅 408, 705
casa es seria, La 1932 西 未 家は深刻 541, 792
Casa Flora 1973 西 未 フローラの家 546, 548, 800
Casa Manana 1951 米 未 カサ・マナナ 678
Casa Ricordi 1954 伊 未 リコルディの家 573, 818
Casanova heiratet 1940 独 未 カサノヴァの結婚 532, 774
Casanova in Burlesque 1944 米 未 バーレスクのカサノヴァ 240, 650
Casanova's Big Night 1954 米 公開 豪傑カサノヴァ 301, 302
Casbah 1948 米 公開 迷路 669
Casino de Paris 1957 仏 公開 カジノ・ド・パリ 565, 808
Casta diva 1935 伊 公開 おもかげ 507, 508, 570, 571, 573, 812, 818, 846
Casta diva 1954 伊 未 清らかな女神よ 573, 818
Castelli in aria 1939 伊 未 砂上の楼閣 509, 512, 813
Cat and Fiddle, The 1934 米 公開 猫と提琴 13, 98, 99, 601
Catch My Soul 1974 英 未 キャッチ・マイ・ソウル 408, 751
Catch Us If You Can 1965 英 公開 5人の週末 749
Cats 1998 英 TV キャッツ 465, 755
Caught Plastered 1931 米 公開 頓珍漢丸儲け 68
cavaliere del sogno, Il 1947 伊 未 夢の騎士 814, 846
Cavalleria rusticana 1939 伊 未 カヴァレリア・ルスティカーナ 813
Cavalleria rusticana 1955 伊 未 カヴァレリア・ルスティカーナ 573, 819
Cavalleria rusticana 1982 伊 未 カヴァレリア・ルスティカーナ 830
C'è una spia nel mio letto 1976 伊 未 僕のベッドに女スパイがいる 829
Cenerentola '80 1984 伊 未 シンデレラ '80 831
Centennial Summer 1946 米 未 建国百年祭の夏 149, 661
Center Stage 2000 米 公開 センターステージ 439, 441, 721
Center Stage: Turn It Up 2008 米 未 センターステージ2 ダンス・インスピレーション！ 439, 441, 726
Cento serenate 1954 伊 未 百のセレナーデ 818
Cha-Cha-Cha-Boom 1956 米 未 チャチャチャ・ブーム 691
chambre en ville, Une 1982 仏 未 都会のひと部屋 565, 567, 568, 569, 809
Champagne Charlie 1944 英 未 シャンパン・チャーリー 492, 493, 742
Champagne Waltz 1937 米 公開 シャンパン・ワルツ 616
Change of Habit 1969 米 未 修道着の変更 336, 342, 704
chansons d'amour, Les 2007 仏 未 恋の歌 812
chant du marin, Le 1932 仏 公開 プレジャンの舟唄 564, 572, 804
Chanteur de Mexico, Le 1956 仏 未 メキシコの歌手 807

Charley Chan at the Opera　1936　米　公開　闇の狂人　611
Charley Moon　1956　英　未　チャーリー・ムーン　746
Charlotte's Web　1973　米　公開　シャーロットのおくりもの　277, 410, 707
Chasing Rainbows　1930　米　未　虹を追って　25, 96, 590
Chatterbox　1943　米　未　おしゃべり娘　237, 643
Chauffeur Antoinette　1932　独　未　運転手アントワネット　762
Chaykovskiy　1970　露　公開　チャイコフスキー　406, 837, 847
Check and Double Check　1930　米　未　確認また確認　590
Cheer Up and Smile　1930　米　未　元気を出して笑おう　590
Cherchez l'idole　1963　仏　公開　アイドルを探せ　808
chica del Molino Rojo, La　1973　西　公開　雨のしのび逢い　557, 559, 800
chica del trébol, La　1964　西　未　クローヴァーの娘　559, 798
Chicago　2002　米　公開　シカゴ　365, 413, 418, 472, 722
Chicken Little　2005　米　公開　チキン・リトル　449, 724
Children of Dreams　1931　米　未　夢の子供たち　595
Children of Pleasure　1930　米　公開　歓楽の孤児　25, 591
Chimera　1968　伊　未　キメラ　827
Chip Off the Old Block　1944　米　未　親に似た子供　222, 224, 650
Chitty Chitty Bang Bang　1968　米　公開　チキ・チキ・バン・バン　367, 370, 703
Chocolate Soldier, The　1914　米　未　チョコレートの兵隊　8
Chocolate Soldier, The　1941　米　未　チョコレートの兵隊　104, 105, 633
Chocolate Soldier, The　1950　米　TV　チョコレートの兵隊　456
Chocolate Soldier, The　1955　米　TV　チョコレートの兵隊　457
choristes, Les　2004　仏　公開　コーラス　811
Chorus Line, A　1985　米　公開　コーラス・ライン　413, 415, 426, 714, 726,
Christmas Carol, A　1954　米　TV　クリスマス・キャロル　459
Christmas Carol, A　2004　米　TV　クリスマス・キャロル　465, 723
Christmas Holiday　1944　米　公開　クリスマスの休暇　212, 214
Chronik der Anna Magdalena Bach　1968　独　公開　アンナ・マグダレーナ・バッハの日記　785
Chu Chin Chow　1934　英　公開　朱金昭（チュウチンチャウ）　732
Ci sposeremo a Capri　1956　伊　未　カプリ島の結婚　819
Ci troviamo in galleria　1953　伊　未　美術館で会いましょう　816
Ciclone, Il　1996　伊　公開　踊れトスカーナ！　832
Cient'anne　1999　伊　未　百年　832
Cigarette Girl　1947　米　未　タバコ売り娘　665
cigarra, La　1948　西　未　蝉　542, 794
Cinco almohadas para una noche　1974　西　未　一夜のための五つの枕　539, 552, 555, 800
Cinderella　1950　米　公開　シンデレラ　330, 331, 676
Cinderella　1957　米　TV　シンデレラ　350, 458, 460, 693
Cinderella　1965　米　TV　シンデレラ　460
Cinderella　1997　米　TV　シンデレラ　460, 465, 720
Cinderella Jones　1946　米　公開　婿探し千万弗　156, 207, 662
Cindy　1978　米　TV　シンディ　464
Cinque marines per cento ragazze　1961　伊　未　百人の娘たちのための五人の海兵　822
città canora, La　1952　伊　未　歌う街　816
City for Conquest　1940　米　公開　栄光の都　207
Clambake　1967　米　公開　ブルー・マイアミ　336, 341, 702
Clan, The　2005　伊　未　一族　833
Climax, The　1944　米　未　最高潮　225, 650
Close Harmony　1929　米　公開　恋愛行進曲　23, 586
C'Mon Let's Live a Little　1967　米　未　さあ、ちょっと楽しもうぜ　702
Coal Miner's Daughter　1980　米　公開　歌え！ロレッタ　愛のために　712, 844
Cockeyed Cavaliers　1934　米　公開　美人国武者修業　68, 69, 601

原題索引

Cockeyed World, The　1929　米　公開　藪睨みの世界　586
Coco Chanel & Igor Stravinsky　2009　仏　公開　シャネル＆ストラヴィンスキー　812
Cocoanut Grove　1938　米　未　ココナッツ・グローヴ　621
Cocoanuts, The　1929　米　公開　ココナッツ　55, 56, 586
coeur en hiver, Un　1992　仏　公開　愛を弾く女　810
Colleen　1936　米　公開　コリーン　38, 46, 611
College Coach　1933　米　未　大学のコーチ　46, 598
College Holiday　1936　米　公開　青春ホテル　226, 611
College Humor　1933　米　公開　響け応援歌　57, 58, 598
College Lovers　1930　米　未　大学の恋人たち　591
College Rhythm　1934　米　公開　カレッヂ・リズム　64, 207, 209, 602
College Scandal　1935　米　公開　学生怪死事件　226
College Swing　1938　米　未　スウィング大学　142, 196, 621
Collegiate　1936　米　公開　女学生大行進　142, 238, 611
Come Dance with Me　1950　英　未　私と踊って　745
Come on George!　1939　英　未　それ行けジョージ！　492, 739
Come Out of the Pantry　1935　英　未　食品庫から現れて　488, 734
Come Prima　1959　米　未　昔のように　279, 280, 695
Come se fosse amore　2002　伊　未　まるで恋のよう　833
Come te movi, te fulmino!　1958　伊　未　こうしなさい、睨みます！　821
Comin' Round the Mountain　1951　米　未　凸凹山へ行くの巻　218, 221, 678
Command Performance　1937　英　未　公演命令　737
Commitments, The　1991　アイルランド　公開　ザ・コミットメンツ　484, 757
Concert for Bangladesh, The　1972　米　公開　バングラディシュのコンサート　408, 706
Concert, Le　2009　仏　公開　オーケストラ！　812
Coney Island　1943　米　未　コニー・アイランド　143, 144, 146, 643, 678
Confessions of a Pop Performer　1975　英　公開　ドッキリボーイ２　ブギウギ大騒動　752
Conga Nights, La　1940　米　未　コンガの夜　234, 629
Congreso en Sevilla　1955　西　未　セビーリャの学術会議　549, 796
Connecticut Yankee, A　1931　米　未　コネチカット・ヤンキー　595
Connecticut Yankee, A　1955　米　TV　コネチカット・ヤンキー　457, 486
Connecticut Yankees in King Arthur's Court, A　1949　米　公開　夢の宮廷　190, 194, 673
Conny und Peter machen Musik　1960　独　未　コニーとペーターが音楽を作る　784
Cool Ones, The　1967　米　公開　太陽の恋人　クール・ワンズ　702
Cop Rock　1990　米　TV　警官ロック　465
Copacabana　1947　米　公開　悩まし女王　106, 108, 151, 216, 665
Copacabana　1985　米　TV　コパカバーナ　465, 714
Copacabana Palace　1962　伊　未　コパカバーナの殿堂　823
copla de la Dolores, La　1947　アルゼンチン　未　ドローレスの歌　542, 803
Copying Beethoven　2006　米　公開　敬愛なるベートーヴェン　724
Coronado　1935　米　公開　コロナアド　226, 606
Cosi　1996　豪　公開　ハーモニー　758
Cotton Club, The　1984　米　公開　コットンクラブ　424, 429, 477, 714
Countess of Monte Cristo, The　1948　米　公開　氷上円舞曲　93, 96, 669
Country Girl, The　1954　米　公開　喝采　297, 299, 687
Country Music Holiday　1958　米　未　カントリー音楽の休日　694
Court Jester, The　1955　米　公開　ダニー・ケイの黒いキツネ　304, 308, 689
Courtneys of Curzon Street, The　1947　英　未　カーゾン街のコートニー家　489, 490, 744
Cover Girl　1944　米　公開　カバーガール　169, 170, 188, 231, 650
Cowboy Canteen　1944　米　未　カウボーイの接待所　643
Cowboy from Brooklyn　1938　米　未　ブルックリンから来たカウボーイ　47, 207, 621
Cowboy in Manhattan　1943　米　未　マンハッタンのカウボーイ　230, 239, 643
Cracked Nuts　1931　米　未　気違い馬鹿　68

942

Cradle Will Rock　1999　米　公開　クレイドル・ウィル・ロック　425, 432, 721
Crazy House　1943　米　未　精神病院　226, 229, 230, 643
Cristina Guzmán　1968　西　未　クリスティーナ・グスマン　560, 800
Crooner　1932　米　未　クルーナー歌手　597
Cross My Heart　1946　米　未　我が心に誓って　201, 202, 662
Crucero de verano　1964　西　未　夏のクルーズ　550, 799
Cruisin' Down the River　1953　米　未　河での巡航　155, 227, 684
Crustacés et Coquillages　2005　仏　未　甲殻類と貝類　811
Csak egy kislány van a világon　1930　ハンガリー　未　世界で唯一人の娘　506, 791
Csardasfürstin, Die　1951　独　未　チャールダッシュの女王　502, 523, 525, 526, 527, 779
Csibi, der Fratz　1934　墺　公開　青い果実　521, 786
¿Cuándo te suicidas?　1932　西　未　いつ自殺するの？　541, 792
4 bodas de Marisol, Las　1967　西　未　マリソルの四つの結婚式　557, 558, 799
Cuban Love Song　1931　米　公開　キューバの恋唄　98, 117, 595
Cuban Pete　1946　米　未　キューバのピート　662
Cucaracha, La　1934　米　公開　クカラチャ　13
Cuckoos, The　1930　米　未　頓馬者　68, 591
Cuore matto... matto da legare　1967　伊　未　狂った心…凶暴性の狂人　825
Curly Top　1935　米　公開　テンプルちゃんお芽出度う　89, 90, 606
Curra Veleta　1956　西　未　クッラ・ベレータ　550, 796
Curtain Call at Cactus Creek　1950　米　未　カクタス・クリークのカーテン・コール　223, 676
Czardasfürstin, Die　1934　独　公開　チャルダス姫　507, 525, 766

D

Daddy Long Legs　1955　米　公開　足ながおじさん　252, 256, 267, 405, 406, 689
dama de Beirut, La　1965　西　未　ベイルートの女　552, 554, 799
Damals　1943　独　未　あの頃は　527, 777
Dames　1934　米　公開　泥酔夢　5, 37, 39, 43, 46, 401, 402, 531, 602
Damn Yankees!　1958　米　公開　くたばれヤンキース　326, 357, 694
Damn Yankees　1967　米　TV　くたばれヤンキース　461
Damsel in Distress, A　1937　米　公開　踊る騎士　74, 78, 79, 616
Dance Band　1935　英　未　ダンス・バンド　734
Dance Hall　1950　英　未　ダンス・ホール　745
Dance of Life, The　1929　米　公開　踊る人生　23, 143, 146, 586, 673
Dance Pretty Lady　1932　英　未　踊れ可愛い娘　730
Dance with Me　1998　米　公開　ダンス・ウィズ・ミー　436, 720
Dance, Fools, Dance　1931　米　公開　暗黒街に踊る　97, 595
Dance, Girl, Dance　1933　米　未　踊れ、娘たち　598
Dance, Girl, Dance　1940　米　未　踊れ、娘たち　184, 185, 629
Dancer in the Dark　2000　デンマーク　公開　ダンサー・イン・ザ・ダーク　838
Dancers　1987　米　公開　ダンサー　439, 440, 474, 715
Dancers in the Dark　1932　米　公開　闇に踊る　63, 64
Dancing Co-Ed　1939　米　未　踊る女子大生　184, 626
Dancing Feet　1936　米　未　踊る脚　611
Dancing in the Dark　1949　米　未　暗がりで踊る　673
Dancing Lady　1933　米　公開　ダンシング・レディ　73, 74, 97, 104, 397, 404, 468, 598
Dancing on a Dime　1940　米　未　身を寄せて踊る　204, 229, 230, 629
Dancing Paradise　1982　伊　未　ダンシング・パラダイス　830
Dancing Pirate　1936　米　公開　踊る海賊　231, 611
Dancing Sweeties　1930　米　未　踊る恋人　591
Dancing Years, The　1950　英　公開　わが心は君に　745
Dangerous Nan McGrew　1930　米　公開　ピストル娘　23, 591
Dangerous When Wet　1953　米　未　濡れると危険　179, 182, 397, 403, 684

danza de los deseos, La　1954　西　未　欲望の踊り　547, 796
Danza del fuego　1942　西　未　炎のダンス　543, 793
Darling Lili　1970　米　公開　暁の出撃　351, 353, 378, 387, 428, 705
Das gab's nur einmal　1958　独　未　唯一度の　530, 783
Date with a Dream, A　1948　英　未　夢の再会　744
Date with Judy, A　1948　米　公開　スイングの少女　151, 177, 178, 397, 669
Dateline　1954　米　TV　日付変更線　458
Dateline II　1955　米　TV　日付変更線2　458
Daughter of Rosie O'Grady, The　1950　米　未　ロージー・オグレイディの娘　150, 276, 323, 325, 676
Day at the Race, A　1937　米　公開　マルクス一番乗り　106, 107, 116, 400, 616
De Madrid al cielo　1952　西　未　マドリードから天国へ　547, 795
Dearest Enemy　1955　米　TV　最愛の敵　457
Death at Broadcasting House　1934　英　未　放送局での死　732
Debla, la virgen gitana　1951　西　未　デブラ、純潔のジプシー　550, 795
Deception　1946　米　公開　愛憎の曲　662
Dedicato a una stella　1976　伊　公開　ラスト・コンサート　829
Deep in My Heart　1954　米　公開　我が心に君深く　259, 265, 266, 273, 286, 687, 843
Deep in the Heart of Texas　1942　米　公開　テキサスの無法者　238
Delicious　1931　米　公開　デリシアス　83, 595
Delightfully Dangerous　1945　米　未　楽しく危ない　177, 235, 656
De-Lovely　2004　米　公開　五線譜のラブレター　211, 425, 433, 723, 843
Demobbed　1946　英　未　復員　743
demoiselles de Rochefort, Les　1967　仏　公開　ロシュフォールの恋人たち　259, 565, 567, 568, 569, 808
...denn die Musik und die Liebe in Tirol　1963　独　未　チロルの音楽と恋だから　784
Desert Song, The　1929　米　公開　砂漠の歌　271, 586
Desert Song, The　1943　米　未　砂漠の歌　206, 271, 643
Desert Song, The　1953　米　未　砂漠の歌　270, 271, 323, 684
Desert Song, The　1955　米　TV　砂漠の歌　457
désir et l'amour, Le　1951　仏　未　欲望と愛　549, 807
Devil Is a Woman, The　1935　米　公開　西班牙狂想曲　606
Devil May Care　1929　米　公開　黎明の剣士　586
Devil on Horseback, The　1936　米　未　馬上の極悪人　232, 611
Devil's Brother, The　1933　米　公開　快賊ディアボロ　117
Diamant des Zaren, Der　1932　独　未　ロシア皇帝のダイヤモンド　516, 762
Diamond Horseshoe　1945　米　未　ダイヤモンドの蹄鉄　143, 145, 152, 656
días del pasado, Los　1978　西　未　過ぎ去りし日々　557, 559, 801
Dick Tracy　1990　米　公開　ディック・トレイシー　425, 430, 716
Die - oder keine　1932　独　未　あれか、これか　762
Dieci canzoni d'amore da salvare　1953　伊　未　取っておきの愛の歌十曲　816
Dimples　1936　米　公開　テンプルちゃんのえくぼ　89, 91, 611
Dingo　1991　豪　公開　ディンゴ　758
Dio, come ti amo!　1966　伊　公開　愛は限りなく　825
Diplomaniacs　1933　米　公開　頓珍漢外交ゼネバ行　68
Dir gehört mein Herz　1938　独　未　私の心はあなたのもの　771
Dirty Dancing　1987　米　公開　ダーティ・ダンシング　435, 438, 715
Dirty Dancing: Havana Nights　2004　米　公開　ダンシング・ハバナ　435, 438, 724
Disc Jockey　1951　米　未　ディスク・ジョッキー　678
discoteca, La　1983　伊　未　ディスコ　830
Diva　1981　仏　公開　ディーバ　565, 809
Dixiana　1930　米　公開　ディキシアナ　68, 591
Dixie　1943　米　未　デキシー　190, 192, 199, 643, 845
Dixie Jamboree　1944　米　未　南部の大宴会　239, 650

Dizzy Dames 1935 米 未 粗忽婦人 25, 606
Do You Love Me 1946 米 未 私に惚れている？ 152, 662
Doctor Dolittle 1967 米 公開 ドリトル先生 不思議な旅 353, 367, 369, 371, 405, 702
Doll Face 1945 米 未 人形顔 147, 148, 151, 656
Dolly Sisters, The 1945 米 未 ドリー姉妹 143, 145, 150, 405, 656, 844
Dolores, La 1940 西 未 ドローレス 540, 793
Don Lorenzo 1951 伊 未 ドン・ロレンツォ 816
Don Quichotte 1933 仏 公開 ドン・キホーテ 564, 805
Don Viudo de Rodríguez 1936 西 未 男やもめのロドリゲス 544, 793
Doña Francisquita 1934 西 未 フランシスキータ夫人 542, 792
Donkosakenlied, Das 1956 独 未 ドン・コサック合唱団 530, 781
donna più bella del mondo, La 1955 伊 公開 美女の中の美女 819, 847
Donne, botte e bersaglieri 1968 伊 未 女と樽と狙撃兵 827
Don't Bet on Women 1931 米 公開 女に賭けるな 50
Don't Get Personal 1942 米 未 個人攻撃するな 227, 230, 638
Doors, The 1991 米 公開 ドアーズ 717
dos golfillos, Los 1961 西 未 二人の浮浪児 556, 797
Dos novias para un torero 1956 西 未 闘牛士の二人の花嫁 551, 796
Double Crossbones 1951 米 未 ふたつの海賊旗 223, 678
Double Dynamite 1951 米 未 ふたつのダイナマイト 281, 283, 329, 678
Double or Nothing 1937 米 未 一か八か 58, 62, 616
Double Trouble 1967 米 未 ふたつのトラブル 335, 336, 341, 702
Doughboys in Ireland 1943 米 未 アイルランドの兵士 643
Down Among the Sheltering Palms 1953 米 未 椰子のさえぎる中で 187, 287, 288, 687
Down Argentine Way 1940 米 未 遥かなるアルゼンチン 139, 142, 143, 144, 150, 151, 401, 629
Down Memory Lane 1949 米 未 メモリー・レーンを下る 190, 194
Down Missouri Way 1946 米 未 ミズーリあたりで 662
Down Our Alley 1940 英 未 我らが横丁を通って 740
Down to Earth 1947 米 未 地上に降りた女神 231, 426, 666
Down to Their Last Yacht 1934 米 未 最後のヨットで 602
Dr. Jekyll and Mr. Hyde 1973 米 TV ジキル博士とハイド氏 463
Dr. Rhythm 1938 米 未 リズム博士 58, 62, 622
Dr. Seuss' How the Grinch Stole Christmas 1966 米 TV グリンチはどうやってクリスマスを盗んだのか 463
Draufgänger, Der 1931 独 未 命知らずの男 506, 760
Dream Girl 1948 米 未 夢見る娘 201, 203, 670
Dreamgirls 2006 米 公開 ドリームガールズ 414, 420, 477, 725
Dreaming 1945 英 未 夢見る 743
Dreaming Lips 1937 英 未 夢見る唇 737
Drei Groschen-Oper, Die 1931 独 公開 三文オペラ 416, 760
Drei von der Tankstelle, Die 1930 独 公開 ガソリン・ボーイ三人組 509, 510, 513, 759
Drei von der Tankstelle, Die 1955 独 未 ガソリン・ボーイ三人組 514, 781
Dreigroschenoper, Die 1962 独 公開 三文オペラ 784
Dreimäderlhaus, Das 1958 独 公開 未完成交響楽 783, 846
Dreimal Hochzeit 1941 独 未 三回目の結婚式 513, 530, 531, 775
Dringue, Castrito y la lámpara de Aladino 1954 アルゼンチン 未 ドリンゲ、カストリートとアラジンのランプ 545
Du Barry Was a Lady 1943 米 公開 デュバリイは貴婦人 151, 169, 170, 185, 643
Du bist die Rose vom Wörthersee 1952 独 未 君はヴェルター湖の薔薇 531, 532, 786
Du bist die Welt für mich 1953 墺 未 あなたこそ世界 503, 789
Dubarry, Die 1951 独 未 デュバリー夫人 514, 779
Duchess of Idaho 1950 米 未 アイダホの公爵夫人 109, 179, 181, 676
Duck Soup 1933 米 公開 我輩はカモである 55, 56, 57, 598

duende de Jerez, El　1954　西　未　ヘレスの妖精　550, 796
Duffy's Tavern　1945　米　公開　ハリウッド宝船　130, 132, 190, 193, 201, 657
Duke Wore Jeans, The　1958　英　未　公爵はジーンズをはいていた　495, 747
Dumbo　1941　米　公開　ダンボ　26, 241, 243, 244, 633
dunkle Tag, Der　1943　独　未　暗い日　530, 531

E

Eadie Was a Lady　1945　米　未　イーディは淑女　233, 657
Earl Carroll Sketchbook　1946　米　未　アール・キャロルの写生帳　235, 662
Earl Carroll Vanities　1945　米　未　アール・キャロルのヴァニティーズ　235, 657
East Side of Heaven　1939　米　公開　唄は星空　58, 63, 626
East Side Story　1997　仏　未　イースト・サイド物語　576, 811
Easter Parade　1948　米　公開　イースター・パレード　154, 158, 163, 167, 168, 254, 265, 399, 400, 403, 404, 670
Easy Come, Easy Go　1967　米　公開　GO！GO！GO！　335, 340, 702
Easy to Look At　1945　米　未　可愛らしい　216, 657
Easy to Love　1953　米　未　恋は簡単　157, 179, 183, 265, 401, 684
Easy to Wed　1946　米　未　結婚は簡単　179, 180, 183, 185, 662
Échame la culpa　1959　西　未　僕のせいだ　548, 797
Eddie Cantor Story, The　1953　米　未　エディ・カンター物語　18, 684, 844
Eddy Duchin Story, The　1956　米　公開　愛情物語　3, 328, 691, 844
Édith et Marcel　1983　仏　未　恋に生きた女ピアフ　809
Ehe in Dosen　1939　独　未　缶の中の結婚　773
8 Mile　2002　米　公開　8 Mile（エイトマイル）　436, 722
Einbrecher　1930　独　未　押し込み強盗　509, 513, 759
Einmal kehr' ich wieder　1953　独　未　いつか私は戻る　530, 780
Einmaleins der Liebe, Das　1936　独　未　愛のレッスン　769
Elena et les homes　1956　仏　公開　恋多き女　565
elisir d'amore, L'　1947　伊　未　愛の妙薬　814
Elvis　1979　米　公開　ザ・シンガー　408, 711
Elvis on Tour　1972　米　公開　エルビス・オン・ツアー　336, 342, 407, 706
Elvis: That's the Way It Is　1970　米　公開　エルビス　オン　ステージ　336, 342, 407, 705
Embarrassing Moments　1934　米　公開　自殺合戦　602
Embrujo　1947　西　未　魅せられて　547, 794
Emperor Waltz, The　1948　米　公開　皇帝円舞曲　190, 194, 670
Enchanted　2007　米　公開　魔法にかけられて　451, 452, 725
enfant comme les autres..., Un　1972　加　公開　ルネ・オン・メロディー　757
englische Heirat, Die　1934　独　未　英国式の結婚　519, 520, 766
Enrico Caruso: leggenda di una voce　1952　伊　未　エンリコ・カルーソ　声の伝説　816, 847
Enter Madame　1935　米　公開　ソプラノ奥様　606
Entführung, Die　1936　独　未　誘拐　529, 769
Ernte　1936　墺　未　収穫　529, 787
Eroica　1949　墺　公開　エロイカ　788, 846
Es fing so harmlos an　1944　独　未　それは無邪気に始まった　526, 778
Es flüstert die Liebe　1935　墺　未　愛の囁き　529
Es lebe die Liebe　1944　独　未　愛よ永遠に　526, 533, 778
Es leuchten die Sterne　1938　独　未　輝くスター　528, 771
Es war eine rauschende Ballnacht　1939　独　公開　さんざめく舞踏会の夜　523, 527, 773, 847
Es war einmal ein Walzer　1932　独　未　ワルツがあった頃　507, 762
Es wird alles wieder gut　1957　独　未　すべて良ît　530, 782
Esa mujer　1969　西　未　その女　552, 555, 800
Escucha mi canción　1959　西　未　僕の歌を聴いて　556, 797
estrella de Sierra Morena, La　1952　西　未　シエラ・モレナ山脈の星　547, 795

Europa di notte　1959　伊　公開　ヨーロッパの夜　549, 572, 821, 822
Eve Knew Her Apples　1945　米　未　イヴは彼女のリンゴを知っていた　233, 657
Evening Primrose　1966　米　TV　待宵草　462
Evening with the Royal Ballet, An　1963　英　未　ロイヤル・バレエの夕べ　474
Evensong　1934　英　公開　夕暮れの歌　491, 732
Ever Since Eve　1937　米　公開　作家と御婦人　97
Ever Since Venus　1944　米　未　ヴィーナス以来ずっと　650
Evergreen　1934　英　公開　永遠の緑　486, 487, 732
Every Day's a Holiday　1937　米　未　毎日が休日　65, 66, 616
Every Little Step　2008　米　公開　ブロードウェイ・ブロードウェイ コーラスラインにかける夢　726
Every Night at Eight　1935　米　公開　夜毎八時に　63, 84, 85, 238, 606
Every Sunday　1936　米　公開　アメリカーナの少女　111, 398
Everybody Dance　1936　英　未　みんなで踊りを　735
Everybody Sing　1938　米　未　みんな歌おう　21, 112, 113, 116, 404, 622
Everyone Says I Love You　1996　米　公開　世界中がアイ・ラブ・ユー　425, 431, 719
Everything Happens at Night　1939　米　未　すべては夜に起きる　93, 95, 325, 626
Everything I Have Is Yours　1952　米　未　私の物はあなたの物　269, 681
Everything in Life　1936　英　未　人生のすべて　735
Everything Is Rhythm　1936　英　未　すべてはリズム　735
Everything's on Ice　1939　米　未　すべては氷上で　626
Evita　1996　米　公開　エビータ　413, 417, 484, 719
Ewiger Walzer　1954　独　未　永遠のワルツ　781, 846
Excelsior　1913　伊　未　エクセルシオール　812
Excuse My Dust　1951　米　未　ホコリは御容赦を　678
exilio de Gardel: Tangos, El　1985　仏　公開　タンゴ ガルデルの亡命　810
Expresso Bongo　1959　英　公開　女体入門　496, 747

F

Fabulous Baker Boys, The　1989　米　公開　恋のゆくえ フェビュラス・ベーカー・ボーイズ　425, 429, 716
Fabulous Dorseys, The　1947　米　未　ドーシー兄弟物語　666, 844
Facing the Music　1941　英　未　音楽に直面して　740
Fados　2007　ポルトガル　未　ファド　560, 561, 839
Fahrt in die Jugend, Die　1935　墺　未　若き日の旅　516, 787
Fahrt ins Glück　1948　独　未　幸福への旅　778
Fame　1980　米　公開　フェーム　402, 424, 426, 484, 712
Fame　2009　米　未　フェーム　426, 727
Fancy Pants　1950　米　公開　腰抜け千両役者　185, 301, 676
Fanny Elßler　1937　独　公開　舞姫記　473, 509, 512, 769
Fantasia　1940　米　公開　ファンタジア　241, 242, 243, 244, 449, 629, 721
Fantasia 2000　1999　米　公開　ファンタジア 2000　243, 444, 449, 721
Fantasticks, The　1964　米　TV　ファンタスティックス　459, 461
Fantasticks, The　1995　米　未　ファンタスティックス　413, 417, 718
faraona, La　1956　メキシコ　未　女王　548, 802
Farinelli　1994　仏　公開　カストラート　565, 810
Farmer Takes a Wife, The　1953　米　未　農夫は嫁をとる　143, 147, 684
Fashions of 1934　1934　米　公開　流行の王様　39, 42, 519, 602
Fastest Guitar Alive, The　1967　米　未　一番素早いギター　703
Faubourg 36　2008　仏　公開　幸せはシャンソニア劇場から　812
Fausse alerte　1945　仏　未　偽りの警報　566, 806
favorita, La　1952　伊　未　ラ・ファヴォリータ　816
Feather Your Nest　1937　英　未　我田引水　492, 737
Feathertop　1961　米　TV　フェザートップ　462

原題索引

feldmarescialla, La 1967 伊 未 陸軍元帥 825
femme de ma vie, La 1986 仏 公開 悲しみのヴァイオリン 810
femme est une femme, Une 1961 仏 公開 女は女である 808
Festival of Music 1956 米 TV 音楽の祭典 458
Festival of Music II 1956 米 TV 音楽の祭典2 458
Feudin', Fussin' and A-Fightin' 1948 米 未 反目と口論そして戦い 223, 670
Fiddler on the Roof 1971 米 公開 屋根の上のバイオリン弾き 379, 380, 383, 471, 705
Fiddlers Three 1944 英 未 三人のペテン師 492, 493, 742
Fiesta 1941 米 未 祝祭日 633
Fiesta 1947 米 公開 闘牛の女王 179, 180, 264, 265, 666
Fiesta de Santa Barbara, La 1935 米 未 西班牙舞曲 13, 111, 398
Fifty Million Frenchmen 1931 米 未 五千万人のフランス人 596
Fifty Second Street 1937 米 未 五十二丁目 616
figlio del circo, Il 1963 伊 未 サーカスの息子 823
Filigrana 1949 西 未 フィリグラーナ 540, 794
Fillmore 1972 米 公開 フィルモア 最后のコンサート 408, 706
Finale 1938 墺 未 フィナーレ 517, 529, 788
Finders Keepers 1966 英 公開 太陽をつかもう！ 496, 750
Finian's Rainbow 1968 米 公開 フィニアンの虹 253, 254, 258, 355, 359, 495, 703
Finisce sempre così 1939 伊 未 終わりはいつもこのように 813
Fire Has Been Arranged, A 1935 英 未 火事は計画されていた 734
Fireball 500 1966 米 未 火の玉レーサー 348
Firefly, The 1937 米 公開 歌ふ密使 98, 101, 116, 616
First a Girl 1935 英 未 最初は娘 428, 486, 487, 734
First Baby, The 1936 米 未 最初の赤ちゃん 226, 611
First Love 1939 米 公開 銀の靴 121, 122, 131, 230, 626
First Position 2011 米 公開 ファースト・ポジション 夢に向かって踊れ！ 728
Fisherman's Wharf 1939 米 未 波止場 626
Five Pennies, The 1959 米 公開 5つの銅貨 3, 304, 308, 695
5,000 Fingers of Dr. T, The 1953 米 未 T博士の五千本の指 684
Flame of Love, The 1930 英 公開 恋の焰 729
Flame of New Orleans, The 1941 米 公開 焰の女 567, 633
Flamenco 1995 西 公開 フラメンコ 560, 561, 801
Flamenco, Flamenco 2010 西 公開 フラメンコ・フラメンコ 560, 561, 801
Flaming Star 1960 米 公開 燃える平原児 335, 336, 697
Flashdance 1983 米 公開 フラッシュダンス 402, 435, 438, 713
Fledermaus, Die 1946 独 未 こうもり 502, 513, 526, 530, 532, 778
Fledermaus, Die 1962 墺 未 こうもり 523, 533, 790
Fleet's In, The 1942 米 未 艦隊入港 199, 200, 201, 638
Flirtation Walk 1934 米 公開 お姫様大行進 38, 46, 602
Florodora Girl, The 1930 米 公開 恋愛古典風景 25, 97, 591
Flower Drum Song 1961 米 公開 フラワー・ドラム・ソング 252, 293, 358, 360, 697
Flying Down to Rio 1933 米 公開 空中レヴュー時代 36, 73, 74, 75, 80, 381, 599
Flying High 1931 米 公開 青空狂想曲 38, 40, 401, 596
Flying High 1951 米 TV フライイング・ハイ 456
Flying with Music 1942 米 未 音楽で高飛び 638
FM 1978 米 未 FM 408, 710
folie du jour, La 1929 仏 公開 ダンセ・パリ 564, 566, 804
Folies Bergere de Paris 1935 米 公開 シュヴァリエの巴里っ子 52, 54, 139, 307, 405, 606
Folies-Bergère 1956 仏 公開 巴里の不夜城 565, 807
Follie per l'opera 1948 伊 未 オペラに夢中 815
Follies Girl 1943 米 未 フォリーズの娘 643
Follow a Star 1959 英 未 スターを追って 747

原題索引

Follow That Bird 1985 米 未 セサミストリート ザ・ムービー おうちに帰ろう、ビッグ・バード！ 715
Follow That Dream 1962 米 公開 夢の渚 336, 337, 698
Follow the Band 1943 米 未 楽団稼業 239, 643
Follow the Boys 1944 米 未 兵士たちに続け 63, 98, 130, 136, 216, 217, 222, 225, 229, 230, 544, 650
Follow the Boys 1963 米 公開 渚のデイト 210, 270, 699
Follow the Fleet 1936 米 公開 艦隊を追って 73, 76, 77, 80, 275, 427, 527, 611
Follow the Leader 1930 米 未 リーダーに続け 80, 125, 591
Follow Thru 1930 米 公開 青春倶楽部 13, 24, 591
Follow Your Heart 1936 米 未 心のままに 611
Fontana di Trevi 1960 伊 未 トレヴィの泉 822
Footlight Glamour 1943 米 未 舞台の魅力 643
Footlight Parade 1933 米 公開 フットライト・パレード 12, 19, 38, 39, 42, 46, 182, 205, 599
Footlight Serenade 1942 米 未 脚光セレナーデ 143, 144, 209, 638
Footlight Varieties 1951 米 未 脚光ヴァラエティ 678
Footlights and Fools 1929 米 公開 君知るやわが悩み 586
Footloose 1984 米 公開 フットルース 435, 438, 474, 714
For Love of You 1933 英 未 君の愛のために 572, 731
For Me and My Gal 1942 米 未 僕と彼女のために 127, 155, 157, 169, 172, 259, 398, 403, 507, 638
For the Boys 1991 米 公開 フォー・ザ・ボーイズ 425, 430, 717
For the Love of Mary 1948 米 公開 恋ごころ 212, 216
For Those Who Think Young 1964 米 公開 踊れ！サーフィン 699
Forbidden Dance, The 1990 米 公開 情熱のランバダ 436, 716
Foreign Affair, A 1948 米 未 異国の出来事 670
Försterchristl, Die 1931 独 未 山のクリスティーネ 760
45 Minute from Broadway 1920 米 公開 鉄拳舞踏 8
Forty Little Mothers 1940 米 未 四十人の小さな母親 18, 20, 155, 629
42nd Street 1933 米 公開 四十二番街 3, 16, 37, 39, 40, 41, 42, 46, 71, 74, 80, 147, 156, 269, 395, 401, 430, 599, 616
Forward Pass, The 1929 米 公開 ラグビー時代 586
forza del destino, La 1950 伊 未 運命の力 573, 815
Fotoromanzo 1986 伊 未 写真物語 831
Four Jacks and a Jill 1942 米 未 四人の男と一人の娘 208, 240, 638
Four Jills in a Jeep 1944 米 未 ジープの四人娘 130, 136, 138, 143, 150, 152, 650
Fox Movietone Follies of 1929 1929 米 公開 ムービィートンフォリーズ 26, 27, 83, 586
Franchesca Page 1998 米 公開 踊るのよ、フランチェスカ！ 720
Frankie and Johnny 1936 米 未 フランキーとジョニー 12, 611
Frankie and Johnny 1966 米 公開 フランキー and ジョニー 336, 340, 701
Frasquita 1934 墺 公開 青空(そら)を衾(しとね)に 786
Frau am Steuer 1939 独 未 舵取りする女 509, 512, 513, 773
Frau furs Ganze Leben, Eine 1960 独 公開 三色すみれ 784
Frau Luna 1941 独 未 ルナ夫人 533, 775
Frau meiner Träume, Die 1944 独 未 わが夢の女性 523, 525, 778
Frauen des Herrn S., Die 1951 独 未 Ｓ氏の妻 779
Frauen sind doch bessere Diplomaten 1941 独 未 女こそ優れた外交官 513, 523, 525, 776
Frauen sind keine Engel 1943 独 未 女は天使じゃない 530, 531, 777
Frauendiplomat, Der 1932 独 未 御婦人向け外交官 507, 762
Frauenliebe - Frauenleid 1937 独 未 女の愛－女の苦しみ 769
Fräulein Hoffmanns Erzählungen 1933 独 未 ホフマン嬢の物語 764
Fräulein Lilli 1936 墺 未 ミス・リリー 521, 787
Fred Astaire Salutes the Fox Musicals 1974 米 TV 思い出のフォックス・ミュージカル 389, 405, 708

949

Freddie Steps Out　1946　米　未　フレディ遊びに出る　662
Freddy und das Lied der Prärie　1964　独　未　フレディと草原の歌　785
Freddy und der Millionär　1961　独　未　フレディと百万長者　784
Free and Easy　1930　米　公開　キートンのエキストラ　117, 397, 591
Fregola　1948　墺　未　フレゴーラ　523, 788
French Cancan　1954　仏　公開　フレンチ・カンカン　807
French Line, The　1953　米　公開　フランス航路　329, 684
Freshman Love　1936　米　未　新入生の恋　209, 612
Freshman Year　1938　米　未　大学一年生　234, 622
Freundin eines großen Mannes, Die　1934　独　未　偉人の恋人　517, 766
Freut euch des Lebens　1934　独　未　人生を楽しんで　766
Friedemann Bach　1941　独　未　フリーデマン・バッハ　776
Frisco Sal　1945　米　未　サン・フランシスコのサリー　225, 657
Fritz the Cat　1972　米　公開　フリッツ・ザ・キャット　410, 706, 707
Fritz und Friederike　1952　独　未　フリッツとフリデリケ　530, 780
From Justin to Kelly　2003　米　未　アメリカン・スター　723
Frontier Girl　1945　米　未　辺境の娘　657
Frou-frou del tabarin　1976　伊　未　タバリンのフルフル　829
Frozen　2013　米　公開　アナと雪の女王　414, 425, 444, 450, 728
Frühjahrsparade　1934　ハンガリー　公開　春のパレード　213, 521, 529, 632, 791
Frühlingssinfonie　1983　独　公開　哀愁のトロイメライ　785, 846
Fuga a due voci　1943　伊　未　二人で駆け落ち　814
Fun and Fancy free　1947　米　公開　こぐま物語 ミッキーと豆の木　26, 241, 245, 666
Fun in Acapulco　1963　米　公開　アカプルコの海　335, 338, 699
Fünf Millionen suchen einen Erben　1938　独　未　五百万ドルの相続人　771
Funny Face　1957　米　公開　パリの恋人　253, 256, 693
Funny Girl　1968　米　公開　ファニー・ガール　21, 87, 88, 354, 355, 358, 379, 703, 709, 844
Funny Lady　1975　米　公開　ファニー・レディ　354, 355, 379, 387, 709, 844
Funny Thing Happened on the Way to the Forum, A　1966　米　公開　ローマで起った奇妙な出来事　359, 362, 701

G

G. I. Blues　1960　米　公開　G・I・ブルース　335, 336, 697
G. I. Jane　1951　米　未　兵士ジェイン　679
Gaby　1956　米　公開　哀愁物語　267, 691
Gaiety George　1946　英　未　陽気なジョージ　743, 845
Gals, Incorporated　1943　米　未　女優会社　229, 643
Gang War　1928　米　公開　ギャング・ワー　585
Gang's All Here, The　1939　英　未　悪漢集合　488, 739
Gang's All Here, The　1943　米　未　仲間は皆ここに　138, 141, 150, 155, 156, 405, 644
gangster venuto da Brooklyn, Un　1966　伊　未　ブルックリンから来たギャング　825
Gangway　1937　英　未　露天甲板　486, 487, 737
Ganze Welt Dreht Sich Um Liebe, Die　1935　独　公開　ハンガリア夜曲　507, 767
Garden of the Moon　1938　米　未　月の庭　39, 622
Garmon　1934　露　未　アコーディオン　575, 580, 834
Garrison Follies　1940　英　未　守備隊フォリーズ　740
Gasbags　1941　英　未　飛行船　740
Gasparone　1937　独　未　ガスパローネ　523, 524, 526, 770
Gay Desperado, The　1936　米　公開　歌へ陽気に　208, 612
Gay Divocee, The　1934　米　公開　コンチネンタル　36, 73, 74, 75, 80, 142, 401, 602
Gay Purr-ee　1962　米　未　陽気なパリ　158, 368, 410, 698
Gay Ranchero, The　1948　米　未　陽気な牧場主　228, 670
Gay Senorita, The　1945　米　未　陽気なセニョリータ　657

Geliebte weiße Maus　1964　独　未　可愛い白ねずみ　785
Gene Krupa Story, The　1959　米　未　ジーン・クルーパ物語　328, 696, 844
Gentlemen Marry Brunettes　1955　米　公開　紳士はブルーネット娘と結婚する　128, 149, 291, 329, 689
Gentlemen Prefer Blondes　1953　米　公開　紳士は金髪がお好き　147, 289, 290, 329, 405, 684, 689
George in Civvy Street　1946　英　未　民間人ジョージ　492, 743
George M!　1970　米　TV　ジョージM！　463
George White's 1935 Scandals　1935　米　公開　ジョージ・ホワイツ　一九三五年スキャンダルス　26, 27, 64, 84, 85, 108, 606
George White's Scandals　1934　米　公開　乾杯の唄　26, 83, 84, 118, 128, 509, 602
George White's Scandals　1945　米　未　ジョージ・ホワイトのスキャンダルス　83, 657
Georgia　1995　米　公開　ジョージア　718
Geppetto　2000　米　TV　ゼペット　465, 721
Gert and Daisy Clean Up　1942　英　未　ガートとデイジーが片付ける　741
geschiedene Frau, Die　1953　独　未　離婚した女　502, 523, 525, 526, 780
Get Cracking　1943　英　未　急いで　492, 741
Get Going　1943　米　未　始めろ　229, 230, 644
Get Hep to Love　1942　米　未　恋の目覚め　216, 222, 228, 230, 638
Get Yourself a College Girl　1964　米　公開　クレイジー・ジャンボリー　699
Ghost Catchers　1944　米　未　お化け捕獲人　216, 650
Ghost Goes Gear, The　1966　英　未　お化け、流行に乗る　750
Ghost in the Invisible Bikini, The　1966　米　未　ヘヴンリービキニ　347
Ghost Train, The　1941　英　未　お化け列車　741
Gift of Gab　1934　米　未　おしゃべり者　602
Gift of Magi　1958　米　TV　賢者の贈り物　460
Gigi　1958　米　公開　恋の手ほどき　52, 154, 252, 267, 268, 360, 398, 401, 404, 694, 708, 718
Gimme Shelter　1970　米　公開　ローリング・ストーンズ・イン・ギミー・シェルター　408, 705
Gioconda, La　1953　伊　未　ラ・ジョコンダ　816
giovane leone, Il　1959　伊　未　若き獅子　821
giovane Toscanini, Il　1988　伊　公開　トスカニーニ　831
Giovanna d'Arco al rogo　1954　伊　未　火刑台上のジャンヌ・ダルク　818
Girl Can't Help It, The　1956　米　公開　女はそれを我慢できない　691
Girl Crazy　1932　米　公開　頓珍漢嫁探し　38, 39, 68, 597
Girl Crazy　1943　米　未　女の子に夢中　39, 115, 156, 157, 160, 183, 398, 399, 597, 644, 701
Girl Downstairs, The　1938　米　未　階下の娘　522, 622
Girl Friend, The　1935　米　公開　迷優ナポレオン　606
Girl from Missouri, The　1934　米　未　ミズーリから来た娘　602
Girl from Monterey　1943　米　未　モントレーから来た娘　644
Girl Happy　1965　米　公開　フロリダ万才　336, 339, 701
Girl Most Likely, The　1958　米　未　求婚大作戦　270, 273, 276, 694
Girl Next Door, The　1953　米　未　隣の娘　150, 153, 684
Girl of the Golden West, The　1938　米　公開　ポルカの歌姫　26, 98, 101, 104, 622
Girl Rush　1944　米　未　女の子大殺到　239, 650
Girl Rush, The　1955　米　未　娘の猛進　187, 689
Girl without a Room　1933　米　公開　女難アパート　599
Girls, Les　1957　米　公開　魅惑の巴里　169, 252, 259, 263, 288, 693
Girls! Girls! Girls!　1962　米　公開　ガール！ガール！ガール！　335, 338, 698
Girls on the Beach, The　1965　米　公開　ビーチ・ガール　701
Gitana tenías que ser　1953　メキシコ　未　ジプシーの掟　545, 549, 822
gitanilla, La　1940　西　未　ジプシー娘　545, 793
Gitarren der Liebe　1954　独　未　恋のギター　781
Gitta Entdeckt Ihr Herz　1932　独　未　自分の心を見つけたギッタ　763
Giuseppe Verdi　1937　伊　未　ジュゼッペ・ヴェルディ　573, 813, 847

原題索引

Giuseppe Verdi 1953 伊 未 ジュゼッペ・ヴェルディ 817, 847
Give a Girl a Break 1953 米 未 その娘にもう一度やらせてやってくれ 269, 276, 685
Give Her a Ring 1936 英 未 彼女に電話 735
Give Me a Sailor 1938 米 未 水兵を頂戴 142, 195, 196, 622
Give My Regards to Broad Street 1984 英 公開 ヤァ！ブロード・ストリート 754
Give My Regards to Broadway 1948 米 未 ブロードウェイによろしく 153, 670
Give Out, Sisters 1942 米 未 やり遂げろ、姉妹たち 152, 217, 222, 229, 639
Give Us This Night 1936 米 公開 恋のナポリ 505, 506, 612
Glamorous Night 1937 英 未 魅惑の夜 737
Glamour Boy 1941 米 未 魅力の若者 225, 633
Glamour Girl 1948 米 未 魅力の娘 670
Glass Slipper, The 1955 米 公開 ガラスの靴 256, 267, 268, 689
Glastonbury Fayre 1973 英 未 グラストンバリー・フェア 751
Glaube an mich 1946 墺 未 私を信じて 531, 532, 788
glee 2009 米 TV glee グリー 466
Glee: The 3D Concert Movie 2011 米 公開 glee グリー ザ・コンサート 3Dムービー 466
Glenn Miller Story, The 1954 米 公開 グレン・ミラー物語 3, 184, 239, 327, 328, 687, 844
Glinka 1946 露 公開 グリンカ 578, 835, 847
Glitter 2001 米 公開 グリッター 722
Gloria Mairena 1952 西 未 グロリア・マイレーナ 546, 795
Glorifying the American Girl 1929 米 公開 アメリカ娘に栄光あれ 17, 22, 26, 68, 127, 586
Glory Alley 1952 米 未 栄光の裏通り 267
Glück bei Frauen 1944 独 未 幸い女性のために 526, 778
Glückskinder 1936 独 未 幸運児 509, 512, 513, 769
Go into Your Dance 1935 米 公開 カジノ・ド・巴里 14, 16, 22, 38, 606
Go West 1940 米 公開 マルクス二挺拳銃 106, 107, 629
Go West Young Man 1936 米 公開 浮気名女優 65, 66, 612
Go West, Young Lady 1941 米 未 娘よ、西部を目指せ 232, 633
Godspell 1973 米 公開 ゴッドスペル 379, 384, 707
Goin' to Town 1935 米 公開 わたし貴婦人よ 65, 66, 606
Going Gay 1933 英 未 陽気に行こう 572, 731
Going Hollywood 1933 米 公開 虹の都へ 57, 59, 97, 398, 399, 599
Going My Way 1944 米 公開 我が道を往く 58, 132, 190, 192, 193, 651, 656
Going Places 1938 米 未 大成功 47, 622
Going Wild 1930 米 未 でたらめに行こう 25, 591
Gold Diggers of Broadway 1929 米 公開 ブロードウェイ黄金時代 13, 37, 40, 63, 206, 290, 325, 586, 680
Gold Diggers of 1933 1933 米 公開 ゴールド・ディガース 27, 37, 38, 39, 40, 41, 46, 60, 74, 80, 209, 401, 501, 599
Gold Diggers of 1935 1935 米 公開 ゴールド・ディガース36年 37, 39, 44, 46, 319, 401, 606
Gold Diggers of 1937 1936 米 公開 踊る三十七年 37, 39, 45, 46, 209, 612
Gold Diggers of Paris 1938 米 公開 夜は巴里で 37, 39, 46, 128, 622
Golden Calf, The 1930 米 公開 脚線価千金 591
Golden Dawn 1930 米 未 ひかり輝くドウン 591
Golden Disc, The 1958 英 未 ゴールデン・ディスク 747
Golden Eighties 1986 仏 公開 ゴールデン・エイティーズ 810
Golden Girl 1951 米 未 ゴールデン・ガール 286, 288, 679, 845
Goldwyn Follies, The 1938 米 未 ゴールドウィン・フォリーズ 471, 622
Good Companions, The 1933 英 未 素敵な仲間たち 486, 731
Good Companions, The 1957 英 未 素敵な仲間たち 746
Good News 1930 米 公開 有頂天時代 25, 77, 97, 591
Good News 1947 米 未 グッド・ニュース 184, 396, 403, 666
Good Night, Vienna 1932 英 公開 蒼い幻想 488, 489, 730

Good Times 1967 米 未 好景気 703
Goodbye, Mr. Chips 1969 米 公開 チップス先生さようなら 367, 370, 400, 704
Goyescas 1942 西 未 ゴヤ風に 542, 793
Grace of My Heart 1996 米 公開 グレイス・オブ・マイ・ハート 719
Graf Bobby, der Schrecken des wilden Westens 1966 墺 未 ボビー伯爵、ワイルド・ウェストの恐怖 533, 790
Gräfin Mariza 1932 独 公開 伯爵令嬢 763
Gräfin Mariza 1958 独 未 マリツァ伯爵令嬢 783
Gräfin von Monte-Christo, Die 1932 独 公開 偽むらさき 763
gran espectáculo, El 1958 メキシコ 未 豪華版 548, 802
Gran varietà 1954 伊 未 大ヴァラエティ・ショー 818
Granada addio! 1967 伊 未 さらばグラナダ！ 825
grand amour de Beethoven, Un 1936 仏 公開 楽聖ベートーヴェン 125, 564, 805, 846
Grand Canyon Trail 1948 米 未 グランド・キャニオンの小路 228, 670
Grazie zio, ci provo anch'io 1971 伊 未 伯父さんありがとう、私も試してみます 828
Grease 1978 米 公開 グリース 344, 345, 380, 385, 425, 428, 710
Grease 2 1982 米 公開 グリース 2 386, 425, 428, 713
Great American Broadcast, The 1941 米 未 アメリカ大放送 138, 139, 633
Great Caruso, The 1951 米 公開 歌劇王カルーソ 154, 224, 279, 679, 847
Great Gabbo, The 1929 米 公開 グレイト・ガッボ 586
Great Lover, The 1931 米 未 一番の恋人 69, 70
Great Lover, The 1949 米 公開 腰抜け大捕物 70, 195, 198, 301, 673
Great Mr. Handel, The 1942 英 未 大ヘンデル 741, 847
Great Muppet Caper, The 1981 英 未 マペットの大冒険 宝石泥棒を捕まえろ！ 753
Great Rock'n'Roll Swindle, The 1980 英 公開 セックス・ピストルズ グレート・ロックンロール・スウィンドル 753
Great Rupert, The 1950 米 未 偉大なルパート 119, 676
Great Victor Herbert, The 1939 米 公開 オペレッタの王様 116, 200, 225, 626, 843
Great Waltz, The 1938 米 公開 グレート・ワルツ 374, 399, 406, 407, 622, 846
Great Waltz, The 1955 米 TV グレート・ワルツ 457
Great Waltz, The 1972 米 公開 美しき青きドナウ 406, 407, 706, 846
Great Ziegfeld, The 1936 米 公開 巨星ジーグフェルド 21, 116, 119, 159, 206, 208, 396, 612, 844
Greatest Show on Earth, The 1952 米 公開 地上最大のショウ 200, 201, 203
Greek Street 1930 英 未 ギリシャ街 729
Green Pastures, The 1936 米 公開 緑の牧場 477, 612
Greenwich Village 1944 米 未 グリニッチ・ヴィレッジ 147, 148, 150, 151, 651
große Abenteuer, Das 1938 独 未 大冒険 771
große Attraktion, Die 1931 独 未 大いなる魅力 503, 761
Große Freiheit Nr. 7 1944 独 未 偉大なる自由通り7番地 778
große Liebe, Die 1942 独 未 大いなる愛 527, 776
Grounds for Marriage 1951 米 未 結婚の根拠 270, 272, 679
Gruß und Kuß - Veronika 1933 独 公開 ベロニカの花束 520, 764
Guilty Melody 1936 英 未 罪の旋律 735
guitarra de Gardel, La 1949 西 未 ガルデルのギター 549, 794
Gulliver's Travels 1939 米 公開 ガリヴァー旅行記 626, 634
Guys and Dolls 1955 米 公開 野郎どもと女たち 148, 253, 255, 281, 284, 286, 328, 689
Gypsy 1962 米 公開 ジプシー 358, 361, 471, 698, 843
Gypsy 1993 米 TV ジプシー 464

H

Ha llegado un ángel 1961 西 未 天使がやって来た 557, 797
Hab mich lieb 1942 独 未 私を愛して 523, 525, 776
Habanera, La 1937 独 公開 南の誘惑 527, 770

原題索引

Hair　1979　米　公開　ヘアー　380, 387, 711
Hairspray　2007　米　公開　ヘアスプレー　414, 421, 423, 476, 726
Half a Sixpence　1967　英　公開　心を繋ぐ6ペンス　258, 359, 363, 750
Half Shot at Sunrise　1930　米　公開　爆笑隊従軍記　68
Hallelujah　1929　米　公開　ハレルヤ　477, 587
Hallelujah, I'm a Bum　1933　米　公開　風来坊　14, 16, 599
Hallo - Sie haben Ihre Frau vergessen　1949　独　未　ハロー、あなたは妻を忘れてしまった　513, 779
Hallo Janine!　1939　独　未　ハロー、ジャニーヌ！　523, 524, 526, 773
Hamelín　1969　西　未　ハメルン　800
Hands across the Border　1944　米　未　国境を越える手　236, 651
Hangover Square　1945　米　公開　戦慄の調べ　657
Hannah Montana: The Movie　2009　米　公開　ハンナ・モンタナ ザ・ムービー　727
Hans Brinker or the Silver Skates　1958　米　TV　ハンス・ブリンカーと銀のスケート靴　459, 460
Hans Brinker or the Silver Skates　1969　米　TV　ハンス・ブリンカーと銀のスケート靴　461
Hans Christian Andersen　1952　米　公開　アンデルセン物語　304, 307, 681
Hansel and Gretel　1958　米　TV　ヘンゼルとグレーテル　461
Happiest Millionaire, The　1967　米　公開　最高にしあわせ　367, 371, 374, 375, 495, 703
Happiness Ahead　1934　米　公開　春の夜明け　47, 602
Happy Days　1929　米　公開　ハッピイ・デイズ　37, 587
Happy Go Lovely　1951　英　公開　銀の靴　122, 266, 745
Happy Go Lucky　1936　米　未　楽天的に　612
Happy Go Lucky　1943　米　未　成り行き任せ　47, 128, 200, 201, 644
Happy Landing　1938　米　公開　天晴れ着陸　93, 94, 125, 151, 622
Hard Day's Night, A　1964　英　公開　ビートルズがやって来る ヤア！ヤア！ヤア！　359, 483, 496, 749
Hard to Get　1938　米　未　気のない素振り　47, 622
Hard Way, The　1943　米　公開　虚栄の花　166, 206, 208, 644
Hard-Boiled Canary, The　1941　米　公開　若草の歌　225, 634
Harmony Heaven　1930　英　未　ハーモニー天国　729
Harmony Lane　1935　米　未　ハーモニーの小路　606, 845
Harold Teen　1934　米　未　ハロルド・ティーン　602
Harum Scarum　1965　米　公開　ハレム万才　326, 335, 336, 340, 701
Harvest Melody　1943　米　未　収穫の旋律　227, 644
Harvey Girls, The　1946　米　未　ハーヴェイの店の娘たち　158, 161, 208, 264, 397, 404, 662
Hat Check Honey　1944　米　未　クロークの優しい娘　229, 651
Hats Off　1936　米　未　脱帽　612
Haut bas fragile　1995　仏　公開　パリでかくれんぼ　811
Having Wonderful Time　1938　米　公開　処女読本　81, 623
Hawaii Calls　1938　米　未　ハワイの呼び声　623
Hawaiian Nights　1939　米　未　ハワイの夜　226, 234, 626
He Found a Star　1941　英　未　彼はスターを見つけた　741
He Laughed Last　1956　米　未　最後に笑うのは彼　328
He Snoops to Conquer　1944　英　未　打ち勝つために覗き回る　492, 742
Head　1968　米　未　ヘッド　703
Head Over Heels　1937　英　未　すっかり慌てて　486, 487, 737
Heads Up　1930　米　公開　海上ジャズ大学　23, 591
Hear My Song　1991　アイルランド　公開　ヒア・マイ・ソング　757
Heart of a Man, The　1959　英　未　男の心意気　747
Heart of the Golden West　1942　米　未　黄金の西部の中心　236, 639
Heart's Desire　1935　英　公開　私の太陽　503, 504, 734
Hearts Divided　1936　米　未　裂かれたふたつの心　47, 97, 612
Hearts in Dixie　1929　米　公開　デキシー歌舞曲　477, 587
Heat Wave　1935　英　未　熱波　734

Heat's on, The 1943 米 未 発情期 65, 67, 644
Heaven Is Round the Corner 1944 英 未 天国は角を曲がって 743
Heaven Will Protect the Working Girl 1956 米 TV 天は働く女性を守ってくれる 457
Heavy Traffic 1973 米 未 大渋滞 410, 707
Hedwig and the Angry Inch 2001 米 公開 ヘドウィグ・アンド・アングリーインチ 413, 418, 722
Hei Tiki 1935 米 未 ハイ・ティキ 607
Heidi 1937 米 公開 ハイデイ 3, 89, 92
Heidi 1955 米 TV ハイジ 457
Heimat 1938 独 公開 故郷 527, 771
heimliche Gräfin, Die 1942 独 未 秘密の伯爵夫人 530, 531, 776
Heintje - Ein Herz geht auf Reisen 1969 独 未 ハインツ 心の旅路 785
Heißer Sommer 1968 独 未 暑い夏 785
Heißes Blut 1936 独 未 熱血 523, 524, 769
Helen Morgan Story, The 1957 米 公開 追憶 22, 128, 224, 693, 843
Hello Baby! 1930 米 未 やあ、ベイビー！ 37
Hello London 1958 英 未 こんにちはロンドン 93, 747
Hello, Dolly! 1969 米 公開 ハロー・ドーリー！ 259, 354, 359, 405, 704
Hello, Everybody! 1933 米 公開 ふるさとの唄 599
Hello, Frisco, Hello 1943 米 未 もしもし、サン・フランシスコですか 138, 140, 141, 240, 405, 644
Hellzapoppin' 1941 米 未 ヘルツァポピン 227, 230, 634
Help! 1965 英 公開 HELP! 4人はアイドル 359, 496, 749
Her Highness and the Bellboy 1945 米 公開 夢のひととき 667
Her Jungle Love 1938 米 公開 ジャングルの恋 199
Her Kind of Man 1946 米 未 彼女好みの男 210, 662
Her Lucky Night 1945 米 未 幸運な夜 657
Her Majesty Love 1931 米 未 女王陛下の恋 21, 517, 596
Hercules 1997 米 公開 ヘラクレス 444, 448, 720
Here Come the Co-Eds 1945 米 未 女子大生がやって来る 218, 221, 223, 658
Here Come the Girls 1953 米 未 女の子たちがやって来る 227, 301, 302, 685
Here Come the Waves 1944 米 未 海軍婦人予備隊がやって来る 182, 190, 192, 200, 651
Here Comes Cookie 1935 米 公開 珍芸騒動 607
Here Comes Elmer 1943 米 未 エルマーがやって来た 644
Here Comes the Band 1935 米 未 楽団がやって来る 607
Here Comes the Groom 1951 米 未 花婿来たる 199, 209, 297, 298, 679
Here Comes the Sun 1946 英 未 太陽がやって来る 743
Here Is My Heart 1934 米 公開 わが胸は高鳴る 57, 60, 602
Here We Go Round the Mulberry Bush 1967 英 公開 茂みの中の欲望 750
Here's to Romance 1935 米 公開 ロマンス乾杯 607
hermana San Sulpicio, La 1934 西 未 尼僧サン・スルピシオ 541, 560, 792, 800
hermana San Sulpicio, La 1952 西 未 尼僧サン・スルピシオ 549, 795
Herr auf Bestellung, Der 1930 独 未 オーダー・メイドの主人 529, 759
Hers to Hold 1943 米 未 取っておく彼女のもの 121, 122, 212, 214, 644
Herz der Königin, Das 1940 独 未 女王の心 527, 774
Herzensfreud - Herzensleid 1940 独 未 フロイトの心 失恋 774
He's My Guy 1943 米 未 彼は私の男 240, 644
Heut' ist der schönste Tag in meinem Leben 1936 墺 未 我が生涯最高の日 522, 787
Heut Kommts Drauf an 1933 独 未 今日が問題だ 764
Heute gehn wir bummeln 1961 独 未 今日は散歩 784
Hey Boy! Hey Girl! 1959 米 未 おい、若者たち 695
Hey, Rookie 1944 米 未 おい、新兵 233, 651
Hi Gaucho 1936 米 未 やあ、牧童 612
Hi, Buddy 1943 米 未 よう、相棒 230, 644
Hi, Good Lookin' 1944 米 未 こんちは、ハンサムさん 651

原題索引

Hi, Neighbor 1942 米 未 やあ、お隣さん 639
Hideaway Girl 1937 米 公開 麗人遁走曲 616
Hier bin ich - hier bleib ich 1959 独 未 私はここに 783
High Button Shoes 1956 米 TV ハイ・ボタン・シューズ 459
High Flyers 1937 米 未 飛行機乗り 68, 616
High School Hero 1946 米 未 高校のヒーロー 662
High School Musical 2006 米 TV ハイスクール・ミュージカル 452, 466, 725
High School Musical 2 2007 米 TV ハイスクール・ミュージカル2 452, 466, 726
High School Musical 3: Senior Year 2008 米 公開 ハイスクール・ミュージカル ザ・ムービー 451, 452, 726
High Society 1956 米 公開 上流社会 281, 297, 298, 300, 398, 400, 692
High Society Blues 1930 米 公開 友愛天国 83, 591
High Time 1960 米 未 愉しいひと時 297, 300, 697
High Tor 1956 米 TV ハイ・トール 460
High, Wide and Handsome 1937 米 公開 たくましき男 69, 71, 199, 616
Higher and Higher 1943 米 未 高く、より高く 281, 282, 644
hija de Juan Simón, La 1935 西 未 ファン・シモンの娘 544, 792
hijos de la noche, Los 1939 西 未 夜の子供たち 545, 793
Hips, Hips Hooray 1934 米 公開 メリケン万歳 暴走の巻 68, 69, 603
His Butler's Sister 1943 米 公開 春の序曲 132, 212, 214, 645
His Lordship 1932 英 未 貴族の称号 730
Histoire de chanter 1946 仏 公開 奥様は唄に首ったけ 806
historia de Bienvenido, La 1964 西 未 ベンベニードの物語 557, 558, 799
Historia de una noche 1963 西 未 夜の物語 551, 798
Historia del Tango, La 1949 アルゼンチン 公開 タンゴ（タンゴの歴史） 803
Hit Parade, The 1937 米 未 ヒット・パレード 235, 239, 616
Hit Parade of 1941 1940 米 未 ヒット・パレード1941年版 232, 235, 239, 629
Hit Parade of 1943 1943 米 未 ヒット・パレード1943年版 235, 645
Hit Parade of 1947 1947 米 未 ヒット・パレード1947年版 235, 666
Hit Parade of 1951 1950 米 未 ヒット・パレード1951年版 235, 676
Hit the Deck 1930 米 未 艦隊は踊る 592
Hit the Deck 1950 米 TV 踊る艦隊 456
Hit the Deck 1955 米 公開 艦隊は踊る 154, 266, 270, 273, 275, 276, 398, 689
Hit the Hay 1945 米 未 寝よう 237, 658
Hit the Ice 1943 米 公開 凸凹スキー騒動 217, 220, 645
Hitchhike to Happiness 1945 米 未 幸せへのヒッチハイク 658
Hitting a New High 1937 米 公開 ラヂオの歌姫 81, 617
Hi'ya, Chum 1943 米 未 やあ、こんちは 228, 230, 645
Hi'ya, Sailor 1943 米 未 こんちは、水兵さん 646
Ho tanta voglia di cantare 1943 伊 未 僕は歌いたい 814
Hoch droben auf dem Berg 1957 独 未 山頂 530, 782
Hoch klingt der Radetzkymarsch 1958 墺 未 ラデツキー行進曲よ高らかに 530, 789
Hochzeit auf Bärenhof 1942 独 未 ベーレンホフでの結婚 776
Hochzeitsnacht im Paradies 1950 独 未 パラダイス・ホテルでの初夜 526, 530, 779
Hochzeitsnacht im Paradies 1962 墺 未 パラダイス・ホテルでの初夜 523, 533, 790
Hofkonzert, Das 1936 独 公開 思い出の曲 507, 508, 526, 769
Hokuspokus 1930 独 未 いたずら 509, 513, 759
Hold Everything 1930 米 公開 天下無敵 592
Hold on! 1966 米 未 そのままで！ 702
Hold That Co-Ed 1938 米 未 あの女学生を守れ 127, 226, 235, 623
Hold That Ghost 1941 米 公開 凸凹お化け騒動 217, 219, 634
Holiday 1956 米 TV 休日 458
Holiday in Havana 1949 米 未 ハバナの休日 673

原題索引

Holiday in Mexico 1946 米 未 メキシコの休日 177, 663
Holiday in Storyland, A 1930 米 未 おとぎの国の休日 111
Holiday Inn 1942 米 公開 スイング・ホテル 163, 164, 167, 190, 204, 299, 639
Hollywood Canteen 1944 米 公開 ハリウッド玉手箱 18, 130, 135, 137, 205, 206, 207, 208, 209, 217, 651
Hollywood Hotel 1937 米 公開 聖林ホテル 39, 45, 46, 239, 328, 617
Hollywood or Bust 1956 米 公開 底抜けのるかそるか 309, 312, 692
Hollywood Party 1934 米 公開 ハリウッドパーティー 117, 118, 603
Hollywood Revue of 1929, The 1929 米 公開 ホリウッド・レヴュウ 25, 26, 27, 96, 97, 117, 396, 397, 403, 587
Holy Terror, A 1931 米 公開 モダーン西部王 596
Holy Terror, The 1937 米 未 やんちゃ娘 617
Home on the Range 2004 米 公開 ホーム・オン・ザ・レンジ にぎやか農場を救え！ 444, 449, 724
homme du jour, L 1937 仏 公開 シュヴァリエの流行児 52, 54, 564, 805
Honey 1930 米 公開 ハニー 24, 489, 592, 734
Honey 2003 米 未 ダンス・レボリューション 436, 723, 728
Honey 2 2011 米 未 ダンス・レボリューション2 436, 728
Honeychile 1951 米 未 秘蔵っ子 237, 679
Honeymoon 1947 米 未 ハネムーン 89, 666
Honeymoon Ahead 1945 米 未 これからの蜜月 226, 229, 658
Honeymoon in Bali 1939 米 未 バリ島のハネムーン 116, 626
Honeymoon Lane 1931 米 未 ハネムーンの道 596
Honeymoon Lodge 1943 米 未 新婚のリゾート・ホテル 645
Honky Tonk 1929 米 公開 母なれば 587
Honolulu 1939 米 公開 踊るホノルル 108, 110, 401, 626
Hooray for Love 1935 米 公開 青春万歳 607
Hootenanny Hoot 1963 米 未 フォーク・ソング集会 699
Horse Feathers 1932 米 公開 御冗談でショ 55, 56, 432, 597
Hot for Paris 1929 米 公開 巴里よいとこ 587
Hot Heiress, The 1931 米 未 熱い跡取り娘 596
Hot Rhythm 1944 米 未 熱いリズム 651
Hound-Dog Man 1959 米 未 疑惑の愛情 695
Hours and Times, The 1991 米 公開 僕たちの時間 717
How She Move 2007 加 未 ストンプ！ 436, 757
How to Stuff a Wild Bikini 1965 米 未 ビキニガール・ハント 346, 347
How to Succeed in Business Without Really Trying 1967 米 公開 努力しないで出世する方法 128, 358, 364, 472, 703
How's About It? 1943 米 未 それはどうかな 217, 229, 230, 645
Huckleberry Finn 1974 米 公開 ハックルベリー・フィンの冒険 387, 391, 708
8 femmes 2002 仏 公開 8人の女たち 565, 811
Hullabaloo 1940 米 未 大騒ぎ 152, 630
Hullo, Fame! 1940 英 未 ハロー、有名さん！ 740
Humoresque 1946 米 公開 ユーモレスク 663
Humphries: Es knallt - und die Engel singen, Les 1974 独 未 ハンフリーズ 爆発だーそして天使は歌う 785
Hunchback of Notre Dame, The 1996 米 公開 ノートルダムの鐘 444, 447, 453, 719
Hyde Park Corner 1935 英 未 ハイド・パーク・コーナー 734
Hypnotized 1932 米 未 催眠術師 476, 597

I

I Am Suzanne! 1933 米 公開 生ける人形 509, 511, 599
I Can't Give You Anything But Love, Baby 1940 米 未 愛のほかには何もあげられない 226, 630
I Could Go on Singing 1963 英 未 私は歌い続けたい 158, 162, 749

957

I Didn't Do It 1945 英 未 僕はやっていない 492, 743
I Don't Care Girl, The 1953 米 未 私は気にしない娘 287, 288, 685, 843
I Dood It 1943 米 未 僕がやったんだ 109, 111, 645
I Dream of Jeanie 1952 米 未 ジェニーを夢見て 681
I Dream Too Much 1935 米 公開 恋の歌 81, 184, 607
I Give My Heart 1935 英 未 わが心を捧ぐ 734
I Like It That Way 1934 米 公開 君と唄へば 114, 603
I Live for Love 1935 米 未 恋に生きる 39, 44, 607
I Love a Bandleader 1945 米 未 楽団リーダーが大好き 658
I Love Melvin 1953 米 未 メルヴィンが好き 223, 276, 403, 685
I Love You Wednesday 1933 米 公開 水曜日の恋 599
I Married an Angel 1942 米 未 天使と結婚した私 98, 103, 104, 189, 639
I See Ice 1938 英 未 氷を見る 492, 738
I Surrender Dear 1948 米 未 君には負けた 216, 670
I Thank You 1941 英 未 あなたに感謝 741
I Wanna Hold Your Hand 1978 米 公開 抱きしめたい 408, 710
I Wonder Who's Kissing Her Now 1947 米 未 今は誰が彼女にキスしているのだろう 150, 325, 666, 843
Iberia 2005 西 公開 イベリア 魂のフラメンコ 560, 561, 801
Ice Follies of 1939 1939 米 未 アイス・フォリーズ1939年版 97, 627
Ice-Capades 1941 米 未 アイス・カパデス 634, 639
Ice-Capades Revue 1942 米 未 アイス・カパデス・レヴュー 639
Iceland 1942 米 未 アイスランド 93, 95, 639
Ich bei Tag und du bei Nacht 1932 独 公開 私は昼あなたは夜 513, 518, 763
Ich bin gleich wieder da 1939 独 未 僕はすぐに戻るから 773
Ich glaub' nie mehr an eine Frau 1930 独 未 もう女は信じない 503, 759
Ich kenn' dich nicht und liebe dich 1934 独 公開 君を夢みて 529, 766
Ich küsse Ihre Hand, Madame 1929 独 未 奥様お手をどうぞ 500, 503, 514, 758
Ich liebe alle Frauen 1935 独 未 すべての女性を愛す 504, 506, 766
Ich und die Kaiserin 1933 独 公開 私と女王様 509, 511, 764
Ich will nicht wissen, wer du bist 1932 独 未 あなたが誰なのか気にしない 516, 529, 763
I'd Rather Be Rich 1964 米 公開 彼女は億万長者 213, 700
Idlewild 2006 米 未 アイドルワイルド 725
Idol on Parade 1959 英 未 アイドルの整列 748
Idolmaker, The 1980 米 未 アイドルの作り手 712, 845
If I Had My Way 1940 米 未 好きにできたら 190, 191, 216, 630
If I'm Lucky 1946 米 未 幸運だったら 147, 148, 151, 610, 663
If You Could See What I Hear 1982 加 公開 愛が聞こえる 757
If You Knew Susie 1948 米 未 君がスージーを知っていたなら 18, 20, 670
Ihr größter Erfolg 1934 独 公開 夜の鶯 507, 508, 515, 766
Ihre Hoheit befiehlt 1931 独 公開 女王様御命令 509, 513, 517, 598, 761
Ihre Majestät die Liebe 1931 独 未 女王陛下の恋 21, 517, 761
Il est charmant 1932 仏 公開 イレ・シャルマン 564, 804
I'll Be Your Sweetheart 1945 英 未 君の恋人になろう 743
I'll Be Yours 1947 米 公開 私はあなたのもの 212, 215, 666
I'll Cry Tomorrow 1955 米 公開 明日泣く 329, 689, 843
I'll Get By 1950 米 未 何とかしよう 149, 150, 153, 187, 676
I'll Remember April 1945 米 未 四月を忘れない 216, 658
I'll See You in My Dreams 1951 米 未 夢で逢いましょう 316, 319, 679, 843
I'll Take Romance 1937 米 公開 紅薔薇行進曲 123, 124, 617
I'll Take Sweden 1965 米 公開 テスト・ハネムーン 301, 304, 345, 701
I'll Tell the World 1945 米 未 まったくもって君の言うとおり 658
Illusion 1941 独 未 幻想 526, 776

I'm No Angel　1933　米　公開　妾（わたし）は天使ぢゃない　36, 65, 599
I'm Nobody's Sweetheart Now　1940　米　未　今は誰の恋人でもない　234, 630
Im weißen Rößl　1952　独　未　白馬亭にて　502, 527, 780
Im weißen Rößl　1960　墺　未　白馬亭にて　533, 790
Immer nur-Du!　1941　独　未　あなただけ！　526, 776
Immer wenn der Tag beginnt　1957　独　公開　朝な夕なに　782
Immer wenn ich glücklich bin...!　1938　墺　未　私が幸せな時はいつも　507, 788
Immortal Beloved　1994　英　公開　不滅の恋 ベートーヴェン　442, 443, 754
In Caliente　1935　米　公開　カリアンテ　39, 44, 236, 607
In Gay Madrid　1930　米　公開　月光の曲　592
In geheimer Mission　1938　独　未　秘密指令　771
In ginocchio da te　1964　伊　公開　貴方にひざまづいて　824, 825
In Old Chicago　1938　米　公開　シカゴ　84, 87, 100, 151, 418, 623
In Person　1935　米　公開　本人出現　80, 607
In punta di piedi　1984　伊　未　つま先立ちで　831
In Society　1944　米　未　社交界で　217, 220, 651
In the Good Old Summertime　1949　米　未　懐かしの夏　158, 161, 398, 673
In the Navy　1941　米　公開　凸凹海軍の巻　47, 217, 218, 634
Incendiary Blonde　1945　米　未　鉄火肌の金髪娘　200, 202, 658, 843
Innocents of Paris　1929　米　未　レヴューの巴里っ子　51, 52, 54, 587
Inside Daisy Clover　1965　米　公開　サンセット物語　700
Inspector General, The　1949　米　公開　検察官閣下　304, 306, 673
Intermezzo　1936　独　未　間奏曲　769
International House　1933　米　公開　国際喜劇ホテル　127, 599
Interrupted Melody　1955　米　公開　わが愛は終りなし　689
Into the Woods　2014　米　公開　イントゥ・ザ・ウッズ　414, 424, 451, 728
Invitation au voyage　1982　仏　未　旅への誘い　809
Invitation to the Dance　1956　米　公開　舞踏への招待　259, 263, 472, 474, 692
Invitation to the Waltz　1936　英　未　ワルツへの招待　473, 509, 512, 736
Io bacio... tu baci　1961　伊　公開　あなたも私もキスをする　822
Io non protesto, io amo　1967　伊　未　私は主張しません、愛します　825
Io, Don Giovanni　2009　伊　公開　ドン・ジョヴァンニ 天才劇作家とモーツァルトの出会い　560, 561, 833
Irene　1940　米　未　アイリーン　489, 490, 630
Irish Eyes Are Smiling　1944　米　未　アイルランドの瞳が微笑む時　152, 651, 843
Irma la Duce　1963　米　公開　あなただけ今晩は　348, 358, 699
Is Everybody Happy?　1929　米　公開　流行の寵児　37, 587
Is Everybody Happy?　1943　米　未　みんな幸せかい？　645
Isadora　1968　英　公開　裸足のイサドラ　471, 750, 845
Isn't It Romantic?　1948　米　未　ロマンチックじゃないこと？　204, 670
It Ain't Hay　1943　米　未　それは馬草じゃない　217, 220, 229, 645
It All Came True　1940　米　未　全部本当になった　207
It Comes Up Love　1943　米　未　恋の訪れ　216, 222, 646
It Couldn't Happen Here　1988　英　公開　ペットショップ・ボーイズ 夢色の幻想　754
It Happened at the World's Fair　1963　米　公開　ヤング・ヤング・パレード　335, 338, 699
It Happened in Brooklyn　1947　米　公開　下町天国　118, 174, 281, 282, 283, 396, 400, 666
It Happened on Fifth Avenue　1947　米　公開　五番街の出来事　666
It Started with Eve　1941　米　未　それは前夜から始まった　120, 212, 213, 215, 634, 700
It's a Date　1940　米　公開　ホノルル航路　177, 212, 273, 630, 677
It's a Great Feeling　1949　米　未　素敵な気持ち　206, 209, 304, 316, 317, 674
It's a Great Life　1929　米　公開　鴛鴦（おしどり）の舞　25, 587
It's a Pleasure　1945　米　未　楽しみです　93, 95, 658
It's a Wonderful World　1956　英　未　素晴らしい世界　746

It's All Happening　1963　英　未　すべては偶然に　495, 749
It's All Over Town　1963　英　未　ロンドン中で　749
It's Always Fair Weather　1955　米　公開　いつも上天気　153, 259, 262, 265, 401, 402, 403, 690
It's Great to be Alive　1933　米　公開　素晴らしき人生　600
It's Great to Be Young　1946　米　未　青春は素晴らしい　663
It's Great to Be Young!　1956　英　公開　思春期の感情　746
It's in the Air　1938　英　未　空の上　492, 738
It's Love Again　1936　英　公開　君と踊れば　486, 487, 736
It's Trad, Dad!　1962　英　未　伝統だよ、父さん！　748
I've Gotta Horse　1965　英　未　馬を手に入れて　749

J

Ja, ja die Liebe in Tirol　1955　独　未　チロルの愛　530, 781
Ja zuster, nee zuster　2002　オランダ　公開　クリビアにおまかせ！　838
Jack Ahoy　1934　英　未　おーい、ジャック　732
Jack and the Beanstalk　1952　米　公開　凸凹巨人退治　218, 221, 681
Jack and the Beanstalk　1956　米　TV　ジャックと豆の木　458
Jack and the Beanstalk　1966　米　TV　ジャックと豆の木　462
Jack and the Beanstalk　1967　米　TV　ジャックと豆の木　463
Jack of All Trades　1936　英　未　何でも屋のジャック　736
Jail House Blues　1942　米　未　監獄ブルース　230, 639
Jailhouse Rock　1957　米　公開　監獄ロック　314, 315, 404, 693
Jalisco canta en Sevilla　1949　西　未　メキシコ人、セビーリャで歌う　548, 794
Jalousie　1991　仏　公開　ジェラシー　810
Jam Session　1944　米　未　ジャム・セッション　233, 651
Jamboree　1944　米　未　ジャムボリー　236, 651
Jamboree　1957　米　未　ジャムボリー　345
J'avais sept filles　1954　仏　未　七人の娘たち　52
Jazz on a Summer's Day　1959　米　公開　真夏の夜のジャズ　695
Jazz Singer, The　1927　米　公開　ジャズ・シンガー　12, 14, 15, 16, 23, 233, 426, 574, 585, 587, 588
Jazz Singer, The　1952　米　未　ジャズ・シンガー　681
Jazz Singer, The　1959　米　TV　ジャズ・シンガー　461
Jazz Singer, The　1980　米　公開　ジャズ・シンガー　424, 426, 712
Jeanne et le garçon formidable　1998　仏　未　ジャンヌと素敵な男の子　811
jeans e una maglietta, Un　1983　伊　未　ジーンズとTシャツ　830
Jenny und der Herr im Frack　1941　独　未　ジェニーと燕尾服の男　526
Jersey Boys　2014　米　公開　ジャージー・ボーイズ　414, 424, 729
Jesus Christ Superstar　1973　米　公開　ジーザス・クライスト・スーパースター　3, 379, 383, 384, 707
Jimi Hendrix　1973　米　公開　ジミ・ヘンドリックス　408, 707
Jimmy and Sally　1933　米　未　ジミーとサリー　600
Jitterbugs　1943　米　未　極楽ブギウギ　117, 147, 645
Joan Lui - ma un giorno nel paese arrivo io di lunedì　1985　伊　未　ジョアン・ルイ　ある日、月曜日に私はこの地に到着する　831
Joan of Ozark　1942　米　未　オザークのジョーン　237, 639
Joe Cocker: Mad Dogs and Englishmen　1970　米　公開　ウィズ・ジョー・コッカー　408, 705
Joe Hill　1971　スウェーデン・米　公開　愛とさすらいの青春 ジョー・ヒル　408, 838
Johann Strauss - Der König ohne Krone　1987　墺　公開　ヴィナーワルツ 激しくも愛に燃えて…　790
Johnny Apollo　1940　米　未　ジョニー・アポロ　199, 630
Johnny Doughboy　1942　米　未　歩兵のジョニー　639
Johnny Hallyday par Francois Reichenbach　1972　仏　公開　ジョニー・オン・ステージ　809
Joker Is Wild, The　1957　米　公開　抱擁　149, 281, 285, 288, 693, 844
Jolly Blu　1998　伊　未　ジョリー・ブルー　832
Jolson Sings Again　1949　米　公開　ジョルスン再び歌う　15, 18, 233, 674, 844

Jolson Story, The　1946　米　公開　ジョルスン物語　14, 15, 18, 233, 663, 674, 844
Joselito vagabundo　1966　メキシコ　未　浮浪児ホセリート　556, 802
Joseph and the Amazing Technicolor Dreamcoat　1991　米　TV　ヨゼフと驚異のテクニカラー・ドリームコート　464
Joseph and the Amazing Technicolor Dreamcoat　1999　英　TV　ヨゼフと驚異のテクニカラー・ドリームコート　465, 755
Josette　1938　米　公開　ジョゼット　151, 623
joueur de violon, Le　1994　仏　公開　無伴奏「シャコンヌ」　811
Journey Back to Oz　1974　米　未　オズへの帰還　410, 708
Joy of Living　1938　米　公開　生活の悦び　70, 72, 623
Jubilee　1978　英　公開　ジュビリー 聖なる年　752
Juke Box Jenny　1942　米　未　ジューク・ボックスのジェニー　639
Juke Box Rhythm　1959　米　未　ジューク・ボックス・リズム　696
Juke Girl　1942　米　未　音楽娘　639
Jumping Jacks　1952　米　公開　底抜け落下傘部隊　309, 310, 682
junge Baron Neuhaus, Der　1934　独　未　若い男爵ノイハウス　517, 766
jungen Dessauers große Liebe, Des　1933　独　公開　陽気な王子様　513, 514, 764
Jungle Book, The　1967　米　公開　ジャングル・ブック　371, 372, 703
Jungle Princess, The　1936　米　公開　ジャングルの女王　612
Junior Miss　1957　米　TV　ジュニア・ミス　460
Junior Prom　1946　米　未　卒業ダンス・パーティー　663
Jupiter's Darling　1955　米　未　ユピテルのお気に入り　179, 183, 269, 277, 403, 690
Just Around the Corner　1938　米　未　すぐ傍に　89, 90, 92, 623
Just for a Song　1930　英　未　ただ歌のために　729
Just for You　1952　米　未　ちょうど君に　209, 297, 298, 682
Just Imagine　1930　米　公開　五十年後の世界　405, 592

K

Kaiserliebchen　1931　独　未　皇帝の恋人　515, 761
Kaiserwalzer　1933　独　未　皇帝円舞曲　507, 765
Kaleidoscope　1955　米　TV　カレイドスコープ　457
Kansas City　1996　米　公開　カンザス・シティ　719
Kansas City Kitty　1944　米　未　カンザス・シティのキティ　228, 652
Karnavalnaya noch　1956　露　公開　すべてを五分で　582, 836
Karneval der Liebe　1943　独　未　恋のカーニバル　526, 777
Karussell　1937　独　未　回転木馬　523, 770
Katharina, die Letzte　1936　墺　未　最後はカタリーナ　521, 787
Kathleen　1941　米　未　キャスリーン　89, 93, 634
Kauf dir einen bunten Luftballon　1961　独　公開　白銀に躍る　533, 784
Kautschuk　1938　独　公開　ジャングルの決死行　772
Keep 'Em Flying　1941　米　公開　凸凹空中の巻　217, 219, 634
Keep Fit　1937　英　未　いつも健康に　492, 737
Keep Smiling　1938　英　未　いつも微笑みを　486, 738
Keep Your Seats, Please　1936　英　未　椅子は取っておいて　492, 736
Keine Angst vor Liebe　1933　独　未　愛を恐れないで　516, 765
Kentucky Kernels　1934　米　公開　旅ガラス子供連れ　68
Kentucky Moonshine　1938　米　未　ケンタッキーの月光　623
keusche Geliebte, Die　1940　独　未　貞淑な愛人　774
Kicking the Moon Around　1938　英　未　純な娘を試して　738
Kid from Brooklyn, The　1946　米　公開　ダニー・ケイの牛乳屋　227, 266, 304, 305, 324, 663
Kid from Spain, The　1932　米　公開　カンターの闘牛士　18, 19, 38, 43, 64, 142, 209, 597
Kid Galahad　1962　米　公開　恋のKO（ノックアウト）パンチ　336, 337, 698
Kid Millions　1934　米　公開　百万弗小僧　13, 18, 20, 125, 127, 603

原題索引

Kids Are Alright, The　1979　英　未　子供たちは大丈夫　753
Kind der Donau　1950　墺　未　ドナウ河の子　523, 789
King and I, The　1956　米　公開　王様と私　252, 293, 295, 357, 471, 692
King and I, The　1999　米　未　王様と私　453, 721
King and Mrs. Candle, The　1955　米　TV　王様とキャンドル夫人　458
King Arthur Was a Gentleman　1942　英　未　アーサー・キングは紳士だった　741
King Creole　1958　米　公開　闇に響く声　314, 315, 694
King Kelly of the U. S. A.　1934　米　未　アメリカのケリー王　603
King of Burlesque　1936　米　公開　バーレスクの王様　84, 85, 140, 209, 612, 644
King of Jazz　1930　米　公開　キング・オブ・ジャズ　13, 26, 29, 120, 592
King Solomon of Broadway　1935　米　未　ブロードウェイのソロモン王　607
King Steps Out, The　1936　米　公開　陽気な姫君　123, 124, 612
King's Rhapsody　1955　英　未　王のラプソディ　490, 491, 746
Kismet　1955　米　未　キスメット　224, 277, 278, 357, 690
Kismet　1967　米　TV　キスメット　461
Kiss Me Again　1930　米　公開　連隊の花形　24, 592
Kiss Me Kate　1953　米　公開　キス・ミー・ケイト　154, 251, 266, 270, 272, 277, 399, 402, 472, 685
Kiss Me Kate　1958　米　TV　キス・ミー・ケイト　459
Kiss Me, Stupid　1964　米　公開　ねえ！キスしてよ　310, 313, 366
Kiss the Boys Goodbye　1941　米　未　若者たちに別れのキスを　151, 200, 204, 634
Kissin' Cousins　1964　米　公開　キッスン・カズン　326, 335, 338, 700
Kissing Bandit, The　1948　米　未　接吻盗賊　174, 264, 265, 281, 283, 404, 471, 671
Kleider machen Leute　1940　独　未　服が人を作る　774
Kleine Mutti　1935　墺　公開　人形の母　521, 787
kleine Nachtmusik, Eine　1940　独　未　小夜曲　774, 846
kleine Seitensprung, Der　1931　独　未　ちょっとした浮気　518, 519, 761
Klondike Annie　1936　米　公開　美しき野獣　65, 66, 613
kluge Schwiegermutter, Die　1939　独　未　物言わぬ賢母　773
Knickerbocker Holiday　1944　米　未　ニッカーボッカーの休日　104, 105, 544, 652
Knickerbocker Holiday　1950　米　TV　ニッカーボッカーの休日　456
Knock on Wood　1954　米　公開　あの手この手　304, 307, 687
Kompozitor Glinka　1952　露　未　作曲家グリンカ　578, 836
Kongreß tanzt, Der　1931　独　公開　会議は踊る　194, 509, 510, 513, 599, 600, 601, 761
Kongreß tanzt, Der　1955　墺　未　会議は踊る　531, 789
König der silbernen Berge, Der　1960　日　公開　銀嶺の王者　533
Königswalzer　1935　独　公開　ワルツの季節　767
Kontsert masterov iskusstv　1952　露　未　音楽会のスターたち　581, 836
Kora Terry　1940　独　公開　美貌の敵　131, 523, 524, 775
Kubanskie kazaki　1949　露　未　クバンのコサック　575, 579, 835

L

lacrima sul viso, Una　1964　伊　公開　ほほにかかる涙　824
Lacrime d'amore　1954　伊　未　愛の涙　818
Lacrime d'amore　1970　伊　未　愛の涙　828
Ladies of the Chorus　1948　米　未　コーラスの女たち　671
Ladies' Man　1947　米　未　女たらし　667
Lady and the Tramp　1955　米　公開　わんわん物語　330, 331, 409, 690
Lady Barbara　1970　伊　未　レディ・バーバラ　828
Lady Be Good　1928　米　公開　楽天奇術師　8
Lady Be Good　1941　米　未　ご婦人よ行儀良く　109, 110, 152, 155, 188, 399, 403, 634
Lady in the Dark　1944　米　未　闇の中の婦人　80, 652
Lady in the Dark　1954　米　TV　闇の中の婦人　457, 687
Lady Is a Square, The　1959　英　未　御婦人は堅物　490, 491, 748

Lady Objects, The 1938 米 公開 結婚の断層 230, 623
Lady on a Train 1945 米 未 列車の女 212, 215, 658
Lady Sings the Blues 1972 米 公開 ビリー・ホリデイ物語 奇妙な果実 388, 390, 477, 707, 844
Lady, Let's Dance 1944 米 未 ご婦人よ、踊りましょう 652
Lady's Morals, A 1930 米 公開 忘れじの面影 123, 592
Lake Placid Serenade 1944 米 未 レイク・プラシドのセレナーデ 236, 652
Lambada 1990 米 公開 ランバダ 青春に燃えて 435, 716
Lambeth Walk, The 1939 英 未 ラムベス・ウォーク 739
Land des Lächelns, Das 1930 独 未 微笑みの国 503, 759
Land des Lächelns, Das 1952 独 未 微笑みの国 502, 505, 506, 507, 780
Land without Music 1936 英 未 音楽なき土地 118, 503, 504, 736
Larceny with Music 1943 米 未 音楽窃盗 226, 645
Las de Caín 1959 西 未 カインの娘たち 548
Las Vegas Nights 1941 米 未 ラス・ヴェガスの夜 204, 234, 634
Last Five Years, The 2014 米 公開 ラスト5イヤーズ 729
Last Waltz, The 1978 米 公開 ラスト・ワルツ 408, 710
Latin Lovers 1953 米 未 南米の恋人 184, 685
Laugh It Off 1939 米 未 笑いとばそう 226, 234, 627
Laugh It Off 1940 英 未 笑いとばそう 492, 493, 740
Laughing Irish Eyes 1936 米 公開 大都会の歓呼 613
Laughing Lady, The 1946 英 公開 笑う姫君 743
Laura non c'è 1998 伊 未 ラウラはいない 832
Lauter Liebe 1940 独 公開 より強い恋 775
lavandières du Portugal, Les 1957 仏 未 ポルトガルの洗濯娘 551, 808
Lay That Rifle Down 1955 米 未 そのライフルを下ろして 237, 690
Leadbelly 1976 米 未 レッドベリー 408, 477, 709
leandras, Las 1969 西 未 ラス・レアンドラス 560, 800
Leathernecking 1930 米 公開 女護ヶ島上陸 69, 70, 592
Lebedinoe ozero 1958 露 公開 白鳥の湖 836
Lebedinoe ozero 1968 露 公開 白鳥の湖 837
Legend of Tom Dooley, The 1959 米 公開 拳銃に泣くトム・ドーリィ 696
leggenda del pianista sull'oceano, La 1999 伊 公開 海の上のピアニスト 832
leggenda di Faust, La 1948 伊 公開 ファウスト（悪魔篇） 573, 815
Leichte Kavallerie 1935 独 未 軽騎兵 501, 523, 767
Leise flehen meine Lieder 1933 墺 公開 未完成交響楽 5, 507, 786, 828, 846
Lemon Drop Kid, The 1951 米 未 腰抜けペテン師 301, 679
Leningradskaya simfoniya 1957 露 公開 レニングラード交響楽 836
Let Freedom Ring 1939 米 未 自由を響かせろ 104, 627
Let George Do It! 1940 英 未 ジョージにやらせろ 492, 740
Let It Be 1970 英 公開 ビートルズ レット・イット・ビー 497, 751
Let the Good Times Roll 1973 米 公開 ロックンロール・エクスプロージョン 408, 707
Let's Be Happy 1957 英 未 幸せになろう 267, 747
Let's Dance 1950 米 未 レッツ・ダンス 201, 252, 253, 676
Let's Do It Again 1953 米 未 もう一度やろう 72, 152, 209, 685
Let's Face It 1943 米 公開 腰抜けと原爆娘 195, 197, 200, 301, 646
Let's Face It! 1954 米 TV 直面せよ！ 459
Let's Fall in Love 1933 米 公開 恋をしませう 600
Let's Go Native 1930 米 公開 極楽島満員 48, 49, 592
Let's Go Places 1930 米 公開 春宵綺談 592
Let's Go Steady 1945 米 未 着実にやろう 658
Let's Live Tonight 1935 米 公開 今宵も楽しく 509, 511, 607
Let's Make a Night of It 1938 英 未 遊び明かそう 739
Let's Make Love 1960 米 公開 恋をしましょう 264, 290, 292, 366, 697

原題索引

Let's Make Music　1941　米　未　曲を作ろう　634
Let's Rock　1958　米　公開　100万弗のリズム　694
Let's Sing Again　1936　米　公開　ボビーの初舞台　613
Let's Spend the Night Together　1982　米　公開　ザ・ローリングストーンズ　713
Let's Talk It Over　1934　米　公開　水兵がんばれ　603
Lettera napoletana　1954　伊　未　ナポリの手紙　818
Letzte Liebe　1935　墺　公開　恋は終わりぬ　787
Liebe im Ring　1930　独　未　拳闘王　518, 519, 759
Liebe ist ja nur ein Märchen　1955　独　未　恋はおとぎ話　514, 781
Liebe, Jazz und Übermut　1957　独　未　愛とジャズと有頂天　533, 782
Liebe, Tanz und 1000 Schlager　1955　独　未　愛とダンスと1000のヒット曲　502, 533, 781
Liebe, Tod und Teufel　1934　独　未　愛と死と悪魔　517, 766
Liebesexpreß, Der　1931　独　未　恋の急行　522, 761
Liebesgeschichten　1943　独　未　恋の物語　777
Liebeskommando　1931　独　未　愛の指令　529, 761
Liebeskomödie　1943　独　未　恋愛喜劇　533, 777
Liebeslied　1930　伊　未　愛の唄　570, 812
Liebespremiere　1943　独　未　恋の初演　777
Liebesschule　1940　独　未　愛の学校　526, 775
Liebesträume　1935　独　未　愛の夢　767
Liebeswalzer　1930　独　未　愛のワルツ　508, 510, 513, 759
Liebling der Götter　1930　独　公開　神々の寵児　518, 519, 759
Lied der Wüste, Das　1939　独　未　砂漠の歌　527, 773
Lied einer Nacht, Das　1932　独　公開　今宵こそは　504, 505, 763
Lied für dich, Ein　1933　独　公開　春のいざなひ　504, 505, 765
Lied geht um die Welt, Ein　1933　独　未　歌は世界を廻る　522, 765
Lied geht um die Welt, Ein　1958　独　未　歌は世界を廻る　522, 530, 783
Lied ist aus, Das　1930　独　未　歌は終わりぬ　515, 529, 760
Lied, ein Kuß, ein Mädel, Ein　1932　独　未　歌、接吻、娘　507, 529, 763
Life and Adventure of Santa Clause, The　1985　米　TV　サンタの冒険　466, 715
Life Begins for Andy Hardy　1941　米　公開　二人の青春　112, 115, 157, 159
Life Begins in College　1937　米　公開　大学三人男　617
Life of the Party, The　1930　米　公開　尖端娘商売　592
Life of the Party, The　1937　米　公開　靴を脱いだ女　232, 617
Li'l Abner　1959　米　未　リル・アブナー　696
Lilacs　2007　ルクセンブルグ　公開　ラフマニノフ ある愛の調べ　839
Lilacs in the Spring　1954　英　未　春のライラック　490, 491, 746
Lili　1953　米　公開　リリー　256, 267, 268, 399, 685
Lili Marleen　1981　独　公開　リリー・マルレーン　425, 428, 785, 845
Lillian Russell　1940　米　未　リリアン・ラッセル　138, 151, 630, 843
Lilo & Stitch　2002　米　公開　リロ＆スティッチ　444, 449, 722
Lily of Killarney　1934　英　未　キラーニーの百合　732
Limelight　1937　英　未　スポットライト　489, 490, 737
Linda Be Good　1947　米　未　リンダは行儀良く　667
Linie 1　1988　独　公開　ライン・ワン　785
Lion King, The　1994　米　公開　ライオン・キング　444, 446, 718
Lisa dagli occhi blu　1970　伊　未　青い目のリサ　828
Lisbon Story　1946　英　未　リスボン物語　503, 743
Listen, Darling　1938　米　未　聞いて、あなた　112, 113, 399, 623
Lisztomania　1975　英　公開　リストマニア　381, 392, 406, 407, 484, 752, 847
Little Bit of Heaven, A　1940　米　未　ほんの少しの幸せ　216, 630
Little Colonel, The　1935　米　公開　小聯隊長　89, 90
Little Damozel, The　1933　英　未　小さな乙女　489, 490, 731

Little Johnny Jones　1923　米　公開　名馬一鞭　8
Little Johnny Jones　1929　米　未　小さなジョニー・ジョーンズ　587
Little Mermaid, The　1989　米　公開　リトル・マーメイド／人魚姫　332, 444, 445, 448, 716
Little Miss Broadway　1938　米　公開　天晴れテンプル　89, 92, 118, 127, 623, 667
Little Miss Broadway　1947　米　未　小さなミス・ブロードウェイ　667
Little Miss Marker　1934　米　公開　可愛いマーカちゃん　89, 90, 198, 603
Little Miss Roughneck　1938　米　公開　可愛い餓鬼娘　623
Little Nellie Kelly　1940　米　未　小さなネリー・ケリー　127, 157, 159, 396, 630
Little Night Music, A　1977　米　未　リトル・ナイト・ミュージック　4, 379, 385, 709
Little Prince, The　1974　米　公開　星の王子さま　388, 392, 708
Little Princess, The　1938　米　公開　テンプルちゃんの小公女　3, 89, 92
Little Rita nel West　1967　伊　未　西部の小さなリタ　826
Little Shop of Horrors　1986　米　公開　リトル・ショップ・オブ・ホラーズ　413, 416, 715
Little Voice　1998　英　公開　リトル・ボイス　413, 418, 484, 485, 755
Little Women　1958　米　TV　若草物語　461
Littlest Angel, The　1969　米　TV　小さな天使　459, 462
Littlest Rebel　1935　米　公開　テンプルの愛国者　89, 90, 91, 401, 402
Live a Little, Love a Little　1968　米　公開　バギー万才！　335, 341, 703
Live It Up!　1963　英　未　楽しもうぜ　749
Living in a Big Way　1947　米　未　派手に生きよう　169, 172, 398, 667
Living It Up　1954　米　公開　底抜けニューヨークの休日　309, 311, 687
Lizzie McGuire Movie, The　2003　米　未　リジー・マグワイア・ムービー　451, 452, 723
Loca juventud　1965　西　未　狂った青春　556, 799
Local Boy Makes Good　1931　米　公開　選手の後に娘あり　69
lockende Ziel, Das　1930　独　未　魅惑の目標　503, 760
Lola Colt　1967　伊　未　ローラ・コルト　826
Lola se va a los puertos, La　1947　西　未　ローラは港へ行く　546, 794
Lola, la película　2007　西　未　ローラ、その映画　548, 801
Lola, la piconera　1952　西　未　ピコネラのローラ　546, 795
London Melody　1937　英　未　ロンドン・メロディ　489, 490, 737
London Town　1946　英　未　ロンドンの街　744
Look for the Silver Lining　1949　米　公開　虹の女王　150, 209, 323, 324, 674, 843
Look Up and Laugh　1935　英　未　元気を出して笑おう　485, 734
Looking for Love　1964　米　公開　ハートでキッス　700
Looking on the Bright Side　1932　英　未　明るい面を見る　485, 730
Lord Byron of Broadway　1930　米　未　ブロードウェイのバイロン卿　25, 592
Lord Don't Play Favorites, The　1956　米　TV　神はえこひいきしない　458
Lost Horizon　1973　米　公開　失われた地平線　387, 390, 707
Lost in a Harem　1944　米　公開　凸凹ハレムの巻　218, 220, 652
Lost in the Stars　1974　米　未　星に散る　477, 708
Lottery Bride　1930　米　公開　魅惑を賭けて　48, 49, 592
Lottery Lover　1935　米　公開　麗はしの巴里　607
Loudspeaker, The　1934　米　未　拡声器　603
Louise　1939　仏　未　ルイーズ　123, 125, 564, 805
Louisiana Hayride　1944　米　未　ルイジアナの干草ピクニック　237, 652
Louisiana Purchase　1941　米　未　ルイジアナの取引　195, 197, 635
Louisiana Purchase　1951　米　TV　ルイジアナの取引　456
Love Affair　1939　米　公開　邂逅 (めぐりあい)　70, 72, 579
Love and Hisses　1937　米　未　愛と野次　235, 617
Love and Learn　1947　米　未　愛して学ぶ　210, 667
Love Comes Along　1930　米　公開　愛の訪れ　68
Love Finds Andy Hardy　1938　米　公開　初恋合戦　112, 114, 115, 184, 404, 624
Love Happy　1949　米　未　ラヴ・ハッピー　106, 108, 266, 674

原題索引

Love in Bloom　1935　米　未　愛は花盛り　527, 607
Love in the Rough　1930　米　公開　ゴルフ狂時代　593
Love Laughs at Andy Hardy　1946　米　未　恋はアンディ・ハーディを一笑に付する　115
Love Me Forever　1935　米　公開　歌の翼　123, 124, 607
Love Me or Leave Me　1955　米　公開　情欲の悪魔　2, 205, 316, 321, 400, 404, 690, 843
Love Me Tender　1956　米　公開　やさしく愛して　258, 314, 335, 692
Love Me Tonight　1932　米　公開　今晩は愛して頂戴ナ　48, 50, 51, 98, 597
Love on Toast　1938　米　未　人気者の恋　624
Love on Wheels　1932　英　未　円滑な恋　730
Love Parade, The　1929　米　公開　ラヴ・パレイド　48, 49, 51, 587
Love Thy Neighbor　1940　米　未　汝の隣人を愛せ　200, 204, 630
Love Time　1934　米　公開　恋のセレナーデ　603, 846
Love, Life and Laughter　1934　英　未　恋と人生と笑い　485, 732
Lovely to Look at　1952　米　未　見た目の可愛い　265, 269, 270, 271, 277, 399, 682
Lover Come Back　1946　米　未　愛する人帰る　663
Loves of Carmen, The　1948　米　公開　カルメン　231
Love's Labour's Lost　2000　英　公開　恋の骨折り損　484, 755
Loving You　1957　米　公開　さまよう青春　314, 315, 693
Luces de Buenos Aires, Las　1931　アルゼンチン　公開　ベノスアイレスの灯　543, 802
Luci del varietà　1950　伊　未　寄席の脚光　815
Lucia di Lammermoor　1947　伊　未　ラムメルモールのルチア　814
Lucia di Lammermoor　1971　伊　未　ラムメルモールのルチア　828
Lucky Boy　1929　米　公開　ラッキー・ボーイ　587
Lucky Girl　1932　英　未　幸運の娘　730
Lucky in Love　1929　米　未　恋の幸運　587
Lucky Lady　1975　米　公開　ラッキー・レディ　379, 387, 392, 709
Lucky Me　1954　米　未　幸運な私　316, 320, 687
Ludwig van Beethoven　1954　独　未　ルートヴィヒ・ファン・ベートーヴェン　781, 846
Lullaby of Broadway　1951　米　未　ブロードウェイの子守唄　316, 318, 325, 679
Lulu Belle　1948　米　未　ルル・ベル　199, 671
Lumpacivagabundus　1936　墺　未　放浪者ルムパチ　529, 787
Luna de miel　1959　英　公開　ハネムーン　748
Luna de sangre　1952　西　未　血の月　550, 795
lustige Witwe, Die　1962　墺　未　メリー・ウィドウ　533, 790
lustigen Vagabunden, Die　1940　独　未　陽気な放浪者たち　526, 775
lustigen Weiber von Wien, Die　1931　独　公開　維納の花嫁　529, 761
lustigen Weiber von Windsor, Die　1950　独　未　ウィンザーの陽気な女房たち　529, 779
Luxury Liner　1948　米　未　豪華客船　177, 178, 671

M

Ma che musica maestro　1971　伊　未　先生、どんな音楽ですか　829
Ma pomme　1950　仏　未　マ・ポム　52
Ma soeur de lait　1938　独　公開　憧れの君よ　772
Ma, He's Making Eyes at Me　1940　米　未　母ちゃん、彼が色目を使うの　234, 630
Macarena　1944　西　未　マカレーナ　546, 794
Mack the Knife　1989　オランダ　公開　三文オペラ　413, 416, 838
Mad About Music　1938　米　公開　アヴェ・マリア　121, 624
Madam Satan　1930　米　公開　マダム・サタン　593
Madama Butterfly　1954　伊　公開　蝶々夫人　571, 572, 573, 787, 818
Madame Sherry　1917　米　公開　シェリー夫人　8
Madame Sousatzka　1988　英　公開　マダム・スザーツカ　754
Mädchen in Weiß　1936　独　未　白服の娘　769
Mädchen zum Heiraten　1932　独　未　結婚する娘　518, 519, 763

966

Mädchenpensionat　1936　墺　未　女学校　529, 787
Made in Paris　1966　米　公開　メイド・イン・パリ　343, 344, 367
Mädel wirbelt durch die Welt, Ein　1933　独　未　女の子が世界に巻き起こす旋風　765
Mademoiselle Modiste　1926　米　未　お針子さん　8
Madre Alegría　1935　西　未　尼僧アレグリーア　542, 792
Madri pericolose　1960　伊　未　危険な母親たち　822
Magic Bow, The　1946　英　公開　魔法の楽弓　744, 846
Magic Fire　1955　米　未　魔法の炎　690, 846
Magic of Lassie　1978　米　公開　ラッシー　116, 138, 711
Magical Mystery Tour　1967　英　TV　The Beatles マジカル・ミステリー・ツアー　497
Magnificent Rebel, The　1962　米　未　ベートーヴェン 気骨の楽聖　698, 846
Mahler　1974　英　公開　マーラー　381, 392, 406, 484, 752, 846
Maid of the Mountains, The　1932　英　未　山の娘　730
Main Street to Broadway　1953　米　未　ブロードウェイへの道　200
Maitre de Musique, Le　1988　ベルギー　公開　仮面の中のアリア　838
maja de los cantares, La　1946　アルゼンチン　未　歌の人々　542, 803
maja del capote, La　1944　西　未　カポーテの娘　545, 794
Make a Wish　1937　米　未　願いをかけて　617
Make Believe Ballroom　1949　米　未　ダンス・ホールのつもりで　327, 674
Make Me a Star　1932　米　公開　ハリウッドは大騒ぎ　597
Make Mine Laughs　1949　米　未　笑わせて　239, 674
Make Mine Music　1946　米　未　メイク・マイン・ミュージック　104, 217, 241, 244, 245, 663
Malibran, La　1944　仏　未　ラ・マリブラン　564, 806, 847
Malvaloca　1954　西　未　タチアオイ　550, 796
Mambo　1954　米　公開　マンボ　687
Mame　1974　米　公開　メイム　185, 379, 384, 708
Mamma Mia!　2008　米　公開　マンマ・ミーア！　414, 422, 555, 726
Mammy　1930　米　公開　マミー　14, 16, 593
Man about Town　1939　米　未　ロンドンの遊び人　199, 627
Man from Music Mountain　1943　米　未　音楽の山から来た男　236, 645
Man from Oklahoma　1945　米　公開　進め幌馬車　238, 658
Man I Love, The　1947　米　未　私の愛する男　207, 208, 667
Man of La Mancha　1972　米　公開　ラ・マンチャの男　3, 379, 382, 707
Man of Mayfair, A　1931　英　未　メイフェアの男　488, 729
Man Who Cried, The　2000　英　公開　耳に残るは君の歌声　755
mandarino per Teo, Un　1960　伊　未　テオのマンドリン　822
Manhattan Angel　1949　米　未　マンハッタンの天使　216, 674
Manhattan Merry-Go-Round　1937　米　未　マンハッタンの急展開　617
Manhattan Parade　1931　米　未　マンハッタン・パレード　596
Mann der Sherlock Holmes war, Der　1937　独　未　シャーロック・ホームズだった男　770
Mann mit Herz, Ein　1932　独　公開　恋の日曜日　529, 763
Mann wie Maximilian, Ein　1945　独　未　マクシミリアンのような男　533, 778
Mann, von dem man spricht, Der　1937　墺　未　話題の男　788
Männer müssen so sein　1939　独　未　男はそうあらねばならない　773
Männer um Lucie, Die　1931　独　未　ルーシーを取り巻く男性　516
Männerwirtschaft　1941　独　未　おかしな二人　776
Many Adventures of Winnie the Pooh, The　1977　米　公開　クマのプーさん　409
Many Happy Returns　1934　米　公開　娘結婚症　603
Maracatumba... ma non è una rumba　1949　伊　未　マラカツムバ…だけどルムバじゃない　815
Mardi Gras　1958　米　公開　恋愛候補生　297, 695
Margie　1940　米　未　マージ　631
Margie　1946　米　未　マージ　149, 663
María Antonia 'La Caramba'　1951　西　未　マリア・アントニア ラ・カランバ　543, 795

María de la O 1939 西 未 マリア・デ・ラ・オー 544, 793
María de la O 1959 西 未 マリア・デ・ラ・オー 548, 797
Maria Ilona 1939 独 未 マリア・イローナ 530, 773
Maria Malibran 1943 伊 未 マリア・マリブラン 814
María Morena 1951 西 未 マリア・モレナ 550, 795
mariage de Ramuntcho, Le 1947 仏 未 ラムンチョの結婚 806
Marianne 1929 米 公開 恋愛戦線 25, 97, 587
Marie Galante 1934 米 未 マリー・ガランテ 22
Marinai in coperta 1967 伊 未 甲板の海兵 826
Mariquilla Terremoto 1938 西 未 マリキーリャ・テレモート 545, 793
Marisol rumbo a Río 1963 西 未 マリソル、リオへ向かう 557, 558, 798
Marlene Dietrich: Her Own Song 2002 独 公開 真実のマレーネ・ディートリッヒ 515, 786
Married in Hollywood 1929 米 公開 ホリウッド結婚 588
Maruzzella 1956 伊 未 マルツェッラ 819
Mary Lou 1948 米 未 メアリー・ルー 671
Mary Poppins 1964 米 公開 メリー・ポピンズ 350, 351, 352, 362, 367, 370, 371, 373, 374, 375, 378, 387, 700
Más bonita que ninguna 1965 西 未 何よりも素敵 559, 799
Maske in Blau 1943 独 未 青い仮面 777
Maske in Blau 1953 独 未 青い仮面 502, 523, 525, 780
Masquerade in Mexico 1945 米 未 メキシコの仮面舞踏会 199, 658
Maurice Chevalier Show, The 1956 米 TV モーリス・シュヴァリエ・ショー 457
Maurice Chevalier Special 1956 米 TV モーリス・シュヴァリエ・スペシャル 458
Mayor of 44th Street, The 1942 米 未 44丁目の市長 127, 639
Maytime 1923 米 公開 春来りなば 8
Maytime 1937 米 公開 君若き頃 98, 100, 102, 104, 490, 617
Maytime in Mayfair 1949 英 公開 メイフェアの五月 489, 491, 744
Mazurka 1935 独 公開 マズルカ 768
Meet Danny Wilson 1951 米 未 ダニー・ウィルソン物語 281, 283, 327, 679
Meet Me After the Show 1951 米 未 ショーの後で逢いましょう 143, 147, 405, 679
Meet Me at the Fair 1952 米 未 定期市で会いましょう 153, 682
Meet Me in Las Vegas 1956 米 公開 ラスヴェガスで逢いましょう 153, 265, 328, 692
Meet Me in St. Louis 1944 米 公開 若草の頃 154, 158, 161, 166, 398, 399, 652
Meet Me in St. Louis 1959 米 TV 若草の頃 461
Meet Me on Broadway 1946 米 未 ブロードウェイで会いましょう 663
Meet Miss Bobby Socks 1944 米 未 ミス十代を紹介します 652
Meet the Boy Friend 1937 米 未 ボーイ・フレンドを紹介します 230, 617
Meet the Navy 1946 英 未 海軍をご紹介 744
Meet the People 1944 米 未 庶民と接する 47, 184, 185, 186, 652
Meeting Venus 1991 ハンガリー 公開 ミーティング・ヴィーナス 791
Mein Herz ruft nach dir 1934 独 公開 唄へ今宵を 504, 505, 506, 507, 573, 767
Mein Mann, das Wirtschaftswunder 1961 独 未 夫は奇跡的経済復興 784
Meine Frau macht Dummheiten 1952 独 未 愚妻 530, 780
Meine Frau, die Hochstaplerin 1931 独 未 わが妻は実業家 517, 761
Meine Tante - deine Tante 1939 独 未 私の叔母 あなたの叔母 526, 773
Meine Tochter tut das nicht 1940 独 公開 娘に限って 775
mejor es reir, Lo 1931 西 未 笑いが一番 541, 791
Melba 1953 英 公開 メルバ 745, 847
Melodía de arrabal 1933 西 未 場末のメロディ 541, 792
Melodie der Liebe 1932 独 未 愛の旋律 503, 763
Melodie Der Welt 1929 独 公開 世界のメロディ 500, 758
Melodie des Herzens 1929 独 公開 悲歌 (エレジー) 500, 513, 758
Melodie eterne 1940 伊 未 不滅の旋律 573, 813

Melodie immortali - Mascagni　1955　伊　未　不滅のメロディ　マスカーニ　819, 846
Melody and Moonlight　1940　米　未　旋律と月光　226, 227, 631
Melody Cruise　1933　米　公開　レヴュー艦隊　82, 600
Melody for Two　1937　米　公開　二人のメロディ　229, 617
Melody in Spring　1934　米　公開　風の接吻　603
Melody Lane　1929　米　公開　哀調の小径　588
Melody Lane　1941　米　未　旋律の小径　230, 635
Melody Parade　1943　米　未　メロディの行進　646
Melody Ranch　1940　米　未　メロディ牧場　118, 232, 631
Melody Time　1948　米　未　メロディ・タイム　217, 239, 241, 245, 671
Menschen ohne Vaterland　1937　独　未　祖国なき人　770
mentira de la gloria, La　1946　西　未　偽りの栄光　543, 794
Merry Andrew　1958　米　公開　僕はツイてる　305, 308, 695
Merry Monahans, The　1944　米　未　陽気なモナハン一家　222, 224, 652
Merry Widow, The　1934　米　公開　メリイ・ウィドウ　51, 98, 99, 400, 603
Merry Widow, The　1950　米　TV　メリー・ウィドウ　456
Merry Widow, The　1952　米　公開　メリイ・ウィドウ　184, 682
Merry Widow, The　1955　米　TV　メリー・ウィドウ　457
Merry-Go-Round of 1938　1937　米　未　1938年の回転木馬　618
Metropolitan　1935　米　公開　メトロポリタン　98, 608
Mexican Hayride　1948　米　公開　凸凹闘牛の巻　671
Mexicana　1945　米　未　メキシコ娘　235, 659
Mezzanotte d'amore　1970　伊　未　愛の真夜中　828
Mi último tango　1960　西　未　最後のタンゴ　552, 553, 797
Mi vedrai tornare　1966　伊　未　僕は戻ってくる　825
mia canzone al vento, La　1939　伊　未　風に向かう我が歌　813
microfono è vostro, Il　1951　伊　未　マイクはあなたのもの　816
Midshipmaid, The　1932　英　公開　艦隊歓迎　486, 730
Midsummer Night's Dream, A　1935　米　公開　真夏の夜の夢　608
Mighty Wind, A　2003　米　公開　みんなのうた　723
Mikado, The　1939　英　未　ミカド　739
Mikado, The　1967　英　未　ミカド　750
Milkman, The　1950　米　未　牛乳配達人　119, 223, 676
Million Dollar Legs　1932　米　公開　進めオリンピック　64
Million Dollar Mermaid　1952　米　公開　百万弗の人魚　19, 38, 156, 179, 182, 397, 403, 682
million, Le　1931　仏　公開　ル・ミリオン　564, 567, 804
Millions in the Air　1935　米　公開　放送豪華版　608
Millions Like Us　1943　英　未　私達のような何百万人もの人々　742
Mimi　1935　英　公開　ラ・ボエーム　734
Mina... fuori la guardia　1961　伊　未　ミーナ…解き放たれて　822
Minstrel Man　1944　米　未　ミンストレル芸人　652
Minstrel Man　1977　米　TV　ミンストレル芸人　464
Miquette　1940　仏　未　ミケット　509, 512, 564, 806
Misérables, Les　2012　英　公開　レ・ミゼラブル　414, 423, 484, 756
Miss Arizona　1988　伊　未　ミス・アリゾナ　831
Miss Liberty　1951　米　TV　ミス・リバティ　456
Miss London Ltd.　1943　英　未　ミス・ロンドン有限責任会社　742
Miss Sadie Thompson　1953　米　公開　雨に濡れた欲情　232, 251
Mississippi　1935　米　公開　ミシシッピ　58, 60, 207, 608, 916
Mississippi Gambler　1942　米　未　ミシシッピーの賭博師　239
Mister Big　1943　米　未　ミスター・ビッグ　216, 222, 230, 646
misterios de Tánger, Los　1942　西　未　タンジールの謎　545, 794
Mlle. Modiste　1951　米　TV　お針子さん　456

原題索引

Mlodosc Chopina　1952　ポーランド　未　若きショパン　839, 847
Mo' Better Blues　1990　米　公開　モ'・ベター・ブルース　716
Moderne Mitgift　1932　独　未　現代の持参金　507, 763
Molly and Me　1945　米　未　モリーと私　485, 486, 659
Mondo caldo di notte　1962　伊　公開　世界の熱い夜　572, 823
mondo di notte, Il　1961　伊　公開　世界の夜　572, 822, 829
mondo di notte numero 2, Il　1962　伊　公開　続・世界の夜　572, 823
mondo di notte numero 3, Il　1963　伊　未　続々・世界の夜　572, 823
Mondo di notte oggi　1976　伊　未　世界の夜の今日　829
Mondo sexy di notte　1962　伊　公開　世界のセクシー・ナイト　572, 823
Money from Home　1953　米　公開　底抜けふんだりけったり　309, 311
Monika. Eine Mutter kämpft um ihr Kind　1938　独　未　モニカ　母親は子供のために戦う　772
Monkey Bussiness　1931　米　公開　いんちき商売　55, 56, 596
Monsieur Beaucaire　1946　米　公開　我輩は名剣士　195, 198, 302
Montana Moon　1930　米　公開　モンタナの月　25, 97, 593
Monte Carlo　1930　米　公開　モンテ・カルロ　48, 49, 198, 488, 593
Montoyas y Tarantos　1989　西　公開　アンダルシアの恋物語　544, 801
Moon Over Burma　1940　米　未　ビルマの月　199, 631
Moon Over Las Vegas　1944　米　未　ラス・ヴェガスにかかる月　652
Moon Over Miami　1941　米　未　マイアミにかかる月　142, 144, 151, 635, 665
Moonlight and Cactus　1944　米　未　月明かりとサボテン　217, 653
Moonlight and Pretzels　1933　米　公開　月の宮殿　24, 600
Moonlight in Havana　1942　米　未　ハバナの月明かり　225, 228, 639
Moonlight in Hawaii　1941　米　未　ハワイの月明かり　226, 227, 635
Moonlight in Vermont　1943　米　未　ヴァーモントの月明かり　216, 646
Moonlight Masquerade　1942　米　未　月光の仮面舞踏会　228, 640
Moonlight Sonata　1937　英　公開　月光の曲　737
Morena Clara　1936　西　未　モレナ・クララ　541, 793
Morena Clara　1954　西　未　モレナ・クララ　547, 796
morena y una rubia, Una　1933　西　未　黒髪と金髪　542, 792
Morgen werde ich verhaftet　1939　独　未　明日には逮捕される　774
mort du cygne, La　1937　仏　公開　白鳥の死　473, 564, 669, 805
Mother Wore Tights　1947　米　未　ママはタイツをはいていた　143, 146, 152, 667
Mother's Boy　1929　米　未　母親っ子　588
Moulin Rouge　1934　米　公開　ムーラン・ルージュ　128, 603
Moulin Rouge　1940　仏　未　ムーラン・ルージュ　566
Moulin Rouge!　2001　米　公開　ムーランルージュ　425, 432, 722
Mountain Music　1937　米　公開　山は笑ふ　618
Movie Movie　1978　米　公開　ブルックリン物語　388, 394, 711
moza de cántaro, La　1954　西　未　水瓶の娘　550, 796
Mozart　1955　墺　未　モーツァルト　789, 846
Mr. Broadway　1933　米　未　ミスター・ブロードウェイ　600
Mr. Broadway　1957　米　TV　ミスター・ブロードウェイ　458
Mr. Bug Goes to Town　1941　米　公開　バッタ君町に行く　635
Mr. Dodd Takes the Air　1937　米　公開　ドッド君乗出す　209, 618
Mr. Holland's Opus　1995　米　公開　陽のあたる教室　718
Mr. Imperium　1951　米　未　皇帝さま　184, 276, 679
Mr. Magoo's Christmas Carol　1962　米　TV　マグー氏のクリスマス・キャロル　462
Mr. Music　1950　米　未　ミスター音楽　269, 297, 298, 676
Mrs. Brown, You've Got a Lovely Daughter　1968　英　公開　レッツ・ゴー！　ハーマンズ・ハーミッツ　496, 750
Mrs. Henderson Presents　2005　英　公開　ヘンダーソン夫人の贈り物　425, 433, 484, 756
Mrs. Santa Claus　1996　米　TV　サンタ夫人　465, 719

原題索引

Much Too Shy　1942　英　未　恥ずかしがりすぎ　492, 741
mujer perdida, La　1966　西　未　行方不明の女　552, 554, 799
Mulan　1998　米　公開　ムーラン　444, 448, 720
Muppet Movie, The　1979　英　未　マペットの夢見るハリウッド　410, 753
Murder at the Vanities　1934　米　公開　絢爛たる殺人　26, 207, 235, 501, 527, 604, 732, 788
Murder in the Blue Room　1944　米　未　青い部屋の殺人　229, 653
Murderer's Row　1966　米　公開　サイレンサー 殺人部隊　310, 313, 343, 367, 702
Muscle Beach Party　1964　米　未　ムキムキ・ビーチ　346
Music for Madame　1937　米　未　御婦人向けの音楽　618
Music for Millions　1944　米　公開　百万人の音楽　118, 184, 654
Music Goes 'Round, The　1936　米　公開　意気な紐育ッ子　613
Music Hall　1934　英　未　ミュージック・ホール　732
Music Hall Parade　1939　英　未　ミュージック・ホール・パレード　739
Music Hath Charms　1935　英　未　音楽は魅力を持つ　734
Music in Manhattan　1944　米　未　マンハッタンの音楽　653
Music in My Heart　1940　米　未　我が心の曲　231, 631
Music in the Air　1934　米　公開　空飛ぶ音楽　604
Music Is Magic　1935　米　公開　聖林スター合戦　84, 85, 608
Music Lovers, The　1970　英　公開　恋人たちの曲 悲愴　381, 392, 406, 484, 751, 847
Music Man, The　1962　米　公開　ミュージック・マン　292, 358, 360, 698
Music Man, The　2003　米　TV　ミュージック・マン　465, 723
Music of Gershwin, The　1956　米　TV　ガーシュウィンの音楽　458
Music of Regret, The　2008　米　未　悔恨のミュージック　726
Music of the Heart　1999　米　公開　ミュージック・オブ・ハート　721
Musical Chairs　2011　米　未　椅子取りゲーム　463, 728
Mussorgsky　1950　露　公開　夜明け　835, 847
Mutterlied　1937　独　未　母の歌　573, 770
Muzykalnaya istoriya　1941　露　未　音楽物語　581, 835
My Best Gal　1944　米　未　僕の一番の恋人　653
My Blue Heaven　1950　米　未　私の青空　143, 146, 152, 287, 677
My Buddy　1944　米　未　俺の仲間　236, 653
My Dream Is Yours　1949　米　未　夢はあなたに　316, 317, 674
My Fair Lady　1964　米　公開　マイ・フェア・レディ　4, 73, 167, 176, 257, 351, 359, 361, 362, 363, 365, 367, 369, 423, 700
My Favorite Brunette　1947　米　未　お気に入りの黒髪娘　199, 667
My Favorite Spy　1942　米　未　私のお気に入りのスパイ　209, 640
My Favorite Spy　1951　米　公開　腰抜けモロッコ騒動　301, 302, 640
My Friend Irma　1949　米　未　友達のイルマ　309, 674, 677
My Friend Irma Goes West　1950　米　未　友達のイルマ西へ行く　309, 677
My Gal Loves Music　1944　米　未　僕の彼女は音楽好き　229, 653
My Gal Sal　1942　米　未　僕の恋人サリー　231, 405, 640, 843
My iz dzhaza　1983　露　公開　ジャズメン　837
My Lips Betray　1933　米　公開　裏切る唇　94, 509, 511, 600
My Little Chickadee　1940　米　未　私の小さなチカデー　65, 66
My Lucky Star　1938　米　公開　燦めく銀星　93, 94, 624
My Man　1928　米　未　マイ・マン　21, 585
My Pal Trigger　1946　米　公開　愛馬トリッガー　238, 663
My Sister Eileen　1955　米　未　マイ・シスター・アイリーン　327, 328, 690
My Weakness　1933　米　公開　妾（わたし）の弱点　509, 511, 600
My Wild Irish Rose　1947　米　未　僕の野育ちアイルランドのローズ　206, 667, 843
Myrt and Marge　1933　米　未　マートとマージ　600
Mystery in Mexico　1948　米　未　メキシコの謎　671

N

Nacht der Entscheidung, Die　1938　独　未　決断の夜　772
Nacht der großen Liebe, Die　1933　独　未　偉大なる愛の夜　529, 765
Nacht im Grandhotel, Eine　1931　独　未　グランド・ホテルの一夜　507, 761
Nacht im Mai, Eine　1938　独　未　五月の一夜　523, 524, 772
Nacht in Venedig, Die　1942　独　未　ヴェネチアの夜　533, 776
Nacht vor der Premiere, Die　1959　独　未　初演前夜　523, 783
Nachts im grünen Kakadu　1957　独　未　緑のオウムの夜　523, 525, 782
Naked Tango　1990　スイス　公開　ネイキッド・タンゴ　838
Nancy Goes to Rio　1950　米　未　ナンシー、リオへ行く　151, 177, 213, 273, 404, 677
Nanon　1938　独　未　ナノン　772
Napoleon ist an allem schuld　1938　独　未　ナポレオンが全部悪い　772
Napoli è sempre Napoli　1954　伊　未　ナポリはいつでもナポリ　818
Napoli è tutta una canzone　1959　伊　未　ナポリはすべてひとつの歌　821
Napoli piange e ride　1954　伊　未　ナポリは泣き笑う　818
Napoli sole mio!　1958　伊　未　ナポリ我が太陽！　821
Napule e Surriento　1929　伊　未　ナポリとソレント　812
Nashville　1975　米　公開　ナッシュビル　408, 709
Natalka Poltavka　1936　露　未　ポルタヴィアの娘ナタルカ　580, 834
National Lampoon's Christmas Vacation　1989　米　公開　ナショナル・ランプーン クリスマス・バケーション　716
Naughty But Nice　1939　米　未　行儀悪いけど素敵　47, 207, 627
Naughty Marietta　1935　米　公開　浮かれ姫君　98, 99, 104, 403, 608
Naughty Marietta　1954　米　TV　ノーティ・マリエッタ　457
Naughty Nineties, The　1945　米　未　奔放の90年代　218, 221, 659
Navy Blues　1941　米　未　水兵たち　207, 635
negro que tenía el alma blanca, El　1934　西　未　清い心を持っていた黒人　540, 543, 792
Nel sole　1967　伊　未　白日の下　826
Nell Gwyn　1934　英　未　ネル・グウィン　489, 490, 732
Neptune's Daughter　1949　米　公開　水着の女王　179, 181, 397, 674
Nessuno mi può giudicare　1966　伊　未　誰も私を裁くことはできない　825
Never a Dull Moment　1943　米　未　楽しくて仕方ない　239, 646
Never a Dull Moment　1950　米　未　楽しくて仕方ない　70, 845
Never Give a Sucker an Even Break　1941　米　未　カモに半分はやるな　216, 635
Never Say Die　1939　米　未　死ぬとは言わないで　195, 196
Never Steal Anything Small　1959　米　未　下らぬものを盗むな　205, 292, 696
New Faces　1954　米　未　ニュー・フェイス　329, 687
New Faces of 1937　1937　米　公開　新人豪華版　82, 232, 618, 687
New Moon　1930　米　公開　ニュー・ムーン　98, 123, 593
New Moon　1940　米　公開　ニュー・ムーン　98, 102, 104, 399, 631
New Movietone Follies of 1930　1930　米　公開　1930年フォックス・フォリス　27, 593
New Orleans　1947　米　未　ニューオリンズ　477, 479, 667
New Wine　1941　米　公開　永遠の調べ　635, 846
New York, New York　1977　米　公開　ニューヨーク・ニューヨーク　379, 387, 394, 709
Newsies　1992　米　未　ニュージーズ　343, 451, 717
Nice Girl?　1941　米　未　楽しい娘？　212, 213, 635
Nie Wieder Liebe　1931　独　公開　女人禁制　509, 510, 761
Night after Night　1932　米　公開　夜毎来る女　65
Night and Day　1946　米　公開　夜も昼も　200, 209, 211, 663, 843
Night at Earl Carroll's, A　1940　米　未　アール・キャロルでの一夜　235, 240, 631
Night at the Opera, A　1935　米　公開　オペラは踊る　56, 106, 116, 399, 400, 608
Night Club　1929　米　未　ナイト・クラブ　37

Night Club Girl 1945 米 未 ナイト・クラブの娘 659
Night in Casablanca, A 1946 米 公開 マルクス捕物帖 106, 107
Night Is Young, The 1935 米 公開 春の宵 287, 491, 608
Night They Raided Minsky's, The 1968 米 未 ミンスキーの劇場が手入れをうけた夜 370, 703
Night World 1932 米 公開 夜の世界 38
Nightmare Before Christmas, The 1993 米 公開 ナイトメアー・ビフォア・クリスマス 717, 759
Nijinsky 1980 米 公開 ニジンスキー 439, 474, 712, 845
niña del patio, La 1967 西 未 中庭の女の子 545, 800
Nine 2009 米 公開 NINE 414, 422, 727
niño de las monjas, El 1935 西 未 尼僧たちの子供 542, 792
Nitwits, The 1935 米 未 間抜けたち 68, 142, 608
No Leave, No Love 1946 米 公開 恋愛放送 664
No Limit 1935 英 公開 スピード無制限 492, 734
No, No, Nanette 1930 米 公開 浮気成金 24, 593
No, No, Nanette 1940 米 未 ノー、ノー、ナネット 318, 489, 490, 631
No! No! Nanette! 1951 米 TV ノー！ノー！ナネット！ 456
Nob Hill 1945 米 未 ノブ・ヒル 64, 659
Nobleza baturra 1935 西 未 気高きアラゴン娘 541, 792
Nobody's Baby 1937 米 未 親なしの赤ん坊 64, 618
Nobody's Darling 1943 米 未 秘蔵っ子 646
Noches de Casablanca 1963 西 公開 カサブランカの夜 552, 554, 798
Non mi dire mai good-bye 1967 伊 未 さよならは決して言わないで 826
Non son degno di te 1966 伊 未 僕は君には不釣り合い 825
Non stuzzicate la zanzara 1967 伊 未 かしまし娘を放っておいて 826
Non ti scordar di me 1935 伊 未 忘れな草 813
Northwest Outpost 1947 米 未 北西入植地 104, 106, 667
novia de Juan Lucero, La 1959 西 未 ホアン・ルセロの恋人 546, 797
novicia rebelde, La 1971 西 未 新米反抗者 560, 800
novio de mamá, El 1934 西 未 ママの婚約者 541, 792
nueva Cenicienta, La 1964 西 公開 マリソルの初恋 539, 557, 558, 799

O

'O surdato 'nnammurato 1983 伊 未 恋する兵士 831
Ocean's Eleven 1960 米 公開 オーシャンと十一人の仲間 281, 282, 286, 309, 348, 366
Of Men and Music 1951 米 未 人間と音楽について 680
Of Thee I Sing 1971 米 TV 君がため我は歌わん 463
Off the Dole 1935 英 未 失業給付はカットしろ 492, 734
Oh! Calcutta! 1972 米 公開 オー！カルカッタ！ 383, 707
Oh, Daddy! 1935 英 未 ああ、父さん！ 735
Oh, For a Man! 1930 米 公開 盗まれた接吻 50, 593
Oh Johnny, How You Can Love! 1940 米 未 ジョニー、どんなに愛せるの！ 631
Oh, Kay! 1928 米 公開 万事円満 9
Oh! Qué mambo 1959 伊 未 若き獅子 821
Oh... Rosalinda!! 1955 英 公開 美わしのロザリンダ 483, 494, 495, 746
Oh! Sailor Behave! 1930 米 未 水兵さん行儀良く！ 25, 593
Oh, You Beautiful Doll 1949 米 未 君は綺麗な娘さん 150, 674, 845
Oh! What a Lovely War 1969 英 公開 素晴らしき戦争 3, 5, 359, 365, 482, 484, 751
O. K. Nero 1951 伊 公開 OK・ネロ 816
O-Kay for Sound 1937 英 未 音は大丈夫 737
Oklahoma Annie 1952 米 未 オクラホマ・アニー 237, 682
Oklahoma! 1955 米 公開 オクラホマ！ 250, 251, 252, 292, 293, 294, 295, 323, 326, 357, 402, 471, 690
Old Curiosity Shop, The 1975 英 未 骨董屋 752

Old Homestead, The 1935 米 未 懐かしの我が家 25, 69, 608
Old Homestead, The 1942 米 未 懐かしの我が家 640
Old Man Rhythm 1935 米 公開 大学の人気者 142, 608
Old-Fashioned Girl, An 1949 米 未 古風な娘 216, 674
Oliver! 1968 米 公開 オリバー！ 359, 364, 387, 389, 419, 484, 495, 704
Oliver & Company 1988 米 公開 オリバー ニューヨーク子猫ものがたり 364, 444, 716
Olympus 7-000 1966 米 TV オリムパス7000番 462
On a Clear Day You Can See Forever 1970 米 公開 晴れた日に永遠が見える 354, 355, 379, 705
On Again-Off Again 1937 米 公開 喧嘩商会 68
On an Island with You 1948 米 未 島であなたと共に 118, 179, 181, 264, 396, 397, 671
On connaît la chanson 1997 仏 公開 恋するシャンソン 565, 811
On Moonlight Bay 1951 米 未 月光の入り江で 316, 319, 320, 323, 680, 683
On Stage Everybody 1945 米 未 みんなの出番 223, 659
On the Air 1934 英 未 放送中 733
On the Avenue 1937 米 公開 陽気な街 47, 84, 86, 405, 618
On the Double 1961 米 公開 ダニー・ケイの替え玉作戦 304, 308
On the Old Spanish Trail 1947 米 未 古いスペイン街道で 228, 668
On the Riviera 1951 米 公開 南仏(みなみフランス)夜話 夫(ハズ)は偽者 139, 304, 307, 680
On the Town 1949 米 公開 踊る大紐育 42, 154, 169, 171, 173, 187, 255, 259, 262, 265, 266, 281, 398, 403, 674, 784
On with the Show! 1929 米 公開 エロ大行進曲 13, 26, 28, 588
On Your Toes 1939 米 未 油断なく 136, 222, 471, 627
Once 2006 アイルランド 公開 ONCE ダブリンの街角で 757
Once Upon a Brothers Grimm 1977 米 TV 昔むかしグリム兄弟 464
Once Upon a Mattress 1964 米 TV ワンス・アポン・ア・マットレス 461
Once Upon a Mattress 1972 米 TV ワンス・アポン・ア・マットレス 461
Once Upon a Mattress 2005 米 TV ワンス・アポン・ア・マットレス 724
One and Only Genuine Original Family Band, The 1968 米 公開 ファミリー・バンド 367, 371, 374, 704
One Dark Night 1939 米 未 暗い夜 627
One Exciting Night 1944 英 未 興奮の一夜 493, 743
One from the Heart 1982 英 公開 ワン・フロム・ザ・ハート 753
One Heavenly Night 1931 米 公開 天国の一夜 491, 596
One Hour with You 1932 米 公開 君とひととき 48, 50, 51, 597
One Hundred and One Dalmatians 1961 米 公開 101匹わんちゃん 332, 371, 409
One Hundred Men and a Girl 1937 米 公開 オーケストラの少女 121, 618
One in a Million 1936 米 公開 銀盤の女王 93, 151, 405, 613
One Mad Kiss 1930 米 公開 情熱の唇 593
One Night in the Tropics 1940 米 未 熱帯の一夜 217, 218, 225, 631
One Night of Love 1934 米 公開 恋の一夜 123, 124, 604
One Sunday Afternoon 1948 米 未 ある日曜日の午後 206, 210, 671
One Touch of Venus 1948 米 公開 ヴィナスの接吻 152, 167, 230, 362, 671
One Touch of Venus 1955 米 TV ヴィナスの接吻 459
Only You 1994 米 公開 オンリー・ユー 718
Operator 13 1934 米 公開 硝煙と薔薇 97
Operette 1940 独 公開 維納物語 775
Opernball 1939 独 未 オペラ座の舞踏会 530, 531, 774
Opernball 1956 墺 未 オペラ座の舞踏会 527, 789
Opernredoute 1931 独 未 オペラ座の仮装舞踏会 515, 761
Opernring 1936 墺 未 オーパンリンク 505, 506, 573, 788
Opposite Sex, The 1956 米 未 異性 266, 692
Orchestra Wives 1942 米 未 オーケストラの妻たち 640
Ore dieci lezione di canto 1955 伊 未 歌の十課 819

Orfeu Negro 1959 仏 公開 黒いオルフェ 808
oro del mondo, L' 1968 伊 未 世界の金 827
Our Dancing Daughters 1928 米 公開 踊る娘達 97
Our Town 1955 米 TV わが町 458
Out of the Blue 1931 英 未 思いがけずに 486, 729
Out of This World 1945 米 未 とびきりの上等 204, 659
Outlaw Blues 1977 米 公開 アウトロー・ブルース 710
Outside of Paradise 1938 米 未 楽園の外で 624
Over She Goes 1938 英 未 彼女は上を行く 739

P

Paddy O'Day 1935 米 公開 可愛いオデイ 231, 608
padrone del vapore, Il 1951 伊 未 温泉の女将 816
Pagan Love Song 1950 米 未 パガン島の恋歌 179, 182, 183, 277, 397, 677
Paganini 1989 伊 公開 パガニーニ 442, 443, 832, 846
Page Miss Glory 1935 米 未 ミス・グローリーを呼び出せ 47, 97, 608
Pagliacci 1936 伊 未 道化師 503, 504, 813
pagliacci, I 1943 伊 未 道化師 814
pagliacci, I 1948 伊 未 道化師 815
Paint Your Wagon 1969 米 公開 ペンチャー・ワゴン 359, 365, 704
Painted Angel, The 1929 米 公開 化粧の天使 588
Painting the Clouds with Sunshine 1951 米 未 雲を日光で彩れ 206, 325, 326, 680
Pajama Game, The 1957 米 公開 パジャマ・ゲーム 263, 317, 322, 326, 357, 693
Pajama Party 1964 米 未 パジャマ・パーティ 346, 347
Pal Joey 1957 米 公開 夜の豹 233, 281, 285, 694
Paleface, The 1948 米 公開 腰抜け二挺拳銃 195, 198, 253, 301, 302, 303, 320, 329, 672, 683
Palm Springs 1936 米 未 パーム・スプリングス 238, 613
Palmy Days 1931 米 公開 突貫勘太 18, 19, 38, 63, 596
Paloma, La 1959 独 未 ラ・パロマ 784
Palooka 1934 米 公開 頓間パルーカ 118, 604
Pan-Americana 1945 米 未 南北アメリカの娘 659
Panama Hattie 1942 米 未 パナマのハティ 152, 404, 544, 640
Panama Hattie 1954 米 TV パナマのハティ 126, 459
Panorama 1956 米 TV パノラマ 457
Paprika 1932 独 未 パプリカ 520, 763
Par ordre du tsar 1954 仏 公開 ウィーンの別離 807, 847
Paradies der Junggesellen 1939 独 公開 独身の楽園 774
Paradise for Two 1937 英 公開 踊るロマンス 738
Paradise Hawaiian Style 1966 米 公開 ハワイアン・パラダイス 335, 340, 702
Paramount on Parade 1930 米 公開 パラマウント・オン・パレイド 23, 24, 26, 30, 51, 57, 60, 593
parapluies de Cherbourg, Les 1964 仏 公開 シェルブールの雨傘 565, 567, 568, 569, 745, 808, 812
Pardners 1956 米 公開 底抜け西部へ行く 309, 312, 692
Pardon My Rhythm 1944 米 未 リズムはお許しを 216, 653
Pardon My Sarong 1942 米 公開 凸凹宝島騒動 217, 220, 230, 640
Pardon, tévedtem 1933 ハンガリー 未 失礼、私の間違いです 520, 529, 791
Paris 1929 米 公開 巴里 487, 588
Paris attraction 1927 仏 公開 花のパリ 564, 803
Paris Blues 1961 米 公開 パリの旅愁 697
Paris Follies of 1956 1955 米 未 パリのフォリーズ1956年版 690
Paris Honeymoon 1939 米 未 パリのハネムーン 58, 62, 520, 627
Paris in Spring 1935 米 公開 巴里は夜もすがら 208, 609
Paris in the Springtime 1956 米 TV 春のパリ 457
Parlami di me 2008 伊 未 私のことを話して 833

原題索引

Pas sur la bouche 2003 仏 公開 巴里の恋愛協奏曲（コンチェルト） 566, 811
Passing Strange 2009 米 未 パッシング・ストレンジ 727
patria chica, La 1943 西 未 田舎娘 545, 794
Patrick the Great 1945 米 未 偉大なるパトリック 222, 657
pays, d'où je viens, Le 1956 仏 公開 遥かなる国から来た男 807
Peach-O-Reno 1931 米 未 リノの娘 68, 596
Peau d'âne 1970 仏 公開 ロバと王女 565, 568, 569, 809
Pecado de amor 1961 西 未 愛の罪 552, 553, 798
Pechmarie 1934 独 未 不運なマリー 767
Peggio per me... meglio per te 1968 伊 未 損は私で、得は君 827
Pennies from Heaven 1936 米 公開 黄金の雨 58, 61, 425, 427, 613, 713
Pennies from Heaven 1981 米 未 ペニーズ・フロム・ヘヴン 77, 424, 427, 565, 712
Pensando a te 1969 伊 未 貴方を想って 827
Pensiero d'amore 1969 伊 未 愛の心配 827
Penthouse Rhythm 1945 米 未 ペントハウスのリズム 659
People Are Funny 1946 米 未 人々は面白い 128, 239, 664
Pepe 1960 米 公開 ペペ 52, 119, 153, 158, 277, 292, 297, 309, 366, 367, 697
pequeño coronel, El 1960 西 未 小さな大佐 556, 797
pequeño ruiseñor, El 1956 西 未 小さなナイチンゲール 539, 555, 796
Per amore... per magia... 1967 伊 未 愛のため…魔法のため… 826
Perdono 1966 伊 未 許し 825
Perfide ma belle 1959 伊 未 不誠実だが美しい 821
Pergolesi 1933 伊 未 ペルゴレージ 812, 846
Perils of Pauline, The 1947 米 公開 ポーリンの冒険 201, 202, 668, 845
Persecution and Assassination of Jean-Paul Marat, as Performed by the Inmates of the Asylum of Charenton, under the Direction of the Marquis de Sade, The 1967 英 公開 マルキ・ド・サドの演出のもとにシャラントン精神病院患者によって演じられたジャン=ポール・マラーの迫害と暗殺 483, 750
Pete Kelly's Blues 1955 米 公開 皆殺しのトランペット 690
Peter 1934 ハンガリー 公開 ペエテルの歓び 521, 791
Peter im Schnee 1937 墺 未 雪の中のペーター 516, 788
Peter Pan 1953 米 公開 ピーター・パン 330, 331, 685
Peter Pan 1955 米 TV ピーター・パン 458, 461
Peter Pan 1956 米 TV ピーター・パン 461
Peter Pan 1960 米 TV ピーター・パン 461
Peter Pan 1976 米 TV ピーター・パン 459, 463
Peter Tchaikovsky Story, The 1960 米 公開 チャイコフスキー物語 371, 372, 847
Pete's Dragon 1977 米 未 ピートとドラゴン 116, 450, 451, 710
Petty Girl, The 1950 米 未 ペティ・ガール 677
Phantom of the Opera 1943 米 公開 オペラの怪人 104, 105, 225, 419, 646
Phantom of the Opera, The 2004 英 公開 オペラ座の怪人 105, 388, 413, 419, 484, 708, 756
Phantom of the Paradise 1974 米 公開 ファントム・オブ・パラダイス 388, 391, 708
Phantom President, The 1932 米 公開 お化け大統領 117, 597
Piaf 1974 仏 公開 愛の讃歌 809, 845
Piange... il telefono 1975 伊 未 嘆き…電話 829
Piano, The 1993 豪 公開 ピアノ・レッスン 758
pícara molinera, La 1955 西 未 賢い粉屋の女房 549, 796
Pick a Star 1937 米 公開 からくり女王 64, 117
Pictures at an Exhibition 1972 英 未 展覧会の絵 751
Pied Piper, The 1972 英 公開 ハメルンの笛吹き 565, 568, 569, 751
Pied Piper of Hamelin, The 1957 米 TV ハメルンの笛吹き男 460
Pigskin Parade 1936 米 未 フットボール・パレード 111, 112, 226, 405, 613
Pin Up Girl 1944 米 未 ピンナップ・ガール 143, 145, 653

Pina　2011　米　公開　Pina／ピナ・バウシュ　踊り続けるいのち　439, 442
Pink Floyd The Wall　1982　英　公開　ピンク・フロイド　ザ・ウォール　484, 753
Pinocchio　1940　米　公開　ピノキオ　25, 26, 241, 242, 269, 330, 331, 631
Pinocchio　1957　米　TV　ピノキオ　460
Pinocchio　1965　米　TV　ピノキオ　462
Pinocchio　1967　米　TV　ピノキオ　459, 462
Pinocchio　1976　米　TV　ピノキオ　464
Pirate, The　1948　米　公開　踊る海賊　157, 158, 169, 172, 259, 283, 398, 399, 672
Pirate Movie, The　1982　豪　公開　パイレーツ・ムービー　757
Pirates of Penzance, The　1983　英・米　未　ペンザンスの海賊　753
Pistol Packin' Mama　1943　米　未　ピストルを持つママ　236, 646
più bella coppia del mondo, La　1968　伊　未　世界で一番美しいカップル　827
Plantation Act, A　1926　米　未　農園の一幕　14, 15
Play It Cool　1962　英　未　落ち着いていこう　748
Playboy of Paris　1930　米　公開　巴里選手　51, 53, 593
Playmates　1941　米　未　遊び友達　635
Pleasure Seekers, The　1964　米　公開　マドリードで乾杯　343, 344, 367, 700
Pocahontas　1995　米　公開　ポカホンタス　444, 447, 719
Pointed Heels　1929　米　公開　レヴュー結婚　23, 588
Polly　1989　米　TV　ポリー　歌う天使　465, 716
Polly-Comin' Home!　1990　米　TV　ポリーの帰郷　465
Pollyanna　1960　米　公開　ポリアンナ　371, 372
Polvere di stelle　1973　伊　未　星屑　829
Pompadour, Die　1935　墺　未　ポムパドール夫人　517, 787
pompieri di Viggiù, I　1949　伊　未　ヴィッジュの消防士　815
Poor Little Rich Girl　1936　米　公開　テムプルの福の神　84, 89, 91, 613
Pop Gear　1965　英　公開　ポップ・ギア　497, 749
Popcorn e patatine　1985　伊　未　ポップコーンとポテトチップス　831
Poppy　1936　米　公開　南瓜おやじ　613
Porgy and Bess　1959　米　公開　ポギーとベス　477, 479, 696
portes de la nuit, Les　1946　仏　未　夜の門　806
Pot o' Gold　1940　米　未　恋のラジオ放送　205, 631
Powers Girl, The　1943　米　未　パワーズの娘　127, 646
Prairie Home Companion, A　2006　米　公開　今宵、フィッツジェラルド劇場で　725
Preacher's Wife, The　1996　米　公開　天使の贈り物　477, 719
Premiere　1937　墺　未　初演　501, 527, 529, 788
Presenting Lily Mars　1943　米　未　リリー・マースの出演です　157, 160, 507, 646
Primo applauso　1957　伊　未　最初の喝采　820
Prince of Egypt　1998　米　公開　プリンス・オブ・エジプト　453, 720
Princess and the Frog, The　2009　米　公開　プリンセスと魔法のキス　444, 449, 727
Princess and the Pirate, The　1944　米　公開　姫君と海賊　195, 197, 325
Princess Charming　1934　英　未　魅惑王女　491, 733
Princess Comes Across, The　1936　米　公開　姫君海を渡る　613
Princess Tam Tam　1935　仏　公開　タムタム姫　564, 566, 805
Prinz von Arkadien, Der　1932　独　未　アルカディアの王子　208, 516, 763
Prinzessin Turandot　1934　独　公開　桃源郷　513, 517, 767
Priorities on Parade　1942　米　未　優先配備勢揃い　232, 640
Prisionero en la ciudad　1969　西　未　都会の囚人　556, 800
Private Buckaroo　1942　米　未　カウボーイ二等兵　217, 222, 223, 640
Privatsekretärin, Die　1931　独　未　秘書　518, 519, 761
Privilege　1967　英　公開　傷だらけのアイドル　750
Prodigal, The　1931　米　公開　南方の放浪者　25, 98, 596
Producers, The　2005　米　公開　プロデューサーズ　414, 420, 720, 724

原題索引

Professor Nachtfalter　1951　独　未　夜の蝶教授　526, 779
Proibito erotico　1978　伊　未　禁じられたエロチカ　829
Promenade　1955　米　TV　プロムナード　457
Proshchaniye s Peterburgom　1971　露　公開　ヨハン・シュトラウス 白樺のワルツ　837
Puccini　1953　伊　未　プッチーニ　573, 817, 847
Puddin' Head　1941　米　未　お馬鹿さん　237, 635
Puerta cerrada　1939　アルゼンチン　公開　薔薇のタンゴ　802
Pufnstuf　1970　米　未　怪獣島の大冒険　705
Punk Rock Movie, The　1978　英　公開　パンク・ロック・ムービー　752
Purple Heart Diary　1951　米　未　名誉戦傷日記　239, 680
Puttin' on the Ritz　1930　米　公開　目覚めよ感激　593

Q

Quand te tues-tu?　1953　西　未　貴方はいつ死ぬの　544
Quando dico che ti amo　1967　伊　未　君を愛すと言う時　826
Quando tramonta il sole　1955　伊　未　陽の沈む時　819
Quatorze Juillet　1933　仏　公開　巴里祭　564, 567, 805
Queen High　1930　米　公開　喧嘩商売　80, 594
Queen of Hearts　1936　英　未　ハートの女王　484, 485, 736
Queen of the Gypsies　2002　米　未　ジプシーの女王　544, 722
Queen of the Night Clubs　1929　米　未　ナイト・クラブの女王　63, 202, 588
Queen of the Stardust Ballroom　1975　米　TV　スターダストの女王　463
Queen's Affair, The　1934　英　未　女王の恋愛　489, 490, 733
Quelli belli... siamo noi　1970　伊　未　美しいもの…それは私たち　828
Questi pazzi, pazzi italiani　1965　伊　未　この大鹿のイタリア人たち　824
Questo pazzo, pazzo mondo della canzone　1964　伊　未　狂った歌の世界　824
Quick　1932　独　未　クイック　509, 764
Quillow and the Giant　1963　米　TV　クイロウと巨人　463
Quincy's Quest　1979　英　未　クインシーの冒険　459, 496, 753

R

Radio City Revels　1938　米　未　ラジオ・シティの大騒ぎ　232, 624
Radio Lover　1936　英　未　ラジオ好き　736
Radio Parade of 1935　1934　英　未　ラジオ・パレード1935年版　733
Radio Pirates　1935　英　未　海賊ラジオ　735
Radio Stars on Parade　1945　米　未　ラジオ・スター勢揃い　239, 659
Raga　1971　米　公開　ラヴィ・シャンカール わが魂の詩・ラーガ　408, 706
ragazza tutta d'oro, Una　1967　伊　未　貴重な娘　826
ragazzi del juke-box, I　1959　伊　未　ジューク・ボックスの若者たち　821
ragazzi dell'Hully Gully, I　1964　伊　未　ハリー・ガリーの子供たち　824
ragazzi di Bandiera Gialla, I　1967　伊　未　黄旗の少年たち　826
ragazzo che sorride, Il　1969　伊　未　微笑む青年　827
Rain or Shine　1930　米　未　降っても照っても　594
Rainbow Island　1944　米　未　虹の島　199, 653
Rainbow Man, The　1929　米　公開　虹の男　588
Rainbow on the River　1936　米　公開　ボビーの凱歌　614
Rainbow Over Broadway　1933　米　未　ブロードウェイにかかる虹　600
Rainbow 'Round My Shoulder　1952　米　未　肩にかかる虹　327, 682
Rainmakers, The　1935　米　未　降雨祭　69, 609
Raise the Roof　1930　英　未　大喝采　729
Rakoczy-Marsch　1933　墺　公開　ハンガリア驃騎兵（ひょうきへい）　786
Ramona　1928　米　公開　ラモナ　585
Ramona　1936　米　公開　ラモナ　151, 614

Ramsbottom Rides Again 1956 英 未 ラムズボトム再び乗りだす 746
Rappin' 1985 米 未 ダウンタウン・ウォーズ 435, 715
Rascals 1938 米 未 放浪者たち 405, 624
Raub der Mona Lisa, Der 1931 独 公開 モナ・リザの失踪 529, 762
Ray 2004 米 公開 Ray レイ 425, 433, 477, 724, 844
rayo de luz, Un 1960 西 公開 太陽は泣かない 539, 557, 797
Ready, Willing and Able 1937 米 未 準備と意志と才能 38, 209, 618
Really Rosie 1975 米 TV リアリー・ロージー 464
Rebecca of Sunnybrook Farm 1938 米 公開 農園の寵児 89, 90, 92, 405, 624
Reckless 1935 米 公開 無軌道行進曲 98, 114, 116, 397, 609, 844
Reckless Age 1944 米 未 向こう見ずな年頃 653
Red Garters 1954 米 未 赤いガーター 687
Red Mill 1927 米 未 赤い風車 8, 97
Red Shadow, The 1932 米 未 赤い影 24
Red Shoes, The 1948 英 公開 赤い靴 2, 260, 402, 473, 474, 483, 494, 581, 744, 745
Red, Hot and Blue 1949 米 未 赤とホットと青 201, 203, 240, 675
Redhead from Manhattan 1943 米 未 マンハッタンから来た赤毛娘 646
Red-Headed Woman 1932 米 未 赤毛の女 597
Redheads on Parade 1935 米 公開 赤毛パレード 609
Regina della Scala 1937 伊 未 スカラ座の女王 813
reina del Chantecler, La 1962 西 未 シャンテクレールの女王 552, 554, 798
reina mora, La 1937 西 未 ムーア人の王女 543, 793
Reluctant Dragon, The 1941 米 公開 リラクタント・ドラゴン 241, 245
Renaldo and Clara 1978 米 公開 レナルド&クララ 408, 711
Renate im Quartett 1939 独 未 弦楽四重奏団のレナーテ 517, 774
Renfrew of the Royal Mounted 1937 米 未 王室騎馬隊のレンフルー 618
Rent 2005 米 公開 RENT レント 414, 419, 724
Repo! The Genetic Opera 2008 米 公開 REPO! レポ 727
Requiebro 1955 アルゼンチン 未 口説く 549, 803
Rescuers, The 1977 米 公開 ビアンカの冒険 710
Reveille with Beverly 1943 米 未 ベヴァリーの起床ラッパ 130, 233, 646
Revenge with Music 1951 米 TV 音楽で復讐 456
Rêves d'amour 1947 仏 未 愛の夢 564, 806, 847
revoltosa, La 1949 西 未 お転婆娘 547, 549, 795
revue des revues, La 1927 仏 公開 モン・パリ 564, 566, 568, 803, 804
rey que rabió, El 1940 西 未 苦悩する王様 543, 793
Rhapsody 1954 米 公開 ラプソディー 688
Rhapsody in Blue 1945 米 公開 アメリカ交響楽 3, 156, 207, 210, 211, 227, 233, 659, 843
Rhythm in the Clouds 1937 米 未 夢見るリズム 230, 618
Rhythm Inn 1951 米 未 リズムの酒場 228, 680
Rhythm of the Islands 1943 米 未 島のリズム 226, 228, 646
Rhythm on the Range 1936 米 公開 愉快なリズム 58, 61, 312, 614, 692
Rhythm on the River 1940 米 未 川のリズム 190, 191, 200, 631
Rhythm Parade 1942 米 未 リズム・パレード 640
Rhythm Racketeer 1937 英 未 リズムのゆすり屋 738
Rhythm Serenade 1943 英 未 リズム・セレナーデ 493, 742
Rich, Young and Pretty 1951 米 未 若くて可愛く金持ち 273, 274, 680
Richard und Cosima 1986 独 公開 ワーグナーとコジマ 442, 565, 785
Ride 'Em Cowboy 1942 米 公開 凸凹カウボーイの巻 217, 219, 640
Riderà 1967 伊 未 笑うだろう 826
Riding High 1943 米 未 万事好調 47, 199, 647
Riding High 1950 米 公開 恋は青空の下 117, 297, 298, 647, 677
Rigoletto 1947 伊 未 リゴレット 573, 814

原題索引

Rigoletto e la sua tragedia　1954　伊　未　リゴレットと彼の悲劇　818
Rimsky-Korsakov　1952　露　未　リムスキー＝コルサコフ　836, 847
Rio Rita　1929　米　公開　リオ・リタ　68, 588, 640
Rio Rita　1942　米　公開　凸凹スパイ騒動　174, 217, 640
Rio Rita　1950　米　TV　リオ・リタ　456
Rise and Shine　1941　米　未　起床　127, 635
Rita la zanzara　1966　伊　未　かしまし娘リタ　825, 826
Rita, la figlia americana　1965　伊　未　アメリカ娘リタ　824
Ritorno　1940　伊　未　帰還　530, 531, 533, 813
River of No Return　1954　米　公開　帰らざる河　290, 291
Road Show　1941　米　未　巡回カーニバル　635
Road to Bali　1952　米　公開　バリ島珍道中　190, 297, 298, 301, 682
Road to Hollywood, The　1947　米　未　ハリウッド道中　190, 193, 194
Road to Hong Kong, The　1962　英　公開　ミサイル珍道中　190, 297, 298, 300, 301, 748
Road to Morocco　1942　米　公開　モロッコへの道　189, 191, 640
Road to Rio　1947　米　公開　南米珍道中　190, 194, 217, 668
Road to Singapore　1940　米　公開　シンガポール珍道中　189, 190, 631
Road to Singapore, The　1931　米　公開　シンガポール航路　596
Road to Utopia　1946　米　公開　アラスカ珍道中　190, 192, 664
Road to Zanzibar　1941　米　公開　アフリカ珍道中　189, 191, 636
Roadhouse Nights　1930　米　公開　河宿の夜　22, 117, 594
Roberta　1935　米　公開　ロバータ　69, 73, 75, 77, 80, 265, 269, 271, 401, 609, 682
Robin and the 7 Hoods　1964　米　公開　七人の愚連隊　282, 286, 297, 310, 366, 700
Robin Hood　1973　米　公開　ロビン・フッド　409, 708
Rocío de La Mancha　1963　西　未　ラ・マンチャのロシオ　559, 798
Rock Around the Clock　1956　米　公開　ロック・アンド・ロール　狂熱のジャズ　692
Rock of Ages　2012　米　公開　ロック・オブ・エイジズ　423, 728
Rock You Sinners　1958　英　未　ロックしようぜ　747
Rockabilly Baby　1957　米　未　ロカビリーの子供　694
Rock-a-Bye Baby　1958　米　公開　底抜け楽じゃないデス　310, 695
Rock'n'Roll High School　1979　米　公開　ロックンロール・ハイスクール　408, 711
Rocky Horror Picture Show, The　1975　米　公開　ロッキー・ホラー・ショー　379, 384, 709
Rogue Song, The　1930　米　公開　悪漢の唄　98, 117, 594
roi danse, Le　2000　仏　公開　王は踊る　811
roi des palaces, Le　1932　仏　未　ホテルの王様　572, 804
roi des resquilleurs, Le　1930　仏　公開　巴里っ子　564, 804
roi du cirage, Le　1932　仏　公開　靴屋の大将　564, 805
roi, Le　1949　仏　公開　王様　52, 564, 806
Roll Wagons Roll　1939　米　公開　幌馬車襲撃　238
Roman einer Nacht　1933　独　未　一夜の物語　516, 765
Roman Scandals　1933　米　公開　羅馬(ローマ)太平記　18, 19, 38, 42, 184, 321, 600
Romance & Cigarettes　2005　米　未　ロマンスと煙草　724
Romance in the Dark　1938　米　未　秘密の恋物語　624
Romance on the High Seas　1948　米　未　洋上のロマンス　156, 210, 316, 317, 672
Romantische Brautfahrt　1944　独　未　ロマンチックな新婚旅行　531, 532, 778
Romanzo d'amore　1950　伊　未　愛の物語　815, 847
romanzo della mia vita, Il　1953　伊　未　我が人生の物語　817
Romeo and Juliet　1966　英　未　ロミオとジュリエット　474
Romeo i Dzhulyetta　1955　露　公開　ロメオとジュリエット物語　474, 582, 836
Ronny　1931　独　公開　お洒落王国　513, 516, 517, 762
Rooftops　1989　米　未　ルーフトップ　435, 716
Rookies on Parade　1941　米　未　新兵総出演　235, 240, 636
Room Service　1938　米　未　ルーム・サーヴィス　56, 106, 107, 232, 282, 624, 654

Rosalie 1937 米 未 ロザリー 104, 108, 110, 208, 396, 619
Rosalinda 1956 米 TV ロザリンダ 458
Rosario la cortijera 1935 西 未 農家の娘ロサリオ 545, 792
Rose, The 1979 米 公開 ローズ 388, 395, 712, 844
Rose-Marie 1928 米 公開 ローズ・マリー 9, 97, 100
Rose Marie 1936 米 公開 ローズ・マリイ 98, 99, 104, 106, 116, 277, 396, 614
Rose Marie 1954 米 公開 ローズ・マリー 157, 224, 277, 688
Rose of the Rancho 1936 米 公開 ロジタ 614
Rose of Washington Square 1939 米 未 ワシントン広場のローズ 3, 15, 21, 84, 87, 627
Rosen der Liebe 1949 墺 未 愛の薔薇 788
Rosen in Tirol 1940 独 未 チロルの薔薇 526, 530, 531, 775
Rosenkavalier, Der 1962 英 公開 ばらの騎士 748
Rosie the Riveter 1944 米 未 リヴェット工のロージー 228, 653
Rossini 1942 伊 未 ロッシーニ 814, 847
Rosso veneziano 1989 伊 未 ヴェネチアの赤 832
Round Midnight 1986 米 公開 ラウンド・ミッドナイト 715
Roustabout 1964 米 公開 青春カーニバル 336, 339, 700
Royal Ballet, The 1960 英 公開 ローヤル・バレエ 474, 748
Royal Wedding 1951 米 公開 恋愛準決勝戦 154, 167, 252, 254, 260, 273, 397, 402, 680
Rude Boy 1980 英 公開 ルード・ボーイ 753
Rudolph and Frosty's Christmas in July 1979 米 TV 赤鼻トナカイのルドルフと雪だるまフロスティの7月のクリスマス 464
rueda de la vida, La 1942 西 未 人生の車輪 543, 794
ruiseñor de las cumbres, El 1958 西 未 山頂のナイチンゲール 556, 796
Ruggles of Red Gap 1957 米 TV 人生は四十二から 458
Rumba 1935 米 公開 ルムバ 63, 207, 473, 609
Rumbo 1950 西 未 ルムボ 550, 795

S

S. O. S., abuelita 1959 西 未 おばあちゃん、助けて 551, 797
Sadko 1953 露 公開 虹の世界のサトコ 582, 836
Saeta del ruiseñor 1957 西 未 ナイチンゲールの献歌 556, 796
Safety in Numbers 1930 米 公開 令嬢暴団 594
Sag ja, Mutti 1958 墺 公開 幼な心 789
Sag' mir, wer Du bist 1933 独 未 あなたが誰なのか教えて 516, 765
Sailing Along 1938 英 未 一緒に航海 486, 487, 739
Sailor Beware 1952 米 公開 底抜け艦隊 201, 309, 310, 638, 682
Sailors Three 1940 英 未 三人の水兵 492, 493, 740
Saison in Kairo 1933 独 公開 カイロの結婚 513, 519, 765
Sally 1925 米 公開 踊り子サリー 8
Sally 1929 米 公開 恋の花園 13, 21, 588
Sally in Our Alley 1931 英 未 我らが町のサリー 484, 485, 729
Sally, Irene and Mary 1938 米 未 サリー、アイリーンとメリー 84, 86, 118, 624
Salomé 2002 西 公開 サロメ 560, 561, 801
saltimbanques, Les 1930 独 未 曲芸師 516, 760
Saludos Amigos 1942 米 公開 ラテン・アメリカの旅 131, 241, 244, 655
Salute for Three 1943 米 未 三兵士への敬礼 26, 647
Saluti e baci 1953 伊 未 挨拶と接吻 817
Samba 1965 西 未 サンバ 552, 554, 799
San Antonio Rose 1941 米 未 サン・アントニオのばら 227, 230, 636
San Francisco 1936 米 公開 桑港(サン・フランシスコ) 48, 87, 98, 100, 140, 614, 623
Sanremo, la grande sfida 1960 伊 未 サンレモ、偉大なる挑戦 822
Santa Clause Is Coming to Town 1970 米 TV サンタが町にやって来る 464

Sap from Syracuse, The 1930 米 公開 三太郎大西洋横断 80
Sapphires, The 2012 豪 公開 ソウルガールズ 758
Sarge Goes to College 1947 米 未 軍曹、大学へ行く 668
Satchmo the Great 1957 米 公開 サッチモは世界を廻る 694
Satins and Spurs 1954 米 TV サテンと拍車 457
Saturday Night Fever 1977 米 公開 サタデー・ナイト・フィーバー 386, 388, 402, 434, 435, 437, 474, 710, 713
Save a Little Sunshine 1938 英 未 小さな陽だまりを守れ 492, 493, 739
Save the Last Dance 2001 米 公開 セイブ・ザ・ラストダンス 436, 722, 725
Save the Last Dance 2: Stepping Up 2006 米 未 セイブ・ザ・ラストダンス2 436, 725
Say It with Flowers 1934 英 未 想う心を花に託して 733
Say It with Music 1932 英 公開 ジャズは踊る 730
Say It with Songs 1929 米 公開 子守唄 14, 16, 588
Say One for Me 1959 米 公開 ひとこと云って 276, 297, 300, 696
Scandals of Paris 1935 英 未 パリのスキャンダル 735
Scanzonatissimo 1963 伊 未 大気楽 823
Scared Stiff 1953 米 公開 底抜けびっくり仰天 151, 309, 310, 685
Scatterbrain 1940 米 未 ぼんやり娘 236, 632
Schatten der Manege 1931 独 未 サーカス・リングの影 515, 762
Schlagerparade 1953 独 未 ヒット・パレード 52
Schloß im Süden, Das 1933 独 未 南の城 516, 529, 765
Schloß in Flandern, Das 1936 独 未 フランドルの城 529, 769
Schlußakkord 1935 独 公開 第九交響楽 768
Schön ist die Welt 1957 独 未 美しき世界 530, 782
Schön muß man sein 1951 独 未 美しくなければ 514, 779
schöne Abenteuer, Das 1932 独 未 美しき冒険 517, 764
schöne Müllerin, Die 1954 独 未 美しき水車小屋の娘 781
schönste Tag meines Lebens, Der 1957 墺 公開 野ばら 373, 502, 789
School of Rock, The 2003 米 公開 スクール・オブ・ロック 723
schräge Otto, Der 1957 独 未 斜めのオット 514, 782
Schrammeln 1944 独 未 シュランメル兄弟 530, 532, 778
Schüsse in Kabine 7 1938 独 未 7号船室の銃声 772
Schwanensee 1967 英 未 白鳥の湖 474
Schwarze Augen 1951 独 未 黒い瞳 530, 779
schwarze Blitz, Der 1958 独 公開 黒い稲妻 533, 783
Schwarze Rosen 1935 独 公開 白鳥の舞 473, 509, 511, 513, 768
Schwarzwälder Kirsch 1958 独 未 キルシュのチョコレート・ケーキ 530, 783
Schwarzwaldmelodie 1956 独 未 黒い森の旋律 530, 781
Scott Joplin 1977 米 未 スコット・ジョプリン 408, 710, 845
Scrooge 1970 英 公開 クリスマス・キャロル 387, 389, 751
Scugnizzi 1989 伊 未 浮浪児たち 832
scugnizzo a New York, Uno 1984 伊 未 ニュー・ヨークの浮浪児 831
scuola dei timidi, La 1941 伊 未 内気の学校 813
Se non avessi più te 1966 伊 未 もし君なしだったら 825
Se solicitan modelos 1954 メキシコ 未 モデル志願 552, 802
Second Chorus 1940 米 未 セカンド・コーラス 163, 164, 205, 632
Second Fiddle 1939 米 未 銀嶺のスタア 93, 94, 128, 627
Second Greatest Sex, The 1955 米 未 第二の偉大な性 149, 690
Secret Life of Walter Mitty, The 1947 米 公開 虹を摑む男 3, 203, 304, 305, 325, 668
Secret of Madame Blanche, The 1933 米 公開 ブランシュ夫人の秘密 69, 70
secreto de Tomy, El 1963 西 未 トミーの秘密 556, 798
See My Lawyer 1945 米 未 弁護士と会って 229, 544, 659
Sei tu l'amore 1930 米 未 これは愛？ 594

Sekret uspekha 1960 露 公開 華麗なるバレエ 836
semana de felicidad, Una 1934 西 未 幸福の一週間 542, 792
Senorita from the West 1945 米 未 西部から来た娘 226, 659
Sensation in San Remo 1951 独 未 サン・レモの旋風 523, 780
Sensations of 1945 1944 米 公開 ニューヨークの饗宴 109, 111, 653
Senza filtro 2001 伊 未 フィルターなしで 833
Serenade 1956 米 未 セレナーデ 279, 280, 552, 692
Sérénade 1940 仏 未 セレナーデ 509, 512, 564, 806, 846
Serenata española 1947 西 未 スペインのセレナーデ 546, 548, 794
Serenata per sedici bionde 1957 伊 未 16人の金髪娘へのセレナータ 820
Sergeant Deadhead 1965 米 未 爆笑！ミサイル大騒動 345, 701
Serious Charge 1959 英 公開 若き非行の群れ 496, 748
Sette canzoni per sette sorelle 1957 伊 未 七人姉妹への七つの歌 820
Seven Brides for Seven Brothers 1954 米 公開 掠奪された七人の花嫁 154, 262, 270, 273, 274, 277, 398, 688
Seven Days Ashore 1944 米 未 七日間の上陸休暇 325, 654
Seven Days' Leave 1942 米 未 七日間の休暇 184, 185, 641
Seven Little Foys, The 1955 米 公開 エディ・フォイ物語 205, 301, 303, 691, 844
Seven Sweethearts 1942 米 公開 花の合唱（コーラス） 174, 175, 641
1776 1972 米 公開 1776年 379, 382, 707
Sevillanas 1992 西 未 セビジャーナス 560, 561, 801
Sexy al neon 1962 伊 公開 セクシーの夜 572, 823
Sexy al neon bis 1963 伊 未 続・セクシーの夜 572, 823
Sgt. Pepper's Lonely Hearts Club Band 1978 米 公開 サージャント・ペッパー 711
Shady Lady 1945 米 未 影のある女 230, 660
Shady Lady, The 1928 米 未 影の女 585
Shall We Dance 1937 米 公開 踊らん哉 73, 77, 80, 168, 619
Shan - il cuore antico dei popoli naturali 2007 伊 未 シャン 自然人の古代の心 833
She Couldn't Say No 1930 米 未 いやと言えない女 594
She Done Him Wrong 1933 米 公開 わたしは別よ 36, 65, 600
She Has What It Takes 1943 米 未 彼女は必要なものを持っている 647
She Learned about Sailors 1934 米 公開 水兵万歳 83, 84, 85, 604
She Loves Me 1978 米 TV シー・ラヴズ・ミー 463
She Loves Me Not 1934 米 公開 彼女は僕を愛さない 57, 59, 604
She Married a Cop 1939 米 未 彼女は警官と結婚した 627
She Shall Have Music 1935 英 未 彼女に音楽を 735
She's a Sweetheart 1944 米 未 彼女が恋人です 228, 654
She's Back on Broadway 1953 米 未 彼女がブロードウェイに戻ってきた 325, 326, 685
She's for Me 1943 米 未 彼女は僕のだ 229, 647
She's Working Her Way Through College 1952 米 未 彼女は大学でも働く 325, 326, 682
Shinbone Alley 1971 米 未 脛骨横丁 410, 706
Shine 1996 豪 公開 シャイン 758
Shine on Harvest Moon 1944 米 未 輝け中秋の満月 206, 207, 654, 843
Ship Ahoy 1942 米 未 おーい、船 109, 111, 641
Ship Café 1935 米 公開 波止場女 609
Shipmates Forever 1935 米 公開 海行かば 38, 46, 609
Shipyard Sally 1939 英 未 造船所のサリー 484, 486, 739
Shocking Miss Pilgrim, The 1947 米 未 衝撃のミス・ピルグリム 143, 145, 152, 668
Shoot the Works 1934 米 公開 合点！承知！ 196, 207, 604
Show Boat 1929 米 公開 ショウ・ボート 8, 21, 22, 116, 120, 225, 588
Show Boat 1936 米 公開 ショウボート 22, 69, 116, 120, 225, 614
Show Boat 1951 米 公開 ショウボート 269, 270, 271, 277, 398, 404, 680
Show Business 1944 米 未 ショー・ビジネス 18, 20, 127, 235, 654

原題索引

Show Girl in Hollywood 1930 米 公開 ハリウッド盛衰記 594
Show Goes On, The 1937 英 未 ショーは続く 485, 728
Show of Shows, The 1929 米 未 ショウ・オヴ・ショウズ 13, 26, 29, 488, 588
Showgirls 1995 米 公開 ショーガール 719
Sid and Nancy 1986 英 公開 シド・アンド・ナンシー 754
Sieben Ohrfeigen, Die 1937 独 未 七つ擲(なぐ)る 509, 512, 513, 770
Sieger, Der 1932 独 公開 勝利者 518, 764
signora dalle camelie, La 1947 伊 未 椿姫 573, 814
Silencers, The 1966 米 公開 サイレンサー 沈黙部隊 265, 310, 313, 367
Silk Stockings 1957 米 公開 絹の靴下 210, 252, 253, 256, 257, 265, 399, 402, 404, 694
Silly Billies 1936 米 未 うすのろ仲間 69, 614
Silva 1944 露 未 シルヴァ 581, 835
Silver Skates 1943 米 未 銀色のスケート 647
Sincerely Yours 1955 米 未 真実の友 691
Sinfonia d'amore 1956 伊 公開 愛の交響楽 820, 846
Sing a Jingle 1944 米 未 調子よく歌おう 226, 654
Sing Along with Me 1952 英 未 一緒に歌いましょう 745
Sing and Be Happy 1937 米 未 歌えば幸せ 619
Sing Another Chorus 1941 米 未 もう一度歌おう 226, 227, 636
Sing As We Go 1934 英 未 進みて歌う 485, 733
Sing as You Swing 1937 英 未 スウィングして歌おう 738
Sing Me a Love Song 1936 米 未 恋歌を歌って 207, 614
Sing While You Dance 1946 米 未 踊っている間は歌って 664
Sing While You're Able 1937 米 未 できる間は歌って 619
Sing Your Way Home 1945 米 未 故郷への道中を歌う 660
Sing Your Worries Away 1942 米 未 悩み事を歌い飛ばせ 240, 641
Sing, Baby, Sing 1936 米 未 歌って、ベイビー 84, 86, 614
Sing, Boy, Sing 1958 米 未 歌え、倅、歌え 695
Sing, Dance, Plenty Hot 1940 米 未 歌い踊ってホットに 226, 235, 632
Sing, Neighbor, Sing 1944 米 未 歌え、隣人 236, 654
Sing, You Sinners 1938 米 未 歌え、悪童たち 58, 62, 222, 624
Singende Stadt, Die 1930 独 公開 南の哀愁 504, 505, 572, 760
singende Tor, Der 1939 独 未 歌う愚か者 774
Singin' in the Corn 1946 米 未 トウモロコシの中で歌う 237, 664
Singin' in the Rain 1952 米 公開 雨に唄えば 7, 12, 126, 139, 154, 173, 193, 222, 223, 243, 259, 261, 264, 276, 396, 398, 399, 400, 402, 403, 682
Singing Detective, The 2003 未 公開 歌う大捜査線 723
Singing Fool, The 1928 米 公開 シンギング・フール 14, 15, 17, 500, 585
Singing Hill, The 1941 米 未 歌う丘 204
Singing Kid, The 1936 米 未 歌う若者 17, 614
Singing Marine, The 1937 米 公開 唄ふ陸戦隊 39, 45, 46, 209, 619
Singing Nun, The 1966 米 公開 歌え！ドミニク 277, 367, 702
Singing Sheriff, The 1944 米 未 歌う保安官 654
Sis Hopkins 1941 米 未 シス・ホプキンズ 236, 328, 636
Sister Act 1992 米 公開 天使にラブ・ソングを… 425, 431, 717, 718
Sister Act 2: Back in the Habit 1993 米 公開 天使にラブ・ソングを 2 425, 431, 717
Sitting on the Moon 1936 米 未 月に腰掛けて 614
Sitting Pretty 1933 米 公開 めりけん音頭 80, 600
Six Lessons from Madame La Zonga 1941 米 未 マダム・ラ・ゾンガの六つのレッスン 636
6.5 Special, The 1958 英 未 6.5スペシャル 747
Skazanie o zemle sibirskoy 1947 露 公開 シベリア物語 575, 579, 835
Ski Party 1965 米 公開 スキーパーティ 346, 347, 701
Skirts Ahoy 1952 米 未 おーい、スカートさん 148, 179, 182, 682

Sky Devils　1932　米　公開　天国爆撃隊　38
Sky's the Limit, The　1937　英　未　金額制限なし　488, 489, 738
Sky's the Limit, The　1943　米　公開　青空に踊る　163, 166, 207, 489, 647
Sleeping Beauty　1956　米　TV　眠れる森の美女　458
Sleeping Beauty　1959　米　公開　眠れる森の美女　330, 331, 332, 372, 414, 453, 696
Sleepless Nights　1932　英　未　眠れない夜　730
Sleepy Lagoon　1943　米　未　スリーピー・ラグーン　237, 647
Sleepytime Gal　1942　米　未　眠たい娘　236, 237, 641
Slightly French　1949　米　未　ちょっとフランス人　151, 199, 675
Slightly Scandalous　1946　米　未　ちょっとスキャンダラスな　664
Slightly Terrific　1944　米　未　ちょっと素敵　654
Slipper and the Rose: The Love Story of Cinderella, The　1976　英　公開　シンデレラ　752
Slow Dancing in the Big City　1978　米　公開　ふたりでスロー・ダンスを　711
Small Town Girl　1953　米　未　小さな町の娘　157, 266, 273, 274, 397, 400, 403, 686
Smartest Girl in Town　1936　米　公開　町一番のちゃっかり娘　614
Smash　2012　米　TV　SMASH スマッシュ　466
Smash and Grab　1937　英　未　強奪犯を捕らえろ　488, 489, 738
Smash-Up: The Story of a Woman　1947　米　未　スマッシュ・アップ　328
Smic Smac Smoc　1971　仏　公開　恋人たちのメロディ　565, 809
Smilin' Through　1941　米　未　永遠の微笑　98, 102, 636
Smiling Irish Eyes　1929　米　公開　恋の走馬灯　588
Smiling Lieutenant, The　1931　米　公開　陽気な中尉さん　51, 53, 596
Smoky River Serenade　1947　米　未　スモーキー・リヴァーのセレナーデ　236, 668
Snow White and the Seven Dwarfs　1937　米　公開　白雪姫　131, 241, 242, 244, 269, 330, 452, 619, 626
Snow White and the Three Stooges　1961　米　公開　白雪姫と道化もの　697
So Dear to My Heart　1948　米　未　わが心にかくも愛しき　241, 246, 672
So ein Mädel vergißt man nicht　1933　独　未　女の子はあなたを忘れない　765
So Help Me, Aphrodite　1960　米　TV　だから助けてよ、アフロディーテ　462
So Long Letty　1929　米　未　さようならレティ　589
So This Is College　1929　米　公開　スポーツ王国　25, 589
So This Is Love　1953　米　未　だからこれが恋　123, 270, 271, 272, 686, 843
So This Is Paris　1955　米　未　だからこれがパリ　187, 326, 691
Soft Lights and Sweet Music　1936　英　未　柔らかな光と甘い音楽　736
sogno di Butterfly, Il　1939　伊　未　蝶の夢　571, 573, 813
soir de rafle, Un　1931　仏　公開　掻払（かっぱらい）の一夜　564, 572, 804
Soldati e capelloni　1967　伊　未　兵士と新兵　826
Soldati e caporali　1964　伊　未　兵士と伍長　824
Solistka baleta　1947　露　公開　眠れる美女　473, 581, 835
Solos los dos　1968　西　未　二人だけで　557, 558, 800
Sombrero　1953　米　公開　君知るや南の国　265, 686
Some Like It Hot　1939　米　未　ホットなのが好き　195, 196, 627
Some Like It Hot　1959　米　公開　お熱いのがお好き　23, 63, 196, 253, 290, 291, 347, 696
Some People　1962　英　未　ある人々　749
Somebody Loves Me　1952　米　未　誰かが私を愛している　201, 204, 682, 843
Somebody to Love　1994　米　公開　サムバディ・トゥ・ラブ　718
Something for the Boys　1944　米　未　兵隊さんへのちょっとしたもの　147, 148, 151, 654
Something in the Wind　1947　米　未　内緒の何か　212, 215, 222, 668
Something to Shout About　1943　米　未　なかなかのもの　151, 264, 647
Something to Sing About　1937　米　未　キャグニー ハリウッドへ行く　151, 205, 619
Somewhere in Camp　1942　英　未　駐留地のどこかで　741
Somewhere in England　1940　英　未　英国のどこかで　740
Somewhere on Leave　1943　英　未　休暇のどこかで　742

原題索引

Son of Paleface　1952　米　公開　腰抜け二挺拳銃の息子　198, 301, 302, 312, 329, 683
Song and Dance Man　1936　米　未　ソング・アンド・ダンス・マン　614
Song for Miss Julie, A　1945　米　未　ミス・ジュリーへの歌　660
Song Is Born, A　1948　米　公開　ヒット・パレード　304, 306, 325, 672
Song o' My Heart　1930　米　未　我が心の歌　594
Song of Freedom　1936　英　未　自由の歌　736
Song of Love　1929　米　未　恋の歌　589
Song of Love　1947　米　公開　愛の調べ　668, 846
Song of My Heart　1948　米　公開　悲愴交響曲　672
Song of Norway　1970　米　公開　ソング・オブ・ノルウェー　379, 380, 705
Song of Scheherazade　1947　米　未　シェヘラザードの歌　668, 847
Song of the Flame　1930　米　未　情熱の歌　24, 594
Song of the Islands　1942　米　未　島の歌　142, 144, 641
Song of the Open Road　1944　米　未　街道の歌　177, 654
Song of the Sarong　1945　米　未　腰布の歌　660
Song of the South　1946　米　公開　南部の唄　241, 246, 664
Song of the West　1930　米　公開　赤陽の山路　593
Song Remains the Same, The　1976　英　公開　レッド・ツェッペリン 狂熱のライブ　752
Song to Remember, A　1945　米　公開　楽聖ショパン　248, 660, 847
Song without End　1960　米　公開　わが恋は終りぬ　697
Song You Gave Me, The　1933　英　未　あなたのくれた歌　731
Sorrisi e canzoni　1958　伊　未　微笑みと歌　821
sorriso, uno schiaffo, un bacio in bocca, Un　1975　伊　未　微笑みと平手打ちと接吻　829
Sorrowful Jones　1949　米　公開　腰抜け顔役　185, 195, 198, 301
Soul to Soul　1971　米　公開　SOUL TO SOUL 魂の詩　408, 706
Sound of Music, The　1965　米　公開　サウンド・オブ・ミュージック　4, 59, 73, 76, 252, 293, 350, 351, 353, 355, 357, 358, 367, 369, 406, 432, 502, 701, 782, 845
Sound Off　1952　米　未　返答　116
Sous le ciel de Paris　1951　仏　公開　パリの空の下セーヌは流れる　807
Sous les toits de Paris　1930　仏　公開　巴里の屋根の下　564, 567, 804
South American George　1941　英　未　南米人ジョージ　492, 741
South of Dixie　1944　米　未　デキシーの南部　654
South Pacific　1958　米　公開　南太平洋　4, 252, 287, 288, 293, 296, 357, 695
South Pacific　2001　米　TV　南太平洋　465, 722
South Park: Bigger Longer & Uncut　1999　米　公開　サウスパーク 無修正映画館　721
Southern Maid, A　1933　英　未　南の乙女　731
Spare a Copper　1940　英　未　警官は使わない　492, 740
Speak Easily　1932　米　公開　キートンの歌劇王　117, 396
Speedway　1968　米　公開　スピードウェイ　335, 336, 341, 704
Spice World　1997　英　公開　スパイス・ザ・ムービー　755
Spinout　1966　米　公開　カリフォルニア万才　335, 336, 340, 702
Spotlight Scandals　1943　米　未　注目の醜聞　647
Spring in Park Lane　1948　英　未　パーク・レインの春　489, 491, 744
Spring Is Here　1930　米　未　春は此処に　24, 25, 594
Spring Parade　1940　米　公開　青きダニューブの夢　212, 213, 521, 632
Spring Reunion　1957　米　未　春の同窓会　201, 204
Spring Song　1946　英　公開　恋を追う女　744
Springtime in the Rockies　1942　米　公開　ロッキーの春風　140, 142, 144, 150, 641
Springtime in the Sierras　1947　米　未　山岳地帯の春　228, 668
Spyashchaya krasavitsa　1964　露　公開　眠れる森の美女　837
Square Dance Jubilee　1949　米　未　スクウェア・ダンス記念祭　227, 675
Squibs　1935　英　未　スキブス　735
St. Louis Blues　1939　米　未　セント・ルイスのブルース　199, 628

St. Louis Blues　1958　米　公開　セントルイス・ブルース　477, 479, 628, 695, 845
St. Louis Woman　1935　米　未　セント・ルイスの女　609
Stage Door Canteen　1943　米　未　楽屋口接待所　63, 126, 130, 137, 208, 484, 647
Stage Struck　1936　米　未　俳優志願　39, 45, 46, 209, 615
Stand Up and Cheer　1934　米　公開　歓呼の嵐　27, 35, 89, 90, 93, 604
Standing in the Shadows of Motown　2002　米　公開　永遠のモータウン　722
Star for a Night　1936　米　未　一夜だけのスター　615
Star Is Born, A　1954　米　公開　スタア誕生　158, 162, 356, 688
Star Is Born, A　1976　米　公開　スター誕生　162, 354, 355, 379, 387, 709
Star Maker, The　1939　米　未　スター作り　58, 63, 628, 845
Star Spangled Rhythm　1942　米　未　きらめくスターのリズム　47, 130, 132, 190, 200, 225, 328, 641
Star!　1968　米　公開　スター！　352, 367, 704
Stardust　1974　英　未　スターダスト　752
Stardust Memories　1980　米　公開　スターダスト・メモリー　712
Starinnyy vodevil　1947　露　未　古いヴォードヴィル　580, 835
Starlift　1951　米　未　スターリフト　130, 135, 205, 209, 316, 323, 325, 326, 680
Stars and Stripes Forever　1952　米　未　星条旗よ永遠なれ　683, 845
Stars Are Singing, The　1953　米　公開　楽しき我が家　686
Stars on Parade　1936　英　未　スター勢揃い　736
Stars on Parade　1944　米　未　スター勢揃い　654
Stars Over Broadway　1935　米　未　ブロードウェイのスターたち　39, 45, 609
Start Cheering　1938　米　公開　大学の顔役　118, 204, 240, 624
Stasera mi butto　1967　伊　未　今夜は飛び込み　826
State Fair　1945　米　公開　ステート・フェア　147, 149, 151, 152, 343, 405, 660
State Fair　1962　米　公開　ステート・フェア　138, 297, 343, 367, 698
Stay Away, Joe　1968　米　未　ステイ・アウェイ・ジョー　336, 341
Staying Alive　1983　米　公開　ステイン・アライブ　435, 437, 438, 713
Step Lively　1944　米　公開　芸人ホテル　107, 127, 186, 281, 282, 654
Step Up　2006　米　公開　ステップ・アップ　436, 725
Step Up All In　2014　米　公開　ステップ・アップ5　437
Step Up 2: The Streets　2008　米　未　ステップ・アップ2 ザ・ストリート　437, 727
Step Up 3D　2010　米　未　ステップ・アップ3　437, 728
Step Up Revolution　2012　米　未　ステップ・アップ4　437, 728
Stepping Out　1991　米　公開　ステッピング・アウト　425, 430, 717
Stern fällt vom Himmel, Ein　1934　墺　未　空から星が降ってくる　522, 786
Stern fällt vom Himmel, Ein　1961　独　公開　空から星が降ってくる　533, 784
Stern von Rio　1940　独　未　リオの星　528, 775
Stern von Rio　1955　独　未　リオの星　527, 781
Stern von Valencia, Der　1933　独　未　ヴァレンシアの星　516, 765
Stingaree　1934　米　公開　泰西侠盗伝　69, 70
Stingiest Man in Town, The　1956　米　TV　街で一番けちな男　460
Stingiest Man in Town, The　1978　米　TV　街で一番けちな男　464
Stoke Club, The　1945　米　未　ストーク・クラブ　201, 202, 660
Stolen Harmony　1935　米　公開　ピストルと音楽　63, 209, 609
Stomp the Yard　2007　米　公開　ストンプ・ザ・ヤード　436, 726, 728
Stomp the Yard 2: Homecoming　2010　米　未　ストンプ・ザ・ヤード2　436, 728
Stooge, The　1952　米　未　ボケ役　309, 310, 311, 683
Stop the World - I Want to Get Off　1966　英　未　地球を止めろ 俺は降りたいんだ　369, 370
Stormy Weather　1943　米　公開　ストーミー・ウェザー　130, 405, 472, 477, 478, 479, 647
Story of Gilbert and Sullivan, The　1953　英　未　ギルバートとサリヴァン物語　745, 847
Story of Robin Hood, The　1952　米　公開　ロビン・フッド　683
Story of Rudolph the Red-Nosed Reindeer, The　1964　米　TV　赤鼻トナカイのルドルフ　463
Story of Vernon and Irene Castle, The　1939　米　公開　カッスル夫妻　73, 74, 79, 80, 468, 628, 845

原題索引

Stowaway　1936　米　公開　テンプルちゃんの上海脱出　84, 89, 91, 615
Stradivari　1935　独　未　ストラディヴァリウス　529, 768
Straight, Place and Show　1938　米　未　素直と場所と興行　126, 625
strano tipo, Uno　1963　伊　未　変な奴　823
Street Girl, The　1929　米　公開　ストリート・ガール　588, 638
Streets of Fire　1984　米　公開　ストリート・オブ・ファイヤー　714
Street Song　1935　英　未　街の歌　735
StreetDance 2　2012　英　未　ストリートダンス2　437, 756
StreetDance 3D　2010　英　公開　ストリートダンス TOP OF UK　437, 756
Strictly Ballroom　1992　豪　公開　ダンシング・ヒーロー　436, 438, 758
Strictly Dynamite　1934　米　未　ほんとに危険人物　118, 604
Strictly in the Groove　1942　米　未　まさに最高潮　229, 641
Strike Me Pink　1936　米　公開　当り屋勘太　18, 20, 125, 615
Strike Up the Band　1940　米　未　バンドを鳴らせ　115, 154, 155, 157, 158, 160, 397, 403, 632
Strip, The　1951　米　未　ロスの繁華街　115, 680
Stück vom Himmel, Ein　1958　独　公開　ザイラーの初恋物語　533, 783
Student Prince, The　1954　米　公開　皇太子の初恋　224, 278, 279, 688
Student Tour　1934　米　公開　カルロ　104, 118, 142, 604
Student von Prag, Der　1935　独　公開　プラーグの大学生　768
studente, Lo　1983　伊　未　高校生　831
Su noche de bodas　1931　西　未　結婚式の夜　541, 791
Sua altezza ha detto no!　1953　伊　未　殿下はノーと仰いました　817
Subterraneans, The　1960　米　公開　地下街の住人　697
Sucedió en Sevilla　1955　西　未　セビーリャの出来事　546, 796
Sud Side Stori　2000　伊　未　サウス・サイド物語　833
sueño de Andalucía, El　1951　西　未　アンダルシアの夢　549, 795
Sueños de oro　1958　メキシコ　未　黄金の夢　548, 802
Sultan's Daughter, The　1943　米　未　スルタンの娘　647
Summer Holiday　1948　米　公開　サンマー・ホリデイ　115, 186, 496, 672, 749
Summer Holiday　1963　英　公開　太陽と遊ぼう！　496, 749
Summer Magic　1963　米　公開　夏の魔術　371, 373, 699
Summer Stock　1950　米　未　夏期公演　157, 158, 173, 186, 252, 259, 260, 398, 403, 404, 677
Sun Comes Up, The　1949　米　公開　山荘物語　98, 103
Sun Valley Serenade　1941　米　公開　銀嶺セレナーデ　93, 95, 132, 636
Sunbonnet Sue　1945　米　未　日よけ帽のスー　660
Sunny　1930　米　公開　便利な結婚　21, 25, 208, 490, 594, 636
Sunny　1941　米　未　サニー　208, 489, 490, 636
Sunny Side of the Street　1951　米　未　陽のあたる側で　327, 680
Sunny Side Up　1929　米　公開　サニー・サイド・アップ　83, 405, 589
Sunny Skies　1930　米　未　晴れた空　594
Sunshine on Leith　2013　英　公開　サンシャイン 歌声が響く街　756
suo nome è Donna Rosa, Il　1969　伊　未　彼女の名前はドンナ・ローザ　827
Suor Maria　1956　伊　未　尼僧マリア　820
Susan Slept Here　1954　米　公開　奥様は芳紀17才　688
Susie Steps Out　1946　米　未　スージー踏み出す　664
Suspiros de España　1939　西　未　スペインの溜息　545, 793
Suspiros de Triana　1955　西　未　トリアナの溜息　550, 796
süße Leben des Grafen Bobby, Das　1962　墺　未　ボビー伯爵の甘い生活　533, 790
Suzy　1936　米　公開　暁の爆撃機　98, 397
Svetlyy put　1940　露　未　輝ける道　578, 834
Svinarka i pastukh　1941　露　公開　コーカサスの花嫁　575, 579, 835
Swan Princess, The　1994　米　公開　スワン・プリンセス 白鳥の湖　718
Swanee River　1939　米　公開　懐しのスワニー　15, 17, 151, 628

原題索引

Sweater Girl 1942 米 未 グラマー娘 641
Sweeney Todd: The Demon Barber of Fleet Street 2007 米 公開 スウィーニー・トッド フリート街の悪魔の理髪師 414, 421, 726
Sweet Adeline 1934 米 公開 いとしのアデリン 69, 71, 604
Sweet and Lowdown 1999 米 公開 ギター弾きの恋 655, 721
Sweet and Low-Down 1944 米 未 甘くて情緒的 655
Sweet Charity 1969 米 公開 スイート・チャリティ 348, 349, 358, 402, 472, 704
Sweet Devil 1938 英 未 優しい悪魔 739
Sweet Kitty Bellairs 1930 米 未 優しいキティ・ベルエア 594
Sweet Music 1935 米 公開 スウィート・ミュージック 22, 128, 609
Sweet Rosie O'Grady 1943 米 未 優しいロージー・オグレイディ 143, 145, 324, 647
Sweet Surrender 1935 米 公開 熱情奏鳴曲 609
Sweetheart of Sigma Chi 1946 米 未 大学クラブの恋人 664
Sweetheart of Sigma Chi, The 1933 米 公開 轟く凱歌 600, 664
Sweetheart of the Campus 1941 米 未 キャンパスの恋人 38, 636
Sweethearts 1938 米 未 恋人 98, 101, 104, 208, 625
Sweethearts of the U. S. A. 1944 米 未 アメリカの恋人 655
Sweethearts on Parade 1930 米 未 恋人のオン・パレード 594
Sweetie 1929 米 公開 スキーティ 23, 24, 589
Swing Fever 1943 米 未 熱狂のスウィング 648
Swing High 1930 米 公開 空中大曲芸団 82, 595
Swing High, Swing Low 1937 米 公開 スキング 146, 199, 619
Swing Hostess 1944 米 未 スウィング・ホステス 655
Swing in the Saddle 1944 米 未 鞍の上でスウィング 228, 655
Swing It Soldier 1941 米 未 交代をして兵隊さん 239, 636
Swing It, Professor 1937 米 未 スウィングしてよ、先生 619
Swing Kids 1993 米 公開 スイング・キッズ 718
Swing Out the Blues 1944 米 未 ブルースでスウィング 655
Swing Out, Sister 1945 米 未 スウィングしてよ、娘さん 660
Swing Parade of 1946 1946 米 未 スウィングの行進1946年版 664
Swing That Cheer 1938 米 未 歓声をスウィングさせろ 234, 625
Swing Time 1936 米 公開 有頂天時代 25, 73, 77, 78, 80, 144, 188, 401, 402, 615
Swing Your Lady 1938 米 未 あの娘を乗せろ 625
Swing Your Partner 1943 米 未 共同経営者をうまくのせろ 648
Swing, Sister, Swing 1938 米 未 スウィングしようよ 226, 625
Swinger, The 1966 米 公開 スインガー 343, 344, 367, 702
Swingin' Along 1962 米 未 一緒にスウィング 699
Swingin' on a Rainbow 1945 米 未 虹でスウィング 228, 660
Swingtime Johnny 1943 米 未 交代勤務のジョニー 217, 648
Swiss Miss 1938 米 公開 極楽オペレッタ 625
Sword in the Stone, The 1963 米 公開 王さまの剣 351, 363, 371, 372, 699
symphonie fantastique, La 1944 仏 公開 幻想交響楽 564, 806, 847
Symphonie in Gold 1956 墺 公開 銀盤のリズム 789
Symphony in Two Flats 1930 英 未 変ロ長調の交響楽 729
Syncopation 1929 米 未 シンコペーション 68, 589
Syncopation 1942 米 未 シンコペーション 641
Szerelmi álmok - Liszt 1970 ハンガリー 公開 フランツ・リスト 愛の夢 791, 847

T

T.A.M.I. Show, The 1964 米 公開 ビート・パレード 700
Tahiti Honey 1943 米 未 タヒチ島の素敵な娘 648
Take a Chance 1933 米 公開 当って砕けろ 26, 69, 601
Take It Big 1944 米 未 大げさにする 655

原題索引

Take Me High　1974　英　未　つれてって　496, 752
Take Me Out to the Ball Game　1949　米　未　私を野球につれてって　156, 169, 171, 172, 179, 281, 396, 675
Take Me Over　1963　英　未　引き継いで　749
Take the Lead　2006　米　公開　レッスン！　436, 725
Talent Scout　1937　米　未　タレント・スカウト　619
Tales of Hoffman, The　1951　英　公開　ホフマン物語　474, 483, 494, 745
Talk About a Lady　1946　米　未　ご婦人はまったく　664
Tall, Dark and Handsome　1941　米　未　背が高く、浅黒くて立派　636
Tangled　2010　米　公開　塔の上のラプンツェル　444, 450, 728
Tango　1998　西　公開　タンゴ　560, 561, 801
Tango Bar　1987　アルゼンチン　公開　タンゴ・バー　803
Tango für Dich, Ein　1930　独　未　君に捧げるタンゴ　529, 760
Tango Lesson, The　1997　英　公開　タンゴ・レッスン　436, 438, 484, 755
Tango Notturno　1937　独　公開　夜のタンゴ　770
Tanned Legs　1929　米　公開　尖端脚化粧　37, 589
Tano da morire　1997　伊　公開　死ぬほどターノ　832
Tanz auf dem Vulkan, Der　1938　独　未　危険な踊り　772
Tanz ins Glück　1951　墺　未　幸せに踊る　526, 789
Tanz mit dem Kaiser　1941　独　未　皇帝とのダンス　523, 525, 776
Tanzmusik　1935　墺　未　ダンス音楽　516, 787
Tanzträume　2010　独　公開　ピナ・バウシュ 夢の教室　442
Tap　1989　米　公開　タップ　425, 429, 716
Tarantella napoletana　1953　伊　未　ナポリのタランテラ　817
Tarantos, Los　1963　西　公開　バルセロナ物語　538, 544, 798, 801
Tars and Spars　1946　米　未　水兵と婦人沿岸警備隊員　664
Tarzan　1999　米　公開　ターザン　444, 448, 721
Tausend Sterne leuchten　1959　独　未　満天の星　533, 784
taxi de los conflictos, El　1969　西　未　困ったタクシー　550, 551, 557, 800
Taxi di notte　1950　伊　未　夜のタクシー　573, 815
Tea for Two　1950　米　公開　二人でお茶を　317, 318, 319, 323, 325, 677
Teatro Apolo　1950　西　未　アポロ劇場　547, 795
Teatro Umberto　1958　伊　未　ウムベルト劇場　821
Teddy boys della canzone, I　1960　伊　未　歌のテディ・ボーイズ　822
Tell It to a Star　1945　米　未　星に伝えて　236, 660
Ten Thousand Bedrooms　1957　米　未　一万の寝室　309, 312, 694
Tender Trap, The　1955　米　未　優しい罠　276, 281, 284, 400
Tengo 17 años　1964　西　未　私は17歳　559, 799
Tercio de quites　1951　西　未　キテの場　543, 795
Terror of Tiny Town, The　1938　米　未　タイニー・タウンの恐怖　625
Terzo canale - Avventura a Montecarlo　1970　伊　未　第三運河 モンテ・カルロの冒険　828
tête dùm homme, La　1933　仏　公開　モンパルナスの夜　805
Texas Carnival　1951　米　未　テキサスのカーニバル　179, 182, 265, 277, 680
Thank God, It's Friday　1978　米　公開　イッツ・フライデー　388, 394, 434, 477, 711
Thank Your Lucky Stars　1943　米　未　君の幸運の星にありがとう　18, 130, 134, 135, 205, 206, 207, 208, 648
Thanks a Million　1935　米　公開　サンクス・ミリオン　47, 148, 610, 663
Thanks for Everything　1938　米　未　万事ありがとう　405, 625
Thanks for the Memory　1938　米　未　思い出よありがとう　195, 196, 625
That Certain Age　1938　米　公開　年ごろ　24, 121, 122, 625
That Certain Feeling　1956　米　公開　すてきな気持ち　301, 303, 692
That Girl from Paris　1936　米　公開　世界の歌姫　81, 184, 208, 615, 638
That Lady in Ermine　1948　米　未　高貴な婦人　143, 146, 590, 672

That Midnight Kiss 1949 米 未 真夜中の接吻 154, 174, 175, 176, 270, 278, 366, 675, 677
That Night in Rio 1941 米 未 リオでの一夜 54, 138, 139, 150, 151, 307, 606, 636, 680
That Night with You 1945 米 未 君と過ごしたあの夜 225, 660
That Thing You Do! 1996 米 公開 すべてをあなたに 719
That'll Be the Day 1973 英 公開 マイウェイ・マイラブ 751, 752
That's a Good Girl 1933 英 公開 羽根の生えた唄 488, 731
That's Black Entertainment 1990 米 未 これが黒人娯楽だ 389, 717
That's Dancing! 1984 米 公開 ザッツ・ダンシング！ 388, 401, 714
That's Entertainment 1974 米 公開 ザッツ・エンターテインメント 109, 111, 154, 164, 170, 256, 260, 388, 389, 396, 405, 555, 667, 708, 709, 714, 718, 801
That's Entertainment, Part Ⅱ 1976 米 公開 ザッツ・エンターテインメント PART 2 388, 398, 709
That's Entertainment! Ⅲ 1994 米 公開 ザッツ・エンターテインメント PART 3 388, 402, 718
That's Life 1968 米 TV それが人生 462
That's My Boy 1951 米 未 我が息子 309, 310
That's My Gal 1947 米 未 僕の恋人 668
That's Right, You're Wrong 1939 米 未 そのとおり、君は間違っている 628
That's the Spirit 1945 米 未 あれは精霊 223, 661
Theatre Royal 1943 英 未 ロイヤル劇場 742
Theodora Goes Wild 1936 米 公開 花嫁凱旋 69, 71, 345
There Goes the Bride 1932 英 未 花嫁が行く 486, 730
There's a Girl in My Heart 1949 米 未 僕の心にいる娘 216, 223, 675
There's No Business Like Show Business 1954 米 公開 ショウほど素敵な商売はない 126, 153, 223, 288, 289, 290, 405, 688
These Dangerous Years 1957 英 未 危ない年頃 747
They Got Me Covered 1943 米 未 腰抜けスパイ騒動 195, 197, 199, 301, 648
They Learned about Women 1930 米 未 女を学んだ二人 97, 173, 595
They Met in Argentina 1941 米 未 二人はアルゼンチンで出会った 636
They Shall Have Music 1939 米 未 かれらに音楽を 628
Thin Ice 1937 米 公開 氷上乱舞 93, 94, 619
Thirteen Clocks 1953 米 TV 13の時計 456
This Could Be the Night 1957 米 未 これは夜かも 694
This Is Elvis 1981 米 公開 THIS IS ELVIS 342, 713
This Is It 2009 米 公開 マイケル・ジャクソン THIS IS IT 727
This Is My Affair 1937 米 未 俺の問題だ 619
This Is Spinal Tap 1984 米 未 スパイナル・タップ 714
This Is the Army 1943 米 未 これが陸軍だ 127, 130, 133, 152, 205, 207, 239, 240, 325, 648
This Is the Life 1935 米 未 これが人生 610
This Is the Life 1944 米 未 これが人生 222, 225, 655
This Is the Night 1932 米 公開 その夜 598
This Time for Keeps 1947 米 未 今度は本気で 118, 179, 181, 397, 403, 668
This Way Please 1937 米 未 こちらへどうぞ 142, 619
This Week of Grace 1933 英 未 グレイスの今週 485, 731
This'll Make You Whistle 1936 英 未 口笛を吹くだろう 488, 736
Thoroughbreds Don't Cry 1937 米 未 サラブレッドは泣かない 112, 114, 620
Thoroughly Modern Millie 1967 米 公開 モダン・ミリー 6, 351, 352, 367, 703
Those Redheads from Seattle 1953 米 未 シアトルから来た赤毛の娘たち 686
Those Three French Girls 1930 米 公開 夜歩き巴里雀 25
Thousands Cheer 1943 米 未 万人の歓呼 109, 115, 130, 133, 158, 169, 171, 174, 183, 185, 186, 265, 396, 648
Three Caballeros, The 1944 米 公開 三人の騎士 131, 241, 244, 655
Three Cheers for Love 1936 米 公開 素晴らしき求婚 615
Three Daring Daughters 1948 米 未 愛しい三人娘 98, 103, 177, 672
Three for the Show 1955 米 公開 私の夫は二人いる 143, 147, 269, 691

Three Hats for Lisa　1965　英　未　リサの三つの帽子　750
365 Nights in Hollywood　1934　米　公開　聖林三百六十五夜（ハリウッド・デカメロン）　84, 85, 604
Three Little Girls in Blue　1946　米　未　憂鬱な三人娘　147, 150, 266, 664
Three Little Pigs, The　1933　米　公開　仔豚物語（三匹の仔豚）　241, 242, 601
Three Little Sisters　1944　米　未　三人の妹　236, 655
Three Little Words　1950　米　公開　土曜は貴方に　19, 23, 186, 252, 253, 255, 261, 266, 276, 397, 399, 402, 677, 843
Three Musketeers, The　1939　米　未　三銃士　151, 628
3 Ring Circus　1954　米　公開　底抜け最大のショウ　309, 311
Three Sailors and a Girl　1953　米　未　三人の水兵と一人の娘　273, 274, 323, 326, 686
Three Sisters, The　1930　米　公開　三人姉妹　595
Three Smart Girls　1936　米　公開　天使の花園　36, 88, 121, 122, 212, 213, 214, 520, 615, 628, 644
Three Smart Girls Grow Up　1939　米　公開　庭の千草　121, 122, 212, 214, 628, 644
Thrill of a Lifetime　1937　米　未　人生の喜び　199, 226, 236, 620
Thrill of a Romance　1945　米　未　恋のスリル　178, 180, 397, 661
Thrill of Brazil, The　1946　米　公開　恋のブラジル　233, 665
Thumbs Up　1943　米　未　賛成　240, 648
Thunder Alley　1967　米　未　大暴走　346, 348
Thunderbirds Are GO　1966　英　公開　サンダーバード　496
Ticket to Tomahawk, A　1950　米　公開　彼女は二挺拳銃　153, 677
Tickle Me　1965　米　公開　いかすぜ！この恋　335, 339, 701
Till the Clouds Roll By　1946　米　未　雲の流れ去るまで　158, 174, 179, 184, 188, 254, 264, 269, 281, 400, 403, 404, 665, 843
Tim Burton's Corpse Bride　2005　英　公開　ティム・バートンのコープスブライド　756
Time Out for Rhythm　1941　米　未　リズムの時間　128, 232, 637
Time to Sing, A　1968　米　未　歌のひと時　704
Time, the Place and the Girl, The　1929　米　未　時と場所と娘　589
Time, the Place and the Girl, The　1946　米　未　時と場所と娘　206, 210, 665
Tin Pan Alley　1940　米　未　ティン・パン・アレイ　138, 139, 142, 150, 632, 676
Tiptoes　1927　米　公開　トゥ・ダンス　8
tirana, La　1958　西　未　女暴君　551, 796
To Beat the Band　1935　米　未　活発に　610
Toast of New Orleans, The　1950　米　未　ニュー・オリンズの名士　174, 176, 270, 278, 397, 677
Tochter der Kompanie, Die　1953　独　未　連隊の娘　530, 780
Togger　1937　独　未　トガー　519, 770
Tolle Nacht　1943　独　未　素晴らしい夜　530, 531, 777
Toller Einfall, Ein　1932　独　未　素敵なアイディア　764
Tom Sawyer　1973　米　公開　トム・ソーヤーの冒険　387, 391, 708
Tom Thum　1958　英　公開　親指トム　270, 486, 747
Tómbola　1962　西　未　富くじ　557, 798
Tommy　1975　英　公開　Tommy　トミー　343, 381, 388, 392, 407, 484, 752
Tommy Steele Story, The　1957　英　公開　トミー・スティール物語　495, 747, 844
Tommy the Toreador　1959　英　未　闘牛士トミー　495, 748
Tonight and Every Night　1945　米　公開　今宵よ永遠に　231, 661
Tonight at 8:30　1954　米　TV　今晩八時半　458
Tonight We Sing　1953　米　未　今宵我らは歌う　686, 847
Too Late Blues　1961　米　未　よみがえるブルース　697
Too Many Blondes　1941　米　未　金髪娘が多過ぎる　128, 637
Too Many Girls　1940　米　未　女の子が多すぎる　184, 185, 232, 239, 632
Too Much Harmony　1933　米　公開　唄へ！踊れ！　57, 59, 601
Toot, Whistle, Plunk and Boom　1953　米　公開　ブガドン交響楽　686
Top Banana　1954　米　未　主演コメディアン　688
Top Hat　1935　米　公開　トップ・ハット　73, 75, 80, 167, 320, 427, 610

Top Man　1943　米　未　最高の男　222, 225, 648
Top o' the Morning　1949　米　公開　歌ふ捕物帖　190, 194, 224, 675
Top of the Town　1937　米　公開　明朗時代　127, 223, 240, 620
Top Speed　1930　米　未　最高速度　24, 595
Topsy-Turvy　1999　英　未　さかさま　484, 755, 847
Torbellino　1941　西　未　旋風　545, 793
Torch Singer　1933　米　公開　ブルースを唄ふ女　64, 601
Torch Song　1953　米　未　恋歌　403, 686
Torna a Sorrento　1945　伊　未　ソレントへ帰れ　814
Tosca　1941　伊　公開　トスカ　542, 814
Tosca　1956　伊　未　トスカ　573, 820
Tosca　2001　伊　公開　トスカ　829
Tosca, La　1973　伊　未　トスカ　833
Toto　1934　仏　公開　トト　805
Totò di notte n. 1　1962　伊　未　夜のトト　823
Totò sexy　1963　伊　未　セクシー・トト　824
Totò, Peppino e... la malafemmina　1956　伊　未　トトとペッピーノと…悪い女　820
tourneuse de pages, La　2006　仏　公開　譜めくりの女　811
Tous les matins du monde　1991　仏　公開　めぐり逢う朝　810
Toy Story　1995　米　公開　トイ・ストーリー　719
Trainspotting　1996　英　公開　トレインスポッティング　755
Traktoristy　1939　露　未　トラクター運転手　575, 579, 834
Transatlantic Merry Go Round　1934　米　公開　薔薇色遊覧船　24, 604
Trapp-Familie, Die　1956　独　公開　菩提樹　351, 502, 782, 783, 845
Trapp-Familie in Amerika, Die　1958　独　公開　続・菩提樹　351, 502, 783, 845
Trara um Liebe　1931　独　未　愛の集合ラッパ　509, 762
Träum' nicht, Annette　1949　独　未　アネット、夢じゃない　779
Traum von Schönbrunn　1932　独　未　シェーンブルン宮殿の夢　507, 764
Träumerei　1944　独　未　トロイメライ　778, 846
Traummusik　1940　独　未　夢の音楽　531, 813
Traviata, La　1968　伊　未　椿姫　827
Traviata, La　1982　伊　公開　トラヴィアータ1985　椿姫　830
Trip to Chinatown, A　1926　米　未　チャイナタウンへの旅　8
Trocadero　1944　米　未　トロカデロ　227, 655
Trois places pour le 26　1988　仏　公開　想い出のマルセイユ　565, 567, 568, 569, 810
Trollflöjten　1975　スウェーデン　TV　魔笛　4, 379
Tropic Holiday　1938　米　公開　セニョリタ　199, 625
Trottie True　1949　英　未　舞姫夫人　744
Trouble Brewing　1939　英　未　怪しい雲行き　492, 740
Trouble in Store　1953　英　公開　ノーマンのデパート騒動　746
Trouble with Girls, The　1969　米　未　トラブル・ウィズ・ガールズ　336, 342, 705
trovatore, Il　1949　伊　未　イル・トロヴァトーレ　573, 815
True to Life　1943　米　未　実生活のとおりに　47, 200, 648
True to the Army　1942　米　未　陸軍に忠実に　225, 232, 237, 641
Truxa　1937　独　公開　空中劇場　528, 770
Tsirk　1936　露　未　サーカス　575, 577, 834
Turn off the Moon　1937　米　公開　月を消しましょ　226, 620
Turned Out Nice Again　1941　英　未　またしてもうまく行く　492, 741
Turning Point, The　1977　米　公開　愛と喝采の日々　348, 350, 401, 439, 440, 474, 710
Tuset Street　1968　西　未　トゥセット通り　552, 554, 800
Tutta colpa di Giuda　2009　伊　未　すべてはユダのせい　833
Tutti a squola　1979　伊　未　すべては学校で　830
Tutto è musica　1964　伊　公開　太陽！太陽！太陽！　824

24 Hour Party People 2002 英 公開 24アワー・パーティ・ピープル 755
Twenty Million Sweethearts 1934 米 公開 二千万人の恋人 46, 80, 317, 605, 674
23 1/2 Hours Leave 1937 米 未 二十三時間半の休暇 620
Twilight on the Prairie 1944 米 未 大草原のたそがれ 227, 655
Twist Around the Clock 1961 米 公開 狂熱のツイスト 698
Two a Penny 1967 英 未 ありふれたもの 496, 750
Two Blondes and a Redhead 1947 米 未 二人の金髪娘と一人の赤毛娘 668
Two for Tonight 1935 米 公開 今宵は二人で 58, 60, 610
Two Gals and a Guy 1951 米 未 二人の娘と一人の男 210, 680
Two Girls and a Sailor 1944 米 公開 姉妹と水兵 118, 154, 183, 186, 399, 655
Two Girls on Broadway 1940 米 未 ブロードウェイの二人の娘 127, 184, 632
Two Guys from Texas 1948 米 未 テキサスから来た二人の男 206, 672
Two Hearts in Harmony 1935 英 未 響き合うふたつの心 24, 735
Two Hearts in Waltz Time 1934 英 未 ワルツのふたつの心 572, 733
200 Motels 1971 米 未 200のモーテル 706
Two Latins from Manhattan 1941 米 未 マンハッタンから来たラテン娘 637
Two Sisters from Boston 1946 米 公開 嘘つきお嬢さん 118, 132, 174, 175, 184, 665
Two Tickets to Broadway 1951 米 未 ブロードウェイへの二枚の切符 156, 157, 187, 265, 681
Two Weeks with Love 1950 米 未 恋の二週間 156, 261, 273, 274, 276, 677

U

último cuplé, El 1957 西 未 最後のクプレー 537, 539, 552, 553, 796
1-2-3-4 ou Les Collants noirs 1961 仏 公開 ブラック・タイツ 265, 474, 565, 808
Uncle Joe Shannon 1978 米 公開 アンクル・ジョー 711
Und du mein Schatz fährst mit 1937 独 未 そしてあなたは私の最愛の人と行く 523, 524, 770
und sowas muß um acht ins Bett, … 1965 独 未 そして、8時に何かがベッドへ行かねば 785
Under California Stars 1948 米 未 カリフォルニアの星の下に 228, 672
Under New Management 1946 英 未 新経営陣の下 744
Under Pressure 1935 米 公開 男の魂 610
Under the Pampas Moon 1935 米 公開 コブラ・タンゴ 231, 610
Under Western Skies 1945 米 未 西部の空の下に 661
Under Your Hat 1940 英 未 秘密で 740
Under Your Spell 1936 米 未 あなたに魅せられて 98, 615
Underneath the Arches 1937 英 未 アーチの下で 738
Under-Pup, The 1939 米 公開 青い制服 216, 628
Unfinished Dance, The 1947 米 未 終わりなき踊り 264, 473, 669
Ungarische Rhapsodie 1928 独 公開 ハンガリア狂想曲 758
Ungarische Rhapsodie 1954 独 未 ハンガリア狂想曲 514, 781
Universo di notte 1962 伊 公開 夜の夜 572, 823
uns et les autres, Les 1981 仏 公開 愛と哀しみのボレロ 439, 474, 565, 809
Unsinkable Molly Brown, The 1964 米 公開 不沈のモリー・ブラウン 277, 358, 361, 700
unsterbliche Lump, Der 1930 独 公開 不滅の放浪者 515, 760
Unsterbliche Melodien 1935 墺 未 不滅のメロディ 787
Unsterblicher Mozart 1954 墺 未 不滅のモーツァルト 789, 846
Untamed Heiress 1954 米 未 野性の女相続人 237, 688
Unwiderstehliche, Der 1937 独 未 魅惑 529, 770
Up in Arms 1944 米 公開 ダニー・ケイの新兵さん 304, 305, 324, 655
Up in the Central Park 1948 米 未 セントラル・パークの中で 152, 212, 215, 672
Urlatori alla sbarra 1960 伊 未 法廷の絶唱歌手 822
Urlo contro melodia nel Cantagiro 1963 1963 伊 未 カンタジロ音楽祭の叫び 824

V

V shest chasov vechera posle voyny 1944 露 未 戦争後の午後6時 579, 835

Vacanze sulla Costa Smeralda　1968　伊　未　エスメラルダ海岸のヴァカンス　827
Vagabond King, The　1930　米　公開　放浪の王者　13, 48, 49, 595
Vagabond King, The　1956　米　公開　放浪の王者　270, 273, 278, 692
Vagabond Lover, The　1929　米　未　気ままな恋人　127, 589
Valentino　1977　英　公開　バレンチノ　752
Valse brillante　1949　仏　未　輝くワルツ　505, 506, 507, 806
valse de Paris, La　1950　仏　未　パリのワルツ　565, 806, 847
Vanishing Virginian, The　1942　米　未　消え行くヴァージニア州人　174, 642
Varietés　1971　西　未　ヴァラエティ・ショー　552, 555, 800
Variety Girl　1947　米　公開　ハリウッド・アルバム　190, 193, 196, 199, 669
Variety Hour　1937　英　未　ヴァラエティの時間　738
Variety Jubilee　1943　英　未　ヴァラエティ50年祭　742
Varsity Show　1937　米　公開　大学祭り　39, 45, 46, 620
Velvet Goldmine　1998　英　公開　ベルベット・ゴールドマイン　755
Vendaval　1949　西　未　嵐　546, 795
Venga a fare il soldato da noi　1971　伊　未　私のために兵隊に行って　829
Venni vidi e m'arrapaoh　1984　伊　未　来て見て奪って　831
Venta de Vargas　1959　西　未　バルガスの旅籠　548, 797
Vento di primavera　1958　伊　公開　忘れな草　821
vento m'ha cantato una canzone, Il　1947　伊　未　風がうたってくれた歌　814
Ventolera　1962　西　未　突風　551, 798
verbena de la Palomam, La　1935　西　未　パロマの前夜祭　542, 792
verkaufte Braut, Die　1932　独　未　売られた花嫁　764
Verklungene Melodie　1938　独　公開　思ひ出の円舞曲（ワルツ）　772
verschleierte Maja, Die　1951　独　未　ヴェールのマヤ　514, 780
Vesna　1947　露　公開　恋は魔術師　578, 835
Vesyolye rebyata　1934　露　公開　陽気な連中　575, 577, 578, 580, 834
viaggio a Reims ossia l'albergo del Giglio d'Oro, dramma giocoso in un atto, Il　2009　伊　未　ランスへの旅、または黄金の百合咲く宿、一幕の滑稽劇　833
Viale della canzone　1965　伊　未　歌の並木道　824
Victor Victoria　1982　米　公開　ビクター／ビクトリア　351, 389, 425, 428, 520, 713
Vida de Carlos Gardel, La　1939　アルゼンチン　公開　君を呼ぶタンゴ　803
vida es un tango, La　1939　アルゼンチン　公開　黒い瞳の女　803
vida nueva de Pedrito de Andía, La　1965　西　未　アンディアのペドリートの新しい人生　556, 799
vie de Boheme, La　1992　仏　公開　ラヴィ・ド・ボエーム　810
vie est un roman, La　1983　仏　未　人生は小説　810
vie parisienne, La　1977　仏　未　パリの生活　809
Viennese Nights　1930　米　公開　ヴィエンナの夜　286, 595
Vier Minuten　2006　独　公開　4分間のピアニスト　786
Viktor und Viktoria　1933　独　公開　カルメン狂想曲　428, 487, 501, 512, 519, 520, 734, 765, 782
Viktor und Viktoria　1957　独　未　ヴィクターとヴィクトリア　527, 782
Viktoria und ihr Husar　1931　独　未　ヴィクトリアと彼女の軽騎兵　762
Violetas imperiales　1952　仏　未　皇室のヴィオレッタ　549, 807
violetera, La　1958　西　未　すみれ売り　552, 553, 797
Virginia　1941　米　未　ヴァージニア　637
viudita naviera, La　1962　西　未　未亡人船主　551, 798
Viva la rivista!　1953　伊　未　雑誌万歳！　817
Viva Las Vegas　1964　米　公開　ラスベガス万才　335, 339, 343, 367, 700
¡Viva lo imposible!　1958　西　未　不可能万歳！　551, 797
Viva Maria!　1965　仏　公開　ビバ！マリア　565, 808
Vivaldi, the Red Priest　2009　英　未　ヴィヴァルディ、赤毛の司祭　756
Vogelhändler, Der　1935　独　公開　小鳥売り　768
Voglio vivere così　1942　伊　未　このように生きたい　814

原題索引

Vogues of 1938　1937　米　未　ヴォーグ1938年版　620
Volga - Volga　1938　露　未　ヴォルガ、ヴォルガ　575, 577, 578, 834
Vom Schicksal verweht　1942　独　未　運命とともに去りぬ　776

W

W le donne　1970　伊　未　女性万歳　828
Wabash Avenue　1950　米　未　ウォバッシュ街　143, 146, 678
WAC from Walla Walla, The　1952　米　未　ワラワラからやって来た陸軍婦人隊　237, 683
Waikiki Wedding　1937　米　公開　ワイキキの結婚　58, 62, 63, 337, 620
Waiting for Guffman　1996　米　未　グフマンを待ちながら　425, 432, 719
Wake Up and Dream　1934　米　未　目覚めて夢見よ　120, 128, 605
Wake Up and Dream　1946　米　未　目覚めて夢見よ　665
Wake Up and Live　1937　米　未　目覚めて生きよ　84, 86, 620
Walk Hard: The Dewey Cox Story　2007　米　未　厳しい歩み デューイ・コックス物語　726
Walk the Line　2005　米　公開　ウォーク・ザ・ライン 君につづく道　724
Walking My Baby Back Home　1953　米　未　あの娘を歩いて家へ送っている　223, 686
Walking on Air　1936　米　公開　空中散歩　615
Walking on Sunshine　2014　英　公開　踊るアイラブユー♪　756
Wallaby Jim of the Islands　1937　米　未　島のワラビィ・ジム　620
Wally, La　1932　伊　未　ラ・ウォリー　812
Waltz King, The　1963　米　公開　ウィーンの森の物語　371, 374, 699, 846
Waltz Time　1933　英　未　ワルツの時間　491, 731
Waltz Time　1945　英　公開　ワルツ・タイム　503, 731, 743
Waltzes from Vienna　1934　英　未　ウィーンからのワルツ　486, 733, 846
Walzer für dich, Ein　1934　独　未　君にワルツを一曲　767
Walzer mit dir, Ein　1943　独　未　あなたとワルツを　533, 777
Walzerkönig, Der　1930　独　未　ワルツの王様　760, 846
Walzerkrieg　1933　独　公開　ワルツ合戦　513, 519, 766, 846
Was die Schwalbe sang　1956　独　未　ツバメの歌うこと　530, 782
Was Frauen träumen　1933　独　未　女性の夢は何　529, 766
Was macht Papa denn in Italien?　1961　独　未　パパ、イタリアで何をするの？　514, 784
Wattstax　1973　米　公開　ワッツタックス スタックス・コンサート　408, 708
Wave, a Wac and a Marine, A　1944　米　未　海軍婦人予備隊員、陸軍婦人隊員と海兵隊員　655
Way Down South　1939　米　未　南部までの道　628
Way to Love, The　1933　米　公開　恋の手ほどき　52, 53, 601
Weary River　1929　米　公開　ウィアリー・リヴァー　589
Wedding of Jack and Jill, The　1930　米　未　子供たちの結婚　223
Wedding Singer, The　1998　米　公開　ウェディング・シンガー　720
Weekend Pass　1944　米　未　週末の外出許可　656
Week-End at the Waldorf　1945　米　未　ウォルドーフ・ホテルでの週末　81
Week-End in Havana　1941　米　未　ハバナの週末　138, 140, 150, 637
Weg ins Freie, Der　1941　独　未　自由への道　527, 776
Wehe, wenn sie losgelassen　1958　独　未　彼女を解放したら大変だ　533, 783
Weiße Sklaven　1937　独　未　白い奴隷　770
weiße Traum, Der　1943　独　未　白い夢　777
Welcome Stranger　1947　米　公開　楽し我が道　190, 193, 669
We'll Meet Again　1943　英　未　また逢いましょう　493, 742
We'll Smile Again　1942　英　未　もう一度微笑みましょう　741
Wen die Götter lieben　1942　独　公開　モーツァルトの恋　776, 846
Wenn der weiße Flieder wieder blüht　1953　独　未　白いライラックがもう一度咲くとき　514, 780
Wenn die Conny mit dem Peter　1956　独　未　コニーとペーターが一緒なら　782, 784
Wenn die Glocken hell erklingen　1959　墺　公開　ほがらかに鐘は鳴る　502, 789
Wenn die Liebe Mode macht　1932　独　公開　モード巴里　518, 519, 764

Wenn die Musik nicht wär　1935　独　未　もし音楽がなければ　573, 768
Wenn du einmal dein Herz verschenkst　1929　独　未　あなたが心を明かす時　508, 759
Wenn du jung bist, gehört dir die Welt　1934　墺　未　若い時には世界は君のもの　522, 786
Wenn Frauen schweigen　1937　独　未　女が黙るとき　526, 771
Wer bist du, den ich liebe?　1950　独　未　私を愛するのは誰?　779
Wer zuletzt küßt...　1936　墺　未　誰が最後のキスを…　516, 788
We're Going to Be Rich　1938　英　公開　黄金の夢　485, 739
We're Not Dressing　1934　米　公開　恋と胃袋　57, 59, 125, 605
West Point Story, The　1950　米　未　ウェスト・ポイント物語　205, 316, 318, 321, 323, 325, 678
West Side Story　1961　米　公開　ウエスト・サイド物語　4, 73, 270, 293, 352, 357, 359, 361, 362, 402, 471, 698
Wharf Angel　1934　米　公開　波止場の天使　605
What a Crazy World　1963　英　未　なんて素敵な世界　749
What a Way to Go!　1964　米　公開　何という行き方!　310, 348, 349, 366
What's Buzzin', Cousin?　1943　米　未　やあ、何を騒いでいるの　233, 648
What's Cookin'?　1942　米　未　何が起きているの?　216, 217, 222, 223, 227, 229, 230, 642
What's Love Got to Do with It　1993　米　公開　TINA ティナ　718
When a Girl's Beautiful　1947　米　未　娘が美しいとき　669
When Johnny Comes Marching Home　1942　米　未　ジョニーの凱旋するとき　216, 222, 225, 228, 642
When Knights Were Bold　1936　英　未　騎士が勇猛だった頃　488, 489, 736
When My Baby Smiles at Me　1948　米　未　僕の女房が微笑んでくれるとき　143, 146, 152, 240, 672
When the Boys Meet the Girls　1965　米　公開　青空のデイト　701
When You're in Love　1937　米　公開　間奏楽　123, 124, 620
When You're Smiling　1950　米　未　君の微笑むとき　327, 678
Where Did You Get That Girl?　1941　米　未　どこであの娘を見つけたの　637
Where Do We Go from Here?　1945　米　未　ここからどこへ行くの　207, 661
Where's Charley?　1952　英　未　チャーリーはどこだ?　209, 745
Wherever She Goes　1951　英　公開　追憶の調べ　745
White Christmas　1954　米　公開　ホワイト・クリスマス　165, 267, 297, 299, 304, 688
White Nights　1985　米　公開　ホワイト・ナイツ 白夜　425, 439, 440, 474, 715
White Pop Jesus　1980　伊　未　白いポップのキリスト　830
Who Framed Roger Rabbit　1988　米　公開　ロジャー・ラビット　451, 716
Whom the Gods Love　1936　英　未　神に愛されし者　736, 846
Whoopee!　1930　米　公開　フーピー　17, 18, 19, 27, 38, 68, 305, 501, 595
Whoopee!　1950　米　TV　フーピー!　456
Who's Earnest?　1957　米　TV　誰がアーネストか?　460
Why Bring That Up?　1929　米　公開　楽屋行進曲　589
Why Girls Leave Home　1945　米　未　娘たちはなぜ家庭を後にしたのか　661
Wide Wide World　1955　米　TV　広いひろい世界　458
Wide Wide World II　1956　米　TV　広いひろい世界 2　458
Wie einst im Mai　1938　独　未　五月に一度の　772
Wien tanzt　1951　墺　未　ウィーンは踊る　531, 789, 846
Wiener Blut　1942　独　未　ウィーン気質　513, 777
Wiener G'schichten　1940　独　未　ウィーンの出来事　530, 531, 775
Wiener Mädeln　1949　墺　未　ウィーンの娘たち　788
Wiener Melodien　1947　墺　未　ウィーンの旋律　526, 788
Wiener Walzer　1951　墺　未　ウィンナ・ワルツ　532
Wild in the Country　1961　米　公開　嵐の季節　335, 336, 698
Wild Man Blues　1997　米　公開　ワイルド・マン・ブルース　720
Wild Style　1983　米　公開　ワイルド・スタイル　435, 713
Willy Wonka and the Chocolate Factory　1971　米　未　夢のチョコレート工場　387, 389, 706
Wind in the Willows, The　1987　米　TV　たのしい川べ　466, 715

原題索引

Wings of the Morning 1937 英 公開 暁の翼 738
Winternachtstraum 1935 独 未 冬の夜の夢 529, 768
Wintertime 1943 米 公開 氷上の花 93, 95, 648
Wir machen Musik 1942 独 未 我々は音楽家 777
Wir tanzen auf dem Regenbogen 1952 独 未 虹の上で踊る 573, 780
Wir tanzen um die Welt 1939 独 未 世界を股にかけて踊る 774
Wirtshaus im Spessart, Das 1958 独 未 シュペッサートの宿 783
With a Song in My Heart 1952 米 公開 わが心に歌えば 329, 405, 683, 843
With Love and Kisses 1936 米 未 愛と接吻で 615
Wiz, The 1978 米 公開 ウィズ 379, 386, 477, 711
Wizard of Oz, The 1939 米 公開 オズの魔法使 3, 88, 101, 112, 113, 154, 155, 208, 379, 386, 396, 398, 401, 404, 525, 628, 708, 711, 853
Wo die Lerche singt 1936 独 未 ひばりの歌うところ 507, 769
Wolf Song 1929 米 公開 狼の唄 589
Wonder Bar 1934 米 公開 ワンダー・バー 14, 43, 46, 605
Wonder Man 1945 米 公開 ダニー・ケイの天国と地獄 266, 304, 305, 324, 661
Wonderful Life 1964 英 未 素晴らしい生活 496, 749
Wonderful Town 1958 米 TV ワンダフル・タウン 459
Wonderful World of the Brothers Grimm, The 1962 米 公開 不思議な世界の物語 270, 367, 368, 699
Woodstock 1970 米 公開 ウッドストック 378, 407, 483, 705
Words and Music 1929 米 公開 踊るカレッヂ 589
Words and Music 1948 米 未 詞と曲 115, 158, 184, 188, 264, 266, 269, 396, 399, 402, 403, 404, 673, 843
Wrecking Crew, The 1969 米 公開 サイレンサー 破壊部隊 310, 314, 367
wunderschöne Galathee, Die 1950 独 未 美しきガラテア 514, 779
Wunschkonzert 1940 独 公開 希望音楽会 131, 523, 524, 775

X

Xanadu 1980 米 公開 ザナドゥ 231, 259, 424, 426, 712

Y

Yank in the R. A. F., A 1941 米 未 英国航空隊の米兵 142
Yankee Doodle Dandy 1942 米 公開 ヤンキー・ドゥードゥル・ダンディ 166, 205, 206, 233, 239, 303, 402, 642, 844
Year without a Santa Claus, The 1974 米 TV サンタのいない年 464
Yellow Submarine 1968 英 公開 ビートルズ イエロー・サブマリン 497, 751
Yentl 1983 英 公開 愛のイエントル 354, 356, 754
Yes Sir, That's My Baby 1949 米 未 はい、僕の女房です 186, 223, 675
Yes, Mr. Brown 1933 英 公開 社長様のお出で 488, 731
Yevgeni Onegin 1958 露 未 エフゲニー・オネーギン 582, 836
Yo canto para ti 1934 西 未 君がために歌う 540, 792
Yokel Boy 1942 米 未 田舎者 642
Yolanda and the Thief 1945 米 未 ヨランダと泥棒 163, 166, 404, 661
You Belong to Me 1934 米 公開 ボクは芸人 22
You Can't Have Everything 1937 米 未 すべては手に入らない 84, 86, 151, 620
You Can't Ration Love 1944 米 未 恋は配給できない 656
You Can't Run Away from It 1956 米 公開 夜の乗合自動車 47, 233, 693
You Got Served 2004 米 未 ユー・ガット・サーブド 436, 724
You Light Up My Life 1977 米 公開 マイ・ソング 710
You Were Meant for Me 1948 米 未 君は僕のためのもの 149, 153, 673
You Were Never Lovelier 1942 米 公開 晴れて今宵は 163, 165, 231, 642
You Will Remember 1940 英 未 君は覚えているだろう 740, 845

You'll Find Out　1940　米　未　君は見出すだろう　632
You'll Never Get Rich　1941　米　公開　踊る結婚式　163, 164, 165, 231, 637
Young Americans　1967　米　公開　ヤング・アメリカンズ 歌え青春！　703
Young at Heart　1954　米　未　心は若く　281, 316, 321, 688
Young Man of Manhattan　1930　米　公開　恋愛四重奏　80
Young Man with a Horn　1950　米　公開　情熱の狂想曲（ラプソディ）　316, 318, 678
Young Ones, The　1961　英　公開　若さでぶつかれ！　496, 748
Young People　1940　米　未　若い人　89, 93, 632
Your Cheatin' Heart　1964　米　公開　ハンク・ウィリアムス物語 偽りの心　700, 844
You're a Good Man, Charlie Brown　1973　米　TV　君は良い人、チャーリー・ブラウン　459, 463
You're a Good Man, Charlie Brown　1985　米　TV　君は良い人、チャーリー・ブラウン　464, 715
You're a Lucky Fellow, Mr. Smith　1943　米　未　運がいいね、スミスさん　226, 648
You're a Sweetheart　1937　米　公開　スキングの女王　84, 86, 127, 621
You're in the Army Now　1941　米　未　お前はもう陸軍にいるんだぞ　118, 209
You're My Everything　1949　米　未　君は僕のすべて　153, 254, 675
You're Never Too Young　1955　米　公開　お若いデス　309, 312
You're the One　1941　米　未　君こそそれだ　637
Youth on Parade　1942　米　未　青春勢揃い　236, 642
Yves Montand chante chansons de Paris　1957　仏　公開　イヴ・モンタン　シャンソン・ド・パリ　808

Z

Zachariah　1971　米　公開　ウエスタン・ロック ザカライヤ　408, 706
Zaporozhets za Dunayem　1937　露　未　ドナウ河を越えたコサックたち　581, 834
Zarewitsch, Der　1933　独　未　ロシア皇太子　507, 766
Zauber der Boheme　1937　墺　未　ボヘミアンの魅力　505, 506, 507, 529, 788
008: Operazione ritmo　1965　伊　未　008 リズム作戦　824
Ziegfeld Follies　1945　米　公開　ジーグフェルド・フォリーズ　21, 27, 154, 158, 163, 166, 169, 174, 179, 185, 187, 264, 397, 402, 403, 661
Ziegfeld Girl　1941　米　公開　美人劇場　152, 155, 157, 159, 184, 403, 404, 475, 637
Zigeunerbaron　1935　独　公開　ジプシー男爵　768
Ziggy Stardust and the Spiders from Mars　1973　英　公開　ジギー・スターダスト　408, 751
Zingara　1969　伊　未　ジプシー女　827
Zis Boom Bah　1941　米　未　こんなブーム　637
Zolushka　1947　露　公開　シンデレラ姫　835
Zoot Suit　1981　米　未　ズート・スーツ　713
Zou Zou　1934　仏　公開　はだかの女王　564, 566, 805
Zu neuen Ufern　1937　独　公開　世界の涯てに　527, 771
Zum zum zum　1968　伊　未　ツム・ツム・ツム　827, 828
Zum, zum, zum n°2　1969　伊　未　ツム・ツム・ツム 2　828
Zwei Frauen　1938　独　未　二人の女　772
Zwei Herzen im 3/4 Takt　1930　独　未　4分の3拍子の二つの心　529, 760
Zwei Herzen im Mai　1958　独　未　五月のふたつの心　514, 530, 783
Zwei Herzen und ein Schlag　1932　独　公開　踊る奥様　509, 511, 764
Zwölf Herzen für Charly　1949　独　未　チャーリーへの12の心　513, 779
Zwölf Mädchen und 1 Mann　1959　墺　公開　ザイラーと12人の娘 白銀は招くよ！　533, 790

人名索引

人名索引

- 本文中で項を立てて記載した人物を収録した。
- 本文収録順、日本語、原語の3種類を付した。
- 日本語索引では、姓の五十音順で配列した。
- 原語索引では、姓のアルファベット順に配列した。なおロシア語の人名はキリル文字を音価によってラテン文字に置き換えて記している。
- 日本語索引、原語索引の人名の後に続くのは、「本文中の章番号−会社名（国名など）−番号」で、最後の番号は本文収録順索引に記した番号と対応している。

本文収録順索引

第1章 ミュージカル映画の誕生

トーキー初期
1 アル・ジョルスン 14
2 エディ・カンター 17
3 ファニー・ブライス 21
4 マリリン・ミラー 21
5 ヘレン・モーガン 21
6 ヘレン・ケイン 23
7 ナンシー・キャロル 23
8 バーニス・クレア 24
9 チャールズ・キング 24
10 ローレンス・グレイ 25
11 クリフ・エドワーズ 25

第2章 1930年代：不況の時代

ワーナー
1 アン・ペニングトン 37
2 ルビー・キーラー 37
3 バスビー・バークレイ（その1） 38
4 ディック・パウエル 46

パラマウント
1 ジャネット・マクドナルド（その1） 48
2 モーリス・シュヴァリエ 51
3 マルクス兄弟（その1） 55
4 ビング・クロスビー（その1） 57
5 ジョージ・ラフト 63
6 ライダ・ロベルティ 64
7 メイ・ウエスト 64

RKO
1 バート・ホウィーラー 67
2 ロバート・ウールジー 67
3 ドロシー・リー 68
4 アイリーン・ダン 69
5 フレッド・アステア（その1） 72
6 ジンジャー・ロジャース 80
7 リリー・ポンス 81

フォックス
1 アリス・フェイ（その1） 84
2 シャーリー・テンプル 88
3 ソーニャ・ヘニー 93

MGM
1 ベッシー・ラヴ 96
2 ジョーン・クロフォード 97
3 マリオン・デイヴィス 97
4 ローレンス・ティベット 97
5 ジーン・ハーロウ 98
6 ジャネット・マクドナルド（その2） 98
7 ネルソン・エディ 103
8 マルクス兄弟（その2） 106
9 エレノア・パウエル 108
10 ジュディ・ガーランド（その1） 111
11 ミッキー・ルーニー 114
12 アラン・ジョーンズ（その1） 116
13 スタン・ローレル 116
14 オリヴァー・ハーディ 116
15 ジミー・デュランテ 117

ユニヴァーサル
1 ディアナ・ダービン（その1） 120

コロンビア
1 グレイス・ムーア 123

その他
1 エセル・マーマン 125
2 ジョージ・マーフィ 127
3 ルディ・ヴァリー 127
4 ラス・コロンボ 128

第3章 1940年代：戦争の時代

フォックス
1 アリス・フェイ（その2） 138
2 ベティ・グレイブル 141
3 ヴィヴィアン・ブレイン 147
4 ジーン・クレイン 149
5 ジューン・ヘイヴァー 149
6 カルメン・ミランダ 150
7 ドン・アメチ 151
8 ディック・ヘイムズ 151
9 ダン・デイリー 152

MGM
1 アーサー・フリード 154
2 ジャック・カミングス 154
3 ジョー・パスタナク 154
4 バスビー・バークレイ（その2） 154
5 ジュディ・ガーランド（その2） 157
6 フレッド・アステア（その2） 162
7 ジーン・ケリー（その1） 168
8 キャスリン・グレイスン（その1） 173
9 ジェイン・パウエル（その1） 176
10 エスター・ウィリアムス 178
11 ジューン・アリソン 183
12 ラナ・ターナー 184
13 ルシル・ボール 184
14 グロリア・デ・ヘヴン 186

パラマウント
1 ビング・クロスビー（その2） 189
2 ボブ・ホープ（その1） 195
3 ドロシー・ラムーア 199
4 メリー・マーティン 200
5 ベティ・ハットン 200
6 ヴァージニア・デイル 204

1003

人名索引

7　ヴェロニカ・レイク　204
8　ポーレット・ゴダード　205

ワーナー
1　ジェイムス・キャグニー　205
2　デニス・モーガン　205
3　ジャック・カースン　206
4　ジョーン・レスリー　206
5　ロバート・アルダ　207
6　アン・シェリダン　207
7　アイダ・ルピノ　208
8　レイ・ボルジャー　208
9　ジェイン・ワイマン　209
10　ジャニス・ペイジ　209

ユニヴァーサル
1　ディアナ・ダービン（その2）　212
2　グロリア・ジーン　216
3　アンドルーズ姉妹　216
4　バッド・アボット　217
5　ルー・コステッロ　217
6　ドナルド・オコナー　222
7　ペギー・ライアン　223
8　アン・ブライス　223
9　スザンナ・フォスター　225
10　アラン・ジョーンズ（その2）　225
11　ジョニー・ダウンズ　226
12　ジェイン・フレージー　227
13　グレイス・マクドナルド　228
14　ロバート・ペイジ　229

コロムビア
1　リタ・ヘイワース　231
2　アン・ミラー（その1）　232

リパブリック
1　コンスタンス・ムーア　234
2　ルース・テリー　235
3　ジュディ・カノヴァ　236

歌うカウボーイ
1　ジーン・オートリー　237
2　ロイ・ロジャース　238
3　テックス・リッター　238

その他
1　フランシス・ラングフォード　238
2　ジューン・ハヴォク　240
3　ガートルード・ニーセン　240

第4章　1950年代：画面の大型化

MGM
（ダンサー）
1　フレッド・アステア（その3）　252
2　ジーン・ケリー（その2）　259
3　シド・チャリシー　264
4　アン・ミラー（その2）　265
5　ヴェラ＝エレン　266

6　レスリー・キャロン　267
7　マージ・チャンピオン　269
8　ガワー・チャンピオン　269
9　ラス・タムブリン　270

（歌手）
10　キャスリン・グレイスン（その2）　270
11　ジェイン・パウエル（その2）　273
12　デビー・レイノルズ　276
13　ハワード・キール　277
14　マリオ・ランツァ　278
15　フランク・シナトラ　281

フォックス
1　ミッツィ・ゲイナー　287
2　マリリン・モンロー　289
3　シャーリー・ジョーンズ　292
4　リチャード・ロジャース　292
5　オスカー・ハマースタイン2世　292
6　パット・ブーン　296

パラマウント
1　ビング・クロスビー（その3）　297
2　ボブ・ホープ（その2）　301
3　ダニー・ケイ　304
4　ディーン・マーティン　309
5　ジェリー・ルイス　309
6　エルヴィス・プレスリー（その1）　314

ワーナー
1　ドリス・デイ　316
2　ゴードン・マクレエ　322
3　ヴァージニア・メイヨー　324
4　ジーン・ネルソン　325

コロムビア
1　フランキー・レイン　327

その他
1　スーザン・ヘイワード　328
2　ジェイン・ラッセル　329

第5章　1960年代：スタジオ・システムの崩壊

1　エルヴィス・プレスリー（その2）　335
2　アン＝マーグレット　342
3　フランキー・アヴァロン　345
4　アネット・フニチェッロ　345
5　シャーリー・マクレイン　348
6　ジュリー・アンドルーズ　350
7　バーブラ・ストライザンド　353

第10章　英国の作品

戦前
1　グレイシー・フィールズ　484
2　ジェシー・マシューズ　486
3　ジャック・ブキャナン　487
4　アンナ・ニーグル　489

人名索引

5 エヴリン・レイ 491
6 ジョージ・フォームビー 492
7 トミー・トリンダー 492
8 ヴェラ・リン 493
戦後
9 マイケル・パウエル 494
10 エメリック・プレスバーガー 494
11 トミー・スティール 495
12 クリフ・リチャード 496
13 ビートルズ 496

第11章　ドイツの作品

ワイマール時代
1 リヒャルト・タウバー 503
2 ヤン・キープラ 504
3 マルタ・エゲルト 506
4 リリアン・ハーヴェイ 508
5 ヴィリー・フリッチュ 513
6 マルレーネ・ディートリッヒ 514
7 リアーネ・ハイト 515
8 ケーテ・フォン・ナギ 516
9 レナーテ・ミュラー 518
10 フランチスカ・ガール 520
11 ヨゼフ・シュミット 522
ナチス時代
12 マリカ・レック 522
13 ヨハネス・ヘースタース 525
14 ツァラー・レアンダー 527
15 ラ・ヤーナ 528
16 ゲツァ・フォン・ボルヴァリー 528
17 マルテ・ハレル 530
18 リッツィ・ヴァルトミュラー 532
第二次世界大戦後
19 ペーター・アレクサンダー 533
20 トニー・ザイラー 533

第12章　スペインの作品

1 コンチャ・ピケール 539
2 イムペリオ・アルヘンティーナ 540
3 ラケル・ロドリーゴ 542
4 アントニータ・コロメー 543
5 カルメン・アマヤ 543
6 エストレリータ・カストロ 544
7 ファニータ・レイナ 546
8 マリア・デ・ロス・アンヘルス・モラレス 547
9 ローラ・フロレス 547
10 カルメン・セビーリャ 548
11 パキータ・リコ 550
12 サラ・モンティエール 551
13 ホセリート 555
14 マリソル 557
15 ロシオ・ドゥルカル 559
16 カルロス・サウラ 560

第13章　その他の国

フランス
1 ジョセフィン・ベイカー 566
2 ルネ・クレール 567
3 ジャック・ドゥミ 567
イタリア
1 カルミネ・ガローネ 572
ロシア（ソ連）
1 グレゴリー・アレクサンドロフ 576
2 イワン・ピィリエフ 578
3 イゴール・サフチェンコ 580
4 イワン・カヴァレリス 580
5 アレクサンドル・イワノフスキー 581

日本語人名索引

あ行
アヴァロン、フランキー 5-3 345
アステア、フレッド（その1） 2-RKO-5 72
アステア、フレッド（その2） 3-MGM-6 162
アステア、フレッド（その3） 4-MGM-1 252
アボット、バッド 3-Univ-4 217
アマヤ、カルメン 12-西-5 543
アメチ、ドン 3-Fox-7 151
アリソン、ジューン 3-MGM-11 183
アルダ、ロバート 3-WB-5 207
アルヘンティーナ、イムペリオ 12-西-2 540
アレクサンダー、ペーター 11-独-19 533
アレクサンドロフ、グレゴリー 13-露-1 576

アンドルーズ、ジュリー 5-6 350
アンドルーズ姉妹 3-Univ-3 216
アン＝マーグレット 5-2 342

イワノフスキー、アレクサンドル 13-露-5 581

ヴァリー、ルディ 2-他-3 127
ヴァルトミュラー、リッツィ 11-独-18 532
ウィリアムス、エスター 3-MGM-10 178
ウエスト、メイ 2-Para-7 64
ヴェラ＝エレン 4-MGM-5 266
ウールジー、ロバート 2-RKO-2 67

1005

人名索引

エゲルト、マルタ　11-独-3　506
エディ、ネルソン　2-MGM-7　103
エドワーズ、クリフ　1-11　25

オコナー、ドナルド　3-Univ-6　222
オートリー、ジーン　3-歌うカウボーイ-1　237

か行

カヴァレリス、イワン　13-露-4　580
カストロ、エストレリータ　12-西-6　544
カースン、ジャック　3-WB-3　206
カノヴァ、ジュディ　3-Rep-3　236
カミングス、ジャック　3-MGM-2　154
ガーランド、ジュディ（その1）　2-MGM-10　111
ガーランド、ジュディ（その2）　3-MGM-5　157
ガール、フランチスカ　11-独-10　520
ガローネ、カルミネ　13-伊-1　572
カンター、エディ　1-2　17

キープラ、ヤン　11-独-2　504
キャグニー、ジェイムス　3-WB-1　205
キャロル、ナンシー　1-7　23
キャロン、レスリー　4-MGM-6　267
キーラー、ルビー　2-WB-2　37
キール、ハワード　4-MGM-13　277
キング、チャールズ　1-9　24

クレア、バーニス　1-8　24
グレイ、ローレンス　1-10　25
グレイスン、キャスリン（その1）　3-MGM-8　173
グレイスン、キャスリン（その2）　4-MGM-10　270
グレイブル、ベティ　3-Fox-2　141
クレイン、ジーン　3-Fox-4　149
クレール、ルネ　13-仏-2　567
クロスビー、ビング（その1）　2-Para-4　57
クロスビー、ビング（その2）　3-Para-1　189
クロスビー、ビング（その3）　4-Para-1　297
クロフォード、ジョーン　2-MGM-2　97

ケイ、ダニー　4-Para-3　304
ゲイナー、ミッツィ　4-Fox-1　287
ケイン、ヘレン　1-6　23
ケリー、ジーン（その1）　3-MGM-7　168
ケリー、ジーン（その2）　4-MGM-2　259

コステッロ、ルー　3-Univ-5　217
ゴダード、ポーレット　3-Para-8　205
コロムボ、ラス　2-他-4　128
コロメー、アントニータ　12-西-4　543

さ行

ザイラー、トニー　11-独-20　533

サウラ、カルロス　12-西-16　560
サフチェンコ、イゴール　13-露-3　580

シェリダン、アン　3-WB-6　207
シナトラ、フランク　4-MGM-15　281
シュヴァリエ、モーリス　2-Para-2　51
シュミット、ヨゼフ　11-独-11　522
ジョルスン、アル　1-1　14
ジョーンズ、アラン（その1）　2-MGM-12　116
ジョーンズ、アラン（その2）　3-Univ-10　225
ジョーンズ、シャーリー　4-Fox-3　292
ジーン、グロリア　3-Univ-2　216

スティール、トミー　10-英-11　495
ストライザンド、バーブラ　5-7　353

セビーリャ、カルメン　12-西-10　548

た行

タウバー、リヒャルト　11-独-1　503
ダウンズ、ジョニー　3-Univ-11　226
ターナー、ラナ　3-MGM-12　184
ダービン、ディアナ（その1）　2-Univ-1　120
ダービン、ディアナ（その2）　3-Univ-1　212
タムブリン、ラス　4-MGM-9　270
ダン、アイリーン　2-RKO-4　69

チャンピオン、ガワー　4-MGM-8　269
チャンピオン、マージ　4-MGM-7　269
チャリシー、シド　4-MGM-3　264

デイ、ドリス　4-WB-1　316
デイヴィス、マリオン　2-MGM-3　97
ディートリッヒ、マルレーネ　11-独-6　514
ティベット、ローレンス　2-MGM-4　97
デイリー、ダン　3-Fox-9　152
デイル、ヴァージニア　3-Para-6　204
デ・ヘヴン、グロリア　3-MGM-14　186
テンプル、シャーリー　2-Fox-2　88
デュランテ、ジミー　2-MGM-15　117
テリー、ルース　3-Rep-2　235

ドゥミ、ジャック　13-仏-3　567
ドゥルカル、ロシオ　12-西-15　559
トリンダー、トミー　10-英-7　492

な行

ナギ、ケーテ・フォン　11-独-8　516
ニーグル、アンナ　10-英-4　489
ニーセン、ガートルード　3-他-3　240

ネルソン、ジーン　4-WB-4　325

は行

ハイト、リアーネ　11-独-7　515
ハーヴェイ、リリアン　11-独-4　508
パウエル、エレノア　2-MGM-9　108
パウエル、ジェイン(その1)　3-MGM-9　176
パウエル、ジェイン(その2)　4-MGM-11　273
パウエル、ディック　2-WB-4　46
パウエル、マイケル　10-英-9　494
ハヴォク、ジューン　3-他-2　240
バークレイ、バスビー(その1)　2-WB-3　38
バークレイ、バスビー(その2)　3-MGM-4　154
パスタナク、ジョー　3-MGM-3　154
ハットン、ベティ　3-Para-5　200
ハーディ、オリヴァー　2-MGM-14　116
ハマースタイン2世、オスカー　4-Fox-5　292
ハレル、マルテ　11-独-17　530
ハーロウ、ジーン　2-MGM-5　98

ピケール、コンチャ　12-西-1　539
ビートルズ　10-英-13　496

プィリエフ、イワン　13-露-2　578
フィールズ、グレイシー　10-英-1　484
フェイ、アリス(その1)　2-Fox-1　84
フェイ、アリス(その2)　3-Fox-1　138
フォスター、スザンナ　3-Univ-9　225
フォームビー、ジョージ　10-英-6　492
ブキャナン、ジャック　10-英-3　487
フニチェッロ、アネット　5-4　345
ブライス、アン　3-Univ-8　223
ブライス、ファニー　1-3　21
フリッチュ、ヴィリー　11-独-5　513
フリード、アーサー　3-MGM-1　154
ブレイン、ヴィヴィアン　3-Fox-3　147
フレージー、ジェイン　3-Univ-12　227
プレスバーガー、エメリック　10-英-10　494
プレスリー、エルヴィス(その1)　4-Para-6　314
プレスリー、エルヴィス(その2)　5-1　335
フロレス、ローラ　12-西-9　547
ブーン、パット　4-Fox-6　296

ヘイヴァー、ジューン　3-Fox-5　149
ベイカー、ジョセフィン　13-仏-1　566
ペイジ、ジャニス　3-WB-10　209
ペイジ、ロバート　3-Univ-14　229
ヘイムズ、ディック　3-Fox-8　151
ヘイワース、リタ　3-Col-1　231
ヘイワード、スーザン　4-他-1　328
ヘースタース、ヨハネス　11-独-13　525
ヘニー、ソーニャ　2-Fox-3　93
ペニングトン、アン　2-WB-1　37

ホウィーラー、バート　2-RKO-1　67
ホセリート　12-西-13　555
ホープ、ボブ(その1)　3-Para-2　195
ホープ、ボブ(その2)　4-Para-2　301
ボール、ルシル　3-MGM-13　184
ボルヴァリー、ゲツァ・フォン　11-独-16　528
ボルジャー、レイ　3-WB-8　208
ポンス、リリー　2-RKO-7　81

ま行

マクドナルド、グレイス　3-Univ-13　228
マクドナルド、ジャネット(その1)　2-Para-1　48
マクドナルド、ジャネット(その2)　2-MGM-6　98
マクレイン、シャーリー　5-5　348
マクレエ、ゴードン　4-WB-2　322
マシューズ、ジェシー　10-英-2　486
マーティン、ディーン　4-Para-4　309
マーティン、メリー　3-Para-4　200
マーフィ、ジョージ　2-他-2　127
マーマン、エセル　2-他-1　125
マリソル　12-西-14　557
マルクス兄弟(その1)　2-Para-3　55
マルクス兄弟(その2)　2-MGM-8　106

ミュラー、レナーテ　11-独-9　518
ミラー、アン(その1)　3-Col-2　232
ミラー、アン(その2)　3-MGM-4　265
ミラー、マリリン　1-4　21
ミランダ、カルメン　3-Fox-6　150

ムーア、グレイス　2-Col-1　123
ムーア、コンスタンス　3-Rep-1　234

メイヨー、ヴァージニア　4-WB-3　324

モーガン、デニス　3-WB-2　205
モーガン、ヘレン　1-5　21
モラレス、マリア・デ・ロス・アンヘレス　12-西-8　547
モンティエール、サラ　12-西-12　551
モンロー、マリリン　4-Fox-2　289

ら行

ライアン、ペギー　3-Univ-7　223
ラヴ、ベッシー　2-MGM-1　96
ラッセル、ジェイン　4-他-2　329
ラフト、ジョージ　2-Para-5　63
ラムーア、ドロシー　3-Para-3　199
ラ・ヤーナ　11-独-15　528
ラングフォード、フランシス　3-他-1　238
ランツァ、マリオ　4-MGM-14　278

リー、ドロシー　2-RKO-3　68

人名索引

リコ、パキータ　12-西-11　550
リチャード、クリフ　10-英-12　496
リッター、テックス　3-歌うカウボーイ-3　238
リン、ヴェラ　10-英-8　493

ルイス、ジェリー　4-Para-5　309
ルーニー、ミッキー　2-MGM-11　114
ルビノ、アイダ　3-WB-7　208

レアンダー、ツァラー　11-独-14　527
レイ、エヴリン　10-英-5　491
レイク、ヴェロニカ　3-Para-7　204
レイナ、ファニータ　12-西-7　546
レイノルズ、デビー　4-MGM-12　276

レイン、フランキー　4-Col-1　327
レスリー、ジョーン　3-WB-4　206
レック、マリカ　11-独-12　522

ロジャース、ジンジャー　2-RKO-6　80
ロジャース、リチャード　4-Fox-4　292
ロジャース、ロイ　3-歌うカウボーイ-2　238
ロドリーゴ、ラルケ　12-西-3　542
ロベルティ、ライダ　2-Para-6　64
ローレル、スタン　2-MGM-13　116

わ行
ワイマン、ジェイン　3-WB-9　209

原語人名索引

Abbott, Bud　3-Univ-4　217
Alda, Robert　3-WB-5　207
Aleksandrov, Grigori　13-露-1　576
Alexander, Peter　11-独-19　533
Allyson, June　3-MGM-11　183
Amaya, Carmen　12-西-5　543
Ameche, Don　3-Fox-7　151
Andrews, Julie　5-6　350
Andrews Sisters　3-Univ-3　216
Ann-Margret　5-2　342
Argentina, Imperio　12-西-2　540
Astaire, Fred　2-RKO-5　72
Astaire, Fred　3-MGM-6　162
Astaire, Fred　4-MGM-1　252
Autry, Gene　3-歌うカウボーイ-1　237
Avalon, Frankie　5-3　345

Baker, Josephine　13-仏-1　566
Ball, Lucille　3-MGM-13　184
Beatles, The　10-英-13　496
Berkeley, Busby　2-WB-3　38
Berkeley, Busby　3-MGM-4　154
Blaine, Vivian　3-Fox-3　147
Blyth, Ann　3-Univ-8　223
Bolger, Ray　3-WB-8　208
Bolváry, Géza von　11-独-16　528
Boone, Pat　4-Fox-6　296
Brice, Fanny　1-3　21
Buchanan, Jack　10-英-3　487

Cagney, James　3-WB-1　205
Canova, Judy　3-Rep-3　236
Cantor, Eddie　1-2　17
Carroll, Nancy　1-7　23
Carron, Leslie　4-MGM-6　267

Carson, Jack　3-WB-3　206
Castro, Estrellita　12-西-6　544
Champion, Gower　4-MGM-8　269
Champion, Marge　4-MGM-7　269
Charisse, Cyd　4-MGM-3　264
Chevalier, Maurice　2-Para-2　51
Clair, René　13-仏-2　567
Claire, Bernice　1-8　24
Colomé, Antoñita　12-西-4　543
Columbo, Russ　2-他-4　128
Costello, Lou　3-Univ-5　217
Crain, Jeanne　3-Fox-4　149
Crawford, Joan　2-MGM-2　97
Crosby, Bing　2-Para-4　57
Crosby, Bing　3-Para-1　189
Crosby, Bing　4-Para-1　297
Cummings, Jack　3-MGM-2　154

Dailey, Dan　3-Fox-9　152
Dale, Virginia　3-Para-6　204
Davies, Marion　2-MGM-3　97
Day, Doris　4-WB-1　316
DeHaven, Gloria　3-MGM-14　186
Demy, Jacques　13-仏-3　567
Dietrich, Marlene　11-独-6　514
Downs, Johnny　3-Univ-11　226
Dunne, Irene　2-RKO-4　69
Durante, Jimmy　2-MGM-15　117
Durbin, Deanna　2-Univ-1　120
Durbin, Deanna　3-Univ-1　212
Dúrcal, Rocío　12-西-15　559

Eddy, Nelson　2-MGM-7　103
Edwards, Cliff　1-11　25
Eggerth, Márta　11-独-3　506

人名索引

Faye, Alice 2-Fox-1 84
Faye, Alice 3-Fox-1 138
Fields, Gracie 10-英-1 484
Flores, Lola 12-西-9 547
Formby, George 10-英-6 492
Foster, Susanna 3-Univ-9 225
Frazee, Jane 3-Univ-12 227
Freed, Arthur 3-MGM-1 154
Fritsch, Willy 11-独-5 513
Funicello, Annette 5-4 345

Gaal, Franziska 11-独-10 520
Gallone, Carmine 13-伊-1 572
Garland, Judy 2-MGM-10 111
Garland, Judy 3-MGM-5 157
Gaynor, Mitzi 4-Fox-1 287
Goddard, Paulette 3-Para-8 205
Grable, Betty 3-Fox-2 141
Gray, Lawrence 1-10 25
Grayson, Kathryn 3-MGM-8 173
Grayson, Kathryn 4-MGM-10 270

Haid, Liane 11-独-7 515
Hammerstein II, Oscar 4-Fox-5 292
Hardy, Oliver 2-MGM-14 116
Harell, Marte 11-独-17 530
Harlow, Jean 2-MGM-5 98
Harvey, Lilian 11-独-4 508
Haver, June 3-Fox-5 149
Havoc, June 3-他-2 240
Haymes, Dick 3-Fox-8 151
Hayward, Susan 4-他-1 328
Hayworth, Rita 3-Col-1 231
Heesters, Johannes 11-独-13 525
Henie, Sonja 2-Fox-3 93
Hope, Bob 3-Para-2 195
Hope, Bob 4-Para-2 301
Hutton, Betty 3-Para-5 200

Ivanovsky, Aleksandr 13-露-5 581

Jean, Gloria 3-Univ-2 216
Jolson, Al 1-1 14
Jones, Allan 2-MGM-12 116
Jones, Allan 3-Univ-10 225
Jones, Shirley 4-Fox-3 292
Joselito 12-西-13 555

Kane, Helen 1-6 23
Kavaleridze, Ivan 13-露-4 580
Kaye, Danny 4-Para-3 304
Keel, Howard 4-MGM-13 277

Keeler, Ruby 2-WB-2 37
Kelly, Gene 3-MGM-7 168
Kelly, Gene 4-MGM-2 259
Kiepura, Jan 11-独-2 504
King, Charles 1-9 24

La Jana 11-独-15 528
Laine, Frankie 4-Col-1 327
Lake, Veronica 3-Para-7 204
Lamour, Dorothy 3-Para-3 199
Langford, Frances 3-他-1 238
Lanza, Mario 4-MGM-14 278
Laurel, Stan 2-MGM-13 116
Laye, Evelyn 10-英-5 491
Leander, Zarah 11-独-14 527
Lee, Dorothy 2-RKO-3 68
Leslie, Joan 3-WB-4 206
Lewis, Jerry 4-Para-5 309
Love, Bessie 2-MGM-1 96
Lupino, Ida 3-WB-7 208
Lynn, Vera 10-英-8 493

MacDonald, Jeanette 2-Para-1 48
MacDonald, Jeanette 2-MGM-6 98
MacLaine, Shirley 5-5 348
MacRae, Gordon 4-WB-2 322
Marisol 12-西-14 557
Martin, Dean 4-Para-4 309
Martin, Mary 3-Para-4 200
Marx Brothers 2-Para-3 55
Marx Brothers 2-MGM-8 106
Matthews, Jessie 10-英-2 486
Mayo, Virginia 4-WB-3 324
McDonald, Grace 3-Univ-13 228
Merman, Ethel 2-他-1 125
Miller, Ann 3-Col-2 232
Miller, Ann 4-MGM-4 265
Miller, Marilyn 1-4 21
Miranda, Carmen 3-Fox-6 150
Monroe, Malyrin 4-Fox-2 289
Montiel, Sara 12-西-12 551
Moore, Constance 3-Rep-1 234
Moore, Grace 2-Col-1 123
Morales, María de los Ángeles 12-西-8 547
Morgan, Dennis 3-WB-2 205
Morgan, Helen 1-5 21
Müller, Renate 11-独-9 518
Murphy, George 2-他-2 127

Nagy, Käthe von 11-独-8 516
Neagle, Anna 10-英-4 489
Nelson, Gene 4-WB-4 325
Niesen, Gertrude 3-他-3 240

人名索引

O'Connor, Donald　3-Univ-6　222

Paige, Janis　3-WB-10　209
Paige, Robert　3-Univ-14　229
Pasternak, Joe　3-MGM-3　154
Penington, Ann　2-WB-1　37
Piquer, Concha　12-西-1　539
Pons, Lily　2-RKO-7　81
Powell, Dick　2-WB-4　46
Powell, Eleanor　2-MGM-9　108
Powell, Jane　3-MGM-9　176
Powell, Jane　4-MGM-11　273
Powell, Michael　10-英-9　494
Presley, Elvis　4-Para-6　314
Presley, Elvis　5-1　335
Pressburger, Emeric　10-英-10　494
Pyryev, Ivan　13-露-2　578

Raft, George　2-Para-5　63
Reina, Juanita　12-西-7　546
Reynolds, Debbie　4-MGM-12　276
Richard, Cliff　11-英-12　496
Rico, Paquita　12-西-11　550
Ritter, Tex　3-歌うカウボーイ-3　238
Roberti, Lyda　2-Para-6　64
Rodgers, Richard　4-Fox-4　292
Rodrigo, Raquel　12-西-3　542
Rogers, Ginger　2-RKO-6　80
Rogers, Roy　3-歌うカウボーイ-2　238
Rökk, Marika　11-独-12　522

Rooney, Micky　2-MGM-11　114
Russell, Jane　4-他-2　329
Ryan, Peggy　3-Univ-7　223

Sailer, Toni　11-独-20　533
Saura, Carlos　12-西-16　560
Savchenko, Igor　13-露-3　580
Schmidt, Joseph　11-独-11　522
Sevilla, Carmen　12-西-10　548
Sheridan, Ann　3-WB-6　207
Sinatra, Frank　4-MGM-15　281
Steele, Tommy　11-英-11　495
Streisand, Barbra　5-7　353

Tamblyn, Russ　4-MGM-9　270
Tauber, Richard　11-独-1　503
Temple, Shirley　2-Fox-2　88
Terry, Ruth　3-Rep-2　235
Tibbett Lawrence　2-MGM-4　97
Trinder, Tommy　11-英-7　492
Turner, Lana　3-MGM-12　184

Vallee, Rudy　2-他-3　127
Vera-Ellen　4-MGM-5　266

Waldmüller, Lizzi　11-独-18　532
West, Mae　2-Para-7　64
Wheeler, Bert　2-RKO-1　67
Williams, Ester　3-MGM-10　178
Woolsey, Robert　2-RKO-2　67
Wyman, Jane　3-WB-9　209

あ と が き

　「ブロードウェイ・ミュージカル事典」（劇書房）を芝邦夫の筆名で1984年に書いて、1991年には改訂・増補版を出した。その後、すぐに「ハリウッド・ミュージカル事典」を書こうと考えていたのだが、会社の仕事が忙しくなり、なかなか書けないままに月日が流れてしまった。しかし、60歳を超えて、会社での仕事も時間的な余裕が得られるようになり、以前からの懸案を片付けようという気になった。
　直接のきっかけとなったのは、歌舞伎座の建て直しだ。歌舞伎座は第二次世界大戦中に被災し、戦後修復されて1951年に再開場した。私はその年に生まれ、小さな時から祖母に連れられて歌舞伎座に通った思い出があり、好きな劇場のひとつだったが、老朽化による建て替えのために2010年春に閉場されてしまった。
　歌舞伎座通いもできなくなり、その年の秋には13歳になる愛猫デイブが病気になって視力を失ったので、看病のために家で過ごす時間が長くなった。そこで、歌舞伎座が建て替えられて、再開場する2013年春までの2年半を使って、「ハリウッド・ミュージカル事典」を執筆することにした。
　以前に書くつもりで基礎的な資料は集めていたのだが、20年前とは異なりDVDやインターネットが普及し、昔の作品をかなり見ることができるようになったので、執筆と併せて、これまで見る機会のなかった作品も含めて、全般的に見直す計画を立てた。本書で扱った約3200本の作品に対して、半分ぐらいは見直そうと考えて、年間500本のペースで見ることにした。そのためには、週に10本ほど見る必要がある。そこで、好きなワインも控えて、ひたすら画面と向き合った。
　執筆は休日が中心で、朝から晩までパソコンに向かって作業した。30年前に執筆した折には、本とレコードで調べて原稿用紙に書く作業だったが、今回の作業は、インターネットとDVD、電子ファイルで調べてパソコンに向かって打ち込むという作業が中心で、言語も電子辞書で調べるため、本での調査は補助的にしか用いなかった。図書館に行って調べたり、たくさんの本を並べて調べたりするということは少なくなり、以前よりも効率的に執筆を進めることができた。
　本書は「ハリウッド」という仮題でスタートしたが、アメリカ以外にも

英国やドイツ、フランス、スペイン、イタリア、ソ連のミュージカル映画や、テレビでのミュージカルについても簡単に触れることにした。そうしたことから、書名は「ハリウッド・ミュージカル」ではなく、「ミュージカル映画」事典とした。
　前著の「ブロードウェイ・ミュージカル事典」では、個々の作品についての説明は十分に書いたが、舞台ミュージカル全体の流れや歴史的な背景の説明については満足に書けなかった。また、各作品で使われている楽曲の説明も不足していた。そこで今回は、時代別や国別の各作品の説明の前段に、時代背景や映画界全体の流れがわかるような一文を挿入した。出演者が多いために誰がどの楽曲を担当したのかわかりにくい作品では、楽曲の詳しい一覧を入れた。全部の作品について楽曲の一覧を入れると、それだけで本の厚さが倍以上になってしまうため、知りたい方はほかの手段で調べていただきたい。
　映画の題名については、日本で劇場公開されたものはそれを記載した。戦前の公開作品については、基礎的な文献が十分に整理されてはいないので、キネマ旬報社の「日本映画作品大鑑」に基づいた。テレビ放送やDVDで発売された作品の題名については、発売ごとに題名が替わったり、内容と外れた題名が付けられることも多いため、一部しか採用していない。日本公開作品か未公開なのかの基準は、劇場公開されたかどうかを基準とした。未公開作品の題名については、カタカナによる原語の発音表記ではなく、可能な限り意訳を試みた。しかし、当時の世相を反映した題名や二重の意味を持たせた題名もあり、十分に通じる題名に訳せたか否か自信のないものもある。
　人名の表記についても特に原則を立てなかったので、統一性がないとお叱りを受けるかもしれない。前著の「ブロードウェイ・ミュージカル事典」と、表記が異なる人物もある。唯一気にしたのは、元の綴りがわかるように「ヴ」と「ブ」を区別して記載した点だ。しかし、スペイン語では発音の区別がないので「ブ」としている。ロシア語の発音でもこの問題は迷う。一番悩むのは、ドイツ系の人物が英米で活躍した場合で、「リヒャルト」とドイツ語読みするのか、「リチャード」と英語読みするのか、困ることとなる。同じようなことはフランス出身者などにもある。極端な場合には、名前の綴りが英米風に変えられていることもある。本書では主たる活躍の基盤がどこなのかによって、その国の発音表記を優先したので、統一感のない結果となっている。

いろいろと資料を調べて書くうちに、わからないことがどんどん増えていったが、予定していた2年半を超えたので、これまでの成果をまとめることとした。特に1930年代や40年代における、各国のミュージカル映画の成立についての比較は、大変興味深い分野だ。しかし、これまでの研究の蓄積があまりないため、自分なりに整理したが、間違いや勘違いも多いかもしれない。いろいろとご批判いただけると幸いである。

　この間、パソコンに向かう私の足元で、猫のデイブはいつも一緒に過ごしてくれた。以前ならば、キーボードの上に乗って一緒に打鍵してくれたのだが、今ではそれもできなくなった。前著の「ブロードウェイ・ミュージカル事典」は、劇書房から上梓したが、その劇書房が休業中なので、紹介いただいた平凡社にお願いをした。平凡社の関口秀紀氏および校閲の労をとって下さった長峯英子氏、いろいろとアドヴァイスを下さった山内あゆ子氏、レイアウトなど骨を折って下さった鳥井和昌氏、そして、欧文混じりの文章を根気強く校閲して下さった平凡社の方々には大変お世話になった。ここに感謝の辞を述べたい。

　　2015年12月

　　　　　　　　　　　　　　　　　　　　　　　　　　　　　　　　重木昭信

著者紹介

重木昭信（しげき・あきのぶ）

1951年生まれ。1973年から大手通信会社勤務。1988年から情報通信会社で大規模情報システムの開発に従事。2007年に情報通信会社代表取締役副社長。2012年情報サービス会社代表取締役社長。2015年同社顧問。会社勤務の傍ら、ミュージカルの歴史を研究し、芝邦夫の筆名で著作を発表。

主な著作
「映画コレクション入門」（共著、海燕書房、1978）
「マイ・フェア・ブロードウェイ」（共著、エヌ・ティ・ティ・アド、1987）
「ブロードウェイ・ミュージカル事典」（劇書房、1984 [増補版、1991]）

ミュージカル映画事典

発行日	2016年2月17日　初版第1刷発行
	2017年4月11日　初版第2刷発行
著　者	重木昭信
発行者	下中美都
発行所	株式会社平凡社
	〒101-0051 東京都千代田区神田神保町3-29
	電話　(03)3230-6593 [編集]
	(03)3230-6573 [営業]
	振替　00180-0-29639
	平凡社ホームページ　http://www.heibonsha.co.jp/
装　丁	鳥井和昌
DTP	矢部竜二
印　刷	株式会社東京印書館
製　本	大口製本印刷株式会社
編集＆編集協力	長峯英子（劇書房）／関口秀紀

© Akinobu Shigeki 2016 Printed in Japan
ISBN978-4-582-12649-5　NDC分類番号778.2
A5判（21.6cm）　総ページ1028

落丁・乱丁本のお取り替えは小社読者サービス係まで直接お送りください。
（送料は小社で負担いたします）

―― 好評発売中 ――

パリ・オペラ座バレエ

アイヴァ・ゲスト

訳 鈴木 晶

A5判上製　288頁　定価：本体3,000円（税別）

世界最古のバレエ団はどのように350年を生きてきたか。
時代背景とともに舞台監督やダンサーの交代劇を
克明に辿った初の本格的な歴史書。

本体価格に施行税率を加算したものが定価となります（本体価格は2016年2月現在）。

―― 好評発売中 ――

オックスフォード バレエ ダンス事典

デブラ・クレイン
ジュディス・マックレル

日本語版監訳 鈴木 晶

A5判上製　720頁
定価：本体5,400円（税別）

ルイ14世からギエムまで、古今のダンサー、演目、振付家、技法などを網羅するほか、世界各地のバレエ団、民族舞踊も詳述。総項目数約2500。日本関係の項目も多数追加した最新の事典。

バレエとダンスの歴史
欧米劇場舞踊史

編著 鈴木 晶

A5判上製　312頁
定価：本体2,800円（税別）

バロックからコンテンポラリーまで、舞踊は身体機能をどのように駆使して発展してきたか。その成り立ちを、史上名立たるダンサーや振付家を紹介しつつ、各界の第一人者が詳述。

本体価格に施行税率を加算したものが定価となります（本体価格は2016年2月現在）。